PONS

Standardwörterbuch

Italienisch – Deutsch

Vollständige Neuentwicklung
2001

Ernst Klett Verlag
Stuttgart · Düsseldorf · Leipzig

PONS Standardwörterbuch Italienisch - Deutsch

Bearbeitet von: Anna Dal Negro, Anna Ferraris-Kriis, Susanne Godon, Silvia Palermo

Basismaterial von:
Patrizia de Bernardo Stempel, Sabrina Bocchi, Silvia Bonacchi, Carmellino Borelli, Anna Dal Negro, Johanna D'Onghia, Peter Donsbach, Waldemar Eistermeier, Siegfried Glas, Susanne Godon, Thomas Hanser, Peggy Katelhön, Birgit Klausmann-Molter, Birgit Knacke, Marianne Koch, Federica Loreggian, Simona Mazzoli, Francesca Mele, Jeanette Neumann, Gudrun Neurauter, Silvia Palermo, Claudia Poglayen-Zweig †, Lucio Sacher, Elena Serturini, Reinhard Stempel, Margherita Zander

Phonetik bearbeitet von: Sylvie Cloeren, Arthur Wagner †

Unter Mitwirkung und Leitung der Verlagsredaktion PONS

Die Deutsche Bibliothek - CIP-Einheitsaufnahme

Ein Titeldatensatz für diese Publikation ist
bei der Deutschen Bibliothek erhältlich

1. Auflage 2001

Internet: www.pons.de
E-Mail: info@pons.de

Redaktion: Susanne Godon, Federica Loreggian
Projektleitung: Federica Loreggian
Sprachdatenverarbeitung: Andreas Lang, conTEXT AG
für Informatik und Kommunikation, Zürich
Einbandgestaltung: Ira Häußler, Stuttgart; Logoentwurf: Erwin Poell, Heidelberg
Satz: Dörr + Schiller GmbH, Stuttgart
Druck: Clausen und Bosse, Leck
Printed in Germany
ISBN 3-12-517306-X

tenuto e strutturazione Italiano-Tedesco

e **Napoli** N wie Nordpol	Tutti i **lemmi** sono ordinati alfabeticamente e messi in evidenza in carattere blu.
der *n*	
] *avv* im Überfluss	Vengono riportate le **diverse grafie** di una parola.
)absatz *m;* ~ **alto** hoher Ab- n	Negli esempi per l'uso e nelle espressioni idiomatiche, la **tilde** ~ sostituisce la voce precedente, il **trattino** - sostituisce una parte della stessa.
aufstrebend … **II.** *m* **1.** (*pa-*	Le **cifre romane** contrassegnano le diverse parti del discorso.
(*ragione*) Vernunft *f* **2.** (*opi-* *m;* …	Le **cifre arabiche** contrassegnano significati diversi.
alysieren	La pronuncia e l'accentuazione vengono riportate dopo il lemma in parentesi quadre, secondo **l'alfabeto fonetico internazionale**.
ne> *m, f* Biologe, -login *m, f*	Vengono registrate le **forme femminili** dei sostantivi e degli aggettivi.
a fig) massiv	Per i sostantivi e gli aggettivi italiani, la **forma del plurale** viene data in parentesi uncinate dopo il lemma o la sua trascrizione fonetica.
to> *vt* …	Le **forme irregolari** vengono registrate al lemma della forma originaria e come lemma nella posizione corrispondente dell'ordine alfabetico, con un rimando alla forma originaria.
	Vengono date numerose indicazioni per l'uso, p.e.
(vagoni) anhängen **2.** *(vesti-* **3.** (*fig*) abfangen	**aggiunte** per definizioni e sinonimi, soggetti ed oggetti tipici e per altre spiegazioni integrative,
Düsenflugzeug *n;* (*motore*) r *m;* …	indicazioni sui **linguaggi specifici**,
] *m, f* *(fam)* Schlaumeier *m*	indicazioni di **stile** nei casi in cui non si tratti di un livello di stile neutrale.

Inhalt

Indice

Verwendete Lautschriftzeichen

Die deutsche Phonetik

[ː]	Längezeichen
[ˈ]	Betonungszeichen
[ʔ]	Knacklaut
[ɐ]	Leb**er**
[ã]	Ch**an**son
[ãː]	Ch**an**ce, **En**s**em**ble
[ɑː]	H**ar**dware
[æ]	G**a**ngway
[ʌ]	P**u**blicrelations
[aɪ]	H**ai**, m**ei**n, R**eih**e, B**ay**ern
[aʊ]	M**au**s, r**au**
[ç]	i**ch**, Köni**g**
[dʒ]	**Dsch**ungel, **J**azz
[ɛ]	f**ä**llen, B**e**tt
[ɛ̃ː]	Refr**ain**, Po**in**te
[ə]	Katz**e**
[ɪ]	b**i**tte
[ʒ]	**G**enie
[ŋ]	fa**ng**en, A**n**ker
[o̯]	P**o**inte
[õ]	F**on**due
[ɔ]	**o**ffen
[ø]	**Ö**kologie
[œ]	**ö**ffnen
[ɔɪ]	n**eu**, J**oi**nt, B**oy**kott
[ʃ]	**sch**auen, **S**tein
[ts]	**Z**oo, Lo**ts**e, Ka**tz**e, Ski**zz**e
[tʃ]	Ma**tsch**
[θ]	**Th**riller
[ʊ]	B**u**tter
[w]	Gang**w**ay
[x]	Na**ch**t
[yː]	T**ü**te, fr**üh**, Z**y**klus
[ʏ]	H**ü**tte, H**y**mne
[z]	Ha**s**e

Segni usati per la trascrizione fonetica

La fonetica italiana

[ː]	Segno della lunghezza vocale
[ˈ]	Accento tonico
[ã]	p**en**d**an**t
[ɐ]	pir**a**nha
[æ]	m**a**tch
[ʌ]	pick-**u**p
[ai]	n**igh**tclub
[au]	r**ou**nd
[ç]	Lie**ch**tenstein
[dʒ]	**g**ente, **g**ià
[dz]	**z**ero
[ɛ]	**e**cco
[ə]	Mist**er**
[ei]	Pl**ay**back
[j]	maqui**ll**age
[ʎ]	**gl**i
[ŋ]	ra**n**go
[ɲ]	**Gn**occhi
[ɲɲ]	o**gn**i
[ɔ]	**o**tto
[ɔ̃]	pard**on**
[øː]	f**öh**n
[œː]	chauff**eu**r
[ou]	M**o**torscooter
[ɔi]	playb**oy**
[tʃ]	pa**c**e, **ci**elo
[ts]	Ter**z**o
[ʃ]	**sc**endere, **sci**enza
[w]	**w**alkman
[y]	parven**u**
[yː]	ouvert**u**re
[ʏ]	k**ü**mmel
[z]	vi**s**o

Liste der Abkürzungen

Lista delle abbreviazioni

deutsch-italienisch
tedesco-italiano

italienisch-deutsch
italiano-tedesco

a	auch	anche	*a*
A	österreichisch	austriaco	*A*
abk v	Abkürzung	abbreviazione	*abbr di*
acc	Akkusativ	accusativo	*acc*
	Akronym	acronimo	*acro di*
adj	Adjektiv	aggettivo	
ADM	Verwaltung	amministrazione	ADM
adv	Adverb	avverbio	
AERO	Luftfahrt	aeronautica	AERO
	Adjektiv	aggettivo	*agg*
AGR	Landwirtschaft	agricoltura	AGR
akr v	Akronym	acronimo	
allg	allgemein	generalmente	
ANAT	Anatomie	anatomia	ANAT
ARCH	Architektur	architettura	ARCH
art def	bestimmter Artikel	articolo definito	*art det*
art indef	unbestimmter Artikel	articolo indefinito	*art indet*
ASTR	Astrologie, Astronomie	Astrologia, astronomia	ASTR
attr	attributiv	attributivo	*attr*
AUTO	Automobil	automobile	AUTO
	Adverb	avverbio	*avv*
bes	besonders	specialmente	
BIOL	Biologie	biologia	BIOL
BOT	Botanik	botanica	BOT
BRD	bundesdeutsch (nicht als Gegensatz zu „DDR“, sondern zu „A“ oder „CH“)	solamente nella RFG	BRD
CH	schweizerisch	svizzero	CH
CHEM	Chemie	chimica	CHEM
COM	Handel	commercio	COM
	Konjunktion	congiunzione	*cong*
conj	Konjunktiv	congiuntivo	*conj*
dat	Dativ	dativo	*dat*
DDR	polit. Term aus der DDR	termine politico della RDT	DDR
dial	mundartlich	dialettale	*dial*
ECO	Umwelt, Ökologie	ecologia	ECO
etw	etwas	qualcosa	
EL	Elektrizität	elettricità	EL
EU	Europäische Union	Unione europea	EU
f	feminin	femminile	*f*

fam	familiär, umgangssprachlich	familiare	*fam*
FERR	Eisenbahn	ferrovia	FERR
fig	übertragen, figurativ	figurato	*fig*
FILM	Film, Kino	film	FILM
FIN	Finanzen, Banken	finanza	FIN
fior	florentinisch	fiorentino	*fior*
FOTO	Fotografie	fotografia	FOTO
form	formell, Amtssprache	burocratico, amministrazione	*form*
GASTR	Gastronomie	gastronomia	GASTR
geh	gehobene Ausdrucksweise	linguaggio elevato	*geh*
gen	Genitiv	genitivo	*gen*
	allgemein	generalmente	*gener*
GEOG	Geografie	geografia	GEOG
GEOL	Geologie	geologia	GEOL
HIST	Geschichte	storia, storico	HIST
imp	Imperfekt	imperfetto	*imp*
ind	Indikativ	indicativo	*ind*
inf	Infinitiv	infinito	*inf*
INFORM	Informatik	informatica	INFORM
int	Interjektion	interiezione	*int*
inv	unveränderlich	invariabile	*inv*
iron	ironisch	ironico	*iron*
irr	unregelmäßig	irregolare	*irr*
jd	jemand	qualcuno	
jdm	jemandem	a qualcuno	
jdn	jemanden	qualcuno	
jds	jemandes	di qualcuno	
JUR	Recht, Jura	giurisprudenza	JUR
konj	Konjunktion	congiunzione	
KUNST	Kunst	arte	KUNST
LING	Linguistik, Grammatik	linguistica, grammatica	LING
LIT	Literatur	letteratura	LIT
	Wendung	locuzione	*loc*
lomb	lombardisch	lombardo	*lomb*
m	maskulin	maschile	*m*
MAR	Marine	marina	MAR
MAT	Mathematik	matematica	MAT
MED	Medizin	medicina	MED
mer	süditalienisch	meridionale	*mer*
METEO	Meteorologie	meteorologia	METEO
MIL	Militär, Armee, Heer	militare	MIL
MIN	Mineralogie	mineralogia	MIN
MOT	Kfz-Wesen	motori, traffico	MOT
MUS	Musik	musica	MUS

n	neutrum	neutro	*n*
napol	napoletanisch	napoletano	*napol*
NAUT	Seefahrt, Nautik	nautica	NAUT
nom	Nominativ	nominativo	*nom*
nordd	norddeutsch	Germania settentrionale	*nordd*
num	Zahlwort	numerale	*num*
o	oder	o	*o*
obs	obsolet, veraltet	obsoleto, poco usato	*obs*
OPT	Optik	ottica	OPT
ostd	ostdeutsch	Germania orientale	*ostd*
PARL	Parlament	parlamento	PARL
	Passato Remoto	passato remoto	*pass rem*
pej	pejorativ	peggiorativo	*pej*
PHILOS	Philosphie	filosofia	PHILOS
PHYS	Physik	fisica	PHYS
piem	piemontesisch	piemontese	*piem*
pl, Pl	Plural	plurale	*pl*
poet	literarisch, poetisch	poetico, letterario	*poet*
POL	Politik	politica	POL
pp	Partizip Perfekt	participio passato	*pp*
ppres	Partizip Präsens	participio presente	*ppres*
pr	Präsens	presente	*pr*
pron	Pronomen	pronome	*pron*
pron dem	Demonstrativpronomen	pronome dimostrativo	*pron dim*
pron indef	Indefinitpronomen	pronome indefinito	*pron indef*
pron inter	Interrogativpronomen	pronome interrogativo	*pron inter*
pron pers	Personalpronomen	pronome personale	*pron pers*
pron poss	Possessivpronomen	pronome possessivo	*pron poss*
pron ref	Reflexivpronomen	pronome riflessivo	*pron rifl*
pron rel	Relativpronomen	pronome relativo	*pron rel*
prov	sprichwörtlich, Sprichwort	proverbiale, proverbio	*prov*
prp	Präposition	preposizione	*prp*
PSYCH	Psychologie	psicologia	PSYCH
PUBL	Werbung	pubblicità	PUBL
	etwas	qualcosa	qc
	jemand	qualcuno	qu
RADIO	Rundfunk	radiofonia	RADIO
rar	selten	raro	*rar*
REL	Religion	religione	REL
s.	siehe	vedi	
scherz	scherzhaft, Humor	scherzoso	*scherz*
SCIENT	Wissenschaft	scienza	SCIENT
sett	norditalienisch	settentrionale	*sett*
sicil	sizilianisch	siciliano	*sicil*

sing	Singular	singolare	*sing*
sl	Slang, Jargon	slang, gergo	*sl*
SOC	Soziologie	sociologia	SOC
	besonders	specialmente	*spec*
SPORT	Sport	sport	SPORT
südd	süddeutsch	Germania meridionale	*südd*
TEC	Technik, Technologie	tecnica, tecnologia	TEC
TEL	Telekommunikation	telecomunicazione	TEL
THEAT	Theater	teatro	THEAT
tosc	toskanisch	toscano	*tosc*
TV	Fernsehen	televisione	TV
TYP	Druckwesen	stampa, tipografia	TYP
UNIV	Universität	università	UNIV
	siehe	vedi	*v.*
venez	venezianisch	veneziano	*venez*
vi	intransitives Verb	verbo intransitivo	*vi*
vr	reflexives Verb	verbo riflessivo	*vr*
vt	transitives Verb	verbo transitivo	*vt*
vulg	vulgär	volgare	*vulg*
Wend	Wendung	locuzione	
WIRTSCH	Wirtschaft	economia	
ZOO	Tierkunde	zoologia	ZOO

A

A, a [a] <-> *f* A, a *n;* ~ **come Ancona** A wie Anton

a *abbr di* **anno** J.

a [a] <al, allo, all', alla, ai, agli, alle> *prp* **1.** (*stato in luogo*) in +*dat,* auf +*dat;* (*vicino a*) an +*dat,* bei +*dat,* zu +*dat;* (*moto a luogo*) in +*acc,* auf +*acc,* an +*acc,* nach +*dat,* zu +*dat;* **al mercato** auf dem/den Markt; **al mare** am/ans Meer; ~ **Trieste** in/nach Triest; **sono ~ casa** ich bin zu Hause; ~ **20 chilometri da Torino** 20 Kilometer von Turin entfernt; ~ **pagina cinque** auf Seite fünf **2.** (*tempo*) in +*dat,* zu +*dat;* (*con riferimento all'ora*) um +*acc;* ~ **domani** bis morgen; **due volte al giorno** zweimal am Tag; **alle sette** um sieben (Uhr); **dall'oggi al domani** von heute auf morgen **3.** (*con prezzo*) zu +*dat* **4.** (*complemento di termine*) *si traduce con il dativo;* **lo regalo ~ Giuseppe** ich schenke es Giuseppe *dat* **5.** (*età*) ~ **vent'anni** mit zwanzig Jahren **6.** (*proposizione finale*) **andare ~ nuotare/ballare** schwimmen/tanzen gehen **7.** (GASTR) **cotoletta alla milanese** Schnitzel nach Mailänder Art **8.** (*mezzo*) **lavorare ~ macchina** mit der Maschine arbeiten; ~ **cavallo/piedi** zu Pferd/zu Fuß **9.** (*velocità*) **correre ~ 120 chilometri l'ora** (mit) 120 Stundenkilometer(n) fahren **10.** (MAT) **due al quadrato** zwei hoch zwei **11.** (*loc*) ~ **uno ~ uno** einzeln; ~ **due ~ due** paarweise

A 1. *abbr di* **Austria** A **2.** *abbr di* **autostrada** A

A.A.S.T. *abbr di* **Azienda Autonoma di Soggiorno e Turismo** *italienischer Fremdenverkehrsverein*

abate [a'ba:te] *m* Abt *m*

abat-jour [aba'ʒu:r] <-> *m* Lampenschirm *m*

abbagliante [abbaʎ'ʎante] *m* (MOT) Fernlicht *n;* **abbagliare** [abbaʎ'ʎa:re] *vt* blenden

abbaiare [abba'ia:re] *vi* bellen

abbandonare [abbando'na:re] **I.** *vt* **1.** (*lasciare*) verlassen **2.** (*rinunciare a*) aufgeben **II.** *vr* **-rsi** (*a fig*) sich hingeben; **-rsi a un vizio** sich einem Laster ergeben; **abbandonato, -a** [abbando'na:to] **I.** *agg* verlassen; ~ **a sé stesso** sich *dat* selbst überlassen **II.** *m, f* Findelkind *n;* **abbandono** [abban'do:no] *m* **1.** (*l'abbandonare*) Verlassen *n* **2.** (*trascuratezza*) Vernachlässigung *f* **3.** (*rinuncia*) Aufgabe *f*

abbassamento [abbassa'mento] *m* (*di prezzi*) Senkung *f;* (*di temperatura*) Sinken *n;* **abbassare** [abbas'sa:re] **I.** *vt* **1.** (*mettere più in basso*) niedriger machen; (*finestrino*) aufmachen **2.** (*prezzo, voce, temperatura*) senken; (*radio*) leiser stellen; ~ **i fari** abblenden; ~ **gli occhi** den Blick senken; ~ **le armi** (*fig*) die Waffen strecken; ~ **la cresta** (*fig*) sich beugen **II.** *vr* **-rsi 1.** (*chinarsi*) sich bücken **2.** (*fig: umiliarsi*) sich erniedrigen **3.** (*calare*) sinken; (*barometro, temperatura*) fallen; (*sole*) sich neigen; **abbasso** [ab'basso] *avv* ~ **...!** nieder mit ...!

abbastanza [abbas'tantsa] *avv* **1.** (*a sufficienza*) genug; **averne ~ di qu/qc** von jdm/etw genug haben **2.** (*alquanto*) ziemlich

abbattere [ab'battere] **I.** *vt* **1.** (*atterrare*) niederschlagen; (*alberi*) fällen, schlägern *A;* (*muri*) einreißen **2.** (*aerei*) abschießen **3.** (*fig*) niederschlagen **II.** *vr* **-rsi 1.** (*cadere di schianto*) (auf)prallen **2.** (*fig*) niedergeschlagen sein

abbazia [abbat'tsi:a] <-ie> *f* Abtei *f*

abbellire [abbel'li:re] <abbellisco> *vt* verzieren

abbeverare [abbeve'ra:re] **I.** *vt* tränken **II.** *vr* **-rsi** seinen Durst stillen; **abbeveratoio** [abbevera'to:io] <-oi> *m* Tränke *f*

abbia ['abbia] *1., 2. e 3. pers conj pr di* **avere**

abbiccì [abbit'tʃi] <-> *m* Abc *n*

abbigliamento [abbiʎʎa'mento] *m* (Be)kleidung *f*

abbinare [abbi'na:re] *vt* koppeln; (*colori, abiti*) kombinieren

abbindolare [abbindo'la:re] *vt* umgarnen

abbisognare [abbizoɲ'ɲa:re] *vi* ~ **di qc** etw brauchen

abboccare [abbok'ka:re] *vi* anbeißen

abbonamento [abbona'mento] *m* **1.** (*a un giornale, a teatro*) Abonnement *n;* **fare l'~ a qc** etw abonnieren **2.** (*ferroviario, tran-*

viario) Dauerkarte *f*

abbonare [abbo'na:re] **I.** *vt* **1.** (*fare un abbonamento*) abonnieren; ~ **qu a una rivista** für jdn eine Zeitschrift abonnieren **2.** (*fig*) ~ **qc a qu** jdm etw vergeben **II.** *vr* **-rsi** abonnieren; **-rsi a un giornale** eine Zeitung abonnieren; **abbonato, -a** [abbo'na:to] **I.** *agg* abonniert; **essere ~ a un giornale** eine Zeitung abonniert haben **II.** *m, f* Abonnent(in) *m(f)*; ~ **al teatro** Theaterabonnent *m*; ~ **al telefono/alla TV** Fernsprech-/Fernsehteilnehmer *m*

abbondante [abbon'dante] *agg* reichlich; (*vestito*) weit; **tre metri -i** gut drei Meter; **abbondanza** [abbon'dantsa] *f* Fülle *f*; **in ~** im Überfluss; **abbondare** [abbon'da:re] *vi* ~ **di qc** etw reichlich enthalten

abbordabile [abbor'da:bile] *agg* **1.** (*spesa*) tragbar **2.** (*persona*) zugänglich; **abbordare** [abbor'da:re] *vt* **1.** (NAUT) entern **2.** (*persona*) anmachen

abbottonare [abbotto'na:re] **I.** *vt* zuknöpfen **II.** *vr* **-rsi** (*fig fam*) sich verschließen

abbozzare [abbot'tsa:re] *vt* **1.** (*disegno, romanzo*) skizzieren **2.** (*fig*) andeuten; ~ **un sorriso** ein Lächeln andeuten; **abbozzo** [ab'bɔttso] *m* Skizze *f*; ~ **di legge** (JUR) Gesetzentwurf *m*

abbracciare [abbrat'tʃa:re] **I.** *vt* **1.** (*con le braccia*) umarmen **2.** (*fig*) sich bekennen zu **II.** *vr* **-rsi** sich umarmen; **abbraccio** [ab'brattʃo] <-cci> *m* Umarmung *f*

abbreviare [abbre'via:re] *vt* (ab-, ver)kürzen; **abbreviazione** [abbreviat'tsio:ne] *f* (Ab)kürzung *f*

abbronzante [abbron'dzante] **I.** *agg* bräunend **II.** *m* Bräunungsmittel *n*; **abbronzare** [abbron'dza:re] **I.** *vt* bräunen **II.** *vr* **-rsi** sich bräunen; **abbronzatura** [abbrondza'tu:ra] *f* Bräune *f*

abbrustolire [abbrusto'li:re] <abbrustolisco> **I.** *vt* rösten **II.** *vr* **-rsi** (*scherz: al sole*) sich rösten

abbruttire [abbrut'ti:re] <abbruttisco> *vi essere* hässlich werden

abbuffarsi [abbuf'farsi] *vr* (*fam*) reinhauen; **abbuffata** [abbuf'fa:ta] *f* Völlerei *f*; **fare un'~** sich voll stopfen

abdicare [abdi'ka:re] *vi* abdanken; **abdicazione** [abdikat'tsio:ne] *f* Abdankung *f*; ~ **al trono** Thronverzicht *m*

abete [a'be:te] *m* Tanne *f*; ~ **bianco** Edeltanne *f*; ~ **rosso** Fichte *f*

abile ['a:bile] *agg* **1.** (*idoneo*) tauglich; **essere ~ al lavoro pesante** zu schwerer Arbeit tauglich sein **2.** (*esperto*) fähig; ~ **negli affari** geschäftstüchtig; **abilità** [abili'ta] <-> *f* Geschicklichkeit *f*

abilitare [abili'ta:re] *vt* befähigen; **abilitazione** [abilitat'tsio:ne] *f* Qualifizierung *f*; ~ **all'insegnamento** Lehrbefähigung *f*

abisso [a'bisso] *m* (*a fig*) Abgrund *m*

abitabile [abi'ta:bile] *agg* bewohnbar; **abitabilità** <-> *f* Bewohnbarkeit *f*; **permesso di ~** Baugenehmigung *f*

abitacolo [abi'ta:kolo] *m* (MOT) Kabine *f*; (AERO) Cockpit *n*

abitante [abi'tante] *mf* Einwohner(in) *m(f)*

abitare [abi'ta:re] *vi* wohnen; ~ **in campagna/a Firenze** auf dem Land/in Florenz wohnen

abitato [abi'ta:to] *m* Ortschaft *f*

abitato, -a *agg* bewohnt

abitazione [abitat'tsio:ne] *f* Wohnung *f*; (*casa*) Wohnhaus *n*

abito ['a:bito] *m* (*vestito*) Kleidung *f*; (*da donna*) Kleid *n*; (*da uomo*) Anzug *m*; ~ **borghese** Zivil *n*; **l'~ non fa il monaco** (*prov*) die Kutte macht noch keinen Mönch; **prendere l'~** (*fig*) ins Kloster gehen

abituale [abitu'a:le] *agg* gewohnt; **cliente ~** Stammkunde, -kundin *m, f*; **abitualmente** [abitual'mente] *avv* gewöhnlich

abituare [abitu'a:re] **I.** *vt* ~ **qu a qc** jdn an etw *acc* gewöhnen **II.** *vr* **-rsi** (**a qc**) sich (an etw *acc*) gewöhnen

abitudinario, -a [abitudi'na:rio] <-i, -ie> *agg* Gewohnheits-; **abitudine** [abi'tu:dine] *f* **1.** (*consuetudine*) Gewohnheit *f*; **avere l'~ di fare qc** die Gewohnheit haben etw zu tun; **d'~** gewöhnlich **2.** (*assuefazione*) Gewöhnung *f*; **fare l'~ a qc** sich an etw *acc* gewöhnen

ablativo [abla'ti:vo] *m* (LING) Ablativ *m*

abnorme [ab'nɔrme] *agg* abnorm

abolire [abo'li:re] <abolisco> *vt* abschaffen; **abolizione** [abolit'tsio:ne] *f* Abschaffung *f*

abominevole [abomi'ne:vole] *agg* abscheulich

aborigeno, -a [abo'ri:dʒeno] **I.** *agg* eingeboren **II.** *m, f* Ureinwohner(in) *m(f)*

abortire [abor'tiːre] <abortisco> *vi* (MED) abtreiben; **abortista** [abor'tista] <-i *m*, -e *f*> **I.** *mf* Abtreibungsbefürworter(in) *m(f)* **II.** *agg* Abtreibungs-; **aborto** [a'bɔrto] *m* (*spontaneo*) Fehlgeburt *f;* (*procurato*) Abtreibung *f*

abracadabra [abraka'daːbra] <-> *m* Abrakadabra *n*

abrogare [abro'gaːre] *vt* aufheben; **abrogativo, -a** [abroga'tiːvo] *agg* aufhebend

abruzzese [abrut'tseːse] **I.** *agg* abruzzisch **II.** *mf* (*abitante*) Bewohner(in) *m(f)* der Abruzzen

Abruzzi *pl,* **Abruzzo** *m* Abruzzen *pl*

ABS *m acro di* **sistema frenante antibloccaggio** ABS *n*

abside ['abside] *f* (ARCH) Apsis *f*

abusare [abu'zaːre] *vi* ~ **di** missbrauchen; **abusivo, -a** [abu'ziːvo] *agg* rechtswidrig; **abuso** [a'buːzo] *m* Missbrauch *m;* **fare ~ di un cibo** von etw zu viel essen; **~ di sostanze stupefacenti** Drogenmissbrauch *m*

a.C. *abbr di* **avanti Cristo** v. Chr.

acacia [a'kaːtʃa] <-cie> *f* Akazie *f*

acca ['akka] <-> *f* **1.** (*lettera*) H, h *n* **2.** (*fig fam*) **non … un'~** nicht die Bohne

accadde [ak'kadde] *3. pers sing pass rem di* **accadere**

accademia [akka'dɛːmia] <-ie> *f* Akademie *f;* **~ di Belle Arti/musicale** Kunst-/Musikakademie *f*

> Die **Accademia della Crusca** wurde 1583 in Florenz mit dem Ziel gegründet, ein Wörterbuch des "reinen" Italienischen zu verfassen. Dieses auch umstrittene Vocabolario della Crusca ist im Laufe der Jahrhunderte in mehreren Ausgaben erschienen und hat einen wesentlichen Beitrag zur Fixierung einer allgemein akzeptierten italienischen Schriftsprache geleistet.

accademico, -a [akka'dɛːmiko] <-ci, -che> *agg* akademisch

accadere [akka'deːre] <accade, accadde, accaduto> *vi essere* geschehen; **che accade?** was ist los?; **accada quel che accada** was auch immer geschehen mag; **accaduto** [akka'duːto] *m* Ereignis *n*

accagliarsi [akkaʎ'ʎaːrsi] *vr* gerinnen

accalappiacani [akkalappia'kaːni] <-> *m* Hundefänger(in) *m(f)*

accalappiare [akkalap'piaːre] *vt* einfangen; (*fig*) hereinlegen

accalcare [akkal'kaːre] **I.** *vt* zusammendrängen **II.** *vr* **-rsi** sich (eng) zusammendrängen

accaldarsi [akkal'darsi] *vr* (*a fig*) sich erhitzen

accampamento [akkampa'mento] *m* Lager *n*

accanirsi [akka'nirsi] <mi accanisco> *vr* **1.** (*infierire*) ~ (**contro qu/qc**) sich (gegen jdn/etw) erbittern **2.** (*ostinarsi*) ~ (**in qc**) sich (in etw *acc*) verbohren; **accanito, -a** [akka'niːto] *agg* **1.** (*discussione*) verbissen **2.** (*fumatore*) stark

accanto [ak'kanto] **I.** *avv* daneben; (*casa*) nebenan **II.** *prp* ~ **a** (*stato in luogo*) neben +*dat;* (*moto a luogo*) neben +*acc* **III.** <inv> *agg* (von) nebenan

accantonare [akkanto'naːre] *vt* zurücklegen

accaparrare [akkapar'raːre] **I.** *vt* aufkaufen **II.** *vr* **-rsi qc** sich *dat* etw sichern

accapigliarsi [akkapiʎ'ʎarsi] *vr* sich *dat* in die Haare geraten

accapo [ak'kaːpo] *avv* **andare ~** eine neue Zeile beginnen

accappatoio [akkappa'toːio] <-oi> *m* Bademantel *m*

accarezzare [akkare'tsaːre] *vt* **1.** (*con la mano*) streicheln; **~ qu con lo sguardo** (*fig*) jdn zärtlich ansehen **2.** (*fig*) ~ **qu/qc** jdm/etw schmeicheln

accartocciare [akkartot'tʃaːre] **I.** *vt* zusammenrollen **II.** *vr* **-rsi** sich zusammenrollen

accasciarsi [akkaʃ'ʃaːrsi] *vr* **1.** (*lasciarsi cadere*) zusammensinken **2.** (*fig*) verzagen

accatastabile [akkatas'taːbile] *agg* **1.** (*ammucchiabile*) stapelbar **2.** (*registrabile al catasto*) **bene ~** ins Grundbuch eintragbare Immobilie; **accatastare** [akkatas'taːre] *vt* **1.** (*disporre a catasta*) stapeln; (*fig*) anhäufen **2.** (*registrare al catasto*) ins Kataster eintragen

accattivante [akkatti'vante] *agg* einnehmend; **una proposta ~** ein überzeugender Vorschlag; **un sorriso ~** ein gewinnendes Lächeln; **accattivare** [akkatti'vaːre] *vt, vr* **-rsi** erwerben

accattone, -a [akkat'toːne] *m, f* Bettler(in) *m(f)*

accavallare [akkaval'laːre] **I.** *vt* übereinander legen/schichten; ~ **le gambe** die Beine übereinander schlagen **II.** *vr* **-rsi** sich aufhäufen

accecare [attʃe'ka:re] **I.** *vt* **1.** (*persone*) blind machen **2.** (*tubi*) verschließen; (*finestre*) zumauern **3.** (*fig*) verblenden **II.** *vi essere* blind werden

accedere [at'tʃɛ:dere] <accedo, accedei *o* accedetti, accesso> *vi essere* (*entrare*) eintreten; ~ **a una stanza** in einen Raum eintreten; ~ **a qc** etw betreten; ~ **a un partito** (*fig*) in eine Partei eintreten

accelerare [attʃele'ra:re] *vi* (AUTO) schneller fahren; **accelera!** gib Gas!

acceleratore [attʃelera'to:re] *m* Gaspedal *n*

accendere [at'tʃɛndere] <accendo, accesi, acceso> **I.** *vt* **1.** (*fuoco, sigaretta*) anzünden; **per favore, mi fai ~?** hast du mal bitte Feuer? **2.** (*luce*) einschalten, aufdrehen *A* **3.** (*fig: animo, cuore*) entflammen **II.** *vr* **-rsi 1.** (*prender fuoco*) sich entzünden **2.** (*luce, stufa*) angehen **3.** (*fig*) entflammen

accendigas [attʃendi'gas] <-> *m* Gasanzünder *m;* **accendino** [attʃen'di:no] *m* Feuerzeug *n;* **accendisigari** [attʃendi'si:gari] <-> *m* Zigarettenanzünder *m*

accennare [attʃen'na:re] *vi* **1.** (*fare un cenno*) ein Zeichen geben; ~ **di sì** nicken **2.** (*dare indizio*) ~ **a qc** etw ankündigen; **il tempo accenna a piovere** es droht zu regnen; **accenno** [at'tʃenno] *m* **1.** (*cenno*) Wink *m* **2.** (*indizio*) Hinweis *m;* **fare ~ a qc** auf etw *acc* hindeuten

accensione [attʃen'sio:ne] *f* Einschalten *n*, Aufdrehen *n A;* (*di motore*) Zündung *f*

accentare [attʃen'ta:re] *vt* akzentuieren; (*a fig*) hervorheben; **accento** [at'tʃɛnto] *m* **1.** (LING) Akzent *m;* ~ **acuto/circonflesso/grave** Akut *m*/Zirkumflex *m*/Gravis *m* **2.** (*intonazione*) Akzent *m;* (*tono*) Ton *m* **3.** (*fig*) **porre l'~ su qc** etw hervorheben

accentrare [attʃen'tra:re] *vt* (*riunire*) konzentrieren; (POL) zentralisieren

accentuare [attʃentu'a:re] **I.** *vt* (*a fig*) betonen **II.** *vr* **-rsi** sich verstärken; **la crisi si è accentuata** die Krise hat sich verschärft

accerchiare [attʃer'kia:re] *vt* umzingeln; (*a fig*) einkreisen

accertamento [attʃerta'mento] *m* Ermittlung *f*, Ausforschung *f A;* ~ **fiscale** Steuerermittlung *f;* **accertare** [attʃer'ta:re] **I.** *vt* ermitteln, erheben *A* **II.** *vr* **-rsi** sich vergewissern

accesi [at'tʃe:si] *1. pers sing pass rem di* **accendere**

acceso, -a [at'tʃe:so] **I.** *pp di* **accendere** **II.** *agg* **1.** (*che brucia*) brennend **2.** (*in funzione*) eingeschaltet **3.** (*colore*) **rosso ~** feuerrot

accessibile [attʃes'si:bile] *agg* zugänglich

accesso[1] [at'tʃɛsso] *pp di* **accedere**

accesso[2] *m* **1.** (*a un luogo*) Zugang *m;* (*di veicoli*) Zufahrt *f;* **divieto di ~** Betreten verboten **2.** (MED) Anfall *m;* ~ **di tosse/d'ira** Husten-/Wutanfall *m* **3.** (INFORM) Zugang *m;* ~ **a Internet** Internetzugang *m*

accessori [attʃes'sɔ:ri] *mpl* Zubehör *n*

accessoriato, -a [attʃesso'ria:to] *agg* mit Zubehör (ausgestattet)

accetta [at'tʃetta] *f* Beil *n*, Hacke *f A;* **darsi l'~ sui piedi** (*fig*) sich ins eigene Fleisch schneiden

accettabile [attʃet'ta:bile] *agg* annehmbar; **accettare** [attʃet'ta:re] *vt* annehmen; (*persona*) aufnehmen; ~ **una scommessa** eine Wette eingehen; **accettazione** [attʃettat'tsio:ne] *f* **1.** (*in consegna*) Annahme *f;* ~ **bagagli/merci** Gepäck-/Warenannahme *f* **2.** (*in una comunità*) Aufnahme *f* **3.** (*ufficio*) Empfang *m*

accezione [attʃet'tsio:ne] *f* Bedeutung *f*

acchiappafarfalle [akkiappafar'falle] <-> *m* Schmetterlingsnetz *n;* **acchiappamosche** [akkiappa'moske] <-> *m* Fliegenfänger *m*

acchiappare [akkiap'pa:re] *vt* erwischen

acchito [ak'ki:to] *m* **di primo ~** auf Anhieb

acciacco [at'tʃakko] <-cchi> *m* Beschwerden *fpl*

acciaieria [attʃaie'ri:a] <-ie> *f* Stahlwerk *n;* **acciaio** [at'tʃa:io] <-ai> *m* **1.** (*materiale*) Stahl *m* **2.** (*fig*) **avere nervi d'~** Nerven wie Drahtseile haben; **occhi d'~** eiskalter Blick; (*penetranti*) durchdringender Blick; **una tempra d'~** eine eiserne Konstitution

accidentaccio [attʃiden'takkio] *int* verdammter Mist

accidentale [attʃiden'ta:le] *agg* zufällig

accidente [attʃi'dɛnte] *m* **1.** (*evento fortuito*) Zufall *m* **2.** (*fam: disgrazia*) Unglücksfall *m;* **mandare un ~ a qu** jdm die Pest an den Hals wünschen; **gli venisse un ~!** der Schlag soll ihn treffen! **3.** (*loc*) **non … un ~**

(*fam*) nicht die Spur; **non m'importa un** ~ (*fam*) ich scher' mich einen Teufel drum; **-i!** (*fam*) Donnerwetter!

accigliarsi [attʃiʎ'ʎarsi] *vr* die Stirn runzeln

accingersi [at'tʃindʒersi] <mi accingo, mi accinsi, accinto> *vr* ~ **a fare qc** sich anschicken etw zu tun

accipicchia [attʃi'pikkia] *int* (*fam*) zum Teufel

acciuffare [attʃuf'fa:re] **I.** *vt* erwischen **II.** *vr* **-rsi** sich *dat* in die Haare geraten

acciuga [at'tʃu:ga] <-ghe> *f* **1.** (*alice*) Sardelle *f;* **stare pigiati come -ghe** zusammengedrängt sein wie die Sardinen **2.** (*fig*) Hering *m;* **secco come un'**~ dürr wie ein Hering

acclamare [akkla'ma:re] *vt* applaudieren; ~ **qu** jdm Beifall spenden; **acclamazione** [akklamat'tsio:ne] *f* Zuruf *m;* **per** ~ durch Zuruf

accludere [ak'klu:dere] <accludo, acclusi, accluso> *vt* beifügen; **accluso, -a** [ak'klu:zo] *agg* beigefügt; ~ **alla lettera invio …** anbei übersende ich …

accoccolarsi [akkokko'larsi] *vr* sich zusammenkauern

accodarsi [akko'da:rsi] *vr* **1.** (*disporsi in fila*) sich in einer Reihe aufstellen **2.** (*fig*) sich anschließen

accogliente [akkoʎ'ʎɛnte] *agg* (*casa, gesto*) einladend; (*persona*) gastfreundlich; **accoglienza** [akkoʎ'ʎɛntsa] *f* Empfang *m;* **accogliere** [ak'kɔʎʎere] <accolgo, accolsi, accolto> *vt* **1.** (*persone*) aufnehmen **2.** (*consiglio*) annehmen; (*domanda*) aufnehmen

accollare [akkol'la:re] **I.** *vt* (*fig*) aufhalsen **II.** *vr* **-rsi** auf sich nehmen

accolsi [ak'kɔlsi] *1. pers sing pass rem di* **accogliere**

accoltellare [akkoltel'la:re] *vt* erstechen; (*ferire*) niederstechen

accolto [ak'kɔlto] *pp di* **accogliere**

accomiatare [akkomia'ta:re] **I.** *vt* verabschieden **II.** *vr* **-rsi** sich verabschieden

accomodante [akkomo'dante] *agg* anpassungswillig; (*accondiscendente*) entgegenkommend

accomodare [akkomo'da:re] **I.** *vt* in Ordnung bringen **II.** *vr* **-rsi** es sich *dat* bequem machen; **prego, si accomodi** nehmen Sie bitte Platz

accompagnamento [akkompaɲɲa'mento] *m* **1.** (*l'accompagnare*) Begleitung *f;* ~ **funebre** Totengeleit *n* **2.** (*l'essere aggiunto*) **lettera di** ~ Begleitbrief *m* **3.** (JUR) **ordine di** ~ Vorführungsbefehl *m* **4.** (MUS) **musica d'**~ Begleitmusik *f;* **accompagnare** [akkompa'ɲa:re] **I.** *vt* **1.** (*andare insieme*) begleiten; ~ **un morto** einem Verstorbenen das letzte Geleit geben **2.** (*unire*) beifügen **3.** (JUR) vorführen **4.** (MUS) ~ **qu al violino** jdn auf der Violine begleiten **II.** *vr* **-rsi a qu** sich zu jdm gesellen; **accompagnatore, -trice** [akkompaɲa'to:re] *m, f* Begleiter(in) *m(f);* ~ **turistico** Reiseleiter *m;* **accompagnatoria** [akkompaɲa'tɔ:ria] <-ie> *f* (ADM) Begleitbrief *m;* **accompagnatorio, -a** [akkompaɲa'tɔ:rio] <-i, -ie> *agg* Begleit-; **accompagnatrice** *f v.* **accompagnatore**

accomunare [akkomu'na:re] *vt* verbinden

acconciare [akkon'tʃa:re] *vt* **1.** (*accomodare*) herrichten **2.** (*persone*) zurechtmachen; **acconciatura** [akkontʃa'tu:ra] *f* Frisur *f*

accondiscendere [akkondiʃ'ʃendere] *vi* ~ **a qc** auf etw *acc* eingehen

acconsentire [akkonsen'ti:re] *vi* ~ (**a qc**) (einer Sache *dat*) zustimmen; ~ **a un progetto** auf einen Plan eingehen; **acconsento che lui parta** ich erlaube ihm zu gehen; **acconsenziente** [akkonsen'tsiɛnte] *agg* zustimmend

accontentare [akkonten'ta:re] **I.** *vt* zufrieden stellen **II.** *vr* **-rsi** sich begnügen; **-rsi di qc** sich mit etw zufrieden geben

acconto [ak'konto] *m* Anzahlung *f,* Angabe *f A;* **ritenuta d'**~ Akontozahlung *f;* **in** ~ als Anzahlung

accoppiare [akkop'pia:re] **I.** *vt* **1.** (*accostare*) zusammenstellen; (*a fig*) verbinden **2.** (*animali*) paaren **II.** *vr* **-rsi** (*persone*) sich (körperlich) vereinigen; (*animali*) sich paaren

accorciare [akkor'tʃa:re] **I.** *vt* **1.** (*abbreviare*) ab-, verkürzen **2.** (*abito*) kürzen **II.** *vr* **-rsi** kürzer werden; (*distanza*) sich verringern

accordare [akkor'da:re] **I.** *vt* gewähren; (ADM) bewilligen **II.** *vr* **-rsi** sich einigen; **accordatore, -trice** [akkorda'to:re] *m, f* Stimmer(in) *m(f);* **accordatura** [akkorda'tu:ra] *f* Stimmen *n* (von Instrumenten)

accordo [ak'kɔrdo] *m* **1.** (*concordia*) Einigkeit *f;* **come d'~** wie vereinbart; **mettersi d'~** sich einigen **2.** (*fig: armonia*) Einklang *m;* **andare d'~** sich vertragen; **essere d'~** einverstanden sein; **d'~!** einverstanden! **3.** (*patto*) Abkommen *n;* (JUR) Vertrag *m;* **venire a un ~** zu einer Einigung kommen

accorgersi [ak'kɔrdʒersi] <mi accorgo, mi accorsi, accorto> *vr* ~ **di qc** etw merken; **accorgimento** [akkordʒi'mento] *m* Umsicht *f*

accorpare [akkor'pa:re] *vt* (ADM) zusammenlegen; ~ **dipartimenti/uffici pubblici** Abteilungen/Behörden eingliedern

accorrere [ak'korrere] <accorro, accorsi, accorso> *vi essere* herbeieilen

accorsi [ak'kɔrsi] *1. pers sing pass rem di* **accorrere, accorgersi**

accortezza [akkor'tettsa] *f* Umsicht *f;* **accorto, -a** [ak'kɔrto] **I.** *pp di* **accorgersi II.** *agg* aufmerksam

accostare [akkos'ta:re] **I.** *vt* (*avvicinare*) nähern; ~ **qu** jdm näher kommen; ~ **la porta** die Tür anlehnen; ~ **la sedia alla parete** den Stuhl an die Wand rücken **II.** *vr* **-rsi 1.** (*avvicinarsi*) **-rsi a qu/qc** sich jdm/etw nähern **2.** (*fig*) **-rsi a qc** sich an etw *acc* annähern; **-rsi ai Sacramenti** die Sakramente empfangen

accotonare [akkoto'na:re] *vt* toupieren

account executive [ə'kaunt ig'zekjutiv] <-> *mf* Kontakter(in) *m(f);* **fare l'~** kontakten

accounting manager [ə'kauntiŋ 'manadʒer] <-> *mf* Account Manager(in) *m(f)*

accovacciarsi [akkovat'tʃarsi] *vr* sich kauern

accrebbi [ak'krebbi] *1. pers sing pass rem di* **accrescere**

accreditare [akkredi'ta:re] *vt* **1.** (*avvalorare*) glaubhaft machen **2.** (COM) gutschreiben

accrescere [ak'kreʃʃere] <accresco, accrebbi, accresciuto> *vt* vermehren

accrescitivo [akkreʃʃi'ti:vo] *m* (LING) Vergrößerungsform *f*

accudire [akku'di:re] <accudisco> **I.** *vt* pflegen; (*bambino a*) beaufsichtigen **II.** *vi* ~ **a qc** sich einer Sache *dat* widmen

accumulare [akkumu'la:re] **I.** *vt* anhäufen **II.** *vr* **-rsi** sich häufen; **accumulazione** [akkumulat'tsio:ne] *f* Anhäufung *f;* **accumulo** [ak'ku:mulo] *m* **1.** (*accumulazione*) Anhäufung *f* **2.** (GEOL) Akkumulation *f*

accuratezza [akkura'tettsa] *f* Sorgfalt *f;* **accurato, -a** [akku'ra:to] *agg* akkurat

accusa [ak'ku:za] *f* **1.** (*attribuzione di colpa*) Anschuldigung *f* **2.** (JUR) Anklage *f;* **pubblica ~** Staatsanwaltschaft *f;* **accusare** [akku'za:re] *vt* **1.** (*incolpare*) beschuldigen; ~ **qu di qc** jdm etw vorwerfen **2.** (JUR) anklagen **3.** (*sentire*) ~ **mal di testa** über Kopfschmerz klagen

accusativo [akkuza'ti:vo] *m* (LING) Akkusativ *m*

accusato, -a [akku'za:to] *m, f* Angeklagte(r) *f(m);* **accusatore, -trice** [akkuza'to:re] *m, f* **1.** (*chi accusa*) Ankläger(in) *m(f)* **2.** (JUR) Kläger(in) *m(f);* (*magistrato*) Staatsanwalt *m,* -anwältin *f*

acerbo, -a [a'tʃɛrbo] *agg* sauer

acero ['a:tʃero] *m* Ahorn *m*

acetato [atʃe'ta:to] *m* Acetat *n*

aceto [a'tʃe:to] *m* Essig *m;* **cetriolini sott'~** Essiggurken *fpl;* **mettere sott'~** in Essig einlegen

acetone [atʃe'to:ne] *m* Aceton *n*

A.C.I. ['a:tʃi] *m abbr di* **Automobile Club d'Italia** ≈ ADAC *m*

aciclico, -a [a'tʃi:kliko] <-ci, -che> *agg* azyklisch

acidità [atʃidi'ta] <-> *f* Säure *f;* ~ **di stomaco** Sodbrennen *n*

acido ['a:tʃido] *m* Säure *f;* **resistente agli -i** säurebeständig

acido, -a *agg* sauer

acino ['a:tʃino] *m* (Wein)beere *f*

acne ['akne] *f* (MED) Akne *f*

acostituzionale [akostituttsio'na:le] *agg* verfassungswidrig

acqua ['akkua] *f* **1.** (*gener*) Wasser *n;* ~ **da bere** Trinkwasser *n;* ~ **di Colonia** Kölnischwasser *n;* ~ **dolce/salata** Süß-/Salzwasser *n;* ~ **alta** Hochwasser *n;* ~ **potabile/minerale** Trink-/Mineralwasser *n;* ~ **ossigenata** Wasserstoffsuperoxyd *n* **2.** *pl* Gewässer *npl;* (*termale*) Thermalquellen *fpl;* **navigare in cattive -e** (*fig*) in der Klemme sitzen **3.** (*loc*) **un buco nell'~** ein Schlag ins Wasser; ~ **in bocca!** still!; **è ormai ~ passata** das ist Schnee von gestern; **fare ~ da tutte le parti** überall undicht sein

acquaforte [akkua'fɔrte] <acqueforti> *f* Radierung *f*

acquamarina [akkuama'ri:na] <acquemarine> *f* Aquamarin *m*

acquapark [akkua'park] <-> *m* Aquapark *m* (*Schwimmbad mit angeschlossenem Freizeitpark*)

acquaragia [akkua'ra:dʒa] <-ge> *f* Terpentin *n*

acquario [ak'kua:rio] <-i> *m* **1.** (*edificio*) Aquarium *n* **2.** (ASTR) **Acquario** Wassermann *m;* **sono** (**dell'** [*o* **un**]) **Acquario** ich bin (ein) Wassermann

acquasanta [akkua'santa] *f* Weihwasser *n;* **essere come il diavolo e l'~** wie Hund und Katze sein

acquascivolo [akkua'ʃi:volo] *m* (Riesen-)Wasserrutsche *f*

acquatico, **-a** [ak'kua:tiko] <-ci, -che> *agg* Wasser-

acquavite [akkua'vi:te] *f* Schnaps *m;* **~ di vino** ≈ Weinbrand *m*

acquazzone [akkuat'tso:ne] *m* Wolkenbruch *m*

acquedotto [akkue'dɔtto] *m* Wasserleitung *f;* (HIST) Aquädukt *n*

acqueforti *pl di* **acquaforte**

acquemarine *pl di* **acquamarina**

acqueo, **-a** ['akkueo] <-ei, -ee> *agg* Wasser-; **vapore ~** Wasserdampf *m*

acquerello [akkuer'rɛllo] *m* Aquarell *n*

acquifero, **-a** [ak'kui:fero] *agg* wasserführend; **falda -a** Wasserader *f*

acquisire [akkui'zi:re] <acquisisco> *vt* erwerben; (*abitudine*) annehmen; **acquisizione** [akkuizit'tsio:ne] *f* Erwerb *m*

acquistare [akkuis'ta:re] **I.** *vt* (*a fig*) erwerben **II.** *vi* **~ in qc** an etw *dat* zunehmen; **~ in bellezza** schöner werden; **acquisto** [ak'kuisto] *m* (COM) Erwerb *m;* **~ in contanti/a rate** Bar-/Ratenkauf *m;* **fare -i** Einkäufe machen; **potere d'~** Kaufkraft *f*

acquitrino [akkui'tri:no] *m* Sumpf *m*

acquolina [akkuo'li:na] *f* **far venire a qu l'~ in bocca** jdm den Mund wäss(e)rig machen

acquoso, **-a** [ak'kuo:so] *agg* wäss(e)rig

acre ['a:kre] <più acre, acerrimo> *agg* herb

acrilico, **-a** [a'kri:liko] <-ci, -che> *agg* Acryl-

acrobata [a'krɔ:bata] <-i *m*, -e *f*> *mf* (Luft)akrobat(in) *m(f);* **acrobatico**, **-a** [akro'ba:tiko] <-ci, -che> *agg* akrobatisch; **acrobazia** [akrobat'tsi:a] <-ie> *f* akrobatische Übung

acustica [a'kustika] <-che> *f* Akustik *f;* **acustico**, **-a** [a'kustiko] <-ci, -che> *agg* **1.** (PHYS) akustisch; **vibrazione -a** Schallschwingung *f* **2.** (ANAT) Gehör-

acutangolo [aku'taŋgolo] *agg* spitzwink(e)lig

acuto, **-a** [a'ku:to] *agg* **1.** (*vista*) scharf; (*suono*) schrill **2.** (MED, LING) akut; **dolore ~** stechender Schmerz **3.** (ARCH) **arco a sesto ~** Spitzbogen *m*

ad [ad] *prp* = **a** *davanti a vocale; v.* **a**

adagiare [ada'dʒa:re] **I.** *vt* legen **II.** *vr* **-rsi** **1.** (*distendersi*) sich (hin)legen **2.** (*fig*) sich hingeben

adagio[1] [a'da:dʒo] *avv* langsam

adagio[2] <-gi> *m* (MUS) Adagio *n*

adattabile [adat'ta:bile] *agg* anpassungsfähig; **adattamento** [adatta'mento] *m* **1.** (*a fig*) Anpassung *f;* **spirito di ~** Anpassungsfähigkeit *f* **2.** (*di un'opera*) Bearbeitung *f;* **adattare** [adat'ta:re] **I.** *vt* **1.** (*conformare*) anpassen; **~ un abito a qu** jdm einen Anzug anpassen **2.** (*opera*) bearbeiten **II.** *vr* **-rsi** **1.** (*stare bene*) passen; **si adatta molto a lei** das passt gut zu ihr **2.** (*adeguarsi*) **-rsi** (**a qc**) sich (an etw *acc*) anpassen; **adatto**, **-a** [a'datto] *agg* geeignet

addebitare [addebi'ta:re] *vt* (COM) **~ qc a qu** jdn mit etw belasten; **addebito** [ad'de:bito] *m* (COM) Belastung *f;* **nota di ~** Lastschrift *f*

addensarsi [adden'sa:rsi] *vr* sich verdichten; (*folla*) zusammenströmen; (*nubi*) sich zusammenballen

addentare [adden'ta:re] *vt* mit den Zähnen packen

addentrarsi [adden'trarsi] *vr* eindringen; (*fig*) sich vertiefen; **addentro** [ad'dentro] *avv* im Inneren

addestramento [addestra'mento] *m* **1.** (*di persone*) Ausbildung *f* **2.** (*di animali*) Dressur *f;* (*di cani*) Abrichtung *f;* **addestrare** [addes'tra:re] *vt* **1.** (*persone*) ausbilden **2.** (*animali*) dressieren; (*cani*) abrichten; **addestratore**, **-trice** [addestra'to:re] *m, f* **1.** (*di persone*) Ausbilder(in) *m(f)* **2.** (*di animali*) Dresseur(in) *m(f)*

addetto, **-a** [ad'detto] **I.** *agg* **essere ~ a qc** für etw zuständig sein **II.** *m, f* Zuständige(r) *f(m);* **vietato l'ingresso ai non -i ai lavori**

Zutritt für Unbefugte verboten

addice *3. pers sing pr di* **addirsi**

addietro [ad'diɛ:tro] *avv* **1.** (*luogo*) zurück; **restare ~** zurückbleiben **2.** (*tempo*) früher; **anni ~** vor Jahren

addio[1] [ad'di:o] *int* adieu; (*fig*) aus (mit); **dire ~ al mondo** der Welt den Rücken kehren; **sono stato bocciato e ~ regalo!** ich habe nicht bestanden, und jetzt kann ich das Geschenk vergessen!

addio[2] <-ii> *m* Abschied *m;* **l'ultimo ~** das letzte Geleit

addirittura [addirit'tu:ra] *avv* sogar

addirsi [ad'dirsi] <si addice> *vr* (*impersonale*) **qc si addice a qu** etw passt zu jdm; **questo incarico non mi si addice** diese Aufgabe liegt mir nicht

additare [addi'ta:re] *vt* (mit dem Finger) zeigen auf *+acc*

additivo [addi'ti:vo] *m* (CHEM) Additiv *n*

additivo, -a *agg* Zusatz-

addizionale [addittsio'na:le] *agg* zusätzlich, außertourlich *A;* **addizionare** [addittsio'na:re] *vt* addieren; **addizione** [addit'tsio:ne] *f* Addition *f*

addobbare [addob'ba:re] *vt* schmücken; **addobbo** [ad'dɔbo] *m* Schmuck *m*

addolcire [addol'tʃi:re] <addolcisco> *vt* **1.** (*con zucchero*) süßen **2.** (*fig*) mildern

addolorarsi [addolo'ra:rsi] *vr* **~ per qc** sich über etw *acc* grämen

addome [ad'dɔ:me] *m* Unterleib *m*

addomesticare [addomesti'ka:re] *vt* (*a fig*) zähmen

addominale [addomi'na:le] *agg* Unterleib(s)-

addormentare [addormen'ta:re] **I.** *vt* **1.** (*far dormire*) zum Schlafen bringen **2.** (MED) betäuben **II.** *vr* **-rsi** einschlafen; **mi si è addormentata la mano** mir ist die Hand eingeschlafen; **addormentato, -a** [addormen'ta:to] *agg* **1.** (*che dorme*) schlafend **2.** (*fig: sonnacchioso*) verschlafen; (*fiacco*) lahm

addossare [addos'sa:re] **I.** *vt* **1.** (*accostare*) anrücken; (*appoggiare*) anlehnen **2.** (*fig*) aufbürden; (*colpa*) anlasten **II.** *vr* **-rsi 1.** (*appoggiarsi*) sich anlehnen **2.** (*fig*) auf sich nehmen

addosso [ad'dɔsso] **I.** *avv* am Leib; (*fig*) bei sich *+dat;* **avere ~** (*vestito*) anhaben; **avere il diavolo ~** (*fig*) den Teufel im Leib haben; **piangersi ~** (*fig*) sich selbst bemitleiden; **farsela ~** (*vulg*) (sich *dat*) in die Hosen scheißen; **levarsi qu d'~** (*fig*) sich *dat* jdn vom Halse schaffen **II.** *prp* **~ a** (*stato*) neben *+dat;* (*moto*) neben *+acc;* **mettere le mani ~ a qu** Hand an jdn legen

addurre [ad'durre] <adduco, addussi, addotto> *vt* vorbringen

adeguare [ade'gua:re] **I.** *vt* angleichen **II.** *vr* **-rsi a qc** sich an etw *acc* anpassen; **adeguato, -a** [ade'gua:to] *agg* angemessen

adempi(e)re [a'dempi(e)re] <adempio, adempii, adempiuto> **I.** *vt* (*dovere, desiderio*) erfüllen; (*promessa*) halten **II.** *vr* **-rsi** sich erfüllen

aderente [ade'rɛnte] **I.** *agg* haftend; (*vestito*) eng anliegend **II.** *mf* Anhänger(in) *m(f)*

aderire [ade'ri:re] <aderisco> *vi* **1.** (*rimanere a contatto*) haften **2.** (*fig: essere d'accordo*) zustimmen; (*entrare a far parte*) beitreten

adescare [adesk'ka:re] *vt* (*a fig*) ködern

adesione [ade'zio:ne] *f* (*fig: consenso*) Zustimmung *f;* (*iscrizione*) Beitritt *m*

adesivo [ade'zi:vo] *m* Aufkleber *m,* Pickerl *n A*

adesivo, -a *agg* klebend; **nastro ~** Klebeband *n*

adesso [a'dɛsso] *avv* **1.** (*ora*) jetzt; **per ~** jetzt (erst einmal) **2.** (*poco fa*) gerade (eben) **3.** (*tra poco*) (jetzt) gleich

adiacente [adia'tʃɛnte] *agg* anliegend

adibire [adi'bi:re] <adibisco> *vt* **~ qc a qu** etw für jdn vorsehen

Adige ['a:didʒe] *m* Etsch *f;* **Alto ~** Südtirol *n*

adiposo, -a [adi'po:so] *agg* fetthaltig

adirarsi [adi'rarsi] *vr* **~ con qu** jdm zürnen; **adirato, -a** [adi'ra:to] *agg* erzürnt

adire [a'di:re] <adisco> *vt* **~ le vie legali** den Rechtsweg beschreiten

adito ['a:dito] *m* (*fig*) **dare ~ a qc** Anlass zu etw geben

adocchiare [addok'kia:re] *vt* erblicken

adolescente [adoleʃ'ʃɛnte] **I.** *agg* jung; (*immaturo*) unreif **II.** *mf* Teenager *mf;* **adolescenza** [adoleʃ'ʃɛntsa] *f* Jugend *f;* **adolescenziale** [adoleʃʃen'tsia:le] *agg* pubertär

adombrarsi [adom'bra:rsi] *vr* stutzig werden

adoperabile [adope'ra:bile] *agg* brauch-

bar; **adoperare** [adope'ra:re] **I.** *vt* benutzen; (*tempo*) nutzen; ~ **le mani** schlagen **II.** *vr* **-rsi per qu** sich für jdn einsetzen
adorabile [ado'ra:bile] *agg* bezaubernd; **adorare** [ado'ra:re] *vt* **1.**(*venerare*) anbeten **2.**(*amare*) lieben; **adoratore, -trice** [adora'to:re] *m, f* **1.**(REL) Anbeter(in) *m(f)* **2.**(*ammiratore*) Verehrer(in) *m(f)*; **adorazione** [adorat'tsio:ne] *f* Anbetung *f*
adornare [ador'na:re] **I.** *vt* schmücken **II.** *vr* **-rsi** sich schmücken; **adorno, -a** [a'dorno] *agg* geschmückt
adottare [adot'ta:re] *vt* **1.**(*figlio*) adoptieren **2.**(*metodo*) anwenden; (*provvedimenti*) ergreifen; **adottivo, -a** [adot'ti:vo] *agg* **1.**(*familiare*) Adoptiv- **2.**(*fig*) Wahl-; **adozione** [adot'tsio:ne] *f* **1.**(JUR) Adoption *f* **2.**(*fig*) Wahl *f*; **patria di** ~ Wahlheimat *f*
adrenalina [adrena'li:na] *f* Adrenalin *n*
Adriatico [adri'a:tiko] *m* Adria *f*
adriatico, -a <-ci, -che> *agg* adriatisch; **il Mare Adriatico** die Adria
adulare [adu'la:re] *vt* ~ **qu** jdm schmeicheln; **adulatore, -trice** [adula'to:re] *m, f* Schmeichler(in) *m(f)*
adulterino, -a [adulte'ri:no] *agg* (JUR) unehelich; **adulterio** [adul'tɛ:rio] <-i> *m* Ehebruch *m*; **adultero, -a** [a'dultero] *agg* ehebrecherisch
adulto, -a [a'dulto] **I.** *agg* erwachsen **II.** *m, f* Erwachsene(r) *f(m)*
adunanza [adu'nantsa] *f* Versammlung *f*; **adunare** [adu'na:re] **I.** *vt* versammeln **II.** *vr* **-rsi** sich versammeln; **adunata** [adu'na:ta] *f* **1.**(MIL) Appell *m* **2.**(*persone riunite*) Versammlung *f*
advertising [ædvə:'taiziŋ] *m* Advertising *n*
aerare [ae'ra:re] *vt* lüften; **aerazione** [aerat'tsio:ne] *f* Lüftung *f*
aereo [a'ɛ:reo] <-ei> *m* Flugzeug *n*
aereo, -a <-ei, -ee> *agg* Luft-; **compagnia -a** Fluggesellschaft *f*; **aeriforme** [aeri'forme] *agg* gasförmig
aerobica [ae'rɔ:bika] *f* Aerobic *n*
aerobus ['a:erobus] <-> *m* Airbus *m*
aerodinamica [aerodi'na:mika] *f* Aerodynamik *f*; **aerodinamico, -a** [aerodi'na:miko] <-ci, -che> *agg* aerodynamisch; **aerodromo** [ae'rɔ:dromo] *m* Flugplatz *m*; **aerofotografia** [aerofotogra'fi:a] *f* Luftaufnahme *f*; **aerogiro** [aero'dʒi:ro] *m* (AERO) Drehflügler *m*; **aerolinea** [aero'li:nea] *f* Luftlinie *f*; **aeromobile** [aero'mɔ:bile] *m* Luftfahrzeug *n*; **aeromodello** [aeromo'dɛllo] *m* Modellflugzeug *n*; **aeronautica** [aero'na:utika] *f* Luftfahrt *f*; ~ **militare** Luftwaffe *f*; **aeroplano** [aero'pla:no] *m* Flugzeug *n*; ~ **da caccia/ricognizione/turismo** Jagd-/Aufklärungs-/Charterflugzeug *n*; **aeroporto** [aero'pɔrto] *m* Flughafen *m*; **aeroportuale** [aeroportu'a:le] *agg* Flughafen-; **tassa** ~ Flughafengebühr *f*; **aeropostale** [aeropos'ta:le] *m* Postflugzeug *n*; **aerospazio** [aero'spattsio] *m* Weltraum *m*; **aerostato** [ae'rɔstato] *m* Heißluftballon *m*; **aerostazione** [aerostat'tsio:ne] *f* Terminal *n o m*; **aero-taxi** [aero'taksi] <-> *m* Lufttaxi *n*; **aerotecnica** [aero'tɛknika] *f* Luftfahrttechnik *f*; **aerotrasporto** [aerotras'pɔrto] *m* Lufttransport *m*
afa ['a:fa] *f* Schwüle *f*; **c'è** ~ es ist schwül
affabile [af'fa:bile] *agg* liebenswürdig; **affabilità** [affabili'ta] <-> *f* Liebenswürdigkeit *f*
affabulare [affabu'la:re] *vt* fabulieren
affaccendarsi [affattʃen'darsi] *vr* sich *dat* zu schaffen machen
affacciarsi [affat'tʃa:rsi] *vr* sich (in der Tür [*o* am Fenster]) zeigen; ~ **alla mente** (*fig*) durch den Kopf gehen
affamato, -a [affa'ma:to] *agg* hungrig
affannare [affan'na:re] **I.** *vt* beunruhigen **II.** *vr* **-rsi** **1.**(*provare affanno*) keuchen **2.**(*fig*) sich abmühen; **affanno** [af'fanno] *m* **1.**(*difficoltà di respiro*) Atemnot *f* **2.**(*fig*) Sorge *f*
affare [af'fa:re] *m* **1.**(*faccenda*) Angelegenheit *f*; ~ **da nulla** Kleinigkeit *f*; **non è** ~ **tuo!** das geht dich nichts an!; **bell'**~ **hai combinato!** da hast du was Schönes angerichtet! **2.**(COM) Geschäft *n*; **per -i** geschäftlich; **uomo d'-i** Geschäftsmann *m*; **fare un** ~ **d'oro** ein Bombengeschäft machen **3.**(*fam*) Dings(da) *n* **4.** *pl* Angelegenheiten *fpl*; **Ministero degli Affari esteri** Auswärtiges Amt; **-i di stato** Staatsangelegenheiten *fpl* **5.**(*loc*) **donna di mal** ~ Freudenmädchen *n*; **affarista** [affa'rista] <-i *m*, -e *f*> *mf* (*pej*) Geschäftemacher(in) *m(f)*; **affarone** [affa'ro:ne] *m* (*fam*) Bombengeschäft *n*
affascinante [affaʃʃi'nante] *agg* faszinierend; **affascinare** [affaʃʃi'na:re] *vt* faszi-

A

nieren

affaticare [affati'ka:re] **I.** *vt* anstrengen **II.** *vr* **-rsi** sich anstrengen

affatto [af'fatto] *avv* ganz und gar; **niente ~** (ganz und) gar nicht

affermare [affer'ma:re] **I.** *vt* **1.** (*dire di sì*) bejahen **2.** (*sostenere*) behaupten **II.** *vr* **-rsi** sich behaupten; **affermativo, -a** [afferma'ti:vo] *agg* bejahend; **affermazione** [affermat'tsio:ne] *f* **1.** (*asserzione*) Bejahung *f* **2.** (*successo*) Bestätigung *f*

afferrare [affer'ra:re] *vt* **1.** (*prendere*) (er)greifen **2.** (*fig: occasione*) ergreifen; (*senso, idea*) begreifen

Aff. Est. *abbr di* (**Ministero degli**) **Affari Esteri** ≈ AA

affettare [affet'ta:re] *vt* in Scheiben schneiden; **affettato** [affet'ta:to] *m* Aufschnitt *m;* **affettatrice** [affetta'tri:tʃe] *f* (*per affettati*) Wurstschneidemaschine *f;* (*per pane*) Brotmaschine *f*

affettivo, -a [affet'ti:vo] *agg* gefühlsbetont; **affetto** [af'fɛtto] *m* Zuneigung *f;* **avere ~ per qu** jdn gern haben; **ti saluto con ~** ich grüße dich herzlich

affetto, -a *agg* betroffen

affettuoso, -a [affettu'o:so] *agg* liebevoll; (*cordiale*) herzlich

affezionarsi [affettsio'na:rsi] *vr* Zuneigung fassen; **~ a qu/qc** jdn/etw lieb gewinnen; **affezionato, -a** [affezio'na:to] *agg* zugetan; **affezione** [affet'tsio:ne] *f* **1.** (*sentimento*) Zuneigung *f* **2.** (MED) Leiden *n*

affiancare [affiaŋ'ka:re] **I.** *vt* **1.** (*mettere a lato*) zur Seite stellen; **~ qc a qc** etw neben etw stellen **2.** (*fig: sostenere*) (unter)stützen **II.** *vr* **-rsi a qu** sich an jds Seite begeben

affiatarsi [affia'ta:rsi] *vr* sich vertraut machen; (MUS, SPORT) sich aufeinander einspielen

affibbiare [affib'bia:re] *vt* (*fig*) anhängen; (*colpa*) in die Schuhe schieben; (*multa*) geben

affidabile *agg* vertrauenswürdig

affidabilità [affidabili'ta] <-> *f* Zuverlässigkeit *f*

affidamento [affida'mento] *m* Anvertrauen *n;* **fare ~ su qu** sich auf jdn verlassen; **affidare** [affi'da:re] **I.** *vt* **~ qc** (**a qu**) (jdm) etw anvertrauen **II.** *vr* **-rsi** sich anvertrauen; **-rsi a qu** sich auf jdn verlassen

affido [af'fi:do] *m* Pflege *f* (von Minderjährigen); **dare/prendere un bambino in ~** ein Kind in Pflege geben/nehmen

affievolire [affievo'li:re] <affievolisco> **I.** *vt* (ab)schwächen **II.** *vr* **-rsi** schwächer werden

affiggere [af'fiddʒere] <affiggo, affissi, affisso> *vt* anschlagen

affilare [affi'la:re] *vt* (*coltello*) schleifen; (*matita*) (an)spitzen; **affilato, -a** [affi'la:to] *agg* (*lama*) geschärft; (*matita*) gespitzt; (*volto*) schmal

affiliare [affi'lia:re] **I.** *vt* aufnehmen **II.** *vr* **-rsi** beitreten

affinché [affiŋ'ke] *cong +conj* damit

affine [af'fi:ne] *agg* ähnlich; **affinità** [affini'ta] <-> *f* Ähnlichkeit *f;* **~ elettiva** Wahlverwandtschaft *f*

affiorare [affio'ra:re] *vi essere* (*a fig*) auftauchen

affissi [af'fissi] *1. pers sing pass rem di* **affiggere**; **affissionale** [affissio'na:le] *agg* anschlagbar; **pubblicità ~** Plakatwerbung *f;* **affissione** [affis'sio:ne] *f* Anschlag *m;* **divieto d'~** Plakatankleben verboten

affisso[1] [af'fisso] *pp di* **affiggere**

affisso[2] *m* **1.** (*manifesto*) Aushang *m* **2.** (ARCH) Trennwand *f* **3.** (LING) Affix *n*

affittacamere [affitta'ka:mere] <-> *mf* Zimmervermieter(in) *m(f);* **affittare** [affit'ta:re] *vt* **1.** (*dare in affitto*) vermieten; **affittasi ...** ... zu vermieten **2.** (*prendere in affitto*) mieten; **affitto** [af'fitto] *m* Miete *f;* **dare/prendere in ~** vermieten/mieten

affliggere [af'fliddʒere] <affliggo, afflissi, afflitto> **I.** *vt* quälen **II.** *vr* **-rsi** sich quälen; **afflizione** [afflit'tsio:ne] *f* (*abbattimento*) Betrübnis *f*

afflosciarsi [afflo∫'∫a:rsi] *vr* erschlaffen

affluente [afflu'ɛnte] *m* Nebenfluss *m*

affluenza [afflu'ɛntsa] *f* **1.** (*di liquidi*) Zufluss *m* **2.** (*di persone*) Andrang *m*

affluire [afflu'i:re] <affluisco> *vi essere* **1.** (*liquidi*) zufließen **2.** (*persone*) zusammenströmen; **afflusso** [af'flusso] *m* **1.** (*di liquidi*) Zufluss *m* **2.** (*di persone*) Zustrom *m* **3.** (COM) **l'~ di capitali all'estero** Devisenabfluss *m*

affogare [affo'ga:re] **I.** *vt* ertränken **II.** *vi essere* ertrinken; **~ in un bicchier d'acqua** (*fig*) über einen Strohhalm stolpern; **~ nei debiti** (*fig*) bis zum Hals in Schulden stecken; **~ nell'oro** (*fig*) im Geld schwimmen;

affogato, -a [affo'ga:to] *agg* **1.** (*annegato*) ertrunken; **morire** ~ ertrinken **2.** (GASTR) **gelato** ~ Eisbecher mit Likör

affollarsi [affol'la:rsi] *vr* zusammenströmen

affondare [affon'da:re] **I.** *vt* versenken **II.** *vi essere* versinken

affrancare [affraŋ'ka:re] *vt* frankieren

affranto, -a [af'franto] *agg* erschöpft

affresco [af'fresko] <-schi> *m* Fresko *n*

affrettare [affret'ta:re] **I.** *vt* beschleunigen **II.** *vr* **-rsi** sich beeilen; **affrettato, -a** [affret'ta:to] *agg* eilig; (*decisione*) voreilig

affrontare [affron'ta:re] *vt* ~ **qu/qc** jdm/etw entgegentreten; ~ **un pericolo** der Gefahr ins Auge blicken; ~ **un problema** ein Problem in Angriff nehmen; ~ **una situazione** sich einer Situation stellen; ~ **le spese** die Kosten auf sich nehmen

affronto [af'fronto] *m* Beleidigung *f;* **fare un** ~ **a qu** jdn beleidigen

affumicare [affumi'ka:re] *vt* räuchern, selchen *A;* **affumicato, -a** [affumi'ka:to] *agg* geräuchert

affusolato, -a [affuso'la:to] *agg* spindelförmig

Afghanistan [afganis'tan] *m* **l'**~ Afghanistan *n;* **afghano, -a** [af'ga:no] **I.** *agg* afghanisch **II.** *m, f* Afghane *m,* Afghanin *f*

afoso, -a [a'fo:so] *agg* schwül

Africa ['a:frika] *f* Afrika *n;* **africano, -a** [afri'ka:no] **I.** *agg* afrikanisch **II.** *m, f* Afrikaner(in) *m(f)*

afrodisiaco [afrodi'zi:ako] <-ci> *m* Aphrodisiakum *n*

aftershave <-> *m* Rasierwasser *n*

agenda [a'dʒɛnda] *f* **1.** (*libretto*) Notizbuch *n* **2.** (INFORM) Organizer *m;* ~ **elettronica** elektronisches Notizbuch

agente [a'dʒɛnte] **I.** *agg* wirkend **II.** *mf* **1.** (*di polizia*) Agent(in) *m(f);* ~ **segreto** Geheimagent(in) *m(f);* ~ **investigativo** Detektiv(in) *m(f)* **2.** (COM) Agent(in) *m(f);* ~ **di assicurazione** Versicherungsagent(in) *m(f);* ~ **di commercio** Handelsvertreter(in) *m(f);* ~ **immobiliare** Immobilienmakler(in) *m(f)* **III.** *m* (MED, LING, CHEM) Agens *n;* **-i cancerogeni** krebserregende Stoffe; ~ **inquinante** Schadstoff *m*

agenzia [adʒen'tsi:a] <-ie> *f* Agentur *f;* (*filiale*) Filiale *f;* ~ **stampa** Presseagentur *f;* ~ **viaggi** Reisebüro *n*

agevolare [adʒevo'la:re] *vt* erleichtern; **agevolazione** [agevolat'tsio:ne] *f* Erleichterung *f*

agevole [a'dʒe:vole] *agg* leicht

agganciare [aggan'tʃa:re] *vt* **1.** (*vagoni*) anhängen **2.** (*vestiti*) zuhaken; (*cintura*) zuschnallen **3.** (*fig*) abfangen; **aggancio** [ag'gantʃo] <-ci> *m* **1.** (*collegamento*) Kopp(e)lung *f* **2.** (*fig*) Ansatzpunkt *m*

aggeggio [ad'dʒeddʒo] <-ggi> *m* Ding *n*

aggettivo [addʒet'ti:vo] *m* (LING) Adjektiv *n*

agghiacciarsi [aggiat'tʃa:rsi] *vr* gefrieren

agghindare [aggin'da:re] **I.** *vt* herausputzen **II.** *vr* **-rsi** sich herausputzen

aggiogare [addʒo'ga:re] *vt* **1.** (*tori*) ins Joch spannen **2.** (*fig*) unterjochen

aggiornamento [addʒorna'mento] *m* **1.** (*perfezionamento*) Fortbildung *f* **2.** (*rinvio*) Vertagung *f* **3.** (*appendice di un'enciclopedia*) Ergänzungsband *m;* **aggiornare** [addʒor'na:re] **I.** *vt* **1.** (*mettere a giorno*) auf den neuesten Stand bringen **2.** (*rinviare*) vertagen **II.** *vr* **-rsi** sich fortbilden

aggirare [addʒ'ra:re] **I.** *vt* **1.** (*circondare*) einkreisen **2.** (*fig*) umgehen **II.** *vr* **-rsi** **1.** (*andare attorno*) sich herumtreiben; ~ **intorno a qc** um etw kreisen **2.** (*approssimarsi*) in etwa betragen; **il prezzo s'aggira sul milione** der Preis bewegt sich um eine Million

aggiudicare [addʒudi'ka:re] **I.** *vt* ~ **qc** (**a qu**) etw (an jdn) vergeben **II.** *vr* **-rsi** erlangen

aggiungere [ad'dʒundʒere] <irr> **I.** *vt* hinzufügen **II.** *vr* **-rsi** hinzukommen

aggiunta [ad'dʒunta] *f* Zusatz *m,* Zugabe *f*

aggiunto, -a [ad'dʒunto] **I.** *pp di* **aggiungere** **II.** *agg* Hilfs-; (*medico*) Assistenz-

aggiustare [addʒus'ta:re] **I.** *vt* **1.** (*riparare*) reparieren; (*vestito*) ausbessern **2.** (*diverbio*) beilegen **3.** (FIN) begleichen **4.** (*loc*) ~ **qu per le feste** (*fig*) jdn böse zurichten **II.** *vr* **-rsi** **1.** (*venire ad un accomodamento*) sich einigen **2.** (*fam*) sich einrichten; **aggiustatura** [addʒusta'tu:ra] *f* Reparatur *f*

agglomerare [agglome'ra:re] **I.** *vt* zusammenballen **II.** *vr* **-rsi** sich zusammenballen; **agglomerato** [agglome'ra:to] *m* Siedlung *f*

aggomitolare [aggomito'la:re] **I.** *vt* aufwickeln **II.** *vr* **-rsi** sich zusammenrollen

aggradare [aggra'da:re] *vi* (*poet*) belieben

aggrapparsi [aggrap'pa:rsi] *vr* ~ (**a qu/qc**) (*a fig*) sich (an jdn/etw) klammern
aggravare [aggra'va:re] **I.** *vt* verschlimmern **II.** *vr* **-rsi** sich verschlimmern
aggravio [ag'gra:vio] <-i> *m* Belastung *f;* ~ **fiscale** Steuerlast *f*
aggraziare [aggrat'tsia:re] **I.** *vt* verfeinern **II.** *vr* **-rsi qu** jds Gunst erlangen; **aggraziato, -a** [aggra'tsia:to] *agg* anmutig
aggredire [aggre'di:re] <aggredisco> *vt* (*a fig*) angreifen
aggreditrice *f v.* **aggressore**
aggregare [aggre'ga:re] **I.** *vt* angliedern **II.** *vr* **-rsi** (**a qu/qc**) sich (jdm/etw) angliedern
aggregato [aggre'ga:to] *m* Aggregat *n*
aggregato, -a *agg* zusätzlich; **aggregazione** [aggregat'tsio:ne] *f* Aggregation *f*
aggressione [aggres'sio:ne] *f* Überfall *m;* **patto di non** ~ Nichtangriffspakt *m;* **aggressività** [aggressivi'ta] <-> *f* Aggressivität *f;* **aggressivo, -a** *agg* aggressiv; **aggressore, aggreditrice** [aggres'so:re, aggredi'tri:tʃe] *m, f* Angreifer(in) *m(f)*
aggrinzire [aggrin'tsi:re] **I.** *vt* runzeln **II.** *vr* **-rsi** sich runzeln
aggrottare [aggrot'ta:re] *vt* (*fronte, sopracciglia*) runzeln
aggrovigliare [aggroviʎ'ʎa:re] **I.** *vt* verwickeln **II.** *vr* **-rsi** (*fig*) sich verwickeln
agguantare [agguan'ta:re] *vt* fassen
agguato [ag'gua:to] *m* Hinterhalt *m;* **stare in** ~ auf der Lauer liegen; **tendere un** ~ **a qu** jdm eine Falle stellen
aghiforme [agi'forme] *agg* nadelförmig
agiatezza [adʒa'tettsa] *f* Wohlstand *m;* **agiato, -a** [a'dʒa:to] *agg* wohlhabend
agibile [a'dʒi:bile] *agg* benutzbar
agile ['a:dʒile] *agg* **1.** (*di movimento*) gewandt **2.** (*fig*) wendig; **agilità** [adʒili'ta] <-> *f* **1.** (*facilità di movimento*) Gelenkigkeit *f* **2.** (*fig*) Wendigkeit *f*
agio ['a:dʒo] <-gi> *m* **1.** (*comodo*) Behaglichkeit *f;* **trovarsi a proprio** ~ sich wohl fühlen; **mettiti a tuo ~!** mach es dir bequem! **2.** *pl* Annehmlichkeiten *fpl*
A.G.I.P. ['a:dʒip] *f acro di* **Azienda Generale Italiana Petroli** *italienische Mineralölverwaltung*
agire [a'dʒi:re] <agisco> *vi* **1.** (*operare*) handeln **2.** (*veleno*) wirken
agitare [adʒi'ta:re] **I.** *vt* **1.** (*scuotere*) schütteln; ~ **prima dell'uso** vor Gebrauch schütteln **2.** (*fig*) erregen **II.** *vr* **-rsi 1.** (*mare*) aufgewühlt sein **2.** (*fig*) unruhig werden; **agitato, -a** [adʒi'ta:to] *agg* **1.** (*mosso*) unruhig; (*mare, discussione*) bewegt **2.** (*fig: eccitato*) aufgeregt; **agitazione** [adʒitat'tsio:ne] *f* **1.** (*turbamento*) Unruhe *f;* **mettere in** ~ in Aufregung versetzen **2.** (POL) Aufruhr *m*
agli ['aʎʎi] *prp* = **a + gli** *v.* **a**
aglio ['aʎʎo] <-gli> *m* Knoblauch *m*
agnello [aɲ'ɲɛllo] *m* Lamm *n*
agnolotti [aɲɲo'lɔtti] *mpl mit Fleisch gefüllte Nudeltaschen*
agnostico, -a [aɲ'ɲɔstiko] <-ci, -che> *m, f* Agnostiker(in) *m(f)*
ago ['a:go] <-ghi> *m* Nadel *f;* (*di bilancia*) Zeiger *m;* **cercare un** ~ **in un pagliaio** (*fig*) eine Stecknadel im Heuhaufen suchen
agonia [ago'ni:a] <-ie> *f* Agonie *f*
agonismo [ago'nizmo] *m* Wetteifer *m;* **agonistico, -a** [ago'nistiko] <-ci, -che> *agg* kämpferisch
agonizzare [agonid'dza:re] *vi* im Sterben liegen
agopressione [agopres'sio:ne] *f* Akupressur *f;* **agopuntura** [agopun'tu:ra] *f* Akupunktur *f*
agosto [a'gosto] *m* August *m; v. a.* **aprile**
agraria [a'gra:ria] *f* Agrarwissenschaft *f;* **agrario, -a** [a'gra:rio] <-i, -ie> *agg* Agrar-
agricolo, -a [a'gri:kolo] *agg* landwirtschaftlich
agricoltore [agrikol'to:re] *m* Landwirt *m;* **agricoltura** [agrikol'tu:ra] *f* Landwirtschaft *f*
agrifoglio [agri'fɔʎʎo] *m* Stechpalme *f*
agrigentino, -a [agridʒen'ti:no] **I.** *agg* aus Agrigent stammend **II.** *m, f* Bewohner(in) *m(f)* Agrigents
Agrigento *f* Agrigent *n* (*Stadt in Sizilien*)
agrimensore [agrimen'so:re] *m* Vermessungsingenieur(in) *m(f)*
agriturismo [agritu'rizmo] *m* Ferien *pl* auf dem Bauernhof; **agriturista** [agritu'rista] <-i *m,* -e *f*> *mf* Tourist(in) *m(f)* in landwirtschaftlichen Betrieben; **agrituristico, -a** [agritu'ristiko] <-ci, -che> *agg* agrartouristisch; **azienda -a** *Bauernhof, der Zimmer an Feriengäste vermietet*
agro ['a:gro] *m* (GASTR) **all'~** sauer eingelegt
agro, -a ['a:gro] *agg* **1.** (*sapore*) sauer; **in** ~

(GASTR) säuerlich eingelegt **2.** (*fig*) herb

agroalimentare [agroalimen'taːre] *agg* Agrar- und Nahrungsmittel-; **agrodolce** [agro'doltʃe] *agg* süß-sauer

agronomia [agrono'miːa] <-ie> *f* Agronomie *f;* **agronomo**, **-a** [a'grɔːnomo] *m, f* Agronom(in) *m(f)*

agrume [a'gruːme] *m* **1.** (*frutto*) Zitrusfrucht *f* **2.** (*pianta*) Zitruspflanze *f*

aguzzare [agut'tsaːre] *vt* **1.** (*rendere appuntito*) (zu)spitzen **2.** (*fig: appetito*) wecken; (*ingegno, vista*) schärfen; (*orecchie*) spitzen; **aguzzo**, **-a** [a'guttso] *agg* spitz

ah [a] *int* ach

ahi(a) ['aːi(a)] *int* au(a)

ahimè [ai'mɛ] *int* oje

ai ['aːi] *prp* = **a** + **i** *v.* **a**

aia ['aːia] <aie> *f* Tenne *f;* **menare il can per l'**~ etw auf die lange Bank schieben

AIDO *f acro di* **Associazione Italiana Donatori Organi** *Italienische Organspendervereinigung*

AIDS *m acro di* **Acquired Immune Deficiency Syndrome** AIDS *n*

aie *pl di* **aia**

A.I.G. ['aːig] *f abbr di* **Associazione Italiana Alberghi per la Gioventù** ≈ DJH *n*

AIIP *f acro di* **Associazione Italiana Internet Providers** *Vereinigung italienischer Internetanbieter*

aiola [a'iɔːla] *f* Beet *n*

air bag [ɛə bæg] <-> *m* (AUTO) Airbag *m;* ~ **laterale** Seitenairbag *m*

airbus ['ɛəbʌs] <-> *m* (AERO) Airbus *m*

AIRC *f acro di* **Associazione Italiana per la Ricerca sul Cancro** *Italienische Krebsforschungsgesellschaft*

airone [ai'roːne] *m* Reiher *m*

AISM *f acro di* **Associazione Italiana per la Sclerosi Multipla** *Italienische Multiple Sklerose-Vereinigung*

aitante [ai'tante] *agg* mannhaft

aiuola [a'iuɔːla] *v.* **aiola**

aiutare [aiu'taːre] *vt* ~ **qu** jdm helfen; **aiuto** [a'iuːto] *m* **1.** (*assistenza*) Hilfe *f;* ~**!** Hilfe!; **correre in** ~ zu Hilfe eilen; **essere di** ~ **a qu** jdm behilflich sein **2.** (*collaboratore*) Assistent(in) *m(f)*

aizzare [ait'tsaːre] *vt* aufhetzen, aufhussen *A*

al [al] = **a** + **il** *v.* **a**

ala ['aːla] <-i> *f* **1.** (*di uccello*) Flügel *m;* (AERO) Tragfläche *f;* **abbassare le -i** (*fig*) die Flügel hängen lassen; **in un batter d'-i** (*fig*) im Nu; **essere sotto le -i di qu** (*fig*) unter jds Fittichen sein **2.** (SPORT) ~ **destra/sinistra** rechter/linker Flügel

alabastro [ala'bastro] *m* Alabaster *m*

à la coque [a la 'kɔk] <inv> *agg* **uovo** ~ weich(gekocht)es Ei

alacre ['aːlakre] *agg* munter

alambicco [alam'bikko] <-cchi> *m* Destillierkolben *m*

alano [a'laːno] *m* Dogge *f*

alare [a'laːre] *agg* Flügel-; **apertura** ~ Spannweite *f*

alba ['alba] *f* Morgendämmerung *f;* **all'**~ bei Tagesanbruch

albanese [alba'neːse] **I.** *agg* albanisch **II.** *mf* Albaner(in) *m(f)*

Albania [alba'niːa] *f* Albanien *n*

albatro ['albatro] *m* Albatros *m*

albeggiare [albed'dʒaːre] <albeggia> *vi essere* dämmern

alberato, **-a** [albera'ːto] *agg* baumbestanden

albergare [alber'gaːre] *vi* unterkommen; **albergatore**, **-trice** [alberga'toːre] *m, f* Hotelier *m;* **alberghiero**, **-a** [alber'giɛːro] *agg* Hotel-; **albergo** [al'bɛrgo] <-ghi> *m* Hotel *n;* ~ **per la gioventù** Jugendherberge *f*

albero ['albero] *m* **1.** (BOT) Baum *m;* ~ **di Natale** Weihnachtsbaum *m* **2.** (NAUT) Mast *m* **3.** (TEC) Welle *f;* ~ **motore** Antriebswelle *f* **4.** (*loc*) ~ **della cuccagna** Maibaum *m;* ~ **genealogico** Stammbaum *m*

albicocca [albi'kɔkka] <-cche> *f* Aprikose *f,* Marille *f A;* **albicocco** [albi'kɔkko] <-cchi> *m* Aprikosenbaum *m,* Marillenbaum *m A*

albino, **-a** [al'biːno] *m, f* Albino *m*

albo ['albo] *m* Register *n;* ~ **dei medici** Ärzteregister *n*

albore [al'boːre] *m gener al pl* Anfänge *mpl*

album ['album] <-> *m* Album *n*

albume [al'buːme] *m* Eiweiß *n,* Eiklar *n A;* **albumina** [albu'miːna] *f* Albumin *n*

alcalino, **-a** [alca'liːno] *agg* alkalisch

alce ['altʃe] *f* Elch *m*

alchimia [alki'miːa] *f* Alchimie *f;* **alchimista** [alki'mista] <-i *m,* -e *f*> *mf* Alchimist(in) *m(f)*

alco(o)l ['alko(o)l] <-> *m* Alkohol *m*

alco(o)lico [alko'ɔːliko] <-ci> *m* Spirituose *f*

alco(o)lico, -a <-ci, -che> *agg* alkoholisch

alco(o)lismo [alko'lizmo] *m* Alkoholismus *m*

alco(o)lizzato, -a [alkolid'dzaːto] *m, f* Alkoholiker(in) *m(f)*

alco(o)ltest [alkoɔːl'tɛst] <-> *m* Alkoholtest *m*

alcova [al'kɔːva] *f* Alkoven *m*

alcun, alcun' [al'kun] *v.* **alcuno**

alcuno, -a [al'kuːno] **I.** *agg* etwas; **senza alcun riguardo** ohne jede Rücksicht **II.** *pron indef* (manch) eine(r, s)

aldilà [aldi'la] <-> *m* Jenseits *n*

alé [a'le] *int (fam)* los; **alé oh oh!** Ole, ole, ole!

aleggiare [aled'dʒaːre] *vi* wehen

aletta [a'letta] *f* Flügel *m*

alfa ['alfa] <-> *f* Alpha *n*

alfabetico, -a [alfa'bɛːtiko] <-ci, -che> *agg* alphabetisch; **alfabetizzare** [alfabetid'dzaːre] *vt* alphabetisieren; **alfabeto** [alfa'bɛːto] *m* Alphabet *n*

alfanumerico, -a [alfanu'mɛːriko] <-ci, -che> *agg* (INFORM) alphanumerisch

alfiere [al'fiɛːre] *m* **1.** (*portabandiera*) Fahnenträger *m* **2.** (*negli scacchi*) Läufer *m*

alfine [al'fiːne] *avv* schließlich

alga ['alga] <-ghe> *f* Alge *f*

algebra ['aldʒebra] *f* Algebra *f;* **algebrico, -a** [al'dʒɛːbriko] <-ci, -che> *agg* algebraisch

Algerìa [aldʒe'riːa] *f* Algerien *n;* **algerino, -a** [aldʒe'riːno] **I.** *agg* algerisch **II.** *m, f* Algerier(in) *m(f)*

alghicida [algi'tʃiːda] <-i> *m* Algizid *n*

Algovia [al'gɔːvia] *f* Allgäu *n*

aliante [a'liante] *m* Segelflugzeug *n*

alibi ['aːlibi] <-> *m* Alibi *n*

alice [a'liːtʃe] *f* Sardelle *f*

alienare [alie'naːre] **I.** *vt* entfremden **II.** *vr* **-rsi qu** sich jdm entfremden; **-rsi qc** sich *dat* etw verscherzen; **alienato, -a** [alie'naːto] **I.** *agg* (MED) geistesgestört **II.** *m, f* Geistesgestörte(r) *f(m);* **alienazione** [alienat'tsioːne] *f* **1.** (PHILOS) Entfremdung *f* **2.** (PSYCH) **~ mentale** Geistesgestörtheit *f*

alimentare¹ [alimen'taːre] *agg* Nahrungs(mittel)-; **generi -i** Lebensmittel *npl*

alimentare² **I.** *vt* **1.** (*persone*) ernähren; (*animali*) füttern **2.** (*fig*) nähren **II.** *vr* **-rsi** sich ernähren; **alimentari** [alimen'taːri] *mpl* Lebensmittel *npl;* **alimentazione** [alimentat'tsioːne] *f* Ernährung *f;* **~ a base di cibi integrali** Vollwerternährung *f;* **alimento** [ali'mento] *m* **1.** (*cibo*) Nahrung *f* **2.** *pl* (JUR) Alimente *pl*

aliquota [a'liːkuota] *f* Steuersatz *m*

aliscafo [alis'kaːfo] *m* (NAUT) Tragflächenboot *n*

alitare [ali'taːre] *vi* hauchen; **alito** ['aːlito] *m* (*a fig*) Hauch *m;* **aver l'~ cattivo** Mundgeruch haben

all. *abbr di* **allegato, -i** Anl.

all', alla [all, 'alla] *prp* = **a + l', la** *v.* **a**

allacciamento [allattʃa'mento] *m* **1.** (TEC) Anschluss *m* **2.** (*fig*) (An)knüpfen *n;* **allacciare** [alla'tʃaːre] *vt* **1.** (*stringere con lacci*) zuschnüren, zubinden; (*cintura*) zuschnallen **2.** (*fig: collegare*) verknüpfen; (*amicizia*) (an)knüpfen **3.** (TEC) anschließen

allagare [alla'gaːre] *vt* überschwemmen

allargare [allar'gaːre] **I.** *vt* **1.** (*rendere più largo*) erweitern **2.** (*braccia*) ausbreiten; (*dita*) spreizen **II.** *vr* **-rsi** sich erweitern

allarmare [allar'maːre] **I.** *vt* **1.** (*dare l'allarme*) alarmieren **2.** (*fig*) beunruhigen **II.** *vr* **-rsi** sich beunruhigen; **allarme** [al'larme] *m* Alarm *m;* **dare l'~** Alarm schlagen

allarmismo [allar'mizmo] *m* Panikstimmung *f*

allattare [allat'taːre] *vt* (*bambini*) stillen; (*animali*) säugen

alle ['alle] *prp* = **a + le** *v.* **a**

alleanza [alle'antsa] *f* Allianz *f;* **stringere un'~** ein Bündnis schließen; **allearsi** [alle'arsi] *vr* **~ con qu** sich mit jdm verbünden; **alleato, -a** [alle'aːto] **I.** *agg* verbündet; (HIST) alliiert **II.** *m, f* Verbündete(r) *f(m);* **-i** (HIST) Alliierte(n) *pl*

allegare [alle'gaːre] *vt* beifügen

allegato [alle'gaːto] *m* Anlage *f;* **in ~** anbei

allegato, -a *agg* beigefügt; **qui ~** in der Anlage

alleggerire [alleddʒe'riːre] <alleggerisco> *vt* **1.** (*rendere leggero*) leichter machen **2.** (*fig*) erleichtern; (*pena*) mildern; (*dolore*) lindern

allegoria [allego'riːa] <-ie> *f* Allegorie *f;* **allegorico, -a** [alle'gɔːriko] <-ci, -che> *agg* allegorisch

allegria [alle'griːa] <-ie> *f* Fröhlichkeit *f;* **mettere ~ a qu** jdn fröhlich stimmen; **alle-**

gro, -a *agg* lustig; **far vita -a** ein unbekümmertes Leben führen; **c'è poco da stare -i** da gibt es nichts zu lachen

alleluia [alle'lu:ia] <-> *m* Halleluja *n*

allenamento [allena'mento] *m* Training *n;* **esser fuori** ~ aus der Übung sein; **tenersi in** ~ im Training bleiben; **allenare** [alle'na:re] **I.** *vt* trainieren **II.** *vr* **-rsi** (**per qc**) (auf etw *acc*) trainieren; **allenatore, -trice** [allena'to:re] *m, f* Trainer(in) *m(f)*

allentare [allen'ta:re] **I.** *vt* lockern; ~ **i cordoni della borsa** (*fig*) spendabel sein **II.** *vr* **-rsi** (*fig*) nachlassen

allergia [aller'dʒi:a] <-gie> *f* Allergie *f;* **avere l'~ a qc** (*a fig, scherz*) gegen etw allergisch sein; **allergico, -a** [al'lɛrdʒiko] <-ci, -che> *agg* (*a fig, scherz*) **essere** ~ (**a qc**) (gegen etw) allergisch sein; **allergologo, -a** [aller'gɔ:logo] <-gi, -ghe> *m, f* (MED) Allergologe, -login *m, f*

allerta [al'lerta] *f* Achtung *f;* **stare** ~ Acht geben

allestire [alles'ti:re] <allestisco> *vt* **1.** (*pranzo, cena*) zubereiten; (*festa*) organisieren **2.** (*vetrina*) dekorieren **3.** (THEAT) inszenieren

allettare [allet'ta:re] *vt* (ver)locken

allevamento [alleva'mento] *m* **1.** (*di animali, piante*) Zucht *f* **2.** (*luogo*) Zucht(stätte) *f;* **allevare** [alle'va:re] *vt* (*animali*) züchten; (*piante*) ziehen; **allevatore, -trice** [alleva'to:re] *m, f* Züchter(in) *m(f)*

alleviare [alle'via:re] *vt* erleichtern; (*dolore*) lindern

allibire [alli'bi:re] <allibisco> *vi essere* (vor Schreck) erstarren; **allibito, -a** [alli'bi:to] *agg* verblüfft

allietare [allie'ta:re] *vt* erfreuen

allievo, -a [al'liɛ:vo] *m, f* Schüler(in) *m(f)*

allineare [alline'a:re] **I.** *vt* aufreihen **II.** *vr* **-rsi 1.** (*mettersi in linea*) sich in einer Reihe aufstellen **2.** (*fig*) sich anpassen; **allineato, -a** *agg* ~ **a sinistra/destra** (*a computer*) links-/rechtsbündig

allitterazione [allitterat'tsio:ne] *f* Alliteration *f*

allo ['allo] *prp* = **a** + **lo** *v.* **a**

allocuzione [allocut'tsio:ne] *f* Ansprache *f*

allodola [al'lɔ:dola] *f* Lerche *f*

alloggiare [allod'dʒa:re] **I.** *vi* wohnen **II.** *vt* beherbergen; **alloggio** [al'lɔddʒo] <-ggi> *m* **1.** (*dimora*) Unterkunft *f;* **vitto e** ~ Kost und Logis **2.** (*appartamento*) Wohnung *f*

allontanare [allonta'na:re] **I.** *vt* entfernen **II.** *vr* **-rsi** sich entfernen; ~ **dalla retta via** (*fig*) vom rechten Wege abkommen

allora [al'lo:ra] **I.** *avv* damals; **da** ~ **in poi** von da an; **fino** ~ bis dahin **II.** *cong* **1.** (*in questo caso*) (al)so **2.** (*ebbene*) nun

alloro [al'lɔ:ro] *m* Lorbeer *m;* **cogliere -i** (*fig*) Lorbeeren ernten; **dormire sugli -i** (*fig*) sich auf seinen Lorbeeren ausruhen

alluce ['allutʃe] *m* großer Zeh

allucinante [allutʃi'nante] *agg* blendend; **allucinazione** [allutʃinat'tsio:ne] *f* Halluzination *f*

alludere [al'lu:dere] <alludo, allusi, alluso> *vi* ~ **a qc** auf etw *acc* anspielen

alluminio [allu'mi:nio] <-i> *m* Aluminium *n*

allungare [allun'ga:re] **I.** *vt* **1.** (*accrescere di lunghezza*) verlängern; (*tavolo*) ausziehen; ~ **la strada** einen Umweg machen; ~ **il passo** den Schritt beschleunigen **2.** (*accrescere di durata*) ausdehnen **3.** (*diluire*) verdünnen **4.** (*loc*) ~ **un ceffone** eine Ohrfeige verpassen; ~ **le mani** (*per rubare*) lange Finger machen; (*per molestare*) sexuell belästigen; ~ **le orecchie** die Ohren spitzen **II.** *vr* **-rsi 1.** (*farsi più lungo*) länger werden **2.** (*crescere*) in die Länge wachsen

allusi [al'lu:zi] *1. pers sing pass rem di* **alludere**

allusione [allu'zio:ne] *f* Anspielung *f*

alluso [al'lu:zo] *pp di* **alludere**

alluvionato, -a [alluvio'na:to] *agg* überschwemmt; **alluvione** [allu'vio:ne] *f* Überschwemmung *f*

almanacco [alma'nakko] <-cchi> *m* Almanach *m*

almeno [al'me:no] **I.** *avv* wenigstens **II.** *cong* + *conj* wenn nur

aloe ['a:loe] <-> *f o m* Aloe *f*

alogeno [a'lɔ:dʒeno] *m* (CHEM) Halogen *n*

alogeno, -a *agg* Halogen-; **lampada -a** Halogenlampe *f*

Alpi ['alpi] *fpl* Alpen *pl;* **alpinismo** [alpi'nizmo] *m* Bergsteigen *n;* **alpinista** [alpi'nista] <-i *m*, -e *f*> *mf* Bergsteiger(in) *m(f);* **alpinistico, -a** [alpi'nistiko] <-ci, -che> *agg* alpinistisch; **alpino** [al'pi:no] *m* Gebirgsjäger *m;* **alpino, -a** *agg* alpin

alquanto [al'kuanto] **I.** *agg* einige(r, s) **II.** *pron indef* einiges, manches **III.** *avv* ziemlich
Alsazia [al'sattsia] *f* Elsass *n;* **~-Lorena** Elsass-Lothringen *n*
alt [alt] *int* halt
altalena [alta'le:na] *f* Schaukel *f*
altamente [alta'mente] *avv* äußerst
altare [al'ta:re] *m* Altar *m;* ~ **maggiore** Hochaltar *m*
alterare [alte'ra:re] **I.** *vt* (*modificare*) (ver)ändern; (*verità*) verdrehen **II.** *vr* **-rsi** **1.** (*modificarsi*) sich verändern **2.** (*fig*) sich erregen; **alterazione** [alterat'tsio:ne] *f* **1.** (*modificazione*) Veränderung *f* **2.** (*fig*) Erregung *f*
alternanza [alter'nantsa] *f* Wechsel *m;* **alternare** [alter'na:re] **I.** *vt* wechseln **II.** *vr* **-rsi** sich abwechseln; **alternativa** [alterna'ti:va] *f* Wechsel *m;* (*scelta*) Alternative *f;* **alternativo, -a** [alterna'ti:vo] *agg* alternativ; **alternato, -a** [alter'na:to] *agg* wechselnd; **corrente -a** Wechselstrom *m;* **alterno, -a** [al'tɛrno] *agg* abwechselnd; **a settimane -e** jede zweite Woche
altero, -a [al'tɛ:ro] *agg* würdevoll; (*fiero*) stolz; (*superbo*) hochmütig
altezza [al'tettsa] *f* **1.** (*gener*) Höhe *f* **2.** (*statura*) Größe *f* **3.** (*livello*) Stand *m* **4.** (*titolo nobiliare*) Hoheit *f* **5.** (*fig*) ~ **d'animo** moralische Größe; **essere all'~ di fare qc** in der Lage sein etw zu tun **6.** (*latitudine*) **all'~ di Trieste** auf der Höhe von Triest
altezzoso, -a [altet'tso:so] *agg* hochmütig
altipiani *pl di* **altopiano**
altitudine [alti'tu:dine] *f* Höhe *f*
alto[1] ['alto] *m* **1.** (*parte più elevata*) oberer Teil **2.** (*loc*) **mani in ~!** Hände hoch!; **gli -i e i bassi della vita** das Auf und Ab des Lebens; **guardare qu dall'~ in basso** jdn vom Kopf bis zu den Füßen mustern
alto[2] *avv* **mirare ~** ein hohes Ziel anstreben
alto, -a <più alto *o* superiore, altissimo *o* supremo *o* sommo> *agg* **1.** (*sviluppato in altezza*) hoch **2.** (*statura*) groß **3.** (*in luogo elevato*) hoch (gelegen) **4.** (*acqua, mare*) hoch **5.** (*fig*) edel; **-a società** High Society *f;* **-a moda** Haute Couture *f;* **avere un ~ concetto di sé** eine hohe Meinung von sich *dat* haben **6.** (*loc*) **-a stagione** Hochsaison *f;* **-a finanza** Hochfinanz *f*
Alto Adige ['alto 'a:didʒe] *m* Südtirol *n;* **Trentino ~** Trentino-Südtirol *n;* **altoatesino, -a** [altoate'zi:no] **I.** *agg* südtirolerisch **II.** *m, f* Südtiroler(in) *m(f)*
altolocato, -a [altolo'ka:to] *agg* hochgestellt
altoparlante [altopar'lante] *m* Lautsprecher *m*
altopiano [alto'pia:no] <altipiani> *m* Hochebene *f*
altrettanto [altret'tanto] *avv* ebenfalls; **grazie ~!** danke, gleichfalls!
altrettanto, -a **I.** *agg* ebenso viel **II.** *pron indef* dasselbe
altri ['altri] <inv, solo al sing> *pron indef* **1.** (*qualcuno*) ein anderer **2.** (*altra persona*) andere(r, s)
altrimenti [altri'menti] *avv* **1.** (*in caso contrario*) anderenfalls, ansonsten *A* **2.** (*in modo diverso*) anders
altro ['altro] *m* (etwas) anderes; **non aggiungere ~** nichts hinzufügen; **ci mancherebbe ~!** das fehlte gerade noch!; **ci vuol ben ~!** es gehört viel mehr dazu; **dell'~** noch etwas; **desidera ~?** möchten Sie noch etwas?; **per ~** im Übrigen; **più che ~** vor allem; **se non ~** zumindest; **senz'~** ganz sicher; **tra l'~** unter anderem; **tutt'~** ganz im Gegenteil; **l'un l'~** einander
altro, -a **I.** *agg* andere(r, s); **quest'~ mese** kommenden Monat; **l'~ giorno** neulich; **l'-a settimana** letzte Woche; **l'~ ieri** vorgestern; **domani l'~** übermorgen; **l'-a volta** das letzte Mal; **sarà per un'-a volta** vielleicht klappt es ein andermal **II.** *pron indef* andere(r, s); **un giorno o l'~** eines Tages; **da un momento all'~** von einem Moment auf den anderen; **non avere ~ da fare** nichts anderes zu tun haben; **noi -i/voi -i** wir (unsererseits)/ihr (eurerseits); **altroché** [altro'ke] *int* und wie; **altronde** [al'tronde] *avv* **d'~** im Übrigen; **altrove** [al'tro:ve] *avv* anderswo
altrui [al'tru:i] **I.** <inv> *agg* von anderen **II.** *pron indef* (die) andere(n)
altruismo [altru'izmo] *m* Altruismus *m;* **altruista** [altru'ista] <-i *m*, -e *f*> *mf* Altruist *m*
altura [al'tu:ra] *f* Anhöhe *f*
alunno, -a [a'lunno] *m, f* Schüler(in) *m(f)*
alveare [alve'a:re] *m* Bienenstock *m*
alzare [al'tsa:re] **I.** *vt* **1.** (*sollevare*) aufrichten; ~ **gli occhi al cielo** den Blick zum Himmel richten; **stare alzato fino a tarda notte** noch bis spät in die Nacht (hinein) auf sein;

non ~ un dito (*fig*) keinen Finger rühren; ~ **il gomito** (*fig*) einen heben; ~ **le mani su qu** (*fig*) Hand an jdn legen **2.** (*finestrino*) zumachen **3.** (*volume*) lauter stellen **4.** (*issare*) ~ **le vele** Segeln hissen **5.** (*carte*) abheben; (*prezzi*) anheben; (*spalle*) zucken mit; (*voce*) (er)heben **II.** *vr* **-rsi 1.** (*levarsi*) aufstehen **2.** (*sorgere*) aufkommen; (*sole, luna*) aufgehen; **-rsi in volo** auffliegen; **alzata** [al'tsa:ta] *f* Hebung *f;* ~ **di spalle** Achselzucken *n;* **votare per ~ di mano** durch Handzeichen abstimmen

A.M. *abbr di* **Aeronautica Militare** *italienische Luftwaffe*

amabile [a'ma:bile] *agg* **1.** (*persona*) liebenswert **2.** (*vino*) lieblich **3.** (MUS) amabile

amaca [a'ma:ka] <-che> *f* Hängematte *f*

amalgama [a'malgama] <-i> *m* Amalgam *n;* **amalgamare** [amalga'ma:re] **I.** *vt* **1.** (*unire in lega*) amalgamieren **2.** (*per impasto*) vermengen **II.** *vr* **-rsi** sich verbinden

amante [a'mante] *mf* Liebhaber *m,* Geliebte *f;* (*fig*) Liebhaber(in) *m(f);* ~ **della buona tavola** Feinschmecker(in) *m(f)*

amare [a'ma:re] **I.** *vt* lieben; (*persone a*) lieb haben **II.** *vr* **-rsi** sich lieben

amareggiare [amared'dʒa:re] **I.** *vt* verbittern **II.** *vr* **-rsi** sich erbittern

amarena [ama'rɛ:na] *f* Sauerkirsche *f*

amaretto [ama'retto] *m* **1.** (*biscottino*) Mandelmakrone *f* **2.** (*liquore*) Mandellikör *m*

amarezza [ama'rettsa] *f* **1.** (*sapore*) Bitterkeit *f* **2.** (*fig*) Verbitterung *f*

amaro [a'ma:ro] *m* **1.** (*sapore*) Bitterkeit *f* **2.** (*liquore*) Bitter *m* **3.** (*fig*) Verbitterung *f*

amaro, -a *agg* (*a fig*) bitter; **restar con la bocca -a** (*fig*) einen bitteren Nachgeschmack haben

amarone [ama'ro:ne] *m dunkelroter Wein aus Venetien*

amazzone [a'maddzone] *f* Amazone *f*

ambasciata [ambaʃ'ʃa:ta] *f* Botschaft *f;* **fare un'~** etw ausrichten; **ambasciatore, -trice** [ambaʃʃa'to:re] *m, f* Botschafter(in) *m(f)*

ambedue [ambe'du:e] **I.** <inv> *agg* beide **II.** *pron* (alle) beide

ambidestro, -a [ambi'dɛstro] *agg* beidhändig

ambientale [ambien'ta:le] *agg* umweltbedingt; **impatto ~** Umweltverträglichkeit *f;* **tutela ~** Umweltschutz *m;* **ambientalismo** [ambienta'lizmo] *m* Umweltschutz *m;* **ambientalista** [ambienta'lista] <-i *m,* -e *f*> *mf* Umweltschützer(in) *m(f)*

ambientamento [ambienta'mento] *m* Eingewöhnung *f;* **ambientare** [ambien'ta:re] **I.** *vt* **1.** (*adattare*) eingewöhnen **2.** (LIT, FILM, THEAT) spielen lassen **II.** *vr* **-rsi** sich eingewöhnen; **ambientazione** [ambientat'tsio:ne] *f* (FILM, THEAT) (Bühnen)ausstattung *f*

ambiente [am'biɛnte] *m* **1.** (*spazio*) Raum *m;* **temperatura ~** Raumtemperatur *f;* **sentirsi nel proprio ~** (*fig*) sich in seinem Element fühlen **2.** (BIOL) Lebensraum *m;* **tutela dell'~** Umweltschutz *m* **3.** (SOC) Milieu *n*

ambiguità [ambigui'ta] <-> *f* Zweideutigkeit *f;* **ambiguo, -a** [am'bi:guo] <-i, -ie> *agg* zweideutig

ambire [am'bi:re] <ambisco> *vi* ~ (**a qc**) (nach etw) streben

ambito ['ambito] *m* Bereich *m*

ambivalente [ambiva'lɛnte] *agg* ambivalent; **ambivalenza** [ambiva'lɛntsa] *f* Ambivalenz *f*

ambizione [ambit'tsio:ne] *f* Ehrgeiz *m;* (*aspirazione*) Bestreben *n;* **ambizioso, -a** [ambi'tsio:so] *agg* ehrgeizig

ambo ['ambo] *m* Doppeltreffer *m,* Ambo *m A*

ambo, -a *agg* ~ **i lati** beide Seiten *fpl*

ambosessi [ambo'sɛssi] <inv> *agg* beiderlei Geschlechts

ambra ['ambra] *f* Bernstein *m;* ~ **grigia** Amber *m*

ambrosiano, -a [ambro'zia:no] *agg* mailändisch

ambulante [ambu'lante] *agg* wandernd; **venditore ~** Straßenhändler *m*

ambulanza [ambu'lantsa] *f* Krankenwagen *m,* Rettung *f A*

ambulatorio [ambula'tɔ:rio] <-i> *m* Arztpraxis *f*

Amburgo [am'burgo] *f* Hamburg *n*

amen ['a:men] *int* (REL, *a fam*) amen

America *f* Amerika *n;* ~ **Latina** Lateinamerika *n;* ~ **Centrale** Mittelamerika *n;* ~ **del Nord/Sud** Nord-/Südamerika *n;* **americano, -a** [ameri'ka:no] **I.** *agg* amerikanisch **II.** *m, f* Amerikaner(in) *m(f)*

ametista [ame'tista] *f* Amethyst *m*

amianto [a'mianto] *m* Asbest *m*

amichevole [ami'ke:vole] *agg* freundschaftlich; **incontro** ~ (SPORT) Freundschaftsspiel *n*

amicizia [ami'tʃittsia] <-ie> *f* Freundschaft *f;* **fare ~ con qu** mit jdm Freundschaft schließen; **rompere un'**~ eine Freundschaft brechen; **patti chiari ~ lunga** (*prov*) ein guter Vergleich erhält die Freundschaft

amico, **-a** [a'mi:ko] <-ci, -che> **I.** *m, f* Freund(in) *m(f);* ~ **intimo** [*o* **del cuore**] Busenfreund *m;* ~ **di famiglia** Freund *m* des Hauses; **essere -ci per la pelle** miteinander durch dick und dünn gehen **II.** *agg* freundschaftlich

amido ['a:mido] *m* (Wäsche)stärke *f*

ammaccare [ammak'ka:re] *vt* verbeulen; **ammaccatura** [ammakka'tu:ra] *f* Beule *f*

ammaestrare [ammaes'tra:re] *vt* belehren; (*animali*) dressieren

ammalarsi [amma'la:rsi] *vr* **-rsi** krank werden; **-rsi di** ... an ... +*dat* erkranken; **ammalato**, **-a** [amma'la:to] **I.** *agg* krank **II.** *m, f* Kranke(r) *f(m)*

ammaliante [amma'liante] *agg* bezaubernd; **ammaliare** [amma'lia:re] *vt* bezaubern

ammanettare [ammanet'ta:re] *vt* ~ **qu** jdm Handschellen anlegen

ammansire [amman'si:re] *vt* besänftigen

ammassare [ammas'sa:re] **I.** *vt* aufhäufen; (*raccogliere*) anhäufen **II.** *vr* **-rsi** sich häufen; **ammasso** [am'masso] *m* **1.** (*mucchio*) Haufen *m* **2.** (GEOL) Ablagerung *f*

ammattire [ammat'ti:re] <ammattisco> *vi essere* verrückt werden

ammazzare [ammat'tsa:re] **I.** *vt* **1.** (*uccidere*) umbringen; (*a colpi*) erschlagen **2.** (*fig: tempo*) totschlagen **II.** *vr* **-rsi** (*a fig*) sich umbringen; **-rsi di lavoro** sich zu Tode arbeiten

ammenda [am'mɛnda] *f* **1.** (*risarcimento*) Entschädigung *f* **2.** (*multa*) Geldstrafe *f*

ammesso, **-a** [am'messo] *agg* vorausgesetzt; ~ **che** +*conj* angenommen, dass

ammettere [am'mettere] <irr> *vt* **1.** (*accettare*) zulassen **2.** (*supporre*) voraussetzen; **ammettiamo che io fugga** nehmen wir einmal an, ich fliehe

amministrare [amminis'tra:re] *vt* **1.** (ADM) verwalten; ~ **la giustizia** Recht sprechen **2.** (*fig: tempo*) einteilen; (*sacramenti*) spenden; **amministrativo**, **-a** [amministra'ti:vo] *agg* Verwaltungs-; **amministrazione** [amministrat'tsio:ne] *f* Verwaltung *f*

ammirabile [ammi'ra:bile] *agg* bewundernswert

ammiraglio [ammi'raʎʎo] <-gli> *m* Admiral *m*

ammirare [ammi'ra:re] *vt* bewundern; **ammiratore**, **-trice** [ammira'to:re] *m, f* Bewunderer *m,* Bewund(r)erin *f;* **ammirazione** [ammirat'tsio:ne] *f* Bewunderung *f;* **ammirevole** [ammi're:vole] *agg* bewundernswert

ammisi [am'mi:zi] *1. pers sing pass rem di* **ammettere**

ammissibile [ammis'si:bile] *agg* annehmbar

ammissione [ammis'sio:ne] *f* Zulassung *f*

ammobiliare [ammo'lia:re] *vt* einrichten; **ammobiliato**, **-a** *agg* möbliert

ammodernare [ammoder'na:re] *vt* modernisieren

ammodo [am'mɔ:do] <inv> *agg o avv* anständig

ammollo [am'mɔllo] *m* **lasciare in** ~ einweichen lassen

ammoniaca [ammo'ni:aka] <-che> *f* Ammoniak *n*

ammonimento [ammoni'mento] *m* Ermahnung *f;* **ammonire** [ammo'ni:re] <ammonisco> *vt* ermahnen; **ammonitore**, **-trice** [ammoni'to:re] *agg* mahnend; **ammonizione** [ammonit'tsio:ne] *f* Mahnung *f*

ammontare [ammon'ta:re] *vi essere* ~ **a qc** etw betragen

ammorbidente [ammorbi'dɛnte] **I.** *m* Weichspüler *m* **II.** *agg* weich machend

ammorbidire [ammorbi'di:re] <ammorbidisco> **I.** *vt* erweichen **II.** *vr* **-rsi** (*a fig*) weich werden

ammortizzare [amortid'dza:re] *vt* (*ammortare*) amortisieren; (*debito*) tilgen; **ammortizzatore** [ammortiddza'to:re] *m* Stoßdämpfer *m*

ammucchiare [ammuk'kia:re] **I.** *vt* anhäufen **II.** *vr* **-rsi** sich anhäufen; **ammucchiata** [ammuk'kia:ta] *f* (*a fig*) Anhäufung *f*

ammuffire [ammuf'fi:re] <ammuffi-

sco> *vi essere* (ver)schimmeln

ammutolire [ammuto'li:re] <ammutolisco> *vi essere* verstummen

amnesia [amne'zi:a] <-ie> *f* Gedächtnisschwund *m*

amniocentesi <-> *f* Fruchtwasseruntersuchung *f;* **amniotico**, **-a** <-ci, -che> *agg* amnotisch; **liquido** ~ Fruchtwasser *n*

amnistia [amnis'ti:a] <-ie> *f* Amnestie *f*

amo ['a:mo] *m* Angelhaken *m;* **abboccare all'**~ (*fig*) anbeißen

amorale [amo'ra:le] *agg* unmoralisch

amore [a'mo:re] *m* Liebe *f;* (*persona*) Liebste(r) *f(m);* ~ **del prossimo** Nächstenliebe *f;* ~ **materno** Mutterliebe *f;* **amor patrio/proprio** Vaterlands-/Eigenliebe *f;* ~ **per lo studio** Freude *f* am Lernen; **quella ragazza è un** ~ dieses Mädchen ist ein Schatz; **far l'**~ **con qu** mit jdm schlafen; **lavorare con** ~ mit Hingabe arbeiten; **vivere d'**~ **e d'accordo** ein Herz und eine Seele sein; **per** ~ **di qu** jdm zuliebe; **l'**~ **è cieco** (*prov*) Liebe macht blind; **amoreggiare** [amoreddʒa:re] *vi* flirten; **amorevole** [amo're:vole] *agg* liebevoll

amorfo, **-a** [a'mɔrfo] *agg* amorph

amoroso, **-a** [amo'ro:so] *agg* Liebes-

ampère [ã'pɛ:r] <-> *m* Ampere *n;* **amperometro** [ampe'rɔ:metro] *m* Amperemeter *n;* **amperora** [ampe'ro:ra] <-> *f* Amperestunde *f*

ampiezza [am'piettsa] *f* **1.** (*larghezza*) Weite *f* **2.** (*spaziosità*) Geräumigkeit *f* **3.** (*fig*) Fülle *f;* ~ **di vedute** Sichtweite *f;* **ampio**, **-a** ['ampio] <-i, -ie> *agg* weit; (*spazioso*) geräumig

amplesso [am'plɛsso] *m* Beischlaf *m*

ampliamento [amplia'mento] *m* Erweiterung *f;* **ampliare** [ampli'a:re] **I.** *vt* erweitern **II.** *vr* **-rsi** sich ausdehnen

amplificare [amplifi'ka:re] *vt* erweitern; (*suono*) verstärken; **amplificatore** [amplifika'to:re] *m* Verstärker *m;* **amplificatore**, **-trice** *agg* verstärkend; **amplificazione** [amplifikat'tsio:ne] *f* Ausdehnung *f;* (*suono*) Verstärkung *f*

amplissimo [am'plissimo] *superlativo di* **ampio**

ampolla [am'polla] *f* Ampulle *f*

amputare [ampu'ta:re] *vt* (MED) amputieren; **amputazione** [amputat'tsio:ne] *f* (MED) Amputation *f*

amuleto [amu'le:to] *m* Amulett *n*

AN *f acro di* **Alleanza Nazionale** *rechtsradikale Partei Italiens*

anabbagliante [anabbaʎ'ʎante] *m* Abblendlicht *n*

anacronismo [anakro'nizmo] *m* Anachronismus *m;* **anacronistico**, **-a** [anakro'nistiko] <-ci, -che> *agg* anachronistisch

anafora [a'nafora] *f* (LING) Anapher *f*

anagrafe [a'na:grafe] *f* Einwohnermeldeamt *n;* **anagrafico**, **-a** [ana'gra:fiko] <-ci, -che> *agg* Einwohner-

anagramma [ana'gramma] <-i> *m* Anagramm *n*

analcolico [anal'kɔ:liko] <-ci> *m* alkoholfreies Getränk

analcolico, **-a** <-ci, -che> *agg* alkoholfrei

anale [a'na:le] *agg* anal

analfabeta [analfa'bɛ:ta] <-i *m*, -e *f*> **I.** *mf* Analphabet(in) *m(f)* **II.** *agg* analphabetisch; **analfabetismo** [analfabe'tizmo] *m* Analphabetismus *m*

analgesico [anal'dʒɛ:ziko] <-ci> *m* Schmerzmittel *n*

analgesico, **-a** <-ci, -che> *agg* schmerzstillend

analisi [a'na:lizi] <-> *f* (*a fig*) Untersuchung *f;* **fare l'**~ **della situazione** die Situation analysieren; **in ultima** ~ letztendlich; **analista** [ana'lista] <-i *m*, -e *f*> *mf* Analytiker(in) *m(f)*

analizzare [analid'dza:re] *vt* analysieren; **analizzatore** [analiddza'to:re] *m* Analysegerät *n*

analogia [analo'dʒi:a] <-gie> *f* Analogie *f;* **analogico**, **-a** [ana'lɔ:dʒiko] <-ci, -che> *agg,* **analogo**, **-a** [a'na:logo] <-ghi, -ghe> *agg* analog

ananas ['a:nanas] <-> *m* Ananas *f*

anarchia [anar'ki:a] <-chie> *f* Anarchie *f;* **anarchico**, **-a** [a'narkiko] <-ci, -che> **I.** *agg* anarchisch **II.** *m, f* Anarchist(in) *m(f);* **anarchismo** [anar'kizmo] *m* Anarchismus *m*

A.N.A.S. ['a:nas] *f abbr di* **Azienda Nazionale Autonoma delle Strade** *italienische Straßenaufsichtsbehörde*

anatomia [anato'mi:a] <-ie> *f* Anatomie *f;* **anatomico**, **-a** [ana'tɔ:miko] <-ci, -che> *agg* anatomisch

anatra ['a:natra] *f* Ente *f*

anca ['aŋka] <-che> *f* Hüfte *f*, Hüferl *n A*

anche ['aŋke] *cong* **1.** (*pure*) auch; **quand'~ ... +***conj*, **~ se ... +***conj* auch [*o* selbst] wenn ... +*conj* **2.** (*inoltre*) dazu **3.** (*perfino*) sogar

ancheggiare [aŋked'dʒa:re] *vi* sich in den Hüften wiegen

Ancona [aŋ'ko:na] *f Hauptstadt der Region Marken*

anconetano, **-a I.** *agg* aus Ancona stammend **II.** *m, f* Bewohner(in) *m(f)* von Ancona

ancora[1] [aŋ'ko:ra] *avv* noch; **non ~** noch nicht

ancora[2] ['aŋko:ra] *f* Anker *m;* **gettare/levare l'~** den Anker auswerfen/lichten; **~ di salvezza** (*fig*) Rettungsanker *m;* **ancorare** [aŋko'ra:re] **I.** *vt* (*a fig*) verankern **II.** *vr* **-rsi 1.** (NAUT) ankern **2.** (*aggrapparsi*) **-rsi a qu/qc** sich an jdn/etw (an)klammern

andai [an'da:i] *1. pers sing pass rem di* **andare[1]**

andamento [anda'mento] *m* (Fort)gang *m;* **~ del prezzo** Preisentwicklung *f*

andante [an'dante] **I.** *agg* **1.** (*ordinario*) gängig; (*di poco pregio*) von geringem Wert **2.** (MUS) andante **II.** *m* (MUS) Andante *n*

andare[1] [an'da:re] <vado, andai, andato> **I.** *vi essere* **1.** (*a piedi*) gehen; **~ a mangiare** essen gehen; **~ a prendere** (ab)holen; **~ a trovare** besuchen; **~ avanti** vorgehen; **~ di corsa** schnell laufen; **~ via** fortgehen; **andiamo!** los! **2.** (*con mezzo su ruote*) fahren; **~ in treno/macchina** (mit dem) Zug/Auto fahren; **~ in aereo** fliegen; **~ a cavallo** reiten **3.** (*strade*) führen **4.** (*vestiario*) passen **5.** (*essere di moda*) getragen werden **6.** (*funzionare*) gehen **7.** (*loc*) **~ a monte** sich in Wohlgefallen auflösen; **~ a genio** passen; **~ di mezzo** dazwischenkommen; **~ pazzo per qc** von etw begeistert sein; **~ all'aria** auffliegen; **~ a male** verderben; **~ in fumo** sich in Rauch auflösen; **come va? – bene grazie!** wie geht es? – danke, gut!; **questa camicia va lavata** dieses Hemd muss gewaschen werden; **ti va di andare a ballare?** hast du Lust tanzen zu gehen?; **questo libro andrà molto** dieses Buch wird sich gut verkaufen **II.** *vr* **andarsene** (fort)gehen; (*sparire*) verschwinden; **andarsene all'altro mondo** das Zeitliche segnen; **se ne sono andati tre milioni di lire** drei Millionen Lire sind dabei draufgegangen; **me ne vado subito** ich gehe sofort

andare[2] *m* **a lungo ~** auf die Dauer

andata [an'da:ta] *f* **1.** (*con mezzo di locomozione*) Hinfahrt *f;* **biglietto di (sola) ~/di ~ e ritorno** einfache Fahrkarte/Rückfahrkarte **2.** (SPORT) **girone di ~** Hinrunde *f;* **andatura** [anda'tu:ra] *f* Gangart *f*

Ande ['ande] *fpl* Anden *pl*

andirivieni [andiri'viɛ:ni] <-> *m* (*a fig*) Hin und Her *n*

Andorra [an'dɔrra] *f* Andorra *n*

andrologia [androlo'dʒi:a] <-ie> *f* (MED) Männerheilkunde *f;* **andrologo**, **-a** [an'drɔ:logo] <-gi, -ghe> *m, f* Androloge, -login *m, f*

andropausa [andro'pa:uza] *f* Andropause *f*

aneddoto [an'nɛ:doto] *m* Anekdote *f*

anelare [ane'la:re] *vi* (*poet*) **~ a qc** etw herbeisehnen; **anelito** [a'nɛ:lito] *m* (*fig*) Sehnsucht *f*

anello [a'nɛllo] *m* Ring *m;* (*di catena*) Glied *n;* **~ matrimoniale** Ehering *m;* **~ stradale** Ring(straße *f*) *m*, Umfahrung *f A*

anemia [ane'mi:a] <-ie> *f* Blutarmut *f;* **anemico**, **-a** [a'nɛ:miko] <-ci, -che> *agg* (MED) blutarm

anemone [a'nɛ:mone] *m* Anemone *f*

anestesia [aneste'zi:a] <-ie> *f* Narkose *f;* **~ generale/locale** Vollnarkose *f*/örtliche Betäubung; **anestetico** [anes'tɛ:tiko] <-ci> *m* Betäubungsmittel *n*

anfetamina [anfeta'mi:na] *f* (MED) Amphetamin *n*

anfibi [an'fi:bi] *mpl* (ZOO) Amphibien *pl*

anfibio [an'fi:bio] *m* (MOT) Amphibienfahrzeug *n*

anfiteatro [anfite'a:tro] *m* Amphitheater *n*

anfora ['anfora] *f* Amphore *f*

angelico, **-a** [an'dʒɛ:liko] <-ci, -che> *agg* Engels-; **angelo** ['andʒelo] *m* Engel *m;* **~ custode** (REL) Schutzengel *m;* (*scherz*) Schutzmann *m*

anglicano, **-a** [aŋgli'ka:no] **I.** *agg* anglikanisch **II.** *m, f* Anglikaner(in) *m(f)*

angli(ci)smo [aŋ'glizmo (aŋli'tʃizmo)] *m* (LING) Anglizismus *m*

anglista [aŋ'glista] <-i *m*, -e *f*> *mf* Anglist(in) *m(f);* **anglistica** [aŋ'glistika] <-che> *f* Anglistik *f*

anglofono, **-a** [aŋ'glɔ:fono] *agg* anglophon

anglosassone [aŋglo'sassone] **I.** *agg* angelsächsisch **II.** *mf* Angelsachse *m*, -sächsin *f*

angolare [aŋgo'la:re] *agg* Eck-; **angolazione** [aŋgolat'tsio:ne] *f* Blickwinkel *m*

angoliera *f* Eckschrank *m*

angolo ['aŋgolo] *m* **1.** (*gener*, SPORT) Ecke *f*, Corner *m A*; **calcio d'~** Eckball *m*, Corner *m A*; ~ **cottura** Kochecke *f*; **sull'~** an der Ecke **2.** (*in geometria*) Winkel *m* **3.** (*di mobile*) Kante *f*; (*di fazzoletto*) Zipfel *m*

angora ['aŋgora] *f* **d'~** Angora-

angoscia <-sce> *f* Angst *f*, Beklemmung *f*; **angosciare** [aŋgoʃ'ʃa:re] **I.** *vt* ~ **qu** jdm Angst machen **II.** *vr* **-rsi** sich fürchten

anguilla [aŋ'guilla] *f* Aal *m*

angustia [aŋ'gustia] <-ie> *f* Beklemmung *f*; **angustiare** [aŋgus'tia:re] **I.** *vt* beängstigen **II.** *vr* **-rsi** (**per qc**) sich (um etw) ängstigen

angusto, **-a** [aŋ'gusto] *agg* knapp

anice ['a:nitʃe] *m* Anis *m*

anima ['a:nima] *f* **1.** (*a fig*) Seele *f*; **non c'era ~ viva** es war keine Menschenseele da; **dedicarsi ~ e corpo a qc** sich einer Sache *dat* mit Leib und Seele hingeben; **essere l'~ gemella di qu** jdm seelenverwandt sein; **la buon'~ di mia madre** meine selige Mutter **2.** (*nucleo centrale a*) Innere(s) *n*

animale [ani'ma:le] **I.** *m* **1.** (*essere animato*) Lebewesen *n* **2.** (*bestia*) Tier *n*; ~ **domestico** Haustier *n* **3.** (*fig: persona violenta*) Bestie *f* **II.** *agg* Tier-, Lebend-; **animalesco**, **-a** [anima'lesko] <-schi, -sche> *agg* animalisch

animare [ani'ma:re] **I.** *vt* (*a fig*) beleben **II.** *vr* **-rsi** sich beleben; **animato**, **-a** [ani'ma:to] *agg* belebt; (*fig*) lebhaft; **cartoni -i** Zeichentrickfilm *m*

animatore, **-trice** [anima'to:re] **I.** *agg* belebend **II.** *m, f* (*di giochi*) Spielleiter(in) *m(f)*; (*di villaggio turistico*) Animateur(in) *m(f)*; **animazione** [animat'tsio:ne] *f* **1.** (*vivacità*) Lebhaftigkeit *f* **2.** (*folla*) Betrieb *m*

animo ['a:nimo] *m* **1.** (*sede dei sentimenti*) Gemüt *n*; **stato d'~** Gemütsverfassung *f* **2.** (*anima*) Seele *f*; **mettersi l'~ in pace** der lieben Seele Ruhe gönnen **3.** (*coraggio*) Mut *m*; **farsi ~** Mut fassen; **perdersi d'~** den Mut verlieren

anitra ['a:nitra] *v.* **anatra**

ANLAIDS *f acro di* **Associazione Nazionale per la Lotta all'AIDS** *nationale Vereinigung zur Bekämpfung von AIDS*

ANMIC *f acro di* **Associazione Nazionale Mutilati e Invalidi Civili** *nationale Vereinigung der zivilen Kriegsversehrten und -invaliden*

annaffiare [annaf'fia:re] *vt* (be)gießen; **annaffiatoio** [annaffia'to:io] <-oi> *m* Gießkanne *f*

annali [an'na:li] *mpl* Annalen *pl*

annata [an'na:ta] *f* Jahrgang *m*

annebbiare [anneb'bia:re] **I.** *vt* **1.** (*velare di nebbia*) umnebeln **2.** (*fig*) trüben **II.** *vr* **-rsi 1.** (*riempirsi di nebbia*) neb(e)lig werden **2.** (*fig*) sich trüben

annegare [anne'ga:re] **I.** *vt* ertränken **II.** *vr* **-rsi** ertrinken

annerire [anne'ri:re] <annerisco> **I.** *vt* schwärzen **II.** *vi essere* sich schwärzen

annessi[1] [an'nɛssi] *1. pers sing pass rem di* **annettere**

annessi[2] *mpl* Zubehör *n*; **gli ~ e connessi** alles Drum und Dran *fam*; **annessione** [annes'sio:ne] *f* (POL) Annexion *f*

annettere [an'nɛttere] <annetto, annettei, annesso> *vt* **1.** (POL) annektieren **2.** (*allegare*) beifügen

annichilire [anniki'li:re] **I.** *vt* **1.** (*nullificare*) vernichten **2.** (*fig*) niederschmettern **II.** *vr* **-rsi** sich (selbst) vernichten

annidare [anni'da:re] **I.** *vt* ins Nest setzen **II.** *vr* **-rsi 1.** (*fare il nido*) nisten **2.** (*fig: albergare*) sich einnisten

annientamento [annienta'mento] *m* (völlige) Vernichtung *f*; **annientare** [annien'ta:re] *vt* **1.** (*distruggere*) zerstören **2.** (*fig*) niederschmettern

anniversario [anniver'sa:rio] <-i> *m* Jahrestag *m*; ~ **di matrimonio** Hochzeitstag *m*

anno ['anno] *m* Jahr *n*; ~ **bisestile/scolastico** Schalt-/Schuljahr *n*; ~ **nuovo** Neues Jahr; ~ **luce** Lichtjahr *n*; **buon ~!** Prost Neujahr!; **compiere gli -i** Geburtstag haben; **quanti -i hai? – ho vent'-i** wie alt bist du? – ich bin zwanzig Jahre (alt)

annodare [anno'da:re] *vt* verknoten; (*cravatta*) binden

annoiare [anno'ia:re] **I.** *vt* langweilen **II.** *vr* **-rsi** sich langweilen

annotare [anno'ta:re] *vt* notieren; **annotazione** [annotat'tsio:ne] *f* Anmerkung *f*

Annover [an'noːver] *f* Hannover *n*

annoverare [annove'raːre] *vt* ~ **tra ...** zu ... zählen

annuale [annu'aːle] **I.** *agg* **1.** (*di un anno*) Jahres-; (*che dura un anno*) (Ein)jahres- **2.** (*di ogni anno*) jährlich **II.** *m* Jahresfeier *f;* **annualità** [annuali'ta] <-> *f* Jahresbeitrag *m*

annuario [annu'aːrio] <-i> *m* Jahrbuch *n*

annuire [annu'iːre] <annuisco> *vi* (zustimmend) nicken

annullare [annul'laːre] **I.** *vt* annullieren; (*revocare*) widerrufen; (*disdire*) aufheben; (*computer*) abbrechen **II.** *vr* **-rsi** sich verflüchtigen

annunciare [annun'tʃaːre] **I.** *vt* **1.** (*notizia*) bekannt geben **2.** (*persona in visita*) melden **3.** (RADIO, TV) ansagen **II.** *vr* **-rsi** sich ankündigen

Annunciazione [annuntʃat'tsioːne] *f* (REL) Mariä Verkündigung *f*

annuncio [an'nuntʃo] <-ci> *m* Meldung *f;* (*nel giornale*) Anzeige *f;* **mettere un ~ sul giornale** eine Anzeige in die Zeitung setzen

annunziare [annun'tsiaːre] *v.* **annunciare**

annuo, -a ['annuo] *agg* Jahres-; (*che ricorre una volta all'anno*) jährlich

annusare [annu'saːre] *vt* **1.** (*fiutare*) schnuppern (an +*dat*); (*a animali*) beschnuppern **2.** (*fig: intuire*) wittern

ano ['aːno] *m* After *m*

anomalia [anoma'liːa] <-ie> *f* **1.** (MED) Anomalie *f* **2.** (*irregolarità*) Unregelmäßigkeit *f;* **anomalo, -a** [a'nɔːmalo] *agg* **1.** (MED) anomal **2.** (*irregolare*) unregelmäßig

anonimato [anoni'maːto] *m* Anonymität *f;* **conservare l'~** anonym bleiben; **anonimo** [a'nɔːnimo] *m* Anonymus *m*

anonimo, -a *agg* anonym; **società -a** Aktiengesellschaft *f*

anoressia [anores'siːa] <-ie> *f* Magersucht *f;* **anoressico, -a** [ano'ressiko] <-ci, -che> **I.** *m, f* Magersüchtige(r) *f(m)* **II.** *agg* magersüchtig

anormale [anor'maːle] *agg* anormal

ANPA *f acro di* **Associazione Nazionale per la Protezione dell'Ambiente** *nationale Umweltschutzvereinigung*

ansa ['ansa] *f* **1.** (*di vaso*) Henkel *m* **2.** (*di fiume*) Flussschleife *f*

A.N.S.A. ['ansa] *f abbr di* **Agenzia Nazionale Stampa Associata** *italienische Presseagentur*

ansia ['ansia] <-ie> *f* Beklemmung *f;* **essere in ~ per qu** in Angst um jdn sein; **ansietà** [ansie'ta] <-> *f* Bangigkeit *f*

ansimare [ansi'maːre] *vi* ächzen

ansioso, -a [an'sioːso] *agg* ungeduldig

anta ['anta] *f* **1.** (*pilastro*) Ante *f* **2.** (*sportello*) Flügel *m*

antagonismo [antago'nizmo] *m* Antagonismus *m;* **antagonista** [antago'nista] <-i *m*, -e *f*> *mf* Gegner(in) *m(f)*

antartico [an'tartiko] <-ci> *m* Antarktis *f;* **Antartide** [an'tartide] *f* Antarktis *f*

antecedente [antetʃe'dɛnte] **I.** *agg* vorhergehend **II.** *m* Vorhergehende(s) *n;* **-i** (*fig*) Vorleben *n*

anteguerra [ante'guɛrra] <-> *m* Vorkriegszeit *f*

antenato, -a [ante'naːto] *m, f* Ahne *mf*

antenna [an'tenna] *f* Antenne *f;* ~ **parabolica** Satellitenantenne *f*

anteporre [ante'porre] <irr> *vt* vor(aus)stellen; (*fig a*) voranstellen

anteprima [ante'priːma] *f* Voraufführung *f*

anteriore [ante'rioːre] *agg* **1.** (*davanti*) Vorder- **2.** (*precedente*) vorhergehend

anti- [anti] (*in parole composte*) anti-, Anti-; (*non ...*) nicht(-), Nicht-

antiabortista [antiabor'tista] <-i *m*, -e *f*> *mf* Abtreibungsgegner(in) *m(f)*; **antiacne** [anti'akne] <inv> *agg* gegen Akne wirkend; **antiatomico, -a** [antia'tɔːmiko] <-ci, -che> *agg* atombombensicher; **rifugio ~** Atombunker *m*

antibiotico [antibi'ɔːtiko] <-ci> *m* Antibiotikum *n*

antibloccaggio [antiblok'kaddʒo] <-> *m* Antiblockiersystem *n;* **antibloccante** [antiblok'kante] *agg* **sistema ~** Antiblockiersystem *n*

anticalcare [antikal'kaːre] *m* Mittel *n* gegen Kalkablagerungen (*z. B. in Wasserleitungen*)

anticamera [anti'kaːmera] *f* Vorzimmer *n;* **non mi passa neppure per l'~ del cervello** (*fam*) daran denke ich nicht mal im Traum

anticarie [anti'kaːrie] <inv> *agg* karieshemmend

antichità [antiki'ta] <-> *f* Altertum *n*

anticipare [antitʃi'paːre] *vt* **1.** (*azione*)

vorziehen **2.** (*notizia*) im Voraus bekannt geben **3.** (*somma*) vorstrecken; **anticipazione** [antiʃipat'tsio:ne] *f* **1.** (*di notizia, informazione*) Vorwegnahme *f* **2.** (*di azione*) Vorverlegung *f* **3.** (FIN) Voraus(be)zahlung *f*; ~ **bancaria** Bankvorausdarlehen *n*; **anticipo** [an'ti:tʃipo] *m* **1.** (*somma*) Vorschuss *m* **2.** (*caparra*) Anzahlung *f*, Angabe *f A* **3.** (*loc*) **in** ~ im Voraus; (*troppo presto*) zu früh

antico [an'ti:ko] <-chi> *m pl* Vorfahren *mpl*

antico, -a <-chi, -che> *agg* alt; (HIST) antik; **storia -a** Geschichte *f* des Altertums

anticoncezionale [antikontʃettsio'na:le] *m* empfängnisverhütendes Mittel

anticonformismo [antikonfor'mizmo] *m* Nonkonformismus *m*; **anticonformista** [antikonfor'mista] <-i *m*, -e *f*> *mf* Nonkonformist(in) *m(f)*

anticorpo [anti'kɔrpo] *m* Antikörper *m*

anticostituzionale [antikostituttsio'na:le] *agg* verfassungswidrig; **anticrimine** [anti'kri:mine] <inv> *agg* **squadra** ~ Abteilung für Verbrechensbekämpfung; **anticristo** [anti'kristo] *m* Antichrist *m*; **anticrittogamico, -a** <-ci, -che> *agg* Pflanzenschutz-

antidatare [antida'ta:re] *vt* vordatieren

antidoto [an'ti:doto] *m* Gegengift *n*; (*a fig*) Gegenmittel *n*

antidroga [anti'drɔ:ga] <inv> *agg* Drogenbekämpfungs-; **cane** ~ Drogenspürhund *m*; **squadra** ~ Drogenkommando *n*; **antiemorragico** [antiemor'ra:dʒiko] <-ci> *m* (MED) blutstillendes Mittel

antifona [an'ti:fona] *f* Wechselgesang *m*; **capir l'**~ (*fam*) den Hinweis verstehen

antiforfora [anti'forfora] <inv> *agg* **shampoo** ~ Antischuppenschampoo *n*; **antifumo** [anti'fu:mo] <inv> *agg* **campagna** ~ Kampagne gegen das Rauchen; **antifurto** [anti'furto] <-> *m* Diebstahlsicherung *f*; **antigas** [anti'gas] <inv> *agg* **maschera** ~ Gasmaske *f*; **antigelo** [anti'dʒɛ:lo] <-> *m* Frostschutzmittel *n*; **anti(i)gienico, -a** [anti(i)'dʒɛ:niko] <-ci, -che> *agg* unhygienisch; **anti(i)nfiammatorio** [anti(i)nfiamma'tɔ:rio] <-i> *m* (MED) entzündungshemmendes Mittel

Antille [an'tille] *fpl* Antillen *pl*

antilope [an'ti:lope] *f* Antilope *f*

antimafia [anti'ma:fia] <inv> *agg* Mafiabekämpfungs-; **squadra** ~ Antimafiaeinheit *f*

antimeridiano, -a [antimeri'dia:no] *agg* Vormittags-

antinebbia [anti'nebbia] <-> *m* Nebelscheinwerfer *m*

antinquinamento [antiŋkuina'mento] <inv> *agg* Umweltschutz-

antiorario, -a [antio'ra:rio] <-i, -ie> *agg* gegen den Uhrzeigersinn

antipasto [anti'pasto] *m* Vorspeise *f*; ~ **misto** gemischte Vorspeisen *fpl* (*Aufschnitt, Oliven, Schinken, etc*)

antipatia [antipa'ti:a] <-ie> *f* Abneigung *f*; **antipatico, -a** [anti'pa:tiko] <-ci, -che> *agg* unsympathisch

antiplacca [anti'plakka] <inv> *agg* Antiplaque-

antipodi [an'ti:podi] *mpl* Antipoden *mpl*; **essere agli** ~ (*fig*) entgegengesetzter Meinung sein

antipolio [anti'pɔ:lio] <inv> *agg* **vaccino** ~ Polioschutzimpfung *f*

antiproiettile [antiproiet'ti:le] <inv> *agg* **giubbotto** ~ kugelsichere Weste; **cristallo** ~ kugelsicheres Glas

antipulci [anti'pultʃi] *agg* **collare** ~ Flohhalsband *n*

antiquariato [antikua'ria:to] *m* Antiquitätenhandel *m*; **pezzo d'**~ Antiquität *f*; **antiquario, -a** [anti'kua:rio] <-i, -ie> **I.** *agg* Antiquariats- **II.** *m, f* Antiquitätenhändler(in) *m(f)*

antiquato, -a [anti'kua:to] *agg* veraltet

antirazzismo [antirat'tsizmo] *m* Antirassismus *m*; **antirazzista** [antirat'tsista] <-i *m*, -e *f*> *mf* Antirassist(in) *m(f)*; **antiruggine** [anti'ruddʒine] <inv> *agg* Rostschutz-; **antirughe** [anti'ru:ge] <inv> *agg* **crema** ~ Antifaltencreme *f*; **antiscippo** [anti'ʃippo] <inv> *agg* **valigia** ~ diebstahlsicherer Koffer; **antisemitico, -a** [antise'mi:tiko] <-ci, -che> *agg* antisemitisch; **antisemitismo** [antisemi'tizmo] *m* Antisemitismus *m*; **antisfondamento** [antisfonda'mento] <inv> *agg* bruchsicher; **antisismico, -a** [anti'sizmiko] <-ci, -che> *agg* erdbebensicher

antistante [antis'tante] *agg* gegenüberliegend

antistrappo [anti'strappo] <inv> *agg* reißfest; **antistupro** [anti'stu:pro] <inv> *agg* **legge** ~ Gesetz gegen sexuelle Nötigung; **antitarlo** [anti'tarlo] <-> *m* Holzschutzmittel *n;* **antitartaro** [anti'tartaro] <inv> *agg* gegen Zahnstein

antitesi [an'tiːtezi] *f* **1.** (PHILOS) Antithese *f* **2.** (*contrasto*) Gegensatz *m*

antitetanico, -a [antite'taːniko] <-ci, -che> *agg* **vaccino** ~ Tetanusimpfung *f*

antitraspirante [antitraspi'rante] *agg* schweißhemmend

antitrust [ænti'trʌst] <-> *m* (FIN) Kartellbekämpfung *f*

antitumorale [antitumo'raːle] *agg* tumorbekämpfend

antivigilia [antivi'dʒiːlia] *f* Tag *m* vor dem Vorabend

antologia [antolo'dʒiːa] <-gie> *f* Anthologie *f*

antonomasia [antonoma'ziːa] *f* (LING) Antonomasie *f;* **per** ~ antonomastisch

antracite *f* Anthrazit *m*

antropologia [antropolo'dʒiːa] <-gie> *f* Anthropologie *f;* **antropologo, -a** [antro'pɔːlogo] <-gi, -ghe> *m, f* Anthropologe *m,* -login *f*

anulare [anu'laːre] *m* Ringfinger *m*

Anversa [an'vɛrsa] *f* Antwerpen *n*

anzi ['antsi] *avv* **1.** (*invece*) im Gegenteil **2.** (*ancor di più*) sogar **3.** (*o meglio*) besser noch

anzianità [antsiani'ta] <-> *f* Alter *n;* (ADM) Dienstalter *n;* **anziano, -a** [an'tsiaːno] **I.** *agg* alt; (ADM) dienstalt **II.** *m, f* Alte(r) *f(m)*

anziché, anzi che [antsi'ke] *cong* **1.** (*invece di*) statt zu **2.** (*piuttosto che*) eher als

anzitutto [antsi'tutto] *avv* vor allem

aorta [a'ɔrta] *f* Aorta *f*

Aosta [a'ɔsta] *f Hauptstadt des Aostatals;* **Valle d'**~ Aostatal *n*

aostano, -a [aos'taːno] **I.** *agg* aus Aosta stammend **II.** *m, f* Bewohner(in) *m(f)* Aostas

apartheid [a'parthɛit] <-> *f* Apartheid *f*

apatia [apa'tiːa] <-ie> *f* Apathie *f;* **apatico, -a** [a'paːtiko] <-ci, -che> *agg* apathisch

a.p.c. *abbr di* **a pronta cassa** gegen Barzahlung

ape ['aːpe] *f* Biene *f;* ~ **operaia/domestica** Arbeits-/Honigbiene *f;* ~ **regina** Bienenkönigin *f*

aperitivo [aperi'tiːvo] *m* Aperitif *m*

aperto [a'pɛrto] *m* Freie(s) *n;* **all'**~ im Freien

aperto, -a **I.** *pp di* **aprire** **II.** *agg* (*a fig*) offen; **in -a campagna** auf freiem Feld; **in mare** ~ auf offenem Meer; **all'aria -a** an der frischen Luft

apertura [aper'tuːra] *f* **1.** (*azione*) Öffnung *f,* Aufsperren *n A;* (*di un conto*) Eröffnung *f* **2.** (*inizio*) Eröffnung *f;* **articolo di** ~ Leitartikel *m;* **discorso di** ~ Eröffnungsrede *f* **3.** (*fig: di mente*) Aufgeschlossenheit *f*

A.P.I. ['aːpi] *f abbr di* **Anonima Petroli Italiana** *italienische Mineralölverwaltung*

apice ['aːpitʃe] *m* Gipfel *m*

apicoltore, -trice [apikol'toːre] *m, f* Imker(in) *m(f);* **apicoltura** [apikol'tuːra] *f* Bienenzucht *f*

apocalisse [apoka'lisse] *f* Weltuntergang *m*

apogeo [apo'dʒɛːo] *m* **1.** (ASTR) Erdferne *f* **2.** (*fig*) Gipfel *m;* **essere all'**~ **della gloria** auf dem Gipfel des Ruhms angelangt sein

apollo [a'pɔllo] *m* Apoll *m*

apostolo [a'pɔstolo] *m* Apostel *m*

apostrofo [a'pɔstrofo] *m* Apostroph *m*

app. **1.** *abbr di* **appendice** Anh. **2.** *abbr di* **appartamento** Whg.

appagare [appa'gaːre] **I.** *vt* befriedigen **II.** *vr* **-rsi di qc** sich mit etw begnügen

appaio [ap'paio] *1. pers sing pr di* **apparire**

appaltare [appal'taːre] *vt* **1.** (*dare in appalto*) als Auftrag vergeben **2.** (*prendere in appalto*) als Auftrag annehmen; **appalto** [ap'palto] *m* Auftragserteilung *f;* **dare/prendere in** ~ als Auftrag vergeben/annehmen

appannare [appa'naːre] **I.** *vt* (*a fig*) trüben **II.** *vr* **-rsi** sich trüben

apparato [appa'raːto] *m* **1.** (*per manifestazioni*) Aufmachung *f* **2.** (TEC, ANAT, LIT, ADM) Apparat *m;* ~ **circolatorio** Gefäßsystem *n;* **l'**~ **scenico** Inszenierung *f*

apparecchiare [apparek'kiaːre] **I.** *vt* (vor)bereiten; (*tavola*) decken **II.** *vr* **-rsi** sich vorbereiten; **apparecchiatura** [apparekkia'tuːra] *f* (TEC) Apparatur *f;* (*strumento*) Einrichtung *f;* **apparecchio** [appa'rekkio] <-cchi> *m* (TEC) Gerät *n*

apparente [appa'rɛnte] *agg* scheinbar; **apparenza** [appa'rɛntsa] *f* (An)schein *m;* (*aspetto*) Äußere(s) *n;* **salvare le -e** den Schein wahren; **l'**~ **inganna** der Schein trügt; **in** ~ dem Anschein nach

apparire [appa'ri:re] <appaio, apparvi, apparso> *vi essere* erscheinen; **appariscente** [apparif'fɛnte] *agg* auffallend

apparizione [apparit'tsio:ne] *f* Erscheinung *f*

apparso [ap'parso] *pp di* **apparire**

appartamento [apparta'mento] *m* Wohnung *f*

appartarsi [appar'tarsi] *vr* sich zurückziehen

appartenente [apparte'nɛnte] *agg* zugehörig; **appartenenza** [apparte'nɛntsa] *f* Zugehörigkeit *f;* **appartenere** [apparte'ne:re] <irr> *vi essere o avere* ~ **a qu** jdm gehören

apparvi [ap'parvi] *1. pers sing pass rem di* **apparire**

appassionare [appassio'na:re] **I.** *vt* begeistern; (*commuovere*) rühren **II.** *vr* **-rsi** (**a qc**) sich (für etw) begeistern; **appassionato, -a** [appassio'na:to] *m, f* Begeisterte(r) *f(m)*

appassire [appas'si:re] <appassisco> *vi essere* (ver)welken

appellare [appel'la:re] **I.** *vt* anreden; (JUR) anfechten **II.** *vr* **-rsi** appellieren; (JUR) in (die) Berufung gehen; **-rsi a qu** an jdn appellieren; **-rsi contro qu** gegen jdn Berufung einlegen; **appellativo** [appella'ti:vo] *m* Name *m*

appello [ap'pɛllo] *m* **1.** (*chiamata*) Appell *m;* (*per nome*) Aufruf *m* **2.** (*invocazione*) **fare ~ a qc** an etw *acc* appellieren **3.** (*di esami universitari*) Examenstermin *m* **4.** (JUR) **corte d'~** Berufungsgericht *n;* **ricorrere in ~** in (die) Berufung gehen

appena [ap'pe:na] **I.** *avv* **1.** (*a stento*) gerade noch; **ha parlato ~** er [*o* sie] hat kaum gesprochen **2.** (*da poco*) gerade erst; **sono ~ le dieci** es ist gerade erst zehn Uhr **II.** *cong* sobald

appendere [ap'pɛndere] <appendo, appesi, appeso> *vt* aufhängen

appendice [appen'di:tʃe] *f* **1.** (*aggiunta*) Anhang *m* **2.** (ANAT) Blinddarm *m*

appendicite [appendi'tʃi:te] *f* Blinddarmentzündung *f*

Appennino [appen'ni:no] *m* Appennin *m;* **gli -i** die Appenninen

appesantire [appesan'ti:re] <appesantisco> **I.** *vt* beschweren; (*fig*) belasten **II.** *vr* **-rsi** sich schwer machen

appesi [ap'pe:si] *1. pers sing pass rem di* **appendere**

appeso [ap'pe:so] *pp di* **appendere**

appetibile [appe'ti:bile] *agg* verlockend

appetito [appe'ti:to] *m* **1.** (*di cibo*) Appetit *m;* **buon ~!** guten Appetit!; **l'~ vien mangiando** (*prov*) der Appetit kommt beim Essen **2.** (*fig*) Verlangen *n;* **appetitoso, -a** [appeti'to:so] *agg* appetitanregend; (*a fig*) appetitlich

appezzamento [appettsa'mento] *m* Grundstück *n*

appianare [appia'na:re] *vt* **1.** (*terreno*) (ein)ebnen **2.** (*fig*) beseitigen

appiattire [appiat'ti:re] <appiattisco> **I.** *vt* abflachen **II.** *vr* **-rsi** flach werden

appiccare [appik'ka:re] *vt* **1.** (*appendere*) aufhängen **2.** (*fuoco*) legen

appiccicare [appittʃi'ka:re] **I.** *vt* ankleben; (*fig*) anhängen **II.** *vr* **-rsi** kleben; (*fig a*) sich (an)hängen; **appiccicaticcio, -a** [appittʃika'tittʃo] <-cci, -cce> *agg* **1.** (*attaccaticcio*) klebrig **2.** (*fig*) lästig

appieno [ap'piɛ:no] *avv* völlig

appigliarsi [appiʎ'ʎarsi] *vr* ~ **a qu/qc** sich an jdn/etw klammern; **appiglio** [ap'piʎʎo] <-gli> *m* **1.** (*punto di appoggio*) Stützpunkt *m* **2.** (*fig*) Vorwand *m*

appioppare [appiop'pa:re] *vt* (*fam*) andrehen

appisolarsi [appizo'larsi] *vr* einnicken

applaudire [applau'di:re] <applaudisco> *vt, vi* ~ (**a**) **qu/qc** jdm/etw applaudieren; **applauso** [ap'pla:uzo] *m* Applaus *m;* (*consenso a*) Zustimmung *f*

applicabile [appli'ka:bile] *agg* **essere ~** (**a qc**) (auf etw *acc*) anwendbar sein; **applicare** [appli'ka:re] **I.** *vt* **1.** (*attaccare*) applizieren; (*con colla*) aufkleben **2.** (*mettere in atto*) anwenden **II.** *vr* **-rsi** sich widmen; **applicazione** [applikat'tsio:ne] *f* **1.** (*l'applicare*) Anbringung *f;* (*l'utilizzare*) Anwendung *f* **2.** (*cura*) Eifer *m* **3.** (INFORM) Anwendung *f*

appoggiacapo [appoddʒa'ka:po] <-> *m* Kopfstütze *f;* **appoggiare** [appod'dʒa:re] **I.** *vt* **1.** (*posare*) (ab)stellen, (ab)legen **2.** (*accostare*) anlehnen; **~ la scala alla parete** die Leiter an die Wand anlehnen **3.** (*fig*) unterstützen **II.** *vr* **-rsi 1.** (*sostenersi*) **-rsi al muro** sich an die Wand anlehnen **2.** (*fig*) **-rsi a qc** sich auf etw *acc* stützen; **appoggiatesta** [appoddʒa'tɛsta] <-> *m* Kopfstütze *f;* **appoggio** [ap'pɔddʒo] <-ggi> *m* (*a fig*) Stütze *f*

apporre [ap'porre] <irr> *vt* anbringen

apportare [appor'ta:re] *vt* **1.** (*portare*) beitragen **2.** (*fig*) mit sich *dat* bringen; **apporto** [ap'pɔrto] *m* **1.** (*conferimento*) Zufuhr *f* **2.** (*contributo*) Beitrag *m*

apposi [ap'po:zi] *1. pers sing pass rem di* **apporre**

appositamente [appozita'mente] *avv* eigens; **apposito, -a** [ap'pɔ:zito] *agg* eigen

apposta [ap'pɔsta] **I.** *avv* absichtlich **II.** <inv> *agg* extra

appostare [appos'ta:re] **I.** *vt* ~ **qu/qc** jdm/etw auflauern **II.** *vr* **-rsi** Stellung beziehen

apposto [ap'pɔsto] *pp di* **apporre**

apprendere [ap'prɛndere] <irr> *vt* **1.** (*imparare*) (er)lernen **2.** (*venire a sapere*) erfahren

apprendista [appren'dista] <-i *m*, -e *f*> *mf* Auszubildende(r) *f(m);* **apprendistato** [apprendis'ta:to] *m* Lehre *f*

apprensione [appren'sio:ne] *f* Besorgnis *f;* **apprensivo, -a** [appren'si:vo] *agg* furchtsam

appresi [ap'pre:zi] *1. pers sing pass rem di* **apprendere**

appreso [ap'pre:zo] *pp di* **apprendere**

appresso [ap'prɛsso] **I.** *avv* **1.** (*vicino*) nahe bei **2.** (*più tardi*) nachfolgend; **come** ~ wie folgt **II.** *prp* (*stato*) neben *+dat,* bei *+dat;* (*moto*) neben *+acc*

apprestare [appres'ta:re] *vt* bereitstellen

appretto [ap'prɛtto] *m* Appretur *f;* **dare l'~ a qc** etw appretieren

apprezzabile [appret'tsa:bile] *agg* bemerkenswert; (*somma a*) nennenswert; **apprezzare** [appret'tsa:re] *vt* schätzen

approccio [ap'prɔttʃo] <-cci> *m* Annäherung *f*

approdare [appro'da:re] *vi essere o avere* (NAUT) anlegen; **non ~ a nulla** (*fig*) keinerlei Erfolg haben; **approdo** [ap'prɔ:do] *m* Landung *f*

approfittare [approfit'ta:re] *vi* ~ **di qu/qc** jdn/etw (aus)nutzen

approfondire [approfon'di:re] <approfondisco> *vt* (*a fig*) sich vertiefen

approntare [appron'ta:re] *vt* bereitstellen; (MIL) rüsten

appropriarsi [appro'priarsi] *vr* ~ (**di**) **qc** sich *dat* etw aneignen

appropriato, -a [appro'pria:to] *agg* geeignet; (*termine a*) treffend

approssimarsi [approssi'marsi] *vr* ~ (**a qu/qc**) sich (jdm/etw) nähern; **approssimativo, -a** [approssima'ti:vo] *agg* annähernd; **approssimazione** [approssimat'tsio:ne] *f* Annäherung *f;* **per** ~ annähernd

approvare [appro'va:re] *vt* gutheißen; **approvazione** [approvat'tsio:ne] *f* Anerkennung *f*

approvvigionare [approvvidʒon'na:re] *vt* versorgen

appuntamento [appunta'mento] *m* **1.** (*di piacere*) Verabredung *f;* **darsi** (**un**) ~ sich verabreden **2.** (*d'affari, dal medico*) Termin *m;* **prendere un'~** sich *dat* einen Termin geben lassen

appuntato [appun'ta:to] *m* Obergefreite(r) *m*

appuntire [appun'ti:re] <appuntisco> *vt* (an)spitzen; **appuntito, -a** [appun'ti:to] *agg* spitz

appunto[1] [ap'punto] *avv* genau; **per l'~** ganz genau

appunto[2] *m* **1.** (*nota*) Notiz *f* **2.** (*rimprovero*) Vorwurf *m*

appurare [appu'ra:re] *vt* nachprüfen

apribile [a'pri:bile] *agg* aufklappbar

apribottiglie [apribot'tiʎʎe] <-> *m* Flaschenöffner *m*

aprii [a'pri:i] *1. pers sing pass rem di* **aprire**

aprile [a'pri:le] *m* April *m;* **in** [*o* **nel mese di**] ~ im April; (**alla**) **fine di** ~ Ende April; **a metà** ~ Mitte April; **ai primi/agli ultimi di** ~ Anfang/Ende April; ~ **ha 30 giorni** der April hat 30 Tage; **Firenze,** (**il**) **15 ~ 2001** Florenz, den 15. April 2001; **oggi è il primo** (**di**) ~ heute ist der erste April; **l'undici/il venti/il ventun** ~ der elfte/zwanzigste/einundzwanzigste April

aprire [a'pri:re] <apro, aprii, aperto> **I.** *vt* **1.** (*finestre, porte*) aufmachen, aufsperren *A;* (*ombrello*) aufspannen; (*libri*) aufschlagen; (*con chiave*) aufschließen, aufsperren *A;* **non ~ bocca** den Mund halten; ~ **gli occhi** (*a fig*) aufwachen; ~ **le orecchie** die Ohren öffnen **2.** (*fig: iniziare*) einleiten; (*fuoco, conto, negozio*) eröffnen **3.** (INFORM) öffnen **4.** (*fam: luce, radio*) anmachen; (*rubi-

netto) aufdrehen **II.** *vr* **-rsi** sich öffnen; (*fiori*) aufbrechen; **-rsi con qu** (*fig*) sich jdm anvertrauen; **la finestra si apre sul giardino** das Fenster weist auf den Garten

apriscatole [apris'ka:tole] <-> *m* Dosenöffner *m*

aquaplaning ['ækwə'pleiniŋ] <-> *m* Aquaplaning *n*

aquila ['a:kuila] *f* Adler *m*

aquilano, **-a** [akui'la:no] **I.** *agg* aus Aquila stammend **II.** *m, f* Bewohner(in) *m(f)* Aquilas

aquilino, **-a** [akui'li:no] *agg* Adler-; **naso ~** Adlernase *f*

aquilone [akui'lo:ne] *m* Drachen *n*

Aquisgrana [akuiz'gra:na] *f* Aachen *n*

Arabia [a'ra:bia] *f* Arabien *n;* ~ **Saudita** Saudiarabien *n*

arabo ['a:rabo] *m* Arabisch(e) *n;* **parlare ~** (*fig*) Chinesisch sprechen

arabo, **-a I.** *agg* arabisch **II.** *m, f* Araber(in) *m(f)*

arachide [a'ra:kide] *f* Erdnuss *f*

aragosta [ara'gosta] *f* Languste *f*

aranceto [aran'tʃe:to] *m* Orangenhain *m;* **arancia** [a'rantʃa] <-ce> *f* Orange *f;* **aranciata** [aran'tʃa:ta] *f* Orangenlimonade *f;* **arancino** [aran'tʃi:no] *m* (GASTR) Reiskrokette *f*

arancio[1] [a'rantʃo] <inv> *agg* orange(farben)

arancio[2] <-ci> *m* **1.** (*albero*) Orangenbaum *m* **2.** (*frutto*) Orange *f* **3.** (*colore*) Orange *n*

arancione[1] [aran'tʃo:ne] <inv> *agg* dunkelorange

arancione[2] *m* Dunkelorange *n*

arare [a'ra:re] *vt, vi* pflügen; **aratro** [a'ra:tro] *m* Pflug *m*

arazzo [a'rattso] *m* Wandteppich *m*

arbitrale [arbi'tra:le] *agg* schiedsrichterlich; **arbitrare** [arbi'tra:re] *vt* Schiedsrichter sein bei

arbitrario, **-a** [arbi'tra:rio] <-i, -ie> *agg* willkürlich

arbitrio [ar'bi:trio] <-i> *m* Gutdünken *n;* **lasciare qc all'~ di qu** etw dem Ermessen von jdm überlassen

arbitro ['arbitro] *m* (SPORT) Schiedsrichter *m;* (*nel pugilato*) Ringrichter *m*

arbusto [ar'busto] *m* Strauch *m*

arca ['arka] <-che> *f* Arche *f;* **l'~ di Noè** die Arche Noah

arcaico, **-a** [ar'ka:iko] <-ci, -che> *agg* archaisch

arcangelo [ar'kandʒelo] *m* Erzengel *m*

arcata [ar'ka:ta] *f* Arkade *f*

archeologia [arkeolo'dʒi:a] <-ie> *f* Archäologie *f;* **archeologico**, **-a** [archeo'lɔ:dʒiko] <-ci, -che> *agg* archäologisch; **archeologo**, **-a** [archeol'ɔ:logo] <-gi, -ghe> *m, f* Archäologe *m,* -login *f*

archetipo [ar'kɛ:tipo] *m* Archetyp(us) *m*

archetto [ar'ketto] *m* kleiner Bogen

architettare [arkitet'ta:re] *vt* ausdenken

architetto, **-a** [arki'tetto] *m, f* Architekt(in) *m(f);* **architettonico**, **-a** [arkitet'tɔ:niko] <-ci, -che> *agg* architektonisch; **architettura** [arkitet'tu:ra] *f* Architektur *f*

architrave [arki'tra:ve] *m* Stützbalken *m*

archiviare [arki'via:re] *vt* (ADM) archivieren; ~ **una pratica** einen Vorgang zu den Akten legen; **archivio** [ar'ki:vio] <-i> *m* Archiv *n*

A.R.C.I. ['artʃi] *m abbr di* **Associazione Ricreativa Culturale Italiana** *italienischer Freizeit- und Kulturverband*

arci- [artʃi] (*in parole composte*) Erz-

arciere [ar'tʃɛ:re] *m* Bogenschütze *m*

arcigno, **-a** [ar'tʃiɲɲo] *agg* mürrisch

arcinoto, **-a** [artʃi'nɔ:to] *agg* (*fam*) altbekannt

arcipelago [artʃi'pɛ:lago] <-ghi> *m* Archipel *m*

arciprete [artʃi'prɛ:te] *m* Erzpriester *m*

arcistufo, **-a** [artʃi'stu:fo] *agg* (*fam*) **essere ~ di qc** etw absolut satt haben

arcivescovo [artʃi'veskovo] *m* Erzbischof *m*

arco ['arko] <-chi> *m* Bogen *m;* **strumenti ad ~** Streichinstrumente *npl;* ~ **a sesto acuto** Spitzbogen *m;* ~ **di tempo** Zeitspanne *f*

arcobaleno [arkoba'le:no] *m* Regenbogen *m*

arcuare [arku'a:re] *vt* krümmen

ardente [ar'dɛnte] *agg* glühend; **camera ~** Totenzimmer *n*

ardere ['ardere] <ardo, arsi, arso> **I.** *vt* verbrennen **II.** *vi essere o avere* brennen; ~ **d'amore** in Liebe entbrannt sein; ~ **dal desiderio di fare qc** den brennenden Wunsch haben etw zu tun

ardire [ar'di:re] <ardisco> *vi* wagen

ardore [ar'do:re] *m* Hitze *f;* **lavorare con ~** mit Eifer arbeiten; **nell'~ della discussione**

im Eifer des Gefechts

arduo, **-a** ['arduo] *agg* steil; (*difficile*) schwierig

area ['a:rea] *f* **1.** (*superficie*) Fläche *f;* ~ **di lavoro** (INFORM) Arbeitsplatz *m* **2.** (*zona*) Raum *m;* ~ **fabbricabile** Bauland *n;* ~ **di servizio** Raststätte *f* **3.** (*fig* POL) Gruppierung *f*

arena [a'rɛ:na] *f* Arena *f*

arenarsi [are'narsi] *vr* **1.** (NAUT) stranden **2.** (*fig*) ins Stocken geraten

aretino, **-a** [are'ti:no] **I.** *agg* aus Arezzo stammend **II.** *m, f* Bewohner(in) *m(f)* Arezzos

Arezzo *f Stadt in der Toskana*

argentare [ardʒen'ta:re] *vt* versilbern; **argenteo**, **-a** [ar'dʒɛnteo] *agg* silbern; **argenteria** [ardʒente'ri:a] <-ie> *f* Silber(geschirr) *n*

Argentina [ardʒen'ti:na] *f* Argentinien *n;* **argentino**, **-a** [ardʒen'ti:no] **I.** *agg* argentinisch **II.** *m, f* Argentinier(in) *m(f)*

argento [ar'dʒɛnto] *m* Silber *n;* **nozze d'**~ Silberhochzeit *f*

argilla [ar'dʒilla] *f* Ton *m*

arginare [ardʒi'na:re] *vt* eindämmen; ~ **qc** (*fig*) einer Sache *dat* Einhalt gebieten; **argine** ['ardʒine] *m* Damm *m*

argomentare [argomen'ta:re] *vi* argumentieren; **argomentazione** [argomentat'tsio:ne] *f* Argumentation *f;* **argomento** [argo'mento] *m* **1.** (*tema*) Gegenstand *m* **2.** (*pretesto*) Vorwand *m*

arguzia [ar'guttsia] <-ie> *f* Scharfsinn *m*

aria ['a:ria] <-ie> *f* **1.** (*atmosfera, clima*) Luft *f;* ~ **condizionata** Klimaanlage *f;* **corrente d'**~ Durchzug *m;* **vuoto d'**~ Luftloch *n;* **all'**~ **aperta** im Freien; **prendere una boccata d'**~ (frische) Luft schnappen; **cambiare l'**~ lüften; **prendere un colpo d'**~ sich erkälten, sich verkühlen *A* **2.** (*fig: aspetto*) (An)schein *m* **3.** (MUS) Arie *f* **4.** (*loc, fig*) **buttare all'**~ durcheinander werfen; **darsi delle -e** sich aufspielen; **andare all'**~ ins Wasser fallen; **avere la testa per** ~ abgelenkt sein; **non tira** ~ **buona qui** hier ist dicke Luft

ariano, **-a** [a'ria:no] **I.** *agg* arisch **II.** *m, f* Arier(in) *m(f)*

aridità [aridi'ta] <-> *f* Dürre *f;* **arido**, **-a** ['a:rido] *agg* **1.** (*secco*) dürr **2.** (*fig*) gefühllos

arieggiare [aried'dʒa:re] *vt* lüften

ariete [a'riɛ:te] *m* Widder *m;* **sono** (**dell'** [*o* **un**]) **Ariete** (ASTR) ich bin (ein) Widder

aringa [a'riŋga] <-ghe> *f* Hering *m*

arista ['a:rista] *f* (GASTR) Schweinerücken *m*

aristocratico, **-a** [aristo'kra:tiko] <-ci, -che> **I.** *agg* **1.** (*nobile*) aristokratisch **2.** (*fig*) vornehm **II.** *m, f* Aristokrat(in) *m(f);* **aristocrazia** [aristokrat'tsi:a] <-ie> *f* **1.** (*nobiltà*) Aristokratie *f* **2.** (*fig*) Vornehmheit *f*

aritmetica [arit'mɛ:tika] <-che> *f* Rechnen *n*

arlecchino [arlek'ki:no] *m* Harlekin *m*

arma ['arma] <-i> *f* Waffe *f;* ~ **da fuoco** Feuerwaffe *f;* **chiamare alle -i** einberufen; **deporre le -i** die Waffen strecken; ~ **a doppio taglio** (*fig*) zweischneidiges Schwert; **essere alle prime -i** (*fig*) ein (blutiger) Anfänger sein; **partire con -i e bagagli** (*fig*) mit Sack und Pack aufbrechen

armadillo [arma'dillo] *m* Gürteltier *n*

armadio [ar'ma:dio] <-i> *m* Schrank *m,* Kasten *m A;* ~ **a muro** Wandschrank *m*

armamento [arma'mento] *m* (MIL) Bewaffnung *f;* **corsa agli -i** Wettrüsten *n;* **armare** [ar'ma:re] **I.** *vt* (MIL) bewaffnen **II.** *vr* **-rsi 1.** (*munirsi di armi*) sich bewaffnen **2.** (*fig: provvedersi*) sich wappnen; **-rsi di pazienza** sich mit Geduld wappnen; **armata** [ar'ma:ta] *f* Armee *f;* **armato**, **-a** *agg* bewaffnet; **carro** ~ Panzer *m;* **cemento** ~ Stahlbeton *m;* **a mano -a** mit Waffengewalt

armistizio [armis'tittsio] <-i> *m* Waffenstillstand *m*

armonia [armo'ni:a] <-ie> *f* Harmonie *f;* **agire in** ~ **con le leggi** im Einklang mit dem Gesetz handeln; **essere in buona** ~ **con qu** mit jdm in gutem Einvernehmen sein

armonica [ar'mɔ:nika] <-che> *f* Harmonika *f;* ~ **a bocca/a mantice** Mund-/Ziehharmonika *f*

armonico, **-a** [ar'mɔ:niko] <-ci, -che> *agg,* **armonioso**, **-a** [armo'nio:so] *agg* harmonisch

armonizzare [armonid'dza:re] **I.** *vt* in Einklang bringen **II.** *vi* harmonieren

arnese [ar'ne:se] *m* Werkzeug *n;* **-i del mestiere** Handwerkszeug *n*

aroma [a'rɔ:ma] <-i> *m* Aroma *n;* **aromatico**, **-a** [aro'ma:tiko] <-ci, -che> *agg* würzig; **piante -che** Gewürzpflanzen *fpl;*

aromatizzare [aromatid'dza:re] *vt* würzen

arpa ['arpa] *f* Harfe *f*

arpeggio [ar'peddʒo] <-ggi> *m* (MUS) Arpeggio *n*

arpia [ar'pi:a] <-ie> *f* (*fig: donna sgradevole*) Krähe *f*

arrabbiare [arrab'bia:re] **I.** *vt* **far ~ qu** jdn ärgern **II.** *vr* **-rsi** (**con qu**) (auf jdn) wütend werden; **arrabbiato**, **-a** [arrab'bia:to] *agg* **1.** (*irato*) wütend **2.** (GASTR) **all'-a** sehr pikant

arraffare [arraf'fa:re] *vt* an sich reißen; (*rubare*) klauen

arrampicarsi [arrampi'karsi] *vr* klettern; **~ su un albero** auf einen Baum klettern [*o* kraxeln *A*]; **~ sugli specchi** (*fig*) sich aufs Glatteis begeben

arrancare [arraŋ'ka:re] *vi* sich hinschleppen

arrangiamento [arrandʒa'mento] *m* **1.** (*accomodamento*) Übereinkommen *n* **2.** (MUS) Arrangement *n;* **arrangiare** [arran'dʒa:re] **I.** *vt* **1.** (*fam: rimediare alla meglio*) zurechtmachen **2.** (MUS) arrangieren **II.** *vr* **-rsi** sich *dat* zu helfen wissen

arrecare [arre'ka:re] *vt* **1.** (*portare*) bringen **2.** (*fig*) verursachen; (*dolore*) bereiten

arredamento [arreda'mento] *m* Einrichtung *f;* **arredare** [arre'da:re] *vt* einrichten

arrendersi [ar'rɛndersi] <irr> *vr* ~ (**a qu**) sich (jdm) ergeben

arrestare [arres'ta:re] **I.** *vt* **1.** (*catturare*) verhaften **2.** (*fermare*) anhalten **II.** *vr* **-rsi** stehen bleiben; **arresto** [ar'rɛsto] *m* **1.** (*cattura*) Verhaftung *f;* **mandato d'~** Haftbefehl *m;* **-i domiciliari** Hausarrest *m* **2.** (*interruzione*) Stillstand *m;* **~ cardiaco** Herzstillstand *m*

arretrare [arre'tra:re] *vi essere* sich zurückziehen; **arretrati** [arre'tra:ti] *mpl* (*somme*) Rückstände *mpl;* **arretrato**, **-a** [arre'tra:to] *agg* veraltet; (*paese*) rückständig; (*lavoro*) überfällig; (*pagamento*) nachträglich

arricchire [arrik'ki:re] <arricchisco> **I.** *vt* bereichern **II.** *vr* **-rsi** sich bereichern; **-rsi a spese di qu** sich an jdm bereichern; **arricchito**, **-a** [arrik'ki:to] *m, f* (*pej*) Neureiche(r) *f(m)*

arricciacapelli [arrittʃaka'pelli] <-> *m* Lockenstab *m;* **arricciare** [arrit'tʃa:re] *vt* locken; **~ il naso** die Nase rümpfen

arridere [ar'ri:dere] <irr> *vi* zulächeln

arrischiare [arris'kia:re] **I.** *vt* riskieren **II.** *vr* **-rsi** sich (ge)trauen

arrisi [ar'ri:zi] *1. pers sing pass rem di* **arridere**

arriso [ar'ri:zo] *pp di* **arridere**

arrivare [arri'va:re] *vi essere* **1.** (*giungere*) ankommen; **~ primo/secondo** (SPORT) Erster/Zweiter sein; **chi tardi arriva, male alloggia** (*prov*) wer zu spät kommt, hat das Nachsehen **2.** (*a fig*) kommen; **~ a qc** zu etw kommen; **l'acqua gli arriva al ginocchio** das Wasser reicht ihm bis zum Knie; **~ a buon punto** weit voraus sein **3.** (*somme*) **~ a ...** sich auf ... +*acc* belaufen **4.** (*riuscire*) (es) schaffen; **non ci arrivo** (*fig*) ich komme nicht dahinter; **arrivato**, **-a** [arri'va:to] *m, f* Arrivierte(r) *f(m)*

arrivederci [arrive'dertʃi] *int* auf Wiedersehen; **arrivederLa** [arrive'derla] *int* auf Wiedersehen

arrivismo [arri'vizmo] *m* Ehrgeiz *m;* **arrivista** [arri'vista] <-i *m*, -e *f*> *mf* Streber(in) *m(f)*

arrivo [ar'ri:vo] *m* **1.** (*l'arrivare*) Ankunft *f;* (*di merce*) Eingang *m;* **il treno è in ~ sul quarto binario** der Zug fährt auf Gleis vier ein **2.** (SPORT) Ziel *n*

arrogante [arro'gante] *agg* arrogant; **arroganza** [arro'gantsa] *f* Arroganz *f*

arrossamento [arrossa'mento] *m* Rötung *f;* **arrossire** [arros'si:re] <arrossisco> *vi essere* erröten

arrostire [arros'ti:re] <arrostisco> **I.** *vt* braten; (*pane, castagne*) rösten; (*ai ferri*) grillen **II.** *vi essere* (*fig: al sole*) braten; **arrosto** [ar'rɔsto] *m* Braten *m*

arrotare [arro'ta:re] *vt* schleifen; **arrotino** [arro'ti:no] *m* Scherenschleifer(in) *m(f)*

arrotolare [arroto'la:re] *vt* aufrollen; **arrotolatore** [arrotola'to:re] *m* (*per cinture di sicurezza*) Aufrollvorrichtung *f*

arrotondare [arroton'da:re] *vt* (*a fig*) aufrunden

arrovellarsi [arrovel'larsi] *vr* **~ il cervello** sich *dat* den Kopf zerbrechen

arruffare [arruf'fa:re] *vt* (*scompigliare*) verwirren; (*capelli*) zerzausen

arruffianarsi [arruffia'na:rsi] *vr* **-rsi** (**con qu**) (*fam*) (mit jdm) einen Klüngel aushandeln

arrugginirsi [arruddʒi'ni:rsi] <mi arrugginisco> *vr* **1.** (*ricoprirsi di ruggine*) (ver)rosten **2.** (*fig*) einrosten

arruolamento [arruola'mento] *m* (MIL) Einberufung *f;* **arruolare** [arruo'la:re] **I.** *vt* (MIL) einberufen **II.** *vr* **-rsi** (MIL) sich freiwillig melden

arsenale [arse'na:le] *m* **1.** (NAUT) Werft *f* **2.** (MIL) Waffenschmiede *f*

arsenico [ar'sɛ:niko] *m* Arsen *n*

arsi ['arsi] *1. pers sing pass rem di* **ardere**

arso, -a ['arso] **I.** *pp di* **ardere II.** *agg* ausgedorrt

arsura [ar'su:ra] *f* Dürre *f*

art. *abbr di* **articolo** Art.

arte ['arte] *f* Kunst *f;* **opera d'~** Kunstwerk *n;* **a regola d'~** kunstgerecht; **storia dell'~** Kunstgeschichte *f;* **nome d'~** Künstlername *m;* **non avere né ~ né parte** (*fig*) nichts gelernt haben; **impara l'~ e mettila da parte** (*prov*) gelernt ist gelernt

artefatto, -a [arte'fatto] *agg* gefälscht

artefice [ar'te:fitʃe] *mf* Schöpfer(in) *m(f)*

arteria [ar'tɛ:ria] <-ie> *f* **1.** (ANAT) Arterie *f* **2.** (*fig: di traffico*) Verkehrsader *f;* **arteriosclerosi** [arterioskle'rɔ:zi] <-> *f* Arteriosklerose *f;* **arteriosclerotico, -a** [arterioske'rɔ:tiko] <-ci, -che> *agg* **1.** (MED) arteriosklerotisch **2.** (*fam: rimbambito*) trottelig

articolare[1] [artiko'la:re] *agg* Gelenk-

articolare[2] *vt* **1.** (*muovere*) bewegen **2.** (*pronunciare*) aussprechen

articolo [ar'ti:kolo] *m* Artikel *m;* **~ di fondo** Leitartikel *m*

Artide ['artide] *f* Arktis *f*

artificiale [artifi'tʃa:le] *agg* künstlich; **artificio** [arti'fi:tʃo] <-ci> *m* Kunstgriff *m;* **~ scenico** Trick *m;* **fuochi d'~** Feuerwerk *n;* **artificioso, -a** [artifi'tʃo:so] *agg* künstlich; (*non spontaneo*) gekünstelt

artigianale [artidʒa'na:le] *agg* handwerklich; **artigianato** [artidʒa'na:to] *m* Handwerk *n;* **artigiano, -a** [arti'dʒa:no] *m, f* Handwerker(in) *m(f)*

artigliere [artiʎ'ʎɛ:re] *m* Artillerist *m*

artiglio [ar'tiʎʎo] <-gli> *m* Kralle *f;* (*a fig*) Klaue *f;* **tirare fuori gli -i** (*fig*) die Krallen zeigen

artista [ar'tista] <-i *m*, -e *f*> *mf* (*a fig*) Künstler(in) *m(f);* **artistico, -a** [ar'tistiko] <-ci, -che> *agg* künstlerisch

arto ['arto] *m* Glied *n*

artrite [ar'tri:te] *f* Arthritis *f*

artrosi [ar'trɔ:zi] <-> *f* Arthrose *f*

arzillo, -a [ar'dzillo] *agg* lebhaft, resch *A*

ascella [aʃ'ʃɛlla] *f* Achselhöhle *f*

ascendente [aʃʃen'dɛnte] **I.** *agg* aufstrebend; (MUS) ansteigend **II.** *m* **1.** (*parente*) direkter Vorfahr **2.** (ASTR) Aszendent *m*

ascendere [aʃ'ʃendere] <irr> *vi essere* (auf)steigen; **ascensione** [aʃʃen'sio:ne] *f* Aufstieg *m;* **l'Ascensione** (Christi) Himmelfahrt *f*

ascensore [aʃʃen'so:re] *m* Aufzug *m*

ascesa [aʃ'ʃe:sa] *f* Aufstieg *m*

ascesi[1] [aʃ'ʃe:zi] *1. pers sing pass rem di* **ascendere**

ascesi[2] [aʃ'ʃɛ:zi] <-> *f* Askese *f*

asceso [aʃ'ʃe:zo] *pp di* **ascendere**

ascesso [aʃ'ʃɛsso] *m* Abszess *m*

asceta [aʃ'ʃɛ:ta] <-i *m*, -e *f*> *mf* Asket(in) *m(f)*

ascia ['aʃʃa] <asce> *f* Axt *f*

A.S.C.I.I. *m acro di* **American Standard Code for Information Interchange** ASCII

ascissa [aʃ'ʃissa] *f* Abszisse *f*

asciugacapelli [aʃʃugaka'pelli] <-> *m* Haartrockner *m*

asciugamano [aʃʃuga'ma:no] *m* Handtuch *n*

asciugare [aʃʃu'ga:re] **I.** *vt* (ab)trocknen **II.** *vr* **-rsi** trocknen; **asciugatoio** [aʃʃuga'to:io] <-oi> *m* Trockner *m;* **asciugatore** [aʃʃuga'to:re] *m* Händetrockner *m;* **asciugatura** [aʃʃuga'tu:ra] *f* (Ab)trocknen *n*

asciutto [aʃ'ʃutto] *m* Trockene(s) *n;* **rimanere all'~** (*fig*) auf dem Trockenen sitzen

asciutto, -a *agg* **1.** (*asciugato*) trocken; (*secco*) getrocknet; **restare a bocca -a** (*fig*) leer ausgehen **2.** (*fig: magro*) hager

ascolano, -a [asko'la:no] **I.** *agg* aus Ascoli stammend **II.** *m, f* Bewohner(in) *m(f)* Ascolis

Ascoli Piceno *f Stadt in der Region Marken*

ascoltare [askol'ta:re] **I.** *vt* hören; **~ qu/qc** jdm/etw folgen **II.** *vi* zuhören; **ascoltatore, -trice** [askolta'to:re] *m, f* (Zu)hörer(in) *m(f)*

ascolto [as'kolto] *m* Zuhören *n;* **indice di ~** Einschaltquote *f;* **dare ~ a qu** auf jdn hören

ascrivere [as'kri:vere] <irr> *vt* zuschreiben; ~ **a merito** als Verdienst anrechnen

asfaltare [asfal'ta:re] *vt* asphaltieren; **asfalto** [as'falto] *m* Asphalt *m*

asfissiare [asfis'sia:re] *vi essere* ersticken

Asia ['a:zia] *f* Asien *n;* ~ **Minore** Kleinasien *n*

asiatica [a'zia:tika] <-che> *f* (MED) asiatische Grippe

asiatico, -a [a'zia:tiko] <-ci, -che> **I.** *agg* asiatisch **II.** *m, f* Asiat(in) *m(f)*

asilo [a'zi:lo] *m* **1.** (POL) Asyl *n;* **diritto di** ~ Asylrecht *n* **2.** (*per bambini*) Kindergarten *m;* ~ **nido** Kinderkrippe *f*

asinino, -a [asi'ni:no] *agg* **tosse -a** Keuchhusten *m*

asino, -a ['a:sino] *m, f* Esel(in) *m(f);* **qui casca l'~!** (*fig*) da liegt der Hund begraben; **meglio un ~ vivo che un dottore morto** (*prov*) lieber dumm leben als gescheit sterben

ASL *f abbr di* **azienda sanitaria locale** *lokale öffentliche Gesundheitseinrichtung*

asma ['azma] *f* Asthma *n;* **asmatico, -a** [az'ma:tiko] <-ci, -che> *agg* asthmatisch

asociale [aso'tʃa:le] *agg* unsozial

asola ['a:zola] *f* Knopfloch *n*

asparago [as'pa:rago] <-gi> *m* Spargel *m*

aspettare [aspet'ta:re] **I.** *vt* warten auf +*acc*, erwarten; **chi la fa l'aspetti** (*prov*) wie du mir, so ich dir **II.** *vr* **-rsi** rechnen mit; **c'era da aspettarselo!** das war zu erwarten!; **aspettativa** [aspetta'ti:va] *f* (ADM) Sonderurlaub *m*

aspetto [as'pɛtto] *m* **1.** (*apparenza*) Aussehen *n;* **avere un bell'~** gut aussehen, gut ausschauen *A* **2.** (*punto di vista*) Aspekt *m* **3.** (*loc*) **sala d'~** Wartesaal *m*

aspirante [aspi'rante] *mf* Anwärter(in) *m(f)*

aspirapolvere [aspira'polvere] <-> *m* Staubsauger *m*

aspirare [aspi'ra:re] **I.** *vt* einatmen **II.** *vi* ~ **a qc** nach etw streben; **aspirazione** [aspirat'tsio:ne] *f* **1.** (*inspirazione*) Einatmen *n* **2.** (*fig*) Bestrebung *f*

aspirina® [aspi'ri:na] *f* Aspirin® *n*

asportare [aspor'ta:re] *vt* entfernen; **asportazione** [asportat'tsio:ne] *f* Entfernen *n*

asprezza [as'prettsa] *f* (*a fig*) Herbheit *f;* **asprigno, -a** [as'priɲɲo] *agg* leicht herb; **aspro, -a** ['aspro] <più aspro, asperrimo *o* asprissimo> *agg* herb

Ass. 1. *abbr di* **assicurazione** Vers. **2.** *abbr di* **assegno** Scheck *m*

assaggiare [assad'dʒa:re] *vt* **1.** (*provare*) kosten **2.** (*mangiare pochissimo*) knabbern; (*bevande*) nippen; **assaggio** [as'saddʒo] <-ggi> *m* Kostprobe *f*

assai [as'sa:i] <inv> *avv o agg* reichlich

assalire [assa'li:re] <irr> *vt* **1.** (*aggredire*) angreifen; ~ **qu alle spalle** jdn von hinten anfallen **2.** (*fig*) überfallen; **la febbre lo assalì all'improvviso** das Fieber befiel ihn plötzlich

assaltare [assal'ta:re] *vt* überfallen; **assalto** [as'salto] *m* Angriff *m;* **prendere d'~ qc** sich auf etw *acc* stürzen

assaporare [assapo'ra:re] *vt* (*a fig*) auskosten

assassinare [assassi'na:re] *vt* ermorden; **assassinio** [assas'si:nio] <-ii> *m* Mord *m;* **assassino, -a** [assas'si:no] *m, f* Mörder(in) *m(f)*

assatanato, -a [assata'na:to] *agg* vom Teufel besessen

asse ['asse] **I.** *f* Brett *n;* ~ **da stiro** Bügelbrett *n* **II.** *m* Achse *f;* ~ **stradale** Verkehrsachse *f*

assecondare [assekon'da:re] *vt* ~ **qc** einer Sache *dat* nachkommen

assediare [asse'dia:re] *vt* belagern; **assedio** [as'sɛ:dio] <-i> *m* Belagerung *f*

assegnare [asseɲ'ɲa:re] *vt* zuweisen

assegno [as'seɲɲo] *m* **1.** (COM, FIN) Scheck *m;* ~ **in bianco/postale/sbarrato** Blanko-/Post-/Verrechungsscheck *m;* ~ **scoperto** ungedeckter Scheck **2.** (*attribuzione*) Zulage *f;* **-i familiari** Kindergeld *n*

assemblea [assem'blɛ:a] *f* Versammlung *f*

assennato, -a [assen'na:to] *agg* besonnen

assenso [as'sɛnso] *m* Zustimmung *f*

assentarsi [assen'tarsi] *vr* ~ (**da un luogo**) sich (von einem Ort) entfernen; **assente** [as'sɛnte] **I.** *agg* (*a fig*) abwesend **II.** *mf* Abwesende(r) *f(m)*

assenteismo [assente'izmo] *m* (politisches) Desinteresse *n*

assenza [as'sɛntsa] *f* **1.** (*da un luogo*) Abwesenheit *f* **2.** (*mancanza*) Mangel *m;* ~ **di qc** Mangel *m* an etw *dat*

assenziente [assen'tsiɛnte] *agg* zustimmend

asserire [asse'ri:re] <asserisco> *vt* be-

haupten
assessorato [assesso'ra:to] *m* Assessoramt *n;* **assessore** [asses'so:re] *m* Assessor(in) *m(f)*
assestare [asses'ta:re] **I.** *vt* regeln **II.** *vr* **-rsi** sich einrichten; **assestato, -a** [asses'ta:to] *agg* geordnet
assetare [asse'ta:re] *vt* durstig machen; **assetato, -a** [asse'ta:to] *agg* (*a fig*) durstig
Assia ['assia] *f* Hessen *n*
assiale [as'sia:le] *agg* axial
assiano, -a [as'sia:no] **I.** *agg* hessisch **II.** *m, f* Hesse *m,* Hessin *f*
assicurare [assiku'ra:re] **I.** *vt* **1.** (*garantire*) sicherstellen **2.** (*affermare*) versichern **3.** (*fissare*) befestigen **4.** (JUR) ~ **(contro qc)** (gegen etw) versichern **II.** *vr* **-rsi 1.** (*accertarsi*) sich versichern **2.** (JUR) **-rsi (contro qc)** sich (gegen etw) versichern; **assicurazione** [assikurat'tsio:ne] *f* Versicherung *f;* ~ **casco/contro tutti i rischi** Kasko-/Vollkaskoversicherung *f;* ~ **sulla vita** Lebensversicherung *f*
assiderare [asside'ra:re] *vi* erfrieren
assiduità [assidui'ta] <-> *f* Ausdauer *f;* **assiduo, -a** [as'si:duo] *agg* ausdauernd
assieme [as'siɛ:me] **I.** *avv* zusammen **II.** *prp* ~ **a** (zusammen) mit +*dat*
assillare [assil'la:re] *vt* bedrängen; **assillo** [as'sillo] *m* (*fig*) Last *f*
assimilare [assimi'la:re] *vt* **1.** (BIOL, LING) assimilieren **2.** (*fig*) ~ **qc** sich *dat* etw aneignen; **assimilazione** [assimilat'tsio:ne] *f* **1.** (BIOL, LING) Assimilierung *f* **2.** (*fig*) Aneignung *f*
assioma [as'siɔ:ma] <-i> *m* Axiom *n*
assisano, -a [assi'za:no] **I.** *agg* aus Assisi stammend **II.** *m, f* Bewohner(in) *m(f)* Assisis
Assisi *f Stadt in Umbrien*
assistei [assis'te:i] *1. pers sing pass rem di* **assistere**
assistente [assis'tɛnte] *mf* Assistent(in) *m(f);* ~ **alla regia** Regieassistent(in) *m(f);* ~ **sociale** Sozialarbeiter(in) *m(f);* **assistenza** [assis'tɛntsa] *f* Hilfe *f;* ~ **legale** Rechtsbeistand *m;* ~ **tecnica** Kundendienst *m;* ~ **alla clientela** Dienst *m* am Kunden; **prestare** ~ **a qu** jdm Beistand leisten; **assistenziale** [assisten'tsia:le] *agg* Hilfs-; **assistere** [as'sistere] <assisto, assistei, assistito> **I.** *vi* ~ **a qc** an etw *dat* teilnehmen **II.** *vt* **1.** (*soccorrere*) ~ **qu** jdm beistehen; **che Dio t'assista!** Gott steh dir bei! **2.** (*curare*) pflegen **3.** (COM: *clientela*) betreuen
asso ['asso] *m* (*a fig*) Ass *n;* **un** ~ **dello sport** ein Sportass *n;* **avere l'**~ **nella manica** (*fig*) einen Trumpf im Ärmel haben; **piantare qu in** ~ (*fig*) jdn im Stich lassen
associare [asso'tʃa:re] **I.** *vt* **1.** (*unire*) vereinigen **2.** (*fig*) assoziieren **II.** *vr* **-rsi** sich vereinigen; **associativo, -a** [assotʃa'ti:vo] *agg* assoziativ; **associazione** [assotʃat'tsio:ne] *f* Bund *m;* (COM) Gesellschaft *f;* **per** ~ assoziativ
assoggettare [assoddʒet'ta:re] **I.** *vt* unterwerfen **II.** *vr* **-rsi** sich unterwerfen
assolato, -a [asso'la:to] *agg* sonnig
assolsi [as'sɔlsi] *1. pers sing pass rem di* **assolvere**
assolto [as'sɔlto] *pp di* **assolvere**
assolutamente [assoluta'mente] *avv* unbedingt
assolutismo [assolu'tizmo] *m* Absolutismus *m;* **assolutista** [assolu'tista] <-i *m,* -e *f*> *mf* Absolutist(in) *m(f)*
assoluto, -a [asso'lu:to] *agg* absolut
assoluzione [assolut'tsio:ne] *f* **1.** (JUR) Freispruch *m* **2.** (REL) Absolution *f*
assolvere [as'sɔlvere] <assolvo, assolsi, assolto> *vt* **1.** (JUR) freisprechen **2.** (REL) ~ **qu** jdm die Absolution erteilen **3.** (*compiere*) erfüllen; (*promessa*) einlösen
assomigliare [assomiʎ'ʎa:re] **I.** *vi* ~ **a qu** jdm ähneln **II.** *vr* **-rsi** sich ähneln; **-rsi come due gocce d'acqua** sich gleichen wie ein Ei dem anderen
assonanza [asso'nantsa] *f* Assonanz *f;* (*fig*) Übereinstimmung *f*
assonnato, -a [asso'na:to] *agg* (*a fig*) verschlafen
assopirsi [asso'pirsi] <mi assopisco> *vr* einnicken
assorbente [assor'bɛnte] **I.** *agg* (auf)saugend; **carta** ~ Löschpapier *n* **II.** *m* ~ **igienico** Monatsbinde *f;* ~ **interno** Tampon *m;* **assorbire** [assor'bi:re] *vt* **1.** (*impregnare*) aufsaugen **2.** (*fig*) vereinnahmen
assordante [assor'dante] *agg* ohrenbetäubend; **assordare** [assor'da:re] **I.** *vt* betäuben **II.** *vi essere* taub werden
assortimento [assorti'mento] *m* Auswahl *f;* **assortire** [assor'ti:re] <assortisco> *vt* **1.** (*disporre*) zusammenstellen

2. (COM) mit einem Sortiment versehen; **assortito, -a** [assor'ti:to] *agg* zusammengestellt; (*misto*) gemischt

assorto, -a [as'sɔrto] *agg* versunken; **essere ~ in pensieri** in Gedanken versunken sein

assottigliare [assottiʎ'ʎa:re] **I.** *vt* **1.** (*render sottile*) dünner machen **2.** (*ridurre*) verringern **II.** *vr* **-rsi 1.** (*diventar sottile*) dünn werden **2.** (*ridursi*) abnehmen

assuefare [assue'fa:re] <irr> **I.** *vt* **~ qu a qc** jdn an etw *acc* gewöhnen **II.** *vr* **-rsi a qc** sich an etw *acc* gewöhnen; **assuefazione** [assuefat'tsio:ne] *f* **~ a qc** Gewöhnung *f* an etw *acc*

assumere [as'su:mere] <assumo, assunsi, assunto> **I.** *vt* **1.** (*prendere*) annehmen; (*responsibilità*) übernehmen **2.** (*impiegato*) anstellen, aufnehmen *A* **II.** *vr* **-rsi 1.** (*attribuirsi*) übernehmen **2.** (*addossarsi*) auf sich nehmen

Assunta [as'sunta] *f* Heilige Jungfrau

assunto *pp di* **assumere**

assunzione [assun'tsio:ne] *f* **1.** (*l'assumere*) Annahme *f;* (*di impiegato*) Einstellung *f* **2.** (*elevazione*) Erhebung *f;* **l'Assunzione della Vergine** Mariä Himmelfahrt

assurdità [assurdi'ta] <-> *f* Absurdität *f;* **assurdo, -a** *agg* absurd

asta ['asta] *f* **1.** (*bastone*) Stange *f;* **a mezz'~** auf Halbmast **2.** (SPORT) Stab *m;* **salto con l'~** Stabhochsprung *m* **3.** (*vendita all'incanto*) Auktion *f;* **mettere all'~** versteigern

astemio, -a [as'tɛ:mio] <-i, -ie> **I.** *agg* abstinent **II.** *m, f* Abstinenzler(in) *m(f)*

astenersi [aste'nersi] <irr> *vr* **~ (da qc)** sich (einer Sache *gen*) enthalten; **astensione** [asten'sio:ne] *f* Enthaltung *f*

asterisco [aste'risko] <-schi> *m* Sternchen *n*

Asti *f Stadt in Piemont*

astice ['astitʃe] *m* Hummer *m*

asticella [asti'tʃɛlla] *f* Sprunglatte *f*

astigiano, -a [asti'dʒa:no] **I.** *agg* aus Asti stammend **II.** *m, f* Bewohner(in) *m(f)* Astis

astigmatico, -a [astig'ma:tiko] <-ci, -che> **I.** *agg* astigmatisch **II.** *m, f* Astigmatiker(in) *m(f);* **astigmatismo** [astigma'tizmo] *m* Astigmatismus *m*

astinente [asti'nɛnte] *agg* abstinent; **astinenza** [asti'nɛntsa] *f* Abstinenz *f*

astio ['astio] <-i> *m* Groll *m;* **astioso, -a** [as'tio:so] *agg* grollend

astrarre [as'trarre] <irr> **I.** *vi* **~ da qc** von etw absehen **II.** *vr* **-rsi** sich zerstreuen; **astratto** [as'tratto] *m* Abstrakte(s) *n*

astro ['astro] *m* (*a fig*) Stern *m;* **astrologia** [astrolo'dʒi:a] <-gie> *f* Astrologie *f;* **astrologo, -a** [as'trɔ:logo] <-gi, -ghe> *m, f* Astrologe *m,* -login *f;* **astronauta** [astro'na:uta] <-i *m,* -e *f*> *mf* Astronaut(in) *m(f);* **astronave** [astro'na:ve] *f* Raumschiff *n;* **astronomia** [astrono'mi:a] <-ie> *f* Astronomie *f;* **astronomo, -a** [as'trɔ:nomo] *m, f* Astronom(in) *m(f)*

astrusità [astruzi'ta] <-> *f* Abstrusität *f;* **dire delle ~** abstruses Zeug daherreden; **astruso, -a** [as'tru:zo] *agg* verworren

astuccio [as'tuttʃo] <-cci> *m* Etui *n*

astuto, -a [as'tu:to] *agg* schlau; **astuzia** [as'tuttsia] <-ie> *f* Schlauheit *f*

A.T. **1.** *abbr di* **Antico Testamento** A.T. **2.** *abbr di* **Alta Tensione** Hochspannung

ateismo [ate'izmo] *m* Atheismus *m*

atelier [atə'lje] <-> *m* Atelier *n*

Atene [a'tɛ:ne] *f* Athen *n*

ateo, -a ['a:teo] **I.** *agg* atheistisch **II.** *m, f* Atheist(in) *m(f)*

atermico, -a [a'tɛrmiko] <-ci, -che> *agg* wärmeisolierend; **vetro ~** Isolierglas *n*

atesino, -a [ate'zi:no] **I.** *agg* aus dem Etschtal **II.** *m, f* Etschtaler(in) *m(f)*

A.T.I. ['a:ti] *f abbr di* **Aereo Trasporti Italiani** *italienische Fluggesellschaft*

atipico, -a [a'ti:piko] <-ci, -che> *agg* atypisch

atlante [a'tlante] *m* Atlas *m;* **atlantico, -a** [a'tlantiko] <-ci, -che> *agg* atlantisch; **l'Atlantico** der Atlantik

atleta [a'tlɛ:ta] <-i *m,* -e *f*> *mf* Athlet(in) *m(f);* **atletica** [a'tlɛ:tika] *f* Athletik *f;* **~ leggera/pesante** Leichtathletik/Schwerathletik *f;* **atletico, -a** [a'tlɛ:tiko] <-ci, -che> *agg* athletisch

atmosfera [atmos'fɛ:ra] *f* (*a fig*) Atmosphäre *f;* **atmosferico, -a** [atmos'fɛ:riko] <-ci, -che> *agg* atmosphärisch; **condizioni -che** Wetterlage *f*

atomico, -a [a'tɔ:miko] <-ci, -che> *agg* Atom-

atomo ['a:tomo] *m* (*a fig*) Atom *n*

atrio ['a:trio] <-ii> *m* (Vor)halle *f*

atroce [a'tro:tʃe] *agg* grausam; **atrocità** [atrotʃi'ta] <-> *f* Grausamkeit *f*

atrofizzarsi [atrofid'dza:rsi] *vr* schrumpfen

attaccabottoni [attakkabot'to:ni] <-> *mf* (*fam*) lästige(r) Schwätzer(in) *m(f)*; **attaccabrighe** [attakka'bri:ge] <-> *mf* (*fam*) Streithammel *m*

attaccamento [attakka'mento] *m* Anhänglichkeit *f*

attaccante [attak'kante] *mf* (SPORT) Stürmer(in) *m(f)*

attaccapanni [attakka'panni] <-> *m* Kleiderständer *m*

attaccare [attak'ka:re] **I.** *vt* **1.** (*fissare*) befestigen; (*manifesto*) anschlagen; (*con colla*) ankleben; (*con ago*) annähen; ~ **al chiodo i guantoni/la bicicletta** (*fig*) das Boxen/Fahrradfahren an den Nagel hängen **2.** (*iniziare*) anfangen; ~ **discorso** ein Gespräch anknüpfen **3.** (*assalire*) angreifen **4.** (*contagiare*) ~ **qc a qu** jdn mit etw anstecken **II.** *vi* **1.** (*avere azione adesiva*) kleben **2.** (*muovere all'assalto*) angreifen **3.** (*fig*) Wurzeln schlagen; **con me non attacca!** (*fam*) bei mir läuft da nichts! **4.** (*impersonale*) anfangen; **attacca a piovere** es fängt an zu regnen **III.** *vr* **-rsi 1.** (*restare aderente*) haften **2.** (GASTR) anbrennen **3.** (*aggrapparsi, a fig*) **-rsi a qu/qc** sich an etw *acc* (an)klammern; **-rsi alla bottiglia** (*fig*) an der Flasche hängen

attaccaticcio [attaka'tittʃo] <-cci> *m* **sapere di** ~ angebrannt schmecken

attaccatura [attakka'tu:ra] *f* Ansatz *m*

attaccatutto [attakka'tutto] *m* Alleskleber *m*

attacco [at'takko] <-cchi> *m* **1.** (*giunzione*) Ansatz *m*; (*per sci*) Bindung *f* **2.** (EL, TEL) Anschluss *m* **3.** (*fig: critica violenta*) Angriff *m* **4.** (SPORT) Sturmspitze *f* **5.** (MED) Anfall *m* **6.** (*avvio*) Einsatz *m*

attardarsi [attar'darsi] *vr* sich aufhalten

attecchire [attek'ki:re] <attecchisco> *vi* (*a fig*) Wurzel fassen

atteggiamento [atteddʒa'mento] *m* Verhalten *n*; **atteggiare** [atted'dʒa:re] **I.** *vt* ~ **il volto a sofferenza** ein leidendes Gesicht machen **II.** *vr* **-rsi** sich gebärden; **-rsi a martire** sich als Märtyrer aufspielen

attendente [atten'dɛnte] *m* Offiziersbursche *m*

attendere [at'tɛndere] <irr> *vt* warten auf +*acc*

attendibile [atten'di:bile] *agg* zuverlässig; (*notizia*) glaubwürdig

attenere [atte'ne:re] <irr> **I.** *vi essere* betreffen **II.** *vr* **-rsi a qc** sich an etw *acc* halten

attentare [atten'ta:re] *vi* ~ **a qu** auf jdn einen Anschlag verüben; **attentato** [atten'ta:to] *m* Anschlag *m*

attenti [at'tɛnti] **I.** *int* Achtung; ~ **al cane!** Vorsicht, bissiger Hund! **II.** <-> *m* Grundstellung *f*; **mettere qu sull'**~ (*fig*) jdn auf Trab bringen

attento, **-a** [at'tɛnto] **I.** *agg* aufmerksam **II.** *int* pass(t) auf

attenuante [attenu'ante] **I.** *agg* abschwächend **II.** *f* mildernder Umstand; **attenuare** [attenu'a:re] **I.** *vt* abschwächen; (*colpa*) mildern **II.** *vr* **-rsi** schwächer werden

attenzione[1] [atten'tsio:ne] *f* Aufmerksamkeit *f*; **alla cortese** ~ **di ...** zu Händen von ...; **fare** ~ aufpassen

attenzione[2] *int* Achtung

atterraggio [atter'raddʒo] <-ggi> *m* Landung *f*; ~ **di fortuna** Notlandung *f*; **atterrare** [atter'ra:re] *vi* landen

attesa [at'te:sa] *f* Warten *n*; **sala d'**~ Wartesaal *m*; **essere in** ~ **di qu/qc** auf jdn/etw warten

attesi [at'e:si] *1. pers sing pass rem di* **attendere**

atteso, **-a** *pp di* **attendere**

attestare [attes'ta:re] *vt* **1.** (*testimoniare*) bezeugen **2.** (*certificare*) bescheinigen; **attestato** [attes'ta:to] *m* Bescheinigung *f*; ~ **di morte** Totenschein *m*; **rilasciare un** ~ ein Attest ausstellen

attico ['attiko] <-ci> *m* **1.** (ARCH) Attika *f* **2.** (*appartamento*) Mansarde *f*

attiguo, **-a** [at'ti:guo] *agg* benachbart; (*stanza*) Neben-

attillato, **-a** [attil'la:to] *agg* eng anliegend

attimo ['attimo] *m* Augenblick *m*; **in un** ~ im Nu

attinente [atti'nɛnte] *agg* ~ **a qc** etw betreffend

attingere [at'tindʒere] <irr> *vt* (*acqua*) schöpfen

attirare [atti'ra:re] **I.** *vt* anziehen; (*attenzione*) auf sich ziehen **II.** *vr* **-rsi qc** sich *dat* etw zuziehen

attitudinale [attitudi'na:le] *agg* Eignungs-; **attitudine** [atti'tu:dine] *f* ~ **a qc**

Eignung *f* zu etw

attivare [atti'va:re] *vt* betätigen

attività [attivi'ta] <-> *f* **1.** (*lavoro, occupazione*) Tätigkeit *f;* ~ **primaria** landwirtschaftlicher Bereich; ~ **secondaria** Industriesektor *m;* ~ **terziaria** Dientleistungssektor *m* **2.** *pl* (COM) Aktiva *pl* **3.** (*funzionamento*) Betrieb *m*

attivo [at'ti:vo] *m* **1.** (COM) Aktivposten *m* **2.** (LING) Aktiv *n*

attivo, -a *agg* aktiv

attizzare [attit'tsa:re] *vt* (*a fig*) schüren

atto ['atto] *m* **1.** (*gesto*) Geste *f;* (*azione*) Handlung *f;* **cogliere qu sull'~** jdn auf frischer Tat ertappen; **essere in ~** stattfinden **2.** (*atteggiamento*) Haltung *f* **3.** (*documento*) Urkunde *f;* ~ **di matrimonio/morte/nascita** Heiratsurkunde *f*/Totenschein *m*/Geburtsurkunde *f* **4.** *pl* (*documentazione*) Akten *fpl;* **passare agli -i** zu den Akten legen **5.** (REL) ~ **di dolore/fede** Sünden-/Glaubensbekenntnis *n;* **Atti degli Apostoli** Apostelgeschichte *f* **6.** (THEAT) Akt *m* **7.** (*loc*) **dare ~ di qc** etw bestätigen; **prendere ~ di qc** etw zur Kenntnis nehmen

attonito, -a [at'tɔ:nito] *agg* erschüttert; (*sorpreso*) erstaunt

attorcigliare [attortʃiʎ'ʎa:re] **I.** *vt* (auf)wickeln **II.** *vr* **-rsi** sich (auf)wickeln

attore, attrice [at'to:re] *m, f* Schauspieler(in) *m(f)*

attorno [at'torno] **I.** *avv* (rund)herum; **darsi d'~** sich *dat* zu schaffen machen; **levarsi qu d'~** sich *dat* jdn vom Halse schaffen **II.** *prp* ~ **a qc** um etw *acc* (herum)

attraente [attra'ɛnte] *agg* anziehend

attrarre [at'trarre] <irr> *vt* anziehen; **attrattiva** [attrat'ti:va] *f* Anziehungskraft *f*

attraversare [attraver'sa:re] *vt* **1.** (*passare attraverso*) durchqueren; (*mare, strada*) überqueren; (*confine*) überschreiten **2.** (*fig*) durchmachen; **attraverso** [attra'vɛrso] **I.** *avv* quer über *+acc* **II.** *prp* durch ... (hindurch); (*mediante*) mittels *+gen*

attrazione [attrat'tsio:ne] *f* **1.** (*fig*) Anziehung *f;* **provare ~ per qu** von jdm angezogen sein **2.** (PHYS) Anziehungskraft *f*

attrezzare [attret'tsa:re] **I.** *vt* ausstatten **II.** *vr* **-rsi** sich ausrüsten; **attrezzatura** [attrettsa'tu:ra] *f* Ausstattung *f;* (TEC) Ausrüstung *f;* **attrezzo** [at'trettso] *m* Werkzeug *n*

attribuire [attribu'i:re] <attribuisco> *vt* **1.** (*assegnare*) zuerkennen **2.** (*ascrivere*) zuschreiben; ~ **qc a qu** etw auf jdn zurückführen; **attributo** [attri'bu:to] *m* Attribut *n;* **attribuzione** [attribut'tsio:ne] *f* Zuerkennung *f*

attrice *f v.* **attore**

attrito [at'tri:to] *m* **1.** (PHYS) Reibung *f* **2.** (*fig*) Reiberei *f*

attuale [attu'a:le] *agg* (*odierno*) aktuell; (*presente*) derzeitig; **attualità** [attuali'ta] <-> *f* Aktualität *f;* **tornare di ~** wieder aktuell werden

attuare [attu'a:re] **I.** *vt* durchführen **II.** *vr* **-rsi** sich verwirklichen

attutire [attu'ti:re] <attutisco> *vt* abmildern; (*suono, urto*) dämpfen

audace [au'da:tʃe] *agg* **1.** (*coraggioso*) mutig **2.** (*provocante*) gewagt; **audacia** [au'da:tʃa] <-cie> *f* **1.** (*coraggio*) Mut *m* **2.** (*provocazione*) Provokation *f*

audience ['ɔ:djens] <-> *f* Einschaltquote *f*

audio ['a:udio] <-> *m* Audion *n;* **audiocassetta** [audiokas'setta] *f* Audiokassette *f;* **audiovisivo, -a** [audiovi'zi:vo] *agg* audiovisuell

AUDITEL *m acro di* **AUDIence TELevisiva** *Gesellschaft, die Hörer- und Zuschauerquoten misst;* **indice di ascolto ~** Hörer-/Zuschauerquote *f*

auditivo, -a [audi'ti:vo] *agg* auditiv; **auditorio** [audi'tɔ:rio] <-i> *m* Auditorium *n*

augurare [augu'ra:re] **I.** *vt* wünschen **II.** *vr* **-rsi qc** (sich *dat*) etw wünschen; **augurio** [au'gu:rio] <-i> *m* Glückwunsch *m;* **fare gli -i a qu** jdm Glück wünschen; **tanti -i!** herzlichen Glückwunsch!

Augusta [au'gusta] *f* Augsburg *n*

aula ['a:ula] *f* Saal *m;* (*di scuola*) Klassenzimmer *n;* (*di università*) Hörsaal *m;* ~ **magna** Auditorium maximum *n*

aumentare [aumen'ta:re] **I.** *vt* **1.** (*numeri*) vermehren; (*in grandezza*) vergrößern; (*in larghezza*) erweitern; (*in lunghezza*) verlängern; (*prezzo, salario, spese*) erhöhen **2.** (*fig*) verstärken **II.** *vi essere* (*numero*) sich vermehren; (*grandezza*) größer werden; (*prezzi, salari*) steigen; **aumento** [au'mento] *m* Erhöhung *f;* (*a fig*) Zunahme *f;* ~ **di temperatura** Temperatursteigerung *f;* **essere in ~** zunehmen

aureola [au'rɛ:ola] *f* Heiligenschein *m*

auricolare [auriko'la:re] *m* Kopfhörer *m*
aurora [au'rɔ:ra] *f* **1.** (*alba*) Morgenrot *n;* ~ **australe/boreale/polare** Südlicht/Nordlicht/Polarlicht *n* **2.** (*fig*) Anbruch *m*
ausiliare [auzi'lia:re] **I.** *agg* Hilfs- **II.** *m* (LING) Hilfsverb *n;* **ausiliario, -a** [auzi'lia:rio] <-i, -ie> *agg* (Aus)hilfs-; **spese -ie** Nebenkosten *pl*
auspicare [auspi'ka:re] *vt* wünschen; **auspicio** [aus'pi:tʃo] <-ci> *m* Vorzeichen *n*
austerità [austeri'ta] <-> *f* Strenge *f;* **austero, -a** [aus'tɛ:ro] *agg* streng
australe [aus'tra:le] *agg* Süd-
Australia [aus'tra:lia] *f* Australien *n;* **australiano, -a** [austra'lia:no] **I.** *agg* australisch **II.** *m, f* Australier(in) *m(f)*
Austria ['a:ustria] *f* Österreich *n;* ~ **Alta/Bassa** Oberösterreich/Niederösterreich *n;* **austriaco, -a** [aus'tri:ako] <-ci, -che> **I.** *agg* österreichisch **II.** *m, f* Österreicher(in) *m(f)*
autenticare [autenti'ka:re] *vt* bestätigen; (JUR, ADM) beglaubigen; **autenticità** [autentitʃi'ta] <-> *f* Glaubwürdigkeit *f;* **autentico, -a** [au'tɛntiko] <-ci, -che> *agg* (*vero*) wahr; (*non falsificato*) echt; (*originale*) echt
autismo [au'tizmo] *m* (PSYCH) Autismus *m*
autista [au'tista] <-i *m*, -e *f*> *mf* Fahrer(in) *m(f)*; (~ *di autobus*) Busfahrer(in) *m(f)*
autistico, -a [au'tistiko] <-ci, -che> *agg* autistisch
auto ['a:uto] <-> *f* Auto *n;* ~ **civetta** Zivilstreifenwagen *m*
autoaccessorio [autoattʃes'sɔ:rio] *m* Autozubehör *n*
autoadesivo [autoade'zi:vo] *m* Aufkleber *m,* Pickerl *n A*
autoambulanza [autoambu'lantsa] *f* Krankenwagen *m,* Rettung *f A*
autobiografia [autobiogra'fi:a] *f* Autobiografie *f*, Autobiographie *f;* **autobiografico, -a** [autobio'gra:fiko] <-ci, -che> *agg* autobiografisch, autobiographisch
autoblindata [autoblin'da:ta] *f* Panzerwagen *m;* **autobomba** [auto'bomba] <-> *f* Autobombe *f;* **autobus** ['a:utobus] <-> *m* Autobus *m;* **autocarro** [auto'karro] *m* Last(kraft)wagen *m*
autocertificazione [autotʃertifikat'tsio:ne] *f* Eigenbescheinigung *f;* **autocitarsi** [autotʃi'tarsi] *vr* sich selbst zitieren
autocivetta [autotʃi'vetta] *f* Zivilstreifenwagen *m*
autocommiserarsi [autokommize'rarsi] *vr* sich selbst bemitleiden
autoconcessionario [autokontʃessio'na:rio] <-ri> *m* Autovertragshändler *m*
autocontrollo [autokon'trɔllo] *m* Selbstbeherrschung *f;* **autocritica** [auto'kri:tika] *f* Selbstkritik *f;* **autocritico, -a** [auto'kri:tiko] <-ci, -che> *agg* selbstkritisch
autocross [auto'krɔs] <-> *m* Auto-Cross *n*
autoctono, -a [au'tɔktono] **I.** *agg* autochthon **II.** *m, f* Alteingesessene(r) *f(m)*
autodidatta [autodi'datta] <-i *m*, -e *f*> *mf* Autodidakt(in) *m(f);* **autodifesa** [autodi'fe:sa] *f* Selbstverteidigung *f;* **autodistruggersi** [autodis'truddʒersi] <irr> *vr* **1.** (*missile*) sich selbst zerstören **2.** (*fig*) sich selbst vernichten
autodromo [au'tɔ:dromo] *m* Autorennbahn *f*
autofficina [autooffi'tʃi:na] *f* Auto(reparatur)werkstatt *f*
autofocus [auto'fɔkus] **I.** <-> *m* (FOTO) Autofokus *m* **II.** <-> *f* (*macchina fotografica*) Autofokuskamera *f*
autogeno, -a [au'tɔ:dʒeno] *agg* autogen
autogol [auto'gɔl] *m* Eigentor *n*
autografo [au'tɔ:grafo] *m* Autogramm *n*
autogrill® [auto'gril] <-> *m* Raststätte *f;* **autolavaggio** [autola'vaddʒo] <-ggi> *m* Autowaschanlage *f;* **autolettiga** [autolet'ti:ga] <-ghe> *f* Krankenwagen *m,* Rettung *f A;* **autolinea** [auto'li:nea] *f* Buslinie *f*
automa [au'tɔ:ma] <-i> *m* Roboter *m*
automatico [auto'ma:tiko] <-ci> *m* Druckknopf *m*
automatico, -a <-ci, -che> *agg* automatisch; **pilota** ~ Autopilot *m*
automatismo [automa'tizmo] *m* Automatik *f;* (*a fig*) Automatismus *m*
automatizzare [automatid'dza:re] *vt* automatisieren; **automazione** [automat'tsio:ne] *f* Automation *f*
automezzo [auto'mɛddzo] *m* Kraftfahrzeug *n;* **automobile** [auto'mɔ:bile] *f* Auto *n;* ~ **da corsa** Rennauto *n;* ~ **decappotabile** Kabriolett *n;* **automobilismo** [automobi'lizmo] *m* Kraftfahrwesen *n;* (SPORT) Motorsport *m;* **automobilista** [automo-

bi'lista] <-i *m*, -e *f*> *mf* Autofahrer(in) *m(f)*; **automobilistico, -a** [automobi'listiko] <-ci, -che> *agg* Auto(mobil)-;
automodellismo [automodel'lizmo] *m* Automodellbau *m*; **autonoleggiatore, -trice** [autonoleddʒa'to:re] *m, f* Autoverleiher(in) *m(f)*; **autonoleggio** [auto'leddʒo] <-ggi> *m* Autoverleih *m*
autonomia [autono'mi:a] <-ie> *f* Unabhängigkeit *f*; **autonomista** [autono'mista] <-i *m*, -e *f*> *mf* Autonomist *m*; **autonomo, -a** [au'tɔ:nomo] *agg* unabhängig; (*lavoro*) selb(st)ständig
autopattuglia [autopattuʎ'ʎi:a] *f* Streifenwagen *m*
autopilota [autopi'lɔ:ta] *m* Autopilot *m*
autoporto [auto'pɔrto] *m* Großparkplatz *m*; ~ **doganale** Parkplatz für Zollabfertigung
autopsia [autop'si:a] <-ie> *f* Autopsie *f*
autopullman [auto'pulman] <-> *m* Reisebus *m*
autoradio [auto'ra:dio] <-> *f* Autoradio *n*
autore, -trice [au'to:re] *m, f* **1.** (*esecutore*) Urheber(in) *m(f)*; (*di crimine*) Täter(in) *m(f)* **2.** (LIT) Autor(in) *m(f)*
autoreggente [autored'dʒɛnte] *agg* **calze -i** halterlose Strümpfe
autoreverse [autore'vers] <-> *m* Autoreverse *n*
autorevole [auto're:vole] *agg* gebieterisch
autoricambio [autori'kambio] <-i> *m* Kfz-Ersatzteil *n*; **autorimessa** [autori'messa] *f* Autowerkstatt *f*
autorità [autori'ta] <-> *f* **1.** (JUR) (Macht)befugnis *f* **2.** (*persona, potere*) Autorität *f* **3.** (ADM) Behörde *f*; **autoritario, -a** [autori'ta:rio] <-i, -ie> *agg* autoritär
autoritratto [autori'tratto] *m* Selbstbildnis *n*
autorizzare [autorid'dza:re] *vt* genehmigen; **autorizzazione** [autoridzat'tsio:ne] *f* Genehmigung *f*
autosalone [autosa'lo:ne] *m* Autoschauraum *m*
autosbrinante [autozbri'na:nte] *agg* **retrovisori esterni -i** beheizbare Außenspiegel
autoscontro [autos'kontro] *m* Autoskooter *m*; **autoscuola** [autos'kuɔ:la] <-> *f* Fahrschule *f*
autoservizio [autoser'vittsio] *m* Selbstbedienung *f*
autosilo [auto'si:lo] *m* Parkhaus *n*; **autosnodato** [autozno'da:to] *m* Gelenkfahrzeug *n*
autosoccorso [autosok'korso] *m* Selbsthilfe *f*
autostazione [autostat'tsio:ne] *f* Busbahnhof *m*; **autostop** [autos'tɔp] *m* Trampen *n*; **fare (l')**~ per Anhalter fahren;
autostoppista [autostop'pista] <-i *m*, -e *f*> *mf* Anhalter(in) *m(f)*; **autostrada** [autos'tra:da] *f* Autobahn *f*; ~ **a pedaggio** gebührenpflichtige Autobahn

Die 1961 eröffnete Autobahnstrecke zwischen Mailand und Neapel trägt den Namen **Autostrada del Sole** (Sonnenautobahn) und ist noch heute eine der Hauptverkehrsadern Italiens.

autostradale [autostra'da:le] *agg* Autobahn-; **raccordo/svincolo** ~ Autobahnzubringer *m*/Autobahndreieck *n*; **casello** ~ Autobahnposten *m*, Mautstelle *f A*
autosufficiente [autosuffi'tʃɛnte] *agg* selbstgenügsam
autosuggestionarsi [autosuddʒestio'narsi] *vr* Autosuggestion betreiben
autotelefono [autote'lɛ:fono] *m* Autotelefon *n*; **autotrasporto** [autotras'pɔrto] *m* Autotransport *m*; **autotreno** [auto'trɛ:no] *m* Lastzug *m*; **autoveicolo** [autove'i:kolo] *m* Kraftfahrzeug *n*; **autovelox**® [auto'vɛ:loks] <-> *m o f* Radarkamera *f*; **autovettura** [autovet'tu:ra] *f* Personenkraftwagen *m*
autrice *f v.* **autore**
autunnale [autun'na:le] *agg* herbstlich; **autunno** [au'tunno] *m* Herbst *m*; **d'**~ im Herbst
avallare [aval'la:re] *vt* (*fig*) bestätigen
avambraccio [avam'brattʃo] <-cci> *m* Unterarm *m*
avances [a'vãs] *fpl* Annäherungsversuche *fpl*; **fare delle** ~ **a qu** jdm Avancen machen
avanguardia [avaŋ'guardia] *f* Avantgarde *f*
avanscoperta [avansko'pɛrta] *f* Vorposten *m*
avanti [a'vanti] **I.** *avv* **1.** (*stato in luogo*) vorn **2.** (*avvicinamento*) nach vorn; ~ **e indietro** hin und her; **farsi** ~ vortreten; **lasciar passare** ~ vorlassen; **mettere le mani**

~ (*fig*) sich absichern **3.** (*tempo*) künftig; (*prima*) vorher; **d'ora in** ~ ab jetzt; **l'orologio va** ~ die Uhr geht vor **4.** (*loc*) **essere** ~ **negli anni** betagt sein; **essere** ~ **negli studi** im Studium fortgeschritten sein; **tirare** ~ sich durchschlagen **II.** *prp* **1.** (*di luogo: stato*) vor +*dat;* (*moto*) vor +*acc* **2.** (*di tempo*) vor +*dat* **III.** <inv> *agg* **1.** (*di luogo*) Vorder- **2.** (*di tempo*) vorhergehend; **il giorno** ~ am Vortag **IV.** *int* **1.** (*avvicinamento*) bitte; ~ **il primo!** der Erste, bitte! **2.** (*esortazione*) los; ~ **tutta!** (NAUT) alle Kraft voraus!; **avantieri**, **avant'ieri** [avan'tiɛ:ri] *avv* vorgestern

avanzare [avan'tsa:re] **I.** *vi essere* **1.** (*andare avanti*) vorausgehen **2.** (*fig: progredire*) vorankommen **3.** (*rimanere come resto*) übrig bleiben **II.** *vt* **1.** (*presentare*) vorlegen; (*domanda*) einreichen **2.** (*superare*) ~ **qu** (**in qc**) jdn (an etw *dat*) übertreffen **3.** (*essere creditore*) ~ **qc** (**da qu**) etw (bei jdm) guthaben; **avanzo** [a'vantso] *m* **1.** (*resto*, MAT) Rest *m;* **il 4 nel 9 sta 2 volte con l'~ di 1** neun durch vier ist zwei, Rest eins **2.** (*eccedenza*) Überschuss *m*

avaria [ava'ri:a] <-ie> *f* Schaden *m,* Havarie *f A;* **avariare** [ava'ria:re] **I.** *vt* beschädigen **II.** *vr* **-rsi** verderben

avarizia [ava'rittsia] <-ie> *f* Geiz *m;* **avaro, -a** [a'va:ro] **I.** *agg* geizig **II.** *m, f* Geizige(r) *f(m)*

avellinese [avelli'ne:se] **I.** *agg* avellinisch **II.** *mf* Bewohner(in) *m(f)* von Avellino

Avellino *f Stadt in Kampanien*

avem(m)aria [avem(m)a'ri:a] <-ie> *f* Ave-Maria *n;* **sapere qc come l'~** etw auswendig kennen

avena [a've:na] *f* Hafer *m;* **fiocchi d'~** Haferflocken *fpl*

avere[1] [a've:re] <ho, ebbi, avuto> *vt* haben; ~ **vent'anni** zwanzig Jahre alt sein; ~ **da lavorare** zu arbeiten haben; ~ **a che fare con qu** mit jdm zu tun haben; **avercela con qu** auf jdn böse sein; ~ **molto di qu** (*fig: assomigliargli*) viel von jdm haben; ~ **un bambino** ein Kind bekommen; **ce l'hai tu la chiave?** hast du den Schlüssel?

avere[2] *m* **1.** (*patrimonio*) Vermögen *n* **2.** (*credito*) Guthaben *n*

avi ['a:vi] *mpl* Ahnen *mpl*

aviatore, -trice [avia'to:re] *m, f* Flieger(in) *m(f);* **aviazione** [aviat'tsio:ne] *f* Luftfahrt *f;* (MIL) Luftwaffe *f*

avidità [avidi'ta] <-> *f* Gier *f;* ~ **di denaro** Geldgier *f;* ~ **di sapere** Wissensdurst *m;* **avido, -a** ['a:vido] *agg* gierig; ~ **di conoscere** wissensdurstig; ~ **di denaro** habgierig

aviogetto [avio'dʒɛtto] *m* Düsenflugzeug *n;* **aviorimessa** [aviori'messa] *f* Flugzeughalle *f*

A.V.I.S. ['a:vis] *f abbr di* **Associazione Volontari Italiani del Sangue** *Verein der freiwilligen Blutspender Italiens*

avocado [avo'ka:do] *m* Avocado *f*

avorio [a'vɔ:rio] <-i> *m* **1.** (*sostanza*) Elfenbein *n* **2.** (*colore*) Elfenbeinfarbe *f* **3.** (*costa africana*) **Costa d'Avorio** Elfenbeinküste *f*

avvalersi [avva'lersi] <irr> *vr* ~ **di qc** von etw Gebrauch machen

avvallamento [avvalla'mento] *m* Senkung *f*

avvalorare [avvalo'ra:re] *vt* bekräftigen

avvampare [avvam'pa:re] *vi essere* **1.** (*ardere*) lodern **2.** (*fig*) aufbrausen

avvantaggiare [avvantad'dʒa:re] **I.** *vt* bevorteilen **II.** *vr* **-rsi 1.** (*guadagnar tempo*) einen Vorsprung gewinnen **2.** (*prevalere*) **-rsi su qu** jdm voraus sein

avvedersi [avve'dersi] <irr> *vr* ~ **di qc** etw bemerken

avvelenare [avvele'na:re] **I.** *vt* vergiften **II.** *vr* **-rsi** sich vergiften

avvenimento [avveni'mento] *m* Ereignis *n*

avvenire[1] [avve'ni:re] <-> *m* Zukunft *f*

avvenire[2] <irr> *vi essere* geschehen; **che è avvenuto di lui?** was ist aus ihm geworden?

avventato, -a [avven'ta:to] *agg* (*giudizio*) überstürzt; (*persona*) unbesonnen

avvento [av'vɛnto] *m* **1.** (*venuta*) Anbruch *m* **2.** (REL) Advent *m*

avventore, -a [avven'to:re] *m, f* Stammkunde *m,* -kundin *f*

avventura [avven'tu:ra] *f* Abenteuer *n;* **avventurarsi** [avventu'ra:rsi] *vr* sich wagen; **avventuroso, -a** [avventu'ro:so] *agg* abenteuerlich

avverare [avve'ra:re] **I.** *vt* verwirklichen **II.** *vr* **-rsi** eintreffen

avverbio [av'vɛrbio] <-i> *m* Adverb *n*

avversario, -a [avver'sa:rio] <-i, -ie> **I.** *agg* gegnerisch **II.** *m, f* Gegner(in) *m(f);* **avversione** [avver'sio:ne] *f* Aversion *f;* **avversità** [avversi'ta] <-> *f* **1.** (*ostilità*) Widrigkeit *f* **2.** (*disgrazia*) Unglücksfall *m;* **avverso, -a** *agg* widrig

avvertenza [avver'tɛntsa] *f* **1.** (*cautela*) Umsicht *f* **2.** *pl* (*istruzioni per l'uso*) (Gebrauchs)anweisung *f;* **avvertimento** [avverti'mento] *m* Hinweis *m;* **avvertire** [avver'tiːre] *vt* **1.** (*avvisare*) ~ **qu** (**di qc**) jdn (auf etw *acc*) aufmerksam machen **2.** (*ammonire*) warnen **3.** (*percepire*) wahrnehmen

avvezzo, -a [av'vettso] *agg* gewöhnt

avviamento [avvia'mento] *m* **1.** (*inizio*) ~ **a qc** Einführung *f* in etw *acc* **2.** (TEC: *messa in moto*) Anlassen *n;* **motorino d'~** Anlasser *m;* **avviare** [avvi'aːre] **I.** *vt* **1.** (TEC: *mettere in moto*) anlassen **2.** (*dare inizio*) einleiten **II.** *vr* **-rsi** sich auf den Weg machen

avvicinare [avvitʃi'naːre] **I.** *vt* **1.** (*mettere vicino*) ~ **qc** (**a qc**) etw (an etw *acc*) heranrücken **2.** (*entrare in rapporti con qu*) ~ **qu** jdm nahe kommen **II.** *vr* **-rsi 1.** (*farsi vicino*) **-rsi** (**a qu/qc**) sich (jdm/etw) nähern; **l'inverno si avvicina** der Winter naht **2.** (*fig: essere simile*) nahe kommen

avvidi [av'viːdi] *1. pers sing pass rem di* **avvedersi**

avvilente [avvi'lɛnte] *agg* demütigend; **avvilire** [avvi'liːre] <avvilisco> **I.** *vt* demütigen **II.** *vr* **-rsi** sich demütigen; (*perdersi d'animo*) verzagen

avvincente [avvin'tʃɛnte] *agg* fesselnd; **avvincere** [av'vintʃere] <irr> *vt* (*a fig*) fesseln

avvio [av'viːo] <-ii> *m* **1.** (*inizio*) Beginn *m;* **dare** (**l'**)**~ a qc** etw in Gang bringen **2.** (*computer*) Start *m;* **menu di ~** Startmenü *n*

avvisare [avvi'zaːre] *vt* benachrichtigen; **avviso** [av'viːzo] *m* **1.** (*informazione*) Meldung *f;* **dare ~** Nachricht geben **2.** (*consiglio*) Warnung *f;* **metter qu sull'~** jdn warnen **3.** (*opinione*) Meinung *f;* **essere d'~** der Meinung sein; **a mio ~** meiner Meinung nach

avvistare [avvis'taːre] *vt* sichten

avvitare [avvi'taːre] *vt* (an-, ein)schrauben

avvocato, -essa [avvo'kaːto] *m, f* Anwalt *m,* Anwältin *f;* ~ **difensore** Verteidiger(in) *m(f);* ~ **penale** Strafverteidiger(in) *m(f);* ~ **delle cause perse** (*scherz*) Winkeladvokat *m*

avvolgere [av'vɔldʒere] <irr> **I.** *vt* ~ **qc** etw aufwickeln; ~ **qc attorno a qu/qc** etw um jdn/etw wickeln **II.** *vr* **-rsi** sich wickeln; **avvolgibile** [avvol'dʒiːbile] *m* Rollladen *m*

avvoltoio [avvol'toːio] <-oi> *m* **1.** (ZOO) Geier *m* **2.** (*fig*) Halsabschneider *m*

azalea [addza'lɛːa] *f* Azalee *f*

azienda [ad'dziɛnda] *f* Unternehmen *n;* **aziendale** [addzien'daːle] *agg* Betriebs-

azionare [attsio'naːre] *vt* betätigen; **azione** [at'tsioːne] *f* **1.** (*l'agire*) Tat *f;* **passare all'~** zur Tat schreiten **2.** (*attività*) Tätigkeit *f;* (TEC) Betrieb *m;* **essere in ~** in Betrieb sein; **entrare in ~** in Aktion treten **3.** (*insieme di iniziative*) Unternehmung *f;* ~ **dimostrativa** Scheinangriff *m* **4.** (FIN) Aktie *f* **5.** (FILM) **~!** Aufnahme!; **azionista** [attsio'nista] <-i *m*, -e *f*> *mf* Aktionär(in) *m(f)*

azoto [ad'dzɔːto] *m* Stickstoff *m*

azzannare [attsan'naːre] *vt* mit den Zähnen packen

azzardato, -a [addzar'daːto] *agg* **1.** (*imprudente*) unvorsichtig **2.** (*avventato*) unüberlegt

azzardo [ad'dzardo] *m* **gioco d'~** Glücksspiel *m*

azzeccare [attsek'kaːre] *vt* (*a fig*) treffen

azzerare *vt* auf Null stellen

Azzorre [ad'dzɔrre] *fpl* Azoren *pl*

azzuffarsi [attsuf'farsi] *vr* sich raufen

azzurro [ad'dzurro] *m* **1.** (*colore*) (Himmel)blau *n* **2.** *pl* (SPORT) italienische Nationalspieler

azzurro, -a *agg* (himmel)blau; **principe ~** Märchenprinz *m*

B

B, b [bi] <-> *f* B, b *n;* ~ **come Bologna** B wie Berta

babbeo, -a [bab'bɛːo] *agg* dumm

babbo ['babbo] *m* (*fam*) Papa *m;* ~ **Natale** Weihnachtsmann *m*

babbuino, -a [babbu'iːno] *m, f* **1.** (ZOO) Pavian *m* **2.** (*fig*) Kamel *n*

babele [ba'bɛːle] *f* Durcheinander *n;* **Babele** [ba'bɛːle] *f* Babel *n*

baby ['beibi] <-> *m* Baby *n;* **baby-doll** ['beibi dɔl] <-> *m* Baby-Doll *n;* **baby-pensionato, -a** *m, f* Frührentner(in) *m(f);* **baby-sitter** ['beibi'sitə] <-> *mf* Babysitter *m*

bacato, -a [ba'kaːto] *agg* wurmstichig

bacca ['bakka] <-cche> *f* Beere *f*

baccalà [bakka'la] <-> *m* **1.** (GASTR) Stockfisch *m* **2.** (*fig, pej: persona stupida*) Trottel *m*

baccano [bak'kaːno] *m* Lärm *m;* **fare un ~ infernale** einen Höllenlärm machen

baccello [bat'tʃɛllo] *m* Hülse *f*

bacchetta [bak'ketta] *f* (*bastoncino*) Stab *m;* (*per battere*) Stock *m;* ~ **magica** Zauberstab *m;* **comandare qu a ~** jdn herumkommandieren; **bacchetto** [bak'ketto] *m* Stöckchen *n*

bacheca [ba'kɛːka] <-che> *f* schwarzes Brett

baciamano [batʃa'maːno] <-> *m* Handkuss *m*

baciare [ba'tʃaːre] **I.** *vt* küssen **II.** *vr* **-rsi** sich küssen

bacillo [ba'tʃillo] *m* Bazillus *m*

bacinella [batʃi'nɛlla] *f* Schüssel *f*

bacino [ba'tʃiːno] *m* Becken *n*

bacio ['baːtʃo] <-ci> *m* Kuss *m;* **al ~** (*fig fam*) perfekt

background ['bækgraund] <-> *m* Background *m*

backup ['bækʌp] <-> *m* (INFORM) Backup *n*

baco ['baːko] <-chi> *m* **1.** (ZOO) Raupe *f;* ~ **da seta** Seidenraupe *f* **2.** (INFORM) bug *m*

badare [ba'daːre] *vi* **1.** (*accudire*) ~ **a qu/qc** auf jdn/etw aufpassen **2.** (*stare attento*) ~ **a qc** auf etw *acc* aufpassen; **non ~ a spese** keine Kosten scheuen; **bada a quello che fai!** pass auf, was du tust! **3.** (*dedicarsi*) sich kümmern

Baden-Württemberg *m* Baden-Württemberg *n*

badessa [ba'dessa] *f* Äbtissin *f*

badia [ba'diːa] <-ie> *f* Abtei *f*

badile [ba'diːle] *m* Schaufel *f*

baffo ['baffo] *m* Schnurrbart *m;* **ridere sotto i -i** sich *dat* ins Fäustchen lachen; **baffuto, -a** [baf'fuːto] *agg* schnurrbärtig

bagagliaio [bagaʎ'ʎaːio] <-ai> *m* (AUTO) Kofferraum *m;* **bagaglio** [ba'gaʎʎo] <-gli> *m* **1.** (*valigie*) Gepäck *n;* **deposito -gli** Gepäckaufbewahrung *f;* **disfare/fare i -gli** auspacken/packen; ~ **a mano** Handgepäck *n* **2.** (*fig: formazione*) Ausrüstung *f;* ~ **culturale** Bildungsgut *n*

bagattella [bagat'tɛlla] *f* Bagatelle *f*

baggianata [baddʒa'naːta] *f* (*fam pej*) Quatsch *m*

bagliore [baʎ'ʎoːre] *m* (*fig*) Schimmer *m*

bagnante [baɲ'ɲante] *mf* Badegast *m*

bagnare [baɲ'ɲaːre] **I.** *vt* **1.** (*inumidire*) nass machen **2.** (*fiume*) fließen durch **II.** *vr* **-rsi** nass werden

bagnato [baɲ'ɲaːto] *m* nasser Boden

bagnato, -a *agg* nass, durchnässt; ~ **fradicio** klatschnass

bagnino, -a [baɲ'ɲiːno] *m, f* Bademeister(in) *m(f)*

bagno ['baɲɲo] *m* **1.** (FOTO, CHEM) Bad *n* **2.** (*stanza*) Badezimmer *n;* **andare in ~** auf die Toilette gehen; ~ **turco** türkisches Bad **3.** (*immergersi in acqua*) Bad *n;* **costume da ~** Badeanzug *m;* **fare il ~** baden **4.** *pl* (*stabilimento*) Heilbad *n;* (*stazione balneare*) Badeort *m* **5.** (*lavaggio*) Bad *n;* **mettere qc a ~** etw einweichen; **bagnomaria** [baɲɲoma'riːa] <-> *m* **a ~** im Wasserbad; **bagnoschiuma** [baɲɲo'ʃuːma] <-> *m* Schaumbad *n*

baia ['baːia] <-aie> *f* (GEOG) Bucht *f*

baio ['baːio] <-ai> *m* (Rot)fuchs *m*

baiocchi [ba'iɔkki] *mpl* (*fam: quattrini*) Pfennige *mpl*

baionetta [baio'netta] *f* Bajonett *n*

baita ['baːita] *f* Berghütte *f,* Almhütte *f*

balaustra [bala'ustra] *f* Balustrade *f*

balbettare [balbet'taːre] *vi* stottern; (*bam-*

bino) lallen; **balbettio** [balbet'ti:o] <-ii> *m* Gestotter *n*

balbuzie [bal'buttsie] <-> *f* Stottern *n;* **balbuziente** [balbut'tsiɛnte] **I.** *agg* stotternd **II.** *mf* Stotterer *m,* Stott(r)erin *f*

Balcani [bal'ka:ni] *mpl* Balkan *m;* **balcanico, -a** [bal'ka:niko] <-ci, -che> *agg* balkanisch, Balkan-

balconata [balko'na:ta] *f* **1.** (ARCH) umlaufender Balkon **2.** (THEAT) Rang *m;* **balcone** [bal'ko:ne] *m* Balkon *m*

baldacchino [baldak'ki:no] *m* Baldachin *m;* **letto a ~** Himmelbett *n*

baldanzoso, -a [baldan'tso:so] *agg* unverfroren

baldo, -a ['baldo] *agg* kühn, selbstsicher

baldoria [bal'dɔ:ria] <-ie> *f* Rummel *m;* **fare ~** Remmidemmi machen *fam*

balena [ba'le:na] *f* Wal(fisch) *m*

balenare [bale'na:re] *vi essere* **1.** (METEO) blitzen **2.** (*apparire improvvisamente*) aufblitzen; **mi è balenata un'eccellente idea** mir ist eine glänzende Idee gekommen; **baleno** [ba'le:no] *m* Blitz *m;* **in un ~** (*fig*) blitzschnell

balera [ba'lɛ:ra] *f* Tanzlokal *n* (*in Vorstadtvierteln*)

balestra [ba'lɛstra] *f* **1.** (MOT) Blattfeder *f* **2.** (MIL) Armbrust *f*

balia[1] ['ba:lia] <-ie> *f* (*donna*) Amme *f*

balia[2] [ba'li:a] *f* (*potere*) Gewalt *f;* **essere in ~ della sorte** (*fig*) ein Spielball des Schicksals sein

balla ['balla] *f* **1.** (COM) Ballen *m* **2.** (*fig fam: frottola*) (Lügen)märchen *n;* **non raccontare -e!** erzähl keine Märchen!

ballabile [bal'la:bile] **I.** *agg* tanzbar **II.** *m* Tanzstück *n*

ballare [bal'la:re] **I.** *vt* tanzen **II.** *vi* **1.** (MUS) tanzen **2.** (NAUT) schlingern **3.** (*abiti*) schlottern; (*oggetti*) wackeln; **ballata** [bal'la:ta] *f* Ballade *f;* **ballerina** [balle'ri:na] *f* **1.** (*scarpa*) Ballerina *f* **2.** (ZOO) Bachstelze *f;* **ballerino, -a** [balle'ri:no] **I.** *m, f* Balletttänzer(in) *m(f)* **II.** *agg* tanzend; **terre -e** Erdbebengebiete *npl;* **balletto** [bal'letto] *m* Ballett *n;* **ballo** ['ballo] *m* **1.** (*atto, arte di ballare*) Tanz *m;* **corpo di ~** Ballett *n* **2.** (*fig*) **essere in ~** auf dem Spiel stehen; **quando si è in ~, bisogna ballare** (*prov*) wer A sagt, muss auch B sagen

ballottaggio [ballot'taddʒo] <-ggi> *m* Stichwahl *f;* (SPORT) Titelentscheidungskampf *m*

balneabile [balne'a:bile] *agg* für den Badebetrieb frei gegeben; **balneare** [balne'a:re] *agg* Bade-; **stagione ~** Badesaison *f;* **stazione ~** Badeort *m;* **balneazione** [balneat'tsio:ne] *f* Badebetrieb *m;* **divieto di ~** Badeverbot *n*

balordo, -a [ba'lordo] **I.** *agg* blöd(sinnig), dämlich **II.** *m, f* Dummkopf *m*

balsamico, -a [bal'sa:miko] <-ci, -che> *agg* **1.** (MED) balsamisch, Balsam- **2.** (*fig: salubre*) gesund, sauber; **balsamo** ['balsamo] *m* (*a fig*) Balsam *m*

baltico, -a ['baltiko] <-ci, -che> *agg* baltisch; **il (Mar) Baltico** die Ostsee

baluardo [balu'ardo] *m* Schutzwall *m;* (*a fig*) Bollwerk *n*

balza ['baltsa] *f* **1.** (*di vestito*) Volant *m* **2.** (GEOG) Steilhang *m*

balzare [bal'tsa:re] *vi essere* **1.** (*saltare di scatto*) (hoch)springen, hüpfen; **~ in piedi** aufspringen **2.** (*fig: risaltare*) springen; **~ agli occhi** in die Augen springen; **balzo** ['baltso] *m* Sprung *m;* **prendere** [*o* **cogliere**] **la palla al ~** (*fig*) die Gelegenheit beim Schopfe packen

bambagia [bam'ba:dʒa] <-gie> *f* Watte *f;* **allevare** [*o* **tenere**] **qu nella ~** (*fig*) jdn in Watte packen

bambinaia [bambi'na:ia] <-aie> *f* Kindermädchen *n;* **bambinata** [bambi'na:ta] *f* Kinderstreich *m*

bambino, -a [bam'bi:no] *m, f* Kind *n*

bamboccio *m* (*fam*) Pummelchen *n*

bambola ['bambola] *f* Puppe *f;* **bambolotto** [bambo'lɔtto] *m* Püppchen *n*

bambù [bam'bu] <-> *m* Bambus *m;* (*canna*) Bambusrohr *n*

banale [ba'na:le] *agg* banal; **banalità** [banali'ta] <-> *f* Banalität *f;* **banalizzare** [banalid'dza:re] *vt* banalisieren; **banalizzazione** [banaliddzat'tsio:ne] *f* Banalisierung *f*

banana [ba'na:na] *f* Banane *f;* **banano** [ba'na:no] *m* Bananenstaude *f*

banca ['baŋka] <-che> *f* Bank *f;* **~ (dei) dati** (INFORM) Datenbank *f;* **Banca centrale europea** (EU) Europäische Zentralbank

bancarella [baŋka'rɛlla] *f* Verkaufsstand *m*

bancario, -a [baŋ'ka:rio] <-i, -ie> **I.** *agg* Bank-; **sistema ~** Bankensystem *n* **II.** *m, f*

B

Bankangestellte(r) *f(m)*

bancarotta [baŋka'rotta] *f* Bankrott *m*

banchetto [baŋ'ketto] *m* **1.** (*piccolo banco*) Bänkchen *n;* (*bancarella*) Verkaufsstand *m* **2.** (*pranzo*) Bankett *n*

banchiere, -a [baŋ'kiɛːre] *m, f* **1.** (FIN) Bankier *m* **2.** (*nei giochi d'azzardo*) Bankhalter(in) *m(f)*

banchina [baŋ'kiːna] *f* **1.** (NAUT) Kai *m* **2.** (FERR) Bahnsteig *m* **3.** (*per ciclisti*) Radweg *m;* (*per pedoni*) Fußgängerweg *m*

banco ['baŋko] <-chi> *m* **1.** (*sedile*) (Sitz)bank *f;* ~ **degli imputati** [*o* **accusati**]/**della giuria** Anklagebank/Geschworenenbank *f;* **scaldare i -chi** (*fig*) die Schulbank drücken **2.** (*di bar*) Theke *f;* (*di negozio*) Ladentisch *m;* ~ **del lotto** Lottoannahmestelle *f* **3.** (GEOG) Bank *f* **4.** (*ammasso di nebbia*) Nebelbank *f;* (*di corallo*) Riff *n;* (*di pesci*) Schwarm *m* **5.** (TEC) Werkbank *f;* ~ **di prova** Prüfstand *m*

bancogiro [baŋko'dʒiːro] *m* Giroverkehr *m*

bancomat [baŋko'mat] <-> *m* Geldautomat *m*

bancone [baŋ'koːne] *m* (*di banca, biglietteria*) Schalter *m;* (*di bar*) Theke *f*

banconota [baŋko'nɔːta] *f* Banknote *f;* **bancoposta** [baŋko'pɔsta] <-> *m* Bankservice *m* der Post

band [bænd] <-> *f* Band *f*

banda ['banda] *f* **1.** (MUS) (Musik)kapelle *f* **2.** (*striscia*) Band *n* **3.** (INFORM) Band *n;* ~ **perforata** Lochstreifen *m* **4.** (*di malviventi*) Bande *f*

banderuola [bande'ruɔːla] *f* Wetterfahne *f;* (*piccola bandiera*) Fähnchen *n*

bandiera [ban'diɛːra] *f* Fahne *f;* **bandierina** [bandie'riːna] *f* **1.** (*piccola bandiera*) Fähnchen *n* **2.** (INFORM) ~ **elettronica** Flag *n*

bandire [ban'diːre] <bandisco> *vt* **1.** (*concorso*) ausschreiben **2.** (*esiliare*) verbannen

bandito [ban'diːto] *m* **1.** (*fuorilegge*) Kriminelle(r) *m* **2.** (*messo al bando*) Verbannte(r) *m*

banditore, -trice [bandi'toːre] *m, f* Versteigerer *m,* Versteig(r)erin *f;* **bando** ['bando] *m* **1.** (*pubblico annuncio*) (öffentliche) Bekanntmachung *f;* (*di concorso*) Ausschreibung *f* **2.** (*esilio*) Verbannung *f;* **mettere al** ~ (*a fig*) verbannen; ~ **a ...** Schluss mit ..., ... beiseite

bandolo ['bandolo] *m* Stranganfang *m;* **perdere/trovare il** ~ **della matassa** (*fig*) den Faden verlieren/des Rätsels Lösung finden

banketing manager ['bæŋketiŋ 'mænidʒə] <-> *m* Bankmanager *m*

BANKITALIA *f acro di* **BANCA d'ITALIA** *Zentralnotenbank von Italien*

banner ['banner] <-> *m* (INFORM) Banner *n*

baobab [bao'bab] <-> *m* Affenbrotbaum *m*

bar [bar] <-> *m* **1.** (*locale*) (Steh)café *n* **2.** (PHYS) Bar *n*

bara ['baːra] *f* Sarg *m;* **avere un piede nella** ~ (*fig*) mit einem Fuß im Grabe stehen

baracca [ba'rakka] <-cche> *f* **1.** (*catapecchia*) Baracke *f* **2.** (*nelle fiere*) Bude *f;* **mandare avanti la** ~ (*fam*) den Laden schmeißen; **baraccato, -a** [barak'kaːto] **I.** *agg* in Baracken untergebracht **II.** *m, f* Barackenbewohner(in) *m(f)*; **baraccone** [barak'koːne] *m* große Baracke; (*nelle fiere*) Jahrmarktbude *f;* **baraccopoli** [barak'kɔːpoli] <-> *f* Barackensiedlung *f*

baraonda [bara'onda] *f* (großes) Durcheinander *n*

barare [ba'raːre] *vi* betrügen

baratro ['baːratro] *m* Abgrund *m*

barattare [barat'taːre] *vt* tauschen; **baratto** [ba'ratto] *m* Tausch(handel) *m*

barattolo [ba'rattolo] *m* Büchse *f,* Dose *f*

barba ['barba] *f* **1.** (*dell'uomo*) Bart *m;* **farsi la** ~ sich rasieren **2.** (*fig*) Langeweile *f;* **che ~!** (*fig fam*) so was Ödes! **3.** (*loc*) **in ~ a qu/qc** (*fig*) jdm/etw zum Trotz

barbabietola [barba'biɛːtola] *f* rote Bete; ~ **da zucchero** Zuckerrübe *f*

barbarico, -a [bar'baːriko] <-ci, -che> *agg* barbarisch; **barbarie** [bar'baːrie] <-> *f* Barbarei *f*

barbaro ['barbaro] *m* (*a fig*) Barbar *m*

barbaro, -a *agg* (*a fig*) barbarisch

barbecue ['baːbikjuː] <-> *m* Grillfest *n*

barbetta [bar'betta] *f* Bärtchen *n*

barbiere [bar'biɛːre] *m* (Herren)friseur *m*

barbiturico [barbi'tuːriko] <-ci> *m* Barbiturat *n*

barbone [bar'boːne] *m* **1.** (*lunga barba*) Vollbart *m* **2.** (*pej: vagabondo*) Landstreicher *m* **3.** (ZOO) Pudel *m;* **barboso, -a** [bar'boːso] *agg* (*fig*) langweilig; **barbuto,**

-a [bar'bu:to] *agg* bärtig

barca ['barka] <-che> *f* **1.** (NAUT) Boot *n* **2.** (*fam: famiglia, lavoro e propri affari*) Laden *m;* **siamo tutti nella** [*o* **sulla**] **stessa** ~ (*fig*) wir sitzen alle in einem Boot **3.** (*fig fam: mucchio*) Haufen *m;* **avere una** ~ **di soldi** (*fig fam*) einen Haufen Geld haben

barcaiolo [barka'iɔ:lo] *m* Bootsführer *m;* (*chi noleggia barche*) Bootsverleiher *m*

barcamenarsi [barkame'narsi] *vr* sich durchschlängeln

barcollare [barkol'la:re] *vi* (*a fig*) wanken; **barcollio** [barkol'li:o] <-ii> *m* fortgesetztes Schwanken

barcone [bar'ko:ne] *m* großer Kahn; (*ponte di barche*) Ponton *m*

bardare [bar'da:re] **I.** *vt* **1.** (*cavallo*) anschirren **2.** (GASTR) bardieren **II.** *vr* **-rsi** (*scherz*) sich auftakeln

bardatura [barda'tu:ra] *f* Geschirr *n*

bardo ['bardo] *m* Barde *m*

barella [ba'rɛlla] *f* Tragbahre *f*

barese [ba're:se] **I.** *agg* aus Bari stammend, baresisch **II.** *mf* Einwohner(in) *m(f)* von Bari

Bari *f Haupstadt Apuliens*

baricentro [bari'tʃɛntro] *m* Baryzentrum *n*

barile [ba'ri:le] *m* Fass *n*

barista [ba'rista] <-i *m*, -e *f*> *mf* **1.** (*chi lavora in un bar*) Barkeeper *m,* Barfrau *f* **2.** (*proprietario*) Wirt(in) *m(f),* Lokalbesitzer(in) *m(f)*

baritono [ba'ri:tono] *m* (MUS) Bariton *m*

barlume [bar'lu:me] *m* fahler Lichtschein; (*a fig*) Schimmer *m*

barocco [ba'rɔkko] *m* Barock *n o m*

barocco, **-a** <-cchi, -cche> *agg* barock, Barock-

barometro [ba'rɔ:metro] *m* Barometer *n*

barone, **-essa** [ba'ro:ne, baro'nessa] *m, f* **1.** (*titolo*) Baron(in) *m(f)* **2.** (*fig*) Boss *m;* **i -i dell'industria/della finanza** die Industriebosse/Finanzbosse *mpl*

barra ['barra] *f* **1.** (*asta*) Stab *m;* (TEC, MOT) Stange *f* **2.** (NAUT) (Ruder)pinne *f* **3.** (JUR) Schranke *f* (im Gerichtssaal) **4.** (*segno grafico*) (Schräg)strich *m* **5.** (*di metalli*) Barren *m* **6.** (INFORM) Schaltfläche *f;* ~ **dei menu/dei task/del titolo** Menü-/Task-/Titelleiste *f*

barricare [barri'ka:re] **I.** *vt* verbarrikadieren **II.** *vr* **-rsi** sich verbarrikadieren; **-rsi in casa** (*fig*) sich zu Hause verkriechen; **barricata** [barri'ka:ta] *f* (*a fig*) Barrikade *f*

barriera [bar'riɛ:ra] *f* **1.** (*sbarramento*) Barriere *f,* Schranke *f,* Sperre *f;* (FERR) (Bahn)schranke *f* **2.** (*fig: impedimento*) Hindernis *n,* Barriere *f* **3.** (GEOG) Riff *n,* Bank *f* **4.** (SPORT: *nel calcio*) Mauer *f*

baruffa [ba'ruffa] *f* (heftiger) Streit *m;* (*zuffa*) Rauferei *f*

barzelletta [bardzel'letta] *f* Witz *m*

basalto [ba'zalto] *m* Basalt *m*

basamento [baza'mento] *m* **1.** (ARCH) Fundament *n* **2.** (MOT) Motorlagerung *f* **3.** (*di monumento, mobile*) Sockel *m;* **basare** [ba'za:re] **I.** *vt* gründen **II.** *vr* **-rsi** (*a fig*) sich stützen

basco ['basko] <-schi> *m* Baskenmütze *f*

basco, **-a** <-schi, -sche> **I.** *agg* baskisch **II.** *m, f* Baske *m,* Baskin *f*

base ['ba:ze] *f* **1.** (*fig*) Fundament *n;* **in** ~ **a** aufgrund [*o* auf Grund] +*gen;* **gettare** [*o* **porre**] **le -i di qc** zu etw das Fundament legen **2.** (MIL) Basis *f* **3.** (ASTR) Station *f;* ~ **spaziale** Raumstation *f* **4.** (MAT) Basis *f* **5.** (CHEM) Base *f* **6.** (SPORT: *baseball*) Base *n* **7.** (POL) Basis *f* **8.** (COM) ~ **negoziale** Geschäftsgrundlage *f*

basetta [ba'zetta] *f* Koteletten *fpl*

basilare [bazi'la:re] *agg* grundlegend

Basilea [bazi'lɛ:a] *f* Basel *n*

basilica [ba'zi:lika] <-che> *f* Basilika *f*

Basilicata [bazili'ka:ta] *f* Basilicata *f*

basilico [ba'zi:liko] *m* Basilikum *n*

basketball ['ba:skitbɔ:l] <-> *m* Basketball *m*

bassa ['bassa] *f* Tiefebene *f;* **la** ~ **padana** die Poebene

bassezza [bas'settsa] *f* (*fig*) Niederträchtigkeit *f*

basso ['basso] *m* **1.** (*parte inferiore*) unterer Teil; **cadere in** ~ (*fig*) tief sinken **2.** (MUS) Bass *m*

basso, **-a** <più basso *o* inferiore, bassissimo> **I.** *agg* **1.** (*di statura*) klein(gewachsen); (*muro*) niedrig, tief(liegend); (*tacco*) flach; (*acqua*) seicht **2.** (*prezzi*) niedrig **3.** (*voce*) leise; (MUS) tief **4.** (HIST) spät, Spät- **5.** (*ricorrenza*) früh; **quest'anno la Pasqua è -a** dieses Jahr ist Ostern früh **6.** (SOC: *ceti, classi*) untere(r, s) **7.** (*fig: vile*) niedrig, niederträchtig **8.** (*di paese*) **Bassa Italia** Süditalien *n* **9.** (*loc*) **-a stagione** (*inizio dell'anno*) Vorsaison *f;* (*fine dell'anno*) Nachsaison *f* **II.** *avv* **1.** (*in basso*) (nach) unten, tief **2.** (*a bassa voce*) leise; **bassofondo** [basso'fondo]

<bassifondi> *m* 1. *pl* (SOC) Elendsviertel *npl* 2. (NAUT) Untiefe *f;* **bassopiano** [basso'pia:no] <-i> *m* Tiefebene *f;* **bassorilievo** [bassori'liɛ:vo] *m* Basrelief *n*

bassotto [bas'sɔtto] *m* (ZOO) Dackel *m*

basta ['basta] *int* Schluss; **punto e ~** und damit Schluss; *v. a.* **bastare**

bastardo, -a [bas'tardo] I. *agg* 1. (ZOO) nicht reinrassig 2. (BOT) hybrid 3. (*persona*) unehelich 4. (*fig: spurio*) falsch; (*corrotto*) gemein II. *m, f* (*fam pej*) Bastard *m*

bastare [bas'ta:re] *vi essere* genügen; **~ a sé stesso** sich *dat* selbst genügen; **basta poco per essere felici** froh zu sein bedarf es wenig; **basta che ...** +*conj* es reicht, wenn ...; **basta così** das reicht; **punto e basta!** Schluss, aus!

bastimento [basti'mento] *m* Schiff *n*

bastione [bas'tio:ne] *m* Bastion *f*

bastonare [basto'na:re] I. *vt* (ver)prügeln II. *vr* **-rsi** sich prügeln; **bastonata** [basto'na:ta] *f* Stockschlag *m;* **bastoncino** [baston'tʃi:no] *m* 1. (*piccolo bastone*) kleiner Stock 2. (SPORT: *di sci*) Skistock *m;* (*di corsa*) (Stafetten)stab *m;* **~ di pesce** Fischstäbchen *n;* **bastone** [bas'to:ne] *m* 1. (*di legno*) Stock *m;* **mettere il ~ tra le ruote a qu** (*fig*) jdm (einen) Knüppel zwischen die Beine werfen 2. (*fig* MIL) (Befehls)gewalt *f* 3. (SPORT) Schläger *m* 4. (*fig: sostegno*) Stütze *f*

batacchio [ba'takkio] <-cchi> *m* 1. (*di campana*) Glockenschwengel *m* 2. (*di porta*) Türklopfer *m*

batch processing ['bætʃ 'prousesiŋ] <-> *m* (INFORM) Batch processing *n*

batosta [ba'tɔsta] *f* Schlappe *f;* (*disgrazia*) (schwerer) Schlag *m*

battaglia [ba'taʎʎa] <-glie> *f* 1. (MIL) Schlacht *f* 2. (*fig: lotta*) Kampf *m;* **cavallo di ~** (*fig*) Stärke *f;* (*di artista*) Glanznummer *f* 3. (*campagna*) Kampagne *f;* **battagliero, -a** [battaʎ'ʎɛ:ro] *agg* kämpferisch

battaglione [battaʎ'ʎo:ne] *m* Bataillon *n*

battello [bat'tɛllo] *m* Boot *n*

battente [bat'tɛnte] *m* (*di porta e finestra*) Flügel *m;* (*di mobile*) Tür *f;* **chiudere i -i** (*fig*) schließen

battere ['battere] I. *vt* 1. (*dare dei colpi*) schlagen; **~ un colpo** einen Schlag geben; **~ i piedi** mit den Füßen stampfen; (*fig*) (vor Wut) aufstampfen; **non so dove ~ il capo** [*o* **la testa**] (*fig*) ich weiß nicht mehr ein noch aus; **~ le mani** (in die Hände) klatschen 2. (*grano*) dreschen; (*carne*) klopfen 3. (MUS: *tempo*) (an)geben, schlagen 4. (SPORT) schlagen; (*primato*) brechen 5. (FIN: *moneta*) prägen 6. (*metallo, ferro*) hämmern, schlagen; **~ il ferro finché è caldo** (*prov*) das Eisen schmieden, solange es heiß ist 7. (*loc*) **in un batter d'occhio** im Nu II. *vi* 1. (*pioggia*) prasseln; (*orologio, cuore*) schlagen; (*sole*) knallen 2. (*bussare*) klopfen; **~ alla porta** an die Tür klopfen 3. (MOT, TEC) klopfen; **~ sempre sullo stesso tasto** (*fig*) immer dieselbe Leier vorbringen III. *vr* **-rsi** 1. (MIL) kämpfen 2. (*fig: lottare*) sich auseinander setzen; **-rsi per qc** um etw kämpfen; **battersela** (*fam*) sich verdrücken

batteria [batte'ri:a] <-ie> *f* 1. (*insieme di cose*) Satz *m;* (*di rubinetti*) Armaturen *fpl* 2. (MOT, EL, MIL) Batterie *f;* (*di orologio*) Schlagwerk *n* 3. (MUS) Schlagzeug *n*

battericida[1] [batteri'tʃi:da] <-i, -e> *agg* keimtötend

battericida[2] <-i> *m* Bakterizid *n*

batterio [bat'tɛ:rio] <-i> *m* Bakterie *f*

batteriologia [batteriolo'dʒi:a] <-gie> *f* Bakteriologie *f;* **batteriologico, -a** [batterio'lɔ:dʒiko] <-ci, -che> *agg* bakteriologisch

batterista [batte'rista] <-i *m*, -e *f*> *mf* Schlagzeuger(in) *m(f)*

battesimo [bat'te:zimo] *m* Taufe *f*

battezzare [batted'dza:re] I. *vt* (*fig: denominare,* REL) taufen II. *vr* **-rsi** sich taufen lassen

battibaleno [battiba'le:no] *avv* **in un ~** im Nu

battibecco [batti'bekko] <-chi> *m* Gezänk *n*

batticarne [batti'karne] <-> *m* Fleischklopfer *m*

batticuore [batti'kuɔ:re] *m* Herzklopfen *n*

battimani [batti'ma:ni] *mpl,* **battimano** [batti'ma:no] *m* Beifall *m,* Applaus *m*

battipanni [batti'panni] <-> *m* Klopfer *m*

battipista [batti'pista] <-> *m* 1. (SPORT) Vorläufer *m* 2. (TEC) Planierraupe *f;* (*per la neve*) Schneeraupe *f*

battiscopa [battis'ko:pa] <-> *m* Fuß(boden)leiste *f*

battista [bat'tista] <-i *m*, -e *f*> I. *mf* Baptist(in) *m(f)* II. *agg* Tauf-; **chiesa ~** Baptistenkirche *f*

battistero [battis'tɛːro] *m* Taufkapelle *f*

battistrada [battis'traːda] <-> *m* **1.** (MOT) (Reifen)profil *n* **2.** (SPORT) Schrittmacher *m*

battitappeto [battitap'peːto] <-> *m* Klopfsauger *m*

battito ['battito] *m* (*del cuore, dell'orologio*) Schlag *m;* (*della pioggia*) Prasseln *n*

battitura [batti'tuːra] *f* **1.** (TYP) Tippen *n* **2.** (AGR) Dreschen *n*

battona [bat'toːna] *f* (*dial: vulg*) Nutte *f*

battuta [bat'tuːta] *f* **1.** (*percossa*) Schlag *m* **2.** (*scherz: frase spiritosa*) Witz *m;* ~ **di spirito** geistreiche Bemerkung **3.** (MUS) Takt *m* **4.** (THEAT) Einsatz *m* **5.** (SPORT) Abspiel *n* **6.** (*caccia*) Treibjagd *f* **7.** (*di polizia*) Razzia *f*

battuto, -a *agg* **1.** (*rame, ferro*) geschmiedet **2.** (*strada*) begangen; (*con veicolo*) befahren **3.** (GASTR: *carne*) geklopft **4.** (*sconfitto*) geschlagen

batuffolo [ba'tuffolo] *m* Bausch *m*

baule [ba'uːle] *m* **1.** (*da viaggio*) Überseekoffer *m* **2.** (MOT) Kofferraum *m;* **bauletto** [bau'letto] *m* Schmuck-, Kosmetikköfferchen *n*

bava ['baːva] *f* Schaum *m;* **avere la ~ alla bocca** Schaum vor dem Mund haben; (*fig*) (vor Wut) schäumen; ~ **di vento** Windhauch *m*

bavaglio [ba'vaʎʎo] <-gli> *m* Knebel *m*

bavagliolo [bavaʎ'ʎɔːlo] *m* Lätzchen *n*

bavarese [bava'reːse] **I.** *agg* bay(e)risch **II.** *mf* Bayer(in) *m(f)*

bavero ['baːvero] *m* Kragen *m*

Baviera [ba'viɛːra] *f* Bayern *n*

bazar [bad'dzar] <-> *m* **1.** (*nei paesi musulmani*) Basar *m;* (*fig* COM) Warenhaus *n* **2.** (*fig: disordine*) Durcheinander *n*

bazzecola [bad'dzɛːkola] *f* Lappalie *f*

bazzicare [battsi'kaːre] **I.** *vi* verkehren; ~ **con qu** mit jdm verkehren **II.** *vt* verkehren in

BCE *f abbr di* **Banca centrale europea** EZB *f*

be' [bɛ] *int v.* **beh**

beatificare [beatifi'kaːre] *vt* selig sprechen

beatitudine [beati'tuːdine] *f* **1.** (REL) Seligkeit *f* **2.** (*felicità*) (Glück)seligkeit *f;* **beato, -a** [be'aːto] **I.** *agg* **1.** (*fig: felice*) glücklich; ~ **te!** (*fam*) du Glücklicher! **2.** (REL) selig **II.** *m, f* Selige(r) *f(m)*

beauty-case ['bjuːti 'keis] <-> *m* Kosmetikkoffer *m;* **beauty center** ['bjuːti 'sentə] <-> *m* Beauty-Center *n;* **beauty farm** ['bjuːti 'faːm] <-> *f* Schönheitsfarm *f*

bebè [be'bɛ] <-> *m* Baby *n*

beccaccia [bek'kattʃa] <-cce> *f* Waldschnepfe *f*

beccare [bek'kaːre] **I.** *vt* **1.** (auf)picken **2.** (*fig fam*) kriegen; ~ **qu sul fatto** jdn auf frischer Tat ertappen **II.** *vr* **-rsi 1.** (ZOO) schnäbeln **2.** (*fig fam: bisticciarsi*) sich zanken

becchino [bek'kiːno] *m* Totengräber *m*

becco ['bekko] <-cchi> *m* **1.** (*fig fam: bocca umana,* ZOO) Schnabel *m;* **chiudi il ~!** (*fam*) halt den Schnabel! **2.** (ZOO: *caprone*) (Ziegen)bock *m* **3.** (CHEM) Brenner *m;* ~ **di Bunsen** Bunsenbrenner *m* **4.** (*fam: marito di donna infedele*) Hirsch *m scherz*

beccuccio [bek'kuttʃo] <-cci> *m* Tülle *f*

bed and breakfast [bed ænd 'brekfəst] <-> *m* Zimmer *n* mit Frühstück

beeper ['biːpə] <-> *m* Piepser *m*

befana [be'faːna] *f* **1.** (*Epifania*) Dreikönigsfest *n* **2.** (*vecchia*) *Fee, die in der Dreikönigsnacht den braven Kindern Geschenke und den bösen Kohle bringt* **3.** (*fig fam: donna vecchia e brutta*) alte Schreckschraube

beffa ['bɛffa] *f* Spott *m;* **beffardo, -a** [bef'fardo] *agg* spöttisch; **beffare** [bef'faːre] **I.** *vt* verspotten **II.** *vr* **-rsi di qu/qc** sich über jdn/etw lustig machen

beffeggiare [beffed'dʒaːre] *vt* auslachen

bega ['bɛːga] <-ghe> *f* (*fam*) Streit *m*

begli ['bɛʎʎi] *v.* **bello, -a**

beh [bɛ] *int* (*fam*) also

bei ['bɛːi] *v.* **bello, -a**

beige [bɛːʒ] *agg* <inv> beige(farben)

bel [bɛl] *v.* **bello, -a**

belare [be'laːre] *vi* **1.** (ZOO) blöken **2.** (*fig fam: piangere*) plärren; (*lamentarsi*) jammern

belga ['bɛlga] <-gi *m,* -ghe *f*> **I.** *agg* belgisch **II.** *mf* Belgier(in) *m(f);* **Belgio** ['bɛldʒo] *m* **il ~** Belgien *n*

Belgrado [bel'graːdo] *f* Belgrad *n*

bell' [bɛll] *v.* **bello, -a**

bella ['bɛlla] *f* **1.** (*donna bella*) Schöne *f;* **la ~ addormentata nel bosco** Dornröschen *n* **2.** (*innamorata*) Freundin *f*

belladonna [bella'dɔnna] *f* Tollkirsche *f*

belletto [bel'letto] *m* Schminke *f*

bellezza [bel'lettsa] *f* **1.** (*qualità*) Schönheit *f;* (*splendore*) Pracht *f;* **prodotti/istituto di ~** Kosmetika *npl*/Kosmetiksalon *m*

2. (*persona*) Schönheit *f;* (*cosa*) Prachtstück *n* 3. (*loc*) **finire in ~** (*fig*) ein gutes Ende nehmen; **che ~!** wie schön!

bellico ['bɛlliko] <-chi> *m* (*fam: ombelico*) Nabel *m*

bellico, -a <-ci, -che> *agg* kriegerisch, Kriegs-

belligerante [bellidʒe'rante] **I.** *agg* Krieg führend **II.** *mf* Kriegführende(r) *f(m)*

bellimbusto [bellim'busto] *m* Stutzer *m,* Geck *m*

bello ['bɛllo] *m* **1.** (*bellezza*) Schöne(s) *n;* **il ~ è che ...** (*fam iron*) komisch daran ist, dass ...; **questo è il ~** (*fam*) das ist es ja gerade!; **sul più ~** (*fam*) im schönsten Augenblick **2.** (METEO) **oggi fa ~** heute ist schönes Wetter; **il tempo s'è rimesso al ~** das Wetter ist wieder schön geworden

bello, -a I. *agg* schön; (*carino*) hübsch, fesch *A;* (*buono*) gut; (*occasione*) günstig; **fare una -a figura** (*a iron*) einen guten Eindruck machen; **non valere un bel nulla** (*fam*) keinen Pfifferling wert sein; **avere un bel dire** (*fam*) gut reden haben; **l'ho fatta/detta -a!** (*fam*) da habe ich was angestellt/gesagt; **-a copia** Reinschrift *f;* **bell'e fatto** (*fam*) schon erledigt; **alla bell'e meglio** (*fam*) mehr schlecht als recht; **ne hai fatte delle -e** (*fam*) du hast dir allerhand geleistet; **un bel niente** ganz und gar nichts; **oh -a!** (*iron*) na wunderbar! *fam;* **-a figura!** (*fam iron*) schöne Blamage!; **tante -e cose!** alles Gute! **II.** *m, f* Schöne(r) *f(m)*

bellunese [bellu'ne:se] **I.** *agg* bellunesisch **II.** *mf* Einwohner(in) *m(f)* von Belluno

Belluno *f Stadt in Venetien*

belva ['belva] *f* **1.** (*animale*) wildes Tier **2.** (*fig: persona*) Bestie *f*

belvedere [belve'de:re] <-> *m* Aussichtspunkt *m*

benarrivato [benarri'va:to] *m* Willkommensgruß *m*

benché [beŋ'ke] *cong* +*conj* obwohl

benda ['bɛnda] *f* **1.** (MED) Binde *f* **2.** (*ornamento*) (Stirn)band *n;* **bendare** [ben'da:re] *vt* **1.** (*gli occhi*) zubinden **2.** (MED) verbinden

bendisposto, -a [bendis'posto] *agg* wohlgesinnt, wohlwollend; (*pronto ad aiutare*) hilfsbereit

bene[1] ['bɛ:ne] <meglio, benissimo *o* ottimamente> *avv* gut, wohl; (*giusto, esatto*) genau, richtig; **di ~ in meglio** (*a iron*) immer besser; **~ o male** gut oder schlecht; (*comunque sia*) wohl oder übel; **è andata ~** es ist gut gelaufen; **far ~** (**alla salute**) gesund sein; **non mi sento ~ oggi** ich fühle mich heute nicht wohl; **lo credo ~** (*fam*) das glaube ich gern; **prenderla ~** etw gut aufnehmen; **ben gli sta!, gli sta ~!** (*fam*) das geschieht ihm recht!; **ben detto!** (*fam*) richtig!; **va ~!** (*fam*) gut!, in Ordnung!; **tutto è ~ quel che finisce ~** (*prov*) Ende gut, alles gut

bene[2] *int* gut

bene[3] *m* **1.** (*buono*) Gute(s) *n;* (*benessere*) Wohl *n;* **opere di ~** gute Werke *npl;* **gente per ~** anständige Leute; **fare qc a fin di ~** etw gut meinen; (*a scopo caritativo*) etw für einen guten Zweck tun; **lo dico per il tuo ~** ich sage es zu deinem Wohl **2.** (COM, JUR) Gut *n;* **-i di consumo** Konsumgüter *npl;* **-i mobili/immobili** bewegliche/unbewegliche Güter *npl* **3.** *pl* (*averi*) Vermögen *n;* **-i culturali** Kulturgüter *npl*

benedettino, -a I. *agg* Benediktiner- **II.** *m, f* Benediktiner(in) *m(f)*

benedetto, -a [bene'detto] *agg* **1.** (REL) gesegnet; (*terra, oggetto*) geweiht **2.** (*fig: persona*) begnadet

benedire [bene'di:re] <benedico, benedii, benedetto> *vt* segnen; **mandare qu a farsi ~** (*fam*) jdn zum Teufel schicken; **benedizione** [benedit'tsio:ne] *f* Segnung *f*

beneducato, ben educato, -a [benedu'ka:to] *agg* wohlerzogen

benefattore, -trice [benefat'to:re] *m, f* Wohltäter(in) *m(f);* **beneficenza** [benefi'tʃɛntsa] *f* Wohltätigkeit *f*

beneficiare [benefi'tʃa:re] *vi* **~ di qc** in den Genuss einer Sache *gen* kommen; (*trarre vantaggi*) Vorteil aus etw ziehen; **beneficiario, -a** [benefi'tʃa:rio] <-i, -ie> *m, f* **1.** (JUR) Begünstigte(r) *f(m)* **2.** (COM) Empfänger *m;* **beneficio** [bene'fi:tʃo] <-ci> *m* **1.** (*bene*) Wohltat *f* **2.** (*giovamento*) Nutzen *m* **3.** (JUR) Rechtswohltat *f;* **benefico, -a** [be'nɛ:fiko] <-ci, -che> *agg* wohltuend, heilsam

benefit ['benifit] <-> *m* Zusatzleistungen *fpl*

benemerito, -a [bene'mɛ:rito] *agg* verdienstvoll, verdient

benessere [be'nɛssere] *m* **1.** (*buono stato*

di salute) Wohlbefinden *n* **2.** (COM) Wohlstand *m*

benestante [benes'tante] **I.** *agg* wohlhabend **II.** *mf* wohlhabender Mensch

benestare [benes'ta:re] <-> *m* (ADM) Zustimmung *f*

benevolenza [benevo'lɛntsa] *f* Wohlwollen *n;* **benevolo, -a** [be'nɛ:volo] *agg* wohlwollend

benfatto, ben fatto, -a [ben'fatto] *agg* **1.** (*persona*) gut gewachsen **2.** (*lavoro, cosa*) gut (gemacht), sauber

beniamino, -a [benia'mi:no] *m, f* **1.** (*in famiglia*) Liebling *m* **2.** (*di pubblico*) Publikumsliebling *m*

benigno, -a [be'niɲɲo] *agg* **1.** wohlwollend; (*cortese*) liebenswürdig **2.** (METEO: *clima*) mild **3.** (MED: *tumore*) gutartig

beninformato, ben informato, -a [beninfor'ma:to] **I.** *agg* gut informiert **II.** *m, f* Person, die gut informiert ist; **benintenzionato, -a** [benintentsio'na:to] *agg* wohlmeinend

beninteso [benin'te:so] *avv* selbstverständlich

benissimo [be'nissimo] *superlativo di* **bene**

benpensante, ben pensante [benpen'sante] **I.** *mf* rechtschaffener Mensch; (*pej, iron*) Biedermann *m* **II.** *agg* rechtschaffen

benservito [benser'vi:to] *m* (Dienst)führungszeugnis *n;* **dare il ~ a qu** (*iron*) jdm den Laufpass geben

bensì [ben'si] *cong* sondern

bentornato, ben tornato [bentor'na:to] *m* Willkommensgruß *m*

benvenuto, ben venuto [benve'nu:to] *m* Willkommensgruß *m;* **dare** [*o* **porgere**] **il ~ a qu** jdn willkommen heißen

benvenuto, ben venuto, -a I. *agg o int* willkommen **II.** *m, f* Willkommene(r) *f(m);* **essere il ~ in un luogo** an einem Ort willkommen sein

benvisto, ben visto, -a [ben'visto] *agg* gern gesehen, geschätzt

benvolere, ben volere [benvo'le:re] <*solo inf e pp:* benvoluto> *vt* schätzen, gern(e) mögen

benvoluto, -a [benvo'lu:to] *agg* beliebt

benzina [ben'dzi:na] *f* Benzin *n;* **~ normale/super** Normal-/Superbenzin *n;* **~ senza piombo** bleifreies Benzin; **serbatoio della ~** Benzintank *m;* **fare ~** tanken; **~ verde** bleifreies Benzin; **benzinaio, -a** [bendzi'na:io] <-ai, -aie> *m, f* Tankwart(in) *m(f)*

bere[1] ['be:re] <bevo, bevvi, bevuto> **I.** *vt* trinken; **~ alla salute di qu** auf jds Wohl trinken; **darla a ~ a qu** (*fig fam*) jdm etw weismachen **II.** *vi* (*fare uso smodato di alcolici*) trinken; **~ come una spugna** saufen wie ein Loch *fam*

bere[2] *m* Trinken *n;* (*a vizio*) Trunksucht *f;* **darsi al ~** sich dem Trunk ergeben

bergamasco [berga'masko] *m* Dialekt *m* von Bergamo

bergamasco, -a <-chi, -che> **I.** *agg* Bergamo betreffend **II.** *m, f* Einwohner(in) *m(f)* von Bergamo

Bergamo *f Stadt in der Lombardei*

bergamotto [berga'mɔtto] *m* Bergamotte *f*

berlina [ber'li:na] *f* **1.** (HIST) Pranger *m* **2.** (MOT) Limousine *f* **3.** (*loc*) **mettere alla** [*o* **in**] **~** (*fig*) zum Gespött machen

Berlino [ber'li:no] *f* Berlin *n;* **~ Est/Ovest** Ost-/Westberlin *n*

bermuda [ber'mu:da] *mpl* Bermudashorts *pl*

Berna ['bɛrna] **I.** *f* (*città*) Bern *n* **II.** *m* (*cantone*) Bern *n*

bernoccolo [ber'nɔkkolo] *m* **1.** (*in testa*) Beule *f* **2.** (*fig: inclinazione*) Veranlagung *f*

berretta [ber'retta] *f* Mütze *f;* **berretto** [ber'retto] *m* Mütze *f*

bersagliare [bersaʎ'ʎa:re] *vt* **1.** (*fig*) überhäufen; (*perseguitare*) verfolgen **2.** (MIL) beschießen

bersagliere [bersaʎ'ʎɛ:re] *m* (MIL) *Scharfschütze der italienischen Infanterie*

bersaglio [ber'saʎʎo] <-gli> *m* Ziel *n;* (*a fig*) Zielscheibe *f;* **tiro al ~** Scheibenschießen *n*

bertuccia [ber'tuttʃa] <-cce> *f* Berberaffe *m*

besciamella [beʃʃa'mɛlla] *f* Béchamelsoße *f*

bestemmia [bes'temmia] <-ie> *f* Fluch *m;* **bestemmiare** [bestem'mia:re] **I.** *vi* fluchen; (*ingiuriare*) schimpfen **II.** *vt* lästern; (*maledire*) verfluchen

bestia ['bestia] <-ie> *f* Tier *n;* **andare in ~** wütend werden, aufdrehen *A;* **bestiale**

[bes'tia:le] *agg* **1.** (*fig: crudele*) bestialisch **2.** (*fig fam: caldo, fame*) mörderisch **3.** (ZOO) tierisch; **bestialità** [bestiali'ta] <-> *f* **1.** (*fig: grosso sproposito*) grober Schnitzer **2.** (*brutalità*) Bestialität *f*

bestiame [bes'tia:me] *m* Vieh *n*

beta ['bɛ:ta] **I.** <-> *f* Beta *n* **II.** <inv> *agg* beta-, Beta-

betabloccante [betablok'kante] **I.** *agg* (MED) beta-blockierend **II.** *m* (MED) Beta-, Betarezeptorenblocker *m*

Betlemme [be'tlɛmme] *f* Bethlehem *n*

bettola ['bettola] *f* (*fam pej*) Kaschemme *f*

betulla [be'tulla] *f* Birke *f*

bevanda [be'vanda] *f* Getränk *n*

bevibile [be'vi:bile] *agg* trinkbar; **bevitore**, **-trice** [bevi'to:re] *m, f* Trinker(in) *m(f)*

bevo ['be:vo] *1. pers sing pr di* **bere**[1]

bevuta [be'vu:ta] *f* Trinken *n*

bevuto [be'vu:to] *pp di* **bere**[1]

bevvi ['bevvi] *1. pers sing pass rem di* **bere**[1]

B.I. *abbr di* **Banca d'Italia** *staatliches Bankinstitut Italiens*

biadesivo [biade'zi:vo] *m* Doppelklebeband *n*

biancheria [biaŋke'ri:a] <-ie> *f* Wäsche *f;* ~ **intima** Unterwäsche *f*

bianchetto [biaŋ'ketto] *m* (*per colori*) Deckweiß *n;* (*per correggere*) Tipp-Ex® *n fam*

bianco ['biaŋko] <-chi> *m* **1.** (*colore*) Weiß *n;* **foglio in** ~ unbeschriebenes Blatt; **sposarsi in** ~ in Weiß heiraten; **in** ~ **e nero** schwarzweiß; **dare il** ~ **a** weißen, tünchen **2.** (*parte bianca*) Weiße(s) *n;* ~ **dell'uovo** Eiweiß *n,* Eiklar *n A* **3.** (COM) **in** ~ blanko, Blanko- **4.** (GASTR) **in** ~ *nur in Öl oder Butter zubereitet* **5.** (*loc*) **di punto in** ~ plötzlich; **notte in** ~ schlaflose Nacht

bianco, **-a** <-chi, -che> **I.** *agg* weiß; **pane** ~ Weißbrot *n;* **vino** ~ Weißwein *m;* **voce -a** Knabenstimme *f;* **essere** ~ **e rosso** kerngesund aussehen **II.** *m, f* Weiße(r) *f(m)*

biancospino [biaŋkos'pi:no] *m* Weißdorn *m*

biascicare [biaʃʃi'ka:re] **I.** *vi* (*pej*) schmatzen **II.** *vt* (*fig, pej*) nuscheln; (*lingua*) gebrochen sprechen

biasimare [biazi'ma:re] *vt* tadeln; **biasimevole** [biazi'me:vole] *agg* tadelnswert; **biasimo** ['bia:zimo] *m* Tadel *m*

biat(h)lon [bia'tlon] <-> *m* (SPORT) Biathlon *n*

Bibbia ['bibbia] <-ie> *f* Bibel *f*

biberon [bibe'rɔn] <-> *m* (Milch)fläschchen *n*

bibita ['bi:bita] *f* Getränk *n*

biblico, **-a** ['bi:bliko] <-ci, -che> *agg* **1.** (REL) biblisch **2.** (*fig*) aufwändig

bibliografia [bibliogra'fi:a] <-ie> *f* Bibliografie *f,* Bibliographie *f;* **bibliografico**, **-a** [biblio'gra:fiko] <-ci, -che> *agg* bibliografisch, bibliographisch; **bibliografo**, **-a** [bi'bliɔ:grafo] *m, f* Bibliograf(in) *m(f),* Bibliograph(in) *m(f)*

biblioteca [biblio'tɛ:ka] <-che> *f* **1.** (*luogo*) Bibliothek *f* **2.** (*mobile*) Bücherregal *n;* (*armadio*) Bücherschrank *m* **3.** (INFORM) ~ **di programmi** Software(bibliothek) *f;* **bibliotecario**, **-a** [bibliote'ka:rio] <-i, -ie> *m, f* Bibliothekar(in) *m(f)*

bicamerale [bikame'ra:le] *agg* (POL) Zweikammer-; **bicameralismo** [bikamera'li:zmo] *m* Zweikammersystem *n*

bicarbonato [bikarbo'na:to] *m* Bikarbonat *n;* ~ **di sodio** Natron *n*

bicchierata [bikkie'ra:ta] *f* Umtrunk *m;*

bicchiere [bik'kiɛ:re] *m* (Trink)glas *n;* ~ **da vino/acqua** Wein-/Wasserglas *n;* **un** ~ **di vino/d'acqua** ein Glas Wein/Wasser; **bicchierino** [bikkie'ri:no] *m* Gläschen *n*

bicentenario [bitʃente'na:rio] <-i> *m* zweihundertster Jahrestag

bichini [bi'ki:ni] <-> *m* Bikini *m*

bici ['bi:tʃi] <-> *f* (*fam*) (Fahr)rad *n;* **bicicletta** [bitʃi'kletta] *f* (Fahr)rad *n,* Velo *n CH;* **andare in** ~ Fahrrad fahren

bicipite [bi'tʃi:pite] **I.** *m* Bizeps *m* **II.** *agg* zweiköpfig

bicolore [biko'lo:re] *agg* zweifarbig

bicromatico, **-a** [bikro'ma:tiko] <-ci, -che> *agg* zweifarbig

bidè [bi'dɛ] <-> *m* Bidet *n*

bidello, **-a** [bi'dɛllo] *m, f* Schuldiener(in) *m(f)*

bidimensionale [bidimensio'na:le] *agg* zweidimensional; **bidimensionalità** [bidimensionali'ta] <-> *f* Zweidimensionalität *f*

bidirezionale [bidirettsio'na:le] *agg* **segnale** ~ (INFORM) bidirektionales Signal

bidonare [bido'na:re] *vt* (*fam*) beschummeln; **bidonata** [bido'na:ta] *f* (*fam*) Beschiss *m*

bidone [bi'do:ne] *m* **1.** (*recipiente*) Kanister *m* **2.** (*fam: imbroglio*) Beschiss *m;* **mi ha fatto il ~** er [*o* sie] hat mich beschissen

bidonville [bidɔ̃'vil] <-> *f* Barackenviertel *n*

bieco, -a ['biɛ:ko] <-chi, -che> *agg* **1.** (*sguardo*) schräg **2.** (*proposito*) hinterlistig

biella ['biɛlla] *f* Pleuelstange *f*

Bielorussia [bielo'russia] *f* Weißrussland *n;* **bielorusso, -a** [bielo'russo] **I.** *agg* weißrussisch **II.** *m, f* Weißrusse *m*, Weißrussin *f*

biennale [bien'na:le] **I.** *agg* zweijährig, Zweijahres- **II.** *f* Biennale *f*

Die **Biennale di Venezia** ist eine internationale Ausstellung für moderne Kunst. Seit 1895 findet sie alle zwei Jahre in den **Giardini** in Venedig statt. Das Komitee der Biennale organisiert außerdem jedes Jahr im September die internationalen Filmfestspiele, die zweitgrößte Filmveranstaltung Europas nach Cannes.

Bienne [bjɛn] *f* Biel *n*

biennio [bi'ɛnnio] <-i> *m* **1.** (*periodo*) zwei Jahre *npl*, Biennium *n* **2.** (*corso universitario*) Zweijahreskurs *m*

bierre [bi'ɛrre] **I.** <-> *m, f* (*brigatista*) Rotbrigadist(in) *m(f)* **II.** *fpl* (*organizzazione*) Rote Brigaden *fpl* **III.** <inv> *agg* die Roten Brigaden betreffend

bietola ['biɛ:tola] *f* Mangold *m*

bifamiliare [bifami'lia:re] *agg* Zweifamilien-

bifocale [bifo'ka:le] *agg* bifokal

bifolco, -a [bi'folko] <-chi, -che> *m, f* **1.** (*pej: persona ignorante*) Prolet(in) *m(f) fam* **2.** (AGR) Viehhüter *m*

biforcare [bifor'ka:re] **I.** *vt* zweiteilen **II.** *vr* **-rsi** sich gabeln; **biforcazione** [biforkat'tsio:ne] *f* Gabelung *f;* **biforcuto, -a** [bifor'ku:to] *agg* zweispitzig; (*lingua*) gespalten

biforme [bi'forme] *agg* zweiförmig

big [big] <-> *m* Größe *f*

bigamia [biga'mi:a] <-ie> *f* Bigamie *f;* **bigamo, -a** ['bi:gamo] **I.** *agg* bigamistisch **II.** *m, f* Bigamist(in) *m(f)*

big bang ['big'bæŋ] *m* (PHYS) Urknall *m*

big crunch [big 'krʌntʃ] <-> *m* (ASTR) Big Crunch *m*

bigemino, -a [bi'dʒɛ:mino] *agg* Zwillings-; **parto ~** Zwillingsgeburt *f*

bighellonare [bigello'na:re] *vi* bummeln, umherschlendern

bigio, -a ['bi:dʒo] <-gi, -ge> *agg* (asch)grau

bigiotteria [bidʒotte'ri:a] <-ie> *f* **1.** (*articoli*) Modeschmuck *m* **2.** (*negozio*) Geschäft *n* für Modeschmuck

bigliettaio, -a [biʎʎet'ta:io] <-ai, -aie> *m, f* (Fahr)kartenverkäufer(in) *m(f);* **biglietteria** [biʎʎette'ri:a] <-ie> *f* (FERR) Fahrkartenschalter *m;* (THEAT, FILM) Kasse *f*, Kassa *f A*

biglietto [biʎ'ʎetto] *m* **1.** (*cartoncino*) Karte *f;* **~ d'auguri** Glückwunschkarte *f*, Billet *n A;* **~ da visita** Visitenkarte *f;* **~ della lotteria** Lotterielos *n* **2.** (*di treno, tram, autobus*) Fahrkarte *f;* **fare il ~** die Fahrkarte lösen **3.** (THEAT, FILM) (Eintritts)karte *f* **4.** (FIN) Schein *m* **5.** (*foglietto*) Zettel *m;* **lasciare un ~** eine Nachricht hinterlassen

bignè [biɲ'ɲɛ] <-> *m* Beignet *m*

bigodino [bigo'di:no] *m* Lockenwickler *m*

bigotto, -a [bi'gɔtto] **I.** *agg* bigott; (*ipocrita*) scheinheilig **II.** *m, f* bigotte Person

bilama [bi'la:ma] <inv> *agg* doppelklingig

bilancia [bi'lantʃa] <-ce> *f* **1.** (*fig* TEC) Waage *f;* **~ automatica/romana** Schnell-/Laufgewichtswaage *f;* **porre sul piatto della ~** (*fig*) in die Waagschale werfen; **essere l'ago della ~** (*fig*) das Zünglein an der Waage sein **2.** (ASTR) **Bilancia** Waage *f;* **sono della Bilancia** ich bin eine Waage

bilanciare [bilan'tʃa:re] *vt* **1.** (*tenere in equilibrio*) balancieren mit **2.** (*fig: valutare*) abwägen **3.** (COM) bilanzieren

bilancio [bi'lantʃo] <-ci> *m* (COM) Bilanz *f;* **~ consuntivo** Schlussrechnung *f;* **~ preventivo** Haushaltsplan *m;* **fare il ~ della propria vita** (*fig*) die Bilanz seines Lebens ziehen

bilaterale [bilate'ra:le] *agg* bilateral

bile ['bi:le] *f* (ANAT) Galle *f*

bilia ['bi:lia] <-ie> *f* **1.** (*gioco*) Murmel *f* **2.** (*del biliardo*) Billardkugel *f;* **biliardo** [bi'liardo] *m* **1.** (*gioco*) Billard(spiel) *n* **2.** (*tavolo*) Billardtisch *m*

bilico ['bi:liko] <-chi> *m* Gleichgewicht *n;* **essere in ~ tra la vita e la morte** zwischen Leben und Tod schweben

B

bilingue [bi'liŋgue] **I.** *agg* zweisprachig **II.** *mf* zweisprachige Person; **bilinguismo** [biliŋ'guizmo] *m* Zweisprachigkeit *f*

bilione [bi'lio:ne] *m* Billion *f;* (*secondo l'uso italiano*) Milliarde *f*

bilocale [bilo'ka:le] **I.** *m* Zweizimmerwohnung *f* **II.** *agg* aus zwei Zimmern bestehend

bimbo, -a ['bimbo] *m, f* (*fam*) (kleines) Kind *n*

bimensile [bimen'si:le] *agg* zweimal monatlich, Halbmonats-; **bimestrale** [bimes'tra:le] *agg* zweimonatlich, Zweimonats-; **bimestre** [bi'mɛstre] *m* **1.** (*periodo*) Zeitraum *m* von zwei Monaten **2.** (COM) Zweimonatsrate *f*

binario [bi'na:rio] <-i> *m* Gleis *n;* **essere su un ~ morto** (*fig*) auf dem Abstellgleis stehen

binocolo [bi'nɔ:kolo] *m* Fernglas *n*

binomio [bi'nɔ:mio] <-i> *m* **1.** (MAT) Binom *n* **2.** (*fig: coppia*) Paar *n;* (*parole, concetti*) Wortpaar *n*

bioagricoltura [bioagrikol'tu:ra] *f* Biolandwirtschaft *f*

bioalimento [bioali'mento] *m* Bioprodukt *n*

biocarburante [biokarbu'rante] *m* Biokraftstoff *m*

biochimica [bio'ki:mika] <-che> *f* Biochemie *f*

biochip [baio'tʃip] <-> *m* (INFORM) Biochip *m*

biocida [bio'tʃi:da] <-i, -e> *agg* **sostanza ~** Pflanzen vernichtende Substanz

biodegradabile [biodegra'da:bile] *agg* biologisch abbaubar

biodinamico, -a [biodi'na:miko] <-ci, -che> *agg* biodynamisch

bioenergia [bioener'dʒi:a] *f* Alternativenergie *f*

biofabbrica [bio'fabbrika] <-che> *f* Biobetrieb *m*

biofarmaceutica [biofarma'tʃɛ:utika] <-che> *f* Biopharmazie *f*

biofisica [bio'fi:zika] <-che> *f* Biophysik *f;* **biofisico, -a** [bio'fi:ziko] <-ci, -che> **I.** *agg* biophysikalisch **II.** *m, f* Biophysiker(in) *m(f)*

biogas [bio'gas] <-> *m* Biogas *n*

biogenetica [biodʒe'nɛ:tika] <-che> *f* Biogenetik *f*

biografia [biogra'fi:a] *f* Biografie *f*, Biographie *f;* **biografico, -a** [bio'gra:fiko] <-ci, -che> *agg* biografisch, biographisch; **biografo, -a** [bi'ɔ:grafo] *m, f* Biograf(in) *m(f)*, Biograph(in) *m(f)*

bioindicatore, -trice [bioindika'to:re] *m, f* Bioindikator *m*

bioingegnere [bioindʒeɲ'ɲɛ:re] *m* Bioingenieur(in) *m(f);* **bioingegneria** [bioindʒeɲɲe'ri:a] *m* Bioingenieurwesen *n*

biologia [biolo'dʒi:a] <-ie> *f* Biologie *f;* **biologico, -a** [bio'lɔ:dʒiko] *agg* biologisch; **biologo, -a** [bi'ɔ:logo] <-gi, -ghe> *m, f* Biologe, -login *m, f*

biomanipolazione [biomanipolat'tsio:ne] *f* Genmanipulation *f*

biomassa [bio'massa] *f* Biomasse *f*

biomateriale [biomate'ria:le] *m* Biomaterial *n*

biondiccio, -a [bion'dittʃo] <-cci, -cce> *agg* ins Blonde gehend

biondo ['biondo] *m* (*colore*) Blond *n*

biondo, -a I. *agg* blond; **~ cenere** aschblond; **~ come l'oro** goldblond **II.** *m, f* Blonde(r) *f(m)*, Blondine *f;* (*bambino*) Blondschopf *m*

bionica ['biɔ:onika] <-che> *f* Bionik *f*

bioparco [bio'parko] <-chi> *m* (ECO) *moderner Tiergarten, in dem die Tiere so naturgemäß wie möglich gehalten werden sollen*

biopsia [bio'psi:a] <-ie> *f* Biopsie *f*

bioreattore [bioreat'to:re] *m* Bioreaktor *m*

bioritmo [bio'ritmo] *m* Biorhythmus *m*

biosfera [bios'fɛ:ra] *f* Biosphäre *f*

biosistema [biosis'tɛ:ma] <-i> *m* Ökosystem *n*

biossido [bi'ɔssido] *m* Dioxyd *n*, Dioxid *n*

biostatistica [biosta'tistika] <-che> *f* Biometrie *f*, Biostatistik *f*

biotecnica [bio'tɛknika] <-che> *f* Biotechnik *f*

biotopo [bi'ɔ:topo] *m* Biotop *n*

bipartito, -a *agg* Zweiparteien-

bipede ['bi:pede] **I.** *m* Zweifüßer *m* **II.** *agg* zweifüßig

biplano [bi'pla:no] *m* Doppeldecker *m*

bipolare [bipo'la:re] *agg* bipolar; **bipolarismo** [bipola'rizmo] *m* Bipolarität *f;* **bipolarità** [bipolari'ta] <-> *f* Zweipoligkeit *f;* **bipolarizzazione** [bipolariddzat'tsio:ne] *f* Bipolarisierung *f*

biposto [bi'posto] <inv> *agg* zweisitzig;

automobile/aereo ~ Zweisitzer *m*

birbante [bir'bante] *mf* **1.** (*fam scherz: monello*) Schlingel *m* **2.** (*pej: mascalzone*) Schurke *m*

bireattore [bireat'to:re] *m* zweistrahliges Flugzeug

birichinata [biriki'na:ta] *f* (*fam*) Schelmenstreich *m;* **birichino, -a** [biri'ki:no] (*fam*) **I.** *agg* schelmisch **II.** *m, f* Schelm *m*

birillo [bi'rillo] *m* Kegel *m*

biro® ['bi:ro] <-> *f* Kugelschreiber *m*

birra ['birra] *f* Bier *n;* **lievito di** ~ Bierhefe *f;* ~ **alla spina** Bier vom Fass; **birreria** [birre'ri:a] <-ie> *f* **1.** (*locale*) Bierstube *f* **2.** (*fabbrica*) Brauerei *f*

bis [bis] **I.** <-> *m* Zugabe **II.** *int* Zugabe **III.** <inv> *agg* **treno** ~ Sonderzug *m*

bisbetico, -a [biz'bɛ:tiko] <-ci, -che> **I.** *agg* launisch, launenhaft **II.** *m, f* (*pej*) launischer Mensch

bisbigliare [bizbiʎ'ʎa:re] **I.** *vt* zuflüstern **II.** *vi* flüstern

bisbiglio[1] [biz'biʎʎo] <-gli> *m* Getuschel *n*

bisbiglio[2] [bizbiʎ'ʎi:o] <-glii> *m* Flüstern *n*

bisca ['biska] <-sche> *f* Spielkasino *n;* (*pej*) Spielhölle *f*

biscia ['biʃʃa] <-sce> *f* Natter *f*

biscottato, -a [biskot'ta:to] *agg* zweimal gebacken; (*tostato*) geröstet; **fette -e** Zwieback *m;* **biscotto** [bis'kɔtto] *m* **1.** (GASTR) Keks *m,* Kipfe(r)l *m A* **2.** (*ceramica*) Biskuitporzellan *n*

bisessuale [bisessu'a:le] *agg* bisexuell; (*pianta, animale*) doppelgeschlechtig; **bisessualità** [bisessuali'ta] <-> *f* Bisexualität *f;* (*di pianta, animale*) Doppelgeschlechtigkeit *f*

bisestile [bizes'ti:le] *agg* **anno** ~ Schaltjahr *n*

bisettimanale [bisettima'na:le] **I.** *agg* zweimal wöchentlich **II.** *m* Zeitschrift, die zweimal die Woche erscheint

bisex [bi'seks] <inv> *agg* bisexuell

bisillabo [bi'sillabo] *m* zweisilbiges Wort

bislacco, -a [bi'zlakko] <-cchi, -cche> *agg* (*fam*) komisch; **bislungo, -a** [bi'zluŋgo] <-ghi, -ghe> *agg* überlang; **bisnonno, -a** [biz'nɔnno] *m, f* Urgroßvater *m,* -mutter *f*

bisognare [bizoɲ'ɲa:re] <bisogna, bisognano> *vi essere* (*avere bisogno di*) brauchen; (*dovere*) müssen; (*essere necessario*) nötig sein; **bisogna che ...** +*conj,* **bisogna ...** +*inf* man muss ...

bisognino [bisoɲ'ɲi:no] *m* (*fam*) Geschäft *n*

bisogno [bi'zoɲɲo] *m* **1.** (*necessità*) Bedarf *m;* **avere** ~ **di qc/qu** etw/jdn brauchen; **in caso di** ~ im Bedarfsfall; **non c'è** ~ **di ...** +*inf* man braucht nicht ... **2.** (*mancanza di mezzi*) Not *f;* **essere nel** ~ in Not sein **3.** (*desiderio*) Bedürfnis *n;* **sentire il** ~ **di fare qc** das Bedürfnis haben etw zu tun **4.** *pl* (*fam: corporali*) Notdurft *f;* **fare i propri -i** (*fam*) aufs Klo gehen; **bisognoso, -a** [bizoɲ'ɲo:so] **I.** *agg* bedürftig **II.** *m, f* Bedürftige(r) *f(m)*

bisonte [bi'zonte] *m* (*europeo*) Wisent *m;* (*americano*) Bison *m*

bisso ['bisso] *m* (feines) Leinengewebe *n*

bistecca [bis'tekka] <-cche> *f* Steak *n;* **bistecchiera** [bistek'kiɛ:ra] *f* Grillpfanne *f*

bisticciare [bistit'tʃa:re] (*fam*) **I.** *vi* zanken **II.** *vr* **-rsi** sich zanken; **bisticcio** [bis'tittʃo] <-cci> *m* (*fam*) Zank *m,* Streit *m*

bistrattare [bistrat'ta:re] *vt* misshandeln

bisturi ['bisturi] <-> *m* Skalpell *n*

bisunto, -a [bi'zunto] *agg* (*fam*) schmierig; (*sporco di grasso*) fettig

bit [bit] <-> *m* Bit *n*

bitume [bi'tu:me] *m* Bitumen *n*

bivalente [biva'lɛnte] *agg* **1.** (CHEM) zweiwertig **2.** (*fig*) zweideutig

bivio ['bi:vio] <-i> *m* Gabelung *f*

bizantino, -a [biddzan'ti:no] *agg* byzantinisch

bizza ['biddza] *f* Eigensinn *m;* (*stizza*) Koller *m fam*

bizzarria [biddzar'ri:a] <-ie> *f* Absonderlichkeit *f;* **bizzarro, -a** [bid'dzarro] *agg* absonderlich

bizzeffe [bid'dzɛffe] *avv* **a** ~ in Hülle und Fülle

bizzoso, -a [bid'dzo:so] *agg* (*bambino*) launenhaft

bla bla [bla 'bla] <-> *m* Blabla *n*

black music [blæk 'mju:zik] <-> *f* (MUS) Negro Music *f*

blando, -a ['blando] *agg* **1.** (*parole*) sanft **2.** (*medicinale*) leicht

blasfemo, -a [blas'fɛ:mo] **I.** *agg* blasphermisch **II.** *m, f* Gotteslästerer *m,* -lästerin *f*

blaterare [blate'ra:re] (*fam*) **I.** *vi* schwatzen **II.** *vt* lautstark verkünden

blindare [blin'da:re] *vt* panzern; **blindato, -a** [blin'da:to] *agg* Panzer-, gepanzert

blitz [blits] <-> *m* (*guerra*) Blitzkrieg *m;* (*operazione a sorpresa*) Blitzaktion *f*

bloccare [blok'ka:re] **I.** *vt* **1.** (TEC) sperren **2.** (*comunicazione*) unterbrechen; (*città*) abschneiden; (*strada, passo*) blockieren **3.** (*fissare*) festsetzen; (*fermare*) anhalten **4.** (SPORT) abfangen **5.** (*prezzi, salari*) einfrieren; (*licenziamento*) stoppen; (JUR) abbrechen **6.** (FIN: *assegno, conto*) sperren **II.** *vr* **-rsi** blockieren; (*fig*) sich sperren

blocco ['blɔkko] <-cchi> *m* **1.** (*gener, a fig*) Block *m;* **vendere/comprare in ~** en bloc verkaufen/kaufen **2.** (*per appunti*) (Notiz-, Schreib)block *m* **3.** (TEC) (Ab)sperrung *f;* (*di sterzo*) Blockierung *f* **4.** (NAUT, MIL) Blockade *f;* (*di strada*) Sperre *f* **5.** (JUR: *dei fitti*) Stopp *m;* (FIN) Sperrung *f* **6.** (*arresto*) Unterbrechung *f;* (*di congegno*) Stockung *f* **7.** (MED) Versagen *n* **8.** (PSYCH) Hemmung *f;* (*di memoria*) Gedächtnislücke *f*

bloc-notes [blɔk'nɔt] <-> *m* Notizblock *m*

blu [blu] **I.** <inv> *agg* blau; **fare a qu un occhio ~** jdm ein blaues Auge schlagen **II.** <-> *m* Blau *n*

blucard [blu'ka:d] <-> *f Platzreservierungskarte bei der Schifffahrt*

blue-jeans ['blu: 'dʒi:nz] *mpl* Bluejeans, Blue Jeans *pl*

bluette [bly'ɛt] **I.** <inv> *agg* kornblumenblau **II.** <-> *m* Kornblumenblau *n*

blusa ['blu:za] *f* **1.** (*camicetta*) (Hemd)bluse *f* **2.** (*da lavoro*) Kittel *m*

BNL *f acro di* **Banca Nazionale del Lavoro** *italienisches Kreditinstitut*

boa[1] ['bɔ:a] <-> *m* **1.** (ZOO) Boa *f* **2.** (*sciarpa*) (Feder)boa *f*

boa[2] *f* (NAUT) Boje *f*

boato [bo'a:to] *m* Dröhnen *n*

bob [bɔb] <-> *m* Bob *m;* (*sport*) Bobsport *m*

bobina [bo'bi:na] *f* Spule *f;* (*rotolo*) Rolle *f*

bocca ['bokka] <-cche> *f* **1.** (ANAT) Mund *m;* (*di animale*) Maul *n;* **a ~ piena** mit vollem Mund; **essere di ~ buona** (*fig*) nicht wählerisch sein; **in ~ al lupo!** (*fam*) toi, toi, toi! **2.** (*fig: apertura*) Öffnung *f;* (*di cannone*) Mündung *f;* (*di forno*) Tür *f* **3.** (GEOG: *di fiume*) Mündung *f;* (*di mare*) Straße *f;* **boccaccia** [bokk'kattʃa] <-cce> *f* Grimasse *f*

boccale [bok'ka:le] **I.** *agg* Mund- **II.** *m* Krug *m*

boccata [bok'ka:ta] *f* Mundvoll *m;* (*di sigaretta*) Zug *m;* (*d'acqua*) Schluck *m;* **andare a prendere una ~ d'aria** (*fig*) frische Luft schnappen (gehen)

boccetta [bot'tʃetta] *f* **1.** (*per inchiostro, medicinali*) Fläschchen *n* **2.** (*al biliardo*) Stoßkugel *f*

boccheggiante [bokked'dʒante] *agg* nach Luft ringend; **boccheggiare** [bokked'dʒa:re] *vi* nach Luft ringen

bocchino [bok'ki:no] *m* **1.** (*per sigaretta*) Zigarettenspitze *f* **2.** (MUS) Mundstück *n*

boccia ['bɔttʃa] <-cce> *f* **1.** (*per gioco*) Bocciakugel *f* **2.** (*recipiente*) Karaffe *f*

bocciare [bot'tʃa:re] *vt* **1.** (*fam: agli esami*) durchfallen lassen **2.** (*proposta, idea*) ablehnen **3.** (*alle bocce*) treffen; **bocciatura** [bottʃa'tu:ra] *f* Durchfallen *n;* (*a scuola*) Sitzenbleiben *n*

boccio ['bɔttʃo] <-cci> *m* Knospe *f*

bocciofilo, -a [bot'tʃɔ:filo] **I.** *m, f* (*giocatore*) Bocciaspieler(in) *m(f)* **II.** *agg* Boccia-; **società -a** Bocciaspielerclub *m*

bocciolo [bot'tʃɔ:lo] *m* Knospe *f*

boccolo ['bokkolo] *m* Locke *f*

bocconcino [bokkon'tʃi:no] *m* Häppchen *n,* Schmankerl *n A;* **boccone** [bok'ko:ne] *m* Bissen *m;* (*cibo prelibato, fig*) Leckerbissen *m,* Schmankerl *m A;* **mangiare un ~** (noch schnell) einen Happen essen; **col ~ in gola** (*fig fam*) gleich nach dem Essen

bocconi [bok'ko:ni] *avv* auf dem Bauch

body ['bɔdi] <-> *m* Body *m;* **body-building** ['bɔdi'bildiŋ] <-> *m* Bodybuilding *n*

boh [bo] *int* ich weiß es nicht

bohème [bo'ɛm] <-> *f* Bohemeleben *n*

boia ['bɔ:ia] **I.** <-> *m* Henker *m* **II.** <inv> *agg* (*vulg*) verdammt *fam;* **boiata** [bo'ia:ta] *f* (*vulg*) Scheiß *m;* (*spettacoli, libri*) Schund *m*

boicottaggio [boikot'taddʒo] <-ggi> *m* Boykott *m;* **boicottare** [boikot'ta:re] *vt* **1.** (COM) boykottieren **2.** (*ostacolare*) behindern

bolgia ['bɔldʒa] <-ge> *f* (*fig, pej: baraonda*) Höllenspektakel *m*

bolide ['bɔ:lide] *m* **1.** (ASTR) Bolid *m* **2.** (AUTO) schneller Flitzer *fam,* Rennwagen *m*

bolla ['bolla] *f* **1.** (*di sapone,* MED) Blase *f;*

(*nel vetro, metallo*) (Luft)blase *f;* **finire in una ~ di sapone** (*fig*) wie eine Seifenblase zerplatzen **2.** (REL) Bulle *f* **3.** (COM) Schein *m;* (*sigillo*) Siegel *n;* **~ di accompagnamento** Warenbegleitschein *m;* **~ di consegna** Lieferschein *m;* **bollare** [bol'la:re] *vt* **1.** (ADM) (ab)stempeln **2.** (*fig: marchiare*) brandmarken; (*d'infamia*) überhäufen; **bollato, -a** [bol'la:to] *agg* **1.** (ADM) (ab)gestempelt; **carta -a** Stempelpapier *n* **2.** (*fig: marchiato*) gebrandmarkt

bollente [bol'lɛnte] *agg* **1.** (*acqua, caffè*) kochend **2.** (*fig*) hitzig

bolletta [bol'letta] *f* (Ab)rechnung *f;* (*polizza*) Schein *m;* **essere in ~** (*fam*) blank sein

bollettino [bollet'ti:no] *m* Bericht *m;* **Bollettino Ufficiale** Amtsbericht *m*

bollilatte [bolli'latte] <-> *m* Milchkochtopf *m*

bollino [bol'li:no] *m* Marke *f;* (*tagliando*) Abschnitt *m*

bollire [bol'li:re] **I.** *vi* (PHYS, GASTR) kochen, sieden; **~ di rabbia** (*fig*) vor Wut kochen **II.** *vt* (auf)kochen (lassen); (*per sterilizzare*) (ab)kochen

bollito [bol'li:to] *m* (*da bollire*) Suppenfleisch *n;* (*pronto*) gekochtes Fleisch

bollito, -a *agg* (ab)gekocht

bollitura [bolli'tu:ra] *f* Kochen *n*

bolliuova [bolli'uɔ:va] <-> *m* Eierkocher *m*

bollo ['bollo] *m* Stempel *m;* **~ di circolazione** Kraftfahrzeugsteuermarke *f*

bollore [bol'lo:re] *m* **1.** (GASTR, PHYS) Sieden *n* **2.** (*fig: caldo intenso*) Hitze *f*

Bologna *f Hauptstadt der Region Emilia-Romagna*

bolognese [boloɲ'ɲe:se] **I.** *agg* bolognesisch **II.** *m, f* Bolognese *m*, Bolognesin *f*

bolzanino, -a [boltsa'ni:no] **I.** *agg* Bozner- **II.** *m, f* Bozner(in) *m(f)*

Bolzano [bol'tsa:no] *f* Bozen *n* (*Stadt in Südtirol*)

Innerhalb der **Regione Autonoma Trentino-Alto-Adige** (Südtirol) befindet sich die Provincia Autonoma di Bolzano, allgemein als Alto-Adige (Südtirol) bekannt. Das nach dem Zweiten Weltkrieg zwischen Italien und Österreich beschlossene Vertragspaket (das sogenannte "Pacchetto") sieht für diese Provinz einige Sonderrechte (u. a. eine vollständige deutsch-italienische Zweisprachigkeit) vor, die die kulturelle Identität der dort lebenden deutschsprachigen Bevölkerung bewahren sollen.

bomba ['bomba] *f* (MIL) Bombe *f;* **~ atomica** Atombombe *f;* **una notizia ~** (*fig*) eine Bombennachricht *fam;* **fare scoppiare la ~** (*fig*) die Bombe platzen lassen

bombardamento [bombarda'mento] *m* **1.** (MIL: *di bombe aeree*) Bombardierung *f;* (*di artiglieria pesante*) schwerer Beschuss **2.** (PHYS) Beschuss *m;* **bombardare** [bombar'da:re] *vt* **1.** (MIL) bombardieren, beschießen **2.** (*fig*) bombardieren; **~ qu di domande** jdn mit Fragen bombardieren **3.** (PHYS) beschießen; **bombardiere** [bombar'diɛ:re] *m* **1.** (*pilota*) Bomberpilot *m;* (*aereo*) Bomber *m* **2.** (*di artiglieria pesante*) Artillerist *m*

bomber ['bɔmbə] <-> *m* **1.** (SPORT: *cannoniere*) Torschütze *m* **2.** (*giubbotto*) Bomber-Jacke *f*

bombetta [bombe'tta] *f* Melone *f*

bombing ['bɔmbing] <-> *m* Sprühen *n* von Graffiti

bombola ['bombola] *f* Gasflasche *f;* (*per nebulizzazione*) Sprühdose *f*

bombolone [bombo'lo:ne] *m mit Creme oder Marmelade gefüllter Krapfen*

bomboniera [bombo'niɛ:ra] *f* Bonbonniere *f*

bonaccia [bo'nattʃa] <-cce> *f* Windstille *f;* (*mare*) Meeresstille *f*

bonaccione, -a [bonat'tʃo:ne] (*fam*) **I.** *agg* gutmütig **II.** *m, f* gutmütiger Mensch

bonifica [bo'ni:fika] <-che> *f* **1.** (*di terreno*) Urbarmachung *f;* (*di palude*) Trockenlegung *f* **2.** (MIL) Entminung *f;* **bonificare** [bonifi'ka:re] *vt* **1.** (*terreno*) urbar machen; (*palude*) trockenlegen **2.** (MIL) entminen **3.** (FIN) gutschreiben

bonifico [bo'ni:fiko] <-ci> *m* **1.** (FIN) Gutschrift *f* **2.** (COM) Preisnachlass *m*

bontà [bon'ta] <-> *f* Güte *f*

bonus ['bɔnus] <-> *m* **1.** (*incentivo economico*) Prämie *f*, Prämienzahlung *f* **2.** (*tagliando*) Gutschein *m;* **~ per gli acquisti** Gutschein für die Einkäufe; **bonus-malus** ['bɔnus'malus] <-> *m* Bonus-Malus-System *n*

borbottare [borbot'ta:re] *vi, vt* murmeln;

borbottio [borbot'ti:o] <-ii> *m* (*fam*) Gemurmel *n*

borchia ['bɔrkia] <-chie> *f* Metallverzierung *f*

bordare [bor'da:re] *vt* (*tovaglia, vestito*) (ein)säumen; (*per ornamento*) mit einer Borte verzieren

bordello [bor'dɛllo] *m* **1.** (*fig fam: ambiente corrotto*) Lasterhöhle *f* **2.** (*fig: disordine*) Durcheinander *n;* (*fracasso*) Radau *m* **3.** (*postribolo*) Bordell *n*

bordo ['bordo] *m* **1.** (*di vestito*) Saum *m;* (*per ornamento*) Borte *f* **2.** (NAUT, AERO, MOT) Bord *m;* **a ~** an Bord **3.** (*di strada*) Rand *m;* (*di aiuola*) Einfassung *f;* **sul ~ della strada** am Straßenrand **4.** (*di tavolo, sedia*) Kante *f;* **bordura** [bor'du:ra] *f* **1.** (*di aiuola*) Einfassung *f* **2.** (GASTR) Garnierung *f*

borgata [bor'ga:ta] *f* **1.** (*piccolo centro*) Ortschaft *f* **2.** (*di periferia*) Vorort *m*

borghese [bor'ge:se] **I.** *agg* **1.** (SOC) bürgerlich, Bürger- **2.** (ADM) zivil, Zivil-; **in ~** in Zivil **3.** (*fig, pej*) (klein)bürgerlich **II.** *mf* Bürger(in) *m(f);* **piccolo ~** Kleinbürger *m;* (*pej*) Spießer *m;* **borghesia** [borge'zi:a] <-ie> *f* Bürgertum *n*

borgo ['borgo] <-ghi> *m* **1.** (*centro abitato*) Ortschaft *f* **2.** (*quartiere cittadino*) (Vorstadt)viertel *n*

boria ['bɔ:ria] <-ie> *f* Hochmut *m*

borioso, -a [bo'rio:so] *agg* hochmütig

borotalco® [boro'talko] *m* Körperpuder *m*

borraccia [bor'rattʃa] <-cce> *f* Wasserflasche *f*

borsa ['borsa] *f* **1.** (*portaoggetti*) Tasche *f;* (*di donna*) Handtasche *f;* (*per denaro*) Geldbeutel *m,* Geldbörse *f A;* **~ della spesa** Einkaufstasche *f* **2.** (FIN) Börse *f;* **giocare in ~** an der Börse spekulieren **3.** (*fig: denaro*) Geld *n;* **~ di studio** Stipendium *n* **4.** (ANAT) Beutel *m* **5.** (*loc*) **~ dell'acqua calda** Wärmflasche *f;* **~ del ghiaccio** Eisbeutel *m*

borsaiolo, -a [borsa'iɔ:lo] *m, f* Taschendieb(in) *m(f)*

borsanera [borsa'ne:ra] <borsenere> *f* Schwarzmarkt *m*

borsellino [borsel'li:no] *m* Geldbeutel *m,* Geldbörse *f A;* **borsello** [bor'sɛllo] *m* Tasche *f*

borsetta [bor'setta] *f* (Hand)tasche *f*

borsista [bor'sista] <-i *m*, -e *f*> *mf* **1.** (*chi ha una borsa di studio*) Stipendiat(in) *m(f)* **2.** (FIN) Börsenspekulant(in) *m(f)*

boscaglia [bos'kaʎʎa] <-glie> *f* Niederwald *m*

boscaiolo, -a [boska'iɔ:lo] *m, f* Holzfäller(in) *m(f)*

bosco ['bɔsko] <-schi> *m* (*a fig*) Wald *m;* **boscoso, -a** [bos'ko:so] *agg* waldig

Bosforo ['bɔsforo] *m* Bosporus *m*

Bosnia *f* Bosnien *n;* **bosniaco, -a** [bos'nia:ko] <-ci, -che> **I.** *agg* bosnisch **II.** *m, f* Bosnier(in) *m(f)*

bosso ['bɔsso] *m* **1.** (BOT) Buchsbaum *m* **2.** (*legno*) Buchsbaumholz *n*

bossolo ['bɔssolo] *m* (MIL) Patronenhülse *f*

bot, BOT <-> *m acro di* **Buono Ordinario del Tesoro** normale Schatzanweisung (*Schuldbrief gegenüber dem Staat*)

botanica [bo'ta:nika] <-che> *f* Botanik *f;* **botanico, -a** [bo'ta:niko] <-ci, -che> **I.** *agg* botanisch **II.** *m, f* Botaniker(in) *m(f)*

botola ['bɔ:tola] *f* Kellerluke *f;* (*trabocchetto*) Falltür *f*

botta ['bɔtta] *f* **1.** (*colpo*) Schlag *m;* (*percossa*) Stoß *m;* **è stata una bella ~ per lui** (*fig*) das war ein schwerer Schlag für ihn **2.** (*rumore*) Knall *m*

botte ['botte] *f* **1.** (*di vino*) Fass *n;* **essere in una ~ di ferro** (*fig*) ganz sicher sein **2.** (*fig fam: persona*) Tonne *f* **3.** (ARCH) Tonne *f;* **volta a ~** Tonnendach *n*

bottega [bot'te:ga] <-ghe> *f* **1.** (*negozio*) Geschäft *n* **2.** (*officina*) Werkstatt *f;* **bottegaio, -a** [botte'ga:io] <-ai, -aie> *m, f* Händler(in) *m(f)*

botteghino [botte'gi:no] *m* Kartenschalter *m;* (THEAT) Theaterkasse *f;* (FILM) Kinokasse *f;* (SPORT) Wettbüro *n;* (*del lotto*) Lottoannahmestelle *f*

bottiglia [bot'tiʎʎa] <-glie> *f* Flasche *f;* **~ Molotov** Molotowcocktail *m;* **bottiglione** [bottiʎ'ʎo:ne] *m* große Flasche

bottino [bot'ti:no] *m* Beute *f*

botto ['bɔtto] *m* **1.** (*colpo*) Schlag *m;* (*dello sparo*) Knall *m;* **di ~** schlagartig **2.** (*fuochi d'artificio*) Feuerwerk *n*

bottone [bot'to:ne] *m* **1.** (*per indumenti*) Knopf *m;* **~ automatico** Druckknopf *m* **2.** (TEC) (Druck)knopf *m* **3.** (*loc*) **attaccare un ~ (a qu)** (*fig fam*) (jdn) in ein endloses Gespräch verwickeln

bouquet [bu'kɛ] <-> *m* **1.** (*di fiori*) Blumenstrauß *m* **2.** (*di vino*) Bukett *n*

bovino [bo'viːno] *m* Rind *n*

bovino, **-a** *agg* Ochsen-, Rind(er)-; **occhi -i** (*pej*) Kuhaugen *npl*

box [bɔks] <-> *m* **1.** (*per bambini*) Laufstall *m* **2.** (MOT, ZOO) Box *f*

boxer ['bɔksə] <-> *m* **1.** (ZOO) Boxer *m* **2.** *pl* (*mutande a calzoncino*) Boxershorts *pl*

bozza ['bɔttsa] *f* **1.** (TYP) Fahne *f* **2.** (LIT) Entwurf *m*

bozzetto [bot'tsetto] *m* Skizze *f*

bozzolo ['bɔttsolo] *m* **1.** (ZOO) Kokon *m* **2.** (*protuberanza*) Beule *f*

B.P.L. *abbr di* **Buono Per Lire** *Abkürzung vor der zahlbaren Summe auf Wechseln*

braca ['braːka] <-che> *f* Hose *f*

braccare [brak'kaːre] *vt* hetzen; (*fig a*) verfolgen

braccetto [brat'tʃetto] *m* **a ~** Arm in Arm

braccia ['brattʃa] *f pl di* **braccio**[1]

bracciale [brat'tʃaːle] *m* **1.** (*ornamento*) Armband *n* **2.** (*fascia distintiva*) Armbinde *f*; **braccialetto** [brattʃa'letto] *m* Armband *n*; (*cerchio*) Armreif *m*

bracciante [brat'tʃante] *mf* Tagelöhner(in) *m(f)*, landwirtschaftlicher Hilfsarbeiter

bracciata [brat'tʃaːta] *f* **1.** (SPORT) (Arm)zug *m* (beim Schwimmen) **2.** (*quantità*) Arm voll *m*

braccio[1] ['brattʃo] <*pl*: braccia *f*> *m* **1.** (ANAT) Arm *m*; **accogliere qu a braccia aperte** jdn mit offenen Armen empfangen; **portare un bambino in ~** ein Kind auf dem Arm tragen; **~ di ferro** Armdrücken *n*; (*fig*) Tauziehen *n*; **mi fai cadere le braccia** (*fig*) du enttäuschst mich; **essere il ~ destro di qu** (*fig*) die rechte Hand von jdm sein **2.** *pl* (*fig*) Arbeitskräfte *fpl* **3.** (*misura*) Elle *f*

braccio[2] <-cci> *m* (GEOG) **~ di mare/terra/fiume** Meerenge *f*/Landzunge *f*/Flussarm *m*

bracciolo [brat'tʃɔːlo] *m* Armlehne *f*

bracco ['brakko] <-cchi> *m* Bracke *m*

brace ['braːtʃe] *f* Glut *f*; (*carbone*) Holzkohle *f*

braciere [bra'tʃɛːre] *m* Kohlenbecken *n*

braciola [bra'tʃɔːla] *f* Schnitzel *n*; **~ di maiale** Schweineschnitzel *n*

brama ['braːma] *f* (*poet*) Begierde *f*; **bramare** [bra'maːre] *vt* (*poet*) begehren

bramosia [bramo'siːa] <-ie> *f* Begierde *f*; **bramoso**, **-a** [bra'moːso] *agg* sehnsüchtig

branca ['braŋka] <-che> *f* **1.** (ZOO) Klaue *f*; (*di uccelli*) Kralle *f* **2.** (*fig: ramo*) Gebiet *n*

branchie ['braŋkie] *fpl* Kiemen *fpl*

branco ['braŋko] <-chi> *m* **1.** (ZOO) Rudel *n*; (*gregge*) Herde *f*; (*di uccelli*) Schwarm *m* **2.** (*fig, pej: di persone*) Meute *f*

brancolare [braŋko'laːre] *vi* herumirren; **~ nel buio** (*fig*) im Dunkeln tappen

branda ['branda] *f* Feldbett *n*

brandeburghese [brandebur'geːze] *agg* brandenburgisch

Brandeburgo [brandebur'go] *m* Brandenburg *n*; **Porta di ~** Brandenburger Tor

brandello [bran'dɛllo] *m* Fetzen *m*

brandire [bran'diːre] <brandisco> *vt* schwingen

brano ['braːno] *m* Stück *n*

branzino [bran'tsiːno] *m* Seebarsch *m*

brasato, **-a** *agg* geschmort

Brasile [bra'ziːle] *m* **il ~** Brasilien *n*; **brasiliano**, **-a** [brazi'liaːno] **I.** *agg* brasilianisch **II.** *m, f* Brasilianer(in) *m(f)*

bravata [bra'vaːta] *f* Bravourstück *n*

bravo, **-a** ['braːvo] **I.** *agg* **1.** (*abile*) tüchtig, fähig; **essere ~ in qc** [*o* **a fare qc**] etw gut (machen) können **2.** (*buono*) gut; (*bambino*) brav; **fare il ~** brav sein **II.** *int* bravo, gut; **bravura** [bra'vuːra] *f* Geschicklichkeit *f*; (*virtuosismo*) Bravour *f*

break ['breik] <-> *m* Pause *f*; (*interruzione pubblicitaria*) Werbepause *f*

breccia ['brettʃa] <-cce> *f* **1.** (*sassi*) Schotter *m* **2.** (MIL) Bresche *f* **3.** (*loc*) **essere sulla ~** in vorderster Linie stehen

Brema ['brɛːma] *f* Bremen *n*

Brennero ['brɛnnero] *m* Brenner *m*; **Passo del ~** Brennerpass *m*

Breslavia [bre'zlaːvia] *f* Breslau *n*

Bressanone [bressa'noːne] *f* Brixen *n*

bretella [bre'tɛlla] *f* **1.** *pl* (*per pantaloni, gonne*) Hosenträger *m* **2.** (*fig: raccordo*) Zubringerstraße *f*

breve ['brɛːve] **I.** *agg* kurz; **essere ~** (*fig*) sich kurz fassen; (*pej*) kurz angebunden sein; **a ~ termine** kurzfristig; **fra ~** in Kürze **II.** *f* (MUS) Doppelganze *f*

brevettabile [brevet'taːbile] *agg* patentierbar

brevettare [brevet'taːre] *vt* patentieren; **brevetto** [bre'vetto] *m* Patent *n*

breviario [bre'viaːrio] <-i> *m* Brevier *n*

brevità [brevi'ta] <-> *f* Kürze *f*

brezza ['breddza] *f* Brise *f*

bricco ['brikko] <-cchi> *m* Kanne *f*

briccone, -a [brik'ko:ne] *m, f* (*fam*) Gauner(in) *m(f)*

briciola ['bri:tʃola] *f* **1.** (*di pane*) Krümel *m;* **andare in -e** (*fig*) zerbröckeln **2.** (*fig: quantità minima*) Spur *f;* **briciolo** ['bri:tʃolo] *m* (*fig: quantità minima*) Funke *m;* **non avere un ~ di cervello** (*fig*) keinen Funken Verstand haben

bricolage [briko'laʒ] <-> *m* Heimwerken *n*

bridge [bridʒ] <-> *m* Bridge *n*

brief [bri:f] <-> *m* Kurzbericht *m*

briga ['bri:ga] <-ghe> *f* **1.** (*noia*) Unannehmlichkeit *f* **2.** (*lite*) Streit *m;* **attaccar ~ con qu** mit jdm Streit anfangen

brigadiere [briga'diɛ:re] *m* Unteroffizier *m* (*der Karabinieri*)

brigante, -essa [bri'gante, brigan'tessa] *m, f* **1.** Bandit(in) *m(f)* **2.** (*fam scherz: briccone*) Gauner *m*

brigare [bri'ga:re] *vi* (*fam*) **~ per ottenere qc** alle Hebel in Bewegung setzen um etw zu erreichen

brigata [bri'ga:ta] *f* **1.** (*fam: gruppo*) Schar *f* **2.** (MIL) Brigade *f*

brigatista [briga'dista] <-i *m*, -e *f*> *mf* Brigadist(in) *m(f);* **~ rosso/nero** Rot-/Schwarzbrigadist *m*

briglia ['briʎʎa] <-glie> *f* Zügel *m;* **a ~ sciolta** (*fig*) zügellos

brillantante [brillan'tante] *m* (*per lavastoviglie*) Klarspüler *m*

brillante [bril'lante] **I.** *agg* brillant, glänzend **II.** *m* Brillant *m*

brillare [bril'la:re] **I.** *vi* **1.** glänzen **2.** (*fig: spiccare*) **~ per qc** sich durch etw auszeichnen **3.** (*mina*) explodieren **II.** *vt* **1.** (*mina*) sprengen **2.** (*riso*) schälen

brillo, -a ['brillo] *agg* beschwipst

brina ['bri:na] *f* (Rau)reif *m*

brindare [brin'da:re] *vi* **~ a qu/qc** auf jdn/etw anstoßen

brindisi ['brindizi] <-> *m* Trinkspruch *m;* **fare un ~** (**a qu**) einen Toast (auf jdn) aussprechen

Brindisi *f Stadt in Apulien*

brindisino, -a [brindi'zi:no] **I.** *agg* aus Brindisi stammend **II.** *m, f* Bewohner(in) *m(f)* von Brindisi

brio ['bri:o] <*sing*> *m* Schwung *m*

brioso, -a [bri'o:so] *agg* lebhaft, resch *A;* (*ingegnoso*) spritzig

briscola ['briskola] *f ein Kartenspiel*

Brisgovia [briz'gɔ:via] *f* Breisgau *m*

brivido ['bri:vido] *m* **1.** (*di freddo*) Frösteln *n;* (*di febbre, fig*) Schüttelfrost *m* **2.** (*fig*) Schau(d)er *m;* **racconto del ~** Gruselgeschichte *f*

brizzolato, -a [brittso'la:to] *agg* **1.** (*cavallo*) gescheckt **2.** (*marmo*) gefleckt **3.** (*barba, capelli*) grau meliert

brocca ['brɔkka] <-cche> *f* Kanne *f*

broccato [brok'ka:to] *m* Brokat *m*

broccolo ['brɔkkolo] *m* Brokkoli *pl*

brodo ['brɔ:do] *m* (klare) Brühe *f;* **~ ristretto** Kraftbrühe *f;* **~ di verdura** Gemüsesuppe *f;* **in ~** in Brühe; **lasciar cuocere** [*o* **bollire**] **qu nel suo ~** (*fig*) jdn im eigenen Saft schmoren lassen; **tutto fa ~** (*fig*) Kleinvieh macht auch Mist; **brodoso, -a** [bro'do:so] *agg* dünn(flüssig); (*noioso*) langatmig

broglio ['brɔʎʎo] <-gli> *m* Machenschaft *f*

broker ['broukə] <-> *mf* (FIN) Broker(in) *m(f)*

bronchiale [broŋ'kia:le] *agg* Bronchial-; **bronchite** [broŋ'ki:te] *f* Bronchitis *f*

broncio ['brontʃo] <-ci> *m* (*fam*) Schmollmund *m;* **fare** [*o* **tenere**] **il ~** schmollen

bronco ['broŋko] <-chi> *m* Bronchie *f*

brontolare [bronto'la:re] **I.** *vi* (*persona*) brummen; (*stomaco*) knurren **II.** *vt* brummen; **brontolio** [bronto'li:o] <-ii> *m* (*di persona*) Murren *n;* (*di tuono*) Grollen *n;* (*di stomaco*) Knurren *n;* **brontolone, -a** [bronto'lo:ne] **I.** *agg* brummig **II.** *m, f* Brummbär *m*

bronzeo, -a ['brondzeo] <-ei, -ee> *agg* bronzefarben; (*pelle*) gebräunt; **bronzo** ['brondzo] *m* Bronze *f;* **faccia di ~** (*fig*) unverschämter Lümmel

browser ['brauzə] <-> *m* (INFORM) Browser *m*

brucare [bru'ka:re] *vt* abweiden

bruciapelo [brutʃa'pe:lo] *avv* **a ~** (*vicino*) aus nächster Nähe; (*fig: all'improvviso*) plötzlich

bruciare [bru'tʃa:re] **I.** *vt* **1.** (*gener*) verbrennen; (GASTR) anbrennen lassen **2.** (*ferita, porro*) ausbrennen; (*sole*) verbrennen; (*gelo*) erfrieren lassen **II.** *vi* **1.** (*fuoco*) brennen **2.** (*sole*) brennen **3.** (*cibi*) heiß sein **4.** (*fig: ardere*) glühen; **~ dal desiderio di**

fare qc den brennenden Wunsch haben etw zu tun **III.** *vr* **-rsi** sich verbrennen

bruciaticcio [brutʃa'tittʃo] <-cci> *m* **1.** (*odore*) Geruch *m* von Angebranntem **2.** (*sapore*) Geschmack *m* von Angebranntem; **sa di** ~ das schmeckt angebrannt

bruciato [bru'tʃa:to] *m* **1.** (GASTR) Angebrannte(s) *n* **2.** (*odore*) Brandgeruch *m*

bruciato, **-a** *agg* verbrannt

bruciatore [brutʃa'to:re] *m* Brenner *m;* **bruciatura** [brutʃa'tu:ra] *f* Verbrennung *f;* (*scottatura*) Brandwunde *f;* **bruciore** [bru'tʃo:re] *m* **1.** (MED) Brennen *n;* ~ **di stomaco** Sodbrennen *n* **2.** (*fig: ardore*) Brennen *n*

bruco ['bru:ko] <-chi> *m* Raupe *f*

bruf(f)olo ['bru:folo] *m* Pickel *m*

brughiera [bru'giɛ:ra] *f* Heide *f*

brûlé [bry'le] <inv> *agg* **vino** ~ Glühwein *m*

brulicare [bruli'ka:re] *vi* wimmeln; **brulichio** [bruli'ki:o] <-chii> *m* Gewimmel *n*

brullo, **-a** ['brullo] *agg* kahl

bruma ['bru:ma] *f* Nebel *m*

Brunico [bru'ni:ko] *f* Bruneck *n*

bruno ['bru:no] *m* (*colore*) Braun *n*

bruno, **-a** **I.** *agg* braun; (*di capelli*) brünett **II.** *m, f* (*persona*) Braunhaarige(r) *f(m)*

brusco, **-a** ['brusko] <-schi, -sche> *agg* schroff

bruscolo ['bruskolo] *m* Körnchen *n*

brusio [bru'zi:o] <-ii> *m* Geräusch *n;* (*di voci*) Stimmengewirr *n*

brutale [bru'ta:le] *agg* brutal; **brutalità** [brutali'ta] <-> *f* Brutalität *f;* (*fig a*) Härte *f*

bruto, **-a** ['bru:to] **I.** *agg* roh **II.** *m, f* Unmensch *m*

brutta ['brutta] *f* (*fam: brutta copia*) Konzept *n;* **bruttezza** [brut'tettsa] *f* Hässlichkeit *f*

brutto ['brutto] *m* **1.** (*cosa*) Hässliche(s) *n;* **il ~ è che …** das Schlimme (daran) ist, dass … **2.** (METEO) schlechtes Wetter; **il tempo si mette al** ~ das Wetter wird schlechter

brutto, **-a** **I.** *agg* **1.** (*non bello*) hässlich *A;* **-a copia** Konzept *n* **2.** (*fig*) schlecht; (*circostanze*) unerfreulich; (METEO) schlecht; **oggi fa ~ tempo** heute ist schlechtes Wetter **3.** (*loc*) **fare una -a figura** (*fig*) einen schlechten Eindruck machen; **vedersela -a** in Schwierigkeiten sein **II.** *m, f* hässlicher Mensch

Bruxel [brus'sɛl] *f* Brüssel *n*

BSE *f abbr di* **Bovine Spongiform Encephalopathy** BSE *f*

buca ['bu:ka] <-che> *f* **1.** (*fossa*) Loch *n* **2.** (*delle guance*) (Wangen)grübchen *n* **3.** (GEOG) Talsenke *f* **4.** (*loc*) ~ **delle lettere/del suggeritore** Briefkasten/Souffleurkasten *m*

bucaneve [buka'ne:ve] <-> *m* Schneeglöckchen *n*

bucare [bu'ka:re] **I.** *vt* (*forare*) durchlöchern, ein Loch machen in *+acc;* (*biglietto*) lochen; ~ **una gomma** eine Reifenpanne haben **II.** *vr* **-rsi** **1.** (*pungersi*) sich stechen **2.** (*sl: drogati*) fixen

Bucarest [buka'rɛst] *f* Bukarest *n*

bucatini [buka'ti:ni] *mpl etwas dickere Spaghettiart*

bucato [bu'ka:to] *m* Wäsche *f;* **fresco di** ~ frisch gewaschen

bucato, **-a** *agg* durchlöchert

buccia ['buttʃa] <-cce> *f* **1.** (*di frutta*) Schale *f;* (*baccello*) Hülse *f* **2.** (*di salume*) Haut *f*

buco ['bu:ko] <-chi> *m* **1.** (*foro*) Loch *n;* (*apertura*) Öffnung *f;* **tappare un** ~ (*a fig*) ein Loch stopfen **2.** (*sl: di eroina*) Schuss *m*

Budapest ['bu:dapest] *f* Budapest *n*

buddismo [bud'dizmo] *m* Buddhismus *m;* **buddista** [bud'dista] <-i *m*, -e *f*> **I.** *agg* buddhistisch **II.** *mf* Buddhist(in) *m(f)*

budello [bu'dɛllo] <*pl:* -a *f*> *m* (ANAT) Darm *m*

budget ['bʌdʒit] <-> *m* Budget *n*

budino [bu'di:no] *m* Pudding *m*

bue ['bu:e] <buoi> *m* Ochse *m;* **lavorare come un** ~ schuften wie ein Pferd

bufalo, **-a** ['bu:falo] *m, f* Büffel *m*

bufera [bu'fɛ:ra] *f* Unwetter *n;* (*a fig*) Sturm *m*

buffet [by'fɛ] <-> *m* Büfett *n*

buffetto [buf'fetto] *m* Klaps *m* (auf die Wange)

buffo ['buffo] *m* **1.** (THEAT) Buffo *m* **2.** (*cosa*) Komische(s) *n*

buffo, **-a** *agg* witzig

buffonata [buffo'na:ta] *f* Narretei *f;* **buffone**, **-a** [buf'fo:ne] *m, f* Narr *m,* Närrin *f*

bug [bʌg] <-> *m* (INFORM) Bug *m*

bugia [bu'dʒi:a] <-gie> *f* Lüge *f;* **le -gie hanno le gambe corte** (*prov*) Lügen haben kurze Beine

bugiardo, -a [bu'dʒardo] **I.** *agg* falsch **II.** *m, f* Lügner(in) *m(f)*
bugigattolo [budʒi'gattolo] *m* Loch *n*
buio ['bu:io] *m* Dunkel *n;* **farsi** ~ dunkel werden; **tenere al** ~ **qu** (*fig*) jdn über etw *acc* im Ungewissen lassen
buio, -a <bui, buie> *agg* dunkel, finster
bulbo ['bulbo] *m* **1.** (BOT) (Pflanzen)knolle *f* **2.** (*di lampada*) Kolben *m;* (*di termometro*) Kugel *f* **3.** (ANAT) ~ **oculare** [*o* **dell'occhio**] Augapfel *m*
Bulgaria [bulga'ri:a] *f* Bulgarien *n*
bulgaro ['bulgaro] *m* (*profumo*) Juchten(leder) *n*
bulgaro, -a I. *agg* bulgarisch **II.** *m, f* Bulgare *m,* Bulgarin *f*
bullo ['bullo] *m* Geck *m*
bullone [bul'lo:ne] *m* Bolzen *m*
bungee-jumping ['bandʒi'dʒamping] <-> *m* (SPORT) Bungeejumping *n*
bunker ['buŋkə] <-> *m* Bunker *m*
buoi ['buɔ:i] *pl di* **bue**
buon, buon' [buɔn] *v.* **buono, -a**
buonafede, buona fede [buona'fe:de] *f* **in** ~ in gutem Glauben
buonanima, buon'anima [buo'na:nima] *f* Selige(r) *f(m);* **la** ~ **del nonno** der Großvater selig
buonanotte, buona notte [buona'nɔtte] **I.** *int* gute Nacht; **... e** ~**!** (*fam*) ... na, das wär's dann ja wohl! **II.** <-> *f* gute Nacht; **dare** [*o* **augurare**] **la** ~ **a qu** jdm gute Nacht sagen; **buonasera, buona sera** [buona'se:ra] **I.** *int* guten Abend **II.** <-> *f* guter Abend; **buoncostume, buon costume** [buoŋkos'tu:me] <-> *m* gute Sitte; **squadra del** ~ Sittenpolizei *f;* **buondì** [buon'di] *int* guten Tag, guten Morgen; **buongiorno, buon giorno** [buon'dʒorno] **I.** *int* guten Tag, guten Morgen **II.** <-> *m* guter Tag, guter Morgen; **dare** [*o* **augurare**] **il** ~ **a qu** jdm guten Tag [*o* guten Morgen] sagen; **buongustaio, -a** [buoŋgus'ta:io] <-ai, -aie> *m, f* **1.** (GASTR) Feinschmecker(in) *m(f)* **2.** (*fig: intenditore*) Kenner(in) *m(f);* **buongusto, buon gusto** [buoŋ'gusto] *m* (guter) Geschmack *m;* **con** ~ geschmackvoll
buono ['buɔ:no] *m* **1.** (COM) Abschnitt *m;* ~ **di cassa** Kassenanweisung *f;* (*in negozio*) Kassenbon *m;* ~ **di consegna** Lieferabschnitt *m;* ~ **del Tesoro** Staatsanleihe *f* **2.** <*sing*> (*ciò che è buono*) Gute(s) *n*
buono, -a <più buono *o* migliore, buonissimo *o* ottimo> **I.** *agg* **1.** (*non cattivo*) gut; (*persona*) anständig; (*indulgente*) gütig; (*bambino*) brav; (*ragione*) triftig; (*tempo*) schön; (GASTR) genießbar; **buon senso** gesunder Menschenverstand; **essere** ~ (*di sapore*) gut schmecken; **un'anima -a** eine Seele von Mensch; **o con le -e o con le cattive** wenn nicht im Guten, dann im Bösen **2.** (*adatto*) gut, geeignet **3.** (COM: *moneta*) gültig; (*oro*) echt; **a buon mercato** billig, preiswert **4.** (*loc*) **di buon grado/occhio** gern(e)/wohlwollend; **di buon'ora** früh(zeitig) **5.** (*espressioni esclamative*) **-a fortuna!** viel Glück!; **buon divertimento/riposo!** viel Vergnügen/angenehme Ruhe!; **buon appetito/viaggio!** guten Appetit/gute Reise! **II.** *m, f* (*persona*) Gute(r) *f(m);* **un** ~ **a nulla** ein Nichtsnutz *m*
buonora, buon'ora [buo'no:ra] <-> *f* **di** ~ früh(zeitig); **buonsenso, buon senso** [buoŋ'sɛnso] <-> *m* gesunder Menschenverstand; **buontempone, -a** [buoŋtem'po:ne] *m, f* (*fam*) stets gut gelaunter Mensch; **buonumore, buon umore** [buoŋu'mo:re] <-> *m* gute Laune; **buonuscita, buona uscita** [buoŋuʃʃi:ta, 'buɔ:na uʃʃi:ta] *f* (*per un appartamento*) Mietablösung *f;* (*per un impiego*) Abfindung *f,* Abfertigung *f A*
burattinaio, -a [buratti'na:io] <-ai> *m, f* Puppenspieler(in) *m(f);* **burattino** [burat'ti:no] *m* **1.** (THEAT) Handpuppe *f;* (*a fili*) Marionette *f* **2.** (*fig: persona manovrata da altri*) Marionette *f;* **piantare baracca e -i** (*fig*) den Bettel hinwerfen
burbero, -a ['burbero] **I.** *agg* mürrisch **II.** *m, f* Brummbär *m*
burla ['burla] *f* Spaß *m,* Schmäh *m A;* **burlare** [bur'la:re] **I.** *vt* verspotten **II.** *vr* **-rsi di qu/qc** über jdn/etw spotten
burlone, -a [bur'lo:ne] **I.** *m, f* (*fam*) Witzbold *m* **II.** *agg* (*fam*) spaßig
burocrate [bu'rɔ:krate] *mf* **1.** (ADM) Bürokrat(in) *m(f)* **2.** (*fig, pej*) Paragrafenreiter(in) *m(f);* **burocratese** [burokra'te:se] *m* Amtssprache *f;* **burocratico, -a** [buro'kra:tiko] <-ci, -che> *agg* Beamten-; (*a pej*) bürokratisch; **burocratizzazione** [burokratiddzat'tsio:ne] *f* Bürokratisierung *f;* **burocrazia** [burokrat'tsi:a] <-ie> *f* **1.** (ADM) Bürokratie *f* **2.** (*pej: pedanteria*)

Amtsschimmel *m*

burrasca [bur'raska] <-sche> *f* (*a fig*) Sturm *m;* **burrascoso, -a** [burras'ko:so] *agg* (*a fig*) stürmisch

burrificio [burri'fi:tʃo] <-ci> *m* Molkerei *f*

burro ['burro] *m* Butter *f;* **al ~** mit Butter zubereitet; **avere le mani di ~** (*fig fam*) alles fallen lassen

burrone [bur'ro:ne] *m* Schlucht *f;* (*fig*) Abgrund *m*

burroso, -a [bur'ro:so] *agg* butt(e)rig, Butter-; (*fig*) butterweich

bus [bʌs] <-> *m* **1.** (*autobus*) Bus *m* **2.** (INFORM) Bus *m*

buscare [bus'ka:re] *vt, vr* **-rsi** (*fam*) kriegen; **buscarne, buscarle** Prügel kriegen

business ['biznis] <-> *m* Geschäft *n*

business class ['biznis kla:s] <-> *f* Business class *f*

business game ['biznis 'geim] <-> *m* (FIN) (Unternehmens)planspiel *n*

bussare [bus'sa:re] *vi* klopfen

bussola ['bussola] *f* **1.** (NAUT) Kompass *m* **2.** (TEC) Buchse *f*

bussolotto ['busso'lɔtto] *m* Würfelbecher *m*

busta ['busta] *f* **1.** (*per lettera*) Briefumschlag *m;* **~ paga** Lohntüte *f* **2.** (*custodia*) Tasche *f;* (*per documenti*) Mappe *f;* (*per occhiali*) Etui *n;* (*per generi alimentari*) Packung *f*

bustarella [busta'rɛlla] *f* Schmiergeld *n*

bustina [bus'ti:na] *f* **1.** (*berretto*) Schiffchen *n* **2.** (*per farmaci, erbe aromatiche*) Tütchen *n*

bustino [bus'ti:no] *m* Mieder *n*

busto ['busto] *m* **1.** (ANAT) Oberkörper *m* **2.** (*nell'arte*) Büste *f;* (*nella pittura*) Brustbild *n* **3.** (MED) Stützkorsett *n* **4.** (*da donna*) Korsett *n*

butirrico, -a [bu'tirriko] <-ci, -che> *agg* Butter-; **acido ~** Buttersäure *f*

buttare [but'ta:re] **I.** *vt* **1.** (*gettare*) werfen; (*con forza, rabbia*) schmeißen; **~ giù** hinunterwerfen; **~ giù la pasta** die Nudeln ins kochende Wasser werfen; **~ via** wegwerfen **2.** (*fig*) **~ tutto all'aria** alles auf den Kopf stellen; (*piano, progetto*) alles zunichte machen; **~ via** vergeuden **II.** *vi* (BOT) ausschlagen; (*semi*) keimen **III.** *vr* **-rsi** sich stürzen; **-rsi in mare/dalla finestra** sich ins Meer/aus dem Fenster stürzen; **-rsi giù** (*fig*) den Kopf hängen lassen

bypass ['bai'pa:s] <-> *m* **1.** (*diramazione idraulica*) Um-, Nebenleitung *f* **2.** (MED) Bypass *m*

byte ['bait] <-> *m* (INFORM) Byte *n*

C

C, c [tʃi] <-> *f* C, c *n;* **~ come Como** C wie Cäsar

c. *abbr di* **circa** ca.

c.a. *abbr di* **corrente anno** d. J.

cabaret [kaba'rɛ] <-> *m* Varietee *n;* **cabarettistico, -a** [kabaret'tistiko] <-ci, -che> *agg* kabarettistisch

cabina [ka'bi:na] *f* Kabine *f;* **~ telefonica** Telefonzelle *f*

cabriolé, cabriolet [kabrio'lɛ] <-> *m* Kabrio(lett) *n*

cacao [ka'ka:o] <-> *m* Kakao *m*

cacare [ka'ka:re] *vi, vt* (*vulg*) scheißen; **ma va a ~!** verpiss dich!; **cacca** ['kakka] <-cche> *f* (*fam*) Kacke *f;* **fare la ~** Aa machen

caccia ['kattʃa] <-cce> *f* Jagd *f*

cacciagione [kattʃa'dʒo:ne] *f* Wild *n;* **cacciare** [kat'tʃa:re] **I.** *vt* **1.** (SPORT) jagen; (*a fig*) verjagen **2.** (*fig, fam*) stecken; **dove ho cacciato l'orologio?** wo habe ich die Uhr hingesteckt? **II.** *vr* **-rsi in un mare di guai** (*fig*) sich in die Nesseln setzen; **cacciatora** [kattʃa'to:ra] *f* (GASTR) **alla ~** nach Jägerart

cacciatore, -trice *m, f* Jäger(in) *m(f)*

cacciavite [kattʃa'vi:te] <-> *m* Schraubenzieher *m*

cache [kæʃ] <inv> *agg* (INFORM) **memoria ~** Cachespeicher *m*

cachemire [kaʃ'mi:r] <-> *m* Kaschmir *m*

cachi ['ka:ki] <-> *m* Kakifrucht *f*

cacio ['ka:tʃo] <-ci> *m* Käse *m*

cactus ['kaktus] <-> *m* Kaktus *m*

CAD, **cad** (INFORM) *abbr di* **Computer Aided Design** CAD *n*

cadavere [ka'daːvere] *m* Leiche *f;* **cadaverico**, **-a** [kada'vɛːriko] <-ci, -che> *agg* leichenblass

caddi ['kaddi] *1. pers sing pass rem di* **cadere**[1]

cadente [ka'dɛnte] *agg* **1.** (*edificio*) baufällig; (*fig: persona*) gebrechlich **2.** (*fig*) untergehend

cadenza [ka'dɛntsa] *f* Kadenz *f;* **cadenzare** [kaden'tsaːre] **I.** *vt* anpassen **II.** *vi* kadenzieren

cadere [ka'deːre] <cado, caddi, caduto> *vi essere* **1.** (*cascare*) (um)fallen **2.** (*fig*) ~ **ammalato** krank werden

caducità [kadutʃi'ta] <-> *f* Vergänglichkeit *f;* **caduco**, **-a** [ka'duːko] <-chi, -che> *agg* (*a fig*) vergänglich

caduta [ka'duːta] *f* Fall *m*

caduto [ka'duːto] *m* (MIL) Gefallene(r) *m*

caffè [kaf'fɛ] <-> *m* **1.** (GASTR) Kaffee *m;* ~ **espresso** Espresso *m;* ~ **macchiato/corretto** Kaffee *m* mit etw Milch/mit Schuss **2.** (*locale*) Café *n,* Kaffeehaus *n A*

> 1647 entstand das erste europäische Kaffeehaus in Venedig. Seitdem hat sich der Konsum von **caffè** in ganz Italien verbreitet, wobei die Italiener bestimmten Varianten den Vorzug geben: espresso, cappuccino, caffellatte, caffè macchiato, latte macchiato, caffè corretto u. a.

caffeina [kaffe'iːna] *f* Koffein *n;* **caffè senza** ~ koffeinfreier Kaffee; **caffel(l)atte** [kaffe'latte (kaffel'latte)] <-> *m* Milchkaffee *m*

caffetteria [kaffette'riːa] <-ie> *f* Cafeteria *f*

caffettiera [kaffet'tiɛːra] *f* Kaffeemaschine *f*

cafonata [kafo'naːta] *f* Flegelei *f;* **cafone**, **-a** [ka'foːne] **I.** *agg* ungehobelt **II.** *m, f* Rüpel *m*

Cagliari *f Hauptstadt Sardiniens;* **cagliaritano**, **-a** [caʎʎari'taːno] **I.** *agg* aus Cagliari stammend **II.** *m, f* Cagliaritaner(in) *m(f)*

cagna ['kaɲɲa] *f* Hündin *f*

cagnesco, **-a** [kaɲ'ɲesko] <-schi, -sche> *agg* hündisch

C.A.I. ['kaːi] *m abbr di* **Club Alpino Italiano** *Italienischer Alpenverein*

Cairo ['kaːiro] *m* **Il** ~ Kairo *n*

cal *abbr di* (**piccola**) **caloria** cal.

calabrese [kala'breːse] **I.** *agg* kalabrisch **II.** *mf* Kalabrese *m,* Kalabresin *f;* **Calabria** [ka'laːbria] *f* Kalabrien *n*

calabrone [kala'broːne] *m* (ZOO) Hornisse *f*

calamaro [kala'maːro] *m* (ZOO) Tintenfisch *m*

calamita [kala'miːta] *f* Magnet *m*

calamità [kalami'ta] <-> *f* Unheil *n*

calamitare [kalami'taːre] *vt* **1.** (*ferro, acciaio*) magnetisieren **2.** (*fig*) magnetisch anziehen

calante [ka'lante] *agg* (*luna*) abnehmend

calare [ka'laːre] **I.** *vt* senken **II.** *vi essere* **1.** (*scendere*) hinabgehen **2.** (*prezzo*) sinken; (*di peso*) abnehmen **III.** *vr* **-rsi** sich herablassen

calcagno [kal'kaɲɲo] <*pl*: -i *m o fig* -a *f*> *m* Ferse *f*

calcare[1] [kal'kaːre] *vt* **1.** (*coi piedi*) treten **2.** (*premere*) drücken

calcare[2] *m* (MIN) Kalkstein *m*

calcareo, **-a** [kal'kaːreo] <-ei, -ee> *agg* kalkhaltig

calce[1] ['kaltʃe] *f* Kalk *m*

calce[2] <-> *m* **in** ~ **alla pagina** am Ende der Seite

calcestruzzo [kaltʃes'truttso] *m* Beton *m*

calcetto [kal'tʃetto] *m* Hallenfußball *n*

calciare [kal'tʃaːre] **I.** *vi* **1.** (*tirar calci*) Fußtritte austeilen **2.** (SPORT) schießen **II.** *vt* schießen; **calciatore**, **-trice** [kaltʃa'toːre] *m, f* Fußballspieler(in) *m(f)*

calcificare [kaltʃifi'kaːre] *vt, vr* **-rsi** verkalken; **calcificazione** [kaltʃifikat'tsioːne] *f* Verkalkung *f;* **calcinaccio** [kaltʃi'nattʃo] <-cci> *m* **1.** (*pezzo di calcina*) Mörtelstück *n* **2.** *pl* (*rovine*) Schutt *m*

calcio ['kaltʃo] <-ci> *m* **1.** (*colpo dato col piede*) (Fuß)tritt *m* **2.** (SPORT) Fußball *m;* ~ **di rigore** Elfmeter *m;* **giocare a** ~ Fußball spielen **3.** (CHEM) Kalzium *n*

> Der **calcio** (Fußball) ist die beliebteste Sportart in Italien. Seit 1898 wird in der Serie A (Erste Liga) um den scudetto gekämpft. Die meisten Siege errangen bis heute **Juventus** Turin sowie **Inter** Mailand und der AC **Milan**.

calcioscommesse [kaltʃoskom'messe]

<-> *m* illegales Fußballtoto
calcistico, -a <-ci, -che> *agg* Fußball-
calco ['kalko] <-chi> *m* Abdruck *m*
calcolabile [kalko'la:bile] *agg* berechenbar; **calcolare** [kalko'la:re] *vt* berechnen
calcolatore [kalkola'to:re] *m* ~ **elettronico** Computer *m*
calcolatore, -trice **I.** *agg* **1.** (*macchina*) Rechen- **2.** (*fig: persona, mente*) berechnend **II.** *m, f* (*persona*) Rechner(in) *m(f)*
calcolatrice [kalkola'tri:tʃe] *f* Rechner *m*
calcolo ['kalkolo] *m* Berechnung *f*
caldaia [kal'da:ia] <-aie> *f* Kessel *m*
caldamente [kalda'mento] *avv* herzlich
caldana [kal'da:na] *f* Hitzewelle *f*
caldarrosta [kaldar'rɔsta] *f* geröstete Kastanie
calderone [kalde'ro:ne] *m* Kessel *m*, Hafen *m A*
caldo ['kaldo] *m* Wärme *f;* (~ *intenso*) Hitze *f;* **ho molto** ~ mir ist heiß; **fa** ~ es ist warm
caldo, -a *agg* warm; (*molto* ~) heiß; (*notizia*) neueste(r, s)
caleidoscopio [kaleidos'kɔ:pio] <-i> *m* Kaleidoskop *n*
calendario [kalen'da:rio] <-i> *m* Kalender *m*
calendola [ka'lɛndola] *f,* **calendula** [ka'lɛndula] *f* Ringelblume *f*
calice ['ka:litʃe] *m* Kelch *m*
califfo [ka'liffo] *m* Kalif *m*
caligine [ka'li:dʒine] *f* Dunst *m;* (*in zone industriali*) Smog *m*
calle ['kalle] *f* (*a Venezia*) Gasse *f*
calligrafia [kalligra'fi:a] *f* Handschrift *f*
callista [kal'lista] <-i *m*, -e *f*> *mf* Fußpfleger(in) *m(f);* **callo** ['kallo] *m* Hornhaut *f*
calma ['kalma] *f* Ruhe *f;* **calmante** [kal'mante] **I.** *agg* beruhigend **II.** *m* Beruhigungsmittel *n;* **calmare** [kal'ma:re] **I.** *vt* **1.** (*persona*) beruhigen **2.** (*dolore*) lindern **II.** *vr* **-rsi** **1.** (*persona*) sich beruhigen **2.** (*dolore, vento*) nachlassen
calmo, -a ['kalmo] *agg* ruhig
calo ['ka:lo] *m* Abnahme *f*
calore [ka'lo:re] *m* Wärme *f*
caloria [kalo'ri:a] <-ie> *f* Kalorie *f;* **calorico, -a** [ka'lɔ:riko] <-ci, -che> *agg* kalorisch
calorifero [kalo'ri:fero] *m* Heizkörper *m*
caloroso, -a [kalo'ro:so] *agg* **1.** (*persona*) kälteunempfindlich **2.** (*fig*) herzlich
calotta [ka'lɔtta] *f* **1.** (GEOG) (Eis)kappe *f;* ~ **artica/antartica** arktische/antarktische Polkappe **2.** (MAT, ARCH, REL) Kalotte *f*
calpestare [kalpes'ta:re] *vt* **1.** (*coi piedi*) (zer)treten **2.** (*fig*) missachten
Caltanissetta *f Stadt in Sizilien*
calunnia [ka'lunnia] <-ie> *f* Verleumdung *f;* **calunniare** [kalun'nia:re] *vt* verleumden; **calunniatore, -trice** [kalunnia'to:re] *m, f* Verleumder(in) *m(f)*
calvario [kal'va:rio] <-i> *m* Kreuzweg *m;* (*fig*) unsagbares Leid
calvinismo [kalvi'nizmo] *m* Kalvinismus *m*
calvizie [kal'vittsie] <-> *f* Kahlköpfigkeit *f;* **calvo, -a** ['kalvo] **I.** *agg* kahlköpfig **II.** *m, f* Kahlkopf *m*
calza ['kaltsa] *f* Strumpf *m;* **calzamaglia** [kaltsa'maʎʎa] *f* Strumpfhose *f*
calzante [kal'tsante] **I.** *agg* passend **II.** *m* Schuhlöffel *m*
calzare [kal'tsa:re] **I.** *vt* (*scarpe, guanti*) anziehen **II.** *vi* **1.** *avere* (*scarpe*) passen **2.** *essere* (*fig*) passend sein
calzascarpe [kaltsas'karpe] <-> *m* Schuhanzieher *m*
calzatura [kaltsa'tu:ra] *f* Schuhe *mpl;* **calzaturificio** [caltsaturi'fi:tʃo] <-ci> *m* Schuhfabrik *f*
calzettone [kaltset'to:ne] *m* Kniestrumpf *m*, Stutzen *m A;* **calzino** [kal'tsi:no] *m* Socke *f*
calzolaio, -a [kaltso'la:io] <-ai, -aie> *m, f* Schuhmacher(in) *m(f)*
calzoncini [kaltson'tʃi:ni] *mpl* kurze Hose; **calzone** [kal'tso:ne] *m pl* Hose *f*
camaleonte [kamale'onte] *m* (*a fig*) Chamäleon *n*
cambiale [kam'bia:le] *f* Wechsel *m*
cambiamento [kambia'mento] *m* Veränderung *f;* **cambiare** [kam'bia:re] **I.** *vt* **1.** (*sostituire*) wechseln; ~ **casa** umziehen; ~ **treno** umsteigen **2.** (*scambiare*) ~ **qc con qc** etw gegen etw tauschen **3.** (FIN) wechseln; **mi cambia cento euro in dollari?** können Sie mir hundert Euro in Dollar wechseln? **II.** *vi essere* sich (ver)ändern **III.** *vr* **-rsi** **1.** (*d'abito*) sich umziehen **2.** (*trasformarsi*) sich verwandeln
cambiavalute [kambiava'lu:te] <-> *mf* Geldwechsler(in) *m(f)*

C

cambio ['kambio] <-i> *m* **1.** (*sostituzione*) Tausch *m* **2.** (*soldi*) (Geld)wechsel *m*

camelia [ka'mɛːlia] <-ie> *f* Kamelie *f*

camera ['kaːmera] *f* **1.** (*locale d'abitazione*) Zimmer *n;* ~ **da letto/da pranzo/degli ospiti** Schlaf-/Ess-/Gästezimmer *n;* ~ **singola/matrimoniale** Einzel-/Doppelzimmer *n;* **prenotare/disdire una** ~ ein Zimmer bestellen/abbestellen **2.** (POL, ADM) Kammer *f*

> Die **Camera dei deputati** ist das Unterhaus des italienischen Parlaments mit gesetzgebender Gewalt. Den Vorsitz führt der **Presidente della Camera**, der von 630 deputati gewählt wird. Seit der Wahlreform 1993 werden die Abgeordneten durch eine Mischform des Mehrheits- und des Verhältniswahlrechts gewählt. Die Wahlen finden in der Regel alle fünf Jahre statt.

cameraman ['kameramɛn] <-> *m* Kameramann *m*

camerata[1] [kame'raːta] *f* (*di collegio, caserma*) Schlafsaal *m*

camerata[2] <-i *m*, -e *f*> *mf* (*persona*) Kamerad(in) *m(f)*

cameriera [kame'riɛːra] *f* (*di locale*) Kellnerin *f;* (*di albergo*) Zimmermädchen *n;* **cameriere** [kame'riɛːre] *m* (*di locale*) Kellner *m;* (*di albergo*) Hoteldiener *m*

camice ['kaːmitʃe] *m* Kittel *m*

camicetta [kami'tʃetta] *f* Bluse *f*

camicia [ka'miːtʃa] <-cie> *f* (*da uomo*) Hemd *n;* (*da donna*) Bluse *f;* ~ **da notte** Nachthemd *n;* **camiciaio**, **-a** [kami'tʃaːio] <-ai, -aie> *m, f* Hemdenfabrikant(in) *m(f)*

caminetto [kami'netto] *m* (offener) Kamin *m*

camino [ka'miːno] *m* Kamin *m*, Rauchfang *m A*

camion ['kaːmion] <-> *m* Last(kraft)wagen *m;* **camioncino** [kamion'tʃiːno] *m* Lieferwagen *m;* **camionista** [kamio'nista] <-i *m*, -e *f*> *mf* Lastwagenfahrer(in) *m(f)*

cammello[1] [kam'mɛllo] *m* Kamel *n*

cammello[2] <inv> *agg* kamelhaarfarben

camminare [kammi'naːre] *vi* gehen; (*velocemente*) laufen; (*veicoli*) fahren; (TEC) laufen, gehen; **camminata** [kammi'naːta] *f* **1.** (*passeggiata*) Spaziergang *m* **2.** (*modo di camminare*) Gangart *f;* **cammino** [kam'miːno] *m* **1.** (*viaggio*) Reise *f;* **mettersi in** ~ sich auf den Weg machen **2.** (*strada*) Weg *m*

camomilla [kamo'milla] *f* **1.** (*pianta*) Kamille *f* **2.** (*infuso*) Kamillentee *m*

camorra [ka'mɔrra] *f* Kamorra *f;* **camorrista** [kamor'rista] <-i *m*, -e *f*> *mf* Mitglied *n* der Kamorra

camoscio [ka'mɔʃʃo] <-sci> *m* Gämse *f*

campagna [kam'paɲɲa] *f* **1.** (AGR, GEOG) Land *n* **2.** (POL, COM) Kampagne *f;* ~ **elettorale/pubblicitaria** Wahlkampf *m*/Werbekampagne *f;* **campagnolo**, **-a** [kampaɲ'ɲɔːlo] **I.** *agg* ländlich **II.** *m, f* Landbewohner(in) *m(f)*

campana [kam'paːna] *f* Glocke *f;* **campanaccio** [kampa'nattʃo] <-cci> *m* Kuhglocke *f;* **campanaro** [kampa'naːro] *m* Glöckner *m;* **campanello** [kampa'nɛllo] *m* Klingel *f*

Campania [kam'paːnia] *f* Kampanien *n*

campanile [kampa'niːle] *m* Glockenturm *m*

campanilismo [kampani'lizmo] *m* Lokalpatriotismus *m;* **campanilista** [kampani'lista] <-i *m*, -e *f*> *mf* Lokalpatriot(in) *m(f);* **campanilistico**, **-a** [kampani'listiko] <-ci, -che> *agg* lokalpatriotisch

campano, **-a** [kam'paːno] **I.** *agg* kampanisch **II.** *m, f* Kampanier *m*

campare [kam'paːre] *vi essere* (*fam*) leben; **tirare a** ~ sich durchschlagen

campeggiare [kamped'dʒaːre] *vi* campen; **campeggiatore**, **-trice** [kampeddʒa'toːre] *m, f* Zeltler(in) *m(f);* **campeggio** [kam'peddʒo] <-ggi> *m* Camping *n;* **fare il** ~ campen

camper ['kamper] <-> *m* Wohnmobil *n*

campestre [kam'pɛstre] *agg* Feld-

campetto [kam'petto] *m* Trainingsplatz *m*

> Der **Campidoglio**, einer der sieben Hügel von Rom,ist der Sitz des Comune di Roma.

camping ['kæmpiŋ] *m v.* **campeggio**

campionario [kampio'naːrio] <-i> *m* Musterkollektion *f*

campionario, **-a** <-i, -ie> *agg* Muster-

campionato [kampio'naːto] *m* Meisterschaft *f*

campioncino [kampion'tʃiːno] *m* (*saggio di un prodotto*) Probepackung *f*

campione[1] [kam'pioːne] <inv> *agg* (*per*

indagini) **analisi** ~ Stichprobenuntersuchung *f*
campione[2] *m* (COM, TEC) Muster *n*
campione, **-essa** *m, f* (SPORT) Meister(in) *m(f)*
campo ['kampo] *m* **1.** (AGR) Acker *m* **2.** (*area*) Feld *n;* ~ **di concentramento/sterminio** Konzentrations-/Vernichtungslager *n;* ~ **sportivo** Sportplatz *m* **3.** (*nell'arte*) Hintergrund *m* **4.** (*fig*) Bereich *m*
campobassano, **-a** [campobas'sa:no] **I.** *agg* aus Campobasso stammend **II.** *m, f* Campobassaner *m*
Campobasso *f Hauptstadt der Region Molise*
camposanto [kampo'santo] <campisanti> *m* Friedhof *m*
campus ['kampus] <-> *m* Campus *m*
camuffare [kamuf'fa:re] **I.** *vt* verkleiden **II.** *vr* **-rsi da qc** sich als etw verkleiden
Canada ['ka:nada] *m* **il** ~ Kanada *n;* **canadese** [kana'de:se] **I.** *agg* kanadisch **II.** *mf* Kanadier(in) *m(f)*
canaglia [ka'naʎʎa] <-glie> *f* Schurke *m*
canale [ka'na:le] *m* Kanal *m*
canapa ['ka:napa] *f* Hanf *m*
canapè [kana'pɛ] <-> *m* Kanapee *n*
Canarie [ka'na:rie] *fpl* **le** ~ die Kanarischen Inseln *fpl*
canarino[1] [kana'ri:no] *m* Kanarienvogel *m*
canarino[2] <inv> *agg* kanariengelb
cancellare [kantʃel'la:re] *vt* **1.** (*con la gomma*) ausradieren; (*con la penna*) durchstreichen; (INFORM) löschen **2.** (*fig: appuntamento*) absagen; (*volo, prenotazione*) stornieren
cancellata [kantʃel'la:ta] *f* Gitterwerk *n*
cancelleria [kantʃelle'ri:a] <-ie> *f* **1.** (POL, JUR, ADM) Kanzlei *f* **2.** (*materiale*) Bürobedarf *m;* **cancelliere** [kantʃel'liɛ:re] *m* **1.** (POL) Kanzler *m* **2.** (JUR) Urkundsbeamte(r) *m*
cancello [kan'tʃɛllo] *m* Gittertor *n*
cancerogeno [kantʃe'rɔ:dʒeno] *m* Krebserreger *m*
cancerogeno, **-a** *agg* Krebs erregend
cancrena [kaŋ'krɛ:na] *f* (MED) Brand *m*
cancro ['kaŋkro] *m* (ZOO, MED, ASTR) Krebs *m;* **sono (del) Cancro** (ASTR) ich bin (ein) Krebs
candeggiare [kanded'dʒa:re] *vt* bleichen; **candeggina**® [kanded'dʒi:na] *f* Bleichmittel *n*
candela [kan'de:la] *f* **1.** (*di cera*) Kerze *f* **2.** (AUTO) Zündkerze *f;* **candeliere** [kande'liɛ:re] *m* Kerzenhalter *m*
candidamente [kandida'mente] *avv* (*con schiettezza*) treuherzig; (*ingenuamente*) naiv
candidare [kandi'da:re] **I.** *vt* als Kandidaten aufstellen **II.** *vr* **-rsi** kandidieren
candidato, **-a** [kandi'da:to] *m, f* Kandidat(in) *m(f);* (*ad un esame*) Prüfungskandidat(in) *m(f)*
candid camera ['kændid 'kæmərə] <-> *f* Versteckte Kamera
candido, **-a** ['kandido] *agg* **1.** (*pulito*) rein **2.** (*fig*) naiv
candito [kan'di:to] <*gener al pl*> *m* kandierte Früchte *fpl*
candito, **-a** *agg* kandiert
cane ['ka:ne] *m* Hund *m*
canestro [ka'nɛstro] *m* Korb *m*
canfora ['kanfora] *f* Kampfer *m*
canguro [kaŋ'gu:ro] *m* Känguru *n*
canile [ka'ni:le] *m* (*allevamento*) Hundezucht *f*
canino [ka'ni:no] *m* Eckzahn *m*
canino, **-a** *agg* Hunde-
canna ['kanna] *f* **1.** (BOT) Rohr *n* **2.** (*da pesca*) Angelrute *f* **3.** (*sl*) **farsi una** ~ (*fumare marijuana*) einen Joint rauchen
cannare [kan'na:re] **I.** *vt* (*sl: sbagliare*) verpatzen **II.** *vi* (*sl: fallire*) durchfallen
cannella [kan'nɛlla] *f* Zimt *m*
cannelloni [kannel'lo:ni] *mpl* (GASTR) *große Rohrnudeln zum Füllen*
cannibale [kan'ni:bale] *mf* Kannibale *m,* Kannibalin *f*
cannocchiale [kannok'kia:le] *m* Fernrohr *n*
cannonata [kanno'na:ta] *f* **1.** (MIL) Kanonenschuss *m* **2.** (*fig fam*) Bombensache *f;* **cannone** [kan'no:ne] *m* **1.** (MIL) Kanone *f* **2.** (*fig fam*) Ass *n;* **cannoniere** [kanno'niɛ:re] *m* (*nel calcio*) Torjäger *m*
cannuccia [kan'nuttʃa] <-cce> *f* (*per bibite*) Strohhalm *m*
canoa [ka'nɔ:a] *f* Kajak *m o n*
canone [ka'no:ne] *m* **1.** (*norma*) Regel *f* **2.** (RADIO, TV) Gebühr *f;* ~ **d'affitto** Miete *f*
canonica [ka'nɔ:nika] <-che> *f* Pfarrhaus *n*
canonico [ka'nɔ:niko] <-ci> *m* Kanoniker *m*

canonico, -a <-ci, -che> *agg* kanonisch

canoro, -a [ka'nɔːro] *agg* Sing-

canottaggio [kanot'taddʒo] <-ggi> *m* Rudersport *m*

canottiera [kanot'tiɛːra] *f* Unterhemd *n*

canottiere [kanot'tiɛːre] *m* Ruderer *m;* **canotto** [ka'nɔtto] *m* Schlauchboot *n*

cantante [kan'tante] *mf* Sänger(in) *m(f);* **cantare** [kan'taːre] **I.** *vi* **1.** (MUS) singen **2.** (*uccelli*) zwitschern **II.** *vt* (*canzoni*) singen; **cantautore**, **-trice** [kantau'toːre] *m, f* Liedermacher(in) *m(f);* **canticchiare** [kantik'kiaːre] *vt, vi* trällern; **cantico** ['kantiko] <-ci> *m* Lobgesang *m*

cantiere [kan'tiɛːre] *m* Baustelle *f*

cantina [kan'tiːna] *f* Keller *m*

canto ['kanto] *m* **1.** (MUS) Gesang *m* **2.** (*parte*) **d'altro ~** andererseits; **dal ~ mio/loro** was mich/sie betrifft

cantonale [kanto'naːle] *agg* (*della Svizzera*) kantonal; **cantone** [kan'toːne] *m* **1.** (*angolo*) Ecke *f* **2.** (*della Svizzera*) Kanton *m;* **Lago dei Quattro Cantoni** Vierwaldstättersee *m*

cantoniera [kanto'niɛːra] *f* (*di ferrovia e strade*) Bahnwärterhäuschen *n;* **cantoniere** [kanto'niɛːre] *m* Bahnwärter *m*

canuto [ka'nuːto] *agg* weißhaarig

canzonare [kantso'naːre] *vt* verspotten

canzone [kan'tsoːne] *f* Lied *n;* **canzoniere** [kantso'niɛːre] *m* (LIT, MUS) Liedersammlung *f*

caos ['kaːos] <-> *m* Chaos *n;* **caotico, -a** [ka'ɔːtiko] <-ci, -che> *agg* chaotisch

cap. *abbr di* **capitolo** Kap.

C.A.P. [kap] <-> *m abbr di* **Codice di Avviamento Postale** PLZ

capace [ka'paːtʃe] *agg* **1.** (*persona*) fähig, geschickt **2.** (*ambiente*) weit **3.** (*supposizione*) **è ~ che piova** es kann sein, dass es bald regnet; **capacità** [kapatʃi'ta] <-> *f* **1.** (*di contenere*) Fassungsvermögen *n* **2.** (*abilità*) Fähigkeit *f*

capanna [ka'panna] *f* Hütte *f*

capanno [ka'panno] *m* Badekabine *f*

capannone [kapan'noːne] *m* Scheune *f,* Stadel *m A*

caparbietà [kaparbie'ta] <-> *f* Dickköpfigkeit *f;* **caparbio, -a** [ka'parbio] <-i, -ie> *agg* dickköpfig

caparra [ka'parra] *f* Anzahlung *f,* Angabe *f A*

capatina [kapa'tiːna] *f* **fare una ~** auf einen Sprung vorbeikommen

capeggiare [kaped'dʒaːre] *vt* anführen

capellini [kapel'liːni] *mpl* (GASTR) *lange Fadennudeln*

capello [ka'pello] *m* Haar *n;* **portare i -i lunghi/corti** lange/kurze Haare haben; **capellone, -a** [kapel'loːne] **I.** *m, f* (*fam*) Langhaarige(r) *f(m)* **II.** *agg* langhaarig

capezzolo [ka'pettsolo] *m* Brustwarze *f*

capi- [kapi] (*in Zusammensetzungen*) *v. a.* **capo-**

capiente [ka'piɛnte] *agg* geräumig; **capienza** [ka'piɛntsa] *f* Fassungsvermögen *n*

capigliatura [kapiʎʎa'tuːra] *f* Haare *npl*

capillare [kapil'laːre] **I.** *agg* **1.** (ANAT) kapillar **2.** (*fig*) detailliert **II.** *m* Kapillargefäß *n*

capinera [kapi'neːra] *f* Mönchsgrasmücke *f*

capire [ka'piːre] <capisco> **I.** *vt* verstehen; **far ~ qc a qu** jdm etw begreiflich machen **II.** *vi essere* klar sein; **farsi ~** sich verständlich machen **III.** *vr* **-rsi** sich verstehen; **ci siamo capiti?** haben wir uns verstanden?

capitale [kapi'taːle] **I.** *agg* (*principale*) Haupt- **II.** *f* Hauptstadt *f* **III.** *m* Kapital *n*

capitalismo [kapita'lizmo] *m* Kapitalismus *m;* **capitalista** [kapita'lista] <-i *m,* -e *f*> *mf* Kapitalist(in) *m(f);* **capitalistico, -a** [kapita'listiko] <-ci, -che> *agg* kapitalistisch

capitanare [kapita'naːre] *vt* leiten

capitaneria [kapitane'riːa] <-ie> *f* (*di porto*) Hafenbehörde *f*

capitano [kapi'taːno] *m* **1.** (NAUT, SPORT) Kapitän *m* **2.** (*fig*) Anführer *m*

capitare [kapi'taːre] *vi essere* (*giungere*) (zufällig) kommen; (*succedere*) passieren; **dove capita** irgendwohin

capitolo [ka'piːtolo] *m* Kapitel *n*

capitombolo [kapi'tombolo] *m* Purzelbaum *m*

capitone [kapi'toːne] *m* fetter weiblicher Aal

capo ['kaːpo] *m* **1.** (ANAT) Kopf *m;* **non avere né ~ né coda** weder Hand noch Fuß haben **2.** (*chi comanda*) Führer(in) *m(f);* (*in ufficio*) Chef(in) *m(f);* **~ del governo** Regierungschef *m;* **~ dello stato** Staatschef *m* **3.** (*singolo oggetto*) Stück *n* **4.** (*principio*) **cominciare da ~** von vorne anfangen

capoarea [kapoa'reːa] <capiarea *m,* – *f*>

mf Gebietsleiter(in) *m(f)*

capocomico, -a [kapo'kɔːmiko] <-ci, -che> *m, f* Leiter(in) *m(f)* einer Schauspieltruppe; **capocronista** [kapokro'nista] <capicronisti *m*, -e *f*> *mf* leitende(r) Nachrichtenredakteur(in) *m(f)*; **capocuoco, -a** [kapo'kuɔːko] <-chi, -che> *m, f* Chefkoch *m*, -köchin *f*

capodanno, capo d'anno [kapo'danno] *m* Neujahr *n*; **capofabbrica** [kapo'fabbrika] <capifabbrica *m*, – *f*> *mf* Werkmeister(in) *m(f)*; **capofamiglia** [kapofa'miʎʎa] <capifamiglia *m*, – *f*> *mf* Familienoberhaupt *n*

capofitto [kapo'fitto] *avv* **a** ~ kopfüber

capogiro [kapo'dʒiːro] *m* Schwindel *m*

capogruppo [kapo'gruppo] <capigruppo *m*, – *f*> *mf* Gruppenleiter(in) *m(f)*

capolavoro [kapola'voːro] *m* Meisterwerk *n*

capolinea [kapo'liːnea] <capilinea> *m* Endstation *f*

capolista[1] [kapo'lista] <capilista *m*, – *f*> *mf* Listenführer(in) *m(f)*

capolista[2] <inv> *agg* **candidato** ~ (POL) Spitzenkandidat(in) *m(f)*; **squadra** ~ (SPORT) Tabellenführer *m*

capoluogo [kapo'luɔːgo] <capoluoghi> *m* Hauptstadt *f*

capomafia [kapo'maːfia] <capimafia> *m* Mafiaboss *m*

capoofficina [kapooffi'tʃiːna] <capiofficina *m*, – *f*> *mf* Werkstattleiter(in) *m(f)*

caporale [kapo'raːle] *m* Obergefreite(r) *m*

caporedattore, -trice [kaporedat'toːre] <capiredattori *m*, caporedattrici *f*> *m, f* Chefredakteur(in) *m(f)*; **caporeparto** [kapore'parto] <capireparto *m*, – *f*> *mf* Abteilungsleiter(in) *m(f)*; **caposala** [kapo'saːla] <capisala *m*, – *f*> *mf* (*in ospedale*) Stationspfleger *m*, -schwester *f*

caposaldo [kapo'saldo] <capisaldi> *m* (*fig*) Angelpunkt *m*

caposezione [kaposet'tsioːne] <capisezione *m*, – *f*> *mf* Abteilungsleiter(in) *m(f)*

caposquadra [kapos'kuaːdra] <capisquadra *m*, – *f*> *mf* Mannschaftsführer(in) *m(f)*

capostazione [kapostat'tsioːne] <capistazione *m*, – *f*> *mf* Bahnhofsvorsteher(in) *m(f)*

capotavola[1] [kapo'taːvola] <capitavola *m*, – *f*> *mf* **essere il** ~ den Ehrenplatz (am oberen Tischende) einnehmen

capotavola[2] <capitavola> *m* Tischende *n*

capote [ka'pɔt] <-> *f* Verdeck *n*

capotreno [kapo'trɛːno] <-i *m*, – *f*> *mf* Zugführer(in) *m(f)*

cap(o)ufficio, capo ufficio [kap(o)uf'fiːtʃo] <capi ufficio *m*, – *f*> *mf* Bürovorsteher(in) *m(f)*

capoverso [kapo'vɛrso] *m* Absatz *m*

capovolgere [kapo'vɔldʒere] <irr> **I.** *vt* **1.** (*voltare*) umdrehen **2.** (*fig*) umkehren **II.** *vr* **-rsi** (*barca*) kentern; **capovolgimento** [kapovoldʒi'mento] *m* (*fig*) Umwälzung *f*

cappa[1] ['kappa] *f* (*del camino*) Rauchfang *m*

cappa[2] <-> *m o f v.* **K, k**

cappella [kap'pɛlla] *f* Kapelle *f*

cappellano [kappel'laːno] *m* Kaplan *m*

cappelletti [kappel'letti] *mpl* (GASTR) *kleine gefüllte Nudeln*

cappellino [kappel'liːno] *m* (Damen)hütchen *n*

cappello [kap'pɛllo] *m* Hut *m*; **tanto di ~!** Hut ab!

capperi ['kapperi] *int* (*fam*) Donnerwetter!

cappero ['kappero] *m* (GASTR) Kaper *f*

cappone [kap'poːne] *m* Kapaun *m*

cappotto [kap'pɔtto] *m* Mantel *m*

cappuccino [kapput'tʃiːno] *m* **1.** (GASTR) Cappuccino *m* **2.** (REL) Kapuziner *m*

cappuccino, -a *agg* Kapuziner-

cappuccio [kap'puttʃo] <-cci> **I.** *m* **1.** (*copricapo*) Kapuze *f* **2.** (*di penna, biro*) Kappe *f* **3.** (*fam* GASTR) Cappuccino *m* **II.** *agg* **cavolo** ~ Weißkohl *m*

capra ['kaːpra] *f* Ziege *f*; **capraio, -a** [ka'praːio] <-ai, -aie> *m, f* Ziegenhirt(in) *m(f)*

caprese [ka'preːse] **I.** *agg* aus Capri stammend **II.** *mf* Capreser(in) *m(f)* **III.** *f* (GASTR) *Tomatensalat mit Mozzarella und Basilikum*

capretto [ka'pretto] *m* (ZOO, GASTR) Zicklein *n*

Capri *f Insel im Golf von Neapel*

capriccio [ka'prittʃo] <-cci> *m* Laune *f*; **capriccioso, -a** [kaprit'tʃoːso] *agg* **1.** (*bambino*) bockig; (*ragazza*) launisch **2.** (*cappellino, vestito*) extravagant

capricorno [kapri'kɔrno] *m* (ZOO, ASTR) Steinbock *m*; **sono (del) Capricorno** (ASTR) ich bin (ein) Steinbock

caprifoglio [kapri'fɔʎʎo] *m* Geißblatt *n*

caprino [ka'pri:no] *m* (GASTR) Ziegenkäse *m*

capriola [kapri'ɔ:la] *f* **1.** (*salto*) Purzelbaum *m;* **fare le -e** Purzelbäume schlagen **2.** (ZOO) Ricke *f*

capriolo [kapri'ɔ:lo] *m* Reh *n*

capro ['ka:pro] *m* ~ **espiatorio** (*fig*) Sündenbock *m;* **caprone** [ka'pro:ne] *m* **1.** (ZOO) Ziegenbock *m* **2.** (*fig, pej*) ungepflegter Mensch

capsula ['kapsula] *f* (MED, AERO) Kapsel *f*

captare [kap'ta:re] *vt* **1.** (TEL, RADIO) empfangen **2.** (*intuire*) fühlen

capufficio [kapuf'fi:tʃo] *v.* **cap(o)ufficio**

C.A.R. *m* (MIL) *acro di* **Centro Addestramento Reclute** *Ausbildungszentrum für Rekruten*

carabina [kara'bi:na] *f* Karabiner *m*

carabiniere [karabi'niɛ:re] *m* Karabiniere *m*

Die **Carabinieri** sind die vierte Streitkraft Italiens neben **Esercito, Marina** und **Aviazione** und erfüllen neben der **Polizia di Stato** sowohl militärische als auch zivile Aufgaben, wie die Aufrechterhaltung der öffentlichen Ordnung.

caraffa [ka'raffa] *f* Karaffe *f*

caramba [ka'ramba] *int* Mensch!

caramella [kara'mɛlla] *f* Bonbon *n o m,* Zuckerl *n A*

caramello [kara'mɛllo] *m* Karamell *m*

carato [ka'ra:to] *m* Karat *n*

carattere [ka'rattere] *m* **1.** (*indole*) Charakter *m* **2.** (TYP) ~ **corsivo/grassetto** Kursivschrift/halbfette Schrift **3.** (INFORM) Zeichen *n;* **caratteriale** [karatte'ria:le] **I.** *agg* Charakter- **II.** *mf* Verhaltensgestörte(r) *f(m)*

caratteristica [karatte'ristika] <-che> *f* Eigenheit *f;* **caratteristico, -a** [karatte'ristiko] <-ci, -che> *agg* charakteristisch, typisch

caratterizzare [karatterid'dza:re] *vt* charakterisieren

caravan [kærə'væn] <-> *m* Wohnwagen *m*

caravella [kara'vɛlla] *f* Karavelle *f*

carboidrato [karboi'dra:to] *m* Kohle(n)hydrat *n*

carbonaro, -a *agg* **1.** (HIST) **moti -i** die Aufstände *mpl* der Karbonari **2.** (GASTR) **alla -a** *mit Speck und Eiern*

carboncino [karbon'tʃi:no] *m* (*per disegnare*) Kohlestift *m*

carbone [kar'bo:ne] *m* (MIN) Kohle *f*

carbonico, -a <-ci, -che> *agg* kohlensauer; **anidride -a** Kohlendioxyd *n*

carbonifero, -a *agg* kohlehaltig; (*regione*) Kohlenrevier *n;* (*in Germania*) Ruhrgebiet *n*

carburante [karbu'rante] *m* Treibstoff *m*

carburare [karbu'ra:re] *vt* vergasen; **carburatore** [karbura'to:re] *m* Vergaser *m*

carcerare [kartʃe'ra:re] *vt* inhaftieren; **carcerato, -a** [kartʃe'ra:to] *m, f* Häftling *m;* **carcerazione** [kartʃerat'tsio:ne] *f* **1.** (*provvedimento*) Inhaftierung *f* **2.** (*periodo*) Haft *f;* **carcere** ['kartʃere] <*pl:* -i *f*> *m* **1.** (*luogo*) Gefängnis *n* **2.** (*pena*) Gefängnisstrafe *f;* **carceriere, -a** [kartʃe'riɛ:re] *m, f* Gefängniswärter(in) *m(f)*

carcinoma [kartʃi'nɔ:ma] <-i> *m* Karzinom *n*

carciofo [kar'tʃɔ:fo] *m* Artischocke *f*

card [ka:d] <-> *f* Karte *f;* (*carta di credito*) Kreditkarte *f*

cardellino [kardel'li:no] *m* Stieglitz *m*

cardiaco, -a [kar'di:ako] <-ci, -che> *agg* Herz-

cardinale [kardi'na:le] **I.** *agg* Grund-, hauptsächlich **II.** *m* Kardinal *m*

cardine ['kardine] *m* **1.** (*di porta, finestra*) Angel *f* **2.** (*fig*) Grundlage *f*

cardiochirurgia [kardiokirur'dʒia] <-gie> *f* Herzchirurgie *f;* **cardiochirurgico, -a** [kardioki'rurdʒiko] <-ci, -che> *agg* herzchirurgisch; **cardiochirurgo, -a** [kardioki'rurgo] <-ghi, -ghe> *m, f* Herzchirurg(in) *m(f)*

cardiologia [kardiolo'dʒi:a] <-gie> *f* Kardiologie *f;* **cardiologo, -a** [kar'diɔ:logo] <-gi, -ghe> *m, f* Kardiologe *m,* -login *f;* **cardiopatico, -a** [kardio'pa:tiko] <-ci, -che> **I.** *agg* herzkrank **II.** *m, f* Herzkranke(r) *f(m)*

carente [ka'rɛnte] *agg* arm

carenza [ka'rɛntsa] *f* Mangel *m*

carestia [kares'ti:a] <-ie> *f* (Hungers)not *f*

carezza [ka'rettsa] *f* Streicheln *n;* **carezzare** [karet'tsa:re] *vt* streicheln

cariare [ka'ria:re] **I.** *vt* Karies verursachen bei **II.** *vr* **-rsi** von Karies befallen werden

carica ['ka:rika] <-che> *f* **1.** (ADM) Amt *n;*

essere in ~ ein Amt innehaben **2.** (PHYS, EL) Ladung *f* **3.** (*fig*) Elan *m*

caricabatteria [karikabatte'riːa] <-> *m* Batterieladegerät *n*

caricare [kari'kaːre] **I.** *vt* **1.** (*macchina, camion*) (be)laden **2.** (*persona*) ~ **qu di qc** jdm etw auflasten **II.** *vr* **-rsi di qc** sich mit etw belasten

caricatura [karika'tuːra] *f* Karikatur *f;* **caricaturista** [karikatu'rista] <-i *m*, -e *f*> *mf* Karikaturist(in) *m(f)*

carico ['kaːriko] <-chi> *m* **1.** (*di merce*) Verladung *f* **2.** (*fig*) Verantwortung *f;* **avere la famiglia a** ~ die Familie ernähren müssen; **a** ~ **di** zu Lasten von

carico, -a <-chi, -che> *agg* **1.** (*carro, camion, nave*) beladen **2.** (*fig*) überhäuft

carie ['kaːrie] <-> *f* Karies *f*

carillon [kari'jɔ̃] <-> *m* Glockenspiel *n*

carino, -a [ka'riːno] *agg* hübsch

Carinzia [ka'rintsia] *f* Kärnten *n*

carisma [ka'rizma] <-i> *m* Charisma *n;* **carismatico, -a** [karis'maːtiko] <-ci, -che> *agg* charismatisch

carità [kari'ta] <-> *f* **1.** (*elemosina*) **chiedere/fare la** ~ um Almosen bitten/Almosen gewähren **2.** (*loc*) **per ~!** (*fam*) um Himmels Willen!; **caritatevole** [karita'teːvole] *agg* barmherzig

carmelitano, -a [karmeli'taːno] **I.** *agg* Karmeliter- **II.** *m, f* Karmeliter(in) *m(f)*

carminio [kar'miːnio] <-i> *m* Karmin(rot) *n*

carnagione [karna'dʒoːne] *f* Hautfarbe *f*

carnale [kar'naːle] *agg* **1.** (*sensuale*) sinnlich **2.** (*fratello, cugino*) blutsverwandt

carne ['karne] *f* Fleisch *n*

carnefice [kar'neːfitʃe] *m* Henker *m;* **carneficina** [karnefi'tʃiːna] *f* Blutbad *n*

carnet [kar'nɛ] <-> *m* ~ **di assegni** Scheckheft *n*

carnevale [karne'vaːle] *m* Karneval *m,* Fasching *m*

> Der **Carnevale** ist die Zeit vor dem Beginn der Fastenzeit, die mit Festen, Karnevalsumzügen, Feuerwerksveranstaltungen und Kostümierungen gefeiert wird. Höhepunkt des Carnevale ist der **Martedì grasso**, der Faschingsdienstag. Die berühmtesten Karnevalsumzüge Italiens finden in Venedig und in Viareggio statt.

carnevalesco, -a [karneva'lesko] <-schi, -sche> *agg* karnevalistisch

carnivoro, -a [kar'niːvoro] *agg* Fleisch fressend

carnoso, -a [kar'noːso] *agg* fleischig

caro, -a ['kaːro] **I.** *agg* **1.** (*a cui si vuol bene*) lieb; (*gentile*) nett; (**tanti**) **-i saluti** (viele) liebe Grüße; **sono stati molto -i con me** sie waren sehr nett zu mir; **questo quadro mi è molto** ~ ich hänge sehr an diesem Bild **2.** (*costoso*) teuer **II.** *avv* teuer **III.** *m, f* Liebe(r) *f(m)*

carogna [ka'roɲɲa] *f* (*a fig*) Aas *n;* **carognata** [karoɲ'ɲaːta] *f* (*fam*) Gemeinheit *f*

carosello [karo'zɛllo] *m* Karussell *n,* Ringelspiel *n A*

carota [ka'rɔːta] *f* Möhre *f*

carotene [karo'tɛːne] *m* Karotin *n*

carovana [karo'vaːna] *f* Karawane *f;* **carovaniere** [karova'niɛːre] *m* Karawanenführer *m*

carpa ['karpa] *f* Karpfen *m*

carpentiere [karpen'tiɛːre] *m* Zimmermann *m*

carpire [kar'piːre] <carpisco> *vt* (*con frode*) ergaunern; (*segreto*) entlocken

carpo ['karpo] *m* Handwurzel *f*

carrabile [kar'raːbile] *agg* befahrbar; **passo** ~ Auf-/Einfahrt *f*

carré [ka're] <-> *m* (GASTR) Rippenstück *n;* **pan** ~ Toastbrot *n*

carreggiata [karred'dʒaːta] *f* (Fahr)bahn *f*

carrello [kar'rɛllo] *m* Wagen *m*

carretto [kar'retto] *m* Karren *m*

carriera [kar'riɛːra] *f* (*professione*) Beruf *m;* **far** ~ Karriere machen; **carrierista** [karrie'rista] <-i *m*, -e *f*> *mf* Karrieremacher(in) *m(f)*

carro ['karro] *m* Wagen *m;* ~ **attrezzi** Abschleppwagen *m*

carrozza [kar'rɔttsa] *f* **1.** (*vettura*) Kutsche *f* **2.** (FERR) Eisenbahnwagen *m;* **signori, in ~!** alles einsteigen!; **carrozzabile** [karrot'tsaːbile] **I.** *agg* befahrbar **II.** *f* befahrbare Straße; **carrozzella** [karrot'tsɛlla] *f* **1.** (*per bambini*) Kinderwagen *m* **2.** (MED) Rollstuhl *m;* **carrozziere** [karrot'tsiɛːre] *m* Autoschlosser *m*

carrozzina [karrot'tsiːna] *f* Kinderwagen *m;* **carrozzone** [karrot'tsoːne] *m* Zirkuswagen *m*

carta ['karta] *f* **1.** (*materiale*) Papier *n;* ~ **da**

C

lettere Briefpapier *n;* ~ **igienica** Toilettenpapier *n;* ~ **oleata** Butterbrotpapier *n* **2.** (JUR, ADM) Papiere *npl;* ~ **d'identità** Personalausweis *m;* ~ **di credito** Kreditkarte *f;* ~ **telefonica** Telefonkarte *f* **3.** (*da gioco*) Spielkarte *f* **4.** (*stradale*) Straßenkarte *f;* **cartaceo, -a** [kar'taːtʃeo] *agg* Papier-; **cartamoneta** [kartamo'neːta] *f* Papiergeld *n;* **cartapesta** [karta'pesta] *f* Pappmaschee *n;* **cartastraccia** [kartas'trattʃa] <carte-stracce> *f* Altpapier *n*

carteggio [kar'teddʒo] <-ggi> *m* Briefwechsel *m*

cartella [kar'tɛlla] *f* **1.** (FIN) ~ **delle tasse** Steuerbescheid *m* **2.** (*per la scuola*) Schultasche *f*

cartellino [kartel'liːno] *m* (*targhetta*) Namensschild *n;* ~ **giallo/rosso** (SPORT) gelbe/rote Karte

cartello [kar'tɛllo] *m* **1.** (*avviso*) Anschlag *m* **2.** (*insegna*) Schild *n;* ~ **stradale** (Straßen)verkehrsschild *n*

cartellone [kartel'loːne] *m* **1.** (*per pubblicità*) (Werbe)plakat *n* **2.** (THEAT) Spielplan *m*

carter ['karter] <-> *m* Motorgehäuse *n;* (*di bicicletta*) Kettenschutz *m*

cartesiano, -a [karte'siaːno] *agg* (MAT) kartesisch

cartevalori, carte-valori [karteva'loːri] *fpl* Wertpapiere *npl*

cartilagine [karti'laːdʒine] *f* Knorpel *m;* **cartilaginoso, -a** [kartiladʒi'noːso] *agg* knorp(e)lig

cartina [kar'tiːna] *f* **1.** (*per sigarette*) Zigarettenpapier *n* **2.** (GEOG) (Land)karte *f;* (*della città*) Stadtplan *m*

cartoccio [kar'tɔttʃo] <-cci> *m* **1.** Tüte *f,* Sackerl *n A* **2.** (GASTR) **pesce/pollo al** ~ Fisch/Hähnchen in Folie (gebacken)

cartografia [kartogra'fiːa] *f* Kartografie *f;* **cartografo, -a** [kar'tɔːgrafo] *m, f* Kartograf(in) *m(f)*

cartolaio, -a [karto'laːio] <-ai, -aie> *m, f* Schreibwarenhändler(in) *m(f);* **cartoleria** [kartole'riːa] <-ie> *f* Schreibwarenhandlung *f;* **cartolibreria** [kartolibre'riːa] <-ie> *f* Buch- und Schreibwarenhandlung *f*

cartolina [karto'liːna] *f* Karte *f;* ~ **postale/illustrata** Post-/Ansichtskarte *f*

cartomante [karto'mante] *mf* Kartenleger(in) *m(f);* **cartomanzia** [kartoman'tsiːa] <-ie> *f* Kartenlegen *n*

cartoncino [karton'tʃiːno] *m* (*biglietto*) Kärtchen *n;* ~ **d'auguri** Glückwunschkarte *f,* Billet *n A*

cartone [kar'toːne] *m* **1.** (*carta consistente*) Pappe *f* **2.** (*loc*) **-i animati** (Zeichen)trickfilm *m;* **cartoon** [kaː'tuːn] <-> *m* **1.** (*fumetto*) Cartoon *m* **2.** (FILM) Zeichentrick *m*

cartuccia [kar'tuttʃa] <-cce> *f* (*arma, penna*) Patrone *f*

casa ['kaːsa] *f* **1.** (*ambiente in cui si vive*) Haus *n;* **essere a** ~ zu Hause sein, daheim sein *A;* **a** ~ **mia** bei mir zu Hause; **andare a** ~ nach Hause gehen; **cercare** ~ eine Wohnung suchen; **fatto in** ~ hausgemacht **2.** (*istituto*) ~ **di cura privata** Privatklinik *f;* ~ **dello studente** Studentenwohnheim *n* **3.** (COM) ~ **editrice** Verlag *m*

casaccio [ka'zattʃo] *m* **a** ~ aufs Geratewohl

casalinghi [kasa'liŋgi] *mpl* Haushaltswaren *fpl*

casalingo, -a [kasa'liŋgo] <-ghi, -ghe> **I.** *agg* **1.** (*vita, persona*) häuslich **2.** (SPORT) Heim-; **incontro** ~ Heimspiel *n* **II.** *m, f* Hausmann *m,* -frau *f*

cascare [kas'kaːre] *vi essere* fallen; ~ **dalla fame/dal sonno** (*fam*) vor Hunger/Müdigkeit umfallen; **ci sono cascato!** (*fig, fam*) ich bin darauf hereingefallen!

cascata [kas'kaːta] *f* Wasserfall *m*

cascina [kaʃ'ʃiːna] *f* Bauernhof *m*

cascinale [kaʃʃi'naːle] *m* Landhaus *n*

casco[1] ['kasko] <-schi> *m* **1.** (*per il capo*) (Schutz)helm *m* **2.** (*per capelli*) (Trocken)haube *f*

casco[2] <inv> *agg* **assicurazione** ~ Kaskoversicherung *f*

caseario, -a [kaze'aːrio] <-i, -ie> *agg* Käse-, Molkerei-

caseggiato [kased'dʒaːto] *m* Siedlung *f*

caseificio [kazei'fiːtʃo] <-ci> *m* Käserei *f*

casella [ka'sɛlla] *f* **1.** (*posta*) ~ **postale** Postfach *n* **2.** (*di foglio*) Kästchen *n* **3.** (INFORM) Feld *n;* ~ **di dialogo** Dialogfeld *n*

casellante [kasel'lante] *mf* **1.** (FERR) Bahnwärter(in) *m(f)* **2.** (*di autostrada*) Mautner(in) *m(f) A*

casello [ka'sɛllo] *m* **1.** (*di autostrada*) Autobahnzahlstelle *f,* Mautstelle *f A* **2.** (FERR) Bahnwärterhäuschen *n*

casereccio, -a [kase'rettʃo] <-cci, -cce>

agg hausgemacht
caserma [ka'sɛrma] *f* Kaserne *f*
Caserta *f Stadt in Kampanien*
casertano, **-a I.** *agg* aus Caserta stammend **II.** *m, f* Einwohner(in) *m(f)* von Caserta
cash ['kæʃ] <-> *m* Bargeld *n;* **pagare in ~** bar bezahlen; **cash-and-carry** ['kæʃən(d)'kæri] <-> *m* (COM) cash and carry *m;* **cash flow** ['kæʃ flou] <-> *m* (FIN, COM) Kassenzufluss *m*
casino [ka'siːno] *m* **1.** (*fam: confusione*) Durcheinander *n;* (*chiasso*) Krach *m* **2.** (*fam: casa di prostituzione*) Puff *m*
casinò [kazi'nɔ] <-> *m* (Spiel)kasino *n*
casistica [ka'zistika] <-che> *f* Statistik *f*
caso ['kaːzo] *m* **1.** (*avvenimento fortuito*) Zufall *m;* **per ~** durch Zufall **2.** (*ipotesi*) Fall *m;* **in ~ contrario** ander(e)nfalls, ansonsten; **in ogni ~** auf jeden Fall, jedenfalls; **in nessun ~** keinesfalls; **nel ~ che ...** falls ...; **in ~ di morte/malattia** im Todes-/Krankheitsfall **3.** (LING) Fall *m*
casolare [kaso'laːre] *m* abgelegenes Haus
casomai, **caso mai** [kazo'maːi, 'kaːzo 'maːi] *cong+conj* falls
caspita ['kaspita] *int* (*fam*) Donnerwetter!
cassa ['kassa] *f* **1.** (*recipiente*) Kiste *f* **2.** (COM, FIN) Kasse *f,* Kassa *f A;* **~ di risparmio** Sparkasse *f;* **~ malattie** Krankenkasse *f*
cassaforte [kassa'fɔrte] <casseforti> *f* Geldschrank *m*
cassapanca [kassa'paŋka] <-che> *f* Sitztruhe *f*
cassata [kas'saːta] *f* (GASTR) *sizil. Torte mit Ricotta-Käse, Schokolade und kandierten Früchten*
cassazione [kassat'tsioːne] *f* Berufung *f*
casseruola [kasse'ruɔːla] *f* Kasserolle *f*
cassetta [kas'setta] *f* **1.** (*piccola cassa*) Kasten *m;* **~ delle lettere** Briefkasten *m;* **~ postale elettronica** (INFORM) Mailbox *f* **2.** (*di registratore, video*) Kassette *f*
cassetto [kas'setto] *m* Schublade *f*
cassettone [kasset'toːne] *m* Kommode *f*
cassiere, **-a** [kas'siɛːre] *m, f* Kassierer(in) *m(f),* Kassier *A*
cassintegrato, **-a** [kassinte'graːto] **I.** *m, f* Kurzarbeiter(in) *m(f)* **II.** *agg* Kurzarbeit-
cassonetto [kasso'netto] *m* (*per spazzatura*) Müllcontainer *m*
cast [kaːst] <-> *m* Besetzung *f*
castagna [kas'taɲɲa] *f* Kastanie *f;* **castagnaccio** [kas'taɲ'ɲattʃo] <-cci> *m* (GASTR) *Kuchen aus Maronenmehl;* **castagneto** [kas'taɲ'ɲeːto] *m* Kastanienwald *m;* **castagno** [kas'taɲɲo] *m* Kastanienbaum *m*
castano, **-a** [kas'taːno] *agg* kastanienbraun
castello [kas'tɛllo] *m* Schloss *n*
castigare [kasti'gaːre] *vt* bestrafen; **castigato**, **-a** [kasti'gaːto] *agg* (*costumi, vita*) untadelig; **castigo** [kas'tiːgo] <-ghi> *m* Strafe *f*
castità [kasti'ta] <-> *f* Keuschheit *f;* **casto**, **-a** ['kasto] *agg* keusch
castorino [kasto'riːno] *m* (*pelliccia*) Nutriafell *n*
castoro [kas'tɔːro] *m* (ZOO) Biber *m*
castrante [kas'trante] *agg* (*fig*) frustrierend
castrare [kas'traːre] *vt* (*animale, uomo*) kastrieren
castrato [kas'traːto] *m* **1.** (ZOO) kastriertes Tier **2.** (GASTR) Hammelfleisch *n,* Schöpserne *n A*
casual ['kæʒuəl] **I.** <inv> *agg* leger **II.** *avv* **vestirsi ~** sich leger und bequem kleiden **III.** <-> *m* Freizeitmode *f*
casuale [kazu'aːle] *agg* zufällig; **casualità** [cazuali'ta] <-> *f* Zufälligkeit *f*
cataclisma [kata'klizma] <-i> *m* **1.** (*calamità naturale*) Naturkatastrophe *f* **2.** (*fig*) Umwälzung *f*
catacomba [kata'komba] *f* Katakombe *f*
catalitico, **-a** [kata'liːtiko] <-ci, -che> *agg* (MOT) katalytisch; **catalizzare** [katalid'dzaːre] *vt* **1.** (CHEM) katalysieren **2.** (*fig*) beschleunigen; **catalizzato**, **-a** [katalid'dzaːto] *agg* (AUTO) mit Katalysator
catalogare [katalo'gaːre] *vt* katalogisieren; **catalogo** [ka'taːlogo] <-ghi> *m* **1.** (*di libri, oggetti*) Katalog *m* **2.** (*fig*) Aufzählung *f*
catanese [kata'neːse] **I.** *agg* aus Catania stammend **II.** *mf* Einwohner(in) *m(f)* von Catania
Catania *f Stadt in Sizilien*
catanzarese [katantsa'reːse] **I.** *agg* aus Catanzaro **II.** *mf* Einwohner(in) *m(f)* von Catanzaro
Catanzaro *f Hauptstadt Kalabriens*
catarifrangente [katarifran'dʒɛnte] *m* Katzenauge *n fam*
catarro [ka'tarro] *m* Katarrh *m*

catasta [ka'tasta] *f* Stapel *m*

catasto [ka'tasto] *m* Kataster *m o n*

catastrofale [katastro'faːle] *agg* Katastrophen-

catastrofe [ka'tastrofe] *f* Katastrophe *f;* **catastrofico**, **-a** [katas'trɔːfiko] <-ci, -che> *agg* katastrophal

catechesi [kate'kɛːzi] <-> *f* Religionsunterricht *m;* **catechismo** [kate'kizmo] *m* Katechismus *m*

categoria [katego'riːa] <-ie> *f* Kategorie *f;* **categorico**, **-a** [kate'gɔːriko] <-ci, -che> *agg* kategorisch

catena [ka'teːna] *f* Kette *f;* **catenaccio** [kate'nattʃo] <-cci> *m* Riegel *m*

cateratta [kate'ratta] *f* grauer Star

catering ['keitəriŋ] <-> *m* Party-Service *m*

caterpillar® [kater'pillar] <-> *m* Raupenschlepper *m*

catetere [kate'tɛːre] *m* Katheter *m*

cateto [ka'tɛːto] *m* Kathete *f*

catinella [kati'nɛlla] *f* Waschschüssel *f;* **piove a -e** es gießt wie aus Kannen

catino [ka'tiːno] *m* Schüssel *f*

catodico, **-a** [ka'tɔːdiko] <-ci, -che> *agg* Kathoden-; **catodo** ['kaːtodo] *m* Kathode *f*

catrame [ka'traːme] *m* Teer *m*

cattedra ['kattedra] *f* **1.** (*di scuola*) Katheder *n* **2.** (*all'università*) Lehrstuhl *m*

cattedrale [katte'draːle] **I.** *f* Kathedrale *f* **II.** *agg* Kathedral-

cattedratico, **-a** [katte'draːtiko] <-ci, -che> **I.** *agg* professoral **II.** *m, f* Lehrstuhlinhaber(in) *m(f)*

cattiveria [katti'vɛːria] <-ie> *f* Bosheit *f*

cattivo [kat'tiːvo] *m* (*parte cattiva*) Schlechte(s) *n*

cattivo, **-a** <più cattivo , cattivissimo> **I.** *agg* **1.** (*persona*) böse **2.** (*cosa, tempo, aria*) schlecht **II.** *m, f* (*persona*) Böse(r) *f(m)*

cattolicesimo [kattoli'tʃeːzimo] *m* Katholizismus *m;* **cattolico**, **-a** [kat'tɔːliko] <-ci, -che> **I.** *agg* katholisch **II.** *m, f* Katholik(in) *m(f)*

cattura [kat'tuːra] *f* **1.** (*di persona*) Festnahme *f* **2.** (*di animale*) Fang *m;* **catturare** [kattu'raːre] *vt* fangen

caucciù [kaut'tʃu] <-> *m* Kautschuk *n*

causa ['kaːuza] *f* **1.** (*origine*) Ursache *f* **2.** (JUR) Klage *f* **3.** (*fig* POL, COM, SOC, REL) Sache *f* **4.** (*motivo*) Anlass *m;* **a ~ di** auf Grund von; **causale** [kau'zaːle] **I.** *agg* kausal **II.** *f* **1.** (LING) Kausalsatz *m* **2.** (JUR: *di un delitto*) (Beweg)grund *m* **3.** (COM: *di un pagamento*) Verwendungszweck *m;* **causare** [kau'zaːre] *vt* verursachen

caustico, **-a** ['kaːustiko] <-ci, -che> *agg* **1.** (CHEM) kaustisch **2.** (*fig*) beißend, rass *A*

cautela [kau'tɛːla] *f* Umsicht *f*

cautelare¹ [kaute'laːre] *agg* Vorsichts-

cautelare² **I.** *vt* (ab)sichern **II.** *vr* **-rsi** **1.** (*assicurarsi*) **-rsi contro qc** sich gegen etw absichern **2.** (*proteggersi*) **-rsi da qc** sich vor etw *dat* schützen

cauto, **-a** ['kaːuto] *agg* umsichtig

cauzionale [kauttsio'naːle] *agg* Kautions-; **cauzione** [kaut'tsioːne] *f* Kaution *f*

Cav. *abbr di* **Cavaliere** *Träger eines Verdienstordens*

cava ['kaːva] *f* Grube *f*

cavalcare [kaval'kaːre] **I.** *vt* reiten (auf +*dat*) **II.** *vi* reiten; **cavalcata** [kaval'kaːta] *f* Ritt *m*

cavalcavia [kavalka'viːa] <-> *m* Überführung *f*

cavalcioni [kaval'tʃoːni] *avv* **a ~** rittlings

cavaliere [kava'liɛːre] *m* **1.** (SPORT) Reiter *m* **2.** (*persona cortese*) Kavalier *m*

cavalla [ka'valla] *f* Stute *f*

cavalleresco, **-a** [kavalle'resko] <-schi, -sche> *agg* **1.** (LIT) höfisch **2.** (*fig*) edel; **cavalleria** [kavalle'riːa] <-ie> *f* **1.** (MIL) Kavallerie *f* **2.** (*fig*) Ritterlichkeit *f;* **cavallerizzo**, **-a** [kavalle'rittso] *m, f* Kunstreiter(in) *m(f)*

cavalletta [kaval'letta] *f* Heuschrecke *f*

cavalletto [kaval'letto] *m* (TEC) Gestell *n*

cavallina [kaval'liːna] *f* **1.** (ZOO) junge Stute **2.** (SPORT) Bock *m*

cavallo [ka'vallo] *m* **1.** (ZOO, SPORT) Pferd *n;* **~ bianco** Schimmel *m* **2.** (*di scacchi*) Pferd *n*

cavallone [kaval'loːne] *m* (*onda*) Brecher *m*

cavalluccio [kaval'luttʃo] <-cci> *m* **~ marino** Seepferdchen *n*

cavare [ka'vaːre] *vt* **1.** (*estrarre*) herausholen; (*dente*) ziehen **2.** (*levare*) wegnehmen **3. cavarsela** (*fam*) davonkommen; **come te la cavi?** wie kommst du zurecht?; **cavatappi** [kava'tappi] <-> *m* Korkenzieher *m*

caverna [ka'vɛrna] *f* Höhle *f;* **cavernoso**, **-a** [kaver'noːso] *agg* (*fig: cupo*) hohl; (*voce*) tief

caviale [ka'via:le] *m* Kaviar *m*

caviglia [ka'viʎʎa] <-glie> *f* Fußgelenk *n;* **cavigliera** [kaviʎ'ʎɛ:ra] *f* Fußgelenkbandage *f*

cavillare [kavil'la:re] *vi* Haarspaltereien treiben; **cavillo** [ka'villo] *m* Haarspalterei *f;* **cavilloso, -a** [kavil'lo:so] *agg* spitzfindig

cavità [kavi'ta] <-> *f* Höhle *f*

cavo ['ka:vo] *m* **1.** (ANAT) ~ **orale** Mundhöhle *f* **2.** (EL) Kabel *n*

cavo, -a *agg* hohl

cavolata [kavo'la:ta] *f* (*fig fam*) Dummheit *f*

cavolfiore [kavol'fio:re] <-> *m* Blumenkohl *m,* Karfiol *m A;* **cavolo** ['ka:volo] *m* Kohl *m;* ~ **cappuccio** Weißkohl *m;* **non me ne importa un** ~ (*vulg*) das kümmert mich einen Dreck

cazzata [kat'tsa:ta] *f* (*vulg*) Scheiß *m;* **cazzo** ['kattso] *m* (*vulg*) Schwanz *m;* **testa di** ~ Arschloch *n*

cazzotto [kat'tsɔtto] *m* (*fam*) Faustschlag *m;* **fare a -i con qu** sich mit jdm schlagen

c/c *abbr di* **conto corrente** Girokonto

CC *abbr di* **Carabinieri** Karabinieri

C.C. 1. *abbr di* **Codice Civile** ≈ BGB **2.** *abbr di* **Corte Costituzionale** ≈ (Bundes)verfassungsgericht **3.** *abbr di* **Corte di Cassazione** ≈ BGH **4.** *abbr di* **Corte dei Conti** ≈ (Bundes)rechnungshof

CCD *m abbr di* **Centro Cristiano Democratico** *christlich demokratische Partei Italiens*

CD <-> *m abbr di* **Compact Disc** CD *f;* **lettore** ~ CD-Player *m*

CD-RAM, cdRam *m acro di* **Compact Disc Random Access Memory** (INFORM) CD-RAM *f*

CD-ROM, cdRom *m acro di* **Compact Disc Read Only Memory** CD-ROM *f*

C.d.S. *abbr di* **Codice della Strada** StVO

CDU *m abbr di* **Cristiani Democratici Uniti** *christdemokratische Partei Italiens*

ce [tʃe] *pron pers* (*davanti a lo, la, li, le, ne*) *v.* **ci**

cece ['tʃe:tʃe] *m* Kichererbse *f*

cecità [tʃetʃi'ta] <-> *f* Blindheit *f*

ceco ['tʃɛ:ko] <*sing*> *m* (*lingua*) Tschechisch(e) *n*

ceco, -a <-chi, -che> **I.** *agg* (*della Repubblica Ceca*) tschechisch **II.** *m, f* Tscheche *m,* Tschechin *f*

cedere ['tʃɛ:dere] **I.** *vi* **1.** (*pilastri, fondazioni*) einstürzen **2.** (*fig*) nachgeben **II.** *vt* **1.** (*lasciare*) überlassen **2.** (COM, JUR) abtreten; **cedevole** [tʃe'de:vole] *agg* **1.** (*duttile, molle*) weich **2.** (*fig*) gefügig; **cedibile** [tʃe'di:bile] *agg* übertragbar

cedimento [tʃedi'mento] *m* (*di terreno, strada*) Absinken *n*

cedola ['tʃɛ:dola] *f* Schein *m;* (*di interessi*) Zinsschein *m*

cedro ['tʃe:dro] *m* **1.** (*conifera*) Zeder *f* **2.** (*candito*) Zitronat *n*

cefalea [tʃefa'lɛ:a] *f* Kopfschmerz *m*

cefalo ['tʃɛ:falo] *m* Meeräsche *f*

ceffone [tʃef'fo:ne] *m* Ohrfeige *f,* Watsche *f A*

celare [tʃe'la:re] **I.** *vt* (*verità*) verheimlichen **II.** *vr* **-rsi** sich verbergen

celeberrimo, -a [tʃele'bɛrrimo] *agg superlativo di* **celebre** hochberühmt

celebrare [tʃele'bra:re] *vt* feiern; (*messa*) lesen, zelebrieren; (*nozze*) vollziehen; **celebrazione** [tʃelebrat'tsio:ne] *f* Feier *f;* (*di messa*) Zelebrieren *n;* (*di matrimonio*) Vollziehung *f*

celebre ['tʃɛ:lebre] <più celebre, celeberrimo> *agg* berühmt; **celebrità** [tʃelebri'ta] <-> *f* **1.** (*fama*) Ruhm *m* **2.** (*persona*) Berühmtheit *f*

celere ['tʃɛ:lere] *agg* **1.** (*nave, servizio*) Eil- **2.** (*corso*) schnell, rasch; **celerità** [tʃeleri'ta] <-> *f* Geschwindigkeit *f*

celeste [tʃe'lɛste] *agg* **1.** (ASTR) Himmels- **2.** (*fig* REL) himmlisch **3.** (*colore*) himmelblau

celibato [tʃeli'ba:to] *m* Ledigsein *n*

celibe ['tʃɛ:libe] **I.** *agg* (*uomo*) unverheiratet, ledig **II.** *m* Junggeselle *m*

cella ['tʃɛlla] *f* **1.** (*di frati, suore, carcerati*) Zelle *f* **2.** (INFORM) Speicher *m*

cellophane® [selo'fan] <-> *m* Zellophan *n*

cellula ['tʃɛllula] *f* Zelle *f;* **cellulare** [tʃellu'la:re] **I.** *agg* (BIOL) zellular **II.** *m* (*telefono*) Handy *n*

cellulite [tʃellu'li:te] *f* Zellulitis *f*

cellulosa [tʃellu'lo:sa] *f* Zellulose *f*

cembalista [tʃemba'lista] <-i *m,* -e *f*> *mf* Cembalist(in) *m(f);* **cembalo** ['tʃembalo] *m* Cembalo *n*

cementare [tʃemen'ta:re] *vt* **1.** (*edilizia*) zementieren **2.** (*fig: amicizia*) festigen; **cemento** [tʃe'mento] *m* Zement *m*

cena ['tʃeːna] *f* Abendessen *n,* Nachtmahl *n A*

cenacolo [tʃe'naːkolo] *m* **1.** (*nell'arte*) Abendmahl *n* **2.** (*fig: di artisti e letterati*) Zirkel *m*

cenare [tʃe'naːre] *vi* zu Abend essen

cenere¹ ['tʃeːnere] *f* Asche *f;* (**mercoledì del**)**le -i** Aschermittwoch *m*

cenere² <inv> *agg* aschgrau

Cenerentola [θʃene'rɛntola] *f* Aschenbrödel *n,* Aschenputtel *n*

cenno ['tʃenno] *m* **1.** (*gesto*) Wink *m;* **salutare qu con un ~ della mano** jdm zuwinken **2.** Hinweis *m*

cenone [tʃe'noːne] *m* großes Abendessen

censimento [tʃensi'mento] *m* Bestandsaufnahme *f;* **censire** [tʃen'siːre] <censisco> *vt* zählen

censura [tʃen'suːra] *f* Zensur *f;* **censurabile** [tʃensu'raːbile] *agg* zu beanstanden; **censurare** [tʃensu'raːre] *vt* **1.** (*film, opera, libro*) zensieren **2.** (*fig*) beanstanden

centauro [tʃen'taːuro] *m* Fahrer *m* von Motorradrennen

centenario [tʃente'naːrio] <-i> *m* Hundertjahrfeier *f*

centenario, **-a** <-i, -ie> **I.** *agg* **1.** (*che ha cent'anni*) hundertjährig **2.** (*che ricorre ogni cento anni*) Hundertjahr(es)- **II.** *m, f* Hundertjährige(r) *f(m);* **centennale** [tʃenten'naːle] *agg* hundertjährig

centesimale [tʃentezi'maːle] *agg* zentesimal

centesimo [tʃen'tɛːzimo] *m* **1.** (*frazione*) Hundertstel *n* **2.** (*fig fam: denaro*) **non avere un ~ in tasca** keinen Pfennig in der Tasche haben

centesimo, **-a** **I.** *agg* hundertste(r, s) **II.** *m, f* Hundertste(r, s) *mfn*

centigrado, **-a** [tʃen'tiːgrado] *agg* hundertgradig; **centigrammo** [tʃenti'grammo] *m* Zentigramm *n;* **centilitro** [tʃen'tiːlitro] *m* Zentiliter *m o n;* **centimetro** [tʃen'tiːmetro] *m* Zentimeter *m o n*

centimilionesimo, **-a** [tʃentimilio'nɛːzimo] *agg* hundertmillionstel

centinaio [tʃenti'naːio] <*pl*: -aia *f*> *m* Hundert *n;* **un ~** (**di…**) etwa hundert (…); **a -aia** zu Hunderten

cento ['tʃɛnto] **I.** *num* (ein)hundert; (*a fig*) viel **II.** <-> *m* Hundert *f;* **per ~** Prozent; *v. a.* **cinque**; **centometrista** [tʃentome'trista] <-i *m,* -e *f*> *mf* Hundertmeterläufer(in) *m(f);* **centomila** [tʃento'miːla] **I.** *num* hunderttausend **II.** <-> *m* Hunderttausend *f;*

centomillesimo, **-a** [tʃentomil'lɛːzimo] *agg* hunderttausendste(r, s)

centopiedi [tʃento'piɛːdi] <-> *m* Tausendfüßler *m*

centotredici [tʃento'treditʃi] <-> *m* **1.** (*numero di telefono*) *italienischer Notruf* **2.** (*gruppo di pronto intervento*) Polizei *f*

centrale [tʃen'traːle] **I.** *agg* (*di posizione, a fig*) zentral; **Italia ~** Mittelitalien *n* **II.** *f* Zentrale *f;* **~ atomica** Atomkraftwerk *n*

centralinista [tʃentrali'nista] <-i *m,* -e *f*> *mf* Telefonist(in) *m(f);* **centralino** [tʃentra'liːno] *m* Telefonvermittlung *f*

centralismo [tʃentra'lizmo] *m* Zentralismus *m;* **centralizzare** [tʃentralid'dzaːre] *vt* zentralisieren

centrare [tʃen'traːre] *vt* **1.** (*bersaglio*) treffen **2.** (*fig*) den Kern einer Sache *gen* erfassen; **centrato**, **-a** *agg* (*a computer*) zentriert

centravanti [tʃentra'vanti] <-> *m* (SPORT) Mittelstürmer(in) *m(f)*

centrifuga [tʃen'triːfuga] <-ghe> *f* Schleuder *f;* **centrifugare** [tʃentrifu'gaːre] *vt* schleudern

centrino [tʃen'triːno] *m* (Spitzen)deckchen *n*

centro ['tʃɛntro] *m* **1.** (*gener,* MAT, GEOG, POL) Mittelpunkt *m;* **~ commerciale** Einkaufszentrum *n* **2.** (*di città*) Stadtmitte *f;* **~ storico** Altstadt *f* **3.** (*istituto di studi, di ricerca*) Institut *n;* **~ di calcolo** (INFORM) Rechenzentrum *n*

Centroamerica [tʃentroa'mɛːrika] *f* Mittelamerika *n*

centrocampista [tʃentrokam'pista] <-i *m,* -e *f*> *mf* Mittelfeldspieler(in) *m(f);* **centrocampo** [tʃentro'kampo] *m* Mittelfeld *n*

centrodestra [tʃentro'dɛstra] <-> *m* (POL) Mitte-Rechts-Koalition *f;* **centrosinistra** [tʃentrosi'nistra] <-> *m* (POL) Mitte-Links-Koalition *f*

centrotavola [tʃentro'taːvola] <centritavola> *m* Tafelaufsatz *m*

centuplicare [tʃentupli'kaːre] *vt* **1.** (MAT) mit hundert multiplizieren **2.** (*fig*) vervielfachen; **centuplo**, **-a** ['tʃɛntuplo] **I.** *agg* hundertfach **II.** *m* Hundertfache(s) *n*

cera ['tʃeːra] *f* **1.** (*sostanza*) Wachs *n* **2.** (*del viso*) Gesichtsfarbe *f*

ceralacca [tʃera'lakka] <-cche> *f* Siegellack *m*

ceramica [tʃe'raːmika] <-che> *f* **1.** (*oggetto*) Töpferware *f* **2.** (*arte*) Keramik(kunst) *f;* **ceramista** [tʃera'mista] <-i *m*, -e *f*> *mf* Keramiker(in) *m(f)*

cerato, -a [tʃe'raːto] *agg* gewachst

cerbiatto, -a [tʃer'biatto] *m, f* Hirschkalb *n*

cercapersone [tʃerkaper'soːne] <-> *m* Piep(s)er *m* einer Personensuchanlage

cercare [tʃer'kaːre] **I.** *vt* suchen; (*in un libro*) nachschlagen; **cercasi …** … gesucht **II.** *vi* ~ **di** *+inf* versuchen zu *+inf*

cercatore, -trice **I.** *agg* Such- **II.** *m, f* Sucher(in) *m(f)*

cerchia ['tʃerkia] <-chie> *f* (*fig: di persone*) Kreis *m;* **cerchiato, -a** [tʃer'kiaːto] *agg* (*occhi*) umschattet

cerchio ['tʃerkio] <-chi> *m* Kreis *m*

cereale [tʃere'aːle] *m gener al pl* Getreide *n*

cerebrale [tʃere'braːle] *agg* **1.** (ANAT) zerebral **2.** (*fig: artista, opera*) intellektualistisch

cereo, -a ['tʃɛːreo] <-ei, -ee> *agg* **1.** (*di cera*) wächsern **2.** (*aspetto*) wachsbleich

ceretta [tʃe'retta] *f* Enthaarungswachs *n*

cerimonia [tʃeri'mɔːnia] <-ie> *f* **1.** (*rito*) Zeremonie *f* **2.** *pl* (*complimenti*) Förmlichkeiten *fpl;* **cerimoniale** [tʃerimo'niaːle] *m* (*regole*) Zeremoniell *n;* **cerimonioso, -a** [tʃerimo'nioːso] *agg* förmlich

cerino [tʃe'riːno] *m* Wachsstreichholz *n*

cerniera [tʃer'niɛːra] *f* Verschluss *m*

cero ['tʃeːro] *m* große Kerze

cerone [tʃe'roːne] *m* Schminke *f*

cerotto [tʃe'rɔtto] *m* Pflaster *n*

certamente [tʃerta'mente] *avv* gewiss

certezza [tʃer'tettsa] *f* Sicherheit *f*

certificare [tʃertifi'kaːre] *vt* bescheinigen; **certificato** [tʃertifi'kaːto] *m* Zeugnis *n;* ~ **medico** ärztliches Attest

certo ['tʃɛrto] *avv* sicher(lich), gewiss; **sì/no ~!, ~ che sì/no!** ja sicher/sicher nicht!

certo, -a *agg* **1.** (*sicuro*) sicher, gewiss; (*indubbio*) zweifellos **2.** (*qualche*) manche(r, s); **in -i giorni** an manchen Tagen **3.** (*tale*) gewiss; **in un ~ senso** in gewissem Sinne; **ha telefonato una -a Chiara** eine gewisse Chiara hat angerufen

cerume [tʃe'ruːme] *m* Ohrenschmalz *n*

cervelletto [tʃervel'letto] *m* Kleinhirn *n*

cervello [tʃer'vɛllo] <*pl a:* cervella *f*> *m* **1.** (ANAT) Gehirn *n* **2.** (INFORM) ~ **elettronico** Rechner *m*

cervicale [tʃervi'kaːle] *agg* zervikal

Cervino [tʃer'viːno] *m* (GEOG) Matterhorn *n*

cervo ['tʃɛrvo] *m* Hirsch *m*

cesareo [tʃe'zaːreo] *agg* **taglio ~** Kaiserschnitt *m*

cespuglio [tʃes'puʎʎo] <-gli> *m* Busch *m;* **cespuglioso, -a** [tʃespuʎ'ʎoːso] *agg* **1.** (BOT) strauchig **2.** (*fig*) buschig

cessare [tʃes'saːre] **I.** *vi essere o avere* ~ **di fare qc** aufhören etw zu tun **II.** *vt* einstellen

cessione [tʃes'sioːne] *f* Übertragung *f*

cesso ['tʃɛsso] *m* (*fam*) Klo *n*

cesta ['tʃesta] *f* Korb *m*

cestinare [tʃesti'naːre] *vt* (*a fig*) in den Papierkorb werfen; **cestino** [tʃes'tiːno] *m* Körbchen *n;* **cesto** ['tʃesto] *m* Korb *m*

cesura [tʃe'zuːra] *f* Zäsur *f*

cetaceo [tʃe'taːtʃeo] *m* Walfisch *m*

ceto ['tʃɛːto] *m* Stand *m;* (*strato*) Schicht *f*

cetra ['tʃeːtra] *f* Zither *f*

cetriolo [tʃetri'ɔːlo] *m* Gurke *f*

cf., cfr. *abbr di* **confronta** vgl.

CFC *mpl abbr di* **CloroFluoroCarburi** FCKW

C.G.I.L. *f abbr di* **Confederazione Generale Italiana del Lavoro** *Allgemeiner italienischer Gewerkschaftsbund*

CH *abbr di* **Confoederatio Helvetica** CH

chalet [ʃa'lɛ] <-> *m* Chalet *n*

champagne [ʃãpaɲ] **I.** <-> *m* Champagner *m* **II.** <inv> *agg* (*colore*) champagnerfarbig

champignon [ʃãpi'ɲɔ̃] <-> *m* Champignon *m*

chance [ʃãːs] <-> *f* Chance *f*

charter ['tʃaːtə] **I.** <-> *m* Charterflugzeug *n* **II.** <inv> *agg* **volo ~** Charterflug *m*

chat-line [tʃæt'lain] <-> *f* Chat-line *f*

chattare [tʃat'taːre] *vi* (INFORM) chatten; **chatting** ['tʃɛtting] <-> *m* (INFORM) Chatten *n*

che [ke] **I.** *pron rel* **1.** (*soggetto*) der *m,* die *f,* das *n,* die *pl* **2.** (*complemento*) den *m,* die *f,* das *n,* die *pl* **3.** (*la qual cosa*) was **4.** (*temporale*) als, an dem; (*luogo a*) wo **II.** *pron inter* was; ~ **cosa vuoi da bere?** was möchtest du trinken?; ~ **ne dici?** was hältst du davon? **III.** *pron* was; ~ **vedo!** was sehe ich! **IV.** *pron indef* etwas; **ha un certo non so ~ di**

C

curioso er hat etwas Sonderbares an sich *dat* **V.** <inv> *agg* (*interrogativo*) welche(r, s), was für ein(e); **a ~ pagina siamo arrivati?** auf welcher Seite sind wir?; **con ~ diritto?** mit welchem Recht? **VI.** <inv> *agg* (*esclamativo*) was für ein(e); **~ bello!** wie schön! **VII.** *cong +conj* **1.** (*con proposizioni subordinate*) dass; (*affinché*) damit; **è ora ~ tu vada** es wird Zeit, dass du gehst; **in modo ~** so, dass; **sempre ~** vorausgesetzt, dass **2.** (*temporale, in comparazioni*) als; **nonostante ~** obwohl; **prima ~** bevor; **ogni volta ~** jedes Mal, wenn **3.** (*limitativo*) soweit; **~ io sappia non è ancora arrivato** soviel ich weiß, ist er noch nicht angekommen; **sia ~ …, sia ~ …** ob … oder …, sei es, dass … oder …

checché [kek'ke] *pron rel o pron indef* was auch immer

check-in ['tʃek'in] <-> *m* Check-in-Schalter *m;* **fare il ~** einchecken

chef [ʃɛf] <-> *m* Chefkoch *m*

chemioterapia [kemiotera'piːa] <-ie> *f* Chemotherapie *f*

chèque [ʃɛk] <-> *m* Scheck *m*

cherosene [kero'zɛːne] *m* Kerosin *n*

chewing gum ['tʃuːiŋgʌm] <-> *m* Kaugummi *n o m*

chi [ki] **I.** *pron rel* **1.** (*soggetto*) wer, der-/die-/dasjenige, welche(r, s) **2.** (*accusativo*) den-/die-/dasjenige(n), welche(n, s) **II.** *pron indef* jemand, einer **III.** *pron inter* **1.** (*soggetto*) wer; **~ c'è?** wer ist da? **2.** (*accusativo*) wen; **a ~ telefoni?** wen rufst du an?; (*dativo*) wem; **di ~ è questo giornale?** wem gehört diese Zeitung? **IV.** *pron* **1.** (*soggetto*) wer **2.** (*oggetto*) wen

chiacchiera ['kiakkiera] *f* **1.** *pl* (*conversazione*) Schwätzchen *n;* **fare due** [*o* **quattro**] **-e** ein wenig plaudern **2.** (*notizia infondata*) Gerede *n;* **chiacchierare** [kiakkie'raːre] *vt* plaudern; **chiacchierata** [kiakie'raːta] *f* Plausch *m;* **chiacchierone, -a** [kiakie'roːne] **I.** *agg* **1.** (*che chiacchiera molto*) geschwätzig **2.** (*che non sa tenere un segreto*) klatschhaft **II.** *m, f* **1.** (*chi parla molto*) Plappermaul *n fam* **2.** (*chi non sa tenere un segreto*) Plauderer *m,* Plaud(r)erin *f*

chiamare [kia'maːre] **I.** *vt* **1.** (*gener*) rufen; **~ aiuto** um Hilfe rufen **2.** (*telefonare*) anrufen; **La chiamano al telefono** da ist ein Anruf für Sie **3.** (*dare nome*) (be)nennen; **~ le cose col loro nome** die Dinge beim Namen nennen **II.** *vr* **-rsi** heißen; **come ti chiami?** wie heißt du?; **chiamata** [kia'maːta] *f* **1.** (TEL) Telefongespräch *n* **2.** (MIL) Einberufung *f*

chianti ['kianti] <-> *m Rotwein aus der Toskana*

chiara ['kiaːra] *f* (*fam*) Eiweiß *n,* Eiklar *n A*

chiarezza [kia'rettsa] *f* (*a fig*) Klarheit *f;* **chiarimento** [kiari'mento] *m* Erklärung *f;* **chiarire** [kia'riːre] <chiarisco> **I.** *vt* erklären **II.** *vr* **-rsi su qc** sich *dat* über etw *acc* Klarheit verschaffen

chiaro ['kiaːro] **I.** *m* Helle(s) *n* **II.** *avv* offen; **parlar ~** offen reden

chiaro, -a *agg* **1.** (*giorno, cielo, acqua*) klar; (*colore, suoni, voce*) hell; **blu/verde ~** hellblau/-grün **2.** (*fig*) klar

chiarore [kia'roːre] *m* Schein *m;* **chiaroscuro** [kiaros'kuːro] *m* Helldunkelmalerei *f;* **chiaroveggente** [kiaroved'dʒɛnte] **I.** *agg* hellseherisch **II.** *mf* Hellseher(in) *m(f);* **chiaroveggenza** [kiaroved'dʒɛntsa] *f* **1.** (*preveggenza*) Hellsehen *n* **2.** (*fig*) Scharfblick *m*

chiasmo ['kiasmo] *m* (LING) Chiasmus *m*

chiasso ['kiasso] *m* Lärm *m*

chiassoso, -a [kias'soːso] *agg* laut

chiavare [kia'vaːre] *vt* (*vulg*) ficken

chiave[1] ['kiaːve] *f* (*a fig*) Schlüssel *m;* **chiudere a ~** abschließen, absperren *A*

chiave[2] <inv> *agg* Schlüssel-

chiavetta [kia'vetta] *f* **~ d'accensione** Zündschlüssel *m*

chiavistello [kiavis'tɛllo] *m* Riegel *m*

chic [ʃik] <inv> *agg* schick

chicchessia [kikkes'siːa] <inv> *pron indef* wer auch immer

chicco ['kikko] <-cchi> *m* (*di grano, riso, grandine*) Korn *n;* (*di caffè*) Bohne *f*

chiedere ['kiɛːdere] <chiedo, chiesi, chiesto> **I.** *vt* **1.** (*per sapere*) fragen nach; **~ a qu il prezzo di qc** jdn nach dem Preis von etw fragen; **~ notizie di qu** sich nach jdm erkundigen **2.** (*per avere*) bitten um; **~ un favore a qu** jdn um einen Gefallen bitten **II.** *vi* fragen; **~ a qu di qc** sich bei jdm nach etw erkundigen

chierichetto [kieri'ketto] *m* Messdiener *m*

chiesa ['kiɛːza] *f* Kirche *f*

chiesi ['kiɛːsi] *1. pers sing pass rem di* **chiedere**

Chieti *f Stadt in den Abruzzen*
chietino, -a [kie'tiːno] **I.** *agg* aus Chieti stammend **II.** *m, f* Einwohner(in) *m(f)* von Chieti
chignon [ʃi'njɔ̃] <-> *m* (Haar)knoten *m*
chilo ['kiːlo] *m abbr di* **chilogrammo** Kilo *n;* **chilogrammo** [kilo'grammo] *m* Kilogramm *n;* **chilohertz** [kilo'ɛrts] *m* Kilohertz *n*
chilometraggio [kilome'traddʒo] <-ggi> *m* zurückgelegte Kilometerzahl; **chilometrico, -a** [kilo'mɛːtriko] <-ci, -che> *agg* **1.** (*percorso*) kilometrisch **2.** (*fig*) unendlich lang; **chilometro** [ki'lɔːmetro] *m* Kilometer *m*
chilowatt ['kiːlovat] *m* Kilowatt *n;* **chilowattora** [kilovat'toːra] <-> *m* Kilowattstunde *f*
chimera [ki'mɛːra] *f* (*fig*) Hirngespinst *n*
chimica ['kiːmika] <-che> *f* Chemie *f;* **chimico, -a** ['kiːmiko] <-ci, -che> **I.** *agg* chemisch *m* **II.** *m, f* Chemiker(in) *m(f)*
chimono [ki'mɔːno] <-> *m* Kimono *m*
china[1] ['kiːna] <-> *f* (*inchiostro*) Tusche *f*
china[2] *f* (*pendio*) Abhang *m,* Lehne *f A*
chinare [ki'naːre] **I.** *vt* (*capo, volto*) neigen; (*sguardo, occhi*) senken **II.** *vr* **-rsi** sich bücken
chincaglieria [kiŋkaʎʎe'riːa] <-ie> *f pl* Trödel *m*
chino, -a ['kiːno] *agg* gebeugt
chinotto [ki'nɔtto] *m* (GASTR) *Limonade aus Bitterorangen*
chioccia ['kiɔttʃa] <-cce> *f* Glucke *f*
chiocciola ['kiɔttʃola] *f* **1.** (ANAT, ZOO) Schnecke *f* **2.** (INFORM) Klammeraffe *m* (*@-Symbol in einer Mail-Adresse*)
chiodato, -a [kio'daːto] *agg* ge-, vernagelt; (*scarpe*) Nagel-; **chiodo** ['kiɔːdo] *m* **1.** (*da legno o metallo*) Nagel *m* **2.** (*fig: idea fissa*) Tick *m*
chiosco ['kiɔsko] <-schi> *m* Kiosk *m*
chiostro ['kiɔstro] *m* Kloster *n*
chip [tʃip] <-> *m* (INFORM) Chip *m;* **chip set** [tʃip 'sɛt] <-> *m* (INFORM) Chipset *n*
chiromante [kiro'mante] *mf* Chiromant(in) *m(f);* **chiromanzia** [kiroman'tsiːa] <-ie> *f* Handlesekunst *f*
chirurgia [kirur'dʒiːa] <-gie> *f* Chirurgie *f;* **chirurgico, -a** [ki'rurdʒiko] <-ci, -che> *agg* chirurgisch; **chirurgo, -a** [ki'rurgo] <-gi, -ghe> *m, f* Chirurg(in) *m(f)*
chissà [kis'sa] *avv* wer weiß; ~ **chi/quando/dove/mai** wer weiß, wer/wann/wo/ob
chitarra [ki'tarra] *f* Gitarre *f;* **suonare la ~** Gitarre spielen; **chitarrista** [kitar'rista] <-i *m,* -e *f*> *mf* Gitarrist(in) *m(f)*
chiudere ['kiuːdere] <chiudo, chiusi, chiuso> **I.** *vt* **1.** (*finestra, porta, valigia*) zumachen; (**comando**) **chiudi** (INFORM) Beenden *n* **2.** (*fig*) beenden **II.** *vi* schließen **III.** *vr* **-rsi 1.** (*porta, finestra*) (sich) schließen, zugehen **2.** (*fig*) **-rsi in se stesso** sich in sich selbst zurückziehen
chiunque [ki'uŋkue] <inv, solo al sing> *pron* **1.** (*relativo*) wer auch immer **2.** (*indefinito*) jede(r, s); ~ **sia** egal wer, wer auch immer
chiusi ['kiuːsi] *1. pers sing pass rem di* **chiudere**
chiuso, -a I. *pp di* **chiudere II.** *agg* (*fig*) verschlossen; **chiusura** [kiu'suːra] *f* **1.** (*fine*) Schluss *m* **2.** (*serratura*) Verschluss *m;* ~ **lampo** Reißverschluss *m*
ci [tʃi] **I.** *pron pers 1. pers pl* uns **II.** *pron rifl 1. pers pl* uns **III.** *pron dim* davon, daran; **non ~ pensare più** denk(e) nicht mehr daran **IV.** *pron* man; ~ **si diverte** man amüsiert sich **V.** *avv* **1.** (*qui*) hier; (*moto*) hierhin; **c'è/ci sono …** es gibt … **2.** (*lì*) dort; (*moto*) dorthin **3.** (*per quel luogo*) hier durch
C.ia *abbr di* **compagnia** Co
ciabatta [tʃa'batta] *f* Hausschuh *m,* Patschen *m A;* **ciabattare** [tʃabat'taːre] *vi* schlurfen
cialda ['tʃalda] *f* Waffel *f*
ciambella [tʃam'bɛlla] *f* (GASTR) Kringel *m*
cianuro [tʃa'nuːro] *m* Zyanid *n*
ciao ['tʃaːo] *int* **1.** (*nell'incontrarsi*) hallo **2.** (*nel lasciarsi*) tschüs, servus *A*
ciarlatano [tʃarla'taːno] *m* Scharlatan *m*
ciascuno, -a [tʃas'kuːno] <sing> *agg o pron indef* jede(r, s)
cibare [tʃi'baːre] **I.** *vt* ernähren **II.** *vr* **-rsi di qc** sich von etw ernähren
cibernetica [tʃiber'nɛːtika] <-che> *f* Kybernetik *f*
cibo ['tʃiːbo] *m* Nahrung *f;* (*per animali*) Futter *n*
cicala [tʃi'kaːla] *f* Zikade *f*
cicatrice [tʃika'triːtʃe] *f* Narbe *f;* **cicatrizzare** [tʃikatrid'dzaːre] **I.** *vt* vernarben las-

sen **II.** *vr* **-rsi** vernarben; **cicatrizzazione** [tʃikatriddzat'tsio:ne] *f* Vernarbung *f*

cicca ['tʃikka] <-cche> *f* **1.** (*di sigaretta*) Kippe *f* **2.** (*da masticare*) Priem *m*

ciccia ['tʃittʃa] <-cce> *f* (*fam*) Speck *m;* **ciccione, -a** [tʃit'tʃo:ne] *m, f* (*fam*) Fettwanst *m*

ciclabile [tʃi'kla:bile] *agg* **pista** ~ Rad(fahr)weg *m*

ciclamino[1] [tʃikla'mi:no] *m* Alpenveilchen *n*

ciclamino[2] <inv> *agg* zyklamfarben

ciclico, -a ['tʃi:kliko] <-ci, -che> *agg* zyklisch

ciclismo [tʃi'klizmo] *m* Radsport *m;* **ciclista** [tʃi'klista] <-i *m*, -e *f*> *mf* (Fahr)radfahrer(in) *m(f);* **ciclistico, -a** [tʃi'klistiko] <-ci, -che> *agg* Rad-

ciclo ['tʃi:klo] *m* **1.** (*gener*) Zyklus *m;* ~ **mestruale** Periode *f* **2.** (*serie*) ~ **di trasmissioni/conferenze** Sende-/Vortragsreihe *f*

ciclomotore [tʃiklomo'to:re] *m* Moped *n*

ciclone [tʃi'klo:ne] *m* Zyklon *m;* **ciclonico, -a** [tʃi'klɔ:niko] <-ci, -che> *agg* **1.** (METEO) Tiefdruck- **2.** (*fig*) stürmisch

ciclope [tʃi'klɔ:pe] *m* Zyklop *m;* **ciclopico, -a** [tʃi'klɔ:piko] <-ci, -che> *agg* riesig

ciclostilare [tʃiklosti'la:re] *vt* hektographieren; **ciclostile** [tʃiklos'ti:le] *m* Hektograph *m*

cicloturismo [tʃiklotu'rizmo] *m* Radtourismus *m;* **cicloturista** [tʃiklotu'rista] <-i *m*, -e *f*> *mf* Radwanderer(in) *m(f)*; **cicloturistico, -a** [tʃiklotu'ristiko] <-ci, -che> *agg* Fahrrad-

cicogna [tʃi'koɲɲa] *f* Storch *m*

cicoria [tʃi'kɔ:ria] <-ie> *f* Schikoree *f o m*

cicuta [tʃi'ku:ta] *f* Schierlingsgift *n*

cieco, -a ['tʃɛ:ko] <-chi, -che> **I.** *agg* (*a fig*) blind; **vicolo** ~ (*a fig*) Sackgasse *f* **II.** *m, f* Blinde(r) *f(m)*

cielo ['tʃɛ:lo] **I.** *m* (*a fig*) Himmel *m* **II.** *int* (*fam*) (du lieber) Himmel!

cifra ['tʃi:fra] *f* Ziffer *f;* **cifrare** [tʃi'fra:re] *vt* chiffrieren

C.I.G.A. ['tʃi:ga] *f abbr di* **Compagnia Italiana dei Grandi Alberghi** *italienischer Verband von Hotels erster Kategorie*

ciglio[1] ['tʃiʎʎo] <-gli> *m* (*orlo*) Rand *m*

ciglio[2] <*pl*: -glia *f*> *m* (ANAT, ZOO) Wimper *f*

cigno ['tʃiɲɲo] *m* Schwan *m*

cigolare [tʃigo'la:re] *vi* quietschen; **cigolio** [tʃigo'li:o] <-ii> *m* Quietschen *n*

Cile ['tʃi:le] *m* **il** ~ Chile *n*

cileno, -a [tʃi'lɛ:no] **I.** *agg* chilenisch **II.** *m, f* Chilene *m*, Chilenin *f*

ciliegia [tʃi'liɛ:dʒa] <-ge> *f* Kirsche *f;* **ciliegio** [tʃi'liɛ:dʒo] <-gi> *m* Kirschbaum *m*

cilindrata [tʃilin'dra:ta] *f* **macchina di piccola/media/grossa** ~ Kleinwagen *m*/ Mittelklassewagen *m*/Wagen *m* der gehobenen Klasse

cilindrico, -a [tʃi'lindriko] <-ci, -che> *agg* zylindrisch; **cilindro** [tʃi'lindro] *m* **1.** (MAT, MOT) Zylinder *m* **2.** (*cappello*) Zylinder(hut) *m*

cima ['tʃi:ma] *f* (*vertice*) Spitze *f;* (*di montagna*) Gipfel *m;* **da** ~ **a fondo** von oben bis unten; (*fig*) durch und durch

cimentare [tʃimen'ta:re] **I.** *vt* aufs Spiel setzen **II.** *vr* **-rsi in qc** etw wagen

cimice ['tʃi:mitʃe] *f* **1.** (ZOO) Wanze *f* **2.** (*puntina da disegno*) Reißzwecke *f*

ciminiera [tʃimi'niɛ:ra] *f* Schornstein *m*

cimitero [tʃimi'tɛ:ro] *m* Friedhof *m*

Cina ['tʃi:na] *f* China *n*

cincillà [tʃintʃi'la] <-> *m* (ZOO) Chinchilla *f o n*

cincin, cin cin [tʃin'tʃin] *int* (*fam*) prost!, zum Wohl!

cineamatore, -trice [tʃineama'to:re] *m, f* Amateurfilmer(in) *m(f);* **cinecittà** [tʃinetʃit'ta] <-> *f* Filmstudios *npl;* **cinegiornale** [tʃinedʒor'na:le] *m* Wochenschau *f;* **cinema** ['tʃi:nema] <-> *m* Kino *n;* **andare all'**~ ins Kino gehen; **cinéma d'essai** ['tʃinema des'se] <-> *m* Autorenfilm *m*

cinematografare [tʃinematogra'fa:re] *vt* filmen; **cinematografia** [tʃinematogra'fi:a] *f* **1.** (*arte*) Filmkunst *f* **2.** (*industria*) Filmindustrie *f;* **cinematografo** [tʃinema'tɔ:grafo] *m* Kino *n*

cinepresa [tʃine'pre:sa] *f* Filmkamera *f*

cinese [tʃi'ne:ze] **I.** *agg* chinesisch **II.** *mf* Chinese *m*, Chinesin *f*

cinesiologia [tʃineziolo'dʒi:a] <-ie> *f* (MED) Kinesiologie *f*

cineteca [tʃine'tɛ:ka] <-che> *f* Filmarchiv *n*

cinetica [tʃi'nɛ:tika] <-che> *f* Kinetik *f;* **cinetico, -a** [tʃi'nɛ:tiko] <-ci, -che> *agg* kinetisch

cingere ['tʃindʒere] <cingo, cinsi, cinto> **I.** *vt* **1.** (*circondare*) umschließen

2. (*con le braccia*) umarmen **II.** *vr* **-rsi di qc** sich mit etw umgürten

cinghia ['tʃiŋgia] <-ghie> *f* Riemen *m;* (*cintura*) Gürtel *m*

cinghiale [tʃiŋ'gia:le] *m* Wildschwein *n*

cinguettare [tʃiŋguet'ta:re] *vi* zwitschern; **cinguettio** [tʃiŋguet'ti:o] <-ii> *m* Gezwitscher *n*

cinico, -a ['tʃi:niko] <-ci, -che> **I.** *agg* zynisch **II.** *m, f* Zyniker(in) *m(f)*

cinismo [tʃi'nizmo] *m* Zynismus *m*

cinofilia [tʃinofi'li:a] *f* Hundeliebhaberei *f*

cinquanta [tʃiŋ'kuanta] **I.** *num* fünfzig **II.** <-> *m* Fünfzig *f;* **gli anni** ~ die fünfziger Jahre; **essere sui** ~ um die fünfzig sein; **cinquantenario** [tʃiŋkuante'na:rio] <-i> *m* Fünfzigjahrfeier *f;* **cinquantenne** [tʃiŋkuan'tɛnne] **I.** *agg* fünfzigjährig **II.** *mf* Fünfzigjährige(r) *f(m);* **cinquantennio** [tʃiŋkuan'tɛnnio] <-i> *m* Zeitraum *m* von fünfzig Jahren

cinquantesimo [tʃiŋkuan'tɛ:zimo] *m* (*frazione*) Fünfzigstel *n*

cinquantesimo, -a **I.** *agg* fünfzigste(r, s) **II.** *m, f* Fünfzigste(r, s) *mfn; v. a.* **quinto; cinquantina** [tʃiŋkuan'ti:na] *f* **una** ~ (**di ...**) (etwa) fünfzig (...)

cinque ['tʃiŋkue] **I.** *num* fünf; **pagina** ~ Seite fünf; **tre più due fa** ~ drei plus zwei macht fünf; **siamo in** ~ wir sind zu fünft; **a** ~ **a** ~ in Fünferreihen, zu (jeweils) fünfen; **ho** ~ **anni** ich bin fünf Jahre (alt); **ogni** ~ **anni** alle fünf Jahre; ~ **volte** fünfmal **II.** <-> *m* **1.** (*numero*) Fünf *f;* **abito al** (**numero**) ~ ich wohne in Nummer fünf; **il** (**tram numero**) ~ die (Straßenbahnlinie) Fünf **2.** (*nelle date*) Fünfte(r) *m;* **oggi è il** ~ **agosto** heute ist der fünfte August; **arriverò il** ~ ich komme am Fünften; **Roma,** ~ **dicembre 2000** Rom, den fünften Dezember 2000 **3.** (*voto scolastico*) ≈ mangelhaft, Fünf **III.** *fpl* fünf Uhr; **alle** ~ um fünf (Uhr); **sono le** ~ (**del mattino/pomeriggio**) es ist fünf Uhr (morgens/nachmittags); **sono le** ~ **in punto** es ist genau fünf Uhr; **sono le quattro meno** ~ es ist fünf (Minuten) vor vier (Uhr); **sono le** ~ **e mezzo** es ist halb sechs

cinquecentesco, -a [tʃiŋkuetʃen'tesko] <-schi, -sche> *agg* das sechzehnte Jahrhundert betreffend; **cinquecento** [tʃiŋkue'tʃɛnto] **I.** *num* fünfhundert **II.** <-> *m* Fünfhundert *f;* **il Cinquecento** das sechzehnte Jahrhundert; (*nell'arte italiana*) das Cinquecento

cinquemila [tʃiŋkue'mi:la] **I.** *num* fünftausend **II.** <-> *m* Fünftausend *f*

cinquina [tʃiŋ'kui:na] *f* (*al lotto, alla tombola*) Quinterne *f*

cinsi ['tʃinsi] *1. pers sing pass rem di* **cingere**

cinto *pp di* **cingere**

cintola ['tʃintola] *f* Taille *f*

cintura [tʃin'tu:ra] *f* Gürtel *m;* **allacciare la** ~ **di sicurezza** den Sicherheitsgurt anlegen; **cinturino** [tʃintu'ri:no] *m* (*dell'orologio*) Band *n*

ciò [tʃɔ] <solo sing> *pron dim* das, dies; ~ **che ...** (das) was ...; ~ **nonostante** dessen ungeachtet, dennoch; ~ **non di meno** trotz alledem; **con tutto** ~ bei all dem

ciocca ['tʃɔkka] <-cche> *f* Strähne *f*

cioccolata [tʃokko'la:ta] *f* **1.** (*liquida*) Kakao *m* **2.** (*solida*) Schokolade *f;* **cioccolatino** [tʃokkola'ti:no] *m* Praline *f;* **cioccolato** [tʃokko'la:to] *m* Schokolade *f*

cioè [tʃo'ɛ] *avv* das heißt, nämlich

ciondolare [tʃondo'la:re] *vi* **1.** (*pendere*) hängen **2.** (*fig*) herumhängen

ciondolo ['tʃondolo] *m* Anhänger *m*

ciononostante, ciò nonostante [tʃononos'tante, 'tʃɔ nonos'tante] *avv* dessen ungeachtet, dennoch

ciotola ['tʃɔ:tola] *f* Schälchen *n*

ciottolo ['tʃɔttolo] *m* Kieselstein *m*

cip [tʃip] <-> *m* (INFORM) Chip *m*

cipolla [tʃi'polla] *f* Zwiebel *f*

cipollina [tʃipol'li:na] *f* **1.** (*piccola cipolla*) kleine Zwiebel **2.** (*erba cipollina*) Schnittlauch *m*

cipresso [tʃi'prɛsso] *m* Zypresse *f*

cipria ['tʃi:pria] <-ie> *f* Puder *m*

cipriota [tʃipri'ɔ:ta] <-i *m*, -e *f*> **I.** *agg* zypriotisch **II.** *mf* Zypriot(in) *m(f)*

Cipro ['tʃi:pro] *f* Zypern *n*

circa ['tʃirka] **I.** *avv* etwa, circa; (*temporale*) gegen **II.** *prp* bezüglich *+gen,* in Bezug auf *+acc*

circo ['tʃirko] <-chi> *m* Zirkus *m*

circolare[1] [tʃirko'la:re] *vi essere o avere* **1.** (*veicoli*) fahren; ~**!** weitergehen! **2.** (*sangue*) kreisen

circolare[2] **I.** *agg* **1.** (MAT) Kreis- **2.** (FIN) **assegno** ~ Orderscheck *m* **II.** *f* **1.** (ADM) Rundschreiben *n,* Aussendung *f A* **2.** (*linea di au-*

tobus) Ringbahn *f*

circolatorio, -a [tʃirkola'tɔːrio] <-i, -ie> *agg* Kreislauf-; **circolazione** [tʃirkolat'tsioːne] *f* **1.** (BIOL) Blutkreislauf *m* **2.** (MOT) Verkehr *m* **3.** (FIN) **mettere in ~** (*a fig*) in Umlauf bringen

circolo ['tʃirkolo] *m* **1.** (MAT) Kreis *m* **2.** (GEOG) **~ equatoriale** Äquator *m* **3.** (*associazione*) Klub *m*

circoncidere [tʃirkon'tʃiːdere] <circoncido, circoncisi, circonciso> *vt* beschneiden; **circoncisione** [tʃirkontʃi'zioːne] *f* Beschneidung *f*

circondare [tʃirkon'daːre] **I.** *vt* **1.** (*attorniare*) umringen **2.** (*fig*) umgeben **II.** *vr* **-rsi di qu/qc** sich mit jdm/etw umgeben; **circondario** [tʃirkon'daːrio] <-i> *m* **1.** (JUR, ADM) Bezirk *m* **2.** (*dintorni*) Umgebung *f*

circonferenza [tʃirkonfe'rɛntsa] *f* (Kreis)umfang *m*

circonflesso, -a [tʃirkon'flɛsso] *agg* **accento ~** Zirkumflex *m*

circonvallazione [tʃirkonvallat'tsioːne] *f* Umgehungsstraße *f*, Umfahrung *f A*

circoscritto, -a [tʃirkos'kritto] *agg* **triangolo ~ a un cerchio** (MAT) der Inkreis eines Dreiecks

circoscrivere [tʃirkos'kriːvere] <irr> *vt* **1.** (MAT) umschreiben **2.** (*fig*) eingrenzen

circoscrizione [tʃirkoskrit'tsioːne] *f* (ADM) Bezirk *m*

circospetto, -a [tʃirkos'pɛtto] *agg* vorsichtig; **circospezione** [tʃirkospet'tsioːne] *f* Umsicht *f*

circostante [tʃirkos'tante] *agg* umgebend; (*persone*) umstehend

circostanza [tʃirkos'tantsa] *f* Umstand *m*

circuito [tʃir'kuːito] *m* (SPORT) Rennstrecke *f*

circumnavigare [tʃirkumnavi'gaːre] *vt* umschiffen; **circumnavigazione** [tʃirkumnavigat'tsioːne] *f* Umschiffung *f*

cirillico, -a [tʃi'rilliko] <-ci, -che> *agg* kyrillisch

cirrosi [tʃir'rɔːzi] <-> *f* Zirrhose *f*

C.I.S.L. [tʃizl] *f abbr di* **Confederazione Italiana Sindacati Lavoratori** *italienischer Arbeitergewerkschaftsbund*

C.I.S.N.A.L. ['tʃiznal] *f abbr di* **Confederazione Italiana Sindacati Nazionali dei Lavoratori** *Verband der nationalen italienischen Arbeitergewerkschaften*

cisterna [tʃis'tɛrna] **I.** *f* Zisterne *f* **II.** <inv> *agg* Tank-

cisti ['tʃisti] <-> *f* Zyste *f*

cistifellea [tʃisti'fɛllea] *f* Gallenblase *f*

cistite [tʃis'tiːte] *f* Blasenentzündung *f*

cit. *abbr di* **citato, -a** zit., cit.

C.I.T. [tʃit] *f abbr di* **Compagnia Italiana Turismo** *italienische Reiseverkehrsgesellschaft*

citare [tʃi'taːre] *vt* **1.** (*testo, discorso*) zitieren **2.** (JUR) **~ qu in tribunale** [*o* **giudizio**] jdn (bei Gericht) vorladen; **citazione** [tʃitat'tsioːne] *f* **1.** (JUR) Vorladung *f* **2.** (LIT) Zitat *n*

citofonare [tʃitofo'naːre] *vi* durch die (Gegen)sprechanlage sprechen; **citofono** [tʃi'tɔːfono] *m* (Gegen)sprechanlage *f*

citrico, -a ['tʃiːtriko] <-ci, -che> *agg* zitronensauer

città [tʃit'ta] <-> *f* Stadt *f*; **~ vecchia** Altstadt *f*; **~ universitaria** Universitätsgelände *n*; **abitare in ~** in der Stadt wohnen

> Der kleinste unabhängige Staat der Welt (nur 0,44 km2) liegt innerhalb des Stadtkerns Roms: zur **Città del Vaticano** (Vatikansstadt) gehören die Piazza San Pietro, die Basilica di San Pietro und die Palazzi Vaticani, wo der Papst seine Residenz hat.

cittadina [tʃitta'diːna] *f* Kleinstadt *f*

cittadinanza [tʃittadi'nantsa] *f* **1.** (JUR) Staatsangehörigkeit *f* **2.** (*insieme di cittadini*) Einwohnerschaft *f*; **cittadino, -a** [tʃitta'diːno] **I.** *agg* städtisch **II.** *m, f* **1.** (JUR) Staatsangehörige(r) *f(m)* **2.** (*di città*) Bürger(in) *m(f)*

citycar ['siticar] *f* Kleinstwagen *m*

ciuccio ['tʃuttʃo] <-cci> *m* (*fam*) Schnuller *m*

ciuffo ['tʃuffo] *m* Büschel *n*

ciurma ['tʃurma] *f* (NAUT) Mannschaft *f*

civetta[1] [tʃi'vetta] *f* (ZOO) Eule *f*

civetta[2] <inv> *agg* **auto ~** ziviles Polizeiauto

civico, -a ['tʃiːviko] <-ci, -che> *agg* **1.** (*di città*) städtisch **2.** (JUR) staatsbürgerlich **3.** (*dovere, sentimento*) Bürger-; **senso ~** Gemeinschaftssinn *m*

civile [tʃi'viːle] **I.** *agg* **1.** (*del cittadino*) bürgerlich; **stato ~** Personenstand *m* **2.** (*non militare, ecclesiastico*) zivil **3.** (*persona, maniere*) gesittet **II.** *m* Zivil *n*

civilizzare [tʃivilid'dzaːre] **I.** *vt* zivilisieren **II.** *vr* **-rsi** **1.** (*popolo*) zivilisiert werden **2.** (*persona*) kultiviert werden; **civilizzatore**, **-trice** [tʃiviliddza'toːre] **I.** *agg* zivilisierend **II.** *m, f* Überbringer(in) *m(f)* der Zivilisation

civilmente [tʃivil'mente] *avv* **1.** (*educatamente*) anständig **2.** (ADM) **sposarsi** ~ standesamtlich heiraten

civiltà [tʃivil'ta] <-> *f* **1.** (*cultura*) Kultur *f* **2.** (*progresso*) Zivilisation *f* **3.** (*cortesia*) Anstand *m*

civismo [tʃi'vizmo] *m* Gemeinschaftssinn *m*

CL *abbr di* **Comunione e Liberazione** *kirchliche Laienbewegung in Italien*

clacson ['klakson] <-> *m* Hupe *f;* **suonare il** ~ hupen

clamore [kla'moːre] *m* **1.** (*chiasso*) Lärm *m* **2.** (*fig*) Aufsehen *n;* **clamoroso**, **-a** [klamo'roːso] *agg* Aufsehen erregend

clandestinità [klandestini'ta] <-> *f* Verborgenheit *f;* **clandestino**, **-a** [klandes'tiːno] **I.** *agg* heimlich, illegal; (*lavoro, vendita, viaggio*) schwarz **II.** *m, f* blinder Passagier

clarinettista [klarinet'tista] <-i *m*, -e *f*> *mf* Klarinettist(in) *m(f);* **clarinetto** [klari'netto] *m* Klarinette *f;* **clarino** [kla'riːno] *m* Clarino *n*

classe ['klasse] *f* **1.** (*servizio*) Klasse *f;* **viaggiare in prima/seconda** ~ erster/zweiter Klasse reisen **2.** (*aula*) Klassenzimmer *n* **3.** (*fig*) **avere** ~ Klasse haben

classicismo [klassi'tʃizmo] *m* (*epoca*) Klassik *f;* (*stile*) Klassizismus *m*

classico ['klassiko] <-ci> *m* Klassiker *m*

classico, **-a** <-ci, -che> *agg* **1.** (LIT, MUS) klassisch **2.** (*liceo, studi*) humanistisch

classifica [klas'siːfika] <-che> *f* Tabelle *f;* **classificare** [klassifi'kaːre] **I.** *vt* **1.** (*scolaro, compito*) bewerten **2.** (*materiale, libri*) klassifizieren **II.** *vr* **-rsi** sich platzieren

classificatore [klassifika'toːre] *m* (*raccoglitore*) (Akten)ordner *m;* **classificazione** [klassifikat'tsioːne] *f* Klassifizierung *f*

clausola ['klaːuzola] *f* Klausel *f*

claustrofobia [klaustrofo'biːa] *f* Klaustrophobie *f*

clausura [klau'zuːra] *f* Klausur *f*

clavicembalo [klavi'tʃembalo] *m* (Clavi)cembalo *n*

clavicola [kla'viːkola] *f* Schlüsselbein *n*

clear [kliə] <-> *m* (INFORM) Löschtaste *f*

clemente [kle'mɛnte] *agg* (*clima*) mild; (*persona*) gütig; **clemenza** [kle'mɛntsa] *f* Milde *f*

cleptomane [klep'tɔːmane] **I.** *agg* kleptomanisch **II.** *mf* Kleptomane *m*, -manin *f;* **cleptomania** [kleptoma'niːa] *f* Kleptomanie *f*

clericale [kleri'kaːle] **I.** *agg* klerikal **II.** *mf* Klerikale(r) *f(m);* **clericalismo** [klerika'lizmo] *m* Klerikalismus *m;* **clero** ['klɛːro] *m* Klerus *m*

clessidra [kles'siːdra] *f* Sanduhr *f*

clic [klik] <-> *m* (*computer*) Klick *m;* **cliccare** [klik'kaːre] **I.** *vt* anklicken **II.** *vi* ~ **su qc** auf etw *acc* klicken

cliché [kli'ʃe] <-> *m* Klischee *n*

cliente [kli'ɛnte] *mf* **1.** (*di un negozio*) Kunde *m*, Kundin *f* **2.** (*di un albergo, ristorante, bar*) Gast *m;* ~ **abituale** Stammkunde *m;* **clientela** [klien'tɛːla] *f* (*di un negozio*) Kundschaft *f;* (*di un albergo, ristorante, bar*) Gäste *mpl*

clima ['kliːma] <-i> *m* Klima *n;* **climatico**, **-a** [kli'maːtiko] <-ci, -che> *agg* klimatisch; **climatizzare** [klimatid'dzaːre] *vt* klimatisieren; **climatizzatore** [klimatiddza'toːre] *m* Klimaanlage *f*

clinica ['kliːnika] <-che> *f* Klinik *f*

clinico ['kliːniko] <-ci> *m* Krankenhausarzt *m*

clinico, **-a** <-ci, -che> *agg* klinisch

clipboard <-> *m* (INFORM) Zwischenablage *f*

clistere [klis'tɛːre] *m* Klistier *n*

clitoride [kli'tɔːride] *m o f* Klitoris *f*

cloaca [klo'aːka] <-che> *f* Kloake *f*

clonare [klona:re] *vt* klonen; **clonazione** [klonat'tsioːne] *f* Klonen *n;* **clone** [clɔne] *m* Klon *m*

cloridrico, **-a** [klo'riːdriko] <-ci, -che> *agg* **acido** ~ Salzsäure *f;* **cloro** ['klɔːro] *m* Chlor *n*

clorofilla [kloro'filla] *f* Chlorophyll *n;* **clorofilliano**, **-a** [klorofil'liaːno] *agg* **sintesi -a** Fotosynthese *f*

cloroformio [kloro'fɔrmio] <-i> *m* Chloroform *n*

cloruro [klo'ruːro] *m* Chlorid *n*

club [klub] <-> *m* Klub *m*

cm *abbr di* **centimetro** cm

c.m. *abbr di* **corrente mese** d.M.

C.N.R. *m abbr di* **Consiglio Nazionale delle Ricerche** *staatliche italienische Forschungsgesellschaft*

c/o *abbr di* **care of** c/o, bei

coabitare [koabi'ta:re] *vi* zusammen wohnen; **coabitazione** [koabitat'tsio:ne] *f* Zusammenwohnen *n*

coalizione [koalit'tsio:ne] *f* Koalition *f;* **coalizzare** [koalid'dza:re] **I.** *vt* koalisieren **II.** *vr* **-rsi** eine Koalition bilden

coatto, **-a** [ko'atto] *agg* gezwungen

coautore, **-trice** [koau'to:re] *m, f* Koautor(in) *m(f)*

cobalto [ko'balto] *m* Kobalt *n;* **cobaltoterapia** [kobaltotera'pi:a] *f* Kobalttherapie *f*

cobas *m acro di* **Comitato di Base** *paragewerkschafltiche Basisgruppen in Italien*

Coblenza [ko'blɛntsa] *f* Koblenz *n*

cobra ['kɔ:bra] <-> *m* Kobra *f*

coca ['kɔ:ka] <-che> *f* **1.** (*sl: cocaina*) Kokain *n* **2.** (*fam: bevanda*) Cola *f*

cocaina [koka'i:na] *f* Kokain *n;* **cocainomane** [kokai'nɔ:mane] *mf* Kokainsüchtige(r) *f(m)*

coca party ['koukə 'pa:ti] <-> *m* Drogenparty *f*

coccarda [kok'karda] *f* Kokarde *f*

coccige [kot'tʃi:ge] *m* Steißbein *n*

coccinella [kottʃi'nɛlla] *f* Marienkäfer *m*

coccio ['kɔttʃo] <-cci> *m* Steingut *n*

cocciutaggine [kottʃu'taddʒine] *f* Dickköpfigkeit *f;* **cocciuto**, **-a** [kot'tʃu:to] **I.** *agg* dickköpfig **II.** *m, f* Dickkopf *m*

cocco ['kɔkko] <-cchi> *m* **noce di** ~ Kokosnuss *f*

cocco, **-a** <-cchi, -cche> *m, f* (*fam scherz*) Liebling *m*

coccodrillo [kokko'drillo] *m* Krokodil *n*

coccola [ko'kkola] *f* Liebkosung *f;* **coccolare** [kokko'la:re] *vt* (*fam*) liebkosen

cocente [ko'tʃɛnte] *agg* **1.** (*ardente*) glühend heiß **2.** (*fig*) brennend

cocker ['kɔker] <-> *m* Cockerspaniel *m*

cocomero [ko'ko:mero] *m* Wassermelone *f*

cocuzzolo [ko'kuttsolo] *m* **1.** (*di montagna*) Gipfel *m* **2.** (*di testa, cappello*) Spitze *f*

cod. *abbr di* **codice** Gesetzbuch

coda ['ko:da] *f* **1.** (ZOO) Schwanz *m* **2.** (*fila*) Reihe *f;* **fare la** ~ Schlange stehen; **mettersi in** ~ sich anstellen

code [koud] <-> *m* (TEL, INFORM) Code *m*

codice ['kɔ:ditʃe] *m* **1.** (JUR) Kodex *m,* Gesetzbuch *n;* ~ **fiscale** Steuernummer *f;* ~ **di avviamento postale** Postleitzahl *f* **2.** (INFORM) Code *m*

codificare [kodifi'ka:re] *vt* **1.** (INFORM) kodieren **2.** (JUR) kodifizieren; **codificatore** [kodifika'to:re] *m* (INFORM) Codierer *m*

codino [ko'di:no] *m* (*di capelli*) Zöpfchen *n*

coeditore, **-trice** [koedi'to:re] *m, f* Mitherausgeber(in) *m(f)*

coefficiente [koeffi'tʃɛnte] *m* Koeffizient *m*

coerede [koe'rɛ:de] *mf* Miterbe *m,* -erbin *f*

coerente [koe'rɛnte] *agg* (*fig: discorso, ragionamento*) folgerichtig; (*persona*) konsequent; **coerenza** [koe'rɛntsa] *f* Folgerichtigkeit *f;* (*di persona*) Konsequenz *f*

coesione [koe'zio:ne] *f* (*fig*) Geschlossenheit *f*

coesistente [koezis'tɛnte] *agg* koexistent; **coesistenza** [koezis'tɛntsa] *f* Koexistenz *f;* **coesistere** [koe'zistere] <irr> *vi essere* koexistieren

coetaneo, **-a** [koe'ta:neo] **I.** *agg* gleichaltrig **II.** *m, f* Gleichaltrige(r) *f(m)*

cofanetto [kofa'netto] *m* Kästchen *n*

cofano ['kɔ:fano] *m* Motorhaube *f*

cogli ['koʎʎi] *prp* = **con + gli** *v.* **con**

cogliere ['kɔʎʎere] <colgo, colsi, colto> *vt* **1.** (*fiore, frutto*) pflücken **2.** (*fig: occasione*) ergreifen **3.** (*fig: significato, problema*) erfassen

coglioni [koʎ'ʎo:ni] *mpl* (*vulg*) Eier *npl;* **rompere i** ~ **a qu** jdm auf den Sack gehen

cognato, **-a** [koɲ'ɲa:to] *m, f* Schwager *m,* Schwägerin *f*

cognome [koɲ'ɲo:me] *m* Nach-, Familienname *m;* **nome e** ~ Vor- und Nachname; ~ **da nubile** Mädchenname *m*

coi ['ko:i] *prp* = **con + i** *v.* **con**

coincidenza [kointʃi'dɛntsa] *f* **1.** (*avvenimento casuale*) Zufall *m* **2.** (*mezzi di trasporto*) Anschluss *m;* **coincidere** [koin'tʃi:dere] <irr> *vi* (*accadere insieme*) zusammenfallen; (*corrispondere*) übereinstimmen

coinquilino, **-a** [koiŋkui'li:no] *m, f* Mitbewohner(in) *m(f)*

coinvolgente [koinvol'dʒɛnte] *agg* (*libro, spettacolo*) fesselnd; **coinvolgere**

[koin'vɔldʒere] <irr> *vt* ~ **qu in qc** jdn in etw *acc* hineinziehen; **coinvolgimento** [koin'vɔldʒmento] *m* Verwicklung *f*

coinvolto, **-a** [koin'vɔlto] *pp di* **coinvolgere**

coiote [ko'iɔ:te] <-> *m* Kojote *m*

Coira ['kɔ:ira] *f* (GEOG) Chur *n*

coito ['kɔ:ito] *m* Beischlaf *m*

col [kol] *prp* = **con + il** *v.* **con**

colabrodo [kola'brɔ:do] <-> *m* Sieb *n;* **colapasta** [kola'pasta] <-> *m* Nudelsieb *n*

colare [ko'la:re] **I.** *vt* **1.** (*pasta*) abschütten **2.** (*metallo*) gießen **II.** *vi essere o avere* (*gocciolare*) tropfen

colazione [kolat'tsio:ne] *f* (*prima* ~) Frühstück *n;* **fare** ~ frühstücken

cold boot [kold 'but] <-> *m* (INFORM) Kaltstart *m*

COLDIRETTI [koldi'rɛtti] *f abbr di* **Confederazione Nazionale Coltivatori Diretti** *Verband* (*selbstständiger*) *Landwirte*

colei *f v.* **colui**

coleottero [kole'ɔttero] *m* Käfer *m*

colera [ko'lɛ:ra] <-> *m* Cholera *f;* **colerico**, **-a** [ko'lɛ:riko] <-ci, -che> *agg* Cholera-

colesterina [koleste'ri:na] *f,* **colesterolo** [koleste'rɔ:lo] *m* Cholesterin *n*

colf [kɔlf] <-> *f* Haushaltshilfe *f,* Bedienung *f A*

colgo ['kɔlgo] *1. pers sing pr di* **cogliere**

colibrì [koli'bri] <-> *m* Kolibri *m*

colica ['kɔ:lika] <-che> *f* Kolik *f*

colino [ko'li:no] *m* kleines Sieb

colite [ko'li:te] *f* Kolitis *f*

colla[1] ['kɔlla] *f* Klebstoff *m*

colla[2] ['kolla] *prp* = **con + la** *v.* **con**

collaborare [kollabo'ra:re] *vi* mitarbeiten; **collaboratore**, **-trice** [kollabora'to:re] *m, f* Mitarbeiter(in) *m(f);* **collaborazione** [kollaborarat'tsio:ne] *f* Mitarbeit *f*

collage [ko'la:ʒ] <-> *m* Collage *f*

collana [kol'la:na] *f* (*di perle*) (Hals)kette *f*

collant [kɔ'lã] <-> *m* Strumpfhose *f*

collare [kol'la:re] *m* (*per cani*) Halsband *n*

collasso [kol'lasso] *m* Kollaps *m*

collaudare [kollau'da:re] *vt* prüfen, zensurieren *A;* **collaudatore**, **-trice** [kollauda'to:re] *m, f* Prüfer(in) *m(f);* **collaudo** [kol'la:udo] *m* (*di macchina, impianti*) Probelauf *m*

colle[1] ['kɔlle] *m* (*rilievo*) Hügel *m*

colle[2] ['kolle] *prp* = **con + le** *v.* **con**

collega [kol'lɛ:ga] <-ghi *m*, -ghe *f*> *mf* Kollege *m,* Kollegin *f*

collegamento [kollega'mento] *m* Verbindung *f;* **collegare** [kolle'ga:re] **I.** *vt* verbinden **II.** *vr* **-rsi con qu** sich mit jdm in Verbindung setzen

collegiale [kolle'dʒa:le] **I.** *agg* **1.** (*collettivo*) kollegial **2.** (*da collegio*) Internats- **II.** *mf* Internatsschüler(in) *m(f)*

collegio [kol'lɛ:dʒo] <-gi> *m* **1.** (*professionale*) Kollegium *n* **2.** (*circoscrizione*) ~ **elettorale** Wahlbezirk *m*

collera ['kɔllera] *f* Wut *f;* **collerico**, **-a** [kol'lɛ:riko] <-ci, -che> **I.** *agg* jähzornig **II.** *m, f* Choleriker(in) *m(f)*

colletta [kol'lɛtta] *f* (Geld)sammlung *f*

collettività [kollettivi'ta] <-> *f* Gemeinschaftlichkeit *f*

collettivo [kollet'ti:vo] *m* Kollektiv *n*

collettivo, **-a** *agg* gemeinschaftlich

colletto [kol'letto] *m* (*di camicia, abito*) Kragen *m*

collezionare [kollettsio'na:re] *vt* sammeln; **collezione** [kollet'tsio:ne] *f* **1.** (*raccolta*) Sammlung *f* **2.** (*nella moda*) Kollektion *f;* **collezionista** [kollettsio'nista] <-i *m*, -e *f*> *mf* Sammler(in) *m(f)*

collina [kol'li:na] *f* Hügel *m;* **collinoso**, **-a** [kolli'no:so] *agg* hüg(e)lig

collirio [kol'li:rio] <-i> *m* Augentropfen *mpl*

collo[1] ['kɔllo] *m* **1.** (*anat, di bottiglia*) Hals *m* **2.** (*di abito*) Kragen *m* **3.** (COM) Frachtstück *n*

collo[2] ['kollo] = **con + lo**

collocamento [kolloka'mento] *m* **1.** (*impiego*) Stellung *f;* **ufficio di** ~ Arbeitsamt *n* **2.** (*disposizione*) Anordnung *f;* **collocare** [kollo'ka:re] **I.** *vt* **1.** (*mettere*) setzen, stellen, legen **2.** (COM) absetzen **II.** *vr* **-rsi** sich *dat* eine Position verschaffen; **collocazione** [kollokat'tsio:ne] *f* Stellung *f*

colloquiale [kollo'kuia:le] *agg* umgangssprachlich

colloquio [kol'lɔ:kuio] <-qui> *m* **1.** (*conversazione*) Gespräch *n;* ~ **di lavoro/presentazione** Vorstellungsgespräch *n* **2.** (*esame*) Kolloquium *n*

colloso, **-a** [kol'lo:so] *agg* klebrig

colluttorio [kollu'ttɔ:rio] <-i> *m* (medizinisches) Mundwasser *n*

colmare [kol'maːre] *vt* **1.** (*recipiente*) füllen **2.** (*fig*) ~ **qu di regali** jdn mit Geschenken überschütten
colmo ['kolmo] *m* (*fig*) **questo è il ~!** (*fam*) das ist ja die Höhe!
colmo, **-a** *agg* (*a fig*) voll
colomba [ko'lomba] *f* Taube *f*

Die **colomba** ist ein Kuchen in Form einer Taube und wird zu Ostern gegessen.

colombo [ko'lombo] *m* Taube *f*
colon ['kɔːlon] <-> *m* Grimmdarm *m*
colonia [ko'lɔːnia] <-ie> *f* **1.** (*per le vacanze*) Ferienlager *n* **2.** (*gruppo di stranieri*) (Ausländer)kolonie *f*
Colonia [ko'lɔːnia] *f* Köln *n*
coloniali [kolo'niaːli] *mpl* Kolonialwaren *fpl*
colonico, **-a** [ko'lɔːniko] <-ci, -che> *agg* (Land)pächter-
colonna [ko'lonna] *f* **1.** (ARCH) Säule *f* **2.** (*di automobili*) Kolonne *f*; (*di numeri*) Reihe *f*
colonnello [kolon'nɛllo] *m* Oberst *m*
colonnina [kolon'iːna] *f* ~ **per chiamata di soccorso** Notrufsäule *f*
colorante [kolo'rante] **I.** *agg* färbend **II.** *m* Farbstoff *m*
colorare [kolo'raːre] **I.** *vt* **1.** (*capelli, tessuti*) färben; (*disegno*) bemalen **2.** (*fig*) verbergen **II.** *vr* **-rsi** sich färben; **colorazione** [kolo'rat'tsioːne] *f* Färbung *f*
colore [ko'loːre] *m* Farbe *f*; **uomo di ~** Farbige(r) *m*; **a -i** farbig; **senza -i** farblos; **colorire** [kolo'riːre] <colorisco> *vt* **1.** (*colorare*) kolorieren **2.** (*fig*) ausschmücken
colorito [kolo'riːto] *m* (*tinta*) Färbung *f*; (*della pelle*) Gesichtsfarbe *f*
colorito, **-a** *agg* **1.** (*viso, guance*) rosig **2.** (*fig*) farbig
coloro [ko'loːro] *pron dim pl di* **colui**
colossale [kolos'saːle] *agg* **1.** (*di enormi proporzioni*) kolossal **2.** (*fig*) Riesen
colpa ['kolpa] *f* Schuld *f*; **non è ~ mia** das ist nicht meine Schuld; **per ~ tua sono arrivata tardi** du bist schuld daran, dass ich zu spät gekommen bin; **colpevole** [kol'peːvole] **I.** *agg* **1.** (*persona*) schuldig **2.** (*azione*) schuldhaft **II.** *mf* Schuldige(r) *f(m)*; **colpevolezza** [kol'pevo'lettsa] *f* Schuldhaftigkeit *f*
colpire [kol'piːre] <colpisco> *vt* **1.** (*cogliere*) treffen **2.** (*fig*) beeindrucken
colpo ['kolpo] *m* **1.** (*botta*) Schlag *m* **2.** (*fig*) ~ **di fortuna** Glücksfall *m*; **di ~** plötzlich **3.** (MED) **prendere un ~ di sole** einen Sonnenstich bekommen **4.** (*loc*) **dare un ~ di telefono a qu** (*fam*) jdn kurz anrufen
colposo, **-a** [kol'poːso] *agg* (JUR) fahrlässig
colsi ['kɔlsi] *1. pers sing pass rem di* **cogliere**
coltellata [koltel'laːta] *f* Messerstich *m*
coltello [kol'tɛllo] *m* Messer *n*
coltivabile [kolti'vaːbile] *agg* anbaufähig; **coltivare** [kolti'vaːre] *vt* **1.** (*campo, terreno*) bebauen **2.** (*fig: amicizia, arti*) pflegen; **coltivatore**, **-trice** [koltiva'toːre] *m, f* Produzent(in) *m(f)*; **coltivazione** [koltivat'tsioːne] *f* (*di un campo*) Bestellen *n*
colto, **-a** ['kolto] **I.** *pp di* **cogliere** **II.** *agg* gebildet
coltura [kol'tuːra] *f* Anbau *m*
colui, **colei** [ko'luːi, ko'lɛːi] <coloro> *pron dim* diese(r, s) (dort), jene(r, s); **~ che ...** der(jenige), der ...
coma ['kɔːma] <-> *m* Koma *n*
comandamento [komanda'mento] *m* Gebot *n*
comandante [koman'dante] *m* Kommandant *m*
comandare [koman'daːre] **I.** *vt* (*ordinare*) befehlen, anschaffen *A* **II.** *vi* kommandieren; **comando** [ko'mando] *m* **1.** (*ordine*) Befehl *m* **2.** (INFORM) Befehl *m*; **riga di ~** Befehlszeile *f*
comare [ko'maːre] *f* **1.** (*di battesimo*) (Tauf)patin *f* **2.** (*donna pettegola*) Klatschbase *f*
comasco, **-a** <-schi, -sche> **I.** *agg* aus Como stammend **II.** *m, f* Einwohner(in) *m(f)* von Como
combaciare [komba'tʃaːre] *vi* **1.** (*aderire*) (zusammen)passen **2.** (*fig*) übereinstimmen
combattente [kombat'tɛnte] **I.** *agg* kämpfend **II.** *mf* Kämpfer(in) *m(f)*
combattere [kom'battere] **I.** *vi* **1.** (MIL) kämpfen **2.** (*fig*) ~ **contro/per qc** sich gegen/für etw einsetzen **II.** *vt* (*fig*) bekämpfen; **combattimento** [kombatti'mento] *m* **1.** (MIL) Kampf *m* **2.** (SPORT) (Wett-, Ring)kampf *m*; **combattivo**, **-a** [kombat'tiːvo] *agg* kämpferisch; **combattuto**, **-a** [kombat'tuːto] *agg* unschlüssig; (*da dubbi*) gequält

combinare [kombi'na:re] **I.** *vt* **1.** (*colori, sapori*) zusammenstellen; (*gita, cena, riunione*) arrangieren **2.** (*fam*) **ne ha combinata un'altra delle sue** er hat mal wieder was angestellt! **II.** *vr* **-rsi** (*fam: conciarsi*) **ma come ti sei combinato oggi?** wie siehst du denn heute aus!; **combinazione** [kombinat'tsio:ne] *f* Zufall *m;* **per** (**pura**) ~ (rein) zufällig

combustibile [kombus'ti:bile] **I.** *agg* brennbar **II.** *m* Brennstoff *m*

combustione [kombus'tio:ne] *f* Verbrennung *f*

come ['ko:me] **I.** *avv* **1.** (*interrogativo, esclamativo, nei paragoni*) wie; **~?** bitte?; **com'è andata?** wie ist es gelaufen?; ~ **me/te** wie ich/du; ~ **sei caro!** wie lieb du bist!; ~ **stai?** wie geht's (dir)?; ~ **mai?** wieso?; ~ **no?** natürlich! **2.** (*correlativo*) so wie; **ora** ~ **ora** hier und jetzt **3.** (*in qualità di*) als **II.** *cong* **1.** (*dichiarativo*) wie **2.** (*condizionale*) als **3.** (*temporale*) als **4.** (*comparativo*) wie; ~ **se** als ob **III.** <-> *m* Wie *n*

COMECON ['kɔ:mekon] *m* COMECON *m o n*

cometa [ko'me:ta] *f* Komet *m*

comfort ['kʌmfət] <-> *m* Komfort *m*

comica ['kɔ:mika] <-che> *f* **1.** (FILM) Stummfilmsketch *m* **2.** (*fig*) Farce *f*

comicità [komitʃi'ta] <-> *f* Komik *f*

comico ['kɔ:miko] <-ci> *m* (*a fig*) Komiker(in) *m(f)*

comico, **-a** <-ci, -che> *agg* **1.** (*della commedia*) Lustspiel- **2.** (*buffo*) komisch

comignolo [ko'miɲɲolo] *m* Schornstein *m*

cominciare [komin'tʃa:re] **I.** *vi essere* anfangen (mit), beginnen (mit); **comincia a piovere** es beginnt zu regnen; **a ~ da oggi** ab heute **II.** *vt* beginnen, anfangen

comitato [komi'ta:to] *m* Komitee *n;* **Comitato delle regioni** (EU) Ausschuss *m* der Regionen; **Comitato economico e sociale** (EU) Wirtschafts- und Sozialausschuss *m*

comitiva [komi'ti:va] *f* (Reise)gruppe *f*

commedia [kom'mɛ:dia] <-ie> *f* Komödie *f;* **commediante** [komme'diante] *mf* Komödiant(in) *m(f);* **commediografo**, **-a** [komme'diɔ:grafo] *m, f* Lustspielautor(in) *m(f)*

commemorare [kommemo'ra:re] *vt* ~ **qu** jds gedenken; ~ **qc** etw feiern; **commemorativo**, **-a** [kommemora'ti:vo] *agg* Gedenk-; **commemorazione** [kommemorat'tsio:ne] *f* Gedenken *n*

commendatore [kommenda'to:re] *m* Komtur *m*

commentare [kommen'ta:re] *vt* **1.** (*spiegare con commento*) kommentieren **2.** (*esprimere giudizi*) die Meinung äußern über +*acc;* **commentatore**, **-trice** [kommenta'to:re] *m, f* (RADIO, TV) Kommentator(in) *m(f);* **commento** [kom'mento] *m* **1.** (*nota illustrativa*) Kommentar *m;* (LIT, RADIO, TV) Besprechung *f* **2.** (*giudizio*) Beurteilung *f*

commerciabile [kommer'tʃa:bile] *agg* verkäuflich

commerciale [kommer'tʃa:le] *agg* **1.** (*lettera, valore, scuola*) Handels- **2.** (*prodotto, film, libro*) kommerziell; **commercialista** [kommertʃa'lista] <-i *m*, -e *f*> *mf* Steuerberater(in) *m(f);* **commercializzare** [kommertʃalid'dza:re] *vt* **1.** (COM) vermarkten **2.** (*fig, pej*) kommerzialisieren

commerciante [kommer'tʃante] *mf* Händler(in) *m(f)*

commerciare [kommer'tʃa:re] *vi* handeln; **commercio** [kom'mɛrtʃo] <-ci> *m* Handel *m;* **essere in** ~ im Handel sein; ~ **elettronico** Internethandel *m*

commessa [kom'messa] *f* **1.** (*in un negozio*) Verkäuferin *f* **2.** (*ordinazione*) Bestellung *f*

commesso, **-a** [kom'messo] **I.** *pp di* **commettere** **II.** *m, f* Verkäufer(in) *m(f)*

commestibile [kommes'ti:bile] *agg* essbar; **commestibilità** [kommestibili'ta] <-> *f* Essbarkeit *f*

commettere [kom'mettere] <irr> *vt* (*delitto, imprudenza*) begehen; (*errore*) machen

commiserare [kommize'ra:re] *vt* bemitleiden; **commiserazione** [kommizerat'tsio:ne] *f* Bemitleidung *f*

commisi [kom'mi:zi] *1. pers sing pass rem di* **commettere**

commissariato [kommissa'ria:to] *m* Kommissariat *n;* **commissario**, **-a** [kommis'sa:rio] <-i, -ie> *m, f* **1.** (ADM) Kommissar(in) *m(f)*, Kommissär(in) *m(f)* *A* **2.** (*membro di commissione*) ~ **d'esame** Mitglied *n* einer Prüfungskommission; **commissione** [kommis'sio:ne] *f* **1.** (*incarico*) Auftrag *m* **2.** (COM) Bestellung *f* **3.** (*comitato*) **Commis-**

C

sione europea (EU) Europäische Kommission **4.** (*acquisto*) **fare una** ~ eine Besorgung machen

committente [kommit'tɛnte] *mf* Auftraggeber(in) *m(f)*

commossi *1. pers sing pass rem di* **commuovere**

commosso *pp di* **commuovere**

commovente [kommo'vɛnte] *agg* rührend; **commozione** [kommot'tsio:ne] *f* Rührung *f*

commuovere [kom'muɔ:vere] <irr> **I.** *vt* rühren **II.** *vr* **-rsi** gerührt sein

comò [ko'mɔ] <-> *m* Kommode *f*

Como ['kɔ:mo] *f Stadt in der Lombardei*

comodino [komo'di:no] *m* Nachttisch *m*

comodità [komodi'ta] <-> *f* Bequemlichkeit *f*

comodo, -a *agg* bequem; **state -i!** bleibt sitzen!

compact disc ['kɔmpakt disk] <-> *m* **1.** (*disco*) Compact Disc *f* **2.** (*lettore*) CD-Player *m*

compaesano, -a [kompae'za:no] *m, f* Landsmann *m,* -männin *f*

compagnia [kompaɲ'ɲi:a] <-ie> *f* **1.** (*lo stare insieme*) Gesellschaft *f;* **fare** ~ **a qu** jdm Gesellschaft leisten **2.** (THEAT) (Schauspiel)truppe *f* **3.** (COM) Gesellschaft *f;* **compagno, -a** [kom'paɲɲo] *m, f* **1.** (*di persona amica*) Gefährte *m,* Gefährtin *f;* **il mio** ~ **di scuola** mein Klassenkamerad **2.** (*persona con cui si vive*) Partner(in) *m(f)*

compaio [kom'pa:io] *1. pers sing pr di* **comparire**

company ['kʌmpəni] <-> *m* Firma *f*

comparare [kompa'ra:re] *vt* vergleichen; **comparativo, -a** *agg* **1.** (*studio, metodo*) vergleichend **2.** (LING) Komparativ-; **comparato, -a** [kompa'ra:to] *agg* vergleichend

compare [kom'pa:re] *m* (*mer*) **1.** (*di battesimo*) (Tauf)pate *m* **2.** (*amico*) Genosse *m*

comparire [kompa'ri:re] <compaio, comparvi, comparso> *vi essere* **1.** (*presentarsi*) erscheinen **2.** (*far mostra*) sich in Szene setzen

comparsa [kom'parsa] *f* (THEAT, FILM) Komparse *m,* Komparsin *f*

comparso *pp di* **comparire**

compartimento [komparti'mento] *m* **1.** (*suddivisione*) Abteilung *f* **2.** (FERR) Abteil *n*

comparvi [kom'parvi] *1. pers sing pass rem di* **comparire**

compassione [kompas'sio:ne] *f* Mitleid *n;* **avere** ~ **di qu** mit jdm Mitleid haben

compasso [kom'passo] *m* Zirkel *m*

compatibile [kompa'ti:bile] *agg* (*conciliabile*) vereinbar; (INFORM) kompatibel; **compatibilità** [kompatibili'ta] <-> *f* Vereinbarkeit *f;* (INFORM) Kompatibilität *f;* **compatibilmente** [kompatibil'mente] *avv* ~ **con ...** soweit es mit ... vereinbar ist

compatire [kompa'ti:re] <compatisco> *vt* **1.** (*avere compassione di*) Mitleid haben mit **2.** (*commiserare*) bedauern

compatriota [kompatri'ɔ:ta] <-i *m,* -e *f*> *mf* Landsmann *m,* -männin *f*

compattezza [kompat'tettsa] *f* **1.** (*solidità*) Kompaktheit *f* **2.** (*fig*) Geschlossenheit *f;* **compatto, -a** [kom'patto] *agg* **1.** (*solido, denso*) dicht **2.** (*fig*) geschlossen

compensare [kompen'sa:re] *vt* **1.** (*somma*) begleichen **2.** (*differenza*) ausgleichen

compensato [kompen'sa:to] *m* Sperrholz *n*

compensato, -a *agg* vergütet

compenso [kom'pɛnso] *m* **1.** (COM) Vergütung *f* **2.** (*fig*) Ausgleich *m*

competente [kompe'tɛnte] **I.** *agg* **1.** (*esperto*) sachkundig **2.** (ADM) zuständig **II.** *mf* Sachverständige(r) *f(m);* **competenza** [kompe'tɛntsa] *f* **1.** (*perizia*) Sachverstand *m* **2.** (ADM) Zuständigkeit *f;* **ciò non è di sua** ~ dafür ist er nicht zuständig

competere [kom'pɛ:tere] <competo, competei, *manca il pp*> *vi* **1.** (*gareggiare*) konkurrieren; ~ **con qu** mit jdm konkurrieren **2.** (*riguardare*) betreffen; **competitività** [kompetitivi'ta] <-> *f* **1.** (COM) Wettbewerbsfähigkeit *f* **2.** (*fig*) Konkurrenzdenken *n;* **competitivo, -a** [kompeti'ti:vo] *agg* **1.** (COM) wettbewerbsfähig **2.** (*fig*) vom Konkurrenzdenken geprägt; **competizione** [kompetit'tsio:ne] *f* **1.** (COM) Konkurrenz *f* **2.** (*gara*) Wettkampf *m*

compiangere [kom'piandʒere] <irr> *vt* bedauern

compianto [kom'pianto] *m* Trauer *f*

compianto, -a *agg* (*fig*) verstorben

compiere ['kompiere] <compio, compii, compiuto> **I.** *vt* **1.** (*concludere*) beenden; (*età*) vollenden; ~ **gli anni** Geburtstag haben; **ha compiuto 10 anni giovedì** sie ist am Donnerstag zehn Jahre (alt) geworden **2.** (*dovere*) erfüllen **II.** *vr* **-rsi** **1.** (*concludere*) zu Ende gehen **2.** (*avverarsi*) eintreffen

compilare [kompi'la:re] *vt* verfassen; (*modulo*) ausfüllen; **compilatore** [kompila'to:re] *m* (INFORM) Compiler *m*

compire [kom'pi:re] *v.* **compiere**

compitare [kompi'ta:re] *vt* buchstabieren

compito ['kompito] *m* **1.** (*a scuola*) (Haus)aufgabe *f;* ~ **in classe** Klassenarbeit *f,* Schularbeit *f A* **2.** (*incarico*) Aufgabe *f*

compito, -a [kom'pi:to] *agg* korrekt

compiutamente [kompiuta'mente] *avv* vollständig

compleanno [komple'anno] *m* Geburtstag *m;* **tanti auguri di buon ~!** herzlichen Glückwunsch zum Geburtstag!

complementare [komplemen'ta:re] *agg* komplementär; **complemento** [komple'mento] *m* (LING) Angabe *f*

complessità [komplessi'ta] <-> *f* Komplexität *f*

complessivamente [komplessiva'mente] *avv* insgesamt; **complessivo, -a** [komples'si:vo] *agg* gesamt

complesso [kom'plɛsso] *m* **1.** (PSYCH) Komplex *m* **2.** (MUS) Gruppe *f*

complesso, -a *agg* komplex

completamente [kompleta'mente] *avv* völlig

completamento [kompleta'mento] *m* Vervollständigung *f;* (*a una parte*) Ergänzung *f;* **completare** [komple'ta:re] *vt* vervollständigen, ergänzen

completo [kom'plɛ:to] *m* **1.** (*accessori*) Set *n* **2.** (*abito*) Anzug *m* **3.** (*loc*) **al ~** (*tutti presenti*) vollzählig; (*tutti i posti occupati*) voll besetzt

completo, -a *agg* **1.** (*assortimento, elenco*) vollständig **2.** (*cinema*) (voll) besetzt; (*albergo*) (voll) belegt; (*teatro*) ausverkauft

complicare [kompli'ka:re] **I.** *vt* schwierig(er) machen **II.** *vr* **-rsi** sich verwickeln

complicato, -a *agg* kompliziert

complice ['kɔmplitʃe] *mf* Komplize *m,* Komplizin *f;* **complicità** [komplitʃi'ta] <-> *f* Mittäterschaft *f*

complimentarsi [komplimen'ta:rsi] *vr* ~ **con qu per qc** jdm zu etw beglückwünschen; **complimento** [kompli'mento] *m* Kompliment *n;* **-i!** (mein) Kompliment!; (*per la laurea, successo*) (ich) gratuliere!

componente [kompo'nɛnte] **I.** *agg* formend **II.** *mf* Mitglied *n* **III.** *m* Bestandteil *m*

compongo *1. pers sing pr di* **comporre**

componibile [kompo'ni:bile] *agg* Anbau-

componimento [komponi'mento] *m* **1.** (*scolastico*) Aufsatz *m* **2.** (MUS) Komposition *f*

comporre [kom'porre] <irr> *vt* **1.** (*formare*) bilden; (*numero telefonico*) wählen **2.** (MUS) komponieren

comportamentale [komportamen'ta:le] *agg* Verhaltens-; **comportamento** [komporta'mento] *m* Verhalten *n,* Benehmen *n*

comportare [kompor'tare] **I.** *vt* (*richiedere*) bedingen; (*implicare*) mit sich *dat* bringen **II.** *vr* **-rsi** sich verhalten, sich benehmen

composi *1. pers sing pass rem di* **comporre**

compositore, -trice [kompozi'to:re] *m, f* (MUS) Komponist(in) *m(f);* **composizione** [kompozit'tsio:ne] *f* **1.** (*il comporre*) Zusammensetzung *f* **2.** (*a scuola*) Aufsatz *m*

compost ['kɔmpɔst] <-> *m* Kompost *m*

composto, -a [kom'pɔsto] **I.** *pp di* **comporre** **II.** *agg* **1.** (*formato da più elementi*) zusammengesetzt **2.** (*posizione*) gesittet; (*capelli*) geordnet; **stai ~!** benimm dich bitte!

comprare [kom'pra:re] *vt* kaufen; **compratore, -trice** [kompra'to:re] *m, f* Käufer(in) *m(f);* **compravendita** [kompra'vendita] *f* (COM) Ein- und Verkauf *m*

comprendere [kom'prɛndere] <irr> **I.** *vt* **1.** (*capire*) verstehen **2.** (*contenere*) enthalten **II.** *vr* **-rsi** sich verstehen; **comprensibile** [kompren'si:bile] *agg* verständlich; **comprensione** [kompren'sio:ne] *f* Verständnis *n;* **comprensivo, -a** [kompren'si:vo] *agg* **1.** (*indulgente*) verständnisvoll **2.** (COM) **~ di qc** etw inbegriffen

compresi [kom'pre:si] *1. pers sing pass rem di* **comprendere**

compreso, -a [kom'pre:so] **I.** *pp di* **comprendere** **II.** *agg* **1.** (*persona*) aufgenommen **2.** (*incluso*) einschließlich, inbegriffen; **tutto ~** alles in allem; **I.V.A. -a** einschließlich Mehrwertsteuer

compressa [kom'prɛssa] *f* (*pastiglia*) Tablette *f*

compressi [kom'prɛssi] *1. pers sing pass rem di* **comprimere**

compressione [kompres'sio:ne] *f* Zusammendrücken *n;* ~ **dati** (INFORM) Datenkomprimierung *f*

comprimere [kom'pri:mere] <comprimo, compressi, compresso> *vt* **1.** (*sottoporre a pressione*) zusammendrücken **2.** (PHYS, INFORM) komprimieren

compromesso[1] [kompro'mɛsso] *m* **1.** (*fig*) Kompromiss *m;* **scendere a un** ~ einen Kompromiss eingehen **2.** (*accordo*) Vergleich *m*

compromesso[2] *pp di* **compromettere**

compromettente [kompromet'tɛnte] *agg* kompromittierend; **compromettere** [kompro'mettere] <irr> **I.** *vt* (*impresa, reputazione*) gefährden; (*persona*) kompromittieren **II.** *vr* **-rsi** sich kompromittieren

comproprietà [komproprie'ta] *f* Miteigentum *n;* **comproprietario, -a** [komproprie'ta:rio] *m, f* Miteigentümer(in) *m(f)*

computer [kom'pjuter] <-> *m* Computer *m;* ~ **portatile** Laptop *m;* **computeristico, -a** [kompjute'ristiko] <-ci, -che> *agg* computerbezogen; **computerizzare** [kompjuterid'dza:re] *vt* computerisieren; **computerizzato, -a** [kompjuterid'dza:to] *agg* computergestützt

computista [kompu'tista] <-i *m*, -e *f*> *mf* Buchhalter(in) *m(f);* **computisteria** [komputiste'ri:a] <-ie> *f* Buchhaltung *f*

comunale [komu'na:le] *agg* Gemeinde-

comune [ko'mu:ne] **I.** *agg* **1.** (*di tutti*) gemeinsam; **avere qc in** ~ etw gemeinsam haben **2.** (*opinione, uso*) allgemein **3.** (*medio, normale*) durchschnittlich **II.** *m* (ADM) Gemeinde *f;* **sposarsi in** ~ standesamtlich heiraten

Der **Comune** ist die kleinste autonome politische Verwaltungseinheit. Er führt die Geburten-, Trauungs- und Sterberegister und hat die Befugnis, Steuern zu erheben und öffentliche Arbeiten zu bewilligen. Der Comune wird von der **Giunta comunale**, die von dem Consiglio comunale (Gemeinderat) gewählt wird, geleitet. Beide Gruppen unterstehen dem Sindaco (Bürgermeister).

comunemente [komune'mente] *avv* gewöhnlich

comunicabile [komuni'ka:bile] *agg* mitteilbar

comunicante [komuni'kante] *agg* miteinander verbunden

comunicare [komuni'ka:re] **I.** *vt* **1.** (*notizia*) mitteilen **2.** (MED, PHYS) übertragen **II.** *vi* **1.** (*luoghi*) ~ **con qc** mit etw verbunden sein **2.** (*persone, fig*) sich verstehen; **comunicativo, -a** [komunika'ti:vo] *agg* kontaktfreudig

comunicato [komuni'ka:to] *m* Bericht *m*

comunicazione [komunikat'tsio:ne] *f* **1.** Kommunikation *f;* **mezzi di** ~ Medien *pl* **2.** (*collegamento*) Verbindung *f*

comunione [komu'nio:ne] *f* **1.** (REL) Kommunion *f* **2.** (JUR) ~ **dei beni** Gütergemeinschaft *f* **3.** (*fig: di interessi, idee*) Gemeinsamkeit *f*

comunismo [komu'nizmo] *m* Kommunismus *m;* **comunista** [komu'nista] <-i *m*, -e *f*> **I.** *mf* Kommunist(in) *m(f)* **II.** *agg* kommunistisch

comunità [komuni'ta] <-> *f* Gemeinschaft *f;* **Comunità Europea** Europäische Gemeinschaft

comunitario, -a [komuni'ta:rio] <-i, -ie> *agg* EU-; **trattato** ~ EU-Vertrag *m;* **le istituzioni -ie** die EU-Institutionen *fpl*

comunque [ko'muŋkue] **I.** *avv* (*in ogni modo*) jedenfalls; (*tuttavia*) immerhin **II.** *cong +conj* wie auch immer

con [kon] <col, collo, colla, coi, cogli, colle> *prp* **1.** (*compagnia, unione*) mit *+dat;* **caffè col latte** Kaffee mit Milch **2.** (*mezzo, strumento, modo, maniera*) mit *+dat;* **viaggiare col treno/colla macchina** mit dem Zug/Auto reisen; ~ **tutto il cuore** mit ganzem Herzen **3.** (*tempo, causa*) mit *+dat,* bei *+dat;* ~ **questo** damit; ~ **questo caldo non si può uscire** bei dieser Hitze kann man nicht aus dem Haus gehen **4.** (*verso*) zu *+dat;* **essere gentile** ~ **qu** nett zu jdm sein **5.** (*avversativo*) trotz *+dat o gen;* ~ **tutti i suoi difetti, mi piace** trotz all seiner Fehler gefällt er mir; ~ **tutto che ...** obwohl ...

concavo, -a ['kɔŋkavo] *agg* konkav

concedere [kon'tʃɛ:dere] <concedo, concessi, concesso> **I.** *vt* zugestehen **II.** *vr* **-rsi 1.** (*donna*) sich hingeben **2.** (*permettersi*) sich *dat* erlauben

concentramento [kontʃentra'mento] *m* Konzentration *f;* **campo di** ~ Konzentrationslager *n;* **concentrare** [kontʃen'tra:re] **I.** *vt* (*fig*) ~ **qc su qc** etw auf etw *acc* kon-

zentrieren **II.** *vr* **-rsi su qc** sich auf etw *acc* konzentrieren
concentrato [kontʃen'tra:to] *m* **1.** (GASTR) Extrakt *m* **2.** (*fig*) Häufung *f;* **concentrazione** [kontʃentrat'tsio:ne] *f* Konzentration *f*
concentrico, **-a** [kon'tʃɛntriko] <-ci, -che> *agg* konzentrisch
concepibile [kontʃe'pi:bile] *agg* vorstellbar; **non è ~ che ... +***conj* es ist nicht zu fassen, dass ...
concepimento [kontʃepi'mento] *m* **1.** (BIOL) Empfängnis *f* **2.** (*fig*) Ausdenken *n;* **concepire** [kontʃe'pi:re] <concepisco> *vt* **1.** (BIOL) empfangen **2.** (*fig*) begreifen **3.** (*ideare*) ausdenken
concertista [kontʃer'tista] <-i *m*, -e *f*> *mf* Solist(in) *m(f);* **concertistico**, **-a** [kontʃer'tistiko] <-ci, -che> *agg* Konzert-; **concerto** [kon'tʃɛrto] *m* (MUS) Konzert *n*
concessi [kon'tʃɛssi] *1. pers sing pass rem di* **concedere**
concessionaria [kontʃessio'na:ria] <-ie> *f* Vertretung *f*
concessionario [kontʃessio'na:rio] <-i> *m* Konzessionär *m*
concessione [kontʃes'sio:ne] *f* **1.** (*di prestito, mutuo*) Bewilligung *f* **2.** (*permesso*) Genehmigung *f*
concessiva [kontʃes'si:va] *f* (LING) Konzessivsatz *m*
concessivo, **-a** [kontʃes'si:vo] *agg* konzessiv
concetto [kon'tʃɛtto] *m* Begriff *m;* **concettuale** [kontʃettu'a:le] *agg* begrifflich
concezione [kontʃet'tsio:ne] *f* **1.** (*concetto, idea*) Auffassung *f* **2.** (*di piano*) Entwurf *m*
conchiglia [koŋ'kiʎʎa] <-glie> *f* Muschel *f*
conciliabile [kontʃi'lia:bile] *agg* vereinbar
conciliare [kontʃi'lia:re] **I.** *vt* **1.** (ADM: *multa*) sofort bezahlen **2.** (*sonno*) fördern **3.** (*litiganti, avversari*) versöhnen **4.** (*fig: proposte, opinioni*) vereinbaren **II.** *vr* **-rsi 1.** (*mettersi d'accordo*) **-rsi con qu** sich mit jdm einigen **2.** (*trovarsi d'accordo*) übereinstimmen
conciliatore, **-trice** [kontʃilia'to:re] **I.** *agg* schlichtend; (*fig*) begünstigend **II.** *m, f* Vermittler(in) *m(f)*
concilio [kon'tʃi:lio] <-i> *m* (REL) Konzil *n*
concimare [kontʃi'ma:re] *vt* düngen; **concime** [kon'tʃi:me] *m* Dünger *m*
concisione [kontʃi'zio:ne] *f* Bündigkeit *f;* **conciso**, **-a** [kon'tʃi:zo] *agg* bündig
concittadino, **-a** [kontʃitta'di:no] *m, f* Mitbürger(in) *m(f)*
concludente [koŋklu'dɛnte] *agg* schlüssig
concludere [koŋ'klu:dere] <concludo, conclusi, concluso> **I.** *vt* **1.** (*condurre a termine*) beenden **2.** (*trattato, vertenza*) (ab)schließen **3.** (*di conseguenza*) schließen **II.** *vr* **-rsi** ausgehen; **conclusione** [koŋklu'zio:ne] *f* **1.** (*fine*) Ende *n;* **in ~** abschließend **2.** (*deduzione*) Schluss *m;* **giungere alla ~ che ...** zu dem Ergebnis kommen, dass ...; **conclusivo**, **-a** [koŋklu'zi:vo] *agg* abschließend; **concluso**, **-a** [koŋ'klu:zo] *pp di* **concludere**
concordanza [koŋkor'dantsa] *f* (*di opinioni, fatti*) Übereinstimmung *f;* **concordare** [koŋkor'da:re] **I.** *vt* vereinbaren **II.** *vi* **~ con qu su qc** mit jdm über etw *acc* einig sein
concorde [koŋ'kɔrde] *agg* einvernehmlich; **concordia** [koŋ'kɔrdia] <-ie> *f* Einvernehmen *n*
concorrente [koŋkor'rɛnte] **I.** *agg* **1.** (COM) konkurrierend **2.** (MAT) konvergent **II.** *mf* **1.** (SPORT, COM) Konkurrent(in) *m(f)* **2.** (*di concorso*) Kandidat(in) *m(f);* **concorrenza** [koŋkor'rɛntsa] *f* Konkurrenz *f;* **concorrenziale** [koŋkorren'tsia:le] *agg* Konkurrenz-
concorrere [koŋ'korrere] <irr> *vi* **1.** (*partecipare*) teilnehmen; **~ a un concorso** an einem Wettbewerb teilnehmen **2.** (*contribuire*) sich beteiligen; **concorso** [koŋ'korso] *m* **1.** (*gara*) Wettbewerb *m* **2.** (SPORT) Wettkampf *m*
concretezza [koŋkre'tettsa] *f* Konkretheit *f*
concretizzare [koŋkreti'ddza:re] **I.** *vt* konkretisieren **II.** *vr* **-rsi** sich verwirklichen
concreto [koŋ'krɛ:to] *m* Konkrete(s) *n*
concreto, **-a** *agg* konkret; **nome ~** Konkretum *n*
condanna [kon'danna] *f* **1.** (JUR) Urteil *n* **2.** (*fig*) Missbilligung *f;* **condannabile** [kondan'na:bile] *agg* tadelnswert; **condannare** [kondan'na:re] *vt* **1.** (JUR) verurteilen; **~ qu a/per qc** jdn zu/wegen etw verurteilen **2.** (*fig*) verurteilen
condensare [konden'sa:re] **I.** *vt* **1.** (PHYS)

kondensieren **2.** (*fig*) zusammenfassen **II.** *vr* **-rsi** kondensieren

condensato, **-a** *agg* **1.** (*latte*) Kondens- **2.** (PHYS) kondensiert

condimento [kondi'mento] *m* **1.** (GASTR) Gewürz *n* **2.** (*fig*) Würze *f;* **condire** [kon'di:re] <condisco> *vt* **1.** (GASTR: *guarnire*) anrichten; (*insalata*) anmachen **2.** (*fig*) würzen

condiscendente [kondiʃʃen'dɛnte] *agg* entgegenkommend; (*cedevole*) nachgiebig; **condiscendenza** [kondiʃʃen'dɛntsa] *f* Entgegenkommen *n*

condiscendere [kondiʃ'ʃendere] <irr> *vi* **1.** (*consentire*) ~ **a qc** in etw *acc* einwilligen **2.** (*cedere*) ~ **a qu/qc** jdm/etw nachgeben

condividere [kondi'vi:dere] <irr> *vt* teilen; **condivisibile** [kondivi'zi:bile] *agg* **1.** (*idee*) nachvollziehbar **2.** (*decisioni*) vertretbar; **condivisione** [kondivi'zio:ne] *f* **1.** ~ **di qc** Anteilnahme *f* an etw *dat* **2.** (INFORM: *di dati, stampante*) gemeinsamer Zugriff

condizionale [kondittsio'na:le] **I.** *m* (LING) Konditional *m* **II.** *f* **1.** (LING) Konditionalsatz *m* **2.** (JUR) Bewährung *f;* **condizionare** [kondittsio'na:re] *vt* **1.** (*aria*) klimatisieren **2.** (PSYCH) konditionieren **3.** (*subordinare*) ~ **qu/qc a qc** jdn/etw von etw abhängig machen; **condizionatore** [kondittsiona'to:re] *m* Klimaanlage *f*

condizione [kondit'tsio:ne] *f* **1.** (*presupposto*) Bedingung *f;* **a ~ che ...** *+conj* unter der Bedingung, dass ...; **-i di lavoro** Arbeitsbedingungen *fpl* **2.** *pl* (*finanziarie*) Lage *f* **3.** *pl* (*stato*) Zustand *m;* **-i di salute** Gesundheitszustand *m*

condoglianze [kondoʎ'ʎantse] *fpl* Beileid *n;* **fare le ~ a qu** jdm sein Beileid aussprechen

condominio [kondo'mi:nio] <-i> *m* **1.** (JUR) Miteigentum *n* **2.** (*casa*) Haus *n* mit Eigentumswohnungen; **condomino**, **-a** [kon'dɔ:mino] *m, f* Miteigentümer(in) *m(f)*

condor ['kɔndor] <-> *m* Kondor *m*

condotta [kon'dotta] *f* **1.** (*comportamento*) Verhalten *n* **2.** (TEC) Rohrleitung *f*

condottiero [kondot'tiɛ:ro] *m* (HIST, MIL) Söldnerführer *m*

condotto [kon'dotto] *m* (ANAT) Gang *m*

condotto, **-a** **I.** *pp di* **condurre** **II.** *agg* (*medico*) Bezirks-

conducente [kondu'tʃɛnte] *mf* Fahrer(in) *m(f)*

condurre [kon'durre] <conduco, condussi, condotto> **I.** *vt* **1.** (MOT, FERR, NAUT) fahren, führen **2.** (*azienda*) leiten **3.** (*fig: trattative, vita*) führen **4.** (*fig*) ~ **qu al suicidio/alla rovina** jdn zum Selbstmord/in den Ruin treiben; ~ **a termine qc** etw zum Abschluss bringen **II.** *vi* **1.** (SPORT) führen; ~ **per due a zero** mit zwei zu null führen **2.** (*strada*) führen **III.** *vr* **-rsi** sich verhalten

conduttore [kondut'to:re] *m* (PHYS) Leiter *m;* (EL) Leitung *f*

conduttore, **-trice** **I.** *agg* führend; **filo ~** (*fig*) roter Faden **II.** *m, f* **1.** (FERR) Zugführer(in) *m(f)* **2.** (*di azienda*) Leiter(in) *m(f)* **3.** (TV, RADIO) Fernseh-, Radiomoderator(in) *m(f)*

CONFARTIGIANATO [konfartidʒa'na:to] *f acro di* **Confederazione Generale dell'Artigianato Italiano** *Verband der italienischen Handwerker*

CONFCOMMERCIO [konfkom'mɛrtʃo] *f acro di* **Confederazione Generale del Commercio** *Verband des italienischen Handels*

confederazione *f* **1.** (POL) Konföderation *f* **2.** (*tra organizzazioni, enti*) Verband *m;* **la Confederazione Elvetica** die Schweizerische Eidgenossenschaft

conferenza [konfe'rɛntsa] *f* **1.** (*discorso*) Vortrag *m;* **tenere una ~ su qc** einen Vortrag über etw *acc* halten **2.** (*riunione*) Konferenz *f*

conferimento [konferi'mento] *m* Verleihung *f;* **conferire** [konfe'ri:re] <conferisco> **I.** *vt* (*incarico*) vergeben; (*titolo*) verleihen **II.** *vi* eine Besprechung haben

conferma [kon'ferma] *f* Bestätigung *f;* **confermare** [konfer'ma:re] **I.** *vt* bestätigen **II.** *vr* **-rsi** **1.** (*rafforzarsi*) sich festigen **2.** (*acquistare credito*) sich bestätigen

CONFESERCENTI [konfezer'tʃɛnti] *f acro di* **Confederazione degli Esercenti Attività Commerciali e Turistiche** *italienischer Handel- und Tourismusverband*

confessare [konfes'sa:re] **I.** *vt* (REL) beichten; (*fig: a persona amica*) anvertrauen **II.** *vr* **-rsi** **1.** (REL) beichten **2.** (*rivelarsi*) **-rsi colpevole** sich schuldig bekennen; **confessionale** [konfessio'na:le] **I.** *m* Beichtstuhl *m* **II.** *agg* Beicht-; **confessione** [konfes'sio:ne] *f* (REL) Bekenntnis *n;* (*sacramento*) Beichte *f;* **confessore** [konfes'so:re] *m* Beichtvater *m*

confetto [kon'fɛtto] *m* Pariser Mandel *f*

confettura [konfet'tu:ra] *f* Konfitüre *f*

confezionare [konfettsio'na:re] *vt* 1.(*vestito*) anfertigen 2.(*merci*) ein-, verpacken; **confezione** [konfet'tsio:ne] *f* 1.(*imballaggio*) (Ver)packung *f;* ~ **regalo** Geschenkpackung *f;* ~ **di cioccolatini** Pralinenschachtel *f* 2. *pl* (*vestiti*) Konfektion *f*

conficcare [konfik'ka:re] I. *vt* 1.(*ficcare*) einschlagen 2.(*fig*) einprägen II. *vr* **-rsi** 1.(*penetrare*) eindringen 2.(*fig*) sich einprägen

confidare [konfi'da:re] I. *vt* anvertrauen II. *vi* vertrauen; ~ **in qu** auf jdn vertrauen III. *vr* **-rsi con qu** sich jdm anvertrauen; **confidente** [konfi'dɛnte] *mf* Vertraute(r) *f(m);* **confidenza** [konfi'dɛntsa] *f* 1.(*fiducia*) Vertrauen *n;* **prendere ~ con qc** mit etw vertraut werden 2.(*segreto*) Vertraulichkeit *f*

confinante [konfi'nante] *agg* angrenzend; **paese ~** Nachbarland *n*

confinare [konfi'na:re] I. *vi* (an)grenzen; ~ **con qc** an etw *acc* angrenzen II. *vt* (*fig*) verbannen

CONFINDUSTRIA [konfin'dustria] *f acro di* **Confederazione Generale dell'Industria Italiana** *Verband der italienischen Industrieunternehmen*

confine [kon'fi:ne] *m* Grenze *f*

conflitto [kon'flitto] *m* 1.(*guerra*) Krieg *m* 2.(*contrasto*) Streit *m* 3.(*fig* PSYCH, JUR) Konflikt *m;* **conflittuale** [konflittu'a:le] *agg* Konflikt-

confluenza [konflu'ɛntsa] *f* Zusammenfluss *m;* **confluire** [konflu'i:re] <confluisco> *vi* 1.(GEOG) zusammenfließen 2.(*fig*) zusammentreffen

confondere [kon'fondere] <confondo, confusi, confuso> I. *vt* 1.(*scambiare*) verwechseln 2.(*imbarazzare*) verwirren II. *vr* **-rsi** 1.(*mescolarsi*) sich mischen 2.(*fig*) sich verwischen 3.(*turbarsi*) in Verwirrung geraten

conformismo [konfor'mizmo] *m* Konformismus *m;* **conformista** [konfor'mista] <-i *m*, -e *f*> *mf* Konformist(in) *m(f);* **conformistico**, **-a** [konfor'mistiko] <-ci, -che> *agg* konformistisch

confortare [konfor'ta:re] I. *vt* 1.(*consolare*) trösten 2.(*fig*) bekräftigen II. *vr* **-rsi** 1.(*farsi animo*) sich *dat* Mut machen 2.(*consolarsi*) sich trösten; **confortevole** [konfor'te:vole] *agg* 1.(*consolante*) tröstend 2.(*comodo*) komfortabel; **conforto** [kon'fɔrto] *m* 1.(*consolazione*) Trost *m* 2.(*agio*) Komfort *m*

confraternita [konfraterni'ta] *f* Bruderschaft *f*

confrontare [konfron'ta:re] *vt* vergleichen; **confronto** [kon'fronto] *m* Vergleich *m;* **fare un ~ (fra)** einen Vergleich anstellen (zwischen); **in ~ a** verglichen mit

confusi [kon'fu:zi] *1. pers sing pass rem di* **confondere**

confusionario, **-a** [konfuzio'na:rio] <-i, -ie> I. *agg* wirr II. *m, f* Wirrkopf *m;* **confusione** [konfu'zio:ne] *f* Durcheinander *n;*

confuso, **-a** [kon'fu:zo] I. *pp di* **confondere** II. *agg* 1.(*discorso, situazione*) verworren 2.(*persona*) verwirrt

congegno [kon'dʒeɲɲo] *m* Mechanismus *m*

congelamento [kondʒela'mento] *m* Einfrieren *n;* **congelare** [kondʒe'la:re] I. *vt* 1.(*agghiacciare*) gefrieren lassen 2.(FIN, COM, POL) einfrieren 3.(*alimenti*) tiefkühlen II. *vr* **-rsi** 1.(MED) erfrieren 2.(*fam fig*) (ab)frieren; **congelatore** [kondʒela'to:re] *m* Tiefkühltruhe *f*

congestione [kondʒes'tio:ne] *f* 1.(MED) Blutandrang *m* 2.(*fig: del traffico*) Stau *m*

congiungere [kon'dʒundʒere] <irr> I. *vt* verbinden; (*mani*) falten II. *vr* **-rsi** sich verbinden

congiuntivite [kondʒunti'vi:te] *f* Bindehautentzündung *f*

congiuntivo [kondʒun'ti:vo] *m* (LING) Konjunktiv *m*

congiunto, **-a** [kon'dʒunto] *m, f* Verwandte(r) *f(m)*

congiuntura [kondʒun'tu:ra] *f* 1.(COM) Konjunktur *f* 2.(ANAT) Gelenk *n*

congiunzione [kondʒun'tsio:ne] *f* (ASTR, LING) Konjunktion *f*

congiura [kon'dʒu:ra] *f* Verschwörung *f;* **congiurare** [kondʒu'ra:re] *vi* ~ **contro qu** sich gegen jdn verschwören; **congiurato**, **-a** [kondʒu'ra:to] *m, f* Verschwörer(in) *m(f)*

congratularsi [koŋgratu'larsi] *vr* ~ **con**

qu per qc jdm zu etw gratulieren; **congratulazione** [koŋgratulat'tsio:ne] *f* Glückwunsch *m,* Gratulation *f;* **-i!** herzlichen Glückwunsch!

congrega [koŋ'grɛ:ga] <-ghe> *f* Bruderschaft *f*

congressista [koŋgres'sista] <-i *m,* -e *f*> *mf* Kongressteilnehmer(in) *m(f);* **congresso** [koŋ'grɛsso] *m* Kongress *m*

congruo, -a ['kɔŋgruo] *agg* **1.** (*adeguato*) angemessen **2.** (MAT) kongruent

coniare [ko'nia:re] *vt* (*a fig*) prägen; **coniazione** [koniat'tsio:ne] *f* **1.** (FIN) Prägung *f* **2.** (*fig: parole, frasi*) Schöpfung *f*

conico, -a ['kɔ:niko] <-ci, -che> *agg* konisch

conifere [ko'ni:fere] *fpl* Nadelgewächs *n*

coniglio [ko'niʎʎo] <-gli> *m* **1.** (ZOO) Kaninchen *n* **2.** (*fig*) Angsthase *m*

coniugale [koniu'ga:le] *agg* ehelich

coniugare [koniu'ga:re] **I.** *vt* (LING) konjugieren **II.** *vr* **-rsi** sich verheiraten; **coniugazione** [koniugat'tsio:ne] *f* (LING) Konjugation *f*

coniuge ['kɔniudʒe] *mf* Ehemann *m,* -frau *f*

connaturale [konnatu'ra:le] *agg* wie angeboren; (*congeniale*) wesensgleich

connazionale [konnattsio'na:le] **I.** *agg* aus dem gleichen Land **II.** *mf* Landsmann *m,* -männin *f*

connessione [konnes'sio:ne] *f* Verbindung *f*

connettere [kon'nɛttere] <connetto, connettei, connesso> **I.** *vt* **1.** (*fili, pezzi*) verbinden **2.** (*fig*) in Zusammenhang bringen **II.** *vi* klar denken **III.** *vr* **-rsi** zusammenhängen

connettivo, -a *agg* (ANAT) **tessuto ~** Bindegewebe *n*

cono ['kɔ:no] *m* **1.** (MAT) Konus *m* **2.** (*gener*) Kegel *m;* **~ gelato** Eistüte *f*

conobbi [ko'nobbi] *1. pers sing pass rem di* **conoscere**

conoscente [konoʃ'ʃɛnte] *mf* Bekannte(r) *f(m);* **conoscenza** [konoʃ'ʃɛntsa] *f* **1.** (*apprendimento*) Kenntnis *f;* **una buona ~ dell'italiano** gute Italienischkenntnisse **2.** (MED) **perdere ~** das Bewusstsein verlieren **3.** (*persona*) Bekannte(r) *f(m);* **piacere di fare la sua ~** (sehr) angenehm; ich freue mich, Ihre Bekanntschaft zu machen

conoscere [ko'noʃʃere] <conosco, conobbi, conosciuto> *vt* **1.** (*persona*) kennen; (*fare la conoscenza*) kennen lernen; **~ qu personalmente** jdn persönlich kennen **2.** (*cosa*) sich auskennen in *+dat;* (*lingue*) beherrschen, können

conoscitore, -trice [konoʃʃi'to:re] *m, f* Kenner(in) *m(f)*

conosciuto, -a [konoʃ'ʃu:to] **I.** *pp di* **conoscere II.** *agg* bekannt

conosco [ko'nosko] *1. pers sing pr di* **conoscere**

conquista [koŋ'kuista] *f* **1.** (*raggiungimento*) Erreichen *n* **2.** (*a fig*) Eroberung *f;* **conquistare** [koŋkuis'ta:re] *vt* **1.** (*ottenere*) erreichen **2.** (*a fig*) erobern; **conquistatore, -trice** [koŋkuista'to:re] *m, f* **1.** (MIL) Eroberer(in) *m(f)* **2.** (*fig: chi fa conquiste amorose*) Herzensbrecher(in) *m(f)*

consacrare [konsa'kra:re] **I.** *vt* **1.** (REL) weihen **2.** (*dedicare*) widmen **II.** *vr* **-rsi** sich widmen; (*a Dio, completamente*) sich weihen

consanguineo, -a [konsaŋ'gui:neo] <-ei, -ee> **I.** *agg* blutsverwandt **II.** *m, f* Blutsverwandte(r) *f(m)*

consapevole [konsa'pe:vole] *agg* bewusst; **essere ~ delle proprie responsabilità** sich *dat* seiner Verantwortung bewusst sein; **consapevolezza** [konsapevo'lettsa] *f* Bewusstsein *n*

conscio, -a ['kɔnʃʃo] <-sci, -sce> *agg* bewusst

consecutiva [konseku'ti:va] *f* (LING) Konsekutivsatz *m*

consecutivo, -a [konseku'ti:vo] *agg* **1.** (*giorno, ora*) aufeinander folgend **2.** (LING) konsekutiv

consegna [kon'seɲɲa] *f* **1.** (*di merci*) (Aus)lieferung *f* **2.** (*custodia*) Aufbewahrung *f;* **consegnare** [konseɲ'ɲa:re] *vt* (*recapitare*) übergeben; (*affidare*) anvertrauen

conseguente [konse'guɛnte] *agg* **1.** (*danno, disturbi*) Folge- **2.** (*persona*) konsequent **3.** (*ragionamento, deduzione*) folgerichtig

conseguenza [konse'guɛntsa] *f* Folge *f;* **in ~ di qc** als Folge einer Sache, infolge einer Sache *gen*

conseguire [konse'gui:re] **I.** *vt* erreichen **II.** *vi* folgen

consenso [kon'sɛnso] *m* Zustimmung *f;* **consensuale** [konsensu'a:le] *agg* einvernehmlich

consentire [konsen'ti:re] **I.** *vi* zustimmen **II.** *vt* zulassen; **consenziente** [konsen'tsiɛnte] *agg* zustimmend

consequenziale [konsekuen'tsia:le] *agg* Folge-

conserva [kon'sɛrva] *f* (*cibo*) Konserve *f;* **conservabile** [konser'va:bile] *agg* haltbar; **conservante** [konser'vante] *m* Konservierungsstoff *m*

conservare [konser'va:re] **I.** *vt* **1.** (GASTR) haltbar machen **2.** (*custodire*) aufbewahren **3.** (*fig*) erhalten **II.** *vr* **-rsi 1.** (GASTR) sich halten **2.** (*mantenersi*) sich erhalten

conservatore, **-trice** [konserva'to:re] **I.** *agg* konservativ **II.** *m, f* Konservative(r) *f(m)*

conservatorio [konserva'tɔ:rio] <-i> *m* Konservatorium *n*

conservazione [konservat'tsio:ne] *f* **1.** (*mantenimento*) Erhaltung *f* **2.** (GASTR) Konservierung *f*

considerabile [konside'ra:bile] *agg* beachtlich

considerare [konside'ra:re] *vt* **1.** (*tenere conto*) berücksichtigen; **tutto considerato** alles in allem; **considerata la sua età** für sein Alter **2.** (*soppesare*) abschätzen **3.** (*ritenere*) betrachten; **considerazione** [konsiderat'tsio:ne] *f* **1.** (*osservazione*) Betrachtung *f* **2.** (*stima*) Ansehen *n;* **essere tenuto in gran ~** hoch angesehen sein; **considerevole** [konside're:vole] *agg* beachtlich

consigliabile [konsiʎ'ʎa:bile] *agg* ratsam

consigliare [konsiʎ'ʎa:re] **I.** *vt* empfehlen; **~ a qu di fare qc** jdm raten etw zu tun **II.** *vr* **-rsi** sich beraten; **consigliere**, **-a** [konsiʎ'ʎɛ:re] *m, f* **1.** (*chi dà consigli*) Ratgeber(in) *m(f)* **2.** (ADM) Rat *m,* Rätin *f;* **consiglio** [kon'siʎʎo] <-gli> *m* **1.** (*suggerimento*) Rat(schlag) *m;* **dare/chiedere un ~ a qu** jdm einen Rat geben/jdn um Rat fragen **2.** (ADM) Rat *m;* **~ d'amministrazione** Vorstand *m;* **~ di fabbrica** Betriebsrat *m;* **Consiglio europeo** (EU) Europäischer Rat

> Der **Consiglio dei Ministri** ist das italienische Ministerkabinett, dessen Vorsitz der Presidente del Consiglio, der italienische Ministerpräsident, hat, und das sich aus den Regierungsministern zusammensetzt.

consistente [konsis'tɛnte] *agg* **1.** (*materiale*) solide **2.** (*fig*) beträchtlich; **consistenza** [konsis'tɛntsa] *f* (*di materiale*) Festigkeit *f*

consistere [kon'sistere] <consisto, consistei, consistito> *vi essere* **~ in qc** aus etw bestehen

consolante [konso'lante] *agg* tröstlich

consolare [konso'la:re] **I.** *vt* trösten **II.** *vr* **-rsi con il pensiero che …** sich mit dem Gedanken trösten, dass …

consolato [konso'la:to] *m* Konsulat *n*

consolatore, **-trice** [konsola'to:re] **I.** *agg* tröstend **II.** *m, f* Tröster(in) *m(f);* **consolazione** [konsolat'tsio:ne] *f* Trost *m*

console ['kɔnsole] *m* Konsul *m*

consolidamento [konsolida'mento] *m* **1.** (*di struttura, terreno*) (Be)festigung *f* **2.** (*fig*) Konsolidierung; **consolidare** [konsoli'da:re] **I.** *vt* **1.** (*rendere solido*) festigen **2.** (*fig*) konsolidieren **II.** *vr* **-rsi 1.** (*diventare solido*) fest werden **2.** (*fig: amicizia, conoscenza*) sich vertiefen

consommé [kɔ̃sɔ'me] <-> *m* Kraftbrühe *f*

consonante [konso'nante] *f* (LING) Konsonant *m;* **consonantico**, **-a** [konso'nantiko] <-ci, -che> *agg* (LING) konsonantisch

consorte [kon'sɔrte] *mf* Gemahl(in) *m(f)*

consorzio [kon'sɔrtsio] <-i> *m* (JUR, FIN) Konsortium *n*

constatare [konsta'ta:re] *vt* feststellen; **constatazione** [konstatat'tsio:ne] *f* Feststellung *f*

consueto, **-a** *agg* üblich; **consuetudine** [konsue'tu:dine] *f* **1.** (*abitudine*) Gewohnheit *f* **2.** (*costume*) Brauch *m*

consulente [konsu'lɛnte] *mf* Berater(in) *m(f);* **consulenza** [konsu'lɛntsa] *f* Beratung *f*

consulta [kon'sulta] *f* **1.** (*riunione*) Beratung *f* **2.** (ADM, POL) beratende Versammlung

consultare [konsul'ta:re] **I.** *vt* (*medico, avvocato*) zu Rate ziehen, beiziehen *A* **II.** *vr* **-rsi** sich beraten

consultorio [konsul'tɔ:rio] <-i> *m* Beratungsstelle *f*

consumare [konsu'ma:re] **I.** *vt* **1.** (*usare*) verbrauchen **2.** (*pasti*) verzehren **II.** *vr* **-rsi** sich abnutzen; **consumato**, **-a** [konsu'ma:to] *agg* verbraucht; **consumatore**, **-trice** [konsuma'to:re] *m, f* Verbraucher(in) *m(f);* **consumazione** [konsumat'tsio:ne] *f* (GASTR) Verzehr *m,* Konsuma-

C

tion *f A*

consumismo [konsu'mizmo] *m* Konsumdenken *n;* **consumistico**, **-a** [konsu'mistiko] <-ci, -che> *agg* konsumorientiert; **consumo** [kon'su:mo] *m* Verbrauch *m*

consunto, **-a** [kon'sunto] *agg* abgenutzt

consuocero, **-a** [kon'suɔ:tʃero] *m, f* Vater *m,* Mutter *f* des Schwiegersohns

conta ['konta] *f* **fare la ~** (*nei giochi*) abzählen

contabile [kon'ta:bile] **I.** *agg* Buchungs- **II.** *mf* Buchhalter(in) *m(f);* **contabilità** [kontabili'ta] <-> *f* Buchführung *f*

contachilometri [kontaki'lɔ:metri] <-> *m* Kilometerzähler *m*

contadino, **-a** [konta'di:no] **I.** *m, f* (AGR) Bauer *m,* Bäu(e)rin *f* **II.** *agg* bäuerlich

contagiare [konta'dʒa:re] *vt* anstecken; **contagio** [kon'ta:dʒo] <-gi> *m* Ansteckung *f;* **contagioso**, **-a** [konta'dʒo:so] *agg* ansteckend

contaminare [kontami'na:re] *vt* **1.** (*acque, aria*) verunreinigen **2.** (*fig*) verderben; **contaminazione** [kontaminat'tsio:ne] *f* **1.** (*dell'acqua, aria*) Verunreinigung *f* **2.** (*fig*) Beeinträchtigung *f*

contaminuti [kontami'nu:ti] <-> *m* Eieruhr *f*

contante [kon'tante] **I.** *agg* bar **II.** *m* Bargeld *n;* **pagare in -i** bar bezahlen

contare [kon'ta:re] **I.** *vt* (*numerare*) zählen **II.** *vi* **1.** (*numeri*) zählen **2.** (*valere*) zählen; **questo non conta** das zählt nicht **3.** (*fare assegnamento*) **~ su qu/qc** auf jdn/etw zählen **4.** (*proporsi*) rechnen; **~ di** *+inf* damit rechnen, dass …

contato, **-a** [kon'ta:to] *agg* (*denaro*) abgezählt; (*fig*) wenig; **contatore** [konta'to:re] *m* Zähler *m*

contattare [kontat'ta:re] *vt* sich in Verbindung setzen mit; **contatto** [kon'tatto] *m* **1.** (*accostamento*) Kontakt *m* **2.** (*fig*) Verbindung *f*

conte, **-essa** ['konte, kon'tessa] *m, f* Graf *m,* Gräfin *f*

conteggiare [konted'dʒa:re] **I.** *vt* ausrechnen **II.** *vi* rechnen; **conteggio** [kon'teddʒo] <-ggi> *m* (Be)rechnung *f*

contegno [kon'teɲɲo] *m* Haltung *f*

contemplare [kontem'pla:re] *vt* **1.** (*guardare attentamente*) betrachten **2.** (*meditare*) sich vertiefen in *+acc;* **contemplativo**, **-a** [kontempla'ti:vo] *agg* besinnlich; (REL) kontemplativ; **contemplazione** [kontemplat'tsio:ne] *f* Betrachtung *f*

contemporaneamente [kontemporanea'mente] *avv* gleichzeitig; **contemporaneo**, **-a** [kontempo'ra:neo] <-ei, -ee> **I.** *agg* gleichzeitig; (HIST) zeitgenössisch **II.** *m, f* Zeitgenosse *m,* -genossin *f*

contenere [konte'ne:re] <irr> **I.** *vt* **1.** (*persone, cose*) enthalten **2.** (*fig: lacrime, entusiasmo*) zurückhalten **II.** *vr* **-rsi 1.** (*moderarsi*) sich beherrschen **2.** (*comportarsi*) sich verhalten; **contenitore** [konteni'to:re] *m* Behälter *m*

contentezza [konten'tettsa] *f* Zufriedenheit *f*

contento, **-a** [kon'tɛnto] *agg* **1.** (*soddisfatto*) zufrieden; **essere ~ di qc** mit etw zufrieden sein **2.** (*lieto*) froh; **siamo -i per te** wir freuen uns für dich

contenutistico, **-a** [kontenu'tistiko] <-ci, -che> *agg* inhaltlich

contenuto [konte'nu:to] *m* Inhalt *m*

contenuto, **-a I.** *pp di* **contenere II.** *agg* (*gioia, carattere, stile*) verhalten

conterraneo, **-a** [konter'ra:neo] **I.** *agg* aus dem gleichen Land kommend **II.** *m, f* Landsmann *m,* -männin *f*

contesa [kon'te:sa] *f* Streit *m*

contestabile [kontes'ta:bile] *agg* anfechtbar; **contestare** [kontes'ta:re] *vt* protestieren gegen; **contestatore**, **-trice** [kontesta'to:re] *m, f* Anfechter(in) *m(f);* **contestazione** [kontestat'tsio:ne] *f* Protest *m*

contesto [kon'tɛsto] *m* **1.** (*di scritto, discorso*) Kontext *m* **2.** (*fig*) Umfeld *n;* **contestuale** [kontestu'a:le] *agg* kontextuell

continentale [kontinen'ta:le] **I.** *agg* kontinental **II.** *mf* Festland(s)bewohner(in) *m(f);* **continente** [konti'nɛnte] *m* Kontinent *m*

continuare [kontinu'a:re] **I.** *vt* fortsetzen **II.** *vi* fortfahren; (*durare*) weitergehen; **~ a scrivere** weiterschreiben; **continuativo**, **-a** [kontinua'ti:vo] *agg* dauerhaft; **continuazione** [kontinuat'tsio:ne] *f* Fortsetzung *f;* **in ~** dauernd, ununterbrochen; **continuità** [kontinui'ta] <-> *f* Fortdauer *f;* **continuo**, **-a** [kon'ti:nuo] *agg* dauernd

conto ['konto] *m* **1.** (MAT, COM) Rechnung *f* **2.** (FIN) Konto *n* **3.** (*stima*) Ansehen *n;* **tenere in gran ~ qc/qu** eine hohe Meinung von etw/jdm haben **4.** (*previsione, valutazione*) **tenere ~ di qc/qu** etw/jdn berücksichtigen **5.** (*fig: interesse*) **per ~ di qu** in jds Auftrag; **per ~ mio/tuo/suo** was mich/dich/ihn betrifft **6.** (*fig*) **rendersi ~ di qc** sich *dat* einer Sache *gen* bewusst werden

contorno [kon'torno] *m* **1.** (GASTR) Beilage *f* **2.** (*di disegno, volto*) Kontur *f*

contorsione [kontor'sio:ne] *f* (Ver)drehung *f;* **contorsionista** [kontorsio'nista] <-i *m*, -e *f*> *mf* Schlangenmensch *m*

contrabbandare [kontrabban'da:re] *vt* schmuggeln; **contrabbandiere, -a** [kontrabban'diɛ:re] **I.** *m, f* Schmuggler(in) *m(f)* **II.** *agg* Schmuggler-; **contrabbando** [kontrab'bando] *m* Schmuggel *m;* **di ~** (*fig*) heimlich

contrabbasso [kontrab'basso] *m* Kontrabass *m*

contraccambiare [kontrakkam'bia:re] *vt* erwidern

contraccettivo [kontrattʃet'ti:vo] *m* Verhütungsmittel *n*

contraccettivo, -a *agg* Verhütungs-

contraccolpo [kontrak'kolpo] *m* **1.** (*urto*) Rückschlag *m* **2.** (*fig*) Rückwirkung *f*

contraddire [kontrad'di:re] <irr> **I.** *vt* **~ qu** jdm widersprechen **II.** *vr* **-rsi** sich widersprechen

contraddistinguere [kontraddis'tiŋguere] <irr> **I.** *vt* unterscheiden **II.** *vr* **-rsi per qc** sich durch etw abheben

contraddittorio, -a <-i, -ie> *agg* widersprüchlich; **contraddizione** [kontraddit'tsio:ne] *f* Widerspruch *m*

contraffare [kontraf'fa:re] <irr> *vt* fälschen

contraffazione [kontraffat'tsio:ne] *f* Fälschung *f*

contraggo [kon'traggo] *1. pers sing pr di* **contrarre**

contralto [kon'tralto] **I.** *m* (*voce*) Altstimme *f* **II.** <inv> *agg* (MUS) Alt-

contrappeso [kontrap'pe:so] *m* (*fig*) Ausgleich *m*

contrapporre [kontrap'porre] <irr> **I.** *vt* **1.** (*ostacolo*) entgegensetzen **2.** (*fig*) gegenüberstellen **II.** *vr* **-rsi 1.** (*opporsi*) sich widersetzen **2.** (*fig*) gegensätzlich sein; **contrapposizione** [kontrappozit'tsio:ne] *f* Gegenüberstellung *f*

contrapposto, -a *pp di* **contrapporre**

contrariamente [kontraria'mente] *avv* **~ a …** im Gegensatz zu …

contrariare [kontra'ria:re] *vt* **~ qu/qc** jdm/etw widersprechen; **contrarietà** [kontrarie'ta] <-> *f* Verärgerung *f*

contrario [kon'tra:rio] <-i> *m* Gegenteil *n;* **al ~** im Gegenteil; **aver qc in ~** etw dagegen haben

contrario, -a <-i, -ie> *agg* **1.** (*opposto*) gegenteilig; **sono ~ a …** ich bin gegen … **2.** (*avverso*) widrig

contrarre [kon'trarre] <irr> **I.** *vt* **1.** (*malattia*) bekommen; (*debito*) machen **2.** (*muscolo*) zusammenziehen **II.** *vr* **-rsi** (*muscolo*) sich zusammenziehen

contrassegnare [kontrasseɲ'ɲa:re] *vt* kennzeichnen; **contrassegno** [kontras'seɲɲo] *m* **1.** (*distintivo*) Kennzeichen *n* **2.** (*fig*) Zeichen *n*

contrastare [kontras'ta:re] **I.** *vt* **~ qc** einer Sache *dat* entgegenwirken **II.** *vi* **1.** (*essere in disaccordo*) **~ con qu** zu jdm in Widerspruch stehen **2.** (*discutere*) streiten; **contrasto** [kon'trasto] *m* (*diverbio*) Streit *m*

contrattare [kontrat'ta:re] **I.** *vt* verhandeln (um/über *+acc*) **II.** *vi* handeln; **contrattazione** [kontrattat'tsio:ne] *f* Verhandlung *f*

contrattempo [kontrat'tɛmpo] *m* Zwischenfall *m*

contratto[1] [kon'tratto] *m* Vertrag *m*

contratto[2] *pp di* **contrarre**

contrattuale [kontrattu'a:le] *agg* Vertrags-

contravvenire [kontravve'ni:re] <irr> *vi* **~ a qu/qc** jdm/etw zuwiderhandeln; **contravvenzione** [kontravven'tsio:ne] *f* (Gesetzes)übertretung *f*

contrazione [kontrat'tsio:ne] *f* Zusammenziehung *f*

contribuente [kontribu'ɛnte] *mf* Steuerzahler(in) *m(f)*

contribuire [kontribu'i:re] <contribuisco> *vi* **~ a qc** zu etw beitragen; **contributo** [kontri'bu:to] *m* **1.** Anteil *m* **2.** (JUR, ADM) Gebühr *f* **3.** (*fig*) **dare un ~ a qc** einen Beitrag zu etw leisten

contro ['kontro] **I.** *prp* gegen *+acc,* entgegen *+dat;* **~ assegno/ricevuta/pagamento** gegen Scheck/Quittung/Zahlung; **~ natura** naturwidrig; **~ di me/te/lei** gegen mich/

C

dich/sie **II.** *avv* dagegen; **votare/essere ~** dagegen stimmen/sein **III.** <-> *m* **il pro ed il ~** das Pro und das Kontra

contro- [kontro] (*in parole composte*) Gegen-, Wider-; **controbattere** [kontro'battere] *vt* (*fig*) erwidern; **controbilanciare** [kontrobilan'tʃa:re] **I.** *vt* **1.** (*carico, pesi*) ausbalancieren **2.** (*fig*) ausgleichen **II.** *vr* **-rsi 1.** (*pesi*) sich aufwiegen **2.** (*fig*) sich ausgleichen; **controcorrente** [kontrokor'rɛnte] *avv* **andare ~** (*fig*) gegen den Strom schwimmen; **controcultura** [kontrokul'tu:ra] *f* Alternativkultur *f;* **controfigura** [kontrofi'gu:ra] *f* Double *n;* **controfinestra** [kontrofi'nɛstra] *f* Innenfenster *n;* **controindicazione** [kontroindikat'tsio:ne] *f* (MED) Gegenanzeige *f*

controllare [kontrol'la:re] **I.** *vt* **1.** (*accertare*) überprüfen **2.** (*situazione, mercato*) unter Kontrolle haben **3.** (*fig: gesti, emozioni*) beherrschen **II.** *vr* **-rsi** sich beherrschen

controller [kon'trɔller] <-> *m* (TEC, INFORM) Controller *m*

controllo [kon'trɔllo] *m* **1.** (*verifica*) Überprüfung *f* **2.** (*fig: di gesti, emozioni*) Beherrschung *f;* **controllore** [kontrol'lo:re] *m* Kontrolleur *m*

controluce [kontro'lu:tʃe] **I.** *f* Gegenlicht *n* **II.** *avv* **fotografia in ~** Gegenlichtaufnahme *f;* **contromano** [kontro'ma:no] *avv* in Gegenrichtung; **contropelo** [kontro'pe:lo] *avv* gegen den Strich; **contropiede** [kontro'piɛ:de] *m* Überraschungsangriff *m;* **controproducente** [kontroprodu'tʃɛnte] *agg* kontraproduktiv; **controproposta** [kontropro'posta] *f* Gegenvorschlag *m;* **contrordine** [kon'trordine] *m* Gegenbefehl *m;* **controriforma** [kontrori'forma] *f* (HIST) Gegenreformation *f;* **controsenso** [kontro'sɛnso] *m* Widersinn *m;* **controspionaggio** [kontrospio'naddʒo] <-ggi> *m* Gegenspionage *f;* **controsterzare** [kontroster'tsa:re] *vt* gegenlenken; **controtendenza** [kontroten'dɛntsa] *f* gegenläufige Tendenz; **controvalore** [kontrova'lo:re] *m* Gegenwert *m;* **controvento** [kontro'vɛnto] *avv* **andare ~** (*a fig*) gegen den Wind segeln

controversia [kontro'vɛrsia] <-ie> *f* Meinungsverschiedenheit *f;* **controverso, -a** [kontro'vɛrso] *agg* strittig

controvoglia [kontro'vɔʎʎa] *avv* ungern

contusione [kontu'zio:ne] *f* Prellung *f;* **contuso, -a** [kon'tu:zo] *agg* geprellt

contuttoché [kontutto'ke] *cong +conj* obwohl, trotz der Tatsache, dass …

contuttociò, con tutto ciò [kontutto'tʃɔ] *cong* dennoch, trotzdem

convalescente [konvaleʃ'ʃɛnte] **I.** *agg* genesend **II.** *mf* Genesende(r) *f(m);* **convalescenza** [konvaleʃ'ʃɛntsa] *f* **essere in ~** auf dem Wege der Genesung sein

convalida [kon'va:lida] *f* Beglaubigung *f;* **convalidare** [konvali'da:re] *vt* bestätigen

convegno [kon'veɲɲo] *m* (*incontro*) Treffen *n;* (*di studi, medici, giuristi*) Tagung *f*

conveniente [konve'niɛnte] *agg* angemessen; **convenienza** [konve'niɛntsa] *f* Vorteil *m*

convenire [konve'ni:re] <irr> *vi essere o avere* **1.** (*riunirsi*) sich versammeln **2.** (*concordare*) **~ su qc** sich über etw *acc* einigen **3.** (*impersonale: essere opportuno*) besser sein; (*essere necessario*) nötig sein

convento [kon'vɛnto] *m* Kloster *n*

convenuto, -a I. *pp di* **convenire II.** *agg* vereinbart; **come ~** wie vereinbart **III.** *m, f* **1.** (JUR) Angeklagte(r) *f(m)* **2.** *pl* Anwesende *pl*

convenzionale [konventsio'na:le] *agg* **1.** (*per accordo*) Konventional- **2.** (*comune*) konventionell

convenzione [konven'tsio:ne] *f* **1.** (JUR, ADM) Abkommen *n* **2.** (*intesa*) Konvention *f* **3.** *pl* Konventionen *fpl*

convergente [konver'dʒɛnte] *agg* **1.** (*strade, linee*) zusammenlaufend **2.** (*mat, phys, fig*) konvergent; **convergenza** [konver'dʒɛntsa] *f* **1.** (MAT: *a fig*) Konvergenz *f* **2.** (FIN, EU) **fase di ~** Konvergenzphase *f*

convergere [kon'vɛrdʒere] <convergo, conversi, converso> **I.** *vi essere* **1.** (*strade, linee*) zusammenlaufen **2.** (*fig*) das gleiche Ziel anstreben **3.** (MAT) konvergieren **II.** *vt* (*fig*) **~ qc su qc** etw auf etw *acc* richten

conversare [konver'sa:re] *vi* sich unterhalten; **conversazione** [konversat'tsio:ne] *f* Unterhaltung *f*

conversi [kon'vɛrsi] *1. pers sing pass rem di* **convergere**

conversione [konver'sio:ne] *f* **1.** (*trasformazione*) Umwandlung *f* **2.** (REL) Bekehrung *f* **3.** (EU) **~ monetaria** Währungsumstellung *f*

converso *pp di* **convergere**

convertibile [konver'tiːbile] **I.** *agg* **1.** (*auto*) mit aufklappbarem Verdeck **2.** (*moneta*) konvertierbar **II.** *f* Kabrio(lett) *n*

convertire [konver'tiːre] **I.** *vt* **1.** (*trasformare*) ~ **qc in qc** etw in etw *acc* umwandeln **2.** (REL, POL) ~ **qu a qc** jdn zu etw bekehren **3.** (FIN, INFORM) konvertieren **II.** *vr* **-rsi 1.** (REL) **-rsi a qc** zu etw konvertieren **2.** (*fig*) **-rsi in qc** sich in etw *acc* (ver)wandeln; **convertito**, **-a** [konver'tiːto] **I.** *agg* bekehrt **II.** *m, f* Bekehrte(r) *f(m)*

convesso, **-a** [kon'vɛsso] *agg* konvex; (*angolo*) stumpf

convincere [kon'vintʃere] <irr> **I.** *vt* ~ **qu** (**di qc**) jdn (von etw) überzeugen **II.** *vr* **-rsi di qc** sich von etw überzeugen; **convinzione** [konvin'tsioːne] *f* Überzeugung *f*

convitato, **-a** [konvi'taːto] *m, f* Gast *m*

convitto [kon'vitto] *m* Internat *n*

convivenza [konvi'vɛntsa] *f* Zusammenleben *n;* **convivere** [kon'viːvere] <irr> *vi essere o avere* zusammenleben

convocare [konvo'kaːre] *vt* zusammenrufen; (POL, ADM) einberufen; **convocazione** [konvokat'tsioːne] *f* Einberufung *f*

convogliare [konvoʎ'ʎaːre] *vt* (*traffico, soccorsi*) leiten; **convoglio** [kon'vɔʎʎo] <-gli> *m* Konvoi *m;* (FERR) Zug *m*

convulsione [konvul'sioːne] *f* (MED) Krampf(anfall) *m*

convulso, **-a** *agg* **1.** (MED) krampfhaft *m* **2.** (*fig: lavoro, attività*) hektisch; (*parole, discorso*) verworren

Coop <-> *f acro di* **cooperativa** Genossenschaft *f*

cooperare [koope'raːre] *vi* zusammenarbeiten; **cooperativa** [koopera'tiːva] *f* Genossenschaft *f*

coordinare [koordi'naːre] *vt* koordinieren

coordinata [koordi'naːta] *f* (MAT) Koordinate *f*

coordinato, **-a** *agg* **1.** (*armonizzato*) koordiniert **2.** (LING) nebengeordnet; **coordinatore**, **-trice** [koordina'toːre] *m, f* Koordinator(in) *m(f);* **coordinazione** [koordinat'tsioːne] *f* Koordination *f*

Copenaghen [kope'naːgen] *f* Kopenhagen *n*

coperchio [ko'pɛrkio] <-chi> *m* Deckel *m*

coperta [ko'pɛrta] *f* Decke *f*

copertina [koper'tiːna] *f* Umschlag *m*

coperto [ko'pɛrto] *m* **1.** (*in tavola*) Gedeck *n* **2.** (*luogo riparato*) überdachter Ort

coperto, **-a I.** *pp di* **coprire II.** *agg* bedeckt; (*fig: rischio*) gedeckt

C

copertone [koper'toːne] *m* (AUTO) (Reifen)mantel *m*

copertura [koper'tuːra] *f* (COM, FIN, SPORT) Deckung *f*

copia ['kɔːpia] <-ie> *f* **1.** (*trascrizione*) Abschrift *f;* **bella/brutta** ~ Reinschrift *f*/Konzept *n;* ~ **di sicurezza** (INFORM) Sicherheitskopie *f* **2.** (*di opere d'arte*) Kopie *f;* **copiare** [ko'piaːre] *vt* **1.** (*trascrivere*) abschreiben **2.** (INFORM) kopieren **3.** (*a scuola*) abschreiben **4.** (*imitare*) kopieren; **copiatrice** [kopia'triːtʃe] *f* Kopierer *m*

copione [ko'pioːne] *m* (THEAT) Regiebuch *n*

copista [ko'pista] <-i *m*, -e *f*> *mf* Kopist(in) *m(f);* **copisteria** [kopiste'riːa] <-ie> *f* Kopieranstalt *f*

coppa ['koppa] *f* **1.** (*recipiente, contenuto*) Kelch *m;* ~ **da spumante/gelato** Sektschale *f*/Eisbecher *m* **2.** (SPORT) Pokal *m* **3.** (*del reggiseno*) Körbchen *n* **4.** *pl* (*di carte da gioco*) *italienische Spielkartenfarbe*

coppia ['kɔppia] <-ie> *f* **1.** (*gener*) Paar *n;* **a -ie, in** ~ paarweise **2.** (*uomo e donna*) (Ehe)paar *n* **3.** (SPORT) Doppel *n*

copricapo [kopri'kaːpo] *m* Kopfbedeckung *f;* **copricostume** [kopri-kos'tuːme] <-> *m* Strandkleid *n;* **copridivano** [kɔpridi'vaːno] *m* Sofa-Überwurf *m*

coprii [ko'priːi] *1. pers sing pass rem di* **coprire**

copriletto [kopri'lɛtto] <-> *m* Tagesdecke *f;* **coprimaterasso** [koprimate'rasso] <-> *m* Matratzenschoner *m;* **copripiumone** [kopripiu'moːne] <-> *m* Deckbettbezug *m*

coprire [ko'priːre] <copro, coprii, coperto> **I.** *vt* **1.** (*mettere sopra*) zudecken **2.** (FIN, COM: *debito, rischio*) (ab)decken **II.** *vr* **-rsi 1.** (*il corpo*) sich bedecken; **-rsi bene** sich warm anziehen **2.** (*fig: cielo, viso*) sich bedecken **3.** (FIN) sich absichern

coprocessore [koprotʃes'soːre] *m* (INFORM) Koprozessor *m*

copy ['kɔpi] <-> *m* Werbetext *m*

coque [kɔk] <-> *f* **uovo alla** ~ weich gekochtes Ei

coraggio [ko'raddʒo] *m* Mut *m;* **avere il** ~

di +*inf* den Mut haben zu +*inf;* ~! nur Mut!; **coraggioso, -a** [korad'dʒoːso] *agg* mutig

corale [ko'raːle] **I.** *agg* (MUS) Chor- **II.** *m* (MUS) Choral *m*

corallifero, -a [koral'liːfero] *agg* korallenreich; **corallino, -a** [koral'liːno] *agg* (GEOG) Korallen-; **corallo** [ko'rallo] *m* Koralle *f*

corano [ko'raːno] *m* Koran *m*

corazza [ka'rattsa] *f* (MIL) Rüstung *f;* **corazzato, -a** [korat'tsaːto] *agg* gepanzert

corbezzolo [kor'bettsolo] *m* Erdbeerbaum *m*

corda ['kɔrda] *f* **1.** (*fune*) Seil *n* **2.** (MUS) Saite *f* **3.** (ANAT) **-e vocali** Stimmbänder *npl* **4.** (*fig*) **tagliare la** ~ sich aus dem Staub machen

cordata [kor'daːta] *f* (*alpinismo*) Seilschaft *f*

cordiale [kor'diaːle] *agg* herzlich; **cordialità** [kordiali'ta] <-> *f* (*affabilità*) Herzlichkeit *f;* **cordialmente** [kordial'mente] *avv* herzlich

cordless [kɔːdles] **I.** <inv> *agg* (TEL) schnurlos **II.** <-> *m* schnurloses Telefon

cordoglio [kor'dɔʎʎo] <-gli> *m* Leid *n*

cordone [kor'doːne] *m* **1.** (*corda*) Schnur *f* **2.** (ANAT) ~ **ombelicale** Nabelschnur *f*

coreografia [koreogra'fiːa] *f* Choreografie *f;* **coreografico, -a** [koreo'graːfiko] <-ci, -che> *agg* **1.** (THEAT) choreografisch **2.** (*fig*) spektakulär; **coreografo, -a** [kore'ɔːgrafo] *m, f* Choreograf(in) *m(f)*

coriaceo, -a [ko'riaːtʃeo] *agg* **1.** (*come il cuoio*) lederartig **2.** (*fig: privo di sensibilità*) dickfellig

coriandolo [ko'riandolo] *m* **1.** (BOT) Koriander *m* **2.** *pl* (*di carnevale*) Konfetti *n*

coricare [kori'kaːre] **I.** *vt* (hin)legen **II.** *vr* **-rsi** sich hinlegen

corista [ko'rista] <-i *m*, -e *f*> *mf* Chorsänger(in) *m(f)*

cornacchia [kor'nakkia] <-cchie> *f* Krähe *f*

cornamusa [korna'muːza] *f* Dudelsack *m*

cornea ['kɔrnea] *f* Hornhaut *f*

corner ['kɔrner] <-> *m* (SPORT) Eckball *m,* Corner *m A*

cornetta [kor'netta] *f* (*fam*) Telefonhörer *m;* **cornetto** [kor'netto] *m* **1.** (*amuleto*) hornförmiges Amulett **2.** (GASTR) Hörnchen *n*

cornice [kor'niːtʃe] *f* Rahmen *m;* **corniciaio** [korni'tʃaːio] <-ai> *m* Rahmenhersteller *m*

cornista [kor'nista] <-i *m*, -e *f*> *mf* (MUS) Hornist(in) *m(f)*

corno[1] ['kɔrno] <*pl:* -a *f*> *m* (ZOO) Horn *n*

corno[2] *m* (MUS) Horn *n*

cornuto, -a [kor'nuːto] **I.** *agg* **1.** (ZOO) hörnertragend **2.** (*fam fig*) betrogen **II.** *m, f* (*fam fig: persona tradita*) Gehörnte(r) *m*

coro ['kɔːro] *m* Chor *m*

corolla [ko'rɔlla] *f* Korolla *f*

corona [ko'roːna] *f* **1.** (*di metallo prezioso*) Krone *f* **2.** (*ornamento*) Kranz *m*

coronamento [korona'mento] *m* (*fig*) Krönung *f;* **coronare** [koro'naːre] *vt* (*fig*) krönen

coronaria [koro'naːria] <-ie> *f* (ANAT) Kranzgefäß *n*

corpo ['kɔrpo] *m* **1.** (*parte di materia*) Körper *m* **2.** (*umano e animale*) Leib *m* **3.** (*insieme di persone*) Körperschaft *f;* ~ **insegnante** (ADM) Lehrkörper *m*

corporale [korpo'raːle] **I.** *agg* (*del corpo*) körperlich **II.** *m* Korporale *n*

corporatura [korpora'tuːra] *f* Körperbau *m*

corporazione [korporat'tsioːne] *f* Körperschaft *f*

corporeo, -a [kor'pɔːreo] <-ei, -ee> *agg* körperlich

corposo, -a [kor'poːso] *agg* **1.** (*denso*) kompakt **2.** (*vino*) vollmundig

corpulento, -a [korpu'lɛnto] *agg* korpulent; **corpulenza** [korpu'lɛntsa] *f* Korpulenz *f*

Corpus Domini ['kɔrpus 'dɔːmini] <-> *m* Fronleichnam *m*

corredare [korre'daːre] *vt* ausstatten; **corredo** [kor'rɛːdo] *m* **1.** (*di sposa*) Aussteuer *f* **2.** (*di laboratorio, casa*) Ausstattung *f*

correggere [kor'rɛddʒere] <irr> **I.** *vt* korrigieren **II.** *vr* **-rsi di qc** sich *dat* etw abgewöhnen

correlare [korre'laːre] *vt* in (Wechsel)beziehung stellen; **correlazione** [korrelat'tsioːne] *f* Korrelation *f*

corrente [kor'rɛnte] **I.** *agg* **1.** (*acqua*) fließend; **camera con acqua** ~ Zimmer *n* mit fließendem Wasser **2.** (*mese, anno*) laufend; ~ **anno** dieses Jahres, heurig *A* **3.** (FIN) **conto** ~ Girokonto *n* **II.** *m* **essere al** ~ auf dem

Laufenden sein **III.** *f* **1.** (*di fiume*) Strömung *f;* (*d'aria*) (Durch)zug *m;* **c'è** ~ es zieht **2.** (EL) Strom *m*

correntemente [korrente'mente] *avv* **1.** (*speditamente*) fließend **2.** (*comunemente*) üblicherweise

correre ['korrere] <corro, corsi, corso> **I.** *vi essere o avere* laufen, rennen; (MOT, SPORT) fahren **II.** *vt* **1.** (SPORT) laufen **2.** (*rischio*) eingehen

corresponsabile [korrespon'sa:bile] *agg* mitverantwortlich

coressi [kor'rɛssi] *1. pers sing pass rem di* **correggere**

correttezza [korret'tettsa] *f* Korrektheit *f*

correttivo [korret'ti:vo] *m* Geschmacksverstärker *m*

corretto, -a [kor'rɛtto] **I.** *pp di* **correggere** **II.** *agg* **1.** korrekt; (*giusto*) richtig **2.** (*persona*) korrekt **3.** (*caffè*) mit Schuss

correzione [korret'tsio:ne] *f* **1.** (*miglioramento*) Verbesserung *f* **2.** (*dei compiti, saggio*) Korrektur *f*

corrida [kor'ri:da] *f* Stierkampf *m*

corridoio [korri'do:io] <-oi> *m* Flur *m*

corridore, -trice [korri'do:re] *m, f* Läufer(in) *m(f)*

corriera [kor'riɛ:ra] *f* Überlandbus *m*

corriere [kor'riɛ:re] *m* (*per trasporto*) (Eil)bote *m*

corrispettivo [korrispet'ti:vo] *m* Gegenleistung *f*

corrispettivo, -a *agg* entsprechend

corrispondente [korrispon'dɛnte] **I.** *agg* entsprechend **II.** *mf* **1.** (*epistolare*) Briefpartner(in) *m(f)* **2.** (*di giornale*) Korrespondent(in) *m(f);* **corrispondenza** [korrispon'dɛntsa] *f* ~ **epistolare** Briefwechsel *m;* **essere in** ~ **con qu** mit jdm korrespondieren

corrispondere [korris'pondere] <irr> **I.** *vi* **1.** (*equivalere*) entsprechen; ~ **a qc** mit etw übereinstimmen **2.** (*sentimenti*) erwidern **3.** (*per lettera*) sich *dat* schreiben **II.** *vt* bezahlen

corroborante [korrobo'rante] *agg* stärkend

corrodere [kor'ro:dere] <irr> **I.** *vt* **1.** (*metalli*) zersetzen; (*acidi*) ätzen **2.** (*fig*) nagen an +*dat* **II.** *vr* **-rsi** sich zersetzen

corrompere [kor'rompere] <irr> **I.** *vt* (*fig: con denaro*) bestechen; (*moralmente*) verderben **II.** *vr* **-rsi** **1.** (*fig*) verderben **2.** (*putrefarsi*) sich zersetzen

corrosi *1. pers sing pass rem di* **corrodere**

corrosione [korro'zio:ne] *f* Korrosion *f;* (TEC, CHEM) Ätzung *f*

corrosivo [korro'zi:vo] *m* Ätzmittel *n*

corrosivo, -a *agg* **1.** (CHEM) korrosiv **2.** (*azione, fenomeno*) Korrosions-, Zersetzungs-

corroso *pp di* **corrodere**

corrotto *pp di* **corrompere**

corrugare [korru'ga:re] **I.** *vt* (*fronte*) runzeln **II.** *vr* **-rsi** sich runzeln

corruppi [kor'ruppi] *1. pers sing pass rem di* **corrompere**

corruttore, -trice [korrut'to:re] **I.** *agg* verderblich **II.** *m, f* Verderber(in) *m(f);* **corruzione** [korrut'tsio:ne] *f* Bestechung *f*

corsa ['korsa] *f* **1.** (*il correre*) Laufen *n;* **di** ~ eilends; **fare una** ~ rennen **2.** (SPORT) Lauf *m* **3.** (*di automezzo*) Fahrt *f;* **perdere l'ultima** ~ den letzten Bus verpassen

corsi ['korsi] *1. pers sing pass rem di* **correre**

corsia [kor'si:a] <-ie> *f* **1.** (MED) Krankensaal *m* **2.** (*su strada*) ~ **di marcia/sorpasso/emergenza** Fahr-/Überhol-/Standspur *f*

Corsica ['kɔrsika] *f* Korsika *n*

corsivo [kor'si:vo] *m* Kursivschrift *f*

corsivo, -a *agg* kursiv

corso[1] ['korso] *m* **1.** (*andamento*) Verlauf *m;* **nel** ~ **dei secoli** im Laufe der Jahrhunderte **2.** (*insegnamento*) Kurs *m;* ~ **di sci** Skikurs *m* **3.** (*strada*) Korso *m* **4.** (FIN) Umlauf *m*

corso[2] *pp di* **correre**

corso, -a ['kɔrso] **I.** *agg* korsisch **II.** *m, f* Korse *m*, Korsin *f*

corte ['korte] *f* **1.** (*reggia*) Hof *m* **2.** (JUR) (Gerichts)hof *m;* ~ **dei conti/di giustizia dell'Unione europea** Europäischer Rechnungs-/Gerichtshof **3.** (*loc*) **fare la** ~ **a qu** jdm den Hof machen

Es gibt verschiedene **Corti**, die sich mit unterschiedlichen Vergehen befassen. Die **Corte d'appello** ist für Revisionsverfahren zuständig. An der **Corte d'assise** kommen schwere Verbrechen wie Mord und Totschlag zur Verhandlung. Die **Corte di Cassazione** ist das oberste Gericht in Italien, das sich ausschließlich mit der Rechtmäßigkeit richterlicher Entscheidungen befasst. Es

C

stellt sicher, dass an den anderen Gerichtshöfen formell fehlerfrei Recht gesprochen wird und kann nach eigenem Ermessen ein Wiederaufnahmeverfahren erwirken. Die Corte costituzionale ist eine politisch unabhängige Institution, die darauf achtet, dass Gesetze im Einklang mit der Verfassung stehen. Sie hat u. a. die Befugnis, den Presidente della Repubblica des Amtsmissbrauchs anzuklagen. Die **Corte dei Conti** stellt sicher, dass die Regierung das Gesetz und die Verfassung achtet. Sie ist dem Parlament direkt unterstellt und beaufsichtigt die Führung des Regierungshaushalts und die Finanzen der staatlichen Industrie.

corteccia [kor'tettʃa] <-cce> *f* Rinde *f*

corteggiamento [korteddʒa'mento] *m* (Um)werben *n;* **corteggiare** [korted'dʒa:re] *vt* ~ **qu** jdm den Hof machen; **corteggiatore**, **-trice** [korteddʒa'to:re] *m, f* Verehrer(in) *m(f)*

corteo [kor'tɛ:o] *m* (Um)zug *m*

cortese [kor'te:ze] *agg* (*garbato*) höflich; **cortesia** [korte'zi:a] <-ie> *f* Höflichkeit *f;* **per** ~ bitte

cortile [kor'ti:le] *m* Hof *m*

cortina [kor'ti:na] *f* (*di nebbia, fumo*) Wand *f*

cortisone [korti'zo:ne] *m* Kortison *n*

corto, **-a** ['korto] **I.** *agg* kurz **II.** *avv* **tagliar** ~ es kurz machen

cortocircuito [kortotʃir'ku:ito] *m* Kurzschluss *m;* **cortometraggio** [kortome'traddʒo] <-ggi> *m* Kurzfilm *m*

corvino, **-a** [kor'vi:no] *agg* rabenschwarz; **corvo** ['kɔrvo] *m* Rabe *m*

cosa ['kɔ:sa] *f* Sache *f,* Ding *n;* **ho le mie -e** (*fam*) ich habe meine Tage; **credersi chissà che** ~ sich für Gott weiß wen halten; **è la stessa** ~ das ist das Gleiche; **è tutt'altra** ~ das ist etwas völlig anderes; **le -e si mettono male** die Lage verschlimmert sich; **raccontami come sono andate le -e** erzähl mir, wie es gelaufen ist; **dimmi una** ~ sag' mal; **sai una ~, ...** weißt du was? ...; **per prima** ~ als Erstes, vor allem; **fra le altre -e** unter anderem; **tante** (**belle**) **-e!** viele Grüße!; **qualche** ~ etwas; (**che**) **~?** was?; **a** (**che**) ~ **pensi?** woran denkst du?

cosca ['kɔska] <-sche> *f* Mafia-Klan *m*

coscia ['kɔʃʃa] <-sce> *f* (ANAT) Schenkel *m*

cosciente [koʃ'ʃɛnte] *agg* bewusst; **coscientemente** [koʃʃente'mente] *avv* bewusst; **coscienza** [koʃ'ʃɛntsa] *f* **1.** (*consapevolezza*) Bewusstsein *n* **2.** (*valori morali*) Gewissen *n;* **avere la** ~ **pulita/sporca** ein gutes/schlechtes Gewissen haben **3.** (*impegno, senso del dovere*) Gewissenhaftigkeit *f;* **coscienzioso**, **-a** [koʃʃen'tsio:so] *agg* **1.** (*persona*) gewissenhaft **2.** (*opera, lavoro*) sorgfältig

cosciotto [koʃ'ʃɔtto] *m* (GASTR) Schlegel *m*

coseno [ko'se:no] *m* (MAT) Kosinus *m*

cosentino, **-a I.** *agg* aus Cosenza stammend **II.** *m, f* Einwohner(in) *m(f)* von Cosenza

Cosenza *f Stadt in Kalabrien*

così [ko'si] **I.** *avv* **1.** (*in questo modo*) so; **come va? –** ~ ~ wie geht es? – so lala; **per** ~ **dire** sozusagen; **e** ~ **via** und so weiter **2.** (*tanto*) so **3.** (*correlativo di come*) (so) wie **II.** <inv> *agg* solche(r, s), so ein(e, r, s) **III.** *cong* so; ~ **sia** amen; **cosicché** [kosik'ke] *cong* so dass, sodass *A*

cosiddetto, **-a** [kosid'detto] *agg* so genannt

cosmesi [koz'mɛ:zi] <-> *f,* **cosmetica** [kos'mɛ:tika] <-che> *f* Kosmetik *f*

cosmetico [kos'mɛ:tiko] <-ci> *m* Kosmetikprodukt *n*

cosmetico, **-a** <-ci, -che> *agg* kosmetisch

cosmico, **-a** ['kɔzmiko] <-ci, -che> *agg* (ASTR) kosmisch; **cosmo** ['kɔzmo] *m* Kosmos *m;* **cosmologia** [kozmolo'dʒi:a] <-gie> *f* Kosmologie *f;* **cosmonauta** [kozmo'na:uta] <-i *m*, -e *f*> *mf* Kosmonaut(in) *m(f);* **cosmonautica** [kozmo'na:utika] *f* Kosmonautik *f;* **cosmonautico**, **-a** [kozmo'na:utiko] <-ci, -che> *agg* kosmonautisch; **cosmonave** [kozmo'na:ve] *f* Raumschiff *n*

cosmopolita [kozmopo'li:ta] <-i *m*, -e *f*> **I.** *mf* Kosmopolit(in) *m(f)* **II.** *agg* kosmopolitisch

cospargere [kos'pardʒere] <irr> *vt* bestreuen

cospicuo, **-a** [kos'pi:kuo] *agg* ansehnlich

cospirare [kospi'ra:re] *vi* sich verschwören; **cospiratore**, **-trice** [kospira'to:re] *m, f* Verschwörer(in) *m(f);* **cospirazione** [kospirat'tsio:ne] *f* Verschwörung *f*

cossi ['kɔssi] *1. pers sing pass rem di* **cuocere**

Cost. *abbr di* **Costituzione** Verf.

costa ['kɔsta] *f* (GEOG) Küste *f*

costante [kos'tante] **I.** *agg* **1.** (*persona*) beharrlich **2.** (*sentimenti*) anhaltend; (*tempo*) beständig **II.** *f* Konstante *f*

costanza [kos'tantsa] *f* (*di persona*) Beharrlichkeit *f*

Costanza [kos'tantsa] *f* Konstanz *n;* **Lago di** ~ Bodensee *m*

costare [kos'ta:re] *vi, vt essere* (*a fig*) kosten; ~ **caro/poco** viel kosten, teuer sein/wenig kosten, nicht teuer sein; **quanto costa?** wie viel kostet das?

costata [kos'ta:ta] *f* (GASTR) Rumpsteak *n*

costato [kos'ta:to] *m* Brustkorb *m*

costeggiare [kosted'dʒa:re] *vt* **1.** (NAUT) entlangfahren an +*dat* **2.** (*strada, sentiero*) entlanglaufen an +*dat*

costei *v.* **costui**

costellazione [kostellat'tsio:ne] *f* (ASTR) Konstellation *f;* (*dello zodiaco*) Sternbild *n*

costiera [kos'tiɛ:ra] *f* Küste *f;* **costiero, -a** [kos'tiɛ:ro] *agg* Küsten-

costituente [kostitu'ɛnte] **I.** *agg* konstituierend **II.** *f* konstituierende Versammlung **III.** *m* **1.** (*persona*) Mitglied *n* der verfassunggebenden Versammlung **2.** (CHEM) Bestandteil *m*

costituire [kostitu'i:re] <costituisco> **I.** *vt* **1.** (*fondare, creare*) gründen **2.** (*formare*) bilden **II.** *vr* **-rsi** **1.** (JUR) sich stellen **2.** (*formarsi*) sich bilden; **costituito, -a** [kostitu'i:to] *agg* gesetzlich; **costitutivo, -a** *agg* konstitutiv

costituzionale [kostituttsio'na:le] *agg* (POL) verfassungsmäßig; **Corte Costituzionale** (JUR) ≈ (Bundes)verfassungsgericht *n;* **governo/monarchia** ~ konstitutionelle Regierung/Monarchie

costituzione [kostitut'tsio:ne] *f* **1.** (JUR) Verfassung *f* **2.** (*di società, giuria*) Gründung *f* **3.** (*struttura*) Struktur *f*

costo ['kɔsto] *m* (*a fig*) Preis *m;* **a tutti i -i** um jeden Preis; ~ **della vita** Lebenshaltungskosten *pl*

costola ['kɔstola] *f* (ANAT, BOT) Rippe *f;* **costoletta** [kosto'letta] *f* Kotelett *n*

costoro [kos'to:ro] *v.* **costui**

costoso, -a [kos'to:so] *agg* teuer

costringere [kos'trindʒere] <irr> *vt* zwingen

costrizione [kostrit'tsio:ne] *f* Zwang *m*

costruire [kostru'i:re] <costruisco> *vt* **1.** bauen **2.** (*fig*) errichten; **costruttivo, -a** [kostrut'ti:vo] *agg* **1.** (*tecnica, processo*) baulich, Bau- **2.** (*fig*) konstruktiv; **costruttore, -trice** [kostrut'to:re] *m, f* (Er)bauer(in) *m(f);* **costruzione** [kostrut'tsio:ne] *f* Bau *m;* **in** ~ im Bau (befindlich)

costui, costei [kos'tu:i, kos'tɛ:i] <costoro> *pron dim* diese(r, s), der/die/das da

costume [kos'tu:me] *m* **1.** (THEAT) Kostüm *n;* (*foggia di vestire*) Tracht *f;* ~ **da bagno** (*da donna*) Badeanzug *m;* (*da uomo*) Badehose *f* **2.** (*usanze*) Sitte *f* **3.** (*condotta morale*) Sitte *f*

cotechino [kote'ki:no] *m* (GASTR) *Brühwurst aus Schweinefleisch*

cotogna [ko'toɲɲa] *f* Quitte *f;* **cotogno** [ko'toɲɲo] *m* Quittenbaum *m*

cotoletta [koto'letta] *f* (GASTR) Schnitzel *n*

cotonare [koto'na:re] **I.** *vt* toupieren **II.** *vr* **-rsi** sich *dat* die Haare toupieren

cotone [ko'to:ne] *m* **1.** (*tessuto*) Baumwolle *f* **2.** (*idrofilo*) Watte *f*

cotta ['kɔtta] *f* (*fam*) Verliebtheit *f*

cottage ['kɔtidʒ] <-> *m* Landhaus *n*

cottimo ['kɔttimo] *m* Akkord *m*

cotto ['kɔtto] *m* Tonfliese *f*

cotto, -a *agg* **1.** (GASTR: *pronto*) gar; (*carne, verdura*) gekocht; (*in forno*) gebacken; (*in padella*) gebraten; (*in umido*) gedünstet **2.** (*fam*) **essere** ~ **di qu** in jdn verknallt sein **3.** (*fig: sfinito*) geschafft

cotton fioc ['kɔtn fi'ɔk] <-> *m* Wattestäbchen *n*

cottura [kot'tu:ra] *f* (GASTR) Garen *n*

covo ['ko:vo] *m* (*fig*) Versteck *n*

cow-boy ['kaubɔi] <-> *m* Cowboy *m*

cozza ['kɔttsa] *f* Miesmuschel *f*

cozzare [kot'tsa:re] **I.** *vi* **1.** (*sbattere*) ~ **contro qc** gegen etw stoßen **2.** (*fig*) ~ **con qu** sich mit jdm anlegen **II.** *vr* **-rsi** **1.** (*urtarsi*) zusammenstoßen **2.** (*fig*) aneinander geraten

CP *mpl abbr di* **Cattolici Popolari** *eine der Nachfolgeparteien der Democrazia Cristiana*

C.P. *abbr di* **Casella Postale** Postf.

CPU *f abbr di* **Central Processing Unit** CPU *f*

crac [krak] <-> *m* **1.** (*rumore*) Knacken *n* **2.** (*fig*) Zusammenbruch *m*

Cracovia *f* Krakau *n*

cracoviano, -a [krako'via:no] **I.** *agg* Kra-

kauer **II.** *m, f* Krakauer(in) *m(f)*
crampo ['krampo] *m* Krampf *m*
cranico, **-a** ['kra:niko] <-ci, -che> *agg* Schädel-; **cranio** ['kra:nio] <-i> *m* Schädel *m*
crash [kræʃ] <-> *m* **1.** (*rumore*) Crash *m* **2.** (INFORM) Absturz *m;* **avere un** ~ abstürzen; **crash test** [kræʃ test] <-> *m* Crashtest *m*
cratere [kra'tɛ:re] *m* Krater *m*
crauti ['kra:uti] *mpl* Sauerkraut *n*
cravatta [kra'vatta] *f* Krawatte *f,* Schlips *m*
crawl [krɔ:l] <-> *m* Kraul(schwimmen) *n*
creare [kre'a:re] *vt* **1.** (*produrre*) (er)schaffen; (COM: *società*) gründen **2.** (*fig: scandalo, disagio*) verursachen; (*difficoltà*) machen
creative writing [kri(:)'etiv 'raitiŋ] <-> *f* kreatives Schreiben
creatività [kreativi'ta] <-> *f* Kreativität *f;* **creativo**, **-a** [krea'ti:vo] *agg* kreativ
creato [kre'a:to] *m* Schöpfung *f;* **creatore**, **-trice** [krea'to:re] **I.** *agg* schöpferisch **II.** *m, f* Schöpfer(in) *m(f);* **il Creatore** (REL) der Herr, der Schöpfer; **creatura** [krea'tu:ra] *f* **1.** (REL) Kreatur *f* **2.** (*bambino*) kleines Wesen, Kind *n;* **creazione** [kreat'tsio:ne] *f* **1.** (REL) Schöpfung *f* **2.** (*invenzione*) Erfindung *f*
crebbi ['krebbi] *1. pers sing pass rem di* **crescere**
credei [kre'de:i] *1. pers sing pass rem di* **credere**
credente [kre'dɛnte] **I.** *agg* gläubig **II.** *mf* Gläubige(r) *f(m)*
credenza [kre'dɛntsa] *f* **1.** (*mobile*) Anrichte *f* **2.** (*leggenda*) Glaube *m*
credenziale [kreden'tsia:le] **I.** *agg* (*lettera*) Beglaubigungs- **II.** *f* Beglaubigungsschreiben *n*
credere ['kre:dere] <credo, credei, creduto> **I.** *vt* glauben; (*ritenere*) halten für; **credo che ...** *+conj* ich glaube, dass ... **II.** *vi* glauben; ~ **in qu/qc** an jdn/etw glauben **III.** *vr* **-rsi** sich halten für
credibile [kre'di:bile] *agg* glaubhaft; **credibilità** [kredibili'ta] <-> *f* Glaubhaftigkeit *f*
credit card ['kredit ka:d] <-> *f* Kreditkarte *f*
creditizio, **-a** [kredi'tittsio] <-i, -ie> *agg* Kredit-
credit line ['kredit lain] <-> *f* Kreditoberkgrenze *f;* **credito** ['kre:dito] *m* **1.** (COM, FIN) Kredit *m* **2.** (*fig*) Ansehen *n;*
creditore, **-trice** [kredi'to:re] **I.** *agg* Gläubiger- **II.** *m, f* Gläubiger(in) *m(f)*
credo ['krɛ:do] *m* (*a fig*) Glaubensbekenntnis *n*
crema ['krɛ:ma] **I.** *f* **1.** (GASTR) Creme *f;* ~ **di pomodoro/piselli** Tomaten-/Erbsencremesuppe *f;* **gelato alla** ~ Eiscreme *f* **2.** (*cosmetico*) ~ **da giorno/notte** Tages-/Nachtcreme *f* **II.** <inv> *agg* (**color**) ~ cremefarben
cremare [kre'ma:re] *vt* einäschern; **cremazione** [kremat'tsio:ne] *f* Einäscherung *f*
Cremlino [krem'li:no] *m* Kreml *m*
Cremona [kre'mo:na] *f Stadt in der Lombardei*
cremonese [kremo'ne:se] **I.** *agg* Cremoneser **II.** *mf* Cremoneser(in) *m(f)*
cren [krɛn] <-> *m* Meerrettich *m,* Kren *m A*
crepa ['krɛ:pa] *f* Riss *m;* **crepaccio** [kre'pattʃo] <-cci> *m* Spalte *f*
crepacuore [krepa'kuɔ:re] *m* Herzeleid *n;* **crepapelle** [krepa'pɛlle] *avv* **ridere a** ~ (*fam*) sich kaputtlachen
crepare [kre'pa:re] **I.** *vi essere* **1.** (*muro, terra*) aufbrechen **2.** (*pelle*) aufplatzen **3.** (*fig fam*) **in bocca al lupo! – crepi (il lupo)!** (*fam*) Hals- und Beinbruch! – Toi, toi, toi! **II.** *vr* **-rsi** aufbrechen, rissig werden
crepuscolare [krepusko'la:re] *agg* **1.** (*luce, cielo*) dämm(e)rig, Dämmer- **2.** (*fig*) vage, unbestimmt
crepuscolo [kre'puskolo] *m* **1.** (*ora*) Dämmerung *f* **2.** (*fig*) Untergang *m*
crescendo [kreʃ'ʃɛndo] *m* **1.** (MUS) Crescendo *n* **2.** (*fig*) Anschwellen *n;* **crescente** [kreʃ'ʃɛnte] *agg* zunehmend
crescere ['kreʃʃere] <cresco, crebbi, cresciuto> **I.** *vi essere* wachsen; ~ **di peso/volume** an Gewicht/Volumen zunehmen; **farsi** ~ **i capelli** sich *dat* die Haare wachsen lassen **II.** *vt* **1.** (*figli*) aufziehen **2.** (BOT) züchten **3.** (COM: *prezzi*) erhöhen
crescione [kreʃ'ʃo:ne] *m* (Brunnen)kresse *f*
crescita ['kreʃʃita] *f* Wachstum *n*
cresciuto *pp di* **crescere**
cresco ['kresko] *1. pers sing pr di* **crescere**
cresima ['krɛ:zima] *f* Firmung *f;* (*nella chiesa luterana*) Konfirmation *f;* **cresi-**

mando, **-a** [krezi'mando] *m, f* Firmling *m;* (*nella chiesa luterana*) Konfirmand(in) *m(f);* **cresimare** [krezi'ma:re] **I.** *vt* firmen; (*nella chiesa luterana*) konfirmieren **II.** *vr* **-rsi** konfirmiert werden

crespo ['krespo] *m* Krepp *m*

crespo, **-a** *agg* (*capelli*) kraus; (*tessuto*) gekräuselt

cresta ['kresta] *f* Kamm *m*

creta ['kre:ta] *f* **1.** (MIN) Ton *m* **2.** (*statuetta*) Tonfigur *f*

cretaceo, **-a** *agg* Kreide-

cretinata [kreti'na:ta] *f* (*fam*) Blödsinn *m;* **cretino**, **-a** [kre'ti:no] **I.** *agg* (*fam*) blöd(e), blödsinnig **II.** *m, f* Idiot(in) *m(f)*

C.R.I. *f abbr di* **Croce Rossa Italiana** ≈ DRK *n*

cric [krik] <-> *m* (*fam*) Wagenheber *m*

cricca ['krikka] <-cche> *f* Clique *f*

criceto [kri'tʃɛ:to] *m* Hamster *m*

cricket ['krikit] <-> *m* Kricket *n*

criminale [krimi'na:le] **I.** *agg* Kriminal-; (*criminoso*) kriminell **II.** *mf* Kriminelle(r) *f(m);* **criminalista** [krimina'lista] <-i *m*, -e *f*> *mf* Kriminalist(in) *m(f);* **criminalità** [kriminali'ta] <-> *f* Kriminalität *f*

crimine ['kri:mine] *m* Verbrechen *n*

criminologia [kriminolo'dʒi:a] <-gie> *f* Kriminologie *f;* **criminologo**, **-a** [krimi'nɔ:logo] <-gi, -ghe> *m, f* Kriminologe *m*, -login *f;* **criminoso**, **-a** [krimi'no:so] *agg* kriminell

cripta ['kripta] *f* Krypta *f*

criptare [krip'ta:re] *vt* (INFORM) kodieren

criptato, **-a** [krip'ta:to] *agg* (INFORM) kodiert, verschlüsselt; **programma televisivo ~** Pay-TV *n*

crisalide [kri'za:lide] *f* Puppe *f*

crisantemo [krizan'tɛ:mo] *m* Chrysantheme *f*

crisi ['kri:zi] <-> *f* Krise *f;* **~ di governo** Regierungskrise *f;* **~ economica** Wirtschaftskrise *f;* **essere in ~** sich in einer Krise befinden

cristalleria [kristalle'ri:a] <-ie> *f* (*da tavola*) Tafelkristall *n*

cristalliera [kristal'liɛ:ra] *f* (Glas)vitrine *f*

cristallino [kristal'li:no] *m* (ANAT) Linse *f*

cristallino, **-a** *agg* (*fig: voce, acqua*) kristallklar

cristallo [kris'tallo] *m* (*vetro*) Kristall(glas) *n*

cristianesimo [kristia'ne:zimo] *m* Christentum *n;* **cristianità** [kristiani'ta] <-> *f* **1.** (*qualità*) Christlichkeit *f* **2.** (*tutti i cristiani*) Christenheit *f;* **cristianizzare** [kristianid'dza:re] *vt* christianisieren

cristiano, **-a** [kris'tia:no] **I.** *agg* christlich **II.** *m, f* Christ(in) *m(f)*

Cristo ['kristo] *m* Christus *m;* **avanti/dopo Cristo** vor/nach Christus

criterio [kri'tɛ:rio] <-i> *m* **1.** (*norma*) Kriterium *n* **2.** (*senno*) **fare qc con ~** etw mit Vernunft tun

critica ['kri:tika] <-che> *f* Kritik *f;* **criticabile** [kriti'ka:bile] *agg* tadelnswert; **criticare** [kriti'ka:re] *vt* kritisieren; (LIT, FILM, THEAT, MUS) besprechen; **critico**, **-a** ['kri:tiko] <-ci, -che> **I.** *agg* kritisch; (*difficile*) schwierig **II.** *m, f* Kritiker(in) *m(f)*

croato, **-a** [kro'a:to] **I.** *agg* kroatisch **II.** *m, f* Kroate, Kroatin *m, f*

Croazia *f* Kroatien *n*

croccante [krok'kante] **I.** *agg* knusp(e)rig **II.** *m* Krokant *m*

crocchetta [krok'ketta] *f* Krokette *f*

croce ['kro:tʃe] *f* Kreuz *n;* **Croce Rossa/Verde** Rotes/Grünes Kreuz; **testa o ~?** Kopf oder Zahl?; **crocerossina** [krotʃeros'si:na] *f* Rotkreuzschwester *f;* **crocevia** [krotʃe'vi:a] <-> *m* (Weg)kreuzung *f;* **crociata** [kro'tʃa:ta] *f* Kreuzzug *m*

crociato [kro'tʃa:to] *m* (HIST) Kreuzritter *m*

crociato, **-a** *agg* gekreuzt; **parole -e** Kreuzworträtsel *n*

crociera [kro'tʃɛ:ra] *f* **1.** (NAUT) Kreuzfahrt *f* **2.** (AERO) Reiseflug *m*

crocifiggere [krotʃi'fiddʒere] <crocifiggo, crocifissi, crocifisso> *vt* **1.** (REL) kreuzigen **2.** (*fig*) quälen; **crocifissione** [krotʃifis'sio:ne] *f* Kreuzigung *f*

crocifisso [krotʃi'fisso] *m* **1.** (*persona*) Gekreuzigte(r) *m* **2.** (REL: *immagine di Gesù*) Kruzifix *n*

croco ['krɔ:ko] <-chi> *m* Krokus *m*

crogiolarsi [krodʒo'la:rsi] *vr* sich aalen; **crogiolo** [kro'dʒɔ:lo] *m* (*a fig*) Schmelztiegel *m*

crollare [krol'la:re] *vi essere* **1.** (*costruzione*) einstürzen **2.** (*persone*) zusammenbrechen; (*prezzi*) fallen; **crollo** ['krɔllo] *m* **1.** (*di casa, ponte*) Einsturz *m* **2.** (COM) Zusammenbruch *m;* (*dei prezzi*) Sturz *m*

croma ['krɔ:ma] *f* Achtelnote *f*

cromatico, **-a** [kro'ma:tiko] <-ci, -che>

agg chromatisch; **cromo** ['krɔːmo] *m* Chrom *n*

cromosoma [kromo'sɔːma] <-i> *m* Chromosom *n*

cronaca ['krɔːnaka] <-che> *f* Chronik *f*

cronico, -a ['krɔːniko] <-ci, -che> **I.** *agg* chronisch **II.** *m, f* chronisch Kranke(r) *f(m)*

cronista [kro'nista] <-i *m*, -e *f*> *mf* Berichterstatter(in) *m(f)*

cronologia [kronolo'dʒiːa] <-gie> *f* Chronologie *f;* **cronologico, -a** [krono'lɔːdʒiko] <-ci, -che> *agg* chronologisch

cronometraggio [kronome'traddʒo] <-ggi> *m* Zeitmessung *f;* **cronometrare** [kronome'traːre] *vt* (ab)stoppen; **cronometro** [kro'nɔːmetro] *m* Chronometer *m*

cross [krɔs] <-> *m* **1.** (*motociclismo*) Motocross *n* **2.** (*nel calcio*) Flanke *f;* **crossare** [kros'saːre] *vi* flanken

crossista [kros'sista] <-i *m*, -e *f*> *mf* Motocross-Fahrer(in) *m(f)*

crosta ['krɔsta] *f* Kruste *f;* ~ **terrestre** Erdkruste *f*

crostacei [kros'taːtʃei] *mpl* Krustentiere *npl*

crostata [kros'taːta] *f* (GASTR) *Mürbteigkuchen, meist mit Obst oder Marmelade*

crostino [kros'tiːno] *m* (gerösteter) Brotwürfel *m*

crucco, -a ['krukko] <-cchi, -cche> *m, f* (*fam pej*) Teutone *m,* Teutonin *f*

cruciale [kru'tʃaːle] *agg* entscheidend

cruciforme [krutʃi'forme] *agg* kreuzförmig

cruciverba [krutʃi'vɛrba] <-> *m* Kreuzworträtsel *n*

crudele [kru'deːle] *agg* grausam; **crudeltà** [krudel'ta] <-> *f* Grausamkeit *f*

crudo, -a ['kruːdo] *agg* **1.** (*carne, verdura*) roh **2.** (*fig*) nackt

cruento, -a [kru'ɛnto] *agg* blutig

crumiro, -a [kru'miːro] *m, f* Streikbrecher(in) *m(f)*

cruna ['kruːna] *f* Nadelöhr *n*

cruscotto [krus'kɔtto] *m* Armaturenbrett *n*

c.s. *abbr di* **come sopra** w.o.

cubetto [ku'betto] *m* Würfel *m*

cubico, -a ['kuːbiko] <-ci, -che> *agg* kubisch

cubismo [ku'bizmo] *m* Kubismus *m*

cubo ['kuːbo] **I.** *m* **1.** (MAT) Kubus *m;* (*terza potenza*) dritte Potenz **2.** (*oggetto*) Würfel *m* **II.** *agg* **metro** ~ Kubikmeter *m o n*

cuccare [kuk'kaːre] **I.** *vt* (*fam, dial: rimorchiare*) abschleppen **II.** *vr* **-rsi** (*fam: prendersi*) sich einholen

cuccetta [kut'tʃetta] *f* (FERR) Platz *m* im Liegewagen; **cuccettista** [kuttʃet'tista] <-i *m*, -e *f*> *mf* Liegewagenschaffner(in) *m(f)*

cucchiaiata [kukkia'iaːta] *f* Löffel (voll) *m;* **cucchiaino** [kukkia'iːno] *m* Teelöffel *m;* **cucchiaio** [kuk'kiaːio] <-ai> *m* (Ess)löffel *m;* **cucchiaione** [kukkia'ioːne] *m* Kelle *f*

cuccia ['kuttʃa] <-cce> *f* Hundehütte *f;* **a ~!** Platz!

cucciolata [kuttʃo'laːta] *f* Wurf *m;* **cucciolo, -a** ['kuttʃolo] *m, f* (Hunde)junge(s) *n*

cucina [ku'tʃiːna] *f* **1.** (*luogo*) Küche *f* **2.** (*arte, modo*) Kochkunst *f* **3.** (*apparecchio*) Herd *m;* ~ **a gas** Gasherd *m,* Rechaud *m A;* ~ **elettrica** Elektroherd *m;* **cucinare** [kutʃi'naːre] **I.** *vt* kochen **II.** *vi* kochen; **cucinino** [kutʃi'niːno] *m,* **cucinotto** [kutʃi'nɔtto] *m* Kochnische *f*

cucire [ku'tʃiːre] *vt* nähen

cucito [ku'tʃiːto] *m* Näharbeit *f*

cucitrice [kutʃi'triːtʃe] *f* **1.** (TEC) Nähmaschine *f* **2.** (TYP) Heftmaschine *f*

cucù [ku'ku] **I.** <-> *m* (*orologio*) Kuckucksuhr *f* **II.** *int* kuckuck; **cuculo** [ku'kuːlo] *m* Kuckuck *m*

cuffia ['kuffia] <-ie> *f* **1.** (*per la testa*) Haube *f* **2.** (TEL, RADIO) Kopfhörer *m*

cugino, -a [ku'dʒiːno] *m, f* Cousin *m,* Cousine *f*

cui ['kuːi] *pron rel* **1.** (*con preposizioni*) **con** ~ mit dem, der; **di** ~ von dem, der; **in** ~ in dem, der; **per** ~ für den, die, das; **il motivo per** ~ **...** der Grund dafür, dass ... **2.** (*a cui*) dem, der, denen *pl* **3.** (*di cui*) dessen, deren

culinario, -a [kuli'naːrio] <-i, -ie> *agg* kulinarisch; **arte -a** Kochkunst *f*

culla ['kulla] *f* Wiege *f;* **cullare** [kul'laːre] **I.** *vt* wiegen **II.** *vr* **-rsi** (*a fig*) sich wiegen

culminante [kulmi'nante] *agg* Haupt-, Gipfel-

culminare [kulmi'naːre] *vi essere* (*fig*) ~ **in qc** in etw *dat* kulminieren; **culmine** ['kulmine] *m* (*a fig*) Gipfel *m*

culo ['kuːlo] *m* (*vulg*) Arsch *m;* **prendere qu per il** ~ jdn verarschen; **va a fare in** ~

leck mich am Arsch

culto ['kulto] *m* (*a fig*) Kult *m*

cultura [kul'tu:ra] *f* Kultur *f;* **culturale** [kultu'ra:le] *agg* **1.** (*preparazione, prova*) kulturell **2.** (*associazione, scambi*) Kultur-

culturismo [kultu'rizmo] *m* Bodybuilding *n;* **culturista** [kultu'rista] <-i *m*, -e *f*> *mf* Bodybuilder(in) *m(f)*

cumino [ku'mi:no] *m* Kümmel *m*

cumulabile [kumu'la:bile] *agg* kumulierbar; **cumulare** [kumu'la:re] *vt* anhäufen; **cumulativo, -a** [kumula'ti:vo] *agg* Sammel-; **cumulo** ['ku:mulo] *m* (*di cose*) Haufen *m*

cuneense [kune'ɛnse] **I.** *agg* aus Cuneo **II.** *mf* Einwohner(in) *m(f)* von Cuneo

cuneiforme [kunei'forme] *agg* keilförmig

cuneo ['ku:neo] *m* Keil *m*

Cuneo *f Stadt in Piemont*

cunetta [ku'netta] *f* Querrinne *f*

cuocere ['kuɔ:tʃere] <cuocio, cossi, cotto> **I.** *vt* **1.** (GASTR) garen; ~ **alla griglia** grillen; ~ **sulla brace** rösten **2.** (*ceramiche, mattoni, calcina*) brennen **3.** (*sole*) verbrennen **II.** *vi essere* **1.** (GASTR) kochen **2.** (*fig: offesa*) wehtun

cuoco, -a ['kuɔ:ko] <-chi, -che> *m, f* Koch *m*, Köchin *f*

cuoio ['kuɔ:io] <*pl*: -oi *m o fig* -a *f*> *m* **1.** (ANAT, ZOO) Leder *n* **2.** (*fig, scherz: pelle dell'uomo*) Fell *n*

cuore ['kuɔ:re] *m* **1.** (ANAT: *a fig*) Herz *n;* **amico del** ~ Busenfreund *m;* **con tutto il** ~ von ganzem Herzen; **nel** ~ **della notte** mitten in der Nacht **2.** *pl* (*carte da gioco*) Herz *n* **3.** (*loc*) **ridere di** ~ herzlich lachen

cupidigia [kupi'di:dʒa] <-gie> *f* ~ **di ...** Gier nach ...

cupo, -a ['ku:po] *agg* **1.** (*colore*) dunkel **2.** (*notte, foresta*) finster **3.** (*voce*) tief **4.** (*fig: volto, sguardo*) düster, finster

cupola ['ku:pola] *f* Kuppel *f*

cupoliforme [kupoli'forme] *agg* kuppelförmig

cura ['ku:ra] *f* **1.** (*premura*) Aufmerksamkeit *f;* (*impegno*) Pflege *f;* **avere** ~ **di qu** sich um jdn kümmern; **avere** ~ **della propria salute** auf seine Gesundheit achten **2.** (*accuratezza*) Sorgfalt *f;* **a** ~ **di ...** (*libro*) herausgegeben von ... **3.** (MED) Behandlung *f;* **essere in** ~ **da qu** bei jdm in Behandlung sein; **luogo di** ~ **termale** Thermalbad *n;* **curabile** [ku'ra:bile] *agg* heilbar

curare [ku'ra:re] **I.** *vt* **1.** (*malato, malattia*) behandeln **2.** (*badare*) achten auf +*acc*, pflegen; (*interessi*) wahrnehmen **3.** (*testo*) herausgeben **II.** *vr* **-rsi 1.** (*prendersi cura*) sich pflegen **2.** (*preoccuparsi*) **-rsi di qu/qc** sich um jdn/etw kümmern

curato [ku'ra:to] *m* Pfarrer *m*

curia ['ku:ria] <-ie> *f* Kurie *f*

curiosare [kurio'sa:re] *vi* herumschnüffeln; **curiosità** [kuriosi'ta] <-> *f* **1.** (*desiderio di sapere*) Neugier *f* **2.** (*rarità*) Kuriosität *f;* **curioso, -a** [ku'rio:so] **I.** *agg* **1.** (*indiscreto*) neugierig **2.** (*bizzarro*) kurios, sonderbar **II.** *m, f* Neugierige(r) *f(m)*

curriculum (vitae) [kur'ri:kulum ('vi:te)] <-> *m* Lebenslauf *m*

curry ['kʌri] <-> *m* Curry *m o n*

cursore *m* (INFORM) Cursor *m*

curva ['kurva] *f* Kurve *f;* **curvare** [kur'va:re] **I.** *vt* **1.** (*sbarra, ramo*) biegen **2.** (*capo, fronte*) beugen **II.** *vr* **-rsi** sich krümmen; (*persona*) sich beugen

curvilineo, -a *agg* gekrümmt; (MAT) krummlinig

curvo, -a ['kurvo] *agg* gebogen, gekrümmt; (*spalle, persona*) gebeugt

cuscinetto[1] [kuʃʃi'netto] *m* **1.** (TEC) Lager *n* **2.** (*per spilli, timbri*) Kissen *n*

cuscinetto[2] <inv> *agg* **stato** ~ Pufferstaat *m;* **zona** ~ Pufferzone *f*

cuscino [kuʃ'ʃi:no] *m* Kissen *n*, Polster *m A*

cuscus ['kuskus] <-> *m* (GASTR) Kuskus *m o n*

cuspide ['kuspide] *f* Spitze *f*

custode [kus'tɔ:de] **I.** *mf* **1.** (*sorvegliante*) Wächter(in) *m(f);* (*di museo, palazzo, scuola*) Wärter(in) *m(f)* **2.** (*fig: di valore, bene ideale*) (Be)wahrer(in) *m(f)* **II.** *agg* **angelo** ~ Schutzengel *m;* **custodia** [kus'tɔ:dia] <-ie> *f* **1.** (*cura*) Bewachung *f;* **dare qc in** ~ **a qu** jdm etw zur Aufbewahrung geben **2.** (*astuccio*) Kasten *m;* (*degli occhiali, violino*) Etui *n;* **custodire** [kusto'di:re] <custodisco> **I.** *vt* bewachen; (*casa, bambini, segreto*) hüten **II.** *vr* **-rsi** auf seine Gesundheit achten

cutaneo, -a [ku'ta:neo] *agg* Haut-; **cute** ['ku:te] *f* Haut *f*

C.V. *abbr di* **Cavallo Vapore** PS

cybercafé [saiberka'fe] <-> *m* Cybercafé *n;* **cybersesso** *m* (INFORM) Cybersex *m;*

C

cyberspazio [tʃiber'spazio] <-i> *m* (INFORM) Cyberspace *n*

cyclette [si'klɛt] <-> *f* Heimtrainer *m*

D

D, d [di] <-> *f* D, d *n;* ~ **come Domodossola** D wie Dora

d' *prp* = **di** *vor Vokal; v.* **di**

D 1. *abbr di* **Diretto** ≈ E **2.** *abbr di* **Deutschland** D

da [da] <dal, dallo, dall', dalla, dai, dagli, dalle> *prp* **1.** (*stato in luogo*) bei +*dat;* (*moto da luogo*) von +*dat,* aus +*dat;* (*moto a luogo: con persone*) zu +*dat;* (*attraverso*) durch +*acc,* über +*acc;* (*distanza*) von +*dat;* (*fuori di*) aus +*dat;* **abito ~ mio zio** ich wohne bei meinem Onkel; **andare ~ Torino a Stoccarda** von Turin nach Stuttgart fahren; **vado ~ un amico** ich gehe zu einem Freund; **vengo Firenze** ich komme aus Florenz; ~ **dove** woher, von wo **2.** (*agente*) von +*dat,* durch +*acc* **3.** (*causa*) vor +*dat o acc;* **tremare dal freddo** vor Kälte zittern **4.** (*tempo*) seit +*dat,* von *dat* … an; ~ **allora** seit damals; ~ **cinque anni** seit fünf Jahren; ~ **domani** ab morgen; (**fin**) ~ **bambino** (schon) als Kind; ~ **quanto tempo** seit wann; **dalle nove alle dieci** von neun bis zehn Uhr; ~ **molto/poco** seit langem/kurzem **5.** (*fine, scopo*) als, zu *m* **6.** (*origine, provenienza*) von +*dat,* aus +*dat* **7.** (*modo*) wie; (*età*) als; ~ **solo** (von) selbst, allein **8.** (*qualità*) mit +*dat;* **una ragazza dai capelli rossi** ein Mädchen mit roten Haaren **9.** (*valore*) zu +*dat,* im Wert von +*dat* **10.** (*con infinito*) zu(m); **qc ~ bere** etw zu trinken

daccapo [dak'ka:po] *avv* von vorn

dadaismo [dada'izmo] *m* Dadaismus *m*

dado ['da:do] *m* Würfel *m*

dagli, dai ['daʎʎi, 'da:i] *prp* = **da + gli, i** *v.* **da**

daino ['da:ino] *m* Damhirsch *m*

dal [dal] *prp* = **da + il** *v.* **da**

dalia ['da:lia] <-ie> *f* Dahlie *f*

dall', dalla, dallo, dalle [dall, 'dalla, 'dallo, 'dalle] *prp* = **da + l', la, lo, le** *v.* **da**

daltonico, -a [dal'tɔ:niko] <-ci, -che> **I.** *agg* farbenblind **II.** *m, f* Farbenblinde(r) *f(m);* **daltonismo** [dalto'nizmo] *m* Farbenblindheit *f*

dama ['da:ma] *f* Dame *f*

damigiana [dami'dʒa:na] *f* große Korbflasche

DAMS [dams] *m abbr di* **Discipline delle Arti, della Musica, dello Spettacolo** *Hochschule für darstellende Kunst*

dance music ['da:ns 'mju:zik] <-> *f* Dance music *f*

dancing ['dɛnsin(g)] <-> *m* Tanzlokal *n*

danese [da'ne:se] **I.** *agg* dänisch **II.** *mf* Däne *m,* Dänin *f*

Danimarca [dani'marka] *f* Dänemark *n*

dannare [dan'na:re] **I.** *vt* verdammen **II.** *vr* **-rsi** sich plagen; **dannato, -a** [dan'na:to] **I.** *agg* verdammt **II.** *m, f* Verdammte(r) *f(m);* **dannazione** [dannat'tsio:ne] **I.** *f* Verdammnis *f* **II.** *int* ~**!** verdammt (nochmal)!

danneggiamento [danneddʒa'mento] *m* Beschädigung *f;* **danneggiare** [danned'dʒa:re] *vt* **1.** (*rovinare*) beschädigen **2.** (*nuocere*) schaden

danno ['danno] *m* Schaden *m;* **dannoso, -a** [dan'no:so] *agg* **essere ~ (per qu/qc)** (für jdn/etw) schädlich sein

Danubio [da'nu:bio] *m* Donau *f*

danza ['dantsa] *f* Tanz *m;* **danzare** [dan'tsa:re] *vi, vt* tanzen; **danzatore, -trice** [dantsa'to:re] *m, f* Tänzer(in) *m(f)*

Danzica ['dantsika] *f* Danzig *n*

dappertutto [dapper'tutto] *avv* **1.** (*stato*) überall **2.** (*moto*) überallhin

dapprima [dap'pri:ma] *avv* anfangs

dardo ['dardo] *m* Pfeil *m*

dare[1] ['da:re] <do, diedi, dato> **I.** *vt* **1.** (*gener*) geben; (*esame*) ablegen; ~ **del Lei/tu a qu** jdn siezen/duzen **2.** (*assegnare*) verleihen, geben **II.** *vi* **1.** (*guardare*) gehen; **la finestra dà sul cortile/sulla strada** das Fenster geht auf den Hof/nach der Straße **2.** (*loc*) ~ **nell'occhio** ins Auge springen **III.** *vr* **-rsi 1.** (*dedicarsi*) sich widmen **2.** (*trovare*) **non darsi pace** keine Ruhe finden

3. (*loc*) **si dà il caso che … +*conj*** es ist ein Zufall, dass …; **può darsi che … +*conj*** es kann sein, dass …

dare[2] <-> *m* **il ~ e l'avere** Soll und Haben

dark [dark] **I.** <inv> *agg* **1.** (*tipo di musica*) Dark music- **2.** (*modo di vestirsi*) ausschließlich dunkle Kleidung tragend **II.** <-> *mf* Gruftie *m*

darvinismo [darvi'nizmo] *m* Darwinismus *m*

DAT ['dat] *m acro di* **Digital Audio Tape** DAT *n*

data[1] ['da:ta] *f* Datum *n*

data[2] ['da:ta] *mpl* (INFORM) Daten *npl;* **~ base** Datenbasis *f;* **~ glove** Datenhandschuh *m*

datare [da'ta:re] **I.** *vt* datieren **II.** *vi essere* datieren; **datazione** [datat'tsio:ne] *f* Datierung *f*

dativo [da'ti:vo] *m* Dativ *m*

dato ['da:to] *m* Anhaltspunkt *m;* **~ di fatto** Tatsache *f;* **banca -i** (INFORM) Datenbank *f;* **elaborazione elettronica dei -i** elektronische Datenverarbeitung

dato, **-a** *agg* **1.** (*determinato*) bestimmt, gewiss **2.** (*dedito*) ergeben **3.** (*supposto*) gegeben; **~ che** in Anbetracht der Tatsache, dass; **-e le circostanze** unter diesen Umständen

datore, **-trice** [da'to:re] *m, f* Geber(in) *m(f);* **~ di lavoro** Arbeitgeber(in) *m(f),* Dienstgeber(in) *m(f) A*

dattero ['dattero] *m* Dattel *f*

dattilografare [dattilogra'fa:re] *vt* Maschine schreiben; **dattilografo**, **-a** [datti'lɔ:grafo] *m, f* Maschine(n)schreiber(in) *m(f)*

dattiloscritto [dattilos'kritto] *m* auf der Maschine geschriebener Text

dattiloscritto, **-a** *agg* maschinenschriftlich; **dattiloscrivere** [dattilos'kri:vere] <irr> *vt* mit der Maschine schreiben, tippen, daktylografieren *CH*

dattorno [dat'torno] **I.** *avv* **1.** (*intorno*) umher, herum **2.** (*vicino*) in der Nähe **II.** *prp* **1.** (*intorno*) um dich herum **2.** (*vicino*) in der Nähe von dir **III.** <inv> *agg* umliegend

davanti [da'vanti] **I.** *avv* davor; (*di fronte*) gegenüber; (*nella parte anteriore*) vorn(e) **II.** *prp* **~ a me** (*stato*) vor mir; (*moto*) vor mich **III.** <inv> *agg* Vorder-, vordere(r, s) **IV.** *m* Vorderteil *n*

davanzale [davan'tsa:le] *m* Fensterbank *f*

davanzo, **d'avanzo** [da'vantso] *avv* im Überfluss

davvero [dav've:ro] *avv* wirklich, tatsächlich; **per ~** tatsächlich, im Ernst

day after ['dei 'a:ftə] <*sing*> *m* day after *m;* **day hospital** [dei 'ospital] <-> *m* Tagesklinik *f*

d.C. *abbr di* **dopo Cristo** n. Chr.

dea ['dɛ:a] *f* Göttin *f*

deal [di:l] <-> *m* Handel *m*

debilitante [debili'tante] *agg* schwächend; **debilitare** [debili'ta:re] *vt* schwächen; **debilitazione** [debilitat'tsio:ne] *f* Schwächung *f*

debitamente [debita'mente] *avv* ordnungsgemäß

debito ['de:bito] *m* **1.** (FIN) Schuld *f;* **avere un ~ con qu** jdm etw schulden **2.** (*obbligo morale*) Pflicht *f*

debito, **-a** *agg* **1.** (*doveroso*) gebührend **2.** (*opportuno*) passend; **a tempo ~** zur rechten Zeit; **debitore**, **-trice** [debi'to:re] *m, f* (*a fig*) Schuldner(in) *m(f)*

debole ['de:bole] **I.** *agg* schwach **II.** *m* Schwäche *f;* **debolezza** [debo'lettsa] *f* Schwäche *f*

debugging [di:'bʌgiŋ] <-> *m* (INFORM) Debugging *n*

debuttante [debut'tante] **I.** *agg* debütierend **II.** *mf* Debütant(in) *m(f);* **debuttare** [debut'ta:re] *vi* debütieren; **debutto** [de'butto] *m* Debüt *n*

decade ['dɛ:kade] *f* (*dieci giorni*) Dekade *f*

decadente [deka'dɛnte] *agg* dekadent; **decadentismo** [decaden'tizmo] *m* (LIT) Dekadenz *f;* **decadentistico**, **-a** [dekaden'tistiko] <-ci, -che> *agg* dekadentistisch; **decadenza** [deca'dɛntsa] *f* Verfall *m*

decadere [deka'de:re] <irr> *vi essere* verfallen; **decaduto**, **-a** [deka'du:to] *agg* verarmt, heruntergekommen

decaedro [deka'ɛ:dro] *m* Dekaeder *n*

decaffeinare [dekaffei'na:re] *vt* entkoffeinieren

decaffeinato [dekaffei'na:to] *m* koffeinfreier Kaffee [*o* Tee]

decaffeinato, **-a** *agg* koffeinfrei

decagono [de'ka:gono] *m* Zehneck *n*

decagrammo [deka'grammo] *m* Dekagramm *n*

decalcificare [dekaltʃifi'ka:re] **I.** *vt* entkalken **II.** *vr* **-rsi** Kalk verlieren; **decalcificazione** [dekaltʃifikat'tsio:ne] *f* Entkalkung *f*

decalitro [de'ka:litro] *m* Dekaliter *m o n*

decalogo [de'ka:logo] <-ghi> *m* Dekalog *m*

decanato [deka'na:to] *m* Dekanat *n*

decano [de'ka:no] *m* Dekan *m*

decapitare [dekapi'ta:re] *vt* enthaupten; **decapitazione** [dekapitat'tsio:ne] *f* Enthauptung *f*

decappotabile [dekappo'ta:bile] **I.** *agg* mit Klappverdeck **II.** *f* Kabrio(lett) *n;* **decappotare** [dekappot'ta:re] *vt* das Verdeck aufklappen von

decasillabo [deka'sillabo] *m* Zehnsilb(l)er *m*

decasillabo, **-a** *agg* zehnsilbig

decathlon ['dɛ:katlon] <-> *m* Zehnkampf *m*

deceduto, **-a** [detʃe'du:to] **I.** *agg* verstorben **II.** *m, f* Verstorbene(r) *f(m)*

decelerare [detʃele'ra:re] *vt* die Geschwindigkeit vermindern von; **decelerazione** [detʃelerat'tsio:ne] *f* Verminderung *f* der Geschwindigkeit

decennale [detʃen'na:le] **I.** *agg* **1.** (*che dura 10 anni*) zehnjährig **2.** (*ogni 10 anni*) zehnjährlich **II.** *m* zehnter Jahrestag; (*celebrazione*) Zehnjahresfeier *f*

decenne [de'tʃɛnne] **I.** *agg* zehnjährig **II.** *mf* Zehnjährige(r) *f(m);* **decennio** [de'tʃɛnnio] <-i> *m* Jahrzehnt *n*

decente [de'tʃɛnte] *agg* **1.** (*di pudore*) anständig **2.** (*fig*) angemessen

decentramento [detʃentra'mento] *m* Dezentralisierung *f;* **decentrare** [detʃen'tra:re] *vt* dezentralisieren; **decentrato**, **-a** [detʃen'tra:to] *agg* dezentralisiert

decenza [de'tʃɛntsa] *f* Schicklichkeit *f*

decesso [de'tʃɛss] *m* Todesfall *m*

decibel [detʃi'bɛl] <-> *m* Dezibel *n*

decidere [de'tʃi:dere] <decido, decisi, deciso> **I.** *vt* beschließen **II.** *vi* entscheiden **III.** *vr* **-rsi** sich entscheiden, sich entschließen; **-rsi a fare qc** sich entschließen etw zu tun

decifrabile [detʃi'fra:bile] *agg* entzifferbar; **decifrare** [detʃi'fra:re] *vt* (*scrittura*) entziffern; (*codice*) entschlüsseln; **decifrato**, **-a** [detʃi'fra:to] *agg* entschlüsselt, entziffert

decigrado [detʃi'gra:do] *m* Dezigrad *m;* **decigrammo** [detʃi'grammo] *m* Dezigramm *n;* **decilitro** [de'tʃi:litro] *m* Deziliter *m o n*

decima ['dɛ:tʃima] *f* (MAT) zehnte Potenz; **7 alla** ~ sieben hoch zehn

decimale [detʃi'ma:le] *agg* dezimal, Dezimal-

decimetro [de'tʃi:metro] *m* Dezimeter *m o n*

decimilionesimo, **-a** [detʃimilio'nɛ:zimo] **I.** *agg* **1.** (*posto*) zehnmillionste(r, s) **2.** (*con valore frazionario*) zehnmillion(s)tel **II.** *m, f* Zehnmillionstel *n*

decimillesimo [detʃimil'lɛ:zimo] *m* Zehntausendstel *n*

decimillesimo, **-a** *agg* **1.** (*posto*) zehntausendste(r, s) **2.** (*con valore frazionario*) zehntausendstel

decimilligrammo [detʃimilli'grammo] *m* Dezimiligramm *n*

decimillimetro [detʃimil'li:metro] *m* Dezimillimeter *m o n*

decimo ['dɛ:tʃimo] *m* (*frazione*) zehnter Teil

decimo, **-a** **I.** *agg* zehnte(r, s) **II.** *m, f* Zehnte(r, s) *mfn; v. a.* **quinto**

decina [de'tʃi:na] *f v.* **diecina**

decisamente [detʃiza'mente] *avv* **1.** (*con risolutezza*) (fest) entschlossen **2.** (*veramente*) ausgesprochen

decisi [de'tʃi:zi] *1. pers sing pass rem di* **decidere**

decisionale [detʃizio'na:le] *agg* Entscheidungs-

decisione [detʃi'zio:ne] *f* **1.** (*risolutezza*) Entschlossenheit *f* **2.** (*deliberazione*) Entscheidung *f;* **prendere una** ~ eine Entscheidung treffen

decisivo, **-a** [detʃi'zi:vo] *agg* ausschlaggebend, entscheidend; **deciso**, **-a** [de'tʃi:zo] **I.** *pp di* **decidere** **II.** *agg* entschlossen

declinare [dekli'na:re] **I.** *vt* **1.** (LING) deklinieren, beugen **2.** (*rifiutare*) ablehnen **II.** *vi* (*diminuire*) sinken, nachlassen; **declinazione** [deklinat'tsio:ne] *f* Deklination *f;* **declino** [de'kli:no] *m* Niedergang *m*

decoder [decoder] <-> *m* Decoder *m*

decodificabile [dekodifi'ka:bile] *agg* decodierbar; **decodificare** [dekodifi'ka:re] *vt* dekodieren; **decodificatore**, **-trice** [dekodifika'to:re] *m, f* **1.** (*chi decodifica un* *messaggio*) Decodierer(in) *m(f)* einer Nachricht **2.** (INFORM) Decoder *m;* **decodificazione** [dekodifikat'tsio:ne] *f* **1.** (*decifrazione*) Entzifferung *f* **2.** (INFORM) Dekodierung *f*

decollare [dekol'la:re] *vi* starten

décolleté [dekɔl'te] **I.** <inv> *agg* ausgeschnitten **II.** <-> *m* Ausschnitt *m*

decolorante [dekolo'rante] **I.** *agg* bleichend, Bleich- **II.** *m* Bleichmittel *n;* **decolorare** [dekolo'ra:re] *vt* bleichen

decompongo *1. pers sing pr di* **decomporre**

decomponibile [dekompo'ni:bile] *agg* zerlegbar

decomporre [dekom'porre] <irr> **I.** *vt* (MAT, CHEM) zerlegen **II.** *vr* **-rsi** (CHEM) sich zersetzen; **decomposizione** [dekompozit'tsio:ne] *f* **1.** (*scomposizione*) Zerlegung *f* **2.** (*putrefazione*) Zersetzung *f;* **decomposto, -a** [dekom'pɔsto] *agg* zerlegt, aufgelöst

deconcentrato, -a [dekontʃen'tra:to] *agg* abgelenkt

decongestionare [dekondʒestio'na:re] *vt* (*traffico*) entlasten; **decongestione** [dekondʒes'tio:ne] *f* Entlastung *f*

decontrarre [dekon'trarre] <irr> *vt* entkrampfen; **decontrazione** [dekontrat'tsio:ne] *f* Entkrampfung *f*

decorare [deko'ra:re] *vt* (aus)schmücken; **decorativo, -a** [dekora'ti:vo] *agg* schmückend; **decorato, -a** [deko'ra:to] *agg* dekoriert; **decoratore, -trice** [dekora'to:re] *m, f* Dekorateur(in) *m(f);* **decorazione** [dekorat'tsio:ne] *f* Ausschmückung *f*

decoro [de'kɔ:ro] *m* **1.** (*dignità*) Anstand *m* **2.** (*onore, prestigio*) Ansehen *n;* **decoroso, -a** [deko'ro:so] *agg* **1.** (*dignitoso*) anständig **2.** (*di prestigio*) angesehen

decorrenza [dekor'rɛntsa] *f* **1.** (*data*) Fristbeginn *m* **2.** (*periodo*) Laufzeit *f*

decorrere [de'korrere] <irr> *vi essere* **1.** (*passare*) vergehen **2.** (FIN, COM) laufen; **a ~ da domani** von morgen an; **decorso** [de'korso] *m* **1.** (*del tempo*) Ablauf *m* **2.** (*della malattia*) Verlauf *m*

decrebbi *1. pers sing pass rem di* **decrescere**

decrepito, -a [de'krɛ:pito] *agg* **1.** (*di estrema vecchiaia*) hinfällig **2.** (*fig*) überholt

decrescente [dekreʃʃɛnte] *agg* abnehmend; **la fase ~ della luna** die abnehmende Mondphase; **decrescere** [de'kreʃʃere] <irr> *vi essere* zurückgehen; (*prezzi*) fallen

decretare [dekre'ta:re] *vt* anordnen

decreto [de'krɛ:to] *m* Verordnung *f;* **~ legge** Ermächtigungsgesetz *n*

dedica ['dɛ:dika] <-che> *f* Widmung *f*

dedicare [dedi'ka:re] **I.** *vt* widmen **II.** *vr* **-rsi** sich widmen

dedito, -a ['dɛ:dito] *agg* gewidmet; (*ai vizi*) ergeben

dedizione [dedit'tsio:ne] *f* Hingabe *f*

deducibile [dedu'tʃi:bile] *agg* **1.** (*conclusione*) ableitbar **2.** (COM) abziehbar

dedurre [de'durre] <deduco, dedussi, dedotto> *vt* **1.** (*conclusioni*) folgern; **~ da qc** den Schluss aus etw ziehen **2.** (COM) abziehen; **~ le spese dalle tasse** die Kosten von der Lohnsteuer absetzen; **deduttivo, -a** [dedut'ti:vo] *agg* ableitend, deduktiv; **deduzione** [dedut'tsio:ne] *f* **1.** (*conclusione*) (Schluss)folgerung *f* **2.** (*detrazione*) Abzug *m*

deejay [di:'dʒei] <-> *mf* DJ *m*

deficiente [defi'tʃɛnte] **I.** *agg* **1.** (*scarso*) nicht ausreichend **2.** (*persona*) schwachsinnig **II.** *mf* Idiot *m;* **deficienza** [defi'tʃɛntsa] *f* **1.** (*scarsità*) Mangel *m* **2.** (MED) Geistesgestörtheit *f*

deficit ['dɛ:fitʃit] <-> *m* Verlust *m;* **deficitario, -a** [defitʃi'ta:rio] <-i, -ie> *agg* mangelhaft, Mangel-; (FIN) defizitär

défilé [defi'le] <-> *m* Modenschau *f*

definibile [defi'ni:bile] *agg* **1.** (*precisabile*) bestimmbar **2.** (*risolvibile*) lösbar

definire [defi'ni:re] <irr> *vt* **1.** (*descrivere*) beschreiben; (*spiegare*) definieren **2.** (*limiti*) bestimmen; **definitivo, -a** [defini'ti:vo] *agg* endgültig; **in -a** schließlich; (*tutto sommato*) alles in allem; **definito, -a** [defi'ni:to] *agg* **1.** (*determinato*) festgelegt, dezidiert *A* **2.** (*nitido, chiaro*) klar; **definizione** [definit'tsio:ne] *f* **1.** (*determinazione*) Definition *f* **2.** (*decisione*) Entscheidung *f*

defluire [deflu'i:re] <defluisco> *vi essere* **1.** (*liquidi*) herunterfließen **2.** (*fig: capitale*) abfließen; **deflusso** [de'flusso] *m* **1.** (*di liquidi*) Ablaufen *n* **2.** (*di capitale*) Abfluss *m*

deforestazione [deforestat'tsio:ne] *f* Entwaldung *f*

deformabile [defor'ma:bile] *agg* defor-

D

mierbar, verformbar; **deformante** [defor'mante] *agg* deformierend; **deformare** [defor'ma:re] *vt* (*fig: verità*) verzerren; **deformato**, **-a** [defor'ma:to] *agg* deformiert; **deformazione** [deformat'tsio:ne] *f* (*fig*) Entstellung *f;* ~ **professionale** Berufskrankheit *f;* **deforme** [de'forme] *agg* entstellt; (*troppo grosso*) unförmig; **deformità** [deformi'ta] <-> *f* Verunstaltung *f*

defunto, **-a** [de'funto] **I.** *agg* verstorben **II.** *m, f* Verstorbene(r) *f(m)*

degenerare [dedʒene'ra:re] *vi* **1.** (MED, BIOL) degenerieren **2.** (*fig*) ausarten; ~ **in qc** in etw *dat* ausarten; **degenerato**, **-a** [dedʒene'ra:to] **I.** *agg* **1.** (MED, BIOL) degeneriert **2.** (*fig: di morale*) verkommen **II.** *m, f* verkommene Person; **degenerazione** [dedʒenerat'tsio:ne] *f* Entartung *f;* (MED, BIOL) Degeneration *f;* **degenere** [de'dʒɛ:nere] *agg* missraten

degente [de'dʒɛnte] **I.** *agg* bettlägerig **II.** *mf* Krankenhauspatient(in) *m(f);* **degenza** [de'dʒɛntsa] *f* Bettlägerigkeit *f*

degli ['deʎʎi] *prp* = **di + gli** *v.* **di**

degnare [deɲ'ɲa:re] **I.** *vt* würdigen; **non ~ qu di uno sguardo** jdn keines Blickes würdigen **II.** *vr* **-rsi** sich herablassen; **degno**, **-a** ['deɲɲo] *agg* würdig, wert; ~ **di nota** bemerkenswert

degustare [degus'ta:re] *vt* kosten; **degustazione** [degustat'tsio:ne] *f* Kostprobe *f*

dei[1] ['dɛ:i] *m pl di* **dio**

dei[2] ['de:i] *prp* = **di + i** *v.* **di**

deidratare [deidra'ta:re] *vt* dehydratisieren; **deidratazione** [deidratat'tsio:ne] *f* Dehydratation *f*

deindicizzazione [deinditʃiddzat'tsio:ne] *f* (INFORM) Deindizierung *f*

déjà vu [de'ʒa 'vy] <-> *m* Déjà-vu-Erlebnis *n*

del [del] *prp* = **di + il** *v.* **di**

delebile [de'le:bile] *agg* löschbar

delega ['dɛ:lega] <-ghe> *f* Vollmacht *f;* **per** ~ im Auftrag; **delegare** [dele'ga:re] *vt* beauftragen; ~ **qc a qu** jdn mit etw beauftragen; **delegato**, **-a** [dele'ga:to] **I.** *agg* beauftragt **II.** *m, f* Bevollmächtigte(r) *f(m);* **delegazione** [delegat'tsio:ne] *f* Delegation *f*

delete [di'li:t] <-> *m* Löschen *n;* ~ **di un file** Löschen einer Datei

delfino [del'fi:no] *m* Delphin *m*

delibera [de'li:bera] *f* Beschluss *m;* **deliberante** [delibe'rante] *agg* beschließend; **deliberare** [delibe'ra:re] **I.** *vt* beschließen **II.** *vi* ~ **su qc** über etw *acc* beraten; **deliberatamente** [deliberata'mente] *avv* mit (voller) Absicht

deliberato, **-a** *agg* beschlossen; (*risoluto*) entschlossen

delicatezza [delika'tettsa] *f* **1.** (*finezza*) Zartheit *f* **2.** (*cibo, bevanda*) Delikatesse *f,* Schmankerl *n A;* **delicato**, **-a** [deli'ka:to] *agg* **1.** (*per finezza*) fein, zart **2.** (*facile a guastarsi*) anfällig; (*salute*) zart **3.** (*che richiede attenzione, tatto*) delikat

delimitabile [delimi'ta:bile] *agg* abgrenzbar; **delimitare** [delimi'ta:re] *vt* abgrenzen; **delimitazione** [delimitat'tsio:ne] *f* Abgrenzung *f*

delineare [deline'a:re] **I.** *vt* (*a fig*) umreißen **II.** *vr* **-rsi** sich abzeichnen

delinquente [deliŋ'kuɛnte] *mf* Verbrecher(in) *m(f);* **delinquenza** [deliŋ'kuɛntsa] *f* Kriminalität *f;* ~ **minorile** Jugendkriminalität *f;* **delinquere** [de'liŋkuere] *vi* Straftaten begehen; **associazione a ~** kriminelle Vereinigung

delirante [deli'rante] *agg* irrsinnig; **delirare** [deli'ra:re] *vi* **1.** (MED) irrereden **2.** (*fig*) phantasieren; **delirio** [de'li:rio] <-i> *m* **1.** (MED) Wahn *m* **2.** (*fig*) Rausch *m*

delitto [de'litto] *m* Verbrechen *n;* **delittuoso**, **-a** [delittu'o:so] *agg* ungesetzlich

delizia [de'littsia] <-ie> *f* Genuss *m;* **delizioso**, **-a** [delit'tsio:so] *agg* **1.** (*cibo, bevanda*) köstlich **2.** (*persona, cosa*) entzückend

dell', **della**, **delle**, **dello** [dell, 'della, 'delle, 'dello] *prp* = **di + l', la, le, lo** *v.* **di**

delta ['dɛlta] <-> **I.** *m o f* (*lettera greca*) Delta *n* **II.** *m* (*di fiume*) Delta *n*

deltaplanista [deltapla'nista] <-i *m*, -e *f*> *mf* (SPORT) Drachenflieger(in) *m(f);* **deltaplano** [delta'pla:no] *m* (Flug)drachen *m*

delucidare [delutʃi'da:re] *vt* erklären; **delucidazione** [delutʃidat'tsio:ne] *f* Erklärung *f*

deludente [delu'dɛnte] *agg* enttäuschend; **deludere** [de'lu:dere] <deludo, delusi, deluso> *vt* enttäuschen; **delusione** [delu'zio:ne] *f* Enttäuschung *f;* **deluso** [de'lu:zo] *pp di* **deludere**

demagogia [demago'dʒi:a] <-gie> *f* Demagogie *f;* **demagogico**, **-a** [dema'gɔ:dʒiko] <-ci, -che> *agg* demagogisch

demente [de'mɛnte] **I.** *agg* **1.** (MED) schwachsinnig **2.** (*pej*) blöd(e) **II.** *mf* **1.** (MED) Schwachsinnige(r) *f(m)* **2.** (*pej*) Dummkopf *m;* **demenza** [de'mɛntsa] *f* **1.** (MED) Schwachsinn *m* **2.** (*pej*) Dummheit *f;* **demenziale** [demen'tsia:le] *agg* **1.** (MED) dement **2.** (*assurdo*) irrsinnig; **comicità ~** (*fig*) absurde Komik

demerito [de'mɛ:rito] *m* Vergehen *n*

demilitarizzare [demilitarid'dza:re] *vt* entmilitarisieren; **demilitarizzazione** [demilitariddzat'tsio:ne] *f* Entmilitarisierung *f*

demmo ['demmo] *1. pers pl pass rem di* **dare**[1]

democratico, **-a** [demo'kra:tiko] <-ci, -che> **I.** *agg* demokratisch **II.** *m, f* Demokrat(in) *m(f);* **democrazia** [demokrat'tsi:a] <-ie> *f* Demokratie *f*

demografia [demogra'fi:a] *f* Demografie *f;* **demografico**, **-a** [demo'gra:fiko] <-ci, -che> *agg* demografisch, Bevölkerungs-

demolire [demo'li:re] <demolisco, demolii, demolito> *vt* **1.** (*distruggere*) zerstören **2.** (*fig*) vernichten; (*reputazione*) ruinieren

demolitore, **-trice** [demoli'to:re] **I.** *agg* zerstörerisch; (*a fig*) vernichtend **II.** *m, f* Abbrucharbeiter(in) *m(f);* **demolizione** [demolit'tsio:ne] *f* **1.** (*distruzione*) Zerstörung *f* **2.** (*fig*) Vernichtung *f*

demone ['dɛ:mone] *m* Dämon *m*

demoniaco, **-a** [demo'ni:ako] <-ci, -che> *agg* teuflisch, dämonisch; **demonio** [de'mɔ:nio] <-i> *m* Teufel *m*

demoproletario, **-a** [demoprole'ta:rio] <-i, -ie> **I.** *agg* volksproletarisch **II.** *m, f* Anhänger(in) *m(f)* einer volksproletarischen Partei

demoralizzante [demoralid'dzante] *agg* entmutigend; **demoralizzare** [demoralid'dza:re] **I.** *vt* entmutigen **II.** *vr* **-rsi** den Mut verlieren; **demoralizzato**, **-a** [demoralid'dza:to] *agg* entmutigt

demoscopia [demosko'pi:a] <-ie> *f* Demoskopie *f;* **demoscopico**, **-a** [demos'kɔ:piko] <-ci, -che> *agg* Meinungsforschungs-

demotivare [demoti'va:re] *vt* demotivieren; **demotivato**, **-a** [demoti'va:to] *agg* demotiviert

denaro [de'na:ro] *m* **1.** (*soldi*) Geld *n;* **~ contante/spicciolo** Bar-/Kleingeld *n* **2.** *pl* (*di carte da gioco*) *italienische Spielkartenfarbe*

denazificare [denattsifi'ka:re] *vt* entnazifizieren

denazionalizzare [denattsionalid'dza:re] *vt* entstaatlichen

denigrare [deni'gra:re] *vt* verleumden; (*reputazione*) ruinieren; **denigratore**, **-trice** [denigra'to:re] *m, f* Verleumder(in) *m(f);* **denigratorio**, **-a** [denigra'tɔ:rio] <-i, -ie> *agg* verleumderisch; **denigrazione** [denigrat'tsio:ne] *f* Verleumdung *f*

denominare [denomi'na:re] **I.** *vt* (be)nennen, bezeichnen als **II.** *vr* **-rsi** sich nennen; **denominativo**, **-a** [denomina'ti:vo] *agg* bezeichnend; **denominatore** [denomina'to:re] *m* (MAT) Nenner *m;* **denominazione** [denominat'tsio:ne] *f* Bezeichnung *f;* **vino di ~ di origine controllata** [*o* **vino DOC**] Qualitätswein aus kontrolliertem Anbau

denotare [deno'ta:re] *vt* ausdrücken; **denotazione** [denotat'tsio:ne] *f* Andeutung *f*

densità [densi'ta] <-> *f* Dichte *f;* **~ della popolazione** Bevölkerungsdichte *f;* **denso**, **-a** ['dɛnso] *agg* **1.** (*fluido*) dick(flüssig) **2.** (*fitto*) dicht **3.** (*fig*) **una settimana -a di avvenimenti** eine ereignisreiche Woche

dentale [den'ta:le] **I.** *agg* dental, Zahn- **II.** *f* (LING) Dental(laut) *m*

dentato, **-a** [den'ta:to] *agg* gezahnt, gezackt; (TEC) Zahn-; **dentatura** [denta'tu:ra] *f* Gebiss *n*

dente ['dɛnte] *m* **1.** (ANAT) Zahn *m;* **~ canino/incisivo/molare** Eck-/Schneide-/Backenzahn *m;* **~ del giudizio** Weisheitszahn *m;* **avere mal di -i** Zahnschmerzen haben **2.** (GASTR) **al ~** (*spaghetti, pasta*) bissfest, al dente; (*riso*) körnig

dentice ['dɛntitʃe] *m* (ZOO) Zahnbrasse *f*

dentiera [den'tiɛ:ra] *f* Zahnersatz *m*

dentifricio [denti'fri:tʃo] <-ci> *m* Zahnpasta *f*

dentifricio, **-a** <-ci, -cie> *agg* **pasta -a** Zahnpasta *f*

dentista [den'tista] <-i *m*, -e *f*> *mf* Zahnarzt *m*, -ärztin *f*; **dentistico**, **-a** [den'tistiko] <-ci, -che> *agg* zahnärztlich, Zahnarzt-

dentro ['dentro] **I.** *avv* (*stato*) darin, drinnen; (*moto*) hinein, herein; **venga ~!** kommen Sie herein! **II.** *prp* (*stato*) in +*dat*; (*moto*) in +*acc*; ~ **casa** im Haus; ~ **di me** in meinem Inner(e)n, bei mir; **essere ~ a qc** (*fam*) in etw *dat* drinstecken

denuclearizzare [denuklearid'dza:re] *vt* Atomwaffen abrüsten; **denuclearizzato**, **-a** [denuklearid'dza:to] *agg* atomwaffenfrei; **denuclearizzazione** [denukleariddzat'tsio:ne] *f* Abrüstung *f* von Atomwaffen

denudare [denu'da:re] **I.** *vt* entblößen; (*a fig*) entkleiden **II.** *vr* **-rsi** sich entblößen, sich entkleiden

denuncia [de'nuntʃa] <-ie> *f* Anzeige *f*; **sporgere ~** Anzeige erstatten; **denunciante** [denun'tʃante] *mf* Anzeigeerstatter *m*; **denunciare** [denun'tʃa:re] *vt* (JUR) anzeigen; ~ **qc alla polizia** etw der Polizei melden

denutrito, **-a** [denu'tri:to] *agg* unterernährt; **denutrizione** [denutrit'tsio:ne] *f* Unterernährung *f*

deodorante [deodo'rante] **I.** *agg* de(s)odorierend **II.** *m* De(s)odorant *n*; **deodorare** [deodo'ra:re] *vt* de(s)odorieren

deperibile [depe'ri:bile] *agg* (leicht) verderblich

deperimento [deperi'mento] *m* Verfall *m*; (*di alimenti*) Verderben *n*; **deperire** [depe'ri:re] <irr> *vi essere* **1.** (*di salute*) verkümmern **2.** (*deteriorarsi*) verderben; **deperito**, **-a** [depe'ri:to] *agg* ausgezehrt, mitgenommen

depilare [depi'la:re] *vt* enthaaren

depilatore [depila'to:re] *m* Enthaarungsgerät *n*

depilatorio, **-a** <-i, -ie> *agg* enthaarend, Enthaarungs-

depilazione [depilat'tsio:ne] *f* Enthaarung *f*

depistaggio [depis'taddʒo] <-ggi> *m* Irreführung *f*; **depistare** [depis'ta:re] *vt* irreleiten

dépliant [depli'jã] <-> *m* Prospekt *m o n*

depoliticizzare [depolititʃid'dza:re] *vt* entpolitisieren

deporre [de'porre] <irr> **I.** *vt* **1.** (*oggetto*) absetzen, ablegen **2.** (*da testimone*) aussagen **II.** *vi* (*in tribunale*) aussagen

deportare [depor'ta:re] *vt* deportieren; **deportato**, **-a** [depor'ta:to] *m, f* Deportierte(r) *f(m)*; **deportazione** [deportat'tsio:ne] *f* Deportation *f*

deposi *1. pers sing pass rem di* **deporre**

depositare [depozi'ta:re] **I.** *vt* **1.** (*porre giù*) absetzen, -stellen, -legen **2.** (*in banca*) hinterlegen **II.** *vi* einen Bodensatz bilden; **depositario**, **-a** [depozi'ta:rio] <-i, -ie> *m, f* **1.** (*gener*) Verwahrer(in) *m(f)* **2.** (FIN) Depositar *m* **3.** (*fig*) Bewahrer(in) *m(f)*; **deposito** [de'pɔ:zito] *m* **1.** (*in banca*) Hinterlegung *f* **2.** ~ **bagagli** Gepäckaufbewahrung *f* **3.** (*cauzione*) Kaution *f*

deposizione [depozit'tsio:ne] *f* **1.** (*sedimento*) Ablagerung *f* **2.** (*da una carica*) Absetzung *f* **3.** (*in tribunale*) Zeugenaussage *f*

deposto *pp di* **deporre**

depravare [depra'va:re] *vt* **1.** (*volgere al male*) verderben **2.** (*fig*) pervertieren

depravato, **-a** [depra'va:to] **I.** *agg* verdorben, verkommen **II.** *m, f* verkommener Mensch; **depravazione** [depravat'tsio:ne] *f* Verderbtheit *f*

depredare [depre'da:re] *vt* **1.** (*saccheggiare*) plündern **2.** (*derubare*) aus-, berauben; ~ **qu di qc** jdn einer Sache *gen* berauben

depressi [de'prɛssi] *1. pers sing pass rem di* **deprimere**

depressione [depres'sio:ne] *f* **1.** (*avvallamento*) (Ab)senkung *f* **2.** (METEO) Tief(druckgebiet) *n* **3.** (MED) Depression *f*; **depressivo**, **-a** [depres'si:vo] *agg* depressiv, niedergeschlagen; **depresso**, **-a** [de'prɛsso] **I.** *pp di* **deprimere** **II.** *agg* (*abbassato*) abgesenkt, vertieft **III.** *m, f* (MED) Depressive(r) *f(m)*

deprezzamento [deprettsa'mento] *m* Wertminderung *f*; (*della moneta*) Entwertung *f*; **deprezzare** [depret'tsa:re] *vt* **1.** (*far diminuire di prezzo*) ~ **una merce** den Preis einer Ware *gen* senken; (*svalutare*) den Wert einer Sache *gen* (ver)mindern **2.** (*moneta*) entwerten **3.** (*fig*) abwerten, herabsetzen

deprimente [depri'mɛnte] *agg* deprimierend, bedrückend

deprimere [de'pri:mere] <deprimo, de-

pressi, depresso> *vt* (*fig*) deprimieren, bedrücken

depurare [depu'ra:re] **I.** *vt* reinigen; (CHEM) klären **II.** *vr* **-rsi** sich reinigen

depurativo [depura'ti:vo] *m* Entschlackungsmittel *n*

depurativo, **-a** *agg* reinigend

depuratore [depura'to:re] *m* **1.** (*apparecchio*) Reinigungsapparat *m* **2.** (*impianto*) Kläranlage *f*

depuratore, **-trice** *agg* Reinigungs-; **depurazione** [depurat'tsio:ne] *f* Reinigung *f*

deputato, **-a** [depu'ta:to] *m, f* **1.** (*delegato*) Beauftragte(r) *f(m)* **2.** (POL) Abgeordnete(r) *f(m)*, Mandatar(in) *m(f) A*

derby ['dɛrbi] <-> *m* Derby *n*

deretano [dere'ta:no] *m* Gesäß *n*

deridere [de'ri:dere] <irr> *vt* auslachen; ~ **qu per qc** jdn wegen etw auslachen; **derisione** [deri'zio:ne] *f* Verspottung *f*; **derisorio**, **-a** [deri'zɔ:rio] <-i, -ie> *agg* **1.** (*che deride*) Spott-, spöttisch **2.** (*di derisione*) lächerlich

deriva [de'ri:va] *f* **1.** (NAUT: *trascinamento*) Abtrift *f*; **andare alla** ~ (*fig*) sich treiben lassen **2.** (GEOL) ~ **dei continenti** Kontinentaldrift *f*

derivare [deri'va:re] **I.** *vi essere* ~ **da** herkommen von **II.** *vt* **1.** (*canale*) ableiten **2.** (*fig*) herleiten; **derivato** [deri'va:to] *m* Derivat *n*; **derivazione** [derivat'tsio:ne] *f* **1.** (MAT) Differenzialrechnung *f* **2.** (LING) Derivation *f*

dermatite [derma'ti:te] *f* Hautentzündung *f*

dermatologia [dermatolo'dʒi:a] <-gie> *f* Dermatologie *f*; **dermatologo**, **-a** [derma'tɔ:logo] <-gi, -ghe> *m, f* Hautarzt *m*, -ärztin *f*

derubare [deru'ba:re] *vt* berauben; **derubato**, **-a** [deru'ba:to] *agg* beraubt; ~ **di ogni dignità** (*fig*) aller Würde beraubt

desaparecido, **-a** [desapare'tʃi:do] <-s> *m, f* Verschwundene(r) *f(m)*

descrissi *1. pers sing pass rem di* **descrivere**

descrittivo, **-a** [deskrit'ti:vo] *agg* beschreibend, deskriptiv

descrivere [des'kri:vere] <irr> *vt* **1.** (*rappresentare*) beschreiben; (*avvenimento*) schildern **2.** (*lasciare una traccia*) beschreiben; **descrivibile** [deskri'vi:bile] *agg* beschreibbar; **descrizione** [deskrit'tsio:ne] *f* Beschreibung *f*

desertico, **-a** [de'zɛrtiko] <-ci, -che> *agg* Wüsten-

deserto [de'zɛrto] *m* **1.** (GEOG) Wüste *f* **2.** (*fig*) Einöde *f*

deserto, **-a** *agg* unbewohnt, menschenleer; (*fig*) ausgestorben

déshabillé [dezabi'je] <-> *m* Hauskleid *n*

desiderabile [deside'ra:bile] *agg* wünschenswert; (*sessualmente*) begehrenswert

desiderare [deside'ra:re] *vt* wünschen; (*sessualmente*) begehren; **desidera un caffè?** möchten Sie einen Kaffee?; ~ **un figlio** sich *dat* ein Kind wünschen; ~ **di rivedere qu** den Wunsch haben, jdn wiederzusehen; **ti desiderano al telefono** du wirst am Telefon verlangt; **desiderio** [desi'dɛ:rio] <-i> *m* **1.** (*aspirazione*) Wunsch *m*; ~ **di qc** Wunsch *m* nach etw **2.** (*brama sessuale*) Begierde *f*; **il suo** ~ **di potenza** seine Begierde nach Macht; **desideroso**, **-a** [deside'ro:so] *agg* sehnsüchtig

design [di'zain] <-> *m* Design *n*

designabile [deziɲ'ɲa:bile] *agg* bestimmbar

designare [desiɲ'ɲa:re] *vt* bestimmen; **designato**, **-a** [deziɲ'ɲa:to] *agg* bestimmt, designiert; **designazione** [desiɲɲat'tsio:ne] *f* **1.** (*di incarico*) Ernennung *f* **2.** (*indicazione*) Bestimmung *f*

designer [di'zainə] <-> *mf* Designer(in) *m(f)*

desinenza [dezi'nɛntsa] *f* Endung *f*

desktop <-> *m* (INFORM) Arbeitsoberfläche *f*; **desktop publishing** ['desktɔp 'pʌbliʃiŋ] <-> *m* (INFORM) Desktoppublishing *n*

desolante [dezo'lante] *agg* trostlos, desolat; **desolare** [dezo'la:re] *vt* **1.** (*devastare*) verheeren, verwüsten **2.** (*addolorare*) (tief) betrüben; **desolato**, **-a** [dezo'la:to] *agg* **1.** (*luogo*) verlassen, ausgestorben; (*per squallore*) öd(e) **2.** (*persona*) tief betrübt **3.** (*dispiaciuto*) **sono veramente** ~ **di ...** es tut mir wirklich sehr leid, dass ...; **desolazione** [dezolat'tsio:ne] *f* **1.** (*rovina*) Verheerung *f* **2.** (*squallore*) Öde *f*

despota ['dɛspota] <-i *m*, -e *f*> *mf* Despot(in) *m(f)*

dessert [de'sɛ:r] <-> *m* Nachspeise *f*

dessi ['dessi] *1. e 2. pers sing conj imp di*

dare[1]

destabilizzante [destabilid'dzante] *agg* destabilisierend; **destabilizzare** [destabilid'dza:re] *vt* destabilisieren; **destabilizzatore**, **-trice** *agg* destabilisierend; **destabilizzazione** [destabiliddzat'tsio:ne] *f* Destabilisierung *f*

destare [des'ta:re] **I.** *vt* **1.** (*poet*) erwachen **2.** (*fig: meraviglia, sospetti*) erregen **II.** *vr* **-rsi** (*poet*) erwachen

deste ['deste] *2. pers pl pass rem, 2. pers pl conj imp di* **dare**[1]

desti ['desti] *2. pers sing pass rem di* **dare**[1]

destinare [desti'na:re] *vt* verurteilen; (*somma*) widmen; ~ **qc a qu** etw für jdn bestimmen; **destinatario**, **-a** [desti'na:rio] <-i, -ie> **I.** *agg* **banca -a** Empfängerbank *f* **II.** *m, f* Adressat(in) *m(f)*; **destinazione** [destinat'tsio:ne] *f* **1.** (*scopo, fine*) Ziel *n* **2.** (*luogo*) Bestimmungsort *m*; **giungere a** ~ am Ziel ankommen

destino [des'ti:no] *m* Schicksal *n*

desto, **-a** ['desto] *agg* **1.** (*sveglio*) wach **2.** (*vigilante*) wachsam

destra ['dɛstra] *f* **1.** (*mano*) Rechte *f* **2.** (*lato*) rechte Seite; **a** ~ rechts; **alla mia** ~ zu meiner Rechten **3.** (POL) Rechte *f*; **partito di** ~ Rechtspartei *f*

destreggiarsi [destred'dʒarsi] *vr* zurechtkommen; ~ **con qu/qc** mit jdm/etw zurechtkommen

destrese [des'tre:ze] *m* (POL) Jargon *m* der Rechten

destrezza [des'trettsa] *f* Geschick *n*

destrismo [des'trizmo] *m* (POL) Rechtsorientierung *f*

destro ['dɛstro] *m* **1.** (*opportunità*) Gelegenheit *f* **2.** (SPORT) Rechte *f*

destro, **-a** *agg* (*lato, parte*) rechte(r, s)

destrorso, **-a** [des'trɔrso] *agg* rechtsdrehend

destrutturare [destruttu'ra:re] *vt* destrukturieren; **destrutturato**, **-a** [destruttu'ra:to] *agg* strukturlos; **destrutturazione** [destrutturat'tsio:ne] *f* Destrukturierung *f*

desumere [de'su:mere] <desumo, desunsi, desunto> *vt* ~ **qc** (**da qc**) etw (aus etw) folgern; **desumibile** [desu'mi:bile] *agg* **è** ~ **che ...** es ist anzunehmen, dass ...

desunsi [de'sunsi] *1. pers sing pass rem di* **desumere**

desunto [de'sunto] *pp di* **desumere**

detective [de'tɛctiv] <-> *m* (Privat)detektiv *m*

deteinato, **-a** [detei'na:to] *agg* entkoffeiniert, koffein-, theinfrei

detenere [dete'ne:re] <irr> *vt* **1.** (*possedere*) besitzen; (*primato*) halten **2.** (*in prigione*) gefangenhalten

detentivo, **-a** [deten'ti:vo] *agg* **pena -a** Freiheitsstrafe *f*; **detentore**, **-trice** [deten'to:re] **I.** *agg* haltend **II.** *m, f* Inhaber(in) *m(f)*

detenuto, **-a** [dete'nu:to] *m, f* Häftling *m*; **detenzione** [deten'tsio:ne] *f* **1.** (*possesso*) Besitz *m* **2.** (*pena*) Haft *f*

detergente [deter'dʒɛnte] **I.** *agg* reinigend, Reinigungs- *f* **II.** *m* Reinigungsmittel *n*; **detergere** [de'tɛrdʒere] <irr> *vt* reinigen

deteriorabile [deterio'ra:bile] *agg* verderblich

deterioramento [deteriora'mento] *m* Abnutzung *f*; (*di cibi*) Verderb *m*; **deteriorare** [deterio'ra:re] **I.** *vt* (*danneggiare*) beschädigen; (*cibi*) verderben **II.** *vr* **-rsi** **1.** (*cibi*) verderben **2.** (*fig*) sich verschlechtern; **deteriorato**, **-a** [deterio'ra:to] *agg* verdorben; **rapporti -i** (*fig*) verschlechterte Beziehungen

determinabile [determi'na:bile] *agg* bestimmbar; **determinabilità** [determinabili'ta] <-> *f* Bestimmbarkeit *f*

determinante [determi'nante] *agg* entscheidend

determinare [determi'na:re] *vt* **1.** (*precisare*) festlegen **2.** (*causare*) verursachen; **determinato**, **-a** [determi'na:to] *agg* **1.** (*stabilito, fissato*) bestimmt, dezidiert *A*; **in -i casi** in bestimmten Fällen **2.** (*risoluto*) entschlossen, dezidiert *A*; **determinazione** [determinat'tsio:ne] *f* **1.** (*stabilizzazione*) Festsetzung *f* **2.** (*decisione*) Beschluss *m* **3.** (*risoluzione*) Entschiedenheit *f*

detersi *1. pers sing pass rem di* **detergere**

detersivo [deter'si:vo] *m* (*sostanza per pulire*) Reinigungsmittel *n*; (*per biancheria*) Waschmittel *n*

detersivo, **-a** *agg* reinigend, Reinigungs-

deterso *pp di* **detergere**

detestabile [detes'ta:bile] *agg* verabscheuungswürdig; (*insopportabile*) unausstehlich

detestare [detes'ta:re] *vt* verabscheuen

detraggo *1. pers sing pr di* **detrarre**

detraibile [detra'i:bile] *agg* absetzbar

detrarre [de'trarre] <irr> *vt* abziehen; **detrazione** [detrat'tsio:ne] *f* **1.** (*sottrazione*) Abzug *m* **2.** (*fig*) Verleumdung *f*

detritico, -a [de'tri:tiko] <-ci, -che> *agg* Geröll-

detrito [de'tri:to] *m* (GEOL) Geröll *n*

dettagliato, -a [dettaʎ'ʎa:to] *agg* detailliert; **dettaglio** [det'taʎʎo] <-gli> *m* Detail *n;* **vendita al ~** Einzelhandel *m;* **in ~** eingehend

dettare [det'ta:re] *vt* **1.** (*lettera*) diktieren **2.** (*condizioni*) auferlegen; **dettato** [det'ta:to] *m* **1.** (*testo*) Diktat *n* **2.** (*norma*) Vorschrift *f;* **dettatura** [detta'tu:ra] *f* Diktat *n;* **scrivere sotto ~** nach Diktat schreiben

detti ['dɛtti] *1. pers sing pass rem di* **dare**[1]

detto ['detto] *m* (Aus)spruch *m*

detto, -a I. *pp di* **dire**[1] **II.** *agg* **1.** (*con soprannome*) genannt **2.** (*suddetto*) oben genannt

deturpare [detur'pa:re] *vt* entstellen, verunstalten; **deturpatore, -trice** [deturpa'to:re] *agg* entstellend; **deturpazione** [deturpat'tsio:ne] *f* Entstellung *f*

deumidificare [deumidifi'ka:re] *vt* entfeuchten; **deumidificatore** [deumidifika'to:re] *m* Entfeuchter *m;* **deumidificazione** [deumidifikat'tsio:ne] *f* Entfeuchtung *f*

devastare [devas'ta:re] *vt* **1.** (*guastare, rovinare*) verwüsten **2.** (*distruggere*) vernichten; **devastatore, -trice** [devasta'to:re] **I.** *agg* verwüstend **II.** *m, f* Zerstörer(in) *m(f);* **devastazione** [devastat'tsio:ne] *f* Verwüstung *f*

deviamento [devia'mento] *m* **1.** (*del traffico*) Umleitung *f* **2.** (*fig*) Abweichung *f;* **deviante** [de'viante] *agg* abweichend; **deviare** [devi'a:re] **I.** *vi* **1.** (*di direzione*) abkommen **2.** (*fig*) abweichen **II.** *vt* **1.** (*traffico*) umleiten **2.** (*fig*) lenken; **deviato, -a** [de'via:to] *agg* umgeleitet; **deviazione** [deviat'tsio:ne] *f* **1.** (*allontanamento dalla norma*) Abweichung *f* **2.** (*via diversa*) Umweg *m;* (*stradale*) Umleitung *f*

devo ['dɛ:vo] *1. pers sing pr di* **dovere**[1]

devoto, -a [de'vɔ:to] **I.** *agg* **1.** (*religioso*) gläubig **2.** (*affezionato*) ergeben **II.** *m, f* **1.** (REL) Fromme(r) *f(m)* **2.** (*fig*) Ergebene(r) *f(m)*

devozione [devot'tsio:ne] *f* **1.** (*religiosità*) Frömmigkeit *f* **2.** (*deferenza*) Ergebenheit *f* **3.** (*dedizione*) Hingabe *f;* **~ a qu** Hingabe *f* an jdn

di [di] <d', del, dello, dell', della, dei, degli, delle> *prp* **1.** (*specificazione*) von +*dat*, für +*acc*, zu +*dat*; (*riferito a materia*) aus +*dat*; (*possessivo*) von +*dat*; **una donna ~ trent'anni** eine dreißigjährige Frau; **un litro ~ latte** ein Liter Milch; **la città ~ Torino** die Stadt Turin; **il mese ~ gennaio** der Monat Januar **2.** (*causa*) vor +*dat*; **gridare ~ gioia** schreien vor Freude **3.** (*modo, mezzo*) mit +*dat*; **venire ~ corsa** schnell kommen, angerannt kommen **4.** (*fine, scopo*) zu +*dat*, für +*acc* **5.** (*origine*) aus +*dat*, von +*dat*; **cittadino ~ Venezia** Einwohner *m* von Venedig; **essere ~ Trieste** aus Triest sein **6.** (*moto da luogo*) von +*dat*, aus +*dat*; (*moto per luogo*) durch +*acc* **7.** (*tempo*) bei +*dat*, in +*dat*, an +*dat*; **alzarsi ~ mattina** morgens aufstehen; **d'estate** im Sommer; **~ giorno** tagsüber, bei Tag(e), untertags *A;* **~ sera** abends, am Abend **8.** (*paragone*) als **9.** (*partitivo*) **vorrei del pane** ich möchte (etwas) Brot **10.** (*con infinito*) **tentare ~ fuggire** versuchen zu fliehen **11.** (*loc*) **non c'è ~ meglio** es gibt nichts Besseres; **invece ~ lui** an seiner Stelle; **dopo/prima ~ me** nach/vor mir

dia ['di:a] *1., 2. e 3. pers sing conj pr di* **dare**[1]

diabete [dia'bɛ:te] *m* Zuckerkrankheit *f;* **diabetico, -a** [dia'bɛ:tiko] <-ci, -che> **I.** *agg* diabetisch, zuckerkrank **II.** *m, f* Diabetiker(in) *m(f)*

diabolico, -a [dia'bɔ:liko] <-ci, -che> *agg* teuflisch, diabolisch

diacono [di'a:kono] *m* Diakon *m*

diacronia [diakro'ni:a] <-ie> *f* Diachronie *f;* **diacronico, -a** [dia'krɔ:niko] <-ci, -che> *agg* diachron(isch)

diafano, -a [di'a:fano] *agg* (*a fig*) durchscheinend

diaframma [dia'framma] <-i> *m* **1.** (ANAT) Zwerchfell *n* **2.** (FOTO, OPT) Blende *f* **3.** (*anticoncezionale*) Diaphragma *n*

diagnosi [di'aɲɲozi] <-> *f* Diagnose *f;* **fare una ~** eine Diagnose stellen

diagnosticare [diaɲɲosti'ka:re] *vt* diag-

D

nostizieren; **diagnostico**, **-a** [diaɲ'ɲɔstiko] <-ci, -che> **I.** *agg* diagnostisch **II.** *m, f* Diagnostiker(in) *m(f)*

diagonale [diago'na:le] **I.** *agg* diagonal **II.** *f* Diagonale *f*

diagramma [dia'gramma] <-i> *m* Diagramm *n;* ~ **di flusso** (INFORM) Flussdiagramm *n;* **diagrammatore** [diagramma'to:re] *m* (INFORM) Plotter *m*

dialettale [dialet'ta:le] *agg* Dialekt-, dialektal

dialettica [dia'lɛttika] <-che> *f* Dialektik *f;* **dialettico**, **-a** [dia'lɛttiko] <-ci, -che> *agg* dialektisch

dialettismo [dialet'tizmo] *m* Dialektausdruck *m*

dialetto [dia'lɛtto] *m* Mundart *f,* Dialekt *m;* **parlare in** ~ Dialekt sprechen

dialisi [di'a:lizi] <-> *f* Dialyse *f*

dialogare [dialo'ga:re] *vi* einen Dialog führen; **dialogico**, **-a** [dia'lɔ:dʒiko] <-ci, -che> *agg* in Dialogform; **dialogo** [di'a:logo] <-ghi> *m* Dialog *m*

diamante [dia'mante] *m* Diamant *m;* **di** ~ diamanten

diametralmente [diametral'mente] *avv* ~ **opposto** diametral entgegengesetzt; **diametro** [di'a:metro] *m* Durchmesser *m*

diamine ['dia:mine] *int* (*fam*) (zum) Teufel

diapositiva [diapozi'ti:va] *f* Dia *n*

diaproiettore [diaproiet'to:re] *m* Diaprojektor *m*

diaria [di'a:ria] <-ie> *f* Tagegeld *n*

diario [di'a:rio] <-i> *m* Tagebuch *n;* **tenere un** ~ ein Tagebuch führen

diarrea [diar'rɛ:a] *f* Durchfall *m*

diaspora [di'aspora] *f* Diaspora *f*

diatriba [di'a:triba] *f* Diatribe *f*

diavolo ['dia:volo] *m* Teufel *m;* **mandare qu al** ~ jdn zum Teufel schicken; **che** ~ **vuoi adesso?** was zum Teufel willst du jetzt?; **come/dove/perché** ~**?** wie/wo/warum zum Teufel?

dibattere [di'battere] **I.** *vt* erörtern, debattieren **II.** *vr* **-rsi** (*agitarsi*) um sich schlagen; **dibattito** [di'battito] *m* (lebhafte) Diskussion *f;* **dibattuto**, **-a** [dibat'tu:to] *agg* umstritten

diboscamento [diboska'mento] *m* Entwaldung *f*

dicembre [di'tʃɛmbre] *m* Dezember *m;* *v. a.* **aprile**

diceria [ditʃe'ri:a] <-ie> *f* Gerede *n*

dichiarante [dikia'rante] *mf* Erklärende(r) *m*

dichiarare [dikia'ra:re] **I.** *vt* **1.** (*manifestare*) erklären; (*generalità*) angeben **2.** (FIN, COM) deklarieren, angeben **3.** (*proclamare*) erklären; ~ **colpevole qu** jdn für schuldig erklären **4.** (*alla dogana*) **avere qc da** ~ etw zu verzollen haben **II.** *vr* **-rsi 1.** (*confessare il proprio amore*) seine Liebe gestehen **2.** (*proclamarsi*) sich erklären; **-rsi innocente** sich für unschuldig erklären; **dichiaratamente** [dikiarata'mente] *avv* ausdrücklich; **dichiarativo**, **-a** [dikiara'ti:vo] *agg* erklärend; **dichiarazione** [dikiarat'tsio:ne] *f* Erklärung *f;* ~ **dei redditi** Einkommensteuererklärung *f;* ~ **d'amore** Liebeserklärung *f*

diciannove [ditʃan'nɔ:ve] **I.** *num* neunzehn **II.** <-> *m* **1.** (*numero*) Neunzehn *f* **2.** (*nelle date*) Neunzehnte(r) *m* **III.** *fpl* neunzehn Uhr; *v. a.* **cinque**; **diciannovenne** [ditʃanno'vɛnne] **I.** *agg* neunzehnjährig **II.** *mf* Neunzehnjährige(r) *f(m)*

diciannovesimo [ditʃanno'vɛ:zimo] *m* (*frazione*) Neunzehntel *n*

diciannovesimo, **-a** **I.** *agg* neunzehnte(r, s) **II.** *m, f* Neunzehnte(r, s) *mfn;* *v. a.* **quinto**

diciassette [ditʃas'sɛtte] **I.** *num* siebzehn **II.** <-> *m* **1.** (*numero*) Siebzehn *f* **2.** (*nelle date*) Siebzehnte(r) *m* **III.** *fpl* siebzehn Uhr; *v. a.* **cinque**; **diciassettenne** [ditʃasset'tɛnne] **I.** *agg* siebzehnjährig **II.** *mf* Siebzehnjährige(r) *f(m)*

diciassettesimo [ditʃasset'tɛ:zimo] *m* (*frazione*) Siebzehntel *n*

diciassettesimo, **-a** **I.** *agg* siebzehnte(r, s) **II.** *m, f* Siebzehnte(r, s) *mfn;* *v. a.* **quinto**

diciottenne [ditʃot'tɛnne] **I.** *agg* achtzehnjährig **II.** *mf* Achtzehnjährige(r) *f(m)*

diciottesimo [ditʃot'tɛ:zimo] *m* (*frazione*) Achtzehntel *n*

diciottesimo, **-a** **I.** *agg* achtzehnte(r, s) **II.** *m, f* Achtzehnte(r, s) *mfn;* *v. a.* **quinto**

diciotto [di'tʃɔtto] **I.** *num* achtzehn **II.** <-> *m* **1.** (*numero*) Achtzehn *f* **2.** (*nelle date*) Achtzehnte(r) *m* **III.** *fpl* achtzehn Uhr; *v. a.* **cinque**

dico ['di:ko] *1. pers sing pr di* **dire**[1]

didascalia [didaska'li:a] <-ie> *f* (FILM) Untertitel *m;* **didascalico**, **-a** [didas'ka:liko] <-ci, -che> *agg* Lehr-, didaktisch

didattica [di'dattika] <-che> *f* Didaktik *f;*

didattico, **-a** [di'dattiko] <-ci, -che> *agg* didaktisch

didietro [di'diɛːtro] **I.** <inv> *agg* hintere(r, s), Hinter- **II.** <-> *m* (*scherz: sedere*) Hinterteil *n*

dieci ['diɛːtʃi] **I.** *num* zehn **II.** <-> *m* (*numero*) Zehn *f;* (*nelle date*) Zehnte(r) *m* **III.** *fpl* zehn Uhr; *v. a.* **cinque**; **diecimila** [dietʃi'miːla] **I.** *num* zehntausend **II.** <-> *m* Zehntausend *f;* **diecina** [die'tʃiːna] *f* (MAT) Zehner *mpl;* **una ~ (di ...)** (etwa) zehn (...); **a -e** zu Dutzenden

diedi ['diɛːdi] *1. pers sing pass rem di* **dare**[1]

dieresi [di'ɛːrezi] <-> *f* Diärese *f*

dieta ['diɛːta] *f* Diät *f;* **stare a ~** Diät halten; **dietetico**, **-a** [die'tɛːtiko] <-ci, -che> *agg* diätetisch, Diät-; **dietologo**, **-a** [die'tɔːlogo] <-gi, -ghe> *m, f* (MED) Diätist(in) *m(f)*

dietro ['diɛːtro] **I.** *prp* **1.** (*locale, stato*) hinter +*dat;* (*moto*) hinter +*acc;* **~ di me** hinter mir **2.** (*appresso*) **portarsi ~ qu** jdn mitnehmen **3.** (*fig*) **tutti gli ridono ~** alle lachen hinter seinem Rücken (über ihn) **4.** (*temporale*) nach +*dat;* **un guaio ~ l'altro** ein Unglück nach dem andern **5.** (*dopo, mediante*) gegen +*acc;* **~ domanda** auf Wunsch **II.** *avv* (*stato*) hinten; (*moto*) nach hinten

difatti [di'fatti] *cong* in der Tat, tatsächlich

difendere [di'fɛndere] <difendo, difesi, difeso> **I.** *vt* (*gener*) verteidigen; (*diritto, interessi*) vertreten **II.** *vr* **-rsi da qu/qc** sich gegen jdn/etw verteidigen; (*proteggersi*) sich vor jdm/etw schützen

difensiva [difen'siːva] *f* **stare sulla ~** in der Defensive sein; **difensivo**, **-a** [difen'siːvo] *agg* Verteidigungs-, Defensiv-; **difensore**, **difenditrice** [difen'soːre, difendi'triːtʃe] *m, f* Verteidiger(in) *m(f);* **difesa** [di'feːsa] *f* Verteidigung *f;* **~ dell'ambiente** Umweltschutz *m*

difesi [di'feːsi] *1. pers sing pass rem di* **difendere**

difeso [dife:so] *pp di* **difendere**

difettare [difet'taːre] *vi* **1.** (*mancare*) **~ di qc** an etw *dat* mangeln **2.** (*essere difettoso*) mangelhaft sein

difetto [di'fɛtto] *m* **1.** (*mancanza*) Mangel *m* **2.** (*imperfezione*) Defekt *m;* **difettoso**, **-a** [difet'toːso] *agg* fehlerhaft

diffamare [diffa'maːre] *vt* verleumden; **diffamatore**, **-trice** [diffama'toːre] *m, f* Verleumder(in) *m(f);* **diffamatorio**, **-a** [diffama'tɔːrio] <-i, -ie> *agg* verleumderisch; **diffamazione** [diffamat'tsioːne] *f* Verleumdung *f*

differente [diffe'rɛnte] *agg* unterschiedlich; **è una cosa ~** das ist etwas anderes; **differentemente** [differente'mente] *avv* anders

differenza [diffe'rɛntsa] *f* (*diversità*) Verschiedenheit *f;* **a ~ di** im Unterschied zu; **differenziare** [differen'tsiaːre] **I.** *vt* unterscheiden **II.** *vr* **-rsi da qu/qc** sich von jdm/etw unterscheiden

differire [diffe'riːre] <differisco, differii, differito> **I.** *vt* **~ qc (di un mese)** etw (um einen Monat) verschieben **II.** *vi essere o avere* unterschiedlich sein

difficile [dif'fiːtʃile] **I.** *agg* **1.** (*complicato*) schwierig **2.** (*improbabile*) kaum, schwerlich; **è ~ che venga ...** er wird kaum ... kommen (können) **II.** *m* Schwierigkeit *f;* **difficilmente** [diffitʃil'mente] *avv* kaum, schwerlich

difficoltà [diffikol'ta] <-> *f* Schwierigkeit *f;* **incontrare ~** auf Schwierigkeiten stoßen; **ad ogni/alla minima ~** bei jeder/bei der kleinsten Schwierigkeit; **difficoltoso**, **-a** [diffikol'toːso] *agg* schwer, schwierig

diffidente [diffi'dɛnte] *agg* misstrauisch; **diffidenza** [diffi'dɛntsa] *f* Misstrauen *n*

diffondere [dif'fondere] <irr> **I.** *vt* aus-, verbreiten **II.** *vr* **-rsi** sich verbreiten

difforme [dif'forme] *agg* andersförmig; (*fig*) abweichend; **difformità** [diffor-mi'ta] <-> *f* Abweichung *f*

diffusi *1. pers sing pass rem di* **diffondere**

diffusione [diffu'zioːne] *f* Verbreitung *f*

diffuso, **-a** [dif'fuːzo] *pp di* **diffondere**

difilato, **-a** [difi'laːto] *avv* unverzüglich

difronte [di'fronte] **I.** <inv> *agg* gegenüber liegend **II.** *avv* gegenüber

diga ['diːga] <-ghe> *f* Damm *m*

digerente [didʒe'rɛnte] *agg* Verdauungs-

digeribile [didʒe'riːbile] *agg* verdaulich; **digeribilità** [didʒeribili'ta] <-> *f* Verdaulichkeit *f*

digerire [didʒe'riːre] <digerisco, digerii, digerito> *vt* **1.** (MED) verdauen **2.** (*fig*) ertragen; **digestione** [didʒes'tioːne] *f* Verdauung *f*

digestivo [didʒes'tiːvo] *m* **1.** (*farmaco*)

D

verdauungsförderndes Mittel **2.** (*bevanda*) Digestif *m*

digestivo, **-a** *agg* Verdauungs-

digitale [didʒi'ta:le] *agg* **1.** (ANAT) Finger- **2.** (INFORM) digital, Digital-; **digitalizzare** *vt* (INFORM) digitalisieren; **digitalizzato**, **-a** [didʒitalid'dza:to] *agg* (TEC, INFORM) digitalisiert; **digitare** [didʒi'ta:re] *vt* eintippen, eingeben; ~ **i dati sulla tastiera** die Daten über die Tastatur eingeben

digiunare [didʒu'na:re] *vi* fasten; **digiunatore**, **-trice** [didʒuna'to:re] *m, f* Fastende(r) *f(m)*

digiuno [di'dʒu:no] *m* Fasten *n;* **a** ~ auf nüchternen Magen

digiuno, **-a** *agg* nüchtern

dignità [diɲɲi'ta] <-> *f* **1.** (*rispetto*) Würde *f* **2.** (*decoro*) Anstand *m;* **dignitoso**, **-a** [diɲɲi'to:so] *agg* würdevoll, würdig

DIGOS ['di:gos] *f abbr di* **Divisione Investigazioni Generali e Operazioni Speciali** *Sonderabteilung des Staatsschutzes*

dilagare [dila'ga:re] *vi essere* **1.** (*espandersi*) überfluten **2.** (*fig*) um sich greifen

dilatabile [dila'ta:bile] *agg* ausdehnbar

dilatare [dila'ta:re] **I.** *vt* (aus)dehnen **II.** *vr* **-rsi** **1.** (*ampliarsi*) sich (aus)dehnen **2.** (*fig*) sich ausbreiten; **dilatazione** [dilatat'tsio:ne] *f* Ausdehnung *f*

dilazionabile [dilattsio'na:bile] *agg* aufschiebbar; **dilazionare** [dilattsio'na:re] *vt* hinaus-, aufschieben; (FIN) stunden; **dilazione** [dilat'tsio:ne] *f* Aufschub *m;* (FIN) Stundung *f*

dileguare [dile'gua:re] **I.** *vt* vertreiben **II.** *vi essere* verschwinden; (*fig*) verfliegen **III.** *vr* **-rsi** verschwinden

dilemma [di'lɛmma] <-i> *m* Dilemma *n*

dilettante [dilet'tante] **I.** *agg* Amateur-, Laien-; (*pej*) dilettantisch **II.** *mf* (*non professionista*) Nichtfachmann *m;* **dilettantismo** [dilettan'tizmo] *m* **1.** (SPORT) Amateursport *m* **2.** (*atteggiamento*) Dilettantismus *m*

dilettare [dilet'ta:re] **I.** *vt* erfreuen **II.** *vr* **-rsi** sich (er)freuen; **-rsi di qc** zu seinem Vergnügen etw tun; **dilettevole** [dilet'te:vole] **I.** *agg* erfreulich **II.** *m* Angenehme(s) *n;* **diletto** [di'lɛtto] *m* Vergnügen *n;* **far qc per** ~ etw zum Vergnügen tun

diligente [dili'dʒɛnte] *agg* fleißig; (*accurato*) sorgfältig

diligenza [dili'dʒɛntsa] *f* Fleiß *m*

diluente [dilu'ɛnte] *m* Verdünnung *f*

diluire [dilu'i:re] <diluisco, diluii, diluito> *vt* **1.** (*sostanze*) verdünnen; (*sciogliere*) auflösen **2.** (*fig*) verwässern

dilungare [diluŋ'ga:re] **I.** *vr* **-rsi** (*fig*) sich verlieren; **-rsi in qc** sich in etw *dat* verlieren **II.** *vt* fern halten

diluviare [dilu'via:re] *vi essere o avere* in Strömen regnen; **diluvio** [di'lu:vio] <-i> *m* **1.** (METEO) Wolkenbruch *m* **2.** (*fig*) ~ **universale** Sintflut *f*

dimagrante [dima'grante] *agg* **cura** ~ Abmagerungskur *f;* **dimagrire** [dima'gri:re] <dimagrisco, dimagrii, dimagrito> *vi essere* abnehmen

dimensione [dimen'sio:ne] *f* Dimension *f*

dimenticanza [dimenti'kantsa] *f* **1.** (*effetto del dimenticare*) Vergessenheit *f* **2.** (*mancanza di memoria*) Vergesslichkeit *f;* **dimenticare** [dimenti'ka:re] **I.** *vt* vergessen **II.** *vr* **-rsi** (**di**) vergessen

dimesso, **-a** [di'messo] **I.** *pp di* **dimettere** **II.** *agg* **1.** (*modesto*) bescheiden, schlicht **2.** (*pej: trascurato*) nachlässig

dimestichezza [dimesti'kettsa] *f* **1.** (*familiarità*) Vertrautheit *f;* **entrare in** ~ **con qu** mit jdm vertraut werden **2.** (*fig*) Vertrautheit *f;* **aver** ~ **con qc** mit etw vertraut sein

dimettere [di'mettere] <irr> **I.** *vt* entlassen **II.** *vr* **-rsi** zurücktreten

dimezzare [dimed'dza:re] *vt* **1.** (*in due*) halbieren **2.** (*ridurre*) drosseln

diminuire [diminu'i:re] <diminuisco, diminuii, diminuito> **I.** *vt* vermindern **II.** *vi essere* geringer werden; ~ **di qc** an etw *dat* abnehmen; ~ **di prezzo** billiger werden

diminutivo [diminu'ti:vo] *m* (LING) Verkleinerungsform *f*

diminutivo, **-a** *agg* verkleinernd; **diminuzione** [diminut'tsio:ne] *f* Verringerung *f;* ~ **dei costi** Kostensenkung *f;* ~ **di peso** Gewichtsabnahme *f*

dimisi *1. pers sing pass rem di* **dimettere**

dimissione [dimis'sio:ne] <*gener al pl*> *f* Rücktritt *m;* **lettera di -i** Rücktrittsgesuch *n*

dimora [di'mɔ:ra] *f* Wohnsitz *m*

dimostrante [dimos'trante] *mf* Demonstrant(in) *m(f)*

dimostrare [dimos'tra:re] **I.** *vt* **1.** (*palesare*) zeigen; **non dimostra affatto i suoi sessant'anni** man sieht ihm seine 60 Jahre überhaupt nicht an **2.** (*provare*) beweisen **II.** *vi* demonstrieren **III.** *vr* **-rsi** sich erweisen, sich herausstellen; **la notizia si è dimostrata falsa** die Nachricht hat sich als falsch erwiesen; **dimostrativo, -a** [dimostra'ti:vo] *agg* beweisend, Beweis-; **dimostrazione** [dimostrat'tsio:ne] *f* **1.** (*manifestazione*) Beweis *m* **2.** (*argomentazione*) Beweis(führung *f*) *m* **3.** (*protesta*) Demonstration *f*

dinamica [di'na:mika] <-che> *f* (*a fig*) Dynamik *f;* **dinamico, -a** [di'na:miko] <-ci, -che> *agg* dynamisch; **dinamismo** [dina'mizmo] *m* Dynamismus *m*

dinamite [dina'mi:te] *f* Dynamit *n*

dinamo ['di:namo] <-> *f* Dynamo *m;* **dinamoelettrico, -a** [dinamoe'lɛttriko] <-ci, -che> *agg* **macchina -a** Dynamomaschine *f*

dinanzi [di'nantsi] **I.** *avv* (*stato*) vorn(e); (*moto*) voraus, nach vorne **II.** *prp* ~ **a** (*stato*) vor +*dat*; (*moto*) vor +*acc* **III.** <inv> *agg* **1.** (*anteriore*) gegenüber liegend **2.** (*precedente*) vorhergehend, vorige(r, s)

dinastia [dinas'ti:a] <-ie> *f* Dynastie *f;* **dinastico, -a** [di'nastiko] <-ci, -che> *agg* dynastisch

dindin, din din [din'din] **I.** <-> *m* Klingeln *n* **II.** *int* kling(e)ling

dinosauro [dino'sa:uro] *m* Dinosaurier *m*

dintorni [din'torni] *mpl* Umgebung *f;* **nei ~ di** in der Umgebung von

dintorno [din'torno] **I.** *avv* (rings)herum **II.** *prp* ~ **a** um +*acc* … herum

dio ['di:o] <dei> *m* Gott *m*

Dio *m* (*Signore*) Gott *m;* **grazie a ~** Gott sei Dank; **~ me ne guardi!** Gott behüte!; **per l'amor di ~!** um Gottes Willen!

diocesano [diotʃe'za:no] *m* Diözesan *m*

diocesano, -a *agg* diözesan

diocesi [di'ɔ:tʃezi] <-> *f* Diözese *f*

dionisiaco, -a [dioni'zi:ako] <-ci, -che> *agg* dionysisch

diossina [dios'si:na] *f* Dioxin *n*

diottria [diot'tri:a] <-ie> *f* Dioptrie *f;* **diottrico, -a** [di'ɔttriko] <-ci, -che> *agg* dioptrisch

dipartimento [diparti'mento] *m* **1.** (*circoscrizione territoriale*) Verwaltungsbezirk *m,* Departement *n CH* **2.** (*ministero*) Ministerium *n,* Departement *n CH* **3.** (*di università*) Fachbereich *m*

dipendente [dipen'dɛnte] **I.** *agg* abhängig **II.** *mf* Angestellte(r) *f(m);* **dipendenza** [dipen'dɛntsa] *f* Abhängigkeit *f*

dipendere [di'pɛndere] <irr> *vi essere* ~ **da qu/qc** von jdm/etw abhängen; **vieni anche tu? – dipende** kommst du auch? – das kommt darauf an

dipingere [di'pindʒere] <dipingo, dipinsi, dipinto> **I.** *vt* malen **II.** *vr* **-rsi** sich schminken

dipinto[1] [di'pinto] *m* Gemälde *n*

dipinto[2] *pp di* **dipingere**

dipl. *abbr di* **diploma** Dipl.

diploma [di'plɔ:ma] <-i> *m* Diplom *n;* **diplomarsi** [diplo'ma:rsi] *vr* ein Diplom erwerben

diplomatico [diplo'ma:tiko] <-ci> *m* Diplomat(in) *m(f)*

diplomatico, -a <-ci, -che> *agg* (*a fig*) diplomatisch

diplomato, -a [diplo'ma:to] **I.** *agg* diplomiert **II.** *m, f* Magister *m,* Magistra *f A;* ~ **in agraria** Diplomlandwirt *m*

diplomazia [diplomat'tsi:a] <-ie> *f* (*a fig*) Diplomatie *f*

dipoi, di poi [di'pɔ:i] **I.** *avv* danach, nachher **II.** <inv> *agg* (darauf)folgend, nächste(r, s)

diradare [dira'da:re] **I.** *vt* **1.** (*rendere meno fitto, spesso*) dünner werden lassen **2.** (*fig: visite*) einschränken **II.** *vr* **-rsi** seltener werden; (*nebbia, folla*) sich auflösen

diramare [dira'ma:re] **I.** *vt* verbreiten **II.** *vr* **-rsi** sich verzweigen; (*strada*) abzweigen; **diramazione** [diramat'tsio:ne] *f* **1.** (*ramificazione*) Verzweigung *f* **2.** (*diffusione*) Verbreitung *f*

dire[1] ['di:re] <dico, dissi, detto> *vt* **1.** (*gener*) sagen; (*raccontare*) erzählen; (*parlare*) sprechen, reden; ~ **bugie** lügen; **avere da ~ su qu** über jdn etw zu sagen haben; **a ~ il vero** um die Wahrheit zu sagen; **dico bene?** nicht wahr?; **è presto ~** das ist leicht gesagt; **come si dice in tedesco?** wie heißt das auf Deutsch?; **dice di essere ammalato** er sagt, er sei krank; **si dice che sia molto ricco** man sagt, er sei sehr reich; **~ di sì/no** ja/nein sagen; **dico sul serio** im Ernst; **diciamo, …** sagen wir mal …; **dica, signora?** Sie wünschen?, was darf es sein? **2.** (*recitare*) vortragen **3.** (*significare*) heißen, bedeuten; **come sarebbe a ~?** wie ist das gemeint?; **voler ~** bedeuten; **vale a ~**

D

das heißt **4.** (*pensare*) meinen; **che ne dici del mio abito nuovo?** was sagst du zu meinem neuen Kleid? **5.** (*chiamare*) nennen

dire[2] *m* Sagen *n*

direct mail [di'rekt meil] <-> *f* (COM) Directmailing *n*

directory [di'rekt(ə)ri] <-> *f* (INFORM) Directory *n*

diressi [di'rɛssi] *1. pers sing pass rem di* **dirigere**

diretta [di'rɛtta] *f* **in -a** (TV) live

direttamente [diretta'mente] *avv* **1.** (*per via diretta*) geradewegs **2.** (*senza interposizione*) unmittelbar

direttiva [diret'ti:va] *f* Verhaltensregel *f;* ~ **comunitaria** EU-Verordnung *f*

direttivo [diret'ti:vo] *m* Leitung *f*

direttivo, -a *agg* leitend

diretto [di'rɛtto] *m* (*treno*) Eilzug *m*

diretto, -a **I.** *pp di* **dirigere** **II.** *agg* **1.** (*gener*) direkt, unmittelbar **2.** (LING) **complemento** ~ Akkusativobjekt *n;* **discorso** ~ direkte Rede

direttore, -trice [diret'to:re] **I.** *agg* Leit-, Richt- **II.** *m, f* Direktor(in) *m(f)*

direttrice [diret'tri:tʃe] *f* **1.** *v.* **direttore** **2.** (*mat*) Leitlinie *f* **3.** (POL, MIL) Richtung *f*

direzionale [direttsio'na:le] *agg* **1.** (*relativo alla direzione*) Direktoren-, Direktions-; **centro** ~ Geschäftszentrum *n* **2.** (*di direzione*) Richt-, Richtungs-

direzione [diret'tsio:ne] *f* **1.** (*organo dirigente*) Leitung *f;* **sotto la** ~ **di** unter (der) Leitung von **2.** (*senso*) Richtung *f;* **in** ~ **di** in Richtung (auf +*acc*)

dirigente [diri'dʒɛnte] **I.** *agg* führend; **classe** ~ Führungsschicht *f* **II.** *mf* leitende(r) Angestellte(r) *f(m);* **dirigenza** [diri'dʒɛntsa] *f* Führung *f*

dirigere [di'ri:dʒere] <dirigo, diressi, diretto> **I.** *vt* **1.** (*essere a capo*) leiten, führen **2.** (*indirizzare*) richten; ~ **qu/qc verso qu/qc** jdn/etw auf jdn/etw richten **II.** *vr* **-rsi verso qu** auf jdn zugehen; **-rsi verso qc** (*a fig*) sich nach etw wenden

dirigibile [diri'dʒi:bile] *m* Luftschiff *n*

dirimpetto [dirim'pɛtto] **I.** *avv* gegenüber, vis-à-vis **II.** *prp* ~ **a te** gegenüber (von) dir **III.** <inv> *agg* gegenüber liegend

diritto [di'ritto] **I.** *m* **1.** (*complesso di norme*) Recht *n;* ~ **civile** Zivilrecht *n* **2.** (*scienza*) Jura *f,* Jus *n A* **3.** (*facoltà, pretesa*) Recht *n;* **avere** ~ **di qc** das Recht auf etw *acc* haben; ~ **di voto** Wahlrecht *n;* **-i d'autore** Urheberrechte *npl* **II.** *avv* (*dritto*) geradeaus

diritto, -a *agg* **1.** (*dritto*) gerade, aufrecht **2.** (*fig*) geradlinig; (*onesto*) rechtschaffen

dirottamento [dirotta'mento] *m* Kursabweichung *f;* (*di un dirottatore*) Flugzeugentführung *f;* **dirottare** [dirot'ta:re] **I.** *vt* **1.** (*far deviare*) zur Kursänderung zwingen **2.** (*deviare*) umleiten **II.** *vi* vom Kurs abweichen; **dirottatore, -trice** [dirotta'to:re] *m, f* Luftpirat(in) *m(f)*

dirotto, -a [di'rotto] *agg* heftig, stark; **a** ~ heftig

disabile [di'za:bile] **I.** *agg* behindert **II.** *mf* Behinderte(r) *f(m);* **disabilità** [dizabili'ta] <-> *f* Behinderung *f*

disabilitare [dizabili'ta:re] *vt* für unfähig erklären; **disabilitato, -a** [dizabili'ta:to] *agg* außer Betrieb

disabitato, -a [dizabi'ta:to] *agg* unbewohnt

disabituare [dizabitu'a:re] **I.** *vt* ~ **qu a qc** jdm etw abgewöhnen **II.** *vr* **-rsi a qc** sich *dat* etw abgewöhnen

disaccordo [dizak'kɔrdo] *m* Uneinigkeit *f;* **essere in** ~ **su qc** über etw *acc* uneinig sein

disadatto, -a [diza'datto] *agg* ungeeignet; **essere** ~ **per qc** für etw ungeeignet sein

disadorno, -a [diza'dorno] *agg* schmucklos

disagevole [diza'dʒe:vole] *agg* beschwerlich

disagiato, -a [diza'dʒa:to] *agg* **1.** (*senza agio*) unbehaglich **2.** (*povero*) mittellos, ärmlich; **disagio** [di'za:dʒo] *m* Unbehagen *n;* **sentirsi a** ~ sich unbehaglich fühlen; **mettere a** ~ **qu** jdn in Verlegenheit bringen

disambientato, -a [dizambien'ta:to] *agg* unvertraut, fremd

disappetenza [dizappe'tɛntsa] *f* Appetitlosigkeit *f*

disapprovare [dizappro'va:re] *vt* missbilligen, ablehnen; **disapprovazione** [dizapprovat'tsio:ne] *f* Missbilligung *f*

disarmare [dizar'ma:re] *vt* entwaffnen; **disarmato, -a** [dizar'ma:to] *agg* **1.** (*senza armi*) waffenlos, entwaffnet **2.** (*fig*) wehrlos; **disarmo** [di'zarmo] *m* **1.** (*di forze militari*) Abrüstung *f* **2.** (*di persone*) Entwaffnung *f*

disarmonia [dizarmo'ni:a] *f* Dissonanz *f;*

disarmonico, **-a** [dizar'mɔːniko] <-ci, -che> *agg* disharmonisch

disarticolato, **-a** [dizartiko'laːto] *agg* (*fig*) unartikuliert

disastrare [dizas'traːre] *vt* verwüsten; **disastro** [di'zastro] *m* (*a fig*) Katastrophe *f*

disastroso, **-a** [dizas'troːso] *agg* katastrophal, fürchterlich

disatomizzare [dizatomid'dzaːre] *vt* atomwaffenfrei machen; **disatomizzazione** [dizatomiddzat'tsioːne] *f* Schaffung *f* einer atomwaffenfreien Zone

disattento, **-a** [dizat'tɛnto] *agg* unaufmerksam; **disattenzione** [dizatten'tsioːne] *f* **1.** (*mancanza d'impegno, di riguardo*) Unaufmerksamkeit *f* **2.** (*svista*) Versehen *n*

disattivare [dizatti'vaːre] *vt* entschärfen

disavanzo [diza'vantso] *m* Fehlbetrag *m*

disavveduto, **-a** [dizavve'duːto] *agg* unvorsichtig

disavventura [dizavven'tuːra] *f* Unglück *n*

discapito [dis'kaːpito] *m* Nachteil *m;* **a ~ di qu** zu jds Nachteil

discarica [dis'kaːrika] <-che> *f* (Müll)deponie *f*

discarico [dis'kaːriko] <-chi> *m* (*fig*) Entlastung *f*

discendente [diʃʃen'dɛnte] **I.** *agg* absteigend **II.** *mf* Nachkomme *m;* **discendenza** [diʃʃen'dɛntsa] *f* **1.** (*origine*) Abstammung *f* **2.** (*discendenti*) Nachkommenschaft *f*

discendere [diʃ'ʃendere] <irr> **I.** *vi essere* **1.** (*provenire*) **~ da qu/qc** von jdm/etw abstammen **2.** (*venire giù, scendere*) hinabsteigen; (*da veicolo*) aussteigen **II.** *vt* hinabsteigen; **discensionale** [diʃʃensio'naːle] *agg* nach unten gerichtet

discepolo, **-a** [diʃ'ʃeːpolo] *m, f* **1.** (*seguace*) Anhänger(in) *m(f)* **2.** (REL) Jünger *m*

discernere [diʃ'ʃɛrnere] <discerno, discernei, *manca il pp*> *vt* **1.** (*distinguere*) unterscheiden **2.** (*scorgere*) (klar) erkennen; **discernimento** [diʃʃerni'mento] *m* Urteilsvermögen *n*

discesa [diʃ'ʃeːsa] *f* **1.** (*il venire giù*) Abstieg *m;* (*da veicolo*) Aussteigen *n* **2.** (*pendenza*) Abhang *m*, Lehne *f A*

discesi *1. pers sing pass rem di* **discendere**

disceso *pp di* **discendere**

dischetto [dis'ketto] *m* (INFORM) Diskette *f;* **drive per -i** Diskettenlaufwerk *n*

dischiudere [dis'kiuːdere] <irr> *vt* **1.** (*schiudere*) aufmachen **2.** (*fig*) öffnen

disciogliere [diʃ'ʃɔʎʎere] <irr> *vt* auflösen; (*neve*) schmelzen

disciplina [diʃʃi'pliːna] *f* **1.** (*ordine*) Disziplin *f* **2.** (*materia di studio*) (Unterrichts)fach *n*

disciplinare[1] [diʃʃipli'naːre] **I.** *agg* disziplinär *A* **II.** *m* Bestimmungen *fpl*

disciplinare[2] *vt* **1.** (*regolare*) regeln, ordnen **2.** (*fig*) bezwingen

disciplinato, **-a** [diʃʃipli'naːto] *agg* diszipliniert

disc-jockey ['disk 'dʒɔki] <-> *mf* Diskjockey *m*

disco[1] [disko] <-schi> *m* **1.** (*piastra rotonda*) Scheibe *f;* **~ orario** (AUTO) Parkscheibe *f* **2.** (MUS) (Schall)platte *f* **3.** (INFORM) **~ fisso** [*o* **rigido**] Festplatte *f*

disco[2] <-> *f* (*discoteca, discomusic*) Disko *f;* **andare in ~** in die Disko gehen

disco dance ['diskou 'daːns] <-> *f* (MUS) Disco Dance *m*

disco-digitale ['diskodidʒi'taːle] <dischi-digitali> *m* digitale Aufnahme, digitaler Tonträger

discografia [diskogra'fiːa] *f* **1.** (*tecnica*) Schallplattenproduktion *f* **2.** (*elenco*) Diskografie *f;* **discografico**, **-a** [disko'graːfiko] <-ci, -che> **I.** *agg* Schallplatten- **II.** *m, f* Beschäftigte(r) *f(m)* in der Schallplattenindustrie

discolpa [dis'kolpa] *f* Entlastung *f;* **a mia ~** zu meiner Entlastung; **discolpare** [diskol'paːre] **I.** *vt* entschuldigen; (JUR: *dall'accusa*) befreien **II.** *vr* **-rsi** sich rechtfertigen

disco-mix ['discomiks] <-> *m* Disko-Mix *m*

disconoscere [disko'noʃʃere] <irr> *vt* nicht anerkennen

discontinuità [diskontinui'ta] *f* **1.** (*mancanza di continuità*) Diskontinuität *f* **2.** (*fig*) Unbeständigkeit *f;* **discontinuo**, **-a** [diskon'tiːnuo] *agg* **1.** (*non continuo*) unterbrochen **2.** (*non costante*) unbeständig, unstet

discordante [diskor'dante] *agg* nicht zusammenstimmend; (*opposto*) gegensätzlich; **discordanza** [diskor'dantsa] *f* Diskordanz *f;* **discordare** [diskor'daːre] *vi* nicht zusammenstimmen; **discorde** [dis'kɔrde] *agg* gegensätzlich; **discordia** [dis'kɔrdia] <-ie> *f* Zwietracht *f*

discorrere [dis'korrere] <irr> *vi* ~ **di qc** über etw *acc* reden; **discorsivo**, **-a** [diskor'si:vo] *agg* (*relativo al discorso*) Rede-, Gesprächs-; **discorso** [dis'korso] *m* **1.** (*discussione*) Unterhaltung *f*, Gespräch *n;* **il ~ cadde su di te** dann war die Rede von dir; **questo è un altro ~** das ist etw (ganz) anderes **2.** (*esposizione orale*) Rede *f;* **pronunciare un ~** eine Rede halten **3.** (LING) **~ diretto/indiretto** direkte/indirekte Rede

discoteca [disko'tɛ:ka] <-che> *f* Diskothek *f*

discount ['diskaunt] <-> *m* Discountgeschäft *n*

discreditare [diskredi'ta:re] **I.** *vt* in Verruf bringen **II.** *vr* **-rsi** in Verruf kommen; **discredito** [dis'kre:dito] *m* Misskredit *m*

discretamente [diskreta'mente] *avv* **1.** (*con discrezione*) diskret **2.** (*sufficientemente*) ziemlich (gut), ganz gut; (*mediocremente*) einigermaßen

discreto, **-a** [dis'kre:to] *agg* **1.** (*sufficiente*) ausreichend **2.** (*moderato*) mäßig, bescheiden **3.** (*di tatto*) diskret

discrezione [diskret'tsio:ne] *f* Diskretion *f;* (*senso della misura*) Maß *n;* **senza ~** taktlos; **a ~** nach Belieben

discriminante [diskrimi'nante] **I.** *agg* (JUR) **circostanza ~** Strafmilderungsgrund *m* **II.** *m* (MAT) Diskriminante *f*

discriminare [diskrimi'na:re] *vt* **1.** (*far differenza*) unterschiedlich behandeln **2.** (JUR: *crimine*) entkriminalisieren; (*persone*) entlasten; **discriminatorio**, **-a** [diskrimina'tɔ:rio] <-i, -ie> *agg* unterscheidend; (POL) diskriminierend; **discriminazione** [diskriminat'tsio:ne] *f* Diskriminierung *f*

discussi [dis'kussi] *1. pers sing pass rem di* **discutere**

discussione [diskus'sio:ne] *f* Diskussion *f;* (*litigio*) Auseinandersetzung *f*

discusso, **-a** [dis'kusso] *agg* umstritten

discutere [dis'ku:tere] <discuto, discussi, discusso> **I.** *vt* **1.** (*per prendere una decisione*) diskutieren, besprechen **2.** (*contestare*) bestreiten **II.** *vi* **1.** (*conversare*) ~ **di qc** über etw *acc* diskutieren **2.** (*litigare*) heftig diskutieren; **discutibile** [disku'ti:bile] *agg* **1.** (*da discutere*) strittig **2.** (*incerto*) umstritten

disdegnare [dizdeɲ'ɲa:re] *vt* verschmähen; **disdegno** [diz'deɲɲo] *m* Verachtung *f*

disdetta [diz'detta] *f* **1.** (*sfortuna*) Pech *n* **2.** (*di contratto*) Kündigung *f*

disdire [diz'di:re] <irr> **I.** *vt* **1.** (JUR) kündigen **2.** (*ritrattare*) zurücknehmen, widerrufen **3.** (*annullare*) rückgängig machen **II.** *vr* **-rsi** sich *dat* widersprechen

diseducativo, **-a** [dizeduka'ti:vo] *agg* unpädagogisch

disegnare [diseɲ'ɲa:re] *vt* **1.** (*tracciando linee*) zeichnen **2.** (*fig: avere in animo*) planen, vorhaben; **disegnatore**, **-trice** [diseɲɲa'to:re] *m, f* Zeichner(in) *m(f);* **disegno** [di'seɲɲo] *m* **1.** (*rappresentazione grafica*) Zeichnung *f;* ~ **animato** Zeichentrickfilm *m* **2.** (*fig: intenzione*) Plan *m*

diseredare [dizere'da:re] *vt* enterben

disertare [dizer'ta:re] **I.** *vi* **1.** (MIL) desertieren **2.** (*fig*) abfallen **II.** *vt* verlassen; **disertore** [dizer'to:re] *m* **1.** (MIL) Deserteur *m* **2.** (*fig*) Abtrünnige(r) *m*

disfare [dis'fa:re] <irr> **I.** *vt* (*scomporre*) auflösen; (*letto*) auf-, abdecken **II.** *vr* **-rsi** **1.** (*andare in pezzi*) zerstört werden, kaputtgehen; (*fig*) aufgelöst werden **2.** (*liberarsi*) **-rsi di qu** sich jds entledigen; **disfatta** [dis'fatta] *f* Niederlage *f*

disfatto *pp di* **disfare**

disfeci *1. pers sing pass rem di* **disfare**

disgelare [dizdʒe'la:re] **I.** *vt* erwärmen; (*liberare dal ghiaccio*) auftauen **II.** *vr* **-rsi** (auf)tauen; **disgelo** [diz'dʒɛ:lo] *m* **1.** (METEO) (Auf)tauen *n* **2.** (*fig* POL) Tauwetter *n*

disgrazia [diz'grattsia] *f* **1.** (*sventura*) Unglück *n;* **per ~** unglücklicherweise **2.** (*sfavore*) Ungnade *f;* **disgraziatamente** [dizgrattsiata'mente] *avv* unglücklicherweise; **disgraziato**, **-a** [dizgrat'tsia:to] **I.** *agg* unglücklich **II.** *m, f* **1.** (*persona sfortunata*) Pechvogel *m* **2.** (*fam: persona minorata*) Unglückliche(r) *f(m)*

disgregare [dizgre'ga:re] **I.** *vt* **1.** (*frantumare*) auseinander brechen (lassen) **2.** (*fig*) auflösen **II.** *vr* **-rsi** **1.** (*andare in pezzi*) auseinander gehen **2.** (*fig*) sich auflösen; **disgregatore**, **-trice** [dizgrega'to:re] **I.** *agg* auflösend, zersetzend **II.** *m, f* zersetzender Faktor; **disgregazione** [dizgregat'tsio:ne] *f* Zersetzung *f*

disguido [diz'gui:do] *m* **1.** (*postale*) Fehlleitung *f* **2.** (*svista*) Versehen *n*

disgustare [dizgus'ta:re] **I.** *vt* **1.** (*dare disgusto*) anwidern **2.** (*fig*) abstoßen **II.** *vr* **-rsi** Widerwillen empfinden; **-rsi di qc** von etw angeekelt sein; **disgusto** [diz'gusto] *m* Abscheu *m;* ~ **per qc** Ekel *m* vor etw *dat;* **disgustoso**, **-a** [dizgus'to:so] *agg* **1.** (*nauseante*) Ekel erregend; (*cibo*) unappetitlich, ungustiös *A* **2.** (*fig*) abstoßend

disidratare [dizidra'ta:re] *vt* **1.** (*privare dell'acqua*) ~ **qc** einer Sache *dat* Wasser entziehen **2.** (*alimenti*) trocknen, dörren; **disidratato**, **-a** [dizidra'ta:to] *agg* **1.** (*alimenti*) getrocknet, Trocken-, Dörr- **2.** (*organismo*) ausgetrocknet; **disidratazione** [dizidratat'tsio:ne] *f* **1.** (*eliminazione dell'acqua*) Wasserentzug *m* **2.** (*alimentare*) Dörren *n*

disilludere [dizil'lu:dere] <disilludo, disillusi, disilluso> **I.** *vt* enttäuschen **II.** *vr* **-rsi** ernüchtert werden; **disillusione** [dizillu'zio:ne] *f* Ernüchterung *f*

disimparare [dizimpa'ra:re] *vt* verlernen

disimpegnare [dizimpeɲ'ɲa:re] **I.** *vt* befreien; (*fig: da impegno, promessa*) entbinden **II.** *vr* **-rsi** sich befreien; **disimpegnato**, **-a** [dizimpeɲ'ɲa:to] *agg* **1.** (*locale*) frei zugänglich **2.** (*fig* POL) nicht engagiert; **disimpegno** [dizim'peɲɲo] *m* Erledigung *f*

disincantato, **-a** [diziŋkan'ta:to] *agg* **1.** (*disilluso*) entzaubert **2.** (*fig*) ernüchtert

disinfestare [dizinfes'ta:re] *vt* von Ungeziefer befreien; ~ **la cantina dai topi** den Keller von Mäusen befreien; **disinfestazione** [dizinfestat'tsio:ne] *f* Entwesung *f*

disinfettante [dizinfet'tante] **I.** *agg* desinfizierend **II.** *m* Desinfektionsmittel *n;* **disinfettare** [dizinfet'ta:re] **I.** *vt* desinfizieren **II.** *vr* **-rsi** sich desinfizieren

disinformato, **-a** [dizinfor'ma:to] *agg* schlecht informiert; **disinformazione** [dizinformat'tsio:ne] *f* Fehlinformation *f*

disingannare [diziŋgan'na:re] **I.** *vt* ~ **qu** jdm die Augen öffnen; (*deludere*) jdn enttäuschen **II.** *vr* **-rsi** seine Illusionen aufgeben; **disinganno** [diziŋ'ganno] *m* Ernüchterung *f*

disinibito, **-a** [dizini'bi:to] **I.** *agg* unbefangen **II.** *m, f* unbefangener Mensch

disinquinamento [diziŋkuina'mento] *m* Dekontaminierung *f;* **disinquinare** [diziŋkui'na:re] *vt* dekontaminieren

disinserire [dizinse'ri:re] <irr> *vt* ab-, ausschalten; **disinserito**, **-a** [dizinse'ri:to] **I.** *agg* ausgeschlossen **II.** *m, f* Außenseiter(in) *m(f)*

disintegrare [dizinte'gra:re] **I.** *vt* **1.** (*ridurre in frammenti*) zerkleinern **2.** (PHYS) spalten **II.** *vr* **-rsi** **1.** (*ridursi in frammenti*) zertrümmert werden **2.** (PHYS) sich spalten; **disintegratore** [dizintegra'to:re] *m* Desintegrator *m;* **disintegrazione** [dizintegrat'tsio:ne] *f* **1.** (*ridurre in frammenti*) Zertrümmerung *f* **2.** (PHYS) Zerfall *m*

disinteressamento [dizinteressa'mento] *m* Interesselosigkeit *f;* **disinteressare** [dizinteres'sa:re] **I.** *vt* ~ **qu a qc** jdm das Interesse an etw *dat* nehmen **II.** *vr* **-rsi di qu/qc** sich nicht für jdn/etw interessieren; **disinteressato**, **-a** [dizinteres'sa:to] *agg* **1.** (*senza interesse*) uninteressiert **2.** (*senza interesse personale*) uneigennützig; **disinteresse** [dizinte'rɛsse] *m* **1.** (*noncuranza*) Interesselosigkeit *f* **2.** (*generosità*) Uneigennützigkeit *f*

disintossicante [dizintossi'kante] **I.** *agg* entgiftend **II.** *m* Entgiftungsmittel *n;* **disintossicare** [dizintossi'ka:re] **I.** *vt* entgiften **II.** *vr* **-rsi** den Körper entschlacken; **disintossicazione** [dizintossikat'tsio:ne] *f* Entschlackung *f*

disinvolto, **-a** [dizin'vɔlto] *agg* **1.** (*privo di timidezza*) unbefangen **2.** (*pej*) unverfroren; **disinvoltura** [dizinvol'tu:ra] *f* **1.** (*franchezza*) Unbefangenheit *f* **2.** (*pej*) Frechheit *f*

disk drive <-> *m* (INFORM) Diskettenlaufwerk *n*

dismisura [dizmi'zu:ra] *f* **a** ~ maßlos

disneyano, **-a** [dizne'ia:no] *agg* Disney-; **personaggi -i** Disneyfiguren *fpl;* **disneyland** ['diznejland] <*sing*> *f* Disneyland *n*

disobbediente [dizobbe'diɛnte] *agg v.* **disubbidiente**

disoccupato, **-a** [dizokku'pa:to] **I.** *agg* (*senza lavoro*) arbeitslos **II.** *m, f* Arbeitslose(r) *f(m);* **disoccupazione** [dizokkupat'tsio:ne] *f* Arbeitslosigkeit *f*

disomogeneità [dizomodʒenei'ta] <-> *f* Ungleichheit *f;* **disomogeneo**, **-a** [dizomo'dʒɛ:neo] <-ei, -ee> *agg* ungleich

disonestà [dizones'ta] *f* Unehrlichkeit *f;*

D

disonesto, **-a** [dizo'nɛsto] *agg* **1.** (*privo di onestà*) unehrlich **2.** (*immorale*) unanständig

disonorare [dizono'ra:re] **I.** *vt* entehren **II.** *vr* **-rsi** seine Ehre verlieren; **disonore** [dizo'no:re] *m* **1.** (*perdita dell'onore*) Verlust *m* der Ehre **2.** (*vergogna*) Schande *f;* **disonorevole** [dizono're:vole] *agg* unehrenhaft, entehrend

disopra, **di sopra** [di'so:pra] **I.** *avv* oben, darauf; (*moto*) nach oben; (*nella parte superiore*) darüber **II.** <inv> *agg* obere(r, s), darüber liegend **III.** <-> *m* Oberseite *f;* **essere al ~ di ogni sospetto** über jeden Verdacht erhaben sein

disordinare [dizordi'na:re] *vt* in Unordnung bringen; (*a fig*) durcheinander bringen; **disordinato**, **-a** [dizordi'na:to] **I.** *agg* **1.** (*scompigliato*) ungeordnet **2.** (*privo di modo*) unordentlich, ungeregelt **II.** *m, f* unordentliche Person

disordine [di'zordine] *m* **1.** (*scompiglio*) Unordnung *f* **2.** (*situazione confusa*) Durcheinander *n* **3.** *pl* (*tumulti*) Unruhen *fpl*

disorganicità [dizorganitʃi'ta] <-> *f* Unlogik *f*

disorganico, **-a** [dizor'ga:niko] <-ci, -che> *agg* unorganisch, anorganisch

disorganizzare [dizorganid'dza:re] **I.** *vt* desorganisieren **II.** *vr* **-rsi** sich auflösen; **disorganizzato**, **-a** [dizorganid'dza:to] *agg* unorganisiert, desorganisiert; **disorganizzazione** [dizorganiddzat'tsio:ne] *f* Organisationsmangel *m*

disorientamento [dizorienta'mento] *m* Verwirrung *f;* **disorientare** [dizorien'ta:re] **I.** *vt* **1.** (*nella direzione*) in die Irre führen **2.** (*fig*) verwirren **II.** *vr* **-rsi** **1.** (*nella direzione*) sich verirren **2.** (*fig*) in Verwirrung geraten; **disorientato**, **-a** [dizorien'ta:to] *agg* desorientiert, orientierungslos

disotto, **di sotto** [di'sotto] **I.** *avv* unten; (*moto*) nach unten; (*nella parte inferiore*) darunter **II.** <inv> *agg* untere(r, s), darunter liegend **III.** <-> *m* Unterseite *f;* **al ~ del livello del mare** unter dem Meeresspiegel

disparato, **-a** [dispa'ra:to] *agg* verschieden

dispari ['dispari] <inv> *agg* ungleich; (MAT) ungerade; **disparità** [dispari'ta] *f* Ungleichheit *f*

disparte [dis'parte] *avv* **in ~** beiseite; **lasciare qc in ~** etw beiseite lassen; **starsene in ~** abseits stehen

dispendio [dis'pɛndio] <-i> *m* großer Aufwand; (*pej*) Verschwendung *f;* **~ di energie** Energieverschwendung *f;* **dispendioso**, **-a** [dispen'dio:so] *agg* aufwändig, kostspielig

dispensa [dis'pɛnsa] *f* **1.** (*fascicolo*) (Einzel)ausgabe *f* **2.** (*esonero*) Befreiung *f* **3.** (*mobile*) Anrichte *f;* **dispensare** [dispen'sa:re] *vt* **1.** (*distribuire*) aus-, verteilen **2.** (*esonerare*) befreien, freistellen

dispenser [dis'pɛnser] <-> *m* Spender *m*

disperare [dispe'ra:re] **I.** *vi* **~ di qc** an etw *dat* verzweifeln; **far ~ qu** jdn zur Verzweiflung bringen **II.** *vr* **-rsi per qc** an etw *dat* verzweifeln; **disperato**, **-a** [dispe'ra:to] **I.** *agg* verzweifelt, hoffnungslos **II.** *m, f* Hoffnungslose(r) *f(m);* **disperazione** [disperat'tsio:ne] *f* **1.** (*mancanza di speranza*) Verzweiflung *f* **2.** (*che fa disperare*) Unglück *n*

disperdere [dis'pɛrdere] <irr> **I.** *vt* **1.** (*dissipare*) ver-, zerstreuen **2.** (*consumare*) ver-, aufbrauchen **II.** *vr* **-rsi** **1.** (*dissiparsi*) sich zerstreuen **2.** (*fig*) **-rsi in qc** sich in etw *dat* verlieren; **dispersione** [disper'sio:ne] *f* Vertreuung *f;* **dispersivo**, **-a** [disper'si:vo] **I.** *agg* zerstreut **II.** *m, f* zerstreute Person; **disperso**, **-a** [dis'pɛrso] **I.** *agg* **1.** (*sparso*) zerstreut **2.** (*perso*) verloren (gegangen) **3.** (*irreperibile*) vermisst, abgängig *A;* **dare qu per ~** jdn als vermisst melden **II.** *m, f* Vermisste(r) *f(m)*

dispetto [dis'petto] *m* **1.** (*atto spiacevole*) Bosheit *f;* **fare un ~ a qu** jdm einen (bösen) Streich spielen; **a ~ di qu** jdm zum Trotz **2.** (*irritazione*) Ärger *m;* **dispettoso**, **-a** [dispet'to:so] *agg* boshaft; (*fastidioso*) lästig, ärgerlich

dispiacere[1] [dispia'tʃe:re] *m* **1.** (*afflizione*) Kummer *m* **2.** (*rammarico*) Bedauern *n*

dispiacere[2] <irr> *vi essere* missfallen; **mi dispiace** (**che ...**) es tut mir Leid (, dass ...); **se non ti dispiace ...** wenn du nichts dagegen hast ...; **dispiaciuto**, **-a** [dispia'tʃu:to] *agg* bekümmert; **essere ~ di qc** über etw *acc* bekümmert sein

display [di'splei] <-> *m* (INFORM) Display *n*

dispongo *1. pers sing pr di* **disporre**

disponibile [dispo'ni:bile] *agg* **1.** (*a disposizione*) verfügbar; (*merce, libro*) vorrätig

2. (*persona*) frei; **disponibilità** [disponibili'ta] <-> *f* Verfügbarkeit *f;* (*di merce, libro*) Vorrätigkeit *f*

disporre [dis'porre] <irr> **I.** *vt* **1.** (*collocare*) aufstellen **2.** (*preparare*) vorbereiten **II.** *vi* **1.** (*avere a disposizione*) ~ **di qc** über etw *acc* verfügen **2.** (*stabilire*) bestimmen, verfügen **III.** *vr* **-rsi 1.** (*sistemarsi*) sich aufstellen **2.** (*prepararsi*) **-rsi a qc** sich auf etw *acc* vorbereiten

dispositivo [dispozi'ti:vo] *m* Vorrichtung *f*

dispositivo, **-a** *agg* verfügend; (ADM, JUR) dispositiv; **disposizione** [dispozit'tsio:ne] *f* **1.** (*collocazione*) Aufstellung *f* **2.** (*inclinazione*) Veranlagung *f;* **avere ~ per qc** eine Veranlagung zu etw haben **3.** (*servizio*) Verfügung *f;* **mettere qc a ~ di qu** jdm etw zur Verfügung stellen

disposto, **-a I.** *pp di* **disporre II.** *agg* **1.** (*pronto*) bereit; **essere ~ a fare qc** bereit sein etw zu tun **2.** (*condizione d'animo*) geneigt; **ben/mal** ~ gut/schlecht aufgelegt

dispotico, **-a** [dis'pɔ:tiko] <-ci, -che> *agg* (*a fig*) despotisch; **dispotismo** [dispo'tizmo] *m* **1.** (POL) Despotismus *m* **2.** (*fig*) Tyrannei *f*

dispregiativo, **-a** [dispredʒa'ti:vo] *agg* verächtlich

disprezzabile [dispret'tsa:bile] *agg* verachtenswert

disprezzare [dispret'tsa:re] *vt* **1.** (*ritenere indegno*) verachten **2.** (*non osservare*) missachten; **disprezzo** [dis'prɛttso] *m* **1.** (*sdegnoso rifiuto*) Verachtung *f* **2.** (*noncuranza*) Missachtung *f*

disputa ['disputa] *f* **1.** (*discussione*) Streitgespräch *n* **2.** (*alterco*) Auseinandersetzung *f;* **disputare** [dispu'ta:re] **I.** *vi* diskutieren; ~ **su qc** über etw *acc* diskutieren **II.** *vt* streitig machen **III.** *vr* **-rsi qc** um etw kämpfen

disseminare [dissemi'na:re] *vt* **1.** (*spargere*) ausstreuen **2.** (*fig*) verbreiten

dissenso [dis'sɛnso] *m* **1.** (*divergenza di opinioni*) Meinungsverschiedenheit *f* **2.** (*disapprovazione*) Missbilligung *f*

dissenteria [dissente'ri:a] <-ie> *f* Ruhr *f*

disseppellire [disseppel'li:re] <irr> *vt* **1.** (*riportare alla luce*) ausgraben **2.** (*esumare*) exhumieren

dissertare [disser'ta:re] *vi* ~ **su qc** etw (gründlich) abhandeln

dissertazione [dissertat'tsio:ne] *f* wissenschaftliche Abhandlung; ~ **di laurea** Doktorarbeit *f*

disservizio [disser'vittsio] *m* Misswirtschaft *f;* (*cattivo funzionamento*) schlechtes Funktionieren

dissestare [disses'ta:re] *vt* **1.** (*mettere in disordine*) aus den Fugen gehen lassen **2.** (*fig*) das Gefüge zerstören; **dissesto** [dis'sɛsto] *m* Zerrüttung *f*

dissetante [disse'tante] **I.** *agg* durstlöschend **II.** *m* Durstlöscher *m;* **dissetare** [disse'ta:re] **I.** *vt* ~ **qu** jds Durst löschen **II.** *vr* **-rsi** seinen Durst löschen

dissi ['dissi] *1. pers sing pass rem di* **dire**[1]

dissidente [dissi'dɛnte] **I.** *agg* abgefallen **II.** *mf* Dissident(in) *m(f);* **dissidenza** [dissi'dɛntsa] *f* Dissidenz *f*

dissidio [dis'si:dio] <-i> *m* Meinungsverschiedenheit *f*

dissimile [dis'si:mile] *agg* verschieden

dissimmetria [dissimme'tri:a] *f* Asymmetrie *f;* **dissimmetrico**, **-a** [dissim'mɛ:triko] <-ci, -che> *agg* asymmetrisch

dissimulare [dissimu'la:re] *vt* **1.** (*nascondere*) verbergen **2.** (*fingere*) vortäuschen; **dissimulatore**, **-trice** [dissimula'to:re] *m, f* Heuchler(in) *m(f);* **dissimulazione** [dissimulat'tsio:ne] *f* Vortäuschung *f*

dissipare [dissi'pa:re] **I.** *vt* **1.** (*dissolvere*) auflösen **2.** (*fig: dubbi*) zerstreuen **3.** (*sperperare*) verschwenden **II.** *vr* **-rsi** (*a fig*) sich auflösen; **dissipato**, **-a** [dissi'pa:to] **I.** *agg* **1.** (*di sperpero*) verschwenderisch **2.** (*sfrenato*) ausschweifend **II.** *m, f* ausschweifender Mensch; **dissipatore**, **-trice** [dissipa'to:re] *m, f* Verschwender(in) *m(f);* **dissipazione** [dissipat'tsio:ne] *f* **1.** (*condotta sregolata*) Hemmungslosigkeit *f* **2.** (*sperpero*) Verschwendung *f*

dissociare [disso'tʃa:re] *vt* trennen; **dissociativo**, **-a** [dissotʃati:vo] *agg* Trennungs-, Spaltungs-; **dissociazione** [dissotʃat'tsio:ne] *f* **1.** (*disgiunzione*) Trennung *f* **2.** (CHEM, PSYCH) Spaltung *f*

dissolsi [dis'sɔlsi] *1. pers sing pass rem di* **dissolvere**

dissolto [dis'ɔ̃lto] *pp di* **dissolvere**

dissolubile [disso'lu:bile] *agg* (auf)lösbar

dissolutezza [dissolu'tettsa] *f* Sittenlosigkeit *f;* **dissoluto**, **-a** [disso'lu:to] **I.** *agg*

D

sittenlos **II.** *m, f* zügelloser Mensch

dissoluzione [dissolut'tsio:ne] *f* (*a fig*) Auflösung *f*

dissolvere [dis'sɔlvere] <dissolvo, dissolsi, dissolto> **I.** *vt* **1.** (*disperdere*) zerstreuen **2.** (*dissipare*) vertreiben **II.** *vr* **-rsi** sich auflösen

dissotterrare [dissotter'ra:re] *vt* ausgraben

dissuadere [dissua'de:re] <dissuado, dissuasi, dissuaso> *vt* ~ **qu da qc** jdn von etw abbringen; **dissuasione** [dissua'zio:ne] *f* Abraten *n*

dissuaso [dissu'a:zo] *pp di* **dissuadere**

distaccare [distak'ka:re] **I.** *vt* **1.** (*separare*) abnehmen, trennen **2.** (*allontanare*) entfernen **II.** *vr* **-rsi** **1.** (*fig*) sich abkehren **2.** (*distinguersi*) sich abheben; **distaccato**, **-a** [distak'ka:to] *agg* distanziert; **distacco** [dis'takko] <-chi> *m* **1.** (*fig: allontanamento*) Abkehr *f* **2.** (*distanza*) Abstand *m*, Ablöse *f A*

distante [dis'tante] **I.** *agg* **1.** (*lontano*) fern, weit **2.** (*fig: di riserbo*) unnahbar **II.** *avv* (weit) entfernt; **distanza** [dis'tantsa] *f* **1.** (*spazio*) Entfernung *f*, Ablöse *f A* **2.** (*tempo*) Abstand *m* **3.** (*fig*) Unterschied *m*

distanziare [distan'tsia:re] *vt* **1.** (*mettere a distanza*) in einem bestimmten Abstand aufstellen **2.** (*fig* SPORT) abhängen

distare [dis'ta:re] <disto, *mancano pass rem e pp*> *vi* entfernt sein

distendere [dis'tɛndere] <irr> **I.** *vt* **1.** (*estendere*) ausbreiten **2.** (*gambe*) ausstrecken; (*nervi, muscoli*) entspannen **3.** (*spalmare*) ~ **qc su qc** etw auf etw *acc* streichen **II.** *vr* **-rsi** **1.** (*rilassarsi*) sich entspannen **2.** (*sdraiarsi*) sich hinlegen **3.** (*stirarsi*) sich dehnen; **distensione** [disten'sio:ne] *f* **1.** (*allungamento, estensione*) Dehnung *f* **2.** (*rilassamento*) Entspannung *f*; **distensivo**, **-a** [disten'si:vo] *agg* entspannend

distesa [dis'te:sa] *f* **1.** (*quantità*) (ganze) Reihe *f* **2.** (*estensione*) Ausdehnung *f*

distesi *1. pers sing pass rem di* **distendere**

disteso, **-a** [dis'te:so] **I.** *pp di* **distendere** **II.** *agg* **1.** (*sdraiato, allungato*) ausgestreckt **2.** (*pacato*) gedämpft **3.** (*rilassato*) entspannt

distillato [distil'la:to] *m* **1.** (CHEM) Destillat *n* **2.** (*bevanda*) Branntwein *m*

distillato, **-a** *agg* (*alcol*) gebrannt; (CHEM) destilliert; **distillazione** [distillat'tsio:ne] *f* Destillation *f*

distinguere [dis'tiŋguere] <distinguo, distinsi, distinto> **I.** *vt* **1.** (*discernere*) unterscheiden **2.** (*percepire*) wahrnehmen **3.** (*contrassegnare*) kennzeichnen **II.** *vr* **-rsi da qu** (**per qc**) sich von jdm (in etw *dat*) unterscheiden

distintivo [distin'ti:vo] *m* Abzeichen *n*

distintivo, **-a** *agg* Unterscheidungs-, distinktiv

distinto, **-a** [dis'tinto] **I.** *pp di* **distinguere** **II.** *agg* **1.** (*differente*) verschieden(artig), getrennt **2.** (*chiaro*) deutlich **3.** (*fine*) vornehm; **-i saluti** mit freundlichen Grüßen; **distinzione** [distin'tsio:ne] *f* **1.** (*considerazione separata*) Unterschied *m* **2.** (*discriminazione*) Unterscheidung *f* **3.** (*riguardo*) Hochachtung *f*

distogliere [dis'tɔʎʎere] <irr> *vt* abbringen; (*attenzione*) ablenken; (*sguardo*) abwenden

distorcere [dis'tɔrtʃere] <distorco, distorsi, distorto> **I.** *vt* **1.** (*torcere, contorcere*) verziehen, verzerren **2.** (*fig: verità*) entstellen **II.** *vr* **-rsi** sich winden; **distorsione** [distor'sio:ne] *f* **1.** (MED) Verstauchung *f* **2.** (*fig*) Entstellung *f*

distrarre [dis'trarre] <irr> **I.** *vt* **1.** (*dallo studio*) ablenken **2.** (*sguardo*) abwenden **II.** *vr* **-rsi** **1.** (*volgere la mente*) sich ablenken (lassen) **2.** (*divertirsi*) sich zerstreuen; **distratto**, **-a** [dis'tratto] **I.** *agg* unaufmerksam, zerstreut **II.** *m, f* zerstreute Person; **distrazione** [distrat'tsio:ne] *f* **1.** (*disattenzione*) Unaufmerksamkeit *f* **2.** (*diversivo*) Ablenkung *f*

distretto [dis'tretto] *m* Bezirk *m*

distribuire [distribu'i:re] <distribuisco, distribuii, distribuito> *vt* verteilen, austeilen; (*fornire*) versorgen mit

distributore [distribu'to:re] *m* Verteiler *m*; ~ **automatico** Automat *m*; ~ **di benzina** Tankstelle *f*

distributore, **-trice** *m, f* Verteiler(in) *m(f)*; **distribuzione** [distribut'tsio:ne] *f* **1.** (*assegnazione*) Verteilung *f* **2.** (*fornitura*) Versorgung *f*

distruggere [dis'truddʒere] <distruggo, distrussi, distrutto> *vt* **1.** (*annientare*) vernichten **2.** (*vanificare*) zunichte machen **3.** (*fig*) zerstören; **distruttivo**, **-a**

[distrut'ti:vo] *agg* zerstörerisch; (*a fig: critica*) vernichtend; **distrutto** [dis'trutto] *pp di* **distruggere**; **distruttore**, **-trice** **I.** *agg* Zerstörungs- **II.** *m, f* Zerstörer(in) *m(f)*; **distruzione** [distrut'tsio:ne] *f* Zerstörung *f*

disturbare [distur'ba:re] **I.** *vt* **1.** (*ostacolare*) stören **2.** (*infastidire*) belästigen, sekkieren *A* **II.** *vr* **-rsi** (sich *dat*) Umstände machen; **non si disturbi** machen Sie sich keine Umstände; **grazie, ma non doveva -rsi** vielen Dank, das war (doch) nicht nötig; **disturbatore**, **-trice** [disturba'to:re] *m, f* Störer(in) *m(f)*; **disturbo** [dis'turbo] *m* **1.** (TEC) Störung *f* **2.** (MED) Beschwerden *fpl*; ~ **di stomaco** Magenbeschwerden *fpl* **3.** (*incomodo*) Bemühung *f*; **togliere il** ~ nicht länger stören wollen

disubbidiente [dizubbi'diɛnte] *agg* ungehorsam; **disubbidienza** [dizubbi'diɛntsa] *f* Ungehorsam *m*; **disubbidire** [dizubbi'di:re] <irr> *vi* ~ **a qu** jdm nicht gehorchen; ~ **a un ordine** einen Befehl nicht befolgen

disuguaglianza [dizuguaʎ'ʎantsa] *f* **1.** (*divario*) Unterschied *m* **2.** (MAT) Ungleichung *f*; **disuguale** [dizu'gua:le] *agg* **1.** (*diverso*) ungleich **2.** (*irregolare*) unregelmäßig

disumanità [dizumani'ta] <-> *f* Unmenschlichkeit *f*; **disumano**, **-a** [dizu'ma:no] *agg* unmenschlich

disunione [dizu'nio:ne] *f* **1.** (*mancanza di coesione*) Uneinigkeit *f* **2.** (*discordia*) Zwietracht *f*; **disunire** [dizu'ni:re] <irr> *vt* **1.** (*separare*) scheiden, trennen **2.** (*fig*) entzweien

disuso [di'zu:zo] *m* **cadere in** ~ ungebräuchlich werden

ditale [di'ta:le] *m* Fingerhut *m*

ditata [di'ta:ta] *f* Fingerabdruck *m*

dito ['di:to] <nel loro insieme: -a *f*, considerati separatamente: -i *m*> *m* **1.** (ANAT: *della mano*) Finger *m*; (*del piede*) Zeh *m*; **si contano sulle -a** man kann sie an zehn Fingern abzählen; **mettere il** ~ **nella piaga** (*fig*) den wunden Punkt treffen **2.** (*del guanto*) Fingerling *m*

ditta ['ditta] *f* Firma *f*

dittatore [ditta'to:re] *m* Diktator *m*; **dittatoriale** [dittato'ria:le] *agg* diktatorisch; **dittatura** [ditta'tu:ra] *f* Diktatur *f*

dittongo [dit'tɔŋgo] <-ghi> *m* Doppelvokal *m*

diuresi [diu'rɛ:zi] <-> *f* Harnausscheidung *f*

diuretico [diu'rɛ:tiko] <-ci> *m* Diuretikum *n*

diuretico, **-a** <-ci, -che> *agg* diuretisch

diurno, **-a** [di'urno] *agg* Tag(es)-; **servizio ~ e notturno** Tag und Nacht geöffnet

diva ['di:va] *f* Diva *f*

divagare [diva'ga:re] **I.** *vi* abschweifen; ~ **da qc** von etw ablenken **II.** *vr* **-rsi** sich zerstreuen; **divagazione** [divagat'tsio:ne] *f* Abschweifung *f*

divampare [divam'pa:re] *vi essere* **1.** (*incendio, fiamma*) auflodern **2.** (*fig: emozione, guerra*) auflodern

divano [di'va:no] *m* Sofa *n*; ~ **letto** Bettcouch *f*

divaricare [divari'ka:re] *vt* **1.** (*in ginnastica*) (auseinander) spreizen **2.** (*allargare*) verbreitern

divario [di'va:rio] *m* Unterschied *m*; ~ **nord-sud** Nord-Süd-Gefälle *n*

divenire [dive'ni:re] <irr> *vi essere* werden; **diventare** [diven'ta:re] *vi essere* werden; ~ **qc** (zu) etw werden; ~ **vecchio** alt werden; **mi fai ~ nervoso** du machst mich nervös

divergente [diver'dʒɛnte] *agg* **1.** (*a fig*) auseinander laufend **2.** (MAT) divergent; **divergenza** [diver'dʒɛntsa] *f* **1.** (*punto di allontanamento*) Auseinanderlaufen *n* **2.** (MAT) Divergenz *f* **3.** (*fig*) (Meinungs)verschiedenheit *f*; **divergere** [di'vɛrdʒere] <divergo, *mancano pass rem e pp*> *vi* **1.** (*andare in direzioni diverse*) auseinander laufen **2.** (MAT, SCIENT) divergieren; (*fig*) abweichen

diversamente [diversa'mente] *avv* **1.** (*in maniera diversa*) anders, auf andere Weise **2.** (*altrimenti*) sonst, ansonsten *A*

diversificare [diversifi'ka:re] **I.** *vt* unterscheiden **II.** *vr* **-rsi** sich unterscheiden; **diversificazione** [diversifikat'tsio:ne] *f* **1.** (*atto*) Unterscheidung *f* **2.** (*effetto*) Unterschiedlichkeit *f*

diversità [diversi'ta] <-> *f* **1.** (*differenza*) Verschiedenheit *f* **2.** (*varietà*) Vielfalt *f*

diversivo [diver'si:vo] *m* Ablenkung *f*; **diversivo**, **-a** *agg* **manovra -a** Ablenkungsmanöver *n*

diverso, **-a** [di'vɛrso] **I.** *agg* **1.** (*differente*) verschieden, andere(r, s), anders **2.** *pl* (*vari*)

D

mehrere, einige **II.** *pron pl* mehrere

divertente [diver'tɛnte] *agg* unterhaltsam; **divertimento** [diverti'mento] *m* **1.** (*passatempo*) Unterhaltung *f* **2.** (*godimento*) Vergnügen *n;* **buon ~!** viel Vergnügen!; **divertire** [diver'tiːre] **I.** *vt* unterhalten **II.** *vr* **-rsi** sich vergnügen; **-rsi alle spalle di qu** sich über jdn lustig machen; **divertito, -a** [diver'tiːto] *agg* vergnügt, belustigt, amüsiert

dividere [di'viːdere] <divido, divisi, diviso> **I.** *vt* **1.** (*separare*) (auf)teilen **2.** (*fig: condividere*) teilen **3.** (*fig: disunire*) auseinanderbringen **4.** (MAT) teilen; **~ per ...** durch ... teilen; **~ 9 per 3** 9 durch 3 teilen **II.** *vr* **-rsi** sich teilen; (*separarsi*) sich trennen

divieto [di'viɛːto] *m* Verbot *n;* **~ di parcheggio** Parkverbot *n;* **~ di sosta** Halteverbot *n*

divinità [divini'ta] <-> *f* **1.** (*natura*) Göttlichkeit *f* **2.** (*dio*) Gottheit *f*

divinizzare [divinid'dzaːre] *vt* **1.** (*considerare divino*) vergöttlichen **2.** (*fig*) vergöttern

divino [di'viːno] *m* Göttliche(s) *n*

divino, -a *agg* **1.** (*appartenente alla divinità*) göttlich, Gottes- **2.** (*fig*) himmlisch, göttlich

divisa [di'viːza] *f* **1.** (*uniforme*) Uniform *f* **2.** (FIN) ausländisches Zahlungsmittel

divisi [di'viːzi] *1. pers sing pass rem di* **dividere**

divisibile [divi'ziːbile] *agg* teilbar; **divisibilità** [divizibili'ta] <-> *f* Teilbarkeit *f*

divisione [divi'zioːne] *f* **1.** (*ripartizione*) (Auf)teilung *f* **2.** (*separazione*) Teilung *f;* **~ in sillabe** Silbentrennung *f* **3.** (MAT) Division *f* **4.** (*reparto*) Abteilung *f*

diviso, -a [di'viːzo] *pp di* **dividere**

divisore [divi'zoːre] *m* (MAT) Teiler *m;* **~ comune** gemeinsamer Teiler

divisorio, -a <-i, -ie> *agg* Trenn-; **parete -a** Scheidewand *f*

divo, -a ['diːvo] *m, f* Star *m*

divorare [divo'raːre] *vt* **1.** (*mangiare avidamente, a fig*) verschlingen **2.** (*fig*) fressen; **divoratore, -trice** [divora'toːre] *m, f* Vielfraß *m;* **~ di libri** Bücherwurm *m*

divorziare [divor'tsiaːre] *vi* **1.** (JUR) **~ da qu** sich von jdm scheiden lassen **2.** (*fig*) sich trennen; **divorzio** [di'vɔrtsio] <-i> *m* **1.** (JUR) (Ehe)scheidung *f* **2.** (*fig*) Trennung *f;* **divorzista** [divor'tsista] <-i *m*, -e *f*> **I.** *agg* **1.** (*che riguarda il divorzio*) die Scheidung betreffend **2.** (*favorevole al divorzio*) scheidungsfreundlich **II.** *mf* (*avvocato*) Scheidungsanwalt *m*, Scheidungsanwältin *f*

divulgare [divul'gaːre] **I.** *vt* verbreiten **II.** *vr* **-rsi** sich verbreiten; **divulgativo, -a** [divulga'tiːvo] *agg* allgemein verständlich; **divulgazione** [divulgat'tsioːne] *f* Bekanntmachung *f*

dizionario [dittsio'naːrio] <-i> *m* Wörterbuch *n;* **~ monolingue/bilingue** ein-/zweisprachiges Wörterbuch; **consultare il ~** im Wörterbuch nachschlagen

dizione [dit'tsioːne] *f* **1.** (*modo*) Ausdrucksweise *f* **2.** (*recitazione*) Deklamation *f*

dl *abbr di* **decilitro** dl

D.L. *abbr di* **Decreto legge** Ermächtigungsgesetz

dm *abbr di* **decimetro** dm

D.M. *abbr di* **Decreto Ministeriale** *Ermächtigungsgesetz eines Ministeriums*

D.N.A. *m abbr di* **acido deossiribonucleico** DNS *f*

do[1] [dɔ] <-> *m* (MUS) c, C *n;* **~ maggiore/minore** C-Dur/C-Moll

do[2] *1. pers sing pr di* **dare**[1]

dobbiamo [dob'biaːmo] *1. pers pl pr di* **dovere**[1]

D.O.C. [dɔk] *abbr di* **Denominazione di Origine Controllata** QbA

doccia ['dottʃa] <-cce> *f* Dusche *f;* **fare la ~** (sich) duschen

docente [do'tʃɛnte] **I.** *agg* **personale ~** Lehrkörper *m* **II.** *mf* Lehrer(in) *m(f);* **~ universitario** Dozent(in) *m(f);* **docenza** [do'tʃɛntsa] *f* Dozentur *f;* **libera ~** Privatdozentur *f*

docile ['dɔːtʃile] *agg* **1.** (*persone*) gefügig **2.** (*animale*) zahm **3.** (*materiale*) geschmeidig; **docilità** [dotʃili'ta] <-> *f* **1.** (*sottomissione*) Gefügigkeit *f* **2.** (*di animali*) Zahmheit *f* **3.** (*di strumenti*) Handlichkeit *f*

documentare [dokumen'taːre] **I.** *vt* dokumentieren, belegen **II.** *vr* **-rsi** (**su qc**) sich (über etw *acc*) informieren

documentario [dokumen'taːrio] <-i> *m* Dokumentarfilm *m*

documentario, -a <-i, -ie> *agg* dokumentarisch, Dokumentar-

documentazione [dokumentat'tsioːne] *f* **1.** (*raccolta di materiale*) Dokumentation *f* **2.** (*insieme di documenti*) Unterlagen *fpl*

documento [doku'mento] *m* **1.** *pl* (*di identità*) Papiere *npl,* (Personal)ausweis *m* **2.** (*fig: testimonianza storica*) Dokument *n*

dodecafonia [dodekafo'ni:a] *f* Zwölftonmusik *f;* **dodecagono** [dode'ka:gono] *m* Zwölfeck *n*

dodecasillabo [dodeka'sillabo] *m* Zwölfsilb(l)er *m*

dodecasillabo, -a *agg* zwölfsilbig

dodicenne [dodi'tʃɛnne] **I.** *agg* zwölfjährig **II.** *mf* Zwölfjährige(r) *f(m);* **dodicennio** [dodi'tʃɛnnio] <-i> *m* Zeitraum *m* von 12 Jahren, 12 Jahre *npl;* **dodicesimale** [doditʃezi'ma:le] *agg* (MAT) duodezimal; **calcolo ~** Duodezimalrechnung *f*

dodicesimo [dodi'tʃɛ:zimo] *m* (*frazionario*) zwölfter Teil

dodicesimo, -a **I.** *agg* zwölfte(r, s) **II.** *m, f* Zwölfte(r, s) *mfn; v. a.* **quinto**

dodici ['do:ditʃi] **I.** *num* zwölf **II.** <-> *m* **1.** (*numero*) Zwölf *f* **2.** (*nelle date*) Zwölfte(r) *m* **III.** *fpl* zwölf Uhr; *v. a.* **cinque**

dogana [do'ga:na] *f* (*imposta*) Zoll *m;* **doganale** [doga'na:le] *agg* Zoll-; **doganiere** [doga'niɛ:re] *mf* Zollbeamte(r) *m,* -beamtin *f*

doglia ['dɔʎʎa] <-glie> *f pl* (*del parto*) (Geburts)wehen *fpl*

dogma ['dɔgma] <-i> *m* Dogma *n;* **dogmatica** [dog'ma:tika] *f* Dogmatik *f;* **dogmatico, -a** <-ci, -che> *agg* dogmatisch; **dogmatismo** [dogma'tizmo] *m* Dogmatismus *m*

do-it-yourself ['du:itjo:'self] <-> *m* Do-it-yourself *n*

dolby® ['dɔlbi] <-> *m* Dolby® *n*

dolce ['doltʃe] **I.** *agg* **1.** (*sapore*) süß; **~ come il miele** honigsüß **2.** (*delicato, mite*) mild **II.** *m* Süßspeise *f;* (*torta*) Kuchen *m;* **dolceamaro, -a** [doltʃea'ma:ro] *agg* bittersüß; **dolcezza** [dol'tʃettsa] *f* (*a fig*) Süße *f;* **dolciario, -a** [dol'tʃa:rio] <-i, -ie> *agg* **industria -a** Süßwarenindustrie *f;* **dolciastro, -a** [dol'tʃastro] *agg* unangenehm süß

dolcificante [doltʃifi'kante] **I.** *agg* Süß- **II.** *m* Süßstoff *m*

dolcificare [doltʃifi'ka:re] *vt* süßen

dolciume [dol'tʃu:me] *m pl* Süßwaren *fpl*

dolente [do'lɛnte] *agg* schmerzhaft; (*fig*) schmerzlich; **sono ~ per quanto è successo** ich bedaure, was geschehen ist

dolere [do'le:re] <dolgo, dolsi, doluto> **I.** *vi essere o avere* schmerzen, weh tun; **mi dolgono i denti** die Zähne tun mir weh **II.** *vr* **-rsi** **1.** (*rattristarsi*) **-rsi di qc** etw bedauern **2.** (*lamentarsi*) sich beklagen

dollaro ['dɔllaro] *m* Dollar *m*

dolomite [dolo'mi:te] *f* **le Dolomiti** (GEOG) die Dolomiten

dolorante [dolo'rante] *agg* schmerzhaft

dolore [do'lo:re] *m* **1.** (MED) Schmerz *m;* **~ di testa** Kopfschmerzen *mpl,* Kopfweh *n* **2.** (*fig*) Leid *n;* **dolorifico, -a** [dolo'ri:fiko] <-ci, -che> *agg* Schmerz-; **doloroso, -a** [dolo'ro:so] *agg* **1.** (MED) schmerzhaft **2.** (*afflitto*) schmerzlich

dolsi ['dɔlsi] *1. pers sing pass rem di* **dolere**

domabile [do'ma:bile] *agg* zähmbar; (*fig*) bezähmbar

domanda [do'manda] *f* **1.** (*interrogazione, quesito*) Frage *f;* **fare una ~** eine Frage stellen **2.** (*richiesta*) Anfrage *f;* (*di lavoro*) Bewerbung *f;* **fare la ~** sich bewerben; **domandare** [doman'da:re] **I.** *vt* **1.** (*per sapere qc*) fragen (nach); **~ qc a qu** jdn etw fragen; **~ un consiglio a qu** jdn um Rat fragen; **~ notizie di qu** Auskunft über jdn erbitten; **~ il prezzo** nach dem Preis fragen **2.** (*per ottenere qc*) bitten; **~ un favore a qu** jdn um einen Gefallen bitten; **~ scusa** um Entschuldigung bitten **II.** *vr* **-rsi** sich fragen

domani [do'ma:ni] **I.** *avv* morgen; **~ mattina/pomeriggio** morgen früh/nachmittag; **a ~!** bis morgen! **II.** <-> *m* **1.** (*giorno seguente*) darauffolgender Tag **2.** (*fig*) Morgen *n*

domare [do'ma:re] *vt* **1.** (*animali*) zähmen **2.** (*fig*) bändigen; **domatore, -trice** [doma'to:re] *m, f* Dompteur *m,* Dompteuse *f*

domattina [domat'ti:na] *avv* morgen früh

domenica [do'me:nika] <-che> *f* Sonntag *m;* **di ~** sonntags; **~ scorsa/prossima** (am) letzten/(am) nächsten Sonntag; **tutta la ~** den ganzen Sonntag (über); **ogni ~, tutte le -che** jeden Sonntag; **una ~ sì, una ~ no** jeden zweiten Sonntag; **una ~** eines Sonntags, an einem Sonntag; **~ mattina/pomeriggio/sera** (am) Sonntagmorgen/-nachmittag/-abend; **oggi è ~ due maggio** heute ist Sonntag, der zweite Mai; **domenicale** [domeni'ka:le] *agg* Sonntags-, sonntäglich

domestico, -a [do'mɛstiko] <-ci, -che>

D

I. *agg* Haus-, häuslich II. *m, f* Dienstmädchen *n*

domiciliare [domitʃi'lia:re] *agg* Haus-; **domicilio** [domi'tʃi:lio] <-i> *m* Wohnsitz *m*

dominante [domi'nante] *agg* vorherrschend; **dominare** [domi'na:re] **I.** *vi* **1.** (*essere padrone assoluto*) herrschen **2.** (*fig*) ~ **su qu** jdm überlegen sein **II.** *vt* (*a fig*) beherrschen **III.** *vr* **-rsi** sich beherrschen; **dominatore**, **-trice** [domina'to:re] *m, f* (Be)herrscher(in) *m(f)*; **dominazione** [dominat'tsio:ne] *f* Herrschaft *f*

dominio [do'mi:nio] <-i> *m* **1.** (*padronanza*) Herrschaft *f*; **avere il ~ di qc** die Herrschaft über etw *acc* ausüben **2.** (*controllo*) Beherrschung *f*; ~ **di sé** Selbstbeherrschung *f* **3.** (JUR: *proprietà*) Eigentum *n*

donare [do'na:re] **I.** *vt* **1.** (*regalare*) verschenken, geben **2.** (*fig*) hingeben **3.** (*sangue, organi*) spenden **II.** *vi* (*fig*) stehen **III.** *vr* **-rsi** sich hingeben; **donatore**, **-trice** [dona'to:re] *m, f* Spender(in) *m(f)*; **donazione** [donat'tsio:ne] *f* Spende *f*

dondolare [dondo'la:re] **I.** *vt* schaukeln **II.** *vr* **-rsi** **1.** (*muoversi oscillando*) schaukeln **2.** (*fig: oziare*) herumtrödeln; **dondolio** [dondo'li:o] <-ii> *m* Schaukeln *n*; **dondolo** ['dondolo] *m* Hollywoodschaukel *f*; **a ~** Schaukel-; **cavallo/sedia a ~** Schaukelpferd *n*/-stuhl *m*

dongiovanni [dondʒo'vanni] <-> *m* Don Juan *m*

donna ['dɔnna] *f* **1.** (*gener*) Frau *f* **2.** (*in carte da gioco*) Dame *f*

donnola ['dɔnnola] *f* Wiesel *n*

dono ['do:no] *m* **1.** (*regalo*) Geschenk *n*; **in ~** zum Geschenk **2.** (*fig: dote*) Begabung *f*; ~ **di natura** Naturbegabung *f*

dopante [do'pante] *agg* **sostanza ~** Dopingmittel *n*; **dopato**, **-a** [do'pa:to] *agg* gedopt; **doping** ['dɔpin(g)] <-> *m* Doping *n*

dopo ['do:po] **I.** *avv* **1.** (*tempo*) nachher, danach; **poco ~** kurz danach; **a ~** bis später, bis dann *fam*; ~ **di che** darauf(hin) **2.** (*luogo*) danach **II.** *prp* **1.** (*tempo*) nach +*dat*; **due anni ~** nach zwei Jahren **2.** (*luogo*) hinter +*dat* **III.** *cong* nachdem **IV.** <inv> *agg* (darauf) folgend, nächste(r, s); **il giorno ~** am nächsten Tag; **dopobarba** [dopo'barba] <-> *m* Rasierwasser *n*; **dopocena** [dopo'tʃe:na] <-> *m* Zeit *f* nach dem Abendessen; (*trattenimento*) Empfang *m* nach dem Abendessen; **dopodiché**, **dopo di che** [dopodi'ke, 'do:po di 'ke] *avv* darauf, schließlich; **dopodomani** [dopodo'ma:ni] *avv* übermorgen; **dopoguerra** [dopo'guɛrra] <-> *m* Nachkriegszeit *f*; **dopopranzo** [dopo'prandzo] **I.** <-> *m* (früher) Nachmittag *m* **II.** *avv* am (frühen) Nachmittag, nachmittag(s); **doposci** [dopoʃ'ʃi] *m* Après-Ski(-Kleidung *f*) *n*; **doposcuola** [dopos'kuɔ:la] <-> *m* Kinderhort *m*; **dopotutto**, **dopo tutto** [dopo'tutto, 'do:po 'tutto] *avv* schließlich, letzten Endes

doppiaggio [dop'piaddʒo] <-ggi> *m* (FILM) Synchronisierung *f*; **doppiare** [dop'pia:re] *vt* **1.** (NAUT) umschiffen **2.** (SPORT) überrunden **3.** (FILM) synchronisieren; **doppiatore**, **-trice** [doppia'to:re] *m, f* Synchronsprecher(in) *m(f)*

doppio ['doppio] *m* **1.** (*di quantità, numero, misura*) Doppelte(s) *n* **2.** (SPORT) Doppel *n*; ~ **femminile/maschile** Damen-/Herrendoppel *n*; ~ **misto** gemischtes Doppel

doppio, **-a** <-i, -ie> **I.** *agg* **1.** (*gener*) doppelt, doppel-, Doppel- **2.** (*fig*) zweideutig **II.** *avv* doppelt, zweifach; **vederci ~** doppelt sehen

doppiofallo [doppio'fallo] <doppifalli> *m* (*tennis, basket*) Doppelfehler *m*; **doppione** [dop'pio:ne] *m* Duplikat *n*; **doppiopetto** [doppio'pɛtto] <-> *m* Zweireiher *m*; **doppiovetro** [doppio've:tro] <doppivetri> *m* (*fam*) Doppelfenster *n*

dorare [do'ra:re] *vt* **1.** (*con oro*) vergolden **2.** (GASTR) goldbraun backen; **dorato**, **-a** [do'ra:to] *agg* **1.** (*rivestito d'oro*) vergoldet, Gold- **2.** (*fig*) golden **3.** (GASTR) goldbraun gebacken

dorico, **-a** ['dɔ:riko] <-ci, -che> *agg* (KUNST) dorisch

dormicchiare [dormik'kia:re] *vi* nicken

dormiglione, **-a** [dormiʎ'ʎo:ne] *m, f* Langschläfer(in) *m(f)*

dormire [dor'mi:re] **I.** *vi* **1.** (*gener*) schlafen; **dormirci sopra** etw überschlafen **2.** (*fig*) ruhen; **qui dorme in pace …** (*su sepolcri*) hier ruht (in Frieden) … **II.** *vt* schlafen; ~ **sonni tranquilli** einen ruhigen Schlaf haben; **dormita** [dor'mi:ta] *f* langer, tiefer Schlaf; **dormitorio** [dormi'tɔ:rio] <-i> *m* Schlafsaal *m*; **dormiveglia** [dormi'veʎʎa]

<-> *m* Halbschlaf *m*

dorsale [dor'sa:le] **I.** *agg* (MED) Rücken-, dorsal; **spina** ~ Wirbelsäule *f* **II.** *m* **1.** (*di letto*) Kopfende *n* **2.** (*di poltrona*) Rück(en)lehne *f* **III.** *f* (Berg)rücken *m*

dorsista [dor'sista] <-i *m*, -e *f*> *mf* (SPORT) Rückenschwimmer(in) *m(f)*

dorso ['dɔrso] *m* **1.** (*schiena, faccia esterna*) Rücken *m* **2.** (SPORT) Rückenschwimmen *n*

dosacaffè [dosakaf'fe] <-> *m* Kaffeedosierer *m*

dosaggio [do'zaddʒo] <-ggi> *m* Dosierung *f;* **dosare** [do'za:re] *vt* **1.** (*misurare*) dosieren **2.** (*fig*) dosieren, bemessen; **dosaspaghetti** [dosaspa'getti] <-> *m* Spaghettimessbehälter *m;* **dosazucchero** [dosa'tsukkero] <-> *m* Zuckerstreuer *m*

dose ['dɔ:ze] *f* **1.** (*quantità*) Menge *f* **2.** (MED) Dosis *f* **3.** (*fig, scherz*) Portion *f*

dossier [do'sje] <-> *m* Dossier *n*

dosso ['dɔsso] *m* (~ *stradale*) Kuppe *f*

dotare [do'ta:re] *vt* ausstatten; ~ **qc di qc** etw mit etw ausstatten; **dotato**, **-a** [do'ta:to] *agg* **1.** (*di talento*) begabt **2.** (*provvisto*) versehen; **essere** ~ **di qc** mit etw ausgestattet sein

dote ['dɔ:te] *f* **1.** (*della sposa*) Mitgift *f* **2.** (*fig*) Gabe *f*

Dott. *abbr di* **Dottore** Dr.

dotto, **-a** ['dɔtto] **I.** *agg* gelehrt **II.** *m, f* Gelehrte(r) *f(m)*

dottorato [dotto'ra:to] *m* Doktorwürde *f,* Promotion *f;* **fare il** ~ **di ricerca** promovieren; **dottore**, **-essa** [dot'to:re, dotto'ressa] *m, f* **1.** (*laureato*) Doktor *m;* (*con diploma*) Magister *m,* Magistra *f A;* ~ **in legge/medicina** Doktor der Rechte/der Medizin **2.** (*fam: medico*) Doktor(in) *m(f)*

dottrina [dot'tri:na] *f* **1.** (*cognizioni*) Wissen *n* **2.** (REL) Glaubenslehre *f*

Dott.ssa *abbr di* **Dottoressa** Dr.

double-face [duble'fa:s] *agg* **giacca** ~ Wendejacke *f*

dove ['do:ve] **I.** *avv* **1.** (*stato*) wo **2.** (*moto*) wohin; **da** ~ woher; ~ **vai?** wohin gehst du? **II.** *cong* **1.** +*conj* (*nel caso che*) falls, wenn **2.** (*mentre*) während **III.** *m* Wo *n;* **per ogni** ~ (*stato*) überall; (*moto*) überallhin

dovere[1] [do've:re] <devo, dovei, dovuto> **I.** *vi* müssen, sollen; **sono dovuto andare** ich musste gehen; **come si deve** wie es sich gehört; **deve essere successo qc** es muss etw passiert sein; **strano, dovrebbe già nevicare** seltsam, es müsste (eigentlich) schon schneien **II.** *vt* (*essere debitore*) schulden; (*a fig*) verdanken

dovere[2] *m* Pflicht *f;* **sentirsi in** ~ **di ...** sich verpflichtet fühlen zu ...; **a** ~ pflichtgemäß; (*come si deve*) wie es sich gehört

dovunque [do'vuŋkue] *cong*+*conj* **1.** (*stato*) wo (auch) immer; (*moto*) wohin (auch) immer **2.** (*dappertutto: stato*) überall; (*moto*) überallhin

dovuto, **-a** *agg* **1.** (*necessario*) gebührend **2.** (*causato*) ~ **a** verursacht durch

download *vt* (INFORM: *scaricare*) downloaden, herunterladen

dozzina [dod'dzi:na] *f* Dutzend *n;* **una** ~ (**di ...**) (etwa) zwölf (...), ein Dutzend (...); **a -e** zu Dutzenden; **dozzinale** [doddzi'na:le] *agg* (*pej*) gewöhnlich

D.P. *abbr di* **Decreto Presidenziale** *Ermächtigungsgesetz des italienischen Staatspräsidenten*

Dr. *abbr di* **Dottore, Dottoressa** Dr.

drago ['dra:go] <-ghi> *m* Drache *m*

dramma ['dramma] <-i> *m* **1.** (THEAT) Drama *n* **2.** (*fig*) Drama *n*

drammaticità [drammatitʃi'ta] <-> *f* Dramatik *f;* **drammatico**, **-a** [dram'ma:tiko] <-ci, -che> *agg* dramatisch; **attore** ~ Theaterschauspieler *m*

drammatizzare [drammatid'dza:re] *vt* **1.** (*ridurre in forma di dramma*) für die Bühne bearbeiten **2.** (*fig*) dramatisieren

drammaturgia [drammatur'dʒi:a] <-gie> *f* dramatische Dichtkunst; **drammaturgico**, **-a** [dramma'turdʒiko] <-ci, -che> *agg* dramatisch; **drammaturgo**, **-a** [dramma'turgo] <-ghi, -ghe> *m, f* Dramatiker(in) *m(f)*

drastico, **-a** ['drastiko] <-ci, -che> *agg* drastisch

Dresda ['drɛzda] *f* Dresden *n*

dribblare [drib'bla:re] *vi* dribbeln

drindrin, **drin drin** [drin'drin] **I.** <-> *m* Klingeln *n* **II.** *int* kling(e)ling

drink [drink] <-> *m* Drink *m*

dritto, **-a** ['dritto] **I.** *m, f* (*fam*) Schlaukopf *m* **II.** *agg v.* **diritto, -a**

drive ['draiv] <-> *m* (INFORM) Laufwerk *n*

drive-in ['draivin] **I.** <inv> *agg* **cinema** ~ Drive-in-Kino *n* **II.** <-> *m* Autokino *n*

drizzare [drit'tsa:re] **I.** *vt* **1.**(*raddrizzare*) gerade machen; ~ **le orecchie** die Ohren spitzen **2.**(*innalzare*) aufrichten **3.**(*dirigere*) ~ **qu verso qc** jdn auf etw *acc* richten **II.** *vr* **-rsi** sich aufrichten

droga ['drɔ:ga] <-ghe> *f* **1.**(*sostanza aromatica*) Gewürz *n* **2.**(*stupefacente*) Droge *f;* **-ghe leggere/pesanti** weiche/harte Drogen; **drogare** [dro'ga:re] **I.** *vt* **1.**(GASTR) würzen **2.**(*somministrare droghe a qu*) unter Drogen setzen; (SPORT) dopen **II.** *vr* **-rsi** **1.**(*prendere la droga*) Rauschgift nehmen **2.**(SPORT) sich dopen; **drogato**, **-a** [dro'ga:to] *m, f* Drogenabhängige(r) *f(m)*

drogheria [droge'ri:a] <-ie> *f* Kolonialwarengeschäft *n;* **droghiere**, **-a** [dro'giɛ:re] *m, f* Kolonialwarenhändler(in) *m(f)*

dromedario [drome'da:rio] <-i> *m* Dromedar *n*

DS *m abbr di* **democratici di sinistra** *linke demokratische Partei Italiens*

dubbio ['dubbio] *m* Zweifel *m;* **avere un ~ su qc** an etw *dat* Zweifel haben; **avere dei -i su qu** an jdm zweifeln; **senza ~** zweifellos, ohne Zweifel; **mi viene un ~** mir kommen Zweifel

dubbio, **-a** <-i, -ie> *agg* zweifelhaft, fragwürdig

dubbioso, **-a** [dub'bio:so] *agg* **1.**(*che è in dubbio*) zweifelnd, unsicher **2.**(*che dà motivo di dubbio*) zweifelhaft

dubitare [dubi'ta:re] *vi* **1.**(*esitare*) zweifeln; ~ **di qu/qc** an jdm/etw zweifeln **2.**(*ritenere poco probabile*) bezweifeln; **dubito assai che tu venga** ich bezweifle sehr, dass du kommst **3.**(*temere*) befürchten

Dublino [du'bli:no] *f* Dublin *n*

duca ['du:ka] <-chi> *m* Herzog *m;* **ducale** [du'ka:le] *agg* herzoglich, Herzogs-

ducato [du'ka:to] *m* **1.**(POL) Herzogtum *n* **2.**(*moneta d'oro*) Dukaten *m*

duce ['du:tʃe] <-ci> *m* Führer *m;* **il Duce** (*Benito Mussolini*) der Duce

duchessa [du'kessa] *f* Herzogin *f*

due ['du:e] **I.** *num* zwei; (*fig fam*) ein paar; **a ~ a ~** zu zweien (nebeneinander), paarweise; **su ~ piedi** stehenden Fußes **II.** <-> *m* **1.**(*numero*) Zwei *f* **2.**(*nelle date*) Zweite(r) *m* **3.**(*voto scolastico*) ≈ mangelhaft, ungenügend **III.** *fpl* zwei Uhr *f; v. a.* **cinque**

duecentesco, **-a** [duetʃen'tesko] <-schi, -sche> *agg* das dreizehnte Jahrhundert betreffend; **duecento** [due'tʃɛnto] **I.** *num* zweihundert **II.** <-> *m* Zweihundert *f;* **il Duecento** das dreizehnte Jahrhundert; (*nell'arte e nella letteratura italiana*) das Duecento

duellare [duel'la:re] *vi* ~ **con qu** sich mit jdm duellieren; **duello** [du'ɛllo] *m* (HIST, SPORT) Duell *n*

duemila [due'mi:la] **I.** *num* zweitausend **II.** <-> *m* Zweitausend *f;* **il ~** das Jahr 2000

duepezzi, **due pezzi** [due'pɛttsi, 'du:e 'pɛttsi] <-> *m* (*giacca e gonna*) Kostüm *n;* (*costume da bagno*) Zweiteiler *m*

duetto [du'etto] *m* **1.**(MUS) Duett *n* **2.**(*scherz*) Duo *n*

duna ['du:na] *f* Düne *f*

dunque ['duŋkue] **I.** *cong* **1.**(*perciò*) folglich **2.**(*allora*) also **3.**(*esortativo*) nun, also **II.** *m* **veniamo al ~** kommen wir zum entscheidenden Punkt

duodeno [duo'dɛ:no] *m* (ANAT) Zwölffingerdarm *m*

duomo ['duɔ:mo] *m* Dom *m*

duplicare [dupli'ka:re] *vt* duplizieren; **duplicato** [dupli'ka:to] *m* Duplikat *n;* **duplicazione** [duplikat'tsio:ne] *f* Kopieren *n*

duplice ['du:plitʃe] *agg* zweifach, doppelt; **duplicità** [duplitʃi'ta] <-> *f* Zweifachheit *f*

durante [du'rante] *prp* während; ~ **la guerra** während des Krieges; **vita natural ~** zeitlebens

durare [du'ra:re] *vi essere o avere* **1.**(*continuare*) (an)dauern, weitergehen **2.**(*mantenersi*) (sich) halten; **durata** [du'ra:ta] *f* Dauer *f;* (*di oggetti*) Haltbarkeit *f;* **duraturo**, **-a** [dura'tu:ro] *agg,* **durevole** [du're:vole] *agg* dauerhaft

durezza [du'rettsa] *f* **1.**(*qualità*) Härte *f* **2.**(*fig: severità*) Härte *f;* (*del clima*) Strenge *f;* (*ostinazione*) Hartnäckigkeit *f*

duro ['du:ro] *m* (*gener*) Harte(s) *n*

duro, **-a** **I.** *agg* **1.**(*resistente*) hart **2.**(*tiglioso, a fig*) zäh **3.**(*severo*) hart, streng; (*ostinato*) hartnäckig **4.**(*difficile*) schwer, schwierig **5.**(*persona*) ~ **di comprendonio** schwer von Begriff; ~ **d'orecchi** schwerhörig **II.** *avv* hart; **tener ~** hart bleiben **III.** *m, f* harter Mensch

duttile ['duttile] *agg* **1.**(*materiale*) dehnbar; (*metallo*) duktil **2.**(*fig*) flexibel; **dutti-**

lità [duttili'ta] <-> *f* **1.** (*di materiale*) Dehnbarkeit *f;* (*di metallo*) Duktilität *f* **2.** (*fig*) Flexibilität *f*

duty-free shop ['dju:tifri: 'ʃɔp] <-> *m* Dutyfreeshop *m*

E

E, e [e] <-> *f* E, e *n;* ~ **come Empoli** E wie Emil

e [e] *cong* **1.** (*correlativa*) und; **e ... e ...** sowohl ... als auch ... **2.** (MAT) plus **3.** (*loc*) **tutti** ~ **tre** alle drei

E. *abbr di* **est** O

è [ɛ] *3. pers sing pr di* **essere**[1]

EAD *abbr di* **elaborazione automatica dei dati** automatische Datenverarbeitung

ebano ['ɛ:bano] *m* Ebenholz *n*

ebbene [eb'bɛ:ne] *cong* also

ebbi ['ɛbbi] *1. pers sing pass rem di* **avere**[1]

ebbrezza [eb'brettsa] *f* (*a fig*) Rausch *m;* **essere in stato di** ~ betrunken sein; **ebbro, -a** ['ɛbbro] *agg* betrunken

ebete ['ɛ:bete] **I.** *agg* schwachsinnig **II.** *mf* Schwachsinnige(r) *f(m)*

ebollizione [ebollit'tsio:ne] *f* Sieden *n;* **punto di** ~ Siedepunkt *m*

ebraico, -a [e'bra:iko] <-ci, -che> *agg* hebräisch; **ebraismo** [ebra'izmo] *m* Judentum *n;* **ebreo, -a** [e'brɛ:o] <-ei, -ee> *m, f* Jude *m,* Jüdin *f*

ecc. *abbr di* **eccetera** etc.

eccedenza [ettʃe'dɛntsa] *f* Überschuss *m;* **in** ~ im Überschuss; **eccedere** [et'tʃɛ:dere] *vi* übertreiben; ~ **in qc** sich in etw *dat* übernehmen

eccellente [ettʃel'lɛnte] *agg* Spitzen-; **eccellenza** [ettʃel'lɛntsa] *f* **1.** (*titolo*) Exzellenz *f* **2.** (*qualità*) Unübertrefflichkeit *f;* **per** ~ schlechthin; **eccellere** [et'tʃɛllere] <eccello, eccelsi, eccelso> *vi* ~ **in qc** sich durch etw auszeichnen

eccentricità [ettʃentritʃi'ta] <-> *f* (*a fig*) Exzentrizität *f;* **eccentrico, -a** [et'tʃɛntriko] <-ci, -che> *agg* (*a fig*) exzentrisch

eccepibile [ettʃe'pi:bile] *agg* fraglich

eccessivo, -a [ettʃes'si:vo] *agg* übertrieben; **eccesso** [et'tʃɛsso] *m* Übermaß *n;* ~ **nel bere** übermäßiger Alkoholkonsum; **in** ~ zu viel

eccetera [et'tʃɛ:tera] *avv* und so weiter

eccetto [et'tʃɛtto] **I.** *prp* außer; ~ **lui** außer ihm **II.** *cong* ~ **che ...** es sei denn, ...; **eccettuare** [ettʃettu'a:re] *vt* ausnehmen; **eccettuati i presenti** Anwesende ausgenommen

eccezionale [ettʃettsio'na:le] *agg* außergewöhnlich; **in via** ~ ausnahmsweise; **eccezione** [ettʃet'tsio:ne] *f* Ausnahme *f;* **fare** ~ eine Ausnahme darstellen; **ad** ~ **di** mit Ausnahme von; **l'**~ **conferma la regola** (*prov*) die Ausnahme bestätigt die Regel

eccidio [et'tʃi:dio] <-i> *m* Massaker *n*

eccitabile [ettʃi'ta:bile] *agg* erregbar; **eccitante** [ettʃi'tante] *agg* aufregend; **eccitare** [ettʃi'ta:re] *vt* erregen; **eccitazione** [ettʃitat'tsio:ne] *f* Erregung *f*

ecclesiastico [ekkle'ziastiko] <-ci> *m* Geistliche(r) *m*

ecclesiastico, -a <-ci, -che> *agg* geistlich

ecco ['ɛkko] *avv* hier (ist [*o* sind]); ~**mi** da bin ich; ~**ti il libro** da hast du das Buch; ~ **fatto** fertig

eccome [ek'ko:me] *avv* und wie

echi *pl di* **eco**

eclatante [ekla'tante] *agg* eklatant

eclisse [e'klisse] *f* Finsternis *f;* ~ **di sole** Sonnenfinsternis *f*

eco ['ɛ:ko] <echi *m*> *f o m* (*a fig*) Echo *n;* **fare** ~ **alle parole di qu** jds Worten beipflichten

ecocardiografia [ekokardiogra'fi:a] <-ie> *f* (MED) Echokardiographie *f*

ecocatastrofe [ekoka'tastrofe] *f* (ECO) Ökokatastrophe *f*

ecocontributo [ɛkokontri'bu:to] *m* (ECO) Verschrottungsprämie *f*

ecodeputato [ekodepu'ta:to] *m* (POL) Abgeordnete(r) *f(m)* der Grünen

ecografia [ekogra'fi:a] <-ie> *f* (MED) Ultraschalldiagnostik *f;* **ecografo** [e'kɔ:grafo] *m* Ultraschallgerät *n*

ecolabel [ikə'leibl] <-> *m* Umweltzeichen *n*

ecologia [ekolo'dʒiːa] <-gie> *f* Ökologie *f;* **ecologico**, **-a** [eko'lɔdʒiko] <-ci, -che> *agg* Umwelt-; **ecologista** [ekolo'dʒista] <-i *m*, -e *f*> *mf* Umweltschützer(in) *m(f)*

e-commerce [i'kɔmers] <-> *m* E-commerce *n*

economato [ekono'maːto] *m* Verwaltung *f*

economia [ekono'miːa] <-ie> *f* **1.** Wirtschaft *f;* ~ **domestica** Hauswirtschaftslehre *f;* ~ **politica** Volkswirtschaftslehre *f* **2.** (*risparmio*) Sparsamkeit *f;* **fare** ~ sparen; **economico**, **-a** [eko'nɔːmiko] <-ci, -che> *agg* **1.** (*condizioni*) wirtschaftlich **2.** (*poco costoso*) billig; **economista** [ekono'mista] <-i *m*, -e *f*> *mf* Wirtschaftswissenschaftler(in) *m(f);* **economizzare** [ekonomid'dzaːre] *vi* sparen

ecopacifista [ekopatʃi'fista] <-i *m*, -e *f*> *mf* Ökopazifist(in) *m(f)*

ecoreato [ɛkore'aːto] *m* Umweltvergehen *n*

ecosfera [eko'sfɛːra] *f* Ökosphäre *f*

ecosistema [ekosis'tɛːma] *m* Ökosystem *n*

ecotassa [ɛko'tassa] *f* (ECO) Ökosteuer *f*

ecoturismo [ɛkotu'rizmo] *m* (ECO) Ökotourismus *m*

ecru [e'kry] <inv> *agg* ekrü

ecstasy ['ekstəsi] <-> *f* Ecstasy *n*

ecumenico, **-a** [eku'mɛːniko] <-ci, -che> *agg* ökumenisch

eczema [ek'dzɛːma] <-i> *m* Ekzem *n*

ed. *abbr di* **edizione** Ausg.

ed *cong* = **e** *davanti a vocale*

eden ['ɛːden] <-> *m* Eden *n;* **il giardino dell'**~ der Garten Eden

edera ['eːdera] *f* Efeu *m*

edicola [e'diːkola] *f* Zeitungskiosk *m*

edificabile [edifi'kaːbile] *agg* bebaubar; **edificante** [edifi'kante] *agg* erbaulich; **edificare** [edifi'kaːre] *vt* (er)bauen; **edificatore**, **-trice** [edifika'toːre] *agg* (er)bauend; **edificazione** [edifikat'tsioːne] *f* Bau *m;* **edificio** [edi'fiːtʃo] <-ci> *m* Gebäude *n*

edile [e'diːle] *agg* Bau-; **edilizia** [edi'littsia] <-ie> *f* Bauwesen *n;* **edilizio**, **-a** [edi'littsio] <-i, -ie> *agg* baulich

edito, **-a** ['ɛːdito] *agg* verlegt, herausgegeben; **editore**, **-trice** [edi'toːre] **I.** *agg* Verlags-; **casa -trice** Verlag *m* **II.** *m, f* Verleger(in) *m(f);* **editoria** [edito'riːa] <-ie> *f* Verlagswesen *n;* **editoriale** [edito'riaːle] **I.** *agg* Verlags- **II.** *m* Leitartikel *m;* **editrice** *f v.* **editore**

edizione [edit'tsioːne] *f* Ausgabe *f;* ~ **economica** Billigausgabe *f;* ~ **straordinaria** Sonderausgabe *f*

edonismo [edo'nizmo] *m* Hedonismus *m;* **edonista** [edo'nista] <-i *m*, -e *f*> *mf* Genussmensch *m*

E.D.P. *f abbr di* **Electronic Data Processing** EDV *f*

educanda [edu'kanda] *f* Internatschülerin *f;* **educare** [edu'kaːre] *vt* erziehen; **educativo**, **-a** [eduka'tiːvo] *agg* Erziehungs-; **educato**, **-a** [edu'kaːto] *agg* erzogen; **educatore**, **-trice** [eduka'toːre] *m, f* Erzieher(in) *m(f);* **educazione** [edukat'tsioːne] *f* **1.** Erziehung *f;* ~ **fisica** Sport(unterricht) *m* **2.** (*comportamento*) (gutes) Benehmen *n;* **gente senza** ~ Leute ohne Benehmen

E.E.D. *abbr di* **elaborazione elettronica dei dati** EDV *f*

effem(m)inatezza [effem(m)ina'tettsa] *f* Effeminiertheit *f;* **effem(m)inato**, **-a** *agg* effeminiert

efferatezza [effera'tettsa] *f* Grausamkeit *f;* **efferato**, **-a** [effe'raːto] *agg* grausam

effervescente [effervеʃ'ʃɛnte] *agg* sprudelnd

effettivamente [effettiva'mente] *avv* tatsächlich

effettivo, **-a** *agg* wirklich; **personale** ~ Personalbestand *m*

effetto [ef'fɛtto] *m* **1.** (Aus)wirkung *f;* ~ **serra** Treibhauseffekt *m;* **causa ed** ~ Ursache und Wirkung; **fare** ~ Eindruck machen; **in -i** in der Tat **2.** *pl* persönliche Gegenstände *mpl*

effettuare [effettu'aːre] *vt* durchführen

efficace [effi'kaːtʃe] *agg* wirksam; **efficacia** [effi'kaːtʃa] <-cie> *f* Wirkung *f*

efficiente [effi'tʃɛnte] *agg* leistungsfähig; **efficienza** [effi'tʃɛntsa] *f* Leistung(sfähigkeit) *f*

effimero, **-a** [ef'fiːmero] *agg* vergänglich

effluvio [ef'fluːvio] <-i> *m* Duft *m*

effondere [ef'fondere] <irr> *vt* ergießen

effusione [effu'zioːne] *f* **1.** Ver-, Ausgießen *n;* (*di gas*) Ausströmen *n* **2.** (*fig*) Überschwänglichkeit *f*

egemone [e'dʒɛːmone] *agg* (vor)herrschend; **egemonia** [edʒemo'niːa] <-ie> *f* (Vor)herrschaft *f*

Egeo [e'dʒɛːo] *m* Ägäis *f*

Egitto [e'dʒitto] *m* Ägypten *n;* **egittologia** [edʒittolo'dʒiːa] <-ie> *f* Ägyptologie *f;* **egiziano**, **-a** [edʒit'tsiaːno] **I.** *agg* ägyptisch **II.** *m, f* Ägypter(in) *m(f)*

egli ['eʎʎi] *pron pers 3. pers sing m* er

ego ['ɛːgo] <-> *m* Ego *n;* **egocentrico**, **-a** [ego'tʃɛntriko] <-ci, -che> **I.** *agg* egozentrisch **II.** *m, f* Egozentriker(in) *m(f);* **egocentrismo** [egotʃen'trizmo] *m* Ichbezogenheit *f*

egoismo [ego'izmo] *m* Egoismus *m;* **egoista** [ego'ista] <-i *m*, -e *f*> **I.** *mf* Egoist(in) *m(f)* **II.** *agg* egoistisch

Egr. *abbr di* **egregio** sehr geehrte(r) …

egregio, **-a** [e'grɛːdʒo] <-gi, -gie> *agg* ausgezeichnet; (*nelle lettere*) sehr geehrte(r)

eguaglianza [eguaʎ'ʎantsa] *f v.* **uguaglianza**

egualitario, **-a** [eguali'taːrio] <-i, -ie> *agg* egalitär; **egualitarismo** [egualita'rizmo] *m* Egalitarismus *m*

eh [ɛ *o* e] *int* (*fam*) he, was; **niente male, ~?** nicht übel, was?

E.I. *abbr di* **Esercito Italiano** *die italienischen Steitkräfte*

eiaculazione [eiakulat'tsioːne] *f* Ejakulation *f*

eidomatica [eido'maːtika] <-che> *f* (INFORM) Bildverarbeitung *f*

elaborare [elabo'raːre] *vt* **1.** (*tesi*) ausarbeiten **2.** (INFORM) verarbeiten

elaborato [elabo'raːto] *m* **1.** (*a scuola*) Arbeit *f* **2.** (INFORM) Ausdruck *m*

elaborato, **-a** [elabo'raːto] *agg* geschliffen

elaboratore [elabora'toːre] *m* Computer *m;* ~ **elettronico** EDV-Anlage *f*

elaborazione [elaborat'tsioːne] *f* **1.** (INFORM) Verarbeitung *f* **2.** (*di progetto*) Ausarbeitung *f*

elargire [elar'dʒiːre] <elargisco> *vt* spenden; **elargizione** [elardʒit'tsioːne] *f* Spende *f*

elasticità [elastitʃi'ta] <-> *f* **1.** Elastizität *f* **2.** (*agilità*) Gelenkigkeit *f;* **elasticizzato**, **-a** [elastitʃid'dzaːto] *agg* Stretch-

elastico [e'lastiko] <-ci> *m* Gummi(band) *n*

elastico, **-a** <-ci, -che> *agg* **1.** elastisch **2.** (*persona*) gelenkig

Elba *f* **1.** (*isola*) Elba *n* **2.** (*fiume*) Elbe *f*

elefante [ele'fante] *m* Elefant *m;* **elefantesco**, **-a** [elefan'tesko] <-schi, -sche> *agg* Elefanten-

elegante [ele'gante] *agg* elegant; **eleganza** [ele'gantsa] *f* Eleganz *f*

eleggere [e'lɛddʒere] <irr> *vt* wählen

elegia [ele'dʒiːa] <-gie> *f* Elegie *f;* **elegiaco**, **-a** [ele'dʒiːako] <-ci, -che> *agg* elegisch-

elementare [elemen'taːre] *agg* elementar; **scuola** ~ Grundschule *f*

elemento [ele'mento] *m* Element *n*

elemosina [ele'mɔːzina] *f* Spende *f;* **chiedere l'**~ betteln

elencare [eleŋ'kaːre] *vt* auflisten; **elencazione** [eleŋkat'tsioːne] *f* Auflistung *f;* **elenco** [e'lɛŋko] <-chi> *m* Verzeichnis *n,* Liste *f;* ~ **telefonico** Telefonbuch *n*

elessi *1. pers sing pass rem di* **eleggere**; **elettivo**, **-a** [elet'tiːvo] *agg* Wahl-; **eletto**, **-a** [e'lɛtto] *pp di* **eleggere**; **elettorale** [eletto'raːle] *agg* Wahl-; **elettorato** [eletto'raːto] *m* Wähler *mpl;* **elettore**, **-trice** [elet'toːre] *m, f* Wähler(in) *m(f)*

elettrauto [elet'traːuto] <-> *m* Kraftfahrzeugelektrodienst *m*

elettrice *f v.* **elettore**

elettricista [elettri'tʃista] <-i *m*, -e *f*> *mf* Elektriker(in) *m(f);* **elettricità** [elettritʃi'ta] <-> *f* Elektrizität *f;* **elettrico**, **-a** [e'lɛttriko] <-ci, -che> *agg* elektrisch; **elettrificare** [elettrifi'kaːre] *vt* auf Elektrobetrieb umstellen

elettrizzante [elettrid'dzante] *agg* aufregend

elettrizzare [elettrid'dzaːre] *vt* **1.** (PHYS) elektrisieren **2.** (*fig*) begeistern

elettro- [elettro] Elektro-; **elettrocardiogramma** [elettrokardio'gramma] *m* Elektrokardiogramm *n;* **elettrochoc** [elettroʃ'ʃɔk] *m v.* **elettroshock**

elettrodo [e'lɛttrodo] *m* Elektrode *f*

elettrodomestico [elettrodo'mɛstiko] *m* Haushaltsgerät *n;* **negozio di -ci** Elektrogeschäft *n;* **elettroencefalogramma** [elettroentʃefalo'gramma] *m* Elektroenzephalogramm *n*

elettrolisi [elet'trɔːlizi] <-> *f* Elektrolyse *f*

elettromagnete [elettromaɲ'ɲɛːte] *m*

Elektromagnet *m*

elettromotrice [elettromo'tri:tʃe] *f* E-Lok *f*

elettrone [elet'tro:ne] *m* Elektron *n;* **elettronica** [elet'trɔ:nika] <-che> *f* Elektronik *f;* **elettronico, -a** [elet'trɔ:niko] <-ci, -che> *agg* Elektronik-; **posta -a** elektronische Post; **commercio ~** E-commerce *n*

elettroscopio [elettros'kɔ:pio] <-i> *m* Elektroskop *n*

elettroshock [elettroʃ'ʃɔk] <-> *m* Elektroschock *m;* **elettrostatica** [elettro'sta:tika] <-che> *f* Elektrostatik *f*

elettrotecnico, -a [elettro'tɛkniko] <-ci, -che> *m, f* Elektrotechniker(in) *m(f)*

elettroterapia [elettrotera'pi:a] *f* Elektrotherapie *f*

elevamento [eleva'mento] *m* Erhöhung *f;* **elevare** [ele'va:re] **I.** *vt* **1.** (*edificio*) aufstocken **2.** (*alzare*) er-, anheben **3.** (MAT) **~ un numero al quadrato** eine Zahl quadrieren **II.** *vr* **-rsi** sich erheben; **elevato, -a** [eleva:to] *agg* hoch

elevatore [eleva'to:re] *m* Hebewerk *n*

elevatore, -trice *agg* Hebe-

elevazione [elevat'tsio:ne] *f* Erhebung *f*

elezione [elet'tsio:ne] *f* Wahl *f*

eliambulanza [eliambu'lantsa] *f* Rettungshubschrauber *m;* **elibus** ['ɛ:libus] <-> *m* (AERO) Hubschrauber *m* für die Personenbeförderung; **elica** ['ɛ:lika] <-che> *f* **1.** (NAUT) Schiffsschraube *f* **2.** (AERO) Propeller *m;* **elicoidale** [elikoi'da:le] *agg* Spiral-; **elicottero** [eli'kɔttero] *m* Hubschrauber *m*

elidere [e'li:dere] <elido, elisi, eliso> *vt* aufheben

eliminare [elimi'na:re] *vt* entfernen; (*espellere*) ausscheiden; **eliminatoria** [elimina'tɔ:ria] <-ie> *f* Qualifikation(srunde) *f;* **eliminazione** [eliminat'tsio:ne] *f* **1.** (SPORT) Ausscheiden *n* **2.** (*soppressione*) Beseitigung *f*

eliocentrico, -a [elio'tʃɛntriko] <-ci, -che> *agg* heliozentrisch

eliporto [eli'pɔrto] *m* Hubschrauberlandeplatz *m*

elisi [e'li:zi] *1. pers sing pass rem di* **elidere**; **elisione** [eli'zio:ne] *f* Elision *f*

elisir [eli'zir] <-> *m* Elixier *n;* **~ d'amore** Liebestrank *m*

eliso [e'li:zo] *pp di* **elidere**

elitario, -a [eli'ta:rio] <-i, -ie> *agg* elitär;

élite [e'lit] <-> *f* Elite *f*

ella ['ella] *pron pers 3. pers sing f* sie

ellenico, -a [el'lɛ:niko] <-ci, -che> *agg* hellenisch; **ellenismo** [elle'nizmo] *m* Hellenismus *m*

ellisse [el'lisse] *f* Ellipse *f*

ellittico, -a [el'littiko] <-ci, -che> *agg* elliptisch

elmetto [el'metto] *m* Helm *m*

elmo ['elmo] *m* (HIST) Helm *m*

elogiare [elo'dʒa:re] *vt* loben; **elogiativo, -a** [elodʒa'ti:vo] *agg* Lobes-; **elogio** [e'lɔ:dʒo] <-gi> *m* Lob *n;* **~ funebre** Trauerrede *f*

eloquente [elo'kuɛnte] *agg* **1.** (*oratore*) redegewandt **2.** (*sguardo*) vielsagend; **eloquenza** [elo'kuɛntsa] *f* Beredtheit *f*

eludere [e'lu:dere] <eludo, elusi, eluso> *vt* **~ qc** einer Sache *dat* ausweichen; **elusivo, -a** [elu'zi:vo] *agg* ausweichend;

eluso [e'luzo] *pp di* **eludere**

elvetico, -a [el'vɛ:tiko] <-ci, -che> *agg* helvetisch

emaciare [ema'tʃa:re] *vt* auszehren

E-mail [i'meil] <-> *f* E-mail *f*

emanare [ema'na:re] *vt* **1.** (*calore*) ausstrahlen; (*gas*) ausströmen **2.** (JUR) erlassen

emancipare [emantʃi'pa:re] **I.** *vt* emanzipieren **II.** *vr* **-rsi** sich emanzipieren; **emancipazione** [emantʃipat'tsio:ne] *f* Emanzipation *f*

emarginare [emardʒi'na:re] *vt* ausgrenzen; **emarginati** [emardʒi'na:ti] *mpl* Randgruppen *fpl;* **emarginato, -a** [emardʒi'na:to] *agg* abseits stehend

ematico, -a [e'ma:tiko] <-ci, -che> *agg* hämato-; **ematoma** [ema'tɔ:ma] <-i> *m* Bluterguss *m*

embargo [em'bargo] <-ghi> *m* Embargo *n*

emblema [em'blɛ:ma] <-i> *m* Emblem *n;* **emblematico, -a** [emble'ma:tiko] <-ci, -che> *agg* sinnbildlich

embolia [embo'li:a] <-ie> *f* (MED) Embolie *f*

embrione [embr'io:ne] *m* Embryo *m*

emendamento [emenda'mento] *m* (JUR) Abänderung *f;* **emendare** [emen'da:re] *vt* (JUR) (ab)ändern

emergente [emer'dʒɛnte] *agg* emporkommend; **paesi -i** Schwellenländer *npl*

emergenza [emer'dʒɛntsa] *f* Notfall *m;* **freno di** ~ Notbremse *f*

emergere [e'mɛrdʒere] <emergo, emersi, emerso> *vi* **1.** (*apparire in alto*) emporragen **2.** (*venir fuori*) auftauchen **3.** (*risultare*) deutlich werden

emerito, **-a** [e'mɛ:rito] *agg* **1.** (*professore*) emeritiert **2.** (*insigne*) hervorragend

emersi [e'mɛrsi] *1. pers sing pass rem di* **emergere**; **emersione** [emer'sio:ne] *f* Auftauchen *n;* **emerso** [e'mɛrso] *pp di* **emergere**

emettere [e'mettere] <irr> *vt* **1.** (*mandare fuori*) herausbringen **2.** (*grido*) ausstoßen **3.** (*assegno*) ausstellen **4.** (JUR) aussprechen; **emettitrice** [emetti'tri:tʃe] *f* Ausgabegerät *n;* (*di biglietti*) Fahrkartenautomat *m*

emiciclo [emi'tʃi:klo] *m* Halbkreis *m*

emicrania [emi'kra:nia] <-ie> *f* Migräne *f*

emigrante [emi'grante] **I.** *agg* auswandernd **II.** *mf* Auswanderer(in) *m(f);* **emigrare** [emi'gra:re] *vi essere* auswandern; **emigratorio**, **-a** [emigra'tɔ:rio] <-i, -ie> *agg* Auswanderungs-; **emigrazione** [emigrat'tsio:ne] *f* Auswanderung *f*

Emilia-Romagna [e'mi:lia ro'maɲɲa] *f* Emilia-Romagna *f*

eminente [emi'nɛnte] *agg* hervorragend

eminenza [emi'nɛntsa] *f* **1.** Eminenz *f* **2.** (*fig*) Vorzüglichkeit *f*

emirato [emi'ra:to] *m* Emirat *n;* **emiro** [e'mi:ro] *m* Emir *m*

emisferico, **-a** [emis'fɛ:riko] <-ci, -che> *agg* hemisphärisch; **emisfero** [emis'fɛ:ro] *m* Hemisphäre *f;* ~ **australe**/**boreale** südliche/nördliche Hemisphäre

emisi *1. pers sing pass rem di* **emettere**

emissario [emis'sa:rio] <-i> *m* (GEOG) Abfluss *m*

emissione [emis'sio:ne] *f* Ausstrahlung *f*

emittente [emit'tɛnte] **I.** *agg* Sende- **II.** *f* Sender *m*

emodialisi [emodia'li:zi] <-> *f* (MED) Blutwäsche *f;* **emofilia** [emofi'li:a] <-ie> *f* (MED) Hämophilie *f;* **emofiliaco** [emofi'li:ako] <-ci> *m* Bluter *m;* **emoglobina** [emoglo'bi:na] *f* Hämoglobin *n*

emolliente [emol'liɛnte] *agg* weich machend

emorragia [emorra'dʒi:a] <-gie> *f* Blutung *f*

emorroidi [emor'rɔ:idi] *fpl* Hämorrhoiden *fpl*

emostatico, **-a** [emos'ta:tiko] <-ci, -che> *agg* Blut stillend; **emoteca** [emo'tɛ:ka] *f* Blutbank *f*

emotività [emotivi'ta] <-> *f* Gefühlsbetontheit *f;* **emotivo**, **-a** [emo'ti:vo] *agg* emotional

emozionale [emottsio'na:le] *agg* Gefühls-

emozionante [emottsio'nante] *agg* spannend

emozionare [emottsio'na:re] **I.** *vt* bewegen **II.** *vr* **-rsi** sich aufregen; **emozione** [emot'tsio:ne] *f* Gefühl *n;* **provare una forte** ~ stark bewegt sein

empatia [empa'ti:a] <-ie> *f* Empathie *f*

empietà [empie'ta] <-> *f* Schändlichkeit *f;* **empio**, **-a** ['empio] <-i, -ie> *agg* schändlich

empireo [em'pi:reo] *m* Empyreum *n*

empirico, **-a** [em'pi:riko] <-ci, -che> *agg* empirisch; **empirismo** [empi'rizmo] *m* **1.** (PHILOS) Empirismus *m* **2.** (MED) Naturheilverfahren *n;* **empirista** [empi'rista] <-i *m*, -e *f*> *mf* Empirist *m*

emporio [em'pɔ:rio] <-i> *m* Kaufhaus *n*

emulare [emu'la:re] *vt* ~ **qu** jdm nacheifern; **emulazione** [emulat'tsio:ne] *f* Nacheifern *n*

emulsionatore [emulsiona'to:re] *m* Emulgiergerät *n;* **emulsione** [emul'sio:ne] *f* Emulsion *f*

Enalotto [ena'lɔtto] *m staatlich organisierte Lotterie*

encefalico, **-a** [entʃe'fa:liko] <-ci, -che> *agg* Enzephalo-; **encefalo** [en'tʃɛ:falo] *m* (Groß)hirn *n*

enciclica [en'tʃi:klika] <-che> *f* Enzyklika *f*

enciclopedia [entʃiklope'di:a] <-ie> *f* Enzyklopädie *f;* **enciclopedico**, **-a** [entʃiklo'pɛ:diko] <-ci, -che> *agg* enzyklopädisch

encomiastico, **-a** [eŋko'miastiko] <-ci, -che> *agg* (*poet*) rühmend; **discorso** ~ Lobrede *f;* **encomio** [eŋ'kɔ:mio] <-i> *m* Lob *n*

endecasillabo [endeka'sillabo] *m* elffüßiger Vers

endemico, **-a** [en'dɛ:miko] <-ci, -che> *agg* endemisch

endogeno, **-a** [en'dɔ:dʒeno] *agg* endogen

endoscopio [endos'kɔ:pio] <-i> *m* Endo-

E

skop *n*
endovenoso, **-a** [endove'noːso] *agg* (MED) intravenös
enduro [en'duːro] <-> *m* Enduro *f*
E.N.E.L. ['ɛːnel] *m abbr di* **Ente Nazionale per l'Energia Elettrica** *Nationale Elektrizitätsgesellschaft*
energetico, **-a** [ener'dʒɛːtiko] <-ci, -che> *agg* energetisch; **fonti -che** Energiequellen *fpl;* **energia** [ener'dʒiːa] <-gie> *f* Energie *f;* ~ **solare** Sonnenenergie *f;* **con** ~ kraftvoll; **energico**, **-a** [e'nɛrdʒiko] <-ci, -che> *agg* energisch
energumeno, **-a** [ener'guːmeno] *m, f* Rasende(r) *f(m)*
enfant prodige [ã'fã prɔ'diːʒ] <-> *m* Wunderkind *n;* **enfant terrible** [ã'fã te'ribl] <-> *m* Enfant terrible *n*
enfasi ['ɛnfazi] <-> *f* Nachdruck *m;* **enfatico**, **-a** [en'faːtiko] <-ci, -che> *agg* nachdrücklich
E.N.I. ['ɛːni] *m abbr di* **Ente Nazionale Idrocarburi** *Nationale Gesellschaft für mineralische Brennstoffe*
enigma [e'nigma] <-i> *m* Rätsel *n;* **enigmatico**, **-a** [enig'maːtiko] <-ci, -che> *agg* rätselhaft; **enigmista** [enig'mista] <-i *m*, -e *f*> *mf* Rätsellöser(in) *m(f)*
Enna *f Stadt in Sizilien*
ennesimo, **-a** [en'nɛːzimo] *agg* x-te(r,s); **per l'-a volta** zum x-ten Male
enologia [enolo'dʒiːa] <-gie> *f* Weinkunde *f;* **enologo**, **-a** [e'nɔːlogo] <-gi, -ghe> *m, f* Weinkundler(in) *m(f)*
enorme [e'norme] *agg* ungeheuer; **enormità** [enormi'ta] <-> *f* Riesengröße *f*
enoteca [eno'tɛːka] *f* Weinhandlung *f*
en plein [ã 'plɛ̃] <-> *m* Volltreffer *m*
ente ['ɛnte] *m* **1.** Anstalt *f* **2.** (PHILOS) Wesen *n*
entomologia [entomolo'dʒiːa] <-gie> *f* Insektenkunde *f*
entrambi, **-e** [en'trambi] *agg o pron* (alle) beide
entrante [en'trante] *agg* kommend; **entrare** [en'traːre] *vi essere* ~ **in** (*luogo*) hineingehen in *+acc;* (*fig: trovare posto*) (hinein)passen in *+acc;* ~ **dalla porta** zur Tür hereinkommen; **fare** ~ **qu** jdn hereinlassen; ~ **in carica** (*fig*) ein Amt antreten; **questo non c'entra** (*fig*) das hat damit nichts zu tun; **entrata** [en'traːta] *f* **1.** Eingang *m;* ~ **principale** Haupteingang *m* **2.** (*l'entrare*) Eintritt *m*
entro ['entro] *prp* innerhalb *+gen o dat;* ~ **il 30 ottobre** bis (zum) 30. Oktober
entroterra [entro'tɛrra] <-> *m* Hinterland *n*
entusiasmare [entuziaz'maːre] *vt* begeistern; **entusiasmo** [entu'ziazmo] *m* Begeisterung *f;* **entusiasta** [entu'ziasta] <-i *m*, -e *f*> *agg* begeistert
enumerare [enume'raːre] *vt* aufzählen; **enumerazione** [enumerat'tsioːne] *f* Aufzählung *f*
enunciare [enun'tʃaːre] *vt* darlegen; **enunciato** [enun'tʃaːto] *m* Formulierung *f;* **enunciazione** [enuntʃat'tsioːne] *f* Darlegung *f*
enzima [en'dziːma] <-i> *m* Enzym *n*
eolico, **-a** [e'ɔːliko] <-ci, -che> *agg* Wind-
epatite [epa'tiːte] *f* Hepatitis *f*
epica ['ɛːpika] <-che> *f* Epik *f*
epicentro [epi'tʃɛntro] *m* Epizentrum *n*
epico, **-a** ['ɛːpiko] <-ci, -che> *agg* episch
epicureismo [epikure'izmo] *m* (PHILOS) Epikureismus *m*
epidemia [epide'miːa] <-ie> *f* Epidemie *f*
epidermide [epi'dɛrmide] *f* Epidermis *f*
Epifania [epifa'niːa] <-ie> *f* Dreikönigsfest *n*

Epifania, das Fest der heiligen Dreikönige am Ende der Weihnachtszeit ist ein gesetzlicher Feiertag in Italien. In der Nacht zum 6. Januar, so die Tradition, kommt die Märchenfigur Befana, eine alte Frau, den Kamin herunter, bringt den braven Kindern Geschenke und hinterlässt den unartigen Kindern Kohle.

epigrafe [e'piːgrafe] *f* Inschrift *f*
epigramma [epi'gramma] <-i> *m* Epigramm *n*
epilatorio, **-a** [epila'tɔːrio] <-i, -ie> *agg* Enthaarungs-
epilessia [epiles'siːa] <-ie> *f* Epilepsie *f;* **epilettico**, **-a** [epi'lɛttiko] <-ci, -che> *m, f* Epileptiker(in) *m(f)*
epilogo [e'piːlogo] <-ghi> *m* Nachwort *n*
episcopale [episko'paːle] *agg* Bischofs-
episodico, **-a** [epi'zɔːdiko] <-ci, -che> *agg* episodisch; **episodio** [epi'zɔːdio] <-i> *m* Episode *f*
epistola [e'pistola] *f* (*poet*) Brief *m;* **epi-**

stolare [episto'la:re] *agg* Brief-; **romanzo ~** Briefroman *m*
epiteto [e'pi:teto] *m* Beiname *m*
epoca ['ɛ:poka] <-che> *f* Zeit *f*
epopea [epo'pɛ:a] *f* Epos *n*
eppure [ep'pu:re] *cong* und doch
equanime [e'kua:nime] *agg* gerecht; **equanimità** [ekuanimi'ta] <-> *f* Unparteilichkeit *f*
equatore [ekua'to:re] *m* Äquator *m*
equazione [ekuat'tsio:ne] *f* Gleichung *f*
equestre [e'kuɛstre] *agg* Reiter-
equidistante [ekuidis'tante] *agg* äquidistant
equilatero, -a [ekui'la:tero] *agg* gleichseitig
equilibrare [ekuili'bra:re] *vt* ausgleichen; **equilibrato, -a** [ekuili'bra:to] *agg* ausgeglichen; **equilibrio** [ekui'li:brio] <-i> *m* **1.** Gleichgewicht *n* **2.** (*fig*) Ausgeglichenheit *f*; **equilibrista** [ekuili'brista] <-i *m*, -e *f*> *mf* Äquilibrist(in) *m(f)*
equino, -a *agg* Pferde-
equinozio [ekui'nɔttsio] <-i> *m* Äquinoktium *n*
equipaggiamento [ekuipaddʒa'mento] *m* Ausrüstung *f*; **equipaggiare** [ekuipad'dʒa:re] **I.** *vt* ausrüsten **II.** *vr* **-rsi** sich ausrüsten
equipaggio [ekui'paddʒo] <-ggi> *m* Besatzung *f*
équipe [e'kip] <-> *f* Mannschaft *f*; **lavoro di ~** Gruppenarbeit *f*
equipollente [ekuipol'lɛnte] *agg* gleichwertig
equità [ekui'ta] <-> *f* Unparteilichkeit *f*
equitazione [ekuitat'tsio:ne] *f* Reiten *n*
equivalente [ekuiva'lɛnte] *agg* gleichwertig; **equivalenza** [ekuiva'lɛntsa] *f* **1.** (MAT) Äquivalenz *f* **2.** (*fig*) Gleichwertigkeit *f*; **equivalere** [ekuiva'le:re] <irr> *vi* entsprechen
equivocare [ekuivo'ka:re] *vi* sich täuschen
equivoco [e'kui:voko] <-ci> *m* Missverständnis *n*
equivoco, -a <-ci, -che> *agg* **1.** (*modo*) zweideutig **2.** (*persona*) undurchsichtig
equo, -a ['ɛ:kuo] *agg* gerecht
era ['ɛ:ra] *f* Ära *f*
erario [e'ra:rio] <-i> *m* Staatskasse *f*
erba ['ɛrba] *f* **1.** Gras *n*; **~ medicinale** Heilpflanze *f*; **~ cipollina** Schnittlauch *m* **2.** (*sl: marijuana*) Gras *n*; **erbario** [er'ba:rio] <-i> *m* Kräutersammlung *f*; **erbicida** [erbi'tʃi:da] <-i> *m* Unkrautvernichtungsmittel *n*; **erbivendolo, -a** [erbi'vendolo] *m, f* Gemüsehändler(in) *m(f)*
erbivoro [er'bi:voro] *m* Pflanzenfresser *m*
erbivoro, -a *agg* pflanzenfressend
erboristeria *f* Kräuterladen *m*; **erboso, -a** [er'bo:so] *agg* Gras-
Ercolano [erko'la:no] *f* Herculaneum *n*
erede [e'rɛ:de] *mf* Erbe *m*, Erbin *f*; **eredità** [eredi'ta] <-> *f* Erbschaft *f*; **ereditare** [eredi'ta:re] *vt* erben; **ereditario, -a** [eredi'ta:rio] <-i, -ie> *agg* Erb-
eremita [ere'mi:ta] <-i> *m* Eremit *m*; **eremitaggio** [eremi'taddʒo] <-ggi> *m* Einsiedelei *f*; **eremitico, -a** [ere'mi:tiko] <-ci, -che> *agg* Einsiedler-; **eremo** ['ɛ:remo] *m* Einsiedelei *f*
eresia [ere'zi:a] <-ie> *f* Ketzerei *f*
eressi [e'rɛssi] *1. pers sing pass rem di* **erigere**
eretico, -a [e'rɛ:tiko] <-ci, -che> **I.** *m, f* Ketzer(in) *m(f)* **II.** *agg* ketzerisch
eretto, -a [e'rɛtto] *pp di* **erigere**; **erezione** [eret'tsio:ne] *f* **1.** (ARCH) Errichtung *f* **2.** (BIOL) Erektion *f*
ergastolo [er'gastolo] *m* lebenslängliche Freiheitsstrafe
ergere ['ɛrdʒere] <ergo, ersi, erto> **I.** *vt* erheben **II.** *vr* **-rsi** aufragen
ergonomico, -a [ergo'nɔ:miko] <-ci, -che> *agg* ergonomisch
erica ['ɛ:rika] <-che> *f* Heidekraut *n*
erigere [e'ri:dʒere] <erigo, eressi, eretto> **I.** *vt* errichten **II.** *vr* **-rsi** sich aufwerfen
eritema [eri'tɛ:ma] <-i> *m* Hautrötung *f*; **~ solare** Sonnenallergie *f*
ermafrodito [ermafro'di:to] *m* Hermaphrodit *m*
ermellino [erme'li:no] *m* Hermelin *n*
ermetico, -a [er'mɛ:tiko] <-ci, -che> *agg* hermetisch
ernia ['ɛrnia] <-ie> *f* Hernie *f*; **~ del disco** Bandscheibenvorfall *m*
ero ['ɛ:ro] *1. pers sing imp di* **essere**[1]
erodere [e'ro:dere] <erodo, erosi, eroso> *vt* erodieren
eroe, eroina [e'rɔ:e, ero'i:na] *m, f* Held(in) *m(f)*

erogatore, **-trice** *agg* Versorgungs-; **erogazione** [eroga'tsio:ne] *f* Lieferung *f*

eroico, **-a** [e'rɔ:iko] <-ci, -che> *agg* heldenhaft; **eroina** [ero'i:na] *f* **1.** *v.* **eroe** **2.** (*droga*) Heroin *n;* **eroismo** [ero'izmo] *m* Heldenhaftigkeit *f*

erosi *1. pers sing pass rem di* **erodere**; **erosione** [ero'zio:ne] *f* Erosion *f;* **erosivo**, **-a** [ero'zi:vo] *agg* erosiv; **eroso** *pp di* **erodere**

erotico, **-a** [e'rɔ:tiko] <-ci, -che> *agg* erotisch; **erotismo** [ero'tizmo] *m* Erotik *f*

errare [er'ra:re] *vi* **1.** (*vagare*) umherirren **2.** (*sbagliare*) (sich) irren; **erroneo**, **-a** [er'rɔ:neo] *agg* falsch; **errore** [er'ro:re] *m* Fehler *m;* ~ **d'ortografia/di stampa** Rechtschreib-/Druckfehler *m*

ersi ['ɛrsi] *1. pers sing pass rem di* **ergere**

erto ['erto] *pp di* **ergere**

erudito, **-a** [eru'di:to] **I.** *agg* gelehrt **II.** *m, f* Gelehrte(r) *f(m);* **erudizione** [erudit'tsio:ne] *f* Gelehrtheit *f*

eruzione [erut'tsio:ne] *f* Ausbruch *m*

es. *abbr di* **esempio** B.

esagerare [ezadʒe'ra:re] *vt, vi* übertreiben; **esagerazione** [ezadʒerat'tsio:ne] *f* Übertreibung *f*

esagitato, **-a** [ezadʒi'ta:to] *agg* aufgewühlt

esagono [e'za:gono] *m* Sechseck *n*

esalazione [ezalat'tsio:ne] *f* Ausströmen *n*

esaltare [ezal'ta:re] **I.** *vt* rühmen **II.** *vr* **-rsi** sich begeistern; **esaltazione** [ezaltat'tsio:ne] *f* Lobpreisung *f*

esame [e'za:me] *m* **1.** Prüfung *f;* ~ **di guida** Fahrprüfung *f;* **-i di maturità** Abitur *n,* Matura *f A;* ~ **scritto/orale** schriftliche/mündliche Prüfung; **dare/passare un** ~ eine Prüfung ablegen/bestehen **2.** (MED) Untersuchung *f;* ~ **del sangue** Blutuntersuchung *f*

esametro [e'za:metro] *m* Hexameter *m*

esaminare [ezami'na:re] *vt* prüfen; **esaminatore**, **-trice** [ezamina'to:re] *agg* Prüfungs-

esangue [e'zaŋgue] *agg* bleich

esanime [e'za:nime] *agg* leblos

esasperante [ezaspe'rante] *agg* (nerven)aufreibend; **esasperare** [ezaspe'ra:re] **I.** *vt* empören **II.** *vr* **-rsi** wütend werden, aufdrehen *A*

esattezza [ezat'tettsa] *f* Genauigkeit *f*

esatto [e'zatto] **I.** *pp di* **esigere** **II.** *agg* richtig; (*ora*) genau

esattoria [ezatto'ri:a] <-ie> *f* Steuereinnahmestelle *f*

esaudire [ezau'di:re] <esaudisco> *vt* (*desiderio*) erfüllen

esauriente [ezau'riɛnte] *agg* befriedigend

esaurimento [ezauri'mento] *m* Erschöpfung *f;* ~ **nervoso** Nervenzusammenbruch *m;* **esaurire** [ezau'ri:re] <esaurisco> **I.** *vt* aufbrauchen **II.** *vr* **-rsi** zu Ende gehen

esausto, **-a** [e'za:usto] *agg* erschöpft

esautorare [ezauto'ra:re] *vt* absetzen

esca ['eska] <esche> *f* Köder *m*

escalation [eskə'leiʃən] <-> *f* Eskalation *f*

escandescenza [eskandeʃ'ʃɛntsa] *f* Jähzorn *m;* **dare in -e** Tobsuchtsanfälle bekommen

escatologia [eskatolo'dʒi:a] <-gie> *f* Eschatologie *f*

escavatore [eskava'to:re] *m* Bagger *m;* **escavazione** [eskavat'tsio:ne] *f* Ausgrabung *f*

eschimese [eski'me:se] **I.** *agg* Eskimo- **II.** *mf* Eskimo *m,* Eskimofrau *f*

esclamare [eskla'ma:re] *vt* ausrufen; **esclamativo**, **-a** [esklama'ti:vo] *agg* Ausrufe-; **punto** ~ Ausrufezeichen *n,* Rufzeichen *n A;* **esclamazione** [esklamat'tsio:ne] *f* Ausruf *m*

escludere [es'klu:dere] <escludo, esclusi, escluso> *vt* ausschließen; **esclusione** [esklu'zio:ne] *f* Ausschluss *m;* **a** ~ **di** mit Ausnahme von

esclusiva [esklu'zi:va] *f* Monopol *n;* **esclusivamente** [eskluziva'mente] *avv* ausschließlich; **esclusività** [eskluzivi'ta] <-> *f* Exklusivität *f;* **esclusivo**, **-a** [esklu'zi:vo] *agg* Exklusiv-; **escluso** [es'klu:zo] *pp di* **escludere**

esco ['ɛsko] *1. pers sing pr di* **uscire**

escogitare [eskodʒi'ta:re] *vt* ausdenken

escoriazione [eskoriat'tsio:ne] *f* (Haut)abschürfung *f*

escremento [eskre'mento] *m* Exkrement *n*

escrescenza [eskreʃ'ʃɛntsa] *f* Auswuchs *m*

escrezione [eskret'tsio:ne] *f* Ausscheidung *f*

escursione [eskur'sio:ne] *f* **1.** (*gita*) Ausflug *m* **2.** (METEO) Schwankung *f;* ~ **termica**

Temperaturschwankung *f;* **escursionista** [eskursio'nista] <-i *m,* -e *f*> *mf* Ausflügler(in) *m(f)*

esecrabile [eze'kra:bile] *agg* verdammenswert

esecutivo [ezeku'ti:vo] *m* Exekutive *f*

esecutivo, -a *agg* **1.** (JUR) exekutiv **2.** (*fase*) ausführend; **esecuzione** [ezekut'tsio:ne] *f* **1.** (JUR) Vollstreckung *f* **2.** (MUS) Vortrag *m;* **eseguire** [eze'gui:re] *vt* **1.** durchführen **2.** (JUR) vollstrecken **3.** (MUS) vortragen **4.** (INFORM) **esegui** Ausführen *n*

esempio [e'zɛmpio] <-i> *m* Beispiel *n;* **fare un ~** ein Beispiel anführen; **dare il buon/cattivo ~** mit gutem/schlechtem Beispiel vorangehen; **seguire l'~ di qu** jds Beispiel folgen; **per ~** zum Beispiel; **esemplare** [ezem'pla:re] **I.** *agg* beispielhaft **II.** *m* Exemplar *n;* **esemplificare** [ezemplifi'ka:re] *vt* durch Beispiele erläutern

esentare [ezen'ta:re] *vt* **~ qu da qc** jdn von etw befreien; **esentasse** [ezen'tasse] <inv> *agg* steuerfrei; **esente** [e'zɛnte] *agg* befreit

esequie [e'zɛ:kuie] *fpl* Begräbnisfeier *f*

esercente [ezer'tʃɛnte] *mf* Gewerbetreibende(r) *f(m)*

esercitare [ezertʃi'ta:re] **I.** *vt* **1.** (*professione*) ausüben **2.** (*corpo*) trainieren **3.** (*potere*) ausüben **II.** *vr* **-rsi in qc** sich in etw *dat* üben; **esercitazione** [ezertʃitat'tsio:ne] *f* Training *n*

esercito [e'zɛrtʃito] *m* Heer *n*

esercizio [ezer'tʃittsio] <-i> *m* Übung *f*

esibire [ezi'bi:re] <esibisco> **I.** *vt* (vor)zeigen **II.** *vr* **-rsi** (*in pubblico*) auftreten; **esibizione** [ezibit'tsio:ne] *f* **1.** (THEAT) Auftritt *m* **2.** (*di documenti*) Vorlage *f;* **esibizionismo** [ezibittsio'nizmo] *m* Prahlerei *f;* **esibizionista** [ezibittsio'nista] <-i *m,* -e *f*> *mf* Exhibitionist(in) *m(f)*

esigei [ezi'dʒe:i] *1. pers sing pass rem di* **esigere**; **esigente** [ezi'dʒɛnte] *agg* anspruchsvoll; **esigenza** [ezi'dʒɛntsa] *f* Bedürfnis *n;* **esigere** [e'zi:dʒere] <esigo, esigei, esatto> *vt* verlangen

esiguo, -a [e'zi:guo] *agg* gering

esile ['ɛ:zile] *agg* schmächtig

esiliare [ezi'lia:re] *vt* verbannen; **esiliato, -a** [ezilia:to] *m, f* Verbannte(r) *f(m);* **esilio** [e'zi:lio] <-i> *m* Exil *n*

esistei [ezis'te:i] *1. pers sing pass rem di* **esistere**; **esistente** [ezis'tɛnte] *agg* vorhanden; **esistenza** [ezis'tɛntsa] *f* Existenz *f;* **esistenziale** [ezisten'tsia:le] *agg* existenziell; **esistere** [e'zistere] <esisto, esistei, esistito> *vi* existieren

esitare [ezi'ta:re] *vi* zögern; **esitazione** [ezitat'tsio:ne] *f* Zögern *n*

esito ['ɛ:zito] *m* Ergebnis *n*

eskimo ['ɛskimo] <-> *m* Parka *m o f*

esodo ['ɛ:zodo] *m* Auswanderung *f*

esofago [e'zɔ:fago] <-gi> *m* Speiseröhre *f*

esonerare [ezone'ra:re] **I.** *vt* freistellen **II.** *vr* **-rsi** sich befreien; **esonero** [e'zɔ:nero] *m* Freistellung *f*

esorbitante [ezorbi'tante] *agg* gewaltig

esorcismo [ezor'tʃizmo] *m* Exorzismus *m;* **esorcista** [ezor'tʃista] <-i *m,* -e *f*> *mf* Exorzist(in) *m(f)*

esordio [e'zɔrdio] <-i> *m* Debüt *n;* **esordire** [ezor'di:re] <esordisco> *vi* anfangen; (THEAT) debütieren

esortare [ezor'ta:re] *vt* ermahnen; **esortazione** [ezortat'tsio:ne] *f* Ermahnung *f*

esoso, -a [e'zɔ:zo] *agg* Wucher-

esoterico, -a [ezo'tɛ:riko] <-ci, -che> *agg* esoterisch

esotico, -a [e'zɔ:tiko] <-ci, -che> *agg* exotisch

espadrilles [ɛspa'drij] *fpl* Espadrilles *fpl*

espandere [es'pandere] <espando, espansi, espanso> **I.** *vt* erweitern **II.** *vr* **-rsi** sich ausdehnen; (COM) expandieren; **espansione** [espan'sio:ne] *f* **1.** Erweiterung *f* **2.** (*fig*) Überschwänglichkeit *f;* **espansivo, -a** [espan'si:vo] *agg* (*affettuoso*) überschwänglich; **espanso, -a** [es'panso] *pp di* **espandere**

espatriare [espa'tria:re] *vi essere* auswandern

espediente [espe'diɛnte] *m* Ausweg *m*

esperienza [espe'riɛntsa] *f* Erfahrung *f*

esperimento [esperi'mento] *m* Experiment *n*

esperto, -a [es'pɛrto] *m, f* Fachmann *m,* Fachfrau *f*

espiare [espi'a:re] *vt* (ver)büßen; **espiatorio, -a** [espia'tɔ:rio] <-i, -ie> *agg* Sühne-; **capro ~** Sündenbock *m*

espirare [espi'ra:re] *vt* ausatmen

esplicito, -a [es'pli:tʃito] *agg* ausdrücklich

esplodere [es'plɔ:dere] <esplodo, esplosi, esploso> *vi essere* explodieren

esplorare [esplo'ra:re] *vt* erforschen; **esploratore**, **-trice** *m, f* Forscher(in) *m(f)*; **esplorazione** [esplorat'tsio:ne] *f* Erforschung *f*

esplosi [es'plɔ:zi] *1. pers sing pass rem di* **esplodere**; **esplosione** [esplo'zio:ne] *f* **1.** (*bomba*) Explosion *f* **2.** (*fig*) Ausbruch *m*

esplosivo [esplo'zi:vo] *m* Sprengstoff *m*

esplosivo, **-a** *agg* explosiv, Spreng-

esploso [es'plɔ:zo] *pp di* **esplodere**

esponente [espo'nɛnte] **I.** *mf* (*rappresentante*) Vertreter(in) *m(f)* **II.** *m* (MAT) Exponent *m*

esporre [es'porre] <irr> **I.** *vt* **1.** (*porre fuori*) aussetzen **2.** (*narrare*) darlegen **II.** *vr* **-rsi** sich aussetzen

esportare [espor'ta:re] *vt* exportieren; **esportazione** [esportat'tsio:ne] *f* Export *m*

esposi *1. pers sing pass rem di* **esporre**; **esposizione** [espozit'tsio:ne] *f* **1.** (*di merci*) Ausstellung *f* **2.** (*di fatto*) Darstellung *f*; **esposto**, **-a** [es'posto] *pp di* **esporre**

espressamente [espressa'mente] *avv* ausdrücklich; **espressi** [es'prɛssi] *1. pers sing pass rem di* **esprimere**; **espressione** [espres'sio:ne] *f* Ausdruck *m*

espressionismo [espressio'nizmo] *m* (KUNST) Expressionismus *m*; **espressionista** [espressio'nista] <-i *m*, -e *f*> *agg* expressionistisch

espressivo, **-a** [espres'si:vo] *agg* ausdrucksvoll

espresso [es'prɛsso] *m* **1.** (*caffè*) Espresso *m* **2.** (*treno*) Schnellzug *m* **3.** (*lettera*) Eilbrief *m*

esprimere [es'pri:mere] <esprimo, espressi, espresso> **I.** *vt* ausdrücken **II.** *vr* **-rsi** sich ausdrücken

espropriare [espro'pria:re] *vt* enteignen; **espropriazione** [espropriat'tsio:ne] *f* Enteignung *f*

espugnare [espuɲ'ɲa:re] *vt* (MIL) erstürmen

espulsione [espul'sio:ne] *f* Ausschluss *m*

esquimese [eskui'me:se] *mf v.* **eschimese**

essa ['essa] *pron pers 3. pers sing f* sie; (*di cose, animali*) es

essai [e'sɛ] <-> *m* Essay *m o n*

esse ['esse] *pron pers 3. pers pl f* sie

essenza [es'sɛntsa] *f* **1.** Wesentliche(s) *n* **2.** (CHEM) Essenz *f*; **essenziale** [essen'tsia:le] **I.** *agg* **1.** wesentlich **2.** ätherisch; **oli -i** ätherische Öle **II.** *m* Hauptsache *f*; **essenzialmente** [essentsial'mente] *avv* im Wesentlichen

essere[1] ['ɛssere] <sono, fui, stato> *vi essere* sein; **c'è, ci sono** es gibt; **c'è odore di …** es riecht nach …; **c'era una volta …** es war einmal …; **c'eri anche tu?** warst du auch da?; **che ora è?** wie spät ist es?; ~ **di qu** jdm gehören; **quant'è?** was kostet das?

essere[2] *m* (Lebe)wesen *n*

essi ['essi] *pron pers 3. pers pl m* sie

essiccare [essik'ka:re] **I.** *vt* trockenlegen **II.** *vr* **-rsi** trocknen; **essiccatoio** [essikka'to:io] <-oi> *m* Trockengerät *n*; **essiccazione** [essikkat'tsio:ne] *f* Trocknung *f*

esso ['esso] *pron pers 3. pers sing m* er; (*di cose, animali*) es

est [ɛst] <-> *m* Ost(en) *m*; **a ~ di** östlich von

estasi ['ɛstazi] <-> *f* Ekstase *f*; **estasiare** [esta'zia:re] *vt* hinreißen

estate [es'ta:te] *f* Sommer *m*; **in ~** im Sommer

estendere [es'tɛndere] <irr> **I.** *vt* erweitern **II.** *vr* **-rsi** sich ausdehnen; **estensione** [esten'sio:ne] *f* **1.** Ausdehnung *f* **2.** (*di arto*) Streckung *f*; **estensivo**, **-a** [esten'si:vo] *agg* extensiv

estenuante [estenu'ante] *agg* ermüdend; **estenuare** [estenu'a:re] *vt* erschöpfen

esternare [ester'na:re] *vt* äußern

esterno [es'tɛrno] *m* Äußere(s) *n*

esterno, **-a** [es'tɛrno] *agg* Außen-

estero ['ɛstero] *m* Ausland *n*; **all'~** im/ins Ausland

estero, **-a** *agg* Auslands-; **ministero degli affari -i** Außenministerium *n*; **commercio ~** Außenhandel *m*

esterrefatto, **-a** [esterre'fatto] *agg* bestürzt

estesi *1. pers sing pass rem di* **estendere**; **esteso** [es'te:so] *pp di* **estendere**

estetica [es'tɛ:tika] <-che> *f* Ästhetik *f*; **estetico**, **-a** [es'tɛ:tiko] <-ci, -che> *agg* ästhetisch

estetista [este'tista] <-i *m*, -e *f*> *mf* Kosmetiker(in) *m(f)*

estimo ['ɛstimo] *m* (Ab)schätzung *f*

estinguere [es'tiŋguere] <estinguo, estinsi, estinto> **I.** *vt* löschen **II.** *vr* **-rsi** erlöschen; **estinto**, **-a** [es'tinto] **I.** *agg* aus-

gestorben **II.** *m, f* Verstorbene(r) *f(m)*; **estintore** [estin'toːre] *m* Feuerlöscher *m*
estirpare [estir'paːre] *vt* (her)ausreißen
estivo, **-a** [es'tiːvo] *agg* Sommer-
Estonia [es'tɔːnia] *f* Estland *n*
estorsione [estor'sioːne] *f* Erpressung *f*
estradizione [estradit'tsioːne] *f* Auslieferung *f*
estraneo, **-a** [es'traːneo] <-ei, -ee> **I.** *agg* fremd **II.** *m, f* Fremde(r) *f(m)*; **vietato l'ingresso agli -i** Zutritt für Unbefugte verboten
estraniare [estra'niaːre] **I.** *vt* entfremden **II.** *vr* **-rsi** sich entfremden
estrarre [es'trarre] <irr> *vt* (heraus)ziehen; **estrattivo**, **-a** [estrat'tiːvo] *agg* **industria -a** Bergbau *m*
estratto[1] [es'tratto] *m* **1.** (*di carne*) Extrakt *m* **2.** (COM) Auszug *m*; ~ **conto** Kontoauszug *m*
estratto[2] *pp di* **estrarre**
estrazione [estrat'tsioːne] *f* (Aus-, Heraus)ziehen *n*
estremismo [estre'mizmo] *m* Extremismus *m*; **estremista** [estre'mista] <-i *m*, -e *f*> *mf* Extremist(in) *m(f)*; **estremizzare** [estremid'dzaːre] *vt* radikalisieren
estremo [es'treːmo] *m* **1.** Extrem *n*; **essere ridotto agli -i** völlig heruntergekommen sein **2.** *pl* (ADM) Hauptdaten *pl*
estremo, **-a** *agg* **1.** äußerste(r, s); **l'Estremo Oriente** (GEOG) der Ferne Osten **2.** extrem; **l'-a destra/sinistra** die extreme Linke/Rechte
estrogeno [es'trɔːdʒeno] *m* Östrogen *n*
estroso, **-a** [es'troːso] *agg* phantasievoll
estroverso, **-a** [estro'vɛrso] **I.** *agg* extrovertiert **II.** *m, f* Extrovertierte(r) *f(m)*
estuario [estu'aːrio] <-i> *m* Trichtermündung *f*
esuberante [ezube'rante] *agg* temperamentvoll; **esuberanza** [ezube'rantsa] *f* **1.** (*sovrabbondanza*) Übermaß *n* **2.** (*di persona*) Temperament *n*
esule ['ɛːzule] **I.** *agg* verbannt **II.** *mf* Verbannte(r) *f(m)*
esultare [ezul'taːre] *vi* überglücklich sein
età [e'ta] <-> *f* Alter *n*; (*era*) Zeitalter *n*; **l'~ del bronzo** die Bronzezeit *f*; **raggiungere la maggiore** ~ volljährig werden
etc. *abbr di* **eccetera** etc.
etere ['ɛːtere] *m* Äther *m*
eternità [eterni'ta] <-> *f* Ewigkeit *f*
eterno, **-a** *agg* ewig
etero ['ɛtero] <inv> *agg v.* **eterosessuale**
eterogeneo, **-a** [etero'dʒɛːneo] *agg* heterogen
eterosessuale [eterosessu'aːle] **I.** *agg* heterosexuell **II.** *mf* Heterosexuelle(r) *f(m)*; **eterosessualità** [eterosessuali'ta] <-> *f* Heterosexualität *f*
etica ['ɛːtika] <-che> *f* Ethik *f*; ~ **professionale** Berufsethos *n*
etichetta [eti'ketta] *f* **1.** (*cartellino*) Etikett *n* **2.** (*cerimoniale*) Form *f*
etico, **-a** ['ɛːtiko] <-ci, -che> *agg* ethisch
etilico, **-a** [e'tiːliko] <-ci, -che> *agg* Äthyl-; **alcool** ~ Äthylalkohol *m*; **etilismo** [eti'lizmo] *m* Alkoholismus *m*; **etilotest** [etilo'tɛst] <-> *m* Alkoholtest *m*
etimologia [etimolo'dʒiːa] <-gie> *f* Etymologie *f*
Etna ['ɛtna] *m* Ätna *m*
etnico, **-a** ['ɛtniko] <-ci, -che> *agg* ethnisch
etnocidio [etno'tʃiːdio] <-di> *m* Ethnozid *m*
etnologia [etnolo'dʒiːa] <-gie> *f* Völkerkunde *f*
etrusco, **-a** [e'trusko] <-schi, -sche> **I.** *agg* etruskisch **II.** *m, f* Etrusker(in) *m(f)*
ettaedro [etta'ɛːdro] *m* Heptaeder *n*
ettaro ['ɛttaro] *m* Hektar *m o n*
etto ['ɛtto] *m*, **ettogrammo** [etto'grammo] *m* hundert Gramm *n*
ettolitro [et'tɔːlitro] *m* Hektoliter *m o n*
eucalipto [euka'lipto] *m* Eukalyptus *m*
eucarestia [eukares'tiːa] <-ie> *f* Eucharistie *f*
eufemismo [eufe'mizmo] *m* Euphemismus *m*; **eufemistico**, **-a** [eufe'mistiko] <-ci, -che> *agg* euphemistisch
euforia [eufo'riːa] <-ie> *f* Euphorie *f*; **euforico**, **-a** [eu'fɔːriko] <-ci, -che> *agg* euphorisch
eunuco [eu'nuːko] <-chi> *m* Eunuch *m*
eureka [eu'rɛːka] *int* heureka!
Euro <-> *m* Euro *m*; **pagamento in** ~ Bezahlung in Euro; **emissione di** ~ Ausgabe von Euro
euroamericano, **-a** [euroameri'kaːno] *agg* Europa und Amerika betreffend
euroasiatico, **-a** [euroa'ziaːtiko] <-ci, -che> *agg* eurasisch

eurocentrico, **-a** [euro'tʃɛntriko] <-ci, -che> *agg* eurozentrisch; **eurocentrismo** [eurotʃen'trizmo] *m* Eurozentrismus *m*
eurocheque [euroʃ'ʃɛk] <-> *m* Euroscheck *m*
eurocity [euro'siti] <-> *m* Eurocity *m;* **eurocomunitario**, **-a** [eurokomuni'ta:rio] *agg* EU-; **norma -a** EU-Norm *f;* **legge -a** EU-Gesetz *n;* **eurodeputato**, **-a** [eurodepu'ta:to] *m, f* Europa-Abgeordnete(r) *f(m),* Europa-Mandatar(in) *m(f) A*
Eurolandia [ɛuro'landia] *f* (*iron*) Euroland *n;* **euromercato** [euromer'ka:to] *m* Euro-Markt *m*
euromissile [euro'missile] *m* Mittelstreckenrakete *f*
euronight [euro'nait] <-> *m* (FERR) Euronight *m*
Europa [eu'rɔ:pa] *f* Europa *n*
europarlamentare [europarlamen'ta:re] *mf* Europaparlamentarier(in) *m(f);* **europarlamento** [europarla'mento] *m* Europaparlament *n*
europeismo [europe'izmo] *m* Europagedanke *m;* **europeista** [europe'ista] <-i *m*, -e *f*> **I.** *mf* Anhänger(in) *m(f)* der Europabewegung **II.** *agg* europäisch
europeo, **-a** [euro'pɛ:o] <-ei, -ee> **I.** *agg* europäisch; **il mercato comune** ~ der Gemeinsame Markt **II.** *m, f* Europäer(in) *m(f)*
europolitica [ɛuropo'li:tika] *f* Europapolitik *f*
euroseggio [euro'sɛddʒo] <-ggi> *m* Europaparlamentssitz *m*
eurotassa [euro'tassa] *f* Europasteuer *f*
eurovisione [eurovi'zio:ne] *f* Eurovision *f;* **collegamento in** ~ Eurovisionsübertragung *f*
eutanasia [eutana'zi:a] <-ie> *f* Euthanasie *f*
E.V. *abbr di* **Vostra Eccellenza** E. Exz.
evacuare [evaku'a:re] **I.** *vt* räumen **II.** *vi essere* **1.** (*luogo*) ~ **da un luogo** einen Ort verlassen **2.** (*defecare*) Stuhlgang haben
evadere [e'va:dere] <evado, evasi, evaso> **I.** *vi essere* ausbrechen; ~ **dalla prigione** aus dem Gefängnis ausbrechen **II.** *vt* ~ **le tasse** Steuern hinterziehen
evanescente [evaneʃ'ʃɛnte] *agg* verschwommen
evangelico, **-a** [evan'dʒɛ:liko] <-ci, -che> *agg* evangelisch; **evangelista** [evandʒe'lista] <-i> *m* Evangelist *m;* **evangelizzare** [evandʒelid'dza:re] *vt* evangelisieren
evaporare [evapo'ra:re] *vi essere* verdunsten; **evaporazione** [evaporat'tsio:ne] *f* Evaporation *f*
evasi [e'va:zi] *1. pers sing pass rem di* **evadere**; **evasione** [eva'zio:ne] *f* **1.** (*da carcere*) Ausbruch *m* **2.** (*fig*) **romanzo d'** ~ Unterhaltungsroman *m* **3.** (ADM) Steuerhinterziehung *f;* **evasivo**, **-a** [eva'zi:vo] *agg* ausweichend; **evaso** [e'va:zo] *pp di* **evadere**; **evasore** [eva'zo:re] *m* Steuerhinterzieher *m*
evenienza [eve'niɛntsa] *f* Fall *m*
evento [e'vɛnto] *m* Ereignis *n;* **eventuale** [eventu'a:le] *agg* eventuell; **eventualità** [eventuali'ta] <-> *f* Möglichkeit *f;* **per ogni** ~ für alle Fälle; **eventualmente** [eventual'mente] *avv* eventuell
eversione [ever'sio:ne] *f* (Gesellschafts)zersetzung *f;* **eversivo**, **-a** [ever'si:vo] *agg* (gesellschafts)zersetzend
evidente [evi'dɛnte] *agg* offensichtlich; **evidenza** [evi'dɛntsa] *f* Evidenz *f;* **mettersi in** ~ sich hervortun; **evidenziare** *vt* markieren; **evidenziatore** *m* Textmarker *m*
evirazione [evirat'tsio:ne] *f* (MED) Kastration *f*
evitare [evi'ta:re] *vt* vermeiden; ~ **qu/qc** (*scansare*) jdm/etw ausweichen
evo ['ɛ:vo] *m* Zeit(alter) *f;* **medio** ~ Mittelalter *n*
evocare [evo'ka:re] *vt* beschwören
evolutivo, **-a** [evolu'ti:vo] *agg* Entwicklungs-; **evoluto** [evo'lu:to] *pp di* **evolvere**; **evoluzione** [evolut'tsio:ne] *f* Entwicklung *f;* **evoluzionismo** [evoluttsio'nizmo] *m* Evolutionstheorie *f;* **evolvere** [e'vɔlvere] <evolvo, evolvei, evoluto> **I.** *vt* entwickeln **II.** *vr* **-rsi** sich entwickeln
evviva [ev'vi:va] *int* es lebe, Hurra
ex [ɛks] *prp* ehemalig
exchanger [iks'tʃeindʒə] <-> *m* Währungsumrechner *m*
exit poll ['ɛksit poul] <-> *m* Wahlprognose *f*
expo [ɛks'po] <-> *f* Expo *f*
export ['ekspɔ:t] <-> *m* Export; **ditta di import-**~ Import-Export-Firma *f*

extra ['ɛkstra] **I.** <inv> *agg* Extra- **II.** <-> *m* Extra *n*
extraatmosferico, **-a** [ekstraatmos'fɛːriko] <-ci, -che> *agg* außeratmosphärisch
extracee [ekstra'tʃɛːe] <-> *agg* EU-extern; **commercio** ~ EU-Handel *m*
extracomunitario, **-a** [ekstrakomuni'taːrio] <-i, -ie> **I.** *agg* nicht zur EU gehörig **II.** *m, f* Bürger(in) *m(f)* eines Nicht-EU-Staates
extraconiugale [ekstrakoniu'gaːle] *agg* außerehelich
extracorporeo, **-a** [ekstra] <-ei, -ee> *agg* extrakorporal
extraeuropeo, **-a** [ekstraeuro'pɛːo] <-ei, -ee> *agg* außereuropäisch
extragalattico, **-a** [ekstraga'lattiko] <-ci, -che> *agg* extragalaktisch
extragiudiziale [ekstradʒudit'tsiaːle] *agg* außergerichtlich
extra-large ['ekstrə'laːdʒ] <inv> *agg* x-large
extranazionale [ekstranattsio'naːle] *agg* außerstaatlich
extraparlamentare [ekstraparlamen'taːre] *agg* außerparlamentarisch
extraprocessuale [ekstraprotʃessu'aːle] *agg* außergerichtlich
extraprofitto [ekstrapro'fitto] *m* Gewinnüberschuss *m*
extrarapido, **-a** [ekstra'raːpido] *agg* sehr schnell
extrascolastico, **-a** [ekstrasko'lastiko] <-ci, -che> *agg* außerschulisch
extrasottile [ekstrasot'tiːle] *agg* hauchdünn
extraterrestre [ekstrater'rɛstre] **I.** *agg* außerirdisch **II.** *mf* Außerirdische(r) *f(m)*
extraterritoriale [ekstraterrito'riaːle] *agg* exterritorial; **extraterritorialità** [ekstraterritoriali'ta] <-> *f* Exterritorialität *f*
extraurbano, **-a** [ekstraur'baːno] *agg* außerhalb der Stadt
extravergine [ekstra'verdʒine] <inv> *agg* nativ; **olio di oliva** ~ natives Olivenöl
ex voto [ɛks 'vɔːto] <-> *m* Exvoto *n*
eye-liner ['ai'lainə] <-> *m* Eyeliner *m*

F

F, f ['ɛffe] <-> *f* F, f *n;* ~ **come Firenze** F wie Friedrich
fa[1] [fa] <-> *m* (MUS) F *n;* ~ **minore** F-Dur
fa[2] **I.** *3. pers sing pr di* **fare**[1] **II.** *avv* vor; **tre anni** ~ vor drei Jahren
fabbisogno [fabbi'zoɲɲo] *m* Bedarf *m;* **un** ~ **di qc** ein Bedarf *m* an etw *dat*
fabbrica ['fabbrika] <-che> *f* Fabrik *f;* **fabbricabile** [fabbri'kaːbile] *agg* bebaubar; **terreno** ~ Baugrund *m;* **fabbricante** [fabbri'kante] *mf* Fabrikant(in) *m(f);* **fabbricare** [fabbri'kaːre] *vt* herstellen, erzeugen *A;* **fabbricato** [fabbri'kaːto] *m* Bau *m;* **fabbricazione** [fabbrikat'tsioːne] *f* Herstellung *f;* **difetto di** ~ Fabrikationsfehler *m*
fabbro ['fabbro] *m* Schmied *m*
faccenda [fat'tʃɛnda] *f* Angelegenheit *f*
facchino [fak'kiːno] *m* (Gepäck)träger *m;* **lavorare come un** ~ wie ein Pferd arbeiten
faccia ['fattʃa] <-cce> *f* **1.** Gesicht *n;* ~ **tosta** (*fig*) dreiste Art; ~ **a** ~ Auge in Auge; **non guardare in** ~ **a nessuno** (*fig*) auf niemanden Rücksicht nehmen; **dire le cose in** ~ die Dinge ins Gesicht sagen; **alla** ~**!** (*fam*) Donnerwetter! **2.** (*parte*) Seite *f;* **facciale** [fat'tʃaːle] *agg* Gesichts-; **facciata** [fat'tʃaːta] *f* **1.** (ARCH) Fassade *f* **2.** (*di pagina*) Seite *f*
faccio ['fattʃo] *1. pers sing pr di* **fare**[1]
faceto, **-a** [fa'tʃɛːto] *agg* witzig; **facezia** [fa'tʃɛttsia] <-ie> *f* Witz *m,* Schmäh *m A*
fachiro [fa'kiːro] *m* Fakir *m*
facile ['faːtʃile] *agg* leicht; ~ **a dirsi** leicht zu sagen; **donna di -i costumi** leichte Frau; **facilità** [fatʃili'ta] <-> *f* Leichtigkeit *f;* **facilitare** [fatʃili'taːre] *vt* erleichtern; ~ **qu** jdm helfen; **facilitazione** [fatʃilitat'tsioːne] *f* Erleichterung *f;* (FIN) Vergünstigung *f*
facilone, **-a** [fatʃi'loːne] *m, f* leichtsinniger Mensch; **faciloneria** [fatʃilone'riːa] <-ie> *f* Leichtfertigkeit *f*
facoltà [fakol'ta] <-> *f* **1.** (*capacità*) Fähig-

keit *f;* ~ **di intendere e di volere** (JUR) Zurechnungsfähigkeit *f* **2.** (*permesso*) Erlaubnis *f* **3.** (*universitaria*) Fakultät *f;* ~ **di lettere e filosofia** philosophische Fakultät

facoltatività [fakoltativi'ta] <-> *f* Freiwilligkeit *f;* **facoltativo**, **-a** [fakolta'tiːvo] *agg* wahlfrei; **fermata -a** Bedarfshaltestelle *f*

facoltoso, **-a** [fakol'toːso] *agg* wohlhabend

facsimile [fak'siːmile] <-> *m* Faksimile *n*

factotum [fak'tɔːtum] <-> *mf* Faktotum *n*

faggio ['faddʒo] <-ggi> *m* Buche *f*

fagiano [fa'dʒaːno] *m* Fasan *m*

fagiolino [fadʒo'liːno] *m* grüne Bohne *f,* Fisole *f A;* **fagiolo** [fa'dʒɔːlo] *m* Bohne *f;* **andare a** ~ (*fam*) passen; **capitare a** ~ wie gerufen kommen

fagocitare [fagotʃi'taːre] *vt* (*fig*) einverleiben

fagotto [fa'gɔtto] *m* **1.** (MUS) Fagott *n* **2.** (*involto*) Bündel *n;* **far** ~ (*fig*) sein Bündel schnüren

faida ['faːida] *f* Fehde *f*

faidaté ['faːida'te] <-> *m* Basteln *n*

faina [fa'iːna] *f* Steinmarder *m*

falcata [fal'kaːta] *f* Schritt *m*

falce ['faltʃe] *f* Sichel *f;* ~ **di luna** Mondsichel *f;* **falciare** [fal'tʃaːre] *vt* (nieder)mähen

falco ['falko] <-chi> *m* Falke *m*

falda ['falda] *f* (*geol*) Schicht *f*

falegname [faleɲ'ɲaːme] *m* Tischler *m;* **falegnameria** [faleɲɲame'riːa] <-ie> *f* Tischlerei *f*

falena [fa'lɛːna] *f* Nachtfalter *m*

falesia [fa'lɛːzia] <-ie> *f* Kliff *n*

falla ['falla] *f* Lücke *f*

fallace [fal'laːtʃe] *agg* trügerisch

fallico, **-a** ['falliko] <-ci, -che> *agg* phallisch

fallimentare [fallimen'taːre] *agg* **1.** (JUR) Konkurs- **2.** (*situazione*) katastrophal; **fallimento** [falli'mento] *m* **1.** (JUR) Konkurs *m;* **dichiarare** ~ den Konkurs anmelden **2.** (*insuccesso*) Scheitern *n;* **fallire** [fal'liːre] <fallisco> *vi* **1.** (JUR) Konkurs machen **2.** (*fig*) scheitern

fallo ['fallo] *m* **1.** (*errore*) Fehler *m;* **cogliere qu in** ~ jdn auf frischer Tat ertappen **2.** (SPORT) Foul *n;* ~ **laterale** Seitenaus *n* **3.** (ANAT) Phallus *m;* **falloso**, **-a** [fal'loːso] *agg* regelwidrig

falò [fa'lɔ] <-> *m* (Freuden)feuer *n*

falsare [fal'saːre] *vt* verdrehen

falsariga [falsa'riːga] <-ghe> *f* Vorbild *n;* **sulla** ~ **di qu** nach jds Beispiel

falsario [fal'saːrio] <-i> *m* Fälscher *m*

falsetto [fal'setto] *m* Falsett *n*

falsificabile [falsifi'kaːbile] *agg* fälschbar; **falsificare** [falsifi'kaːre] *vt* fälschen; **falsificazione** [falsifikat'tsioːne] *f* Fälschung *f;* **falsità** [falsi'ta] <-> *f* Unwahrheit *f*

falso ['falso] *m* Fälschung *f*

falso, **-a** *agg* falsch

fama ['faːma] *f* Ruf *m;* **di dubbia** ~ von zweifelhaftem Ruf

fame ['faːme] *f* Hunger *m;* **aver** ~ Hunger haben; ~ **da lupi** (*fam*) Bärenhunger *m;* **morire di** ~ (*fam*) vor Hunger sterben

famigerato, **-a** [famidʒe'raːto] *agg* berüchtigt

famiglia [fa'miʎʎa] <-glie> *f* Familie *f;* ~ **reale** Königshaus *n;* **essere di buona** ~ aus gutem Hause sein; **metter su** ~ eine Familie gründen; **familiare** [fami'liaːre] **I.** *agg* **1.** Familien- **2.** (*noto*) vertraut **3.** (*cucina*) gutbürgerlich **4.** (LING) umgangssprachlich; **linguaggio** ~ Umgangssprache *f* **II.** *mf* (Familien)angehörige(r) *f(m);* **familiarità** [familiari'ta] <-> *f* Vertraulichkeit *f*

famoso, **-a** [fa'moːso] *agg* berühmt

fan [fæn] <-> *m* Fan *m*

fanale [fa'naːle] *m* Licht *n;* ~ **antinebbia** Nebellicht *n;* **fanalino** [fana'liːno] *m* ~ **di coda** Rücklicht *n*

fanatico, **-a** [fa'naːtiko] <-ci, -che> **I.** *agg* fanatisch **II.** *m, f* Fanatiker(in) *m(f);* **fanatismo** [fana'tizmo] *m* Fanatismus *m*

fanciulla [fan'tʃulla] *f* (*poet*) Mädchen *n;* **fanciullo** [fan'tʃullo] *m* (*poet*) Knabe *m*

fanculo [fan'kuːlo] *int* (*vulg*) Leck mich am Arsch!; **mandare qu a** ~ jdn zum Teufel schicken

fandonia [fan'dɔːnia] <-ie> *f* Lüge *f*

fanfara [fan'faːra] *f* Fanfare *f*

fanfaronata [fanfaro'naːta] *f* Prahlerei *f*

fanghiglia [faŋ'giʎʎa] <-glie> *f* Schlamm(schicht *f*) *m*

fango ['faŋgo] <-ghi> *m* Schlamm *m,* Gatsch *m A;* **cura dei -ghi** Schlammkur *f;* **fangoso**, **-a** [faŋ'goːso] *agg* schlammig

fannullone, **-a** [fannul'loːne] *m, f* Nichtstuer(in) *m(f),* Tachinierer *m A*

fantapolitica [fantapo'liːtika] *f* politische Utopie

fantascienza [fantaʃ'ʃɛntsa] *f* Sciencefiction *f*

fantasia [fanta'ziːa] <-ie> *f* Phantasie *f;* **fantasioso**, **-a** [fanta'zioːso] *agg* phantasievoll

fantasma¹ [fan'tazma] <-i> *m* Gespenst *n*

fantasma² <inv> *agg* (*governo*) Schein-; (*nave*) Geister-

fantasticare [fantasti'kaːre] *vt* träumen von

fantastico, **-a** [fan'tastiko] <-ci, -che> *agg* phantastisch

fante ['fante] *m* Infanterist *m*

fantino [fan'tiːno] *m* Jockei *m*

fantoccio [fan'tɔttʃo] <-cci> *m* **1.** Puppe *f* **2.** (*succube*) Hampelmann *m;* **governo ~** Marionettenregierung *f*

fantomatico, **-a** [fanto'maːtiko] <-ci, -che> *agg* unwirklich

farabutto, **-a** [fara'butto] *m, f* Schurke *m,* Schurkin *f*

faraglione [faraʎ'ʎoːne] *m* Klippe *f*

faraona [fara'oːna] *f* (ZOO) Perlhuhn *n*

faraone [fara'oːne] *m* (HIST) Pharao *m*

farcire [far'tʃiːre] <farcisco> *vt* füllen; **farcitura** [fartʃi'tuːra] *f* Füllung *f*

fard [far(d)] <-> *m* Rouge *n;* **un tocco di ~** ein Hauch Rouge

fardello [far'dɛllo] *m* **1.** (*involto*) Bündel *n* **2.** (*peso*) Last *f*

fare¹ ['faːre] <faccio, feci, fatto> **I.** *vt* **1.** machen; (*fig: amicizia*) schließen; (*opera*) verfassen; **far ~ qc** etw machen lassen; **far arrabbiare qu** jdn wütend machen **2.** tun; (*mestiere*) ausüben; **~ il medico** Arzt sein **3.** (*sport*) treiben **4.** (*comportamento*) spielen; **non ~ la sciocca!** spiel nicht die Dumme **5.** (*rappresentazione*) spielen **6.** (*loc*) **~ a meno di qc** ohne etw auskommen; **~ tardi** zu spät kommen; **5 più 3 fa 8** 5 und 3 macht 8; **farcela** es schaffen; **non ce la faccio più** ich kann nicht mehr; **non fa niente** das macht nichts; **come faccio a saperlo?** woher soll ich das wissen?; **fa caldo** es ist warm **II.** *vr* **-rsi pregare** sich bitten lassen; **-rsi avanti** vortreten; **-rsi in quattro** (*fig*) sich zerreißen; **si è fatto tardi** es ist spät geworden

fare² *m* (*comportamento*) Benehmen *n*

faretto [fa'retto] *m* (*lampada*) Spot *m*

farfalla [far'falla] *f* **1.** Schmetterling *m* **2.** (*cravatta*) Fliege *f*

farfugliare [farfuʎ'ʎaːre] *vi* murmeln

farina [fa'riːna] *f* Mehl *n;* **non è ~ del tuo sacco** (*fig*) das ist nicht auf deinem Mist gewachsen; **farinaceo**, **-a** [fari'naːtʃeo] *agg* mehlig

faringite [farin'dʒiːte] *f* Rachenentzündung *f*

farinoso, **-a** [fari'noːso] *agg* mehlig; **neve -a** Pulverschnee *m*

fariseo, **-a** [fari'zɛːo] *m, f* (*a fig*) Pharisäer

farmaceutico, **-a** [farma'tʃɛːutiko] <-ci, -che> *agg* Pharma; **farmacia** [farma'tʃiːa] <-cie> *f* Apotheke *f;* **~ di turno** diensttuende Apotheke; **da vendersi solo in ~** apothekenpflichtig; **farmacista** [farma'tʃista] <-i *m*, -e *f*> *mf* Apotheker(in) *m(f);* **farmaco** ['farmako] <-ci *o* -chi> *m* Heilmittel *n;* **farmacologia** [farmakolo'dʒiːa] <-gie> *f* Pharmakologie *f*

Farnesina [farne'ziːna] *<sing> f italienisches Außenministerium*

farneticare [farneti'kaːre] *vi* phantasieren

faro ['faːro] *m* **1.** Leuchtturm *m* **2.** (AUTO) Scheinwerfer *m;* **-i abbaglianti/anabbaglianti** Fern-/Abblendlicht *n*

farsa ['farsa] *f* Farce *f;* **farsesco**, **-a** [far'sesko] <-schi, -sche> *agg* grotesk

fasc. *abbr di* **fascicolo** Fasz.

fascia ['faʃʃa] <-sce> *f* **1.** Band *n;* (MED) Binde *f* **2.** *pl* **bambino in -sce** Wickelkind *n* **3.** (*di territorio*) Strich *m* **4.** (*settore*) Teil *m*

fasciare [faʃ'ʃaːre] *vt* **1.** (*ferita*) verbinden **2.** (*bambino*) wickeln; **fasciatoio** [faʃʃa'toːio] <-oi> *m* Wickelkommode *f;* **fasciatura** [faʃʃa'tuːra] *f* Verband *m*

fascicolo [faʃ'ʃiːkolo] *m* Heft *n*

fascina [faʃ'ʃiːna] *f* Reisigbündel *n*

fascino ['faʃʃino] *m* Charme *m*

fascio ['faʃʃo] <-sci> *m* **1.** (*di legna*) Bund *m;* (*di fiori*) Strauß *m;* **far d'ogni erba un ~** (*fig*) alles über einen Kamm scheren **2.** (*di nervi*) Bündel *n* **3.** (HIST) faschistische Partei

fascismo [faʃ'ʃizmo] *m* Faschismus *m;* **fascista** [faʃ'ʃista] <-i *m*, -e *f*> **I.** *agg* faschistisch **II.** *mf* Faschist(in) *m(f)*

fase ['faːze] *f* **1.** Phase *f;* **essere fuori ~** nicht in Form sein **2.** (MOT) Takt *m;* **motore a tre -i** Dreitaktmotor *m*

fastidio [fas'tiːdio] <-i> *m* Belästigung *f,* Störung *f;* **dare ~ a qu** jdn belästigen; **Le dà**

~ **il fumo?** stört Sie der Rauch?; **fastidioso**, **-a** [fasti'dio:so] *agg* lästig
fastoso, **-a** [fas'to:so] *agg* prunkvoll
fasullo, **-a** [fa'zullo] *agg* falsch
fata ['fa:ta] *f* Fee *f*
fatale [fa'ta:le] *agg* fatal
fatalismo [fata'lizmo] *m* Fatalismus *m;* **fatalista** [fata'lista] <-i *m*, -e *f*> *mf* Fatalist(in) *m(f);* **fatalità** [fatali'ta] <-> *f* Schicksalhaftigkeit *f*
fatica [fa'ti:ka] <-che> *f* Mühe *f;* **far fatica a** ... +*inf* Mühe haben zu ... +*inf;* **faticare** [fati'ka:re] *vi* **1.** (*sottoporsi a sforzo*) hart arbeiten **2.** (*difficoltà*) Mühe haben; **faticoso**, **-a** [fati'ko:so] *agg* mühsam
fatiscente [fatiʃ'ʃɛnte] *agg* verfallend
fato ['fa:to] *m* Schicksal *n*
Fatt. *abbr di* **fattura** Rechn(g).
fattibile [fat'ti:bile] *agg* machbar
fattispecie [fattis'pɛ:tʃe] <-> *f* Tatbestand *m;* **nella** ~ im vorliegenden Fall
fattivo, **-a** [fat'ti:vo] *agg* tatkräftig
fatto ['fatto] *m* **1.** (*azione*) Tat *f;* **i -i parlano chiaro** die Tatsachen sprechen für sich **2.** (*affare*) Sache *f;* **badare ai -i propri** sich um seine eigenen Angelegenheiten kümmern
fatto, **-a** *pp di* **fare**[1]
fattore [fat'to:re] *m* Faktor *m;* ~ **ereditario** Erbfaktor *m*
fattoria [fatto'ri:a] <-ie> *f* Gutshof *m*
fattorino, **-a** [fatto'ri:no] *m, f* Bote *m,* Botin *f*
fattura [fat'tu:ra] *f* **1.** (*lavorazione*) Herstellung *f* **2.** (COM) Rechnung *f;* **rilasciare una** ~ eine Rechnung ausstellen **3.** (*fam: maleficio*) Zauberei *f;* **fatturare** [fattu'ra:re] *vt* fakturieren; **fatturato** [fattu'ra:to] *m* (COM) Umsatz *m*
fatuo, **-a** ['fa:tuo] *agg* seicht
fauci ['fa:utʃi] *fpl* Rachen *m*
fauna ['fa:una] *f* Fauna *f*
fausto, **-a** ['fa:usto] *agg* glücklich
fautore, **-trice** [fau'to:re] *m, f* Förderer *m,* Förderin *f*
fava ['fa:va] *f* dicke Bohne; **prendere due piccioni con una** ~ (*prov*) zwei Fliegen mit einer Klappe schlagen
favelas [fa'vɛlas] <-> *fpl* Favelas *fpl*
favella [fa'vɛlla] *f* (POET) Sprache *f;* **favellare** [favel'la:re] *vi* reden
favilla [fa'villa] *f* Funke(n) *m;* **far -e** (*fig fam*) Erfolg haben
favola ['fa:vola] *f* Märchen *n;* **il mondo delle -e** Märchenwelt *f;* **favoloso**, **-a** [favo'lo:so] *agg* fabelhaft
favore [fa'vo:re] *m* **1.** (*piacere*) Gefallen *m;* **per** ~ bitte; **fare un** ~ **a qu** jdm einen Gefallen tun **2.** (*protezione*) Gunst *f;* **favoreggiare** [favored'dʒa:re] *vt* begünstigen
favorevole [favo're:vole] *agg* **1.** (*vantaggioso*) günstig **2.** (*consenziente*) zustimmend; **favorire** [favo'ri:re] <favorisco> *vt* unterstützen
favoriti [favo'ri:ti] *mpl* Backenbart *m*
favoritismo [favori'tizmo] *m* Begünstigung *f;* **favorito**, **-a** [favo'ri:to] **I.** *agg* **1.** Lieblings- **2.** (*probabile vincitore*) favorisiert **II.** *m, f* **1.** Liebling *m* **2.** (*in gare*) Favorit(in) *m(f)*
fax [faks] <-> *m* Fax(gerät) *n;* **via** ~ per Fax; **faxare** [fa'ksa:re] *vt* faxen
fazione [fat'tsio:ne] *f* Faktion *f;* **fazioso**, **-a** [fat'tsio:so] *agg* faktiös
fazzoletto [fattso'letto] *m* (Taschen)tuch *n;* ~ **di carta** Papiertaschentuch *n*
febbraio [feb'bra:io] *m* Februar *m,* Feber *m A; v. a.* **aprile**
febbre ['fɛbbre] *f* (*a fig*) Fieber *n;* ~ **da fieno** Heuschnupfen *m;* **febbrile** [feb'bri:le] *agg* fiebrig
fecale [fe'ka:le] *agg* Fäkal-
feccia ['fɛttʃa] <-cce> *f* Abschaum *m*
feci[1] ['fɛ:tʃi] *fpl* Fäkalien *pl*
feci[2] ['fe:tʃi] *1. pers sing pass rem di* **fare**[1]
fecola ['fɛ:kola] *f* Stärkemehl *n*
fecondare [fekon'da:re] *vt* befruchten; **fecondazione** [fekondat'tsio:ne] *f* Befruchtung *f;* ~ **artificiale** künstliche Befruchtung; ~ **in vitro** In-vitro-Fertilisation *f;* **fecondo**, **-a** [fe'kondo] *agg* fruchtbar
fede ['fe:de] *f* **1.** Glaube(n) *m* **2.** (*anello*) Trauring *m* **3.** (*loc*) **in** ~ (ADM) für die Richtigkeit; **in buona/mala** ~ in gutem Glauben/in böser Absicht; **fedele** [fe'de:le] **I.** *agg* treu **II.** *mf* Gläubige(r) *f(m);* **fedeltà** [fedel'ta] <-> *f* Treue *f;* **ad alta** ~ Hi(gh)-Fi(delity)-
federa ['fɛ:dera] *f* (Kopf)kissenbezug *m*
federale [fede'ra:le] *agg* Bundes-; **federalismo** [federa'lizmo] *m* Föderalismus *m;* **federato**, **-a** [fede'ra:to] *agg* verbündet; **federazione** [federat'tsio:ne] *f* Verband *m*

FEDERCALCIO [feder'kaltʃo] *f abbr di* **Federazione Italiana Calcio** *italienischer Fußballverband*

fedina [fe'di:na] *f* ~ **penale** Führungszeugnis *n*

feeling ['fi:liŋ] <-> *m* Harmonie *f*

fegatello [fega'tɛllo] *m* gebackene Schweinsleberscheibe; **fegatini** [fega'ti:ni] *mpl* Geflügelleber *f;* **fegato** ['fe:gato] *m* Leber *f;* **avere** ~ (*fig*) Mut haben

felce ['feltʃe] *f* Farn *m*

felice [fe'li:tʃe] *agg* glücklich; **felicità** [felitʃi'ta] <-> *f* Glück *n*

felicitarsi [felitʃi'tarsi] *vr* ~ **con qu per qc** jdn zu etw beglückwünschen; **felicitazione** [felitʃitat'tsio:ne] *f* Glückwunsch *m*

felino, **-a** *agg* Katzen-

felliniano, **-a** [felli'nia:no] *agg* Fellini-

felpa ['felpa] *f* Plüsch *m;* **felpato**, **-a** [fel'pa:to] *agg* Plüsch-; **con passo** ~ auf leisen Sohlen

feltro ['feltro] *m* Filz *m*

femmina ['femmina] *f* Weib *n;* **femminile** [femmi'ni:le] **I.** *agg* weiblich; **moda** ~ Damenmode *f* **II.** *m* (LING) Femininum *n;* **femminismo** [femmi'nizmo] *m* Feminismus *m;* **femminista** [femmi'nista] <-i *m*, -e *f*> *mf* Feminist(in) *m(f);* **femminuccia** [femmi'nuttʃa] <-cce> *f* Waschlappen *m*

femore ['fɛ:more] *m* Oberschenkel *m*

fendere ['fɛndere] <fendo, fendei, fenduto> *vt* spalten; **fendinebbia** [fendi'nebbia] <-> *m* Nebelscheinwerfer *m;* **fenditura** [fendi'tu:ra] *f* Spaltung *f*

fenice [fe'ni:tʃe] *f* Phönix *m*

fenicottero [feni'kɔttero] *m* Flamingo *m*

fenomenale [fenome'na:le] *agg* phänomenal; **fenomeno** [fe'nɔ:meno] *m* Phänomen *n*

feretro ['fe:retro] *m* Bahre *f*

feriale [fe'ria:le] *agg* Werk-; **ferie** ['fɛ:rie] *fpl* Ferien *pl;* **prendere le** ~ Urlaub nehmen

ferimento [feri'mento] *m* Verletzung *f;* **ferire** [fe'ri:re] <ferisco> **I.** *vt* verletzen **II.** *vr* **-rsi** sich verletzen; **-rsi a un piede** sich am Fuß verletzen; **ferita** [fe'ri:ta] *f* Verletzung *f*, Wunde *f*

feritoia [feri'to:ia] <-oie> *f* Schießscharte *f*

ferma ['ferma] *f* (MIL) Wehrdienstzeit *f*

fermacalzoni [fermakal'tso:ni] <-> *m* Fahrradklammer *f;* **fermacarte** [ferma'karte] <-> *m* Briefbeschwerer *m;* **fermacravatta** [fermakra'vatta] <-e> *m* Krawattennadel *f*

fermaglio [fer'maʎʎo] <-gli> *m* **1.** Schnalle *f* **2.** (*per fogli*) Heftklammer *f*

fermaporte [ferma'porte] <-> *m* Türstopper *m*

fermare [fer'ma:re] **I.** *vt* anhalten **II.** *vi* halten **III.** *vr* **-rsi** **1.** (an)halten; (*orologio*) stehen bleiben **2.** (*trattenersi*) sich aufhalten; **quanti giorni ti fermi?** wie viele Tage bleibst du?; **fermata** [fer'ma:ta] *f* **1.** (*sosta*) Halt *m* **2.** (*luogo*) Haltestelle *f*

fermentare [fermen'ta:re] *vi* gären; **fermentazione** [fermentat'tsio:ne] *f* Gärung *f;* **fermento** [fer'mento] *m* **1.** Ferment *n* **2.** (*agitazione*) Unruhe *f*

fermezza [fer'mettsa] *f* Entschlossenheit *f*

fermo ['fermo] *m* (JUR) Festnahme *f*

fermo, **-a** *agg* still

fermoposta [fermo'pɔsta] **I.** <inv> *agg* postlagernd **II.** <-> *m* Schalter *m* für postlagernde Sendungen

feroce [fe'ro:tʃe] *agg* wild; **ferocia** [fe'rɔ:tʃa] <-cie> *f* Wildheit *f*

ferraglia [fer'raʎʎa] <-glie> *f* Schrott *m*

Ferragosto [ferra'gosto] *m* Mariä Himmelfahrt

> Der 15. August ist ein gesetzlicher Feiertag in Italien. An diesem Tag wird zwar Maria Himmelfahrt gefeiert, doch im Volksmund ist dieser Tag als **Ferragosto** (Gipfel des Augusts) bekannt. In den Tagen um den 15. fahren die meisten Italiener in Urlaub, was zur Folge hat, dass die italienischen Großstädte während dieser Zeit nahezu menschenleer oder fast ausschließlich von Touristen bevölkert sind.

ferramenta [ferra'menta] *f* Eisenwaren *fpl*

Ferrara *f Stadt in der Emilia-Romagna*

ferrarista [ferra'rista] <-i *m*, -e *f*> *mf* Ferrarifahrer(in) *m(f)*

ferrato, **-a** [fer'ra:to] *agg* (*a fig*) beschlagen; **strada -a** Schienenstrang *m*

ferravecchio [ferra'vɛkkio] *m* Schrotthändler *m*

ferreo, **-a** ['fɛrreo] <-ei, -ee> *agg* eisern

ferriera [fer'riɛ:ra] *f* Eisenhütte *f*

ferro ['fɛrro] *m* **1.** Eisen *n;* ~ **da stiro** Bügel-

F

eisen *n;* ~ **battuto** Schmiedeeisen *n;* **di** ~ eisern; **toccare** ~ (*fig*) auf Holz klopfen **2.** (*da calza*) Stricknadel *f* **3.** *pl* Grill *m;* **bistecca ai -i** gegrilltes Beefsteak; **ferroso, -a** [fer'ro:so] *agg* eisenhaltig

ferrotranvieri [ferrotran'viɛ:ri] *mpl* Eisen- und Straßenbahner *pl*

ferrovia [ferro'vi:a] *f* Eisenbahn *f;* ~ **a cremagliera** Zahnradbahn *f;* **ferroviario, -a** [ferro'via:rio] *agg* Eisenbahn-; **ferroviere** [ferro'viɛ:re] *m* Eisenbahner *m*

fertile ['fɛrtile] *agg* fruchtbar; **fertilizzante** [fertilid'dzante] *m* Dünger *m*

fervore [fer'vo:re] *m* **1.** (*passione*) Leidenschaft *f* **2.** (*zelo*) Efer *m*

fesseria [fesse'ri:a] <-ie> *f* (*fam*) Dummheit *f;* **fesso, -a** ['fesso] *agg* **1.** (*incrinato*) gesprungen **2.** (*tonto*) bescheuert

fessura [fes'su:ra] *f* Spalt(e *f*) *m*

festa ['fɛsta] *f* **1.** (*solennità*) Feiertag *m* **2.** (*cerimonia*) Fest *n;* ~ **nazionale** Nationalfeiertag *m;* **far** ~ **a qu** jdn herzlich begrüßen

> Der internationale Frauentag am 8. März trägt in Italien den Namen **Festa della donna**. Viele Italienerinnen tragen an diesem Tag einen Mimosenzweig als Zeichen der Solidarität mit der Frauenbewegung.

festeggiare [fested'dʒa:re] *vt* **1.** (*anniversario*) feiern **2.** (*persona*) festlich empfangen

festival [festi'val] <-> *m* Festival *n*

> 1951 fand zum ersten Mal ein musikalischer Wettbewerb in der ligurischen Hafenstadt Sanremo statt. Im Laufe eines halben Jahrhunderts ist das jeweils Ende Februar stattfindende **Festival di Sanremo** zum musikalischen Fernsehereignis schlechthin geworden, das bis zu zwanzig Millionen Fernsehzuschauer jedes Jahr verfolgen. Viele der bekanntesten italienischen Lieder und Sänger der letzten fünfzig Jahre sind durch Sanremo bekannt geworden, vom Welthit "Nel blu dipinto di blu" (Volare) von Domenico Modugno bis zu den Erfolgen von Eros Ramazzotti.

festività [festivi'ta] <-> *f* Feiertag *m;* **festivo, -a** [fes'ti:vo] *agg* (*giorno*) Feier-

feticismo [feti'tʃizmo] *m* Fetischismus *m*

fetido, -a ['fɛ:tido] *agg* stinkend

feto ['fɛ:to] *m* Fötus *m*

fetore [fe'to:re] *m* Gestank *m*

fetta ['fetta] *f* Scheibe *f;* **tagliare a -e** in Scheiben schneiden; **-e biscottate** Zwieback *m*

fettuccine [fettut'tʃi:ne] *fpl* (*pasta*) Bandnudeln *fpl*

feudale [feu'da:le] *agg* Feudal-; **feudo** ['fɛ:udo] *m* (HIST) Lehen *n*

fiaba ['fia:ba] *f* Märchen *n;* **fiabesco, -a** [fia'besko] <-schi, -sche> *agg* märchenhaft

fiacco, -a ['fiakko] <-cchi, -cche> *agg* müde

fiaccola ['fiakkola] *f* Fackel *f;* **fiaccolata** [fiakko'la:ta] *f* Fackelzug *m*

fiala ['fia:la] *f* Ampulle *f*

fiamma ['fiamma] *f* Flamme *f;* **andare in -e** in Flammen aufgehen; **fiammante** [fiam'mante] *agg* **rosso** ~ knallrot *fam;* **nuovo** ~ (funkel)nagelneu; **fiammata** [fiam'ma:ta] *f* Stichflamme *f*

fiammifero [fiam'mi:fero] *m* Streichholz *n,* Zündholz *n A*

fiammingo, -a [fiam'miŋgo] <-ghi, -ghe> *agg* flämisch

fiancata [fiaŋ'ka:ta] *f* Seitenteil

fianco ['fiaŋko] <-chi> *m* **1.** (ANAT) Hüfte *f,* Hüferl *n A* **2.** (*lato*) Seite *f*

Fiandra ['fiandra] *f* Flandern *n*

fiasco ['fiasko] <-schi> *m* **1.** Korbflasche *f* **2.** (*insuccesso*) Fiasko *n*

fiatare [fia'ta:re] *vi* atmen; **non ~!** halt' den Mund!; **fiato** ['fia:to] *m* **1.** Atem *m;* **prendere** ~ Luft holen **2.** *pl* (*strumenti*) Blasinstrumente *npl*

fibbia ['fibbia] <-ie> *f* Schnalle *f*

fibra ['fi:bra] *f* Faser *f*

fica ['fi:ka] <-che> *f* (*vulg*) Möse *f;* **ficata** [fi'ka:ta] *f* (*sl*) *v.* **figata**

ficcanaso [fikka'na:so] <-i> *mf* (*fam*) Topfgucker *m*

ficcare [fik'ka:re] **I.** *vt* stecken **II.** *vr* **-rsi** sich verstecken; **-rsi nei guai** sich in die Nesseln setzen

fichidindia *pl di* **ficodindia**

fico ['fi:ko] <-chi> *m* **1.** (*frutto*) Feige *f;* **non me n'importa un** ~ **secco** (*fam*) das ist mir Wurscht **2.** (*sl: persona attraente*) irrer Typ *m*

fico, -a <-chi, -che> *agg* (*sl: bello*) toll

ficodindia [fiko'dindia] <fichidindia> *m* Kaktusfeige *f*

fidanzamento [fidantsa'mento] *m* Verlobung *f;* **fidanzato, -a** [fidan'tsa:to] *m, f* Verlobte(r) *f(m)*

fidarsi [fi'da:rsi] *vr* ~ **di qu** jdm vertrauen; **fidato, -a** [fi'da:to] *agg* zuverlässig

fido ['fi:do] *m* (FIN) Kredit *m;* ~ **bancario** Bankkredit *m*

fiducia [fi'du:tʃa] <-cie> *f* Vertrauen *n;* **avere ~ in qu** Vertrauen zu jdm haben; **ispirare ~** Vertrauen erwecken; **fiduciario, -a** [fidu'tʃa:rio] <-i, -ie> *agg* Treuhand-; **fiducioso, -a** [fidu'tʃo:so] *agg* vertrauensvoll

fienile [fie'ni:le] *m* Heuschober *m*

fieno ['fiɛ:no] *m* Heu *n;* **febbre da ~** Heuschnupfen *m*

fiera ['fiɛ:ra] *f* **1.** (*di paese*) Jahrmarkt *m* **2.** (COM) Messe *f*

fiero, -a ['fiɛ:ro] *agg* stolz

fievole ['fie:vole] *agg* schwach

fifa ['fi:fa] *f* (*fam*) Schiss *m;* **fifone, -a** [fi'fo:ne] *m, f* (*fam*) Angsthase *m*

fig. *abbr di* **figura** Abb.

figata [fi'ga:ta] *f* (*sl*) geile Sache; **che ~!** geil!

figlia ['fiʎʎa] <-glie> *f* Tochter *f;* **figliastro, -a** [fiʎ'ʎastro] *m, f* Stiefsohn *m,* -tochter *f*

figliata [fiʎ'ʎa:ta] *f* Wurf *m*

figlio ['fiʎʎo] <-gli> *m* (*prole*) Kind *n;* (*di sesso maschile*) Sohn *m;* ~ **unico** Einzelkind *n;* ~ **di mammà** (*fam*) Muttersöhnchen *n;* ~ **di puttana** (*vulg*) Hurensohn; **senza -gli** kinderlos; **figlioccio, -a** [fiʎ'ʎɔttʃo] <-cci, -cce> *m, f* Patenkind *n;* **figliolanza** [fiʎʎo'lantsa] *f* Nachwuchs *m*

figo ['fi:go] <-ghi> *m* (*sett*) *v.* **fico 2.**

figo, -a <-ghi, -ghe> *agg* (*sett*) *v.* **fico, -a**

figura [fi'gu:ra] *f* Figur *f;* **che ~!** (*iron*) so eine Blamage!

figurare [figu'ra:re] **I.** *vi* erscheinen **II.** *vr* **-rsi** sich vorstellen; **figurati!** stell dir vor!; **figurato, -a** [figu'ra:to] *agg* **1.** (*in figura*) bildlich **2.** (*significato*) übertragen; **figuro** [fi'gu:ro] *m* (verdächtiges) Individuum *n*

fila ['fi:la] *f* **1.** (*serie*) Reihe *f* **2.** (*coda*) Schlange *f;* **far la ~** Schlange stehen; **mettersi in ~** sich anstellen

filanda [fi'landa] *f* Spinnerei *f*

filantropia [filantro'pi:a] *f* Philantropie *f*

filare **I.** *vt* (*tessuto*) spinnen **II.** *vi essere* **1.** (*discorso*) fließen **2.** (*fam: svignarsela*) sich verdrücken **3.** (*scherz: amoreggiare*) etw miteinander haben

filarmonica [filar'mɔ:nika] <-che> *f* Philharmonie *f*

filastrocca [filas'trɔkka] <-cche> *f* Kinderreim *m*

file ['fail] <-> *m* (INFORM) Datei *f;* ~ **di testo** Textdatei *f*

filetto [fi'letto] *m* **1.** (*nastrino*) Band *n* **2.** (GASTR) Filet *n*

filiale [fi'lia:le] *f* Filiale *f*

filibustiere [filibus'tiɛ:re] *m* Freibeuter *m*

filiforme [fili'forme] *agg* fadenförmig

filigrana [fili'gra:na] *f* Filigran *n*

filisteo, -a [filis'tɛ:o] *m, f* **1.** (HIST) Philister *m* **2.** (*conformista*) Spießbürger(in) *m(f)*

film [film] <-> *m* Film *m;* ~ **giallo** Kriminalfilm *m;* **girare un ~** einen Film drehen; **filmare** [fil'ma:re] *vt* aufnehmen; **filmico, -a** ['filmiko] <-ci, -che> *agg* filmisch; **filmina** [fil'mi:na] *f* (FILM) Diafilm(streifen) *m*

filo ['fi:lo] *m* Faden *m;* ~ **spinato** Stacheldraht *m;* ~ **d'erba** Grashalm *m;* **un ~ d'acqua** ein dünner Wasserstrahl; **un ~ di speranza** ein Hoffnungsschimmer *m;* **un ~ di voce** eine dünne Stimme; **fare il ~ a qu** jdm den Hof machen; **per ~ e per segno** in allen Einzelheiten; ~ **conduttore** Leitfaden *m*

filoamericano, -a [filoameri'ka:no] *agg* amerikafreundlich; **filoarabo, -a** [filo'a:rabo] *agg* pro-arabisch

filobus ['fi:lobus] *m* O(berleitungs)bus *m*

filodendro [filo'dɛndro] *m* (BOT) Philodendron *m*

filodiffusione [filodiffu'zio:ne] *f* Drahtfunk *m*

filodrammatica [filodram'ma:tika] <-che> *f* Laienbühne *f;* **filodrammatico, -a** [filodram'ma:tiko] <-ci, -che> **I.** *agg* Laienspiel(er)- **II.** *m, f* Laien(schau)spieler(in) *m(f)*

filologia [filolo'dʒi:a] <-gie> *f* Philologie *f;* ~ **classica** Altphilologie *f;* **filologico, -a** [filo'lɔ:dʒiko] <-ci, -che> *agg* philologisch; **filologo, -a** [fi'lɔ:logo] <-gi, -ghe> *m, f* Philologe *m,* -login *f*

filoncino [filon'tʃi:no] *m* Minibaguette *n*

filone [fi'lo:ne] *m* **1.** (*di giacimento*) Ader *f* **2.** (*pane*) längliches Brot **3.** (*di cultura*) Bewegung *f*

filonucleare [filonukle'a:re] *agg* Pro-Atomkraft-

filoso, -a [fi'lo:so] *agg* **1.** (*pieno di fili*) fase-

F

rig **2.** (*tiglioso*) zäh

filosofale [filozo'faːle] *agg* (*scherz*) philosophenhaft; **pietra** ~ Stein *m* der Weisen

filosofare [filoso'faːre] *vi* philosophieren; **filosofeggiare** [filosofed'dʒaːre] *vi* (*iron*) sich als Philosoph aufspielen; **filosofia** [filozo'fiːa] <-ie> *f* **1.** Philosophie *f* **2.** (*fig: serenità*) Gelassenheit *f*; **filosofico, -a** [filo'zɔːfiko] <-ci, -che> *agg* philosophisch; **filosofo, -a** *o* **-essa** [fi'lɔːzofo, filozo'fessa] *m, f* Philosoph(in) *m(f)*

filosovietico, -a [filoso'viɛːtiko] <-ci, -che> *agg* der Sowjetunion nahe stehend

filovia [filo'viːa] *f* Autobuslinie *f* mit Oberleitung

filtrare [fil'traːre] **I.** *vt* filtern **II.** *vi* **1.** (*liquidi*) durchsickern **2.** (*luce*) durchdringen

filtro ['filtro] *m* **1.** (*apparecchio*) Filter *m* **2.** (*per il tè*) Sieb *n*; **sigaretta con** ~ Filterzigarette *f*

finale [fi'naːle] **I.** *agg* **1.** (*conclusivo*) Schluss- **2.** (*definitivo*) endgültig; (LING) final **II.** *m* (*conclusione*) Ende *n* **III.** *f* **1.** (LING) Finalsatz *m* **2.** (SPORT) Endrunde *f*; (*calcio*) Finale *n*; **finalissima** [fina'lissima] *f* Endausscheidung *f*; **finalista** [fina'lista] <-i *m*, -e *f*> *mf* Endspielteilnehmer(in) *m(f)*

finalmente [final'mente] *avv* endlich

finanza [fi'nantsa] *f* Finanz *f*; **ministero delle -e** Finanzministerium *n*; **finanziamento** *m* Finanzierung *f*; **finanziare** [finan'tsiaːre] *vt* finanzieren; **finanziaria** [finan'tsiaːria] <-ie> *f* **1.** (*società*) Finanzgesellschaft *f* **2.** (*legge*) Haushaltsgesetz *n*; **finanziario, -a** [finan'tsiaːrio] <-i, -ie> *agg* Finanz-; **legge -a** Haushaltsgesetz *n*; **finanziere** [finan'tsiɛːre] *m* Finanz(fach)mann *m*

finca ['fiŋka] <-che> *f* (ADM) (Tabellen)spalte *f*

finché [fiŋ'ke] *cong* bis

fine ['fiːne] **I.** *agg* **1.** fein **2.** (*sottile*) dünn **3.** (*puro*) rein **4.** (*fig: vista*) scharf **II.** *f* (*conclusione*) Ende *n*; **alla** ~ schließlich; **alla fin** ~ alles in allem; **che** ~ **ha fatto?** was ist aus ihm geworden? **III.** *m* (*scopo*) Ziel *n*; **secondo** ~ Hintergedanke *m*; **il** ~ **giustifica i mezzi** der Zweck heiligt die Mittel; **lieto** ~ Happyend *n*

finesettimana ['fiːne setti'mana] *m* Wochenende *n*

finestra [fi'nestra] *f* Fenster *n*

finestrino [fines'triːno] *m* (*di veicolo*) Fenster *n*

finezza [fi'nettsa] *f* Feinheit *f*

fingere ['fiŋʒere] <fingo, finsi, finto> *vt* vortäuschen

finire [fi'nire] <finisco> **I.** *vt* beenden **II.** *vi essere* zu Ende gehen; ~ **di fare qc** (*compiere*) etw fertig machen; (*smettere*) aufhören etw zu tun; ~ **male** böse enden; **finiscila!** hör auf damit!; **ho finito** ich bin fertig; **dov'è andato a** ~ **il giornale?** wo ist die Zeitung hingekommen?

finlandese [finlan'deːse] **I.** *agg* finnisch **II.** *mf* Finne *m*, Finnin *f*; **Finlandia** [fin'landia] *f* Finnland *n*

fino ['fiːno] *prp* bis; ~ **a** bis; **fin da bambino** von Kind an; **fin dove** bis wohin

fino, -a *agg* fein

finocchio [fi'nɔkkio] <-cchi> *m* **1.** (BOT) Fenchel *m* **2.** (*vulg*) Schwule(r) *m*

finora [fi'noːra] *avv* bis jetzt

finta ['finta] *f* **1.** (*loc*) **far** ~ **di** so tun als ob **2.** (SPORT) Finte *f*

finto, -a ['finto] **I.** *pp* **fingere II.** *agg* falsch

finzione [fin'tsioːne] *f* Vortäuschung *f*

fiocco ['fiɔkko] <-cchi> *m* Flocke *f*; **-cchi d'avena** Haferflocken *fpl*

fioco, -a ['fiɔːko] <-chi, -che> *agg* schwach

fionda ['fionda] *f* Schleuder *f*; **fiondarsi** [fion'darsi] *vr* (*fam*) stürmen

fioraio, -a [fio'raːio] <-ai, -aie> *m, f* Blumenhändler(in) *m(f)*

fiordaliso [fiorda'liːzo] *m* Kornblume *f*

fiordilatte [fiordi'latte] <-> *m* **1.** (*mozzarella*) *Mozzarellakäse aus Kuhmilch* **2.** (*gelato*) *Eissorte aus Sahne*

fiordo ['fiɔrdo] *m* Fjord *m*

fiore ['fioːre] *m* **1.** Blume *f*; **essere in** ~ blühen **2.** *pl* (*carte da gioco*) Kreuz *n*

fioretto [fio'retto] *m* (SPORT) Florett *n*

fiorino [fio'riːno] *m* Gulden *m*

fiorire [fio'riːre] <fiorisco> *vi essere* blühen; **fiorista** [fio'rista] <-i *m*, -e *f*> *mf* Florist(in) *m(f)*; **fiorito, -a** [fio'riːto] *agg* blumenbedeckt; **fioritura** [fiori'tuːra] *f* Blüte *f*

Firenze [fi'rɛntse] *f* Florenz *n* (*Hauptstadt der Toskana*)

firma ['firma] *f* Unterschrift *f*; **mettere la** ~ unterschreiben

firmamento [firma'mento] *m* Firmament

n

firmare [fir'ma:re] *vt* unterschreiben

fisarmonica [fizar'mɔ:nika] <-che> *f* Ziehharmonika *f*

fiscale [fis'ka:le] *agg* Steuer-; **fiscalismo** [fiska'lizmo] *m* Fiskalpolitik *f;* **fiscalizzare** [fiskalid'dza:re] *vt* fiskalisieren

fischiare [fis'kia:re] *vi* pfeifen; **mi fischiano gli orecchi** (*fig*) mir klingen die Ohren; **fischietto** [fis'kietto] *m* Trillerpfeife *f;* **fischio** ['fiskio] <-schi> *m* (*a fig*) Pfeifen *n;* **prendere -schi per fiaschi** (*fig*) sich schwer täuschen

fisco ['fisko] *m* Steuerbehörde *f*

fisica ['fi:zika] <-che> *f* Physik *f;* ~ **nucleare** Kernphysik *f*

fisico ['fi:ziko] <-ci> *m* Körperbau *m*

fisico, -a <-ci, -che> **I.** *agg* physisch **II.** *m, f* Physiker(in) *m(f)*

fisima ['fi:zima] *f* fixe Idee

fisiologia [fiziolo'dʒi:a] *f* Physiologie *f;* **fisiologico, -a** [fizio'lɔ:dʒiko] *agg* physiologisch; **fisiologo, -a** [fiz'iologo] <-gi, -ghe> *m, f* Physiologe, -login *m, f*

fisionomia [fiziono'mi:a] <-ie> *f* Physiognomie *f*

fisioterapia [fiziotera'pi:a] *f* Physiotherapie *f;* **fisioterapista** [fiziotera'pista] <-i *m*, -e *f*> *mf* Krankengymnast(in) *m(f)*

fissaggio [fis'saddʒo] <-ggi> *m* Fixierung *f;* **fissare** [fis'sa:re] **I.** *vt* **1.** festmachen **2.** (*stabilire*) festsetzen **3.** (*prenotare*) reservieren **II.** *vr* (*fig: intestarsi*) **-rsi su qc** sich auf etw *acc* versteifen; **fissato, -a** [fis'sa:to] *m, f* Besessene(r) *f(m);* **fissazione** [fissat'tsio:ne] *f* fixe Idee

fissionare [fissio'na:re] *vt* (PHYS) spalten; **fissione** [fis'sio:ne] *f* Kernspaltung *f*

fissità [fissi'ta] <-> *f* Unbeweglichkeit *f;* **fisso, -a** *agg* fest; **avere un chiodo** ~ eine fixe Idee haben; **prezzo** ~ fester Preis

fistola ['fistola] *f* (MED) Fistel *f*

fitness ['fitnis] <-> *f* Fitness *f*

fitocosmesi [fitokos'mɛ:zi] <-> *f* Naturkosmetik *f*

fitoterapia [fitotera'pi:a] *f* Pflanzenheilkunde *f*

fitta ['fitta] *f* stechender Schmerz

fittacamere [fitta'ka:mere] <-> *mf* (*fam*) Zimmervermieter(in) *m(f);* **fittare** [fit'ta:re] *vt* (*fam*) vermieten; **fittavolo, -a** [fit'ta:volo] *m, f* (Land)pächter(in) *m(f)*

fittizio, -a [fit'tittsio] <-i, -ie> *agg* Schein-

fitto, -a *agg* **1.** dicht; **un tema ~ di errori** ein Aufsatz voller Fehler **2.** (*chiodo*) eingeschlagen **3.** (*mistero*) tief **4.** (*loc*) **a capo ~** kopfüber

fiumana [fiu'ma:na] *f* **1.** (*corrente*) Flut *f* **2.** (*fig: massa*) Menge *f*

fiume ['fiu:me] *m* **1.** Fluss *m* **2.** (*fig: grande quantità*) Strom *m;* (*di parole*) Schwall *m*

fiutare [fiu'ta:re] *vt* **1.** (*annusare*) beschnuppern **2.** (*intuire*) wittern; **fiuto** ['fiu:to] *m* **1.** (*il fiutare*) Schnuppern *n* **2.** (*intuizione*) Spürsinn *m*

flaccido, -a ['flattʃido] *agg* schlaff

flacone [fla'ko:ne] *m* Flakon *n o m*

flagellare [fladʒel'la:re] *vt* geißeln; **flagello** [flad'dʒɛllo] *m* (*a fig*) Geißel *f*

flagrante [fla'grante] *agg* offensichtlich; **cogliere qu in** ~ jdn auf frischer Tat ertappen

flanella [fla'nɛlla] *f* Flanell *m*

flâneur [fla'nœr] <-> *m* (*perditempo*) Herumtreiber(in) *m(f)*

flash [flæʃ] **I.** <inv> *agg* **una risposta ~** eine schlagfertige Antwort **II.** <-> *m* (FOTO) Blitzlicht *n*

flatulenza [flatu'lɛntsa] *f* Blähung *f*

flautista [flau'tista] <-i *m*, -e *f*> *mf* Flötist(in) *m(f)*, Flötenspieler(in) *m(f);* **flauto** ['fla:uto] *m* Flöte *f;* ~ **dolce/traverso** Block-/Querflöte *f;* ~ **magico** Zauberflöte *f*

flebile ['flɛ:bile] *agg* schwach

flebo ['flɛ:bo] <-> *f,* **fleboclisi** [flebo'kli:zi] <-> *f* (Venen)infusion *f*

flemma ['flɛmma] *f* Phlegma *n;* **flemmatico, -a** [flem'ma:tiko] <-ci, -che> *agg* träge

flessibile [fles'si:bile] *agg* (*a fig*) flexibel; **orario di lavoro** ~ Gleitzeit *f*

flessione [fles'sio:ne] *f* **1.** (*azione*) Krümmen *n* **2.** (*in ginnastica*) Beuge *f* **3.** (LING) Flexion *f* **4.** (COM: *calo*) Rückgang *m;* **flessivo, -a** [fles'si:vo] *agg* beugbar; **flesso** ['flɛsso] *pp di* **flettere**

flessuoso, -a [flessu'o:so] *agg* geschmeidig

flettere ['flɛttere] <fletto, flessi, flesso> **I.** *vt* biegen **II.** *vr* **-rsi** sich biegen

flic ['flik] <-> *m* (*sl*) Bulle *m*

flicorno [fli'korno] *m* (MUS) Flügelhorn *n*

flippato, -a [flip'pa:to] *agg* (*sl: stravolto*) ausgepumpt; (*drogato*) Junkie-

flipper ['flipper] <-> *m* Flipper *m;* **giocare a ~** flippern

flirt [flə:t] <-> *m* Flirt *m;* **flirtare** [flir'ta:re] *vi* flirten

flit ['flit] <-> *m* Insektenspray *n*

F.lli *abbr di* **fratelli** Gebr.

floppy disk ['flɔppi disk] <-> *m* (INFORM) Diskette *f*

flora ['flɔ:ra] *f* Flora *f;* **floreale** [flore'a:le] *agg* Blumen-; **floricoltura** [florikol'tu:ra] *f* Blumenzucht *f*

florido, -a ['flɔ:rido] *agg* blühend

floscio, -a ['flɔʃʃo] <-sci, -sce> *agg* schlaff

flotta ['flɔtta] *f* Flotte *f*

fluato, -a [flu'a:to] *agg* (FOTO) unscharf

fluente [flu'ɛnte] *agg* fließend

fluido ['flu:ido] *m* Flüssigkeit *f*

fluido, -a *agg* flüssig

fluire [flu'i:re] <fluisco> *vi essere* fließen

fluitazione [fluitat'tsio:ne] *f* (*legname*) Flößen *n*

fluorescente [fluoreʃ'ʃɛnte] *agg* fluoreszierend; **lampada ~** Neonlampe *f*

fluoro [flu'ɔ:ro] *m* Fluor *n*

flusso ['flusso] *m* **1.** (*del gas*) Strömen *n;* (*dell'acqua*) Fließen *n* **2.** (*della storia*) Lauf *m* **3.** (*di cose*) Fluss *m;* **~ di merci** Warenstrom *m* **4.** (*loc*) **~ e riflusso** (NAUT) Ebbe und Flut; (*fig*) Auf und Ab

flûte ['flyt] <-> *m* Sektflöte *f*

fluttuare [fluttu'a:re] *vi essere* **1.** (*ondeggiare*) wogen **2.** (FIN) schwanken; **fluttuazione** [fluttuat'tsio:ne] *f* Schwankung *f*

fluviale [flu'via:le] *agg* Fluss-

f.m. *abbr di* **fine mese** ult.

FMI *m abbr di* **Fondo Monetario Internazionale** IWF *m*

fobia [fo'bi:a] <-ie> *f* Phobie *f*

foca ['fɔ:ka] <-che> *f* Seehund *m*

focaccia [fo'kattʃa] <-cce> *f* **1.** (*pane*) Fladen *m* **2.** (*loc*) **rendere pan per ~** Gleiches mit Gleichem vergelten

focale [fo'ka:le] *agg* Brenn(punkt)-; **distanza ~** Brennweite *f;* **focalizzare** [fokalid'dza:re] *vt* (FOTO) scharf stellen

foce ['fo:tʃe] *f* Mündung *f*

focolare [foko'la:re] *m* **1.** (*per cucinare*) Herd *m* **2.** (HIST) Feuerstelle *f*

focoso, -a [fo'ko:so] *agg* feurig

fodera ['fɔ:dera] *f* Bezug *m;* **~ del cuscino** Kissenbezug *m;* **foderare** [fode'ra:re] *vt* (*vestiti*) füttern; (*libri*) einbinden; (*cassetti*) ausschlagen

foga ['fo:ga] *f* Hitze *f;* **nella ~ del discorso** im Eifer des Gesprächs

foggia ['fɔddʒa] <-gge> *f* (*forma*) Form *f;* (*di abito*) Schnitt *m*

Foggia *f Stadt in Apulien*

foglia ['fɔʎʎa] <-glie> *f* Blatt *n;* **ho mangiato la ~** (*fam*) jetzt ist bei mir der Groschen gefallen; **fogliame** [foʎ'ʎa:me] *m* Laub *n*

foglio ['fɔʎʎo] <-gli> *m* **1.** (*di carta*) Blatt *n;* **~ rosa** (AUTO) provisorische Fahrerlaubnis **2.** (INFORM) **~ di stile** Druckformatvorlage *f*

fogna ['foɲɲa] *f* Abwasserkanal *m;* **fognatura** [foɲɲa'tu:ra] *f* Kanalisation *f*

föhn [fø:n] <-> *m* **1.** (METEO) Föhn *m* **2.** (*asciugacapelli*) (Haar)föhn *m*

folata [fo'la:ta] *f* Windstoß *m*

folclore [folk'lo:re] *m* Folklore *f*

folgorante [folgo'rante] *agg* blendend; **folgorazione** [folgorat'tsio:ne] *f* **1.** (*fulminazione*) Blitzschlag *m* **2.** (*fig: della mente*) Geistesblitz *m*

folk ['fouk] <inv> *agg* folkloristisch; **musica ~** Volksmusik *f;* **danza ~** Volkstanz *m*

folla ['folla] *f* Menge *f*

folle ['fɔlle] *agg* verrückt; **in ~** (AUTO) im Leerlauf; **folleggiare** [folled'dʒa:re] *vi* es toll treiben

folletto [fol'letto] *m* Kobold *m*

follia [fol'li:a] <-ie> *f* Wahnsinn *m;* **alla ~** wahnsinnig; **fare -ie per qu** die verrücktesten Dinge für jdn tun

follicolo [fol'li:kolo] *m* (ANAT) Follikel *m*

folto ['folto] *m* **1.** (*del bosco*) Dickicht *n* **2.** (*della mischia*) Gewühl *n*

folto, -a *agg* dicht

fomentare [fomen'ta:re] *vt* schüren

fonda ['fonda] *f* (NAUT) Ankerplatz *m;* **essere alla ~** vor Anker liegen

fondaco ['fondako] <-chi> *m* Faktorei *f*

fondale [fon'da:le] *m* **1.** (NAUT) Wassertiefe *f* **2.** (THEAT) Bühnenhintergrund *m*

fondamentale [fondamen'ta:le] *agg* wesentlich

fondamento[1] [fonda'mento] <*pl f* -a> *m* (ARCH) Fundament *n*

fondamento[2] *m* (*fig*) Grundlage *f;* **notizie senza ~** Berichte, die jeder Grundlage entbehren

fondare [fon'da:re] *vt* **1.** gründen **2.** (*accusa*) stützen; **fondatezza** [fonda'tettsa] *f*

Glaubwürdigkeit *f;* **fondazione** [fondat'tsio:ne] *f* **1.** (*istituzione*) Gründung *f* **2.** (JUR) Stiftung *f*

fondello [fon'dɛllo] *m* Unterseite *f;* **prendere qu per i -i** (*fig*) sich über jdn lustig machen

fondente [fon'dɛnte] *m* Schmelz- *n;* **cioccolato ~** Bitterschokolade *f*

fondere ['fondere] <fondo, fusi, fuso> **I.** *vt* **1.** (*neve*) schmelzen **2.** (*statua*) gießen **3.** (*fig*) verschmelzen **II.** *vi essere* schmelzen; **fonderia** [fonde'ri:a] <-ie> *f* Gießerei *f*

fondiario, **-a** [fon'dia:rio] <-i, -ie> *agg* Boden-

fondista [fon'dista] <-i *m*, -e *f*> *mf* (SPORT) Langstreckenläufer(in) *m(f)*

fondo ['fondo] *m* **1.** (*di recipiente*) Boden *m;* (*di pozzo*) Grund *m;* (*di valle*) Sohle *f;* **in ~ alla stanza** hinten im Zimmer; **andare a ~** (*nave*) untergehen; **da cima a ~** von Kopf bis Fuß; (*fig*) durch und durch; **in ~** (*fig*) im Grunde (genommen); **articolo di ~** Leitartikel *m* **2.** (SPORT) Langstreckenlauf *m* **3.** (*deposito*) Bodensatz *m;* **-i di caffè** Kaffeesatz *m* **4.** (*bene immobile*) Grundstück *n;* **-i d'investimento** Investitionsfonds *m*

fondo, **-a** *agg* tief

fondoschiena [fondo'skiɛ:na] <-> *m* (*fam*) Hintern *m*

fondovalle [fondo'valle] <fondivalle> *m* Talsohle *f*

fonduta [fon'du:ta] *f* (GASTR) Fondue *n*

fonema [fo'nɛ:ma] <-i> *m* (LING) Phonem *n;* **fonetica** [fo'nɛ:tika] <-che> *f* Phonetik *f*

fonografo [fo'nɔ:grafo] *m* (MUS) Plattenspieler *m;* **fonogramma** [fono'gramma] <-i> *m* (LING) phonetisches Zeichen

fonologia [fonolo'dʒi:a] <-gie> *f* (LING) Phonologie *f*

fonometro [fo'nɔ:metro] *m* (PHYS) Geräuschmesser *m*

font [fɔnt] <-> *m o f* Font *m*

fontana [fon'ta:na] *f* Brunnen *m;* **fontanella** [fonta'nɛlla] *f* **1.** (Trink)brunnen *m* **2.** (ANAT) Fontanelle *f;* **fontaniere** [fonta'niɛ:re] *m* Wassermeister *m;* **fontanile** [fonta'ni:le] *m* (*presa d'acqua*) Steigbrunnen *m*

fonte ['fonte] **I.** *f* Quelle *f* **II.** *m* **~ battesimale** Taufbecken *n*

footing ['futiŋ] <-> *m* (SPORT) Jogging *n;* **fare ~** joggen

foraggero, **-a** [forad'dʒɛ:ro] *agg* Futter-; **foraggiare** [forad'dʒa:re] *vt* füttern; **foraggio** [fo'raddʒo] <-ggi> *m* (Vieh)futter *n*

forare [fo'ra:re] **I.** *vt* durchlöchern; **~ una gomma** eine Reifenpanne haben **II.** *vi* (*pneumatico*) platzen

forbice ['fɔrbitʃe] <*gener al pl*> *f* Schere *f;* **un paio di -i** eine Schere

forbito [for'bi:to] *agg* (*geh*) gewählt

forca ['forka] <-che> *f* **1.** (AGR) Heugabel *f* **2.** (*patibolo*) Galgen *m* **3.** (*valico*) enger Bergpass

forcella [for'tʃɛlla] *f* **1.** (TEC) Gabel *f* **2.** (*di montagna*) Felsspalte *f*

forchetta [for'ketta] *f* Gabel *f;* **essere una buona ~** (*fig*) ein guter Esser sein; **forchettata** [forket'ta:ta] *f* **una ~ di spaghetti** eine Gabel voll Spaghetti

forcina [for'tʃi:na] *f* Haarnadel *f*

forcone [for'ko:ne] *m* Mistgabel *f*

forense [fo'rɛnse] *agg* Gerichts-

foresta [fo'rɛsta] *f* Wald *m;* **~ vergine** Urwald *m;* **forestale** [fores'ta:le] *agg* Forst-

foresteria [foreste'ri:a] <-ie> *f* Fremdenherberge *f*

forestiero, **-a** [fores'tiɛ:ro] **I.** *agg* fremd **II.** *m, f* Fremde(r) *f(m)*

forfait [fɔr'fɛ] <-> *m* (FIN) Pauschale *f;* **forfettario**, **-a** [forfe'ta:rio] <-i, -ie> *agg* (FIN) Pauschal-

forfora ['forfora] *f* Schuppen *fpl*

forgia ['fɔrdʒa] <-ge> *f* Schmiede *f;* **forgiare** [for'dʒa:re] *vt* formen

Forlì *f Stadt in der Emilia-Romagna*

forma ['forma] *f* **1.** (*aspetto*) Form *f;* **essere in ~** in Form sein **2.** (*per calzature*) Leisten *m* **3.** (*per dolci*) Form *f* **4.** (*stile*) Form *f*

formaggiera [formad'dʒɛ:ra] *f* Käseschälchen *f* (*für geriebenen Käse*); **formaggino** [formad'dʒi:no] *m* Käseecke *f;* **formaggio** [for'maddʒo] <-ggi> *m* Käse *m;* **~ da spalmare** Streichkäse *m*

formale [for'ma:le] *agg* formell; **formalismo** [forma'lizmo] *m* Formalismus *m;* **formalità** [formali'ta] <-> *f* Formalität *f;* **per ~** der Form halber; **formalizzare** [formalid'dza:re] **I.** *vt* formalisieren **II.** *vr* **-rsi per qc** an etw *dat* Anstoß nehmen

formare [for'ma:re] **I.** *vt* **1.** (*modellare*)

formen **2.** (*creare*) bilden **II.** *vr* **-rsi** **1.** (*studiare*) sich bilden **2.** (*svilupparsi*) sich entwickeln

format ['fɔ:mæt] <-> *m* (INFORM) Format *n;* ~ **orizzontale** Querformat *n*

formato [for'ma:to] *m* Größe *f;* (FOTO) Format *n;* **fotografia** ~ **tessera** Passbild *n;* **pellicola** ~ **ridotto** Schmalfilm *m*

formattare [format'ta:re] *vt* (INFORM) formatieren; **formattazione** [format-tat'tsio:ne] *f* (INFORM) Formatierung *f*

formazione [format'tsio:ne] *f* **1.** (*creazione*) Entstehung *f* **2.** (*addestramento*) Ausbildung *f*

formica® ['fɔrmika] *f* (*laminato*) Resopal® *n*

formica [for'mi:ka] <-che> *f* Ameise *f;* **formicaio** [formi'ka:io] <-ai> *m* (ZOO) Ameisenhaufen *m;* **formichiere** [for-mi'kiɛ:re] *m* (ZOO) Ameisenbär *m*

formicolare [formiko'la:re] *vi* **1.** *avere* (*brulicare*) wimmeln von; **la strada formicolava di gente** auf der Straße wimmelte es von Leuten **2.** *essere* (*essere intorpidito*) kribbeln; **formicolio** [formiko'li:o] <-ii> *m* **1.** (*brulichio*) Gewimmel *n* **2.** (*di arti*) Kribbeln *n*

formidabile [formi'da:bile] *agg* außerordentlich

formoso, -a [for'mo:so] *agg* üppig

formula ['fɔrmula] *f* Formel *f;* **gara di Formula 1** (SPORT) Formel-1-Rennen *n*

formulare [formu'la:re] *vt* formulieren; **formulario** [formu'la:rio] <-i> *m* Formular *n*

fornace [for'na:tʃe] *f* Brennofen *m*

fornello [for'nɛllo] *m* Herd *m;* ~ **elettrico/a gas** Elektro-/Gasherd *m*

fornicare [forni'ka:re] *vi* (*poet*) Unzucht treiben

fornire [for'ni:re] <fornisco> **I.** *vt* **1.** (*somministrare*) ~ **qu di qc** jdn mit etw ausstatten **2.** (*informazioni*) erteilen **3.** (*prova*) erbringen **II.** *vr* **-rsi di qc** sich mit etw versorgen; **fornito, -a** [for'ni:to] *agg* ausgestattet; **fornitore, -trice** [forni'to:re] *m, f* Lieferant(in) *m(f);* **fornitura** [for-ni'tu:ra] *f* (Be)lieferung *f*

forno ['forno] *m* **1.** Backofen *m,* Backrohr *n A;* **pasta al** ~ überbackenes Nudelgericht; **patate al** ~ Ofenkartoffeln *fpl;* ~ **a microonde** Mikrowellenherd *m* **2.** (*panetteria*) Bäckerei *f*

foro[1] ['fo:ro] *m* Loch *n*

foro[2] ['fɔ:ro] *m* (HIST) Forum *n*

forse ['forse] *avv* vielleicht

forsennato, -a [forsen'na:to] *agg* rasend

forte[1] ['fɔrte] *avv* **1.** (*a voce alta*) laut; **lo puoi dire ~!** das kannst du laut sagen! **2.** (*velocemente*) schnell

forte[2] **I.** *agg* **1.** stark **2.** (*sapore*) scharf **II.** *m* **1.** (*specialità*) Stärke *f;* **la matematica non è il suo** ~ Mathematik ist nicht seine Stärke **2.** (MIL) Fort *n*

fortezza [for'tettsa] *f* **1.** (MIL) Festung *f* **2.** (*carattere*) Festigkeit *f*

fortificare [fortifi'ka:re] *vt* **1.** (MIL) befestigen **2.** (*corpo*) stärken; **fortificazione** [fortifikat'tsio:ne] *f* Befestigung *f*

fortino [for'ti:no] *m* Bunker *m*

fortuito, -a [for'tu:ito] *agg* zufällig; **per un caso** ~ per Zufall

fortuna [for'tu:na] *f* **1.** Glück *n;* **per** ~ zum Glück; **fare** ~ sein Glück machen **2.** (*patrimonio*) Vermögen *n* **3.** (*loc*) **atterraggio di** ~ Notlandung *f;* **fortunato, -a** [for-tu'na:to] *agg* glücklich; **essere** ~ **nel gioco** Glück im Spiel haben

foruncolo [fo'ruŋkolo] *m* Furunkel *m o n*

forviare [forvi'a:re] *vt* irreleiten

forza ['fɔrtsa] **I.** *f* **1.** (*robustezza*) Kraft *f* **2.** (*violenza*) Gewalt *f* **3.** *pl* (MIL) **-e** (**armate**) Streitkräfte *fpl* **4.** (POL) **Forza Italia** *in den 90er Jahren entstandene italienische politische Partei* **5.** (*loc*) **a** ~ **di gridare** vom vielen Schreien; ~ **bruta/maggiore** rohe/höhere Gewalt; **per** ~ (*controvoglia*) notgedrungen; (*naturalmente*) natürlich **II.** *int* los!

forzare [for'tsa:re] *vt* **1.** (*scassinare*) aufbrechen **2.** (*costringere*) zwingen; **forzato, -a** [for'tsa:to] *m, f* Zuchthäusler(in) *m(f)*

forziere [for'tsiɛ:re] *m* Geldschrank *m*

forzuto, -a [for'tsu:to] *agg* bärenstark

foschia [fos'ki:a] <-schie> *f* Dunst *m*

fosco, -a ['fosko] <-schi, -sche> *agg* düster

fosfato [fos'fa:to] *m* Phosphat *n*

fosforescente [fosforeʃ'ʃɛnte] *agg* phosphoreszierend

fosforo ['fɔsforo] *m* Phosphor *m*

fossa ['fɔssa] *f* **1.** (*buca*) Grube *f* **2.** (*tomba*) Grab *n;* ~ **comune** Massengrab *n;* **scavarsi la** ~ **con le proprie mani** (*fig*) sich *dat* sein

eigenes Grab schaufeln
fossato [fos'saːto] *m* Wassergraben *m*
fosse ['fosse] *3. pers sing conj imp di* **essere**[1]
fossetta [fos'setta] *f* Grübchen *n*
fossi ['fossi] *1. e 2. pers sing conj imp di* **essere**[1]
fossile ['fɔssile] *m* Fossil *n*
fosso ['fɔsso] *m* **1.** (MIL) Festungsgraben *m* **2.** (*per acqua*) Bewässerungsgraben *m*
foste ['foste] *2. pers pl conj imp di* **essere**[1]
fosti ['fosti] *2. pers sing pass rem di* **essere**[1]
foto ['fɔːto] <-> *f* Foto *n*
foto- [foto] (*in parole composte*) Foto-
fotoamatore, **-trice** [fotoama'toːre] *m, f* Amateurfotograf(in) *m(f)*
fotocellula [foto'tʃɛllula] *f* Fotozelle *f;* **fotochimica** [foto'kiːmika] <-che> *f* Fotochemie *f*
fotocinematografia [fototʃinematogra'fiːa] <-ie> *f* Filmfotografie *f*
fotocolor [foto'kolor] <-> *f* Farbfilm *m*
fotocomposizione [fotokompozit'tsioːne] *f* Fotosatz *m;* **fotoconduzione** [fotokondut'tsioːne] *f* Fotoleitung *f*
fotocopia [foto'kɔːpia] *f* Fotokopie *f;* **fotocopiare** [fotoko'piaːre] *vt* fotokopieren; **fotocopiatrice** [fotokopia'triːtʃe] *f* Fotokopierer *m*
fotocromatico, **-a** [fotokro'maːtiko] <-ci, -che> *agg* (OPT) fototrop
fotocronaca [foto'krɔːnaka] <-che> *f* Bildbericht *m*
fotogenico, **-a** [foto'dʒɛːniko] <-ci, -che> *agg* fotogen
fotogiornale [fotodʒor'naːle] *m* Illustrierte *f*
fotografare [fotogra'faːre] *vt* fotografieren; **fotografia** [fotogra'fiːa] *f* Fotografie *f;* ~ **a colori** Farbbild *n;* ~ **in bianco e nero** Schwarzweißaufnahme *f;* ~ **formato tessera** Passbild *n;* ~ **aerea** Luftbild *n;* ~ **istantanea** Momentaufnahme *f;* **fotografico**, **-a** [foto'graːfiko] <-ci, -che> *agg* fotografisch; **macchina -a** Kamera *f;* **fotografo**, **-a** [fo'tɔːgrafo] *m, f* Fotograf(in) *m(f)*
fotogramma [foto'gramma] <-i> *m* Fotogramm *n*
fotolaboratorio [fotolabora'tɔːrio] <-i> *m* Fotolabor *n*
fotomeccanico, **-a** [fotomek'kaːniko] <-ci, -che> *agg* fotomechanisch
fotometria [fotome'triːa] <-ie> *f* Fotometrie *f*
fotomodella [fotomo'dɛlla] *f* Fotomodell *n*
fotomontaggio [fotomon'taddʒo] <-ggi> *m* Fotomontage *f*
fotoreportage [fotorəpor'taʒ] <-> *m* Bildbericht *m*
fotoriproduttore [fotoriprodut'toːre] *m* Fotokopiergerät *n*
fotoromanzo [fotoro'mandzo] *m* Fotoroman *m*
fotosafari [fotosa'faːri] <-> *m* Fotosafari *f*
fotosensibile [fotosen'siːbile] *agg* lichtempfindlich
fotosintesi [foto'sintezi] <-> *f* (BOT) Fotosynthese *f*
fotosub [foto'sub] <-> *mf* Unterwasserfotograf(in) *m(f)*
fototeca [fɔto'tɛːka] <-che> *f* Bildarchiv *n*
fototelegrafia [fototelegra'fiːa] <-ie> *f* (TEC) Bildtelegrafie *f*
fototessera [foto'tɛssera] *f* Passfoto *n*
fottere ['fottere] *vt* **1.** (*vulg*) ficken **2.** (*fam: imbrogliare*) leimen *sl;* **va a farti ~!** (*vulg*) leck mich am Arsch!
foulard [fu'lar] <-> *m* Halstuch *n*
fra [fra] *prp v.* **tra**
frac [frak] <-> *m* Frack *m*
fracassare [frakas'saːre] **I.** *vt* zerbrechen **II.** *vr* **-rsi** zerbrechen; **fracasso** [fra'kasso] *m* Krach *m*
fradicio, **-a** <-ci, -ce> *agg* (*bagnato*) durchnässt; (*di sudore*) schweißgebadet; **bagnato ~** klatschnass
fragile ['fraːdʒile] *agg* **1.** zerbrechlich; (*capelli*) spröde; ~**!** (*su pacchi*) Vorsicht, Glas! **2.** (*salute*) schwach; **fragilità** [fradʒili'ta] <-> *f* Zerbrechlichkeit *f*
fragola ['fraːgola] *f* Erdbeere *f*
fragore [fra'goːre] *m* Getöse *n;* **fragoroso**, **-a** [frago'roːso] *agg* tosend
fragrante [fra'grante] *agg* wohl riechend; **fragranza** [fra'grantsa] *f* Duft *m*
fraintendere [frain'tɛndere] <irr> *vt* missverstehen
frame ['freim] <-> *m* (INFORM) Frame *m o n*
frammentare [frammen'taːre] *vt* zerstückeln; **frammentario**, **-a** [frammen'taːrio] <-i, -ie> *agg* fragmentarisch; **frammentazione** [frammentat'tsioːne]

F

f Zersplitterung *f;* **frammento** [fram'mento] *m* **1.** Bruchstück *n* **2.** (LIT) Fragment *n*

frammezzo [fram'mɛddzo] *avv* dazwischen

frana ['fra:na] *f* **1.** (*di terreno*) Erdrutsch *m* **2.** (*fig: rovina*) Misserfolg *m* **3.** (*fam scherz*) Trampel(tier *n*); **franare** [fra'na:re] *vi essere* abrutschen

francamente [fraŋka'mente] *avv* ehrlich

francescano [frantʃes'ka:no] *m* Franziskaner *m*

francescano, **-a** *agg* franziskanisch

francese [fran'tʃe:se] **I.** *agg* französisch **II.** *mf* Franzose *m*, Französin *f;* **francesismo** [frantʃe'zizmo] *m* (LING) Gallizismus *m;* **francesista** [frantʃe'sista] <-i *m*, -e *f*> *mf* Romanist(in) *m(f)*

franchezza [fraŋ'kettsa] *f* Offenheit *f*

franchigia [fraŋ'ki:dʒa] <-gie> *f* (FIN) (Gebühren)freiheit *f;* ~ **fiscale** Steuerfreiheit *f*

franchising [fræn'tʃaiziŋ] <-> *m* Franchising *n*

Francia ['frantʃa] *f* Frankreich *n*

franco ['fraŋko] <-chi> *m* (*moneta belga, francese*) Franc *m;* (*moneta svizzera*) Franken *m*

franco, **-a** <-chi, -che> *agg* **1.** (*sincero*) offen **2.** (*degli antichi Franchi*) Franken- **3.** (*loc*) **farla -a** (*fig*) ungeschoren davonkommen

francobollo [fraŋko'bollo] *m* Briefmarke *f*

francofilo, **-a** [fraŋ'kɔ:filo] *agg* frankophil

Francoforte [fraŋko'fɔrte] *f* Frankfurt *n*

francone ['fraŋkone] **I.** *agg* fränkisch **II.** *mf* Franke *m*, Fränkin *f;* **Franconia** [fraŋ'kɔ:nia] *f* Franken *n*

frangente [fran'dʒɛnte] *m* Klippe *f*

frangere ['frandʒere] <frango, fransi, franto> *vt* brechen

frangetta [fran'dʒetta] *f* Pony(fransen *fpl*) *m;* **frangia** ['frandʒa] <-ge> *f* **1.** (*di stoffa*) Franse *f* **2.** (*costa*) Küstenstreifen *m* **3.** (*fig* POL) Flügel *m*

frangibile [fran'dʒi:bile] *agg* zerbrechlich

frangiflutti [frandʒi'flutti] <-> *m* Wellenbrecher *m;* **frangivento** [frandʒi'vɛnto] <-> *m* Windschutz *m*

fransi ['fransi] *1. pers sing pass rem di* **frangere**; **franto** ['franto] *pp di* **frangere**

frantoio [fran'to:io] <-oi> *m* (*per olive*) Ölmühle *f*

frantumare [frantu'ma:re] **I.** *vt* zertrümmern **II.** *vr* **-rsi** in Stücke gehen; (*legno*) zersplittern; **frantumi** [fran'tu:mi] *mpl* (Bruch)stücke *npl;* **andare in** ~ in die Brüche gehen

frappé [frap'pɛ] <-> *m* Milchshake *m*

frapporre [frap'porre] <irr> **I.** *vt* dazwischen stellen **II.** *vr* **-rsi** sich dazwischen stellen

frasca ['fraska] <-sche> *f* (*fronda*) Zweig *m;* **saltare di palo in** ~ (*fig*) vom Hundertsten ins Tausendste kommen

frascati [fras'ka:ti] <-> *m* *Wein aus dem Latium*

frase ['fra:ze] *f* Satz *m;* ~ **fatta** Gemeinplatz *m;* **fraseologia** [frazeolo'dʒi:a] <-gie> *f* Phraseologie *f*

frassino ['frassino] *m* Esche *f*

frastagliato, **-a** [frastaʎ'ʎa:to] *agg* (*costa*) zerklüftet

frastornato, **-a** [frastor'na:to] *agg* benommen

frastuono [fras'tuɔ:no] *m* Lärm *m*

frate ['fra:te] *m* (REL) Bruder *m;* **farsi** ~ ins Kloster gehen

fratellanza [fratel'lantsa] *f* Brüderschaft *f;* **fratellastro** [fratel'lastro] *m* Stiefbruder *m;* **fratello** [fra'tɛllo] *m* **1.** Bruder *m* **2.** *pl* (*solo maschi*) Brüder *mpl;* (*-i e sorelle*) Geschwister *pl;* ~ **d'armi** Waffenbruder *m;* **fraterno**, **-a** [fra'tɛrno] *agg* brüderlich; **fratricida** [fratri'tʃi:da] <-i *m*, -e *f*> *mf* Brudermörder(in) *m(f);* **guerra** ~ Bruderkrieg *m*

frattaglie [frat'taʎʎe] *fpl* Innereien *pl*

frattale [frat'ta:le] *agg* Fraktal-

frattanto [frat'tanto] *avv* inzwischen

frattempo [frat'tɛmpo] *m* **nel** ~ inzwischen

frattura [frat'tu:ra] *f* (*a fig*) Bruch *m*

fraudolento, **-a** [fraudo'lɛnto] *agg* betrügerisch

frazionale [frattsio'na:le] *agg* Bruch-; **numero** ~ Bruchzahl *f;* **frazionario**, **-a** [frattsio'na:rio] <-i, -ie> *agg* Bruch-; **frazione** [frat'tsio:ne] *f* **1.** (POL) Fraktion *f* **2.** (MAT) Bruch *m* **3.** (*di città*) Vorort *m*

freatico, **-a** [fre'a:tiko] <-ci, -che> *agg* Grundwasser-

freccia ['frettʃa] <-cce> *f* Pfeil *m;* **veloce come una** ~ pfeilschnell; **frecciata** [fret'tʃa:ta] *f* Stichelei *f*

freddezza [fred'dettsa] *f* Kälte *f*

freddo ['freddo] *m* Kälte *f;* **a** ~ (*fig*) kaltblütig; **avere** ~ frieren; **fa** ~ es ist kalt; **non mi fa né caldo né** ~ das lässt mich (völlig) kalt

freddo, -a *agg* kalt; **animali a sangue** ~ Kaltblüter *mpl;* **guerra -a** Kalter Krieg; **mostrarsi** ~ **con qu** jdm die kalte Schulter zeigen

freezer ['fri:zə] <-> *m* Gefrierschrank *m*

fregare [fre'ga:re] **I.** *vt* **1.** reiben **2.** (*fig fam: imbrogliare*) anschmieren; (*rubare*) klauen **II.** *vr* **fregarsene di qc** (*fam*) auf etw *acc* pfeifen

fregata [fre'ga:ta] *f* Fregatte *f*

fregatura [frega'tu:ra] *f* (*fam*) Betrug *m;* **prendere una** ~ hereingelegt werden

fregio ['fre:dʒo] <-gi> *m* (ARCH) Fries *m*

fregola ['fre:gola] *f* **1.** (ZOO) Brunst *f* **2.** (*smania*) Sucht *f*

fremere ['frɛ:mere] <fremo, fremei, fremuto> *vi* zittern; **fremito** ['frɛ:mito] *m* Zittern *n*

frenare [fre'na:re] **I.** *vt* (ab)bremsen **II.** *vr* **-rsi** sich beherrschen

frenastenia [frenaste'ni:a] <-ie> *f* (MED) Schwachsinn *m*

frenata [fre'na:ta] *f* Bremsen *n*

frenetico, -a [fre'nɛ:tiko] <-ci, -che> *agg* frenetisch

freno ['fre:no] *m* Bremse *f;* ~ **a mano** Handbremse *f;* **tenere a** ~ **qu** jdn im Zaum halten; **senza** ~ zügellos

frequentare [frekuen'ta:re] *vt* **1.** (*persone*) verkehren mit; ~ **cattive compagnie** schlechten Umgang haben **2.** (*scuola*) besuchen

frequente [fre'kuɛnte] *agg* häufig; **frequenza** [fre'kuɛntsa] *f* **1.** Häufigkeit *f* **2.** (*di scuola*) Besuch *m*

fresatrice [freza'tri:tʃe] *f* (TEC) Fräsmaschine *f*

freschezza [fres'kettsa] *f* Frische *f*

fresco ['fresko] *m* Frische *f;* **fa** ~ es ist kühl; **stare al** ~ (*fam*) hinter Gittern sitzen

fresco, -a <-schi, -sche> *agg* (*a fig*) frisch; **essere** ~ **di studi** gerade sein Examen gemacht haben; **stare** ~ (*fig fam*) schön in der Patsche sitzen

fretta ['fretta] *f* Eile *f;* **aver** ~ Eile haben; **far** ~ **a qu** jdn zur Eile antreiben; **non c'è** ~ das hat keine Eile; **in** ~ in Eile

friabile [fri'a:bile] *agg* bröck(e)lig

Friburgo [fri'burgo] *f* Freiburg *n*

fricchettone [frikket'to:ne] *m* (*sl*) Freak *m*

friggere ['friddʒere] <friggo, frissi, fritto> *vt* frittieren; **andare a farsi** ~ (*fam*) zum Teufel gehen

frigidità [fridʒidi'ta] <-> *f* (MED) Frigidität *f*

frignare [friɲ'ɲa:re] *vi* wimmern

frigorifero [frigo'ri:fero] *m* Kühlschrank *m,* Eiskasten *m A;* **frigorifero** *agg* Kühl-

fringuello [friŋ'guɛllo] *m* Buchfink *m*

frisbee® ['frisbi:] <-> *m* Frisbee® *n*

Frisia ['fri:zia] *f* Friesland *n*

frissi ['frissi] *1. pers sing pass rem di* **friggere**

frittata [frit'ta:ta] *f* Eierkuchen *m;* **fare una** ~ Mist bauen

frittella [frit'tɛlla] *f* (GASTR) Krapfen *m*

fritto ['fritto] *m* Gebackene(s) *n;* ~ **misto** *gemischtes Gebackenes, meist Fisch*

fritto, -a *pp di* **friggere**

Friuli-Venezia Giulia [fri'u:li] *m* Friaul Julisch Venetien *n*

frivolezza [frivo'lettsa] *f* Leichtfertigkeit *f*

frivolo, -a ['fri:volo] *agg* oberflächlich

frizionare [frittsio'na:re] *vt* einreiben; **frizione** [frit'tsio:ne] *f* **1.** (*attrito*) Einreibung *f* **2.** (*fig: dissenso*) Reibung *f* **3.** (AUTO) Kupplung *f;* **innestare la** ~ einkuppeln

frocio ['frɔtʃo] <-i> *m* (*vulg: omosessuale*) Schwule(r) *m*

frodare [fro'da:re] *vt* betrügen; ~ **il fisco** Steuern hinterziehen; **frode** ['frɔ:de] *f* Betrug *m;* ~ **fiscale** Steuerhinterziehung *f;* **frodo** ['frɔ:do] *m* Schmuggel *m;* **cacciare di** ~ wildern

frollo, -a ['frɔllo] *agg* (*carne*) abgehangen; **pasta -a** Mürbeteig *m*

fronda ['fronda] *f* Zweig *m*

frontale [fron'ta:le] *agg* Frontal-; **fronte** ['fronte] **I.** *f* **1.** Stirn *f;* **a** ~ **alta/bassa** erhobenen/gesenkten Hauptes **2.** (*facciata*) Vorderseite *f;* **la casa di** ~ das Haus gegenüber **II.** *m* **1.** (MIL) Front *f* **2.** (*loc*) **far** ~ **alle difficoltà** den Schwierigkeiten bewältigen; **far** ~ **alle spese** für die Kosten aufkommen

frontespizio [frontes'pittsio] <-i> *m* Titelseite *f*

frontiera [fron'tiɛ:ra] *f* (Staats)grenze *f;* **passare la** ~ die Grenze überschreiten

frontone [fron'to:ne] *m* (ARCH) Giebel *m*

fronzolo ['frondzolo] *m* Flitter *m*

Frosinone *f Stadt im Latium*
frotta ['frɔtta] *f* Schar *f;* **a -e** scharenweise
frottola ['frɔttola] *f* Lüge *f*
frugale [fru'ga:le] *agg* bescheiden
frugare [fru'ga:re] *vi* (herum)kramen
fruire [fru'i:re] <fruisco> *vi* ~ **di qc** etw genießen
frullare [frul'la:re] *vt* quirlen; **frullato** [frul'la:to] *m* (Milch)mixgetränk *n;* **frullatore** [frulla'to:re] *m* Mixer *m;* **frullino** [frul'li:no] *m* Quirl *m*
frumento [fru'mento] *m* Weizen *m*
fruscio [fruʃ'ʃi:o] <-scii> *m* Rauschen *n*
frusta ['frusta] *f* **1.** Peitsche *f* **2.** (*da cucina*) Schneebesen *m;* **frustare** [frus'ta:re] *vt* (aus)peitschen; **frustino** [frus'ti:no] *m* Reitpeitsche *f*
frustrante [frus'trante] *agg* frustrierend; **frustrazione** [frustrat'tsio:ne] *f* Enttäuschung *f*
frutta ['frutta] <*sing*> *f* Obst *n;* **essere alla** ~ beim Dessert sein; **frutteto** [frut'te:to] *m* Obstgarten *m;* **frutticolo, -a** [frut'ti:kolo] *agg* Obst-; **frutticoltura** [fruttikol'tu:ra] *f* Obstbau *m*
fruttiera [frut'tiɛ:ra] *f* Obstschale *f*
fruttifero, -a [frut'ti:fero] *agg* (BOT) fruchttragend
fruttivendolo, -a [frutti'vendolo] *m, f* Obsthändler(in) *m(f)*
frutto ['frutto] *m* **1.** (BOT) Frucht *f* **2.** (*fig*) Früchte *fpl;* ~ **dell'amore** Kind *n* der Liebe **3.** (GASTR) **-i di mare** Meeresfrüchte *fpl*
fruttosio [frut'tɔ:sio] *m* Fructose *f*
fruttuoso, -a [fruttu'o:so] *agg* fruchtbar
FS *fpl abbr di* **Ferrovie dello Stato** *staatliche italienische Eisenbahn*
fu [fu] **I.** *3. pers sing pass rem di* **essere**[1] **II.** <inv> *agg* selig
fucilare [futʃi'la:re] *vt* erschießen; **fucilata** [futʃi'la:ta] *f* Gewehrschuss *m;* **fucilazione** [futʃilat'tsio:ne] *f* Erschießung *f;* **fucile** [fu'tʃi:le] *m* Gewehr *n*
fucina [fu'tʃi:na] *f* Schmiede *f*
fuco ['fu:ko] <-chi> *m* Drohne *f*
fuga ['fu:ga] <-ghe> *f* **1.** (*atto*) Flucht *f;* **darsi alla** ~ die Flucht ergreifen; **mettere in** ~ in die Flucht schlagen **2.** (*di liquidi*) Ausströmen *n;* (*di notizie*) Durchsickern *n* **3.** (MUS) Fuge *f*
fugace [fu'ga:tʃe] *agg* flüchtig
fuggiasco, -a [fud'dʒasko] <-schi, -sche> *m, f* Flüchtige(r) *f(m)*
fuggifuggi [fuddʒi'fuddʒi] <-> *m* (wilde) Flucht *f;* **fuggire** [fud'dʒi:re] *vi essere* fliehen; ~ **via** fortlaufen; **fuggitivo, -a** [fuddʒi'ti:vo] *m, f* Flüchtling *m*
fui *1. pers sing pass rem di* **essere**[1]
fulcro ['fulkro] *m* **1.** (TEC) Drehpunkt *m* **2.** (*fig*) Kern *m*
fulgido, -a ['fuldʒido] *agg* leuchtend; **fulgore** [ful'go:re] *m* Glanz *m*
fuliggine [fu'liddʒine] *f* Ruß *m*
full immersion [ful i'mə:ʃən] <-> *f* Full-immersion *f;* **full-time** [ful'taim] <inv> *agg* Vollzeit-
fulmine ['fulmine] *m* Blitz *m;* **un** ~ **a ciel sereno** (wie) ein Blitz aus heiterem Himmel; **colpo di** ~ (*fig*) Liebe *f* auf den ersten Blick; **fulmineo, -a** [ful'mi:neo] <-ei, -ee> *agg* **1.** (*veloce*) blitzschnell **2.** (*improvviso*) schlagartig
fulvo, -a ['fulvo] *agg* rotblond
fumare [fu'ma:re] *vt, vi* rauchen; **fumatore, -trice** [fuma'to:re] *m, f* Raucher(in) *m(f)*
fumetto [fu'metto] *m pl* Comics *mpl*
fummo ['fummo] *1. pers pl pass rem di* **essere**[1]
fumo ['fu:mo] *m* **1.** Rauch *m;* **andare in** ~ sich in Rauch auflösen; **molto** ~ **e poco arrosto** (*fig*) viel Lärm um nichts **2.** (*del tabacco*) Rauchen *n;* **fumogeno, -a** [fu'mɔ:dʒeno] *agg* Rauch-; **fumoso, -a** [fu'mo:so] *agg* verraucht
funambolo, -a [fu'nambolo] *m, f* Seiltänzer(in) *m(f);* **fune** ['fu:ne] *f* Seil *n;* **tiro alla** ~ Tauziehen *n*
funebre ['fu:nebre] *agg* Leichen-; **funerale** [fune'ra:le] *m* Beerdigung *f;* **funerario, -a** [fune'ra:rio] <-i, -ie> *agg* Grab-
funesto, -a [fu'nɛsto] *agg* verhängnisvoll
fungaia [fuŋ'ga:ia] <-aie> *f* Pilzbeet *n*
fungere ['fundʒere] <fungo, funsi, funto> *vi* ~ **da** fungieren als
fungo ['fuŋgo] <-ghi> *m* Pilz *m,* Schwamm *m A;* ~ **porcino** Steinpilz *m;* ~ **prataiolo** Champignon *m*
funicolare [funiko'la:re] *f* (Stand)seilbahn *f*
funivia [funi'vi:a] <-ie> *f* (Draht)seilbahn *f*
funsi ['funsi] *1. pers sing pass rem di* **fungere;** **funto** ['funto] *pp di* **fungere**
funzionale [funtsio'na:le] *agg* funktionell;

funzionalismo [funtsiona'lizmo] *m* Funktionalismus *m*

funzionamento [funtsiona'mento] *m* Funktionieren *n;* **funzionare** [funtsio'na:re] *vi* funktionieren; **far ~** in Betrieb setzen

funzionario, -a [funtsio'na:rio] <-i, -ie> *m, f* Funktionär(in) *m(f)*

funzione [fun'tsio:ne] *f* **1.** Funktion *f;* **entrare in ~** in Betrieb gehen **2.** (*rito*) **~ religiosa** Gottesdienst *m*

fuoco ['fuɔ:ko] <-chi> *m* **1.** Feuer *n;* **dar ~ a qc** etw anzünden; **pigliar ~** Feuer fangen; **-chi d'artificio** Feuerwerk *n;* **andare a ~** in Flammen aufgehen; **scherzare col ~** (*fig*) mit dem Feuer spielen; **mettere la mano sul ~** (*fig*) die Hand ins Feuer legen; **al ~!** Feuer! **2.** (*fornello*) (Herd)platte *f* **3.** (FOTO) Brennpunkt *m* **4.** (MIL) Feuer *n;* **aprile il ~** das Feuer eröffnen

fuorché [fuor'ke] **I.** *cong* außer **II.** *prp* **fuorché lui** außer ihm

fuori [fu'ɔ:ri] **I.** *avv* **1.** (*stato*) draußen **2.** (*moto*) heraus, hinaus; **~ (di qui)!** hinaus!; **~ i soldi!** her mit dem Geld!; **fuor di dubbio** außer Zweifel; **essere ~ strada** (*fig*) auf dem falschen Weg sein; **far ~** (*fam: uccidere*) **essere ~ di sé** außer sich sein; **stasera andiamo ~** heute Abend gehen wir aus **II.** *prp* **1.** (*stato*) außerhalb *+gen;* **~ città** außerhalb der Stadt **2.** (*moto*) aus *+dat* **3.** (*loc*) **~ concorso/pericolo/uso** außer Konkurrenz/Gefahr/Gebrauch; **~ luogo** unangebracht; **~ mano** abgelegen; **~ orario** außerplanmäßig; **~ tempo** aus dem Takt; **~ tiro** außer Schussweite **III.** *m* **il di ~** die Außenseite

fuoribordo [fuori'bordo] <-> *m* Außenbordmotor *m*

fuoriborsa [fuori'borsa] <-> *m* (FIN) Freiverkehr *m*

fuoribusta [fuori'busta] <-> *m* Nebenvergütung *f;* **premio ~** Sonderprämie *f*

fuoricampo [fuori'kampo] <inv> *agg* (FILM) off; **suono ~** Off-Ton *m*

fuoriclasse [fuori'klasse] <inv> *agg* erstklassig

fuoricombattimento [fuorikombatti'mento] <inv> *agg* knockout; **mettere qu ~** jdn k.o. schlagen

fuoricorsa [fuori'korsa] *avv* (SPORT) ausgeschieden

fuoricorso [fuori'korso] <-> *mf* Student(in) *m(f)*, der (die) die Studienzeit überschritten hat

fuorigara [fuori'ga:ra] *avv* aus dem Wettbewerb

fuorigioco [fuori'dʒɔ:ko] <-> *m* Abseits *n*

fuorilegge [fuori'leddʒe] <-> *mf* Gesetzlose(r) *f(m)*

fuorimano [fuori'ma:no] **I.** *avv* abgelegen; **abitare ~** abgelegen wohnen **II.** <inv> *agg* abgelegen; **strada ~** abseits gelegene Straße

fuorimisura [fu'ɔ:ri mi'zu:ra] **I.** <inv> *agg* Sonder-; **giacca ~** Jacke in Sondergröße; **reazione ~** Überreaktion *f* **II.** *avv* zu viel; **fumare ~** übermäßig rauchen; **mangiare ~** zu viel essen

fuorimoda [fuori'mo:da] <inv> *agg* aus der Mode gekommen

fuoriorario [fu'ɔ:ri o'ra:rio] *avv* nicht pünktlich

fuoripagina [fuori'pa:dʒina] <-> *m* Artikel *m* auf einer Sonderseite

fuoripasto [fuori'pasto] *avv* außerhalb der Mahlzeiten; **non mangio mai ~** ich esse nie zwischendurch

fuoripista [fuori'pista] <-> *m* (SPORT) Tiefschneefahren *n;* **fare un ~** außerhalb der Piste fahren

fuoriporta [fuori'pɔrta] *agg* in der Vorstadt

fuoriprogramma [fuoripro'gramma] <-> *m* Pausenfüller *m*

fuorisacco [fuori'sakko] <-> *m* Eilbrief *m*

fuorisede [fuori'sɛ:de] <inv> *agg* auswärtig

fuoriserie [fuori'sɛ:rie] <inv> *agg* Sonder-

fuoristrada [fuori'stra:da] <-> *m* Geländewagen *m*

fuoriuscire [fuoriuʃ'ʃi:re] <irr> *vi essere* **~ da** austreten aus; **fuor(i)uscita** [fuor(i)uʃ'ʃi:ta] *f* Ausströmen *n;* **fuor(i)uscito, -a** [fuor(i)uʃ'ʃi:to] *m, f* Emigrant(in) *m(f)*

fuorivia [fuori'vi:a] *avv* weit weg

fuorviante [fuor'viante] *agg* irreführend; **fuorviare** [fuorvi'a:re] *v.* **forviare**

furbacchione, -a [furbak'kio:ne] *m, f* (*fam*) Schlaumeier *m;* **furberia** [furbe'ri:a] <-ie> *f* List *f;* **furbizia** [fur'bittsia] <-ie> *f* Schlauheit *f;* **furbo, -a** ['furbo] **I.** *agg* schlau **II.** *m, f* Schlaumeier *m*

furente [fu'rɛnte] *agg* wütend

furetto [fu'retto] *m* (ZOO) Frettchen *n*

furfante [fur'fante] *m* Gauner *m*

furgonato [furgo'na:to] *m* (MOT) Nutzfahrzeug *n;* **furgone** [fur'go:ne] *m* Lieferwagen *m;* ~ **per traslochi** Möbelwagen *m*

furia ['fu:ria] <-ie> *f* **1.** (*collera*) Wut *f;* **andare su tutte le -ie** auf die Palme gehen *fam* **2.** (*fretta*) Eile *f;* **in fretta e** ~ in aller Eile **3.** (*loc*) **a** ~ **di ...** durch viel(es) ...

furibondo, -a [furi'bondo] *agg,* **furioso, -a** [fu'rio:so] *agg* wütend

furono ['fu:rono] *3. pers pl pass rem di* **essere**[1]

furore [fu'ro:re] *m* Wut *f;* **far** ~ (*fig*) Furore machen; **furoreggiare** [furored'dʒa:re] *vi* Furore machen

furtivo, -a [fur'ti:vo] *agg* heimlich

furto ['furto] *m* Diebstahl *m*

fusa ['fu:sa] *fpl* **far le** ~ schnurren

fuscello [fuʃ'ʃɛllo] *m* (dürrer) Zweig *m*

fuseaux [fy'zo] <-> *mpl* Leggin(g)s *mpl*

fusi ['fu:zi] *1. pers sing pass rem di* **fondere**

fusibile [fu'zi:bile] *m* Schmelzsicherung *f*

fusilli [fu'silli] *mpl spiralförmige Nudelsorte*

fusione [fu'zio:ne] *f* **1.** (*di metalli*) Schmelzen *n;* **punto di** ~ Schmelzpunkt *m* **2.** (COM) Fusion *f* **3.** (PHYS) ~ **nucleare** Kernfusion *f*

fuso ['fu:zo] **I.** *pp di* **fondere II.** *m* **1.** (*in filatura*) Spindel *f* **2.** (*loc*) ~ **orario** Zeitzone *f*

fusoliera [fuzo'liɛ:ra] *f* (AERO) Rumpf *m*

fustagno [fus'taɲɲo] *m* Barchent *m*

fustigare [fusti'ga:re] *vt* (aus)peitschen; **fustigazione** [fustigat'tsio:ne] *f* Auspeitschung *f*

fustino [fus'ti:no] *m* Tonne *f;* ~ **di detersivo** Waschpulverbehälter *m*

fusto ['fusto] *m* **1.** (BOT) Stamm *m* **2.** (*di colonna*) Schaft *m* **3.** (*fam: giovane aitante*) Prachtskerl *m*

futile ['fu:tile] *agg* unbedeutend; **futilità** [futili'ta] <-> *f* Nichtigkeit *f*

futuribile [futu'ri:bile] *agg* Zukunfts-; **evento** ~ Zukunftsereignis *n;* **guerra** ~ zukünftiger Krieg

futurismo [futu'rizmo] *m* (KUNST) Futurismus *m;* **futurista** [futu'rista] <-i *m*, -e *f*> *agg* futuristisch; **futuristico, -a** [futu'ristiko] <-ci, -che> *agg* futuristisch

futuro [fu'tu:ro] *m* **1.** (*avvenire*) Zukunft *f* **2.** (LING) Futur *n*

futuro, -a *agg* zukünftig

futurologia [futurolo'dʒi:a] <-ie> *f* Zukunftsforschung *f*

G

G, g [dʒi] <-> *f* G, g *n;* ~ **come Genova** G wie Gustav

g *abbr di* **grammo** g

gabbare [gab'ba:re] *vt* betrügen

gabbia ['gabbia] <-ie> *f* Käfig *m*

gabbiano [gab'bia:no] *m* Möwe *f*

gabinetto [gabi'netto] *m* **1.** Toilette *f* **2.** (MED) Praxis *f*

gadget ['gadʒit] <-> *m* Schnickschnack *m*

gaffe [gaf] <-> *f* Schnitzer *m;* **fare una** ~ ins Fettnäppchen treten *fam*

gagliardetto [gaʎʎar'detto] *m* Wimpel *m*

gagliardo, -a [gaʎ'ʎardo] *agg* kräftig

gaio, -a ['ga:io] <-ai, -aie> *agg* fröhlich

gala ['ga:la] *f* Gala *f*

galante [ga'lante] *agg* galant; **galanteria** [galante'ri:a] <-ie> *f* Galanterie *f*

galantina [galan'ti:na] *f* (GASTR) Aspik *m o n*

galantuomo [galan'tuɔ:mo] <galantuomini> *m* Ehrenmann *m*

galassia [ga'lassia] <-ie> *f* Galaxis *f*

galateo [gala'tɛ:o] *m* gutes Benehmen

galattico, -a [ga'lattiko] <-ci, -che> *agg* galaktisch

galeone [gale'o:ne] *m* Galeone *f*

galera [ga'lɛ:ra] *f* (*prigione*) Gefängnis *n*

galla ['galla] *f* **a** ~ an der Oberfläche; **venire a** ~ auftauchen; **galleggiante** [galled'dʒante] *agg* Schwimm-; **galleggiare** [galled'dʒa:re] *vi* (obenauf) schwimmen

galleria [galle'ri:a] <-ie> *f* **1.** Tunnel *m* **2.** (*quadri*) Galerie *f* **3.** (THEAT) Rang *m;* **gallerista** [galle'rista] <-i *m*, -e *f*> *mf* Galerist(in) *m(f)*

galletto [gal'letto] *m* Hähnchen *n*

gallina [gal'li:na] *f* Henne *f;* ~ **vecchia fa buon brodo** (*prov*) das Alter hat auch seine

Reize; **gallinacei** [galli'naːtʃei] *mpl* Hühnervögel *mpl;* **gallo** ['gallo] *m* Hahn *m*

galoppante [galop'pante] *agg* galoppierend; **inflazione** ~ galoppierende Inflation; **galoppare** [galop'paːre] *vi* galoppieren; **galoppo** [ga'lɔppo] *m* Galopp *m*

galvanico, -a [gal'vaːniko] <-ci, -che> *agg* galvanisch; **galvanizzare** [galvanid'dzaːre] *vt* (TEC) galvanisieren

gamba ['gamba] *f* Bein *n;* **essere in** ~ auf Draht sein; **sedere a -e incrociate** im Schneidersitz sitzen

gamberetto [gambe'retto] *m* Garnele *f;* **gambero** ['gambero] *m* Krebs *m;* **diventare rosso come un** ~ krebsrot werden

gambizzare [gambid'dzaːre] *vt* am Bein verletzen

gambo ['gambo] *m* Stiel *m*

gamma[1] ['gamma] *f* Reihe *f*

gamma[2] <inv> *agg* (PHYS) Gamma-

gancio ['gantʃo] <-ci> *m* Haken *m*

gangster ['ganster] <-> *m* Gangster *m*

ganimede [gani'mɛːde] *m* Schönling *m*

ganzo, -a ['gandzo] **I.** *agg* (*fam*) pfiffig **II.** *m, f* (*pej*) Liebhaber *m*

gap [gæp] <-> *m* Kluft *f*

gara ['gaːra] *f* Wettkampf *m;* ~ **d'appalto** Ausschreibungswettbewerb *m*

garage [ga'raːʒ] <-> *m* Garage *f*

garante [ga'rante] *mf* Garant *m;* **garantire** [garan'tiːre] <garantisco> *vt* **1.** (*assicurare*) bürgen für **2.** (JUR) haften für; **garanzia** [garan'tsiːa] <-ie> *f* Garantie *f;* **avviso di** ~ Ermittlungsbescheid *m*

garbare [gar'baːre] *vi* (*fam*) gefallen; **garbato, -a** [gar'baːto] *agg* liebenswürdig; **garbo** ['garbo] *m* Charme *m*

garçonnière [garsɔ'njɛːr] <-> *f* Junggesellenwohnung *f*

gardenia [gar'dɛːnia] <-ie> *f* Gardenie *f*

gardesano, -a [garde'zaːno] *agg* Gardasee-

gareggiare [gared'dʒaːre] *vi* wetteifern

garganella [garga'nɛlla] *f* **bere a** ~ aus der Flasche trinken

gargarismo [garga'rizmo] *m* Gurgeln *n;* **fare i -i** gurgeln

garibaldino, -a [garibal'diːno] *m, f* Garibaldianer(in) *m(f)*

garofano [ga'rɔːfano] *m* Nelke *f;* **chiodi di** ~ Gewürznelken *fpl*

garrito [gar'riːto] *m* lautes Gezwitscher

garza ['gardza] *f* Gaze *f;* **garzare** [gar'dʒaːre] *vt* aufrauen; **garzatura** [gardʒa'tuːra] *f* (Auf)rauen *n*

garzone, -a [gar'dzoːne] *m, f* (Lauf)bursche *m,* Laufmädchen *n*

gas [gas] <-> *m* Gas *n;* ~ **lacrimogeno** Tränengas *n;* ~ **di scarico** Abgase *mpl*

gasarsi [ga'sarsi] *vr* (*fig fam*) sich aufblasen

gasato, -a [ga'saːto] **I.** *agg* (*gassato*) mit Kohlensäure versetzt **II.** *m, f* (*fig fam*) aufgeblasene Person

gasdotto [gaz'dotto] *m* Gasleitung *f*

gasolio [ga'zɔːlio] *m* Dieselkraftstoff *m*

gasometro [ga'zɔːmetro] *m* Gasometer *m*

gassato, -a [gas'saːto] *agg* mit Kohlensäure

gassosa [gas'soːsa] *f* Brause(getränk *n*) *f;* **gassoso, -a** [gas'soːso] *agg* gasförmig

gastrico, -a ['gastriko] <-ci, -che> *agg* Magen-; **lavanda -a** Magenspülung *f;* **gastrite** [gas'triːte] *f* Gastritis *f;* **gastroenterite** [gastroente'riːte] *f* Magendarmentzündung *f*

gastronomia [gastrono'miːa] <-ie> *f* Gastronomie *f;* **gastronomico, -a** [gastro'nɔːmiko] <-ci, -che> *agg* gastronomisch

gastroscopia [gastrosko'piːa] <-ie> *f* Magenspiegelung *f*

gatta ['gatta] *f* Katze *f;* **una** ~ **da pelare** (*fam*) eine harte Nuss; ~ **ci cova!** da ist was faul!

gattabuia [gatta'buːia] <-ie> *f* (*fam*) Kittchen *n*

gatto ['gatto] *m* Katze *f;* (*maschio*) Kater *m;* ~ **delle nevi** Schneekatze *f;* **il** ~ **con gli stivali** der Gestiefelte Kater; **c'erano quattro -i** (*fig*) es war kaum jemand da

gattoni [gat'toːni] *avv* auf allen vieren

gattopardo [gatto'pardo] *m* große Raubkatze

gaudio ['gaːudio] <-i> *m* (*poet*) Wonne *f*

gavetta [ga'vetta] *f* Blechnapf *m*

gavettone [gavet'toːne] *m* (*scherzo*) Wasserbombenwerfen *n*

gazebo [gad'dzɛːbo] *m* Gartenpavillon *m*

gazza ['gaddza] *f* Elster *f*

gazzarra [gad'dzarra] *f* (*fam*) Zirkus *m*

gazzella [gad'dzɛlla] *f* Gazelle *f*

gazzetta [gad'dzetta] *f* Gazette *f;* **la Gazzetta Ufficiale** *Mitteilungen der ital. Regierung;* **gazzettino** [gaddzet'tiːno] *m* (kleine) Zeitung *f*

GB *abbr di* **gigabyte** GB

gel [dʒɛl] <-> *m* Gel *n*

gelare [dʒe'laːre] **I.** *vi essere* frieren **II.** *vr* **-rsi** erfrieren; **gelata** [dʒe'laːta] *f* Frost *m*

gelataio, **-a** [dʒela'taːio] <-ai, -aie> *m, f* Eisverkäufer(in) *m(f)*; **gelateria** [dʒelate'riːa] <-ie> *f* Eisdiele *f*; **gelatiera** [dʒela'tiɛːra] *f* Eismaschine *f*

gelatina [dʒela'tiːna] *f* Gelatine *f*; (*salato*) Aspik *m o n*

gelato [dʒe'laːto] *m* Eis *n*

gelato, **-a** *agg* (zu)gefroren

gelido, **-a** ['dʒɛːlido] *agg* (*a fig*) eisig

gelificante [dʒelifi'kante] *m* Geliermittel *n*

gelo ['dʒɛːlo] *m* Frost *m*; **essere di** ~ (*fig*) eiskalt sein; **gelone** [dʒe'loːne] *m* Frostbeule *f*

gelosia [dʒelo'siːa] <-ie> *f* Eifersucht *f*; **geloso**, **-a** [dʒe'loːso] *agg* eifersüchtig

gelso ['dʒɛlso] *m* Maulbeerbaum *m*

gelsomino [dʒelso'miːno] *m* Jasmin *m*

gemellaggio [dʒemel'laddʒo] <-ggi> *m* Städtepartnerschaft *f*; **gemelli** [dʒe'mɛlli] *mpl* **1.** (ASTR) Zwillinge *mpl*; **sono** (**dei**) **Gemelli** ich bin (ein) Zwilling **2.** (*bottoni*) Manschettenknöpfe *mpl*; **gemello**, **-a** [dʒe'mɛllo] *m, f* Zwilling *m*

gemere ['dʒɛːmere] *vi* stöhnen; **gemito** ['dʒɛːmito] *m* Stöhnen *n*

gemma ['dʒɛmma] *f* Knospe *f*

gendarme [dʒen'darme] *m* Gendarm *m*

gene ['dʒɛːne] *m* Gen *n*

genealogico, **-a** [dʒenea'lɔːdʒiko] <-ci, -che> *agg* genealogisch; **albero** ~ Stammbaum *m*

generale [dʒene'raːle] **I.** *agg* **1.** allgemein **2.** (*direttore*) General- **II.** *m* (MIL) General *m*

generalità [dʒenerali'ta] <-> *f pl* (ADM) Personalien *pl*; **generalizzare** [dʒeneralid'dzaːre] *vi* verallgemeinern; **generalizzazione** [dʒeneraliddzat'tsioːne] *f* Verallgemeinerung *f*; **generalmente** [dʒeneral'mente] *avv* gewöhnlich

generare [dʒene'raːre] *vt* zeugen; **generatore**, **-trice** *agg* erzeugend

generazionale [dʒenerattsio'naːle] *agg* Generations-; **generazione** [dʒenerat'tsioːne] *f* Generation *f*

genere ['dʒɛːnere] *m* **1.** (LING) Genus *n* **2.** *pl* (COM) Güter *npl*; **-i alimentari** Lebensmittel *npl* **3.** (LIT) Gattung *f* **4.** Geschlecht *n*; **il** ~ **umano** das Menschengeschlecht **5.** (*tipo*) Art *f*; **del** ~ dieser Art **6.** (*loc*) **in** ~ gewöhnlich

genericità [dʒeneritʃi'ta] <-> *f* Allgemeinheit *f*

generico [dʒe'nɛːriko] *m* Allgemeine(s) *n*

generico, **-a** <-ci, -che> *agg* allgemein; **medico** ~ Arzt *m* für Allgemeinmedizin

genero ['dʒɛːnero] *m* Schwiegersohn *m*

generoso, **-a** [dʒene'roːso] *agg* großzügig

genesi ['dʒɛːnezi] <-> *f* (REL) Genesis *f*

genetica [dʒe'nɛːtika] <-che> *f* Genetik *f*; **genetico**, **-a** [dʒe'nɛːtiko] <-ci, -che> *agg* genetisch *f*

gengiva [dʒen'dʒiːva] *f* Zahnfleisch *n*; **gengivale** [dʒendʒi'vaːle] *agg* Zahnfleisch-; **gengivite** [dʒendʒi'viːte] *f* Zahnfleischentzündung *f*

geniale [dʒe'niaːle] *agg* genial; **genialità** [dʒeniali'ta] <-> *f* Genialität *f*

genico, **-a** ['dʒɛːniko] <-ci, -che> *agg* Gen-

genio ['dʒɛːnio] <-i> *m* Genie *n*

genitale [dʒeni'taːle] *agg* Geschlechts-; **genitali** [dʒeni'taːli] *mpl* Genitalien *pl*

genitivo [dʒeni'tiːvo] *m* Genitiv *m*

genitori [dʒeni'toːri] *mpl* Eltern *pl*

gennaio [dʒen'naːio] *m* Januar *m*, Jänner *m A*; *v. a.* **aprile**

genocidio [dʒeno'tʃiːdio] <-i> *m* Völkermord *m*

genotipo [dʒeno'tiːpo] *m* Genotyp *m*

Genova ['dʒɛːnova] *f* Genua *n* (*Hauptstadt Liguriens*)

gentaglia [dʒen'taʎʎa] <-glie> *f* (*pej*) Pack *n*; **gente** ['dʒɛnte] *f* Leute *pl*; ~ **di campagna** Landbevölkerung *f*; **la** ~ **dice …** die Leute sagen …

gentildonna [dʒentil'dɔnna] *f* Edelfrau *f*; **gentile** [dʒen'tiːle] *agg* freundlich; ~ **signora** (*lettere*) sehr geehrte Frau …; **il gentil sesso** das schwache Geschlecht; **gentilezza** [dʒenti'lettsa] *f* Höflichkeit *f*; **per** ~ bitte; **avrebbe la** ~ **di aiutarmi?** würden Sie so freundlich sein, mir zu helfen?; **fammi la** ~ **di …** +*inf* sei so nett und …

gentiluomo [dʒenti'luɔːmo] <gentiluomini> *m* Edelmann *m*; **gentleman** ['dʒentəlmən] <-> *m* Gentleman *m*

genuflessione [dʒenufles'sioːne] *f* Kniefall *m*; **genuflettersi** [dʒenu'flɛttersi]

<irr> *vr* niederknien

genuinità [dʒenuini'ta] <-> *f* Echtheit *f;* **genuino, -a** [dʒenu'i:no] *agg* echt

genziana [dʒen'tsia:na] *f* Enzian *m*

geocentrico, -a [dʒeo'tʃɛntriko] <-ci, -che> *agg* geozentrisch; **geocentrismo** [dʒeotʃen'trizmo] *m* Geozentrik *f*

geofisica [dʒeo'fi:zika] <-che> *f* Geophysik *f*

geografia [dʒeogra'fi:a] *f* Erdkunde *f;* **geografico, -a** [dʒeo'gra:fiko] <-ci, -che> *agg* geografisch; **atlante ~** Atlas *m;* **carta -a** Landkarte *f;* **geografo, -a** [dʒe'ɔ:grafo] *m, f* Geograf(in) *m(f)*

geolinguistica [dʒeoliŋ'guistika] <-che> *f* Geolinguistik *f*

geologia [dʒeolo'dʒi:a] <-gie> *f* Geologie *f;* **geologico, -a** [dʒeo'lɔ:dʒiko] <-ci, -che> *agg* geologisch; **geologo, -a** [dʒe'ɔ:logo] <-gi, -ghe> *m, f* Geologe *m,* -login *f*

geometra [dʒe'ɔ:metra] <-i *m,* -e *f*> *mf* Vermessungstechniker(in) *m(f);* **geometria** [dʒeome'tri:a] <-ie> *f* Geometrie *f;* **geometrico, -a** [dʒeo'mɛ:triko] *agg* geometrisch

geopolitica [dʒeopo'li:tika] <-che> *f* Geopolitik *f*

geotecnica [dʒeo'tɛknika] <-che> *f* Geotechnik *f*

geotermico, -a [dʒeo'tɛrmiko] <-ci, -che> *agg* geothermisch

geotropico, -a [dʒeo'trɔ:piko] <-ci, -che> *agg* geotrop

geranio [dʒe'ra:nio] <-i> *m* Geranie *f*

gerarca [dʒe'rarka] <-chi> *m* Hierarch *m;* **gerarchia** [dʒerar'ki:a] <-chie> *f* Hierarchie *f;* **le -ie celesti** die himmlischen Heerscharen; **gerarchico, -a** [dʒe'rarkiko] <-ci, -che> *agg* hierarchisch

gerbera [dʒer'bɛ:ra] *f* Gerbera *f*

geremiade [dʒere'mi:ade] *f* (*pej*) ewiges Gejammer

gerenza [dʒe'rɛntsa] *f* (Geschäfts)führung *f*

gergale [dʒer'ga:le] *agg* Jargon-; **espressione ~** Slangwort *n;* **gergo** ['dʒɛrgo] <-ghi> *m* Jargon *m*

geriatra [dʒe'ria:tra] <-i *m,* -e *f*> *mf* Geriater(in) *m(f);* **geriatria** [dʒeria'tri:a] <-ie> *f* Geriatrie *f;* **geriatrico, -a** [dʒe'ria:triko] <-ci, -che> *agg* geriatrisch; **clinica -a** Altenpflegeheim *n*

gerla ['dʒɛrla] *f* Tragkorb *m*

Germania [dʒer'ma:nia] *f* Deutschland *n;* **germanico, -a** [dʒer'ma:niko] <-ci, -che> *agg* germanisch; **germanismo** [dʒerma'nizmo] *m* Germanismus *m;* **germanista** [dʒerma'nista] <-i *m,* -e *f*> *mf* Germanist(in) *m(f);* **germanistica** [dʒerma'nistika] <-che> *f* Germanistik *f;* **germano, -a** [dʒer'ma:no] **I.** *agg* germanisch **II.** *m, f* Germane *m,* Germanin *f;* **germanofono, -a** [dʒerma'nɔ:fono] *agg* deutschsprachig

germe ['dʒɛrme] *m* Keim *m;* **in ~** (*fig*) im Keim; **germicida** [dʒermi'tʃi:da] <-i, -e> *agg* keimtötend; **germinale** [dʒermi'na:le] *agg* Keim-; **germinare** [dʒermi'na:re] *vi* keimen; **germinazione** [dʒerminat'tsio:ne] *f* Keimung *f*

germogliare [dʒermoʎ'ʎa:re] *vi* keimen; **germoglio** [dʒer'moʎʎo] <-gli> *m* Spross *m*

geroglifico [dʒero'gli:fiko] *m* Hieroglyphe *f;* **geroglifico, -a** <-ci, -che> *agg* hieroglyphisch

gerontologia [dʒerontolo'dʒi:a] <-gie> *f* Gerontologie *f;* **gerontologo, -a** [dʒeron'tɔ:logo] <-gi, -ghe> *m, f* Gerontologe *m,* -login *f*

gerundio [dʒe'rundio] <-i> *m* Gerundium *n;* **gerundivo, -a** [dʒerun'di:vo] *agg* gerundiv

Gerusalemme [dʒeruza'lɛmme] *f* Jerusalem *n*

gessato [dʒes'sa:to] *m* (*abito*) Nadelstreifenanzug *m*

gessetto [dʒes'setto] *m* Kreide *f*

gesso ['dʒɛsso] *m* **1.** (*lavagna*) Kreide *f* **2.** (MED) Gips(verband) *m;* **gessoso, -a** [dʒes'so:so] *agg* Gips-

gesta ['dʒɛsta] *fpl* (LIT) Heldentaten *fpl*

gestante [dʒes'tante] *f* werdende Mutter; **gestazione** [dʒestat'tsio:ne] *f* Schwangerschaft *f*

gesticolare [dʒestiko'la:re] *vi* gestikulieren

gestionale [dʒestio'na:le] *agg* (Geschäfts)führungs-; **gestione** [dʒes'tio:ne] *f* (Geschäfts)führung *f;* **gestire** [dʒes'ti:re] <gestisco> *vt* leiten

gesto ['dʒɛsto] *m* Geste *f;* **ha fatto un bel ~** das war eine nette Geste von ihm

gestore, -trice [dʒes'to:re] *m, f* (Geschäfts)führer(in) *m(f)*

gestuale [dʒestu'aːle] *agg* Gesten-

Gesù [dʒe'zu] *m* Jesus *m*

gesuita [dʒezu'iːta] <-i> *m* Jesuit *m;* **gesuitico, -a** [dʒezu'iːtiko] <-ci, -che> *agg* jesuitisch

gettare [dʒet'taːre] **I.** *vt* **1.** werfen; ~ **via qc** etw wegwerfen; ~ **le braccia al collo a qu** jdm die Arme um den Hals werfen **2.** (*fondamenta*) legen **II.** *vi* (BOT) keimen; **gettata** [dʒet'taːta] *f* (*cemento*) Guss *m*

gettito ['dʒɛttito] *m* Ertrag *m*

getto ['dʒɛtto] *m* **1.** (BOT) Spross *m* **2.** (*di liquido*) Strahl *m* **3.** (*fig*) **a ~ continuo** ununterbrochen

gettonato, -a [dʒetto'naːto] *agg* (*fam*) gefragt; **la canzone più -a dell'anno** das meistgespielte Lied des Jahres; **gettone** [dʒet'toːne] *m* (Einwurf)marke *f*

ghepardo [ge'pardo] *m* Gepard *m*

gheriglio [ge'riʎʎo] <-gli> *m* (Nuss)kern *m*

ghermire [ger'miːre] *vt* **1.** (ZOO) packen **2.** (*fig: carpire*) entreißen; ~ **un segreto a qu** jdm ein Geheimnis entreißen

ghetta ['getta] *f* Gamasche *f*

ghettizzare [gettid'dzaːre] *vt* g(h)ettoisieren; **ghettizzazione** [gettiddzat'sioːne] *f* G(h)ettoisierung *f;* **ghetto** ['getto] *m* G(h)etto *n*

ghiacciaia [giat'tʃaːia] <-aie> *f* Eisschrank *m,* Eiskasten *m A;* **ghiacciare** [giat'tʃaːre] **I.** *vt* vereisen **II.** *vr* **-rsi** (zu)frieren; **ghiacciato, -a** [giat'tʃaːto] *agg* gefroren; **ghiaccio** ['giattʃo] <-cci> *m* Eis *n;* ~ **secco** Trockeneis *n;* **pattinaggio sul ~** Schlittschuh laufen; **rompere il ~** (*fig*) das Eis brechen; **essere un pezzo di ~** (*fig*) ein Eisklumpen sein; **ghiacciolo** [giat'tʃɔːlo] *m* (GASTR) Wassereis *n*

ghiaia ['giaːia] <-aie> *f* Kies *m;* **ghiaione** [gia'ioːne] *m* Berghalde *f;* **ghiaioso, -a** [gia'ioːso] *agg* Kies-

ghianda ['gianda] *f* Eichel *f*

ghiandola ['giandola] *f* Drüse *f*

ghigliottina [giʎʎot'tiːna] *f* Guillotine *f;* **ghigliottinare** [giʎʎotti'naːre] *vt* auf der Guillotine hinrichten

ghignare [giɲ'ɲaːre] *vi* grinsen; **ghignata** [giɲ'ɲaːta] *f* Grinsen *n*

ghingheri ['giŋgeri] *avv* **in ~** (*scherz*) herausgeputzt

ghiotto, -a ['giotto] *agg* **1.** (*persona*) naschhaft; **è ~ di dolci** er nascht gern **2.** (*cibo*) schmackhaft; **ghiottone, -a** [giot'toːne] *m, f* Schlemmer(in) *m(f);* **ghiottoneria** [giottone'riːa] <-ie> *f* (GASTR) Leckerbissen *m*

ghiribizzo [giri'biddzo] *m* (*fam*) Schnapsidee *f*

ghirigoro [giri'gɔːro] *m* Schnörkel *m*

ghirlanda [gir'landa] *f* Girlande *f*

ghiro ['giːro] *m* (ZOO) Siebenschläfer *m*

ghisa ['giːza] *f* Gusseisen *n*

già [dʒa] **I.** *avv* **1.** (*prima d'ora*) schon **2.** (*sin d'ora*) jetzt schon **3.** (*ormai*) schon **II.** *int* **~, è vero!** ja, stimmt!

giacca ['dʒakka] <-cche> *f* Jacke *f;* (*indumento maschile*) Jackett *n;* ~ **a vento** Anorak *m*

giacché [dʒak'ke] *cong* da

giacchetta [dzak'ketta] *f* Jacke *f*

giacere [dʒa'tʃeːre] <giaccio, giacqui, giaciuto> *vi* liegen; ~ **supino/bocconi** auf dem Rücken/Bauch liegen; **qui giace …** hier ruht …

giaciglio [dʒa'tʃiʎʎo] <-gli> *m* Lager *n*

giacimento [dʒatʃi'mento] *m* Lager *n*

giacinto [dʒa'tʃinto] *m* Hyazinthe *f*

giaciuto [dʒa'tʃuːto] *pp di* **giacere**

giacqui ['dʒakkui] *1. pers sing pass rem di* **giacere**

giada ['dʒaːda] *f* Jade *m o f*

giaguaro [dʒa'guaːro] *m* Jaguar *m*

giallastro, -a [dʒal'lastro] *agg* gelblich

giallo ['dʒallo] *m* **1.** Gelb *n;* ~ **dell'uovo** Eigelb *n* **2.** (LIT) Krimi *m fam*

giallo, -a *agg* **1.** gelb; **farina -a** Maismehl *n;* **pagine -e** gelbe Seiten *fpl* **2.** (LIT) Krimi-; **film ~** Kriminalfilm *m*

giammai [dʒam'maːi] *avv* (*poet*) nie

gianduia [dʒan'duːia] <-> *m* (GASTR) N(o)ugat *m o n*

giansenismo [dʒanse'nizmo] *m* Jansenismus *m*

Giappone [dʒap'poːne] *m* Japan *n;* **giapponese** [dʒappo'neːse] **I.** *agg* japanisch **II.** *mf* Japaner(in) *m(f)*

giara ['dʒaːra] *f* Kanne *f*

giardinaggio [dʒardi'naddʒo] <-ggi> *m* Gartenbau *m*

giardinetta® [dʒardi'netta] *f* Kombiwagen *m*

giardiniera [dʒardi'niɛːra] *f* (GASTR) Misch-

gemüse *n*
giardiniere, -a [dʒardi'niɛ:re] *m, f* Gärtner(in) *m(f)*; **giardino** [dʒar'di:no] *m* Garten *m*; ~ **botanico** botanischer Garten; **-i pubblici** (öffentlicher) Park *m*; ~ **zoologico** Zoo *m*
giarrettiera [dʒarret'tiɛ:ra] *f* Strumpfband *n*; **giavellotto** [dʒavel'lɔtto] *m* (SPORT) Speer *m*
gibbone [dʒib'bo:ne] *m* Gibbon *m*; **gibboso, -a** [dʒib'bo:so] *agg* buck(e)lig
Gibilterra [dʒibil'tɛrra] *f* Gibraltar *n*
gigabyte [gigabait] <-> *m* (INFORM) Gigabyte *n*
gigante [dʒi'gante] **I.** *agg* riesengroß **II.** *m* Gigant *m*; **fare passi da** ~ Riesenschritte machen; **gigantesco, -a** [dʒigan'tesko] <-schi, -sche> *agg* Riesen-
gigliato, -a [dʒiʎ'ʎa:to] *agg* Lilien-; **giglio** ['dʒiʎʎo] <-gli> *m* Lilie *f*
gigolo [ʒigɔ'lo] <-> *m* Gigolo *m*
gilda ['dʒilda] *f* Zunft *f*
gilè [dʒi'lɛ] <-> *m* Weste *f*
gin [dʒin] <-> *m* Gin *m*
gincana [dʒiŋ'ka:na] *f* Gymkhana *n*
ginecologia [dʒinekolo'dʒi:a] <-gie> *f* Gynäkologie *f*; **ginecologo, -a** [dʒine'kɔ:logo] <-gi, -ghe> *m, f* Frauenarzt *m*, -ärztin *f*
ginepro [dʒi'ne:pro] *m* Wacholder *m*; **bacche di** ~ Wachholderbeeren *fpl*
ginestra [dʒi'nɛstra] *f* Ginster *m*
Ginevra [dʒi'ne:vra] *f* Genf *n*
gingillarsi [dʒindʒil'larsi] *vr* herumspielen; **gingillo** [dʒin'dʒillo] *m* Krimskrams *m*
ginnasiale [dʒinna'zia:le] *agg* Gymnasial-; **ginnasio** [dʒin'na:zio] <-i> *m Schule für die ersten zwei Jahre des liceo classico*
ginnasta [dʒin'nasta] <-i *m*, -e *f*> *mf* Turner(in) *m(f)*; **ginnastica** [dʒin'nastika] <-che> *f* (SPORT) Gymnastik *f*; ~ **correttiva** Krankengymnastik *f*; **ginnico, -a** ['dʒinniko] <-ci, -che> *agg* Gymnastik-
ginocchiera [dʒinok'kiɛ:ra] *f* Knieschützer *m*; **ginocchio** [dʒi'nɔkkio] <-cchi> *m* Knie *n*; **mettersi in** ~ sich beugen; **far venire il latte alle -cchia** (*fig*) auf die Nerven gehen; **ginocchioni** [dʒinok'kio:ni] *avv* auf den Knien; **starsene** ~ knien
giocare [dʒo'ka:re] **I.** *vi* spielen; ~ **a palla** Ball spielen; ~ **al lotto** im Lotto spielen **II.** *vr* **-rsi** verspielen; **-rsi anche la camicia** (*fig*) sein letztes Hemd verspielen; **giocata** [dʒo'ka:ta] *f* (*puntata*) Einsatz *m*; **giocatore, -trice** [dʒoka'to:re] *m, f* Spieler(in) *m(f)*; ~ **d'azzardo** Glücksspieler(in) *m(f)*; **giocattolo** [dʒo'kattolo] *m* Spielzeug *n*; **giocherellare** [dʒokerel'la:re] *vi* (herum)spielen; **giocherellone, -a** [dʒokerel'lo:ne] *agg* (*persona*) leichtlebig; **giochetto** [dʒo'ketto] *m* Spielchen *n*
gioco ['dʒɔ:ko] <-chi> *m* Spiel *n*; (*giocattolo*) Spielzeug *n*; ~ **d'azzardo** Glücksspiel; ~ **di parole** Wortspiel; ~ **di società** Gesellschaftsspiel; **i -chi olimpici** die Olympischen Spiele; **campo da** ~ Spielfeld *n*; **fare il doppio** ~ (*fig*) ein doppeltes Spiel treiben; **mettere in** ~ **qc** etw aufs Spiel setzen; **cambiar** ~ (*fig*) die Taktik ändern; **prendersi** ~ **di qu** sich über jdn lustig machen; **il** ~ **non vale la candela** (*prov*) das ist den Aufwand nicht wert
giocoliere, -a [dʒoko'liɛ:re] *m, f* Jongleur(in) *m(f)*
Gioconda [dʒo'konda] *f* **La** ~ die Mona Lisa
giogo ['dʒo:go] <-ghi> *m* Joch *n*
gioia ['dʒɔ:ia] <-ie> *f* Freude *f*; **darsi alla pazza** ~ sich ins Vergnügen stürzen
gioielleria [dʒoielle'ri:a] <-ie> *f* Juweliergeschäft *n*; **gioielliere, -a** [dʒoiel'liɛ:re] *m, f* Juwelier(in) *m(f)*; **gioiello** [dʒo'iɛllo] *m* Schmuck *m*
gioioso, -a [dʒo'io:so] *agg* fröhlich
giornalaio, -a [dʒorna'la:io] <-ai, -aie> *m, f* Zeitungsverkäufer(in) *m(f)*; **giornale** [dʒor'na:le] *m* Zeitung *f*; ~ **radio** Rundfunknachrichten *fpl*; ~ **di viaggio** Reisejournal *n*; **giornaletto** [dʒorna'letto] *m* (*fam*) Comic-Heft *n*
giornaliero, -a [dʒorna'liɛ:ro] *agg* Tage(s)-
giornalino [dʒorna'li:no] *m* Comic-Heft *n*
giornalismo [dʒorna'lizmo] *m* Journalismus *m*; **giornalista** [dʒorna'lista] <-i *m*, -e *f*> *mf* Journalist(in) *m(f)*; **giornalistico, -a** [dʒorna'listiko] <-ci, -che> *agg* journalistisch
giornalmente [dʒornal'mente] *avv* täglich; **giornata** [dʒor'na:ta] *f* Tag *m*; ~ **libera** freier Tag; **in** ~ im Lauf(e) des Tages; **giorno** ['dʒorno] *m* Tag *m*; ~ **feriale/festivo** Werk-/Feiertag *m*; ~ **della mamma** Muttertag *m*; **piatto del** ~ Tagesgericht *n*; **i**

G

fatti del ~ die Tagesereignisse *npl;* **di** ~ tags(über); **di** ~ **in** ~ von Tag zu Tag; ~ **per** ~ Tag für Tag; **in pieno** ~ am hellichten Tag; **al** ~ **d'oggi** heutzutage; **a -i alterni** jeden zweiten Tag

> Am 2. November, dem **Giorno dei Morti** (Allerseelen), besuchen die Italiener die Friedhöfe und gedenken ihrer verstorbenen Verwandten und Freunde.

giostra ['dʒɔstra] *f* Karussell *n;* **giostraio** [dʒo'straːio] <-ai> *m* Karussellbetreiber(in) *m(f)*

giovamento [dʒova'mento] *m* Vorteil *m*

giovane ['dʒoːvane] **I.** *agg* jung **II.** *mf* Jugendliche(r) *f(m);* **da** ~ in der Jugend(zeit); **giovanile** [dʒova'niːle] *agg* jugendlich; **giovanilismo** [dʒovani'lizmo] *m* Jugendlichkeitskult *m;* **giovanotto** [dʒova'nɔtto] *m* Bursche *m*

giovare [dʒo'vaːre] **I.** *vi* nützen; **non giova ...** *+inf* es nützt nichts, zu ... *+inf* **II.** *vr* **-rsi di qu/qc** sich *dat* jdn/etw zu Nutze machen

Giove ['dʒɔːve] *m* Jupiter *m;* **per ~!** (*fam*) beim Zeus!

giovedì [dʒove'di] <-> *m* Donnerstag *m;* ~ **grasso** Faschingsdonnerstag *m;* ~ **santo** Gründonnerstag *m; v. a.* **domenica**

giovenca [dʒo'vɛŋka] <-che> *f* Kalbe *f*

gioventù [dʒoven'tu] <-> *f* Jugend *f;* **errori di** ~ Jugendsünden *pl;* **in** ~ in der Jugend

giovevole [dʒo'veːvole] *agg* ~ bekömmlich

gioviale [dʒo'viaːle] *agg* heiter

giovinastro [dʒovi'nastro] *m* (junger) Flegel *m*

giovinezza [dʒovi'nettsa] *f* Jugendlichkeit *f;* **la seconda** ~ die zweite Jugend

GIP ['dʒip] <-> *mf abbr di* **giudice per le indagini preliminari** Untersuchungsrichter *m*

giradischi [dʒira'diski] <-> *m* Plattenspieler *m*

giraffa [dʒi'raffa] *f* Giraffe *f*

giramento [dʒira'mento] *m* Schwindel *m;* ~ **di testa** (*fam*) Drehwurm *m;* **questo lavoro è un** ~ **di scatole** (*fam*) diese Arbeit geht mir auf den Keks *fam*

giramondo [dʒira'mondo] <-> *mf* Weltenbummler(in) *m(f)*

girandola [dʒi'randola] *f* Windrädchen *n*

girare [dʒi'raːre] **I.** *vt* **1.** (herum)drehen; ~ **la pagina** umblättern **2.** (FILM) drehen **3.** (*città*) durchfahren; ~ **il mondo** in der Welt herumkommen **4.** (*fam: mescolare*) (um)rühren **II.** *vi* **1.** (*gener*) sich drehen; **mi gira la testa** mir wird schwindlig **2.** (*volgersi*) ~ **a destra/sinistra** rechts/links abbiegen **3.** (*camminare*) herumlaufen **III.** *vr* **-rsi** sich (um)drehen

girarrosto [dʒirar'rɔsto] *m* (Braten)spieß *m*

girasole [dʒira'soːle] *m* Sonnenblume *f*

giravolta [dʒira'vɔlta] *f* Purzelbaum *m*

girellare [dʒirel'laːre] *vi* bummeln

girello [dʒi'rɛllo] *m* (*per bambini*) Laufstall *m*

girellone, **-a** [dʒirel'loːne] *m, f* (*fam*) Bummler(in) *m(f)*

giretto [dʒi'retto] *m* (*fam*) Spaziergang *m*

girevole [dʒi'reːvole] *agg* drehbar

girigogolo [dʒiri'gɔːgolo] *m* Schnörkel *m*

girino [dʒi'riːno] *m* (ZOO) Kaulquappe *f*

giro ['dʒiːro] *m* **1.** (*cerchia*) Kreis *m;* ~ **di parole** Umschreibung *f;* ~ **di valzer** Walzerrunde *f* **2.** (*passeggiata*) Bummel *m;* **andare in** ~ umherlaufen; **fare un** ~ eine Runde machen; (*con veicolo*) eine Spazierfahrt machen; **essere in** ~ **per lavoro** beruflich unterwegs sein; ~ **turistico** Rundfahrt *f* **3.** (*circolazione*) Umlauf *m;* ~ **d'affari** Umsatz *m* **4.** (*tempo*) Lauf *m;* **nel** ~ **di un mese** im Laufe eines Monats **5.** (*fig*) **prendere in** ~ **qu** jdn auf den Arm nehmen; **essere su di -i** aufgedreht sein

> 1909 fand zum ersten Mal der **Giro d'Italia** statt, ein Straßenradrennen durch ganz Italien nach dem Vorbild der seit 1903 stattfindenden Tour de France.

girocollo [dʒiro'kɔllo] *m* Rundausschnitt *m*

giroconto [dʒiro'konto] *m* Girogeschäft *n*

girone [dʒi'roːne] *m* (SPORT) Runde *f;* ~ **d'andata/di ritorno** Vor-/Rückrunde *f*

gironzolare [dʒirondzo'laːre] *vi* (*fam*) herumbummeln

girotondo [dʒiro'tondo] *m* Ringelreihen *m*

girovagare [dʒirova'gaːre] *vi* umherschweifen; **girovago**, **-a** [dʒi'rɔːvago] <-ghi, -ghe> *agg* umherziehend

girovita [dʒiro'viːta] <-> *m* Taillenumfang *m*

gita ['dʒiːta] *f* Ausflug *m*

gitano, -a [dʒi'taːno] *agg* Zigeuner-

gitante [dʒi'tante] *mf* Ausflügler(in) *m(f)*

giù [dʒu] *avv* (*stato*) unten; (*moto*) herunter, hinunter; **mandare** ~ hinunterschlucken; **essere** ~ niedergeschlagen sein; **i prezzi sono andati** ~ die Preise sind gesunken; **su per** ~ ungefähr; ~ **le mani!** Hände weg!

giubba ['dʒubba] *f* Jacke *f;* **giubbetto** [dʒub'betto] *m* leichte Jacke; **giubbotto** [dʒub'bɔtto] *m* Blouson *m;* ~ **salvagente** Schwimmweste *f;* ~ **antiproiettile** kugelsichere Weste

giubileo [dʒubi'lɛːo] *m* Jubiläum *n*

giubilo ['dʒuːbilo] *m* (*poet*) Jubel *m*

giuda ['dʒuːda] <-> *m* (*pej*) Judas *m*

giudaico, -a [dʒu'daːiko] <-ci, -che> *agg* jüdisch; **giudaismo** [dʒuda'izmo] *m* Judaismus *m*

giudicare [dʒudi'kaːre] *vt* **1.** (JUR) verurteilen; **fu giudicato colpevole** er wurde (für) schuldig erklärt **2.** (*valutare*) urteilen; **giudicò opportuno tacere** er hielt es für gut zu schweigen; **giudicato, -a** *agg* beurteilt; **giudice** ['dʒuːditʃe] *mf* Richter(in) *m(f);* ~ **penale** Strafrichter *m;* **giudiziale** [dʒudit'tsiaːle] *agg* Gerichts-; **giudiziario, -a** [dʒudit'tsiaːrio] <-i, -ie> *agg* gerichtlich; **carcere** ~ Untersuchungsgefängnis *n*

giudizio [dʒu'dittsio] <-i> *m* **1.** (*ragione*) Vernunft *f* **2.** (*opinione*) Urteil *n;* **a mio** ~ meiner Meinung nach **3.** (JUR) Prozess *m;* ~ **di assoluzione** Freispruch *m;* ~ **di condanna** Verurteilung *f;* **comparire in** ~ vor Gericht erscheinen; **rinviare qu a** ~ gegen jdn das Hauptverfahren eröffnen; **giudizioso, -a** [dʒudit'tsioːso] *agg* vernünftig

giugno ['dʒuɲɲo] *m* Juni *m; v. a.* **aprile**

giulivo, -a [dʒu'liːvo] *agg* fidel

giullare [dʒul'laːre] *m* Spielmann *m;* **giullaresco, -a** [dʒulla'resko] <-schi, -sche> *agg* Spielmanns-

giumenta [dʒu'menta] *f* (Reit)stute *f*

giunco ['dʒuŋko] <-chi> *m* Schilf *n*

giungere ['dʒundʒere] <giungo, giunsi, giunto> **I.** *vi essere* (an)kommen; **mi giunge nuovo** das ist mir neu **II.** *vt* vereinigen; ~ **le mani** die Hände falten

giungla ['dʒuŋgla] *f* Dschungel *m*

giunone [dʒu'noːne] *f* Juno *f*

giunsi ['dʒunsi] *1. pers sing pass rem di* **giungere**

giunta ['dʒunta] *f* **1.** (ADM) Ausschuss *m* **2.** (*loc*) **per** ~ außerdem

giuntatura [dʒunta'tuːra] *f* Verbindung *f*

giunto *pp di* **giungere**

giuntura [dʒun'tuːra] *f* **1.** (*di pezzi*) Verbindung *f* **2.** (ANAT) Gelenk *n;* **giunzione** [dʒun'tsioːne] *f* Verbindung *f*

Giura ['dʒuːra] *m* Jura *m*

giuramento [dʒura'mento] *m* Schwur *m;* **fare** ~ schwören; **giurare** [dʒu'raːre] *vi* schwören; **giurato, -a** [dʒu'raːto] **I.** *agg* (*nemico*) (ein)geschworen **II.** *m, f* Geschworene(r) *f(m)*

giurì [dʒu'ri] <-> *m* ~ **d'onore** Ehrengericht *n*

giuria [dʒu'riːa] <-ie> *f* Jury *f;* **giuridico, -a** [dʒu'riːdiko] <-ci, -che> *agg* juristisch; **persona -a** juristische Person

giurisdizionale [dʒurizdittsio'naːle] *agg* Gerichtsbarkeits-; **giurisdizione** [dʒurizdit'tsioːne] *f* Gerichtsbarkeit *f*

giurisprudenza [dʒurispru'dɛntsa] *f* Jura *n,* Jus *n A;* **giurista** [dʒu'rista] <-i *m,* -e *f*> *mf* Jurist(in) *m(f)*

giustapporre [dʒustap'porre] <irr> *vt* nebeneinander stellen; **giustapposizione** [dʒustappozit'tsioːne] *f* Nebeneinanderstellung *f;* **giustapposto** *pp di* **giustapporre**

giustezza [dʒus'tettsa] *f* Richtigkeit *f*

giustificare [dʒustifi'kaːre] **I.** *vt* rechtfertigen **II.** *vr* **-rsi** sich rechtfertigen; **giustificativo, -a** *agg* Beleg-; **giustificazione** [dʒustifikat'tsioːne] *f* Rechtfertigung *f*

giustizia [dʒus'tittsia] <-ie> *f* **1.** (*equità*) Gerechtigkeit *f;* **rendere** ~ **a qu** jdm Gerechtigkeit widerfahren lassen **2.** (JUR) Justiz *f*

giustiziare [dʒustit'tsiaːre] *vt* hinrichten; **giustiziato, -a** [dʒustit'tsiaːto] *m, f* Hingerichtete(r) *f(m)*

giusto ['dʒusto] **I.** *avv* richtig **II.** *int* richtig

giusto, -a I. *agg* **1.** (*persona*) gerecht **2.** (*osservazione*) richtig; **essere** ~ **di sale** richtig gesalzen sein **II.** *m, f* Gerechte(r) *f(m)*

glabro, -a ['glaːbro] *agg* (glatt) rasiert

glacé [gla'se] <inv> *agg* (GASTR) glaciert

glaciale [glaˈtʃaːle] *agg* eiskalt; **il Mar** ~ **Artico** das nördliche Eismeer; **glaciazione** [glatʃat'tsioːne] *f* Vereisung *f*

gladiatore [gladia'toːre] *m* Gladiator *m;*

gladiatorio, -a [gladia'tɔːrio] <-i, -ie> *agg* Gladiatoren-

gladiolo [gla'diːolo] *m* Gladiole *f*

glande ['glande] *m* (ANAT) Eichel *f*

Glarona [gla'roːna] *f* Glarus *n*

glasnost ['glasnost] <-> *f* Glasnost *n*

glassa ['glassa] *f* Glasur *f;* **glassare** [glas'saːre] *vt* glasieren

glaucoma [glau'kɔːma] <-i> *m* grüner Star

gli [ʎi] **I.** *art det m pl* (*davanti a s impura, gn, pn, ps, x, z*) die **II.** *pron pers* **1.** *3. pers m sing* ihm **2.** *3. pers m e f pl* (*fam*) ihnen

glicemia [glitʃe'miːa] <-ie> *f* Blutzucker *m*

glicerina [glitʃe'riːna] *f* Glyzerin *n*

glicine ['gliːtʃine] *m* Glyzinie *f*

gliela, gliele, glieli, glielo, gliene ['ʎeːla, 'ʎeːle, 'ʎeːli, 'ʎeːlo, 'ʎeːne] = **gli/le + la, le, li, lo, ne**

globale [glo'baːle] *agg* global; **globalità** [globali'ta] <-> *f* Gesamtheit *f;* **globalizzazione** [globaliddat'tsioːne] *f* Globalisierung *f*

globo ['glɔːbo] *m* Globus *m;* ~ **celeste** (Himmels)firmament *n;* ~ **terrestre** Erdball *m;* **globulare** [globu'laːre] *agg* kugelförmig

globulina [globu'liːna] *f* Globulin *n*

globulo ['glɔːbulo] *m* Blutkörperchen *n*

gloria¹ ['glɔːria] <-ie> *f* Ruhm *m;* (*vanto*) Stolz *m*

gloria² <-> *m* (*preghiera*) Gloria *n*

gloriarsi [glo'riarsi] *vr* ~ **di qc** sich einer Sache *gen* rühmen; **glorificare** [glorifi'kaːre] *vt* preisen; **glorificazione** [glorifikat'tsioːne] *f* Verherrlichung *f;* **glorioso, -a** [glo'rioːso] *agg* glorreich

glossa ['glɔssa] *f* Glosse *f;* **glossare** [glos'saːre] *vt* glossieren; **glossario** [glos'saːrio] <-i> *m* Glossar *n*

glottide ['glɔttide] *f* Glottis *f*

glottologia [glottolo'dʒiːa] <-gie> *f* Sprachwissenschaft *f;* **glottologo, -a** [glot'tɔːlogo] <-gi, -ghe> *m, f* Sprachwissenschaftler(in) *m(f)*

glucosio [glu'kɔːzio] <-i> *m* Glykose *f*

glutammato [glutam'maːto] *m* Glutamat *n;* **glutammico, -a** [glu'tammiko] <-ci, -che> *agg* Glutamin-; **acido** ~ Glutaminsäure *f*

gluteo ['gluːteo] *m* Gesäßbacke *f*

glutine ['gluːtine] *m* Glutin *n*

gnocco ['ɲɔkko] <-cchi> *m* (GASTR) Klößchen *n*

gnomo ['ɲɔːmo] *m* Gnom *m*

gnorri ['ɲɔrri] *m* **fare lo** ~ (*fam*) sich dumm stellen

gnosi ['ɲɔːzi] <-> *f* Gnosis *f;* **gnostico, -a** ['ɲɔstiko] <-ci, -che> **I.** *agg* gnostisch **II.** *m, f* Gnostiker(in) *m(f)*

goal [gɔl] <-> *m* Tor *n;* **fare un** ~ ein Tor schießen

gobba ['gɔbba] *f* (*fam*) Buckel *m;* **avere la** ~ einen Buckel haben

gobbo, -a ['gobbo] **I.** *agg* buckelig; **ha il naso** ~ er hat eine höckerige Nase; **colpo** ~ (*scherz*) böser Streich **II.** *m, f* Buckelige(r) *f(m);* **il** ~ **di Notre Dame** der Glöckner von Notre Dame

goccia ['gottʃa] <-cce> *f* Tropfen *m;* **somigliarsi come due -cce d'acqua** sich *dat* gleichen wie ein Ei dem anderen; **fino all'ultima** ~ bis zum letzten Tropfen; **a** ~ tropfenförmig

goccio ['gottʃo] <-cci> *m* (*fam*) Schluck *m*

gocciolare [gottʃo'laːre] *vi essere* tropfen; **gocciolio** [gottʃo'liːo] <-ii> *m* Tröpfeln *n;* **gocciolo** ['gottʃolo] *m* (*fam*) Tropfen *m;* **non ce n'è più neanche un** ~ (*fam*) es ist kein Tropfen mehr da

godere [go'deːre] <godo, godei, goduto> **I.** *vi* ~ **di qc** etw genießen **II.** *vt* genießen; ~ **ottima salute** bei bester Gesundheit sein; **-rsi la vita** das Leben genießen; **godersela** (*fam*) sich vergnügen; **godereccio, -a** [gode'rettʃo] <-cci, -cce> *agg* lebenslustig; **godibile** [go'diːbile] *agg* genießbar; **godibilità** [godibili'ta] <-> *f* Unterhaltsamkeit *f;* **godimento** [godi'mento] *m* Genuss *m;* **trarre** ~ **da qc** aus etw Nutzen ziehen

goffaggine [gof'faddʒine] *f* Plumpheit *f;* **goffo, -a** ['gɔffo] *agg* plump

gogò [go'gɔ] <-> *m* **a** ~ haufenweise

go-kart [go'kart] <-> *m* Go-Kart *m*

gol [gɔl] *v.* **goal**

gola ['goːla] *f* **1.** (ANAT) Kehle *f;* (*collo*) Hals *m;* **urlare a piena** ~ aus vollem Hals schreien; **ho l'acqua alla** ~ das Wasser steht mir bis zum Hals **2.** (*vizio*) Gefräßigkeit *f;* **far** ~ Appetit machen **3.** (GEOG) Schlucht *f*

golf [gɔlf] <-> *m* **1.** (SPORT) Golf *n* **2.** (*maglia*) Strickjacke *f;* **golfista** [gol'fista] <-i

m, -e *f*> *mf* Golfspieler(in) *m(f)*
golfo ['golfo] *m* Bucht *f;* **guerra del Golfo** Golfkrieg *m*
goliardia [goliar'di:a] <-ie> *f* Studentengeist *m*
golosità [golosi'ta] <-> *f* **1.** Naschhaftigkeit *f* **2.** (*leccornia*) Leckerbissen *m;* **goloso**, **-a** [go'lo:so] *agg* naschhaft
golpe ['gɔlpe] <-> *m* Putsch *m;* **golpista** [gol'pista] <-i *m*, -e *f*> *mf* Putschist(in) *m(f)*
gomena ['go:mena] *f* Tau *n*
gomitata [gomi'ta:ta] *f* Stoß *m* mit dem Ellenbogen; **gomito** ['go:mito] *m* (ANAT) Ell(en)bogen *m;* **alzare il** ~ einen heben *fam;* **farsi largo a forza di -i** die Ellbogen benutzen
gomitolo [go'mi:tolo] *m* Knäuel *m o n*
gomma ['gomma] *f* **1.** Gummi *m o n;* ~ **da masticare** Kaugummi *m o n* **2.** (*fam*) (Auto)reifen *m;* **cambiare una** ~ einen Reifen wechseln **3.** (*da cancellare*) Radiergummi *m*
gommapiuma® [gomma'piu:ma] *f* Schaumgummi *m*
gommato, **-a** [gom'ma:to] *agg* gummiert
gommina® [gom'mi:na] <-> *f* Wet-Gel *n*
gommista [gom'mista] <-i *m*, -e *f*> *mf* Reifenhändler(in) *m(f);* **gommone** [gom'mo:ne] *m* Schlauchboot *n;* **gommoso**, **-a** [gom'mo:so] *agg* Gummi-
gonade ['gɔ:nade] *f* (ANAT) Gonade *f*
gondola ['gondola] *f* Gondel *f;* **gondoliere** [gondo'liɛ:re] *m* Gondelführer *m*
gonfaloniere [gonfalo'niɛ:re] *m* Bannerträger *m*
gonfiabile [gon'fia:bile] *agg* aufblasbar; **gonfiare** [gon'fia:re] **I.** *vt* aufblasen **II.** *vr* **-rsi** sich (auf)blähen; **gonfiato**, **-a** [gon'fia:to] *agg* aufgepumpt; **pallone** ~ (*pej*) aufgeblasener Mensch; **gonfiezza** [gon'fiettsa] *f* Schwellung *f;* **gonfio**, **-a** ['gonfio] <-i, -ie> *agg* (MED) (an)geschwollen; **andare a -ie vele** (*fig*) gut vorankommen; **gonfiore** [gon'fio:re] *m* (An)schwellung *f*
gong [gɔŋg] <-> *m* Gong *m;* **colpo di** ~ Gongschlag *m*
gongolare [goŋgo'la:re] *vi* jauchzen *geh*
gonna ['gonna] *f* Rock *m;* **gonnella** [gon'nɛlla] *f* Röckchen *n;* **stare attaccato alle -e della mamma** (*fam*) der Mama am Rockzipfel hängen
gonorrea [gonor'rɛ:a] *f* Gonorrhöe *f*
gonzo, **-a** ['gondzo] *agg* (*fam pej*) dämlich
gorgheggiare [gorged'dʒa:re] *vi* trillern
gorgo ['gorgo] <-ghi> *m* Strudel *m*
gorgogliare [gorgoʎ'ʎa:re] *vi* blubbern; **gorgoglio** [gor'goʎʎo] <-gli> *m* Blubbern *n*
gorgonzola [gorgon'dzɔ:la] *m* *Blauschimmelkäse*
gorilla [go'rilla] <-> *m* Gorilla *m*
Gorizia *f* Görz *n, Stadt im Friaul*
gotico *m* Gotik *f;* ~ **fiorito** Flamboyantstil *m*
gotico, **-a** ['gɔ:tiko] <-ci, -che> *agg* gotisch
goto ['gɔ:to] *m* Gote *m*
gotta ['gotta] *f* Gicht *f;* **gottoso**, **-a** [got'to:so] *agg* gichtartig
governante[1] [gover'nante] *m* (POL) Regierende(r) *f(m)*
governante[2] *f* (*di casa*) Haushälterin *f*
governare [gover'na:re] **I.** *vt* regieren **II.** *vr* **-rsi** sich regieren; **governativo**, **-a** [governa'ti:vo] *agg* Regierungs-; **governatore**, **-trice** [governa'to:re] *m, f* Gouverneur(in) *m(f);* **governo** [go'vɛrno] *m* Regierung *f;* ~ **fantoccio** Marionettenregierung *f;* ~ **federale** Bundesregierung *f;* ~ **monocolare** Einparteienregierung *f;* ~ **di coalizione** Koalitionsregierung *f*
gozzo ['gottso] *m* Kropf *m;* **restare sul** ~ im Hals stecken bleiben
gozzoviglia [gottso'viʎʎa] <-glie> *f* Prasserei *f;* **gozzovigliare** [gottsoviʎ'ʎa:re] *vi* prassen
gozzuto, **-a** [got'tsu:to] *agg* kropfig
gracchiare [grak'kia:re] *vi* krächzen; **gracchio** ['grakkio] <-cchi> *m* Krächzen *n*
gracidare [gratʃi'da:re] *vi* quaken
gracile ['gra:tʃile] *agg* zart; **gracilità** [gratʃili'ta] <-> *f* Grazilität *f*
gradasso [gra'dasso] *m* (*pej*) Aufschneider *m;* **fare il** ~ prahlen
gradatamente [gradata'mente] *avv* stufenweise; **gradazione** [gradat'tsio:ne] *f* **1.** (*di vino*) Grad *m;* ~ **alcolica** Alkoholgehalt *m* **2.** (*di colori*) Abstufung *f;* **in** ~ abgestuft
gradevole [gra'de:vole] *agg* angenehm; **gradimento** [gradi'mento] *m* Wohlgefallen *m;* **indice di** ~ Einschaltquote *f*
gradinata [gradi'na:ta] *f* Stufenreihe *f;*

gradino [gra'diːno] *m* Stufe *f*

gradire [gra'diːre] <gradisco> *vt* (gern) entgegennehmen; **voglia ~ i più sentiti auguri** mit den besten Wünschen

grado ['graːdo] *m* **1.** (*gener*) Grad *m;* **~ comparativo** Komparativ *m;* **ustioni di terzo ~** Verbrennungen *fpl* dritten Grades; **la temperatura è di 7 -i** die Temperatur beträgt 7 Grad; **~ alcolico** Alkoholgehalt *m;* **al massimo ~** im höchsten Grade **2.** (*fig*) **essere in ~ di fare qc** in der Lage sein etw zu tun; **di buon ~** (*poet*) gern(e)

graduabile [gradu'aːbile] *agg* abstufbar; **graduale** [gradu'aːle] *agg* graduell; **gradualità** [graduali'ta] <-> *f* Staffelung *f;* **gradualmente** [gradual'mente] *avv* schrittweise; **graduare** [gradu'aːre] *vt* graduieren

graduato [gradu'aːto] *m* (MIL) Unterführer *m*

graduatoria [gradua'tɔːria] <-ie> *f* Rangfolge *f*

graduazione [graduat'tsioːne] *f* Graduation *f*

graffetta [graf'fetta] *f* Kabelschelle *f*

graffiante [graf'fiante] *agg* (*fig*) bissig; **graffiare** [graf'fiaːre] **I.** *vt* (zer)kratzen **II.** *vr* **-rsi** sich kratzen; **graffiata** [graf'fiaːta] *f* Kratzer *m;* **graffio** ['graffio] <-i> *m* Kratzer *m*

graffitaro, -a [graffit'taːro] *m, f* Graffiti-Maler(in) *m(f);* **graffito** [graf'fiːto] *m* Graffiti *pl*

grafia [gra'fiːa] <-ie> *f* Grafie *f*

grafica ['graːfika] <-che> *f* Grafik *f*

grafic design <-> *m* Grafikdesign *n*

graficizzare [grafitʃid'zaːre] *vt* grafisch gestalten

grafico ['graːfiko] <-ci> *m* Grafik *f*

grafico, -a <-ci, -che> **I.** *agg* grafisch **II.** *m, f* Grafiker(in) *m(f)*

grafite [gra'fiːte] *f* Graphit *m*

grafologia [grafolo'dʒiːa] <-gie> *f* Grafologie *f*

gramaglie [gra'maʎʎe] *fpl* **in ~** in Trauer

gramigna [gra'miɲɲa] *f* (BOT) Quecke *f*

graminacee [grami'naːtʃee] *fpl* Gräser *pl*

grammatica [gram'maːtika] <-che> *f* Grammatik *f;* **grammaticale** [grammati'kaːle] *agg* grammatikalisch; **errore ~** Grammatikfehler *m*

grammo ['grammo] *m* Gramm *n*

grammofono [gram'mɔːfono] *m* Grammofon *n*

gramo, -a ['graːmo] *agg* elend

gran [gran] *v.* **grande I.**

grana[1] ['graːna] *f* **1.** (*sl: denaro*) Kies *m* **2.** (*fig fam*) **avere un sacco di ~** eine Menge Ärger am Hals haben; **piantare una ~** Stunk machen

grana[2] <-> *m* *ein dem Parmesan ähnlicher Käse*

granaglie [gra'naʎʎe] *fpl* Getreide *n;* **granaio** [gra'naːio] <-ai> *m* Getreidespeicher *m*

granata [gra'naːta] *f* Granate *f*

granatiere [grana'tiɛːre] *m* (MIL) Grenadier *m*

granato, -a *agg* granat-

Gran Bretagna ['gram bre'taɲɲa] *f* Großbritannien *n*

grancassa [graŋ'kassa] *f* große Trommel; **battere la ~** die Trommel rühren

granchio ['graŋkio] <-chi> *m* **1.** (ZOO) Krabbe *f* **2.** (*sbaglio*) Schnitzer *m;* **prendere un ~** hereinfallen

grand' [grand] *v.* **grande I.**

grandangolare [grandaŋgo'laːre] *agg* Weitwinkel-

grande ['grande] **I.** *agg* **1.** groß; **come ti sei fatto ~!** wie du gewachsen bist! **2.** (*rafforzativo*) **una gran bella donna** eine bildschöne Frau; **avere una gran fame** Kohldampf haben; **non è un gran che** das ist nichts Besonderes **II.** *mf* (*adulto*) Erwachsene(r) *f(m)*

grandezza [gran'dettsa] *f* Größe *f;* **mania di ~** Großmannssucht *f;* **aspirare alla ~** nach Macht und Größe streben; **in ~ naturale** in Originalgröße; **~ d'animo** Edelmut *m*

grandinare [grandi'naːre] *vi essere* hageln; **grandina** es hagelt; **grandinano bombe** es hagelt Bomben; **grandinata** [grandi'naːta] *f* Hagel(schlag) *m;* **grandine** ['grandine] *f* Hagel *m*

grandiosità [grandiosi'ta] <-> *f* Großartigkeit *f;* **grandioso, -a** [gran'dioːso] *agg* großartig

granduca, -duchessa [gran'duːka] *m, f* Großherzog(in) *m(f);* **granducale** [grandu'kaːle] *agg* großherzoglich; **granducato** [grandu'kaːto] *m* Großherzogtum *n;* **granduchessa** *f v.* **granduca**

granello [gra'nɛllo] *m* Korn *n;* **granicoltura** [granikol'tu:ra] *f* Getreidebau *m*
granita [gra'ni:ta] *f Sorbet aus gestoßenem Eis*
granitico, -a [gra'ni:tiko] <-ci, -che> *agg* granitisch; **granito** [gra'ni:to] *m* Granit *m*
grano ['gra:no] *m* Korn *n;* ~ **saraceno** Buchweizen *m*
gran(o)turco [gran(o)'turko] <-chi> *m* Mais *m,* Kukuruz *m A*
granulare [granu'la:re] *agg* körnig
granulato [granu'la:to] *m* Granulat *n*
granulato, -a *agg* granulös; **superficie -a** raue Oberfläche
granulo ['gra:nulo] *m* Granulum *n;* **granuloma** [granu'lɔ:ma] <-i> *m* Granulom *n*
granulosità [granulosi'ta] <-> *f* Körnigkeit *f;* **granuloso, -a** [granu'lo:so] *agg* körnig
grappa ['grappa] *f italienischer Tresterbranntwein;* **grappino** [grap'pi:no] *m* (*fam*) Gläschen Grappa
grappolo ['grappolo] *m* (Wein)traube *f;* **un ~ d'uva** eine (Wein)traube; **fiori a ~** Traubenblütler *mpl*
grassetto [gras'setto] *m* halbfette Schrift
grassetto, -a *agg* (*a computer*) fett
grassezza [gras'settsa] *f* **1.** (*persona*) Fettleibigkeit *f* **2.** (*cibo*) Fettgehalt *m*
grasso ['grasso] *m* Fett *n;* (GASTR) Schmalz *n;* ~ **vegetale** Pflanzenfett *n*
grasso, -a *agg* **1.** (*persona*) dick **2.** (BOT, GASTR) fett; **piante -e** Fettpflanzen *fpl* **3.** (*pelle*) fettig **4.** (*loc*) **la settimana -a** *die letzte Karnevalswoche;* **grassoccio, -a** [gras'sɔttʃo] <-cci, -cce> *agg* pummelig; **grassone, -a** [gras'so:ne] *m, f* Dickwanst *m*
grata ['gra:ta] *f* Gitter *n*
gratella [gra'tɛlla] *f* Grill *m;* **bistecca in ~** gegrilltes Steak; **graticola** [gra'ti:kola] *f* (GASTR) Rost *m;* **pesce in ~** gegrillter Fisch
gratifica [gra'ti:fika] <-che> *f* Gratifikation *f;* ~ **natalizia** Weihnachtsgeld *n;* **gratificante** [gratifi'kante] *agg* befriedigend; **gratificazione** [gratifikat'tsio:ne] *f* Gratifikation *f*
gratin [gra'tɛ̃] <-> *m* **al ~** überbacken; **gratinare** [grati'na:re] *vt* gratinieren
gratis ['gra:tis] *avv* kostenlos, gratis
gratitudine [grati'tu:dine] *f* Dankbarkeit *f;* **provare ~ nei confronti di qu** jdm gegenüber Dankbarkeit empfinden; **grato, -a** ['gra:to] *agg* dankbar; **essere ~ a qu di qc** jdm für etw dankbar sein
grattacapo [gratta'ka:po] *m* Schererei *f*
grattacielo [gratta'tʃɛ:lo] *m* Wolkenkratzer *m*
gratta e vinci ['gratta e 'vintʃi] <-> *m* **un biglietto del ~** ein Rubbellos *n*
grattare [grat'ta:re] **I.** *vt* **1.** (*pelle*) kratzen **2.** (*sl*) klauen *fam* **II.** *vr* **-rsi** sich kratzen
grattugia [grat'tu:dʒa] <-gie> *f* Reibe *f;* **grattugiare** [grattu'dʒa:re] *vt* reiben
gratuità [gratui'ta] <-> *f* **1.** (*gratis*) Unentgeltlichkeit *f* **2.** (*fig*) Grundlosigkeit *f;* **gratuito, -a** [gra'tu:ito] *agg* **1.** umsonst; **biglietto ~** Freikarte *f* **2.** (*fig*) grundlos
gravare [gra'va:re] **I.** *vt* (*fig*) belasten **II.** *vi essere* ~ **su qu/qc** auf jdm/etw lasten
grave ['gra:ve] *agg* **1.** (*malattia*) schwer **2.** (*situazione*) ernst
gravidanza [gravi'dantsa] *f* Schwangerschaft *f;* **gravido, -a** ['gra:vido] *agg* (*donna*) schwanger; (*animale*) trächtig
gravimetria [gravime'tri:a] <-ie> *f* Gravimetrie *f*
gravità [gravi'ta] <-> *f* (PHYS) Anziehungskraft *f;* **gravitare** [gravi'ta:re] *vi* gravitieren; **gravitazionale** [gravitattsio'na:le] *agg* Gravitations-; **gravitazione** [gravitat'tsio:ne] *f* Gravitation *f;* **legge di ~** Gravitationsgesetz *n*
gravoso, -a [gra'vo:so] *agg* drückend
grazia ['grattsia] <-ie> *f* **1.** (*armonia*) Anmut *f;* **le tre -ie** die drei Grazien **2.** Gnade *f;* **colpo di ~** (*fam*) Gnadenstoß *m;* **concedere la ~** Begnadigung gewähren; **essere nelle -ie di qu** in jds Gunst stehen; **graziare** [grat'tsia:re] *vt* begnadigen; ~ **qu di qc** jdm etw gewähren
grazie ['grattsie] *int* danke; ~ **mille!** [*o* **tante ~!**] vielen Dank!; **sì/no, ~** ja, bitte/nein, danke; ~ **dell'aiuto!** danke für die Hilfe!; ~ **a** dank +*dat o gen;* ~ **a Dio** Gott sei Dank
grazioso, -a [grat'tsio:so] *agg* graziös
greca ['grɛ:ka] <-che> *f* (*ornamento*) Mäander *m*
Grecia ['grɛ:tʃa] *f* Griechenland *n;* **grecismo** [gre'tʃizmo] *m* Gräzismus *m*
greco ['grɛ:ko] <*sing*> *m* (LING) Griechisch(e) *n;* ~ **antico/moderno** Alt-/Neugriechisch(e) *n*

G

greco, **-a** <-ci, -che> **I.** *agg* griechisch; ~ **ortodosso** griechisch-orthodox **II.** *m, f* Grieche *m*, Griechin *f*
gregario, **-a** <-i, -ie> *agg* Herden-
gregge ['greddʒe] <-i> *f m* (*a fig*) Herde *f*; **uscire dal** ~ aus der Herde ausbrechen
greggio ['greddʒo] *m* Rohöl *n*
greggio, **-a** <-ggi, -gge> *agg* roh; **allo stato** ~ im Urzustand
gregoriano, **-a** [grego'ria:no] *agg* gregorianisch
grembiule [grem'biu:le] *m* Schürze *f*
grembo ['grɛmbo] *m* Schoß *m*
gremire [gre'mi:re] <gremisco> *vt* füllen
greto ['gre:to] *m* Kiesbank *f*
grettezza [gret'tettsa] *f* Kleinlichkeit *f*; **gretto**, **-a** ['gretto] *agg* kleinlich; **animo** ~ Krämerseele *f*
greve ['grɛ:ve] *agg* schwer
gridare [gri'da:re] *vi* schreien; ~ **a squarcia gola** aus vollem Halse schreien; **grido** ['gri:do] <-a *f*> *m* Schrei *m*; **essere all'ultimo** ~ der letzte Schrei sein
griffe [grif] <-> *f* Designeretikett *n*
grifone [gri'fo:ne] *m* Greif *m*
grigio ['gri:dʒo] <-gi> *m* Grau *n*
grigio, **-a** <-gi, -gie> *agg* grau; **vedere tutto** ~ alles grau in grau sehen
grigiore [gri'dʒo:re] *m* Grau *n*
griglia ['griʎʎa] <-glie> *f* **1.** (GASTR) Grill *m*; **pollo alla** ~ Hähnchen *n* vom Grill **2.** (*inferriata*) Gitter *n*; ~ **del radiatore** Kühlergrill *m*
grignolo [griɲ'ɲɔ:lo] *m Rotwein aus Piemont*
grill [gril] <-> *m* Grill *m*
grilletto [gril'letto] *m* Abzug *m*; **premere il** ~ abdrücken
grillo ['grillo] *m* **1.** (ZOO) Grille *f* **2.** (*capriccio*) Grille *f*; **avere molti -i per il capo** eine Menge Flausen im Kopf haben
grinfia ['grinfia] <-ie> *f* (*fam*) Klaue *f*; **cadere nelle -ie di qu** in jds Klauen geraten
grinta ['grinta] *f* (verbissener) Kampfgeist
grinza ['grintsa] *f* Falte *f*; **non fare una** ~ (*fig*) einwandfrei sein; **grinzoso**, **-a** [grin'tso:so] *agg* faltig
grisou [gri'zu] <-> *m* Grubengas *n*
grissino [gris'si:no] *m* **1.** (GASTR) *Knabberstangen aus Weißbrotteig* **2.** (*smilzo*) Hering *m*; **è magro come un** ~ er ist dünn wie ein Hering
groenlandese [groenlan'de:se] **I.** *agg* grönländisch **II.** *mf* Grönländer(in) *m(f)*; **Groenlandia** [groen'landia] *f* Grönland *n*
grondaia [gron'da:ia] <-aie> *f* Regenrinne *f*
grondare [gron'da:re] *vi essere* vergießen
groppa ['grɔppa] *f* (ZOO) Kruppe *f*; **avere molti anni sulla** ~ schon viele Jahre auf dem Buckel haben
Grosseto *f Stadt in der Toskana*
grossezza [gros'settsa] *f* Dicke *f*
grossista [gros'sista] <-i *m*, -e *f*> *mf* Großhändler(in) *m(f)*
grosso ['grɔsso] *m* Hauptteil *m*
grosso, **-a** *agg* **1.** groß; **dito** ~ (*fam*) Daumen *m*; (*del piede*) großer Zeh **2.** (*spessore*) dick; (*sale*) grob(körnig) **3.** (*rozzo*) grob **4.** (*loc*) **mare** ~ bewegte See; **sbagliarsi di** ~ sich gewaltig irren; **un pezzo** ~ ein hohes Tier; **dirle -e** Stuss verzapfen; **questa è -a!** das ist ein starkes Stück!
grossolanità [grossolani'ta] <-> *f* Grobheit *f*; **grossolano**, **-a** [grosso'la:no] *agg* grob; **fare un errore** ~ einen groben Fehler begehen
grossomodo [grosso'mɔ:do] *avv* ungefähr
grotta ['grɔtta] *f* Grotte *f*
grottesco [grot'tesko] *m* Groteske *f*
grottesco, **-a** <-schi, -sche> *agg* grotesk
groviera [gro'viɛ:ra] <-> *m o f* Gruyère *m*
groviglio [gro'viʎʎo] <-gli> *m* Verwirrung *f*
gru [gru] <-> *f* **1.** (ZOO) Kranich *m* **2.** (TEC) Kran *m*
gruccia ['gruttʃa] <-cce> *f* **1.** (MED) Krücke *f* **2.** (*per abiti*) (Kleider)bügel *m*
grugnire [gruɲ'ɲi:re] <grugnisco> *vi* grunzen; **grugnito** [gruɲ'ɲi:to] *m* Grunzen *n*; **grugno** ['gruɲɲo] *m* Schnauze *f*
grullo, **-a** ['grullo] (*pej*) **I.** *agg* doof **II.** *m, f* Schwachkopf *m*
grumo ['gru:mo] *m* Klumpen *m*
gruppo ['gruppo] *m* Gruppe *f*; ~ **sanguigno** Blutgruppe *f*; **lavoro di** ~ Teamarbeit *f*
gruviera [gru'viɛ:ra] *v.* **groviera**
gruzzolo ['gruttsolo] *m* (*fam*) Notgroschen *m*
GSM *m abbr di* **Global System for Mobile communication** GSM *n*
guadagnare [guadaɲ'ɲa:re] **I.** *vt* **1.** (*de-*

naro) verdienen **2.** (*fig: tempo*) gewinnen; **tanto di guadagnato** umso besser **II.** *vi* (*stipendio*) verdienen; **senza il cappello ci guadagna** ohne Hut sieht er besser aus; **guadagno** [gua'daɲɲo] *m* Verdienst *m;* (*utile*) Gewinn *m;* ~ **lordo/netto** Brutto-/Nettoverdienst *m*

guadare [gua'da:re] *vt* durchwaten; **guado** ['gua:do] *m* Furt *f;* **passare a** ~ durchwaten

guai ['gua:i] *int* wehe; ~ **a te!** wehe (dir)!

guaina [gua'i:na] *f* Scheide *f*

guaio ['gua:io] <-ai> *m* Ärger *m;* **ficcarsi nei -ai** (*fam*) Ärger kriegen; **che ~!** so ein Ärger!

guaire [gua'i:re] *vi* winseln; **guaito** [gua'i:to] *m* Gewinsel *n*

guancia ['guantʃa] <-ce> *f* Wange *f*

guanciale [guan'tʃa:le] *m* Kissen *n,* Polster *m A*

guanto ['guanto] *m* Handschuh *m;* **calzare come un** ~ wie angegossen sitzen; **trattare qu coi -i** jdn mit Glaceehandschuhen anfassen; **guantone** [guan'to:ne] *m* Boxhandschuh *m*

guardaboschi [guarda'boski] <-> *m* Förster(in) *m(f);* **guardacaccia** [guarda'kattʃa] <-> *m* Jagdaufseher(in) *m(f);* **guardacoste** [guarda'kɔste] <-> *m* Küstenwache *f;* **guardalinee** [guarda'li:nee] <-> *m* (SPORT) Linienrichter(in) *m(f)*

guardare [guar'da:re] **I.** *vt* anschauen; ~ **colla coda dell'occhio** aus den Augenwinkeln heraus ansehen; ~ **di buon occhio** wohlwollend betrachten; ~ **qu di sbieco** jdn schief anschauen; ~ **qu dall'alto in basso** jdn von oben herab ansehen; ~ **in faccia il pericolo** der Gefahr ins Auge sehen **II.** *vi* **1.** (*badare*) **Dio ce ne guardi!** Gott bewahre! **2.** (*loc*) **le finestre guardano sul cortile** die Fenster gehen auf den Hof **III.** *vr* **-rsi** **1.** (*osservarsi*) sich ansehen **2.** (*stare in guardia*) **-rsi da qc** sich vor etw *dat* hüten

guardaroba [guarda'rɔ:ba] <-> *m* Garderobe *f;* **guardarobiere, -a** [guardaro'biɛ:re] *m, f* Garderobier *m,* Garderobiere *f*

guardia ['guardia] <-ie> *f* (MIL) Wache *f;* (MED) Wachdienst *m;* ~ **del corpo** Leibwache *f;* ~ **di finanza** Zollbehörde *f;* ~ **forestale** Förster(in) *m(f);* ~ **medica** ärztlicher Notdienst; **cane da** ~ Wachhund *m;* **cambio della** ~ (*a fig*) Wachablösung *f;* **corpo di** ~ Gardekorps *n;* **medico di** ~ diensthabender Arzt; **mettere qu in** ~ jdn warnen; **stare in** ~ in Deckung sein; **fare la** ~ Wache halten; **giocare a -ie e ladri** Räuber und Gendarm spielen; **in ~!** Achtung!

> Die **Guardia di Finanza** ist eine militärische Einheit, die sich mit Steuervergehen befasst und je nach Aufgaben dem Finanz-, dem Justiz- oder dem Landwirtschaftsminister unterstellt ist.

guardiano, -a [guar'dia:no] *m, f* Wächter(in) *m(f)*

guardingo, -a [guar'diŋgo] <-ghi, -ghe> *agg* umsichtig

guardone [guar'do:ne] *m* Voyeur *m*

guardrail [ga:d'reil] <-> *m* Leitplanke *f*

guarigione [guari'dʒo:ne] *f* Heilung *f;* **guarire** [gua'ri:re] <guarisco> *vi essere* gesund werden; **guaritore, -trice** [guari'to:re] *m, f* Heilpraktiker(in) *m(f)*

guarnigione [guarni'dʒo:ne] *f* Garnison *f*

guarnire [guar'ni:re] <guarnisco> *vt* garnieren; **guarnizione** [guarnit'tsio:ne] *f* **1.** (GASTR) Beilage *f* **2.** (TEC) Dichtung *f*

guastafeste [guasta'fɛste] <-> *mf* Spielverderber(in) *m(f);* **guastare** [guas'ta:re] **I.** *vt* **1.** verderben **2.** (*cosa*) kaputt machen **II.** *vr* **-rsi** **1.** (*tempo*) sich verschlechtern **2.** (*cosa*) kaputt gehen **3.** (*cibi*) verderben

guasto ['guasto] *m* Schaden *m;* ~ **al motore** Motorschaden *m*

guasto, -a *agg* **1.** (*non funzionante*) defekt, kaputt **2.** (*cibo*) schlecht

guazzabuglio [guattsa'buʎʎo] <-gli> *m* Durcheinander *n*

guercio, -a ['guɛrtʃo] <-ci, -ce> **I.** *agg* schielend **II.** *m, f* Schielende(r) *f(m);* **essere** ~ schielen

guerra ['guɛrra] *f* Krieg *m;* ~ **civile** Bürgerkrieg *m;* ~ **lampo** Blitzkrieg *m;* ~ **fredda** Kalter Krieg; **-e stellari** Krieg *m* der Sterne; ~ **di successione** Erbfolgekrieg *m;* **zona di** ~ Kriegsgebiet *n;* **la prima/seconda** ~ **mondiale** der Erste/Zweite Weltkrieg; ~ **atomica** Atomkrieg *m;* ~ **aerea** Luftkrieg *m;* ~ **psicologica** psychologische Kriegführung; **essere sul piede di** ~ kriegsbereit sein; **la** ~ **contro la droga** der Kampf gegen die Drogen; **guerreggiare** [guerred'dʒa:re] *vi*

Krieg führen; **guerresco, -a** [guer'resko] <-schi, -sche> *agg* kriegerisch; **guerriero, -a** [guer'riɛ:ro] *m, f* Krieger(in) *m(f)*; **guerriglia** [guer'riʎʎa] <-glie> *f* Guerilla *f*; **guerrigliero, -a** [guerriʎ'ʎɛ:ro] *m, f* Guerillero *m*

gufo ['gu:fo] *m* (ZOO) Eule *f*; ~ **reale** Uhu *m*

guglia ['guʎʎa] <-glie> *f* (ARCH) Fiale *f*

guida[1] ['gui:da] *f* **1.** (MOT) Fahren *n*; **scuola** ~ Fahrschule *f*; **patente di** ~ Führerschein *m*; **posto di** ~ Führersitz *m* **2.** (*libro*) Leitfaden *m*; (*per il turista*) Reiseführer *m*; ~ **del telefono** Telefonbuch *n*; ~ **della città** Stadtführer *m* **3.** (*persona*) (Reise)führer(in) *m(f)*; **fare da** ~ **a qu** jdn führen

guida[2] <inv> *agg* Führungs-

guidare [gui'da:re] *vt* führen; (*auto*) fahren; **non sa** ~ er [*o* sie] kann nicht Auto fahren; **guidatore, -trice** [guida'to:re] *m, f* Fahrer(in) *m(f)*

guinness® <-> *m* Guinnessbuch *n*

guinzaglio [guin'tsaʎʎo] <-gli> *m* Leine *f*; **portare il cane al** ~ den Hund an der Leine führen

guisa ['gui:za] *f* Art und Weise *f*; **a** ~ **di** wie

guizzare [guit'tsa:re] *vi essere* (*pesce*) schnellen; **guizzo** ['guittso] *m* **1.** (*di pesce*) Zucken *n* **2.** (*fig*) Ruck *m*

guru ['gu:ru] <-> *m* Guru *m*

guscio ['guʃʃo] <-sci> *m* Schale *f*; (*della tartaruga*) Panzer *m*; **chiudersi nel** ~ (*fig*) sich in sein Schneckenhaus zurückziehen; **uscire dal** ~ (*fig*) aus seinem Schneckenhaus herauskommen

gustare [gus'ta:re] **I.** *vt* **1.** (GASTR) kosten **2.** (*godere*) genießen **II.** *vr* **-rsi** genießen; **gustativo, -a** [gusta'ti:vo] *agg* Geschmacks-; **gusto** ['gusto] *m* **1.** Geschmack *m*; **al** ~ **di lampone** mit Himbeergeschmack **2.** (*piacere*) Gefallen *n*; **lavorare di** ~ gern arbeiten; **mangiare di** ~ mit Appetit essen; **non c'è** ~ es macht keinen Spaß **3.** (*opinione*) Geschmack *m*; **avere buon** ~ einen guten Geschmack haben; **è questione di -i** es ist eine Geschmacksfrage; **gustoso, -a** [gus'to:so] *agg* schmackhaft

gutturale [guttu'ra:le] *agg* Guttural-

H

H, h ['akka] <-> *f* H, h *n*; ~ **come hotel** H wie Heinrich

h **1.** *abbr di* **ora** h, Std. **2.** *abbr di* **etto** 100 Gramm

ha *abbr di* **ettaro** ha

ha [a] *3. pers sing pr di* **avere**[1]

habitat ['a:bitat] <-> *m* geeignetes Milieu

hacker ['hækə] <-> *mf* (INFORM) Hacker(in) *m(f)*; **hackeraggio** [ake'raddʒo] *m* Software-Piraterie *f*

hairstyle [hɛə'stail] <-> *m* Styling *n*

hamburger [am'burger] <-> *m* Hamburger *m*

handheld <-> *m* (INFORM) Handheld *m*

handicap ['hændikæp] <-> *m* Handikap *n*; **handicappato, -a** [andikap'pa:to] **I.** *agg* behindert **II.** *m, f* Behinderte(r) *f(m)*

hanno ['anno] *3. pers pl pr di* **avere**[1]

happening ['hæpəniŋ] <-> *m* Happening *n*

happy end [hæpi 'end] <-> *m* Happyend *n*; **happy hour** ['ɛppi 'auar] <-> *f* Happy Hour *f*

hard disk [ha:d 'disk] <-> *m* (INFORM) Festplatte *f*

hardware ['ha:dwɛə] <-> *m* (INFORM) Hardware *f*; **hardwarista** [ardwe'rista] <-i *m*, -e *f*> *mf* (INFORM) Hardware-Informatiker(in) *m(f)*

head hunter ['hed 'hʌntə] <-> *m* Headhunter(in) *m(f)*

heavy metal ['hevi 'met(a)l] <-> *m* (MUS) Heavy Rock *m*

help ['help] <-> *m* (INFORM: *funzione d'aiuto*) Hilfe *f*

hertz [(h)ɛrts] <-> *m* Hertz *n*

hg *abbr di* **ettogrammo** hg

hi-fi ['hai'fai] *abbr di* **high-fidelity** Hi-Fi

hit [hit] <-> *m* Hit *m*

hit-parade ['(h)it pə'reid] <-> *f* (MUS) Hitparade *f*, Charts *fpl*

hl *abbr di* **ettolitro** hl

ho [ɔ] *1. pers sing pr di* **avere**[1]

hobby ['hɔbi] <-> *m* Hobby *n*; **ho l'**~ **dei**

francobolli mein Hobby ist Briefmarkensammeln; **fare qc per** ~ etw als Hobby betreiben

holding ['houldiŋ] <-> *f* Holdinggesellschaft *f*

home banking ['houm bɛnkiŋ] <-> *m* Homebanking *n*

home design ['houm di'zain] <-> *m* Innenarchitektur *f*

home movie ['houm 'mu:vi] <-> *m* (Amateur)video *n*

homepage ['houmpeidʒ] <-> *f* (INFORM) Homepage *f*

hostess ['houstis] <-> *f* Stewardess *f*

hotel [o'tɛl] <-> *m* Hotel *n*

hot line ['hɔt 'lain] <-> *f* Hotline *f*

humour ['hju:mə] <-> *m* Humor *m*

Hz *abbr di* **hertz** Hz

I

I, i [i] <-> *f* I, i *n;* ~ **come Imola** I wie Ida; ~ **lunga** J, j *n*

i *art det m pl* die

I *abbr di* **Italia** I

I.A. *abbr di* **intelligenza artificiale** KI

iato [i'a:to] *m* (LING) Hiat(us) *m*

iberico, -a [i'bɛ:riko] <-ci, -che> *agg* iberisch

ibernazione [ibernat'tsio:ne] *f* **1.** (ZOO) Winterschlaf *m* **2.** (MED) Hibernation *f*

ibrido ['i:brido] *m* **1.** (ZOO, BOT) Hybridzüchtung *f* **2.** (*fig: mescolanza*) Mischung *f*

ibrido, -a *agg* hybrid

Ici *f abbr di* **Imposta Comunale sugli Immobili** Grundsteuer *f*

icona [i'kɔ:na] *f* **1.** (*immagine sacra*) Ikone *f* **2.** (INFORM) Icon *n*

ics [iks] <-> *f v.* **X, x**

id. *abbr di* **idem** desgl.

Iddio [id'di:o] *m* (Herr)gott *m*

idea [i'dɛ:a] *f* **1.** (PHILOS) Idee *f* **2.** (*conoscenza elementare*) Vorstellung *f;* (*immagine*) Bild *n;* **farsi un'~ di qc** sich *dat* eine Vorstellung von etw machen **3.** (*pensiero*) Gedanke *m;* ~ **fissa** fixe Idee; **neanche per ~!** nicht (mal) im Traum! **4.** (*impressione*) Eindruck *m;* (*opinione*) Meinung *f;* **cambiare** ~ die Meinung ändern **5.** (*trovata*) Idee *f* **6.** (*proposito*) Gedanke *m;* (*piano, progetto*) Plan *m* **7.** (*sapere*) Ahnung *f;* (*sensazione*) Gefühl *n;* **non (ne) ho** ~ ich habe keine Ahnung **8.** (*apparenza*) Anschein *m*

ideale [ide'a:le] **I.** *agg* **1.** (*che concerne l'idea*) ideell **2.** (*perfetto*) ideal **II.** *m* Ideal *n;* (*modello*) Vorbild *n;* **idealista** [idea'lista] <-i *m*, -e *f*> *mf* Idealist(in) *m(f);* **idealizzare** [idealid'dza:re] *vt* idealisieren; **idealizzazione** [idealiddzat'tsio:ne] *f* Idealisierung *f;* **idealmente** [ideal'mente] *avv* ideell

ideare [ide'a:re] *vt* **1.** (*concepire*) (sich *dat*) ausdenken; (*inventare*) erfinden **2.** (*progettare*) planen; **ideatore, -trice** [idea'to:re] *m, f* Schöpfer(in) *m(f);* (*inventore*) Erfinder(in) *m(f)*

idem ['i:dem] <-> **I.** *pron* desgleichen **II.** *avv* (*fam*) ebenso

identico, -a [i'dɛntiko] <-ci, -che> *agg* identisch

identificabile [identifi'ka:bile] *agg* identifizierbar

identificare [identifi'ka:re] **I.** *vt* identifizieren **II.** *vr* **-rsi con qu/qc** sich mit jdm/etw identifizieren; **identificazione** [identifikat'tsio:ne] *f* Identifizierung *f*

identikit [identi'kit] <-> *m* Phantombild *n*

identità [identi'ta] <-> *f* **1.** (*di persona*) Identität *f;* **carta d'~** Personalausweis *m* **2.** (*l'essere identico*) Gleichheit *f*

ideologia [ideolo'dʒi:a] <-gie> *f* Ideologie *f*

ideologicamente [ideolodʒika'mente] *avv* ideologisch

ideologico, -a [ideo'lɔ:dʒiko] <-ci, -che> *agg* ideologisch; **ideologo, -a** [ide'ɔ:logo] <-gi, -ghe> *m, f* Ideologe *m*, -login *f*

idilliaco, -a [idil'li:ako] <-ci, -che> *agg,* **idillico, -a** [i'dilliko] <-ci, -che> *agg* idyllisch; **idillio** [i'dillio] <-i> *m* Idylle *f*

idioma [i'diɔ:ma] <-i> *m* Idiom *n;* **idiomatico, -a** [idio'ma:tiko] <-ci, -che> *agg* idiomatisch *pl*

idiota [i'diɔ:ta] <-i *m*, -e *f*> **I.** *agg* idiotisch; (MED) schwachsinnig **II.** *mf* Idiot(in) *m(f)*; (MED) Schwachsinnige(r) *f(m)*

idiozia [idiot'tsiːa] <-ie> *f* Idiotie *f*

idolatrare [idola'traːre] *vt* **1.** (REL) (als Götzen) anbeten **2.** (*fig: ammirare*) abgöttisch verehren; (*amare*) vergöttern; **idolatria** [idola'triːa] <-ie> *f* **1.** (REL) Götzendienst *m* **2.** (*fig: ammirazione*) abgöttische Verehrung; (*amore*) Vergötterung *f*

idolo ['iːdolo] *m* **1.** (*divinità*) Götzenbild *n* **2.** (*fig*) Idol *n*

idoneità [idonei'ta] <-> *f* Fähigkeit *f*, Tauglichkeit *f*; **esami di ~** Eignungsprüfungen *fpl*; **idoneo**, **-a** [i'dɔːneo] <-ei, -ee> *agg* **1.** (*atto*) fähig; **~ al servizio militare** wehrdiensttauglich **2.** (*adatto*) geeignet

idrante [i'drante] *m* Hydrant *m*

idratante [idra'tante] *agg* Feuchtigkeits-

idratare [idra'taːre] *vt* **~ qc** einer Sache *dat* Feuchtigkeit zuführen

idrato [i'draːto] *m* Hydrat *n*; **-i di carbonio** Kohlenhydrate *npl*

idraulica [i'draːulika] <-che> *f* Hydraulik *f*; **idraulico**, **-a** [i'draːuliko] <-ci, -che> **I.** *agg* hydraulisch **II.** *m, f* Installateur(in) *m(f)*

idrocarburo [idrokar'buːro] *m* Kohlenwasserstoff *m*

idrocultura [idrokul'tuːra] *f* Hydrokultur *f*

idrofobia [idrofo'biːa] *f* **1.** (CHEM) Hydrophobie *f* **2.** (MED: *rabbia*) Tollwut *f*; **idrofobo**, **-a** [i'drɔːfobo] *agg* **1.** (MED) tollwütig **2.** (*fig fam: furioso*) fuchsteufelswild

idrogeno [i'drɔːdʒeno] *m* Wasserstoff *m*

idromassaggio [idromas'saddzo] <-ggi> *m* Unterwassermassage *f*; **vasca (da) ~** Whirl-pool *m*

idroplano [idro'plaːno] *m* Tragflächenboot *n*

idrovolante [idrovo'lante] *m* Wasserflugzeug *n*

idruntino, **-a** [idrun'tiːno] **I.** *agg* aus Otranto **II.** *m, f* Einwohner(in) *m(f)* von Otranto

iella ['iɛlla] *f* (*fam*) Pech *n*, Unglück *n*; **portare ~** Unglück bringen; **iellato**, **-a** [iel'laːto] *agg* (*fam*) vom Pech verfolgt

iena ['iɛːna] *f* Hyäne *f*

ieri ['iɛːri] **I.** *avv* gestern; **~ l'altro** vorgestern; **~ mattina** gestern Morgen; **~ sera** gestern Abend **II.** <-> *m* Gestern *n*

iettatore, **-trice** [ietta'toːre] *m, f* Unglücksbringer(in) *m(f)*; **iettatura** [ietta'tuːra] *f* Unglück *n*

I.G.E. ['iːdʒe] *f abbr di* **Imposta Generale sull'Entrata** USt

igiene [i'dʒɛːne] *f* Hygiene *f*; **ufficio d'~** Gesundheitsamt *n*; **igienico**, **-a** [i'dʒɛːniko] <-ci, -che> *agg* hygienisch, gesund; **carta -a** Toilettenpapier *n*; **igienizzare** [idʒenid'dzare] *vt* hygienisch reinigen

ignaro, **-a** [iɲ'ɲaːro] *agg* unwissend; (*inesperto*) unerfahren

ignavo, **-a** [iɲ'ɲaːvo] *agg* willensschwach

ignobile [iɲ'ɲɔːbile] *agg* niederträchtig

ignominioso, **-a** [iɲɲomi'nioːso] *agg* schändlich

ignorante [iɲɲo'rante] **I.** *agg* **1.** (*incompetente*) unfähig; (*inesperto*) unerfahren **2.** (*senza cultura*) ungebildet; (*che non sa*) unwissend **3.** (*maleducato*) ungezogen **II.** *mf* **1.** (*senza istruzione*) Unwissende(r) *f(m)* **2.** (*maleducato*) Flegel *m*; **ignoranza** [iɲɲo'rantsa] *f* **1.** (*insipienza*) Unwissenheit *f* **2.** (*maleducazione*) Ungezogenheit *f*

ignorare [iɲɲo'raːre] *vt* **1.** (*non conoscere*) nicht kennen; (*non sapere*) nicht wissen **2.** (*trascurare*) übersehen; **ignorato**, **-a** [iɲɲo'raːto] *agg* **1.** (*non conosciuto*) unbekannt **2.** (*trascurato*) unbeachtet

ignoto [iɲ'ɲɔːto] *m* Unbekannte(s) *n*

ignoto, **-a** *agg* unbekannt

il [il] *art det m sing* der *m*, die *f*, das *n*

ilarità [ilari'ta] <-> *f* Heiterkeit *f*

illecito [il'leːtʃito] *m* gesetzwidrige Handlung

illecito, **-a** *agg* unerlaubt; (*illegale*) gesetzwidrig

illegale [ille'gaːle] *agg* illegal, gesetzwidrig; **illegalità** [illegali'ta] *f* Illegalität *f*; (*atto*) Gesetzwidrigkeit *f*

illeggibile [illed'dʒiːbile] *agg* unleserlich

illegittimità [illedʒittimi'ta] *f* Unrechtmäßigkeit *f*; (*di figli*) Unehelichkeit *f*; **illegittimo**, **-a** [ille'dʒittimo] **I.** *agg* gesetzwidrig; (*figli*) unehelich **II.** *m, f* uneheliches Kind

illeso, **-a** [il'leːzo] *agg* heil, unversehrt

illibato, **-a** [illi'baːto] *agg* rein, unschuldig; (JUR) unbescholten; (*donna*) jungfräulich

illimitato, **-a** [illimi'taːto] *agg* unbegrenzt

illividire [illivi'diːre] <illividisco> **I.** *vt* mit blauen Flecken übersäen **II.** *vr* **-rsi** blau anlaufen

Ill.mo *abbr di* **illustrissimo** (*in Briefen*)

hochverehrter ...

illogico, **-a** [il'lɔːdʒiko] <-ci, -che> *agg* unlogisch

illudere [il'luːdere] <illudo, illusi, illuso> **I.** *vt* ~ **qu** jdm falsche Hoffnungen machen **II.** *vr* **-rsi** sich *dat* etwas vormachen

illuminare [illumi'naːre] **I.** *vt* **1.** (*diffondere luce*) be-, erleuchten **2.** (REL) erleuchten **3.** (*fig: svelare il vero*) ~ **qu su qc** jdn über etw *acc* aufklären **II.** *vr* **-rsi 1.** (*apparire in luce*) hell werden, aufleuchten **2.** (*fig: persona*) **-rsi di contentezza** strahlen vor Freude; **illuminato**, **-a** [illumi'naːto] *agg* **1.** (*rischiarato*) er-, beleuchtet **2.** (*fig*) erleuchtet **3.** (HIST, POL) aufgeklärt; **illuminazione** [illuminat'tsioːne] *f* **1.** (*atto, effetto*) Beleuchtung *f* **2.** (*fig*) Erleuchtung *f*

illuminismo [illumi'nizmo] *m* Aufklärung *f*

illusi [il'luːzi] *1. pers sing pass rem di* **illudere**

illusione [illu'zioːne] *f* Täuschung *f;* **illusionismo** [illuzio'nizmo] *m* Zauberkunst *f*

illuso, **-a** [il'luːzo] **I.** *pp di* **illudere II.** *m, f* Träumer(in) *m(f)*

illusorio, **-a** [illu'zɔːrio] <-i, -ie> *agg* illusorisch, trügerisch

illustrare [illus'traːre] *vt* **1.** (*con figure*) illustrieren **2.** (*con spiegazioni*) erläutern; **illustrativo**, **-a** [illustra'tiːvo] *agg* veranschaulichend; **illustrato**, **-a** [illus'traːto] *agg* illustriert; **illustratore**, **-trice** [illustra'toːre] *m, f* Buchillustrator(in) *m(f);* **illustrazione** [illustrat'tsioːne] *f* Illustration *f*

illustre [il'lustre] *agg* **1.** (*famoso*) berühmt **2.** (*nobile*) vornehm; **illustrissimo**, **-a** [illus'trissimo] *agg* sehr verehrt

imbacuccare [imbakuk'kaːre] **I.** *vt* einhüllen **II.** *vr* **-rsi** sich einhüllen

imballaggio [imbal'laddʒo] <-ggi> *m* Verpackung *f;* ~ **a perdere** Einwegverpackung *f;* ~ **a rendere** Leergut *n;* **carta da ~** Packpapier *n*

imballare [imbal'laːre] *vt* verpacken

imbalsamare [imbalsa'maːre] *vt* einbalsamieren; **imbalsamazione** [imbalsamat'tsioːne] *f* Einbalsamierung *f*

imbambolato, **-a** [imbambo'laːto] *agg* verträumt; (*pej*) wie betäubt

imbandire [imban'diːre] <imbandisco> *vt* (*pasto*) auftischen; (*mensa*) (festlich) herrichten

imbarazzante [imbarat'tsante] *agg* heikel; (*increscioso*) hinderlich

imbarazzare [imbarat'tsaːre] **I.** *vt* (*fig: mettere in imbarazzo*) in Verlegenheit bringen; (*confondere*) verwirren **II.** *vr* **-rsi** verlegen werden; **imbarazzato**, **-a** [imbarat'tsaːto] *agg* (*persona*) verlegen; (*confuso*) verwirrt

imbarazzo [imba'rattso] *m* Verlegenheit *f;* (*confusione*) Verwirrung *f;* **non avere che l'~ della scelta** die Qual der Wahl haben

imbarcadero [imbarka'dɛːro] *m* Landungssteg *m*

imbarcare [imbar'kaːre] **I.** *vt* einschiffen; (*merce*) verladen **II.** *vr* **-rsi 1.** (*salire a bordo*) sich einschiffen **2.** (*fig: impegnarsi*) **-rsi in qc** sich auf etw *acc* einlassen; **imbarcazione** [imbarkat'tsioːne] *f* Boot *n*

imbarco [im'barko] <-chi> *m* **1.** (*atto*) Einschiffung *f;* (*di merci*) Verladung *f* **2.** (*banchina*) Verladeplatz *m,* Kai *m*

imbastire [imbas'tiːre] <imbastisco> *vt* **1.** (*tessuti*) heften **2.** (*fig*) (in groben Zügen) entwerfen; **imbastitura** [imbasti'tuːra] *f* Heftnaht *f*

imbattersi [im'battersi] *vr* ~ **in qu/qc** auf jdn/etw stoßen

imbattibile [imbat'tiːbile] *agg* unschlagbar

imbavagliare [imbavaʎ'ʎaːre] *vt* knebeln

imbeccare [imbek'kaːre] *vt* füttern; **imbeccata** [imbek'kaːta] *f* (Schnabel voll *m*) Futter *n*

imbecille [imbe'tʃille] **I.** *agg* dumm, blöd; (MED) schwachsinnig **II.** *mf* Schwachkopf *m;* (MED) Schwachsinnige(r) *f(m);* **imbecillità** [imbetʃilli'ta] <-> *f* Dummheit *f*

imbellettare [imbellet'taːre] **I.** *vt* schminken; (*fig*) verschönern **II.** *vr* **-rsi** sich schminken

imbellire [imbel'liːre] <imbellisco> **I.** *vt* verschönern **II.** *vr* **-rsi** schöner werden

imbestialirsi [imbestia'liːrsi] <mi imbestialisco> *vr* wütend werden, aufdrehen *A*

imbevere [im'beːvere] <imbevo, imbevvi, imbevuto> **I.** *vt* eintunken; (*fare assorbire*) durchtränken **II.** *vr* **-rsi di qc** sich mit etw voll saugen

imbiancare [imbiaŋ'kaːre] **I.** *vt* weiß färben; (*tessuto*) bleichen; (*pareti*) (weiß) an-

I

streichen **II.** *vi* **1.**(*diventar bianco*) weiß werden; (*incanutire*) ergrauen **2.**(*fig: impallidire*) erblassen; **imbianchino** [imbiaŋ'kiːno] *m* Anstreicher *m*

imbiondire [imbion'diːre] <imbiondisco> **I.** *vt* blondieren, blond färben **II.** *vi* blond werden

imbizzarrire [imbiddzar'riːre] <imbizzarrisco> *vi* scheuen

imboccare [imbok'kaːre] *vt* **1.**(*introdurre cibo*) füttern **2.**(*strada*) einbiegen in +*acc;* **imboccatura** [imbokka'tuːra] *f* **1.**(*apertura*) Öffnung *f* **2.**(*di strumento a fiato*) Mundstück *n;* **imbocco** [im'bokko] <-cchi> *m* Eingang *m*

imborghesire [imborge'ziːre] <imborghesisco> **I.** *vi* verbürgerlichen; (*pej*) verspießern **II.** *vr* **-rsi** verspießern

imboscare [imbos'kaːre] **I.** *vt* **1.**(*nascondere*) im Wald verstecken **2.**(*fig: merce*) hamstern **II.** *vr* **-rsi** **1.**(*nascondersi*) sich im Wald verstecken **2.**(MIL) sich dem Militärdienst entziehen

imboscata [imbos'kaːta] *f* Hinterhalt *m*

imbottigliamento [imbottiʎʎa'mento] *m* **1.**(*di liquidi*) (Flaschen)abfüllung *f* **2.**(*del traffico*) (Verkehrs)stau *m;* **imbottigliare** [imbottiʎ'ʎaːre] **I.** *vt* **1.**(*liquidi*) (in Flaschen) abfüllen **2.**(*fig*) **essere** [*o* **restare**] **imbottigliati** (*veicoli*) im Stau stecken bleiben **II.** *vr* **-rsi** sich stauen

imbottire [imbot'tiːre] <imbottisco> *vt* **1.**(*riempire*) füllen; (*vestiti*) wattieren; (*poltrona*) polstern **2.**(*panini*) belegen **3.**(*fig: riempire*) voll stopfen; **imbottita** [imbot'tiːta] *f* Steppdecke *f;* **imbottitura** [imbotti'tuːra] *f* (*di poltrone*) Polsterung *f;* (*di abiti*) Wattierung *f*

imbracciare [imbrat'tʃaːre] *vt* in den Arm nehmen; (*fucile*) schultern

imbranato, **-a** [imbra'naːto] **I.** *agg* tollpatschig **II.** *m, f* Tollpatsch *m*

imbrattare [imbrat'taːre] **I.** *vt* beschmieren **II.** *vr* **-rsi** sich beschmutzen; (*fig*) sich beflecken

imbrigliare [imbriʎ'ʎaːre] **I.** *vt* **1.**(*mettere le redini*) (auf)zäumen **2.**(*fig: tenere a freno*) zügeln **II.** *vr* **-rsi** (*fig*) sich verfangen

imbroccare [imbrok'kaːre] *vt* (ins Schwarze) treffen

imbrogliare [imbroʎ'ʎaːre] **I.** *vt* **1.**(*confondere*) durcheinander bringen **2.**(*truffare*) in die Irre führen; (*frodare*) betrügen **II.** *vr* **-rsi** **1.**(*ingarbugliarsi*) sich verwickeln **2.**(*nel parlare*) sich verhaspeln

imbroglio [im'brɔʎʎo] *m* **1.**(*ingarbugliamento*) Verwicklung *f;* (*fig: difficoltà*) Hindernis *n* **2.**(*truffa*) Betrug *m;* **imbroglione**, **-a** [imbroʎ'ʎoːne] *m, f* Betrüger(in) *m(f)*, Schwindler(in) *m(f)*

imbronciarsi [imbron'tʃarsi] *vr* schmollen

imbrunire[1] [imbru'niːre] <imbrunisco> *vi essere o avere* dunkel werden; (*dopo il tramonto*) dämmern

imbrunire[2] <*sing*> *m* (Abend)dämmerung *f;* **sull'**~ in der (Abend)dämmerung

imbruttire [imbrut'tiːre] <imbruttisco> **I.** *vt* hässlich machen **II.** *vi* hässlich(er) werden

imbucare [imbu'kaːre] *vt* einwerfen

imburrare [imbur'raːre] *vt* mit Butter bestreichen

imbustare [imbus'taːre] *vt* kuvertieren

imbuto [im'buːto] *m* Trichter *m*

IME *m abbr di* **Istituto monetario europeo** EWI *n*

imitabile [imi'taːbile] *agg* nachahmbar, nachzuahmen(d)

imitare [imi'taːre] *vt* imitieren, nachahmen; (*firma*) fälschen; **imitatore**, **-trice** [imita'toːre] *m, f* Nachahmer(in) *m(f);* **imitazione** [imitat'tsioːne] *f* Fälschung *f*

immacolato, **-a** [immako'laːto] *agg* makellos

immagazzinare [immagaddzi'naːre] *vt* **1.**(*nel magazzino*) (ein)lagern **2.**(INFORM) einspeisen **3.**(*fig*) ansammeln

immaginabile [immadʒi'naːbile] *agg* vorstellbar

immaginare [immadʒi'naːre] *vt* **1.**(*figurarsi*) sich *dat* vorstellen; **La disturbo? – s'immagini!** störe ich (Sie)? – aber keineswegs! **2.**(*ideare*) sich *dat* ausdenken; (*inventare*) erfinden **3.**(*supporre*) vermuten **4.**(*illudersi*) sich *dat* einbilden; **immaginario**, **-a** [immadʒi'naːrio] <-i, -ie> *agg* imaginär

immaginazione [immadʒinat'tsioːne] *f* Vorstellung(skraft) *f;* **una fervida** ~ eine blühende Phantasie

immagine [im'maːdʒine] *f* **1.**(*gener*) (Ab)bild *n* **2.**(*nell'arte*) Bildnis *n* **3.**(*riproduzione*) Abbild *n* **4.**(*evocazione di una realtà*) Verkörperung *f* **5.**(*rappresentazione simbolica*) Sinnbild *n* **6.**(*fig: rappresentazio-

ne) Darstellung *f*; **è l'~ della salute** er [*o* sie] ist die Gesundheit in Person

immancabile [immaŋ'ka:bile] *agg* unvermeidlich

immanente [imma'nɛnte] *agg* immanent

immangiabile [imman'dʒa:bile] *agg* nicht essbar

immateriale [immate'ria:le] *agg* immateriell, geistig

immatricolare [immatriko'la:re] **I.** *vt* eintragen; (*automobili*) zulassen; (*all'università*) immatrikulieren, inskribieren *A* **II.** *vr* **-rsi** sich immatrikulieren (lassen), sich inskribieren *A*; **immatricolazione** [immatrikolat'tsio:ne] *f* Immatrikulation *f*, Inskription *f A*; (*di un'automobile*) Zulassung *f*, Typisierung *f A*

immaturità [immaturi'ta] *f* Unreife *f*; **immaturo, -a** [imma'tu:ro] *agg* **1.** (*acerbo, a fig*) unreif **2.** (*prematuro*) vorzeitig

immedesimarsi [immedezi'ma:rsi] *vr* ~ **in qu/nella situazione di qu** sich in jdn/jds Lage hineinversetzen

immediatamente [immediata'mente] *avv* sofort, unverzüglich

immediatezza [immedia'tettsa] *f* Unmittelbarkeit *f*; **immediato, -a** [imme'dia:to] *agg* **1.** (*diretto*) unmittelbar; **nelle -e vicinanze** in unmittelbarer Nähe **2.** (*pronto*) sofortig

immensità [immensi'ta] <-> *f* **1.** (*qualità*) Unendlichkeit *f* **2.** (*quantità*) Unmenge *f*; **immenso, -a** [im'mɛnso] *agg* **1.** (*enorme*) unermesslich, immens; (*numeroso*) unzählig **2.** (*fig*) ungeheuer; (*desiderio*) brennend

immergere [im'mɛrdʒere] <immergo, immersi, immerso> **I.** *vt* **1.** (*tuffare*) (ein)tauchen **2.** (*fig*) versenken **II.** *vr* **-rsi** **1.** (*penetrare*) eindringen; (*in acqua, tra la folla*) untertauchen **2.** (*fig: dedicarsi*) **-rsi in qc** sich in etw *acc* vertiefen

immeritato, -a [immeri'ta:to] *agg* unverdient

immeritevole [immeri'te:vole] *agg* unwürdig

immersi [im'mɛrsi] *1. pers sing pass rem di* **immergere**

immersione [immer'sio:ne] *f* **1.** (*introduzione in mezzo liquido*) (Ein-, Unter)tauchen *n* **2.** (NAUT) Tiefgang *m*

immerso [im'mɛrso] *pp di* **immergere**

immettere [im'mettere] <irr> *vt* einführen; (*fig*) zuführen

immigrante [immi'grante] **I.** *agg* einwandernd **II.** *mf* Einwanderer *m*, Einwand(r)erin *f*

immigrare [immi'gra:re] *vi essere* einwandern; **immigrato, -a** [immi'gra:to] **I.** *agg* eingewandert **II.** *m, f* Einwanderer *m*, Einwand(r)erin *f*; **immigrazione** [immigrat'tsio:ne] *f* Einwanderung *f*

imminente [immi'nɛnte] *agg* (unmittelbar) bevorstehend

immischiare [immis'kia:re] **I.** *vt* ~ **qu in qc** jdn in etw *acc* hineinziehen **II.** *vr* **-rsi** (**in qc**) sich (in etw *acc*) einmischen

immiserire [immize'ri:re] <immiserisco> **I.** *vt* verarmen lassen **II.** *vr* **-rsi** (*a fig*) verarmen

immisi [im'mi:zi] *1. pers sing pass rem di* **immettere**

immissione [immis'sio:ne] *f* Einführen *n*

immobile [im'mɔ:bile] **I.** *agg* unbeweglich **II.** *m* Immobilie *f*; **immobiliare** [immobi'lia:re] *agg* Immobilien-; **immobilità** [immobili'ta] *f* Unbeweglichkeit *f*; **immobilizzare** [immobilid'dza:re] *vt* **1.** (*rendere immobile*) bewegungsunfähig machen; (MED) immobilisieren **2.** (COM: *capitale*) festlegen; **immobilizzazione** [immobiliddzat'tsio:ne] *f* **1.** (*atto*) Unbeweglichmachen *n* **2.** (MED) Ruhigstellung *f* **3.** (FIN) Festlegung *f*

immodestia [immo'dɛstia] *f* Unbescheidenheit *f*

immolare [immo'la:re] **I.** *vt* (auf)opfern **II.** *vr* **-rsi** sich (auf)opfern

immondezzaio [immondet'tsa:io] <-ai> *m* Müllabladeplatz *m*

immondizia [immon'dittsia] <-ie> *f* Abfall *m*, Müll *m*

immondo, -a [im'mondo] *agg* **1.** (*sporco*) schmutzig **2.** (*fig: indecente*) unanständig

immorale [immo'ra:le] *agg* unmoralisch; **immoralità** [immorali'ta] *f* Unmoral *f*

immortalare [immorta'la:re] **I.** *vt* verewigen **II.** *vr* **-rsi** sich verewigen; (*ottenere fama*) unsterblichen Ruhm erlangen; **immortale** [immor'ta:le] *agg* unsterblich; (*fig*) ewig; **immortalità** [immortali'ta] *f* Unsterblichkeit *f*

immotivato, -a [immoti'va:to] *agg* unbegründet

immune [im'muːne] *agg* **1.** (MED) **essere ~ a qc** gegen etw immun sein **2.** (*libero*) **essere ~ da qc** frei von etw sein; **immunità** [immuni'ta] <-> *f* (MED, POL) Immunität *f;* **immunitario, -a** [immuni'taːrio] <-i, -ie> *agg* Immunitäts-

immunodeficienza [immunodefi'tʃɛntsa] *f* Immunschwäche *f;* **sindrome da ~ acquisita** Immunschwächekrankheit *f*

immunologo, -a [immu'nɔːlogo] <-gi *m*, -ghe *f*> *m, f* Immunologe, -login *m, f*

immutabile [immu'taːbile] *agg* unveränderlich; **immutato, -a** [immu'taːto] *agg* unverändert

impacchettare [impakket'taːre] *vt* ab-, ein-, verpacken

impacciare [impat'tʃaːre] *vt* behindern, stören; **impacciato, -a** [impat'tʃaːto] *agg* unbeholfen, verlegen; **impaccio** [im'pattʃo] <-cci> *m* **1.** (*imbarazzo*) Verlegenheit *f* **2.** (*disturbo*) Störung *f*

impacco [im'pakko] <-chi> *m* Umschlag *m*

impadronirsi [impadro'nirsi] <m'impadronisco> *vr* **1.** (*impossessarsi*) **~ di qc** sich einer Sache *gen* bemächtigen **2.** (*fig: acquisire a fondo*) **~ di qc** sich *dat* etw aneignen

impagabile [impa'gaːbile] *agg* (*a fig*) unbezahlbar

impaginare [impadʒi'naːre] *vt* (TYP) umbrechen

impagliare [impaʎ'ʎaːre] *vt* **1.** (*rivestire*) mit Stroh umwickeln **2.** (*imbalsamare*) ausstopfen

impalcatura [impalka'tuːra] *f* (Bau)gerüst *n;* (*fig*) Aufbau *m*

impallidire [impalli'diːre] <impallidisco> *vi* **1.** (*sbiancare*) erblassen **2.** (*fig: attenuarsi*) verblassen

impanare [impa'naːre] *vt* panieren

impantanarsi [impanta'naːrsi] *vr* **1.** (*affondare nel pantano*) im Morast versinken **2.** (*fig: impegolarsi*) **~ in qc** sich in etw *acc* verwickeln lassen

impaperarsi [impape'rarsi], **impappinarsi** [impappi'narsi] *vr* sich verhaspeln *fam*

imparare [impa'raːre] *vt* lernen

impareggiabile [impared'dʒaːbile] *agg* unvergleichlich

imparentarsi [imparen'taːrsi] *vr* **~ con** einheiraten in +*acc*

impari ['impari] <inv> *agg* **1.** (*disuguale*) ungleich **2.** (MAT: *dispari*) ungerade

impartire [impar'tiːre] <impartisco> *vt* **1.** (*distribuire*) verteilen **2.** (*concedere*) erteilen, geben

imparziale [impar'tsiaːle] *agg* unparteiisch; **imparzialità** [impartsiali'ta] *f* Unparteilichkeit *f*

impassibile [impas'siːbile] *agg* unerschütterlich; **impassibilità** [impassibili'ta] <-> *f* Unerschütterlichkeit *f*

impastare [impas'taːre] *vt* **1.** (*pasta*) kneten **2.** (*colori*) mischen; **impastato, -a** [impas'taːto] *agg* **~ di qc** mit etw beschmiert; **avere la lingua -a** eine belegte Zunge haben

impasticcarsi [impastik'kaːrsi] *vr* (*fam*) sich mit Drogen voll pumpen

impasto [im'pasto] *m* Mischung *f*

impatto [im'patto] *m* **1.** (*urto*) Aufprall *m* **2.** (*fig: contatto*) Berührung *f*

impaurire [impau'riːre] <impaurisco> **I.** *vt* **~ qu** jdm Furcht einjagen **II.** *vr* **-rsi** erschrecken

impavido, -a [im'paːvido] *agg* unerschrocken

impaziente [impat'tsiɛnte] *agg* ungeduldig; **impazientirsi** [impattsiɛn'tirsi] <m'impazientisco> *vr* ungeduldig werden; **impazienza** [impat'tsiɛntsa] *f* Ungeduld *f*

impazzata [impat'tsaːta] *f* **all'~** wie verrückt

impazzimento [impattsi'mento] *m* Verrücktwerden *n;* **impazzire** [impat'tsiːre] <impazzisco> *vi* **1.** (*ammattire*) verrückt werden **2.** (*fig*) **~ d'amore** vor Liebe vergehen **3.** (*fig: stillarsi il cervello*) sich *dat* den Kopf zerbrechen **4.** (GASTR) gerinnen

impeccabile [impek'kaːbile] *agg* tadellos

impedimento [impedi'mento] *m* Hindernis *n;* **impedire** [impe'diːre] <impedisco> *vt* (*intralciare*) behindern; (*vista, transito*) versperren; **~ qc a qu** jdn an etw *dat* hindern

impegnare [impeɲ'ɲaːre] **I.** *vt* **1.** (*per garanzia*) verpfänden **2.** (*prenotare*) vormerken **3.** (*tenere occupato*) beschäftigen **4.** (*obbligare*) **~ a qc** zu etw verpflichten **II.** *vr* **-rsi 1.** (*obbligarsi*) **-rsi a fare qc** sich verpflichten etw zu tun **2.** (*impiegare energie*) sich einsetzen

impegnativa [impeɲɲa'tiːva] *f* Krankenschein *m*

impegnativo, **-a** [impeɲɲa'tiːvo] *agg* **1.** (*vincolante*) verbindlich **2.** (*che richiede impegno*) anspruchsvoll; **impegnato**, **-a** [impeɲ'ɲaːto] *agg* **1.** (*occupato*) beschäftigt **2.** (*riservato*) belegt, besetzt

impegno [im'peɲɲo] *m* **1.** (*obbligo*) Verpflichtung *f,* Revers *m A;* (FIN, COM) Verbindlichkeit *f;* (*promessa*) Versprechen *n;* **avere un** ~ verabredet sein; **senza** ~ unverbindlich **2.** (*fig*) Engagement *n*

impellente [impel'lɛnte] *agg* dringend, zwingend

impenetrabile [impene'traːbile] *agg* **1.** (*inaccessibile*) undurchlässig **2.** (*fig*) undurchschaubar

impennarsi [impen'narsi] *vr* sich aufbäumen

impensabile [impen'saːbile] *agg* undenkbar

impensato, **-a** [impen'saːto] *agg* unerwartet

impensierire [impensie'riːre] <impensierisco> **I.** *vt* ~ **qu** jdn beunruhigen **II.** *vr* **-rsi** sich *dat* Sorgen machen

imperare [impe'raːre] *vi* ~ **su qu/qc** über jdn/etw herrschen

imperativo [impera'tiːvo] *m* **1.** (LING) Imperativ *m* **2.** (PHILOS) ~ **categorico/ipotetico** kategorischer/hypothetischer Imperativ

imperativo, **-a** *agg* **1.** (*gener*) befehlend, Befehls- **2.** (JUR) zwingend **3.** (LING) Imperativ-, Befehls-

imperatore, **-trice** [impera'toːre] *m, f* Kaiser(in) *m(f)*

impercettibile [impertʃet'tiːbile] *agg* kaum wahrnehmbar

imperdonabile [imperdo'naːbile] *agg* unverzeihlich

imperfetto [imper'fɛtto] *m* (LING) Imperfekt *n,* Mitvergangenheit *f A*

imperfetto, **-a** *agg* mangelhaft

imperfezione [imperfet'tsioːne] *f* Unvollkommenheit *f;* (*difetto*) Fehler *m*

Imperia ['impɛria] *f Stadt in Ligurien*

imperiale [impe'riaːle] *agg* kaiserlich, Kaiser-; **imperialismo** [imperia'lizmo] *m* Imperialismus *m;* **imperialista** [imperia'lista] <-i *m,* -e *f*> **I.** *agg* imperialistisch **II.** *mf* Imperialist(in) *m(f)*

imperiese [impe'rieːse] **I.** *agg* aus Imperia stammend **II.** *mf* Einwohner(in) *m(f)* von Imperia

imperioso, **-a** [impe'rioːso] *agg* **1.** (*autoritario*) herrisch **2.** (*fig*) zwingend

impermeabile [imperme'aːbile] **I.** *agg* wasserdicht **II.** *m* Regenmantel *m;* **impermeabilizzare** [impermeabilid'dzaːre] *vt* (wasser)dicht machen

impero[1] [im'pɛːro] *m* **1.** (*potestà*) kaiserliche Gewalt **2.** (*territorio*) (Kaiser)reich *n;* **l'**~ **britannico** das britische Empire **3.** (*stile*) Empire *n* **4.** (*fig*) Herrschaft *f*

impero[2] <inv> *agg* Empire-

imperscrutabile [imperskru'taːbile] *agg* undurchschaubar

impersonale [imperso'naːle] *agg* unpersönlich

impersonare [imperso'naːre] *vt* **1.** (*simbolo, tipo*) verkörpern **2.** (THEAT) darstellen

imperterrito, **-a** [imper'tɛrrito] *agg* unerschütterlich

impertinente [imperti'nɛnte] **I.** *agg* frech **II.** *mf* unverschämter Mensch; **impertinenza** [imperti'nɛntsa] *f* Frechheit *f*

imperturbabile [impertur'baːbile] *agg* unerschütterlich; **imperturbabilità** [imperturbabili'ta] <-> *f* Gelassenheit *f*

imperversare [imperver'saːre] *vi* toben, wüten

impeto ['impeto] *m* **1.** (*violenza*) Wucht *f* **2.** (*fig: foga*) Ausbruch *m*

impettito, **-a** [impet'tiːto] *agg* kerzengerade

impiantare [impian'taːre] *vt* **1.** (*costruire*) errichten; (TEC) installieren **2.** (*fondare*) gründen **3.** (*fig*) in Gang bringen

impianto [im'pianto] *m* **1.** Einrichtung *f;* (TEC) Installierung *f* **2.** (*complesso di attrezzature*) Anlage *f;* ~ **sportivo** Sportanlage *f*

impiccare [impik'kaːre] **I.** *vt* aufhängen **II.** *vr* **-rsi** sich aufhängen; **impiccato**, **-a** [impik'kaːto] **I.** *agg* erhängt **II.** *m, f* Erhängte(r) *f(m)*

impicciare [impit'tʃaːre] **I.** *vt* behindern **II.** *vr* **-rsi in qc** sich in etw *acc* einmischen; **impiccio** [im'pittʃo] <-cci> *m* **1.** (*ostacolo*) Hindernis *n* **2.** (*fig: seccatura*) Plage *f* **3.** (*fig*) **essere negli -cci** in der Klemme stecken *fam*

impiegare [impie'gaːre] *vt* **1.** (*usare*) anwenden **2.** (*tempo*) brauchen, verbringen

impiegato, **-a** [impie'ga:to] *m, f* Angestellte(r) *f(m)*; (*funzionario pubblico*) Beamte(r) *m*, Beamtin *f*; ~ **pubblico** Angehörige(r) *f(m)* des öffentlichen Dienstes; ~ **statale** (Staats)beamte(r) *m*

impiego [im'piɛ:go] <-ghi> *m* **1.** (*occupazione*) Beschäftigung *f*; (*posto di lavoro*) Stelle *f*; ~ **a tempo pieno** Vollbeschäftigung *f* **2.** (*uso*) Gebrauch *m* **3.** (FIN) Anlage *f*

impietosire [impieto'si:re] <impietosisco> **I.** *vt* ~ **qu** jds Mitleid erregen **II.** *vr* **-rsi** Mitleid haben

impigliarsi [impiʎ'ʎa:rsi] *vr* ~ **in qc** sich in etw *dat* verfangen

impigrire [impi'gri:re] <impigrisco> **I.** *vt* träge machen **II.** *vr* **-rsi** träge werden

impinguare [impiŋ'gua:re] **I.** *vt* mästen **II.** *vr* **-rsi** sich bereichern

implacabile [impla'ka:bile] *agg* unerbittlich

implementare [implemen'ta:re] *vt* (INFORM) implementieren

implicare [impli'ka:re] **I.** *vt* **1.** (*coinvolgere*) ~ **qu in qc** jdn in etw *acc* verwickeln **2.** (*come conseguenza*) mit sich *dat* bringen **II.** *vr* **-rsi in qc** sich in etw *acc* verstricken; **implicazione** [implikat'tsio:ne] *f* Einbeziehen *n*

implicito, **-a** [im'pli:tʃito] *agg* unausgesprochen

implorare [implo'ra:re] *vt* erbitten

impoltronirsi [impoltro'ni:rsi] <mi impoltronisco> *vr* träge werden

impolverare [impolver'a:re] **I.** *vt* staubig machen **II.** *vr* **-rsi** staubig werden

imponderabile [imponde'ra:bile] **I.** *agg* unberechenbar **II.** *m* Unwägbarkeit *f*

imponente [impo'nɛnte] *agg* imposant

impongo [im'poŋo] *1. pers sing pr di* **imporre**

imponibile [impo'ni:bile] **I.** *agg* steuerpflichtig **II.** *m* Bemessungsgrundlage *f*

impopolare [impopo'la:re] *agg* unpopulär; **impopolarità** [impopolari'ta] *f* Unpopularität *f*

imporre [im'porre] <irr> **I.** *vt* **1.** (*prescrivere*) vorschreiben **2.** (*legge, tassa, silenzio*) auferlegen; (*nome*) geben; (*volontà*) aufzwingen **II.** *vr* **-rsi** sich durchsetzen

import ['impɔ:t] <-> *m* (COM) Import *m*

importante [impor'tante] **I.** *agg* wichtig **II.** *m* Wichtige(s) *n*; **importanza** [impor'tantsa] *f* Wichtigkeit *f*; **avere** ~ wichtig sein; **di nessuna** [*o* **senza**] ~ bedeutungslos

importare [impor'ta:re] **I.** *vt* einführen **II.** *vi* **1.** (*interessare*) interessieren; **non me ne importa niente** das ist mir egal; **non importa** das macht nichts **2.** (*essere necessario*) nötig sein

importatore, **-trice** [importa'to:re] **I.** *agg* Einfuhr- **II.** *m, f* Einfuhrhändler(in) *m(f)*; **importazione** [importat'tsio:ne] *f* Einfuhr *f*

importo [im'pɔrto] *m* Betrag *m*

importunare [importu'na:re] *vt* belästigen, sekkieren *A*; **importunità** [importuni'ta] <-> *f* Lästigkeit *f*; **importuno**, **-a** [impor'tu:no] **I.** *agg* lästig; (*visitatore*) ungelegen **II.** *m, f* lästige Person

imposi [im'po:zi] *1. pers sing pass rem di* **imporre**

imposizione [impozit'tsio:ne] *f* **1.** (*ordine*) Befehl *m* **2.** (FIN) Abgabe *f*

impossessarsi [imposses'sarsi] *vr* ~ **di qu/qc** sich jds/einer Sache bemächtigen *gen*

impossibile [impos'si:bile] **I.** *agg* **1.** (*inattuabile*) unmöglich **2.** (*insopportabile*) unerträglich **II.** *m* Unmögliche(s) *n*; **impossibilità** [impossibili'ta] *f* Unmöglichkeit *f*; **impossibilitato**, **-a** [impossibili'ta:to] *agg* verhindert

imposta [im'pɔsta] *f* **1.** (*battente*) (Fenster)laden *m* **2.** (FIN) Steuer *f*; ~ **sul valore aggiunto** Mehrwertsteuer *f*

impostare [impos'ta:re] *vt* **1.** (*problemi*) genau formulieren; (*lavoro*) anlegen **2.** (*imbucare: nella cassetta*) einwerfen

impostazione [impostat'tsio:ne] *f* Anlegen *n*

imposto, **-a** [im'posto] **I.** *pp di* **imporre** **II.** *agg* auferlegt

impostore, **-a** [impos'to:re] *m, f* Schwindler(in) *m(f)*

impotente [impo'tɛnte] **I.** *agg* **1.** (*senza potenza*) machtlos **2.** (MED) impotent **II.** *m* impotenter Mann; **impotenza** [impo'tɛntsa] *f* **1.** (*incapacità*) Unfähigkeit *f* **2.** (MED) Impotenz *f*

impoverire [impove'ri:re] <impoverisco> **I.** *vt* **1.** (*rendere povero*) in Armut bringen **2.** (*terreno*) auslaugen **II.** *vr* **-rsi** (*a fig*) verarmen

impraticabile [imprati'ka:bile] *agg*

1. (*strada*) unbefahrbar 2. (*non attuabile*) unanwendbar 3. (*campo da gioco*) unbespielbar

impratichirsi [imprati'ki:rsi] <m'impratichisco> *vr* sich (ein)arbeiten

imprecare [impre'ka:re] *vi* ~ (**contro qu/qc**) fluchen (auf jdn/etw); **imprecazione** [imprekat'tsio:ne] *f* Fluch *m*

imprecisato, **-a** [impretʃi'za:to] *agg* ungenau, unbestimmt

imprecisione [imprettʃi'zio:ne] *f* Ungenauigkeit *f;* **impreciso**, **-a** [impre'tʃi:zo] *agg* ungenau

impregnare [impreɲ'ɲa:re] **I.** *vt* **1.** (*imbevere*) ~ **qc di qc** etw mit etw (durch)tränken **2.** (TEC) imprägnieren **II.** *vr* **-rsi di qc** mit etw durchtränkt werden

imprendibile [impren'di:bile] *agg* uneinnehmbar

imprenditore, **-trice** [imprendi'to:re] *m, f* Unternehmer(in) *m(f);* **imprenditoriale** [imprendito'ria:le] *agg* Unternehmer-

impreparato, **-a** [imprepa'ra:to] *agg* unausgebildet; **impreparazione** [impreparat'zio:ne] *f* mangelnde Vorbereitung

impresa [im'pre:sa] *f* **1.** (*azione*) Unternehmen *n* **2.** (*ditta*) Betrieb *m*

impresario, **-a** [impre'sa:rio] <-i, -ie> *m, f* **1.** (*di una ditta*) Unternehmer(in) *m(f)* **2.** (*di spettacolo*) Theateragent(in) *m(f)*

imprescindibile [impreʃʃin'di:bile] *agg* unumgänglich

impressi [im'prɛssi] *1. pers sing pass rem di* **imprimere**

impressionabile [impressio'na:bile] *agg* (leicht) zu beeindrucken(d); (FOTO) belichtbar; **impressionante** [impressio'nante] *agg* beeindruckend

impressionare [impressio'na:re] **I.** *vt* **1.** (*turbare*) beeindrucken; (*disgrazia*) erschüttern **2.** (*fare effetto*) Eindruck machen auf +*acc* **3.** (FOTO) belichten **II.** *vr* **-rsi 1.** (*turbarsi*) sich beeindrucken lassen **2.** (FOTO) belichtet werden

impressione [impres'sio:ne] *f* **1.** (*sensazione*) (Sinnes)eindruck *m* **2.** (*opinione*) Eindruck *m;* **fare buona** ~ einen guten Eindruck machen

impressionismo [impressio'nizmo] *m* Impressionismus *m;* **impressionista** [impressio'nista] <-i *m*, -e *f*> **I.** *agg* impressionistisch **II.** *mf* Impressionist(in) *m(f);* **impressionistico**, **-a** [impressio'nistiko] <-ci, -che> *agg* impressionistisch

impresso [im'prɛsso] *pp di* **imprimere**

imprevedibile [impreve'di:bile] *agg* unvorhersehbar; (*persona*) unberechenbar

imprevidente [imprevi'dɛnte] *agg* nicht vorausschauend; (*non prudente*) leichtsinnig; **imprevidenza** [imprevi'dɛntsa] *f* mangelnde Voraussicht

imprevisto [impre'visto] *m* Unvorhergesehene(s) *n;* **salvo -i** wenn nichts (Unvorhergesehenes) dazwischenkommt

imprevisto, **-a** *agg* unvorhergesehen; (*inatteso*) unvermutet

imprigionamento [impridʒona'mento] *m* Einsperren *n;* **imprigionare** [impridʒo'na:re] *vt* einsperren

imprimere [im'pri:mere] <imprimo, impressi, impresso> *vt* **1.** (*impronta*) aufprägen; (*sigillo, timbro*) aufdrücken **2.** (*fig: ricordo*) einprägen

imprinting ['imprintiŋ] <-> *m* Imprinting *n*

improbabile [impro'ba:bile] *agg* unwahrscheinlich; **improbabilità** [improbabili'ta] <-> *f* Unwahrscheinlichkeit *f*

improduttività [improduttivi'ta] *f* Unproduktivität *f;* **improduttivo**, **-a** [improdut'ti:vo] *agg* unproduktiv

impronta [im'pronta] *f* Abdruck *m*, Spur *f;* **-e digitali** Fingerabdrücke *mpl*

improntare [impron'ta:re] *vt* (*sigillo*) aufdrücken, aufprägen; (*imprimere*) eindrücken

impronunziabile [impronun'tsia:bile] *agg* unaussprechlich

improprietà [improprie'ta] <-> *f* Ungenauigkeit *f;* **improprio**, **-a** [im'prɔ:prio] <-i, -ie> *agg* unangebracht

improrogabile [improro'ga:bile] *agg* unaufschiebbar

improvvisare [improvvi'za:re] **I.** *vt* (*a fig*) improvisieren **II.** *vr* **-rsi** spielen; **-rsi cuoco** als Koch einspringen

improvvisata [improvvi'za:ta] *f* (*fam*) Überraschung *f*

improvvisazione [improvvizat'tsio:ne] *f* Improvisation *f*

improvviso [improv'vi:zo] *m* **all'~, d'~** plötzlich

improvviso, **-a** *agg* **1.** (*inatteso*) unerwartet **2.** (*repentino*) plötzlich

imprudente [impru'dɛnte] **I.** *agg* leicht-

I

sinnig **II.** *mf* unvorsichtiger Mensch; **imprudenza** [impru'dɛntsa] *f* Leichtsinn *m*

impudente [impu'dɛnte] **I.** *agg* unverschämt **II.** *mf* unverschämte Person; **impudenza** [impu'dɛntsa] *f* Schamlosigkeit *f*

impudico, **-a** [im'pu:diko] <-ci, -che> *agg* schamlos

impugnabile [impuɲ'ɲa:bile] *agg* anfechtbar

impugnare [impuɲ'ɲa:re] *vt* **1.** (*afferrare*) ergreifen; (*tenere in mano*) in der Hand halten **2.** (*sentenza, testamento*) anfechten

impugnatura [impuɲɲa'tu:ra] *f* Griff *m*

impulsività [impulsivi'ta] <-> *f* Impulsivität *f*; **impulsivo**, **-a** [impul'si:vo] **I.** *agg* impulsiv **II.** *m, f* impulsiver Mensch

impulso [im'pulso] *m* **1.** (*fig*) Anreiz *m* **2.** (PHYS) Impuls *m*

impunemente [impune'mente] *avv* straflos

impunibile [impu'ni:bile] *agg* **1.** (*azione*) nicht strafbar **2.** (*persona*) nicht der Strafe unterliegend

impunità [impuni'ta] <-> *f* Straflosigkeit *f*; **impunito**, **-a** [impu'ni:to] *agg* straflos

impuntarsi [impun'ta:rsi] *vr* **1.** (*per resistere*) bocken **2.** (*ostinarsi*) ~ **a fare qc** darauf beharren etw zu tun

impurità [impuri'ta] *f* (*a fig*) Unreinheit *f*; **impuro**, **-a** [im'pu:ro] *agg* **1.** (*sporco*) unrein **2.** (*immorale*) unanständig **3.** (LING) **esse -a** vorkonsonantisches s

imputabile [impu'ta:bile] *agg* **1.** (*attribuibile*) zuzuschreiben(d) **2.** (JUR) zurechnungsfähig

imputare [impu'ta:re] *vt* **1.** (*incolpare*) ~ **qc a qu** jdm für etw die Schuld geben **2.** (JUR) ~ **qu di qc** jdn einer Sache *gen* beschuldigen; **imputato**, **-a** [impu'ta:to] *m, f* Angeklagte(r) *f(m)*; **imputazione** [imputat'tsio:ne] *f* (JUR) Anklage *f*

imputridire [imputri'di:re] <imputridisco> *vi* verwesen

in[1] [in] <nel, nello, nell', nella, nei, negli, nelle> *prp* **1.** (*stato in luogo*) in +*dat*, auf +*dat;* (*moto a luogo*) nach +*acc*, in +*acc;* (*moto attraverso luogo*) durch +*acc;* **andare ~ Austria** nach Österreich fahren; ~ **alto** oben; (*verso l'alto*) nach oben; ~ **giù** nach unten **2.** (*tempo determinato*) in +*dat;* (*tempo continuato*) innerhalb +*gen*, im Laufe +*gen;* ~ **breve** in Kürze; **di volta ~ volta** von Mal zu Mal; **nel 1995** (im Jahr) 1995 **3.** (*modo, maniera*) in +*dat*, mit +*dat;* ~ **tedesco** auf Deutsch; ~ **pace** in Frieden **4.** (*mezzo, strumento*) mit +*dat*, in +*dat;* **andare ~ tram** mit der Straßenbahn fahren; **pagare ~ contanti** bar bezahlen **5.** (*materia*) aus +*dat*, von +*dat* **6.** (*scopo, fine*) zu +*dat*, für +*acc;* **accorrere ~ aiuto di qu** jdm zu Hilfe eilen **7.** (*causa*) vor +*dat*, wegen +*gen* **8.** (*stato coniugale femminile*) verheiratete; **Filomena Rossi ~ Neri** Filomena Rossi, verheiratete Neri **9.** (*quantità*) zu +*dat;* **essere ~ due** zu zweit sein **10.** (GASTR) mit +*dat;* **riso ~ bianco** Reis mit Butter **11.** (*loc*) ~ **compagnia di** in Begleitung +*gen;* ~ **seguito a** infolge von

in[2] [in] **I.** *avv* (*di moda*) in; **essere ~** „in" sein **II.** <inv> *agg* (*alla moda*) trendy

I.N.A. ['i:na] *f abbr di* **Istituto Nazionale delle Assicurazioni** *nationales italienisches Versicherungsinstitut*

inabile [i'na:bile] *agg* unfähig; ~ **al lavoro** arbeitsunfähig; **inabilità** [inabili'ta] <-> *f* Unfähigkeit *f*

inabissare [inabis'sa:re] **I.** *vt* versenken **II.** *vr* **-rsi** versinken

inabitabile [inabi'ta:bile] *agg* unbewohnbar; **inabitato**, **-a** [inabi'ta:to] *agg* unbewohnt

inabrogabile [inabro'ga:bile] *agg* (JUR) unaufhebbar

inaccessibile [inattʃes'si:bile] *agg* **1.** (*irraggiungibile*) unerreichbar **2.** (*impercorribile*) unzugänglich **3.** (*fig: di prezzo*) unerschwinglich

inaccettabile [inattʃet'ta:bile] *agg* unannehmbar

inacidire [inatʃi'di:re] <inacidisco> **I.** *vt* sauer machen **II.** *vr* **-rsi** sauer werden

inadatto, **-a** [ina'datto] *agg* **essere ~ a qc** für etw ungeeignet sein

inadeguatezza [inadegua'tettsa] *f* Unangemessenheit *f*; **inadeguato**, **-a** [inade'gua:to] *agg* unangemessen

inadempienza [inadem'piɛntsa] *f* Nichterfüllung *f*

inafferrabile [inaffer'ra:bile] *agg* **1.** (*non catturabile*) nicht fassbar **2.** (*incomprensibile*) unverständlich

inagibile [ina'dʒi:bile] *agg* nicht betretbar

inalare [ina'la:re] *vt* inhalieren, einatmen; **inalatore** [inala'to:re] *m* Inhalator *m;*

inalazione [inalat'tsio:ne] *f* Inhalation *f*

inalienabile [inalie'na:bile] *agg* (JUR) unveräußerlich

inalterabile [inalte'ra:bile] *agg* **1.** (*non alterabile*) unveränderlich; (*tinta, colore*) (wasch)echt; (*cibo*) unverderblich **2.** (*imperturbabile*) unerschütterlich; **inalterato, -a** [inalte'ra:to] *agg* unverändert; (*cibo*) unverdorben

I.N.A.M. ['i:nam] *f abbr di* **Istituto Nazionale per l'Assicurazione contro le Malattie** *nationale italienische Krankenversicherungsanstalt*

inamidare [inami'da:re] *vt* stärken

inammissibile [inammis'si:bile] *agg* unannehmbar; (JUR) unzulässig

inanimato, -a [inani'ma:to] *agg* unbeseelt

inappagabile [inappa'ga:bile] *agg* unerfüllbar; **inappagato, -a** [inappa'ga:to] *agg* unerfüllt; (*insoddisfatto*) unbefriedigt

inappellabile [inappel'la:bile] *agg* (JUR) unanfechtbar

inappetente [inappe'tɛnte] *agg* appetitlos; **inappetenza** [inappe'tɛntsa] *f* Appetitlosigkeit *f*

inapplicabile [inappli'ka:bile] *agg* unanwendbar

inappuntabile [inappun'ta:bile] *agg* untad(e)lig

inarcare [inar'ka:re] **I.** *vt* krümmen; ~ **le sopracciglia** die Augenbrauen hochziehen **II.** *vr* **-rsi** sich krümmen

inaridire [inari'di:re] <inaridisco> *vi essere* vertrocknen

inarrestabile [inarres'ta:bile] *agg* unaufhaltsam

inaspettato, -a [inaspet'ta:to] *agg* unverhofft

inasprire [inas'pri:re] <inasprisco> **I.** *vt* verschärfen; (*peggiorare*) verschlimmern **II.** *vr* **-rsi 1.** (*arrabbiarsi*) sauer werden **2.** (*fig: persona, animo*) verbittern; (*situazioni*) sich verschärfen

inattaccabile [inattak'ka:bile] *agg* unangreifbar; (*resistente*) beständig

inattendibile [inatten'di:bile] *agg* unglaubwürdig

inatteso, -a [inat'te:so] *agg* unerwartet

inattività [inattivi'ta] *f* Untätigkeit *f*; **inattivo, -a** [inat'ti:vo] *agg* tatenlos; (*fermo*) stillgelegt

inattuabile [inattu'a:bile] *agg* undurchführbar

inattuale [inattu'a:le] *agg* nicht aktuell

inaudito, -a [inau'di:to] *agg* unglaublich

inaugurale [inaugu'ra:le] *agg* Einweihungs-

inaugurare [inaugu'ra:re] *vt* (feierlich) eröffnen; (*costruzione, edificio*) einweihen; (*monumento*) enthüllen; (*consacrare*) weihen; **inaugurazione** [inaugurat'tsio:ne] *f* (*di mostre, opere pubbliche*) Eröffnung *f*; (*di edificio*) Einweihung *f*; (*di monumenti*) Enthüllung *f*

inavveduto, -a [inavve'du:to] *agg* unachtsam

inavvertenza [inavver'tɛntsa] *f* Unachtsamkeit *f*

inavvertito, -a [inavver'ti:to] *agg* unbemerkt

incacchiato, -a [iŋkat'tʃa:to] *agg* (*fam*) verärgert, grantig *A*

incagliarsi [iŋkaʎ'ʎa:rsi] *vr* (NAUT) auflaufen; **incaglio** [iŋ'kaʎʎo] <-gli> *m* (NAUT) Auflaufen *n*

incalcolabile [iŋkalko'la:bile] *agg* nicht berechenbar

incallirsi [incal'li:rsi] <incallisco> *vr* **1.** (*fare il callo*) Schwielen bekommen **2.** (*fig: assuefarsi*) ~ **nel vizio** dem Laster verfallen sein; **incallito, -a** [incal'li:to] *agg* **1.** (*reso calloso*) schwielig **2.** (*fig: accanito*) hartnäckig; **fumatore** ~ Kettenraucher *m*

incalzante [iŋkal'tsante] *agg* bedrängend

incalzare [iŋkal'tsa:re] **I.** *vt* **1.** (*inseguire*) verfolgen **2.** (*fig: urgere*) drängen **II.** *vr* **-rsi** sich überstürzen

incamminare [iŋkammi'na:re] **I.** *vt* in die Wege leiten **II.** *vr* **-rsi 1.** (*andare*) sich auf den Weg begeben **2.** (*fig*) **-rsi verso qc** auf etw *acc* zusteuern

incanalare [iŋkana'la:re] **I.** *vt* **1.** (*acqua*) kanalisieren **2.** (*fig*) einleiten **II.** *vr* **-rsi 1.** (*acqua*) sich (in einem Kanal) sammeln **2.** (*affluire*) **-rsi verso qc** auf etw *acc* zuströmen

incancellabile [iŋkantʃel'la:bile] *agg* unauslöschlich

incandescente [iŋkandeʃ'ʃɛnte] *agg* (*a fig*) glühend

incantare [iŋkan'ta:re] **I.** *vt* **1.** (*con arti magiche*) verzaubern **2.** (*serpenti*) beschwören **3.** (*fig: estasiare*) bezaubern **II.** *vr* **-rsi 1.** (*restare ammaliato*) entzückt sein **2.** (*re-

stare intontito) benommen sein; **incantato**, **-a** [iŋkan'ta:to] *agg* **1.** (*fatato*) verzaubert **2.** (*estasiato*) entzückt **3.** (*intontito*) benommen; **incantatore**, **-trice** [iŋkanta'to:re] *m, f* **1.** (*mago*) Zauberer *m,* Zaub(r)erin *f* **2.** (*fig*) Verführer(in) *m(f)*; **incantesimo** [iŋkan'te:zimo] *m* Zauberformel *f;* **incantevole** [iŋkan'te:vole] *agg* zauberhaft, bezaubernd

incanto [iŋ'kanto] *m* **1.** (*magia*) Zauberei *f;* **come per ~** wie von Zauberhand **2.** (JUR) Versteigerung *f;* **mettere all'~** versteigern

incanutire [iŋkanu'ti:re] <incanutisco> *vi essere* ergrauen

incapace [iŋka'pa:tʃe] **I.** *agg* unfähig, untüchtig; **~ di intendere e di volere** (JUR) unzurechnungsfähig **II.** *mf* Versager(in) *m(f)*; **incapacità** [iŋkapatʃi'ta] *f* **1.** (*inabilità*) Unfähigkeit *f* **2.** (JUR) Rechtsunfähigkeit *f*

incappare [iŋkap'pa:re] *vi essere* **~ in qu/qc** auf jdn/etw stoßen

incapricciarsi [iŋkaprit'tʃarsi] *vr* **~ di qu/qc** sich in jdn/etw vernarren

incarcerare [iŋkartʃe'ra:re] *vt* inhaftieren; (HIST) einkerkern

incaricare [iŋkari'ka:re] **I.** *vt* **~ qu di fare qc** jdn beauftragen etw zu tun **II.** *vr* **-rsi di fare qc** es übernehmen etw zu tun; **incaricato**, **-a** [iŋkari'ka:to] **I.** *agg* **essere ~ di qc** mit etw beauftragt sein **II.** *m, f* Beauftragte(r) *f(m)*

incarico [iŋ'ka:riko] <-chi> *m* Auftrag *m;* (*di insegnante*) Lehrauftrag *m*

incarnare [iŋkar'na:re] **I.** *vt* verkörpern **II.** *vr* **-rsi 1.** (REL: *Cristo*) Fleisch werden **2.** (*unghia*) (ins Fleisch) einwachsen; **incarnato**, **-a** [iŋkar'na:to] *agg* **1.** (REL: *Cristo*) Fleisch geworden **2.** (*unghie*) eingewachsen; **incarnazione** [iŋkarnat'tsio:ne] *f* **1.** (REL: *di Cristo*) Menschwerdung *f* **2.** (*fig: concretizzazione*) Verkörperung *f*

incartamento [iŋkarta'mento] *m* Akte *f,* Aktenbündel *n*

incartare [iŋkar'ta:re] *vt* (in Papier) einwickeln

incarto [iŋ'karto] *m* Verpackung *f*

incasellare [iŋkasel'la:re] *vt* **1.** (*disporre in casellario*) auf Fächer verteilen **2.** (*fig*) katalogisieren

incasinare [inkazi'na:re] *vt* (*fam*) ein Chaos anrichten; **incasinato**, **-a** [inkazi'na:to] *agg* (*fam: cosa*) chaotisch; (*fam: persona*) konfus

incassare [iŋkas'sa:re] *vt* (ein)kassieren, einheben *A*

incasso [iŋ'kasso] *m* Einnahme *f;* (COM) Inkasso *n*

incastonare [iŋkasto'na:re] *vt* (ein)fassen; **incastonatura** [iŋkastona'tu:ra] *f* (Ein)fassung *f*

incastrare [iŋkas'tra:re] **I.** *vt* **1.** (TEC) zusammenstecken **2.** (*fam*) verwickeln **II.** *vr* **-rsi** sich verklemmen, sich spießen *A*

incastro [iŋ'kastro] *m* **1.** (TEC) (Steck)verbindung *f* **2.** (*gioco enigmistico*) *Einschachtelung eines Wortes in ein anderes*

incatenare [iŋkate'na:re] **I.** *vt* anketten; (*persona*) in Ketten legen **II.** *vr* **-rsi** sich (eng) verbinden

incatramare [iŋkatra'ma:re] *vt* (ein)teeren

incauto, **-a** [iŋ'ka:uto] *agg* unvorsichtig

incavare [iŋka'va:re] *vt* aushöhlen; **incavatura** [iŋkava'tu:ra] *f* Aushöhlung *f;* **incavo** [iŋ'ka:vo] *m* Aushöhlung *f;* (*cavità*) Vertiefung *f;* (*di abiti*) Ausschnitt *m*

incavolarsi [iŋkavo'larsi] *vr* (*fam*) fuchsteufelswild werden; **incavolatura** [iŋkavola'tu:ra] *f* (*fam*) Koller *m*

incazzarsi [iŋkat'tsarsi] *vr* (*vulg*) wild werden *fam;* **incazzatura** [iŋkattsa'tu:ra] *f* (*vulg*) Sauwut *f*

incedibile [intʃe'di:bile] *agg* nicht übertragbar

incendiare [intʃen'dia:re] **I.** *vt* **1.** (*bruciare*) in Brand setzen **2.** (*fig*) entflammen **II.** *vr* **-rsi** sich entzünden; **incendiario**, **-a** [intʃen'dia:rio] <-i, -ie> **I.** *agg* Brand- **II.** *m, f* Brandstifter(in) *m(f)*

incendio [in'tʃɛndio] <-i> *m* Brand *m,* Feuer *n*

incenerimento [intʃeneri'mento] *m* Einäscherung *f;* **~ delle immondizie** Müllverbrennung *f;* **incenerire** [intʃene'ri:re] <incenerisco> **I.** *vt* **1.** (*ridurre in cenere*) einäschern **2.** (CHEM) veraschen **II.** *vr* **-rsi** zu Asche werden; **inceneritore** [intʃeneri'to:re] *m* Müllverbrennungsanlage *f*

incensare [intʃen'sa:re] *vt* (*a fig* REL) beweihräuchern

incenso [in'tʃɛnso] *m* Weihrauch *m*

incensurato, **-a** [intʃensu'ra:to] *agg* **1.** (*irreprensibile*) tadellos **2.** (JUR) nicht vorbestraft

incentivante [intʃenti'vante] *agg* Leistungs-, Anreiz-

incentivare [intʃenti'vaːre] *vt* anregen, ankurbeln; **incentivazione** [intʃentivat'tsioːne] *f,* **incentivo** [intʃen'tiːvo] *m* Anregung *f*

inceppare [intʃep'paːre] **I.** *vt* (be)hindern **II.** *vr* **-rsi** (sich ver)klemmen

incertezza [intʃer'tettsa] *f* Ungewissheit *f*

incerto [in'tʃɛrto] *m* unvorherzusehender Fall

incerto, **-a** *agg* ungewiss, unsicher; **tempo** ~ unbeständiges Wetter

incessante [intʃes'sante] *agg* unaufhörlich, anhaltend

incesto [in'tʃɛsto] *m* Inzest *m;* **incestuoso**, **-a** [intʃestu'oːso] *agg* inzestuös

inchiesta [iŋ'kiɛsta] *f* **1.** (JUR) Ermittlung *f,* Ausforschung *f A* **2.** (*giornalistica*) Bericht *m* **3.** (SOC) Umfrage *f*

inchinare [iŋki'naːre] **I.** *vt* neigen; (*corpo*) beugen **II.** *vr* **-rsi davanti a qu/qc** sich vor jdm/etw verneigen; **inchino** [iŋ'kiːno] *m* Verbeugung *f*

inchiodare [iŋkio'daːre] **I.** *vt* **1.** (*fissare*) festnageln **2.** (*fig: immobilizzare*) festhalten; ~ **la macchina** scharf bremsen **II.** *vr* **-rsi** (*fig*) plötzlich stehen bleiben

inchiodata [iŋkio'daːta] *f* (*fam: frenata*) Vollbremsung *f*

inchiostro [iŋ'kiɔstro] *m* Tinte *f;* ~ **simpatico** Geheimtinte *f*

inciampare [intʃam'paːre] *vi essere o avere* ~ **in qc** über etw *acc* stolpern; ~ **in qu/qc** (*fig*) auf jdn/etw stoßen

inciampo [in'tʃampo] *m* Hindernis *n;* **essere d'**~ **a qu** jdm im Wege sein

incidentale [intʃiden'taːle] *agg* **1.** (*casuale*) zufällig **2.** (*secondario*) nebensächlich

incidente [intʃi'dɛnte] **I.** *agg* (MAT, OPT) Einfalls-, Inzidenz-; **raggio** ~ Einfallsstrahl *m* **II.** *m* Unfall *m,* Havarie *f A*

incidenza [intʃi'dɛntsa] *f* **1.** (MAT, OPT) Einfall *m* **2.** (*fig: ripercussione*) Auswirkung *f*

incidere [in'tʃiːdere] <incido, incisi, inciso> **I.** *vi* ~ **su qc** sich auf etw *acc* auswirken **II.** *vt* **1.** (*tagliare*) einschneiden **2.** (*intagliare*) (ein)ritzen; (*scolpire*) (ein)gravieren; ~ **il legno** (in Holz) schnitzen; ~ **la pietra** (in Stein) hauen; ~ **il rame** (in Kupfer) stechen **3.** (*registrare*) aufnehmen

incinta [in'tʃinta] *agg* schwanger

incipiente [intʃi'piɛnte] *agg* beginnend

incipriare [intʃi'priaːre] **I.** *vt* (ein)pudern **II.** *vr* **-rsi** sich (ein)pudern

incirca [in'tʃirka] *avv* **all'**~ ungefähr

incisi [in'tʃiːzi] *1. pers sing pass rem di* **incidere**

incisione [intʃi'zioːne] *f* **1.** (*taglio*) (Ein)schnitt *m* **2.** (*arte*) Gravierung *f* **3.** (*disegno inciso*) Gravur *f* **4.** (*registrazione*) Aufnahme *f*

incisivo [intʃi'ziːvo] *m* Schneidezahn *m*

incisivo, **-a** *agg* **1.** (*tagliente*) schneidend **2.** (*fig: efficace*) wirkungsvoll

inciso[1] [in'tʃiːzo] *pp di* **incidere**

inciso[2] *m* (LING) Einschiebsel *n;* **per** ~ nebenbei

incisore [intʃi'zoːre] *m* Graveur(in) *m(f);* ~ **in legno** Holzschneider(in) *m(f);* ~ **in pietra** Bildhauer(in) *m(f);* ~ **in rame** Kupferstecher(in) *m(f);* ~ **in litografia** Litograf(in) *m(f)*

incitamento [intʃita'mento] *m* Anreiz *m,* Anregung *f;* **incitare** [intʃi'taːre] *vt* ~ **qu a (fare) qc** jdn zu etw anregen

incitrullire [intʃitrul'liːre] <incitrullisco> *vi essere* verblöden

incivile [intʃi'viːle] *agg* **1.** (*barbaro*) unzivilisiert **2.** (*maleducato*) unhöflich

incivilimento [intʃivili'mento] *m* Zivilisierung *f;* **incivilire** [intʃiv'liːre] <incivilisco> **I.** *vt* (*popolo*) zivilisieren; (*ingentilire*) verfeinern **II.** *vr* **-rsi** zivilisierter werden; (*ingentilirsi*) sich verfeinern

inciviltà [intʃivil'ta] *f* Ungezogenheit *f*

inclassificabile [iŋklassifi'kaːbile] *agg* nicht klassifizierbar

inclemente [iŋkle'mɛnte] *agg* **1.** (*inflessibile*) erbarmungslos **2.** (*fig: clima*) rau

inclinabile [iŋkli'naːbile] *agg* (schräg) verstellbar, kippbar

inclinare [iŋkli'naːre] **I.** *vt* neigen, schräg stellen **II.** *vi* (*fig*) ~ **a fare qc** geneigt sein etw zu tun **III.** *vr* **-rsi** sich beugen; **inclinazione** [iŋklinat'tsioːne] *f* **1.** (*pendenza*) Schräge *f* **2.** (*fig: propensione*) Neigung *f;* (*capacità naturale*) Veranlagung *f;* **incline** [iŋ'kliːne] *agg* **essere** ~ **a qc** zu etw neigen

includere [iŋ'kluːdere] <includo, inclusi, incluso> *vt* **1.** (*inserire*) einfügen **2.** (*comprendere*) einschließen **3.** (*implicare*) (mit) einbegreifen

inclusione [iŋklu'zioːne] *f* Einbeziehung *f*

inclusive tour [in'klu:siv tur] <-> *m* Pauschalreise *f*

inclusivo, -a [iŋklu'zi:vo] *agg* einschließlich

incluso [iŋ'klu:zo] *pp di* **includere**

incoerente [iŋkoe'rɛnte] *agg* widersprüchlich; **persona** ~ inkonsequente Person; **incoerenza** [iŋkoe'rɛntsa] *f* Widersprüchlichkeit *f*

incognita [iŋ'kɔɲɲita] *f* **1.** (MAT) Unbekannte *f* **2.** (*fig*) unvorhersehbare Angelegenheit

incognito [iŋ'kɔɲɲito] *m* Inkognito *n*

incognito, -a *agg* (*non conosciuto*) unbekannt; (*non riconosciuto*) unerkannt

incollare [iŋkol'la:re] **I.** *vt* **1.** (*attaccare*) aufkleben **2.** (*fig*) (fest)kleben **II.** *vr* **-rsi a qc** an etw *dat* festkleben

incollatura [iŋkolla'tu:ra] *f* **1.** (*atto*) Ankleben *n* **2.** (*nell'ippica*) Halslänge *f*

incolmabile [iŋkol'ma:bile] *agg* unersetzbar

incolonnare [iŋkollo'na:re] **I.** *vt* **1.** (*cifre*) in Spalten (untereinander) schreiben **2.** (*persone*) in Reih und Glied aufstellen **II.** *vr* **-rsi** sich in Reih und Glied aufstellen

incolore [iŋko'lo:re] *agg* (*a fig*) farblos

incolpare [iŋkol'pa:re] *vt* ~ **qu di qc** (*accusare*) jdn einer Sache *gen* beschuldigen; (*rendere responsabile*) jdn für etw verantwortlich machen

incolto, -a [iŋ'kolto] *agg* **1.** (*terreno*) unbestellt **2.** (*fig: ignorante*) ungebildet

incolume [iŋ'kɔ:lume] *agg* unversehrt; **incolumità** [iŋkolumi'ta] <-> *f* Unversehrtheit *f*

incombenza [iŋkom'bɛntsa] *f* Auftrag *m*

incombere [iŋ'kombere] <incombo, incombei, *manca il pp*> *vi* **1.** (*essere imminente*) bevorstehen; (*sovrastare minacciando*) drohen **2.** (*spettare*) ~ **a qu** jdm obliegen

incombustibile [iŋkombus'ti:bile] *agg* nicht brennbar

incominciare [iŋkomin'tʃa:re] *vt, vi* beginnen, anfangen

incomodo [iŋ'kɔ:modo] *m* Unbequemlichkeit *f*

incomodo, -a *agg* ungelegen, lästig

incomparabile [iŋkompa'ra:bile] *agg* unvergleichlich

incompatibile [iŋkompa'ti:bile] *agg* unvereinbar; (*persone*) nicht zusammenpassend; (*sistemi*) inkompatibel; **incompatibilità** [iŋkompatibili'ta] *f* Unvereinbarkeit *f*; (*di persone*) Unverträglichkeit *f*

incompetente [iŋkompe'tɛnte] **I.** *agg* **1.** (*inesperto*) nicht kompetent **2.** (JUR) nicht zuständig **3.** (*pej: incapace*) unfähig **II.** *mf* Laie *m*, Amateur *m*; **incompetenza** [iŋkompe'tɛntsa] *f* **1.** (*ignoranza*) Unkenntnis *f* **2.** (JUR) Unzuständigkeit *f*

incompiuto, -a [iŋkom'piu:to] *agg* unvollendet

incompleto, -a [iŋkom'plɛ:to] *agg* unvollständig

incomprensibile [iŋkompren'si:bile] *agg* unverständlich

incomprensione [iŋkompren'sio:ne] *f* Verständnislosigkeit *f*; **incompreso, -a** [iŋkom'pre:so] *agg* unverstanden

incomunicabile [iŋkomuni'ka:bile] *agg* nicht mitteilbar

inconcepibile [iŋkontʃe'pi:bile] *agg* undenkbar

inconciliabile [iŋkontʃi'lia:bile] *agg* unversöhnlich; (*fig*) unvereinbar

inconcludente [iŋkoŋklu'dɛnte] *agg* zusammenhang(s)los; (*vano*) unnütz

incondizionato, -a [iŋkondittsio'na:to] *agg* bedingungslos

inconfondibile [iŋkonfon'di:bile] *agg* unverwechselbar; (*fig*) unverkennbar

inconfutabile [iŋkonfu'ta:bile] *agg* unwiderlegbar

incongruente [iŋkoŋgru'ɛnte] *agg* nicht übereinstimmend

incongruo, -a [iŋ'kɔŋgruo] *agg* unpassend

inconsapevole [iŋkonsa'pe:vole] *agg* unbewusst

inconscio [iŋ'kɔnʃo] <*sing*> *m* Unbewusste(s) *n*

inconscio, -a <-sci, -sce> *agg* unbewusst

inconseguente [iŋkonse'guɛnte] *agg* inkonsequent; **inconseguenza** [iŋkonse'guɛntsa] *f* Inkonsequenz *f*

inconsistente [iŋkonsis'tɛnte] *agg* **1.** (*senza fondamento*) unhaltbar; (*persona*) haltlos **2.** (PHYS, CHEM) unbeständig

inconsolabile [iŋkonso'la:bile] *agg* untröstlich

inconsueto, -a [iŋkonsu'ɛ:to] *agg* ungewohnt

incontaminato, -a [iŋkontami'na:to]

agg unbefleckt; (*non infestato*) unverseucht

incontentabile [iŋkonten'ta:bile] *agg* nicht zufriedenzustellen

incontestato, -a [iŋkontes'ta:to] *agg* unbestritten

incontinenza [iŋkonti'nɛntsa] *f* **1.** (*intemperanza*) Zügellosigkeit *f* **2.** (MED) Inkontinenz *f*

incontrare [iŋkon'tra:re] **I.** *vt* treffen; (SPORT) treffen auf +*acc* **II.** *vr* **-rsi 1.** (*gener*) sich treffen **2.** (*fig: conoscersi*) sich kennen lernen **3.** (SPORT) gegeneinander antreten

incontrastabile [iŋkontras'ta:bile] *agg* unwiderstehlich

incontrastato, -a [iŋkontras'ta:to] *agg* unangefochten, unbestritten

incontro[1] [iŋ'kontro] *m* **1.** (*convegno, riunione*) Treffen *n* **2.** (SPORT: *partita*) Spiel *n;* (*di pugilato*) Kampf *m*

incontro[2] **I.** *avv* entgegen; **mi corse** ~ er [*o* sie] lief mir entgegen; **venire ~ a qu** (*a fig*) jdm entgegenkommen **II.** *prp* ~ **a** auf *acc* … zu

incontrollabile [iŋkontrol'la:bile] *agg* unkontrollierbar; **incontrollato, -a** [iŋkontrol'la:to] *agg* unkontrolliert

inconveniente [iŋkonve'niɛnte] *m* Unannehmlichkeit *f*

incoraggiare [iŋkorad'dʒa:re] *vt* ermutigen; (*fig a*) unterstützen

incorniciare [iŋkorni'tʃa:re] *vt* **1.** (*mettere in cornice*) (ein)rahmen **2.** (*fig*) umrahmen

incoronare [iŋkoro'na:re] *vt* krönen; **incoronazione** [iŋkoronat'tsio:ne] *f* Krönung *f*

incorporare [iŋkorpo'ra:re] *vt* **1.** (*più elementi in una massa*) vermengen **2.** (*fig*) einverleiben

incorporeo, -a [iŋkor'pɔ:reo] <-ei, -ee> *agg* körperlos

incorreggibile [iŋkorred'dʒi:bile] *agg* unkorrigierbar; (*fig*) unverbesserlich

incorrere [iŋ'korrere] <irr> *vi essere* ~ **in un pericolo** in Gefahr geraten

incorrotto, -a [iŋkor'rotto] *agg* (*fig*) unverdorben; (*retto*) unbestochen; **incorruttibile** [iŋkorrut'ti:bile] *agg* **1.** (*inalterabile*) unverderblich **2.** (*fig: persona*) unbestechlich

incorsi *1. pers sing pass rem di* **incorrere**

incorso *pp di* **incorrere**

incosciente [iŋkoʃ'ʃɛnte] **I.** *agg* **1.** (*senza coscienza*) gewissenlos **2.** (MED) bewusstlos **II.** *mf* verantwortungslose Person; **incoscienza** [iŋko'ʃɛntsa] *f* **1.** (*mancanza di coscienza*) Verantwortungslosigkeit *f* **2.** (MED) Bewusstlosigkeit *f*

incostante [iŋkos'tante] *agg* unbeständig

incredibile [iŋkre'di:bile] *agg* unglaublich

incredulo, -a [iŋ'krɛ:dulo] **I.** *agg* ungläubig **II.** *m, f* Ungläubige(r) *f(m)*

incrementare [iŋkremen'ta:re] *vt* steigern, fördern; **incremento** [iŋkre'mento] *m* Steigerung *f*

increscioso, -a [iŋkreʃ'ʃo:so] *agg* bedauerlich

increspare [iŋkres'pa:re] *vt* kräuseln; (*carta*) kreppen

incriminare [iŋkrimi'na:re] *vt* anklagen; (*incolpare*) beschuldigen; **incriminazione** [iŋkriminat'tsio:ne] *f* Anschuldigung *f*

incrinare [iŋkri'na:re] **I.** *vt* einen Sprung verursachen in +*dat* [*o* an +*dat*] **II.** *vr* **-rsi** einen Riss bekommen; **incrinatura** [iŋkrina'tu:ra] *f* Sprung *m;* (*crepa*) Riss *m*

incrociare [iŋkro'tʃa:re] **I.** *vt* **1.** (*gener*) kreuzen; (*gambe, braccia*) verschränken; ~ **le braccia** (*fig*) die Arbeit niederlegen, streiken **2.** (*incontrare*) ~ **qu/qc** jdm/etw begegnen **II.** *vr* **-rsi** sich kreuzen; **incrociatore** [iŋkrotʃa'to:re] *m* Kreuzer *m*

incrocio [iŋ'kro:tʃo] <-ci> *m* Kreuzung *f*

incrollabile [iŋkrol'la:bile] *agg* unerschütterlich; (*stabile*) fest

incrostazione [iŋkrostat'tsio:ne] *f* Verkrustung *f*

incubatrice [iŋkuba'tri:tʃe] *f* **1.** (*per uova*) Brutapparat *m* **2.** (*per neonati*) Brutkasten *m;* **incubazione** [iŋkubat'tsio:ne] *f* **1.** (*cova*) Brüten *n;* (*periodo*) Brutzeit *f* **2.** (MED) Inkubation *f*

incubo ['iŋkubo] *m* **1.** (*brutto sogno*) Alptraum *m* **2.** (*persona*) Schreckgespenst *n*

incudine [iŋ'ku:dine] *f* Amboss *m;* **essere tra l'~ e il martello** (*fig*) zwischen zwei Feuern stehen

inculcare [iŋkul'ka:re] *vt* einschärfen, eintrichtern *fam*

incurabile [iŋku'ra:bile] *agg* unheilbar; (*fig*) unverbesserlich

incurante [iŋku'rante] *agg* **essere ~ di qc** einer Sache gegenüber gleichgültig sein

incuria [iŋ'ku:ria] *f* Sorglosigkeit *f*

I

incuriosire [iŋkurio'siːre] <incuriosisco> **I.** *vt* neugierig machen **II.** *vr* **-rsi** neugierig werden
incursione [iŋkur'sioːne] *f* Einfall *m*
incurvare [iŋkur'vaːre] **I.** *vt* biegen **II.** *vr* **-rsi** sich biegen
incussi [iŋ'kussi] *1. pers sing pass rem di* **incutere**
incusso [iŋ'kusso] *pp di* **incutere**
incustodito, **-a** [iŋkusto'diːto] *agg* unbewacht; **parcheggio** ~ unbewachter Parkplatz
incutere [iŋ'kuːtere] <incuto, incussi, incusso> *vt* ~ **qc a qu** jdm etw einflößen
indaffarato, **-a** [indaffa'raːto] *agg* viel beschäftigt
indagare [inda'gaːre] **I.** *vt* erforschen **II.** *vi* ermitteln; **indagatore**, **-trice** [indaga'toːre] **I.** *agg* forschend **II.** *m, f* (Er)forscher(in) *m(f)*
indagine [in'daːdʒine] *f* Untersuchung *f;* (JUR) Ermittlung *f*
indebitarsi [indebi'tarsi] *vr* sich verschulden
indebito, **-a** [in'deːbito] *agg* ungebührlich; (JUR) widerrechtlich
indebolimento [indeboli'mento] *m* Schwächung *f;* **indebolire** [indebo'liːre] <indebolisco> **I.** *vt* schwächen **II.** *vr* **-rsi** schwach werden
indecente [inde'tʃɛnte] *agg* unanständig; **prezzi -i** unverschämte Preise; **indecenza** [inde'tʃɛntsa] *f* Unanständigkeit *f*
indecifrabile [indetʃi'fraːbile] *agg* unentzifferbar
indecisione [indetʃi'zioːne] *f* Unentschlossenheit *f;* **indeciso**, **-a** [inde'tʃiːzo] *agg* unentschlossen; **tempo** ~ unbeständiges Wetter
indecoroso, **-a** [indeko'roːso] *agg* unschicklich
indefinibile [indefi'niːbile] *agg* undefinierbar
indefinito, **-a** [indefi'niːto] *agg* unbestimmt
indegno, **-a** [in'deɲɲo] *agg* unwürdig
indelebile [inde'lɛːbile] *agg* unauslöschbar; (*colore*) echt; (*inchiostro*) dokumentenecht
indelicatezza [indelika'tettsa] *f* Taktlosigkeit *f*
indemoniato, **-a** [indemo'niaːto] **I.** *agg* (vom Teufel) besessen **II.** *m, f* Besessene(r) *f(m)*
indenne [in'dɛnne] *agg* unverletzt, unversehrt
indennità [indenni'ta] <-> *f* **1.** (*attribuzione*) Vergütung *f;* ~ **di buonuscita** Abfindung *f* **2.** (*risarcimento*) Schadensersatz *m*
indennizzare [indennid'dzaːre] *vt* entschädigen; **indennizzo** [inden'niddzo] *m* Entschädigung *f*
inderogabile [indero'gaːbile] *agg* unabdingbar
indescrivibile [indeskri'viːbile] *agg* unbeschreiblich
indesiderabile [indeside'raːbile] *agg,* **indesiderato**, **-a** [indeside'raːto] *agg* unerwünscht
indeterminativo, **-a** [indetermina'tiːvo] *agg* unbestimmt; **articolo** ~ (LING) unbestimmter Artikel; **indeterminato**, **-a** [indetermi'naːto] *agg* unbestimmt; **contratto a tempo** ~ unbefristeter Vertrag
indetraibile [indetra'iːbile] *agg* (FIN) nicht (steuerlich) absetzbar
indetto [in'detto] *pp di* **indire**
indeuropeo, **-a** [indeuro'pɛːo] *v.* **indoeuropeo, -a**
India ['india] *f* Indien *n;* **indiano**, **-a** [in'diaːno] **I.** *agg* **1.** (*dell'India*) indisch **2.** (*dell'America del Nord*) indianisch, Indianer-; **camminare in fila -a** (*fig*) im Gänsemarsch gehen **II.** *m, f* **1.** (*dell'India*) Inder(in) *m(f)* **2.** (*pellerossa*) Indianer(in) *m(f)*
indiavolato, **-a** [indiavo'laːto] *agg* vom Teufel geritten
indicare [indi'kaːre] *vt* **1.** (*additare*) zeigen auf *+acc* **2.** (*consigliare*) empfehlen; (*dati, nomi*) nennen **3.** (TEC) (an)zeigen
indicativo [indika'tiːvo] *m* (LING) Indikativ *m*
indicativo, **-a** *agg* hinweisend; **modo** ~ (LING) Indikativ *m*
indicato, **-a** [indi'kaːto] *agg* angezeigt; (*adatto*) geeignet
indicatore [indika'toːre] *m* **1.** (TEC) Anzeiger *m* **2.** (*elenco*) Verzeichnis *n*
indicatore, **-trice** *agg* Hinweis-, Anzeige-; **cartello** ~ Verkehrsschild *n*
indicazione [indikat'tsioːne] *f* **1.** (*atto*) (An)zeigen *n* **2.** (*notizia*) Angabe *f* **3.** (*informazione*) Hinweis *m* **4.** (MED) Indikation *f*
indice ['inditʃe] *m* **1.** (ANAT) Zeigefinger *m*

2. (TEC) Zeiger *m* 3. (*fig: indizio*) (An)zeichen *n* 4. (*elenco*) Verzeichnis *n* 5. (*in statistica,* MAT) Index *m;* ~ **di gradimento** Einschaltquote *f*

indicibile [indi'tʃi:bile] *agg* unsagbar

indicizzare [inditʃid'dza:re] *vt* (COM) indexieren; **indicizzato, -a** [inditʃid'dza:to] *agg* (COM, FIN) indexiert

indico [in'di:ko] *1. pers sing pr di* **indire**

indietreggiare [indietred'dʒa:re] *vi essere o avere* zurückweichen

indietro [in'diɛ:tro] *avv* zurück, retour *A;* **dare** ~ **qc** etw zurückgeben; **essere** ~ **con il lavoro** mit der Arbeit im Rückstand sein; **l'orologio è** ~ die Uhr geht nach; **tirarsi** ~ sich zurückziehen

indifeso, -a [indi'fe:so] *agg* wehrlos

indifferente [indiffe'rɛnte] *agg* gleichgültig; **indifferenza** [indiffe'rɛntsa] *f* Gleichgültigkeit *f*

indifferibile [indiffe'ri:bile] *agg* unaufschiebbar

indigeno, -a [in'di:dʒeno] **I.** *agg* einheimisch; (*di colonia*) eingeboren; (*flora, fauna*) heimisch **II.** *m, f* Eingeborene(r) *f(m)*

indigente [indi'dʒɛnte] **I.** *agg* Not leidend **II.** *mf* Not Leidende(r) *f(m);* **indigenza** [indi'dʒɛntsa] *f* Not *f,* Elend *n*

indigestione [indidʒes'tio:ne] *f* Verdauungsstörung *f*

indigesto, -a [indi'dʒɛsto] *agg* 1. (*cibo*) unverdaulich 2. (*fig*) unerträglich

indignare [indiɲ'ɲa:re] **I.** *vt* entrüsten, empören **II.** *vr* **-rsi per qc** sich über etw *acc* entrüsten; **indignazione** [indiɲɲat'tsio:ne] *f* Entrüstung *f*

indimenticabile [indimenti'ka:bile] *agg* unvergesslich

indipendente [indipen'dɛnte] **I.** *agg* unabhängig, selbst(st)ändig **II.** *mf* Unabhängige(r) *f(m);* **indipendenza** [indipen'dɛntsa] *f* Unabhängigkeit *f*

indire [in'di:re] <irr> *vt* ansagen; (*assemblea*) einberufen; (*elezioni*) anberaumen

indiretto, -a [indi'rɛtto] *agg* indirekt; **per vie -e** auf Umwegen

indirizzare [indirit'tsa:re] **I.** *vt* 1. (*dirigere*) lenken; ~ **qu da qu** (*mandare*) jdn zu jdm schicken 2. (*lettera*) adressieren **II.** *vr* **-rsi** sich wenden; **indirizzo** [indi'rittso] *m* Adresse *f*

indisciplina [indiʃʃi'pli:na] *f* Disziplinlosigkeit *f;* **indisciplinato, -a** [indiʃʃipli'na:to] *agg* undiszipliniert

indiscreto, -a [indis'kre:to] *agg* indiskret; (*importuno*) aufdringlich; **indiscrezione** [indiskret'tsio:ne] *f* Indiskretion *f*

indiscriminato, -a [indiskrimi'na:to] *agg* wahllos

indiscusso, -a [indis'kusso] *agg* unbestritten

indiscutibile [indisku'ti:bile] *agg* unbestreitbar

indispensabile [indispen'sa:bile] **I.** *agg* unentbehrlich **II.** *m* Allernötigste(s) *n*

indispettire [indispet'ti:re] <indispettisco> **I.** *vt* (ver)ärgern **II.** *vr* **-rsi** sich ärgern

indisponente [indispo'nɛnte] *agg* ärgerlich

indispongo *1. pers sing pr di* **indisporre**

indisponibile [indispo'ni:bile] *agg* unverfügbar

indisporre [indis'porre] <irr> *vt* ärgern

indisposizione [indispozit'tsio:ne] *f* Unwohlsein *n;* **indisposto, -a** [indis'posto] **I.** *pp di* **indisporre** **II.** *agg* unpässlich, unwohl

indissi [in'dissi] *1. pers sing pass rem di* **indire**

indissolubile [indisso'lu:bile] *agg* unauflösbar

indistinto, -a [indis'tinto] *agg* verschwommen; (*non chiaro*) undeutlich

indistruttibile [indistrut'ti:bile] *agg* (*a fig*) unzerstörbar

indisturbato, -a [indistur'ba:to] *agg* ungestört

indivia [in'di:via] <-ie> *f* Endivie *f*

individuale [individu'a:le] **I.** *agg* individuell, persönlich **II.** *f* Einzelkampf *m;* **individualismo** [individua'lizmo] *m* Individualismus *m;* **individualista** [individua'lista] <-i *m,* -e *f*> *mf* Individualist(in) *m(f);* **individualità** [individuali'ta] <-> *f* Individualität *f;* (*singolarità*) Besonderheit *f*

individuare [individu'a:re] **I.** *vt* 1. (*riconoscere*) erkennen; (JUR) identifizieren 2. (*determinare*) bestimmen **II.** *vr* **-rsi** sich zu einer Persönlichkeit entwickeln; **individuazione** [individuat'tsio:ne] *f* Erkennen *n;* (JUR) Identifizierung *f*

individuo [indi'vi:duo] *m* 1. (BIOL) (Einzel)wesen *n* 2. (*persona singola*) Individuum *n,* Person *f* 3. (*pej*) Subjekt *n*

I

indivisibile [indivi'zi:bile] *agg* **1.** (MAT, JUR) unteilbar **2.** (*cose*) untrennbar **3.** (*persone*) unzertrennlich

indiviso, **-a** [indi'vi:zo] *agg* ungeteilt

indiziare [indit'tsia:re] *vt* verdächtigen; **indiziato**, **-a** [indit'tsia:to] **I.** *agg* verdächtigt **II.** *m, f* Verdächtigte(r) *f(m)*

indizio [in'dittsio] <-i> *m* **un ~ di …** ein Zeichen *n* für …; (JUR) ein Indiz *n* für …

indocile [in'dɔ:tʃile] *agg* unfügsam

indoeuropeo, **-a** <-ei, -ee> **I.** *agg* indoeuropäisch **II.** *m, f* Indoeuropäer(in) *m(f)*

indole ['indole] *f* Wesen *n*

indolente [indo'lɛnte] *agg* nachlässig; **indolenza** [indo'lɛntsa] *f* Nachlässigkeit *f*

indolenzire [indolen'tsi:re] <indolenzisco> **I.** *vt* einschlafen lassen **II.** *vr* **-rsi** steif werden

indolore [indo'lo:re] *agg* schmerzlos

indomabile [indo'ma:bile] *agg* unbezähmbar

indomani [indo'ma:ni] *m* **l'~** der darauf folgende Tag

indorare [indo'ra:re] **I.** *vt* **1.** (*rivestire d'oro*) vergolden **2.** (GASTR) vor dem Braten in geschlagenem Ei wälzen **II.** *vr* **-rsi** sich vergolden

indossare [indos'sa:re] *vt* tragen; **indossatore**, **-trice** [indossa'to:re] *m, f* (*uomo*) Dressman *m;* (*donna*) Mannequin *n*

indosso [in'dɔsso] *avv* an, auf

indotto, **-a I.** *pp di* **indurre II.** *agg* induziert

indottrinare [indottri'na:re] *vt* unterweisen

indovinare [indovi'na:re] **I.** *vt* (er)raten **II.** *vi* raten; **indovinato**, **-a** [indovi'na:to] *agg* gelungen; **indovinello** [indovi'nɛllo] *m* Rätsel *n*

indovino, **-a** [indo'vi:no] *m, f* Wahrsager(in) *m(f)*

indubbio, **-a** [in'dubbio] <-i, -ie> *agg* zweifelsfrei

induco [in'du:ko] *1. pers sing pr di* **indurre**

indugiare [indu'dʒa:re] **I.** *vi* zögern **II.** *vr* **-rsi** verweilen *geh,* sich aufhalten; **indugio** [in'du:dʒo] <-gi> *m* Zögern *n*

indulgente [indul'dʒɛnte] *agg* nachsichtig; **indulgenza** [indul'dʒɛntsa] *f* Nachsicht *f*

indumento [indu'mento] *m* Kleidungsstück *n*

indurire [indu'ri:re] <indurisco> **I.** *vt* (ver)härten **II.** *vr* **-rsi** (sich) verhärten

indurre [in'durre] <induco, indussi, indotto> *vt* **~ qu a qc** jdn zu etw bewegen; **~ qu in tentazione** jdn in Versuchung führen

industria [in'dustria] <-ie> *f* **1.** (*attività*) Gewerbe *n;* (*impresa*) Industrie *f;* **~ leggera/pesante** Konsumgüter-/Schwerindustrie *f* **2.** (*operosità*) Betriebsamkeit *f*

industrial design [in'dʌstriəl di'zain] <-> *m* Industrial Design *n*

industriale [indus'tria:le] **I.** *agg* industriell, gewerblich; **scuola ~** Gewerbeschule *f;* **zona ~** Industriegebiet *n* **II.** *mf* Industrielle(r) *f(m);* **industrializzare** [industrialid'dza:re] *vt* industrialisieren; **industrializzazione** [industrialiddzat'tsio:ne] *f* Industrialisierung *f*

industriarsi [indus'triarsi] *vr* sich bemühen; **industrioso**, **-a** [indus'trio:so] *agg* betriebsam

induttivo, **-a** [indut'ti:vo] *agg* induktiv; **induzione** [indut'tsio:ne] *f* Induktion *f*

inebetire [inebe'ti:re] <inebetisco> *vi essere* verblöden

inedificabile [inedifi'ka:bile] *agg* unbebaubar

inedito [i'nɛ:dito] *m* unveröffentlichte Schrift

inedito, **-a** *agg* unveröffentlicht

ineducato, **-a** [inedu'ka:to] *agg* ungezogen

inefficace [ineffi'ka:tʃe] *agg* unwirksam; **inefficacia** [ineffi'ka:tʃa] *f* Unwirksamkeit *f*

inefficiente [ineffi'tʃɛnte] *agg* nicht leistungsfähig; **inefficienza** [ineffi'tʃɛntsa] *f* Leistungsunfähigkeit *f*

ineguagliabile [ineguaʎ'ʎa:bile] *agg* unvergleichbar; **ineguaglianza** [ineguaʎ'ʎantsa] *f* Ungleichheit *f;* **ineguale** [ine'gua:le] *agg* ungleich

ineluttabile [inelut'ta:bile] *agg* (*poet*) unabwendbar

inequivocabile [inekuivo'ka:bile] *agg* unmissverständlich

inerente [ine'rɛnte] *agg* **~ a qc** etw betreffend

inerme [i'nɛrme] *agg* wehrlos

inerpicarsi [inerpi'karsi] *vr* **~ su qc** auf etw *acc* klettern [*o* kraxeln *A*]

inerte [i'nɛrte] *agg* **1.** (*inoperoso*) träge

2. (*gas*) Edel-

inerzia [i'nɛrtsia] <-ie> *f* **1.** (*inoperosità*) Trägheit *f* **2.** (CHEM) Reaktionsträgheit *f*

inesattezza [inezat'tettsa] *f* Ungenauigkeit *f*; **inesatto, -a** [ine'zatto] *agg* ungenau

inesauribile [inezau'ri:bile] *agg* unerschöpflich

ineseguibile [ineze'gui:bile] *agg* undurchführbar

inesistente [inezis'tɛnte] *agg* nicht bestehend; **inesistenza** [inezis'tɛntsa] *f* Nichtbestehen *n*

inesorabile [inezo'ra:bile] *agg* unerbittlich

inesperienza [inespe'riɛntsa] *f* Unerfahrenheit *f*; **inesperto, -a** [ines'pɛrto] *agg* unerfahren

inesplicabile [inespli'ka:bile] *agg* unerklärlich; **inesplicato, -a** [inespli'ka:to] *agg* ungeklärt

inesplorato, -a [inesplo'ra:to] *agg* unerforscht

inespressivo, -a [inespres'si:vo] *agg* ausdruckslos; **inesprimibile** [inespri'mi:bile] *agg* unaussprechlich

inestimabile [inesti'ma:bile] *agg* unschätzbar

inettitudine [inetti'tu:dine] *f* Untauglichkeit *f*; **inetto, -a** [i'nɛtto] **I.** *agg* untauglich; (*incapace*) unfähig **II.** *m, f* Versager(in) *m(f)*

inevitabile [inevi'ta:bile] *agg* unvermeidbar

in extremis [in eks'trɛ:mis] *avv* im letzten Moment

inezia [i'nɛttsia] <-ie> *f* Lappalie *f*

infagottare [infagot'ta:re] (*fam*) **I.** *vt* **1.** (*persona*) dick anziehen **2.** (*vestito*) dick machen **II.** *vr* **-rsi** sich einmumme(l)n; (*pej*) sich unvorteilhaft kleiden

infallibile [infal'li:bile] *agg* unfehlbar

infamare [infa'ma:re] **I.** *vt* entehren **II.** *vr* **-rsi** sich entehren

infame [in'fa:me] *agg* schändlich; **infamia** [in'fa:mia] <-ie> *f* Schande *f*

infangare [infaŋ'ga:re] *vt* **1.** (*sporcare di fango*) (mit Schlamm) beschmutzen **2.** (*fig: infamare*) durch den Schmutz ziehen

infanticida [infanti'tʃi:da] <-i *m*, -e *f*> *mf* Kindesmörder(in) *m(f)*; **infanticidio** [infanti'tʃi:dio] <-i> *m* Kindermord *m*

infantile [infan'ti:le] *agg* **1.** (*dell'infanzia*) kindlich **2.** (*pej: immaturo*) kindisch; **infantilismo** [infanti'lizmo] *m* (MED) Infantilismus *m*

infanzia [in'fantsia] <-ie> *f* Kindheit *f*

infarinare [infari'na:re] *vt* in Mehl wenden; **infarinatura** [infarina'tu:ra] *f* **1.** (*l'infarinare*) Einmehlen *n* **2.** (*fig*) oberflächliche Kenntnis; **avere un'~ di tedesco** oberflächliche Deutschkenntnisse haben

infarto [in'farto] *m* Infarkt *m*

infastidire [infasti'di:re] <infastidisco> **I.** *vt* belästigen, sekkieren *A* **II.** *vr* **-rsi per qc** sich über etw *acc* ärgern

infaticabile [infati'ka:bile] *agg* unermüdlich

infatti [in'fatti] *cong* in der Tat, wirklich

infedele [infe'de:le] **I.** *agg* **1.** (*sleale*) untreu **2.** (REL) ungläubig **II.** *mf* Ungläubige(r) *f(m)*; **infedeltà** [infedel'ta] *f* Untreue *f*, Treulosigkeit *f*

infelice [infe'li:tʃe] **I.** *agg* **1.** (*triste*) unglücklich **2.** (*mal riuscito*) misslungen **3.** (*sfavorevole*) ungünstig **II.** *mf* Unglückliche(r) *f(m)*; **infelicità** [infelitʃi'ta] *f* Unglück *n*

infeltrire [infel'trire] <infeltrisce> *vi* verfilzen

inferiore [infe'rio:re] <comparativo di *basso*> **I.** *agg* niedrig; (*minore*) niedriger; (*più basso*) untere(r, s), Unter-; (*a fig*) minderwertig **II.** *mf* Untergebene(r) *f(m)*; **inferiorità** [inferiori'ta] <-> *f* Minderwertigkeit *f*; (*di persona*) Unterlegenheit *f*

inferire [infe'ri:re] <inferisco, infersi, inferto> *vt* (*colpo, pugnalata*) versetzen

infermeria [inferme'ri:a] <-ie> *f* Krankenstation *f*; **infermiere, -a** [infer'miɛ:re] *m, f* Krankenpfleger(in) *m(f)*, Krankenschwester *f*

infermità [infermi'ta] <-> *f* Krankheit *f*

infermo, -a [in'fermo] **I.** *agg* krank **II.** *m, f* Kranke(r) *f(m)*

infernale [infer'na:le] *agg* **1.** (*dell'inferno*) höllisch **2.** (*fig*) teuflisch, diabolisch; (*musica, chiasso*) Höllen-; **un caos ~** ein heilloses Chaos; **inferno** [in'fɛrno] *m* Hölle *f*

inferocirsi [infero'tʃi:rsi] <m'inferocisco> *vr* wild werden

inferriata [infer'ria:ta] *f* (Eisen)gitter *n*

infersi [in'fɛrsi] *1. pers sing pass rem di* **inferire**

inferto [in'fɛrto] *pp di* **inferire**

infestare [infes'ta:re] *vt* verseuchen

infettare [infet'ta:re] **I.** *vt* **1.** (MED) infizieren **2.** (*fig: contaminare*) verseuchen; (INFORM) mit einem Virus verseuchen **II.** *vr* **-rsi** sich infizieren

infettivo, **-a** [infet'ti:vo] *agg* ansteckend

infetto, **-a** [in'fɛtto] *agg* infiziert

infezione [infet'tsio:ne] *f* Infektion *f*

infiacchire [infiak'ki:re] <infiacchisco> **I.** *vt* schwächen, entkräften **II.** *vr* **-rsi** matt werden

infiammabile [infiam'ma:bile] **I.** *agg* entzündbar; (*con pericolo d'incendio*) feuergefährlich **II.** *m* feuergefährliches Material

infiammare [infiam'ma:re] **I.** *vt* **1.** (*bruciare*) anzünden **2.** (*fig: cuore, animo*) entflammen lassen **II.** *vr* **-rsi** **1.** (*bruciarsi*) sich entzünden **2.** (*fig*) entbrennen *poet* **3.** (MED) sich entzünden; **infiammatorio**, **-a** [infiamma'tɔ:rio] <-i, -ie> *agg* Entzündungs-, entzündend; **infiammazione** [infiammat'tsio:ne] *f* Entzündung *f*

infido, **-a** [in'fi:do] *agg* treulos, untreu

infierire [infie'ri:re] <infierisco> *vi* wüten

infiggere [in'fiddʒere] <infiggo, infissi, infitto> **I.** *vt* **1.** (*chiodo*) (hin)einschlagen **2.** (*fig: memoria*) einprägen **II.** *vr* **-rsi** (hin)eindringen

infilare [infi'la:re] **I.** *vt* **1.** (*chiave, anello*) stecken; (*ago*) einfädeln; (*perle*) auffädeln **2.** (*vestito, scarpe*) schlüpfen in +*acc*, anziehen **3.** (*strada*) einschlagen, nehmen **II.** *vr* **-rsi** schlüpfen

infiltrarsi [infil'trarsi] *vr* durchsickern; **infiltrazione** [infiltrat'tsio:ne] *f* Eindringen *n*

infilzare [infil'tsa:re] *vt* aufspießen

infimo, **-a** ['infimo] *agg superlativo di* **basso** niedrigste(r, s), mindere(r, s)

infine [in'fi:ne] *avv* **1.** (*finalmente*) schließlich, am Ende **2.** (*insomma*) endlich

infinità [infini'ta] <-> *f* **1.** (*illimitatezza*) Unendlichkeit *f* **2.** (*fig*) Unmenge *f*

infinitesimale [infinitezi'ma:le] *agg* (MAT) infinitesimal

infinitesimo [infini'tɛ:zimo] *m* winziger Teil

infinitesimo, **-a** *agg* **1.** (MAT) infinitesimal **2.** (*minimo*) allerkleinste(r, s)

infinito [infi'ni:to] *m* **1.** (*ciò che non ha fine*) Unendliche(s) *n* **2.** (LING) Infinitiv *m*

infinito, **-a** *agg* unendlich

infinocchiare [infinok'kia:re] *vt* (*fam*) übers Ohr hauen

infischiarsi [infis'kiarsi] *vr* (*fam*) ~ **di qc** auf etw *acc* pfeifen

infissi [in'fissi] *1. pers sing pass rem di* **infiggere**

infitto [in'fitto] *pp di* **infiggere**

inflazionato, **-a** [inflat'tsiona:to] *agg* inflationiert

inflazione [inflat'tsio:ne] *f* **1.** (*in economia*) Inflation *f* **2.** (*fig*) Schwemme *f*

inflessibile [infles'si:bile] *agg* unbiegsam; (*fig*) unbeugsam; **inflessibilità** [inflessibili'ta] <-> *f* Unbeugsamkeit *f*

inflessione [infles'sio:ne] *f* Tonfall *m*

infliggere [in'fliddʒere] <infliggo, inflissi, inflitto> *vt* auferlegen, verhängen

influente [influ'ɛnte] *agg* einflussreich; **influenza** [influ'ɛntsa] *f* **1.** (*atto*) Einfluss *m* **2.** (MED) Grippe *f*; **influenzabile** [influen'tsa:bile] *agg* leicht zu beeinflussen(d)

influenzale [influen'tsa:le] *agg* grippal, Grippe-

influenzare [influen'tsa:re] **I.** *vt* beeinflussen **II.** *vr* **-rsi** eine Grippe bekommen

influire [influ'i:re] <influisco> *vi* ~ **su qu/qc** auf jdn/etw einwirken; **influsso** [in'flusso] *m* Einfluss *m*

infoltire [infol'ti:re] <infoltisco> **I.** *vt* verdichten **II.** *vr* **-rsi** dichter werden

infomediario [infome'dia:rio] <-i> *m* (INFORM) *Berater für neue Medien*

infondato, **-a** [infon'da:to] *agg* unbegründet

infondere [in'fondere] <irr> *vt* einflößen; (*fiducia*) erwecken

informale [infor'ma:le] *agg* informell

informare [infor'ma:re] **I.** *vt* ~ **qu di** [*o* **su**] **qc** jdn über etw *acc* informieren [*o* von etw benachrichtigen] **II.** *vr* **-rsi su** [*o* **di**] **qc** sich nach etw erkundigen

informatica [infor'ma:tika] <-che> *f* Informatik *f*; **informatico**, **-a** [infor'ma:tiko] <-ci, -che> **I.** *agg* Datenverarbeitungs-, Informatik-; **sistema** ~ EDV-System *n* **II.** *m, f* Informatiker(in) *m(f)*

informativo, **-a** [informa'ti:vo] *agg* informativ

informatizzare [informatid'dza:re] *vt* (INFORM) computerisieren; **informatizzazione** [informatiddzat'tsio:ne] *f* (INFORM) Computerisierung *f*

informazione [informat'tsio:ne] *f* Auskunft *f*

informe [in'forme] *agg* unförmig

infornare [infor'na:re] *vt* in den Backofen schieben; **infornata** [infor'na:ta] *f* Backen *n*

infortunarsi [infortu'narsi] *vr* verunglücken; **infortunato**, **-a** [infortu'na:to] **I.** *agg* verunglückt **II.** *m, f* Verunglückte(r) *f(m)*

infortunio [infor'tu:nio] <-i> *m* Unfall *m*, Havarie *f A*

infossare [infos'sa:re] **I.** *vt* versenken **II.** *vr* **-rsi** **1.** (*guance*) einfallen **2.** (*sprofondare*) einsinken

infotainment [infou'teinmənt] <-> *m* (TV) Infotainment *n*

infrangere [in'frandʒere] <irr> **I.** *vt* **1.** (*rompere*) zerbrechen **2.** (*fig*) übertreten; ~ **la legge** das Gesetz brechen **II.** *vr* **-rsi** zerbrechen; **infrangibile** [infran'dʒi:bile] *agg* unzerbrechlich

infransi *1. pers sing pass rem di* **infrangere**

infranto, **-a** [in'franto] **I.** *pp di* **infrangere** **II.** *agg* **1.** (*rotto*) zerbrochen **2.** (*fig*) **cuore** ~ gebrochenes Herz

infrarosso, **-a** [infra'rosso] *agg* infrarot, Infrarot-

infrasettimanale [infrasettima'na:le] *agg* während der Woche

infrastruttura [infrastrut'tu:ra] *f* Infrastruktur *f*; **infrastrutturale** [infrastruttu'ra:le] *agg* infrastrukturell

infrasuono [infra'suɔ:no] *m* Infraschall *m*

infrazione [infrat'tsio:ne] *f* **l'**~ **a qc** die Verletzung einer Sache *gen*

infreddolito, **-a** [infreddo'li:to] *agg* **essere tutto** ~ ganz durchgefroren sein

infrequente [infre'kuɛnte] *agg* selten

infruttifero, **-a** [infrut'ti:fero] *agg* **1.** (BOT) fruchtlos **2.** (FIN: *capitale*) tot; **infruttuoso**, **-a** [infruttu'o:so] *agg* **1.** (*infruttifero*) fruchtlos **2.** (*fig*) vergeblich

infuori [in'fuɔ:ri] **I.** *avv* **all'**~ nach außen, hinaus **II.** *prp* **all'**~ **di** mit Ausnahme von +*dat*, außer +*dat*

infuriare [infu'ria:re] **I.** *vi* wüten, toben **II.** *vr* **-rsi** wütend werden

infusi [in'fu:zi] *1. pers sing pass rem di* **infondere**

infuso [in'fu:zo] *m* (Kräuter)tee *m*

infuso, **-a** **I.** *pp di* **infondere** **II.** *agg* übergossen

ingabbiare [iŋgab'bia:re] *vt* **1.** (*mettere in gabbia*) in einen Käfig stecken **2.** (*fig*) einkesseln

ingaggiare [iŋgad'dʒa:re] *vt* verpflichten; (SPORT) unter Vertrag nehmen; (THEAT, FILM, MUS) engagieren; **ingaggio** [iŋ'gaddʒo] <-ggi> *m* **1.** (*assunzione*) Anwerbung *f*; (SPORT) Einkauf *m* **2.** (*somma*) Gage *f*

ingannare [iŋgan'na:re] **I.** *vt* **1.** (*indurre in errore*) täuschen **2.** (*imbrogliare*) betrügen; ~ **il tempo** (*fig*) die Zeit totschlagen **II.** *vr* **-rsi** sich täuschen; **ingannatore**, **-trice** [iŋganna'to:re] **I.** *agg* trügerisch **II.** *m, f* Betrüger(in) *m(f)*; **ingannevole** [iŋgan'ne:vole] *agg* trügerisch; **inganno** [iŋ'ganno] *m* **1.** (*imbroglio*) Betrug *m*; **trarre in** ~ täuschen **2.** (*illusione*) Täuschung *f*

ingarbugliare [iŋgarbuʎ'ʎa:re] **I.** *vt* (*a fig*) verwirren **II.** *vr* **-rsi** (*a fig*) sich verheddern; **ingarbugliato**, **-a** [iŋgarbuʎ'ʎa:to] *agg* **1.** (*aggrovigliato*) verheddert **2.** (*fig: complicato*) verzwickt

ingegnarsi [indʒeɲ'ɲarsi] *vr* sich durchschlagen

ingegnere [indʒeɲ'ɲɛ:re] *m* Ingenieur(in) *m(f)*; ~ **civile** Bauingenieur(in) *m(f)*; **ingegneria** [indʒeɲɲe'ri:a] <-ie> *f* Ingenieurwesen *n*; **facoltà d'**~ Technische Hochschule

ingegno [in'dʒeɲɲo] *m* **1.** (*intelligenza*) Verstand *m* **2.** (*inclinazione*) Begabung *f*; **ingegnosità** [indʒeɲɲosi'ta] <-> *f* Einfallsreichtum *m*; **ingegnoso**, **-a** [indʒeɲ'ɲo:so] *agg* findig, einfallsreich

ingelosire [indʒelo'si:re] <ingelosisco> **I.** *vt* eifersüchtig machen **II.** *vr* **-rsi** eifersüchtig werden

ingenuità [indʒenui'ta] <-> *f* Naivität *f*; **ingenuo**, **-a** [in'dʒɛ:nuo] **I.** *agg* naiv **II.** *m, f* naiver Mensch

ingerenza [indʒe'rɛntsa] *f* Einmischung *f*

ingerire [indʒe'ri:re] <ingerisco> **I.** *vt* einnehmen **II.** *vr* **-rsi in qc** sich in etw *acc* einmischen

ingessare [indʒes'sa:re] *vt* (MED) eingipsen; **ingessatura** [indʒessa'tu:ra] *f* Gips(verband) *m*

ingestione [indʒes'tio:ne] *f* Einnahme *f*

Inghilterra [iŋgil'tɛrra] *f* England *n*

inghiottire [iŋgiot'ti:re] <inghiottisco> *vt* (*a fig*) (hinunter)schlucken

ingigantire [indʒigan'tiːre] <ingigantisco> **I.** *vt* aufbauschen **II.** *vr* **-rsi** riesengroß werden

inginocchiarsi [indʒinok'kiarsi] *vr* (sich) niederknien

ingiù [in'dʒu] *avv* **all'~** nach unten, hinunter

ingiungere [in'dʒundʒere] <irr> *vt* auferlegen

ingiuntivo, -a [indʒun'tiːvo] *agg* Mahn-

ingiunto *pp di* **ingiungere**

ingiunzione [indʒun'tsioːne] *f* Anordnung *f;* ~ **di pagamento** Mahnung *f*

ingiuria [in'dʒuːria] *f* Beleidigung *f;* **ingiuriare** [indʒu'riaːre] *vt* beleidigen; **ingiurioso, -a** [indʒu'rioːso] *agg* beleidigend

ingiustificabile [indʒustifi'kaːbile] *agg* unentschuldbar; **ingiustificato, -a** [indʒustifi'kaːto] *agg* ungerechtfertigt, unbegründet

ingiustizia [indʒus'tittsia] *f* Ungerechtigkeit *f*

ingiusto [in'dʒusto] *m* Unrecht *n*

ingiusto, -a **I.** *agg* ungerecht **II.** *m, f* ungerechter Mensch

inglese [iŋ'gleːse] **I.** *agg* englisch **II.** *mf* Engländer(in) *m(f);* **inglesismo** [iŋgle'sizmo] *m* Anglizismus *m*

ingoiare [iŋgo'iaːre] *vt* **1.** (*cibo*) verschlingen **2.** (*fig*) (hinunter)schlucken *fam*

ingolfarsi [iŋgol'farsi] *vr* (MOT) absaufen *fam*

ingolosire [iŋgolo'siːre] <ingolosisco> *vt* verlocken

ingombrante [iŋgom'brante] *agg* sperrig; **ingombrare** [iŋgom'braːre] *vt* versperren

ingordo, -a [iŋ'gordo] *agg* **1.** (*di cibo*) gefräßig **2.** (*fig*) **essere ~ di qc** gierig nach etw sein

ingorgare [iŋgor'gaːre] **I.** *vt* verstopfen **II.** *vr* **-rsi** sich verstopfen; (*traffico*) sich stauen; **ingorgo** [iŋ'gorgo] <-ghi> *m* Verstopfung *f;* ~ (**di traffico**) Verkehrsstau *m*

ingovernabile [iŋgover'naːbile] *agg* unregierbar

ingozzare [iŋgot'tsaːre] **I.** *vt* verschlingen **II.** *vr* **-rsi** sich vollstopfen

ingranaggio [iŋgra'naddʒo] <-ggi> *m* (*a fig* TEC) Getriebe *n*

ingranare [iŋgra'naːre] **I.** *vt* einkuppeln; (*marcia*) einlegen **II.** *vi* (TEC) (ineinander) greifen

ingrandimento [ingrandi'mento] *m* Vergrößerung *f;* **ingrandire** [ingran'diːre] <ingrandisco> **I.** *vt* **1.** (*gener,* FOTO) vergrößern **2.** (COM) steigern; (*casa, negozio, regno*) ausbauen **3.** (*fig*) aufbauschen **II.** *vr* **-rsi** **1.** (*crescere*) sich vergrößern **2.** (*fig*) sich erweitern; **ingranditore** [ingrandi'toːre] *m* Vergrößerer *m*

ingrassamento [iŋgrassa'mento] *m* **1.** (ZOO) Mästung *f* **2.** (AGR) Düngung *f;* **ingrassare** [iŋgras'saːre] **I.** *vt* **1.** (*persone*) dick machen **2.** (AGR) düngen **3.** (*ungere con grasso*) einfetten, schmieren **II.** *vr* **-rsi** zunehmen

ingratitudine [iŋgrati'tuːdine] *f* Undankbarkeit *f;* **ingrato, -a** [iŋ'graːto] **I.** *agg* (*a fig*) undankbar **II.** *m, f* Undankbare(r) *f(m)*

ingraziarsi [iŋgrat'tsiarsi] *vr* ~ **qu** sich bei jdm beliebt machen

ingrediente [iŋgre'diɛnte] *m* Zutat *f*

ingresso [iŋ'grɛsso] *m* **1.** (*entrata*) Eingang *m* **2.** (THEAT) Auftritt *m;* (*in una carica*) Antritt *m* **3.** (*accesso*) Zutritt *m;* **vietato l'~ ai non addetti ai lavori** Zutritt für Unbefugte verboten **4.** (*biglietto*) (Eintritts)karte *f;* ~ **libero** Eintritt frei

ingrossare [iŋros'saːre] **I.** *vt* dick machen **II.** *vr* **-rsi** anschwellen

ingrosso [iŋ'grɔsso] *avv* **commercio all'~** Großhandel *m*

inguaribile [iŋgua'riːbile] *agg* unheilbar; (*fig*) unverbesserlich

inguine ['iŋguine] *m* Leiste *f*

ingurgitare [iŋgurdʒi'taːre] *vt* hinunterschlucken

inibire [ini'biːre] <inibisco> *vt* (PSYCH) hemmen; **inibito, -a** [ini'biːto] **I.** *agg* gehemmt **II.** *m, f* gehemmter Mensch; **inibizione** [inibit'tsioːne] *f* Hemmung *f*

iniettare [iniet'taːre] *vt* (ein)spritzen, injizieren

iniettore [iniet'toːre] *m* Injektor *m;* **iniezione** [iniet'tsioːne] *f* **1.** (TEC) Einspritzung *f;* **motore ad ~** Einspritzmotor *m* **2.** (MED) Spritze *f*

inimicarsi [inimi'kaːrsi] *vr* sich verfeinden

inimitabile [inimi'taːbile] *agg* unnachahmlich

inimmaginabile [inimmadʒi'naːbile] *agg* unvorstellbar

ininterrotto, -a [ininter'rotto] *agg* ununterbrochen

iniziale [init'tsia:le] *agg* Anfangs-

iniziare [init'tsia:re] *vt* **1.** (*cominciare*) beginnen, anfangen **2.** (*avviare*) ~ **qu a qc** jdn in etw *acc* einführen **3.** (*computer*) starten

iniziativa [inittsia'ti:va] *f* **1.** (*azione*) Initiative *f* **2.** (*attitudine*) Unternehmung *f;* **spirito d'**~ Unternehmungsgeist *m*

iniziato, -a [init'tsia:to] *agg* **essere ~ a qc** in etw *acc* eingeführt sein; (*a un rito*) in etw *acc* eingeweiht sein; **iniziatore, -trice** [inittsia:to:re] *m, f* Initiator(in) *m(f)*

inizio [i'nittsio] <-i> *m* Beginn *m,* Anfang *m;* **all'**~ am Anfang, anfangs; **-i** Anfänge *mpl*

innalzare [innal'tsa:re] **I.** *vt* **1.** (*elevare*) hochheben **2.** (*erigere*) errichten **II.** *vr* **-rsi** **1.** (*elevarsi*) sich erheben **2.** (*fig: socialmente*) aufsteigen

innamorare [innamo'ra:re] **I.** *vt* verliebt machen **II.** *vr* **-rsi** (**di qu**) sich (in jdn) verlieben; **innamorato, -a** [innamo'ra:to] **I.** *agg* verliebt **II.** *m, f* Verliebte(r) *f(m)*

innanzi [in'nantsi] **I.** *avv* **1.** (*avanti*) vorn(e) **2.** (*prima*) vorher, vorhin **II.** *prp* vor +*dat;* ~ **tutto** vor allem, insbesondere **III.** <inv> *agg* vorhergehend

innato, -a [in'na:to] *agg* angeboren

innaturale [innatu'ra:le] *agg* unnatürlich

innegabile [inne'ga:bile] *agg* unleugbar

innervosire [innervo'si:re] <innervosisco> **I.** *vt* nervös machen **II.** *vr* **-rsi** nervös werden

innescare [innes'ka:re] *vt* scharf machen; **innesco** [in'nesko] <-schi> *m* Auslösung *f;* (*di carica esplosiva*) Zündvorrichtung *f*

innestare [innes'ta:re] **I.** *vt* **1.** (AGR) veredeln **2.** (TEC) kuppeln; (*marcia*) einlegen **3.** (EL: *spina*) einstecken **II.** *vr* **-rsi in qc** in etw *acc* einmünden; **innesto** [in'nɛsto] *m* **1.** (AGR) Vered(e)lung *f* **2.** (TEC) Kupplung *f* **3.** (*fig*) Einschieben *n*

inno ['inno] *m* Hymne *f*

innocente [inno'tʃɛnte] **I.** *agg* unschuldig **II.** *mf* Unschuldige(r) *f(m);* **innocenza** [inno'tʃɛntsa] *f* **1.** (*mancanza di colpa*) Unschuld *f* **2.** (*ingenuità*) Naivität *f*

innocuo, -a [in'nɔ:kuo] *agg* harmlos

innovamento [innova'mento] *m* Erneuerung; **innovare** [inno'va:re] *vt* erneuern; **innovativo, -a** [innova'ti:vo] *agg* erneuernd, Erneuerungs-; **innovatore, -trice** [innova'to:re] *m, f* Erneuerer *m,* Erneuerin *f;* **innovazione** [innovat'tsio:ne] *f* Erneuerung *f*

Innsbruck ['insbruk] *f* Innsbruck *n*

innumerevole [innume're:vole] *agg* unzählig

inodore, -a [ino'do:re] *agg* geruchlos

inoffensivo, -a [inoffen'si:vo] *agg* nicht beleidigend; (*animale*) harmlos

inoltrare [inol'tra:re] **I.** *vt* **1.** (ADM) einreichen **2.** (*far proseguire*) übermitteln, weiter leiten **II.** *vr* **-rsi** **1.** (*addentrarsi*) (weiter) hineingehen **2.** (*fig*) sich hineinarbeiten; **inoltrato, -a** [inol'tra:to] *agg* spät (abends)

inoltre [i'noltre] *avv* **1.** (*oltre a ciò*) ferner, außerdem **2.** (*per di più*) darüberhinaus, überdies

inoltro [i'noltro] *m* Weiterleiten *n*

inondare [inon'da:re] *vt* **1.** (*allagare*) überschwemmen **2.** (*fig*) erfüllen; **inondazione** [inondat'tsio:ne] *f* Überschwemmung *f*

inoperabile [inope'ra:bile] *agg* nicht operierbar

inopinabile [inopi'na:bile] *agg* unvorstellbar

inopportunità [inopportuni'ta] *f* Ungelegenheit *f;* **inopportuno, -a** [inoppor'tu:no] *agg* unangebracht

inoppugnabile [inoppuɲ'ɲa:bile] *agg* **1.** (*evidente*) unwiderlegbar **2.** (JUR) unanfechtbar

inorganico, -a [inor'ga:niko] <-ci, -che> *agg* (CHEM) anorganisch

inorridire [inorri'di:re] <inorridisco> **I.** *vt* entsetzen **II.** *vi essere* (er)schaudern

inospitale [inospi'ta:le] *agg* ungastlich

inosservato, -a [inosser'va:to] *agg* unbemerkt; (*non rispettato*) unbeachtet

inossidabile [inossi'da:bile] *agg* rostfrei

I.N.P.S. [imps] *m abbr di* **Istituto Nazionale Previdenza Sociale** *nationale italienische Sozialversicherungsanstalt*

input ['input] <-> *m* (INFORM) Eingabe *f*

inquadramento [iŋkuadra'mento] *m* Einordnung *f;* **inquadrare** [iŋkua'dra:re] *vt* **1.** (*incorniciare*) einrahmen **2.** (*fig*) einordnen **3.** (FOTO, FILM) aufnehmen; **inquadratura** [iŋkuadra'tu:ra] *f* (FOTO) Bildausschnitt *m;* (FILM) Einstellung *f*

inqualificabile [iŋkualifi'ka:bile] *agg* unter aller Kritik

inquietante [iŋkuie'tante] *agg* beunruhigend

I

inquietare [iŋkuie'ta:re] **I.** *vt* beunruhigen **II.** *vr* **-rsi** sich beunruhigen; **inquieto**, **-a** [iŋ'kuiɛ:to] *agg* **1.** (*turbato*) unruhig **2.** (*irritato*) verärgert, grantig *A;* **inquietudine** [iŋkuie'tu:dine] *f* Unruhe *f;* (*preoccupazione*) Beunruhigung *f*

inquilino, **-a** [iŋkui'li:no] *m, f* Mieter(in) *m(f)*

inquinamento [iŋkuina'mento] *m* Verschmutzung *f;* ~ **dell'ambiente** Umweltverschmutzung *f;* **inquinante** [iŋkui'nante] *agg* umweltgefährdend; **sostanza** ~ Schadstoff *m;* **inquinare** [iŋkui'na:re] *vt* verschmutzen

inquirente [iŋkui'rɛnte] **I.** *agg* ermittelnd, Untersuchungs- **II.** *f* Untersuchungsausschuss *m*

inquisire [iŋkui'zi:re] <inquisisco> **I.** *vt* untersuchen, (nach)forschen über *+acc* **II.** *vi* ermitteln

inquisitore, **-trice** [iŋkuizi'to:re] **I.** *agg* Ermittlungs-; (HIST) Inquisitions- **II.** *m, f* Ermittler(in) *m(f);* **inquisizione** [iŋkuizit'tsio:ne] *f* **1.** (*inchiesta*) Untersuchung *f* **2.** (HIST) (**Santa**) **Inquisizione** Inquisition *f*

insabbiare [insab'bia:re] **I.** *vt* **1.** (*coprire di sabbia*) mit Sand bedecken **2.** (*fig: celare*) vertuschen **II.** *vr* **-rsi** **1.** (*coprirsi di sabbia*) versanden **2.** (*a fig*) auf Sand laufen

insaccati [insak'ka:ti] *mpl* Wurstwaren *fpl*

insalata [insa'la:ta] *f* Salat *m;* **insalatiera** [insala'tiɛ:ra] *f* Salatschüssel *f*

insalubre [insa'lu:bre] *agg* ungesund

insanabile [insa'na:bile] *agg* unheilbar

insanguinare [insaŋgui'na:re] **I.** *vt* (*a fig*) mit Blut beflecken **II.** *vr* **-rsi** (*a fig*) sich mit Blut beflecken

insano, **-a** [in'sa:no] *agg* wahnsinnig

insaponare [insapo'na:re] *vt* einseifen

insaporire [insapo'ri:re] <insaporisco> **I.** *vt* abschmecken **II.** *vi* schmackhaft werden

insaputa [insa'pu:ta] *f* **all'~ di** ohne Wissen *+gen*

insaziabile [insat'tsia:bile] *agg* unersättlich; **insaziabilità** [insattsiabili'ta] <-> *f* Unersättlichkeit *f*

inscatolare [inskato'la:re] *vt* in Dosen füllen

inscenare [inʃe'na:re] *vt* inszenieren

inscindibile [inʃin'di:bile] *agg* untrennbar

insecchire [insek'ki:re] <insecchisco> *vi essere* **1.** (*diventare secco*) austrocknen **2.** (*fig: persona*) abmagern

insediamento [insedia'mento] *m* **1.** (*presa di possesso*) Einnahme *f* **2.** (*dimora*) Ansiedlung *f;* **insediare** [inse'dia:re] **I.** *vt* (in das Amt) einsetzen **II.** *vr* **-rsi** **1.** (ADM) sein Amt antreten **2.** (*fig: stabilirsi*) sich ansiedeln

insegna [in'seɲɲa] *f* **1.** (*di grado, dignità*) (Ab)zeichen *n;* **all'~ di** (*fig*) im Zeichen *+gen* **2.** (*di negozio*) Schild *n*

insegnamento [inseɲɲa'mento] *m* **1.** (*lezione*) Unterricht *m* **2.** (*precetto*) Lehre *f;* **insegnante** [inseɲ'ɲante] **I.** *agg* lehrend, Lehr- **II.** *mf* Lehrer(in) *m(f);* **insegnare** [inseɲ'ɲa:re] **I.** *vt* lehren, unterrichten; ~ **qc a qu** jdm etw beibringen **II.** *vi* unterrichten, lehren

inseguire [inse'gui:re] *vt* verfolgen; **inseguitore**, **-trice** [insegui'to:re] *m, f* Verfolger(in) *m(f);* **inseminazione** [inseminat'tsio:ne] *f* Befruchtung *f;* ~ **artificiale** künstliche Befruchtung

insenatura [insena'tu:ra] *f* Bucht *f*

insensato, **-a** [insen'sa:to] *agg* unsinnig

insensibile [insen'si:bile] *agg* **1.** (*impercettibile*) unmerklich **2.** (*persona*) unempfindlich; (*pej*) gefühllos; **insensibilità** [insensibili'ta] <-> *f* Unempfindlichkeit *f;* (*pej*) Gefühllosigkeit *f*

inseparabile [insepa'ra:bile] *agg* (*cose*) untrennbar; (*persone*) unzertrennlich

inserimento [inseri'mento] *m* Einfügung *f;* (*di persona*) Eingliederung *f;* **inserire** [inse'ri:re] <inserisco> **I.** *vt* **1.** (*introdurre, a fig*) einfügen; (*spina*) einstecken **2.** (*in un giornale*) aufgeben **II.** *vr* **-rsi** **1.** (*essere attaccato*) sich einfügen **2.** (*fig: integrarsi*) **-rsi in qc** einer Sache *dat* beitreten

inserto [in'sɛrto] *m* (*in giornale*) Beilage *f*

inservibile [inser'vi:bile] *agg* unbrauchbar, nutzlos

inserviente [inser'viɛnte] *mf* Dienstbote *m,* -botin *f*

inserzione [inser'tsio:ne] *f* **1.** (*inserimento*) Einfügung *f* **2.** (*annuncio pubblicitario*) Anzeige *f;* **inserzionista** [insertsio'nista] <-i *m,* -e *f*> *mf* Inserent(in) *m(f)*

insetticida[1] [insetti'tʃi:da] <-i *m,* -e *f*> *agg* insektizid

insetticida[2] <-i> *m* Insektizid *n*

insetto [in'sɛtto] *m* Insekt *n*

insicurezza [insiku'rettsa] *f* Unsicherheit

f; **insicuro**, **-a** [insi'ku:ro] *agg* unsicher

insidia [in'si:dia] <-ie> *f* Falle *f;* **insidiare** [insi'dia:re] *vt* ~ **qu** jdn in einen Hinterhalt locken; **insidioso**, **-a** [insi'dio:so] *agg* (heim)tückisch; (*situazione*) verfänglich

insieme [in'siɛ:me] **I.** *avv* **1.** (*complessivamente*) zusammen **2.** (*contemporaneamente*) zugleich, gleichzeitig **II.** *prp* **1.** (*in compagnia*) ~ **a** [*o* **con**] zusammen mit +*dat* **2.** (*contemporaneamente*) gleichzeitig mit +*dat* **III.** *m* **1.** (*totalità*) Ganze(s) *n* **2.** (MAT) Menge *f*

insignificante [insiɲɲifi'kante] *agg* unbedeutend

insinuare [insinu'a:re] **I.** *vt* (*fig*) unterstellen; (*sospetti*) erwecken **II.** *vr* **-rsi** eindringen; **insinuazione** [insinuat'tsio:ne] *f* Unterstellung *f*

insipido, **-a** [in'si:pido] *agg* fade, geschmacklos

insistente [insis'tɛnte] *agg* beharrlich; (*continuo*) anhaltend; **insistenza** [insis'tɛntsa] *f* Beharrlichkeit *f;* (*continuità*) Anhalten *n*

insistere [in'sistere] <insisto, insistei, insistito> *vi* **1.** (*persistere*) ~ **in qc** auf etw *dat* beharren **2.** (*ribadire*) ~ **su qc** auf etw *acc* immer wieder zurückkehren

insito, **-a** ['insito] *agg* verwurzelt; (*qualità*) angeboren

insoddisfatto, **-a** [insoddis'fatto] *agg* unbefriedigt, unzufrieden; **insoddisfazione** [insoddisfat'tsio:ne] *f* Unzufriedenheit *f*

insofferente [insoffe'rɛnte] *agg* unduldsam; **insofferenza** [insoffe'rɛntsa] *f* Unduldsamkeit *f*

insolente [inso'lɛnte] *agg* frech; **insolentire** [insolen'ti:re] <insolentisco> *vi* **1.** *avere* schimpfen **2.** *essere* frech werden; **insolenza** [inso'lɛntsa] *f* Frechheit *f*

insolito, **-a** [in'sɔ:lito] *agg* ungewöhnlich

insolvibile [insol'vi:bile] *agg* zahlungsunfähig

insomma [in'somma] **I.** *avv* (*in conclusione*) also, somit; (*in breve*) kurz; (*in conclusione*) schließlich **II.** *int* (was) nun, also (was)

insonne [in'sɔnne] *agg* schlaflos; **insonnia** [in'sɔnnia] <-ie> *f* Schlaflosigkeit *f*

insonnolito, **-a** [insonno'li:to] *agg* schläfrig

insopportabile [insoppor'ta:bile] *agg* unerträglich

insorgere [in'sordʒere] <irr> *vi essere* **1.** (*ribellarsi*) ~ **contro qu/qc** sich gegen jdn/etw erheben **2.** (*manifestarsi*) auftreten

insormontabile [insormon'ta:bile] *agg* unüberwindlich

insorsi *1. pers sing pass rem di* **insorgere**

insorto, **-a** [in'sorto] **I.** *pp di* **insorgere** **II.** *m, f* Aufständische(r) *f(m)*

insospettabile [insospet'ta:bile] *agg* unverdächtig

insospettire [insospet'ti:re] <insospettisco> **I.** *vt* argwöhnisch machen **II.** *vr* **-rsi** argwöhnisch werden

insostenibile [insoste'ni:bile] *agg* unerträglich; (*spese*) untragbar

insostituibile [insostitu'i:bile] *agg* unersetzlich

insozzare [insot'tsa:re] **I.** *vt* besudeln; (*reputazione*) beschmutzen **II.** *vr* **-rsi** sich beschmutzen, sich besudeln

insperabile [inspe'ra:bile] *agg* nicht zu erhoffen(d); **insperato**, **-a** [inspe'ra:to] *agg* unverhofft

inspiegabile [inspie'ga:bile] *agg* unerklärlich

inspirare [inspi'ra:re] *vt* einatmen

instabile [ins'ta:bile] *agg* **1.** (*non stabile*) instabil **2.** (*tempo*) unbeständig; (*carattere*) wankelmütig; **instabilità** [instabili'ta] <-> *f* Instabilität *f*

installare [instal'la:re] *vt* **1.** (*persone*) unterbringen; (*in una carica*) einsetzen **2.** (TEC) anschließen; (INFORM) installieren; **installatore**, **-trice** [installa'to:re] *m, f* Installateur(in) *m(f);* **installazione** [installat'tsio:ne] *f* Installation *f;* **dischetto di** ~ (INFORM) Installationsdiskette *f*

instancabile [instaŋ'ka:bile] *agg* unermüdlich

instaurare [instau'ra:re] **I.** *vt* errichten; (*processo*) einleiten **II.** *vr* **-rsi** errichtet werden

instradare [instra'da:re] *vt* (*a fig*) leiten, einweisen

insù [in'su] *avv* **all'**~ nach oben, hinauf

insuccesso [insut'tʃɛsso] *m* Misserfolg *m*

insudiciare [insudi'tʃa:re] **I.** *vt* beschmutzen **II.** *vr* **-rsi** sich schmutzig machen

insufficiente [insuffi'tʃɛnte] *agg* ungenügend; **insufficienza** [insuffi'tʃɛntsa] *f* **1.** (*mancanza*) Unzulänglichkeit *f* **2.** (*inca-*

I

pacità) Ungeeignetheit *f* **3.** (*votazione scolastica*) Ungenügend *n* **4.** (MED) Schwäche *f*

insulare [insu'la:re] *agg* Insel-, insular

insulina [insu'li:na] *f* Insulin *n*

insulso, **-a** [in'sulso] *agg* banal

insultare [insul'ta:re] *vt* beleidigen; **insulto** [in'sulto] *m* Beleidigung *f*

insuperabile [insupe'ra:bile] *agg* **1.** (*insormontabile*) unüberwindlich **2.** (*imbattibile*) unübertrefflich, bärig *A*

insuperbire [insuper'bi:re] <insuperbisco> **I.** *vt* stolz machen **II.** *vr* **-rsi** stolz werden

insurrezione [insurret'tsio:ne] *f* Aufstand *m*

insussistente [insussis'tɛnte] *agg* inexistent

intaccare [intak'ka:re] *vt* **1.** (*incidere*) (ein)kerben **2.** (*corrodere, a fig* MED) angreifen; **intaccatura** [intakka'tu:ra] *f* (Ein)kerben *n*

intagliare [intaʎ'ʎa:re] *vt* (*legno*) schnitzen; (*metallo*) (aus)stechen; (*pietra*) hauen; **intaglio** [in'taʎʎo] *m* Schnitzerei *f*

intangibile [intan'dʒi:bile] *agg* unantastbar

intanto [in'tanto] **I.** *avv* (*nel frattempo*) inzwischen; (*invece*) dagegen **II.** *cong* ~ **che** während

intarsiare [intar'sia:re] *vt* intarsieren; **intarsio** [in'tarsio] <-i> *m* Intarsie *f*

intasamento [intasa'mento] *m* Verstopfung *f*; **intasare** [inta'sa:re] **I.** *vt* verstopfen **II.** *vr* **-rsi** sich verstopfen

intascare [intas'ka:re] *vt* einstecken

intatto, **-a** [in'tatto] *agg* unberührt

intavolare [intavo'la:re] *vt* (*avviare*) einleiten; (*discussione*) eröffnen

integerrimo, **-a** [inte'dʒɛrrimo] *agg superlativo di* **integro** makellos

integrale [inte'gra:le] **I.** *agg* **1.** (*completo, intero*) Voll-; **pane** ~ Vollkornbrot *n* **2.** (MAT) Integral- **II.** *m* (MAT) Integral *n*

integrare [inte'gra:re] **I.** *vt* **1.** (*completare*) ergänzen **2.** (SOC) integrieren **II.** *vr* **-rsi** **1.** (*completarsi*) sich ergänzen **2.** (SOC) sich integrieren, sich einfügen; **integrazione** [integrat'tsio:ne] *f* **1.** (*completamento*) Vervollständigung *f*; **cassa** ~ ≈ Kurzarbeitergeld *n* **2.** (SOC) Eingliederung *f*

integrità [integri'ta] <-> *f* **1.** (*essere intatto*) Unversehrtheit *f* **2.** (*fig: probità*) Rechtschaffenheit *f*; **integro**, **-a** ['integro] <più integro, integerrimo> *agg* **1.** (*intatto*) unversehrt; (*completo*) vollständig **2.** (*fig*) rechtschaffen

intelaiatura [intelaia'tu:ra] *f* Gerüst *n*; (*di finestra*) Rahmen *m*

intelletto [intel'lɛtto] *m* Geist *m*, Intellekt *m*; **intellettuale** [intellettu'a:le] **I.** *agg* intellektuell **II.** *mf* Intellektuelle(r) *f(m)*

intelligente [intelli'dʒɛnte] *agg* intelligent; **intelligenza** [intelli'dʒɛntsa] *f* Intelligenz *f*

INTELSAT *m acro di* **IN**ternational **TEL**ecommunications **SAT**ellite INTELSAT *m*

intemperie [intem'pɛ:rie] *fpl* schlechtes Wetter

intempestivo, **-a** [intempes'ti:vo] *agg* ungelegen

intendente [inten'dɛnte] *m* Verwalter *m*; **intendenza** [inten'dɛntsa] *f* Verwaltungsstelle *f*

intendere [in'tɛndere] <irr> **I.** *vt* **1.** (*capire*) verstehen **2.** (*udire*) vernehmen, hören **3.** (*avere intenzione*) beabsichtigen, vorhaben **II.** *vr* **-rsi** **1.** (*andare d'accordo*) sich verstehen; **intendiamoci** damit wir uns richtig verstehen; **intendersela con qu** mit jdm etw haben; (*illecitamente*) mit jdm unter einer Decke stecken **2.** (*esser competente*) **-rsi di qc** sich in etw *dat* auskennen; **intenditore**, **-trice** [intendi'to:re] *m, f* Kenner(in) *m(f)*

intenerire [intene'ri:re] <intenerisco> **I.** *vt* **1.** (*rendere tenero*) weich machen **2.** (*fig: commuovere*) erweichen, rühren **II.** *vr* **-rsi** **1.** (*divenire tenero*) weich werden **2.** (*fig: commuoversi*) gerührt sein

intensificare [intensifi'ka:re] **I.** *vt* verstärken **II.** *vr* **-rsi** stärker werden; **intensificazione** [intensifikat'tsio:ne] *f* Verstärkung *f*

intensità [intensi'ta] <-> *f* Stärke *f*; **intensivo**, **-a** [inten'si:vo] *agg* intensiv; **intenso**, **-a** [in'tɛnso] *agg* intensiv; (*colore, luce*) kräftig, satt; (*sguardo*) eindringlich

intentato, **-a** [inten'ta:to] *agg* unversucht

intento [in'tɛnto] *m* (*proposito*) Absicht *f*; (*fine*) Zweck *m*

intento, **-a** *agg* aufmerksam; **essere** ~ **a fare qc** dabei sein etw zu tun

intenzionale [intentsio'na:le] *agg* absichtlich, vorsätzlich; **intenzionato**, **-a** [intentsio'na:to] *agg* gesinnt

intenzione [inten'tsio:ne] *f* Absicht *f;* **avere ~ di fare qc** die Absicht haben etw zu tun

interagire [intera'dʒi:re] <interagisco> *vi* interagieren

interamente [intera'mente] *avv* ganz, vollständig

interatomico, **-a** [intera'tɔ:miko] <-ci, -che> *agg* Atom-; **forze -che** Atomstreitkräfte *fpl*

interattivo, **-a** [interat'ti:vo] *agg* (INFORM) interaktiv

interazione [interat'tsio:ne] *f* Interaktion *f*

interbancario, **-a** [interbaŋ'ka:rio] <-i, -ie> *agg* zwischen Banken

interblocco [inter'blɔkko] <-cchi> *m* **1.** (TEC) Notschalter *m* **2.** (INFORM) Abstand *m* zwischen zwei Absätzen

intercalare[1] [interka'la:re] **I.** *agg* Zwischen-; (*mese, anno*) Schalt- **II.** *m* Füllwort *n*

intercalare[2] *vt* einfügen

intercambiabile [interkam'bia:bile] *agg* austauschbar

intercedere [inter'tʃɛ:dere] **I.** *vt* erbitten **II.** *vi* **1.** *essere* dazwischenliegen **2.** *avere* (*farsi intermediario*) vermitteln, sich einsetzen; **intercessione** [intertʃes'sio:ne] *f* Fürsprache *f;* **intercessore**, **-ceditrice** [intertʃes'so:re, intertʃedi'tri:tʃe] *m, f* Fürsprecher(in) *m(f)*

intercettare [intertʃet'ta:re] *vt* anzapfen; **intercettazione** [intertʃettat'tsio:ne] *f* Abfangen *n;* (*di telefonata*) Abhören *n*

intercity [inter'siti] **I.** <-> *m* (FERR) Intercity(zug) *m* **II.** <inv> *agg* (FERR) Intercity-

intercomunale [interkomu'na:le] *agg* interkommunal

intercomunicante [interkomuni'kante] *agg* Verbindungs-

interconnessione [interkonnes'sio:ne] *f* (TEC) Zusammenschaltung *f*

intercontinentale [interkontinen'ta:le] *agg* interkontinental

intercooler [intə'ku:lə] <-> *m* (MOT) Zwischenkühler *m*

intercorrere [inter'korrere] <irr> *vi essere* bestehen

interculturale [interkultu'ra:le] *agg* interkulturell

interdentale [interden'ta:le] *agg* interdental

interdetto [inter'detto] *m* (REL) Interdikt *n*

interdetto, **-a** **I.** *pp di* **interdire** **II.** *m, f* (JUR) Entmündigte(r) *f(m)* **III.** *agg* (*sorpreso, turbato*) sprachlos

interdipendente [interdipen'dɛnte] *agg* voneinander abhängig

interdire [inter'di:re] <irr> *vt* untersagen, verbieten

interdisciplinare [interdiʃʃipli'na:re] *agg* interdisziplinär; **interdisciplinarità** [interdiʃʃiplinari'ta] <-> *f* interdisziplinäre Zusammenarbeit

interdissi *1. pers sing pass rem di* **interdire**

interdizione [interdit'tsio:ne] *f* Verbot *n*

interessamento [interessa'mento] *m* **1.** (*interesse*) Interesse *n;* (*partecipazione*) Anteilnahme *f* **2.** (*intervento*) Bemühung *f;*

interessante [interes'sante] *agg* interessant; **essere in stato ~** in anderen Umständen sein; **interessare** [interes'sa:re] **I.** *vt* **1.** (*riguardare*) betreffen **2.** (*destare attenzione*) interessieren **II.** *vi essere ~* **a qu** jdn interessieren **III.** *vr* **-rsi** **1.** (*occuparsi*) **-rsi di qu/qc** sich um jdn/etw kümmern **2.** (*mostrare interesse*) **-rsi a** [*o* **di**] **qu/qc** sich für jdn/etw interessieren; **interessato**, **-a** [interes'sa:to] **I.** *agg* eigennützig; (*persona*) materiell eingestellt **II.** *m, f* Interessent(in) *m(f);* (*la persona in causa*) Betreffende(r) *f(m)*

interesse [inte'rɛsse] *m* **1.** (FIN) Zins *m* **2.** (*utilità*) Interesse *n;* **agire nell'~ di qu** jds Interessen wahrnehmen; **avere ~ a qc** an etw *dat* interessiert sein

intereuropeo, **-a** [intereuro'pɛ:o] <-ei, -ee> *agg* zwischen europäischen Staaten, innerhalb der EU

interfaccia [inter'fattʃa] <-cce> *f o m* (INFORM) Schnittstelle *f;* **~ utente/grafica** Benutzer-/Grafikoberfläche *f;* **~ seriale** serielle Schnittstelle; **~ stampante** Druckerschnittstelle *f;* **interfacciabile** [interfat'tʃa:bile] *agg* (INFORM) über Schnittstellen verbindbar; **interfacciale** [interfat'tʃa:le] *agg* (INFORM) Schnittstellen-, Interface-; **sistema ~** Oberflächensystem *n;* **interfacciare** [interfat'tʃa:re] *vt* **1.** (*porre tra due superfici*) zwischenlegen **2.** (INFORM) über eine Schnittstelle verbinden

interferenza [interfe'rɛntsa] *f* **1.** (PHYS) Interferenz *f* **2.** (*fig: intromissione*) Einmischung *f*

interferire [interfe'ri:re] <interferisco> *vi* **1.** (PHYS) interferieren **2.** (*fig: intromettersi*) ~ **in qc** sich in etw *acc* einmischen

interfono [inter'fɔ:no] <-> *m* Sprechanlage *f*

intergalattico, **-a** [interga'lattiko] <-ci, -che> *agg* intergalaktisch

interiezione [interiet'tsio:ne] *f* Interjektion *f*

interinale [interi'na:le] *agg* vorübergehend, vorläufig; **lavoro** ~ Zeitarbeit *f*

interiora [inte'rio:ra] *fpl* Innereien *fpl*

interiore [inte'rio:re] *agg* innere(r, s), Innen-

interiorizzare [interiorid'dza:re] **I.** *vt* verarbeiten **II.** *vr* **-rsi** verinnerlicht werden; **interiorizzazione** [interioriddzat'tsio:ne] *f* Verinnerlichung *f*

interlinea [inter'li:nea] *f* Zeilenabstand *m*

interlocutore, **-trice** [interloku'to:re] *m, f* Gesprächspartner(in) *m(f)*; **interlocutorio**, **-a** [interloku'tɔ:rio] <-i, -ie> *agg* Zwischen-; **interlocutrice** *f v.* **interlocutore**

interludio [inter'lu:dio] <-i> *m* Zwischenspiel *n*

intermediale [interme'dia:le] *agg* (KUNST) multimedial

intermediario, **-a** [interme'dia:rio] <-i, -ie> **I.** *agg* dazwischenliegend, Zwischen- **II.** *m, f* Vermittler(in) *m(f)*; **intermediazione** [intermediat'tsio:ne] *f* Vermittlungstätigkeit *f*; **intermedio**, **-a** [inter'mɛ:dio] *agg* Zwischen-, Mittel-

intermezzo [inter'mɛddzo] *m* **1.** (MUS, LIT) Intermezzo *n* **2.** (*intervallo*) Pause *f*

interminabile [intermi'na:bile] *agg* endlos

interministeriale [interministe'ria:le] *agg* interministeriell

intermittente [intermit'tɛnte] *agg* wechselnd, Wechsel-; (TEC) intermittierend; **luce** ~ Blinklicht *n*; **intermittenza** [intermit'tɛntsa] *f* Unterbrechung *f*, Diskontinuität *f geh*; (TEC) Intermittenz *f*

intermuscolare [intermusko'la:re] *agg* (MED) intermuskulär

internal auditing [in'tə:nl 'ɔ:ditiŋ] <-> *m* (COM) betriebsinterne Rechnungsprüfung; **internal auditor** [in'tə:nl 'ɔ:ditə] <-> *m* (COM) betriebsinterne(r) Rechnungsprüfer(in) *m(f)*

internamente [interna'mente] *avv* innen, im Inner(e)n

internamento [interna'mento] *m* Internierung *f*; (MED) Einweisung *f*; **internare** [inter'na:re] *vt* internieren; (MED) einweisen

internazionale [internattsio'na:le] **I.** *agg* international **II.** *f* **Internazionale** Internationale *f*; **internazionalismo** [internattsiona'lizmo] *m* **1.** (HIST) Internationalismus *m* **2.** (COM) Tendenz *f* zur Bildung multinationaler Konzerne; **internazionalità** [internattsionali'ta] <-> *f* Internationalität *f*; **internazionalizzare** [internattsionalid'dza:re] *vt* internationalisieren; **internazionalizzazione** [internattsionaliddzat'tsio:ne] *f* Internationalisierung *f*

Internet [inter'net] <-> *f* (INFORM, TEL) Internet *n*; **navigare su** ~ im Internet surfen; ~ **browser** Internet-Browser *m*; ~ **café** Internet-Café *n*; ~ **provider** Internet-Provider *m*; **sito** ~ Internet-Adresse *f*; **pagina** ~ Internetseite *f*; **accesso a** ~ Internetzugang *m*

internista [inter'nista] <-i *m*, -e *f*> *mf* Internist(in) *m(f)*

interno [in'tɛrno] *m* **1.** (*parte interna*) Innere(s) *n* **2.** (*numero interno*) Wohnungsnummer *f*; (TEL) Durchwahlnummer *f* **3.** (*territorio nazionale*) Inland *n*

interno, **-a** **I.** *agg* innere(r, s), Innen-; (*mare*) Binnen-; (ADM: *alunno*) intern; (*politica*) Innen-; (*fig*) innerlich **II.** *m, f* Interne(r) *f(m)*

intero [in'te:ro] *m* Ganze(s) *n*

intero, **-a** *agg* ganz; (*fig*) voll; **latte** ~ Vollmilch *f*

interoceanico, **-a** [interotʃe'a:niko] <-ci, -che> *agg* interozeanisch

interparete® [interpa're:te] <-> *f* (SPORT) künstliche Kletterwand

interparlamentare [interparlamen'ta:re] *agg* (PARL) interparlamentarisch; **interpellare** [interpel'la:re] *vt* befragen, anfragen bei; (POL) interpellieren an +*acc*; **interpellato**, **-a** [interpel'la:to] **I.** *m, f* Angesprochene(r) *f(m)* **II.** *agg* zu Rate gezogen, kontaktiert

interpersonale [interperso'na:le] *agg* zwischenmenschlich

interplanetario, **-a** [interplane'ta:rio] *agg* interplanetar(isch), Weltraum-

interporre [inter'porre] <irr> **I.** *vt* dazwischenlegen; (JUR) einlegen; **per interposta persona** durch Mittelsperson **II.** *vr* **-rsi** dazwischentreten; (*fig*) sich einschalten

interposizione [interpozit'tsio:ne] *f* Vermittlung *f*

interposto *pp di* **interporre**

interpretabile [interpre'ta:bile] *agg* interpretierbar

interpretare [interpre'ta:re] *vt* **1.** (*chiarire*) deuten **2.** (MUS, FILM, THEAT) darstellen

interpretariato [interpreta'ria:to] *m* Dolmetschen *n*

interpretazione [interpretat'tsio:ne] *f* **1.** (*di testi, leggi*) Interpretation *f* **2.** (MUS) Interpretation *f;* (FILM, THEAT) Darstellung *f*

interprete [in'tɛrprete] *mf* **1.** (*traduttore*) Dolmetscher(in) *m(f);* **fare da ~** dolmetschen **2.** (FILM, TV, THEAT) Darsteller(in) *m(f);* (MUS) Interpret(in) *m(f)* **3.** (*espositore di volontà altrui*) Vermittler(in) *m(f)*

interpunzione [interpun'tsio:ne] *f* Interpunktion *f,* Zeichensetzung *f*

interrail [inter'reil] <-> *m* (FERR) Interrailticket *n*

interrare [inter'ra:re] **I.** *vt* vergraben **II.** *vr* **-rsi** sich mit Erde füllen; **interrato** [inter'ra:to] *m* Kellergeschoss *n*

interregionale [interredʒo'na:le] *agg* überregional

interrogare [interro'ga:re] *vt* **1.** (*fare domande*) (be)fragen; (*a scuola*) abhören **2.** (JUR) verhören

interrogativo [interroga'ti:vo] *m* (LING) Fragezeichen *n*

interrogativo, -a *agg* fragend, Frage-; (LING) interrogativ

interrogato, -a [interro'ga:to] **I.** *m, f* Befragte(r) *f(m)* **II.** *agg* befragt, verhört

interrogatorio [interroga'tɔ:rio] <-i> *m* Vernehmung *f,* Einvernahme *f A*

interrogazione [interrogat'tsio:ne] *f* Befragung *f*

interrompere [inter'rompere] <irr> **I.** *vt* unterbrechen **II.** *vr* **-rsi** sich unterbrechen; **si è interrotta la comunicazione** die Verbindung ist abgebrochen

interruttore [interrut'to:re] *m* Schalter *m*

interruzione [interrut'tsio:ne] *f* Unterbrechung *f;* **senza ~** ununterbrochen

interscambiabile [interskam'bia:bile] *agg* austauschbar, auswechselbar

interscambio [inters'kambio] *m* Warenaustausch *m*

intersecare [interse'ka:re] **I.** *vt* (durch)kreuzen **II.** *vr* **-rsi** sich schneiden, sich kreuzen

intersezione [interset'tsio:ne] *f* Schnittstelle *f*

interurbana [interur'ba:na] *f* (TEL) Ferngespräch *n*

interurbano, -a [interur'ba:no] *agg* zwischen den Städten liegend; (TEL) Fern(sprech)-

intervallare [interval'la:re] *vt* unterbrechen; **intervallo** [inter'vallo] *m* **1.** (*di tempo*) (Zwischen)zeit *f* **2.** (*di spazio*) Zwischenraum *m* **3.** (MUS) Intervall *n*

intervenire [interve'ni:re] <irr> *vi essere* **1.** (*intromettersi*) **~ in qc** sich in etw *acc* einmischen **2.** (*partecipare*) **~ a qc** an etw *dat* teilnehmen **3.** (MED) einen Eingriff vornehmen

intervento [inter'vɛnto] *m* **1.** (*intromissione*) Eingreifen *n;* (*della polizia*) Einschreiten *n;* (*ingerenza*) Einmischung *f;* (POL, COM) Intervention *f* **2.** (*partecipazione*) **l'~ a qc** die Teilnahme an etw *dat* **3.** (*in un dibattito*) Ansprache *f* **4.** (MED) Eingriff *m*

intervenuto, -a [interve'nu:to] **I.** *pp di* **intervenire II.** *agg* anwesend

intervista [inter'vista] *f* Interview *n;* (*statistica*) Befragung *f;* **intervistare** [intervis'ta:re] *vt* interviewen; **intervistatore, -trice** [intervista'to:re] *m, f* Interviewer(in) *m(f)*

intesa [in'te:sa] *f* **1.** (*accordo*) Einverständnis *n* **2.** (COM) Absprache *f* **3.** (POL) Bündnis *n,* Entente *f*

intesi [in'tesi] *1. pers sing pass rem di* **intendere**

inteso, -a [in'te:so] **I.** *pp di* **intendere II.** *agg* verstanden

intessere [in'tɛssere] *vt* **1.** (*intrecciare*) flechten **2.** (*fig*) anzetteln

intestare [intes'ta:re] *vt* (*libro*) mit einer Überschrift versehen; (*busta*) mit Namen versehen; (*lettera*) mit Briefkopf versehen; **intestatario, -a** [intesta'ta:rio] <-i, -ie> *m, f* Inhaber(in) *m(f);* **intestato, -a** [intes'ta:to] *agg* (*carta*) mit Namen versehen

intestazione [intestat'tsio:ne] *f* **1.** (*registrazione*) Eintragung *f* **2.** (*dicitura*) Überschrift *f*

intestinale [intesti'na:le] *agg* Darm-; **in-**

I

testino [intes'tiːno] *m* Darm *m*
intiepidire [intiepi'diːre] <intiepidisco> **I.** *vt* **1.** (*rendere tiepido*) lau(warm) machen **2.** (*fig: mitigare*) abkühlen **II.** *vr* **-rsi 1.** (*diventare tiepido*) lau(warm) werden **2.** (*fig: attenuarsi*) sich abschwächen, nachlassen
intimare [inti'maːre] *vt* anordnen, befehlen; **intimazione** [intimat'tsioːne] *f* Aufforderung *f*
intimidire [intimi'diːre] <intimidisco> **I.** *vt* einschüchtern **II.** *vr* **-rsi** schüchtern werden
intimità [intimi'ta] <-> *f* **1.** (*di sentimenti*) Intimität *f* **2.** (*di ambienti*) Gemütlichkeit *f*
intimo ['intimo] *m* **1.** (*dell'animo*) Innerste(s) *n* **2.** *pl* engste Verwandte *pl*
intimo, **-a** *agg* **1.** (*più interno*) innerste(r, s); **biancheria -a** Unterwäsche *f* **2.** (*persona*) vertraut **3.** (*ambiente*) gemütlich
intimorire [intimo'riːre] <intimorisco> **I.** *vt* (ver)ängstigen **II.** *vr* **-rsi** sich fürchten
intingere [in'tindʒere] <irr> *vt* eintauchen, eintunken; **intingolo** [in'tiŋgolo] *m* Tunke *f*
intitolare [intito'laːre] *vt* **1.** (*dare un titolo*) betiteln **2.** (*dedicare*) widmen
intoccabile [intok'kaːbile] **I.** *agg* unberührbar **II.** *mf* Unberührbare(r) *f(m)*
intollerabile [intolle'raːbile] *agg* unerträglich
intollerante [intolle'rante] *agg* intolerant; **intolleranza** [intolle'rantsa] *f* Intoleranz *f*
intonaco [in'tɔːnako] <-ci> *m* Verputz *m*
intonare [into'naːre] **I.** *vt* (MUS) anstimmen, intonieren; (*strumento*) stimmen **II.** *vr* **-rsi con** [*o* **a**] **qc** zu etw passen; **intonazione** [intonat'tsioːne] *f* **1.** (MUS) Anstimmen *n;* (*di strumento*) Stimmen *n* **2.** (LING) Intonation *f;* **intontire** [inton'tiːre] <intontisco> **I.** *vt* benommen machen **II.** *vi essere* benommen werden
intoppo [in'tɔppo] *m* Hindernis *n*
intorbidare [intorbi'daːre] **I.** *vt* trübe machen **II.** *vr* **-rsi** trübe werden
intorno [in'torno] **I.** *avv* umher, herum; **tutt'~** ringsherum, ringsumher **II.** *prp* **~ a** an +*dat;* (*locale, temporale*) um +*acc* ... herum **III.** <inv> *agg* umliegend
intorpidire [intorpi'diːre] <intorpidisco> **I.** *vt* **1.** (*membra*) gefühllos machen **2.** (*fig*) stumpf machen **II.** *vr* **-rsi 1.** (*membra*) gefühllos werden **2.** (*fig*) stumpf werden
intossicare [intossi'kaːre] **I.** *vt* vergiften **II.** *vr* **-rsi** sich vergiften; **intossicazione** [intossikat'tsioːne] *f* Vergiftung *f*
intracomunitario, **-a** [intrakomuni'taːrio] <-i, -ie> *agg* innereuropäisch; **scambi -i** EU-interne Transaktionen
intraducibile [intradu'tʃiːbile] *agg* **1.** (*lingua*) unübersetzbar **2.** (*fig: sentimento*) unausdrückbar
intralciare [intral'tʃaːre] **I.** *vt* behindern **II.** *vr* **-rsi** sich verwickeln; **intralcio** [in'traltʃo] <-ci> *m* Hindernis *n*
intrallazzare [intrallat'tsaːre] *vi* Machenschaften betreiben; **intrallazzo** [intral'lattso] *m* Intrige *f*
intramuscolare [intramusko'laːre] *agg* (MED) intramuskulär
Intranet [intra'net] <-> *f* (INFORM) Intranet *n*
intransigente [intransi'dʒɛnte] *agg* unnachgiebig; **intransigenza** [intransi'dʒɛntsa] *f* Unnachgiebigkeit *f*
intransitabile [intransi'taːbile] *agg* unbefahrbar
intransitivo [intransi'tiːvo] *m* (LING) Intransitiv *n*
intransitivo, **-a** *agg* (LING) intransitiv
intrappolare [intrappo'laːre] *vt* in einer Falle fangen
intraprendente [intrapren'dɛnte] *agg* unternehmungslustig; (*con le donne*) draufgängerisch
intraprendere [intra'prɛndere] <irr> *vt* unternehmen; (*carriera*) einschlagen; (*studi*) ergreifen
intrasportabile [intraspor'taːbile] *agg* nicht transportfähig
intrattabile [intrat'taːbile] *agg* heikel; **intrattabilità** [intrattabili'ta] <-> *f* (*di persona*) Unleidlichkeit *f*
intrattenere [intratte'neːre] <irr> **I.** *vt* unterhalten **II.** *vr* **-rsi su qc** sich bei etw aufhalten; **intrattenimento** [intratteni'mento] *m* Unterhaltung *f;* **intrattenitore**, **-trice** [intratteni'toːre] *m, f* Entertainer(in) *m(f)*
intrav(v)edere [intrav(v)e'deːre] <irr> *vt* **1.** (*scorgere*) (flüchtig) erblicken **2.** (*fig: intuire*) (er)ahnen
intrecciare [intret'tʃaːre] **I.** *vt* **1.** (*intesse-*

re) flechten **2.** (*fig*) knüpfen **II.** *vr* **-rsi** **1.** (*incrociarsi*) sich verschlingen **2.** (*fig: interesse*) sich verflechten; **intreccio** [in'trettʃo] <-cci> *m* **1.** (*lavoro*) Flechtwerk *n* **2.** (*fig: trama*) Handlung *f*

intrepido, **-a** [in'trɛ:pido] *agg* unerschrocken

intricare [intri'ka:re] **I.** *vt* verwickeln **II.** *vr* **-rsi** sich verwickeln

intrigante [intri'gante] **I.** *agg* intrigant **II.** *mf* Intrigant(in) *m(f)*; **intrigare** [intri'ga:re] **I.** *vi* Ränke schmieden **II.** *vr* **-rsi in qc** sich in etw *acc* einmischen; **intrigo** [in'tri:go] <-ghi> *m* Intrige *f*

intrinseco, **-a** [in'trinseko] <-ci, -che> *agg* innere(r, s)

intriso, **-a** *agg* ~ **di** triefend von

introdurre [intro'durre] <introduco, introdussi, introdotto> **I.** *vt* **1.** (*inserire*) (hinein)stecken **2.** (*far entrare*) eintreten lassen; (*presentare*) vorstellen **3.** (*fig: avviare*) einleiten **II.** *vr* **-rsi in qc** sich in etw *acc* einschleichen; **introduzione** [introdut'tsio:ne] *f* **1.** (*inserimento*) Einführung *f* **2.** (*prefazione*) Einleitung *f* **3.** (MUS) Vorspiel *n*; (*di opera*) Ouvertüre *f*

introito [in'trɔ:ito] *m* Einnahme *f*

intromettersi [intro'mettersi] <irr> *vr* ~ **in qc** sich in etw *acc* einmischen

introvabile [intro'va:bile] *agg* unauffindbar

introverso, **-a**, **introvertito**, **-a** [intro'vɛrso, introver'ti:to] **I.** *agg* introvertiert **II.** *m, f* Introvertierte(r) *f(m)*

intruglio [in'truʎʎo] <-gli> *m* Gemisch *n*; (*bevanda*) Gebräu *n*

intrusione [intru'zio:ne] *f* **1.** (*intervento*) Eindringen *n* **2.** (*ingerenza*) Einmischung *f*; **intruso**, **-a** [in'tru:zo] *m, f* Eindringling *m*

intuire [intu'i:re] <intuisco> *vt* **1.** (*sentire*) fühlen, ahnen **2.** (*presentire*) (voraus)ahnen; **intuito** [in'tu:ito] *m* Intuition *f*; **intuizione** [intuit'tsio:ne] *f* Intuition *f*; (*presentimento*) Vorahnung *f*

inumano, **-a** [inu'ma:no] *agg* unmenschlich

inumidire [inumi'di:re] <inumidisco> **I.** *vt* befeuchten **II.** *vr* **-rsi** feucht werden

inurbamento [inurba'mento] *m* Landflucht *f*

inutile [i'nu:tile] *agg* **1.** (*senza utilità*) nutzlos **2.** (*inefficace*) unwirksam **3.** (*superfluo*) sinnlos; **inutilità** [inutili'ta] *f* **1.** (*mancanza di utilità*) Nutzlosigkeit *f* **2.** (*inefficacia*) Unwirksamkeit *f*

inutilizzabile [inutilid'dza:bile] *agg* unbrauchbar

invadente [inva'dɛnte] **I.** *agg* aufdringlich **II.** *mf* aufdringlicher Mensch

invadere [in'va:dere] <invado, invasi, invaso> *vt* **1.** (*con forza*) überfallen; (*paese*) einfallen in +*acc* **2.** (*fig*) überschwemmen

invaditrice *f v.* **invasore**

invaghire [inva'gi:re] <invaghisco> **I.** *vt* verliebt machen **II.** *vr* **-rsi di qu** sich in jdn verlieben

invalidare [invali'da:re] *vt* für ungültig erklären; **invalidità** [invalidi'ta] *f* **1.** (*gener*) Ungültigkeit *f* **2.** (JUR) Rechtsungültigkeit *f* **3.** (*per menomazione*) Invalidität *f*; **invalido**, **-a** [in'va:lido] **I.** *agg* **1.** (JUR) rechtsungültig **2.** (*per menomazione*) invalide **II.** *m, f* Invalide *mf*

invalso, **-a** [in'valso] *agg* verbreitet

invano [in'va:no] *avv* umsonst

invariabile [inva'ria:bile] *agg* unveränderlich; **invariato**, **-a** [inva'ria:to] *agg* unverändert

invasi [in'va:zi] *1. pers sing pass rem di* **invadere**

invasione [inva'zio:ne] *f* **1.** (MIL) Invasion *f* **2.** (*fig*) Verbreitung *f*

invaso¹ [in'va:zo] *pp di* **invadere**

invaso² *m* (*di piante*) Eintopfen *n*

invasore, **invaditrice** [inva'zo:re, invadi'tri:tʃe] **I.** *agg* eindringend **II.** *m, f* Eindringling *m*

invecchiamento [invekkia'mento] *m* **1.** (BIOL) Altern *n* **2.** (*del vino*) Alterung *f*; **invecchiare** [invek'kia:re] **I.** *vi essere* **1.** (BIOL) alt werden **2.** (*vino*) altern, (ab)lagern **II.** *vt* **1.** (*far diventare vecchio*) alt werden lassen **2.** (*far sembrare vecchio*) alt machen

invece [in've:tʃe] **I.** *avv* dagegen, indes(sen) **II.** *prp* ~ **di** (an)statt +*gen*; ~ **di lei** an ihrer Stelle

inveire [inve'i:re] <inveisco> *vi* ~ **contro qc** gegen etw wettern

inventare [inven'ta:re] *vt* **1.** (*scoprire*) erfinden **2.** (*escogitare*) ersinnen, ausdenken

inventario [inven'ta:rio] <-i> *m* Inventur *f*

I

inventiva [inven'tiːva] *f* Erfindungsgabe *f;* **inventore**, **-trice** [inven'toːre] *m, f* Erfinder(in) *m(f)*

invenzione [inven'tsioːne] *f* Erfindung *f;* (*scoperta*) Entdeckung *f*

invernale [inver'naːle] *agg* winterlich, Winter-

inverniciare [inverni'tʃaːre] *vt* lackieren

inverno [in'vɛrno] *m* Winter *m*

inverosimile [invero'siːmile] *agg* unwahrscheinlich

inversione [inver'sioːne] *f* Umkehrung *f;* ~ **di marcia** (MOT) Wenden *n*

inverso [in'vɛrso] *m* Gegenteil *n*

inverso, **-a** *agg* umgekehrt

invertebrato, **-a** [inverte'braːto] *agg* **1.** (ZOO) wirbellos **2.** (*fig: persona smidollata*) ohne Rückgrat

invertire [inver'tiːre] *vt* **1.** (*nel senso contrario*) umkehren; (*direzione*) ändern **2.** (*scambiare*) (aus)tauschen; (*posto, disposizione*) umstellen **3.** (LING, CHEM) invertieren **4.** (*fig: capovolgere*) auf den Kopf stellen; **invertito**, **-a** [inver'tiːto] *m, f* Invertierte(r) *f(m)*

investigare [investi'gaːre] **I.** *vt* erforschen **II.** *vi* Nachforschungen anstellen; **investigatore**, **-trice** [investiga'toːre] *m, f* (Er)forscher(in) *m(f);* **investigazione** [investigat'tsioːne] *f* Untersuchung *f,* Nachforschung *f*

investimento [investi'mento] *m* **1.** (FIN) Anlage *f* **2.** (*urto*) Zusammenstoß *m;* (*di persone, animali*) Anfahren *n;* (*a morte*) Überfahren *n;* **investire** [inves'tiːre] **I.** *vt* **1.** ~ **qu di qc** (*di una carica*) jdn mit etw betrauen; (*titolo, dignità*) jdm etw verleihen **2.** (FIN) investieren **3.** (*urtare*) zusammenstoßen mit +*acc;* (*persone, animali*) anfahren; (*a morte*) überfahren **II.** *vr* **-rsi 1.** (*di un titolo*) erreichen **2.** (*di persona, parte*) **-rsi di qu/qc** sich in jdn/etw hineinversetzen; **investitura** [investi'tuːra] *f* Investitur *f*

investment trust [in'vestmənt trʌst] <-> *m* (FIN: *fondo chiuso*) Investmenttrust *m*

inveterato, **-a** [invete'raːto] *agg* eingewurzelt

invettiva [invet'tiːva] *f* Schmährede *f*

inviare [invi'aːre] *vt* (ver)schicken; **inviato**, **-a** [invi'aːto] *m, f* **1.** (*di giornale*) Berichterstatter(in) *m(f)* **2.** (*in diplomazia*) (Ab)gesandte(r) *f(m)*

invidia [in'viːdia] <-ie> *f* Neid *m;* **invidiabile** [invi'diaːbile] *agg* beneidenswert; **invidiare** [invi'diaːre] *vt* neidisch sein auf +*acc;* ~ **qu per qc** jdn um etw beneiden; **invidioso**, **-a** [invi'dioːso] **I.** *agg* neidisch; **essere** ~ **di qu/qc** auf jdn/etw neidisch sein **II.** *m, f* neidischer Mensch

invincibile [invin'tʃiːbile] *agg* unbesiegbar

invio [in'viːo] <-ii> *m* **1.** (*spedizione*) Sendung *f;* (*di persone*) Entsendung *f* **2.** (INFORM: *tasto*) Entertaste *f*

inviolabile [invio'laːbile] *agg* unverletzlich; (*diritto*) unantastbar; **inviolato**, **-a** [invio'laːto] *agg* unverletzt; (*foresta, verginità*) unberührt

invisibile [invi'ziːbile] *agg* unsichtbar; **invisibilità** [invizibili'ta] *f* Unsichtbarkeit *f*

inviso, **-a** [in'viːzo] *agg* (*malvisto*) unbeliebt; (*odiato*) verhasst

invitare [invi'taːre] *vt* **1.** (*ospiti*) einladen; ~ **qu a una festa** jdn zu einer Feier einladen **2.** (*esortare*) auffordern; (*convocare*) bitten; **invitato**, **-a** [invi'taːto] *m, f* Eingeladene(r) *f(m);* **invito** [in'viːto] *m* **1.** (*chiamata, biglietto*) Einladung *f* **2.** (*esortazione*) Aufforderung *f*

invivibile [invi'viːbile] *agg* unerträglich

invocare [invo'kaːre] *vt* **1.** (*chiamare con fervore*) anflehen **2.** (*implorare*) bitten um

invogliare [invoʎ'ʎaːre] **I.** *vt* ~ **qu a qc** jdn zu etw anregen **II.** *vr* **-rsi di qc** auf etw *acc* Lust bekommen

involgere [in'vɔldʒere] <irr> *vt* ~ **qc in qc** etw in etw *acc* einwickeln

involontario, **-a** [involon'taːrio] *agg* **1.** (*contro la propria volontà*) unfreiwillig **2.** (*senza intenzione*) unabsichtlich **3.** (*gesto*) unwillkürlich

involsi *1. pers sing pass rem di* **involgere**

involtino [invol'tiːno] *m* Roulade *f*

involto[1] [in'vɔlto] *pp di* **involgere**

involto[2] *m* **1.** (*pacco*) Paket *n* **2.** (*fagotto*) Bündel *n*

involucro [in'vɔːlukro] *m* Hülle *f*

involuto, **-a** [invo'luːto] *agg* verworren

involuzione [involut'tsioːne] *f* Rückentwicklung *f*

invulnerabile [invulne'raːbile] *agg* unverwundbar; (*fig*) unangreifbar; **invulnerabilità** [invulnerabili'ta] *f* Unverwundbarkeit *f;* (*fig*) Unangreifbarkeit *f*

inzaccherare [intsakke'raːre] *vt* mit

Schlamm beschmutzen

inzuppare [intsup'pa:re] **I.** *vt* **1.** (*impregnare*) durchnässen **2.** (*intingere*) eintauchen **II.** *vr* **-rsi 1.** (*imbeversi*) sich voll saugen **2.** (*sotto la pioggia*) durchnässt werden

io ['i:o] **I.** *pron pers 1. pers sing* ich **II.** <-> *m* Ich *n;* **nel proprio ~** im Inneren

iodato [io'da:to] *m* Jodat *n*

iodato, **-a** *agg* jodhaltig; **iodio** ['iɔ:dio] *m* Jod *n*

ione ['io:ne] *m* Ion *n*

ionico, **-a** ['iɔ:niko] <-ci, -che> *agg* **1.** (GEOG) ionisch **2.** (PHYS) Ionen-

iosa ['iɔ:za] *avv* **a ~** in Hülle und Fülle

IP *f abbr di* **Italiana Petroli** *italienische Mineralölgesellschaft*

iper- [iper] (*in parole composte*) über-, Über-

iperacidità [iperatʃidi'ta] <-> *f* (MED) Magenübersäuerung *f*

iperattività [iperattivi'ta] <-> *f* (MED) Hyperaktivität *f;* **iperattivo**, **-a** [iperat'ti:vo] *agg* hyperaktiv

iperbole [i'pɛrbole] *f* (MAT, LING) Hyperbel *f*

ipercalorico, **-a** [iperka'lɔ:riko] <-ci, -che> *agg* kalorienreich

iperglicemia [iperglitʃe'mi:a] <-ie> *f* (MED) Hyperglykämie *f*

iperinflazione [iperinflat'tsio:ne] *f* (FIN) galoppierende Inflation

ipermercato [ipermer'ka:to] *m* Großmarkt *m*

ipernutrire [ipernu'tri:re] *vt* (MED) überernähren

iperproteico, **-a** [iperpro'tɛ:iko] <-ci, -che> *agg* eiweißreich

iperprotettivo, **-a** [iperprotet'ti:vo] *agg* überängstlich

ipersensibile [ipersen'si:bile] *agg* übersensibel

ipertensione [iperten'sio:ne] *f* Bluthochdruck *m*

ipervitaminico, **-a** [ipervita'mi:niko] <-ci, -che> *agg* vitaminreich

ipnosi [ip'nɔ:zi] <-> *f* Hypnose *f*

ipnotizzare [ipnotid'dza:re] *vt* hypnotisieren; **ipnotizzatore**, **-trice** [ipnotiddza'to:re] *m, f* Hypnotiseur(in) *m(f)*

ipoallergenico, **-a** [ipoaller'dʒɛ:niko] <-ci, -che> *agg* antiallergen; **cosmetici -ci** hautfreundliche Kosmetika

ipocalorico, **-a** [ipoka'lɔ:riko] <-ci, -che> *agg* kalorienarm

ipocondria [ipokon'dri:a] <-ie> *f* (PSYCH) Hypochondrie *f*

ipocrisia [ipokri'zi:a] <-ie> *f* Heuchelei *f;* **ipocrita** [i'pɔ:krita] <-i *m*, -e *f*> **I.** *agg* heuchlerisch **II.** *mf* Heuchler(in) *m(f)*

ipofisi [i'pɔ:fizi] <-> *f* (ANAT) Hirnanhangdrüse *f*, Hypophyse *f*

ipoproteico, **-a** [ipopro'tɛ:iko] <-ci, -che> *agg* eiweißarm

iposodico, **-a** [ipo'sɔ:diko] <-ci, -che> *agg* natriumarm

ipostasi [i'pɔstazi] <-> *f* Hypostase *f*

ipoteca [ipo'tɛ:ka] <-che> *f* Hypothek *f;* **ipotecare** [ipote'ka:re] *vt* (JUR) mit einer Hypothek belasten

ipotenusa [ipote'nu:za] *f* (MAT) Hypotenuse *f*

ipotesi [i'pɔ:tezi] <-> *f* **1.** (*supposizione*) Annahme *f* **2.** (MAT, PHILOS) Hypothese *f* **3.** (*eventualità*) Fall *m*, Eventualität *f;* **ipotetico**, **-a** [ipo'tɛ:tiko] <-ci, -che> *agg* **1.** (*supposto*) angenommen **2.** (*dubbio*) zweifelhaft **3.** (LING) **periodo ~** Bedingungssatz *m*

ipotizzare [ipotid'dza:re] *vt* annehmen

ipotrofia [ipotro'fi:a] <-ie> *f* (MED) Hypotrophie *f*

ippica ['ippika] <-che> *f* Reitsport *m*, Reiten *n;* **ippico**, **-a** ['ippiko] <-ci, -che> *agg* Reit-

ippocampo [ippo'kampo] *m* Seepferdchen *n*

ippocastano [ippokas'ta:no] *m* Rosskastanie *f*

ippodromo [ip'pɔ:dromo] *m* Pferderennbahn *f*

ippopotamo [ippo'pɔ:tamo] *m* Nilpferd *n*

ipsilon ['ipsilon] <-> *f* Ypsilon *n*

I.P.Z.S. *m abbr di* **Istituto Poligrafico e Zecca dello Stato** *staatliche Druckerei und Münze*

ira ['i:ra] *f* Zorn *m*

iracheno, **-a** [ira'kɛ:no] **I.** *agg* irakisch **II.** *m, f* Iraker(in) *m(f)*

Iran [i'ran] *m* **l'~** der Iran; **iraniano**, **-a** [ira'nia:no] **I.** *agg* iranisch **II.** *m, f* Iraner(in) *m(f)*

Iraq [i'rak] *m* **l'~** der Irak

irascibile [iraʃ'ʃi:bile] *agg* jähzornig

irato, **-a** [i'ra:to] *agg* zornig

I.R.I. ['i:ri] *m abbr di* **Istituto per la Ricostruzione Industriale** *Institut für industriellen (Wieder)aufbau*
iridato, -a [iri'da:to] *agg* regenbogenfarbig
iride ['i:ride] *f* **1.** (ANAT) Iris *f* **2.** (BOT) Schwertlilie *f;* **iridescente** [irideʃ'ʃɛnte] *agg* irisierend
iris ['i:ris] <-> *m* Iris *f*
Irlanda [ir'landa] *f* Irland *n;* **irlandese** [irlan'de:se] **I.** *agg* irisch **II.** *mf* Ire *m,* Irin *f*
ironia [iro'ni:a] <-ie> *f* Ironie *f;* **ironico, -a** [i'rɔ:niko] <-ci, -che> *agg* ironisch; **ironizzare** [ironid'dza:re] *vt, vi* ironisieren
iroso, -a [i'ro:so] *agg* zornig
IRPEF ['irpef] *f acro di* **Imposta sul Reddito delle PErsone Fisiche** Einkommenssteuer *f*
IRPEG *f acro di* **Imposta sul Reddito delle PErsone Giuridiche** Körperschaftssteuer *f*
irradiare [irra'dia:re] **I.** *vt* **1.** (*illuminare*) bestrahlen **2.** (*diffondere*) ausstrahlen **3.** (MED, PHYS) bestrahlen **II.** *vr* **-rsi** ausstrahlen; (*strade*) abzweigen
irradiazione [irradiat'tsio:ne] *f* **1.** (*illuminazione*) Strahlung *f* **2.** (MED) Bestrahlung *f*
irraggiungibile [irraddʒun'dʒi:bile] *agg* unerreichbar
irragionevole [irradʒo'ne:vole] *agg* **1.** (*irrazionale*) irrational **2.** (*fig: sospetto*) unbegründet; (*prezzo*) ungerechtfertigt
irrazionale [irrattsio'na:le] *agg* **1.** (*irragionevole*) irrational **2.** (*persone*) unvernünftig **3.** (MAT, PHILOS) irrational, irrationell; **irrazionalità** [irrattsionali'ta] <-> *f* Irrationalität *f*
irreale [irre'a:le] *agg* unwirklich
irrealizzabile [irrealid'dza:bile] *agg* undurchführbar
irrecuperabile [irrekupe'ra:bile] *agg* unwiederbringlich
irrefrenabile [irrefre'na:bile] *agg* unaufhaltsam
irrefutabile [irrefu'ta:bile] *agg* unwiderlegbar
irregolare [irrego'la:re] **I.** *agg* unregelmäßig; (JUR) rechtswidrig; (*non uniforme*) ungleichmäßig **II.** *m* Irreguläre(r) *m;* **irregolarità** [irregolari'ta] <-> *f* **1.** (*gener*) Unregelmäßigkeit *f* **2.** (JUR) Gesetzwidrigkeit *f;* (*reato*) Vergehen *n*
irremovibile [irremo'vi:bile] *agg* unbeugsam
irreparabile [irrepa'ra:bile] *agg* **1.** (*danno*) nicht wiedergutzumachen(d); (*perdita*) unersetzlich **2.** (*fig: inevitabile*) unvermeidlich
irreperibile [irrepe'ri:bile] *agg* unauffindbar
irreprensibile [irrepren'si:bile] *agg* tadellos
irrequietezza [irrekuie'tettsa] *f* Unruhe *f;* **irrequieto, -a** [irre'kuiɛ:to] *agg* unruhig
irresistibile [irresis'ti:bile] *agg* unwiderstehlich
irresoluto, -a [irreso'lu:to] *agg* unentschlossen
irrespirabile [irrespi'ra:bile] *agg* stickig
irresponsabile [irrespon'sa:bile] *agg* **1.** (*esente da responsabilità*) unverantwortlich; (*persone*) verantwortungslos **2.** (JUR) unzurechnungsfähig
irrestringibile [irrestrin'dʒi:bile] *agg* nicht einlaufend
irreversibile [irrever'si:bile] *agg* nicht umkehrbar *geh;* (*fig*) unwiderruflich
irrevocabile [irrevo'ka:bile] *agg* unwiderruflich
irriconoscibile [irrikonoʃ'ʃi:bile] *agg* nicht wiederzuerkennen
irriducibile [irridu'tʃi:bile] *agg* **1.** (*prezzo*) nicht herabsetzbar **2.** (*volontà*) unbeugsam **3.** (MAT: *frazione*) echt
irrigare [irri'ga:re] *vt* (AGR) bewässern; **irrigazione** [irrigat'tsio:ne] *f* (AGR) Bewässerung *f*
irrigidire [irri'di:re] <irrigidisco> **I.** *vt* **1.** (*rendere rigido*) versteifen **2.** (*fig: inasprire*) verschärfen **II.** *vr* **-rsi 1.** (*farsi rigido*) steif werden **2.** (*fig: ostinarsi*) **-rsi in** [*o* **su**] **qc** sich auf etw *acc* versteifen
irrilevante [irrile'vante] *agg* irrelevant
irrimediabile [irrime'dia:bile] *agg* nicht wiedergutzumachen(d)
irripetibile [irripe'ti:bile] *agg* unwiederholbar; (*pagamento*) einmalig
irrisorio, -a [irri'zɔ:rio] <-i, -ie> *agg* spöttisch, Spott-
irritabile [irri'ta:bile] *agg* **1.** (*eccitabile*) reizbar **2.** (MED) empfindlich
irritare [irri'ta:re] **I.** *vt* **1.** (*infastidire*) reizen; (*far arrabbiare*) ärgern **2.** (MED) entzünden **II.** *vr* **-rsi 1.** (*adirarsi*) sich ärgern **2.** (MED) sich entzünden; **irritazione** [irritat'tsio:ne] *f* **1.** (*per stizza*) Gereiztheit *f*

2. (MED) Entzündung *f*

irriverente [irrive'rɛnte] *agg* respektlos

irrobustire [irrobus'ti:re] <irrobustisco> **I.** *vt* stärken **II.** *vr* **-rsi** stark werden

irrompere [ir'rompere] <irr> *vi essere* ~ **in qc** in etw *acc* einbrechen

irrorare [irro'ra:re] *vt* (AGR) spritzen

irrotto *pp di* **irrompere**

irruente [irru'ɛnte] *agg* heftig; **irruenza** [irru'ɛntsa] *f* Ungestüm *n*

irruppi *1. pers sing pass rem di* **irrompere**

irruzione [irrut'tsio:ne] *f* Einbruch *m*

ISBN *m abbr di* **International Standard Book Number** ISBN *f*

iscrissi *1. pers sing pass rem di* **iscrivere**

iscritto [is'kritto] *m* **per** ~ schriftlich

iscritto, **-a** *m, f* Eingetragene(r) *f(m)*

iscrivere [is'kri:vere] <irr> **I.** *vt* **1.** (*registrare*) eintragen **2.** (*far ammettere*) anmelden; (*all'università*) einschreiben, inskribieren *A* **II.** *vr* **-rsi a qc** sich bei etw anmelden; **iscrizione** [iskrit'tsio:ne] *f* **1.** (*atto dell'iscrivere*) Anmeldung *f;* (*all'università*) Einschreibung *f,* Inskription *f A* **2.** (*registrazione*) Eintragung *f* **3.** (*frase incisa*) Inschrift *f*

ISDN [i:ɛsse'diɛ:nne] (TEL) *abbr di* **Integrated Services Digital Network** ISDN

I.S.E.F. ['i:zef] *m abbr di* **Istituto Superiore di Educazione Fisica** Sporthochschule *f*

Isernia *f Stadt in Molise*

isernino, **-a** **I.** *agg* aus Isernia **II.** *m, f* Einwohner(in) *m(f)* von Isernia

Islam [iz'lam] <-> *m* Islam *m;* **islamico**, **-a** [iz'la:miko] <-ci, -che> **I.** *agg* islamisch **II.** *m, f* Mohammedaner(in) *m(f)*

Islanda [iz'landa] *f* Island *n;* **islandese** [izlan'de:se] **I.** *agg* isländisch **II.** *mf* Isländer(in) *m(f)*

isola ['i:zola] *f* Insel *f;* ~ **pedonale** Verkehrsinsel *f;* (*nel centro storico*) Fußgängerzone *f*

isolamento [izola'mento] *m* Absonderung *f,* Isolierung *f;* (*solitudine*) Einsamkeit *f*

isolano, **-a** [izo'la:no] **I.** *agg* insular, Insel- **II.** *m, f* Inselbewohner(in) *m(f)*

isolante [izo'lante] **I.** *agg* isolierend, Isolier- **II.** *m* Isolierstoff *m*

isolare [izo'la:re] **I.** *vt* isolieren, (ab)trennen **II.** *vr* **-rsi** sich absondern

isolato [izo'la:to] *m* Häuserblock *m*

isolato, **-a** **I.** *agg* abgesondert; (*luogo*) abgeschieden **II.** *m, f* zurückgezogen lebender Mensch

isotermico, **-a** [izo'tɛrmiko] *agg* isothermisch

ispanismo [ispa'nizmo] *m* (LING) Hispanismus *m*

ispettorato [ispetto'ra:to] *m* Aufsichtsbehörde *f;* **ispettore**, **-trice** [ispet'to:re] *m, f* Inspektor(in) *m(f)*

ispezionare [ispet'tsio'na:re] *vt* prüfen, zensurieren *A;* **ispezione** [ispet'tsio:ne] *f* **1.** (*di vigilanza*) Überwachung *f* **2.** (*di controllo*) Revision *f*

ispido, **-a** ['ispido] *agg* **1.** (*irto*) borstig **2.** (*fig*) kratzbürstig, rass *A*

ispirare [ispi'ra:re] **I.** *vt* **1.** (*suscitare*) erwecken; (*paura*) einflößen **2.** (*suggerire*) anregen **3.** (*estro creativo*) inspirieren **II.** *vr* **-rsi a qc** sich von etw inspirieren lassen; (*prendere a modello*) sich an etw *dat* orientieren; **ispirazione** [ispirat'tsio:ne] *f* **1.** (*estro creativo*) Inspiration *f* **2.** (*suggerimento*) Anregung *f* **3.** (*trovata*) Einfall *m*

Israele [izra'ɛ:le] *m* Israel *n;* **israeliano**, **-a** [izrae'lia:no] **I.** *agg* israelisch **II.** *m, f* Israeli *mf;* **israelita** [israe'li:ta] <-i *m,* -e *f*> *mf* Israelit(in) *m(f)*

issare [is'sa:re] *vt* heben; (*vele*) hissen

Istanbul [is'tambul] *f* Istanbul *n*

istantaneo, **-a** [istan'ta:neo] <-ei, -ee> *agg* augenblicklich

istante [is'tante] *m* Augenblick *m;* **all'**~ augenblicklich

istanza [is'tantsa] *f* **1.** (*richiesta*) Antrag *m,* Ansuchen *n A* **2.** (JUR, ADM) Instanz *f*

ISTAT *m acro di* **Istituto** (**Centrale**) **di STATistica** *italienisches Zentralamt für Statistik*

ISTEL *f acro di* **Indagine Sull'ascolto delle TELevisioni** (**in Italia**) *Nationales Institut für Medienforschung*

isteria [iste'ri:a] <-ie> *f* Hysterie *f;* **isterico**, **-a** [is'tɛ:riko] <-ci, -che> **I.** *agg* hysterisch **II.** *m, f* Hysteriker(in) *m(f)*

istigare [isti'ga:re] *vt* ~ **qu a qc** jdn zu etw anstiften; **istigatore**, **-trice** [istiga'to:re] *m, f* Aufwiegler(in) *m(f);* **istigazione** [istigat'tsio:ne] *f* Aufwieglung *f*

istintivo, **-a** [istin'ti:vo] *agg* instinktiv

istinto [is'tinto] *m* Instinkt *m;* (*impulso*) Trieb *m;* (*sentimento*) Gefühl *n*

istituire [istitu'i:re] <istituisco> *vt* **1.** (*fondare*) gründen **2.** (*stabilire*) stiften **3.** (*nominare*) einsetzen, ernennen **4.** (*im-*

postare) aufstellen, anstellen

istituto [isti'tu:to] *m* **1.** (*ente, impresa*) Institut *n;* ~ **di bellezza** Kosmetikinstitut *n* **2.** (*banca*) Bank *f;* **Istituto monetario europeo** Europäisches Währungsinstitut **3.** (*di facoltà universitaria*) Institut *n* **4.** (*scuola*) Schule *f;* ~ **superiore** Oberschule *f*

istitutore, **-trice** [istitu'to:re] *m, f* Hauslehrer(in) *m(f)*

istituzionale [istituttsio'na:le] *agg* institutionell

istituzione [istitut'tsio:ne] *f* **1.** (*fondazione*) Stiftung *f* **2.** (*fondato su leggi, usi*) Institution *f*

istmo ['istmo] *m* (GEOG) Landenge *f*

istrice ['istritʃe] *m* **1.** (ZOO) Stachelschwein *n* **2.** (*fig*) ruppiger Mensch

istrione [istri'o:ne] *m* (HIST) Histrione *m;* (*fig*) Komödiant *m*

istruire [istru'i:re] <istruisco> **I.** *vt* **1.** (*insegnare*) unterrichten **2.** (*educare*) erziehen **3.** (*dare istruzioni*) anleiten **4.** (JUR: *processo*) einleiten **II.** *vr* **-rsi 1.** (*formarsi*) sich bilden **2.** (*informarsi*) **-rsi su qc** sich über etw *acc* informieren; **istruttivo**, **-a** [istrut'ti:vo] *agg* lehrreich *geh;* **istruttore**, **-trice** [istrut'to:re] **I.** *agg* ausbildend, Ausbildungs-; (JUR) Untersuchungs- **II.** *m, f* Lehrer(in) *m(f);* **istruttoria** [istrut'tɔ:ria] <-ie> *f* (Vor)untersuchung *f;* **istruttrice** *f v.* **istruttore**; **istruzione** [istrut'tsio:ne] *f* **1.** (*insegnamento*) Unterricht *m* **2.** (*cognizioni acquisite*) (Aus)bildung *f* **3.** (*direttiva*) Anweisung *f* **4.** *pl* (*prescrizioni*) Gebrauchsanweisung *f* **5.** (JUR) (Vor)untersuchung *f*

Italia [i'ta:lia] *f* Italien *n;* **vado in** ~ ich fahre nach Italien; **l'~ è un paese molto bello** Italien ist ein sehr schönes Land; **italianizzare** [italianid'dza:re] *vt* italianisieren

italiano [ita'lia:no] <*sing*> *m* Italienisch(e) *n;* **come si dice in ~?** wie heißt das auf Italienisch?; **parla ~?** sprechen Sie Italienisch?

italiano, **-a I.** *agg* italienisch; **all'-a** auf italienische Art **II.** *m, f* Italiener(in) *m(f);* **è -a** sie ist Italienerin

italico, **-a** [i'ta:liko] <-ci, -che> **I.** *agg* italisch **II.** *m, f* Italiker(in) *m(f)*

italo- [italo] (*in parole composte*) italo-, Italo-

ITALTEL *f acro di* **società ITAliana TELecomunicazioni** *italienische Telekom*

iter ['i:ter] <-> *m* (*trafila burocratica*) Weg *m*

itinerante [itine'rante] *agg* Wander-

itinerario [itine'ra:rio] <-i> *m* (Reise)weg *m*

I.T.I.S. ['i:tis] *m abbr di* **Istituto Tecnico Industriale Statale** *Schule für industrietechnische Berufsausbildung*

itterizia [itter'rittsia] <-ie> *f* Gelbsucht *f*

ittico, **-a** ['ittiko] <-ci, -che> *agg* Fisch-

iugoslavia [iugoz'la:via] *f* **l'ex** ~ das ehemalige Jugoslawien; **iugoslavo**, **-a** [iugoz'la:vo] **I.** *agg* jugoslawisch **II.** *m, f* Jugoslawe, -slawin *m, f*

iuta ['iu:ta] *f* Jute *f*

I.V.A. ['i:va] *f abbr di* **Imposta sul Valore Aggiunto** MwSt.

J

J, **j** [i l'luŋga] <-> *f* J, j *n;* ~ **come jersey** J wie Julius

J *abbr di* **Joule** J

jack [dʒæk] <-> *m* (*nelle carte da gioco*) Bube *m*

jackpot ['dʒækpɔt] <-> *m* Jackpot *m*

jazz [dʒæz] <-> *m* Jazz *m;* **jazzista** [dʒad'dzista] <-i *m*, -e *f*> *mf* Jazzmusiker(in) *m(f)*

jeans [dʒi:nz] *mpl* Jeans *pl*

jeep® [dʒi:p] <-> *f* Jeep® *m*

jersey ['dʒə:zi] <-> *m* Jersey *m*

jet [dʒɛt] <-> *m* Jet *m*

jetlag [dʒɛt'læg] <-> *m* Jetlag *m*

jet-set [dʒɛt 'sɛt] <-> *m* Jetset *m*

job [dʒɔb] <-> *m* (INFORM) Job *m*

jockey ['dʒɔki] <-> *m* Jockei *m*

jodler ['jo:dlər] <-> *m* Jodeln *n*

jogging ['dʒɔgiŋ] <-> *m* Jogging *n;* **fare** ~ joggen

joint ['dʒɔint] <-> *m* (*sl*) Joint *m*

jolly ['dʒɔli] <-> *m* Joker *m*

joule [dʒu:l] <-> *m* Joule *n*

joystick ['dʒɔistik] <-> *m* (INFORM) Joystick

m

jr. *abbr di* **junior** jr., jun.

judo ['dʒuːdɔ] <-> *m* Judo *n;* **judoista** [dʒuːdɔ'ista] <-i *m*, -e *f*> *mf* Judosportler(in) *m(f)*

jukebox ['dʒuːkbɔks] <-> *m* Musikbox *f*

jumbo [dʒʌmbou] *m*, **jumbo-jet** [dʒʌmbou 'dʒɛt] <-> *m* (AERO) Jumbojet *m*

junior[1] ['iunjor] <inv> *agg* junior

junior[2] <juniores> *mf* (SPORT) Junior(in) *m(f)*

juventino, **-a** **I.** *agg* **1.** (*della Juventus*) Juventus- **2.** (*di giocatore o di tifoso*) Juventus- **II.** *m, f* **1.** (*giocatore*) Spieler *m* von Juventus Turin **2.** (*tifoso*) Juve-Fan *m*

K

K, k ['kappa] <-> *m o f* K, k *n;* ~ **come Kursaal** K wie Kaufmann

kamikaze [kami'kaddze] <-> *m* Kamikaze *m*

kaputt [ka'put] <inv> *agg* kaputt

karaoke [kara'ɔke] <-> *m* Karaoke *n*

karatè [kara'tɛ] <-> *m* Karate *n*

kashmir ['kaʃmir] <-> *m* Kaschmir *m*

kayak [ka'jak] <-> *m* Kajak *m*

KB *abbr di* **Kilobyte** KB

Kbyte [kei'bait] *m acro di* **kilobyte** Kilobyte *n*

kefir ['kɛfir] <-> *m* Kefir *m*

kermesse [ker'mɛs] <-> *f* Kirmes *f*, Kir(ch)tag *m A*

ketchup ['kɛtʃəp] <-> *m* Ketchup *m o n*

keyboard ['kiːbɔːd] <-> *f* (INFORM, MUS) Keyboard *n*

kg *abbr di* **chilogrammo** kg

killer ['killer] <-> *mf* Killer *m*

kilobyte ['kilə bait] <-> *m* (INFORM) Kilobyte *n*

kit [kit] <-> *m* (*insieme di pezzi*) Satz *m*

kitsch [kitʃ] **I.** <inv> *agg* kitschig **II.** <-> *m* Kitsch *m*

kiwi ['kiwi] <-> *m* Kiwi *f*

kleenex® ['kliːneks] <-> *m* Kleenex® *n*

km *abbr di* **chilometro** km

knockout [nɔk'aut] **I.** <-> *m* K.o.-Schlag *m* **II.** <inv> *agg o avv* knockout, k.o.; **essere** ~ (*a fig*) k.o. sein; **mettere qu** ~ (SPORT) jdn k.o. schlagen; (*fig*) jdn erledigen

koala [ko'aːla] <-> *m* Koala(bär) *m*

kolossal [kolɔ'saːl] <-> *m* Monumentalfilm *m*

kursaal ['kuːrzaːl] <-> *m* Kursaal *m*

kW *abbr di* **chilowatt** kW

K-way® ['kappa 'wei] <-> *m o f* K-Way® *m*

kWh *abbr di* **chilowattora** kWh

L

L, l ['ɛlle] <-> *f* L, l *n;* ~ **come Livorno** L wie Ludwig

l *abbr di* **litro** l

l' **I.** *art det m e f sing davanti a vocale* der *m*, die *f*, das *n* **II.** *pron pers* **1.** *3. pers m sing* ihn **2.** *3. pers f sing* sie **3.** (*forma di cortesia: L'*) Sie

L *abbr di* **lira** L, Lit

la[1] [la] **I.** *art det f sing* der *m*, die *f*, das *n* **II.** *pron pers* **1.** *3. pers f sing* sie **2.** (*forma di cortesia: La*) Sie

la[2] <-> *m* (MUS) a, A *n;* **dare il** ~ (*a fig*) den Ton angeben

là [la] *avv* (*stato*) dort, da; (*moto*) dorthin, dahin; **andare troppo in** ~ (*fig*) zu weit gehen; **di** ~ (*stato in luogo*) drüben; (*da quel luogo*) von dort, von dorther; (*verso quel luogo*) hinüber; **al di** ~ **del fiume** jenseits des Flusses

labbro ['labbro] <*pl*: -a *f*> *m* (ANAT) Lippe *f*

labiale [la'biaːle] **I.** *agg* labial **II.** *f* (LING) Labiallaut *m*

labile ['laːbile] *agg* vergänglich

labirinto [labi'rinto] *m* Labyrinth *n*

laboratorio [labora'tɔːrio] <-i> *m* **1.** (SCIENT) Labor(atorium) *n* **2.** (*officina*) Werkstatt *f*

laboriosità [laboriosi'ta] <-> *f* Fleiß *m;* **laborioso, -a** [labo'rioːso] *agg* arbeitsam

lacca ['lakka] <-cche> *f* **1.** (*sostanza*) Lack *m* **2.** (*per capelli*) Haarspray *n*

laccio ['lattʃo] <-cci> *m* (*nastro*) Schnur *f;* (*delle scarpe*) Schnürsenkel *m*

lacerante [latʃe'rante] *agg* zerreißend; (*fig*) quälend

lacerare [latʃe'raːre] *vt* **1.** (*strappare*) zerreißen **2.** (*fig*) quälen; **lacerazione** [latʃerat'tsioːne] *f* **1.** (*atto*) Zerreißen *n* **2.** (MED) Risswunde *f;* **lacero, -a** ['laːtʃero] *agg* zerrissen, zerlumpt; **ferita -a** Risswunde *f*

lacerto [la'tʃɛrto] *m* (Arm)muskel *m*

laconico, -a [la'kɔːniko] <-ci, -che> *agg* **1.** (*risposta*) lakonisch **2.** (*persona*) wortkarg

lacrima ['laːkrima] *f* Träne *f;* **-e di coccodrillo** Krokodilstränen *fpl;* **lacrimare** [lakri'maːre] *vi* weinen; **lacrimogeno, -a** [lakri'mɔːdʒeno] *agg* Tränen erregend; **gas ~** Tränengas *n*

lacuna [la'kuːna] *f* Lücke *f;* **lacunoso, -a** [laku'noːso] *agg* lückenhaft

laddove [lad'doːve] (*obs, poet*) **I.** *avv* (*stato*) dort, wo; (*moto*) dorthin, wo **II.** *cong* (*qualora*) wenn, falls

ladino, -a [la'diːno] **I.** *agg* ladinisch **II.** *m, f* Ladiner(in) *m(f)*

ladro, -a ['laːdro] **I.** *agg* diebisch **II.** *m, f* Dieb(in) *m(f)*

lager ['laːgər] <-> *m* Vernichtungslager *n;* **il ~ di Dachau** das Konzentrationslager Dachau

laggiù [lad'dʒu] *avv* (*stato*) dort unten, da drüben; (*moto*) dort hinunter, dort hinüber

lagna ['laɲɲa] *f* Gejammer *n;* **lagnarsi** [laɲ'ɲarsi] *vr* **~ di qc** sich über etw *acc* beschweren

lago ['laːgo] <-ghi> *m* See *m;* **~ artificiale** Stausee *m;* **Lago di Costanza** Bodensee *m;* **Lago di Garda** Gardasee *m*

laguna [la'guːna] *f* Lagune *f*

L'Aia ['laːia] *f* Den Haag *n*

laico, -a ['laːiko] <-ci, -che> *agg* Laien-

lama[1] ['laːma] *f* (*del coltello*) (Messer)klinge *f*

lama[2] <-> *m* **1.** (REL) Lama *m* **2.** (ZOO) Lama *n*

lambada [lam'baːda] *f* (MUS) Lambada *m o f*

lambrusco [lam'brusko] <-schi> *m Rotwein aus der Emilia-Romagna*

lamentare [lamen'taːre] **I.** *vt* klagen über +*acc* **II.** *vr* **-rsi per qc** sich über etw *acc* beklagen; **lamentela** [lamen'tɛːla] *f* Beschwerde *f*

lamento [la'mento] *m* Klage *f;* **lamentoso, -a** [lamen'toːso] *agg* klagend

lametta [la'metta] *f* (Rasier)klinge *f*

lamiera [la'miɛːra] *f* Blech *n*

lamina ['laːmina] *f* Folie *f*

lampada ['lampada] *f* Lampe *f*

lampadario [lampa'daːrio] <-i> *m* (Kron)leuchter *m*

lampadina [lampa'diːna] *f* (Glüh)birne *f*

lampante [lam'pante] *agg* klar

lampeggiare [lamped'dʒaːre] *vi* **1.** (METEO) blitzen **2.** (AUTO) blinken

lampione [lam'pioːne] *m* (Straßen)laterne *f*

lampo[1] ['lampo] *m* Blitz *m;* **~ di genio** Geistesblitz *m;* (**veloce**) **come un ~** blitzschnell

lampo[2] <inv> *agg* Blitz-; **cerniera ~** Reißverschluss *m*

lampone [lam'poːne] *m* (*frutto*) Himbeere *f*

lana ['laːna] *f* Wolle *f*

lancetta [lan'tʃetta] *f* (*di orologio*) Zeiger *m*

lancia ['lantʃa] <-ce> *f* Lanze *f;* **spezzare una ~ in favore di qu** (*fig*) für jdn eine Lanze brechen

lanciafiamme [lantʃa'fiamme] <-> *m* Flammenwerfer *m;* **lanciamissili** [lantʃa'missili] **I.** <inv> *agg* Raketen- **II.** <-> *m* Raketenabschussrampe *f;* **lanciarazzi** [lantʃa'raddzi] <-> *m* Raketenwerfer *m*

lanciare [lan'tʃaːre] **I.** *vt* **1.** (*gettare*) werfen **2.** (COM) einführen **3.** (*grido*) ausstoßen; (*occhiata*) zuwerfen **II.** *vr* **-rsi 1.** (*buttarsi*) sich stürzen; (*dall'alto*) abspringen **2.** (*fig*) **-rsi in qc** sich in etw *acc* stürzen

lanciato, -a [lan'tʃaːto] *agg* abgeworfen; **essere ~** (*fig*) in Fahrt sein; **lanciatore, -trice** [lantʃa'toːre] *m, f* Werfer(in) *m(f);* **~ del disco/giavellotto** Diskus-/Speerwerfer *m*

lancinante [lantʃi'nante] *agg* (*fig*) stechend

lancio ['lantʃo] <-ci> *m* **1.** (*gener*) Wurf *m*

2. (*fig* COM) Lancieren *n*
landa ['landa] *f* Heide *f*
lanetta [la'netta] *f* leichter Wollstoff
languido, **-a** ['laŋguido] *agg* **1.** (*fiacco*) matt **2.** (*fig: sguardo, occhi*) schmachtend
languore [laŋ'guo:re] *m* Schlaffheit *f*
lanificio [lani'fi:tʃo] <-ci> *m* Wollspinnerei *f*
lanoso, **-a** [la'no:so] *agg* wollig
lanterna [lan'tɛrna] *f* Laterne *f*
lapalissiano, **-a** [lapalis'sia:no] *agg* altbekannt; **verità -a** Binsenwahrheit *f*
lapidare [lapi'da:re] *vt* steinigen
lapidario, **-a** <-i, -ie> *agg* (*fig*) kurz und bündig
lapide ['la:pide] *f* Grabstein *m*
lapis ['la:pis] <-> *m* Bleistift *m*
lapislazzuli [lapiz'laddzuli] <-> *m* Lapislazuli *m*
lapsus ['lapsus] <-> *m* Lapsus *m*
laptop ['læptɔp] <-> *m* (INFORM) Laptop *m*
L'Aquila *f Hauptstadt der Region Abruzzen*
lardo ['lardo] *m* Speck *m*
larghezza [lar'gettsa] *f* **1.** (*gener*) Breite *f;* (*ampiezza*) Weite *f* **2.** (*fig*) ~ **di vedute** Weitblick *m*
largo ['largo] <-ghi> *m* **1.** *sing* Breite *f;* **farsi ~ tra la folla** sich *dat* einen Weg durch die Menge bahnen; **fate ~!** Platz da! **2.** *sing* **prendere il ~** (NAUT) in See stechen
largo, **-a** <-ghi, -ghe> *agg* breit; **~ di fianchi** [*o* **spalle**] breitschult(e)rig; **~ tre metri** drei Meter breit; **stare alla -a da qu** sich *dat* jdn vom Halse halten; **su -a scala** in großem Umfang
larice ['la:ritʃe] *m* Lärche *f*
laringe [la'rindʒe] *f o m* (ANAT) Kehlkopf *m;* **laringite** [larin'dʒi:te] *f* (MED) Kehlkopfentzündung *f*
lasagne [la'zaɲɲe] *fpl überbackene Nudelplatten mit Hackfleischfüllung*
lasciapassare [laʃʃapas'sa:re] <-> *m* Passierschein *m*
lasciare [laʃ'ʃa:re] **I.** *vt* **1.** (*non portare con sé*) lassen **2.** (*abbandonare*) verlassen **3.** (*in eredità*) hinterlassen **4.** (*mollare*) loslassen; **~ le cose come stanno** die Dinge auf sich beruhen lassen; **prendere o ~** entweder oder; **~ ogni speranza** jede Hoffnung aufgeben **5.** (*consentire*) zulassen; **~ andare** fortlassen; (*non curarsi*) sich nicht kümmern um; **~ passare qu** jdn vorbeilassen; **~ perdere** sein lassen; **lasciamo stare!** reden wir nicht mehr darüber! **II.** *vr* **-rsi** auseinander gehen, sich trennen; **-rsi andare** (*fig*) sich gehen lassen
lascito ['laʃʃito] *m* Hinterlassenschaft *f*
lascivia [laʃ'ʃi:via] <-ie> *f* Wollust *f;* **lascivo**, **-a** [laʃ'ʃi:vo] *agg* wollüstig
laser ['la:zer] <-> *m* Laser *m*
La Spezia *f Stadt in Ligurien*
lassativo [lassa'ti:vo] *m* Abführmittel *n*
lassativo, **-a** *agg* abführend
lassismo [las'sizmo] *m* **1.** (REL) Laxismus *m* **2.** (*fig*) Laxheit *f*
lasso ['lasso] *m* ~ **di tempo** Zeitspanne *f*
lassù [las'su] *avv* (*stato*) dort oben; (*moto*) da hinauf
lastra ['lastra] *f* **1.** (*piastra*) Platte *f;* (*di vetro*) Scheibe *f* **2.** (*radiografia*) Röntgenaufnahme *f*
lastricare [lastri'ka:re] *vt* pflastern
lastrico ['lastriko] <-ci> *m* **1.** (*di strada*) Pflaster *n* **2.** (*fig: miseria*) Elend *n;* **ridurre qu sul ~** jdn an den Bettelstab bringen
latente [la'tɛnte] *agg* versteckt
laterale [late'ra:le] **I.** *agg* seitlich **II.** *m* (SPORT) Außenläufer *m*
lateranense [latera'nɛnse] *agg* Lateran-
latice ['la:titʃe] *m* Latex *m*
latifondista [latifon'dista] <-i *m*, -e *f*> *mf* Großgrundbesitzer(in) *m(f);* **latifondo** [lati'fondo] *m* Großgrundbesitz *m*
Latina [la'ti:na] *f Stadt in Latium*
latine(n)se [lati'nɛ(n)se] **I.** *agg* latinisch **II.** *mf* Einwohner(in) *m(f)* von Latina
latinismo [lati'nizmo] *m* Latinismus *m*
latino [la'ti:no] <*sing*> *m* Latein(isch) *n*
latino, **-a I.** *agg* lateinisch; (*neolatino*) romanisch; **America -a** Lateinamerika *n* **II.** *m, f* (*abitante dell'antica Roma*) Latiner(in) *m(f)*
latitante [lati'tante] **I.** *agg* flüchtig (vor dem Gesetz) **II.** *mf* Flüchtige(r) *f(m)*
latitudine [lati'tu:dine] *f* (geografische) Breite *f*
lato ['la:to] *m* **1.** (*parte*) Seite *f;* **a ~ di qu** an jds Seite **2.** (*fig*) Aspekt *m;* (*punto di vista*) Gesichtspunkt *m;* **da un ~ …, dall'altro …** einerseits …, and(e)rerseits …
latrare [la'tra:re] *vi* kläffen
latrina [la'tri:na] *f* Abort *m*
lattaio, **-a** [lat'ta:io] <-i, -ie> *m, f* Milchmann *m*, -frau *f*
lattante [lat'tante] **I.** *agg* saugend **II.** *mf*

L

Säugling *m*

latte ['latte] <*sing*> *m* Milch *f;* ~ **in polvere** Milchpulver *n;* ~ **detergente** Reinigungsmilch *f;* ~ **materno** Muttermilch *f;* ~ **intero/scremato** Voll-/Magermilch *f;* **denti di** ~ Milchzähne *mpl;* **fior di** ~ Rahm *m;* **latteo**, **-a** ['latteo] <-ei, -ee> *agg* Milch-; (*simile al latte*) milchig; **via -a** (ASTR) Milchstraße *f;* **latteria** [latte'ri:a] <-ie> *f* Molkerei *f*

lattice ['lattitʃe] *v.* **latice**

latticini [latti'tʃi:ni] *mpl* Milchprodukte *npl*

lattina [lat'ti:na] *f* Dose *f*

lattosio [lat'tɔ:zio] <-i> *m* Milchzucker *m*

lattuga [lat'tu:ga] <-ghe> *f* Lattich *m*

laurea ['la:urea] *f* Hochschulabschluss *m*, Diplom *n;* **tesi di** ~ Magisterarbeit *f;* **prendere la** ~ **in giurisprudenza** den Abschluss in Jura machen

> Die **laurea** wird Studierenden nach dem erfolgreichen Abschluss ihres Studiums verliehen. Ein Studium dauert zwischen vier und sechs Jahren, ein großer Teil der Abschlussprüfungen besteht in der Diskussion der Dissertation. Nach dem Bestehen dieser Prüfung darf man den Titel Dottore/Dottoressa tragen. Die **laurea breve** wird nach einem zwei- bis dreijährigen, berufsorientierteren Studium verliehen.

laureando, **-a** [laure'ando] *m, f* Diplomand(in) *m(f)*

laureare [laure'a:re] **I.** *vt* ~ **qu** jdm einen akademischen Grad verleihen **II.** *vr* **-rsi in medicina** seinen Abschluss in Medizin machen; **laureato**, **-a** [laure'a:to] **I.** *agg* diplomiert **II.** *m, f* Hochschulabsolvent(in) *m(f);* ~ **in legge/lettere** Absolvent *m* der Rechte/Philologie

lauto, **-a** ['la:uto] *agg* auserlesen; (*abbondante*) üppig

LAV *f abbr di* **Lega Anti Vivisezione** *Vereinigung gegen Tierversuche*

lava ['la:va] *f* Lava *f*

lavabile [la'va:bile] *agg* waschbar

lavaggio [la'vaddʒo] <-ggi> *m* Reinigung *f;* ~ **del cervello** Gehirnwäsche *f;* ~ **a secco** chemische Reinigung

lavagna [la'vaɲɲa] *f* (*nelle scuole*) (Schiefer)tafel *f;* ~ **luminosa** Overheadprojektor *m*

lavanda [la'vanda] *f* **1.** (MED) ~ **gastrica** Magenspülung *f* **2.** (BOT) Lavendel *m*

lavandaia [lavan'da:ia] *f* (*fig, pej*) Waschweib *n*

lavanderia [lavande'ri:a] <-ie> *f* Wäscherei *f*

lavandino [lavan'di:no] *m* Waschbecken *n*

lavare [la'va:re] **I.** *vt* waschen; (*stoviglie*) spülen; (*denti, vetri*) putzen; ~ **a secco** chemisch reinigen; ~ **i piatti** abwaschen **II.** *vr* **-rsi** sich waschen

lavastoviglie [lavasto'viʎʎe] <-> *f* (Geschirr)spülmaschine *f*

lavata [la'va:ta] *f* (flüchtiges) (Ab)waschen *n*

lavativo [lava'ti:vo] *m* Taugenichts *m*

lavatrice [lava'tri:tʃe] *f* Waschmaschine *f*

lavavetri [lava've:tri] <-> *mf* (*persona*) Fensterputzer(in) *m(f)*

lavello [la'vɛllo] *m* Spülbecken *n*

lavico, **-a** ['la:viko] <-ci, -che> *agg* aus Lava, Lava-

lavorabile [lavo'ra:bile] *agg* bearbeitbar

lavorare [lavo'ra:re] **I.** *vt* bearbeiten; (*pasta*) kneten; (*terreno*) bestellen **II.** *vi* (*gener*) arbeiten **III.** *vr* **-rsi qu** (*fam*) jdn umgarnen

lavorativo, **-a** [lavora'ti:vo] *agg* Arbeits-; **settimana -a** Arbeitswoche *f;* **lavoratore**, **-trice** [lavora'to:re] **I.** *agg* arbeitend **II.** *m, f* Arbeiter(in) *m(f);* ~ **autonomo** Selbständige(r) *m;* ~ **dipendente** Arbeitnehmer *m*, Dienstnehmer *m A;* ~ **specializzato** Facharbeiter *m*

lavorazione [lavorat'tsio:ne] *f* Bearbeitung *f;* (*di film*) Herstellung *f*

lavoro [la'vo:ro] *m* **1.** (*attività di produzione*) Arbeit *f;* ~ **nero** Schwarzarbeit *f*, Pfusch *m A;* **-i domestici** Hausarbeit *f;* **-i in corso** (*su strade*) Baustelle *f;* **senza** ~ arbeitslos; **andare al** ~ zur Arbeit gehen **2.** (*opera*) Werk *n;* ~ **teatrale** Bühnenwerk *n;* **hai fatto proprio un bel** ~**!** (*iron*) da hast du aber etw Schönes angerichtet!

layout ['leiaut] <-> *m* Layout *n*

laziale [lat'tsia:le] **I.** *mf* Bewohner(in) *m(f)* Latiums **II.** *agg* aus Latium

Lazio ['lattsio] **I.** *m* Latium *n* **II.** *f* (SPORT: *squadra di calcio romana*) Lazio Rom *ohne Artikel*

lazzaretto [laddza'retto] *m* Lazarett *n*

lazzo ['lattso] *m* Schwank *m*, Schmäh *m A*

le [le] **I.** *art det f pl* die *fpl;* ~ **signore** die Frauen **II.** *pron pers 3. pers f sing* **1.** (*complemento di termine*) ihr; **non** ~ **hai detto**

nulla? hast du ihr nichts gesagt? **2.** (*complemento di termine, forma di cortesia: Le*) Ihnen; **adesso Le comunico i Suoi risultati** ich teile Ihnen jetzt Ihre Ergebnisse mit **III.** *pron pers 3. pers f pl* **1.** (*complemento oggetto*) sie; **non ~ avevo mai sentite così entusiaste** so begeistert habe ich sie noch nie gehört **2.** (*in espressioni ellittiche, spesso non tradotto*) **guarda che ~ prendi!** pass auf, sonst setzt es was!

leader ['li:də] <-> *mf* Führer *m;* **leadership** ['liderʃip] <-> *f* Führung *f*

leale [le'a:le] *agg* **1.** (*onesto*) aufrichtig; (*di comportamento*) fair **2.** (*fedele*) treu, loyal

lealtà [leal'ta] <-> *f* **1.** (*onestà*) Aufrichtigkeit *f;* (*comportamento*) Fairness *f* **2.** (*fedeltà*) Treue *f*

leasing ['li:siŋ] <-> *m* (FIN) Leasing *n;* **prendere un'auto in ~** ein Auto leasen; **~ immobiliare** Immobiliarleasing *n*

lebbra ['lebbra] *f* (MED) Lepra *f;* **lebbroso, -a** [leb'bro:so] **I.** *agg* leprakrank **II.** *m, f* Aussätzige(r) *f(m)*

lecca lecca [lekka'lekka] <-> *m* Lutscher *m;* **leccapiedi** [lekka'piɛ:di] <-> *mf* (*pej*) Speichellecker *m*

leccare [lek'ka:re] **I.** *vt* lecken **II.** *vr* **-rsi** sich schniegeln; **mi lecco i baffi** mir läuft das Wasser im Mund zusammen

leccato, -a [lek'ka:to] *agg* (*fig*) gepflegt

Lecce *f Stadt in Apulien*

leccese [let'tʃe:se] **I.** *agg* aus Lecce **II.** *mf* Einwohner(in) *m(f)* von Lecce

leccio ['lettʃo] <-cci> *m* Steineiche *f*

leccornia [lekkor'ni:a] <-ie> *f* Delikatesse *f*

lecitina [letʃi'ti:na] *f* Lezithin *n*

lecito, -a ['le:tʃito] *agg* erlaubt

ledere ['lɛ:dere] <ledo, lesi, leso> *vt* beschädigen; (*fig*) schädigen

lega ['le:ga] <-ghe> *f* **1.** (*federazione*) Bund *m;* (*associazione*) Verband *m;* **~ anseatica** (HIST) Hanse *f* **2.** (*di metalli*) Legierung *f*

legale [le'ga:le] **I.** *agg* legal; (*secondo legge*) gesetzmäßig; (*a fig*) rechtmäßig; (*per vie legali*) gerichtlich; **studio ~** Anwaltsbüro *n* **II.** *m* (Rechts)anwalt *m;* **legalità** [legali'ta] <-> *f* Gesetzlichkeit *f*

legalizzare [legalid'dza:re] *vt* (JUR) legalisieren; (ADM) amtlich beglaubigen

Legambiente [legam'biɛnte] *f* (ECO) *italienischer Naturschutzbund*

legame [le'ga:me] *m* **1.** (*vincolo*) Bindung *f* **2.** (*nesso logico*) Zusammenhang *m*

legamento [lega'mento] *m* (ANAT) Band *n*

Lega Nord ['le:ga nɔrd] *f* (POL) *sezessionistische Partei Norditaliens*

legare [le'ga:re] **I.** *vt* binden; (*con spago*) verschnüren; **legarsela al dito** (*fam*) es sich *dat* hinter die Ohren schreiben **II.** *vi* **1.** (CHEM) eine Legierung bilden **2.** (*fig*) zusammenpassen; (*andar d'accordo*) sich verstehen **III.** *vr* **-rsi a qu** sich an jdn binden

legato [le'ga:to] *m* **1.** (POL) Gesandte(r) *f(m)* **2.** (JUR) Vermächtnis *n*

legatura [lega'tu:ra] *f* **1.** (*il legare*) Bindung *f;* (*azione*) Binden *n* **2.** (*rilegatura*) Einband *m*

legge ['leddʒe] *f* **1.** (*norma*) Gesetz *n* **2.** (JUR: *diritto*) Recht *n;* **per ~** nach dem Gesetz **3.** (*giurisprudenza*) Jura *ohne Artikel,* Jus *n A*

leggenda [led'dʒɛnda] *f* **1.** (LIT) Sage *f* **2.** (*fig*) Märchen *n* **3.** (*didascalia*) Legende *f*

leggendario, -a <-i, -ie> *agg* sagenhaft

leggere ['lɛddʒere] <leggo, lessi, letto> **I.** *vt* lesen; (*ad alta voce*) vorlesen; **~ il futuro** die Zukunft voraussagen; **~ la mano** aus der Hand lesen **II.** *vi* lesen

leggerezza [leddʒe'rettsa] *f* Leichtigkeit *f;* (*fig*) Leichtfertigkeit *f*

leggero, -a [led'dʒɛ:ro] *agg* leicht; (*delicato*) sanft; (*agile*) flink; **atletica -a** Leichtathletik *f;* **musica -a** Unterhaltungsmusik *f;* **prendere le cose alla -a** die Dinge auf die leichte Schulter nehmen

leggiadro, -a [led'dʒa:dro] *agg* anmutig

leggibile [led'dʒi:bile] *agg* (*scrittura*) leserlich; (*raccomandabile*) lesenswert

leggio [led'dʒi:o] <-ii> *m* **1.** (*per libri*) Lesepult *n* **2.** (MUS) Notenständer *m*

leghista [le'gista] <-i *m,* -e *f*> **I.** *mf* **1.** (POL: *sostenitore di una lega*) Bündnismitglied *n* **2.** (POL: *sostenitore della Lega Nord*) Anhänger(in) *m(f)* der Lega Nord **II.** *agg* (*relativo alla Lega Nord*) der Lega Nord

legiferare [ledʒife'ra:re] *vi* (JUR) Gesetze erlassen

legione [le'dʒo:ne] *f* (MIL) Legion *f*

legislativo, -a [ledʒizla'ti:vo] *agg* gesetzgebend; **potere ~** Legislative *f;* **legislatore, -trice** [ledʒizla'to:re] *m, f* Gesetzgeber(in) *m(f);* **legislatura** [ledʒizla'tu:ra]

L

f **1.** (*attività, assemblea*) Legislatur *f* **2.** (*periodo*) Legislaturperiode *f*; **legislazione** [ledʒizlat'tsioːne] *f* **1.** (*attività*) Gesetzgebung *f* **2.** (*le leggi*) Gesetze *npl*, Recht *n*

legittimare [ledʒitti'maːre] *vt* **1.** (JUR) legitimieren; (*figlio*) anerkennen **2.** (*fig*) rechtfertigen; **legittimo**, **-a** [le'dʒittimo] *agg* **1.** (*conforme alla legge*) gesetzlich; (*per disposizione di legge*) berechtigt; (*fig*) rechtmäßig; **-a difesa** Notwehr *f* **2.** (*prole*) ehelich **3.** (*fig: fondato*) berechtigt; (*dubbio*) begründet

legna ['leɲɲa] <-> *f* (Brenn)holz *n*; **far ~** Holz sammeln; **legname** [leɲ'ɲaːme] *m* Holz *n*; **~ da costruzione** Bauholz *n*; **legnata** [leɲ'ɲaːta] *f* Prügel *mpl*

legno ['leɲɲo] *m* Holz *n*; **testa di ~** (*fam: persona ostinata*) Dickkopf *m*

legume [le'guːme] *m* **1.** (*baccello*) Hülse *f* **2.** *pl* Hülsenfrüchte *fpl*

lei ['lɛːi] *pron pers* **1.** *3. pers f sing* sie; (*con preposizione*) sie, ihr, ihrer; **beata ~!** die Glückliche **2.** *3. pers m e f sing* (*forma di cortesia: Lei*) Sie; (*con preposizione*) Sie, Ihnen, Ihrer; **dare del Lei a qu** jdn siezen

lemma ['lɛmma] <-i> *m* Stichwort *n*

leninismo [leni'nizmo] *m* Leninismus *m*

lenitivo, **-a** *agg* Schmerz stillend

lente ['lɛnte] *f* Linse *f*; **-i** Brille *f*; **~ d'ingrandimento** Lupe *f*; **-i a contatto** Kontaktlinsen *fpl*

lentezza [len'tettsa] *f* Langsamkeit *f*

lenticchia [len'tikkia] <-cchie> *f* (BOT) Linse *f*

lentiggine [len'tiddʒine] *f* Sommersprosse *f*; **lentigginoso**, **-a** [lentiddʒi'noːso] *agg* sommersprossig

lento ['lɛnto] *m* (MUS) Lento *n*

lento, **-a** *agg* **1.** (*non veloce*) langsam; (*veleno, medicina, rimedio*) langsam wirkend **2.** (*interminabile*) langwierig **3.** (*fig: monotono*) langsam; **essere ~ a capire** schwer von Begriff sein **4.** (*molle, allentato*) locker; (*abito*) locker sitzend

lenza ['lɛntsa] *f* Angelschnur *f*

lenzuolo [lɛn'tsuɔːlo] <-i *m*, *o* -a *f*> *m* **1.** (*gener*) Laken *n* **2.** (*nel letto*) Bettuch *n*, Leintuch *n A*

leone [le'oːne] *m* **1.** (ZOO) Löwe *m*; **fare la parte del ~** sich *dat* den Löwenanteil nehmen **2.** (ASTR) **Leone** Löwe *m*; **sono del Leone** ich bin (ein) Löwe; **leonessa** [leo'nessa] *f* Löwin *f*

leopardo [leo'pardo] *m* Leopard *m*

lepre ['lɛːpre] *f* Hase *m*; **~ in salmì** Hasenpfeffer *m*

lercio, **-a** ['lɛrtʃo] <-ci, -ce> *agg* **1.** (*sozzo*) schmutzig **2.** (*fig*) widerlich

lesbica ['lɛzbika] <-che> *f* Lesbierin *f*; **lesbico**, **-a** ['lɛzbiko] <-ci, -che> *agg* lesbisch

lesi ['leːzi] *1. pers sing pass rem di* **ledere**

lesinare [lezi'naːre] **I.** *vt* **~ qc** mit etw *dat* sparen **II.** *vi* **~ su qc** mit etw *dat* sparen

lesionare [lezio'naːre] *vt* beschädigen; **lesione** [le'zioːne] *f* (MED, JUR) Verletzung *f*

leso, **-a** ['leːzo] *pp di* **ledere**

lessare [les'saːre] *vt* kochen

lessi ['lɛssi] *1. pers sing pass rem di* **leggere**

lessicale [lessi'kaːle] *agg* lexikalisch

lessico ['lɛssiko] <-ci> *m* **1.** (LIT) Wörterbuch *n* **2.** (LING) Wortschatz *m*

lesso ['lesso] *m* Koch-, Suppenfleisch *n*; (*carne lessata*) Gesottene(s) *n*

lesso, **-a** *agg* gekocht

lesto, **-a** ['lɛsto] *agg* gewandt, flink

letale [le'taːle] *agg* tödlich

letamaio [leta'maːio] <-ai> *m* **1.** (*concimaia*) Misthaufen *m* **2.** (*fig*) Schweinestall *m fam*; **letame** [le'taːme] *m* Mist *m*

letargo [le'targo] <-ghi> *m* **1.** (ZOO) Winterschlaf *m* **2.** (*fig*) Lethargie *f*

letizia [le'tittsia] <-ie> *f* Fröhlichkeit *f*

lettera ['lɛttera] *f* **1.** (*dell'alfabeto*) Buchstabe *m*; (TYP) Letter *f* **2.** (*comunicazione scritta*) Brief *m*, Schreiben *n*; **~ assicurata/espresso/raccomandata** Wert-/Eil-/Einschreib(e)brief *m*; **~ circolare** Rundschreiben *n*; **per ~** brieflich **3.** *pl* (*materie letterarie*) Geisteswissenschaften *fpl*; **uomo di -e** Literat *m*

letterale [lette'raːle] *agg* wörtlich; **letteralmente** [letteral'mente] *avv* **1.** (*alla lettera*) wörtlich **2.** (*fig: completamente*) buchstäblich

letterario, **-a** [lette'raːrio] <-i, -ie> *agg* literarisch; (LING) gehoben; **materie -ie** geisteswissenschaftliche Fächer *npl*

letterato, **-a** [lette'raːto] *m, f* Literat(in) *m(f)*; **letteratura** [lettera'tuːra] *f* Literatur *f*

lettiga [let'tiːga] <-ghe> *f* **1.** (*portantina*) Sänfte *f* **2.** (*barella*) Krankentrage *f*

lettino [let'i:no] *m* (*letto per bambini*) Kinderbett *n;* (*branda*) Liege *f*

letto ['lɛtto] *m* **1.** (*mobile*) Bett *n;* ~ **matrimoniale** Doppelbett *n;* ~ **a castello** Doppelstockbett *n;* **andare a** ~ ins Bett gehen; **andare a** ~ **con qu** mit jdm ins Bett gehen **2.** (GEOL: *di fiume*) Flussbett *n*

letto *pp di* **leggere**

lettorato [letto'ra:to] *m* Lektorat *n*

lettore [let'to:re] *m* (TEC) Laufwerk *n;* ~ **DVD** (INFORM) DVD-Laufwerk *n;* ~ **CD-ROM** (INFORM) CD-ROM-Laufwerk *n;* ~ **CD** [*o* **di compact disc**] CD-Player *m;* ~ **ottico** (INFORM) Scanner *m;* ~ **portatile mp3** MP3-Abspielgerät *n*

lettore, **-trice** *m, f* **1.** (*chi legge*) Leser(in) *m(f)* **2.** (*professione*) Lektor(in) *m(f)*

lettura [let'tu:ra] *f* **1.** (*atto del leggere*) Vorlesen *n* **2.** (*scritto*) Lektüre *f;* **-e per l'infanzia** Kinderbücher *npl*

leucemia [leutʃe'mi:a] <-ie> *f* (MED) Leukämie *f;* **leucemico**, **-a** [leu'tʃɛ:miko] <-ci, -che> *m, f* an Leukämie Erkrankte(r) *f(m)*

leucocita [leuko'tʃi:ta] <-i> *m* weißes Blutkörperchen

leva ['lɛ:va] *f* **1.** (TEC) Hebel *m* **2.** (*sbarra*) Brechstange *f* **3.** (*fig*) Antrieb *m;* **fare** ~ **su qu** auf jdn einwirken **4.** (*arruolamento*) Wehrpflicht *f*

levante [le'vante] **I.** *agg* aufgehend; **sole** ~ aufgehende Sonne **II.** *m* **1.** (*est*) Osten *m* **2.** (*vento*) Ostwind *m*

levare[1] [le'va:re] **I.** *vt* **1.** (*alzare*) (auf)heben; (*ancora*) lichten; ~ **gli occhi al cielo** die Augen zum Himmel erheben **2.** (*togliere*) fortnehmen; ~ **il saluto a qu** jdn nicht mehr grüßen; **levati dai piedi!** hau ab! **3.** (*dente*) ziehen **4.** (*tenda*) abbrechen **5.** (*tassa, divieto*) aufheben **II.** *vr* **-rsi 1.** (*alzarsi*) aufstehen **2.** (*sollevarsi*) sich erheben; (*vento*) aufkommen **3.** (*indumenti*) sich *dat* ausziehen **4.** (*voglia*) befriedigen; (*vizio*) sich *dat* abgewöhnen; **-rsi qu/qc dalla testa** sich *dat* jdn/etw aus dem Kopf schlagen

levare[2] *m* (*di sole, astro*) Aufgang *m*

levataccia [leva'tattʃa] <-cce> *f* frühes Aufstehen

levato, **-a** [le'va:to] *agg* **1.** (*alzato dal letto*) auf(geblieben) **2.** (*sollevato*) aufgehoben

levatoio, **-a** [leva'to:io] <-oi, -oie> *agg* beweglich; **ponte** ~ Zugbrücke *f*

levatrice [leva'tri:tʃe] *f* Hebamme *f*

levigare [levi'ga:re] *vt* glätten

levitazione [levitat'tsio:ne] *f* Levitation *f*

levriero [le'vriɛ:ro] *m* Windhund *m*

lezione [let'tsio:ne] *f* **1.** (*scolastica*) Unterrichtsstunde *f;* ~ **di storia** Geschichtsunterricht *m;* **prendere/dare -i private** Privatunterricht nehmen/geben **2.** (*di università*) Vorlesung *f* **3.** (*unità didattica*) Lektion *f* **4.** (*fig*) Lehre *f;* **dare una** ~ **a qu** jdm eine Lektion erteilen

lezioso, **-a** [let'tsio:so] *agg* affektiert, geziert

li [li] *pron pers* **1.** *3. pers m pl* sie **2.** (*forma di cortesia: Li*) Sie

lì [li] *avv* (*stato*) dort, da; (*moto*) dorthin, dahin; **essere** ~ ~ **per fare qc** nahe dran sein, etw zu tun; **di** ~ **a pochi giorni** wenige Tage später; **giù di** ~ mehr oder weniger; ~ **per** ~ im ersten Augenblick

liana [li'a:na] *f* Liane *f*

libbra ['libbra] *f* Pfund *n*

libellula [li'bɛllula] *f* Libelle *f*

liberale [libe'ra:le] **I.** *agg* **1.** (*che rispetta la libertà*) freisinnig; (*magnanimo*) großmütig **2.** (POL) liberal **II.** *m* **1.** (*chi rispetta la libertà*) freisinniger Mensch **2.** (POL) Liberale(r) *f(m);* **liberalismo** [libera'lizmo] *m* Liberalismus *m*

liberalizzare [liberalid'dza:re] *vt* liberalisieren; **liberalizzazione** [liberaliddzat'tsio:ne] *f* Liberalisierung *f*

liberamente [libera'mente] *avv* **1.** (*con franchezza*) offen **2.** (*senza formalità*) anstandslos

liberare [libe'ra:re] **I.** *vt* **1.** (*restituire alla libertà*) befreien **2.** (*sgombrare*) (aus)räumen **II.** *vr* **-rsi di qc** sich von etw befreien

liberatorio, **-trice** [libera'tɔ:rio] <-i, -ie> *agg* **1.** (*gener*) befreiend **2.** (FIN) Schulden tilgend; **liberazione** [liberat'tsio:ne] *f* **1.** (*gener*) Befreiung *f* **2.** (*fig*) Erleichterung *f*

Der 25. April ist der **Anniversario della Liberazione**. An diesem gesetzlichen Feiertag gedenkt man der Befreiung Italiens von der nationalsozialistischen und faschistischen Herrschaft im Jahre 1945.

liberismo [libe'rizmo] *m* Freihandel *m*

libero, **-a** ['li:bero] *agg* frei; ~ **arbitrio** Willensfreiheit *f;* **mercato** ~ freier Markt; **è** ~ **di**

L

... *+inf* es steht Ihnen frei zu ...

libertà [liber'ta] <-> *f* Freiheit *f;* ~ **di parola** Redefreiheit *f;* ~ **di scelta** freie Wahl; ~ **vigilata** Entlassung *f* auf Bewährung; **giorno di** ~ freier Tag; **mettere in** ~ freilassen; **prendersi la** ~ **di fare qc** sich *dat* die Freiheit (heraus)nehmen, etw zu tun; **libertino, -a** [liber'ti:no] **I.** *agg* frei denkend **II.** *m, f* Freigeist *m;* (*sessualmente*) Wüstling *m*

liberty ['li:berti] *m* Jugendstil *m*

libidine [li'bi:dine] *f* **1.** (*lascivia*) Lüsternheit *f* **2.** (*fig*) Begierde *f;* **libidinoso, -a** [libidi'no:so] *agg* lüstern, geil; **libido** [li'bi:do] <-> *f* Libido *f*

libraio, -a [li'bra:io] <-ai, -aie> *m, f* Buchhändler(in) *m(f)*

librario, -a [li'bra:rio] <-i, -ie> *agg* Buch-, Bücher-

libreria [libre'ri:a] <-ie> *f* **1.** (*negozio*) Buchhandlung *f* **2.** (*mobile*) Bücherschrank *m*

libresco, -a [li'bresko] <-schi, -sche> *agg* (*pej*) Buch-, Bücher-

libretto [li'bretto] *m* **1.** (*piccolo libro*) Büchlein *n;* ~ **di assegni** Scheckheft *n;* ~ **di risparmio** Sparbuch *n* **2.** (MUS) Libretto *n* **3.** (*documento*) ~ **di circolazione** Fahrzeugschein *m;* ~ **universitario** Studienbuch *n*

libro ['li:bro] *m* Buch *n;* ~ **di cucina** Kochbuch *n;* ~ **di testo** Lehrbuch *n;* **Libro Verde** (EU) Grünbuch *n*

licantropo [li'kantropo] *m* Werwolf *m*

liceale [litʃe'a:le] **I.** *agg* ≈ gymnasial **II.** *mf* Schüler(in) *m(f)* eines "liceo"

licenza [li'tʃɛntsa] *f* **1.** (*autorizzazione*) Erlaubnis *f;* ~ **di caccia/di porto d'armi/di esercizio** Jagd-/Waffen-/Gewerbeschein *m* **2.** (MIL) Urlaub *m* **3.** (*abuso*) Freiheit *f;* ~ **poetica** dichterische Freiheit **4.** (*attestato*) Abgangszeugnis *n*

licenziamento [litʃentsia'mento] *m* Entlassung *f;* **licenziare** [litʃen'tsia:re] **I.** *vt* **1.** (*impiegato*) entlassen **2.** (*ospiti*) verabschieden **II.** *vr* **-rsi 1.** (*da un impiego*) kündigen **2.** (*per commiato*) sich verabschieden

liceo [li'tʃɛ:o] *m Schule für die letzten fünf Jahre vor dem Abitur*

lichene [li'kɛ:ne] *m* Flechte *f*

lido ['li:do] *m* (*spiaggia*) (Sand)strand *m;* (*Venezia*) Lido *m*

Liechtenstein ['lɪçtənʃtain] *m* **il** ~ Liechtenstein *n*

lieto, -a ['liɛ:to] *agg* **1.** (*persone*) froh, glücklich; **sono** ~ **di conoscerLa** (ich bin) sehr erfreut (, Sie kennenzulernen) **2.** (*eventi*) freudig

lieve ['liɛ:ve] *agg* **1.** (*poco pesante*) leicht **2.** (*debole*) geringfügig, leicht; (*delicato*) leise, sanft

lievitare [lievi'ta:re] *vi essere* **1.** (*pasta*) aufgehen **2.** (*fig: prezzi*) ansteigen; **lievitazione** [lievitat'tsio:ne] *f* **1.** (*di pasta*) Gärung *f* **2.** (*fig: dei prezzi*) Ansteigen *n*

lievito ['liɛ:vito] *m* Hefe *f,* Germ *m A*

lifting ['lifting] <-> *m* Liften *n;* ~ **facciale** Gesichtsstraffung *f*

light ['lait] <inv> *agg* leicht

light pen ['lait pɛn] <-> *f* (INFORM) Leuchtstift *m*

ligio, -a ['li:dʒo] <-gi, -gie> *agg* treu, untertan; ~ **al dovere** pflichttreu

ligure[1] [li'gu:re] <*sing*> *m* (*dialetto*) ligurischer Dialekt

ligure[2] **I.** *mf* Ligurer(in) *m(f)* **II.** *agg* ligurisch

Liguria [li'gu:ria] *f* Ligurien *n*

lilla, lillà ['lilla, lil'la] **I.** <inv> *agg* lila, fliederfarben **II.** <-> *m* **1.** (*colore*) Lila *n* **2.** (BOT) Flieder *m*

lima ['li:ma] *f* Feile *f*

limare [li'ma:re] **I.** *vt* **1.** (*sbarre*) feilen **2.** (*fig*) ausfeilen **II.** *vr* **-rsi le unghie** sich *dat* die Nägel feilen

limetta [li'metta] *f* Nagelfeile *f*

limitare I. *vt* **1.** (*confinare*) begrenzen **2.** (*restringere*) beschränken **II.** *vr* **-rsi (in qc)** sich (in etw *dat*) einschränken; **-rsi a qc** sich auf etw *acc* beschränken

limitativo, -a [limita'ti:vo] *agg* ein-, beschränkend; **limitato, -a** [limi'ta:to] *agg* **1.** (*scarso*) beschränkt **2.** (*modesto*) bescheiden; **limitazione** [limitat'tsio:ne] *f* Beschränkung *f*

limite ['li:mite] *m* (*a fig*) Grenze *f;* **caso** ~ Grenzfall *m;* ~ **di velocità** Geschwindigkeitsbegrenzung *f;* **nei -i del possibile** im Rahmen des Möglichen

limitrofo, -a [li'mi:trofo] *agg* angrenzend, Grenz-

limonata [limo'na:ta] *f* (Zitronen)limonade *f;* **limone** [li'mo:ne] *m* **1.** (*frutto*) Zitrone *f* **2.** (*pianta*) Zitronenbaum *m* **3.** (*colore*) Zitronengelb *n*

limpido, **-a** ['limpido] *agg* **1.** (*trasparente*) durchsichtig **2.** (*fig*) klar

lince ['lintʃe] *f* Luchs *m*

linciaggio [lin'tʃaddʒo] <-ggi> *m* Lynchen *n;* **linciare** [lin'tʃa:re] *vt* lynchen

lindo, **-a** ['lindo] *agg* **1.** (*pulito*) sauber **2.** (*fig*) gepflegt, fesch *A*

linea ['li:nea] *f* **1.** (*segno*) Linie *f;* **a grandi -e** in groben Zügen **2.** (*di abito*) Schnitt *m* **3.** (TEL, EL) Leitung *f;* **restare in ~** (TEL) am Apparat bleiben **4.** (AERO, FERR, NAUT, MOT) Linie *f* **5.** (*di persona*) Linie *f;* **devo stare attenta alla ~** ich muss auf die (schlanke) Linie achten; **lineamenti** [linea'menti] *mpl* **1.** (*fisionomia*) (Gesichts)züge *mpl* **2.** (*fig*) Grundzüge *mpl;* **lineare** [line'a:re] *agg* **1.** (*come una linea*) linienartig **2.** (*fig*) geradlinig; **linearità** [lineari'ta] <-> *f* (*di condotta*) Geradheit *f;* (*di discorso*) Klarheit *f;* **lineetta** [line'etta] *f* (*trattino*) Bindestrich *m,* Gedankenstrich *m;* (MAT) Minuszeichen *n*

linfa ['linfa] *f* **1.** (ANAT) Lymphe *f* **2.** (*fig*) Inspiration *f;* **linfatico**, **-a** [lin'fa:tiko] <-ci, -che> *agg* lymphatisch

lingua ['liŋgua] *f* **1.** (ANAT) Zunge *f;* **avere la ~ lunga** (*fig*) eine lose Zunge haben; **avere qc sulla punta della ~** (*fig*) etw auf der Zunge (liegen) haben **2.** (*linguaggio*) Sprache *f;* **di ~ tedesca** deutschsprachig; **~ parlata** gesprochene Sprache, Umgangssprache *f;* **studiare -e** Sprachen studieren; **linguaggio** [liŋ'guaddʒo] <-ggi> *m* Sprache *f;* **~ simbolico** (INFORM) Symbolsprache *f;* **~ tecnico** Fachsprache *f;* **~ di programmazione** (INFORM) Programmiersprache *f;* **linguetta** [liŋ'guetta] *f* **1.** (*delle buste*) Klappe *f;* (*delle scarpe*) Zunge *f* **2.** (MUS) Zunge *f* **3.** (TEC) Feder *f;* **linguista** [liŋ'guista] <-i *m,* -e *f*> *mf* Sprachwissenschaftler(in) *m(f);* **linguistica** [liŋ'guistika] <-che> *f* Sprachwissenschaft *f;* **linguistico**, **-a** [liŋ'guistiko] <-ci, -che> *agg* **1.** (*della lingua*) sprachlich, Sprach(en)- **2.** (*della linguistica*) linguistisch

lino ['li:no] *m* **1.** (*pianta*) Flachs *m* **2.** (*tessuto*) Leinen *n*

linoleum [li'nɔ:leum] <-> *m* Linoleum *n*

Linz [lɪnts] *f* Linz *n*

liofilizzato, **-a** *agg* gefriergetrocknet; **caffè ~** gefriergetrockneter Kaffee

Lipsia ['lipsia] *f* Leipzig *n*

LIPU *f acro di* **Lega Italiana per la Protezione degli Uccelli** *italienischer Vogelschutzbund*

liquame [li'kua:me] *m* Jauche *f*

liquefare [likue'fa:re] <irr> **I.** *vt* **1.** (*gas*) verflüssigen **2.** (*metalli, neve*) schmelzen **II.** *vr* **-rsi** **1.** (*gas*) sich verflüssigen **2.** (*metalli, ghiaccio*) schmelzen

liquidare [likui'da:re] *vt* **1.** (*conto*) bezahlen **2.** (*svendere*) ausverkaufen; (*azienda*) auflösen **3.** (*affare*) abwickeln **4.** (*fig: uccidere*) liquidieren; **liquidazione** [likuidat'tsio:ne] *f* **1.** (*di un'azienda*) Geschäftsauflösung *f* **2.** (*somma liquidata*) Abfindung *f* **3.** (*della pensione*) Auszahlung *f* **4.** (*svendita*) Ausverkauf *m*

liquidità [likuidi'ta] <-> *f* **1.** (PHYS) Flüssigkeit *f* **2.** (FIN) Liquidität *f*

liquido ['li:kuido] *m* **1.** (PHYS) Flüssigkeit *f* **2.** (FIN) Bargeld *n*

liquido, **-a** *agg* **1.** (PHYS) flüssig **2.** (FIN) liquid(e), zahlungsfähig; **denaro ~** Bargeld *n*

liquirizia [likui'rittsia] <-ie> *f* **1.** (BOT) Süßholz *n* **2.** (GASTR) Lakritze *f*

liquore [li'kuo:re] *m* Likör *m;* **liquoroso**, **-a** [likuo'ro:so] *agg* likörartig, Likör-

lira ['li:ra] *f* **1.** (*moneta*) Lira *f;* **non avere una ~** keinen Pfennig haben **2.** (MUS) Lyra *f*

lirica ['li:rika] <-che> *f* **1.** (LIT) Lyrik *f* **2.** (MUS) Opernmusik *f;* **lirico**, **-a** ['li:riko] <-ci, -che> **I.** *agg* **1.** (LIT) lyrisch **2.** (*fig*) lyrisch **3.** (MUS) Opern-; **cantante -a** Opernsängerin *f* **II.** *m, f* Lyriker(in) *m(f)*

Lisbona [liz'bo:na] *f* Lissabon *n*

lisca ['liska] <-sche> *f* (Fisch)gräte *f*

liscio, **-a** <-sci, -sce> *agg* (*a fig*) glatt; **passarla -a** mit heiler Haut davonkommen

liso, **-a** ['li:zo] *agg* abgenutzt

lista ['lista] *f* **1.** (*striscia*) Streifen *m* **2.** (*elenco*) Liste *f;* **~ della spesa** Einkaufsliste *f* **3.** (*menu*) Speisekarte *f;* **~ dei vini** Weinkarte *f*

listing ['listiŋ] <-> *m* **1.** (*elenco*) Listenschreibung *f* **2.** (INFORM) Listing *n;* **listino** [lis'ti:no] *m* Liste *f;* **~ dei prezzi** Preisliste *f*

litania [lita'ni:a] <-ie> *f* (*a fig*) Litanei *f*

lite ['li:te] *f* **1.** (*litigio*) Streit *m* **2.** (JUR) Rechtsstreit *m*

litigante [liti'gante] *mf* Streitende(r) *f(m);* **fra i due -i il terzo gode** (*prov*) wenn zwei sich streiten, freut sich der Dritte

litigare [liti'ga:re] *vi* (sich) streiten

litigio [li'ti:dʒo] <-gi> *m* Streit *m*

litorale [lito'ra:le] **I.** *agg* Küsten-, Strand- **II.** *m* Küste *f*

litoranea [lito'ra:nea] *f* Küstenstraße *f*

litro ['li:tro] *m* Liter *m o n*

Lituania [litu'a:nia] *f* Litauen *n*

liturgia [litur'dʒi:a] <-gie> *f* Liturgie *f;* **liturgico, -a** [li'turdʒiko] <-ci, -che> *agg* liturgisch

liutista [liu'tista] <-i *m*, -e *f*> *mf* Lautenspieler(in) *m(f);* **liuto** [li'u:to] *m* Laute *f*

livellamento [livella'mento] *m* **1.** (TEC) Einebnung *f* **2.** (*fig*) Angleichen *n;* **livellare** [livel'la:re] *vt* **1.** (TEC) (ein)ebnen **2.** (*fig*) ausgleichen; (*persone*) gleich machen

livello [li'vɛllo] *m* **1.** (*altezza*) Niveau *n;* (*del mare*) Spiegel *m* **2.** (*fig*) Niveau *n;* (*condizione sociale*) Rang *m;* **ad alto ~** auf höherer Ebene

livido ['li:vido] *m* blauer Fleck

livido, -a *agg* blassblau

living-room ['liviŋru:m] <living-rooms> *m* Wohnzimmer *n*

livornese [livor'ne:se] **I.** *mf* Einwohner(in) *m(f)* Livornos **II.** *agg* livornesisch

Livorno [li'vɔ:rno] *f Stadt in der Toskana*

lo [lo] **I.** *art det 3. pers m sing davanti a s impura, gn, pn, ps, x, z* der *m*, die *f*, das *n* **II.** *pron pers 3. pers m sing* ihn, es

loading ['loudiŋ] <-> *m* (INFORM) Laden *n*

lobby ['lɔbi] <lobbies> *f* Lobby *f*

lobo ['lɔ:bo] *m* (ANAT) Lobus *m;* **~ dell'orecchio** Ohrläppchen *n*

locale [lo'ka:le] **I.** *agg* **1.** (*di luogo*) örtlich, Orts-; (*di un determinato luogo*) einheimisch; (*persone*) ortsansässig **2.** (*caratteristico del luogo*) örtlich **II.** *m* **1.** (*stanza*) Raum *m*, Zimmer *n* **2.** (*luogo pubblico*) Lokal *n;* **~ notturno** Nachtlokal *n* **3.** (FERR) Nahverkehrszug *m;* **località** [lokali'ta] <-> *f* Ort *m*

localizzare [lokalid'dza:re] *vt* lokalisieren; (NAUT, AERO) orten

locanda [lo'kanda] *f* Gasthaus *n*

locandina [lokan'di:na] *f* Reklamezettel *m*

locare [lo'ka:re] *vt* (JUR: *fabbricati*) vermieten; (*terreni*) verpachten; **locatario, -a** [loka'ta:rio] <-i, -ie> *m, f* (*di casa*) Mieter(in) *m(f);* (*di terreno*) Pächter(in) *m(f);* **locatore, -trice** [loka'to:re] *m, f* Vermieter(in) *m(f);* **locazione** [lokat'tsio:ne] *f* **1.** (*da parte del locatore*) Vermietung *f* **2.** (*da parte del locatario*) Miete *f;* **dare in ~** vermieten

loc. cit. *abbr di* **loco citato** loc. cit., a.a.O.

loco ['lɔ:ko] *m* **in alto ~** an höchster Stelle

locomotiva [lokomo'ti:va] *f* Lokomotive *f;* **locomotorio, -a** [lokomo'tɔ:rio] <-i, -ie> *agg* Fortbewegungs-; **locomozione** [lokomot'tsio:ne] *f* **1.** (*facoltà propria*) Fortbewegung *f* **2.** (*mediante veicolo*) Transport *m*

loculo ['lɔ:kulo] *m* Grabnische *f*

locusta [lo'ku:sta] *f* **1.** (ZOO) (Wander)heuschrecke *f* **2.** (*fig*) Blutsauger *m*

locuzione [lokut'tsio:ne] *f* Redewendung *f*

lodabile [lo'da:bile] *agg* lobenswert

lodare [lo'da:re] **I.** *vt* **1.** (*dar lodi*) loben **2.** (*celebrare*) preisen; **sia lodato il cielo!** Gott sei Dank! **II.** *vr* **-rsi** sich (selbst) loben; **chi si loda s'imbroda** (*prov*) Eigenlob stinkt

lode ['lɔ:de] *f* **1.** (*elogio*) Lob *n* **2.** (*voto*) Auszeichnung *f*

loden ['lo:dən] <-> *m* **1.** (*panno*) Loden *m* **2.** (*cappotto*) Lodenmantel *m*

lodevole [lo'de:vole] *agg* **1.** (*meritevole di lode*) löblich, lobenswert **2.** (*voto scolastico*) ausgezeichnet

logaritmico, -a [loga'ritmiko] <-ci, -che> *agg* logarithmisch, Logarithmen-; **logaritmo** [loga'ritmo] *m* Logarithmus *m*

loggia ['lɔddʒa] <-gge> *f* **1.** (ARCH) Loggia *f* **2.** (*di massoneria*) Loge *f;* **loggione** [lɔd'dʒo:ne] *m* Galerie *f*

logica ['lɔ:dʒika] <-che> *f* Logik *f;* **a rigor di ~** streng genommen; **logico, -a** ['lɔ:dʒiko] <-ci, -che> *agg* **1.** (*conforme alla logica*) logisch **2.** (*naturale*) natürlich

logistica [lo'dʒistika] <-che> *f* Logistik *f;* **logistico, -a** [lo'dʒistiko] <-ci, -che> *agg* logistisch

logopedista [logope'dista] <-i *m*, -e *f*> *mf* (MED) Logopäde, -pädin *m, f*

logoramento [logora'mento] *m* Abnutzung *f*

logorante [logo'rante] *agg* aufreibend

logorare [logo'ra:re] **I.** *vt* abnutzen; (*vestiti*) abtragen **II.** *vr* **-rsi 1.** (*consumarsi*) sich abnutzen **2.** (*fig*) sich aufreiben; **logorio** [logo'ri:o] <-ii> *m* **1.** (*logoramento*) (kontinuierliche) Abnutzung *f* **2.** (*fig*) Zermürbung *f;* **logoro, -a** ['lo:goro] *agg* abgenutzt; (*vestito*) abgetragen

lombaggine [lom'baddʒine] *f* Hexenschuss *m*

Lombardia [lombar'di:a] *f* Lombardei *f*

lombardo [lom'bardo] <*sing*> *m* (*dialetto*) lombardischer Dialekt

lombardo, -a I. *agg* lombardisch **II.** *m, f* Lombarde *m,* Lombardin *f*

lombare [lom'ba:re] *agg* Lenden-

lombata [lom'ba:ta] *f* **1.** (*taglio di carne*) Lende *f* **2.** (*arrosto*) Lendenbraten *m*

lombo ['lombo] *m* **1.** (ANAT) Lende *f* **2.** *pl* Hüften *fpl*

lombrico [lom'bri:ko] <-chi> *m* Regenwurm *m*

Londra ['londra] *f* London *n*

longevità [londʒevi'ta] <-> *f* Langlebigkeit *f;* **longevo, -a** [lon'dʒɛ:vo] *agg* langlebig

longitudinale [londʒitudi'na:le] *agg* längsgerichtet, längs-; **longitudine** [londʒi'tu:dine] *f* (geographische) Länge *f*

lontanamente [lontana'mente] *avv* **1.** (*in lontananza*) weit, entfernt **2.** (*con negazione*) im Geringsten, im Entferntesten; **non ci penso neanche** ~ ich denke nicht im Traum daran

lontananza [lonta'nantsa] *f* Entfernung *f;* (*fig*) Fernsein *n*

lontano, -a [lon'ta:no] **I.** *agg* **1.** (*spaziale*) fern **2.** (*temporale*) lange her **3.** (*assente*) abwesend, fern **4.** (*vago*) entfernt **II.** *avv* weit entfernt; ~ **da** (*a fig*) weit entfernt von; **da** ~ von weitem; **andare** ~ sich entfernen; (*fig*) abweichen; **vedere** ~ (*fig*) weitblickend sein; **alla -a** vage; ~ **dagli occhi,** ~ **dal cuore** (*prov*) aus den Augen, aus dem Sinn

lontra ['lontra] *f* Fischotter *m*

loquace [lo'kua:tʃe] *agg* gesprächig; (*pej*) geschwätzig; **loquacità** [lokuatʃi'ta] <-> *f* Gesprächigkeit *f*

lordo ['lordo] *agg* (COM) Brutto-, brutto

loro ['lɔ:ro] **I.** *pron pers* **1.** *3. pers pl* sie; (*con preposizione*) sie, ihnen, ihrer; (*complemento di termine*) ihnen; **beati ~!** die Glücklichen! **2.** *3. pers pl* (*forma di cortesia: Loro*) Sie; (*con preposizione*) Sie, Ihnen, Ihrer; (*complemento di termine*) Ihnen **II.** <inv> *agg* ihr; (*forma di cortesia: Loro*) Ihr; **le ~ speranze** ihre Hoffnungen; **il ~ padre/zio** ihr Vater/Onkel; **un ~ amico** ein Freund von ihnen **III.** *pron poss* **il/la** ~ ihre(r, s); (*forma di cortesia: Loro*) Ihre(r, s) **IV.** *m* **il** ~ das Ihr(ig)e; **i** ~ die Ihren *geh;* **anche tu sei dei ~?** bist du auch einer von ihnen?; ~ **due** die beiden

losanga [lo'zaŋga] <-ghe> *f* Rhombus *m*

Losanna [lo'zanna] *f* Lausanne *n*

lotta ['lɔtta] *f* **1.** (*combattimento*) Kampf *m* **2.** (SPORT) Ringen *n* **3.** (*fig*) Streit *m;* ~ **di classe** Klassenkampf *m;* **lottare** [lot'ta:re] *vi* kämpfen; ~ **con il sonno** mit dem Schlaf kämpfen

lotteria [lotte'ri:a] <-ie> *f* Lotterie *f*

lottizzabile [lottid'dza:bile] *agg* in Landparzellen aufteilbar; **il terreno** ~ aufteilbares Land(gut); **lottizzare** [lottid'dza:re] *vt* in Parzellen aufteilen, parzellieren; **lottizzazione** [lottiddzat'tsio:ne] *f* **1.** (*di terreno*) Aufteilung *f* in Parzellen **2.** (*di potere*) Ämteraufteilung *f* (zwischen den Parteien)

lotto ['lɔtto] *m* **1.** (*gioco*) Lotto(spiel) *n;* **giocare al** ~ (im) Lotto spielen **2.** (*di terreno*) Parzelle *f*

> Eines der ältesten Glückspiele, das **lotto**, erfreut sich immer noch großer Beliebtheit. In Italien setzt man auf die Zahlen von 1 bis 90, wobei die Gewinnkombinationen heißen: ambo (zwei Richtige), terno (drei Richtige), quaterna (vier), cinquina (fünf).

love story [lʌv 'stɔ:ri] <-> *f* Liebesaffäre *f*

lozione [lot'tsio:ne] *f* Lotion *f;* ~ **per capelli** Haarwasser *n*

Lubecca [lu'bɛkka] *f* Lübeck *n*

lubrificare [lubrifi'ka:re] *vt* (ab)schmieren

lucano [lu'ka:no] <*sing*> *m* (*dialetto*) lukanische Dialektgruppe

lucano, -a I. *agg* lukanisch **II.** *m, f* Lukaner(in) *m(f)*

Lucca *f Stadt in der Toskana*

lucchese [luk'ke:se] **I.** *mf* Einwohner(in) *m(f)* aus Lucca **II.** *agg* aus Lucca

lucchetto [luk'ketto] *m* Vorhängeschloss *n*

luccicare [luttʃi'ka:re] *vi* leuchten, funkeln; **luccichio** [luttʃi'ki:o] <-chii> *m* Gefunkel *n*

luccio ['luttʃo] <-cci> *m* Hecht *m*

lucciola ['luttʃola] *f* Leuchtkäfer *m*

luce ['lu:tʃe] *f* **1.** (*gener* PHYS, TEC) Licht *n;* **-i di posizione** Standlicht *n;* **dare alla** ~ zur Welt bringen; **fare** ~ **su qc** etw aufklären; **mettersi in** ~ sich hervortun; ~ **rossa** Porno-; **alla** ~ **dei fatti** in Anbetracht der Tatsachen; **contro** ~ bei Gegenlicht **2.** (*sole*) Sonnenlicht *n;* **alle prime -i** bei Tagesanbruch

Lucerna [lu'tʃɛrna] *f* Luzern *n*

lucertola [lu'tʃɛrtola] *f* Eidechse *f*

lucidabile [lutʃi'da:bile] *agg* polierfest

lucidalabbra [lutʃida'labbra] <-> *m* Lipgloss *n;* **lucidare** [lutʃi'da:re] *vt* glänzend machen; (*scarpe*) putzen, wichsen; (*pavimenti*) bohnern; **lucidatrice** [lutʃida'tri:tʃe] *f* Bohnermaschine *f*

lucidità [lutʃidi'ta] <-> *f* Klarheit *f*

lucido ['lu:tʃido] *m* **1.** (*lucentezza*) Glanz *m* **2.** (*per scarpe*) Schuhcreme *f;* (*per pavimenti*) Bohnerwachs *n* **3.** (*per lavagna luminosa*) Folie *f*

lucido, **-a** *agg* **1.** (*lucente*) glänzend **2.** (*fig*) durchsichtig

ludico, **-a** ['lu:diko] <-ci, -che> *agg* spielerisch, Spiel-

luglio ['luʎʎo] *m* Juli *m; v. a.* **aprile**

lugubre ['lu:gubre] *agg* schaurig

lui ['lu:i] *pron pers 3. pers m sing* **1.** (*soggetto*) er **2.** (*oggetto*) ihn; (*con preposizione*) ihn, ihm, seiner; **beato ~!** der Glückliche!

lumaca [lu'ma:ka] <-che> *f* Schnecke *f*

lume ['lu:me] *m* Lampe *f;* (*a fig*) Leuchte *f;* **perdere il ~ della ragione** außer sich *dat* sein

lumino [lu'mi:no] *m* Lämpchen *n;* **~ da notte** Nachttischlampe *f*

luminosità [luminosi'ta] <-> *f* **1.** (*chiarore*) Helligkeit *f* **2.** (PHYS) Lichtstärke *f;* **luminoso**, **-a** [lumi'no:so] *agg* **1.** (*che emette luce*) strahlend **2.** (*limpido*) klar **3.** (*fig*) glänzend

luna ['lu:na] *f* **1.** (ASTR) Mond *m;* **~ calante/crescente/piena** abnehmender/zunehmender Mond/Vollmond *m;* **~ di miele** Flitterwochen *fpl* **2.** (*lunazione*) Mondwechsel *m* **3.** (*fig*) **avere la ~ storta** schlechte Laune haben

luna park ['lu:na 'park] <-> *m* Vergnügungspark *m*

lunare [lu'na:re] *agg* Mond-; **lunario** [lu'na:rio] <-i> *m* Kalender *m*

lunatico, **-a** [lu'na:tiko] <-ci, -che> *agg* launenhaft

Luneburgo [lune'burgo] *f* Lüneburg *n;* **Lande di ~** Lüneburger Heide *f*

lunedì [lune'di] <-> *m* Montag *m; v. a.* **domenica**

lungamente [luŋga'mente] *avv* lange (Zeit)

lungarno [luŋ'garno] *m Straße am Arno entlang*

lunghezza [luŋ'gettsa] *f* Länge *f*

lungimirante [lundʒimi'rante] *agg* weitblickend; **lungimiranza** [lundʒimi'rantsa] *f* Weitblick *m*

lungo ['luŋgo] **I.** *m* Länge *f* **II.** *prp* **1.** (*di luogo*) längs *gen o dat,* entlang … *dat o gen,* … *acc* entlang **2.** (*di tempo*) während *gen o dat*

lungo, **-a** <-ghi, -ghe> *agg* **1.** (*estensione*) lang; (*tempo*) lange dauernd, langwierig; (*affare, progetto, programma*) langfristig; (*lontananza*) weit, lang; **a ~** lange; **alla -a** auf die Dauer; **di gran -a** weitaus, bei weitem; **in ~ e in largo** kreuz und quer; **saperla -a** mit allen Wassern gewaschen sein **2.** (*persona*) hochgewachsen **3.** (*caffè*) dünn

lungofiume [luŋgo'fiu:me] *m* Uferpromenade *f;* **lungolago** [luŋgo'la:go] *m* Promenade *f* am Seeufer; **lungomare** [luŋgo'ma:re] *m* Strandpromenade *f;* **lungometraggio** [luŋgome'traddʒo] <-ggi> *m* Spielfilm *m;* **lungotevere** [luŋgo'te:vere] *m Straße am Tiber entlang*

lunotto [lu'nɔtto] *m* (AUTO) Heckscheibe *f;* **~ termico** heizbare Heckscheibe

luogo ['luɔ:go] <-ghi> *m* Ort *m;* (*località*) Ortschaft *f;* (*posto*) Platz *m;* **~ di divertimento** Vergnügungsstätte *f;* **in ~ aperto** im Freien; **in nessun ~** nirgends; **in primo/ultimo ~** an erster /letzter Stelle; **aver ~** stattfinden; **dar ~ a qc** Anlass zu etw geben

lupa ['lu:pa] *f* Wölfin *f*

lupetto [lu'petto] *m* **1.** (ZOO) kleiner Wolf **2.** (*scout*) junger Pfadfinder, Wölfling *m*

lupino [lu'pi:no] *m* Lupine *f*

lupo ['lu:po] *m* Wolf *m;* **cane ~** deutscher Schäferhund; **~ mannaro** Werwolf *m;* **fame da -i** Bärenhunger *m*

luppolo ['luppolo] *m* Hopfen *m*

lurido, **-a** ['lu:rido] *agg* **1.** (*sporco*) dreckig **2.** (*fig*) verkommen

lusinga [lu'ziŋga] <-ghe> *f* Schmeichelei *f;* **lusingare** [luziŋ'ga:re] **I.** *vt* **~ qu** jdm schmeicheln **II.** *vr* **-rsi** (*osar credere*) hoffen, zu glauben wagen; **lusinghiero**, **-a** [luziŋ'giɛ:ro] *agg* schmeichelhaft

lussemburghese [lussembur'ge:se] **I.** *agg* luxemburgisch, Luxemburger **II.** *mf* Luxemburger(in) *m(f)*

Lussemburgo [lussem'burgo] *m* **il ~** Luxemburg *n*

lusso ['lusso] *m* Luxus *m;* **edizione di** ~ Luxusausgabe *f;* **lussuoso, -a** [lussu'oːso] *agg* luxuriös, Luxus-

lussureggiante [lussured'dʒante] *agg* prächtig

lussuria [lus'suːria] <-ie> *f* Fleischeslust *f;* **lussurioso, -a** [lussu'rioːso] **I.** *agg* geil, unzüchtig **II.** *m, f* unzüchtiger Mensch

lustrascarpe [lustras'karpe] <-> *mf* Schuhputzer(in) *m(f)*

lustro ['lustro] *m* **1.** (*lucentezza*) Glanz *m* **2.** (*fig: gloria*) Ruhm *m*

luterano, -a [lute'raːno] **I.** *agg* lutherisch **II.** *m, f* Lutheraner(in) *m(f)*

lutto ['lutto] *m* Trauer *f;* **essere in** ~ in Trauer sein; **chiuso per** ~ wegen Trauerfall geschlossen; **luttuoso, -a** [luttu'oːso] *agg* **1.** (*sventuroso*) unheilvoll **2.** (*funesto*) tödlich

M

M, m ['ɛmme] <-> *f* M, m *n;* ~ **come Milano** M wie Martha

m *abbr di* **metro** m

ma[1] [ma] *cong* **1.** (*però*) (je)doch, aber **2.** (*bensì*) sondern **3.** (*rafforzativo*) sogar, doch; ~ **è impossibile!** das ist doch nicht möglich!

ma[2] <-> *m* Aber *n*

macabro, -a ['maːkabro] *agg* makaber

macché [mak'ke] *int* ach was

maccheroni [makke'roːni] *mpl* Makkaroni *pl*

macchia ['makkia] <-cchie> *f* **1.** (*sporco*) Fleck *m* **2.** (*fig*) Makel *m*

macchiare [mak'kiaːre] **I.** *vt* beflecken **II.** *vr* **-rsi 1.** (*sporcarsi*) sich beflecken **2.** (*fig*) **-rsi di una colpa** eine Schuld auf sich laden; **macchiato, -a** [mak'kiaːto] *agg* (*sporco*) mit Flecken

macchina ['makkina] *f* **1.** (*congegno*) Maschine *f;* ~ **da scrivere** Schreibmaschine *f;* ~ **del caffè** Kaffeemaschine *f;* ~ **fotografica** Fotoapparat *m;* **fatto a** ~ maschinell hergestellt **2.** (*auto*) Auto *n;* **andare in** ~ mit dem Auto fahren; **macchinista** [makki'nista] <-i *m*, -e *f*> *mf* **1.** (*addetto alle macchine*) Maschinist(in) *m(f)* **2.** (FERR) Lokomotivführer(in) *m(f);* **macchinoso, -a** [makki'noːso] *agg* kompliziert

macedonia [matʃe'dɔːnia] <-ie> *f* Obstsalat *m*

macellaio, -a [matʃel'laːio] <-i, -ie> *m, f* Metzger(in) *m(f)*, Fleischhauer(in) *m(f) A;* **macellare** [matʃel'laːre] *vt* (*animali*) schlachten; **macelleria** [matʃelle'riːa] <-ie> *f* Metzgerei *f;* **macello** [ma'tʃɛllo] *m* **1.** (*mattatoio*) Schlachthof *m* **2.** (*strage*) Blutbad *n*

macerare [matʃe'raːre] **I.** *vt* auflösen **II.** *vr* **-rsi** sich peinigen

Macerata *f Stadt in den Marken*

maceratese I. *mf* Einwohner(in) *m(f)* aus Macerata **II.** *agg* aus Macerata

macerie [ma'tʃɛːrie] *fpl* Trümmer *pl*

machiavellico, -a [makia'vɛlliko] <-ci, -che> *agg* machiavellistisch; (*a fig*) skrupellos

macigno [ma'tʃiɲɲo] *m* Fels(block) *m*

macina ['maːtʃina] *f* Mühlstein *m*

macinare [matʃi'naːre] *vt* **1.** (*grano, caffè*) mahlen **2.** (*fig: strada, chilometri*) fressen

macrobiotica [makrobi'ɔːtika] <-che> *f* Makrobiotik *f;* **macrobiotico, -a** [makrobi'ɔːtiko] <-ci, -che> *agg* makrobiotisch

macrocosmo [makro'kɔzmo] *m* Makrokosmos *m*

macroeconomia [macroekono'miːa] *f* (COM, FIN) Makroökonomie *f*

macroprogrammazione [macroprogrammat'tsioːne] *f* (INFORM) Makroprogrammierung *f*

macroscopico, -a [makros'kɔːpiko] <-ci, -che> *agg* **1.** (TEC) makroskopisch **2.** (*fig*) riesig

madido, -a ['maːdido] *agg* nass; ~ **di sudore** schweißgebadet

Madonna [ma'dɔnna] *f* **1.** (REL) Muttergottes *f* **2.** (*nell'arte*) Madonna *f*

madornale [mador'naːle] *agg* enorm

madre[1] ['maːdre] *f* Mutter *f*

madre[2] <inv> *agg* **1.** (*che ha figli*) Mutter- **2.** (*principale*) Haupt-

M

madrelingua [madre'liŋgua] *f* Muttersprache *f;* **essere di ~ italiana** Italienisch als Muttersprache sprechen; **madrepatria** [madre'pa:tria] *f* Vaterland *n;* (*delle colonie*) Mutterland *n;* **madreperla** [madre'pɛrla] *f* Perlmutter *f;* **madreperlaceo, -a** [madreper'la:tʃeo] *agg* perlmutt(er)farben

madrina [ma'dri:na] *f* Patin *f*

maestà [maes'ta] <-> *f* Majestät *f;* **maestoso, -a** [maes'to:so] *agg* **1.** (*aspetto, gesto*) hoheitsvoll **2.** (MUS) feierlich

maestrale [maes'tra:le] *m* Mistral *m*

maestro, -a [ma'ɛstro] **I.** *m, f* **1.** (*di scuola primaria*) (Grundschul)lehrer(in) *m(f)* **2.** (*istruttore*) Lehrer(in) *m(f);* **~ di ballo/di nuoto** Tanz-/Schwimmlehrer *m* **3.** (*esperto*) Meister *m* **II.** *agg* **strada -a** Hauptstraße *f*

mafia ['ma:fia] *f* Mafia *f;* **mafioso, -a** [ma'fio:so] **I.** *agg* Mafia- **II.** *m, f* Mafioso *m,* Mafiosa *f*

magari [ma'ga:ri] **I.** *int* schön wär's! **II.** *cong +conj* wenn nur ... *+conj;* **~ fosse vero!** wenn es doch wahr wäre! **III.** *avv* **1.** (*forse*) möglicherweise **2.** (*persino*) sogar

magazziniere, -a [magaddzi'niɛ:re] *m, f* Lagerhalter(in) *m(f);* **magazzino** [magad'dzi:no] *m* (Waren)lager *n*

maggio ['maddʒo] *m* Mai *m; v. a.* **aprile**

maggiolino [maddʒo'li:no] *m* **1.** (ZOO) Maikäfer *m* **2.** (*autovettura*) Käfer *m*

maggiorana [maddʒo'ra:na] *f* Majoran *m*

maggioranza [maddʒo'rantsa] *f* **1.** (*maggior parte*) Mehrzahl *f* **2.** (*in assemblea*) Mehrheit *f;* **maggiorare** [maddʒo'ra:re] *vt* **1.** (*prezzi*) erhöhen **2.** (MAT) vergrößern

maggiordomo [maddʒor'dɔ:mo] <-i> *m* **1.** (*capo della servitù*) Butler *m* **2.** (HIST) Hausmeister *m*

maggiore [mad'dʒo:re] **I.** *agg* **1.** (*comparativo: più grande*) größer; (*più vecchio*) älter; (*più importante*) bedeutender; (MAT) größer; (MUS) Dur-, -Dur **2.** (*superlativo relativo: il più grande*) größte(r, s); (*il più vecchio*) älteste(r, s); (*per importanza*) bedeutendste(r, s); **la maggior parte** die meisten, der größte Teil **II.** *mf* **1.** (MIL) Major *m* **2.** (*primogenito*) Älteste(r) *f(m)*

maggiorenne [maddʒo'rɛnne] **I.** *agg* volljährig **II.** *mf* Volljährige(r) *f(m)*

maggioritario, -a [maddʒori'ta:rio] <-i, -ie> *agg* mehrheitlich; **sistema ~** (POL) Mehrheitswahlrecht *n*

maggiormente [maddʒor'mente] *avv* **1.** (*di più*) mehr, stärker **2.** (*più di tutto*) am meisten

magi ['ma:dʒi] *mpl* **i re ~** die Heiligen Drei Könige

magia [ma'dʒi:a] <-gie> *f* **1.** (*arte occulta*) Magie *f* **2.** (*fig*) Zauber *m;* **magico, -a** ['ma:dʒiko] <-ci, -che> *agg* **1.** (*di magia*) Zauber- **2.** (*fig*) bezaubernd

magistero [madʒis'tɛ:ro] *m* (*insegnamento*) Lehramt *n;* **magistrale** [madʒis'tra:le] *agg* **1.** (*per maestri*) Lehrer-; **istituto ~** *Lehrerbildungsanstalt für Grundschullehrer* **2.** (*da maestro*) meisterhaft

magistrato [madʒis'tra:to] *m* (JUR: *giudice*) Richter *m;* **magistratura** [madʒistra'tu:ra] *f* **1.** (*organi giudiziari*) Justizbehörde *f* **2.** (*funzione*) Richteramt *n*

maglia ['maʎʎa] <-glie> *f* **1.** (*tessuto*) Strickarbeit *f;* **lavorare a ~** stricken **2.** (SPORT) Trikot *n;* **maglieria** [maʎʎe'ri:a] <-ie> *f* Strickwaren *fpl;* **maglietta** [maʎ'ʎetta] *f* T-Shirt *n;* **maglione** [maʎ'ʎo:ne] *m* (dicker) Pullover *m*

magnanimità [maɲɲanimi'ta] <-> *f* Großmut *f;* **magnanimo, -a** [maɲ'ɲa:nimo] *agg* großmütig

magnate [maɲ'ɲa:te] *m* Magnat *m*

magnesio [maɲ'ɲɛ:zio] *m* Magnesium *n*

magnete [maɲ'ɲɛ:te] *m* (PHYS) Magnet *m;* **magnetico, -a** [maɲ'ɲɛ:tiko] <-ci, -che> *agg* **1.** (EL) magnetisch **2.** (*fig*) magnetisierend; **magnetolettore** [maɲɲetolet'to:re] *m* (INFORM) Tonbandwiedergabegerät *n;* **magnetolettura** [maɲɲetolet'tu:ra] *f* (INFORM) Abruf *m* von auf Datenträgern gespeicherten Daten

magnifico, -a [maɲ'ɲi:fiko] <-ci, -che> *agg* herrlich; (*sontuoso*) prunkvoll

magnolia [maɲ'ɲɔ:lia] <-ie> *f* Magnolie *f*

mago, -a ['ma:go] <-ghi, -ghe> *m, f* Zauberer *m,* Zauberin *f*

Magonza [ma'gontsa] *f* Mainz *n*

magra ['ma:gra] *f* Niedrigwasser *n;* **tempi di ~** (*fig*) magere Zeiten *fpl*

magro, -a *agg* **1.** (*persona*) mager **2.** (*fig*) dürftig

mah [ma] *int* wer weiss

mai ['ma:i] *avv* **1.** (*nessuna volta*) nie(mals); **non sono ~ stata in America** ich war noch nie in Amerika; **~ e poi ~** nie und nimmer

2. (*qualche volta*) jemals, je; **chi l'avrebbe ~ detto?** wer hätte das jemals gedacht? 3. (*interrogativo*) denn; **come ~ non vieni?** wieso kommst du denn nicht?

maiale [ma'ia:le] *m* 1. (ZOO) Schwein *n* 2. (*carne*) Schweinefleisch *n*

mail order ['meil 'ɔ:də] <-> *m* Postbestellung *f*

mainframe [mein'freim] <-> *m* (INFORM) Großrechner *m*

maionese [maio'ne:se] *f* Majonäse *f*

Maiorca [ma'iɔrka] *f* Mallorca *n*

mais ['ma:is] <-> *m* Mais *m*, Kukuruz *m A*

maiuscola [ma'iuskola] *f* Großbuchstabe *m*; **maiuscolo, -a** [ma'iuskolo] *agg* Groß-, groß(geschrieben)

mal [mal] *m v.* **male**[2]

malachite [mala'ki:te] *f* Malachit *m*

malafede [mala'fe:de] *f* böse Absicht; **agire in ~** in böser Absicht handeln

malandato, -a [malan'da:to] *agg* 1. (*ridotto male*) heruntergekommen 2. (*sciatto*) verwahrlost

malapena [mala'pe:na] *f* **a ~** kaum

malaria [ma'la:ria] <-ie> *f* Malaria *f*

malasanità [malasani'ta] <-> *f schlecht funktionierendes Gesundheitswesen*

malato, -a [ma'la:to] I. *agg* krank; **~ di cuore** herzkrank II. *m, f* Kranke(r) *f(m)*; **malattia** [malat'ti:a] <-ie> *f* 1. (*morbo*) Krankheit *f* 2. (*fig*) fixe Idee

malaugurio [malau'gu:rio] <-i> *m* **fare l'uccello del ~** den Teufel an die Wand malen

malavita [mala'vi:ta] *f* Unterwelt *f*

malcapitato, -a [malkapi'ta:to] I. *agg* unglücklich II. *m, f* Pechvogel *m*; **malconcio, -a** [mal'kontʃo] <-ci, -ce> *agg* (*persona*) übel zugerichtet

malcostume [malkos'tu:me] *m* Sittenlosigkeit *f*

maldestro, -a [mal'dɛstro] *agg* ungeschickt

maldicente [maldi'tʃɛnte] I. *agg* Läster-, klatschsüchtig II. *mf* Lästerzunge *f*; **maldicenza** [maldi'tʃɛntsa] *f* üble Nachrede

maldisposto, -a [maldis'posto] *agg* **essere ~ verso qu** jdm übel gesinnt sein

male[1] ['ma:le] <peggio, malissimo> *avv* 1. (*non bene*) schlecht; **meno ~ che è finita** gut, dass es vorbei ist; **star ~** krank sein 2. (*erroneamente*) fälschlicherweise

male[2] *m* 1. (*non bene*) Schlechte(s) *n*; **far ~ alla salute** ungesund sein; **non c'è ~** es geht 2. (*sventura*) Unglück *n* 3. (*dolore*) Schmerz *m*; **far ~** weh tun; **mi fa ~ la testa** ich habe Kopfschmerzen; **mal di denti** Zahnschmerzen *mpl* 4. (*malattia*) Krankheit *f*; **mal di mare** Seekrankheit *f*

maledetto, -a [male'detto] *m, f* Verdammte(r) *f(m)*

maledire [male'di:re] <irr> *vt* verdammen

maledizione[1] [maledit'tsio:ne] *f* Fluch *m*

maledizione[2] *int* **~! il treno è partito** (*fam*) verdammt (nochmal), der Zug ist weg

maleducato, -a [maledu'ka:to] I. *agg* ungezogen II. *m, f* Flegel *m*; **maleducazione** [maledukat'tsio:ne] *f* Ungezogenheit *f*

maleodorante [maleodo'rante] *agg* übel riechend

malessere [ma'lɛssere] *m* 1. (*indisposizione*) Unwohlsein *n* 2. (*fig*) Unbehagen *n*

malfamato, -a [malfa'ma:to] *agg* verrufen

malformazione [malformat'tsio:ne] *f* Missbildung *f*

malga ['malga] <-ghe> *f* Alm *f*

malgrado [mal'gra:do] I. *prp* trotz *gen o dat* II. *cong +conj* obwohl, wenn … auch III. *avv* **mio/tuo ~** gegen meinen/deinen Willen

malignare [maliɲ'ɲa:re] *vi* **~ su qu/qc** über jdn/etw klatschen; **malignità** [maliɲɲi'ta] <-> *f* Boshaftigkeit *f*; **maligno, -a** [ma'liɲɲo] *agg* 1. (*avverso*) böse 2. (*malvagio*) boshaft 3. (MED) bösartig

malinconia [maliŋko'ni:a] <-ie> *f* Melancholie *f*; **malinconico, -a** [maliŋ'kɔ:niko] <-ci, -che> *agg* melancholisch

malincuore [maliŋ'kuɔ:re] *m* **a ~** schweren Herzens

malintenzionato, -a [malintentsio'na:to] *agg* böswillig

malinteso [malin'te:so] *m* Missverständnis *n*

malissimo [ma'lissimo] *avv superlativo di* **male**[1]

malizia [ma'littsia] <-ie> *f* 1. (*sentimento*) Arglist *f* 2. (*furbizia allusiva*) Pfiffigkeit *f*; **malizioso, -a** [malit'tsio:so] *agg* 1. (*maligno*) arglistig 2. (*birichino*) pfiffig

malleabile [malle'a:bile] *agg* 1. (*metallo*) hämmerbar; (PHYS) dehnbar 2. (*fig: carattere*) gefügig

malleolo [mal'lɛ:olo] *m* (Fuß)knöchel *m*

malnutrito, **-a** [malnu'tri:to] *agg* unterernährt
malocchio [ma'lɔkkio] *m* böser Blick
malore [ma'lo:re] *m* plötzliche Übelkeit
malpensante [malpen'sante] *agg* schlecht denkend; **malridotto**, **-a** [malri'dotto] *agg* **1.** (*oggetto*) verschlissen **2.** (*persona*) übel zugerichtet
malsano, **-a** [mal'sa:no] *agg* **1.** (*clima, ambiente*) ungesund **2.** (*persona*) kränklich
Malta ['malta] *f* Malta *n*
maltempo [mal'tɛmpo] *m* Unwetter *n*
malto ['malto] *m* Malz *n*
maltrattare [maltrat'ta:re] *vt* **1.** (*persone, animali*) misshandeln **2.** (*fig*) verstümmeln
malumore [malu'mo:re] *m* **1.** (*cattiva vena*) Missstimmung *f* **2.** (*scontentezza*) Verstimmung *f*
malva ['malva] *f* Malve *f*
malvagio, **-a** [mal'va:dʒo] <-gi, -gie> **I.** *agg* böse **II.** *m, f* Bösewicht *m;* **malvagità** [malvadʒi'ta] <-> *f* Bosheit *f*
malvivente [malvi'vɛnte] *mf* Übeltäter(in) *m(f)*
malvolentieri [malvolen'tiɛ:ri] *avv* ungern
mamma[1] ['mamma] *f* Mama *f*
mamma[2] *int* ~ **mia!** (ach) du lieber Himmel!
mammella [mam'mɛlla] *f* **1.** (ANAT) (weibliche) Brust *f* **2.** (*di animali*) Zitze *f*
mammifero [mam'mi:fero] *m* Säugetier *n*
mammola ['mammola'fi:a] *f* (März)veilchen *n*
management ['mænidʒmənt] <-> *m* Management *n*
manager ['manadʒer] <-> *mf* Manager(in) *m(f);* **manageriale** [manadʒe'ria:le] *agg* Führungs-; **spirito** ~ unternehmerischer Geist
mancanza [maŋ'kantsa] *f* **sento la sua** ~ er [*o* sie] fehlt mir; **per** ~ **di** aus Mangel an +*dat;* **mancare** [maŋ'ka:re] **I.** *vi* **1.** *essere* (*essere assente*) fehlen; (*persone*) abwesend sein **2.** *essere* (*venir meno*) wegbleiben **3.** *avere* (*non mantenere*) ~ **a qc** etw nicht (ein)halten **4.** *essere* (*tempo*) **mancano cinque minuti alle tre** es ist fünf Minuten vor drei **II.** *vt* **1.** (*fallire*) verfehlen **2.** (*loc*) **ci mancherebbe altro!** das fehlte gerade noch!; **mancato**, **-a** [maŋ'ka:to] *agg* (*tentativo*) fehlgeschlagen; (*scrittore, artista*) verhindert
mancia ['mantʃa] <-ce> *f* Trinkgeld *n*
mancino, **-a** [man'tʃi:no] **I.** *agg* **1.** (*persona*) linkshändig **2.** (*lato*) linke(r, s) **II.** *m, f* Linkshänder(in) *m(f)*
mandante [man'dante] *mf* Auftraggeber(in) *m(f)*
mandarancio [manda'rantʃo] <-ci> *m* Klementine *f*
mandare [man'da:re] *vt* schicken; ~ **a chiamare qu** nach jdm schicken
mandarino [manda'ri:no] *m* Mandarine *f*
mandato [man'da:to] *m* **1.** (*incarico*) Auftrag *m;* ~ **di cattura** Haftbefehl *m* **2.** (POL) Mandat *n* **3.** (COM) (Zahlungs)anweisung *f*
mandibola [man'di:bola] *f* Unterkiefer *m*
mandolino [mando'li:no] *m* Mandoline *f*
mandorla ['mandorla] *f* Mandel *f;* **mandorlato** [mandor'la:to] *m* Mandelgebäck *n;* **mandorlo** ['mandorlo] *m* Mandelbaum *m*
mandra ['mandra] *f,* **mandria** ['mandria] <-ie> *f* (*a fig, pej*) Herde *f*
maneggevole [maned'dʒe:vole] *agg* (*arnese*) handlich; **maneggiare** [maned'dʒa:re] *vt* **1.** (*materiali*) bearbeiten **2.** (*arnesi*) handhaben
manesco, **-a** [ma'nesko] <-schi, -sche> *agg* handgreiflich
manetta [ma'netta] *f* **1.** (TEC) (Hand)hebel *m* **2.** *pl* Handschellen *fpl*
manganello [maŋga'nɛllo] *m* Knüppel *m*
manganese [maŋga'ne:se] *m* Mangan *n*
mangereccio, **-a** [mandʒe'rettʃo] <-cci, -cce> *agg* essbar
mangianastri [mandʒa'nastri] <-> *m* Kassettenrecorder *m*
mangiare[1] [man'dʒa:re] *vt* **1.** (*cibi*) essen; (*animali*) fressen; **fare da** ~ (das) Essen machen; **mangiarsi qu con gli occhi** (*fig*) jdn mit den Augen verschlingen **2.** (*parole*) verschlucken
mangiare[2] *m* Essen *n;* (*di animali*) Fressen *n*
mangiata [man'dʒa:ta] *f* (*fam*) **farsi una bella** ~ sich den Bauch vollschlagen
mango ['maŋgo] <-ghi> *m* Mango *f*
mania [ma'ni:a] <-ie> *f* **1.** (PSYCH) Wahn *m* **2.** (*fig*) Manie *f;* **maniaco**, **-a** [ma'ni:ako] <-ci, -che> **I.** *agg* **1.** (PSYCH) manisch **2.** (*fig*) fanatisch **II.** *m, f* (PSYCH) Wahnsinnige(r) *f(m)*
manica ['ma:nika] <-che> *f* Ärmel *m;*

senza -che ärmellos; **è un altro paio di -che!** (*fam*) das ist ein anderes Paar Schuhe

Manica ['maːnika] *f* Ärmelkanal *m*

manichino [mani'kiːno] *m* **1.** (*per artisti*) Gliederpuppe *f* **2.** (*da vetrina*) Schaufensterpuppe *f*

manico ['maːniko] <-ci> *m* Griff *m;* (*di coltello*) Heft *n;* (*di pentola*) Henkel *m*

manicomio [mani'kɔːmio] <-i> *m* **1.** (*ospedale*) psychiatrische Klinik **2.** (*fig, scherz*) Irrenhaus *n*

manicure [mani'kuːre] <-> *f* Maniküre *f*

maniera [ma'niɛːra] *f* **1.** (*modo*) Weise *f;* **ognuno alla sua ~** jeder nach seinem Geschmack **2.** *pl* (*galateo*) Manieren *fpl;* **manierismo** [manie'rizmo] *m* (KUNST) Manierismus *m*

manifattura [manifat'tuːra] *f* Verarbeitung *f*

manifestare [manifes'taːre] **I.** *vt* offenbaren **II.** *vi* demonstrieren **III.** *vr* **-rsi** sich zeigen; **manifestazione** [manifestat'tsioːne] *f* **1.** (*di coraggio, gioia*) Äußerung *f* **2.** (*spettacolo*) Veranstaltung *f* **3.** (*dimostrazione pubblica*) Demonstration *f*

manifesto [mani'fɛsto] *m* **1.** (*avviso*) Plakat *n* **2.** (*programma*) Manifest *n*

manifesto, -a *agg* deutlich; (*noto*) bekannt

manipolare [manipo'laːre] *vt* **1.** (*materiale*) bearbeiten **2.** (*fig: elezioni, risultati*) manipulieren

mano ['maːno] *f* (*arto*) Hand *f;* **a portata di ~** griffbereit; **alla ~** (*fig: persona*) umgänglich; **fatto a ~** handgemacht; **man ~** nach und nach; **dare una ~ a qu** (*fig*) jdm zur Hand gehen; **di seconda ~** aus zweiter Hand; **-i in alto!** Hände hoch!; **vuoi una ~?** kann ich dir helfen?

> **Mani pulite** ist eine journalistische Bezeichnung für die Justizmaßnahmen, die Anfang der neunziger Jahre eine Reihe von Politikern und Industriellen der Bestechung und der Korruption bezichtigten und vor Gericht brachten, was zur Selbstauflösung der wichtigsten damaligen Regierungsparteien Italiens (Democrazia Cristiana, Partito Socialista) führte.

manodopera, mano d'opera [mano'dɔːpera] *f* **1.** (*lavoratori*) Arbeitskräfte *fpl* **2.** (*costo*) Arbeitslohn *m*

manomettere [mano'mettere] <irr> *vt* **1.** (*documenti*) fälschen **2.** (*lettera*) (unerlaubt) öffnen; (*cassetto*) aufbrechen

manoscritto [manos'kritto] *m* Manuskript *n*

manoscritto, -a *agg* handschriftlich

manovale [mano'vaːle] *m* Hilfsarbeiter *m*

manovra [ma'nɔːvra] *f* **1.** (TEC) Bedienung *f* **2.** (*fig*) Maßnahmen *fpl;* **manovrare** [mano'vraːre] **I.** *vt* **1.** (*azionare*) betätigen **2.** (*fig: persona*) lenken **II.** *vi* (*a fig*) manövrieren

mansarda [man'sarda] *f* Mansarde *f*

mansueto, -a [mansu'ɛːto] *agg* sanft; (*animale*) zahm; **mansuetudine** [mansue'tuːdine] *f* Sanftheit *f;* (*di animale*) Zahmheit *f*

mantello [man'tɛllo] *m* **1.** (*cappotto*) Mantel *m* **2.** (ZOO) Fell *n*

mantenere [mante'neːre] <irr> **I.** *vt* **1.** (*far continuare*) (er)halten **2.** (*persone, famiglia*) unterhalten **3.** (*parola, promessa*) halten; (*segreto*) bewahren **II.** *vr* **-rsi** **1.** (*giovani, in forze*) sich (er)halten **2.** (*provvedere ai bisogni*) für seinen Unterhalt sorgen

manto ['manto] *m* **1.** (*indumento*) Mantel *m* **2.** (*di neve*) Decke *f*

Mantova ['mantova] *f* Mantua *n*

mantovano [manto'vaːno] <*sing*> *m* Dialekt *m* Mantuas

mantovano, -a **I.** *agg* aus Mantua **II.** *m, f* Einwohner(in) *m(f)* von Mantua

manuale [manu'aːle] **I.** *agg* handgemacht, Hand- **II.** *m* Lehrbuch *n*

manubrio [ma'nuːbrio] <-i> *m* (*di bicicletta*) Lenkstange *f*

manufatto [manu'fatto] *m* **1.** (*prodotto*) Manufaktur(ware) *f* **2.** (*piccola costruzione*) Arbeit *f*

manufatto, -a *agg* Manufaktur-

manutenzione [manuten'tsioːne] *f* Instandhaltung *f*

manzo ['mandzo] *m* Rind *n*

maomettano, -a [maomet'taːno] **I.** *m, f* Mohammedaner(in) *m(f)* **II.** *agg* mohammedanisch

mappamondo [mappa'mondo] *m* Globus *m*

maraschino [maras'kiːno] *m* Maraschino *m*

maratona [mara'toːna] *f* Marathon *m*

marca ['marka] <-che> *f* **1.** (*segno*) Zeichen *n* **2.** (COM) Marke *f,* Stempelmarke *f* A

marcare [mar'ka:re] *vt* **1.** (*oggetti*) markieren **2.** (SPORT: *gol*) schießen; (*avversario*) decken **3.** (*parola, voce*) betonen; **marcato, -a** [mar'ka:to] *agg* **1.** (*con marchio*) markiert **2.** (*fig*) ausgeprägt; **marcatore, -trice** [marka'to:re] *m, f* **1.** (*chi fa marcature*) Markierer(in) *m(f)* **2.** (SPORT: *di gol*) Torschütze *m*, -schützin *f*

Marche ['marke] *fpl* Marken *fpl*

marchese, -a [mar'ke:ze] *m, f* Marchese *m*, Marchesa *f*

marchigiano <*sing*> *m* Mundarten *fpl* der Marken

marchigiano, -a **I.** *m, f* Bewohner(in) *m(f)* der Marken **II.** *agg* aus den Marken

marchio ['markio] <-chi> *m* **1.** (*a fig*) Brandmal *n* **2.** (COM) Warenzeichen *n*; ~ **di qualità** Gütezeichen *n*

marcia ['martʃa] <-ce> *f* **1.** (*cammino*) Marsch *m*; **mettersi in** ~ sich in Bewegung setzen **2.** (MUS) Marsch *m* **3.** (TEC, MOT) Gang *m*; ~ **indietro** Rückwärtsgang *m* **4.** (SPORT) Gehen *n*

marciapiede [martʃa'piɛ:de] *m* **1.** (*di strada*) Gehweg *m*; **battere il** ~ (*fig*) auf den Strich gehen **2.** (*di stazione*) Bahnsteig *m*

marciare [mar'tʃa:re] *vi* **1.** (MIL) marschieren **2.** (SPORT) gehen

marcio ['martʃo] *m* **1.** (*parte marcia*) Faulstelle *f* **2.** (*fig*) Verderbtheit *f*

marcio, -a <-ci, -ce> *agg* **1.** (*frutto*) faul **2.** (*fig: società, costume*) verderbt; **aver torto** ~ völlig im Unrecht sein

marcire [mar'tʃi:re] <marcisco> *vi essere* **1.** (*frutta, carne*) (ver)faulen **2.** (*fig: nell'ozio*) verkommen

marco ['marko] <-chi> *m* Mark *f*; ~ **tedesco** Deutsche Mark, D-Mark *f*

mare ['ma:re] *m* See *f*; (*a fig*) Meer *n*; **Mare Mediterraneo** Mittelmeer *n*; **Mare del Sud/Nord** Süd-/Nordsee *f*; **uomo in ~!** Mann über Bord!; **marea** [ma'rɛ:a] <-ee> *f* Gezeiten *pl*; **alta/bassa** ~ Flut *f*/Ebbe *f*

maremma [ma'remma] *f* (*pianura lungo la costa marina*) Seemarsch *m*; **Maremma toscana** Maremmen *fpl*

maremoto [mare'mɔ:to] *m* Seebeben *n*

maresciallo [mareʃ'ʃallo] *m* Marschall *m*

margarina [marga'ri:na] *f* Margarine *f*

margherita [marge'ri:ta] *f* Margerite *f*

marginale [mardʒi'na:le] *agg* nebensächlich, Neben-; **nota** ~ Randbemerkung *f*

marginare [mardʒi'na:re] *vt* den Rand von etw bestimmen

margine ['mardʒine] *m* **1.** (*parte estrema*) Rand *m* **2.** (TYP) Steg *m*

mariano, -a [mari'a:no] *agg* Marien-

marijuana [mari'wana] *f* Marihuana *n*

marina [ma'ri:na] *f* **1.** (*riva*) Küste *f* **2.** (NAUT, MIL) Marine *f*; **marinaio** [mari'na:io] <-ai> *m* Seemann *m*; (MIL) Matrose *m*; **promessa da** ~ (*fig*) leere Versprechung; **marinare** [mari'na:re] *vt* **1.** (GASTR) einlegen **2.** (*fam fig: scuola*) schwänzen; **marinaro, -a** [mari'na:ro] *agg* See-; (*di pescatori*) Fischer-; **marino, -a** [ma'ri:no] *agg* Meer(es)-

marionetta [mario'netta] *f* (*a fig*) Marionette *f*

marito [ma'ri:to] *m* (Ehe)mann *m*

marittimo [ma'rittimo] *m* Hafenarbeiter *m*

marittimo, -a *agg* See-; (*clima, città*) maritim

marker ['ma:kə] <-> *m* **1.** (*evidenziatore*) Marker *m* **2.** (BIOL, MED) Kontrastmittel *n*

market ['market] <-> *m* Supermarkt *m*

marketing ['marketing] <-> *m* Marketing *n*

marmellata [marmel'la:ta] *f* Marmelade *f*

marmitta [mar'mitta] *f* (MOT) Auspuff *m*; ~ **catalitica** (Auspuff *m* mit) Katalysator *m*

marmo ['marmo] *m* Marmor *m*

marmotta [mar'mɔtta] *f* **1.** (ZOO) Murmeltier *n* **2.** (*fig*) Schlafmütze *f fam*

marocchino [marok'ki:no] *m* Maroquin *m*

marocchino, -a **I.** *agg* marokkanisch **II.** *m, f* Marokkaner(in) *m(f)*

Marocco [ma'rɔkko] *m* **il** ~ Marokko *n*

marrone[1] [mar'ro:ne] *m* **1.** (BOT) (Edel)kastanie *f* **2.** (GASTR) (Ess)kastanie *f*, Maroni *f A* **3.** (*colore*) Braun *n*

marrone[2] <inv> *agg* (kastanien)braun

marsala [mar'sa:la] <-> *m* Marsala(wein) *m*

marsupio [mar'su:pio] <-i> *m* Beutel *m*

Marte ['marte] <-> *m* Mars *m*

martedì [marte'di] <-> *m* Dienstag *m*; ~ **grasso** Faschingsdienstag *m*; *v. a.* **domenica**

martellare [martel'la:re] **I.** *vt* **1.** (*percuotere*) hämmern **2.** (*fig*) ~ **qu di domande** jdn mit Fragen überschütten **II.** *vi* klopfen; **martellata** [martel'la:ta] *f* Hammerschlag *m*

martello [mar'tɛllo] *m* (*gener, a fig* ANAT, SPORT) Hammer *m*

martire ['martire] *mf* Märtyrer(in) *m(f)*; **martirio** [mar'tiːrio] <-i> *m* (REL) Martyrium *n*; (*fig*) Qual *f*

martora ['martora] *f* Marder *m*

marxismo [mark'sizmo] *m* Marxismus *m*; **marxista** [mark'sista] <-i *m*, -e *f*> **I.** *mf* Marxist(in) *m(f)* **II.** *agg* marxistisch

marzapane [martsa'paːne] *m* Marzipan *n*

marziano, -a [mar'tsiaːno] **I.** *agg* Mars- **II.** *m, f* **1.** (ASTR) Marsmensch *m* **2.** (*fig*) Sonderling *m*

marzo ['martso] *m* März *m*; *v. a.* **aprile**

mascella [maʃ'ʃɛlla] *f* Kiefer *m*

maschera ['maskera] *f* **1.** (*a fig*) Maske *f* **2.** (*travestimento*) Kostümierung *f*; **ballo in ~** Maskenball *m*; **mascherare** [maske'raːre] **I.** *vt* **1.** (*travestire*) verkleiden **2.** (*fig*) verdecken **II.** *vr* **-rsi 1.** (*travestirsi*) sich verkleiden **2.** (*fig*) **-rsi da** sich ausgeben für; **mascherata** [maske'raːta] *f* **1.** (*gruppo*) Maskenzug *m* **2.** (*festa*) Maskerade *f*; **mascherato, -a** [maske'raːto] *agg* verkleidet; **mascherina** [maske'riːna] *f* Halbmaske *f*

maschile [mas'kiːle] **I.** *agg* **1.** (*di uomo*) Herren-; (*di ragazzo*) Jungen- **2.** (LING) männlich **II.** *m* (LING) Maskulinum *n*; **maschilismo** [maski'lizmo] *m* Männlichkeitswahn *m*; **maschilista** [maski'lista] <-i *m*, -e *f*> **I.** *mf* Macho *m* **II.** *agg* Macho-

maschio ['maskio] <-schi> *m* **1.** (BIOL) Männchen *n* **2.** (TEC) Zapfen *m*

mascolino, -a [masko'liːno] *agg* männlich

masochismo [mazo'kizmo] *m* Masochismus *m*; **masochista** [mazo'kista] <-i *m*, -e *f*> *mf* Masochist(in) *m(f)*; **masochistico, -a** [mazo'kistiko] <-ci, -che> *agg* masochistisch

massa ['massa] *f* **1.** (PHYS) Masse *f* **2.** (*mucchio*) Menge *f* **3.** (SOC) Volk *n*

Massa ['massa] *f Stadt in der Toskana*

massacrante [massa'krante] *agg* aufreibend; **massacrare** [massa'kraːre] *vt* **1.** (*trucidare*) niedermetzeln **2.** (*fig*) aufreiben; **massacro** [mas'saːkro] *m* **1.** (*eccidio*) Massaker *n* **2.** (*fig*) Katastrophe *f*

massaggiare [massad'dʒaːre] *vt* massieren

massaggiatore, -trice *m, f* Masseur *m*, Masseurin *f*; **massaggio** [mas'saddʒo] <-ggi> *m* Massage *f*

massaia [mas'saːia] <-aie> *f* Hausfrau *f*

massese [mas'seːse] **I.** *mf* Einwohner(in) *m(f)* von Massa **II.** *agg* aus Massa

massiccio [mas'sittʃo] <-cci> *m* (Gebirgs)massiv *n*

massiccio, -a <-cci, -cce> *agg* (*a fig*) massiv

massima ['massima] *f* **1.** (*motto*) Maxime *f* **2.** (*principio*) Grundsatz *m*; **in linea di ~** im Prinzip **3.** (*temperatura*) Höchsttemperatur *f*

massimalismo [massima'lizmo] *m* (POL, HIST) Extremismus *m*; **massimalista** [massima'lista] <-i *m*, -e *f*> **I.** *mf* (POL) Extremist(in) *m(f)* **II.** *agg* extremistisch

massimo ['massimo] *m* Maximum *n*; **al ~** höchstens

massimo, -a <superlativo di *grande*> *agg* **1.** (*estremamente grande*) sehr groß **2.** (*il più grande*) größte(r, s); **peso ~** (SPORT) Schwergewicht *n*; **~ comune divisore** (MAT) größter gemeinsamer Teiler; **in -a parte** größtenteils **3.** (*il più alto*) höchste(r, s); **temperatura -a** Höchsttemperatur *f*

mass media [mas 'mɛdia] *mpl* Massenmedien *pl*

masso ['masso] *m* Felsblock *m*

massone [mas'soːne] *m* Freimaurer *m*; **massoneria** [massone'riːa] <-ie> *f* Freimaurerei *f*; **massonico, -a** [mas'sɔːniko] <-ci, -che> *agg* freimaurerisch

masterizzatore *m* ~ (**per**) **CD-ROM** (INFORM) CD-ROM-Brenner *m*

masticare [masti'kaːre] *vt* **1.** (*cibo, tabacco*) kauen **2.** (*fig*) murmeln; **masticazione** [mastikat'tsioːne] *f* Kauen *n*

mastice ['mastitʃe] *m* **1.** (*miscuglio adesivo*) Kitt *m* **2.** (*resina*) Mastix *m*

mastino [mas'tiːno] *m* Bluthund *m*

masturbarsi [mastur'barsi] *vr* masturbieren; **masturbazione** [masturbat'tsioːne] *f* Selbstbefriedigung *f*

match [mætʃ] <-> *m* Match *n o m*; (*di pugilato*) Boxkampf *m*

matematica [mate'maːtika] <-che> *f* Mathematik *f*

matematicamente [matematika'mente] *avv* **1.** (MAT) nach mathematischen Regeln **2.** (*fig*) ganz sicher; **matematico, -a** [mate'maːtiko] <-ci, -che> **I.** *agg* **1.** (MAT) mathematisch **2.** (*di assoluta precisione*) exakt, präzis(e) **II.** *m, f* Mathematiker(in) *m(f)*

Matera *f Stadt in Basilicata*

materano, **-a** **I.** *m, f* Einwohner(in) *m(f)* von Matera **II.** *agg* aus Matera

materassino [materas'si:no] *m* Luftmatratze *f;* **materasso** [mate'rasso] *m* Matratze *f*

materia [ma'tɛ:ria] <-ie> *f* **1.** (*sostanza*) Stoff *m;* **-ie prime** Rohstoffe *mpl* **2.** (*contrapposta a spirito*) Materie *f* **3.** (*argomento*) Stoff *m;* **indice per -ie** Sachregister *n* **4.** (*disciplina*) (Lehr)fach *n;* **materiale** [mate'ria:le] **I.** *agg* **1.** (*di, della materia*) stofflich **2.** (*concreto*) konkret **II.** *m* **1.** (*prodotto necessario*) Material *n* **2.** (*strumenti*) Mittel *npl* **3.** (*appunti e documenti*) Unterlagen *fpl*

materialismo [materia'lizmo] *m* Materialismus *m;* **materialista** [materia'lista] <-i *m*, -e *f*> **I.** *mf* Materialist(in) *m(f)* **II.** *agg* materialistisch; **materialistico**, **-a** [materia'listiko] <-ci, -che> *agg* materialistisch; **materializzare** [materialid'dza:re] **I.** *vt* materialisieren **II.** *vr* **-rsi** **1.** (*prender corpo*) sich materialisieren **2.** (*diventar concreto*) konkret werden; **materialmente** [material'mente] *avv* faktisch

maternità [materni'ta] <-> *f* **1.** (*condizione di madre*) Mutterschaft *f* **2.** (JUR) **essere in ~** im Mutterschutz sein **3.** (*reparto ospedaliero*) Entbindungsstation *f;* **materno**, **-a** [ma'tɛrno] *agg* **1.** (*di, da madre*) mütterlich; **scuola -a** Kindergarten *m,* Vorschule *f* **2.** (*da parte di madre*) mütterlicherseits **3.** (*lingua*) Mutter-; (*terra*) Heimat-

matita [ma'ti:ta] *f* Bleistift *m*

matrice [ma'tri:tʃe] *f* **1.** (MAT, BIOL) Matrix *f* **2.** (TYP) Matrize *f* **3.** (COM) Stammregister *n*

matricida [matri'tʃi:da] <-i *m*, -e *f*> *mf* Muttermörder(in) *m(f);* **matricidio** [matri'tʃi:dio] <-i> *m* Muttermord *m*

matricola [ma'tri:kola] *f* **1.** (*registro*) Matrikel *f* **2.** (*numero*) Matrikelnummer *f* **3.** (*studente*) Studienanfänger(in) *m(f)*

matrigna [ma'triɲɲa] *f* Stiefmutter *f*

matrimoniale [matrimo'nia:le] *agg* ehelich, Ehe-; **matrimonio** [matri'mɔ:nio] <-i> *m* **1.** (*rapporto*) Ehe *f* **2.** (*cerimonia*) Hochzeit *f*

mattina [mat'ti:na] *f* Morgen *m;* **questa ~** heute Morgen; **ieri/sabato ~** gestern früh/Samstag früh; **di ~** morgens; **mattinata** [matti'na:ta] *f* Vormittag *m;* **mattiniero**, **-a** [matti'niɛ:ro] *agg* **essere ~** Frühaufsteher(in) *m(f)* sein; **mattino** [mat'ti:no] *m* Morgen *m;* **di buon ~** frühmorgens

matto, **-a** ['matto] **I.** *agg* verrückt; **da -i** wie verrückt; **essere ~ da legare** (*fam*) spinnen; **scacco ~** schachmatt **II.** *m, f* Verrückte(r) *f(m)*

mattone [mat'to:ne] *m* **1.** (*laterizio*) Ziegel(stein) *m* **2.** (*fig: libro, film*) Schinken *m;* (*persona*) Langweiler *m fam;* **mattonella** [matto'nɛlla] *f* Fliese *f*

mattutino, **-a** *agg* Morgen-

maturando, **-a** [matu'rando] *m, f* Abiturient(in) *m(f),* Maturant(in) *m(f) A*

maturare [matu'ra:re] **I.** *vi essere* **1.** (*frutti*) reifen **2.** (*persona*) reifen **3.** (COM: *interessi*) fällig werden **II.** *vt* **1.** (*frutti*) reifen lassen **2.** (*idea, piano*) reifen lassen **3.** (*fig: promuovere*) **~ qu** jdm das Reifezeugnis erteilen **III.** *vr* **-rsi** reif werden; **maturità** [maturi'ta] <-> *f* **1.** (*età, a fig*) Reife *f* **2.** (*diploma*) Abiturzeugnis *n;* **esame di ~** ≈ Abitur *n,* Matura *f A,* Maturität *f CH*

> Am Ende des letzten Jahres der **scuola media superiore** (liceo classico, liceo scientifico, liceo linguistico, liceo artistico, istituto magistrale, oder istituto tecnico e professionale) müssen die Schüler in Italien das esame di maturità bestehen. Mit dem dadurch erworbenen diploma di maturità, das dem deutschen Abitur entspricht, wird man zu allen Universitätsfächern zugelassen.

maturo, **-a** [ma'tu:ro] **I.** *agg* **1.** (*frutto*) reif **2.** (*adulto*) erwachsen **3.** (*studente*) mit Abitur, mit Matura *A* **4.** (*fig*) reif **II.** *m, f* Abiturient(in) *m(f)* (nach der Reifeprüfung), Maturant(in) *m(f) A*

mausoleo [mauzo'lɛ:o] *m* Mausoleum *n*

max [maks] *avv* maximal

maxiprocesso [maksipro'tʃɛsso] *m* Mammutprozess *m*

mazza ['mattsa] *f* Schlagholz *n*

mazzo ['mattso] *m* **1.** (*di fiori*) Strauß *m;* (*di oggetti*) Bund *m* **2.** (*di carte*) (Karten)spiel *n*

MB *abbr di* **megabyte** MB

M.C.D. *abbr di* **Massimo Comune Divisore** ggT

m.c.m. *abbr di* **minimo comune multiplo**

kgV

me [me] *pron pers 1. pers sing* **1.** (*oggetto*) mich; (*con preposizione*) mich, mir, meiner; **da** ~ selbst, selber; **fra** ~ **e** ~ in meinem Innern; **per** ~ was mich betrifft; **secondo** ~ meiner Meinung nach **2.** (*soggetto in forme comparative ed esclamative*) ich **3.** (*complemento di termine davanti a lo, la, li, le, ne*) mir; (*complemento oggetto davanti a la, lo, li, le, ne*) mich

M.E.C. [mɛk] *m abbr di* **Mercato Comune Europeo** Gemeinsamer (europäischer) Markt

Mecca ['mɛkka] *f* Mekka *n*

meccanica [mek'ka:nika] <-che> *f* **1.** (PHYS, TEC) Mechanik *f* **2.** (*attività tecnologica*) Maschinenbau *m;* **meccanico**, **-a** [mek'ka:niko] <-ci, -che> **I.** *agg* mechanisch **II.** *m, f* Mechaniker(in) *m(f);* **meccanismo** [mekka'nizmo] *m* Mechanismus *m;* **meccanizzare** [mekkanid'dza:re] *vt* mechanisieren

meccanografico, **-a** [mekkano'gra:fiko] <-ci, -che> *agg* Datenverarbeitungs-; **centro** ~ Rechenzentrum *n*

mecenate [metʃe'na:te] *mf* Mäzen(in) *m(f)*

mèche [mɛʃ] <-> *f* Strähne *f;* **farsi le** ~ sich *dat* Strähnen ins Haar machen

medaglia [me'daʎʎa] <-glie> *f* Medaille *f;* **medaglione** [medaʎ'ʎo:ne] *m* Medaillon *n*

medesimo, **-a** [me'de:zimo] **I.** *agg* **1.** (*stesso*) **il** ~, **la -a** der-, die-, dasselbe **2.** (*uguale*) gleich **3.** (*in persona*) selbst **II.** *pron dim* **il** (**la**) ~ (**-a**) der-, die-, dasselbe

media[1] ['mɛ:dia] <-ie> *f* **1.** (*gener*) Durchschnitt(swert) *m;* **in** ~ im Durchschnitt **2.** (MAT) Mittel *n*

media[2] ['mi:dʒe] *mpl* Massenmedien *npl*

mediano, **-a** [me'dia:no] **I.** *agg* Mittel-, mittlere(r, s) **II.** *m, f* Läufer(in) *m(f)*

mediante [me'diante] *prp* mit +*dat,* durch +*acc,* mittels +*gen*

mediare [me'dia:re] *vt* **1.** (*da mediatore*) vermitteln **2.** (MAT) den Mittelwert bilden aus

mediato, **-a** [me'dia:to] *agg* mittelbar; **mediatore**, **-trice** [media'to:re] **I.** *m, f* **1.** (*intermediario*) Vermittler(in) *m(f)* **2.** (COM) Makler(in) *m(f)* **II.** *agg* vermittelnd; **mediazione** [mediat'tsio:ne] *f* **1.** (*conciliazione*) Vermittlung *f* **2.** (*provvigione*) Maklergebühr *f*

medicare [medi'ka:re] **I.** *vt* behandeln **II.** *vr* **-rsi** sich (selbst) behandeln; **medicazione** [medikat'tsio:ne] *f* Behandlung *f*

medicina [medi'tʃi:na] *f* **1.** (*scienza*) Medizin *f* **2.** (*farmaco*) Medizin *f;* **medicinale** [meditʃi'na:le] **I.** *m* Arzneimittel *n* **II.** *agg* Heil-

medico ['mɛ:diko] *m* Arzt *m,* Ärztin *f*

medico, **-a** <-ci, -che> *agg* **1.** (*della medicina*) medizinisch **2.** (*del medico*) Arzt-

medievale [medie'va:le] *agg* mittelalterlich

medio ['mɛ:dio] <-i> *m* Mittelfinger *m*

medio, **-a** <-i, -ie> *agg* **1.** (*di mezzo*) Mittel-, mittlere(r, s); **scuola -a** Mittelschule *f* **2.** (*di valore intermedio*) durchschnittlich

mediocre [me'diɔ:kre] *agg* mittelmäßig; (*ordinario*) gewöhnlich

mediocrità [mediokri'ta] <-> *f* Mittelmäßigkeit *f*

medioevale [medioe'va:le] *agg v.* **medievale**; **medioevo** [medio'ɛ:vo] *m* Mittelalter *n*

mediorientale [mediorien'ta:le] *agg* Nahost-, Mittelost-

meditabondo, **-a** [medita'bondo] *agg* gedankenversunken

meditare [medi'ta:re] **I.** *vi* meditieren **II.** *vt* **1.** (*considerare*) bedenken **2.** (*preparare*) planen; **meditazione** [meditat'tsio:ne] *f* **1.** (*riflessione*) Meditation *f* **2.** (*considerazione*) Überlegung *f*

Mediterraneo [mediter'ra:neo] *m* Mittelmeer *n*

mediterraneo, **-a** <-ei, -ee> *agg* **1.** (*gener*) mittelländisch **2.** (*del Mediterraneo*) Mittelmeer-

medusa [me'du:za] *f* Qualle *f*

meeting ['mi:tiŋ] <-> *m* Treffen *n*

megabyte, **Megabyte** ['mega'bait] <-> *m* (INFORM) Megabyte *n*

megagalattico, **-a** [mɛgagalat'ti:ko] <-ci, -che> *agg* (*fam*) riesig, Riesen-; **una somma -a** eine Riesensumme

megahertz [mega'ɛrts] <-> *m* Megahertz *n*

megalomane [mega'lɔ:mane] *agg* größenwahnsinnig; **megalomania** [megaloma'ni:a] *f* Größenwahn *m*

meglio[1] ['mɛʎʎo] **I.** <comparativo di bene> *avv* **1.** (*in modo migliore*) besser; **tan-**

M

to ~!, ~ **così!** um so besser! **2.** (*piuttosto*) lieber, besser **3.** (*più*) mehr, besser **4.** (*ovvero*) (oder) besser; **per ~ dire** (oder) besser gesagt **5.** (*con valore di superlativo*) am Besten **II.** <comparativo di *buono*> *agg* **1.** (*migliore*) besser **2.** (*preferibile*) besser **3.** (*fam: con valore di superlativo*) beste(r, s), allerbeste(r, s)

meglio² <-> *mf* Beste(s) *n;* **fare del proprio ~** sein Bestes tun

mela ['me:la] *f* Apfel *m*

melanina [mela'ni:na] *f* Melanin *n*

melanzana [melan'tsa:na] *f* Aubergine *f,* Melanzani *f A*

melma ['melma] *f* **1.** (*fango*) Schlamm *m* **2.** (*fig*) Schmutz *m;* **melmoso, -a** [mel'mo:so] *agg* schlammig

melo ['me:lo] *m* Apfelbaum *m*

melodia [melo'di:a] <-ie> *f* Melodie *f;* **melodico, -a** [me'lɔ:diko] <-ci, -che> *agg* melodisch; **melodioso, -a** [melo'dio:so] *agg* melodiös

melodramma [melo'dramma] <-i> *m* **1.** (THEAT) Melodram(a) *n* **2.** (*fig, pej*) Theatralik *f;* **melodrammatico, -a** [melodram'ma:tiko] <-ci, -che> *agg* melodramatisch

melone [me'lo:ne] *m* Melone *f*

membrana [mem'bra:na] *f* Membran(e) *f*

membro¹ ['mɛmbro] *m* **1.** (*persona*) Mitglied *n* **2.** (*parte costitutiva*) Teil *n*

membro² <*pl:* -a *f*> *m* (ANAT) Glieder *npl*

memorabile [memo'ra:bile] *agg* denkwürdig

memoria [me'mɔ:ria] <-ie> *f* **1.** (*capacità, processo*) Gedächtnis *n;* **a ~** auswendig **2.** (*ricordo*) **la ~ di qu/qc** die Erinnerung an jdn/etw **3.** *pl* (*opera*) Memoiren *fpl* **4.** (INFORM) Speicher *m;* **~ ad accesso casuale** (INFORM: *RAM*) Arbeitsspeicher *m;* **capacità di ~** Speicherkapazität *f*

memorizzare [memorid'dza:re] *vt* **1.** (*nella memoria*) ins Gedächtnis einprägen **2.** (INFORM) speichern

mendicante [mendi'kante] **I.** *agg* bettelnd **II.** *mf* Bettler(in) *m(f);* **mendicare** [mendi'ka:re] **I.** *vt* **1.** (*elemosinare*) betteln um +*acc* **2.** (*fig*) flehen um +*acc* **II.** *vi* betteln (gehen)

menefreghismo [menefre'gizmo] *m* (zynische) Gleichgültigkeit *f;* **menefreghista** [menefre'gista] <-i *m,* -e *f*> **I.** *agg* gleichgültig **II.** *mf* gleichgültige Person

meningite [menin'dʒi:te] *f* Hirnhautentzündung *f*

menisco [me'nisko] <-schi> *m* Meniskus *m*

meno ['me:no] **I.** *avv* **1.** (*comparativo di poco*) weniger, nicht so viel; **di** [*o* **in**] **~** weniger; **~ male!** (*fam*) Gott sei Dank! **2.** (*in frasi comparative*) **~ di** nicht so wie, weniger als; **~ grande** kleiner; **poco ~** so gut wie, fast; **né più né ~** nicht mehr und nicht weniger **3.** (*in frasi superlative*) am wenigsten **4.** (*di temperatura, nelle votazioni scolastiche,* MAT) minus **5.** (*di ora*) vor; **sono le 3 ~ 5** es ist fünf (Minuten) vor drei **6.** (*no*) nicht; **dobbiamo decidere se andarci o ~** wir müssen entscheiden, ob wir hingehen oder nicht **7.** (*loc*) **fare a ~ di qc/qu** auf etw/jdn verzichten; **venir ~ a qc** etw nicht einhalten **II.** <inv> *agg* **1.** (*minore in quantità*) geringer, weniger **2.** (*in minor numero*) weniger **III.** *prp* außer +*dat;* **a ~ che** +*conj* es sei denn, dass ... **IV.** <-> *m* **1.** (*la minor cosa*) Geringste(s) *n;* **parlare del più e del ~** von diesem und jenem reden **2.** (MAT) Minus(zeichen) *n*

Meno ['mɛ:no] *m* Main *m*

menomato [meno'ma:to] *m, f* Behinderte(r) *f(m)*

menopausa [meno'pa:uza] *f* Menopause *f*

mensa ['mɛnsa] *f* Kantine *f;* (*universitaria*) Mensa *f*

mensile [men'si:le] **I.** *agg* **1.** (*di ogni mese*) monatlich, Monats- **2.** (*che dura un mese*) einmonatig **II.** *m* **1.** (*stipendio*) Monatsgehalt *n* **2.** (*periodico*) Monatsheft *n;* **mensilità** [mensili'ta] <-> *f* **1.** (*retribuzione*) Monatslohn *m* **2.** (*periodicità mensile*) monatliche Leistung

mensola ['mɛnsola] *f* Konsole *f*

menta ['menta] *f* Minze *f*

mentale [men'ta:le] *agg* **1.** (*della mente*) Geistes-, geistig **2.** (*senza parlare*) still; (*calcolo, lavoro*) Kopf-; **mentalità** [mentali'ta] <-> *f* Mentalität *f;* **mentalmente** [mental'mente] *avv* **1.** (*con la mente*) im Geiste **2.** (*di mente*) innerlich

mente ['mente] *f* **1.** (*intelletto*) Verstand *m;* **a ~ lucida** bei klarem Verstand **2.** (*intenzione*) Sinn *m;* **avere in ~ di fare qc** im Sinn haben, etw zu tun **3.** (*memoria*) Gedächtnis *n;* **a ~** auswendig; **venire in ~** einfallen **4.** (*fig*) Kopf *m;* **levarsi qu/qc dalla ~** sich *dat* jdn/etw aus dem Kopf schlagen; **cosa ti salta in ~?** was fällt dir ein?

mentina [men'ti:na] *f* Pfefferminzbonbon *n*

mentire [men'ti:re] *vi* lügen

mento ['mento] *m* Kinn *n*

mentolo [men'tɔ:lo] *m* Menthol *n*

mentre ['mentre] **I.** *cong* **1.** (*temporale*) während **2.** (*avversativo*) während **II.** *m* **in quel ~** gerade in diesem Moment

menu [me'nu] <-> *m* **1.** (*lista*) Speisekarte *f* **2.** (INFORM) Menü *n*

menzionare [mentsio'na:re] *vt* erwähnen; **menzione** [men'tsio:ne] *f* Erwähnung *f*

menzogna [men'tsoɲɲa] *f* Lüge *f*

Merano [me'ra:no] *f* Meran *n*

meraviglia [mera'viʎʎa] <-glie> *f* **1.** (*sorpresa*) Überraschung *f* **2.** (*stupore*) Erstaunen *n* **3.** (*cosa, persona meravigliosa*) Wunder *n;* **le sette -glie del mondo** die Sieben Weltwunder; **a ~** ausgezeichnet; **meravigliare** [meraviʎ'ʎa:re] **I.** *vt* verwundern **II.** *vr* **-rsi** sich wundern; **mi meraviglio di te!** ich muss mich doch sehr über dich wundern!; **non mi meraviglierei affatto se …** es würde mich (gar) nicht wundern, wenn …

meraviglioso, -a [meraviʎ'ʎo:so] *agg* wunderbar

mercante, -essa [mer'kante, merkan'tessa] *m, f* Händler(in) *m(f)*

mercantile [merkan'ti:le] **I.** *agg* Handels- **II.** *m* Frachtschiff *n*

mercanzia [merkan'tsi:a] <-ie> *f* (Handels)ware *f*

mercatino [merka'ti:no] *m* (Wochen)markt *m*

mercato [mer'ka:to] *m* Markt *m;* **~ nero** Schwarzmarkt *m;* **Mercato Comune (Europeo)** Gemeinsamer Markt; **a buon ~** günstig

merce ['mɛrtʃe] *f* **1.** (COM) Ware *f* **2.** *pl* Güter *npl*

mercenario [mertʃe'na:rio] <-i> *m* Söldner *m*

mercenario, -a <-i, -ie> *agg* **1.** (*truppe, soldati*) Söldner- **2.** (*fig, pej*) käuflich, bestechlich

merceria [mertʃe'ri:a] <-ie> *f* **1.** (*assortimento*) Kurzwaren *fpl* **2.** (*negozio*) Kurzwarenhandlung *f*

mercoledì [merkole'di] <-> *m* Mittwoch *m; v. a.* **domenica**

mercurio [mer'ku:rio] *m* (CHEM) Quecksilber *n*

Mercurio [mer'ku:rio] *m* (ASTR) Merkur *m*

merda ['mɛrda] *f* (*vulg*) Scheiße *f*

merenda [me'rɛnda] *f* Vesper(brot) *n,* Jause *f A;* **fare ~** Vesper machen, jausnen *A*

meridiana [meri'dia:na] *f* **1.** (*orologio*) Sonnenuhr *f* **2.** (ASTR) Mittagslinie *f*

meridiano [meri'dia:no] *m* Meridian *m*

meridionale [meridio'na:le] **I.** *agg* südlich, Süd-; **l'Italia ~** Süditalien *n* **II.** *mf* Südländer(in) *m(f);* **meridionalismo** [meridiona'lizmo] *m* (LING) süditalienischer Ausdruck; **meridione** [meri'dio:ne] *m* Süden *m*

meringa [me'riŋga] <-ghe> *f* Meringe *f,* Windbäckerei *f A*

meritare [meri'ta:re] **I.** *vt* verdienen **II.** *vi* (*fam*) sich lohnen **III.** *vr* **-rsi** (sich) verdienen

meritevole [meri'te:vole] *agg* wert, würdig

merito ['mɛ:rito] *m* **1.** (*qualità*) Verdienst *n;* **in ~ a …** was … betrifft, in Bezug auf *+acc* …; **a pari ~** bei Gleichwertigkeit **2.** (*valore*) Wert *m*

merletto [mer'letto] *m* Spitze *f*

merlo ['mɛrlo] *m* **1.** (ARCH) Zinne *f* **2.** (ZOO) Amsel *f*

merluzzo [mer'luttso] *m* Kabeljau *m*

meschinità [meskini'ta] <-> *f* Kleinlichkeit *f;* **meschino, -a** [mes'ki:no] **I.** *agg* **1.** (*misero*) armselig **2.** (*gretto*) kleinlich **II.** *m, f* armer Teufel *fam*

mescolanza [mesko'lantsa] *f* **1.** (*il mescolare*) Mischen *n* **2.** (*insieme di cose mescolate*) Mischung *f*

mescolare [mesko'la:re] **I.** *vt* **1.** (*mischiare*) (ver)mischen **2.** (*fig*) durcheinander bringen **II.** *vr* **-rsi 1.** (*unirsi in una massa*) sich vermischen **2.** (*fig*) sich einmischen

mese ['me:se] *m* **1.** (*periodo di tempo*) Monat *m* **2.** (*stipendio*) Monatslohn *m* **3.** (*canone d'affitto*) Monatsmiete *f*

messa ['messa] *f* **1.** (REL, MUS) Messe *f* **2.** (*azione del mettere*) **~ in moto** Anlassen *n;* **~ in piega** Einlegen *n* der Haare

messaggero, -a [messad'dʒɛ:ro] *m, f* Bote *m,* Botin *f*

messaggio [mes'saddʒo] <-ggi> *m* **1.** (*notizia*) Nachricht *f;* (*a fig*) Botschaft *f* **2.** (INFORM) Nachricht *f*
messia [mes'siːa] <-> *m* **1.** (REL: *il Messia*) der Messias **2.** (*fig*) Befreier *m*
messicano, **-a** [messi'kaːno] **I.** *agg* mexikanisch **II.** *m, f* Mexikaner(in) *m(f);* **Messico** ['mɛssiko] *m* **il** ~ Mexiko *n*
Messina [mes'siːna] *f Stadt in Sizilien*
messinese [messi'neːse] **I.** *mf* Einwohner(in) *m(f)* Messinas **II.** *agg* aus Messina
messinscena, **messa in scena** [messin'ʃɛːna] <messe in scena> *f* Inszenierung *f*
messo *pp di* **mettere**
mestiere [mes'tiɛːre] *m* **1.** (*lavoro*) Beruf *m* **2.** (*competenza*) Handwerk *n;* **essere del** ~ vom Fach sein
mestolo ['mestolo] *m* Kochlöffel *m*
mestruale [mestru'aːle] *agg* menstrual, Menstruations-; **mestruazione** [mestrua'tsioːne] *f,* **mestruo** ['mɛstruo] *m* Monatsblutung *f*
meta ['mɛːta] *f* **1.** (*destinazione*) Ziel *n* **2.** (*scopo*) Zweck *m*
metà [me'ta] <-> *f* **1.** (*parte*) Hälfte *f;* **a** ~ halb, zur Hälfte **2.** (*punto di mezzo*) Mitte *f;* **a** ~ **strada** auf halbem Wege
metabolismo [metabo'lizmo] *m* Metabolismus *m*
metacarpo [meta'karpo] *m* Mittelhand *f*
metadone [meta'dɔːne] *m* (CHEM, MED) Methadon *n*
metafora [me'taːfora] *f* Metapher *f;* **metaforico**, **-a** [meta'fɔːriko] <-ci, -che> *agg* metaphorisch
metallico, **-a** [me'talliko] <-ci, -che> *agg* Metall-, metallen; (*a fig*) metallisch
metallizzato, **-a** [metallid'dzaːto] *agg* metallic
metallo [me'tallo] *m* Metall *n;* **metallurgia** [metallur'dʒiːa] <-gie> *f* Metallurgie *f;* **metallurgico**, **-a** [metal'lurdʒiko] <-ci, -che> **I.** *agg* metallurgisch, Hütten-, **II.** *m, f* Metallarbeiter(in) *m(f);* **metalmeccanico**, **-a** [metalmek'kaːniko] **I.** *agg* Metall- (und Maschinenbau-) **II.** *m, f* Metallarbeiter(in) *m(f)*
metamorfosi [meta'mɔrfozi] <-> *f* Metamorphose *f*
metano [me'taːno] *m* Methan(gas) *n;* **metanodotto** [metano'dotto] *m* Gas(fern)leitung *f*
metastasi [me'tastazi] <-> *f* Metastase *f*
meteo ['mɛːteo] *m* Wettervorhersage *f*
meteora [me'tɛːora] *f* Meteor *m*
meteorite [meteo'riːte] *m o f* Meteorit *m*
meteorologico, **-a** [meteoro'lɔːdʒiko] <-ci, -che> *agg* meteorologisch; **bollettino** ~ Wetterbericht *m;* **meteorologo**, **-a** [meteo'rɔːlogo] <-gi, -ghe> *m, f* Meteorologe *m,* -login *f;* **meteosat** ['mɛːteosat] <-> *m* (METEO) Wettersatellit *m*
meticcio, **-a** [me'tittʃo] <-cci, -cce> *m, f* **1.** (BIOL) Hybride *f o m* **2.** (*persona*) Mestize *m*
meticolosità [metikolosi'ta] <-> *f* Gewissenhaftigkeit *f;* **meticoloso**, **-a** [metiko'loːso] *agg* gewissenhaft, peinlich genau
metilico, **-a** [me'tiːliko] <-ci, -che> *agg* Methyl-
metodico, **-a** [me'tɔːdiko] <-ci, -che> *agg* **1.** (*sistematico*) methodisch **2.** (*abitudinario*) gewohnheitsmäßig
metodo ['mɛːtodo] *m* **1.** (*procedimento*) Verfahren *n* **2.** (*ordine*) System *n;* **metodologia** [metodolo'dʒiːa] <-gie> *f* Methodologie *f*
metrica ['mɛːtrika] <-che> *f* Metrik *f;* **metrico**, **-a** ['mɛːtriko] <-ci, -che> *agg* metrisch
metro ['mɛːtro] *m* **1.** (*unità di lunghezza*) Meter *m o n* **2.** (*strumento*) Metermaß *n* **3.** (*fig*) Maßstab *m* **4.** (LIT: *piede*) Versfuß *m;* (*verso*) Versmaß *n*
metrò [me'trɔ] <-> *m* Metro *f,* U-Bahn *f*
metropoli [me'trɔːpoli] <-> *f* Großstadt *f*
metropolitana [metropoli'taːna] *f* U-Bahn *f*
metropolitano, **-a** *agg* Großstadt-
mettere ['mettere] <metto, misi, messo> **I.** *vt* **1.** (*collocare*) setzen; (*in piedi*) stellen; (*orizzontalmente*) legen; ~ **a confronto** gegenüberstellen; ~ **al mondo** zur Welt bringen; ~ **in chiaro** klar stellen **2.** (*applicare*) (auf)kleben **3.** (*infondere*) ~ **paura a qu** jdm Angst einjagen **4.** (*indossare*) anziehen, tragen **5.** (*loc*) **metterci tanto** lange brauchen; **mettercela tutta** alles daran setzen **II.** *vi* (*supporre*) annehmen; **mettiamo che ...** +*conj* nehmen wir an, dass ... **III.** *vr* **-rsi 1.** (*collocarsi*) sich stellen; (*sedersi*) sich setzen; **-rsi a ...** +*inf* anfangen zu ... +*inf;* **-rsi a sedere** sich (hin)setzen; **-rsi a pro-**

prio agio es sich *dat* bequem machen **2.** (*cacciarsi*) sich bringen **3.** (*indossare*) (sich) anziehen **4.** (*loc*) **-rsi con qu** (*associarsi*) sich mit jdm vereinigen; (*avere una relazione amorosa*) mit jdm gehen; **-rsi in contatto con qu** sich mit jdm in Verbindung setzen

mezzadria [meddza'dri:a] <-ie> *f* Halbpacht *f;* **mezzadro** [med'dza:dro] *m* Halbpächter *m*

mezzaluna [meddza'lu:na] <mezzelune> *f* **1.** (ASTR) Halbmond *m* **2.** (*coltello*) Wiegemesser *n*

mezzanotte [meddza'nɔtte] <mezzenotti> *f* Mitternacht *f*

mezzo ['mɛddzo] **I.** *m* **1.** (*metà*) Hälfte *f* **2.** (*parte centrale*) Mitte *f;* **in ~ a** (*stato*) mitten in +*dat;* (*moto*) mitten in +*acc* **3.** (*espediente*) Mittel *n;* **con ogni ~** mit allen Mitteln; **per ~ di** (*persona*) durch; (*cosa*) mit, mit Hilfe von **4.** (*veicolo*) Verkehrsmittel *n* **5.** *pl* Mittel *npl;* **-i di comunicazione di massa** Massenmedien *npl* **6.** (*fig: misura*) Maß *n;* **via di ~** (*fig*) Mittelweg *m* **7.** (*loc*) **togliere di ~** aus dem Weg räumen **II.** *avv* zur Hälfte, halb

mezzo, -a *agg* **1.** (*metà di un intero*) halb, Halb-; **le tre e ~** halb vier; **mezz'ora** halbe Stunde **2.** (*medio, intermedio*) mittlere(r, s); **vestito di -a stagione** Übergangskleid *n;* **un uomo di -a età** ein Mann mittleren Alters **3.** (*fig: non completo*) halb

mezzobusto, mezzo busto [meddzo'busto] <mezzibusti> *m* **1.** (*parte del corpo*) Büste *f* **2.** (*iron: annunciatore televisivo*) Nachrichtensprecher(in) *m(f)*

mezzofondo [meddzo'fondo] *m* Mittelstreckenlauf *m*

mezzogiorno [meddzo'dʒorno] *m* **1.** (*le 12*) Mittag *m* **2.** (*l'Italia meridionale*) Süditalien *n*

mezz'ora [med'dzo:ra] <mezze ore> *f* halbe Stunde

mezzosoprano, mezzo soprano [meddzoso'pra:no] <mezzisoprani> *m* Mezzosopran *m*

mi[1] [mi] **I.** *pron pers 1. pers sing* **1.** (*complemento di termine*) mir **2.** (*complemento oggetto*) mich **II.** *pron rifl 1. pers sing* mich

mi[2] <-> *m* (MUS) e, E *n*

miagolare [miago'la:re] *vi* (*gatto*) miauen; **miagolio** [miago'li:o] <-ii> *m* (*di gatto*) Miauen *n;* **miao** ['mia:o] *int* miau

MIB *m abbr di* **Indice Borsa Milano** Mailänder Börsenindex *m*

mica ['mi:ka] *avv* **1.** (*affatto, per niente*) **non ... ~** doch nicht, gar nicht; (*per caso*) doch (wohl) nicht **2.** (*fam*) nicht; **~ male quel tipo!** nicht übel dieser Typ!

miccia ['mittʃa] <-cce> *f* Zündschnur *f*

micidiale [mitʃi'dia:le] *agg* **1.** (*mortale*) tödlich **2.** (*fig*) schädlich

micio, -a ['mi:tʃo] <-ci, -ce> *m, f* (*fam*) Mieze *f*

micosi [mi'kɔ:zi] <-> *f* Pilzkrankheit *f*

microbo ['mi:krobo] *m* Mikrobe *f*

microcalcolatore [mikrokalkola'to:re] *m* (INFORM) Mikrocomputer *m*

microchip ['maikroutʃip] <-> *m* Mikrochip *m*

microcosmo [mikro'kɔzmo] *m* Mikrokosmos *m*

microcriminalità [mikrokriminali'ta] <-> *f* Kleinkriminalität *f*

microfilm [mikro'film] *m* Mikrofilm *m*

microfono [mi'krɔ:fono] *m* Mikrophon *n;* (TEL) Telefonhörer *m*

microonda [mikro'onda] *f* Mikrowelle *f;* **forno a -e** Mikrowellenherd *m*

microprocessore [mikroprotʃes'so:re] *m* (INFORM) Mikroprozessor *m;* **microprogramma** [mikropro'gramma] <-i> *m* (INFORM) Mikroprogramm *n;* **microprogrammazione** [mikroprogrammat'tsio:ne] *f* (INFORM) Mikroprogrammierung *f*

microscopico [mikros'kɔ:piko] <-ci, -che> *agg* mikroskopisch; (*fig*) winzig; **microscopio** [mikros'kɔ:pio] <-i> *m* Mikroskop *n*

midollo [mi'dollo] <*pl* -a *f*> *m* Mark *n*

mie, miei ['mi:e, 'miɛ:i] *v.* **mio**

miele ['miɛ:le] *m* Honig *m;* **luna di ~** Flitterwochen *fpl*

mietere ['miɛ:tere] *vt* **1.** (AGR) mähen **2.** (*fig*) ernten; **mietitore, -trice** [mieti'to:re] **I.** *m, f* Mäher(in) *m(f)* **II.** *agg* vernichtend; **mietitrice** [mieti'tri:tʃe] *f* Mähmaschine *f*

migliaio [miʎ'ʎa:io] <*pl*: -aia *f*> *m* Tausend *n;* **un ~** (**di ...**) etwa tausend (...); **-aia** tausend, Tausende *pl;* **a -aia** zu Tausenden

miglio[1] ['miʎʎo] <*pl*: -glia *f*> *m* (*unità di misura*) Meile *f*

miglio[2] <-gli> *m* (BOT) Hirse *f*
miglioramento [miʎʎora'mento] *m* (Ver)besserung *f*
migliorare [miʎʎo'ra:re] **I.** *vt* (ver)bessern **II.** *vi essere* besser werden **III.** *vr* **-rsi** sich bessern
migliore [miʎ'ʎo:re] **I.** *agg* (*comparativo di buono*) besser; (*superlativo relativo*) beste(r, s); **la cosa** ~ das Beste; **nel** ~ **dei casi** im günstigsten Fall **II.** *mf* Beste(r) *f(m)*
mignolo ['miɲɲolo] *m* **1.** (*della mano*) kleiner Finger **2.** (*del piede*) kleiner Zeh
migrare [mi'gra:re] *vi essere* wandern; (*uccelli*) ziehen; **migratore**, **-trice** [migra'to:re] **I.** *agg* Wander-; (*uccelli*) Zug- **II.** *m, f* (Aus)wanderer *m,* -wand(r)erin *f;* **migrazione** [migrat'tsio:ne] *f* Wanderung *f*
milanese[1] [mila'ne:se] <*sing*> *m* (*dialetto*) mailändischer Dialekt
milanese[2] **I.** *mf* Mailänder(in) *m(f)* **II.** *agg* mailändisch
Milano [mi'la:no] *f* Mailand *n*
miliardario, **-a** [miliar'da:rio] <-i, -ie> **I.** *m, f* Milliardär(in) *m(f)* **II.** *agg* Milliardär(s)-; (*somma*) Milliarden-; **miliardo** [mi'liardo] *m* Milliarde *f*
miliare [mi'lia:re] *agg* **pietra** ~ (*a fig*) Meilenstein *m*
milionario, **-a** [milio'na:rio] <-i, -ie> **I.** *m, f* Millionär(in) *m(f)* **II.** *agg* Millionär(s)-; (*somma*) Millionen-; **milione** [mi'lio:ne] *m* Million *f*
militante [mili'tante] **I.** *agg* militant **II.** *mf* Militant(in) *m(f)*
militare[1] [mili'ta:re] **I.** *agg* Militär-; **servizio** ~ Wehrdienst *m* **II.** *m* Soldat *m*
militare[2] *vi* **1.** (*fare il soldato*) Soldat sein **2.** (*fig: partecipare attivamente*) aktiv (tätig) sein
milite ['mi:lite] *m* (*soldato*) Soldat *m;* **il Milite Ignoto** der Unbekannte Soldat
mille ['mille] **I.** *num* (ein)tausend **II.** <-> *m* (Ein)tausend *f o n;* **l'anno** ~ das Jahr Tausend (*nach Christus*)*;* **le** ~ **e una notte** Tausendundeine Nacht; **per** ~ Promille
millenario, **-a** <-i, -ie> *agg* **1.** (*che dura mille anni*) tausendjährig **2.** (*che ricorre ogni mille anni*) alle tausend Jahre
millennio [mil'lɛnnio] <-i> *m* Jahrtausend *n*
millepiedi [mille'piɛ:di] <-> *m* Tausendfüß(l)er *m*
millesimo [mil'lɛ:zimo] *m* (*frazione*) Tausendstel *n*
millesimo, **-a** **I.** *agg* tausendste(r, s) **II.** *m, f* Tausendste(r, s) *f(mn)*
milleusi [mille'u:zi] <inv> *agg* Allzweck-
milligrammo [milli'grammo] *m* Milligramm *n;* **millimetrato**, **-a** [millime'tra:to] *agg* **carta -a** Millimeterpapier *n;* **millimetro** [mil'li:metro] *m* Millimeter *m o n*
milza ['miltsa] *f* Milz *f*
mimare [mi'ma:re] **I.** *vt* mimen **II.** *vi* schauspielern; **mimetico**, **-a** [mi'mɛ:tiko] <-ci, -che> *agg* **1.** (*gener*) mimetisch **2.** (*imitativo*) imitativ; **mimetizzare** [mimetid'dza:re] **I.** *vt* (MIL) tarnen **II.** *vr* **-rsi** **1.** (MIL) sich tarnen **2.** (ZOO) sich der Umgebung anpassen **3.** (*fig*) sich anpassen
mimica ['mi:mika] <-che> *f* Mimik *f;* **mimico**, **-a** ['mi:miko] <-ci, -che> *agg* mimisch
mimo, **-a** ['mi:mo] *m, f* Pantomime *m,* -mimin *f*
mimosa [mi'mo:sa] *f* Mimose *f*
min. **1.** *abbr di* **minuto** min., Min. **2.** *abbr di* **minimo** Min.
mina ['mi:na] *f* Mine *f*
minaccia [mi'nattʃa] <-cce> *f* **1.** (*intimidazione*) Drohung *f* **2.** (*pericolo*) Gefahr *f;* **minacciare** [minat'tʃa:re] *vt* drohen; ~ **qu di qc** jdn mit etw (be)drohen; **minaccioso**, **-a** [minat'tʃo:so] *agg* drohend; (*pericoloso*) gefährlich
minare [mi'na:re] *vt* **1.** (*collocare mine*) Minen legen in **2.** (*fig*) untergraben
minatore [mina'to:re] *m* Bergmann *m*
minatorio, **-a** [mina'tɔ:rio] <-i, -ie> *agg* Droh-
minerale [mine'ra:le] **I.** *agg* mineralisch, Mineral- **II.** *m* Erz *n*
minestra [mi'nɛstra] *f* Suppe *f;* **minestrone** [mines'tro:ne] *m* (GASTR) *Suppe meist mit Gemüse, Hülsenfrüchten, Teigwaren o Reis*
mingherlino, **-a** [miŋger'li:no] *agg* schmächtig; (*uomo*) schmalbrüstig
mini ['mi:ni] <inv> *agg* Mini-, mini; **miniappartamento** [miniapparta'mento] *m* kleine Wohnung, Garconniere *f A*
miniatura [minia'tu:ra] *f* (*opera*) Miniatur *f*
minidisco [mini'disko] <-chi> *m* (INFORM)

Diskette *f*

miniera [mi'niɛ:ra] *f* **1.** (MIN) Bergwerk *n* **2.** (*fig*) Fundgrube *f*

minigolf [mini'gɔlf] <-> *m* Minigolf *n*

minigonna [mini'gonna] *f* Minirock *m*

minima ['mi:nima] *f* **1.** (METEO) Tiefsttemperatur *f* **2.** (MUS) halbe Note

minimalismo [minima'lizmo] *m* Minimalismus *m;* **minimalista** [minima'lista] <-i *m*, -e *f*> **I.** *agg* minimalistisch **II.** *mf* Minimalist(in) *m(f)*

minimo ['mi:nimo] *m* Mindeste(s) *n;* (*misura*) Minimum *n;* **al ~** mindestens

minimo, -a *agg* **1.** (*superlativo di piccolo*) sehr klein **2.** (*il più piccolo*) kleinste(r, s); (*a fig*) geringste(r, s) **3.** (*il più basso*) tiefste(r, s) **4.** (*ultimo*) Mindest- **5.** (*nessuno*) geringste(r, s)

miniserie [mini'sɛ:rie] <-> *f* (TV) Mehrteiler *m*

ministeriale [ministe'ria:le] *agg* Minister-, ministerial; **ministero** [minis'tɛ:ro] *m* **1.** (*dicastero*) Ministerium *n;* **~ della difesa/degli (affari) esteri/delle finanze** Verteidigungs-/Außen-/Finanzministerium *n* **2.** (*governo*) Regierung *f* **3.** (JUR) **pubblico ~** Staatsanwalt *m*

ministro [mi'nistro] *m* **1.** (POL) Minister(in) *m(f);* **primo ~** Premierminister *m* **2.** (*fig*) Diener(in) *m(f)*

minoranza [mino'rantsa] *f* Minderheit *f*

minorato, -a [mino'ra:to] **I.** *agg* behindert **II.** *m, f* Behinderte(r) *f(m)*

minore [mi'no:re] **I.** *agg* **1.** (*comparativo: più piccolo*) kleiner; (*fig*) geringer; (*più breve*) kürzer; (*più giovane*) jünger; (*meno importante*) unbedeutende(r, s); **Asia Minore** Kleinasien *n;* **l'Orsa ~** der Kleine Bär **2.** (*superlativo relativo*) kleinste(r, s) **3.** (MUS) Moll-, -Moll **II.** *mf* **1.** (*persona più giovane*) Jüngste(r) *f(m)* **2.** (*minorenne*) Minderjährige(r) *f(m);* **minorenne** [mino'rɛnne] **I.** *mf* Minderjährige(r) *f(m)* **II.** *agg* minderjährig; **minorile** [mino'ri:le] *agg* jugendlich; **delinquenza ~** Jugendkriminalität *f;* **lavoro ~** Kinderarbeit *f;* **minoritario, -a** [minori'ta:rio] <-i, -ie> *agg* Minderheiten-, Minderheits-

minuscola [mi'nuskola] *f* Kleinbuchstabe *m*

minuscolo, -a [mi'nuskolo] *agg* **1.** (*scrittura*) klein-, klein(geschrieben) **2.** (*piccolissimo*) winzig

minuto [mi'nu:to] *m* Minute *f;* **in un ~** (*fig*) in einer Sekunde; **ho i -i contati** meine Zeit ist knapp

minuto, -a *agg* **1.** (*piccolo*) klein, Klein- **2.** (*di poca importanza*) klein **3.** (*gracile*) zierlich **4.** (*particolareggiato*) genau, eingehend

minuzioso, -a [minut'tsio:so] *agg* (*lavoro*) minutiös; (*persona*) peinlich genau

mio, -a ['mi:o] <miei, mie> **I.** *agg* mein; **la -a anima/voce** meine Seele/Stimme; **~ padre/zio** mein Vater/Onkel; **un ~ amico** ein Freund von mir **II.** *m, f* **il ~** das Mein(ig)e; **dire la -a** meine Meinung sagen; **essere dalla -a parte** auf meiner Seite sein; **la -a del ...** mein Brief vom ... **III.** *pron poss* **il ~, la -a** meiner, meine, mein(e)s

miope ['mi:ope] **I.** *agg* (*fig*) kurzsichtig **II.** *mf* Kurzsichtige(r) *f(m);* **miopia** [mio'pi:a] <-ie> *f* (*fig*) Kurzsichtigkeit *f*

mira ['mi:ra] *f* **1.** (*il mirare*) Zielen *n;* **prendere di ~ qu** (*fig*) jdn aufs Korn nehmen **2.** (*fig*) Ziel *n*

mirabile [mi'ra:bile] *agg* bewundernswert; (*meraviglioso*) wunderbar

miracolato, -a [mirako'la:to] *agg* durch (ein) Wunder geheilt; **miracolo** [mi'ra:kolo] *m* Wunder *n;* **per ~** wie durch ein Wunder; **miracoloso, -a** [mirako'lo:so] *agg* **1.** (*che fa miracoli*) wundertätig **2.** (*cosa*) wunderbar; (*persona*) phänomenal

mirare [mi'ra:re] *vi* **1.** (*puntare*) zielen; **~ a qc** auf etw *acc* zielen **2.** (*fig: tendere*) **~ a qc** nach etw trachten; **~ in alto** ein hohes Ziel anstreben

mirino [mi'ri:no] *m* **1.** (MIL: *a fig*) Visier *n* **2.** (FOTO) Sucher *m*

mirra ['mirra] *f* Myrrhe *f*

mirtillo [mir'tillo] *m* Heidelbeere *f*

mirto ['mirto] *m* Myrte *f*

misantropia [mizantro'pi:a] <-ie> *f* Menschenhass *m;* **misantropo, -a** [mi'zantropo] **I.** *m, f* Menschenfeind(in) *m(f)* **II.** *agg* menschenfeindlich

miscela [miʃ'ʃɛ:la] *f* Mischung *f*

miscelatore [miʃʃela'to:re] *m* (*apparecchio*) Mixer *m*

miscellanea [miʃʃel'la:nea] *f* **1.** (*mescolanza*) Mischung *f* **2.** (*di libro*) Sammelwerk *n;* **miscellaneo, -a** [miʃʃel'la:neo] <-ei, -ee> *agg* Sammel-

M

mischia ['miskia] <-schie> *f* (*gener,* SPORT) Gewühl *n;* **mischiare** [mis'kia:re] **I.** *vt* (ver)mischen **II.** *vr* **-rsi tra la folla** sich unters Volk mischen

misconoscere [misko'noʃʃere] <irr> *vt* verkennen

miscredente [miskre'dɛnte] **I.** *mf* Ungläubige(r) *f(m)* **II.** *agg* ungläubig

miscuglio [mis'kuʎʎo] <-gli> *m* Gemisch *n*

miserabile [mize'ra:bile] **I.** *agg* **1.** (*compassionevole*) erbärmlich **2.** (*povero*) armselig **3.** (*pej*) erbärmlich **II.** *mf* Elende(r) *f(m)*

miseria [mi'zɛ:ria] <-ie> *f* **1.** (*povertà*) Elend *n* **2.** (*infelicità*) Not *f* **3.** (*nonnulla*) **costare una ~** spottbillig sein **4.** (*loc*) **porca ~!** (*fam*) verdammt noch mal!

misericordia [mizeri'kɔrdia] <-ie> *f* Barmherzigkeit *f;* **avere ~ di qu** mit jdm Mitleid haben; **misericordioso, -a** [mizerikor'dio:so] *agg* barmherzig

misero, -a ['mi:zero] **I.** *agg* **1.** (*povero*) arm, elend **2.** (*insufficiente*) kümmerlich **II.** *m, f* Arme(r) *f(m)*

misi ['mi:zi] *1. pers sing pass rem di* **mettere**

misogino, -a [mi'zɔ:dʒino] *agg* frauenfeindlich

missile ['missile] *m* Rakete *f*

missionario, -a [missio'na:rio] <-i, -ie> **I.** *m, f* (REL) Missionar(in) *m(f)* **II.** *agg* (REL) missionarisch; **missione** [mis'sio:ne] *f* Mission *f*

mister ['mistə] <-> *m* (SPORT) Trainer *m*

misterioso, -a [miste'rio:so] *agg* geheimnisvoll; (*enigmatico*) rätselhaft; (*segreto*) geheim; **mistero** [mis'tɛ:ro] *m* **1.** (*segreto*) Geheimnis *n;* **fare ~ di qc** aus etw ein Geheimnis machen **2.** (*enigma*) Rätsel *n* **3.** (REL) Mysterium *n*

mistico, -a ['mistiko] <-ci, -che> **I.** *agg* mystisch **II.** *m, f* Mystiker(in) *m(f)*

mistificare [mistifi'ka:re] *vt* **1.** (*ingannare*) täuschen **2.** (*falsificare*) fälschen

misto ['misto] *m* Gemisch *n*

misto, -a *agg* Misch-, gemischt; **classe/scuola -a** gemischte Klasse/Schule; **fritto ~** *verschiedenes Ausgebackenes, meist Fisch, aber auch Gemüse und Fleisch*

misura [mi'zu:ra] *f* **1.** (*gener, a fig*) Maß *n;* **oltre ~** über die Maßen; **su ~** nach Maß, Maß- **2.** (*taglia*) Größe *f* **3.** (*provvedimento*) Maßnahme *f;* **misurabile** [mizu'ra:bile] *agg* messbar; **misurare** [mizu'ra:re] **I.** *vt* **1.** (*valutare*) (aus-, ab)messen **2.** (*provare*) anprobieren **3.** (*limitare*) einschränken **II.** *vi* messen **III.** *vr* **-rsi 1.** (*fig*) sich messen **2.** (*contenersi*) sich mäßigen; **misurato, -a** [mizu'ra:to] *agg* **1.** (*moderato*) mäßig, maßvoll **2.** (*equilibrato*) gemäßigt **3.** (*ponderato*) abgewogen **4.** (*limitato*) begrenzt; **misurino** [mizu'ri:no] *m* Messbecher *m*

mite ['mi:te] *agg* **1.** (*benevolo*) mild(e); (*indulgente*) nachsichtig **2.** (*clima*) mild **3.** (*mansueto*) zahm **4.** (*moderato*) mäßig

mitico, -a ['mi:tiko] <-ci, -che> *agg* **1.** (*del mito*) mythisch **2.** (*leggendario*) legendär

mitigare [miti'ga:re] **I.** *vt* (*dolore*) lindern; (*ira*) mildern; (*prezzi*) mäßigen **II.** *vr* **-rsi** sich beruhigen

mitizzare [mitid'dza:re] **I.** *vt* zum Mythos erheben **II.** *vi* Mythen schaffen

mito ['mi:to] *m* Mythos *m;* **mitologia** [mitolo'dʒi:a] <-gie> *f* Mythologie *f;* **mitologico, -a** [mito'lɔ:dʒiko] <-ci, -che> *agg* **1.** (*di mito*) mythologisch **2.** (*fig: favoloso*) sagenhaft

mitra ['mi:tra] <-> *m,* **mitragliatrice** [mitraʎʎa'tri:tʃe] *f* Maschinengewehr *n*

mitt. *abbr di* **mittente** Abs.

mittente [mit'tɛnte] *mf* Absender(in) *m(f)*

mixare [mik'sa:re] *vt* (FILM, TV) mischen

mixer ['miksə] <-> **I.** *m* **1.** (*recipiente*) Misch-, Mixbecher *m* **2.** (*del frullatore*) Mixer *m* **II.** *mf* (TV) Bildmischer(in) *m(f)*

mnemonico, -a [mne'mɔ:niko] <-ci, -che> *agg* mnemonisch; **facoltà -a** Erinnerungsvermögen *n*

mobile ['mɔ:bile] **I.** *m* Möbel(stück) *n* **II.** *agg* beweglich; **scala ~** (TEC) Rolltreppe *f;* **mobilia** [mo'bi:lia] <-ie> *f* Hausrat *m;* **mobilificio** [mobili'fi:tʃo] <-ci> *m* Möbelfabrik *f*

mobilitare [mobili'ta:re] **I.** *vt* (*gener,* MIL) mobilisieren; (*capitale*) flüssig machen **II.** *vr* **-rsi** sich in Bewegung setzen

moca[1] ['mɔ:ka] <-> *m* Mokka(kaffee) *m*

moca[2] <-che> *f Kaffeemaschine für die Zubereitung von Mokkakaffee*

mocassino [mokas'si:no] *m* Mokassin *m*

moccolo ['mɔkkolo] *m* **1.** (*di candela*) Kerzenstummel *m;* **reggere il ~** (*fig*) Anstandswauwau sein **2.** (*fam: moccio*) Rotz *m*

moda ['mɔ:da] *f* Mode *f;* **all'ultima ~** nach

der neuesten Mode; **andare** [*o* **essere**] **di** ~ (in) Mode [*o* modern] sein; **di** ~ modern

modale [mo'da:le] *agg* modal, Modal-; **modalità** [modali'ta] <-> *f* **1.** (*circostanza caratteristica*) Bedingung *f* **2.** (*cosa formale*) Formsache *f* **3.** (JUR) Modalität *f*

modella [mo'dɛlla] *f* Mannequin *n*

modellare [model'la:re] **I.** *vt* **1.** (*plasmare*) formen **2.** (*fig: conformare ad un modello*) ~ **qc su qc** etw an etw *dat* ausrichten **II.** *vr* **-rsi su qc** sich nach etw richten

modellismo [model'lizmo] *m* Modellbau *m*

modello [mo'dɛllo] *m* **1.** (*gener*) Modell *n;* (*a fig*) Muster *n* **2.** (*abito*) Modell(kleid) *n*

modem ['modem] <-> *m* (INFORM, TEL) Modem *n*

Modena [mo'de:na] *f Stadt in der Emilia-Romagna*

modenese [mode'ne:se] **I.** *mf* Einwohner(in) *m(f)* von Modena **II.** *agg* aus Modena

moderare [mode'ra:re] **I.** *vt* mäßigen; (*spese*) einschränken **II.** *vr* **-rsi** sich mäßigen; **moderato, -a** [mode'ra:to] *agg* **1.** (*non eccessivo*) maßvoll; (*equilibrato*) ausgeglichen **2.** (POL) gemäßigt **3.** (MUS) moderato

moderatore, -trice **I.** *m, f* Moderator(in) *m(f)* **II.** *agg* mäßigend

moderazione [moderat'tsio:ne] *f* Mäßigkeit *f*

modernità [moderni'ta] <-> *f* Modernität *f;* **modernizzare** [modernid'dza:re] **I.** *vt* modernisieren **II.** *vr* **-rsi** mit der Zeit gehen

moderno [mo'dɛrno] *m* Moderne(s) *n*

moderno, -a *agg* modern; (*lingua*) neuere(r, s); (*storia*) neuzeitlich

modestia [mo'dɛstia] <-ie> *f* **1.** (*virtù*) Bescheidenheit *f;* ~ **a parte** (*scherz*) bei aller Bescheidenheit **2.** (*sobrietà*) Genügsamkeit *f;* **modesto, -a** [mo'dɛsto] *agg* **1.** (*umile*) bescheiden **2.** (*privo di sfarzo*) bescheiden, einfach; (*prezzo*) niedrig

modico, -a ['mɔ:diko] <-ci, -che> *agg* gering; (*prezzi*) niedrig, mäßig

modifica [mo'di:fika] <-che> *f* (Ab-, Um-, Ver)änderung *f*

modificare [modifi'ka:re] **I.** *vt* (ab-, um-, ver)ändern; (**comando**) **modifica** (*computer*) Bearbeiten *n* **II.** *vr* **-rsi** sich (ver)ändern

modo ['mɔ:do] *m* **1.** (*gener*) Art *f;* **a** ~ **suo** auf seine Art; (*come pare a lui*) nach seinem Kopf; **di** ~ **che ...** *+conj* so, dass ...; **in che** ~**?** wie?; **in qualche** ~ irgendwie; **in** ~ **da** *+inf* so, dass; **in** ~ **particolare** besonders; **una persona a** ~ eine anständige Person; **c'è** ~ **e** ~ **di dire qc** man kann etwas so oder so sagen; **ciascuno a suo** ~ (*prov*) jeder nach seinem Geschmack **2.** (*occasione*) Gelegenheit *f;* **ad ogni** ~ auf jeden Fall; **in nessun** ~ auf keinen Fall **3.** (LING) Modus *m* **4.** (*locuzione*) Redewendung *f;* ~ **di dire** Redensart *f*

modulazione [modulat'tsio:ne] *f* **1.** (PHYS, RADIO) Modulation *f* **2.** (MUS) Übergang *m*

modulo ['mɔ:dulo] *m* **1.** (*formulario*) Formular *n* **2.** (TEC, ARCH, MAT) Modul *m*

mogano ['mɔ:gano] *m* Mahagoni *n*

mogio, -a ['mɔ:dʒo] <-gi, -ge> *agg* **1.** (*avvilito*) niedergeschlagen **2.** (*privo di vivacità*) lustlos

moglie ['moʎʎe] <-gli> *f* (Ehe)frau *f;* **prender** ~ heiraten

molare [mo'la:re] *m* Backenzahn *m*

mole ['mɔ:le] *f* **1.** (ARCH) (imponierendes) Bauwerk *n* **2.** (*volume*) wuchtige Masse **3.** (*fig*) Menge *f*

molecola [mo'lɛ:kola] *f* Molekül *n*

molestare [moles'ta:re] *vt* belästigen; **molestia** [mo'lɛstia] <-ie> *f* **1.** (*azione molesta*) Belästigung *f* **2.** (JUR) Störung *f*

molesto, -a [mo'lɛsto] *agg* lästig

molisano [moli'za:no] <*sing*> *m* (*dialetto*) Dialekt *m* des Molise

molisano, -a **I.** *m, f* Bewohner(in) *m(f)* des Molise **II.** *agg* aus der Region Molise

Molise [mo'li:ze] *m Region Mittelitaliens*

molla ['mɔlla] *f* **1.** (TEC) Feder *f;* **materasso a -e** Federkernmatratze *f* **2.** (*fig*) Triebfeder *f*

mollare [mol'la:re] **I.** *vt* **1.** (*lasciar andare*) loslassen **2.** (*allentare*) locker machen **3.** (*fam fig*) sitzen lassen **II.** *vi* **1.** (*cedere*) nachgeben **2.** (*fam fig*) locker lassen

molle ['mɔlle] **I.** *agg* **1.** (*morbido*) weich **2.** (*fig*) weichlich **II.** *m* Weiche(s) *n*

molletta [mol'letta] *f* **1.** (*per capelli*) (Haar)klammer *f* **2.** (*per panni*) (Wäsche)klammer *f*

mollica [mol'li:ka] <-che> *f* (Brot)krume *f*

molliccio, -a [mol'littʃo] <-cci, -cce> *agg* **1.** (*alquanto molle*) matschig *fam* **2.** (*fam pej: viscido*) schlüpfrig

M

mollo ['mɔllo] *m* Flüssigkeit *f* zum Einweichen

mollo, **-a** *agg* nass; (*umido*) feucht

mollusco [mol'lusko] <-schi> *m* (ZOO) Weichtier *n*

molo ['mɔːlo] *m* (Hafen)mole *f*

molteplice [mol'teːplitʃe] *agg* vielfältig; **molteplicità** [molteplitʃi'ta] <-> *f* Vielfältigkeit *f*

moltiplicando [moltipli'kando] *m* (MAT) Multiplikand *m*

moltiplicare [moltipli'kaːre] **I.** *vt* **1.** (MAT) multiplizieren; ~ **un numero per un altro** eine Zahl mit einer anderen multiplizieren **2.** (*accrescere*) vervielfachen; (*fig*) steigern **II.** *vr* **-rsi 1.** (*riprodursi*) sich fortpflanzen **2.** (*aumentare*) sich (ver)mehren

moltiplicatore [moltiplika'toːre] *m* **1.** (*fig* MAT) Multiplikator *m* **2.** (TEC) Verstärker *m*

moltiplicatore, **-trice** *agg* Vervielfältigungs-

moltiplicazione [moltiplikat'tsioːne] *f* **1.** (MAT) Multiplikation *f* **2.** (*accrescimento numerico*) Vermehrung *f*

moltissimo [mol'tissimo] *avv superlativo di* **molto, -a**

moltitudine [molti'tuːdine] *f* **1.** (*di persone*) Menge *f* **2.** (*di cose*) Vielzahl *f*

molto ['molto] **I.** *avv* **1.** (*quantità*) viel **2.** (*intensità*) sehr **3.** (*a lungo*) lange **4.** (*spesso*) oft, viel **5.** (*con comparativi*) viel **II.** *pron indef* viel(e, s); **fra non** ~ in Kürze; **per** ~ auf lange (Zeit hinaus); ~ **dopo/prima** viel später/früher

molto, **-a** <più, moltissimo> *agg* **1.** (*in gran numero*) viel **2.** (*intenso, grande*) groß **3.** (*lungo*) lange

momentaneamente [momentanea'mente] *avv* in diesem Moment; **momentaneo**, **-a** [momen'taːneo] <-ei, -ee> *agg* augenblicklich

momento [mo'mento] *m* Augenblick *m*, Moment *m;* **al** ~ im Moment; **dal** ~ **che** (*temporale*) seit dem Augenblick, da …; (*causale*) da; **da un** ~ **all'altro** von einem Augenblick zum andern; **in qualunque** ~ jederzeit; **in un** ~ im Nu; **ogni** ~ andauernd; **per il** ~ einstweilen; **un** ~**!** einen Augenblick!

monaca ['mɔːnaka] <-che> *f* Nonne *f;* **monacale** [mona'kaːle] *agg* (*da monaco*) mönchisch, Mönchs-; (*da monaca*) Nonnen-; (*a fig*) mönchisch; **monachesimo** [mona'keːzimo] *m* Mönch(s)tum *n;* **monaco** ['mɔːnako] <-ci> *m* Mönch *m*

Monaco ['mɔːnako] *f* **1.** (*principato*) Monaco *n* **2.** (*di Baviera*) München *n*

monarca [mo'narka] <-chi> *m* Monarch *m;* **monarchia** [monar'kiːa] <-chie> *f* Monarchie *f;* **monarchico**, **-a** [mo'narkiko] <-ci, -che> **I.** *agg* monarchistisch **II.** *m, f* Monarchist(in) *m(f)*

monastero [monas'tɛːro] *m* Kloster *n;* **monastico**, **-a** [mo'nastiko] <-ci, -che> *agg* Kloster-; (*a fig*) klösterlich

moncherino [moŋke'riːno] *m* Armstumpf *m;* **monco**, **-a** ['moŋko] <-chi, -che> **I.** *agg* (*a fig*) verstümmelt **II.** *m, f* Krüppel *m*

mondanità [mondani'ta] <-> *f* **1.** (*frivolezza*) Mondänität *f* **2.** (*gente*) Highsociety *f;* **mondano**, **-a** [mon'daːno] *agg* **1.** (*ricercato*) mondän; (*frivolo*) Halbwelt- **2.** (*del mondo*) weltlich

mondiale [mon'diaːle] *agg* **1.** (*del mondo*) Welt- **2.** (*fam fig*) fabelhaft

mondiali [mon'diaːli] *mpl* (SPORT) Weltmeisterschaften *fpl*

mondo ['mondo] *m* **1.** (*gener*) Welt *f;* (*universo*) Weltall *n;* **fare il giro del** ~ eine Weltreise machen; **mettere/venire al** ~ zur Welt bringen/auf die Welt kommen; **da che** ~ **è** ~ seit die Welt besteht; **per niente al** ~ nicht um alles in der Welt; **com'è piccolo il** ~**!** wie klein doch die Welt ist **2.** (*fig*) Reich *n;* **il** ~ **animale/minerale/vegetale** das Tier-/Mineral-/Pflanzenreich; **l'altro** ~ das Jenseits **3.** (*fig*) **divertirsi un** ~ (*fam*) sich köstlich amüsieren; **essere la fine del** ~ umwerfend sein

mondovisione [mondovi'zioːne] *f* Satellitenübertragung *f*

moneta [mo'neːta] *f* Münze *f;* (*denaro*) Geld *n;* (*spicciolo*) Kleingeld *n;* **la** ~ **unica europea** die europäische Einheitswährung; **monetario**, **-a** [mone'taːrio] <-i, -ie> *agg* Geld-, Währungs-

mongolfiera [moŋgol'fiɛːra] *f* (Warmluft)ballon *m*

mongoloide [moŋgo'lɔːide] **I.** *agg* mongoloid **II.** *mf* Mongoloide(r) *f(m)*

monile [mo'niːle] *m* Schmuckstück *n*

monismo [mo'nizmo] *m* Monismus *m*

monito ['mɔːnito] *m* Mahnung *f*

monitor, **monitore** ['mɔnitə, moni'to:re] <-> *m* (INFORM) Monitor *m*

monitoraggio [monito'ra:dʒio] <-ggi> *m* Monitorüberwachung *f*

mono ['mono] <inv> *agg* mono

monocamera [mono'ka:mera] *f* Einzimmerwohnung *f,* Garconniere *f A*

monocamerale [monokame'ra:le] *agg* Einkammer-; **sistema** ~ Einkammersystem *n*

monocolo[1] [mo'nɔ:kolo] *m* **1.** (*lente*) Monokel *n* **2.** (*canocchiale*) Fernrohr *n*

monocolo[2] <inv> *agg* einäugig

monocolore [monoko'lo:re] <inv> *agg* **1.** (POL) Einparteien- **2.** (*di un solo colore*) einfarbig

monocromatico, **-a** [monokro'ma:tiko] <-ci, -che> *agg* einfarbig, monochrom

monoculare [monoku'la:re] *agg* monokular

monogamia [monoga'mi:a] <-ie> *f* Einehe *f*

monografia [monogra'fi:a] *f* Monographie *f;* **monografico**, **-a** [mono'gra:fiko] <-ci, -che> *agg* monographisch

monolingue [mono'liŋgue] <inv> *agg* einsprachig; **monolinguismo** [monoliŋ'guizmo] *m* Einsprachigkeit *f*

monolocale [monolo'ka:le] *m* Einzimmerwohnung *f,* Garconniere *f A*

monologo [mo'nɔ:logo] <-ghi> *m* Monolog *m*

monomediale [monome'dia:le] *agg* monomedial

monopartitico, **-a** [monopat'ti:tiko] <-ci, -che> *agg* (POL) Einparteien-; **sistema** ~ Einparteiensystem *n*

monopattino [mono'pattino] *m* Roller *m*

monopoli® [mo'nɔ:poli] <-> *m* Monopoly® *n*

monopolio [mono'pɔ:lio] <-i> *m* (*a fig*) Monopol *n;* **monopolistico**, **-a** [monopo'listiko] <-ci, -che> *agg* monopolistisch; **monopolizzare** [monopolid'dza:re] *vt* **1.** (COM) monopolisieren **2.** (*fig*) (auf sich) konzentrieren; **monopolizzatore**, **-trice** [monopoliddza'to:re] **I.** *agg* Monopol- **II.** *m, f* Monopolist(in) *m(f)*

monoposto [mono'posto] **I.** <inv> *agg* einsitzig **II.** <-> *m* Einsitzer *m*

monoreddito [mono'rɛddito] <inv> *agg* **famiglia** ~ Familie mit nur einem Einkommen

monoscì [mono'ʃi] <-> *m* (SPORT) Monoski *m*

monosillabico [monosil'la:biko] *m* einsilbiges Wort

monosillabico, **-a** <-ci, -che> *agg* einsilbig

monossido [mo'nɔssido] *m* Monoxyd *n*

monoteismo [monote'izmo] *m* Monotheismus *m;* **monoteista** [monote'ista] <-i *m*, -e *f*> **I.** *mf* Monotheist(in) *m(f)* **II.** *agg* monotheistisch; **monoteistico**, **-a** [monote'istiko] <-ci, -che> *agg* monotheistisch

monotonia [monoto'ni:a] <-ie> *f* Eintönigkeit *f;* **monotono**, **-a** [mo'nɔ:tono] *agg* (*uniforme*) gleichförmig; (*privo di varietà*) eintönig; (*fig*) langweilig

monouso [mono'u:zo] <inv> *agg* Einweg-; **siringa** ~ Einwegspritze *f*

monovalente [monova'lɛnte] *agg* einwertig

monovolume [monovo'lu:me] *f* (AUTO) Minivan *m*

monsignore [monsiɲ'ɲo:re] *m* Monsignore *m*

monsone [mon'so:ne] *m* Monsun *m*

monta ['monta] *f* **1.** (*accoppiamento*) Decken *n* **2.** (*luogo*) Deckstation *f* **3.** (SPORT) Reiten *n;* **montacarichi** [monta'ka:riki] <-> *m* Lastenaufzug *m*

montaggio [mon'taddʒo] <-ggi> *m* (TEC, FILM) Montage *f;* **catena di** ~ Fließband *n*

montagna [mon'taɲɲa] *f* Berg *m;* **andare in** ~ in die Berge fahren; **montagnoso**, **-a** [montaɲ'ɲo:so] *agg* gebirgig; **montanaro**, **-a** [monta'na:ro] **I.** *m, f* Gebirgsbewohner(in) *m(f)* **II.** *agg* Gebirgs-, Berg-; **montano**, **-a** [mon'ta:no] *agg* Gebirgs-, Berg-

montare [mon'ta:re] **I.** *vi essere* **1.** (*salire*) (auf)steigen; (*in veicolo*) einsteigen **2.** (GASTR: *panna*) steif werden **II.** *vt* **1.** (ZOO: *accoppiarsi*) bespringen **2.** (*comporre*) zusammenbauen **III.** *vr* **-rsi la testa** (*fam*) sich *dat* Wunder was einbilden; **montato**, **-a** [mon'ta:to] *agg* **panna -a** Schlagsahne *f,* Schlag *m A;* **montatore**, **-trice** [monta'to:re] **I.** *m, f* **1.** (TEC) Montagearbeiter(in) *m(f)* **2.** (FILM) Cutter(in) *m(f)* **II.** *agg* Montage-; **montatura** [monta'tu:ra] *f* **1.** (*occhiali*) Gestell *n* **2.** (*fig: finzione*) Vortäuschung *f*

monte ['monte] *m* **1.** (*rilievo*) Berg *m;* **promettere mari e -i** (*fig*) das Blaue vom Himmel versprechen **2.** (*fig: grande quantità*) Berg *m* **3.** (FIN: *banca*) Geldinstitut *n;* ~ **dei pegni** Pfandleihanstalt *f* **4.** (*loc*) **andare a** ~ ins Wasser fallen; **mandare a** ~ über den Haufen werfen; **montebianco** [monte'biaŋko] *m kegelförmige Süßspeise aus Kastaniencreme mit Sahne*

montone [mon'to:ne] *m* Schafbock *m;* (*castrato*) Hammel *m*

montuoso, -a [montu'o:so] *agg* gebirgig

monumentale [monumen'ta:le] *agg* **1.** (*di monumento*) Denkmal(s)- **2.** (*fig*) monumental; **monumento** [monu'mento] *m* Monument *n;* (*a fig*) Denkmal *n*

moon boot® ['mu:n 'bu:t] <-> *m* Moonboot *m*

moquette [mo'kɛt] <-> *f* Teppichboden *m*

mora ['mɔ:ra] *f* **1.** (BOT) Brombeere *f* **2.** (JUR: *somma*) Verzugszinsen *mpl*

morale [mo'ra:le] **I.** *agg* Moral- **II.** *f* **1.** (*moralità*) Moral *f* **2.** (PHILOS) Ethik *f* **3.** (*della favola*) Moral *f* **III.** *m* (*fam: spirito*) **essere giù di** ~ in schlechter Stimmung sein

moralismo [mora'lizmo] *m* Moralismus *m;* **moralista** [mora'lista] <-i *m*, -e *f*> *mf* **1.** (*pej*) Moralprediger(in) *m(f)* **2.** (PHILOS) Moralist(in) *m(f);* **moralistico, -a** [mora'listiko] <-ci, -che> *agg* moralistisch; **moralità** [morali'ta] <-> *f* Sittlichkeit *f*

morbidezza [morbi'dettsa] *f* Weichheit *f;* **morbido, -a** ['mɔrbido] *agg* (*a fig*) weich

morbillo [mor'billo] *m* Masern *fpl*

morbo ['mɔrbo] *m* Krankheit *f;* **morbosità** [morbosi'ta] <-> *f* Krankhaftigkeit *f;* **morboso, -a** [mor'bo:so] *agg* **1.** (*anormale*) krankhaft **2.** (MED) Krankheits-

mordace [mor'da:tʃe] *agg* **1.** (*pronto a mordere*) bissig **2.** (*fig: caustico*) bissig, scharf; (*lingua*) spitz; **mordacità** [mordatʃi'ta] <-> *f* Bissigkeit *f*

mordere ['mɔrdere] <mordo, morsi, morso> *vt* **1.** (*morsicare*) beißen; (*insetti*) stechen; (*mela, cibi*) beißen in +*acc;* **-rsi le mani** (*fig*) (vor Wut) mit den Zähnen knirschen; **can che abbaia non morde** (*prov*) Hunde, die bellen, beißen nicht **2.** (*fig*) beißen; **mordicchiare** [mordik'kia:re] *vt* knabbern

morente [mo'rɛnte] **I.** *mf* Sterbende(r) *f(m)* **II.** *agg* **1.** (*persona*) sterbend **2.** (*fig*) zu Ende gehend

morfema [mor'fɛ:ma] <-i> *m* Morphem *n*

morfina [mor'fi:na] *f* Morphin *n;* **morfinomane** [morfi'nɔ:mane] **I.** *agg* morphiumsüchtig **II.** *mf* Morphinist(in) *m(f)*

morfologia [morfolo'dʒi:a] <-gie> *f* **1.** (LING, BIOL) Morphologie *f* **2.** (GEOG, MIN) (Geo)morphologie *f;* **morfologico, -a** [morfo'lɔ:dʒiko] *agg* morphologisch

moribondo, -a [mori'bondo] **I.** *agg* im Sterben liegend **II.** *m, f* Sterbende(r) *f(m)*

morire [mo'ri:re] <muoio, morii, morto> *vi essere* **1.** sterben; (*piante, animali*) eingehen; ~ **di qc** an etw *dat* sterben; ~ **di fame/sete** (*fig*) vor Hunger/Durst sterben; ~ **dal sonno** (*fig*) todmüde sein; **fa un caldo da** ~ es ist furchtbar heiß **2.** (*fig: terminare*) enden

mormone [mor'mo:ne] *m* Mormone *m*

mormorare [mormo'ra:re] *vi* murmeln, flüstern; **mormorio** [mormo'ri:o] <-ii> *m* **1.** (*sussurro*) Gemurmel *n* **2.** (*di acque, fronde*) Murmeln *n*

moro, -a **I.** *agg* **1.** (*nero*) schwarz **2.** (*di capelli scuri*) dunkelhaarig, brünett; (*di carnagione scura*) dunkelhäutig **II.** *m, f* **1.** (*persona*) Schwarze(r) *f(m)* **2.** (*di capelli scuri*) dunkelhaarige Person; (*di carnagione scura*) dunkelhäutige Person

morosità [morosi'ta] <-> *f* (JUR) Verzug *m;* **moroso, -a** [mo'ro:so] *agg* (JUR) säumig

morsa ['mɔrsa] *f* Schraubstock *m*

morsi ['mɔrsi] *1. pers sing pass rem di* **mordere**

morsicare [morsi'ka:re] *vt* (*mordere*) beißen (in +*acc*); **morsicatura** [morsika'tu:ra] *f* (*segno di morso*) Biss *m;* (*segno di puntura d'insetto*) Stich *m*

morso[1] ['mɔrso] *pp di* **mordere**

morso[2] *m* **1.** (*segno*) Biss *m;* (*puntura d'insetto*) Stich *m* **2.** (*boccone*) Bissen *m*

mortadella [morta'dɛlla] *f* Mortadella *f*

mortale [mor'ta:le] *agg* **1.** (*soggetto a morte*) sterblich **2.** (*che causa la morte, a fig*) tödlich; **peccato** ~ Todsünde *f* **3.** (*di morte*) Tod(es)-, tödlich; (*di morto*) Toten-; **mortalità** [mortali'ta] <-> *f* Sterblichkeit *f;* **mortalmente** [mortal'mente] *avv* **1.** (*in modo mortale*) tödlich **2.** (*fig: profondamente*) tödlich

morte ['mɔrte] *f* **1.** (*cessazione della vita*) Tod *m;* (*di piante, animali*) Eingehen *n;* **condannare a** ~ **qu** jdn zum Tode verurteilen **2.** (*fig*) Ende *n;* **annoiarsi a** ~ (*fam*) sich zu Tode langweilen

mortificare [mortifi'ka:re] **I.** *vt* (*umiliare*) beschämen **II.** *vr* **-rsi 1.** (*avvilirsi*) sich beschämt fühlen **2.** (*punirsi*) sich kasteien

morto, **-a** ['mɔrto] **I.** *pp di* **morire II.** *m, f* (*persona morta*) Tote(r) *f(m)* **III.** *agg* tot; **stanco** ~ (*fig*) todmüde

mortuario, **-a** [mortu'a:rio] <-i,-ie> *agg* Toten-, Leichen-; **la camera -a** das Totenzimmer

mosaico [mo'za:iko] <-ci> *m* Mosaik *n*

mosca ['moska] <-sche> *f* (*a fig*) Fliege *f;* **giocare a** ~ **cieca** Blindekuh spielen; **non far male ad una** ~ (*fam*) keiner Fliege etw zuleide tun

Mosca ['moska] *f* Moskau *n*

moscato [mos'ka:to] *m* (*vino*) Muskateller *m*

moscato, **-a** *agg* **1.** (*uva*) Muskateller- **2.** (*noce*) Muskat-

moscerino [moʃʃe'ri:no] *m* Taufliege *f*

moschea [mos'kɛ:a] *f* Moschee *f*

moschettone [mosket'to:ne] *m* Karabiner(haken) *m*

moschicida [moski'tʃi:da] <-i> **I.** *m* Fliegengift *n* **II.** *agg* Fliegen(gift)-

moscio, **-a** ['moʃʃo] <-sci, -sce> *agg* schlaff

moscone [mos'ko:ne] *m* **1.** (ZOO) Brummer *m fam* **2.** (*pattino*) Ruderboot *n*

Mosella [mo'zɛlla] *f* Mosel *f*

mossa ['mɔssa] *f* **1.** (*movimento*) Bewegung *f* **2.** (*nel gioco, a fig*) Zug *m*

mossi ['mɔssi] *1. pers sing pass rem di* **muovere**

mosso, **-a** ['mɔsso] **I.** *pp di* **muovere II.** *agg* **1.** (*agitato*) bewegt **2.** (*ondulato*) gewellt **3.** (MUS) mosso

mostarda [mos'tarda] *f* Senfsoße *f*

mosto ['mosto] *m* (Trauben)most *m*

mostra ['mostra] *f* **1.** (*d'arte*) Ausstellung *f* **2.** (*fig*) Schau *f;* **mettere in** ~ **qc** etw zur Schau stellen

mostrare [mos'tra:re] **I.** *vt* **1.** (*far vedere*) zeigen **2.** (*fingere*) vortäuschen **II.** *vr* **-rsi 1.** (*farsi vedere*) sich sehen lassen **2.** (*dimostrarsi*) sich zeigen **3.** (*apparire*) zum Vorschein kommen

mostriciattolo [mostri'tʃattolo] *m* (*fam*) kleines Monster

mostrina [mos'tri:na] *f* Kragenspiegel *m*

mostro ['mostro] *m* **1.** (*creatura fantastica*) Monstrum *n;* (*a fig*) Scheusal *n* **2.** (*scherz: portento*) **essere un** ~ **di qc** ein Ausbund an etw *dat* sein; **mostruosità** [mostruosi'ta] <-> *f* Monstrosität *f;* **mostruoso**, **-a** [mostru'o:so] *agg* **1.** (*orrendo*) scheußlich **2.** (*eccezionale*) ungeheuer(lich)

motel [mo'tɛl] <-> *m* Motel *n*

motivare [moti'va:re] *vt* **1.** (*stimolare*) motivieren **2.** (*precisare il motivo*) begründen; **motivazione** [motivat'tsio:ne] *f* **1.** (*esposizione delle ragioni*) Begründung *f* **2.** (PSYCH) Motivation *f*

motivo [mo'ti:vo] *m* **1.** (*ragione*) Grund *m,* Ursache *f;* **per quale** ~ aus welchem Grund; **per -i di famiglia/salute** aus familiären/gesundheitlichen Gründen **2.** (MUS, LIT) Motiv *n* **3.** (*canzone*) Melodie *f*

moto¹ ['mɔ:to] *m* (*gener* HIST, POL) Bewegung *f;* **essere/mettere in** ~ in Gang sein/setzen

moto² <-> *f* (*motocicletta*) Motorrad *n*

motobarca [moto'barka] <-che> *f* kleines Motorboot; **motocicletta** [mototʃi'kletta] *f* Motorrad *n*

motociclismo [mototʃi'klizmo] *m* Motorradsport *m;* **motociclista** [mototʃi'klista] *mf* Motorradfahrer(in) *m(f);* **motociclistico**, **-a** [mototʃi'klistiko] *agg* Motorrad-; (SPORT) Motorrad(sport)-

motocross [moto'krɔs] <-> *m* Motocross *n*

motonave [moto'na:ve] *f* Motorschiff *n*

motore [mo'to:re] *m* **1.** (TEC) Motor *m;* ~ **Diesel** Dieselmotor *m* **2.** (*fig*) Motor *m* **3.** (INFORM) ~ **di ricerca** Suchmaschine *f*

motore, **-trice** *agg* **1.** (TEC) Antriebs-, Trieb- **2.** (*nervi*) Bewegungs-

motorino [moto'ri:no] *m* Moped *n;* **motorio**, **-a** [mo'tɔ:rio] <-i, -ie> *agg* Bewegungs-, motorisch; **motorizzare** [motorid'dza:re] **I.** *vt* motorisieren **II.** *vr* **-rsi** (*fam*) sich motorisieren; **motorizzazione** [motoriddzat'tsio:ne] *f* Motorisierung *f;* **Ispettorato della** ~ Straßenverkehrsamt *n;* **motoscafo** [motos'ka:fo] *m* Motorboot *n;* **motosega** [moto'se:ga] <-ghe> *f* Motorsäge *f;* **motovedetta** [motove'detta] *f* Wachboot *n*

motrice [mo'tri:tʃe] *f* **1.** (*di autotreno*) Sattelschlepper *m* **2.** (TEC) Zugmaschine *f* **3.** (FERR) Triebwagen *m*

motto ['mɔtto] *m* Witz *m,* Schmäh *m A;*

M

(*detto sentenzioso*) Motto *n*
mountain-bike ['mauntin 'baik] <-> *f* Mountainbike *n*
mouse [maus] <-> *m* (INFORM) Maus *f;* **mouse pad** ['maus pɛd] <-> *m* (INFORM) Mauspad *n*
mousse [mus] <-> *f* Mousse *f*
movente [mo'vɛnte] *m* Beweggrund *m*
movimentare [movimen'ta:re] *vt* in Schwung bringen
movimento [movi'mento] *m* **1.** (*mossa, moto*) Bewegung *f;* **mettersi in** ~ sich in Bewegung setzen **2.** (FERR, FIN, COM) Verkehr *m* **3.** (MUS) Tempo *n*
moviola [mo'viɔ:la] *f* Schneidetisch *m*
mozione [mot'tsio:ne] *f* Antrag *m,* Motion *f CH*
mozzafiato [mottsa'fia:to] <inv> *agg* (*fam*) atemberaubend
mozzare [mot'tsa:re] *vt* **1.** (*recidere*) abschneiden **2.** (*fig*) abbrechen; (*fiato, respiro*) nehmen, verschlagen
mozzarella [mottsa'rɛlla] *f* Mozzarella *m*

Mozzarella ist ein berühmter italienischer Frischkäse, der aus Büffelmilch im nordwestlichen Teil von Kampanien hergestellt wird. Auch wenn inzwischen Mozzarella-Imitationen aus Kuhmilch überall produziert werden: wer die echte mozzarella di bufala campana Dop probiert hat, weiß den Unterschied zu schätzen.

mozzicone [mottsi'ko:ne] *m* Stumpf *m;* (*di sigaretta*) Stummel *m*
mozzo ['mottso] *m* (*marinaio*) Schiffsjunge *m*
mucca ['mukka] <-cche> *f* Kuh *f;* ~ **pazza** *an BSE erkranktes Rind*
mucchio ['mukkio] <-cchi> *m* Haufen *m*
muco ['mu:ko] <-chi> *m* Schleim *m*
mucosa [mu'ko:sa] *f* Schleimhaut *f*
muffa ['muffa] *f* Schimmel *m;* **fare la** ~ schimmeln
muggire [mud'dʒi:re] <muggisco> *vi* (*bovino*) muhen; **muggito** [mud'dʒi:to] *m* (*di bovino*) Muhen *n*
mughetto [mu'getto] *m* Maiglöckchen *n*
mugnaio, **-a** [muɲ'ɲa:io] <-i, -ie> *m, f* Müller(in) *m(f)*
mugolare [mugo'la:re] **I.** *vi* **1.** (*cane*) winseln **2.** (*persona*) stöhnen **II.** *vt* brumme(l)n; **mugolio** [mugo'li:o] <-ii> *m* Gewinsel *n*
mulattiera [mulat'tiɛ:ra] *f* Saumpfad *m*
mulatto, **-a** [mu'latto] **I.** *m, f* Mulatte *m,* Mulattin *f* **II.** *agg* Mulatten-
muliebre [mu'li:ebre] *agg* Frauen-
mulinello [muli'nɛllo] *m* **1.** (*moto vorticoso*) Wirbel *m* **2.** (*di canna da pesca*) Rolle *f*
mulino [mu'li:no] *m* Mühle *f;* ~ **ad acqua/a vento** Wasser-/Windmühle *f*
mulo ['mu:lo] *m* Maulesel *m*
multa ['multa] *f* **1.** (*pena*) Geldstrafe *f* **2.** (*ammenda*) Verwarnungs-, Bußgeld *n;* **multare** [mul'ta:re] *vt* mit einer Geldstrafe belegen
multiaccessoriato, **-a** [multiattʃesso'ria:to] *agg* (AUTO) mit allen Extras
multicolore [multiko'lo:re] *agg* vielfarbig
multidisciplinare [multidiʃʃipli'na:re] *agg* fachübergreifend
multietnico, **-a** [multi'ɛtniko] <-ci, -che> *agg* multiethnisch
multifunzionale [multifuntsio'na:le] *agg* multifunktional
multilingue [multi'liŋgue] <inv> *agg* mehrsprachig, polyglott
multimediale [multimɛ'dia:le] *agg* (INFORM) multimedial; **enciclopedia** ~ multimediales Lexikon
multimilionario, **-a** [multimilio'na:rio] <-i, -ie> **I.** *m, f* Multimillionär(in) *m(f)* **II.** *agg* millionenschwer *fam*
multinazionale [multinattsio'na:le] **I.** *f* multinationales Unternehmen **II.** *agg* multinational
multiplex [multi'plɛks] <-> *m* (TEL, INFORM) Multiplexing *n*
multiplo ['multiplo] *m* Vielfache(s) *n;* **il minimo comune** ~ (MAT) das kleinste gemeinsame Vielfache
multiplo, **-a** *agg* mehrfach, vielfach; **presa -a** Mehrfachsteckdose *f*
multiprogrammazione [multiprogrammat'sio:ne] *f* (INFORM) Multiprogrammierung *f*
multiproprietà [multiproprie'ta] <-> *f* (JUR) gemeinschaftlicher Immobilienbesitz; **multiproprietario**, **-a** [multiproprie'ta:rio] <-i, -ie> *agg* (JUR) gemeinschaftlich besitzend, mitbesitzend
multirazziale [multirat'tsia:le] *agg* multiethnisch; **società** ~ multiethnische Gesellschaft
multisala [multi'sa:la] **I.** <inv> *agg* mit

mehreren Kinosälen **II.** <-> *f* (FILM) Multiplexkino *n*

multiuso [multi'u:zo] <inv> *agg* Vielzweck-

mummia ['mummia] <-ie> *f* Mumie *f;* **mummificare** [mummifi'ka:re] **I.** *vt* mumifizieren **II.** *vr* **-rsi** (*sl fig*) verkalken

mungere ['mundʒere] <mungo, munsi, munto> *vt* **1.** (*mucca, capra*) melken **2.** (*sl: sfruttare*) ausnehmen *fam*

municipale [munitʃi'pa:le] *agg* Stadt-, Gemeinde-; **municipalismo** [munitʃipa'lizmo] *m* Lokalpatriotismus *m;* **municipalizzare** [munitʃipalid'dza:re] *vt* kommunalisieren

municipio [muni'tʃi:pio] <-i> *m* **1.** (*amministrazione*) Stadt(verwaltung) *f* **2.** (*sede*) Rathaus *n;* **sposarsi in ~** standesamtlich heiraten

munire [mu'ni:re] <munisco> **I.** *vt* **~ qu/qc di qc** jdn/etw mit etw versehen **II.** *vr* **-rsi 1.** (*procurarsi*) **-rsi di qc** sich mit etw ausrüsten **2.** (*premunirsi, a fig*) **-rsi di/contro qc** sich mit/gegen etw wappnen

munito, -a [mu'ni:to] *agg* **1.** (*fortificato*) befestigt **2.** (*fig: dotato*) **essere ~ di qc** mit etw ausgestattet sein

munizioni [munit'tsio:ni] *fpl* Munition *f*

munsi ['munsi] *1. pers sing pass rem di* **mungere**

munto ['munto] *pp di* **mungere**

muoio ['muɔ:io] *1. pers sing pr di* **morire**

muovere ['muɔ:vere] <muovo, mossi, mosso> **I.** *vt* **1.** (*spostare*) bewegen; **non ~ un dito** (*fam fig*) keinen Finger rühren **2.** (*suscitare*) erregen **II.** *vi essere* **1.** (*partire*) **~ da** abgehen von **2.** (*andare*) **~ incontro a qu** jdm entgegengehen **3.** (*fig: derivare*) **~ da qc** von etw ausgehen **III.** *vr* **-rsi 1.** (*essere in movimento*) sich bewegen; **oggi non mi muovo di casa** (*fam*) heute rühre ich mich nicht aus dem Haus; **e dai, muoviti!** (*fam*) los, beweg' dich mal! **2.** (*mettersi in movimento*) sich in Bewegung setzen

muraglia [mu'raʎʎa] <-glie> *f* (*fig*) Mauer *f*

murales [mu'rales] *mpl* (KUNST) Wandmalerei *f*

murare [mu'ra:re] **I.** *vt* mauern; (*chiudere*) zumauern **II.** *vr* **-rsi** (*fig*) sich ein-, abkapseln; **murario, -a** [mu'ra:rio] <-i, -ie> *agg* Mauer-; **muratore** [mura'to:re] *m* Maurer *m;* **muratura** [mura'tu:ra] *f* **1.** (*costruzione*) Mauerwerk *n* **2.** (*il murare*) Mauern *n*

murena [mu'rɛ:na] *f* Muräne *f*

muriatico, -a [mu'ria:tiko] <-ci, -che> *agg* **acido ~** Salzsäure *f*

muro[1] ['mu:ro] <*pl:* -a *f*> *m* (*cinta difensiva*) Mauer *f;* **chiudersi fra quattro -a** (*fig*) sich in die eigenen vier Wände zurückziehen

muro[2] *m* (*parete*) Mauer *f;* (*fig*) Wand *f;* **~ divisorio/maestro** Trennwand *f*/tragende Wand; **~ del pianto** Klagemauer *f;* **parlare al ~** (*fam fig*) gegen eine Wand reden

musa ['mu:za] *f* Muse *f*

muschio ['muskio] <-schi> *m* Moos *n*

muscolare [musko'la:re] *agg* Muskel-; **muscolatura** [muskola'tu:ra] *f* Muskulatur *f*

muscolo ['muskolo] *m* (ANAT) Muskel *m;* **muscoloso, -a** [musko'lo:so] *agg* muskulös

museo [mu'zɛ:o] *m* Museum *n*

museruola [muze'ruɔ:la] *f* Maulkorb *m*

musica ['mu:zika] <-che> *f* Musik *f;* **musical** ['mju:zikəl] <-> *m* Musical *n;* **musicale** [muzi'ka:le] *agg* **1.** (*di musica*) musikalisch **2.** (*armonioso*) klangvoll; **musicalità** [muzikali'ta] <-> *f* Musikalität *f;* **musicante** [muzi'kante] **I.** *mf* (*a pej*) Musikant(in) *m(f)* **II.** *agg* musizierend; **musicassetta** [muzikas'setta] *f* Musikkassette *f;* **musicista** [muzi'tʃista] <-i *m*, -e *f*> *mf* **1.** (*compositore*) Komponist(in) *m(f)* **2.** (*esecutore*) Musiker(in) *m(f)*

musicologia [muzikolo'dʒi:] *f* Musikwissenschaft *f;* **musicoterapia** [muzikotera'pi:a] *f* Musiktherapie *f*

muso ['mu:zo] *m* **1.** (*di animale*) Schnauze *f*, Maul *n* **2.** (*fig, pej: di persona*) Schnauze *f;* **a ~ duro** (*fig*) kaltschnäuzig *fam;* **rompere il ~ a qu** (*sl*) jdm die Fresse polieren *vulg*

musulmano, -a [musul'ma:no] **I.** *agg* muselmanisch; (*islamico*) moslemisch **II.** *m, f* Moslem *m*, Moslime *f*

muta ['mu:ta] *f* **1.** (*di uccelli*) Mauser *f;* (*di rettili, insetti*) Häutung *f* **2.** (SPORT) Taucheranzug *m* **3.** (*di cani*) (Hunde)meute *f*

mutabile [mu'ta:bile] *agg* veränderlich; **mutamento** [muta'mento] *m* **1.** (*cambiamento*) (Ver)änderung *f* **2.** (*trasformazione*) Wandel *m*

mutande [mu'tande] *fpl* Unterhose *f;* **mutandine** [mutan'di:ne] *fpl* Slip *m*

mutare [mu'ta:re] **I.** *vt* (ver)ändern **II.** *vi, vr* **-rsi** sich verwandeln; **mutazione** [mutat'tsio:ne] *f* **1.** (*cambiamento*) Veränderung *f* **2.** (BIOL) Mutation *f;* **mutevole** [mu'te:vole] *agg* wechselhaft; (*a pej*) unbeständig

mutilare [muti'la:re] *vt* verstümmeln; (*a fig*) entstellen; **mutilato, -a** [muti'la:to] **I.** *m, f* Versehrte(r) *f(m)* **II.** *agg* versehrt; (*a fig*) verstümmelt; **mutilazione** [mutilat'tsio:ne] *f* Verstümmelung *f;* (*a fig*) Entstellung *f*

mutismo [mu'tizmo] *m* **1.** (MED) Stummheit *f* **2.** (*silenzio*) Schweigsamkeit *f*

muto ['mu:to] *m* (*cinema*) Stummfilm *m*

muto, -a **I.** *agg* (MED, LING) stumm; (*per lo stupore*) sprachlos; **fare scena -a** kein Wort hervorbringen; **essere ~ come un pesce** stumm sein wie ein Fisch **II.** *m, f* Stumme(r) *f(m)*

mutua ['mu:tua] *f* (ADM) Versicherungsträger *m;* **cassa ~** Krankenkasse *f;* **mutualistico, -a** [mutua'listiko] <-ci, -che> *agg* (ADM) (Sozial)versicherungs-; **mutuare** [mutu'a:re] *vt* (FIN) (als Darlehen) aufnehmen; **mutuato, -a** [mutu'a:to] *m, f* (MED) Kassenpatient(in) *m(f)*

mutuo ['mu:tuo] *m* Darlehen *n*

mutuo, -a *agg* gegenseitig

N

N, n ['ɛnne] <-> *f* N, n *n;* ~ **come Napoli** N wie Nordpol

n *abbr di* **numero** Nr.

N. *abbr di* **nord** N

nabuk ['na:buk] <-> *m* Nabukleder *n*

nacchere ['nakkere] *fpl* Kastagnetten *fpl*

nacqui ['nakkui] *1. pers sing pass rem di* **nascere**

nafta ['nafta] *f* **1.** (*petrolio greggio*) Rohöl *n* **2.** (*per motori Diesel*) Dieselöl *n;* **naftalina** [nafta'li:na] *f* Naphthalin *n*

naia ['na:ia] <-aie> *f* (*sl*) Barras *m*

naïf [na'if] <inv> *agg* naiv

nailon ['na:ilon] *m v.* **nylon**

nanna ['nanna] *f* Heia *f;* **andare a ~** in die Heia gehen

nano, -a ['na:no] **I.** *agg* zwergenhaft, Zwerg(en)- **II.** *m, f* Zwerg(in) *m(f)*

N.A.P. [nap] *mpl abbr di* **Nuclei Armati Proletari** *italienische Terroristenorganisation*

napalm ['napalm] *m* Napalm *n*

napoletana [napole'ta:na] *f* neapolitanische Kaffeemaschine

napoletano [napole'ta:no] *m sing* (*dialetto*) neapolitanischer Dialekt

napoletano, -a **I.** *m, f* Neapoletaner(in) *m(f)* **II.** *agg* neapoletanisch

Napoli ['na:poli] *f* Neapel *n*

nappa ['nappa] *f* **1.** (*ornamento*) Quaste *f* **2.** (*pelle*) Nappa(leder) *n*

N.A.R. [nar] *mpl abbr di* **Nuclei Armati Rivoluzionari** *italienische Terroristenorganisation*

narcisismo [nartʃi'zizmo] *m* Narzissmus *m;* **narcisista** [nartʃi'zista] <-i *m*, -e *f*> *mf* Narzisst(in) *m(f);* **narciso** [nar'tʃi:zo] *m* **1.** (BOT) Narzisse *f* **2.** (*fig*) Narziss *m*

narco ['narko] <narcos> *m* Drogendealer(in) *m(f);* **narcodollari** [narko'dɔllari] *mpl* Narkodollars *mpl*

narcosi [nar'kɔ:zi] <-> *f* Betäubung *f*

narcotico [nar'kɔ:tiko] <-ci> *m* Betäubungsmittel *n*

narcotico, -a <-ci, -che> *agg* betäubend

narcotizzare [narkotid'dza:re] *vt* narkotisieren

narcotrafficante [narkotraffi'kante] *mf* (internationaler) Rauschgifthändler(in) *m(f);* **narcotraffico** [narko'traffiko] <-ci> *m* illegaler Rauschgifthandel

narice [na'ri:tʃe] *f* (ANAT) Nasenloch *n;* (ZOO) Nüster *f*

narrare [nar'ra:re] **I.** *vt* erzählen **II.** *vi* ~ **di qu/qc** von jdm/etw erzählen

narrativa [narra'ti:va] *f* erzählende Literatur; **narrativo, -a** [narra'ti:vo] *agg* erzählend, Erzähl-; **narratore, -trice** [narra'to:re] *m, f* Erzähler(in) *m(f);* **narrazione** [narrat'tsio:ne] *f* Erzählung *f*

NAS *acro di* **Nucleo Antisofisticazioni Sanità** (**dei Carabinieri**) *Abteilung der italienischen Militärpolizei für Ernährungshygiene*

N.A.S.A. ['na:za] *f* NASA *f*

nasale [na'sa:le] **I.** *agg* **1.** (ANAT) Nasen- **2.** (LING) nasal, Nasal- **3.** (*voce*) näselnd **II.** *f* (LING) Nasal(laut) *m*

nascente [naʃ'ʃɛnte] *agg* (*giorno*) anbrechend; (*astro, sole*) aufgehend

nascere ['naʃʃere] <nasco, nacqui, nato> *vi essere* **1.** (*persone*) geboren werden; **non sono nato ieri** ich bin nicht von gestern **2.** (ZOO) geworfen werden **3.** (*fig*) entstehen; **nascita** ['naʃʃita] *f* **1.** (*gener*) Geburt *f;* **di ~** von Geburt (an) **2.** (ZOO) Wurf *m;* **nascituro, -a** [naʃʃi'tu:ro] **I.** *agg* ungeboren **II.** *m, f* ungeborenes Kind

nascondere [nas'kondere] <nascondo, nascosi, nascosto> **I.** *vt* **1.** (*celare*) verstecken **2.** (*sentimento*) verheimlichen **II.** *vr* **-rsi** sich verstecken; **nascondiglio** [naskon'diʎʎo] <-gli> *m* Versteck *n;* **nascondino** [naskon'di:no] *m* **giocare a ~** Verstecken spielen

nascosi [nas'ko:si] *1. pers sing pass rem di* **nascondere**

nascosto, -a [nas'kosto] **I.** *pp di* **nascondere II.** *agg* **1.** (*celato*) versteckt; (*luogo*) abgelegen **2.** (*fig*) **di ~** heimlich

nasello [na'sɛllo] *m* Seehecht *m*

naso ['na:so] *m* Nase *f;* (ZOO) Schnauze *f;* **mettere il ~ negli affari degli altri** di Nase in anderer Leute Angelegenheiten stecken

nastro ['nastro] *m* Band *n;* **~ adesivo** Klebestreifen *m*

natale [na'ta:le] *agg* Geburts-

Natale [na'ta:le] *m* Weihnachten *n*

natalità [natali'ta] <-> *f* Geburtenziffer *f*

natalizio, -a [nata'littsio] <-i, -ie> *agg* **1.** (*relativo alla nascita*) Geburts- **2.** (*relativo al Natale*) Weihnachts-

natante [na'tante] **I.** *agg* schwimmend **II.** *m* Wasserfahrzeug *n;* **natatorio, -a** [nata'tɔ:rio] <-i, -ie> *agg* Schwimm-

natica ['na:tika] <-che> *f* Gesäß-, Hinterbacke *f*

nativo, -a [na'ti:vo] **I.** *agg* (*paese*) Geburts- **II.** *m, f* Eingeborene(r) *f(m)*

N.A.T.O. ['na:to] *f* NATO *f*

nato, -a ['na:to] **I.** *pp di* **nascere II.** *agg* geboren; **cieco/sordo ~** von Geburt an blind/taub

natura [na'tu:ra] *f* Natur *f;* **contro ~** naturwidrig; **di ~** von Natur (aus); **naturale** [natu'ra:le] **I.** *agg* natürlich; **a grandezza ~** in Lebensgröße; **scienze -i** Naturwissenschaften *fpl* **II.** *avv* gewiss, sicherlich; **naturalezza** [natura'lettsa] *f* Natürlichkeit *f;* **con ~** natürlich

naturalismo [natura'lizmo] *m* Naturalismus *m*

naturalizzare [naturalid'dza:re] *vt* einbürgern

naturalmente [natural'mente] *avv* **1.** (*di, per natura*) von Natur (aus) **2.** (*fig*) selbstverständlich

naufragare [naufra'ga:re] *vi essere o avere* (*a fig*) Schiffbruch erleiden; **naufragio** [nau'fra:dʒo] <-gi> *m* **1.** (NAUT) Schiffbruch *m* **2.** (*fig*) Scheitern *n;* **naufrago, -a** ['na:ufrago] <-ghi, -ghe> *m, f* Schiffbrüchige(r) *f(m)*

nausea ['na:uzea] *f* **1.** (MED) Übelkeit *f* **2.** (*fig*) Ekel *m;* **nauseabondo, -a** [nauzea'bondo] *agg,* **nauseante** [nauze'ante] *agg* Ekel erregend; **nauseare** [nauze'a:re] *vt* (an)ekeln

nautica ['na:utika] <-che> *f* Schifffahrtskunde *f;* **nautico, -a** ['na:utiko] <-ci, -che> *agg* Schifffahrts-, See-; **sport ~** Wassersport *m*

navale [na'va:le] *agg* Schiff(s)-, Schifffahrts-; (*di mare*) See-

navata [na'va:ta] *f* (Kirchen)schiff *n;* **~ laterale/centrale** Seiten-/Mittelschiff *n*

nave ['na:ve] *f* Schiff *n;* **navetta** [na'vetta] *f* **1.** (*spola*) (Weber)schiffchen *n* **2.** (*treno*) Pendelzug *m*

navigabile [navi'ga:bile] *agg* schiffbar; **navigabilità** [navigabili'ta] <-> *f* Schiffbarkeit *f;* **navigante** [navi'gante] **I.** *agg* **1.** (NAUT) Schiffs-; (*persone*) seefahrend **2.** (AERO) fliegend **II.** *mf* Seefahrer(in) *m(f);* **navigare** [navi'ga:re] *vi* **1.** (NAUT) (zur See) fahren; **~ in cattive acque** (*fig*) sich in einer üblen Lage befinden **2.** (AERO) fliegen **3.** (INFORM) **~ in Internet/in Rete** im Internet/Web surfen; **navigato, -a** [navi'ga:to] *agg* **1.** (*percorso da navi*) befahren **2.** (*fig: persona*) (welt)erfahren; **navigatore, -trice** [naviga'to:re] *m, f* Seefahrer(in) *m(f);* **navigazione** [navigat'tsio:ne] *f* **1.** (NAUT) Schifffahrt *f* **2.** (AERO) Navigation *f*

N

nazi ['na:tsi] **I.** <inv> *agg* Nazi- **II.** <-> *mf* Nazi *m*

nazionale [nattsio'na:le] **I.** *agg* (*di nazione*) National-; (*di paese*) Landes-; (*di Stato*) Staats- **II.** *f* ~ **di calcio** Fußballnationalmannschaft *f*

nazionalismo [nattsiona'lizmo] *m* Nationalismus *m;* **nazionalistico, -a** [nattsiona'listiko] <-ci, -che> *agg* nationalistisch

nazionalità [nattsionali'ta] <-> *f* Staatsangehörigkeit *f;* **nazionalizzare** [nattsionalid'dza:re] *vt* verstaatlichen

nazionalsocialismo [nattsionalsotʃa'lizmo] *m* Nationalsozialismus *m;* **nazionalsocialista** [nattsionalsotʃa'lista] <-i *m*, -e *f*> **I.** *agg* nationalsozialistisch **II.** *mf* Nationalsozialist(in) *m(f)*

nazione [nat'tsio:ne] *f* Nation *f;* (*Stato*) Staat *m;* **Nazioni Unite** Vereinte Nationen *fpl,* UNO *f*

naziskin ['na:tsiskin] <-> *mf* Skinhead *m*

nazismo [nat'tsizmo] *m* Nazismus *m;* **nazista** [nat'tsista] <-i *m*, -e *f*> **I.** *agg* nazistisch **II.** *mf* Nazi *m*

N.B. *abbr di* **nota bene** NB

N.d.A. *abbr di* **nota dell'autore** Anm. d. Verf.

'ndrangheta [n'draŋgeta] *f kalabresische Form der Mafia*

ne [ne] **I.** *pron* **1.** (*persona: di lui*) von ihm, über ihn, seiner; (*di lei*) von ihr, über sie, ihrer; (*di loro*) von ihnen, über sie, ihrer; ~ **parlano molto** man spricht viel von ihm/ihr/ihnen **2.** (*cosa*) damit, darüber, davon, daraus; **ne parlano molto** man spricht viel davon; **non ~ vedo proprio la ragione** ich sehe wirklich keinen Grund dafür **3.** (*con valore partitivo*) davon, einige, welche; **dammene ancora** gib mir mehr davon; **quanti anni hai? – ~ ho 29** wie alt bist du? – ich bin 29 (Jahre alt); **hai dei giornali? – sì, ~ ho** hast du Zeitungen? – ja, ich habe welche **II.** *avv* (*spesso non si traduce*) von hier; **andarsene** fort-, weggehen; **non te ~ andare** geh nicht fort!

né [ne] *cong* und nicht, auch nicht; **~ … ~ …** weder … noch …; **~ più ~ meno** nicht mehr und nicht weniger

N.E. *abbr di* **nordest** NO

neanche [ne'aŋke] *avv* nicht einmal, auch nicht; **non lo so neanch'io** ich weiß es auch nicht; ~ **lontanamente** nicht im Geringsten, überhaupt nicht; ~ **per sogno** nicht einmal im Traum

nebbia ['nebbia] <-ie> *f* Nebel *m*

nebbioso, -a [neb'bio:so] *agg* **1.** (METEO) neb(e)lig **2.** (*fig*) unklar

nebulizzare [nebulid'dza:re] *vt* sprühen; **nebulizzatore** [nebuliddza'to:re] *m* Sprühgerät *n*

nebuloso, -a [nebu'lo:so] *agg* **1.** (METEO) neb(e)lig **2.** (*fig*) nebelhaft

nécessaire [nesɛ'ser] <-> *m* Set *n*

necessariamente [netʃessaria'mente] *avv* notgedrungen

necessario [netʃes'sa:rio] *m* Nötige(s) *n*

necessario, -a <-i, -ie> *agg* nötig

necessità [netʃessi'ta] <-> *f* Notwendigkeit *f;* **avere ~ di qc** etw notwendig brauchen; **in caso di ~** im Notfall, im Bedarfsfall; **necessitare** [netʃessi'ta:re] **I.** *vt* erfordern **II.** *vi essere* **1.** (*avere bisogno*) ~ **di qc** etw benötigen **2.** (*impersonale*) nötig sein

necrofilia [nekrofi'li:a] <-ie> *f* Nekrophilie *f;* **necrofilo, -a** [ne'krɔ:filo] **I.** *agg* nekrophil **II.** *m, f* Nekrophile(r) *f(m)*

necroforo [ne'krɔ:foro] *m* Totengräber *m*

necrologio [nekro'lɔ:dʒo] <-gi> *m* Nachruf *m;* (*annunzio*) Todesanzeige *f*

necropoli [ne'krɔ:poli] <-> *f* **1.** (*città dei morti*) Totenstadt *f* **2.** (*cimitero*) Friedhof *m*

nefasto, -a [ne'fasto] *agg* Unglücks-

negare [ne'ga:re] *vt* **1.** (*contestare*) verneinen **2.** (*rifiutare*) verweigern **3.** (*non riconoscere*) absprechen

negatività [negativi'ta] <-> *f* Negativität *f*

negativo [nega'ti:vo] *m* (FOTO) Negativ *n*

negativo, -a *agg* **1.** (*non affermativo*) negativ **2.** (*sfavorevole*) ungünstig

negato, -a [ne'ga:to] *agg* **1.** (*contestato*) verneint; (*rifiutato*) versagt **2.** (*fig: non portato*) **essere ~ per qc** für etw unbegabt sein

negazione [negat'tsio:ne] *f* **1.** (*gener*) Verneinung *f* **2.** (*rifiuto*) Verweigerung *f* **3.** (LING) Negation *f*

negli ['neʎʎi] *prp* = **in + gli** *v.* **in**[1]

negoziabile [negot'tsia:bile] *agg* **1.** (COM) verkäuflich **2.** (FIN: *titoli*) handelsfähig; (*cambiali*) übertragbar

negoziante [negot'tsiante] *mf* Händler(in) *m(f)*

negoziare [negot'tsia:re] **I.** *vt* **1.** (*contrattare*) aushandeln, verhandeln über +*acc* **2.** (FIN: *titoli*) handeln mit **II.** *vi* ~ **in qc** mit etw Handel treiben; **negoziato** [negot'tsiaːto] *m* Verhandlung *f;* **-i di pace** Friedensverhandlungen *fpl*

negozio [ne'gɔttsio] <-i> *m* Geschäft *n*

negro, **-a** ['neːgro] **I.** *agg* schwarz, Neger- **II.** *m, f* Schwarze(r) *f(m);* **negroamericano**, **-a** [negroameri'kaːno] *agg* afroamerikanisch

negromante [negro'mante] *mf* Zauberer *m,* Zauberin *f;* **negromanzia** [negroman'tsiːa] <-ie> *f* Zauberei *f*

nel, **nell'**, **nella**, **nelle**, **nello**, **nei** [nel, 'nella, 'nelle, 'nello, 'neːi] *prp* = **in + il, l', la, le, lo, i** *v.* **in**[1]

nemico, **-a** [ne'miːko] <-ci, -che> **I.** *agg* **1.** (*ostile*) feindlich; **essere ~ di qu** jdm feindlich gesinnt sein; **farsi ~ qu** sich *dat* jdn zum Feind machen **2.** (*fig: avverso*) **essere ~ di qu/qc** jdm/etw abgeneigt sein **II.** *m, f* Feind(in) *m(f)*

nemmeno [nem'meːno] *avv v.* **neanche**

nenia ['nɛːnia] <-ie> *f* Kantilene *f*

neo ['nɛːo] *m* **1.** (ANAT) Muttermal *n* **2.** (*di bellezza*) Schönheitsfleck *m* **3.** (*fig*) Schönheitsfehler *m*

neo- [neo] (*in parole composte*) Neo-, neo-; **neoacquisto** [neoak'kuisto] *m* (SPORT) Neuzugang *m;* **neoassunto**, **-a** [neoas'sunto] **I.** *agg* neu angestellt **II.** *m, f* neue(r) Angestellte(r) *f(m)*

neoclassicismo [neoklassi'tʃizmo] *m* Klassizismus *m*

neodiplomato, **-a** [neodiplo'maːto] *m, f* Schulabgänger(in) *m(f)* mit Abitur, Maturant(in) *m(f) A*

neofascismo [neofaʃ'ʃizmo] *m* Neofaschismus *m;* **neofascista** [neofaʃ'ʃista] <-i *m,* -e *f*> **I.** *agg* neofaschistisch **II.** *mf* Neofaschist(in) *m(f)*

neoformazione [neoformat'tsioːne] *f* Neubildung *f*

neolaureato, **-a** [neolaure'aːto] *m, f* frisch diplomierte(r) Hochschulabsolvent(in) *m(f)*

neologismo [neolo'dʒizmo] *m* Neologismus *m*

neon ['nɛːon] <-> *m* Neon *n*

neonato, **-a** [neo'naːto] **I.** *agg* **1.** (*bambino*) neugeboren **2.** (*fig, scherz*) frisch gebacken **II.** *m, f* Neugeborene(s) *n*

neonazismo [neonat'tsizmo] *m* Neonazismus *m;* **neonazista** [neonat'tsista] <-i *m,* -e *f*> **I.** *agg* neonazistisch **II.** *mf* Neonazist(in) *m(f)*

neopatentato, **-a** [neopaten'taːto] *m, f* frisch gebackene(r) Führerscheinabsolvent(in) *m(f)*

neoplatonico, **-a** [neopla'tɔːniko] *agg* neuplatonisch

neopositivismo [neopoziti'vizmo] *m* Neopositivismus *m*

neopromosso, **-a** [neopro'mɔsso] **I.** *agg* (SPORT) neu aufgestiegen; **la squadra -a in serie A** die neu in die 1. Liga aufgestiegene Mannschaft **II.** *m, f* (SPORT) Aufsteiger(in) *m(f)*

neorealismo [neorea'lizmo] *m* **1.** (PHILOS) Neorealismus *m* **2.** (LIT, FILM) Neoverismus *m*

neozelandese [neoddzelan'deːse] **I.** *agg* neuseeländisch **II.** *m, f* Neuseeländer(in) *m(f)*

nepotismo [nepo'tizmo] *m* Vetternwirtschaft *f*

neppure [nep'puːre] *avv v.* **neanche**

neretto [ne'retto] *m* **1.** (*colore*) schwärzliche Farbe **2.** (TYP) Halbfettdruck *m;* **in ~** halbfett

nero ['neːro] *m* Schwarz(e) *n;* **~ su bianco** Schwarz auf Weiß

nero, **-a** *agg* (*a fig*) schwarz; **cronaca -a** Verbrechens- und Unfallmeldungen *fpl;* **pane ~** Schwarzbrot *n;* **vedere tutto ~** schwarz sehen

nervo ['nɛrvo] *m* **1.** (ANAT) Nerv *m;* **avere i -i a fior di pelle** (*fig*) ein Nervenbündel sein; **far venire i -i a qu** (*fig*) jdm auf die Nerven gehen **2.** (*fig*) Kraft *f*

nervosismo [nervo'sizmo] *m* Nervosität *f;* **nervoso**, **-a** *agg* **1.** (*relativo ai nervi*) Nerven- **2.** (*eccitabile*) nervös, reizbar

nespola ['nɛspola] *f* (BOT) Mispel *f*

nespole ['nɛspole] *int* Donnerwetter!; **nespolo** ['nɛspolo] *m* Mispelbaum *m*

nesso ['nɛsso] *m* Zusammenhang *m;* **senza ~** zusammenhang(s)los

nessuno [nes'suːno] *m* Niemand *m;* **terra di ~** Niemandsland *n*

nessuno, **-a** **I.** *agg* kein; (*in frasi interrogative*) irgendein; **in nessun luogo/caso** nirgends/keinesfalls **II.** *pron indef* **1.** (*non uno*) niemand, keine(r, s) **2.** (*qualcuno*) jemand; **nessun altro** kein anderer, niemand anderer

netiquette <-> *m* (INFORM) Netiquette *f*

nettare ['nɛttare] *m* Nektar *m*

nettezza *f* Sauberkeit *f;* (*a fig*) Reinheit *f;* ~ **urbana** (*pulizia stradale*) Straßenreinigung *f;* (*raccolta rifiuti*) Müllabfuhr *f*

netto, **-a** ['netto] *agg* **1.** (*risposta, rifiuto*) klar, entschieden **2.** (COM) Netto-; **stipendio** ~ Nettogehalt *n;* **al** ~ netto

netturbino [nettur'bi:no] *m* Straßenkehrer *m*

neuro ['nɛ:uro] *f* (*fam: clinica neurologica*) Neuro *f*

neurochirurgia [neurokirur'dʒi:a] *f* Neurochirurgie *f*

neurologia [neurolo'dʒi:a] *f* Neurologie *f;* **neurologo**, **-a** [neu'rɔ:logo] <-gi, -ghe> *m, f* Neurologe *m,* -login *f*

neutrale [neu'tra:le] **I.** *agg* neutral **II.** *mf* Neutrale(r) *f(m)*

neutralizzare [neutralid'dza:re] *vt* **1.** (CHEM) neutralisieren **2.** (POL) für neutral erklären **3.** (*fig*) unwirksam machen

neutro ['nɛ:utro] *m* (LING) Neutrum *n*

neutro, **-a** *agg* **1.** (CHEM, POL) neutral **2.** (LING) sächlich, neutrum

neutrone [neu'tro:ne] *m* (PHYS) Neutron *n*

neve ['ne:ve] *f* **1.** (METEO) Schnee *m;* **palla/fiocco di** ~ Schneeball *m/*-flocke *f*; **bianco come la** ~ schneeweiß **2.** (*sl: cocaina*) Schnee *m*

nevicare [nevi'ka:re] *vi essere o avere* schneien; **nevicata** [nevi'ka:ta] *f* Schneefall *m;* **nevoso**, **-a** [ne'vo:so] *agg* schneeig; (*terra, monte*) Schnee bedeckt; (*precipitazione*) Schnee-; (*stagione*) schneereich

nevralgia [nevral'dʒi:a] <-gie> *f* Neuralgie *f;* **nevralgico**, **-a** [ne'vraldʒiko] <-ci, -che> *agg* neuralgisch

nevrastenico, **-a** <-ci, -che> *agg* neurasthenisch; (*a fig*) nervös

nevrosi [ne'vrɔ:zi] <-> *f* Neurose *f;* **nevrotico**, **-a** [ne'vrɔ:tiko] <-ci, -che> **I.** *agg* neurotisch **II.** *m, f* Neurotiker(in) *m(f)*

nicchia ['nikkia] <-cchie> *f* **1.** (ARCH) Nische *f* **2.** (*ripostiglio*) Abstellraum *m*

nichel ['ni:kel] *m* Nickel *n*

nichilismo [niki'lizmo] *m* Nihilismus *m;* **nichilista** [niki'lista] <-i *m*, -e *f*> **I.** *agg* nihilistisch **II.** *mf* Nihilist(in) *m(f)*

nicotina [niko'ti:na] *f* Nikotin *n*

nidiata [ni'dia:ta] *f* **1.** (ZOO) Brut *f* **2.** (*fig, scherz*) Kinderschar *f*

nido ['ni:do] *m* **1.** (ZOO) Nest *n* **2.** (*fig*) Heim *n;* ~ **d'infanzia** Kinderhort *m*

niente ['niɛnte] <*sing*> **I.** *pron indef* **1.** (*nessuna cosa*) nichts; **di** ~**!** keine Ursache!; **non fa** ~ das macht nichts **2.** (*interrogativo*) etwas, nichts; **ti serve** ~**?** brauchst du etwas? **3.** (*poca cosa*) **è una cosa da** ~ es ist eine Kleinigkeit **II.** *m* **1.** (*nessuna cosa*) Nichts *n* **2.** (*poca cosa*) Kleinigkeit *f* **III.** *avv* nichts, keineswegs; **non è** ~ **male** sie ist nicht schlecht; ~ **affatto** ganz und gar nicht, durchaus nicht; **nient'altro** nichts anderes; ~ **di** ~ ganz und gar nichts; **per** ~ (*affatto*) durchaus nicht; (*invano*) vergebens, umsonst; ~ **paura!** nur keine Angst!; **nientedimeno**, **nientemeno** [niente-di'me:no, niente'me:no] **I.** *avv* sogar **II.** *int* Donnerwetter

Nilo ['ni:lo] *m* Nil *m*

ninfa ['ninfa] *f* (ZOO) Nymphe *f*

ninfea [nin'fɛ:a] *f* Seerose *f*

ninfomane [nin'fɔ:mane] **I.** *agg* nymphoman **II.** *f* Nymphomanin *f*

ninnananna [ninna'nanna] <ninnenanne> *f* Wiegenlied *n*

nipote [ni'po:te] *mf* **1.** (*di zio*) Neffe *m,* Nichte *f* **2.** (*di nonno*) Enkelkind *n* **3.** *pl* (*discendenti*) Nachkommen *mpl*

nipponico, **-a** [nip'pɔ:niko] <-ci, -che> **I.** *agg* japanisch; **l'arte -a** die japanische Kunst **II.** *m, f* Japaner(in) *m(f)*

nirvana [nir'va:na] *m* Nirwana *n*

nisseno, **-a** [nis'se:no] **I.** *m, f* Einwohner(in) *m(f)* von Caltanissetta **II.** *agg* aus Caltanissetta

nitidezza [niti'dettsa] *f* **1.** (*chiarezza*) Klarheit *f* **2.** (FOTO) Schärfe *f;* **nitido**, **-a** ['ni:tido] *agg* **1.** (*chiaro*) klar, rein **2.** (FOTO) scharf

nitrato [ni'tra:to] *m* Nitrat *n*

nitrico, **-a** ['ni:triko] <-ci, -che> *agg* Salpeter-

nitrire [ni'tri:re] <nitrisco> *vi* wiehern

nitrito [ni'tri:to] *m* **1.** (ZOO) Wiehern *n* **2.** (CHEM) Nitrit *n*

nitroglicerina [nitroglitʃe'ri:na] *f* Nitroglyzerin *n*

NN *abbr di* **nescio nomen** (*di padre ignoto*) Vater unbekannt

no [nɔ] **I.** *avv* nein; (*in frasi negative*) nicht; **come** ~**!** und ob!, und wie!; **dire di** ~ Nein sagen; ~ **e poi** ~ Nein, Nein und nochmals Nein; **parti o** ~**?** fährst du ab oder nicht?; **perché** ~**?** warum nicht?; **se** ~ sonst **II.** <->

m (*risposta*) Nein *n*
N.O. *abbr di* **nordovest** NW
nobildonna [nobil'dɔnna] *f* Adlige *f*
nobile ['nɔːbile] **I.** *agg* **1.** (*di nobiltà*) Adels- **2.** (*fig*) edel; (*eccellente*) vortrefflich **3.** (CHEM) edel **II.** *mf* Adlige(r) *f(m)*; **nobiliare** [nobi'liaːre] *agg* ad(e)lig, Adels-
nobiltà [nobil'ta] <-> *f* Adel *m*; (*a fig*) Vornehmheit *f*
nobiluomo [nobi'luɔːmo] <nobiluomini> *m* Edelmann *m*
nocca ['nɔkka] <-cche> *f* Knöchel *m*
noccio ['nɔttʃo] *1. pers sing pr di* **nuocere**
nocciola[1] [not'tʃɔːla] *f* Haselnuss *f*
nocciola[2] **I.** <inv> *agg* haselnussbraun **II.** <-> *m* Haselnussfarbe *f*
nocciolato [nottʃo'laːto] *m* (Hasel)nussschokolade *f*; **nocciolina** [nottʃo'liːna] *f* Erdnuss *f*
nocciolo ['nɔttʃolo] *m* (*a fig*) Kern *m*
noce ['noːtʃe] **I.** *m* **1.** (*albero*) Walnussbaum *m*; (*legno*) Nussbaumholz *n* **2.** (*colore*) Nussbraun *n* **II.** *f* (Wal)nuss *f*; ~ **moscata** Muskatnuss *f*
nocepesca [notʃe'pɛska] <nocipesche> *f* Nektarine *f*
nocino [no'tʃiːno] *m* Nusslikör *m*
nociuto [no'tʃuːto] *pp di* **nuocere**; **nocivo, -a** [no'tʃiːvo] *agg* schädlich
no comment [nou 'kɔment] <-> *m* **la sua risposta fu un deciso** ~ er antwortete entschlossen: „Kein Kommentar!"
nocqui ['nɔkkui] *1. pers sing pass rem di* **nuocere**
nodale [no'daːle] *agg* **1.** (TEC, SCIENT) Knoten- **2.** (*fig*) zentral
nodo ['nɔːdo] *m* **1.** (*intreccio*) Knoten *m*; **avere un** ~ **alla gola** (*fig*) einen Kloß im Hals haben **2.** (*punto centrale*) Kern *m* **3.** (MOT, FERR) Knotenpunkt *m*
nodulo ['nɔːdulo] *m* (BIOL, MED) Knötchen *n*
no frost [nou 'frɔst] **I.** <-> *m* Abtauautomatik *f* **II.** <inv> *agg* **congelatore** ~ Tiefkühltruhe *f* mit Abtauautomatik
noi ['noːi] *pron pers 1. pers pl* **1.** (*soggetto*) wir **2.** (*oggetto*) uns; (*con preposizione*) uns
noia ['nɔːia] <-oie> *f* **1.** (*gener*) Lang(e)weile *f* **2.** (*molestia*) Belästigung *f*
noioso, -a [no'ioːso] **I.** *agg* **1.** (*che procura noia*) langweilig **2.** (*che dà fastidio*) lästig **II.** *m, f* Langweiler(in) *m(f)*
noleggiare [noled'dʒaːre] *vt* **1.** (*dare a nolo*) vermieten, verleihen **2.** (*prendere a nolo*) mieten; **noleggiatore, -trice** [noleddʒa'toːre] *m, f* **1.** (*che dà a nolo*) Vermieter(in) *m(f)* **2.** (*che prende a nolo*) Mieter(in) *m(f)*; **noleggio** [no'leddʒo] <-ggi> *m* **1.** (*affitto*) Miete *f* **2.** (*prezzo*) Mietpreis *m*
nomade ['nɔːmade] **I.** *agg* nomadisch, Nomaden- **II.** *mf* Nomade *m*, Nomadin *f*; **nomadismo** [noma'dizmo] *m* Nomadentum *n*
nome ['noːme] *m* **1.** (*gener*) Name *m*; ~ **di battesimo** Vorname *m*; **a** ~ **di qu** in jds Namen; **di** ~ (*chiamato*) namens; **conoscere qu di** ~ jdn dem Namen nach kennen **2.** (*denominazione*) Bezeichnung *f* **3.** (LING) Nomen *n*; ~ **astratto/collettivo** Abstraktum *n*/Kollektivum *n*; ~ **composto** Kompositum *n*; ~ **comune/proprio** Gattungs-/Eigenname *m*
nomenclatura [nomeŋkla'tuːra] *f* Nomenklatur *f*
nomignolo [no'miɲɲolo] *m* Spitzname *m*
nomina ['nɔːmina] *f* Nominierung *f*; (*all'università*) Berufung *f*
nominale [nomi'naːle] *agg* **1.** (LING) nominal, Nominal- **2.** (*del nome*) namentlich, Namens- **3.** (*di nome*) nominell **4.** (COM) nominell, Nominal-
nominare [nomi'naːre] *vt* **1.** (*chiamare*) nennen; (*cose*) (be)nennen **2.** (*citare*) erwähnen; **mai sentito** ~**!** nie gehört! **3.** (*eleggere*) wählen; (*professore*) berufen
nomination [nɔmi'neiʃən] <-> *f* Nominierung *f*; **una** ~ **all'Oscar** eine Oskar-Nominierung
nominativo [nomina'tiːvo] *m* **1.** (LING) Nominativ *m* **2.** (ADM) Name *m*
non [non] *avv* **1.** (*con verbi*) nicht **2.** (*con sostantivi determinati*) kein, nicht **3.** (*come prefisso*) nicht, Nicht-, non-, Non-; ~ **fumatori** Nichtraucher *mpl* **4.** (*seguito da un'altra negazione, non si traduce*) ~ **appena** sobald; ~ **... niente** nichts; ~ **... mai** nie(mals); ~ **che** *v.* **nonché**
non belligeranza [non bellidʒe'rantsa] *f* (JUR) Nichterwägung *f* militärischer Konflikte
nonchalance [nɔ̃ʃa'lɑ̃s] <-> *f* Nonchalance *f*; **muoversi con** ~ sich nonchalant geben
nonché, non che [noŋ'ke] *cong* **1.** (*e inol-*

N

tre) sowie, und auch, außerdem **2.** (*e tanto meno*) geschweige denn

non credente [non kre'dɛnte] *mf* (REL) Nichtgläubige(r) *f(m)*

noncurante [noŋku'rante] *agg* **essere ~ di qc** um etw unbekümmert sein; **noncuranza** [noŋku'rantsa] *f* **1.** (*disinvoltura*) Unbekümmertheit *f* **2.** (*inosservanza*) Nichtbeachtung *f*

nonni ['nɔnni] *mpl* Großeltern *pl*

nonnismo [non'nizmo] <*sing*> *m* (MIL, *fam*) *Schikanierung von Rekruten seitens der Dienstältesten*

nonno, -a ['nɔnno] *m, f* Großvater *m,* Großmutter *f;* (*fam*) Opa *m,* Oma *f*

nonnulla [non'nulla] <-> *m* **un ~** eine Kleinigkeit, nichts

nono ['nɔːno] *m* Neuntel *n*

nono, -a I. *agg* neunte(r, s) **II.** *m, f* Neunte(r, s) *mfn; v. a.* **quinto**

nonostante [nonos'tante] **I.** *prp* trotz *dat o gen* **II.** *cong +conj* auch wenn, obwohl; **ciò ~** trotzdem

non plus ultra [nɔn plus 'ultra] <-> *m* Nonplusultra *n*

non profit [non 'profit] <inv> *agg* (JUR) wohltätig, karitativ

nonsense ['nɔnsəns] <-> *m,* **nonsenso** [non'sɛnso] *m* Unsinn *m*

non so che [non sɔ k'ke] <-> *m* **un** (**certo**) **~** ein gewisses Etwas

non stop [nɔn stɔp] **I.** <inv> *agg* **orario ~** durchgehende Öffnungszeiten *fpl* **II.** <-> *f* (TV) Fernsehsendung *f* ohne Unterbrechungen

nontiscordardime, non-ti-scordar-di-me [nontiskordardi'me] <-> *m* (BOT) Vergissmeinnicht *n*

non udente [non u'dɛnte] **I.** *mf* (ADM, *form*) Gehörlose(r) *f(m);* **sottotitoli per i non udenti** Untertitel für Gehörlose **II.** *agg* gehörlos

non vedente [non ve'dɛnte] **I.** *mf* (ADM, *form*) Blinde(r) *f(m)* **II.** *agg* blind

non violento, -a [non vio'lɛnto] **I.** *agg* gewaltfrei, friedlich **II.** *m, f* Befürworter(in) *m(f)* des Gewaltverzichts

nord [nɔrd] *m* Nord(en) *m;* **al ~** im Norden; **a ~ di ...** nördlich von ...; **Italia del ~** Norditalien *n;* **verso ~** nordwärts

nord- (*in parole composte*) Nord-, nord-; **nordest** [nɔr'dɛst] *m* Nordost(en) *m*

nordico, -a ['nɔrdiko] <-ci, -che> **I.** *agg* nordisch, Nord- **II.** *m, f* Nordländer(in) *m(f)*

nordovest [nor'dɔːvest] *m* Nordwest(en) *m;* **di ~** nordwestlich, Nordwest-

Norimberga [norim'bɛrga] *f* Nürnberg *n*

norma ['nɔrma] *f* **1.** (*regola*) Norm *f;* **-e per l'uso** Gebrauchsanweisung *f;* **a ~ di** laut *dat o gen,* gemäß *dat o gen,* nach **2.** (*uso*) Regel *f*

normale [nor'maːle] **I.** *agg* **1.** (*conforme alla norma*) normal **2.** (*regolare*) regelmäßig **II.** *f* Normale *f;* **normalità** [normali'ta] <-> *f* Normalität *f*

normalizzare [normalid'dzaːre] **I.** *vt* **1.** (*rendere normale*) normalisieren **2.** (*standardizzare*) vereinheitlichen **II.** *vr* **-rsi** sich normalisieren; **normalizzazione** [normaliddzat'tsioːne] *f* **1.** (*atto del normalizzare*) Normalisierung *f* **2.** (*standardizzazione*) Vereinheitlichung *f*

normalmente [normal'mente] *avv* normalerweise

normanno, -a [nor'manno] **I.** *agg* **1.** (GEOG) aus der Normandie **2.** (HIST) normannisch **II.** *m, f* **1.** (GEOG) Einwohner(in) *m(f)* der Normandie **2.** (HIST) Normanne *m,* Normannin *f*

norvegese [norve'dʒeːse] **I.** *agg* norwegisch **II.** *mf* Norweger(in) *m(f);* **Norvegia** [nor'vɛːdʒa] *f* Norwegen *n*

nostalgia [nostal'dʒiːa] <-gie> *f* Sehnsucht *f;* **avere la ~ di qc** nach etw Sehnsucht haben; **sentire ~ del proprio paese** Heimweh haben; **nostalgico, -a** [nos'taldʒiko] <-ci, -che> **I.** *agg* sehnsüchtig, sehnsuchtsvoll; (*della patria*) heimwehkrank **II.** *m, f* Reaktionär(in) *m(f)*

nostrano, -a [nos'traːno] *agg* einheimisch, hiesig

nostro, -a ['nɔstro] **I.** *agg* unser; **~ padre/zio** unser Vater/Onkel; **un ~ amico** ein Freund von uns **II.** *pron poss* **il ~, la -a** unsere(r, s) **III.** *m* **il ~** das Unsere, das Unsrige

nota ['nɔːta] *f* **1.** (*contrassegno*) (Kenn)zeichen *n* **2.** (*appunto*) Anmerkung *f;* **prendere ~ di qc** etw notieren **3.** (*osservazione*) Bemerkung *f;* **degno di ~** bemerkenswert **4.** (*commento*) Erläuterung *f;* **~ introduttiva** Einleitung *f;* **~ marginale** Randbemerkung *f* **5.** (MUS) Note *f;* **nota bene** ['nɔːta 'bɛːne] <-> *m* Notabene *n*

notaio [no'taːio] <-ai> *m* Notar(in) *m(f)*

notare [no'taːre] *vt* **1.** (*rilevare*) bemerken; **farsi ~** sich bemerkbar machen **2.** (*considerare*) in Betracht ziehen; **far ~ a qu qc** jdn auf etw *acc* aufmerksam machen

notarile [nota'riːle] *agg* notariell, Notariat(s)-

notebook [not'buk] <-> *m* (INFORM) Notebook *n*

notevole [no'teːvole] *agg* beträchtlich

notifica [no'tiːfika] <-che> *f* **1.** (ADM) Mitteilung *f* **2.** (JUR) Zustellung *f;* **notificare** [notifi'kaːre] *vt* **1.** (ADM) bekanntgeben **2.** (*dichiarare*) anmelden

notizia [no'tittsia] <-ie> *f* **1.** (*comunicato, novità*) Nachricht *f;* **dare ~ di qc** etw melden; **buone -ie** gute Neuigkeiten *fpl* **2.** (*informazione*) Auskunft *f;* **avere ~ di qc** von etw Kenntnis haben

notiziario [notit'tsiaːrio] <-i> *m* (TV, RADIO) Nachrichten *fpl*

noto, **-a** ['nɔːto] *agg* bekannt; (*famoso*) berühmt; **ben ~** wohlbekannt

notoriamente [notoria'mente] *avv* bekanntlich; **notorietà** [notorie'ta] <-> *f* (*fama*) Berühmtheit *f*

nottata [not'taːta] *f* Nacht *f;* **far la ~** die ganze Nacht durchmachen

notte ['nɔtte] *f* Nacht *f;* **nel cuore della ~** mitten in der Nacht; **~ in bianco** schlaflose Nacht; **di ~** nachts, bei Nacht

nottola ['nɔttola] *f* (ZOO) Abendsegler *m*

notturno [not'turno] *m* **1.** (*in liturgia*) (Nacht)mette *f* **2.** (*in pittura*) Nachtszene *f* **3.** (FOTO, FILM) Nachtaufnahme *f* **4.** (MUS) Nocturne *n o f*

notturno, **-a** *agg* nächtlich, Nacht-

novanta [no'vanta] **I.** *num* neunzig **II.** <-> *m* Neunzig *f; v. a.* **cinquanta**; **novantenne** [novan'tɛnne] **I.** *agg* neunzigjährig **II.** *mf* Neunzigjährige(r) *f(m)*

novantesimo, **-a** **I.** *agg* neunzigste(r, s) **II.** *m, f* Neunzigste(r, s) *mfn; v. a.* **quinto**

Novara *f Stadt in Piemont*

novarese [nova'reːse] **I.** *mf* Einwohner(in) *m(f)* von Novara **II.** *agg* aus Novara

nove ['nɔːve] **I.** *num* neun **II.** <-> *m* **1.** (*numero*) Neun *f* **2.** (*nelle date*) Neunte(r) *m* **3.** (*voto scolastico*) ≈ Zwei *f* **III.** *fpl* neun Uhr; *v. a.* **cinque**

novecento [nove'tʃɛnto] **I.** *num* neunhundert **II.** <-> *m* Neunhundert *f;* **il Novecento** das zwanzigste Jahrhundert; (*nell'arte italiana*) das Novecento

novella [no'vɛlla] *f* (LIT) Novelle *f;* **la buona ~** die Frohe Botschaft

novellino, **-a** [novel'liːno] **I.** *agg* jung, neu; (*persone*) frisch gebacken **II.** *m, f* Neuling *m*

novello, **-a** *agg* neu, frisch; **-i sposi** Jungvermählte *mfpl*

novembre [no'vɛmbre] *m* November *m; v. a.* **aprile**

novemila [nove'miːla] **I.** *num* neuntausend **II.** <-> *m* Neuntausend *f*

novena [no'vɛːna] *f* Novene *f*

novità [novi'ta] <-> *f* **1.** (*qualità*) Neuheit *f* **2.** (*notizia*) Neuigkeit *f* **3.** (*innovazione*) Neuerung *f*

noviziato [novit'tsiaːto] *m* **1.** (REL) Noviziat *n* **2.** (*tirocinio*) Einarbeitungszeit *f;* **novizio**, **-a** [no'vittsio] <-i, -ie> *m, f* **1.** (REL) Novize *m,* Novizin *f* **2.** (*fig*) Neuling *m*

nozione [not'tsioːne] *f* **1.** (*conoscenza*) Kenntnis *f* **2.** (*concetto*) Begriff *m;* **nozionismo** [nottsio'nizmo] *m* oberflächliches Wissen; **nozionistico**, **-a** [nottsio'nistiko] <-ci, -che> *agg* oberflächlich

nozze ['nɔttse] *fpl* Hochzeit *f;* **~ d'argento/di diamante/d'oro** silberne/diamantene/goldene Hochzeit; **celebrare le ~** Hochzeit feiern

ns. *abbr di* **nostro** unser

N.T. *abbr di* **Nuovo Testamento** N.T.

nuance [nɥãːs] <-> *f* Nuance *f*

nube ['nuːbe] *f* **1.** (SCIENT, *poet*) Wolke *f* **2.** (*fig*) Nebel *m;* **nubifragio** [nubi'fraːdʒo] <-gi> *m* Wolkenbruch *m*

nubile ['nuːbile] **I.** *agg* ledig, unverheiratet **II.** *f* Ledige *f,* ledige Frau

nuca ['nuːka] <-che> *f* Nacken *m*

nucleare [nukle'aːre] *agg* nuklear, Kern-; **armi -i** Atomwaffen *fpl*

nucleo ['nuːkleo] *m* **1.** (SCIENT) Kern *m* **2.** (*fig: reparto*) Gruppe *f*

nudismo [nu'dizmo] *m* Freikörperkultur *f;* **nudista** [nu'dista] <-i *m,* -e *f*> *mf* Nudist(in) *m(f)*

nudità [nudi'ta] <-> *f* Nacktheit *f*

nudo ['nuːdo] *m* Akt *m*

nudo, **-a** *agg* nackt, bloß; (*terreno*) kahl; **a occhio ~** mit bloßem Auge

nulla ['nulla] **I.** <inv> *pron indef* nichts (von Belang); (*interrogativo*) etwas; **una cosa da ~** Nichtigkeit *f* **II.** *avv* **non … ~** ganz und gar nicht; **non fa ~** es macht nichts

III. <-> *m* Nichts *n*

nullaosta, **nulla osta** [nulla'ɔsta] <-> *m* (amtliche) Genehmigung *f*

nullità [nulli'ta] <-> *f* **1.** (*qualità*) Nichtigkeit *f* **2.** (ADM) Ungültigkeit *f* **3.** (*persona*) Null *f fam;* **nullo**, **-a** ['nullo] *agg* **1.** (*non valido*) ungültig **2.** (SPORT) unentschieden

numerabile [nume'ra:bile] *agg* nummerierbar, zählbar; **numerale** [nume'ra:le] **I.** *agg* Zahlen- **II.** *m* Zahlwort *n*

numerare [nume'ra:re] *vt* **1.** (*segnare con un numero*) nummerieren **2.** (*contare*) (auf)zählen

numeratore [numera'to:re] *m* (MAT) Zähler *m;* **numerazione** [numerat'tsio:ne] *f* Nummerierung *f*

numerico, **-a** [nu'mɛ:riko] <-ci, -che> *agg* zahlenmäßig; (MAT, INFORM) numerisch

numero ['nu:mero] *m* **1.** (MAT) Zahl *f;* (*civico, telefonico*) Nummer *f;* ~ **di casa/targa** Haus-/Autonummer *f;* ~ **di telefono** Telefonnummer; ~ **verde** (TEL) *für den Anrufer kostenfreie Servicetelefonnummer;* **fare il** ~ (TEL) die Nummer wählen; **sbagliare** ~ (TEL) sich verwählen; **dare i -i** (*fam*) spinnen **2.** (*quantità*) (An)zahl *f;* **in gran** ~ zahlreich, zahllos; ~ **chiuso** Numerus clausus *m* **3.** (*di mezzi pubblici*) Linie *f* **4.** (*di spettacolo*) Nummer *f* **5.** (*taglia, misura*) Größe *f* **6.** (LING) Numerus *m;* **numeroso**, **-a** [nume'ro:so] *agg* zahlreich; **una famiglia -a** eine große Familie

nuocere ['nuɔ:tʃere] <noccio, nocqui, nociuto> *vi* schaden

nuora ['nuɔ:ra] *f* Schwiegertochter *f*

nuorese [nuo're:se] **I.** *mf* Einwohner(in) *m(f)* von Nuoro **II.** *agg* aus Nuoro

Nuoro *f Stadt in Sardinien*

nuotare [nuo'ta:re] *vi* schwimmen; ~ **a rana** Brust schwimmen; **nuotatore**, **-trice** [nuota'to:re] *m, f* Schwimmer(in) *m(f);* **nuoto** [ɔ:to] *m* Schwimmen *n;* **traversare a** ~ **un fiume** durch einen Fluss schwimmen

nuova ['nuɔ:va] *f* Neuigkeit *f;* **nessuna** ~, **buona** ~ keine Nachricht, gute Nachricht

Nuova Zelanda ['nuɔ:va ddze'landa] *f* Neuseeland *n*

nuovo ['nuɔ:vo] <*sing*> *m* Neue(s) *n;* **che c'è di** ~**?** was gibt es Neues?

nuovo, **-a** <più nuovo, nuovissimo> *agg* neu; **di** ~ nochmals

nutrice [nu'tri:tʃe] *f* Ernährerin *f;* (*balia*) Amme *f*

nutriente [nutri'ɛnte] *agg* (*sostanzioso*) nährend, nahrhaft; (*che nutrisce*) Nahrungs-, Nähr-; **nutrimento** [nutri'mento] *m* Nahrung *f*

nutrire [nu'tri:re] **I.** *vt* **1.** (*alimentare*) nähren **2.** (*fig: mente*) fördern **II.** *vr* **-rsi** sich ernähren; **nutrito**, **-a** [nu'tri:to] *agg* **1.** (*alimentato*) ernährt; **ben/mal** ~ wohl-/unterernährt **2.** (*ampio*) ausgiebig

nutrizione [nutrit'tsio:ne] *f* **1.** (*atto del nutrire*) Ernährung *f* **2.** (*cibo*) Nahrung *f*

nuvola ['nu:vola] *f* Wolke *f;* **avere la testa tra le -e** (*fig fam*) in den Wolken schweben; **cadere dalle -e** (*fig fam*) aus allen Wolken fallen; **nuvoloso**, **-a** [nuvo'lo:so] *agg* bewölkt

nuziale [nut'tsia:le] *agg* ehelich, Ehe-; (*festa, rito*) Hochzeits-

nylon® ['nailən] <-> *m* Nylon *n*

O

O, **o** [ɔ] <-> *f* O, o *n;* ~ **come Otranto** O wie Otto

o [o] <davanti a vocale spesso *od*> *cong* **1.** (*oppure*) oder **2.** (*ossia*) oder auch; ~ **...** ~ entweder ... oder

O. *abbr di* **ovest** W

oasi ['ɔ:azi] <-> *f* Oase *f*

obbediente [obbe'diɛnte] *agg v.* **ubbidiente**

obbligare [obbli'ga:re] *vt* **1.** (*costringere*) zwingen; ~ **qu a** (**fare**) **qc** jdn zu etw zwingen **2.** (*vincolare*) verpflichten; **obbligato**, **-a** [obbli'ga:to] *agg* **1.** (*costretto*) gezwungen **2.** (JUR: *vincolato*) verpflichtet **3.** (*per riconoscenza*) (zu Dank) verpflichtet; **obbligatorio**, **-a** [obbliga'tɔ:rio] <-i, -ie> *agg* obligatorisch; (*materia*) Pflicht-; (JUR) -verbindlich; **obbligazione** [obbligat'tsio:ne] *f* **1.** (*obbligo*) Verpflichtung *f* **2.** (FIN) Obligation *f;* **-i dello Stato** Staatsanleihen *fpl;* **obbligo** ['ɔbbligo] <-ghi> *m* Pflicht *f;* **d'** ~ Pflicht-; ~ **scolastico** Schulpflicht *f;* **sentirsi in** ~ sich verpflichtet fühlen

obbrobrio [ob'brɔːbrio] <-i> *m* Schande *f;* **obbrobrioso, -a** [obbro'brioːso] *agg* schändlich

obelisco [obe'lisko] <-schi> *m* Obelisk *m*

oberato, -a [obe'raːto] *agg* **1.** (*di debiti*) überschuldet **2.** (*fig: sovraccarico*) überladen

obesità [obezi'ta] <-> *f* Fettsucht *f;* **obeso, -a** [o'bɛːzo] **I.** *agg* fettleibig **II.** *m, f* fettleibige Person

obiettare [obiet'taːre] *vt* einwenden

obiettività [obiettivi'ta] <-> *f* Objektivität *f;* **obiettivo** [obiet'tiːvo] *m* **1.** (FOTO) Objektiv *n* **2.** (*scopo*) Ziel *n*

obiettivo, -a *agg* objektiv; (*giudizio*) sachlich

obiettore, -trice [obiet'toːre] *m, f* ~ **di coscienza** Wehrdienstverweigerer *m;* **obiezione** [obiet'tsioːne] *f* Einwand *m;* ~ **di coscienza** Wehrdienstverweigerung *f*

obitorio [obi'tɔːrio] <-i> *m* Leichenschauhaus *n*

oblazione [oblat'tsioːne] *f* Spende *f*

oblio [o'bliːo] <-ii> *m* (*poet*) Vergessenheit *f*

obliquità [oblikui'ta] <-> *f* Schräge *f;* **obliquo, -a** [ob'liːkuo] *agg* **1.** (*sghembo*) schief **2.** (LING) abhängig

obliterare [oblite'raːre] *vt* entwerten; **obliteratrice** [oblitera'triːtʃe] *f* Entwerter *m*

oblò [o'blɔ] <-> *m* Bullauge *n*

oboe ['ɔːboe] *m* Oboe *f*

obsoleto, -a [obso'lɛːto] *agg* veraltet

oca ['ɔːka] <oche> *f* Gans *f;* **pelle d'**~ (*fig*) Gänsehaut *f;* **gioco dell'**~ *ein Würfelspiel*

ocarina [oka'riːna] *f* Okarina *f*

occasionale [okkazio'naːle] *agg* Gelegenheits-; **incontro** ~ Zufallsbekanntschaft *f;* **occasione** [okka'zioːne] *f* **1.** (*opportunità*) Gelegenheit *f;* **cogliere l'**~ die Gelegenheit nutzen **2.** (COM) Angebot *n;* **auto d'**~ Gebrauchtwagen *m* **3.** (*circostanza*) Gelegenheit *f;* **per l'**~ aus diesem Anlass; **l'**~ **fa l'uomo ladro** (*prov*) Gelegenheit macht Diebe

occhi *pl di* **occhio**

occhiaccio [ok'kiattʃo] <-cci> *m* **far gli -cci a qu** jdn böse anblicken; **occhiaia** [ok'kiaːia] <-aie> *f* (Augen)ringe *mpl*

occhiali [ok'kiaːli] *mpl* Brille *f;* ~ **da sole** Sonnenbrille *f;* **occhialuto, -a** [okkia'luːto] **I.** *agg* bebrillt **II.** *m, f* Brillenträger(in) *m(f)*

occhiata [ok'kiaːta] *f* (kurzer) Blick *m;* **dare un'**~ **a qc** einen (kurzen) Blick auf etw *acc* werfen; **dare un'**~ **al giornale** einen Blick in die Zeitung werfen; **dare un'**~ **ai bambini** ein Auge auf die Kinder haben; **lanciare un'**~ **a qu** jdm einen Blick zuwerfen

occhiello [ok'kiɛllo] *m* Knopfloch *n*

occhio ['ɔkkio] <-chi> *m* Auge *n;* **uova all'**~ **di bue** Spiegeleier *npl;* **colpo d'**~ (kurzer) Blick *m;* **chiudere un** ~ (*fig*) ein Auge zudrücken; **costare un** ~ **della testa** ein Vermögen kosten; **non credere ai propri occhi** seinen Augen nicht trauen; **dare nell'** ~ ins Auge fallen; **non levar gli occhi di dosso a qu** jdn nicht aus den Augen lassen; **mettere gli occhi addosso a qu** ein Auge auf jdn werfen; **non perdere d'**~ nicht aus den Augen verlieren; **vedere di buon** ~ **qu** jdm wohl gesonnen sein; **a** ~ schätzungsweise, ungefähr; **come un pugno in un** ~ wie die Faust aufs Auge; ~ **per** ~**, dente per dente** Auge um Auge, Zahn um Zahn; **avere buon** ~ ein Auge für etw haben; **occhiolino** [okkio'liːno] *m* **fare l'**~ **a qu** jdm zuzwinkern; **fare l'**~ **a qc** mit etw liebäugeln

occidentale [ottʃiden'taːle] *agg* West-; **occidente** [ottʃi'dɛnte] *m* Westen *m;* (*civiltà*) Abendland *n*

occipite [ot'tʃiːpite] *m* Hinterkopf *m*

occludere [ok'kluːdere] <occludo, occlusi, occluso> *vt* verschließen; **occlusione** [okklu'zioːne] *f* (MED, LING) Verschluss *m;* **occlusivo, -a** [okklu'ziːvo] *agg* verschließend; **occluso** [ok'kluːzo] *pp di* **occludere**

occorrente [okkor'rɛnte] **I.** *agg* erforderlich **II.** *m* Notwendige(s) *n;* **occorrenza** [okkor'rɛntsa] *f* (*necessità*) Bedarf *m;* **all'**~ bei Bedarf; **occorrere** [ok'korrere] <irr> *vi* **1.** (*essere necessario*) erforderlich sein; **mi occorre …** ich brauche … **2.** (*impersonale*) nötig sein

occultare [okkul'taːre] *vt* verbergen; **occultismo** [okkul'tizmo] *m* Okkultismus *m;* **occulto, -a** [ok'kulto] *agg* okkult; **scienze -e** Okkultismus *m*

O

occupabile [okku'pa:bile] *agg* besetzbar; **occupante** [okku'pante] **I.** *agg* Besatzungs-; **esercito** ~ Besatzungsarmee *f* **II.** *mf* (*di veicolo*) Insasse *m,* Insassin *f*

occupare [okku'pa:re] **I.** *vt* **1.** (*luogo*) besetzen **2.** (*appartamento*) beziehen **3.** (*carica*) bekleiden **II.** *vr* **-rsi 1.** (*interessarsi*) **-rsi di qc** sich mit etw beschäftigen **2.** (*prendersi cura*) **-rsi di qu** sich um jdn kümmern; **occupato, -a** [okku'pa:to] *agg* **1.** (*posto*) besetzt **2.** (*affaccendato*) beschäftigt **3.** (*impiegato*) angestellt; **occupazione** [okkupat'tsio:ne] *f* **1.** (*presa di possesso*) Besetzung *f* **2.** (*impiego*) Beschäftigung *f;* **piena** ~ Vollbeschäftigung *f*

oceanico, -a [otʃe'a:niko] <-ci, -che> *agg* ozeanisch; **oceano** [o'tʃɛ:ano] *m* Ozean *m*

oche *pl di* **oca**

OCSE *f acro di* **Organizzazione per la Collaborazione e lo Sviluppo Economico** OECD *f*

oculare [oku'la:re] *agg* Aug(en)-; **testimone** ~ Augenzeuge *m,* -zeugin *f*

oculista [oku'lista] <-i *m,* -e *f*> *mf* Augenarzt *m,* -ärztin *f;* **oculistica** [oku'listika] *f* Augenheilkunde *f;* **oculistico, -a** [oku'listiko] <-ci, -che> *agg* augenärztlich

od [od] *cong* = **o** *davanti a vocale*

ode ['ɔ:de] *f* Ode *f*

odiare [o'dia:re] *vt* hassen

odierno, -a [o'diɛrno] *agg* heutig

odio ['ɔ:dio] <-i> *m* Hass *m;* **avere in** ~ **qu** jdn hassen; **odioso, -a** [o'dio:so] *agg* verhasst

odissea [odis'sɛ:a] *f* Odyssee *f*

odo ['ɔ:do] *1. pers sing pr di* **udire**

odontalgia [odontal'dʒi:a] <-gie> *f* Zahnschmerz(en *pl*) *m*

odontoiatra [odonto'ia:tra] <-i *m,* -e *f*> *mf* Zahnarzt *m,* -ärztin *f;* **odontoiatria** [odontoia'tri:a] <-ie> *f* Zahnmedizin *f;* **odontoiatrico, -a** [odonto'ia:triko] <-ci, -che> *agg* zahnärztlich

odontotecnica [odonto'tɛknika] *f* Zahntechnik *f;* **odontotecnico, -a** [odonto'tɛkniko] <-ci, -che> **I.** *agg* zahntechnisch **II.** *m, f* Zahntechniker(in) *m(f)*

odorare [odo'ra:re] *vi* ~ **di qc** nach etw riechen; **odorato** [odo'ra:to] *m* Geruch(ssinn) *m;* **odore** [o'do:re] *m* **1.** Geruch *m;* **sento ~ di ...** es riecht hier nach ... **2.** *pl* (GASTR) Gewürzkräuter *npl*

offendere [of'fɛndere] <offendo, offesi, offeso> **I.** *vt* **1.** (*fig: persona*) beleidigen **2.** (*violare*) verletzen **II.** *vr* **-rsi** beleidigt sein

offensiva [offen'si:va] *f* Offensive *f;* **offensivo, -a** [offen'si:vo] *agg* beleidigend

offerente [offe'rɛnte] *mf* Bieter(in) *m(f);* **aggiudicare qc al migliore** ~ etw dem Meistbietenden zuschlagen

offersi [of'fɛrsi] *1. pers sing pass rem di* **offrire**

offerta [of'fɛrta] *f* **1.** (*obolo*) Spende *f* **2.** (*proposta*) Angebot *n;* ~ **di lavoro** Stellenangebot *n* **3.** (COM) Angebot *n;* ~ **speciale** Sonderangebot *n*

offerto [of'fɛrto] *pp di* **offrire**

offertorio [offer'tɔ:rio] <-i> *m* Offertorium *n*

offesa [of'fe:sa] *f* (*fig*) Beleidigung *f;* ~ **al pudore** Verletzung *f* des Schamgefühls

offesi [of'fe:si] *1. pers sing pass rem di* **offendere**

offeso, -a [of'fe:so] *pp di* **offendere**

officina [offi'tʃi:na] *f* Werkstatt *f*

officinale [offitʃi'na:le] *agg* Arznei-

off line ['ɔ:f lain] <inv> *agg* (INFORM) offline

offrire [of'fri:re] <offro, offersi, offerto> **I.** *vt* **1.** (*mettere a disposizione*) anbieten **2.** (*fam: pagare*) zahlen; **oggi offre lui il pranzo** er zahlt heute das Mittagessen **II.** *vr* **-rsi** sich anbieten

offuscamento [offuska'mento] *m* Verdunk(e)lung *f;* **offuscare** [offus'ka:re] *vt* verdunkeln

oftalmico, -a [of'talmiko] <-ci, -che> *agg* Augen-

oggettistica [oddʒet'tistika] <-che> *f* Haushaltsartikel *mpl*

oggettivare [oddʒetti'va:re] *vt* objektivieren; **oggettività** [oddʒettivi'ta] <-> *f* Objektivität *f;* **giudicare con** ~ objektiv urteilen; **oggettivo, -a** [oddʒet'ti:vo] *agg* objektiv

oggetto [od'dʒɛtto] *m* **1.** (*unità materiale*) Gegenstand *m* **2.** (*argomento*) Gegenstand *m;* ~ **del discorso** Gesprächsgegenstand *m* **3.** (PHILOS) Objekt *n* **4.** (LING: *complemento* ~) Akkusativobjekt *n* **5.** (ADM) Betreff *m*

oggi ['ɔddʒi] **I.** *avv* heute; ~ **stesso** heute noch; ~ **a otto** heute in acht Tagen **II.** *m* Heute *n;* **al giorno d'**~ heutzutage; **dall'**~ **al domani** von heute auf morgen; **oggigiorno** [oddʒi'dʒorno] *avv* heutzutage

ogiva [o'dʒiːva] *f* (ARCH) Spitzbogen *m*
ogni ['oɲɲi] <inv, solo al sing> *agg* jede(r, s); **uno ~ dieci** jeder Zehnte; **~ tre giorni** alle drei Tage; **~ tanto** hin und wieder; **~ momento** andauernd; **ad ~ modo** jedenfalls; **in ~ caso** in jedem Fall; **in ~ luogo** überall; **in ~ modo** auf jeden Fall, auf alle Fälle
Ognissanti [oɲɲis'santi] <-> *m* Allerheiligen *n*
ognuno, **-a** [oɲ'ɲuːno] <*sing*> *pron indef* jedermann, (ein) jeder, (eine) jede, (ein) jedes
ohimè [oi'mɛ] *int* weh mir *geh*
Olanda [o'landa] *f* Holland *n*
olandese[1] [olan'deːse] <*sing*> *m* (*lingua*) Holländisch *n*
olandese[2] **I.** *agg* holländisch; **zoccoli -i** Holzschuhe *mpl* **II.** *mf* Holländer(in) *m(f)*
oleandro [ole'andro] *m* Oleander *m*
oleato, **-a** [ole'aːto] *agg* **carta -a** Ölpapier *n;* **oleico**, **-a** [o'lɛːiko] <-ci, -che> *agg* **acido ~** Ölsäure *f*
oleificio [olei'fiːtʃo] <-ci> *m* Ölfabrik *f*
oleodotto [oleo'dotto] *m* Pipeline *f*
oleoso, **-a** [ole'oːso] *agg* ölhaltig
olfattivo, **-a** [olfat'tiːvo] *agg* den Geruchssinn betreffend; **olfatto** [ol'fatto] *m* Geruch(ssinn) *m*
oliare [o'liaːre] *vt* ölen
oliera [o'liɛːra] *f* Menage *f*
oligarchia [oligar'kiːa] <-chie> *f* Oligarchie *f*
olimpiade [olim'piːade] *f* Olympiade *f;* **olimpico**, **-a** [o'limpiko] <-ci, -che> *agg* olympisch; **olimpionico**, **-a** [olim'piɔːniko] <-ci, -che> **I.** *agg* **campione ~** Olympionike *m* **II.** *m, f* Olympionike *m,* Olympionikin *f*
olimpo [o'limpo] *m* Olymp *m*
olio ['ɔːlio] <-i> *m* Öl *n;* **~ di oliva/di semi/di ricino** Oliven-/Keim-/Rizinusöl *n;* **~ abbronzante** Sonnenöl *n;* **~ combustibile** Heizöl *n;* **~ essenziale** ätherisches Öl; **quadro ad ~** Ölbild *n;* **andare liscio come l'~** glatt laufen; **estendersi a macchia d'~** sich zusehends ausbreiten; **sott'~** (GASTR) in Öl eingelegt
oliva [o'liːva] *f* Olive *f;* **oliveto** [oli'veːto] *m* Olivenhain *m;* **olivicoltore**, **-trice** [olivikol'toːre] *m, f* Olivenbauer *m,* -bäu(e)rin *f;* **olivicoltura** [olivikol'tuːra] *f* Olivenanbau *m;* **olivo** [o'liːvo] *m* **1.** (BOT) Olivenbaum *m* **2.** (*simbolo di pace*) Ölzweig *m*
olmo ['olmo] *m* Ulme *f*
olocausto [olo'kaːusto] *m* (HIST) Holocaust *m*
O.L.P. [ɔlp] *m abbr di* **Organizzazione per la Liberazione della Palestina** PLO *f*
oltraggiare [oltrad'dʒaːre] *vt* (schwer) beleidigen; **oltraggio** [ol'traddʒo] <-ggi> *m* (schwere) Beleidigung *f;* **~ a pubblico ufficiale** Beamtenbeleidigung *f;* **oltraggioso**, **-a** [oltrad'dʒoːso] *agg* beleidigend
oltralpe [ol'tralpe] **I.** *avv* jenseits der Alpen (*von Italien aus gesehen*) **II.** *m* Länder *n pl* jenseits der Alpen
oltranza [ol'trantsa] *f* **a ~** bis zum Äußersten; **oltranzismo** [oltran'tsizmo] *m* Extremismus *m;* **oltranzista** [oltran'tsista] <-i *m*, -e *f*> *mf* Extremist(in) *m(f)*
oltre ['oltre] **I.** *avv* **1.** (*di tempo*) länger **2.** (*di luogo*) weiter; **andare ~** weitergehen; **andare troppo ~** (*fig*) zu weit gehen **II.** *prp* **1.** (*dall'altra parte di*) jenseits +*gen* **2.** (*in più*) neben +*dat;* **~ a** außer +*dat;* **oltremanica** [oltre'maːnika] <*sing*> *m* (GEOG) Gebiet *n* jenseits des Ärmelkanals; (*spec. la Gran Bretagna*) Großbritannien *n;* **oltremare** [oltre'maːre] *avv* (*stato*) in Übersee; **oltremisura** [oltremi'zuːra] *avv* überaus; **oltremodo** [oltre'mɔːdo] *avv* höchst; **oltreoceano** [oltre'tʃɛːano] <*sing*> *m* **d'~** aus Übersee; **oltrepassare** [oltrepas'saːre] *vt* (*a fig*) überschreiten; **oltretomba** [oltre'tomba] <-> *m* Jenseits *n;* **voce d'~** Grabesstimme *f*
omaggio[1] [o'maddʒo] <-ggi> *m* **1.** (*regalo*) (Werbe)geschenk *n;* **libro in ~** Freiexemplar *n* **2.** (*fig*) Huldigung *f;* **rendere ~ a qu** jdm huldigen; **Le porgo i miei -ggi** meine Empfehlung
omaggio[2] <inv> *agg* **confezione ~** Werbegeschenk *n*
ombelicale [ombeli'kaːle] *agg* Nabel-; **cordone ~** Nabelschnur *f;* **ombelico** [ombe'liːko] <-chi> *m* (Bauch)nabel *m*
ombra ['ombra] *f* **1.** (*gener*) Schatten *m;* **all'~ di** im Schatten von; **aver paura della propria ~** sich vor seinem eigenen Schatten fürchten; **restare nell'~** (*fig*) im Dunkeln bleiben **2.** (*fig: parvenza*) Anschein *m;* **senz'~ di dubbio** zweifellos
ombrellaio, **-a** [ombrel'laːio] <-ai, -aie>

O

m, f Schirmmacher(in) *m(f)*

ombrello [om'brɛllo] *m* Schirm *m;* ~ **pieghevole** Knirps *m;* **ombrellone** [ombrel'lo:ne] *m* (großer) Sonnenschirm *m*

ombretto [om'bretto] *m* Lidschatten *m;* **ombroso, -a** [om'bro:so] *agg* schattig

omega [o'mɛ:ga] <-> *m* Omega *n;* **dall'alfa all'**~ von A bis Z

omelette [ɔm'lɛt] <-> *f* Omelett *n*

omelia [ome'li:a] <-ie> *f* (REL) Homilie *f*

omeopatia [omeopa'ti:a] <-ie> *f* Homöopathie *f;* **omeopatico, -a** [omeo'pa:tiko] <-ci, -che> **I.** *agg* homöopathisch **II.** *m, f* Homöopath(in) *m(f)*

omero ['ɔ:mero] *m* (ANAT) Oberarmknochen *m*

omertà [omer'ta] <-> *f* Schweigepflicht *f*

omettere [o'mettere] <irr> *vt* weglassen

omicida [omi'tʃi:da] <-i *m,* -e *f*> **I.** *agg* Mörder- **II.** *mf* Mörder(in) *m(f);* **omicidio** [omi'tʃi:dio] <-i> *m* Mord *m;* ~ **colposo** fahrlässige Tötung; ~ **doloso** Totschlag *m;* ~ **premeditato** heimtückischer Mord; ~ **volontario** vorsätzliche Tötung

omisi *1. pers sing pass rem di* **omettere**

omissibile [omis'si:bile] *agg* weglassbar; **omissione** [omis'sio:ne] *f* Auslassung *f;* ~ **di soccorso** unterlassene Hilfeleistung

omofonia [omofo'ni:a] <-ie> *f* (MUS) Homophonie *f*

omofono [o'mɔ:fono] *m* (LING) Homophon *n*

omofono, -a *agg* (MUS, LING) homophon

omogeneità [omodʒenei'ta] <-> *f* Homogenität *f*

omogeneizzare [omodʒeneid'dza:re] *vt* homogenisieren; **omogeneizzati** [omodʒeneid'dza:ti] *mpl* (Kinder)fertignahrung *f;* **omogeneizzato, -a** [omodʒeneid'dza:to] *agg* homogenisiert

omogeneo, -a [omo'dʒɛ:neo] *agg* homogen

omografia [omogra'fi:a] *f* Homographie *f*

omografo [o'mɔ:grafo] *m* (LING) Homograph *n*

omografo, -a *agg* (LING) homographisch

omologazione [omologat'tsio:ne] *f* Genehmigung *f*

omologia [omolo'dʒi:a] <-gie> *f* Homologie *f;* **omologo, -a** [o'mɔ:logo] <-ghi, -ghe> *agg* homolog

omonimia [omoni'mi:a] <-ie> *f* **1.** (*uguaglianza di nome*) Gleichnamigkeit *f* **2.** (LING) Homonymie *f*

omonimo [o'mɔ:nimo] *m* (LING) Homonym *n*

omonimo, -a *agg* (LING) homonym

omosessuale [omosessu'a:le] **I.** *agg* homosexuell **II.** *mf* Homosexuelle(r) *f(m)*

onanismo [ona'nizmo] *m* Onanie *f*

oncia ['ontʃa] <-ce> *f* Unze *f*

onda ['onda] *f* **1.** (*del mare*) Welle *f;* **essere sulla cresta dell'**~ (*fig*) auf dem Gipfel des Erfolgs sein **2.** (PHYS) **-e corte/lunghe/medie** Kurz-/Lang-/Mittelwelle *f;* **mandare in** ~ (TV) ausstrahlen; **ondata** [on'da:ta] *f* Sturzwelle *f;* ~ **di caldo** Hitzewelle *f*

ondeggiamento [ondeddʒa'mento] *m* (*a fig*) Schwanken *n;* **ondeggiare** [onded'dʒa:re] *vi* (*a fig*) schwanken

ondoso, -a [on'do:so] *agg* (*mare*) bewegt

ondulante [ondu'lante] *agg* schwankend; **ondulato, -a** [ondu'la:to] *agg* wellig; **ondulatorio, -a** [ondula'tɔ:rio] <-i, -ie> *agg* wellenförmig

onere ['ɔ:nere] *m* Last *f;* ~ **fiscale** (JUR) Belastung *f;* **oneroso, -a** [one'ro:so] *agg* belastend

onestà [ones'ta] <-> *f* **1.** (*rettitudine*) Ehrlichkeit *f* **2.** (*comportamento virtuoso*) Ehrenhaftigkeit *f;* **onestamente** [onesta'mente] *avv* ehrlich; **onesto, -a** [o'nɛsto] *agg* ehrlich

onice ['ɔ:nitʃe] *m* Onyx *m*

onirico, -a [o'ni:riko] <-ci, -che> *agg* Traum-

on line ['ɔ:n'lain] <inv> *agg* (INFORM: *in linea*) online; **servizio** ~ Online-Dienst *m*

onni- [onni] (*in parole composte*) All(es)-

onnicomprensivo, -a [onnikompren'si:vo] *agg* allumfassend

onnipotente [onnipo'tɛnte] *agg* allmächtig; **onnipotenza** [onnipo'tɛntsa] *f* Allmacht *f*

onnipresente [onnipre'zɛnte] *agg* allgegenwärtig *geh*

onnisciente [onniʃ'ʃɛnte] *agg* allwissend

onniveggenza [onnived'dʒɛntsa] *f* *Fähigkeit alles zu sehen*

onnivoro [on'ni:voro] *m* Allesfresser *m*

onnivoro, -a *agg* allesfressend

onomastica [ono'mastika] <-che> *f* Namenkunde *f*

onomastico [ono'mastiko] *m* (*festa*) Namenstag *m*

onomatopea [onomato'pɛːa] <-ee> *f* (LING) Onomatopöie *f;* **onomatopeico, -a** [onomato'pɛːiko] <-ci, -che> *agg* (LING) lautmalend

onorabilità [onorabili'ta] <-> *f* Ehrbarkeit *f;* **onoranze** [ono'rantse] *fpl* Ehrenerweisungen *fpl*

onorare [ono'raːre] *vt* ehren

onorario [ono'raːrio] *m* Honorar *n*

onorario, -a <-i, -ie> *agg* Ehren-

onorato, -a [ono'raːto] *agg* **1.** (*stimato*) angesehen **2.** (*onorevole*) ehrenwert; **molto ~ di fare la Sua conoscenza** es ist mir eine Ehre, Ihre Bekanntschaft zu machen

onore [o'noːre] *m* Ehre *f;* **parola d'~** Ehrenwort *n;* **farsi ~ in qc** mit etw Ehre einlegen; **in ~ di** zu Ehren von; **damigella d'~** Brautjungfer *f;* **ho l'~ di presentarLe ...** ich habe die Ehre, Ihnen ... vorzustellen; **Vostro Onore** Euer Ehren; **onorevole** [ono'reːvole] *mf* Abgeordnete(r) *f(m)* des Parlaments; **onorificenza** [onorifi'tʃɛntsa] *f* Ehrentitel *m;* **onorifico, -a** [ono'riːfiko] <-ci, -che> *agg* Ehren-

onta ['onta] *f* Schande *f*

on the rocks [ɔn ðə 'rɔks] <inv> *agg* on the rocks

ontologia [ontolo'dʒiːa] <-gie> *f* Ontologie *f;* **ontologico, -a** [onto'lɔːdʒiko] *agg* ontologisch

O.N.U. ['ɔːnu] *f abbr di* **Organizzazione delle Nazioni Unite** UNO *f*

opacità [opatʃi'ta] <-> *f* Dumpfheit *f;* **opaco, -a** [o'paːko] <-chi, -che> *agg* matt

opalina [opa'liːna] *f* Opalglas *n*

op. cit. *abbr di* **opera citata** op. cit.

opera ['ɔːpera] *f* **1.** (*azione*) Arbeit *f;* (*prodotto*) Werk *n;* **mettersi all'~** sich ans Werk machen; **è ~ sua** (*a fig, iron*) das ist sein [*o* ihr] Werk **2.** (LIT) Werk *n;* **~ d'arte** Kunstwerk *n;* **~ omnia** Gesamtwerk *n* **3.** (MUS) Oper *f;* **~ buffa/lirica/seria** Opera buffa *f*/Oper *f*/Opera seria *f*

operabile [ope'raːbile] *agg* operierbar

operaio, -a [ope'raːio] <-ai, -aie> **I.** *agg* Arbeiter-; **classe -a** Arbeiterklasse *f* **II.** *m, f* Arbeiter(in) *m(f);* **~ qualificato** gelernter Arbeiter; **~ specializzato** Facharbeiter *m*

operante [ope'rante] *agg* wirksam

operare [ope'raːre] **I.** *vt* **1.** (*fare*) bewirken **2.** (MED) operieren **II.** *vr* **-rsi** (MED) sich operieren lassen; **operativo, -a** [opera'tiːvo] *agg* operativ

operato [ope'raːto] *m* Werk *n*

operato, -a *agg* (MED) operiert

operatore, -trice [opera'toːre] *m, f* Arbeiter(in) *m(f);* **~ sociale** Sozialarbeiter *m;* **~ di borsa** Börsenmakler *m;* **~ economico** Wirtschaftsmakler *m;* **operatorio, -a** [opera'tɔːrio] <-i, -ie> *agg* Operations-; **operazione** [operat'tsioːne] *f* **1.** (MED, MIL, MAT) Operation *f* **2.** (*azione*) Aktion *f* **3.** (COM) Transaktion *f*

operetta [ope'retta] *f* Operette *f*

operistico, -a [ope'ristiko] <-ci, -che> *agg* Opern-

operosità [operosi'ta] <-> *f* Arbeitsamkeit *f;* **operoso, -a** [ope'roːso] *agg* arbeitsam

opificio [opi'fiːtʃo] <-ci> *m* Fabrik *f*

opinare [opi'naːre] *vt, vi* meinen

opinione [opi'nioːne] *f* Meinung *f;* **questione di -i** Ansichtssache *f;* **manifestare un'~** eine Meinung äußern; **~ pubblica** öffentliche Meinung; **condividere l'~ di qu** jds Meinung teilen

opinion maker [ə'pinjən 'meikə] <-> *mf* Meinungsmacher(in) *m(f)*

oppio ['ɔppio] <-i> *m* Opium *n*

opponente [oppo'nɛnte] *mf* Widersacher(in) *m(f);* **opponibile** [oppo'niːbile] *agg* einwendbar

opporre [op'porre] <irr> **I.** *vt* entgegenhalten; **non aver nulla da ~ contro qu/qc** gegen jdn/etw nichts einzuwenden haben; **~ resistenza** Widerstand leisten **II.** *vr* **-rsi a qu/qc** sich jdm/etw widersetzen; **mi oppongo!** (JUR) (ich erhebe) Einspruch!

opportunismo [opportu'nizmo] *m* Opportunismus *m;* **opportunista** [opportu'nista] <-i *m*, -e *f*> *mf* Opportunist(in) *m(f)*

opportunità [opportuni'ta] <-> *f* (günstige) Gelegenheit *f;* **opportuno, -a** [oppor'tuːno] *agg* zweckmäßig; (*visita*) gelegen

opposi *1. pers sing pass rem di* **opporre**

oppositivo, -a [oppozi'tiːvo] *agg* oppositiv

oppositore, -trice [oppozi'toːre] *m, f* Gegner(in) *m(f);* **opposizione** [oppozit'tsioːne] *f* **1.** (*resistenza*) Widerstand *m;* **muovere ~ a qc** sich etw *dat* widersetzen **2.** (POL) Opposition *f;* **capo dell'~** Oppositi-

O

onsführer *m*

opposto [op'posto] *m* Gegenteil *n;* **all'~** im Gegenteil

opposto, **-a** *agg* gegenüberliegend

oppressi [op'prɛssi] *1. pers sing pass rem di* **opprimere**

oppressione [oppres'sio:ne] *f* Unterdrückung *f;* **oppresso**, **-a** [op'prɛsso] *pp di* **opprimere**; **oppressore** [oppres'so:re] *m* Unterdrücker *m*

opprimente [oppri'mɛnte] *agg* (*caldo*) unerträglich; **opprimere** [op'pri:mere] <opprimo, oppressi, oppresso> *vt* unterdrücken

oppure [op'pu:re] *cong* **1.** (*o*) oder **2.** (*altrimenti*) sonst

optare [op'ta:re] *vi* ~ **per qc** sich für etw entscheiden

optional(**s**) ['ɔpʃənəl(s)] *mpl* Sonderausstattung *f*

opulento, **-a** [opu'lɛnto] *agg* üppig; **opulenza** [opu'lɛntsa] *f* Üppigkeit *f*

opuscolo [o'puskolo] *m* Heft *n*

opzionale [optsio'na:le] *agg* wahlfrei; **opzione** [op'tsio:ne] *f* Option *f*

ora[1] ['o:ra] *avv* (*adesso*) jetzt; **d'~ in avanti** von jetzt an; **prima d'~** zuvor; **or ~** soeben; **~ come ~** unter diesen Umständen

ora[2] *f* **1.** (*unità, spazio*) Stunde *f;* **a -e** stundenweise; **all'~** in der Stunde; **correre a cento all'~** mit hundert Stundenkilometern fahren; **di buon'~** früh(morgens); **è ~ di partire** es wird Zeit abzureisen; **era ~!** es wurde aber auch Zeit!; **non veder l'~ di ...** *+inf* es kaum erwarten können zu ... *+inf;* **-e libere** Freizeit *f;* **~ di punta** Hauptverkehrszeit *f;* **~ straordinaria** Überstunde *f;* **per -e e -e** stundenlang; **tra mezz'~** in einer halben Stunde **2.** (*nelle indicazioni temporali*) Uhr *f;* **che ~ è? – è l'una** wieviel Uhr ist es? – es ist ein Uhr

oracolo [o'ra:kolo] *m* Orakel *n*

orafo, **-a** ['ɔ:rafo] *m, f* Goldschmied(in) *m(f)*

orale [o'ra:le] **I.** *agg* oral **II.** *m* mündliche Prüfung

oramai [ora'ma:i] *avv v.* **ormai**

orario [o'ra:rio] <-i> *m* Zeitplan *m;* (FERR) Fahrplan *m;* **in ~** pünktlich; **~ degli arrivi/delle partenze** Ankunfts-/Abfahrtszeiten *fpl;* **~ d'apertura/di chiusura dei negozi** Ladenöffnungs-/Ladenschlusszeiten *fpl;* **~ di lavoro/delle visite** Arbeits-/Besuchszeit *f;* **~ continuato/flessibile** durchgehende/gleitende Arbeitszeit

orario, **-a** <-i, -ie> *agg* Stunden-; **disco ~** Parkscheibe *f;* **fuso ~** Zeitzone *f*

orata [o'ra:ta] *f* Goldbrasse *f*

oratore, **-trice** [ora'to:re] *m, f* Redner(in) *m(f)*

orbita ['ɔrbita] *f* **1.** (PHYS) Bahn *f* **2.** (ASTR) Orbit *m;* **con gli occhi fuori delle -e** mit weit aufgerissenen Augen; **orbitare** [orbi'ta:re] *vi* (*a fig*) kreisen; **~ intorno alla terra** die Erde umkreisen; **~ intorno a qu** (*fig*) in jds Dunstkreis sein

orbo, **-a** ['ɔrbo] **I.** *agg* blind **II.** *m, f* Blinde(r) *f(m)*

orca ['ɔrka] <-che> *f* Schwertwal *m*

orchestra [or'kɛstra] *f* Orchester *n;* **orchestrale** [orkes'tra:le] *agg* Orchester-

orchidea [orki'dɛ:a] *f* Orchidee *f*

orco ['ɔrko] <-chi> *m* Orkus *m*

ordigno [or'diɲɲo] *m* Gerät *n*

ordinale [ordi'na:le] **I.** *agg* Ordinal- **II.** *m* Ordnungszahl *f;* **ordinamento** [ordina'mento] *m* Ordnung *f;* **ordinanza** [ordi'nantsa] *f* (ADM) Verordnung *f*

ordinare [ordi'na:re] *vt* **1.** (*mettere in ordine*) aufräumen **2.** (*comandare*) befehlen **3.** (*prescrivere*) verschreiben **4.** (COM) bestellen

ordinario [ordi'na:rio] <-i> *m* **1.** (*consuetudine*) Übliche(s) *n* **2.** (*professore di ruolo*) Ordinarius *m*

ordinario, **-a** <-i, -ie> *agg* (*consueto*) üblich; **tariffa -a** Normalpreis *m*

ordinato, **-a** [ordi'na:to] *agg* ordentlich; **ordinatore**, **-trice** [ordina'to:re] **I.** *agg* Ordnungs- **II.** *m, f* Ordner(in) *m(f);* **ordinazione** [ordinat'tsio:ne] *f* (COM) Bestellung *f*

ordine ['ordine] *m* **1.** (*struttura*) Ordnung *f;* **mettere in ~** aufräumen; **richiamare qu all'~** jdn zur Ordnung rufen; **con ~** geordnet; **per ~ di merito** leistungsgerecht **2.** (*categoria*) Kategorie *f;* **di prim'~** erstklassig; **di terz'~** drittklassig; **questioni d'~ pratico** Angelegenheiten *fpl* praktischer Art **3.** (*cavalleresco*) Orden *m;* **~ del giorno** Tagesordnung *f;* **parola d'~** Kennwort *n*

ordire [or'di:re] <ordisco> *vt* **1.** (*abbozzare*) konzipieren **2.** (*fig: tramare*) anzetteln; **ordito** [or'di:to] *m* **1.** (TEC) Kette *f* **2.** (*fig:*

trama) (Handlungs)gerüst *n* **3.** (*fig*) Gewebe *n*

orecchia [o'rekkia] <-cchie> *f* Ohr *n; v. a.* **orecchio**; **orecchiabile** [orek'kia:bile] *agg* ins Ohr gehend, eingängig; **orecchino** [orek'ki:no] *m* Ohrring *m*

orecchio [o'rekkio] <-cchi *m*, -cchie *f*> *m* Ohr *n;* **entrare da un ~ e uscire dall'altro** zum einen Ohr hinein- und zum anderen wieder hinausgehen *fam;* **fare -cchie da mercante** sich taub stellen; **mettere una pulce nell'~ a qu** jdm einen Floh ins Ohr setzen; **stare con l'~ teso** die Ohren spitzen *fam;* **tirare gli -cchi a qu** jdm die Ohren langziehen *fam;* **essere duro d'orecchi** (*a fig*) schwerhörig sein; **da questo ~ non ci sento** (*fig*) auf diesem Ohr bin ich taub *fam;* **aprir bene gli -cchi** die Ohren aufsperren *fam;* **cantare a ~** nach Gehör singen

orecchioni [orek'kio:ni] *mpl* (*fam*) Mumps *m*

orefice [o're:fitʃe] *mf* Goldschmied(in) *m(f);* (*negoziante*) Juwelier(in) *m(f);* **oreficeria** [orefitʃe'ri:a] <-ie> *f* Juwelierladen *m*

orfano, **-a** ['ɔrfano] **I.** *agg* Waisen- **II.** *m, f* Waisenkind *n;* **orfanotrofio** [orfano'trɔ:fio] <-i> *m* Waisenhaus *n*

organicità [organitʃi'ta] <-> *f* organischer Aufbau

organico [or'ga:niko] <-ci> *m* (ADM: *personale*) Personal *n*

organico, **-a** <-ci, -che> *agg* organisch

organigramma [organi'gramma] <-i> *m* (ADM) Organigramm *n*

organismo [orga'nizmo] *m* Organismus *m*

organista [orga'nista] <-i *m*, -e *f*> *mf* Organist(in) *m(f)*

organizzare [organid'dza:re] **I.** *vt* organisieren **II.** *vr* **-rsi** sich organisieren; **organizzativo**, **-a** [organiddza'ti:vo] *agg* organisatorisch; **organizzato**, **-a** [organid'dza:to] *agg* organisiert; **organizzatore**, **-trice** [organiddza'to:re] *m, f* (*di spettacolo*) Veranstalter(in) *m(f);* **organizzazione** [organiddzat'tsio:ne] *f* **1.** Organisation *f;* (*di festa*) Veranstaltung *f* **2.** (*associazione*) Organisation *f*

organo ['ɔrgano] *m* **1.** (ANAT) Organ *n* **2.** (TEC) Teil *m* **3.** (MUS) Orgel *f* **4.** (ADM: *giornale*) Organ *n*

orgasmo [or'gazmo] *m* Orgasmus *m*

orgia ['ɔrdʒa] <-ge> *f* Orgie *f*

orgoglio [or'goʎʎo] <-gli> *m* Stolz *m;* **orgoglioso**, **-a** [orgoʎ'ʎo:so] *agg* stolz; **essere ~ di qu/qc** auf jdn/etw stolz sein

orientale [orien'ta:le] **I.** *agg* Ost-; **tappeto ~** Orientteppich *m* **II.** *mf* Orientale *m,* Orientalin *f;* **orientalista** [orienta'lista] <-i *m*, -e *f*> *mf* Orientalist(in) *m(f)*

orientamento [orienta'mento] *m* Orientierung *f*

orientare [orien'ta:re] **I.** *vt* (*disporre*) **~ qc a sud/nord/verso l'alto** etw nach Süden/Norden/oben richten **II.** *vr* **-rsi** (*orizzontarsi*) sich orientieren; **orientativo**, **-a** [orienta'ti:vo] *agg* Orientierungs-

oriente [o'riɛnte] *m* Osten *m;* **l'Estremo/Medio/Vicino ~** der Ferne/Mittlere/Nahe Osten

orifizio [ori'fittsio] <-i> *m* Öffnung *f*

origami [ori'gami] <-> *m* (KUNST) Origami *n*

origano [o'ri:gano] *m* Oregano *m*

originale [oridʒi'na:le] **I.** *agg* **1.** (*non modificato*) Original-; **peccato ~** Erbsünde *f* **2.** (*nuovo*) neuartig **II.** *m* Original *n;* **originalità** [oridʒinali'ta] <-> *f* Originalität *f*

originare [oridʒi'na:re] *vt* erzeugen

originario, **-a** [oridʒi'na:rio] <-i, -ie> *agg* **1.** (*proveniente da un luogo*) (ab)stammend **2.** (*primitivo*) Ur-

origine [o'ri:dʒine] *f* **1.** (*momento*) Ursprung *m;* **dare ~ a qc** etw hervorrufen; **in ~** anfangs **2.** (*punto d'inizio*) Anfang *m* **3.** (*provenienza*) Herkunft *f*

origliare [oriʎ'ʎa:re] *vi* lauschen

orina [o'ri:na] *f* Urin *m;* **orinare** [ori'na:re] *vi* urinieren

Oristano [ori'sta:no] *f Stadt in Sardinien*

orizzontale [oriddzon'ta:le] **I.** *agg* waagerecht **II.** *f* Waagerechte *f;* **orizzontarsi** [oriddzon'tarsi] *vr* sich orientieren

orizzonte [orid'dzonte] *m* (*a fig*) Horizont *m*

orlo ['orlo] *m* **1.** (*margine*) Rand *m;* **essere sull'~ della pazzia** (*fig*) am Rande des Wahnsinns sein **2.** (*di tessuto*) Saum *m*

orma ['orma] *f* **1.** (*di persona*) Spur *f* **2.** (*di animale*) Fährte *f*

ormai [or'ma:i] *avv* **1.** (*ora*) nun **2.** (*già*) schon

ormeggio [or'meddʒo] <-ggi> *m* (NAUT)

O

Verankerung *f*
ormonale [ormo'na:le] *agg* Hormon-; **ormone** [or'mo:ne] *m* Hormon *n*
ornamentale [ornamen'ta:le] *agg* Zier-; **piante -i** Zierpflanzen *fpl;* **ornamento** [orna'mento] *m* Ornament *n*
ornare [or'na:re] **I.** *vt* (*abbellire*) verzieren; (*casa*) (aus)schmücken **II.** *vr* **-rsi** sich schmücken
ornitologia [ornitolo'dʒi:a] <-gie> *f* Vogelkunde *f*
oro ['ɔ:ro] *m* (*metallo, colore*) Gold *n;* ~ **bianco/giallo/rosso** Weiß-/Gelb-/Rotgold *n;* **d'**~ golden; **il secolo d'**~ das goldene Zeitalter; **non è tutto** ~ **quel che riluce** (*prov*) es ist nicht alles Gold, was glänzt; **non per tutto l'**~ **del mondo** nicht um alles in der Welt
orologeria [orolodʒe'ri:a] <-ie> *f* Uhrmacherhandwerk *n;* **bomba a** ~ Zeitbombe *f;* **orologiaio, -a** [orolod'dʒa:io] <-giai, -giaie> *m, f* Uhrmacher(in) *m(f)*
orologio [oro'lɔ:dʒo] <-gi> *m* Uhr *f;* ~ **al quarzo** Quarzuhr *f;* ~ **da polso/da tasca** Armband-/Taschenuhr *f;* **caricare l'**~ die Uhr aufziehen; **l'**~ **va avanti/indietro** die Uhr geht vor/nach
oroscopo [o'rɔskopo] *m* Horoskop *n*
orrendo, -a [or'rɛndo] *agg* schrecklich
orribile [or'ri:bile] *agg* schrecklich
orrido ['ɔrrido] *m* Klamm *f*
orrido, -a *agg* schrecklich
orrore [or'ro:re] *m* Entsetzen *n;* **film dell'**~ Horrorfilm *m;* **gli -i della guerra** die Schrecken *mpl* des Krieges
orsa ['orsa] *f* **1.** (ZOO) Bärin *f* **2.** (ASTR) **l'Orsa maggiore/minore** der Große/Kleine Bär; **orsacchiotto** [orsak'kiɔtto] *m* Plüschbär *m;* **orso** ['orso] *m* Bär *m;* ~ **bianco** [*o* **polare**]/**bruno** Eis-/Braunbär *m*
ortaggio [or'taddʒo] <-ggi> *m* Gemüse *n*
ortensia [or'tɛnsia] <-ie> *f* Hortensie *f*
ortica [or'ti:ka] <-che> *f* Brennnessel *f;* **orticaria** [orti'ka:ria] <-ie> *f* Nesselsucht *f*
orticoltura [ortikol'tu:ra] *f* Gartenbau *m*
Ortisei [orti'zɛ:i] *f* Sankt Ulrich *n*
orto ['ɔrto] *m* Gemüsegarten *m;* ~ **botanico** botanischer Garten
ortodontista [ortodon'tista] <-i *m*, -e *f*> *mf* (MED) Kieferorthopäde, -orthopädin *m, f*
ortodosso, -a [orto'dɔsso] *agg* orthodox
ortofrutticolo, -a [ortofrut'ti:kolo] *agg* Obst- und Gemüse-; **ortofrutticoltura** [ortofruttikol'tu:ra] *f* Obst- und Gemüseanbau *m*
ortogonale [ortogo'na:le] *agg* rechtwink(e)lig
ortografia [ortogra'fi:a] *f* Rechtschreibung *f;* **ortografico, -a** [orto'gra:fiko] <-ci, -che> *agg* Rechtschreib-
ortolano, -a [orto'la:no] *m, f* **1.** (*coltivatore*) Gemüsegärtner(in) *m(f)* **2.** (*venditore*) Gemüsehändler(in) *m(f)*
ortomercato [ortomer'ka:to] *m* (AGR, COM) Obst- und Gemüsemarkt *m*
ortopedico, -a [orto'pɛ:diko] <-ci, -che> *agg* orthopädisch
orzaiolo [ordza'iɔ:lo] *m* (MED) Gerstenkorn *n*
orzata [or'dza:ta] *f* Mandelmilch *f*
orzo ['ɔrdzo] *m* Gerste *f;* ~ **perlato** Perlgraupen *fpl*
osanna [o'zanna] **I.** *int* hosianna **II.** <-> *m* Hosianna *n;* **osannare** [ozan'na:re] *vi* Hosianna rufen
osare [o'za:re] *vt* wagen; **non oso chiedere** ich wage nicht zu fragen
oscenità [oʃʃeni'ta] <-> *f* **1.** (*indecenza*) Obszönität *f* **2.** (*fam: opera bruttissima*) Widerlichkeit *f;* **osceno, -a** [oʃ'ʃɛ:no] *agg* **1.** (*indecente*) obszön **2.** (*fam: bruttissimo*) widerlich
oscillare [oʃʃil'la:re] *vi* **1.** (*dondolare*) schaukeln **2.** (*variare*) schwanken; **oscillazione** [oʃʃillat'tsio:ne] *f* Schwankung *f;* (FIN) Schwanken *n;* **-i di temperatura** Temperaturschwankungen *fpl*
oscuramento [oskura'mento] *m* Verdunk(e)lung *f;* **oscurare** [osku'ra:re] **I.** *vt* verdunkeln **II.** *vr* **-rsi** sich verdunkeln
oscurità [oskuri'ta] <-> *f* Dunkelheit *f*
oscuro [os'ku:ro] *m* Dunkel *n;* **essere all'**~ **di qc** von etw keine Ahnung haben
oscuro, -a *agg* **1.** (*buio*) finster; **camera -a** Dunkelkammer *f* **2.** (*fig*) dunkel; (*pensiero*) finster
ospedale [ospe'da:le] *m* Krankenhaus *n,* Spital *n A;* ~ **da campo** Feldlazarett *n;* **essere un** ~ **ambulante** (*fam*) an allen Krankheiten der Welt leiden; **ospedaliero, -a** [ospeda'liɛ:ro] *agg* Krankenhaus-, Spitals- *A;* **cure -e** Krankenhausbehandlung *f*
ospitale [ospi'ta:le] *agg* **1.** (*persona*) gastfreundlich **2.** (*luogo*) gastlich; **ospitalità**

[ospitali'ta] <-> *f* Gastfreundschaft *f*
ospitare [ospi'ta:re] *vt* zu Gast haben; (SPORT) Gastgeber sein für; **ospite** ['ɔspite] **I.** *mf* **1.** (*persona che ospita*) Gastgeber(in) *m(f)* **2.** (*persona ospitata*) Gast *m* **II.** *agg* Gast-
ospizio [os'pittsio] <-i> *m* Heim *n;* ~ **per orfani** Waisenhaus *n;* ~ **per vecchi** Altenheim *n*
ossatura [ossa'tu:ra] *f* **1.** (ANAT) Skelett *n* **2.** (*fig: struttura portante*) Gerüst *n;* **osseo, -a** ['ɔsseo] <-ei, -ee> *agg* Knochen-
ossequio [os'sɛkuio] <-qui> *m* (*poet*) Hochachtung *f*
osservante [osser'vante] **I.** *agg* **1.** (*rispettoso*) **essere ~ di qc** etw befolgen **2.** (REL) strenggläubig **II.** *mf* (REL) Strenggläubige(r) *f(m);* **osservanza** [osser'vantsa] *f* Befolgung *f*
osservare [osser'va:re] *vt* **1.** (*guardare attentamente*) beobachten **2.** (*mantenere*) beachten; **osservatore, -trice** [osserva'to:re] **I.** *agg* beobachtend **II.** *m, f* Beobachter(in) *m(f);* **osservatorio** [osserva'tɔ:rio] <-i> *m* Observatorium *n;* ~ **astronomico** Sternwarte *f;* ~ **meteorologico** Wetterwarte *f*
osservazione [osservat'tsio:ne] *f* **1.** (*atto*) Beobachtung *f;* **spirito di ~** Beobachtungsgabe *f* **2.** (*considerazione critica*) Betrachtung *f*
ossessionante [ossessio'nante] *agg* bedrängend; **idea ~** fixe Idee; **ossessionare** [ossessio'na:re] *vt* quälen; **ossessione** [osses'sio:ne] *f* Besessenheit *f;* **ossessivo, -a** [osses'si:vo] *agg* quälend; **ossesso, -a** [os'sɛsso] **I.** *agg* besessen **II.** *m, f* Besessene(r) *f(m)*
ossia [os'si:a] *cong* oder (besser gesagt)
ossibuchi *pl di* **ossobuco**
ossidare [ossi'da:re] *vt, vr* **-rsi** oxydieren; **ossidazione** [ossidat'tsio:ne] *f* Oxydation *f;* **ossido** ['ɔssido] *m* Oxyd *n;* ~ **di azoto** Stickoxid *n*
ossigenare [ossidʒe'na:re] *vt* (CHEM) mit Sauerstoff anreichern; **-rsi i capelli** sich *dat* die Haare blondieren
ossigeno [os'si:dʒeno] *m* Sauerstoff *m*
ossimoro [ossi'mo:ro] *m* (LIT) Oxymoron *n*
osso ['ɔsso] <*pl:* -a *f*> *m* (ANAT) Knochen *m;* **avere le -a rotte** (*fig*) zerschlagen sein; **ridursi pelle e -a** vom Fleisch fallen; **farsi le -a** sich *dat* die Hörner abstoßen *fam;* **un ~ duro** (*fig*) eine harte Nuss *fam*
ossobuco [osso'bu:ko] <ossibuchi> *m* *geschmorte Kalbshaxe*
ossuto, -a [os'su:to] *agg* knochig
ostacolare [ostako'la:re] *vt* behindern; **ostacolo** [os'ta:kolo] *m* Hindernis *n;* **corsa a -i** Hindernisrennen *n*
ostaggio [os'taddʒo] <-ggi> *m* Geisel *f*
oste, -essa ['ɔste, os'tessa] *m, f* (Gast)wirt(in) *m(f);* **fare i conti senza l'~** (*fig*) die Rechnung ohne den Wirt machen
ostello [os'tɛllo] *m* Herberge *f;* ~ **della gioventù** Jugendherberge *f*
ostentazione [ostentat'tsio:ne] *f* Zurschaustellung *f*
osteria [oste'ri:a] <-ie> *f* Gaststätte *f*
ostessa *f v.* **oste**
ostetrica [os'tɛ:trika] <-che> *f* Hebamme *f*
ostia ['ɔstia] <-ie> *f* (REL) Hostie *f*
ostico, -a ['ɔstiko] <-ci, -che> *agg* mühsam
ostile [os'ti:le] *agg* feindlich; **ostilità** [ostili'ta] <-> *f* Feindschaft *f*
ostinato, -a [osti'na:to] **I.** *agg* hartnäckig **II.** *m, f* Dickkopf *m;* **ostinazione** [ostinat'tsio:ne] *f* Starrköpfigkeit *f*
ostrica ['ɔstrika] <-che> *f* Auster *f*
ostruire [ostru'i:re] <ostruisco> *vt* (*condotto*) verstopfen; (*passaggio*) versperren
ostruzionismo [ostruttsio'nizmo] *m* Obstruktion *f;* (SPORT) Sperre *f;* **ostruzionista** [ostruttsio'nista] <-i *m*, -e *f*> *mf* Obstruktionist(in) *m(f)*
otite [o'ti:te] *f* Ohrenentzündung *f*
otorinolaringoiatra [otorinolariŋgo'ia:tra] <-i *m*, -e *f*> *mf* Hals-Nasen-Ohren-Arzt *m*, -Ärztin *f*
ottagonale [ottago'na:le] *agg* achteckig; **ottagono** [ot'ta:gono] *m* Oktagon *n*
ottanta [ot'tanta] **I.** *num* achtzig **II.** <-> *m* Achtzig *f; v. a.* **cinquanta**
ottantesimo, -a I. *agg* achtzigste(r, s) **II.** *m, f* Achtzigste(r, s) *mfn; v. a.* **quinto**
ottantina [ottan'ti:na] *f* **una ~ (di ...)** (etwa) achtzig (...); **essere sull'~** an die Achtzig sein
ottativo [otta'ti:vo] *m* (LING) Optativ *m*
ottativo, -a *agg* (LING) optativ
ottava [ot'ta:va] *f* (LIT, MUS) Oktave *f*
ottavino [otta'vi:no] *m* Pikkoloflöte *f*

ottavo [ot'ta:vo] *m* **1.** (*frazione*) Achtel *n* **2.** (SPORT) **-i di finale** Achtelfinale *n*

ottavo, **-a** **I.** *agg* achte(r, s) **II.** *m, f* Achte(r, s) *mfn; v. a.* **quinto**

ottenere [otte'ne:re] <irr> *vt* **1.** (*conseguire*) erreichen **2.** (*ricevere*) erhalten **3.** (*ricavare*) gewinnen; **ottenibile** [otte'ni:bile] *agg* erhältlich

ottenni *1. pers sing pass rem di* **ottenere**

ottenuto *pp di* **ottenere**

ottetto [ot'tetto] *m* Oktett *n*

ottica ['ɔttika] <-che> *f* Optik *f*

ottico ['ɔttiko] <-ci> *m* Optiker *m*

ottico, **-a** <-ci, -che> *agg* optisch; **lettore** ~ (INFORM) Lesestift *m*

ottimale [otti'ma:le] *agg* optimal; **ottimalizzare** [ottimalid'dza:re] *vt* optimieren

ottimismo [otti'mizmo] *m* Optimismus *m;* **ottimista** [otti'mista] <-i *m*, -e *f*> **I.** *agg* optimistisch **II.** *mf* Optimist(in) *m(f);* **ottimistico**, **-a** [otti'mistiko] <-ci, -che> *agg* optimistisch

ottimo ['ɔttimo] *m* höchster Wert, höchstes Maß; (*stato ideale*) Optimum *n*

ottimo, **-a** *agg superlativo di* **buono, -a** **1.** (*il più buono*) beste(r, s) **2.** (*molto buono*) sehr gut

otto ['ɔtto] *num* acht; (*voto scolastico*) ≈ gut, zwei; ~ **volante** Achterbahn *f*

ottobre [ot'to:bre] *m* Oktober *m; v. a.* **aprile**

ottocentesco, **-a** [ottotʃen'tesko] <-schi, -sche> *agg* das neunzehnte Jahrhundert betreffend; **ottocento** [otto'tʃɛnto] **I.** *num* achthundert **II.** <-> *m* Achthundert *f;* **l'Ottocento** das neunzehnte Jahrhundert

ottomano, **-a** [otto'ma:no] **I.** *agg* osmanisch **II.** *m, f* (*poet*) Osmane *m*, Osmanin *f*

ottomila [otto'mi:la] **I.** *num* achttausend **II.** <-> *m* Achttausend *f*

ottone [ot'to:ne] *m* **1.** (*lega*) Messing *n* **2.** *pl* (MUS) Blechblasinstrumente *npl*

otturare [ottu'ra:re] *vt* **1.** (MED: *dente*) füllen **2.** (TEC: *falla*) (ver-, zu)stopfen; **otturazione** [otturat'tsio:ne] *f* Füllung *f*

ottusità [ottuzi'ta] <-> *f* Stumpfsinnigkeit *f;* **ottuso**, **-a** [ot'tu:zo] *agg* (MAT) stumpf; (*suono*) dumpf; (*fig*) stumpfsinnig

ouverture [uvɛr'ty:r] <-> *f* Ouvertüre *f*

ovaio [o'va:io] <*pl*: -aia *f*> *m* Eierstock *m*

ovale [o'va:le] **I.** *agg* oval; **palla** ~ Rugby *n* **II.** *m* Oval *n*

ovatta [o'vatta] *f* Watte *f;* **ovattare** [ovat'ta:re] *vt* wattieren

overdose ['ouvədous] <overdosi> *f* Überdosis *f*

ovest ['ɔ:vest] *m* Westen *m;* **a** ~ **di** westlich von

ovile [o'vi:le] *m* Schafstall *m;* **tornare all'**~ (*fig*) in den Schoß der Familie zurückkehren

ovino [o'vi:no] *m* Schaf *n*

ovino, **-a** *agg* Schaf-

ovolo ['ɔ:volo] *m* Kaiserling *m*

ovulare [ovu'la:re] *agg* oval; **ovulazione** [ovulat'tsio:ne] *f* Eisprung *m;* **ovulo** ['ɔ:vulo] *m* Eizelle *f*

ovunque [o'vuŋkue] *avv* wo (auch) immer; (*dappertutto*) überall

ovvero [ov've:ro] *cong* oder (auch)

ovvietà [ovvie'ta] <-> *f* Offensichtlichkeit *f;* **ovvio**, **-a** ['ɔvvio] <-i, -ie> *agg* selbstverständlich

ozio ['ɔttsio] <-i> *m* Müßiggang *m;* **l'**~ **è il padre dei vizi** (*prov*) Müßiggang ist aller Laster Anfang

ozono [od'dzɔ:no] *m* (CHEM) Ozon *n;* **buco nell'**~ Ozonloch *n*

P

P, **p** [pi] <-> *f* P, p *n;* ~ **come Palermo** P wie Paula

p. *abbr di* **pagina** S.

P.A. *abbr di* **Pubblica Amministrazione** öffentliche Verwaltung

pacatezza [paka'tettsa] *f* (Gemüts)ruhe *f;* **pacato**, **-a** [pa'ka:to] *agg* gelassen

pacca ['pakka] <-cche> *f* (*fam*) Klaps *m*

pacchetto [pak'ketto] *m* **1.** (*piccolo pacco*) Päckchen *n;* **un** ~ **di sigarette** eine Schachtel Zigaretten **2.** (*azionario*) Paket *n*

pacchia ['pakkia] <-cchie> *f* (*fam*) Vergnügen *n*

pacchiano, -a [pak'kiaːno] *agg* plump

pacco ['pakko] <-cchi> *m* Paket *n*

paccottiglia [pakkot'tiʎʎa] <-glie> *f* Ramsch *m*

pace ['paːtʃe] *f* Frieden *m;* **fare ~ con qu** sich mit jdm versöhnen; **lasciare in ~** in Ruhe lassen

pachiderma [paki'dɛrma] <-i> *m* Dickhäuter *m*

Pachistan [pakis'tan] *m* Pakistan *n;* **pachistano, -a** [pakis'taːno] **I.** *agg* pakistanisch **II.** *m, f* Pakistaner(in) *m(f)*

pacificare [patʃifi'kaːre] **I.** *vt* versöhnen **II.** *vr* **-rsi** sich versöhnen; **pacificazione** [patʃifikat'tsioːne] *f* Versöhnung *f;* **pacifico, -a** [pa'tʃiːfiko] <-ci, -che> *agg* **1.** (*uomo*) friedlich **2.** (*fig: chiaro*) selbstverständlich **3.** (GEOG) **l'Oceano Pacifico** der Pazifische Ozean; **pacifismo** [patʃi'fizmo] *m* Friedensbewegung *f;* **pacifista** [patʃi'fista] <-i *m*, -e *f*> **I.** *mf* Pazifist(in) *m(f)* **II.** *agg* pazifistisch

pacioccone, -a [patʃok'koːne] *m, f* (*fam*) gutmütiger Mensch

padano, -a [pa'daːno] *agg* Po-; **pianura -a** Poebene *f*

padella [pa'dɛlla] *f* **1.** (*utensile*) (Brat)pfanne *f;* **~ antiaderente** beschichtete Pfanne; **cadere dalla ~ nella brace** (*fig*) vom Regen in die Traufe kommen **2.** (*per malati*) Bettpfanne *f*

padiglione [padiʎ'ʎoːne] *m* (ARCH) Pavillon *m;* (*di fiera*) Halle *f*

Padova ['paːdova] *f* Padua *n* (*Stadt in Venetien*)

padre ['paːdre] *m* Vater *m;* **di ~ in figlio** von Generation zu Generation; **tale il ~ tale il figlio** (*prov*) der Apfel fällt nicht weit vom Stamm; **Padrenostro** [padre'nɔstro] <-> *m* Vaterunser *n*

padrino [pa'driːno] *m* (Tauf)pate *m*

padronale [padro'naːle] *agg* Herren-

padronanza [padro'nantsa] *f* Beherrschung *f*

padronato [padro'naːto] *m* Arbeitgeberschaft *f*

padrone, -a [pa'droːne] *m, f* **1.** (*proprietario*) Eigentümer(in) *m(f);* **~ di casa** Hausherr(in) *m(f);* (*per gli inquilini*) Hausbesitzer(in) *m(f)* **2.** (*datore di lavoro*) Arbeitgeber(in) *m(f);* **essere ~ di ... +*inf*** sich frei entscheiden können zu ... +*inf;* **padroneggiare** [padroned'dʒaːre] *vt* beherrschen

paesaggio [pae'zaddʒo] <-ggi> *m* Landschaft *f;* **~ alpino/montano** Alpen-/Gebirgslandschaft *f;* **paesaggista** [paezad'dʒista] <-i *m*, -e *f*> *mf* Landschaftsmaler(in) *m(f);* **paesaggistica** [paezad'dʒistika] *f* (KUNST) Landschaftsmalerei *f;* **paesaggistico, -a** [paezad'dʒistiko] <-ci, -che> *agg* Landschafts-

paesano, -a [pae'zaːno] **I.** *agg* dörflich; (*rustico*) ländlich **II.** *m, f* Dorfbewohner(in) *m(f)*

paese [pa'eːze] *m* **1.** (*nazione*) Land *n;* **~ emergente** Schwellenland *n;* **~ industrializzato** Industrieland *n;* **~ in via di sviluppo** Entwicklungsland *n;* **il bel ~** (*fig*) Italien *n;* **mandare qu a quel ~** (*fam fig*) jdn dahin schicken, wo der Pfeffer wächst; **~ che vai, usanze che trovi** (*prov*) andere Länder, andere Sitten **2.** (*villaggio*) Dorf *n*

paffuto, -a [paf'fuːto] *agg* pausbackig

pag. *abbr di* **pagina** S.

paga ['paːga] <-ghe> *f* Lohn *m;* **giorno di ~** Zahltag *m;* **busta ~** Lohntüte *f;* **pagabile** [pa'gaːbile] *agg* (be)zahlbar

pagaia [pa'gaːia] <-aie> *f* Paddel *n*

pagamento [paga'mento] *m* (Be)zahlung *f;* **~ alla consegna** Zahlung *f* bei (Ab)lieferung; **~ a mezzo assegno** Zahlung *f* per Scheck; **~ anticipato** Vorauszahlung *f;* **~ a rate** Ratenzahlung *f;* **~ supplementare** Zuzahlung *f*

paganesimo [paga'neːzimo] *m* Heidentum *n;* **pagano, -a** [pa'gaːno] **I.** *agg* heidnisch **II.** *m, f* Heide *m*, Heidin *f*

pagare [pa'gaːre] *vt* (be)zahlen; **~ caro qc** (*a fig*) etw teuer bezahlen; **~ da bere a qu** jdm einen ausgeben; **farla ~ cara a qu** (*fam*) jdn für etw büßen lassen; **pagatore, -trice** [paga'toːre] **I.** *m, f* Zahler(in) *m(f)* **II.** *agg* Zahl-; **ufficiale ~** Zahlmeister *m*

pagella [pa'dʒɛlla] *f* (Schul)zeugnis *n*

paggio ['paddʒo] <-ggi> *m* Page *m*

paghetta [pa'getta] *f* (*fam*) Taschengeld *n*

pagina ['paːdʒina] *f* Seite *f;* **a che ~** auf welcher Seite; **prima/terza ~** (*fig*) Titel-/Feuilletonteil *m;* **voltar ~** umblättern; (*fig*) von etw Anderem reden; **~ web** (INFORM) Webseite *f*

paglia ['paʎʎa] <-glie> *f* Stroh *n;* **fuoco di**

~ (*fig*) Strohfeuer *n*

pagliaccetto [paʎʎat'tʃetto] *m* **1.** (*per bambini*) Strampelhose *f* **2.** (*per donna*) Body(stocking) *m*

pagliacciata [paʎʎat'tʃa:ta] *f* (*fam*) Narrenposse *f*; **pagliaccio** [paʎ'ʎattʃo] <-cci> *m* Clown *m*

pagliaio [paʎ'ʎa:io] <-ai> *m* Strohhaufen *m*; **cercare un ago in un** ~ (*fig*) eine Stecknadel im Heuhaufen suchen

paglietta [paʎ'ʎetta] *f* (*d'acciaio*) Stahlwolle *f*

pagliuzza [paʎ'ʎuttsa] *f* Strohhalm *m*

pagnotta [paɲ'ɲɔtta] *f* Rundbrot *n*

pago, **-a** ['pa:go] <-ghi, -ghe> *agg* befriedigt

pagoda [pa'gɔ:da] *f* Pagode *f*

paia *pl di* **paio**

paillard [pa'ja:r] <-> *f* gegrilltes Kalbsschnitzel

paillette [pa'jɛt] <-> *f* Paillette *f*

paio <paia *pl*> *f m* Paar *n*; **un** ~ **di** ein paar

paiolo [pa'iɔ:lo] *m* (Koch)kessel *m*

Pakistan [pakis'tan] *m v.* **Pachistan**; **pakistano**, **-a** [pakis'ta:no] *v.* **pachistano, -a**

pala ['pa:la] *f* **1.** (*attrezzo*) Schaufel *f* **2.** (*d'altare*) Altartafel *f*

paladino [pala'di:no] *m* Paladin *m*

palafitta [pala'fitta] *f* (HIST) Pfahlbau *m*

palaghiaccio [pala'gia:ttʃo] <-> *m* (SPORT) Eissporthalle *f*

palanca [pa'laŋka] <-che> *f* **1.** (*trave*) Balken *m* **2.** *pl* (*fam: soldi*) Moneten *fpl*

palandrana [palan'dra:na] *f* (*pej*) Kittel *m*

palasport [pala'spɔrt] <-> *m* (SPORT) Sportpalast *m*

palata [pa'la:ta] *f* Schaufel(voll) *f*; **guadagnar soldi a -e** (*fam*) Geld scheffeln

palatale [pala'ta:le] *agg* (LING) palatal

Palatinato [palati'na:to] *m* Pfalz *f*; **Renania-**~ Rheinland-Pfalz *n*

palato [pa'la:to] *m* Gaumen *m*; **avere il** ~ **delicato** einen feinen Gaumen haben

palazzina [palat'tsi:na] *f* Mehrfamilienhaus *n*; **palazzo** [pa'lattso] *m* **1.** (ARCH) Palast *m*; ~ **reale** Königspalast *m* **2.** (*condominio*) Wohnhaus *n*; **il** ~ **di giustizia** der Justizpalast

In Rom gibt es eine Reihe von **Palazzi**, die im Sprachgebrauch mit verschiedenen Institutionen in Verbindung gebracht werden. Der Palazzo Chigi an der Piazza Colonna wurde im 16. Jahrhundert erbaut und 1919 vom Staat als Sitz für das Außenministerium gekauft. Seit 1961 ist dieser **Palazzo** das Amt des Ministerpräsidenten und der Ort, an dem sich das Kabinett trifft. Der Palazzo Madama, der ebenfalls im 16. Jh. für die Medici-Familie gebaut wurde, ist seit 1871 Sitz des Senats. Im Palazzo di Montecitorio hat die seit 1870 **Camera dei deputati** ihren Sitz. Der **Palazzo del Viminale**, benannt nach einem der sieben Hügel Roms, ist der Sitz des Innenministeriums.

palco ['palko] <-chi> *m* (THEAT) Loge *f*

palcoscenico [palkoʃ'ʃɛ:niko] <-ci> *m* (THEAT) Bühne *f*

paleocristiano, **-a** [paleokris'tia:no] *agg* frühchristlich

paleontologia [paleontolo'dʒi:a] <-gie> *f* Paläontologie *f*

Palermo *f* *Hauptstadt Siziliens*

palesare [pale'za:re] **I.** *vt* kundtun **II.** *vr* **-rsi** sich offenbaren; **palese** [pa'le:ze] *agg* offenkundig

palestra [pa'lɛstra] *f* Turnhalle *f*

paletot [pal'to] <-> *m* (Winter)mantel *m*

paletta [pa'letta] *f* **1.** (*piccola pala*) kleine Schaufel **2.** (*di carabinieri*) Kelle *f*

paletto [pa'letto] *m* Pflock *m*

palio ['pa:lio] <-i> *m* **1.** (*drappo*) *kostbar besticktes Tuch als Siegesprämie bei Pferderennen* **2.** (*gara*) Pferderennen *n*; **il Palio di Siena** der Palio in Siena **3.** (*fig*) **essere in** ~ als Preis ausgesetzt sein

Der **Palio** ist ein Pferderennen, das in einer Reihe italienischer Städte stattfindet. Das berühmteste ist der Palio di Siena. Dieses Rennen hat seine Ursprünge im 13. Jahrhundert und wird heutzutage meist zweimal im Jahr, am 2. Juli und 16. August, auf der Piazza del Campo in Siena abgehalten. Zehn von den insgesamt siebzehn contrade (Bezirke) nehmen daran teil. Jede contrada wird von einem Reiter und einem Pferd vertreten; Sieger ist das erste Pferd, das die Strecke zurückgelegt hat, unabhängig davon, ob es noch einen Reiter hat oder nicht. Vor dem Rennen findet ein Umzug der Contrada-Mitglieder in historischer Kleidung statt.

palizzata [palit'tsa:ta] *f* Palisadenwand *f*

palla ['palla] *f* **1.** (*da gioco*) Ball *m;* (*sfera*) Kugel *f;* **pesce ~** Kugelfisch *m;* **~ di neve** Schneeball *m;* **~ da tennis** (SPORT) Tennisball *m;* **~ a volo** (SPORT) Volleyball *m;* **giocare a ~** Ball spielen; **prendere la ~ al balzo** (*fig*) die Gelegenheit beim Schopf ergreifen **2.** *pl* (*vulg: testicoli*) Eier *npl;* **che -e!** wie langweilig!; **averne le -e piene di qc** von etw die Schnauze voll haben; **pallacanestro** [pallaka'nɛstro] *f* Basketball *m;* **pallamano** [palla'maːno] *f* Handball *m;* **pallanuoto** [palla'nuɔːto] *f* Wasserball *m;* **pallavolo** [palla'voːlo] *f* Volleyball *m;* **palleggiare** [palled'dʒaːre] *vi* sich im Ballfangen und -werfen üben

palliativo [pallia'tiːvo] *m* (MED) Linderungsmittel *n*

pallido, **-a** ['pallido] *agg* blass; **non avere la più -a idea** keine blasse Ahnung haben

pallino [pal'liːno] *m* **1.** (*del biliardo*) (weißer) Punktball *m;* (*delle bocce*) Malkugel *f* **2.** (*fig fam: fissazione*) **avere il ~ della pulizia** einen Putzfimmel haben

pallonata [pallo'naːta] *f* Schuss *m* mit dem Ball

palloncino [pallon'tʃiːno] *m* **1.** (*giocattolo*) (Luft)ballon *m* **2.** (*fam: alcoltest*) **fare la prova del ~** ins Röhrchen blasen

pallone [pal'loːne] *m* Lederball *m;* **essere un ~ gonfiato** (*fam*) ein aufgeblasener Mensch sein

pallonetto [pallo'netto] *m* (*calcio*) Heber *m;* (*tennis*) Lob *m*

pallore [pal'loːre] *m* Blässe *f*

pallottola [pal'lɔttola] *f* Kugel *f*

pallottoliere [palloto'liɛːre] *m* Rechenbrett *n*

palma ['palma] *f* (BOT) Palme *f;* **domenica delle Palme** Palmsonntag *m*

palmo ['palmo] *m* **1.** (*della mano*) Handteller *m;* **portare qu in ~ di mano** (*fig*) jdn auf Händen tragen **2.** (*unità di misura*) Spanne *f*

palo ['paːlo] *m* Pfahl *m;* **fare il ~** (*sl*) Schmiere stehen; **saltare di ~ in frasca** (*fig*) vom Hundertsten ins Tausendste kommen

palombaro [palom'baːro] *m* Froschmann *m*

palombo [pa'lombo] *m* Glatthai *m*

palpare [pal'paːre] *vt* betasten

palpebra ['palpebra] *f* (Augen)lid *n*

palpitare [palpi'taːre] *vi* zucken; **palpitazione** [palpitat'tsioːne] *f* (MED) Herzklopfen *n;* **palpito** ['palpito] *m* (*del cuore*) Herzschlag *m*

paltò [pal'tɔ] <-> *m* (Winter)mantel *m*

palude [pa'luːde] *f* Sumpf *m;* **paludoso**, **-a** [palu'doːso] *agg* sumpfig; **palustre** [pa'lustre] *agg* Sumpf-

pampa ['pampa] <pampas> *f* Pampa *f*

pamphlet [pã'flɛ] <-> *m* Pamphlet *n*

panare [pa'naːre] *vt* panieren

panca ['paŋka] <-che> *f* (Sitz)bank *f*

pancarré [paŋkar're] <-> *m* Toastbrot *n*

pancetta [pan'tʃetta] *f* (GASTR) Bauchspeck *m*

panchina [paŋ'kiːna] *f* (Garten)bank *f;* **rimanere in ~** (SPORT) auf der Reservebank sitzen

pancia ['pantʃa] <-ce> *f* Bauch *m;* **avere (il) mal di ~** Bauchweh haben; **starsene a ~ all'aria** (*fig fam*) auf der faulen Haut liegen; **panciera** [pan'tʃɛːra] *f* Leibbinde *f;* **pancione** [pan'tʃoːne] *m* (*fam*) dicker Bauch; **panciotto** [pan'tʃɔtto] *m* Weste *f;* **panciuto**, **-a** [pan'tʃuːto] *agg* dickbäuchig

pancreas ['paŋkreas] <-> *m* Bauchspeicheldrüse *f*

panda ['panda] <-> *m* Panda *m*

pandemonio [pande'mɔːnio] <-i> *m* Höllenlärm *m*

pandolce [pan'doltʃe] *m Hefegebäck aus Genua*

pandoro [pan'dɔːro] *m Weinachtshefegebäck*

pane ['paːne] *m* Brot *n;* **~ bianco/integrale** Weiß-/Vollkornbrot *n;* **Pan di Spagna** *eine Art Sandkuchen;* **dire ~ al ~ e vino al vino** (*fig*) die Dinge beim Namen nennen; **trovare ~ per i propri denti** (*fig*) eine harte Nuss zu knacken haben; **rendere pan per focaccia** (*fam*) Gleiches mit Gleichem vergelten; **buono come il ~** herzensgut

panegirico [pane'dʒiːriko] <-ci> *m* (LIT) Panegyrikus *m*

panetteria [panette'riːa] <-ie> *f* Bäckerei *f;* **panettiere**, **-a** [panet'tiɛːre] *m, f* Bäcker(in) *m(f)*

panettone [panet'toːne] *m Weihnachtshefenapfkuchen*

Ursprünglich aus Mailand stammend, ist der **panettone** durch die industrielle Verarbeitung zum Weihnachtskuchen in ganz Italien gemacht worden. Seine Zutaten: Mehl,

P

Hefe, Butter, Zucker, Eier, Rosinen und kandierte Früchte.

panforte [pan'fɔrte] *m Früchtebrot aus Siena*
pangrattato [paŋgrat'taːto] *m* Semmelbrösel *mpl*
panico ['paːniko] *m* Panik *f;* **essere preso dal** ~ in Panik geraten
panico, -a <-ci, -che> *agg* panisch
paniere [pa'niɛːre] *m* Korb *m;* **il** ~ **valutario** (FIN) der Währungskorb
panificio [pani'fiːtʃo] <-ci> *m* Bäckerei *f*
panino [pa'niːno] *m* Brötchen *n*
panna ['panna] *f* (GASTR) Sahne *f,* Obers *n A;* ~ **montata** Schlagsahne *f,* Schlag *m A*
panne [pan] <-> *f* **essere in** ~ eine Autopanne haben
pannello [pan'nɛllo] *m* **1.** (EL) Schaltbrett *n;* (INFORM) Bedienungsfeld *n;* ~ **isolante** Isolierplatte *f;* ~ **solare** Solarzelle *f* **2.** (*arte*) Paneel *n*
panno ['panno] *m* **1.** (*tessuto*) Tuch *n* **2.** *pl* (*biancheria*) Wäsche *f;* **mettersi nei -i di qu** (*fig*) sich in jdn hineinversetzen
pannocchia [pan'nɔkkia] <-cchie> *f* Rispe *f*
pannolino [panno'liːno] *m* **1.** (*per neonato*) Windel *f* **2.** (*assorbente*) (Damen)binde *f*
panorama [pano'raːma] <-i> *m* **1.** (*vista*) Rundblick *m* **2.** (*fig: rassegna*) Überblick *m;* **panoramico, -a** [pano'raːmiko] <-ci, -che> *agg* Panorama-
panpepato [pampe'paːto] *m* Lebkuchen *m*
pantacollant [pantakol'lan] *mpl* Leggings *pl*
pantaloncini [pantalon'tʃiːni] *mpl* Shorts *pl*
pantaloni [panta'loːni] *mpl* Hose *f*
pantano [pan'taːno] *m* (*a fig*) Sumpf *m*
pantera [pan'tɛːra] *f* **1.** (ZOO) Panther *m* **2.** (*sl: della polizia*) schneller Funkstreifenwagen
pantofola [pan'tɔːfola] *f* Pantoffel *m,* Patschen *m A*
pantomima [panto'miːma] *f* Pantomime *f*
panzanella [pantsa'nɛlla] *f Brotscheiben mit Tomaten, Kräutern, Essig und Öl*
panzarotto [pantsa'rɔtto] *m mit Käse, Schinken u ä. gefüllte Teigtasche*
paonazzo, -a [pao'nattso] *agg* (dunkel)violett
papa ['paːpa] <-i> *m* Papst *m;* **ad ogni morte di** ~ (*fig*) alle Jubeljahre (einmal)
papà [pa'pa] <-> *m* (*fam*) Papa *m;* **figlio di** ~ (*pej*) verwöhnter Sohn reicher Eltern
papaia [pa'paːia] <-aie> *f* Papaya *f*
papale [pa'paːle] *agg* Papst-
paparazzo [papa'rattso] *m* Skandalreporter *m*
papato [pa'paːto] *m* Papsttum *n*
papavero [pa'paːvero] *m* (BOT) Mohn *m*
papera ['paːpera] *f* Gans *f;* **prendere una** ~ (*fig*) sich versprechen
papilla [pa'pilla] *f* (ANAT) Papille *f*
papillon [papi'jɔ̃] <-> *m* Fliege *f*
papiro [pa'piːro] *m* Papyrus *m*
pappa ['pappa] *f* **1.** (*minestrina*) Brot-, Grießsuppe *f;* ~ **reale** Gelee *n* royale; **trovare la** ~ **scodellata** (*fig fam*) sich ins gemachte Nest setzen **2.** (*pej*) Pampe *f fam;* ~ **molle** (*fig fam*) Schlappschwanz *m*
pappagallo [pappa'gallo] *m* **1.** (ZOO) Papagei *m* **2.** (MED) Urinal *n*
pappagorgia [pappa'gɔrdʒa] <-ge> *f* Doppelkinn *n*
pappardella [pappar'dɛlla] <-> *f* **1.** *pl* (GASTR) *breite, gewellte Bandnudeln* **2.** (*discorso*) langatmige Rede
pappare [pap'paːre] *vt* (*fam: mangiare*) mampfen
pappone, -a [pap'poːne] *m, f* (*fam*) Vielfraß *m*
paprica ['paːprika] <-che> *f* Paprikagewürz *n*
pap-test [pap'test] *m* Abstrich *m*
par. *abbr di* **paragrafo** Par.
parabola [pa'raːbola] *f* Parabel *f*
parabolico, -a [para'bɔːliko] <-ci, -che> *agg* **1.** (MAT) Parabel- **2.** (TEC) Satelliten-; **antenna -a** Satellitenschüssel *f*
parabrezza [para'breddza] <-> *m* Windschutzscheibe *f*
paracadute [paraka'duːte] <-> *m* Fallschirm *m;* **paracadutismo** [parakadu'tizmo] *m* Fallschirmspringen *n;* **paracadutista** [parakadu'tista] <-i *m,* -e *f*> *mf* Fallschirmspringer(in) *m(f)*
paracarro [para'karro] *m* Leitplanke *f*
paradenti [para'dɛnti] <-> *m* (SPORT) Zahnschutz *m*
paradigma [para'digma] <-i> *m* Paradigma *n;* **paradigmatico, -a** [para-

dig'ma:tiko] <-ci, -che> *agg* paradigmatisch

paradisiaco, -a [paradi'zi:ako] <-ci, -che> *agg* paradiesisch; **paradiso** [pa'ra'di:zo] *m* (*a fig*) Paradies *n;* ~ **terrestre** (Garten) Eden *m*

paradossale [parados'sa:le] *agg* paradox; **paradosso** [para'dɔsso] *m* Paradox(on) *n*

parafango [para'faŋgo] <-ghi> *m* (*della macchina*) Kotflügel *m;* (*della motocicletta*) Schutzblech *n*

paraffina [paraf'fi:na] *f* Paraffin *n*

parafiamma [para'fiamma] <-> *m* Flammenschutz *m*

parafrasare [parafra'za:re] *vt* paraphrasieren; **parafrasi** [pa'ra:frazi] <-> *f* Umschreibung *f*

parafulmine [para'fulmine] *m* Blitzableiter *m*

parafumo [para'fu:mo] *m* Rußfänger *m*

parafuoco [para'fuɔ:ko] <-> *m* Ofenschirm *m*

paraggi [pa'raddʒi] *mpl* (nähere) Umgebung *f*

paragonabile [parago'na:bile] *agg* vergleichbar; **essere ~ a qc** mit etw vergleichbar sein; **paragonare** [parago'na:re] *vt* vergleichen; **paragone** [para'go:ne] *m* Vergleich *m;* **termine del ~** Vergleichsmoment *n*

paragrafare [paragra'fa:re] *vt* in Paragraphen einteilen; **paragrafo** [pa'ra:grafo] *m* **1.** (*di libro*) Abschnitt *m* **2.** (*segno*) Paragraph *m*

paraletteratura [paralettera'tu:ra] *f* Massenliteratur *f*

paralisi [pa'ra:lizi] <-> *f* (MED) Lähmung *f;* **paralitico, -a** [para'li:tiko] <-ci, -che> **I.** *agg* gelähmt **II.** *m, f* Gelähmte(r) *f(m);* **paralizzare** [paralid'dza:re] *vt* (*a fig*) lähmen

parallela [paral'lɛ:la] *f* **1.** (MAT) Parallele *f* **2.** *pl* (SPORT) Barren *m*

parallelepipedo [parallele'pi:pedo] *m* (MAT) Parallelepiped *n*

parallelo [paral'lɛ:lo] *m* (GEOG) Breitenkreis *m*

parallelo, -a *agg* Parallel-

parallelogramma [parallelo'gramma] <-i> *m* Parallelogramm *n*

paralume [para'lu:me] *m* Lampenschirm *m*

paramedico, -a <-ci, -che> *agg* **personale ~** medizinisches Hilfspersonal

parametrico, -a [para'mɛ:triko] <-ci, -che> *agg* Parameter-; **parametro** [pa'ra:metro] *m* (*a fig*) Parameter *m*

paramilitare [paramili'ta:re] *agg* paramilitärisch

paraneve [para'ne:ve] <-> *m* Schneezaun *m*

paranoia [para'nɔ:ia] <-oie> *f* Paranoia *f;* **paranoico, -a** [para'nɔ:iko] <-ci, -che> **I.** *agg* paranoisch **II.** *m, f* Paranoiker(in) *m(f)*

paranormale [paranor'ma:le] *agg* paranormal

paraocchi [para'ɔkki] <-> *m* (*a fig*) Scheuklappe *f;* **avere i ~** Scheuklappen tragen

paraorecchie [parao'rekkie] <-> *m* Ohrenschützer *mpl*

parapendio [parapen'di:o] <-> *m* Gleitschirm *m*

parapetto [para'pɛtto] *m* Geländer *n*

parapiglia [para'piʎʎa] <-> *m* (*fam*) Getümmel *n*

paraplegico, -a [para'plɛ:dʒiko] <-ci, -che> **I.** *agg* querschnitt(s)gelähmt **II.** *m, f* Querschnitt(s)gelähmte(r) *f(m)*

parapsicologia [parapsikolo'dʒi:a] *f* Parapsychologie *f*

parare [pa'ra:re] *vt* (*colpo*) abwehren; (SPORT: *tiro*) abfangen; **dove vuoi andare a ~?** worauf willst du hinaus?

parascintille [paraʃin'tille] <-> *m* (TEC) Funkenfänger *m*

parascolastico, -a [parasko'lastiko] <-ci, -che> *agg* unterrichtsbegleitend

paraspigolo [para'spi:golo] *m* (TEC) Kantenschutz *m*

paraspruzzi [paras'pruttsi] <-> *m* Spritzschutz *m*

parassita [paras'si:ta] <-i *m*, -e *f*> **I.** *mf* **1.** (BIOL) Parasit *m* **2.** (*fig*) Schmarotzer(in) *m(f)* **II.** *agg* Schmarotzer-

parastatale [parasta'ta:le] **I.** *agg* mit staatlicher Beteiligung **II.** *mf* Angestellte(r) *f(m)* einer halbstaatlichen Einrichtung

parata [pa'ra:ta] *f* **1.** (*calcio*) Abwehr *f* **2.** (MIL) (Militär)parade *f*

parati [pa'ra:ti] *mpl* **carta da ~** Tapete *f*

parauniversitario, -a [parauniver-si'ta:rio] <-i, -ie> *agg* auf Universitätsebene

paraurti [para'urti] <-> *m* (AUTO) Stoßstange *f*

paravalanghe [parava'laŋge] **I.** <-> *m* Lawinenschutz *m* **II.** <inv> *agg* Lawinenschutz-

paravento [para'vɛnto] <-> *m* **1.** (*parete*) Paravent *m o n* **2.** (*fig*) Deckmantel *m*

parboiled ['pa:bɔild] <inv> *agg* parboiled; **riso** ~ Parboiled-Reis *m*

parcella [par'tʃɛlla] *f* **1.** (*di terreno*) Parzelle *f* **2.** (*delle spese*) Honorarforderung *f;* **parcellare** [partʃel'la:re] *agg* partiell; **parcellizzazione** [partʃeliddzat'tsio:ne] *f* **1.** (*di lavoro*) fortgeschrittene Arbeitsteilung **2.** (*di terreni*) Parzellierung *f*

parcheggiare [parked'dʒa:re] *vt* parken; **parcheggio** [par'keddʒo] <-ggi> *m* **1.** (*posteggio*) Parkplatz *m;* ~ **a pagamento** gebührenpflichtiger Parkplatz; ~ **custodito** bewachter Parkplatz; **area di** ~ Parkzone *f;* (*a fig*) Abstellplatz *m;* **divieto di** ~ Parkverbot *n;* **è vietato il** ~ Parken verboten **2.** (*manovra*) (Ein)parken *n;* **parchimetro** [par'ki:metro] *m* Parkuhr *f*

parco ['parko] <-chi> *m* Park *m;* ~ **giochi** (Kinder)spielplatz *m;* ~ **dei divertimenti** Vergnügungspark *m*

parco, -a <-chi, -che> *agg* sehr genügsam

parcometro [par'kɔmetro] *m v.* **parchimetro**

par condicio [par kon'ditʃo] <-> *f* *gleiche Bedingungen für den Zugang zu Kommunikationsmedien*

pardon [par'dɔ̃] *int* Pardon

parecchio [pa'rekkio] *avv* ziemlich

parecchio, -a <-cchi, -cchie> **I.** *agg* (ziemlich) viel **II.** *pron indef* ziemlich viel(e)

pareggiare [pared'dʒa:re] **I.** *vt* **1.** (*terreno*) einebnen **2.** (*bilanci*) ausgleichen **3.** (*uguagliare*) ~ **qu** jdm gleichkommen **II.** *vi* ~ (**con qu**) (gegen jdn) unentschieden spielen; **pareggio** [pa'reddʒo] <-ggi> *m* Ausgleich *m;* **chiudere in** ~ unentschieden ausgehen

parentado [paren'ta:do] *m* Verwandtschaft *f;* **parentale** [paren'ta:le] *agg* verwandtschaftlich; **congedo** ~ Erziehungsurlaub *m;* **parente** [pa'rɛnte] *mf* Verwandte(r) *f(m);* **parentela** [paren'tɛ:la] *f* Verwandtschaft *f;* **grado di** ~ Verwandtschaftsgrad *m*

parentesi [pa'rɛntezi] <-> *f* Klammer *f;* ~ **tonda/quadra/graffa** runde/eckige/geschweifte Klammer; **parentetico, -a** [paren'tɛ:tiko] <-ci, -che> *agg* parenthetisch

parere[1] [pa're:re] <paio, parvi, parso> *vi* **1.** (*apparire*) scheinen; **mi pare di averlo visto** mir scheint, dass ich ihn gesehen habe; **non mi par vero** das ist zu schön, um wahr zu sein **2.** (*pensare*) meinen; **che te ne pare?** was hältst du davon?; **ma Le pare!** wo denken Sie hin! **3.** (*fam: volere*) passen **4.** (*impersonale, sembrare*) scheinen; **pare di sì/no** anscheinend schon/nicht; **a quanto pare** wie es scheint

parere[2] *m* Meinung *f;* **a mio** ~ meiner Meinung nach; **essere del** ~ **che ...** der Ansicht sein, dass ...

parete [pa're:te] *f* Wand *f;* **le -i domestiche** (*fig*) die eigenen vier Wände

pargolo ['pargolo] *m* (*poet*) Kind *n*

pari ['pa:ri] **I.** <inv> *agg* **1.** (*uguale*) gleich **2.** (MAT: *numero*) gerade **3.** (SPORT) unentschieden **4.** (*loc*) **ragazza alla** ~ Aupairmädchen *n* **II.** <inv> *avv* gleich **III.** <-> *mf* Gleichgestellte(r) *f(m);* **trattare qu da** ~ **a** ~ jdn als Seinesgleichen behandeln **IV.** <-> *m* Gleichheit *f;* **far** ~ (SPORT) ein Unentschieden erzielen; **far** ~ **e dispari** auslosen

parificare [parifi'ka:re] *vt* (JUR) (rechtlich) gleich stellen; **parificato, -a** [parifi'ka:to] *agg* rechtsgültig anerkannt; **parificazione** [parifikat'tsio:ne] *f* (staatliche) Anerkennung *f*

Parigi [pa'ri:dʒi] *f* Paris *n*

pariglia [pa'riʎʎa] <-glie> *f* Gespann *n*

parità [pari'ta] <-> *f* **1.** (*uguaglianza*) Gleichheit *f;* **a** ~ **di condizioni** bei gleichen Bedingungen; **a** ~ **di voti** bei Stimmengleichheit **2.** (SPORT) Unentschieden *n;* **paritario, -a** [pari'ta:rio] <-i, -ie> *agg* gleich; **paritetico, -a** [pari'tɛ:tiko] <-ci, -che> *agg* paritätisch

parlamentare [parlamen'ta:re] **I.** *agg* parlamentarisch **II.** *mf* (POL) Abgeordnete(r) *f(m);* **parlamentarismo** [parlamenta'rizmo] *m* Parlamentarismus *m;* **parlamento** [parla'mento] *m* Parlament *n;* **sedere in** ~ einen Sitz im Parlament haben; **Parlamento europeo** Europäisches Parlament

Das **Parlamento** ist nach der italienischen Verfassung vom 1. Januar 1948 die gesetzgebende Gewalt. Das Parlament besteht aus zwei Kammern: der **Camera dei deputati** und dem **Senato**. Die Parlamentswahlen finden alle fünf Jahre statt.

parlante [par'lante] *agg* sprechend; **parlantina** [parlan'ti:na] *f* (*fam*) Redseligkeit *f;* **avere una bella** ~ ein flinkes Mundwerk haben

parlare [par'la:re] *vi* sprechen; ~ **con le mani** mit den Händen sprechen; ~ **a gesti** sich mit Zeichen verständigen; ~ **tra sé e sé** Selbstgespräche führen; ~ **a vanvera** unüberlegt daherreden; **per non** ~ **di** ganz zu schweigen von; **non se ne parli più** Schwamm drüber

parlata [par'la:ta] *f* Redeweise *f;* **parlato, -a** [par'la:to] *agg* (*linguaggio*) gesprochen; **parlatore, -trice** [parla'to:re] *m, f* guter Redner, gute Rednerin

parlatorio [parla'tɔ:rio] <-i> *m* Besuchszimmer *n*

parlottare [parlot'ta:re] *vi* tuscheln

Parma ['parma] *f Stadt in Emilia Romagna*

parmigiana [parmi'dʒa:na] *f Gericht mit Parmesan und Tomatensoße;* ~ **di melanzane** *Auberginenauflauf*

parmigiano [parmi'dʒa:no] *m* Parmesankäse *m*

Bereits im Mittelalter wurde der bekannteste italienische Hartkäse, der **Parmigiano Reggiano**, im westlichen Teil der heutigen italienischen Region Emilia-Romagna hergestellt. Um die offizielle Bezeichnung Parmigiano Reggiano Dop zu erhalten, müssen die zwischen 25 und 40 kg schweren Käse bis zu drei Jahren in Formen reifen.

parodia [paro'di:a] <-ie> *f* Parodie *f;* **parodiare** [paro'dia:re] *vt* parodieren; **parodistico, -a** [paro'distiko] <-ci, -che> *agg* parodistisch

parola [pa'rɔ:la] *f* Wort *n;* ~ **chiave** Schlüsselwort *n;* **-e (in)crociate** Kreuzworträtsel *n;* **giro di -e** Umschreibung *f;* **in una** ~ kurz gesagt; ~ **per** ~ Wort für Wort; **nel vero senso della** ~ im wahrsten Sinne des Wortes; **rivolgere la** ~ **a qu** jdn ansprechen; ~ **d'onore** Ehrenwort *n;* **essere di** ~ sein Wort halten; **credere a qu sulla** ~ jdm aufs Wort glauben; **parolaccia** [paro'lattʃa] <-cce> *f* Schimpfwort *n;* **paroliere, -a** [paro'liɛ:re] *m, f* Texter(in) *m(f)*

parossismo [paros'sizmo] *m* Paroxysmus *m*

parotite [paro'ti:te] *f* Mumps *m*

parquet [par'kɛ] <-> *m* Parkett *n*

parricida [parri'tʃi:da] <-i *m*, -e *f*> *mf* Vatermörder(in) *m(f);* **parricidio** [parri'tʃi:dio] <-i> *m* Vatermord *m*

parrocchia [par'rɔkkia] <-ie> *f* Pfarrei *f;* **parrocchiale** [parrok'kia:le] *agg* Pfarr-; **parrocchiano, -a** [parrok'kia:no] *m, f* Mitglied *n* einer Pfarrgemeinde; **parroco** ['parroko] <-ci> *m* Pfarrer *m*

parrucca [par'rukka] <-cche> *f* Perücke *f;* **parrucchiere, -a** [parruk'kiɛ:re] *m, f* (Damen)friseur *m*, -friseuse *f;* **parrucchino** [parruk'ki:no] *m* (Herren)perücke *f*

parsimonia [parsi'mɔ:nia] *f* Sparsamkeit *f;* **parsimonioso, -a** [parsimo'nio:so] *agg* sparsam

parso ['parso] *pp di* **parere**[1]

parte ['parte] *f* **1.** (*pezzo, settore*) Teil *n;* **-i di ricambio** Ersatzteile *npl;* **-i intime** Intimzonen *fpl;* **in** ~ zum Teil; **far** ~ **di qc** zu etw gehören; **prendere** ~ **a qc** an etw *dat* teilnehmen **2.** (*lato*) Seite *f;* (*direzione*) Richtung *f;* **a** ~ getrennt, extra; **da** ~ **di** von; **d'altra** ~ andererseits; **mettere da** ~ (*metter via*) beiseite legen; **non sapere da che** ~ **voltarsi** (*fig*) weder ein noch aus wissen; **essere dalla** ~ **del torto** im Unrecht sein; **fatti da** ~**!** (*fam*) geh zur Seite! **3.** (*luogo*) Gegend *f;* **da queste -i** hier in der Gegend **4.** (*frazione*) Seite *f* **5.** (THEAT) Rolle *f;* (MUS) Partie *f*

partecipante [partetʃi'pante] **I.** *mf* Teilnehmer(in) *m(f)* **II.** *agg* Teilnehmer-; **partecipare** [partetʃi'pa:re] *vi* ~ **a qc** an etw *dat* teilnehmen; ~ **al dolore/alla gioia di qu** jds Schmerz/Freude teilen; **partecipazione** [partetʃipat'tsio:ne] *f* **1.** (*di matrimonio*) Anzeige *f* **2.** (*intervento*) Teilnahme *f* **3.** (*interessamento*) Anteilnahme *f* **4.** (COM) Beteiligung *f;* **partecipe** [par'te:tʃipe] *agg* **essere** ~ **di qc** an etw *dat* teilnehmen

parteggiare [parted'dʒa:re] *vi* ~ **per qu/qc** für jdn/etw Partei nehmen

partenza [par'tɛntsa] *f* Abreise *f;* **in** ~ abreisend; **punto di** ~ (*a fig*) Ausgangspunkt *m*

parterre [par'tɛ:r] <-> *m* (THEAT) Parterre *n*

particella [parti'tʃɛlla] *f* Partikel *f*

participiale [partitʃi'pa:le] *agg* (LING) Partizipial-; **participio** [parti'tʃi:pio] <-i> *m*

P

(LING) Partizip *n*

particola [par'tiːkola] *f* Partikel *f*

particolare [partiko'laːre] **I.** *m* Detail *n;* **fin nei minimi -i** bis in die letzten Einzelheiten **II.** *agg* besondere(r, s); **particolareggiare** [partikolared'dʒaːre] *vt* ausführlich erzählen; **particolareggiato**, **-a** [partikolared'dʒaːto] *agg* ausführlich; **particolarismo** [partikola'rizmo] *m* Partikularismus *m;* **particolarista** [partikola'rista] <-i *m*, -e *f*> *mf* (POL) Partikularist(in) *m(f);* **particolaristico**, **-a** [partikola'ristiko] <-ci, -che> *agg* partikularistisch

partigiano, **-a** [parti'dʒaːno] *m, f* Partisan(in) *m(f)*

partire [par'tiːre] *vi* abreisen; (*con l'aereo*) abfliegen; (*con il treno*) abfahren; ~ **per Napoli** nach Neapel abreisen; ~ **per le vacanze** in die Ferien fahren; ~ **in quarta** (*fam*) loslegen; ~ **è un po' morire** (*prov*) Scheiden tut weh

partita [par'tiːta] *f* **1.** (SPORT) Spiel *n;* **fare una ~ a carte/scacchi** eine Partie Karten/Schach spielen; **andare alla ~** zum Fußballspiel gehen; **dare ~ vinta a qu** jdm gegenüber nachgeben **2.** (COM) Partie *f;* ~ **semplice/doppia** (COM) einfache/doppelte Buchführung

partitico, **-a** [par'tiːtiko] <-ci, -che> *agg* Partei-; **partitismo** [parti'tizmo] *m* Parteienwirtschaft *f*

partitivo, **-a** [parti'tiːvo] *agg* partitiv

partito [par'tiːto] *m* **1.** (POL) Partei *f;* **prendere ~ per qu** für jdn Partei ergreifen **2.** (*risoluzione*) Entschluss *m;* **per ~ preso** aus Voreingenommenheit; **partitocrazia** [partitokrat'tsiːa] *f* (POL: *pej*) Parteienherrschaft *f*

partitore [parti'toːre] *m* Teiler *m*

partitura [parti'tuːra] *f* Partitur *f*

partizione [partit'tsioːne] *f* (INFORM) Partition *f*

partner ['partner] <-> *mf* Partner(in) *m(f)*

parto ['parto] *m* Entbindung *f;* **partoriente** [parto'riɛnte] *f* Gebärende *f;* **partorire** [parto'riːre] <partorisco> *vt* gebären

part-time [paːt'taim] **I.** <inv> *agg* Teilzeit- **II.** <-> *m* Teilzeitarbeit *f*

party ['paːti] <-> *m* Party *f*

parure [pa'ryːr] <-> *f* Garnitur *f*

parvenu [parvə'ny] <-> *mf* Neureiche(r) *f(m)*

parvenza [par'vɛntsa] *f* (An)schein *m*

parvi ['parvi] *1. pers sing pass rem di* **parere**[1]

parziale [par'tsiaːle] *agg* **1.** (*non totale*) Teil- **2.** (*arbitro*) parteiisch

parziario, **-a** [par'tsiaːrio] <-i, -ie> *agg* Teil-

pascià [paʃ'ʃa] <-> *m* Pascha *m*

pascolare [pasko'laːre] *vt, vi* weiden; **pascolo** ['paskolo] *m* Weide *f*

Pasqua ['paskua] *f* Ostern *n;* **essere contento come una ~** sich wie ein Schneekönig freuen; **pasquale** [pas'kuaːle] *agg* Oster-; **pasquetta** [pas'kuetta] *f* Ostermontag *m*

> Der Ostermontag trägt zwar in Italien den offiziellen Namen **Lunedì dell'Angelo** (Engelsmontag), ist aber im Volksmund überwiegend als Pasquetta bekannt. An diesem Frühlingstag machen viele Italiener Ausflüge ins Grüne.

passabile [pas'saːbile] *agg* annehmbar

passaggio [pas'saddʒo] <-ggi> *m* **1.** (*il passar davanti*) Vorbeigehen *n* **2.** (*il passare attraverso*) Durchgehen *n;* **essere di ~** auf der Durchfahrt sein; **vietato il ~** Durchgang verboten; ~ **a livello** Bahnübergang *m* **3.** (*traffico*) Verkehr *m;* **dare un ~ a qu** jdm eine Mitfahrgelegenheit anbieten **4.** (*strada*) Durchgang *m;* ~ **pedonale** Fußgängerüberweg *m* **5.** (*fig: cambiamento*) Übergang *m;* ~ **di proprietà** Eigentumsübertragung *f* **6.** (LIT: *brano*) Passage *f*

passamontagna [passamon'taɲɲa] <-> *m* Windhaube *f*

passante [pas'sante] *mf* Passant(in) *m(f)*

passaporto [passa'pɔrto] *m* (Reise)pass *m*

passare [pas'saːre] **I.** *vi* **1.** (*attraversare*) ~ **per** gehen durch; (*veicoli*) fahren durch; ~ **da** fahren über; ~ **per la mente** durch den Sinn gehen **2.** (*venire*) ~ **da qu** bei jdm vorbeikommen; ~ **a prendere qu** jdn abholen kommen **3.** (*trascorrere*) vergehen **4.** (*cessare*) vorübergehen; (*dolore*) vergehen; ~ **di moda** aus der Mode kommen; **passo e chiudo** Ende der Durchsage **5.** (*scolaro*) versetzt werden **6.** (*essere considerato*) ~ **per bello** als schön gelten **7.** (*nei giochi*) passen **II.** *vt* **1.** (*attraversare*) überqueren **2.** (*sorpassare*) überholen **3.** (GASTR) passieren **4.** (*porgere*) reichen **5.** (*patire*) durchmachen; **pas-**

sarsela male (*fam*) schlechte Zeiten durchmachen **6.** (*notizia*) weitergeben **7.** (*tempo*) verbringen **8.** (*esame*) bestehen **9.** (TEL) verbinden (mit); **mi può passare la signora Maier?** können Sie mich mit Frau Maier verbinden?; **passata** [pas'sa:ta] *f* **1.** (*scorsa*) Überfliegen *n;* **dare una ~ al giornale** einen Blick in die Zeitung werfen **2.** (*di straccio*) Darüberwischen *n*

passatempo [passa'tɛmpo] *m* Zeitvertreib *m*

passato [pas'sa:to] *m* Vergangenheit *f*

passato, -a *agg* **1.** (*trascorso*) vergangen; (*settimana*) vorige(r, s) **2.** (GASTR) passiert

passatutto [passa'tutto] <-> *m* Passiermaschine *f;* **passaverdura** [passaver'du:ra] <-> *m* Passiermaschine *f*

passeggero, -a [passed'dʒɛ:ro] **I.** *agg* vorübergehend **II.** *m, f* Reisende(r) *f(m)*

passeggiare [passed'dʒa:re] *vi* spazieren (gehen); **passeggiata** [passed'dʒa:ta] *f* Spaziergang *m;* **fare una ~** spazieren gehen; **passeggiatrice** [passeddʒa'tri:tʃe] *f* (*eufemismo*) Strichmädchen *n;* **passeggino** [passed'dʒi:no] *m* Kinderwagen *m;* **passeggio** [pas'seddʒo] <-ggi> *m* Spaziergang *m;* **andare a ~** spazieren gehen

passe-partout [paspar'tu] <-> *m* Hauptschlüssel *m*

passerella [passe'rɛlla] *f* Steg *m*

passero, -a ['passero] *m, f* Spatz *m*

passibile [pas'si:bile] *agg* **~ di** (JUR) strafbar mit

passino [pas'si:no] *m* (*fam*) Sieb *n*

passionale [passio'na:le] *agg* leidenschaftlich; **passionalità** [passionali'ta] <-> *f* Leidenschaftlichkeit *f;* **passione** [pas'sio:ne] *f* **1.** (*sofferenza*) Schmerz *m* **2.** (*amore*) Leidenschaft *f*

passività [passivi'ta] <-> *f* Passivität *f*

passivo [pas'si:vo] *m* **1.** (LING) Passiv *n* **2.** (COM) Passiva *pl;* **chiudere in ~** mit Verlust abschließen

passivo, -a *agg* passiv

passo ['passo] *m* **1.** (*movimento*) Schritt *m;* **andare al ~** im Schritttempo fahren; **fare due** [*o* **quattro**] **-i** (*fig*) sich *dat* die Beine vertreten; **fare il ~ più lungo della gamba** (*fig*) sich überfordern; **tornare sui propri -i** (denselben Weg) zurückgehen; **essere a pochi -i** wenige Schritte entfernt sein; **e via di questo ~** (*fam*) und so weiter und so fort **2.** (LIT) (Text)stelle *f* **3.** (MUS) Passage *f* **4.** (*passaggio*) **~ carrabile** Einfahrt *f* **5.** (*valico*) Pass *m*

password ['pa:swə:d] <-> *f* (INFORM) Passwort *n*

pasta ['pasta] *f* **1.** (*impasto*) Teig *m;* **~ sfoglia** Blätterteig *m;* **~ frolla** Mürb(e)teig *m* **2.** (*alimentare*) Nudeln *fpl* **3.** (*dolce*) (Fein)gebäck *n,* Bäckerei *f A* **4.** (*fig: indole*) Wesen *n;* **essere della stessa ~** aus dem gleichen Holz geschnitzt sein

> Bereits in der Antike wurden Frischnudeln aus Mehl, Wasser und Salz hergestellt. Erst im Mittelalter, während der arabischen Herrschaft in Sizilien, fing man an, den Nudelteig zu trocknen und zu lagern, was zur schlagartigen Verbreitung der **pasta** zuerst innerhalb Italiens und dann weltweit führte. Dutzende von Pastasorten sind heute bekannt, selbstverständlich spaghetti und maccheroni, aber auch penne, tubetti, lumaconi, conchiglie, bucatini, fusilli,capelli d'angelo, rigatoni, linguine, ziti, vermicelli u. v. a. m.

pastasciutta [pastaʃ'ʃutta] *f* Nudelgericht *n*

pasteggiare [pasted'dʒa:re] *vi* speisen

pastello [pas'tɛllo] *m* (*per dipingere*) Pastellfarbe *f;* (*matita*) Pastellstift *m*

pasticca [pas'tikka] <-cche> *f* Pastille *f*

pasticceria [pastittʃe'ri:a] <-ie> *f* Konditorei *f*

pasticciare [pastit'tʃa:re] *vt* hinhauen *fam;* **pasticciato, -a** [pastit'tʃa:to] *agg* *mit Tomaten, Fleischsoße und Käse überbacken*

pasticciere, -a [pastit'tʃɛ:re] *m, f* Feinbäcker(in) *m(f),* Zuckerbäcker(in) *m(f) A;* **pasticcino** [pastit'tʃi:no] *m* Feingebäck *n,* Bäckerei *f A*

pasticcio [pas'tittʃo] <-cci> *m* **1.** (GASTR) Pastete *f;* **~ di fegato d'oca** Gänseleberpastete *f;* **~ di maccheroni** Makkaroniauflauf *m* **2.** (*fam: caos*) (schöne) Bescherung *f;* **mettersi nei -cci** (*fam*) sich in die Nesseln setzen; **pasticcione, -a** [pastit'tʃo:ne] *m, f* (*fam: confusionario*) Wirrkopf *m*

pastificio [pasti'fi:tʃo] <-ci> *m* Teigwarenfabrik *f*

pastiglia [pas'tiʎʎa] <-glie> *f* Tablette *f*

pastina [pas'ti:na] *f* (*in brodo*) Suppennudeln *fpl*

pasto ['pasto] *m* Mahlzeit *f;* **vino da ~** Tafelwein *m;* **saltare il ~** eine Mahlzeit auslassen

pastore, **-a** [pas'to:re] *m, f* Hirte, Hirtin *m, f;* **pastorizia** [pasto'rittsia] <-ie> *f* Viehzucht *f*

pastorizzare [pastorid'dza:re] *vt* pasteurisieren; **pastorizzazione** [pastoriddzat'tsio:ne] *f* Pasteurisation *f*

pastosità [pastosi'ta] <-> *f* Teigigkeit *f*

pastrano [pas'tra:no] *m* dicker Mantel

pastrocchio [pas'trɔkkio] <-cchi> *m* (*fam*) Kuddelmuddel *m o n*

patacca [pa'takka] <-cche> *f* **1.** (*fam: distintivo*) billiger Orden **2.** (*fam: macchia*) Fleck *m*

patata [pa'ta:ta] *f* Kartoffel *f,* Erdapfel *m A;* **-e fritte** Pommes frites *pl;* **-e lesse** Salzkartoffeln *fpl*

patatrac [pata'trak] <-> *m* Einsturz *m*

patema [pa'tɛ:ma] <-i> *m* Kummer *m*

patente [pa'tɛnte] *f* (ADM) Genehmigung *f;* (*di guida*) Führerschein; **prendere la ~ di guida** den Führerschein machen

paternale [pater'na:le] *f* Strafpredigt *f*

paternalismo [paterna'lizmo] *m* (POL) Paternalismus *m*

paternità [paterni'ta] <-> *f* Vaterschaft *f;* **paterno**, **-a** [pa'tɛrno] *agg* väterlich

patetico, **-a** [pa'tɛ:tiko] <-ci, -che> *agg* pathetisch

pathos ['pa:tos] *m* Pathos *n*

patibolo [pa'ti:bolo] *m* Schafott *n*

patimento [pati'mento] *m* Leiden *n*

patina ['pa:tina] *f* (dünne) Schicht *f*

patire [pa'ti:re] <patisco> **I.** *vt* (er)leiden **II.** *vi* leiden; **patito**, **-a** [pa'ti:to] **I.** *agg* abgemagert **II.** *m, f* Fan *m*

patologia [patolo'dʒi:a] <-gie> *f* Pathologie *f;* **patologico**, **-a** [pato'lɔ:dʒiko] <-ci, -che> *agg* (MED) pathologisch

patria ['pa:tria] <-ie> *f* Heimat *f*

patriarca [patri'arka] <-chi> *m* Patriarch *m*

patrigno [pa'triɲɲo] *m* Stiefvater *m*

patrimoniale [patrimo'nia:le] *agg* Vermögens-; **patrimonio** [patri'mɔ:nio] <-i> *m* (COM) Vermögen *n*

patriota [patri'ɔ:ta] <-i *m*, -e *f*> *mf* Patriot(in) *m(f);* **patriottico**, **-a** [patri'ɔttiko] <-ci, -che> *agg* patriotisch; **patriottismo** [patriot'tizmo] *m* Patriotismus *m*

patriziato [patrit'tsia:to] *m* Patriziat *n*

patrocinare [patrotʃi'na:re] *vt* unterstützen

patronato [patro'na:to] *m* Patronat *n;* **patrono**, **-a** [pa'trɔ:no] *m, f* Schutzpatron(in) *m(f)*

patteggiare [patted'dʒa:re] **I.** *vt* aushandeln **II.** *vi* verhandeln

pattinaggio [patti'naddʒo] <-ggi> *m* (*a rotelle*) Rollschuhlaufen *n;* (*su ghiaccio*) Eislaufen *n;* (*in linea*) Inline-Skating *n;* **pattinare** [patti'na:re] *vi* (*a rotelle*) Rollschuh laufen; (*su ghiaccio*) Schlittschuh laufen; **pattinatore**, **-trice** [pattina'to:re] *m, f* (*a rotelle*) Rollschuhläufer(in) *m(f);* (*su ghiaccio*) Eisläufer(in) *m(f);* **pattino** ['pattino] *m* (*a rotelle*) Rollschuh *m;* (*da ghiaccio*) Schlittschuh *m;* **-i in linea** Inline-Skater *mpl*

patto ['patto] *m* Vereinbarung *f;* **scendere a -i con qu** mit jdm übereinkommen; **Patto Atlantico** Atlantisches Bündnis; **~ di non aggressione** Nichtangriffspakt *m;* **a ~ che ...** +*conj* unter der Bedingung, dass ...

pattuglia [pat'tuʎʎa] <-glie> *f* Patrouille *f;* **~ di ricognizione** Spähtrupp *m;* **pattugliare** [pattuʎ'ʎa:re] *vi* patrouillieren

pattume [pat'tu:me] *m* Müll *m;* **pattumiera** [pattu'miɛ:ra] *f* Abfalleimer *m*

paura [pa'u:ra] *f* Angst *f;* **una ~ del diavolo** eine Höllenangst; **avere ~ di qc/qu** Angst vor etw/jdm haben; **aver ~ che ...** +*conj* befürchten, dass ...; **pauroso**, **-a** [pau'ro:so] *agg* **1.** (*spaventoso*) Angst erregend **2.** (*timoroso*) ängstlich

pausa ['pa:uza] *f* Pause *f*

Pavia *f Stadt in der Lombardei*

pavimentare [pavimen'ta:re] *vt* (*stanza*) (mit Fußboden) belegen; (*strada*) pflastern; **pavimento** [pavi'mento] *m* Fußboden *m*

pavone [pa'vo:ne] *m* Pfau *m;* **fare il ~** (*fig*) sich brüsten *fam;* **pavoneggiarsi** [pavoned'dʒarsi] *vr* sich aufplustern *fam*

pazientare [pattsien'ta:re] *vi* sich gedulden; **paziente** [pat'tsiɛnte] **I.** *agg* geduldig **II.** *mf* Patient(in) *m(f);* **pazienza** [pat'tsiɛntsa] *f* Geduld *f;* **~!** (*fam*) da kann man nichts machen!

pazzesco, **-a** [pat'tsesko] <-schi, -sche> *agg* verrückt; **pazzia** [pat'tsi:a] <-ie> *f* **1.** (MED) Wahnsinn *m* **2.** (*azione*) Verrücktheit *f;* **pazzo**, **-a** ['pattso] **I.** *agg* (MED) wahnsinnig; **essere ~ da legare** vollkommen verrückt sein; **essere innamorato ~ di qu** wahnsinnig in jdn verliebt sein; **darsi alla -a gioia** sich ins Vergnügen stürzen **II.** *m, f* (MED) Wahnsinnige(r) *f(m)*

p.c. *abbr di* **per conoscenza** z.K.

PC <-> *m abbr di* **personal computer** PC *m*

P.C.I. *m* (HIST) *abbr di* **Partito Comunista Italiano** *ehemalige kommunistische Partei Italiens*

PDS *m abbr di* **Partito Democratico della Sinistra** *sozialistisch-kommunistische Partei Italiens*

pecca ['pɛkka] <-cche> *f* Fehler *m*

peccaminoso, -a [pekkami'no:so] *agg* sündig; **peccare** [pek'ka:re] *vi* sündigen; **~ di presunzione/leggerezza** überheblich/leichtsinnig sein; **peccato** [pek'ka:to] *m* Sünde *f;* **che ~!** wie schade!; **peccatore, -trice** [pekka'to:re] **I.** *agg* sündig **II.** *m, f* Sünder(in) *m(f)*

pece ['pe:tʃe] *f* Pech *n;* **nero come la ~** pechschwarz

pechinese [peki'ne:se] *agg* aus Peking; **cane ~** Pekinese *m;* **Pechino** [pe'ki:no] *f* Peking *n*

pecora ['pɛ:kora] *f* (ZOO) Schaf *n;* **~ nera** (*fig*) schwarzes Schaf

pecorino [peko'ri:no] *m* Schaf(s)käse *m*

peculiare [peku'lia:re] *agg* charakteristisch; **peculiarità** [pekuliari'ta] <-> *f* Besonderheit *f*

pecuniario, -a [peku'nia:rio] <-i, -ie> *agg* Geld-

pedaggio [pe'daddʒo] <-ggi> *m* Straßengebühr *f;* **~ autostradale** Autobahngebühr *f*

pedagogia [pedago'dʒi:a] <-gie> *f* Pädagogik *f;* **pedagogico, -a** [peda'gɔ:dʒiko] <-ci, -che> *agg* Erziehungs-

pedalare [peda'la:re] *vi* in die Pedale treten; **pedale** [pe'da:le] *m* Pedal *n;* **~ del freno/dell'acceleratore** Brems-/Gaspedal *n*

pedalò [peda'lo] <-> *m* Tretboot *n*

pedana [pe'da:na] *f* **1.** (*struttura*) Fußbrett *n* **2.** (SPORT) Sprungbrett *n*

pedante [pe'dante] **I.** *agg* pedantisch **II.** *m, f* Pedant(in) *m(f)*

pedata [pe'da:ta] *f* **1.** (*calcio*) Fußtritt *m;* **prendere qu a -e** jdn mit Fußtritten traktieren **2.** (*impronta*) Fußabdruck *m*

pederasta [pede'rasta] <-i> *m* Päderast *m*

pediatra [pe'dia:tra] <-i *m*, -e *f*> *mf* Kinderarzt *m*, -ärztin *f;* **pediatria** [pedia'tri:a] <-ie> *f* Kinderheilkunde *f*

pedicure [pedi'ku:re] <-> *f* Fußpflege *f*

pediluvio [pedi'lu:vio] <-i> *m* Fußbad *n*

pedina [pe'di:na] *f* (*da gioco*) Spielstein *m*

pedinare [pedi'na:re] *vt* bespitzeln

pedonale [pedo'na:le] *agg* Fußgänger-; **zona ~** Fußgängerzone *f;* **strisce -i** Zebrastreifen *m,* Schutzweg *m A;* **pedone** [pe'do:ne] *m* Fußgänger *m*

peggio ['pɛddʒo] *comparativo di* **male**[1] **I.** *avv* schlechter; **andare di male in ~** immer schlimmer werden; **tanto ~ per lui!** (*fam*) um so schlimmer für ihn! **II.** <inv> *agg* schlimmer **III.** <-> *m o f* Schlimmste(s) *n;* **aver la ~** den Kürzeren ziehen; **peggioramento** [peddʒora'mento] *m* Verschlechterung *f;* **peggiorare** [peddʒo'ra:re] **I.** *vt* verschlechtern **II.** *vi* sich verschlechtern

peggiorativo [peddʒora'ti:vo] *m* Pejorativum *n*

peggiore [ped'dʒo:re] **I.** *comparativo di* **cattivo, -a** schlechter **II.** *superlativo di* **cattivo, -a** schlechteste(r, s)

pegno ['peɲɲo] *m* Pfand *n*

pelandrone, -a [pelan'dro:ne] *m, f* (*fam*) Faulpelz *m*

pelare [pe'la:re] *vt* **1.** (*sbucciare*) schälen **2.** (*tagliare a zero*) kahl scheren; **pelata** [pe'la:ta] *f* **1.** (*calvizie*) Glatze *f* **2.** (*il pelare*) Enthaaren *n;* **pelato** [pe'la:to] *m* **1.** (*calvo*) Glatzkopf *m fam* **2.** *gener al pl* (GASTR) geschälte Tomate

pellame [pel'la:me] *m* Leder *n*

pelle ['pɛlle] *f* **1.** (*cute*) Haut *f;* **avere la ~ dura** (*fig*) ein dickes Fell haben; **avere la ~ d'oca** (*fig*) eine Gänsehaut haben; **esser (ridotto) ~ ed ossa** nur noch Haut und Knochen sein **2.** (*pellame*) Leder *n;* **~ di daino/camoscio** Hirsch-/Wildleder *n* **3.** (*vita*) **amici per la ~** Busenfreunde *mpl;* **salvar la ~** mit heiler Haut davonkommen **4.** (*buccia*) Schale *f*

pellegrinaggio [pellegri'naddʒo] <-ggi> *m* Wallfahrt *f;* **pellegrino, -a** [pelle'gri:no] *m, f* Pilger(in) *m(f)*

pellerossa [pelle'rossa] <pellirosse> *mf* Rothaut *f*

pellicano [pelli'ka:no] *m* Pelikan *m*

pellicceria [pellittʃe'ri:a] <-ie> *f* Pelz(waren)geschäft *n;* **pelliccia** [pel'littʃa] <-cce> *f* Fell *n;* (*indumento*) Pelz(mantel)

P

m; ~ **ecologica** Webpelz *m*
pellicola [pel'li:kola] *f* Film *m*
pelo ['pɛ:lo] *m* Haar *n;* **per un** ~ (*fam fig*) um ein Haar …; **non avere -i sulla lingua** (*fig*) kein Blatt vor den Mund nehmen; **cercare il** ~ **nell'uovo** (*fig*) ein Haar in der Suppe finden; **peloso, -a** [pe'lo:so] *agg* behaart
peluche [pə'luʃ] <-> *m* Plüsch *m*
peluria [pe'lu:ria] <-ie> *f* Flaum *m*
pena ['pe:na] *f* **1.** (*punizione*) Strafe *f;* ~ **capitale** Todesstrafe *f;* ~ **pecuniaria** Geldstrafe *f* **2.** (*sofferenza*) Leid(en) *n;* **-e d'amore** Liebeskummer *m;* **fare** ~ **a qu** jdm Leid tun **3.** (*fatica*) Anstrengung *f;* **a mala** ~ mit knapper Not; **valere la** ~ der Mühe wert sein
penale [pe'na:le] **I.** *agg* Straf-; **il codice** ~ das Strafgesetzbuch **II.** *f* Strafe *f;* **penalista** [pena'lista] <-i *m,* -e *f*> *mf* Strafrechtler(in) *m(f)*
penare [pe'na:re] *vi* leiden
pen computer [pɛn kom'piuter] <-> *m* (INFORM) Palmcomputer *m*
pendant [pã'dã] <-> *m* Pendant *n*
pendente [pen'dɛnte] *agg* schief; **la torre** ~ der schiefe Turm (von Pisa); **pendere** ['pɛndere] *vi* schief stehen
pendici [pen'di:tʃi] *fpl* (Ab)hang *m;* **pendio** [pen'di:o] <-ii> *m* **1.** (*pendenza*) Gefälle *n* **2.** (*luogo*) (Ab)hang *m*
pendola ['pɛndola] *f* Pendeluhr *f*
pendolare I. *agg* (*moto*) Pendel- **II.** *mf* Pendler(in) *m(f)*
pendolarismo [pendola'rizmo] *m* Pendelbewegung *f*
pendolino [pendo'li:no] *m* (FERR) *ital. Hochgeschwindigkeitszug*
pendolo ['pɛndolo] *m* Pendel *n*
pene ['pɛ:ne] *m* Penis *m*
penetrante [pene'trante] *agg* penetrant
penetrare [pene'tra:re] *vi* eindringen; **penetrazione** [penetrat'tsio:ne] *f* Penetration *f*
penicillina [penitʃil'li:na] *f* Penizillin *n*
peninsulare [peninsu'la:re] *agg* Halbinsel-; **penisola** [pe'ni:zola] *f* Halbinsel *f*
penitente [peni'tɛnte] *agg* büßend; **penitenza** [peni'tɛntsa] *f* Buße *f*
penitenziario [peniten'tsia:rio] <-i> *m* Gefängnis *n*
penna ['penna] *f* **1.** (ZOO) Feder *f* **2.** (*per scrivere*) Stift *m* **3.** *pl* (GASTR) *kurze Makkaroni;* **pennarello** [penna'rɛllo] *m* Filzstift *m*
pennellata [pennel'la:ta] *f* Pinselstrich *m;* **pennello** [pen'nɛllo] *m* Pinsel *m;* ~ **da barba** Rasierpinsel *m;* **a** ~ (*fig*) haargenau
pennino [pen'ni:no] *m* (Schreib)feder *f*
penombra [pe'nombra] *f* Halbschatten *m*
penoso, -a [pe'no:so] *agg* **1.** (*che dà pena*) leidvoll **2.** (*imbarazzante*) peinlich
pensare [pen'sa:re] **I.** *vt* **1.** denken an +*acc;* **cosa stai pensando?** woran denkst du? **2.** (*figurarsi*) sich vorstellen **II.** *vi* **1.** (*riflettere*) denken; ~ **su qc** über etw *acc* nachdenken **2.** (*provvedere*) ~ **a qc** an etw *acc* denken; **ci penso io** ich kümmere mich darum; **pensa ai fatti tuoi** kümmere dich um deine Angelegenheiten **3.** (*credere*) meinen; **penso che …** +*conj* ich glaube, dass …; **io non la penso così** ich bin anderer Meinung;
pensata [pen'sa:ta] *f* Einfall *m*
pensierino [pensie'ri:no] *m* **1.** (*pensiero allettante*) verführerischer Gedanke; **farci un** ~ etw in Erwägung ziehen **2.** (*fam: piccolo dono*) kleine Aufmerksamkeit **3.** (*composizione scolastica*) kurzer (Übungs)aufsatz
pensiero [pen'siɛ:ro] *m* **1.** Gedanke *m* **2.** (*opinione*) Meinung *f* **3.** (*ansia*) Sorge *f;* **stare in** ~ **per qu/qc** in Sorge um jdn/wegen etw sein **4.** (*dottrina*) Lehre *f;* **pensieroso, -a** [pensie'ro:so] *agg* nachdenklich
pensile ['pɛnsile] *agg* hängend
pensilina [pensi'li:na] *f* (Bahnsteig)überdachung *f*
pensionamento [pensiona'mento] *m* Pensionierung *f;* **pensionare** [pensio'na:re] *vt* pensionieren
pensionato [pensio'na:to] *m* Pensionat *n*
pensionato, -a I. *agg* pensioniert **II.** *m, f* Rentner(in) *m(f)*
pensione [pen'sio:ne] *f* **1.** (*albergo, alloggio*) Pension *f;* ~ **completa** Vollpension *f;* **mezza** ~ Halbpension *f* **2.** (*rendita*) Pension *f;* **andare in** ~ in Pension gehen
pensoso, -a [pen'so:so] *agg* nachdenklich
pentagono [pen'ta:gono] *m* Fünfeck *n;* **il Pentagono** das Pentagon
pentagramma [penta'gramma] <-i> *m* Notenliniensystem *n*
pentathlon ['pɛntatlon] <-> *m* Fünfkampf *m*
Pentecoste [pente'kɔste] *f* Pfingsten *n*
pentimento [penti'mento] *m* Reue *f;* **pentirsi** [pen'tirsi] *vr* ~ **di qc** etw bereuen

pentola ['pentola] *f* (Koch)topf *m;* ~ **a pressione** Schnellkochtopf *m*

penultimo, -a [pe'nultimo] **I.** *agg* vorletzte(r, s) **II.** *m, f* Vorletzte(r) *f(m)*

penuria [pe'nu:ria] <-ie> *f* Mangel *m*

penzolare [pendzo'la:re] *vi* herabhängen; **penzoloni** [pendzo'lo:ni] *avv* (herab)hängend

pepare [pe'pa:re] *vt* mit Pfeffer würzen; **pepe** ['pe:pe] *m* Pfeffer *m;* ~ **bianco/nero** weißer/schwarzer Pfeffer; ~ **in grani** Pfefferkörner *npl*

peperonata [pepero'na:ta] *f Gericht aus gedünsteten Paprikaschoten;* **peperoncino** [peperon'tʃi:no] *m* kleine Pfefferschote; **peperone** [pepe'ro:ne] *m* Paprika *m*

per [per] **I.** *prp* **1.** (*scopo*) für +*acc;* ~ **iscritto** schriftlich; ~ **esempio** zum Beispiel **2.** (*locale*) durch +*acc,* nach +*acc,* in +*acc;* (*su*) auf +*acc;* **passare** ~ **Firenze** durch Florenz fahren; **partire** ~ **Londra** nach London (ab)reisen **3.** (*temporale*) während *gen,* ... *acc* lang; ~ **domani** bis morgen; ~ **ora** im Augenblick **4.** (*per mezzo*) mit +*dat;* **spedire** ~ **posta** mit der Post schicken **5.** (*causa*) wegen +*gen;* ~ **caso** zufällig; ~ **ciò** deshalb; ~ **quale motivo?** aus welchem Grund?; ~ **quello** [*o* **questo**] deshalb **6.** (MAT) mal; **tre** ~ **tre** drei mal drei; **il tre** ~ **cento** drei Prozent **II.** *cong* **1.** +*conj* (*concessivo*) so (auch) **2.** +*inf* (*finale, consecutivo*) um zu +*inf* **3.** +*inf* (*causale*) da

pera ['pe:ra] *f* **1.** (*frutto*) Birne *f* **2.** (*sl: dose di eroina*) **farsi una** ~ sich *dat* einen Schuss setzen

peraltro [pe'raltro] *avv* übrigens

perbenismo [perbe'nizmo] *m* (*pej*) kleinbürgerliche Moralvorstellung

percento [per'tʃɛnto] <-> *m* Prozent *n;* **percentuale** [pertʃentu'a:le] **I.** *agg* prozentual **II.** *f* Prozentsatz *m*

percepire [pertʃe'pi:re] <percepisco> *vt* **1.** (*ricevere*) bekommen **2.** (*sentire*) wahrnehmen

perché [per'ke] **I.** *avv* warum **II.** *cong* **1.** (*causale*) weil **2.** +*conj* (*consecutivo*) als dass +*conj*

perciò [per'tʃɔ] *cong* deshalb

percorrere [per'korrere] <irr> *vt* durchstreifen

percorso [per'korso] *m* **1.** (*via*) Weg *m* **2.** (INFORM) Pfad *m*

percossa [per'kɔssa] *f* Schlag *m;* **percuotere** [per'kuɔ:tere] <percuoto, percossi, percosso> *vt* schlagen

percussione [perkus'sio:ne] *f* Schlag *m;* **strumenti a** ~ Perkussionsinstrumente *npl*

perdente [per'dɛnte] **I.** *agg* verlierend **II.** *mf* Verlierer(in) *m(f);* **perdere** ['pɛrdere] <perdo, persi, perso> **I.** *vt* **1.** (*cessare di avere*) verlieren; ~ **la vita** ums Leben kommen; ~ **qu di vista** jdn aus den Augen verlieren; ~ **la testa/pazienza** (*fig*) den Kopf/die Geduld verlieren **2.** (*treno*) verpassen **3.** (*acqua*) auslaufen (lassen) **II.** *vi* **1.** (*colare*) lecken **2.** (*avere la peggio*) verlieren **3.** (*rimetterci*) einbüßen **4.** (*loc*) **lasciar** ~ es sein lassen; **vuoto a** ~ Einwegflasche *f* **III.** *vr* **-rsi** sich verlaufen; **-rsi d'animo** den Mut verlieren; **-rsi in un bicchier d'acqua** nicht einmal die einfachsten Sachen bewältigen

perdigiorno [perdi'dʒorno] <-> *mf* Tagedieb *m*

perdinci [per'dintʃi] *int* (*fam*) mein Gott

perdita ['pɛrdita] *f* **1.** Verlust *m;* **essere in** ~ im Minus sein **2.** (*fuga*) Austreten *n;* **a** ~ **d'occhio** so weit das Auge reicht

perditempo [perdi'tɛmpo] <-> **I.** *m* (*fam*) Zeitverschwendung *f* **II.** *mf* (*fam*) Taugenichts *m*

perdizione [perdit'tsio:ne] *f* Ruin *m;* **luogo di** ~ Lasterhöhle *f*

perdonare [perdo'na:re] *vi* verzeihen; **perdono** [per'do:no] *m* Vergebung *f*

perdurare [perdu'ra:re] *vi* andauern

peregrinazione [peregrinat'tsio:ne] *f* Umherziehen *n*

perenne [pe'rɛnne] *agg* **1.** (*neve*) ewig **2.** (BOT) mehrjährig

peretta [pe'retta] *f* **1.** (EL) Schnurschalter *m* **2.** (MED) Klistier *n*

perfettamente [perfetta'mente] *avv* sehr gut

perfetto, -a [per'fɛtto] *agg* perfekt

perfezionamento [perfettsiona'mento] *m* Vervollkommnung *f;* **corso di** ~ Fortbildungskurs *m;* **perfezionare** [perfettsio'na:re] **I.** *vt* vollenden **II.** *vr* **-rsi in qc** sich auf etw *acc* spezialisieren; **perfezione** [perfet'tsio:ne] *f* Vollkommenheit *f;* **perfezionismo** [perfettsio'nizmo] *m* Perfektionismus *m;* **perfezionista** [perfettsio'nista] <-i *m,* -e *f*> *mf* Perfektionist(in) *m(f)*

perfido, **-a** ['pɛrfido] *agg* heimtückisch
perfino [per'fi:no] *avv* sogar
perforante [perfo'rante] *agg* durchbohrend; **perforare** [perfo'ra:re] *vt* durchbohren; **perforatore** [perfora'to:re] *m* Locher *m;* **perforatrice** [perfora'tri:tʃe] *f* (INFORM) Locher *m*
performance [pə'fɔ:məns] <-> *f* Leistung *f*
pergamena [perga'mɛ:na] *f* Pergament *n*
pergola ['pɛrgola] *f* Pergola *f;* **pergolato** [pergo'la:to] *m* Laube *f*
pericolante [periko'lante] *agg* einsturzgefährdet
pericolo [pe'ri:kolo] *m* Gefahr *f;* ~ **di morte** Lebensgefahr *f;* **essere fuori** ~ außer Gefahr sein; **correre** ~ Gefahr laufen; **pericolosità** [perikolosi'ta] <-> *f* Gefährlichkeit *f;* **pericoloso**, **-a** [periko'lo:so] *agg* gefährlich
periferia [perife'ri:a] <-ie> *f* Stadtrand *m;* **periferica** [peri'fɛ:rika] <-che> *f* (INFORM) periphere Einheit; **periferico**, **-a** [peri'fɛ:riko] <-ci, -che> *agg* Außen-
perifrasi [pe'ri:frazi] <-> *f* Periphrase *f*
perimetro [pe'ri:metro] *m* (MAT) Umfang *m*
periodicità [perioditʃi'ta] <-> *f* Periodizität *f*
periodico [pe'riɔ:diko] <-ci> *m* Zeitschrift *f*
periodico, **-a** <-ci, -che> *agg* periodisch
periodo [pe'ri:odo] *m* **1.** (*tempo*) Periode *f*, Zeit *f;* ~ **di aspettativa** Wartezeit *f;* ~ **di incubazione** Inkubationszeit *f;* ~ **di prova** Probezeit *f* **2.** (LING) Satzgefüge *n*
perire [pe'ri:re] <perisco> *vi* (*poet*) umkommen
periscopio [peris'kɔ:pio] <-i> *m* Periskop *n*
perito, **-a** [pe'ri:to] **I.** *m, f* Sachverständige(r) *f(m);* ~ **agrario/chimico/industriale** Absolvent *m* einer Fachoberschule für Landwirtschaft/Chemie/Industrie **II.** *agg* **1.** (*morto*) tot **2.** (*competente*) sachverständig
peritonite [perito'ni:te] *f* Bauchfellentzündung *f*
perizia [pe'rittsia] <-ie> *f* **1.** (*abilità*) Gewandtheit *f* **2.** (*giudizio*) Gutachten *n*
perla ['pɛrla] *f* (*a fig*) Perle *f*
perlustrare [perlus'tra:re] *vt* durchsuchen; **perlustrazione** [perlustrat'tsio:ne] *f* Durchsuchung *f*
permalosità [permalosi'ta] <-> *f* Überempfindlichkeit *f;* **permaloso**, **-a** [perma'lo:so] *agg* überempfindlich
permanente [perma'nɛnte] **I.** *agg* Dauer- **II.** *f* Dauerwelle *f;* **permanenza** [perma'nɛntsa] *f* Aufenthalt *m;* **permanere** [perma'ne:re] <permango, permasi, permaso> *vi* bleiben
permeabile [perme'a:bile] *agg* durchlässig; **permeabilità** [permeabili'ta] <-> *f* Durchlässigkeit *f*
permesso [per'messo] *m* Erlaubnis *f;* ~ **di soggiorno** Aufenthaltsgenehmigung *f;* ~ **di lavoro** Arbeitserlaubnis *f;* ~ **di caccia/pesca** Jagd-/Angelschein *m;* **permettere** [per'mettere] <irr> **I.** *vt* erlauben; ~ **a qu di fare qc** jdm erlauben, etw zu tun; (**è**) **permesso?** gestatten Sie? **II.** *vr* **-rsi 1.** (*concedersi*) sich leisten **2.** (*prendersi la libertà*) sich erlauben; **come si permette!** was fällt Ihnen ein?
permissivismo [permissi'vizmo] *m* Permissivität *f*
permuta ['pɛrmuta] *f* Tausch *m;* **permutare** [permu'ta:re] *vt* umtauschen
pernice [per'ni:tʃe] *f* Rebhuhn *n*
pernottamento [pernotta'mento] *m* Übernachtung *f;* **pernottare** [pernot'ta:re] *vi* übernachten
pero ['pe:ro] *m* Birnbaum *m*
però [pe'rɔ] *cong* aber
perpendicolare [perpendiko'la:re] **I.** *agg* senkrecht **II.** *f* Senkrechte *f*
perpetuo, **-a** [per'pɛ:tuo] *agg* ewig
perplessità [perplessi'ta] <-> *f* Ratlosigkeit *f;* **perplesso**, **-a** [per'plɛsso] *agg* unschlüssig
perquisire [perkui'zi:re] <perquisisco> *vt* durchsuchen; **perquisizione** [perkuizit'tsio:ne] *f* Durchsuchung *f;* **mandato di** ~ Durchsuchungsbefehl *m*
persecutore, **-trice** [perseku'to:re] **I.** *m, f* Verfolger(in) *m(f)* **II.** *agg* unterdrückend; **persecutorio**, **-a** [perseku'tɔ:rio] <-i, -ie> *agg* Verfolgungs-; **persecuzione** [persekut'tsio:ne] *f* Verfolgung *f;* **mania di** ~ Verfolgungswahn *m*
perseguibile [perse'gui:bile] *agg* strafbar
perseguire [perse'gui:re] *vt* verfolgen
perseguitare [persegui'ta:re] *vt* verfol-

gen; **perseguitato, -a** [persegui'ta:to] **I.** *agg* verfolgt **II.** *m, f* Verfolgte(r) *f(m)*; **i -i politici** die politisch Verfolgten *mpl*

perseveranza [perseve'rantsa] *f* Hartnäckigkeit *f*; **perseverare** [perseve'ra:re] *vi* ~ **in qc** auf etw *dat* beharren

persi ['pɛrsi] *1. pers sing pass rem di* **perdere**

Persia ['pɛrsia] *f* Persien *n*

persiana [per'sia:na] *f* Fensterladen *m*

persiano, -a I. *agg* Perser- **II.** *m, f* Perser(in) *m(f)*; **persico, -a** ['pɛrsiko] <-ci, -che> *agg* **1.** (GEOG) persisch; **il Golfo Persico** der Persische Golf **2.** (ZOO) **pesce** ~ Flussbarsch *m*

persino [per'si:no] *avv* sogar

persistente [persis'tɛnte] *agg* andauernd; **persistenza** [persis'tɛntsa] *f* Beharrlichkeit *f*; **persistere** [per'sistere] <persisto, persistetti, persistito> *vi* ~ **in qc** auf etw *dat* beharren

perso ['pɛrso] *pp di* **perdere**

persona [per'so:na] *f* Person *f*; (*al plurale*) Leute *pl*; **di** ~ persönlich; ~ **fisica/giuridica** natürliche/juristische Person

personaggio [perso'naddʒo] <-ggi> *m* **1.** (*persona importante*) Persönlichkeit *f* **2.** (LIT) Figur *f* **3.** (*tipo strano*) Figur *f*

personale [perso'na:le] **I.** *agg* persönlich; (LING) Personal- **II.** *m* Personal *n*; ~ **di volo/servizio** Flug-/Dienstpersonal *n*; ~ **qualificato** Fachpersonal *n*; **personalità** [personali'ta] <-> *f* Persönlichkeit *f*; **personalizzare** [personalid'dza:re] *vt* persönlich gestalten; **personalizzato, -a** [personalid'dza:to] *agg* personalisiert; **personalmente** [personal'mente] *avv* persönlich; **personificare** [personifi'ka:re] *vt* verkörpern; **personificazione** [personifikat'tsio:ne] *f* Personifizierung *f*

perspicace [perspi'ka:tʃe] *agg* scharfsinnig; **perspicacia** [perspi'ka:tʃa] <-cie> *f* Scharfsinn *m*

persuadere [persua'de:re] <persuado, persuasi, persuaso> **I.** *vt* überzeugen **II.** *vr* **-rsi** sich überzeugen

persuasione [persua'zio:ne] *f* Überzeugung *f*; **persuasivo, -a** [persua'zi:vo] *agg* überzeugend; **persuaso** [persu'a:zo] *pp di* **persuadere**

pertanto [per'tanto] *cong* deshalb

pertica ['pɛrtika] <-che> *f* Stange *f*

pertinace [perti'na:tʃe] *agg* (*poet*) hartnäckig

pertinente [perti'nɛnte] *agg* zugehörig; **la risposta non è** ~ **al tema** die Antwort geht am Thema vorbei; **pertinenza** [perti'nɛntsa] *f* Zuständigkeit *f*; **essere di** ~ **di qu** in jds Zuständigkeit fallen

pertosse [per'tosse] *f* Keuchhusten *m*

perturbazione [perturbat'tsio:ne] *f* **1.** (METEO) Störung *f* **2.** (FIN) Krise *f*

Perù [pe'ru] *m* Peru *n*

Perugia *f Hauptstadt von Umbrien*

peruviano, -a [peru'via:no] **I.** *agg* peruanisch **II.** *m, f* Peruaner(in) *m(f)*

pervadere [per'va:dere] <pervado, pervasi, pervaso> *vt* (*poet*) durchdringen

pervenire [perve'ni:re] <irr> *vi* ankommen; **far** ~ (ADM) zukommen lassen

perversione [perver'sio:ne] *f* Perversion *f*; **perverso, -a** [per'vɛrso] *agg* verdorben; **pervertito, -a** [perver'ti:to] **I.** *agg* pervers **II.** *m, f* Perverse(r) *f(m)*

pervicace [pervi'ka:tʃe] *agg* (*poet*) hartnäckig

p. es. *abbr di* **per esempio** z. B.

pesa ['pe:sa] *f* Waage *f*

pesante [pe'sante] *agg* **1.** (*che pesa*) schwer **2.** (*faticoso*) mühsam **3.** (*a fig: gioco*) hart; **pesantezza** [pesan'tettsa] *f* Schwere *f*; (*di movimento*) Schwerfälligkeit *f*; ~ **di stomaco** Völlegefühl *n*

pesare [pe'sa:re] **I.** *vt* (ab)wiegen **II.** *vi* **1.** (*avere un peso*) wiegen **2.** (*gravare*) ~ **su qc** etw belasten

Pesaro *f Stadt in den Marken*

pesca[1] ['pɛska] <-sche> *f* (*frutto*) Pfirsich *m*; ~ **noce** Nektarine *f*

pesca[2] ['peska] <-sche> *f* Fischfang *m*; ~ **subacquea** Unterwasserfischerei *f*; **canna da** ~ Angelrute *f*

Pescara *f Stadt in den Abruzzen*

pescare [pes'ka:re] *vt* **1.** (*pesci*) angeln **2.** (*fig: prendere a caso*) herausgreifen **3.** (*sorprendere*) erwischen; ~ **qu con le mani nel sacco** (*fam*) jdn auf frischer Tat ertappen; **pescatore, -trice** [peska'to:re] **I.** *m, f* Fischer(in) *m(f)* **II.** *agg* (ZOO) **martin** ~ Eisvogel *m*

pesce ['peʃʃe] *m* **1.** (ZOO) Fisch *m*; ~ **d'acqua dolce** Süßwasserfisch *m*; ~ **di mare** Seefisch *m*; ~ **d'aprile** (*fam*) Aprilscherz *m*; **non sapere che -i prendere**

P

(*fam*) nicht wissen, was man tun soll; **chi dorme non piglia -i** (*prov*) man muss sich schon anstrengen **2.** (ASTR) **sono** (**dei**) **Pesci** ich bin (ein) Fisch

Der **Pesce d'aprile** (Aprilfisch) entspricht dem Aprilscherz am Ersten des besagten Monats. Sein Name kommt von dem Papierfisch, den man auf den Rücken der Person klebte, über die man sich lustig machte. Heutzutage werden an diesem Tag alle Arten von Streichen gespielt.

pescecane [peʃʃe'ka:ne] <pescicani> *m* (ZOO) Hai(fisch) *m*

peschereccio [peske'rettʃo] <-cci> *m* Fischkutter *m;* **pescheria** [peske'ri:a] <-ie> *f* Fischmarkt *m*

pescheto [pes'ke:to] *m* Pfirsichgarten *m*

peschiera [pes'kiɛ:ra] *f* Fischteich *m*

pescicani *pl di* **pescecane**

pesciera [peʃ'ʃɛ:ra] *f* Fisch(koch)topf *m*

pescivendolo, **-a** [peʃʃi've:ndolo] *m, f* Fischverkäufer(in) *m(f)*

pesco ['pɛsko] <-schi> *m* Pfirsichbaum *m*

pescoso, **-a** [pes'ko:so] *agg* fischreich

pesista [pe'sista] <-i *m*, -e *f*> *mf* Gewichtheber(in) *m(f);* **pesistica** [pe'sistika] <-che> *f* Gewichtheben *n*

peso ['pe:so] *m* **1.** Gewicht *n;* (*oggetto*) Last *f;* ~ **lordo/netto** Brutto-/Nettogewicht *n;* ~ **massimo/medio** (SPORT) Schwer-/Mittelgewicht *n;* **eccedenza di** ~ Übergewicht *n* **2.** (*disagio*) Belastung *f;* **avere un** ~ **sullo stomaco** ein Schweregefühl im Magen haben **3.** (SPORT: *attrezzo*) Kugel *f;* **sollevamento -i** Gewichtheben *n*

pessimismo [pessi'mizmo] *m* Pessimismus *m;* **pessimista** [pessi'mista] <-i *m*, -e *f*> **I.** *mf* Pessimist(in) *m(f)* **II.** *agg* pessimistisch

pessimo, **-a** ['pɛssimo] *agg superlativo di* **cattivo, -a** sehr schlecht; **di** ~ **gusto** geschmacklos

pestare [pes'ta:re] *vt* **1.** (*calpestare*) zertreten **2.** (*picchiare*) (ver)prügeln

peste[1] ['pɛste] *f* **1.** (MED) Pest *f* **2.** (*fig: persona*) Plage *f;* **dire** ~ **e corna di qu** (*fam*) an jdm kein gutes Haar lassen

peste[2] ['peste] *fpl* (*orme*) Spuren *fpl*

pestello [pes'tɛllo] *m* Stößel *m*

pestifero, **-a** [pes'ti:fero] *agg* schlimm

pestilenza [pesti'lɛntsa] *f* Pestilenz *f obs*

pesto ['pesto] *m Soße aus Öl, Basilikum, Knoblauch, Käse und Pinienkernen*

pesto, **-a** *agg* **1.** (*ossa*) zerschlagen **2.** (*fig: buio*) stockdunkel

pestone [pes'to:ne] *m* (*fam*) Fußtritt *m*

petalo ['pɛ:talo] *m* Blütenblatt *n*

petizione [petit'tsio:ne] *f* Petition *f*

peto ['pe:to] *m* (*vulg*) Furz *m*

petro(l)chimica [petro(l)'ki:mika] <-che> *f* Petrochemie *f;* **petro(l)dollari** [petro(l)'dɔllari] *mpl* Petrodollars *mpl*

petroliera [petro'liɛ:ra] *f* (Öl)tanker *m;* **petrolifero**, **-a** [petro'li:fero] *agg* Erdöl-; **industria -a** Mineralölindustrie *f;* **petrolio** [pe'trɔ:lio] *m* Erdöl *n;* ~ **grezzo** Rohöl *n;* **estrazione del** ~ Erdölförderung *f*

pettegolare [pettego'la:re] *vi* klatschen *fam;* **pettegolezzo** [pettego'leddzo] *m* Klatsch *m;* **pettegolo**, **-a** [pe'te:golo] **I.** *agg* klatschsüchtig **II.** *m, f* Klatschmaul *n fam*

pettinare [petti'na:re] **I.** *vt* kämmen **II.** *vr* **-rsi** sich kämmen; **pettinato**, **-a** *agg* gekämmt; **pettinatrice** [pettina'tri:tʃe] *f* Friseuse *f;* **pettinatura** [pettina'tu:ra] *f* Frisur *f*

pettine ['pɛttine] *m* Kamm *m*

petting ['pɛtiŋ] <-> *m* Petting *n*

pettirosso [petti'rosso] <-i> *m* Rotkehlchen *n*

petto ['pɛtto] *m* **1.** (ANAT) Brust *f;* **a un/doppio** ~ ein-/zweireihig **2.** (*fig: cuore*) Herz *n;* **mettersi una mano sul** ~ (*fig*) die Hand aufs Herz legen

pettorale [petto'ra:le] *m* Brustblatt *n;* **pettorina** [petto'ri:na] *f* (Brust)latz *m*

petulante [petu'lante] *agg* überheblich; **petulanza** [petu'lantsa] *f* Überheblichkeit *f*

petunia [pe'tu:nia] <-ie> *f* Petunie *f*

pezza ['pɛttsa] *f* **1.** (*di tessuto*) Ballen *m* **2.** (*toppa*) Flicken *m;* **mettere una** ~ **a qc** (*fig*) etw wieder gutmachen **3.** (*cencio*) Lappen *m;* **trattare qu come una** ~ **da piedi** (*fam*) jdn wie (den letzten) Dreck behandeln

pezzente [pet'tsɛnte] *mf* Bettler(in) *m(f)*

pezzo ['pɛttso] *m* **1.** (*parte*) Stück *n;* **un** ~ **di formaggio** ein Stück Käse; **un servizio da tavola di 48 -i** ein 48teiliges Tafelservice; **un** ~ **raro** ein seltenes Stück **2.** (*abito*) **un due -i** ein Bikini *m* **3.** (*fig: tempo*) Weile *f;* **è un** ~ **che non ci vediamo** wir haben uns

schon eine ganze Weile nicht mehr gesehen **4.** (*loc*) **un ~ grosso** ein großes Tier *fam;* **un bel ~ di ragazza** ein gut aussehendes Mädchen
pH [pi'akka] <-> *m* pH-Wert *m*
piaccio ['piattʃo] *1. pers sing pr di* **piacere**[1]
piacente [pia'tʃɛnte] *agg* einnehmend
Piacenza *f Stadt in Emilia-Romagna*
piacere[1] [pia'tʃe:re] <piaccio, piacqui, piaciuto> *vi essere* gefallen; (*cibi*) schmecken; **mi piace nuotare** ich schwimme gern
piacere[2] *m* **1.** (*soddisfazione*) Gefallen *n* **2.** (*divertimento*) Vergnügen *n;* **~!** angenehm!; **~ di conoscerla!** es freut mich, Sie kennen zu lernen!; **con ~** mit Vergnügen **3.** (*favore*) Gefallen *m;* **fare un ~ a qu** jdm einen Gefallen tun; **ma mi faccia il ~!** aber ich bitte Sie!; **per ~** bitte
piacevole [pia'tʃe:vole] *agg* angenehm
piacimento [piatʃi'mento] *m* **a ~** nach Belieben
piaciuto [pia'tʃu:to] *pp di* **piacere**[1]
piacqui ['piakkui] *1. pers sing pass rem di* **piacere**[1]
piadina [pia'di:na] *f* (Teig)fladen *m*
piaga ['pia:ga] <-ghe> *f* **1.** (MED) Wunde *f* **2.** (*fig: danno*) Plage *f* **3.** (*fam: persona noiosa*) Quälgeist *m*
piagnisteo [piaɲɲis'tɛ:o] *m* Gejammer *n;* **piagnone, -a** [piaɲ'ɲo:ne] *m, f* Heulsuse *f;* **piagnucolare** [piaɲɲuko'la:re] *vi* wimmern
pialla ['pialla] *f* Hobel *m;* **piallare** [pial'la:re] *vt* (ab)hobeln; **piallatrice** *f* Hobelmaschine *f*
piana ['pia:na] *f* Ebene *f*
pianeggiante [pianed'dʒante] *agg* flach
pianerottolo [piane'rɔttolo] *m* Treppenabsatz *m*
pianeta [pia'ne:ta] <-i> *m* (ASTR) Planet *m*
piangente [pian'dʒɛnte] *agg* weinerlich; **salice ~** Trauerweide *f*
piangere ['piandʒere] <piango, piansi, pianto> *vi* weinen; **~ di gioia/dolore/rabbia** vor Freude/Schmerz/Wut weinen; **~ sul latte versato** (*fam fig*) unnütze Tränen vergießen; **mi piange il cuore** mir blutet das Herz
pianificabile [pianifi'ka:bile] *agg* planbar; **pianificabilità** [pianifikabilili'ta] <-> *f* Planbarkeit *f;* **pianificare** [pianifi'ka:re] *vt* planen; **pianificazione** [pianifikat'tsio:ne] *f* Planung *f;* **~ familiare** Familienplanung *f*
pianista [pia'nista] <-i *m*, -e *f*> *mf* Klavierspieler(in) *m(f);* **pianistico, -a** [pia'nistiko] <-ci, -che> *agg* pianistisch
piano[1] ['pia:no] *m* **1.** (*livello*) Stufe *f;* **passare in secondo ~** (*fig*) in den Hintergrund treten **2.** (*superficie*) Fläche *f;* **~ inclinato** schiefe Ebene **3.** (*di edificio*) Stockwerk *n;* **abitare al primo ~** im ersten Stock wohnen **4.** (*progetto*) Plan *m* **5.** (MUS) Klavier *n*
piano[2] *avv* **1.** (*adagio*) langsam; **pian(o) ~** allmählich; **chi va ~, va sano e va lontano** (*prov*) eile mit Weile **2.** (*a bassa voce*) leise; **fate ~!** seid leise!
piano, -a *agg* eben
pianobar [piano'bar] <-> *m* Tanzlokal *n* mit Livemusik
pianoforte [piano'fɔrte] *m* Klavier *n;* **~ a coda** Flügel *m*
pianoterra [piano'tɛrra] <-> *m* Erdgeschoss *n*
piansi ['piansi] *1. pers sing pass rem di* **piangere**
pianta ['pianta] *f* **1.** (BOT) Pflanze *f* **2.** (*piede*) Sohle *f* **3.** (*disegno*) Plan *m;* (*carta topografica*) Karte *f* **4.** (*loc*) **inventare qc di sana ~** etw völlig aus der Luft greifen
piantagione [pianta'dʒo:ne] *f* Plantage *f*
piantagrane [pianta'gra:ne] <-> *mf* (*fam*) Haarspalter(in) *m(f)*
piantare [pian'ta:re] *vt* **1.** (AGR) pflanzen **2.** (*conficcare*) (ein)schlagen **3.** (*fig: lasciare*) im Stich lassen; **piantala!** (*fam*) hör auf (damit)!; **piantatore, -trice** [pianta'to:re] *m, f* (AGR) Pflanzer(in) *m(f)*
pianterreno [pianter're:no] *m* Erdgeschoss *n*
pianto[1] ['pianto] *m* Weinen *n*
pianto[2] *pp di* **piangere**
piantonare [pianto'na:re] *vt* bewachen
pianura [pia'nu:ra] *f* Ebene *f*
piastra ['piastra] *f* Platte *f*
piastrella [pias'trɛlla] *f* Kachel *f;* **piastrellare** [piastrel'la:re] *vt* kacheln; **piastrellista** [piastrel'lista] <-i *m*, -e *f*> *mf* Fliesenleger(in) *m(f)*
piastrina [pias'tri:na] *f* (BIOL) Blutplättchen *n*
piattaforma [piatta'forma] <piatteforme> *f* Plattform *f*

P

piattello [piat'tɛllo] *m* Tontaube *f;* **tiro al ~** Tontaubenschießen *n*

piattezza [piat'tettsa] *f* Plattheit *f*

piattino [piat'tiːno] *m* Untertasse *f*

piatto ['piatto] *m* **1.** (*recipiente*) Teller *m;* **~ fondo/piano** tiefer/flacher Teller **2.** (GASTR) Gericht *n;* **primo ~** erster Gang; **~ del giorno** Tagesgericht *n* **3.** *pl* (MUS) Becken *npl*

piatto, -a *agg* flach

piattola ['piattola] *f* (*fam: persona noiosa*) Nervensäge *f*

piazza ['piattsa] *f* **1.** (*area*) Platz *m;* **fare ~ pulita** (*fig*) reinen Tisch machen **2.** (*posto*) Platz *m;* **letto ad una ~** Einzelbett *n* **3.** (COM) Markt *m* **4.** (*fig: gente*) Menge *f;* **mettere in ~** an die große Glocke hängen

piazzaffari [piattsaf'faːri] *f Mailänder Börse*

piazzaforte [piattsa'fɔrte] <piazzeforti> *f* Festung *f*

piazzale [piat'tsaːle] *m* (großer) Platz *m*

piazzamento [piattsa'mento] *m* Platzierung *f*

piazzare [piat'tsaːre] **I.** *vt* aufstellen **II.** *vr* **-rsi** sich platzieren; **piazzata** [piat'tsaːta] *f* (*fam*) Szene *f;* **piazzato, -a** [piat'tsaːto] *agg* **1.** (SPORT) platziert **2.** (*corpulento*) korpulent

piazzeforti *pl di* **piazzaforte**

piazzola [piat'tsɔːla] *f* Ausweichstelle *f;* **~ di servizio** Servicestation *f;* **~ di sosta** Rastplatz *m*

picca ['pikka] <-cche> *f* **1.** (*puntiglio*) Trotz *m* **2.** *pl* (*di carte da gioco*) Pik *n*

piccante [pik'kante] *agg* (GASTR) scharf

picchettaggio [pikket'taddʒo] <-ggi> *m* Streikposten *m;* **picchetto** [pik'ketto] *m* **1.** (*paletto*) Pflock *m* **2.** (*scioperanti*) Streikposten *mpl*

picchiare [pik'kiaːre] *vt* **1.** (*battere*) schlagen **2.** (*bussare*) klopfen; **~ un colpo alla porta** an die Tür klopfen

picchiata [pik'kiaːta] *f* **1.** (AERO) Sturzflug *m* **2.** (*colpo*) Schlag *m*

picchiatello, -a [pikkia'tɛllo] **I.** *agg* (*fam*) verrückt **II.** *m, f* (*fam*) Sonderling *m*

picchiatore, -trice [pikkia'toːre] *m, f* Schläger(in) *m(f)*

picchiettare [pikkiet'taːre] *vi* (*picchiare*) klopfen; (*pioggia*) trommeln

picchio ['pikkio] <-cchi> *m* **1.** (ZOO) Specht *m* **2.** (*colpo*) Schlag *m*

piccino, -a [pit'tʃiːno] **I.** *agg* winzig **II.** *m, f* (*bambino*) kleines Kind

picciolo [pit'tʃɔːlo] *m* (Blatt)stängel *m*

piccionaia [pittʃo'naːia] <-aie> *f* Taubenschlag *m;* **piccioncino, -a** [pittʃon'tʃiːno] *m, f* (*fam*) Turteltaube *f;* **piccione** [pit'tʃoːne] *m* Taube *f;* **~ viaggiatore** Brieftaube *f;* **tiro al ~** Tontaubenschießen *n;* **pigliare due -i con una fava** (*fig*) zwei Fliegen mit einer Klappe schlagen

picco ['pikko] <-cchi> *m* Gipfel *m;* **a ~** senkrecht, steil

piccolezza [pikko'lettsa] *f* Belanglosigkeit *f;* **piccolo, -a** ['pikkolo] <minore, minimo> **I.** *agg* **1.** klein; **~ borghese** Spießer *m;* **~ imprenditore** Kleinunternehmer *m;* **in ~** in kleinem Maßstab **2.** (*giovane*) jung; **fin da ~** von klein auf **II.** *m, f* **1.** (*bambino*) Kleine(r, s) *mfn* **2.** (ZOO) Junge(s) *n* **3.** (*loc*) **nel mio ~** in meinen bescheidenen Verhältnissen

piccone [pik'koːne] *m* (Spitz)hacke *f;* **piccozza** [pik'kɔttsa] *f* (Kreuz)hacke *f*

picnic [pik'nik] <-> *m* Picknick *n*

pidiessino, -a [pidies'siːno] *agg* der PDS

pidocchio [pi'dɔkko] <-cchi> *m* (ZOO) Laus *f;* **pidocchioso, -a** [pidok'kioːso] *agg* **1.** (*pieno di pidocchi*) verlaust **2.** (*fig*) geizig

piè [piɛ] *m* **a ~ (di) pagina** in der Fußnote

pied-à-terre [pieta'tɛːr] <-> *m* Zweitwohnung *f*

piede ['piɛːde] *m* **1.** (ANAT) Fuß *m;* **andare a -i** zu Fuß gehen; **essere in -i** stehen; **essere tra i -i** (*fam*) im Weg sein; **tenere in -i** (*fig*) aufrecht erhalten; **mettere in -i qc** (*fig*) etw auf die Beine stellen; **puntare i -i** auf seiner Meinung beharren; **avere tutti ai propri -i** alle zu seinen Füßen liegen haben; **fatto coi -i** (*fam*) stümperhaft gemacht; **a -i nudi** barfuß; **da capo a -i** von Kopf bis Fuß; **su due -i** (*fig*) augenblicklich; **ai -i della montagna** am Fuß der Berge **2.** (LIT) Versfuß *m*

piedino [pi'diːno] *m* Pressenotiz *f;* **fare (il) ~** fußeln

piedipiatti [piedi'piatti] <-> *m* (*sl*) Bulle *m*

piedistallo [piedis'tallo] *m* Sockel *m*

piega ['piɛːga] <-ghe> *f* Falte *f;* **non fare una ~** (*fig*) haargenau stimmen

piegamento [piega'mento] *m* **1.** (*piegatura*) Biegen *n* **2.** (SPORT) (Knie-/Rumpf)beuge *f;* **piegare** [pie'ga:re] **I.** *vt* **1.** (*curvare*) biegen **2.** (*ripiegare*) (zusammen)falten **II.** *vr* **-rsi 1.** (*fig: arrendersi*) sich ergeben **2.** (*incurvarsi*) sich beugen; **piegatura** [piega'tu:ra] *f* Falten *n*

pieghettare [pieget'ta:re] *vt* plissieren; **pieghettatura** [piegetta'tu:ra] *f* Fälteln *n*

pieghevole [pie'ge:vole] *agg* Klapp-

Piemonte [pie'monte] *m* Piemont *m*

piena ['piɛ:na] *f* Hochwasser *n;* **essere in ~** Hochwasser haben

pieno ['piɛ:no] *m* **1.** (*materia*) voller Teil **2.** (*colmo*) Höhepunkt *m;* **nel ~ dell'estate/inverno/della notte** mitten im Sommer/im Winter/in der Nacht **3.** (AUTO) voller Tank; **fare il ~** voll tanken

pieno, -a *agg* **1.** (*colmo*) voll; **~ zeppo** (*fam*) gerammelt voll **2.** (*massiccio*) massig **3.** (*completo*) vollständig; **luna -a** Vollmond *m;* **in ~** (*completamente*) vollständig; **sbagliare in ~** (sich) gründlich irren; **in ~ giorno** am hellichten Tag; **in ~ inverno** im tiefsten Winter; **essere ~ di invidia** voller Neid sein; **essere ~ di sé** von sich *dat* eingenommen sein

pienone [pie'no:ne] *m* (*fam*) Gedränge *n*

piercing ['pi:rsing] <-> *m* Piercing *n*

pietà [pie'ta] <-> *f* Mitleid *n;* **avere ~ di qu** mit jdm Mitleid haben

pietanza [pie'tantsa] *f* Gericht *n*

pietoso, -a [pie'to:so] *agg* barmherzig

pietra ['piɛ:tra] *f* Stein *m;* **età della ~** Steinzeit *f;* **porre la prima ~** (*a fig*) den Grundstein legen; **scagliare la prima ~** (*fig*) den ersten Stein werfen; **mettere una ~ sopra qc** (*fig*) Gras über etw *acc* wachsen lassen; **avere un cuore di ~** ein Herz aus Stein haben; **pietrificare** [pietrifi'ka:re] *vt* versteinern

pietrina [pie'tri:na] *f* Feuerstein *m*

pietrisco [pie'trisko] <-schi> *m* Splitt *m*

pietroso, -a [pie'tro:so] *agg* steinig

pifferaio [piffe'ra:io] <-ai> *m* Schalmeienspieler *m;* **piffero** ['piffero] *m* Pfeife *f*

pigiama [pi'dʒa:ma] <-i> *m* Schlafanzug *m*

pigia pigia ['pi:dʒa 'pi:dʒa] <-> *m* (dichtes) Gedränge *n*

pigiatura [pidʒa'tu:ra] *f* Keltern *n*

pigione [pi'dʒo:ne] *f* (ADM) Miete *f*

pigliare [piʎ'ʎa:re] *vt* (*fam*) **~ qc** sich *dat* etw schnappen; **pigliarle** Prügel kriegen

piglio ['piʎʎo] *m* Fassen *n*

pigmentazione [pigmentat'tsio:ne] *f* Pigmentierung *f;* **pigmento** [pig'mento] *m* Pigment *n*

pigna ['piɲɲa] *f* Pinienzapfen *m*

pignoleria [piɲɲole'ri:a] <-ie> *f* Kleinlichkeit *f;* **pignolo, -a I.** *agg* pedantisch **II.** *m, f* Pedant(in) *m(f)*

pignoramento [piɲɲora'mento] *m* Pfändung *f;* **pignorare** [piɲɲo'ra:re] *vt* (JUR) pfänden

pigolare [pigo'la:re] *vi* piep(s)en; **pigolio** [pigo'li:o] <-ii> *m* Piep(s)en *n*

pigrizia [pi'grittsia] <-ie> *f* Faulheit *f;* **pigro, -a** ['pi:gro] **I.** *agg* faul **II.** *m, f* Faulenzer(in) *m(f);* **pigrone, -a** [pi'gro:ne] *m, f* (*fam*) Faulpelz *m,* Tachinierer *m A*

P.I.L. [pil] *abbr di* **Prodotto Interno Lordo** BIP

pila ['pi:la] *f* **1.** (EL) Batterie *f* **2.** (*serie*) Reihe *f* **3.** (*fam: lampadina tascabile*) Taschenlampe *f*

pilastro [pi'lastro] *m* (ARCH) (Wand)pfeiler *m;* **essere il ~ della famiglia** (*fig*) die Stütze der Familie sein

pillola ['pillola] *f* (MED) Pille *f;* (*anticoncezionale*) (Antibaby)pille *f;* **la ~ del giorno dopo** die Pille danach

pilone [pi'lo:ne] *m* (ARCH) (Stütz)pfeiler *m*

pilota[1] <-i *m,* -e *f*> *mf* (AERO) Pilot(in) *m(f);* (AUTO) (Renn)fahrer(in) *m(f)*

pilota[2] <inv> *agg* **1.** (*guida*) Pilot- **2.** (*sperimentale*) Pilot-

pilotare [pilo'ta:re] *vt* **1.** (*automobile*) steuern; (*nave*) lotsen; (*aereo*) fliegen **2.** (*fig*) führen

pimpante [pim'pante] *agg* lebhaft

pinacoteca [pinako'tɛ:ka] <-che> *f* Pinakothek *f*

pinco ['piŋko] <-chi> *m* **~ pallino** (*fam*) irgendwer

pineta [pi'ne:ta] *f* Pinienwald *m*

ping-pong [piŋg 'pɔŋg] <-> *m* Tischtennis *n*

pingue ['piŋgue] *agg* dick; **pinguedine** [piŋ'guɛ:dine] *f* Fettleibigkeit *f*

pinguino [piŋ'gui:no] *m* Pinguin *m*

pinna ['pinna] *f* Flosse *f*

pinnacolo [pin'na:kolo] *m* (ARCH) Fiale *f*

pino ['pi:no] *m* (BOT) Kiefer *f*

pinolo [pi'nɔ:lo] *m* Pinienkern *m*

pinza ['pintsa] *f* (TEC) Zange *f;* **pinzare** [pin'tsa:re] *vt* stechen; **pinzatura** [pintsa'tu:ra] *f* Stich *m;* **pinzetta** [pin'tsetta] *f* Pinzette *f*

pinzimonio [pintsi'mɔ:nio] <-i> *m Salatsoße aus Öl, Pfeffer u Salz*

pio, **-a** ['pi:o] <pii, pie> *agg* barmherzig

pioggerella [pioddʒe'rɛlla] *f* Sprühregen *m;* **pioggia** ['piɔddʒa] <-gge> *f* Regen *m;* **-gge acide** saurer Regen; ~ **fine/fitta/scrosciante** leichter/heftiger/prasselnder Regen; ~ **mista a neve** Schneeregen *m;* **stagione delle -gge** Regenzeit *f*

piolo ['piɔ:lo] *m* **1.** (*legnetto*) Holzpflock *m* **2.** (*di scala*) (Holz)sprosse *f*

piombare [piom'ba:re] **I.** *vi* (*cadere dall'alto*) herunterfallen **II.** *vt* versiegeln

piombatura [piomba'tu:ra] *f* (*di dente*) Füllung *f;* **piombo** ['piombo] *m* (CHEM) Blei *n;* **pesare come il** ~ schwer wie Blei sein; **andare coi piedi di** ~ (*fig*) auf der Hut sein; **senza** ~ bleifrei; **a** ~ senkrecht

pioniere [pio'niɛ:re] *m* Pionier *m*

pioppeto [piop'petto] *m* Pappelwald *m;* **pioppo** ['piɔppo] *m* Pappel *f*

piovano, **-a** [pio'va:no] *agg* Regen-; **piovere** ['piɔ:vere] <piove, piovve, piovuto> *vi* regnen; ~ **a dirotto/a scroscio/a catinelle** gießen/in Strömen regnen/wie aus Eimern schütten; **su questo non ci piove** (*fam*) das ist so klar wie Kloßbrühe; **piove sul bagnato** ein Unglück kommt selten allein; **piovigginare** [pioviddʒi'na:re] *vi* nieseln; **piovigginoso**, **-a** [pioviddʒi'no:so] *agg* regnerisch; **piovosità** [piovosi'ta] <-> *f* Niederschlags- *f;* **piovoso**, **-a** [pio'vo:so] *agg* regnerisch

piovra ['piɔ:vra] *f* (ZOO) Polyp *m*

piovve ['piɔvve] *3. pers sing pass rem di* **piovere**

pipa ['pi:pa] *f* Pfeife *f*

pipeline ['paiplain] <-> *m* Pipeline *f*

pipetta [pi'petta] *f* Pipette *f*

pipì [pi'pi] <-> *f* (*fam*) Pipi *n;* **fare** (**la**) ~ Pipi machen

pipistrello [pipis'trɛllo] *m* (ZOO) Fledermaus *f*

piramidale [pirami'da:le] *agg* Pyramiden-; **piramide** [pi'ra:mide] *f* Pyramide *f*

piranha [pi'raɲa] <-> *m* Piranha *m*

pirata <inv> *agg* Piraten-; **edizione** ~ Raubkopie *f*

pirata, **-tessa** [pi'ra:ta, pira'tessa] <-i, -esse> *m, f* Pirat(in) *m(f);* ~ **della strada** Unfallflüchtige(r) *f(m);* ~ **informatico** Hacker *m*

Pirenei [pire'nɛ:i] *mpl* Pyrenäen *pl*

pirite [pi'ri:te] *f* Pyrit *m*

piroetta [piro'etta] *f* Pirouette *f;* **piroettare** [piroet'ta:re] *vi* Pirouetten drehen

pirofila [pi'rɔ:fila] *f* **1.** (*materiale*) feuerfestes Material **2.** (*tegame*) feuerfeste Form; **pirofilo**, **-a** [pi'rɔ:filo] *agg* feuerfest

piroga [pi'rɔ:ga] <-ghe> *f* Einbaum *m*

piromane [pi'rɔ:mane] *mf* Pyromane *m,* Pyromanin *f*

piroscafo [pi'rɔskafo] *m* Dampfer *m*

pirotecnica [piro'tɛknika] <-che> *f* Pyrotechnik *f*

Pisa *f Stadt in der Toskana*

piscia ['piʃʃa] <-sce> *f* (*vulg*) Pisse *f;* **pisciare** [piʃ'ʃa:re] *vi* (*vulg*) pissen; **pisciarsi addosso** (*fig*) sich *dat* in die Hosen machen *fam;* **pisciatoio** [piʃʃa'to:io] <-oi> *m* (*vulg*) Pissoir *n*

piscicoltore, **-trice** [piʃʃikol'to:re] *m, f* Fischzüchter(in) *m(f);* **piscicoltura** [piʃʃikol'tu:ra] *f* Fischzucht *f*

piscina [piʃ'ʃi:na] *f* Schwimmbad *n;* ~ **coperta** Hallenbad *n;* ~ **scoperta** Freibad *n*

piscione, **-a** [piʃ'ʃo:ne] *m, f* (*vulg*) Pisser(in) *m(f)*

pisello [pi'sɛllo] *m* **1.** (BOT) Erbse *f* **2.** (*fam: pene*) Zipfel *m*

pisolino [pizo'li:no] *m* (*fam*) Nickerchen *n;* **schiacciare un** ~ dösen

pista ['pista] *f* **1.** (*traccia*) Spur *f* **2.** (*da ballo*) Tanzfläche *f* **3.** (SPORT) Piste *f;* ~ **di volo/rullaggio/atterraggio** Flug-/Roll-/Landebahn *f;* ~ **ciclabile** Rad(fahr)weg *m*

pistacchio [pis'takkio] <-cchi> *m* Pistazie *f*

pistillo [pis'tillo] *m* (Blüten)stempel *m*

Pistoia *f Stadt in der Toskana*

pistola [pis'tɔ:la] *f* Pistole *f;* ~ **ad acqua** Wasserpistole *f;* **pistolero** [pisto'lɛ:ro] *m* Revolverheld *m*

pistone [pis'to:ne] *m* (MOT) (Motor)kolben *m*

pitagorico [pita'gɔ:riko] *m* Pythagoreer *m*

pitagorico, **-a** <-ci, -che> *agg* pythagoreisch; **tavola -a** Einmaleins *n*

pitoccare [pitok'ka:re] *vi* betteln; **pitoccheria** [pitokke'ri:a] <-ie> *f*

Knaus(e)rigkeit *f;* **pitocco**, **-a** [pi'tɔkko] <-cchi, -cche> **I.** *m, f* Geizhals *m* **II.** *agg* geizig

pitone [pi'to:ne] *m* Python *m*

pittografia [pittogra'fi:a] *f* Piktografie *f;* **pittografico**, **-a** [pitto'gra:fiko] <-ci, -che> *agg* piktographisch

pittogramma [pitto'gramma] <-i> *m* Piktogramm *n*

pittore, **-trice** [pit'to:re] *m, f* Maler(in) *m(f);* **pittoresco**, **-a** [pitto'resko] <-schi, -sche> *agg* (*a fig*) malerisch; **pittorico**, **-a** [pit'tɔ:riko] <-ci, -che> *agg* **1.** (*di pittura*) Mal- **2.** (*fig*) malerisch

pittura [pit'tu:ra] *f* (*arte*) Malerei *f;* **pitturare** [pittu'ra:re] *vt* malen

più [piu] *comparativo di* **molto, -a I.** *avv* **1.** (*maggiormente*) mehr; ~ **intelligente/bello** intelligenter/schöner; **è il ~ vecchio** er ist der Älteste; **molto ~** viel mehr; **niente (di) ~** nichts mehr; **non ne posso ~** ich kann nicht mehr; **mai ~** nie mehr, nie wieder; **~ che mai** mehr denn je; **~ o meno** mehr oder weniger **2.** (*di temperatura*) plus; **~ tre** 3 Grad über Null **3.** (MAT) plus **II.** <inv> *agg* mehr; **al ~ presto** so bald wie möglich; **al ~ tardi** spätestens **III.** <-> *m* (*massimo*) Höchste(s) *n;* **a ~ non posso** (*fam*) mit voller Kraft; **tutt'al ~** allerhöchstens; **il ~ delle volte** meistens; **parlare del ~ e del meno** über dieses und jenes reden

piuma[1] ['piu:ma] *f* Daune *f*

piuma[2] <inv> *agg* **peso ~** (SPORT) Federgewicht *n*

piumino [piu'mi:no] *m* **1.** (*per la cipria*) Puderquaste *f* **2.** (*coperta*) Federbett *n;* **piumone**® [piu'mo:ne] *m* Steppdecke *f*

piuttosto [piut'tɔsto] *avv* **1.** eher, lieber; **~ che ...** *+conj o inf* eher, als dass ... **2.** (*alquanto*) ziemlich **3.** (*invece*) anstatt

pixel ['piksəl] <-> *m* (INFORM) Pixel *n*

pizza ['pittsa] *f* (GASTR) Pizza *f;* **~ al taglio** Pizza in Stücken; **che ~!** wie langweilig!

> Auch wenn die ursprüngliche Herkunft umstritten ist, stammt die weltweit beliebte **pizza** aus Neapel. Es gibt mehr als fünfzig Pizzasorten (Margherita, Calzone, Capricciosa, Quattro Stagioni u. v. a.). Die bekannteste pizza Margherita wurde Ende des neunzehnten Jahrhunderts zu Ehren der damaligen Königin Italiens Margherita erfunden. Diese Pizza vereint die drei Farben der italienischen Tricolore: das Grün des Basilikums, das Weiß der mozzarella, das Rot der Tomatensoße.

pizzaiolo, **-a** [pittsa'iɔ:lo] *m, f* Pizzabäcker(in) *m(f);* **alla -a** *mit Tomaten, Knoblauch und Petersilie;* **pizzeria** [pittse'ri:a] <-ie> *f* Pizzeria *f*

pizzicare [pittsi'ka:re] **I.** *vt* kneifen **II.** *vi* kitzeln

pizzicato [pittsi'ka:to] *m* Pizzikato *n*

pizzico ['pittsiko] <-chi> *m* **1.** (*pizzicotto*) Kniff *m* **2.** (*di sale*) Prise *f;* **pizzicotto** [pittsi'kɔtto] *m* Kneifen *n*

pizzo ['pittso] *m* **1.** (*merletto*) Spitze *f* **2.** (*barba*) Spitzbart *m* **3.** (*tangente*) **pagare il ~** Schutzgeld zahlen

placare [pla'ka:re] *vt* **1.** (*calmare*) beruhigen **2.** (*fame*) stillen

placca ['plakka] <-cche> *f* **1.** (*piastra*) Platte *f* **2.** (EL) Anode *f* **3.** (MED) **~ batterica** [*o* **dentaria**] (bakterieller) Zahnbelag *m*

placenta [pla'tʃɛnta] *f* Plazenta *f*

placidità [platʃidi'ta] <-> *f* Ruhe *f;* **placido**, **-a** ['pla:tʃido] *agg* ruhig

plafoniera [plafo'niɛ:ra] *f* Deckenlampe *f*

plagiare [pla'dʒa:re] *vt* **1.** (LIT) plagiieren **2.** (JUR) hörig machen; **plagio** ['pla:dʒo] <-gi> *m* **1.** (LIT) Plagiat *n* **2.** (JUR) Hörigmachen *n*

plaid [plɛd] <-> *m* Reisedecke *f*

planare [pla'na:re] *vi* gleiten; **planata** [pla'na:ta] *f* Gleitflug *m*

plancia ['plantʃa] <-ce> *f* (NAUT) (Kommando)brücke *f*

planetario [plane'ta:rio] <-i> *m* Planetarium *n*

planetario, **-a** <-i, -ie> *agg* Planeten-

planetologia [planetolo'dʒi:a] *f* (ASTR) Planetologie *f*

planimetria [planime'tri:a] <-ie> *f* **1.** (MAT) Planimetrie *f* **2.** (*pianta*) Gebäudeplan *m* **3.** (*topografia*) Flächenmessung *f;* **planimetrico**, **-a** [plani'mɛ:triko] <-ci, -che> *agg* planimetrisch; **planimetro** [pla'ni:metro] *m* Planimeter *n*

planisfero [planis'fɛ:ro] *m* Planisphäre *f*

plantare [plan'ta:re] **I.** *agg* Fußsohlen- **II.** *m* orthopädische (Schuh)einlage

plasma ['plazma] <-i> *m* Plasma *n;* **plasmare** [plaz'ma:re] *vt* formen

P

plastica ['plastika] <-che> *f* Plastik *n;* **plasticismo** [plasti'tʃizmo] *m* Plastizität *f*

plastico ['plastiko] <-ci> *m* **1.** (ARCH) Modell *n* **2.** (*topografia*) Relief *n*

plastico, **-a** <-ci, -che> *agg* Plastik-; **plastificare** [plastifi'ka:re] *vt* plasti(fi)zieren; **plastificazione** [plastifikat'tsio:ne] *f* Beschichtung *f*

plastilina® [plasti'li:na] *f* Plastilin® *n*

platano ['pla:tano] *m* Platane *f*

platea [pla'tɛ:a] *f* **1.** (THEAT) Parkett *n* **2.** (*pubblico*) Zuschauer *mpl;* **plateale** [plate'a:le] *agg* eindeutig

platinare [plati'na:re] *vt* platinieren; (*capelli*) platinblond färben; **platino** ['pla:tino] *m* Platin *n*

platonico, **-a** <-ci, -che> *agg* platonisch

plausibile [plau'zi:bile] *agg* plausibel; **plausibilità** [plauzibili'ta] <-> *f* Glaubwürdigkeit *f*

plauso ['pla:uzo] *m* Beifall *m*

playback ['pleibæk] <-> *m* Play-back *n*

playboy ['pleibɔi] <-> *m* Playboy *m*

plebe ['plɛ:be] *f* **1.** (*pej*) Pöbel *m* **2.** (HIST) Plebs *f;* **plebeo**, **-a** [ple'bɛ:o] *agg* (HIST) plebejisch; **plebiscito** [plebiʃ'ʃi:to] *m* Volksabstimmung *f*

Pleiadi ['plɛ:iadi] *fpl* Plejaden *pl*

plenario, **-a** [ple'na:rio] <-i, -ie> *agg* Plenar-

plenilunio [pleni'lu:nio] <-i> *m* Vollmond *m*

plenipotenziario, **-a** [plenipoten'tsia:rio] <-i, -ie> *m, f* Bevollmächtigte(r) *f(m)*

plenum ['plɛ:num] <-> *m* Plenum *n*

pleonasmo [pleo'nazmo] *m* Pleonasmus *m;* **pleonastico**, **-a** [pleo'nastiko] <-ci, -che> *agg* überflüssig

pleura ['plɛ:ura] *f* Brustfell *n;* **pleurite** [pleu'ri:te] *f* Pleuritis *f*

plico ['pli:ko] <-chi> *m* Aktenbündel *n*

plissé [pli'se] **I.** <inv> *agg* plissiert **II.** <-> *m* Plissee *n*

plot [plɔt] <-> *m* (FILM) Handlung *f*

plotone [plo'to:ne] *m* (MIL) Zug *m;* ~ **d'esecuzione** Exekutionskommando *n*

plumbeo, **-a** ['plumbeo] <-ei, -ee> *agg* bleiern

plurale [plu'ra:le] **I.** *agg* Mehrzahl- **II.** *m* Mehrzahl *f;* **pluralismo** [plura'lizmo] *m* Pluralismus *m;* **pluralista** [plura'lista] <-i *m*, -e *f*> *mf* Pluralist(in) *m(f);* **pluralistico**, **-a** [pluralistiko] <-ci, -che> *agg* pluralistisch

pluri- [pluri] (*in parole composte*) mehr(fach)-

pluricellulare [pluritʃellu'la:re] *agg* vielzellig

pluridimensionale [pluridimensio'na:le] *agg* mehrdimensional

pluridirezionale [pluridirettsio'na:le] *agg* in mehrere Richtungen

pluriennale [plurien'na:le] *agg* mehrjährig

plurietnico, **-a** [pluri'ɛtniko] <-ci, -che> *agg* multiethnisch

plurigemellare [pluridʒemel'la:re] *agg* (MED) Mehrlings-; **parto** ~ Mehrlingsgeburt *f*

plurilaterale [plurilate'ra:le] *agg* multilateral

plurilingue [pluri'liŋgue] <inv> *agg* mehrsprachig; **plurilinguismo** [pluriliŋ'guizmo] *m* Multilingu(al)ismus *m;* **plurilinguistico**, **-a** [pluriliŋ'guistiko] <-ci, -che> *agg* den Multilinguismus betreffend

plurimiliardario, **-a** [plurimiliar'da:rio] **I.** *agg* milliardenschwer *fam* **II.** *m, f* Multimilliardär(in) *m(f)*

plurimo, **-a** ['plu:rimo] *agg* **1.** (*parto*) mehrfach **2.** (*voto*) Mehr(stimmen)-

plurinominale [plurinomi'na:le] *agg* mehrstimmenwahlberechtigt

pluriomicida [pluriomi'tʃi:da] *mf* Massenmörder(in) *m(f)*

pluripartitismo [pluriparti'tizmo] *m* (POL) Mehrparteiensystem *n*

plurireddito [pluri'rɛddito] <inv> *agg* mit mehreren Einkommen

plurisillabo, **-a** [pluri'sillabo] *agg* mehrsilbig

pluriuso [pluri'u:zo] <inv> *agg* Mehrzweck-

plurivalente [pluriva'lɛnte] *agg* vielseitig

plurivalutario, **-a** [plurivalu'ta:rio] *agg* (FIN) in mehreren Währungen

plusvalore [pluzva'lo:re] *m* (COM) Wertzuwachs *m*

plutocrazia [plutokrat'tsi:a] <-ie> *f* Plutokratie *f*

plutonio [plu'tɔ:nio] *m* Plutonium *n*

pluviale [plu'via:le] *agg* Regen-

pluviometro [plu'viɔ:metro] *m* Niederschlagsmesser *m*

P.M. *m abbr di* **Pubblico Ministero** ≈ Staatsanwaltschaft

pneumatico [pneu'ma:tiko] <-ci> *m* Reifen *m*

pneumatico, **-a** <-ci, -che> *agg* (TEC) pneumatisch; **martello** ~ Presslufthammer *m*

po' [pɔ] *avv* (*fam*) ein wenig; **un** ~ **di ...** etwas ...; **fra un** ~ bald

pochezza [pok'kettsa] *f* Knappheit *f;* **pochino** [po'ki:no] *m* (*fam*) **un** ~ ein bisschen

pocket money ['pɔkit 'mʌni] <-> *m* Taschengeld *n*

poco ['pɔ:ko] <meno, pochissimo> *avv* wenig; ~ **dopo/prima** kurz darauf/vorher; ~ **fa** vor kurzem; **fra** ~ in Kürze; **per** ~ (*temporale*) kurz; **a** ~ **a** ~ allmählich; ~ **importa** das macht nichts; **stare** ~ **bene** sich nicht (ganz) wohl fühlen

poco, **-a** <-chi, -che> **I.** *agg* wenig; **è -a cosa** das ist eine Kleinigkeit **II.** *pron indef* **1.** *pl* (*persone*) wenige; **essere in -chi** wenige sein **2.** (*piccola quantità*) wenig, nicht viel; **c'è** ~ **da fare** (*fam*) da kann man nicht viel machen; **meglio** ~ **che niente** (*prov*) besser wenig als gar nichts

podere [po'de:re] *m* (Land)gut *n*

poderoso, **-a** [pode'ro:so] *agg* kräftig

podestà [podes'ta] <-> *m* (HIST) Stadtvogt *m*

podio ['pɔ:dio] <-i> *m* Tribüne *f*

podismo [po'dizmo] *m* Gehsport *m;* **podista** [po'dista] <-i *m*, -e *f*> *mf* Geher(in) *m(f)*

poema [po'ɛ:ma] <-i> *m* (LIT) Dichtung *f;* ~ **epico/cavalleresco** Epos *n*/Ritterepos *n;* **poemetto** [poe'metto] *m* Kurzepos *n*

poesia [poe'zi:a] <-ie> *f* **1.** (*genere*) Dichtung *f* **2.** (*singolo componimento*) Gedicht *n*

poeta, **-tessa** [po'ɛ:ta, poe'tessa] <-i, -esse> *m, f* Dichter(in) *m(f);* **poetare** [poe'ta:re] *vt, vi* dichten

poetica [po'ɛ:tika] <-che> *f* Poetik *f;* **poeticità** [poetitʃi'ta] <-> *f* Poetische(s) *n;* **poetico**, **-a** [po'ɛ:tiko] <-ci, -che> *agg* poetisch

poggiare [pod'dʒa:re] **I.** *vi* basieren **II.** *vr* **-rsi** sich stützen

poggiatesta [poddʒa'tɛsta] <-> *m* Kopfstütze *f*

poggiolo [pod'dʒɔ:lo] *m* Balkon *m*

poi ['pɔ:i] *avv* **1.** (*dopo*) dann; **prima o** ~ früher oder später; **d'ora in** ~ von nun an **2.** (*inoltre*) außerdem

poiché [poi'ke] *cong* da

pois [pwa] <-> *m* Tupfen *m;* **a** ~ getüpfelt

poker ['poukər] <-> *m* Poker(spiel) *n;* **giocare a** ~ pokern; **pokerista** [poke'rista] <-i *m*, -e *f*> *mf* Pokerspieler(in) *m(f)*

polacco, **-a** [po'lakko] <-cchi, -cche> **I.** *agg* polnisch **II.** *m, f* Pole, Polin *m, f*

polare [po'la:re] *agg* Polar-

polarità [polari'ta] <-> *f* Polarität *f;* **polarizzare** [polarid'dza:re] *vt* polarisieren; **polarizzazione** [polariddzat'tsio:ne] *f* Polarisation *f*

polca ['pɔlka] <-che> *f* Polka *f*

polemica [po'lɛ:mika] <-che> *f* Auseinandersetzung *f;* **fare della** ~ polemisieren; **polemico**, **-a** [po'lɛ:miko] <-ci, -che> *agg* polemisch; **polemizzare** [polemid'dza:re] *vi* polemisieren

polenta [po'lɛnta] *f* Polenta *f*

polentone, **-a** [polen'to:ne] *m, f* **1.** (*fam: persona lenta*) lahme Ente *vulg* **2.** (*pej*) Polentafresser(in) *m(f)* (*Schimpfname für Norditaliener*)

polesine [po'le:zine] *m* Podelta *n*

poli- [poli] (*in parole composte*) Mehr-

poliaccoppiato, **-a** [poliakkop'pia:to] *agg* mehrfach beschichtet

poliacrilico, **-a** [polia'kri:liko] <-ci, -che> *agg* Polyacryl-; **fibre -che** Polyacrylfasern *fpl*

poliammide [poliam'mi:de] *f* Polyamid *n;* **poliammidico**, **-a** [poliam'mi:diko] <-ci, -che> *agg* Polyamid-; **fibre -che** Polyamidfasern *fpl*

policentrico, **-a** [poli'tʃɛntriko] <-ci, -che> *agg* polyzentrisch; **policentrismo** [politʃen'trizmo] *m* **1.** (*gener*) Dezentralisation *f* **2.** (POL) Polyzentrismus *m*

policlinico [poli'kli:niko] <-ci> *m* Poliklinik *f*

policoltura [polikol'tu:ra] *f* (AGR) Polykultur *f*

policromatico, **-a** [polikro'ma:tiko] <-ci, -che> *agg* polychrom; **policromia** [polikro'mi:a] <-ie> *f* Polychromie *f;* **policromo**, **-a** [po'li:kromo] *agg* vielfarbig

poliedricità [poliedritʃi'ta] <-> *f* (*fig*) Vielseitigkeit *f;* **poliedrico**, **-a** [poli'ɛ:driko] <-ci, -che> *agg* **1.** (*fig: ingegno*) vielseitig **2.** (MAT) vielflächig; **poliedro** [po-li'ɛ:dro] *m* (MAT) Polyeder *n*

poliestere[1] [poli'ɛstere] *m* Polyester *m*

poliestere[2] <inv> *agg* aus Polyester

polifonia [polifo'ni:a] <-ie> *f* (MUS) Polyphonie *f*; **polifonico**, **-a** [poli'fɔ:niko] <-ci, -che> *agg* (MUS) polyphon; **polifonismo** [polifo'nizmo] *m* (MUS) Polyphonie *f*; **polifonista** [polifo'nista] <-i *m*, -e *f*> *mf* (MUS) Polyphoniker(in) *m(f)*

polifunzionale [polifuntsio'na:le] *agg* Mehrzweck-

poligamia [poliga'mi:a] <-ie> *f* Vielehe *f*; **poligamo**, **-a** [po'li:gamo] *m, f* Polygamist(in) *m(f)*

poliglotta [poli'glɔtta] <-i *m*, -e *f*> **I.** *mf* Mehrsprachige(r) *f(m)* **II.** *agg* polyglott

poligonale [poligo'na:le] *agg* (MAT) polygonal; **poligono** [po'li:gono] *m* **1.** (MAT) Vieleck *n* **2.** (MIL) Schießplatz *m*

poligrafico [poli'gra:fiko] <-ci> *m* Druckerei *f*

poligrafico, **-a** <-ci, -che> *agg* **1.** (*copia*) vervielfältigt **2.** (*di poligrafia*) Vervielfältigungs- **3.** (*istituto*) graphisch

polinomio [poli'nɔ:mio] <-i> *m* Polynom *n*

polio ['pɔ:lio] <-> *f* Kinderlähmung *f*; **poliomielite** [poliomie'li:te] *f* Poliomyelitis *f*; **poliomielitico**, **-a** [poliomie'li:tiko] <-ci, -che> *m, f* (MED) Polymeliekranke(r) *f(m)*

polipo ['pɔ:lipo] *m* Polyp *m*

polistirolo [polisti'rɔ:lo] *m* Styropor® *n*

politecnico [poli'tɛkniko] <-ci> *m* Polytechnikum *n*

politecnico, **-a** <-ci, -che> *agg* polytechnisch

politeismo [polite'izmo] *m* Polytheismus *m*; **politeista** [polite'ista] <-i *m*, -e *f*> **I.** *mf* Polytheist(in) *m(f)* **II.** *agg* polytheistisch

politica [po'litika] <-che> *f* Politik *f*; ~ **interna/estera** Innen-/Außenpolitik *f*; ~ **finanziaria/sociale/salariale/dei prezzi** Finanz-/Sozial-/Lohn-/Preispolitik *f*; **la** ~ **monetaria unica** die gemeinsame Währungspolitik

politically correct [pə'litikəli kə'rekt] <inv> *agg* politisch korrekt

politichese [politi'ke:se] *m* (POL: *pej*) Politjargon *m*

politicizzare [polititʃid'dza:re] *vt* politisieren; **politicizzazione** [polititʃiddzat'tsio:ne] *f* Politisierung *f*

politico [po'li:tiko] <-ci> *m* Politiker *m*

politico, **-a** <-ci, -che> *agg* politisch; **economia -a** Volkswirtschaft *f*; **scienze -che** Politikwissenschaft *f*; **elezioni -che** Parlamentswahlen *fpl*

politologia [politolo'dʒi:a] <-gie> *f* Politikwissenschaft *f*; **politologo**, **-a** [po-li'tɔ:logo] <-gi, -ghe> *m, f* Politikwissenschaftler(in) *m(f)*

polittico [po'littiko] <-ci> *m* Flügelaltar *m*

politura [poli'tu:ra] *f* Polieren *n*

polivalente [poliva'lɛnte] *agg* polyvalent; **polivalenza** [poliva'lɛntsa] *f* Mehrwertigkeit *f*

polizia [polit'tsi:a] <-ie> *f* Polizei *f*; ~ **stradale** Verkehrspolizei *f*; ~ **tributaria** Steuerfahndungsdienst *m*; ~ **urbana** städtische Polizei

> Die **Polizia di stato** hat die Aufgabe, die öffentliche Ordnung aufrechtzuerhalten, Verbrechen zu verhindern und aufzuklären; sie untersteht dem Innenminister.

poliziesco, **-a** [polit'tsiesko] <-schi, -sche> *agg* **1.** (ADM) Polizei- **2.** (LIT) Kriminal-

poliziotto, **-a** *m, f* Polizist(in) *m(f)*

polizza ['pɔ:littsa] *f* (COM) Police *f*, Polizze *f A*; ~ **di assicurazione** Versicherungspolice *f*

pollaio [pol'la:io] <-ai> *m* Hühnerstall *m*; **pollame** [pol'la:me] *m* Geflügel *n*; **polleria** [polle'ri:a] <-ie> *f* Geflügelhandlung *f*

pollice ['pɔllitʃe] *m* **1.** (ANAT: *della mano*) Daumen *m*; **avere il** ~ **verde** (*fig*) eine grüne Hand haben **2.** (*unità di misura*) Zoll *m*; **non cedere di un** ~ (*fig*) keinen Zoll(breit) zurückweichen

pollicoltura [pollikol'tu:ra] *f* Hühnerzucht *f*

polline ['pɔlline] *m* Pollen *m*

pollivendolo, **-a** [polli'vendolo] *m, f* Geflügelhändler(in) *m(f)*; **pollo** ['pollo] *m* **1.** (ZOO) Huhn *n*; (GASTR) Hähnchen *n*, Hendl *n A*; **conoscere i propri -i** (*fam*) seine Pappenheimer kennen; **questo fa ridere i -i** da lachen ja die Hühner! *fam* **2.** (*individuo ingenuo*) dummes Huhn *fam*

polluzione [pollut'tsio:ne] *f* (MED) Pollution *f*
polmonare [polmo'na:re] *agg* Lungen-; **polmone** [pol'mo:ne] *m* (ANAT) Lunge *f;* **respirare a pieni -i** tief einatmen; **gridare a pieni -i** aus voller Kehle schreien; **polmonite** [polmo'ni:te] *f* Lungenentzündung *f*
polo¹ ['pɔ:lo] *m* **1.** (GEOG) Pol *m;* ~ **nord/sud** Nord-/Südpol *m* **2.** (POL) **Polo della libertà** *Mitte-Rechts-Parteiengruppierung* **3.** (SPORT) Polo *n*
polo² <-> *f* Polohemd *n*
Polonia [po'lɔ:nia] *f* Polen *n*
polpa ['polpa] *f* (Frucht)fleisch *n*
polpaccio [pol'pattʃo] <-cci> *m* Wade *f*
polpastrello [polpas'trɛllo] *m* (*della mano*) Fingerkuppe *f;* (*del piede*) Zehenkuppe *f*
polpetta [pol'petta] *f* (GASTR) Frikadelle *f,* faschiertes Laibchen *A;* **polpettone** [polpet'to:ne] *m* (GASTR) Hackbraten *m*
polpo ['polpo] *m* Oktopus *m*
polposo, -a [pol'po:so] *agg* fleischig
polsino [pol'si:no] *m* Manschette *f*
polso ['polso] *m* **1.** (ANAT) Handgelenk *n* **2.** (*di manica*) Manschette *f* **3.** (*fig: energia*) Tatkraft *f;* **un uomo di** ~ ein Mann der Tat
poltiglia [pol'tiʎʎa] <-glie> *f* **1.** (*miscuglio*) Brei *m* **2.** (*fango*) Schlamm *m*
poltrire [pol'tri:re] <poltrisco> *vi* faulenzen, tachinieren *A*
poltrona [pol'tro:na] *f* **1.** (*mobile*) Sessel *m* **2.** (*carica*) Posten *m* **3.** (THEAT) Parkettplatz *m*
poltronaggine [poltro'naddʒine] *f* Trägheit *f;* **poltrone, -a** [pol'tro:ne] **I.** *m, f* Faulenzer(in) *m(f)* **II.** *agg* faul; **poltroneria** [poltrone'ri:a] <-ie> *f* Trägheit *f*
polvere ['polvere] *f* Staub *m;* **togliere la** ~ Staub wischen; ~ **da sparo** Schießpulver *n;* **in** ~ in Pulverform; **caffè in** ~ Pulverkaffee *m;* **polveriera** [polve'riɛ:ra] *f* (*magazzino*) Pulvermagazin *n;* **polverificio** [polveri'fi:tʃo] <-ci> *m* Pulverfabrik *f;* **polverio** [polve'ri:o] <-ii> *m* Staubwolke *f*
polverizzare [polverid'dza:re] **I.** *vt* **1.** (*ridurre in polvere*) pulverisieren **2.** (*annientare*) vernichten **3.** (GASTR) bestreuen **II.** *vr* **-rsi** zu Staub werden; **polverizzatore, -trice** *agg* Zerstäubungs-; **polverizzazione** [polveriddzat'tsio:ne] *f* Pulverisierung *f*
polverone [polve'ro:ne] *m* dichte Staubwolke; **polveroso, -a** [polve'ro:so] *agg* staubig
pomata [po'ma:ta] *f* Salbe *f*
pomello [po'mɛllo] *m* **1.** (*zigomo*) Zygoma *n* **2.** (*oggetto sferico*) Knauf *m*
pomeridiano, -a [pomeri'dia:no] *agg* Nachmittags-; **pomeriggio** [pome'riddʒo] <-ggi> *m* Nachmittag *m;* **di** ~ nachmittags; **domani/oggi** ~ morgen/heute Nachmittag; **questo** ~ heute Nachmittag; **nel primo/tardo** ~ am frühen/späten Nachmittag
pomice ['po:mitʃe] <-ci> *f* **pietra** ~ Bimsstein *m*
pomiciare [pomi'tʃa:re] *vi* (*sl*) knutschen *fam*
pomo ['po:mo] *m* (BOT) Apfelfrucht *f;* ~ **d'Adamo** Adamsapfel *m*
pomodorata [pomodo'ra:ta] *f* (*fam*) Tomatenwurf *m;* **pomodoro** [pomo'dɔ:ro] *m* Tomate *f,* Paradeiser *m A;* **spaghetti al** ~ Spagetti mit Tomatensoße; **diventare rosso come un** ~ rot wie eine Tomate werden
pompa ['pompa] *f* **1.** (TEC) Pumpe *f* **2.** (*fam*) Zapfsäule *f* **3.** (*sfarzo*) Pomp *m;* **impresa di -e funebri** Bestattungsinstitut *n;* **mettersi in** ~ **magna** (*scherz*) sich in Schale werfen *fam;* **pompare** [pom'pa:re] *vt* pumpen
Pompei [pom'pɛ:i] *f* Pompeji *n*
pompelmo [pom'pɛlmo] *m* Pampelmuse *f*
pompiere [pom'piɛ:re] *m* Feuerwehrmann *m*
pomposità [pomposi'ta] <-> *f* Prunk *m;* **pomposo, -a** [pom'po:so] *agg* pompös
ponderabile [ponde'ra:bile] *agg* messbar; **ponderare** [ponde'ra:re] *vt* abwägen; **ponderato, -a** [ponde'ra:to] *agg* überlegt; **ponderoso, -a** [ponde'ro:so] *agg* mühsam
ponente [po'nɛnte] *m* Westen *m*
pongo ['poŋgo] *1. pers sing pr di* **porre**
ponte ['ponte] *m* Brücke *f;* ~ **levatoio/sospeso** Zug-/Hängebrücke *f;* ~ **aereo** Luftbrücke *f;* ~ **radio** (Rund)funkverbindung *f;* **rompere i -i** alle Brücken (hinter sich *dat*) abbrechen; **fare il** ~ ein langes Wochenende machen
pontefice [pon'te:fitʃe] <-ci> *m* Papst *m;* **pontificare** [pontifi'ka:re] *vi* (auf übertriebene Art) dozieren; **pontificio, -a** [ponti'fi:tʃo] <-ci, -cie> *agg* **1.** (REL) päpst-

P

lich **2.** (HIST) **lo stato** ~ der Kirchenstaat
pontile [pon'ti:le] *m* Landungssteg *m*
pony ['pouni] <-> *m* Pony *n*
pony express ['pouni iks'pres] <-> *m* Schnellkurierservice *m*
pool [pu:l] <-> *m* Team *n;* ~ **antimafia** Richter *mpl* gegen die Mafia; ~ **Mani Pulite** *richterlicher Untersuchungsausschuss der 90er zur Aufklärung der Korruptionsskandale*
pop-corn ['pɔp kɔ:n] <-> *m* Popcorn *n*
popelin ['pɔ:pelin] <-> *m* Popelin *m*
pop jazz [pɔp 'dʒæz] <-> *m* (MUS) Pop-Jazz *m;* **pop music** [pɔp 'mju:zik] <-> *f* Pop *m*
popò [po'pɔ] <-> **I.** *f* (*fam: feci*) Aa *n* **II.** *m* (*fam: sedere*) Po(po) *m*
popolamento [popola'mento] *m* Besiedlung *f*
popolano, **-a** [popo'la:no] **I.** *agg* Volks- **II.** *m, f* Mann *m,* Frau *f* aus dem Volk
popolare[1] [popo'la:re] *agg* **1.** (*del popolo*) Volks-; **casa** ~ Sozialwohnung *f* **2.** (*diffuso nel popolo*) Volks-; **canzone** ~ Volkslied *n;* **musica** ~ Volksmusik *f;* **università** ~ Volkshochschule *f* **3.** (*noto*) populär
popolare[2] **I.** *vt* bevölkern **II.** *vr* **-rsi** besiedelt werden
popolaresco, **-a** [popola'resko] <-schi, -sche> *agg* volkstümlich; **popolarità** [popolari'ta] <-> *f* Popularität *f*
popolazione [popolat'tsio:ne] *f* Bevölkerung *f;* ~ **civile** Zivilbevölkerung *f;* **densità di** ~ Bevölkerungsdichte *f*
popolino [popo'li:no] *m* (*pej*) niederes Volk
popolo ['pɔ:polo] *m* **1.** (*di un paese*) Volk *n;* (*di una città*) Bevölkerung *f* **2.** (*classe sociale*) Volk *n;* **popoloso**, **-a** [popo'lo:so] *agg* dicht besiedelt
poppa ['poppa] *f* **1.** (NAUT) Heck *n* **2.** (*fam: mammella*) Brust *f*
poppante [pop'pante] *mf* (*fam*) Säugling *m*
pop star ['pɔp star] <-> *f* (MUS) Popstar *m*
populismo [popu'lizmo] *m* Populismus *m;* **populistico**, **-a** [popu'listiko] <-ci, -che> *agg* populistisch
porcaio [por'ka:io] <-ai> *m* (*vulg*) Saustall *m;* **porcata** [por'ka:ta] *f* (*vulg*) Sauerei *f*
porcellana [portʃel'la:na] *f* Porzellan *n*
porcellino [portʃel'li:no] *m* (ZOO) Ferkel *n;* ~ **d'India** Meerschweinchen *n*
porcheria [porke'ri:a] <-ie> *f* Schweinerei *f*
porchetta [por'ketta] *f* Spanferkel *n*
porcile [por'tʃi:le] *m* Schweinestall *m*
porcino [por'tʃi:no] *m* Steinpilz *m*
porco, **-a** ['pɔrko] <-ci, -che> *m, f* (ZOO) Schwein *n;* **piede di** ~ (TEC) Brechstange *f;* **gettar le perle ai -ci** (*fig*) Perlen vor die Säue werfen; **-a miseria!** (*vulg*) verfluchte Schweinerei!
porcospino [porkos'pi:no] *m* (ZOO) Stachelschwein *n*
Pordenone [porde'no:ne] *f Stadt in Friaul*
porfido ['pɔrfido] *m* Porphyr *m*
porgere ['pɔrdʒere] <porgo, porsi, porto> *vt* reichen; ~ **la mano** die Hand geben; ~ **l'orecchio** ganz Ohr sein; ~ **ascolto a qu** jdm Gehör schenken
porno ['porno] **I.** <-> *m* Porno *m* **II.** <inv> *agg* Porno-; **rivista** ~ Pornozeitschrift *f;* **pornoattore**, **-trice** [pornoat'to:re] *m, f* (FILM) Pornodarsteller(in) *m(f);* **pornocassetta** [pornokas'setta] *f* Pornovideo *n;* **pornodivo**, **-a** [porno'di:vo] *m, f* Pornostar *m;* **pornografia** [pornogra'fi:a] *f* Pornografie *f;* **pornografico**, **-a** [porno'gra:fiko] <-ci, -che> *agg* pornografisch
poro ['pɔ:ro] *m* Pore *f;* ~ **sudorifero** Schweißpore *f;* **sprizzare salute da tutti i -i** vor Gesundheit strotzen; **porosità** [porosi'ta] <-> *f* Porosität *f;* **poroso**, **-a** [po'ro:so] *agg* porös
porpora ['porpora] *f* (*a fig*) Purpur *m*
porre ['porre] <pongo, posi, posto> **I.** *vt* **1.** (*mettere*) stellen, legen, setzen **2.** (*fig: supporre*) annehmen; **poniamo che** nehmen wir an, dass **3.** (*loc*) ~ **una domanda a qu** jdm eine Frage stellen; ~ **fine a qc** einer Sache *dat* ein Ende setzen; ~ **gli occhi su qu/qc** die Augen auf jdn/etw heften **II.** *vr* **-rsi** sich setzen; **-rsi in marcia** sich in Bewegung setzen
porro ['pɔrro] *m* **1.** (BOT) Lauch *m* **2.** (MED, *fam*) Warze *f*
porsi ['pɔrsi] *1. pers sing pass rem di* **porgere**
porta ['pɔrta] *f* **1.** (*apertura*) Tür *f;* **a -e chiuse** (JUR) unter Ausschluss der Öffentlichkeit; **sfondare una** ~ **aperta** (*fig*) offene Türen einrennen; **mettere qu alla** ~ jdn vor die Tür setzen; **chiudere la** ~ **in faccia a qu**

jdm die Tür vor der Nase zuschlagen **2.** (*portone*) Tor *n* **3.** (SPORT) Tor *n*

portabagagli [portaba'gaʎʎi] <-> *m* **1.** (*per veicoli*) (Dach)gepäckträger *m;* (*per biciclette*) Gepäckständer *m* **2.** (*facchino*) Gepäckträger *m*

portabile [por'ta:bile] *agg* tragbar

portabiti [port'a:biti] **I.** <-> *m* Kleiderhalter *m* **II.** <inv> *agg* Kleider-

portaborse [porta'borse] <-> *mf* (*pej*) Taschenträger(in) *m(f)*

portabottiglie [portabo'tiʎʎe] <-> *m* Flaschengestell *n*

portacarta [porta'karta] <-> *m* Toilettenpapierhalter *m*

portacarte [porta'karte] <-> *m* Mappe *f*

portacenere [porta'tʃe:nere] <-> *m* Aschenbecher *m*

portachiavi [porta'kia:vi] <-> *m* Schlüsselring *m*

portafinestra [portafi'nɛstra] <portefinestre> *f* Balkontür *f*

portafiori [porta'fio:ri] **I.** <inv> *agg* Blumen- **II.** <-> *m* Blumenständer *m*

portafoglio [porta'fɔʎʎo] *m* Geldtasche *f*

portafortuna [portafor'tu:na] **I.** <inv> *agg* Glücks- **II.** <-> *m* Glücksbringer *m*

portafotografie [portafotogra'fi:e] <-> *m* Fotomappe *f*

portafrutta [porta'frutta] <-> *m* Obstteller *m*

portaghiaccio [porta'giattʃo] **I.** <-> *m* Eiswürfelbereiter *m* **II.** <inv> *agg* Eis-, Eiswürfel-

portagioie [porta'dʒɔ:ie] <-> *m* Schmuckkästchen *n*

portale [por'ta:le] *m* Portal *n;* ~ **Internet** (INFORM) Internet-Portal *n*

portalettere [porta'lɛttere] *mf* Briefträger(in) *m(f)*

portamento [porta'mento] *m* Haltung *f*

portamonete [portamo'ne:te] <-> *m* Portmonee *n*

portante [por'tante] *agg* tragend; **piano** ~ Tragfläche *f*

portantina [portan'ti:na] *f* (Trag)bahre *f;* **portantino**, **-a** [portan'ti:no] *m, f* Krankenträger(in) *m(f)*

portanza [por'tantsa] *f* Tragfähigkeit *f*

portaocchiali [portaok'kia:li] <-> *m* Brillenetui *n;* **portaoggetti** [portaod'dʒɛtti] **I.** <inv> *agg* Objekt- **II.** <-> *m* Objektträger *m;* **portaombrelli** [portaom'brɛlli] <-> *m* Schirmständer *m;* **portapacchi** [porta'pakki] <-> *m* **1.** (*di veicolo*) Gepäckträger *m* **2.** (*fattorino*) Paketzusteller *m;* **portapenne** [porta'penne] <-> *m* Federetui *n*

portare [por'ta:re] *vt* **1.** (*trasportare*) tragen; (*recare*) bringen; ~ **in regalo** als Geschenk mitbringen; ~ **in tavola** auftischen; ~ **bene a qu** (*fig*) jdm Glück bringen; ~ **male a qu** (*fig*) jdm Unglück bringen **2.** (*indossare*) tragen; ~ **gli occhiali** eine Brille tragen **3.** (*condurre*) führen; ~ **a spasso qu** jdn spazieren führen **4.** (*loc*) ~ **bene/male gli anni** für sein Alter gut/schlecht aussehen

portaritratti [portari'tratti] <-> *m* Bilderrahmen *m;* **portariviste** [portari'viste] <-> *m* Zeitungsständer *m;* **portarotoli** [porta'rɔ:toli] <-> *m* Papierrollenhalter *m;* **portasapone** [portasa'po:ne] <-> *m* Seifendose *f;* **portasci** [portaʃ'ʃi] <-> *m* Skiträger *m;* **portasciugamano** [portaʃʃuga'ma:no] <-> *m* Handtuchhalter *m;* **portascopino** [portasko'pi:no] <-> *m* Klosettbürstenständer *m;* **portasigarette** [portasiga'rette] <-> *m* Zigarettenetui *n;* **portasigari** [porta'si:gari] <-> *m* Zigarrenetui *n;* **portaspazzolino** [portaspattso'li:no] <-> *m* Zahnbürstenhülse *f;* **portaspilli** [portas'pilli] <-> *m* Nadelkissen *n;* **portastuzzicadenti** [portastuttsika'dɛnti] <-> *m* Zahnstochergefäß *n*

portata [por'ta:ta] *f* **1.** (*di pranzo*) Gang *m* **2.** (*capacità di carico*) Tragfähigkeit *f* **3.** (*fig: importanza*) Tragweite *f;* **a ~ di mano** in Reichweite

portatessera [porta'tɛssera] <-> *m* Ausweishülle *f*

portatile [por'ta:tile] **I.** *agg* Reise- **II.** *m* (*computer*) Laptop *m*

portato, **-a** *agg* (*fig: predisposto*) **essere ~ per qc** für etw begabt sein

portatore, **-trice** [porta'to:re] *m, f* **1.** (*addetto al trasporto*) Träger(in) *m(f)* **2.** (MED) (Über)träger(in) *m(f)*

portatovagliolo [portatovaʎ'ʎɔ:lo] *m* (*busta*) Serviettentasche *f;* (*anello*) Serviettenring *m*

portatrice *f v.* **portatore**

portattrezzi [portat'trettsi] <-> *m* Werkzeugkasten *m;* **portauova** [porta'uɔ:va] <-> *m* Eierbecher *m;* **portavalori** [porta-

P

va'lo:ri] **I.** <inv> *agg* Geld-; **furgone** ~ Geldtransporter *m* **II.** <-> *mf* Geldtransporteur(in) *m(f)*; **portavasi** [porta'va:zi] <-> *m* Blumenständer *m*; **portavivande** [portavi'vande] <-> *m* (*carrello*) Speisewagen *m*

portavoce [porta'vo:tʃe] <-> *mf* Wortführer(in) *m(f)*; **essere il ~ di qu** jds Sprachrohr sein

portefinestre *pl di* **portafinestra**

portello [por'tɛllo] *m* (Schrank)flügel *m*; **portellone** [portel'lɔ:ne] *m* Heckklappe *f*

portento [por'tɛnto] *m* Wunder *n*

portentoso, **-a** *agg* (*eccezionale*) außergewöhnlich

porticato [porti'ka:to] *m* Laubengang *m*

porticato, **-a** *agg* Lauben-

portico ['pɔrtiko] <-ci> *m* Bogengang *m*

portiera [por'tiɛ:ra] *f* Autotür *f*

portiere, **-a** [por'tiɛ:re] *m, f* **1.** (*portinaio*) Pförtner(in) *m(f)* **2.** (SPORT) Torwart *m*

portinaio, **-a** [porti'na:io] <-i, -ie> *m, f* Portier *m*, Portiersfrau *f*; **portineria** [portine'ri:a] <-ie> *f* Portier(s)loge *f*

porto[1] ['pɔrto] *pp di* **porgere**

porto[2] *m* **1.** (*d'armi*) Waffenschein *m* **2.** (*spesa di trasporto*) Porto *n* **3.** (NAUT) Hafen *m*; ~ **di mare** Seehafen *m*; (*fig*) Rummelplatz *m* **4.** (*fig: punto d'arrivo*) Ziel *n*; **condurre in ~ un affare** (*fig*) eine Angelegenheit abschließen

porto[3] <-> *m* (*vino*) Portwein *m*

Portogallo [porto'gallo] *m* **il** ~ Portugal *n*; **portoghese** [porto'ge:se] **I.** *agg* portugiesisch **II.** *mf* Portugiese *m*, Portugiesin *f*

portone [por'to:ne] *m* Tor *n*

portuale [portu'a:le] *agg* Hafen-

porzione [por'tsio:ne] *f* (An)teil *m*; (*di cibo*) Portion *f*

posa ['pɔ:sa] *f* **1.** (*collocazione*) Aufstellung *f* **2.** (FOTO) Belichtung *f* **3.** (*atteggiamento*) Pose *f*; **mettersi in ~** sich in Positur setzen

posacenere [posa'tʃe:nere] <-> *m* Aschenbecher *m*

posare [po'sa:re] **I.** *vt* hinstellen **II.** *vi* (*stare in posa*) posieren **III.** *vr* **-rsi** sich niederlassen

posata [po'sa:ta] *f* Besteck *n*; **posateria** [posate'ri:a] <-ie> *f* Besteckssatz *m*

posato, **-a** [po'sa:to] *agg* ausgeglichen

posi ['po:si] *1. pers sing pass rem di* **porre**

positiva [pozi'ti:va] *f* Positiv *n*

positivismo [poziti'vismo] *m* (PHILOS) Positivismus *m*

positività [pozitivi'ta] <-> *f* positiver Charakter

positivo [pozi'ti:vo] *m* Positive(s) *n*

positivo, **-a** *agg* positiv

posizionare [pozittsio'na:re] *vt* **1.** anpeilen **2.** (FIN) positionieren

posizione [pozit'tsio:ne] *f* **1.** (*luogo*) Lage *f*, Position *f*; **luci di ~** Standlicht *n* **2.** (*fig: convinzione*) Standpunkt *m*; **prendere ~** Stellung beziehen **3.** (*fig: sociale*) Position *f*

posologia [pozolo'dʒi:a] <-gie> *f* Dosierungsanweisung *f*

posporre [pos'porre] <irr> *vt* zurückstellen; **posposizione** [pospozit'tsio:ne] *f* Nachstellung *f*

possedere [posse'de:re] <irr> *vt* besitzen; **possedimento** [possedi'mento] *m* Besitztum *n*; **posseditrice** *f v.* **possessore**

possente [pos'sɛnte] *agg* mächtig

possessione [posses'sio:ne] *f* Besitz *m*; **possessivo**, **-a** [posses'si:vo] *agg* Besitz ergreifend; **pronome ~** (LING) Possessivpronomen *n*

possesso [pos'sɛsso] *m* **1.** (*il possedere*) Besitz *m*; **presa di ~** Inbesitznahme *f*; **venire in ~ di qc** in den Besitz von etw gelangen **2.** (*padronanza*) Beherrschung *f*; **essere nel pieno ~ delle proprie facoltà mentali** im Vollbesitz seiner geistigen Kräfte sein **3.** *pl* (*proprietà terriera*) Ländereien *fpl*; **possessore**, **posseditrice** [posses'so:re, possedi'tri:tʃe] *m, f* Besitzer(in) *m(f)*

possibile [pos'si:bile] **I.** *agg* möglich; **~ che ...?** ist es möglich, dass ...? **II.** *m* Mögliche(s) *n*; **fare il ~** sein Möglichstes tun; **nei limiti del ~** im Rahmen des Möglichen; **possibilità** [possibili'ta] <-> *f* Möglichkeit *f*; **possibilmente** [possibil'mente] *avv* möglicherweise

possidente [possi'dɛnte] *mf* Besitzer(in) *m(f)*; (*di immobili*) Grundbesitzer(in) *m(f)*

posso ['pɔsso] *1. pers sing pr di* **potere**[1]

posta ['pɔsta] *f* **1.** (*gener*) Post *f*; (*ufficio*) Postamt *n*; ~ **aerea** Luftpost *f*; ~ **elettronica** (INFORM) elektronische Post; **spedire per ~** mit der Post schicken; **fermo ~** postlagernd **2.** (*nei giochi*) (Spiel)einsatz *m*; **postacelere** [posta'tʃe:lere] *m* Expressdienst *m*;

postale [pos'ta:le] *agg* Post-; **cartolina ~**

Postkarte *f;* **casella** ~ Postfach *n*
postarsi [pos'tarsi] *vr* sich postieren
postazione [postat'tsio:ne] *f* Stellung *f*
postbellico, -a [post'bɛlliko] <-ci, -che> *agg* Nachkriegs-; **postcomunista** [postkomu'nista] <-i *m*, -e *f*> **I.** *mf* Postkommunist(in) *m(f)* **II.** *agg* postkommunistisch
postdatare [postda'ta:re] *vt* vor(aus)datieren; **postdatazione** [postdatat'tsio:ne] *f* Vordatierung *f*
posteggiare [posted'dʒa:re] *vt, vi* parken; **posteggiatore, -trice** [posteddʒa'to:re] *m, f* Parkwächter(in) *m(f);* **posteggio** [pos'teddʒo] <-ggi> *m* Parkplatz *m;* ~ **a pagamento** gebührenpflichtiger Parkplatz; **divieto di** ~ Parkverbot *n*
poster ['pɔster] <-> *m* Poster *n o m*
posteriore [poste'rio:re] **I.** *agg* hintere(r, s) **II.** *m* (*scherz: sedere*) Hintern *m*
posterità [posteri'ta] <-> *f* Nachwelt *f*
postfazione [postfat'tsio:ne] *f* Nachwort *n*
posticcio, -a <-cci, -cce> *agg* künstlich
posticipare [postitʃi'pa:re] *vt* verschieben; **posticipato, -a** [postitʃi'pa:to] *agg o avv* nachträglich; **posticipazione** [postitʃipat'tsio:ne] *f* Verschiebung *f*
postilla [pos'tilla] *f* Anmerkung *f*
postindustriale [postindus'tria:le] *agg* postindustriell; **la società** ~ die postindustrielle Gesellschaft
postino, -a [pos'ti:no] *m, f* Briefträger(in) *m(f)*
post-it® ['poustit] <-> *m* Haftzettel *m*
postmoderno, -a [postmo'dɛrno] *agg* postmodern
posto ['pɔsto] *m* **1.** (*luogo*) Platz *m,* Ort *m;* (*sedile*) (Sitz)platz *m;* ~ **di blocco** Polizeisperre *f;* ~ **di guida** Fahrersitz *m;* ~ **in piedi/a sedere** Steh-/Sitzplatz *m;* **stare al proprio** ~ (*fig*) sich gut benehmen; **far** ~ **a qu** jdm Platz machen; **essere a** ~ in Ordnung sein; **mettere a** ~ (*a fig*) in Ordnung bringen; **mettere la testa a** ~ (*fig*) den Kopf zurechtrücken *fam* **2.** (*impiego*) Stelle *f;* ~ **di lavoro** Arbeitsplatz *m*
posto, -a I. *pp di* **porre II.** *agg* (*supposto*) angenommen; ~ **che ...** +*conj* angenommen, dass ...
postscriptum [post'skriptum] <-> *m* Postskriptum *n*
post-sessantottino, -a [postsessantot'ti:no] *m, f* Anhänger(in) *m(f)* der 68er-Generation
postulare [postu'la:re] *vt* fordern; **postulato** [postu'la:to] *m* Postulat *n*
postumo ['pɔstumo] *m* **1.** (MED) Nachwirkung *f* **2.** *pl* (*conseguenze*) Folgen *fpl*
postumo, -a *agg* postum
post-universitario, -a [postuniversi'ta:rio] <-i, -ie> *agg* nach der Uni; **formazione -a** Weiterbildung *f* nach der Uni
potabile [po'ta:bile] *agg* Trink-
potare [po'ta:re] *vt* beschneiden
potassio [po'tassio] *m* Kalium *n*
potei [po'te:i] *1. pers sing pass rem di* **potere**[1]
potente [po'tɛnte] *agg* **1.** (*persona*) mächtig; (*di forza fisica*) stark **2.** (MED) potent
potenza [po'tɛntsa] *f* **1.** (*potere*) Macht *f;* (*forza fisica*) Kraft *f* **2.** (MED, MAT) Potenz *f;* **all'ennesima** ~ (MAT) zur n-ten Potenz
Potenza *f Hauptstadt der Region Basilicata*
potenziale [poten'tsia:le] *agg* potenziell; (PHILOS, LING) potenzial; **potenzialità** [potentsiali'ta] <-> *f* Möglichkeit *f*
potenziamento [potentsia'mento] *m* Steigerung *f;* **potenziare** [poten'tsia:re] *vt* verstärken
potere[1] [po'te:re] <posso, potei, potuto> *vi* **1.** (*avere la possibilità*) können; (*riuscire*) in der Lage sein; **si può fare** das lässt sich machen; **non ne posso più** ich kann nicht mehr **2.** (*avere il permesso*) dürfen; **si può?** ist es gestattet? **3.** (*essere probabile*) können; **può darsi che ...** +*conj* es könnte sein, dass ...
potere[2] *m* **1.** (*possibilità*) Können *n;* (*facoltà*) Möglichkeit *f* **2.** (POL) Macht *f;* ~ **temporale** weltliche Macht; **pieni -i** Vollmacht *f;* **essere al** ~ an der Macht sein; ~ **d'acquisto** (COM) Kaufkraft *f*
potestà [potes'ta] <-> *f* Gewalt *f;* **patria** ~ (JUR) elterliche Gewalt
povero, -a ['pɔ:vero] **I.** *agg* **1.** (*misero*) arm; ~ **in canna** bettelarm; **un** ~ **diavolo** (*fam*) ein armer Teufel; ~ **me!** ich Ärmste(r)! **2.** (*frugale*) einfach; **in parole -e** (*fam*) in simplen Worten **3.** (*infelice*) unglücklich **II.** *m, f* Arme(r) *f(m);* **povertà** [pover'ta] <-> *f* Armut *f*
pozione [pot'tsio:ne] *f* Zaubertrank *m*
pozzanghera [pot'tsaŋgera] *f* (Wasser)pfütze *f*

pozzetto [pot'tsetto] *m* Abfluss *m*
pozzo ['pottso] *m* **1.** (*per acqua*) Brunnen *m* **2.** (MIN) Grube *f;* (*di petrolio*) Bohrloch *n;* (~ *nero*) Kloake *f;* **essere un ~ senza fondo** ein Fass ohne Boden sein **3.** (*fig: grande quantità*) Unmenge *f;* **essere un ~ di scienza** ein Wunder an Gelehrsamkeit sein
PPI *m abbr di* **Partito Popolare Italiano** *Italienische Volkspartei*
PP.TT. *abbr di* **Poste e Telecomunicazioni** *italienisches Postministerium*
Praga ['pra:ga] *f* Prag *n*
pragmatico, **-a** [prag'ma:tiko] <-ci, -che> *agg* pragmatisch; **pragmatismo** [pragma'tizmo] *m* Pragmatismus *m;* **pragmatista** [pragma'tista] <-i *m*, -e *f*> *mf* Pragmatiker(in) *m(f)*
pralina [pra'li:na] *f* Praline *f*
prammatico, **-a** [pram'ma:tiko] <-ci, -che> *agg* praktisch
pranoterapeutico, **-a** [pranotera'pɛ:utiko] <-ci, -che> *agg* pranotherapeutisch; **pranoterapia** [pranotera'pi:a] *f* (MED) Pranotherapie *f;* **pranoterapista** [pranotera'pista] <-i *m*, -e *f*> *mf* Pranotherapeut(in) *m(f)*
pranzare [pran'dza:re] *vi* zu Mittag essen; **pranzo** ['prandzo] *m* (Mittag)essen *n;* **sala da ~** Esszimmer *n;* **all'ora di ~** zur Mittagszeit; **dopo ~** nach dem (Mittag)essen
prassi ['prassi] <-> *f* Praxis *f*
prataiolo [prata'iɔ:lo] *m* Wiesenchampignon *m*
pratica ['pra:tika] <-che> *f* **1.** (*attività*) Praxis *f;* **mettere in ~** in die Praxis umsetzen **2.** (*esperienza*) Erfahrung *f;* **avere ~ di qc** mit etw Erfahrung haben **3.** (ADM) Akte *f*
praticabile [prati'ka:bile] *agg* ausführbar; **praticabilità** [pratikabili'ta] <-> *f* Ausführbarkeit *f;* (*di strada*) Befahrbarkeit *f*
praticamente [pratika'mente] *avv* im Grunde; **praticare** [prati'ka:re] *vt* ausüben
praticità [pratitʃi'ta] <-> *f* Zweckmäßigkeit *f;* **pratico**, **-a** ['pra:tiko] <-ci, -che> *agg* praktisch; **essere ~ di qc** in etw *dat* erfahren sein
prato ['pra:to] *m* Wiese *f;* (*di giardino*) Rasen *m;* (AGR) Weide *f*
PRC *m abbr di* **Partito della Rifondazione Comunista** *italienische altkommunistische Partei*
pre- [pre] (*in parole composte*) Vor-,
prealpino, **-a** [preal'pi:no] *agg* Voralpen-
preambolo [pre'ambolo] *m* Vorrede *f;* **senza tanti -i** (*fam*) ohne Umschweife
preannunciare [preannun'tʃa:re] *vt* vorankündigen; **preannuncio** [prean'nuntʃo] *m* Vorankündigung *f*
preavvisare [preavvi'za:re] *vt* im Voraus benachrichtigen; **preavviso** [preav'vi:zo] *m* Vorankündigung *f*
precariato [preka'ria:to] *m* befristetes Arbeitsverhältnis; **precario**, **-a** [pre'ka:rio] <-i, -ie> *agg* **1.** (*provvisorio*) vorläufig; **personale ~** Zeitpersonal *n* **2.** (MED) prekär
precauzionale [prekauttsio'na:le] *agg* vorbeugend; **precauzione** [prekaut'tsio:ne] *f* Vorsorgemaßnahme *f;* **prendere le proprie -i** eigene Vorkehrungen treffen
precedei *1. pers sing pass rem di* **precedere**
precedente [pretʃe'dɛnte] **I.** *agg* vorige(r, s) **II.** *m* Vorleben *n;* **-i penali** Vorstrafen *fpl;* **senza -i** beispiellos; **precedenza** [pretʃe'dɛntsa] *f* **1.** (AUTO) Vorfahrt *f* **2.** (*priorità*) Priorität *f*
precedere [pre'tʃɛ:dere] <precedo, precedetti, preceduto> *vt* **1.** (*andare innanzi*) vorangehen **2.** (*essere anteriore*) vorausgehen
precetto [pre'tʃɛtto] *m* Vorschrift *f*
precipitare [pretʃipi'ta:re] **I.** *vi* (*cadere*) (herab)stürzen **II.** *vr* **-rsi 1.** (*gettarsi*) sich (hinab)werfen **2.** (*recarsi in fretta*) (sich) stürzen; **precipitazione** [pretʃipitat'tsio:ne] *f* **1.** (METEO) Niederschlag *m* **2.** (*fretta*) Übereilung *f;* **precipitosamente** [pretʃipitosa'mente] *avv* ungestüm; **precipitoso**, **-a** [pretʃipi'to:so] *agg* (*fig*) unüberlegt; (*fuga*) kopflos
precipizio [pretʃi'pittsio] <-i> *m* Abgrund *m;* **essere sull'orlo del ~** (*fig*) am Rande des Abgrunds stehen
precisare [pretʃi'za:re] *vt* detailliert erläutern; **precisazione** [pretʃizat'tsio:ne] *f* Erläuterung *f*
precisione [pretʃi'zio:ne] *f* Genauigkeit *f,* Präzision *f;* **preciso**, **-a** [pre'tʃi:zo] *agg* genau; **sono le 10 -e** es ist Punkt 10 (Uhr); **non lo so di ~** ich weiß es nicht genau
precludere [pre'klu:dere] <precludo, preclusi, precluso> *vt* (*fuga*) (ver)sper-

ren; **preclusione** [preklu'zio:ne] *f* Verhinderung *f*

precoce [pre'kɔ:tʃe] *agg* **1.** (*bambino*) frühreif **2.** (*inverno*) vorzeitig

precognizione [prekoɲɲit'tsio:ne] *f* Voraussehen *n*

preconcetto [prekon'tʃɛtto] *m* Vorurteil *n;* **nutrire dei -i nei confronti di qu** Vorurteile gegen jdn haben

preconfezionare [prekonfettsio'na:re] *vt* vorverpacken; **preconfezionato**, **-a** *agg* abgepackt

precorrere [pre'korrere] <irr> *vt* vorwegnehmen; **precorritore**, **-trice** [prekorri'to:re] **I.** *m, f* Vorläufer(in) *m(f)* **II.** *agg* der Zeit voraus

precorsi *1. pers sing pass rem di* **precorrere**

precorso *pp di* **precorrere**

precostituire [prekostitu'i:re] <precostituisco> *vt* vorher bilden

precotto [pre'kɔtto] *m* Fertiggericht *n*

precursore, **-corritrice** [prekur'so:re] *m, f* Vorläufer(in) *m(f)*

preda ['prɛ:da] *f* Beute *f;* **uccello da ~** Raubvogel *m;* **predare** [pre'da:re] *vt* rauben; **predatore**, **-trice** [preda'to:re] **I.** *agg* Raub- **II.** *m, f* (ZOO) Raubtier *n*

predecessore [predetʃes'so:re] *m, f* Vorgänger(in) *m(f);* **-i** Vorfahren *mpl*

predella [pre'dɛlla] *f* Podest *n*

predestinare [predesti'na:re] *vt* vorherbestimmen; **predestinazione** [predestinat'tsio:ne] *f* Prädestination *f*

predeterminare [predetermi'na:re] *vt* veranschlagen

predetto, **-a** [pre'dɛtto] *pp di* **predire**

predica ['prɛ:dika] <-che> *f* Predigt *f;* **predicare** [predi'ka:re] *vt* predigen

predicativo, **-a** [predika'ti:vo] *agg* (LING) prädikativ; **predicato** [predi'ka:to] *m* (LING) Prädikat *n*

predicatore, **-trice** [predika'to:re] *m, f* Prediger(in) *m(f)*

predico [pre'di:co] *1. pers sing pr di* **predire**

predicozzo [predi'kɔttso] *m* (*fam scherz*) Standpauke *f*

predilessi [predi'lɛssi] *1. pers sing pass rem di* **prediligere**

prediletto, **-a** [predi'lɛtto] *pp di* **prediligere**; **predilezione** [predilet'tsio:ne] *f* Vorliebe *f;* **prediligere** [predi'li:dʒere] <prediligo, predilessi, prediletto> *vt* vorziehen

predire [pre'di:re] <irr> *vt* vorhersagen

predisporre [predis'porre] <irr> **I.** *vt* **1.** (*preparare*) vorbereiten **2.** (INFORM: *sistema*) einrichten **II.** *vr* **-rsi a qc** sich auf etw *acc* vorbereiten; **predisposizione** [predispozit'tsio:ne] *f* **1.** (*inclinazione*) Neigung *f;* **avere ~ alla musica** musisch veranlagt sein **2.** (MED) Anfälligkeit *f;* **predisposto**, **-a** [predis'posto] *pp di* **predisporre**

predissi *1. pers sing pass rem di* **predire**

predizione [predit'tsio:ne] *f* Vorhersage *f*

predominante [predomi'nante] *agg* vorherrschend; **predominio** [predo'mi:nio] <-i> *m* Vorherrschaft *f*

predone [pre'do:ne] *m* Räuber *m*

preesistenza [preezis'tɛntsa] *f* Präexistenz *f*

prefabbricare [prefabbri'ka:re] *vt* (ARCH) vorfertigen; **prefabbricato** [prefabbri'ka:to] *m* Fertig(bau)teil *n;* **prefabbricato**, **-a** *agg* Fertig(bau)-; **casa -a** Fertighaus *n*

prefazione [prefat'tsio:ne] *f* Vorwort *n*

preferenza [prefe'rɛntsa] *f* Vorzug *m;* **non ho -e** das ist mir egal; **preferenziale** [preferen'tsia:le] *agg* Vorzugs-; **corsia ~** Fahrspur *f* für öffentliche Verkehrsmittel

preferibile [prefe'ri:bile] *agg* vorzuziehen(d); **preferibilmente** [preferibil'mente] *avv* am liebsten; **preferire** [prefe'ri:re] <preferisco> *vt* vorziehen; **preferito**, **-a** [prefe'ri:to] *agg* Lieblings-

prefestivo, **-a** [prefes'ti:vo] *agg* vor einem Feiertag

prefetto [pre'fɛtto] *m* Präfekt *m;* **prefettura** [prefet'tu:ra] *f* Präfektur *f*

prefissare [prefis'sa:re] *vt* vorveranschlagen

prefisso *m* **1.** (LING) Präfix *n* **2.** (TEL) Vorwahl(nummer) *f*

pregare [pre'ga:re] *vt* **1.** (REL) beten zu **2.** (*chiedere*) bitten; **ti prego di farmi un favore** ich bitte dich um einen Gefallen; **farsi ~** sich bitten lassen

pregevole [pre'dʒe:vole] *agg* erlesen

preghiera [pre'giɛ:ra] *f* **1.** (REL) Gebet *n* **2.** (*richiesta*) Bitte *f*

pregiato, **-a** [pre'dʒa:to] *agg* Qualitäts-;

pregio ['prɛ:dʒo] <-gi> *m* Wert *m;* **tene-**

P

re in ~ (hoch) schätzen

pregiudicare [predʒudiˈkaːre] *vt* beeinträchtigen; **pregiudicato, -a** [predʒudiˈkaːto] *m, f* Vorbestrafte(r) *f(m)*

pregiudizio [predʒuˈdittsio] <-i> *m* Vorurteil *n;* **avere -i nei confronti di qc/qu** gegen etw/jdn Vorurteile haben; **senza -i** unvoreingenommen

Preg.mo *abbr di* **pregiatissimo** verehrtester ...

pregnante [preɲˈɲante] *agg* prägnant

prego [ˈprɛːgo] *int* bitte; ~? wie bitte?

pregustare [pregusˈtaːre] *vt* (schon) im Voraus genießen

preinstallato, -a [preinstalˈlaːto] *agg* (TEC) vorinstalliert

preistoria [preisˈtɔːria] *f* (HIST) Vorgeschichte *f;* **preistorico, -a** [preisˈtɔːriko] <-ci, -che> *agg* (HIST) prähistorisch

preistruttoria [preistrutˈtɔːria] *f* (JUR) Vorverhandlung *f*

prelavaggio [prelaˈvaddʒo] <-ggi> *m* Vorwaschgang *m*

prelevamento [prelevaˈmento] *m* Entnahme *f;* (FIN) Abhebung *f,* Behebung *f A;* **prelevare** [preleˈvaːre] *vt* **1.** (FIN) abheben, beheben *A* **2.** (*ritirare*) abholen **3.** (INFORM) abrufen

prelibato, -a [preliˈbaːto] *agg* köstlich

prelievo [preˈliɛːvo] *m* **1.** (MED) Entnahme *f* **2.** (FIN) Abhebung *f*

preliminare [prelimiˈnaːre] *agg* Präliminar- *geh*

preludio [preˈluːdio] <-i> *m* **1.** (MUS) Präludium *n* **2.** (*proemio*) Vorrede *f*

pré-maman [pre maˈmã] **I.** <-> *m* Umstandskleid *n* **II.** <inv> *agg* Umstands-

prematrimoniale [prematrimoˈniaːle] *agg* vorehelich

prematuro, -a [premaˈtuːro] *agg* **1.** (*morte*) vorzeitig **2.** (*parto*) Früh-

premeditato, -a [premediˈtaːto] *agg* vorsätzlich (begangen); **omicidio** ~ (vorsätzlicher) Mord *m;* **premeditazione** [premeditatˈtsioːne] *f* Vorsatz *m;* **con/senza** ~ vorsätzlich/nicht vorsätzlich

premere [ˈprɛːmere] **I.** *vt* drücken; ~ **il freno/l'acceleratore** (auf) das Brems-/Gaspedal treten **II.** *vi* **1.** (*fig: stare a cuore*) am Herzen liegen **2.** (*fig: essere urgente*) drängen

premessa [preˈmessa] *f* **1.** (*considerazione*) Vorbemerkung *f;* (*nel libro*) Vorwort *n* **2.** (*condizione*) Voraussetzung *f;* **premettere** [preˈmettere] <irr> *vt* vorausschicken

premiare [preˈmiaːre] *vt* auszeichnen; **premiazione** [premiatˈtsioːne] *f* Preisverleihung *f*

premier [ˈprəmjə] <-> *m* Premier *m*

première [prəˈmjɛr] <-> *f* Premiere *f;* **preminenza** [premiˈnɛntsa] *f* Überlegenheit *f*

premio[1] [ˈprɛːmio] <-i> *m* Preis *m;* **Premio Nobel** Nobelpreis *m;* **monte -i** (Gesamt)gewinnsumme *f*

Gewöhnlich am zweiten Sonntag im September findet der **Gran Premio d'Italia** in Monza statt. Dieser italienische Höhepunkt des Formel-1-Jahres steht ganz im Zeichen des Teams Ferrari, das in Italien aber auch weltweit Millionen Anhänger hat. Begründet 1939 in Modena von dem Industriellen Enzo Ferrari, ist die "Casa del cavallino rampante" Ferrari eines der erfolgreichsten Formel-1-Teams aller Zeiten.

premio[2] <inv> *agg* Gewinn-; **viaggio** ~ Gewinnreise *f*

premisi *1. pers sing pass rem di* **premettere**

premonizione [premonitˈtsioːne] *f* Weissagung *f*

premunizione [premunitˈtsioːne] *f* Abwehr *f*

premura [preˈmuːra] *f* **1.** (*fretta*) Eile *f* **2.** (*sollecitudine*) Aufmerksamkeit *f;* **premuroso, -a** [premuˈroːso] *agg* eifrig

prenatale [prenaˈtaːle] *agg* pränatal *scient*

prendere [ˈprɛndere] <prendo, presi, preso> **I.** *vt* **1.** (*pigliare*) nehmen; (*decisione*) treffen; (*coraggio*) fassen; (*aria*) schnappen; (*parola*) ergreifen; **andare a** ~ abholen; ~ **appunti** Notizen machen; ~ **posizione/atto** Stellung/Kenntnis nehmen; ~ **sonno** einschlafen; ~ **tempo** zögern; ~ **il sole** sich sonnen; ~ **in affitto** mieten; ~ **qu sul serio** jdn ernst nehmen **2.** (*malattia*) bekommen **3.** (*scambiare*) ~ **per** verwechseln mit **II.** *vi* **1.** (*piante*) Wurzel fassen **2.** (*fuoco*) brennen **III.** *vr* **-rsi 1.** (*assumersi*) übernehmen; **-rsi cura di qu** sich um jdn kümmern **2.** (*loc*) **prendersela** (*fam*) sich ärgern; **prendersela comoda** (*fam*) eine ruhige Kugel schieben; **prendersela a cuore** (*fam*) es sich *dat* zu Herzen nehmen

prenotare [preno'ta:re] *vt* reservieren; (*viaggio*) buchen; **prenotazione** [prenotat'tsio:ne] *f* Reservierung *f*

preoccupare [preokku'pa:re] **I.** *vt* beunruhigen **II.** *vr* **-rsi** (**per qu/qc**) sich *dat* (um jdn/etw) Sorgen machen; **preoccupazione** [preokkupat'tsio:ne] *f* Sorge *f*

prepagato, -a [prepa'ga:to] *agg* vor(aus)bezahlt

preparare [prepa'ra:re] **I.** *vt* vorbereiten; (*tavola*) decken **II.** *vr* **-rsi a** [*o* **per**] **qc** sich auf etw *acc* vorbereiten; **preparativi** [prepara'ti:vi] *mpl* Vorbereitung(en *pl*) *f*

preparato [prepa'ra:to] *m* Präparat *n*

preparato, -a *agg* vorbereitet

preparatorio, -a [prepara'tɔ:rio] <-i, -ie> *agg* Vorbereitungs-; **preparazione** [preparat'tsio:ne] *f* Vorbereitung *f*

prepensionamento [prepensiona'mento] *m* Frührente *f*

preponderante [preponde'rante] *agg* vorherrschend

preposizione [prepozit'tsio:ne] *f* Präposition *f*

prepotente [prepo'tɛnte] **I.** *agg* arrogant **II.** *mf* arrogante Person; **prepotenza** [prepo'tɛntsa] *f* Rücksichtslosigkeit *f*

prerogativa [preroga'ti:va] *f* besondere Eigenschaft

preromanticismo [preromanti'tʃizmo] *m* Vorromantik *f*

presa ['pre:sa] *f* **1.** (*il prendere*) Griff *m;* ~ **di posizione** Stellungnahme *f;* ~ **in considerazione** Berücksichtigung *f;* ~ **in giro** (*fam*) Veräppelung *f;* **essere alle -e con qc** sich mit etw herumschlagen **2.** (EL) Steckdose *f* **3.** (*di sale*) Prise *f*

presagio [pre'za:dʒo] <-gi> *m* (Vor)ahnung *f;* **presagire** [preza'dʒi:re] <presagisco> *vt* (voraus)ahnen

presbite ['prɛzbite] **I.** *agg* weitsichtig **II.** *mf* Weitsichtige(r) *f(m)*

presciistico, -a [preʃi'istiko] <-ci, -che> *agg* (SPORT) Ski-; **ginnastica -a** Skigymnastik *f*

prescindere [preʃ'ʃindere] <irr> *vi* ~ **da qc** von etw absehen

prescolare [presko'la:re] *agg* Vorschul-

prescrivere [pres'kri:vere] <irr> *vt* (MED) verschreiben; **prescrizione** [preskrit'tsio:ne] *f* **1.** (JUR) Verjährung *f* **2.** (MED) Verschreibung *f*

preselezione [preselet'tsio:ne] *f* (SPORT) Vorentscheidung *f*

presentare [prezen'ta:re] **I.** *vt* **1.** (*documento*) (vor)zeigen; (*persona*) vorstellen; (THEAT) aufführen **2.** (*saluti*) ausrichten **3.** (ADM: *domanda*) stellen **II.** *vr* **-rsi** sich vorstellen; **presentatore, -trice** [prezenta'to:re] *m, f* Moderator(in) *m(f);* **presentazione** [prezentat'tsio:ne] *f* **1.** (ADM) Einreichung *f;* (*di documento*) Vorlage *f* **2.** (*di persona*) Vorstellung *f;* **lettera di** ~ Empfehlungsschreiben *n*

presente [pre'zɛnte] **I.** *agg* **1.** (*partecipante*) anwesend; **aver** ~ **qc/qu** (*fig*) sich an etw/jdn erinnern; **far** ~ **qc a qu** (*fig*) jdn auf etw *acc* hinweisen **2.** (*attuale*) jetzig **3.** (*questo*) vorliegend **II.** *m* **1.** (*tempo*) Gegenwart *f* **2.** (LING) Präsens *n* **3.** (*dono*) Geschenk *n* **III.** *f* **con la** ~ **Le comunichiamo …** hiermit teilen wir Ihnen mit …

presentimento [presenti'mento] *m* (Vor)ahnung *f;* **presentire** [presen'ti:re] *vt* (voraus)ahnen

presenza [pre'zɛntsa] *f* Anwesenheit *f*

presepio [pre'zɛ:pio] <-i> *m* Krippe *f*

preservativo [preserva'ti:vo] *m* Präservativ *n*

presi ['pre:si] *1. pers sing pass rem di* **prendere**

preside ['prɛ:side] *mf* (*di scuola*) Schulleiter(in) *m(f)*

presidente, -essa [presi'dɛnte, presiden'tessa] *m, f* Vorsitzende(r) *f(m)*

Der **Presidente del Consiglio**, der italienische Ministerpräsident, steht an der Spitze der Regierung. Er schlägt dem Presidente della Repubblica Kandidaten für Ministerposten vor und ist für die ernannten Minister verantwortlich. Er wird in Abstimmung mit den Vorsitzenden der parlamentarischen Parteien, früheren Staatsoberhäuptern, dem Presidente della Camera und dem Presidente del Senato vom Presidente della Repubblica ernannt. Der Presidente della Repubblica ist das Staatsoberhaupt. Er muss italienischer Staatsbürger und mindestens 50 Jahre alt sein. Er wird vom Parlament und von drei Abgeordneten jeder Region gewählt und bleibt sieben Jahre im Amt. Er hat die Befugnis, eine Wahl oder eine Volksbefragung anzusetzen sowie eine oder beide Kammern des Parlaments aufzulösen.

presidenza [presi'dɛntsa] *f* **1.** (*carica*) Präsidentschaft *f* **2.** (*sede*) Präsidium *n;* **presidenziale** [presiden'tsia:le] *agg* Präsidenten-; **presidenzialismo** [presidentsia'lizmo] *m* (POL) Präsidenzialismus *m*
presidio [pre'si:dio] <-i> *m* (MIL) Garnison *f*
presiedere [pre'siɛ:dere] <presiedo, presiedei, presieduto> *vt* leiten
preso ['pre:so] *pp di* **prendere**
pressante [pres'sante] *agg* dringend
pressappoco [pressap'pɔ:ko] *avv* ungefähr
pressare [pres'sa:re] *vt* **1.** (TEC) pressen **2.** (*fig: incalzare*) drängen
pressi ['prɛssi] *mpl* **nei ~ di** in der Nähe von
pressione [pres'sio:ne] *f* **1.** (*forza*) Druck *m;* **~ atmosferica** Luftdruck *m;* **pentola a ~** Dampfkochtopf *m;* **far ~ su qu** auf jdn Druck ausüben **2.** (COM) **~ tributaria** Steuerlast *f* **3.** (*del sangue*) Blutdruck *m;* **avere la ~ alta/bassa** hohen/niedrigen Blutdruck haben
presso ['prɛsso] **I.** *avv* in der Nähe **II.** *prp* **1.** (*vicino a*) nahe an +*dat* **2.** (*nelle lettere*) bei +*dat*
pressoché [presso'ke] *avv* fast
pressurizzazione [pressuriddzat'tsio:ne] *f* Überdruck *m*
prestabilire [prestabi'li:re] <prestabilisco> *vt* (vorher) festsetzen; **prestabilito, -a** [prestabi'li:to] *agg* geplant; **una data -a** ein vorgemerktes Datum
prestampato [prestam'pa:to] *m* Vordruck *m*
prestampato, -a *agg* vorgedruckt
prestanome [presta'no:me] <-> *mf* Strohmann *m*
prestante [pres'tante] *agg* stattlich; **prestanza** [pres'tantsa] *f* Stattlichkeit *f*
prestare [pres'ta:re] **I.** *vt* **1.** (*dare in prestito*) ausleihen **2.** (*aiuto*) leisten; (*fede*) schenken; **~ attenzione a qc** auf etw *acc* achten **II.** *vr* **-rsi** (*adoperarsi*) sich zur Verfügung stellen
prestazione [prestat'tsio:ne] *f* Leistung *f*
prestigiatore, -trice [prestidʒa'to:re] *m, f* Illusionist(in) *m(f)*
prestigio [pres'ti:dʒo] <-gi> *m* (*fama*) Prestige *n;* **giochi di ~** Zaubertricks *mpl;* **prestigioso, -a** [presti'dʒo:so] *agg* Luxus-
prestito ['prɛstito] *m* **1.** (FIN) Darlehen *n* **2.** (*il prestare*) Ausleihe *f;* **dare in ~ qc** etw (ver)leihen; **prendere in ~ qc** (sich *dat*) etw leihen
presto ['prɛsto] *avv* **1.** (*fra poco*) bald; **a ~** bis gleich **2.** (*in fretta*) schnell; **fare ~** schnell machen; **è ~ detto/fatto** das ist leicht gesagt/getan **3.** (*di buon'ora*) früh(zeitig)
presumere [pre'zu:mere] <presumo, presunsi, presunto> *vt* (*supporre*) annehmen; **presumibile** [prezu'mi:bile] *agg* wahrscheinlich
presunsi [pre'zunsi] *1. pers sing pass rem di* **presumere**
presunto, -a [pre'zunto] **I.** *pp di* **presumere II.** *agg* vermutlich
presuntuoso, -a [prezuntu'o:so] *agg* eingebildet; **presunzione** [prezun'tsio:ne] *f* Überheblichkeit *f*
presupporre [presup'porre] <irr> *vt* vermuten; **presupposizione** [presuppozit'tsio:ne] *f* Vermutung *f*
presupposto [presup'posto] *m* Voraussetzung *f*
presupposto, -a *pp di* **presupporre**
prêt-à-porter ['prɛt a por'te] <-> *m* Konfektion *f*
prete ['prɛ:te] *m* Priester *m;* **scherzo da ~** (*fam*) schlechter Witz
pretendere [pre'tɛndere] <irr> *vt* verlangen; **pretenzioso, -a** [preten'tsio:so] *agg* anspruchsvoll
preterintenzionale [preterintentsio'na:le] *agg* unabsichtlich; **omicidio ~** Totschlag *m*
pretesa [pre'te:sa] *f* Anspruch *m;* **una persona di poche -e** ein anspruchsloser Mensch
pretesi *1. pers sing pass rem di* **pretendere**
preteso *pp di* **pretendere**
pretesto [pre'tɛsto] *m* Vorwand *m*
pretore [pre'to:re] *m* (JUR) Amtsrichter *m*
pretura [pre'tu:ra] *f* **1.** (JUR) Amtsgericht *n* **2.** (HIST) Prätur *f*
prevalente [preva'lɛnte] *agg* überwiegend; **prevalentemente** [prevalente'mente] *avv* hauptsächlich; **prevalenza** [preva'lɛntsa] *f* Mehrheit *f*
prevalere [preva'le:re] <irr> *vi* überwiegen

prevaricazione [prevarikat'tsio:ne] *f* Machtsmissbrauch *m*
prevedere [preve'de:re] <irr> *vt* voraussehen; **prevedibile** [preve'di:bile] *agg* vorhersehbar
prevendita [pre'vendita] *f* Vorverkauf *m*
preventivo [preven'ti:vo] *m* Kostenvoranschlag *m*
preventivo, **-a** *agg* Vorbeuge-; (JUR, MED, COM) Vor-; **carcere** ~ Untersuchungshaft *f*
prevenuto, **-a** [preve'nu:to] *agg* **essere** ~ **contro qu/qc** gegenüber jdm/etw voreingenommen sein; **prevenzione** [preven'tsio:ne] *f* **1.** (MED) Vorbeugung *f* **2.** (JUR) Verhütung *f*
previdente [previ'dɛnte] *agg* vorsorgend; **previdenza** [previ'dɛntsa] *f* Fürsorge *f*; **la** ~ **sociale** die soziale Fürsorge; **previdenziale** [previden'tsia:le] *agg* Versorgungs-
previdi *1. pers sing pass rem di* **prevedere**
previo, **-a** ['prɛ:vio] <-i, -ie> *agg* (ADM) nach vorherigem
previsione [previ'zio:ne] *f* Vorhersage *f*; (METEO) Vorhersage *f*
previsto *pp di* **prevedere**
prezioso, **-a** [pret'tsio:so] *agg* wertvoll
prezzemolo [pret'tse:molo] *m* Petersilie *f*; **essere come il** ~ überall mitmischen *fam*
prezzo ['prɛttso] *m* Preis *m*; **a metà** ~ zum halben Preis; **a qualunque** ~ um jeden Preis; **tirare sul** ~ den Preis drücken
prigione [pri'dʒo:ne] *f* Gefängnis *n*; **prigionia** [pridʒo'ni:a] <-ie> *f* Gefangenschaft *f*; **prigioniero**, **-a** [pridʒo'niɛ:ro] **I.** *agg* gefangen **II.** *m, f* Gefangene(r) *f(m)*
prima[1] ['pri:ma] *avv* **1.** (*temporale*) vorher; **come** ~ (so) wie früher; ~ **di** vor +*dat*; ~ **di** +*inf*, ~ **che** +*conj* bevor; **fare** ~ schneller sein; **quanto** ~ so bald wie möglich; ~ **o poi** früher oder später **2.** (*locale*) vor; ~ **di tutto** vor allem
prima[2] *f* **1.** (THEAT) Premiere *f* **2.** (AUTO) erster Gang **3.** (*a scuola*, FERR) erste Klasse
primario, **-a** [pri'ma:rio] <-i, -ie> **I.** *agg* Spitzen- **II.** *m, f* Chefarzt *m*, -ärztin *f*, Primar *m*, -ia *f A*
primato [pri'ma:to] *m* (SPORT) Rekord *m*
primavera [prima'vɛ:ra] *f* Frühling *m*; **in** ~ im Frühling
primitivo, **-a** [primi'ti:vo] *agg* primitiv
primizia [pri'mittsia] <-ie> *f* (*frutta*) Frühobst *n*; (*verdura*) Frühgemüse *n*
primo ['pri:mo] *m* **1.** (*primo giorno*) Erste(r) *m*; **il** ~ **dell'anno** der Neujahrstag **2.** *pl* die ersten Tage; **ai -i di maggio** Anfang Mai **3.** (GASTR) erster Gang
primo, **-a** **I.** *agg* erste(r, s); **in** ~ **luogo** an erster Stelle; **in un** ~ **tempo** zunächst; **di -a scelta** erste Wahl; **a -a vista** auf den ersten Blick; ~ **piano** Vordergrund *m*; **-a donna** Primadonna *f*; **il** ~ **cittadino** (POL) der italienische Staatspräsident *m* **II.** *m, f* (*di successione*) Erste(r) *f(m)*
primogenito, **-a** [primo'dʒɛ:nito] **I.** *m, f* Erstgeborene(r) *f(m)* **II.** *agg* erstgeboren
primordiale [primor'dia:le] *agg* anfänglich; **istinto** ~ Urinstinkt *m*
primula ['pri:mula] *f* Primel *f*
principale [printʃi'pa:le] **I.** *agg* Haupt- **II.** *mf* Chef(in) *m(f)*
principalmente [printʃipal'mente] *avv* hauptsächlich
principato [printʃi'pa:to] *m* Fürstentum *n*; **principe** ['printʃipe] *m* Fürst *m*; ~ **azzurro** Märchenprinz *m*; **principesco**, **-a** [printʃi'pesko] <-schi, -sche> *agg* fürstlich; **principessa** [printʃi'pessa] *f* Prinzessin *f*
principiante [printʃi'piante] *mf* Anfänger(in) *m(f)*
principio [prin'tʃi:pio] <-i> *m* **1.** (*inizio*) Anfang *m*; **in** ~ am Anfang; (**sin**) **dal** ~ von Anfang an **2.** (*concetto fondamentale*) Prinzip *n*; **in linea di** ~ grundsätzlich
priorità [priori'ta] <-> *f* Priorität *f*; **prioritario**, **-a** [priori'ta:rio] <-i, -ie> *agg* Vorzugs-
privacy ['praivəsi] <-> *f* Privatsphäre *f*
privare [pri'va:re] **I.** *vt* ~ **qu di qc** jdn einer Sache *gen* berauben **II.** *vr* **-rsi di qc** auf etw *acc* verzichten
privatista [priva'tista] <-i *m*, -e *f*> *mf* Privatschüler(in) *m(f)*; **privatizzare** [privatid'dza:re] *vt* privatisieren; **privatizzazione** [privatiddzat'tsio:ne] *f* (FIN) Privatisierung *f*
privato [pri'va:to] *m* Privatleben *n*
privato, **-a** **I.** *agg* privat **II.** *m, f* Privatperson *f*
privazione [privat'tsio:ne] *f* Entbehrung *f*
privilegiare [privile'dʒa:re] *vt* privilegieren; **privilegio** [privi'lɛ:dʒo] <-gi> *m* Privileg *n*; **avere il** ~ **di ...** die Ehre haben, zu

P

…

privo, **-a** ['pri:vo] *agg* ~ **di** ohne; **cadere ~ di sensi** bewusstlos zusammenbrechen

pro [prɔ] **I.** *prp* zugunsten *gen* **II.** <-> *m* Pro *n;* **a che ~?** wozu?; **il ~ ed il contro** das Pro und Kontra

probabile [pro'ba:bile] *agg* wahrscheinlich; **probabilità** [probabili'ta] <-> *f* Wahrscheinlichkeit *f;* **avere una ~ su cento** eine Chance von eins zu hundert haben

problema [pro'blɛ:ma] <-i> *m* Problem *n;* (*difficoltà*) Schwierigkeit *f;* (MAT) Aufgabe *f;* **non c'è ~!** kein Problem!; **problematica** [proble'ma:tika] <-che> *f* Problematik *f;* **problematico**, **-a** [proble'ma:tiko] <-ci, -che> *agg* problematisch

probo, **-a** ['prɔ:bo] *agg* (*poet*) rechtschaffen

proboscide [pro'bɔʃʃide] *f* Rüssel *m*

procapite [pro'ka:pite] *avv* pro Kopf

procedere [pro'tʃɛ:dere] <procedo, procedei, proceduto> *vi* **1.** *essere* (*avanzare*) vorangehen **2.** *avere* (*fig: seguitare*) fortfahren **3.** *avere* (JUR) ~ **contro qu** gerichtlich gegen jdn vorgehen; **procedimento** [protʃedi'mento] *m* Vorgang *m*

procedura [protʃe'du:ra] *f* Verfahren *n;* ~ **burocratica** Amtsvorgang *m*

processare [protʃes'sa:re] *vt* vor Gericht stellen

processione [protʃes'sio:ne] *f* Prozession *f*

processo [pro'tʃɛsso] *m* **1.** (JUR) Prozess *m* **2.** (*procedimento*) Verfahren *n*

processore *m* (INFORM) Prozessor *m*

procinto [pro'tʃinto] *m* **in ~ di … +*inf*** im Begriff, zu … +*inf*

proclama [pro'kla:ma] <-i> *m* Aufruf *m;* **proclamare** [prokla'ma:re] *vt* proklamieren; ~ **lo sciopero generale** den Generalstreik ausrufen

procreare [prokre'a:re] *vt* zeugen; **procreazione** [prokreat'tsio:ne] *f* Fortpflanzung *f*

procura [pro'ku:ra] *f* **1.** (JUR) Vollmacht *f* **2.** (*ufficio*) Staatsanwaltschaft *f*

procurare [proku'ra:re] *vt* **1.** (*far avere*) besorgen **2.** (*causare*) verursachen

procuratore, **-trice** [prokura'to:re] *m, f* (JUR: *magistrato*) Staatsanwalt *m,* -anwältin *f;* ~ **della Repubblica** Staatsanwalt *m*

prodezza [pro'dettsa] *f* Kühnheit *f*

prodigalità [prodigali'ta] <-> *f* Großzügigkeit *f*

prodigio[1] [pro'di:dʒo] <-gi> *m* Wunder *n*

prodigio[2] <inv> *agg* Wunder-; **bambino ~** Wunderkind *n*

prodigo, **-a** ['prɔ:digo] <-ghi, -ghe> *agg* verschwenderisch; **il figliol ~** der verlorene Sohn

prodotto[1] [pro'dotto] *pp di* **produrre**

prodotto[2] *m* **1.** (COM) Produkt *n;* ~ **alimentare** Lebensmittel *n;* ~ **sociale lordo** Bruttosozialprodukt *n* **2.** (*risultato*) Ergebnis *n*

producibile [produ'tʃi:bile] *agg* herstellbar

produrre [pro'durre] <produco, produssi, prodotto> *vt* **1.** (COM) erzeugen; (*fabbricare*) herstellen **2.** (*causare*) verursachen; **produttività** [produttivi'ta] <-> *f* Produktivität *f;* **produttivo**, **-a** [produt'ti:vo] *agg* (COM) produktiv; (AGR) ergiebig; **produttore**, **-trice** [produt'to:re] **I.** *m, f* **1.** (COM) Hersteller(in) *m(f)* **2.** (FILM) Produzent(in) *m(f)* **II.** *agg* Herstellungs-; **i paesi -i di cacao** die kakaoproduzierenden Länder; **produzione** [produt'tsio:ne] *f* Produktion *f;* ~ **in serie** Serienherstellung *f;* **costo di ~** Produktionskosten *pl*

profanare [profa'na:re] *vt* entweihen

profano [pro'fa:no] *m* Profane(s) *n*

profano, **-a** *agg* profan

professionale [professio'na:le] *agg* beruflich; **professionalità** [professionali'ta] <-> *f* Professionalität *f*

professione [profes'sio:ne] *f* **1.** (*attività*) Beruf *m* **2.** (*dichiarazione*) Bekundung *f;* (REL: *di fede*) Bekenntnis *n;* **professionismo** [professio'nizmo] *m* Berufs- *m;* **professionista** [professio'nista] <-i *m,* -e *f*> *mf* Profi *m fam;* **libero ~** Freiberufler(in) *m(f)*

professore, **-essa** [profes'so:re, profes-so'ressa] *m, f* (*insegnante*) Lehrer(in) *m(f);* (*di università*) Professor(in) *m(f);* ~ **incaricato** Lehrbeauftragte(r) *m;* ~ **straordinario/di ruolo** außerordentlicher/ordentlicher Professor

profeta, **-tessa** [pro'fɛ:ta, profe'tessa] <-i, -esse> *m, f* Prophet(in) *m(f);* **profetico**, **-a** [pro'fɛ:tiko] <-ci, -che> *agg* prophetisch; **profezia** [profet'tsi:a] <-ie> *f* Prophezeiung *f;* (*di astrologo*) Weissagung *f*

proficuo, **-a** [pro'fi:kuo] *agg* Gewinn bringend

profilare [profi'laːre] **I.** *vt* abzeichnen **II.** *vr* **-rsi 1.** (*risaltare*) sich abheben **2.** (*fig: essere imminente*) sich abzeichnen

profilassi [profi'lassi] <-> *f* Prophylaxe *f*

profilattico [profi'lattiko] <-ci> *m* Kondom *n o m*

profilattico, -a <-ci, -che> *agg* prophylaktisch

profilo [pro'fiːlo] *m* **1.** (*gener*) Profil *n* **2.** (*linea*) Umriss *m*

profiterole [prɔfi'trɔl] <-> *m Eclair mit Sahnefüllung und Schokoladensoße*

profittatore, -trice [profitta'toːre] *m, f* Nutznießer(in) *m(f)*; **profitto** [pro'fitto] *m* Profit *m*; **trarre ~ da qc** aus etw Profit ziehen

profondere [pro'fondere] <irr> **I.** *vt* (*lodi*) austeilen **II.** *vr* **-rsi in qc** sich in etw *dat* ergehen

profondità [profondi'ta] <-> *f* Tiefe *f*; **profondo, -a** *agg* tief

pro forma [prɔ 'forma] <inv> *avv o agg* pro forma

profugo, -a ['prɔːfugo] <-ghi, -ghe> **I.** *agg* (heimat)vertrieben **II.** *m, f* Flüchtling *m*

profumare [profu'maːre] **I.** *vt* (ein)parfümieren **II.** *vi* ~ (**di qc**) (nach etw) duften **III.** *vr* **-rsi** sich parfümieren; **profumatamente** [profumata'mente] *avv* teuer; **profumeria** [profume'riːa] <-ie> *f* Parfümerie *f*; **profumo** [pro'fuːmo] *m* Duft *m*; (*essenza*) Parfüm *n*

profusi *1. pers sing pass rem di* **profondere**

profuso *pp di* **profondere**

progenitore, -trice [prodʒeni'toːre] *m, f pl* Vorfahren *mpl*

progettare [prodʒet'taːre] *vt* **1.** (*viaggio*) planen **2.** (*ponte*) entwerfen; **progettazione** [prodʒettat'tsioːne] *f* Planung *f*; **progettista** [prodʒet'tista] <-i *m*, -e *f*> *mf* Entwerfer(in) *m(f)*; **progettistica** [prodʒet'tistika] <-che> *f* Planung *f*; **progetto** [pro'dʒɛtto] *m* **1.** (COM) Projekt *n*; **~ di legge** Gesetzentwurf *m* **2.** (*proposito*) Plan *m* **3.** (*ideazione*) Planung *f*

prognosi ['prɔɲɲozi] <-> *f* Prognose *f*

programma [pro'gramma] <-i> *m* Programm *n*; **avere in ~ qc** etw vorhaben; **~ della televisione** Fernsehprogramm *n*; **~ antivirus/mail/di (video)scrittura** Antiviren-/Mail-/Textverarbeitungsprogramm *n*; **fuori ~** nicht programmgemäß; **programmare** [program'maːre] *vt* programmieren; **programmatico, -a** [program'maːtiko] <-ci, -che> *agg* programmatisch; **programmatore, -trice** [programma'toːre] *m, f* (INFORM) Programmierer(in) *m(f)*; **programmazione** [programmat'tsioːne] *f* **1.** (COM) (Wirtschafts)planung *f* **2.** (INFORM) Programmierung *f*

progredire [progre'diːre] <progredisco> *vi* **1.** (*avanzare*) voranschreiten **2.** (*far progressi*) vorankommen; **progredito, -a** [progre'diːto] *agg* fortschrittlich

progressione [progres'sioːne] *f* **1.** (MAT) Reihe *f* **2.** (*aumento*) Steigerung *f*

progressismo [progres'sizmo] *m* (POL) Progressismus *m*; **progressista** [progres'sista] <-i *m*, -e *f*> *mf* Progressist(in) *m(f)*

progressività [progressivi'ta] <-> *f* Progressivität *f*; **progressivo, -a** [progres'siːvo] *agg* fortschreitend; **imposta -a** Progressivsteuer *f*

progresso [pro'grɛsso] *m* Fortschritt *m*; **far -i** Fortschritte machen

proibire [proi'biːre] <proibisco> *vt* verbieten; **proibizione** [proibit'tsioːne] *f* Verbot *n*; **proibizionismo** [proibittsio'nizmo] *m* Prohibition *f*

proiettare [proiet'taːre] *vt* (FILM) vorführen

proiettile [proiet'tiːle] *m* Geschoss *n*

proiettore [proiet'toːre] *m* (FILM) Projektor *m*; **proiezione** [proiet'tsioːne] *f* (FILM) Vorführung *f*

project manager ['prɔdʒekt 'mænidʒə] <-> *mf* Projektleiter(in) *m(f)*

proletariato [proleta'riaːto] *m* Proletariat *n*; **proletario, -a** [prole'taːrio] <-i, -ie> **I.** *agg* proletarisch **II.** *m, f* Proletarier(in) *m(f)*

proliferare [prolife'raːre] *vi* (BIOL) wuchern; **prolifico, -a** [pro'liːfiko] <-ci, -che> *agg* fruchtbar

prolissità [prolissi'ta] <-> *f* Weitschweifigkeit *f*

prologo ['prɔːlogo] <-ghi> *m* Prolog *m*

prolunga [pro'luŋga] <-ghe> *f* Verlängerung *f*; **prolungamento** [proluŋga'mento] *m* Verlängerung *f*; **prolun-**

P

gare [proluŋ'ga:re] **I.** *vt* verlängern **II.** *vr* **-rsi** (*nel discorso*) ausschweifen

promemoria [prome'mɔ:ria] <-> *m* Merkzettel *m*

promessa [pro'messa] *f* **1.** (*parola*) Versprechen *n;* **fare una ~** ein Versprechen geben; **-e** Versprechungen *fpl* **2.** (*fig: giovane*) Hoffnung *f;* **promesso**, **-a** [pro'messo] **I.** *pp di* **promettere** **II.** *agg* (*sposo*) versprochen; (*terra*) gelobt **III.** *m, f* Verlobte(r) *f(m)*

promettente [promet'tɛnte] *agg* viel versprechend

promettere [pro'mettere] <irr> *vt* versprechen

promiscuità [promiskui'ta] <-> *f* Vermischung *f;* (*sessuale*) Promiskuität *f;* **promiscuo**, **-a** *agg* gemischt; (*sessualmente*) promisk

promisi *1. pers sing pass rem di* **promettere**

promontorio [promon'tɔ:rio] <-i> *m* Kap *n*

promossi *1. pers sing pass rem di* **promuovere**

promosso, **-a** [pro'mɔsso] **I.** *pp di* **promuovere** **II.** *agg* gefördert; (*a scuola*) versetzt

promotore, **-trice** [promo'to:re] **I.** *m, f* Förderer *m,* Förd(r)erin *f* **II.** *agg* Förderer-

promozionale [promot'tsio'na:le] *agg* Werbe-; **promozione** [promot'tsio:ne] *f* **1.** (*avanzamento*) Beförderung *f;* (*di alunno*) Versetzung *f* **2.** (COM) Werbung *f*

promulgare [promul'ga:re] *vt* (JUR: *legge*) erlassen

promuovere [pro'muɔ:vere] <irr> *vt* **1.** (*proporre*) fördern **2.** (*alunno*) versetzen

pronipote [proni'po:te] *mf* (*dei nonni*) Urenkel(in) *m(f);* (*degli zii*) Großneffe *m,* -nichte *f*

pronome [pro'no:me] *m* Pronomen *n;* **pronominale** [pronomi'na:le] *agg* pronominal

pronostico [pro'nɔstiko] <-ci> *m* Voraussage *f*

prontezza [pron'tettsa] *f* Schnelligkeit *f*

pronto ['pronto] *int* (TEL) hallo

pronto, **-a** *agg* bereit, fertig; **~ soccorso** Erste Hilfe; **essere ~ a tutto** zu allem bereit sein

pronuncia [pro'nuntʃa] <-ce> *f* Aussprache *f;* **pronunciare** [pronun'tʃa:re] *vt* (*parola*) aussprechen; (*sentenza*) sprechen; **pronunciato**, **-a** *agg* ausgeprägt

propaganda [propa'ganda] *f* Propaganda *f*

propagare [propa'ga:re] **I.** *vt* verbreiten **II.** *vr* **-rsi** sich ausbreiten; **propagazione** [propagat'tsio:ne] *f* Verbreitung *f*

propaggine [pro'paddʒine] *f* Verzweigung *f;* (*di un monte*) Ausläufer *m*

propano [pro'pa:no] *m* Propan(gas) *n*

propedeutica [prope'dɛ:utika] <-che> *f* Propädeutik *f;* **propedeutico**, **-a** [prope'dɛ:utiko] <-ci, -che> *agg* propädeutisch

propellente [propel'lɛnte] **I.** *agg* Treib- **II.** *m* Treibstoff *m*

propensione [propen'sio:ne] *f* Neigung *f;* **avere la ~ a fare qc** geneigt sein, etw zu tun; **propenso**, **-a** [pro'pɛnso] *agg* geneigt; **essere ~ verso qu** jdm geneigt sein

propiziare [propit'tsia:re] *vt* günstig stimmen; **propizio**, **-a** [pro'pittsio] <-i, -ie> *agg* günstig

proponibile [propo'ni:bile] *agg* vorschlagbar; **proponimento** [proponi'mento] *m* Vorsatz *m;* **proporre** [pro'porre] <irr> **I.** *vt* vorschlagen **II.** *vr* **-rsi qc** sich *dat* etw vornehmen

proporzionale [proportsio'na:le] *agg* proportional; **proporzionato**, **-a** [proportsio'na:to] *agg* proportioniert; **proporzione** [proport'tsio:ne] *f* **1.** (MAT) Proportion *f* **2.** (*rapporto*) Verhältnis *n;* **in ~ a** im Verhältnis zu **3.** *pl* (*fig*) Ausmaße *npl*

proposi *1. pers sing pass rem di* **proporre**

proposito [pro'pɔ:zito] *m* Vorsatz *m;* (*progetto*) Plan *m;* **di ~** absichtlich; **a ~** übrigens; **arrivare a ~** gelegen kommen

proposizione [propozit'tsio:ne] *f* Satz *m*

proposta [pro'posta] *f* Vorschlag *m;* **~ di matrimonio** Heiratsantrag *m;* **~ di legge** Gesetzesvorlage *f*

proposto *pp di* **proporre**

propriamente [propria'mente] *avv* eigentlich

proprietà [proprie'ta] <-> *f* **1.** (JUR) Eigentum *n;* **diritto di ~** Eigentumsrecht *n* **2.** (*qualità*) Eigenschaft *f;* **proprietario**, **-a** [proprie'ta:rio] <-i, -ie> *m, f* Eigentümer(in) *m(f)*

proprio[1] ['prɔ:prio] *avv* **1.** (*precisamente*) genau **2.** (*davvero*) wirklich

proprio[2] *m* **lavorare in ~** selbständig arbeiten

proprio, **-a** <-i, -ie> *agg* (*suo*) eigen; (*di lui*) sein; (*di lei, loro*) ihr; **vino di produzione -a** Wein *m* aus eigener Herstellung; **con le -ie mani** eigenhändig

propulsione [propul'sio:ne] *f* Antrieb *m;* **propulsivo**, **-a** [propul'si:vo] *agg* treibend

proroga ['prɔ:roga] <-ghe> *f* Verschiebung *f*

prorompente [prorom'pɛnte] *agg* ungestüm; **prorompere** [pro'rompere] <irr> *vi* hervorbrechen; ~ **in lacrime** in Tränen ausbrechen

prosa ['prɔ:za] *f* (LIT) Prosa *f;* **prosaico**, **-a** [pro'za:iko] <-ci, -che> *agg* **1.** (*fig*) nüchtern **2.** (LIT) Prosa-

prosciugamento [proʃʃuga'mento] *m* Trockenlegung *f;* **prosciugare** [proʃʃu'ga:re] *vt* trocken legen

prosciutto [proʃ'ʃutto] *m* Schinken *m*

proscrizione [proskrit'tsio:ne] *f* **1.** (HIST) Proskription *f* **2.** (*esilio*) Verbannung *f*

prosecco [pro'sekko] <-chi> *m* Prosecco *m*

prosecuzione [prosekut'tsio:ne] *f* Fortsetzung *f*

proseguimento [prosegui'mento] *m* Fortsetzung *f;* **buon ~!** weiter so!; **proseguire** [prose'gui:re] **I.** *vt* fortsetzen **II.** *vi* weitermachen

prosperare [prospe'ra:re] *vi* gedeihen; **prosperità** [prosperi'ta] <-> *f* Wohlstand *m;* **prosperoso**, **-a** [prospe'ro:so] *agg* (*commercio*) blühend

prospettare [prospet'ta:re] **I.** *vt* darstellen **II.** *vr* **-rsi** sich darstellen

prospettiva [prospet'ti:va] *f* **1.** (*tecnica*) Perspektive *f* **2.** (*fig*) Aussicht *f;* **prospettivismo** [prospetti'vizmo] *m* (KUNST) perspektivische Kunst

prospetto [pros'pɛtto] *m* **1.** (*tabella*) Übersicht *f* **2.** (*facciata*) Vorderseite *f*

prossimamente [prossima'mente] *avv* demnächst; ~ **su questo schermo** demnächst in diesem Kino

prossimità [prossimi'ta] <-> *f* Nähe *f;* **in ~ di** in der Nähe von

prossimo ['prɔssimo] *m* Nächste(r) *f(m)*

prossimo, **-a** *agg* nächste(r, s); **passato/trapassato ~** (LING) Perfekt *n*/Plusquamperfekt *n;* **la -a volta** das nächste Mal

prostata ['prɔstata] *f* (ANAT) Prostata *f*

prostituire [prostitu'i:re] <prostituisco> **I.** *vt* prostituieren **II.** *vr* **-rsi** sich prostituieren; **prostituta** [prosti'tu:ta] *f* Prostituierte *f*

prostrare [pros'tra:re] *vt* (*fig: fiaccare*) schwächen; **prostrazione** [prostrat'tsio:ne] *f* **1.** (*depressione*) Niedergeschlagenheit *f* **2.** (*spossatezza*) Erschöpfung *f*

protagonista [protago'nista] <-i *m*, -e *f*> *mf* **1.** (FILM) Hauptdarsteller(in) *m(f)* **2.** (LIT) Protagonist(in) *m(f)*

proteggere [pro'tɛddʒere] <proteggo, protessi, protetto> *vt* (be)schützen

proteggi-slip [pro'tɛddʒizlip] <-> *m* Slipeinlage *f*

proteina [prote'i:na] *f* Protein *n*

protesi ['prɔ:tezi] <-> *f* (MED, LING) Prothese *f*

protessi [pro'tɛssi] *1. pers sing pass rem di* **proteggere**

protesta [pro'tɛsta] *f* Protest *m;* **per ~** aus Protest

protestante [protes'tante] **I.** *agg* protestantisch **II.** *mf* Protestant(in) *m(f);* **protestantesimo** [protestan'te:zimo] *m* Protestantismus *m*

protestare [protes'ta:re] *vi* ~ (**contro qc**) (gegen etw) protestieren

protettivo, **-a** [protet'ti:vo] *agg* Schutz-; **protetto**, **-a** [pro'tɛtto] **I.** *pp di* **proteggere** **II.** *m, f* Schützling *m* **III.** *agg* **1.** (*difeso*) Schutz- **2.** (INFORM) ~ **in scrittura** schreibgeschützt

protettorato [protetto'ra:to] *m* Protektorat *n*

protettore, **-trice** [protet'to:re] **I.** *m, f* **1.** (*chi protegge*) (Be)schützer(in) *m(f)* **2.** (*patrono*) (Schutz)patron(in) *m(f)* **3.** (*sfruttatore di prostitute*) Zuhälter *m* **II.** *agg* Schutz-; **protezione** [protet'tsio:ne] *f* **1.** Schutz *m;* **prendere sotto la propria ~** unter seinen Schutz nehmen **2.** (*pej: favoreggiamento*) Protektion *f*

protezionismo [protettsio'nizmo] *m* Protektionismus *m;* **protezionista** [protettsio'nista] <-i *m*, -e *f*> **I.** *mf* Protektionist(in) *m(f)* **II.** *agg* protektionistisch

protocollare [protokol'la:re] **I.** *vt* protokollieren **II.** *agg* protokollarisch; **protocollo** [proto'kɔllo] *m* Protokoll *n;* **carta** (**for-**

mato) ~ Kanzleipapier *n*

prototipo [pro'tɔːtipo] *m* (TEC) Prototyp *m*

protrarre [pro'trarre] <irr> **I.** *vt* hinausziehen **II.** *vr* **-rsi** sich in die Länge ziehen

protuberanza [protube'rantsa] *f* Auswuchs *m*

Prov. *abbr di* **provincia** ≈ Reg. Bez.

prova ['prɔːva] *f* **1.** (*esame*) Prüfung *f;* ~ **orale/scritta** mündliche/schriftliche Prüfung **2.** (*esperimento*) Probe *f;* **mettere qu alla** ~ jdn auf die Probe stellen **3.** (JUR) Beweis *m* **4.** (THEAT) Probe *f;* ~ **generale** Generalprobe *f*

provare [pro'vaːre] **I.** *vt* **1.** (*sperimentare*) probieren; (*abito*) anprobieren **2.** (*assaggiare*) kosten **3.** (*sentire*) empfinden **4.** (*dimostrare*) beweisen **5.** (MUS) proben **II.** *vr* **-rsi** versuchen; **provato, -a** [pro'vaːto] *agg* erwiesen

provenienza [prove'niɛntsa] *f* Herkunft *f;* **provenire** [prove'niːre] <irr> *vi* ~ **da** (her)kommen aus

proverbio [pro'vɛrbio] <-i> *m* Sprichwort *n*

provetta [pro'vetta] *f* Reagenzglas *n;* **figlio in** ~ Retortenbaby *n*

provider <-> *m* (INFORM) Provider *m*

provincia [pro'vintʃa] <-cie> *f* Provinz *f*

> Die **Provincia** ist die politische Verwaltungseinheit zwischen dem Comune und der Regione. In Italien gibt es 103 province. In einer provincia gibt es mehrere comuni. Sie ist für die öffentliche Gesundheitsfürsorge, die Instandhaltung der Hauptstraßen und öffentlichen Gebäude, wie z.B. Schulen, und für die Landwirtschaft und Fischerei zuständig. Jede provincia hat einen capoluogo, eine Hauptstadt, und wird von einer Giunta provinciale verwaltet, die wiederum von dem Consiglio provinciale gewählt wird.

provinciale [provin'tʃaːle] *agg* **1.** (ADM) Provinzial-; **strada** ~ Landstraße *f* **2.** (*pej*) provinziell

provino [pro'viːno] *m* (FILM) Probeaufnahme *f*

provocante [provo'kante] *agg* provozierend; **provocare** [provo'kaːre] *vt* **1.** (*cagionare*) verursachen **2.** (*eccitare*) reizen; (*sessualmente*) aufreizen; **provocatorio, -a** [provoka'tɔːrio] <-i, -ie> *agg* provozierend; **provocazione** [provokat'tsioːne] *f* Provokation *f*

provvedere [provve'deːre] <irr> *vi* ~ **a qc** für etw sorgen; **provvedimento** [provvedi'mento] *m* Maßnahme *f*

provveditorato [provvedito'raːto] *m* Verwaltungsamt *n;* ~ **agli studi** (Ober)schulamt *n*

provvidenza [provvi'dɛntsa] *f* (REL) (göttliche) Vorsehung *f;* **provvidenziale** [provviden'tsiaːle] *agg* (*opportuno*) willkommen

provvidi *1. pers sing pass rem di* **provvedere**

provvigione [provvi'dʒoːne] *f* Provision *f*

provvisorietà [provvizorie'ta] <-> *f* Vorläufigkeit *f;* **provvisorio, -a** [provvi'zɔːrio] <-i, -ie> *agg* vorläufig

provvista [prov'vista] *f* Vorrat *m*

prozio, -a [prot'tsiːo] *m, f* Großonkel *m,* Großtante *f*

prua ['pruːa] *f* Bug *m*

prudente [pru'dɛnte] *agg* vorsichtig; **prudenza** [pru'dɛntsa] *f* Vorsicht *f;* **guidare con** ~ vorsichtig fahren

prudere ['pruːdere] *vi* jucken

prugna ['pruɲɲa] *f* Pflaume *f*

prurito [pru'riːto] *m* Juckreiz *m*

Prussia ['prussia] *f* Preußen *n;* **prussiano, -a** [prus'siaːno] **I.** *agg* preußisch **II.** *m, f* Preuße *m,* Preußin *f*

pseudonimo [pseu'dɔːnimo] *m* Pseudonym *n*

P.S.I. *m* (HIST) *abbr di* **Partito Socialista Italiano** *sozialistische Partei Italiens*

psicanalisi [psika'naːlizi] *f* Psychoanalyse *f;* **psicanalista** [psikana'lista] <-i *m*, -e *f*> *mf* Psychoanalytiker(in) *m(f);* **psicanalitico, -a** [psikana'listiko] <-ci, -che> *agg* psychoanalytisch

psiche ['psiːke] *f* Psyche *f*

psichedelico, -a [psike'dɛːliko] <-ci, -che> *agg* psychedelisch

psichiatra [psi'kiaːtra] <-i *m*, -e *f*> *mf* Psychiater(in) *m(f);* **psichiatria** [psikia'triːa] <-ie> *f* Psychiatrie *f*

psichico, -a ['psiːkiko] <-ci, -che> *agg* psychisch

psicofarmaco [psiko'farmako] *m* Psychopharmakon *n*

psicologia [psikolo'dʒiːa] <-gie> *f* Psychologie *f;* **psicologico, -a** [psiko'lɔːdʒiko] <-ci, -che> *agg* psychologisch; **psico-**

logo, **-a** [psi'kɔːlogo] <-gi, -ghe> *m, f* Psychologe *m*, -login *f*

psicopatico, **-a** [psiko'paːtiko] <-ci, -che> **I.** *agg* psychopathisch **II.** *m, f* Psychopath(in) *m(f)*

psicosi [psi'kɔːzi] <-> *f* Psychose *f;* ~ **collettiva** Massenpsychose *f*

psicosomatico, **-a** [psikoso'maːtiko] <-ci, -che> *agg* psychosomatisch

psicoterapia [psikotera'piːa] *f* Psychotherapie *f*

psicotico, **-a** [psi'kɔːtiko] <-ci, -che> *agg* psychotisch

psoriasi [pso'riːazi] <-> *f* Psoriasis *f*

P.T. *abbr di* **Poste e Telecomunicazioni** *Post und Fernmeldewesen*

puah [puah] *int* pfui

pubblicare [pubbli'kaːre] *vt* veröffentlichen; **pubblicazione** [pubblikat'tsioːne] *f* Veröffentlichung *f;* **pubblicista** [pubbli'tʃista] <-i *m*, -e *f*> *mf* (LIT) Publizist(in) *m(f);* **pubblicistica** [pubbl'tʃistika] <-che> *f* **1.** (*attività*) Publizistik *f* **2.** (JUR) Staatsrecht *n*

pubblicità [pubblitʃi'ta] <-> *f* Werbung *f;* **pubblicitario**, **-a** [pubblitʃi'taːrio] <-i, -ie> **I.** *agg* Werbe- **II.** *m, f* Werbefachmann *m*, -frau *f;* **pubblicizzare** [pubblitʃid'dzaːre] *vt* werben für

pubblico ['pubbliko] *m* Öffentlichkeit *f;* (*spettatori*) Publikum *n*

pubblico, **-a** <-ci, -che> *agg* öffentlich; ~ **funzionario** Beamte(r) *m;* **i servizi -ci** der Öffentliche Dienst; **-che relazioni** Publicrelations *pl*

pube ['puːbe] *m* Schambein *n*

pubertà [puber'ta] <-> *f* Pubertät *f*

pudico, **-a** [pu'diːko] <-chi, -che> *agg* schamhaft; **pudore** [pu'doːre] *m* Scham *f*

puerile [pue'riːle] *agg* **1.** (*età*) Kindes- **2.** (*pej*) kindisch

puerpera [pu'ɛrpera] *f* Wöchnerin *f*

pugilato [pudʒi'laːto] *m* Boxen *n;* **pugile** ['puːdʒile] *m* Boxer *m*

Puglia ['puʎʎa] *f* Apulien *n;* **pugliese** [puʎ'ʎeːse] *agg* apulisch

pugnalare [puɲɲa'laːre] *vt* erstechen; **pugnalata** [puɲɲa'laːta] *f* Dolchstoß *m;* **pugnale** [puɲ'ɲaːle] *m* Dolch *m*

pugno ['puɲɲo] *m* **1.** (*mano chiusa*) Faust *f* **2.** (*colpo*) Faustschlag *m;* **fare a -i** sich prügeln **3.** (*quantità*) Hand voll *f*

pulce ['pultʃe] *f* Floh *m;* **mercato delle -i** Flohmarkt *m;* **mettere una ~ nell'orecchio a qu** (*fig*) jdm einen Floh ins Ohr setzen

pulcinella [pultʃi'nɛlla] <-> *m* (*maschera*) Pulcinella *m*

pulcino [pul'tʃiːno] *m* Küken *n*

puledro, **-a** [pu'leːdro] *m, f* Fohlen *n*

pulire [pu'liːre] <pulisco> *vt* sauber machen; (*casa*) putzen

puliscivetri [puliʃʃi'veːtri] <-> *mf* Autoscheibenputzer(in) *m(f)*

pulita [pu'liːta] *f* (schnelle) Reinigung *f*

pulito [pu'liːto] *m* Saubere(s) *n*

pulito, **-a** *agg* (*a fig*) sauber; **pulitura** [puli'tuːra] *f* Reinigung *f;* ~ **a secco** Trockenreinigung *f;* **pulizia** [pulit'tsiːa] <-ie> *f* Säuberung *f;* **donna delle -ie** Putzfrau *f;* **fare le -ie** saubermachen, putzen; **fare ~** (*fig*) aufräumen; ~ **etnica** ethnische Säuberung

pullman ['pulman] <-> *m* (Reise)bus *m*

pullover [pul'lɔːver] <-> *m* Pullover *m*

pullulare [pullu'laːre] *vi* wimmeln

pulmino [pul'miːno] *m* Kleinbus *m*

pulsante [pul'sante] *m* (Druck)taste *f;* ~ **del campanello** Klingelknopf *m*

pulsare [pul'saːre] *vi* (*cuore*) klopfen; **pulsazione** [pulsat'tsioːne] *f* Pulsschlag *m*

pulviscolo [pul'viskolo] *m* Staub *m*

puma ['puːma] <-> *m* Puma *m*

pungente [pun'dʒɛnte] *agg* **1.** (*freddo*) beißend **2.** (*spina*) stechend **3.** (*fig: risposta*) bissig

pungere ['pundʒere] <pungo, punsi, punto> *vt* **1.** (*insetto*) stechen; (*ortica*) brennen; (*barba*) kratzen; (*freddo*) beißen **2.** (*fig: offesa*) treffen

pungiglione [pundʒiʎ'ʎoːne] *m* Stachel *m*

punibile [pu'niːbile] *agg* strafbar; **punire** [pu'niːre] <punisco> *vt* (be)strafen; **punitivo**, **-a** [puni'tiːvo] *agg* Straf-; **punizione** [punit'tsioːne] *f* Strafe *f;* **per ~** zur Strafe; **tiro di ~** Strafstoß *m*

punsi ['punsi] *1. pers sing pass rem di* **pungere**

punta ['punta] *f* **1.** (*estremità*) Spitze *f;* ~ **del naso** Nasenspitze *f;* **camminare in ~ di piedi** auf Zehenspitzen gehen; **fare la ~ ad una matita** einen Bleistift spitzen **2.** (*quantità minima,* GASTR) Prise *f*

puntare [pun'taːre] *vt* **1.** (*appoggiare*) stützen; ~ **i piedi per terra** (*fig*) sich hartnäckig

P

sträuben **2.** (*dirigere*) zielen; ~ **il dito verso qu** mit dem Finger auf jdn zeigen **3.** (*scommettere*) ~ **su qu/qc** auf jdn/etw setzen

puntata [pun'ta:ta] *f* **1.** (*gita*) Abstecher *m* **2.** (*scommessa*) Einsatz *m* **3.** (TV) Folge *f;* **a -e** in Fortsetzungen

punteggiatura [punteddʒa'tu:ra] *f* **1.** (LING) Interpunktion *f* **2.** (*macchiettatura*) Tüpfelung *f*

punteggio [pun'teddʒo] <-ggi> *m* Punktzahl *f*

puntellare [puntel'la:re] *vt* (ab)stützen; **puntello** [pun'tɛllo] *m* (*a fig*) Stütze *f*

punteruolo [punte'ruɔ:lo] *m* Körner *m*

puntiforme [punti'forme] *agg* punktartig

puntiglio [pun'tiʎʎo] <-gli> *m* Eigensinn *m;* **puntiglioso, -a** [puntiʎ'ʎo:so] *agg* verbohrt

puntina [pun'ti:na] *f* Reißzwecke *f*

puntino [pun'ti:no] *m* Pünktchen *n;* **-i di sospensione** Auslassungspunkte *mpl;* **mettere i -i sulle i** (*fig*) Klarheit in die Sache bringen

punto[1] ['punto] *pp di* **pungere**

punto[2] *m* **1.** Punkt *m;* ~ **esclamativo/interrogativo** Ausrufe-/Fragezeichen *n;* **-i di sospensione** Auslassungspunkte *mpl;* ~ **e virgola** Semikolon *n;* **due -i** Doppelpunkt *m;* ~ **di fusione/ebollizione** Schmelz-/Siedepunkt *m;* **-i neri** Mitesser *mpl;* **i -i cardinali** die Himmelsrichtungen *fpl;* **alle tre in** ~ Punkt drei (Uhr); ~ **e basta!** (*fam*) basta! **2.** (*nel cucito*) Stich *m;* (*a maglia*) Masche *f* **3.** (*argomento*) Punkt *m;* ~ **di vista** Gesichtspunkt *m;* ~ **a favore** Pluspunkt *m;* **venire al** ~ zur Sache kommen **4.** (*istante*) (Zeit)punkt *m;* ~ **culminante** Höhepunkt *m;* **di** ~ **in bianco** auf einmal **5.** (*luogo*) Punkt *m,* Stelle *f;* ~ **debole** Schwachstelle *f;* ~ **di vendita** Verkaufsstelle *f;* ~ **di ritrovo** Treffpunkt *m* **6.** (*voto*) Punkt *m*

puntuale [puntu'a:le] *agg* pünktlich; **puntualità** [puntuali'ta] <-> *f* Pünktlichkeit *f*

puntualizzare [puntualid'dza:re] *vt* präzisieren

puntura [pun'tu:ra] *f* (*fam*) Spritze *f;* (*di zanzara*) Stich *m*

punzecchiare [puntsek'kia:re] *vt* **1.** (*pungere*) stechen **2.** (*fig: provocare*) sticheln

può ['puɔ] *3. pers sing pr di* **potere[1]**

puoi ['puɔ:i] *2. pers sing pr di* **potere[1]**

pupa ['pu:pa] *f* (*fam: ragazza*) Puppe *f*

pupazzo [pu'pattso] *m* (*fantoccio*) Puppe *f*

pupilla [pu'pilla] *f* Pupille *f*

pur *v.* **pur(e)**

puramente [pura'mente] *avv* lediglich

purché [pur'ke] *cong +conj* wenn ... (nur)

pur(e) [pur ('pu:re)] **I.** *cong* **1.** (*anche se*) auch wenn **2.** (*tuttavia*) doch **II.** *avv* **1.** (*anche*) auch **2.** (*proprio*) wirklich **3.** (*esortativo*) ruhig; **faccia ~!** bitte sehr!

purè [pu'rɛ] <-> *m* Püree *n*

purezza [pu'rettsa] *f* Reinheit *f*

purga ['purga] <-ghe> *f* Abführmittel *n;* **purgarsi** [pur'ga:rsi] *vr* ein Abführmittel (ein)nehmen

purgatorio [purga'tɔ:rio] <-i> *m* Feg(e)feuer *n*

purificare [purifi'ka:re] *vt* reinigen

purismo [pu'rizmo] *m* Purismus *m;* **purista** [pu'rista] <-i *m*, -e *f*> *mf* Purist(in) *m(f);* **puristico, -a** [pu'ristiko] <-ci, -che> *agg* puristisch

purità [puri'ta] <-> *f* Reinheit *f*

puritanesimo [purita'ne:zimo] *m* Puritanismus *m;* **puritano, -a** [puri'ta:no] **I.** *agg* puritanisch **II.** *m, f* Puritaner(in) *m(f)*

puro, -a ['pu:ro] *agg* **1.** (*acqua, alcol, a fig*) rein **2.** (*solo*) **il** ~ **necessario** das Allernötigste

purosangue [puro'saŋgue] <inv> *agg* (*cavallo*) vollblütig

purpureo, -a [pur'pu:reo] *agg* purpurn

purtroppo [pur'trɔppo] *avv* leider

pus [pus] *m* Eiter *m*

pusillanimità [puzillanimi'ta] <-> *f* Duckmäuserei *f*

pustola ['pustola] *f* Pustel *f*

putacaso [puta'ka:zo] *avv* etwa; ~ **che ...** *+conj* gesetzt den Fall, dass ...

putiferio [puti'fɛ:rio] <-i> *m* Geschrei *n*

putredine [pu'trɛ:dine] *f* Fäulnis *f;* **putrefare** [putre'fa:re] <irr> **I.** *vi essere* faulen **II.** *vr* **-rsi** faulen; **putrefazione** [putrefat'tsio:ne] *f* Verwesung *f;* **putrido, -a** ['pu:trido] *agg* faul

putsch [putʃ] <-> *m* (MIL) Putsch *m*

puttana [put'ta:na] *f* (*vulg*) Hure *f;* **puttanesco, -a** [putta'nesko] <-schi, -sche> *agg* (*vulg*) huren-; **spaghetti alla -a** *Spaghetti mit Tomatensoße, Sardellen, Kapern und schwarzen Oliven;* **puttaniere** [putta'niɛ:re] *m* (*vulg*) Hurenbock *m;* (*scherz: dongiovanni*) Schürzenjäger *m*

putto ['putto] *m* Putte *f*
puzza ['puttsa] *f* Gestank *m;* **avere la ~ sotto il naso** (*fig*) hochnäsig sein; **puzzare** [put'tsa:re] *vi* stinken
puzzle ['pʌzəl] <-> *m* Puzzle *n*
puzzo ['puttso] *m* Gestank *m;* **puzzola** ['puttsola] *f* Iltis *m*
puzzolente [puttso'lɛnte] *agg* stinkend; **puzzone, -a** [put'tso:ne] *m, f* (*dial, fam*) Stinker *m*
P.za *abbr di* **Piazza** Platz

Q

Q, q [ku] <-> *f* Q, q *n;* **~ come quarto** Q wie Quelle
q *abbr di* **quintale** dz
Q.I. *abbr di* **quoziente d'intelligenza** IQ *m*
qua [kua] *avv* **1.** (*stato*) da, hier; **di ~** von hier (aus) **2.** (*moto*) hierher, her; **per di ~** hier entlang; **in ~** hierher **3.** (*temporale*) **da un anno in ~** seit einem Jahr
quaderno [kua'dɛrno] *m* Heft *n*
quadrangolo [kua'draŋgolo] *m* Viereck *n*
quadrante [kua'drante] *m* **1.** (*di orologio*) Zifferblatt *n* **2.** (MAT) Quadrant *m*
quadrare [kua'dra:re] **I.** *vt* (MAT) ins Quadrat erheben **II.** *vi essere o avere* **1.** (*corrispondere*) **~ con qc** mit etw übereinstimmen **2.** (*fam fig: piacere*) passen, liegen **3.** (*conti*) stimmen
quadrato [kua'dra:to] *m* (MAT: *quadrangolo*) Quadrat *n;* (*potenza*) Quadrat *n;* **7 al ~** 7 hoch zwei
quadrato, -a *agg* **1.** (*forma*) viereckig **2.** (*fig: solido*) stabil; (*equilibrato*) ausgeglichen **3.** (MAT) Quadrat-
quadratura [kuadra'tu:ra] *f* (MAT, ASTR) Quadratur *f*
quadretto [kua'dretto] *m* **1.** (*piccolo quadro*) kleines Bild **2.** (*piccolo quadrato*) Kästchen *n;* (*di cioccolata*) Stück *n*
quadriennale [kuadrien'na:le] **I.** *agg* **1.** (*che dura quattro anni*) vierjährig **2.** (*che ricorre ogni quattro anni*) vierjährlich **II.** *f* Quadriennale *f;* **quadriennio** [kuadri'ɛnnio] <-i> *m* Zeitraum *m* von vier Jahren
quadrifoglio [kuadri'fɔʎʎo] <-gli> *m* **1.** (BOT) vierblätt(e)riges Kleeblatt **2.** (*di strada*) **raccordo a ~** Kleeblatt *n*
quadrilatero [kuadri'la:tero] *m* **1.** (MAT) Viereck *n* **2.** (*configurazione*) viereckige Form
quadrilatero, -a *agg* viereckig
quadrivio [kua'dri:vio] <-i> *m* (Straßen)kreuzung *f*
quadro ['kua:dro] *m* **1.** (*dipinto*) Bild *n* **2.** (*quadrato*) Viereck *n;* **a -i** kariert **3.** (*fig: descrizione*) Beschreibung *f;* (*scena*) Szene *f* **4.** (*fig: prospetto*) Übersicht *f* **5.** (*fig: ambito*) Rahmen *m;* **nel ~ dei nuovi accordi** im Rahmen der neuen Vereinbarungen **6.** (TEC) Tafel *f* **7.** *pl* (POL, MIL) Führungskräfte *fpl;* (SPORT) Kader *m* **8.** *pl* (*di carte da gioco*) Karo *n*
quadro, -a *agg* **1.** (*quadrato*) (vier)eckig **2.** (MAT) Quadrat-
quadrupede [kua'dru:pede] **I.** *m* Vierfüß(l)er *m* **II.** *agg* vierbeinig
quadruplicare [kuadrupli'ka:re] **I.** *vt* vervierfachen **II.** *vi essere* um ein Vierfaches ansteigen **III.** *vr* **-rsi** sich vervierfachen
quadruplo ['kua:druplo] *m* Vierfache(s) *n*
quadruplo, -a *agg* vierfach
quaggiù [kuad'dʒu] *avv* (*stato*) hier unten; (*moto*) hier herunter
quaglia ['kuaʎʎa] <-glie> *f* Wachtel *f*
qual [kual] *v.* **quale**
qualche ['kualke] <inv, solo al sing> *agg* **1.** (*alcuni*) einige; **~ volta** manchmal **2.** (*uno*) irgendein(e); **in ~ modo** irgendwie **3.** (*un certo*) ein(e) gewisse(r, s); **~ cosa** *v.* **qualcosa**
qualcheduno [kualke'du:no] *pron indef v.* **qualcuno**
qualcosa [kual'kɔ:sa] <inv> *pron indef* etwas; **~ di grande** etwas Großes; **qualcos'altro** etwas anderes
qualcuno, -a [kual'ku:no] <solo al sing> *pron indef* **1.** (*alcuni*) einige **2.** (*uno: riferito a persone*) (irgend)jemand; (*riferito a cose*) irgendeine(r, s)
quale ['kua:le] <*davanti a consonante spesso* qual> **I.** *agg* **1.** (*interrogativo*) welche(r,

s), 2. (*esclamativo*) welch ein(e); **ma -i vacanze: sono pieno di lavoro!** von wegen Ferien: ich habe einen Haufen Arbeit! 3. (*come*) wie **II.** *pron* 1. (*interrogativo*) welche(r, s) 2. (*relativo*) der, die, das, welche(r, s) *geh;* **il bambino del ~ t'ho accennato** das Kind, das ich dir gegenüber (bereits) erwähnt habe **III.** *avv* als, wie; **in certo qual modo** gewissermaßen; **tale e ~ sua madre** (*fam*) ganz die Mutter

qualifica [kua'li:fika] <-che> *f* 1. (*titolo*) Bezeichnung *f* 2. (*doti professionali*) Qualifikation *f;* **qualificare** [kualifi'ka:re] **I.** *vt* 1. (*definire*) bezeichnen; (*con giudizio*) beurteilen 2. (*preparare*) qualifizieren; (*professionalmente*) aus-, weiterbilden **II.** *vr* **-rsi** 1. (*definirsi*) sich bezeichnen (als) 2. (*ottenere una qualifica*) sich qualifizieren (als) 3. (SPORT) sich qualifizieren; **qualificativo, -a** [kualifika'ti:vo] *agg* 1. (LING) Eigenschafts-; **aggettivo ~** Eigenschaftswort *n* 2. (*che serve a qualificare*) qualifizierend; **qualificato, -a** [kualifi'ka:to] *agg* 1. (*operaio, tecnico*) gelernt; **operaio ~** Facharbeiter *m* 2. (*esperto*) erfahren; (*dotato*) begabt 3. (*fig: famiglia, persona*) vornehm; **qualificazione** [kualifikat'tsio:ne] *f* 1. (*qualifica*) Qualifikation *f* 2. (*titolo*) Titel *m*

qualità [kuali'ta] <-> *f* 1. (*gener*) Qualität *f;* **di ~** Qualitäts- 2. (*dote*) Begabung *f*

qualora [kua'lo:ra] *cong +conj* falls, wenn

qualsiasi [kual'si:asi] <inv, solo al sing> *agg* jede(r, s), jede(r, s) beliebige(r, s); **vieni un giorno ~** komm an irgendeinem Tag

qualunque [kua'luŋkue] <inv, solo al sing> *agg* 1. (*ogni, ciascuno*) jede(r, s), jede(r, s) beliebige(r, s); **a ~ costo** zu jedem Preis 2. (*uno qualsiasi*) irgendein(e); **l'uomo ~** der Mann von der Straße 3. (*relativo*) welche(r, s) auch (immer)

quando ['kuando] **I.** *avv* 1. (*interrogativo*) wann 2. (*relativo*) als, wenn **II.** *cong* 1. (*temporale, col passato*) als; (*col presente ed il futuro*) wenn, sobald 2. (*mentre*) während, aber 3. *+conj* (*condizionale*) wenn, falls **III.** *m* Wann *n*

quantificare [kuantifi'ka:re] *vt* quantifizieren *geh*

quantità [kuanti'ta] <-> *f* Menge *f*

quantitativo [kuantita'ti:vo] *m* Menge *f*

quantitativo, -a *agg* quantitativ

quanto ['kuanto] **I.** *m* (PHYS) Quant *n* **II.** *avv* 1. (*interrogativo*) wie viel; (*tempo*) wie lang(e); (*distanza*) wie weit 2. (*nella misura che*) so viel … dass; **per ~ io ne sappia** so viel ich weiß; **~ a …** was … betrifft 3. (*come*) wie; **tanto … ~ …** (genau)so … wie …; (*sia … sia …*) als auch …, … so wie …

quanto, -a **I.** *agg* 1. (*interrogativo*) wie viel; **~ tempo dura lo spettacolo?** wie lange dauert die Vorstellung?; **da ~ tempo sei qui?** seit wann bist du hier?; **-i anni hai?** wie alt bist du?; **-e volte** wie oft 2. (*esclamativo*) so viel 3. (*nella quantità che*) so viel … wie; **tutti -i** allesamt 4. (*quello che*) **da ~ ho capito** so viel ich verstanden habe **II.** *pron* 1. (*interrogativo*) wie viel(e); **-i ne abbiamo oggi?** der Wievielte ist heute?; **~ costa?, quant'è?** wie viel kostet das? 2. (*relativo*) was 3. *pl* (*coloro che*) (alle) die 4. (*con partitivo*) etwas (von)

quantunque [kuan'tuŋkue] *cong +conj* obwohl

quaranta [kua'ranta] **I.** *num* vierzig **II.** <-> *m* Vierzig *f; v. a.* **cinquanta**

quarantena [kuaran'tɛ:na] *f* (MED) Quarantäne *f*

quarantenne [kuaran'tɛnne] **I.** *agg* vierzigjährig **II.** *mf* Vierzigjährige(r) *f(m)*

quarantott'ore [kuarantɔt'to:re] <-> *f* Handköfferchen *n*

quaresima [kua're:zima] *f* Fastenzeit *f*

quarta ['kuarta] *f* 1. (*classe*) vierte Klasse; (*alla scuola superiore*) vorletztes Schuljahr 2. (AUTO) vierter Gang 3. (MUS) Quart(e) *f*

quartetto [kuar'tetto] *m* Quartett *n*

quartiere [kuar'tiɛ:re] *m* 1. (*di città*) Viertel *n* 2. (MIL) Quartier *n*

quartino [kuar'ti:no] *m* (*fam*) Viertelliter *m*

quarto ['kuarto] *m* Viertel *n;* **~ d'ora** Viertelstunde *f;* **un ~ di vino** ein Viertel Wein

quarto, -a **I.** *agg* vierte(r, s) **II.** *m, f* Vierte(r, s) *f(m, n); v. a.* **quinto**

quarzo ['kuartso] *m* Quarz *m*

quasi ['kua:zi] **I.** *avv* 1. (*circa*) ungefähr, etwa 2. (*pressoché*) fast, beinahe 3. (*forse*) wohl 4. (*come se fosse*) gleichsam, beinahe **II.** *cong +conj* **~ (che)** als ob

quassù [kuas'su] *avv* 1. (*qua in alto: stato*) hier oben; (*moto*) (hier)herauf, (hier)hinauf

2. (*al nord*) hier oben (im Norden) **3.** (*in montagna*) hier oben (in den Bergen)

quatto, -a ['kuatto] *agg* **1.** (*chinato e basso*) geduckt **2.** (*zitto zitto*) ganz still

quattordicesima [kuattordi'tʃezima] *f* vierzehntes Monatsgehalt

quattordici [kuat'torditʃi] **I.** *num* vierzehn **II.** <-> *m* **1.** (*numero*) Vierzehn *f* **2.** (*nelle date*) Vierzehnte(r) *m* **III.** *fpl* vierzehn Uhr; *v. a.* **cinque**

quattrino [kuat'tri:no] *m* **1.** (*moneta spicciola*) Pfennig *m* **2.** *pl* (*denari*) Geld *n*

quattro ['kuattro] **I.** *num* vier **II.** *agg* (*fig: pochi*) ein paar, wenig; **fare ~ chiacchiere** ein Schwätzchen halten; **fare ~ passi** einen kleinen Spaziergang machen; **farsi in ~ per qu** sich für jdn krumm legen; **in ~ e quattr'otto** im Handumdrehen, im Nu **III.** <-> *m* **1.** (*numero*) Vier *f* **2.** (*nelle date*) Vierte(r) *m* **3.** (*voto scolastico*) ≈ mangelhaft **4.** (SPORT) Vierer *m* **IV.** *fpl* vier Uhr; *v. a.* **cinque**

quattrocchi, quattr'occhi [kuat'trɔkki] *avv* **a ~** unter vier Augen

quattrocento [kuattro'tʃɛnto] **I.** *num* vierhundert **II.** <-> *m* Vierhundert *f;* **il Quattrocento** das fünfzehnte Jahrhundert; (*nell'arte italiana*) das Quattrocento

quello, -a ['kuello] **I.** <quel, quell', quei, quegli> *agg* **1.** jene(r, s), der, die, das (da) **2.** (*tale*) solche(r, s), derartige(r, s) **II.** *pron dim* **1.** (*colui*) der, die, das; (*ciò*) das, dies; **~ che mi ha detto** (das) was er mir gesagt hat **2.** (*uomo*) der (Mann); (*donna*) die (Frau); **~ è mio fratello** das ist mein Bruder

quercia ['kuɛrtʃa] <-ce> *f* Eiche *f*

querela [kue'rɛ:la] *f* Klage *f;* **querelare** [kuere'la:re] *vt* verklagen

quesito [kue'zi:to] *m* Frage *f*

questionare [kuestio'na:re] *vi* **~ di qc** (über) etw *acc* diskutieren

questionario [kuestio'na:rio] <-i> *m* Fragebogen *m*

questione [kues'tio:ne] *f* **1.** Frage *f* **2.** (*controversia*) Streitfrage *f* **3.** (*litigio*) Streit *m* **4.** (*faccenda*) Angelegenheit *f*

questo, -a ['kuesto] **I.** *agg* **1.** diese(r, s), der, die, das (hier); **quest'oggi** heute; **uno di -i giorni** in den nächsten Tagen **2.** (*simile*) derartige(r, s), solche(r, s), so ein(e) **II.** *pron dim* **1.** diese(r, s), dies, das (hier) **2.** (*ciò*) dies, das; **~ mai** niemals; **-a proprio non ci voleva!** (*fam*) das hat gerade noch gefehlt!; **-a sì che è bella!** (*fam*) das ist ja allerhand! **3.** (*quanto segue*) dies, folgendes; **senti -a!** hör dir das an!

questore [kues'to:re] *m* Polizeipräsident *m;* **questura** [kues'tu:ra] *f* Amt *n* des Polizeipräsidenten; (*sede*) Polizeipräsidium *n*

qui [kui] *avv* **1.** (*stato*) hier, da; **di ~ in avanti** (*spazio*) von hier an; (*tempo*) von jetzt an; **~ dentro/fuori/sopra/sotto/vicino** hier drinnen/draußen/oben/unten/in der Nähe **2.** (*moto*) hierher; **da ~** von hier aus; **fin ~** (*locale*) bis hierhin; (*temporale*) bis jetzt; **~ dentro/fuori/sopra/sotto/vicino** hier hinein/heraus/herauf/herunter/in die Nähe **3.** (*preceduto da questo*) hier, da

quietare [kuie'ta:re] **I.** *vt* beruhigen, dämpfen **II.** *vr* **-rsi** sich beruhigen

quiete ['kuiɛ:te] *f* **1.** (*calma*) Ruhe *f* **2.** (*silenzio*) Stille *f*

quieto, -a ['kuiɛ:to] *agg* ruhig

quindi ['kuindi] **I.** *avv* dann, darauf **II.** *cong* daher, also

quindici ['kuinditʃi] **I.** *num* fünfzehn; **fra ~ giorni** in vierzehn Tagen **II.** <-> *m* **1.** (*numero*) Fünfzehn *f* **2.** (*nelle date*) Fünfzehnte(r) *m* **III.** *fpl* fünfzehn Uhr; *v. a.* **cinque**;

quindicina [kuindi'tʃi:na] *f* **1.** (*serie*) **una ~ (di ...)** (etwa) fünfzehn (...) **2.** (*periodo*) zwei Wochen *fpl;* **la prima ~ di luglio** die erste Julihälfte

quinquennio [kuiŋ'kuɛnnio] <-i> *m* Zeitraum *m* von fünf Jahren

quinta ['kuinta] *f* **1.** (THEAT) Kulisse *f* **2.** (*classe*) fünfte Klasse; (*alla scuola superiore*) letztes Schuljahr **3.** (AUTO) fünfter Gang **4.** (MUS) Quint(e) *f;* *v. a.* **quinto**

quintale [kuin'ta:le] *m* Doppelzentner *m,* Zentner *m A*

quintetto [kuin'tetto] *m* Quintett *n*

quinto ['kuinto] *m* Fünftel *n*

quinto, -a **I.** *agg* fünfte(r, s) **II.** *m, f* Fünfte(r, s) *mfn;* **arrivare ~** als Fünfter ankommen

Quirinale [kuiri'na:le] *m* Quirinal *m*

> Der **Palazzo del Quirinale**, benannt nach einem der berühmten sieben Hügel Roms, ist die offizielle Residenz des Presidente della Repubblica.

quisquilia [kuis'kui:lia] <-ie> *f* Belanglosigkeit *f*

Q

quiz [kuidz] <-> *m* Quiz *n*
quizzarolo, -a [kuittsa'rɔ:lo] (TV) **I.** *agg* Quiz- **II.** *m, f* **1.** (*conduttore*) Quizmaster *m* **2.** (*partecipante*) Quizteilnehmer(in) *m(f)*
quorum ['kuɔ:rum] *m* Quorum *n*
quota ['kuɔ:ta] *f* **1.** (*parte*) Anteil *m;* (*statistica*) Quote *f* **2.** (*cifra*) Betrag *m* **3.** (COM, FIN) Rate *f;* (*ripartizione*) (Mitglieds)beitrag *m* **4.** (*altitudine*) Höhe *f*
quotare [kuo'ta:re] *vt* **1.** (FIN) quotieren; (*titoli*) notieren **2.** (*fig: stimare*) schätzen;
quotato, -a [kuo'ta:to] *agg* **1.** (*apprezzato*) angesehen **2.** (FIN) notiert; **quotazione** [kuotat'tsio:ne] *f* **1.** (FIN) (Kurs)notierung *f* **2.** (*di persona*) Wertschätzung *f*
quotidiano [kuoti'dia:no] *m* (Tages)zeitung *f*
quotidiano, -a *agg* täglich
quoziente [kuot'tsiɛnte] *m* **1.** (MAT) Quotient *m* **2.** (*in statistica*) Rate *f*

R

R, r ['ɛrre] <-> *f* R, r *n;* ~ **come Roma** R wie Richard
rabarbaro [ra'barbaro] *m* Rhabarber *m*
rabbia ['rabbia] <-ie> *f* **1.** (*collera*) Wut *f* **2.** (MED: *idrofobia*) Tollwut *f* **3.** (*fig: impeto*) Toben *n*
rabbino [rab'bi:no] *m* Rabbiner *m*
rabbioso, -a [rab'bio:so] *agg* **1.** (*arrabbiato*) wütend **2.** (*fig: furioso*) tobend **3.** (MED) tollwütig
rabbonire [rabbo'ni:re] <rabbonisco> **I.** *vt* besänftigen **II.** *vr* **-rsi** sich besänftigen
rabbrividire [rabbrivi'di:re] <rabbrividisco> *vi essere* (er)schaudern; (*dal freddo*) schaudern
rabbuiare [rabbu'ia:re] *vi, vr* **-rsi** sich verfinstern
rabdomante [rabdo'mante] *mf* Wünschelrutengänger(in) *m(f)*
raccapezzarsi [rakkapet'tsa:rsi] *vr* (*fam*) sich zurechtfinden
raccapricciante [rakkaprit'tʃa:nte] *agg* schauderhaft
raccattapalle [rakkatta'palle] <-> *mf* Balljunge *m*
raccattare [rakkat'ta:re] *vt* **1.** (*raccogliere da terra*) einsammeln **2.** (*fam fig*) zusammenkratzen
racchetta [rak'ketta] *f* (SPORT: *da tennis*) Schläger *m;* (*da sci*) Stock *m*
racchiudere [rak'kiu:dere] <irr> *vt* enthalten
raccogliere [rak'kɔʎʎere] <irr> **I.** *vt* **1.** (*da terra*) aufheben **2.** (*frutti*) ernten **3.** (*radunare*) sammeln **II.** *vr* **-rsi 1.** (*riunirsi*) sich versammeln **2.** (*fig: volgere la mente*) sich sammeln; **raccoglimento** [rakkoʎʎi'mento] *m* (REL) Andacht *f*
raccoglitore [rakkoʎʎi'to:re] *m* Sammelmappe *f,* Ordner *m*
raccolgo *1. pers sing pr di* **raccogliere**
raccolsi *1. pers sing pass rem di* **raccogliere**
raccolta [rak'kɔlta] *f* **1.** (*atto*) Sammeln *n;* ~ **differenziata** Abfalltrennung *f* **2.** (*collezione*) Sammlung *f* **3.** (AGR: *raccolto*) Ernte *f*
raccolto [rak'kɔlto] *m* Ernte *f*
raccolto, -a I. *pp di* **raccogliere II.** *agg* **1.** (*riunito*) vereint **2.** (*fig: pensoso*) versunken; (*concentrato*) gesammelt
raccomandabile [rakkoman'da:bile] *agg* empfehlenswert
raccomandare [rakkoman'da:re] **I.** *vt* **1.** (*affidare alle cure*) anvertrauen **2.** (*segnalare*) empfehlen **II.** *vr* **-rsi 1.** (*implorare*) anflehen; **mi raccomando!** ich möchte doch sehr bitten!, denk daran! **2.** (*affidarsi*) sich anvertrauen
raccomandata [rakkoman'da:ta] *f* (*lettera*) Einschreiben *n*
raccomandazione [rakkomandat'tsio:ne] *f* Empfehlung *f*
raccontare [rakkon'ta:re] *vt* **1.** (*narrare*) erzählen **2.** (*riferire*) berichten; ~ **per filo e per segno** haarklein berichten; **racconto** [rak'konto] *m* **1.** (*narrazione*) Erzählung *f* **2.** (LIT) Kurzgeschichte *f*
raccorciare [rakkor'tʃa:re] **I.** *vt* (ver)kürzen **II.** *vr* **-rsi** kürzer werden
raccordare [rakkor'da:re] *vt* anschließen
raccordo [rak'kɔrdo] *m* **1.** (*collegamento*) Anschluss *m* **2.** (FERR) Anschluss *m;* (*strada*)

Zubringerstraße *f;* ~ **autostradale** Autobahnkreuz *n*

raccostare [rakkos'ta:re] **I.** *vt* annähern **II.** *vr* **-rsi** sich annähern

rachitico, -a [ra'ki:tiko] <-ci, -che> **I.** *agg* **1.** (MED) rachitisch **2.** (*fig*) kümmerlich **II.** *m, f* Rachitiker(in) *m(f);* **rachitismo** [raki'tizmo] *m* Rachitis *f*

racimolare [ratʃimo'la:re] *vt* (*fig*) zusammenkratzen

radar ['ra:dar] **I.** <-> *m* Radar *m o n* **II.** <inv> *agg* Radar-; **radartachimetro** [radarta'ki:metro] *m* (TEC) Radar(kontroll)gerät *n*

raddolcire [raddol'tʃi:re] <raddolcisco> **I.** *vt* **1.** (*bevanda*) (ver)süßen **2.** (*fig*) mildern **II.** *vr* **-rsi** milder werden

raddoppiare [raddop'pia:re] **I.** *vt* **1.** (*duplicare*) verdoppeln **2.** (*fig: accrescere*) steigern **II.** *vi essere* sich verdoppeln

raddrizzare [raddrit'tsa:re] **I.** *vt* **1.** gerade richten **2.** (*fig: correggere*) verbessern **II.** *vr* **-rsi** sich aufrichten

radente [ra'dɛnte] *agg* streifend

radere ['ra:dere] <rado, rasi, raso> **I.** *vt* **1.** (*col rasoio*) rasieren **2.** (*bosco*) abholzen **3.** (*abbattere*) auslöschen **II.** *vr* **-rsi** sich rasieren

radiale [ra'dia:le] *agg* (MAT, PHYS, ASTR) radial; **pneumatico** ~ Gürtel-, Radialreifen *m*

radiare [ra'dia:re] *vt* (ADM) löschen

radiatore [radia'to:re] *m* **1.** (*termosifone*) Heizkörper *m* **2.** (MOT) Kühler *m*

radiazione [radiat'tsio:ne] *f* (PHYS) Strahlung *f*

radicale [radi'ka:le] **I.** *agg* **1.** (*fig*) radikal **2.** (LING) Wurzel- **II.** *mf* Radikale(r) *f(m)*

radicare [radi'ka:re] *vi, vr* **-rsi** sich einwurzeln

radicchio [ra'dikkio] <-cchi> *m* Radicchio *m*

radice [ra'di:tʃe] *f* Wurzel *f*

radi e getta ['ra:di e 'dʒɛtta] **I.** <-> *m* Einmalrasierklinge *f* **II.** <inv> *agg* Einmalrasier-

radio[1] ['ra:dio] **I.** <-> *f* Rundfunk *m* **II.** <inv> *agg* Radio-

radio[2] *m* (CHEM) Radium *n*

radioabbonato, -a [radioabbo'na:to] *m, f* Rundfunkteilnehmer(in) *m(f)*

radioamatore, -trice [radioama'to:re] *m, f* Amateurfunker(in) *m(f)*

radioattività [radioattivi'ta] *f* Radioaktivität *f;* **radioattivo, -a** [radioat'ti:vo] *agg* radioaktiv

radiocollegamento [radiokollega'mento] *m* Funkverbindung *f*

radiocronaca [radio'krɔ:naka] *f* Rundfunkreportage *f;* **radiocronista** [radiokro'nista] *mf* Rundfunkreporter(in) *m(f)*

radiodiffusione [radiodiffu'zio:ne] *f* Rundfunk *m*

radiografia [radiogra'fi:a] *f* Röntgenbild *n*

radiolina [radio'li:na] *f* Transistorradio *n*

radiologia [radiolo'dʒi:a] <-gie> *f* Radiologie *f*

radiomobile [radio'mɔ:bile] *f* **1.** (*automezzo*) Funkstreifenwagen *m* **2.** (TEL) Mobilfunk *m*

radioregistratore [radioredʒistra'to:re] *m* Radiorecorder *m*

radioricevente [radioritʃe'vɛnte] **I.** *agg* Rundfunkempfangs- **II.** *f* Rundfunkempfänger *m*

radioscopia [radiosko'pi:a] <-ie> *f* Radioskopie *f*

radioscrivente [radioskri'vɛnte] *f* (RADIO, TEL) Funkfernschreiber *m*

radioso, -a [ra'dio:so] *agg* leuchtend

radiostazione [radiostat'tsio:ne] *f* Rundfunkstation *f*

radiostereofonia [radiostereofo'ni:a] *f* (RADIO, TEL) digitale Rundfunkübertragung

radiosveglia [radioz'veʎʎa] *f* Radiowecker *m*

radiotaxi, radiotassì [radio'taksi, radiotas'si] <-> *m* Funktaxi *n*

radiotecnica [radio'tɛknika] <-che> *f* Radio-, Funktechnik *f*

radiotelefono [radiote'lɛ:fono] *m* Funksprechgerät *n*

radiotelevisione [radiotelevi'zio:ne] *f* Rundfunk- und Fernsehanstalt *f*

radioterapia [radiotera'pi:a] *f* Strahlentherapie *f*

radiotrasmettitore [radiotrazmetti'to:re] *m* Radiosender *m*

radioutente [radiou'tɛnte] *mf* Rundfunkteilnehmer(in) *m(f)*

rado, -a ['ra:do] *agg* spärlich; (*capelli*) licht; (*nebbia, tela*) dünn; **di** ~ selten

radunare [radu'na:re] **I.** *vt* **1.** (*cose*) zusammentragen **2.** (*persone*) versammeln **II.** *vr* **-rsi** sich versammeln; **raduno** [ra'du:no] *m* Versammlung *f*

radura [ra'du:ra] *f* Lichtung *f*

rafano ['ra:fano] *m* Rettich *m;* (*crèn*) Meerrettich *m,* Kren *m A*

raffazzonare [raffattso'na:re] *vt* zusammenstoppeln

raffermo, **-a** [raf'fermo] *agg* (*pane*) altbacken

raffica ['raffika] <-che> *f* **1.** (*di vento*) Windstoß *m* **2.** (*di mitra*) Garbe *f*

raffigurare [raffigu'ra:re] **I.** *vt* **1.** (*rappresentare*) darstellen **2.** (*simboleggiare*) symbolisieren **II.** *vr* **-rsi qc** sich *dat* etw vorstellen

raffinamento [raffina'mento] *m* Verfeinerung *f;* **raffinare** [raffi'na:re] **I.** *vt* **1.** (*olio, zucchero, sale*) raffinieren **2.** (*gusto, stile*) verfeinern **II.** *vr* **-rsi** sich verfeinern

raffinatezza [raffina'tettsa] *f* Feinheit *f;* **raffinato**, **-a** [raffi'na:to] **I.** *agg* **1.** (*olio, sale, zucchero*) raffiniert **2.** (*fig*) auserlesen **II.** *m, f* feiner Mensch; **raffineria** [raffine'ri:a] <-ie> *f* Raffinerie *f*

rafforzamento [raffortsa'mento] *m* **1.** (*invigorimento*) Kräftigung *f,* Verstärkung *f* **2.** (*fig*) (Be)stärkung *f;* (*di carattere*) Festigung *f;* **rafforzare** [raffor'tsa:re] **I.** *vt* **1.** (*rinforzare*) verstärken **2.** (*fig*) bekräftigen; (*carattere*) festigen **II.** *vr* **-rsi** sich (ver)stärken

raffreddamento [raffredda'mento] *m* Abkühlen *n;* **raffreddare** [raffred'da:re] **I.** *vt* abkühlen (lassen) **II.** *vr* **-rsi 1.** (*diventar freddo*) abkühlen; (*cibo*) kalt werden **2.** (*fam*) sich erkälten; **sono raffreddata** ich bin erkältet; **raffreddore** [raffred'do:re] *m* Schnupfen *m;* **avere il ~** einen Schnupfen haben

raffrontare [raffron'ta:re] *vt* gegenüberstellen; **raffronto** [raf'fronto] *m* Gegenüberstellung *f*

rafting ['raftiŋ] <-> *m* (SPORT) Rafting *n*

ragazza [ra'gattsa] *f* Mädchen *n;* (*fidanzata*) Freundin *f;* **ragazzata** [ragat'tsa:ta] *f* (*fam*) Lausbubenstreich *m;* **ragazzo** [ra'gattso] *m* Junge *m;* (*fidanzato*) Freund *m*

raggiante [rad'dʒante] *agg* leuchtend; (*a fig* PHYS) strahlend

raggio ['raddʒo] <-ggi> *m* **1.** (*del sole, delle stelle*) Strahl *m;* (*luce*) Schein *m* **2.** (MAT) Radius *m* **3.** (*zona*) Umkreis *m;* (*ambito*) Gebiet *n;* **~ d'azione** Aktionsradius *m* **4.** (*di ruota*) Speiche *f*

raggirare [raddʒi'ra:re] *vt* einwickeln; **raggiro** [rad'dʒi:ro] *m* Betrug *m*

raggiungere [rad'dʒundʒere] <irr> *vt* erreichen; *vi* **raggiungo fra poco** ich komme bald nach

raggomitolare [raggomito'la:re] **I.** *vt* zusammenwickeln **II.** *vr* **-rsi** sich zusammenkauern

raggranellare [raggranel'la:re] *vt* (*fam*) zusammenkratzen

raggrinzare, **raggrinzire** [raggrin'tsa:re, raggrin'tsi:re] **I.** *vt* **1.** (*pelle*) runzeln **2.** (*stoffa*) (zer)knittern **II.** *vi essere* **1.** (*pelle*) sich runzeln **2.** (*stoffa*) knittern **III.** *vr* **-rsi 1.** (*pelle*) sich runzeln **2.** (*stoffa*) knittern

raggruppare [raggrup'pa:re] **I.** *vt* versammeln **II.** *vr* **-rsi** sich versammeln

ragguagliare [ragguaʎ'ʎa:re] *vt* **1.** (*paragonare*) vergleichen **2.** (*informare*) informieren

ragguardevole [ragguar'de:vole] *agg* **1.** (*persona*) angesehen **2.** (*somma*) beachtlich

ragia ['ra:dʒa] <-ge> *f* Harz *n;* **acqua ~** Terpentin *n*

ragionamento [radʒona'mento] *m* Gedankengang *m,* Überlegung *f;* **ragionare** [radʒo'na:re] *vi* **1.** (*riflettere*) nachdenken **2.** (*fam: discorrere*) **~ di qc** über etw *acc* sprechen

ragione [ra'dʒo:ne] *f* **1.** (*facoltà*) Verstand *m* **2.** (*causa, motivo*) Grund *m;* **a maggior ~** um so mehr; **per quale ~** aus welchem Grund **3.** (*diritto*) Recht *n;* **avere ~** Recht haben **4.** (*misura,* MAT) Verhältnis *n*

ragioneria [radʒone'ri:a] <-ie> *f* Buchhaltung *f;* **studiare ~** die höhere Handelsschule besuchen

ragionevole [radʒo'ne:vole] *agg* vernünftig

ragioniere, **-a** [radʒo'niɛ:re] *m, f* Buchhalter(in) *m(f)*

ragliare [raʎ'ʎa:re] *vi* schreien; **raglio** ['raʎʎo] <-gli> *m* Schrei *m*

ragnatela [raɲɲa'te:la] *f* Spinnennetz *n;* **ragno** ['raɲɲo] *m* Spinne *f*

ragù [ra'gu] <-> *m* (Fleisch)soße *f*

Ragusa [ra'gu:sa] *f Stadt in Sizilien*

ragusano, **-a** [ragu'sa:no] **I.** *m, f* Ragusaner(in) *m(f)* **II.** *agg* ragusanisch

RAI ['ra:i] *f acro di* **Radio Audizione Italiana** *staatliche Rundfunkanstalt Italiens*
raid [raid] <-> *m* **1.** (SPORT) Rennen *n* **2.** (MIL) Überraschungsangriff *m*
RAI-TV ['ra:i tiv'vu] *f abbr di* **Radio Televisione Italiana** *italienische Rundfunk- und Fernsehanstalt*
rallegramenti [rallegra'menti] *mpl* Glückwünsche *mpl;* **rallegrare** [ralle'gra:re] **I.** *vt* erheitern, erfreuen **II.** *vr* **-rsi** **1.** (*diventar allegro*) sich aufheitern **2.** (*congratularsi*) **-rsi con qu** jdm gratulieren
rallentamento [rallenta'mento] *m* Verlangsamung *f;* (*fig*) Nachlassen *n;* **rallentare** [rallen'ta:re] **I.** *vt* **1.** (*passo*) verlangsamen **2.** (*vigilanza, visite*) verringern **II.** *vi* **1.** (*diventare più lento*) langsamer werden **2.** (*fig: diventare meno intenso*) nachlassen
RAM [ram] *m acro di* **Random Access Memory** RAM *f*
ramanzina [raman'dzi:na] *f* (*fam*) Standpauke *f*
rambo ['rambo] <-> *m* Rambo *m*
rame ['ra:me] *m* Kupfer *n*
ramificazione [ramifikat'tsio:ne] *f* Verzweigung *f*
ramino [ra'mi:no] *m* Rommé *n*
rammaricare [rammari'ka:re] **I.** *vt* betrüben **II.** *vr* **-rsi** betrübt sein; **rammarico** [ram'ma:riko] <-chi> *m* Bedauern *n*
rammendare [rammen'da:re] *vt* flicken; **rammendo** [ram'mɛndo] *m* Flickarbeit *f*
rammentare [rammen'ta:re] **I.** *vt* ~ **qu/qc** sich an jdn/etw erinnern **II.** *vr* **-rsi di qu/qc** sich an jdn/etw erinnern
rammollire [rammol'li:re] <rammollisco> **I.** *vt* **1.** (*ammorbidire*) erweichen **2.** (*fam fig*) verweichlichen **II.** *vr* **-rsi** **1.** (*diventar molle*) weich werden **2.** (*fam fig*) verweichlichen; **rammollito, -a** [rammol'li:to] *m, f* Schwachkopf *m fam*
ramo ['ra:mo] *m* **1.** (BOT) Zweig *m* **2.** (*di fiume, lago*) Arm *m* **3.** (*diramazione*) Verzweigung *f* **4.** (*discendenza*) Stamm *m*
ramoscello [ramoʃ'ʃɛllo] *m* (kleiner) Zweig *m*
rampa ['rampa] *f* Rampe *f*
rampicante [rampi'kante] **I.** *agg* kletternd **II.** *m* Kletterpflanze *f*
rampichino [rampi'ki:no] <-> *m* **1.** (BOT) Kletterpflanze *f* **2.** (*bicicletta*) Mountainbike *n*
rampino [ram'pi:no] *m* Haken *m*
rampollo [ram'pollo] *m* Sprössling *m*
rampone [ram'po:ne] *m* **1.** (*fiocina*) Harpune *f* **2.** (*ferro piegato*) Krampe *f*
rana ['ra:na] *f* Frosch *m*
rancido ['rantʃido] *m* (*sapore*) ranziger Geschmack; (*odore*) ranziger Geruch
rancido, -a *agg* ranzig
rancore [raŋ'ko:re] *m* Groll *m*
randagio, -a [ran'da:dʒo] <-gi, -ge> *agg* herrenlos
randello [ran'dɛllo] *m* Prügel *m*
random ['rændəm] <inv> *agg* **1.** (SCIENT) zufällig **2.** (INFORM) **accesso** ~ Random(-Access) *m*
rango ['raŋgo] <-ghi> *m* **1.** (*condizione sociale*) Rang *m* **2.** (MIL) Reihe *f*
rannicchiarsi [rannik'kiarsi] *vr* **1.** (*raccogliersi*) sich zusammenkauern **2.** (*fig*) sich verkriechen
rannuvolarsi [rannuvo'larsi] *vr* (METEO) sich bewölken
ranocchio [ra'nɔkkio] <-cchi> *m* Frosch *m*
rantolare [ranto'la:re] *vi* **1.** (*emettere rantoli*) röcheln **2.** (*in agonia*) in den letzten Zügen liegen; **rantolo** ['rantolo] *m* Röcheln *n*
ranuncolo [ra'nuŋkolo] *m* Ranunkel *f*
rap ['ræp] **I.** <-> *m* Rap *m* **II.** <inv> *agg* Rap-; **musica** ~ Rap *m*
rapa ['ra:pa] *f* Rübe *f;* **cavolo** ~ Kohlrabi *m;* **cima di** ~ Rübengrün *n*
rapace [ra'pa:tʃe] **I.** *agg* **1.** (*uccello*) Raub- **2.** (*ladri, amministratori*) räuberisch **II.** *m* Raubvogel *m*
rapare [ra'pa:re] *vt* glatt scheren
raperonzolo [rape'rontsolo] *m* Rapunzel *f*
rapidità [rapidi'ta] <-> *f* Geschwindigkeit *f*
rapido ['ra:pido] *m* Inter-City(-Zug) *m*
rapido, -a *agg* schnell
rapimento [rapi'mento] *m* Entführung *f*
rapina [ra'pi:na] *f* Raub *m,* Raubüberfall *m;* **rapinare** [rapi'na:re] *vt* **1.** (*cose*) rauben **2.** (*persone*) berauben; **rapinatore, -trice** [rapina'to:re] *m, f* Räuber(in) *m(f)*
rapire [ra'pi:re] <rapisco> *vt* **1.** (*persone*) entführen **2.** (*cose*) rauben **3.** (*fig: estasiare*) hinreißen; **rapitore, -trice** [rapi'to:re] *m, f* Entführer(in) *m(f)*
rapper ['ræpə] <-> *mf* (MUS) Rapper(in)

m(f)

rappezzare [rappet'tsa:re] *vt* **1.** flicken **2.** (*fig, pej*) zusammenstückeln; **rappezzo** [rap'pεttso] *m* **1.** (*riparazione*) Flicken *n* **2.** (*fig*) Provisorium *n*

rapportare [rappor'ta:re] **I.** *vt* **1.** (*confrontare*) vergleichen **2.** (*riprodurre*) übertragen **II.** *vr* **-rsi a qc** sich auf etw *acc* beziehen; **rapporto** [rap'pɔrto] *m* **1.** (*relazione*) Bericht *m* **2.** (*legame*) Beziehung *f;* **in ~ a** in Bezug auf +*acc* **3.** (TEC) Übersetzung *f*

rapprendere [rap'prεndere] <irr> **I.** *vt* gerinnen lassen **II.** *vr* **-rsi** gerinnen

rappresaglia [rappre'saʎʎa] <-glie> *f* Repressalie *f*

rappresentante [rapprezen'tante] *mf* Vertreter(in) *m(f);* **~ di classe** Klassensprecher *m;* **rappresentanza** [rapprezen'tantsa] *f* Vertretung *f*

rappresentare [rapprezen'ta:re] *vt* **1.** (*raffigurare*) darstellen **2.** (*simboleggiare*) verkörpern **3.** (THEAT: *dramma*) aufführen; (*ruolo*) spielen **4.** (*agire per conto di*) vertreten; **rappresentativo**, **-a** [rapprezenta'ti:vo] *agg* vertretend; (JUR) stellvertretend; **rappresentazione** [rapprezentat'tsio:ne] *f* **1.** (*gener*) Darstellung *f* **2.** (THEAT) Aufführung *f*

rappresi *1. pers sing pass rem di* **rapprendere**

rappreso *pp di* **rapprendere**

rapsodia [rapso'di:a] <-ie> *f* Rhapsodie *f*

rarefare [rare'fa:re] <irr> **I.** *vt* verdünnen **II.** *vr* **-rsi 1.** (*diventare rado*) dünn werden **2.** (*fig*) selten werden

rarità [rari'ta] <-> *f* Seltenheit *f;* **raro**, **-a** ['ra:ro] *agg* selten

rasare [ra'sa:re] **I.** *vt* **1.** (*barba, capelli*) (ab)rasieren **2.** (*siepe, prato*) (kurz) schneiden **II.** *vr* **-rsi** sich rasieren

raschiamento [raskia'mento] *m* Abschaben *n;* (MED) Ausschabung *f;* **raschiare** [ras'kia:re] *vt* (ab)schaben; **-rsi la gola** sich räuspern

rasentare [razen'ta:re] *vt* **1.** (*sfiorare*) streifen **2.** (*fig: avvicinarsi molto a*) **~ qc** einer Sache *dat* nahe kommen

rasente [ra'zεnte] *prp* **~** (**a**) dicht an +*dat;* (*a fig*) hart an +*dat*

rasi ['ra:si] *1. pers sing pass rem di* **radere**

raso ['ra:so] *m* Atlas *m*

raso, **-a I.** *pp di* **radere II.** *agg* **1.** (*volto, testa*) kahl **2.** (*bicchiere*) randvoll; (*cucchiaio*) gestrichen voll

rasoio [ra'so:io] <-oi> *m* Rasiermesser *n;* (*elettrico*) Rasierapparat *m*

rassegna [ras'seɲɲa] *f* **1.** (MIL) Parade *f* **2.** (*esame accurato*) (Über)prüfung *f* **3.** (*resoconto*) Übersicht *f* **4.** (*recensione*) Bericht *m* **5.** (*mostra*) Ausstellung *f* **6.** (*enumerazione*) Aufzählung *f*

rassegnare [rasseɲ'ɲa:re] **I.** *vt* (*carica*) niederlegen; (*dimissioni*) einreichen **II.** *vr* **-rsi a qc** sich mit etw abfinden; **rassegnazione** [rasseɲɲat'tsio:ne] *f* Resignation *f*

rasserenare [rassere'na:re] **I.** *vt* (*a fig*) aufheitern **II.** *vr* **-rsi** (*a fig*) sich aufheitern

rassettare [rasset'ta:re] **I.** *vt* **1.** (*stanza, casa*) aufräumen **2.** (*abiti*) ausbessern **II.** *vr* **-rsi** sich zurechtmachen

rassicurare [rassiku'ra:re] **I.** *vt* beruhigen **II.** *vr* **-rsi** sich beruhigen; **rassicurazione** [rassikurat'tsio:ne] *f* Beruhigung *f*

rassodare [rasso'da:re] **I.** *vt* **1.** (*indurire*) festigen; (*muscoli, seno*) straffen; (*terreno*) befestigen **2.** (*fig*) stärken **II.** *vr* **-rsi** sich straffen; (*rafforzarsi*) sich stärken

rassomiglianza [rassomiʎ'ʎantsa] *f* Ähnlichkeit *f;* **rassomigliare** [rassomiʎ'ʎa:re] **I.** *vi* gleichen **II.** *vr* **-rsi** sich *dat* ähneln

rastrellare [rastrel'la:re] *vt* **1.** (AGR) harken **2.** (*fig*) durchkämmen

rastrelliera [rastrel'liε:ra] *f* **1.** (*per il fieno*) Futterraufe *f* **2.** (*per i piatti*) Abtropfkorb *m*

rastrello [ras'trεllo] *m* Harke *f*

rata ['ra:ta] *f* Rate *f*

rateale [rate'a:le] *agg* ratenweise; **rateare** [rate'a:re] *vt,* **rateizzare** [rateid'dza:re] *vt* in Raten aufteilen

ratifica [ra'ti:fika] <-che> *f* Bestätigung *f;* (JUR) Ratifizierung *f*

rating ['reitiŋ] <-> *m* **1.** (FIN) Prüfung *f* von Obligationen **2.** (TV, RADIO) Beliebtheitsskala *f* für Rundfunksendungen

Ratisbona [ratiz'bo:na] *f* Regensburg *n*

rattening ['rætəniŋ] <-> *m Behinderung von Streikbrechern durch die Entwendung von Arbeitsmitteln*

ratto ['ratto] *m* **1.** (ZOO) Ratte *f* **2.** (JUR) Raub *m*

rattoppare [rattop'pa:re] *vt* flicken; **rattoppo** [rat'tɔppo] *m* **1.** (*riparazione*) Flicken *m* **2.** (*fig*) Notlösung *f*

rattrappire [rattrap'pi:re] <rattrappisco> **I.** *vt* verkrampfen **II.** *vr* **-rsi** sich verkrampfen

rattristare [rattris'ta:re] **I.** *vt* betrüben **II.** *vr* **-rsi** betrübt werden

raucedine [rau'tʃɛ:dine] *f* Heiserkeit *f*

rauco, -a ['ra:uko] <-chi, -che> *agg* heiser

ravanello [rava'nɛllo] *m* Radieschen *n*

Ravenna *f Stadt in der Emilia-Romagna*

ravennate [raven'na:te] **I.** *mf* Einwohner(in) *m(f)* Ravennas **II.** *agg* aus Ravenna

ravioli [ra'viɔ:li] *mpl Teigtaschen mit Fleisch-, Gemüse-, Frischkäsefüllung*

ravvedersi [ravve'dersi] <irr> *vr* sein Unrecht einsehen

ravvicinare [ravvitʃi'na:re] **I.** *vt* **1.** (*avvicinare di più*) annähern **2.** (*fig: rappacificare*) versöhnen **II.** *vr* **-rsi** **1.** (*avvicinarsi*) sich annähern **2.** (*rappacificarsi*) sich versöhnen

ravvisare [ravvi'za:re] *vt* erkennen

ravvivare [ravvi'va:re] **I.** *vt* wieder aufleben lassen **II.** *vr* **-rsi** wieder aufleben

raziocinio [rattsio'tʃi:nio] <-i> *m* Vernunft *f*

razionale [rattsio'na:le] **I.** *agg* **1.** (*uomo*) vernunftbegabt **2.** (*procedimento, metodo*) rational **3.** (*alimentazione, architettura*) rationell **4.** (MAT) rational **II.** *m* Rationale(s) *n;* **razionalità** [rattsionali'ta] <-> *f* **1.** (*facoltà*) Rationalität *f* **2.** (*funzionalità*) Zweckmäßigkeit *f;* **razionalizzare** [rattsionalid'dza:re] *vt* rationalisieren

razionare [rattsio'na:re] *vt* rationieren; **razione** [rat'tsio:ne] *f* Ration *f;* (*porzione*) Portion *f;* (*a fig*) Anteil *m*

razza[1] ['rattsa] *f* **1.** (*di uomini, animali*) Rasse *f* **2.** (*di piante*) Sorte *f* **3.** (*stirpe*) Herkunft *f* **4.** (*fig*) Klasse *f;* (*fam pej*) Art *f;* **che ~ di uomo sei!** was bist du nur für ein Mensch!

razza[2] ['raddza] *f* (ZOO) Rochen *m*

razzia [rat'tsi:a] <-ie> *f* Razzia *f*

razziale [rat'tsia:le] *agg* Rassen-

razzismo [rat'tsizmo] *m* Rassismus *m;* **razzista** [rat'tsista] <-i *m*, -e *f*> **I.** *mf* Rassist(in) *m(f)* **II.** *agg* rassistisch

razzo ['raddzo] *m* Rakete *f*

R.D.T. *f abbr di* **Repubblica Democratica Tedesca** (HIST) DDR *f;* **l'ex ~** die ehemalige DDR

re[1] [re] <-> *m* (*a fig*) König *m;* **~ di quadri** Karokönig *m*

re[2] [rɛ] <-> *m* (MUS) d, D *n*

reader ['ri:də] <-> *m* (INFORM) Datenlesegerät *n*

reagire [rea'dʒi:re] <reagisco> *vi* ~ (**a qc**) (auf etw *acc*) reagieren

reale [re'a:le] **I.** *agg* **1.** (*di, da re*) königlich, Königs- *m* **2.** (*oggetto, fatto*) real **3.** (MAT) reell **II.** *m* Wirklichkeit *f*

realismo [rea'lizmo] *m* Realismus *m*

realista [rea'lista] <-i *m*, -e *f*> **I.** *mf* Realist(in) *m(f)* **II.** *agg* realistisch

realizzare [realid'dza:re] **I.** *vt* **1.** (*speranza, progetto*) realisieren, verwirklichen **2.** (*fig: comprendere*) begreifen **II.** *vr* **-rsi** sich verwirklichen; **realizzazione** [realiddzat'tsio:ne] *f* (*di progetto*) Realisierung *f;* (*di sogno*) Verwirklichung *f*

realizzo [rea'liddzo] *m* **1.** (COM) Zwangsverkauf *m* **2.** (FIN) Liquidation *f*

realtà [real'ta] <-> *f* Wirklichkeit *f;* **in ~** in Wirklichkeit; **~ virtuale** (TEL, INFORM) virtuelle Realität

reame [re'a:me] *m* (*poet*) (König)reich *n*

reatino, -a [rea'ti:no] **I.** *m, f* Einwohner(in) *m(f)* von Rieti **II.** *agg* aus Rieti

reato [re'a:to] *m* Straftat *f*

reattivo [reat'ti:vo] *m* Reagenz *n*

reattivo, -a *agg* **1.** (*gener*) Reaktions-, reagierend **2.** (CHEM) Reagenz- **3.** (EL) Reaktanz-

reattore [reat'to:re] *m* **1.** (AERO) Düsenflugzeug *n;* (*motore*) Düsentriebwerk *n* **2.** (PHYS) Reaktor *m;* **~ nucleare** Kernreaktor *m*

reazionario, -a [reattsio'na:rio] <-i, -ie> **I.** *agg* reaktionär **II.** *m, f* Reaktionär(in) *m(f);* **reazione** [reat'tsio:ne] *f* Reaktion *f*

recapitare [rekapi'ta:re] *vt* zustellen; **recapito** [re'ka:pito] *m* Adresse *f*

recare [re'ka:re] **I.** *vt* **1.** (*portare*) bringen **2.** (*avere su di sé*) tragen **3.** (*cagionare*) bewirken **II.** *vr* **-rsi** sich begeben

recedere [re'tʃɛ:dere] <recedo, recedetti, receduto> *vi* **1.** (*tirarsi indietro*) zurückgehen **2.** (JUR) zurücktreten

recensione [retʃen'sio:ne] *f* Rezension *f*

recente [re'tʃɛnte] *agg* neu

recepire [retʃe'pi:re] <recepisco> *vt* (*poet*) empfangen

reception [ri'sepʃən] <-> *f* Rezeption *f;* **receptionist** [ri'sepʃənist] <-> *mf* Rezeptionist(in) *m(f)*

recessione [retʃes'sio:ne] *f* (COM) Rezessi-

R

on *f*

recidere [re'tʃiːdere] <recido, recisi, reciso> **I.** *vt* (ab)schneiden **II.** *vr* **-rsi** aufspringen

recidivo, **-a** [retʃi'diːvo] **I.** *agg* rückfällig **II.** *m, f* Rückfällige(r) *f(m)*

recingere [re'tʃindʒere] <irr> *vt* umschließen

recintare [retʃin'taːre] *vt* umzäunen

recinto[1] [re'tʃinto] *pp di* **recingere**

recinto[2] *m* **1.** (*spazio circoscritto*) Gebiet *n;* (*per animali*) Gehege *n* **2.** (*ciò che recinge*) Zaun *m*

recinzione [retʃin'tsioːne] *f* Umzäunung *f*

recipiente [retʃi'piɛnte] *m* Behälter *m*

reciprocità [retʃiprotʃi'ta] <-> *f* Gegenseitigkeit *f*

reciproco [re'tʃiːproko] <-ci> *m* Kehrwert *m*

reciproco, **-a** <-ci, -che> *agg* gegenseitig; (MAT, LING) reziprok

recisi [re'tʃiːzi] *1. pers sing pass rem di* **recidere**

reciso, **-a** [re'tʃiːzo] **I.** *pp di* **recidere** **II.** *agg* abgeschnitten

recita ['rɛːtʃita] *f* Aufführung *f*

recitare [retʃi'taːre] **I.** *vt* **1.** (*poesia*) vortragen; (*lezione*) aufsagen **2.** (*declamare*) deklamieren **3.** (THEAT, FILM) spielen **II.** *vi* spielen

recitazione [retʃitat'tsioːne] *f* **1.** (*interpretazione*) Vortrag *m* **2.** (*disciplina*) Schauspielkunst *f*

reclamare [rekla'maːre] **I.** *vi* ~ **contro** [*o* **per**] **qc** sich über etw *acc* beschweren **II.** *vt* geltend machen

réclame [re'klam] <-> *f* Reklame *f*

reclamo [re'klaːmo] *m* Reklamation *f;* (*documento*) Beschwerde *f*

reclinare [rekli'naːre] *vt* neigen

reclusione [reklu'zioːne] *f* Haft *f;* **recluso**, **-a** [re'kluːzo] **I.** *agg* eingeschlossen; (JUR) inhaftiert **II.** *m, f* Häftling *m,* Inhaftierte(r) *f(m)*

recluta ['rɛːkluta] *f* Rekrut *m;* **reclutamento** [rekluta'mento] *m* Einberufung *f;* (*a fig*) Rekrutierung *f;* **reclutare** [reklu'taːre] *vt* einberufen; (*a fig*) rekrutieren

recondito, **-a** [re'kɔndito] *agg* (*poet fig*) verborgen

record ['rɛːkord] **I.** <-> *m* **1.** (SPORT) Rekord *m;* **battere un** ~ einen Rekord brechen **2.** (INFORM) Record *m* **II.** <inv> *agg* Rekordon *f*

recriminare [rekrimi'naːre] *vi* sich beklagen; **recriminazione** [rekriminat'tsioːne] *f* Klage *f*

recrudescenza [rekrudeʃ'ʃɛntsa] *f* Verschlimmerung *f*

redarguire [redargu'iːre] <redarguisco> *vt* tadeln

redassi [re'dassi] *1. pers sing pass rem di* **redigere**

redatto [re'datto] *pp di* **redigere**

redattore, **-trice** [redat'toːre] *m, f* **1.** (*di giornale, casa editrice*) Redakteur(in) *m(f)* **2.** (*di atti, documenti*) Verfasser(in) *m(f);* **redazionale** [redattsio'naːle] *agg* redaktionell; **redazione** [redat'tsioːne] *f* Redaktion *f;* ~ **di un documento** Abfassung *f* eines Dokuments; ~ **di verbale** Protokollierung *f*

redditizio, **-a** [reddi'tittsio] <-i, -ie> *agg* rentabel

reddito ['rɛddito] *m* Einkommen *n;* (*utile*) Ertrag *m*

redensi [re'dɛnsi] *1. pers sing pass rem di* **redimere**

redento, **-a** [re'dɛnto] **I.** *pp di* **redimere** **II.** *m, f* Erlöste(r) *f(m)* **III.** *agg* erlöst

redentore [reden'toːre] *m* Erlöser *m*

redentore, **-trice** *agg* befreiend; **redenzione** [reden'tsioːne] *f* Erlösung *f*

redigere [re'diːdʒere] <redigo, redassi, redatto> *vt* **1.** (*compilare*) verfassen **2.** (*curare*) bearbeiten

redimere [re'diːmere] <redimo, redensi, redento> *vt* (*poet*) befreien

redini ['rɛːdini] *fpl* Zügel *mpl*

redivivo, **-a** [redi'viːvo] *agg* auferstanden

reduce ['rɛːdutʃe] **I.** *agg* heimgekehrt **II.** *mf* Heimkehrer(in) *m(f)*

refe ['reːfe] *m* Zwirn *m*

referendum [refe'rɛndum] <-> *m* **1.** (JUR) Referendum *n* **2.** (*indagine*) Umfrage *f*

> Die 1948 verabschiedete italienische Verfassung sieht die Möglichkeit von Volksabstimmungen (**Referendum**) vor, die den Zweck haben, gewisse Gesetze oder Teile von Gesetzen aufzuheben. In den letzten fünfzig Jahren sind die Italiener mehrmals zu einem Referendum aufgefordert worden, u. a. 1974, als sich die Mehrheit gegen die Abschaffung des Scheidungsrechtes aussprach, und 1993, bei dem Ergebnis eine Reform des Wahlsystems einleitete.

referenza [refe'rɛntsa] *f* Referenz *f*
referto [re'fɛrto] *m* Befund *m*
refettorio [refet'tɔːrio] <-i> *m* Refektorium *n*
refrattario, **-a** [refrat'taːrio] <-i, -ie> *agg* **1.** (*materiale*) feuerfest **2.** (*fig* MED) **essere ~ (a qc)** (gegen etw) unempfindlich sein
refrigerare [refridʒe'raːre] *vt* kühlen; **refrigerazione** [refridʒerat'tsioːne] *f* Kühlung *f;* **refrigerio** [refri'dʒɛːrio] <-i> *m* Erfrischung *f*
refurtiva [refur'tiːva] *f* Beute *f,* Diebesgut *n*
regalare [rega'laːre] *vt* **1.** (*gener*) schenken **2.** (COM) verschenken
regale [re'gaːle] *agg* (*a fig*) königlich
regalo [re'gaːlo] *m* Geschenk *n;* **fare un ~ a qu** jdm etw schenken
regata [re'gaːta] *f* Regatta *f*
reggente [red'dʒɛnte] **I.** *mf* Regent(in) *m(f)* **II.** *f* (LING) Hauptsatz *m* **III.** *agg* Regenten-; **reggenza** [red'dʒɛntsa] *f* Regentschaft *f*
reggere ['rɛddʒere] <reggo, ressi, retto> **I.** *vt* **1.** (*tenere*) halten; (*sostenere*) tragen **2.** (*resistere*) standhalten *dat* **3.** (*dirigere*) leiten; (*governare*) regieren **4.** (*sopportare*) ertragen **II.** *vi* **1.** (*resistere*) standhalten **2.** (*durare*) anhalten; (*cibi*) haltbar sein **III.** *vr* **-rsi 1.** (*sostenersi*) sich halten; **-rsi a galla** sich an der Oberfläche halten **2.** (*fig: controllarsi*) sich beherrschen
reggia ['rɛddʒa] <-gge> *f* Königshof *m*
reggicalze [reddʒi'kaltse] <-> *m* Strumpfhalter *m*
reggimento [reddʒi'mento] *m* Regiment *n*
reggino, **-a** [red'dʒiːno] **I.** *m, f* Einwohner(in) *m(f)* von Reggio Calabria **II.** *agg* aus Reggio (Calabria)
Reggio Calabria *f Stadt in Kalabrien*
Reggio Emilia *f Stadt in Emilia Romagna*
reggipetto [reddʒi'pɛtto] *m,* **reggiseno** [reddʒi'seːno] *m* Büstenhalter *m;* **~ a balconcino** Bügel-BH *m*
regia [re'dʒiːa] <-gie> *f* (*a fig*) Regie *f*
regime [re'dʒiːme] *m* **1.** (POL) Regime *n* **2.** (*dieta*) Diät *f* **3.** (*regola di vita*) Lebensweise *f* **4.** (TEC, MOT) Drehzahl *f*
regina [re'dʒiːna] *f* Königin *f*
regio, **-a** ['rɛːdʒo] <-gi, -gie> *agg* Königs-; (*a fig*) königlich
regionale [redʒo'naːle] *agg* regional; **regionalizzare** [redʒonalid'dzaːre] *vt* (ADM) regionalisieren
regione [re'dʒoːne] *f* Region *f*

Die **Regione** ist die Hauptverwaltungseinheit in Italien. Es gibt insgesamt zwanzig regioni, die jeweils einen capoluogo (eine Hauptstadt) haben. Die Anzahl der province in den regioni variiert. Fünf regioni besitzen einen Sonderstatus und genießen größere Autonomie: Val d'Aosta, Friuli-Venezia Giulia, Trentino-Alto Adige, Sicilia und Sardegna. Die regione wird von der Giunta regionale verwaltet, die wiederum von dem Consiglio regionale gewählt wird. Die Giunta regionale kann für die Region gültige Gesetze, die Polizei, öffentliche Gesundheitsfürsorge, Schulen, Stadtplanung und Landwirtschaft betreffen, erlassen.

regista [re'dʒista] <-i *m,* -e *f*> *mf* Regisseur(in) *m(f)*
registrare [redʒis'traːre] *vt* **1.** (ADM) registrieren **2.** (FIN) (ver)buchen **3.** (*con registratori*) aufnehmen
registratore [redʒistra'toːre] *m* **1.** (*apparecchio*) Aufnahmegerät *n;* (*magnetofono*) Tonbandgerät *n;* **~ di cassa** Registrierkasse *f* **2.** (*cartella*) Ordner *m*
registratore, **-trice I.** *m, f* Registrator(in) *m(f)* **II.** *agg* (*barometro, apparecchio*) Schreib-; **registrazione** [redʒistrat'tsioːne] *f* **1.** (*il registrare*) Registrierung *f* **2.** (FIN) (Ver)buchung *f* **3.** (MUS, RADIO, TV) Aufnahme *f*
registro [re'dʒistro] *m* **1.** (*libro*) Register *n* **2.** (TEC) Regler *m*
regnante [reɲ'ɲante] **I.** *agg* herrschend **II.** *mf* Herrscher(in) *m(f);* **regnare** [reɲ'ɲaːre] *vi* (*a fig* POL) herrschen
regno ['reɲɲo] *m* **1.** (POL: *stato*) (König)reich *n;* (*autorità, durata*) Herrschaft *f* **2.** (*animale, vegetale*) Welt *f*
regola ['rɛːgola] *f* **1.** (*principio, norma*) Regel *f;* **a ~ d'arte, con tutte le -e** nach allen Regeln der Kunst; **per vostra norma e ~** zu eurer Orientierung **2.** (*ordine*) Vorschrift *f* **3.** (*misura, modo*) Maß *n* **4.** (REL) Ordensregeln *fpl*
regolabile [rego'laːbile] *agg* verstellbar
regolamentare [regolamen'taːre] *vt* reglementieren

regolamento [regola'mento] *m* **1.** (*ordinare*) Ordnung *f;* (*norme*) Vorschriften *fpl* **2.** (*sistemazione*) Regulierung *f* **3.** (COM) Abrechnung *f;* (*di debito*) Begleichung *f*

regolare[1] [rego'laːre] **I.** *vt* **1.** (*ordinare*) regeln **2.** (*sistemare*) in Ordnung bringen; (*debito*) begleichen **3.** (TEC) einstellen **II.** *vr* **-rsi 1.** (*di comportamento*) sich verhalten **2.** (*controllarsi*) sich beherrschen

regolare[2] *agg* **1.** (LING, MAT) regelmäßig **2.** (*in regola*) vorschriftsmäßig **3.** (*costante*) gleichmäßig

regolarità [regolari'ta] <-> *f* Regelmäßigkeit *f*

regolata [rego'laːta] *f* (schnelle) Regelung *f;* **darsi una** ~ (*fam*) sich zusammenreißen

regolo ['rɛːgolo] *m* Stab *m;* (*righello*) Lineal *n*

regredire [regre'diːre] <regredisco, regredii, regredito> *vi essere* zurückgehen; **regressione** [regres'sioːne] *f* Rückgang *m;* (SCIENT, PSYCH) Regression *f*

reincarnazione [reiŋkarnat'tsioːne] *f* Wiedergeburt *f,* Reinkarnation *f*

reintegrare [reinte'graːre] **I.** *vt* reintegrieren; (*in una carica*) wieder einsetzen **II.** *vr* **-rsi** sich reintegrieren

relatività [relativi'ta] <-> *f* Relativität *f;* **relativo, -a** [rela'tiːvo] *agg* **1.** (*pertinente*) dazugehörend **2.** (PHILOS) relativ **3.** (LING) **pronome** ~ Relativpronomen *n*

relatore, -trice [rela'toːre] **I.** *agg* berichterstattend **II.** *m, f* Referent(in) *m(f)*

relax [re'laks] <-> *m* Entspannung *f*

relazione [relat'tsioːne] *f* **1.** (*esposizione*) Bericht *m* **2.** (*rapporto*) Beziehung *f*

release [ri'liːs] <-> *f* (INFORM) Verkaufslizenz *f*

relegare [rele'gaːre] *vt* verbannen

religione [reli'dʒoːne] *f* Religion *f*

religioso, -a [reli'dʒoːso] **I.** *agg* **1.** (REL) Religions-; **matrimonio** ~ kirchliche Trauung **2.** (*fig: devoto*) ehrfürchtig **II.** *m, f* Ordensbruder *m,* -schwester *f*

reliquia [re'liːkuia] <-quie> *f* Reliquie *f*

relitto [re'litto] *m* (*a fig*) Wrack *n*

remare [re'maːre] *vi* rudern

reminiscenza [reminiʃ'ʃɛntsa] *f* Reminiszenz *f geh*

remissione [remis'sioːne] *f* **1.** Erlass *m* **2.** (*sottomissione*) Ergebenheit *f;* **remissivo, -a** [remis'siːvo] *agg* nachgiebig

remo ['rɛːmo] *m* Ruder *n*

remoto, -a [re'mɔːto] *agg* **1.** (*tempo, causa*) (längst) vergangen **2.** (*paese, località*) abgelegen

renale [re'naːle] *agg* Nieren-

Renania [re'naːnia] *f* Rheinland *n;* ~ **Settentrionale-Vestfalia** Nordrhein-Westfalen *n;* ~**-Palatinato** Rheinland-Pfalz *n;* **renano, -a** [re'naːno] **I.** *agg* Rheinländer **II.** *m, f* Rheinländer(in) *m(f)*

rendere ['rɛndere] <rendo, resi, reso> **I.** *vt* **1.** (*restituire*) zurückgeben; (FIN) zurückerstatten; ~ **giustizia a qu** jdm gerecht werden; **a buon** ~ ich werde mich revanchieren **2.** (*fig*) erweisen; ~ **omaggio a qu** jdm huldigen **3.** (*fruttare*) einbringen **4.** (*far diventare*) machen **II.** *vr* **-rsi** sich machen; **-rsi conto di qc** sich *dat* einer Sache *gen* bewusst werden

rendiconto [rendi'konto] *m* (Rechenschafts)bericht *m*

rendimento [rendi'mento] *m* **1.** (*funzionalità*) Leistung *f* **2.** (*reddito*) Ertrag *m*

rendita ['rɛndito] *f* Rendite *f*

rene ['rɛːne] *m* Niere *f*

reni ['reːni] *fpl* Kreuz *n;* (*di animali*) Lenden *fpl*

renitente [reni'tɛnte] *agg* widersetzlich *geh*

renna ['rɛnna] *f* Ren(tier) *n*

Reno ['rɛːno] *m* Rhein *m;* **Basso/Alto** ~ Nieder-/Oberrhein *m*

renting ['rɛntiŋ] <-> *m* (COM, FIN) Rentenbasis *f*

reo, -a ['rɛːo] **I.** *agg* schuldig **II.** *m, f* Schuldige(r) *f(m)*

reparto [re'parto] *m* **1.** (*in azienda*) Abteilung *f* **2.** (MED) Station *f;* ~ **psichiatrico** psychiatrische Abteilung

repellente [repel'lɛnte] *agg* abstoßend

repentaglio [repen'taʎʎo] <-gli> *m* Risiko *n;* **mettere a** ~ aufs Spiel setzen

repentino, -a [repen'tiːno] *agg* plötzlich

reperibile [repe'riːbile] *agg* auffindbar

reperire [repe'riːre] <reperisco> *vt* auffinden

reperto [re'pɛrto] *m* **1.** (*archeologico*) Fund *m* **2.** (*giudiziario*) Beweisstück *n* **3.** (MED) Befund *m*

repertorio [reper'tɔː'rio] <-i> *m* **1.** (THEAT, MUS) Repertoire *n* **2.** (*fig*) Sammlung *f*

replica ['rɛːplika] <-che> *f* **1.** (*risposta*) Erwiderung *f;* (*obiezione*) Widerspruch *m* **2.** (THEAT) Wiederaufführung *f* **3.** (TV, RADIO) Wiederholung(ssendung) *f;* **replicare** [repli'ka:re] *vt* **1.** (*ripetere*) wiederholen **2.** (THEAT) wiederaufführen **3.** (*rispondere*) erwidern

reportage [rəpɔr'taʒ] <-> *m* Reportage *f*

reporter [re'pɔrter] <-> *mf* Reporter(in) *m(f)*

repressi [re'prɛssi] *1. pers sing pass rem di* **reprimere**

repressione [repres'sio:ne] *f* Unterdrückung *f*

reprimere [re'pri:mere] <reprimo, repressi, represso> **I.** *vt* unterdrücken **II.** *vr* **-rsi** sich beherrschen

reprobo, -a ['rɛ:probo] *agg* schlecht; (REL) verdammt

repubblica [re'pubblika] <-che> *f* Republik *f;* **la Repubblica Federale Tedesca** die Bundesrepublik Deutschland

Am ersten Sonntag im Juni wird die **Festa della Repubblica** gefeiert. Dieser Tag soll an das **Referendum** vom 2. Juni 1946 erinnern, bei dem sich die Mehrheit der Italiener gegen die Fortführung der Monarchie und für die Gründung einer Republik aussprach.

repubblicano, -a [repubbli'ka:no] **I.** *agg* republikanisch **II.** *m, f* Republikaner(in) *m(f)*

repulsione [repul'sio:ne] *f* Abstoßung *f*

reputare [repu'ta:re] **I.** *vt* erachten für **II.** *vr* **-rsi** sich halten für; **reputazione** [reputat'tsio:ne] *f* Ruf *m*

requie ['rɛ:kuie] <*sing*> *f* Ruhe *f*

requiem ['rɛ:kuiem] <-> *m o f* Requiem *n*

requisire [rekui'zi:re] <requisisco> *vt* beschlagnahmen

requisito [rekui'zi:to] *m* Voraussetzung *f*

requisitoria [rekuizi'tɔ:ria] <-ie> *f* (JUR) Plädoyer *n,* Anklagerede *f*

requisizione [rekuizit'tsio:ne] *f* Beschlagnahmung *f*

resa ['re:sa] *f* **1.** (MIL) Kapitulation *f* **2.** (*restituzione*) Rückgabe *f* **3.** (*rendimento*) Leistung *f* **4.** (*loc*) ~ **dei conti** (*a fig*) Abrechnung *f*

resi ['re:si] *1. pers sing pass rem di* **rendere**

Resia ['rɛ:zia] *f* Reschen *n*

residence ['rɛzidəns] <-> *m* Wohnanlage *f*

residente [resi'dɛnte] **I.** *agg* wohnhaft **II.** *mf* Anwohner(in) *m(f);* **residenza** [resi'dɛntsa] *f* Wohnsitz *m;* **residenziale** [residen'tsia:le] *agg* Wohn-

residuo [re'si:duo] *m* Rest *m*

residuo, -a *agg* restlich

resina ['rɛ:zina] *f* Harz *n*

resistei [resis'te:i] *1. pers sing pass rem di* **resistere**

resistente [resis'tɛnte] *agg* ~ (**a**) widerstandsfähig (gegen); (MED, PHYS) resistent (gegen); **resistenza** [resis'tɛntsa] *f* **1.** (*gener*) Widerstand *m* **2.** (*capacità*) Widerstandsfähigkeit *f*

Die **Resistenza** (Widerstand) kämpfte in Italien sowohl gegen den Nationalsozialismus als auch gegen den Faschismus während des Zweiten Weltkrieges. Nach dem Fall des faschistischen Regimes am 25. Juli 1943, während der deutschen Besatzung und der Zeit der von Mussolini geführten Repubblica di Salò in Norditalien war sie besonders aktiv. Mitglieder der Resistenza umspannten das gesamte politische Spektrum und spielten bei der Befreiung und der Bildung der neuen demokratischen Regierung eine wesentliche Rolle.

resistere [re'sistere] <resisto, resistei, resistito> *vi* **1.** (*stare saldo*) ~ **a qc** einer Sache *dat* standhalten **2.** (*opporsi*) ~ **a qu/qc** gegen jdn/etw Widerstand leisten **3.** (*sopportare*) ~ **a qc** etw ertragen

reso ['re:so] *m* **1.** (ZOO: *scimmia*) Rhesusaffe *m* **2.** (*ciò che è stato restituito*) Rückgabe *f*

reso, -a I. *pp di* **rendere II.** *agg* erstattet

resoconto [reso'konto] *m* Bericht *m*

resort [ri'zɔ:t] <-> *m* kleiner Urlaubsort

respingente [respin'dʒɛnte] *m* Puffer *m*

respingere [res'pindʒere] <irr> *vt* **1.** (*nemico*) zurückdrängen **2.** (*regalo*) zurückweisen **3.** (*proposta*) ablehnen; (*accusa*) zurückweisen **4.** (*bocciare*) durchfallen lassen **5.** (SPORT) abwehren

respirare [respi'ra:re] **I.** *vi* **1.** (BIOL) atmen; ~ **col naso/con la bocca** durch die Nase/den Mund atmen **2.** (*fig*) aufatmen **II.** *vt* (ein)atmen; **respiratorio, -a** [respira'tɔ:rio] <-i, -ie> *agg* Atem-; **respirazione** [respirat'tsio:ne] *f* Atmung *f*

respiro [res'pi:ro] *m* **1.** (*il respirare*) Atem

R

m **2.** (*singolo atto*) Atemzug *m* **3.** (*riposo*) Atempause *f*

responsabile [respon'sa:bile] **I.** *agg* verantwortlich; **essere ~ di qc** für etw verantwortlich sein **II.** *mf* Verantwortliche(r) *f(m)*; **responsabilità** [responsabili'ta] <-> *f* **1.** (*consapevolezza*) Verantwortung *f* **2.** (JUR) Haftung *f*; **responsabilizzare** [responsabilid'dza:re] **I.** *vt* ~ **qu** jdn verantwortlich machen **II.** *vr* **-rsi** (die) Verantwortung auf sich nehmen

responso [res'pɔnso] *m* (Schieds)spruch *m*

ressa ['rɛssa] *f* Gedränge *n*

ressi ['rɛssi] *1. pers sing pass rem di* **reggere**

restare [res'ta:re] *vi essere* **1.** (*rimanere*) bleiben **2.** (*diventare*) werden; ~ **deluso** enttäuscht werden **3.** (*trovarsi*) sein; ~ **d'accordo** einverstanden sein

restaurare [restau'ra:re] *vt* restaurieren; **restauratore, -trice** [restaura'to:re] *m, f* Restaurator(in) *m(f)*; **restauro** [res'ta:uro] *m* Restaurierung *f*

restio, -a [res'ti:o] <-ii, -ie> *agg* abgeneigt

restituire [restitu'i:re] <restituisco> *vt* zurückgeben; (FIN) zurückerstatten; **restituzione** [restitut'tsio:ne] *f* Rückgabe *f*

resto ['rɛsto] *m* Rest *m*; **del ~** im Übrigen

restringere [res'trindʒere] <irr> **I.** *vt* **1.** (*abito*) enger machen **2.** (*fig*) begrenzen **II.** *vr* **-rsi 1.** (*diventar stretto*) eng(er) werden; (*stoffa*) einlaufen **2.** (*persone*) zusammenrücken

restrittivo, -a [restrit'ti:vo] *agg* einschränkend; **restrizione** [restrit'tsio:ne] *f* Einschränkung *f*

retata [re'ta:ta] *f* **1.** (*fig: di persone*) Razzia *f* **2.** (*di pesci, uccelli*) Fang *m* mit Netzen

rete ['re:te] *f* **1.** (*di filo*) Netz *n* **2.** (*del letto*) Sprung(feder)rahmen *m* **3.** (INFORM) Netz *n*; ~ **locale** lokales Netzwerk; **essere in Rete** im Netz sein; **accesso alla ~** Netzzugang *m* **4.** (TV) Sender *m*

reticente [reti'tʃɛnte] *agg* verschwiegen

reticolato [retiko'la:to] *m* Netzwerk *n*

reticolo [re'ti:kolo] *m* Netz *n*, Gitter *n*

retina ['rɛ:tina] *f* **1.** (ANAT) Netzhaut *f* **2.** (*per capelli*) Haarnetz *n*

retorica [re'tɔ:rika] <-che> *f* Rhetorik *f*; **retorico, -a** [re'tɔ:riko] <-ci, -che> *agg* (LIT) rhetorisch

retribuire [retribu'i:re] <retribuisco> *vt* entlohnen; **retribuzione** [retribut'tsio:ne] *f* Lohn *m*

retro[1] ['rɛ:tro] **I.** *avv* hinten; **vedi ~** bitte wenden **II.** *m* Rückseite *f*

retro[2] [re'tro] <inv> *agg* nostalgisch; (*retrospettivo*) retrospektiv

retrocedere [retro'tʃɛ:dere] <retrocedo, retrocessi, retrocesso> **I.** *vi essere* **1.** (*indietreggiare*) zurückweichen **2.** (SPORT) absteigen **II.** *vt* **1.** (SPORT) zurückstufen **2.** (MIL) degradieren; **retrocessione** [retrotʃes'sio:ne] *f* **1.** (SPORT) Zurückstufung *f* **2.** (MIL) Degradierung *f* **3.** (SPORT) Abstieg

retrocesso [retro'tʃɛsso] *pp di* **retrocedere**

retrogrado, -a [re'trɔ:grado] **I.** *agg* **1.** (*persone, idee*) rückständig **2.** (*moto, movimento*) rückläufig **II.** *m, f* Rückständige(r) *f(m)*

retroguardia [retro'guardia] *f* Nachhut *f*

retromarcia [retro'martʃa] <-ce> *f* Rückwärtsgang *m*

retroscena[1] [retroʃ'ʃɛ:na] <-> *m* **1.** *pl* (*fig*) Hintergründe *mpl* **2.** (*che avviene dietro la scena*) Vorgänge *mpl* hinter den Kulissen

retroscena[2] *f* Bühnenhintergrund *m*

retrospettiva [retrospet'ti:va] *f* Retrospektive *f*; **retrospettivo, -a** [retrospet'ti:vo] *agg* zurückschauend

retroterra [retro'tɛrra] <-> *m* Hinterland *n*

retrovia [retro'vi:a] *f* Nachschubgebiet *n*

retrovisore [retrovi'zo:re] *m* Rückspiegel *m*

retta ['rɛtta] *f* **1.** (*di convitto, pensionato*) Pension *f* **2.** (MAT) Gerade *f* **3.** (*loc*) **dar ~ a qu** auf jdn hören

rettangolare [rettaŋgo'la:re] *agg* rechteckig; (*triangolo*) rechtwinklig; **rettangolo** [ret'taŋgolo] **I.** *agg* rechteckig; (*triangolo*) rechtwinklig **II.** *m* Rechteck *n*

rettifica [ret'ti:fika] <-che> *f* Richtigstellung *f*; **rettificare** [rettifi'ka:re] *vt* berichtigen

rettile ['rɛttile] *m* (*a fig, pej*) Reptil *n*

rettilineo [retti'li:neo] *m* gerade Strecke

rettilineo, -a *agg* g(e)radlinig

rettitudine [retti'tu:dine] *f* Rechtschaffenheit *f*

retto, -a I. *pp di* **reggere II.** *agg* **1.** (MAT: *linea*) gerade; (*angolo*) recht **2.** (*onesto*) rechtschaffen

rettore [ret'to:re] <-trice> **I.** *m, f* Rektor(in) *m(f)* **II.** *agg* leitend

reuma ['rɛ:uma] <-i> *m* Rheuma *n;* **reumatico, -a** [reu'ma:tiko] <-ci, -che> *agg* rheumatisch; **reumatismo** [reuma'tizmo] *m* Rheumatismus *m*

reverendo [reve'rɛndo] *m* Hochwürden *m*

reverendo, -a *agg* ehrwürdig

reversibile [rever'si:bile] *agg* umkehrbar

revisionare [revizio'na:re] *vt* überholen; (*conti*) (über)prüfen; **revisione** [revi'zio:ne] *f* (Über)prüfung *f;* (TEC) Überholung *f*

revoca ['rɛ:voka] <-che> *f* Widerruf *m*

revocare [revo'ka:re] *vt* widerrufen

revolver [re'vɔlver] <-> *m* Revolver *m*

rewriter [ri:'raitə] <-> *m* Lektor(in) *m(f)*

R.F.T. *f abbr di* **Repubblica Federale Tedesca** BRD *f*

rhodesiano, -a [rode'sia:no] **I.** *m, f* Rhodesianer(in) *m(f)* **II.** *agg* aus Rhodesien (heute: Simbabwe)

RI *abbr di* **Repubblica Italiana** *Italienische Republik*

ri- [ri] (*in parole composte*) zurück-; (*di nuovo*) wieder(-)

riabilitare [riabili'ta:re] **I.** *vt* (*fig* MED, JUR) rehabilitieren **II.** *vr* **-rsi** sich rehabilitieren; **riabilitazione** [riabilitat'tsio:ne] *f* (MED) Rehabilitation *f*

rialzamento [rialtsa'mento] *m* **1.** (*di terreno*) Erhebung *f* **2.** (*dei prezzi*) (erneute) Erhöhung *f*

rialzare [rial'tsa:re] **I.** *vt* **1.** (*alzare di nuovo*) wieder aufrichten; (*testa*) wieder erheben **2.** (*alzare di più*) erhöhen **3.** (*prezzi*) (wieder) erhöhen **II.** *vi essere* **1.** (*prezzi*) (wieder) steigen **2.** (*temperatura*) (wieder) ansteigen **III.** *vr* **-rsi** **1.** (*risollevarsi*) wieder aufstehen **2.** (*fig*) sich wieder erholen **3.** (*termometro*) wieder steigen

rialzo [ri'altso] *m* **1.** (*aumento*) Erhöhung *f;* **essere in** ~ steigen **2.** (*di terreno*) Erhebung *f*

rianimare [riani'ma:re] **I.** *vt* wieder beleben **II.** *vr* **-rsi** wieder aufleben; **rianimazione** [rianimat'tsio:ne] *f* Wiederbelebung *f;* **reparto** [*o* **centro**] **di** ~ Intensivstation *f*

riaprire [ria'pri:re] <irr> **I.** *vt* wieder öffnen; (*scuole*) wieder beginnen **II.** *vr* **-rsi** wieder eröffnet werden

riarmo [ri'armo] *m* Aufrüstung *f;* (*modernizzazione*) Nachrüstung *f*

riassetto [rias'sɛtto] *m* **1.** (*il riordinare*) Aufräumen *n* **2.** (*fig*) (Neu)regelung *f*

riassumere [rias'su:mere] <irr> *vt* **1.** (*lavoro*) wieder einstellen **2.** (*carica*) wieder übernehmen **3.** (*sintetizzare*) zusammenfassen

riassunto [rias'sunto] *m* Zusammenfassung *f*

riassunto, -a *agg* wieder eingestellt

riattivare [riatti'va:re] *vt* wieder beleben

riavere [ria've:re] <irr> **I.** *vt* **1.** (*oggetti*) wieder bekommen **2.** (*avere un'altra volta*) wieder haben **II.** *vr* **-rsi** **1.** (*recuperare la salute, fig* FIN) sich (wieder) erholen **2.** (*riprendere i sensi*) wieder zu sich *dat* kommen

riavvolgimento [riavvoldʒi'mento] *m* (FILM, MUS) Zurückspulen *n*

ribadire [riba'di:re] <ribadisco> *vt* bekräftigen

ribalta [ri'balta] *f* **1.** (THEAT) Rampe *f* **2.** (*chiusura*) Klappe *f* **3.** (*loc*) **venire** [*o* **salire**] **alla** ~ (*fig*) (groß) herauskommen

ribaltabile [ribal'ta:bile] **I.** *agg* klappbar **II.** *m* (*autocarro*) Kipper *m*

ribaltare [ribal'ta:re] **I.** *vt* **1.** (*capovolgere*) umkippen **2.** (*fig*) verkehren; (*governo*) stürzen **II.** *vr* **-rsi** umkippen

ribassare [ribas'sa:re] **I.** *vt avere* herabsetzen **II.** *vi essere* sinken

ribasso [ri'basso] *m* (Preis)senkung *f;* (*alla borsa*) Baisse *f;* **essere in** ~ (*fig*) an Ansehen verlieren; **tendenza al** ~ sinkende Tendenz

ribattere [ri'battere] *vt* **1.** (*tappeto, materasso*) erneut klopfen **2.** (SPORT) zurückschlagen **3.** (*fig: respingere*) zurückweisen; (*confutare*) widerlegen; (*replicare*) widersprechen

ribellarsi [ribel'larsi] *vr* **1.** (*sollevarsi*) ~ **a qu/qc** sich gegen jdn/etw erheben **2.** (*non ubbidire*) sich widersetzen **3.** (*fig*) ~ **a qc** sich gegen etw sträuben; **ribelle** [ri'bɛlle] **I.** *agg* **1.** (*insorto*) aufständisch **2.** (*indocile*) widerspenstig **II.** *mf* Rebell(in) *m(f);* **ribellione** [ribel'lio:ne] *f* Aufstand *m*

ribes ['ri:bes] <-> *m* Johannisbeere *f,* Ribisel *f A*

ribollire [ribol'li:re] **I.** *vi* **1.** (*bollire nuovamente*) wieder kochen **2.** (*fermentare*) gären **3.** (*fare bolle*) schäumen **4.** (*fig*) in Wal-

R

lung geraten **II.** *vt* erneut (auf)kochen

ribrezzo [ri'breddzo] *m* Ekel *m*

ributtante [ribut'tante] *agg* abstoßend

ricacciare [rikat'tʃa:re] **I.** *vt* **1.** zurückwerfen **2.** (*mandar via*) verjagen **II.** *vr* **-rsi** wieder eindringen

ricadere [rika'de:re] <irr> *vi essere* **1.** (*cadere di nuovo*) wieder fallen **2.** (*fig*) ~ **in qc** wieder in etw *acc* verfallen **3.** (*riversarsi*) sich ergießen; **ricaduta** [rika'du:ta] *f* **1.** (MED) Rückfall *m* **2.** (*il ricadere*) erneutes Fallen

ricalcare [rikal'ka:re] *vt* **1.** (*tracce, cappello*) wieder (ein)drücken **2.** (*disegno*) (durch)pausen **3.** (*fig: seguire un modello*) nachahmen

ricalcitrante [rikaltʃi'trante] *agg* störrisch

ricamare [rika'ma:re] *vt* sticken

ricambiare [rikam'bia:re] *vt avere* **1.** (*auguri, cortesia, favore*) erwidern **2.** (*lenzuola*) wechseln; (*letti*) neu beziehen **3.** (*merce*) umtauschen; **ricambio** [ri'kambio] <-i> *m* **1.** (*di auguri, favore*) Erwiderung *f* **2.** (*sostituzione*) Austausch *m;* (TEC) Ersatz *m*

ricamo [ri'ka:mo] *m* Stickerei *f*

ricapitolare [rikapito'la:re] *vt* zusammenfassen

ricarica [ri'ka:rika] <-che> *f* Nachfüllen *n;* **ricaricare** [rikari'ka:re] *vt* (*fucile*) nachladen; (*batteria*) neu aufladen; (*orologio*) aufziehen; (*bombole, accendini*) nachfüllen

ricattare [rikat'ta:re] *vt* erpressen; **ricattatore**, **-trice** [rikatta'to:re] *m, f* Erpresser(in) *m(f);* **ricatto** [ri'katto] *m* Erpressung *f*

ricavare [rika'va:re] *vt* **1.** (*estrarre*) gewinnen **2.** (COM) gewinnen **3.** (*ottenere*) herausholen **4.** (*fig: dedurre*) ableiten; (*insegnamento*) ziehen

ricavato [rika'va:to] *m* **1.** (COM) Ertrag *m* **2.** (*fig*) Ergebnis *n*

ricavato, **-a** *agg* herausgeholt

ricavo [ri'ka:vo] *m* Erlös *m*

ricchezza [rik'kettsa] *f* Reichtum *m*

riccio ['rittʃo] <-cci> *m* **1.** (ZOO) Igel *m;* **chiudersi come un** ~ (*fig*) sich einigeln **2.** (*di castagna*) Kastanienschale *f* **3.** (*di capelli*) Locke *f*

riccio, **-a** <-cci, -cce> *agg* **1.** (*capelli*) lockig **2.** (*insalata*) gekräuselt

ricciolo [rit'tʃɔ:lo] *m* Locke *f*

ricco, **-a** ['rikko] <-cchi, -cche> *agg* **1.** (*paese, persona, rendita*) reich; ~ **sfondato** steinreich *fam* **2.** (*abbondante*) üppig; ~ **di** reich an +*dat*

ricerca [ri'tʃɛrka] <-che> *f* **1.** (*gener*) Suche *f;* **motore di** ~ (INFORM) Suchmaschine *f* **2.** (SCIENT) Forschung *f* **3.** (*indagine*) Untersuchung *f;* ~ **di mercato** Marktanalyse *f;* **ricercare** [ritʃer'ka:re] *vt* **1.** (*sperimentare*) erforschen **2.** (*indagare*) forschen nach **3.** (*fig: parole*) wählen

ricercatezza [ritʃerka'tettsa] *f* Erlesenheit *f;* **ricercato**, **-a** [ritʃer'ka:to] **I.** *agg* **1.** (*apprezzato*) begehrt **2.** (*affettato*) gekünstelt **3.** (*maniere*) gewählt **II.** *m, f* Gesuchte(r) *f(m)*

ricercatore, **-trice** [ritʃerka'to:re] *m, f* Forscher(in) *m(f)*

ricetrasmittente [ritʃetrazmit'tɛnte] *f* Sende- und Empfangsgerät *n*

ricetta [ri'tʃɛtta] *f* Rezept *n*

ricettare [ritʃet'ta:re] *vt* hehlen

ricettario [ritʃet'ta:rio] <-i> *m* **1.** (MED) Rezeptblock *m* **2.** (*raccolta di ricette*) Rezeptsammlung *f*

ricettatore, **-trice** [ritʃetta'to:re] *m, f* Hehler(in) *m(f)*

ricettivo, **-a** [ritʃet'ti:vo] *agg* **1.** (*persona, mente*) aufnahmefähig **2.** (MED) empfänglich **3.** (RADIO) Empfangs-

ricevere [ri'tʃe:vere] **I.** *vi* (*medico, professore*) Sprechstunde haben **II.** *vt* **1.** (*accettare, prendere*) bekommen **2.** (*fig: insulto, condanna*) entgegennehmen; (*sacramento*) empfangen **3.** (*accogliere*) empfangen **4.** (RADIO, TEL) empfangen; **ricevimento** [ritʃevi'mento] *m* Empfang *m*

ricevitore [ritʃevi'to:re] *m* **1.** (TEL) Hörer *m* **2.** (PHYS, EL) Empfänger *m*

ricevitoria [ritʃevito'ri:a] <-ie> *f* Annahmestelle *f*

ricevuta [ritʃe'vu:ta] *f* Empfangsbestätigung *f,* Quittung *f;* ~ **fiscale** Steuerbeleg *m*

ricezione [ritʃet'tsio:ne] *f* Empfang *m*

richiamare [rikia'ma:re] **I.** *vt* **1.** (*chiamare di nuovo*) wieder rufen **2.** (*chiamare indietro*) zurückrufen **3.** (MIL) zurückziehen **4.** (*attrarre*) anlocken **5.** (*rievocare*) erinnern an +*acc* **6.** (INFORM: *programma*) aufrufen; (*dati*) abrufen **II.** *vr* **-rsi a qc** sich auf etw *acc* berufen; **richiamo** [ri'kia:mo] *m* **1.** (*invito al ritorno*) Zurückberufung *f* **2.** (*rimprovero*) Tadel *m* **3.** (*allettamento*) Verlockung *f*

4. (*segno*) Verweisungszeichen *n* 5. (MED: *vaccino*) Auffrischung *f* 6. (INFORM) Aufruf *m*

richiedere [ri'kiɛːdere] <irr> *vt* 1. (*chiedere di nuovo*) wieder verlangen 2. (ADM) beantragen 3. (*esigere*) verlangen 4. (*necessitare*) erfordern; **richiesta** [ri'kiɛsta] *f* 1. (*domanda*) Frage *f* 2. (ADM) Antrag *m* 3. (*esigenza*) Verlangen *n* 4. (INFORM) Anfrage *f;* **richiesto, -a** [ri'kiɛsto] I. *pp di* **richiedere** II. *agg* begehrt

riciclabile [ritʃi'klabile] *agg* recycelbar

riciclaggio [ritʃi'kladdʒo] <-ggi> *m* Recycling *n;* **riciclare** [ritʃi'klaːre] *vt* 1. (TEC) wieder aufbereiten 2. (*denaro*) wieder in Umlauf bringen; (*pej*) waschen *sl;* **riciclato, -a** [ritʃi'klaːto] *agg* **carta -a** Umweltschutzpapier *n*

ricino ['riːtʃino] *m* Rizinus *m*

ricircolo [ri'tʃirkolo] *m* Wiederverwendung *f*

ricollegare [rikolle'gaːre] I. *vt* 1. (*collegare di nuovo*) wieder verbinden 2. (*fig*) verbinden II. *vr* **-rsi a qu/qc** sich auf jdn/etw beziehen

ricolmare [rikol'maːre] *vt* ~ **qu/qc di qc** jdn/etw mit etw überhäufen; **ricolmo, -a** [ri'kolmo] *agg* (*a fig*) randvoll

ricompensa [rikom'pɛnsa] *f* Lohn *m;* **ricompensare** [rikompen'saːre] *vt* belohnen

riconciliare [rikontʃi'liaːre] I. *vt* wieder aussöhnen II. *vr* **-rsi** sich wieder aussöhnen; **riconciliazione** [rikontʃiliat'tsioːne] *f* (Wieder)versöhnung *f*

ricondotto *pp di* **ricondurre**

riconducibile [rikondu'tʃiːbile] *agg* ~ **a** zurückführbar auf +*acc*

ricondurre [rikon'durre] <irr> *vt* ~ **qc a qc** etw auf etw *acc* zurückführen

riconfermare [rikonfer'maːre] *vt* (wieder) bestätigen

ricongiungere [rikon'dʒundʒere] <irr> I. *vt* wieder vereinigen II. *vr* **-rsi a qu** sich mit jdm wieder vereinigen

riconobbi *1. pers sing pass rem di* **riconoscere**

riconoscente [rikonoʃ'ʃɛnte] *agg* dankbar; **riconoscenza** [rikonoʃ'ʃɛntsa] *f* Dankbarkeit *f*

riconoscere [riko'noʃʃere] <irr> *vt* 1. (*ravvisare*) wieder erkennen; ~ **qu dalla voce** jdn an der Stimme erkennen 2. (*distinguere*) unterscheiden 3. (*ammettere*) zugeben 4. (JUR, POL) anerkennen; **riconoscibile** [rikonoʃ'ʃiːbile] *agg* erkennbar; **riconoscimento** [rikonoʃʃi'mento] *m* 1. (*constatazione*) (Wieder)erkennen *n* 2. (JUR, POL, ADM) Anerkennung *f;* **documento di** ~ Ausweis *m* 3. (*compenso*) Lohn *m;* **riconosciuto** [rikonoʃ'ʃuːto] I. *pp di* **riconoscere** II. *agg* anerkannt; (*feste, titolo*) offiziell

riconquistare [rikoŋkuis'taːre] *vt* 1. (*territorio*) wieder erobern 2. (*fig: fiducia*) wieder erlangen

ricoprire [riko'priːre] <irr> I. *vt* 1. (*coprire di nuovo*) wieder zudecken 2. (*mobili, poltrone*) ab-, bedecken 3. (ADM: *carica*) bekleiden II. *vr* **-rsi** sich wieder bedecken

ricordare [rikor'daːre] I. *vt* 1. (*serbare memoria*) ~ **qu/qc** jds/einer Sache gedenken 2. (*richiamare alla memoria*) ~ **qu/qc** sich an jdn/etw erinnern 3. (*far presente*) ~ **qc a qu** jdn an etw *acc* erinnern 4. (*assomigliare*) ~ **qu** jdm ähneln II. *vr* **-rsi di qu/qc** sich an jdn/etw erinnern; **me ne ricorderò** (*fam: minaccia*) das werd' ich mir merken!; **ricordino** [rikor'diːno] *m* Mitbringsel *n;* **ricordo** [ri'kɔrdo] *m* 1. (*di persona, cosa, periodo*) Erinnerung *f* 2. (*oggetto*) Andenken *n*

ricorrente [rikor'rɛnte] *agg* (regelmäßig) wiederkehrend; **ricorrenza** [rikor'rɛntsa] *f* 1. (*festività*) Gedenktag *m* 2. (*ritorno*) Wiederkehr *f*

ricorrere [ri'korrere] <irr> I. *vi essere* 1. (*tornare indietro*) zurücklaufen 2. (*rivolgersi*) ~ **a qu** sich an jdn wenden 3. (*servirsi*) ~ **a qc** sich einer Sache *gen* bedienen 4. (*ripetersi*) fallen auf +*acc* 5. (JUR) ~ **alle vie legali** den Rechtsweg beschreiten II. *vt* wieder laufen

ricorso [ri'korso] *m* 1. (JUR) Berufung *f* 2. (*il ricorrere*) Anwendung *f* 3. (*reclamo*) Beschwerde *f*

ricostituente [rikostitu'ɛnte] I. *agg* kräftigend, stärkend II. *m* Stärkungsmittel *n*

ricostituire [rikostitu'iːre] <ricostituisco> I. *vt* wieder gründen; (*governo*) neu bilden II. *vr* **-rsi** sich wieder bilden; **ricostituzione** [rikostitut'tsioːne] *f* Wiederherstellung *f;* (*di partito, organizzazione*) Neugründung *f*

ricostruire [rikostru'iːre] <ricostruisco>

R

vt **1.** wieder aufbauen **2.** (*fatti*) rekonstruieren; **ricostruzione** [rikostrut'tsio:ne] *f* **1.** (*gener,* POL) Wiederaufbau *m* **2.** (*fig*) Rekonstruktion *f*

ricotta [ri'kɔtta] *f quarkähnlicher Frischkäse*

ricoverare [rikove'ra:re] **I.** *vt* einliefern **II.** *vr* **-rsi** ins Krankenhaus gehen; **ricovero** [ri'ko:vero] *m* **1.** (*istituto*) Heim *n;* (*per vecchi*) Altersheim *n* **2.** (*trasferimento*) Aufnahme *f* **3.** (*rifugio*) Zufluchtsort *m*

ricreare [rikre'a:re] **I.** *vt* **1.** (*ristorare*) erfrischen **2.** (*divertire*) erfreuen **3.** (*creare di nuovo*) neu gründen **II.** *vr* **-rsi** **1.** (*svagarsi*) sich erholen **2.** (*divertirsi*) sich vergnügen; **ricreazione** [rikreat'tsio:ne] *f* **1.** (*intervallo*) Pause *f* **2.** (*ristoro*) Erholung *f* **3.** (*distrazione*) Zeitvertreib *m*

ricredersi [ri'kre:dersi] *vr* seine Meinung ändern

ricuperare [rikupe'ra:re] *vt* **1.** (*riacquistare*) wiedererlangen; (*salute*) zurückgewinnen; (*tempo*) aufholen **2.** (*naufraghi*) bergen **3.** (FIN) eintreiben; **ricupero** [ri'ku:pero] *m* **1.** (*riacquisto*) Wiedererlangung *f;* (*di tempo*) Aufholen *n* **2.** (*di nave*) Bergung *f* **3.** (FIN) Eintreiben *n* **4.** (SPORT) Nachholspiel *n*

ricusare [riku'za:re] **I.** *vt* (*poet*) verweigern; (*a persona*) ablehnen **II.** *vr* **-rsi** (*poet*) sich weigern

ridacchiare [ridak'kia:re] *vi* (hämisch) kichern

ridare [ri'da:re] <irr> *vt* **1.** (*dare di nuovo*) wieder geben **2.** (*restituire*) zurückgeben

ridere ['ri:dere] <rido, risi, riso> **I.** *vi* lachen; ~ **di qc** über etw *acc* lachen; **ma non farmi ~!** (*fam*) dass ich nicht lache!; **ride ben chi ride l'ultimo** (*prov*) wer zuletzt lacht, lacht am besten **II.** *vr* **-rsi di qc** (*burlarsi*) sich über etw *acc* lustig machen; (*infischiarsene*) auf etw *acc* pfeifen

ridetti *1. pers sing pass rem di* **ridare**

ridetto *pp di* **ridire**

ridico *1. pers sing pr di* **ridire**

ridicolizzare [ridikolid'dzare] *vt* lächerlich machen

ridicolo [ri'di:kolo] *m* Lächerliche(s) *n*

ridicolo, **-a** *agg* lächerlich

ridiedi *1. pers sing pass rem di* **ridare**

ridimensionare [ridimensio'na:re] **I.** *vt* wieder anpassen **II.** *vr* **-rsi** sich wieder auf das rechte Maß beschränken

ridire [ri'di:re] <irr> *vt* **1.** (*dire di nuovo*) wiederholen **2.** (*criticare*) aussetzen

ridissi *1. pers sing pass rem di* **ridire**

ridondante [ridon'dante] *agg* redundant

ridosso [ri'dɔsso] *m* Schutzwall *m*

ridotto, **-a** *agg* vermindert; (*prezzi*) herabgesetzt; **essere ~ in pezzi** [*o* **a brandelli**] ganz kaputt sein

ridurre [ri'durre] <riduco, ridussi, ridotto> **I.** *vt* **1.** (*diminuire*) verringern; (*prezzi*) senken **2.** (MAT) reduzieren; (*frazione*) kürzen **3.** (*costringere*) zwingen **4.** (*far diventare*) machen zu, werden lassen **II.** *vr* **-rsi** **1.** (*diventare*) sich bringen **2.** (*restringersi*) zusammenschmelzen

riduttore [ridut'to:re] *m* (PHYS) ~ **di corrente** Transformator *m;* ~ **di pressione** Druckminderer *m*

riduzione [ridut'tsio:ne] *f* **1.** (*diminuzione*) Senkung *f,* Herabsetzung *f;* (*sconto*) Nachlass *m* **2.** (MAT) Kürzung *f*

riedizione [riedit'tsio:ne] *f* Neuauflage *f*

rielaborare [rielabo'ra:re] *vt* wieder ausarbeiten; **rielaborazione** [rielaborat'tsio:ne] *f* Neubearbeitung *f*

riempimento [riempi'mento] *m* Füllung *f;* **riempire** [riem'pi:re] **I.** *vt* **1.** (*bicchiere, bottiglia*) (auf)füllen; ~ **qc di qc** etw mit etw füllen **2.** (*modulo*) ausfüllen **3.** (*fig*) ~ **qu di qc** jdn mit etw erfüllen **II.** *vr* **-rsi** **1.** (*fam: mangiare troppo*) sich voll schlagen **2.** (*diventare pieno*) **-rsi di qc** sich mit etw füllen

riempitivo [riempi'ti:vo] *m* Füllmittel *n;* (*parola*) Füllwort *n*

riempitivo, **-a** *agg* füllend, Füll-

rientranza [rien'trantsa] *f* Einbuchtung *f*

rientrare [rien'tra:re] *vi essere* **1.** (*entrare di nuovo*) zurückkehren **2.** (*tornare*) zurückkommen; (*a casa*) heimkommen **3.** (*essere compreso*) dazugehören; **rientro** [ri'entro] *m* Rückkehr *f;* (*a casa*) Heimkehr *f*

riepilogare [riepilo'ga:re] *vt* zusammenfassen; **riepilogo** [rie'pi:logo] <-ghi> *m* Zusammenfassung *f*

riesco *1. pers sing pr di* **riuscire**

Rieti *f Stadt in Latium*

rietino, **-a** **I.** *m, f* Einwohner(in) *m(f)* von Rieti **II.** *agg* aus Rieti

rievocare [rievo'ka:re] *vt* wieder wachrufen

rifare [ri'fa:re] <irr> **I.** *vt* **1.** (*esame, tentativo, compito*) wiederholen **2.** (*stanza*) aufräumen; (*letto*) machen **3.** (*imitare*) nachmachen **4.** (*compensare*) entschädigen **II.** *vr* **-rsi 1.** (*diventare nuovamente*) wieder werden **2.** (*ristabilirsi*) sich wieder erholen; (*tempo*) sich bessern **3.** (*loc*) **-rsi di qc** (*prendersi la rivincita*) sich für etw entschädigen; (*vendicarsi*) sich für etw rächen **4.** (*cominciare*) **-rsi da qc** bei etw beginnen

riferimento [riferi'mento] *m* **1.** (*relazione*) Bezug *m;* **in** [*o* **con**] ~ **alla Vostra del …** (ADM) Bezug nehmend auf Ihr Schreiben vom … **2.** (*richiamo*) Hinweis *m;* **riferire** [rife'ri:re] <riferisco> **I.** *vt* **1.** (*riportare*) berichten, mitteilen **2.** (*mettere in relazione*) ~ **qc a qc** etw auf etw *acc* beziehen **II.** *vr* **-rsi a qc** (*fare riferimento*) auf etw *acc* Bezug nehmen; (*alludere*) auf etw *acc* anspielen **III.** *vi* ~ **su qc** über etw *acc* Bericht erstatten

rifilare [rifi'la:re] *vt* (*fam*) ~ **qc a qu** jdm etw andrehen

rifinire [rifi'ni:re] *vt* **1.** (*terminare*) vollenden **2.** (*perfezionare*) fein bearbeiten; **rifinitura** [rifini'tu:ra] *f* **1.** (*perfezionamento*) Feinarbeit *f* **2.** (*decorazione*) Verzierung *f,* Aufputz *m A*

rifiutare [rifiu'ta:re] **I.** *vt* **1.** (*non accettare*) zurückweisen **2.** (*negare*) ~ **qc a qu** jdm etw verweigern **II.** *vr* **-rsi di fare qc** sich weigern, etw zu tun; **rifiuto** [ri'fiu:to] *m* **1.** (*negazione del consenso*) Ablehnung *f* **2.** *pl* (*immondizie*) Abfall *m;* **-i nucleari** [*o* **radioattivi**] Atommüll *m;* **-i tossici** Giftmüll *m*

riflessi [ri'flɛssi] *1. pers sing pass rem di* **riflettere**

riflessione [rifles'sio:ne] *f* **1.** (*considerazione*) Überlegung *f* **2.** (PHYS) Reflexion *f;* **riflessivo, -a** [rifles'si:vo] *agg* **1.** (*persona, mente*) nachdenklich; (*ponderato*) besonnen **2.** (LING) reflexiv

riflesso [ri'flɛsso] *m* **1.** Reflex *m* **2.** (*luce*) Widerschein *m;* (*rispecchiamento*) Spiegelung *f*

riflesso, -a I. *pp di* **riflettere II.** *agg* **1.** (*raggio, luce, immagine*) widergespiegelt **2.** (*moto, atto*) Reflex-

riflettere [ri'flɛttere] <irr> **I.** *vt* **1.** reflektieren **2.** (*fig*) widerspiegeln **II.** *vi* ~ (**su qc**) (über etw *acc*) nachdenken **III.** *vr* **-rsi 1.** (*specchiarsi*) sich (wider)spiegeln **2.** (*fig*) **-rsi su qc** (*ripercuotersi*) sich in etw *dat* widerspiegeln; (*influire*) sich auf etw *acc* auswirken

riflettore [riflet'to:re] *m* **1.** (EL) Scheinwerfer *m* **2.** (RADIO, OPT) Reflektor *m*

riflusso [ri'flusso] *m* **1.** (*flusso di ritorno*) Rückfluss *m* **2.** (*del mare*) Ebbe *f*

rifocillare [rifotʃil'la:re] **I.** *vt* stärken **II.** *vr* **-rsi** sich stärken

rifondere [ri'fondere] <irr> *vt* **1.** (*statua, metallo*) erneut schmelzen **2.** (*fig: danni, spese*) vergüten

riforma [ri'forma] *f* **1.** (*gener*) Umgestaltung *f* **2.** (POL) Reform *f* **3.** (REL) Reformation *f;* **riformare** [rifor'ma:re] **I.** *vt* **1.** (*formare di nuovo*) neu bilden **2.** (*sottoporre a riforma*) umgestalten; (POL, REL) reformieren **II.** *vr* **-rsi** sich wieder bilden

riformatorio [riforma'tɔ:rio] <-i> *m* Erziehungsheim *n*

rifornimento [riforni'mento] *m* Versorgung *f;* **rifornire** [rifor'ni:re] <rifornisco> **I.** *vt* ~ **qu/qc di qc** jdn/etw mit etw versorgen **II.** *vr* **-rsi di qc** sich mit etw versorgen

rifrangere [ri'frandʒere] <irr> **I.** *vt* brechen **II.** *vr* **-rsi** sich brechen

rifrazione [rifrat'tsio:ne] *f* Brechung *f*

rifuggire [rifud'dʒi:re] *vi essere* **1.** (*fuggire di nuovo*) wieder flüchten **2.** (*evitare*) ~ **da qc** etw meiden

rifugiarsi [rifu'dʒarsi] *vr* (sich) flüchten; **rifugiato, -a** [rifu'dʒa:to] **I.** *agg* geflüchtet **II.** *m, f* Flüchtling *m;* **rifugio** [ri'fu:dʒo] <-gi> *m* **1.** (*riparo*) Zuflucht *f;* (*difesa*) Schutz *m;* ~ **alpino** Berghütte *f* **2.** (MIL) Bunker *m;* ~ **antiatomico** Atomschutzbunker *m* **3.** (*fig*) Trost *m*

riga ['ri:ga] <-ghe> *f* **1.** (*linea*) Linie *f;* (*di tessuto*) Streifen *m* **2.** (*di scritto*) Zeile *f* **3.** (*di persone, cose*) Reihe *f* **4.** (*di capelli*) Scheitel *m* **5.** (*asticella*) Lineal *n* **6.** (INFORM) ~ **di comando** Befehlszeile *f;* ~ **di commento** Kommentarzeile *f*

rigagnolo [ri'gaɲɲolo] *m* Rinnsal *n*

rigare [ri'ga:re] **I.** *vt* lini(i)eren **II.** *vi* **rigar diritto** spuren *fam*

rigatoni [riga'to:ni] *mpl kurze, dicke Röhrennudeln*

rigattiere [rigat'tiɛ:re] *m* Altwarenhändler *m*

rigenerare [ridʒene'ra:re] **I.** *vt* **1.** (*far ricrescere*) wieder hervorbringen **2.** (BIOL) regenerieren **3.** (*ricostituire*) wiederherstellen **4.** (TEC) wieder aufbereiten **II.** *vr* **-rsi 1.** (BIOL) sich regenerieren **2.** (*fig*) zu neuem Leben erwachen; **rigenerazione** [ridʒenerat'tsio:ne] *f* **1.** (BIOL) Regeneration *f* **2.** (*fig*) Erneuerung *f* **3.** (TEC) Wiederaufbereitung *f*

rigettare [ridʒet'ta:re] **I.** *vt* **1.** (*gettare indietro*) zurückwerfen **2.** (*respingere*) ablehnen **3.** (*fam: vomitare*) brechen **II.** *vr* **-rsi 1.** (*gettarsi di nuovo*) sich wieder werfen **2.** (*fig*) wieder auftauchen; **rigetto** [ri'dʒɛtto] *m* **1.** (MED) Abstoßung *f* **2.** (*fig*) Ablehnung *f*

righello [ri'gɛllo] *m* Lineal *n*

rigidezza [ridʒi'dettsa] *f* **1.** (*rigore*) Härte *f;* (*del clima*) Rauheit *f* **2.** (*severità*) Strenge *f* **3.** (PHYS) Starrheit *f;* **rigidità** [ridʒidi'ta] <-> *f* **1.** (*del clima*) Rauheit *f* **2.** (*fig*) Starrheit *f;* (*severità*) Strenge *f* **3.** (MED) Starre *f;* **rigido, -a** ['ri:dʒido] *agg* **1.** steif **2.** (*clima*) rau; (*inverno*) streng **3.** (*fig: severo*) streng

rigirare [ridʒi'ra:re] **I.** *vt* **1.** (*girare più volte*) wieder drehen **2.** (*percorrere*) durchstreifen **3.** (*fig*) (anders) handhaben; **gira e rigira** (*fam*) wie man es auch dreht und wendet **II.** *vi* umherlaufen **III.** *vr* **-rsi** sich (wieder) umdrehen; (*nel letto*) sich wälzen

rigiro [ri'dʒi:ro] *m* **1.** Machenschaften *fpl* **2.** (*giro ripetuto*) Wendung *f*

rigo ['ri:go] <-ghi> *m* Linie *f*

rigoglioso, -a [rigoʎ'ʎo:so] *agg* **1.** (BOT) wuchernd **2.** (*fig*) üppig

rigonfio [ri'gonfio] *m* Schwellung *f*

rigonfio, -a <-i, -ie> *agg* **1.** (*occhio*) geschwollen; (*ginocchio*) angeschwollen **2.** (*fig*) aufgeblasen

rigore [ri'go:re] *m* **1.** (*rigidità*) Strenge *f* **2.** (*del clima*) Strenge *f* **3.** (SPORT) Elfmeter *m*

rigorosità [rigorosi'ta] <-> *f* Rigorosität *f;* **rigoroso, -a** [rigo'ro:so] *agg* **1.** (*severo*) hart; (*persona*) unerbittlich; (*norma*) rigoros **2.** (*preciso*) genau

rigovernare [rigover'na:re] *vt* **1.** (*piatti*) spülen **2.** (*animali*) versorgen

riguardare [riguar'da:re] **I.** *vt* **1.** (*rivedere*) überprüfen **2.** (*concernere*) betreffen **3.** (*considerare*) betrachten **II.** *vr* **-rsi** sich schonen; **-rsi da qc** sich vor etw *dat* vorsehen

riguardo [ri'guardo] *m* **1.** (*cura*) Rücksicht *f;* **non avere alcun ~** keinerlei Rücksicht nehmen **2.** (*rispetto*) Achtung *f* **3.** (*relazione*) Bezug *m;* **nei -i di, ~ a** was … betrifft

rigurgitare [rigurdʒi'ta:re] **I.** *vi essere o avere* **1.** (*liquidi*) überquellen **2.** (*fig: persone*) wimmeln **II.** *vt avere* speien; **rigurgito** [ri'gurdʒito] *m* **1.** Überquellen *n* **2.** (MED) Ausstoss *m* (aus dem Magen)

rilanciare [rilan'tʃa:re] *vt* **1.** (*palla, sasso*) zurückwerfen **2.** (COM: *offerta*) überbieten

rilasciare [rilaʃ'ʃa:re] **I.** *vt* **1.** (ADM) ausstellen **2.** (*prigioniero*) freilassen **II.** *vr* **-rsi** sich wieder trennen; **rilascio** [ri'laʃʃo] <-sci> *m* **1.** (ADM) Ausstellung *f* **2.** (*restituzione di libertà*) Entlassung *f*

rilassamento [rilassa'mento] *m* Entspannung *f;* **rilassare** [rilas'sa:re] **I.** *vt* **1.** (*muscoli, nervi*) entspannen **2.** (*disciplina*) lockern **II.** *vr* **-rsi** sich entspannen

rilegare [rile'ga:re] *vt* binden; **rilegatura** [rilega'tu:ra] *f* Binden *n*

rileggere [ri'lɛddʒere] <irr> *vt* wieder lesen; (*rivedere*) durchlesen

rilento [ri'lɛnto] *avv* **a ~** langsam

rilessi *1. pers sing pass rem di* **rileggere**

riletto *pp di* **rileggere**

rilevabile [rile'va:bile] *agg* entnehmbar

rilevamento [rileva'mento] *m* **1.** (*determinazione sistematica*) Erhebung *f* **2.** (*topografico*) Aufnahme *f* **3.** (*di negozio*) Übernahme *f* **4.** (INFORM: *di dati*) Abfrage *f*

rilevante [rile'vante] *agg* bedeutend

rilevare [rile'va:re] **I.** *vt* **1.** (*mettere in evidenza*) hervorheben **2.** (*apprendere*) entnehmen **3.** (*raccogliere*) erheben **4.** (*negozio*) übernehmen **5.** (*rilevamento topografico*) vermessen **II.** *vi* vorstehen

rilievo [ri'liɛ:vo] *m* **1.** (GEOG) Relief *n* **2.** (*fig: importanza*) Bedeutung *f*

riluttante [rilut'tante] *agg* widerwillig; **riluttanza** [rilut'tantsa] *f* Widerwille *m*

rima ['ri:ma] *f* Reim *m;* **-e** Verse *mpl*

rimandabile [riman'da:bile] *agg* verschiebbar; **rimandare** [riman'da:re] *vt* **1.** (*mandare indietro*) zurückschicken **2.** (*mandare di nuovo*) wieder schicken **3.** (*restituire*) zurückgeben **4.** (*alunno*) nicht versetzen; (*candidato*) durchfallen lassen **5.** (*fare riferimento*) **~ a qc** auf etw *acc* verweisen; **rimando** [ri'mando] *m* Verweis *m*

rimanente [rima'nɛnte] **I.** *agg* übrig **II.** *mf* Verbleibende(r) *f(m);* **i -i** die Übrigen **III.** *m* Rest *m;* **rimanenza** [rima'nɛntsa] *f* Überschuss *m*

rimanere [rima'ne:re] <rimango, rimasi, rimasto> *vi essere* **1.** bleiben; ~ **male/confuso** enttäuscht/verwirrt sein **2.** (*essere situato*) liegen **3.** (*avanzare*) übrig bleiben; **non gli rimane altro** [*o* **altro da fare**] **che accettare** es bleibt ihm nichts anderes übrig als zu akzeptieren

rimare [ri'ma:re] **I.** *vi* sich reimen **II.** *vt* dichten

rimarginare [rimardʒi'na:re] **I.** *vt* heilen **II.** *vr* **-rsi** (ver)heilen

rimasi [ri'ma:si] *1. pers sing pass rem di* **rimanere**

rimasto [ri'masto] *pp di* **rimanere**

rimbalzare [rimbal'tsa:re] *vi essere o avere* ab-, zurückprallen

rimbalzo [rim'baltso] *m* Rückprall *m;* **di** ~ indirekt

rimbambire [rimbam'bi:re] <rimbambisco> **I.** *vi essere* verkalken; (*fig*) vertrotteln **II.** *vt* verblöden **III.** *vr* **-rsi** verkalken; (*fam*) verblöden; **rimbambito, -a** [rimbam'bi:to] **I.** *agg* verblödet; (*vecchio*) verkalkt **II.** *m, f* Trottel *m*

rimbecillito, -a [rimbetʃil'li:to] **I.** *agg* verblödet **II.** *m, f* Dummkopf *m*

rimboccare [rimbok'ka:re] *vt* umschlagen; **-rsi le maniche** (*a fig*) die Ärmel hochkrempeln

rimbombare [rimbom'ba:re] *vi essere o avere* dröhnen; **rimbombo** [rim'bombo] *m* Dröhnen *n*

rimborsabile [rimbor'sa:bile] *agg* rückzahlbar; **rimborsare** [rimbor'sa:re] *vt* (rück)erstatten, refundieren *A;* **rimborso** [rim'borso] *m* Erstattung *f*

rimediare [rime'dia:re] **I.** *vi* ~ **a qc** etw wieder gutmachen **II.** *vt* **1.** beheben **2.** (*fam: procurare*) (sich etw) besorgen; **rimedio** [ri'mɛ:dio] <-i> *m* **1.** (*provvedimento*) Abhilfe *f* **2.** (MED) (Heil)mittel *n*

rimescolare [rimesko'la:re] **I.** *vt* (um)rühren; (*carte*) mischen **II.** *vr* **-rsi** (*sangue*) kochen

rimessa [ri'messa] *f* **1.** (*locale*) Schuppen *m;* (*per veicoli*) Garage *f* **2.** (THEAT) ~ **in scena** Wiederaufführung *f* **3.** (COM) Lieferung *f* **4.** (FIN) Überweisung *f*

rimesso, -a [ri'messo] *agg* **1.** (*ristabilito*) wieder erholt **2.** (*peccato*) vergeben

rimettere [ri'mettere] <irr> **I.** *vt* **1.** (*mettere di nuovo*) wieder setzen; (*in piedi*) wieder (auf)stellen; (*disteso*) wieder (hin)legen; (*indossare*) wieder anziehen **2.** (*affidare*) anvertrauen **3.** (*pena, colpa*) erlassen **4.** (*differire*) verschieben **5.** (*merce, lettere*) senden **6.** (*assegno*) überweisen **7.** (*fam: vomitare*) brechen **8.** (*loc*) **rimetterci** (*fam*) verlieren **II.** *vr* **-rsi** **1.** (*riprendersi*) sich wieder erholen **2.** (*tempo*) sich bessern **3.** (*ricominciare*) wieder beginnen

riminese [rimi'ne:se] **I.** *mf* Einwohner(in) *m(f)* von Rimini **II.** *agg* aus Rimini; **la gente** ~ die Leute aus Rimini

Rimini *f Stadt in der Emilia Romagna*

rimisi *1. pers sing pass rem di* **rimettere**

rimmel® ['rimmel] <-> *m* Wimperntusche *f*

rimodernare [rimoder'na:re] *vt* modernisieren

rimonta [ri'monta] *f* **1.** (*il rimontare*) Wiederbesteigung *f* **2.** (SPORT) Aufholen *n;* **rimontare** [rimon'ta:re] **I.** *vt* **1.** (*montare di nuovo*) wieder zusammensetzen **2.** (*fiume*) (fluss)aufwärts gehen **3.** (SPORT) aufholen **II.** *vi essere* **1.** (*montare di nuovo*) wieder aufsteigen; (*in macchina, treno*) wieder einsteigen **2.** (*fig: risalire*) ~ **a** zurückreichen bis

rimorchiare [rimor'kia:re] *vt* (ab)schleppen

rimorchiatore [rimorkia'to:re] *m* Schlepper *m*

rimorchiatore, -trice *agg* Abschlepp-

rimorchio [ri'mɔrkio] <-chi> *m* **1.** (*veicolo*) Anhänger *m* **2.** (*trascinamento*) (Ab)schleppen *n*

rimorso [ri'mɔrso] *m* Reue *f;* (*morso di coscienza*) Gewissensbiss *m*

rimostranza [rimos'trantsa] *f* Beschwerde *f*

rimovibile [rimo'vi:bile] *agg* beweglich

rimozione [rimot'tsio:ne] *f* **1.** (*asportazione*) Beseitigung *f;* (*da carica, impiego*) Entfernung *f* **2.** (PSYCH) Verdrängung *f*

rimpastare [rimpas'ta:re] *vt* **1.** wieder kneten **2.** (*governo*) umbilden

rimpatriare [rimpa'tria:re] **I.** *vi essere* in die Heimat zurückkehren **II.** *vt* in die Heimat zurückschicken; **rimpatriata** [rimpa'tria:ta] *f* (*fam*) Wiedersehen *n;* **rimpatrio** [rim'pa:trio] <-ii> *m* Heimkehr *f*

rimpiangere [rim'piandʒere] <irr> *vt* ~ **qu/qc** jdm/etw nachtrauern

rimpianto [rim'pianto] *m* Bedauern *n*

R

rimpianto, **-a** *agg* verstorben

rimpiazzare [rimpiat'tsa:re] *vt* austauschen, ersetzen

rimpicciolire [rimpittʃo'li:re] <rimpicciolisco> *vi essere* kleiner werden; **rimpiccolire** [rimpikko'li:re] <rimpiccolisco> **I.** *vt* verkleinern **II.** *vi essere* kleiner werden **III.** *vr* **-rsi** sich verkleinern

rimpinzare [rimpin'tsa:re] (*fam*) **I.** *vt* voll stopfen **II.** *vr* **-rsi** sich voll stopfen

rimproverare [rimprove'ra:re] **I.** *vt* tadeln **II.** *vr* **-rsi** sich *dat* Vorwürfe machen; **-rsi** (**di**) **qc** sich *dat* etw vorwerfen; **rimprovero** [rim'prɔ:vero] *m* Vorwurf *m*

rimuginare [rimudʒi'na:re] *vt* ~ **qc** über etw *acc* grübeln

rimunerativo, **-a** [rimunera'ti:vo] *agg* lohnend

rimuovere [ri'muɔ:vere] <irr> *vt* **1.** (*togliere via*) fortschaffen **2.** (ADM: *destituire*) ~ **qu da qc** jdn aus etw entfernen

rinascere [ri'naʃʃere] <irr> *vi essere* **1.** (*nascere di nuovo*) wieder geboren werden **2.** (*unghie, capelli*) nachwachsen **3.** (*fig*) wieder aufleben

rinascimentale [rinaʃʃimen'ta:le] *agg* Renaissance-; **rinascimento** [rinaʃʃi'mento] *m* Renaissance *f*

rinascita [ri'naʃʃita] *f* Wiederaufleben *n*

rinato *pp di* **rinascere**

rincalzare [riŋkal'tsa:re] *vt* abstützen; **rincalzo** [riŋ'kaltso] *m* Stütze *f*

rincarare [riŋka'ra:re] **I.** *vt* verteuern **II.** *vi essere* teurer werden; **rincaro** [riŋ'ka:ro] *m* (Ver)teuerung *f*

rincasare [riŋka'sa:re] *vi essere* heimkehren

rinchiudere [riŋ'kiu:dere] <irr> **I.** *vt* einschließen; (*a fig*) (ein)sperren **II.** *vr* **-rsi** **1.** sich einschließen **2.** (*fig*) sich verschließen

rincoglionirsi [riŋkoʎʎo'ni:rsi] <mi rincoglionisco> *vr* (*vulg*) verblöden

rincorrere [riŋ'korrere] <irr> **I.** *vt* ~ **qu** jdm nachlaufen **II.** *vr* **-rsi** sich *dat* nachlaufen, sich fangen; **rincorsa** [riŋ'korsa] *f* Anlauf *m*

rincrescere [riŋ'kreʃʃere] <irr> *vi essere* (*impersonale*) bedauern; **mi rincresce che …** es tut mir Leid, dass …

rinegoziare [rinegot'tsia:re] *vt* neu aushandeln; **rinegoziazione** [rinegotsiat'tsio:ne] *f* Neuverhandlung *f*

rinfacciare [rinfat'tʃa:re] *vt* ~ **qc a qu** jdm etw vorwerfen

rinforzare [rinfor'tsa:re] **I.** *vt* **1.** (*edificio*) (ab)stützen **2.** (*muscoli*) kräftigen **3.** (*fig: autorità, potere*) stärken **II.** *vi essere* sich verstärken **III.** *vr* **-rsi** kräftiger werden; **rinforzo** [rin'fɔrtso] *m* **1.** (*sostegno, fig* MIL) Verstärkung *f* **2.** (*appoggio*) Stütze *f*

rinfrancare [rinfraŋ'ka:re] **I.** *vt* (wieder) ermutigen **II.** *vr* **-rsi** neuen Mut fassen

rinfrescare [rinfres'ka:re] **I.** *vt avere* **1.** (*rendere fresco*) abkühlen (lassen) **2.** (*dipinto, memoria*) auffrischen **II.** *vi essere* kühler werden **III.** *vr* **-rsi** sich erfrischen

rinfresco [rin'fresko] <-schi> *m* **1.** (*ricevimento*) Empfang *m* **2.** *pl* (*cibi e bevande*) Erfrischungen *fpl*

rinfusa [rin'fu:za] *f* **alla** ~ durcheinander

ringalluzzire [riŋgallut'tsi:re] <ringalluzzisco> *fam* **I.** *vt* aufmuntern **II.** *vr* **-rsi** Oberwasser bekommen

ringhiare [riŋ'gia:re] *vi* knurren

ringhiera [riŋ'giɛ:ra] *f* Geländer *n*

ringiovanire [rindʒova'ni:re] <ringiovanisco> *vi essere* jünger werden

ringraziamento [riŋgrattsia'mento] *m* Danksagung *f;* **-i** Dank *m;* **ringraziare** [riŋgrat'tsia:re] *vt* ~ **qu** jdm danken

rinnegare [rinne'ga:re] *vt* verleugnen; (*figlio*) verstoßen

rinnegato, **-a** [rinne'ga:to] **I.** *agg* abtrünnig **II.** *m, f* Abtrünnige(r) *f(m)*

rinnovamento [rinnova'mento] *m* Erneuerung *f;* **rinnovare** [rinno'va:re] **I.** *vt* **1.** erneuern; (*contratto*) verlängern **2.** (*domanda*) wiederholen **II.** *vr* **-rsi** sich wiederholen

rinnovo [rin'nɔ:vo] *m* Erneuerung *f;* (JUR: *di contratto*) Verlängerung *f*

rinoceronte [rinotʃe'ronte] *m* Nashorn *n,* Rhinozeros *n*

rinomato, **-a** [rino'ma:to] *agg* berühmt *geh*

rinsaldare [rinsal'da:re] **I.** *vt* festigen **II.** *vr* **-rsi** sich bestärken

rintanarsi [rinta'narsi] *vr* sich verkriechen

rintoccare [rintok'ka:re] *vi essere o avere* (*orologio*) schlagen; (*campana*) läuten; **rintocco** [rin'tokko] <-cchi> *m* (*di orologio*) Schlagen *n;* (*di campana*) (Glocken)schlag *m*

rintracciare [rintrat'tʃa:re] *vt* auffinden

rintronare [rintro'na:re] **I.** *vi essere o ave-*

re dröhnen **II.** *vt* betäuben

rintuzzare [rintut'tsa:re] *vt* zurückschlagen

rinuncia [ri'nuntʃa] <-ie> *f* **1.** (*il rinunciare*) Verzicht *m* **2.** (JUR) Verzichtserklärung *f* **3.** *pl* (*privazioni*) Entsagungen *fpl;* **rinunciare** [rinun'tʃa:re] *vi* ~ **a qc** auf etw *acc* verzichten; ~ **ad ogni speranza** jede Hoffnung aufgeben; **ci rinuncio volentieri** (*fam iron*) darauf kann ich gern verzichten

rinvenire [rinve'ni:re] <irr> **I.** *vt* wieder finden **II.** *vi essere* wieder zu sich *dat* kommen

rinviare [rinvi'a:re] *vt* **1.** zurückschicken **2.** (*rimandare*) ~ **a qc** auf etw *acc* verweisen **3.** (*differire*) verschieben; (*seduta*) vertagen

rinvigorire [rinvigo'ri:re] <rinvigorisco> **I.** *vt avere* wieder stark machen; (*a fig*) kräftigen **II.** *vr* **-rsi** wieder stark werden

rinvio [rin'vi:o] *m* **1.** (*ritorno*) Rücksendung *f* **2.** (*differimento*) Verschiebung *f;* (*di seduta*) Vertagung *f* **3.** (*rimando*) Verweis *m*

rio ['ri:o] <rii> *m* (*poet*) Bach *m*

rione [ri'o:ne] *m* Stadtviertel *n*

ripagare [ripa'gare] *vt* **1.** (*pagare di nuovo*) wieder (be)zahlen **2.** (*ricompensare*) ~ **qu di qc** jdn für etw belohnen

riparabile [ripa'ra:bile] *agg* reparabel; **riparare** [ripa'ra:re] **I.** *vt* **1.** (*accomodare*) reparieren **2.** (*proteggere*) schützen **II.** *vi* **1.** (*ovviare*) ~ **a qc** einer Sache *dat* abhelfen **2.** (*fam: provvedere*) ~ **a qc** für etw (vor)sorgen **III.** *vr* **-rsi da qc** sich vor etw *dat* schützen; **riparazione** [riparat'tsio:ne] *f* **1.** (*accomodatura*) Reparatur *f* **2.** (*fig: di torto*) Wiedergutmachung *f;* (*risarcimento*) Entschädigung *f*

riparo [ri'pa:ro] *m* **1.** (*protezione*) Schutz *m,* Unterschlupf *m* **2.** (*rimedio*) Abhilfe *f*

ripartire [ripar'ti:re] <ripartisco> **I.** *vt* **1.** (*dividere*) (auf)teilen **2.** (*distribuire*) verteilen; (*compiti, mansioni*) zuteilen **II.** *vi essere* wieder fortgehen

ripartizione [ripartit'tsio:ne] *f* **1.** (*divisione*) (Auf)teilung *f* **2.** (*distribuzione*) Verteilung *f;* (*compiti*) Zuteilung *f*

ripassare [ripas'sa:re] **I.** *vi essere* wieder vorbeigehen; (*ritornare*) wieder zurückkommen **II.** *vt* **1.** (*fiume, valico, Alpi*) wieder passieren **2.** (*contorni di un disegno*) nachzeichnen **3.** (*lezione*) wiederholen; **ripasso** [ri'passo] *m* Wiederholung *f*

ripensamento [ripensa'mento] *m* Überdenken *n,* Überlegen *n;* **ripensare** [ripen'sa:re] *vi* **1.** (*riflettere*) ~ **a qc** etw überdenken **2.** (*cambiare parere*) es sich *dat* anders überlegen **3.** (*riandare con la memoria*) ~ **a qu/qc** an jdn/etw zurückdenken

ripercorrere [riper'korrere] <irr> *vt* **1.** (*itinerario*) erneut gehen **2.** (*fig*) überdenken

ripercuotere [riper'kuɔ:tere] <irr> **I.** *vt* **1.** (*percuotere di nuovo*) wieder schlagen **2.** (*riflettere*) zurückwerfen **II.** *vr* **-rsi** **1.** (*provocare urto*) zurückprallen **2.** (*essere riflesso*) zurückgeworfen werden; (*suono*) widerhallen **3.** (*fig*) **-rsi su qc** sich auf etw *acc* auswirken; **ripercussione** [riperkus'sio:ne] *f* **1.** (*fig*) Auswirkung *f* **2.** (*contraccolpo*) Rückprall *m*

ripescare [ripes'ka:re] *vt* **1.** (*ricuperare*) wieder (auf)fischen **2.** (*fig fam: ritrovare*) ausfindig machen

ripetente [ripe'tɛnte] **I.** *agg* wiederholend **II.** *mf* Repetent(in) *m(f) geh*

ripetere [ri'pɛ:tere] **I.** *vt* wiederholen **II.** *vr* **-rsi** sich wiederholen; **ripetitivo, -a** [ripeti'ti:vo] *agg* Wiederholungs-

ripetizione [ripetit'tsio:ne] *f* **1.** (*gener*) Wiederholung *f;* ~ (**automatica**) (TEL) Wahlwiederholung *f* **2.** (*lezione privata*) Nachhilfeunterricht *m*

ripiano [ri'pia:no] *m* **1.** (*palchetto*) (Regal)brett *n* **2.** (*zona piana*) Terrasse *f*

ripicca [ri'pikka] <-cche> *f* Gegenschlag *m;* **per** ~ zum Trotz

ripido, -a ['ri:pido] *agg* steil

ripiegare [ripie'ga:re] **I.** *vt* **1.** (*foglio, tessuto*) zusammenfalten **2.** (*ginocchia*) beugen **II.** *vi* **1.** (*fig: trovare ripiego*) ~ **su qc** auf etw *acc* ausweichen **2.** (MIL) zurückweichen **III.** *vr* **-rsi** (*fig*) sich zurückziehen

ripiego [ri'piɛ:go] <-ghi> *m* Notlösung *f*

ripieno [ri'piɛ:no] *m* Füllung *f*

ripieno, -a *agg* (voll)gefüllt

riporre [ri'porre] <irr> *vt* **1.** (*mettere via*) zurücklegen **2.** (*porre di nuovo*) wieder legen [*o* setzen] **3.** (*fig*) ~ **fiducia/speranza in qu** sein Vertrauen/seine Hoffnung auf jdn setzen

riportare [ripor'ta:re] **I.** *vt* **1.** wieder bringen **2.** (*portare indietro*) zurückbringen **3.** (*riferire*) wiedergeben **4.** (MAT) übertragen **II.** *vr* **-rsi** **1.** (*tornare indietro*) sich zurückbe-

R

geben **2.** (*richiamarsi*) **-rsi a qc** sich auf etw *acc* beziehen; **riporto** [ri'pɔrto] *m* (MAT) Übertrag *m*

riposante [ripo'sante] *agg* erholsam

riposare [ripo'saːre] **I.** *vi* (*dormire*) ruhen; (*fermarsi*) ausruhen **II.** *vt* **1.** (*corpo, membra*) ausruhen (lassen); (*vista*) schonen **2.** (*posare di nuovo*) wieder legen [*o* stellen] [*o* setzen] **III.** *vr* **-rsi 1.** (*dormire*) ruhen **2.** (*prendere ristoro*) sich ausruhen

riposi *1. pers sing pass rem di* **riporre**

riposo [ri'pɔːso] *m* **1.** Ruhe *f;* **casa di ~** Altersheim *n;* **buon ~!** angenehme Ruhe! **2.** (*sonno*) Schlaf *m* **3.** (ADM) Ruhestand *m*

ripostiglio [ripos'tiʎʎo] <-gli> *m* Abstellraum *m*

riposto, **-a** [ri'posto] **I.** *pp di* **riporre II.** *agg* abgelegen

riprendere [ri'prɛndere] <irr> **I.** *vt* **1.** (*prendere di nuovo*) wieder nehmen; (*posto*) wieder einnehmen **2.** (*prendere indietro*) zurücknehmen **3.** (*ricominciare*) wieder beginnen **4.** (*rimproverare*) schelten, tadeln **5.** (FILM) aufnehmen **II.** *vi* (*ricominciare*) wieder anfangen **III.** *vr* **-rsi 1.** (*ricuperare vigore*) sich erholen **2.** (*ravvedersi*) sich bessern; **ripresa** [ri'preːsa] *f* **1.** (*inizio*) Wiederaufnahme *f* **2.** (COM) Wiederaufschwung *m* **3.** (*da malattia*) Besserung *f* **4.** (FILM, TV) Aufnahme *f* **5.** (MOT) Beschleunigung *f* **6.** (SPORT) zweite Halbzeit; (*pugilato*) Runde *f*

ripresi *1. pers sing pass rem di* **riprendere**

ripreso *pp di* **riprendere**

ripristinare [ripristi'naːre] *vt* (*poet*) wiederherstellen

riprodotto *pp di* **riprodurre**

riproducibile [riprodu'tʃiːbile] *agg* reproduzierbar

riprodurre [ripro'durre] <irr> **I.** *vt* **1.** (*produrre di nuovo*) reproduzieren **2.** (*documento*) vervielfältigen **3.** (*fig: rappresentare*) darstellen **II.** *vr* **-rsi 1.** (BIOL) sich fortpflanzen **2.** (*ripetersi*) sich wiederholen; **riproduttivo**, **-a** [riprodut'tiːvo] *agg* reproduktiv

riproduzione [riprodut'tsioːne] *f* **1.** Reproduktion *f* **2.** (BIOL) Fortpflanzung *f*

riprova [ri'prɔːva] *f* **1.** (MAT) Gegenprobe *f* **2.** (*conferma*) Beweis *m,* Bestätigung *f*

riprovare [ripro'vaːre] **I.** *vt* **1.** (*vestito, cappello*) wieder (an)probieren **2.** (*fig: sentimento*) wieder fühlen **II.** *vr* **-rsi** wieder wagen **III.** *vi* wieder versuchen

ripudiare [ripu'diaːre] *vt* **1.** (*persone*) verstoßen **2.** (*idee*) verleugnen

ripugnante [ripuɲ'ɲante] *agg* widerwärtig; **ripugnanza** [ripuɲ'ɲantsa] *f* Abscheu *m;* (*avversione*) Abneigung *f;* **ripugnare** [ripuɲ'ɲaːre] *vi* **~ a qu** jdn abstoßen

ripulire [ripu'liːre] <ripulisco> *vt* **1.** (*pulire di nuovo*) wieder säubern **2.** (*fig fam: persone*) (total) ausnehmen

ripulsione [ripul'sioːne] *f* Abneigung *f*

risaia [ri'saːia] <-aie> *f* Reisfeld *n*

risalire [risa'liːre] <irr> **I.** *vt* wieder hinaufgehen **II.** *vi essere* **1.** (*salire di nuovo*) wieder (auf)steigen **2.** (*rincarare*) steigen **3.** (*fig: essere avvenuto*) zurückliegen; **risalita** [risa'liːta] *f* Wiederaufstieg *m*

risaltare [risal'taːre] *vi essere o avere* **1.** (*spiccare*) vorspringen **2.** (*fig: eccellere*) auffallen; **risalto** [ri'salto] *m* **1.** (*sporgenza*) Vorsprung *m* **2.** (*evidenza*) Hervorhebung *f;* **mettere** [*o* **porre**] **in ~ qc** etw hervorheben

risanamento [risana'mento] *m* Sanierung *f;* **risanare** [risa'naːre] **I.** *vt* **1.** (COM, FIN, ARCH) sanieren **2.** (*fig* MED) heilen **II.** *vi essere* wieder genesen

risaputo, **-a** [risa'puːto] *agg* (*noto*) bekannt

risarcimento [risartʃi'mento] *m* Entschädigung *f;* **risarcire** [risar'tʃiːre] <risarcisco> *vt* (*persone*) entschädigen; (*danno*) ersetzen

risata [ri'saːta] *f* Lachen *n*

riscaldamento [riskalda'mento] *m* **1.** (*atto, modo*) Erwärmung *f;* (*del motore*) Warmlaufen *n* **2.** (*impianto, mezzo*) Heizung *f;* **riscaldare** [riskal'daːre] **I.** *vt* **1.** erwärmen; (*minestra, caffè*) aufwärmen; (*stanza, casa*) heizen **2.** (*fig*) erhitzen **II.** *vi* **1.** (*aumentare di temperatura*) warm werden **2.** (*fam: minestra*) wärmen **III.** *vr* **-rsi 1.** (*riprendere calore*) sich (auf)wärmen **2.** (*diventare caldo*) warm werden **3.** (*fig: infervorarsi*) sich erhitzen

riscattare [riskat'taːre] **I.** *vt* **1.** (*persone*) freikaufen, befreien **2.** (JUR: *rendita, fondo*) einlösen **II.** *vr* **-rsi** sich befreien; **riscatto** [ris'katto] *m* **1.** (*liberazione a pagamento*) Loskaufen *n;* (*prezzo*) Lösegeld *n* **2.** (JUR) Rückkauf *m*

rischiarare [riskia'ra:re] **I.** *vt* **1.** (*rendere chiaro*) beleuchten; ~ **la voce** sich räuspern **2.** (*fig: idee*) klären **II.** *vr* **-rsi** sich aufhellen **III.** *vi essere* aufklaren

rischiare [ris'kia:re] **I.** *vt* riskieren **II.** *vi* ~ **di fare qc** riskieren, etw zu tun; **rischio** ['riskio] <-schi> *m* Risiko *n;* (*pericolo*) Gefahr *f;* **rischioso, -a** [ris'kio:so] *agg* riskant

risciacquare [riʃʃak'kua:re] *vt* abspülen; (*bottiglie*) ausspülen; (*bocca*) (aus)spülen

risciacquo [riʃ'ʃakkuo] *m* **1.** (Aus)spülen *n* **2.** (*lavatrice, lavastoviglie*) Spülgang *m*

riscontrare [riskon'tra:re] **I.** *vt* **1.** (*confrontare*) vergleichen **2.** (*esaminare*) überprüfen **3.** (*rilevare*) herausfinden **II.** *vi essere* übereinstimmen; **riscontro** [ris'kontro] *m* **1.** (*confronto*) Vergleich *m* **2.** (*verifica*) Überprüfung *f* **3.** (ADM: *risposta*) Antwort *f*

riscossa [ris'kɔssa] *f* Rückeroberung *f*

riscossione [riskos'sio:ne] *f* Auszahlung *f*

riscuotere [ris'kuɔ:tere] <irr> **I.** *vt* **1.** (*stipendio, paga*) kassieren, einheben *A* **2.** (*fig: ammirazione*) ernten **II.** *vr* **-rsi** **1.** (*risvegliarsi*) aufgerüttelt werden **2.** (*fig*) sich zusammennehmen **3.** (*paura*) zusammenfahren

risentimento [risenti'mento] *m* Ressentiment *n;* **risentire** [risen'ti:re] **I.** *vt* **1.** (*sentire di nuovo*) wieder hören [*o* schmecken] [*o* riechen] [*o* fühlen] **2.** (*ascoltare di nuovo*) wieder anhören **3.** (*provare*) (noch) empfinden **II.** *vi* ~ **di qc** (noch) an etw *dat* leiden **III.** *vr* **-rsi** **1.** (*sentirsi di nuovo*) wieder voneinander hören **2.** (*offendersi*) gekränkt sein; **risentito, -a** [risen'ti:to] *agg* gekränkt

riserbare [riser'ba:re] *vt* vorbehalten

riserbo [ri'sɛrbo] *m* Zurückhaltung *f*

riserva [ri'sɛrva] *f* **1.** (*provvista*) Vorrat *m* **2.** (*di vino*) Jahrgang *m* **3.** (SPORT) Reservespieler(in) *m(f)* **4.** (*di caccia, pesca*) Revier *n* **5.** (*limitazione*) Vorbehalt *m* **6.** (AUTO) Reserve *f;* **essere in** ~ auf Reserve fahren; **riservare** [riser'va:re] **I.** *vt* **1.** (*tenere in serbo*) aufbewahren **2.** (*facoltà*) vorbehalten **3.** (*tavolo, posto*) reservieren **II.** *vr* **-rsi di fare qc** sich *dat* vorbehalten etw zu tun

riservatezza [riserva'tettsa] *f* Zurückhaltung *f;* **riservato, -a** [riser'va:to] *agg* **1.** (*posto*) reserviert **2.** (*notizia*) vertraulich **3.** (*persona*) zurückhaltend

risi ['ri:si] *1. pers sing pass rem di* **ridere**

risiedere [ri'siɛ:dere] *vi* ansässig sein

risma ['rizma] *f* **1.** (*di carta*) Ries *n* **2.** (*fig, pej*) Bande *f*

riso[1] ['ri:so] *pp di* **ridere**

riso[2] <*pl:* -a *f*> *m* Lachen *n*

riso[3] *m* (BOT) Reis *m*

risolsi [ri'sɔlsi] *1. pers sing pass rem di* **risolvere**

risolto [ri'sɔlto] *pp di* **risolvere**

risolutezza [risolu'tettsa] *f* Entschlossenheit *f*

risolutivo, -a [risolu'ti:vo] *agg* (auf)lösend; (*decisivo*) entscheidend

risoluto, -a [riso'lu:to] *agg* resolut, resch *A*

risoluzione [risolut'tsio:ne] *f* **1.** (*decisione*) Beschluss *m* **2.** (MAT: *soluzione*) Lösung *f;* (*spiegazione*) Erklärung *f*

risolvere [ri'sɔlvere] <risolvo, risolsi, risolto> **I.** *vt* **1.** (*problema*) lösen **2.** (JUR: *contratto*) auflösen **3.** (*fam: riuscire a concludere*) zu Stande bringen **II.** *vr* **-rsi** sich entschließen

risonanza [riso'nantsa] *f* Resonanz *f;* **risonare** [riso'na:re] **I.** *vi essere o avere* **1.** dröhnen **2.** (*luogo chiuso*) hallen **3.** (*fig*) klingen **II.** *vt* wieder spielen

risorgere [ri'sordʒere] <irr> *vi essere* **1.** auferstehen **2.** (*sole*) wieder aufgehen **3.** (*fig*) wieder auftauchen

risorgimento [risordʒi'mento] *m* Risorgimento *n*

Das **Risorgimento** war eine Zeit der großen Aufstände und des Wandels, die im frühen 19. Jahrhundert begann und 1861 mit der Proklamation des Königreichs von Italien ihren Höhepunkt fand. Unter dem Einfluss der französischen Revolution nahmen die politische Freiheit und die Freiheit des Individuums eine neue Bedeutung an. Mit der Befreiung Roms im Jahre 1870 führte das Risorgimento schließlich zur Einigung Italiens.

risorsa [ri'sorsa] *f* **1.** (*mezzo*) Reserve *f* **2.** (*espediente*) Mittel *n* **3.** (*capacità*) Fähigkeit *f*

risorsi *1. pers sing pass rem di* **risorgere**

risorto *pp di* **risorgere**

risotto [ri'sɔtto] *m* Risotto *m*

risparmiare [rispar'mia:re] **I.** *vt* **1.** (*mettere da parte*) sparen; (*non impiegare*) einsparen **2.** (*voce, occhi*) schonen **3.** (*fare a meno di*) sich *dat* sparen **4.** (*astenersi dall'infliggere*) verschonen **II.** *vr* **-rsi** sich schonen; **ri-**

R

sparmio [ris'parmio] <-i> *m* Ersparnis *f*

rispecchiare [rispek'kia:re] **I.** *vt* **1.** (*riflettere*) widerspiegeln **2.** (*specchiare di nuovo*) wieder spiegeln **II.** *vr* **-rsi 1.** (*rimirarsi*) sich wieder spiegeln **2.** (*specchiarsi*) sich widerspiegeln

rispettabile [rispet'ta:bile] *agg* **1.** (*persone*) ehrenwert **2.** (*patrimonio*) beachtlich

rispettare [rispet'ta:re] *vt* **1.** respektieren **2.** (*ordini*) befolgen; (*feste*) beachten; (*parola*) halten

rispettivo, **-a** [rispet'ti:vo] *agg* jeweilig

rispetto [ris'pɛtto] *m* **1.** (*stima, deferenza*) Respekt *m;* (*riverenza*) Ehrfurcht *f* **2.** (*riguardo*) Rücksicht *f* **3.** (*di legge, regolamento*) Befolgung *f*

risplendere [ris'plɛndere] *vi essere o avere* strahlen

rispondere [ris'pondere] <rispondo, risposi, risposto> **I.** *vi* **1.** (*gener*) antworten; ~ **ad una domanda/lettera** auf eine Frage/einen Brief antworten; ~ **al telefono** ans Telefon gehen **2.** (*replicare*) widersprechen **3.** (*delle proprie azioni*) veranwortlich sein (für); (*delle azioni altrui*) haften (für) **4.** (*essere conforme*) entsprechen **II.** *vt* antworten; **risposta** [ris'posta] *f* **1.** (*gener*) Antwort *f;* **in ~ a** in Beantwortung +*gen* **2.** (*reazione*) **la ~ a qc** die Reaktion auf etw *acc* **3.** (TEC) Ansprechen *n*

risposto [ris'posto] *pp di* **rispondere**

rissa ['rissa] *f* Rauferei *f*

ristabilire [ristabi'li:re] <ristabilisco> **I.** *vt* wieder herstellen **II.** *vr* **-rsi** sich erholen

ristagnare [ristaɲ'ɲa:re] *vi* **1.** (*liquidi*) sich stauen **2.** (*fig*) stagnieren; **ristagno** [ris'taɲɲo] *m* **1.** (*di fiume, sangue*) Stauung *f* **2.** (*fig*) Stagnation *f*

ristampa [ris'tampa] *f* Neudruck *m;* **ristampare** [ristam'pa:re] *vt* neu auflegen

ristorante[1] [risto'rante] *m* Restaurant *n*

ristorante[2] <inv> *agg* **vagone ~** (FERR) Speisewagen *m*

ristoratore, **-trice** [ristora'to:re] *agg* labend; **ristoro** [ris'tɔ:ro] *m* Erfrischung *f*

ristrettezza [ristret'tettsa] *f* **1.** (*di spazio*) Enge *f* **2.** (*di mezzi*) Einschränkung *f;* (*di tempo*) Knappheit *f* **3.** (*fig: di mente*) Beschränktheit *f;* **ristretto**, **-a** [ris'tretto] **I.** *pp di* **restringere II.** *agg* **1.** (*limitato*) knapp **2.** (*caffè*) stark **3.** (*fig: meschino*) beschränkt

ristrutturare [ristruttu'ra:re] *vt* umstrukturieren

risucchio [ri'sukkio] <-cchi> *m* Wirbel *m*

risultare [risul'ta:re] *vi essere* **1.** (*derivare, essere accertato*) ~ **da qc** sich aus etw ergeben **2.** (*emergere, riuscire*) sich erweisen als; **risultato** [risul'ta:to] *m* Ergebnis *n*

risurrezione [risurret'tsio:ne] *f* Auferstehung *f*

risuscitare [risuʃʃi'ta:re] **I.** *vt* **1.** (*morti*) auferwecken **2.** (*fig*) wieder aufleben lassen **II.** *vi essere* **1.** (REL) auferstehen **2.** (*riprendersi*) wieder aufleben

risveglio [ris'veʎʎo] <-gli> *m* **1.** (*dal sonno*) Erwachen *n* **2.** (*fig*) Wiederaufleben *n*

risvolto [riz'vɔlto] *m* **1.** (*di vestito*) Aufschlag *m* **2.** (*fig: conseguenza*) Kehrseite *f*

ritagliare [ritaʎ'ʎa:re] *vt* ausschneiden; **ritaglio** [ri'taʎʎo] <-gli> *m* Abschnitt *m*

ritardare [ritar'da:re] **I.** *vi* sich verspäten; (*treno*) Verspätung haben; (*orologio*) nachgehen **II.** *vt* **1.** (*far tardare*) verzögern **2.** (*rallentare*) verlangsamen; **ritardatario**, **-a** [ritarda'ta:rio] <-i, -ie> *m, f* Nachzügler(in) *m(f);* **ritardato**, **-a** [ritar'da:to] **I.** *agg* **1.** (*moto, scoppio*) verspätet; **reazione a scoppio ~** (*fig*) Spätzündung *f* **2.** (*persona*) zurückgeblieben; (*scolaro*) lernbehindert **II.** *m, f* Zurückgebliebene(r) *f(m)*

ritardo [ri'tardo] *m* **1.** (*non puntualità*) Verspätung *f;* (*indugio*) Verzögerung *f;* (*rallentamento*) Verlangsamung *f;* **essere in ~** zu spät kommen **2.** (MED, PSYCH) Zurückbleiben *n* **3.** (*di consegna, pagamento*) Verzug *m*

ritegno [ri'teɲɲo] *m* **1.** (*riserbo*) Zurückhaltung *f,* Reserve *f;* **senza ~** rücksichtslos **2.** (*misura*) Einschränkung *f,* Maß *n*

ritenere [rite'ne:re] <irr> **I.** *vt* **1.** (*considerare*) halten für **2.** (*lacrime*) zurückhalten **3.** (*ricordare*) behalten **II.** *vr* **-rsi** sich halten für

ritenuta [rite'nu:ta] *f* Abzug *m*

ritirare [riti'ra:re] **I.** *vt* **1.** (*tirare di nuovo*) wieder ziehen **2.** (*tirare indietro*) zurückziehen **3.** (*richiamare*) zurückberufen **4.** (*farsi consegnare*) abholen **5.** (*togliere dalla circolazione*) einziehen **6.** (*fig: offesa, promessa*) zurücknehmen; (*permesso*) entziehen **II.** *vr* **-rsi 1.** (*tirarsi indietro*) sich zurückziehen **2.** (*abbandonare*) **-rsi da qc** etw aufgeben **3.** (*restringersi*) einlaufen **4.** (*fig: retrocedere da un impegno*) einen Rückzieher machen *fam;* **ritirata** [riti'ra:ta] *f* Rückzug *m;* **riti-**

ro [ri'tiːro] *m* **1.** (*richiamo*) Abberufung *f* **2.** (*di truppe*) Rückzug *m* **3.** (FIN: *dalla circolazione*) Einzug *m* **4.** (*di pacco*) Abholen *n* **5.** (*di patente*) Einbehalten *n*

ritmico, -a ['ritmiko] <-ci, -che> *agg* rhythmisch; **ritmo** ['ritmo] *m* Rhythmus *m*

rito ['riːto] *m* **1.** (*cerimonia*) Ritus *m* **2.** (*usanza*) Brauch *m* **3.** (JUR) Verfahrensweise *f*

ritoccare [ritok'kaːre] *vt* überarbeiten; (*trucco*) auffrischen; **ritocco** [ri'tokko] <-cchi> *m* Verbesserung *f*

ritorcere [ri'tɔrtʃere] <irr> **I.** *vt* umkehren **II.** *vr* **-rsi** sich verdrehen

ritornare [ritor'naːre] *vi essere* **1.** (*venire di nuovo*) zurückkommen; (*a casa*) heimkehren **2.** (*ricomparire*) wieder erscheinen **3.** (*ridiventare*) wieder werden

ritornello [ritor'nɛllo] *m* **1.** (LIT) Kehrreim *m;* (MUS) Refrain *m* **2.** (*fig*) (alte) Leier *f*

ritorno [ri'torno] *m* **1.** (*rientro*) Rück-, Heimkehr *f;* **biglietto di andata e ~** (Hin- und) Rückfahrkarte *f* **2.** (*rinvio*) Rücksendung *f*

ritorsi *1. pers sing pass rem di* **ritorcere**

ritorsione [ritor'sioːne] *f* Retourkutsche *f*

ritorto, -a [ri'tɔrto] **I.** *pp di* **ritorcere** **II.** *agg* **1.** (*filo*) gezwirnt **2.** (*ramo*) krumm

ritrarre [ri'trarre] <irr> *vt* **1.** (*trarre indietro*) zurückziehen **2.** (*rappresentare*) wiedergeben; (*nell'arte*) abbilden, darstellen

ritrattamento [ritratta'mento] *m* (TEC) Wiederaufbereitung *f*

ritrattare [ritrat'taːre] **I.** *vt* zurücknehmen **II.** *vr* **-rsi** alles zurücknehmen

ritratto[1] [ri'tratto] *pp di* **ritrarre**

ritratto[2] *m* Porträt *n*

ritroso, -a [ri'troːso] *agg* **1.** (*scontroso*) zurückhaltend **2.** (*restio*) widerwillig

ritrovare [ritro'vaːre] **I.** *vt* **1.** (*persone, cose smarrite*) wieder finden **2.** (*fig: salute, pace*) wiedererlangen **II.** *vr* **-rsi** **1.** (*incontrarsi di nuovo*) sich wieder treffen **2.** (*trovarsi per caso*) kommen **3.** (*raccapezzarsi*) sich zurechtfinden **4.** (*fam: avere*) haben

ritrovato, -a *agg* wieder gefunden

ritrovo [ri'trɔːvo] *m* Treffpunkt *m*

ritto, -a ['ritto] *agg* senkrecht; (*persone*) aufrecht

rituale [ritu'aːle] **I.** *agg* **1.** (*conforme ai riti*) rituell **2.** (*fig: abituale*) üblich **II.** *m* Ritual *n*

riunificazione [riunifikat'tsioːne] *f* Wiedervereinigung *f*

riunione [riu'nioːne] *f* Versammlung *f;*

riunire [riu'niːre] <riunisco> **I.** *vt* **1.** (*unire elementi divisi*) wieder vereinen **2.** (*mettere insieme*) versammeln **II.** *vr* **-rsi** **1.** (*fare una riunione*) sich versammeln **2.** (*tornare insieme*) sich wieder vereinen

riuscire [riuʃ'ʃiːre] <irr> *vi essere* **1.** (*essere capace*) es schaffen; (*raggiungere*) es fertig bringen; **~ a fare qc** es schaffen etw zu tun **2.** (*avere esito*) gelingen **3.** (*risultare*) sich erweisen als; **~ difficile a qu** jdm schwer fallen **4.** (*aver successo*) Erfolg haben; **riuscita** [riuʃ'ʃiːta] *f* (*esito*) Ausgang *m;* (*buon esito*) Gelingen *n;* (*di persona*) Erfolg *m*

riva ['riːva] *f* Ufer *n*

rivale [ri'vaːle] **I.** *agg* rivalisierend **II.** *mf* Rivale *m,* Rivalin *f,* Konkurrent(in) *m(f);* **rivalità** [rivali'ta] <-> *f* Rivalität *f*

rivalsa [ri'valsa] *f* **1.** (*compensazione*) Genugtuung *f* **2.** (COM) Revers *m*

rivalutare [rivalu'taːre] *vt* aufwerten; **rivalutazione** [rivalutat'tsioːne] *f* Aufwertung *f*

rivangare [rivaŋ'gaːre] *vt* wieder aufrühren

rivedere [rive'deːre] <irr> **I.** *vt* **1.** (*gener*) wieder sehen **2.** (*esaminare*) durchsehen; (*revisionare*) nachprüfen **3.** (*rileggere*) durchlesen **II.** *vr* **-rsi** sich wieder sehen

rivedibile [rive'diːbile] *agg* (MIL) zurückgestellt

rivelare [rive'laːre] **I.** *vt* offenbaren; (*segreto*) enthüllen **II.** *vr* **-rsi** sich erweisen als

rivelatore [rivela'toːre] *m* Detektor *m;* **rivelazione** [rivelat'tsioːne] *f* **1.** (*di notizie, segreti*) Enthüllung *f* **2.** (*ciò che viene rivelato*) Offenbarung *f*

rivendicare [rivendi'kaːre] **I.** *vt* **1.** einklagen **2.** (*lottare per*) fordern, beanspruchen **II.** *vr* **-rsi** sich wieder rächen; **rivendicazione** [rivendikat'tsioːne] *f* Forderung *f;* (*di diritto*) Beanspruchung *f*

rivendita [ri'vendita] *f* Laden *m;* **rivenditore, -trice** [rivendi'toːre] *m, f* (Klein-, Einzel)händler(in) *m(f)*

riverberare [riverbe'raːre] *vt* (*luce*) widerspiegeln; (*suono*) zurückwerfen; **riverbero** [ri'vɛrbero] *m* Widerschein *m*

riverenza [rive'rɛntsa] *f* **1.** (*inchino*) Verneigung *f* **2.** (*rispetto*) Hochachtung *f*

riverire [rive'riːre] <riverisco> *vt* **1.** (*rispettare*) verehren **2.** (*salutare*) ~ **qu** sich jdm empfehlen

riversare [river'saːre] *vt* **1.** (*versare di nuovo*) wieder (ein-, aus)gießen **2.** (*fig*) ~ **qc su qu** jdn mit etw überschütten

rivestimento [rivesti'mento] *m* Verkleidung *f;* **rivestire** [rives'tiːre] **I.** *vt* **1.** verkleiden **2.** (*fig: carica*) bekleiden; (*importanza, grado*) einnehmen **II.** *vr* **-rsi** sich wieder anziehen

rividi *1. pers sing pass rem di* **rivedere**

riviera [ri'viɛːra] *f* Küste *f;* **la Riviera ligure** die ligurische Küste

rivincita [ri'vintʃita] *f* Revanche *f*

rivissi *1. pers sing pass rem di* **rivivere**

rivissuto *pp di* **rivivere**

rivista [ri'vista] *f* **1.** (*periodico*) Illustrierte *f* **2.** (*spettacolo*) Revue *f*

rivisto *pp di* **rivedere**

rivivere [ri'viːvere] <irr> **I.** *vi essere* (*fig*) zu neuem Leben erwachen **II.** *vt avere* wieder erleben

rivolgere [ri'voldʒere] <irr> **I.** *vt* **1.** wenden **2.** (*fig*) richten; ~ **l'attenzione a qu/qc** die Aufmerksamkeit auf jdn/etw richten; ~ **la parola a qu** das Wort an jdn richten **II.** *vr* **-rsi 1.** (*voltarsi indietro*) sich umdrehen **2.** (*indirizzare il discorso, cercare aiuto*) **-rsi a qu** sich an jdn wenden

rivolgimento [rivoldʒi'mento] *m* Umsturz *m*

rivolo ['riːvolo] *m* Bach *m,* Rinnsal *n*

rivolsi [ri'vɔlsi] *1. pers sing pass rem di* **rivolgere**

rivolta [ri'vɔlta] *f* Aufstand *m*

rivoltare [rivol'taːre] **I.** *vt* **1.** (*voltare dalla parte opposta*) umdrehen **2.** (*provocare disgusto*) abstoßen **II.** *vr* **-rsi a qu/qc** sich gegen jdn/etw auflehnen

rivoltella [rivol'tɛlla] *f* Revolver *m;* **rivoltellata** [rivoltel'laːta] *f* Revolverschuss *m*

rivolto *pp di* **rivolgere**

rivoluzionamento [rivoluttsiona'mento] *m* Umbruch *m;* **rivoluzionare** [rivoluttsio'naːre] *vt* **1.** (*fig: vita, mente*) in Aufruhr versetzen **2.** (*ordine, società*) revolutionieren; **rivoluzionario, -a** [rivoluttsio'naːrio] <-i, -ie> **I.** *agg* revolutionär **II.** *m, f* Revolutionär(in) *m(f);* **rivoluzione** [rivolut'tsioːne] *f* **1.** (POL) Revolution *f,* Umsturz *m* **2.** (*fig fam*) Aufruhr *m*

rizzare [rit'tsaːre] **I.** *vt* **1.** aufstellen **2.** (*vele, bandiera*) hissen **II.** *vr* **-rsi** sich aufrichten

roba ['rɔːba] *f* **1.** (*cose*) Sachen *fpl;* ~ **dolce** Süßigkeiten *fpl;* ~ **da vestire** (*fam*) Kleider *npl* **2.** (*affare, faccenda*) Angelegenheit *f* **3.** (*sl: droga*) Stoff *m*

robot ['rɔːbot] <-> *m* Roboter *m*

robotizzare [robotid'dzaːre] *vt* automatisieren

robustezza [robus'tettsa] *f* Robustheit *f;* **robusto, -a** [ro'busto] *agg* **1.** robust **2.** (*cose*) stabil

rocca ['rɔkka] <-cche> *f* (*fortezza*) Festung *f*

rocchetto [rok'ketto] *m* Garnspule *f*

roccia ['rɔttʃa] <-cce> *f* **1.** (GEOL) Gestein *n* **2.** (*masso di pietra*) Fels *m;* **rocciatore, -trice** [rottʃa'toːre] *m, f* Kletterer *m,* Klett(r)erin *f;* **roccioso, -a** [rot'tʃoːso] *agg* felsig

rock [rɔk] <-> *m* Rock *m;* **rockettaro, -a** [roket'taːro] *m, f* **1.** (*compositore rock*) Rockmusiker(in) *m(f)* **2.** (*appassionato del rock*) Rockfan *m*

roco, -a ['rɔːko] <-chi, -che> *agg* rau

rococò [roko'kɔ] <-> *m* Rokoko *n*

rodaggio [ro'daddʒo] <-ggi> *m* **1.** Einfahrzeit *f* **2.** (*fig*) Eingewöhnung *f;* (*di impiegato*) Einarbeitung *f;* **rodare** [ro'daːre] *vt* einfahren

rodere ['roːdere] <rodo, rosi, roso> *vt* **1.** (*rosicchiare*) nagen (an +*dat*) **2.** (*corrodere*) zerfressen

rodigino, -a [rodi'dʒiːno] **I.** *agg* aus Rovigo **II.** *m, f* Einwohner(in) *m(f)* von Rovigo

roditore [rodi'toːre] *m* Nagetier *n*

rododendro [rodo'dɛndro] *m* Rhododendron *m o n,* Almrausch *m A*

rogito ['rɔːdʒito] *m* notarielle Urkunde

rogna ['rɔɲɲa] *f* **1.** (MED) Krätze *f* **2.** (*fig fam*) Plage *f*

rognone [roɲ'ɲoːne] *m* Niere *f*

rognoso, -a [roɲ'ɲoːso] *agg* **1.** (MED) krätzig **2.** (*fig*) lästig

rogo ['rɔːgo] <-ghi> *m* **1.** (*pira*) Scheiterhaufen *m* **2.** (*incendio*) Feuer *n*

roll bar ['roul baː] <-> *m* Überrollbügel *m*

roller ['roulə] <-> *m,* **Rollerblade®** <-> *m* Inline-Skater *m*

ROM [rɔm] **I.** <inv> *agg* (INFORM) ROM-; **memoria** ~ ROM-Speicher *m* **II.** <-> *f* (INFORM) ROM-Speicher *m*

Roma ['ro:ma] *f* Rom *n* (*Hauptstadt Italiens*)

Romagna [ro'maɲɲa] *f* Romagna *f*

romagnolo [romaɲ'ɲo:lo] <*sing*> *m* (*dialetto*) Dialekt *m* der Romagna

romagnolo, **-a** **I.** *m, f* Einwohner(in) *m(f)* der Romagna **II.** *agg* (aus) der Romagna

Romandia [roman'di:a] *f* Französische Schweiz; **romando**, **-a** [ro'mando] *agg* **Svizzera -a** Französische Schweiz

romanesco, **-a** [roma'nesko] <-schi, -sche> *agg* römisch

Romania [roma'ni:a] *f* Rumänien *n*

romanico [ro'ma:niko] *m* Romanik *f*

romanico, **-a** <-ci, -che> *agg* romanisch

romano, **-a** [ro'ma:no] **I.** *agg* römisch; **fare alla -a** getrennte Kasse machen **II.** *m, f* Römer(in) *m(f)*

romanticismo [romanti'tʃizmo] *m* Romantik *f*; **romantico**, **-a** [ro'mantiko] <-ci, -che> **I.** *agg* romantisch **II.** *m, f* Romantiker(in) *m(f)*

romanza [ro'mandza] *f* Romanze *f*

romanzesco, **-a** [roman'dzesko] <-schi, -sche> *agg* **1.** (LIT) Roman- **2.** (*cavalleresco*) Ritter- **3.** (*fig*) abenteuerlich; **romanziere**, **-a** [roman'dziɛ:re] *m, f* Romanschriftsteller(in) *m(f)*

romanzo [ro'mandzo] *m* Roman *m*

romanzo, **-a** *agg* romanisch

rombo ['rombo] *m* **1.** (MAT) Rhombus *m* **2.** (*rumore*) Dröhnen *n* **3.** (ZOO) Scholle *f*

rompere ['rompere] <rompo, ruppi, rotto> **I.** *vt* **1.** (*vetro*) brechen; (*vaso, bastone*) zerbrechen; (*catene, argini*) sprengen; ~ **le ossa a qu** jdm die Knochen brechen; ~ **le scatole a qu** (*fam*) jdm auf den Geist gehen **2.** (*file, righe*) auflösen **II.** *vi* **1.** (*scoppiare*) ~ **in pianto** in Tränen ausbrechen **2.** (*troncare*) ~ **con qu** mit jdm brechen **3.** (*fiume*) über die Ufer treten **III.** *vr* **-rsi** (zer)brechen; **-rsi una gamba** sich *dat* ein Bein brechen; **rompi** ['rompi] **I.** <inv> *agg* (*fam*) nervtötend **II.** <-> *mf* (*fam*) Nervensäge *f*; **rompiballe** [rompi'balle] **I.** <-> *mf* (*vulg*) Nervensäge *f* **II.** <inv> *agg* (*vulg*) nervtötend; **rompicapo** [rompi'ka:po] *m* Kopfzerbrechen *n*; **rompicoglioni** [rompikoʎ'ʎo:ni] <-> *mf* (*vulg*) *v.* **rompiballe**; **rompicollo** [rompi'kɔllo] **I.** <-> *mf* **1.** (*persona*) verwegener Mensch **2.** (*percorso*) halsbrecherische Strecke **II.** *avv* **a** ~ Hals über Kopf; **rompighiaccio** [rompigi'attʃo] **I.** <-> *m* Eisbrecher *m* **II.** <inv> *agg* (*a fig*) das Eis brechend

rompimento [rompi'mento] *m* (*fam*) Nervensäge *f*

rompipalle [rompi'palle] <-> *mf* (*vulg*) *v.* **rompiballe**; **rompiscatole** [rompis'ka:tole] <-> *mf* (*fam*) Nervensäge *f*

ronda ['ronda] *f* Streife *f*

rondine ['rondine] *f* Schwalbe *f*

rondone [ron'do:ne] *m* Mauersegler *m*

ronfare [ron'fa:re] *vi* **1.** (*russare*) schnarchen **2.** (*gatto*) schnurren

ronzare [ron'dza:re] *vi* **1.** (*insetti*) summen **2.** (*fig: idee, pensieri*) schwirren

ronzino [ron'dzi:no] *m* (*pej*) Gaul *m*

ronzio [ron'dzi:o] <-ii> *m* Summen *n*

rosa[1] ['rɔ:za] *f* Rose *f*; ~ **dei venti** Windrose *f*

rosa[2] **I.** <inv> *agg* (*colore*) rosa; **foglio** ~ vorläufige Fahrerlaubnis **II.** <-> *m* Rosa *n*

rosaio [ro'za:io] <-ai> *m* Rosenstock *m*, -strauch *m*

rosario [ro'za:rio] <-i> *m* Rosenkranz *m*

rosatello [roza'tɛllo] *m* Rosé(wein) *m*

rosato [ro'za:to] *m* Rosé(wein) *m*

rosato, **-a** *agg* **1.** (*colorito*) rosa(farben) **2.** (*miele*) Rosen- **3.** (*vino*) Rosé-

roseo, **-a** ['rɔ:zeo] *agg* (*a fig*) rosig

rosetta [ro'zetta] *f* **1.** (*diamante*) Rosette *f* **2.** (TEC) Unterlegscheibe *f* **3.** (*pane*) Rosenbrötchen *n*

rosi ['ro:si] *1. pers sing pass rem di* **rodere**

rosicchiare [rosik'kia:re] *vt* knabbern (an +*dat*)

rosmarino [rozma'ri:no] *m* Rosmarin *m*

roso ['ro:so] *pp di* **rodere**

rosolare [rozo'la:re] *vt* anbraten

rosolia [rozo'li:a] <-ie> *f* Röteln *pl*

rosone [ro'zo:ne] *m* **1.** (*motivo ornamentale*) Rosette *f* **2.** (*vetrata*) Fensterrose *f*

rospo ['rɔspo] *m* Kröte *f*; **mangiare un** ~ (*fig*) in den sauren Apfel beißen

rossetto [ros'setto] *m* Lippenstift *m*

rosso ['rosso] *m* Rot *n*

rosso, **-a** **I.** *agg* rot; **vino** ~ Rotwein *m* **II.** *m, f* (*persona rossa di capelli*) Rothaarige(r) *f(m)*; **rossore** [ros'so:re] *m* Röte *f*

rosticceria [rostittʃe'ri:a] <-ie> *f* Rotisserie *f*

rostro ['rɔstro] *m* **1.** (*becco*) Schnabel *m* **2.** (NAUT) Rammsporn *m*

R

rota ['rɔːta] *f* Rota *f*
rotaia [ro'taːia] <-aie> *f* Schiene *f*, Gleis *n*
rotazione [rotat'tsioːne] *f* Rotation *f*; (ASTR) Umdrehung *f*
roteare [rote'aːre] **I.** *vt* kreisen lassen; (*occhi*) rollen **II.** *vi* kreisen
rotella [ro'tɛlla] *f* Rolle *f*; (*di orologio*) Rädchen *n*; **pattini a -e** Rollschuhe *mpl*; **gli manca una qualche ~** (*fam*) bei ihm ist eine Schraube locker
rotocalco [roto'kalko] *m* Illustrierte *f*
rotolare [roto'laːre] **I.** *vt* rollen **II.** *vi essere* rollen **III.** *vr* **-rsi** sich rollen, sich wälzen
rotolo ['rɔːtolo] *m* Rolle *f*; **andare a -i** (*fam fig*) den Bach runtergehen
rotonda [ro'tonda] *f* **1.** (ARCH) Rotunde *f* **2.** (*traffico*) Kreisverkehr *m*
rotondo, **-a** [ro'tondo] *agg* rund; (*fig a*) abgerundet
rotore [ro'toːre] *m* Rotor *m*
rotta ['rotta] *f* **1.** (*fig*) Bruch *m* **2.** (NAUT, AERO) Kurs *m*
rottamare [rotta'maːre] *vt* verschrotten; **rottame** [rot'taːme] *m* **1.** (*residuo*) Bruchstück *n*; (*di vetro*) Scherbe *f* **2.** (*fig fam: persona*) Wrack *n*
rotto ['rotto] *m* (*fig fam*) **per il ~ della cuffia** um Haaresbreite
rotto, **-a** **I.** *pp di* **rompere** **II.** *agg* **1.** (*ridotto in pezzi*) zerbrochen, kaputt **2.** (*ossa*) gebrochen
rottura [rot'tuːra] *f* **1.** Bruch *m* **2.** (*fig: di tregua*) Abbruch *m*; (*di fidanzamento*) (Auf)lösung *f*
rotula ['rɔːtula] *f* Kniescheibe *f*
roulotte [ru'lɔt] <-> *f* Wohnwagen *m*
rovente [ro'vɛnte] *agg* glühend
rovere ['roːvere] *m* Eichenholz *n*
rovesciare [roveʃ'ʃaːre] **I.** *vt* **1.** verschütten **2.** (*voltare*) wenden **3.** (*far cadere*) umwerfen **4.** (*capovolgere*) umkehren **II.** *vr* **-rsi** **1.** (*capovolgersi*) sich umkehren **2.** (*gettarsi*) sich stürzen **3.** (*cadere*) sich fallen lassen **4.** (*riversarsi*) sich ergießen
rovescio [ro'vɛʃʃo] <-sci> *m* **1.** (*lato opposto*) Rückseite *f*; (*di stoffa*) linke Seite **2.** (*di pioggia, grandine*) Schauer *m* **3.** (*fig*) Rückschlag *m*
rovescio, **-a** <-sci, -sce> *agg* verkehrt
Rovigo *f Stadt in Venetien*
rovigotto, **-a** [rovi'gɔtto] **I.** *m, f* (*fam*) Einwohner(in) *m(f)* von Rovigo **II.** *agg* (*fam*) aus Rovigo
rovina [ro'viːna] *f* **1.** (*disfacimento*) Einsturz *m* **2.** *pl* (*macerie*) Ruinen *fpl* **3.** (*fig*) Ruin *m*; **rovinare** [rovi'naːre] **I.** *vt* **1.** (*persone*) ruinieren **2.** (*raccolto*) verderben **3.** (*ponte, edificio*) einreißen **II.** *vi* **1.** (*cadere giù*) einstürzen **2.** (*precipitare*) herabstürzen **III.** *vr* **-rsi** sich ruinieren
rovistare [rovis'taːre] *vt* stöbern in +*dat*
rovo ['roːvo] *m* Brombeerstrauch *m*
rozzo, **-a** ['roddzo] *agg* grob, ungehobelt
R.S.M. *m abbr di* **Repubblica di San Marino** Republik *f* San Marino

Die älteste Republik der Welt, die **Repubblica di San Marino**, ist mit 60 Quadratkilometer Fläche neben dem Vatikan einer der kleinsten Staaten Europas und befindet sich in einem hügeligen Gebiet um den Monte Titano im Südosten der italienischen Region Emilia-Romagna.

ruba ['ruːba] *f* **andare a ~** (*fam*) weggehen wie warme Semmeln
rubare [ru'baːre] *vt* **1.** stehlen **2.** (*fig: segreto*) entlocken; (*tempo, cuore*) stehlen; (*sonno*) rauben
rubinetto [rubi'netto] *m* Hahn *m*
rubino[1] [ru'biːno] *m* Rubin *m*
rubino[2] <inv> *agg* rubinrot
rublo ['ruːblo] *m* Rubel *m*
rubrica [ru'briːka] <-che> *f* **1.** (*libretto*) Verzeichnis *n*; **~ telefonica** Telefonbuch *n* **2.** (RADIO, TV) Rubrik *f* **3.** (*di giornale*) Spalte *f* **4.** (COM, FIN) Kontenrahmen *m*
rucola ['ruːkola] *f* Rauke *f*
rude ['ruːde] *agg* rüde
ruderi ['ruːderi] *mpl* **1.** (*resti di costruzione*) Ruinen *fpl* **2.** (*fig*) Überreste *mpl*
rudimentale [rudimen'taːle] *agg* rudimentär; **rudimento** [rudi'mento] *m* Grundlagen *fpl*
ruffiano, **-a** [ruf'fiaːno] *m, f* **1.** (*fam: chi cerca di ingraziarsi*) Speichellecker(in) *m(f)* **2.** (*mezzano*) Kuppler(in) *m(f)*
ruga ['ruːga] <-ghe> *f* Falte *f*
ruggine[1] ['ruddʒine] *f* Rost *m*
ruggine[2] <inv> *agg* rostbraun
ruggire [rud'dʒiːre] <ruggisco> *vi* brüllen; (*mare, tempesta*) heulen; **ruggito** [rud'dʒiːto] *m* Brüllen *n*; (*del mare, vento*) Heulen *n*

rugiada [ru'dʒaːda] *f* Tau *m*
rugoso, -a [ru'goːso] *agg* runz(e)lig
rullare [rul'laːre] **I.** *vi* **1.** (*tamburo*) dröhnen **2.** (AERO) rollen **II.** *vt* walzen
rullino [rul'liːno] *m* Film *m*
rullo ['rullo] *m* **1.** (*di tamburo*) Trommelwirbel *m* **2.** (*arnese cilindrico*) Rolle *f;* (TYP) Walze *f*
rum [rum] <-> *m* Rum *m*
rumeno, -a [ru'mɛːno] **I.** *agg* rumänisch **II.** *m, f* Rumäne *m,* Rumänin *f*
ruminanti [rumi'nanti] *mpl* Wiederkäuer *mpl;* **ruminare** [rumi'naːre] *vt* **1.** (ZOO) wiederkäuen **2.** (*fig: pensare*) (nach)grübeln über +*acc*
rumore [ru'moːre] *m* **1.** Geräusch *n;* (*strepito*) Lärm *m;* **inquinamento da ~** Lärmbelästigung *f* **2.** (*fig*) Aufsehen *n;* **rumoreggiare** [rumored'dʒaːre] *vi* lärmen; (*tuono*) dröhnen; (*mare*) brausen; **rumoroso, -a** [rumo'roːso] *agg* laut
ruolo ['ruɔːlo] *m* **1.** Rolle *f* **2.** (ADM) Stellenplan *m;* **insegnanti di ~** festangestellte Lehrer *mpl*
ruota ['ruɔːta] *f* **1.** (*gener,* TEC, MOT) Rad *n* **2.** (*del lotto*) Ziehungsstelle *f* **3.** (*oggetto circolare*) Scheibe *f* **4.** (*di luna park*) Riesenrad *n*
ruotare [ruo'taːre] **I.** *vi* **1.** (*girare*) (sich) drehen **2.** (*volare*) kreisen **II.** *vt* kreisen lassen
rupe ['ruːpe] *f* Fels(en) *m*
ruppi ['ruppi] *1. pers sing pass rem di* **rompere**
rurale [ru'raːle] *agg* ländlich
ruscello [ruʃ'ʃɛllo] *m* Bach *m*
ruspa ['ruspa] *f* Bagger *m*
ruspante [rus'pante] *agg* scharrend; **pollo ~** Freilandhuhn *n*
russare [rus'saːre] *vi* schnarchen
Russia ['russia] *f* Russland *n*
russo, -a ['russo] **I.** *agg* russisch **II.** *m, f* Russe *m,* Russin *f*
rustico ['rustiko] <-ci> *m* Landhaus *m*
rustico, -a <-ci, -che> *agg* **1.** (*campagnolo*) ländlich **2.** (*mobile*) rustikal **3.** (*persona*) bäurisch **4.** (*fig, pej*) roh
ruttare [rut'taːre] *vi* rülpsen; **ruttino** [rut'tiːno] *m* Bäuerchen *n;* **rutto** ['rutto] *m* Rülpser *m*
ruvido, -a ['ruːvido] *agg* **1.** rau **2.** (*fig*) roh
ruzzolare [ruttso'laːre] **I.** *vi* purzeln **II.** *vt* rollen; **ruzzolone** [ruttso'loːne] *m* Sturz *m;* **ruzzoloni** [ruttso'loːni] *avv* purzelnd

S

S, s ['ɛsse] <-> *f* S, s *n;* **~ come Savona** S wie Siegfried
S. *abbr di* **sud** S
sabato ['saːbato] *m* Samstag *m,* Sonnabend *m; v. a.* **domenica**
sabbia ['sabbia] <-ie> *f* Sand *m;* **sabbioso, -a** [sab'bioːso] *agg* sandig
sabotaggio [sabo'taddʒo] <-ggi> *m* Sabotage *f;* **sabotare** [sabo'taːre] *vt* sabotieren
sacca ['sakka] <-cche> *f* **1.** (*borsa*) (große) Tasche *f* **2.** (MED, ANAT) Beutel *m*
saccarina [sakka'riːna] *f* Saccharin *n*
saccarosio [sakka'rɔːsio] <-i> *m* Saccharose *f*
saccente [sat'tʃɛnte] **I.** *agg* besserwisserisch **II.** *mf* Besserwisser(in) *m(f)*
saccheggiare [sakked'dʒaːre] *vt* ausrauben
sacchetto [sak'ketto] *m* Tüte *f,* Sackerl *n A;* **~ di plastica** Plastiktüte *f*
sacco ['sakko] <-cchi> *m* **1.** (*recipiente*) Sack *m;* **colazione al ~** Picknick *n;* **~ a pelo** Schlafsack *m* **2.** (*fig fam*) **avere un ~ di debiti** einen Haufen Schulden haben
sacerdote, -essa [satʃer'dɔːte, satʃerdo'tessa] *m, f* Geistliche(r) *f(m);* **sacerdozio** [satʃer'dɔttsio] <-i> *m* **1.** (REL) Priestertum *n* **2.** (*fig*) Mission *f*
sacramento *m* Sakrament *n*
sacrestano *m v.* **sagrestano**; **sacrestia** *f v.* **sagrestia**
sacrificare [sakrifi'kaːre] **I.** *vt* opfern **II.** *vr* **-rsi** **1.** (*offrirsi in sacrificio*) sich opfern **2.** (*sopportare privazioni*) sich aufopfern
sacrificio [sakri'fiːtʃo] <-ci> *m* Opfer *n*
sacrilegio [sakri'lɛːdʒo] <-gi> *m* **1.** (*profanazione*) Sakrileg *n* **2.** (*fig*) Schande *f;* **sa-**

crilego, **-a** [sa'kriːlego] <-ghi, -ghe> *agg* gotteslästerlich

sacro, **-a** *agg* heilig; (*musica, persona*) geistlich; **la -a famiglia** die Heilige Familie; **le -e scritture** die Heilige Schrift

sacrosanto, **-a** [sakro'santo] *agg* **1.** (REL) hochheilig **2.** (*inviolabile*) unverletzlich

sadico, **-a** ['saːdiko] <-ci, -che> **I.** *agg* sadistisch **II.** *m, f* Sadist(in) *m(f)*

saetta [sa'etta] *f* Blitz *m*

safari [sa'faːri] <-> *m* Safari *f*

sagace [sa'gaːtʃe] *agg* scharfsinnig

saggezza [sad'dʒettsa] *f* Weisheit *f*

saggiare [sad'dʒaːre] *vt* prüfen

saggio ['saddʒo] <-gi> *m* **1.** (*prova*) Probe *f* **2.** (*scritto*) Essay *m o n*

saggio, **-a** <-ggi, -gge> **I.** *agg* weise, klug **II.** *m, f* Weise(r) *f(m)*

saggistica [sad'dʒistika] <-che> *f* Essayistik *f*

sagittario [sadʒit'taːrio] *m* (ASTR) Schütze *m;* **sono (del) Sagittario** ich bin (ein) Schütze

sagoma ['saːgoma] *f* **1.** (*profilo*) Profil *n* **2.** (*modello*) Form *f* **3.** (*fig fam*) komischer Kauz

sagra ['saːgra] *f* (Volks)fest *n*

sagrestano [sagres'taːno] *m* Kirchendiener(in) *m(f);* **sagrestia** [sagres'tiːa] <-ie> *f* Sakristei *f*

sala ['saːla] *f* Saal *m;* ~ **d'aspetto** Wartesaal *m;* ~ **da pranzo** Speisesaal *m*

salamandra [sala'mandra] *f* Salamander *m*

salame [sa'laːme] *m* (GASTR) Salami *f*

salamoia [sala'mɔːia] <-oie> *f* Salzlake *f*

salare [sa'laːre] *vt* salzen

salario [sa'laːrio] <-i> *m* Lohn *m,* Salär *n A;* ~ **garantito** Mindestlohn *m*

salatino [sala'tiːno] *m* Salzstange *f*

salato, **-a** [sa'laːto] *agg* **1.** (*gener*) salzig; **troppo** ~ versalzen **2.** (*fig: prezzo*) gesalzen, gepfeffert

saldare [sal'daːre] **I.** *vt* **1.** (*congiungere*) verbinden **2.** (TEC) löten; (*a fiamma*) schweißen **3.** (*conto, debito*) begleichen **II.** *vr* **-rsi** vernarben; **saldatura** [salda'tuːra] *f* (TEC) Schweißen *n*

saldo ['saldo] *m* **1.** (*svendita*) Restposten *m;* **-i di fine stagione** Schlussverkauf *m* **2.** (*di conto, fattura*) Bezahlung *f*

saldo, **-a** *agg* (*a fig*) fest, stark

sale ['saːle] *m* Salz *n;* ~ **da cucina** Kochsalz *n;* ~ **iodato** Jodsalz *n*

salernitano, **-a** [salerni'taːno] **I.** *agg* aus Salerno **II.** *m, f* Bewohner(in) *m(f)* der Stadt Salerno

Salerno [sa'lɛrno] *f Stadt in Kampanien*

sales engineer ['seilz endʒi'niə] <-> *m* Vertriebagent *m* für Technologiegüter

salgo ['salgo] *1. pers sing pr di* **salire**

salice ['saːlitʃe] *m* Weide *f;* ~ **piangente** Trauerweide *f*

saliente [sa'liɛnte] *agg* (*fig: notevole*) bedeutend

saliera [sa'liɛːra] *f* Salzstreuer *m*

salii [sa'liːi] *1. pers sing pass rem di* **salire**

salina [sa'liːna] *f* **1.** (*impianto*) Saline *f* **2.** (MIN) Salzlager *n*

salire [sa'liːre] <salgo, salii, salito> **I.** *vt* (*scale*) hinaufgehen, hinaufsteigen **II.** *vi essere* **1.** (*andare verso l'alto*) hinaufsteigen; ~ **sul tetto** auf das Dach steigen **2.** (*montare*) (ein)steigen; ~ **in macchina** in das Auto einsteigen; ~ **sul treno** in den Zug steigen **3.** (*in casa di qu*) heraufkommen **4.** (*prezzo, temperatura*) steigen

Salisburgo [saliz'burgo] *f* Salzburg *n*

salita [sa'liːta] *f* Aufstieg *m;* **in** ~ bergauf

saliva [sa'liːva] *f* Speichel *m*

salma ['salma] *f* Leiche *f*

salmì [sal'mi] *m* **lepre in** ~ Hasenpfeffer *m*

salmo ['salmo] *m* Psalm *m*

salmone [sal'moːne] *m* Lachs *m*

salmonella [salmo'nɛlla] *f* Salmonelle *f*

salone [sa'loːne] *m* **1.** (*gener*) Salon *m* **2.** (*edificio*) Ausstellungshalle *f*

salopette [salɔ'pɛt] <-> *f* Latzhose *f*

salotto [sa'lɔtto] *m* **1.** (*stanza*) Wohnzimmer *n* **2.** (*mobilio*) Wohnzimmereinrichtung *f*

salpare [sal'paːre] **I.** *vi essere* in See stechen **II.** *vt* hieven

salsa ['salsa] *f* Soße *f;* ~ **di pomodoro** Tomatensauce *f*

salsiccia [sal'sittʃa] <-cce> *f* Wurst *f;* **salsicciotto** [salsit'tʃɔtto] *m* dicke Wurst

salsiera [sal'siɛːra] *f* Soßenschüssel *f*

saltare [sal'taːre] **I.** *vi essere o avere* **1.** (*gener*) springen; ~ **dalla finestra/dal ponte** aus dem Fenster/von der Brücke springen; ~ **agli occhi** ins Auge springen **2.** (*esplodere*) ~ **in aria** (*fig*) in die Luft gehen **II.** *vt* **1.** (*ostacolo*) überspringen; ~ **la corda** Seil springen **2.** (GASTR) sautieren, kurz braten **3.** (*fig*) ~ **il pasto** eine Mahlzeit ausfallen lassen

saltellare [saltel'la:re] *vi* hüpfen

saltimbocca [saltim'bokka] <-> *m kleines Kalbsschnitzel*

salto ['salto] *m* Sprung *m;* ~ **in alto/in lungo/con l'asta** Hoch-/Weit-/Stabhochsprung *m;* **fare i -i mortali** (*fig*) alles nur Mögliche tun; **faccio un** ~ **in città** (*fam*) ich gehe auf einen Sprung in die Stadt

saltuario, -a [saltu'a:rio] <-i, -ie> *agg* unregelmäßig

salubre [sa'lu:bre] *agg* gesund

salume [sa'lu:me] *m* Wurst *f;* **-i** Wurstwaren *fpl;* **salumeria** [salume'ri:a] <-ie> *f* Wurstwarenhandlung *f*

salutare *vt* grüßen; (*accogliere*) begrüßen; **salutami tua moglie** grüß' deine Frau von mir

salute [sa'lu:te] *f* Gesundheit *f;* **bere alla** ~ **di qu** auf jds Wohl trinken; **far bene alla** ~ gesund sein; ~**!** (*nei brindisi*) prost!, zum Wohl!; (*quando si starnutisce*) Gesundheit!; **alla tua/vostra** ~**!** auf dein/euer Wohl!

saluto [sa'lu:to] *m* Gruß *m;* **rivolgere/ricevere un** ~ grüßen/gegrüßt werden; **portare a qu i -i di qu** jdm von jdm Grüße ausrichten; **tanti cari -i** viele liebe Grüße; **affettuosi -i** herzliche Grüße; **distinti -i** mit freundlichen Grüßen

salvadanaio [salvada'na:io] <-ai> *m* Sparbüchse *f*

salvagente [salva'dʒɛnte] **I.** <inv> *agg* Schwimm-; **giubbotto** ~ Schwimmweste *f* **II.** <-> *m* Rettungsring *m*

salvaguardare [salvaguar'da:re] **I.** *vt* (be)schützen; (*interessi*) wahren **II.** *vr* **-rsi da qc** sich vor etw *dat* hüten

salvare [sal'va:re] **I.** *vt* **1.** (*trarre da un pericolo*) retten **2.** (*proteggere*) schützen **3.** (INFORM) speichern **II.** *vr* **-rsi 1.** (*scampare alla morte*) sich retten **2.** (*trovare scampo*) sich (an einen Ort) retten, Zuflucht finden; **si salvi chi può!** rette sich, wer kann!

salvaschermo [salva'skermo] <-> *m* Bildschirmschoner *m*

salvaslip [salva'zlip] <-> *m* Slipeinlage *f*

salvataggio [salva'taddʒo] <-ggi> *m* **1.** (*gener*) Rettung *f* **2.** (INFORM) Datensicherung *f*

salvatore, -trice [salva'to:re] *m, f* Retter(in) *m(f);* **il Salvatore** der Heiland

salve ['salve] *int* grüß dich/euch!, hallo!, Servus! *A, südd*

salvezza [sal'vettsa] *f* Rettung *f*

salvia ['salvia] <-ie> *f* Salbei *m o f*

salvietta [sal'vietta] *f* Serviette *f;* ~ **rinfrescante** Erfrischungstuch *n*

salvo I. *prp* außer +*dat*, ausgenommen +*acc*, abgesehen von +*dat* **II.** *cong* ~ **che …** +*conj* es sei denn (, dass) …, außer wenn …

salvo, -a *agg* gerettet

sambuca [sam'bu:ka] <-che> *f Anislikör*

sambuco [sam'bu:ko] <-chi> *m* (schwarzer) Holunder *m*

san [san] *v.* **santo I.**

sanare [sa'na:re] *vt* **1.** (*ferita, ammalato*) heilen **2.** (*bilancio*) sanieren; ~ **un debito** eine Schuld begleichen

sanatoria [sana'tɔria] *f* nachträgliche Zustimmung

San Bernardo <- -i> *m* Bernhardiner *m*

sancire [san'tʃi:re] <sancisco> *vt* **1.** (*patto, alleanza*) bestätigen **2.** (JUR) sanktionieren

sandalo ['sandalo] *m* **1.** (*calzatura*) Sandale *f* **2.** (BOT) Sandelbaum *m*

San Gallo [saŋ 'gallo] **I.** *m* (*cantone*) Sankt Gallen *n* **II.** *f* (*città*) Sankt Gallen *n*

San Gottardo [saŋ got'tardo] <-> *m* Sankt Gotthard *m*

sangria [san'gri:a] <-> *f* Sangria *f*

sangue ['saŋgue] *m* Blut *n;* **a** ~ **freddo** kaltblütig; **bistecca al** ~ blutiges Steak; **mi esce il** ~ **dal naso** ich habe Nasenbluten; **buon** ~ **non mente** (*prov*) der Apfel fällt nicht weit vom Stamm

sanguigno, -a [saŋ'guiɲɲo] *agg* **1.** (MED) blutig; (*ricco di sangue*) blutreich; **pressione -a** Blutdruck *m* **2.** (*costituzione*) sanguinisch

sanguinaccio [saŋgui'nattʃo] <-cci> *m* Blutwurst *f*, Blunze(n) *f A*

sanguinare [saŋgui'na:re] *vi* bluten

sanguisuga [saŋgui'su:ga] <-ghe> *f* **1.** (ZOO) Blutegel *m* **2.** (*fig, pej*) Blutsauger *m*

sanità [sani'ta] <-> *f* **1.** (*gener*) Gesundheit *f* **2.** (ADM) Gesundheitswesen *n;* **sanitario, -a** [sani'ta:rio] <-i, -ie> *agg* (ADM) gesundheitlich

sano, -a ['sa:no] **I.** *agg* **1.** (MED) gesund **2.** (*intero*) heil, ganz **II.** *m, f* Gesunde(r) *f(m)*

sanscrito ['sanskrito] *m* Sanskrit *n*

sant' [sant] *v.* **santo I.**

santificare [santifi'ka:re] *vt* heiligen, ehren; (*dichiarare santo*) heilig sprechen
santissimo [san'tissimo] *m* Hostie *f*
santissimo, **-a** *agg* allerheiligste(r, s)
santo, **-a** ['santo] **I.** *agg* heilig; (*con nome proprio*) Sankt, der/die heilige; **olio** ~ Salböl *n;* **la settimana -a** die Karwoche; **la terra -a** das Heilige Land; **tutto il** ~ **giorno** (*fam*) den lieben langen Tag lang; **fammi il** ~ **piacere ...** (*fam*) tu mir den einen Gefallen und ...; **santo Dio!** (*fam*) ach du lieber Gott! **II.** *m, f* **1.** (REL) Heilige(r) *f(m);* (**tutti**) **i Santi** Allerheiligen *n* **2.** (*fam: patrono*) Schutzpatron(in) *m(f)*
santone, **-a** [san'to:ne] *m, f* **1.** (REL) (als heilig geltende) religiöse Persönlichkeit **2.** (*fig*) Guru *m*
santuario [santu'a:rio] <-i> *m* Heiligtum *n;* (*di tempio ebraico*) Allerheiligste(s) *n*
sanzionare [santsio'na:re] **I.** *vt* sanktionieren **II.** *vi* Sanktionen auferlegen; **sanzione** [san'tsio:ne] *f* **1.** (*conferma*) Sanktion *f;* (JUR, ADM) Bestätigung *f* **2.** (*punizione*) Sanktion *f*
sapere[1] [sa'pe:re] <so, seppi, saputo> **I.** *vt* **1.** (*conoscere*) wissen, kennen; (*lingua*) können; ~ **il fatto suo** sich auskennen; **un certo non so che** ein gewisses Etwas; **lo so** ich weiß; **non saprei** ich wüsste nicht; **non si sa mai** man kann nie wissen; **buono a sapersi** gut zu wissen; **averlo saputo!** hätte ich das gewusst! **2.** (*potere*) können; **saper fare qc** etw machen können; **so nuotare** ich kann schwimmen **3.** (*apprendere*) erfahren; **come hai fatto a saperlo?** wie hast du das herausgefunden? **II.** *vi* **1.** (*aver sapore*) **non** ~ **di niente** nach nichts schmecken **2.** (*avere odore*) ~ **di qc** nach etw riechen **3.** (*pensare*) vermuten, ahnen; **mi sa che oggi non viene** ich glaube nicht, dass er heute kommt
sapere[2] *m* Wissen *n;* **il saper vivere** Lebenskunst *f*
sapiente [sa'piɛnte] **I.** *agg* weise, klug **II.** *mf* Gelehrte(r) *f(m);* **sapienza** [sa'piɛntsa] *f* Weisheit *f*
sapone [sa'po:ne] *m* Seife *f;* ~ **da bucato/barba** Kern-/Rasierseife *f;* **bolla di** ~ (*a fig*) Seifenblase *f;* **saponetta** [sapo'netta] *f* (feines) Seifenstück *n*
sapore [sa'po:re] *m* Geschmack *m;* **senza** ~ (*a fig*) fade; **saporito**, **-a** [sapo'ri:to] *agg* **1.** (GASTR) schmackhaft **2.** (*fig*) genüsslich **3.** (*fig, scherz: conto, prezzo*) gesalzen, gepfeffert
sarà [sa'ra] *3. pers sing futuro di* **essere**[1]
saraceno, **-a** [sara'tʃɛ:no] **I.** *agg* sarazenisch; **grano** ~ Buchweizen *m* **II.** *m, f* Sarazene *m*, Sarazenin *f*
saracinesca [saratʃi'neska] <-sche> *f* Rolladen *m*
sarcasmo [sar'kazmo] *m* Sarkasmus *m;* **sarcastico**, **-a** [sar'kastiko] <-ci, -che> *agg* sarkastisch
sarcofago [sar'kɔ:fago] <-gi> *m* Sarkophag *m*
sarda ['sarda] *f* Sardine *f*
Sardegna [sar'deɲɲa] *f* Sardinien *n*
sardina [sar'di:na] *f* Sardine *f*
sardo, **-a** **I.** *agg* sardisch; **dialetto** ~ sardischer Dialekt **II.** *m, f* Sarde *m*, Sardin *f*
sareste, **saresti** [sa'reste, sa'resti] *2. pers pl, 2. pers sing condizionale di* **essere**[1]
sarto, **-a** ['sarto] *m, f* Schneider(in) *m(f);* **sartoria** [sarto'ri:a] <-ie> *f* Schneiderei *f*
sassarese [sassa're:se] **I.** *agg* aus Sassari **II.** *mf* Einwohner(in) *m(f)* von Sassari
Sassari *f Stadt in Sardinien*
sassata [sas'sa:ta] *f* Steinwurf *m*
sasso ['sasso] *m* Stein *m;* **restare di** ~ zu Stein erstarren
sassofonista [sassofo'nista] <-i *m*, -e *f*> *mf* Saxophonist(in) *m(f);* **sassofono** [sas'sɔ:fono] *m* Saxophon *n*
sassone ['sassone] **I.** *agg* sächsisch **II.** *mf* Sachse *m*, Sächsin *f;* **Sassonia** [sas'sɔ:nia] *f* Sachsen *n;* **Bassa** ~ Niedersachsen *n*
Satana ['sa:tana] *m* Satan *m;* **satanico**, **-a** [sa'ta:niko] <-ci, -che> *agg* satanisch; (*fig a*) teuflisch
satellitare [satelli'ta:re] *agg* **1.** (*di un satellite*) Satelliten- **2.** (*di dispositivo di comunicazione*) Satellitenfunk-; **satellite** [sa'tɛllite] **I.** *m* **1.** (ASTR) Satellit *m;* ~ **meteorologico/scientifico/televisivo** Wetter-/Forschungs-/Fernsehsatellit *m;* **trasmissione via** ~ Satellitenübertragung *f* **2.** (*fig, pej*) Anhang *m* **II.** *agg* Satelliten-
satira ['sa:tira] *f* Satire *f;* **satirico**, **-a** [sa'ti:riko] <-ci, -che> **I.** *agg* satirisch **II.** *m, f* Satiriker(in) *m(f)*
satiro ['sa:tiro] *m* Satyr *m*
saudita [sau'di:ta] <-i *m*, -e *f*> *agg* Saudi-, saudisch; **Arabia Saudita** Saudi-Arabien *n*
sauna ['sa:una] *f* Sauna *f;* **fare la** ~ in die

Sauna gehen
sauro ['saːuro] *m* (*cavallo*) Fuchs *m*
savana [sa'vaːna] *f* Savanne *f*
savoiardo [savo'iardo] *m* (GASTR) Löffelbiskuit *m*
Savona [sa'vɔːna] *f Stadt in Ligurien*
savonese [savo'neːse] **I.** *agg* aus Savona **II.** *mf* Einwohner(in) *m(f)* von Savona
saziare [sat'tsiaːre] **I.** *vt* **1.** (*fame*) sättigen **2.** (*fig*) befriedigen **II.** *vr* **-rsi 1.** (*riempirsi*) satt werden; **-rsi di qc** sich an etw *dat* sättigen **2.** (*fig*) genug haben; **-rsi di ... +***inf* (*fig*) es müde werden zu ... +*inf*
sazio, -a ['sattsio] <-i, -ie> *agg* **1.** (*di cibo*) satt **2.** (*fig, pej*) überdrüssig
sbaciucchiare [zbatʃuk'kiaːre] **I.** *vt* abküssen **II.** *vr* **-rsi** sich abküssen, knutschen *fam*
sbadataggine [zbada'taddʒine] *f* Unaufmerksamkeit *f;* **sbadato, -a** [zba'daːto] **I.** *agg* zerstreut **II.** *m, f* zerstreute Person
sbadigliare [zbadiʎ'ʎaːre] *vi* gähnen; **sbadiglio** [zba'diʎʎo] <-gli> *m* Gähnen *n*
sbagliare [zbaʎ'ʎaːre] **I.** *vt* **1.** (*colpo, mira*) verfehlen **2.** (*scambiare*) verwechseln; ~ **strada** sich verfahren; ~ **indirizzo** sich in der Adresse irren; ~ **numero** sich verwählen; ~ **treno** den falschen Zug nehmen; ~ **i calcoli** sich verrechnen **II.** *vi, vr* **-rsi** sich irren; ~ **a leggere/scrivere** falsch lesen/schreiben; **sbagliando s'impara** (*prov*) aus Fehlern wird man klug; **sbagliato, -a** [zbaʎ'ʎaːto] *agg* falsch; **sbaglio** ['zbaʎʎo] <-gli> *m* **1.** (*errore*) Fehler *m* **2.** (*equivoco*) Missverständnis *n;* **per** ~ aus Versehen
sballare [zbal'laːre] **I.** *vt* **1.** (*merce*) auspacken **2.** (*fam: esagerare*) übertreiben **II.** *vi* **1.** (*a carte*) (aus dem Kartenspiel) ausscheiden **2.** (*fam*) sich verhauen; **sballato, -a** [zbal'laːto] *agg* (*fam*) verrückt; **sballo** ['zballo] *m* (*sl*) Trip *m;* **ragazzi che ~!** das ist eine Wucht, Leute!
sbalordimento [zbalordi'mento] *m* Verblüffung *f;* **sbalordire** [zbalor'diːre] <sbalordisco> **I.** *vt* **1.** (*turbare*) verblüffen **2.** (*stordire*) betäuben **II.** *vi* sprachlos sein
sbancare [zbaŋ'kaːre] *vt* (*banco*) sprengen; (*fig: persona*) ausnehmen
sbandare [zban'daːre] *vi* **1.** (*auto*) schleudern **2.** (*fig*) entgleisen; **sbandato, -a** [zban'daːto] **I.** *agg* (*a fig: gioventù*) verloren **II.** *m, f* orientierungslose(r) Jugendliche(r) *f(m)*
sbandierare [zbandie'raːre] *vt* **1.** (*bandiera, insegne*) schwenken **2.** (*fig*) zur Schau stellen; **e non andare a sbandierarlo a tutti!** häng das nicht an die große Glocke!
sbando ['zbando] *m* **1.** (*dispersione*) Auflösung *f* **2.** (*crisi*) Krise *f;* **essere allo** ~ vor dem Niedergang stehen
sbaragliare [zbaraʎ'ʎaːre] *vt* (MIL) zerschlagen; (SPORT, POL) besiegen; **sbaraglio** [zba'raʎʎo] <-gli> *m* **gettarsi allo** ~ alles auf eine Karte setzen
sbarazzarsi [zbarat'tsaːrsi] *vr* ~ **di qu/qc** sich jds/einer Sache entledigen
sbarcare [zbar'kaːre] **I.** *vt* **1.** (*passeggeri*) an Land bringen; (*merce*) löschen **2.** (*fig*) überstehen; ~ **il lunario** (*fig*) sich recht und schlecht über Wasser halten **II.** *vi essere* (NAUT) an Land gehen; (AERO) aussteigen; **sbarco** ['zbarko] <-chi> *m* Landung *f;* (*di merci*) Ausladen *n*
sbarra ['zbarra] *f* **1.** (*della dogana*) Schranke *f* **2.** (SPORT) Reck *n* **3.** (*spranga*) Stange *f;* **essere dietro le -e** (*fig*) hinter Gittern sein
sbarrare [zbar'raːre] *vt* (ab)sperren
sbarretta [zbar'retta] *f* Querstrich *m*
sbattere ['zbattere] **I.** *vt* **1.** (*panni, tappeti*) ausschlagen **2.** (*ali*) schlagen mit **3.** (*battere forte*) zuschlagen; ~ **qc sul tavolo** etw auf den Tisch knallen **4.** (*urtare*) stoßen mit; **non sapere dove** ~ **la testa** (*fig*) keinen Ausweg mehr finden **5.** (GASTR) schlagen **II.** *vi* (*porta*) schlagen **III.** *vr* **sbattersene** (*vulg*) auf etw *acc* scheißen
sbattitore [zbatti'toːre] *m* Mixer *m*
sbattuto, -a [zbat'tuːto] *agg* (*viso*) abgespannt
sbellicarsi [zbelli'karsi] *vr* ~ **dalle risate** sich totlachen *fam*
sberla ['zbɛrla] *f* Ohrfeige *f;* **prendere a -e qu** jdn ohrfeigen
sbevazzare [zbevat'tsaːre] *vi* (*fam*) saufen
sbiadire [zbia'diːre] <sbiadisco> **I.** *vi essere* verblassen **II.** *vr* **-rsi** blass werden
sbiancare [zbiaŋ'kaːre] **I.** *vt* bleichen **II.** *vr* **-rsi 1.** (*diventare bianco*) bleich werden **2.** (*schiarirsi*) heller werden
sbieco ['zbiɛːko] *m* Querband *n;* **guardare qu di** ~ jdn schief anschauen
sbigottimento [zbigotti'mento] *m* Be-

stürzung *f*

sbilanciare [zbilan'tʃa:re] **I.** *vt* aus dem Gleichgewicht bringen; (*economicamente*) belasten **II.** *vr* **-rsi** zu weit gehen

sbirro ['zbirro] *m* (*pej*) Bulle *m*

sbizzarrirsi [zbiddzar'rirsi] <mi sbizzarrisco> *vr* sich austoben; ~ **a fare qc** etw nach Lust und Laune tun

sbloccare [zblok'ka:re] *vt* **1.** (*meccanismo*) lösen; (*circolazione, affitti*) freigeben **2.** (*fig*) lösen, befreien; (*situazione*) entspannen; **sblocco** ['zblɔkko] <-cchi> *m* Freigabe *f*

sboccare [zbok'ka:re] *vi essere* **1.** (*fiume, strada*) münden **2.** (*arrivare*) kommen **3.** (*fig*) enden

sbocciare [zbot'tʃa:re] *vi essere* (*a fig*) aufblühen

sbocco ['zbokko] <-cchi> *m* **1.** (*di fiume, strada*) Mündung *f* **2.** (*fig*) Ausgang *m*

sbollire [zbol'li:re] <sbollisco> *vi essere o avere* **1.** (GASTR) nicht mehr kochen **2.** (*fig*) aufhören; (*rabbia*) verrauchen

sbolognare [zboloɲ'ɲa:re] *vt* (*fam*) loswerden

sbornia ['zbɔrnia] <-ie> *f* (*fam*) Rausch *m*

sborsare [zbor'sa:re] *vt* ausgeben

sbottonare [zbotto'na:re] **I.** *vt* aufknöpfen **II.** *vr* **-rsi con qu** (*fig fam*) sich jdm anvertrauen

sbranare [zbra'na:re] **I.** *vt* zerfleischen **II.** *vr* **-rsi** sich zerfleischen

sbriciolare [zbritʃo'la:re] **I.** *vt* zerkrümeln **II.** *vr* **-rsi** zu Bröseln werden

sbrigare [zbri'ga:re] **I.** *vt* **1.** (*faccende*) erledigen; **sbrigarsela** (*fam*) mit etw fertig werden **2.** (*clienti*) abfertigen **II.** *vr* **-rsi** (*affrettarsi*) sich beeilen

sbrigativo, **-a** [zbriga'ti:vo] *agg* **1.** (*persona*) kurzentschlossen **2.** (*modi, sistemi*) zeitsparend **3.** (*pej*) oberflächlich

sbrinare [zbri'na:re] *vt* abtauen

sbrodolare [zbrodo'la:re] **I.** *vt* besudeln **II.** *vr* **-rsi** sich besudeln

sbronza ['zbrondza] *f* (*fam*) Rausch *m;* **sbronzarsi** [zbron'dzarsi] *vr* (*fam*) sich besaufen; **sbronzo**, **-a** ['zbrondzo] *agg* (*fam*) betrunken, besoffen

sbruffone, **-a** [zbruf'fo:ne] *m, f* (*fam pej*) Angeber(in) *m(f)*

sbucare [zbu'ka:re] *vi essere* herauskommen; (*apparire*) auftauchen

sbucciare [zbut'tʃa:re] *vt* schälen

sbudellare [zbudel'la:re] *vr* **-rsi dalle risate** (*fam*) sich den Bauch halten vor Lachen

sbuffare [zbuf'fa:re] *vi* schnaufen

scabbia ['skabbia] <-ie> *f* Krätze *f*

scabroso, **-a** [ska'bro:so] *agg* **1.** (*strada*) uneben **2.** (*fig: delicato*) heikel

scacchiera [skak'kiɛ:ra] *f* Schachbrett *n*

scacciare [skat'tʃa:re] *vt* vertreiben

scacco ['skakko] <-cchi> *m* **1.** *pl* (*gioco*) Schach *n;* **giocare agli -cchi** Schach spielen **2.** (*fig*) Niederlage *f* **3.** (*quadratino*) Schachfeld *n;* **a -cchi** kariert

scaccomatto [skakko'matto] *m* Schachmatt *n*

scaddi ['skaddi] *1. pers sing pass rem di* **scadere**

scadente [ska'dɛnte] *agg* schlecht; (*merce, prodotto*) minderwertig

scadenza [ska'dɛntsa] *f* **1.** (*di abbonamento*) Ablauf *m* **2.** (FIN) Fälligkeit *f* **3.** (*periodo*) Frist *f;* **a breve/lunga** ~ kurz-/langfristig **4.** (*di un prodotto*) Verfallsdatum *n*

scadere [ska'de:re] <scado, scaddi, scaduto> *vi essere* **1.** (COM, ADM) verfallen, ablaufen **2.** (*perdere valore*) sinken

scafandro [ska'fandro] *m* Taucheranzug *m*

scaffale [skaf'fa:le] *m* Regal *n*

scafista [ska'fista] <-i *m*, -e *f*> *mf* Schleuser *m* (*der mit einem Motorboot illegale Einwanderer transportiert*)

scafo ['ska:fo] *m* (Schiffs)rumpf *m*

scagionare [skadʒo'na:re] **I.** *vt* rechtfertigen **II.** *vr* **-rsi** sich rechtfertigen

scaglia ['skaʎʎa] <-glie> *f* **1.** (ZOO) Schuppe *f* **2.** (*frammento*) Splitter *m*

scagliare [skaʎ'ʎa:re] **I.** *vt* werfen **II.** *vr* **-rsi** sich werfen

scala ['ska:la] *f* **1.** (ARCH) Treppe *f*, Steige *f A;* ~ **mobile** Rolltreppe *f* **2.** (*fig* TEC, PHYS) Skala *f* **3.** (*in disegno, cartografia*) Maßstab *m;* **in ~ ridotta** in verkleinertem Maßstab **4.** (MUS) Tonleiter *f*

scalare *vt* **1.** (*montagna*) besteigen **2.** (*graduare*) abstufen; **scalata** [ska'la:ta] *f* Besteigung *f;* **scalatore**, **-trice** [skala'to:re] *m, f* Bergsteiger(in) *m(f)*

scalciare [skal'tʃa:re] *vi* austreten

scalda(a)cqua [skalda'akkua] <->, **scaldabagno** [skalda'baɲɲo] <-i> *m* Boiler *m;* **scaldaletto** [skalda'lɛtto] <-i> *m*

Bettwärmer *m*

scaldare [skal'da:re] **I.** *vt* **1.** (*gener*) erwärmen; (*acqua, minestra*) aufwärmen **2.** (*fig*) erwärmen **II.** *vr* **-rsi 1.** (*diventare caldo*) sich erwärmen **2.** (SPORT) sich aufwärmen **3.** (*fig: irritarsi*) sich erhitzen

scaldavivande [skaldavi'vande] <-> *m* Warmhalteplatte *f*

scalinata [skali'na:ta] *f* Freitreppe *f;* **scalino** [ska'li:no] *m* (*a fig*) Stufe *f*

scalo ['ska:lo] *m* **1.** (NAUT) Anlegestelle *f* **2.** (FERR) Umsteigebahnhof *m;* ~ **merci** Güterbahnhof *m* **3.** (AERO) Zwischenlandeflughafen *m;* **fare** ~ zwischenlanden

scalogna [ska'loɲɲa] *f* (*fam*) Pech *n*

scalogno [ska'loɲɲo] *m* Schalotte *f*

scalone [ska'lo:ne] *m* Prunktreppe *f*

scaloppa, **scaloppina** [ska'lɔppa, skalop'pi:na] *f* (in Butter gebratenes) Kalbsschnitzel *n*

scalpello [skal'pɛllo] *m* Meißel *m*

scalpitare [skalpi'ta:re] *vi* **1.** (ZOO) stampfen **2.** (*fig, scherz*) ungeduldig sein

scalpo ['skalpo] *m* Skalp *m*

scalpore [skal'po:re] *m* Aufsehen *n*

scaltro, **-a** ['skaltro] *agg* schlau

scalzo, **-a** ['skaltso] *agg* barfuß

scambiare [skam'bia:re] **I.** *vt* **1.** (*confondere*) ~ **qu per qu** jdn mit jdm verwechseln; ~ **qc per qc** etw mit etw vertauschen **2.** (*fare uno scambio*) (aus)tauschen; ~ **qc con qc** etw gegen etw tauschen **3.** (*impressioni, opinioni*) austauschen; (*parole*) wechseln **II.** *vr* **-rsi** (aus)tauschen; (*anelli*) wechseln; **scambievole** [skam'bie:vole] *agg* gegenseitig; **scambio** ['skambio] <-i> *m* **1.** (*di persona*) Verwechslung *f* **2.** (*di doni, idee*) Austausch *m;* ~ **culturale** Kulturaustausch *m* **3.** (COM) Handel *m;* **-i commerciali** Handelsbeziehungen *fpl*

scamiciato [skami'tʃa:to] *m* Kleiderrock *m*

scamorza [ska'mɔrtsa] *f* (GASTR) *fester, hellgelber Frischkäse*

scamosciato, **-a** [skamoʃ'ʃa:to] *agg* Veloursleder-

scampagnata [skampaɲ'ɲa:ta] *f* Ausflug *m*

scampanata [skampa'na:ta] *f* (Glocken)läuten *n*

scampare [skam'pa:re] **I.** *vi essere* entkommen **II.** *vt* retten; **scamparla** (*fam*) davonkommen

scampo ['skampo] *m* **1.** (*salvezza*) Rettung *f;* (*via d'uscita*) Ausweg *m* **2.** (ZOO) **-i** Scampi *pl*

scampolo ['skampolo] *m* (*di stoffa*) (Stoff)rest *m*

scandagliare [skandaʎ'ʎa:re] *vt* **1.** (NAUT) ausloten **2.** (*fig*) sondieren

scandalistico, **-a** [skanda'listiko] <-ci, -che> *agg* Skandal-

scandalizzare [skandalid'dza:re] **I.** *vt* empören **II.** *vr* **-rsi di qc** sich über etw *acc* empören

scandalo ['skandalo] *m* Skandal *m;* **dare** ~ Ärgernis erregen; **scandaloso**, **-a** [skanda'lo:so] *agg* skandalös

Scandinavia [skandi'na:via] *f* Skandinavien *n;* **scandinavo**, **-a** [skandi'na:vo] **I.** *agg* skandinavisch **II.** *m, f* Skandinavier(in) *m(f)*

scandire [skan'di:re] <scandisco> *vt* **1.** (MUS: *tempo*) betonen **2.** (*fig: parole, nome*) deutlich aussprechen

scannare [skan'na:re] *vt* **1.** (*animale*) abstechen **2.** (*persona*) ~ **qu** jdm die Kehle durchschneiden **3.** (INFORM) scannen

scanner ['skanner] <-> *m* (SCIENT, INFORM) Scanner *m*

scanning <-> *m* Scannen *n;* **fare lo** ~ **di qc** etw scannen

scansafatiche [skansafa'ti:ke] <-> *mf* (*fam*) Drückeberger(in) *m(f)*

scansare [skan'sa:re] **I.** *vt* **1.** (*schivare*) ~ **qu/qc** jdm/etw ausweichen **2.** (*evitare*) ~ **qu** jdm aus dem Wege gehen; ~ **qc** etw (ver)meiden **II.** *vr* **-rsi** (weg)rücken, Platz machen

scansia [skan'si:a] <-ie> *f* Regal *n*

scanso ['skanso] *m* **a** ~ **di qc** um etw zu vermeiden

scantinato [skanti'na:to] *m* Kellergeschoss *n*

scantonare [skanto'na:re] **I.** *vi* **1.** (*voltare all'angolo*) um die Ecke biegen **2.** (*fig*) ausweichen **II.** *vt* abrunden

scanzonato, **-a** [skantso'na:to] *agg* unbekümmert

scapaccione [skapat'tʃo:ne] *m* Schlag *m* (auf den Hinterkopf)

scapicollarsi [skapikol'larsi] *vr* (*fam*) sich (fast) überschlagen

scapigliato, **-a** [skapiʎ'ʎa:to] *agg* **1.** (*ar-*

ruffato) zerzaust **2.** (*fig*) unziemlich
scapito ['ska:pito] *m* **a ~ di** zu Lasten von
scapola ['ska:pola] *f* Schulterblatt *n*
scapolo, **-a** *agg* ledig, unverheiratet
scappamento [skappa'mento] *m* (AUTO) Auspuff *m*
scappare [skap'pa:re] *vi essere* **1.** (*darsi alla fuga*) weglaufen **2.** (*fig*) entgehen; **gli è scappato di mente** es ist ihm entfallen; **mi scappa la pazienza** mir reißt die Geduld **3.** (*fam*) **mi scappa da ridere** ich muss lachen
scappata [skap'pa:ta] *f* (*breve visita*) Stippvisite *f;* **scappatella** [skappa'tɛlla] *f* Seitensprung *m*
scappatoia [skappa'to:ia] <-oie> *f* Ausweg *m*
scarabeo [skara'bɛ:o] *m* **1.** (*insetto*) Käfer *m* **2.** (*gioiello*) Skarabäus *m* **3.** (*gioco*) Scrabble *n*
scarabocchiare [skarabok'kia:re] *vt* bekritzeln; **scarabocchio** [skara'bɔkkio] <-cchi> *m* **1.** (*parola*) Gekritzel *n* **2.** (*disegno*) Geschmiere *n*
scarafaggio [skara'faddʒo] <-ggi> *m* (Küchen)schabe *f*
scaramanzia [skaraman'tsi:a] <-ie> *f* Beschwörung *f*
scaraventare [skaraven'ta:re] **I.** *vt* schleudern **II.** *vr* **-rsi** sich werfen
scarcerare [skartʃe'ra:re] *vt* freilassen; **scarcerazione** [skartʃerat'tsio:ne] *f* Freilassung *f*
scardinare [skardi'na:re] *vt* aus den Angeln heben
scarica ['ska:rika] <-che> *f* **1.** (MIL) Salve *f* **2.** (*di grandine, pugni*) Hagel *m* **3.** (EL) Entladung *f*
scaricabarile [skarikaba'ri:le] <-> *m* **fare a ~** (*fig*) sich *dat* gegenseitig etw in die Schuhe schieben
scaricare [skari'ka:re] **I.** *vt* **1.** (*camion, macchina*) entladen **2.** (*merci*) ausladen **3.** (*fig*) (ab)laden; **~ la colpa addosso a qu** jdm die Schuld zuschieben **4.** (FIN: *spese, IVA, imposta*) absetzen **II.** *vr* **-rsi 1.** (*di un peso*) sich entlasten **2.** (*di tensione nervosa*) sich entspannen **3.** (*batteria, accumulatore*) leer laufen
scaricatore, **-trice** *m, f* Ablader(in) *m(f)*
scarico ['ska:riko] *m* **1.** (*di merci, materiali*) Ausladen *n;* **divieto di ~** Schuttabladen verboten **2.** (*rifiuti*) Müllhalde *f;* **-chi industriali** Industrieabwässer *npl* **3.** (*di acque, gas*) Abfluss *m* **4.** (AUTO) Auspuff *m* **5.** (*fig*) Entlastung *f*
scarico, **-a** <-chi, -che> *agg* **1.** (*carro, batteria*) leer **2.** (*fig*) unbelastet
scarlattina [skarlat'ti:na] *f* Scharlach *m*
scarlatto, **-a** *agg* scharlachrot
scarno, **-a** ['skarno] *agg* **1.** (*viso, mani*) abgezehrt, mager **2.** (*fig*) schlicht, schmucklos
scarola [ska'rɔ:la] *f* wilder Lattich
scarpa ['skarpa] *f* (*calzatura*) Schuh *m;* **numero di -e** Schuhgröße *f;* **fare le -e a qu** (*fig*) jdn täuschen
scarpata [skar'pa:ta] *f* Böschung *f*
scarpiera [skar'piɛ:ra] *f* Schuhschrank *m*
scarpone [skar'po:ne] *m* großer Schuh; **~ da montagna/da sci** Berg-/Skischuh *m*
scarseggiare [skarsed'dʒa:re] *vi* knapp sein
scarsezza [skar'settsa] *f* Mangel *m;* **per ~ di denaro/tempo** aus Geld-/Zeitmangel; **scarso**, **-a** ['skarso] *agg* knapp; **pesa due chili -i** es wiegt knapp zwei Kilo; **essere ~ in inglese** schwach in Englisch sein
scartare [skar'ta:re] *vt* **1.** (*pacco*) auspacken **2.** (*fig*) verwerfen **3.** (*nelle carte*) ablegen **4.** (SPORT) umdribbeln
scarto ['skarto] *m* **1.** (*eliminazione*) Aussonderung *f* **2.** (*fig*) Ramsch *m* **3.** (*nelle carte*) Ablegen *n*
scartocciare [skartot'tʃa:re] *vt* auspacken
scassare [skas'sa:re] **I.** *vt* **1.** (*forzare*) aufbrechen **2.** (*fam: rompere*) kaputtmachen **II.** *vr* **-rsi** (*fam*) kaputtgehen
scassinare [skassi'na:re] *vt* aufbrechen; **scasso** ['skasso] *m* Einbruch *m*
scatenante [skate'nante] *agg* auslösend; **scatenare** [skate'na:re] **I.** *vt* entfesseln **II.** *vr* **-rsi** losbrechen
scatola ['ska:tola] *f* Schachtel *f;* (*di carne, piselli*) Dose *f;* **rompere le -e a qu** (*fam*) jdm auf den Keks gehen; **comprare qc a ~ chiusa** (*fig*) die Katze im Sack kaufen; **scatolame** [skato'la:me] *m* Schachteln *fpl;* (GASTR) Konserven *fpl;* **scatoletta** [skato'lɛtta] *f* (kleine) Dose *f*
scattante [skat'tante] *agg* schnell, flink
scattare [skat'ta:re] **I.** *vi essere o avere* **1.** (*congegni, molle*) (los)schnellen **2.** (*persona*) springen **3.** (*fig: per l'ira*) hochfahren **4.** (SPORT) spurten **II.** *vt* knipsen *fam;* **scat-**

tista [skat'tista] <-i *m*, -e *f*> *mf* Sprinter(in) *m(f)*; **scatto** ['skatto] *m* **1.** (TEC) Losgehen *n*; **serratura a ~** Schnappschloss *n* **2.** (FOTO) Auslöser *m* **3.** (SPORT) Spurt *m* **4.** (*fig: di ira*) Ausbruch *m* **5.** (*fig: aumento*) Anstieg *m*; **~ di anzianità** *Lohn- bzw. Gehaltserhöhung entsprechend dem Dienstalter* **6.** (TEL) (Gebühren)einheit *f*

scaturire [skatu'ri:re] <scaturisco> *vi essere* **1.** (*liquidi*) heraussprudeln **2.** (*fig*) herauskommen

scavalcare [skaval'ka:re] *vt* **1.** (*ostacolo*) überklettern **2.** (*fig*) **~ qu** jdn überflügeln

scavare [ska'va:re] *vt* **1.** (*fosso*) graben; (*legno, pietra*) aushöhlen **2.** (*città, tesoro*) ausgraben **3.** (*fig*) nachforschen

scavo ['ska:vo] *m* **1.** (*lo scavare*) Grabung *f* **2.** (*luogo*) Grube *f*; (*nell'archeologia*) Ausgrabung *f*

scegliere ['ʃeʎʎere] <scelgo, scelsi, scelto> *vt* wählen, aussuchen; (*preferire*) vorziehen

sceicco [ʃe'ikko] <-cchi> *m* Scheich *m*

scelgo ['ʃelgo] *1. pers sing pr di* **scegliere**

scellerato, **-a** [ʃelle'ra:to] **I.** *agg* frevelhaft **II.** *m, f* Frevler(in) *m(f)*

scellino [ʃel'li:no] *m* **1.** (*inglese*) Shilling *m* **2.** (*austriaco*) Schilling *m*

scelsi ['ʃelsi] *1. pers sing pass rem di* **scegliere**

scelta ['ʃelta] *f* (Aus)wahl *f*; **fare una buona/cattiva ~** eine gute/schlechte Wahl treffen; **a ~** zur Auswahl; **scelto**, **-a** ['ʃelto] **I.** *pp di* **scegliere** **II.** *agg* **1.** (*di buona qualità*) erlesen **2.** (*persona*) ausgezeichnet

scemare [ʃe'ma:re] **I.** *vi essere* abnehmen **II.** *vt* herabsetzen

scemo, **-a** ['ʃe:mo] **I.** *agg* dumm, blöd(e) **II.** *m, f* Dummkopf *m*

scena ['ʃɛ:na] *f* **1.** (*palcoscenico*) Bühne *f*; **calcare le -e** auf der Bühne stehen; **entrare in ~** auftreten **2.** (*parte dell'atto*) Szene *f*; **colpo di ~** (*a fig*) Theatercoup *m* **3.** (*luogo*) Szene *f* **4.** (*fig: attività, vita*) Szene *f*; **scomparire dalla ~ politica/letteraria** von der politischen/literarischen Bühne abtreten **5.** (*loc*) **fare ~ muta** keine Antwort geben; **scenario** [ʃe'na:rio] <-i> *m* **1.** (THEAT) Bühnenbild *n* **2.** (FILM) Drehbuch *n*; **scenata** [ʃe'na:ta] *f* Szene *f*

scendere ['ʃendere] <scendo, scesi, sceso> *vi essere* **1.** (*andare giù*) hinuntergehen; **~ a valle** bergab gehen; **~ molto in basso** (*fig*) tief sinken **2.** (*smontare*) (ab)steigen; **~ dal treno** aus dem Zug steigen

sceneggiato [ʃened'dʒa:to] *m* Fernsehfassung *f*; (*a puntate*) Fernsehserie *f*; **sceneggiatore**, **-trice** [ʃeneddʒa'to:re] *m, f* Drehbuchautor(in) *m(f)*; **sceneggiatura** [ʃeneddʒa'tu:ra] *f* (TV, RADIO, FILM) Drehbuch *n*

scenetta [ʃe'netta] *f* Sketch *m*

scenografia [ʃenogra'fi:a] *f* Bühnenbild *n*; **scenografo**, **-a** [ʃe'nɔ:grafo] *m, f* Bühnenbildner(in) *m(f)*

sceriffo [ʃe'riffo] *m* Sheriff *m*

scervellarsi [stʃervel'larsi] *vr* **~ su qc** sich über etw *acc* den Kopf zerbrechen

scesi ['ʃe:si] *1. pers sing pass rem di* **scendere**

sceso ['ʃe:so] *pp di* **scendere**

scettico, **-a** ['ʃɛttiko] <-ci, -che> **I.** *agg* skeptisch **II.** *m, f* Skeptiker(in) *m(f)*

scettro ['ʃɛttro] *m* Zepter *n*

scheda ['skɛ:da] *f* Zettel *m*; **~ elettorale** Wahlschein *m*; **~ telefonica** Telefonkarte *f*; **~ grafica/network** (INFORM) Grafik-/Netzwerkkarte *f*; **schedare** [ske'da:re] *vt* (ADM) (ins Polizeiregister) eintragen; **schedario** [ske'da:rio] <-i> *m* **1.** (*raccolta*) Kartei *f* **2.** (*mobile*) Karteischrank *m*; (*piccolo*) Karteikasten *m*

schedina [ske'di:na] *f* Totoschein *m*

scheggia ['skeddʒa] <-gge> *f* Splitter *m*; (*di legno*) Holzsplitter *m*, Schiefer *m A, südd*

scheletro ['skɛ:letro] *m* (ANAT) Skelett *n*

schema ['skɛ:ma] <-i> *m* **1.** (*modello*) Schema *n* **2.** (JUR) Entwurf *m*; **~ di legge** Gesetz(es)entwurf *m* **3.** (LIT) Entwurf *m* **4.** (*fig*) Schema *n*

scherma ['skerma] *f* Fechten *n*; **tirare di ~** fechten

schermare [sker'ma:re] *vt* abschirmen; **schermata** [sker'ma:ta] *f* Bildschirm *m*

schermo ['skermo] *m* **1.** (*riparo*) Schirm *m* **2.** (FILM, FOTO) Leinwand *f*; **grande ~** Kino *n*; **piccolo ~** Fernseher *m* **3.** (TV, INFORM) Bildschirm *m*; **~ a colori** Farbbildschirm *m*

schernire [sker'ni:re] <schernisco> *vt* verhöhnen

scherzare [sker'tsa:re] *vi* scherzen, spaßen; **~ col fuoco** mit dem Feuer spielen; **c'è poco da ~** da gibt's nichts zu lachen; **scherzo** ['skertso] *m* **1.** (*azione, parola* *scherzosa*) Scherz *m;* **stare allo** ~ Spaß vertragen (können); **per** ~ aus Spaß; **-i a parte!** Spaß beiseite! **2.** (*sorpresa sgradevole*) **fare uno** ~ **a qu** jdm einen Streich spielen **3.** (*fig: impresa facile*) Kinderspiel *n;* **scherzoso, -a** [sker'tso:so] *agg* lustig

schettinare [sketti'na:re] *vi* Rollschuh laufen

schiaccianoci [skiattʃa'no:tʃi] <-> *m* Nussknacker *m*

schiacciante [skiat'tʃante] *agg* (er)drückend

schiacciare [skiat'tʃa:re] **I.** *vt* **1.** (*patate*) zerdrücken; (*dito*) (sich *dat* etw) quetschen; (*noci, mandorle*) knacken **2.** (TEC) drücken **3.** (*fig*) schlagen **4.** (*loc*) ~ **un pisolino** (*fam*) ein Nickerchen machen **II.** *vr* **-rsi** eine Delle bekommen

schiacciata [skiat'tʃa:ta] *f* **1.** (SPORT) Schmetterball *m* **2.** (GASTR) Fladenbrot *n*

schiaffo ['skiaffo] *m* Ohrfeige *f,* Watsche *f A;* **prendere qu a -i** jdn ohrfeigen

schiamazzare [skiamat'tsa:re] *vi* **1.** (*galline*) gackern; (*oche*) schnattern **2.** (*persone*) kreischen

schiantare [skian'ta:re] **I.** *vt* **1.** (*rompere*) zerbrechen **2.** (*fig*) zerreißen **II.** *vi essere* (*fam*) platzen **III.** *vr* **-rsi** (zer)brechen

schianto ['skianto] *m* Krach *m*

schiarire [skia'ri:re] <schiarisco> **I.** *vt* hell(er) machen; **-rsi la voce** sich räuspern **II.** *vr* **-rsi 1.** (METEO) sich aufhellen **2.** (*diventar chiaro*) hell(er) werden; **schiarita** [skia'ri:ta] *f* **1.** (METEO) Aufheiterung *f* **2.** (*fig*) Verbesserung *f*

schiavitù [skiavi'tu] <-> *f* **1.** (SOC) Sklaverei *f* **2.** (*fig*) Knechtschaft *f;* **ridurre in** ~ versklaven; **schiavo, -a** ['skia:vo] **I.** *agg* ~ **della droga** drogenabhängig **II.** *m, f* Sklave *m,* Sklavin *f*

schiena ['skiɛ:na] *f* Rücken *m;* **schienale** [skie'na:le] *m* (Rücken)lehne *f*

schiera ['skiɛ:ra] *f* **1.** (*moltitudine*) Schar *f* **2.** (MIL) Truppe *f*

schieramento [skiera'mento] *m* **1.** (MIL) Aufmarsch *m* **2.** (SPORT) Aufstellung *f* **3.** (*fig*) Lager *n*

schierare [skie'ra:re] **I.** *vt* aufstellen **II.** *vr* **-rsi 1.** (MIL) sich formieren **2.** (*fig*) **-rsi dalla parte di/contro qu** für/gegen jdn Partei nehmen

schietto, -a ['skietto] *agg* **1.** (*puro*) rein, echt **2.** (*fig*) ehrlich

schifare [ski'fa:re] **I.** *vt* (an)ekeln **II.** *vr* **-rsi di qc** sich vor etw *dat* ekeln

schifo ['ski:fo] *m* Ekel *m;* **che** ~**!** wie ekelhaft!, igitt!; **schifoso, -a** [ski'fo:so] *agg* ekelhaft, widerlich; **hai avuto una fortuna -a** (*fam*) du hast unverschämtes Glück gehabt

schioccare [skiok'ka:re] *vt* (*frusta*) knallen mit; (*lingua*) schnalzen mit; (*dita*) schnippen mit

schiudere ['skiu:dere] <irr> **I.** *vt* öffnen, aufmachen **II.** *vr* **-rsi 1.** (*fiori*) aufgehen **2.** (*fig*) sich (er)öffnen

schiuma ['skiu:ma] *f* Schaum *m;* ~ **da barba** Rasierschaum *m*

schiusi ['skiu:si] *1. pers sing pass rem di* **schiudere**

schiuso ['skiu:so] *pp di* **schiudere**

schivare [ski'va:re] *vt* (ver)meiden; ~ **un colpo** einem Schlag ausweichen

schizofrenia [skiddzofre'ni:a] <-ie> *f* Schizophrenie *f;* **schizofrenico, -a** [skiddzo'frɛ:niko] <-ci, -che> **I.** *agg* schizophren **II.** *m, f* Schizophrene(r) *f(m)*

schizzare [skit'tsa:re] **I.** *vt* **1.** (*liquidi*) (ver)spritzen **2.** (*sporcare*) bespritzen **3.** (*disegnare*) skizzieren **II.** *vi essere* **1.** (*liquidi*) spritzen **2.** (*saltar fuori*) schießen **III.** *vr* **-rsi** sich bespritzen; **schizzato, -a** [skit'tsa:to] *agg* **1.** (*sporcato*) besudelt **2.** (*fig: persona*) überdreht

schizzinoso, -a [skittsi'no:so] *agg* zimperlich

schizzo ['skittso] *m* **1.** (*di fango, inchiostro*) Spritzer *m* **2.** (*abbozzo*) Skizze *f*

Schleswig-Holstein [ʃlezvig 'hɔlʃtain] *m* Schleswig-Holstein *n*

sci [ʃi] <-> *m* (SPORT: *attrezzo*) Ski *m;* (*attività*) Skifahren *n*

sciabola ['ʃa:bola] *f* Säbel *m*

sciacallaggio [ʃakal'la:ddʒo] <-ggi> *m* **1.** (*furto*) Plünderei *f* **2.** (*fig*) zynisches Abzocken

sciacallo [ʃa'kallo] *m* Schakal *m;* (*fig*) Aasgeier *m*

sciacquare [ʃak'kua:re] *vt* (*piatti, bicchieri*) abspülen; (*panni*) auswaschen; **-rsi le mani** (sich *dat*) die Hände abwaschen; **sciacquone** [ʃak'kuo:ne] *m* Wasserspülung *f*

Sciaffusa [ʃaf'fu:za] *f* Schaffhausen *n*

sciagura [ʃa'gu:ra] *f* Unglück *n;* ~ **ecologi-**

ca Umweltkatastrophe *f;* **sciagurato, -a** [ʃagu'ra:to] **I.** *agg* **1.** (*persone*) unglücklich **2.** (*malvagio*) schändlich; **madre -a** Rabenmutter *f* **II.** *m, f* Unglücksrabe *m*

scialacquare [ʃalak'kua:re] *vt* verschwenden; (*patrimonio*) verprassen

scialbo, -a ['ʃalbo] *agg* (*a fig*) blass

scialle ['ʃalle] *m* Schultertuch *n*

scialuppa [ʃa'luppa] *f* Beiboot *n;* ~ **di salvataggio** Rettungsboot *n*

sciamano [ʃa'ma:no] *m* Schamane *m*

sciame ['ʃa:me] *m* **1.** (ZOO) Schwarm *m* **2.** (*fig*) Schar *f*

sciarada [ʃa'ra:da] *f* Scharade *f*

sciare [ʃi'a:re] *vi* Ski laufen [*o* fahren]

sciarpa ['ʃarpa] *f* Schal *m*

sciata [ʃi'a:ta] *f* (*fam*) Skilauf *m*

sciatica ['ʃa:tika] <-che> *f* Ischias *m*

sciatore, -trice [ʃia'to:re] *m, f* Skiläufer(in) *m(f)*

sciatto, -a ['ʃatto] *agg* schlampig

scientifico [ʃen'ti:fiko] <-ci> *m* naturwissenschaftliches Gymnasium

scientifico, -a <-ci, -che> *agg* wissenschaftlich

scienza ['ʃɛntsa] *f* Wissenschaft *f;* (*sapere*) Wissen *n;* ~ **dell'alimentazione** Ernährungswissenschaft *f;* **-e economiche/naturali** Wirtschafts-/Naturwissenschaft *f;* **scienziato, -a** [ʃɛn'tsia:to] *m, f* (Natur)wissenschaftler(in) *m(f)*

sciistico, -a [ʃi'istiko] <-ci, -che> *agg* Ski-

sciita [ʃi'i:ta] <-i *m,* -e *f*> *mf* Schiit(in) *m(f)*

scimmia ['ʃimmia] <-ie> *f* Affe *m*

scimpanzé [ʃimpan'tse] <-> *m* Schimpanse *m*

scindere ['ʃindere] <scindo, scissi, scisso> **I.** *vt* **1.** (CHEM) spalten **2.** (*fig*) auf(spalten) **II.** *vr* **-rsi** sich spalten

scintilla [ʃin'tilla] *f* Funke *m;* **fare -e** (*a fig*) Funken schlagen; **scintillare** [ʃintil'la:re] *vi* **1.** (*fig*) funkeln **2.** (PHYS) Funken sprühen

sciò [ʃɔ] *int* weg, fort

scioccante [ʃok'kante] *agg* schockierend; **scioccare** [ʃok'ka:re] *vt* (*fam*) schockieren

sciocchezza [ʃok'kettsa] *f* **1.** (*scemenza*) Dummheit *f;* **dire -e** Unsinn reden **2.** (*fig*) Kleinigkeit *f;* **sciocco, -a** ['ʃɔkko] <-cchi, -cche> **I.** *agg* dumm **II.** *m, f* Dummkopf *m*

sciogliere ['ʃɔʎʎere] <sciolgo, sciolsi, sciolto> **I.** *vt* **1.** (*slegare*) lösen **2.** (*liberare*) befreien *A* **3.** (CHEM) lösen **4.** (*ghiaccio, nevi*) schmelzen (lassen) **5.** (*fig*) (auf)lösen; (*dubbio*) aufklären **II.** *vr* **-rsi 1.** (*slegarsi*) sich lösen **2.** (*fig*) **-rsi da qc** sich einer Sache *gen* entledigen **3.** (*neve*) schmelzen; **scioglilingua** [ʃoʎʎi'liŋgua] <-> *m* Zungenbrecher *m*

sciolgo ['ʃɔlgo] *1. pers sing pr di* **sciogliere**

sciolina [ʃio'li:na] *f* Skiwachs *n*

sciolsi ['ʃɔlsi] *1. pers sing pass rem di* **sciogliere**

scioltezza [ʃol'tettsa] *f* **1.** (*di movimenti*) Gewandtheit *f* **2.** (*di modi*) Leichtigkeit *f;* **sciolto, -a** ['ʃɔlto] **I.** *pp di* **sciogliere II.** *agg* **1.** (*slegato*) (auf)gelöst **2.** (*fig*) lässig

scioperante [ʃope'rante] **I.** *agg* streikend **II.** *mf* Streikende(r) *f(m);* **scioperare** [ʃope'ra:re] *vi* streiken; **sciopero** ['ʃɔ:pero] *m* Streik *m;* **far** ~ streiken; **essere in** ~ im Streik stehen; ~ **della fame** Hungerstreik *m*

sciovia [ʃio'vi:a] *f* Skilift *m*

scippare [ʃip'pa:re] *vt* ~ **qu** jdm die Tasche wegreißen; **scippatore, -trice** [ʃippa'to:re] *m, f* (Hand)taschenräuber(in) *m(f);* **scippo** ['ʃippo] *m* (Hand)taschenraub *m*

scirocco [ʃi'rɔkko] <-cchi> *m* Schirokko *m*

sciroppo [ʃi'rɔppo] *f* Sirup *m;* ~ **per la tosse** Hustensaft *m*

scisma ['ʃizma] <-i> *m* **1.** (REL) Schisma *n* **2.** (POL, SOC) Spaltung *f*

scissi ['ʃissi] *1. pers sing pass rem di* **scindere**

scissione [ʃis'sio:ne] *f* Spaltung *f;* ~ **monetaria** (FIN) Währungsspaltung *f*

scisso ['ʃisso] *pp di* **scindere**

sciupare [ʃu'pa:re] **I.** *vt* **1.** (*logorare*) abnutzen; (*abito*) verschleißen **2.** (*tempo, fatica*) verschwenden **II.** *vr* **-rsi** (*indumenti*) sich abnutzen

scivolare [ʃivo'la:re] *vi essere* **1.** (*perdere l'equilibrio*) (aus)rutschen **2.** (*scorrere*) gleiten; **scivolo** ['ʃi:volo] *m* Rutschbahn *f;* **scivoloso, -a** [ʃivo'lo:so] *agg* **1.** (*terreno*) glatt, rutschig **2.** (*fig, pej*) schleimig

sclerosi [skle'rɔ:zi] <-> *f* Sklerose *f;* ~ **multipla** multiple Sklerose; **sclerotico, -a** [skle'rɔ:tiko] <-ci, -che> **I.** *agg* sklerotisch **II.** *m, f* Sklerotiker *m*

scoccare [skok'kare] **I.** *vt* **1.** (*freccia*) abschießen **2.** (*ore*) schlagen **3.** (*fig: bacio*) zuwerfen **II.** *vi essere* **1.** (EL) aufleuchten **2.** (*ore*) schlagen

scocciare [skot'tʃa:re] (*fam*) **I.** *vt* nerven **II.** *vr* **-rsi** die Lust verlieren; **scocciatore**, **-trice** [skottʃa'to:re] *m, f* Nervensäge *f;* **scocciatura** [skottʃa'tu:ra] *f* (*fam*) Ärgernis *n;* **che ~!** wie lästig!

scodella [sko'dɛlla] *f* Schüssel *f*

scodinzolare [skodintso'la:re] *vi* (mit dem Schwanz) wedeln

scogliera [skoʎ'ʎɛ:ra] *f* Klippe *f;* **~ corallina** Riff *n;* **scoglio** ['skɔʎʎo] <-gli> *m* (*a fig*) Klippe *f*

scoiattolo [sko'iattolo] *m* Eichhörnchen *n*

scolapasta [skola'pasta] <-> *m* (Nudel)sieb *n;* **scolapiatti** [skola'piatti] <-> *m* Trockengestell *n* (für Teller); **scolaposate** [skolapo'sa:te] <-> *m* Besteckkorb *m*

scolare[1] [sko'la:re] *agg* schulpflichtig

scolare[2] **I.** *vt* **1.** (*bottiglie*) ausgießen **2.** (GASTR) abgießen **II.** *vi essere* abfließen

scolaresca [skola'reska] <-sche> *f* Schülerschaft *f;* **scolaro**, **-a** [sko'la:ro] *m, f* Schüler(in) *m(f)*

scolastico, **-a** [sko'lastiko] <-ci, -che> *agg* **1.** (*anno, tasse, programma*) Schul- **2.** (*fig, pej*) schulmäßig

scoliosi [sko'liɔ:zi] <-> *f* Skoliose *f*

scollare [skol'la:re] **I.** *vt* (ab)lösen **II.** *vr* **-rsi** sich (ab)lösen

scollato, **-a** [skol'la:to] *agg* ausgeschnitten; **scollo** ['skɔllo] *m* Ausschnitt *m*

scolo ['sko:lo] *m* **1.** (*deflusso*) Ablauf *m* **2.** (*condotto*) Abfluss *m* **3.** (*liquido*) Abwasser *n*

scolorare [skolo'ra:re] **I.** *vt* ausbleichen **II.** *vr* **-rsi** verbleichen; **scolorire** [skolo'ri:re] <scolorisco> *vt, vr* **-rsi** *v.* **scolorare**

scolpire [skol'pi:re] <scolpisco> *vt* **1.** (*marmo, statua*) behauen; (*legno*) schnitzen **2.** (*incidere*) eingravieren **3.** (*fig*) einprägen

scombinare [skombi'na:re] *vt* durcheinander bringen

scombussolare [skombusso'la:re] *vt* durcheinander bringen

scommessa [skom'messa] *f* Wette *f;* **fare una ~** eine Wette abschließen; **scommettere** [skom'mettere] <irr> *vt* **~ qc** um etw wetten

scomodare [skomo'da:re] **I.** *vt* stören **II.** *vr* **-rsi** sich bemühen

scomodità [skomodi'ta] *f* Unbequemlichkeit *f*

scomodo, **-a** *agg* unbequem

scomparire [skompa'ri:re] <irr> *vi essere* **1.** (*sparire*) verschwinden **2.** (*fig*) nicht zur Geltung kommen; **scomparsa** [skom'parsa] *f* **1.** (*sparizione*) Verschwinden *n* **2.** (*morte*) Hinscheiden *n;* **scomparso**, **-a** [skom'parso] **I.** *agg* **1.** (*popolo, continente*) untergegangen **2.** (*irreperibile*) vermisst, abgängig *A* **II.** *m, f* Hingeschiedene(r) *f(m)*

scompartimento [skomparti'mento] *m* **1.** (FERR) Abteil *n;* **~ per fumatori/per non fumatori** Raucher-/Nichtraucherabteil *n* **2.** (*di armadio*) Fach *n;* **scomparto** [skom'parto] *m* Fach *n*

scompenso [skom'pɛnso] *m* **1.** (MED) Kompensationsstörung *f* **2.** (*mancanza di equilibrio*) Unausgewogenheit *f*

scompigliare [skompiʎ'ʎa:re] *vt* in Unordnung bringen; (*capelli*) zerzausen

scompisciarsi [skompiʃ'ʃarsi] *vr* **~ dalle risate** (*vulg*) sich kaputtlachen *fam*

scomponibile [skompo'ni:bile] *agg* zerlegbar

scomporre [skom'porre] <irr> **I.** *vt* **1.** (*disgregare*) durcheinander bringen **2.** (MAT) zerlegen **II.** *vr* **-rsi** aus der Fassung geraten; **scomposto**, **-a** [skom'posto] *agg* **1.** (*capelli*) zerzaust **2.** (*fig: sguaiato*) ungehörig

scomunica [sko'mu:nika] <-che> *f* Exkommunikation *f;* **scomunicare** [skomuni'ka:re] *vt* (REL) exkommunizieren

sconcertante [skontʃer'tante] *agg* erschütternd; **sconcertare** [skontʃer'ta:re] *vt* **1.** (*creare disordine*) verwirren **2.** (*turbare*) erschüttern

sconcio, **-a** <-ci, -ce> *agg* unanständig

sconclusionato, **-a** [skonkluzio'na:to] *agg* unzusammenhängend

scondito, **-a** [skon'di:to] *agg* ungewürzt, fade

sconfessare [skonfes'sa:re] *vt* **1.** (*rinnegare*) verleugnen **2.** (*disapprovare*) missbilligen

sconfiggere [skon'fiddʒere] <sconfiggo, sconfissi, sconfitto> *vt* schlagen; (*a fig*) besiegen

sconfinare [skonfi'na:re] *vi* **1.** (*oltrepassare i confini*) eine Grenze überschreiten

2. (*fig*) abkommen

sconfissi [skon'fissi] *1. pers sing pass rem di* **sconfiggere**

sconfitta [skon'fitta] *f* Niederlage *f;* **subire una ~** eine Niederlage erleiden

sconfitto [skon'fitto] *pp di* **sconfiggere**

sconfortante [skonfor'tante] *agg* entmutigend; **sconforto** [skon'fɔrto] *m* Verzagtheit *f*

scongelamento [skondʒela'mento] *m* Auftauen *n;* **scongelare** [skondʒe'la:re] *vt* auftauen

scongiurare [skondʒu'ra:re] *vt* beschwören; (*pericolo*) abwenden; **scongiuro** [skon'dʒu:ro] *m* Beschwörung *f;* (*contro la iettatura*) Exorzismus *m*

sconnettere [skon'nɛttere] <irr> *vi* wirr reden, faseln

sconosciuto, -a [skonoʃ'ʃu:to] **I.** *agg* unbekannt **II.** *m, f* Unbekannte(r) *f(m)*

sconsacrare [skonsa'kra:re] *vt* entweihen

sconsiderato, -a [skonside'ra:to] *agg* unbedacht

sconsigliare [skonsiʎ'ʎa:re] *vt* **~ qc a qu** jdm von etw abraten; **~ di … +*inf*** davon abraten zu … *+inf*

sconsolato, -a [skonso'la:to] *agg* (*persona*) untröstlich; (*espressione*) trostlos

scontare [skon'ta:re] *vt* **1.** (COM, FIN) abziehen **2.** (JUR) verbüßen **3.** (*fig: pagare*) büßen (für); **scontato, -a** [skon'ta:to] *agg* **1.** (*ridotto*) ermäßigt **2.** (JUR) verbüßt **3.** (*previsto*) voraussehbar

scontento [skon'tɛnto] *m* Unzufriedenheit *f*

scontento, -a *agg* unzufrieden

sconto ['skonto] *m* **1.** (COM) Rabatt *m* **2.** (FIN, JUR) Diskont *m*

scontrare [skon'tra:re] **I.** *vt* treffen **II.** *vr* **-rsi 1.** (AUTO, FERR, AERO) zusammenstoßen **2.** (*fig*) aufeinander stoßen

scontrino [skon'tri:no] *m* Quittung *f;* **~ di cassa** Kassenzettel *m;* **~ di consegna** Lieferschein *m*

scontro ['skontro] *m* **1.** (MOT, FERR, AERO) Zusammenstoß *m* **2.** (MIL) Gefecht *n* **3.** (*fig*) Streit *m*

scontroso, -a [skon'tro:so] *agg* störrisch

sconveniente [skonve'niɛnte] *agg* **1.** (*contegno, parole*) unpassend **2.** (*prezzo*) unangemessen

sconvolgente [skonvol'dʒɛnte] *agg* erschütternd

sconvolgere [skon'vɔldʒere] <irr> *vt* erschüttern; **sconvolgimento** [skonvoldʒi'mento] *m* Erschütterung *f*

sconvolsi *1. pers sing pass rem di* **sconvolgere**

sconvolto *pp di* **sconvolgere**

scoop ['sku(:)p] <-> *m* Scoop *m;* **~ pubblicitario** Werbeknüller *m*

scooter ['skuter] <-> *m* Motorroller *m*

scopa ['sko:pa] *f* Besen *m;* **scopare** [sko'pa:re] *vt* **1.** (*pavimento*) kehren, fegen **2.** (*vulg*) ficken; **scopata** [sko'pa:ta] *f* **1.** (*spazzata*) Kehren *n* **2.** (*vulg*) **farsi una ~** ficken

scoperchiare [skoper'kia:re] *vt* abdecken; (*pentola*) den Deckel abnehmen von

scoperta [sko'pɛrta] *f* Entdeckung *f*

scoperto [sko'pɛrto] *m* **1.** (*luogo aperto*) Freie(s) *n;* **dormire allo ~** im Freien schlafen **2.** (COM, FIN) Überziehung *f;* **credito allo ~** ungedeckter Kredit

scoperto, -a *agg* **1.** (*terrazzo, terreno*) unbedeckt **2.** (*braccia, capo*) entblößt **3.** (COM, FIN) ungedeckt **4.** (*visibile*) offen **5.** (*fig*) **a viso ~** freimütig

scopiazzare [skopiat'tsa:re] *vt* schlecht abschreiben

scopino [sko'pi:no] *m* Klobürste *f*

scopo ['skɔ:po] *m* Zweck *m,* Ziel *n;* **a che ~?** wozu?; **raggiungere uno ~** ein Ziel erreichen

scoppiare [skop'pia:re] *vi essere* **1.** (*guerra*) ausbrechen **2.** (*bomba*) explodieren; (*gomma*) platzen **3.** (*epidemia*) ausbrechen **4.** (*fig*) ausbrechen; (*per aver mangiato troppo*) platzen; **~ a piangere/ridere** in Tränen/Gelächter ausbrechen

scoppiettare [skoppiet'ta:re] *vi* knistern

scoppio ['skɔppio] <-i> *m* **1.** (*di bomba, mina*) Explosion *f* **2.** (*rumore*) Knall *m* **3.** (*fig*) Ausbruch *m*

scoprire [sko'pri:re] <scopro, scoprii, scoperto> **I.** *vt* **1.** (*arrivare a conoscere*) entdecken **2.** (*fig*) enthüllen **II.** *vr* **-rsi 1.** (*di indumenti*) sich entblößen; (*a letto*) sich aufdecken **2.** (*rivelarsi*) sich verraten

scoraggiante [skorad'dʒante] *agg* entmutigend; **scoraggiare** [skorad'dʒa:re] **I.** *vt* entmutigen **II.** *vr* **-rsi** den Mut verlieren

scorbutico, -a [skor'bu:tiko] <-ci, -che> *agg* (*fig*) widerspenstig, rass *A*

S

scorciatoia [skortʃa'tɔ:ia] <-oie> *f* Abkürzung *f*
scorcio ['skortʃo] <-ci> *m* **1.** (*nell'arte*) (perspektivische) Verkürzung *f* **2.** (*vista*) Teilansicht *f*
scordare [skor'da:re] **I.** *vt* **1.** (*dimenticare*) vergessen **2.** (MUS) verstimmen **II.** *vr* **-rsi 1.** (*dimenticarsi*) vergessen **2.** (MUS) sich verstimmen
scoreggiare [sko'red'dʒa:re] *vi* (*vulg*) furzen
scorgere ['skɔrdʒere] <scorgo, scorsi, scorto> *vt* erblicken; (*accorgersi di*) bemerken
scoria ['skɔ:ria] <-ie> *f* Schlacke *f;* (*fig*) Abfall *m;* **-ie radioattive** Atommüll *m*
scorpacciata [skorpat'tʃa:ta] *f* **fare una ~ di ciliege** sich *dat* den Bauch voll Kirschen schlagen
scorpione [skor'pio:ne] *m* (ZOO, ASTR) Skorpion *m;* **sono** (**dello**) **Scorpione** ich bin (ein) Skorpion
scorrere ['skorrere] <irr> **I.** *vi essere* **1.** (*fiume*) fließen; (*lacrime*) laufen **2.** (*tempo*) vergehen **3.** (*traffico*) fließen **4.** (*ragionamento, discorso*) laufen **II.** *vt* **1.** (*libro*) überfliegen **2.** (INFORM) scrollen
scorrettezza [skorret'tettsa] *f* **1.** (*errore*) Fehlerhaftigkeit *f* **2.** (*maleducazione*) Unkorrektheit *f;* (*azione*) Fauxpas *m;* **scorretto, -a** [skor'rɛtto] *agg* **1.** (*compito, traduzione*) fehlerhaft **2.** (*gesto, contegno*) unkorrekt **3.** (SPORT) unfair
scorrevole [skor're:vole] *agg* gleitend; (*traffico, discorso*) flüssig
scorsi ['skɔrsi] *1. pers sing pass rem di* **scorgere, scorrere**
scorso, -a ['skorso] **I.** *pp di* **scorgere II.** *agg* vergangen, vorig; **l'anno ~** letztes Jahr
scorta ['skɔrta] *f* **1.** (*accompagnamento*) Begleitung *f* **2.** (MIL) Geleit *n* **3.** (*provvista*) Vorrat *m;* **ruota di ~** Ersatzrad *n;* **scortare** [skor'ta:re] *vt* geleiten
scortese [skor'te:ze] *agg* unhöflich; **scortesia** [skorte'zi:a] *f* Unhöflichkeit *f*
scorticare [skorti'ka:re] *vt* (*pelle*) abschürfen
scorto ['skɔrto] *pp di* **scorgere**
scorza ['skɔrtsa] *f* **1.** (*di albero*) Rinde *f* **2.** (*di frutto*) Schale *f;* **essere di ~ dura** (*fig*) ein dickes Fell haben
scosceso, -a [skoʃ'ʃe:so] *agg* steil
scossa ['skɔssa] *f* **1.** (EL) Schlag *m;* **prendere una ~** einen Schlag bekommen **2.** (*sbalzo*) Ruck *m;* **~ di terremoto** Erd(beben)stoß *m* **3.** (*fig*) Schlag *m*
scossi ['skɔssi] *1. pers sing pass rem di* **scuotere, scuocere**
scosso, -a ['skɔsso] **I.** *pp di* **scuotere II.** *agg* erschüttert
scostante [skos'tante] *agg* abweisend
scostare [skos'ta:re] **I.** *vt* wegschieben **II.** *vr* **-rsi** wegrücken
scostumato, -a [skostu'ma:to] *agg* sittenlos; (*maleducato*) ungezogen
scotch[1] [skɔtʃ] <-> *m* (*whisky*) Scotch (Whisky) *m*
scotch[2]® <-> *m* (*nastro autoadesivo*) Tesafilm® *m*
scottante [skot'tante] *agg* **1.** (*che scotta*) brennend **2.** (*fig*) heikel; (*urgente*) drängend
scottare [skot'ta:re] **I.** *vt* **1.** (*fiamma, sole*) (ver)brennen **2.** (GASTR) aufkochen **3.** (*fig*) verletzen **II.** *vi* heiß sein; **merce che scotta** (*fig*) heiße Ware **III.** *vr* **-rsi 1.** (MED) sich verbrennen **2.** (*fig*) sich *dat* die Finger verbrennen; **scottatura** [skotta'tu:ra] *f* **1.** (MED) Verbrennung *f;* (*di sole*) Sonnenbrand *m* **2.** (*fig*) Enttäuschung *f*
scotto ['skɔtto] *pp di* **scuocere**
scout ['skaut] **I.** <-> *mf* Pfadfinder(in) *m(f)* **II.** <inv> *agg* Pfadfinder-
scovare [sko'va:re] *vt* **1.** (*animale*) aufspüren **2.** (*fig*) aufstöbern
Scozia ['skɔttsia] *f* Schottland *n;* **scozzese** [skot'tse:se] **I.** *agg* schottisch **II.** *mf* Schotte *m,* Schottin *f*
screditare [skedi'ta:re] **I.** *vt* diskreditieren **II.** *vr* **-rsi** sich diskreditieren
screen saver <-> *m* (INFORM) Bildschirmschoner *m*
scremare [skre'ma:re] *vt* entrahmen
screpolare [skrepo'la:re] **I.** *vt* rissig machen **II.** *vr* **-rsi** rissig werden
scrigno ['skriɲɲo] *m* Schmuckkasten *m*
scrissi ['skrissi] *1. pers sing pass rem di* **scrivere**
scritta ['skritta] *f* Aufschrift *f*
scritto ['skritto] *m* **1.** (*cosa scritta*) Schriftstück *n* **2.** (*lettera*) Schreiben *n*
scritto, -a I. *pp di* **scrivere II.** *agg* **1.** (*legge, esame*) schriftlich **2.** (*fig*) eingetragen
scrittore, -trice [skrit'to:re] *m, f* Schriftsteller(in) *m(f)*

scrittura [skrit'tuːra] *f* **1.** (*gener,* REL) Schrift *f;* ~ (**a mano**) Handschrift *f;* **programma di** ~ (INFORM) Textverarbeitungsprogramm *n* **2.** (JUR: *contratto*) Vertrag *m* **3.** (THEAT, FILM, MUS) Engagement *n*

scritturare [skrittu'raːre] *vt* engagieren, aufnehmen *A*

scrivania [skriva'niːa] <-ie> *f* **1.** (*tavolo per scrivere*) Schreibtisch *m* **2.** (INFORM: *desktop*) Benutzeroberfläche *f*

scrivere ['skriːvere] <scrivo, scrissi, scritto> *vt* schreiben; **macchina da** ~ Schreibmaschine *f;* ~ **alla lavagna** an die Tafel schreiben; **come si scrive?** wie schreibt man das?

scroccare [skrok'kaːre] *vt* (*fam*) schnorren; **scroccone**, **-a** [skrok'koːne] *m, f* (*fam*) Schnorrer(in) *m(f)*

scrofa ['skrɔːfa] *f* Sau *f*

scrollare [skrol'laːre] **I.** *vt* schütteln; ~ **le spalle** mit den Schultern zucken **II.** *vr* **-rsi** (*fig*) sich aufraffen

scrolling ['scrouliŋ] <-> *m* (INFORM) Scrollen *n*

scrosciare [skroʃ'ʃaːre] *vi essere o avere* tosen, brausen; (*pioggia*) prasseln; **scroscio** ['skrɔʃʃo] <-sci> *m* Tosen *n;* (*di pioggia*) Prasseln *n;* ~ **di applausi** Beifallssturm *m*

scrostare [skros'taːre] **I.** *vt* abkratzen **II.** *vr* **-rsi** abblättern

scrupolo ['skruːpolo] *m* Skrupel *m;* **senza -i** skrupellos; **scrupoloso**, **-a** [skrupo'loːso] *agg* gewissenhaft

scrutare [skru'taːre] *vt* erforschen; **scrutatore**, **-trice** [skruta'toːre] **I.** *m, f* Stimmen(aus)zähler(in) *m(f)* **II.** *agg* prüfend

scrutinare [skruti'naːre] *vt* **1.** (JUR) auszählen **2.** (*nell'insegnamento*) benoten; **scrutinatore**, **-trice** [skrutina'toːre] *m, f* Stimmen(aus)zähler(in) *m(f);* **scrutinio** [skru'tiːnio] *m* **1.** (JUR) Abstimmung *f* **2.** (*a scuola*) Notenkonferenz *f*

scucire [sku'tʃiːre] **I.** *vt* **1.** (*orlo*) auftrennen **2.** (*fam scherz*) herausrücken **II.** *vr* **-rsi** aufgehen

scuderia [skude'riːa] <-ie> *f* **1.** (ZOO) Reit-, Pferdestall *m* **2.** (SPORT: *automobilismo*) Rennstall *m*

scudetto [sku'detto] *m* Meistertitel *m;* **vincere lo** ~ Meister werden

scudo ['skuːdo] *m* **1.** (MIL) Schild *m* **2.** (*fig*) Schutz *m* **3.** (ZOO) (Panzer)schuppe *f* **4.** (*moneta*) Scudo *m;* ~ **europeo** ECU *m*

scugnizzo [skuɲ'ɲittso] *m* (neapolitanischer) Gassenjunge *m*

sculacciare [skulat'tʃaːre] *vt* versohlen *fam;* **sculaccione** [skulat'tʃoːne] *m* Schlag *m* auf den Hintern

sculettare [skulet'taːre] *vi* mit den Hüften wackeln *fam*

scultore, **-trice** [skul'toːre] *m, f* Bildhauer(in) *m(f);* **scultoreo**, **-a** [skul'tɔːreo] *agg* (*arte*) Bildhauer-, plastisch; (*bellezza*) statuarisch; **scultura** [skul'tuːra] *f* **1.** (*arte, tecnica*) Bildhauerei *f* **2.** (*opera*) Skulptur *f*

scuocere ['skuɔːtʃere] <scuocio, scossi, scotto> **I.** *vi* verkochen **II.** *vr* **-rsi** verkochen

scuola ['skuɔːla] *f* Schule *f;* ~ **guida** Fahrschule *f;* ~ **serale** Abendschule *f*

Im Alter von drei Jahren besuchen italienische Kinder bereits die **scuola**. Sie bleiben in der scuola materna bis sie sechs sind und gehen dann fünf Jahre lang in die scuola elementare. Danach wechseln sie zur scuola media inferiore, die drei Jahre dauert und mit deren Abschluss die Schulpflicht endet. Schüler, die weiter zur Schule gehen möchten, besuchen dann eine scuola media superiore: entweder das liceo classico, das liceo scientifico, das liceo linguistico oder das liceo artistico, die jeweils weitere fünf Jahre dauern, das istituto magistrale (vier Jahre) oder das istituto tecnico e professionale (zwischen drei und fünf Jahren).

scuolabus [skuola'bus] *m* Schulbus *m*

scuotere ['skuɔːtere] <scuoto, scossi, scosso> **I.** *vt* **1.** (*agitare*) schütteln **2.** (*fig*) erschüttern **II.** *vr* **-rsi** sich aufraffen

scurire [sku'riːre] <scurisco> **I.** *vt* verdunkeln **II.** *vr* **-rsi** dunkel werden

scuro ['skuːro] *m* **1.** (*finestra*) (Fenster)blende *f* **2.** (*oscurità*) Dunkel *n* **3.** (*colore*) Dunkle(s) *n*

scuro, **-a** *agg* **1.** (*colore, notte*) dunkel **2.** (*fig*) finster

scurrile [sku'riːle] *agg* skurril; (*salace*) lasziv, schlüpfrig

scusa ['skuːza] *f* **1.** (*lo scusarsi*) Entschuldigung *f;* **chiedere** ~ um Entschuldigung bitten **2.** (*pretesto*) Ausrede *f;* **avere sempre**

una ~ pronta nie um eine Ausrede verlegen sein

scusare [sku'za:re] **I.** *vt* entschuldigen; **scusi, che ore sono?** entschuldigen Sie, wie spät ist es?; **mi scusi!** Verzeihung!; **scusatemi del ritardo** entschuldigt bitte die Verspätung **II.** *vr* **-rsi** (**con qu**) **di qc** sich (bei jdm) für etw entschuldigen

sdebitarsi [zdebi'tarsi] *vr* (*fig*) ~ **con qu di qc** sich bei jdm für etw revanchieren

sdegnare [zdeɲ'ɲa:re] **I.** *vt* **1.** (*rifiutare*) ablehnen **2.** (*provocare risentimento*) aufbringen **II.** *vr* **-rsi** sich empören; **sdegno** ['zdeɲɲo] *m* Empörung *f*

sdentato, -a [zden'ta:to] *agg* zahnlos

SDI *abbr di* **socialisti democratici italiani** *sozialdemokratische Partei Italiens*

sdolcinato, -a [zdoltʃi'na:to] *agg* süßlich; **parole -e** Süßholzgeraspel *n*

sdoppiamento [zdoppia'mento] *m* Spaltung *f*; **sdoppiare** [zdop'pia:re] **I.** *vt* spalten **II.** *vr* **-rsi** sich spalten

sdraiare [zdra'ia:re] **I.** *vt* (hin)legen **II.** *vr* **-rsi** sich (hin)legen

sdraio ['zdra:io] <-> *f* Liegestuhl *m*

sdrammatizzare [zdrammatid'dza:re] *vt* entschärfen

sdrucciolare [zdruttʃo'la:re] *vi essere* ausrutschen; **sdrucciolevole** [zdruttʃo'le:vole] *agg* rutschig

se[1] [se] **I.** *cong* **1.** (*condizionale*) wenn, falls; ~ **mai** wenn je; ~ **non** wenn nicht; ~ **non altro** wenigstens, zumindest; ~ **non che** nur dass, aber; ~ **ben ricordo** wenn ich mich recht entsinne; ~ **me l'avesse detto, avrei accettato** wenn er es mir gesagt hätte, hätte ich angenommen **2.** (*dubitativa, interrogativa, indiretta*) ob; **come** ~ als ob; **come ~ non lo sapessi!** als ob ich das nicht wüsste! **3.** (*esclamativa, desiderativa*) wenn doch; ~ **solo l'avessi saputo!** wenn ich das doch nur gewusst hätte! **II.** *m* Wenn *n*

se[2] *pron* (*davanti a lo, la, li, le, ne*) *v.* **si**[1]

S.E. *abbr di* **sudest** SO

sé [se] *pron rifl 3. pers* sich; **essere fuori di ~** außer sich *dat* sein; **da ~** von selbst; **fra ~** bei sich *dat*; **fra ~ e ~** für sich (allein); **~ stesso** sich selbst; **un caso a ~** ein Fall für sich; **va da ~ che …** es versteht sich (von selbst), dass …; **la cosa di per ~ ha poca importanza** die Sache an und für sich hat wenig Bedeutung; **è un uomo che si è fatto da ~** er ist ein Selfmademan

sebbene [seb'bɛ:ne] *cong +conj* obwohl

sec. *abbr di* **secondo** s

secca ['sekka] <-cche> *f* (NAUT) Untiefe *f*

seccante [sek'kante] *agg* lästig

seccare [sek'ka:re] **I.** *vt* **1.** (GASTR) trocknen **2.** (*sorgente*) austrocknen **3.** (*fig fam: infastidire*) auf die Nerven gehen, sekkieren *A* **II.** *vr* **-rsi 1.** (*diventare secco*) vertrocknen **2.** (*fam: stancarsi*) **-rsi di fare qc** es satt haben, etw zu tun; **seccatore, -trice** [sekka'to:re] *m, f* (*fam*) Störenfried *m*; **seccatura** [sekka'tu:ra] *f* (*fam*) Belästigung *f*

secchio ['sekkio] <-cchi> *m* Eimer *m*

secchione, -a [sek'kio:ne] *m, f* (*fam pej*) Streber(in) *m(f)*

secco ['sekko] *m* Trockene(s) *n*; **lavatura a ~** chemische Reinigung

secco, -a <-cchi, -cche> *agg* **1.** (*terreno, clima*) trocken **2.** (*frutta, funghi*) trocken; (*rami*) verdorrt **3.** (*vino*) trocken **4.** (*persona, gambe*) dürr **5.** (*fig*) trocken **6.** (*loc*) **fare ~ qu** (*fam*) jdn umlegen; **restarci ~** (*fam*) dabei draufgehen

secentesco, -a [setʃen'tesko] <-schi, -sche> *agg* das siebzehnte Jahrhundert betreffend

secessione [setʃes'sio:ne] *f* Sezession *f*

secolare [seko'la:re] *agg* **1.** (*che ha uno, più secoli*) jahrhundertealt **2.** (*laico, mondano*) weltlich, säkular

secolarizzare [sekolarid'dza:re] *vt* säkularisieren

secolo ['sɛ:kolo] *m* **1.** (*periodo*) Jahrhundert *n* **2.** (*fam*) Ewigkeit *f*

seconda [se'konda] *f* **1.** (*a scuola*) zweite Klasse **2.** (AUTO) zweiter Gang **3.** (FERR, NAUT, AERO) **viaggiare in ~** zweiter Klasse reisen **4.** (MUS) Sekunde *f* **5.** (*loc*) **a ~ di** (je) nach *+dat*, gemäß *+dat*; **a ~ dei casi** von Fall zu Fall

secondariamente [sekondaria'mente] *avv* zweitens; **secondario, -a** [sekon'da:rio] <-i, -ie> *agg* sekundär, Zweit-, Neben-; **proposizione -a** Nebensatz *m*; **scuola -a** Sekundarstufe *f*

secondo[1] [se'kondo] *prp* gemäß *+dat*, nach *+dat*, je nach *+dat*; ~ **l'uso** wie gewöhnlich, dem Brauch gemäß; ~ **me/te** meiner/deiner Meinung nach; ~ **che …** *+conj* je nachdem, ob …; ~ **quanto mi hanno detto** soweit sie mir gesagt haben

secondo[2] *m* **1.** (GASTR) zweiter Gang, Hauptgang *m* **2.** (*unità di misura del tempo*) Sekunde *f*

secondo, **-a** **I.** *agg* zweite(r, s); **Giacomo Secondo** Jakob der Zweite; **abiti di -a mano** Kleider aus zweiter Hand; ~ **fine** verborgene Absicht **II.** *m, f* Zweite(r, s) *f(m, n)*; **secondogenito**, **-a** [sekondo'dʒɛ:nito] **I.** *agg* zweitgeboren **II.** *m, f* Zweitgeborene(r) *f(m)*

sedano ['sɛ:dano] *m* Sellerie *m o f*

sedare [se'da:re] *vt* **1.** (*tumulto*) beruhigen **2.** (*dolore*) stillen

sedativo [seda'ti:vo] *m* Beruhigungsmittel *n*

sede ['sɛ:de] *f* (COM, ADM) Sitz *m;* **in ~ di** bei +*dat*; **in separata ~** (*a fig*) beiseite

sedentario, **-a** [seden'ta:rio] <-i, -ie> *agg* **1.** (*lavoro, vita*) sitzend, im Sitzen **2.** (*persona*) bewegungsfaul

sedere[1] [se'de:re] <siedo, sedei, seduto> **I.** *vi essere* sitzen; **mettersi a ~** sich hinsetzen; **stare a ~** sitzen; **~ a tavola** am Tisch sitzen **II.** *vr* **-rsi** sich setzen; **-rsi a tavola** sich zu Tisch setzen

sedere[2] *m* (ANAT) Gesäß *n*

sedia ['sɛ:dia] <-ie> *f* Stuhl *m,* Sessel *m A;* **~ a sdraio** Liegestuhl *m;* **~ elettrica** elektrischer Stuhl

sedicenne [sedi'tʃɛnne] **I.** *agg* sechzehnjährig **II.** *mf* Sechzehnjährige(r) *f(m)*

sedicente [sedi'tʃɛnte] *agg* vorgeblich

sedicesimo [sedi'tʃɛ:zimo] *m* (*frazione*) Sechzehntel *n*

sedicesimo, **-a** **I.** *agg* sechzehnte(r, s) **II.** *m, f* Sechzehnte(r, s) *mfn; v. a.* **quinto**

sedici ['se:ditʃi] **I.** *num* sechzehn **II.** <-> *m* (*numero*) Sechzehn *f;* (*nelle date*) Sechzehnte(r) *m* **III.** *fpl* sechzehn Uhr; *v. a.* **cinque**

sedile [se'di:le] *m* Sitz *m;* (*di più posti*) Bank *f*

sedotto [se'dotto] *pp di* **sedurre**

seducente [sedu'tʃɛnte] *agg* verführerisch

sedurre [se'durre] <seduco, sedussi, sedotto> *vt* verführen; (*fig*) verlocken

seduta [se'du:ta] *f* Sitzung *f;* **~ stante** (*a fig*) auf der Stelle

seduttore, **-trice** [sedut'to:re] **I.** *agg* verführerisch **II.** *m, f* Verführer(in) *m(f);* **seduzione** [sedut'tsio:ne] *f* Verführung; (*fig*) Verlockung *f*

sega ['se:ga] <-ghe> *f* **1.** (*utensile*) Säge *f;* **~ circolare** Kreissäge *f* **2.** (*vulg*) Wichsen *n;* **farsi una ~** (*vulg*) sich *dat* einen runterholen

segale ['se:gale] *f* Roggen *m*

segare [se'ga:re] *vt* **1.** (*tronco*) (ab)sägen **2.** (*vene, gola*) durchschneiden **3.** (*stringere*) (ein)schneiden in +*acc* **4.** (*sl: a scuola*) durchrasseln lassen *fam;* **segatura** [sega'tu:ra] *f* (*residuo*) Sägemehl *n*

seggio ['sɛddʒo] <-ggi> *m* (PARL) Sitz *m;* **~ elettorale** (*luogo*) Wahllokal *n,* Wahlsprengel *m A*

seggiola ['sɛddʒola] *f* Stuhl *m*

seggiolino [seddʒo'li:no] *m,* **seggiolone** [seddʒo'lo:ne] *m* (*per bambini*) Hochstuhl *m*

seggiovia [seddʒo'vi:a] *f* Sessellift *m*

segheria [sege'ri:a] <-ie> *f* Sägewerk *n*

seghettato, **-a** [seget'ta:to] *agg* gezahnt; **coltello ~** Sägemesser *n*

segmento [seg'mento] *m* Abschnitt *m*

segnalare [seɲɲa'la:re] **I.** *vt* anzeigen; (*fig*) aufmerksam machen auf +*acc* **II.** *vr* **-rsi per qc** sich durch etw auszeichnen; **segnalazione** [seɲɲalat'tsio:ne] *f* **1.** (OPT, FERR, AUTO, AERO) Zeichen *npl* **2.** (*fig*) Hinweis *m*

segnale [seɲ'ɲa:le] *m* Signal *n;* **~ audio/video** (TV) Ton-/Bildsignal *n;* **~ stradale** Verkehrszeichen *n;* **segnaletica** [seɲɲa'lɛ:tika] <-che> *f* Signalsystem *n*

segnalibro [seɲɲa'li:bro] *m* Lesezeichen *n*

segnare [seɲ'ɲa:re] **I.** *vt* **1.** (*notare*) anmerken **2.** (*contrassegnare*) kennzeichnen **3.** (COM: *prezzo*) auszeichnen **4.** (SPORT: *gol, punto*) erzielen **5.** (*indicare*) anzeigen **II.** *vr* **-rsi** sich bekreuzigen

segno ['seɲɲo] *m* **1.** (*indizio, accenno*) Zeichen *n;* **-i caratteristici** besondere Kennzeichen; **~ della croce** Kreuzzeichen *n;* **-i dello zodiaco** Sternzeichen *npl;* **fare ~ con la mano** ein Handzeichen geben; **in ~ di** zum Zeichen *gen* **2.** (*fig* MED) Symptom *n* **3.** (*traccia*) Spur *f;* **lasciare il ~** Spuren hinterlassen **4.** (*bersaglio*) Ziel(scheibe *f*) *n;* **tiro a ~** Scheibenschießen *n;* **andare a ~** (*a fig*) treffen; **colpire nel ~** (*a fig*) ins Schwarze treffen

segregare [segre'ga:re] **I.** *vt* absondern **II.** *vr* **-rsi** sich absondern

segretario, **-a** [segre'ta:rio] <-i, -ie> *m, f* Sekretär(in) *m(f);* **segreteria** [segrete'ri:a] <-ie> *f* Sekretariat *n;* **~ telefonica**

S

Anrufbeantworter *m*

segreto [se'gre:to] *m* Geheimnis *n;* ~ **bancario** Bankgeheimnis *n;* ~ **di stato** Staatsgeheimnis *n*

segreto, **-a** *agg* geheim, heimlich

seguace [se'gua:tʃe] *mf* Anhänger(in) *m(f)*

seguente [se'guɛnte] *agg* folgend

segugio [se'gu:dʒo] <-gi> *m* Spürhund *m*

seguire [se'gui:re] **I.** *vt* **1.** (*andare dietro*) ~ **qu/qc** jdm/etw folgen; (*per trovare*) jdn/etw verfolgen **2.** (*venire dopo*) kommen nach **3.** (*fig*) verfolgen; (*prescrizioni, consiglio*) befolgen; ~ **la moda** der Mode folgen; ~ **il consiglio di qu** jds Rat befolgen **4.** (*corso*) teilnehmen an *+dat;* (*studi*) nachgehen **II.** *vi essere* **1.** (*venir dopo*) folgen **2.** (*continuare*) folgen; **segue a pag. 33** Fortsetzung auf S. 33 **3.** (*derivare*) entstehen

seguito ['se:guito] *m* **1.** (*scorta*) Gefolge *n* **2.** (*discepoli*) Nachwuchs *m* **3.** (*consenso*) Zustimmung *f* **4.** (*continuazione*) Fortsetzung *f* **5.** (*loc*) **in ~ a** infolge *+gen;* **in ~** demnächst; **di ~** ohne Unterbrechung; **e così di ~** und so weiter

sei[1] ['sɛ:i] **I.** *num* sechs **II.** <-> *m* **1.** (*numero*) Sechs *f* **2.** (*nelle date*) Sechste(r) *m* **3.** (*voto scolastico*) ≈ ausreichend, vier **III.** *fpl* sechs Uhr; *v. a.* **cinque**

sei[2] *2. pers sing pr di* **essere**[1]

seicento [sei'tʃɛnto] **I.** *num* sechshundert **II.** <-> *m* Sechshundert *f;* **il Seicento** das siebzehnte Jahrhundert; (*nell'arte italiana*) das Seicento

seimila [sei'mi:la] **I.** *num* sechstausend **II.** <-> *m* Sechstausend *f*

selce ['seltʃe] *f* Kiesel(stein) *m*

selciato [sel'tʃa:to] *m* Pflaster *n*

selettivo, **-a** [selet'ti:vo] *agg* **1.** (*criteri, metodo*) selektiv **2.** (*persona*) wählerisch, heikel *A;* **selezionare** [selettsio'na:re] *vt* auswählen; (*computer*) markieren; **selezione** [selet'tsio:ne] *f* **1.** (*scelta*) (Aus)wahl *f* **2.** (BIOL) Auslese *f* **3.** (INFORM) Sortierung *f*

self-service ['sɛlf'sə:vis] <-> *m* (*ristorante*) Selbstbedienungsrestaurant *n;* (*negozio*) Selbstbedienungsladen *m*

sella ['sɛlla] *f* Sattel *m;* **sellare** [sel'la:re] *vt* satteln

seltz [sɛlts] <-> *m* Selterswasser *n*

selva ['selva] *f* Wald *m;* **la Selva nera** der Schwarzwald

selvaggina [selvad'dʒi:na] *f* Wild *n*

selvaggio, **-a** [sel'vaddʒo] <-ggi, -gge> **I.** *agg* wild **II.** *m, f* Wilde(r) *f(m)*

selvatico, **-a** <-ci, -che> *agg* **1.** (BOT, ZOO) wild **2.** (*fig, pej*) grob

selvicoltore [selvikol'to:re] *m* Forstwirt(in) *m(f)*

semaforo [se'ma:foro] *m* Ampel *f;* ~ **verde** (*fig*) grünes Licht

semantica [se'mantika] <-che> *f* Semantik *f*

sembrare [sem'bra:re] *vi essere* **1.** (*parere*) scheinen; **sembra che ...** *+conj* es scheint, dass ...; **sembra contento** er scheint zufrieden (zu sein) **2.** (*ritenere*) erscheinen, glauben; **ti sembra di aver ragione?** glaubst du, dass du Recht hast?; **come ti sembra?** was hältst du davon? **3.** (*avere l'aspetto*) aussehen, ausschauen *A;* **sembri un'italiana** du siehst aus wie eine Italienerin

seme ['se:me] *m* **1.** (BOT) Keim *m* **2.** (*fig*) Same *m* **3.** (*delle carte*) Farbe *f*

semestrale [semes'tra:le] *agg* halbjährlich; (*corso*) Semester-; **semestre** [se'mɛstre] *m* Halbjahr *n;* (*all'università*) Semester *n*

semi- [semi] (*in parole composte*) Halb-, halb-

semicerchio [semi'tʃerkio] *m* Halbkreis *m;* **disporsi a ~** sich im Halbkreis aufstellen

semifinale [semifi'na:le] *f* Halbfinale *n*

semifreddo [semi'freddo] *m* Halbgefrorene(s) *n*

semina ['se:mina] *f* (AGR) **1.** (*operazione*) Aussaat *f* **2.** (*periodo*) Saatzeit *f;* **seminare** [semi'na:re] *vt* **1.** (AGR) (aus)säen **2.** (*fig: odio*) säen **3.** (SPORT) abschütteln

seminario [semi'na:rio] <-i> *m* Seminar *n*

seminterrato [seminter'ra:to] *m* Kellergeschoss *n*

seminudo, **-a** [semi'nu:do] *agg* halb nackt

semiologia [semiolo'dʒi:a] <-gie> *f* Semiologie *f*

semioscurità [semioskuri'ta] <-> *f* Halbdunkel *n*

semipieno, **-a** [semi'piɛ:no] *agg* halb voll

semirigido, **-a** *agg* (TEC) halb starr; **lenti a contatto -e** halb weiche Kontaktlinsen *fpl*

semita [se'mi:ta] <-i *m*, -e *f*> **I.** *mf* Semit(in) *m(f)* **II.** *agg* semitisch; **semitico**, **-a** [se'mi:tiko] <-ci, -che> *agg* semitisch

semitono [semi'tɔ:no] *m* Halbton *m*

semivuoto, **-a** [semi'vuɔ:to] *agg* halb voll; **un bicchiere** ~ ein halb volles Glas

semmai [sem'ma:i] *cong* wenn je, falls je

semola ['se:mola] *f* Grieß *m*

semolino [semo'li:no] *m* **1.** (*farina*) Grieß *m* **2.** (*minestra*) Grießsuppe *f*

semplice ['semplitʃe] *agg* **1.** (*gener*) einfach **2.** (*fig a*) schlicht; (*pej: ingenuo*) einfältig; **semplicemente** [semplitʃe'mente] *avv* **1.** (*soltanto*) (einfach) nur, bloß **2.** (*in modo semplice*) einfach, schlicht

semplicità [semplitʃi'ta] <-> *f* **1.** (*gener*) Einfachheit *f* **2.** (*fig*) Klarheit *f*; (*pej: ingenuità*) Einfältigkeit *f*

semplificare [semplifi'ka:re] **I.** *vt* **1.** (*gener*) vereinfachen **2.** (MAT) kürzen **II.** *vr* **-rsi** sich vereinfachen

sempre ['sɛmpre] *avv* **1.** (*in ogni tempo*) immer **2.** (*continuamente*) ständig; **da** ~ schon immer, seit eh und je; **una volta per** ~ ein für allemal **3.** (*ancora, tuttavia*) immer noch **4.** (*con comparativo*) immer **5.** (*ma*) aber nur, immer(nur); ~ **che** +*conj* falls (nur), wenn (nur); **sempreverde** [sempre'verde] **I.** *agg* immergrün **II.** *m o f* Immergrün *n*

senape ['sɛ:nape] *f* Senf *m*

senato [se'na:to] *m* Senat *m*

Der **Senato** ist das Oberhaus des italienischen Parlaments mit ähnlichen Aufgaben wie die Camera dei deputati. Um für den Senato kandidieren zu können, muss man mindestens 40 Jahre alt, um einen Kandidaten wählen zu können, mindestens 25 Jahre alt sein. Die Wahlen für die 315 Senatoren finden alle fünf Jahre statt. Frühere Staatsoberhäupter werden Senatoren auf Lebenszeit, ebenso werden fünf herausragende Persönlichkeiten vom Staatsoberhaupt wegen ihrer Leistungen in den Bereichen der Wissenschaft, der Kunst oder der Literatur vorgeschlagen. Der von den Senatoren gewählte Presidente del Senato führt den Vorsitz.

senatore, **-trice** [sena'to:re] *m, f* Senator(in) *m(f)*

senese[1] <*sing*> *m* (*dialetto*) sienesischer Dialekt

senese[2] [se'ne:se] **I.** *agg* sienesisch **II.** *mf* Einwohner(in) *m(f)* von Siena

senile [se'ni:le] *agg* Greisen-, Alters-

senior ['sɛ:nior] <inv> *agg* **1.** (*più vecchio*) senior **2.** (SPORT) Senioren-

Senna ['sɛnna] *f* Seine *f*

senno ['senno] *m* Verstand *m*; **uscire di** ~ den Verstand verlieren

sennò [sen'nɔ] *avv* (*fam*) sonst

sennonché [sennoŋ'ke] *cong* aber, jedoch

seno ['se:no] *m* **1.** (*petto*) Busen *m* **2.** (MAT) Sinus *m*

sensato, **-a** [sen'sa:to] *agg* vernünftig

sensazionale [sensattsio'na:le] *agg* sensationell; **sensazione** [sensat'tsio:ne] *f* **1.** (*tattile, visiva*) Gefühl *n* **2.** (*impressione*) Eindruck *m* **3.** (*viva impressione*) Aufsehen *n*; **fare** ~ Aufsehen erregen

sensibile [sen'si:bile] *agg* **1.** (*fenomeni*) (sinnlich) wahrnehmbar **2.** (*persona*) sensibel **3.** (*a uno stimolo*) **essere** ~ **a qc** gegen etw empfindlich sein **4.** (*notevole*) merklich; **sensibilità** [sensibili'ta] <-> *f* **1.** (*capacità di percepire*) Empfindungsvermögen *n* **2.** (*emotiva*) Sensibilität *f*

sensitivo, **-a** [sensi'ti:vo] **I.** *agg* **1.** (*facoltà*) sinnlich, Sinnen-; (*organo*) Sinnes- **2.** (*sensibile, emotivo*) empfindlich **II.** *m, f* Medium *n*

senso ['sɛnso] *m* **1.** (*facoltà*) Sinn *m* **2.** *pl* (*coscienza*) Bewusstsein *n*; (*sensualità*) Sinne *mpl*; **perdere i -i** das Bewusstsein verlieren **3.** (*stato, sensazione*) Gefühl *n*; **fare** ~ anekeln **4.** (*significato*) Sinn *m*; **a** ~ sinngemäß; **non ha** ~ das hat keinen Sinn **5.** (*direzione*) Richtung *f*; ~ **unico** (AUTO) Einbahnstraße *f*; ~ **vietato** (AUTO) Einfahrt verboten; **in** ~ **orario/antiorario** im/gegen den Uhrzeigersinn

sensuale [sensu'a:le] *agg* sinnlich; (*dei sensi*) Sinnes-; **sensualità** [sensuali'ta] <-> *f* Sinnlichkeit *f*

sentenza [sen'tɛntsa] *f* **1.** (JUR) Urteil *n* **2.** (*massima*) (Aus)spruch *m*; **sputar -e** Sprüche klopfen *fam*

sentiero [sen'tiɛ:ro] *m* Pfad *m*

sentimentale [sentimen'ta:le] *agg* sentimental

sentimento [senti'mento] *m* Gefühl *n*

sentinella [senti'nɛlla] *f* Wache *f*

sentire [sen'ti:re] **I.** *vt* **1.** (*con le orecchie*) hören; (*ascoltare*) sich *dat* anhören; **stare a** ~ **qu** jdm zuhören; **sentir dire** hören **2.** (*con il naso*) riechen **3.** (*col gusto*) schmecken; (*assaggiare*) probieren **4.** (*col tatto*) fühlen **5.** (*provare*) fühlen; **sento caldo** mir ist (es) warm; **sento freddo** ich friere **6.** (*venire a sapere*) erfahren **7.** (*accorgersi*) merken **II.** *vi* (*udire*) hören (können) **III.** *vr* **-rsi** sich fühlen; **mi sento bene/male** ich fühle mich wohl/mir ist schlecht; **non me la sento** (*fam*) ich habe keine Lust dazu; **sentito, -a** [sen'ti:to] *agg* **1.** (*sincero*) herzlich, aufrichtig **2.** (*loc*) **per ~ dire** vom Hörensagen

senza ['sɛntsa] **I.** *prp* ohne *+acc;* **~ di me/te/lui** ohne mich/dich/ihn; **~ casa** obdachlos; **~ dubbio** zweifellos; **~ paragone** unvergleichlich; **senz'altro** ohne weiteres, auf jeden Fall; **fare ~ qc/qu** ohne etw/jdn auskommen **II.** *cong* ohne zu *+inf;* **~ dire niente** ohne etw zu sagen; **~ che** *+conj* ohne dass; **senzapatria** [sentsa'pa:tria] <-> *mf* Heimatlose(r) *f(m);* **senzatetto** [sentsa'tetto] <-> *mf* Obdachlose(r) *f(m),* Sandler(in) *m(f) A*

separare [sepa'ra:re] **I.** *vt* trennen; (*tenere distinto*) unterscheiden **II.** *vr* **-rsi** sich trennen; **separatamente** [separata'mente] *avv* getrennt; (*uno alla volta*) einzeln

separazione [separat'tsio:ne] *f* Trennung *f;* **~ dei beni** Gütertrennung *f*

sepolcro [se'polkro] *m* Grab *n*

sepolto, -a [se'polto] **I.** *pp di* **seppellire** **II.** *agg* **1.** (*seppellito*) begraben **2.** (*fig*) versunken **III.** *m, f* Begrabene(r) *f(m);* **sepoltura** [sepol'tu:ra] *f* **1.** (*sepolcro*) Begräbnisstätte *f* **2.** (*cerimonia*) Beerdigung *f;* **seppellire** [seppel'li:re] <seppellisco, seppellii, sepolto> **I.** *vt* **1.** (*morti*) beerdigen **2.** (*oggetti*) vergraben **3.** (*fig*) begraben **II.** *vr* **-rsi** sich vergraben

seppi ['sɛppi] *1. pers sing pass rem di* **sapere**[1]

seppia ['seppia] <-ie> *f* Tintenfisch *m*

seppure, se pure [sep'pu:re] *cong +conj* selbst wenn

sequenza [se'kuɛntsa] *f* **1.** (*serie*) (Ab-, Reihen)folge *f* **2.** (FILM) Sequenz *f*

sequestrare [sekues'tra:re] *vt* **1.** (JUR) beschlagnahmen **2.** (*illegalmente*) entführen; **sequestratore, -trice** [sekuestra'to:re] *m, f* Entführer(in) *m(f);* **sequestro** [se'kuɛstro] *m* Entführung *f;* **~ di persona** Freiheitsberaubung *f*

sera ['se:ra] *f* Abend *m;* **buona ~!** guten Abend!; **di ~** abends; **domani/ieri ~** morgen/gestern abend; **la ~ prima** am Abend vorher

serale [se'ra:le] *agg* abendlich, Abend-; **scuola ~** Abendschule *f;* **turno ~** Spätschicht *f;* **serata** [se'ra:ta] *f* Abend *m;* (*festa*) Abendveranstaltung *f*

serbare [ser'ba:re] **I.** *vt* **1.** (*conservare*) (auf)bewahren **2.** (*fig: parola*) halten; (*segreto*) bewahren **II.** *vr* **-rsi** bleiben

serbatoio [serba'to:io] <-oi> *m* Tank *m*

Serbia ['sɛrbia] *f* Serbien *n*

serbo, -a **I.** *agg* serbisch **II.** *m, f* Serbe, Serbin *m, f*

serbocroato [serbokro'a:to] *m* Serbokroatisch(e) *n*

serbocroato, -a *agg* serbokroatisch

serenata [sere'na:ta] *f* Serenade *f*

serenità [sereni'ta] <-> *f* **1.** (*di persona*) Heiterkeit *f* **2.** (*di giudizio*) Unparteilichkeit *f*

sereno, -a *agg* **1.** (METEO) heiter **2.** (*persona*) ruhig

sergente [ser'dʒɛnte] *m* Sergeant *m*

serial ['sɛrial] <-> *m* Fernsehserie *f*

seriamente [seria'mente] *avv* ernsthaft

serie ['sɛ:rie] <-> *f* **1.** (*gener*) Reihe *f;* **modello di/fuori ~** Serien-/Sondermodell *n;* **produzione in ~** Serienproduktion *f* **2.** (*raccolta*) Satz *m* **3.** (SPORT) Klasse *f;* **squadra di ~ A/B** Mannschaft *f* der 1./2. Liga

serietà [serie'ta] <-> *f* Ernst *m*

serio ['sɛ:rio] *m* **sul ~** im Ernst, ernsthaft; **prendere qc/qu sul ~** etw/jdn ernst nehmen

serio, -a <-i, -ie> *agg* ernst

sermone [ser'mo:ne] *m* **1.** (REL) Predigt *f* **2.** (*fig, pej*) Sermon *m*

serpe ['sɛrpe] *f* Schlange *f*

serpente [ser'pɛnte] *m* (*a fig, pej*) Schlange *f;* **~ a sonagli** Klapperschlange *f*

serra ['sɛrra] *f* (BOT, AGR) Gewächshaus *n;* **effetto ~** Treibhauseffekt *m*

serranda [ser'randa] *f* Rolladen *m*

serrare [ser'ra:re] *vt* **1.** (*porta, baule*) (ab-, ver)schließen **2.** (*occhi*) schließen; (*pugni*) ballen

serratura [serra'tu:ra] *f* Schloss *n*

serva ['sɛrva] *f* **1.** (*donna di servizio*) Dienstmädchen *n* **2.** (*fig, pej*) Dienerin *f*

server ['server] <-> *m* (INFORM) Server *m*

servire [ser'vi:re] **I.** *vt* **1.** (*come domestico*) dienen bei; **~ qu** (*clienti*) jdn bedienen **2.** (MIL) **~ la patria** dem Vaterland dienen **3.** (*cibi*) servieren **4.** (SPORT) **~ qu** jdm den Ball zuspielen **II.** *vi essere o avere* **1.** (*essere *utile*) nützen; (*aver bisogno*) brauchen; **mi serve una sedia** (*fam*) ich brauche einen Stuhl; **a che cosa serve questo?** wozu braucht man das? **2.** (SPORT) angeben; (*tennis*) aufschlagen **3.** (*a tavola*) servieren; (COM) bedienen **III.** *vr* **-rsi 1.** (*usare*) **-rsi di qc** etw benutzen **2.** (*a tavola*) sich bedienen **3.** (*essere cliente*) Kunde sein **4.** (*pej*) **-rsi di qu** jdn ausnützen; **servitù** [servi'tu] <-> *f* (Dienst)personal *n*

servizio [ser'vittsio] <-i> *m* **1.** (*lavoro,* ADM, MIL) Dienst *m;* **donna di** ~ Hausangestellte *f;* **stazione di** ~ Tankstelle *f;* ~ **militare** Wehrdienst *m;* **essere in** ~ im Dienst sein; ~ **pubblico** öffentlicher Dienst; **fuori** ~ (*di oggetti*) außer Betrieb; (*di persone*) außer Dienst **2.** (*giornalismo,* RADIO, TV) Bericht *m,* Reportage *f* **3.** (*da tavola*) Geschirr *n* **4.** (SPORT) Angabe *f;* (*tennis*) Aufschlag *m* **5.** (COM) Dienstleistung *f;* (*in negozio*) Bedienung *f;* **area di** ~ Raststätte *f* **6.** *pl* Bad(ezimmer) *n*

servo ['sɛrvo] *m* Diener *m*

sesamo ['sɛːzamo] *m* Sesam *m;* **apriti ~!** Sesam öffne dich!

sessanta [ses'santa] **I.** *num* sechzig **II.** <-> *m* Sechzig *f; v. a.* **cinquanta**; **sessantenne** [sessan'tɛnne] **I.** *agg* sechzigjährig **II.** *mf* Sechzigjährige(r) *f(m);* **sessantesimo**, **-a** **I.** *agg* sechzigste(r, s) **II.** *m, f* Sechzigste(r, s) *mfn; v. a.* **quinto**; **sessantina** [sessan'tiːna] *f* **una** ~ (**di ...**) (etwa) sechzig (...); **essere sulla** ~ um die Sechzig sein

sessione [ses'sioːne] *f* Sitzung *f*

sesso ['sɛsso] *m* **1.** (BIOL) Geschlecht *n* **2.** (*sessualità*) Sex *m;* ~ **sicuro** Safer Sex *m*

sessuale [sessu'aːle] *agg* Geschlechts-, Sexual-; **sessualità** [sessuali'ta] <-> *f* Sexualität *f*

sestante [ses'tante] *m* Sextant *m*

sesto ['sɛsto] *m* **1.** (ARCH) (Bogen)wölbung *f* **2.** (*ordine*) Ordnung *f*

sesto, **-a** ['sɛsto] **I.** *agg* sechste(r, s) **II.** *m, f* Sechste(r, s) *mfn; v. a.* **quinto**

set [sɛt] <-> *m* **1.** (SPORT) Satz *m* **2.** (FILM) Drehort *m*

seta ['seːta] *f* Seide *f*

sete ['seːte] *f* **1.** (*bisogno di bere*) Durst *m;* **avere** ~ Durst haben **2.** (*fig*) Durst *m;* ~ **di vendetta** Rachedurst *m*

setta ['sɛtta] *f* Sekte *f*

settanta [set'tanta] **I.** *num* siebzig **II.** <-> *m* Siebzig *f; v. a.* **cinquanta**; **settantenne** [settan'tɛnne] **I.** *agg* siebzigjährig **II.** *mf* Siebzigjährige(r) *f(m)*

settantesimo [settan'tɛːzimo] *m* Siebzigstel *n*

settantesimo, **-a** **I.** *agg* siebzigste(r, s) **II.** *m, f* Siebzigste(r, s) *mfn; v. a.* **quinto**; **settantina** [settan'tiːna] *f* **una** ~ (**di ...**) (etwa) siebzig (...); **essere sulla** ~ um die Siebzig sein

sette ['sɛtte] **I.** *num* sieben **II.** <-> *m* **1.** (*numero*) Sieben *f* **2.** (*nelle date*) Siebte(r) *m* **3.** (*voto scolastico*) ≈ befriedigend, drei **4.** (*fam*) Winkelriss *m* **III.** *fpl* sieben Uhr; *v. a.* **cinque**

settecentesco, **-a** [settetʃen'tesko] <-schi, -sche> *agg* das achtzehnte Jahrhundert betreffend; **settecento** [sette'tʃɛnto] **I.** *num* siebenhundert **II.** <-> *m* Siebenhundert *f;* **il Settecento** das achtzehnte Jahrhundert; (*nell'arte italiana*) das Settecento

settembre [set'tɛmbre] *m* September *m; v. a.* **aprile**

settemila [sette'miːla] **I.** *num* siebentausend **II.** <-> *m* Siebentausend *f*

settentrionale [settentrio'naːle] **I.** *agg* nördlich, Nord-; **Italia** ~ Norditalien *n* **II.** *mf* **1.** (*del Nord*) Nordländer(in) *m(f)* **2.** (*dell'Italia del Nord*) Norditaliener(in) *m(f);* **settentrione** [setten'trioːne] *m* Norden *m;* (*dell'Italia*) Norditalien *n*

settimana [setti'maːna] *f* Woche *f*

> Die **settimana bianca** (weiße Woche) ist ein einwöchiger Skiurlaub, den viele Italiener nehmen.

settimanale [settima'naːle] **I.** *agg* wöchentlich **II.** *m* Wochenzeitung *f*

settimo, **-a** **I.** *agg* siebte(r, s) **II.** *m, f* Siebte(r, s) *f(m, n); v. a.* **quinto**

settore [set'toːre] *m* **1.** (MAT) Abschnitt *m* **2.** (*zona, a fig*) Bereich *m*

severità [severi'ta] <-> *f* Strenge *f;* **severo**, **-a** [se'vɛːro] *agg* streng; (*fig*) ernst

sevizia [se'vittsia] <-ie> *f* Folter *f;* **seviziare** [sevit'tsiaːre] *vt* misshandeln; (*violentare*) vergewaltigen

sezione [set'tsioːne] *f* **1.** (*parte*) Abteilung *f* **2.** (MAT) Schnitt *m* **3.** (ADM) Bezirk *m*

sfacciataggine [sfattʃa'taːdʒine] *f* Un-

verschämtheit *f;* **sfacciato, -a** [sfat'tʃaːto] **I.** *agg* unverschämt, frech **II.** *m, f* unverschämte Person
sfacelo [sfa'tʃɛːlo] *m* Verfall *m*
sfamare [sfa'maːre] **I.** *vt* ernähren **II.** *vr* **-rsi** seinen Hunger stillen
sfarzo ['sfartso] *m* Prunk *m;* **sfarzoso, -a** [sfar'tsoːso] *agg* prunkvoll
sfasciare [sfaʃ'ʃaːre] **I.** *vt* **1.** (*ferita*) den Verband abnehmen von **2.** (*bambino*) aus den Windeln wickeln **3.** (*distruggere*) zerstören **II.** *vr* **-rsi 1.** (*rompersi*) zerbrechen **2.** (*fig fam: persona*) auseinander gehen
sfascio ['sfaʃʃo] *m* Zerstörung *f*
sfaticato, -a [sfati'kaːto] (*pej*) **I.** *agg* faul, arbeitsscheu **II.** *m, f* (*fam*) Faulpelz *m*
sfavorevole [sfavo'reːvole] *agg* ungünstig
sfera ['sfɛːra] *f* **1.** (*gener,* MAT) Kugel *f;* **penna a ~** Kugelschreiber *m* **2.** (*fig*) Sphäre *f;* **sferico, -a** ['sfɛːriko] <-ci, -che> *agg* kugelförmig
sferrare [sfer'raːre] *vt* (*fig: colpo*) versetzen
sfiancare [sfiaŋ'kaːre] **I.** *vt* **1.** (*rompere*) seitlich aufreißen **2.** (*fig*) zermürben **II.** *vr* **-rsi 1.** (*rompersi*) seitlich aufbrechen **2.** (*fig*) sich zermürben
sfiatare [sfia'taːre] **I.** *vi* ausströmen **II.** *vr* **-rsi 1.** (MUS) den Klang verlieren **2.** (*fam*) außer Atem kommen
sfida ['sfiːda] *f* Herausforderung *f;* (*fig*) Provokation *f;* **sfidare** [sfi'daːre] *vt* (*provocare*) herausfordern; (*fig a*) provozieren; (*pericolo*) heraufbeschwören
sfiducia [sfi'duːtʃa] *f* Misstrauen *n;* **voto di ~** Misstrauensvotum *n*
sfigato, -a [sfi'gaːto] *m, f* (*vulg: sfortunato*) Unglücksrabe *m*
sfigurare [sfigu'raːre] **I.** *vt* **1.** (*deturpare*) entstellen **2.** (*fig*) verzerren **II.** *vi* sich blamieren
sfilare [sfi'laːre] **I.** *vt* **1.** (*anello*) abziehen **2.** (*indumenti*) ausziehen **II.** *vi essere o avere* defilieren; (*a fig*) vorbeiziehen **III.** *vr* **-rsi** (*calze*) eine Laufmasche bekommen
sfilata [sfi'laːta] *f* (*di persone*) Défilé *n;* **~ di moda** Mode(n)schau *f*
sfinge ['sfindʒe] *f* Sphinx *f*
sfinire [sfi'niːre] <sfinisco> **I.** *vt* erschöpfen **II.** *vr* **-rsi** die Kräfte verlieren
sfiorare [sfio'raːre] *vt* **1.** (*toccare*) streifen **2.** (*fig: tema*) streifen
sfiorire [sfio'riːre] <sfiorisco> *vi essere* (ver)welken, verblühen
sfitto, -a ['sfitto] *agg* unvermietet, frei
sfizio ['sfittsio] <-i> *m* (*dial*) Lust *f;* **sfizioso, -a** [sfit'tsioːso] *agg* **1.** (*appetitoso*) lecker **2.** (*stravagante*) ausgefallen
sfocato, -a [sfo'kaːto] *agg* unscharf
sfociare [sfo'tʃaːre] *vi essere* **1.** (*fiume*) **~ in** münden in +*acc* **2.** (*fig: andare a finire*) **~ in qc** in etw *acc* münden, mit etw enden
sfoderare [sfode'raːre] *vt* **1.** (*spada*) (heraus)ziehen **2.** (*fig*) hervorholen **3.** (*giacca, poltrona*) das Futter heraustrennen von
sfogare [sfo'gaːre] **I.** *vt* abreagieren **II.** *vr* **-rsi** sich abreagieren; **-rsi contro qu** seine Wut an jdm auslassen
sfoggiare [sfod'dʒaːre] **I.** *vt* zur Schau stellen **II.** *vi* Prunk treiben; **sfoggio** ['sfɔddʒo] <-ggi> *m* Prunk *m;* (*ostentazione*) Zurschaustellung *f*
sfoglia ['sfɔʎʎa] *f* Blatt *n;* **pasta ~** Blätterteig *m*
sfogliare [sfoʎ'ʎaːre] *vt* **1.** (*libro*) durchblättern **2.** (*fiore*) entblättern
sfogliata [sfoʎ'ʎaːta] *f* **1.** (GASTR) Blätterteiggebäck *n* **2.** (*lettura sommaria*) **dare una ~ al giornale** die Zeitung durchblättern
sfogliatella [sfoʎʎa'tɛlla] *f süditalienisches Blätterteiggebäck*
sfogo ['sfoːgo] <-ghi> *m* **1.** (*fuoriuscita*) Auslass *m* **2.** (*apertura*) Ausgang *m* **3.** (*fam* MED) Ausschlag *m* **4.** (*fig*) Ausbruch *m;* **dare ~ ai propri sentimenti** seinen Gefühlen freien Lauf lassen
sfolgorare [sfolgo'raːre] *vi* strahlen, leuchten
sfollare [sfol'laːre] *vt* räumen; (*per ragioni di sicurezza*) evakuieren
sfoltire [sfol'tiːre] <sfoltisco> **I.** *vt* ausdünnen **II.** *vr* **-rsi** dünner werden
sfondare [sfon'daːre] **I.** *vt* **1.** (*porta, cassa*) aufbrechen **2.** (MIL) durchbrechen **II.** *vi* sich durchsetzen **III.** *vr* **-rsi** verschleißen
sfondato, -a *agg* kaputt; **ricco ~** (*fam*) steinreich
sfondo ['sfondo] *m* Hintergrund *m*
sformare [sfor'maːre] **I.** *vt* (*scarpe*) verformen **II.** *vr* **-rsi** die Form verlieren
sformato [sfor'maːto] *m* Auflauf *m*
sfornare [sfor'naːre] *vt* **1.** (GASTR) aus dem Ofen nehmen **2.** (*fig*) herausbringen
sfornito, -a [sfor'niːto] *agg* nicht ausgerüs-

tet mit

sfortuna [sfor'tu:na] *f* Unglück *n;* **sfortunato, -a** [sfortu'na:to] *agg* unglücklich; **essere ~ al gioco** Pech im Spiel haben

sforzare [sfor'tsa:re] **I.** *vt* **1.** (*porta, cassetto, serratura*) (gewaltsam) aufbrechen **2.** (TEC) überbeanspruchen **3.** (*persona*) zwingen **II.** *vr* **-rsi** sich anstrengen; **sforzo** ['sfɔrtso] *m* Anstrengung *f;* (TEC) Beanspruchung *f;* **senza ~** ohne Mühe, mühelos; **non fare -i!** (*fam*) streng' dich nicht an!; **bello ~!** (*iron*) tolle Leistung!

sfottere ['sfottere] *vt* (*fam*) auf den Arm nehmen

sfrattare [sfrat'ta:re] **I.** *vt* **~ qu** jdm kündigen **II.** *vi* ausziehen; **sfratto** ['sfratto] *m* Kündigung *f;* **ordine di ~** Räumungsbefehl *m*

sfrecciare [sfret'tʃa:re] *vi essere* schnellen

sfregare [sfre'ga:re] *vt* reiben

sfregio ['sfre:dʒo] <-gi> *m* **1.** (*di persona*) Schmiss *m;* (*di cosa*) Kratzer *m* **2.** (*fig*) (tiefe) Beleidigung *f*

sfrenato, -a [sfre'na:to] *agg* hemmungslos; (*corsa*) ungebremst

sfrontato, -a [sfron'ta:to] *agg* unverschämt, frech

sfruttamento [sfrutta'mento] *m* Ausnutzung *f;* (AGR, MIN) Ausbeutung *f;* **sfruttare** [sfrut'ta:re] *vt* **1.** (*fig*) ausnutzen **2.** (AGR, MIN) ausbeuten

sfuggente [sfud'dʒɛnte] *agg* fliehend

sfuggire [sfud'dʒi:re] *vi essere* **1.** (*eludere*) entkommen; (*alla morte, a un pericolo*) entrinnen **2.** (*essere dimenticato*) entfallen **3.** (*passare inosservato*) entgehen

sfuggita [sfud'dʒi:ta] *f* **di ~** flüchtig

sfumare [sfu'ma:re] **I.** *vt* abtönen; (*capelli*) tönen **II.** *vi essere* **1.** (*dissolversi*) verrauchen **2.** (*fig*) zunichte werden **3.** (*di colore*) sich abtönen

sfumato, -a *agg* schattiert; **sfumatura** [sfuma'tu:ra] *f* **1.** (*gradazione*) Nuance *f* **2.** (*nell'arte*) Schattierung *f* **3.** (*di capelli*) Tönung *f* **4.** (*fig*) Schatten *m*

sg. *abbr di* **seguente** f.

sgabello [zga'bɛllo] *m* Hocker *m,* Stockerl *n A*

sgabuzzino [zgabud'dzi:no] *m* Besenkammer *f*

sgambato, -a [zgam'ba:to] *agg* mit hohem Beinausschnitt

sgambetto [zgam'betto] *m* **fare lo ~ a qu** (*a fig*) jdm ein Bein stellen

sganciare [zgan'tʃa:re] **I.** *vt* **1.** (*veicoli*) abhängen **2.** (*bombe*) abwerfen **3.** (*fig fam*) herausrücken **II.** *vr* **-rsi 1.** (*staccarsi*) losgehen **2.** (*fig fam*) sich freimachen

sgarbato, -a [zgar'ba:to] *agg* unhöflich; **sgarbo** ['zgarbo] *m* Unhöflichkeit *f*

sgargiante [zgar'dʒante] *agg* schreiend

sgelare [zdʒe'la:re] **I.** *vt* **1.** (*scongelare*) auftauen **2.** (*fig*) auflockern **II.** *vr* **-rsi 1.** (*scongelarsi*) auftauen **2.** (*fig*) sich auflockern

sghembo, -a ['zgembo] *agg* (*storto*) krumm, schief; (*obliquo*) schräg

sghignazzare [zgiɲɲat'tsa:re] *vi* höhnisch lachen; **sghignazzata** [zgiɲɲat'tsa:ta] *f* höhnisches Gelächter

sgobbare *vi* (*fam*) schuften; **~ sui libri** pauken

sgocciolare [zgottʃo'la:re] **I.** *vi essere o avere* **1.** (*liquidi*) tropfen **2.** (*recipienti*) (ab)tropfen **II.** *vt* **1.** (*liquidi*) tropfen lassen **2.** (*recipienti*) abtropfen lassen; **sgocciolo** ['zgottʃolo] *m* **essere agli -i** zu Ende gehen

sgolarsi [zgo'larsi] *vr* sich heiser schreien

sgomb(e)rare [zgombe'ra:re] *vt* räumen; (*tavolo*) abräumen; (*paese, città*) evakuieren; (*fig*) befreien

sgombro ['zgombro] *m* (ZOO) Makrele *f*

sgombro, -a *agg* frei, leer

sgomento [zgo'mento] *m* Bestürzung *f*

sgomento, -a *agg* bestürzt

sgominare [zgomi'na:re] *vt* zersprengen

sgonfiare [zgon'fia:re] **I.** *vt* **1.** (*gomma, pallone*) die Luft ablassen aus **2.** (*fig*) dämpfen **II.** *vr* **-rsi 1.** (*gomma, pallone*) die Luft verlieren **2.** (MED) abschwellen

sgorbio ['zgɔrbio] <-i> *m* (*parola*) Gekritzel *n;* (*disegno*) Geschmiere *n*

sgorgare [zgor'ga:re] *vi essere* sprudeln, quellen

sgozzare [zgot'tsa:re] *vt* schlachten

sgradevole [zgra'de:vole] *agg* unangenehm

sgradito, -a [zgra'di:to] *agg* unerwünscht

sgrammaticato, -a [zgrammati'ka:to] *agg* voller grammatischer Fehler

sgranare [zgra'na:re] *vt* **1.** (*piselli, fave*) enthülsen **2.** (*fig: occhi*) aufreißen

sgranchirsi [zgraŋ'ki:rsi] <sgranchisco> *vr* **~ le gambe** sich *dat* die Beine vertreten

sgranocchiare [zgranok'kia:re] *vt* (*fam*) knabbern

sgraziato, -a [zgrat'tsia:to] *agg* ungraziös; (*corpo*) plump; (*senza garbo*) unfreundlich

sgretolarsi [zgreto'la:rsi] *vr* abbröckeln

sgridare [zgri'da:re] *vt* ausschimpfen

sguaiato, -a [zgua'ia:to] *agg* unmanierlich

sgualcire [zgual'tʃi:re] <sgualcisco> *vt* zerknautschen

sgualdrina [zgual'dri:na] *f* Dirne *f*

sguardo ['zguardo] *m* Blick *m;* **alzare/abbassare lo ~** den Blick heben/senken; **dare uno ~ a qc** einen Blick auf etw *acc* werfen; **non degnare qu/qc di uno ~** jdn/etw keines Blickes würdigen

sguarnito, -a [zguar'ni:to] *agg* unverziert

sguattero, -a ['zguattero] *m, f* Küchenjunge *m,* -mädchen *n*

sguazzare [zguat'tsa:re] *vi* **1.** (*nell'acqua*) planschen **2.** (*fig: nella ricchezza*) schwimmen **3.** (*fam*) sich wohl fühlen

sguinzagliare [zguintsaʎ'ʎa:re] *vt* **1.** (*cani*) von der Leine (los)lassen **2.** (*fig*) hetzen

sgusciare [zguʃ'ʃa:re] **I.** *vt* (*uova*) schälen; (*fagioli*) enthülsen **II.** *vi essere* **1.** (*sfuggire*) entgleiten **2.** (*fig*) entwischen

shakerare [ʃeke'rare] *vt* mixen

shampoo ['ʃampo] <-> *m* Shampoo *n*

shock [ʃɔk] <-> *m* Schock *m*

shopping ['ʃɔpiŋ] <-> *m* Shopping *n;* **andare a fare ~** einkaufen gehen

si[1] [si] *pron pers 3. pers m e f sing e pl* **1.** (*riflessivo, complemento oggetto*) sich; **~ veste con eleganza** sie kleidet sich elegant **2.** (*riflessivo, complemento di termine*) sich; **~ lava i cappelli** sie wäscht sich *dat* die Haare **3.** (*intensivo*) sich; **guardarsi un film** sich *dat* einen Film ansehen **4.** (*reciproco*) sich (gegenseitig), einander; **~ sono separati** sie haben sich getrennt; **vogliono conoscersi meglio** sie wollen einander besser kennen lernen **5.** (*impersonale*) man; **cercasi segretaria** Sekretärin gesucht; **~ apre alle ...** um ... wird geöffnet; **non ~ sa mai** man kann nie wissen **6.** (*passivante*) **non ~ accettano assegni** es werden keine Schecks angenommen

si[2] <-> *m* (MUS) h, H *n*

sì [si] **I.** *avv* ja; (*davvero*) doch, wohl; **rispondere di ~** mit Ja antworten, ja sagen; **credo di ~** ich glaube, ja; **~ che vengo!** natürlich komme ich!; **un giorno ~ ed uno no** jeden zweiten Tag; **~ e no** mehr oder weniger **II.** <-> *m* **1.** (*risposta*) Ja *n* **2.** (*voto*) Ja(stimme *f*) *n*

sia[1] ['si:a] *cong +conj* **~ ... o** ob ... oder; **~ ... che** sowohl, als auch; **~ che gli piaccia, ~ che non gli piaccia** ob es ihm gefällt oder nicht

sia[2] *1., 2. e 3. pers sing conj pr di* **essere[1]**

S.I.A.E. *f abbr di* **Società Italiana Editori ed Autori** *Verband italienischer Verleger und Autoren*

siamese [sia'me:se] **I.** *agg* siamesisch **II.** *mf* (ZOO) Siamkatze *f*

Siberia [si'bɛ:ria] *f* Sibirien *n*

sibilare [sibi'la:re] *vi* zischen

sibilla [si'billa] *f* **1.** (*nella mitologia*) Sibylle *f* **2.** (*fig, scherz*) Wahrsagerin *f*

sibilo ['si:bilo] *m* Zischen *n*

sicché [sik'ke] *cong* **1.** (*così che, perciò*) so dass **2.** (*ebbene*) also

siccità [sittʃi'ta] <-> *f* Dürre *f*

siccome [sik'ko:me] *cong* da, weil

Sicilia [si'tʃi:lia] *f* Sizilien *n*

siciliano [sitʃi'lia:no] <sing> *m* (*dialetto*) Sizilianisch(e) *n*

siciliano, -a **I.** *agg* sizilianisch **II.** *m, f* Sizilianer(in) *m(f)*

sicomoro [siko'mɔ:ro] *m* Maulbeerfeigenbaum *m*

sicurezza [siku'rettsa] *f* Sicherheit *f;* (*certezza*) Gewissheit *f;* **cintura di ~** Sicherheitsgurt *m;* **uscita di ~** Notausgang *m*

sicuro [si'ku:ro] **I.** *m* **1.** (*luogo*) **mettere al ~** in Sicherheit bringen; (*fig*) sicherstellen **2.** (*certo*) Sicherheit *f;* **andare sul ~** auf Nummer Sicher gehen **II.** *avv* sicher, gewiss; **di ~** sicher(lich), mit Sicherheit

sicuro, -a *agg* **1.** (*luogo, posto*) sicher **2.** (*mano, passo*) sicher, fest **3.** (*certo*) gewiss; **essere ~ di sé** selbstsicher sein **4.** (*persona*) zuverlässig

S.I.D. *m abbr di* **Servizio Informazioni Difesa** *abbr di* **S.I.S.M.I.**

siderurgia [siderur'dʒi:a] <-gie> *f* Stahlindustrie *f*

siderurgico, -a <-ci, -che> *agg* Stahl-

sidro ['si:dro] *m* Apfelwein *m*

Siena *f Stadt in der Toskana*

siepe ['siɛ:pe] *f* **1.** (BOT) Hecke *f* **2.** (*fig*) Barriere *f*

siero ['siɛ:ro] *m* **1.** (*del latte*) Molke *f*

2. (MED) Serum *n*
sieronegativo, **-a** [sieronega'ti:vo] (MED) **I.** *agg* seronegativ; (*AIDS*) HIV-negativ **II.** *m, f* nicht HIV-infizierte Person
sieropositivo, **-a** [sieroposi'ti:vo] (MED) **I.** *agg* seropositiv; (*AIDS*) HIV-positiv **II.** *m, f* HIV-Infizierte(r) *f(m)*
siesta ['siɛsta] *f* Mittagsruhe *f;* (*sonno*) Mittagsschläfchen *n*
siete ['siɛ:te] *2. pers pl pr di* **essere**[1]
sifone [si'fo:ne] *m* Siphon *m*
Sig. *abbr di* **signore** Herr
sigaretta [siga'retta] *f* Zigarette *f*
sigaro ['si:garo] *m* Zigarre *f*
Sigg. *abbr di* **signori** (Damen und) Herren, Herr und Frau
sigillare [sidʒil'la:re] *vt* versiegeln; **sigillo** [si'dʒillo] *m* Siegel *n*
sigla ['si:gla] *f* Abkürzung *f;* ~ **musicale** Erkennungsmelodie *f*
Sig.na *abbr di* **signorina** Frl.
significare [siɲɲifi'ka:re] *vt* bedeuten; **significativo**, **-a** [siɲɲifika'ti:vo] *agg* bedeutungsvoll; **significato** [siɲɲifi'ka:to] *m* Bedeutung *f*
signora [siɲ'ɲo:ra] *f* **1.** (*gener, moglie*) Frau *f;* **buongiorno** ~ **Iuvone!** guten Tag, Frau Iuvone!; **gentile** ~ **Piccoli** sehr geehrte Frau Piccoli; **signori e -e** meine Damen und Herren **2.** (*padrona di casa*) Hausherrin *f*
signore [siɲ'ɲo:re] *m* **1.** (*gener*) Herr *m;* **buongiorno, signor Bottin!** guten Tag, Herr Bottin!; **i -i Guarino** Herr und Frau Guarino; **egregio signor Ferremi** (*nelle lettere*) sehr geehrter Herr Ferremi **2.** (*padrone di casa*) Hausherr *m*
signorina [siɲɲo'ri:na] *f* **1.** (*donna nubile, appellativo*) Fräulein *n* **2.** (*donna giovane*) junge Frau; **la** ~ **Criscuolo** Fräulein Criscuolo; **buongiorno,** ~**!** guten Tag, Fräulein X!; ~**!** Fräulein!
Sig.ra *abbr di* **signora** Fr.
silenzio [si'lɛntsio] <-i> *m* Stille *f,* Ruhe *f;* **fare** ~ still sein; ~**!** Ruhe!; **passare qc sotto** ~ etw stillschweigend übergehen; **silenzioso**, **-a** [silen'tsio:so] *agg* **1.** (*persona*) still **2.** (*senza ruomore*) ruhig **3.** (*che non fa rumore*) leise
silicio [si'li:tʃo] *m* Silizium *n*
siliconato, **-a** [siliko'na:to] *agg* Silikon-; **seno** ~ Silikonbusen *m;* **silicone** [sili'ko:ne] *m* Silikon *n*
sillaba ['sillaba] *f* Silbe *f;* **parola di tre -e** dreisilbiges Wort; **sillabare** [silla'ba:re] *vt* buchstabieren
silurare [silu'ra:re] *vt* **1.** (MIL) torpedieren **2.** (*fig*) ausbooten, absägen *fam*
silvestre [sil'vɛstre] *agg* Wald-
simbiosi [simbi'ɔ:zi] <-> *f* Symbiose *f*
simboleggiare [simboled'dʒa:re] *vt* symbolisieren
simbolico, **-a** [sim'bɔ:liko] <-ci, -che> *agg* symbolisch; **simbolismo** [simbo'lizmo] *m* **1.** (*arte*) Symbolismus *m* **2.** (*complesso di simboli*) Symbolik *f*
simbolo ['simbolo] *m* **1.** (*figura*) Symbol *n* **2.** (SCIENT) Zeichen *n*
simile ['si:mile] **I.** *agg* **1.** (*analogo*) ähnlich; **essere** ~ **a qu/qc** jdm/etw ähnlich sein **2.** (*tale*) solch, so(lch) ein **II.** *mf* Nächste(r) *f(m)*
similitudine [simili'tu:dine] *f* Vergleich *m*
simmetria [simme'tri:a] <-ie> *f* Symmetrie *f;* **simmetrico**, **-a** [sim'mɛ:triko] <-ci, -che> *agg* symmetrisch
simpatia [simpa'ti:a] <-ie> *f* Sympathie *f;* **avere** ~ **per qu/qc** jdn/etw sympathisch finden; **simpatico**, **-a** [sim'pa:tiko] <-ci, -che> *agg* sympathisch
simplex ['simpleks] <-> *m* Einzelanschluss *m*
simposio [sim'pɔ:zio] <-i> *m* Symposium *n*
simultaneità [simultanei'ta] <-> *f* Gleichzeitigkeit *f;* **simultaneo**, **-a** [simul'ta:neo] *agg* gleichzeitig; **traduzione -a** Simultanübersetzung *f*
sinagoga [sina'gɔ:ga] <-ghe> *f* Synagoge *f*
sinceramente [sintʃera'me:nte] *avv* ehrlich
sincerità [sintʃeri'ta] <-> *f* Ehrlichkeit *f;* **con tutta** ~ in aller Offenheit; **sincero**, **-a** [sin'tʃɛ:ro] *agg* ehrlich
sincronia [siŋkro'ni:a] <-ie> *f* Gleichzeitigkeit *f;* **sincronizzare** [siŋkronid'dza:re] *vt* synchronisieren
sindacale [sinda'ka:le] *agg* gewerkschaftlich; **sindacalista** [sindaka'lista] <-i *m,* -e *f*> *mf* Gewerkschafter(in) *m(f)*
sindacato [sinda'ka:to] *m* **1.** (POL) Verband *m;* (*di lavoratori*) Gewerkschaft *f;* ~ **dei datori di lavoro** Arbeitgeberverband *m* **2.** (COM) Kartell *n*

sindaco ['sindako] <-ci> *m* Bürgermeister(in) *m(f)*
sindrome ['sindrome] *f* Syndrom *n;* ~ **da immunodeficienza acquisita** Immunschwächekrankheit *f,* AIDS *n*
sinfonia [sinfo'ni:a] <-ie> *f* (MUS) Symphonie *f*
singhiozzare [siŋgiot'tsa:re] *vi* **1.** (*piangere*) schluchzen **2.** (*avere il singhiozzo*) (den) Schluckauf haben; **singhiozzo** [siŋ'giottso] *m* Schluckauf *m;* **a** ~ (*fig*) stotternd, ruckweise
singolare [siŋgo'la:re] **I.** *agg* (*straordinario*) einzigartig; (*insolito*) selten **II.** *m* **1.** (LING) Singular *m* **2.** (SPORT) Einzel *n*
singolo, **-a** **I.** *agg* einzeln, Einzel- **II.** *m, f* Einzelne(r) *f(m)*
sinistra [si'nistra] *f* **1.** (POL) Linke *f;* **partito di** ~ Linkspartei *f* **2.** (*mano*) linke Hand **3.** (*parte*) linke Seite; **girare a** ~ links abbiegen; **alla mia** ~ zu meiner Linken, links von mir
sinistro [si'nistro] *m* **1.** (*infortunio*) Unglück *n,* Havarie *f A* **2.** (*piede*) linker Fuß; (*mano, pugno*) Linke *f;* **colpire di** ~ mit links schlagen; (*col piede*) mit links schießen
sinistro, **-a** *agg* **1.** (*che è a sinistra*) linke(r, s) **2.** (*fig*) unheilvoll
sino ['si:no] *prp* ~ **a** bis (zu)
sinologia [sinolo'dʒi:a] <-gie> *f* Sinologie *f;* **sinologo**, **-a** [si'nɔ:logo] <-gi, -ghe> *m, f* Sinologe *m,* -login *f*
sinonimo [si'nɔ:nimo] *m* Synonym *n;* **dizionario dei -i** Synonymwörterbuch *n*
sinora [si'no:ra] *v.* **finora**
sintagma [sin'tagma] <-i> *m* Syntagma *n*
sintassi [sin'tassi] <-> *f* Syntax *f*
sintesi ['sintezi] <-> *f* **1.** (PHILOS, BIOL, CHEM, MED) Synthese *f* **2.** (*riassunto*) Zusammenfassung *f;* **in** ~ zusammenfassend, kurz
sintetico, **-a** [sin'tɛ:tiko] <-ci, -che> *agg* **1.** (*schematico*) knapp **2.** (*artificiale*) synthetisch
sintetizzare [sintetid'dza:re] *vt* **1.** (*riassumere*) zusammenfassen **2.** (CHEM) synthetisieren
sintomo ['sintomo] *m* Symptom *n*
sintonia [sinto'ni:a] <-ie> *f* **1.** (*perfetto accordo*) Einklang *m;* **essere in** ~ **con** in Einklang stehen mit **2.** (PHYS) Synchronismus *m;* **sintonizzare** [sintonid'dza:re] *vt* **1.** (RADIO) einstellen **2.** (*fig*) in Einklang bringen
sinusoide [sinu'zɔ:ide] **I.** *agg* sinusförmig, Sinus- **II.** *f* Sinuskurve *f*
sionismo [sio'nizmo] *m* Zionismus *m;* **sionista** [sio'nista] <-i *m,* -e *f*> *mf* Zionist(in) *m(f)*
sipario [si'pa:rio] <-i> *m* Vorhang *m*
Siracusa [sira'ku:za] *f* Syrakus *n*
siracusano, **-a** [siraku'sa:no] **I.** *agg* aus Syrakus stammend **II.** *m, f* Bewohner(in) *m(f)* von Syrakus
sirena [si'rɛ:na] *f* Sirene *f*
Siria ['si:ria] *f* Syrien *n;* **siriano**, **-a** [si'ria:no] **I.** *agg* syrisch **II.** *m, f* Syrer(in) *m(f)*
siringa [si'riŋga] <-ghe> *f* (MED) Spritze *f*
sisma ['sizma] <-i> *m* Erdbeben *n*
S.I.S.M.I. ['sizmi] *m abbr di* **Servizio per l'Informazione e la Sicurezza Militare** *militärischer Abschirmdienst Italiens*
sismico, **-a** ['sizmiko] <-ci, -che> *agg* seismisch; **zona -a** Erdbebengebiet *n;* **sismografo** [siz'mɔ:grafo] *m* Erdbebenmesser *m*
sistema [sis'tɛ:ma] <-i> *m* **1.** (*gener*) System *n;* ~ **solare/nervoso** Sonnen-/Nervensystem *n;* ~ **antibloccaggio** ABS *n* **2.** (INFORM) System *n;* ~ **operativo** Betriebssystem *n;* ~ **di elaborazione dati** Datenverarbeitungssystem *n*
sistemare [siste'ma:re] **I.** *vt* **1.** (*mettere a posto*) in Ordnung bringen **2.** (*faccenda*) erledigen **3.** (*procurare un lavoro, alloggio*) unterbringen **4.** (*fam*) zurechtweisen **II.** *vr* **-rsi** **1.** (*ordinare*) in Ordnung kommen **2.** (*trovare lavoro, alloggio*) unterkommen **3.** (*sposarsi*) unter die Haube kommen *fam*
sistematicamente *avv* **1.** (*secondo un piano organico*) systematisch **2.** (*regolarmente*) regelmäßig **3.** (*assiduamente*) ständig, regelmäßig
sistemazione [sistemat'tsio:ne] *f* **1.** (*di cose*) (An)ordnung *f;* (*posto*) Platz *m* **2.** (*impiego*) Stelle *f* **3.** (COM) (guter) Absatz *m* **4.** (*alloggio*) Unterkunft *f*
sito ['sito] *m* **1.** (*luogo*) Ort *m* **2.** (INFORM) Internetadresse *f;* ~ **Web** Webseite *f*
situare [situ'a:re] *vt* setzen, stellen; **situato**, **-a** [situ'a:to] *agg* gelegen
situazione [situat'tsio:ne] *f* Lage *f*
size ['saiz] <-> *f* Größe *f*
skating ['skeitiŋ] <-> *m* **1.** (SPORT: *su ghiac-*

cio) Eislaufen *n;* (*a rotelle*) Rollschuhlaufen *n* **2.** (TEC) Skating *n*

slacciare [zlat'tʃa:re] **I.** *vt* lösen **II.** *vr* **-rsi** sich lösen

slanciato, **-a** [zlan'tʃa:to] *agg* schlank

slancio ['zlantʃo] <-ci> *m* **1.** (*balzo*) Schwung *m;* **prendere lo ~** Anlauf nehmen **2.** (*fig*) Elan *m;* **in uno ~ di entusiasmo** in einem Anflug von Begeisterung

slavato, **-a** [zla'va:to] *agg* ausgewaschen

slavina [zla'vi:na] *f* Lawine *f*

slavo, **-a** ['zla:vo] **I.** *agg* slawisch **II.** *m, f* Slawe *m,* Slawin *f*

sleale [zle'a:le] *agg* unehrlich

slegare [zle'ga:re] **I.** *vt* lösen; (*cane*) losbinden **II.** *vr* **-rsi** aufgehen; **slegato**, **-a** [zle'ga:to] *agg* **1.** (*pacco*) aufgebunden, lose; (*libro*) ungebunden **2.** (*fig*) zusammenhang(s)los

Slesia ['zlɛ:zia] *f* Schlesien *n*

slitta ['zlitta] *f* Schlitten *m*

slittamento [zlitta'mento] *m* **1.** (*di ruote*) Rutschen *n* **2.** (*fig*) Abkommen *n* **3.** (COM, FIN) Abfallen *n;* **slittare** [zlit'ta:re] *vi essere o avere* **1.** (*ruote*) rutschen **2.** (*persone, animali*) rutschen **3.** (COM, FIN) abfallen **4.** (*fig*) abweichen

slittino [zlit'ti:no] *m* Rodelschlitten *m*

s.l.m. *abbr di* **sul livello del mare** ü.d.M.

slogare [zlo'ga:re] *vt* verrenken

sloggiare [zlod'dʒa:re] **I.** *vt* vertreiben; (*di casa*) ausquartieren **II.** *vi* **1.** (*abbandonare*) wegziehen **2.** (*fam*) abhauen

slot-machine ['zlɔt ma'ʃin] <-> *f* Spielautomat *m*

Slovacchia [zlovak'kia] *f* Slowakei *f;* **slovacco**, **-a** [zlo'vakko] <-cchi, -cche> **I.** *agg* slowakisch **II.** *m, f* Slowake *m,* Slowakin *f*

Slovenia [zlo'vɛ:nia] *f* Slowenien *n;* **sloveno**, **-a** [zlo'vɛ:no] **I.** *agg* slowenisch **II.** *m, f* Slowene *m,* Slowenin *f*

slurp [zlurp] *int* (*fam*) schmatz!

smacchiare [zmak'kia:re] *vt* die Flecken entfernen aus; **smacchiatore**, **-trice** [zmakkia'to:re] *m, f* Fleckentferner *m*

smack [zmak] *int* (*fam*) schmatz!

smagliante [zmaʎ'ʎante] *agg* glänzend

smagliatura [zmaʎʎa'tu:ra] *f* **1.** (*di calze*) Laufmasche *f* **2.** (MED) Dehnungsstreifen *m*

smagnetizzare [zmaɲɲetid'dza:re] *vt* entmagnetisieren

smaliziato, **-a** [zmalit'tsia:to] *agg* gerissen

smaltare [zmal'ta:re] *vt* emaillieren; (*ceramica*) glasieren; (*unghie*) lackieren

smaltimento [zmalti'mento] *m* Entsorgung *f;* **smaltire** [zmal'ti:re] <smaltisco> *vt* **1.** (*cibo*) verdauen **2.** (*indigestione*) überwinden; (*rabbia*) verrauchen lassen; (*sbornia*) ausschlafen **3.** (COM: *merce*) ausverkaufen **4.** (*rifiuti*) beseitigen **5.** (*lavoro*) erledigen

smalto ['zmalto] *m* **1.** (*per decorare*) Email *n* **2.** (*per unghie*) Nagellack *m*

smammare [zmam'ma:re] *vi* (*fam*) abhauen

smania ['zma:nia] *f* **1.** (*agitazione*) Aufregung *f* **2.** (*fig*) Sucht *f;* **smanioso**, **-a** [zma'nio:so] *agg* **1.** (*agitato*) tobend **2.** (*bramoso*) **essere ~ di fare qc** darauf brennen, etw zu tun

smantellare [zmantel'la:re] *vt* **1.** (*mura*) abreißen; (*fabbrica*) demontieren **2.** (*fig*) demolieren

smarrimento [zmarri'mento] *m* **1.** (*di oggetto*) Verlust *m* **2.** (*fig*) Verwirrung *f;* **smarrire** [zmar'ri:re] <smarrisco> **I.** *vt* verlegen **II.** *vr* **-rsi** **1.** (*perdersi*) sich verlaufen **2.** (*fig*) in Verwirrung geraten; (*d'animo*) verzagen

smascherare [zmaske'ra:re] **I.** *vt* **1.** (*fig*) enthüllen **2.** (*togliere la maschera*) demaskieren **II.** *vr* **-rsi** **1.** (*fig*) die Maske fallen lassen **2.** (*togliersi la maschera*) die Maske ablegen

smembrare [zmem'bra:re] *vt* zerstückeln

smemorato, **-a** [zmemo'ra:to] **I.** *agg* vergesslich **II.** *m, f* vergesslicher Mensch

smentire [zmen'ti:re] <smentisco> **I.** *vt* **1.** (*notizia, fatti*) dementieren **2.** (JUR) widerrufen **3.** (*buon nome, fama*) handeln gegen **II.** *vr* **-rsi** sich *dat* widersprechen; **non si smentisce mai** er bleibt sich *dat* selbst treu; **smentita** [zmen'ti:ta] *f* (JUR) Widerruf *m*

smeraldo [zme'raldo] *m* Smaragd *m*

smerciare [zmer'tʃa:re] *vt* verkaufen, absetzen; **smercio** ['zmɛrtʃo] <-ci> *m* Verkauf *m*

smettere ['zmettere] <irr> **I.** *vt* **1.** (*vestito*) ablegen **2.** (*lavoro, studi*) aufgeben; (*interrompere*) abbrechen; **smettila!** (*fam*) hör auf damit! **II.** *vi* aufhören; **~ di fare qc** aufhören etw zu tun

smilitarizzazione [zmilitariddza-

S

t'tsio:ne] *f* Entmilitarisierung *f*

smilzo, **-a** ['zmiltso] *agg* **1.** (*persona*) schmächtig **2.** (*trama, tema*) mager

sminuire [zminu'i:re] <sminuisco> *vt* verringern; (*persona*) gering schätzen

sminuzzare [zminut'tsa:re] *vt* (*a fig*) zerstückeln

smisi ['zmizi] *1. pers sing pass rem di* **smettere**

smistare [zmis'ta:re] *vt* **1.** (*corrispondenza, merci*) sortieren **2.** (FERR) verschieben

smisurato, **-a** [zmizu'ra:to] *agg* maßlos

smodato, **-a** [zmo'da:to] *agg* unmäßig

smoderato, **-a** [zmode'ra:to] *agg* unmäßig; ~ **nel mangiare/bere** unmäßig essen/trinken

smog [zmɔg] <-> *m* Smog *m;* **cappa di** ~ Dunstglocke *f;* **allarme** ~ Smogalarm *m*

smontare [zmon'ta:re] **I.** *vt* **1.** (*scomporre*) zerlegen **2.** (*fig*) entmutigen **II.** *vi essere o avere* **1.** (*scendere*) hinabsteigen; (*da cavallo*) absteigen **2.** (*di turno, lavoro*) Feierabend machen **III.** *vr* **-rsi** den Mut verlieren

smorfia ['zmɔrfia] <-ie> *f* Grimasse *f;* **fare le -ie** Fratzen schneiden; **smorfioso**, **-a** [zmor'fio:so] **I.** *agg* zimperlich **II.** *m, f* Zimperliese *f*

smorto, **-a** ['zmɔrto] *agg* blass; (*fig*) farblos

smorzare [zmor'tsa:re] *vt* **1.** (*rumori, colori*) dämpfen **2.** (*dial: luce*) dämpfen; (*fuoco*) löschen **3.** (*fig*) stillen

smossi *1. pers sing pass rem di* **smuovere**

smosso *pp di* **smuovere**

smottamento [zmotta'mento] *m* Erdrutsch *m*

smunto, **-a** ['zmunto] *agg* abgezehrt

smuovere ['zmuɔ:vere] <irr> **I.** *vt* **1.** (*spostare*) wegrücken **2.** (*fig*) abbringen; (*dall'inerzia*) aufrütteln; (*commuovere*) rühren **II.** *vr* **-rsi** **1.** (*spostarsi*) sich wegbewegen **2.** (*fig*) sich rühren

smussare [zmus'sa:re] **I.** *vt* **1.** (*spigolo, stipite*) abstumpfen **2.** (*fig*) mildern **II.** *vr* **-rsi** abstumpfen

snack [snæk] <-> *m* Zwischenmahlzeit *f*

snaturato, **-a** [znatu'ra:to] **I.** *agg* entartet; (*madre, padre*) Raben- **II.** *m, f* Unmensch *m*

snello, **-a** ['znɛllo] *agg* **1.** (*persona, figura*) schlank **2.** (*fig*) leicht

snervante [zner'vante] *agg* entnervend; **snervare** [zner'va:re] **I.** *vt* entnerven **II.** *vr* **-rsi** entnervt sein

snidare [zni'da:re] *vt* **1.** (*lepre, volpe*) aus dem Bau treiben **2.** (*fig*) ausheben

sniffare [znif'fa:re] *vt* (*sl*) schnupfen; **sniffata** [znif'fa:ta] *f* Sniff *m;* **fare una** ~ sniffen

snob [znɔb] **I.** <inv> *agg* snobistisch **II.** <-> *mf* Snob *m*

snocciolare [znottʃo'la:re] *vt* **1.** (*ciliege, albicocche*) entkernen **2.** (*fig*) reihenweise von sich geben

snodabile [zno'da:bile] *agg* gelenkig

so [sɔ] *1. pers sing pr di* **sapere**[1]

S.O. *abbr di* **sudovest** SW

soave [so'a:ve] *agg* lieblich

sobborgo [sob'borgo] <-ghi> *m* Vorstadt *f*

sobillare [sobil'la:re] *vt* aufstacheln, aufhussen *A*

sobrietà [sobrie'ta] <-> *f* Mäßigkeit *f;* (*a fig*) Nüchternheit *f;* **sobrio**, **-a** ['sɔ:brio] <-i, -ie> *agg* **1.** (*persona*) maßvoll **2.** (*fig*) einfach **3.** (*lucido*) nüchtern

soc. *abbr di* **società** Ges.

socchiudere [sok'kiu:dere] <irr> *vt* (*porta, finestra*) anlehnen; (*occhi*) blinzeln

soccombere [sok'kombere] <soccombo, soccombei, soccombuto> *vi essere* unterliegen

soccorrere [sok'korrere] <irr> *vt* ~ **qu** jdm Hilfe leisten; **soccorritore**, **-trice** [sokkorri'to:re] *m, f* Helfer(in) *m(f)*

soccorso [sok'korso] *m* Hilfe *f;* **-i** Hilfsmittel *npl;* **il pronto** ~ die erste Hilfe; **cassetta di pronto** ~ Verband(s)kasten *m;* ~ **stradale** Pannendienst *m;* ~ **marittimo** Seenotrettungsdienst *m;* **colonnina di** ~ Notrufsäule *f;* **correre in** ~ **di qu** jdm zu Hilfe eilen

socialdemocratico, **-a** [sotʃaldemo'kra:tiko] <-ci, -che> **I.** *agg* sozialdemokratisch **II.** *m, f* Sozialdemokrat(in) *m(f)*

sociale [so'tʃa:le] *agg* **1.** (*gener*) sozial; (*di società*) gesellschaftlich; **vita** ~ Gesellschaftsleben *n* **2.** (*che vive in società*) gesellig

socialismo [sotʃa'lizmo] *m* Sozialismus *m;* **socialista** [sotʃa'lista] <-i *m*, -e *f*> **I.** *mf* Sozialist(in) *m(f)* **II.** *agg* sozialistisch

socializzare [sotʃalid'dza:re] **I.** *vt* (COM) sozialisieren **II.** *vi* Kontakte knüpfen

società [sotʃe'ta] <-> *f* (SOC, COM) Gesellschaft *f;* (*associazione*) Verein *m;* ~ **dei consumi** Konsumgesellschaft *f;* ~ **industriale**

Industriegesellschaft *f;* ~ **per azioni** Aktiengesellschaft *f;* ~ **a responsabilità limitata** Gesellschaft *f* mit beschränkter Haftung; **giochi di** ~ Gesellschaftsspiele *npl;* **in** ~ gemeinsam

socievole [so'tʃe:vole] *agg* gesellig

socio, -a ['sɔ:tʃo] <-ci, -cie> *m, f* **1.** (*membro*) Mitglied *n* **2.** (COM) Gesellschafter(in) *m(f)*

socioculturale [sotʃokultu'ra:le] *agg* soziokulturell

socioeconomico, -a [sotʃoeko'nɔ:miko] <-ci, -che> *agg* sozioökonomisch

sociologia [sotʃolo'dʒi:a] <-gie> *f* Soziologie *f;* **sociologo, -a** [so'tʃɔ:logo] <-gi, -ghe> *m, f* Soziologe, -login *m, f*

soddisfare [soddis'fa:re] <irr> **I.** *vt* zufrieden stellen; (*bisogni*) befriedigen; (*curiosità*) stillen **II.** *vi* ~ **a qc** einer Sache *dat* genügen; **soddisfazione** [soddisfat'tsio:ne] *f* **1.** (*piacere*) Befriedigung *f;* **le piccole -i della vita quotidiana** die kleinen Freuden des (täglichen) Lebens; **con mia grande** ~ zu meiner großen Freude **2.** (*compensazione*) Genugtuung *f*

sodio ['sɔ:dio] *m* Natrium *n*

sodo ['sɔ:do] **I.** *avv* **1.** (*con forza*) hart, fest **2.** (*alacremente*) tüchtig **3.** (*profondamente*) **dormire** ~ tief schlafen **II.** *m* **venire al** ~ (*fam*) zur Sache kommen

sodo, -a *agg* **1.** (*carni*) fest, hart **2.** (*uova*) hart (gekocht) **3.** (*fig*) fest

sodomia [sodo'mi:a] <-ie> *f* Sodomie *f*

sofà [so'fa] <-> *m* Sofa *n*

sofferenza [soffe'rɛntsa] *f* Leiden *n*

soffermare [soffer'ma:re] **I.** *vt* anhalten; ~ **lo sguardo su qc** den Blick auf etw *dat* ruhen lassen **II.** *vr* **-rsi** (*a fig*) sich aufhalten

soffersi [sof'fɛrsi] *1. pers sing pass rem di* **soffrire**

sofferto, -a [sof'fɛrto] **I.** *pp di* **soffrire II.** *agg* empfindungsreich

soffiare [sof'fia:re] **I.** *vi* **1.** (*aria, fumo*) blasen **2.** (METEO) wehen, blasen **3.** (*sbuffare*) schnaufen **II.** *vt* **1.** (*aria, fumo*) blasen; **-rsi il naso** sich *dat* die Nase schnäuzen **2.** (*fig fam*) wegschnappen

soffice ['sɔffitʃe] *agg* weich

soffio ['soffio] <-i> *m* **1.** (*il soffiare*) Blasen *n* **2.** (*d'aria, vento*) Zug *m;* **in un** ~ im Nu, augenblicklich; **d'un** ~ um ein Haar **3.** (MED) Geräusch *n*

soffitta [sof'fitta] *f* Dachboden *m*

soffitto [sof'fitto] *m* (Zimmer)decke *f*

soffocante [soffo'kante] *agg* **1.** (*aria*) stickig **2.** (*fig*) bedrückend

soffocare [soffo'ka:re] **I.** *vt* **1.** (*a fig*) ersticken **2.** (*fig*) unterdrücken **II.** *vi essere* ersticken; **un caldo che soffoca** eine drückende Hitze

soffriggere [sof'friddʒere] <irr> *vt* anbraten

soffrire [sof'fri:re] <soffro, soffrii, sofferto> **I.** *vt* **1.** (*patire*) leiden; (MED) leiden an +*dat;* ~ **il caldo** unter Hitze leiden; ~ **la fame** Hunger leiden **2.** (*sopportare*) ertragen; (*persone*) ausstehen **II.** *vi* **1.** (MED) ~ **di** leiden an +*dat;* ~ **di mal di pancia** Bauchschmerz haben **2.** (*patire*) leiden

soffritto[1] [sof'fritto] *pp di* **soffriggere**

soffritto[2] *m Gemisch aus Zwiebeln, Kräutern und Speck, gehackt und angebraten*

soffuso, -a [sof'fu:zo] *agg* (*luce*) gedämpft

sofisticato, -a [sofisti'ka:to] *agg* **1.** (*merce*) gefälscht; (*vino*) verschnitten **2.** (*persona*) anspruchsvoll

soft [sɔft] <inv> *agg* gefühlvoll; **atmosfera** ~ angenehme Atmosphäre

software ['sɔftwɛə] <-> *m* (INFORM) Software *f;* ~ (**a scopo**) **didattico** Lernsoftware *f*

soggettività [soddʒettivi'ta] <-> *f* Subjektivität *f;* **soggettivo, -a** [soddʒet'ti:vo] *agg* subjektiv

soggetto [sod'dʒɛtto] *m* **1.** (*tema*) Thema *n* **2.** (LING, PHILOS) Subjekt *n* **3.** (*fam: persona, tipo*) Typ *m*

soggetto, -a *agg* **1.** (POL) unterworfen **2.** (*esposto*) **essere** ~ **a qc** einer Sache *dat* ausgesetzt sein; ~ **a imposta** steuerpflichtig **3.** (MED) **essere** ~ **a qc** für etw anfällig sein

soggezione [soddʒet'tsio:ne] *f* **1.** (*timidezza*) Scheu *f* **2.** (*dipendenza*) Abhängigkeit *f*

sogghignare [soggiɲ'ɲa:re] *vi* grinsen; **sogghigno** [sog'giɲɲo] *m* Grinsen *n*

soggiacere [soddʒa'tʃe:re] <irr> *vi essere o avere* ~ **a qc** einer Sache *dat* unterliegen

soggiogare [soddʒo'ga:re] *vt* unterjochen

soggiornare [soddʒor'na:re] *vi* sich aufhalten, verweilen; **soggiorno** [sod'dʒorno] *m* **1.** (*permanenza*) Aufenthalt *m;* **località di** ~ Ferienort *m;* **permesso di** ~ Aufenthaltserlaubnis *f* **2.** (*stanza*) Wohnzim-

S

mer *n*

soggiungere [sod'dʒundʒere] <irr> *vt* hinzufügen

soglia ['sɔʎʎa] <-glie> *f* Schwelle *f*

sogliola ['sɔʎʎola] *f* Seezunge *f*

sognare [soɲ'ɲa:re] **I.** *vt* **1.** (*vedere in sogno*) träumen; **ho sognato il nonno** ich habe von Großvater geträumt **2.** (*fig: desiderare*) träumen von **II.** *vr* **-rsi** sich *dat* einbilden; **te lo sogni che venga!** (*fam*) davon träumst du nur, dass er kommt!; **sognatore**, **-trice** [soɲɲa'to:re] *m, f* Träumer(in) *m(f)*

sogno ['soɲɲo] *m* (*a fig*) Traum *m;* **fare un ~** träumen, einen Traum haben; **~ ad occhi aperti** Tagtraum *m;* **nemmeno per ~!** nicht einmal im Traum!

soia ['sɔ:ia] <soie> *f* Sojabohne *f*

soirée [swa're] <-> *f* Galaabend *m*

sol [sɔl] <-> *m* (MUS) g, G *n*

solaio [so'la:io] <-ai> *m* Dachboden *m*

solare [so'la:re] *agg* **1.** (*gener*) Sonnen-; **crema/olio ~** Sonnencreme *f*/-öl *n* **2.** (EL) Sonnen-, Solar- **3.** (*fig*) strahlend; (*evidente*) sonnenklar

solario [so'la:rio] <-i> *m* Solarium *n*

solco ['solko] <-chi> *m* **1.** (AGR) Furche *f* **2.** (*incavatura*) Spur *f* **3.** (*grinza*) Runzel *f*

soldatino [solda'ti:no] *m* Spielsoldat *m*

soldato, **-a** *o* **-essa** [sol'da:to] *m, f* Soldat(in) *m(f);* **fare il ~** Soldat sein

soldo ['sɔldo] *m* **1.** *pl* Geld *n;* **fare -i a palate** Geld scheffeln **2.** (*fig*) Pfennig *m;* **è roba da pochi -i** das Zeug ist nichts wert

sole ['so:le] *m* Sonne *f;* **c'è il ~** die Sonne scheint; **chiaro come il ~** sonnenklar; **colpo di ~** Sonnenstich *m;* **occhiali da ~** Sonnenbrille *f;* **prendere il ~** sich sonnen; **soleggiato**, **-a** [soled'dʒa:to] *agg* sonnig

solei [so'le:i] *1. pers sing pass rem di* **solere**

solenne [so'lɛnne] *agg* **1.** (*gener*) feierlich **2.** (*fam: persona*) Erz-; **solennità** [solenni'ta] <-> *f* **1.** (*qualità*) Feierlichkeit *f* **2.** (*ricorrenza*) Festtag *m*

solere [so'le:re] <soglio, solei, solito> *vi essere* **~ fare qc** pflegen etw zu tun; **suole fare una passeggiata ogni sera** er pflegt jeden Abend einen Spaziergang zu machen

solerte [so'lɛrte] *agg* eifrig

solfato [sol'fa:to] *m* Sulfat *n*

solfeggio [sol'feddʒo] <-i> *m* (MUS) Solfeggio *n*

solforico, **-a** [sol'fɔ:riko] <-ci, -che> *agg* Schwefel-; **acido ~** Schwefelsäure *f*

solidale [soli'da:le] *agg* solidarisch; **solidarietà** [solidarie'ta] <-> *f* Solidarität *f*

solidificare [solidifi'ka:re] **I.** *vt* fest machen **II.** *vr* **-rsi** fest werden

solido ['sɔ:lido] *m* **1.** (PHYS) Feststoff *m* **2.** (MAT) Festkörper *m*

solido, **-a** *agg* **1.** (PHYS) fest **2.** (*costruzione*) solide **3.** (*fig*) stark; (*argomento*) handfest

soliloquio [soli'lɔ:kuio] <-qui> *m* Selbstgespräch *n*

solista [so'lista] <-i *m*, -e *f*> **I.** *mf* Solist(in) *m(f)* **II.** *agg* Solo-, Einzel-

solitario [soli'ta:rio] <-i> *m* **1.** (*gioco*) Patience *f;* **fare un ~** eine Patience legen **2.** (*brillante*) Solitär *m*

solitario, **-a** <-i, -ie> *agg* **1.** (*luogo, via*) einsam **2.** (*persona*) einzeln **3.** (*animale*) nicht im Rudel lebend; **verme ~** Bandwurm *m*

solito ['sɔ:lito] *m* Übliche(s) *n;* **di ~** gewöhnlich; **come al ~** wie gewohnt, wie immer

solito, **-a** **I.** *pp di* **solere** **II.** *agg* gewohnt, üblich; **essere ~ fare qc** gewohnt sein etw zu tun; **siamo alle -e** (*fam*) schon wieder das Gleiche

solitudine [soli'tu:dine] *f* Einsamkeit *f*

sollecitare [solletʃi'ta:re] *vt* **1.** (*cose*) drängen auf +*acc;* (*persone*) drängen, urgieren *A* **2.** (*promozioni*) ersuchen um **3.** (*stimolare*) anregen

sollecito [sol'le:tʃito] *m* (ADM) Mahnung *f*

sollecito, **-a** *agg* **1.** (*risposta*) prompt **2.** (*persona*) eifrig

solletico [sol'le:tiko] <-chi> *m* **1.** (*sensazione*) Kitzeln *n;* **fare il ~ a qu** jdn kitzeln; **soffrire il ~** kitzlig sein **2.** (*fig*) Reizung *f*

sollevamento [solleva'mento] *m* (An)hebung *f;* (*da terra*) Aufheben *n;* **~ pesi** Gewichtheben *n;* **sollevare** [solleva:re] **I.** *vt* **1.** (*peso*) (an)heben; (*da terra*) aufheben **2.** (*testa*) (er)heben **3.** (*fig*) heben; (*moralmente*) aufrichten **4.** (*fig: questione, protesta*) erheben **II.** *vr* **-rsi** **1.** (*levarsi*) sich erheben **2.** (*fig: riprendersi*) sich erholen; **sollevato**, **-a** [solle'va:to] *agg* (*fig*) erleichtert

sollievo [sol'liɛ:vo] *m* Erleichterung *f*

solo ['so:lo] **I.** *avv* (*solamente*) nur; **non ~ …, ma anche …** nicht nur …, sondern auch … **II.** *cong* (*ma*) nur, bloß; ~ **che** +*conj* nur dass, wenn nur

solo, **-a I.** *agg* **1.** (*senza compagnia*) allein; **sentirsi** ~ sich einsam fühlen **2.** (*unico*) einzig **3.** (*semplice*) bloß **II.** *m, f* Einzige(r) *f(m)*

solstizio [sols'tittsio] <-i> *m* Sonnenwende *f*

soltanto [sol'tanto] *avv* nur; **non ~ …, ma …** nicht nur …, sondern auch …

solubile [so'lu:bile] *agg* **1.** (*caffè,* CHEM) löslich **2.** (*fig: problema*) lösbar

soluzione [solut'tsio:ne] *f* **1.** (*gener,* MAT, CHEM) Lösung *f* **2.** (COM) Zahlung *f*

solvente [sol'vɛnte] **I.** *agg* **1.** (CHEM) lösend, Lösungs- **2.** (FIN) zahlungsfähig, solvent **II.** *m* Lösungsmittel *n*

soma ['sɔ:ma] *f* Last *f*

somaro, **-a** [so'ma:ro] *m, f* **1.** (ZOO) Esel(in) *m(f)* **2.** (*pej*) Esel *m*

somatico, **-a** [so'ma:tiko] <-ci, -che> *agg* somatisch, Körper-

somiglianza [somiʎ'ʎantsa] *f* Ähnlichkeit *f;* **somigliare** [somiʎ'ʎa:re] **I.** *vi* ähneln; ~ **a qu** jdm gleichen **II.** *vr* **-rsi** sich *dat* ähnlich sehen

somma ['somma] *f* **1.** (MAT) Summe *f;* **fare la** ~ zusammenzählen; **tirare le -e** (*fig*) das Fazit ziehen **2.** (FIN) Betrag *m* **3.** (*quantità complessiva*) Gesamtheit *f* **4.** (*fig*) Zusammenfassung *f;* **sommare** [som'ma:re] *vt* **1.** (MAT) zusammenzählen, addieren **2.** (*aggiungere*) hinzurechnen; **tutto sommato** alles in allem

sommario [som'ma:rio] <-i> *m* **1.** (*riassunto*) Inhaltsangabe *f* **2.** (*compendio*) Abriss *m*

sommario, **-a** <-i, -ie> *agg* **1.** (*resoconto*) zusammengefasst **2.** (JUR: *processo*) Schnell-

sommergere [som'mɛrdʒere] <irr> *vt* **1.** (*acque*) überschwemmen **2.** (*fig*) überhäufen **3.** (*far affondare*) versenken

sommergibile [sommer'dʒi:bile] *m* Unterseeboot *n*

sommersi [som'mɛrsi] *1. pers sing pass rem di* **sommergere**

sommerso, **-a** [som'mɛrso] **I.** *pp di* **sommergere II.** *agg* **economia -a** Schattenwirtschaft *f*

sommesso, **-a** [som'messo] *agg* leise

somministrare [somminis'tra:re] *vt* **1.** (*medicine*) verabreichen **2.** (*sacramenti*) erteilen **3.** (*aiuti, viveri*) gewähren

sommità [sommi'ta] <-> *f* (*a fig*) Gipfel *m*

sommo, **-a I.** *superlativo di* **alto, -a II.** *superlativo di* **grande III.** *agg* **1.** (*più alto*) höchste(r, s); (*più grande*) größte(r, s) **2.** (*molto alto*) sehr hoch; (*molto grande*) sehr groß **3.** (*fig: massimo*) äußerste(r, s), höchste(r, s)

sommossa [som'mɔssa] *f* Aufstand *m*

sommozzatore [sommottsa'to:re] *m* Froschmann *m*

sonaglio [so'naʎʎo] <-gli> *m* Schelle *f;* **serpente a -gli** Klapperschlange *f*

sonare [so'na:re] *vt, vi v.* **suonare**

sonata [so'na:ta] *f* (MUS) Sonate *f*

sonda ['sonda] *f* Sonde *f;* ~ **spaziale** Raumsonde *f*

sondaggio [son'daddʒo] <-ggi> *m* **1.** (*indagine*) Umfrage *f;* ~ **d'opinione** Meinungsumfrage *f* **2.** (*con sonda*) Sondierung *f;* **sondare** [son'da:re] *vt* (*a fig* MED) sondieren

sondriese [son'drie:se] **I.** *agg* aus Sondrio stammend **II.** *mf* Bewohner(in) *m(f)* Sondrios

Sondrio *f Stadt in der Lombardei*

sonetto [so'netto] *m* Sonett *n*

sonnambulo, **-a** [son'nambulo] *m, f* Schlafwandler(in) *m(f);* **essere** ~ schlafwandeln

sonnifero [son'ni:fero] *m* Schlafmittel *n*

sonno ['sonno] *m* Schlaf *m;* **avere** ~ müde sein; **prendere** ~ einschlafen; **morire di** [*o* **cascare dal**] ~ vor Müdigkeit umfallen; **sonnolenza** [sonno'lɛntsa] *f* Schläfrigkeit *f*

sono ['so:no] *1. pers sing pr di* **essere**[1]

sonoro [so'nɔ:ro] *m* Tonfilm *m*

sonoro, **-a** *agg* **1.** (PHYS) Schall-, schallend; **onde -e** Schallwellen *fpl* **2.** (*voce*) klangvoll **3.** (*fig*) schallend **4.** (LING) stimmhaft **5.** (FILM) **colonna -a** Tonspur *f*

sontuoso, **-a** [sontu'o:so] *agg* prunkvoll

soporifero, **-a** [sopo'ri:fero] *agg* einschläfernd

soppalco [sop'palko] <-chi> *m* Dachboden *m*

sopperire [soppe'ri:re] <sopperisco> *vi* ~ **a qc** mit etw zurechtkommen

soppesare [soppe'sa:re] *vt* **1.** (*fig*) abwägen **2.** (*oggetto*) wägen

soppiatto [sop'piatto] *agg* **di** ~ heimlich

sopportare [soppor'ta:re] *vt* **1.** (*resistere*) aushalten **2.** (*subire*) auf sich nehmen; (*tolle-*

S

rare) dulden **3.** (*persona*) leiden (können) **4.** (*peso, spesa*) tragen

sopprimere [sop'pri:mere] <irr> *vt* **1.** (*legge*) abschaffen **2.** (*persona*) beseitigen

sopra ['so:pra] **I.** *prp* **1.** (*con contatto: stato*) auf +*dat;* (*moto*) auf +*acc* **2.** (*senza contatto: stato*) über +*dat;* (*moto*) über +*acc* **3.** (*oltre*) über +*dat,* oberhalb +*gen;* ~ **ogni cosa** über alles **4.** (*dopo*) über +*dat,* nach +*dat* **5.** (*addosso*) auf +*acc* **6.** (*intorno a, più di*) über +*acc* **II.** *avv* oben; (*oltre*) über, darüber; **berci** ~ darauf trinken; **dormirci** ~ darüber schlafen; **passarci** ~ darüber hinwegkommen; **abita** ~ **di me** er wohnt über mir; **al di** ~ **di** oberhalb von; **vedi** ~ siehe oben; **di cui** ~ (ADM) oben genannt; **come** (**detto**) ~ wie oben (gesagt) **III.** <inv> *agg* obere(r, s) **IV.** <-> *m* Oberteil *m o n*

sopra- [sopra] (*in parole composte*) Über-, über-

soprabito [so'pra:bito] *m* Überzieher *m;* **sopracciglio** [soprat'tʃiʎʎo] <*pl:* -glia *f*> *m* (Augen)braue *f;* **sopraccitato, -a** [soprattʃi'ta:to] *agg* oben genannt

sopraccoperta[1] [soprakko'pɛrta] *f* **1.** (*di letto*) Tagesdecke *f* **2.** (NAUT) Deck *n*

sopraccoperta[2] *avv* auf Deck

sopraddetto, -a [soprad'detto] *agg* oben gesagt

sopr(a)elevato, -a [sopr(a)ele'va:to] *agg* aufgestockt; **ferrovia/strada -a** überhöhte Eisenbahntrasse/Straße

sopraffare [sopraf'fa:re] <irr> *vt* (*persone*) überwältigen; (*deboli*) unterdrücken

sopraffino, -a [sopraf'fi:no] *agg* **1.** (GASTR: *piselli*) extrafein **2.** (*cosa, pranzo*) exzellent **3.** (*fig*) ausgezeichnet, bärig *A*

sopraggiungere [soprad'dʒundʒere] <irr> *vi essere* **1.** (*arrivare*) überraschend auftauchen **2.** (*accadere*) überraschend passieren

sopraindicato, -a [sopraindi'ka:to] *agg* oben angeführt

sopra(l)luogo [sopra(l)'lu ɔ:go] <-ghi> *m* Lokaltermin *m*

soprammobile [sopram'mɔ:bile] *m* Nippesfigur *f*

soprannaturale [soprannatu'ra:le] **I.** *agg* übernatürlich **II.** *m* Übernatürliche(s) *n*

soprannome [sopran'no:me] *m* Spitz-, Beiname *m;* **soprannominare** [soprannomi'na:re] *vt* ~ **qu** jdm einen Spitznamen geben; **soprannominato, -a** [soprannomi'na:to] *agg* genannt

soprannumero [sopran'nu:mero] *m* **in** ~ überzählig

soprano *m* Sopran *m*

soprapassaggio [soprapas'saddʒo] *m* Überführung *f;* ~ **pedonale** Fußgängerüberführung *f*

soprappensiero [soprappen'siɛ:ro] *avv* gedankenverloren

soprassalto [sopras'salto] *m* **di** ~ plötzlich

soprassedere [soprasse'de:re] <irr> *vi* ~ **a qc** etw aufschieben

soprattassa [soprat'tassa] *f* Steuerzuschlag *m*

soprattutto [soprat'tutto] *avv* vor allem

sopravvalutare [sopravvalu'ta:re] *vt* überbewerten

sopravvenire [sopravve'ni:re] <irr> *vi essere* **1.** (*sopraggiungere*) plötzlich erscheinen **2.** (*accadere*) plötzlich passieren

sopravvento [soprav'vɛnto] *m* (*fig*) Oberhand *f*

sopravvissi *1. pers sing pass rem di* **sopravvivere**

sopravvissuto, -a [sopravvis'su:to] **I.** *pp di* **sopravvivere** **II.** *m, f* Überlebende(r) *f(m);* **sopravvivenza** [sopravvi'vɛntsa] *f* Überleben *n;* **istinto di** ~ Selbsterhaltungstrieb *m*

sopravvivere [soprav'vi:vere] <irr> *vi essere* **1.** (*a persone, a disgrazia*) ~ **a qu/qc** jdn/etw überleben **2.** (*fig*) ~ **in qc** in etw *dat* weiterleben

soprintendente [soprinten'dɛnte] *mf* Oberaufseher(in) *m(f);* (*statale*) Oberintendant(in) *m(f);* ~ **alle Belle Arti** Landeskonservator(in) *m(f);* **soprintendenza** [soprinten'dɛntsa] *f* Oberaufsicht *f;* (*statale*) Oberintendantur *f;* **soprintendere** [soprin'tɛndere] <irr> *vi* ~ **a qc** über etw *acc* die Oberaufsicht führen

sopruso [so'pru:zo] *m* Gewaltakt *m*

soqquadro [sok'kua:dro] *m* **mettere a** ~ durcheinander bringen

sorbetto [sor'betto] *m* Sorbet(t) *m o n*

sorbire [sor'bi:re] <sorbisco> *vt* **1.** (*bibita*) schlürfen **2.** (*fig*) ertragen

sorcio ['sortʃo] <-ci> *m* (*fam*) Maus *f*

sordido, -a ['sɔrdido] *agg* (*pej*) **1.** (*sporco*) schmutzig **2.** (*fig: avaro*) knaus(e)rig

sordina [sor'diːna] *f* Dämpfer *m;* (*strumento*) Sordine *f;* **in ~** gedämpft, leise; (*fig*) heimlich

sordità [sordi'ta] <-> *f* **1.** (MED: *totale*) Taubheit *f;* (*parziale*) Schwerhörigkeit *f* **2.** (*fig*) Taubheit *f;* **sordo**, **-a** ['sordo] **I.** *agg* **1.** (MED: *totalmente*) taub; (*parzialmente*) schwerhörig; **essere ~ da un orecchio** auf einem Ohr taub sein; **~ come una campana** stocktaub **2.** (*fig*) taub, gleichgültig **3.** (LING) stimmlos **II.** *m, f* Taube(r) *f(m);* **parlare ai -i** (*fig*) tauben Ohren predigen; **sordocieco**, **-a** [sordo'tʃɛko] <-chi, -che> **I.** *agg* taubblind **II.** *m, f* Taubblinde(r) *f(m);* **sordomuto**, **-a** [sordo'muːto] **I.** *agg* taubstumm **II.** *m, f* Taubstumme(r) *f(m)*

sorella [so'rɛlla] *f* Schwester *f*

sorellastra [sorel'lastra] *f* Halb-, Stiefschwester *f*

sorgente [sor'dʒɛnte] *f* (*a fig*) Quelle *f*

sorgere ['sordʒere] <sorgo, sorsi, sorto> *vi essere* **1.** (*sole*) aufgehen **2.** (*monte, castello*) sich erheben **3.** (*a fig*) sich erheben **4.** (*acque*) entspringen **5.** (*fig: manifestarsi*) aufkommen

soriano [so'riaːno] *m* Tigerkatze *f*

sormontare [sormon'taːre] *vt* (*difficoltà*) überwinden

sornione, **-a** [sor'nioːne] *agg* scheinheilig

sorpassare [sorpas'saːre] *vt* **1.** (AUTO) überholen **2.** (*in altezza*) überragen **3.** (*fig: oltrepassare*) überschreiten **4.** (*fig: sopravanzare*) übertreffen; **sorpassato**, **-a** [sorpas'saːto] *agg* (*a fig*) überholt; **sorpasso** [sor'passo] *m* Überholen *n;* **fare un ~** überholen; **divieto di ~** Überholverbot *n;* **corsia di ~** Überholspur *f*

sorprendente [sorpren'dɛnte] *agg* überraschend; **sorprendere** [sor'prɛndere] <irr> **I.** *vt* **1.** (*cogliere*) überraschen, ertappen **2.** (*fig*) überraschen **II.** *vr* **-rsi di qc** sich über etw *acc* wundern; **non mi sorprendo più di nulla** mich wundert nichts mehr; **sorpresa** [sor'preːsa] *f* Überraschung *f;* (*stupore*) Erstaunen *n;* **di ~** überraschend; **con mia grande ~** zu meinem großen Erstaunen; **fare una ~ a qu** jdn überraschen

sorreggere [sor'rɛddʒere] <irr> *vt* (*a fig*) stützen

Sorrento [sor'rɛnto] *f* Sorrent *n, Stadt in Kampanien*

sorressi *1. pers sing pass rem di* **sorreggere**

sorretto *pp di* **sorreggere**

sorridente [sorri'dɛnte] *agg* lächelnd; **è sempre ~** sie ist immer guter Laune; **sorridere** [sor'riːdere] <irr> *vi* lächeln; **~ a qu** jdm zulächeln; **sorriso** [sor'riːso] *m* Lächeln *n*

sorsata [sor'saːta] *f* Schluck *m;* **sorseggiare** [sorsed'dʒaːre] *vt* schlürfen

sorsi ['sorsi] *1. pers sing pass rem di* **sorgere**

sorso ['sorso] *m* Schluck *m*

sort [sɔːt] <-> *m* (INFORM) Sortierprogramm *n*

sorta ['sɔrta] *f* Sorte *f;* **d'ogni ~** aller Art, alle möglichen …

sorte ['sɔrte] *f* Schicksal *n;* **tirare/estrarre a ~** losen/ein Los ziehen

sorteggiare [sorted'dʒaːre] *vt* auslosen; (*premi*) verlosen; **sorteggio** [sor'teddʒo] <-ggi> *m* Auslosung *f;* (*di premi*) Verlosung *f*

sortilegio [sorti'lɛːdʒo] <-gi> *m* Zauber *m*

sortire [sor'tiːre] <sortisco> *vt* bewirken

sorto ['sorto] *pp di* **sorgere**

sorvegliante [sorveʎ'ʎante] *mf* Wächter(in) *m(f);* **sorveglianza** [sorveʎ'ʎantsa] *f* Überwachung *f;* **sorvegliare** [sorveʎ'ʎaːre] *vt* überwachen

sorvolare [sorvo'laːre] **I.** *vt* **1.** (AERO) überfliegen **2.** (*fig*) übergehen **II.** *vi* **~ su qc** (*fig*) über etw *acc* hinweggehen

S.O.S. ['ɛsseo'ɛsse] <-> *m* **lanciare un ~** (*a fig*) einen Hilferuf aussenden

sosia ['sɔːzia] <-> *mf* Doppelgänger(in) *m(f)*

sospendere [sos'pɛndere] <irr> *vt* **1.** (*appendere*) aufhängen **2.** (*fig: cessare*) aufheben; (*interrompere*) unterbrechen **3.** (*funzionario*) suspendieren; (*alunno*) (von der Schule) verweisen; **~ da una carica** eines Amt(e)s entheben; **sospensione** [sospen'sioːne] *f* **1.** (*il sospendere*) Aufhängen *n* **2.** (*fig: interruzione*) Unterbrechung *f* **3.** (*da ufficio, dalle lezioni*) Suspendierung *f* **4.** (LING) **puntini di ~** Auslassungspunkte *mpl*

sospesi [sos'peːsi] *1. pers sing pass rem di* **sospendere**

sospeso, **-a** [sos'peːso] **I.** *pp di* **sospendere** **II.** *agg* **1.** (*sollevato*) hängend **2.** (*interrotto*) unterbrochen; **col fiato ~** mit angehaltenem Atem **3.** (*fig*) ungewiss; **tenere qu in ~** jdn im Ungewissen lassen

sospettare [sospet'ta:re] **I.** *vt* **1.** (*ritenere responsabile*) verdächtigen **2.** (*immaginare*) vermuten **II.** *vi* **1.** (*diffidare*) **~ di qu** jdn verdächtigen **2.** (*avere sospetti*) annehmen

sospetto [sos'pɛtto] *m* **1.** (*dubbio*) Verdacht *m;* **destare ~** Verdacht erregen **2.** (*cosa sospetta*) Verdächtige(s) *n*

sospetto, -a *agg* verdächtig; **sospettoso, -a** [sospet'to:so] *agg* argwöhnisch

sospingere [sos'pindʒere] <irr> *vt* **1.** (*spingere*) treiben **2.** (*fig*) (an)treiben

sospirare [sospi'ra:re] **I.** *vi* seufzen **II.** *vt* **1.** (*desiderare*) ersehnen **2.** (*aspettare*) herbeisehnen; **sospiro** [sos'pi:ro] *m* Seufzer *m;* **tirare un ~** seufzen; **Ponte dei Sospiri** Seufzerbrücke *f* (*in Venedig*)

sosta ['sɔsta] *f* **1.** (*fermata*) Halt *m;* **divieto di ~** Halten verboten **2.** (*riposo*) Pause *f;* **fare una ~ a Perugia** in Perugia Station machen

sostantivo [sostan'ti:vo] *m* Substantiv *n*

sostanza [sos'tantsa] *f* **1.** (*materia*) Substanz *f* **2.** *pl* (*patrimonio*) Vermögen *n* **3.** (*parte essenziale*) Wesentliche(s) *n;* **in ~** im Wesentlichen; **sostanziale** [sostan'tsia:le] *agg* wesentlich; **sostanzioso, -a** [sostan'tsio:so] *agg* **1.** (*cibo*) nahrhaft **2.** (*fig*) gehaltvoll

sostare [sos'ta:re] *vi* **1.** (*fermarsi*) halten **2.** (*fare una pausa*) eine Pause machen

sostegno [sos'teɲɲo] *m* **1.** (*supporto*) Stütze *f* **2.** (*fig*) Unterstützung *f*

sostenere [soste'ne:re] <irr> **I.** *vt* **1.** (*reggere*) stützen **2.** (*sopportare*) ertragen **3.** (*fig: persona, candidatura*) unterstützen; (*conversazione*) bestreiten; (*esame*) ablegen **4.** (*affermare*) behaupten **5.** (FIN: *spese*) tragen **II.** *vr* **-rsi 1.** (*reggersi*) sich stützen; (*tenersi ritto*) sich aufrecht halten **2.** (*fig*) sich stärken

sostenuto, -a [soste'nu:to] *agg* **1.** (*contegno*) zurückhaltend; **essere ~ con qu** jdm gegenüber zurückhaltend sein **2.** (COM: *prezzi*) stabil, fest

sostituire [sostitu'i:re] <sostituisco> **I.** *vt* **1.** (*cambiare*) austauschen **2.** (*rimpiazzare*) ersetzen **3.** (*prendere il posto*) vertreten **II.** *vr* **-rsi a qu** an jds Stelle treten; **-rsi a qc** etw ersetzen; **sostitutivo, -a** [sostitu'ti:vo] *agg* Ersatz-, Ergänzungs-; **sostituto, -a** [sosti'tu:to] *m, f* Stellvertreter(in) *m(f);* **sostituzione** [sostitut'tsio:ne] *f* Auswechs(e)lung *f;* **in ~ di qc** zum Ersatz für etw; **in ~ di qu** an jds Stelle; **~ fiduciaria** (EU) Bargeldumstellung *f*

sottaceti [sotta'tʃe:ti] *mpl* Mixedpickles *pl*

sottaceto, sott'aceto [sotta'tʃe:to] <inv> *agg o avv* in Essig; **cetriolini ~** saure Gurken *fpl*

sotterranea [sotter'ra:nea] *f* U-Bahn *f*

sotterraneo [sotter'ra:neo] *m* Untergeschoss *n*

sotterraneo, -a *agg* unterirdisch; **ferrovia -a** Untergrundbahn *f*

sotterrare [sotter'ra:re] *vt* **1.** (*tesoro, semente*) vergraben **2.** (*morto*) beerdigen

sottigliezza [sottiʎ'ʎettsa] *f* **1.** (*di spessore*) Dünne *f* **2.** (*fig*) Feinheit *f* **3.** *pl* (*pedanteria*) Haarspaltereien *fpl;* **sottile** [sot'ti:le] **I.** *agg* **1.** (*filo, strato, aria*) dünn **2.** (*figura, gambe*) schlank, dünn **3.** (*fig: sofistico*) subtil; (*mente, vista*) scharf; (*disputa, argomentazione*) spitzfindig **II.** *m* **non andare per il ~** es nicht genau nehmen

sottiletta [sotti'letta] *f* Scheiblette® *f*

sottilizzare [sottilid'dza:re] *vi* Haarspalterei betreiben

sottintendere [sottin'tɛndere] <irr> *vt* **1.** (*capire*) mit darunter verstehen; (*dare per scontato*) stillschweigend annehmen; **è sottinteso** das versteht sich von selbst; **lasciare ~** durchblicken lassen **2.** (*comportare*) mit sich *dat* bringen

sottinteso, -a *agg* **1.** (LING) (unausgedrückt) miteingeschlossen **2.** (*riferimento*) miteinbegriffen

sotto ['sotto] **I.** *prp* **1.** (*stato*) unter *+dat;* **~ la pioggia** im Regen; **~ il monte** am Fuße des Berges; **~ questo aspetto** unter diesem Aspekt **2.** (*moto*) unter *+acc* **3.** (*dietro: stato*) hinter *+dat;* (*moto*) hinter *+acc* **4.** (*in cambio di*) gegen *+acc,* für *+acc* **5.** (*verso*) gegen *+acc,* um *+acc* **6.** (*condizione*) unter *+dat,* in *+dat;* **caffè ~ vuoto** vakuumverpackter Kaffee; **essere ~ esami** im Examen stehen; **sott'aceto/olio** in Essig/Öl; **~ giuramento** unter Eid **7.** (*più in basso di*) unterhalb *+gen* **II.** *avv* **1.** (*stato*) unten; **le stanze di ~** die unteren Zimmer; **abita ~ di me** er wohnt unter mir; **qui c'è ~ qc** (*fig*) da steckt etwas dahinter **2.** (*moto*) nach unten, hinunter; **farsi ~** (*fig*) sich heranmachen;

mettere ~ überfahren; **mettersi** ~ (*fig fam*) sich daranmachen **3.** (*addosso*) darunter, unterhalb **4.** (*più giù, oltre*) weiter unten; **vedi** ~ siehe unten; ~ ~ unterschwellig, insgeheim; (*fig*) eigentlich **III.** <inv> *agg* untere(r, s), weiter unten **IV.** <-> *m* Unterteil *n o m*

sotto- [sotto] (*in parole composte*) Unter-, unter-

sottobanco [sotto'baŋko] *avv* unter der Hand

sottobicchiere [sottobik'kiɛ:re] *m* Untersetzer *m*

sottobosco [sotto'bɔsko] <-schi> *m* **1.** (BOT) Unterholz *n* **2.** (*fig*) Unterwelt *f*

sottobraccio [sotto'brattʃo] *avv* Arm in Arm

sottocchio [sot'tɔkkio] *avv* im Auge

sottochiave [sotto'kia:ve] *avv* unter Verschluss

sottocoperta[1] [sottoko'pɛrta] *f* Unterdeck *n*

sottocoperta[2] *avv* unter Deck

sottocosto [sotto'kɔsto] **I.** *avv* unter Preis **II.** <inv> *agg* unter Preis (angeboten)

sottoelencato, **-a** [sottoelen'ka:to] *agg* unten aufgeführt

sottoesporre [sottoes'porre] <irr> *vt* unterbelichten

sottofondo [sotto'fondo] *m* **1.** (MUS, FILM, TV) Hintergrund *m* **2.** (*strato inferiore*) Untergrund *m*

sottogamba [sotto'gamba] *avv* **prendere qc** ~ etw auf die leichte Schulter nehmen

sottogonna [sotto'gonna] *f* Unterrock *m*

sottogruppo [sotto'gruppo] *m* Untergruppe *f*

sottolineare [sottoline'a:re] *vt* unterstreichen; (*fig a*) hervorheben

sottolio [sot'tɔ:lio] **I.** *avv* in Öl **II.** <inv> *agg* in Öl (eingelegt)

sottomano [sotto'ma:no] *avv* **1.** (*a portata di mano*) zur Hand **2.** (*fig*) heimlich

sottomarca [sotto'marka] *f* weiße Ware

sottomarino [sottoma'ri:no] *m* U-Boot *n*

sottomesso, **-a** [sotto'messo] *agg* **1.** (*persona*) unterwürfig **2.** (*popolo*) unterworfen; **sottomettere** [sotto'mettere] <irr> **I.** *vt* unterwerfen **II.** *vr* **-rsi** sich unterwerfen

sottomultiplo [sotto'multiplo] *m* (MAT) Teiler *m*

sottomultiplo, **-a** *agg* teilbar

sottopassaggio [sottopas'saddʒo] <-ggi> *m* Unterführung *f*

sottopentola [sotto'pentola] <-> *m* Topfuntersetzer *m*

sottoporre [sotto'porre] <irr> **I.** *vt* **1.** (*presentare*) unterbreiten **2.** (*costringere*) unterziehen **II.** *vr* **-rsi** sich unterwerfen

sottoprodotto [sottopro'dotto] *m* Nebenprodukt *n*

sottoprogramma [sottopro'gramma] *m* (INFORM) Unterprogramm *n*

sottoscala [sottos'ka:la] <-> *m* (Abstell)raum *m* unter der Treppe

sottoscritto, **-a** [sottos'kritto] **I.** *agg* unterzeichnet, unterschrieben **II.** *m, f* (ADM) Unterzeichnete(r) *f(m)*; **sottoscrivere** [sottos'kri:vere] <irr> *vt* unterschreiben

sottosegretario, **-a** [sottosegre'ta:rio] *m, f* Untersekretär(in) *m(f)*

sottosistema [sottosis'tɛ:ma] *m* (INFORM) Subsystem *n*

sottosopra [sotto'so:pra] *avv* durcheinander

sottospecie [sottos'pɛ:tʃe] *f* **1.** (BOT, ZOO) Unterart *f* **2.** (*fig, pej*) Art *f*

sottostare [sottos'ta:re] <irr> *vi essere* **1.** (*essere dipendente*) unterstehen **2.** (*affrontare*) ~ **a qc** sich einer Sache *dat* unterziehen

sottostimare [sottosti'ma:re] *vt* zu niedrig bewerten

sottosuolo [sotto'suɔ:lo] *m* **1.** (AGR) Untergrund *m* **2.** (ARCH) Untergeschoss *n*

sottosviluppato, **-a** [sottozvilup'pa:to] *agg* unterentwickelt; **paese** ~ Entwicklungsland *n*

sottotenente [sottote'nɛnte] *m* Unterleutnant *m*

sottoterra [sotto'tɛrra] *avv* (*stato*) unterirdisch; (*moto*) unter die Erde

sottotetto [sotto'tetto] *m* Dachboden *m*

sottotitolato, **-a** [sottotito'la:to] *agg* untertitelt; **film** ~ **per non udenti** Film mit Untertiteln für Gehörlose; **sottotitolo** [sotto'ti:tolo] *m* Untertitel *m*

sottovalutare [sottovalu'ta:re] *vt* unterschätzen

sottovaso [sotto'va:zo] *m* Übertopf *m*

sottovento [sotto'vɛnto] *avv* im Wind

sottoveste [sotto'vɛste] *f* Unterrock *m*

sottovoce [sotto'vo:tʃe] *avv* leise, halb laut

sottovuoto [sotto'vuɔ:to] <inv> *agg* va-

S

kuum-

sottrarre [sot'trarre] <irr> **I.** *vt* **1.** (MAT) subtrahieren, abziehen **2.** (*denari*) unterschlagen; (*documento*) entziehen **3.** (*allontanare*) entziehen **II.** *vr* **-rsi a qu/qc** sich jdm/etw entziehen; **sottrazione** [sottrat'tsio:ne] *f* **1.** (MAT) Abziehen *n* **2.** (*di denari*) Unterschlagung *f;* (*di documento*) Entziehung *f*

sottufficiale [sottuffi'tʃa:le] *m* Unteroffizier *m*

sovietico, **-a** [so'viɛ:tiko] <-ci, -che> **I.** *agg* sowjetisch, Sowjet-; **l'Unione Sovietica** die Sowjetunion **II.** *m, f* Sowjetbürger(in) *m(f)*

sovra- [sovra] *v. a.* **sopra-**

sovrabbondante [sovrabbon'dante] *agg* übermäßig; **sovrabbondanza** [sovrabbon'dantsa] *f* Übermaß *n*

sovraesporre [sovraes'porre] <irr> *vt* (FOTO) überbelichten

sovraffollato, **-a** [sovraffol'la:to] *agg* überfüllt

sovralimentazione [sovralimentat'tsio:ne] *f* Aufladung *f*

sovranità [sovrani'ta] <-> *f* **1.** (JUR) Souveränität *f* **2.** (*fig*) Überlegenheit *f;* **sovrano**, **-a** [so'vra:no] **I.** *m, f* Herrscher(in) *m(f)* **II.** *agg* **1.** (POL) souverän **2.** (*di sovrano*) herrschaftlich **3.** (*fig*) größte(r, s), höchste(r, s)

sovrappongo *1. pers sing pr di* **sovrapporre**

sovrappopolamento [sovrappopola'mento] *m* Überbevölkerung *f*

sovrapporre [sovrap'porre] <irr> **I.** *vt* übereinandersetzen **II.** *vr* **-rsi** einander überlagern; **sovrapposizione** [sovrappozit'tsio:ne] *f* **1.** (*di due cose*) Übereinanderlagerung *f* **2.** (*fig*) Überordnung *f*

sovrapprezzo [sovrap'prɛttso] *m* Aufpreis *m*

sovrapproduzione [sovrapprodut'tsio:ne] *f* Überproduktion *f*

sovrastare [sovras'ta:re] *vt* **1.** (*dominare*) beherrschen **2.** (*fig*) bedrohen

sovrastruttura [sovrastrut'tu:ra] *f* Aufbau *m*

sovresporre [sovres'porre] *v.* **sovraesporre**

sovrumano, **-a** [sovru'ma:no] *agg* übermenschlich

sovvenzionare [sovventsio'na:re] *vt* subventionieren; **sovvenzione** [sovven'tsio:ne] *f* Subvention *f*

sovversivo, **-a** [sovver'si:vo] **I.** *agg* subversiv **II.** *m, f* Subversive(r) *f(m);* **sovvertire** [sovver'ti:re] *vt* (*ordinamenti, leggi*) umstürzen

S.p.A. *abbr di* **Società per Azioni** AG *f*

spaccare [spak'ka:re] **I.** *vt* spalten; ~ **la legna** Holz hacken; ~ **la faccia a qu** (*fam*) jdm die Fresse polieren; **un orologio che spacca il minuto** eine Uhr, die auf die Minute genau geht; ~ **un capello in quattro** Haarspalterei betreiben **II.** *vr* **-rsi** zerbrechen

spaccato, **-a** *agg* **1.** (*oggetto*) zerbrochen; (*labbro*) gespalten **2.** (*fig*) genau; (*manifesto*) ausgesprochen; **spaccatura** [spakka'tu:ra] *f* **1.** (*fenditura*) Riss *m* **2.** (*fig*) Spaltung *f*

spacciare [spat'tʃa:re] **I.** *vt* **1.** (*sl*) dealen **2.** (COM) vertreiben **3.** (*dare per*) ~ **per** ausgeben als **4.** (*loc*) **essere spacciato** (*fam*) geliefert sein **II.** *vr* **-rsi per qu** sich für jdn ausgeben; **spacciatore**, **-trice** [spattʃa'to:re] *m, f* (*di droga*) Dealer(in) *m(f);* **spaccio** ['spattʃo] <-cci> *m* **1.** (COM) Vertrieb *m* **2.** (*negozio*) Laden *m*

spada ['spa:da] *f* **1.** (*gener*) Schwert *n* **2.** (SPORT) Degen *m* **3.** *pl* (*di carte da gioco*) *italienische Spielkartenfarbe*

spaesato, **-a** [spae'za:to] *agg* unbehaglich

spaghettata [spaget'ta:ta] *f* (*fam*) Spag(h)ettiessen *n;* **spaghetti** [spa'getti] *mpl* Spag(h)etti *pl*

Spagna ['spaɲɲa] *f* Spanien *n*

spagnolo, **-a** [spaɲ'ɲɔ:lo] **I.** *agg* spanisch **II.** *m, f* Spanier(in) *m(f)*

spago ['spa:go] <-ghi> *m* **1.** (*per legare*) Schnur *f,* Spagat *m A;* **dare ~ a qu** (*fig*) jdm freie Hand lassen **2.** (*fam: paura*) Bammel *m*

spaiato, **-a** [spa'ia:to] *agg* unpaarig

spalancare [spalaŋ'ka:re] **I.** *vt* **1.** (*porta, finestra*) aufsperren **2.** (*fig: occhi, bocca*) aufreißen; (*braccia*) ausbreiten; (*gambe*) spreizen **II.** *vr* **-rsi** weit aufgehen

spalare [spa'la:re] *vt* schaufeln

spalla ['spalla] *f* **1.** (ANAT) Schulter *f;* **alzare le -e** (*a fig*) die Achseln zucken; **avere la famiglia sulle -e** (*fig*) die Familie am Hals haben *fam;* **volgere le -e a qu** (*a fig*) jdm den Rücken kehren; **vivere alle -e di qu** auf jds Kosten leben; **ridere alle -e di qu** jdn heimlich auslachen; **con le -e al muro** (*fig*) mit dem Rücken zur Wand **2.** (THEAT) Stichwortgeber(in) *m(f)*

spalleggiare [spalled'dʒaːre] **I.** *vt* (*sostenere*) unterstützen **II.** *vr* **-rsi** sich (gegenseitig) (unter)stützen

spalliera [spal'liɛːra] *f* **1.** (*di sedia, poltrona*) Rückenlehne *f* **2.** (*di letto*) Kopfteil *n;* Fußteil *n*

spalmare [spal'maːre] *vt* streichen

spalti ['spalti] *mpl* (*di stadio*) Ränge *mpl*

spandere ['spandere] <spando, spandei, spanto> **I.** *vt* **1.** (*liquidi*) verschütten **2.** (*distendere*) ausbreiten **3.** (*fam: sperperare*) verschwenden; **spendere e ~** das Geld mit vollen Händen ausgeben **II.** *vr* **-rsi** sich ausbreiten

sparare [spa'raːre] **I.** *vt* **1.** (MIL) schießen; (*colpo*) abfeuern **2.** (*fig: fandonie*) auftischen; **spararle** (**grosse**) (*fam*) (faustdicke) Lügen auftischen **II.** *vi* **1.** (MIL) schießen **2.** (TV) blenden **III.** *vr* **-rsi** sich erschießen; **-rsi un colpo alla testa** sich *dat* eine Kugel durch den Kopf jagen; **sparatoria** [spara'tɔːria] <-ie> *f* Schusswechsel *m*

sparecchiare [sparek'kiaːre] *vt* (*tavola*) abdecken

spareggio [spa'reddʒo] <-ggi> *m* (SPORT) Entscheidungsspiel *n*

spargere ['spardʒere] <spargo, sparsi, sparso> **I.** *vt* **1.** (*semi, fiori*) (aus-, ver)streuen **2.** (*luce, calore*) ausstrahlen **3.** (*liquidi*) verschütten; (*lacrime, sangue*) vergießen **4.** (*notizia*) verbreiten **II.** *vr* **-rsi** **1.** (*persone, animali*) sich zerstreuen **2.** (*notizie, dicerie*) sich verbreiten

spargimento [spardʒi'mento] *m* **1.** (*di liquidi*) Verschütten *n;* (*di lacrime, sangue*) Vergießen *n* **2.** (*di notizia*) Verbreitung *f*

sparire [spa'riːre] <sparisco> *vi essere* verschwinden; **sparizione** [sparit'tsioːne] *f* Verschwinden *n*

sparlare [spar'laːre] *vi* **1.** (*pej*) **~ di qu** von jdm schlecht sprechen **2.** (*farneticare*) dumm daherreden

sparo ['spaːro] *m* **1.** (*colpo*) Schuss *m* **2.** (*rumore*) Knall *m*

sparpagliare [sparpaʎ'ʎaːre] **I.** *vt* verstreuen **II.** *vr* **-rsi** sich verstreuen

sparsi ['sparsi] *1. pers sing pass rem di* **spargere**

sparso, -a ['sparso] **I.** *pp di* **spargere** **II.** *agg* zerstreut, verstreut; (*sciolto*) lose; (*cosparso*) bestreut

spartano, -a [spar'taːno] *agg* (*a fig*) spartanisch

spartiacque [sparti'akkue] <-> *m* Wasserscheide *f*

spartineve [sparti'neːve] <-> *m* Schneepflug *m*

spartire [spar'tiːre] <spartisco> *vt* (ver)teilen; **non avere niente da ~ con qu** (*fig*) mit jdm nichts gemein haben

spartito [spar'tiːto] *m* Partitur *f*

spartitraffico [sparti'traffiko] **I.** <-> *m* Leitplanke *f* **II.** <inv> *agg* **banchina ~** Verkehrsinsel *f;* **linea ~** Mittellinie *f*

spartivalanghe [spartiva'laŋge] <-> *m* Lawinenverbauung *f*

sparuto, -a [spa'ruːto] *agg* **1.** (*viso, aspetto*) eingefallen **2.** (*fig*) mager

sparviero [spar'viɛːro] *m* Sperber *m*

spasimante [spazi'mante] *mf* (*scherz*) Verehrer(in) *m(f)*

spasimare [spazi'maːre] *vi* (*a fig*) schmachten

spasmo ['spazmo] *m* Krampf *m;* **spasmodico, -a** [spaz'mɔːdiko] <-ci, -che> *agg* **1.** (MED) krampfhaft **2.** (*fig*) qualvoll

spassionato, -a [spassio'naːto] *agg* leidenschaftslos

spasso ['spasso] *m* **1.** (*divertimento*) Spaß *m* **2.** (*persona*) Spaßvogel *m* **3.** (*passeggiata*) Spaziergang *m;* **andare a ~** spazieren gehen; **mandare a ~ qu** (*fig*) jdn auf die Straße setzen; **spassoso, -a** [spas'soːso] *agg* spaßig

spastico, -a ['spastiko] <-ci, -che> **I.** *agg* spastisch **II.** *m, f* Spastiker(in) *m(f)*

spatola ['spaːtola] *f* Spachtel *m o f*

spavalderia [spavalde'riːa] <-ie> *f* Dreistigkeit *f;* **spavaldo, -a** [spa'valdo] *agg* dreist, frech

spaventapasseri [spaventa'passeri] <-> *m* (*a fig fam*) Vogelscheuche *f*

spaventare [spaven'taːre] **I.** *vt* erschrecken **II.** *vr* **-rsi** (sich) erschrecken; **spavento** [spa'vɛnto] *m* **1.** (*paura*) Schrecken *m;* **fare ~ a qu** jdn erschrecken **2.** (*fig fam*) Scheusal *n;* **spaventoso, -a** [spaven'toːso] *agg* furchtbar

spaziale [spat'tsiaːle] *agg* Raum-; **armi -i** Weltraumwaffen *fpl;* **navicella ~** Raumschiff *n*

spaziare [spat'tsiaːre] **I.** *vi* **1.** (*vista, uccel-*

S

li) umherschweifen **2.** (*fig*) die Gedanken schweifen lassen **II.** *vt* (TYP) sperren

spazientirsi [spattsien'tirsi] <mi spazientisco> *vr* die Geduld verlieren

spazio ['spattsio] <-i> *m* **1.** (*gener* SCIENT, PHILOS, MAT) Raum *m* **2.** (*cosmo*) (Welt)raum *m* **3.** (*posto*) Platz *m*; ~ **pubblicità** Werbefläche *f* **4.** (*di tempo*) Zeitraum *m*; **spazioso**, **-a** [spa'tsio:so] *agg* geräumig

spazzacamino [spattsaka'mi:no] *m* Schornsteinfeger *m*, Rauchfangkehrer *m A*

spazzaneve [spattsa'ne:ve] <-> *m* Schneepflug *m*

spazzare [spat'tsa:re] *vt* kehren, fegen; **spazzatura** [spattsa'tu:ra] *f* Abfall *m*; **spazzino** [spat'tsi:no] *m* Straßenkehrer *m*

spazzola ['spattsola] *f* Bürste *f*; **spazzolare** [spattso'la:re] *vt* (ab-, aus)bürsten; **spazzolino** [spattso'li:no] *m* (kleine) Bürste *f*; ~ **da denti** (**elettrico**) (elektrische) Zahnbürste; **spazzolone** [spattso'lo:ne] *m* Schrubber *m*

speaker ['spi:ker] <-> *m* (TV, RADIO) Sprecher(in) *m(f)*

specchiare [spek'kiare] *vr* **-rsi** sich spiegeln; **specchietto** [spek'kietto] *m* **1.** (*piccolo specchio*) Handspiegel *m* **2.** (AUTO) ~ **retrovisore** Rückspiegel *m* **3.** (*prospetto riassuntivo*) Übersicht *f*; **specchio** ['spɛkkio] <-cchi> *m* **1.** (*gener*) Spiegel *m*; **lucido come uno** ~ (*pavimento*) spiegelblank; **guardarsi allo** ~ sich im Spiegel betrachten **2.** (*fig*) Spiegel *m*

speciale [spe'tʃa:le] *agg* besondere(r, s); **treno** ~ Sonderzug *m*; **inviato** ~ Sonderbeauftragte(r) *m*; **questo formaggio è davvero** ~ dieser Käse ist wirklich etwas Besonderes; **specialista** [spetʃa'lista] <-i *m*, -e *f*> *mf* **1.** (MED) Facharzt *m*, -ärztin *f* **2.** (*persona specializzata*) Fachmann *m*, -frau *f*; **specialità** [spetʃali'ta] <-> *f* **1.** (*cibo, prodotto*) Spezialität *f* **2.** (*settore di competenza*) Fachgebiet *n*

specializzare [spetʃalid'dza:re] **I.** *vt* spezialisieren **II.** *vr* **-rsi in qc** sich auf etw *acc* spezialisieren; **specialmente** [spetʃal'mente] *avv* besonders

specie ['spɛ:tʃe] <-> *f* **1.** (BIOL) Art *f* **2.** (*sorta, tipo*) Art *f*; **una** ~ **di** eine Art (von); **d'ogni** ~ aller Art

specificare [spetʃifi'ka:re] *vt* spezifizieren; **specificazione** [spetʃifikat'tsio:ne] *f* Spezifikation *f*; **complemento di** ~ Zugehörigkeitsangabe *f*; **specifico**, **-a** [spe'tʃi:fiko] <-ci, -che> *agg* **1.** (*particolare*) besondere(r, s), speziell **2.** (PHYS, MED) spezifisch

speck ['spɛk] <-> *m* (geräucherter) Schinkenspeck *m*

speculare[1] [speku'la:re] *vi* **1.** (FIN, COM) spekulieren **2.** (*fig: sfruttare*) ~ **su qc** etw ausnutzen

speculare[2] *agg* (*di specchio*) Spiegel-

speculazione [spekulat'tsio:ne] *f* Spekulation *f*

spedire [spe'di:re] <spedisco> *vt* schicken, senden

spedito, **-a** [spe'di:to] *agg* rasch

spedizione [spedit'tsio:ne] *f* **1.** (*di pacco, merce*) (Ver)sendung *f*; **spese di** ~ Versandkosten *pl* **2.** (*operazione*) (Ver)sendung *f* **3.** (SCIENT) Expedition *f* **4.** (MIL) Feldzug *m*

spegnere ['speɲɲere] <spengo, spensi, spento> **I.** *vt* **1.** (*fuoco*) löschen; (*luce, sigaretta*) ausmachen; (*radio, motore, apparecchio*) ab-, ausschalten **2.** (*fig*) schwächen **II.** *vr* **-rsi 1.** (*fuoco*) ausgehen; (*sigaretta, luce*) ausgehen; (*motore, apparecchio*) stehen bleiben **2.** (*fig*) erlöschen **3.** (*fig: morire*) entschlafen *geh*

speleologia [speleolo'dʒi:a] <-gie> *f* Höhlenforschung *f*; **speleologo**, **-a** [spele'ɔ:logo] <-gi, -ghe> *m, f* Höhlenforscher(in) *m(f)*

spellare [spel'la:re] **I.** *vt* **1.** (*di pelle*) ~ **un animale** einem Tier das Fell abziehen **2.** (*fam*) ~ **qu** jdm das Fell über die Ohren ziehen **II.** *vr* **-rsi** (*di pelle, serpenti*) sich häuten

spelonca [spe'loŋka] <-che> *f* **1.** (*grotta*) Höhle *f* **2.** (*fig, pej*) Spelunke *f*

spendere ['spɛndere] <spendo, spesi, speso> *vt* **1.** (*soldi*) ausgeben; ~ **molto in vestiti** viel Geld für Kleider ausgeben; ~ **e spandere** (*fam*) das Geld mit vollen Händen ausgeben **2.** (*fig: impiegare*) aufwenden

spengere ['spendʒere] *v.* **spegnere**

spengo ['speŋgo] *1. pers sing pr di* **spegnere**

spennacchiare, **spennare** [spennak'kia:re, spen'na:re] **I.** *vt* **1.** (*animale*) rupfen; ~ **una gallina** einem Huhn die Federn ausrupfen **2.** (*fig fam*) ~ **qu al gioco** jdm im Spiel ausnehmen **II.** *vr* **-rsi** Federn verlieren

spensi ['spensi] *1. pers sing pass rem di* **spegnere**

spensieratezza [spensiera'tettsa] *f* Sorglosigkeit *f;* **spensierato, -a** [spensie'ra:to] *agg* unbekümmert

spento, -a ['spento] **I.** *pp di* **spegnere** **II.** *agg* **1.** (*non acceso*) aus; (*fuoco*) verlöscht; (*sigaretta*) abgebrannt **2.** (*fig*) matt

speranza [spe'rantsa] *f* Hoffnung *f;* **un filo di ~** ein Hoffnungsschimmer *m;* **avere riposto tutte le -e in qu** alle seine Hoffnungen auf jdn gesetzt haben; **senza ~** hoffnungslos

sperare [spe'ra:re] **I.** *vt* erhoffen, hoffen auf *+acc;* **~ di** *+inf* hoffen zu *+inf;* **~ che** *+conj* hoffen, dass; **spero di sì/no** ich hoffe ja/nein; **speriamo (bene)!** hoffen wir es! **II.** *vi* **~ in qu/qc** auf jdn/etw hoffen

sperduto, -a [sper'du:to] *agg* abgelegen; (*persona*) verloren

spergiurare [sperdʒu'ra:re] *vi* einen Meineid leisten

spergiuro [sper'dʒu:ro] *m* Meineid *m*

spergiuro, -a **I.** *agg* eidbrüchig **II.** *m, f* Eidbrüchige(r) *f(m)*

spericolato, -a [speriko'la:to] *agg* leichtsinnig

sperimentare [sperimen'ta:re] *vt* **1.** (*gener*) versuchen **2.** (TEC) testen **3.** (*fig*) auf die Probe stellen

sperma ['spɛrma] <-i> *m* Sperma *n*

sperone [spe'ro:ne] *m* Sporn *m*

sperperare [sperpe'ra:re] *vt* verschwenden; **sperpero** ['spɛrpero] *m* Verschwendung *f*

spesa ['spe:sa] *f* **1.** (*somma*) Ausgaben *fpl,* Kosten *pl;* **non badare a -e** keine Kosten scheuen; **imparare qc a proprie -e** (*fig*) etw am eigenen Leib erfahren; **a -e di qu** auf jds Kosten **2.** (*compera*) (Ein)kauf *m;* **borsa della ~** Einkaufstasche *f;* **fare la ~** einkaufen **3.** *pl* (COM) Kosten *pl;* **-e di gestione** Betriebskosten *pl;* **meno/più le -e** minus/plus Spesen

spesi ['spe:si] *1. pers sing pass rem di* **spendere**

speso ['spe:so] *pp di* **spendere**

spesso ['spesso] *avv* oft, häufig

spesso, -a *agg* **1.** (*grosso*) dick **2.** (*fitto*) dicht **3.** (*frequente*) häufig; **-e volte** oft(mals)

spessore [spes'so:re] *m* Dicke *f*

Spett. *abbr di* **spettabile** verehrte(r, s); **~ Ditta …** An Firma …

spettabile [spet'ta:bile] *agg* (*nelle lettere*) sehr geehrte(r)

spettacolare [spettako'la:re] *agg* spektakulär; **spettacolo** [spet'ta:kolo] *m* **1.** (THEAT) Schauspiel *n;* (*rappresentazione,* FILM) Vorstellung *f* **2.** (*vista*) Anblick *m*

spettare [spet'ta:re] *vi essere* **1.** (*essere pertinente*) zukommen **2.** (*competere di diritto*) zustehen; **non spetta a me giudicare** es steht mir nicht zu, zu urteilen

spettatore, -trice [spetta'to:re] *m, f* **1.** (THEAT, FILM) Zuschauer(in) *m(f)* **2.** (*chi è presente*) (Augen)zeuge *m,* -zeugin *f*

spettegolare [spettego'la:re] *vi* (*pej*) klatschen

spettinare [spetti'na:re] **I.** *vt* zerzausen **II.** *vr* **-rsi** sich zerzausen

spettrale [spet'tra:le] *agg* **1.** (PHYS) Spektral- **2.** (*fig*) gespenstisch; **spettro** ['spɛttro] *m* **1.** (*fantasma*) Gespenst *n* **2.** (*fig: persona*) (Schreck)gespenst *n* **3.** (PHYS, ASTR) Spektrum *n*

spezie ['spɛttsie] *fpl* Gewürze *npl*

spezzare [spet'tsa:re] **I.** *vt* **1.** (*rompere*) brechen **2.** (*fig*) (unter)teilen **II.** *vr* **-rsi** brechen; **la corda troppo tesa si spezza** (*prov*) man soll den Bogen nicht überspannen

spezzatino [spettsa'ti:no] *m* Frikassee *n*

spezzato, -a *agg* **1.** (*braccio, gamba*) gebrochen **2.** (*fig*) unterteilt; (*interrotto*) unterbrochen

spezzino, -a [spet'tsi:no] **I.** *agg* aus La Spezia stammend **II.** *m, f* Bewohner(in) *m(f)* von La Spezia

spia ['spi:a] <-ie> *f* **1.** (*persona*) Spion(in) *m(f);* (*confidente della polizia*) Spitzel *m;* **fare la ~** spionieren **2.** (TEC) Warnlampe *f*

spiacente [spia'tʃɛnte] *agg* betrübt, traurig; **sono ~** es tut mir Leid; **spiacevole** [spia'tʃe:vole] *agg* unerfreulich, unangenehm

spiaggia ['spiaddʒa] <-gge> *f* Strand *m;* **in ~** am Strand; **andare in ~** zum Strand gehen

spianare [spia'na:re] *vt* **1.** (*terreno, strada*) eben machen, (ein)ebnen **2.** (*fucile*) anlegen **3.** (*pasta*) ausrollen; **spianata** [spia'na:ta] *f* ebenes Landstück

spiano ['spia:no] *m* **a tutto** ~ mit voller Kraft

spiantato, **-a** [spian'ta:to] (*pej*) **I.** *agg* nichts besitzend **II.** *m, f* Habenichts *m*

spiare [spi'a:re] *vt* **1.** (*persona*) bespitzeln **2.** (*fatti, segreti*) ausspionieren

spiazzo ['spiattso] *m* offener Platz

spiccare [spik'ka:re] **I.** *vt* **1.** (JUR: *mandato di cattura*) erlassen; (*fattura, assegno*) ausstellen **2.** (*salto, balzo*) machen; ~ **un salto** aufspringen; ~ **il volo** auffliegen **II.** *vi* hervorstechen; **spiccato**, **-a** [spik'ka:to] *agg* deutlich; (*notevole*) ausgeprägt

spicchio ['spikkio] <-cchi> *m* (*di agrumi*) Spalte *f;* (*di aglio*) Zehe *f*

spicciare [spit'tʃa:re] **I.** *vt* **1.** (*faccenda*) schnell erledigen **2.** (*cliente*) abfertigen **II.** *vr* **-rsi** (*fam*) sich beeilen; **spicciativo**, **-a** [spittʃa'ti:vo] *agg* **1.** (*persona*) kurz angebunden **2.** (*metodi*) schnell

spiccicare [spittʃi'ka:re] *vt* ablösen; **non** ~ **parola** kein Wort hervorbringen

spiccioli ['spittʃoli] *mpl* Kleingeld *n*

spicciolo, **-a** ['spittʃolo] *agg* Klein-, klein; **moneta -a** Kleingeld *n*

spider ['spaider] <-> *m o f* Kabrio *n*

spiedino [spie'di:no] *m* Spießchen *n;* **spiedo** ['spiɛ:do] *m* Spieß *m;* **arrosto allo** ~ Spießbraten *m*

spiegare [spie'ga:re] **I.** *vt* **1.** (*far capire*) erklären **2.** (*tovaglia*) ausbreiten; (*carta geografica*) auseinander falten; (*vele*) setzen; (*ali*) ausbreiten **II.** *vr* **-rsi** **1.** (*chiarirsi*) sich klar ausdrücken; **mi spiego?** [*o* **mi sono spiegato?**] habe ich mich klar ausgedrückt? **2.** (*aprirsi*) sich ausbreiten; **spiegazione** [spiegat'tsio:ne] *f* Erklärung *f;* **avere una** ~ **con qu** eine Aussprache mit jdm haben

spietato, **-a** [spie'ta:to] *agg* erbarmungslos

spifferare [spiffe'ra:re] *vt* (*fam*) ausplaudern; **spiffero** ['spiffero] *m* (*fam*) Zug(luft *f*) *m*

spiga ['spi:ga] <-ghe> *f* Ähre *f*

spigliato, **-a** [spiʎ'ʎa:to] *agg* unbefangen

spigola ['spi:gola] *f* Seebarsch *m*

spigolo ['spi:golo] *m* **1.** (*angolo*) Kante *f* **2.** *pl* (*fig*) Ecken und Kanten *fpl*

spilla ['spilla] *f* Brosche *f;* ~ **di sicurezza** Sicherheitsnadel *f*

spillo ['spillo] *m* **1.** (*gener*) (Steck)nadel *f;* **a** ~ nadelförmig, Nadel-; **tacchi a** ~ Pfennigabsätze *mpl* **2.** (*per botti*) Zapflochbohrer *m*

spina ['spi:na] *f* **1.** (BOT) Dorn *m* **2.** (ZOO) Stachel *m;* (*di pesce*) Gräte *f* **3.** (ANAT) ~ **dorsale** Wirbelsäule *f* **4.** (EL) Stecker *m;* ~ **multipla** Mehrfachstecker *m* **5.** (TEC: *della botte*) Zapfloch *n;* **birra alla** ~ Bier *n* vom Fass **6.** (*fig*) **stare sulle -e** (wie) auf (glühenden) Kohlen sitzen; **staccare la** ~ abschalten

spinacio [spi'na:tʃo] <-ci> *m* (BOT) Spinat *m;* **-ci** (GASTR) Spinat *m*

spinello [spi'nɛllo] *m* (*sl*) Joint *m*

spingere ['spindʒere] <spingo, spinsi, spinto> **I.** *vt* **1.** (*spostare*) schieben; (*con forza*) stoßen **2.** (*premere*) drücken **3.** (*fig: indurre*) ~ **qu a qc** jdn zu etw treiben **4.** (*fare ressa*) drängeln **II.** *vr* **-rsi** **1.** (*inoltrarsi*) vordringen **2.** (*fig*) sich vordrängen

spino, **-a** *agg* **1.** (BOT) Stachel-, Dorn-; **uva -a** Stachelbeere *f* **2.** (ZOO) Stachel-, stach(e)lig; **porco** ~ Stachelschwein *n;* **spinoso**, **-a** [spi'no:so] *agg* **1.** (BOT) dornig **2.** (*fig*) dornenreich

spinotto [spi'nɔtto] *m* Bolzen *m*

spinsi ['spinsi] *1. pers sing pass rem di* **spingere**

spinta ['spinta] *f* **1.** (*urto*) Stoß *m* **2.** (*fig*) Anstoß *m* **3.** (PHYS) Schub *m* **4.** (SPORT) Anschub *m;* **spintarella** [spinta'rɛlla] *f* (*fig fam: raccomandazione*) Empfehlung *f;* **dare una** ~ **a qu** jdn empfehlen

spinterogeno [spinte'rɔ:dʒeno] *m* Zündverteiler *m*

spinto, **-a** ['spinto] **I.** *pp di* **spingere** **II.** *agg* gewagt

spionaggio [spio'naddʒo] <-ggi> *m* Spionage *f*

spioncino [spion'tʃi:no] *m* (Tür)spion *m*

spione, **-a** [spi'o:ne] *m, f* (*pej*) Schnüffler(in) *m(f);* **spionistico**, **-a** [spio'nistiko] <-ci, -che> *agg* Spionage-

spiovente [spio'vɛnte] **I.** *agg* **1.** (*rami, chiome*) herabhängend **2.** (SPORT: *tiro*) hoch **II.** *m* **1.** (*del tetto*) (schräge) Dachfläche *f* **2.** (SPORT) hoher Schuss

spiovere ['spiɔ:vere] <irr> *vi essere o avere* aufhören zu regnen

spira ['spi:ra] *f* **1.** (*di serpente, spirale*) Windung *f* **2.** (EL) Schleife *f*

spiraglio [spi'raʎʎo] <-gli> *m* **1.** (*di porta, finestra*) Spalt *m* **2.** (*luce*) Lichtstrahl *m* **3.** (*fig*) Schimmer *m*

spirale [spi'ra:le] *f* Spirale *f*

spirare [spi'ra:re] **I.** *vi* **1.** (*vento*) wehen,

blasen **2.** *essere* (*morire*) seinen Geist aufgeben **II.** *vt* ausstrahlen

spiritato, **-a** [spiri'ta:to] **I.** *agg* aufgeregt; (*invasato*) besessen **II.** *m, f* Besessene(r) *f(m)*

spiritico, **-a** [spi'ri:tiko] <-ci, -che> *agg* spiritistisch

spirito ['spi:rito] *m* **1.** (REL) **lo Spirito Santo** der Heilige Geist **2.** (*senso dell'umorismo*) Humor *m;* ~ **di patate** (*fam*) schlechter Witz; **fare dello** ~ humorvoll sein **3.** (*fantasma*) Geist *m;* **nel castello ci sono gli -i** im Schloss spukt es **4.** (*qualità*) ~ **di carità/giustizia** Wohltätigkeits-/Gerechtigkeitssinn *m;* ~ **di osservazione** Beobachtungsgabe *f* **5.** (*sostanza alcolica*) Spiritus *m;* **ciliegie sotto** ~ (*fam*) beschwipste Kirschen *fpl*

spiritosaggine [spirito'saddʒine] *f* Witzelei *f;* **spiritoso**, **-a** [spiri'to:so] **I.** *agg* geistreich, witzig **II.** *m, f* Witzbold *m*

spirituale [spiritu'a:le] *agg* **1.** (*dello spirito*) geistig, Geistes- **2.** (*persona*) vergeistigt

splatter ['splætə] <-> *m* Horrorstreifen *m*

splendere ['splɛndere] *vi* **1.** (*sole*) strahlen; (*stelle*) funkeln **2.** (*fig*) strahlen, glänzen; **splendido**, **-a** ['splɛndido] **I.** *agg* **1.** (*sole*) strahlend, glänzend; (*stelle*) funkelnd **2.** (*festa*) prächtig, glänzend **3.** (*persona*) wunderbar; (*fig*) bewundernswert **II.** *int* toll, bärig *A*

splendore [splen'do:re] *m* **1.** (*di sole*) Strahlen *n;* (*di stelle*) Funkeln *n* **2.** (*di persona*) Glanz *m* **3.** (*di festa*) Pracht *f* **4.** (*ricchezza*) Kostbarkeit *f*

spodestare [spodes'ta:re] *vt* entmachten, absetzen; (*re*) entthronen

spoglia ['spɔʎʎa] <-glie> *f* **1.** (*vestito*) Gewand *n* **2.** (ZOO) Balg *m*

spogliare [spoʎ'ʎa:re] **I.** *vt* **1.** (*svestire*) ausziehen **2.** (*fig*) berauben **3.** (*posta*) sortieren **II.** *vr* **-rsi** **1.** (*svestirsi*) sich ausziehen **2.** (*fig: privarsi*) **-rsi di qc** etw weggeben; **-rsi dei pregiudizi** Vorurteile ablegen; **spogliarellista** [spoʎʎarel'lista] <-i *m*, -e *f*> *mf* Stripteasetänzer(in) *m(f)*; **spogliarello** [spoʎʎa'rɛllo] *m* Striptease *m;* **fare lo** ~ strippen; **spogliatoio** [spoʎʎa'to:io] <-oi> *m* Umkleidekabine *f*

spoglio, **-a** <-gli, -glie> *agg* **1.** (*albero, terreno*) kahl, nackt **2.** (*fig*) ~ **di** -los, -frei, ohne

spola ['spɔ:la] *f* Spule *f;* **fare la** ~ (*fig*) pendeln

spolmonarsi [spolmo'narsi] *vr* sich heiser reden

spolpare [spol'pa:re] *vt* **1.** (*osso*) vom Fleisch lösen **2.** (*fig*) ausnehmen, aussaugen

spolverare [spolve'ra:re] **I.** *vt* **1.** (*mobile, vestito*) abstauben **2.** (GASTR) bestreuen **3.** (*fig fam: mangiare tutto*) verputzen **II.** *vi* Staub wischen; **spolverata** [spolve'ra:ta] *f* **1.** (*pulizia sommaria*) Abstauben *n* **2.** (GASTR) Bestreuen *n*

spolverino [spolve'ri:no] *m* Staubmantel *m*

spompato, **-a** [spom'pa:to] *agg* ausgepumpt

sponda ['sponda] *f* **1.** (*di fiume*) Ufer *n* **2.** (*di letto*) (Bett)kante *f*

sponsorizzare [sponsorid'dza:re] *vt* sponsern

spontaneità [spontanei'ta] <-> *f* Spontaneität *f;* **spontaneo**, **-a** [spon'ta:neo] *agg* **1.** (*persona*) spontan; (*stile*) natürlich **2.** (*adesione, offerta*) freiwillig **3.** (*vegetazione*) wild

spopolamento [spopola'mento] *m* Entvölkerung *f;* ~ **delle campagne** Landflucht *f;* **spopolare** [spopo'la:re] **I.** *vt* entvölkern **II.** *vi* (*fam*) Furore machen **III.** *vr* **-rsi** sich entvölkern

spora ['spɔ:ra] *f* Spore *f;* **sporadico**, **-a** [spo'ra:diko] <-ci, -che> *agg* sporadisch, gelegentlich

sporcaccione, **-a** [sporkat'tʃo:ne] (*pej*) **I.** *agg* (*fig*) schmierig **II.** *m, f* (*fig*) Schmierfink *m*

sporcare [spor'ka:re] **I.** *vt* **1.** (*vestito, tovaglia*) beschmutzen, schmutzig machen **2.** (*fig*) besudeln **II.** *vr* **-rsi** **1.** (*insudiciarsi*) sich beschmutzen **2.** (*fig*) sich *dat* die Hände schmutzig machen; **sporcizia** [spor'tʃittsia] <-ie> *f* **1.** (*mancanza di pulizia*) Schmutzigkeit *f* **2.** (*fig*) Schweinerei *f*

sporco ['spɔrko] *m* Dreck *m*

sporco, **-a** <-chi, -che> *agg* schmutzig, dreckig; **avere la coscienza -a** ein schlechtes Gewissen haben; **avere la fedina penale -a** vorbestraft sein; **sporgere** ['spɔrdʒere] <irr> **I.** *vt* vorstrecken; (*dalla finestra*) hinausstrecken; ~ **querela** Klage erheben **II.** *vi essere* hinaus-, hervorragen **III.** *vr* **-rsi** (*in fuori*) sich hinauslehnen; (*in avanti*) sich vorbeugen; **è pericoloso -rsi dal finestrino!** nicht hinauslehnen!

sport [spɔrt] <-> *m* Sport *m;* **fare dello** ~

S

Sport treiben; **per** ~ zum Spaß

sporta ['spɔrta] *f* **1.** (*borsa*) (große) Tasche *f;* ~ **della spesa** Einkaufstasche *f* **2.** (*quantità*) Tasche(voll) *f*

sportello [spor'tɛllo] *m* **1.** (*di treno, macchina*) Tür *f* **2.** (*di ufficio, banca*) Schalter *m;* ~ **automatico** Geldautomat *m*

sportivo, **-a** [spor'ti:vo] **I.** *agg* **1.** (*spettacolo, campo*) Sport- **2.** (*persona, vestito*) sportlich **II.** *m, f* Sportler(in) *m(f)*

sposa ['spɔ:za] *f* Braut *f;* (*moglie*) junge (Ehe)frau *f;* **promessa** ~ Verlobte *f;* **abito da** ~ Brautkleid *n;* **andare** ~ heiraten; **sposalizio** [spoza'littsio] <-i> *m* Hochzeit *f;* **sposare** [spo'za:re] **I.** *vt* **1.** (*prendere per moglie o marito*) heiraten **2.** (*unire in matrimonio*) trauen, vermählen **3.** (*dare in moglie o marito*) verheiraten **II.** *vr* **-rsi con qu** jdn heiraten; **-rsi in chiesa/in comune** sich kirchlich/standesamtlich trauen lassen; **sposato**, **-a** [spo'za:to] *agg* verheiratet; **sposo** ['spɔ:zo] *m* Bräutigam *m;* (*marito*) junger (Ehe)mann *m;* **-i** Brautleute *pl*

spostamento [sposta'mento] *m* Verschiebung *f;* (*d'aria*) Bewegung *f;* **spostare** [spos'ta:re] **I.** *vt* (*mobile*) verstellen; (*data*) verschieben **II.** *vr* **-rsi** (weg)rücken; (*di città*) wegziehen; **spostato**, **-a** [spos'ta:to] **I.** *agg* verhaltensgestört **II.** *m, f* Verhaltensgestörte(r) *f(m)*

spranga ['spraŋga] <-ghe> *f* Stange *f*

sprazzo ['sprattso] *m* **1.** (*spruzzo*) Spritzer *m;* (*di luce, sole*) Strahl *m* **2.** (*fig*) Blitz *m*

sprecare [spre'ka:re] **I.** *vt* verschwenden, vergeuden **II.** *vr* **-rsi** **1.** (*iron*) sich überanstrengen **2.** (*perdersi*) **-rsi in qc** für etw seine Kräfte vergeuden; **sprecato** [spre'ka:to] *agg* vergeudet, verschwendet; **fatica -a** (*fig*) verlorene Liebesmüh; **è tempo** ~ das ist die reinste Zeitverschwendung

spreco ['sprɛ:ko] <-chi> *m* Verschwendung *f*

spregevole [spre'dʒe:vole] *agg* **1.** (*persona, cosa*) verachtenswert **2.** (*gesto*) verächtlich

spregiudicato, **-a** [spredʒudi'ka:to] *agg* skrupellos

spremere ['sprɛ:mere] *vt* **1.** (*limone, arancia*) auspressen **2.** (*fig*) ausquetschen *fam;* **-rsi le meningi** sich *dat* den Kopf zerbrechen

spremiagrumi [spremia'gru:mi] <-> *m,* **spremilimoni** [spremili'mo:ni] <-> *m* Zitronenpresse *f*

spremuta [spre'mu:ta] *f* (frisch gepresster) Fruchtsaft *m*

sprezzante [spret'tsante] *agg* verächtlich, geringschätzig; (*atteggiamento*) hochmütig

sprigionare [spridʒo'na:re] **I.** *vt* ausströmen **II.** *vr* **-rsi** ausströmen

sprofondare [sprofon'da:re] **I.** *vi essere* **1.** (*pavimento, terreno*) nachgeben, absinken; (*casa, tetto*) einstürzen **2.** (*affondare*) versinken **3.** (*fig*) versinken **II.** *vr* **-rsi** **1.** (*lasciarsi andare*) sich fallen lassen **2.** (*fig*) sich vertiefen

sproloquio [spro'lɔ:kuio] <-qui> *m* Salbaderei *f*

spronare [spro'na:re] *vt* **1.** (*cavallo*) die Sporen geben **2.** (*fig*) anspornen

sproporzionato, **-a** [sproportsio'na:to] *agg* **1.** (*braccia, persona*) unproportioniert **2.** (*prezzo, reazione*) unverhältnismäßig

spropositato, **-a** [spropozi'ta:to] *agg* riesig; (*eccessivo*) übertrieben; **sproposito** [spro'pɔ:zito] *m* **1.** (*errore*) grober Fehler **2.** (*sciocchezza*) Dummheit *f*

sprovveduto, **-a** [sprovve'du:to] *agg* **1.** (*sfornito*) ~ **di** nicht versehen mit, ohne **2.** (*pej*) unbegabt

sprovvisto, **-a** [sprov'visto] *agg* ~ **di** nicht versehen mit, ohne, -los; **prendere alla -a** überraschen

spruzzare [sprut'tsa:re] *vt* (be)spritzen

spruzzo ['spruttso] *m* **1.** (*d'acqua, fango*) Spritzer *m* **2.** (METEO) Schauer *m* **3.** (TEC) Spritzen *n* **4.** (GASTR) Spritzer *m*

spudorato, **-a** [spudo'ra:to] *agg* unverschämt

spugna ['spuɲɲa] *f* **1.** (*gener*) Schwamm *m;* **gettare la** ~ (*fig* SPORT) das Handtuch werfen; **bere come una** ~ saufen wie ein Loch *fam* **2.** (*tessuto*) Frottee *n o m;* **spugnetta** [spuɲ'ɲetta] *f* Schwämmchen *n*

spuma ['spu:ma] *f* **1.** (*schiuma*) Schaum *m* **2.** (*bibita*) Limonade *f;* **spumante** [spu'mante] *m* Sekt *m*

spuntare [spun'ta:re] **I.** *vt* **1.** (*penna, lapis*) die Spitze abbrechen von **2.** (*fig*) meistern; **spuntarla** (*fam*) sich durchsetzen **3.** (*depennare*) abhaken **II.** *vi essere* **1.** (*venir fuori*) hervorkommen, zutage kommen; (*fiori*) sprießen; (*sole*) aufgehen **2.** (*apparire*) **da dove spunti?** wo kommst du denn her? **III.** *vr* **-rsi** **1.** (*penna, lapis*) abbrechen **2.** (*fig: rabbia*) verrauchen

spuntino [spun'ti:no] *m* Imbiss *m,* Jause *f A*

spunto ['spunto] *m* Anstoß *m*

sputare [spu'ta:re] **I.** *vt* spucken, speien; ~ **veleno** (*fig*) Gift und Galle spucken; **sputa l'osso!** (*fam fig*) spuck's aus! **II.** *vi* spucken, speien; ~ **su qc** (*fam fig*) auf etw *acc* pfeifen; **sputo** ['spu:to] *m* Spucke *f*

sputtanare [sputta'na:re] (*vulg*) **I.** *vt* in die Pfanne hauen *fam* **II.** *vr* **-rsi** unten durch sein *fam*

squadra ['skua:dra] *f* **1.** (*da disegno*) Winkel *m* **2.** (*complesso di persone*) Gruppe *f;* (SPORT) Mannschaft *f* **3.** (MIL, ADM) Kommando *n;* ~ **mobile** Überfallkommando *n*

squadrare [skua'dra:re] *vt* **1.** (*foglio da disegno*) viereckig zuschneiden **2.** (*fig*) mustern

squadriglia [skua'driʎʎa] <-glie> *f* Geschwader *n*

squagliare [skuaʎ'ʎa:re] **I.** *vt* schmelzen **II.** *vr* **-rsi** schmelzen; **squagliarsela** (*fig fam*) sich davonmachen

squalifica [skua'li:fika] <-che> *f* Disqualifizierung *f;* **squalificare** [skualifi'ka:re] **I.** *vt* disqualifizieren **II.** *vr* **-rsi** sich disqualifizieren

squallido, -a ['skuallido] *agg* trostlos; (*luogo*) öde

squallore [skual'lo:re] *m* Trostlosigkeit *f;* (*miseria*) Elend *n*

squalo ['skua:lo] *m* Hai(fisch) *m*

squama ['skua:ma] *f* Schuppe *f;* **squamare** [skua'ma:re] **I.** *vt* (ab)schuppen **II.** *vr* **-rsi** sich (ab)schuppen

squarciagola [skuartʃa'go:la] *avv* **a** ~ aus vollem Halse

squarciare [skuar'tʃa:re] *vt* zerreißen

squartare [skuar'ta:re] *vt* zerlegen; (*in quarti*) vierteilen

squattrinato, -a [skuattri'na:to] (*fam*) **I.** *agg* pleite **II.** *m, f* Habenichts *m*

squilibrato, -a [skuili'bra:to] **I.** *agg* **1.** (*alimentazione*) unausgewogen **2.** (MED) verstört **II.** *m, f* verstörte Person; **squilibrio** [skui'li:brio] <-i> *m* **1.** (MED) Verwirrung *f;* ~ **mentale/psichico** geistige/seelische Verwirrung **2.** (COM) Unausgeglichenheit *f*

squillante [skuil'lante] *agg* **1.** (*voce*) schrill **2.** (*colore*) schreiend, grell

squillare [skuil'la:re] *vi essere o avere* klingeln

squillo[1] ['skuillo] *m* (*di telefono, campanello*) Klingeln *n*

squillo[2] <inv> *agg* **ragazza** ~ Callgirl *n*

squisito, -a [skui'zi:to] *agg* exquisit, erlesen; (*cibo*) köstlich

squittire [skuit'ti:re] <squittisco> *vi* quieken

sradicare [zradi'ka:re] *vt* **1.** (*albero*) entwurzeln **2.** (*fig*) ausmerzen

sregolatezza [zregola'tettsa] *f* **1.** (*di vita, costumi*) Regellosigkeit *f* **2.** (*comportamento*) Unmäßigkeit *f;* **sregolato, -a** [zrego'la:to] *agg* **1.** (*senza regola*) ungeregelt **2.** (*smodato*) maßlos **3.** (*dissoluto*) ausschweifend

S.r.l. *abbr di* **Società a responsabilità limitata** GmbH *f*

srotolare [zroto'la:re] *vt* ent-, ausrollen

S.S. *abbr di* **Strada Statale** ≈ B

stabile ['sta:bile] **I.** *agg* **1.** (METEO) beständig **2.** (THEAT: *compagnia*) fest engagiert **3.** (COM: *beni*) unbeweglich; (*prezzi*) stabil **4.** (*fig*) fest, stabil; (*impiego*) fest **II.** *m* **1.** (ARCH) Gebäude *n* **2.** *pl* (COM) Immobilien *fpl*

stabilimento [stabili'mento] *m* **1.** (*edificio*) Gebäude *n* **2.** (*impianto*) Anlage *f*

stabilire [stabi'li:re] <stabilisco> **I.** *vt* **1.** (*decretare*) festsetzen **2.** (*decidere*) beschließen **II.** *vr* **-rsi** sich niederlassen

stabilito, -a [stabi'li:to] *agg* festgesetzt; ~ **dalla legge** gesetzlich vorgeschrieben; **entro il termine** ~ termingerecht

staccare [stak'ka:re] **I.** *vt* **1.** (*levare*) lösen, losmachen; (*strappare*) abreißen **2.** (*tirar giù*) abnehmen **3.** (*assegno, ricevuta*) ausstellen **4.** (SPORT) abhängen **II.** *vi* **1.** (*risaltare*) ~ **su qc** sich von etw abheben **2.** (*fam: cessare il lavoro*) Feierabend machen **III.** *vr* **-rsi** **1.** (*bottone*) abgehen **2.** (*fig: separarsi*) sich trennen

stacco ['stakko] <-cchi> *m* **1.** (*intervallo*) Unterbrechung *f* **2.** (SPORT) Absprung *m* **3.** (*fig*) Kontrast *m*

stadio ['sta:dio] <-i> *m* **1.** (SPORT) Stadion *n* **2.** (*fig*) Stadium *n* **3.** (TEC, EL) Stufe *f*

staff ['staff] <-> *m* Stab *m;* (TV, FILM) (Film)team *n*

staffa ['staffa] *f* **1.** (*di sella,* ANAT) Steigbügel *m;* **perdere le -e** (*fig*) aus der Fassung geraten **2.** (TEC) Spanneisen *n*

staffetta [staf'fetta] *f* (SPORT) Staffellauf *m*

stage [sta:ʒ] <-> *m* Ausbildungsaufenthalt *m*

stagionale [stadʒo'na:le] **I.** *agg* jahreszeitlich **II.** *mf* Saisonarbeiter(in) *m(f)*

stagionato, **-a** [stadʒo'na:to] *agg* **1.** (GASTR) reif, gereift **2.** (*legname*) abgelagert **3.** (*fig, scherz*) reifer

stagione [sta'dʒo:ne] *f* Jahreszeit *f;* (*turistica*) Saison *f;* **alta** ~ Hochsaison *f;* **bassa** ~ Vorsaison *f;* **mezza** ~ Übergangszeit *f;* **le quattro -i** die vier Jahreszeiten; **saldi di fine** ~ Schlussverkauf *m*

stagno ['staɲɲo] *m* **1.** (CHEM) Zinn *n* **2.** (*d'acqua*) Teich *m*

stagno, **-a** *agg* (wasser)dicht; **compartimenti -i** (*a fig*) abgegrenzte Bereiche *mpl*

stagnola [staɲ'ɲɔ:la] *f* Stanniol(papier) *n*

stalla ['stalla] *f* Stall *m*

stallone [stal'lo:ne] *m* Zuchthengst *m*

stamane, **stamani** [sta'ma:ne, sta'ma:ni] *avv,* **stamattina** [stamat'ti:na] *avv* heute Morgen

stambecco [stam'bekko] <-cchi> *m* Steinbock *m*

stampa[1] ['stampa] *f* **1.** (TYP) Druck *m;* **errore di** ~ Druckfehler *m* **2.** (*giornalismo*) Presse *f;* **libertà di** ~ Pressefreiheit *f* **3.** (*riproduzione*) Druck *m* **4.** (FOTO) Abzug *m*

stampa[2] <inv> *agg* Presse-; **comunicato** ~ Presseerklärung *f;* **conferenza** ~ Pressekonferenz *f*

stampante [stam'pante] *f* (INFORM) Drucker *m;* ~ **ad aghi/a getto d'inchiostro/laser** Nadel-/Tintenstrahl-/Laserdrucker *m*

stampare [stam'pa:re] **I.** *vt* **1.** (*libro, giornale*) drucken; (*file da computer*) ausdrucken **2.** (*fig*) aufdrücken **II.** *vr* **-rsi** sich einprägen; **stampatello** [stampa'tɛllo] *m* Druckbuchstabe *m;* **scrivere in** ~ in Druckschrift schreiben

stampato [stam'pa:to] *m* **1.** (*opuscolo*) Broschüre *f* **2.** (*modulo*) Formular *n*

stampella [stam'pɛlla] *f* **1.** (*gruccia*) Krücke *f* **2.** (*per abiti*) (Kleider)bügel *m*

stampo ['stampo] *m* **1.** (GASTR: *per torte, budini*) Form *f* **2.** (TEC) Gussform *f* **3.** (*fig*) Schlag *m*

stancare [staŋ'ka:re] **I.** *vt* **1.** (*rendere stanco*) ermüden **2.** (MIL, SPORT: *avversario*) schwächen **3.** (*infastidire*) stören; (*cose, discorso*) ermüden **II.** *vr* **-rsi 1.** (*affaticarsi*) ermüden **2.** (*stufarsi*) **-rsi di qc/qn** etw/jdn satt haben; **stanchezza** [staŋ'kettsa] *f* Müdigkeit *f;* **stanco**, **-a** ['staŋko] <-chi, -che> *agg* **1.** (*affaticato*) müde; ~ **morto** (*fam*) todmüde **2.** (*stufo*) satt; **essere** ~ **di vivere** lebensmüde sein

stangata [staŋ'ga:ta] *f* **1.** (*colpo di stanga*) Schlag *m* mit einer Latte **2.** (*fig*) Rückschlag *m;* **stanghetta** [staŋ'getta] *f* (*degli occhiali*) Bügel *m*

stanotte [sta'nɔtte] *avv* heute Nacht

stante ['stante] **I.** *agg* stehend; **a sé** ~ selbst(st)ändig, separat; **seduta** ~ auf der Stelle, sofort **II.** *prp* wegen +*dat o gen*, aufgrund +*gen*

stantio, **-a** [stan'ti:o] <-ii, -ie> *agg* **1.** (*pane*) alt; (*burro*) ranzig **2.** (*fig*) überholt

stanza ['stantsa] *f* Zimmer *n;* ~ **da letto/da pranzo** Schlaf-/Esszimmer *n*

stanziare [stan'tsia:re] **I.** *vt* bereitstellen **II.** *vr* **-rsi** sich niederlassen

stanzino [stan'tsi:no] *m* Abstellraum *m*

stappare [stap'pa:re] *vt* entkorken

stare ['sta:re] <sto, stetti, stato> *vi essere* **1.** (*essere*) sein; (*in un luogo*) sich befinden; (*in piedi*) stehen; ~ **seduto** sitzen; ~ **in piedi** stehen; ~ **fermo** still stehen; ~ **su** aufbleiben; **le cose stanno così** die Dinge stehen so; **sta tranquillo** bleib ruhig; ~ **a cuore** am Herzen liegen; ~ **a dieta** auf Diät gesetzt sein, Diät halten **2.** (*abitare*) wohnen; ~ **coi genitori/con la famiglia** bei den Eltern/der Familie wohnen **3.** (*di salute*) **come stai?** wie geht's?, wie geht es dir?; **sto bene/male** mir geht es gut/schlecht **4.** (*toccare*) ~ **a qu fare qc** an jdm liegen etw zu tun; **sta a te decidere** es liegt an dir zu entscheiden **5.** (MAT) ~ **a** sich verhalten zu **6.** (*attenersi*) ~ **a qc** sich an etw *acc* halten **7.** (*colore, indumento*) stehen; **questi pantaloni ti stanno bene/male** diese Hose steht dir gut/schlecht **8.** (*resistere*) es aushalten; ~ **allo scherzo** (einen) Spaß vertragen (können); **non può** ~ **senza fumare/senza di lui** sie kann es ohne zu rauchen/ohne ihn nicht aushalten **9.** (*entrarci*) hineinpassen, hineingehen; **starci** passen, Platz haben **10.** (*con gerundio*) **sto leggendo** ich lese gerade; **stavo guardando la TV** ich war dabei fernzusehen **11.** (*con infinitivo*) **stiamo a vedere cosa succede** warten wir erst einmal ab was geschieht; ~ **a sentire** zuhören; (*obbedire*) gehorchen; ~ **per fare qc** im Begriff sein etw zu tun **12.** (*loc*) **lasciar** ~ (sein) lassen, in Ruhe lassen; **ti sta bene!** (*fam*) das geschieht dir recht!; **starci** (*fig fam: essere d'accordo*) einverstanden sein, mitmachen

starnutire [starnu'ti:re] <starnutisco> *vi* niesen; **starnuto** [star'nu:to] *m* Niesen *n;* **fare uno** ~ niesen

starter ['starter] <-> *m* **1.** (MOT) Anlasser *m* **2.** (SPORT) Starter *m*

stasera [sta'se:ra] *avv* heute Abend

stasi ['sta:zi] <-> *f* **1.** (MED) Stauung *f* **2.** (FIN) Stillstand *m*

statale [sta'ta:le] **I.** *agg* staatlich, Staats-; **impiegato** ~ (Staats)beamte(r) *m* **II.** *mf* (Staats)beamte(r) *m,* -beamtin *f* **III.** *f* **1.** (*strada*) Staatsstraße *f* **2.** *pl* staatliche Schulen *fpl*

statico, -a ['sta:tiko] <-ci, -che> *agg* statisch; (*fig a*) unbeweglich, starr

statino [sta'ti:no] *m* Schein *m*

station wagon ['steiʃn 'wægən] <-> *f* (AUTO) Kombi(wagen) *m*

statista [sta'tista] <-i *m*, -e *f*> *mf* Politiker(in) *m(f)*

statistica [sta'tistika] <-che> *f* Statistik *f;* **statistico, -a** [sta'tistiko] <-ci, -che> **I.** *agg* statistisch **II.** *m, f* Statistiker(in) *m(f)*

stato[1] ['sta:to] *pp di* **essere**[1], **stare**

stato[2] *m* **1.** (POL) Staat *m;* **affare di** ~ (*fig*) Staatsaffäre *f;* **esami di** ~ Staatsexamen *n;* **gli Stati Uniti d'America** die Vereinigten Staaten von Amerika **2.** (ADM: *ceto*) Stand *m;* ~ **civile** Familien-, Personenstand *m;* **essere in** ~ **d'accusa/arresto** (JUR) unter Anklage/Arrest stehen **3.** (PHYS, CHEM, MED) Zustand *m* **4.** (*condizione, a fig*) Zustand *m;* ~ **d'animo** Gemütslage *f* **5.** (LING) Zustand *m;* **complemento di** ~ **in luogo** Ortsangabe *f*

statua ['sta:tua] *f* Statue *f*

statunitense [statuni'tɛnse] **I.** *agg* nordamerikanisch **II.** *mf* US-Bürger(in) *m(f)*

statura [sta'tu:ra] *f* **1.** (*altezza*) Größe *f* **2.** (*fig*) Format *n*

statuto [sta'tu:to] *m* **1.** (JUR, COM) Statut *n* **2.** (POL, HIST) Verfassung *f*

stavolta [sta'vɔlta] *avv* (*fam*) diesmal, dieses Mal

stazionario, -a [stattsio'na:rio] <-i, -ie> *agg* unverändert

stazione [stat'tsio:ne] *f* **1.** (FERR) Bahnhof *m* **2.** (MOT) Tankstelle *f* **3.** (RADIO) Station *f* **4.** (ADM) Dienststelle *f;* (*di polizia*) Wache *f* **5.** (MIL) Wache *f* **6.** (*fermata*) Haltestelle *f*

stecca ['stekka] <-cche> *f* **1.** (*di ombrello, ventaglio*) Stab *m* **2.** (MED) Schiene *f* **3.** (*di sigarette*) Stange *f* **4.** (MUS) falscher Ton

steccare [stek'ka:re] **I.** *vt* **1.** (MED) schienen **2.** (*giardino*) einzäunen **II.** *vi* **1.** (MUS) falsch spielen **2.** (*al biliardo*) schlecht stoßen

steccato [stek'ka:to] *m* (Latten)zaun *m*

stecchito, -a [stek'ki:to] *agg* **1.** (*rami, pianta*) verdörrt **2.** (*fig*) verblüfft; **morto** ~ auf der Stelle tot

stella ['stella] *f* **1.** (*fig* ASTR) Stern *m;* ~ **cadente** Sternschnuppe *f;* **i prezzi sono saliti alle -e** die Preise sind astronomisch gestiegen; **dalle -e alle stalle** (*fig*) aus der Höhe in die Tiefe **2.** (FILM) Star *m* **3.** (BOT) ~ **alpina** Edelweiß *n;* ~ **di Natale** Weihnachtsstern *m* **4.** (ZOO) ~ **di mare** Seestern *m*

stellato, -a [stel'la:to] *agg* (ASTR) Stern(en)-; (*cielo*) sternenbedeckt

stelo ['stɛ:lo] *m* Stiel *m;* **lampada a** ~ Stehlampe *f*

stemma ['stɛmma] <-i> *m* Wappen *n*

stemperare [stempe'ra:re] *vt* in Wasser lösen

stempiarsi [stem'piarsi] *vr* Geheimratsecken bekommen *fam*

stendere ['stɛndere] <irr> **I.** *vt* **1.** (*braccia, gambe, mano*) ausstrecken **2.** (*biancheria*) aufhängen **3.** (*pasta*) ausrollen **4.** (ADM) verfassen; (*verbale*) führen **II.** *vr* **-rsi** **1.** (*allungarsi*) sich (aus)strecken **2.** (*fig: estendersi*) sich erstrecken; **stenditoio** [stendi'to:io] <-oi> *m* Wäscheständer *m*

stenodattilografo, -a [stenodatti'lɔ:grafo] *m, f* Stenotypist(in) *m(f)*

stenografare [stenogra'fa:re] *vt* stenografieren; **stenografo, -a** [ste'nɔ:grafo] *m, f* Stenograf(in) *m(f)*

stentare [sten'ta:re] **I.** *vi* **1.** (*faticare*) Mühe haben; ~ **a leggere/scrivere/parlare** mit Mühe lesen/schreiben/sprechen (können) **2.** (*vivere male*) sich mühsam durchschlagen **II.** *vt* mühsam verdienen; **stentato, -a** [sten'ta:to] *agg* **1.** (*lavoro*) mühsam; (*vita*) mühselig **2.** (*discorso, tema*) mühsam

stento ['stɛnto] *m* **1.** (*fatica*) Mühe *f* **2.** *pl* (*disagio*) Entbehrungen *fpl*

sterco ['stɛrko] <-chi> *m* Kot *m*

stereo ['stɛ:reo] **I.** <-> *m* Stereoanlage *f* **II.** <inv> *agg* Stereo-

stereotipato, **-a** [stereoti'pa:to] *agg* **1.** (*fig*) stereotyp **2.** (TYP) stereotypisch

sterile ['stɛ:rile] *agg* **1.** (*infecondo*) steril; (BOT, AGR) unfruchtbar **2.** (MED) steril

sterilizzare [sterilid'dza:re] *vt* sterilisieren

sterlina [ster'li:na] *f* Pfund *n* (Sterling)

sterminare [stermi'na:re] *vt* vernichten; (*popolazioni*) ausrotten; **sterminato**, **-a** [stermi'na:to] *agg* endlos

sterminio [ster'mi:nio] <-i> *m* **1.** (*distruzione*) Vernichtung *f;* **campi di ~** Vernichtungslager *npl* **2.** (*fig fam*) Unzahl *f*

sterno ['stɛrno] *m* Brustbein *n*

sterzare [ster'tsa:re] *vt* lenken, steuern; **sterzo** ['stɛrtso] *m* Lenkung *f*

stesi *1. pers sing pass rem di* **stendere**

steso *pp di* **stendere**

stessi ['stessi] *1. e 2. pers sing conj imp di* **stare**

stesso ['stesso] **I.** *avv* **lo ~** trotzdem, sowieso **II.** *m* dasselbe; **fa lo ~** es ist (ganz) gleich

stesso, **-a I.** *agg* **1.** (*medesimo*) **lo ~, la -a** der-, die-, dasselbe; (*uguale*) der/die/das Gleiche **2.** (*in persona*) selbst, selber; **lo farò io ~** ich werde es selber machen **3.** (*proprio*) eben, gerade, genau; **ci vado oggi ~** ich gehe noch heute hin **4.** (*anche*) sogar, selbst **II.** *pron* **lo ~, la -a** der-, die-, dasselbe; (*uguale*) der/die/das Gleiche

steste ['steste] *2. pers pl pass rem di* **stare**

stesti ['stesti] *2. pers sing pass rem di* **stare**

stesura [ste'su:ra] *f* (ADM) Niederschrift *f;* (*di contratto*) Aufsetzen *n*

stetti ['stetti] *1. pers sing pass rem di* **stare**

stia *1., 2. e 3. pers sing conj pr di* **stare**

stick [stick] <-> *m* Stift *m;* **rossetto in ~** Lippenstift *m*

sticker ['stikə] <-> *m* Aufkleber *m,* Pickerl *n A*

stigma ['stigma] <-i> *m* Stigma *n*

stigmate ['stigmate] *fpl* (REL) Wundmale *npl* (Christi)

stile ['sti:le] *m* Stil *m;* **avere dello ~** Stil haben

stilista [sti'lista] <-i *m,* -e *f*> *mf* Stylist(in) *m(f)*

stillare [stil'la:re] **I.** *vi essere* tropfen **II.** *vt* absondern

stilografica [stilo'gra:fika] <-che> *f* Füller *m,* Füllfeder *f A, CH, südd*

stima ['sti:ma] *f* **1.** (*apprezzamento*) Wertschätzung *f;* **avere ~ di qu** vor jdm Achtung haben **2.** (COM) Abschätzung *f;* **fare la ~ di qc** etw schätzen; **stimare** [sti'ma:re] *vt* **1.** (COM) schätzen, abschätzen **2.** (*persona*) schätzen, achten **3.** (*giudicare*) halten für, einschätzen (als)

stimmate ['stimmate] *v.* **stigmate**

stimolante [stimo'lante] *agg* anregend; **stimolare** [stimo'la:re] *vt* stimulieren; (*incitare*) anspornen; (*appetito*) anregen; **stimolo** ['sti:molo] *m* (*impulso*) Ansporn *m*

stinco ['stiŋko] <-chi> *m* Schienbein *n*

stingere ['stindʒere] <irr> **I.** *vt* entfärben **II.** *vr* **-rsi** verblassen

stipendiato, **-a** [stipen'dia:to] **I.** *agg* entlohnt, besoldet **II.** *m, f* Lohnsempfänger(in) *m(f);* **stipendio** [sti'pɛndio] <-i> *m* Lohn *m,* Gehalt *n;* **~ netto/lordo** Netto-/Bruttogehalt *n*

stipite ['sti:pite] *m* (Tür)pfosten *m*

stipulare [stipu'la:re] *vt* vereinbaren; (*contratto*) abschließen

stiracchiarsi [stirak'kia:rsi] *vr* (*fam*) sich recken, sich dehnen

stirare [sti'ra:re] *vt* **1.** (*distendere*) strecken, dehnen **2.** (*col ferro caldo*) bügeln

Stiria ['sti:ria] *f* Steiermark *f*

stiro ['sti:ro] *m* Bügeln *n;* **ferro/asse/tavolo da ~** Bügeleisen *n*/-brett *n*/-tisch *m*

stirpe ['stirpe] *f* **1.** (*complesso d'individui*) Stamm *m* **2.** (*di famiglia*) Geschlecht *n*

stitichezza [stiti'kettsa] *f* Verstopfung *f;* **stitico**, **-a** ['sti:tiko] <-ci, -che> **I.** *agg* zu Verstopfung neigend **II.** *m, f* an Verstopfung Leidende(r) *f(m)*

stiva ['sti:va] *f* Laderaum *m*

stivale [sti'va:le] *m* Stiefel *m;* **stivaletto** [stiva'letto] *m* Halbstiefel *m*

stizza ['stittsa] *f* Ärger *m;* **stizzire** [stit'tsi:re] <stizzisco> **I.** *vt* ärgern **II.** *vr* **-rsi** sich ärgern; **stizzoso**, **-a** [stit'tso:so] *agg* **1.** (*persona*) reizbar **2.** (*cosa*) ärgerlich

sto [stɔ] *1. pers sing pr di* **stare**

stoccafisso [stokka'fisso] *m* Stockfisch *m*

Stoccarda [stok'karda] *f* Stuttgart *n*

stoccata [stok'ka:ta] *f* **1.** (SPORT: *scherma*) Hieb *m* **2.** (*fig*) Stich *m*

Stoccolma [stok'kolma] *f* Stockholm *n*

stoffa ['stɔffa] *f* **1.** (*tessuto*) Gewebe *n* **2.** (*fig*) Zeug *n;* **avere della ~** Talent haben

stoicismo [stoi'tʃizmo] *m* (PHILOS) Stoizis-

mus *m;* **stoico, -a** ['stɔːiko] <-ci, -che> *m, f* (PHILOS) Stoiker(in) *m(f)*
stoino [sto'iːno] *m* Fußmatte *f*
stola ['stɔːla] *f* Stola *f*
stolto, -a ['stolto] **I.** *agg* dumm **II.** *m, f* Dummkopf *m*
stomaco ['stɔːmako] <-chi> *m* Magen *m;* **avere qc sullo ~** etw schwer im Magen liegen haben
stonare [sto'naːre] **I.** *vt* (MUS) falsch singen **II.** *vi* (*fig*) ~ **con qc** zu etw nicht passen; (*colori*) sich mit etw beißen
stop [stɔp] <-> *m* **1.** (*segnaletica*) Stoppschild *n* **2.** (MOT) Bremslicht *n* **3.** (TEL) Stop *n*
stoppa ['stoppa] *f* Werg *n*
stoppare [stop'paːre] *vt* anhalten; (SPORT) stoppen
stoppino [stop'piːno] *m* Docht *m*
storage ['stɔːridʒ] <-> *m* (INFORM) Speicherung *f*
storcere ['stɔrtʃere] <irr> **I.** *vt* **1.** (*chiave, chiodo*) verbiegen, krümmen **2.** (*bocca*) verziehen; (*naso*) rümpfen; (*piede, gamba, braccio*) verrenken **3.** (*fig: senso, significato*) entstellen **II.** *vr* **-rsi** sich krümmen
stordire [stor'diːre] <stordisco> **I.** *vt* betäuben **II.** *vr* **-rsi** sich ablenken; **stordito, -a** [stor'diːto] *agg* **1.** (*tramortito*) betäubt, benommen **2.** (*fig*) durcheinander
storia ['stɔːria] <-ie> *f* Geschichte *f;* ~ **naturale** Naturkunde *f;* ~ **antica/medievale/moderna** Alte/Mittlere/Neue Geschichte; **è sempre la solita ~** (*fam*) es ist immer dasselbe; **non fare -ie!** (*fam*) mach' keine Geschichten!
storico, -a ['stɔːriko] <-ci, -che> **I.** *agg* **1.** (HIST) historisch, geschichtlich; **centro ~** Altstadt *f* **2.** (*memorabile*) denkwürdig, historisch **II.** *m, f* Historiker(in) *m(f)*
storiografia [storiogra'fiːa] *f* Geschichtsschreibung *f*
storione [sto'rioːne] *m* Stör *m*
stormo ['stormo] *m* (ZOO) Schwarm *m*
stornare [stor'naːre] *vt* (COM) stornieren
storpio, -a ['stɔrpio] <-i, -ie> **I.** *agg* verkrüppelt **II.** *m, f* Krüppel *m*
storsi *1. pers sing pass rem di* **storcere**
storta ['stɔrta] *f* **1.** (*gener*) Krümmung *f* **2.** (*distorsione*) Verstauchung *f*
storto, -a ['stɔrto] **I.** *pp di* **storcere II.** *agg* **1.** (*gambe*) krumm **2.** (*righe*) schief, schräg **3.** (*fig*) verdreht
stoviglie [sto'viʎʎe] *fpl* Geschirr *n;* **lavare le ~** (das Geschirr) spülen
strabico ['straːbiko] <-ci, -che> **I.** *agg* schielend **II.** *m* Schielende(r) *f(m)*
strabiliare [strabi'liaːre] *vt* verblüffen
strabismo [stra'bizmo] *m* Schielen *n*
stracchino [strak'kiːno] *m Weichkäse aus der Lombardei*
stracciare [strat'tʃaːre] **I.** *vt* **1.** (*lettera, vestito*) zerreißen **2.** (*fam* SPORT) schlagen **II.** *vr* **-rsi** (zer)reißen
stracciatella [strattʃa'tɛlla] *f* **1.** (*brodo*) *Fleischbrühe mit Eiereinlauf* **2.** (*gelato*) *Vanilleeis mit Schokoladestückchen*
straccio ['strattʃo] <-cci> *m* **1.** (*cencio*) Lappen *m* **2.** *pl* (*fam pej*) Klamotten *fpl*
stracontento, -a [strakon'tɛnto] *agg* überaus zufrieden
stracotto [stra'kɔtto] *m* Schmorbraten *m*
stracuocere [stra'kuɔːtʃere] <irr> *vt* verkochen lassen
strada ['straːda] *f* Straße *f;* (*cammino*) Weg *m;* ~ **a senso unico** Einbahnstraße *f;* ~ **senza uscita** (*a fig*) Sackgasse *f;* **codice della ~** Straßenverkehrsordnung *f;* **farsi ~** Karriere machen, sich vorwärtskämpfen; **essere su una cattiva ~** auf eine schlechte Bahn geraten sein; ~ **facendo** unterwegs; **non c'è molta ~** es ist nicht weit; **stradale** [stra'daːle] **I.** *agg* Straßen-, Verkehrs-; **carta ~** Straßenkarte *f;* **incidente ~** Verkehrsunfall *m;* **lavori -i** Straßenarbeiten *fpl* **II.** *f* Verkehrspolizei *f*
strafare [stra'faːre] <irr> *vt* übertreiben
strafottente [strafot'tɛnte] *agg* unverschämt, unverfroren
strafottere [stra'fottere] <irr> (*vulg*) **I.** *vt* bescheißen **II.** *vi* **a ~** haufenweise **III.** *vr* **strafottersene** sich einen Dreck darum scheren
strage ['straːdʒe] *f* **1.** (*uccisione*) Massaker *n* **2.** (*fig fam*) Haufen *m*
stragrande [stra'grande] *agg* (*fam*) riesengroß; **la ~ maggioranza** die überwältigende Mehrheit
stralciare [stral'tʃaːre] *vt* (*eliminare*) entfernen; (*passo*) herausnehmen, streichen; **stralcio** ['straltʃo] <-ci> *m* **1.** (*eliminazione*) Entfernung *f* **2.** (COM) Liquidation *f* **3.** (*brano scelto*) Auszug *m*
stralunato, -a [stralu'naːto] *agg* **1.** (*occhi*) verdreht **2.** (*persona*) aufgelöst

S

stramaledire ['stramale'di:re] <irr> *vt* in Grund und Boden verfluchen
strambo, -a ['strambo] *agg* sonderbar
stranezza [stra'nettsa] *f* Seltsamkeit *f*
strangolamento [straŋgola'mento] *m* Erwürgen *n*
strangolare [straŋgo'la:re] *vt* erwürgen
straniero, -a [stra'niɛ:ro] **I.** *agg* fremd, ausländisch; **lingua -a** Fremdsprache *f* **II.** *m, f* Ausländer(in) *m(f)*; **università per -i** Ausländeruniversität *f*
strano, -a ['stra:no] *agg* seltsam, merkwürdig
straordinario [straordi'na:rio] <-ri> *m* Überstunden *fpl*; **fare lo ~** Überstunden machen
straordinario, -a <-ri, -rie> *agg* außerordentlich, außertourlich *A*; **treno ~** Sonderzug *m*
strapazzare [strapat'tsa:re] **I.** *vt* **1.** (*persone*) misshandeln **2.** (*cose*) strapazieren **II.** *vr* **-rsi** sich strapazieren
strapazzato, -a [strapat'tsa:to] *agg* **uova -e** Rühreier *npl*
strapiombo [stra'piombo] *m* Überhang *m*; **a ~** überhängend
strappalacrime [strappa'la:krime] <inv> *agg* rührselig, auf die Tränendrüsen drückend
strappare [strap'pa:re] **I.** *vt* **1.** (*ramo, fiore*) abreißen, ausreißen; (*pagina*) herausreißen; (*carta*) zerreißen **2.** (*fig: cuore*) zerreißen; (*promessa*) abringen **II.** *vr* **-rsi** zerreißen; **strappo** ['strappo] *m* **1.** (*lacerazione,* MED) Riss *m* **2.** (*fig: eccezione*) **fare uno ~ alla regola** eine Ausnahme machen **3.** (*fig fam: passaggio*) **dare uno ~ a qu** jdn mitnehmen
straricco, -a [stra'rikko] <-cchi, -cche> *agg* (*fam*) steinreich
straripare [strari'pa:re] *vi essere o avere* über das Ufer treten
Strasburgo [straz'burgo] *f* Straßburg *n*
stratagemma [strata'dʒɛmma] <-i> *m* Trick *m*
strategia [strate'dʒi:a] <-gie> *f* Strategie *f*; **strategico, -a** [stra'tɛ:dʒiko] <-ci, -che> *agg* strategisch
strato ['stra:to] *m* **1.** (*gener fig* GEOL, BIOL) Schicht *f*; **a -i** in Schichten, schichtweise **2.** (METEO) Schichtwolke *f*
stratosferico, -a [stratos'fɛ:riko] <-ci, -che> *agg* **1.** (METEO) stratosphärisch **2.** (*fig*) astronomisch
stravaccarsi [stravak'karsi] *vr* (*fam*) sich hinlümmeln
stravagante [strava'gante] **I.** *agg* extravagant **II.** *mf* Exzentriker(in) *m(f)*
stravecchio, -a [stra'vɛkkio] <-cchi, -cchie> *agg* uralt; (GASTR) gut abgelagert; (*vino*) alt
stravedere [strave'de:re] <irr> *vi* **~ per qu** jdn blind lieben
stravolgere [stra'vɔldʒere] <irr> *vt* (*fig: persone*) (stark) verwirren; (*fatti*) verdrehen
straziante [strat'tsiante] *agg* entsetzlich; (*grida*) herzzerreißend; **strazio** ['strattsio] <-i> *m* Qual *f*; **che ~!** (*fam*) wie nervend!
strega ['stre:ga] <-ghe> *f* Hexe *f*
stregone [stre'go:ne] *m* **1.** (*mago*) Magier *m*, Hexenmeister *m* **2.** (*presso i popoli primitivi*) Medizinmann *m*; **stregoneria** [stregone'ri:a] <-ie> *f* Hexerei *f*
stremare [stre'ma:re] *vt* (völlig) erschöpfen; **stremo** ['strɛ:mo] *m* **essere allo ~ delle forze** am Rand seiner Kraft sein
strenna ['strɛnna] *f* Geschenk *n*
strenuo, -a ['strɛ:nuo] *agg* **1.** (*difesa*) tapfer **2.** (*lavoratore*) unermüdlich, wacker
strepitare [strepi'ta:re] *vi* **1.** (*parlare forte*) schreien **2.** (*produrre rumori*) Krach machen; **strepitoso, -a** [strepi'to:so] *agg* **1.** (*rumoroso*) lärmend **2.** (*fig: successo*) glänzend, großartig
stressante [stres'sante] *agg* stressig; **stressare** [stres'sa:re] *vt* stressen
stretta ['stretta] *f* **1.** (*pressione*) Druck *m*; **~ di mano** Händedruck *m* **2.** (*fig: turbamento*) Beklemmung *f* **3.** (*situazione difficile*) Klemme *f*; **essere alle -e** in der Klemme sitzen; **mettere alle -e** in die Enge treiben
stretto, -a **I.** *pp di* **stringere** **II.** *agg* **1.** (*tavolo, strada*) schmal **2.** (*vestito*) eng, knapp **3.** (*serrato*) eng, fest **4.** (*parenti*) nah(e); (*amico*) eng; **strettoia** [stret'to:ia] <-oie> *f* **1.** (*di strada*) Engstelle *f* **2.** (*fig*) Klemme *f*
striato, -a [stri'a:to] *agg* gestreift
stridente [stri'dɛnte] *agg* beißend, schreiend; (*contrasto*) krass; (*colori*) grell
stridere ['stri:dere] <strido, stridei, *rar* striduto> *vi* **1.** (ZOO) kreischen **2.** (*porta, freni*) quietschen **3.** (*fig*) **~ con qc** sich mit etw nicht vertragen; **quei colori stridono**

fra loro die Farben beißen sich
strigliare [striʎ'ʎa:re] *vt* striegeln; **strigliata** [striʎ'ʎa:ta] *f* (*fig*) Schelte *f*
strillare [stril'la:re] **I.** *vi* schreien **II.** *vt* **1.** (*parlare forte*) schreien **2.** (*fam*) ausschimpfen; **strillo** ['strillo] *m* Schrei *m*
striminzito, **-a** [strimin'tsi:to] *agg* **1.** (*vestito*) knapp (geschnitten) **2.** (*persona*) dürr, mager
stringa ['striŋga] <-ghe> *f* Schnürsenkel *m*
stringare [striŋ'ga:re] *vt* kurz fassen
stringere ['strindʒere] <stringo, strinsi, stretto> **I.** *vt* **1.** (*serrare*) (zu)drücken; (*tenere stretto*) fest halten; ~ **la mano a qu** jdm die Hand drücken; ~ **qu fra le braccia** jdn in die Arme schließen **2.** (*tenaglie, due cose*) zusammendrücken; (*vite*) anziehen **3.** (*denti*) zusammenbeißen; (*pugni*) ballen **4.** (*alleanza, amicizia*) schließen **5.** (*fig: riassumere*) straffen **II.** *vi* **1.** (*tempo*) drängen **2.** (*scarpe*) drücken **III.** *vr* **-rsi 1.** (*avvicinarsi*) sich (zusammen)drängen **2.** (*fig*) sich zusammenziehen; **-rsi nelle spalle** die Schultern zucken
striscia ['striʃʃa] <-sce> *f* **1.** (*di stoffa, carta etc*) Streifen *m;* **a -sce** gestreift **2.** *pl* **-sce** (**pedonali**) Zebrastreifen *m*
strisciante [striʃ'ʃante] *agg* **1.** (ZOO) kriechend **2.** (*fig, pej*) kriecherisch
strisciare [striʃ'ʃa:re] **I.** *vi* **1.** (ZOO) kriechen **2.** (*passare rasente*) streifen **II.** *vt* **1.** (*piedi*) schleifen (lassen) **2.** (*sfiorare*) streifen
striscione [striʃ'ʃo:ne] *m* Reklameband *n*
stritolare [strito'la:re] *vt* **1.** (*sassi*) zermalmen **2.** (*fig*) zunichte machen
strizzacervelli [strittsatʃer'vɛlli] <-> *mf* (*scherz: psicanalista*) Seelenklempner(in) *m(f)*
strizzare [strit'tsa:re] *vt* (*panni*) auswringen; (*limone*) (aus)pressen; ~ **l'occhio a qu** jdm zuzwinkern
strofa ['strɔ:fa] <-> *f* Strophe *f*
strofinaccio [strofi'nattʃo] <-cci> *m* Wischtuch *n*
strofinare [strofi'na:re] *vt* abreiben, polieren
strombazzare [strombat'tsa:re] **I.** *vt* ausposaunen **II.** *vi* (mehrmals) hupen
stroncare [stroŋ'ka:re] *vt* **1.** (*fig: interrompere*) unterbinden **2.** (*fig: criticando*) verreißen; **stroncatura** [stroŋka'tu:ra] *f* Verriss *m*
stronzata [stron'tsa:ta] *f* (*vulg*) Scheiß *m fig,* Mist *m fig fam*
stronzo *m* (*escremento*) Scheiß *m*
stronzo, **-a** *m, f* (*vulg*) Arschloch *n*
strozzare [strot'tsa:re] **I.** *vt* erwürgen **II.** *vr* **-rsi** keine Luft mehr bekommen; (*morire*) erwürgt werden
strozzino, **-a** [strot'tsi:no] *m, f* Wucherer *m,* Wucherin *f*
struccante [struk'kante] *m* Abschminkcreme *f;* **struccare** [struk'ka:re] **I.** *vt* abschminken **II.** *vr* **-rsi** sich abschminken
strumentale [strumen'ta:le] *agg* instrumental
strumento [stru'mento] *m* **1.** (MUS) Instrument *n;* **-i a corda/fiato/percussione** Saiten-/Blas-/Schlaginstrumente *npl* **2.** (TEC) Gerät *n;* (*arnese*) Werkzeug *n* **3.** (*fig: mezzo*) Mittel *n*
strutto *m* (Schweine)schmalz *n*
struttura [strut'tu:ra] *f* **1.** (*gener*) Struktur *f* **2.** (ARCH) ~ **portante** Traggerüst *n* **3.** <*gener al pl*> Einrichtung *f;* **-e pubbliche/private/sportive** öffentliche/soziale/sportliche Einrichtungen; **strutturale** [struttu'ra:le] *agg* strukturell; **strutturare** [struttu'ra:re] *vt* strukturieren
struzzo ['struttso] *m* Strauß *m*
stuccare [stuk'ka:re] *vt* kitten, spachteln
stucchevole [stuk'ke:vole] *agg* **1.** (*cibo*) füllend, stopfend **2.** (*fig: nauseante*) widerlich; (*noioso*) langweilig
stucco ['stukko] <-cchi> *m* **1.** (*malta*) Kitt *m;* **rimanere di** ~ (*fig*) verblüfft dastehen **2.** (*ornamento*) Stuck *m*
studente, **-essa** [stu'dɛnte, studen'tessa] *m, f* (*di scuola*) Schüler(in) *m(f);* (~ *universitario*) Student(in) *m(f);* **studentesco**, **-a** [studen'tesko] <-schi, -sche> *agg* studentisch, Studenten-
studiacchiare [studiak'kia:re] *vt* (*fam*) herumstudieren
studiare [stu'dia:re] *vt* **1.** (*per apprendere*) lernen; (*all'università*) studieren; ~ **al liceo** aufs Gymnasium gehen; ~ **all'università** studieren **2.** (*esaminare*) studieren; (*indagare*) untersuchen **3.** (*fam*) austüfteln; **studio** ['stu:dio] <-i> *m* **1.** (*lo studiare*) Lernen *n;* **borsa di** ~ Stipendium *n;* **provveditorato/provveditore agli -i** Schulamt *n*/Schulrat *m* **2.** <*gener al pl*> (*all'università*)

Studium *n* **3.** (*saggio*) Studie *f* **4.** (*stanza*) Arbeitszimmer *n;* (*di professionista*) Praxis *f;* ~ **medico** Arztpraxis *f;* **studioso, -a** [stu'dio:so] **I.** *agg* fleißig **II.** *m, f* Wissenschaftler(in) *m(f)*

stufa ['stu:fa] *f* Ofen *m*

stufare [stu'fa:re] **I.** *vt* **1.** (GASTR) schmoren **2.** (*fig fam*) langweilen, anöden **II.** *vr* **-rsi di qu/qc** (*fam*) jdn/etw leid werden; **stufato** [stu'fa:to] *m* Schmorbraten *m*

stufo, -a ['stu:fo] *agg* (*fam*) **essere ~ di qu/qc** jdn/etw satt haben

stuoia ['stuɔ:ia] <-oie> *f* Matte *f*

stupefacente [stupefa'tʃɛnte] **I.** *agg* **1.** (*sorprendente*) erstaunlich, verblüffend **2.** (MED) Drogen-, Rausch-; **abuso di sostanze -i** Drogenmissbrauch *m* **II.** *m* Rauschgift *n*

stupendo, -a [stu'pɛndo] *agg* phantastisch, wunderbar

stupidaggine [stupi'daddʒine] *f* Dummheit *f;* **stupidità** [stupidi'ta] <-> *f* Dummheit *f;* **stupido, -a** ['stu:pido] **I.** *agg* dumm, blöd(e) **II.** *m, f* Dummkopf *m*

stupire [stu'pi:re] <stupisco> **I.** *vt* erstaunen **II.** *vr* **-rsi** sich wundern; **stupore** [stu'po:re] *m* Staunen *n*

stupratore [stupra'to:re] *m* Vergewaltiger *m;* **stupro** ['stu:pro] *m* Vergewaltigung *f*

sturare [stu'ra:re] **I.** *vt* **1.** (*bottiglia*) entkorken **2.** (*lavandino*) frei machen +*dat* **II.** *vr* **-rsi** freiwerden

stuzzicadenti [stuttsika'dɛnti] <-> *m* Zahnstocher *m*

stuzzicare [stuttsi'ka:re] *vt* **1.** (*molestare*) reizen **2.** (*stimolare*) reizen; (*appetito*) anregen

su [su] <sul, sullo, sull', sulla, sui, sugli, sulle> **I.** *prp* **1.** (*con contatto: stato*) auf +*dat;* (*moto*) auf +*acc;* **sul lago/mare** am See/Meer; **Parigi è sulla Senna** Paris liegt an der Seine **2.** (*senza contatto: stato*) über +*dat;* (*moto*) über +*acc;* **giurare ~ qc/qu** (*fig*) auf etw/jdn schwören **3.** (*di mezzi di trasporto: stato*) in +*dat;* (*moto*) in +*acc* **4.** (*contro, verso*) auf +*acc* **5.** (*complemento d'argomento*) über +*acc* **6.** (*complemento di modo*) auf +*acc,* nach +*dat;* ~ **misura** nach Maß, Maß-; ~ **ordinazione** auf Bestellung; **sull'esempio di** nach dem Beispiel von **7.** (*circa*) um +*acc,* etwa, ungefähr; (*di tempo*) gegen +*acc;* **un uomo sulla sessantina** ein Mann um die Sechzig **8.** (*di, fra*) von +*dat,* unter +*dat;* **sette volte ~ dieci** sieben von zehn Mal **II.** *avv* (*in alto*) oben; (*verso l'alto*) nach oben, hinauf, aufwärts; **andare ~ e giù** auf und ab gehen; ~ **per giù** mehr oder weniger, ungefähr; **pensarci ~** (*fam*) darüber nachdenken; **metter ~ casa** einen eigenen Hausstand gründen; **dalle 10.000 lire in ~** von 10.000 Lire aufwärts; ~ **le mani!** Hände hoch! **III.** *int* los, auf; ~ **ragazzi, muoviamoci!** auf Jungs, lasst uns gehen!; ~ ~ auf, auf!

sub [sub] <-> *mf* Taucher(in) *m(f);* **fare il ~** tauchen

sub- [sub] (*in parole composte*) Sub-, sub-, Unter-, unter-

subacqueo, -a [sub'akkueo] **I.** *agg* Unterwasser-, Tauch- **II.** *m, f* Taucher(in) *m(f)*

subaffittare [subaffit'ta:re] *vt* untervermieten; **subaffitto** [subaf'fitto] *m* Untermiete *f*

subalpino, -a [subal'pi:no] *agg* subalpin

subalterno, -a [subal'tɛrno] **I.** *agg* untergeordnet **II.** *m, f* Untergeordnete(r) *f(m)*

subappalto [subap'palto] *m* Unterpacht *f*

subconscio [sub'konʃo] *m* Unterbewusstsein *n*

subdolo, -a ['subdolo] *agg* heimtückisch

subentrare [suben'tra:re] *vi essere* **1.** (*succedere*) nachfolgen **2.** (*sostituire*) **~ a qu** jdn vertreten

subire [su'bi:re] <subisco> *vt* **1.** (*ingiuria, danni*) erleiden; (*conseguenza*) tragen **2.** (*sottoporsi a*) **~ un'operazione** sich einer Operation unterziehen

subito ['su:bito] *avv* sofort; ~ **dopo** gleich danach

sublime [sub'li:me] **I.** *agg* erhaben **II.** *m* Erhabene(s) *n*

subordinare [subordi'na:re] *vt* **~ qc a qc** etw einer Sache *dat* unterordnen; (*far dipendere da*) etw von etw abhängig machen

subordinato, -a [subordi'na:to] **I.** *agg* **1.** (*secondario*) untergeordnet; **~ a** abhängig von **2.** (LING) **proposizione -a** Nebensatz *m* **II.** *m, f* Untergeordnete(r) *f(m)*

subtropicale [subtropi'ka:le] *agg* subtropisch

succedere [sut'tʃɛ:dere] <succedo, successi , successo> **I.** *vi essere* **1.** (*prendere il posto di*) **~ a qu** jdm (nach)folgen **2.** (*venir dopo*) **~ a qc** auf etw *acc* folgen **3.** (*avveni-*

re) geschehen, passieren; **cosa ti succede?** was ist mit dir los?; **sono cose che succedono** so etwas passiert (eben) **II.** *vr* **-rsi** folgen, aufeinander folgen

successione [suttʃes'sio:ne] *f* **1.** (JUR) (Nach)folge *f;* **diritti di** ~ Nachfolgerechte *npl* **2.** (*serie*) Folge *f;* **successivo, -a** [suttʃes'si:vo] *agg* (nach)folgend, Folge-

successo¹ [stu'tʃεsso] *pp di* **succedere**

successo² *m* Erfolg *m;* **un film di** ~ ein erfolgreicher Film

successore, succeditrice [suttʃes'so:re, suttʃedi'tri:tʃe] *m, f* Nachfolger(in) *m(f)*

succhiare [suk'kia:re] *vt* (*latte*) saugen; (*caramella, dito*) lutschen

succhiotto [suk'kiɔtto] *m* **1.** (*per neonati*) Schnuller *m* **2.** (*fam: traccia di bacio*) Knutschfleck *m*

succinto, -a [sut'tʃinto] *agg* **1.** (*vestito*) knapp **2.** (*persona*) leichtbekleidet **3.** (*resoconto*) kurz, bündig

succo ['sukko] <-cchi> *m* **1.** (*di frutta*) Saft *m* **2.** (ANAT) Sekret *n* **3.** (*fig*) Kern *m;* **succoso, -a** [suk'ko:so] *agg* **1.** (*frutta*) saftig **2.** (*fig*) gehaltvoll

succube ['sukkube] **I.** *agg* **essere** ~ **di qu** jdm unterworfen sein **II.** *m, f* Hörige(r) *f(m)*

succulento, -a [sukku'lεnto] *agg* köstlich

succursale [sukkur'sa:le] *f* Zweigstelle *f*

sud [sud] <-> *m* Süden *m;* **Mare del Sud** Südsee *f;* **al** ~ im Süden; **a** ~ **di** südlich von; **Sudafrica** [su'da:frika] *m* Südafrika *n*

sudare [su'da:re] **I.** *vi* schwitzen **II.** *vt* **1.** (*trasudare*) (aus)schwitzen **2.** (*fig: pane*) im Schweiße seines Angesichts verdienen; **sudata** [su'da:ta] *f* **1.** (*il sudare*) Schwitzen *n* **2.** (*fatica*) Anstrengung *f*

suddetto, -a [sud'detto] *agg* oben genannt

suddito, -a ['suddito] *m, f* Untertan(in) *m(f)*

suddividere [suddi'vi:dere] <irr> *vt* unterteilen; **suddivisione** [suddivi'zio:ne] *f* Unterteilung *f*

sudest [su'dεst] *m* Südosten *m*

sudicio, -a <-ci, -ce> *agg* **1.** (*mani, vestito, luogo*) dreckig **2.** (*fig, pej*) schmutzig

sudoccidentale [sudottʃiden'ta:le] *agg* südwestlich, Südwest-; **l'Europa** ~ Südwesteuropa *n*

sudore [su'do:re] *m* Schweiß *m;* **essere in un bagno di** ~ in Schweiß gebadet sein

sudorientale [sudorien'ta:le] *agg* südöstlich, Südost-; **la Germania** ~ Südostdeutschland *n*

sudovest [su'dɔ:vest] *m* Südwesten *m*

sufficiente [suffi'tʃεnte] **I.** *agg* **1.** (*che basta*) genügend, ausreichend **2.** (*fig, pej*) süffisant **II.** *m* Notwendige(s) *n;* **sufficientemente** [suffitʃente'mente] *avv* genug, genügend; **sufficienza** [suffi'tʃεntsa] *f* **1.** (*l'essere sufficiente*) Hinlänglichkeit *f;* **a** ~ zur Genüge **2.** (*votazione*) Ausreichend *n;* **prendere la** ~ ein Ausreichend bekommen **3.** (*fig, pej*) Überheblichkeit *f*

suffisso [suf'fisso] *m* Suffix *n*

suffragio [suf'fra:dʒo] <-gi> *m* **1.** (JUR) Wahlrecht *n* **2.** (REL) Fürbitte *f*

suggellare [suddʒel'la:re] *vt* (*fig*) besiegeln

suggerimento [suddʒeri'mento] *m* Rat(schlag) *m;* **suggerire** [suddʒe'ri:re] <suggerisco> *vt* **1.** (*risposta*) einflüstern **2.** (THEAT) soufflieren **3.** (*a scuola*) vorsagen **4.** (*consigliare*) raten; **suggeritore, -trice** [suddʒeri'to:re] *m, f* Souffleur *m,* Souffleuse *f*

suggestionare [suddʒestio'na:re] **I.** *vt* beeinflussen **II.** *vr* **-rsi** sich beeinflussen lassen; **suggestivo, -a** [suddʒes'ti:vo] *agg* **1.** (*fig*) faszinierend **2.** (*domanda*) Suggestiv-

sughero ['su:gero] *m* **1.** (*materiale*) Kork *m* **2.** (*tappo*) Korken *m*

sugli ['suʎʎi] *prp* = **su + gli** *v.* **su**

sugna ['suɲɲa] *f* Schweinefett *n*

sugo ['su:go] <-ghi> *m* **1.** (*succo*) Saft *m* **2.** (*salsa*) Sauce *f;* ~ **di pomodoro** Tomatensoße *f* **3.** (*fig*) Gehalt *m*

sui ['su:i] *prp* = **su + i** *v.* **su**

suicida [sui'tʃi:da] <-i *m*, -e *f*> **I.** *mf* Selbstmörder(in) *m(f)* **II.** *agg* selbstmörderisch; **suicidarsi** [suitʃi'darsi] *vr* Selbstmord begehen, sich *dat* das Leben nehmen; **suicidio** [sui'tʃi:dio] <-i> *m* Selbstmord *m*

suino [su'i:no] *m* Schwein *n*

suino, -a *agg* Schweine-

sul [sul] *prp* = **su + il** *v.* **su**

sulfureo, -a [sul'fu:reo] *agg* schwef(e)lig

sull', sulla, sulle, sullo [sul, 'sulla, 'sulle, 'sullo] *prp* = **su + l', la, le, lo** *v.* **su**

sultanina [sulta'ni:na] *f* Sultanine *f*

sultano, -a [sul'ta:no] *m, f* Sultan(in) *m(f)*

sunto ['sunto] *m* Zusammenfassung *f*

suo ['su:o] <suoi> *m* **1.** (*di lui*) das Sein(ig)e; (*di lei*) das Ihr(ig)e **2.** (*forma di cortesia: Suo*) das Ihr(ig)e **3.** (*di lui*) die Seinen *geh;* (*di lei*) die Ihren *geh* **4.** (*forma di cortesia: Suoi*) die Ihren *geh*

suo, **-a** <suoi, sue> **I.** *agg* **1.** (*di lui*) sein; (*di lei*) ihr; **la -a voce** seine [*o* ihre] Stimme; ~ **padre/zio** sein [*o* ihr] Vater/Onkel; **un ~ amico** ein Freund von ihm [*o* ihr]; **sono parole sue** das sind seine Worte; **ne ha fatta una delle sue** er hat schon wieder etwas angestellt; **essere dalla -a** auf seiner [*o* ihrer] Seite stehen; **dire la -a** seine eigene Meinung sagen; **stare sulle sue** verschlossen sein **2.** (*forma di cortesia: Suo*) Ihr; **in seguito alla Sua pregiata del …** in Beantwortung Ihres freundlichen Schreibens vom … **II.** *pron* **il ~, la -a** (*di lui*) seiner, seine, sein(e)s; (*di lei*) ihrer, ihre, ihr(e)s; (*forma di cortesia: Suo*) Ihre(r, s)

suocero, **-a** ['suɔ:tʃero] *m, f* Schwiegervater *m*, -mutter *f;* **-i** Schwiegereltern *pl*

suoi ['suɔ:i] *v.* **suo**

suola ['suɔ:la] *f* Sohle *f*

suolo ['suɔ:lo] *m* Grund *m*

suonare [suo'na:re] **I.** *vt* **1.** (MUS) spielen **2.** (*orologio, campana*) schlagen; (*campanello*) läuten; ~ **il clacson** hupen **3.** (*fam: picchiare*) verhauen **II.** *vi essere o avere* **1.** (*campana*) läuten; (*telefono, sveglia*) klingeln; **sta suonando il campanello** es klingelt **2.** (MUS) spielen **3.** (*parole, frasi*) klingen

suoneria [suone'ri:a] <-ie> *f* Klingel *f*

suono ['suɔ:no] *m* **1.** (*gener*) Ton *m* **2.** (PHYS) Schall *m* **3.** (LING) Laut *m*

suora ['suɔ:ra] *f* Nonne *f*

super ['su:per] **I.** <inv> *agg* toll, bärig *A;* **benzina ~** Superbenzin *n* **II.** <-> *mf* (*il/la migliore*) der/die Beste

superaccessoriato, **-a** [superattʃesso'ria:to] *agg* mit allen Extras

superaffollato, **-a** [superaffol'la:to] *agg* überfüllt

superalcolico [superal'kɔ:liko] <-ci> *m* Spirituose *f*

superare [supe'ra:re] *vt* **1.** (*per dimensioni, qualità, quantità*) übertreffen; (*di numero*) übersteigen; ~ **qu in qc** jdn an etw *dat* übertreffen **2.** (AUTO) überholen **3.** (*fig: età, velocità*) überschreiten; (*prova, esame*) bestehen; (*malattia, pericolo*) überstehen; (*difficoltà, ostacolo, crisi*) überwinden

superbia [su'pɛrbia] <-ie> *f* Hochmut *m;* **superbo**, **-a** [su'pɛrbo] *agg* **1.** (*pej*) hochmütig **2.** (*orgoglioso*) **essere ~ di qu/qc** auf jdn/etw stolz sein **3.** (*fig: grandioso*) großartig

Superenalotto [superena'lɔtto] <-> *m* (*concorso a premi*) *besondere Form einer staatlichen Lotterie*

superficiale [superfi'tʃa:le] **I.** *agg* oberflächlich **II.** *mf* oberflächlicher Mensch; **superficialità** [superfitʃali'ta] <-> *f* Oberflächlichkeit *f*

superficie [super'fi:tʃe] <-ci> *f* Oberfläche *f;* (MAT) Fläche *f;* **in ~** (*fig*) oberflächlich

superfluo [su'pɛrfluo] *m* Überfluss *m*

superfluo, **-a** *agg* überflüssig

super-io [supe'ri:o] <-> *m* Über-Ich *n*

superiora [supe'rio:ra] *f* **madre ~** (Schwester) Oberin *f*

superiore [supe'rio:re] **I.** *comparativo di* **alto, -a II.** *agg* **1.** (*di posizione,* ANAT) obere(r, s), Ober- **2.** (*maggiore*) höher, größer; **~ alla media** überdurchschnittlich **3.** (*più alto,* BOT, ZOO) höher; **scuola media ~** höhere Schule **4.** (*migliore*) besser **III.** *m* **1.** (*capo*) Vorgesetzte(r) *m* **2.** (REL) Superior *m*

superiorità [superiori'ta] <-> *f* Überlegenheit *f*

superlativo [superla'ti:vo] *m* (LING) Superlativ *m*

superlativo, **-a** *agg* **1.** (*gener*) höchste(r, s) **2.** (*fig*) großartig **3.** (LING) **grado ~** Superlativ *m*

supermarket ['sju:pəma:kit] <-> *m,* **supermercato** [supermer'ka:to] *m* Supermarkt *m*

superpotenza [superpo'tɛntsa] *f* Supermacht *f*

superprocura [superpro'ku:ra] *f nationale Anti-Mafia-Behörde*

superprofitto [superpro'fitto] *m* Mehrgewinn *m*

supersonico, **-a** [super'sɔ:niko] <-ci, -che> *agg* Überschall-

superstite [su'pɛrstite] **I.** *agg* **1.** (*persona*) überlebend **2.** (*cosa*) übrig (geblieben), restlich **II.** *m, f* Überlebende(r) *f(m)*

superstizione [superstit'tsio:ne] *f* Aberglaube *m;* **superstizioso**, **-a** [superstit'tsio:so] **I.** *agg* abergläubisch **II.** *m, f* abergläubischer Mensch

superstrada [super'stra:da] *f* Schnellstraße *f*

supertassa [super'tassa] *f* Mehrgebühr *f*

supertestimone [supertesti'mɔːne] *mf* Hauptzeuge, -zeugin *m, f*

superuomo [supe'ruɔːmo] <-uomini> *m* **1.** (*iron*) Supermann *m* **2.** (PHILOS) Übermensch *m;* **supervisione** [supervi'zioːne] *f* Oberaufsicht *f*

supino, **-a** [su'piːno] *agg* auf dem Rücken, rücklings

suppellettile [suppel'lɛttile] *f* **1.** (*arredamento*) Einrichtungsgegenstand *m;* **-i di casa** Hausrat *m* **2.** (*in archeologia*) Gegenstand *m*

suppergiù [supper'dʒu] *avv* (*fam*) mehr oder weniger, ungefähr

suppl. *abbr di* **supplemento** Suppl.

supplementare [supplemen'taːre] *agg* zusätzlich; (*numero, rivista*) Supplement-, Ergänzungs-; (MAT) Supplement-; **tempi -i** (SPORT) Verlängerung *f;* **supplemento** [supple'mento] *m* **1.** (*a libro, vocabolario*) Ergänzungsband *m;* (*giornale*) Beilage *f* **2.** (FERR) Zuschlag *m;* ~ **rapido** Schnellzugzuschlag *m*

supplente [sup'plɛnte] **I.** *agg* (stell)vertretend **II.** *mf* (Stell)vertreter(in) *m(f);* **supplenza** [sup'plɛntsa] *f* Vertretung *f*

supplì [sup'pli] <-> *m* Reiskrokette *f*

supplica ['supplika] <-che> *f* **1.** (*invocazione*) Flehen *n* **2.** (ADM) Bittschrift *f;* **supplicare** [suppli'kaːre] *vt* anflehen

supplire [sup'pliːre] <supplisco> **I.** *vt* vertreten **II.** *vi* ~ (**con qc**) **a qc** etw (mit etw) ausgleichen

supplizio [sup'plittsio] <-i> *m* **1.** (*fig*) Qual *f* **2.** (*pena*) Hinrichtung *f*

supporre [sup'porre] <irr> *vt* vermuten, annehmen

supporto [sup'pɔrto] *m* **1.** (*di strumento, dipinto*) Gestell *n;* (*per sostenersi*) Halter *m* **2.** (*fig*) Stütze *f* **3.** (INFORM) Datenträger *m*

supposi *1. pers sing pass rem di* **supporre**

supposizione [suppozit'tsioːne] *f* Vermutung *f*

supposta [sup'posta] *f* Zäpfchen *n*

supposto *pp di* **supporre**

supremazia [supremat'tsiːa] <-ie> *f* Vorherrschaft *f*

supremo, **-a** [su'prɛːmo] *agg superlativo di* **alto, -a** oberste(r, s), höchste(r, s); (*fig a*) größte(r, s)

surf [sərf] <-> *m,* **surfing** ['sərfing] <-> *m* Surfen *n;* **tavola da** ~ Surfbrett *n;* **praticare il** ~ surfen; **surfista** [sur'fista] <-i *m,* -e *f*> *mf* Surfer(in) *m(f)*

surgelare [surdʒe'laːre] *vt* einfrieren, tiefkühlen

surgelato [surdʒe'laːto] *m* Tiefgefrorene(s) *n;* **banco dei -i** Tiefkühltheke *f*

surgelato, **-a** *agg* tiefgekühlt

surplus [syr'ply] <-> *m* Überschuss *m*

surreale [surre'aːle] *agg* surreal; **surrealismo** [surrea'lizmo] *m* Surrealismus *m;* **surrealista** [surrea'lista] <-i *m,* -e *f*> *mf* Surrealist(in) *m(f);* **surrealistico**, **-a** [surrea'listiko] <-ci, -che> *agg* surrealistisch

surriscaldare [surriskal'daːre] **I.** *vt* überhitzen **II.** *vr* **-rsi** sich überhitzen

surrogato [surro'gaːto] *m* Ersatz *m*

suscettibile [suʃʃet'tiːbile] *agg* **1.** (*capace*) ~ **di** zugänglich für, fähig zu **2.** (*sensibile*) empfindlich, reizbar; **suscettibilità** [suʃʃettibili'ta] <-> *f* Reizbarkeit *f*

suscitare [suʃʃi'taːre] *vt* auslösen; ~ **la pietà** Mitleid hervorrufen

susina [su'siːna] *f* Zwetsch(g)e *f*

suspense [sə'spens] *m o f* Spannung *f*

susseguire [susse'guiːre] <irr> **I.** *vt* ~ **qu/qc** jdm/etw (nach)folgen, auf jdn/etw folgen **II.** *vr* **-rsi** aufeinander folgen

sussidiario [sussi'diaːrio] <-i> *m* Lehr- und Arbeitsbuch *n* (für die Grundschule)

sussidiario, **-a** <-i, -ie> *agg* Hilfs-

sussidio [sus'siːdio] <-i> *m* **1.** (*in denaro*) (Bei)hilfe *f;* ~ **di disoccupazione** Arbeitslosenunterstützung *f;* ~ **malattia** Krankenbeihilfe *f* **2.** (*aiuto*) Hilfsmittel *n*

sussistere [sus'sistere] <sussisto, sussistei, sussistito> *vi essere* bestehen

sussurrare [sussur'raːre] **I.** *vt* flüstern, zuflüstern; (*dicerie*) hinter vorgehaltener Hand sagen **II.** *vi* ~ **contro qu** über jdn munkeln

suvvia [suv'viːa] *int* (*fam*) komm, Kopf hoch

svagare [zva'gaːre] *vr* **-rsi** sich ablenken; **svago** ['zvaːgo] *m* Ablenkung *f*

svaligiare [zvali'dʒaːre] *vt* ausrauben

svalutare [zvalu'taːre] **I.** *vt* abwerten, entwerten **II.** *vr* **-rsi** an Wert verlieren; **svalutazione** [zvalutat'tsioːne] *f* Entwertung *f*

svanire [zva'niːre] <svanisco> *vi essere* verschwinden; (*progetto*) sich in Luft auflösen

svantaggiato, -a [zvantad'dʒa:to] *agg* benachteiligt; **essere ~ rispetto a qu** jdm gegenüber benachteiligt sein; **svantaggio** [zvan'taddʒo] <-ggi> *m* **1.** (*condizione*) Nachteil *m;* **in condizioni di ~** im Nachteil **2.** (SPORT) Rückstand *m*

svariato, -a [zva'ria:to] *agg* verschieden

svastica ['zvastika] <-che> *f* Hakenkreuz *n*

svecchiare [zvek'kia:re] *vt* modernisieren; (*guardaroba*) aufpolieren

svedese [zve'de:se] **I.** *agg* schwedisch **II.** *mf* Schwede *m,* Schwedin *f* **III.** *m* (*fiammifero*) Streichholz *n*

sveglia[1] ['zveʎʎa] *f* **1.** (*lo svegliare*) Wecken *n;* **dare la ~ a qu** jdn wecken **2.** (*segnale*) Wecksignal *n* **3.** (*orologio*) Wecker *m*

sveglia[2] *int* (*fam*) aufstehen; **~, che è tardi!** aufstehen, es ist schon spät!

svegliare [zveʎ'ʎa:re] **I.** *vt* **1.** (*dal sonno*) wecken **2.** (*fig: animare*) aufmuntern; (*suscitare*) (er)wecken **II.** *vr* **-rsi** (*a fig*) aufwachen

svelare [zve'la:re] *vt* enthüllen; (*segreto*) lüften

sveltina [zvel'ti:na] *f* (*vulg*) Quickie *m*

svelto ['zvɛlto] *avv* schnell, rasch

svelto, -a *agg* **1.** (*rapido*) schnell, flink **2.** (*fig*) aufgeweckt **3.** (*forma, figura*) schlank

svenare [zve'na:re] **I.** *vt* **~ qu** jdm die Adern aufschneiden **II.** *vr* **-rsi** sich *dat* die Adern aufschneiden

svendere ['zvendere] *vt* ausverkaufen; **svendita** ['zvendita] *f* Ausverkauf *m;* **-e di fine stagione** Schlussverkauf *m*

svenimento [zveni'mento] *m* Ohnmacht *f;* **svenire** [zve'ni:re] <irr> *vi essere* in Ohnmacht fallen

sventare [zven'ta:re] *vt* vereiteln

sventolare [zvento'la:re] **I.** *vt* schwingen **II.** *vi* flattern **III.** *vr* **-rsi** sich *dat* Luft zufächeln

sventrare [zven'tra:re] *vt* **1.** (*pollo, pesce*) ausnehmen **2.** (*uccidere*) **~ qu** jdm den Bauch aufschlitzen **3.** (*fig*) niederreißen

sventura [zven'tu:ra] *f* Unglück *n;* **compagno di ~** Leidensgefährte *m;* **sventurato, -a** [zventu'ra:to] **I.** *agg* unglücklich **II.** *m, f* Unglückliche(r) *f(m)*

svenuto *pp di* **svenire**

sverginare [zverdʒi'na:re] *vt* entjungfern

svergognare [zvergoɲ'ɲa:re] *vt* blamieren; **svergognato, -a** [zvergoɲ'ɲa:to] **I.** *agg* schamlos **II.** *m, f* Schamlose(r) *f(m)*

svernare [zver'na:re] *vi* überwintern

svestire [zves'ti:re] **I.** *vt* ausziehen **II.** *vr* **-rsi** sich ausziehen

Svevia ['zvɛ:via] *f* Schwaben *n;* **svevo, -a** ['zvɛ:vo] **I.** *agg* **1.** (HIST) (hohen)staufisch **2.** (*della Svevia*) schwäbisch **II.** *m, f* **1.** (HIST) (Hohen)staufer(in) *m(f)* **2.** (*della Svevia*) Schwabe *m,* Schwäbin *f*

Svezia ['zvɛttsia] *f* Schweden *n*

svezzamento [zvettsa'mento] *m* Entwöhnung *f;* **svezzare** [zvet'tsa:re] *vt* entwöhnen; (*bambino*) abstillen

sviare [zvi'a:re] **I.** *vt* **1.** (*fig: traviare*) verführen **2.** (*colpo, tiro*) ablenken; **~ il discorso** dem Gespräch eine andere Richtung geben **II.** *vr* **-rsi 1.** (*fig*) vom rechten Weg abkommen **2.** (*allontanarsi*) (vom Weg) abkommen

svignarsela [zviɲ'ɲarsela] *vi essere* (*fam*) abhauen

svilire [zvi'li:re] <svilisco> *vt* (*fig*) erniedrigen

sviluppare [zvilup'pa:re] **I.** *vt* **1.** (*far crescere*) entwickeln, aufbauen **2.** (PHYS) erzeugen **3.** (FOTO) entwickeln **4.** (MAT) abwickeln **5.** (*fig: concetto*) entwickeln **II.** *vr* **-rsi** sich entwickeln; **sviluppo** [zvi'luppo] *m* Entwicklung *f*

svincolare [zviŋko'la:re] **I.** *vt* **1.** (*liberare*) befreien **2.** (COM) auslösen **II.** *vr* **-rsi** sich befreien; **svincolo** ['zviŋkolo] *m* **1.** (COM) Freigabe *f* **2.** (AUTO: *entrata*) (Autobahn)auffahrt *f;* (*uscita*) (Autobahn)ausfahrt *f*

svista ['zvista] *f* Versehen *n*

svitare [zvi'ta:re] *vt* losschrauben; (*vite*) lösen

Svitto ['zvitto] **I.** *m* (*cantone*) Schwyz *n* **II.** *f* (*città*) Schwyz *n*

Svizzera ['zvittsera] *f* (**la**) **~** die Schweiz; **svizzero, -a** ['zvittsero] **I.** *agg* schweizerisch, Schweizer **II.** *m, f* Schweizer(in) *m(f)*

svogliato, -a [zvoʎ'ʎa:to] *agg* lustlos

svolazzare [zvolat'tsa:re] *vi* **1.** (*uccelli*) herumflattern; (*insetti*) herumschwirren **2.** (*fig*) umherschweifen

svolgere ['zvɔldʒere] <irr> **I.** *vt* **1.** (*gomitolo*) abwickeln **2.** (*fig: idea, tema*) ausbreiten; (*programma, piano*) abwickeln; (*lavoro*) verrichten; **~ un'attività/professione** einer Tätigkeit/einem Beruf nachgehen **II.** *vr* **-rsi 1.** (*accadere*) sich ereignen **2.** (THEAT, LIT) sich abspielen; **svolgimento** [zvoldʒi'mento] *m* **1.** (*di tema, tesi*) Ausarbeitung *f* **2.** (*fig*) Abwicklung *f*

svolsi *1. pers sing pass rem di* **svolgere**

svolta ['zvɔlta] *f* **1.** (*azione*) Abbiegen *n;* **divieto di ~ a destra/sinistra** Rechts-/Linksabbiegen verboten **2.** (*curva*) Kurve *f* **3.** (*fig*) Wende *f;* **svoltare** [zvol'ta:re] **I.** *vi* abbiegen **II.** *vt* auspacken

svolto *pp di* **svolgere**

svuotare [zvuo'ta:re] *vt* **1.** (*vuotare*) leeren, ausheben *A* **2.** (*fig: privare di*) **~ qc di significato** etw seines Sinnes entleeren

system analyst ['sistim 'ænilist] <-> *mf* (INFORM) Systemanalytiker(in) *m(f);* **system engineer** ['sistim endʒi'niə] <-> *mf* (INFORM) Systemingenieur(in) *m(f)*

T

T, t [ti] <-> *f* T, t *n;* **ferro a ~** T-Eisen *n;* **~ come Torino** T wie Theodor

tabaccaio, -a [tabak'ka:io] <-ccai, -ccaie> *m, f* Tabakwarenverkäufer(in) *m(f),* Trafikant(in) *m(f) A;* **tabaccheria** [tabakke'ri:a] <-ie> *f* Tabakladen *m,* Trafik *f A;* **tabacco** [ta'bakko] <-cchi> *m* Tabak *m*

tabella [ta'bɛlla] *f* Tabelle *f;* **~ di marcia** Zeitplan *m;* **~ dei prezzi** Preisliste *f;* **tabellone** [tabel'lo:ne] *m* Anschlagtafel *f*

tabernacolo [taber'na:kolo] *m* Tabernakel *n o m*

tabù [ta'bu] <-> *m* Tabu *n*

tabulatore [tabula'to:re] *m* Tabulator *m*

TAC *f o m acro di* **Tomografia Assiale Computerizzata** CT *f*

tacca ['takka] <-cche> *f* Kerbe *f*

taccagneria [takkaɲɲe'ri:a] <-ie> *f* Knauserei *f;* **taccagno, -a** [tak'kaɲɲo] **I.** *agg* geizig **II.** *m, f* Geizhals *m*

tacchino, -a [tak'ki:no] *m, f* Pute(r) *f(m),* Indian *m A;* **petto di ~** Putenbrust *f*

tacciare [tat'tʃa:re] *vt* beschuldigen

taccio ['tattʃo] *1. pers sing pr di* **tacere**

tacco ['takko] <-cchi> *m* (Schuh)absatz *m;* **~ alto** hoher Absatz; **battere i -cchi** strammstehen

taccuino [takku'i:no] *m* Notizbuch *n*

tacere [ta'tʃe:re] <taccio, tacqui, taciuto> **I.** *vt* verschweigen **II.** *vi* schweigen; **chi tace acconsente** (*prov*) wer schweigt stimmt zu

tachicardia [takikar'di:a] <-ie> *f* Herzjagen *n*

tachimetro [ta'ki:metro] *m* Tachometer *m o n*

tacito, -a ['ta:tʃito] *agg* leise

taciturno, -a [tatʃi'turno] *agg* schweigsam

taciuto [ta'tʃu:to] *pp di* **tacere**

tacqui ['takkui] *1. pers sing pass rem di* **tacere**

tafano [ta'fa:no] *m* Bremse *f*

taglia ['taʎʎa] <-glie> *f* **1.** (*di abito*) Größe *f;* **~ unica** Einheitsgröße *f* **2.** (*riscatto*) Lösegeld *n*

tagliacarte [taʎʎa'karte] <-> *m* Papiermesser *n;* **taglialegna** [taʎʎa'leɲɲa] <-> *m* Holzhacker *m*

tagliando [taʎ'ʎando] *m* Coupon *m*

tagliare [taʎ'ʎa:re] **I.** *vt* **1.** (ab)schneiden; **~ in due/ in quattro** halbieren/vierteln **2.** (*film*) kürzen **3.** (*strada*) abschneiden **4.** (*loc*) **~ la corda** (*fig*) sich aus dem Staub machen *fam;* **~ i ponti** (*fig*) alle Brücken abbrechen; **~ il traguardo** (SPORT) durchs Ziel gehen **II.** *vi* schneiden; **tagliar corto** es kurz machen

tagliatelle [taʎʎa'tɛlle] *fpl* Bandnudeln *fpl*

tagliato, -a [taʎ'ʎa:to] *agg* **essere ~ per qc** für etw geeignet sein

tagliaunghie [taʎʎa'uŋgie] <-> *m* Nagelknipser *m*

tagliente [taʎ'ʎɛnte] *agg* **1.** (*affilato*) scharf **2.** (*fig*) bissig

tagliere [taʎ'ʎɛ:re] *m* Hackbrett *n*

taglierina [taʎʎe'ri:na] *f* Schneidemaschine *f*

taglio ['taʎʎo] <-gli> *m* Schnitt *m;* **~ cesareo** Kaiserschnitt *m;* **arma a doppio ~** (*fig*) zweischneidiges Schwert; **diamoci un ~!** lasst uns ein Ende damit machen!; **tagliola** [taʎ'ʎɔ:la] *f* Fangeisen *n;* **tagliuzzare** [taʎʎut'tsa:re] *vt* zerschneiden

tailleur [ta'jœ:r] <-> *m* Kostüm *n*

tal [tal] *v.* **tale**; **talaltro**, **-a** [ta'laltro] *pron* ein(e) andere(r, s)

talco ['talko] <-chi> *m* Talkum *n*

tale ['ta:le] <*davanti a consonante spesso* tal> **I.** *agg* **1.** (*di questa specie*) solch **2.** (*così grande*) so groß **3.** (*questo*) diese(r, s); **in tal caso** in diesem Fall; **a tal punto** an diesem Punkt **4.** (*indefinito*) gewisse(r, s); **un ~ signore** ein gewisser Herr **II.** *pron* **1.** (*persona già menzionata*) derjenige, diejenige, dasjenige; **quel ~** jener **2.** (*indefinito*) einer, eine, jemand; **un ~ vuol parlarti** jemand möchte dich sprechen **3.** (*loc*) **~ (e) quale** genauso wie

talento [ta'lɛnto] *m* Begabung *f;* **un giovane di ~** ein begabter Junge

talismano [taliz'ma:no] *m* Talisman *m*

tallonare [tallo'na:re] *vt* **~ qu** jdm auf den Fersen sein

talloncino [tallon'tʃi:no] *m* Quittung(sschein *m*) *f*

tallone [tal'lo:ne] *m* Ferse *f;* **~ d'Achille** Achillesferse *f*

talmente [tal'mente] *avv* dermaßen

talora [ta'lo:ra] *avv* manchmal

talpa ['talpa] *f* Maulwurf *m*

talvolta [tal'vɔlta] *avv* manchmal

tamarindo [tama'rindo] *m* (BOT) Tamarinde *f*

tamburello [tambu'rɛllo] *m* Tamburin *n;* **tamburino** [tambu'ri:no] *m* **1.** (MUS) Trommler *m* **2.** (*sl: sui giornali*) Veranstaltungskalender *m;* **tamburo** [tam'bu:ro] *m* **1.** (*strumento*) Trommel *f* **2.** (*sonatore*) Trommler *m* **3.** (AUTO) **~ del freno** Bremstrommel *f*

Tamigi [ta'mi:dʒi] *m* Themse *f*

tamponamento [tampona'mento] *m* **1.** (*di veicoli*) Auffahrunfall *m* **2.** (MED) Tamponade *f;* **tamponare** [tampo'na:re] *vt* **1.** (AUTO) auffahren auf +*acc* **2.** (MED) tamponieren

tampone [tam'po:ne] *m* Tampon *m*

tana ['ta:na] *f* Höhle *f*

tandem ['tandem] <-> *m* Tandem *n;* **lavorare in ~** im Gespann zusammenarbeiten

tanfo ['tanfo] *m* Modergeruch *m*

tangente [tan'dʒɛnte] **I.** *agg* tangierend **II.** *f* **1.** (MAT) Tangente *f* **2.** (*pej*) Schmiergeld *n;* **tangentocrazia** [tandʒentokra'tsi:a] *f* Schmiergeldrepublik *f;* **tangentopoli** [tandʒen'tɔ:poli] <-> *f* Schmiergeldzahlungen *fpl*

Tangentopoli (Stadt der Schmiergelder) ist die journalistische Bezeichnung für den Korruptionsskandal, in den zahlreiche Politiker der damaligen Regierungsparteien, Minister, führende Industrielle und Geschäftsleute verwickelt waren. Untersuchungen ergaben ein verzweigtes System von illegalen Zahlungen und Bestechungsgeldern, das sowohl öffentliche als auch private Geldmittel zur Bereicherung von Einzelpersonen und Parteien einsetzte. Der Skandal begann in Mailand, das daraufhin Tangentopoli genannt wurde.

tangenziale [tandʒen'tsia:le] **I.** *agg* tangential- **II.** *f* (*strada*) Umgehungsstraße *f*

tanghero ['taŋgero] *m* Tölpel *m*

tangibile [tan'dʒi:bile] *agg* fühlbar

tango ['taŋgo] <-ghi> *m* Tango *m*

tanica ['ta:nika] <-che> *f* Kanister *m*

tannino [tan'ni:no] *m* Tannin *n*

tantino [tan'ti:no] *avv* **un ~** ein bisschen

tanto ['tanto] *avv* **1.** (*molto*) sehr; (*con verbo*) viel; **ti ringrazio ~** ich danke dir vielmals **2.** (*così*) so (viel); **fu ~ sciocco da crederlo** er war so dumm es zu glauben **3.** (*temporale*) **da ~** seit langem; **di ~ in ~** von Zeit zu Zeit; **ho aspettato ~** ich habe lange gewartet; **ogni ~** ab und zu; **una volta ~** (für) das eine Mal **4.** (*altrettanto*) so viel; **~ quanto** so viel wie; **~ … quanto …** genauso … wie … **5.** (*loc*) **~ meglio** um so besser; **~ per cambiare** zur Abwechslung; **~ per far qc** nur um etw zu tun

tanto, **-a** **I.** *agg* **1.** (*così molto*) so viel **2.** (*molto*) viel; **-i saluti** viele Grüße; **-e grazie** vielen Dank **II.** *pron* **1.** (*molto*) viel **2.** *pl* (*molte persone*) viele

tapino, **-a** [ta'pi:no] *m, f* Arme(r) *f(m)*

tapiro [ta'pi:ro] *m* Tapir *m*

tappa ['tappa] *f* **1.** (*sosta*) Rast *f* **2.** (*percorso*) Etappe *f;* **a -e** etappenweise; **bruciare le -e** sich gewaltig ins Zeug legen

tappabuchi [tappa'bu:ki] <-> *m* Lückenbüßer *m*

tappare [tap'pa:re] *vt* verstopfen; **~ un buco** ein Loch stopfen; **-rsi il naso** sich *dat* die Nase zuhalten; **~ la bocca a qu** (*fig*) jdm den Mund stopfen *fam;* **-rsi le orecchie** (*fig*) die Ohren verschließen

tapparella [tappa'rɛlla] *f* Rolladen *m*

tappeto [tap'pe:to] *m* **1.** (*per pavimenti*) Teppich *m;* ~ **erboso** Rasen(teppich) *m;* ~ **persiano** Perser(teppich) *m;* **a** ~ (*fig*) flächendeckend; ~ **verde** Spieltisch *m* **2.** (SPORT) Matte *f;* **tappezzare** [tappet'tsa:re] *vt* tapezieren; **tappezzeria** [tappettse'ri:a] <-ie> *f* Tapeten *fpl;* **tappezziere, -a** [tappet'tsiɛ:re] *m, f* Polsterer *m,* Polst(r)erin *f*

tappo ['tappo] *m* **1.** (*per bottiglia*) Korken *m* **2.** (*scherz: persona piccola*) Stöpsel *m fam*

T.A.R. [tar] *m abbr di* **Tribunale Amministrativo Regionale** *regionales Verwaltungsgericht;* **fare ricorso al** ~ das regionale Verwaltungsgericht anrufen

tara ['ta:ra] *f* Tara *f*

tarantella [taran'tɛlla] *f* Tarantella *f*

Taranto [ta'ranto] *f* Tarent *n* (*Stadt in Apulien*)

tarantola [ta'rantola] *f* Tarantel *f*

taratura [tara'tu:ra] *f* Eichung *f*

tarchiato, -a [tar'kia:to] *agg* untersetzt

tardare [tar'da:re] *vi* **1.** (*in ritardo*) sich verspäten **2.** (*indugiare*) ~ **a rispondere** mit der Antwort zögern; ~ **a venire** mit Verspätung kommen; **tardi** ['tardi] *avv* **1.** (*a ora avanzata*) spät; **più** ~ später; **a più** ~**!** bis später!; **sul** ~ gegen Abend **2.** (*in ritardo*) verspätet; **far** ~ sich verspäten; **tardo, -a** ['tardo] *agg* **1.** (*nel tempo*) spät **2.** (*lento*) langsam; (*pej*) träge

targa ['targa] <-ghe> *f* Schild *n;* (AUTO) Nummernschild *n;* **targare** [tar'ga:re] *vt* mit einem Nummernschild versehen; **la vettura targata AT 405 FR** das Fahrzeug mit dem amtlichen Kennzeichen AT 405 FR

target ['ta:git] <-> *m* (COM) Verkaufsziel *n*

targhetta [tar'getta] *f* Typenschild *n*

tariffa [ta'riffa] *f* Tarif *m;* ~ **ordinaria** Normalpreis *m;* ~ **ridotta** Billigtarif *m;* ~ **telefonica** Telefongebühr *f;* **tariffario** [tarif'fa:rio] <-i> *m* Preisliste *f*

tarlo ['tarlo] *m* Holzwurm *m*

tarma ['tarma] *f* Motte *f*

taroccare [tarok'ka:re] *vi* fälschen

tartagliare [tartaʎ'ʎa:re] *vi* stottern

tartaro ['tartaro] *m* Kalkstein *m;* (*dei denti*) Zahnstein *m*

tartaruga [tarta'ru:ga] <-ghe> *f* Schildkröte *f*

tartassare [tartas'sa:re] *vt* schikanieren *fam*

tartina [tar'ti:na] *f* Butterbrot *n*

tartufo [tar'tu:fo] *m* Trüffel *f*

tasca ['taska] <-sche> *f* Tasche *f;* **conoscere qc come le proprie -sche** etw wie seine Westentasche kennen; **fare i conti in** ~ **a qu** in jds Tasche wirtschaften; **tascabile** [task'ka:bile] **I.** *agg* Taschen-; **computer** ~ Taschencomputer *m* **II.** *m* Taschenbuch *n;* **taschino** [task'ki:no] *m* (Westen)tasche *f*

tassa ['tassa] *f* Abgabe *f;* (*imposta*) Steuer *f;* ~ **di circolazione** Kraftfahrzeugsteuer *f;* ~ **di soggiorno** Kurtaxe *f;* **esente da -e** gebührenfrei; **soggetto a -e** gebührenpflichtig; **tassametro** [tas'sa:metro] *m* Fahrpreisanzeiger *m;* ~ **di parcheggio** Parkuhr *f;* **tassare** [tas'sa:re] *vt* besteuern

tassativo, -a [tassa'ti:vo] *agg* bindend

tassello [tas'sɛllo] *m* **1.** (*blocchetto*) Einsatzstück *n* **2.** (*fig*) Mosaikstein *m*

tassì [tas'si] <-> *m* Taxi *n;* **tassista** [tas'sista] <-i *m*, -e *f*> *mf* Taxifahrer(in) *m(f)*

tasso ['tasso] *m* **1.** (COM, FIN) Rate *f;* ~ **di mortalità/natalità** Sterblichkeits-/Geburtenrate *f;* ~ **d'interesse/di sconto** Zins-/Diskontsatz *m;* ~ **d'inflazione** Inflationsrate *f* **2.** (ZOO) Dachs *m*

tastare [tas'ta:re] *vt* (be)tasten; ~ **il polso** den Puls fühlen; ~ **il terreno** (*fig*) die Lage peilen

tastiera [tas'tiɛ:ra] *f* Tastatur *f*

tasto ['tasto] *m* Taste *f;* **tastoni** [tas'to:ni] *avv* tastend; **procedere a** ~ im Dunkeln tappen

tattica ['tattika] <-che> *f* Taktik *f;* **tattico, -a** ['tattiko] <-ci, -che> *agg* taktisch

tattile [tat'ti:le] *agg* taktil *scient*

tatto ['tatto] *m* **1.** (*senso*) Tastsinn *m* **2.** (*fig*) Fingerspitzengefühl *n;* **mancanza di** ~ Taktlosigkeit *f*

tatuaggio [tatu'addʒo] <-ggi> *m* Tätowierung *f*

taurino, -a [tau'ri:no] *agg* Stier-; **forza -a** Bärenkraft *f*

taverna [ta'vɛrna] *f* Taverne *f*

tavola ['ta:vola] *f* **1.** (*mobile*) Tisch *m;* ~ **allungabile** Ausziehtisch *m;* ~ **calda** Imbissstube *f;* ~ **fredda** kalte Küche; **mettere a** ~ auftischen; **mettere le carte in** ~ (*fig*) die Karten auf den Tisch legen; **portare in** ~ auftragen; **il pranzo è in** ~ das Mittagessen steht auf dem Tisch; **venite a ~?** kommt ihr bitte essen? **2.** (*asse*) Brett *n;* ~ **da surf** Surfbrett *n* **3.** (*pittura*) Bild *n;* (*illustrazione*) (Bild)tafel *f* **4.** (*tabella*) Tabelle *f;* ~ **numerica** Zahlentabelle *f;* **tavolata** [tavo'la:ta] *f* Tafelrunde *f*

tavoletta [tavo'letta] *f* Brettchen *n;* **una ~ di cioccolata** eine Tafel Schokolade

tavolino [tavo'li:no] *m* Tischchen *n;* **tavolo** ['ta:volo] *m* Tisch *m;* ~ **da disegno** Reißbrett *n;* ~ **delle trattative** Verhandlungstisch *m*

tavolozza [tavo'lɔttsa] *f* Palette *f*

taxi ['taksi] <-> *m* Taxi *n*

tazza ['tattsa] *f* Tasse *f,* Schale *f A, südd;* **una ~ da caffè** eine Kaffeetasse; **una ~ di caffè** eine Tasse Kaffee

tbc *m abbr di* **tubercolosi** Tbc

te [te] *pron pers 2. pers sing* **1.** (*oggetto*) dich; (*con preposizione*) dich, dir, deiner **2.** (*soggetto in forme comparative ed esclamative*) du **3.** (*complemento di termine davanti a lo, la, li, le, ne*) dir; (*complemento oggetto davanti a lo, la, li, le, ne*) dich

tè [tɛ] <-> *m* Tee *m;* **bustina di** ~ Teebeutel *m;* **biscotti da** ~ Teegebäck *n*

team [ti:m] <-> *m* Team *n*

teatrale [tea'tra:le] *agg* **1.** (*di teatro*) Theater- **2.** (*fig*) theatralisch; **teatralità** [teatrali'ta] <-> *f* Theatralik *f;* **teatralizzare** [teatralid'dza:re] *vt* theatralisieren; **teatro** [te'a:tro] *m* Theater *n;* ~ **all'aperto** Freilufttheater *n;* ~ **di prosa** Schauspielhaus *n;* ~ **lirico** Opernhaus *n*

> Das **Teatro alla Scala** wurde 1778 in Mailand mit einer Aufführung der Oper "L'Europa riconosciuta" von Salieri eröffnet. Dieses berühmte Theater wurde an der Stelle erbaut, wo früher die Kirche Santa Maria della Scala stand. Während der Bombardierung von Mailand 1943 wurde es stark beschädigt; 1946 folgte die Wiedereröffnung mit einem von Toscanini dirigierten Konzert. Die Scala genießt nicht nur Weltruf für ihre Opernaufführungen, sondern hat auch eine berühmte Schule für klassischen Tanz.

teatro-tenda [te'a:tro 'tɛnda] *m* Zelttheater *n*

tecnica ['tɛknika] <-che> *f* Technik *f;* ~ **delle comunicazioni** Kommunikationstechnik *f*

tecnico ['tɛkniko] <-ci> *m* Techniker(in) *m(f);* ~ **del suono** Tontechniker *m*

tecnico, -a <-ci, -che> *agg* technisch; **linguaggio** ~ Fachsprache *f;* **termine** ~ Fachausdruck *m*

tecnocrate [tek'nɔ:krate] *mf* Technokrat(in) *m(f);* **tecnocrazia** [teknokra'tsi:a] <-ie> *f* Technokratie *f*

tecnologia [teknolo'dʒi:a] <-gie> *f* Technologie *f;* **alta** ~ High Tec *n;* **tecnologico, -a** [tekno'lɔ:dʒiko] *agg* technologisch

tedesco [te'desko] <*sing*> *m* Deutsch(e) *n;* **come si dice in ~?** was heißt das auf Deutsch?

tedesco, -a <-schi, -sche> **I.** *agg* deutsch; **la Repubblica Federale Tedesca** die Bundesrepublik Deutschland **II.** *m, f* Deutsche(r) *f(m);* **è** ~ er ist Deutscher

tediare [te'dia:re] *vt* langweilen; **tedioso, -a** [te'dio:so] *agg* langweilig

teenager [ti:n'eidʒə] <-> *mf* Teenager *m*

tegame [te'ga:me] *m* (Brat)pfanne *f*

teglia ['teʎʎa] <-glie> *f* Auflaufform *f*

tegola ['te:gola] *f* (Dach)ziegel *m*

teiera [te'iɛ:ra] *f* Teekanne *f*

teina [te'i:na] *f* Thein *n*

tela ['te:la] *f* **1.** (*tessuto*) Leinwand *f;* ~ **di canapa** Hanfleinen *n;* ~ **di lino** Leinen *n;* ~ **di ragno** Spinnengewebe *n* **2.** (*dipinto*) (Leinwand)gemälde *n*

telaio [te'la:io] <-ai> *m* Webstuhl *m*

tele ['tɛ:le] <-> *f* (*fam*) Fernsehen *n*

teleabbonato, -a [teleabbo'na:to] *m, f* Fernsehteilnehmer(in) *m(f)*

teleaudioconferenza [teleaudiokonfe'rɛntsa] *f* Videokonferenz *f*

telecamera [tele'ka:mera] *f* Fernsehkamera *f*

Telecom [telekom] *f* Telekom *f;* ~ **Italia** *italienische Telefongesellschaft*

telecomandare [telekoman'da:re] *vt* fernsteuern; **telecomando** [teleko'mando] *m* Fernbedienung *f*

telecomunicazione [telekomunikat'tsio:ne] *f* Fernmeldetechnik *f*

teleconferenza [telekonfe'rɛntsa] *f* Telekonferenz *f*

telecronaca [tele'krɔ:naka] *f* Fernsehbericht *m;* **telecronista** [telekro'nista] *mf* Fernsehreporter(in) *m(f)*

telediffusione [telediffu'zio:ne] *f* Fernsehübertragung *f*

telefax ['teːlefaks] <-> *m* Telefax *n*
teleferica [tele'fɛːrika] <-che> *f* Schwebebahn *f*
telefilm [tele'film] *m* Fernsehfilm *m*
telefonare [telefo'naːre] *vi* ~ **a qu** jdn anrufen; **telefonata** [telefo'naːta] *f* (Telefon)anruf *m;* **fare una ~ a qu** jdn anrufen; **~ interurbana** Ferngespräch *n;* **~ urbana** Ortsgespräch *n;* **telefonia** [telefo'niːa] *f* **~ fissa/mobile** Fest-/Mobilnetz *n;* **telefonico, -a** [tele'fɔːniko] <-ci, -che> *agg* Telefon-; **scheda -a** Telefon(magnet)karte *f;* **cabina ~** Telefonzelle *f;* **elenco ~** Telefonbuch *n;* **telefonino** [telefo'niːno] *m* Handy *n;* **telefonista** [telefo'nista] <-i *m*, -e *f*> *mf* Telefonist(in) *m(f);* **telefono** [te'lɛːfono] *m* Telefon *n;* **~ amico** Telefonseelsorge *f;* **~ azzurro** Sorgentelefon *n* (des Kinderschutzbundes); **~ cellulare** Mobiltelefon *n;* **bolletta del ~** Telefonrechnung *f;* **~ senza filo** schnurloses Telefon; **dare un colpo di ~ a qu** (*fam*) jdn kurz anrufen
telegiornale [teledʒor'naːle] *m* Tagesschau *f*
telegrafare [telegra'faːre] *vt, vi* telegrafieren; **telegrafico, -a** [tele'graːfiko] <-ci, -che> *agg* telegrafisch; **stile ~** Telegrammstil *m;* **telegrafo** [te'lɛːgrafo] *m* Telegraf *m;* **telegramma** [tele'gramma] <-i> *m* Telegramm *n*
telelavorare [telelavo'raːre] *vi* (INFORM) Telearbeit ausüben; **telelavoro** [telela'voːro] *m* (INFORM) Telearbeit *f*
telematica [tele'maːtika] <-che> *f* Telematik *f;* **telematico, -a** [tele'maːtiko] <-ci, -che> *agg* telematisch
telenews [tɛli'njuːz] *fpl* Fernsehnachrichten *fpl*
telenovela [telenu'vɛla] *f* Seifenoper *f*
teleobiettivo [teleobiet'tiːvo] *m* Teleobjektiv *n*
telepass® [tele'pas] *m System zur automatischen Abbuchung der Autobahngebühren*
telepatia [telepa'tiːa] <-ie> *f* Telepathie *f;* **telepatico, -a** [tele'paːtiko] <-ci, -che> *agg* telepathisch
telequiz [tele'kuits] *m* Fernsehquiz *n*
teleripetitore [teleripeti'toːre] *m* Fernverstärker *m*
teleromanzo [telero'mandzo] *m* Romanverfilmung *f*
teleschermo [teles'kermo] *m* Bildschirm *m*
telescopico, -a [teles'kɔːpiko] <-ci, -che> *agg* teleskopisch; **telescopio** [teles'kɔːpio] <-i> *m* Fernrohr *n*
teleselezione [teleselet'tsioːne] *f* Durchwählverbindung *f*
telespettatore, -trice [telespetta'toːre] *m, f* Fernsehzuschauer(in) *m(f)*
teletrasmissione [teletrazmis'sioːne] *f* Fernsehübertragung *f;* **teletrasmittente** [teletrazmit'tɛnte] *f* Fernsehsender *m*
teleutente [teleu'tɛnte] *mf* Fernsehteilnehmer(in) *m(f)*
televendita [tele'vendita] *f* Fernsehverkauf *m*
televideo [tele'viːdeo] <-> *m* Videotext *m*
televisione [televi'zioːne] *f* Fernsehen *n;* **~ circuito chiuso** Kabelfernsehen *n;* **~ a colori** Farbfernsehen *n*

Zur **televisione** gehören in Italien drei öffentliche (RAIUNO, RAIDUE, RAITRE) und viele private Fernsehanstalten. Einige dieser privaten Sender gibt es nur auf lokaler Ebene, während andere regional senden; einige haben sich zu einem Netz zusammengeschlossen, andere sind unabhängig. Die drei größten privaten Fernsehanstalten (Canale5, Italia1, Rete4) gehören einem einzigen Medienkonzern, Mediaset, dessen Hauptaktionär der italienische Medienmogul und Spitzenpolitiker Silvio Berlusconi ist. Da die RAI eine öffentliche Anstalt ist, untersteht sie dem Ministro delle Poste e Telecomunicazioni.

televisivo, -a [televi'ziːvo] *agg* Fernseh-; **televisore** [televi'zoːre] *m* Fernsehgerät *n*
telex ['tɛːleks] <-> *m* Telex *n*
tellurico, -a [tel'luːriko] <-ci, -che> *agg* tellurisch
telo ['teːlo] *m* (Stoff)bahn *f*
telone [te'loːne] *m* **1.** (*copertone*) Plane *f;* **~ di salvataggio** Sprungtuch *n* **2.** (*sipario*) Vorhang *m*
tema ['tɛːma] <-i> *m* **1.** (*argomento*) Thema *n;* **andare fuori ~** das Thema verfehlen **2.** (*componimento*) Aufsatz *m* **3.** (LING) Stamm *m;* **tematica** [te'maːtika] <-che> *f* Thematik *f;* **tematico, -a** [te'maːtiko] <-ci, -che> *agg* thematisch
temerarietà [temerarie'ta] <-> *f* Toll-

T

kühnheit *f*

temere [te'me:re] **I.** *vt* fürchten; **temo che …** ich befürchte, dass … **II.** *vi* ~ **per qu/qc** sich um jdn/etw sorgen; **non ~!** keine Angst!

temperamatite [temperama'ti:te] <-> *m* Bleistiftspitzer *m*

temperamento [tempera'mento] *m* Temperament *n*

temperante [tempe'rante] *agg* mäßig; **temperanza** [tempe'rantsa] *f* Mäßigkeit *f*

temperare [tempe'ra:re] *vt* (*matita*) spitzen

temperato, **-a** [tempe'ra:to] *agg* gemäßigt

temperatura [tempera'tu:ra] *f* Temperatur *f;* ~ **in aumento/in diminuzione** (an)steigende/fallende Temperatur; ~ **di ebollizione** Siedepunkt *m;* **sbalzo di ~** Temperaturschwankung *f*

temperino [tempe'ri:no] *m* **1.** (*per matite*) Spitzer *m* **2.** (*coltello*) Taschenmesser *n*

tempesta [tem'pɛsta] *f* Unwetter *n;* **c'è odor di ~ nell'aria** hier ist dicke Luft *fam*

tempestina [tempes'ti:na] *f* (GASTR) *kleine Suppennudeln*

tempestività [tempestivi'ta] <-> *f* Rechtzeitigkeit *f;* **tempestivo**, **-a** [tempes'ti:vo] *agg* prompt

tempestoso, **-a** [tempes'to:so] *agg* stürmisch

tempia ['tɛmpia] <-ie> *f* Schläfe *f*

tempio ['tɛmpio] <-li> *m* Tempel *m*

tempismo [tem'pizmo] *m* Timing *n*

tempo ['tɛmpo] *m* **1.** Zeit *f;* **ai miei -i** zu meiner Zeit; **ammazzare il ~** die Zeit totschlagen; **a ~ pieno** Vollzeit-; **avere ~** Zeit haben; **da ~** seit langem; **in ~** rechtzeitig; **fare in ~** rechtzeitig kommen; **in un primo ~** anfangs; **non c'è ~ da perdere** wir dürfen keine Zeit verlieren; **per ~** zeitig; **~ libero** Freizeit *f;* **il ~ è denaro** (*prov*) Zeit ist Geld **2.** (METEO) Wetter *n;* **oggi fa brutto ~** heute ist schlechtes Wetter; **previsioni del ~** Wettervorhersage *f;* **~ da cani** Hundewetter *n* **3.** (LING) Tempus *n* **4.** (MUS) **andare a ~** im Takt bleiben; **andare fuori ~** aus dem Takt kommen; **a ~ di valzer** im Walzertakt **5.** (*di motore*) Takt *m* **6.** (SPORT) Halbzeit *f;* **-i supplementari** Spielverlängerung *f* **7.** (*di spettacolo*) Teil *m*

temporale [tempo'ra:le] **I.** *agg* **1.** zeitlich **2.** (LING) Temporal- **II.** *m* (METEO) Gewitter *n*

temporaneo, **-a** [tempo'ra:neo] *agg* vorübergehend

temporeggiare [tempored'dʒa:re] *vi* zögern

temprare [tem'pra:re] *vt* härten

tenace [te'na:tʃe] *agg* hartnäckig; **tenacia** [te'na:tʃa] <-cie> *f* Zähigkeit *f*

tenaglia [te'naʎʎa] *f* Zange *f*

tenda ['tɛnda] *f* **1.** (*telo*) Vorhang *m* **2.** (*da campeggio*) Zelt *n* **3.** (MED) **~ a ossigeno** Sauerstoffzelt *n*

tendenza [ten'dɛntsa] *f* Neigung *f;* **tendenziale** [tenden'tsia:le] *agg* tendenziell

tendere ['tɛndere] <tendo, tesi, teso> **I.** *vt* **1.** (*tirare*) spannen; **~ un tranello** (*fig*) eine Falle stellen **2.** (*mano*) reichen; **~ l'orecchio** die Ohren spitzen **II.** *vi* **~ a qc** nach etw streben

tendina [ten'di:na] *f* Gardine *f*

tendine ['tɛndine] *m* Sehne *f*

tendone [ten'do:ne] *m* Plane *f*

tendopoli [ten'dɔ:poli] <-> *f* Zeltstadt *f*

tenebre ['tɛ:nebre] *fpl* Finsternis *f;* **tenebroso**, **-a** [tene'bro:so] *agg* finster

tenente [te'nɛnte] *m* Oberleutnant *m*

tenere [te'ne:re] <tengo, tenni, tenuto> **I.** *vt* **1.** halten; **~ la finestra aperta** das Fenster offen lassen; **~ il posto per qu** für jdn den Platz freihalten; **~ la lingua a freno** die Zunge im Zaume halten; **~ al fresco** (*cibi*) kühl aufbewahren; **~ qc da conto** etw aufbewahren **2.** (*prendere*) nehmen; **tenga!** nehmen Sie! **3.** (*loc*) **~ conto di qc** etw berücksichtigen; **~ compagnia** Gesellschaft leisten; **~ duro** (*fam*) hart bleiben; **~ d'occhio qu** jdn im Auge behalten; **~ la destra/sinistra** sich rechts/links halten **II.** *vi* halten; **~ a qc** auf etw *acc* Wert legen; **~ per un partito** zu einer Partei halten

tenerezza [tene'rettsa] *f* **1.** (*l'essere tenero*) Zartheit *f* **2.** (*fig*) Zärtlichkeit *f*

tenero, **-a** *agg* zart

tengo ['tɛŋgo] *1. pers sing pr di* **tenere**

tenni ['tenni] *1. pers sing pass rem di* **tenere**

tennis ['tɛnnis] <-> *m* Tennis *n;* **tennista** [ten'nista] <-i *m*, -e *f*> *mf* Tennisspieler(in) *m(f)*

tenore [te'no:re] *m* **1.** (MUS) Tenor *m* **2.** (*modo*) Haltung *f;* **~ di vita** Lebensstandard *m*

tensione [ten'sio:ne] *f* **1.** (EL) Spannung *f;* **alta/bassa** ~ Hoch-/Niederspannung *f* **2.** (*fig*) **essere sotto** ~ unter Stress stehen

tentare [ten'ta:re] *vt* **1.** (*provare*) versuchen; (*sperimentare*) (aus)probieren **2.** (*fig: indurre*) in Versuchung führen; **tentativo** [tenta'ti:vo] *m* Versuch *m;* **tentatore, -trice** [tenta'to:re] **I.** *agg* verführerisch **II.** *m, f* Verführer(in) *m(f);* **tentazione** [tentat'tsio:ne] *f* Versuchung *f;* **indurre in** ~ in Versuchung führen

tentennamento [tentenna'mento] *m* Schwanken *n;* **tentennare** [tenten'na:re] *vi* schwanken; **tentennio** [tenten'ni:o] <-ii> *m* Wackeln *n*

tentoni [ten'to:ni] *avv* tastend(erweise); **camminare (a)** ~ sich vorwärts tasten

tenue ['tɛ:nue] *agg* **1.** (*sottile*) dünn **2.** (*fig: speranza*) schwach

tenuta [te'nu:ta] *f* **1.** (*il tenere*) Halten *n;* ~ **di strada** Straßenlage *f;* **a** ~ **d'acqua** wasserdicht; **a** ~ **stagna** dicht **2.** (AGR) Landgut *n* **3.** (*uniforme*) Uniform *f*

teologia [teolo'dʒi:a] <-gie> *f* Theologie *f;* **teologico, -a** [teo'lɔ:dʒiko] <-ci, -che> *agg* theologisch

teorema [teo'rɛ:ma] <-i> *m* Theorem *n*

teoretico, -a [teo'rɛ:tiko] <-ci, -che> *agg* theoretisch; **teoria** [teo'ri:a] <-ie> *f* Theorie *f;* **in** ~ theoretisch; **teorico, -a** [te'ɔ:riko] <-ci, -che> **I.** *agg* theoretisch **II.** *m, f* Theoretiker(in) *m(f)*

tepore [te'po:re] *m* milde Wärme

teppismo [tep'pizmo] *m* Verbrechertum *n;* **teppista** [tep'pista] <-i *m*, -e *f*> *mf* Gangster *m*

Teramo *f Stadt in den Abruzzen*

terapeuta [tera'pɛ:uta] <-i *m*, -e *f*> *mf* Therapeut(in) *m(f);* **terapeutico, -a** [tera'pɛ:utiko] <-ci, -che> *agg* therapeutisch; **terapia** [tera'pi:a] <-ie> *f* Therapie *f;* ~ **d'urto** Stoßtherapie *f*

tergicristallo [terdʒikris'tallo] *m* Scheibenwischer *m*

tergiversare [terdʒiver'sa:re] *vi* Ausflüchte machen

tergo ['tɛrgo] <-ghi> *m* Rückseite *f;* **a** ~ hinten

termale [ter'ma:le] *agg* Thermal-; **stazione** ~ Kurort *m;* **terme** ['tɛrme] *fpl* Thermalbad *n*

termico, -a ['tɛrmiko] <-ci, -che> *agg* thermisch; **energia -a** Wärme(energie) *f;* **variazioni -che** Temperaturschwankungen *fpl*

terminale [termi'na:le] **I.** *agg* End-; **stazione** ~ Endstation *f* **II.** *m* **1.** (INFORM) Terminal *n* **2.** (AERO) Terminal *m o n*

terminare [termi'na:re] *vt* beenden

termine ['tɛrmine] *m* **1.** (*limite*) Grenze *f;* **a breve** ~ kurzfristig; **aver** ~ enden; **condurre a** ~ zu Ende führen; **volgere al** ~ dem Ende zugehen **2.** (*vocabolo*) Terminus *m;* ~ **tecnico** Fachausdruck *m* **3.** (MAT) Glied *n;* **ridurre ai minimi -i** auf ein Minimum reduzieren

terminologia [terminolo'dʒi:a] <-gie> *f* Terminologie *f*

termite ['tɛrmite] *f* Termite *f*

termoelettrico, -a [termoe'lɛttriko] *agg* thermoelektrisch; **centrale -a** Wärmekraftwerk *n*

termoforo [ter'mɔ:foro] *m* Heizkissen *n*

termometro [ter'mɔ:metro] *m* Thermometer *n*

termonucleare [termonukle'a:re] *agg* thermonuklear

termos ['tɛrmos] <-> *m* Thermosflasche® *f*

termosifone [termosi'fo:ne] *m* Heizkörper *m*

termostato [ter'mɔ:stato] *m* Thermostat *m*

terna ['tɛrna] *f* Dreierreihe *f;* **ternario, -a** [ter'na:rio] <-i, -ie> *agg* dreifach

Terni ['tɛrni] *f Stadt in Umbrien*

terno ['tɛrno] *m* Terne *f;* **fare** ~ eine Dreierkombination haben; ~ **al lotto** Hauptgewinn *m* im Lotto; (*fig*) Glückstreffer *m*

terra ['tɛrra] *f* **1.** (*pianeta*) Erde *f* **2.** (*suolo*) Erde *f;* **avere una gomma a** ~ einen Platten haben *fam;* **essere a** ~ am Boden zerstört sein; **per** ~ auf dem Boden; (*moto*) auf den Boden; **sentirsi mancare la** ~ **sotto i piedi** den Boden unter den Füßen verlieren; **raso** ~ haarscharf über dem Boden **3.** (*campagna*) Land *n;* ~ **di nessuno** Niemandsland *n* **4.** (EL) Erde *f*

terracotta [terra'kɔtta] <terrecotte> *f* **1.** (*materiale*) Ton(erde *f*) *m* **2.** (*manufatto*) Terrakotta *f*

terraferma [terra'ferma] <-> *f* Festland *n*

terrapieno [terra'piɛ:no] *m* Erdwall *m*

terrazza [ter'rattsa] *f* Terrasse *f;* **terrazzino** [terrat'tsi:no] *m* Balkon *m;* **terrazzo** [ter'rattso] *m* Terrasse *f*

T

terremotato, -a [terremo'ta:to] *m, f* Erdbebenopfer *n;* **terremoto** [terre'mɔ:to] *m* Erdbeben *n*

terreno [ter're:no] *m* **1.** (AGR) Boden *m;* ~ **fabbricabile** Bauland *n;* **guadagnare/perdere** ~ (*fig*) (an) Boden gewinnen/verlieren; **sentirsi mancare il** ~ **sotto i piedi** den Boden unter den Füßen verlieren **2.** (*fondo*) Grundstück *n* **3.** (SPORT) (Spiel)feld *n*

terreno, -a *agg* irdisch; **pian** ~ Erdgeschoss *n*

terrestre [ter'rɛstre] *agg* Erd-

terribile [ter'ri:bile] *agg* schrecklich

terriccio [ter'rittʃo] <-cci> *m* Gartenerde *f*

terriero, -a [ter'riɛ:ro] *agg* Land-

terrificante [terrifi'kante] *agg* schreckenerregend

terrina [ter'ri:na] *f* Schüssel *f*

territorio [terri'tɔ:rio] <-i> *m* Gebiet *n;* ~ **nazionale** Hoheitsgebiet *n*

terrò [ter'rɔ] *1. pers sing futuro di* **tenere**

terrone, -a [ter'ro:ne] *m, f* (*pej*) *Schimpfwort der Norditaliener für die Süditaliener*

terrore [ter'ro:re] *m* Angst *f*

terrorismo [terro'rizmo] *m* Terrorismus *m;* ~ **nero** Rechtsterrorismus *m;* ~ **rosso** Linksterrorismus *m;* **terrorista** [terro'rista] <-i *m*, -e *f*> *mf* Terrorist(in) *m(f);* **terroristico, -a** [terro'ristiko] <-ci, -che> *agg* terroristisch

terrorizzare [terrorid'dza:re] *vt* terrorisieren

terza ['tɛrtsa] *f* **1.** (*a scuola*) dritte Klasse **2.** (AUTO) dritter Gang; **terzetto** [ter'tsetto] *m* **1.** (MUS) Terzett *n* **2.** (*di persone*) Trio *n*

terziario, -a <-i, -ie> *m, f* Terziar(in) *m(f)*

terzina [ter'tsi:na] *f* (LIT) Terzine *f*

terzino [ter'tsi:no] *m* Verteidiger *m*

terzo ['tɛrtso] *m* (*frazione*) Drittel *n*

terzo, -a **I.** *agg* dritte(r, s); **il** ~ **mondo** die Dritte Welt; **-a età** drittes Lebensalter; **-a pagina** (*di giornale*) Feuilletonseite *f;* **di terz'ordine** drittklassig **II.** *m, f* Dritte(r, s) *mfn; v. a.* **quinto**

terzultimo, -a [ter'tsultimo] *m, f* Drittletzte(r) *f(m)*

tesi[1] ['tɛ:zi] <-> *f* **1.** (*proposizione*) These *f;* **sostenere una** ~ eine These verfechten **2.** (*di laurea*) Magisterarbeit *f,* Diplomarbeit *f;* (*di dottorato*) Doktorarbeit *f*

tesi[2] ['te:si] *1. pers sing pass rem di* **tendere**

tesina [te'zi:na] *f* Seminararbeit *f*

teso, -a ['te:so] **I.** *pp di* **tendere** **II.** *agg* **1.** (*corda, muscoli*) gespannt **2.** (*fig*) (an)gespannt

tesoro [te'zɔ:ro] *m* Schatz *m*

tessera ['tɛssera] *f* **1.** (*documento*) Ausweis *m;* ~ **d'abbonamento** Dauerkarte *f;* ~ **magnetica** Magnetkarte *f* **2.** (*del mosaico*) Mosaikstein *m;* **tesserare** [tesse'ra:re] *vt* ~ **qu** jdm Mitgliedskarten ausstellen; **tesserato, -a** [tesse'ra:to] *m, f* eingetragenes Mitglied

tessere ['tɛssere] *vt* weben

tesserino [tesse'ri:no] *m* (Mitglieds)karte *f;* ~ **sanitario** Versicherungskarte *f;* ~ **universitario** Studentenausweis *m*

tessile ['tɛssile] **I.** *agg* Textil- **II.** *mpl* Textilien *pl;* **tessitura** [tessi'tu:ra] *f* Weben *n;* **tessuto** [tes'su:to] *m* **1.** (*stoffa*) Gewebe *n* **2.** (BIOL) Gewebe *n*

test [tɛst] <-> *m* Test *m;* ~ **anti-Aids** Aidstest *m;* ~ **di gravidanza** Schwangerschaftstest *m*

testa ['tɛsta] *f* Kopf *m;* **a** ~ pro Person; **avere la** ~ **tra le nuvole** in den Wolken schweben; **colpo di** ~ Kurzschlusshandlung *f;* **dare alla** ~ zu Kopf steigen; **mal di** ~ Kopfschmerzen *mpl;* **mettersi in** ~ **qc** sich *dat* etw in den Kopf setzen; **fare a** ~ **e croce** Kopf oder Zahl entscheiden lassen; **perdere la** ~ **per qu/qc** wegen jdm/etw den Kopf verlieren; ~ **calda** Hitzkopf *m;* ~ **dura** Dickkopf *m;* ~ **quadra** kluger Kopf; ~ **di cavolo** (*fam*) Schafskopf *m*

testacoda [testa'ko:da] <-> *m* Kehrtwendung *f*

testamento [testa'mento] *m* Testament *n*

testardaggine [testar'daddʒine] *f* Dickköpfigkeit *f;* **testardo, -a** [tes'tardo] **I.** *agg* dickköpfig **II.** *m, f* Dickkopf *m*

testata [tes'ta:ta] *f* **1.** (*colpo*) Kopfstoß *m* **2.** (*di giornale*) (Zeitungs)kopf *m*

teste ['tɛste] *mf* Zeuge *m,* Zeugin *f*

testicolo [tes'ti:kolo] *m* Hoden *m*

testimone [testi'mɔ:ne] *mf* **1.** (*persona*) Zeuge *m,* Zeugin *f;* ~ **di nozze** Trauzeuge *m,* -zeugin *f;* ~ **oculare** Augenzeuge *m,* -zeugin *f;* **Testimone di Geova** (REL) Zeuge *m* Jehovas **2.** (SPORT) Staffelstab *m;* **testimonianza** [testimo'niantsa] *f* (JUR) Zeugenaussage *f;* **rendere** ~ Zeugnis ablegen; **testimo-**

niare [testimo'nia:re] *vt* bezeugen; ~ **il falso** falsch aussagen
testo ['tɛsto] *m* Text *m;* **libri di** ~ Lehrbücher *npl*
testuale [testu'a:le] *agg* **1.** (*del testo*) Text- **2.** (*fig*) wörtlich
testuggine [tes'tuddʒine] *f* Schildkröte *f*
tetano ['tɛ:tano] *m* Wundstarrkrampf *m*
tetrapak® [tetra'pak] <-> *m* Tetra Pak® *n*
tetro, -a ['tɛ:tro] *agg* düster
tetta ['tetta] *f* (*fam*) Busen *m*
tetto ['tetto] *m* Dach *n;* **senza** ~ obdachlos; **tettoia** [tet'to:ia] <-oie> *f* Überdachung *f*
tettonica [tet'tɔ:nika] <-che> *f* Tektonik *f*
Tevere ['te:vere] *m* Tiber *m*
TG <-> *m abbr di* **Telegiornale** Fernsehnachrichten *fpl*
the [tɛ] *m v.* **tè**
thermos ['tɛrmos] *v.* **termos**
ti [ti] **I.** *pron pers 2. pers sing* **1.** (*complemento di termine*) dir **2.** (*complemento oggetto*) dich **II.** *pron rifl 2. pers sing* dich
tibia ['ti:bia] <-ie> *f* Schienbein *n*
Ticino [ti'tʃi:no] *m* (*cantone*) Tessin *n;* (*fiume*) Ticino *m*
ticket ['tikit] <-> *m Selbstbeteiligung an den Krankheitskosten*
tiene, tieni ['tiɛ:ne, 'tiɛ:ni] *3. e 2. pers sing pr di* **tenere**
tiepido, -a ['tiɛ:pido] *agg* lau(warm)
tifare [ti'fa:re] *vi* (*fam*) ~ **per qu** von jdm Fan sein; **tifo** ['ti:fo] *m* **1.** (MED) Typhus *m* **2.** (*fig*) Sportbegeisterung *f;* **fare il** ~ **per qu** begeisterter Anhänger von jdm sein; **tifoso, -a** [ti'fo:so] *m, f* Fan *m*
ti(g)gi [ti(d)'dʒi] <-> *m* (*telegiornale*) Fernsehnachrichten *fpl;* ~ **regionale** regionale Fernsehnachrichten *fpl*
tiglio ['tiʎʎo] <-gli> *m* Linde *f*
tigrato, -a [ti'gra:to] *agg* getigert
tigre ['ti:gre] *f* Tiger *m*
tilde ['tilde] <-> *m o f* Tilde *f*
tilt [tilt] <-> *m* **andare in** ~ außer Betrieb sein
TIM *f abbr di* **Telecom Italia Mobile** *Mobilfunk der Telecom Italia*
timballo [tim'ballo] *m* Auflauf *m*
timbrare [tim'bra:re] *vt* (ab)stempeln; ~ **il cartellino** stechen; **timbro** ['timbro] *m* Stempel *m*
timer ['taimə] <-> *m* Schaltuhr *f*
timidezza [timi'dettsa] *f* Schüchternheit *f;* **timido, -a** ['ti:mido] *agg* schüchtern
timing ['taimiŋ] <-> *m* Timing *n*
timo ['ti:mo] *m* Thymian *m*
timone [ti'mo:ne] *m* Steuer *n;* **timoniere, -a** [timo'niɛ:re] *m, f* Steuermann *m*
timore [ti'mo:re] *m* Furcht *f;* ~ **di Dio** Gottesfurcht *f;* **timoroso, -a** [timo'ro:so] *agg* furchtsam
timpano ['timpano] *m* (MUS) Pauke *f*
tinello [ti'nɛllo] *m* Essraum *m*
tingere ['tindʒere] <tingo, tinsi, tinto> **I.** *vt* färben **II.** *vr* **-rsi** sich färben
tinozza [ti'nɔttsa] *f* Kübel *m*
tinsi ['tinsi] *1. pers sing pass rem di* **tingere**
tinta ['tinta] *f* Farbe *f;* **in** ~ **unita** einfarbig; **dare una mano di** ~ **a qc** etw überstreichen; **vedere tutto a -e fosche** alles in den schwärzesten Farben sehen; **tintarella** [tinta'rɛlla] *f* Sonnenbräune *f;* **prendere la** ~ sich von der Sonne bräunen lassen
tinteggiare [tinted'dʒa:re] *vt* anstreichen; **tinteggiatura** [tinteddʒa'tu:ra] *f* Anstrich *m*
tintinnare [tintin'na:re] *vi* klingeln; **tintinnio** [tintin'ni:o] <-ii> *m* Geklingel *n*
tinto ['tinto] *pp di* **tingere**
tintoria [tinto'ri:a] <-ie> *f* Reinigung *f*
tipico, -a ['ti:piko] <-ci, -che> *agg* typisch
tipo ['ti:po] *m* (*carattere*) Typ *m;* (*qualità*) Art *f*
tipografia [tipogra'fi:a] *f* (Buch)druckerei *f;* **tipografico, -a** [tipo'gra:fiko] <-ci, -che> *agg* Druck-; **tipografo, -a** [ti'pɔ:grafo] *m, f* Buchdrucker(in) *m(f)*
tipologia [tipolo'dʒi:a] <-gie> *f* Typologie *f*
TIR [tir] <-> *m* LKW *m*
tiramisù [tirami'su] <-> *m aus Mascarpone und in Kaffee getränkten Biskuits hergestellte Süßspeise*
tirannico, -a [ti'ranniko] <-ci, -che> *agg* tyrannisch; **tirannide** [ti'rannide] *f* Tyrannei *f;* **tiranno, -a** [ti'ranno] *m, f* Tyrann(in) *m(f)*
tirare [ti'ra:re] **I.** *vt* **1.** ziehen; ~ **qu per i capelli** jdn an den Haaren ziehen; ~ **fuori** herausholen; ~ **giù** herunterholen; (*abbassare*) herunterlassen; (*finestrino*) aufmachen; ~ **su** hochziehen; (*capelli*) hochstecken; (*finestrino*) zumachen; ~ **su le maniche** die Ärmel hochkrempeln; ~ **su i figli** (*fam*) die

T

Kinder aufziehen; **-rsi indietro** (*fig*) sich zurückziehen; **una parola tira l'altra** ein Wort gibt das andere; ~ **qc per le lunghe** etw in die Länge ziehen **2.** (*lanciare*) werfen **3.** (*calci*) versetzen **4.** (*loc*) ~ **il fiato** atmen; ~ **a lucido** auf Glanz bringen; ~ **le somme** summieren **II.** *vi* **1.** ziehen; ~ **a sorte** auslosen **2.** (*vento*) wehen **3.** (*abito*) eng sitzen **4.** (*camino*) ziehen **5.** (*sparare*) schießen **6.** (*loc*) ~ **sul prezzo** (um den Preis) handeln; ~ **dritto** (seinen Weg) weitergehen

tirato, -a [ti'ra:to] *agg* **1.** (*corda*) gespannt **2.** (*volto*) abgespannt

tiratura [tira'tu:ra] *f* **1.** (TYP) Abzug *m* **2.** (*numero di copie*) Auflage *f*

tirchieria [tirkie'ri:a] <-ie> *f* (*fam*) Knauserei *f;* **tirchio, -a** ['tirkio] <-chi, -chie> *fam* **I.** *agg* knaus(e)rig **II.** *m, f* Geizhals *m*

tiritera [tiri'tɛ:ra] *f* (*fam*) Litanei *f*

tiro ['ti:ro] *m* **1.** (*il tirare*) Ziehen *n;* ~ **alla fune** Tauziehen *n;* ~ **con l'arco** Bogenschießen *n;* ~ **al piattello** Tontaubenschießen *n* **2.** (*azione cattiva*) Streich *m;* **giocare un brutto** ~ **a qu** jdm einen bösen Streich spielen

tirocinante [tirotʃi'nante] *mf* Lehrling *m;* **tirocinio** [tiro'tʃi:nio] <-i> *m* Praktikum *n*

tiroide [ti'rɔ:ide] *f* Schilddrüse *f*

tirolese [tiro'le:se] **I.** *agg* Tiroler- **II.** *mf* Tiroler(in) *m(f);* **Tirolo** [ti'rɔ:lo] *m* Tirol *n*

tisana [ti'za:na] *f* Aufguss *m*

tisi ['ti:zi] <-> *f* Lungentuberkulose *f*

titanio [ti'ta:nio] *m* (CHEM) Titan *n*

titano [ti'ta:no] *m* Titan *m*

titolo ['ti:tolo] *m* **1.** (*nome*) Titel *m;* (*intestazione*) Überschrift *f;* **-i di prima pagina** Schlagzeilen *fpl* **2.** (FIN) ~ **azionario** Aktie *f* **3.** (*grado*) Titel *m*

titubante [titu'bante] *agg* unschlüssig; **titubare** [titu'ba:re] *vi* zögern

tizio, -a ['tittsio] <-zi, -zie> *m, f* (irgend)jemand; **Tizio, Caio e Sempronio** Hinz und Kunz *fam*

toast ['toust] <-> *m* Toast *m*

toccante [tok'kante] *agg* rührend

toccare [tok'ka:re] **I.** *vt* **1.** (*con la mano*) berühren **2.** (*argomento*) streifen **3.** (*commuovere*) rühren **II.** *vi* **1.** (*spettare*) **tocca a me** ich bin dran **2.** (*essere obbligato*) müssen; **mi tocca ...** +*inf* ich muss ... +*inf*

tocco ['tokko] <-cchi> *m* **1.** (*pressione*) Berührung *f* **2.** (*di campane*) Schlag *m*

tocco, -a ['tokko] <-cchi, -cche> *agg* (*fam*) plemplem; **è** ~ **nel cervello** er hat einen Dachschaden

togliere ['tɔʎʎere] <tolgo, tolsi, tolto> *vt* wegnehmen, entfernen; **-rsi la vita** sich *dat* das Leben nehmen; **ciò non toglie che ...** +*conj* das schließt nicht aus, dass ...

tolgo ['tɔlgo] *1. pers sing pr di* **togliere**

tollerabile [tolle'ra:bile] *agg* erträglich; **tollerante** [tolle'rante] *agg* tolerant; **tolleranza** [tolle'rantsa] *f* Toleranz *f;* **casa di** ~ Bordell *n;* **tollerare** [tolle'ra:re] *vt* vertragen

tolsi ['tɔlsi] *1. pers sing pass rem di* **togliere**

tolto ['tɔlto] **I.** *pp di* **togliere** **II.** *avv* abgesehen von +*dat*

tomba ['tomba] *f* Grab *n;* **silenzio di** ~ Grabesstille *f;* **essere una** ~ (*fig*) schweigen wie ein Grab; **essere con un piede nella** ~ (*fig*) mit einem Fuß im Grabe stehen

tombino [tom'bi:no] *m* Kanalschacht *m*

tombola ['tombola] *f* Zahlenlotto *n*

tomo ['tɔ:mo] *m* Band *m*

tonale [to'na:le] *agg* **1.** (MUS) tonal **2.** (*in pittura*) Ton-; **tonalità** [tonali'ta] <-> *f* **1.** (MUS) Tonalität *f* **2.** (*di colore*) (Farb)ton *m*

tondeggiante [tonded'dʒante] *agg* rundlich

tondo ['tondo] *m* Kreis *m;* **girare in** ~ (sich) im Kreise drehen

tondo, -a *agg* rund; **dire chiaro e** ~ rundheraus sagen

tonfo ['tonfo] *m* dumpfer Schlag; **fare un** ~ plumpsen *fam*

tonico ['tɔ:niko] <-ci> *m* Gesichtswasser *n*

tonico, -a <-ci, -che> *agg* kräftigend; (LING) betont; **acqua -a** Tonic(wasser) *n*

tonnato, -a [ton'na:to] *agg* **vitello** ~ *Kalbfleisch in T(h)unfischsoße*

tonnellata [tonnel'la:ta] *f* Tonne *f*

tonno ['tonno] *m* T(h)unfisch *m*

tono ['tɔ:no] *m* **1.** Ton *m* **2.** (*modo*) Art *f;* **darsi un certo** ~ eine steife Haltung annehmen; **rispondere a** ~ die passende Antwort geben

tonsilla [ton'silla] *f* (ANAT) Mandel *f;* **tonsillite** [tonsil'li:te] *f* Mandelentzündung *f*

tonsura [ton'su:ra] *f* Tonsur *f*

tonto, -a ['tonto] *agg* blöde

top [tɔp] <-> *m* **1.** (*indumento*) Top *n*

2. (*vertice*) Spitze *f*

topaia [to'pa:ia] <-aie> *f* Mäusenest *n*

topicida [topi'tʃi:da] <-i> *m* Mäusegift *n*

topless ['tɔplis] <-> *m* Oben-ohne-Badeanzug *m*

top model [tɔp 'mɔdl] <-> *f* Topmodel *n*

topo ['tɔ:po] *m* Maus *f;* ~ **di biblioteca** (*fig*) Bücherwurm *m*

topografia [topogra'fi:a] *f* Topographie *f*

topolino [topo'li:no] *m* Mäuschen *n;* **Topolino** Mickymaus *f*

toponimo [to'pɔ:nimo] *m* Ortsname *m*

toppa ['tɔppa] *f* **1.** (*serratura*) Schloss *n* **2.** (*rappezzo*) Flicken *m*

torace [to'ra:tʃe] *m* Brustkorb *m*

torbido, -a ['torbido] *agg* trübe

torchiare [tor'kia:re] *vt* pressen; **torchio** ['tɔrkio] <-chi> *m* Presse *f;* **tenere qu sotto il** ~ (*fig*) jdn durch die Mangel drehen *fam*

torcia ['tɔrtʃa] <-ce> *f* Fackel *f*

torcicollo [tortʃi'kɔllo] *m* steifer Hals

torero [to'rɛ:ro] *m* Stierkämpfer *m*

Torino [to'ri:no] *f* Turin *n* (*Hauptstadt Piemonts*)

torma ['torma] *f* Schar *f*

tormenta [tor'menta] *f* Schneesturm *m*

tormentare [tormen'ta:re] **I.** *vt* quälen **II.** *vr* **-rsi** sich quälen; **tormento** [tor'mento] *m* Qual *f;* **tormentoso, -a** [tormen'to:so] *agg* quälend

tornaconto [torna'konto] *m* Vorteil *m*

tornado [tor'na:do] <-> *m* Tornado *m*

tornante [tor'nante] *m* Kehre *f*

tornare [tor'na:re] *vi* **1.** (*ritornare*) zurückkommen; (*venire di nuovo*) wiederkommen; ~ **a proposito** wie gerufen kommen **2.** (*essere esatto*) stimmen; **il conto torna** die Rechnung geht auf **3.** (*essere*) sein; **torna utile** das ist ganz nützlich

torneo [tor'nɛ:o] *m* Turnier *n*

tornio ['tornio] <-i> *m* Drehbank *f*

torno ['torno] *m* **levarsi di** ~ von hier verschwinden

toro ['tɔ:ro] *m* **1.** (ZOO) Stier *m;* **prendere il ~ per le corna** (*fig*) den Stier bei den Hörnern packen **2.** (ASTR) **Toro** Stier *m;* **sono (del** [*o* **un**]) **Toro** ich bin (ein) Stier

torpedone [torpe'do:ne] *m* Reiseomnibus *m*

torpido, -a ['tɔrpido] *agg* schlaff; **torpore** [tor'po:re] *m* Schlaffheit *f*

torre ['tɔrre] *f* Turm *m;* ~ **di controllo** Kontrollturm *m;* ~ **di lancio** Startrampe *f*

torrefazione [torrefat'tsio:ne] *f* Rösterei *f*

torrente [tor'rɛnte] *m* Wildbach *m;* **a -i** in Strömen; **letto del** ~ Bachbett *n;* **torrenziale** [torren'tsia:le] *agg* strömend

torrido, -a ['tɔrrido] *agg* heiß

torrione [tor'rio:ne] *m* Wachtturm *m*

torrone [tor'ro:ne] *m* Nougat *m*

torsione [tor'sio:ne] *f* Verdrehung *f*

torso ['torso] *m* (ANAT) Rumpf *m*

torsolo ['torsolo] *m* (*di mela*) Kerngehäuse *n*

torta ['tɔrta] *f* Kuchen *m*

tortellini [tortel'li:ni] *mpl gefüllte Nudeln;* **tortelloni** [tortel'lo:ni] *mpl größere gefüllte Nudeln*

tortiera [tor'tiɛ:ra] *f* Kuchenform *f*

torto ['tɔrto] *m* Unrecht *n;* **avere** ~ Unrecht haben; **non avere tutti i -i** nicht ganz Unrecht haben; **a** ~ zu Unrecht

tortora ['tortora] *f* Turteltaube *f*

tortuoso, -a [tortu'o:so] *agg* gewunden

tortura [tor'tu:ra] *f* Folter *f;* **torturare** [tortu'ra:re] *vt* foltern

torvo, -a ['torvo] *agg* finster

tosaerba [toza'ɛrba] <-> *m o f* Rasenmäher *m;* **tosare** [to'za:re] *vt* scheren; (*prato*) mähen

Toscana [tos'ka:na] *f* Toskana *f*

tosse ['tosse] *f* Husten *m;* ~ **asinina** Keuchhusten *m;* **tossicchiare** [tossik'kia:re] *vi* hüsteln

tossicità [tossitʃi'ta] <-> *f* Giftigkeit *f*

tossico ['tɔssiko] <-ci> *m* Gift *n*

tossico, -a <-ci, -che> *agg* giftig

tossicodipendente [tossikodipen'dɛnte] *mf* Drogenabhängige(r) *f(m)*

tossicologia [tossikolo'dʒi:a] <-gie> *f* Toxikologie *f*

tossicomane [tossi'kɔ:mane] *mf* Drogensüchtige(r) *f(m)*

tossina [tos'si:na] *f* Toxin *n*

tossire [tos'si:re] <tossisco> *vi* husten

tostapane [tosta'pa:ne] <-> *m* Toaster *m;* **tostare** [tos'ta:re] *vt* toasten

tosto, -a ['tɔsto] *agg* hart; **faccia -a** Frechheit *f*

tot [tɔt] <inv> *agg* (*fam*) soundso viel

totale [to'ta:le] **I.** *agg* Gesamt- **II.** *m* Gesamtsumme *f;* **in** ~ insgesamt; **totalità** [totali'ta] <-> *f* Gesamtheit *f*

totalitario, -a [totali'ta:rio] <-i, -ie> *agg*

(POL) totalitär; **totalitarismo** [totalita'rizmo] *m* Totalitarismus *m*

totalizzare [totalid'dza:re] *vt* insgesamt erzielen; **totalizzatore** [totaliddza'to:re] *m* Totalisator *m*

totano ['tɔ:tano] *m* Tintenfisch *m*

totem ['tɔ:tɛm] *m* Totem *n*

totip [to'tip] *m acro di* **totalizzatore ippico** Pferdelotto *n*

totocalcio [toto'kaltʃo] *m acro di* **totalizzatore calcistico** Fußballtoto *n*

tour operator ['tuə ɔpe'reitə] <-> *mf* Reiseveranstalter(in) *m(f)*

tovaglia [to'vaʎʎa] <-glie> *f* Tischdecke *f;* **tovagliolo** [tovaʎ'ʎɔ:lo] *m* Serviette *f*

tozzo, -a *agg* untersetzt

tr. *abbr di* **tratta** Wechsel

tra [tra] *prp* **1.** (*fra*) zwischen +*dat;* (*in mezzo a due persone o cose: moto*) zwischen +*acc;* (*stato*) zwischen +*dat;* (*in mezzo a più persone o cose, a fig*) unter +*dat;* (*moto*) unter +*acc;* ~ **di noi** unter uns; ~ **sé e sé** in seinem Inneren **2.** (*di tempo*) in +*dat,* innerhalb +*gen;* ~ **breve** in Kürze

traballamento [traballa'mento] *m* Schwanken *n;* **traballare** [trabal'la:re] *vi* schwanken

trabiccolo [tra'bikkolo] *m* (*scherz*) Schrottlaube *f*

traboccare [trabok'ka:re] *vi* überlaufen

trabocchetto [trabok'ketto] *m* Falle *f*

traccia ['trattʃa] <-cce> *f* Spur *f;* **essere sulle -cce di qu** jdm auf der Spur sein

tracciare [trat'tʃa:re] *vt* zeichnen

tracciato [trat'tʃa:to] *m* **1.** (*di strada*) Trasse *f* **2.** (INFORM) ~ **dell'archivio** Verzeichnisstruktur *f*

trachea [tra'kɛ:a] <-chee> *f* Luftröhre *f;* **tracheotomia** [trakeoto'mi:a] <-ie> *f* Luftröhrenschnitt *m*

tracolla [tra'kɔlla] *f* Schultergurt *m;* **a** ~ umgehängt

tracollo [tra'kɔllo] *m* Zusammenbruch *m*

tracotante [trako'tante] *agg* überheblich; **tracotanza** [trako'tantsa] *f* Überheblichkeit *f*

tradimento [tradi'mento] *m* Verrat *m;* **alto** ~ Hochverrat *m;* **tradire** [tra'di:re] <tradisco> *vt* **1.** (*ingannare*) verraten **2.** (*coniuge*) betrügen; **traditore, -trice** [tradi'to:re] *m, f* Verräter(in) *m(f)*

tradizionale [tradittsio'na:le] *agg* traditionell; **tradizionalismo** [tradittsiona'lizmo] *m* Traditionalismus *m;* **tradizionalista** [tradittsiona'lista] <-i *m,* -e *f*> *mf* Traditionalist(in) *m(f);* **tradizione** [tradit'tsio:ne] *f* Tradition *f;* (*consuetudine*) Brauch *m*

tradurre [tra'durre] <traduco, tradussi, tradotto> *vt* übersetzen; ~ **dall'italiano in tedesco** aus dem Italienischen ins Deutsche übersetzen; ~ **in parole povere** in einfache Worte kleiden; **traduttivo, -a** [tradut'ti:vo] *agg* übersetzerisch; **metodo** ~ übersetzerische Methode; **traduttore, -trice** [tradut'to:re] *m, f* Übersetzer(in) *m(f);* ~ **elettronico** Übersetzungscomputer *m;* **traduzione** [tradut'tsio:ne] *f* Übersetzung *f;* ~ **a senso** sinngemäße Übersetzung; ~ **simultanea** Simultanübersetzung *f*

trafelato, -a [trafe'la:to] *agg* atemlos

trafficante [traffi'kante] *mf* **1.** (COM) Händler(in) *m(f)* **2.** (*pej*) Schieber(in) *m(f);* **trafficare** [traffi'ka:re] *vi* **1.** (COM) ~ **in qc** mit etw handeln **2.** (*pej*) schieben; **traffico** ['traffiko] <-ci> *m* **1.** (COM) Handel *m;* ~ **di stupefacenti** Drogenhandel *m* **2.** (*delle strade*) Verkehr *m;* **trafficone, -a** [traffi'ko:ne] *m, f* Geschäftemacher(in) *m(f)*

trafiggere [tra'fiddʒere] <trafiggo, trafissi, trafitto> *vt* durchbohren

trafila [tra'fi:la] *f* Reihe *f* von Hürden

trafiletto [trafi'letto] *m* Kurzartikel *m*

trafissi [tra'fissi] *1. pers sing pass rem di* **trafiggere**

trafitto [tra'fitto] *pp di* **trafiggere**

trafugamento [trafuga'mento] *m* Entwendung *f;* **trafugare** [trafu'ga:re] *vt* entwenden

tragedia [tra'dʒɛ:dia] <-ie> *f* (THEAT) Tragödie *f*

traggo ['traggo] *1. pers sing pr di* **trarre**

traghettare [traget'ta:re] *vt* übersetzen; **traghetto** [tra'getto] *m* Fähre *f*

tragicità [tradʒitʃi'ta] <-> *f* Tragik *f;* **tragico** ['tra:dʒiko] *m* Tragik *f;* **tragico, -a** <-ci, -che> *agg* tragisch

tragicomico, -a [tradʒi'kɔ:miko] <-ci, -che> *agg* tragikomisch

tragitto [tra'dʒitto] *m* (Weg)strecke *f*

traguardo [tra'guardo] *m* Ziel *n;* **tagliare il** ~ durchs Ziel gehen

traiettoria [traiet'tɔ:ria] <-ie> *f* Flugbahn *f*

trailer ['treilə] <-> *m* (FILM) Vorschau *f*
traino ['traːino] *m* Schleppen *n*
tralasciare [tralaʃ'ʃaːre] *vt* unterlassen
tralcio ['traltʃo] <-ci> *m* Trieb *m*
traliccio [tra'littʃo] <-cci> *m* Gerüst *n*
tralucere [tra'luːtʃere] <traluco *mancano i tempi composti*> *vi* (hin)durchscheinen
tram [tram] <-> *m* Straßenbahn *f*
trama ['traːma] *f* **1.** (*di tessuto*) Schussfaden *m* **2.** (*di un'opera*) Handlung *f*
tramandare [traman'daːre] *vt* überliefern
tramare [tra'maːre] *vt* anzetteln
trambusto [tram'busto] *m* Getümmel *n*
tramezzino [tramed'dziːno] *m* Sandwich *m o n*
tramezzo [tra'mɛddzo] *m* Zwischenwand *f*
tramite¹ ['traːmite] *m* Vermittler(in) *m(f)*
tramite² *prp* durch +*acc*
tramontana [tramon'taːna] *f* Nordwind *m;* **a** ~ nach Norden
tramontare [tramon'taːre] *vi* untergehen; **tramonto** [tra'monto] *m* (Sonnen)untergang *m*
trampolino [trampo'liːno] *m* Sprungbrett *n*
trampolo ['trampolo] *m* Stelze *f*
tramutare [tramu'taːre] *vt* verwandeln
tranello [tra'nɛllo] *m* Falle *f;* **domanda a** ~ Fangfrage *f*
trangugiare [traŋgu'dʒaːre] *vt* verschlingen
tranne ['tranne] *prp* außer +*dat*
tranquillante [traŋkuil'lante] *m* Beruhigungsmittel *n;* **tranquillità** [traŋkuilli'ta] <-> *f* Ruhe *f;* **tranquillizzare** [traŋkuillid'dzaːre] *vt* beruhigen; **tranquillo, -a** [traŋ'kuillo] *agg* ruhig; **stia ~!** seien Sie unbesorgt!
transalpino, -a [transal'piːno] *agg* transalpin(isch)
transatlantico [transat'lantiko] <-ci> *m* Überseedampfer *m*
transazione [transat'tsioːne] *f* (COM) Transaktion *f*
transcontinentale [transkontinen'taːle] *agg* transkontinental
transenna [tran'sɛnna] *f* Sperre *f*
transessuale [transessu'aːle] **I.** *agg* transsexuell **II.** *mf* Transsexuelle(r) *f(m)*
transetto [tran'sɛtto] *m* Querschiff *n*
transiberiano, -a [transibe'riaːno] *agg* transsibirisch
transitabile [transi'taːbile] *agg* (*a piedi*) begehbar; (*strada*) befahrbar; **transitare** [transi'taːre] *vt* (*con veicolo*) befahren; (*a piedi*) begehen
transitivo, -a [transi'tiːvo] *agg* transitiv
transito ['transito] *m* Durchfahrt *f;* **divieto di** ~ Durchfahrt(s)verbot *n;* **stazione di** ~ Durchgangsbahnhof *m;* **in** ~ auf der Durchfahrt
transitorio, -a [transi'tɔːrio] <-i, -ie> *agg* vorübergehend; **transizione** [transit'tsioːne] *f* Übergang *m*
transoceanico, -a [transotʃe'aːniko] <-ci, -che> *agg* Übersee-
tran tran [tran 'tran] <-> *m* Trott *m;* **il solito ~ quotidiano** der übliche Alltagstrott
tranviario, -a [tran'viaːrio] *agg* Straßenbahn-; **tranviere, -a** [tran'viɛːre] *m, f* Straßenbahner(in) *m(f)*
trapanare [trapa'naːre] *vt* (durch)bohren
Trapani *f Stadt in Sizilien*
trapano ['traːpano] *m* (TEC) Bohrer *m*
trapassato [trapas'saːto] *m* (LING) ~ **prossimo** Vorvergangenheit *f;* ~ **remoto** Plusquamperfekt *n*
trapelare [trape'laːre] *vi* durchsickern
trapezio [tra'pɛttsio] <-i> *m* Trapez *n;* **trapezista** [trapet'tsista] <-i *m*, -e *f*> *mf* Trapezkünstler(in) *m(f)*
trapiantare [trapian'taːre] *vt* **1.** (AGR) verpflanzen **2.** (MED) transplantieren; **trapianto** [tra'pianto] *m* (MED) Transplantation *f;* ~ **renale/cardiaco** Nieren-/Herztransplantation *f*
trappola ['trappola] *f* Falle *f;* ~ **per topi** Mausefalle *f;* **cadere nella** ~ in die Falle gehen; **tendere una ~ a qu** jdm eine Falle stellen
trapunta [tra'punta] *f* Steppdecke *f*
trarre ['trarre] <traggo, trassi, tratto> *vt* **1.** (*ricavare*) (heraus)ziehen **2.** (*portare*) bringen; ~ **in inganno** täuschen; ~ **in salvo** in Sicherheit bringen
trasalimento [trasali'mento] *m* Erschrecken *n;* **trasalire** [trasa'liːre] <trasalisco> *vi* zusammenfahren
trasandato, -a [trazan'daːto] *agg* nachlässig
trasbordo [traz'bordo] *m* Umladung *f*
trascendentale [traʃʃeden'taːle] *agg* transzendental

T

trascinare [traʃʃi'na:re] **I.** *vt* (mit)schleppen **II.** *vr* **-rsi** (*persone*) sich schleppen

trascorrere [tras'korrere] <irr> **I.** *vt* verbringen **II.** *vi* vergehen

trascrivere [tras'kri:vere] <irr> *vt* abschreiben; **trascrizione** [traskrit'tsio:ne] *f* (LING, MUS) Transkription *f*; ~ **fonetica** phonetische Umschrift

trascurabile [trasku'ra:bile] *agg* unerheblich; **trascurare** [trasku'ra:re] *vt* vernachlässigen; **trascuratezza** [traskura'tettsa] *f* Nachlässigkeit *f*

trasecolare [traseko'la:re] *vi* verblüfft sein

trasferibile [trasfe'ri:bile] *agg* übertragbar; **trasferimento** [trasferi'mento] *m* **1.** (*di persone*) Versetzung *f* **2.** (*trasloco*) Umzug *m*; **trasferire** [trasfe'ri:re] <trasferisco> **I.** *vt* **1.** (*persone*) versetzen **2.** (INFORM) übertragen **II.** *vr* **-rsi** umziehen

trasferta [tras'fɛrta] *f* (SPORT) Auswärtsspiel *n*; **giocare in** ~ auswärts spielen

trasformare [trasfor'ma:re] *vt* verwandeln; **trasformatore** [trasforma'to:re] *m* Transformator *m*; **trasformazione** [trasformat'tsio:ne] *f* Verwandlung *f*

trasfusione [trasfu'zio:ne] *f* Transfusion *f*

trasgredire [trazgre'di:re] <trasgredisco> *vt* übertreten; **trasgressione** [trasgres'sio:ne] *f* Übertretung *f*

traslato, **-a** *agg* übertragen

traslocare [trazlo'ka:re] *vi* umziehen; **trasloco** [traz'lɔ:ko] <-chi> *m* Umzug *m*

trasmettere [traz'mettere] <irr> *vt* **1.** (*malattia*) übertragen **2.** (*notizia*) übermitteln **3.** (RADIO) übertragen; **trasmettitore** [trazmetti'to:re] *m* Sender *m*; **trasmisi** *1. pers sing pass rem di* **trasmettere**; **trasmissibile** [trazmis'si:bile] *agg* übertragbar; **trasmissione** [trazmis'sio:ne] *f* Übertragung *f*; ~ **dati** (INFORM) Datenübertragung *f*; **trasmittente** [trazmit'tɛnte] *f* (*stazione*) Sendestation *f*

trasognato, **-a** [trasoɲ'ɲa:to] *agg* verträumt

trasparente [traspa'rɛnte] *agg* durchsichtig; **trasparenza** [traspa'rɛntsa] *f* Durchsichtigkeit *f*

traspirare [traspi'ra:re] *vi* transpirieren; **traspirazione** [traspirat'tsio:ne] *f* Transpiration *f*

trasportare [traspor'ta:re] *vt* (fort)tragen; (*merci*) transportieren; **lasciarsi** ~ (*fig*) sich mitreißen lassen; **trasporto** [tras'pɔrto] *m* Transport *m*; **mezzi di** ~ Transportmittel *npl*; ~ **passeggeri** Personenbeförderung *f*; **-i pubblici** öffentliches Verkehrswesen

trassi ['trassi] *1. pers sing pass rem di* **trarre**

trastullare [trastul'la:re] **I.** *vt* unterhalten **II.** *vr* **-rsi** sich unterhalten; **trastullo** [tras'tullo] *m* Zeitvertreib *m*

trasudare [trasu'da:re] *vi* schwitzen

trasversale [trazver'sa:le] *agg* quer

tratta ['tratta] *f* (*di persone*) (Menschen)handel *m*

trattabile [trat'ta:bile] *agg* verhandelbar; **due milioni -i** Verhandlungsbasis 2 Millionen (Lire); **trattamento** [tratta'mento] *m* Behandlung *f*; **trattare** [trat'ta:re] **I.** *vt* **1.** (*gener*, MED) behandeln **2.** (*affari, accordi*) verhandeln über +*acc* **II.** *vi* ~ **di qc** von etw handeln **III.** *vr* **-rsi di qc** sich um etw handeln; **di che cosa si tratta?** worum handelt es sich?

trattativa [tratta'ti:va] *f* Verhandlung *f*; ~ **per la pace** Friedensverhandlungen *fpl*; **avviare/rompere le -e** die Verhandlungen aufnehmen/abbrechen

trattato [trat'ta:to] *m* Abkommen *n*; **Trattato di Maastricht** Vertrag von Maastricht

tratteggiare [tratted'dʒa:re] *vt* skizzieren; **tratteggio** [trat'teddʒo] <-ggi> *m* Schraffierung *f*

trattenere [tratte'ne:re] <irr> **I.** *vt* **1.** (*persone*) aufhalten; **non ti voglio** ~ ich will dich nicht aufhalten **2.** (*cose*) einbehalten **II.** *vr* **-rsi 1.** (*astenersi*) sich zurückhalten **2.** (*soffermarsi*) sich aufhalten; **-rsi sull'argomento** beim Thema bleiben

trattenuta [tratte'nu:ta] *f* Einbehalt *m*

trattino [trat'ti:no] *m* kleiner Strich

tratto ['tratto] **I.** *pp di* **trarre II.** *m* **1.** (*linea*) Strich *m* **2.** (*di tempo*) Spanne *f*; **tutto ad un** ~ auf einmal **3.** (*parte*) Stück *n*, Teil *m o n* **4.** *pl* (*lineamenti*) (Gesichts)züge *mpl*

trattore [trat'to:re] *m* Traktor *m*

trattoria [tratto'ri:a] <-ie> *f* Gastwirtschaft *f*

trauma ['tra:uma] <-i> *m* Trauma *n*; **traumatico**, **-a** [trau'ma:tiko] <-ci, -che> *agg* traumatisch

travaglio [tra'vaʎʎo] <-gli> *m* Qual *f*; ~ **di parto** (Geburts)wehen *fpl*

travasare [trava'za:re] *vt* umfüllen; **tra-**

vaso [tra'va:zo] *m* Umfüllen *n*

trave ['tra:ve] *f* Balken *m*

traveggole [tra'veggole] *fpl* **avere le ~** (*fam*) sich täuschen

traversa [tra'vɛrsa] *f* Querstraße *f*

traversare [traver'sa:re] *vt* überqueren; **traversata** [traver'sa:ta] *f* (NAUT) Überfahrt *f*

traversina [traver'si:na] *f* (Eisenbahn)schwelle *f*

traverso [tra'vɛrso] *m* **di ~** quer; (*obliquamente*) schief; **la bevanda gli è andata di ~** er hat sich an dem Getränk verschluckt

traverso, -a *agg* quer

travertino [traver'ti:no] *m* Travertin *m*

travestimento [travesti'mento] *m* Verkleidung *f*; **travestito** [traves'ti:to] *m* Transvestit *m*

traviamento [travia'mento] *m* Irreleitung *f*; **traviare** [travi'a:re] *vt* verführen

travisare [travi'za:re] *vt* verdrehen

travolgente [travol'dʒɛnte] *agg* mitreißend; **travolgere** [tra'vɔldʒere] <irr> *vt* mitreißen

trazione [trat'tsio:ne] *f* (TEC) Antrieb *m*; **~ anteriore/posteriore** Front-/Heckantrieb *m*; **~ integrale** Allradantrieb *m*

tre [tre] **I.** *num* drei; **chi fa da sé, fa per ~** (*prov*) selbst ist der Mann **II.** <-> *m* **1.** (*numero*) Drei *f* **2.** (*nelle date*) Dritte(r) *m* **3.** (*voto*) ≈ mangelhaft **III.** *fpl* drei Uhr; *v. a.* **cinque**

trebbiare [treb'bia:re] *vt* dreschen; **trebbiatrice** [trebbia'tritʃe] *f* Dreschmaschine *f*; **trebbiatura** [trebbia'tu:ra] *f* Dreschen *n*

treccia ['trettʃa] <-cce> *f* Zopf *m*

trecentesco, -a [tretʃen'tesko] <-schi, -sche> *agg* das vierzehnte Jahrhundert betreffend; **trecento** [tre'tʃɛnto] **I.** *num* dreihundert **II.** *m* Dreihundert *f*; **il Trecento** das vierzehnte Jahrhundert; (*nell'arte italiana*) das Trecento

tredicenne [tredi'tʃɛnne] **I.** *agg* dreizehnjährig **II.** *mf* Dreizehnjährige(r) *f(m)*

tredicesima [tredi'tʃɛ:zima] *f* (*retribuzione*) dreizehntes Monatsgehalt

tredici ['tre:ditʃi] **I.** *num* dreizehn **II.** <-> *m* (*numero*) Dreizehn *f*; **fare un ~ al totocalcio** einen Hauptgewinn im Fußballtoto erzielen **III.** *fpl* dreizehn Uhr; *v. a.* **cinque**

tregua ['tre:gua] *f* (MIL) Waffenstillstand *m*

tremare [tre'ma:re] *vi* zittern; **~ di freddo** vor Kälte zittern; **tremarella** [trema'rɛlla] *f* (*fam*) Tatterich *m*

tremendo, -a [tre'mɛndo] *agg* furchtbar

trementina [tremen'ti:na] *f* Terpentin *n*

tremila [tre'mi:la] **I.** *num* dreitausend **II.** <-> *m* Dreitausend *f*

tremito ['trɛ:mito] *m* Zittern *n*; **~ di febbre** Fieberkrampf *m*

tremulo, -a ['trɛ:mulo] *agg* zitternd

trend [trend] <-> *m* Trend *m*

trenette [tre'nette] *fpl dünne, flache Nudelsorte*

treno ['trɛ:no] *m* Zug *m*; **~ diretto** Eilzug *m*; **~ espresso** Express(zug) *m*; **~ locale** Nahverkehrszug *m*; **~ merci/viaggiatori** Güter-/Personenzug *m*; **prendere/perdere il ~** den Zug nehmen/verpassen

> In Italien gibt es verschiedene Arten von **treni**: **Regionali** und **Interregionali** sind Nahverkehrszüge, die in jeder kleinen Stadt und auch in Dörfern halten. Diretti sind einfache Züge, für die man keinen Zuschlag zahlen muss. Espressi sind Fernreisezüge, die hauptsächlich nachts verkehren. Für die schnelleren Intercity und **Eurocity** muss man einen **Intercity-Zuschlag** zahlen. Der Hochgeschwindigkeitszug **Eurostar** verbindet die wichtigsten Großstädte.

trenta ['trenta] **I.** *num* dreißig **II.** <-> *m* **1.** (*numero*) Dreißig *f* **2.** (*nelle date*) Dreißigste(r) *m*; *v. a.* **cinquanta**

trentesimo [tren'tɛ:zimo] *m* Dreißigstel *n*

trentesimo, -a I. *agg* dreißigste(r, s) **II.** *m, f* Dreißigste(r, s) *mfn*; *v. a.* **quinto**

trentina [tren'ti:na] *f* **una ~ (di …)** (etwa) dreißig (…); **essere sulla ~** an die Dreißig sein

Trentino-Alto Adige *m* Trentino-Südtirol *n*

Trento ['trɛnto] *f* Trient *n* (*Hauptstadt von Trentino-Südtirol*)

trepidante [trepi'dante] *agg* sorgenvoll

treppiede [trep'piɛ:de] <-> *m* (FOTO) Stativ *n*

trespolo ['trespolo] *m* Gestell *n*

tressette [tres'sɛtte] <-> *m italienisches Kartenspiel*

Treviri ['trɛ:viri] *f* Trier *n*

Treviso *f Stadt in Venetien*

triangolare [triaŋgo'la:re] *agg* dreieckig

triangolo [tri'aŋgolo] *m* Dreieck *n;* ~ **industriale** Industrie-Dreieck *n* (*zwischen Mailand, Turin und Genua*)
tribolare [tribo'la:re] *vi* leiden
tribordo [tri'bordo] *m* Steuerbord *n*
tribù [tri'bu] <-> *f* (Volks)stamm *m*
tribuna [tri'bu:na] *f* (Zuschauer)tribüne *f*
tribunale [tribu'na:le] *m* Gericht *n*
tributare [tribu'ta:re] *vt* zollen; **tributario, -a** [tribu'ta:rio] <-i, -ie> *agg* Steuer-; **riforma -a** Steuerreform *f;* **tributo** [tri'bu:to] *m* (FIN) Steuer *f*
tricheco [tri'kε:ko] <-chi> *m* Walross *n*
triciclo [tri'tʃi:klo] *m* Dreirad *n*
tricolore [triko'lo:re] **I.** *agg* dreifarbig **II.** *m* Trikolore *f*
tridimensionale [tridimensio'na:le] *agg* dreidimensional
Trieste [tri'εste] *f* Triest *n* (*Hauptstadt Friauls*)
trifase [tri'fa:ze] *agg* dreiphasig
trifoglio [tri'fɔʎʎo] *m* Klee *m*
trifolato, -a [trifo'la:to] *agg in feine Scheiben geschnitten, mit Öl, Knoblauch und Petersilie*
trifora ['tri:fora] *f* dreibogiges Fenster
triglia ['triʎʎa] <-glie> *f* Meerbarbe *f*
trigonometria [trigonome'tri:a] <-ie> *f* Trigonometrie *f*
trilingue [tri'liŋgue] <-> *agg* dreisprachig
trilione [tri'lio:ne] *m* Billion *f*
trillare [tril'la:re] *vi* trillern; **trillo** ['trillo] *m* Klingeln *n*
trilocale [trilo'ka:le] *m* Dreizimmerwohnung *f;* **affittasi** ~ Dreizimmerwohnung zu vermieten
trilogia [trilo'dʒi:a] <-gie> *f* Trilogie *f;* **trimestre** [tri'mεstre] *m* Vierteljahr *n*
trincare [triŋ'ka:re] *vt* (*fam*) bechern
trincea [trin'tʃε:a] <-cee> *f* (MIL) Schützengraben *m*
trinciapollo [trintʃa'pollo] *m* Geflügelschere *f;* **trinciare** [trin'tʃa:re] *vt* zerlegen
trinità [trini'ta] <-> *f* (REL) Dreieinigkeit *f*
trio ['tri:o] <-ii> *m* Trio *n*
trionfale [trion'fa:le] *agg* Triumph-; **trionfante** [trion'fante] *agg* triumphierend; **trionfare** [trion'fa:re] *vi* triumphieren; (*fig a*) siegen; **trionfo** [tri'onfo] *m* Triumph *m*
trip [trip] <-> *m* (Rauschgift)trip *m*
tripartitico, -a [tripar'ti:tiko] <-ci, -che> *agg* Dreiparteien-
triplicare [tripli'ka:re] *vt* verdreifachen; **triplice** ['tri:plitʃe] *agg* dreifach
triplo ['tri:plo] *m* Dreifache(s) *n*
trippa ['trippa] *f* (GASTR) Kutteln *fpl,* Kuttel *f A, südd*
tripudio [tri'pu:dio] <-i> *m* Jubel *m*
trisavolo, -a [tri'za:volo] *m, f* Ururgroßvater *m,* -mutter *f*
triste ['triste] *agg* traurig; **tristezza** [tris'tettsa] *f* Traurigkeit *f*
tritacarne [trita'karne] <-> *m* Fleischwolf *m*
tritare [tri'ta:re] *vt* zerkleinern; (*carne*) hacken
tritarifiuti [tritari'fiu:ti] <-> *m* Müllzerkleinerer *m*
tritato [tri'ta:to] *m* Gehackte(s) *n,* Faschierte *n A*
tritatutto [trita'tutto] <-> *m* Mixgerät *n;* **trito, -a** ['tri:to] *agg* (*carne*) gehackt; ~ **e ritrito** (*fig*) abgedroschen
trittico ['trittiko] <-ci> *m* (ARCH) Triptychon *n*
trivella [tri'vεlla] *f* (großer) Bohrer *m*
triviale [tri'via:le] *agg* vulgär; **trivialità** [triviali'ta] <-> *f* Vulgarität *f*
trofeo [tro'fε:o] *m* Trophäe *f*
troglodita [troglo'di:ta] <-i *m,* -e *f*> *mf* Höhlenmensch *m*
troia ['trɔ:ia] <-ie> *f* (*vulg: puttana*) Hure *f*
tromba ['tromba] *f* **1.** (MUS) Trompete *f* **2.** (METEO) ~ **d'aria** Windhose *f* **3.** (*passaggio*) ~ **delle scale** Treppenhaus *n,* Stiegenhaus *n A, südd*
trombone [trom'bo:ne] *m* (MUS) Posaune *f*
trombosi [trom'bo:zi] <-> *f* Thrombose *f*
troncamento [troŋka'mento] *m* Abschneiden *n;* **troncare** [tron'ka:re] *vt* abschneiden
tronco ['troŋko] <-chi> *m* **1.** (BOT) Stamm *m* **2.** (ANAT) Rumpf *m*
tronco, -a <-chi, -che> *agg* **1.** (*tagliato*) abgeschnitten; **licenziamento in** ~ fristlose Entlassung; **in** ~ abgebrochen **2.** (LING) endbetont
tronfio, -a ['tronfio] <-i, -ie> *agg* aufgeblasen
trono ['trɔ:no] *m* Thron *m;* **successione al** ~ Thronfolge *f*
tropicale [tropi'ka:le] *agg* Tropen-; **tropici** ['trɔ:pitʃi] *mpl* (GEOG) Tropen *pl*
troppo ['trɔppo] **I.** *m* Zuviel *n;* **il** ~ **strop-**

pia (*prov*) allzu viel ist ungesund **II.** *avv* zu viel; **ho mangiato** ~ ich habe zu viel gegessen; **non** ~ nicht sehr, nicht besonders **III.** *pron* **1.** (*quantità esagerata*) zu viel; **questo è** ~ (*fig*) das geht zu weit **2.** *pl* (*troppe persone*) zu viele

troppo, **-a** *agg* zu viel; **fa** ~ **freddo** es ist zu kalt

trota ['trɔ:ta] *f* Forelle *f*

trottare [trot'ta:re] *vi* traben; **trotto** ['trɔtto] *m* Trab *m*

trottola ['trɔttola] *f* Kreisel *m*

troupe [trup] <-> *f* (*di artisti*) Schauspielertruppe *f;* ~ **televisiva** Fernsehteam *n*

trovare [tro'va:re] **I.** *vt* finden; ~ **qu simpatico** jdn sympathisch finden; **andare a** ~ **qu** jdn besuchen **II.** *vr* **-rsi 1.** (*essere*) sich befinden **2.** (*sentirsi*) sich fühlen; **-rsi bene con qu** mit jdm gut auskommen **3.** (*incontrarsi*) sich treffen

trovata [tro'va:ta] *f* Einfall *m*

trovatello, **-a** [trova'tɛllo] *m, f* Findelkind *n*

truccare [truk'ka:re] **I.** *vt* **1.** (*con cosmetici*) schminken **2.** (*fig*) (ver)fälschen **II.** *vr* **-rsi** sich schminken; **trucco** ['trukko] <-cchi> *m* **1.** (*make-up*) Schminke *f* **2.** (*fig*) Schwindel *m*

truce ['tru:tʃe] *agg* finster

trucidare [trutʃi'da:re] *vt* abschlachten

truculento, **-a** [truku'lɛnto] *agg* blutrünstig

truffa ['truffa] *f* Betrug *m;* **truffare** [truf'fa:re] *vt* betrügen; **truffatore**, **-trice** [truffa'to:re] *m, f* Betrüger(in) *m(f)*

truppa ['truppa] *f* Truppe *f;* **-e d'occupazione** Besatzungstruppen *fpl*

T-shirt ['ti:ʃə:t] <-> *f* T-Shirt *n*

tu [tu] *pron pers 2. pers sing* du; **dare del** ~ **a qu** jdn duzen, jdn mit Du anreden; **parlare a** ~ **per** ~ ganz im Vertrauen sprechen

tuba ['tu:ba] *f* **1.** (MUS) Tuba *f* **2.** (*cappello*) Zylinder *m* **3.** (ANAT) Tube *f*

tubare [tu'ba:re] *vi* turteln

tubatura [tuba'tu:ra] *f* Leitungsnetz *n*

tubercolosi [tuberko'lo:zi] <-> *f* Tuberkulose *f;* **tubercoloso**, **-a** [tuberko'lo:so] *agg* tuberkulös

Tubinga [tu'biŋga] *f* Tübingen *n*

tubo ['tu:bo] *m* Röhre *f;* ~ **di scappamento** (AUTO) Auspuffrohr *n;* ~ **digerente** (ANAT) Verdauungstrakt *m*

tuffare [tuf'fa:re] **I.** *vt* tauchen **II.** *vr* **-rsi** tauchen; **tuffo** ['tuffo] *m* Sprung *m* (ins Wasser)

tufo ['tu:fo] *m* Tuff(stein) *m*

tugurio [tu'gu:rio] <-i> *m* (elende) Hütte *f*

tulipano [tuli'pa:no] *m* Tulpe *f*

tumido, **-a** ['tu:mido] *agg* geschwollen

tumorale [tumo'ra:le] *agg* Tumor-; **tumore** [tu'mo:re] *m* Tumor *m*

tumulto [tu'multo] *m* Tumult *m*

tunnel ['tunnel] <-> *m* Tunnel *m*

tuo, **-a** <tuoi, tue> **I.** *agg* dein **II.** *pron* **il** ~, **la -a** deiner, deine, dein(e)s; **i tuoi** die Deinen *geh*

tuono ['tuɔ:no] *m* Donner *m*

tuorlo ['tuɔrlo] *m* (Ei)dotter *m o n*

turacciolo [tu'rattʃolo] *m* Korken *m*

turare [tu'ra:re] *vt* zustopfen

turba ['turba] *f* Menge *f*

turbamento [turba'mento] *m* Unruhe *f*

turbante [tur'bante] *m* Turban *m*

turbina [tur'bi:na] *f* Turbine *f*

turbo ['turbo] **I.** <-> *m* Turbo *m* **II.** <inv> *agg* Turbo-

turbolento, **-a** [turbo'lɛnto] *agg* turbulent; **turbolenza** [turbo'lɛntsa] *f* Turbulenz *f*

turchese [tur'ke:se] *m* (*colore*) Türkis *n*

Turchia [tur'ki:a] *f* (**la**) ~ die Türkei

turchino, **-a** [tur'ki:no] *agg* tiefblau

turco, **-a** <-chi, -che> **I.** *agg* Türken-; **sedere alla -a** im Schneidersitz sitzen **II.** *m, f* Türke *m,* Türkin *f;* **bestemmiare come un** ~ wie ein Landsknecht fluchen; **fumare come un** ~ rauchen wie ein Schlot

turgido, **-a** ['turdʒido] *agg* prall; (*seno*) drall

Turgovia [tur'gɔ:via] *f* Thurgau *m*

Turingia [tu'rindʒa] *f* Thüringen *n*

turismo [tu'rizmo] *m* Tourismus *m;* ~ **di massa** Massentourismus *m;* **turista** [tu'rista] <-i *m,* -e *f*> *mf* Tourist(in) *m(f);* **turistico**, **-a** [tu'ristiko] <-ci, -che> *agg* Touristen-; **assegno** ~ Reisescheck *m;* **posto** ~ Ferienort *m*

turlupinare [turlupi'na:re] *vt* hintergehen

turno ['turno] *m* (*di lavoro*) Schicht *f;* ~ **di notte** Nachtschicht *f;* **medico di** ~ diensthabender Arzt; **aspettare il proprio** ~ warten, bis man an der Reihe ist; **a** ~ abwechselnd

turpe ['turpe] *agg* unanständig

turpiloquio [turpi'lɔkuio] <-qui> *m* obszöne Ausdrucksweise

T

turrito, -a [tur'ri:to] *agg* turmreich
tuta ['tu:ta] *f* Arbeitsanzug *m*
tutela [tu'tɛ:la] *f* **1.** (*difesa*) Schutz *m;* ~ **dell'ambiente** Umweltschutz *m* **2.** (JUR) Vormundschaft *f;* **tutelare** *vt* schützen; ~ **i propri interessi** seine Interessen vertreten
tuttavia [tutta'vi:a] *cong* dennoch
tutto ['tutto] *m* Ganze(s) *n;* **rischiare (il)** ~ **per (il)** ~ alles aufs Spiel setzen
tutto, -a I. *agg* ganz; ~ **il denaro** das ganze Geld; **-i e due** (alle) beide; **a -a velocità** mit voller Geschwindigkeit; **tutt'altro** ganz im Gegenteil, überhaupt nicht **II.** *pron* **1.** (*ogni cosa*) alles; **ho visto** ~ ich habe alles gesehen **2.** *pl* (*tutte le persone*) alle; **-i quanti** alle **III.** *avv* ganz; **del** ~ ganz; **era -a nuda** sie war ganz nackt; **tutt'al più** höchstens
tuttofare [tutto'fa:re] <inv> *agg* für alles
tuttora [tut'to:ra] *avv* noch (immer)
tutù [tu'tu] <-> *m* Ballettröckchen *n*
TV [tiv'vu] <-> *f abbr di* **televisione** TV
tweed [twi:d] <-> *m* Tweed *m;* **giacca in** ~ Tweedjackett *n*
twin-set ['twin'sɛt] <-> *m* Twinset *n*

U

U, u [u] <-> *f* U, u *n;* ~ **come Udine** U wie Ulrich; **inversione a U** 180-Grad-Wende *f*
ubbidiente [ubbi'diɛnte] *agg* gehorsam; **ubbidienza** [ubbi'diɛntsa] *f* Gehorsam *m;* **ubbidire** [ubbi'di:re] <ubbidisco> *vi* ~ **a qu** jdm gehorchen
ubicazione [ubikat'tsio:ne] *f* Lage *f*
ubiquità [ubikui'ta] <-> *f* Allgegenwart *f*
ubriacare [ubria'ka:re] **I.** *vt* betrunken machen **II.** *vr* **-rsi** sich betrinken; **ubriacatura** [ubriaka'tu:ra] *f* Rausch *m;* **ubriaco, -a** [ubri'a:ko] <-chi, -che> **I.** *agg* betrunken; ~ **fradicio** (*fam*) stockbetrunken **II.** *m, f* Betrunkene(r) *f(m);* **ubriacone, -a** [ubria'ko:ne] *m, f* Säufer(in) *m(f)*
uccello [ut'tʃɛllo] *m* **1.** (ZOO) Vogel *m;* **fare l'~ del malaugurio** (*fig*) den Teufel an die Wand malen **2.** (*vulg: pene*) Schwanz *m*
uccidere [ut'tʃi:dere] <uccido, uccisi, ucciso> **I.** *vt* töten, umbringen **II.** *vr* **-rsi** sich umbringen; **uccisione** [uttʃi'zio:ne] *f* Tötung *f;* **ucciso** [ut'tʃi:zo] *pp di* **uccidere**; **uccisore** [uttʃi'zo:re] *m* Mörder *m*
udibile [u'di:bile] *agg* hörbar
udienza [u'diɛntsa] *f* Audienz *f*
Udine *f Stadt in Friaul*
udire [u'di:re] <odo, udii, udito> *vt* hören; **udito** [u'di:to] *m* Gehör *n;* **uditorio** [udi'tɔ:rio] <-i> *m* Hörerschaft *f*
UE *f abbr di* **Unione europea** EU *f*
UEME *f abbr di* **Unione economica e monetaria europea** EWWU *f*
ufficiale [uffi'tʃa:le] **I.** *agg* offiziell **II.** *m* **1.** (ADM) Beamte(r) *m,* Beamtin *f;* ~ **di stato civile** Standesbeamte(r) *m,* -beamtin *f;* ~ **giudiziario** Gerichtsbeamte(r) *m;* **pubblico** ~ Amtsperson *f* **2.** (MIL) Offizier *m*
ufficializzare [uffitʃalid'dza:re] *vt* offiziell bekanntgeben
ufficio [uf'fi:tʃo] <-ci> *m* **1.** (*stanza*) Büro *n;* ~ **contabilità** Buchführung(sstelle) *f;* ~ **informazioni/viaggi** Informations-/Reisebüro *n;* ~ **oggetti smarriti** Fundbüro *n;* ~ **personale** Personalabteilung *f;* ~ **vendite** Verkaufsabteilung *f* **2.** (ADM: *organo*) Amt *n;* ~ **postale** Postamt *n;* ~ **di collocamento** Arbeitsamt *n;* **provvedimento d'**~ amtliche Maßnahme
ufficioso, -a [uffi'tʃo:so] *agg* halbamtlich
U.F.O. ['u:fo] <-> *m* Ufo *n*
ufo ['u:fo] *avv* **a** ~ umsonst; **vivere a** ~ zu Lasten anderer leben
ufologia [ufolo'dʒi:a] <-ie> *f* Ufologie *f*
uggia ['uddʒa] <ugge> *f* Langeweile *f;* **uggioso, -a** [ud'dʒo:so] *agg* langweilig
ugola ['u:gola] *f* **1.** (ANAT) (Gaumen)zäpfchen *n* **2.** (*fig*) Kehle *f;* **avere un'~ d'oro** Gold in der Kehle haben
uguaglianza [uguaʎ'ʎantsa] *f* Gleichheit *f;* **uguagliare** [uguaʎ'ʎa:re] *vt* **1.** (*rendere uguale*) angleichen **2.** (*essere pari*) ~ **qu in qc** jdm an etw *dat* gleichkommen
uguale[1] [u'gua:le] *agg* **1.** (*identico*) gleich; **di ~ colore** gleichfarbig; **ho un vestito ~ al tuo** ich habe das gleiche Kleid wie du **2.** (MAT) gleich(wertig); **sette più sette è ~ a 14** sieben plus sieben (ist) gleich 14
uguale[2] *avv* (*fam*) gleich; **due persone alte**

~ zwei gleich große Personen; **per me è** ~ es ist mir egal; **ugualmente** [ugual'mente] *avv* gleich

U.I.L. [uil] *f abbr di* **Unione Italiana del Lavoro** *italienischer Gewerkschaftsbund*

ulcera ['ultʃera] *f* Geschwür *n*

ulivo [u'li:vo] *m v.* **olivo**

Ulivo [u'li:vo] *m* (POL) *Mitte-Links-Parteienbündnis*

Ulma ['ulma] *f* Ulm *n*

ulteriore [ulte'rio:re] *agg* weitere(r, s)

ultima ['ultima] *f* (*fam: novità*) Neueste *n;* **vuoi sapere l'~?** weißt du schon das Neueste?; **ultimabile** [ulti'ma:bile] *agg* beendbar; **ultimare** [ulti'ma:re] *vt* beenden; **ultimativo, -a** [ultima'ti:vo] *agg* ultimativ; **ultimatum** [ulti'ma:tum] <-> *m* Ultimatum *n*

ultimissime [ulti'missime] *fpl* letzte Nachrichten *fpl*

ultimo, -a ['ultimo] **I.** *agg* letzte(r, s); (*recente*) neueste(r, s) **II.** *m, f* Letzte(r, s) *mfn;* **l'~ del mese** der Letzte des Monats; **all'~** zuletzt; **da** ~ als letztes; **fino all'~** bis zuletzt; **per** ~ zuletzt; **gli -i saranno i primi** die Letzten werden die Ersten sein

ultra ['ultra] **I.** <-> *mf* **1.** (POL) Ultra *mf* **2.** (SPORT) Hooligan *m* **II.** <inv> *agg* ultra-

ultracentenario, -a [ultratʃente'na:rio] *agg* mehr als hundertjährig

ultraleggero, -a *agg* ultraleicht

ultrapiatto, -a [ultra'piatto] *agg* ultraflach; **schermo** ~ ultraflacher Bildschirm

ultrasensibile [ultrasen'si:bile] *agg* hochempfindlich; **termometro** ~ hochempfindliches Thermometer

ultrasottile [ultrasot'ti:le] *agg* ultradünn; **assorbente** ~ ultradünne Monatsbinde

ultravioletto, -a [ultravio'letto] *agg* ultraviolett

ululare [ulu'la:re] *vi* heulen; **ululato** [ulu'la:to] *m* Geheul *n*

umanamente [umana'mente] *avv* menschlich; **è ~ impossibile** das ist menschenunmöglich

umanesimo [uma'ne:zimo] *m* Humanismus *m;* **umanista** [uma'nista] <-i *m*, -e *f*> *mf* Humanist(in) *m(f);* **umanistico, -a** [uma'nistiko] <-ci, -che> *agg* **1.** (HIST) humanistisch **2.** (SCIENT) geisteswissenschaftlich

umanità [umani'ta] <-> *f* **1.** (*sentimento*) Menschlichkeit *f* **2.** (*genere umano*) Menschheit *f;* **umanitario, -a** [umani'ta:rio] <-i, -ie> *agg* menschenfreundlich; **aiuti -i** Hilfsgüter *npl*

umanizzare [umanid'dza:re] *vt* menschlicher machen

umano [u'ma:no] *m* Menschliche(s) *n*

umano, -a *agg* menschlich

Umbria ['umbria] *f* Umbrien *n*

U.M.E. *f abbr di* **Unione Monetaria Europea** EWU *f*

umettare [umet'ta:re] *vt* befeuchten

umidificare [umidifi'ka:re] *vt* befeuchten; **umidificatore** [umidifika'to:re] *m* (Luft)befeuchter *m;* **umidità** [umidi'ta] <-> *f* Feuchtigkeit *f*

umido ['u:mido] *m* (GASTR) Geschmorte(s) *n;* **cuocere in** ~ schmoren

umido, -a *agg* feucht

umile ['u:mile] *agg* bescheiden; **umiliare** [umi'lia:re] **I.** *vt* erniedrigen **II.** *vr* **-rsi** sich erniedrigen; **umiliazione** [umilia't'tsio:ne] *f* Erniedrigung *f;* **umiltà** [umil'ta] <-> *f* Demut *f*

umore [u'mo:re] *m* Laune *f;* **essere di buon** ~ guter Laune sein; **essere di ~ nero** schlechter Laune sein

umorismo [umo'rizmo] *m* Humor *m;* **non avere il senso dell'~** keinen (Sinn für) Humor haben; **umorista** [umo'rista] <-i *m*, -e *f*> **I.** *agg* humoristisch **II.** *mf* Humorist(in) *m(f);* **umoristico, -a** [umo'ristiko] <-ci, -che> *agg* humoristisch

un' [un] *art indet f davanti a vocale* ein *m*, eine *f*, ein *n; v.* **un, una**

un, una [un, 'u:na] *art indet m, f* ein *m*, eine *f*, ein *n*

una¹ ['u:na] *art indet v.* **un, uno**

una² *f* **1.** (*di tempo*) eins, ein Uhr; **è l'~** es ist eins **2.** (*in frasi enclitiche*) etwas; **ve ne racconto** ~ ich kann euch was erzählen; **non me ne va bene** ~ mir gelingt auch gar nichts

unanime [u'na:nime] *agg* einstimmig; **unanimità** [unanimi'ta] <-> *f* Einmütigkeit *f;* **all'~** einstimmig

una tantum ['u:na 'tantum] **I.** <inv> *agg* einmalig **II.** <-> *f* einmalige Sonderzahlung

uncinetto [untʃi'netto] *m* Häkelnadel *f*

uncino [un'tʃi:no] *m* Haken *m*

underground ['ʌndə'graund] <inv> *agg* Underground-

undicenne [undi'tʃɛnne] **I.** *agg* elfjährig **II.**

U

mf Elfjährige(r) *f(m)*

undicesimo [undi'tʃɛ:zimo] *m* (*frazione*) Elftel *n*

undicesimo, **-a** **I.** *agg* elfte(r, s) **II.** *m, f* Elfte(r, s) *mfn; v. a.* **quinto**

undici ['unditʃi] **I.** *num* elf **II.** <-> *m* **1.** (*numero*) Elf *f* **2.** (*nelle date*) Elfte(r) *m* **III.** *fpl* elf Uhr; *v. a.* **cinque**

U.N.E.S.C.O. [u'nɛsko] *m* UNESCO *f*

ungere ['undʒere] <ungo, unsi, unto> **I.** *vt* einfetten **II.** *vr* **-rsi** sich mit Fett beschmieren

ungherese [uŋge're:se] **I.** *agg* ungarisch **II.** *mf* Ungar(in) *m(f)*; **Ungheria** [uŋge'ri:a] *f* Ungarn *n*

unghia ['uŋgia] <-ghie> *f* Nagel *m*; **tirar fuori le -ghie** (*fig*) die Krallen zeigen

unguento [uŋ'guɛnto] *m* Salbe *f*

unicamerale [unikame'ra:le] *agg* Einkammer-

U.N.I.C.E.F. ['u:nitʃef] *m* UNICEF *f*

unicellulare [unitʃellu'la:re] *agg* einzellig

unicità [unitʃi'ta] <-> *f* Einmaligkeit *f*; **unico**, **-a** ['u:niko] <-ci, -che> *agg* **1.** (*il solo*) einzig; (*una volta sola*) einmalig; **figlio** ~ Einzelkind *n* **2.** (*ineguagliabile*) einzigartig

unidimensionale [unidimensio'na:le] *agg* eindimensional

unidose [uni'dɔ:ze] <inv> *agg* Ein-Dosis-; **confezione** ~ Ein-Dosis-Verpackung *f*

unifamiliare [unifami'lia:re] *agg* Einfamilien-

unificare [unifi'ka:re] *vt* (ver)einigen; **unificazione** [unifikat'tsio:ne] *f* (Ver)einigung *f*

uniformare [unifor'ma:re] **I.** *vt* gleichmachen **II.** *vr* **-rsi a qc** sich an etw *acc* anpassen; **uniforme** [uni'forme] **I.** *agg* gleichförmig **II.** *f* Uniform *f*

unilaterale [unilate'ra:le] *agg* einseitig

uninominale [uninomi'na:le] *agg* Einmann-; **votazioni con sistema** ~ Wahlen *fpl* nach dem Mehrheitswahlsystem

unione [u'nio:ne] *f* **1.** (*connessione*) Verbindung *f*; **l'~ fa la forza** (*prov*) Einigkeit macht stark **2.** (POL) Bund *m*; **Unione europea** Europäische Union; **Unione monetaria** Währungsunion *f*; **unire** [u'ni:re] <unisco> **I.** *vt* verbinden **II.** *vr* **-rsi** sich verbinden; **-rsi in matrimonio** eine Ehe eingehen

unisex ['u:niseks] <inv> *agg* Unisex-

unisono [u'ni:sono] *agg* übereinstimmend; **all'~** (MUS) im Einklang

unità [uni'ta] <-> *f* **1.** Einheit *f*; ~ **monetaria** Währungseinheit *f* **2.** (*di misura*) Maßeinheit *f* **3.** (INFORM) Laufwerk *n*; ~ **centrale** Zentraleinheit *f*

unitario, **-a** [uni'ta:rio] <-i, -ie> *agg* Einheits-; **prezzo** ~ Einheitspreis *m*

unito, **-a** [u'ni:to] *agg* **1.** (*congiunto*) verbunden; **una famiglia molto -a** eine Familie mit großem Zusammenhalt **2.** (*a fig*) verein(ig)t; **Stati Uniti d'America** Vereinigte Staaten *mpl* von Amerika; **in tinta -a** einfarbig

universale [univer'sa:le] *agg* **1.** (*dell'universo*) Welt-; **diluvio** ~ Sintflut *f*; **storia** ~ Weltgeschichte *f* **2.** (*totale*) Gesamt-, gesamte(r, s); **erede** ~ Universalerbe *m* **3.** (*generale*) allgemein; **suffragio** ~ allgemeines Wahlrecht

università [universi'ta] <-> *f* Universität *f*; ~ **popolare** Volkshochschule *f*

> Die italienische Hochschule, **università**, ist in verschiedene facoltà unterteilt. Das Studium wird mit der laurea abgeschlossen. Die erste europäische Hochschule war die scuola salernitana, die im 11. Jh. gegründete medizinische Schule von Salerno. Eine fast ebenso alte Tradition haben die Universitäten von Bologna, Padua und Neapel.

universitario, **-a** [universi'ta:rio] <-i, -ie> *agg* Universitäts-

universo [uni'vɛrso] *m* Weltall *n*

univoco, **-a** [u'ni:voko] <-ci, -che> *agg* eindeutig

uno ['u:no] **I.** *num* eins **II.** <-> *m* **1.** (*numero*) Eins *f* **2.** (*voto scolastico*) ≈ mangelhaft, ungenügend; *v. a.* **cinque**

uno, **una** **I.** *art indet m davanti a s impura, gn, pn, ps, x, z; f davanti a consonante* ein *m*, eine *f*, ein *n* **II.** *pron* einer *m*, eine *f*, ein(e)s *n*; (*persona*) jemand; (*impersonale*) einer, man; (*con negazione*) keiner *m*, keine *f*, kein(e)s *n*; **a ~ a ~** einzeln; ~ **e mezzo** anderthalb; ~ **per volta** jeweils einer

unsi ['unsi] *1. pers sing pass rem di* **ungere**

unto ['unto] *m* Fett *n*

unto, **-a** **I.** *pp di* **ungere** **II.** *agg* fettig

uomo ['uɔ:mo] <uomini> *m* **1.** (*essere umano*) Mensch *m* **2.** (*di sesso maschile*) Mann *m*; ~ **d'affari** Geschäftsmann *m*; ~ **di mondo** Weltmann *m*; ~ **d'onore** Ehrenmann *m;* **l'~ della strada** der Mann auf der Straße; **abito da** ~ Herrenanzug *m*

uovo ['uɔːvo] <*pl*: -a *f*> *m* Ei *n;* **bianco d'**~ Eiweiß *n;* **rosso d'**~ Eigelb *n;* **pasta all'**~ Eiernudeln *fpl;* ~ **sodo** hart(gekocht)es Ei; ~ **à la coque** weiches Ei; ~ **all'occhio di bue** Spiegelei *n;* ~ **al tegame** Setzei *n;* **-a strapazzate** Rührei *n;* **è meglio l'**~ **oggi che la gallina domani** (*prov*) besser ein Spatz in der Hand als eine Taube auf dem Dach

up-to-date ['ʌp tə 'deit] <inv> *agg* up to date

uragano [ura'gaːno] *m* Hurrikan *m*

Urali [u'raːli] *mpl* Ural *m*

uranio [u'raːnio] *m* Uran *n*

urbanista [urba'nista] <-i *m*, -e *f*> *mf* Städteplaner(in) *m(f);* **urbanistica** [urba'nistika] <-che> *f* Städtebau(wesen *n*) *m;* **urbanistico, -a** [urba'nistiko] <-ci, -che> *agg* Städtebau-; **urbanizzare** [urbanid'dzaːre] *vt* urbanisieren; **urbanizzazione** [urbaniddzat'tsioːne] *f* Urbanisierung *f*

urbano, -a [ur'baːno] *agg* städtisch, Stadt-; **nettezza -a** (städtische) Müllabfuhr und Straßenreinigung; **vigile** ~ (Stadt)polizist *m*

urgente [ur'dʒɛnte] *agg* dringend; (*lettera*) Eil-; **urgenza** [ur'dʒɛntsa] *f* Dringlichkeit *f;* **in caso d'**~ im Notfall

urgere ['urdʒere] <urgo *mancano il pass rem, il pp ed i tempi composti*> *vt* drängen

urina [u'riːna] *f v.* **orina;** **urinare** [uri'naːre] *v.* **orinare**

urlare [ur'laːre] *vi* schreien; **urlo** ['urlo] <*pl*: -a *f*> *m* Schrei *m*

urna ['urna] *f* Urne *f;* ~ **elettorale** Wahlurne *f;* **responso delle -e** Wahlergebnis *n;* **andare alle -e** wählen (gehen)

urologo, -a [u'rɔːlogo] <-gi, -ghe> *m, f* Urologe *m,* -login *f*

urrà [ur'ra] *int* hurra; **hip hip hip ~!** hipp, hipp, hurra!

U.R.S.S. [urs] *f abbr di* **Unione delle Repubbliche Socialiste Sovietiche** UdSSR *f*

urtante [ur'tante] *agg* anstößig; **urtare** [ur'taːre] **I.** *vt* (an)stoßen; **il chiasso mi urta i nervi** der Lärm geht mir auf die Nerven **II.** *vi* ~ **contro qc** gegen etw prallen; **urto** ['urto] *m* Stoß *m;* **resistente agli -i** stoßfest

u.s. *abbr di* **ultimo scorso** vergangenen Monats/Jahres etc

U.S.A. ['uːza] *mpl* USA *mpl*

usa e getta ['uza e 'dʒetta] <inv> *agg* Einweg-; **lenti a contatto** ~ Wegwerflinsen *fpl;* **siringhe** ~ Einwegspritzen *fpl*

usanza [u'zantsa] *f* Brauch *m*

usare [u'zaːre] *vt* benutzen, verwenden; **in questo paese usa così** in diesem Land ist das so Brauch; ~ **attenzione** achtgeben

usato [u'zaːto] *m* Gebrauchte(s) *n;* **mercato dell'**~ Gebrauchtwarenmarkt *m;* (*di automobili*) Gebrauchtwagenmarkt *m*

usato, -a *agg* gebraucht; **automobili -e** Gebrauchtwagen *mpl*

uscii [uʃ'ʃiːi] *1. pers sing pass rem di* **uscire**

uscio ['uʃʃo] <usci> *m* Tür *f*

uscire [uʃ'ʃiːre] <esco, uscii, uscito> *vi* **1.** (*andare fuori*) hinausgehen; (*venire fuori*) herauskommen; (*con veicolo*) hinaus-, herausfahren; **per divertimento** ausgehen; ~ **di casa** ausgehen **2.** (*essere pubblicato*) erscheinen **3.** (*esclamare*) ~ **con** [*o* **in**] **qc** mit etw herausplatzen; **uscirsene con una battuta** eine Bemerkung machen **4.** (LING) ~ **in** enden auf *+dat* **5.** (INFORM) beenden; (**comando**) **esci** (*computer*) Beenden *n* **6.** (*loc*) ~ **di mente** entfallen; ~ **di strada** vom Wege abkommen; ~ **dagli occhi** (*fig*) zu den Ohren herauskommen; ~ **di bocca** entschlüpfen

uscita [uʃ'ʃiːta] *f* **1.** (*movimento*) Hinausgehen *n* **2.** (*apertura*) Ausgang *m;* **vicolo senza** ~ Sackgasse *f;* ~ **di sicurezza** Notausgang *m;* **senza via d'**~ (*fig*) aussichtslos **3.** (*di pubblicazioni*) Erscheinen *n* **4.** (LING: *terminazione*) Endung *f* **5.** (*periodo di libertà*) Ausgang *m* **6.** (INFORM) Ausgabe *f*

uscito [uʃ'ʃiːto] *pp di* **uscire**

usignolo [uziɲ'ɲɔːlo] *m* Nachtigall *f*

uso ['uːzo] *m* **1.** (*l'adoperare*) Gebrauch *m;* **lingua d'**~ Alltagssprache *f;* **istruzioni per l'**~ Gebrauchsanweisung *f;* **fuori** ~ außer Gebrauch **2.** (*impiego*) Anwendung *f;* **per** ~ **esterno** (MED) zur äußeren Anwendung; **con** ~ **di cucina** mit Küchenbenutzung **3.** (*usanza*) Sitte *f,* Brauch *m;* **-i e costumi** Sitten *fpl* und Gebräuche *mpl*

USSL *f abbr di* **Unità Socio-Sanitaria Locale** *ehem. örtliches Gesundheitsamt*

ustionare [ustio'naːre] **I.** *vt* verbrennen **II.** *vr* **-rsi** sich verbrennen; **ustione** [us'tioːne] *f* Verbrennung *f*

usuale [uzu'a:le] *agg* üblich

usufruire [uzufru'i:re] <usufruisco> *vi* nießnutzen; **usufrutto** [uzu'frutto] *m* Nutznießung *f*

usura [u'zu:ra] *f* Wucher *m;* **a ~** zu Wucherzinsen; **usuraio, -a** [uzu'ra:io] <-ai, -aie> *m, f* Wucherer *m,* Wucherin *f*

usurpazione [uzurpat'tsio:ne] *f* Usurpation *f*

utensile [uten'si:le] *m* Werkzeug *n;* **-i da cucina** Küchengeräte *npl*

utente [u'tɛnte] *mf* Benutzer(in) *m(f);* **utenza** [u'tɛntsa] *f* Verbraucher *mpl*

utero ['u:tero] *m* Gebärmutter *f*

utile ['u:tile] **I.** *agg* nützlich; **rendersi ~** sich nützlich machen; **se posso essere ~ in qc ...** wenn ich irgendwie behilflich sein kann ... **II.** *m* **1.** (*ciò che serve*) Nützliche(s) *n;* **unire l'~ al dilettevole** das Nützliche mit dem Angenehmen verbinden **2.** (FIN) Profit *m;* **~ lordo/netto** Brutto-/Nettogewinn *m;* **partecipazione agli -i dell'azienda** betriebliche Gewinnbeteiligung; **utilità** [utili'ta] <-> *f* **1.** (*funzionalità*) Nützlichkeit *f* **2.** (*vantaggio*) Vorteil *m*

utilitaria [utili'ta:ria] *f* Kleinwagen *m*

utilitario, -a [utili'ta:rio] <-i, -ie> *agg* Gebrauchs-; **utilitarismo** [utilita'rizmo] *m* Utilitarismus *m;* **utilitaristico, -a** [utilita'ristiko] <-ci, -che> *agg* (*pej*) eigennützig

utilizzabile [utilid'dza:bile] *agg* benutzbar; **utilizzare** [utilid'dza:re] *vt* verwenden; **utilizzazione** [utiliddzat'tsio:ne] *f* Verwendung *f;* **utilizzo** [uti'liddzo] *m* Nutzung *f*

utopia [uto'pi:a] <-ie> *f* Utopie *f;* **utopico, -a** [u'tɔ:piko] <-ci, -che> *agg* utopisch

uva ['u:va] *f* (Wein)trauben *fpl;* **~ bianca/nera** weiße/blaue Trauben *fpl;* **~ passa** Rosinen *fpl;* **~ spina** Stachelbeere *f;* **~ da tavola** Tafeltrauben *fpl;* **festa dell'~** Winzerfest *n;* **uvetta** [u'vetta] *f* Rosine *f*

V

V, v [vu] <-> *f* V, v *n;* **~ come Venezia** V wie Viktor; **~ doppia** W, w *n*

va [va] *3. pers sing pr di* **andare**[1]

vacante [va'kante] *agg* frei

vacanza [va'kantsa] *f* **1.** (*ferie*) Ferien *pl,* Urlaub *m;* **buone -e!** schöne Ferien!; **-e natalizie/pasquali/estive** Weihnachts-/Oster-/Sommerferien; **essere in ~** Urlaub haben; **andare in ~** in Urlaub fahren; **far ~** Urlaub machen; **prendersi una ~** Urlaub nehmen; **domani è ~** morgen ist (schul)frei **2.** (*di sede, carica*) Vakanz *f*

vacanziere, -a [vakan'tsiɛ:re] *m, f* Urlauber(in) *m(f);* **vacanziero, -a** [vakan'tsie:ro] *agg* Urlaubs-

vacca ['vakka] <-cche> *f* **1.** (ZOO) Kuh *f* **2.** (*pej vulg*) Hure *f*

vaccinare [vattʃi'na:re] *vt* impfen; **vaccinazione** [vattʃinat'tsio:ne] *f* Impfung *f;* **~ obbligatoria/preventiva** Pflicht-/Schutzimpfung *f;* **vaccino** [vat'tʃi:no] *m* Impfstoff *m*

vacillare [vatʃil'la:re] *vi* (*persona*) schwanken; (*fiamma*) flackern

vado ['va:do] *1. pers sing pr di* **andare**[1]

va e vieni ['va e v'viɛ:ni] <-> *m* Kommen und Gehen *n*

vaffanculo [vaffan'ku:lo] *int* (*vulg*) leck mich am Arsch

vagabondare [vagabon'da:re] *vi* umherziehen, streifen; **vagabondo, -a** [vaga'bondo] **I.** *agg* umherziehend **II.** *m, f* Landstreicher(in) *m(f)*

vagare [va'ga:re] *vi* umherziehen; (*senza meta*) umherirren

vagheggiare [vaged'dʒa:re] *vt* herbeisehnen

vagina [va'dʒi:na] *f* Scheide *f*

vagire [va'dʒi:re] <vagisco> *vi* wimmern; **vagito** [va'dʒi:to] *m* Wimmern *n*

vaglia ['vaʎʎa] <-> *m* Anweisung *f;* **~ bancario/postale** Bank-/Postanweisung *f*

vagliare [vaʎ'ʎa:re] *vt* **1.** (*proposta*) abwägen, prüfen **2.** (*grano, sabbia, ghiaia*) sieben; **vaglio** ['vaʎʎo] <-gli> *m* **1.** (*fig*) Prüfung *f* **2.** (TEC) Sieb *n*

vago, -a <-ghi, -ghe> *agg* vag(e), schwach

vagone [va'go:ne] *m* Wagen *m;* **~ letto**

Schlafwagen *m;* ~ **ristorante** Speisewagen *m*

vai ['va:i] *2. pers sing pr di* **andare**[1]

vaiolo [va'iɔ:lo] *m* Pocken *pl*

valanga [va'laŋga] <-ghe> *f* Lawine *f*

Val d'Aosta [valda'ɔsta] *f* Aostatal *n*

valdese [val'de:se] **I.** *mf* Waldenser(in) *m(f)* **II.** *agg* waldensisch

valdostano, -a [valdos'ta:no] **I.** *agg* Aostatal-, aus dem Aostatal **II.** *m, f* Bewohner(in) *m(f)* des Aostatals

valente [va'lɛnte] *agg* tüchtig

valere [va'le:re] <valgo, valsi, valso> **I.** *vi, vt essere o avere* **1.** (*avere autorità*) gelten; **farsi** ~ sich Geltung verschaffen **2.** (*essere capace*) können, fähig sein; **come pianista vale poco** als Pianist taugt er nicht viel **3.** (*avere efficacia*) nützen; **non** ~ **un fico (secco)** [*o* **un accidente**] (*fam*) keinen Pfifferling wert sein **4.** (*essere valido*) gültig sein, gelten; **per quanto vale il biglietto?** wie lange gilt die Karte? **5.** (*avere valore*) wert sein; ~ **la pena** sich lohnen **6.** (*essere uguale*) gleich sein; **vale a dire** das heißt; **tanto vale che non ...** *+conj,* **tanto vale non ...** *+inf* dann braucht man gar nicht erst (zu) ... *+inf* **7.** (COM) kosten; (FIN) wert sein, stehen auf *+dat;* **quanto vale questa collana?** wie viel ist diese Halskette wert? **II.** *vt* einbringen **III.** *vr* **-rsi di qc** sich *dat* etw zunutze [*o* zu Nutze] machen; **-rsi di qu** sich jds bedienen

valeriana [vale'ria:na] *f* Baldrian *m*

valevole [va'le:vole] *agg* gültig

valgo ['valgo] *1. pers sing pr di* **valere**

valicabile [vali'ka:bile] *agg* passierbar; **valicare** [vali'ka:re] *vt* übersteigen; **valico** ['va:liko] <-chi> *m* (Berg)pass *m*

validità [validi'ta] <-> *f* **1.** (ADM) Gültigkeit *f;* (*efficacia*) Wirksamkeit *f;* (JUR) Rechtskraft *f* **2.** (*di argomento*) Stichhaltigkeit *f;* **valido, -a** ['va:lido] *agg* **1.** (*uomo*) tüchtig; (*forte*) kräftig **2.** (*efficace*) wirksam; (*ragione*) triftig; (*valevole*) gültig; (JUR) rechtskräftig

valigeria [validʒe'ri:a] <-ie> *f* **1.** (*negozio*) Lederwarengeschäft *n* **2.** (*fabbrica*) Lederwarenfabrik *f*

valigia [va'li:dʒa] <-gie> *f* Koffer *m;* **fare/disfare le -gie** (die Koffer) packen/auspacken

vallata [val'la:ta] *f* Tal(ebene *f*) *n*

valle ['valle] *f* Tal *n*

Valle d'Aosta [valeda'ɔsta] *f v.* **Val d'Aosta**

valletta [val'letta] *f* Assistentin *f* (*bei Fernsehquizsendungen*)

valore [va'lo:re] *m* **1.** (*fig* COM, FIN, MAT, PHYS, MUS) Wert *m;* ~ **nominale** Nominal-, Nennwert *m;* ~ **d'acquisto** Kaufwert *m* **2.** (*validità*) Gültigkeit *f* **3.** *pl* (*oggetti preziosi*) Wertsachen *fpl;* (FIN) Wertpapiere *npl;* **-i bollati** Wertmarken *fpl;* **Borsa -i** Wertpapierbörse *f* **4.** (*capacità*) Fähigkeit *f;* **un uomo/medico/musicista di** ~ ein tüchtiger Mann/Arzt/Musiker **5.** (*coraggio*) Mut *m;* **valorizzare** [valorid'dza:re] *vt* aufwerten; (*zona*) erschließen; **valorizzazione** [valoriddzat'tsio:ne] *f* **1.** (*di stanza*) Verschönerung *f* **2.** (*di persona*) Aufwertung *f* **3.** (*di immobile*) Wertsteigerung *f;* **valoroso, -a** [valo'ro:so] *agg* tapfer, mutig

valsi ['valsi] *1. pers sing pass rem di* **valere**

valso ['valso] *pp di* **valere**

valuta [va'lu:ta] *f* Währung *f;* ~ **estera** ausländische Währung; ~ **nazionale** Landeswährung *f;* ~ **in contanti** Bargeld *n*

valutare [valu'ta:re] *vt* **1.** (COM) schätzen **2.** (*fig*) abwägen

valutazione [valutat'tsio:ne] *f* Schätzung *f*

valva ['valva] *f* **1.** (ZOO) Muschelschale *f* **2.** (BOT) Klappe *f,* Schließhäutchen *n*

valvola ['valvola] *f* **1.** (TEC) Ventil *n* **2.** (EL) Sicherung *f* **3.** (ANAT) Klappe *f*

valzer ['valtser] <-> *m* Walzer *m*

vampata [vam'pa:ta] *f* **1.** (*di calore*) Hitze(welle) *f* **2.** (*fiamma*) Stichflamme *f* **3.** (*fig*) Glut *f*

vampiro [vam'pi:ro] *m* Vampir *m*

vanagloria [vana'glɔ:ria] *f* Geltungssucht *f*

vandalismo [vanda'lizmo] *m* Zerstörungswut *f,* Wandalismus *m;* **vandalo** ['vandalo] *m* Wandale *m*

vaneggiamento [vaneddʒa'mento] *m* Fantasieren *n;* **vaneggiare** [vaned'dʒa:re] *vi* fantasieren

vanga ['vaŋga] <-ghe> *f* Spaten *m;* **vangare** [vaŋ'ga:re] *vt* umgraben; **vangata** [vaŋ'ga:ta] *f* **1.** (*operazione*) Umgraben *n* **2.** (*colpo*) Spatenstich *m*

Vangelo [van'dʒɛ:lo] *m* (*a fig: vangelo*) Evangelium *n*

vaniglia [va'niʎʎa] <-glie> *f* Vanille *f;* **vanigliato**, **-a** [vaniʎ'ʎa:to] *agg* Vanille-; **vanillina** [vanil'li:na] *f* Vanillin *n*

vanità [vani'ta] <-> *f* Eitelkeit *f;* **vanitoso**, **-a** [vani'to:so] *agg* eitel

vanno ['vanno] *3. pers pl pr di* **andare**[1]

vano ['va:no] *m* **1.** (*stanza*) Raum *m* **2.** (*di porta, finestra*) Öffnung *f*

vano, **-a** *agg* **1.** (*privo di contenuti*) leer; (*persona*) hohl; (*speranza*) trügerisch **2.** (*tentativo*) erfolglos

vantaggio [van'taddʒo] <-ggi> *m* **1.** (*utilità, privilegio*) Vorteil *m* **2.** (SPORT) Vorsprung *m* **3.** (*profitto*) Nutzen *m;* **vantaggioso**, **-a** [vantad'dʒo:so] *agg* vorteilhaft, günstig

vantare [van'ta:re] **I.** *vt* loben, rühmen **II.** *vr* **-rsi di qc** sich einer Sache *gen* rühmen; **vanteria** [vante'ri:a] <-ie> *f* Angeberei *f;* **vanto** ['vanto] *m* Prahlen *n*

vanvera ['vanvera] *avv* **a ~** aufs Geratewohl

vapore [va'po:re] *m* **1.** Dampf *m;* **cuocere al ~** dünsten **2.** (NAUT) Dampfer *m;* **vaporetto** [vapo'retto] *m* kleines Motorschiff; **vaporizzare** [vaporid'dza:re] **I.** *vt* verdampfen; (*nebulizzare*) zerstäuben **II.** *vi essere* verdampfen; **vaporizzatore** [vaporiddza'to:re] *m* Verdampfer *m;* (*umidificatore*) Verdunster *m;* (*nebulizzatore*) Zerstäuber *m;* **vaporoso**, **-a** [vapo'ro:so] *agg* luftig, duftig

varare [va'ra:re] *vt* **1.** (JUR: *legge*) verabschieden **2.** (NAUT) vom Stapel lassen

varcare [var'ka:re] *vt* überschreiten; **varco** ['varko] <-chi> *m* Durchgang *m*

varec(c)hina [vare'ki:na (varek'ki:na)] *f* Bleichmittel *n*

Varese *f Stadt in der Lombardei*

varesino, **-a** [vare'si:no] **I.** *agg* varesisch **II.** *m, f* Vareser(in) *m(f)*

variabile [va'ria:bile] **I.** *agg* **1.** (*tempo*) veränderlich, unbeständig **2.** (*prezzi*) schwankend **3.** (*umore*) wechselnd **II.** *f* (MAT) Variable *f;* **variabilità** [variabili'ta] <-> *f* **1.** (*di tempo*) Unbeständigkeit *f* **2.** (COM) Schwankung *f* **3.** (*di umore*) Wechselhaftigkeit *f*

variante [va'riante] **I.** *f* Variante *f* **II.** *agg* abweichend

variare [va'ria:re] **I.** *vt* (ab-, ver)ändern; (*cambiare*) wechseln **II.** *vi essere* sich (ver)ändern; (*tempo*) wechseln

variazione [variat'tsio:ne] *f* **1.** (*modificazione*) (Ver-, Ab)änderung *f;* (*di colori, toni*) Wechsel *m* **2.** (MUS) Variation *f*

varice [va'ri:tʃe] *f* Krampfader *f*

varicella [vari'tʃɛlla] *f* Windpocken *pl*

varicoso, **-a** [vari'ko:so] *agg* mit Krampfadern; **vena -a** Krampfader *f*

variegato, **-a** [varie'ga:to] *agg* gefleckt

varietà [varie'ta] <-> **I.** *f* **1.** (*pluralità*) Vielfalt *f* **2.** (*differenza*) Verschiedenartigkeit *f* **3.** (*tipo*) Sorte *f* **II.** *m* (THEAT) Varietee *n*

vario, **-a** ['va:rio] <-i, -ie> **I.** *agg* **1.** (*non uniforme*) verschieden; (*non monotono*) abwechslungsreich **2.** (METEO) unbeständig **3.** *pl* (*parecchi*) einige **4.** (*umore*) wechselhaft **II.** *pron pl* (*molti*) einige

variopinto, **-a** [vario'pinto] *agg* bunt

varo ['va:ro] *m* **1.** (NAUT) Stapellauf *m* **2.** (JUR: *di legge*) Verabschiedung *f*

varrò [var'rɔ] *1. pers sing futuro di* **valere**

Varsavia [var'sa:via] *f* Warschau *n*

vasaio, **-a** [va'za:io] <-ai, -aie> *m, f* Töpfer(in) *m(f)*

vasca ['vaska] <-sche> *f* Wanne *f*

vascello [vaʃ'ʃɛllo] *m* (Linien)schiff *n*

vaselina [vaze'li:na] *f* Vaseline *f*

vasellame [vazel'la:me] *m* Geschirr *n*

vaso ['va:zo] *m* Gefäß *n;* (*di marmellata*) Glas *n;* (*decorativo*) Vase *f*

vassoio [vas'so:io] <-oi> *m* Tablett *n*

vastità [vasti'ta] <-> *f* **1.** (*ampiezza*) Weite *f* **2.** (*fig*) Breite *f;* **vasto**, **-a** ['vasto] *agg* **1.** (*ampio*) weit **2.** (*fig*) umfassend

vaticano, **-a** [vati'ka:no] **I.** *agg* vatikanisch, Vatikan- **II.** *m* **Vaticano** Vatikan *m*

ve [ve] *pron* (*davanti a lo, la, li, le, ne*) *v.* **vi**

vecchiaia [vek'kia:ia] <-aie> *f* Alter *n*

vecchio ['vɛkkio] *m* Alte(s) *n*

vecchio, **-a** <-cchi, -cchie> **I.** *agg* alt; **la città -a** die Altstadt; **è più -a di lui di tre anni** sie ist drei Jahre älter als er **II.** *m, f* Alte(r) *f(m)*, alter Mann, alte Frau

vece ['ve:tʃe] *f* (ADM, *poet*) Stelle *f*

vedere[1] [ve'de:re] <vedo, vidi, visto> **I.** *vt* **1.** (*gener*) sehen, schauen *A, südd;* (*guardare*) ansehen, anschauen *A, CH, südd;* (*museo*) besichtigen; **far ~** sehen lassen, zeigen; **non vedo come sia possibile** ich weiß nicht, wie das möglich sein soll; **vedi sopra** [*o* **sotto**] siehe oben [*o* unten]; **vedi retro** bitte wenden; **a mio modo di ~** meines Erachtens; **vedi tu** (*fam*) mach du mal; **te la** [*o* **lo**] **faccio ~ io** (*fam*) ich werd's dir zeigen!, du kannst was erleben!; **cose mai viste** Unglaubliches **2.** (*fig*) aushalten können; **stare a** ~ abwarten; **non vederci più dalla fame** es vor Hunger nicht mehr aushalten können; **non vedo l'ora di ...** +*inf* ich kann es nicht erwarten zu ... +*inf* **3.** (*esaminare*) durchsehen, prüfen; **farsi** ~ **dal medico** sich vom Arzt untersuchen lassen **4.** (*cercare*) ~ **di** +*inf* versuchen zu +*inf* **II.** *vr* **-rsi 1.** (*vedere se stessi, trovarsi*) sich sehen; **-rsi perduto** keinen Ausweg (mehr) sehen **2.** (*incontrarsi*) sich treffen; **chi s'è visto, s'è visto** (*fam*) und damit Schluss

vedere[2] *m* Sehen *n*

vedetta [ve'detta] *f* (*luogo*) Ausguck *m;* (*sentinella*) Posten *m*

vedovo, -a ['ve:dovo] **I.** *m, f* Witwer *m,* Witwe *f* **II.** *agg* verwitwet

veduta [ve'du:ta] *f* **1.** (*panorama*) Aussicht *f* **2.** (*fig*) Sicht *f*

veemente [vee'mɛnte] *agg* ungestüm; **veemenza** [vee'mɛntsa] *f* Heftigkeit *f*

vegetale [vedʒe'ta:le] *agg* pflanzlich, Pflanzen-

vegetare [vedʒe'ta:re] *vi* **1.** (BOT) wachsen **2.** (*fig*) (dahin)vegetieren

vegetariano, -a [vedʒeta'ria:no] **I.** *agg* vegetarisch **II.** *m, f* Vegetarier(in) *m(f)*

vegetativo, -a [vedʒeta'ti:vo] *agg* vegetativ

vegetazione [vedʒetat'tsio:ne] *f* Vegetation *f*

vegeto, -a ['vɛ:dʒeto] *agg* **1.** (*persona*) kräftig, rüstig **2.** (BOT) üppig

veggente [ved'dʒɛnte] *mf* (Hell)seher(in) *m(f)*

veglia ['veʎʎa] <-glie> *f* (*stato di chi è desto*) Wachen *n;* (*sorveglianza*) Wache *f*

vegliare [veʎ'ʎa:re] **I.** *vt* (*malato, morto*) wachen bei **II.** *vi* wach sein; (*stare vigile*) wachen

veglione [veʎ'ʎo:ne] *m* großer (Masken)ball *m*

veicolo [ve'i:kolo] *m* **1.** (TEC) Fahrzeug *n* **2.** (*fig: mezzo*) Mittel *n*

vela ['ve:la] *f* **1.** (NAUT) Segel *n* **2.** (SPORT) Segeln *n*

velare [ve'la:re] **I.** *vt* **1.** (*capo, viso*) verhüllen; (*luce*) dämpfen **2.** (*fig: offuscare*) trüben; (*nascondere*) verbergen **II.** *vr* **-rsi 1.** (*con velo*) sich verschleiern **2.** (*offuscarsi*) sich trüben; **velato, -a** [ve'la:to] *agg* **1.** (*donna*) verschleiert **2.** (*luce, suono*) gedämpft

veleggiare [veled'dʒa:re] *vi* segeln

veleno [ve'le:no] *m* Gift *n;* **velenoso, -a** [vele'no:so] *agg* (*a fig*) giftig

veliero [ve'liɛ:ro] *m* Segelschiff *n*

velina [ve'li:na] **I.** *f* **1.** (*foglio*) Durchschlagpapier *n* **2.** (*copia*) Durchschlag *m* **II.** *agg* Durchschlag-

velivolo [ve'li:volo] *m* Flugzeug *n*

velleità [vellei'ta] <-> *f* Bestrebung *f*

vellutato, -a [vellu'ta:to] *agg* **1.** (*petalo, pesca*) samtig; **avere la pelle -a** eine Haut wie Samt haben **2.** (*fig: colore, voce*) weich; **velluto** [vel'lu:to] *m* Samt *m;* ~ **a coste** Kordsamt *m*

velo ['ve:lo] *m* Schleier *m*

veloce [ve'lo:tʃe] *agg* schnell

velocista [velo'tʃista] <-i *m,* -e *f*> *mf* Sprinter(in) *m(f)*

velocità [velotʃi'ta] <-> *f* Geschwindigkeit *f;* ~ **massima** Höchstgeschwindigkeit *f;* ~ **ridotta** verringerte Geschwindigkeit; **eccesso di** ~ Geschwindigkeitsüberschreitung *f*

velodromo [ve'lɔ:dromo] *m* Radrennbahn *f*

vena ['ve:na] *f* **1.** (ANAT) Vene *f,* Ader *f* **2.** (*fig*) Stimmung *f;* (*poetica, musicale*) Ader *f*

venale [ve'na:le] *agg* **1.** (COM: *merce*) verkäuflich **2.** (*fig, pej*) käuflich

venatorio, -a [vena'tɔ:rio] <-i, -ie> *agg* Jagd-

venatura [vena'tu:ra] *f* **1.** (*di marmo, foglio*) Äderung *f;* (*di legno*) Maserung *f* **2.** (*fig*) Hauch *m*

vendemmia [ven'demmia] <-ie> *f* Weinlese *f;* **vendemmiare** [vendem'mia:re] **I.** *vi* Weinlese halten **II.** *vt* lesen, ernten

vendere ['vendere] **I.** *vt* (*a fig*) verkaufen; ~ **all'asta** versteigern; **saper** ~ **la propria merce** (*fig*) sich gut verkaufen können; **averne da** ~ davon in Hülle und Fülle haben; **te la vendo come l'ho comprata** ich habe es auch nur (als Gerücht) gehört; ~ **sottobanco** schwarz verkaufen; ~ **a prezzo di costo** zum Selbstkostenpreis verkaufen **II.** *vr* **-rsi** (*pej*) sich verkaufen; (*donna*) sich prostituieren

vendetta [ven'detta] *f* Rache *f*

vendicare [vendi'ka:re] **I.** *vt* rächen **II.** *vr* **-rsi su qu/di qc** sich an jdm/für etw rächen; **vendicativo**, **-a** [vendika'ti:vo] *agg* rachsüchtig

vendita ['vendita] *f* **1.** (COM) Verkauf *m;* (*smercio*) Absatz *m* **2.** (*bottega*) Laden *m;* **venditore**, **-trice** [vendi'to:re] *m, f* Verkäufer(in) *m(f)*

venduto, **-a** [ven'du:to] *agg* **1.** (COM) verkauft **2.** (*fig, pej: persona*) bestochen

venefico, **-a** [ve'nɛ:fiko] <-ci, -che> *agg* **1.** (*sostanza, aria*) giftig **2.** (*fig*) böswillig

venerabile [vene'ra:bile] *agg* ehrwürdig; **venerabilità** [venerabili'ta] <-> *f* Ehrwürdigkeit *f;* **venerando**, **-a** [vene'rando] *agg* ehrwürdig

venerare [vene'ra:re] *vt* verehren

venerdì [vener'di] <-> *m* Freitag *m;* **Venerdì Santo** Karfreitag *m*

venere ['vɛ:nere] *f* Venus *f*

venereo, **-a** [ve'nɛ:reo] *agg* geschlechtlich

Veneto *m* Venetien *n*

veneto, **-a** **I.** *agg* **1.** (*relativo alla regione Veneto*) venetisch **2.** (*relativo a Venezia*) venezianisch **II.** *m, f* Veneter(in) *m(f)*

Venezia [ve'nɛttsia] *f* Venedig *n* (*Hauptstadt Venetiens*)

> Das Weltkulturerbe **Venezia** ist eine 1500 Jahre alte, auf etwa 150 Inseln in einer Lagune auf pali (Pfählen) erbaute Stadt, die durch den Ponte della libertà (Freiheitsbrücke) mit der terraferma (Festland) verbunden ist. In Venedig ist es möglich, mit dem modernen vaporetto oder mit der traditionellen gondola zu fahren. Die Inseln sind von calli und campielli (Straßen und Plätze) durchzogen, durch canali getrennt und ponti verbunden. Nur bei acqua alta (Hochwasser) kann es schwierig werden, sich in Venedig zu bewegen.

veneziana [venet'tsia:na] *f* (*tenda*) Jalousie *f*

veneziano, **-a** **I.** *agg* venezianisch **II.** *m, f* Venezianer(in) *m(f)*

venire [ve'ni:re] <vengo, venni, venuto> *vi essere* **1.** (*gener*) kommen; ~ **a trovare qu** jdn besuchen (kommen); ~ **incontro a qu** jdm entgegenkommen; ~ **avanti** vortreten, nähertreten; (*entrare*) eintreten; ~ **dentro/dietro/dopo** hereinkommen/hinterherkommen/nachkommen; ~ **fuori** herauskommen; ~ **giù** herunterkommen; ~ **su** heraufkommen; (*fam: crescere*) wachsen; ~ **via** (*fam: staccarsi*) abgehen; (*scomparire*) verschwinden; **far** ~ (*causare*) verursachen **2.** (*giungere*) (an)kommen; ~ **a costare** kommen auf +*acc;* ~ **a sapere** erfahren; ~ **a conoscenza di qc** von etw Kenntnis bekommen; ~ **alla luce** [*o* **al mondo**] auf die Welt kommen; (*fig*) ans (Tages)licht kommen **3.** (*sopraggiungere*) **non mi viene** (*fam*) ich komme nicht drauf; **mi è venuta un'idea** mir ist eine Idee gekommen; **mi viene in mente qc** mir fällt etw ein; **mi sta venendo il raffreddore** ich bekomme einen Schnupfen; **mi viene da ridere** ich muss lachen **4.** (MAT) herauskommen **5.** (*ricorrere*) **Pasqua viene sempre di domenica** Ostern fällt immer auf einen Sonntag **6.** (*numeri estratti*) kommen, fallen **7.** (*provenire*) ~ **da** kommen aus; **viene da Firenze** (*è di Firenze*) er [*o* sie] ist aus Florenz; (*arriva da Firenze*) er [*o* sie] kommt aus Florenz (an) **8.** (*riuscire*) (heraus)kommen; **le foto sono venute bene** die Fotos sind gut geworden; **viene bene in fotografia** er [*o* sie] ist fotogen **9.** (*costare*) **quanto viene?** was macht das?; **viene 50 euro** es kostet 50 Euro

venoso, **-a** [ve'no:so] *agg* venös, Venen-

ventaglio [ven'taʎʎo] <-gli> *m* Fächer *m*

ventata [ven'ta:ta] *f* Windstoß *m*

venti ['venti] **I.** *num* zwanzig **II.** <-> *m* **1.** (*numero*) Zwanzig *f* **2.** (*nelle date*) Zwanzigste(r) *m* **III.** *fpl* zwanzig Uhr; *v. a.* **cinquanta**

ventilare [venti'la:re] *vt* lüften; **ventilatore** [ventila'to:re] *m* Ventilator *m;* **ventilazione** [ventilat'tsio:ne] *f* Lüftung *f*

ventiquattr'ore, **ventiquattrore** [ventikuat'tro:re] *f* **1.** (*valigia*) kleiner Reisekoffer **2.** (SPORT) Vierundzwanzigstundenrennen *n*

ventitré [venti'tre] **I.** *num* dreiundzwanzig **II.** <-> *m* **1.** (*numero*) Dreiundzwanzig *f* **2.** (*nelle date*) Dreiundzwanzigste(r) *m* **III.** *fpl* dreiundzwanzig Uhr; *v. a.* **cinque**

vento ['vɛnto] *m* Wind *m;* **c'è** ~ es ist windig

ventola ['vɛntola] *f* **1.** (*per il fuoco*) (Feuer)wedel *m* **2.** (*del ventilatore*) Flügelrad *n*

ventosa [ven'to:sa] *f* Saugnapf *m*

ventoso, **-a** [ven'to:so] *agg* windig

ventotto [ven'tɔtto] **I.** *num* achtundzwanzig **II.** <-> *m* **1.** (*numero*) Achtundzwanzig *f* **2.** (*nelle date*) Achtundzwanzigste(r) *m;*

v. a. **cinque**

ventre ['vɛntre] *m* Bauch *m*

ventricolo [ven'tri:kolo] *m* Kammer *f*, Ventrikel *m*

ventriloquo, **-a** [ven'tri:lokuo] *m, f* Bauchredner(in) *m(f)*

ventuno [ven'tu:no] **I.** *num* einundzwanzig **II.** <-> *m* **1.** (*numero*) Einundzwanzig *f* **2.** (*nelle date*) Einundzwanzigste(r) *m* **III.** *fpl* einundzwanzig Uhr; *v. a.* **cinque**

ventura [ven'tu:ra] *f* (*sorte*) Schicksal *n;* (*buona fortuna*) Glück *n;* **alla** ~ aufs Geratewohl

venturo, **-a** [ven'tu:ro] *agg* nächste(r, s), kommende(r, s)

venuto, **-a** [ve'nu:to] **I.** *pp di* **venire** **II.** *agg* (an)gekommen **III.** *m, f* Angekommene(r) *f(m)*

vera ['ve:ra] *f* Ehering *m*

veramente [vera'mente] *avv* wirklich, tatsächlich

veranda [ve'randa] *f* Veranda *f*

verbale [ver'ba:le] **I.** *agg* **1.** (*orale*) mündlich, verbal **2.** (LING) verbal, Verbal- **II.** *m* (ADM) Protokoll *n*

verbena [ver'bɛ:na] *f* Eisenkraut *n*

verbo ['vɛrbo] *m* Verb *n*, Zeitwort *n*

verboso, **-a** [ver'bo:so] *agg* redselig

vercellese [vertʃel'le:se] **I.** *agg* aus Vercelli **II.** *mf* Einwohner(in) *m(f)* aus Vercelli

Vercelli *f Stadt in Piemont*

verdastro, **-a** [ver'dastro] *agg* (*pej*) grünlich

verde ['verde] **I.** *agg* grün; (*fig a*) jung, unreif **II.** *m* Grün *n;* **essere** [*o* **ridursi**] **al** ~ (*fam fig*) blank sein **III.** *mf* (POL) Grüne(r) *f(m)*

verderame [verde'ra:me] <-> *m* Grünspan *m*

verdetto [ver'detto] *m* Urteilsspruch *m*

verdura [ver'du:ra] *f* Gemüse *n*

verga ['verga] <-ghe> *f* Gerte *f*

vergare [ver'ga:re] *vt* (*tessuto*) rippen; (*carta*) lin(i)ieren

verginale [verdʒi'na:le] *agg* (*a fig*) jungfräulich; **vergine** ['verdʒine] **I.** *f* **1.** (*donna, fanciulla*) Jungfrau *f* **2.** (REL) **Vergine** Jungfrau *f* (Maria) **3.** (ASTR) **Vergine** Jungfrau *f;* **sono della** [*o* **una**] **Vergine** ich bin Jungfrau **II.** *agg* unberührt, jungfräulich; (*fig a*) rein, pur; **foresta** ~ Urwald *m;* **verginità** [verdʒini'ta] <-> *f* Jungfräulichkeit *f*

vergogna [ver'goɲɲa] *f* **1.** (*pudore*) Scham *f* **2.** (*disonore*) Schande *f* **3.** (*timidezza*) Hemmungen *fpl;* **vergognarsi** [vergoɲ'ɲarsi] *vr* sich schämen; **vergognoso**, **-a** [vergoɲ'ɲo:so] *agg* **1.** (*persona*) schamhaft, verschämt; (*timido*) schüchtern **2.** (*pej: azione*) schändlich

veridico, **-a** [ve'ri:diko] <-ci, -che> *agg* glaubwürdig

verifica [ve'ri:fika] <-che> *f* (Nach-, Über)prüfung *f*

verificare [verifi'ka:re] **I.** *vt* (nach-, über)prüfen, kontrollieren **II.** *vr* **-rsi** sich ereignen, vorfallen

verismo [ve'rizmo] *m* **1.** (LIT) Verismus *m* **2.** (*fig: realismo*) Realismus *m*

verità [veri'ta] <-> *f* **1.** (*gener*) Wahrheit *f;* **in** ~ in Wahrheit **2.** (REL) Offenbarung *f;* **veritiero**, **-a** [veri'tiɛ:ro] *agg* **1.** (*persona*) aufrichtig **2.** (*notizia*) wahrheitsgetreu

verme ['vɛrme] *m* Wurm *m;* ~ **solitario** Bandwurm *m*

vermicelli [vermi'tʃɛlli] *mpl etwas dünnere Spaghetti*

vermifugo [ver'mi:fugo] <-ghi> *m* Wurmmittel *n*

vermifugo, **-a** <-ghi, -ghe> *agg* wurmtötend

vermiglio [ver'miʎʎo] <-gli> *m* leuchtendes Rot

vermiglio, **-a** <-gli, -glie> *agg* leuchtendrot

vermouth, **vermut** ['vɛrmut] <-> *m* Wermut *m*

vernaccia [ver'nattʃa] <-cce> *f bernsteinfarbener Wein aus verschiedenen Regionen Italiens*

vernice [ver'ni:tʃe] *f* **1.** (*smalto, tinta*) Lack *m;* ~ **fresca!** frisch gestrichen! **2.** (*pelle*) Lackleder *n;* **scarpe di** ~ **marrone** braune Lackschuhe *mpl;* **verniciare** [verni'tʃa:re] *vt* lackieren, streichen

verniciatura [vernitʃa'tu:ra] *f* Lackierung *f*

vernissage [vɛrni'sa:ʒ] <-> *m* Vernissage *f*

vero ['ve:ro] *m* **1.** (*verità*) Wahre(s) *n;* **a dire il** ~ um die Wahrheit zu sagen **2.** (*in arte*) Natur *f;* **disegnare dal** ~ nach der Natur zeichnen

vero, **-a** *agg* **1.** (*gener*) wahr; (*giusto, esatto*) richtig; **niente di più** ~**!** das kann man wohl sagen!; ~**?** stimmt's?; **se è** ~**?** ob das stimmt?;

V

non è ~**?** ist es nicht so?; **fosse** ~**!** wenn's nur wahr wäre!; **lo sai, non è** ~**?** du weißt es, nicht wahr? **2.** (*genuino*) echt **3.** (*persona*) aufrichtig; (*affetto*) tief; **lo ama di** ~ **amore** sie liebt ihn wirklich **4.** (*reale*) wirklich, eigentlich; **è incredibile, ma** ~ es ist nicht zu glauben, aber wahr

Verona *f Stadt in Venetien;* **l'arena di** ~ die Arena von Verona

veronese [vero'ne:se] **I.** *agg* veronesisch **II.** *mf* Veroneser(in) *m(f)*

verosomiglianza [verosimiʎ'ʎantsa] *f* Wahrscheinlichkeit *f;* **verosimile** [vero'si:mile] *agg* wahrscheinlich

verrò [ver'rɔ] *1. pers sing futuro di* **venire**

verruca [ver'ru:ka] <-che> *f* Warze *f*

versamento [versa'mento] *m* **1.** (COM) Einzahlung *f* **2.** (MED) Erguss *m*

versante [ver'sante] *m* Hang *m*

versare [ver'sa:re] **I.** *vt* **1.** (*liquido*) (ein)gießen; ~ **da bere** einschenken **2.** (*rovesciare*) verschütten **3.** (*sangue, lacrime*) vergießen **4.** (*somma*) einzahlen, erlegen *A* **II.** *vi* sich befinden, sein **III.** *vr* **-rsi 1.** (*spargersi*) sich zerstreuen **2.** (*fiume*) fließen

versatile [ver'sa:tile] *agg* vielseitig; **versatilità** [versatili'ta] <-> *f* Vielseitigkeit *f*

versato, -a [ver'sa:to] *agg* versiert, begabt

versetto [ver'setto] *m* (REL) Vers *m*

versione [ver'sio:ne] *f* **1.** (*traduzione*) Übersetzung *f* **2.** (*narrazione*) Darstellung *f* **3.** (FILM, LIT) Fassung *f;* (TEC) Ausführung *f*

verso[1] ['vɛrso] *prp* **1.** (*direzione*) in Richtung *gen,* in Richtung auf *+acc,* nach *+dat* **2.** (*tempo*) gegen *+acc;* ~ **sera** gegen Abend **3.** (*dalle parti di*) an *+dat,* bei *+dat;* **abita** ~ **la periferia** er [*o* sie] wohnt am Stadtrand **4.** (*di età*) auf *+acc* (… zu) **5.** (*nei confronti di*) zu *+dat,* auf *+acc,* gegen *+acc,* mit *+dat;* **si sente attratto** ~ **di lei** er fühlt sich zu ihr hingezogen

verso[2] *m* **1.** (LIT) Vers *m* **2.** (ZOO) Ruf *m* **3.** (*parte, direzione*) Richtung *f;* **bisogna prendere le cose per il loro** ~ man muss die Dinge nehmen, wie sie sind; **per un** ~ **o per un altro** auf die eine oder die andere Art

vertebra ['vɛrtebra] *f* Wirbel *m;* **vertebrale** [verte'bra:le] *agg* Wirbel-; **colonna** ~ Wirbelsäule *f*

vertebrato [verte'bra:to] *m* Wirbeltier *n*

vertenza [ver'tɛntsa] *f* Streit *m,* Streitfall *m*

vertere ['vɛrtere] <*mancano il pp e le forme composte*> *vi* laufen, im Gange sein; ~ **su** betreffen

verticale [verti'ka:le] **I.** *agg* senkrecht, Vertikal- *n;* **pianoforte** ~ Giraffenklavier *n* **II.** *f* **1.** (MAT) Vertikale *f* **2.** (SPORT) Handstand *m;* (*con la testa poggiata al suolo*) Kopfstand *m*

vertice ['vɛrtitʃe] *m* (*gener, fig*) Spitze *f;* (POL) Gipfel *m;* (MAT) Scheitel(punkt) *m;* ~ **aziendale** Topmanagement *n;* **raggiungere il** ~ **della carriera** den Höhepunkt der beruflichen Laufbahn erreichen

vertigine [ver'ti:dʒine] *f* Schwindel(gefühl *n*) *m;* **ho le -i** mir ist schwindlig; **vertiginoso, -a** [vertidʒi'no:so] *agg* (*fig*) Schwindel erregend, schwindelnd

verza ['verdza] *f* Wirsing *m*

vescica [veʃ'ʃi:ka] <-che> *f* (ANAT) Blase *f*

vescovado [vesko'va:do] *m* **1.** (*ufficio*) Bischofswürde *f* **2.** (*edificio*) Bischofssitz *m;* **vescovo** ['veskovo] *m* Bischof *m*

vespa ['vɛspa] *f* (ZOO) Wespe *f*

Vespa® ['vɛspa] *f* Vespa® *f*

vespaio [ves'pa:io] <-ai> *m* (*a fig*) Wespennest *n*

vespro ['vɛspro] *m* Vesper *f*

vessare [ves'sa:re] *vt* schinden, schikanieren

vessillo [ves'sillo] *m* (*a fig*) Fahne *f*

vestaglia [ves'taʎʎa] <-glie> *f* Hausrock *m*

veste ['vɛste] *f* (*gener*) Kleidung *f;* (*da donna*) Kleid *n;* (*abito solenne, ampio*) Gewand *n;* ~ **da camera** (*da donna*) Morgenrock *m;* (*da uomo*) Hausrock *m;* **in** ~ **di** als, in der Eigenschaft von

Vestfalia [vest'fa:lia] *f* Westfalen *n*

vestiario [ves'tia:rio] <-i> *m* Garderobe *f;* **un capo di** ~ Kleidungsstück *n*

vestibolo [ves'ti:bolo] *m* Vorhalle *f*

vestigio [ves'ti:dʒo] <*pl:* -gi *m,* -gia *f*> *m* **1.** (*fig*) Überrest *m* **2.** (*traccia*) (Fuß)spur *f,* -abdruck *m*

vestire[1] [ves'ti:re] **I.** *vt* **1.** (*persone*) anziehen **2.** (*abito: portare indosso*) tragen; (*mettersi indosso*) anziehen **3.** (*ricoprire*) ~ **qc di qc** etw mit etw überziehen **II.** *vi* sich kleiden; ~ **a lutto** Trauer(kleidung) tragen; ~ **alla moda** sich modisch kleiden **III.** *vr* **-rsi 1.** (*mettersi le vesti*) sich anziehen **2.** (*indossare*) sich kleiden; **come ti vesti oggi?** was ziehst du heute an?; **-rsi di bianco/seta** Weiß/Seide tragen

vestire² *m* Kleidung *f*
vestito [ves'tiːto] *m* Kleidung *f;* (*da donna*) Kleid *n;* (*da uomo*) Anzug *m;* ~ **da donna** Damenkleid *n;* ~ **da uomo** Herrenanzug *m;* **cambiare** ~ sich umziehen
Vesuvio [ve'zuːvio] *m* Vesuv *m*
veterano [vete'raːno] *m* (MIL) Veteran *m*
veterano, -a **I.** *agg* (alt)bewährt **II.** *m, f* **1.** (*fig*) (Alt)meister(in) *m(f)* **2.** (SPORT) Veteran(in) *m(f)*
veterinaria [veteri'naːria] <-ie> *f* Tiermedizin *f*
veterinario, -a [veteri'naːrio] <-i, -ie> **I.** *agg* tierärztlich **II.** *m, f* Tierarzt *m,* -ärztin *f*
veto ['vɛːto] <-> *m* Veto *n*
vetraio, -a [ve'traːio] <-ai, -aie> *m, f* Glasarbeiter(in) *m(f);* (*per finestre*) Glaser(in) *m(f);* (*artigiano*) Glasbläser *m;* **vetrata** [ve'traːta] *f* **1.** (*ampia finestra*) Glasfenster *n;* (*porta*) Glastür *f* **2.** (*di chiesa*) Kirchenfenster *n;* **vetreria** [vetre'riːa] <-ie> *f* **1.** (*fabbrica*) Glasfabrik *f,* -hütte *f* **2.** (*oggetti*) Glas(waren *fpl*) *n*
vetrina [ve'triːna] *f* **1.** (*di negozio*) Schaufenster *n,* Auslage *f A, südd* **2.** (*mobile*) Vitrine *f;* **vetrinista** [vetri'nista] <-i *m,* -e *f*> *mf* Schaufensterdekorateur(in) *m(f)*
vetrino [ve'triːno] *m* Objektträger *m*
vetriolo [vetri'ɔːlo] *m* Sulfat *n*
vetro ['veːtro] *m* Glas *n;* (*di finestra*) (Fenster)scheibe *f;* **vetroresina** [vetro'rɛːzina] *f* Fiberglas *n;* **vetroso, -a** [ve'troːso] *agg* glasartig, Glas-
vetta ['vetta] *f* (*a fig*) Gipfel *m*
vettore [vet'toːre] *m* **1.** (*razzo* ~) Trägerrakete *f* **2.** (PHYS, MAT) Vektor *m* **3.** (JUR) Frachtführer *m*
vettore, -trice *agg* **1.** (PHYS, MAT) Vektor- **2.** (*razzo*) Träger-
vettovaglie [vetto'vaʎʎe] *fpl* Proviant *m*
vettura [vet'tuːra] *f* **1.** (MOT) Wagen *m,* Fahrzeug *n* **2.** (FERR) (Eisenbahn)wagen *m,* Waggon *m*
vetturino [vettu'riːno] *m* Kutscher *m*
vezzeggiamento [vettseddʒa'mento] *m* Verhätschelung *f;* **vezzeggiare** [vettsed'dʒaːre] *vt* verhätscheln
vezzeggiativo [vettseddʒa'tiːvo] *m* Kosewort *n*
vezzeggiativo, -a *agg* zärtlich; (*parola*) Kose-
vezzo ['vettso] *m* **1.** (*modo abituale*) Angewohnheit *f* **2.** *pl* (*leggiadria*) Reize *mpl* **3.** *pl* (*smancerie*) Getue *n fam;* **vezzoso, -a** [vet'tsoːso] *agg* **1.** (*grazioso*) reizend **2.** (*lezioso*) affektiert
vi [vi] **I.** *pron pers* **1.** *2. pers pl* euch **2.** (*complemento di termine, forma di cortesia: Vi*) Ihnen; (*complemento oggetto*) Sie **II.** *pron rifl* **1.** *2. pers pl* euch **2.** (*forma di cortesia: Vi*) sich **III.** *pron dim* daran **IV.** *avv* **1.** (*qui*) hier; (*moto*) her **2.** (*lì*) dort; (*moto*) hin **3.** (*per questo luogo*) hier vorbei
via¹ ['viːa] <vie> *f* **1.** (*gener*) Weg *m;* (*strada*) Straße *f,* Gasse *f A* **2.** (*fig: maniera*) Möglichkeit *f;* (*mezzo*) Mittel *n;* ~ **d'uscita** Ausweg *m;* ~ **di mezzo** Mittelweg, m; **per** ~ **aerea** per Luftpost; **per** ~ **di** wegen, durch; **in** ~ **eccezionale** ausnahmsweise
via² **I.** *avv* weg; **andare** ~ weggehen; **buttare** ~ wegwerfen; **essere** ~ (*fam*) weg sein **II.** *int* los; **pronti, attenti, ~!** Achtung, fertig, los! **III.** *prp* über +*acc,* via +*acc,* per +*acc*
viabilità [viabili'ta] <-> *f* **1.** (*transito*) Befahrbarkeit *f* **2.** (*rete stradale*) Straßennetz *n*
Viacard® [via'kard] <-> *f* Viacard® *f;* **tessera** ~ *Karte zur bargeldlosen Bezahlung der Autobahngebühren in Italien*
Via Crucis ['viːa 'kruːtʃis] <Vie Crucis> *f* **1.** (REL) Kreuzweg *m* **2.** (*fig*) Leidensweg *m*
viadotto [via'dotto] *m* Viadukt *m*
viaggiare [viad'dʒaːre] **I.** *vi* reisen; (*mezzo, linea*) fahren **II.** *vt* bereisen; **viaggiatore, -trice** [viaddʒa'toːre] **I.** *agg* Reise- **II.** *m, f* Fahrgast *m;* **viaggio** [vi'addʒo] <-ggi> *m* Reise *f;* ~ **aereo** Flugreise *f*
viagra® ['viagra] <-> *m* (MED) Viagra®
viale [vi'aːle] *m* Allee *f*
viandante [vian'dante] *mf* (*poet*) Wanderer *m,* Wand(e)rerin *f*
viavai [via'vaːi] <-> *m* Hin und Her *n*
vibrare [vi'braːre] **I.** *vt* versetzen **II.** *vi* zittern, (er)beben
vibrazione [vibrat'tsioːne] *f* (PHYS) Vibration *f*
vicario [vi'kaːrio] <-i> *m* Vikar *m*
vice ['viːtʃe] <-> *mf* Stellvertreter(in) *m(f)*
vice- [vitʃe] (*in parole composte*) Vize-, stellvertretend
vicenda [vi'tʃɛnda] *f* Ereignis *n;* **a** ~ gegenseitig; **vicendevole** [vitʃen'deːvole] *agg* gegenseitig
vicentino, -a [vitʃen'tiːno] **I.** *agg* aus Vi-

cenza **II.** *m, f* Einwohner(in) *m(f)* von Vicenza

Vicenza [vi'tʃɛntsa] *f Stadt in Venetien*

viceversa [vitʃe'vɛrsa] **I.** *avv* umgekehrt **II.** *cong* (*fam: e invece*) aber

vichingo, -a [vi'kiŋgo] <-ghi, -ghe> **I.** *agg* wikingisch, Wikinger- **II.** *m, f* (HIST) Wikinger(in) *m(f)*

vicinanza [vitʃi'nantsa] *f* Nähe *f;* **vicinato** [vitʃi'na:to] *m* Nachbarschaft *f*

vicino [vi'tʃi:no] *avv* **1.** (*a poca distanza*) nah(e), in der Nähe; ~ **a** neben *+dat,* bei *+dat,* an *+dat,* in der Nähe von *+dat;* **stare ~ ~** ganz nah(e) sein; **ci sei andato ~** (*fig*) du warst nah(e) daran **2.** (*da poca distanza*) aus der Nähe; (*fig*) näher, genauer; **conoscere qu da ~** jdn näher kennen; **guardare qc da ~** etw aus der Nähe betrachten

vicino, -a **I.** *agg* **1.** (*gener*) nahe (liegend), nächste(r, s); **un parente ~** ein naher Verwandter; **abitano nella casa -a** sie wohnen im Haus nebenan **2.** (*di tempo*) nah(e), bevorstehend; **gli esami sono -i** die Prüfungen stehen bevor; **è ~ ai sessant'anni** er geht auf die Sechzig zu **3.** (*fig*) nahe, nahe stehend; (*somigliante*) ähnlich; **un colore più ~ al rosso che al giallo** eine Farbe, die eher rot als gelb ist; **sentirsi ~ a qu** (*fig*) sich jdm nahe fühlen **II.** *m, f* Nachbar(in) *m(f)*

vicissitudini [vitʃissi'tu:dini] *fpl* Wechselfälle *mpl*

vicolo ['vi:kolo] *m* Gasse *f*

video ['vi:deo] **I.** <-> *m* Video *n* **II.** <inv> *agg* Video-, video-

video- [video] (*in parole composte*) Video-; **videoamatore, -trice** [videoama'to:re] *m, f* Amateurfilmer(in) *m(f);* **videocamera** [video'ka:mera] *f* Videokamera *f;* **videocassetta** [videokas'setta] *f* Videokassette *f;* **videocitofono** [videotʃi'tɔ:fono] *m* Videosprechanlage *f;* **videoclip** [video'klip] <-> *m* Videoclip *m;* **videoconferenza** [videokonfe'rɛntsa] *f* Videokonferenz *f;* **videocontrollo** [videokon'trɔllo] *m* Fernsehüberwachung *f;* **videodipendente** [videodipen'dɛnte] *agg* fernsehabhängig; **videogioco** [video'dʒɔ:ko] *m* Videospiel *n;* **videoinformazione** [videoinformat'tsio:ne] *f* Bildschirmtextsystem *n;* **videomusica** [video'mu:zika] *f* Videomusik *f;* **videonastro** [video'nastro] *m* Videokassette *f;* **videopirateria** [videopirate'ria] *f* Video-Piraterie *f;* **videoproiettore** [videoproiet'to:re] *m* Fernsehprojektor *m;* **videoproiezione** [videoproiet'tsio:ne] *f* Abspielen *n* von Videokassetten; **videoregistrare** [videoredʒis'tra:re] *vt* auf Video aufnehmen; **videoregistratore** [videoredʒistra'to:re] *m* Videorecorder *m;* **videoregistrazione** [videoredʒistrat'tsio:ne] *f* Bildaufzeichnung *f;* **videoripresa** [videori'pre:sa] *f* Videofilm *m,* Video *n;* **videoscrittura** [videoskrit'tu:ra] *f* (INFORM) Textverarbeitung *f;* **sistema di ~** Textverarbeitungssystem *n;* **videosegnale** [videoseɲ'ɲa:le] *m* Videosignal(gemisch) *n;* **videosistema** [videosis'tɛ:ma] *m* **1.** (*registrazione*) Videosystem *n* **2.** (INFORM) Bildschirmsystem *n;* **~ di scrittura** Bildschirmtextsystem *n;* **videotabellone** [videotabel'lo:ne] *m* (elektronische) Anzeigetafel *f;* **videotape** ['videoteip] <-> *m* **1.** (*nastro magnetico*) Videotape *n* **2.** (*videoregistrazione*) Videoaufzeichnung *f;* **videoteca** [video'tɛ:ka] <-che> *f* Videothek *f*

Videotel® [video'tɛl] <-> *m* Bildschirmtext *m*

videotelefono [videote'lɛ:fono] *m* (TEL) Bildtelefon *n;* **videoterminale** [videotermi'na:le] *m* (Daten)sichtgerät *n*

Videotex® [video'tɛks] <-> *m* Bildschirmtext *m;* Videotext *m*

videotext [video'tekst] <-> *m* Videotext *m;* **videotrasmettere** [videotraz'mettere] <irr> *vt* (in Bildern) übertragen; **videotrasmissione** [videotrazmis'sio:ne] *f* Bildübertragung *f*

vidi ['vi:di] *1. pers sing pass rem di* **vedere**[1]

vidimare [vidi'ma:re] *vt* (ADM) mit einem Sichtvermerk versehen

viene, vieni ['viɛ:ne, 'viɛ:ni] *3. e 2. pers sing pr di* **venire**

Vienna ['viɛnna] *f* Wien *n*

vietare [vie'ta:re] *vt* verbieten; (**è**) **vietato fumare/sporgersi dai finestrini** Rauchen/Hinauslehnen verboten; **vietato l'ingresso** Eintritt verboten; **sosta vietata** Parken verboten

Vietnam [viet'nam] *m* **il ~** Vietnam *n;* **vietnamita** [vietna'mi:ta] <-i *m,* -e *f*> **I.** *agg* vietnamesisch **II.** *mf* Vietnamese *m,* Vietnamesin *f*

vig. *abbr di* **vigente** glt.

vigente [vi'dʒɛnte] *agg* (JUR) geltend

vigere ['viːdʒere] <*usato solo nelle terze persone sing e pl*> *vi* gelten, in Kraft sein

vigilanza [vidʒi'lantsa] *f* Überwachung *f*

vigilare [vidʒi'laːre] **I.** *vt* überwachen **II.** *vi* wachen; **vigilato, -a** [vidʒi'laːto] **I.** *agg* (JUR) beaufsichtigt **II.** *m, f* (JUR) unter Polizeiaufsicht Stehende(r) *f(m)*; **vigile** ['viːdʒile] **I.** *agg* wachsam, wachend **II.** *mf* Polizist *m*, Wachmann *m A*; **-i del fuoco** Feuerwehr *f*

> Die **vigili urbani** sind eine städtische Polizeieinheit, deren Einsatzgebiet der Comune ist. Zu ihren Aufgaben gehört es, dafür zu sorgen, dass die Gesetze für Verkehr, öffentliche Einrichtungen und Handel eingehalten werden.

vigilessa [vidʒi'lessa] *f* Politesse *f*

vigilia [vi'dʒiːlia] <-ie> *f* Vortag *m*, Vorabend *m*

vigliaccheria [viʎʎakke'riːa] <-ie> *f* (*pej*) Feigheit *f*; (*cattiveria*) Gemeinheit *f*; **vigliacco, -a** [viʎ'ʎakko] <-cchi, -cche> **I.** *agg* (*pej*) feige; (*cattivo*) gemein **II.** *m, f* (*pej*) Feigling *m*; (*cattivo*) Schuft *m*

vigna ['viɲɲa] *f* Weinberg *m*; **vigneto** [viɲ'ɲeːto] *m* Weinberg *m*

vignetta [viɲ'ɲetta] *f* Karikatur *f*

vigore [vi'goːre] *m* Kraft *f*; **vigoroso, -a** [vigo'roːso] *agg* kräftig, kraftvoll

vile ['viːle] **I.** *agg* gemein, niederträchtig; (*codardo*) feige **II.** *mf* gemeiner Mensch; (*codardo*) Feigling *m*

vilipendere <vilipendo, vilipesi, vilipeso> *vt* verhöhnen, beschimpfen; **vilipendio** [vili'pɛndio] <-i> *m* (JUR) Verunglimpfung *f*

vilipesi [vili'peːsi] *1. pers sing pass rem di* **vilipendere**

vilipeso [vili'peːso] *pp di* **vilipendere**

villa ['villa] *f* Villa *f*

Villaco [vil'laːko] *f* Villach *n*

villaggio [vil'laddʒo] <-ggi> *m* Dorf *n*

villano, -a [vil'laːno] (*pej*) **I.** *agg* ungehobelt **II.** *m, f* Grobian *m*

villeggiare [villed'dʒaːre] *vi* Urlaub machen; **villeggiatura** [villeddʒa'tuːra] *f* (Sommer)urlaub *m*

villetta [vil'letta] *f* Haus *n* mit Garten; ~ **a schiera** Reihenhaus *n*

villino [vil'liːno] *m* kleine Villa

villoso, -a [vil'loːso] *agg* behaart, haarig

viltà [vil'ta] <-> *f* Gemeinheit *f*; (*codardia*) Feigheit *f*

> Das **Viminale**, das nach seinem Standort auf einem der sieben Hügel Roms benannt wurde, ist der Sitz des Innenministeriums.

vimine ['viːmine] *m* Weidengerte *f*; **mobili di -i** Korbmöbel *npl*

vincere ['vintʃere] <vinco, vinsi, vinto> **I.** *vt* **1.** (*guerra, gara, elezioni*) gewinnen; (*nemico*) besiegen **2.** (*fig: difficoltà, ostacolo*) überwinden; (*passione*) bezwingen **II.** *vi* siegen, gewinnen **III.** *vr* **-rsi** sich überwinden

vincita ['vintʃita] *f* **1.** (*vittoria*) Sieg *m* **2.** (COM) Gewinn *m*; **vincitore, -trice** [vintʃi'toːre] **I.** *agg* siegreich, Sieger- **II.** *m, f* Gewinner(in) *m(f)*; (MIL, SPORT) Sieger(in) *m(f)*

vincolante [viŋko'lante] *agg* bindend, verbindlich

vincolare [viŋko'laːre] *vt* **1.** (*fig*) binden **2.** (COM, FIN: *somma*) fest anlegen

vincolo ['viŋkolo] *m* **1.** (*fig*) Band *n* **2.** (JUR, TEC) Bindung *f*

vinicolo, -a [vi'niːkolo] *agg* Weinbau-, Wein-

vino ['viːno] *m* Wein *m*; ~ **bianco/rosso** [*o* **nero**] Weiß-/Rotwein *m*; ~ **rosato** Rosé(wein) *m*

vinsi ['vinsi] *1. pers sing pass rem di* **vincere**

vinto, -a ['vinto] **I.** *pp di* **vincere** **II.** *agg* (*battaglia*) gewonnen; (*nemico*) besiegt

viola[1] [vi'ɔːla] *f* **1.** (BOT) Veilchen *n*; ~ **del pensiero** Stiefmütterchen *n* **2.** (MUS) Viola *f*

viola[2] **I.** <inv> *agg* veilchenblau **II.** <-> *m* Veilchenblau *n*

violaceo, -a [vio'laːtʃeo] *agg* violett

violare [vio'laːre] *vt* **1.** (*legge*) verletzen; (*promessa, fedeltà*) brechen **2.** (*chiesa*) entweihen **3.** (*donna*) vergewaltigen; **violazione** [violat'tsioːne] *f* **1.** (*legge*) Verletzung *f*; (*di promessa*) Bruch *m* **2.** (*di chiesa*) Entweihung *f*

violentare [violen'taːre] *vt* (*a fig*) vergewaltigen

violento, -a [vio'lɛnto] **I.** *agg* **1.** (*persona*) gewalttätig **2.** (*fig: tempesta, sommossa*) heftig, schwer; (*passione*) ungestüm **3.** (*pej: rapina, morte*) gewaltsam **II.** *m, f* gewalttätiger Mensch; **violenza** [vio'lɛntsa] *f* **1.** (*brutalità*) Gewalt *f;* (*azione*) Gewalttätigkeit *f* **2.** (*fig: di tempesta*) Heftigkeit *f;* (*di passione*) Ungestüm *n*

violetto [vio'letto] *m* Violett *n*

violetto, -a *agg* violett

violinista [violi'nista] <-i *m*, -e *f*> *mf* Geiger(in) *m(f);* **violino** [vio'li:no] *m* Geige *f*, Violine *f*

violista [vio'lista] <-i *m*, -e *f*> *mf* Bratschen-, Violaspieler(in) *m(f)*

violoncellista [violontʃel'lista] <-i *m*, -e *f*> *mf* Cellist(in) *m(f)*

violoncello [violon'tʃɛllo] *m* Cello *n*

viottola [vi'ɔttola] *f*, **viottolo** [vi'ɔttolo] *m* Pfad *m*

vipera ['vi:pera] *f* Viper *f*

viraggio [vi'raddʒo] <-ggi> *m* Abdrehen *n*

virale [vi'ra:le] *agg* Virus-, viral

virare [vi'ra:re] **I.** *vt* wenden **II.** *vi* abdrehen

virgola ['virgola] *f* Komma *n*, Beistrich *m A;* **virgolette** [virgo'lette] *fpl* Anführungszeichen *npl*

virile [vi'ri:le] *agg* **1.** (*maschile*) männlich **2.** (*fig: forte*) mannhaft; **virilità** [virili'ta] <-> *f* (*fig*) Männlichkeit *f;* (*coraggio*) Mannhaftigkeit *f*

virtù [vir'tu] <-> *f* **1.** (*disposizione morale*) Tugend *f* **2.** (*fig: potere, qualità*) Kraft *f;* **in ~ di** kraft *+gen*

virtuale [virtu'a:le] *agg* **1.** (*ipotetico*) potentiell, möglich **2.** (INFORM) virtuell; **spazio ~** virtueller Raum

virtuosismo [virtuo'sizmo] *m* **1.** (*di artista*) Virtuosität *f* **2.** (*pej*) Beifallheischerei *f;* **virtuoso, -a** [virtu'o:so] **I.** *agg* tugendhaft **II.** *m, f* (MUS) Virtuose *m*, Virtuosin *f*

virulento, -a [viru'lɛnto] *agg* (MED) ansteckend

virus ['vi:rus] <-> *m* Virus *m o n*

viscere¹ ['viʃʃere] *m* (ANAT) inneres Organ

viscere² *fpl* **1.** (ZOO) Eingeweide *npl* **2.** (*fig*) Innere(s) *n*

vischio ['viskio] <-schi> *m* Mistel *f*

vischioso, -a [vis'kio:so] *agg* klebrig

viscido, -a ['viʃʃido] *agg* **1.** (*sostanza*) klebrig **2.** (*fig, pej: persona*) schleimig

viscoso, -a [vis'ko:so] *agg* zähflüssig

visibile [vi'zi:bile] *agg* sichtbar

visibilio [vizi'bi:lio] <-i> *m* (*fam*) Unmenge *f;* **andare in ~** (*fig*) ganz begeistert sein

visibilità [vizibili'ta] <-> *f* Sicht *f*

visiera [vi'ziɛ:ra] *f* **1.** (*dell'elmo*) Visier *n* **2.** (*di berretto*) Schirm *m*

visionario, -a [vizio'na:rio] <-i, -ie> **I.** *agg* **1.** (PSYCH) Trugbild-, halluzinatorisch **2.** (REL) Erscheinungs-, visionär **II.** *m, f* **1.** (PSYCH) Halluzinant(in) *m(f)* **2.** (REL) Seher(in) *m(f)*

visione [vi'zio:ne] *f* **1.** (*atto, capacità del vedere*) Sehen *n* **2.** (*apparizione*) Erscheinung *f* **3.** (FILM) Vorführung *f* **4.** (PSYCH) Halluzination *f*

visita ['vi:zita] *f* **1.** (*gener*) Besuch *m;* **far ~ a qu** jdn besuchen **2.** (*di città, museo*) Besichtigung *f* **3.** (MED) Untersuchung *f;* **visitare** [vizi'ta:re] *vt* **1.** (*gener*) besuchen **2.** (*città, museo*) besichtigen **3.** (MED) untersuchen; **visitatore, -trice** [vizita'to:re] *m, f* Besucher(in) *m(f)*

visivo, -a [vi'zi:vo] *agg* visuell, Blick-

viso ['vi:zo] *m* Gesicht *n*

visone [vi'zo:ne] *m* Nerz *m*

vispo, -a ['vispo] *agg* aufgeweckt, lebhaft

vissi ['vissi] *1. pers sing pass rem di* **vivere¹**

vissuto, -a [vis'su:to] **I.** *pp di* **vivere¹** **II.** *agg* erfahren, reif

vista ['vista] *f* **1.** (*facoltà*) Sicht *f;* **a ~ d'occhio** soweit das Auge reicht; **conoscere qu di ~** jdn vom Sehen kennen; **in ~ di** in Hinblick auf *+acc;* **dal mio punto di ~** (*fig*) aus meiner Sicht **2.** (*spettacolo*) (Aus)sicht *f;* **una camera con ~ sul mare** ein Zimmer mit Blick aufs Meer

vistare [vis'ta:re] *vt* mit einem Sichtvermerk versehen

visto ['visto] *m* (ADM) Sichtvermerk *m;* (*permesso*) Visum *n*

visto, -a **I.** *pp di* **vedere¹** **II.** *agg* gesehen; **essere ben/mal ~** gern/ungern gesehen sein; **mai ~** einmalig, unglaublich

vistoso, -a [vis'to:so] *agg* **1.** (*sgargiante*) auffällig **2.** (*fig: ingente*) beachtlich

visuale [vizu'a:le] **I.** *agg* Sicht-, visuell; (*angolo*) Blick- **II.** *f* (*veduta*) (Aus)sicht *f*

visualizzare [vizualid'dza:re] *vt* graphisch darstellen; (*fig*) veranschaulichen; (**comando**) **visualizza** (*computer*) Ansicht *f;* **visualizzatore** [vizualiddza'to:re] *m* (INFORM) Datensichtgerät *n;* **~ alfanumeri-**

co/grafico Datensichtgerät *n* mit alphanumerischer/grafischer Anzeige; **visualizzazione** [vizualiddzat'tsio:ne] *f* **1.** (*operazione di rendere visibile qc*) Visualisierung *f* **2.** (*computer*) Ansicht *f*

vita ['vi:ta] *f* **1.** (BIOL) Leben *n* **2.** (LIT) Biografie *f* **3.** (ANAT) Taille *f*

vitale [vi'ta:le] *agg* lebenswichtig, Lebens-; **vitalità** [vitali'ta] <-> *f* Lebenskraft *f*

vitalizio [vita'littsio] <-i> *m* Rente *f* auf Lebenszeit

vitalizio, -a <-i, -ie> *agg* lebenslänglich

vitamina [vita'mi:na] *f* Vitamin *n*

vite ['vi:te] *f* **1.** (BOT) Weinrebe *f* **2.** (TEC) Schraube *f*

vitello [vi'tɛllo] *m* **1.** (ZOO) Kalb *n* **2.** (GASTR) Kalbfleisch *n* **3.** (*pelle*) Kalbsleder *n* **4.** (BIOL) Deutoplasma *n*; **vitellone** [vitel'lo:ne] *m* **1.** (ZOO) Jungochse *m* **2.** (*fig, pej*) Nichtsnutz *m*

viterbese **I.** *agg* aus Viterbo **II.** *mf* Einwohner(in) *m(f)* von Viterbo

Viterbo *f Stadt in Latium*

viticcio [vi'tittʃo] <-cci> *m* **1.** (BOT) Ranke(npflanze) *f* **2.** (*motivo ornamentale*) Rankenornament *n*

viticoltore, viticultore, -trice [vitikol'to:re, vitikul'to:re] *m, f* Winzer(in) *m(f)*; **viticoltura, viticultura** [vitikol'tu:ra, vitikul'tu:ra] *f* Weinbau *m*

vitreo ['vi:treo] *m* Glaskörper *m*

vitreo, -a *agg* **1.** (*di vetro*) gläsern, Glas-; (*trasparente*) durchsichtig **2.** (*simile al vetro*) glasartig, glasig

vittima ['vittima] *f* Opfer *n*

vitto ['vitto] *m* Kost *f*, Verpflegung *f*

vittoria [vit'tɔ:ria] <-ie> *f* Sieg *m*

vittorioso, -a [vitto'rio:so] *agg* siegreich, Sieger-

vituperio [vitu'pɛ:rio] <-i> *m* Beschimpfung *f*

viva ['vi:va] *int* es lebe, hoch lebe

vivace [vi'va:tʃe] *agg* lebhaft, resch *A, südd*; (MUS) vivace; **vivacità** [vivatʃi'ta] <-> *f* Lebhaftigkeit *f*

vivaio [vi'va:io] <-ai> *m* **1.** (AGR) Baumschule *f* **2.** (*di pesci*) Fischteich *m*

vivanda [vi'vanda] *f* Speise *f*

vivente [vi'vɛnte] **I.** *agg* lebend, Lebe- **II.** *m* Lebende(r) *f(m)*

vivere¹ ['vi:vere] <vivo, vissi, vissuto> **I.** *vi essere* **1.** (*gener*) leben; **~ in campagna/città/all'estero** auf dem Land/in der Stadt/im Ausland leben; **vivi e lascia ~!** leben und leben lassen; **chi vivrà, vedrà** (*prov*) abwarten und Tee trinken *fam* **2.** (*fig*) (weiter)leben **II.** *vt* leben; (*passare*) erleben

vivere² *m* Leben *n*

viveri ['vi:veri] *mpl* Lebensmittel *npl*

vivibile [vi'vi:bile] *agg* menschenwürdig, menschengerecht

vivificare [vivifi'ka:re] *vt* **1.** (*rendere vivo*) beleben **2.** (*fig*) erfrischen, beleben

vivisezione [viviset'tsio:ne] *f* (ZOO) Vivisektion *f*

vivo ['vi:vo] *m* **1.** *pl* Lebende(n), Lebendige(n) *pl* **2.** (RADIO, TV) **trasmissione dal ~** Live-Übertragung *f*; **dal ~** naturgetreu

vivo, -a *agg* **1.** (*vivente*) lebend, lebendig; (*lingua*) lebend; **essere ancora ~** noch leben; **farsi ~** sich melden **2.** (*fig: sentimenti*) stark, lebhaft; (*compassione*) tief **3.** (*luce*) grell; (*carne*) roh **4.** (*nelle lettere*) **vivissimi auguri** (aller)herzlichste Glückwünsche

viziare [vit'tsia:re] *vt* **1.** (*persone*) verwöhnen **2.** (JUR) ungültig machen; **viziato, -a** [vit'tsia:to] *agg* **1.** (*persona*) verwöhnt, verzogen **2.** (JUR) ungültig

vizio ['vittsio] <-i> *m* Laster *n*; **vizioso, -a** [vit'tsio:so] **I.** *agg* **1.** (*persone, atti*) lasterhaft **2.** (*errato*) fehlerhaft, Fehl-; **circolo ~** Teufelskreis *m* **II.** *m, f* lasterhafter Mensch

vocabolario [vokabo'la:rio] <-i> *m* **1.** (*dizionario*) Wörterbuch *n* **2.** (*lessico*) Wortschatz *m*; **vocabolo** [vo'ka:bolo] *m* Wort *n*, Vokabel *f*

vocale [vo'ka:le] **I.** *agg* **1.** (ANAT) Sprach- **2.** (MUS) Vokal- **II.** *f* (LING) Vokal *m*

vocativo [voka'ti:vo] *m* Vokativ *m*

vocativo, -a *agg* Vokativ-, Anrede-

vocazione [vokat'tsio:ne] *f* **1.** (REL) Berufung *f* **2.** (*fig*) Veranlagung *f*

voce ['vo:tʃe] *f* **1.** (*gener,* MUS) Stimme *f*; (*fig*) Klang *m*; **a bassa ~** leise **2.** (*forma grammaticale*) Form *f* **3.** (LING: *lemma*) Stichwort *n* **4.** (*su lista*) Posten *m*

vociare¹ [vo'tʃa:re] *vi* (*fam*) krakeelen

vociare² <-> *m* Geschrei *n*

voga ['vo:ga] <-ghe> *f* **1.** (*moda, usanza*) Mode *f*; **essere in ~** in Mode sein **2.** (NAUT) Rudern *n*

vogare [vo'ga:re] *vi* rudern

voglia ['vɔʎʎa] <-glie> *f* **1.** (*desiderio*) Lust *f*; **aver ~ di fare qc** Lust haben etw zu

V

tun **2.** (*fam: macchia della pelle*) Muttermal *n*

voglio ['vɔʎʎo] *1. pers sing pr di* **volere**[1]

voi ['vo:i] *pron pers* **1.** *2. pers pl* (*soggetto*) ihr; (*oggetto*) euch; (*con preposizione*) euch, eurer **2.** (*forma di cortesia: Voi*) Sie; (*oggetto*) Ihnen; (*con preposizione*) Sie, Ihnen, Ihrer; **voialtri** [vo'ialtri] *pron* ihr, ihr eurerseits

volano [vo'la:no] *m* **1.** (SPORT) Federball *m* **2.** (TEC) Schwungrad *n*

volante [vo'lante] **I.** *agg* (*che vola*) fliegend **II.** *f* (*polizia*) mobiles Einsatzkommando **III.** *m* Lenkrad *n*

volantino [volan'ti:no] *m* Flugblatt *n*, Flugzettel *m A*

volare [vo'la:re] *vi essere o avere* **1.** (*nell'aria*) fliegen **2.** (*fig: veicolo*) sausen; (*persona*) eilen; (*tempo*) verfliegen; **volata** [vo'la:ta] *f* **1.** (*fam: corsa veloce*) schnelle Fahrt **2.** (SPORT) (End)spurt *m*

volatile [vo'la:tile] **I.** *agg* **1.** (CHEM) flüchtig **2.** (ZOO) fliegend, Flug- **II.** *m* Vogel *m*

vol-au-vent [vɔlo'vã] <-> *m* ≈ (Königin)pastete *f*

volenteroso, **-a** [volente'ro:so] *agg* (bereit)willig

volentieri [volen'tiɛ:ri] *avv* gern(e)

volere[1] [vo'le:re] <voglio, volli, voluto> **I.** *vt* **1.** (*gener*) wollen **2.** (*desiderare*) wünschen; (*gradire*) mögen; **come/quando vuoi** wie/wann du willst **3.** (*pretendere*) verlangen; **questo verbo vuole il congiuntivo** dieses Verb verlangt den Konjunktiv; **ti vogliono al telefono** du wirst am Telefon verlangt **4.** (*chiedere un prezzo*) haben wollen, verlangen; **quanto vuole per** [*o* **di**] **...?** wie viel verlangen Sie für ...? **5.** (*richiedere*) brauchen, fordern; (*avere bisogno*) brauchen; **ci vuole/ci vogliono ...** es ist/sind ... nötig, man braucht ...; **quanto ci vuole per andare a Monaco?** wie lange braucht man bis München? **6.** (*loc*) ~ **dire** bedeuten; ~ **bene a qu** jdn gern haben **II.** *vr* **-rsi bene** sich gern haben, sich lieben

volere[2] *m* Wille *m*

Volga ['vɔlga] *m o f* Wolga *f*

volgare [vol'ga:re] **I.** *agg* **1.** (LING) vulgär, Volks- **2.** (*pej*) ordinär **II.** *mf* vulgärer Mensch **III.** *m* Vulgärsprache *f*; **volgarità** [volgari'ta] <-> *f* Vulgarität *f*; **volgarizzare** [volgarid'dza:re] *vt* allgemeinverständlich darstellen

volgere[1] ['vɔldʒere] <volgo, volsi, volto> **I.** *vt* **1.** (*dirigere*) wenden, richten **2.** (*voltare*) ab-, zukehren **II.** *vi* **1.** (*strada*) ~ **a destra/sinistra** nach rechts/links abbiegen **2.** (*persone*) sich abwenden **3.** (*avvicinarsi*) sich nähern **III.** *vr* **-rsi** sich wenden, sich drehen; **-rsi verso qu** sich jdm zuwenden; **il tempo si volge al brutto** das Wetter wird schlecht

volgere[2] *m* Verlauf *m*

volgo ['volgo] <-ghi> *m* Volk *n*

voliera [vo'liɛ:ra] *f* Vogelhaus *n*

volli ['vɔlli] *1. pers sing pass rem di* **volere**[1]

volo ['vo:lo] *m* Flug *m*; (*atto*) Fliegen *n*; (*caduta*) Fall *m*; ~ **notturno** Nachtflug *m*; **palla a** ~ Volleyball *n*; **al** ~ im Nu, sofort

volontà [volon'ta] <-> *f* Wille *m*; **volontariato** [volonta'ria:to] *m* **1.** (*prestazione di lavoro*) Volontariat *n* **2.** (MIL) freiwilliger Wehrdienst; **volontario**, **-a** [volon'ta:rio] <-i, -ie> **I.** *agg* freiwillig; (ANAT) willkürlich **II.** *m, f* Volontär(in) *m(f)*; (MIL) Freiwillige(r) *f(m)*

volpe ['volpe] *f* Fuchs *m*

volsi ['vɔlsi] *1. pers sing pass rem di* **volgere**[1]

volt [vɔlt] <-> *m* Volt *n*

volta ['vɔlta] *f* **1.** (*momento, circostanza*) Mal *n*; (*turno*) Reihe *f*, Mal *n*; **una** ~ einmal; **una** ~ **tanto** ab und zu, gelegentlich; **una** ~ **per tutte** ein für allemal; **un'altra** ~ ein andermal; **un po' alla** ~ nach und nach; **uno per** ~ jeweils einer **2.** (*giro*) Drehung *f*; (*svolta*) Biegung *f*; **dar di** ~ **il cervello** (*fam*) durchdrehen **3.** (ARCH) Gewölbe *n*

voltafaccia [volta'fattʃa] <-> *m* (*a fig*) Kehrtwendung *f*

voltaggio [vol'taddʒo] <-ggi> *m* Spannung *f*

voltare [vol'ta:re] **I.** *vt* **1.** (*girare*) wenden; ~ **pagina** umblättern; ~ **le spalle a qu** jdm den Rücken (zu)kehren **2.** (*angolo*) biegen um **II.** *vi* abbiegen; ~ **a destra/sinistra** nach rechts/links abbiegen **III.** *vr* **-rsi** sich umdrehen

voltastomaco [voltas'tɔ:mako] <-chi> *m* Übelkeit *f*; **ho il** ~ mir ist übel; **mi dà il** ~ (*fig*) das dreht mir den Magen um

volteggiare [volted'dʒa:re] *vi* **1.** (*volare*) kreisen **2.** (SPORT) voltigieren

volto ['volto] *m* Gesicht *n*
volto, -a ['vɔlto] **I.** *pp di* **volgere**[1] **II.** *agg* gewendet, (um)gedreht
voltura [vol'tu:ra] *f* Ummeldung *f*
volubile [vo'lu:bile] *agg* unbeständig
volume [vo'lu:me] *m* **1.** (MAT) Volumen *n* **2.** (*fig* COM) Umfang *m* **3.** (*libro*) Band *m* **4.** (RADIO, TV) Lautstärke *f* **5.** (INFORM) Speichereinheit *f*
voluminoso, -a [volumi'no:so] *agg* (*oggetto*) umfangreich; (*persone*) groß und dick, voluminös
voluta [vo'lu:ta] *f* **1.** (ARCH) Volute *f* **2.** (*spira*) Windung *f*
voluto, -a [vo'lu:to] **I.** *pp di* **volere**[1] **II.** *agg* **1.** (*desiderato*) gewollt **2.** (*fig*) gekünstelt
voluttà [volut'ta] <-> *f* **1.** (*sessuale*) Sinnlichkeit *f* **2.** (*godimento*) Genuss *m*
voluttuoso, -a [voluttu'o:so] *agg* sinnlich
vomitare [vomi'ta:re] **I.** *vt* (er)brechen **II.** *vi* sich übergeben; **vomito** ['vɔ:mito] *m* (Er)brechen *n*
vongola ['voŋgola] *f* Venusmuschel *f*
vorace [vo'ra:tʃe] *agg* gefräßig; **voracità** [voratʃi'ta] <-> *f* Gefräßigkeit *f*
voragine [vo'ra:dʒine] *f* Erdloch *n*
vorrò [vor'rɔ] *1. pers sing futuro di* **volere**[1]
vortice ['vɔrtitʃe] *m* Wirbel *m*
vostro ['vɔstro] *m* **il** ~ das Eur(ig)e; (*forma di cortesia: Vostro*) das Ihr(ig)e; **i -i** die Euren *geh;* (*forma di cortesia: Vostro*) die Ihren *geh*
vostro, -a I. *agg* euer; (*forma di cortesia: Vostro*) Ihr **II.** *pron* **il ~, la -a** eure(r, s); (*forma di cortesia: Vostro*) Ihre(r, s)
votante [vo'tante] *mf* Wähler(in) *m(f)*
votare [vo'ta:re] **I.** *vt* **1.** (JUR) abstimmen über +*acc* **2.** (REL) weihen **II.** *vi* stimmen, wählen; (*mettere ai voti*) abstimmen **III.** *vr* **-rsi** (REL) sich weihen; **votazione** [votat'tsio:ne] *f* **1.** (JUR) Abstimmung *f;* (*dare il voto*) Stimmabgabe *f;* (*elezione*) Wahl *f* **2.** (*nell'insegnamento*) Benotung *f*
voto ['vo:to] *m* **1.** (REL) Gelöbnis *n* **2.** (JUR) Stimme *f;* **diritto di ~** Wahlrecht *n* **3.** (*nell'insegnamento*) Note *f*
v.r. *abbr di* **vedi retro** b. w.
vs., Vs. *abbr di* **vostro** ihr(e), Ihr(e)
vu cumprà [vukum'pra] <-> *mf* (*scherz o pej*) *fliegende(r) Händler(in), meist nordafrikanischer Herkunft*
vulcanico, -a [vul'ka:niko] <-ci, -che> *agg* vulkanisch, Vulkan-
vulcano [vul'ka:no] *m* Vulkan *m*
vulnerabile [vulne'ra:bile] *agg* verwundbar, verletzbar
vuoi, vuole ['vuɔ:i, 'vuɔ:le] *2. e 3. pers sing pr di* **volere**[1]
vuotare [vuo'ta:re] **I.** *vt* (aus)leeren **II.** *vr* **-rsi** sich leeren
vuoto ['vuɔ:to] *m* **1.** (PHYS) Vakuum *n;* **sotto ~ spinto** vakuumverpackt **2.** (*spazio*) Leere *f* **3.** (*recipiente*) Leergut *n;* **~ a perdere** Einwegflasche *f* **4.** (*fig*) Loch *n* **5.** (*loc*) **a ~** (FIN) ungedeckt; (TEC, MOT) im Leerlauf
vuoto, -a *agg* leer
Vurtemberga [vurtem'bɛrga] *f* Württemberg *n*

W

W, w [vu d'doppia] <-> *f* W, w *n;* **~ come Washington** W wie Wilhelm
W *abbr di* **watt** W
wagon-lit [vagɔ̃'li] <-> *m* Schlafwagen *m;* **wagon-restaurant** [vagɔ̃rɛstɔ'rã] <-> *m* Speisewagen *m*
walking ['wolking] <-> *m* (SPORT) Gehen *n*
walkman ['wɔ:kmən] <-> *m* Walkman *m*
watt [vat] <-> *m* Watt *n*
website <-> *m* (INFORM) Web-Site *f*
weekend [wi:'kɛnd] <-> *m* Wochenende *n;* **weekendista** [wiken'dista] <-i *m*, -e *f*> *mf* Wochenendurlauber(in) *m(f)*
welcome ['welkəm] *int* Willkommen!
whisky ['wiski] <-> *m* Whisky *m*
windsurf ['windsə:f] <-> *m* Windsurfen *n;* (*tavola*) Surfbrett *n;* **windsurfing** ['windsə:fiŋ] <-> *m* (SPORT) Windsurfen *n;* **windsurfista** [windser'fista] <-i *m*, -e *f*> *mf* (SPORT) Windsurfer(in) *m(f)*
word processing [wə:d 'prousesiŋ] <-> *m* (INFORM) Textverarbeitung *f;* **word processor** [wə:d 'prousesə] <-> *m* (INFORM) Textverarbeitungssystem *n*

workstation ['wə:k'steiʃən] <-> *f* (INFORM) Workstation *f*

World Wide Web <-> *m* (INFORM) World Wide Web *n*

würstel ['vʏrstəl] <-> *m* Würstchen *n*

WWF [vu'vuɛffe] *m abbr di* **World Wildlife Fund** WWF *m*

WWW [vu:vu'vu] *m abbr di* **World Wide Web** WWW *n*

X

X, x [iks] **I.** <-> *f* X, x *n;* ~ **come xilofono** X wie Xanthippe **II.** *agg* **il signor** ~ der Herr X; **l'ora/il giorno** ~ die Stunde/der Tag X

xenoecologia [ksenoekolo'dʒi:a] *f* ökologische Raumforschung; **xenoecologo, -a** [ksenoe'kɔ:logo] <-gi, -ghe> *m, f* Weltraumökologe, -ökologin *m, f*

xenofilia [ksenofi'li:a] <-ie> *f* Xenophilie *f;* **xenofilo, -a** [kse'nɔ:filo] **I.** *agg* xenophil **II.** *m, f* Xenophile(r) *f(m)*

xenofobia [ksenofo'bi:a] *f* Fremdenhass *m;* **xenofobo, -a** [kse'nɔ:fobo] **I.** *agg* ausländerfeindlich **II.** *m, f* Fremdenhasser(in) *m(f)*

xerocopia [ksero'kɔ:pia] *f* Xerokopie *f*

xerografia [kserogra'fi:a] *f* Xerographie *f;* **xerografico, -a** [ksero'gra:fiko] <-ci, -che> *agg* xerographisch

xilofonista [ksilofo'nista] <-i *m*, -e *f*> *mf* Xylophonspieler(in) *m(f);* **xilofono** [ksi'lɔ:fono] *m* Xylophon *n*

xilografia [ksilogra'fi:a] *f* **1.** (*arte*) Holzschneidekunst *f* **2.** (*copia*) Holzschnitt *m*

Y

Y, y ['ipsilon] <-> *f* Y, y *n;* ~ **come yacht** Y wie Ypsilon

yacht [jɔt] <-> *m* Jacht *f*

yeti ['iɛ:ti] *m* Yeti *m*

yoga ['jo:ga] **I.** <-> *m* Yoga *m o n* **II.** <inv> *agg* Yoga-

yogurt ['iɔ:gurt] <-> *m* Joghurt *m o n;* **yogurtiera** [iogur'tie:ra] *f* Jog(h)urtbereiter *m*

ypsilon ['ipsilon] <-> *f o m v.* **ipsilon**

Z

Z, z ['dzɛ:ta] <-> *f* Z, z *n;* ~ **come Zara** Z wie Zacharias

zabaione [dzaba'io:ne] *m Schaumcreme aus Ei, Zucker und Marsala*

zaffata [tsaf'fa:ta] *f* übelriechende Dunstwolke

zafferano [dzaffe'ra:no] *m* Safran *m*

zaffiro [dzaf'fi:ro] *m* Saphir *m*

Zagabria [dza'ga:bria] *f* Zagreb *n*

zaino ['dza:ino] *m* Rucksack *m*

zampa ['tsampa] *f* (*di cani, gatti*) Pfote *f;* (*di fiere*) Pranke *f;* **a quattro -e** auf allen vieren; **giù le -e!** Pfoten weg!

zampillare [tsampil'la:re] *vi essere o avere* heraussspritzen, -schießen; **zampillo** [tsam'pillo] *m* Strahl *m*

zampino [tsam'pi:no] *m* Pfötchen *n;* **mettere** [*o* **ficcare** *fam*] **lo** ~ **in qc** seine Hand bei etw im Spiel haben

zampogna [tsam'poɲɲa] *f* Sackpfeife *f*

zanna ['tsanna] *f* Stoßzahn *m*

zanzara [dzan'dza:ra] *f* (Stech)mücke *f,* Gelse *f A*

zappa ['tsappa] *f* Hacke *f;* **zappare**

[tsap'pa:re] *vt* (AGR) hacken
zapping ['zæpiŋ] <-> *m* Zappen *n;* **fare lo ~** zappen
zar [tsar] <-> *m,* **zarina** [tsa'ri:na] *f* Zar(in) *m(f)*
zattera ['tsattera] *f* Floß *n*
zavorra [dza'vɔrra] *f* Ballast *m*
zazzera ['tsattsera] *f* Mähne *f*
zebra ['dzɛ:bra] *f* **1.** (ZOO) Zebra *n* **2.** *pl* (*fam*) Zebrastreifen *m*
zecca ['tsekka] <-cche> *f* **1.** (*officina di conio*) Münzstätte *f* **2.** (ZOO) Zecke *f,* Zeck *m A, südd*
zelante [dze'lante] *agg* eifrig; **zelo** ['dzɛ:lo] *m* Eifer *m*
zenit ['dzɛ:nit] <-> *m* Zenit *m*
zenzero ['dzendzero] *m* Ingwer *m*
zeppa ['tseppa] *f* Keil *m*
zeppo, -a ['tseppo] *agg* (*fam*) **~ di** voll gestopft mit; **essere pieno ~** (*fam*) proppenvoll sein
zerbino [dzer'bi:no] *m* Fußabtreter *m*
zero ['dzɛ:ro] **I.** <-> *m* **1.** (*gener,* MAT) Null *f;* (*fig* PHYS) Nullpunkt *m;* **sopra/sotto ~** über/unter null; **essere ridotto a ~** (*fam*) völlig abgebrannt sein **2.** (*voto scolastico*) ≈ ungenügend, sechs **II.** *num* null; **l'ora ~** null Uhr, Mitternacht *f;* (*fig*) die Stunde Null
zeta ['dzɛ:ta] <-> *f v.* **Z, z**
zia ['tsi:a] <zie> *f* Tante *f*
zibaldone [dzibal'do:ne] *m* **1.** (LIT) Aphorismensammlung *f* **2.** (*pej*) Sammelsurium *n*
zibellino [dzibel'li:no] *m* Zobel *m*
zigano, -a [tsi'ga:no] **I.** *m, f* Zigeuner(in) *m(f)* **II.** *agg* Zigeuner-
zigomo ['dzi:goma] *m* Jochbogen *m*
zigzag, zig-zag [dzig'dzag] <-> *m* Zickzack *m*
zimbello [tsim'bɛllo] *m* (*fig*) Zielscheibe *f* des Spottes
zincare [tsiŋ'ka:re] *vt* verzinken
zinco ['tsiŋko] *m* Zink *n*
zingaro, -a ['tsiŋgaro] *m, f* Zigeuner(in) *m(f)*
zio ['tsi:o] <zii> *m* **1.** (*uomo*) Onkel *m* **2.** *pl* (*zio e zia*) Onkel und Tante
zippare [dzip'pa:re] *vt* (INFORM) zippen
zit(t)ella [tsi'tɛlla] *f* **1.** (*donna nubile*) ledige Frau **2.** (*pej*) alte Jungfer
zitto, -a ['tsitto] *agg* still, ruhig
zizzania [dzid'dza:nia] <-ie> *f* (*fig*) Unfrieden *m*
zoccolo ['tsɔkkolo] *m* **1.** (*calzatura*) Holzschuh *m* **2.** (ZOO) Huf *m* **3.** (*basamento*) Sockel *m*
zodiaco [dzo'di:ako] <-ci> *m* Tierkreis *m;* **i segni dello ~** die Tierkreiszeichen *npl*
zolfanello [tsolfa'nɛllo] *m* Zünd-, Streichholz *n*
zolfo ['tsolfo] *m* Schwefel *m*
zolla ['dzɔlla] *f* (Erd)scholle *f;* **zolletta** [dzol'letta] *f* Würfelchen *n,* Stückchen *n*
zona ['dzɔ:na] *f* **1.** (*striscia*) Streifen *m* **2.** (*regione*) Gebiet *n;* (GEOG) Region *f;* (*climatica*) Zone *f* **3.** (ADM: *rione*) Stadtbezirk *m;* **~ disco** (AUTO) blaue Zone; **~ pedonale** Fußgängerzone *f*
zonzo ['dzondzo] (*fam*) **andare a ~** bummeln gehen
zoo ['dzɔ:o] <-> *m* Zoo *m*
zoologia [dzoolo'dʒi:a] <-gie> *f* Zoologie *f,* Tierkunde *f;* **zoologico, -a** [dzoo'lɔ:dʒiko] <-ci, -che> *agg* zoologisch; **zoologo, -a** [dzo'ɔ:logo] <-gi, -ghe> *m, f* Zoologe, -login *m, f*
zootecnia [dzootek'ni:a] <-ie> *f* Viehzucht *f*
zoppicare [tsoppi'ka:re] *vi* **1.** (*persona*) hinken **2.** (*mobile*) wackeln **3.** (*fig fam: persona*) schwach sein; **zoppo, -a** ['tsɔppo] **I.** *m, f* Hinkende(r) *f(m)* **II.** *agg* hinkend
zotico, -a ['dzɔ:tiko] <-ci, -che> **I.** *agg* grob **II.** *m, f* Grobian *m*
zuavo, -a [dzu'a:vo] **I.** *agg* Zuaven-; **pantaloni alla -a** (Knie)bundhosen *fpl* **II.** *m, f* Zuave *m*
zucca ['tsukka] <-cche> *f* Kürbis *m;* **zuccata** [tsuk'ka:ta] *f* (*fam*) Stoß *m* mit dem Kopf
zuccherare [tsukke'ra:re] *vt* zuckern, süßen; **zuccheriera** [tsukke'riɛ:ra] *f* Zuckerdose *f;* **zuccherificio** [tsukkeri'fi:tʃo] <-ci> *m* Zuckerfabrik *f*
zuccherino [tsukke'ri:no] *m* **1.** (*pezzetto di zucchero*) Zuckerstück *n,* Zuckerl *n A, südd* **2.** (*fig*) Trostpflaster *n*
zuccherino, -a *agg* zuckerhaltig, Zucker-
zucchero ['tsukkero] *m* Zucker *m;* **zuccheroso, -a** [tsukke'ro:so] *agg* zuckersüß
zucchina [tsuk'ki:na] *f,* **zucchino** [tsuk'ki:no] *m* Zucchino *m;* **-e** (GASTR) Zucchini *mpl*
zuccone, -a *m, f* (*fam fig*) Hohlkopf *m;* (*testardo*) Dickkopf *m*

zuffa ['tsuffa] *f* Rauferei *f*

zumare [dzu'ma:re] **I.** *vi* (FILM, TV) zoomen; ~ **su un particolare** ein Detail zoomen **II.** *vt* (FILM, TV, FOTO) heranzoomen; **zumata** [dzu'ma:ta] *f* (FILM, TV) Zoomen *n*

zuppa ['tsuppa] *f* (GASTR) Suppe *f;* ~ **inglese** *Süßspeise aus verschiedenen Cremeschichten und mit Likör getränkten Biskuitböden;* **zuppiera** [tsup'piɛ:ra] *f* Suppenschüssel *f*

zuppo, -a ['tsuppo] *agg* (*fam*) klatschnass

Zurigo [dzu'ri:go] *m* (*cantone*) Zürich *n;* (*città*) Zürich *n*

Anhang I

Appendice I

Privatkorrespondenz
Corrispondenza privata

An das Verkehrsamt: Anforderung von Prospekten

P. Unger
Schneiderstr. 6
28717 Bremen

An das
Verkehrsamt
Postfach 66 38 92
82211 Herrsching

Bremen, den 2.2.2001

Sehr geehrte Damen und Herren,

wir möchten in diesem Sommer unseren Urlaub am Ammersee verbringen und bitten Sie um Zusendung eines Hotelverzeichnisses und weiterer Informationsmaterialien.

Für Ihre Bemühungen danken wir Ihnen im Voraus.

Mit freundlichen Grüßen

Peter Unger

Wir bitten um Zusendung von …	*Vi saremmo grati se ci inviaste …*
Für Ihre Bemühungen danken wir Ihnen im Voraus.	*Vi ringraziamo anticipatamente.*

All'Ente per il Turismo: richiesta di dèpliants

Mario Rossi
via Venezia, 15
15100 Alessandria

12 febbraio 2001

Ente per il Turismo
Piazza Garibaldi 1

01100 Viterbo

Desiderando trascorrere nel mese di luglio le vacanze nella Vostra regione Vi sarei grato se voleste inviarmi del materiale informativo sui luoghi turistici e sugli alberghi.

Vi ringrazio in anticipo e porgo distinti saluti

Mario Rossi

Desidero trascorrere le vacanze ...	*Ich möchte meinen Urlaub ... verbringen*
... inviare del materiale informativo	*... Prospekte zuschicken*

Ein Hotelzimmer reservieren

Sehr geehrte Frau Malo,

vielen Dank für Ihren freundlichen Brief vom 17. Juni sowie den Prospekt, der uns einen Einblick in ihr Haus gegeben hat. Alle Clubmitglieder waren begeistert.

Entsprechend Ihrer Preisliste bitten wir Sie um die Reservierung von:

4 Doppelzimmern mit Dusche und WC,
4 Einzelzimmern mit Dusche und WC.

Wir gehen davon aus, dass sich die Preise jeweils auf die Übernachtung mit Frühstück beziehen.

Wir werden voraussichtlich am 2. Oktober gegen 14 Uhr eintreffen. Beiliegend schicken wir Ihnen die genaue Teilnehmerliste.

Wir freuen uns auf unseren Aufenthalt und danken Ihnen für Ihre Mühe.

Mit freundlichen Grüßen

Monika Ottke

… hat uns einen Einblick in Ihr Haus gegeben	*… ci ha dato un'idea del vostro albergo*
Wir werden voraussichtlich am … eintreffen.	*Intendiamo arrivare il …*

Prenotare una camera d'albergo

Gentile Signor Ricci,

La ringrazio per l'invio del dèpliant con le informazioni dettagliate sulle condizioni di soggiorno nel Suo albergo.

Desidero prenotare due stanze con doccia, una matrimoniale e una doppia, trattamento mezza pensione, dal 2 al 15 luglio incluso.

In attesa di una Sua conferma La ringrazio in anticipo e Le porgo distinti saluti.

Mario Rossi

il dépliant con le informazioni dettagliate	*Ihr Faltblatt, das mich über alle Einzelheiten informiert.*
Desidero prenotare …	*Ich bitte Sie, … zu reservieren.*

Auskünfte über eine Ferienwohnung einholen

Sehr geehrte Frau Schober,

das Informationsmaterial des Fremdenverkehrsbüros mit der Beschreibung der Ferienunterkünfte in Ihrer Region hat uns auf die von Ihnen vermieteten Ferienwohnungen aufmerksam gemacht.

Wir würden gerne die Wohnung für fünf Personen ab dem 15. Juli für drei Wochen mieten, haben aber zuvor noch einige Fragen.

Besteht die Möglichkeit in der Woche anzureisen und die Wohnung für 21 Tage von Mittwoch bis Dienstag zu nehmen? Können Sie uns bitte mitteilen, ob die Endreinigung im Preis inbegriffen ist und ob bzw. in welcher Höhe Sie vor der Anreise eine Anzahlung wünschen? Wird Bettwäsche zur Verfügung gestellt? Und ist Hundehaltung – wir haben einen Dackel – in der Wohnung erlaubt?

Mit freundlichen Grüßen

B. und H. Göckritz

das Informationsmaterial des Fremdenverkehrsbüros	*le informazioni che ci ha invitao l'Ente per il Turismo*
die von Ihnen vermieteten Ferienwohnungen	*l'appartamento che affittate*
Besteht die Möglichkeit in der Woche anzureisen?	*Possiamo arrivare infrasettimanalmente?*
Ist die Endreinigung im Preis inbegriffen?	*È compresa nel prezzo la pulizia finale dell'appartamento?*
Ist Hundehaltung erlaubt?	*Sono ammessi i cani?*

Richiedere informazioni su un appartamento per le vacanze

Gentile Signora Ludovici,

l'Ente per il Turismo mi ha inviato una lista con relative descrizioni sulle case e sugli appartamenti della Vostra regione.

Sono particolarmente interessato all'appartamento ammobiliato di Vostra proprietà. Desidererei affittarlo per la durata di un mese a partire dal primo luglio. Ma prima di confermare definitivamente vorrei ricevere ulteriori informazioni.

Mi interesserebbe sapere se i consumi aggiuntivi (luce, gas, acqua ed eventualmente altre tasse) sono compresi nel prezzo o se devono essere pagati in loco, se vengono messe a disposizione le lenzuola, ed infine se sono ammessi animali.

Potreste inoltre comunicarmi a quanto ammonta l'acconto da pagare?

In attesa di una Vostra pronta risposta Vi porgo distinti saluti

Mario Rossi

lista e descrizioni delle case e degli appartamenti per le vacanze	*die Liste und die Beschreibung der Ferienhäuser und -wohnungen*
per un mese a partire dal primo luglio	*für einen Monat ab dem ersten Juli*
Potreste comunicarmi se ...	*Könnten Sie mir mitteilen, ob ...*
prezzo dell'affitto	*der Mietpreis*
l'ammontare dell'acconto	*die Höhe der zu leistenden Anzahlung*
la biancheria da letto è fornita	*die Bettwäsche wird zur Verfügung gestellt*

Eine Ferienwohnung mieten

Sehr geehrte Frau Schober,

herzlichen Dank für Ihre rasche Antwort.

Wir sind mit Ihren Konditionen einverstanden und bestätigen hiermit, Ihre Ferienwohnung Nr. 3 für fünf Personen vom 15. Juli bis zum 4. August einschließlich zu mieten.

Die Vorauszahlung in Höhe von € 350 haben wir heute auf das von Ihnen angegebene Konto überwiesen, die restliche Miete in Höhe von € 1125 erhalten Sie wie abgesprochen an unserem Abreisetag.

Wir freuen uns auf den Urlaub bei Ihnen.

Mit freundlichen Grüßen

B. und H. Göckritz

P.S.: Könnten Sie uns bitte rechtzeitig Bescheid geben, wo und bis wann wir am Anreisetag unsere Schlüssel abholen können?

vom 15. Juli bis zum 4. August einschließlich	*dal 15 luglio al 4 agosto incluso*
die restliche Miete erhalten Sie wie abgesprochen an unserem Abreisetag	*Riceverete il saldo come accordato il giorno della nostra partenza.*

Affittare un appartamento per le vacanze

Gentile Signora Ludovici,

La ringrazio per la pronta risposta.

Avendo preso conoscenza delle ulteriori informazioni da Lei gentilmente comunicatemi, Le confermo la mia decisione di affittare l'appartamento dal primo al trenta luglio incluso.

In allegato Le invio un assegno di 350 Euro corrispondenti all'ammontare dell'acconto. La rimanenza verrà saldata il giorno del nostro arrivo, vale a dire il primo luglio.

Distinti saluti.

Mario Rossi

P.S.: Vorrebbe gentilmente comunicarmi dove posso ritirare la chiave dell'appartamento il giorno del nostro arrivo?

… da Voi gentilmente comunicateci	*… die Sie uns freundlicherweise mitgeteilt haben*
confermo la mia decisione di affittare	*ich bestätige meine Entscheidung … zu mieten*
come acconto	*als Anzahlung*
La rimanenza sarà saldata …	*Der Restbetrag wird … bezahlt.*
Vorreste gentilmente comunicarmi dove … ?	*Würden Sie uns bitte genau angeben, wo …?*

Urlaubsgrüße

Hallo Marion,

viele Grüße aus Italien! Wir sind jetzt schon seit einer Woche in Rom und noch immer total fasziniert von der Stadt. In ihr pulsiert das Leben, und auf den Straßen ist immer was los – selbst noch um 2 Uhr nachts. Tina und ich erholen uns prächtig und sind auch schon schön braun geworden. Das Nachtleben genießen wir in vollen Zügen. Wir gehen jeden Abend tanzen und lassen uns von dem Charme der Römer verzaubern. Schade, dass du nicht hier bist. Alles weitere in einer Woche.

Bis dann.

Schönste Grüße

Deine Manuela

Marion Baumgartner

Mainstr. 15

76199 Karsruhe

Wir erholen uns prächtig. — *Ci stiamo riposando a meraviglia.*

Alles weitere in einer Woche. — *Rimando i particolari alla settimana prossima.*

Cartolina dalle vacanze

Cara Laura, caro Paolo

un salutone dalla Sardegna dove da una settimana ci godiamo il sole e il mare.

Ottimi alberghi, ottimi ristoranti e posti meravigliosi. Insomma proprio la bella vita, la dolce vita.

Ci auguriamo che voi non soffriate troppo il freddo.

Bacioni

Monica e Francesco

Fam. Paolo Munegato

Via Marco Polo, 10

35043 Monselice (PD)

E che dire di ... ?	*Was soll man über ... sagen?*
... che voi non soffriate troppo il freddo.	*Ihr leidet nicht zu sehr unter der Kälte ...*

Weihnachts- und Neujahrsgrüße (an sehr gute Freunde)

Lieber Dieter, liebe Marion,

wir hoffen, dass der Weihnachtsstress euch noch nicht ganz aufgefressen hat.

Wir möchten es nicht versäumen, euch die allerbesten Weihnachtsgrüße zu schicken. Wir hoffen, dass Ihr genügend Zeit findet, euch von der Hektik des Alltags zu erholen. Und denkt daran, euch noch ein bisschen Kraft und gute Laune für unsere Silvesterfete aufzuheben. Wir freuen uns sehr darauf, mit guten Freunden in das neue Jahr zu feiern.

Bis dahin wünschen wir euch und eurer Familie ein frohes Fest!

Cordula und Peter

Weihnachts- und Neujahrsgrüße (an Bekannte)

Ein frohes Weihnachtsfest
und
ein glückliches Neues Jahr 2001
wünschen Ihnen

Herr und Frau Mayer

Auguri di Buon Natale e Felice Anno Nuovo (ad amici)

Cara Paola, Caro Roberto,

vi ringrazio per gli auguri ed a mia volta vi auguro un Buon Natale ed un Felicissimo Anno Nuovo, un 2001 che esaudisca ogni vostro desiderio ed aspettativa.

Arrivederci a presto a Torino o in Germania.

Bacioni

Maria e Edoardo

Vi auguro Buon Natale e un Felice Anno Nuovo.

Ich wünsche euch fröhliche Weihnachten und ein sehr gutes neues Jahr.

Auguri di Buon Natale e Felice Anno Nuovo (a conoscenti)

DOTT.SA LAURA BIANCHI

PROCURATORE LEGALE

Auguro a Lei e alla Sua famiglia

Buone Feste

Cordialmente

Elisa Faccio

Geburtstagskarte

Liebe Frau Neumann,

zu Ihrem 60. Geburtstag senden wir Ihnen die herzlichsten Glückwünsche.

Als Ihre Nachbarn wissen wir, dass Sie allen gegenüber stets freundlich und aufgeschlossen sind und sich Ihre Jugend bis zum heutigen Tag innerlich bewahrt haben. Trotz aller Feten, die wir gefeiert haben, haben Sie sich nie beschwert und immer ein freundliches Wort für uns übrig gehabt.

An Ihrem Ehrentag wünschen wir Ihnen nun viel Freude, viele, viele Geschenke und ein harmonisches Fest im Familienkreis, so wie Sie es sich gewünscht haben. Für Ihr weiteres Leben wünschen wir Ihnen außerdem Gesundheit, Glück und Lebensfreude.

Nochmals alles Liebe wünschen

die Müllers von nebenan

Auguri di Buon Compleanno

Caro Daniele,

24 luglio: un anno in più ..... Ma non importa, tu resterai sempre giovane.

Ti auguriamo di tutto cuore un Buon Compleanno.

Se non abitassimo così lontano, ti avremmo portato personalmente il nostro regalino: ma così sarà la posta ad assumersene l'incarico. Speriamo che arrivi in tempo. Ancora una volta: auguroni.

Ti abbracciamo affettuosamente.

Sofia e Michele

Ti auguriamo di tutto cuore un Buon Compleanno — *Von ganzem Herzen wünschen wir dir alles Gute zum Geburtstag.*

sarà la posta ad assumersi l'incarico — *die Post wird es übernehmen*

Fa' un bel brindisi! — *begieß ihn richtig!/lass die Korken knallen!*

Kondolenzkarte (an Bekannte)

Mit Trauer haben meine Frau und ich von dem schmerzlichen Verlust in Ihrer Familie erfahren und möchten Ihnen unser herzliches Beileid aussprechen.

G. Schreiber

Heiratsanzeige

Siegrid Teich und Nils Hörenz

Wir trauen uns!

… und gehen künftig gemeinsam durchs Leben.

Die kirchliche Trauung erfolgt am 21. Juli 2001 um 14 Uhr in der Kreuzkirche, Berlin/Kreuzberg.

Biglietto di condoglianze (a conoscenti)

Gentili signori Rossi,

Abbiamo appreso con grande dispiacere
la perdita che Vi ha colpiti.
Vi porgiamo le più sentite condoglianze.

Fam. Bottin

le più sentite condoglianze — *ihr herzliches Beileid*

Partecipazione di matrimonio

Silvia Leone e Francesco Chiesa

annunciano il loro matrimonio
che avrà luogo

sabato, 27 luglio 2001 alle ore 12

presso la chiesa della
Parrocchia di Gesù Adolescente
via Luserna di Rora, 12 – Torino

Einladung zur Hochzeitsfeier (an Bekannte)

Siegrid Teich und Nils Hörenz

laden Sie/euch herzlich zu unserer Hochzeitsfeier ein,
die im Anschluss an die kirchliche Trauung
am 21. Juli 2001 im Alten Zollhaus/Berlin stattfindet.

Wir bitten alle unsere Gäste bis Anfang Juni verbindlich zu antworten.

Mit herzlichen Grüßen

Siegrid Teich und Nils Hörenz

im Anschluss an die kirchliche Trauung — *dopo la cerimonia*
bis Anfang Juni verbindlich zu antworten — *dare una risposta entro luglio*

Invito ad un matrimonio (a conoscenti)

Gli sposi

Silvia e Francesco

saluteranno parenti ed amici
presso il ristorante
Due Lanterne
via Romiti, 13 – Torino

R.S.V.P.

(subito) dopo la cerimonia — *(unmittelbar) nach dem Gottesdienst*
R.S.V.P. (si prega di rispondere) — *um Antwort wird gebeten*

Einladung zur Hochzeitsfeier (an gute Freunde)

Liebe Susanne, lieber Jens,

wir heiraten am 21. Juli und laden euch ganz herzlich zu unserer Hochzeitsfeier ein.

Im Anschluss an die kirchliche Trauung gibt es im ‚Alten Zollhaus' Kaffee und Kuchen. Nach einem Spaziergang am Wasser folgt das abendliche Hochzeitsmenü.

Für die Unterbringung unserer Gäste ist selbstverständlich gesorgt!

Wir freuen uns schon darauf, euch bald auf unserer eigenen Hochzeit wieder zu sehen.

Mit herzlichen Grüßen

Siegrid und Nils

Invito ad un matrimonio (ad amici)

Cara Monica,

finalmente il grande giorno è arrivato: il 27 luglio alle 12 Francesco ed io ci sposiamo nella Parrocchia di Gesù Adolescente.

Tu e Sergio siete naturalmente invitati e speriamo di tutto cuore che voi partecipiate al nostro matrimonio ed al rinfresco che si terrà al Ristorante Le due Lanterne.

Sarà l'occasione per rivederci e per festeggiare insieme.

Contiamo sulla vostra presenza

Silvia

… che voi partecipiate al nostro matrimonio	*… dass ihr uns die Freude macht an dieser Hochzeit teilzunehmen*
Sarà l'occasione per rivederci.	*Das gibt uns die Gelegenheit uns wieder zu sehen.*
Contiamo sulla vostra presenza.	*Wir rechnen mit eurer Anwesenheit.*

Die Einladung zu einer Hochzeitsfeier annehmen

Liebe Christine, lieber Christian,

wir haben uns sehr über eure liebe Einladung zur Hochzeit eurer Tochter Isabelle gefreut. Wir nehmen natürlich dankend an und freuen uns schon darauf dem jungen Paar alles Gute zu wünschen.

Es ist schön, dass ihr an uns gedacht habt. Wir sind schon sehr gespannt auf ein Wiedersehen mit euch nach all den Monaten, in denen wir nichts voneinander gehört haben. Aber, ihr wisst ja, das Berufsleben nimmt uns sehr in Anspruch und die Zeit vergeht so schnell!

Wir hoffen es geht euch allen gut!

Bis ganz bald!

Herzliche Grüße senden euch

Maria und Johannes

PS. Habt ihr eine Idee für ein schönes Hochzeitsgeschenk? Bitte teilt sie uns mit. Vielen Dank im Voraus.

Accettare l'invito ad un matrimonio

Cara Valeria, caro Giorgio

Vi ringraziamo tanto per il vostro gentile invito al matrimonio di Vostra figlia Silvia e accettiamo con grande piacere.

Vi siamo molto grati di esservi ricordati di noi dopo il lungo silenzio da parte nostra. Ma, come voi sapete, le nostre professioni ci impegnano molto e le settimane volano.

Sperando che tutta la famiglia goda di buona salute Vi salutiamo calorosamente.

Carola e Roberto

p.s. Vi saremmo molto grati se voleste darci un suggerimento sul regalo per gli sposi.

… che accettiamo con grande piacere.	*…, die wir mit größtem Vergnügen annehmen.*
dopo tutti questi mesi di silenzio da parte nostra	*nach all diesen Monaten, in denen wir uns nicht gemeldet haben*
le nostre professioni ci impegnano molto	*unsere Arbeit nimmt uns völlig in Anspruch*
dare un suggerimento sul regalo per gli sposi	*ein Hochzeitsgeschenk vorschlagen, das … gefallen könnte*

Einladung zu einem Besuch

Liebe Freunde,

wir wohnen nun seit einem Monat in unserem neuen Haus in Saint-Benin, einem kleinen, malerischen Dorf im Norden Frankreichs.

Wir möchten euch ganz herzlich für das Pfingstwochenende in unser neues Haus einladen. Am Samstagabend geben wir eine Einweihungsparty für all unsere Freunde. Wir würden uns sehr freuen, wenn ihr auch dabei sein könntet.

Wir senden euch anbei eine Wegbeschreibung.

Über eure Zusage würden wir uns sehr freuen.

Liebe Grüße

Astrid und Stephan

Invito

Cari amici,

da circa un mese ci siamo trasferiti nella nostra nuova casa a Fubine, un paesino del Monferrato.

Saremmo molto lieti di averVi ospiti per tutto il fine settimana della Pentecoste. Sabato sera organizzeremo una festicciola con tutti i nostri amici e sarebbe veramente bello se foste presenti anche Voi.

Vi alleghiamo una pianta stradale con le indicazioni per raggiungerci.

Sperando in una risposta positiva da parte Vostra Vi salutiamo cordialmente.

Matteo e Giorgia

Sarebbe molto bello se foste presenti anche Voi.	*Wir würden uns freuen, wenn ihr dabei sein würdet.*
Vi alleghiamo una piantina stradale con le indicazioni per raggiungerci.	*Anbei ein Plan, damit ihr den Weg findet.*

Eine Einladung annehmen

Liebe Freunde,

herzlichen Dank für eure nette Einladung, die wir sehr gerne annehmen. Wir freuen uns sehr darauf, euch wiederzusehen.

Wir kommen am Freitagabend bei euch an und fahren am Montagmorgen wieder nach Hause.

Für die Wegbeschreibung bedanken wir uns.
Darüber hinaus möchten wir die Gelegenheit nutzen, euch zu eurem neuen Heim zu beglückwünschen.

Liebe Grüße

Annie und Bernd

Accettare un invito

Carissimi,

Vi ringraziamo molto per il Vostro gentile invito che accettiamo con molto piacere.

E' una grande gioia riveder Vi. Arriveremo venerdì sera e ripartiremo lunedì mattina.

Grazie per la piantina.

Approfittiamo di questa breve lettera per comunicarvi che siamo contenti di vedere la vostra nuova casa e vi inviamo cordiali saluti

Giulia e Michele

È una grande gioia rivederVi.	*Es wird uns eine Freude sein euch wiederzusehen.*

Eine Einladung ablehnen

Liebe Siegrid, lieber Nils,

herzlichen Dank für eure nette Einladung, über die wir uns sehr gefreut haben. Sehr gerne würden wir eure Hochzeit gemeinsam mit euch feiern, doch gerade an diesem Wochenende wird der 90. Geburtstag von Susannes Großmutter mit einem großen Familienfest gefeiert, für das wir schon vor Monaten zugesagt haben.

Am 21. Juli können wir also nur aus der Ferne auf euch anstoßen. Auf jeden Fall kommen wir in diesem Sommer nach Berlin, so dass wir uns bald nach eurer Hochzeit wieder sehen werden. Dann können wir zumindest die Fotos ansehen...

Fürs Erste wünschen wir euch eine schöne Feier!

Mit unseren besten Wünschen für eure Zukunft

Susanne und Jens

Rifiutare un invito

Carissimi,

Vi ringraziamo per il Vostro invito a cui purtroppo ci dispiace moltissimo di dover rinunciare.

Sfortunatamente avevamo preso in precedenza degli impegni familiari che non possiamo disdire.

Che peccato!

Speriamo che si ripresenti presto l'occasione per rivederci.

Salutoni

Anna e Roberto

Sfortunatamente avevamo preso in precedenza degli impegni familiari.	*Wir haben bereits familiäre Verpflichtungen.*

Sich für ein Hochzeitsgeschenk bedanken

Liebe Frau Clemens, lieber Herr Clemens,

ganz herzlich möchten wir uns bei Ihnen für das schöne Hochzeitsgeschenk bedanken, das Sie uns gemacht haben. Sie haben uns damit eine sehr große Freude bereitet.

Als kleinen Dank und zur Erinnerung an die Feier senden wir Ihnen dieses Hochzeitsfoto zu.

Mit herzlichen Grüßen

Siegrid Teich und Nils Hörenz

Sie haben uns damit eine sehr große Freude bereitet.	*Ci ha fatto veramente piacere.*
Als kleinen Dank	*Come piccolo ringraziamento…*

Ringraziare per un regalo di matrimonio

Cari amici,

non abbiamo parole per ringraziarVi per lo stupendo regalo che ci avete fatto in occasione del nostro matrimonio.

Siamo veramente senza parole.

Ancora molte grazie , cari amici, e Vi salutiamo cordialmente

Silvia e Francesco

lo stupendo regalo che ci avete fatto	*das wunderbare Geschenk, das ihr uns freundlicherweise gemacht habt*
Siamo veramente senza parole.	*Ihr habt uns wirklich verwöhnt.*

Sich für ein Geburtstagsgeschenk bedanken

Düsseldorf, den 5.3.2001

Liebe Carla,

herzlichen Dank für dein Geburtstagsgeschenk, über das ich mich sehr gefreut habe. Du hast meinen Geschmack genau getroffen. Die Vase macht sich phantastisch in meiner neuen Wohnung. Ich hoffe, du kommst mich bald einmal besuchen.

Bis dahin grüße ich dich herzlich!

Deine Christiane

Du hast meinen Geschmack genau getroffen.	*Hai saputo indovinare esattamente i miei gusti.*
… macht sich phantastisch in meiner neuen Wohnung.	*… fa un effetto magnifico nel mio appartamento.*

Ringraziare per un regalo di compleanno

Cara Sofia, caro Paolo,

il Vostro regalo è arrivato giusto giusto.

Mille grazie. E' veramente troppo. Mi mettete quasi in imbarazzo.

Nient'altro mi avrebbe fatto così piacere e voi non perdete mai l'occasione per dimostrarmi il vostro affetto, che come sapete è reciproco.

Ancora una volta grazie e a presto.

Vi abbraccio forte

Silvia

Mi mettete quasi in imbarazzo. — *Ihr bringt mich fast in Verlegenheit.*

Sich für die Gastfreundschaft bedanken

Liebe Familie Omont,

wir möchten Ihnen ganz herzlich für Ihre Gastfreundschaft danken.

Wir werden uns noch lange an die schöne Zeit erinnern, die wir mit Ihnen verbringen durften.

Auf den vielen Ausflügen, die Sie für uns organisiert haben, konnten wir die Stadt und die Region, in der Sie leben, erstmals kennen lernen. Darüber hinaus sind wir mit einer anderen Lebensart vertraut geworden.

Bitte richten Sie Ihren Nachbarn Herrn und Frau Lebeau aus, dass wir die gemeinsamen Boule-Partien in bester Erinnerung behalten werden.

Wir danken Ihnen nochmals für alles und würden uns freuen, wenn wir Ihnen nun im Gegenzug unser Land zeigen dürften.

Herzliche Grüße

Barbara Junge

Ringraziare per l'ospitalità

Gentile Famiglia,

con la presente desideriamo ringraziarVi per averci accolti così calorosamente.

Non dimenticheremo mai i meravigliosi momenti trascorsi in Vostra compagnia. Grazie ancora per le belle gite che avete avuto la gentilezza di organizzare dandoci così la possibilità di scoprire le bellezze della Vostra regione e della Vostra città e di conoscerne ed apprezzarne le usanze.

Sperando di poter contraccambiare l'ospitalità e di offrirVi così l'occasione di conoscere il nostro Paese Vi inviamo i nostri più cordiali saluti

Hans Dottweiler

per averci accolti così calorosamente	*dass Sie uns so nett und warmherzig aufgenommen haben*
i meravigliosi momenti trascorsi in Vostra compagnia	*die wunderbare Zeit, die wir bei Ihnen verbracht haben*
abbiamo un ricordo molto bello di …	*wir erinnern uns sehr gern an …*

Korrespondenzbezogene Wendungen
Formule utili per la corrispondenza

DIE ANREDE – FORMULA INIZIALE

Sie schreiben – Se scrivete:	
einem guten Bekannten oder Freunden	Cara Chiara, Caro Christian, Ciao Giovanni!
ad un conoscente o ad un amico	*Liebe Anja!* *Lieber Roland!* *Hallo, Michael!* *Ihr Lieben alle!*
einer Person oder mehreren Personen, die Sie gut bzw. sehr gut kennen	Gentile signora Krämpf, Caro/Cara collega, Cari colleghi,
a una o più persone che conoscete (molto) bene	*Liebe Frau Krämpf!* *Liebe Kollegen,*
einer Person, die Sie persönlich kennen oder mit der Sie oft zu tun haben	Gentile Sig.ra Kahnt, Gentile Sig. Koch,
a una persona che conoscete personalmente o con la quale avete dei rapporti commerciali regolarmente	*Sehr geehrte Frau Kahnt,* *Sehr geehrter Herr Koch,*
einer Firma bzw. einer Person, von der Sie weder Namen noch Geschlecht kennen	Gentili signori, Spett.le ditta,
a una società o persona di cui non conoscete il nome	*Sehr geehrte Damen und Herren,*
einer Person, deren Titel oder Berufsbezeichnung bekannt ist	Egregio (*o.* Gentile) dottor Müller, Egregia (*o.* Gentile) Prof.ssa Schmidt, Gentile signora direttrice, Egregio Direttore/Dottore/Avvocato,
a una persona di cui conoscete il titolo accademico	*Sehr geehrter Herr Dr. Müller,* *Sehr geehrter Frau Professor Schmidt,*

DIE GRUSSFORMEL – LE FORMULE DI SALUTO

Sehr privat:	**Molto confidenziale:**
Ciao!/Stammi bene!	Mach's gut!
A presto!	Bis bald!
Cari saluti.	Viele Grüße
Ti abbraccio affettuosamente.	Herzlichst

Privat:	**Confidenziale:**
Tanti cari saluti.	Herzliche Grüße
Con i migliori saluti.	

Freundlich und für kurze Briefe:	**Confidenziale e per brevi messaggi:**
Distinti/Cordiali/Sinceri saluti.	Herzliche Grüße
Porgo i più cordiali saluti.	
Cordialmente	

Formell, aber freundlich:	**Formale, ma confidenziale:**
Con i migliori saluti.	Mit besten Grüßen
Vogliate gradire i nostri più cordiali saluti.	Mit freundlichen Grüßen
Distinti saluti.	Mit freundlichem Gruß

Sehr respektvoll:	**Molto formale:**
Ossequi.	Hochachtungsvoll
Gradisca i nostri più cordiali saluti.	
Voglia gradire i miei ossequi.	
Porga i miei rispetti alla Sua Signora (*nur von einem Mann an eine Frau*).	

Nützliche Redewendungen / Espressioni utili

Uhrzeit / L'ora

Wie viel Uhr ist es?	Che ora è?/Che ore sono?
Können Sie mir bitte sagen, wie spät es ist?	Mi può dire che ora è/ore sono, per favore ?
Es ist genau ein Uhr.	È l'una in punto.
Es ist fast …	Sono quasi …
drei Uhr.	le tre.
fünf nach drei.	le tre e cinque.
viertel nach drei [*o* viertel vier].	le tre e un quarto.
fünf vor halb vier.	le tre e venticinque.
halb vier.	le tre e mezza/mezzo.
fünf nach halb vier.	le tre e trentacinque.
viertel vor vier [*o* drei viertel vier].	le quattro meno un quarto.
Es ist zwölf Uhr mittags/nachts.	È mezzogiorno/mezzanotte.
Es ist schon nach vier.	Sono già passate le quattro.
Komm (so) zwischen vier und fünf Uhr.	Vieni tra le quattro e le cinque.

Begrüßung, Vorstellung, Verabschiedung / Salutarsi, presentarsi, congedarsi

Guten Morgen!	Buongiorno!
Guten Tag!	Buongiorno!
Grüß Gott! (*südd*)	Buongiorno! (bis ca. 15⁰⁰ Uhr) Buonasera! (ab ca. 15⁰⁰ Uhr)
Guten Abend!	Buonasera!
Gute Nacht!	Buonanotte!
Hallo!	Ciao! *(nur wenn man duzt)* Buongiorno! (bis ca. 15⁰⁰ Uhr) Buonasera! (ab ca. 15⁰⁰ Uhr) Salve!
Grüß dich!	Ciao!
Mein Name ist Becker.	Sono il signor/la signora Becker.

Wie geht es Ihnen/dir?	Come sta/stai?
Wie geht's?	Come va?
Danke, gut. Und Ihnen/dir?	Bene, grazie. E Lei/tu?
Auf Wiedersehen!	Arrivederci!
Tschüs!	Ciao! *(nur wenn man duzt)* Arrivederci!
Bis morgen!	A domani!
Bis später!	A più tardi!
Viel Vergnügen!/Viel Spaß!	Buon divertimento!
Gute Nacht!	Buona notte!
Grüßen Sie/Grüß(e) Frau Tullio von mir.	Saluti/Saluta la signora Tullio da parte mia.

Verabredung	**Prendere un appuntamento**
Darf ich Sie/dich zum Essen einladen?	Posso invitarLa/ti a pranzo/cena?
Haben Sie/Hast du für morgen schon etwas vor?	Ha/Hai già programmi per domani?
Wann treffen wir uns?	A che ora ci troviamo/vediamo?
Darf ich Sie/dich abholen?	Posso passare a prenderLa/ti?
Treffen wir uns um neun Uhr vor dem Kino.	Troviamoci alle nove davanti al cinema.

Bitte und Dank	**Grazie e prego**
Ja, bitte.	Sì, grazie.
Nein, danke.	No, grazie.
Danke, sehr gern!	Volentieri, grazie!
Danke, gleichfalls!	Grazie, altrettanto!
Könnten Sie mir bitte helfen?	Mi potrebbe aiutare, per piacere?
Bitte sehr. Gern geschehen.	Prego, di niente.
Vielen Dank.	Molte grazie.
Das ist doch nicht der Rede wert.	Di niente, si figuri/figurati. Non c'è di che.

Entschuldigung, Bedauern	**Chiedere scusa, dispiacersi**
Entschuldigung!	Scusi/Scusa!
Ich muß mich entschuldigen.	Devo scusarmi.

Es [*o* Das] tut mir Leid.	Mi dispiace.
Es war nicht so gemeint.	Non l'ho fatto apposta.
Schade!	Peccato!
Das ist traurig.	Che peccato!

Glückwünsche zu verschiedenen Anlässen — Felicitazioni in diverse occasioni

Herzlichen Glückwunsch!	Auguri di cuore!
Viel Erfolg!	Buona fortuna!
Viel Glück!	Buona fortuna!
Gute Besserung!	Buona guarigione!
Schöne Ferien!	Buone vacanze!
Frohe Ostern!	Buona Pasqua!
Frohe Weihnachten und ein gutes neues Jahr!	Buon Natale e felice anno nuovo!
Alles Gute zum Geburtstag!	Buon compleanno!
Meine besten Wünsche zum Geburtstag!	Tanti auguri di buon compleanno!
Ich drücke dir die Daumen!	In bocca al lupo!

Nach dem Weg fragen — Chiedere indicazioni stradali

Entschuldigung, wie komme ich bitte nach Aachen/zum Dom?	Scusi, per andare ad Aquisgrana/al duomo?
Können Sie mir sagen, wie ich zum Dom komme?	Mi sa dire dov'è il duomo?
Immer geradeaus bis zu … +*dat.*	Sempre dritto fino a …
Dann bei der Ampel rechts abbiegen.	Poi al semaforo gira a destra.
Folgen Sie den Schildern.	Segua le indicazioni.
Sie können es nicht verfehlen.	Non può sbagliare.
Welcher Bus fährt nach …?	Che autobus devo prendere per andare a/in …?
Ist dies der richtige Bus nach ..?	È questo l'autobus per …?
Wie weit ist das?	È molto lontano?/Quanto ci vuole?
Sie sind hier falsch. Sie müssen zurückfahren bis zu … +*dat.*	Questa è la direzione sbagliata. Deve tornare indietro fino a …

Im Restaurant	Al ristorante
Ich möchte einen Tisch für vier Personen reservieren.	Vorrei prenotare un tavolo per quattro persone.
Einen Tisch für zwei Personen, bitte.	Un tavolo per quattro persone, per favore.
Ist dieser Tisch/Platz noch frei?	È ancora libero questo tavolo/posto?
Ich nehme …	Prendo …
Könnten wir noch etwas Brot bekommen?	Ci potrebbe portare ancora un po' di pane?
Bezahlen, bitte.	Il conto, per favore.
Bitte alles zusammen.	(Un) conto unico, per favore.
Getrennte Rechnungen, bitte.	Conti separati, per favore.

Einkaufen	Fare compere
Wo finde ich …?	Dove posso trovare …?
Können Sie mir ein Lebensmittel-/ Feinkostgeschäft empfehlen?	Mi può consigliare un negozio di alimentari/ specialità gastronomiche?
Werden Sie schon bedient?	Avete/Ha già ordinato?
Danke, ich sehe mich nur um.	Grazie, do solo un'occhiata.
Was darf es sein?	(Che cosa) desidera?
Geben Sie mir bitte …	Mi dia …, per piacere.
Ich möchte …	Vorrei …
Darf es sonst noch etwas sein?	(Desidera) qualcos'altro?
Nehmen Sie Kreditkarten?	Accetta(te) la carta di credito?
Können Sie es mir einpacken?	Mi può fare un pacchetto?

Auf der Bank	In banca
Ich möchte 100 Dollar in Euro wechseln.	Vorrei cambiare 100 dollari in euro.
Ich möchte diesen Reisescheck einlösen.	Vorrei riscuotere questo travellers' cheque.
Auf welchen Betrag kann ich den Scheck maximal ausstellen?	Qual è l'importo massimo concesso per l'emissione dell'assegno?
Ich möchte 100 Euro von meinem Konto abheben.	Vorrei prelevare 100 euro dal mio conto.
Darf ich bitte Ihren Ausweis sehen?	Mi mostra un Suo documento, per favore?
Ihre Unterschrift, bitte.	Firmi/Una firma (qui), per favore.

Auf der Post	Alla posta
Wo ist der nächste Briefkasten/das nächste Postamt?	Dov'è la cassetta postale più vicina/l'ufficio Postamt?
Was kostet ein Brief nach Deutschland?	Quanto costa spedire una lettera in Germania?
Drei Briefmarken zu 850 Lire, bitte.	Tre francobolli da 850 lire, per favore.
Ich möchte ein Telegramm aufgeben.	Vorrei spedire un telegramma.
Kann ich von hier aus ein Fax nach Stuttgart schicken?	Posso mandare da qui un fax a Stoccarda?

Telefonieren	Telefonare
Wo ist die nächste Telefonzelle?	Dov'è la cabina telefonica più vicina?
Wie ist die Vorwahl von Italien?	Qual è il prefisso per l'Italia?
Ich möchte ein R-Gespräch anmelden.	Vorrei fare una chiamata a carico del destinatario.
Hallo, mit wem spreche ich?	Pronto, chi parla?
Kann ich bitte Frau Wagner sprechen?	Posso parlare con la signora Wagner?
Ich verbinde.	GlieLo\La passo.
Bleiben Sie bitte am Apparat.	Rimanga in linea.
Tut mir Leid, sie ist nicht da.	Mi dispiace, non c'è.
Möchten Sie eine Nachricht hinterlassen?	Vuole lasciare un messaggio?
Ich rufe später nochmal an.	Richiamo più tardi.
Kein Anschluss unter dieser Nummer.	Il numero selezionato è inesistente.

PONS

Standardwörterbuch

Deutsch – Italienisch

Vollständige Neuentwicklung
2001

Ernst Klett Verlag
Stuttgart · Düsseldorf · Leipzig

PONS Standardwörterbuch Deutsch - Italienisch

A

A, a [aː] <-, -(s)> *n* **1.** (*Buchstabe*) A, a *f;* **A wie Anton** A come Ancona; **wer A sagt, muss auch B sagen** (*prov*) quando si è in ballo, bisogna ballare **2.** (MUS) la *m*

à [aː] *prp +acc* da, per

Aachen ['aːxən] *n* Aquisgrana *f*

Aal [aːl] <-(e)s, -e> *m* anguilla *f;* **aalglatt** *adj* (*fig pej*) viscido

Aargau ['aːɐ̯gaʊ] *m* Argovia *f*

Aas [aːs] <-es, -e> *n* carogna *f;* **Aasgeier** *m* avvoltoio *m*

ab [ap] **I.** *prp +dat* **1.** (*räumlich*) da; ~ **Lager** (COM) magazzino franco **2.** (*zeitlich*) (a partire) da; ~ **(dem) ersten April** dal primo aprile; **Jugendliche ~ 16 (Jahren)** ragazzi dai 16 anni in poi; **von jetzt ~** d'ora in poi **II.** *adv* **1.** (*weg*) lontano **2.** (*fam: abgetrennt*) staccato **3.** (*Wend*) ~ **und zu** [*o* **an**] ogni tanto

ab|ändern *vt* modificare

ab|arbeiten I. *vt* (*Schuld*) estinguere **II.** *vr* **sich ~** ammazzarsi di lavoro

abartig *adj* anormale

Abbau <-(e)s> *kein Pl m* **1.** (MIN) estrazione *f* **2.** (*Auseinandernehmen*) smontaggio *m* **3.** (*von Preisen, Personal*) riduzione *f* **4.** (CHEM) decomposizione *f*

ab|bauen *vt* **1.** (*zerlegen*) smontare **2.** (MIN) estrarre **3.** (*Bestände, Lohn*) ridurre **4.** (*Personal*) licenziare **5.** (*Vorurteile*) eliminare **6.** (BIOL, CHEM) decomporre; **biologisch ~** biodegradare

ab|bekommen <irr> *vt* **1.** (*erhalten*) ricevere; (*Schlag*) prendere; **etw ~** subire un danno **2.** (*losbekommen*) riuscire a togliere

ab|berufen <irr> *vt* **jdn (von etw) ~** richiamare qu (da qc)

ab|bestellen <ohne ge-> *vt* (*Zimmer*) disdire; **jdn ~** dire a qu di non venire

ab|bezahlen <ohne ge-> *vt* **1.** (*ganz*) finire di pagare **2.** (*in Raten*) pagare a rate

ab|biegen <irr> *vi sein* svoltare; (*Straße*) diramarsi; **nach rechts/links ~** svoltare a destra/sinistra

Abbild *n* **1.** (*Nachbildung*) copia *f* **2.** (*Ebenbild*) immagine *f*

ab|bilden *vt* (*Personen*) ritrarre; (*Dinge*) rappresentare

Abbildung *f* illustrazione *f*

ab|binden <irr> *vt* **1.** (*losbinden*) slegare **2.** (MED: *Arm*) legare; (*Arterie*) comprimere

Abbitte *f* ~ **leisten** [*o* **tun**] porgere le proprie scuse

ab|blenden I. *vt* **1.** (*Fenster, Lampe*) schermare **2.** (FOTO) diaframmare **II.** *vi* (MOT) abbassare i fari abbaglianti

Abblendlicht *n* (fari *mpl*) anabbaglianti *mpl*

ab|blitzen *vi sein* **jdn ~ lassen** (*fam*) far scappare qu

ab|brechen <irr> **I.** *vt haben* **1.** (*Zweig, Stiel*) rompere, spezzare **2.** (*Gebäude*) demolire; (*Lager, Zelt*) levare **3.** (*fig: Verhandlungen, Beziehungen*) rompere; (*Tätigkeit*) interrompere; **die Beziehungen zu jdm ~** troncare i rapporti con qu **4.** (INFORM) annullare **II.** *vi* **1.** *sein* (*Ast, Messer, Spitze*) rompersi **2.** *haben* (*fig: aufhören*) interrompersi

ab|brennen <irr> **I.** *vt haben* bruciare; (*Haus*) dar fuoco a; (*absengen*) abbruciacchiare **II.** *vi sein* bruciare; (*Haus*) ridursi in cenere; (*Kerze*) consumarsi

ab|bringen <irr> *vt* **jdn von etw ~** distogliere qu da qc; **jdn vom rechten Weg ~** sviare qu dalla retta via

Abbruch *m* **1.** *sing* (*von Gebäude*) demolizione *f* **2.** (*fig: von Beziehungen, Verhandlungen*) rottura *f;* **einer Sache** *dat* **~ tun** nuocere a qc; **abbruchreif** *adj* da demolire

ab|buchen *vt* (FIN) defalcare, detrarre; **einen Betrag vom Konto ~** addebitare un importo sul conto

Abc [a(ː)be(ː)'tseː] <-, -> *n* alfabeto *m,* abbiccì *m*

ab|checken *vt* verificare

ab|danken *vi* (*König*) abdicare; (*Minister*) dimettersi

ab|decken *vt* **1.** (*Tisch*) sparecchiare; (*Haus*) scoperchiare **2.** (*zudecken*) coprire

ab|dichten *vt* turare; (*Tür, Fenster*) turare gli spifferi di; (*wasserdicht machen*) rendere stagno

ab|drehen I. *vt haben* **1.** (*Wasser, Gas*) chiudere; (*Licht, Radio*) spegnere **2.** (*Film*) finire di girare **II.** *vi haben o sein* (NAUT, AERO) virare

Abdruck[1] <-(e)s, -drücke> *m* (*Finger~*)

impronta *f* digitale; (*Gips~, Wachs~*) copia *f*, calco *m*

Abdruck² <-(e)s, -drucke> *m* (*das Abdrucken*) stampa *f*; (*Gedrucktes*) copia *f*

ab|drucken *vt* stampare

ab|drücken **I.** *vi* (*schießen*) sparare **II.** *vt* **1.** (*Gewehr*) scaricare **2.** (*nachbilden*) fare un calco di **3.** (*Ader*) comprimere **III.** *vr* **sich (in etw** *dat*) ~ (*sich abzeichnen*) imprimersi (in qc)

ab|ebben *vi sein* **1.** (*Flut*) decrescere **2.** (*fig*) placarsi

abend *adv s.* **Abend**

Abend ['a:bənt] <-s, -e> *m* sera *f*; (*Veranstaltung*) serata *f*; **am** ~ di sera; **es wird** ~ si fa sera; **jeden** ~ ogni sera; **gestern/morgen** ~ ieri/domani sera; **heute** ~ stasera; **zu** ~ **essen** cenare; **Abendbrot** *n*, **Abendessen** *n* cena *f*; **abendfüllend** *adj* che occupa l'intera serata; **Abendkleid** *n* abito *m* da sera; **Abendkurs** *m* corso *m* serale; **Abendland** *n* **das** ~ l'Occidente *m*; **abendländisch** ['a:bəntlɛndɪʃ] *adj* occidentale; **abendlich** *adj* vespertino; **Abendmahl** <-(e)s> *kein Pl n* (REL) comunione *f*; **Abendrot** *n* rosso *m* di sera

abends ['a:bənts] *adv* di sera

Abendstern *m* (ASTR) Venere *f*; **Abendstunden** *fpl* ore *fpl* serali; **Abendverkauf** *m* (*CH*) orario *m* prolungato dei negozi (una sera alla settimana)

Abenteuer ['a:bəntɔɪɐ] <-s, -> *n* avventura *f*; **Abenteuerferien** *pl* vacanze *fpl* avventurose

abenteuerlich *adj* **1.** (*gefährlich*) avventuroso **2.** (*seltsam*) strano

Abenteurer(in) ['a:bəntɔɪrɐ] <-s, -; -, -nen> *m(f)* avventuriero, -a *m, f*

aber ['a:bɐ] *konj* **1.** (*Gegensatz*) ma **2.** (*Einschränkung*) però, tuttavia **3.** (*Verstärkung*) ma; ~ **nein!** ma no!; **nun ist** ~ **Schluss!** adesso (proprio) basta!

Aber <-s, -> *n* ma *m*

Aberglaube <-ns> *kein Pl m* superstizione *f*

abergläubisch ['a:bɐglɔɪbɪʃ] *adj* superstizioso

ab|erkennen <irr> *vt* **jdm etw** ~ non riconoscere qc a qu; (JUR) privare qu di qc

abermals ['a:bɐma:ls] *adv* di nuovo

ab|fahren <irr> **I.** *vi sein* **1.** (*wegfahren*) partire; (*Schiff*) salpare **2.** (*Skiläufer*) scendere **II.** *vt haben* **1.** (*Last*) portare via **2.** (*Strecke*) percorrere **3.** (*Reifen, Fahrkarte*) consumare

Abfahrt *f* **1.** (*Abreise*) partenza *f* **2.** (*Ski~*) discesa *f*; (*Piste*) pista *f* di discesa **3.** (*Autobahn~*) uscita *f*; **Abfahrtslauf** *m* (SPORT) discesa *f*; **Abfahrt(s)zeit** *f* (orario *m* di) partenza *f*

Abfall *m* **1.** (*Reste*) residuo *m*; (*radioaktiver* ~) scoria *f*; (*Küchen~*) immondizie *fpl* **2.** *sing* (*Glaubens~*) apostasia *f*; (*Partei~*) defezione *f* **3.** *sing* (*Abnahme*) calo *m* **4.** *sing* (*Neigung*) pendenza *f*; **Abfallaufbereitung** *f* trattamento *m* dei rifiuti; **Abfallbeseitigung** *f* eliminazione *f* dei rifiuti; **Abfalleimer** *m* pattumiera *f*

ab|fallen <irr> *vi sein* **1.** (*herunterfallen*) cadere; **von etw** ~ staccarsi da qc **2.** (*abnehmen*) calare **3.** (*Gelände*) digradare; (*Straße*) scendere **4.** (*von Partei*) abbandonare; (*von Glauben*) rinnegare **5.** (*übrig bleiben*) avanzare **6.** (*schlechter sein*) **gegen jdn/etw** ~ essere inferiore a qu/qc; **abfallend** *adj* in pendenza

abfällig *adj* (*Urteil, Kritik*) sfavorevole; (*Bemerkung*) sprezzante

Abfallprodukt *n* prodotto *m* di scarto; **Abfallsortierung** *f* smistamento *m* dei rifiuti; **Abfallstoffe** *mpl* rifiuti *mpl*; **Abfalltrennung** *f* raccolta *f* differenziata; **Abfallverwertung** *f* riciclaggio *m* dei rifiuti

ab|fangen <irr> *vt* **1.** (*Brief, Agenten*) intercettare **2.** (*Stoß*) attutire; (*Schlag*) parare **3.** (*unter Kontrolle bringen*) riprendere sotto controllo **4.** (SPORT: *Ball*) intercettare

ab|färben *vi* stingere; **auf etw** *acc* ~ lasciare il colore su qc; **auf jdn** ~ (*fig*) influenzare qu

ab|fassen *vt* redigere

ab|fertigen *vt* **1.** (*Briefe, Pakete*) spedire **2.** (*zollamtlich*) ispezionare **3.** (*Kunden*) servire **4.** (*fam: unfreundlich behandeln*) scaricare

Abfertigung *f* **1.** (*Versand*) spedizione *f* **2.** (*zollamtlich*) visita *f* **3.** (*A: Abfindung*) indennizzo *m*; **Abfertigungshalle** *f* (AERO) aerostazione *f*; **Abfertigungsschalter** *m* (AERO) accettazione *f*

ab|finden <irr> **I.** *vt* indennizzare **II.** *vr* **sich mit jdm/etw** ~ rassegnarsi a qu/qc

Abfindung <-, -en> *f* indennizzo *m*

ab|flauen ['apflaʊən] *vi sein* **1.** (*Wind*) calmarsi **2.** (*fig: Interesse, Begeisterung*) diminuire; (FIN: *Geschäfte*) ristagnare

ab|fließen <irr> *vi sein* scorrere fuori; (*Geld*) defluire

Abflug *m* (AERO) decollo *m;* **Abflughalle** *f* (AERO) sala *f* d'imbarco

Abfluss[RR] *m* **1.** (*Vorgang*) deflusso *m;* (*Öffnung*) scarico *m* **2.** (*fig: von Kapital*) fuga *f;* **Abflussrohr**[RR] *n* tubo *m* di scarico

Abfrage *f* (INFORM: *von Daten*) rilevamento *m* (dati)

ab|fragen *vt* **jdn etw** ~ interrogare qu su qc

Abfuhr <-, -en> *f* **1.** (*Abtransport*) rimozione *f* **2.** (*fig*) repulsione *f;* **jdm eine ~ erteilen** opporre un rifiuto a qu

ab|führen I. *vt* **1.** (*Gefangene*) condurre via **2.** (*Gelder, Steuern*) pagare; **etw (an jdn)** ~ versare qc (a qu) **3.** (*fig*) sviare; **vom Thema** ~ deviare dall'argomento **II.** *vi* (MED) purgare

Abführmittel *n* lassativo *m*

ab|füllen *vt* travasare; (*in Flaschen*) imbottigliare

Abgabe *f* **1.** (*Ablieferung*) consegna *f* **2.** (*Verkauf*) vendita *f* **3.** *meist Pl* (*Steuern*) imposte *fpl* **4.** (SPORT) passaggio *m* **5.** (*Ausströmen, Ausstrahlen*) emanazione *f;* **abgabenfrei** *adj* esente da tasse; **abgabenpflichtig** *adj* tassabile

Abgang *m* **1.** (*Abfahrt*) partenza *f* **2.** (*Absendung*) invio *m* **3.** (*fig: von Stellung, Arbeit*) ritiro *m* **4.** (THEAT) uscita *f* **5.** (MED) espulsione *f;* (*Fehlgeburt*) aborto *m*

abgängig *adj* (*A: vermisst*) scomparso

Abgas *n* gas *m* di scarico; **abgasarm** *adj* (AUTO) a scarico ridotto di gas inquinanti

ab|geben <irr> **I.** *vt* **1.** (*Brief, Schriftstück*) consegnare **2.** (*Erklärung*) rilasciare; (*Urteil*) esprimere; (*Stimme*) dare **3.** (*Amt*) dimettersi da **4.** (*Gepäck*) depositare **5.** (*darstellen*) rappresentare **6.** (SPORT) passare **7.** (*Schuss*) sparare **8.** (PHYS: *Wärme*) emanare **II.** *vr* **sich mit jdm/etw** ~ occuparsi di qu/qc; **mit diesen Leuten geben wir uns nicht ab** non vogliamo avere a che fare con questa gente

abgefeimt ['apgəfaɪmt] *adj* furbo

ab|gehen <irr> *vi sein* **1.** (*abfahren, a Post*) partire; (*Schiff*) salpare **2.** (*aus Amt, Schule*) ritirarsi; (*abbrechen*) abbandonare **3.** (*Knopf*) staccarsi **4.** (*Schauspieler*) uscire (di scena) **5.** (*abzweigen*) diramarsi **6.** (*Wend*) **er geht mir sehr ab** mi manca molto

abgelegen *adj* isolato, fuori mano

abgeneigt *adj* sfavorevole, contrario

Abgeordnete ['apgəʔɔrdnətə] <ein -r, -n, -n> *mf* delegato, -a *m, f;* (POL) deputato, -a *m, f*

Abgesandte <ein -r, -n, -n> *mf* inviato, -a *m, f*

abgesehen *adv* ~ **von** a prescindere da; **davon** ~ a parte questo; **es auf jdn/etw ~ haben** prendere di mira qu/qc

abgestanden ['apgəʃtandən] *adj* guasto; (*Luft*) viziato; (*Bier*) svanito

ab|gewinnen <irr> *vt* **1.** (*Geld*) **jdm etw** ~ vincere qc a qu **2.** (*abringen*) **jdm ein Lächeln** ~ strappare un sorriso a qu **3.** (*Achtung, Vertrauen*) guadagnarsi; **einer Sache** *dat* **Geschmack** ~ provar gusto in qc

ab|gewöhnen <ohne ge-> *vt* **jdm etw** ~ far perdere a qu l'abitudine di qc; **sich** *dat* **das Rauchen** ~ levarsi il vizio di fumare

Abglanz *m* riflesso *m;* (*a fig*) ombra *f*

Abgott *m* idolo *m*

abgöttisch ['apgœtɪʃ] *adv* **jdn ~ lieben** idolatrare qu

ab|grenzen *vt* **1.** (*begrenzen*) delimitare **2.** (*fig*) determinare

Abgrund *m* abisso *m*

abgründig *adj* (*geh*) **1.** (*rätselhaft*) misterioso **2.** (*unermesslich*) profondo

ab|hacken *vt* troncare

ab|haken *vt* segnare; (*in einer Liste*) spuntare; (*fig: als erledigt ansehen*) considerare una faccenda sbrigata

ab|halten <irr> *vt* **1.** (*fern halten*) **jdn (von etw)** ~ tenere lontano qu (da qc) **2.** (*hindern*) impedire; **jdn von der Arbeit** ~ distogliere qu dal lavoro; **jdn davon ~ etw zu tun** impedire a qu di fare qc **3.** (*Versammlung*) tenere; (*Unterricht*) fare; (*Gottesdienst*) celebrare

ab|handeln *vt* **1.** (*abkaufen*) **(jdm) etw** ~ ottenere qc (da qu) trattando (sul prezzo) **2.** (*vom Preis*) **jdm zehn Mark** ~ ottenere una riduzione di dieci marchi **3.** (*fig: schriftlich*) trattare

abhanden [ap'handən] *adv* ~ **kommen** andare smarrito

Abhandlung *f* trattato *m*

Abhang *m* pendio *m*

ab|hängen[1] <irr> *vi* **(von jdm/etw)** ~ dipendere (da qu/qc)

ab|hängen[2] *vt* **1.** (*herunternehmen*) staccare **2.** (FERR, MOT) sganciare **3.** (*fig* SPORT) distaccare

abhängig *adj* dipendente; **etw ~ machen von** subordinare qc a; **von jdm/etw ~ sein** dipendere da qu/qc; **Abhängigkeit** <-> *kein Pl f* dipendenza *f;* **gegenseitige ~** interdipendenza *f*

ab|härten *vt* **jdn** (**gegen etw**) **~** rendere resistente qu (a qc)

ab|heben <irr> **I.** *vt* **1.** (*herunternehmen*) togliere, levare; (*Hörer*) staccare; (*Spielkarten*) alzare; (*Maschen*) diminuire **2.** (FIN: *Geld*) prelevare **II.** *vi* (AERO) decollare **III.** *vr* **sich** (**von jdm/etw**) **~** distinguersi (da qu/qc)

ab|helfen <irr> *vi* rimediare; **einem Missstand ~** rimediare a un inconveniente; **dem kann abgeholfen werden** per questo c'è rimedio

Abhilfe <-> *kein Pl f* rimedio *m*

ab|holen *vt* (*Person*) andare a prendere; (*Gegenstand*) ritirare

Abholmarkt *m* (magazzino *m*) cash and carry *m*

ab|horchen *vt* **1.** (MED) auscultare **2.** (TEL, RADIO) intercettare

ab|hören *vt* **1.** (*aufsagen lassen*) far dire **2.** (TEL, RADIO) intercettare **3.** (*CD, Aufnahme*) ascoltare **4.** (MED) auscultare

Abitur [abiˈtuːɐ̯] <-s, -e> *n* maturità *f;* (*Prüfung*) esame *m* di maturità

> La "Hochschulreife" o **Abitur** può essere conseguita nella maggioranza dei "Gymnasien" tedeschi alla fine del 13° anno di scuola. Poiché, rispetto agli altri paesi, i liceali tedeschi conseguono la maturità piuttosto tardi, in alcuni licei tedeschi è oggi possibile conseguirla alla fine del 12° anno di scuola. In Austria e nella Svizzera la maturità scolastica si chiama "Matura" o "Maturität" e può essere conseguita dopo 8 anni di liceo.

Abiturient(in) [abituriˈɛnt] <-en, -en; -, -nen> *m(f)* **1.** (*vor, im Abitur*) maturando, -a *m, f* **2.** (*nach Abitur*) maturato, -a *m, f*

Abk. *abk v* **Abkürzung** abbr.

ab|kapseln *vr* **sich** (**von jdm/etw**) **~** isolarsi (da qu/qc)

ab|kaufen *vt* **1.** (*kaufen*) **jdm etw ~** acquistare qc da qu **2.** (*fam: glauben*) **diese Geschichte kaufe ich dir nicht ab!** questa storia non me la dai a bere!

Abklatsch *m* (*pej*) imitazione *f*

ab|klingen <irr> *vi sein* **1.** (*Lärm*) smorzarsi **2.** (*fig: Erregung*) diminuire; (*Fieber*) calare; (*Schmerz*) calmarsi

ab|kochen *vt* (*Wasser*) far bollire; (*Fleisch, Kartoffeln*) lessare

ab|kommandieren <ohne ge-> *vt* distaccare

ab|kommen <irr> *vi sein* **1.** (*abweichen*) deviare; **vom Weg ~** allontanarsi dalla strada; **vom Thema ~** deviare dall'argomento **2.** (*loskommen*) **von etw ~** liberarsi da qc

Abkommen <-s, -> *n* accordo *m;* (POL) convenzione *f*

abkömmlich [ˈapkœmlɪç] *adj* disponibile

ab|kühlen **I.** *vt* far raffreddare **II.** *vr* **sich ~** raffreddarsi; (*Wetter*) rinfrescare; (*Mensch: sich erfrischen*) rinfrescarsi

ab|kürzen *vt* accorciare; (*Wort*) abbreviare

Abkürzung *f* (*Wort*) abbreviazione *f;* (*Weg*) scorciatoia *f*

ab|laden <irr> *vt* scaricare

Ablage *f* **1.** (*allg*) deposito *m;* (*für Akten*) archivio *m;* (*für Kleider*) guardaroba *f* **2.** (*CH: Zweigstelle*) filiale *f*

ab|lagern **I.** *vi sein* (*Holz, Käse, Tabak*) stagionare; (*Wein*) invecchiare **II.** *vt haben* depositare **III.** *vr* **sich ~** depositarsi

Ablagerung *f* (GEOL) sedimentazione *f*

ab|lassen <irr> **I.** *vt* **1.** (*Flüssigkeit*) far defluire; (*Gas*) scaricare **2.** (*Fass, Teich*) (s)vuotare **3.** (COM) scontare **II.** *vi* **von etw ~** desistere da qc; **von jdm ~** lasciare in pace qu

Ablauf *m* **1.** (*Ausguss*) scarico *m* **2.** (*von Ereignissen*) (de)corso *m* **3.** *sing* (*von Frist, Vertrag*) scadenza *f;* **nach ~ der Frist** alla scadenza **4.** *sing* (SPORT) partenza *f*

ab|laufen <irr> **I.** *vi sein* **1.** (*abfließen*) defluire **2.** (*Ereignisse*) svolgersi **3.** (*Frist, Vertrag, Visum*) scadere **II.** *vt haben* **1.** (*Schuhe, Sohlen*) consumare **2.** (*Strecke*) percorrere

ab|legen *vt* **1.** (*Gegenstand*) deporre; (*Kleider*) togliersi **2.** (*Gewohnheit*) togliersi; (*Fehler*) correggere **3.** (*Brief, Akten*) classificare **4.** (*Karten im Spiel*) scartare **5.** (*Probe, Prüfung*) sostenere **6.** (*Zeugnis, Eid*) prestare; **Rechenschaft über etw** *acc* **~** rendere conto di qc

Ableger <-s, -> *m* (BOT) propaggine *f*

ab|lehnen *vt* rifiutare; (*Einladung, Wahl*) declinare; (*Antrag*) respingere; **jdn ~** respingere qu; **ablehnend** *adj* contrario; (*Antwort*) negativo; **sich jdm/etw gegenüber ~ verhalten** mostrarsi sfavorevole a qu/qc

ab|leiten *vt* **1.**(*Wasserlauf, Blitz*) deviare **2.**(LING, MAT) derivare **3.**(*folgern*) dedurre

ab|lenken *vt* **1.**(*zerstreuen*) **jdn** (**von etw**) ~ distrarre qu (da qc) **2.**(*Gedanken, Aufmerksamkeit*) distogliere; (*Verdacht*) allontanare **3.**(*Wasser, Ball*) deviare

Ablenkung *f* distrazione *f;* **Ablenkungsmanöver** *n* manovra *f* diversiva

ab|lesen <irr> *vt* **1.**(*Rede*) **etw** (**vom Blatt**) ~ leggere qc (dal foglio) **2.**(*Zähler*) leggere **3.**(*erschließen*) dedurre; **jdm etw von den Augen** ~ leggere qc negli occhi di qu

ab|liefern *vt* consegnare

Ablieferung *f* consegna *f*

Ablöse <-, -en> *f* **1.**(*A, CH:* SPORT) riscatto *m* **2.**(*A: Miete*) cauzione *f*

ab|lösen *vt* **1.**(*entfernen*) **etw** (**von etw**) ~ staccare qc (da qc) **2.**(*bei Arbeit*) dare il cambio a; (*im Amt*) sostituire

Ablösesumme *f* (SPORT) riscatto *m*

ABM [a:be:'ʔɛm] <-, -s> *f abk v* **Arbeitsbeschaffungsmaßnahme** *piano per l'occupazione*

ab|machen *vt* **1.**(*wegmachen*) togliere **2.**(*vereinbaren*) concordare; (JUR) stipulare; **das musst du mit dir selbst ~!** ti devi arrangiare da solo!

Abmachung <-, -en> *f* accordo *m;* (JUR) stipulazione *f*

ab|magern *vi sein* dimagrire

Abmagerungskur *f* cura *f* dimagrante

ab|melden **I.** *vt* **1.**(*von der Schule*) ritirare **2.**(*Zeitung, Telefon*) disdire **II.** *vr* **sich** ~ **1.**(*allg,* MIL) congedarsi **2.**(*polizeilich*) notificare il cambiamento di residenza

ab|messen <irr> *vt* misurare

ab|montieren <ohne ge-> *vt* smontare

ab|mühen *vr* **sich** (**mit jdm/etw**) ~ darsi pena (con qu/qc)

ab|nabeln *vr* **sich** ~ (*fig*) staccarsi

Abnäher <-s, -> *m* pince *f*

Abnahme ['apna:mə] <-, -n> *f* **1.**(*Wegnahme*) asportazione *f;* (MED) amputazione *f* **2.**(*Verringerung*) diminuzione *f* **3.**(COM) acquisto *m*

ab|nehmen <irr> **I.** *vi* **1.**(*kleiner werden*) diminuire; (*kürzer werden*) accorciarsi; (*schwächer werden*) indebolirsi; (*Mond*) decrescere; **bei ~dem Mond** in fase di luna calante **2.**(*an Gewicht*) dimagrire **II.** *vt* **1.**(*Bild, Hörer*) staccare; (*Wäsche*) levare; (*Hut, Brille, Verband*) togliere **2.**(MED) amputare **3.**(*Geld*) sottrarre **4.**(*prüfen*) controllare; (*Neubau, Maschine*) collaudare **5.**(*abkaufen*) acquistare **6.**(*Wend*) **jdm ein Versprechen** ~ far promettere qc a qu; **jdm eine Sorge** ~ togliere una preoccupazione a qu

Abnehmer <-s, -> *m* (COM) acquirente *mf*

Abneigung *f* avversione *f;* **eine ~ gegen jdn/etw haben** avere avversione per qu/qc

abnorm [ap'nɔrm] *adj* (*geh*), **abnormal** ['apnɔrmal] *adj* (*bes A, CH*) anormale

ab|nutzen **I.** *vt* consumare; **abgenutzt** (*Kleidung*) sciupato **II.** *vr* **sich** ~ consumarsi

Abonnement [abɔnə'mã:] <-s, -s> *n* abbonamento *m*

Abonnent(in) [abɔ'nɛnt] <-en, -en; -, -nen> *m(f)* abbonato, -a *m, f*

abonnieren [abɔ'ni:rən] <ohne ge-> *vt* abbonarsi a

Abordnung *f* delegazione *f*

Abort [a'bɔrt] <-s, -e> *m* **1.**(MED) aborto *m* **2.**(*WC*) gabinetto *m*

ab|packen *vt* impacchettare

ab|passen *vt* **1.**(*Person*) appostare **2.**(*Gelegenheit, Zeitpunkt*) attendere

ab|pfeifen <irr> *vt* (SPORT) **das Spiel** ~ fischiare la fine del gioco

abplagen *vr* **sich** ~ affaticarsi

ab|putzen *vt* pulire

ab|quälen *vr* **sich** ~ affaticarsi; (*fig*) tormentarsi

ab|raten <irr> *vi* **jdm von etw** ~ sconsigliare qc a qu

ab|räumen *vt* **1.**(*Sachen*) sgombrare **2.**(*Tisch*) sparecchiare

ab|reagieren <ohne ge-> **I.** *vt* sfogare; **seine Wut an jdm** ~ scaricare la propria rabbia su qu **II.** *vr* **sich** (**an jdm/etw**) ~ scaricarsi (su qu/qc)

ab|rechnen **I.** *vi* chiudere il conto; **darf ich ~?** posso fare il conto?; **mit jdm** ~ (*fig*) fare i conti con qu **II.** *vt* (*abziehen*) detrarre

Abrechnung *f* **1.**(*Rechnungsabschluss*) liquidazione *f* **2.**(*Bilanz*) conto *m* **3.**(*fig: Vergeltung*) resa *f* dei conti **4.**(*Abzug*) deduzione *f*

ab|reiben <irr> *vt* **1.**(*beseitigen*) sfregare **2.**(*säubern*) pulire strofinando **3.**(*trocknen*) frizionare

Abreise *f* partenza *f*
ab|reisen *vi sein* partire (in viaggio)
ab|reißen <irr> **I.** *vi sein* **1.** (*Knopf, Faden*) strapparsi **2.** (*Verbindung, Kontakt*) interrompersi **II.** *vt haben* **1.** (*Plakat, Blatt*) strappare **2.** (*Gebäude*) abbattere
ab|richten *vt* addestrare
ab|riegeln *vt* (*Tür*) chiudere con chiavistello; (*Straße, Viertel*) sbarrare
Abruf *m* **1.** (*Abberufung*) richiamo *m* **2.** (COM) ordine *m* di consegna; **etw auf ~ kaufen** acquistare qc a consegna dilazionata; **abrufbar** *adj* (INFORM) disponibile in registro
ab|rufen <irr> *vt* **1.** (INFORM) richiamare **2.** (COM: *Ware*) chiedere la consegna di
ab|runden *vt* **1.** (*Summe*) arrotondare **2.** (*fig: vervollkommnen*) perfezionare
Abrüstung <-> *kein Pl f* disarmo *m*
Abruzzen [a'brʊtsən] *pl* Abruzzi *mpl*
Abs. *abk v* **Absender** mitt.
ABS [a:be:'ɛs] <-> *n* (AUTO) *abk v* **Antiblockiersystem** ABS *m*
Absage ['apza:gə] <-, -n> *f* **1.** (*Antwort*) risposta *f* negativa **2.** (*Ablehnung*) rifiuto *m*
ab|sagen **I.** *vi* **jdm ~** scusarsi di non poter venire presso qu **II.** *vt* disdire
Absatz *m* **1.** (TYP) paragrafo *m;* (JUR) capoverso *m;* **neuer ~** (*beim Diktat*) a capo **2.** (*Treppen~*) pianerottolo *m* **3.** (*Schuh~*) tacco *m* **4.** (COM: *Verkauf*) smercio *m;* **Absatzflaute** *f* (COM) ristagno *m* nelle vendite; **Absatzgebiet** *n* (COM) zona *f* di smercio
ab|schaffen *vt* abolire; (*Gesetz*) abrogare; (*Dinge*) eliminare
ab|schalten **I.** *vt* **1.** (EL) disinserire **2.** (*Radio, Motor*) spegnere **II.** *vi* (*fam*) distrarsi
ab|schätzen *vt* stimare; (*berechnend*) valutare
abschätzig *adv* **von jdm ~ sprechen** parlare con disprezzo di qu
Abschaum <-(e)s> *kein Pl m* (*pej*) feccia *f*
Abscheu <-(e)s, -> *m* ribrezzo *m;* (*Abneigung*) ripugnanza *f*
abscheulich [ap'ʃɔɪlɪç] *adj* orribile; (*Verbrechen*) atroce; (*Mensch*) detestabile
ab|schicken *vt* spedire
ab|schieben <irr> *vt* **1.** (*fig*) allontanare; **die Schuld auf jdn ~** far ricadere la colpa su qu **2.** (*Flüchtlinge, Ausländer*) espellere
Abschied ['apʃi:t] <-(e)s, -e> *m* **1.** (*Trennung*) addio *m;* **von jdm ~ nehmen** congedarsi da qu **2.** (MIL) congedo *m* **3.** (*Ausscheiden aus dem Amt*) licenziamento *m;* (*freiwillig*) dimissioni *fpl;* **Abschiedsbrief** *m* (*fam*) lettera *f* d'addio; **Abschiedsfeier** *f* festa *f* d'addio
ab|schießen <irr> *vt* **1.** (*Schuss*) sparare **2.** (*Pfeil*) scoccare; (*Geschoss*) tirare; (*Gewehr*) scaricare **3.** (*Flugzeug, Vogel*) abbattere **4.** (*fig fam*) silurare
ab|schirmen *vt* **jdn** (**von jdm/etw**) **~** schermare qu (da qu/qc)
ab|schlagen <irr> *vt* **jdm etw ~** rifiutare qc a qu
abschlägig ['apʃlɛ:gɪç] *adj* (*form*) negativo
Abschlagszahlung *f* pagamento *m* rateale
ab|schleifen <irr> *vt* levigare
Abschleppdienst *m* (MOT) autosoccorso *m*
ab|schleppen *vt* rimorchiare
Abschleppseil *n* (MOT) cavo *m* da rimorchio
ab|schließen <irr> *vt* **1.** (*zuschließen*) chiudere a chiave **2.** (*fig: beenden*) terminare **3.** (*Geschäft, Vertrag*) concludere; (*Versicherung*) stipulare; **abschließend** **I.** *adj* conclusivo **II.** *adv* per concludere, in conclusione
Abschluss[RR] *m* **1.** (*Ende*) termine *m;* **zum ~** a conclusione; **zum ~ bringen** portare a termine **2.** (*Geschäfts~, Vertrags~*) conclusione *f* **3.** (COM: *Bilanz*) chiusura *f;* **Abschlussprüfung**[RR] *f* esame *m* finale; **Abschlusszeugnis**[RR] *n* diploma *m* (di licenza)
ab|schneiden <irr> **I.** *vt* **1.** (*schneiden*) tagliare **2.** (*fig: Wort*) troncare **II.** *vi* **schlecht/gut ~** avere un cattivo/buon risultato
Abschnitt *m* **1.** (*Teilstück*) (ri)taglio *m* **2.** (TYP) passaggio *m* **3.** (*Kontroll~*) tagliando *m* di controllo **4.** (*Zeit~*) epoca *f;* (*Lebens~*) periodo *m* **5.** (MAT) segmento *m*
ab|schrecken *vt* **1.** (*zurückschrecken lassen*) intimidire; **sich durch nichts ~ lassen** non lasciarsi scoraggiare da nulla **2.** (GASTR) raffreddare in acqua; **abschreckend** *adj* scoraggiante; (*Abscheu erregend*) repellente; **ein ~es Beispiel** un esempio intimidatorio
Abschreckung <-, -en> *f* (MIL) intimidazione *f*
ab|schreiben <irr> *vt* **1.** (*Text*) **etw** (**von**

jdm) ~ copiare qc (da qu) **2.** (*neu schreiben*) ricopiare **3.** (COM: *streichen*) dedurre; (*den Wert herabsetzen von*) deprezzare **4.** (*fig: nicht mehr rechnen mit*) considerare perduto

Abschrift *f* copia *f*

abschüssig ['apʃʏsɪç] *adj* ripido

ab|schütteln *vt* **1.** (*Obst*) far cadere scuotendo **2.** (*fig*) **jdn** ~ (*lästige Person*) sbarazzarsi di qu; **etw** ~ (*Sorgen, Ärger*) liberarsi da qc

ab|schwächen **I.** *vt* attenuare **II.** *vr* **sich** ~ attenuarsi

ab|schweifen *vi sein* divagare

ab|schwellen <irr> *vi sein* **1.** (*Geschwulst*) sgonfiarsi **2.** (*Lärm*) diminuire

ab|schwören <irr> *vi* **dem Glauben** ~ rinnegare il credo; **dem Alkohol** ~ rinunciare all'alcol

absehbar *adj* prevedibile; **in ~er Zeit** in un prossimo futuro

ab|sehen <irr> **I.** *vi* **von etw** ~ (*nicht berücksichtigen*) prescindere da qc; (*verzichten*) rinunciare a qc; **abgesehen von ...** a prescindere da ... **II.** *vt* **1.** (*voraussehen*) prevedere; **es ist noch kein Ende abzusehen** non si vede ancora la fine **2.** (*Wend*) **es auf jdn/etw abgesehen haben** prendere di mira qu/qc

abseits ['apzaɪts] **I.** *prp +gen* lontano da **II.** *adv* in disparte

Abseits <-> *kein Pl n* (SPORT) fuorigioco *m*

ab|senden <irr> *vt* spedire

Absender *m* mittente *mf*

absetzbar *adj* **1.** (FIN) deducibile **2.** (COM) facilmente piazzabile

ab|setzen **I.** *vt* **1.** (*Hut, Brille*) metter giù **2.** (*Koffer*) appoggiare per terra **3.** (*Beamte*) dimettere; (*Minister, Monarchen*) deporre **4.** (*Therapie, Medikamente*) interrompere **5.** (*streichen*) eliminare; **etw von etw** ~ togliere qc da qc **6.** (*aussteigen lassen*) far scendere **7.** (COM: *verkaufen*) smerciare **8.** (FIN) detrarre **II.** *vr* **sich** ~ **1.** (*Staub*) depositarsi **2.** (MIL: *Truppen*) ritirarsi **3.** (*fam: sich davonmachen*) svignarsela

ab|sichern **I.** *vt* **etw** (**gegen etw**) ~ rendere sicuro qc (contro qc) **II.** *vr* **sich** (**gegen etw**) ~ assicurarsi (da qc)

Absicht <-, -en> *f* intenzione *f;* (*Ziel*) scopo *m;* **mit** ~ intenzionalmente; **das war nicht meine** ~ non l'ho fatto apposta; **absichtlich** *adj* intenzionale

ab|sinken <irr> *vi sein* **1.** (*Schiff*) affondare **2.** (*schwächer werden*) diminuire; (*Temperatur*) calare

ab|sitzen <irr> **I.** *vt haben* (*fam: Strafe*) scontare **II.** *vi sein* **1.** (*vom Pferd*) scendere da cavallo **2.** (*CH: sich setzen*) sedersi

absolut [apzo'lu:t] **I.** *adj* assoluto **II.** *adv* assolutamente

Absolutismus [apzolu'tɪsmʊs] <-> *kein Pl m* assolutismo *m*

absolvieren [apzɔl'vi:rən] <ohne ge-> *vt* (*Schule*) finire; (*Studien*) compiere; (*Pensum*) sbrigare; (*Examen*) superare

ab|sondern **I.** *vt* **1.** (*isolieren*) **etw** (**von etw**) ~ isolare qc (da qc) **2.** (BIOL, MED) secernere **II.** *vr* **sich** (**von jdm**) ~ segregarsi (da qu)

ab|speichern *vt* (INFORM) memorizzare

abspenstig ['apʃpɛnstɪç] *adj* ~ **machen** estraniare

ab|sperren *vt* **1.** (*A, südd: Tür, Zimmer*) chiudere a chiave **2.** (*Straße*) sbarrare

Absperrung <-, -en> *f* chiusura *f;* (*von Straßen*) blocco *m*

ab|spielen **I.** *vt* **1.** (*CD, Schallplatte, Band*) (far) ascoltare **2.** (*vom Blatt*) suonare a vista **3.** (SPORT) passare **II.** *vr* **sich** ~ svolgersi

Absprache *f* accordo *m,* intesa *f*

ab|sprechen <irr> **I.** *vt* **1.** (*verabreden*) **etw** (**mit jdm**) ~ accordarsi (con qu) su qc **2.** (*aberkennen*) (**jdm**) **etw** ~ disconoscere qc (a qu) **II.** *vr* **sich** (**mit jdm**) ~ accordarsi (con qu)

ab|springen <irr> *vi sein* **1.** (SPORT) saltare **2.** (*mit Fallschirm*) lanciarsi con il paracadute **3.** (*Lack, Knopf*) staccarsi

Absprung *m* salto *m;* (*mit Fallschirm*) lancio *m* con il paracadute

ab|spülen *vt* sciacquare; (*Geschirr*) rigovernare, lavare

ab|stammen *vi sein* (**von jdm**) ~ discendere (da qu)

Abstand *m* **1.** (*räumlich, fig*) distanza *f;* (*zeitlich*) intervallo *m;* ~ **halten** mantenere la distanza; **mit** ~ di gran lunga **2.** (*fig: innerer* ~) distacco *m;* **von etw** ~ **nehmen** (*fig*) desistere da qc

ab|statten ['apʃtatən] *vt* (*geh*) **jdm einen Besuch** ~ fare visita a qu

ab|stauben *vt* **1.** (*Möbel*) spolverare **2.** (*fig fam: sich aneignen*) grattare

ab|stechen <irr> I. *vt* 1. (*Rasen*) tagliare (via) 2. (*Schlachttier*) scannare II. *vi* (*sich abheben*) (**von jdm**) ~ contrastare (con qu)
Abstecher <-s, -> *m* scappata *f*
ab|stehen <irr> *vi* sporgere; **~de Ohren** orecchie a sventola
ab|steigen <irr> *vi sein* 1. (*heruntersteigen*) scendere; **vom Fahrrad/Pferd** ~ scendere dalla bicicletta/da cavallo 2. (SPORT) retrocedere
ab|stellen *vt* 1. (*hinstellen*) posare; (*Fahrzeug*) parcheggiare 2. (*abschalten*) fermare; (*Wasser, Gas*) chiudere; (*Radio, Motor*) spegnere 3. (*fig: unterbinden*) sopprimere
Abstellgleis *n* binario *m* morto; **Abstellraum** *m* ripostiglio *m*
ab|stempeln *vt* 1. (*mit Stempel versehen*) timbrare 2. (*fig: bezeichnen*) bollare
ab|sterben <irr> *vi sein* 1. (*Pflanzen*) morire, deperire 2. (MED: *Glieder*) intorpidirsi
Abstieg ['apʃti:k] <-(e)s, -e> *m* 1. (*Abwärtssteigen*) discesa *f* 2. (*fig: Niedergang*) decadenza *f* 3. (SPORT) retrocessione *f*
ab|stimmen I. *vi* **über etw** *acc* ~ votare qc II. *vt* 1. (MUS) accordare 2. (*aufeinander* ~) armonizzare; (*anpassen*) adattare; **etw mit jdm** ~ concordare qc con qu
Abstimmung *f* votazione *f*; **in öffentlicher/geheimer** ~ a scrutinio pubblico/segreto
abstinent [apsti'nɛnt] *adj* astinente
Abstinenz [apsti'nɛnts] <-> *kein Pl f* astinenza *f*
Abstinenzler(in) <-s, -; -, -nen> *m(f)* (*pej*) astemio, -a *m, f*
ab|stoßen <irr> *vt* 1. (*wegstoßen*) scostare 2. (*beschädigen*) rompere 3. (*Fußball*) rinviare 4. (COM) smerciare 5. (*fig: anwidern*) ripugnare; **abstoßend** *adj* repellente
abstrahieren [apstra'hi:rən] <ohne ge-> *vi, vt* (*geh*) (**aus etw**) ~ astrarre (da qc)
abstrakt [ap'strakt] *adj* astratto
ab|streiten <irr> *vt* negare
Abstrich *m* 1. (*Abzug*) riduzione *f*; **man muss im Leben oft ~e machen** (*fig*) nella vita si devono spesso fare delle rinunce 2. (MED) striscio *m*
ab|stufen *vt* 1. (*Gelände*) terrazzare 2. (*Farben*) sfumare 3. (*fig: Gehälter*) classificare
ab|stumpfen I. *vi sein* (*fig*) diventare insensibile II. *vt haben* 1. (*Schneide*) smussare 2. (*fig: gefühllos machen*) rendere insensibile
Absturz *m* 1. (*Sturz*) caduta *f* 2. (INFORM) crash *m*
ab|stürzen *vi sein* 1. (*stürzen*) precipitare 2. (INFORM) avere un crash
ab|suchen *vt* (*Menschen, Tier*) esaminare; (*Gelände*) perlustrare; **ich habe das ganze Haus nach der Brille abgesucht** ho cercato gli occhiali in tutta la casa
absurd [ap'zʊrt] *adj* assurdo
Abszess[RR] [aps'tsɛs] <-es, -e> *m*, **Abszeß** <-szesses, -szesse> *m* (MED) ascesso *m*
Abt [apt] <-(e)s, Äbte> *m* abate *m*
ab|tasten *vt* frugare; (MED) palpare
ab|tauen I. *vt haben* 1. (*Kühlschrank*) sbrinare 2. (*Eis*) far sciogliere II. *vi sein* 1. (*Kühlschrank*) sbrinarsi; (*See*) disgelarsi 2. (*Eis*) sciogliersi
Äbte *pl von* **Abt**
Abtei [ap'taɪ] <-, -en> *f* abbazia *f*
Abteil [ap'taɪl] *n* scompartimento *m*
ab|teilen *vt* 1. (*aufteilen*) (sud)dividere 2. (*durch Zwischenwände*) separare
Abteilung *f* reparto *m*; (ADM) dipartimento *m*; **Abteilungsleiter(in)** *m(f)* (COM) caporeparto *mf*; (ADM) caposezione *mf*
Äbtissin [ɛp'tɪsɪn] <-, -nen> *f* badessa *f*
ab|tragen <irr> *vt* 1. (*Schutt*) spalare; (*Gelände*) spianare 2. (*Bauwerk*) demolire 3. (*geh: Speisen*) levare 4. (*geh: Schuld*) estinguere 5. (*Kleidung*) logorare
abträglich ['aptrɛ:klɪç] *adj* (*geh: nachteilig*) svantaggioso; (*schädlich*) nocivo
ab|transportieren <ohne ge-> *vt* 1. (*Material*) sgomberare 2. (*Gefangene, Truppen*) trasportare
ab|treiben <irr> I. *vt haben* 1. (NAUT, AERO) far deviare 2. (MED) abortire II. *vi sein* 1. (NAUT, AERO) andare alla deriva 2. (MED) abortire
Abtreibung <-, -en> *f* aborto *m* (procurato); **Abtreibungsbefürworter(in)** *m(f)* abortista *mf*; **Abtreibungsgegner(in)** *m(f)* antiabortista *mf*; **Abtreibungspille** *f* pillola *f* abortiva
ab|trennen *vt* 1. (*loslösen*) staccare 2. (*trennen*) separare 3. (*Angenähtes*) scucire
ab|treten <irr> I. *vt haben* 1. (*überlassen*) (**jdm**) **etw** ~ cedere qc (a qu) 2. (*abnutzen*) consumare 3. (*Schuhe*) pulire II. *vi sein*

1.(*von Amt*) dimettersi 2.(THEAT) uscire di scena

Abtreter <-s, -> *m* zerbino *m*

ab|trocknen *vt* asciugare

abtrünnig ['aptrʏnɪç] *adj* infedele; (REL, POL) rinnegato; **jdm ~ werden** rinnegare qu

ab|verlangen *vt* **jdm etw ~** chiedere qc a qu

ab|wägen ['apvɛːgən] <irr> *vt* ponderare, soppesare

ab|wählen *vt* 1.(*Politiker*) non rieleggere 2.(*Schule: Fach*) scartare

ab|wälzen *vt* scaricare; **die Schuld auf jdn ~** addossare la colpa a qu

ab|wandeln *vt* variare

ab|wandern *vi sein* emigrare

Abwärme <-> *kein Pl f* (TEC) calore *m* perduto

Abwart ['apvart] <-(e)s, -e> *m* (*CH: Hausmeister*) portiere *m*

ab|warten *vt, vi* aspettare

Abwärtin ['apvɛrtɪn] <-, -nen> *f* (*CH: Hausmeisterin*) portiera *f*

abwärts ['apvɛrts] *adv* (in) giù; **~ fahren/gehen** scendere; **Abwärtstrend** *m* trend *m* negativo

Abwasch[1] ['apvaʃ] <-(e)s> *kein Pl m* (*Geschirr*) stoviglie *fpl* sporche; (*Handlung*) rigovernatura *f*

Abwasch[2] <-, -en> *f* (*A: Spülbecken*) acquaio *m*

ab|waschen <irr> **I.** *vt* 1.(*mit Wasser reinigen*) lavare; (*Geschirr*) rigovernare 2.(*Schmutz*) lavare via **II.** *vi* (*Geschirr ~*) lavare i piatti

Abwasser <-s, -wässer> *n* acqua *f* di scarico; **Abwasseraufbereitung** *f* trattamento *m* delle acque di scarico; **Abwasserentsorgung** *f* scarico *m* delle acque residue; **Abwasserkanal** *m* canale *m* di scarico

ab|wechseln **I.** *vi* alternare **II.** *vr* **sich ~** alternarsi; **abwechselnd** *adv* a turno

Abwechslung <-, -en> *f* 1.(*Wechsel*) cambiamento *m*; **zur ~** per cambiare un po' 2.(*Mannigfaltigkeit*) varietà *f*; **~ in etw** *acc* **bringen** rendere più variato qc; **abwechslungsreich** *adj* (s)variato

Abwege ['apveːgə] *mpl* **auf ~ geraten** mettersi sulla cattiva strada

abwegig ['apveːgɪç] *adj* errato

Abwehr ['apveːɐ̯] <-> *kein Pl f* 1.(*allg,* MIL, SPORT) difesa *f* 2.(*Widerstand*) resistenza *f* 3.(*Ablehnung*) rifiuto *m* 4.(*Spionage~*) controspionaggio *m*

ab|wehren *vt* 1.(*Schlag*) parare; (*Angriff*) respingere 2.(*Gefahr*) stornare

Abwehrkräfte *fpl* (MED) sistema *m* immunitario; **Abwehrspieler(in)** *m(f)* (SPORT) difensore *m*

ab|weichen <irr> *vi sein* 1.(*a fig* NAUT, AERO) deviare; **vom Thema ~** (*fig*) allontanarsi dall'argomento 2.(*sich unterscheiden*) **voneinander ~** essere differente l'uno dall'altro; **abweichend** *adj* divergente

ab|weisen <irr> *vt* 1.(*zurückweisen*) rifiutare; (JUR) respingere 2.(*Gesuch, Forderungen*) rigettare 3.(*Bewerber*) non ammettere; **abweisend** *adj* brusco

ab|wenden <irr> **I.** *vt* 1.(*Gesicht*) volgere altrove 2.(*Blick, Gedanken*) **etw** (**von etw**) **~** distogliere qc (da qc) 3.(*Unheil*) evitare **II.** *vr* **sich** (**von etw**) **~** allontanarsi (da qc)

ab|werben <irr> *vt sottrarre* (*specialmente lavoratori a ditte*) *con proposte allettanti*

ab|werfen <irr> *vt* 1.(*Reiter*) disarcionare 2.(*Bomben, Flugblätter*) lanciare 3.(*Spielkarten*) scartare 4.(COM) fruttare

ab|werten *vt* (FIN) svalutare; **abwertend** *adj* spregevole

abwesend ['apveːzənt] *adj* assente

Abwesenheit <-, *rar* -en> *f* assenza *f*

ab|wickeln *vt* 1.(*Wolle, Garn*) dipanare; (*Verband*) sfasciare 2.(*fig: durchführen*) effettuare; (*Geschäft*) sbrigare

ab|wiegen <irr> *vt* pesare

ab|wischen *vt* 1.(*reinigen*) pulire; **den Staub von etw ~** spolverare qc 2.(*entfernen*) **etw** (**von etw**) **~** togliere qc (da qc); **sich** *dat* **die Stirn/die Tränen ~** asciugarsi la fronte/le lacrime

Abwurf *m* 1.(AERO) lancio *m* 2.(SPORT) rinvio *m*

ab|würgen *vt* **den Motor ~** bloccare il motore; **ein Gespräch ~** stroncare una conversazione

ab|zahlen *vt* pagare a rate

ab|zählen *vt* contare; **an den Fingern ~** contare sulle dita

Abzahlung *f* 1.(*Tilgung*) saldo *m* 2.(*Ratenzahlung*) pagamento *m* rateale; **etw auf ~ kaufen** comprare qc a rate

Abzeichen *n* distintivo *m*

ab|zeichnen **I.** *vt* 1.(*abmalen*) ritrarre; (*ko-*

pieren) copiare **2.** (*signieren*) firmare **II.** *vr* **sich** ~ **1.** (*sich abheben*) spiccare **2.** (*erkennbar werden*) delinearsi

Abziehbild *n* decalcomania *f*

ab|ziehen <irr> **I.** *vt haben* **1.** (*wegziehen*) togliere; **das Bett** ~ cambiare la biancheria del letto **2.** (*ziehend entfernen*) tirare fuori; **den Schlüssel** ~ togliere la chiave dalla serratura; **einen Ring vom Finger** ~ sfilare un anello dal dito **3.** (*abrechnen*) detrarre; **20 von 100** ~ sottrarre 20 da 100 **4.** (MIL) **die Truppen von einem Ort** ~ ritirare le truppe da un luogo **5.** (*Tier*) scuoiare **II.** *vi sein* **1.** (*Rauch*) uscire; (*Gewitter*) allontanarsi **2.** (*Truppen*) ripiegare **3.** (*fam: weggehen*) andarsene

ab|zielen *vi* **auf etw** *acc* ~ mirare a qc

Abzug *m* **1.** *sing* (MIL) ritiro *m* **2.** (COM) deduzione *f;* **nach** ~ **der Kosten** detratte le spese **3.** *pl* (*Abgaben*) trattenute *fpl* **4.** (FOTO) copia *f;* (TYP) bozza *f* **5.** (*~svorrichtung*) sfiatatoio *m* **6.** (*Gewehr~*) grilletto *m*

abzüglich ['aptsy:klɪç] *prp +gen* detratto; ~ **der Kosten** detratte le spese

Abzweigung <-, -en> *f* diramazione *f*

Accessoires [aksɛso'a:ɐ] *npl* accessori *mpl*

ach [ax] *int* ah; ~ **so!** ah ecco, (ora) capisco!; ~ **was!**, ~ **wo!** ma no!, macché

Achillesferse [a'xɪlɛsfɛrzə] *f* tallone *m* d'Achille

Achse ['aksə] <-, -n> *f* asse *m;* **auf** ~ **sein** (*fam*) essere in giro

Achsel ['aksəl] <-, -n> *f* spalla *f;* **mit den ~n zucken** alzare le spalle; **Achselhöhle** *f* ascella *f;* **Achselzucken** <-s> *kein Pl n* alzata *f* di spalle

acht [axt] *num* otto; **zu** ~ in otto; **mit** ~ (**Jahren**) a otto anni; **sie ist** ~ (**Jahre**) ha otto anni; **es ist** ~ **Uhr** sono le otto; **fünf** (**Minuten**) **vor/nach** ~ (**Uhr**) le otto meno cinque/e cinque; **halb** ~ le sette e mezzo; **um/gegen** ~ alle/verso le otto; **alle** ~ **Tage** ogni settimana; **heute in** ~ **Tagen** oggi a otto

Acht[1] [axt] <-, -en> *f* (*Zahl*) otto *m*

Acht[2] <-> *kein Pl f* **1.** (*Aufmerksamkeit*) attenzione *f;* ~ **geben** fare attenzione; **gib** ~, **dass du nicht fällst!** fa attenzione a non cadere!; **außer** ~ **lassen** non prendere in considerazione; **sich vor jdm/etw in** ~ **nehmen** stare in guardia da qu/qc **2.** (HIST: *Bann*) bando *m*

achtbar *adj* rispettabile

achte *s.* **achte(r, s)**

Achteck *n* ottagono *m;* **achteckig** *adj* ottagonale

achteinhalb *num* otto e mezzo

achtel ['axtəl] <inv> *adj* ottavo *m* di

Achtel ['axtəl] <-s, -> *n* ottavo *m;* **Achtelfinale** <-s, -> *n* ottavo *m* di finale

achten ['axtən] **I.** *vi* **auf jdn/etw** ~ badare a qu/qc; **darauf** ~, **dass ...** badare che *+conj* **II.** *vt* **1.** (*schätzen*) stimare **2.** (*respektieren*) rispettare **3.** (*be~*) tener conto di

achtens ['axtəns] *adv* (in) ottavo (luogo)

achter *s.* **achte(r, s)**

Achterbahn *f* montagne *fpl* russe

achte(r, s) *adj* ottavo, -a; (*bei Datumsangaben*) otto; **am ~n Januar** l'otto gennaio; **im ~n Stock** all'ottavo piano

achtfach *adj* ottuplo

acht|geben *vi s.* **Acht**[2]

achthundert ['axt'hʊndɐt] *num* ottocento

achtjährig ['axtjɛ:rɪç] *adj* **1.** (*acht Jahre alt*) di otto anni **2.** (*acht Jahre dauernd*) durevole otto anni

achtlos *adj* sbadato

achtmal *adv* otto volte; ~ **so viel(e)** otto volte tanto

achtsam *adj* (*geh*) **1.** (*aufmerksam*) attento **2.** (*sorgfältig*) accurato

achtstellig *adj* di otto cifre

achttausend ['axt'taʊzənt] *num* ottomila

Achtung ['axtʊŋ] <-> *kein Pl f* **1.** (*Hochschätzung*) stima *f;* (*Respekt*) rispetto *m;* **vor jdm/etw** ~ **haben** avere rispetto di qu/qc; **alle** ~**!** congratulazioni! **2.** (*Aufmerksamkeit*) ~**!** attenzione!; (MIL) attenti!; ~**, fertig, los!** pronti, attenti, via!

achtzehn *num* diciotto

achtzig ['axtsɪç] *num* ottanta

ächzen ['ɛçtsən] *vi* **1.** (*Mensch*) gemere **2.** (*fig*) scricchiolare

Acker ['akɐ] <-s, Äcker> *m* campo *m* (coltivato); **Ackerbau** *m* agricoltura *f*

Acryl [a'kry:l] <-s> *kein Pl n* (CHEM) acrile *m*

Action ['ækʃən] <-> *kein Pl f* azione *f;* **Actionfilm** *m* film *m* d'azione

ADAC [a:de:ʔa:'tse:] <-(s)> *kein Pl m abk v* **Allgemeiner Deutscher Automobil-Club** *A.C.I.*

Adamsapfel *m* pomo *m* d'Adamo; **Adamskostüm** *n* (*fam scherz*) costume *m* adamitico

Adapter [a'daptɐ] <-s, -> *m* (INFORM) adattatore *m*
addieren [a'di:rən] <ohne ge-> *vt* addizionare
Addition [adi'tsi̯o:n] <-, -en> *f* addizione *f*
ade [a'de:] *int* addio
Adel ['a:dəl] <-s> *kein Pl m* nobiltà *f;* (*Familie*) famiglia *f* nobile; (*Titel*) titolo *m* nobiliare
ad(e)lig *adj* nobile; **Ad(e)lige** <ein -r, -n, -n> *mf* nobile *mf*
Ader ['a:dɐ] <-, -n> *f* **1.** (*Blutgefäß*) vena *f* **2.** (*Veranlagung*) vena *f* **3.** (*in Holz, Gestein*) venatura *f;* (BOT) nervatura *f*
Adjektiv ['atjɛkti:f] <-s, -e> *n* aggettivo *m*
Adler ['a:dlɐ] <-s, -> *m* aquila *f*
adlig *adj s.* **ad(e)lig**
Admiral [atmi'ra:l] <-s, -e> *m* ammiraglio *m;* **Admiralität** [atmirali'tɛ:t] <-, -en> *f* ammiragliato *m*
adoptieren [adɔp'ti:rən] <ohne ge-> *vt* adottare
Adoption [adɔp'tsi̯o:n] <-, -en> *f* adozione *f*
Adoptiveltern *pl* genitori *mpl* adottivi; **Adoptivkind** *n* figlio, -a *m, f* adottivo, -a
Adrenalin [adrena'li:n] <-s> *kein Pl n* (MED) adrenalina *f*
Adressat(in) [adrɛ'sa:t] <-en, -en; -, -nen> *m(f)* destinatario, -a *m, f*
AdressbuchRR *n,* **Adreßbuch** *n* (*privat*) agenda *f* degli indirizzi; (*Verzeichnis*) guida *f* generale della città
Adresse [a'drɛsə] <-, -n> *f* **1.** (*Anschrift*) indirizzo *m* **2.** (INFORM) indirizzo *m*
adressieren [adrɛ'si:rən] <ohne ge-> *vt* indirizzare
Adria ['a:dria] *f* (mare *m*) Adriatico *m*
adriatisch [adri'a:tɪʃ] *adj* adriatico
A-Dur <-> *kein Pl n* (MUS) la *m* maggiore
Advent [at'vɛnt] <-(e)s, -e> *m* Avvento *m*

> Per i cristiani l'**Advent** comincia quattro domeniche prima del Natale. E' il tempo dell'attesa di Gesù Cristo. Per i bambini c'è il calendario dell'Avvento che ha per ogni giorno dal 1° al 24 dicembre una finestrella da aprire, dietro la quale si nascondono figurine di cioccolato o altri regalini. Tradizionalmente per le domeniche d'Avvento si compra o si intreccia personalmente un Adventskranz (ghirlanda dell'Avvento) fatto con rami di pino. La ghirlanda viene adornata con quattro candele (una per ogni domenica), con nastri, palline e piccole figure. Ogni domenica la famiglia siede intorno al tavolo su cui è posta la ghirlanda, beve caffè o tè, mangia "Plätzchen" (biscotti di pastafrolla fatti in casa) e canta canzoni natalizie.

Adverb [at'vɛrp] <-s, Adverbien> *n* avverbio *m*
adverbial [atvɛr'bi̯a:l] *adj* avverbiale
Advokat [atvo'ka:t] <-en, -en> *m* (*bes CH*) avvocato *m*
Aerobic [ɛə'rɔbɪk] <-> *kein Pl n* aerobica *f*
Affäre [a'fɛ:rə] <-, -n> *f* **1.** (*Angelegenheit*) faccenda *f;* **sich aus der ~ ziehen** tirarsi d'impiccio **2.** (*Liebschaft*) relazione *f* amorosa
Affe ['afə] <-n, -n> *m* scimmia *f*
affektiert [afɛk'ti:ɐt] *adj* affettato
affig *adj* (*fam: eitel*) vanitoso; (*affektiert*) affettato
Afghane [af'ga:nə] <-n, -n> *m,* **Afghanin** [af'ga:nɪn] <-, -nen> *f* **1.** (*Mensch*) afgano, -a *m, f* **2.** (*Hund*) levriero *m* afgano
afghanisch *adj* afgano
Afghanistan [af'ga:nɪsta:n] *n* Afganistan *m;* **in ~** nell'Afganistan
Afrika ['a:frika] *n* Africa *f*
Afrikaner(in) [afri'ka:nɐ] <-s, -; -, -nen> *m(f)* africano, -a *m, f*
afrikanisch *adj* africano
afroamerikanischRR *adj* afroamericano
Afro-Look, **Afrolook**RR ['a(:)frolʊk] *m* acconciatura *f* afro
After ['aftɐ] <-s, -> *m* (ANAT) ano *m*
Aftershave [a:ftɐ'ʃɛɪf] <-(s), -s> *n,* **After-shave-Lotion** <-, -s> *f,* **Aftershavelotion**RR <-, -s> *f* lozione *f* dopobarba
AG [a:'ge:] <-, -s> *f* **1.** *abk v* **Aktiengesellschaft** S.p.A. **2.** *abk v* **Arbeitsgemeinschaft, Arbeitsgruppe** gruppo *m* di lavoro
Ägäis [ɛ'gɛ:ɪs] *f* Egeo *m*
Agent(in) [a'gɛnt] <-en, -en; -, -nen> *m(f)* agente *mf*
Agentur [agɛn'tu:ɐ̯] <-, -en> *f* agenzia *f*
Aggregat [agre'ga:t] <-(e)s, -e> *n* aggregato *m*
Aggression [agrɛ'si̯o:n] <-, -en> *f* aggressione *f*
aggressiv [agrɛ'si:f] *adj* aggressivo

A

Aggressivität [agrɛsivi'tɛːt] <-, -en> *f* aggressività *f*

Agitation [agita'tsi̯oːn] <-, -en> *f* (POL) agitazione *f*

Agonie [ago'niː] <-, -n> *f* agonia *f*

Agrarfonds [a'graːɐfõː] *m* fondo *m* agricolo; **Agrarminister(in)** *m(f)* ministro *m* dell'agricoltura; **Agrarpolitik** *f* politica *f* agraria; **Agrarstaat** *m* paese *m* agricolo

Ägypten [ɛ'gʏptən] *n* Egitto *m;* **in ~** in Egitto

Ägypter(in) <-s, -; -, -nen> *m(f)* egiziano, -a *m, f*

ägyptisch *adj* egiziano

ah [aː] *int* ah

äh [ɛː] *int* **1.** (*Ausruf des Ekels*) pua **2.** (*bei Sprechpausen*) ehm

aha [a'ha(ː)] *int* ah, ecco!; **Aha-Erlebnis** *n* (PSYCH) illuminazione *f*

ähneln ['ɛːnəln] *vi* **jdm ~** assomigliare a qu

ahnen ['aːnən] *vt* **1.** (*Vorgefühl haben*) **etw ~** avere il presentimento di qc; **das konnte ich nicht ~** non potevo prevederlo **2.** (*vermuten*) immaginare; **nichts ahnend** non sospettando (di) niente

Ahnen *mpl* antenati *mpl;* **Ahnenforschung** <-> *kein Pl f* genealogia *f;* **Ahnentafel** *f* tavola *f* genealogica

ähnlich ['ɛːnlɪç] *adj* **1.** (*teilweise übereinstimmend*) simile; **~ wie ...** simile a ... **2.** (*gleichartig*) similare **3.** (*ähnelnd*) somigliante; **jdm ~ sehen** assomigliare a qu; **das sieht dir ~!** (*fam*) questa è una delle tue!; **Ähnlichkeit** <-, -en> *f* (ras)somiglianza *f*

Ahnung <-, -en> *f* **1.** (*Vorgefühl*) presentimento *m* **2.** (*Vorstellung*) idea *f;* **(ich habe) keine ~!** non ne ho idea!; **ahnungslos I.** *adj* ignaro **II.** *adv* senza rendersene conto

Ahorn ['aːhɔrn] <-s, -e> *m* acero *m*

Ähre ['ɛːrə] <-, -n> *f* spiga *f*

Aids [ɛɪdz] <-> *kein Pl n* (MED) *abk v* **Acquired Immune Deficiency Syndrome** Aids *f o m;* **Aidshilfe** *f* **1.** (MED) aiuto *m* alla lotta contro l'Aids **2.** (*Organisation*) assistenza *f* ai malati di Aids; **aidsinfiziert** *adj* (MED) affetto da Aids

Airbag ['ɛːɐbɛk] <-s, -s> *m* (MOT) airbag *m*

Airbus ['ɛːɐ̯bʊs] *m* airbus *m*

Akademiker(in) [aka'deːmikɐ] <-s, -; -, -nen> *m(f)* laureato, -a *m, f*

akademisch *adj* accademico

akklimatisieren [aklimati'ziːrən] <ohne ge-> *vr* **sich ~** acclimatarsi

Akkord [a'kɔrt] <-(e)s, -e> *m* **1.** (MUS) accordo *m* **2.** (*~arbeit*) cottimo *m;* **Akkordarbeit** *f* lavoro *m* a cottimo

Akkordeon [a'kɔrdeɔn] <-s, -s> *n* fisarmonica *f*

Akku ['aku] <-s, -s> *m,* **Akkumulator** [akumu'laːtoːɐ̯] <-s, -en> *m* (TEC, INFORM) accumulatore *m*

Akkusativ ['akuzatiːf] <-s, -e> *m* (LING) accusativo *m*

Akne ['aːknə] <-, -n> *f* (MED) acne *f*

Akrobat(in) [akro'baːt] <-en, -en; -, -nen> *m(f)* acrobata *mf*

Akt [akt] <-(e)s, -e> *m* **1.** (*Handlung*) atto *m;* (*Zeremonie*) cerimonia *f* **2.** (THEAT) atto *m;* (*im Zirkus*) numero *m* **3.** (*Geschlechts~*) coito *m* **4.** (KUNST) nudo *m*

Akte ['aktə] <-, -n> *f* atto *m;* **zu den ~n legen** mettere agli atti; (*a fig*) archiviare; **Einheitliche Europäische ~** (EU) atto europeo unitario; **Aktenkoffer** <-s, -> *m* borsa *f* portadocumenti; **aktenkundig** *adj* (*Person*) conosciuto dalla polizia; (*Fall*) registrato dalla polizia; **Aktenschrank** *m* armadio *m* per le pratiche; **Aktentasche** *f* cartella *f;* **Aktenvernichter** <-s, -> *m* distruggidocumenti *m;* **Aktenzeichen** *n* numero *m* di protocollo

Aktie ['aktsi̯ə] <-, -n> *f* azione *f;* **Aktiengesellschaft** *f* società *f* per azioni; **Aktienindex** *m* indice *m* di Borsa; **Aktienkurs** *m* quotazione *f* azionaria

Aktion [ak'tsioːn] <-, -en> *f* **1.** (*Handlung,* MIL) azione *f;* **in ~ treten** entrare in azione **2.** (*Werbe~*) campagna *f* **3.** (*bes CH: Sonderangebot*) offerta *f* speciale

Aktionär(in) [aktsi̯o'nɛːɐ̯] <-s, -e; -, -nen> *m(f)* azionista *mf*

aktiv [ak'tiːf] *adj* **1.** (*tätig*) attivo **2.** (*wirksam*) efficace

Aktiv ['aktiːf] <-s> *kein Pl n* (LING) attivo *m*

Aktiva [ak'tiːva] *pl* (FIN) attivo *m*

aktivieren [akti'viːrən] <ohne ge-> *vt* **1.** (*allg,* CHEM) attivare **2.** (POL) mobilitare **3.** (COM) portare in attivo

Aktivität [aktvi'tɛːt] <-, -en> *f* attività *f*

aktualisieren <ohne ge-> *vt* (*allg,* INFORM) aggiornare

Aktualität [aktu̯ali'tɛːt] <-> *kein Pl f* attualità *f*

aktuell [ak'tu̯ɛl] *adj* attuale; (*Buch*) d'attualità

Akupressur [akuprɛ'suːɐ̯] <-, -en> *f* (MED) agopressione *f;* **Akupunktur** [akupʊŋk'tuːɐ̯] <-, -en> *f* (MED) agopuntura *f*

Akustik [a'kʊstɪk] <-> *kein Pl f* acustica *f*

akustisch *adj* acustico

akut [a'kuːt] *adj* **1.** (MED) acuto **2.** (*fig: Problem, Frage*) scottante

AKW [aːkaː'veː] <-(s), -s> *n abk v* **Atomkraftwerk** centrale *f* atomica

Akzent [ak'tsɛnt] <-(e)s, -e> *m* accento *m*

akzeptieren [aktsɛp'tiːrən] <ohne ge-> *vt* accettare

Alarm [a'larm] <-(e)s, -e> *m* allarme *m;* **Alarmbereitschaft** *f* **in ~ sein** essere in stato d'allarme

alarmieren [alar'miːrən] <ohne ge-> *vt* (*a fig*) allarmare

Alaska [a'laska] *n* Alaska *f*

Albaner(in) [al'baːnɐ] <-s, -; -, -nen> *m(f)* albanese *mf*

Albanien [al'baːniən] *n* Albania *f*

albanisch *adj* albanese

Alben *pl von* **Album**

albern ['albɐn] *adj* sciocco

Albtraum[RR] ['albtraʊm] *m* incubo *m*

Album ['albʊm] <-s, Alben> *n* album *m*

Alcomat® ['alkomat] *m* alcoltest *m*

Alge ['algə] <-, -n> *f* alga *f*

Algebra ['algebra] <-> *kein Pl f* (MAT) algebra *f*

Algenpest *f* invasione *f* d'alghe

Algerien [al'geːriən] *n* Algeria *f*

Algerier(in) <-s, -; -, -nen> *m(f)* algerino, -a *m, f*

algerisch *adj* algerino

ALGOL <-(s)> *kein Pl n* (INFORM, MAT) *akr v* **algorithmic language** linguaggio algoritmico

Algorithmus [algo'rɪtmʊs] <-, Algorithmen> *m* (MAT, INFORM) algoritmo *m*

alias ['aːlias] *adv* alias

Alibi ['aːlibi] <-s, -s> *n* alibi *m*

Alimente [ali'mɛntə] *pl* alimenti *mpl*

alkalisch [al'kaːlɪʃ] *adj* (CHEM) alcalino

Alkohol ['alkohoːl] <-s, -e> *m* alcol *m;* **alkoholfrei** *adj* analcolico; **alkoholhaltig** *adj* alcolico

Alkoholiker(in) [alko'hoːlikɐ] <-s, -; -, -nen> *m(f)* alcolizzato, -a *m, f*

alkoholisch *adj* alcolico

Alkoholismus <-> *kein Pl m* alcolismo *m;* **Alkoholtest** *m* alcoltest *m*

All [al] <-s> *kein Pl n* cosmo *m*

allabendlich *adj* di ogni sera

Allah ['ala] <-s> *kein Pl m* (REL) Allah *m*

alle ['alə] **I.** *adv* (*fam*) finito **II.** *pron indef s.* **alle(r, s)**

Allee [a'leː] <-, -n> *f* viale *m* (alberato)

allein [a'laɪn] **I.** <inv> *adj* solo; (*ohne Hilfe, selbst*) da solo; (*einsam*) solitario; **~ stehend** (*Haus*) isolato; (*ohne Familie*) solo; (*unverheiratet, Mann*) celibe; (*unverheiratet, Frau*) nubile **II.** *adv* (*nur*) solo; **~ der Gedanke** il solo pensiero **III.** *konj* (*geh: jedoch*) però

Alleinerbe *m,* **Alleinerbin** *f* erede *mf* universale; **Alleinerziehende** <ein -r, -n, -n> *mf* padre *m* solo, madre *f* sola; **Alleinherrschaft** *f* potere *m* assoluto

alleinig *adj* unico

alleinstehend *s.* **allein I.**; **Alleinstehende** <ein -r, -n, -n> *mf* single *mf;* **Alleinunterhalter(in)** *m(f)* showman *m,* showgirl *f;* (*fig*) istrione, -a *m, f;* **Alleinvertretung** *f* (rappresentanza *f*) esclusiva *f*

allenfalls *adv* **1.** (*höchstens*) tutt'al più **2.** (*gegebenenfalls*) semmai

aller *s.* **alle(r, s)**

aller- (*in Zusammensetzungen mit Superlativ zur Verstärkung*) (il, la) più …; **allerbeste(r, s)** ['alɐ'bɛstə, -tɐ, -təs] *adj* (il/la) migliore di tutti/tutte

allerdings ['alɐ'dɪŋs] *adv* **1.** (*einschränkend*) ma, però **2.** (*bekräftigend*) ma certo

Allergie [alɛr'giː] <-, -n> *f* (MED) allergia *f;* **eine ~ gegen etw haben** avere un'allergia a qc

Allergiker(in) [a'lɛrgikɐ] <-s, -; -, -nen> *m(f)* allergico, -a *m, f*

allergisch *adj* **~ (gegen etw) sein** essere allergico (a qc)

Allergologe [alɛrgo'loːgə] <-n, -n> *m,* **Allergologin** [alɛrgo'loːgin] <-, -nen> *f* allergologo, -a *m, f*

allerhand ['alɐ'hant] <inv> *adj* (*fam*) **1.** (*viel*) tanto; **das ist ja ~!** questo è un po' troppo! **2.** (*allerlei*) di tutti i tipi

Allerheiligen ['alɐ'haɪlɪgən] <-> *kein Pl n* (REL) Ognissanti *m*

allerlei ['alɐ'laɪ] <inv> *adj* di ogni genere; **ich habe ~ gesehen** ho visto molte cose

allerletzte(r, s) ['alɐ'lɛtstə, -tɐ, -təs] *adj* ultimo, -a di tutti; **allerliebste(r, s)**

['alɐ'li:pstə, -tɐ, -təs] *adj* (il/la) più caro, -a; **am ~en** più di ogni altra cosa; **allermeiste(r, s)** ['alɐ'maɪstə, -tɐ, -təs] *adj* (la) maggior parte di

alle(r, s) ['alə, -lɐ, -ləs] *pron indef pl* tutti, -e *m, f;* ~ **zwei Wochen** ogni quindici giorni; ~ **beide** entrambi; ~ **fünf/zehn** tutti e cinque/dieci; **das ~s** tutto questo; **~s in Allem** tutto sommato; **nicht um ~s in der Welt** per nulla al mondo; **vor ~m** soprattutto; **~s Gute!** buona fortuna!

Allerseelen ['alɐ'ze:lən] <-> *kein Pl n* (REL) giorno *m* dei morti

allerseits ['alɐ'zaɪts] *adv* **1.** (*an alle*) a tutti (quanti) **2.** (*von allen*) da ogni parte; **allerwenigste(r, s)** ['alɐ've:nɪkstə, -tɐ, -təs] *adj* minimo, -a; **das wissen die ~n** lo sanno i meno

alles *s.* **alle(r, s)**

Alleskleber <-s, -> *m* attaccatutto *m*

allfällig *adj* (*CH*) eventuale

Allgäu ['algɔɪ] *n* (GEOG) Algovia *f*

allgemein ['algə'maɪn] **I.** *adj* generale; (*für alle gültig: Wahlrecht, Bestimmung*) universale; **im Allgemeinen** in generale **II.** *adv* generalmente; (*überall*) dappertutto; ~ **verbreitet** comunemente diffuso; ~ **verständlich** comprensibile a tutti; **Allgemeinbildung** *f* cultura *f* generale; **Allgemeinheit** <-> *kein Pl f* comunità *f;* **allgemeinverständlich** *s.* **allgemein II.**; **Allgemeinwohl** <-(e)s> *kein Pl n* bene *m* comune

Alligator [ali'ga:to:ɐ̯] <-s, -en> *m* alligatore *m*

Alliierte [ali'i:ɐtə] <ein -r, -n, -n> *mf* alleato, -a *m, f;* **die ~n** le forze alleate

alljährlich ['al'jɛ:ɐ̯lɪç] *adj* annuale

allmählich [al'mɛ:lɪç] **I.** *adj* graduale **II.** *adv* a poco a poco

Allradantrieb ['alra:tʔantri:p] *m* (AUTO) trazione *f* integrale

Allroundkünstler(in) ['ɔ:l'raʊndkʏnstlɐ] *m(f)* artista *mf* polivalente; **Allroundtalent** *n* talento *m* versatile

allseits *adv* universalmente; **er ist ~ beliebt** è amato da tutti

Alltag ['alta:k] <-(e)s> *kein Pl m* vita *f* quotidiana

alltäglich [al'tɛ:klɪç] *adj* **1.** (*gewöhnlich*) comune; **nicht** ~ fuori dal comune **2.** (*jeden Tag*) quotidiano

alltags ['alta:ks] *adv* nei giorni feriali

allzu ['altsu:] *adv* troppo; ~ **sehr/viel** troppo; **allzusehr** *s.* **allzu**; **allzuviel** *s.* **allzu**

Allzweck- (*in Zusammensetzungen*) multiuso

Alm [alm] <-, -en> *f* pascolo *m* montano

Almosen ['almo:zən] <-s, -> *n* elemosina *f*

Alpaka [al'paka] <-s, -s> *n* alpaca *m*

Alpen ['alpən] *pl* Alpi *fpl;* **Alpenpass**[RR] *m* passo *m* alpino; **Alpenrose** *f* rododendro *m;* **Alpenveilchen** *n* ciclamino *m*

Alphabet [alfa'be:t] <-(e)s, -e> *n* alfabeto *m*

alphabetisch **I.** *adj* alfabetico **II.** *adv* ~ **geordnet** in ordine alfabetico

alphanumerisch [alfanu'me:rɪʃ] *adj* (INFORM) alfanumerico

alpin [al'pi:n] *adj* alpino

Alpinismus [alpi'nɪsmʊs] <-> *kein Pl m* (SPORT) alpinismo *m*

Alpinist(in) [alpi'nɪst] <-en, -en; -, -nen> *m(f)* (SPORT) alpinista *mf*

> Gli **Älpler-Magrone** sono una specialità svizzera: maccheroni con cipolle, patate e una salsa di formaggio. Come contorno si serve il purè di mele.

Alptraum ['alptraʊm] *m* incubo *m*

als [als] *konj* **1.** (*Eigenschaft*) come; ~ **Kind** da bambino; ~ **Geschenk** in regalo **2.** (*Vergleich*) di; **mein Bruder ist größer ~ ich** mio fratello è più alto di me; **mehr breit ~ lang** più largo che lungo; **ich mag Kirschen lieber ~ Äpfel** preferisco le cilegie alle mele **3.** (*gleichzeitig*) quando; (*vorzeitig*) dopo che; **erst ~ ...** non prima che +*conj* **4.** (*modal*) ~ **ob** come se +*conj;* **so tun, ~ ob man ...** far finta di +*inf;* **umso mehr, ~ ...** tanto più che ...; **du hast nichts ~ Dummheiten im Kopf** in testa non hai che sciocchezze; **alles andere ~ hübsch** tutt'altro che carino

also ['alzo] *konj* **1.** (*folglich*) dunque **2.** (*als Füllwort*) allora; ~ **gut** va bene; **~, so was!** questa poi!; **na ~!** vedi!

alt [alt] <älter, älteste> *adj* **1.** (*nicht jung*) vecchio; (*bejahrt*) anziano; **wie ~ sind Sie?** quanti anni ha?; **20 Jahre ~ werden/sein** compiere/avere vent'anni; **er ist so ~ wie ich** ha la mia età; **mein älterer Bruder** il mio fratello maggiore; **zwei Jahre älter sein**

als ... avere due anni più di ...; **gleich ~ sein** essere coetaneo; **~ werden** invecchiare **2.** (*schon lange bestehend*) di lunga data **3.** (*nicht modern*) antico **4.** (*vorherig*) di prima **5.** (*ehemalig*) di una volta; **er ist immer noch der Alte** è sempre il solito; **alles beim Alten lassen** non cambiare nulla; **~ aussehen** (*fam*) fare la figura dello stupido

Alt [alt] <-s, -e> *m* (MUS) contralto *m*

Altar [al'taːɐ] <-(e)s, Altäre> *m* altare *m*

Altbau *m* vecchia costruzione *f;* **altbekannt** ['altbə'kant] *adj* risaputo; **das ist doch ~!** ma è arcinoto!; **Alteisen** *n* ferri *mpl* vecchi

Altenpflege <-> *kein Pl f* assistenza *f* agli anziani; **Alten(pflege)heim** *n* casa *f* per anziani

Alter ['altɐ] <-s, -> *n* età *f;* (*hohes ~*) vecchiaia *f;* **im ~ von ...** all'età di ...; **er ist in meinem ~** ha la mia età

altern *vi sein* invecchiare

alternativ [altɛrna'tiːf] *adj* alternativo

Alternativ- (*in Zusammensetzungen*) alternativo

Alternative[1] [altɛrna'tiːvə] <-, -n> *f* alternativa *f*

Alternative[2] <ein -r, -n, -n> *mf* (*sl*) praticante *mf* di modelli di vita alternativi

Altersarmut *f* povertà *f* degli anziani; **Altersasyl** ['altɐsazyːl] *n* (*CH*) *s.* **Altersheim**; **Alterserscheinung** *f* manifestazione *f* di vecchiaia; **Altersgenosse** *m,* **Altersgenossin** *f* coetaneo, -a *m, f;* **Altersgrenze** *f* limite *m* d'età; **flexible ~** età *f* di pensionamento flessibile; **Altersheim** *n* ospizio *m;* **altersschwach** *adj* **1.** (*Person*) debole **2.** (*Gegenstand*) decrepito; **Altersunterschied** *m* differenza *f* d'età; **Altersversorgung** *f* pensione *f* di vecchiaia

Altertum ['altɐtuːm] <-s> *kein Pl n* antichità *f*

Altertümer ['altɐtyːmɐ] *npl* oggetti *mpl* antichi

Altglas <-(e)s> *kein Pl n* vetro *m* usato; **Altglascontainer** *m* contenitore *m* per (la raccolta del) vetro; **althergebracht** *adj* tradizionale; **Altkleidersammlung** *f* raccolta *f* di abiti usati; **altklug** *adj* saputello; **Altlasten** *fpl* rifiuti *mpl* inquinanti; **altmodisch** *adj* fuori moda; **Altpapier** *n* carta *f* riciclabile; **Altphilologe** *m,* **Altphilologin** *f* filologo, -a *m, f* di lingue classiche; **altsprachlich** *adj* di lingue classiche; **Altstadt** *f* centro *m* storico; **Altstimme** *f* (voce *f* di) contralto *m*

Alufolie <-, -n> *f* foglio *m* d'alluminio

Aluminium [alu'miːni̯ʊm] <-s> *kein Pl n* (CHEM) alluminio *m*

Alzheimerkrankheit[RR] <-> *kein Pl f* morbo *m* di Alzheimer

am [am] = **an dem** (*Wend*) **~ Abend** di sera; **~ Himmel** in cielo; **~ Leben** in vita; **~ 1. Januar** il primo gennaio; **das ist ~ besten** è la cosa migliore; *s. a.* **an**

Amalgam [amal'gaːm] <-s, -e> *n* (CHEM) amalgama *f*

Amateur(in) [ama'tøːɐ] <-s, -e; -, -nen> *m(f)* dilettante *mf;* (*Liebhaber*) amatore, -trice *m, f*

Ambition [ambi'tsi̯oːn] <-, -en> *f* ambizione *f*

Amboss[RR] ['ambɔs] <-es, -e> *m,* **Amboß** <-bosses, -bosse> *m* incudine *f*

ambulant [ambu'lant] *adj* ambulante; (MED) ambulatoriale; **jdn ~ behandeln** curare qu in ambulatorio

Ameise ['aːmaɪzə] <-, -n> *f* formica *f*

amen ['aːmɛn] *int* amen; **zu allem ja und ~ sagen** (*fam*) acconsentire a tutto

Amerika [a'meːrika] <-s> *kein Pl n* America *f;* **die Vereinigten Staaten von ~** gli Stati Uniti d'America

Amerikaner(in) [ameri'kaːnɐ] <-s, -; -, -nen> *m(f)* americano, -a *m, f*

amerikanisch *adj* americano; (*in Bezug auf USA*) statunitense

amerikanisieren *vt* americanizzare

Ammann <-s, Ammänner> *m* (*CH*) **1.** (*Vorsitzender einer Verwaltungsbehörde*) presidente *m* di un'autorità amministrativa **2.** (*Bürgermeister*) sindaco *m*

Amme ['amə] <-, -n> *f* balia *f;* **Ammenmärchen** *n* fandonia *f*

Ammoniak ['amoni̯ak] <-s> *kein Pl n* (CHEM) ammoniaca *f*

Amnestie [amnɛs'tiː] <-, -n> *f* amnistia *f*

Amöbe [a'møːbə] <-, -n> *f* ameba *f*

Amok ['aːmɔk] <-s> *kein Pl m* furia *f* omicida; **Amokläufer(in)** *m(f)* folle *mf* omicida

a-Moll <-> *kein Pl n* (MUS) la *m* minore

Ampel ['ampəl] <-, -n> *f* **1.** (*Verkehrs~*) semaforo *m* **2.** (*Hängelampe*) lampada *f* sospesa; **Ampelkoalition** *f* (POL) *coalizione-tricolore tra socialdemocratici, liberali e i Verdi i cui simboli ripropongono i colori del semaforo*

Amphetamin [amfeta'mi:n] <-s, -e> *n* anfetamina *f*

Amphibie [am'fi:biə] <-, -n> *f* anfibio *m*

Amphitheater <-s, -> *n* anfiteatro *m*

Ampulle [am'pʊlə] <-, -n> *f* **1.** (MED) fiala *f* **2.** (KUNST) ampolla *f*

amputieren [ampu'ti:rən] <ohne ge-> *vt* (MED) amputare

Amsel ['amzəl] <-, -n> *f* merlo *m*

Amt [amt] <-(e)s, Ämter> *n* **1.** (*Stellung*) carica *f;* (*~spflicht*) ufficio *m;* **im ~** in carica; **sein ~ niederlegen** dare le dimissioni **2.** (*Aufgabe*) funzione *f* **3.** (*Behörde*) ufficio *m* **4.** (TEL) centralino *m*

amtieren [am'ti:rən] <ohne ge-> *vi* essere in carica; **als Bürgermeister ~** adempiere la funzione di sindaco; (*vorübergehend*) fungere da sindaco

amtlich *adj* ufficiale; **das Fahrzeug mit dem ~en Kennzeichen ES-HM 3676** la vettura con la targa ES-HM 3676

Amtsgeheimnis *n* segreto *m* d'ufficio; **Amtsgericht** *n* tribunale *m* di prima istanza; (*a Gebäude*) pretura *f;* **Amtshandlung** *f* atto *m* ufficiale; **Amtsrichter(in)** *m(f)* pretore *m;* **Amtszeit** <-, -en> *f* periodo *m* di carica

Amulett [amu'lɛt] <-(e)s, -e> *n* amuleto *m*

amüsant [amy'zant] *adj* divertente; (*Gesellschafter, Abend*) piacevole

amüsieren [amy'zi:rən] <ohne ge-> **I.** *vt* divertire **II.** *vr* **sich ~** divertirsi

an [an] **I.** *prp +acc o dat* **1.** (*räumlich*) a; (*auf*) su; **am Feuer** vicino al fuoco; **am Tisch sitzen** sedere a tavola; **~ einer Stelle** in un punto; **~s Telefon gehen** rispondere al telefono; **etw ~ die Wand werfen** mettere qc contro la parete; **Frankfurt liegt am Main** Francoforte si trova sul Meno **2.** (*zeitlich*) a, di; **am 1. Oktober** il primo ottobre; **am Samstag** sabato; **~ Ostern** a Pasqua **II.** *adv* **1.** (*ungefähr*) **~ die 100** circa cento **2.** (*beginnend*) **von jetzt ~** d'ora in poi; **von morgen ~** a partire da domani; **von Anfang ~** fin dall'inizio **3. ~ sein** (*fam: Licht, Heizung, Gerät*) essere acceso

Anabolikum <-s, Anabolika> *n* (MED, CHEM) anabolizzante *m*

anal [a'na:l] *adj* (MED, PSYCH) anale

analog [ana'lo:k] *adj* (**zu etw**) **~ sein** essere analogo (a qc)

Analogie [analo'gi:] <-, -n> *f* analogia *f*

Analogrechner *m* (INFORM) calcolatore *m* analogico

Analphabet(in) ['anʔalfabe:t] <-en, -en; -, -nen> *m(f)* analfabeta *mf*

Analyse [ana'ly:zə] <-, -n> *f* analisi *f*

analysieren [analy'zi:rən] <ohne ge-> *vt* analizzare

Ananas ['ananas] <-, -> *f* ananas *m*

Anarchie [anar'çi:] <-, -n> *f* anarchia *f*

Anatolien [ana'to:liən] <-s> *n* Anatolia *f*

Anatomie [anato'mi:] <-, -n> *f* anatomia *f*

an|bahnen **I.** *vt* avviare **II.** *vr* **sich ~** profilarsi

Anbau[1] <-(e)s, -ten> *m* (*Gebäude*) fabbricato *m* aggiunto

Anbau[2] <-(e)s> *kein Pl m* (AGR) coltivazione *f,* coltura *f*

an|bauen *vt* **1.** (ARCH: *hinzubauen*) aggiungere **2.** (AGR: *Getreide*) coltivare; (*Pflanzen*) piantare

anbei [an'baɪ] *adv* (ADM: *im Brief*) qui accluso, in allegato

an|belangen ['anbəlaŋən] <ohne ge-> *vt* concernere; **was mich anbelangt** quanto a me

an|beraumen ['anbəraʊmən] <ohne ge-> *vt* (*form*) fissare; (*Sitzung*) convocare

an|beten *vt* adorare

Anbetracht ['anbətraxt] *m* **in ~** *gen* in considerazione di; **in ~ dessen, dass ...** visto che ...

an|bieten <irr> **I.** *vt* offrire; (*vorschlagen*) proporre **II.** *vr* **sich ~** offrirsi

an|binden <irr> *vt* legare; **kurz angebunden sein** (*fig*) essere brusco e laconico

Anblick *m* **1.** *sing* (*Anblicken*) vista *f* **2.** (*Bild*) spettacolo *m*

an|blicken *vt* guardare

an|brechen <irr> **I.** *vi sein* (*beginnen*) cominciare; (*Tag*) spuntare; (*a Nacht*) farsi **II.** *vt haben* (*Packung*) cominciare (ad usare); (*Vorräte*) intaccare

an|brennen <irr> **I.** *vi sein* (*Speisen*) attaccarsi **II.** *vt haben* (*anzünden*) accendere

an|bringen <irr> *vt* **1.** (*befestigen*) fissare; (TEC) montare **2.** (*Beschwerde*) presentare; (*Kenntnisse*) dare prova di **3.** (*fam: herbei-*

bringen) portare
Anbruch *m* inizio *m*
Andacht ['andaxt] <-, -en> *f* **1.** (*innere Haltung*) raccoglimento *m* **2.** (*Gottesdienst*) funzione *f*
andächtig ['andɛçtɪç] *adj* **1.** (REL) devoto, pio **2.** (*fig: ergriffen*) raccolto; (*feierlich*) solenne
Andalusien [anda'lu:zi̯ən] *n* Andalusia *f*
Andalusier(in) <-s, -; -, -nen> *m(f)* andaluso, -a *m, f*
andalusisch *adj* andaluso
an|dauern *vi* perdurare; (*Wetter*) mantenersi; (*hartnäckig*) persistere; **andauernd I.** *adj* continuo **II.** *adv* di continuo
Anden ['andən] *pl* Ande *fpl*
Andenken <-s, -> *n* **1.** *sing* (*Erinnerung*) ricordo *m* **2.** (*Souvenir*) ricordino *m*
ander(e)nfalls *adv* altrimenti
andere(r, s) ['andərə, -rɐ, -rəs] **I.** *adj* **1.** (*verschieden*) altro, -a; **mit ~n Worten** con altre parole; **ein ums ~ Mal** una volta su due **2.** (*folgend*) dopo; **am ~n Tag** il giorno dopo **II.** *pron indef* altro; **alles Andere** tutto il resto; **alles ~ als ...** tutt'altro che ...; **unter ~m** tra l'altro; **das ist etw ganz ~s** è tutta un'altra cosa
and(e)rerseits ['and(ə)rɐ'zaɪts] *adv* d'altra parte; **einerseits ..., ~ ...** da una parte ..., dall'altra ...
ändern ['ɛndɐn] **I.** *vt* cambiare; (*ab~*) modificare; **daran ist nichts zu ~** non c'è più nulla da fare **II.** *vr* **sich ~** cambiare
andernfalls *adv s.* **ander(e)nfalls**
anders ['andɐs] *adv* **1.** (*auf andere Weise*) in altro modo; (*unterschiedlich*) diversamente; **~ ausgedrückt** in altre parole; **es sich** *dat* **~ überlegen** cambiare idea; **ich kann nicht ~, ich muss lachen** non posso fare a meno di ridere **2.** (*sonst*) altro; **irgendwo ~** in qualche altro posto; **jemand ~** qualcun altro; **wer ~?** chi altro?; **andersartig** *adj* diverso, differente; **andersherum** *adv* dall'altra parte; **anderswo** ['andɐs'vo:] *adv* altrove
anderthalb ['andɐt'halp] *num* uno e mezzo; **~ Jahre** un anno e mezzo
Änderung <-, -en> *f* cambiamento *m*; (*Ab~*) modifica *f*
anderweitig ['andɐvaɪtɪç] **I.** *adj* altro **II.** *adv* in altro modo; (*anderswo*) altrove
an|deuten *vt* **1.** (*zu verstehen geben*) lasciare intendere **2.** (*Plan, Idee*) accennare
Andeutung <-, -en> *f* **1.** (*Hinweis*) (ac)cenno *m*; (*Anspielung*) allusione *f* **2.** (*Anzeichen*) accenno *m*
Andorra [an'dɔra] *n* Andorra *f*
Andorraner(in) <-s, -; -, -nen> *m(f)* andorrano, -a *m, f*
andorranisch *adj* andorrano
Andrang <-(e)s> *kein Pl m* **1.** (*Gedränge*) ressa *f* **2.** (*Zustrom*) affluenza *f*
an|drehen *vt* **1.** (*Licht, Radio*) accendere **2.** (*Wend*) **jdm etw ~** (*fam*) rifilare qc a qu
andrerseits ['andrɐ'zaɪts] *s.* **and(e)rerseits**
an|drohen *vt* **jdm etw ~** minacciare qu di qc
an|eignen *vr* **sich** *dat* **etw ~** appropriarsi di qc; (*widerrechtlich*) usurpare qc; (*Kenntnisse*) acquisire qc
aneinander [anʔaɪ'nandɐ] *adv* l'uno all'altro; (*räumlich*) l'uno accanto all'altro; **~ reihen** mettere in fila; **~ stoßen** (*zusammenstoßen*) scontrarsi; (*aneinander grenzen*) confinare; **aneinander|reihen** *s.* **aneinander**; **aneinander|stoßen** *s.* **aneinander**
Anekdote [anɛk'do:tə] <-, -n> *f* aneddoto *m*
an|ekeln *vt* disgustare
Anemone [ane'mo:nə] <-, -n> *f* anemone *m*
an|erkennen <irr> *vt* riconoscere; (*würdigen*) apprezzare; **anerkennend** *adj* di lode
Anerkennung <-, -en> *f* riconoscimento *m*; (*Zustimmung*) approvazione *f*; **~ finden** essere apprezzato
an|fahren <irr> **I.** *vt haben* **1.** (*her~*) trasportare **2.** (*anstoßen, Fahrzeug*) urtare contro; (*Fußgänger*) investire **3.** (*ansteuern*) viaggiare verso **4.** (*fig: zurechtweisen*) sgridare **II.** *vi sein* (*losfahren*) partire; (*Fahrzeug*) mettersi in moto
Anfall *m* (MED) attacco *m*; (*fig*) accesso *m*
an|fallen <irr> **I.** *vt haben* aggredire **II.** *vi sein* (*Arbeit*) esserci; (*Produkt*) risultare
anfällig ['anfɛlɪç] *adj* **für Erkältungen ~ sein** prendersi facilmente un raffreddore; **Anfälligkeit** <-> *kein Pl f* (MED) predisposizione *f*
Anfang ['anfaŋ] <-(e)s, Anfänge> *m* inizio *m*; **am ~, zu ~** all'inizio; **~ Mai** ai primi

di maggio; **von ~ an** fin dal principio; **mit etw den ~ machen** (in)cominciare con qc; **aller ~ ist schwer** (*prov*) tutto sta nel cominciare

an|fangen <irr> *vt, vi* (in)cominciare, iniziare; **Streit mit jdm ~** attaccare briga con qu; **ich kann nichts damit ~** non so che farmene

Anfänger(in) ['anfɛŋɐ] <-s, -; -, -nen> *m(f)* principiante *mf*

anfänglich ['anfɛŋlɪç] *adj* iniziale

anfangs ['anfaŋs] *adv* all'inizio; **Anfangsbuchstabe** *m* (lettera *f*) iniziale *f*; **großer/kleiner ~** iniziale *f* maiuscola/minuscola; **Anfangsstadium** *n* primo stadio *m*

an|fassen I. *vt* 1. (*berühren*) toccare 2. (*in Angriff nehmen*) affrontare 3. (*behandeln*) trattare II. *vi* (*mithelfen*) dare una mano

an|fertigen *vt* fare; (*Waren*) fabbricare; (*Anzug*) confezionare; (*Schriftstück*) stendere

an|flehen *vt* implorare

an|fliegen <irr> I. *vi sein* avvicinarsi (volando) II. *vt haben* 1. (*Ort*) puntare su 2. (*landen auf, in*) atterrare su; **Rom wird von der Lufthansa angeflogen** Roma è servita dalla Lufthansa

Anflug *m* 1. (AERO) arrivo *m* 2. (*fig: Hauch*) ombra *f*

an|fordern *vt* richiedere

Anforderung *f* 1. (*Bestellung*) richiesta *f* 2. (*Anspruch*) esigenza *f*; **hohe ~en an jdn stellen** pretendere molto da qu

Anfrage *f* domanda *f*; (PARL) interpellanza *f*

an|fragen *vi* **bei jdm nach etw ~** informarsi presso qu di qc

an|freunden *vr* **sich ~** 1. (*Freundschaft schließen*) **sich mit jdm ~** diventare amico di qu 2. (*fig: sich gewöhnen*) **sich mit etw ~** abituarsi a qc

an|fühlen *vr* **sich hart/weich ~** essere duro/morbido al tatto

an|führen *vt* 1. (*führen*) guidare, condurre; (MIL) comandare 2. (*fig: zitieren*) citare 3. (*Grund*) addurre; (*Beispiel*) dare 4. (*fam: täuschen*) burlare

Anführer(in) *m(f)* capo *m*; (*pej*) caporione, -a *m, f*

Anführungsstriche *mpl*, **Anführungszeichen** *npl* virgolette *fpl*; **~ oben/unten** aperte/chiuse le virgolette

Angabe *f* 1. (*Hinweis*) indicazione *f*; (*Auskunft*) informazione *f*; **nähere ~n zu ...** dettagli particolari su ... 2. (SPORT) battuta *f* 3. (*A: Anzahlung*) acconto *m* 4. *sing* (*fam: Prahlerei*) vanteria *f*

an|geben <irr> I. *vt* 1. (*Preis*) indicare; (*Namen*) dare; (*Wert, Einkommen*) dichiarare; (*Gründe*) addurre; (*bestimmen: Tempo, Kurs*) fissare, stabilire 2. (SPORT: *Ball*) battere II. *vi* (*fam: prahlen*) darsi delle arie

Angeber(in) <-s, -; -, -nen> *m(f)* (*fam*) spaccone, -a *m, f*

Angeberei [ange:bə'raɪ] <-, -en> *f* (*fam*) millanteria *f*

angeblich ['ange:plɪç] I. *adj* presunto II. *adv* secondo quel che si dice

angeboren *adj* innato; (*Fehler, Krankheit*) congenito

Angebot *n* offerta *f*; **~ und Nachfrage** (WIRTSCH) la domanda e l'offerta

angebracht ['angəbraxt] *adj* opportuno

angegossen ['angəgɔsən] *adj* **wie ~ sitzen** (*fam*) stare a pennello

an|gehen <irr> I. *vt haben* 1. (*betreffen*) riguardare; **was mich angeht** quanto a me; **das geht mich nichts an** non è affar mio 2. (*anpacken: Problem*) affrontare 3. (*angreifen*) assalire II. *vi sein* 1. (*fam: beginnen*) cominciare 2. (*fam: Feuer, Licht*) accendersi 3. (*bekämpfen*) **gegen etw ~** lottare contro qc 4. (*erträglich sein*) essere sopportabile; (*leidlich sein*) essere passabile; **angehend** *adj* esordiente

Angehörige <ein -r, -n, -n> *mf* parente *mf*

Angeklagte <ein -r, -n, -n> *mf* accusato, -a *m, f*

Angel ['aŋəl] <-, -n> *f* 1. (*~rute*) canna *f* da pesca 2. (*Tür~*) cardine *m*

Angelegenheit *f* faccenda *f*; **das ist meine ~** questo è affare mio

Angelhaken *m* amo *m*

angeln ['aŋəln] *vi, vt* pescare con l'amo; **~ gehen** andare a pesca; **sich** *dat* **einen Mann ~** (*fam*) accalappiare un marito; **Angeln** <-> *kein Pl n* pesca *f* con l'amo

Angelrute *f* canna *f* da pesca

Angelsachse ['aŋəlzaksə] <-n, -n> *m*, **Angelsächsin** <-, -nen> *f* anglosassone *mf*

angelsächsisch *adj* anglosassone

angemessen *adj* adeguato

angenehm ['angəne:m] *adj* piacevole; (*Mensch*) simpatico; **~e Reise!** buon viaggio!; ~! piacere!

angenommen ['angənɔmən] I. *adj* presunto II. *konj* ~, **dass ...** supposto che +*conj*

angepasstRR ['angəpast] *adj*, **angepaßt** *adj* (*Person*) conformistico

angeregt ['angəre:kt] *adj* animato; **sich ~ unterhalten** conversare animatamente

angesehen *adj* stimato

angesichts *prp* +*gen* considerato

angespannt ['angəʃpant] *adj* 1. (*Lage*) critico 2. (*intensiv*) intenso

Angestellte ['angəʃtɛltə] <ein -r, -n, -n> *mf* impiegato, -a *m, f*

angetan *adj* **von jdm/etw ~ sein** essere infatuato di qu/qc

angewiesen ['angəvi:zən] *adj* **auf jdn/etw ~ sein** dipendere da qu/qc

an|gewöhnen <ohne ge-> *vr* **sich** *dat* **~ zu** +*inf* abituarsi a +*inf*

Angewohnheit *f* abitudine *f*

angewurzelt *adj* **wie ~ stehen bleiben** stare inchiodato

Angina [aŋ'gi:na] <-, Anginen> *f* (MED) angina *f*

an|gleichen <irr> I. *vt* (*anpassen*) **etw** (**an etw** *acc*) ~ adattare qc (a qc) II. *vr* **sich ~** adattarsi

Angler(in) ['aŋlɐ] <-s, -; -, -nen> *m(f)* pescatore, -trice *m, f* (con la lenza)

an|greifen <irr> *vt* 1. (*allg, fig* SPORT) attaccare 2. (*schwächen*) indebolire; (*ermüden*) affaticare 3. (*Problem*) affrontare 4. (CHEM) corrodere

Angriff *m* attacco *m*; **etw in ~ nehmen** (*fig*) porre mano a qc

Angst [aŋst] <-, Ängste> *f* paura *f*; (*Sorge*) ansia *f*; **vor jdm/etw ~ haben** avere paura di qu/qc; **um jdn/etw ~ haben** essere in ansia per qu/qc; **jdm ~ machen** fare paura a qu; **keine ~!** non aver paura!

ängstigen ['ɛŋstɪgən] I. *vt* spaventare II. *vr* **sich vor jdm/etw ~** aver paura di qu/qc

ängstlich ['ɛŋstlɪç] *adj* 1. (*furchtsam*) pauroso 2. (*besorgt*) ansioso; **Ängstlichkeit** <-> *kein Pl f* timore *m*

an|gurten *vr* **sich ~** mettersi la cintura di sicurezza

an|haben <irr> *vt* 1. (*Kleidungsstück*) indossare 2. (*Schaden zufügen*) **jdm etw/nichts ~ können** poter/non poter danneggiare qu/qc

an|halten <irr> I. *vi* 1. (*stehen bleiben*) fermarsi 2. (*andauern*) (per)durare II. *vt* 1. (*stoppen*) fermare; (*Atem*) trattenere; **halt die Luft an!** (*fam*) stai zitto! 2. (*ermahnen*) **jdn zu etw ~** esortare qu a qc; **anhaltend** *adj* (*Beifall*) incessante; (*Regen*) persistente

Anhalter(in) <-s, -; -, -nen> *m(f)* autostoppista *mf*; **per ~ fahren** fare l'autostop

Anhaltspunkt *m* punto *m* di riferimento

anhand [an'hant] *prp* +*gen* in base a

Anhang *m* 1. (*zu Buch*) appendice *f* 2. (*Familie*) famiglia *f*

an|hängen *vt* 1. (*an etw hängen*) **etw** (**an etw** *acc*) ~ appendere qc (a qc) 2. (AUTO, FERR) agganciare; **einen Wagen** (**an den Zug**) ~ agganciare un vagone (al treno) 3. (*hinzufügen*) aggiungere 4. (*fam*) **jdm etw ~** (*fam: Schuld*) addossare qc a qu; (*Diebstahl, Betrug*) incolpare qu di qc

Anhänger <-s, -> *m* 1. (*Schmuck*) pendaglio *m* 2. (AUTO) rimorchio *m*

Anhänger(in) <-s, -; -, -nen> *m(f)* sostenitore, -trice *m, f*; (*von Lehre*) discepolo, -a *m, f*

Anhängerschaft <-, -en> *f* sostenitori *mpl*

anhänglich ['anhɛŋlɪç] *adj* affezionato

Anhäufung *f* (*von Geld*) accumulazione *m*; (*von Fehlern*) mucchio *m*; (*von Arbeit*) accumulo *m*

an|heben <irr> *vt* 1. (*hochheben*) sollevare 2. (*erhöhen*) rialzare

anheimRR [an'haɪm] *adv* (*geh*) **jdm etw ~ stellen** rimettere qc a qu; **anheim|stellen** *s.* **anheim**

Anhieb ['anhi:p] *kein Pl m* **auf ~** di primo acchito

Anhöhe *f* altura *f*

an|hören I. *vt* 1. (*zuhören*) ascoltare 2. (*anmerken*) sentire (dalla voce) II. *vr* **sich gut/schlecht ~** suonare bene/male

Anhörung <-, -en> *f* (PARL) hearing *m*

Animateur(in) [anima'tø:ɐ] <-s, -e; -, -nen> *m(f)* animatore, -trice *m, f*

Animierdame *f* entraineuse *f*

animieren [ani'mi:rən] <ohne ge-> *vt* **jdn** (**zu etw**) ~ incitare qu (a qc)

Anis [a'ni:s] <-es, -e> *m* anice *m*

Ankauf *m* acquisto *m*

an|kaufen *vt* acquistare

ankehrig ['anke:rɪç] *adj* (*CH: geschickt*) abile

Anker ['aŋkɐ] <-s, -> *m* (NAUT) ancora *f*

A

ankern *vi* ancorarsi

Anklage *f* accusa *f;* **Anklagebank** *f* banco *m* degli accusati

an|klagen *vt* **jdn** (**wegen etw**) ~ accusare qu (di qc)

Ankläger(in) *m(f)* accusatore, -trice *m, f*

Anklang *m* consenso *m;* **bei jdm ~ finden** incontrare il favore di qu

Ankleidekabine *f* spogliatoio *m*

an|kleiden (*geh*) **I.** *vt* vestire **II.** *vr* **sich** ~ vestirsi

an|klicken *vt* cliccare

an|klopfen *vi* bussare

an|kommen <irr> *vi sein* **1.** (*eintreffen*) arrivare **2.** (*fig: Anklang finden*) incontrare favore; (*Erfolg haben*) avere successo **3.** (*fig: sich durchsetzen*) **gegen jdn/etw** ~ tener testa a qu/qc **4.** (*abhängen*) **auf etw** *acc* ~ dipendere da qc; **es kommt darauf an** dipende; **es darauf ~ lassen** affidarsi al caso **5.** (*wichtig sein*) **darauf ~, dass ...** essere importante che ... *+conj*

an|kündigen *vt* annunciare

Ankunft ['ankʊnft] <-> *kein Pl f* arrivo *m;* **bei der** ~ all'arrivo

Anlage *f* **1.** (*Bau*) costruzione *f;* (*Park*) parco *m,* giardini *mpl* **2.** (*Einrichtung*) impianto *m* **3.** (*Veranlagung*) disposizione *f;* (*Begabung*) attitudine *f;* (MED) predisposizione *f* **4.** (FIN) investimento *m* **5.** (*in Schreiben*) allegato *m*

Anlass^RR ['anlas] <-es, Anlässe> *m,* **Anlaß** <-lasses, -lässe> *m* **1.** (*Ursache*) causa *f;* (*Grund*) ragione *f;* (*Beweggrund*) motivo *m;* ~ **geben zu** dar luogo a **2.** (*Gelegenheit*) occasione *f;* **aus** ~ *+gen* in occasione di **3.** (*CH*) manifestazione *f*

an|lassen <irr> *vt* **1.** (*Motor*) mettere in moto **2.** (*Licht, Radio*) lasciare acceso **3.** (*fam: Kleidung*) tener addosso

Anlasser <-s, -> *m* (AUTO) starter *m*

anlässlich^RR ['anlɛslɪç] *prp +gen,* **anläßlich** *prp +gen* in occasione di

Anlauf *m* **1.** (SPORT) rincorsa *f;* ~ **nehmen** prendere la rincorsa **2.** (*fig: Versuch*) tentativo *m;* (*Ansatz*) inizio *m*

an|laufen <irr> **I.** *vi sein* **1.** (SPORT) prendere la rincorsa **2.** (*fig: beginnen*) incominciare **3.** (*Motor*) mettersi in moto **4.** (*beschlagen*) appannarsi; **blau/rot** ~ diventare livido/rosso **II.** *vt haben* (*Hafen*) fare scalo a

Anlaufstelle *f* (ADM) ente *m* di assistenza e beneficenza

an|läuten *vi* (*CH*) **jdm** ~ telefonare a qu

an|legen I. *vt* **1.** (*Lineal, Maßstab*) mettere; (*Leiter*) appoggiare; (*Spielkarte*) mettere in tavola **2.** (*geh: anziehen*) indossare **3.** (*Garten, Fabrik*) impiantare; (*Sammlung, Kartei*) costituire; (*Akte*) aprire **4.** (*Geld: investieren*) investire; (*ausgeben*) spendere **5.** (*Gewehr*) puntare **6.** (*absehen*) **es darauf ~ zu** *+inf* aver di mira ... **II.** *vi* (NAUT) (**an etw** *dat*) ~ approdare (a qc) **III.** *vr* **sich mit jdm** ~ attaccare briga con qu

an|lehnen I. *vt* **1.** (*Gegenstand*) **etw** (**an etw** *acc*) ~ appoggiare qc (a qc) **2.** (*Tür, Fenster*) accostare **II.** *vr* **sich** (**an etw** *acc*) ~ appoggiarsi (a qc); **sich an jdn** ~ (*fig*) prendere a modello qu

anleiern *vt* (*fam*) avviare

Anleitung *f* **1.** (*Leitung*) guida *f;* **unter ~ von** sotto la guida di **2.** (*Unterweisung*) istruzione *f*

an|lernen *vt* istruire

an|liegen <irr> *vi* **1.** (*fam: anstehen*) essere in programma **2.** (*Kleidungsstück*) aderire; **eng** ~ essere attillato

Anliegen <-s, -> *n* (*Wunsch*) desiderio *m;* (*Bitte*) richiesta *f*

anliegend *adj* **1.** (*Grundstück*) confinante **2.** (*Kleidungsstück*) aderente **3.** (*beigefügt*) accluso

Anlieger <-s, -> *m* confinante *mf*

an|machen *vt* **1.** (*fam: einschalten*) accendere **2.** (*Salat*) condire **3.** (*fam: ansprechen*) abbordare **4.** (*fam: erregen*) invogliare

an|maßen ['anma:sən] *vr* **sich** *dat* **etw** ~ permettersi qc; **anmaßend** *adj* presuntuoso; (*unverschämt*) arrogante

Anmeldeformular *n* modulo *m* di notifica

an|melden I. *vt* **1.** (*ankündigen*) annunciare **2.** (*Radio, Auto*) far registrare **3.** (*bei Schule, Kurs*) iscrivere **II.** *vr* **sich** ~ **1.** (*sich ankündigen*) annunciarsi **2.** (*bei Schule, Kurs*) iscriversi **3.** (ADM) **sich polizeilich** ~ notificare la propria residenza

Anmeldung *f* **1.** (*Ankündigung*) annuncio *m* **2.** (*an der Schule, Uni*) iscrizione *f* **3.** (ADM) notifica *f*

an|merken *vt* **1.** (*schriftlich*) annotare **2.** (*mündlich*) osservare **3.** (*spüren*) **jdm etw** ~ leggere qc in faccia a qu; **sich** *dat* **nichts ~ lassen** non far vedere nulla

Anmerkung <-, -en> *f* **1.** (*schriftlich*) nota *f* **2.** (*mündlich*) osservazione *f*

A

Anmut ['anmu:t] <-> *kein Pl f* (*geh*) grazia *f*
anmutig *adj* grazioso
an|nähen *vt* **etw** (**an etw** *acc o dat*) ~ attaccare (cucendo) qc a qc
an|nähern **I.** *vt* avvicinare **II.** *vr* **sich** ~ avvicinarsi; **annähernd** *adj* approssimativo
Annäherung <-, -en> *f* avvicinamento *m*; **Annäherungsversuch** *m* approccio *m*
Annahme ['anna:mə] <-, -n> *f* **1.** (*das Annehmen*) accettazione *f*; (*Gesetzes~*) approvazione *f* **2.** (*Vermutung*) supposizione *f*
annehmbar *adj* **1.** (*akzeptabel*) accettabile **2.** (*leidlich*) passabile
an|nehmen <irr> **I.** *vt* **1.** (*Angebot, Einladung, Entschuldigung*) accettare; (*Gesetzentwurf*) approvare; (*Kind, Namen*) adottare; (*Antrag*) accogliere; (*Gewohnheit*) contrarre **2.** (*vermuten*) supporre **II.** *vr* **sich jds** ~ prendersi cura di qu
Annehmlichkeit <-, -en> *f* comodità *f*
annektieren [anɛk'ti:rən] <ohne ge-> *vt* annettere
Annonce [a'nõ:sə] <-, -n> *f* annuncio *m*
annoncieren [anõ'si:rən] <ohne ge-> **I.** *vi* mettere un annuncio (sul giornale) **II.** *vt* annunciare
annullieren [anʊ'li:rən] <ohne ge-> *vt* annullare
an|öden ['anʔø:dən] *vt* (*fam*) annoiare
anonym [ano'ny:m] *adj* anonimo
Anorak ['anorak] <-s, -s> *m* giacca *f* a vento
an|ordnen *vt* **1.** (*ordnen*) disporre **2.** (*befehlen*) ordinare
Anordnung <-, -en> *f* disposizione *f*
anorganisch ['anɔrga:nɪʃ] *adj* inorganico
an|passen **I.** *vt* **etw** (**einer Sache** *dat*) ~ adattare qc (a qc) **II.** *vr* **sich** (**an jdn/etw**) ~ adattarsi (a qu/qc)
Anpassung <-, -en> *f* adattamento *m*; (*a fig*) adeguamento *m*; **anpassungsfähig** *adj* adattabile
Anpfiff *m* **1.** (SPORT) fischio *m* d'inizio **2.** (*fam: Rüge*) rabbuffo *m*
an|pöbeln *vt* (*fam*) apostrofare volgarmente
an|preisen <irr> *vt* **jdm etw** ~ decantare qc a qu
Anprobe *f* prova *f*
an|probieren <ohne ge-> *vt* provare
Anrainer <-s, -> *m* (*A*) *s.* **Anlieger**
an|rechnen *vt* **1.** (*berechnen*) mettere in conto **2.** (*gutschreiben*) accreditare **3.** (*abziehen*) detrarre **4.** (*fig: werten*) ascrivere; **jdm etw hoch** ~ stimare molto qu per qc
Anrecht *n* diritto *m*; **ein** ~ **auf etw** *acc* **haben** avere diritto su qc
Anrede <-, -n> *f* titolo *m*
an|reden *vt* rivolgere la parola a; **jdn mit „du"/„Sie"** ~ dare del "tu"/"Lei" a qu
an|regen *vt* **1.** (BIOL) stimolare; (*Fantasie*) eccitare **2.** (*veranlassen*) **jdn zu etw** ~ indurre qu a (fare) qc **3.** (*vorschlagen*) proporre; *s. a.* **angeregt**; **anregend** *adj* (*fig* MED, BIOL) stimolante; (*Buch*) interessante
Anregung *f* (*Anstoß*) impulso *m*; (*Vorschlag*) proposta *f*
Anreise *f* arrivo *m*
Anreiz *m* impulso *m*
Anrichte ['anrɪçtə] <-, -n> *f* credenza *f*
an|richten *vt* **1.** (*Speise*) preparare; (*Platte*) guarnire **2.** (*fig: verursachen*) causare; **da hast du aber etwas Schönes angerichtet!** l'hai combinata bella! *fam*
anrüchig ['anrʏçɪç] *adj* equivoco
Anruf *m* chiamata *f*; **Anrufbeantworter** <-s, -> *m* segreteria *f* telefonica
an|rufen <irr> *vt* **1.** (*laut anreden*) chiamare **2.** (TEL) **jdn** ~ telefonare a qu **3.** (*Gott*) invocare
an|rühren *vt* **1.** (*berühren, a fig*) toccare **2.** (*mischen*) mescolare
ans [ans] = **an das** *s.* **an**
Ansage ['anza:gə] <-, -n> *f* annuncio *m*
an|sagen *vt* annunciare; **seinen Besuch** [*o* **sich**] ~ annunciare la propria visita; **jdm den Kampf** ~ dichiarare guerra a qu
Ansager(in) <-s, -; -, -nen> *m(f)* (RADIO, TV) annunciatore, -trice *m, f*
an|sammeln *vr* **sich** ~ **1.** (*sich anhäufen*) accumularsi **2.** (*sich versammeln*) adunarsi
Ansammlung *f* accumulo *m*; (*von Menschen*) assembramento *m*
Ansatz *m* **1.** (GEOL: *Schicht*) deposito *m* **2.** (*Beginn*) inizio *m*; (*Anzeichen*) accenno *m*; **Ansatzpunkt** *m* punto *m* di partenza
an|schaffen *vt* acquistare
Anschaffung <-, -en> *f* acquisto *m*
an|schalten *vt* accendere
anschaulich *adj* evidente; (*lebendig*) vivo
Anschauung <-, -en> *f* (*Meinung*) opinione *f*; (*Auffassung*) concezione *f*; **aus eigener** ~ per propria esperienza
Anschein <-(e)s> *kein Pl m* apparenza *f*;

dem ~ nach a quanto pare; **es hat den ~, als ob ...** sembra che *+conj*

anscheinend *adv* a quanto pare

Anschlag *m* **1.** (*Plakat*) affisso *m* **2.** (*Attentat*) attentato *m* **3.** (*bei Schreibmaschine*) battuta *f;* (*bei Klavier*) tocco *m* **4.** (COM) preventivo *m*

an|schlagen <irr> **I.** *vt* **1.** (*Bekanntmachung*) affiggere **2.** (*Klavier, Saite*) toccare; (*fig: Ton*) assumere **3.** (*stoßen: Kopf*) battere **II.** *vi* **1.** (*Hund*) abbaiare **2.** (MED: *wirken*) (**bei jdm**) ~ fare effetto (su qu)

an|schließen <irr> **I.** *vt* (TEC) collegare **II.** *vr* **sich** ~ associarsi; **sich einer Partei** ~ aderire ad un partito **III.** *vi* **an etw** *acc* ~ far seguito a qc; **anschließend I.** *adj* successivo; (*räumlich*) adiacente **II.** *adv* (*danach*) dopo, in seguito

Anschluss[RR] *m* **1.** (*Wasser, Gas, Telefon*) allacciamento *m;* (TEC) collegamento *m* **2.** (TEL: *Verbindung*) collegamento *m* **3.** (FERR) coincidenza *f* **4.** (*fig*) ~ **suchen** cercare di far conoscenza; **im** ~ **an** *+acc* in seguito a; **Anschlussflug**[RR] *m* (volo *m* di) coincidenza *f*

an|schnallen I. *vt* allacciare **II.** *vr* **sich** ~ (AUTO, AERO) allacciarsi la cintura (di sicurezza)

an|schneiden <irr> *vt* **1.** (*Brot, Braten*) incominciare a tagliare **2.** (*Frage*) intavolare; (*Thema*) toccare **3.** (*Kurve*) tagliare

Anschnitt *m* prima fetta *f* (di carne o di pane)

an|schreiben <irr> *vt* **1.** (*schreiben*) scrivere **2.** (*auf Kredit*) mettere in conto **3.** (ADM: *Brief*) **jdn** ~ scrivere a qu

Anschrift *f* indirizzo *m*

an|schwellen <irr> *vi sein* **1.** (MED) gonfiarsi **2.** (*Fluss*) ingrossare

an|sehen <irr> *vt* **1.** (*anblicken*) guardare; (*lange*) contemplare; **etw nicht mehr mit** ~ **können** non poter più tollerare qc; **sieh mal (einer) an!** (*fam*) ma guarda un po'! **2.** (*halten für*) considerare **3.** (*anmerken*) **man sieht es ihm an, dass ...** gli si legge in faccia che ...

Ansehen <-s> *kein Pl n* considerazione *f;* (*Ruf*) reputazione *f*

ansehnlich *adj* **1.** (*gut aussehend*) di bell'aspetto **2.** (*bedeutend*) considerevole

an|sein *s.* **an II.3.**

an|setzen I. *vt* **1.** (*an Mund*) accostare (alle labbra); (*Flöte*) imboccare **2.** (*anfügen*) **etw** (**an etw** *acc o dat*) ~ aggiungere qc (a qc) **3.** (*veranschlagen*) preventivare; (*vorausberechnen*) calcolare; (*festsetzen*) fissare **4.** (*vorbereiten: Bowle*) preparare **5.** (*bilden*) **Fett** ~ ingrassare; **Rost** ~ arrugginire **II.** *vi* (*beginnen*) apprestarsi

Ansicht *f* **1.** (*Meinung*) opinione *f;* **meiner** ~ **nach** a mio avviso **2.** (*Anblick*) veduta *f* **3.** (*Prüfung*) esame *m;* **zur** ~ (COM) in visione **4.** (*Computer*) (comando *m*) visualizza; **Ansichtskarte** *f* cartolina *f;* **Ansichtssache** *f* **das ist** ~ qui siamo nel campo dell'opinabile

Anspannung *f* (*Einsatz*) impiego *m;* (*Anstrengung*) sforzo *m*

Anspiel *n* (SPORT) inizio *m* del gioco

an|spielen I. *vi* (*hinweisen*) **auf etw** *acc* ~ alludere a qc **II.** *vt* (SPORT) **jdn** ~ passare la palla a qu

Anspielung <-, -en> *f* allusione *f*

Ansporn ['anʃpɔrn] <-(e)s> *kein Pl m* stimolo *m*

an|spornen *vt* stimolare

Ansprache *f* discorso *m*

an|sprechen <irr> **I.** *vt* **1.** (*reden mit*) **jdn** ~ rivolgere la parola a qu; **jdn auf etw** *acc* ~ interrogare qu su qc **2.** (*erwähnen*) trattare **3.** (*gefallen*) **jdn** ~ piacere a qu **II.** *vi* (*reagieren*) **auf etw** *acc* ~ reagire a qc; **ansprechend** *adj* gradevole; (*Äußeres*) attraente

Ansprechpartner(in) *m(f)* interlocutore, -trice *m, f* competente

an|springen <irr> **I.** *vi sein* (AUTO) mettersi in moto **II.** *vt haben* saltare addosso a

Anspruch *m* **1.** (*Anrecht*) diritto *m;* ~ **auf etw** *acc* **erheben** rivendicare un diritto su qc **2.** (*Forderung*) pretesa *f;* **jdn in** ~ **nehmen** ricorrere a qu; **etw in** ~ **nehmen** servirsi di qc; **hohe Ansprüche stellen** avere grandi pretese; **anspruchslos** *adj* senza pretese, modesto; **anspruchsvoll** *adj* esigente

Anstalt ['anʃtalt] <-, -en> *f* istituto *m;* (*Heil~*) sanatorio *m;* (*Irren~*) manicomio *m*

Anstalten *fpl* (*Vorbereitungen*) preparativi *mpl;* ~ **machen zu** *+inf* accingersi a *+inf*

Anstand ['anʃtant] <-(e)s> *kein Pl m* (*gutes Benehmen*) educazione *f;* (*Schicklichkeit*) decoro *m*

anständig ['anʃtɛndɪç] *adj* **1.** (*Mensch, Benehmen*) educato, onesto **2.** (*fam: zufrieden-*

stellend) discreto; (*beträchtlich*) considerevole; **sie wird ~ bezahlt** la pagano bene; **eine ~e Tracht Prügel** (*fam*) un bel fracco di legnate; **Anständigkeit** <-> *kein Pl f* **1.** (*Schicklichkeit*) decoro *m* **2.** (*Ehrlichkeit*) onestà *f*

Anstandsbesuch *m* visita *f* di cortesia; **anstandslos** *adv* senza esitazione

an|starren *vt* guardare fisso

anstatt [an'ʃtat] **I.** *prp +gen* invece di **II.** *konj* ~ **zu** *+inf*, ~ **dass ...** invece di *+inf*

an|stecken I. *vt* **1.** (*feststecken*) fermare (con spilli); (*Brosche, Abzeichen*) appuntare; (*Ring*) infilare **2.** (*anzünden*) accendere; (*in Brand stecken*) appiccare il fuoco a **3.** (*a fig* MED) contagiare **II.** *vr* **sich** ~ contagiarsi **III.** *vi* (*a fig*) essere contagioso; **ansteckend** *adj* contagioso

Ansteckung <-, -en> *f* contagio *m*

an|stehen <irr> *vi* fare la coda

an|steigen <irr> *vi sein* **1.** (*Straße, Wasser, Temperatur*) salire **2.** (*fig: zunehmen*) aumentare

anstelle [an'ʃtɛlə] *prp +gen* in luogo di

an|stellen I. *vt* **1.** (*einschalten: Gerät*) accendere **2.** (*beschäftigen*) impiegare **3.** (*anlehnen*) **etw an etw** *acc* ~ appoggiare qc a qc **4.** (*fam: zustande bringen*) fare **5.** (*fam: Unsinn*) combinare **II.** *vr* **sich** ~ **1.** (*Schlange stehen*) fare la coda **2.** (*fam: sich verhalten*) comportarsi; **sich geschickt/ungeschickt** ~ mostrarsi abile/inetto; **stell dich doch nicht so an!** (*fam*) non fare tante storie!

Anstellung *f* impiego *m*

Anstieg ['anʃtiːk] <-(e)s, -e> *m* **1.** (*Aufstieg, Steigung*) salita *f* **2.** (*fig: Erhöhung, Zunahme*) aumento *m*

an|stimmen *vt* (*Lied*) intonare

Anstoß *m* **1.** (SPORT) calcio *m* d'inizio **2.** (*fig: Antrieb*) spinta *f* **3.** (*Ärgernis*) scandalo *m*; **an etw** *dat* ~ **nehmen** scandalizzarsi di qc

an|stoßen <irr> **I.** *vi* **1.** *sein* (*prallen*) **mit etw an etw** *acc* ~ urtare con qc contro qc **2.** *haben* (SPORT) dare il calcio d'inizio **3.** *haben* (*mit Gläsern*) (**auf jdn/etw**) ~ brindare (a qu/qc) **II.** *vt* urtare; (*in Bewegung setzen*) mettere in movimento

Anstößer ['anʃtøːsɐ] <-s, -> *m* (*CH*) *s.* **Anlieger**

anstößig ['anʃtøːsɪç] *adj* scandaloso

anstreben *vt* aspirare a

an|streichen <irr> *vt* **1.** (*mit Farbe*) verniciare **2.** (*kennzeichnen*) segnare

an|strengen ['anʃtrɛŋən] **I.** *vt* **1.** (*ermüden*) affaticare; (*Augen*) stancare **2.** (*Geist, Verstand*) sforzare **3.** (JUR: *Verfahren*) intentare **II.** *vr* **sich** ~ sforzarsi; **anstrengend** *adj* faticoso

Anstrengung <-, -en> *f* **1.** (*Bemühung*) sforzo *m* **2.** (*Strapaze*) strapazzo *m*

Ansturm *m* ressa *f*; (*von Kunden*) affluenza *f*

Ansuchen <-s, -> *n* richiesta *f*

Antarktis [ant'ʔarktɪs] *f* Antartide *f*

antarktisch *adj* antartico

an|tasten *vt* **1.** (*Vorräte, Geld*) intaccare **2.** (*Ehre, Würde*) ferire; (*Rechte*) ledere

Anteil *m* **1.** (*Teil*) parte *f* **2.** (COM) partecipazione *f* **3.** (*Interesse*) interesse *m*; **an etw** *dat* ~ **nehmen** prender parte a qc; (*Mitgefühl haben*) partecipare a qc; **Anteilnahme** ['antaɪlnaːmə] <-> *kein Pl f* partecipazione *f*

Antenne [an'tɛnə] <-, -n> *f* antenna *f*

Anthrazit [antra'tsiːt] <-s, -e> *m* antracite *f*

Antialkoholiker(in) [antiʔalko'hoːlikɐ] *m(f)* antialcolista *mf*; **antiautoritär** *adj* antiautoritario; **Antibabypille** *f* pillola *f* anticoncezionale; **antibakteriell** *adj* igienizzante; **Antibiotikum** [antibi̯'oːtikʊm] <-s, Antibiotika> *n* antibiotico *m*; **Antiblockiersystem** *n* (AUTO) sistema *m* (frenante) antibloccaggio; **Antifaltencreme** *f* crema *f* antirughe

antik [an'tiːk] *adj* antico

Antike <-, -n> *f* antichità *f*

Antikörper ['antikœrpɐ] <-s, -> *m* (MED) anticorpo *m*

Antilope [anti'loːpə] <-, -n> *f* antilope *f*

Antiquariat [antikvari'aːt] <-(e)s, -e> *n* **1.** (*Handel*) antiquariato *m* **2.** (*Buchladen*) libreria *f* d'antiquariato

Antiquität [antikvi'tɛːt] <-, -en> *f* antichità *f*; **Antiquitätenhändler(in)** *m(f)* antiquario, -a *m, f*

Antiraucherkampagne *f* campagna *f* antifumo; **Antisemitismus** [antizemi'tɪsmʊs] <-> *kein Pl m* antisemitismo *m*; **Antivirenprogramm** *n* (INFORM) programma *m* antivirus

Antrag ['antraːk] <-(e)s, Anträge> *m* **1.** (*Gesuch*) domanda *f*, istanza *f* **2.** (*~sfor-*

A

mular) modulo *m* (di domanda) **3.** (PARL: *Entwurf*) mozione *f* **4.** (*Heirats~*) proposta *f* (di matrimonio)

an|treffen <irr> *vt* trovare

an|treiben <irr> **I.** *vt haben* **1.** (*vorwärtstreiben*) incitare **2.** (*fig: veranlassen*) **jdn zu etw ~** indurre qu a (fare) qc **II.** *vi sein* arrivare galleggiando

an|treten <irr> **I.** *vt haben* (*Amt*) assumere; (*Strafe*) cominciare a scontare; (*Erbschaft*) adire; **eine Reise ~** mettersi in viaggio **II.** *vi sein* **1.** (MIL) mettersi in fila **2.** (*erscheinen*) presentarsi

Antrieb [an'tri:p] *m* **1.** (TEC) forza *f* motrice; (MOT, NAUT, AERO) propulsione *f* **2.** (*fig*) impulso *m;* **aus eigenem ~** di propria iniziativa

Antritt <-(e)s> *kein Pl m* **1.** (*Beginn*) inizio *m* **2.** (*Amts~*) assunzione *f*

an|tun <irr> *vt* **jdm etw ~** fare qc a qu; **sich** *dat* **etw ~** suicidarsi

Antwerpen [ant'vɛrpən] *n* Anversa *f*

Antwort ['antvɔrt] <-, -en> *f* risposta *f;* **um ~ wird gebeten** si prega di rispondere

antworten *vi* **auf etw** *acc* **~** rispondere a qc

an|vertrauen <ohne ge-> **I.** *vt* **jdm etw ~** affidare qc a qu **II.** *vr* **sich jdm ~** confidarsi con qu

Anwalt ['anvalt] <-(e)s, Anwälte> *m,* **Anwältin** ['anvɛltɪn] <-, -nen> *f* **1.** (*Rechts~*) avvocato, -essa *m, f;* (*Staats~*) procuratore, -trice *m, f* **2.** (*fig: Fürsprecher*) difensore, difenditrice *m, f*

Anwandlung *f* accesso *m;* (*Laune*) capriccio *m*

Anwärter(in) *m(f)* candidato, -a *m, f,* aspirante *mf*

an|weisen <irr> *vt* **1.** (*zuweisen*) assegnare **2.** (*anleiten*) avviare; (*belehren*) istruire **3.** (*befehlen*) ordinare

Anweisung <-, -en> *f* **1.** (*Anordnung*) disposizione *f;* **auf ~ von** su ordine di; **auf ärztliche ~** su prescrizione medica **2.** (*Bank~*) ordine *m* di pagamento; (*Post~*) vaglia *m* **3.** (*Anleitung*) istruzione *f* **4.** (*Zuweisung*) assegnazione *f*

an|wenden <irr> *vt* **1.** (*verwenden*) usare; (*Mittel, Gewalt*) impiegare **2.** (*Gesetz, Prinzip*) applicare; **ein Gesetz auf etw** *acc* **~** applicare una legge a qc

Anwender(in) <-s, -; -, -nen> *m(f)* applicatore, -trice *m, f;* **Anwenderprogramm** *n* (INFORM) applicazione *f*

Anwendung <-, -en> *f* applicazione *f*

anwesend ['anve:zənt] *adj* presente; **Anwesende** *pl* presenti *mpl*

Anwesenheit <-> *kein Pl f* presenza *f;* **Anwesenheitsliste** *f* elenco *m* dei presenti

an|widern ['anvi:dɐn] *vt* disgustare, ripugnare

Anzahl <-> *kein Pl f* (*Gesamtzahl*) numero *m;* (*Menge*) quantità *f*

an|zahlen *vt* (*Betrag*) dare un acconto per

Anzahlung *f* acconto *m*

Anzeichen *n* segno *m*

Anzeige <-, -n> *f* **1.** (JUR) denuncia *f;* **gegen jdn ~ erstatten** denunciare qu **2.** (*Zeitungs~*) inserzione *f* **3.** (TEC) indicazione *f* **4.** (INFORM) visualizzazione *f*

an|zeigen *vt* **1.** (JUR) denunciare **2.** (*ankündigen*) annunciare **3.** (*Temperatur, Verbrauch, Geschwindigkeit*) indicare **4.** (INFORM) visualizzare

Anzeigenteil *m* parte *f* pubblicitaria

an|ziehen <irr> **I.** *vt* **1.** (*Kleidung*) mettere; (*bekleiden*) vestire **2.** (*spannen*) tirare; (*Seile*) tendere; (*Schraube, Bremse*) serrare **3.** (*fig* PHYS) attirare **II.** *vr* **sich ~** vestirsi **III.** *vi* (COM, FIN) salire; **anziehend** *adj* attraente

Anziehung *f* attrazione *f;* **Anziehungskraft** *f* **1.** (PHYS) forza *f* d'attrazione **2.** (*fig*) attrazione *f*

Anzug *m* **1.** (*Kleidung*) vestito *m* **2.** (*Wend*) **im ~ sein** avvicinarsi

anzüglich ['antsy:klɪç] *adj* equivoco; (*Bemerkung*) allusivo

an|zünden *vt* accendere; (*in Brand stecken*) incendiare

an|zweifeln *vt* mettere in dubbio

AOK [a:ʔo:'ka:] <-, -s> *f abk v* **Allgemeine Ortskrankenkasse** ASL

Aostatal [a'ɔstata:l] *n* Val *f* d'Aosta

apart [a'part] *adj* attraente

Apathie [apa'ti:] <-, -n> *f* apatia *f*

apathisch [a'pa:tɪʃ] *adj* apatico

Apennin [apɛ'ni:n] *m* Appennino *m;* **die ~en** gli Appennini

Aperitif [aperi'ti:f] <-s, -s> *m* aperitivo *m*

Apfel ['apfəl] <-s, Äpfel> *m* mela *f;* **Apfelbaum** *m* melo *m;* **Apfelsaft** *m* succo *m* di mela

Apfelsine [apfəl'zi:nə] <-, -n> *f* arancia *f*

Apfelwein *m* sidro *m*

Apostel [a'pɔstəl] <-s, -> *m* apostolo *m*

A

Apostroph [apo'stro:f] <-s, -e> *m* (LING) apostrofo *m*

Apotheke [apo'te:kə] <-, -n> *f* farmacia *f;* **apothekenpflichtig** *adj* in vendita solo in farmacia

Apotheker(in) <-s, -; -, -nen> *m(f)* farmacista *mf*

Apparat [apa'ra:t] <-(e)s, -e> *m* **1.** (*allg,* TEL, FOTO) apparecchio *m;* **bleiben Sie am ~!** rimanga in linea! **2.** (*Ausrüstung,* LING, ANAT) apparato *m*

Appartement [apartə'mɑ̃:] <-s, -s> *n* appartamento *m*

Appell [a'pɛl] <-s, -e> *m* appello *m*

appellieren [apɛ'li:rən] <ohne ge-> *vi* (*geh*) (**an jdn/etw**) appellarsi (a qu/qc)

Appenzell [apən'tsɛl] *n* (*Stadt*) Appenzell *f;* (*Kanton*) Appenzello *m*

Appetit [ape'ti:t] <-(e)s> *kein Pl m* appetito *m;* **appetitlich** *adj* appetitoso; **Appetitlosigkeit** <-> *kein Pl f* inappetenza *f*

Applaus [a'plaʊs] <-es> *kein Pl m* applauso *m*

Après-Ski [aprɛ'ʃi:] <-> *kein Pl n* doposcì *m*

Aprikose [apri'ko:zə] <-, -n> *f* albicocca *f*

April [a'prɪl] <-(s), -e> *m* aprile *m;* **im ~** in aprile, nel mese di aprile; **am dritten ~** il tre aprile; **Anfang/Mitte/Ende ~** ai primi di/a metà/alla fine di aprile; **Stuttgart, den 10. ~ 2001** Stoccarda, il 10 aprile 2001; **Aprilwetter** *n* tempo *m* instabile

Apulien [a'pu:li̯ən] *n* Puglia *f*

Aquaplaning [akva'pla:nɪŋ] <-s> *kein Pl n* acquaplaning *m*

Aquarell [akva'rɛl] <-s, -e> *n* acquerello *m*

Aquarium [a'kva:ri̯ʊm] <-s, Aquarien> *n* acquario *m*

Äquator [ɛ'kva:to:ɐ] <-s> *kein Pl m* equatore *m*

Ära ['ɛ:ra] <-, *rar* Ären> *f* era *f*

Araber(in) ['arabɐ] <-s, -; -, -nen> *m(f)* arabo, -a *m, f*

Arabien [a'ra:biən] *n* Arabia *f*

arabisch *adj* arabo

Arbeit ['arbaɪt] <-, -en> *f* **1.** (*a ~sstelle, ~serzeugnis*) lavoro *m* **2.** (*Beschäftigung*) impiego *m* **3.** (*Mühe*) fatica *f;* (*Anstrengung*) sforzo *m* **4.** (*Werk*) opera *f* **5.** (*Klassen~*) compito *m*

arbeiten **I.** *vi* **1.** (*tätig sein*) lavorare; **die ~de Bevölkerung** la popolazione attiva **2.** (*beschäftigt sein*) essere occupato; **bei jdm ~** essere impiegato presso qu **3.** (*Organ*) funzionare **II.** *vt* (*herstellen*) fare

Arbeiter(in) <-s, -; -, -nen> *m(f)* **1.** (*allg*) lavoratore, -trice *m, f* **2.** (*Fabrik~, Standesangehöriger*) operaio, -a *m, f;* **gelernter/ungelernter ~** operaio qualificato/non qualificato; **Arbeiterschaft** <-, -en> *f* lavoratori *mpl;* (*Belegschaft*) personale *m* dipendente; (*Arbeiterstand*) classe *f* operaia

Arbeitgeber(in) <-s, -; -, -nen> *m(f)* datore, -trice *m, f* di lavoro; **Arbeitnehmer(in)** <-s, -; -, -nen> *m(f)* lavoratore, -trice *m, f*

Arbeitsamt *n* ufficio *m* di collocamento; **Arbeitsbeschaffungsmaßnahme** *f* piano *m* per l'occupazione; **arbeitsfähig** *adj* abile al lavoro; **Arbeitsgang** *m* fase *f* di lavoro; **Arbeitsgemeinschaft** *f* gruppo *m* di lavoro; (*an Schule, Uni*) gruppo *m* di studio; **arbeitsintensiv** *adj* laborioso; **Arbeitskraft** *f* manodopera *f;* **arbeitslos** *adj* disoccupato; **Arbeitslose** <ein -r, -n, -n> *mf* disoccupato, -a *m, f;* **Arbeitslosengeld** *n* indennità *f* di disoccupazione; **Arbeitslosenhilfe** *f* assistenza *f* (economica) ai disoccupati; **Arbeitslosenquote** *f* tasso *m* di disoccupazione; **Arbeitslosigkeit** <-> *kein Pl f* disoccupazione *f;* **Arbeitsminister(in)** *m(f)* ministro *m* del lavoro; **Arbeitsoberfläche** *f* (INFORM) desktop *m;* **Arbeitsplatz** *m* posto *m* di lavoro; **arbeitsscheu** *adj* restio a lavorare; **Arbeitsspeicher** *m* (INFORM) memoria *f* ad accesso casuale; **Arbeitstag** *m* giornata *f* lavorativa; **Arbeitsteilung** *f* divisione *f* del lavoro; **arbeitsunfähig** *adj* inabile al lavoro; **Arbeitsweise** *f* **1.** (*von Person*) modo *m* di lavorare **2.** (TEC) funzionamento *m;* **Arbeitszeit** *f* orario *m* di lavoro; **Arbeitszeitverkürzung** *f* riduzione *f* dell'orario lavorativo; **Arbeitszimmer** *n* studio *m*

Archäologe [arçɛo'lo:gə] <-n, -n> *m,* **Archäologin** [arçɛo'lo:gɪn] <-, -nen> *f* archeologo, -a *m, f*

archäologisch [arçɛo'lo:gɪʃ] *adj* archeologico

Architekt(in) [arçi'tɛkt] <-en, -en; -, -nen> *m(f)* architetto *m*

Architektur [arçitɛk'tu:ɐ̯] <-, -en> *f* architettura *f*

Archiv [ar'çiːf] <-s, -e> *n* archivio *m*
Ären *pl von* **Ära**
Arena [a'reːna] <-, Arenen> *f* arena *f*
arg [ark] **I.** <ärger, ärgste> *adj* **1.** (*schlimm*) grave; (*böse*) cattivo; **mein ärgster Feind** il mio peggior nemico **2.** (*stark*) grande **II.** <ärger, am ärgsten> *adv* molto; **es zu ~ treiben** esagerare
Argentinien [argɛn'tiːniən] *n* Argentina *f*
Argentinier(in) <-s, -; -, -nen> *m(f)* argentino, -a *m, f*
argentinisch *adj* argentino
Ärger ['ɛrgɐ] <-s> *kein Pl m* **1.** (*Zorn*) rabbia *f* **2.** (*Unannehmlichkeiten*) noie *fpl*
ärgerlich *adj* **1.** (*Mensch*) irritato; **auf** [*o* **über**] **jdn/etw ~ sein** essere arrabbiato con qu/per qc **2.** (*Sache*) spiacevole; **wie ~!** che seccatura!
ärgern ['ɛrgɐn] **I.** *vt* irritare **II.** *vr* **sich ~** irritarsi; **sich über jdn/etw ~** arrabbiarsi con qu/per qc
Ärgernis <-ses, -se> *n* **1.** (*Ärger*) dispiacere *m* **2.** *sing* (*Anstoß*) scandalo *m;* **Erregung öffentlichen ~ses** oltraggio al pudore
arglistig *adj* maligno; **arglos** *adj* **1.** (*harmlos*) privo di malizia **2.** (*vertrauensselig*) ingenuo
Argument [argu'mɛnt] <-(e)s, -e> *n* argomento *m*
Argumentation [argumɛnta'tsi̯oːn] <-, -en> *f* argomentazione *f*
argumentieren [argumɛn'tiːrən] <ohne ge-> *vi* argomentare
Argwohn ['arkvoːn] <-(e)s> *kein Pl m* (*geh*) sospetto *m*
argwöhnisch *adj* sospettoso
Arie ['aːriə] <-, -n> *f* (MUS) aria *f*
Aristokrat(in) [arɪsto'kraːt] <-en, -en; -, -nen> *m(f)* aristocratico, -a *m, f*
Aristokratie [arɪstokra'tiː] <-, -n> *f* aristocrazia *f*
aristokratisch *adj* aristocratico
arithmetisch *adj* aritmetico
Arktis ['arktɪs] <-> *kein Pl f* (GEOG) Artide *f*
arktisch *adj* artico
arm [arm] <ärmer, ärmste> *adj* **1.** (*bedürftig*) povero **2.** (*Boden, Sprache*) **~ (an etw** *dat*) **sein** essere povero (di qc) **3.** (*fig: bedauernswert*) misero; **ich Ärmster!** povero me!
Arm [arm] <-(e)s, -e> *m* **1.** (*Körperteil*) braccio *m;* **~ in ~** a braccetto; **jdn in die ~e nehmen** abbracciare qu; **jdn auf den ~ nehmen** prendere in braccio qu; (*fig*) prendere in giro qu **2.** (*eines Flusses*) ramo *m* **3.** (TEC) braccio *m*
Armaturen [arma'tuːrən] *fpl* **1.** (*sanitär*) rubinetteria *f* **2.** (*Schaltinstrumente*) indicatori *mpl;* **Armaturenbrett** *n* (AUTO) cruscotto *m*
Armband *n* braccialetto *m;* **Armbanduhr** *f* orologio *m* da polso
Armee [ar'meː] <-, -n> *f* esercito *m,* armata *f*
Ärmel ['ɛrməl] <-s, -> *m* manica *f;* **etw aus dem ~ schütteln** (*fig fam*) fare qc con la più grande facilità
Ärmelkanal *m* (canale *m* della) Manica *f*
Armenien [ar'meːniən] *n* Armenia *f*
Armenier(in) <-s, -; -, -nen> *m(f)* armeno, -a *m, f*
armenisch *adj* armeno
Armleuchter *m* **1.** (*Kerzenleuchter*) candelabro *m* **2.** (*sl pej: Dummkopf*) cretino, -a *m, f fam*
ärmlich ['ɛrmlɪç] *adj* povero; (*schäbig*) misero
Armut ['armuːt] <-> *kein Pl f* povertà *f*
Aroma [a'roːma] <-s, Aromen> *n* aroma *m*
aromatisch [aro'maːtɪʃ] *adj* aromatico
arrangieren I. *vt* (*Fest, Treffen*) organizzare **II.** *vr* **sich ~** accordarsi
Arrest [a'rɛst] <-(e)s, -e> *m* **1.** (JUR) sequestro *m* **2.** (MIL) arresti *mpl*
arrogant [aro'gant] *adj* arrogante
Arroganz <-> *kein Pl f* arroganza *f*
Arsch [arʃ] <-(e)s, Ärsche> *m* (*vulg*) culo *m;* **leck' mich am ~!** (*vulg*) vaffanculo!
Arsenal [arze'naːl] <-s, -e> *n* arsenale *m*
Art [aːɐt] <-, -en> *f* **1.** (*Methode*) modo *m,* maniera *f;* **auf diese ~** in questa maniera; **Steak nach ~ des Hauses** bistecca – specialità della casa **2.** *sing* (*Wesen*) natura *f;* **das ist sonst nicht ihre ~** non è nel suo carattere **3.** (*Sorte*) sorta *f;* (ZOO, BOT) specie *f*
Artenschutz *m* protezione *f* della specie
Arterie [ar'teːriə] <-, -n> *f* arteria *f;* **Arterienverkalkung** *f* (MED) arteriosclerosi *f*
artgerecht *adj* consono alla specie
artig ['artɪç] *adj* ubbidiente, buono
Artikel [ar'tiːkəl] <-s, -> *m* articolo *m*
Artillerie [artɪlə'riː] <-, -n> *f* artiglieria *f*
Artischocke [arti'ʃɔkə] <-, -n> *f* carciofo

m

Arznei [aːɐ̯ts'naɪ] <-, -en> *f* farmaco *m;* **Arzneimittel** *n* medicinale *m;* **Arzneimittelabhängigkeit** *f* farmacodipendenza *f*

Arzt [aːɐ̯tst] <-es, Ärzte> *m* medico *m;* **Arzthelfer(in)** *m(f)* assistente *m* medico

Ärztin ['ɛːɐ̯tstɪn] <-, -nen> *f* dottoressa *f; s. a.* **Arzt**

ärztlich ['ɛːɐ̯tstlɪç] *adj* medico; **in ~er Behandlung sein** essere in cura da un medico

Arztpraxis *f* studio *m* medico

As <-ses, -se> *n s.* **Ass**

Asbest [as'bɛst] <-(e)s, -e> *m* (MIN) amianto *m*

Asche ['aʃə] <-, *rar* -n> *f* cenere *f;* **Aschenbahn** *f* (SPORT) pista *f* di carbonella; **Aschenbecher** *m* portacenere *m*

Aschermittwoch [aʃɐ'mɪtvɔx] *m* (REL) (mercoledì *m* delle) Ceneri *fpl*

ASCII-Code ['askikoːt] *m* (INFORM) codice *m* ASCII

Asiat(in) [a'ziaːt] <-en, -en; -, -nen> *m(f)* asiatico, -a *m, f*

asiatisch *adj* asiatico

Asien ['aːziən] *n* Asia *f*

asozial ['azotsiaːl] *adj* asociale

Aspekt [as'pɛkt] <-(e)s, -e> *m* aspetto *m*

Asphalt [as'falt] <-(e)s, -e> *m* asfalto *m*

asphaltieren [asfal'tiːrən] <ohne ge-> *vt* asfaltare

Aspirin® [aspi'riːn] <-s> *kein Pl n* aspirina® *f*

Ass[RR] [as] <-es, -e> *n* asso *m*

aß [aːs] *1. u 3. pers sing imp von* **essen**

Assessment Center *n* assessment center *m*

Assistent(in) [asɪs'tɛnt] <-en, -en; -, -nen> *m(f)* assistente *mf*

Assoziation [asotsia'tsi̯oːn] <-, -en> *f* associazione *f*

Ast [ast] <-(e)s, Äste> *m* ramo *m*

Aster ['astɐ] <-, -n> *f* astro *m*

Ästhet(in) [ɛs'teːt] <-en, -en; -, -nen> *m(f)* esteta *mf*

ästhetisch *adj* estetico

Asthma ['astma] <-s> *kein Pl n* (MED) asma *f*

Asthmatiker(in) [ast'maːtikɐ] <-s, -; -, -nen> *m(f)* asmatico, -a *m, f*

Astrologe [astro'loːgə] <-n, -n> *m* astrologo *m*

Astrologie [astrolo'giː] <-> *kein Pl f* astrologia *f*

Astrologin [astro'loːgɪn] <-, -nen> *f* astrologa *f; s. a.* **Astrologe**; **astrologisch** [astro'loːgɪʃ] *adj* astrologico

Astronaut(in) [astro'naʊt] <-en, -en; -, -nen> *m(f)* astronauta *mf*

Astronomie [astrono'mi] <-> *kein Pl f* astronomia *f*

ASU *f abk v* **Abgassonderuntersuchung** controllo *m* dei gas di scarico

Asyl [a'zyːl] <-s, -e> *n* asilo *m*

Asylant(in) <-en, -en; -, -nen> *m(f)* persona *f* che chiede asilo (politico)

Asylbewerber(in) *m(f)* persona *f* che chiede asilo (politico); **Asylrecht** *n* diritto *m* d'asilo

asymmetrisch ['azʏmeːtrɪʃ] *adj* asimmetrico

Atelier [ate'li̯eː] <-s, -s> *n* studio *m*

Atem ['aːtəm] <-s> *kein Pl m* fiato *m;* (*Atmung*) respirazione *f;* (*Atemzug*) respiro *m;* **außer ~** senza fiato; **den ~ anhalten** trattenere il respiro; **jdn in ~ halten** tenere (in) sospeso qu; **~ holen** prendere fiato; **atemberaubend** *adj* che mozza il fiato; **atemlos** *adj* **1.** (*keuchend*) ansante **2.** (*schnell*) vertiginoso **3.** (*voller Spannung*) **~e Stille** silenzio di morte; **Atemnot** *f* affanno *m;* **Atempause** *f* pausa *f;* **Atemzug** *m* respiro *m;* **in einem ~** (*fig*) nello stesso momento

Atheismus [ate'ɪsmʊs] <-> *kein Pl m* ateismo *m*

Atheist(in) [ate'ɪst] <-en, -en; -, -nen> *m(f)* ateo, -a *m, f*

atheistisch *adj* ateo

Athen [a'teːn] *n* Atene *f*

Äther ['ɛːtɐ] <-s, -> *m* etere *m*

ätherisch [ɛ'teːrɪʃ] *adj* etereo; **~e Öle** oli essenziali

Äthiopien [ɛti'opiən] *n* Etiopia *f*

Äthiopier(in) [ɛti'opiɐ] <-s, -; -, -nen> *m(f)* etiope *mf*

äthiopisch *adj* etiopico

Athlet(in) [at'leːt] <-en, -en; -, -nen> *m(f)* atleta *mf*

athletisch *adj* atletico

Atlanten *pl von* **Atlas**

Atlantik [at'lantɪk] *m* (oceano *m*) Atlantico *m*

atlantisch *adj* atlantico

Atlas ['atlas] <-ses, Atlanten> *m* atlante

m

atmen ['a:tmən] *vi* respirare

Atmosphäre [atmo'sfɛ:rə] *f* atmosfera *f*

atmosphärisch *adj* atmosferico

Atmung <-> *kein Pl f* respirazione *f*

Ätna ['ɛ:tna] *m* Etna *m*

Atom [a'to:m] <-s, -e> *n* atomo *m*

Atom- (*in Zusammensetzungen*) atomico, nucleare

atomar [ato'ma:ɐ] *adj* atomico

Atomausstieg *m* abbandono *m* dell'energia atomica; **Atombombe** *f* bomba *f* atomica; **Atomenergie** *f* energia *f* atomica; **Atomgegner(in)** *m(f)* antinucleare *mf;* **Atomindustrie** *f* industria *f* nucleare; **Atomkern** *m* nucleo *m* atomico; **Atomkraft** <-> *kein Pl f* energia *f* nucleare; **Atomkraftbefürworter(in)** *m(f)* filonucleare *mf;* **Atomkraftwerk** *n* centrale *f* nucleare; **Atomkrieg** *m* guerra *f* atomica; **Atommacht** *f* potenza *f* atomica; **Atommüll** *m* scorie *fpl* radioattive; **Atomtest** *m* test *m* nucleare; **Atomteststopp** *m* (POL) blocco *m* dei test nucleari; **Atomwaffe** *f* arma *f* nucleare; **atomwaffenfrei** *adj* denuclearizzato; **Atomwaffensperrvertrag** <-(e)s> *kein Pl m* (POL) trattato *m* di non proliferazione nucleare; **Atomzeitalter** *n* era *f* atomica

Attacke [a'takə] <-, -n> *f* attacco *m*

Attentat ['atənta:t] <-(e)s, -e> *n* attentato *m*

Attentäter(in) [atəntɛ:tɐ] <-s, -; -, -nen> *m(f)* attentatore, -trice *m, f*

Attest [a'tɛst] <-(e)s, -e> *n* attestato *m*

attraktiv [atrak'ti:f] *adj* attraente

Attrappe [a'trapə] <-, -n> *f* imitazione *f*

ätzen ['ɛtsən] *vt* **1.** (CHEM) corrodere **2.** (MED) cauterizzare; **ätzend** *adj* (*fig sl: abscheulich*) orrendo; **der Typ ist ~!** quel tipo è una lagna!; **echt ~!** che seccatura!

aua ['aʊa] *int* ai(a)

Aubergine [obɛr'ʒi:nə] <-, -n> *f* melanzana *f*

auch [aʊx] **I.** *konj* (*unbetont*) anche; **wie dem ~ sei** comunque sia; **wo er ~ sein mag** dovunque sia; **wenn er ~ reich ist** sebbene sia ricco; **so reich du ~ sein magst** per quanto tu sia ricco; **stimmt das ~ wirklich?** è proprio vero? **II.** *adv* (*betont*) persino; **ich ~** anch'io; **ich ~ nicht** neanch'io; **ich kenne ihn ~ nicht** non lo conosco nemmeno io; **~ das noch!** ci mancava anche questa!

audiovisuell [aʊdi̯ovi'zu̯ɛl] *adj* audiovisivo

auf [aʊf] **I.** *prp +acc o dat* **1.** (*örtlich*) sopra, su; **~ dem Boden** per terra; **~ den Boden fallen** cadere a [*o* per] terra; **~ dem Bahnhof/der Post** alla stazione/posta; **~ dem Land** in campagna; **~ der Straße/dem Zimmer** in strada/in camera; **~ der ganzen Welt** in tutto il mondo **2.** (*Art und Weise*) in; **~ diese Weise** in questo modo; **~ Deutsch** in tedesco **II.** *adv* **1.** (*hinauf*) su; **~ und ab** su e giù; **sich ~ und davon machen** (*fam*) tagliare la corda **2.** (*fam: offen*) aperto **3.** (*fam: nicht im Bett*) alzato **4.** (*vorwärts*) **~!** avanti! **III.** *konj* **~ dass ...** affinché *+conj*

auf|atmen *vi* mandare un sospiro di sollievo

Aufbau *m* **1.** *sing* (*Tätigkeit*) costruzione *f* **2.** *sing* (*fig: Schaffung*) organizzazione *f* **3.** *sing* (*Struktur*) struttura *f* **4.** (*aufgebautes Teil*) sovrastruttura *f*

auf|bauen *vt* **1.** (*bauen*) costruire; (TEC) montare; (*aufstellen*) disporre **2.** (*fig: schaffen*) creare **3.** (*strukturieren*) strutturare **4.** (*fig*) basare; **eine Theorie auf etw** *dat* **~** fondare una teoria su qc

auf|bäumen *vr* **sich ~ 1.** (*Pferd*) impennarsi **2.** (*fig*) **sich (gegen jdn/etw) ~** ribellarsi (a qu/qc)

auf|bauschen *vt* (*a fig*) gonfiare

auf|behalten <irr> *vt* (*fam*) **den Hut ~** tenere il cappello in testa

auf|bereiten <ohne ge-> *vt* **1.** (*Erze*) preparare; (*Trinkwasser*) depurare **2.** (*Statistiken*) elaborare

auf|bessern *vt* aumentare

auf|bewahren <ohne ge-> *vt* conservare; (*lagern*) immagazzinare

Aufbewahrung <-> *kein Pl f* **1.** (*das Aufbewahren*) conservazione *f;* (*Verwahrung*) custodia *f* **2.** (*~sort*) deposito *m*

auf|bieten <irr> *vt* (*einsetzen*) mobilitare; (*Kraft, Eifer, Einfluss*) impiegare

auf|blasen <irr> *vt* gonfiare

auf|bleiben <irr> *vi sein* (*fam*) **1.** (*nicht zu Bett gehen*) rimanere alzato **2.** (*offen bleiben*) rimanere aperto

auf|blenden *vi* **1.** (MOT) accendere gli abbaglianti **2.** (FILM) aprire in dissolvenza

auf|blicken *vi* **1.** (*hochschauen*) sollevare lo sguardo **2.** (*fig*) **zu jdm ~** ammirare qu

auf|blühen *vi sein* **1.** (*Blume*) sbocciare

2. (*fig: Handel*) fiorire; (*Mensch*) diventar bello

aufǀbrauchen *vt* consumare, esaurire

aufǀbrechen <irr> **I.** *vi sein* **1.** (*Wunde*) aprirsi; (*Knospe*) sbocciare **2.** (*weggehen*) mettersi in cammino; **nach Prag ~** partire per Praga **II.** *vt haben* forzare, scassinare

aufǀbringen <irr> *vt* **1.** (*Geld*) procurare; (*Mut*) trovare; (*Verständnis*) mostrare **2.** (*Mode*) lanciare **3.** (*in Wut bringen*) irritare **4.** (*fam: mit Mühe öffnen*) riuscire ad aprire

Aufbruch <-(e)s> *kein Pl m* partenza *f*

aufǀbürden *vt* **jdm etw ~** (*geh*) caricare qc a qu

aufǀdecken *vt* **1.** (*Bett*) disfare **2.** (*Karte*) scoprire **3.** (*enthüllen*) svelare

aufǀdrängen I. *vt* **jdm etw ~** imporre qc a qu **II.** *vr* **sich (jdm) ~** essere invadente (con qu); (*a fig: Gedanke, Erinnerung*) imporsi (a qu)

aufdringlich *adj* invadente

aufeinander [aʊfʔaɪˈnandɐ] *adv* **1.** (*räumlich*) l'uno sopra l'altro; **~ legen** sovrapporre; **~ prallen** scontrarsi **2.** (*zeitlich*) l'uno dopo l'altro; **~ folgen** susseguirsi; **aufeinanderǀfolgen** *s.* **aufeinander 2.**; **aufeinanderǀlegen** *s.* **aufeinander 1.**; **aufeinanderǀprallen** *s.* **aufeinander 1.**

Aufenthalt [ˈaʊfʔɛnthalt] <-(e)s, -e> *m* **1.** (*Zeit*) soggiorno *m* **2.** (*bei Flug, Zugfahrt*) fermata *f*; **wir haben 5 Minuten ~** ci fermiamo 5 minuti **3.** (*Wohnort*) residenza *f*; **Aufenthaltserlaubnis** *f*, **Aufenthaltsgenehmigung** *f* permesso *m* di soggiorno

aufǀerlegen <ohne ge-> *vt* **jdm etw ~** (*Verpflichtung*) imporre qc a qu; (*Strafe*) infliggere qc a qu

Auferstehung <-, -en> *f* (REL) resurrezione *f*

aufǀfahren <irr> **I.** *vi sein* **1.** (*kollidieren*) **auf etw** *acc* **~** urtare contro qc; **auf ein Auto ~** tamponare una macchina **2.** (*dicht ~*) tallonare **3.** (*hochschrecken*) sobbalzare; (*aus Schlaf*) svegliarsi di soprassalto **II.** *vt haben* (MIL: *Geschütze*) mettere in postazione

Auffahrt *f* **1.** (*Aufstieg*) ascesa *f* **2.** (*~straße*) rampa *f* d'accesso; (*Autobahn~*) raccordo *m* (autostradale) **3.** (*CH: Himmelfahrt*) Ascensione *f*

Auffahrunfall *m* tamponamento *m*

aufǀfallen <irr> *vi sein* **1.** (*ins Auge fallen*) dare nell'occhio **2.** (*hervorstechen*) farsi notare; **das ist mir noch nicht aufgefallen** non me ne sono ancora accorto; **auffallend** *adj* (*auffällig*) appariscente; (*beeindruckend*) impressionante; (*sonderbar*) bizzarro

auffällig *adj* **1.** (*Farbe, Kleidung*) vistoso **2.** (*Benehmen*) sorprendente

aufǀfangen <irr> *vt* **1.** (*Ball*) afferrare **2.** (*Flüssigkeit*) raccogliere **3.** (*Schlag*) parare; (*Erschütterung*) smorzare

aufǀfassen *vt* **1.** (*deuten*) interpretare **2.** (*begreifen*) afferrare

Auffassung *f* parere *m*; **Auffassungsgabe** *f* (facoltà *f* di) comprensione *f*

aufǀfordern *vt* **1.** (*bitten*) **jdn zum Bleiben/Gehen ~** pregare qu di restare/andare **2.** (*ermahnen*) **jdn ~ etw zu tun** esortare qu a fare qc **3.** (*zum Tanz bitten*) **jdn ~** invitare a ballare qu

aufǀfrischen I. *vt haben* **1.** (*erneuern*) rinnovare **2.** (*Farben, Erinnerungen*) ravvivare **3.** (*Kenntnisse*) rinfrescare **II.** *vi sein o haben* (*Wind*) rinfrescare

Auffrischungsimpfung *f* (MED) richiamo *m*

aufǀführen I. *vt* **1.** (THEAT) rappresentare; (MUS) eseguire **2.** (*anführen*) citare; (*Beispiel*) portare; (*aufzählen*) enumerare **II.** *vr* **sich ~** comportarsi

Aufführung *f* (THEAT) rappresentazione *f*; (MUS) esecuzione *f*

Aufgabe *f* **1.** (*Pflicht*) dovere *m*; (*Auftrag*) incarico *m*; (*Tätigkeit*) funzione *f* **2.** (*Schul~*) compito *m* **3.** (*Verzicht, Beendigung,* SPORT) abbandono *m*; (*Amts~*) rinuncia *f*; (*Geschäfts~*) cessazione *f* **4.** (*Gepäck~, Post~*) consegna *f*

Aufgang *m* **1.** (ASTR) levata *f* **2.** (*Treppen~*) scala *f*

aufǀgeben <irr> **I.** *vt* **1.** (*Postsendung, Telegramm*) spedire; (*Brief*) impostare; (*Inserat*) pubblicare; (*Bestellung*) fare; (*Gepäck*) consegnare **2.** (*Schulaufgabe*) assegnare; (*Rätsel*) proporre **3.** (*verzichten auf*) rinunciare a; (*Hoffnung*) abbandonare; (*Amt, Stelle*) dimettersi da; (*Geschäft*) chiudere **II.** *vi* rinunciare; (SPORT) darsi per vinto

Aufgebot *n* **1.** (*Polizei~*) spiegamento *m* **2.** (*zur Eheschließung*) pubblicazioni *fpl* di matrimonio

aufǀgehen <irr> *vi sein* **1.** (ASTR) sorgere, le-

A

varsi **2.** (*Tür, Fenster*) aprirsi **3.** (*Vorhang*) alzarsi **4.** (*Teig*) lievitare **5.** (BOT: *Samen*) germinare; (*Blume*) sbocciare **6.** (*Naht*) scucirsi **7.** (MAT) essere divisibile **8.** (*Wend*) **in der Arbeit** ~ essere tutto dedito al lavoro; **in Flammen** ~ andare in fiamme

aufgeklärt *adj* **1.** (HIST, PHILOS) illuminato **2.** (*sexualkundlich*) che ha avuto un'educazione sessuale

aufgelegt *adj* **gut/schlecht ~ sein** essere di buon/cattivo umore

aufgeregt *adj* eccitato

aufgeschlossen *adj* (*empfänglich*) ricettivo; (*zugänglich*) aperto

aufgeweckt *adj* sveglio

auf|greifen <irr> *vt* **1.** (*festnehmen*) acciuffare **2.** (*Thema, Gedanken*) raccogliere; (*wieder aufnehmen*) riprendere

aufgrund [aʊf'grʊnt] *prp +gen* a causa di; (*dank*) in base a

auf|halten <irr> **I.** *vt* **1.** (*anhalten*) fermare; (*fig: Entwicklung*) frenare; (*Katastrophe*) impedire **2.** (*offen halten*) tenere aperto **3.** (*stören*) disturbare **II.** *vr* **sich** ~ **1.** (*sich befinden*) trovarsi **2.** (*fig: verweilen*) **sich bei** [*o* **mit**] **etw** ~ soffermarsi su qc

auf|hängen *vt* **1.** (*hängen*) appendere; **etw an der Decke** ~ sospendere qc al soffitto; **die Wäsche** ~ stendere la biancheria **2.** (*fam: erhängen*) impiccare

Aufhänger <-s, -> *m* **1.** (*an Kleidung*) laccetto *m* **2.** (*fig*) appiglio *m*

auf|heben <irr> *vt* **1.** (*vom Boden*) raccogliere; (*hochheben*) alzare **2.** (*aufbewahren*) conservare; **bei jdm gut aufgehoben sein** essere in buone mani presso qu **3.** (*beenden*) porre fine a; (*Sitzung*) levare **4.** (*abschaffen*) abolire; (*ungültig machen*) revocare; (*Urteil*) annullare; (*Gesetz*) abrogare

Aufheben <-s> *kein Pl n* (*geh*) **viel ~(s) um** [*o* **von**] **etw machen** dare grande importanza a qc

auf|heitern I. *vt* allietare **II.** *vr* **sich** ~ rasserenarsi

auf|hellen I. *vt* **1.** (*heller machen*) schiarire **2.** (*klären*) chiarire **II.** *vr* **sich** ~ **1.** (METEO: *Himmel*) schiarirsi **2.** (*Gesicht*) illuminarsi

auf|hetzen *vt* **jdn (gegen jdn/etw)** ~ istigare qu (contro qu/qc)

auf|holen I. *vt* recuperare **II.** *vi* (SPORT) riguadagnare terreno

auf|hören *vi* smettere, finire; ~ **etw zu tun** finire di fare qc; **es hat aufgehört zu regnen** ha smesso di piovere

auf|klären I. *vt* **1.** (*Missverständnis*) chiarire; (*Geheimnis, Verbrechen*) fare luce su **2.** (*erklären*) **jdn (über etw** *acc*) ~ informare qu (su qc); **jdn** ~ (*sexuell*) dare un'educazione sessuale a qu; **bist du schon aufgeklärt?** ti ha detto niente la mamma? *scherz* **3.** (MIL) esplorare **II.** *vr* **sich** ~ **1.** (*Irrtum, Geheimnis*) chiarirsi; (*fig: Gesicht*) schiarirsi **2.** (METEO) rasserenarsi

Aufklärung *f* **1.** (*Klärung*) schiarimento *m* **2.** (*Unterrichtung*) informazione *f* **3.** *sing* (*sexuelle* ~) educazione *f* sessuale **4.** *sing* (HIST) illuminismo *m* **5.** (MIL) esplorazione *f*

Aufkleber <-s, -> *m* (auto)adesivo *m*

auf|kommen <irr> *vi sein* **1.** (*Gewitter, Wind*) levarsi **2.** (*Zweifel*) sorgere; **keinen Zweifel ~ lassen** dileguare ogni dubbio **3.** (*Mode werden*) diventar di moda **4.** (*haften*) **für etw** ~ rispondere di qc **5.** (*zahlen*) pagare; **für jdn ~ müssen** avere qu a carico

auf|kreuzen *vi sein* (*fam*) spuntare

auf|laden <irr> *vt* **1.** (*Last*) caricare **2.** (*fig: aufbürden*) addossare **3.** (*Batterie*) caricare

Auflage *f* **1.** (*Buch~*) edizione *f;* (*~nhöhe*) tiratura *f* **2.** (*Bedingung*) condizione *f*

auf|lassen <irr> *vt* **1.** (*fam: offen lassen*) lasciar aperto **2.** (*fam: aufbehalten*) tenere in testa

auf|lauern *vi* **jdm** ~ fare la posta a qu

Auflauf *m* **1.** (*Menschen~*) affollamento *m* **2.** (GASTR) sformato *m;* **Auflaufform** *f* (GASTR) stampo *m* per sformati

auf|leben *vi sein* (**wieder**) ~ (*fig*) rinascere; (*Gespräch, Mensch*) rianimarsi; **Erinnerungen wieder ~ lassen** far rivivere i ricordi

auf|legen *vt* **1.** (*Tischdecke, Gedeck, Platte*) mettere; (*Telefonhörer*) riattaccare **2.** (*Buch*) stampare

auf|lehnen *vr* **sich (gegen jdn/etw)** ~ ribellarsi (contro qu/a qc)

auf|lesen <irr> *vt* raccogliere

auf|listen *vt* listare

auf|lockern *vt* **1.** (*Boden*) smuovere **2.** (*Muskeln*) sciogliere **3.** (*fig: Unterricht, Vortrag*) alleggerire

auf|lösen I. *vt* **1.** (*a in Flüssigkeit*) sciogliere **2.** (*Versammlung, Ehe, Parlament, Rätsel*) sciogliere; (*Geschäft*) liquidare; (*Konto*) chiudere **3.** (*Wend*) **in Tränen aufgelöst sein** sciogliersi in lacrime **II.** *vr* **sich** ~ scio-

A

gliersi; (*Nebel*) dissolversi

Auflösung *f* **1.** (*von Rätsel*) soluzione *f* **2.** (TV: *Bild~*) definizione *f* **3.** (*Computer*) risoluzione *f*

auf|machen **I.** *vt* (*fam*) aprire; (*Flasche*) stappare; (*Verschnürtes*) slacciare **II.** *vr* **sich** ~ avviarsi

Aufmacher <-s, -> *m* (PUBL) testata *f;* (*Thema*) tema *m* principale

Aufmachung <-, -en> *f* **1.** (*von Person*) acconciamento *m* **2.** (*Gestaltung*) presentazione *f*

aufmerksam *adj* **1.** (*konzentriert*) attento; **jdn auf etw** *acc* **~ machen** far notare qc a qu **2.** (*zuvorkommend*) premuroso; **Aufmerksamkeit** <-, -en> *f* **1.** *sing* (*Aufmerksamsein*) attenzione *f* **2.** (*kleines Geschenk*) pensierino *m*

auf|muntern *vt* **1.** (*aufheitern*) rallegrare **2.** (*ermutigen*) incoraggiare

Aufnahme <-, -n> *f* **1.** (*Empfang*) accoglienza *f* **2.** (*Zulassung*) ammissione *f;* (*in Liste, Programm*) inserimento *m* **3.** (*Beginn*) inizio *m;* (*von Verhandlungen*) apertura *f* **4.** (*~zimmer*) sala *f* d'accettazione **5.** (FILM) ripresa *f;* (FOTO) fotografia *f* **6.** (RADIO) incisione *f;* **Aufnahmeprüfung** *f* esame *m* d'ammissione; **Aufnahmestudio** *n* studio *m* di registrazione

Aufnahmsprüfung *f* (*A*) *s.* **Aufnahmeprüfung**

auf|nehmen <irr> *vt* **1.** (*hochnehmen*) alzare **2.** (*empfangen*) accogliere; (*unterbringen*) ospitare; (*einreihen*) includere; (*in Schule, Verein*) ammettere; (*Klausel*) inserire; (*A: Hilfskraft*) assumere **3.** (*Eindrücke*) ricevere **4.** (*beginnen*) iniziare; (*wieder ~*) riprendere; (*Verhandlungen*) avviare **5.** (FIN: *Darlehen*) contrarre **6.** (FILM) girare; (FOTO) fotografare **7.** (RADIO) incidere **8.** (*Wend*) **es mit jdm ~ können** poter competere con qu

auf|passen *vi* **1.** (*aufmerksam sein*) stare attento; (*Acht geben*) far attenzione **2.** (*beaufsichtigen*) **auf jdn** ~ badare a qu

Aufprall <-(e)s, -e> *m* **1.** (*von Ball*) rimbalzo *m* **2.** (*Stoß*) urto *m*

auf|prallen *vi sein* (**auf etw** *acc*) ~ urtare (contro qc)

Aufpreis *m* sovrapprezzo *m*

auf|pumpen *vt* gonfiare

auf|putschen *vt* eccitare

auf|raffen *vr* **sich** (**zu etw**) ~ farsi coraggio (per qc)

auf|räumen **I.** *vi* fare ordine **II.** *vt* (ri)mettere in ordine; (*Zimmer*) fare; (*wegräumen*) mettere via

aufrecht ['aʊfrɛçt] *adj* **1.** (*gerade aufgerichtet*) d(i)ritto **2.** (*fig: rechtschaffen*) retto; **aufrecht|erhalten** <irr> *vt* (*Kontakt*) mantenere; (*Behauptung*) sostenere

auf|regen **I.** *vt* agitare; (*beunruhigen*) turbare; (*ärgern*) irritare **II.** *vr* **sich** ~ agitarsi; **sich über etw** *acc* ~ agitarsi per qc; (*sich empören*) indignarsi per qc; **ich habe mich über ihn aufgeregt** mi ha fatto venire i nervi; **aufregend** *adj* emozionante

Aufregung *f* **1.** (*Erregung*) eccitazione *f* **2.** (*Verwirrung*) confusione *f*

auf|reißen <irr> *vt haben* **1.** (*zerreißen*) strappare **2.** (*Fenster, Türen, Augen*) spalancare **3.** (*Straßenpflaster*) disfare **4.** (*sl: anmachen*) **jdn** ~ rimorchiare qu

aufreizend *adj* provocante

auf|richten **I.** *vt* **1.** (*in die Höhe richten*) (ri)alzare **2.** (*moralisch*) rinfrancare **II.** *vr* **sich** ~ alzarsi

aufrichtig *adj* sincero; **Aufrichtigkeit** <-> *kein Pl f* sincerità *f*

auf|rücken *vi sein* **1.** (*Platz machen*) serrare le file **2.** (*befördert werden*) essere promosso

Aufruf *m* **1.** (*das Aufrufen*) chiamata *f* **2.** (*Appell*) appello *m* **3.** (INFORM) apertura *f,* richiamo *m*

auf|rufen <irr> *vt* **1.** (*durch Namensrufung*) chiamare **2.** (*öffentlich auffordern*) **jdn ~ etw zu tun** invitare qu a fare qc **3.** (INFORM: *Programm*) aprire

Aufruhr ['aʊfruːɐ̯] <-(e)s, *rar* -e> *m* **1.** (*Auflehnung*) rivolta *f* **2.** (*Erregung*) tumulto *m*

aufrührerisch *adj* **1.** (*Ideen*) sovversivo **2.** (*Volksmenge*) ribelle

auf|runden *vt* arrotondare; **eine Summe auf hundert** ~ arrotondare una somma a cento

Aufrüstung *f* riarmo *m*

aufs [aʊfs] (*fam*) = **auf das** *s.* **auf**

auf|sagen *vt* recitare

auf|sammeln *vt* raccogliere

aufsässig ['aʊfzɛsɪç] *adj* rivoltoso; (*Kind*) ostinato

Aufsatz *m* **1.** (*Schul~*) tema *m;* (*Abhandlung*) saggio *m* **2.** (*an Möbeln*) alzata *f*

auf|schieben <irr> *vt* (*verschieben*) rimandare

Aufschlag *m* **1.** (*Aufprall*) urto *m* **2.** (SPORT) battuta *f* **3.** (*Preis~*) aumento *m* **4.** (*an Kleidung*) risvolto *m*

auf|schlagen <irr> **I.** *vi* **1.** *sein* (*beim Fall*) **auf etw** *acc o dat* ~ urtare contro qc **2.** *haben* (*Preise*) aumentare **3.** *haben* (SPORT) servire **II.** *vt haben* **1.** (*Nuss, Ei*) spaccare **2.** (*Buch, Augen*) aprire **3.** (*Zelt*) montare; (*Lager*) impiantare **4.** (*verletzen*) **sich** *dat* **das Knie** ~ scorticarsi il ginocchio

auf|schließen <irr> **I.** *vt* (*öffnen*) aprire (con la chiave) **II.** *vi* (*aufrücken*) serrare le file

AufschlussRR *m* chiarimento *m;* **jdm über etw** *acc* ~ **geben** spiegare qc a qu; **aufschlussreich**RR *adj* istruttivo, informativo

auf|schneiden <irr> **I.** *vt* **1.** (*öffnen*) tagliare; (MED) incidere **2.** (*in Scheiben*) affettare **II.** *vi* (*fam pej: prahlen*) fare lo spaccone

Aufschneider(in) *m(f)* (*fam pej*) spaccone, -a *m, f*

Aufschnitt <-(e)s> *kein Pl m* affettato *m*

auf|schnüren *vt* (*Schuhe, Korsett*) slacciare; (*Paket*) slegare

auf|schrecken **I.** *vi sein* sobbalzare; **aus dem Schlaf** ~ svegliarsi di soprassalto **II.** *vt* far sobbalzare

Aufschrei *m* grido *m* (improvviso)

auf|schreiben <irr> *vt* scrivere; (*notieren*) prendere nota di

Aufschrift *f* iscrizione *f*

Aufschub <-(e)s, -schübe> *m* (*Verschieben*) rinvio *m;* (*Fristverlängerung*) proroga *f*

Aufschwung *m* **1.** (WIRTSCH) ripresa *f;* **das gibt mir wieder neuen** ~ (*fig*) ciò mi dà nuovo vigore **2.** (SPORT) volata *f*

auf|sehen <irr> *s.* **aufblicken**

Aufsehen <-s> *kein Pl n* sensazione *f;* (*bes Lärm, Entrüstung*) scalpore *m;* ~ **erregend** sensazionale; **aufsehenerregend** *adj s.* **Aufsehen**

Aufseher(in) <-s, -; -, -nen> *m(f)* sorvegliante *mf;* (*Gefängnis~*) guardiano, -a *m, f;* (*Museums~*) custode *mf*

auf|setzen **I.** *vt* **1.** (*Brille, Hut*) mettere **2.** (*auf den Herd stellen*) mettere su **3.** (*Miene*) assumere **4.** (*abfassen*) scrivere; (JUR) redigere **II.** *vi* (AERO) atterrare

Aufsicht *f* sorveglianza *f;* (*polizeiliche ~*) vigilanza *f;* **über etw** *acc* ~ **führen** avere la sorveglianza su qc; **unter** ~ sotto controllo; **Aufsichtsrat** *m* consiglio *m* d'amministrazione

auf|sitzen <irr> *vi sein* **1.** (*auf Pferd*) montare a cavallo; (*auf Fahrzeug*) montare **2.** (*fig fam: hereinfallen*) **jdm** ~ lasciarsi abbindolare da qu

auf|sparen *vt* serbare

auf|sperren *vt* **1.** (*fam: aufreißen*) spalancare; **Mund und Nase** ~ rimanere a bocca aperta **2.** (*A, südd: aufschließen*) aprire (con la chiave)

auf|spielen *vr* **sich** ~ (*fam*) darsi delle arie; **sich als Held** ~ atteggiarsi a eroe

auf|springen <irr> *vi sein* **1.** (*hochspringen*) balzare in piedi; (*Ball*) rimbalzare **2.** (*springen*) **auf etw** *acc* ~ saltare su qc **3.** (*sich öffnen: Tür*) aprirsi di scatto; (*Haut*) screpolarsi

auf|spüren *vt* rintracciare; (*Wild*) braccare

Aufstand *m* insurrezione *f*

Aufständische ['aufʃtɛndɪʃə] <ein -r, -n, -n> *mf* ribelle *mf*

auf|stehen <irr> *vi* **1.** *sein* (*sich erheben*) alzarsi **2.** *haben* (*offen sein*) essere aperto

auf|steigen <irr> *vi sein* **1.** (*auf Pferd*) montare in sella; (*auf Fahrzeug*) salire **2.** (*Ballon*) alzarsi; (*Flugzeug*) alzarsi in volo; (*Rauch*) levarsi **3.** (*beruflich*) far carriera; (SPORT) passare di categoria; **zum Abteilungsleiter** ~ diventare caporeparto **4.** (*A: versetzt werden*) essere promosso

Aufsteiger <-s, -> *m* **1.** (*fam: sozialer ~*) arrampicatore, -trice *m, f* sociale **2.** (SPORT) squadra *f* promossa

auf|stellen *vt* **1.** (*anordnen, zusammenstellen*) collocare, mettere; (*Posten*) appostare **2.** (*Mannschaft*) formare; (*Programm*) formulare **3.** (*Kandidat*) presentare **4.** (*Bett*) montare; (*Maschine*) installare **5.** (*Rekord*) stabilire

Aufstellung *f* **1.** (SPORT) formazione *f* **2.** (*von Kandidaten*) presentazione *f* **3.** (*Liste*) lista *f*

Aufstieg ['aʊfʃtiːk] <-(e)s, -e> *m* **1.** (*Weg*) salita *f;* (*auf Berg*) ascensione *f* **2.** (*fig: Fortschritt*) ascesa *f;* (*beruflich,* SPORT) promozione *f*

auf|stoßen <irr> **I.** *vt haben* (*Tür*) aprire con una spinta **II.** *vi* (*rülpsen*) ruttare

auf|stützen **I.** *vt* **etw** (**auf etw** *acc o dat*) ~ appoggiare qc (su qc) **II.** *vr* **sich** (**auf etw** *acc*

o dat) ~ appoggiarsi (su qc)
auf|suchen *vt* andare a trovare; (*Arzt*) consultare
Auftakt *m* **1.** (*fig: Beginn*) inizio *m* **2.** (MUS) anacrusi *f*
auf|tanken I. *vi* fare il pieno **II.** *vt* rifornire di carburante
auf|tauchen *vi sein* **1.** (*emportauchen*) emergere, venir a galla **2.** (*sichtbar werden*) apparire; (*unerwartet*) saltare fuori; **wieder ~** ricomparire **3.** (*fig: Erinnerungen, Probleme*) affiorare
auf|tauen I. *vt haben* disgelare; (*Tiefkühlkost*) scongelare **II.** *vi sein* sciogliersi; (*fig*) aprirsi
auf|teilen *vt* **1.** (*einteilen*) (sud)dividere **2.** (*verteilen*) distribuire
Auftrag ['aʊftra:k] <-(e)s, Aufträge> *m* **1.** (*Anweisung*) ordine *m;* (*Aufgabe*) incarico *m;* (*Verpflichtung*) compito *m;* **im ~ von ...** per incarico di ... **2.** (COM: *Bestellung*) ordinazione *f*
auf|tragen <irr> *vt* **1.** (*geh: Speisen*) portare in tavola **2.** (*Farbe, Salbe*) applicare; **dick ~** (*fam*) caricare le tinte **3.** (*beauftragen*) **jdm etw ~** incaricare qu di qc
Auftraggeber(in) <-s, -; -, -nen> *m(f)* (COM) committente *mf*
auf|treten <irr> **I.** *vi sein* **1.** (*erscheinen*) presentarsi **2.** (THEAT) entrare in scena **3.** (*sich benehmen*) comportarsi **4.** (*fig: Krankheit*) comparire; (*Schwierigkeit, Zweifel*) sorgere **5.** (*mit Fuß*) camminare **II.** *vt haben* (*Tür*) aprire con una pedata; **Auftreten** <-s> *kein Pl n* **1.** (*Benehmen*) comportamento *m* **2.** (*Vorkommen*) presenza *f;* (*von Krankheit*) manifestarsi *m*
Auftrieb *m* **1.** (PHYS) spinta *f* aereostatica **2.** (*fig: Schwung*) impulso *m*
Auftritt *m* (THEAT: *Erscheinen*) entrata *f* in scena; (*Szene*) scena *f*
auf|wachen *vi sein* svegliarsi
auf|wachsen <irr> *vi sein* crescere
Aufwand ['aʊfvant] <-(e)s> *kein Pl m* **1.** (*Kosten*) spesa *f* **2.** (*Einsatz*) dispendio *m* **3.** (*Luxus, Pomp*) lusso *m*
aufwändig[RR] *adj* (*kostspielig*) dispendioso; (*üppig*) rigoglioso
auf|wärmen *vt* **1.** (*warm machen*) riscaldare **2.** (*fam pej: alte Geschichten*) rivangare
aufwärts ['aʊfvɛrts] *adv* verso l'alto; (*a fig*) in su
Aufwärtstrend *m* trend *m* positivo
auf|wecken *vt* svegliare
auf|weisen <irr> *vt* presentare
auf|wenden <irr> *vt* impiegare; (*Geld*) spendere; (*Sorgfalt*) usare
aufwendig *adj s.* **aufwändig**
auf|werfen <irr> *vt* **1.** (*Tür, Fenster*) spalancare **2.** (*fig: Frage*) sollevare
auf|werten *vt* (FIN) rivalutare
auf|wiegeln ['aʊfvi:gəln] *vt* sobillare; **jdn zu etw ~** istigare qu a (fare) qc
auf|wiegen <irr> *vt* compensare
Aufwind *m* corrente *f* ascensionale
auf|wirbeln *vt haben* sollevare in vortice; (**viel**) **Staub ~** (*fig*) suscitare scalpore
auf|wühlen *vt* **1.** (*Erde*) scavare; (*See*) agitare **2.** (*fig*) scuotere
auf|zählen *vt* enumerare
Aufzahlung *f* (*A, südd: Mehrpreis*) sovrapprezzo *m*
auf|zeichnen *vt* **1.** (*aufschreiben*) segnare; (*Plan, Weg*) disegnare **2.** (RADIO, TV) registrare
Aufzeichnung *f* **1.** (*Notiz*) annotazione *f* **2.** (RADIO, TV) registrazione *f;* (*keine Live-Sendung*) trasmissione *f* differita
aufzeigen *vt* (*geh: darlegen*) mostrare
auf|ziehen <irr> **I.** *vt haben* **1.** (*öffnen*) aprire (tirando) **2.** (*großziehen*) allevare **3.** (*Uhr*) caricare; (*Perlen*) infilare; (*Foto*) montare **4.** (*fam: veranstalten*) organizzare **5.** (*fam: hänseln*) prendere in giro **II.** *vi sein* **1.** (*Wolken*) alzarsi; (*Gewitter*) avvicinarsi **2.** (MIL) montare
Aufzug *m* **1.** (*Fahrstuhl*) ascensore *m* **2.** (*Aufmarsch*) corteo *m* **3.** (THEAT) atto *m* **4.** (*pej: Kleidung*) modo *m* di vestire
auf|zwingen <irr> *vt* **jdm etw ~** imporre qc a qu
Auge ['aʊgə] <-s, -n> *n* **1.** (ANAT) occhio *m;* **ins ~ gehen** (*fam*) andare a finir male; **mit einem blauen ~ davonkommen** (*fam*) cavarsela a buon mercato; **große ~n machen** (*fam*) fare tanto d'occhi; **jdm schöne ~n machen** (*fam*) fare l'occhio languido a qu; **jdm die ~n öffnen** aprire gli occhi a qu; **ein ~ zudrücken** chiudere un occhio; **etw im ~ haben** (*fig*) mirare a qc; **jdn nicht aus den ~n lassen** non perdere qu di vista; **etw mit anderen ~n sehen** vedere qc con tutt'altri occhi **2.** (*Punkt bei Spielen*) punto *m* **3.** (BOT) gemma *f;* **Augenarzt** *m,* **Augenärztin** *f* oculista *mf*

Augenblick *m* istante *m,* attimo *m;* **er müsste jeden ~ kommen** dovrebbe arrivare da un momento all'altro; **augenblicklich** **I.** *adj* **1.** (*derzeitig*) attuale **2.** (*sofortig*) istantaneo **3.** (*plötzlich*) improvviso **II.** *adv* **1.** (*gegenwärtig*) al momento **2.** (*sofort*) subito

Augenbraue *f* sopracciglio *m;* **Augengläser** *npl* (*A: Brille*) occhiali *mpl;* **Augentropfen** *mpl* collirio *m;* **Augenweide** <-> *kein Pl f* delizia *f* degli occhi; **Augenzeuge** *m,* **Augenzeugin** *f* testimone *mf* oculare; **Augenzwinkern** <-s> *kein Pl n* occhiolino *m*

Augsburg ['aʊksbʊrk] *n* Augusta *f*

August [aʊ'gʊst] <-(e)s *o* -, -e> *m* agosto *m; s. a.* **April**

Auktion [aʊk'tsi̯oːn] <-, -en> *f* asta *f* pubblica

Auktionator [aʊktsi̯o'naːtoːɐ̯] <-s, -en> *m* banditore *m* dell' asta

Aula ['aʊla] <-, Aulen> *f* aula *f* magna

Au-pair-Mädchen, **Aupairmädchen**[RR] *n*, **Au-Pair-Mädchen**[RR] [o'pɛːɐmɛːtçən] *n* ragazza *f* alla pari

aus [aʊs] **I.** *prp +dat* **1.** (*räumlich*) da; **vom Fenster ~** dalla finestra **2.** (*zeitlich*) di; **~ dem 18. Jahrhundert** del settecento **3.** (*Beschaffenheit*) di **4.** (*Abstammung*) da, di; **ich bin ~ Venedig** sono di Venezia; **ich komme ~ Deutschland** vengo dalla Germania **5.** (*Ursache*) per **6.** (*Wend*) **~ der Mode** fuori moda; **was ist ~ ihm geworden?** che ne è stato di lui? **II.** *adv* **1.** (*fam: zu Ende*) **~ sein** essere finito; **zwischen uns ist es ~** fra noi è finita **2.** (*gelöscht: Feuer, Licht*) **~ sein** essere spento **3.** (*fam: ~gegangen*) **~ sein** essere uscito **4.** (SPORT) **~ sein** essere fuori (campo) **5.** (*Wend*) **auf etw** *acc* **~ sein** mirare a qc; **von hier ~** da qui; **von mir ~** per conto mio, per me

Aus <-> *kein Pl n* (SPORT) fuori campo *m*

aus|arbeiten *vt* elaborare

aus|arten *vi sein* (**in etw** *acc*) **~** degenerare (in qc)

aus|atmen **I.** *vt* espirare **II.** *vi* spirare

aus|bauen *vt* **1.** (ARCH: *erweitern*) ampliare **2.** (TEC) smontare **3.** (*fig: erweitern*) potenziare; (*entwickeln*) sviluppare

ausbaufähig *adj* ampliabile

aus|bessern *vt* riparare; (*flicken*) rattoppare

aus|beulen *vt* **1.** (*Kleidungstücke*) sformare **2.** (TEC) spianare

Ausbeute *f* rendimento *m*

aus|beuten *vt* sfruttare

aus|bilden **I.** *vt* (*Lehrling,* MIL) addestrare; (*beruflich*) formare, istruire **II.** *vr* **sich ~** formarsi; (*sich entwickeln*) svilupparsi

Ausbildung *f* **1.** (*von Lehrling,* MIL) addestramento *m;* (*beruflich*) formazione *f* professionale; (*Schul~*) istruzione *f* **2.** (*Lehrzeit*) tirocinio *m*

aus|bleiben <irr> *vi sein* **1.** (*nicht eintreten*) non verificarsi **2.** (*fern bleiben*) non venire

Ausblick *m* panorama *m*

aus|brechen <irr> **I.** *vi sein* **1.** (*fliehen*) **aus dem Gefängnis ~** evadere di prigione **2.** (*Feuer, Krieg, Krankheit*) scoppiare; (*Vulkan*) erompere; **in Gelächter/Tränen ~** scoppiare a ridere/in lacrime **II.** *vt haben* **1.** (*Steine*) cavare **2.** (*Nahrung*) vomitare

aus|breiten **I.** *vt* (*Decke*) stendere; (*Flügel, Waren*) spiegare; (*Arme*) allargare **II.** *vr* **sich ~** **1.** (*Geruch, Rauch*) espandersi; (*Feuer*) propagarsi; (*Krankheit, Unsitte, Nachricht*) diffondersi; (*sich erstrecken*) estendersi **2.** (*über Thema*) **sich über etw** *acc* **~** dilungarsi su qc

Ausbruch *m* **1.** (*Flucht*) evasione *f* **2.** (*fig: Krankheits~*) insorgenza *f;* (*Kriegs~*) scoppio *m;* (*Gefühls~*) sfogo *m;* (*Vulkan~*) eruzione *f*

aus|brüten *vt* **1.** (*Eier*) covare **2.** (*fig fam*) macchinare

aus|bürgern ['aʊsbʏrgɐn] *vt* privare della cittadinanza; (*ausweisen*) espellere

Auschwitzlüge ['aʊʃvɪtslyːgə] <-> *kein Pl f* revisionismo *m* (del genocidio nazista)

Ausdauer <-> *kein Pl f* costanza *f;* **ausdauernd** *adj* perseverante; (*zäh*) tenace

aus|dehnen **I.** *vt* **1.** (*räumlich*) estendere; (*zeitlich*) prolungare **2.** (*fig: einbeziehen*) **etw** (**auf etw** *acc*) **~** estendere qc (su qc) **II.** *vr* **sich ~** estendersi; (*zeitlich*) prolungarsi

aus|denken <irr> *vt* **sich** *dat* **etw ~** (*sich vorstellen*) immaginarsi qc; (*erfinden*) escogitare qc

Ausdruck[1] <-(e)s, -drücke> *m* **1.** (*Bezeichnung*) termine *m* **2.** (*Gesichts~*) espressione *f* **3.** *sing* (*Zeichen*) espressione *f;* **zum ~ bringen** esprimere

Ausdruck[2] <-(e)s, -e> *m* (INFORM: *Computer~*) elaborato *m*

aus|drucken *vt* (TYP, INFORM) stampare

aus|drücken **I.** *vt* **1.** (*Zitrone, Schwamm*) spremere **2.** (*Zigarette*) spegnere (premendo) **3.** (*zum Ausdruck bringen*) esprimere; **anders ausgedrückt** in altre parole **II.** *vr* **sich ~** esprimersi

ausdrücklich ['aʊsdrʏklɪç] *adj* espresso

ausdruckslos *adj* inespressivo; **ausdrucksvoll** *adj* espressivo; **Ausdrucksweise** *f* modo *m* di esprimersi

auseinander [aʊsʔaɪ'nandɐ] *adv* (*entfernt*) lontani l'uno dall'altro; (*getrennt*) a parte; **~ fallen** cadere in pezzi; **~ gehen** (*sich trennen*) separarsi; (*Meinungen*) divergere; (*Gegenstand*) rompersi; (*fam: dick werden*) ingrassare; **~ halten** distinguere; **~ nehmen** disfare; (TEC) smontare; **jdm etw ~ setzen** spiegare qc a qu; **sich mit etw ~ setzen** occuparsi di qc; **sich mit jdm ~ setzen** avere una discussione con qu; **etw ~ schreiben** scrivere staccato qc; **wir sind 10 Jahre ~** tra di noi c'è una differenza d'età di dieci anni; **auseinander|fallen** *s.* **auseinander**; **auseinander|gehen** *s.* **auseinander**; **auseinander|halten** *s.* **auseinander**; **auseinander|nehmen** *s.* **auseinander**; **auseinander|setzen** *s.* **auseinander**

Auseinandersetzung <-, -en> *f* discussione *f;* (*Streit*) contrasto *m*

aus|fahren <irr> **I.** *vi sein* (*spazieren fahren*) uscire a passeggio **II.** *vt haben* **1.** (*spazieren fahren*) portare a passeggio **2.** (*Waren*) distribuire **3.** (AERO: *Fahrgestell*) far uscire

Ausfahrt *f* uscita *f*

Ausfall *m* **1.** (*Verlust*) perdita *f;* (*Haar~*) caduta *f;* (TEC, MOT) guasto *m* **2.** (MIL) sortita *f*

aus|fallen <irr> *vi sein* **1.** (*Haare, Zähne*) cadere **2.** (TEC, MOT) arrestarsi **3.** (*Veranstaltung*) non aver luogo; **heute fällt die Schule aus** oggi non c'è scuola **4.** (*fehlen*) mancare **5.** (*ein Ergebnis zeigen*) andare; **wie ist die Prüfung ausgefallen?** com'è andato l'esame?

ausfallend *adj* offensivo

aus|fertigen *vt* (ADM: *Pass, Quittung*) rilasciare; (*Vertrag*) redigere

Ausfertigung *f* **1.** (*von Vertrag*) redazione *f;* (*von Pass*) rilascio *m* **2.** (*Exemplar*) esemplare *m;* (*Abschrift*) copia *f*

ausfindig *adj* **~ machen** trovare

aus|flippen ['aʊsflɪpən] *vi sein* (*sl*) **1.** (*durch Drogen*) sballarsi **2.** (*durchdrehen*) perdere i nervi; (*vor Freude*) toccare il cielo con un dito

Ausflucht ['aʊsflʊxt] <-, Ausflüchte> *f* pretesto *m*

Ausflug *m* gita *f*

Ausflügler(in) ['aʊsfly:klɐ] <-s, -; -, -nen> *m(f)* gitante *mf*

Ausfluss[RR] *m* **1.** (*das Ausfließen*) scolo *m* **2.** (MED) secrezione *f*

aus|fragen *vt* **jdn über etw** *acc* **~** cercare di sapere qc da qu

aus|fressen <irr> *vt* (*fam: anstellen*) combinare

Ausfuhr <-, -en> *f* esportazione *f*

aus|führen *vt* **1.** (*spazieren führen*) portare fuori; (*Hund*) portare a passeggio **2.** (COM) esportare **3.** (*durchführen*) effettuare; (*Auftrag, Bestellung*) eseguire; (*Plan*) realizzare **4.** (*erläutern*) spiegare

Ausführen <-s, -> *n* (*Computer*) (comando *m*) esegui

ausführlich ['aʊsfy:ɐ̯lɪç] **I.** *adj* dettagliato **II.** *adv* per disteso; **Ausführlichkeit** <-> *kein Pl f* **in aller ~** molto dettagliatamente

Ausführung *f* **1.** (*Durchführung*) effettuazione *f* **2.** (*Typ*) modello *m* **3.** (*Darlegung*) esposizione *f*

aus|füllen *vt* **etw** (**mit etw**) **~** riempire qc (di qc)

Ausgabe *f* **1.** *sing* (*Verteilung*) distribuzione *f;* (*Aushändigung*) consegna *f;* (*von Banknoten, Briefmarken*) emissione *f;* (*Fahrkarten~*) vendita *f* **2.** *pl* (*Geld~*) spese *fpl* **3.** (*Buch*) edizione *f* **4.** (INFORM) uscita *f,* output *m*

Ausgang *m* **1.** (*Weg nach draußen*) uscita *f* **2.** (*Ende*) fine *f* **3.** (*Ergebnis*) esito *m* **4.** (*freier Tag*) giorno *m* libero; **Ausgangsbasis** *f* base *f* di partenza; **Ausgangspunkt** *m* punto *m* di partenza; **Ausgangssperre** *f* coprifuoco *m*

aus|geben <irr> **I.** *vt* **1.** (*verteilen*) distribuire; **einen ~** (*fam*) pagare da bere **2.** (INFORM: *ausdrucken*) stampare **3.** (*Geld*) spendere **II.** *vr* **sich für** [*o* **als**] **jdn/etw ~** farsi passare per qu/qc

ausgebucht *adj* completo

ausgefallen *adj* stravagante

ausgeglichen *adj* **1.** (*seelisch*) equilibrato **2.** (*Bilanz*) pareggiato; **Ausgeglichenheit** <-> *kein Pl f* equilibrio *m;* (*seelisch*) posatezza *f*

aus|gehen <irr> *vi sein* **1.** (*weggehen*) uscire **2.** (*Haare*) cadere **3.** (*Feuer, Licht*) spegnersi **4.** (*Vorrat*) esaurirsi; **mir geht die Geduld aus** perdo la pazienza **5.** (*enden*) finire, concludersi; **leer** ~ rimanere a mani vuote **6.** (*seinen Ursprung nehmen*) **von etw** ~ partire da qc; (*herrühren*) prendere le mosse da qc

ausgehungert *adj* affamato

ausgekocht *adj* (*fam pej*) scaltro

ausgelassen *adj* allegro; (*wild*) scatenato

ausgemacht *adj* (*fam: vollkommen*) perfetto

ausgenommen **I.** *prp +acc* eccetto, tranne; **Anwesende** ~ esclusi i presenti **II.** *konj* ~, **dass ...** a meno che *+conj*

ausgeprägt *adj* spiccato

ausgerechnet ['aʊsgə(')rɛçnət] *adv* (*fam*) proprio

ausgeschlossen *adj* escluso

ausgeschnitten *adj* (*Kleid*) scollato

ausgesprochen **I.** *adj* spiccato, particolare **II.** *adv* particolarmente

ausgezeichnet ['aʊsgə(')tsaɪçnət] *adj* eccellente; (*köstlich*) squisito

ausgiebig ['aʊsgi:bɪç] *adj* abbondante; (*ausgedehnt*) lungo

aus|gießen <irr> *vt* **1.** (*Flüssigkeit*) versare **2.** (*Gefäß*) vuotare

Ausgleich <-(e)s, *rar* -e> *m* **1.** (*von Gegensätzlichkeiten*) accomodamento *m;* **zum ~ für** in compenso di **2.** (*Steuer~, Lohn~*) conguaglio *m* **3.** *sing* (SPORT) pareggio *m*

aus|gleichen <irr> **I.** *vt* **1.** (*Unterschiede*) appianare; (*Konto*) pareggiare **2.** (*wettmachen*) compensare **3.** (COM) saldare **II.** *vi* **1.** (SPORT) pareggiare **2.** (*vermitteln*) accomodare **III.** *vr* **sich** ~ equilibrarsi

aus|graben <irr> *vt* disseppelire; (*Loch*) scavare; (*fig*) esumare

Ausgrabung <-, -en> *f* **1.** (*das Ausgraben*) scavo *m* **2.** (*Fundstätte, Fund*) reperto *m*

ausgrenzen *vt* escludere

AusgussRR *m* **1.** (*Becken*) acquaio *m* **2.** (*Abfluss*) scarico *m*

aus|haben <irr> (*fam*) **I.** *vt* **1.** (*Kleidung*) essersi tolto **2.** (*Buch*) aver finito **II.** *vi* (*Schule, Unterricht*) aver finito; **wann habt ihr heute aus?** a che ora uscite?

aus|halten <irr> **I.** *vt* **1.** (*ertragen*) sopportare; **ich halte es nicht mehr aus** non ne posso più **2.** (*standhalten*) reggere **3.** (*unterhalten*) mantenere **II.** *vi* resistere

aus|handeln *vt* negoziare

aus|händigen ['aʊshɛndɪgən] *vt* **jdm etw** ~ consegnare qc a qu

Aushang *m* avviso *m*

Aushängeschild *n* insegna *f;* **als ~ dienen** (*fig*) servire da richiamo

aus|heben <irr> *vt* **1.** (*Graben*) scavare **2.** (*Verbrecher*) snidare **3.** (*A: Briefkasten*) svuotare

aus|hecken *vt* (*fam*) escogitare

aus|helfen <irr> *vi* **1.** (*helfen*) **jdm** ~ aiutare qu; **er hat mir mit zehn Mark ausgeholfen** mi ha prestato dieci marchi **2.** (*einspringen*) supplire

Aushilfe *f* aiuto *m;* **aushilfsweise** *adv* per supplire

aus|holen *vi* sollevare il braccio (per colpire); **weit** ~ (*fig*) cominciare da lontano

aus|kennen <irr> *vr* **sich** ~ (*an einem Ort*) conoscere bene un posto; (*fig: auf einem Gebiet*) intendersi; **sich mit** [*o* **in**] **etw** *dat* (**gut**) ~ essere esperto di qc

aus|klammern *vt* escludere

Ausklang *m* (*geh: Ende*) fine *f*

aus|kochen *vt* **1.** (GASTR) far bollire **2.** (*steril machen*) sterilizzare

aus|kommen <irr> *vi sein* **mit jdm** ~ andare d'accordo con qu; **ohne etw nicht ~ können** non potere fare a meno di qc; **wir kommen mit den Vorräten nicht aus** le provviste non ci bastano; **Auskommen** <-s> *kein Pl n* **sein ~ haben** aver quanto basta per vivere

aus|kosten *vt* (*geh*) godere

aus|kundschaften *vt* (*Gebiet*) esplorare; (*Geheimnis*) indagare su

Auskunft ['aʊskʊnft] <-, Auskünfte> *f* **1.** (*Information*) informazione *f;* **~ über etw** *acc* **erteilen** dare informazioni su qc **2.** (*~sstelle*) ufficio *m* informazioni; (TEL) servizio *m* informazioni

aus|lachen *vt* deridere

aus|laden <irr> *vt* **1.** (*Fracht, Fahrzeug*) scaricare; (*Passagiere*) sbarcare **2.** (*Gast*) ritirare l'invito a

Auslage *f* **1.** (*Waren*) merce *f* esposta **2.** (*Schaufenster*) vetrina *f* **3.** *pl* (*Unkosten*) spese *fpl*

Ausland <-(e)s> *kein Pl n* estero *m;* **ins/**

im ~ all'estero

Ausländer(in) ['aʊslɛndɐ] <-s, -; -, -nen> *m(f)* straniero, -a *m, f;* **ausländerfeindlich** *adj* xenofobo

ausländisch *adj* straniero; (*Waren, Zeitungen*) estero

Auslandsgespräch *n* (TEL) telefonata *f* internazionale; **Auslandskorrespondent(in)** *m(f)* corrispondente *mf* dall'estero

aus|lassen <irr> **I.** *vt* **1.** (*weglassen*) omettere, tralasciare **2.** (*Fett*) sciogliere **3.** (*Wut, Ärger*) **etw an jdm** ~ sfogare qc su qu **4.** (*fam: nicht einschalten*) lasciare spento **II.** *vr* **sich über etw** *acc* ~ (*fam*) pronunciarsi su qc

Auslassung <-, -en> *f* omissione *f;* **Auslassungspunkte** *mpl* (LING) puntini *mpl* di sospensione; **Auslassungszeichen** *n* (LING) apostrofo *m*

aus|laufen <irr> *vi sein* **1.** (*Flüssigkeit*) fuoriuscire **2.** (*Behälter*) svuotarsi **3.** (NAUT) uscire dal porto **4.** (*enden*) terminare; (*Vertrag*) scadere

Ausläufer <-s> *kein Pl m* **1.** (*von Gebirge*) contrafforte *m* **2.** (METEO) diramazione *f*

aus|leeren *vt* (*Flüssigkeit*) versare; (*Behälter*) vuotare

aus|legen *vt* **1.** (*Waren*) esporre; (*Köder*) collocare **2.** (*auskleiden*) **etw** (**mit etw**) ~ rivestire qc (di qc); **den Fußboden mit Fliesen** ~ piastrellare il pavimento **3.** (*Geld*) anticipare **4.** (*deuten*) interpretare

Ausleihe <-, -n> *f* **1.** (*Tätigkeit*) prestito *m* **2.** (*Raum*) servizio *m* prestito

aus|leihen <irr> *vt* **1.** (*verleihen*) (**jdm**) **etw** ~ (im)prestare qc (a qu) **2.** (*entleihen*) **etw** (**bei** [*o* **von**] **jdm**) ~ prendere in prestito qc (da qu)

aus|lernen *vi* (*Lehrling*) finire il tirocinio; **man lernt nie aus** (*prov*) non si finisce mai di imparare

Auslese <-, -n> *f* **1.** (*Auswahl*) scelta *f;* (BIOL) selezione *f* **2.** (*Wein*) vino *m* scelto

aus|lesen <irr> *vt* **1.** (*aussondern*) selezionare; (*auswählen*) scegliere **2.** (*zu Ende lesen*) finire (di leggere)

aus|liefern *vt* **1.** (*Ware*) consegnare **2.** (*Verbrecher*) consegnare nelle mani della giustizia; (*Asylanten*) estradare; **jdm/etw ausgeliefert sein** essere in balia di qu/qc

aus|liegen <irr> *vi* **1.** (*Waren*) essere esposto **2.** (*zur Einsichtnahme*) essere a disposizione (da consultare)

aus|lösen *vt* **1.** (*hervorrufen*) suscitare **2.** (*verursachen*) causare, provocare

Auslöser <-s> *kein Pl m* (*fig*) causa *f*

aus|machen *vt* **1.** (*fam: Feuer, Licht, Radio*) spegnere **2.** (*verabreden*) convenire; (*vereinbaren*) stabilire **3.** (*sichten*) scorgere **4.** (*betragen*) ammontare a **5.** (*stören*) spiacere; **würde es Ihnen etw ~, wenn ...?** Le spiacerebbe, se ... *+conj?*; **es macht** (**gar**) **nichts aus, wenn ...** non fa niente se ... **6.** (*CH: wahrnehmen*) riconoscere

aus|malen *vr* **sich** *dat* **etw** ~ raffigurarsi qc

Ausmaß *n* **1.** (*von Gegenstand*) misura *f;* (*von Fläche*) area *f* **2.** (*fig*) dimensione *f*

aus|merzen *vt* **1.** (*Unkraut*) estirpare; (*Ungeziefer*) sterminare **2.** (*Fehler*) eliminare

aus|messen <irr> *vt* misurare

Ausnahme ['aʊsna:mə] <-, -n> *f* eccezione *f;* **mit** ~ **von** ad eccezione di; **Ausnahmefall** *m* caso *m* eccezionale; **Ausnahmezustand** *m* stato *m* d'emergenza

ausnahmslos *adj o adv* senza eccezione; **ausnahmsweise** *adv* eccezionalmente

aus|nehmen <irr> **I.** *vt* **1.** (*Eier, junge Vögel*) snidare **2.** (*Wild, Fisch*) sventrare; (*Geflügel*) svuotare **3.** (*fam: schröpfen*) pelare **4.** (*ausschließen*) escludere **II.** *vr* **sich gut/schlecht** ~ presentarsi bene/sfigurare

aus|nutzen *vt* **1.** (*Gelegenheit, Situation*) approfittare di **2.** (*Stellung, Notlage*) trarre vantaggio da

aus|packen *vt* (*Eingepacktes*) aprire; (*Koffer*) disfare

aus|pfeifen <irr> *vt* fischiare

aus|plaudern *vt* spifferare

aus|probieren <ohne ge-> *vt* provare; (*erproben*) sperimentare

Auspuff <-(e)s, -e> *m* (TEC) scappamento *m;* **Auspuffrohr** *n* (AUTO) tubo *m* di scappamento

aus|pumpen *vt* (*Wasser*) pompare; (*entleeren*) vuotare con la pompa; **jdm den Magen** ~ (MED) fare la lavanda gastrica a qu

aus|rangieren <ohne ge-> *vt* (*fam*) scartare

aus|rauben *vt* derubare

aus|räumen *vt* **1.** (*Dinge*) rimuovere; **etw aus einem Schrank** ~ togliere qc dall'armadio **2.** (*Schrank, Zimmer*) vuotare **3.** (*fig: Bedenken, Verdacht*) eliminare

aus|rechnen *vt* calcolare; **das kannst du**

dir leicht ~ (*fig*) te lo puoi ben immaginare

Ausrede *f* **1.**(*Entschuldigung*) scusa *f* **2.**(*Vorwand*) pretesto *m*

aus|reden I. *vt* **jdm etw** ~ dissuadere qu dal fare qc **II.** *vi* finire di parlare; **lass mich ~!** non interrompermi!

aus|reichen *vi* bastare, essere sufficiente; **ausreichend** *adj* **1.**(*genug*) sufficiente **2.**(*Schulnote*) sei

Ausreise *f* **1.**(*Grenzübertritt*) passaggio *m* di confine **2.**(*Verlassen des Landes*) espatrio *m;* **Ausreiseerlaubnis** *f* permesso *m* d'espatrio

ausreisen *vi sein* andare all'estero

aus|reißen <irr> **I.** *vt haben* (*Haare, Unkraut*) strappare; (*mit Wurzeln*) sradicare; (*Zähne*) cavare **II.** *vi sein* (*fam: weglaufen*) scappare

aus|renken *vt* **sich** *dat* **den Arm** ~ slogarsi il braccio

aus|richten I. *vt* **1.**(*in eine Reihe stellen*) allineare **2.**(*übermitteln*) portare; **richten Sie ihm einen Gruß von mir aus** lo saluti da parte mia **3.**(*veranstalten*) allestire **4.**(*erreichen*) raggiungere; (**bei jdm**) **etw** ~ ottenere qc (da qu) **II.** *vr* **sich** ~ (*fig* MIL) allinearsi, schierarsi

aus|rotten *vt* **1.**(*Pflanze*) estirpare; (*Ungeziefer*) sterminare **2.**(*fig: vernichten*) sterminare

aus|rücken *vi sein* **1.**(MIL) mettersi in marcia **2.**(*Feuerwehr, Polizei*) entrare in azione **3.**(*fam: weglaufen*) scappare

Ausruf *m* grido *m,* esclamazione *f*

aus|rufen <irr> *vt* **1.**(*bekannt geben*) annunciare **2.**(*Waren, Zeitungen*) offrire ad alta voce **3.**(*proklamieren*) proclamare

Ausrufezeichen *n,* **Ausrufzeichen** *n* (*A, CH*) punto *m* esclamativo

aus|ruhen I. *vt* riposare **II.** *vr* **sich** (**von etw**) ~ riposarsi (da qc); (*ausspannen*) rilassarsi (da qc)

Ausrüstung *f* **1.**(*Vorgang*) equipaggiamento *m* **2.**(NAUT, MIL) armamento *m*

Aussage <-, -n> *f* **1.**(*Behauptung*) dichiarazione *f;* **nach jds** ~ a detta di qu **2.**(JUR) deposizione *f*

aus|sagen I. *vt* dire; (*Meinung*) dichiarare **II.** *vi* (JUR) deporre

aus|schalten *vt* **1.**(*Licht, Radio*) spegnere **2.**(*fig*) eliminare

Ausschank ['aʊsʃaŋk] <-(e)s, Ausschänke> *m* **1.**(*Ausschenken*) mescita *f* **2.**(*Schanktisch*) banco *m* di mescita

Ausschau *f* **nach jdm/etw ~ halten** cercare qu/qc con gli occhi

aus|scheiden <irr> **I.** *vi sein* **1.**(*aus Firma*) lasciare; **aus einer Partei** ~ ritirarsi da un partito **2.**(SPORT) essere eliminato **3.**(*nicht in Betracht kommen*) essere fuori discussione **II.** *vt haben* **1.**(BIOL) secernere **2.**(*aussondern*) eliminare

aus|schenken *vt* **1.**(*im Lokal*) vendere **2.**(*ausgießen*) versare

ausschildern *vt* munire di segnali (stradali)

aus|schlafen <irr> **I.** *vi, vr* **sich** ~ dormire abbastanza **II.** *vt* **seinen Rausch** ~ smaltire la sbornia

Ausschlag *m* **1.**(MED: *Haut~*) eruzione *f* (cutanea) **2.**(*von Pendel*) oscillazione *f;* **einer Sache** *dat* **den ~ geben** essere decisivo per qc

aus|schlagen <irr> **I.** *vi* **1.** *haben* (*Pferd*) tirare calci **2.** *haben o sein* (*Zeiger*) deviare; (*Pendel*) oscillare **II.** *vt haben* **1.**(*Zahn, Auge*) cavare **2.**(*auskleiden*) **etw mit Stoff** ~ foderare qc **3.**(*fig: ablehnen*) respingere

ausschlaggebend *adj* decisivo, determinante

aus|schließen <irr> *vt* **1.**(*aussperren*) chiudere fuori **2.**(*nicht teilhaben lassen*) **jdn/etw** (**aus etw**) ~ escludere qu/qc (da qc); (*ausstoßen*) scacciare qu/qc (da qc) **3.**(*ausnehmen*) escludere

ausschließlich I. *adj* esclusivo **II.** *adv* solamente **III.** *prp +gen* escluso

Ausschluss[RR] *m* esclusione *f;* **unter ~ der Öffentlichkeit** a porte chiuse

aus|schmücken *vt* **1.**(*dekorieren*) ornare **2.**(*fig: Erzählung*) infiorare

Ausschnitt *m* **1.**(*Teil*) frammento *m;* (*Film~*) sequenza *f;* (*Zeitungs~*) ritaglio *m* **2.**(*Kleider~*) scollatura *f*

aus|schreiben <irr> *vt* **1.**(*Wort, Zahl*) scrivere in (tutte) lettere; (*Namen*) scrivere per intero **2.**(*Rechnung, Wechsel*) emettere **3.**(*Stelle, Amt*) mettere a concorso; (*Wahlen*) indire; (*Wettbewerb*) bandire

Ausschreitungen *fpl* eccessi *mpl* di violenza

Ausschuss[RR] *m* **1.**(*Kommission*) commissione *f;* (*Komitee*) comitato *m;* **~ der Regionen** (EU) comitato delle regioni **2.** *sing* (*minderwertige Ware*) merce *f* di scarto

aus|schütten *vt* **1.** (*Flüssigkeit*) versare; (*verschütten*) rovesciare; **jdm sein Herz** ~ (*fig*) aprire il cuore a qu **2.** (*Gefäß*) vuotare **3.** (*Dividende*) distribuire

Ausschweifung <-, -en> *f* dissolutezza *f*

aus|sehen <irr> *vi* sembrare; **gesund** ~ aver l'aspetto sano; **sie sieht gut aus** è una bella donna; **vergnügt** ~ aver l'aria allegra; **sie sieht aus wie ihre Mutter** (as)somiglia a sua madre; **er sieht jünger aus, als er ist** pare più giovane di quello che è; **es sieht nach Regen aus** pare che voglia piovere; **so siehst du aus!** (*fam iron*) ti piacerebbe!; **wie siehst du denn aus?** (*fam*) come ti sei conciato?

Aussehen <-s> *kein Pl n* **1.** (*äußere Erscheinung*) aspetto *m* **2.** (*Anschein*) apparenza *f*

aussehend[RR] *adj* **gut** ~ bello

aus|sein *s.* **aus II.1., II.2., II.3., II.4., II.5.**

außen ['aʊsən] *adv* (di) fuori, all'esterno; **nach** ~ (**hin**) all'infuori, verso l'esterno; **von** ~ dal di fuori, dall'esterno; **Außendienst** *m* servizio *m* esterno; **Außenhandel** *m* commercio *m* estero; **Außenminister(in)** *m(f)* ministro *m* degli esteri; **Außenministerium** *n* ministero *m* degli esteri; **Außenpolitik** *f* politica *f* estera; **außenpolitisch** *adj* di politica estera; **~e Lage** situazione internazionale; **Außenseite** *f* lato *m* esterno; (*von Haus, a fig*) facciata *f;* **Außenseiter(in)** <-s, -; -, -nen> *m(f)* outsider *m;* **Außenstände** *pl* (COM) crediti *mpl;* **Außenstehende** <ein -r, -n, -n> *mf* estraneo, -a *m, f*

außer ['aʊsɐ] **I.** *prp +dat o rar gen* **1.** (*ausgenommen*) tranne **2.** (*neben*) oltre; (*zusätzlich zu*) in aggiunta a **3.** (*räumlich*) fuori; ~ **Landes** all'estero **4.** (*Wend*) ~ **sich** *dat* **vor Freude sein** essere fuori di sé dalla gioia; ~ **sich** *dat* **vor Zorn sein** essere fuori dai gangheri; ~ **Betrieb** fuori servizio **II.** *konj* ~ **wenn ...** a meno che (non) ... *+conj;* ~ **dass ...** salvo che ... *+conj*

außerdem ['aʊsɐde:m] *adv* inoltre

äußere *s.* **äußere(r, s)**

Äußere ['ɔɪsərə] <ein -s, -n> *kein Pl n* aspetto *m* esteriore

außerehelich *adj* (*Geschlechtsverkehr*) extraconiugale; (*Kind*) illegittimo

äußere(r, s) *adj* **1.** (*von, nach draußen*) esteriore **2.** (*außen befindlich*) esterno **3.** (*auswärtig*) estero

außereuropäisch *adj* extraeuropeo; **außergewöhnlich** ['aʊsɐgə'vø:nlɪç] *adj* insolito; (*außerordentlich*) straordinario

außerhalb ['aʊsɐhalp] **I.** *adv* fuori; ~ **wohnen** abitare fuori città **II.** *prp +gen* (al di) fuori di

außerirdisch *adj* extraterrestre

äußerlich ['ɔɪsɐlɪç] *adj* **1.** (*außen*) esteriore; **nur** ~ **anwenden** (*Aufschrift auf Medikamenten*) per uso esterno **2.** (*oberflächlich*) superficiale; **Äußerlichkeit** <-, -en> *f* esteriorità *f*

äußern ['ɔɪsɐn] **I.** *vt* esprimere **II.** *vr* **sich** ~ **1.** (*sich zeigen*) manifestarsi **2.** (*seine Meinung sagen*) **sich** (**über jdn/etw**) ~ pronunciarsi (su qu/qc)

außerordentlich ['aʊsɐ'ʔɔrdəntlɪç] *adj* straordinario; (*herausragend*) eccezionale; **außerorts** *adv* (*A, CH*) fuori; **außerparlamentarisch** *adj* extraparlamentare; **außerplanmäßig** *adj* fuori programma; (*Professor*) fuori organico

äußerst ['ɔɪsɐst] *adv* estremamente

außerstande [aʊsɐ'ʃtandə] *adv* ~ **sein etw zu tun** non essere in grado di fare qc

äußerste(r, s) *adj Superlativ von* **äußere 1.** (*weit entfernt*) estremo; **am ~n Ende** all'estremità **2.** (*größtmöglich*) massimo

außertariflich *adj* ~ **bezahlt werden** essere pagato non conformemente alle tariffe

außertourlich ['aʊsɐtu:ɐ̯lɪç] *adj* (*A, südd: zusätzlich*) straordinario

Äußerung <-, -en> *f* dichiarazione *f;* (*Bemerkung*) osservazione *f*

aus|setzen **I.** *vi* **1.** (*stocken*) arrestarsi; (MOT) perdere colpi **2.** (*unterbrechen*) **mit etw** ~ cessare qc; (*zeitweise*) sospendere qc **II.** *vt* **1.** (*Kind*) abbandonare **2.** (*preisgeben*) esporre **3.** (*Belohnung*) istituire **4.** (JUR: *Strafe*) sospendere **5.** (*bemängeln*) **etw an jdm** ~ criticare qu per qc

Aussicht *f* **1.** (*Blick*) vista *f* **2.** (*Fernsicht*) panorama *m* **3.** (*fig: Zukunftsmöglichkeit*) prospettiva *f;* **etw in** ~ **haben** avere in vista qc; **gute ~en haben** avere buone probabilità; **jdm etw in** ~ **stellen** fare sperare qc a qu

aussichtslos *adj* (*hoffnungslos*) senza speranza; (*Lage*) disperato; (*ohne Zukunftsmöglichkeit*) senza prospettive; **Aussichtspunkt** *m* belvedere *m;* **aussichtsreich**

adj promettente; **Aussichtsturm** *m* torre *f* panoramica

Aussiedler(in) <-s, -; -, -nen> *m(f)* evacuato, -a *m, f*

aus|söhnen ['aʊszøːnən] **I.** *vr* **sich mit jdm** ~ riconciliarsi con qu **II.** *vt* **jdn mit jdm** ~ conciliare qu con qu

aussondern *vt* scartare

aus|sortieren <ohne ge-> *vt* **1.** (*ausscheiden*) scartare **2.** (*auswählen*) selezionare

aus|sperren *vt* **1.** (*ausschließen*) chiudere fuori **2.** (*Arbeiter*) effettuare la serrata di

aus|spielen I. *vt* **1.** (*Karte*) giocare **2.** (*Pokal*) mettere in palio **3.** (*Erfahrung, Wissen*) far valere **4.** (*aufwiegeln*) **jdn gegen jdn** ~ servirsi di qu contro qu **II.** *vi* (*im Kartenspiel*) avere la mano; **wer spielt aus?** a chi tocca ?

Aussprache *f* **1.** (LING) pronuncia *f* **2.** (*klärendes Gespräch*) spiegazione *f*

aus|sprechen <irr> **I.** *vt* **1.** (*zum Ausdruck bringen*) esprimere; (*äußern*) manifestare **2.** (*lautlich wiedergeben, a Urteil*) pronunciare **II.** *vi* finire di parlare **III.** *vr* **sich** ~ **1.** (*seine Meinung sagen*) esprimersi; **sich für/gegen jdn/etw** ~ dichiararsi a favore di/contro qu/qc **2.** (*sein Herz ausschütten*) sfogarsi; **sich mit jdm** ~ chiarire una divergenza (d'opinioni) con qu

Ausspruch *m* **1.** (*Sinnspruch*) detto *m*, massima *f* **2.** (*Bemerkung*) osservazione *f*

aus|spülen *vt* sciacquare

Ausstand *m* sciopero *m;* **in den** ~ **treten** scendere in sciopero

aus|statten ['aʊsʃtatən] *vt* **1. jdn/etw** (**mit etw**) ~ (*versehen*) fornire qu/qc (di qc); (*ausrüsten*) attrezzare qu/qc (con qc) **2.** (*einrichten*) arredare

Ausstattung <-, -en> *f* **1.** (*Ausrüstung*) equipaggiamento *m;* (*mit Geräten, Werkzeugen*) dotazione *f* **2.** (*Einrichtung*) arredamento *m* **3.** (*von Buch*) veste *f* tipografica

aus|stechen <irr> *vt* **1.** (*Graben*) scavare; (*Rasen, Torf, Teig*) tagliare **2.** (*fig: übertreffen*) superare; (*verdrängen*) soppiantare

aus|stehen <irr> **I.** *vt* sopportare; **jdn nicht** ~ **können** non poter soffrire qu **II.** *vi* mancare; **diese Rechnung steht noch aus** questa fattura non è ancora pagata

aus|steigen <irr> *vi sein* **1.** (*aus Fahrzeug*) (**aus dem Bus/Zug**) ~ scendere (dall'autobus/dal treno) **2.** (*fam*) (**aus etw**) ~ uscire (da qc)

Aussteiger(in) <-s, -; -, -nen> *m(f)* drop-out *mf*

aus|stellen *vt* **1.** (*Waren, Kunstwerke*) esporre **2.** (*Pass, Zeugnis, Quittung*) rilasciare; (*Rechnung, Scheck*) emettere **3.** (*fam: ausschalten*) spegnere

Ausstellung *f* **1.** (*von Waren, Kunstwerken*) esposizione *f*, mostra *f* **2.** (*von Pass*) rilascio *m;* (*von Scheck, Wechsel*) emissione *f*

aus|sterben <irr> *vi sein* (*Art, Familie*) estinguersi; (*Beruf*) scomparire

Aussteuer *f* corredo *m*, dote *f*

Ausstieg <-(e)s, -e> *m* (*aus Kernenergie*) ritiro *m;* (*aus Gesellschaft, Geschäft*) uscita *f*

aus|stoßen <irr> *vt* **1.** (*Rauch, Gas, Schrei*) emettere **2.** (*herstellen*) mandar fuori **3.** (*ausschließen*) espellere

aus|strahlen *vt* **1.** (*Wärme, Licht*) irradiare **2.** (RADIO, TV) mettere in onda **3.** (*fig*) emanare, diffondere

Ausstrahlung *f* **1.** (RADIO, TV) trasmissione *f* **2.** (*fig: eines Menschen*) carisma *m*

aus|streichen <irr> *vt* cancellare

aus|strömen I. *vi sein* (*Gas*) fuoriuscire **II.** *vt haben* emanare

aus|suchen *vt* scegliere

Austausch <-(e)s> *kein Pl m* scambio *m;* (TEC) sostituzione *f;* **austauschbar** *adj* intercambiabile

aus|tauschen *vt* **1.** (*ersetzen*) **etw** (**durch etw**) ~ sostituire qc (con qc) **2.** (*tauschen*) **etw** (**gegen etw**) ~ scambiare qc (per qc)

aus|teilen *vt* distribuire

Auster ['aʊstɐ] <-, -n> *f* ostrica *f*

Austernpilz *m* gelone *m*

aus|toben *vr* **sich** ~ sfogarsi

aus|tragen <irr> *vt* **1.** (*Briefe*) recapitare; (*Zeitungen*) distribuire **2.** (SPORT) disputare; (*Streit*) decidere

Australien [aʊs'traːli̯ən] *n* Australia *f*

Australier(in) [aʊs'traːli̯ɐ] <-s, -; -, -nen> *m(f)* australiano, -a *m, f*

australisch [aʊs'traːlɪʃ] *adj* australiano

aus|treten <irr> **I.** *vi sein* **1.** (*aus Gemeinschaft*) **aus etw** ~ ritirarsi da qc; **aus der Kirche** ~ staccarsi dalla chiesa **2.** (*fam: zur Toilette gehen*) andare in bagno **3.** (*Gas*) fuoriuscire **II.** *vt haben* **1.** (*Feuer, Zigarette*) spegnere con i piedi **2.** (*Schuhe*) allargare (camminando)

A

austrinken <irr> *vi, vt* (finire di) bere
aus|üben *vt* **1.** (*Beruf*) esercitare **2.** (*Macht, Einfluss*) esercitare; (*Wirkung*) avere
Ausverkauf *m* (COM) liquidazione *f*, svendita *f*
ausverkauft *adj* esaurito
Auswahl *f* **1.** *sing* (*Wahl*) scelta *f*; (SPORT) selezione *f* **2.** (*Warenangebot*) assortimento *m*
aus|wählen *vt* scegliere
Auswanderer(in) *m(f)* emigrante *mf*; **aus|wandern** *vi sein* (**nach Frankreich**) ~ emigrare (in Francia); **Auswanderung** *f* emigrazione *f*
auswärtig ['aʊsvɛrtɪç] *adj* **1.** (*nicht am, vom Ort*) esterno **2.** (*an, vom Ausland*) estero; **das Auswärtige Amt** il ministero degli (affari) esteri
auswärts ['aʊsvɛrts] *adv* **1.** (*nicht zu Hause*) fuori (casa) **2.** (*nicht am Ort*) in (un) altro luogo; **von** ~ da fuori **3.** (*nach außen*) in fuori, verso l'esterno; **Auswärtsspiel** *n* (SPORT) partita *f* in trasferta
aus|wechseln *vt* **etw** (**gegen etw**) ~ cambiare qc (con qc); (*ersetzen*) sostituire qc (con qc)
Auswechselspieler(in) *m(f)* riserva *f*
Ausweg *m* via *f* d'uscita, espediente *m*; **ausweglos** *adj* senza via d'uscita; (*Lage*) disperato
aus|weichen <irr> *vi sein* **jdm/etw** ~ schivare qu/qc; **einer Frage** ~ eludere una domanda; **eine ~de Antwort** una risposta evasiva; **auf etw anderes** ~ ripiegare su un'altra cosa
Ausweis ['aʊsvaɪs] <-es, -e> *m* documento *m*; (*Personal~*) carta *f* d'identità
aus|weisen <irr> *vr* **sich** ~ legittimarsi
Ausweiskontrolle *f* controllo *m* passaporti; **Ausweispapiere** *npl* documenti *mpl* di legittimazione
Ausweisung *f* espulsione *f*
aus|weiten **I.** *vt* **1.** (*ausdehnen*) allargare **2.** (*fig: erweitern*) estendere; (*Produktion*) aumentare **II.** *vr* **sich** ~ **1.** (*weiter werden*) allargarsi **2.** (*fig*) svilupparsi; **sich zu etw** ~ trasformarsi in qc
auswendig *adj* ~ **können/lernen** sapere/imparare a memoria
aus|werfen <irr> *vt* **1.** (*Angel, Netz*) gettare; (*Anker*) calare **2.** (*Prämien*) assegnare **3.** (*produzieren*) sfornare
aus|werten *vt* **1.** (*Angaben*) analizzare **2.** (*verwerten*) utilizzare; (COM) sfruttare
aus|wirken *vr* **sich** (**auf etw** *acc*) ~ ripercuotersi (su qc)
Auswirkung *f* conseguenza *f*, effetto *m*
Auswuchs <-es, Auswüchse> *m* **1.** (*Wucherung*) escrescenza *f* **2.** *pl* (*fig*) eccessi *mpl*
auswuchten *vt* (AUTO) equilibrare
aus|zahlen **I.** *vt* **1.** (*Geld*) pagare **2.** (*Arbeiter*) liquidare **II.** *vr* **sich** ~ valere la pena
aus|zählen *vt* **1.** (*Stimmen*) fare lo spoglio di **2.** (SPORT: *Boxer*) dichiarare fuori combattimento
aus|zeichnen **I.** *vt* **1.** (*Waren*) contrassegnare **2.** (*ehren*) onorare **3.** (TYP) porre in evidenza **II.** *vr* **sich** (**durch etw**) ~ distinguersi (per qc)
Auszeichnung *f* **1.** (*von Waren*) contrassegno *m* **2.** (*Ehrung*) onorificenza *f*; (MIL) decorazione *f*; **die Prüfung mit ~ bestehen** passare gli esami con lode
aus|ziehen <irr> **I.** *vt haben* **1.** (CHEM, MED) estrarre; (*Haare*) strappare **2.** (*Tisch*) allungare **3.** (*Kleider*) levarsi **II.** *vi sein* partire; **aus einer Wohnung** ~ lasciare un appartamento **III.** *vr* **sich** ~ spogliarsi
Auszubildende <ein -r, -n, -n> *mf* tirocinante *mf*, apprendista *mf*
Auszug *m* **1.** (CHEM, BOT) estratto *m* **2.** (*Konto~*) estratto *m* **3.** (*Buch~*) passo *m* **4.** (*aus Wohnung*) sgombero *m* **5.** (*Ausmarsch*) partenza *f* **6.** (*CH: Altenteil*) pensione *f*
authentisch [aʊ'tɛntɪʃ] *adj* autentico
Autismus [aʊ'tɪsmʊs] <-> *kein Pl m* (MED) autismo *m*
autistisch *adj* autistico
Auto ['aʊto] <-s, -s> *n* auto *f*, macchina *f*; ~ **fahren** guidare; **Autobahn** *f* autostrada *f*; **Autobahngebühr** <-, -en> *f* pedaggio *m*; **Autobombe** *f* (*sl*) autobomba *f*; **Autofahrer(in)** *m(f)* automobilista *mf*; **Autofahrt** *f* viaggio *m* in automobile; **autofrei** *adj* (*Innenstadt*) chiuso al traffico; (*Tag*) *giornata di divieto di circolazione per autoveicoli*
autogen [aʊto'ge:n] *adj* autogeno
Autogramm [aʊto'gram] <-s, -e> *n* autografo *m*
Autohändler(in) *m(f)* concessionario *m* di automobili; **Autokino** *n* drive-in *m*
Autolenker(in) <-s, -; -, -nen> *m(f)* (*CH*) *s.* **Autofahrer**

Automat [aʊto'maːt] <-en, -en> *m* (*Waren~*) distributore *m* automatico; (*Spiel~*) slotmachine *f;* (*Musik~*) juke-box *m*

Automatik [aʊto'maːtɪk] <-, -en> *f* automatismo *m;* (AUTO) cambio *m* automatico

automatisch [aʊto'maːtɪʃ] *adj* automatico

Automobilist(in) <-s, -en; -, -nen> *m(f)* (*CH*) *s.* **Autofahrer**

autonom [aʊto'noːm] *adj* autonomo

Autonomie [aʊtono'miː] <-> *kein Pl f* autonomia *f*

Autopilot *m* (TEC) autopilota *m*

Autopsie <-, -n> *f* (MED) autopsia *f*

Autor(in) ['aʊtoːɐ̯] <-s, -en; -, -nen> *m(f)* autore, -trice *m, f*

Autoradio *n* autoradio *f;* **Autoreifen** *m* pneumatico *m;* **Autoreisezug** *m* treno *m* "auto al seguito"; **Autorennen** *n* corsa *f* automobilistica

autoritär [aʊtori'tɛːɐ̯] *adj* autoritario

Autorität [aʊtori'tɛːt] <-, -en> *f* autorità *f*

Autoschalter *m sportello* (*di una banca*) *a cui il cliente accede in automobile;* **Autoschlüssel** *m* chiave *f* della macchina; **Autoskooter** <-s, -> *m* (*auf Jährmärkten*) autoscontro *m*

Autotelefon *n* autotelefono *m;* **Autounfall** *m* incidente *m* automobilistico; **Autoverleih** *m* noleggio *m* di autovetture

Avocado [avo'kaːdo] <-, -s> *f* avocado *m*

Axt [akst] <-, Äxte> *f* ascia *f*

AZ, Az. *abk v* **Aktenzeichen** numero di protocollo

Azalee [atsa'leːə] <-, -n> *f* azalea *f*

Azoren [a'tsoːrən] *pl* Azzorre *fpl*

Azubi [a'tsuːbi] <-s, -s> *m* (*fam*) *akr v* **Auszubildende(r)** apprendista *mf*

B

B, b [beː] <-, -(s)> *n* **1.** (*Buchstabe*) B, b *f;* **B wie Berta** B come Bologna **2.** (MUS) si *m* bemolle

Baby ['beːbi] <-s, -s> *n* neonato, -a *m, f;* **babysitten** ['beːbizɪtən] *vi* **bei jdm ~** fare da baby-sitter a qu; **Babysitter(in)** <-s, -; -, -nen> *m(f)* baby-sitter *mf*

Bach [bax] <-(e)s, Bäche> *m* ruscello *m*

Backblech *n* piastra *f* da forno

Backe ['bakə] <-, -n> *f* (*Wange*) guancia *f;* (*Gesäß~*) natica *f*

backen ['bakən] <bäckt *o* backt, backte, gebacken> *vt* cuocere (in forno); (*in der Pfanne*) friggere

Backenbart *m* fedine *fpl;* **Backenzahn** *m* molare *m*

Bäcker(in) ['bɛkɐ] <-s, -; -, -nen> *m(f)* fornaio, -a *m, f*

Bäckerei [bɛkə'raɪ] <-, -en> *f* **1.** (*Bäckerladen*) panetteria *f* **2.** *meist Pl* (*A: Gebäck*) paste *fpl*

Backform *f* stampo *m* per dolci; **Backobst** *n* frutta *f* secca; **Backofen** *m* forno *m;* **Backpulver** *n* polvere *f* lievitante; **Backrohr** *n* (*A: Backofen*) forno *m;* **Backstein** *m* mattone *m*

backt, bäckt [bakt, bɛkt] *3. pers sing pr von* **backen**

backte ['baktə] *1. u 3. pers sing imp von* **backen**

Backup [bɛk'ʔap] <-s, -s> *n* (INFORM) backup *m*

Bad [baːt] <-(e)s, Bäder> *n* **1.** (*das Baden*) bagno *m;* **ein ~ nehmen** fare il bagno **2.** (*~ezimmer*) bagno *m* **3.** (*Schwimm~*) piscina *f*

Badeanzug *m* costume *m* da bagno; **Badehose** *f* calzoncini *mpl* da bagno; **Badekappe** *f* cuffia *f* da bagno; **Bademantel** *m* accappatoio *m;* **Bademeister(in)** *m(f)* bagnino, -a *m, f*

baden ['baːdən] **I.** *vt* fare il bagno a **II.** *vi* farsi il bagno; (*im Freien*) fare il bagno

Baden-Württemberg *n* Baden-Württemberg *m*

Badeort *m* località *f* balneare; **Badetuch** *n* asciugamano *m* da bagno; **Badewanne** *f* vasca *f* da bagno; **Badezimmer** *n* bagno *m;* **Badezusatz** *m* bagnoschiuma *m*

Badminton ['bɛtmɪntən] <-> *kein Pl n* (SPORT) badminton *m*

Bafög ['baːføːk] <-(s)>, **BAFöG** *n akr v* **Bundesausbildungsförderungsgesetz** *legge federale per il sostegno dell'istruzione*

scolastica ed universitaria; ~ **bekommen** (*fam*) *ricevere il presalario*
Bagatelle [baga'tɛlə] <-, -n> *f* bagatella *f*
Bagger ['bagɐ] <-s, -> *m* escavatrice *f*
baggern *vi* scavare
Baggersee *m* laghetto *m* di cava
Baguette [ba'gɛt] <-s, -s> *n* baguette *f*
Bahn [baːn] <-, -en> *f* **1.** (*Weg, a fig*) via *f,* strada *f;* (*Spur*) corsia *f;* (SPORT) pista *f;* **freie ~ haben** avere via libera **2.** (*Eisen~*) ferrovia *f;* **mit der ~ fahren** viaggiare in treno **3.** (ASTR) orbita *f;* (*Flug~*) traiettoria *f* **4.** (*Stoff~*) telo *m;* (*Tapeten~*) lista *f;* **bahnbrechend** *adj* rivoluzionario; **Bahndamm** *m* argine *m* della ferrovia; **Bahnfahrt** *f* viaggio *m* in treno; **Bahnhof** *m* stazione *f;* **Bahnhofshalle** *f* atrio *m* della stazione; **Bahnhofsmission** *f* organizzazione *f* assistenziale operante nelle stazioni; **Bahnlinie** *f* linea *f* ferroviaria; **Bahnsteig** ['baːnʃtaɪk] <-(e)s, -e> *m* marciapiede *m;* **Bahnstrecke** *f* percorso *m* ferroviario; **Bahnübergang** *m* passaggio *m* a livello; **Bahnwärter(in)** *m(f)* cantoniere, -a *m, f*
Bahre ['baːrə] <-, -n> *f* barella *f;* (*Toten~*) bara *f*
Bakterie [bak'teːri̯ə] <-, -n> *f* batterio *m*
Balance [ba'lãːsə] <-, -n> *f* equilibrio *m*
balancieren [balã'siːrən] <ohne ge-> **I.** *vi sein* stare in equilibrio **II.** *vt haben* bilanciare, equilibrare
bald [balt] *adv* **1.** (*in Kürze*) presto; ~ **darauf** poco dopo **2.** (*fam: beinahe*) quasi **3.** (*einmal*) **~ ..., ~ ...** ora ..., ora ...
baldig ['baldɪç] *adj* prossimo
baldigst, **baldmöglichst** ['baldɪkst, 'balt'møːklɪçst] *adv* il più presto possibile
Baldrian ['baldriaːn] <-s, -e> *m* valeriana *f*
Balearen [bale'aːrən] *pl* Baleari *fpl*
Balkan ['balkaːn] *m* **der ~** i Balcani *mpl;* **auf dem ~** nei Balcani
Balken ['balkən] <-s, -> *m* trave *f;* **Balkendiagramm** *n* (INFORM) istogramma *m*
Balkon [bal'kɔŋ] <-s, -s> *m* **1.** (ARCH) balcone *m* **2.** (THEAT, FILM) galleria *f;* **Balkontür** *f* porta *f* finestra
Ball [bal] <-(e)s, Bälle> *m* **1.** (*zum Spielen*) palla *f;* (*Fuß~*) pallone *m;* **~ spielen** giocare a palla; **am ~ bleiben** (*fig fam*) non perdere il treno **2.** (*Tanz*) ballo *m*
Ballast [ba'last] <-(e)s, *rar* -e> *m* zavorra *f;* **~ abwerfen** (*a fig*) gettare la zavorra; **Ballaststoffe** *mpl* (MED) sostanze *fpl* non assimilabili
Ballerina [balə'riːna] <-, Ballerinen> *f* ballerina *f*
Ballett [ba'lɛt] <-(e)s, -e> *n* balletto *m;* **Ballettänzer(in)** *m(f),* **Balletttänzer**[RR]**(in)** *m(f)* ballerino, -a *m, f*
Balljunge *m* raccattapalle *m*
Ballon [ba'lɔŋ] <-s, -s> *m* **1.** (*Luftfahrzeug*) aerostato *m* **2.** (*Luft~*) pallone *m*
Ballspiel *n* gioco *m* a palla
Ballung [ba'lʊŋ] <-, -en> *f* agglomerato *m;* **Ballungsgebiet** *n* agglomerato *m* urbano; **Ballungszentrum** *n* città *f* ad alta concentrazione urbana ed industriale
Balsam ['balzaːm] <-s, -e> *m* (*a fig*) balsamo *m*
Balte ['baltə] <-n, -n> *m* abitante *m* dei paesi baltici
Baltikum ['baltikʊm] <-s> *n* paesi *mpl* baltici
Baltin ['baltɪn] <-, -nen> *f* abitante *f* dei paesi baltici; *s. a.* **Balte**
baltisch *adj* baltico
Bambus ['bambʊs] <-ses, -se> *m* bambù *m;* **Bambusrohr** *n* canna *f* di bambù; **Bambussprossen** *fpl* germogli *mpl* di bambù
Bammel ['baməl] <-s> *kein Pl m* (*fam*) fifa *f*
bamstig *adj* **1.** (*A: holzig*) legnoso **2.** (*A: aufgedunsen*) gonfio
banal [ba'naːl] *adj* banale
Banalität [banali'tɛːt] <-, -en> *f* banalità *f*
Banane [ba'naːnə] <-, -n> *f* banana *f*
Banause [ba'naʊzə] <-n, -n> *m* ignorante *mf*
band [bant] *1. u 3. pers sing imp von* **binden**
Band[1] [bant] <-(e)s, Bänder> *n* **1.** (*aus Stoff*) nastro *m* **2.** (*Fließ~*) catena *f* di montaggio; **am laufenden ~** a catena; (*fig fam*) ininterrottamente **3.** (*Ton~*) nastro *m* (magnetico) **4.** (ANAT: *Gelenk~*) legamento *m* articolare
Band[2] [bant] <-(e)s, -e> *n* (*fig: innere Bindung*) legame *m,* vincolo *m*
Band[3] [bant] <-(e)s, Bände> *m* (*Buch~*) volume *m*
Band[4] [bɛnt] <-, -s> *f* (*Musikgruppe*) band *f*

bandagieren [banda'ʒiːrən] <ohne ge-> *vt* bendare, fasciare

Bandbreite *f* **1.** (RADIO) larghezza *f* di banda **2.** (*fig: von Meinungen*) gamma *f* **3.** (FIN) margine *m* di fluttuazione

Bande ['bandə] <-, -n> *f* **1.** (*fam: Gruppe, Verbrecher~*) banda *f* **2.** (SPORT: *von Stadion*) margine *m;* (*von Eisbahn*) barriera *f;* (*beim Billard*) sponda *f*

bändigen ['bɛndɪɡən] *vt* (*zähmen*) domare; (*fig: Menschen*) frenare; (*Leidenschaft*) contenere

Bandit [ban'diːt] <-en, -en> *m* bandito *m*

Bandmaß *n* metro *m* a nastro; **Bandnudel** *f* tagliatella *f;* **Bandscheibe** *f* (ANAT) disco *m* intervertebrale; **Bandwurm** *m* verme *m* solitario

bang(e) ['baŋ(ə)] <bänger, bängste> *adj* inquieto, ansioso; **davor ist mir nicht ~e** di ciò non ho paura; **mir ist (angst und) ~(e) vor jdm/etw** ho una gran paura di qu/qc

Bange ['baŋə] <-> *kein Pl f* paura *f;* **jdm ~ machen** far paura a qu; **keine ~!** non si preoccupi!

bangen ['baŋən] *vi* (*geh*) **um jdn/etw ~** trepidare per qu/qc

Bank[1] [baŋk] <-, Bänke> *f* **1.** (*Sitz~*) panchina *f;* (*Schul~, Kirchen~*) banco *m;* **durch die ~** tutti; **etw auf die lange ~ schieben** rimandare qc alle calende greche **2.** (*Nebel~, Sand~*) banco *m*

Bank[2] [baŋk] <-, -en> *f* (FIN) banca *f*

Bankanweisung *f* assegno *m* bancario; **Bankautomat** *m* bancomat *m*

Banker ['bɛŋkɐ] <-s, -> *m* (FIN) banchiere *m*

Bankett [baŋ'kɛt] <-(e)s, -e> *n* banchetto *m*

Bankier [baŋ'ki̯eː] <-s, -s> *m* banchiere *m*

Bankkonto *n* conto *m* bancario; **Bankleitzahl** *f* coordinate *fpl* bancarie; **Banknote** *f* banconota *f*

Bankomat [baŋko'maːt] <-s, -en> *m* bancomat *m*

Bankraub *m* rapina *f* a una banca; **Bankräuber(in)** *m(f)* rapinatore, -trice *m, f* di (una) banca

bankrott [baŋ'krɔt] *adj* fallito; **Bankrott** [bank'rɔt] <-(e)s, -e> *m* bancarotta *f;* **~ machen** (*a fig*) fare fallimento

Bankschalter *m* sportello *m* di banca; **Bankschließfach** *n* cassetta *f* di sicurezza; **Bankverbindung** *f* collegamento *m* bancario

Bann [ban] <-(e)s, -e> *m* **1.** (HIST) bando *m;* (REL) scomunica *f* **2.** (*fig geh: Zauber*) incantesimo *m*

bannen ['banən] *vt* **1.** (*Geister, Teufel*) esorcizzare; (*fig: Gefahr*) allontanare **2.** (*geh: fesseln*) inchiodare; (**wie**) **gebannt auf etw** *acc* **starren** guardare fisso qc

Banner ['banɐ] <-s, -> *n* **1.** (*Fahne*) bandiera *f* **2.** (INFORM) banner *m*

bar [baːɐ̯] *adj* **1.** (FIN) contante; **etw (in) ~ bezahlen** pagare qc in contanti; **etw für ~e Münze nehmen** prendere qc per oro colato **2.** (*geh: rein*) puro

Bar [baːɐ̯] <-, -s> *f* bar *m;* (*Nachtlokal*) night(-club) *m*

Bär(in) [bɛːɐ] <-en, -en; -, -nen> *m(f)* orso, -a *m, f*

Baracke [ba'rakə] <-, -n> *f* baracca *f*

Barbar(in) [bar'baːɐ̯] <-en, -en; -, -nen> *m(f)* barbaro, -a *m, f*

barbarisch *adj* barbaro

Barbestand *m* fondo *m* cassa

Bardame *f* barmaid *f*

Bärenhunger *m* (*fam*) fame *f* da lupo

barfuß ['baːɐ̯fuːs] *adv* a piedi nudi

barg [bark] *1. u 3. pers sing imp von* **bergen**

Bargeld *n* denaro *m* contante; **bargeldlos** *adj* con assegno; **Bargeldumstellung** *f* (FIN, EU) sostituzione *f* fiduciaria

bärig ['bɛːrɪç] *adj* (*A, bes Tirol: fam: toll*) fantastico

Barkauf *m* acquisto *m* in contanti

Barkeeper ['baːɐ̯kiːpɐ] <-s, -> *m,* **Barmann** *m* barista *m*

barmherzig [barm'hɛrtsɪç] *adj* misericordioso; **Barmherzigkeit** <-> *kein Pl f* misericordia *f*

barock [ba'rɔk] *adj* barocco; **Barock** <-s> *kein Pl n o m* barocco *m*

Barometer [baro'meːtɐ] <-s, -> *n* barometro *m*

Baron(in) [ba'roːn] <-s, -e; -, -nen> *m(f)* barone, -essa *m, f*

Barren ['barən] <-s, -> *m* **1.** (*Metall~*) lingotto *m* **2.** (SPORT) parallele *fpl*

Barriere [ba'ri̯eːrə] <-, -n> *f* barriera *f*

Barrikade [bari'kaːdə] <-, -n> *f* barricata

f; **auf die ~n gehen** (*fig*) insorgere
barsch [barʃ] *adj* sgarbato; (*Ablehnung, Befehl*) brusco
Barsch [baːɐ̯ʃ] <-(e)s, -e> *m* pesce *m* persico
Barscheck *m* assegno *m* ordinario
barst [barst] *1. u 3. pers sing imp von* **bersten**
Bart [baːɐ̯t] <-(e)s, Bärte> *m* **1.** (*von Mensch, Tier*) barba *f;* **sich** *dat* **einen ~ wachsen lassen** farsi crescere la barba **2.** (*Schlüssel~*) ingegno *m*
bärtig ['bɛːɐtɪç] *adj* barbuto
Bartwisch <-s, -e> *m* (*A: Handbesen*) scopetta *f*
Barzahlung *f* pagamento *m* in contanti
Basar [ba'zaːɐ̯] <-s, -e> *m* bazar *m*
Base ['baːzə] <-, -n> *f* **1.** (*südd: Cousine*) cugina *f* **2.** (*CH: Tante*) zia *f* **3.** (CHEM, MAT) base *f*
Baseball ['beɪsbɔːl] <-s> *kein Pl m* baseball *m*
Basel ['baːzəl] *n* Basilea *f*
Basen *pl von* **Base, Basis**
basieren [ba'ziːrən] <ohne ge-> *vi* **auf etw** *dat* **~** basarsi su qc
Basilika [ba'ziːlika] <-, Basiliken> *f* basilica *f*
Basilikum [ba'ziːlikʊm] <-s> *kein Pl n* basilico *m*
Basis ['baːzɪs] <-, Basen> *f* base *f*
Baske ['baskə] <-n, -n> *m* basco *m*
Baskenland *n* paesi *mpl* baschi; **Baskenmütze** *f* basco *m*
Basketball *m* pallacanestro *f*
Baskin ['baskɪn] <-, -nen> *f* basca *f; s. a.* **Baske**
baskisch ['baskɪʃ] *adj* basco
Bass[RR] [bas] <Basses, Bässe> *m,* **Baß** <Basses, Bässe> *m* (MUS) basso *m*
Bassin [ba'sɛ̃ː] <-s, -s> *n* **1.** (GEOL, GEOG) bacino *m* **2.** (*Schwimmbecken*) piscina *f*
Bast [bast] <-(e)s, -e> *m* rafia *f*
basteln ['bastəln] **I.** *vi* fare lavori manuali per passatempo **II.** *vt* fare
Bastler(in) ['bastlɐ] <-s, -; -, -nen> *m(f)* *chi fa lavoretti manuali per passatempo*
bat [baːt] *1. u 3. pers sing imp von* **bitten**
Bataillon [batal'joːn] <-s, -e> *n* (MIL) battaglione *m*
Batik ['baːtɪk] <-, -en> *f* batik *m*
Batist [ba'tɪst] <-(e)s, -e> *m* batista *f*
Batterie [batə'riː] <-, -n> *f* batteria *f*
Bau[1] [baʊ] <-(e)s> *kein Pl m* **1.** (*Bauen*) costruzione *f* **2.** (*Aufbau*) struttura *f* **3.** (*Körper~*) corporatura *f* **4.** (*fam: Baustelle*) cantiere *m*
Bau[2] <-(e)s, -ten> *m* (*Gebäude*) edificio *m*
Bau[3] <-(e)s, -e> *m* (ZOO) tana *f*
Bauarbeiter(in) *m(f)* lavoratore, -trice *m, f* edile
Bauch [baʊx] <-(e)s, Bäuche> *m* **1.** (ANAT) pancia *f* **2.** (*Schiffs~*) scafo *m;* **Bauchfell** *n* (ANAT) peritoneo *m;* **Bauchlandung** *f* (AERO) atterraggio *m* senza carrello; (*im Schwimmbad*) panciata *f fam;* **Bauchnabel** *m* (ANAT) ombelico *m;* **Bauchredner(in)** *m(f)* ventriloquo, -a *m, f;* **Bauchschmerzen** *mpl* mal *m* di pancia; **Bauchspeicheldrüse** *f* (ANAT) pancreas *m;* **Bauchweh** *n* mal *m* di pancia
Baud [baʊt] <-(s), -> *n* (INFORM) baud *m*
bauen ['baʊən] **I.** *vt* costruire; (*Auto, Maschine, Flugzeug*) fabbricare; (*Nest*) fare **II.** *vi* **auf jdn ~** (*fig*) contare su qu
Bauer[1] ['baʊɐ] <-n, -n> *m* **1.** (*Landmann*) contadino *m;* (*Landwirt*) agricoltore *m* **2.** (*fig pej: Rüpel*) villano *m* **3.** (*Schach*) pedone *m*
Bauer[2] <-s, -> *n o m* (*Käfig*) gabbia *f* (per uccelli)
Bäuerin ['bɔɪərɪn] <-, -nen> *f* contadina *f*
bäuerlich ['bɔɪɐlɪç] *adj* campagnolo
Bauernbrot *n* pane *m* casareccio; **Bauernfängerei** [baʊɐfɛŋə'raɪ] <-> *kein Pl f* (*fam*) gabbamento *m;* **Bauernhaus** *n,* **Bauernhof** *m* fattoria *f;* **Bauernmöbel** *npl* mobili *mpl* rustici; **Bauernregel** *f* almanacco *m* campestre
baufällig *adj* cadente, pericolante; **Baufirma** *f* ditta *f* appaltatrice; **Baugelände** *n* terreno *m* fabbricabile; **Baugenehmigung** *f* licenza *f* edilizia; **Baugesellschaft** *f* società *f* immobiliare; **Baugewerbe** *n* edilizia *f;* **Bauherr(in)** *m(f)* committente *mf* della costruzione; **Bauindustrie** <-> *kein Pl f* industria *f* edile; **Bauingenieur(in)** *m(f)* ingegnere *m* civile; **Baukasten** *m* gioco *m* delle costruzioni; **baulich** *adj* architettonico
Baum [baʊm] <-(e)s, Bäume> *m* albero *m*
Baumarkt *m* negozio *m* per il fai da te
baumeln ['baʊməln] *vi* penzolare
BaumnussRR *f* (*CH: Walnuss*) noce *f;*

B

Baumschule *f* vivaio *m* di piante arboree; **Baumstamm** *m* tronco *m;* **Baumsterben** <-s> *kein Pl n* moria *f* (di piante); **Baumstumpf** *m* ceppo *m*

Baumwolle *f* cotone *m*

Bauplan *m* progetto *m* di costruzione; **Bauplatz** *m* terreno *m* fabbricabile; (*nach Beginn der Arbeiten*) cantiere *m* edile; **bau|sparen** *vi* risparmiare sulla base di un contratto immobiliare; **Bausparkasse** *f* cassa *f* di risparmio per la costruzione edilizia; **Bausparvertrag** *m* contratto *m* di risparmio immobiliare; **Baustein** *m* **1.** (ARCH) pietra *f* da costruzione **2.** (*fig*) elemento *m* costitutivo **3.** (INFORM) **elektronischer ~** componente *m* elettronico; **Baustelle** *f* cantiere *m;* **Bauteil** *n* (*Teil zum Bauen*) pezzo *m* prefabbricato; (*Teil einer Maschine*) componente *m* per macchine

Bauten *pl von* **Bau**[2]

Bauunternehmer(in) *m(f)* imprenditore, -trice *m, f* edile; **Bauweise** *f* sistema *m* costruttivo; **Bauwerk** *n* edificio *m,* costruzione *f*

Bayer(in) ['baɪɐ] <-n, -n; -, -nen> *m(f)* bavarese *mf*

bay(e)risch ['baɪ(ə)rɪʃ] *adj* bavarese

Bayern ['baɪɐn] *n* Baviera *f*

bayrisch *s.* **bay(e)risch**

Bazillus [ba'tsɪlʊs] <-, Bazillen> *m* bacillo *m*

beabsichtigen [bə'ʔapzɪçtɪgən] <ohne ge-> *vt* avere (l')intenzione; **ich beabsichtige zu verreisen** ho intenzione di partire

beachten <ohne ge-> *vt* **1.** (*berücksichtigen*) tener conto di **2.** (*Regel, Vorschrift*) osservare; **etw nicht ~** ignorare qc; **beachtenswert** *adj* notevole

beachtlich *adj* considerevole

Beachtung <-> *kein Pl f* **1.** (*Aufmerksamkeit*) attenzione *f;* **jdm/etw ~ schenken** prestare attenzione a qu/qc **2.** (*von Regel, Vorschrift*) osservanza *f*

Beamte [bə'ʔamtə] <ein -r, -n, -n> *m* funzionario *m,* impiegato *m* statale

Beamtenverhältnis *n* **im ~ sein** essere di ruolo

beamtet *adj* impiegato

Beamtin [bə'ʔamtɪn] <-, -nen> *f* funzionaria *f,* impiegata *f* statale; *s. a.* **Beamte**

beanspruchen [bə'ʔanʃprʊxən] <ohne ge-> *vt* **1.** (*Recht, Gebiet*) rivendicare **2.** (*Zeit, Geld*) richiedere; (*Platz*) occupare **3.** (*Material, Stoff, Maschine*) usare; (*Menschen*) impegnare; (*Nerven*) logorare; **sein Beruf beansprucht ihn ganz** la sua professione lo assorbe completamente

beanstanden <ohne ge-> *vt* criticare, biasimare

beantragen <ohne ge-> *vt* chiedere

beantworten [bə'ʔantvɔrtən] <ohne ge-> *vt* rispondere a

bearbeiten <ohne ge-> *vt* **1.** (*arbeiten an*) lavorare a; (*ausarbeiten*) elaborare; (*überarbeiten*) rielaborare; (THEAT, FILM, RADIO, TV) adattare **2.** (AGR) coltivare **3.** (*sich befassen mit*) occuparsi di; (*Fall*) trattare; (*Akte, Antrag, Bestellung*) sbrigare **4.** (*fig fam: zu überreden suchen*) cercare di convincere

Bearbeiten <-s, -> *n* (*Computer*) (comando *m*) modifica

Beat [bi:t] <-(s)> *kein Pl m* musica *f* beat

Beatmung *f* respirazione *f* artificiale

beaufsichtigen [bə'ʔaʊfzɪçtɪgən] <ohne ge-> *vt* sorvegliare

beauftragen <ohne ge-> *vt* **jdn (mit etw) ~** (*Auftrag erteilen*) incaricare qu (di qc); (*anweisen*) delegare (qc) a qu

beben ['be:bən] *vi* tremare; **Beben** ['be:bən] <-s, -> *n* terremoto *m*

bebildern <ohne ge-> *vt* illustrare

Becher ['bɛçɐ] <-s, -> *m* tazza *f;* (*Plastik~*) bicchiere *m*

Becken ['bɛkən] <-s, -> *n* **1.** (*Wasch~*) lavandino *m* **2.** (*Schwimm~*) piscina *f* **3.** (GEOG, ANAT) bacino *m* **4.** (MUS) piatti *mpl*

bedächtig [bə'dɛçtɪç] **I.** *adj* (*besonnen*) riflessivo; (*gesetzt*) posato; (*vorsichtig*) prudente **II.** *adv* con cautela

bedanken <ohne ge-> *vr* **sich bei jdm für etw ~** ringraziare qu di [*o* per] qc

Bedarf [bə'darf] <-(e)s> *kein Pl m* fabbisogno *m;* **bei ~** in caso di bisogno; **~ haben an +*dat*** avere bisogno di; **Bedarfsfall** *m* **im ~** in caso di bisogno; **Bedarfsgüter** *npl* beni *mpl* di consumo; **Bedarfshaltestelle** *f* fermata *f* facoltativa

bedauerlich [bə'daʊɐlɪç] *adj* deplorevole; **bedauerlicherweise** [bə'daʊɐlɪçɐ'vaɪzə] *adv* purtroppo

bedauern [bə'daʊɐn] <ohne ge-> *vt* **1.** (*Sache*) dispiacersi per; **(ich) bedauere** spiacente! **2.** (*Menschen*) compatire; **Bedauern** <-s> *kein Pl n* dispiacere *m;* **zu**

meinem (großen) ~ con mio (grande) rincrescimento; **bedauernswert** *adj* (*Mensch*) che desta compassione; (*Lage, Zustand*) pietoso

bedecken <ohne ge-> *vt* **etw (mit etw) ~** coprire qc (di qc)

bedeckt *adj* (*Himmel*) coperto

Bedeckung *f* (*A: form: finanzielle Deckung*) copertura *f* finanziaria

bedenken <irr, ohne ge-> *vt* **1.** (*erwägen*) riflettere su **2.** (*beachten*) tener conto di; **etw zu ~ geben** far considerare qc; **wenn man bedenkt, dass …** e dire che …

Bedenken <-s, -> *n* **1.** *sing* (*Erwägung*) riflessione *f* **2.** *meist Pl* (*Zweifel*) dubbi *mpl;* (*Skrupel*) scrupoli *mpl;* **ohne ~** senza esitazione

bedenklich *adj* (*Besorgnis erregend*) inquietante; (*ernst*) serio

Bedenkzeit *f* tempo *m* per riflettere

bedeuten <ohne ge-> *vt* **1.** (*besagen*) significare **2.** (*wichtig sein*) **etw ~** essere importante; **bedeutend** *adj* **1.** (*wichtig*) importante **2.** (*beträchtlich*) notevole

Bedeutung *f* **1.** (*Sinn*) significato *m* **2.** *sing* (*Wichtigkeit*) importanza *f;* **bedeutungslos** *adj* insignificante; **Bedeutungslosigkeit** <-> *kein Pl f* irrilevanza *f*

bedienen <ohne ge-> **I.** *vt* servire; (*Maschine*) manovrare **II.** *vr* **sich (einer Sache** *gen*) **~** (*geh*) servirsi (di qc)

bedienerfreundlich *adj* facile da usare

Bedienung <-, -en> *f* **1.** *sing* (*Tätigkeit*) servizio *m;* (TEC) manovra *f* **2.** (*Kellnerin*) cameriera *f;* (*A: Putzfrau*) donna *f* delle pulizie; **Bedienungsanleitung** *f* istruzioni *fpl* per l'uso

bedingen [bə'dɪŋən] <ohne ge-> *vt* **1.** (*voraussetzen*) presupporre **2.** (*verursachen*) causare; **~ durch** dovuto a; **bedingt** *adj* **1.** (*beschränkt*) condizionato; (*Zusage, Annahme*) con riserva **2.** (*A:* JUR: *mit Bewährung*) condizionale

Bedingung <-, -en> *f* **1.** (*Voraussetzung*) condizione *f;* **unter der ~, dass …** a condizione che *+conj* **2.** (*Erfordernis*) esigenza *f* **3.** *pl* (*Verhältnisse*) condizioni *fpl;* **bedingungslos** *adj* incondizionato; (*Gehorsam*) assoluto

bedrängen <ohne ge-> *vt* **1.** (*Gegner*) incalzare **2.** (*belästigen*) assillare

bedrohen <ohne ge-> *vt* minacciare

bedrohlich *adj* minaccioso

bedrücken <ohne ge-> *vt* opprimere

Bedürfnis <-ses, -se> *n* bisogno *m;* **~ nach etw haben** aver bisogno di qc

bedürftig *adj* bisognoso

Beefsteak *n* bistecca *f*

beeidigen [bə'ʔaɪdɪgən] <ohne ge-> *vt* (*A: form: unter Eid nehmen*) far giurare; **gerichtlich beeidigt** giurato

beeilen <ohne ge-> *vr* **sich ~ (etw zu tun)** affrettarsi (a fare qc)

beeindrucken <ohne ge-> *vt* impressionare

beeinflussen [bə'ʔaɪnflʊsən] <ohne ge-> *vt* influenzare

beeinträchtigen [bə'ʔaɪntrɛçtɪgən] <ohne ge-> *vt* pregiudicare, nuocere a

beenden <ohne ge-> *vt* **1.** (*zu Ende bringen*) terminare, finire **2.** (*vollenden*) compiere

Beenden <-s, -> *n* (*Computer*) (comando *m*) esci

beerdigen [bə'ʔeːɐ̯dɪgən] <ohne ge-> *vt* seppellire

Beerdigung <-, -en> *f* sepoltura *f;* (*feierliche Handlung*) funerali *mpl*

Beere ['beːrə] <-, -n> *f* bacca *f;* (*Wein~*) acino *m* (dell'uva)

Beet [beːt] <-(e)s, -e> *n* aiuola *f;* (*Rabatte*) bordura *f* (di aiuola)

Beete <-, -n> *f* **Rote ~** barbabietola *f* rossa

Befähigung <-, -en> *f* (*Eignung*) attitudine *f;* (*Qualifikation*) qualifica *f*

befahl [bə'faːl] *1. u 3. pers sing imp von* **befehlen**

befahrbar *adj* carrozzabile

befahren[1] <irr, ohne ge-> *vt* percorrere; (NAUT) navigare in

befahren[2] *adj* battuto; **stark ~e Straße** strada *f* molto transitata

befallen <irr, ohne ge-> *vt* **1.** (*Ungeziefer*) infestare **2.** (*Krankheit*) colpire **3.** (*Furcht*) cogliere

befassen <ohne ge-> *vr* **sich ~ 1.** (*sich beschäftigen*) **sich mit jdm/etw ~** occuparsi di qu/qc **2.** (*handeln von*) **sich mit etw ~** trattare di qc

Befehl [bə'feːl] <-(e)s, -e> *m* ordine *m;* (*Führung*) comando *m;* (INFORM) comando *m;* **auf ~** per ordine

befehlen <befiehlt, befahl, befohlen> **I.** *vt* **jdm etw ~** ordinare qc a qu; **jdm ~ etw**

B

zu tun dare (l')ordine a qu di fare qc **II.** *vi* (**über jdn/etw**) ~ avere il comando (di qu/qc)

Befehlsform *f* imperativo *m;* **Befehlshaber** [bəˈfeːlshaːbɐ] <-s, -> *m* comandante *m;* **Befehlsverweigerung** *f* rifiuto *m* di obbedienza; **Befehlszeile** *f* (INFORM) riga *f* di comando

befestigen [bəˈfɛstɪgən] <ohne ge-> *vt* **1.** (*festmachen*) **etw** (**an etw** *dat*) ~ fissare qc (a qc) **2.** (MIL) fortificare

Befestigung <-, -en> *f* **1.** (*Festmachen*) fissaggio *m* **2.** (MIL) fortificazione *f*

befiehlt [bəˈfiːlt] *3. pers sing pr von* **befehlen**

befinden <irr, ohne ge-> **I.** *vr* **sich** ~ trovarsi **II.** *vt* (*geh: erachten*) giudicare

Befinden <-s> *kein Pl n* **1.** (*Gesundheitszustand*) (stato *m* di) salute *f* **2.** (*geh: Meinung*) parere *m*

befohlen [bəˈfoːlən] *pp von* **befehlen**

befolgen <ohne ge-> *vt* seguire

befördern <ohne ge-> *vt* **1.** (*transportieren*) trasportare **2.** (*beruflich*) promuovere; **zum Direktor befördert werden** essere promosso direttore

Beförderung *f* **1.** (*Transport*) trasporto *m;* (*von Post, Waren, Gepäck*) spedizione *f* **2.** (*beruflich*) promozione *f;* **Beförderungsmittel** *n* mezzo *m* di trasporto

befragen <ohne ge-> *vt* (*Menschen*) interrogare; (*Wörterbuch*) consultare

befreien <ohne ge-> **I.** *vt* **1.** (*frei machen*) liberare **2.** (*freistellen*) **jdn von etw** ~ esentare qu da qc **II.** *vr* **sich** (**von jdm/etw**) ~ liberarsi (di qu/qc)

Befreiung <-, -en> *f* **1.** (*von Menschen, a fig*) liberazione *f* **2.** (*Freistellung*) esenzione *f* **3.** (*Erleichterung*) sollievo *m*

befreunden [bəˈfrɔɪndən] <ohne ge-> *vr* **sich** (**mit jdm**) ~ fare amicizia (con qu); **befreundet** *adj* amico

befriedigen [bəˈfriːdɪgən] <ohne ge-> **I.** *vt* soddisfare **II.** *vr* **sich** (**selbst**) ~ masturbarsi; **befriedigend** *adj* **1.** (*zufriedenstellend*) soddisfacente **2.** (*Schulnote*) *sette*

Befriedigung <-> *kein Pl f* soddisfazione *f*

befristet *adj* a termine

befruchten <ohne ge-> *vt* fecondare

befugt [bəˈfuːkt] *adj* (**zu etw**) ~ **sein** essere autorizzato (a fare qc)

Befund *m* (MED) referto *m;* **ohne** ~ risultato negativo

befürchten <ohne ge-> *vt* temere

Befürchtung <-, -en> *f* timore *m;* **die ~ haben, dass ...** temere che *+conj*

befürworten [bəˈfyːɐvɔrtən] <ohne ge-> *vt* approvare

Befürworter(in) <-s, -; -, -nen> *m(f)* sostenitore, -trice *m, f*

begabt [bəˈgaːpt] *adj* (**für etw**) ~ **sein** essere dotato (per qc)

Begabung [bəˈgaːbʊŋ] <-, -en> *f* talento *m*

begann [bəˈgan] *1. u 3. pers sing imp von* **beginnen**

begeben <irr, ohne ge-> *vr* **sich** ~ (*geh*) **1.** (*gehen, fahren*) recarsi; **sich nach Sizilien/Palermo** recarsi in Sicilia/a Palermo **2.** (*sich ereignen*) accadere

Begebenheit <-, -en> *f* evento *m*

begegnen [bəˈgeːgnən] <ohne ge-> **I.** *vi sein* **1.** (*treffen*) **jdm/etw** ~ incontrare qu/qc **2.** (*fig: entgegentreten*) **einer Gefahr** ~ affrontare un pericolo **II.** *vr sein* **sich** [*o* **einander**] ~ incontrarsi

Begegnung <-, -en> *f* incontro *m*

begehen <irr, ohne ge-> *vt* **1.** (*Weg*) percorrere **2.** (*Fehler, Verbrechen*) commettere; **Selbstmord** ~ suicidarsi **3.** (*geh: feiern*) celebrare

begehren [bəˈgeːrən] <ohne ge-> *vt* (*geh*) desiderare; **begehrt** *adj* richiesto

begeistern [bəˈgaɪstɐn] <ohne ge-> **I.** *vt* **jdn** (**für etw**) ~ entusiasmare qu (per qc) **II.** *vr* **sich** (**für etw**) ~ entusiasmarsi (per qc); **begeistert** *adj* entusiasta

Begeisterung <-> *kein Pl f* entusiasmo *m*

begierig *adj* (*Blicke, Mensch*) voglioso; (*Leser, Zuhörer*) avido

Beginn [bəˈgɪn] <-(e)s> *kein Pl m* inizio *m;* **zu** ~ all'inizio

beginnen <beginnt, begann, begonnen> *vt, vi* cominciare; **es beginnt zu regnen** comincia a piovere

beglaubigen [bəˈglaʊbɪgən] <ohne ge-> *vt* (*Dokument*) autenticare; (*Unterschrift*) vidimare

begleichen <irr, ohne ge-> *vt* (*geh*) saldare

begleiten <ohne ge-> *vt* accompagnare

Begleiter(in) <-s, -; -, -nen> *m(f)* accompagnatore, -trice *m, f*

Begleiterscheinung *f* fenomeno *m* concomitante; **Begleitperson** *f* accompagnatore, -trice *m, f*

Begleitung <-, -en> *f* **1.** (*allg,* MUS) accompagnamento *m;* **in ~** *gen* in compagnia di **2.** (*Gefolge*) scorta *f*

beglückwünschen <ohne ge-> *vt* **jdn** (**zu etw**) **~** felicitarsi con qu (per qc)

begnadigen [bə'gna:dɪgən] <ohne ge-> *vt* graziare

Begnadigung <-, -en> *f* grazia *f;* (*Straferlass*) condono *m*

begnügen [bə'gny:gən] <ohne ge-> *vr* **sich** (**mit etw**) **~** (ac)contentarsi (di qc)

Begonie [be'go:ni̯ə] <-, -n> *f* begonia *f*

begonnen [bə'gɔnən] *pp von* **beginnen**

begraben <irr, ohne ge-> *vt* **1.** (*beerdigen*) seppellire **2.** (*fig: Hoffnung*) abbandonare; (*Streit*) dimenticare

Begräbnis [bə'grɛ:pnɪs] <-ses, -se> *n* sepoltura *f;* (*~feier*) funerale *m*

begradigen [bə'gra:dɪgən] <ohne ge-> *vt* rettificare

begreifen <irr, ohne ge-> *vt, vi* capire; **begreiflich** *adj* comprensibile

begrenzt *adj* limitato

Begriff *m* **1.** (*Ausdruck*) concetto *m* **2.** (*Vorstellung*) idea *f;* **sich** *dat* **einen** (**falschen**) **~ von etw machen** farsi un'idea (sbagliata) di qc; **schwer von ~ sein** (*fam*) essere duro di comprendonio **3.** (*Wend*) **im ~ sein etw zu tun** stare per fare qc

begründen <ohne ge-> *vt* motivare; **begründet** *adj* motivato; (*berechtigt*) giustificato

Begründung *f* spiegazione *f;* **mit der ~, dass …** adducendo come motivo che …

begrüßen <ohne ge-> *vt* **1.** (*Gast*) salutare **2.** (*gutheißen*) approvare; **begrüßenswert** *adj* auspicato

Begrüßung <-, -en> *f* saluto *m*

begünstigen [bə'gʏnstɪgən] <ohne ge-> *vt* **1.** (*gut sein für*) favorire **2.** (*fördern*) promuovere

begutachten <ohne ge-> *vt* fare una perizia di

behaart [bə'ha:ɐ̯t] *adj* peloso

behäbig [bə'hɛ:bɪç] *adj* **1.** (*beleibt*) corpulento; (*schwerfällig*) lento **2.** (*CH: wohlhabend*) benestante **3.** (*CH: stattlich*) considerevole

behagen [bə'ha:gən] <ohne ge-> *vi* garbare; **Behagen** <-s> *kein Pl n* agio *m*

behaglich [bə'ha:klɪç] *adj* accogliente; **sich ~ fühlen** sentirsi a proprio agio; **Behaglichkeit** <-> *kein Pl f* comodità *f*

behalten <irr, ohne ge-> *vt* **1.** (*nicht weggeben*) tenere; (*nicht wegwerfen*) serbare; (*Stellung, Namen, Nationalität*) mantenere; **etw für sich ~** (*nicht weitersagen*) tenere qc per sé **2.** (*Wert, Farbe*) conservare; (*Ruhe*) mantenere; **die Nerven ~** tenere a freno i nervi **3.** (*im Gedächtnis*) tenere a mente

Behälter [bə'hɛltɐ] <-s, -> *m* contenitore *m;* (*für Flüssigkeiten*) recipiente *m*

behandeln <ohne ge-> *vt* **1.** (*Menschen, Thema, Material*) trattare **2.** (*Kranken, Wunde*) curare

Behandlung *f* **1.** (*von Mensch, Thema, Material*) trattamento *m* **2.** (MED) cura *f*

beharren [bə'harən] <ohne ge-> *vi* **auf etw** *dat* **~** persistere in qc; **auf einer Meinung ~** insistere in un'opinione

beharrlich *adj* (*Mensch*) perseverante; (*Fragen, Arbeiten*) insistente; (*Liebe, Glauben*) ostinato; **Beharrlichkeit** <-> *kein Pl f* perseveranza *f*

behaupten [bə'haʊptən] <ohne ge-> **I.** *vt* **1.** (*die Behauptung aufstellen*) affermare **2.** (*erfolgreich verteidigen*) mantenere; (*Recht*) difendere **II.** *vr* **sich ~** affermarsi

Behauptung <-, -en> *f* affermazione *f*

Behausung [bə'haʊzʊŋ] <-, -en> *f* abitazione *f;* **ärmliche ~** tugurio *m*

beheben <irr, ohne ge-> *vt* **1.** (*beseitigen*) eliminare; (*Schaden*) riparare **2.** (*A: vom Konto*) prelevare

beheizen <ohne ge-> *vt* riscaldare

Behelf [bə'hɛlf] <-(e)s, -e> *m* espediente *m,* ripiego *m*

behelfen <irr, ohne ge-> *vr* **sich mit etw ~** arrangiarsi con qc

Behelfs- (*in Zusammensetzungen*) provvisorio; **behelfsmäßig** *adj* provvisorio

beherbergen [bə'hɛrbɛrgən] <ohne ge-> *vt* alloggiare

beherrschen <ohne ge-> **I.** *vt* **1.** (POL) dominare **2.** (*in der Gewalt haben*) controllare **3.** (*Kunst, Sprache*) padroneggiare **II.** *vr* **sich ~** dominarsi; **beherrscht** *adj* controllato; **Beherrschtheit** <-> *kein Pl f* autocontrollo *m*

Beherrschung <-> *kein Pl f* (*Selbst~*) autocontrollo *m;* **die ~ verlieren** perdere il controllo di sé stesso

B

beherzigen [bəˈhɛrtsɪɡən] <ohne ge-> *vt* prendere a cuore; (*Rat*) seguire

behilflich [bəˈhɪlflɪç] *adj* **jdm** (**bei etw**) ~ **sein** aiutare qu (in qc)

behindern <ohne ge-> *vt* ostacolare; (*Verkehr*) bloccare; (*Sicht*) impedire; **Behinderte** <ein -r, -n, -n> *mf* invalido, -a *m, f;* **behindertengerecht** *adj* accessibile agli handiccapati

Behinderung <-, -en> *f* **1.** (*Erschwerung*) impedimento *m;* (*von Verkehr*) intralcio *m* **2.** (*körperliche ~, geistige ~*) handicap *m*

Behörde [bəˈhøːɐdə] <-, -n> *f* autorità *f*

behördlich [bəˈhøːɐtlɪç] *adj* ufficiale

behüten <ohne ge-> *vt* **jdn** (**vor etw** *dat*) ~ proteggere qu (da qc)

behutsam [bəˈhuːtzaːm] *adj* cauto

bei [baɪ] *prp +dat* **1.** (*räumlich*) presso, vicino a; ~ **Paris** nei pressi di Parigi; **~m Bäcker** dal panettiere; ~ **Dante** in Dante; ~ **jdm** (**in der Wohnung**) presso qu; **etw** ~ **sich** *dat* **haben** avere qc con sé; **ich dachte** ~ **mir** pensavo fra me e me **2.** (*zeitlich*) a, al momento di; ~ **meiner Ankunft** al mio arrivo; ~ **meinem Besuch** durante la mia visita; **~m Lesen** leggendo; **~m Mittagessen** a pranzo; ~ **Tag/Nacht** di giorno/notte **3.** (*trotz*) malgrado; **~m besten Willen** con tutta la buona volontà **4.** (*mit*) ~ **gutem/schlechtem Wetter** col bel/brutto tempo **5.** (*kausal*) ~ **deiner Erkältung** raffreddato come sei

bei|behalten <irr, ohne ge-> *vt* mantenere, conservare

bei|bringen <irr> *vt* **1.** (*Unterlagen*) presentare; (*Zeugen*) produrre **2.** (*zufügen*) (**jdm**) **etw** ~ infliggere qc (a qu) **3.** (*lehren*) **jdm etw** ~ insegnare qc a qu

Beichte [ˈbaɪçtə] <-, -n> *f* confessione *f*

beichten **I.** *vt* confessare **II.** *vi* confessarsi

Beichtgeheimnis *n* segreto *m* confessionale; **Beichtstuhl** *m* confessionale *m;* **Beichtvater** *m* confessore *m*

beide [ˈbaɪdə] *adj o pron indef* tutti e due, entrambi; **wir** ~ noi due; **meine ~n Brüder** i miei due fratelli; **einer von ~n** uno dei due; **beidemal** *adv* tutt'e due le volte; **beiderlei** [ˈbaɪdɐˈlaɪ] <inv> *adj* di entrambe le specie; ~ **Geschlechts** di ambo i sessi; **beiderseitig** [ˈbaɪdɐzaɪtɪç] *adj* bilaterale; (*gegenseitig*) reciproco; **beiderseits** [ˈbaɪdɐzaɪts] *adv* da ambedue le parti; (*gegenseitig*) reciprocamente

beidseits *adv* (*CH*) *s.* **beiderseits**

beieinander [baɪʔaɪˈnandɐ] *adv* (*zusammen*) insieme; (*nebeneinander*) l'uno vicino all'altro

Beifahrer(**in**) *m(f)* (*im Auto*) passeggero, -a *m, f* (accanto al conducente); (*in LKW, bei Autorennen*) secondo, -a autista *m, f;* (*auf Motorrad*) compagno, -a *m, f;* **Beifahrerairbag** *m* (AUTO) airbag *m* passeggero; **Beifahrersitz** *m* (*in Auto*) sedile *m* del compagno di guida; (*auf Motorrad*) side-car *m*

Beifall <-(e)s> *kein Pl m* **1.** (*durch Klatschen*) applauso *m;* ~ **klatschen** applaudire **2.** (*Zustimmung*) approvazione *f*

bei|fügen *vt* aggiungere; (*Unterlagen*) allegare

beige [beːʃ] <inv> *adj* beige

Beigeschmack <-(e)s> *kein Pl m* retrogusto *m*

Beihilfe *f* **1.** (*finanzielle Unterstützung*) sussidio *m* **2.** *sing* (JUR) complicità *f;* ~ **zum Mord** concorso in omicidio

Beil [baɪl] <-(e)s, -e> *n* scure *f*

Beilage *f* **1.** (*zur Zeitung, Zeitschrift*) supplemento *m* **2.** (GASTR) contorno *m* **3.** (*A: Anlage*) allegato *m*

beiläufig [ˈbaɪlɔɪfɪç] **I.** *adj* casuale **II.** *adv* per inciso

bei|legen *vt* **1.** (*beifügen*) allegare **2.** (*beimessen*) attribuire **3.** (*Streit*) comporre

beileibe [baɪˈlaɪbə] *adv* ~ **nicht!** niente affatto!

Beileid *n* condoglianze *fpl;* (**mein**) **herzliches ~!** (*a iron*) le (mie) più sincere condoglianze!

beiliegend *adj* allegato

beim [baɪm] = **bei dem** *s.* **bei**

bei|messen <irr> *vt* attribuire

Bein [baɪn] <-(e)s, -e> *n* gamba *f;* (*von Tier*) zampa *f;* **jdm wieder auf die ~e helfen** aiutare qu ad alzarsi; **jdm ein ~ stellen** (*a fig*) fare lo sgambetto a qu; **sich** *dat* **die ~e vertreten** sgranchirsi le gambe; **die ~e in die Hand nehmen** (*fam*) darsela a gambe; **wieder auf den ~en sein** (*fig*) essere ristabilito; **etw auf die ~e stellen** (*fig*) mettere in piedi qc; **auf eigenen ~en stehen** (*fig*) essere indipendente

beinahe [ˈbaɪnaːə] *adv* quasi; **ich wäre ~ gefallen** è mancato poco che cadessi

Beinbruch *m* frattura *f* della gamba; **das ist**

doch kein ~! (*fig fam*) non è poi la morte!; **Hals- und ~!** (*fam*) in bocca al lupo!

beinhalten [bə'ʔɪnhaltən] <ohne ge-> *vt* comprendere

bei|pflichten *vi* **jdm ~** essere d'accordo con qu; **einem Vorschlag ~** acconsentire a una proposta

Beiried <-(e)s, -e> *n* (*A:* GASTR) lombata *f* di manzo

beisammen [baɪ'zamən] *adv* insieme; **Beisammensein** *n* riunione *f*

Beischlaf *m* (*geh*) coito *m*

Beisein *n* **im ~ von** in presenza di

beiseite [baɪ'zaɪtə] *adv* da parte; **~ legen** mettere da parte; **etw ~ schaffen** far sparire qc; **jdn ~ schaffen** togliere di mezzo qu; **Spaß ~!** bando agli scherzi!

Beisel <-s, -n> *n* (*A, südd: Kneipe*) locale *m*

bei|setzen *vt* (*geh*) seppellire

Beisetzung <-, -en> *f* (*geh*) sepoltura *f*

Beispiel <-s, -e> *n* esempio *m;* **zum ~** per esempio; **mit gutem ~ vorangehen** dare il buon esempio; **sich** *dat* **an jdm ein ~ nehmen** prendere esempio da qu; **beispielhaft** *adj* esemplare; **beispiellos** *adj* senza precendenti; (*unvergleichlich*) inaudito; **beispielsweise** *adv* per esempio

beißen ['baɪsən] <beißt, biss, gebissen> **I.** *vi* **1.** (*mit Zähnen*) mordere; **in etw** *acc* **~** dare un morso a qc **2.** (*brennen*) bruciare; **der Rauch beißt in den Augen** il fumo brucia gli occhi **II.** *vt* morsicare **III.** *vr* **sich ~** (*fam: Farben*) stonare; **beißend** *adj* **1.** (*Geruch*) mordente **2.** (*fig: Hohn, Spott*) mordace

Beißzange *f* tenaglie *fpl*

Beistand *m* **1.** *sing* (*geh: Hilfe*) aiuto *m,* assistenza *f;* **jdm ~ leisten** soccorrere qu **2.** (JUR: *Rechts~*) consulente *mf* legale

bei|stehen <irr> *vi* **jdm ~** assistere qu

bei|steuern *vt* **etw** (**zu etw**) **~** contribuire (a qc) con qc

Beistrich <-(e)s, -e> *m* (*A: Komma*) virgola *f*

Beitrag ['baɪtraːk] <-(e)s, Beiträge> *m* **1.** (*Anteil*) contributo *m;* **einen ~ zu etw leisten** contribuire a qc **2.** (*Mitglieds~*) quota *f* **3.** (*Artikel*) articolo *m*

bei|tragen <irr> *vi, vt* **etw** (**zu etw**) **~** contribuire (a qc) con qc

bei|treten <irr> *vi sein* **etw** *dat* **~** aderire a qc

Beitritt *m* adesione *f*

Beiwagen *m* side-car *m*

Beiz [baɪts] <-, -en> *f* (*A, CH, südd*) osteria *f*

Beize ['baɪtsə] <-, -n> *f* **1.** (*Holz~*) verniciatura *f* **2.** (GASTR) salsa *f* marinata

beizeiten [baɪ'tsaɪtən] *adv* **1.** (*früh*) di buon'ora **2.** (*rechtzeitig*) a tempo (debito)

bejahen [bə'jaːən] <ohne ge-> *vt* rispondere affermativamente a; (*gutheißen*) approvare

bekämpfen <ohne ge-> *vt* combattere; (*Missstände*) lottare contro

Bekämpfung <-> *kein Pl f* lotta *f*

bekannt [bə'kant] *adj* noto; (*berühmt*) famoso; **~ geben** comunicare; **~ machen** rendere noto; **jdn mit jdm ~ machen** presentare qu a qu; **mit jdm ~ sein** conoscere qu; **das ist mir nicht ~** non lo so; **allgemein ~ sein** (*Sache*) essere risaputo; **Bekannte** <ein -r, -n, -n> *mf* conoscente *mf*

Bekanntgabe *f* notificazione *f;* **bekannt|geben** *vt s.* **bekannt**

bekanntlich *adv* com'è noto

bekannt|machen *vt s.* **bekannt**; **Bekanntmachung** <-, -en> *f* avviso *m;* **Bekanntschaft** <-, -en> *f* conoscenza *f;* **jds ~ machen** fare la conoscenza di qu

bekehren <ohne ge-> *vt* **jdn** (**zu etw**) **~** (REL) convertire qu (a qc); (*fig*) convincere qu (a fare qc)

bekennen <irr, ohne ge-> **I.** *vt* (*gestehen*) confessare; (*zugeben*) ammettere **II.** *vr* **sich zu etw ~** professare qc; **sich zu jdm ~** stare dalla parte di qu; **sich schuldig ~** riconoscersi colpevole

Bekennerbrief *m* lettera *f* di rivendicazione

Bekenntnis [bə'kɛntnɪs] <-ses, -se> *n* **1.** (*Religion*) confessione *f* **2.** (*Schuld~*) ammissione *f* (di una colpa)

beklagen <ohne ge-> **I.** *vt* deplorare **II.** *vr* **sich** (**bei jdm**) **über etw** *acc* **~** lamentarsi (con qu) di qc

beklagenswert *adj* (*Mensch*) commiserevole; (*Los, Zustand*) deplorevole

bekleiden <ohne ge-> *vt* **1.** (*mit Kleidung*) vestire **2.** (*geh: ein Amt*) ricoprire

Bekleidung *f* abbigliamento *m*

beklemmend *adj* angosciante

beklommen [bə'klɔmən] *adj* angosciato

bekommen <irr> **I.** *vt haben* **1.** (*erhalten*) ricevere; (*durch Bemühung*) ottenere; **ich habe es geschenkt** ~ l'ho avuto in regalo; **Schläge** ~ essere picchiato **2.** (*finden: Mann, Stellung*) trovare **3.** (*erreichen: Zug, Bus*) riuscire a prendere **4.** (*Krankheit*) contrarre; **einen Schnupfen** ~ prender(si) un raffreddore; **er bekommt Fieber** gli viene la febbre **5.** (*Wend*) **Zähne** ~ mettere i denti; **graue Haare** ~ diventar grigio di capelli; **ein Kind** ~ essere incinta **II.** *vi sein* **jdm gut/schlecht** ~ far bene/male a qu; **das bekommt mir nicht** questo non mi fa bene

bekömmlich [bəˈkœmlɪç] *adj* digeribile

bekräftigen <ohne ge-> *vt* confermare

bekreuzigen <ohne ge-> *vr* **sich** ~ farsi il segno della croce

bekümmern <ohne ge-> *vt* (*besorgt machen*) preoccupare; (*traurig machen*) rattristare

bekunden [bəˈkʊndən] <ohne ge-> *vt* **1.** (*geh: zeigen*) manifestare **2.** (*bezeugen*) dichiarare

belächeln <ohne ge-> *vt* deridere

beladen <irr> *vt* **etw** (**mit etw**) ~ caricare qc (di qc)

Belag [bəˈlaːk] <-(e)s, Beläge> *m* **1.** (*Schicht*) strato *m;* (*Zahn~, Zungen~*) patina *f* **2.** (GASTR: *auf Brot*) companatico *m* **3.** (MOT: *Brems~*) guarnizione *f*

Belagerung *f* (MIL) assedio *m;* **Belagerungszustand** *m* (MIL) stato *m* d'assedio

Belang [bəˈlaŋ] <-(e)s, -e> *m* **1.** *sing* (*Bedeutung*) importanza *f;* **von** ~ importante; **ohne** ~ senza importanza **2.** *pl* (*Angelegenheiten*) interessi *mpl*

belangen <ohne ge-> *vt* **gerichtlich** ~ (JUR) citare in giudizio

belanglos *adj* irrilevante

belassen <irr> *vt* lasciare; **es dabei** ~ lasciar perdere

Belastbarkeit <-> *kein Pl f* **1.** (*von Brücke, Fahrzeug*) portata *f* **2.** (*von Mensch*) capacità *f* lavorativa; (*nervlich*) resistenza *f* nervosa

belasten <ohne ge-> *vt* **1.** (*mit Gewicht*) **etw** (**mit etw**) ~ caricare qc (di qc) **2.** (*fig: bedrücken*) opprimere; (*nervlich*) logorare **3.** (*Umwelt*) inquinare **4.** (JUR: *Angeklagten*) incriminare **5.** (FIN: *Konto*) addebitare; (*mit Hypothek*) ipotecare

belästigen [bəˈlɛstɪgən] <ohne ge-> *vt* importunare; (*stören*) disturbare

Belastung [bəˈlastʊŋ] <-, -en> *f* **1.** (*von Menschen*) carico *m;* (*nervlich, körperlich*) logorio *m;* (*durch Verantwortung*) peso *m* **2.** (*von Kreislauf, Organ*) carico *m* **3.** (*von Umwelt*) inquinamento *m* **4.** (JUR) incriminazione *f* **5.** (FIN: *von Konto*) addebito *m;* (*mit Hypothek*) onere *m;* **Belastungsprobe** *f* prova *f* di carico; **Belastungszeuge** *m,* **Belastungszeugin** *f* (JUR) testimone *mf* a carico

belaufen <irr> *vr* **sich** ~ **auf** +*acc* ammontare a

belauschen <ohne ge-> *vt* origliare

beleben <ohne ge-> *vt* animare; (*fig*) ravvivare; **jdn wieder** ~ rianimare qu; **belebt** *adj* movimentato

Beleg [bəˈleːk] <-(e)s, -e> *m* **1.** (*Quittung*) ricevuta *f* **2.** (*Beweis*) prova *f*

belegen <ohne ge-> *vt* **1.** (*mit Belag versehen*) **etw mit etw** ~ rivestire qc di qc; **ein Brötchen mit Schinken** ~ imbottire un panino di prosciutto **2.** (*Platz*) riservare; **einen Kurs** ~ iscriversi a un corso **3.** (*beweisen*) dimostrare **4.** (SPORT) **den zweiten Platz** ~ piazzarsi secondo

Belegschaft <-, -en> *f* personale *m* (dipendente)

belegt *adj* **1.** (*Platz*) occupato; (*Hotel*) (al) completo; (TEL) occupato **2.** (*Stimme*) velato; (*Zunge*) patinoso **3.** (*Brot*) imbottito

belehren <ohne ge-> *vt* **1.** (*unterweisen*) istruire **2.** (*aufklären*) **jdn über etw** *acc* ~ informare qu di qc

beleidigen [bəˈlaɪdɪgən] <ohne ge-> *vt* offendere; **beleidigt** *adj* offeso; **gleich** ~ **sein** offendersi per niente

Beleidigung <-, -en> *f* offesa *f*

belesen *adj* erudito, colto

Beleuchtung <-, -en> *f* illuminazione *f*

Belgien [ˈbɛlgi̯ən] *n* Belgio *m;* **in** ~ nel Belgio

Belgier(in) [ˈbɛlgi̯ɐ] <-s, -; -, -nen> *m(f)* belga *mf*

belgisch *adj* belga

Belgrad [ˈbɛlgraːt] *n* Belgrado *f*

belichten <ohne ge-> *vt* (FOTO) esporre (alla luce)

Belichtung *f* (FOTO) esposizione *f;* **Belichtungsmesser** *m* (FOTO) esposimetro *m*

Belieben <-s> *kein Pl n* **nach** ~ a piacere, a volontà

beliebig *adj* qualsiasi; **jeder ~e** chiunque sia; **zu jeder ~en Zeit** a qualsiasi ora

beliebt *adj* (*Person*) amato; (*Sache*) richiesto; **sich bei jdm ~ machen** farsi benvolere da qu; **Beliebtheit** <-> *kein Pl f* popolarità *f*

beliefern <ohne ge-> *vt* **jdn** (**mit etw**) ~ fornire (qc) a qu

bellen ['bɛlən] *vi* abbaiare

belohnen <ohne ge-> *vt* **jdn** (**für etw**) ~ ricompensare qu (per qc)

Belohnung <-, -en> *f* ricompensa *f*

belügen <irr> *vt* mentire a

belustigen [bə'lʊstɪgən] <ohne ge-> *vt* divertire

bemächtigen [bə'mɛçtɪgən] <ohne ge-> *vr* (*geh*) **sich einer Sache** *gen* ~ impossessarsi di qc

bemalen <ohne ge-> *vt* dipingere

bemängeln [bə'mɛŋəln] <ohne ge-> *vt* **etw** (**an** [*o* **bei**] **jdm**) ~ criticare qc (in qu)

bemannt [bə'mant] *adj* (*Raumschiff*) dotato di equipaggio

bemerkbar *adj* percettibile; **sich ~ machen** farsi notare

bemerken <ohne ge-> *vt* **1.** (*wahrnehmen*) notare, accorgersi di **2.** (*äußern*) dire; **bemerkenswert** *adj* notevole

Bemerkung <-, -en> *f* osservazione *f*

bemitleiden [bə'mɪtlaɪdən] <ohne ge-> *vt* compatire

bemühen [bə'my:ən] <ohne ge-> *vr* **sich** (**um etw**) ~ impegnarsi (per qc); **sich ~ etw zu tun** sforzarsi di fare qc; **~ Sie sich nicht!** non s'incomodi!

Bemühung <-, -en> *f* sforzo *m*

benachbart [bə'naxba:ɐ̯t] *adj* vicino (di casa); (*Land*) confinante

benachrichtigen [bə'na:xrɪçtɪgən] <ohne ge-> *vt* **jdn** (**von etw**) ~ informare qu (di qc)

benachteiligen [bə'na:xtaɪlɪgən] <ohne ge-> *vt* svantaggiare

Benefizkonzert [bene'fi:tskɔn'tsɛrt] *n* concerto *m* di beneficenza

benehmen <irr> *vr* **sich ~** comportarsi; **sich höflich jdm gegenüber ~** essere gentile con qu; **Benehmen** <-s> *kein Pl n* comportamento *m;* (*Manieren*) buone maniere *fpl;* **er hat kein ~** è maleducato

beneiden [bə'naɪdən] <ohne ge-> *vt* **jdn um etw ~** invidiare qu per qc; **beneidenswert** *adj* invidiabile

Beneluxstaaten *mpl* paesi *mpl* del Benelux

benennen <irr> *vt* denominare

Bengel ['bɛŋəl] <-s, -> *m* (*fam*) monello *m*

benommen [bə'nɔmən] *adj* stordito

benoten <ohne ge-> *vt* dare un voto a

benötigen [bə'nø:tɪgən] <ohne ge-> *vt* aver bisogno di

benutzen, benützen <ohne ge-> *vt* usare; (*Gebrauch machen von*) servirsi di; (*Fahrzeug*) prendere

Benutzer(in) <-s, -; -, -nen> *m(f)* utente *mf;* **benutzerfreundlich** *adj* facile da usare; **Benutzeroberfläche** *f* (INFORM) desktop *m*

Benutzung <-, -en> *f* uso *m*

Benzin [bɛn'tsi:n] <-s, -e> *n* benzina *f;* **Benzinkanister** *m* tanica *f* di riserva; **Benzintank** *m* serbatoio *m* della benzina; **Benzinuhr** *f* indicatore *m* di livello (del carburante); **Benzinverbrauch** *m* consumo *m* di benzina

beobachten [bə'ʔo:baxtən] <ohne ge-> *vt* **1.** (*betrachten*) osservare; (*überwachen*) sorvegliare **2.** (*bemerken*) notare

Beobachter(in) <-s, -; -, -nen> *m(f)* osservatore, -trice *m, f*

Beobachtung <-, -en> *f* **1.** (*das Beobachten*) osservazione *f;* (*polizeilich*) sorveglianza *f;* **unter ~** (MED) sotto osservazione; **unter ~ stehen** essere sorvegliato **2.** (*Feststellung*) constatazione *f*

bepacken <ohne ge-> *vt* **jdn/etw** (**mit etw**) ~ caricare qu/qc (di qc)

bepflanzen <ohne ge-> *vt* **ein Beet mit etw ~** piantare un'aiuola a qc

bequem [bə'kve:m] *adj* **1.** (*Möbel*) comodo; **machen Sie es sich ~!** si accomodi! **2.** (*pej: Person*) pigro

Bequemlichkeit <-, -en> *f* **1.** (*Komfort*) comodità *f* **2.** *sing* (*Trägheit*) pigrizia *f*

beraten <irr, ohne ge-> **I.** *vt* **1.** (*Rat geben*) consigliare; **jdn gut/schlecht ~** dare buoni/cattivi consigli a qu **2.** (*besprechen*) discutere **II.** *vr* **sich** (**über etw** *acc*) ~ discutere (su qc)

Berater(in) <-s, -; -, -nen> *m(f)* consigliere, -a *m, f*

Beratung <-, -en> *f* consultazione *f;* (*Besprechung*) deliberazione *f;* **ärztliche ~** consulto *m* medico; **Beratungsstelle** *f* ufficio *m* di consulenza

berauben <ohne ge-> *vt* derubare

berechenbar [bə'rɛçənbaːɐ̯] *adj* (*Kosten*) calcolabile; (*Verhalten*) prevedibile

berechnen <ohne ge-> *vt* calcolare; **jdm etw ~** mettere in conto qc a qu; **berechnend** *adj* (*pej*) calcolatore

Berechnung *f* (*a pej*) calcolo *m;* **aus ~** per calcolo

berechtigen [bə'rɛçtɪgən] <ohne ge-> *vt* autorizzare; **berechtigt** *adj* legittimo; **~ sein zu** essere autorizzato a

Berechtigung <-, -en> *f* **1.** (*Befugnis*) autorizzazione *f* **2.** (*Rechtmäßigkeit*) fondatezza *f*

bereden <ohne ge-> *vt* parlare di

Bereich [bə'raɪç] <-(e)s, -e> *m* **1.** (*Gebiet*) regione *f,* zona *f;* **im ~ des Möglichen liegen** rientrare nell'ambito delle possibilità **2.** (*Sachgebiet*) campo *m* **3.** (*Aufgaben~*) ambito *m*

bereichern [bə'raɪçɐn] <ohne ge-> **I.** *vt* arricchire **II.** *vr* **sich ~** arricchirsi

Bereifung <-, -en> *f* (MOT) pneumatici *mpl*

bereinigen <ohne ge-> *vt* sistemare

bereisen <ohne ge-> *vt* **ein Land ~** viaggiare in un paese

bereit [bə'raɪt] *adj* **1.** (*fertig*) **zu etw ~ sein** essere pronto a qc **2.** (*gewillt*) disposto; **sich ~ erklären etw zu tun** dichiararsi disposto a fare qc

bereiten <ohne ge-> *vt* **1.** (*vor-, zubereiten*) preparare **2.** (*verursachen*) causare, procurare; **jdm Kummer ~** affliggere qu

bereit|halten <irr> *vt* tener pronto; **bereit|legen** *vt* preparare; **bereit|machen** *vt* preparare

bereits [bə'raɪts] *adv* già

Bereitschaft <-> *kein Pl f* disposizione *f;* **in ~** in allarme; **Bereitschaftsarzt** *m* medico *m* di turno; **Bereitschaftsdienst** *m* **ärztlicher ~** turno *m* medico

bereit|stehen <irr> *vi* essere pronto; **bereit|stellen** *vt* (**jdm**) **etw ~** mettere qc a disposizione (di qu); **bereitwillig** *adj* premuroso; **Bereitwilligkeit** <-> *kein Pl f* premura *f*

bereuen [bə'rɔɪən] <ohne ge-> *vt* pentirsi di

Berg [bɛrk] <-(e)s, -e> *m* **1.** (*Erhebung*) monte *m;* **in die ~e fahren** andare in montagna; **~e versetzen** (s)muovere le montagne; **über dem ~ sein** (*fig*) aver superato il peggio; **er ist über alle ~e** (*fam*) è già lontano un miglio **2.** (*Menge*) montagna *f;* **bergab** [bɛrk'ʔap] *adv* in discesa; **es geht mit ihm ~** (*geschäftlich*) i suoi affari vanno male; (*gesundheitlich*) la sua salute peggiora; **Bergarbeiter** *m* minatore *m;* **bergauf** [bɛrk'ʔaʊf] *adv* in salita; **es geht mit ihm ~** (*geschäftlich*) i suoi affari vanno bene; (*gesundheitlich*) è in via di guarigione; **Bergbahn** *f* funicolare *f;* **Bergbau** *m* industria *f* mineraria

bergen ['bɛrgən] <birgt, barg, geborgen> *vt* **1.** (*retten*) ricuperare **2.** (*fig: enthalten*) racchiudere

Bergführer(in) *m(f)* guida *f* alpina; **Berggipfel** *m* cima *f*

bergig *adj* montuoso

Bergkamm *m* cresta *f* di una montagna; **Bergkette** *f* catena *f* di montagne; **Bergrutsch** *m* frana *f;* **Bergschuh** *m* scarpone *m* da montagna; **Bergsteigen** <-s> *kein Pl n* alpinismo *m;* **Bergsteiger(in)** *m(f)* alpinista *mf*

Bergung ['bɛrgʊŋ] <-, -en> *f* salvataggio *m*

Bergwacht ['bɛrkvaxt] <-, -en> *f* servizio *m* di soccorso alpino; **Bergwerk** *n* miniera *f*

Bericht [bə'rɪçt] <-(e)s, -e> *m* rapporto *m;* (*längerer*) relazione *f;* (TV, RADIO) cronaca *f;* **~ über etw** *acc* **erstatten** stendere un rapporto su qc

berichten <ohne ge-> **I.** *vt* riferire; (*erzählen*) raccontare **II.** *vi* **von etw** [*o* **über etw** *acc*] **~** riferire qc

Berichterstatter(in) [bə'rɪçtʔɛɐ̯ʃtatɐ] <-s, -; -, -nen> *m(f)* corrispondente *mf;* **Berichterstattung** *f* (*in Zeitung*) corrispondenza *f;* (RADIO) radiocronaca *f;* (TV) telecronaca *f;* (*Bericht*) resoconto *m*

berichtigen [bə'rɪçtɪgən] <ohne ge-> *vt* correggere

Berlin [bɛr'liːn] *n* Berlino *f*

> I **Berliner Filmfestspiele** (Festival del Cinema di Berlino), detti anche "Berlinale", si svolgono a partire dal 1951. Grandi successi vi ottennero fra gli altri Ingmar Bergman, Roman Polanski, François Truffaut, Jean-Luc Godard e Claude Chabrol. Durante il Festival vengono proiettati film in concorso e fuo-

ri concorso. Hanno inoltre luogo il Festival del Cinema per i bambini e il Forum del cinema giovane internazionale. Nel programma della "Berlinale" ci sono anche retrospettive e commemorazioni oltre a spazi informativi sul mercato cinematografico europeo e sul nuovo cinema tedesco. A Berlino vengono attribuiti l'Orso d'oro e d'argento e, dal 1986, la "Berlinale Kamera".

Berliner(in) *m(f)* berlinese *mf*
berlinerisch *adj* berlinese
Bermudas [bɛrˈmuːdas] *pl* **1.** (*Inselgruppe*) Bermuda *fpl;* **auf den ~** alle Bermuda **2.** (*Kleidung*) bermuda *mpl*
Bern [bɛrn] *n* (*Stadt*) Berna *f;* (*Kanton*) Berna *m*
Bernhardiner [bɛrnharˈdiːnɐ] <-s, -> *m* cane *m* (di) san Bernardo
Bernstein *m* ambra *f* (gialla)
bersten [ˈbɛrstən] <birst, barst, geborsten> *vi sein* spaccarsi; (*zerplatzen*) scoppiare
berüchtigt [bəˈrʏçtɪçt] *adj* famigerato
berücksichtigen [bəˈrʏkzɪçtɪgən] <ohne ge-> *vt* prendere in considerazione
Berücksichtigung <-> *kein Pl f* considerazione *f;* **unter ~ von** tenendo conto di
Beruf [bəˈruːf] <-(e)s, -e> *m* professione *f;* (*Gewerbe*) mestiere *m;* **von ~ Lehrer sein** fare l'insegnante di professione
berufen[1] <irr, ohne ge-> **I.** *vt* (*ernennen*) **jdn zu etw ~** nominare qu qc **II.** *vr* **sich auf jdn/etw ~** richiamarsi a qu/qc
berufen[2] *adj* competente; **aus ~em Munde** da fonte autorevole; **sich zu etw ~ fühlen** sentire la vocazione per qc
beruflich *adj* professionale; **er ist ~ viel unterwegs** è molto in giro per lavoro
Berufsausbildung *f* formazione *f* professionale; **Berufsberater(in)** *m(f)* orientatore, -trice *m, f* professionale; **Berufsberatung** *f* orientamento *m* professionale; **Berufserfahrung** *f* esperienza *f* professionale; **Berufsgeheimnis** *n* segreto *m* professionale; **Berufskrankheit** *f* malattia *f* professionale; **Berufsleben** *n* vita *f* professionale; **Berufsrisiko** *n* rischio *m* professionale; **Berufsschule** *f* scuola *f* d'avviamento professionale; **Berufssoldat** *m* soldato *m* di carriera; **Berufssportler(in)** *m(f)* (SPORT) professionista *mf;* **berufstätig** *adj* attivo; **~ sein** esercitare una professione; **Berufstätige** <ein -r, -n, -n> *mf* lavoratore, -trice *m, f;* **Berufsverkehr** *m* traffico *m* (delle ore) di punta
Berufung [bəˈruːfʊŋ] <-, -en> *f* **1.** (*innere*) vocazione *f* **2.** (*Ernennung*) designazione *f* **3.** (JUR) appello *m;* **~ einlegen** ricorrere in appello
beruhen <ohne ge-> *vi* **auf etw** *dat* **~** basarsi su qc; **auf einem Irrtum ~** nascere da un errore; **etw auf sich ~ lassen** lasciare perdere qc
beruhigen [bəˈruːɪgən] <ohne ge-> **I.** *vt* calmare; (*besorgten Menschen*) rassicurare **II.** *vr* **sich ~** calmarsi; (*Sturm*) placarsi; (*Lage*) normalizzarsi; **beruhigend** *adj* (*Mittel*) calmante; (*Worte*) rassicurante
Beruhigung <-> *kein Pl f* (*von besorgtem Menschen*) conforto *m;* (*von Nerven*) rilassamento *m;* (*von Lärm, Verkehr*) acquietamento *m;* **zu Ihrer ~ kann ich Ihnen sagen ...** per tranquillizzarLa posso dirLe ...; **Beruhigungsmittel** *n* tranquillante *m*
berühmt [bəˈryːmt] *adj* famoso; **Berühmtheit** <-, -en> *f* celebrità *f;* **~ erlangen** diventar celebre
berühren <ohne ge-> *vt* **1.** (*anfassen*) toccare **2.** (*kurz erwähnen*) accennare a **3.** (*bewegen*) commuovere
Berührung <-, -en> *f* contatto *m;* **mit etw in ~ kommen** entrare in relazione con qc; **Berührungsangst** *f* (PSYCH) pselafobia *f;* **Berührungspunkt** *m* punto *m* di contatto
besagt *adj* suddetto
besänftigen [bəˈzɛnftɪgən] <ohne ge-> *vt* calmare
Besatzung *f* **1.** (MIL: *Truppen*) truppe *fpl* d'occupazione **2.** (NAUT, AERO) equipaggio *m;* **Besatzungsmacht** *f* (MIL) potenza *f* occupante
beschädigen <ohne ge-> *vt* danneggiare
Beschädigung <-, -en> *f* **1.** (*Vorgang*) danneggiamento *m* **2.** (*Stelle*) danno *m*
beschaffen[1] <ohne ge-> *vt* procurare
beschaffen[2] *adj* **gut/schlecht ~** in buone/cattive condizioni; **so ~, dass ...** tale da +*inf*
Beschaffenheit <-> *kein Pl f* (*Zustand*) stato *m;* (*Art*) natura *f;* (*Zusammensetzung*) composizione *f*
beschäftigen [bəˈʃɛftɪgən] <ohne ge-> **I.** *vt* **1.** (*einstellen*) impiegare **2.** (*mit Aufga-*

B

be) **jdn** (**mit etw**) ~ occupare qu (con qc); (*fig: geistig*) impegnare qu (con qc); (**viel**) **beschäftigt** (molto) occupato **II.** *vr* **sich** (**mit jdm/etw**) ~ occuparsi (di qu/qc)

Beschäftigung <-, -en> *f* **1.** (*Tätigkeit*) occupazione *f* **2.** (*Arbeit*) lavoro *m;* (*Anstellung*) impiego *m*

beschämen <ohne ge-> *vt* svergognare; **beschämend** *adj* umiliante; **beschämt** *adj* vergognoso

beschatten <ohne ge-> *vt* pedinare

beschaulich *adj* contemplativo

Bescheid [bəˈʃaɪt] <-(e)s, -e> *m* (*Auskunft*) informazione *f;* (*Mitteilung*) avviso *m;* **jdm ~ geben** informare qu; **über etw** *acc* **~ wissen** essere informato di qc

bescheiden [bəˈʃaɪdən] *adj* modesto; (*mäßig*) moderato; **Bescheidenheit** <-> *kein Pl f* modestia *f*

bescheinigen [bəˈʃaɪnɪgən] <ohne ge-> *vt* attestare; **den Empfang eines Briefes ~** accusare ricevuta di una lettera

Bescheinigung <-, -en> *f* certificato *m*

bescheißen <irr, ohne ge-> *vt* (*vulg*) fregare

beschenken <ohne ge-> *vt* fare un regalo a

Bescherung <-, -en> *f* distribuzione *f* dei regali di Natale; **das ist ja eine schöne ~!** (*iron fam*) che bel regalo!

beschildern <ohne ge-> *vt* dotare di segnaletica

beschimpfen <ohne ge-> *vt* insultare

Beschlag *m* **1.** (*Metallstück*) guarnizione *f* **2.** (*Hufeisen*) ferratura *f* **3.** (*Feuchtigkeit*) appannamento *m* **4.** (*Wend*) **etw mit ~ belegen** prendere in possesso qc; **jdn in ~ nehmen** requisire qu

beschlagen[1] <irr, ohne ge-> **I.** *vt haben* **1.** (*Möbel, Tür*) guarnire **2.** (*Pferd*) ferrare **II.** *vi sein* (*Glas*) appannarsi

beschlagen[2] *adj* (*fam*) versato; **in seinem Fach sehr ~ sein** essere esperto in materia

Beschlagnahme <-, -n> *f* sequestro *m;* **beschlagnahmen** <ohne ge-> *vt* confiscare

beschleunigen [bəˈʃlɔɪnɪgən] <ohne ge-> *vt, vi* accelerare

Beschleunigung <-, -en> *f* accelerazione *f*

beschließen <irr, ohne ge-> *vt* **1.** (*beenden*) concludere **2.** (*entscheiden*) decidere

Beschluss[RR] *m* decisione *f;* **einen ~ fassen** prendere una decisione

beschmutzen <ohne ge-> *vt* sporcare

beschneiden <irr, ohne ge-> *vt* **1.** (*zurechtschneiden*) tagliare; (*Baum*) potare **2.** (REL) circoncidere

beschönigen [bəˈʃøːnɪgən] <ohne ge-> *vt* far apparire migliore

beschränken [bəˈʃrɛŋkən] <ohne ge-> **I.** *vt* **etw** (**auf etw** *acc*) ~ limitare qc (a qc) **II.** *vr* **sich** (**auf etw** *acc*) ~ limitarsi (a qc); **beschränkt** *adj* **1.** (*eingeschränkt*) limitato **2.** (*Geist*) ottuso

beschreiben <irr, ohne ge-> *vt* **1.** (*Papier*) scrivere su **2.** (*schildern*) descrivere

Beschreibung <-, -en> *f* descrizione *f*

Beschriftung <-, -en> *f* scritta *f*

beschuldigen [bəˈʃʊldɪgən] <ohne ge-> *vt* **jdn einer Sache** *gen* ~ accusare qu di qc

Beschuldigung <-, -en> *f* accusa *f*

beschützen <ohne ge-> *vt* **jdn/etw** (**vor jdm/etw**) ~ proteggere qu/qc (da qu/qc)

Beschützer(in) <-s, -; -, -nen> *m(f)* protettore, -trice *m, f*

Beschwerde [bəˈʃveːɐ̯də] <-, -n> *f* **1.** (*Klage*) reclamo *m* **2.** *pl* (*körperliche*) disturbi *mpl*

beschweren [bəˈʃveːrən] <ohne ge-> **I.** *vt* mettere un peso su **II.** *vr* **sich** (**bei jdm über etw** *acc*) ~ lamentarsi (di qc con qu)

beschwerlich *adj* (*lästig*) penoso; (*ermüdend*) faticoso

beschwichtigen [bəˈʃvɪçtɪgən] <ohne ge-> *vt* placare

beschwingt [bəˈʃvɪŋt] *adj* allegro; (*Gang*) leggero

beschwipst [bəˈʃvɪpst] *adj* (*fam*) brillo

beschwören <irr, ohne ge-> *vt* **1.** (JUR) giurare **2.** (*Geister*) esorcizzare **3.** (*anflehen*) supplicare

besehen <irr, ohne ge-> *vt* guardare

beseitigen [bəˈzaɪtɪgən] <ohne ge-> *vt* **1.** (*wegschaffen*) rimuovere; (*entfernen*) allontanare; (*Flecken*) togliere; (*Fehler*) eliminare; (*Zweifel*) dissipare **2.** (*fam: töten*) far fuori

Besen [ˈbeːzən] <-s, -> *m* scopa *f;* **Besenstiel** *m* manico *m* di scopa

besessen [bəˈzɛsən] *adj* (**von etw**) ~ **sein** essere ossessionato (da qc); **Besessene** <ein -r, -n, -n> *mf* ossesso, -a *m, f;* **wie ein**

~**r arbeiten** lavorare come un dannato

besetzen <ohne ge-> *vt* **1.** (*mit Besatz*) **etw** (**mit etw**) ~ guarnire qc (di qc) **2.** (*Platz,* MIL) occupare **3.** (*Stelle, Amt, Posten*) affidare; (*Rolle*) assegnare; **die Stelle mit einem Spezialisten** ~ assegnare il posto a uno specialista; **besetzt** *adj* occupato; (*Fahrzeug*) completo; **Besetztzeichen** *n* (TEL) segnale *m* di occupato

Besetzung <-, -en> *f* **1.** *sing* (*von Rolle*) assegnazione *f* **2.** (THEAT: *Schauspieler*) interpreti *mpl* **3.** (MIL) occupazione *f*

besichtigen [bəˈzɪçtɪgən] <ohne ge-> *vt* visitare

besiedeln [bəˈziːdəln] <ohne ge-> *vt* colonizzare; (*bevölkern*) popolare

besiegeln <ohne ge-> *vt* suggellare; **sein Schicksal ist besiegelt** il suo destino è segnato

besiegen <ohne ge-> *vt* vincere

besinnen <irr, ohne ge-> *vr* **sich** ~ **1.** (*überlegen*) riflettere **2.** (*sich erinnern*) **sich** (**auf etw** *acc*) ~ ricordarsi (di qc)

Besinnung <-> *kein Pl f* **1.** (*Bewusstsein*) sensi *mpl;* **die** ~ **verlieren** perdere i sensi; (*fig*) perdere la testa **2.** (*das Sichbesinnen*) riflettere *m;* **jdn zur** ~ **bringen** ricondurre qu alla ragione; **besinnungslos** *adj* privo di sensi, svenuto

Besitz <-es> *kein Pl m* proprietà *f;* (*Vermögen*) patrimonio *m;* (*Güter*) beni *mpl;* **von etw** ~ **ergreifen** prendere possesso di qc

besitzen <irr, ohne ge-> *vt* possedere

Besitzer(**in**) <-s, -; -, -nen> *m(f)* proprietario, -a *m, f*

besohlen [bəˈzoːlən] <ohne ge-> *vt* ris(u)olare

Besoldung <-, -en> *f* retribuzione *f;* (MIL) soldo *m*

besondere(**r, s**) [bəˈzɔndərə, -rɐ, -rəs] *adj* **1.** (*speziell*) speciale; **im Besonderen** in particolare; **nichts Besonderes** niente di speciale **2.** (*gesondert*) separato, -a **3.** (*eigentümlich*) singolare **4.** (*ungewöhnlich*) straordinario

Besonderheit <-, -en> *f* particolarità *f*

besonders [bəˈzɔndɐs] *adv* **1.** (*insbesondere*) particolarmente; (*hauptsächlich*) soprattutto **2.** (*außerordentlich*) eccezionalmente; **nicht** ~ (**gut**) non tanto bene

besonnen [bəˈzɔnən] *adj* riflessivo; (*umsichtig*) avveduto

besorgen <ohne ge-> *vt* **1.** (*beschaffen*) procurare; (*einkaufen*) comprare **2.** (*erledigen*) sbrigare

Besorgnis [bəˈzɔrknɪs] <-, -se> *f* preoccupazione *f;* ~ **erregend** preoccupante; **besorgniserregend** *adj s.* **Besorgnis**

besorgt [bəˈzɔrkt] *adj* (**um jdn/etw**) ~ **sein** essere preoccupato (per qu/qc)

Besorgung <-, -en> *f* **1.** *sing* (*Erledigung*) disbrigo *m* **2.** (*Einkauf*) acquisto *m;* ~**en machen** fare la spesa

bespitzeln <ohne ge-> *vt* spiare

besprechen <irr, ohne ge-> **I.** *vt* **1.** (*sprechen über*) parlare di; **wie besprochen** come d'accordo **2.** (*rezensieren*) recensire **3.** (*Tonband*) incidere **II.** *vr* **sich** (**mit jdm**) ~ consultarsi (con qu)

Besprechung <-, -en> *f* **1.** (*Unterredung*) colloquio *m;* (*Konferenz*) conferenza *f* **2.** (*Rezension*) critica *f*

besser [ˈbɛsɐ] *Komparativ von* **gut** **I.** *adj* migliore; **jdn eines Bess**(**e**)**ren belehren** (far) aprire gli occhi a qu; **Besseres zu tun haben** aver qc di meglio da fare; ~ **werden** migliorare; **es ist** ~**, du kommst sofort** è meglio che tu venga subito **II.** *adv* meglio; **umso** ~ tanto meglio; ~ **gesagt** per meglio dire; **es geht ihm** ~ sta meglio; **etw** ~ **können** saper fare meglio qc; **alles** ~ **wissen** saperla lunga; **besser|gehen** *vi s.* **besser II.**

bessern **I.** *vt* (*sittlich*) emendare **II.** *vr* **sich** ~ migliorarsi; (*sittlich*) emendarsi; (*Gesundheit*) ristabilirsi; (*Wetter*) migliorare

Besserung <-, -en> *f* miglioramento *m;* **gute** ~**!** pronta guarigione!

Besserwisser <-s, -> *m* saccente *mf*

Bestand [bəˈʃtant] <-(e)s, Bestände> *m* **1.** *sing* (*Fortdauer*) continuità *f;* ~ **haben** aver durata **2.** (*Vorrat*) riserva *f;* (*Kassen~*) fondo *m* cassa

beständig *adj* **1.** (*dauerhaft*) durevole; (TEC) resistente **2.** (*andauernd*) continuo **3.** (*Wetter*) stabile

Bestandsaufnahme *f* inventario *m*

Bestandteil *m* (*Element*) elemento *m;* (*Bauteil, Einzelteil*) parte *f;* (CHEM) componente *m;* **etw in seine** ~**e zerlegen** scomporre qc

bestärken <ohne ge-> *vt* **jdn in etw** *dat* ~ rafforzare qu in qc

bestätigen [bəˈʃtɛːtɪgən] <ohne ge-> **I.**

B

vt **1.** (*Worte, Verdacht*) confermare **2.** (*bescheinigen*) attestare **3.** (COM: *Brief*) accusare ricevuta di **II.** *vr* **sich** ~ risultare vero

Bestätigung <-, -en> *f* conferma *f*

bestatten [bəˈʃtatən] <ohne ge-> *vt* (*geh*) inumare

bestäuben [bəˈʃtɔɪbən] <ohne ge-> *vt* **1.** (BOT) impollinare **2.** (*bestreuen*) **etw** (**mit etw**) ~ cospargere qc (di qc)

bestaunen <ohne ge-> *vt* guardare con stupore

beste *s.* **beste(r, s)**

bestechen <irr, ohne ge-> *vt* **1.** (*mit Geld*) corrompere **2.** (*fig: beeindrucken*) sedurre

bestechlich *adj* corruttibile

Bestechung <-, -en> *f* corruzione *f*

Besteck [bəˈʃtɛk] <-(e)s, -e> *n* **1.** (*Ess~*) posate *fpl* **2.** (MED) ferri *mpl* chirurgici

bestehen <irr, ohne ge-> **I.** *vi* **1.** (*existieren*) esistere; ~ **bleiben** perdurare **2.** (*sich zusammensetzen*) **aus etw** ~ essere costituito da qc **3.** (*beharren*) **auf etw** *dat* ~ insistere su qc **II.** *vt* (*Prüfung*) passare; (*Kampf, Probe*) sostenere; **bestehen|bleiben** *s.* **bestehen I.1.**

bestehlen <irr, ohne ge-> *vt* **jdn** (**um etw**) ~ derubare qu (di qc)

besteigen <irr, ohne ge-> *vt* salire su; (*Berg*) scalare; **ein Pferd** ~ montare a cavallo

bestellen <ohne ge-> *vt* **1.** (*Essen, Waren*) ordinare; (*reservieren lassen*) prenotare; (*kommen lassen*) far venire **2.** (*Grüße*) trasmettere; **ich soll Ihnen ~, dass ...** mi hanno pregato di dirLe che ... **3.** (*ernennen*) nominare **4.** (*Wend*) **es ist schlecht um sie bestellt** le cose vanno male per lei

Bestellschein *m* bolletta *f* d'ordinazione

Bestellung *f* (*Auftrag*) ordinazione *f;* (*Sendung*) consegna *f;* **eine ~ aufgeben** fare un'ordinazione

bestenfalls *adv* nel migliore dei casi

bestens [ˈbɛstəns] *adv* ottimamente

beste(r, s) [ˈbɛstə, -tɐ, -təs] *adj Superlativ von* **gut I.** *adj* migliore, ottimo, -a; **das Beste** il meglio; **etw zum Besten geben** raccontare qc; **sein Bestes tun** fare del proprio meglio; **ich will nur dein Bestes** voglio solo il tuo bene; **jdn zum Besten halten** farsi beffe di qu **II.** *adv* **am ~n** meglio; **am ~n gehe ich** è meglio che me ne vada; **so ist es am ~n** è la cosa migliore

besteuern <ohne ge-> *vt* (WIRTSCH) tassare

Bestie [ˈbɛsti̯ə] <-, -n> *f* bestia *f* feroce; (*fig: Mensch*) bruto *m*

bestimmen <ohne ge-> *vt* **1.** (*festsetzen*) fissare; (*Preis, Zahl*) stabilire **2.** (*genau festlegen*) precisare; (*Begriff*) definire **3.** (*prägen*) caratterizzare **4.** (*ernennen*) designare **5.** (*zudenken*) destinare

bestimmt **I.** *adj* **1.** (*entschieden*) deciso **2.** (LING: *Artikel*) determinativo **II.** *adv* (*sicherlich*) di certo; **ich werde es ganz ~ tun** lo farò di sicuro; **Bestimmtheit** <-> *kein Pl f* fermezza *f*

Bestimmung <-, -en> *f* **1.** (*Vorschrift*) disposizione *f* **2.** (*Verwendungszweck*) scopo *m* **3.** (*Schicksal*) destino *m* **4.** *sing* (*Bestimmen*) stabilire *m;* (*Festlegen*) fissare *m;* (*Begriffs~*) definizione *f;* **Bestimmungsort** *m* (luogo *m* di) destinazione *f*

Bestleistung *f* (SPORT) primato *m*

Best.-Nr. *abk v* **Bestellnummer** numero *m* di ordinazione

bestrafen <ohne ge-> *vt* punire

bestrahlen <ohne ge-> *vt* illuminare; (MED) curare con i raggi

Bestrahlung *f* (MED) radioterapia *f*

Bestreben <-s> *kein Pl n* aspirazione *f*

bestreichen <irr, ohne ge-> *vt* spalmare; **mit Butter** ~ imburrare

bestreiken <ohne ge-> *vt* scioperare

bestreiten <irr, ohne ge-> *vt* **1.** (*abstreiten*) negare **2.** (*finanzieren*) provvedere a

bestreuen <ohne ge-> *vt* **etw** (**mit etw**) ~ cospargere qc (di qc)

Bestseller [ˈbɛstzɛlɐ] <-s, -> *m* bestseller *m;* **Bestsellerautor** *m* bestsellerista *mf*

bestürmen <ohne ge-> *vt* **1.** (*angreifen*) assalire **2.** (*bedrängen*) assediare; **jdn mit Fragen** ~ tempestare qu di domande

bestürzen [bəˈʃtʏrtsən] <ohne ge-> *vt* costernare; **bestürzend** *adj* sconcertante; **bestürzt** [bəˈʃtʏrtst] *adj* costernato

Besuch [bəˈzuːx] <-(e)s, -e> *m* **1.** (*das Besuchen*) visita *f;* (*regelmäßiger*) frequenza *f;* **jdm einen ~ abstatten** fare una visita a qu; **bei jdm auf** [*o* **zu**] ~ **sein** essere in visita da qu **2.** *sing* (*Gast*) ospite *mf*

besuchen <ohne ge-> *vt* andare a trovare; (*Schule*) frequentare; **gut besucht** molto frequentato

Besucher(in) <-s, -; -, -nen> *m(f)* visitatore, -trice *m, f;* (THEAT, FILM) spettatore, -trice *m, f*

Besuchszeit *f* orario *m* delle visite

betagt [bə'ta:kt] *adj* (*geh*) attempato

betasten <ohne ge-> *vt* tastare; (MED) palpare

betätigen [bə'tɛ:tɪgən] <ohne ge-> **I.** *vt* azionare **II.** *vr* **sich** ~ svolgere un'attività; **sich politisch** ~ essere attivo in politica

Betätigung <-, -en> *f* **1.** *sing* (TEC) azionamento *m* **2.** (*Beschäftigung*) attività *f*

betäuben [bə'tɔɪbən] <ohne ge-> *vt* **1.** (*Schmerz*) attenuare; (MED) anestetizzare; (*Gewissen*) far tacere **2.** (*durch Lärm*) assordare

Betäubung <-, -en> *f* (MED) anestesia *f;* **örtliche** ~ anestesia locale; **Betäubungsmittel** *n* anestetico *m*

Bete ['be:tə] <-, -n> *f s.* Beete

beteiligen [bə'taɪlɪgən] <ohne ge-> **I.** *vt* **jdn an etw** *dat* ~ far partecipare qu a qc; **jdn am Gewinn** ~ far compartecipare qu agli utili **II.** *vr* **sich** (**an etw** *acc*) ~ partecipare (a qc); **Beteiligte** <ein -r, -n, -n> *mf* partecipante *mf;* (*Teilhaber*) interessato, -a *m, f*

Beteiligung <-, -en> *f* partecipazione *f;* (COM) interessenza *f*

beten ['be:tən] **I.** *vi* pregare **II.** *vt* recitare

beteuern [bə'tɔɪɐn] <ohne ge-> *vt* affermare

Beton [be'tɔŋ] <-s, -s> *m* calcestruzzo *m*

betonen [bə'to:nən] <ohne ge-> *vt* **1.** (*Akzent setzen*) accentare **2.** (*hervorheben*) sottolineare

betonieren [beto'ni:rən] <ohne ge-> *vt* betonare

Betonung <-, -en> *f* accentazione *f*

betr., **Betr.** *abk v* **betreffend, betreffs, Betreff** ogg.

Betracht [bə'traxt] <-(e)s> *kein Pl m* **etw in** ~ **ziehen** tener conto di qc; **etw außer** ~ **lassen** non tener conto di qc; **in** ~ **kommen** essere in questione

betrachten <ohne ge-> *vt* **1.** (*ansehen*) osservare; (*genau*) studiare; (*prüfen*) esaminare **2.** (*halten für*) considerare; **jdn als einen Freund** ~ considerare qu (come) un amico

Betrachter(in) <-s, -; -, -nen> *m(f)* osservatore, -trice *m, f*

beträchtlich [bə'trɛçtlɪç] *adj* notevole

Betrachtung <-, -en> *f* **1.** *sing* (*Ansehen*) osservazione *f;* (*Prüfen*) esame *m* **2.** (*Überlegung*) riflessione *f*

Betrag [bə'tra:k] <-(e)s, Beträge> *m* importo *m*

betragen <irr, ohne ge-> **I.** *vi* ammontare a **II.** *vr* **sich** ~ comportarsi; **Betragen** <-s> *kein Pl n* comportamento *m;* (*Schule*) condotta *f*

betreffen <irr, ohne ge-> *vt* riguardare; **was das betrifft** in quanto a ciò; **was mich betrifft** per quanto mi concerne; **betreffend** *adj* in questione; **betreffs** *prp +gen* riguardo a

betreiben <irr, ohne ge-> *vt* esercitare; (*Geschäft*) condurre; (*Studien*) proseguire

Betreiber(in) <-s, -; -, -nen> *m(f)* gestore *m*

betreten[1] <irr, ohne ge-> *vt* (*Haus, Raum*) entrare in; (*Rasen*) calpestare; **Betreten verboten!** vietata l'entrata!

betreten[2] *adj* (*verlegen*) imbarazzato

betreuen [bə'trɔɪən] <ohne ge-> *vt* aver cura di; (*beaufsichtigen*) sorvegliare; (*leiten*) occuparsi di

Betrieb [bə'tri:p] <-(e)s, -e> *m* **1.** (*Firma*) azienda *f;* (*Fabrik*) fabbrica *f* **2.** *sing* (*Tätigkeit*) attività *f;* (*von Maschine*) funzionamento *m;* **etw in** ~ **nehmen** assumere l'esercizio di qc; **in** ~ **sein** essere in funzione; **außer** ~ **setzen** mettere fuori esercizio **3.** *sing* (*fam: Treiben*) movimento *m;* (*Verkehr*) traffico *m;* **Betriebsausflug** *m* gita *f* aziendale; **betriebsbereit** *adj* pronto ad entrare in funzione; **Betriebsferien** *pl* ferie *fpl* annuali; **Betriebsklima** *n* ambiente *m* di lavoro; **Betriebskosten** *pl* spese *fpl* d'esercizio; **Betriebsleitung** *f* gestione *f* aziendale; **Betriebsrat** *m* (*Organ*) consiglio *m* di fabbrica; **Betriebsrat** *m,* **Betriebsrätin** *f* (*Mitglied*) consigliere, -a *m, f* di fabbrica; **Betriebssystem** *n* (INFORM) sistema *m* operativo; **Betriebsunfall** *m* infortunio *m* sul lavoro; **Betriebswirtschaft** *f* economia *f* aziendale

betrinken <irr, ohne ge-> *vr* **sich** ~ ubriacarsi

betroffen [bə'trɔfən] *adj* sbigottito; **von etw** ~ **sein** essere colpito da qc

betrübt *adj* afflitto

Betrug [bə'tru:k] <-(e)s, *CH* Betrüge> *m* inganno *m;* (*Täuschung*) frode *f*

B

betrügen [bəˈtryːgən] <irr, ohne ge-> *vt* ingannare; (*Ehepartner*) tradire

Betrüger(in) <-s, -; -, -nen> *m(f)* imbroglione, -a *m, f*

betrügerisch *adj* fraudolento

betrunken [bəˈtrʊŋkən] *adj* ubriaco

Bett [bɛt] <-(e)s, -en> *n* **1.** (*Möbelstück*) letto *m;* **im ~ liegen** essere a letto; **zu** [*o* **ins**] **~ gehen** andare a letto; **zu ~ bringen** mettere a letto **2.** (*Fluss~*) letto *m;* **Bettbezug** *m* biancheria *f* da letto; **Bettdecke** *f* coperta *f* da letto

bettelarm [ˈbɛtəlˈʔarm] *adj* povero in canna

betteln *vi* chiedere l'elemosina; **um etw ~** mendicare qc

Bettgestell *n* lettiera *f;* **bettlägerig** [ˈbɛtlɛːgərɪç] *adj* allettato; **Bettlaken** *n* lenzuolo *m*

Bettler(in) [ˈbɛtlɐ] <-s, -; -, -nen> *m(f)* mendicante *mf*

Bettnässer(in) <-s, -; -, -nen> *m(f)* affetto, -a *m, f* da enuresi; **Bettvorleger** <-s, -> *m* scendiletto *m;* **Bettwäsche** *f* lenzuola *fpl;* **Bettzeug** *n* lenzuola *fpl* e coperte *fpl*

beugen [ˈbɔɪgən] **I.** *vt* **1.** (*Körper(teil)*) piegare **2.** (*fig*) piegare **3.** (LING: *Hauptwort*) declinare; (*Zeitwort*) coniugare **II.** *vr* **sich ~ 1.** (*sich neigen*) **sich vor jdm/etw ~** chinarsi davanti a qu/qc; **sich aus dem Fenster ~** sporgersi dalla finestra **2.** (*fig: sich unterwerfen*) **sich jdm/etw ~** sottomettersi a qu/qc

Beule [ˈbɔɪlə] <-, -n> *f* **1.** (*Schwellung*) gonfiore *m* **2.** (*Delle*) ammaccatura *f*

beunruhigen [bəˈʔʊnruːɪgən] <ohne ge-> **I.** *vt* inquietare **II.** *vr* **sich** (**über etw** *acc*) **~** inquietarsi per qc

beurkunden <ohne ge-> *vt* registrare

beurlauben <ohne ge-> *vt* **1.** (*Urlaub geben*) mandare in congedo **2.** (*Beamten*) sospendere (temporaneamente)

beurteilen <ohne ge-> *vt* giudicare; (*abschätzen*) valutare

Beurteilung <-, -en> *f* giudizio *m*

Beute [ˈbɔɪtə] <-> *kein Pl f* **1.** (*Fang*) preda *f;* (*Kriegs~, Diebes~*) bottino *m* **2.** (*geh: Opfer*) vittima *f*

Beutel [ˈbɔɪtəl] <-s, -> *m* **1.** (*Tasche*) borsa *f;* (*Geld~*) borsellino *m;* (*Tee~*) bustina *f* del tè **2.** (ZOO) marsupio *m*

Bevölkerung <-, *rar* -en> *f* popolazione *f;* **Bevölkerungsdichte** *f* densità *f* di popolazione; **Bevölkerungsexplosion** *f* esplosione *f* demografica

bevollmächtigen [bəˈfɔlmɛçtɪgən] <ohne ge-> *vt* autorizzare; **jdn** (**zu etw**) **~** delegare (qc) a qu; **Bevollmächtigte** <ein -r, -n, -n> *mf* mandatario, -a *m, f*

bevor [bəˈfoːɐ̯] *konj* prima che +*conj,* prima di +*inf;* **bevormunden** [bəˈfoːɐ̯mʊndən] <ohne ge-> *vt* mettere sotto tutela; **bevor|stehen** <irr> *vi* essere imminente; **ihm steht eine Überraschung bevor** lo attende una sorpresa; **bevorzugen** [bəˈfoːɐ̯tsuːgən] <ohne ge-> *vt* preferire; (*begünstigen*) favorire

bewachen <ohne ge-> *vt* sorvegliare

Bewachung <-, -en> *f* sorveglianza *f*

bewaffnen [bəˈvafnən] <ohne ge-> *vt* **jdn** (**mit etw**) **~** armare qu (di qc)

Bewaffnung <-, -en> *f* **1.** *sing* (*Vorgang*) armamento *m* **2.** (*Waffen*) armi *fpl*

bewahren [bəˈvaːrən] <ohne ge-> *vt* **1.** (*schützen*) **jdn** (**vor jdm/etw**) **~** proteggere qu (da qu/qc) **2.** (*erhalten*) conservare

bewähren [bəvɛːrən] <ohne ge-> *vr* **sich ~** dare buona prova

bewahrheiten [bəˈvaːɐ̯haɪtən] <ohne ge-> *vr* **sich ~** avverarsi

bewährt [bəˈvɛːɐt] *adj* sperimentato, provato

Bewährung <-, -en> *f* (JUR) condizionale *f*

bewältigen [bəˈvɛltɪgən] <ohne ge-> *vt* (*Arbeit*) venire a capo di; (*Schwierigkeit*) superare

bewandert [bəˈvandɐt] *adj* **in etw** *dat* **~ sein** essere esperto di qc

bewässern [bəˈvɛsɐn] <ohne ge-> *vt* irrigare

Bewässerung <-, -en> *f* irrigazione *f*

bewegen[1] [bəˈveːgən] <ohne ge-> **I.** *vt* **1.** (*regen, fort~*) muovere **2.** (*fig: rühren*) commuovere **II.** *vr* **sich ~** muoversi; **sich nicht von der Stelle ~** non muoversi

bewegen[2] <bewegt, bewog, bewogen> *vt* (*veranlassen*) **jdn zu etw ~** spingere qu a (fare) qc

Beweggrund *m* movente *m*

beweglich [bəˈveːklɪç] *adj* **1.** (*Sache*) mobile **2.** (*Mensch*) agile; (*geistig*) vivo

bewegt [bəˈveːkt] *adj* **1.** (*Meer*) mosso; (*Zeit, Leben*) movimentato **2.** (*gerührt*) commosso

Bewegung <-, -en> *f* **1.** (*Regung, Fort~*) movimento *m;* **etw in ~ setzen** mettere in moto qc; **bei der geringsten ~** al minimo gesto; **keine ~!** fermo!, fermi tutti! **2.** (POL) movimento *m;* **Bewegungsfreiheit** *f* libertà *f* di azione; **bewegungslos** *adj* immobile

Beweis [bə'vaɪs] <-es, -e> *m* prova *f;* (*Zeichen*) segno *m;* **etw unter ~ stellen** dare prova di qc; **beweisbar** *adj* dimostrabile

beweisen <irr, ohne ge-> *vt* provare; (*zeigen*) mostrare; (MAT) dimostrare

Beweisführung *f* (JUR) argomentazione *f;* **Beweiskraft** <-> *kein Pl f* (JUR) forza *f* probante; **beweiskräftig** *adj* probativo; **Beweismaterial** *n* materiale *m* probante

bewerben <irr, ohne ge-> *vr* **sich um eine Stelle bewerben** far domanda per un posto di lavoro

Bewerber(in) <-s, -; -, -nen> *m(f)* aspirante *mf;* (*um eine Stelle*) concorrente *mf*

Bewerbung *f* (*um Stelle*) concorso *m;* (*~sschreiben*) domanda *f* d'impiego; **Bewerbungsunterlagen** *fpl* documenti *mpl* allegati alla domanda di concorso

bewerkstelligen [bə'vɛrkʃtɛlɪgən] <ohne ge-> *vt* effettuare

bewerten <ohne ge-> *vt* valutare; (*Schule*) dare un voto a; (SPORT) classificare; **zu hoch/niedrig ~** sopravvalutare/sottovalutare

Bewertung <-, -en> *f* valutazione *f;* (*Schule*) voto *m;* (SPORT) graduatoria *f*

bewilligen [bə'vɪlɪgən] <ohne ge-> *vt* accordare, concedere; (*Antrag*) accogliere

bewirken <ohne ge-> *vt* **1.** (*verursachen*) causare **2.** (*erreichen*) ottenere

bewirten [bə'vɪrtən] <ohne ge-> *vt* **jdn (mit etw) ~** offrire (qc) a qu

bewirtschaften <ohne ge-> *vt* **1.** (AGR) coltivare **2.** (*Betrieb*) amministrare; (*Gaststätte*) gestire

Bewirtung <-> *kein Pl f* servizio *m*

bewog [bə'vo:k] *1. u 3. pers sing imp von* **bewegen**[2]

bewogen [bə'vo:gən] *pp von* **bewegen**[2]

bewohnen <ohne ge-> *vt* abitare in

Bewohner(in) <-s, -; -, -nen> *m(f)* abitante *mf;* (*von Haus*) inquilino, -a *m, f*

bewölkt *adj* nuvoloso

Bewölkung <-> *kein Pl f* nuvolosità *f*

Bewunderer(in) <-s, -; -, -nen> *m(f)* ammiratore, -trice *m, f*

bewundern <ohne ge-> *vt* ammirare; **bewundernswert** *adj* ammirevole

Bewunderung <-> *kein Pl f* ammirazione *f*

bewusst[RR] [bə'vʊst], **bewußt** *adj* **1.** (*wissend*) cosciente; **sich** *dat* **einer Sache** *gen* **~ sein** aver coscienza di qc; **es wurde mir plötzlich ~, dass …** improvvisamente mi resi conto che … **2.** (*besagt*) in questione **3.** (*absichtlich*) voluto; **bewusstlos**[RR] *adj* svenuto; **~ werden** perdere i sensi; **Bewusstlosigkeit**[RR] <-> *kein Pl f* svenimento *m;* **Bewusstsein**[RR] <-s, -e> *n* **1.** (*Wissen*) consapevolezza *f* **2.** (PSYCH, MED) coscienza *f;* **bei vollem ~** in piena coscienza; **das ~ verlieren** perdere la conoscenza

bezahlen <ohne ge-> *vt* pagare; **sich bezahlt machen** valere la pena, convenire; **bitte ~!** il conto, per favore!

Bezahlung <-, *rar* -en> *f* **1.** (*Bezahlen*) pagamento *m* **2.** (*Lohn*) retribuzione *f*

bezaubern <ohne ge-> *vt* incantare

bezeichnen <ohne ge-> *vt* **1.** (*kennzeichnen*) (contras)segnare **2.** (*benennen*) denominare **3.** (*nennen*) definire **4.** (*angeben*) indicare; **bezeichnend** *adj* caratteristico

Bezeichnung *f* (*Ausdruck*) denominazione *f*

bezeugen [bə'tsɔɪgən] <ohne ge-> *vt* testimoniare

bezichtigen [bə'tsɪçtɪgən] <ohne ge-> *vt* **jdn einer Sache** *gen* **~** accusare qu di qc

beziehen <irr, ohne ge-> **I.** *vt* **1.** (*überziehen*) **etw (mit etw) ~** ricoprire qc (di qc); **das Bett frisch ~** cambiare la biancheria del letto **2.** (*Wohnung, Haus*) andare ad abitare in **3.** (*Geld*) riscuotere; (*Ware*) acquistare; (*Zeitung*) essere abbonato a **4.** (*in Beziehung setzen*) **etw auf jdn/etw ~** riferire qc a qu/qc **II.** *vr* **sich ~ 1.** (*Himmel*) coprirsi **2.** (*sich berufen*) **sich auf etw** *acc* **~** riferirsi a qc

Beziehung <-, -en> *f* **1.** *meist Pl* (*Verbindungen*) relazioni *fpl;* **~en haben** avere appoggi influenti **2.** (*Zusammenhang*) rapporto *m;* (*Verhältnis*) relazione *f* **3.** (*Hinsicht*) riguardo *m;* **in dieser ~** a questo proposito; **in jeder ~** sotto ogni aspetto

beziehungsweise *konj* **1.** (*im anderen Fall*) rispettivamente **2.** (*besser gesagt*) o meglio

Bezirk [bə'tsɪrk] <-(e)s, -e> *m* distretto *m;*

(*Stadt~*) quartiere *m;* **Bezirksgericht** *n* (*A, CH: Amtsgericht*) tribunale *m* distrettuale; **Bezirksschule** *f* (*CH*) scuola *f* media inferiore (*nei cantoni Aargau e Solothurn*)

bezug *s.* **Bezug 4.**

Bezug [bəˈtsuːk] <-(e)s, Bezüge> *m* **1.** (*Überzug*) rivestimento *m;* (*Bett~*) fodera *f;* (*Kissen~*) federa *f* **2.** *sing* (*Kauf*) acquisto *m;* (*von Zeitung*) abbonamento *m* **3.** *pl* (*Einkommen*) entrate *fpl* **4.** (*Zusammenhang*) rapporto *m;* **auf etw** *acc* **~ nehmen** riferirsi a qc; **in ~ auf** *+acc* riguardo a

bezüglich [bəˈtsyːklɪç] *prp +gen* per quanto riguarda

bezuschussen *vt* sovvenzionare

bezwecken [bəˈtsvɛkən] <ohne ge-> *vt* mirare a

bezweifeln <ohne ge-> *vt* dubitare di

bezwingen <irr, ohne ge-> *vt* (*besiegen*) vincere; (*Gefühl, Leidenschaft*) dominare

BGB [beːgeːˈbeː] <-(s)> *kein Pl n abk v* **Bürgerliches Gesetzbuch** *C.C.*

Bhf. *abk v* **Bahnhof** stazione

Biathlon [ˈbiːatlɔn] <-s, -s> *n* (SPORT) biat(h)lon *m*

Bibel [ˈbiːbəl] <-, -n> *f* **die ~** la Bibbia

Biber [ˈbiːbɐ] <-s, -> *m* castoro *m*

Bibliothek [biblioˈteːk] <-, -en> *f* biblioteca *f*

Bibliothekar(in) [biblioteˈkaːɐ̯] <-s, -e; -, -nen> *m(f)* bibliotecario, -a *m, f*

biblisch [ˈbiːblɪʃ] *adj* biblico

Bidet [biˈdeː] <-s, -s> *n* bidè *m*

bieder [ˈbiːdɐ] *adj* (*pej*) conservativo; **Biedermann** *m* (*pej*) borghesuccio *m*

biegen [ˈbiːgən] <biegt, bog, gebogen> **I.** *vt haben* piegare **II.** *vi sein* (s)voltare; **um die Ecke ~** girare l'angolo; **auf Biegen oder Brechen** (*fam*) ad ogni costo **III.** *vr* **sich ~** piegarsi; **sich ~ vor Lachen** (*fam*) sbellicarsi dalle risate

Biegung <-, -en> *f* curva *f*

Biel [biːl] *n* Bienne *f*

Biene [ˈbiːnə] <-, -n> *f* ape *f;* **Bienenhonig** *m* miele *m* d'api; **Bienenkönigin** *f* ape *f* regina; **Bienenstock** *m* alveare *m;* **Bienenwachs** *n* cera *f* d'api

Bier [biːɐ̯] <-(e)s, -e> *n* birra *f*

> La bevanda alcolica più bevuta in Germania, in Austria è e nella Svizzera è senz'altro la birra. Chi ordinasse una **Bier** in una delle tante birrerie di questi paesi, si vedrebbe portare, a seconda della città in cui si trova, "Export", "Pils", "Weizen", "Alt" oppure "Kölsch", per ricordare solo alcune delle varietà più importanti.

Bierbrauerei *f* birrificio *m;* **Bierdeckel** *m* sottobicchiere *m;* **Biergarten** *m* birreria *f* all'aperto; **Bierkrug** *m* boccale *m* da birra; **Bierzelt** *n tendone dove si vende e si beve birra*

Biest [biːst] <-(e)s, -er> *n* **1.** (*Tier*) bestia *f* **2.** (*Mensch, pej*) carogna *f*

bieten [ˈbiːtən] <bietet, bot, geboten> **I.** *vt* **1.** (*an~*) offrire **2.** (*geben*) dare **3.** (*zeigen, darbieten*) presentare **4.** (*bei Versteigerung*) fare un'offerta di **II.** *vr* **sich ~** (*Gelegenheit*) presentarsi; **sich** *dat* **etw ~ lassen** tollerare qc; **das lasse ich mir nicht ~** questo non lo accetto

Bigamie [bigaˈmiː] <-, -n> *f* bigamia *f*

Bikini [biˈkiːni] <-s, -s> *m* due pezzi *m*

Bilanz [biˈlants] <-, -en> *f* (*a fig*) bilancio *m;* **die ~ ziehen** (*a fig*) fare il bilancio

bilateral [ˈbi(ː)lateraːl] *adj* bilaterale

Bild [bɪlt] <-(e)s, -er> *n* **1.** (*Gemälde*) quadro *m;* (*Abbildung*) illustrazione *f;* (*Spiegel~*) immagine *f* **2.** (TV) immagine *f;* (FOTO) fotografia *f* **3.** (*Sinn~*) simbolo *m;* (*Redefigur*) metafora *f* **4.** (*Vorstellung*) idea *f;* **sich** *dat* **ein ~ von etw machen** farsi un'idea di qc; **über etw** *acc* **im ~e sein** essere informato su qc; **Bildband** *m* volume *m* illustrato

bilden [ˈbɪldən] **I.** *vt* **1.** (*formen*) formare; (*modellieren*) modellare **2.** (*schaffen*) creare; (*Regierung*) formare **3.** (*Menschen*) educare **4.** (*darstellen, sein*) costituire **II.** *vr* **sich ~ 1.** (*entstehen*) formarsi **2.** (*Mensch*) farsi una cultura; (*lernen*) istruirsi

Bilderbuch *n* libro *m* illustrato; **Bilderrahmen** *m* cornice *f;* **Bilderrätsel** *n* rebus *m*

Bildfläche *f* **auf der ~ erscheinen** (*fig fam*) apparire in scena; **von der ~ verschwinden** (*fig fam*) scomparire dalla scena; **Bildhauer(in)** <-s, -; -, -nen> *m(f)* scultore, -trice *m, f;* **bildhübsch** [ˈbɪltˈhʏpʃ] *adj* bellissimo; **bildlich** *adj* figurato; **Bildplatte** *f* videodisco *m*

Bildschirm *m* (TV, INFORM) schermo *m;* **Bildschirmarbeit** *f* lavoro *m* al terminale; **Bildschirmgerät** *n* (INFORM) visualizzatore *m;* **Bildschirmschoner** <-s, -> *m* (INFORM) salvaschermo *m;* **Bildschirmtext** *m* Videotel® *m*

bildschön ['bɪlt'ʃø:n] *adj* bellissimo; **Bildstock** *m* (*A, südd*) nicchia *f* all'aperto; **Bildtelefon** *n* videotelefono *m*

Bildung ['bɪldʊŋ] <-, -en> *f* **1.** (*Schaffung*) creazione *f;* (*Gestaltung*) formazione *f* **2.** (*Erziehung*) educazione *f;* (*Allgemeinwissen*) cultura *f* generale; (*Wissen*) istruzione *f;* **Bildungslücke** *f* lacuna *f* culturale; **Bildungspolitik** <-> *kein Pl f* politica *f* scolastica; **Bildungsurlaub** *m* vacanze *fpl* culturali; **Bildungsweg** *m* **der zweite** ~ la via di formazione per adulti; **Bildungswesen** *n* istruzione *f*

Bildverarbeitung *f* (INFORM) eidomatica *f;* **Bildwörterbuch** *n* dizionario *m* illustrato

Billard ['bɪljart] <-s, -e> *n* biliardo *m;* ~ **spielen** giocare a biliardo; **Billardkugel** *f* biglia *f*

Billeteur [bɪljɛ'tø:ɐ] <-s, -e> *m* **1.** (*CH: Schaffner*) controllore *m* **2.** (*A: Platzanweiser*) maschera *f*

Billett [bɪl'jɛt] <-(e)s, -s> *n* **1.** (*A: Glückwunschkarte*) bigliettino *m* d'auguri **2.** (*CH: Fahr-, Eintrittskarte*) biglietto *m*

billig ['bɪlɪç] *adj* **1.** (*preiswert*) conveniente, a buon mercato; ~**er werden** diminuire di prezzo **2.** (*pej: minderwertig*) scadente; (*Ausrede, Trost*) magro **3.** (*gerecht*) giusto; **Billiganbieter** <-s, -> *m* discount *m*

billigen ['bɪlɪgən] *vt* approvare

Billigtarif *m* tariffa *f* ridotta

Billion [bɪ'ljo:n] <-, -en> *f* trillione *m*

Bimsstein ['bɪmsʃtaɪn] *m* pietra *f* pomice

bin [bɪn] *1. pers sing pr von* **sein**[1]

binär [bi'nɛ:ɐ̯] *adj* binario

Binde ['bɪndə] <-, -n> *f* **1.** (MED) benda *f* **2.** (*Monats~*) assorbente *m* (igienico) **3.** (*Arm~*) fascia *f;* (*Augen~*) benda *f*

Bindegewebe *n* (ANAT) tessuto *m* connettivo; **Bindeglied** *n* (*fig*) anello *m* di collegamento; **Bindehaut** *f* (ANAT) congiuntiva *f;* **Bindehautentzündung** *f* (MED) congiuntivite *f*

binden <bindet, band, gebunden> **I.** *vt* **1.** (*zusammen~*) legare; (*Buch*) rilegare **2.** (*befestigen*) **etw** (**an etw** *acc*) ~ attaccare qc (a qc); **die Krawatte** ~ fare il nodo alla cravatta **3.** (*fesseln*) legare; **mir sind die Hände gebunden** (*fig*) ho le mani legate **4.** (GASTR) far legare **5.** (*verpflichten*) **jdn an jdn/etw** ~ vincolare qu a qu/qc **II.** *vr* **sich an jdn** ~ legarsi a qu

Bindestrich *m* (LING) lineetta *f;* **Bindewort** *n* (LING) congiunzione *f*

Bindfaden *m* spago *m*

Bindung <-, -en> *f* **1.** (*Verbundenheit*) legame *m* **2.** (*Verpflichtung*) impegno *m* **3.** (*Ski~*) attacchi *mpl*

binnen ['bɪnən] *prp +gen o dat* entro, fra; ~ **48 Stunden** entro 48 ore

Binnenhafen *m* porto *m* interno; **Binnenhandel** *m* commercio *m* interno; **Binnenmarkt** *m* mercato *m* interno; **Europäischer** ~ mercato unico europeo

Binse ['bɪnzə] <-, -n> *f* giunco *m;* **Binsenweisheit** *f* ovvietà *f*

Biochemie [bioçe'mi:] *f* biochimica *f;* **biodynamisch** [biody'na:mɪʃ] *adj* biodinamico; **Biogas** ['bioga:s] *n* biogas *m*

Biografie[RR], **Biographie** [biografi:] <-, -n> *f* biografia *f*

Biokost ['biokɔst] *f* alimentazione *f* a base di prodotti biologici; **Biolandwirtschaft** *f* bioagricoltura *f*

Biologe [bio'lo:gə] <-n, -n> *m* biologo *m;* **Biologie** [biolo'gi:] <-> *kein Pl f* biologia *f;* **Biologin** <-, -nen> *f* biologa *f; s. a.* **Biologe**; **biologisch** [bio'lo:gɪʃ] *adj* biologico

Biomüll ['biomʏl] *m* rifiuti *mpl* organici; **Biophysik** [biofy'zi:k] *f* biofisica *f;* **Biorhythmus** ['bi:orʏtmʊs] *m* bioritmo *m;* **Biotechnik** [bio'tɛçnɪk] *f* biotecnica *f;* **Biotonne** ['biotɔne] *f* bidone *m* per rifiuti organici; **Biotop** [bio'to:p] <-s, -e> *n* (BIOL) biotopo *m*

birgt [bɪrkt] *3. pers sing pr von* **bergen**

Birke ['bɪrkə] <-, -n> *f* betulla *f*

Birnbaum *m* pero *m*

Birne ['bɪrnə] <-, -n> *f* **1.** (*Frucht*) pera *f* **2.** (*Glüh~*) lampadina *f*

birst [bɪrst] *2. u 3. pers sing pr von* **bersten**

bis [bɪs] **I.** *prp o adv* **1.** (*zeitlich, räumlich*) fino a; **von früh** ~ **spät** dalla mattina alla sera; ~ **bald!/gleich!** a presto!/dopo!; ~ **jetzt** finora; ~ **jetzt noch nicht** non ancora; ~ **hierher** fin qui; ~ **zu** fino a **2.** (*außer*) ~ **auf** tranne, salvo **II.** *konj* **1.** (*zwischen Zahlen*) **es waren zwei-** ~ **dreihundert Personen anwesend** erano presenti dalle duecento alle trecento persone **2.** (*zeitlich*) finché

Bischof ['bɪʃɔf] <-s, Bischöfe> *m* vescovo *m*

bischöflich ['bɪʃœflɪç] *adj* vescovile

bisexuell [bizɛ'ksu̯ɛl] *adj* bisessuale

bisher [bɪs'heːɐ̯] *adv* finora; ~ **noch nicht** non ancora; **bisherig** *adj* finora; **der ~e Minister** il ministro in carica finora

Biskaya [bɪs'kaːja] *f* **der Golf von** ~ il golfo di Biscaglia

Biskuit [bɪs'kviːt] <-(e)s, -s> *n o m* biscotto *m*

bislang [bɪs'laŋ] *s.* **bisher**

biss[RR], **biß** [bɪs] *1. u 3. pers sing imp von* **beißen**

Biss[RR] [bɪs] <-es, -e> *m*, **Biß** <-sses, -sse> *m* morso *m*

bisschen[RR], **bißchen** ['bɪsçən] **I.** <inv> *adj* **ein ~ Zucker** un po' di zucchero; **ein klein(es) ~ …** un pochettino di … *fam* **II.** *adv* **ein** ~ un po'; **kein** ~ nemmeno un po'

Bissen ['bɪsən] <-s, -> *m* boccone *m*

bissig *adj* **1.** (*Hund*) che morde **2.** (*Bemerkung*) mordace

Bisswunde[RR] *f* morsicatura *f*

bist [bɪst] *2. pers sing pr von* **sein**[1]

Bistum ['bɪstuːm] <-s, Bistümer> *n* episcopato *m*

bisweilen [bɪs'vaɪlən] *adv* talvolta, a volte

Bit [bɪt] <-(s), -(s)> *n* (INFORM) bit *m*

bitte ['bɪtə] *int* per favore, per piacere; (*als Antwort auf danke*) prego; (**wie**) **~?** come (ha detto)?; ~ **schön!** prego!; **zahlen ~!** il conto, per favore!; **ja ~!** si, grazie!

Bitte <-, -n> *f* (*Wunsch*) preghiera *f;* (*Anliegen*) domanda *f;* **ich habe eine ~ an Sie** vorrei chiederLe un favore

bitten <bittet, bat, gebeten> *vi, vt* **jdn ~ etw zu tun** pregare qu di fare qc; **jdn um etw ~** chiedere qc a qu; **ich bitte um Verzeihung** scusi; **darf ich ~?** (*zum Tanz*) posso invitarLa a questo ballo?

bitter *adj* **1.** (*Geschmack*) amaro; ~ **schmecken** avere un sapore amaro **2.** (*schmerzlich*) amaro **3.** (*Kälte*) pungente; (*Not*) duro; **es ist ~ kalt** fa un freddo terribile; **bitterböse** ['bɪtɐ'bøːzə] *adj* molto adirato; **Bitterkeit** <-> *kein Pl f* **1.** (*Geschmack*) sapore *m* amaro **2.** (*von Mensch, Worten*) amarezza *f;* **bitterlich** *adv* amaramente

Bittschrift *f* petizione *f*

bizarr [bi'tsar] *adj* bizzarro

Bizeps ['biːtsɛps] <-es, -e> *m* bicipite *m*

Blackout [blɛk'ʔaʊt] <-(s), -s> *n o m,* **Black-out**[RR] <-(s), -s> *n o m* blackout *m*

Blähung <-, -en> *f* (MED) flatulenza *f*

blamabel [bla'maːbəl] *adj* umiliante

Blamage [bla'maːʒə] <-, -n> *f* vergogna *f*

blamieren [bla'miːrən] <ohne ge-> **I.** *vt* far fare una brutta figura a **II.** *vr* **sich** ~ fare una figuraccia

Blankoscheck *m* assegno *m* in bianco

Blase ['blaːzə] <-, -n> *f* **1.** (*Luft~*) bolla *f* **2.** (MED: *Haut~*) vescica *f* **3.** (ANAT) vescica *f*

Blasebalg <-(e)s, -bälge> *m* soffietto *m,* mantice *m*

blasen ['blaːzən] <bläst, blies, geblasen> *vt, vi* soffiare; (MUS) suonare

blasiert [bla'ziːɐ̯t] *adj* borioso

Blasinstrument *n* strumento *m* a fiato; **Blaskapelle** *f* orchestra *f* di strumenti a fiato

Blasphemie [blasfe'miː] <-, -n> *f* bestemmia *f*

blass[RR] [blas] *adj,* **blaß** [blas] *adj* pallido; ~ **werden** impallidire; **keine blasse Ahnung von etw haben** (*fam*) non avere la più pallida idea di qc

Blässe ['blɛsə] <-> *kein Pl f* pallore *m*

bläst [blɛːst] *2. u 3. pers sing pr von* **blasen**

Blatt [blat] <-(e)s, Blätter> *n* **1.** (BOT) foglia *f;* **kein ~ vor den Mund nehmen** (*fig*) non avere peli sulla lingua **2.** (*Papier*) foglio *m;* (*Seite*) pagina *f* **3.** (*Zeitung*) giornale *m* **4.** (TEC: *Säge~*) lama *f* **5.** (*Kartenspiel*) carta *f;* **das ~ hat sich gewendet** (*fig fam*) la situazione è cambiata

blättern ['blɛtɐn] *vi* sfogliare; **in einem Buch ~** sfogliare un libro

Blätterteig *m* pasta *f* sfoglia

blau [blaʊ] *adj* **1.** (*Farbe*) blu, azzurro; (*himmelblau*) celeste; **~es Auge** occhio livido; **~er Fleck** livido *m;* **sein ~es Wunder erleben** (*fam*) avere una brutta sorpresa; **Forelle ~** (GASTR) trota lessa **2.** (*fam: betrunken*) sbronzo

blauäugig ['blaʊʔɔɪgɪç] *adj* dagli occhi azzurri; (*fig*) ingenuo; **Blaubeere** *f* mirtillo *m*

Blaue <-n> *kein Pl n* **das ~ vom Himmel versprechen** (*fam*) promettere mari e monti; **eine Fahrt ins ~** (*fam*) una gita senza meta

Blauhelm *m* (*UNO-Soldat*) casco *m* blu; **Blaulicht** *n* luce *f* lampeggiante; **blau|machen** *vi* (*fam: Schule*) marinare la scuola; (*Arbeit*) non andare a lavorare; **Blaustrumpf** *m* (*fig pej*) bas-bleu *f*

Blazer ['ble:zɐ] <-s, -> *m* blazer *m*

Blech [blɛç] <-(e)s, -e> *n* **1.** (*Material*) latta *f* **2.** (*Kuchen~*) piastra *f*; **Blechbüchse** *f*, **Blechdose** *f* barattolo *m* di latta

blechen *vt, vi* (*fam*) sborsare

Blechlawine *f* (*scherz fam*) fila *f* interminabile (di automezzi); **Blechschaden** *m* danni *mpl* alla carrozzeria

Blei [blaɪ] <-(e)s, -e> *n* (CHEM) piombo *m*

Bleibe ['blaɪbə] <-, -n> *f* dimora *f*

bleiben ['blaɪbən] <bleibt, blieb, geblieben> *vi sein* **1.** (*nicht weggehen*) restare, rimanere; **an etw** *dat* **hängen** ~ impigliarsi in qc; **hängen** ~ (*fam: an einem Ort*) rimanere; **wo ist mein Hut geblieben?** dov'è andato a finire il mio cappello?; **das bleibt unter uns!** rimane tra di noi! **2.** (*nicht ändern*) rimanere; **er bleibt bei seiner Meinung** persiste nella sua opinione; **es bleibt dabei!** siamo intesi!; **wenn das Wetter so bleibt** se il tempo si mantiene così; **gleich ~d** costante; **liegen** ~ (*Mensch*) restare a letto; (*Arbeit*) rimanere incompiuto; (*Ware*) rimanere invenduto; (*Auto*) rimanere per strada; **offen** ~ (*Tür, Fenster*) rimanere aperto; (*Frage*) rimanere indeciso; **sitzen** ~ restare seduto; (*Schule*) essere bocciato; **stehen** ~ restare in piedi; (*anhalten*) fermarsi; **wo sind wir stehen geblieben?** dove siamo rimasti?; **stecken** ~ (*nicht weitergehen*) rimanere bloccato; (*nicht herauskommen*) rimaner conficcato; (*beim Reden*) impappinarsi; **im Hals stecken** ~ rimanere in gola **3.** (*übrig ~*) avanzare; **bleiben|lassen** *vt s.* **lassen**[2] **3.**

bleich [blaɪç] *adj* pallido

bleichen *vt* imbiancare; (*Haare*) ossigenare

bleiern *adj* (*a fig*) di piombo

bleifrei *adj* (*Benzin*) senza piombo; **bleihaltig** ['blaɪhaltɪç] *adj* piombifero

Bleistift *m* matita *f*; **Bleistiftspitzer** <-s, -> *m* temperamatite *m*

Blende ['blɛndə] <-, -n> *f* (FOTO) diaframma *m*

blenden ['blɛndən] *vt* (*a fig*) abbagliare; **blendend** *adj* formidabile; **du siehst ~ aus** stai magnificamente bene

Blick [blɪk] <-(e)s, -e> *m* **1.** (*Blicken, Ausdruck*) sguardo *m*; (*kurzer, rascher*) colpo *m* d'occhio; **auf den ersten** ~ a prima vista; **einen ~ werfen auf** +*acc* dare un'occhiata a; **seine ~e schweifen lassen** lasciare scorrere l'occhio **2.** *sing* (*Aus~*) vista *f* **3.** *sing* (*Urteilsfähigkeit*) giudizio *m*

blicken *vi* guardare; **sich ~ lassen** farsi vedere

Blickfang *m* attrazione *f*; **Blickfeld** *n* campo *m* visivo; **Blickwinkel** *m* (*fig*) angolatura *f*

blieb [bli:p] *1. u 3. pers sing imp von* **bleiben**

blies [bli:s] *1. u 3. pers sing imp von* **blasen**

blind [blɪnt] *adj* **1.** (*nicht sehend*) cieco; **für etw ~ sein** (*fig*) non voler vedere qc; **~er Gehorsam** ubbidienza cieca; **~ werden** perdere la vista **2.** (*glanzlos*) appannato **3.** (*Alarm*) falso **4.** (*Passagier*) clandestino

Blinddarm *m* (ANAT) intestino *m* cieco; **Blinddarmentzündung** *f* (MED) appendicite *f*

Blind Date [blaɪnt dɛɪt] <-s, -s> *n* blind date *m*

Blinde <ein -r, -n, -n> *mf* cieco, -a *m, f*

Blindekuh *f* ~ **spielen** giocare a moscacieca

Blindenhund *m* cane *m* (guida) per ciechi; **Blindenschrift** *f* scrittura *f* Braille

Blindheit <-> *kein Pl f* (*a fig*) cecità; **blindlings** ['blɪntlɪŋs] *adv* alla cieca; **Blindschleiche** ['blɪntʃlaɪçə] <-, -n> *f* orbettino *m*

blinken ['blɪŋkən] *vi* **1.** (*funkeln*) scintillare; (*Metall, Licht*) splendere **2.** (AUTO) lampeggiare

Blinker <-s, -> *m* (AUTO) lampeggiatore *m*

blinzeln ['blɪntsəln] *vi* ammiccare

Blitz [blɪts] <-es, -e> *m* **1.** (METEO) lampo *m*; **wie der** ~ (*fam*) come un fulmine; **wie vom ~ getroffen** fulminato **2.** (FOTO) flash *m*; **Blitzableiter** *m* (*a fig*) parafulmine *m*

blitzen *vi* **1.** (*funkeln*) luccicare; (*Augen*) brillare **2.** (METEO) **es blitzt** lampeggia

Blitzlicht *n* (FOTO) flash *m*; **blitzsauber** ['blɪts'zaʊbɐ] *adj* (*fam*) pulitissimo; **Blitzschlag** *m* colpo *m* di fulmine; **blitzschnell** ['blɪts'ʃnɛl] *adj* fulmineo

Block[1] [blɔk] <-(e)s, Blöcke> *m* (*Stein~*)

blocco *m*

Block[2] <-(e)s, -s> *m* **1.** (*Notiz-, Brief-, Zeichen~*) blocco *m* **2.** (*Häuser~*) isolato *m* **3.** (POL) blocco *m*

Blockade [blɔ'ka:də] <-, -n> *f* blocco *m*

Blockflöte *f* flauto *m* dolce

blockfrei *f* (POL) non allineato

blockieren [blɔ'ki:rən] <ohne ge-> *vt, vi* bloccare

Blockschrift *f* stampatello *m*

blöd(e) ['blø:t ('blø:də)] *adj* **1.** (*dumm*) scemo; (*albern*) sciocco **2.** (*schwachsinnig*) deficiente **3.** (*CH: schüchtern*) timido **4.** (*fam: unangenehm*) spiacevole

blödeln *vi* dire sciocchezze

Blödsinn *m* (*fam: Unsinn*) sciocchezza *f;* **so ein ~!** che idiozia!; **blödsinnig** *adj* stupido

blond [blɔnt] *adj* biondo

blondieren [blɔn'di:rən] <ohne ge-> *vt* ossigenare

Blondine [blɔn'di:nə] <-, -n> *f* bionda *f*

bloß [blo:s] **I.** *adj* **1.** (*nackt*) nudo; **mit ~en Füßen** a piedi nudi **2.** (*nichts als*) solo; **mit ~em Auge** ad occhio nudo; **der ~e Anblick** la semplice vista **II.** *adv* (*fam*) **1.** (*nur*) soltanto; **wie machst du das ~?** ma come riesci a fare ciò? **2.** (*als Verstärkung*) proprio; **lass das ~!** lascia stare, sai!

bloß|stellen *vt* compromettere

Bluejeans ['blu:dʒi:ns] *pl* blue-jeans *mpl*

Blues [blu:s] <-, -> *m* (MUS) blues *m*

Bluff [blʊf] <-s, -s> *m* bluff *m*

bluffen ['blʊfən] *vi* bluffare

blühen ['bly:ən] *vi* **1.** (*Pflanzen*) fiorire **2.** (*Geschäft*) prosperare **3.** (*fam: widerfahren*) succedere; **wer weiß, was uns noch blüht!** chissà che cosa ci aspetta!; **blühend** *adj* **1.** (*Pflanze*) in fiore **2.** (*fig: florierend*) florido; (*Fantasie*) fervido; **wie das ~e Leben aussehen** avere un aspetto florido

Blühet ['bly:ət] <-, -> *m* (*CH*) fioritura *f*

Blume ['blu:mə] <-, -n> *f* **1.** (BOT) fiore *m;* **durch die ~** con allusioni **2.** (*von Bier*) schiuma *f* **3.** (*von Wein*) bouquet *m;* **Blumenkasten** *m* fioriera *f;* **Blumenkohl** *m* cavolfiore *m;* **Blumenstrauß** *m* mazzo *m* di fiori; **Blumentopf** *m* vaso *m* da fiori; **Blumenzwiebel** *f* bulbo *m*

blumig ['blu:mɪç] *adj* **1.** (*Wein*) profumato **2.** (*Stil*) fiorito

Blunze(n) <-, -n> *f* (*A: Blutwurst*) sanguinaccio *m;* **das ist mir Blunzen** (*fam: das ist mir egal*) non m'importa

Bluse ['blu:zə] <-, -n> *f* camicetta *f*

Blut [blu:t] <-(e)s> *kein Pl n* sangue *m;* **ruhig ~ bewahren** conservare la calma; **das liegt mir im ~** ce l'ho nel sangue; **~ geleckt haben** (*fig fam*) provarci gusto; **~ und Wasser schwitzen** (*fig*) sudare sangue; **blutarm** *adj* (MED) anemico; **Blutarmut** *f* (MED) anemia *f;* **Blutbad** *n* massacro *m;* **Blutbild** *n* (MED) quadro *m* ematologico; **Blutdruck** <-(e)s> *kein Pl m* pressione *f* sanguigna; **hoher ~** ipertensione *f;* **niedriger ~** ipotensione *f*

Blüte ['bly:tə] <-, -n> *f* **1.** (BOT) fiore *m* **2.** *sing* (*Zeit*) fioritura *f* **3.** *sing* (*fig: Höhepunkt*) periodo *m* aureo **4.** (*fam: falscher Geldschein*) banconota *f* falsa

Blutegel ['blu:tʔe:gəl] <-s, -> *m* sanguisuga *f*

bluten *vi* sanguinare; **aus etw ~** perdere sangue da qc; **meine Nase blutet** mi esce sangue dal naso

Blütenstaub *m* (BOT) polline *m*

Blutentnahme *f* (MED) prelievo *m* di sangue

Bluter <-s, -> *m* (MED) emofiliaco, -a *m, f*

Bluterguss[RR] ['blu:tʔɛɐgʊs] <-es, -güsse> *m* (MED) travaso *m* di sangue

Blütezeit *f* fioritura *f;* (*fig*) periodo *m* aureo

Blutgruppe *f* (MED) gruppo *m* sanguigno

blutig *adj* **1.** (*blutbefleckt*) insanguinato **2.** (*Kampf*) sanguinoso **3.** (*verstärkend*) **~er Anfänger** (*fam*) semplice principiante

blutjung ['blu:t'jʊŋ] *adj* giovanissimo; **Blutkonserve** *f* (MED) **1.** (*Blut*) sangue *m* conservato (per trasfusioni) **2.** (*~nflasche*) flacone *m* della banca del sangue; **Blutkörperchen** ['blu:tkœrpɐçən] <-s, -> *n* (MED) globulo *m* (del sangue); **Blutlache** *f* pozza *f* di sangue; **Blutorange** *f* arancia *f* sanguigna; **Blutprobe** *f* (MED) prelievo *m* del sangue; **Blutrache** *f* vendetta *f* di sangue; **blutrünstig** ['blu:trʏnstɪç] *adj* sanguinario; **Blutspender(in)** *m(f)* donatore, -trice *m, f* di sangue

blutsverwandt *adj* consanguineo

Bluttat *f* (*geh: Mord*) assassinio *m;* **Bluttransfusion** *f,* **Blutübertragung** *f* (MED) trasfusione *f* di sangue

Blutung <-, -en> *f* emorragia *f*

Blutvergießen <-s> *kein Pl n* (*geh*) spargimento *m* di sangue; **Blutvergiftung** *f*

(MED) setticemia *f;* **Blutwurst** *f* (GASTR) sanguinaccio *m;* **Blutzucker** <-s> *kein Pl m* (MED) glicemia *f*

BLZ *abk v* **Bankleitzahl** CAB

BMX-Rad *n* (bicicletta *f*) BMX *f*

Boa ['bo:a] <-, -s> *f* boa *m*

Bob [bɔp] <-s, -s> *m* (SPORT) bob *m*

Boccia <-s, -> *n o f* (gioco *m* delle) bocce *fpl;* ~ **spielen** giocare a bocce

Bock [bɔk] <-(e)s, Böcke> *m* **1.** (*Ziegen~*) caprone *m;* (*Schafs~*) montone *m;* (*Reh~*) capriolo *m* (maschio); **einen ~ schießen** (*fig fam*) pigliare un granchio **2.** (*fam: Lust*) voglia *f;* **keinen ~ haben etw zu tun** (*fam*) non aver (nessuna) voglia di fare qc **3.** (TEC: *Gestell*) cavalletto *m* **4.** (SPORT: *Turngerät*) cavallina *f* **5.** (*Kutsch~*) cassetta *f*

bocken *vi* **1.** (*Pferd*) impennarsi **2.** (*fig fam: bockig sein*) fare il mulo

Bockshorn *n* (*fam*) **jdn ins ~ jagen** intimidire qu

Bockspringen <-s> *kein Pl n* (SPORT) salto *m* della cavallina

Boden ['bo:dən] <-s, Böden> *m* **1.** (*Erd~*) suolo *m;* (*a Fläche*) terreno *m;* **auf französischem ~** sul territorio francese; **zu ~ fallen** cadere a terra; **(an) ~ gewinnen/verlieren** (*fig*) guadagnare/perdere terreno; **den ~ unter den Füßen verlieren** (*fig*) sentirsi mancare il terreno sotto i piedi **2.** (*Acker~*) terreno *m* coltivabile **3.** (*Meeres~, von Gefäß*) fondo *m* **4.** (*Fuß~*) pavimento *m* **5.** (*Dach~*) soffitta *f;* (*Heu~*) fienile *m* **6.** (*fig: Grundlage*) base *f;* **Bodenfrost** <-(e)s> *kein Pl m* gelo *m;* **Bodenhaftung** *f* (AUTO) aderenza *f* al terreno; **bodenlos** *adj* (*fig fam: unerhört*) inaudito; **~e Frechheit** grande insolenza; **Bodenpersonal** *n* (AERO) personale *m* a terra; **Bodensatz** *m* **1.** (CHEM) sedimento *m* **2.** (*von Wein, Bier*) feccia *f;* **Bodenschätze** *mpl* risorse *fpl* minerarie

Bodensee *m* lago *m* di Costanza

Bodenturnen *n* (SPORT) ginnastica *f* a terra

Body ['bɔdi] <-s, -s> *m* (*Kleidungsstück*) body *m;* **Bodybuilding** ['bɔdibɪldɪŋ] <-s> *kein Pl n* body building *m*

Bö(e) [bø:(ə)] <-, -en> *f* raffica *f* di vento

bog [bo:k] *1. u 3. pers sing imp von* **biegen**

Bogen ['bo:gən] <-s, -> *m* **1.** (*Kurve*) curva *f;* (*Biegung*) curvatura *f;* **einen (großen) ~ um jdn machen** girare al largo da qu **2.** (*Waffe,* ARCH) arco *m* **3.** (MUS) archetto *m* **4.** (*Blatt Papier*) foglio *m;* **Bogengang** *m* (ARCH) portico *m;* **Bogenschießen** <-s> *kein Pl n* (SPORT) tiro *m* con l'arco; **Bogenschütze** *m,* **Bogenschützin** *f* (SPORT) tiratore, -trice *m, f* d'arco

Böhmen ['bø:mən] *n* Boemia *f*

böhmisch *adj* boemo

Bohne ['bo:nə] <-, -n> *f* **1.** (BOT) fagiolo *m;* **grüne ~n** fagiolini *mpl* **2.** (*Kaffee~*) chicco *m;* **Bohnenkaffee** *m* caffè *m* in chicchi; **Bohnenstange** *f* bastoncino *m* di sostegno per piante di fagioli; (*fig fam*) spilungone, -a *m, f*

bohnern *vt* lustrare con la cera

Bohnerwachs *n* cera *f* per pavimenti

bohren ['bo:rən] **I.** *vi* **1.** (*a beim Zahnarzt*) **an/in etw** *dat* ~ trapanare qc; (*nach Erdöl*) trivellare qc; **in der Nase ~** mettersi le dita nel naso **2.** (*fig fam: drängen*) insistere **II.** *vt* **1.** (*Material*) trapanare **2.** (*Brunnen, Tunnel*) scavare; **ein Loch in die Wand ~** fare un foro nella parete **3.** (*hinein~*) far penetrare

Bohrer <-s, -> *m* trapano *m*

Bohrinsel *f* piattaforma *f* per trivellazioni; **Bohrmaschine** *f* perforatrice *f;* **Bohrturm** *m* torre *f* di trivellazione

böig ['bø:ɪç] *adj* a raffiche

Boiler ['bɔɪlɐ] <-s, -> *m* scaldaacqua *m*

Boje ['bo:jə] <-, -n> *f* (NAUT) boa *f*

Bolivianer(in) [boli'vi̯a:nɐ] <-s, -; -, -nen> *m(f)* boliviano, -a *m, f*

bolivianisch [boli'vi̯a:nɪʃ] *adj* boliviano

Bolivien [bo'li:vi̯ən] *n* Bolivia *f*

Bolzen ['bɔltsən] <-s, -> *m* (TEC) bullone *m*

bombardieren [bɔmbar'di:rən] <ohne ge-> *vt* bombardare; **jdn mit Fragen ~** (*fig fam*) bombardare qu di domande

bombastisch [bɔm'bastɪʃ] *adj* (*pej: Stil*) ampolloso

Bombe ['bɔmbə] <-, -n> *f* bomba *f;* **die ~ ist geplatzt** (*fig*) è scoppiata la bomba; **Bombenangriff** *m* (MIL) bombardamento *m;* **Bombenanschlag** *m* (MIL) attentato *m* dinamitardo; **Bombenerfolg** *m* (*fam*) successone *m;* **bombensicher** ['bɔmbən'zɪçɐ] *adj* (*fig fam*) certissimo

Bomber <-s, -> *m* (MIL) bombardiere *m*

Bon [bɔŋ] <-s, -s> *m* **1.** (*Gutschein*) buono *m* **2.** (*Kassenzettel*) scontrino *m*

Bonbon [bɔŋ'bɔŋ] <-s, -s> *m o n* caramella *f*

Bonn [bɔn] *n* Bonn *f*

Bonner <inv> *adj* (*attr*) di Bonn

Bonner(in) <-s, -; -, -nen> *m(f)* abitante *mf* di Bonn

Bonus ['bo:nʊs] <-, -se> *m* (COM) premio *m*

Boom [bu:m] <-s, -s> *m* boom *m*

boomen ['bu:mən] *vi* (*fam: Geschäft*) prosperare; (*Mode*) avere grande successo

Boot [bo:t] <-(e)s, -e> *n* barca *f;* ~ **fahren** andare in barca; **wir sitzen alle im gleichen** ~ (*fig*) siamo tutti nella stessa barca

Bord[1] [bɔrt] <-(e)s, -e> *n* **1.** (*Bücherbrett*) mensola *f* **2.** (*CH: Rand, Böschung*) scarpata *f*

Bord[2] <-(e)s, *rar* -e> *m* (NAUT: *Schiffsrand*) bordo *m;* **an** ~ **gehen** salire a bordo; **von** ~ **gehen** sbarcare; **etw über** ~ **werfen** gettare in mare qc; (*fig*) rinunciare a qc

Bordell [bɔr'dɛl] <-s, -e> *n* bordello *m*

Bordkarte *f* (AERO) carta *f* d'imbarco

Bordstein *m* (pietra *f* del) cordone *m*

borgen ['bɔrgən] *vt* **1.** (*verleihen*) **jdm etw** ~ prestare qc a qu **2.** (*entleihen*) **etw von jdm** ~ farsi prestare qc da qu

Borke ['bɔrkə] <-, -n> *f* (*nordd*) **1.** (*Baum*) corteccia *f* **2.** (*Wunde*) crosta *f*

borniert [bɔr'ni:ɐt] *adj* (*pej*) ottuso

Börse ['bœrzə] <-, -n> *f* **1.** (FIN) borsa *f* **2.** (*Geldbeutel*) borsellino *m;* **Börsenkrach** *m* (FIN) crollo *m* di borsa; **Börsenkurs** *m* (FIN) corso *m* di borsa; **Börsenmakler(in)** *m(f)* (FIN) agente *mf* di borsa; **Börsenspekulant(in)** *m(f)* (FIN) borsista *mf*

Börsianer(in) [bœr'zi̯a:nɐ] <-s, -; -, -nen> *m(f)* (*fam*) speculatore, -trice *m, f* di borsa

Borste ['bɔrstə] <-, -n> *f* setola *f*

bösartig ['bø:sʔa:ɐtɪç] *adj* **1.** (*Mensch, Bemerkung*) malvagio **2.** (MED) maligno

Böschung ['bœʃʊŋ] <-, -en> *f* (*Straßen~*) scarpata *f;* (*Fluss~*) argine *m*

böse ['bø:zə] *adj* **1.** (*Mensch, Bemerkung, Tat*) cattivo; (*unartig*) maleducato; **jdn** ~ **ansehen** guardare qu di traverso; **es war nicht** ~ **gemeint** non avevo alcuna cattiva intenzione **2.** (*ärgerlich*) arrabbiato; **auf jdn** [*o* **mit jdm**] ~ **sein** avercela con qu *fam* **3.** (*schlimm*) grave; **es sieht** ~ **aus** (*fig*) va male

Böse[1] <ein -r, -n, -n> *mf* cattivo, -a *m, f*

Böse[2] <ein -s, -n> *kein Pl n* male *m*

Bösewicht <-(e)s, -er> *m* malvagio *m*

boshaft ['bo:shaft] *adj* maligno

Bosheit ['bo:shaɪt] <-, -en> *f* malignità *f;* (*a Handlung*) cattiveria *f*

Bosniake(in) [bɔs'nia:kə] <-s, -; -, -nen> *m(f)* bosniaco, -a *m, f*

Bosnien Herzegowina ['bɔsniən hɛrtse'go:vina] *n* Bosnia Erzegovina *f*

Bosnier(in) ['bɔsniɐ] <-s, -; -, -nen> *m(f)* bosniaco, -a *m, f*

bosnisch ['bɔsnɪʃ] *adj* bosniaco

Bosporus ['bɔsporʊs] *m* Bosforo *m*

Boss[RR] [bɔs] <-es, -e> *m,* **Boß** <-sses, -sse> *m* (*fam*) capo *m*

böswillig *adj* malevolo; (JUR) intenzionale

bot [bo:t] *1. u 3. pers sing imp von* **bieten**

Botanik [bo'ta:nɪk] <-> *kein Pl f* botanica *f*

botanisch *adj* botanico

Bote ['bo:tə] <-n, -n> *m* messaggero *m;* (*Laufbursche*) corriere *m;* **Botengang** *m* commissione *f;* **Botenjunge** *m* fattorino *m;* **Botin** ['bo:tɪn] <-, -nen> *f* messaggera *f; s. a.* **Bote**

Botschaft ['bo:tʃaft] <-, -en> *f* **1.** (*Nachricht*) messaggio *m* **2.** (POL) ambasciata *f*

Botschafter(in) <-s, -; -, -nen> *m(f)* ambasciatore, -trice *m, f*

Bottich ['bɔtɪç] <-(e)s, -e> *m* tinozza *f*

Bouillon [bʊl'jõ:] <-, -s> *f* consommé *m*

Boulevard-Magazin *n* (TV) rotocalco *m* scandalistico; **Boulevardpresse** [bulə'va:ɐprɛsə] *f* stampa *f* scandalistica

Boutique [bu'ti:k] <-, -n> *f* boutique *f*

Bowle ['bo:lə] <-, -n> *f* punce *m*

> La più famosa **Bowle** è la "Mai- o Waldmeisterbowle" che si beve spesso nelle feste durante l'estate. E' una bevanda alcolica preparata con vino, spumante, zucchero nonché frutta o spezie. D'inverno si preferisce invece la "Feuerzangenbowle".

Bowling ['bo:lɪŋ] <-s> *kein Pl n* bowling *m*

Box [bɔks] <-, -en> *f* **1.** (*Pferde~, Wagen~*) box *m* **2.** (MUS: *Lautsprecher~*) cassa *f* (acustica)

boxen ['bɔksən] *vi* fare del pugilato

Boxer <-s, -> *m* (*Hund*) boxer *m*

Boxer(in) <-s, -; -, -nen> *m(f)* (*Sportler*) pugile *mf*

Boxhandschuh *m* guantone *m;* **Boxkampf** *m* incontro *m* di pugilato; **Box-**

sport *m* pugilato *m*

Boykott [bɔɪ'kɔt] <-(e)s, -s> *m* boicottaggio *m*

boykottieren [bɔɪkɔ'ti:rən] <ohne ge-> *vt* boicottare

Bozen ['bo:tsən] *n* Bolzano *f*

brach [bra:x] *1. u 3. pers sing imp von* **brechen**

brach|liegen <irr> *vi* **1.** (AGR: *Feld*) stare a maggese **2.** (*fig*) rimanere improduttivo

brachte ['braxtə] *1. u 3. pers sing imp von* **bringen**

Brainstorming ['brɛɪnstɔ:mɪŋ] <-s> *kein Pl n* brain storming *m*

Branche ['brã:ʃə] <-, -n> *f* ramo *m;* **Branchenverzeichnis** *n* elenco *m* (telefonico) per categorie

Brand [brant] <-(e)s, Brände> *m* **1.** (*Feuer*) incendio *m;* **in ~ geraten** prendere fuoco; **etw in ~ setzen** [*o* **stecken**] incendiare qc **2.** *sing* (MED) cancrena *f* **3.** *sing* (*fam*) arsura *f;* **brandaktuell** *adj* di scottante attualità; **Brandanschlag** *m* attentato *m* incendiario

branden ['brandən] *vi* (*geh: Wellen*) infrangersi

Brandenburg ['brandənbʊrk] <-s> *n* Brandeburgo *f*

Brandherd *m* focolaio *m* (d'incendio); **Brandlegung** <-, -en> *f* (*A: Brandstiftung*) incendio *m* colposo; **brandmarken** *vt* bollare; **Brandsalbe** *f* pomata *f* per le scottature; **Brandstifter(in)** *m(f)* incendiario, -a *m, f;* **Brandstiftung** *f* incendio *m* colposo

Brandung <-, -en> *f* risacca *f*

Brandwache *f* (*CH: Berufsfeuerwehr*) corpo *m* dei vigili del fuoco; **Brandwunde** *f* piaga *f* da scottatura

brannte ['brantə] *1. u 3. pers sing imp von* **brennen**

Branntwein ['brantvaɪn] *m* acquavite *f*

Brasilianer(in) [brazi'li̯a:nɐ] <-s, -; -, -nen> *m(f)* brasiliano, -a *m, f*

brasilianisch [brazi'li̯a:nɪʃ] *adj* brasiliano

Brasilien [bra'zi:li̯ən] *n* Brasile *m;* **in ~** nel Brasile

brät [brɛ:t] *3. pers sing pr von* **braten**

Bratapfel *m* (GASTR) mela *f* al forno

braten ['bra:tən] <brät, briet, gebraten> *vt* (*Fleisch*) arrostire; (*in der Pfanne*) friggere; (*auf dem Rost*) fare ai ferri

Braten <-s, -> *m* arrosto *m*

Brathähnchen *n,* **Brathendl** ['bra:thɛnd(ə)l] <-s, -(n)> *n* (*A, südd*) pollo *m* arrosto; **Bratkartoffeln** *fpl* patate *fpl* arrosto; **Bratpfanne** *f* padella *f;* **Bratrost** *m* griglia *f*

Bratsche ['bra:tʃə] <-, -n> *f* (MUS) viola *f*

Bratwurst *f* salsiccia *f* arrostita; (*roh*) salsiccia *f* da arrostire

Brauch [braʊx] <-(e)s, Bräuche> *m* usanza *f*

brauchbar *adj* **1.** (*verwendbar*) utilizzabile; (*nützlich*) utile **2.** (*Mensch*) abile

brauchen ['braʊxən] *vt* **1.** (*nötig haben*) aver bisogno di; **zwei Stunden ~, um zu** *+inf* impiegare due ore per *+inf* **2.** (*gebrauchen*) adoperare; **kannst du die Sachen ~?** ti possono servire queste cose? **3.** (*müssen*) dovere; **Sie ~ es nur zu sagen** deve solo dirlo

Brauchtum <-s, *rar* -tümer> *n* usanze *fpl*

Braue ['braʊə] <-, -n> *f* sopracciglio *m*

brauen ['braʊən] *vt* (*Bier*) fabbricare

Brauerei [braʊə'raɪ] <-, -en> *f* fabbrica *f* di birra

braun [braʊn] *adj* bruno, marrone; (*Haar*) scuro; (*~gebrannt*) abbronzato; **~ werden** abbronzarsi; *s. a.* **blau**

Bräune ['brɔɪnə] <-> *kein Pl f* abbronzatura *f*

bräunen *vt* **1.** (*Haut*) abbronzare **2.** (GASTR) rosolare

braungebrannt *adj* abbronzato

Braunkohle <-> *kein Pl f* lignite *f*

Brause ['braʊzə] <-, -n> *f* **1.** (*Dusche*) doccia *f* **2.** (*Getränk*) gassosa *f*

brausen ['braʊzən] **I.** *vi* **1.** *haben* (*Wasser, Beifall*) scrosciare **2.** *sein* (*Fahrzeug*) sfrecciare **II.** *vr* **sich ~** fare la doccia

Braut [braʊt] <-, Bräute> *f* fidanzata *f;* (*am Hochzeitstag*) sposa *f*

Bräutigam ['brɔɪtɪgam] <-s, -e> *m* fidanzato *m;* (*am Hochzeitstag*) sposo *m*

Brautjungfer *f* damigella *f* d'onore della sposa; **Brautkleid** *n* abito *m* da sposa; **Brautpaar** *n* (coppia *f* di) sposi *mpl;* **Brautschleier** *m* velo *m* da sposa

brav [bra:f] *adj* **1.** (*artig*) bravo, buono **2.** (*Kleidung*) sobrio

BRD [be:ʔɛr'de:] <-> *kein Pl f abk v* **Bundesrepublik Deutschland** R.F.T. *f*

Brecheisen *n* piede *m* di porco

brechen ['brɛçən] <bricht, brach, gebrochen> **I.** *vt haben* **1.** (*entzwei~*) spezzare, rompere; (*in Stücke ~*) frantumare **2.** (MED: *Knochen*) fratturare; **sich** *dat* **den Arm/das Bein** ~ rompersi il braccio/la gamba **3.** (*von sich geben*) vomitare **4.** (OPT) rifrangere **5.** (*fig: Eid, Gesetz*) violare; (*Vertrag*) rompere; (*Gelübde*) infrangere; (*Versprechen, sein Wort*) non mantenere; (*Widerstand*) vincere; (*Rekord*) battere **II.** *vi* **1.** *sein* (*zer~*) rompersi, spezzarsi **2.** *haben* (*sich erbrechen*) vomitare **3.** *haben* (*fig*) **mit jdm** ~ rompere con qu **III.** *vr* **sich** (**an etw** *dat*) ~ (*Wellen*) infrangersi (contro qc)

Brecher <-s, -> *m* frangente *m*

Brechreiz *m* conato *m* di vomito

Bregenz ['bre:gɛnts] *n* Bregenz *f*

Brei [braɪ] <-(e)s, -e> *m* (*für Kinder*) pappa *f;* (*Kartoffel~*) purè *m;* (*bes von Obst*) passato *m;* **um den** (**heißen**) ~ **herumreden** (*fam*) non venire al dunque; **jdn zu ~ schlagen** (*fig fam*) ridurre qu in poltiglia; **breiig** *adj* pastoso

Breisgau ['braɪsgaʊ] *m* Brisgovia *f*

breit [braɪt] *adj* largo; (*weit, ausgedehnt*) ampio, vasto; (*Angebot, Öffentlichkeit, Masse*) grande; (*Lachen*) sguaiato; **~er machen** allargare; **sich ~ machen** (*fam*) occupare molto posto; **breitbeinig** *adv* a gambe larghe

Breite <-, -n> *f* **1.** (*bei Maßangaben*) larghezza *f;* (*Weite, Ausdehnung*) estensione *f* **2.** (GEOG, ASTR) latitudine *f;* **nördliche ~** latitudine nord

Breitengrad *m* (GEOG) grado *m* di latitudine

breit|machen *vr* **sich** ~ *s.* **breit**; **breitschult(e)rig** *adj* dalle spalle larghe; **breit|treten** <irr> *vt* (*fig*) **etw** ~ diffondersi su qc; **Breitwandfilm** *m* film *m* in cinemascope

Bremen ['bre:mən] *n* Brema *f*

Bremsbelag *m* (MOT) pastiglie *fpl* dei freni

Bremse ['brɛmzə] <-, -n> *f* **1.** (TEC, MOT) freno *m* **2.** (ZOO: *Insekt*) tafano *m*

bremsen ['brɛmzən] *vi, vt* (*a fig*) frenare; **er ist nicht zu** ~ (*fam*) non si riesce a fermarlo

Bremslicht *n* luce *f* di arresto; **Bremspedal** *n* pedale *m* del freno; **Bremsspur** *f* traccia *f* della frenata; **Bremsweg** *m* spazio *m* di frenata

brennbar *adj* combustibile; (*entzündlich*) infiammabile

Brennelement *n* elemento *m* combustibile

brennen ['brɛnən] <brennt, brannte, gebrannt> **I.** *vi* **1.** (*Feuer, Material, Haus*) bruciare, ardere; (*Licht, Ofen*) essere acceso; **es brennt!** al fuoco!; **wo brennt's?** (*fig fam*) cos'è successo?; **das Streichholz brennt nicht** il fiammifero non si accende; **darauf ~ etw zu tun** ardere dal desiderio di fare qc **2.** (*Haut, Wunde, Augen*) bruciare **II.** *vt* bruciare; (*Kalk, Ziegel, Ton*) cuocere; (*Kaffee*) tostare; (*Branntwein*) distillare

Brenner ['brɛnɐ] <-s> *kein Pl m* (GEOG) Brennero *m*

Brennerei [brɛnə'raɪ] <-, -en> *f* (*Schnaps~*) distilleria *f*

Brennessel *f s.* **Brennnessel**; **Brennholz** *n* legna *f* da ardere; **Brennmaterial** *n* combustibile *m;* **Brennnessel**[RR] *f* ortica *f;* **Brennpunkt** *m* **1.** (OPT, MAT) fuoco *m* **2.** (*fig: Mittelpunkt*) centro *m;* **Brennspiritus** *m* spirito *m* per combustione; **Brennstab** *m* (PHYS) barra *f* combustibile; **Brennstoff** *m* combustibile *m;* (MOT, AERO) carburante *m*

brenzlig ['brɛntslɪç] *adj* (*fam: bedenklich*) preoccupante

Breslau ['brɛslaʊ] *n* Breslavia *f*

Bretagne [bre'tanjə] *f* Bretagna *f*

Bretone [bre'to:nə] <-n, -n> *m,* **Bretonin** [bre'to:nɪn] <-, -nen> *f* bretone *mf*

bretonisch [bre'to:nɪʃ] *adj* bretone

Brett [brɛt] <-(e)s, -er> *n* **1.** (*Holz~*) asse *m,* tavola *f;* (*Regal~*) mensola *f;* **schwarzes ~** bacheca *f;* **ein ~ vor dem Kopf haben** non veder più in là del proprio naso **2.** *pl* (SPORT: *Ski*) sci *mpl* **3.** *pl* (THEAT: *Bühne*) palcoscenico *m* **4.** (*Schach~*) scacchiera *f;* **Bretterzaun** *m* steccato *m*

Brezel ['bre:tsəl] <-, -n> *f* (GASTR) brezel *m*

Le **Laugenbrezeln** sono una specialità sveva: ciambelle di pane bianco, rese scure dall'essere state immerse in una "Salzlauge" (acqua, sale e bicarbonato) prima di essere cotte in forno. Sono poi ricoperte di sale e vendute semplici o spalmate di burro "Butterbrezel" nelle panetterie o in chioschi specializzati.

bricht [brɪçt] *3. pers sing pr von* **brechen**

Brief [bri:f] <-(e)s, -e> *m* lettera *f;* **Briefbeschwerer** <-s, -> *m* fermacarte *m;*

Briefbogen *m* foglio *m* di carta da lettere; **Briefbombe** *f* lettera *f* esplosiva

Briefing ['bri:fɪŋ] <-s, -s> *n* briefing *m*

Briefkasten *m* (*der Post*) cassetta *f* postale; (*Haus~*) cassetta *f* della posta; **elektronischer** ~ mail box *m;* **Briefkopf** *m* intestazione *f* della lettera; **brieflich** *adj* per lettera; **Briefmarke** *f* francobollo *m;* **Briefmarkensammler(in)** *m(f)* filatelista *mf;* **Brieföffner** *m* tagliacarte *m;* **Briefpapier** *n* carta *f* da lettere; **Brieftasche** *f* portafoglio *m;* **Brieftaube** *f* piccione *m* viaggiatore; **Briefträger(in)** *m(f)* postino, -a *m, f;* **Briefumschlag** *m* busta *f* (da lettera); **Briefwaage** *f* bilancia *f* per corrispondenza; **Briefwahl** *f* votazione *f* per corrispondenza; **Briefwechsel** *m* corrispondenza *f*

briet [bri:t] *1. u 3. pers sing imp von* **braten**

Brigade [bri'ga:də] <-, -n> *f* (MIL) brigata *f*

Brikett [bri'kɛt] <-s, -s> *n* bricchetta *f*

brillant [brɪl'jant] *adj* eccellente

Brillant <-en, -en> *m* brillante *m*

Brille ['brɪlə] <-, -n> *f* occhiali *mpl;* **Brillengestell** *n* montatura *f* degli occhiali; **Brillenschlange** *f* serpente *m* dagli occhiali

bringen ['brɪŋən] <bringt, brachte, gebracht> *vt* **1.** (*herbei~, mit~*) portare; (*holen*) andare a prendere; (*begleiten*) accompagnare; (*im Auto fahren*) portare; **Glück** ~ portare fortuna; **jdn auf eine Idee** ~ far venire un'idea a qu; **in Sicherheit** ~ mettere al sicuro; **etw hinter sich** ~ portare a termine qc; **mit sich** *dat* ~ (*zur Folge haben*) comportare; **jdm etw nahe** ~ spiegare qc a qu **2.** (*ein~: Gewinn*) rendere, fruttare; (*Ärger, Sorgen, Freude*) causare, portare; **das bringt nichts** (*fam*) non serve a niente **3.** (*Opfer*) fare **4.** (*fam: veröffentlichen*) pubblicare; (*senden*) trasmettere; **was ~ die Zeitungen darüber?** cosa ne dicono i giornali? **5.** (*wegnehmen*) **jdn um etw** ~ far perdere qc a qu; **jdn um den Verstand** ~ far perdere il senno a qu **6.** (*erreichen*) **es zu etwas** ~ far molta strada **7.** (*bekommen*) indurre; **jdn zum Lachen/Weinen** ~ far ridere/piangere qu; **jdn dazu ~ etw zu tun** indurre qu a fare qc

Brise ['bri:zə] <-, -n> *f* brezza *f*

Brite ['brɪtə] <-n, -n> *m,* **Britin** ['brɪtɪn] <-, -nen> *f* britanno, -a *m, f*

britisch *adj* britannico; **die Britischen Inseln** le isole Britanniche

Brixen ['brɪksən] *n* Bressanone *f*

bröckeln ['brœkəln] *vi sein* sbriciolarsi

Brocken ['brɔkən] <-s, -> *m* (*a fig*) briciolo *m;* (*Stückchen*) frammento *m;* **harter** ~ (*fig fam*) osso *m* duro; **ein paar ~ Latein** qualche parola di latino

brodeln ['bro:dəln] *vi* **1.** (*Wasser, a fig*) ribollire **2.** (*A: fam: trödeln*) baloccarsi

Brokat [bro'ka:t] <-(e)s, -e> *m* broccato *m*

Broker(in) ['bro:kɐ] <-s, -; -, -nen> *m(f)* (FIN) broker *m*

Brokkoli ['brɔkoli] *pl* broccolo *m*

Brom [bro:m] <-s> *kein Pl n* (CHEM) bromo *m*

Brombeere ['brɔmbe:rə] *f* mora *f*

Bronchie ['brɔnçi̯ə] <-, -n> *f* (ANAT) bronco *m*

Bronchitis [brɔn'çi:tɪs] <-, Bronchitiden> *f* (MED) bronchite *f*

Bronze ['brõ:sə] <-, -n> *f* bronzo *m;* **Bronzemedaille** *f* medaglia *f* di bronzo

Brosche ['brɔʃə] <-, -n> *f* fermaglio *m,* spilla *f*

Broschüre [brɔ'ʃy:rə] <-, -n> *f* opuscolo *m*

Brot [bro:t] <-(e)s, -e> *n* pane *m;* **ein Laib** ~ una pagnotta; **eine Scheibe** ~ una fetta di pane; **sein ~ verdienen** guadagnarsi il pane

Brötchen ['brø:tçən] <-s, -> *n* panino *m;* **brotlos** *adj* **~e Kunst** arte che non dà da vivere; **Brotmaschine** *f* affettatrice *f* per pane

Browser <-s, -> *m* (INFORM) browser *m*

Bruch [brʊx] <-(e)s, Brüche> *m* **1.** (*Brechen, a fig*) rottura *f* **2.** (MED: *Knochen~*) frattura *f;* (*Eingeweide~*) ernia *f* **3.** (MAT) frazione *f* **4.** (*Vertrags~*) violazione *f* **5.** (*Spaltung, Zerwürfnis*) scissione *f;* **Bruchbude** *f* (*fam*) catapecchia *f*

brüchig ['brʏçɪç] *adj* friabile

Bruchlandung *f* atterraggio *m* di fortuna; **Bruchrechnen** *n* (MAT) calcolo *m* con numeri frazionari; **Bruchstrich** *m* (MAT) segno *m* di frazione; **Bruchstück** *n* frammento *m;* **Bruchteil** *m* frazione *f*

Brücke ['brʏkə] <-, -n> *f* **1.** (ARCH, SPORT, TEC, MED) ponte *m;* (NAUT) passerella *f;* **eine ~ schlagen** (*a fig*) gettare un ponte; **alle ~n**

hinter sich *dat* **abbrechen** tagliare tutti i ponti col mondo **2.** (*Teppich*) passatoia *f*

Bruder ['bru:dɐ] <-s, Brüder> *m* fratello *m*

brüderlich *adj* fraterno; **Brüderschaft** <-> *kein Pl f* fraternità *f;* **mit jdm ~ trinken** proporre il "tu" a qu (bevendo un bicchierino)

Brühe ['bry:ə] <-, -n> *f* **1.** (*Fleisch~*) brodo *m* **2.** (*pej: Schmutzwasser*) acque *fpl* luride; (*Getränk*) brodaglia *f*

Brühwürfel *m* dado *m* per brodo

brüllen ['brʏlən] *vi* (*Rind*) muggire; (*Löwe*) ruggire; (*Mensch*) urlare

brummen ['brʊmən] **I.** *vi* (*Bär, Mensch*) brontolare; (*Insekt, Flugzeug*) ronzare; (MOT) rombare; **mir brummt der Schädel** la testa mi ronza **II.** *vt* borbottare

Brummer <-s, -> *m* (*fam*) **1.** (*Fliege*) moscone *m* **2.** (*LKW*) Tir *m*

Brunch ['brantʃ] <-(e)s, -(e)s> *m* brunch *m*

Bruneck [bru'nɛk] *n* Brunico *f*

brünett [bry'nɛt] *adj* castano, bruno

Brunnen ['brʊnən] <-s, -> *m* (*Spring~*) fontana *f;* (*Zieh~*) pozzo *m;* (*Heilquelle*) (sorgente *f* di) acque *fpl* minerali

Brunst [brʊnst] <-, Brünste> *f* calore *m*

brüsk [brʏsk] *adj* brusco

Brüssel ['brʏsəl] *n* Bruxelles *f*

Brüss(e)ler[RR] ['brʏs(ə)lɐ] <inv> *adj attr* di Bruxelles

Brust [brʊst] <-, Brüste> *f* **1.** *sing* (*Körperteil*) petto *m;* (*~korb*) torace *m* **2.** (*Busen*) seno *m;* **einem Kind die ~ geben** dare il seno a un bambino; **Brustbein** *n* (ANAT) sterno *m*

brüsten ['brʏstən] *vr* **sich ~** darsi delle arie; **sich mit etw ~** vantarsi di qc

Brustfell *n* (ANAT) pleura *f;* **Brustfellentzündung** *f* (MED) pleurite *f;* **Brustkasten** *m* (*fam* ANAT) gabbia *f* toracica; **Brustkorb** *m* (ANAT) torace *m;* **Brustkrebs** *m* (MED) cancro *m* al seno; **Brustschwimmen** *n* (SPORT) (nuoto *m* a) rana *f*

Brüstung ['brʏstʊŋ] <-, -en> *f* parapetto *m*

Brustwarze *f* (ANAT) capezzolo *m*

Brut [bru:t] <-, -en> *f* **1.** (*das Brüten*) cova(tura) *f* **2.** (*Eier, Vogeljunge*) covata *f* **3.** *sing* (*fig pej: Gesindel*) gentaglia *f*

brutal [bru'ta:l] *adj* brutale

Brutalität [brutali'tɛ:t] <-, -en> *f* brutalità *f*

brüten ['bry:tən] *vi* **1.** (*Vögel*) covare **2.** (*fig: nachgrübeln*) **über etw** *dat* **~** meditare su qc

Brüter <-s, -> *m* (PHYS) **schneller ~** reattore *m* autofertilizzante

Brutkasten *m* incubatrice *f*

brutto ['brʊto] *adv* lordo; **Bruttoeinkommen** *n,* **Bruttogehalt** *n* reddito *m* lordo; **Bruttogewicht** *n* peso *m* lordo; **Bruttosozialprodukt** *n* (WIRTSCH) Prodotto *m* Nazionale Lordo

BSE [be:ʔɛs'ʔe:] *abk v* **Bovine Spongiforme Encephalopathie** (**Rinderwahnsinn**) BSE *f* (*sindrome della mucca pazza*)

BSP [be:ʔɛs'pe:] <-> *n* (WIRTSCH) *abk v* **Bruttosozialprodukt** PNL *m*

Btx [be:te:'ʔɪks] *abk v* **Bildschirmtext** Videotel® *m*

Bub [bu:p] <-en, -en> *m* (*südd, A, CH*) ragazzetto *m*

Buch [bu:x] <-(e)s, Bücher> *n* **1.** (*Druckwerk*) libro *m;* **reden wie ein ~** (*fam*) parlare come un libro stampato; **wie es im ~ steht** come si deve **2.** *meist Pl* (COM) registro *m;* **die Bücher führen** tenere la contabilità; **über etw** *acc* **~ führen** registrare qc; **Buchbinder(in)** <-s, -; -, -nen> *m(f)* (ri)legatore, -trice *m, f* di libri; **Buchdrucker(in)** *m(f)* tipografo, -a *m, f*

Buche ['bu:xə] <-, -n> *f* faggio *m*

Buchecker ['bu:xʔɛkɐ] <-, -n> *f* faggiola *f*

buchen ['bu:xən] *vt* **1.** (COM: *Betrag*) registrare **2.** (*Platz, Zimmer, Flug*) prenotare

Bücherbrett *n* mensola *f* per libri

Bücherei [by:çə'raɪ] <-, -en> *f* biblioteca *f*

Bücherregal *n* scaffale *m;* **Bücherschrank** *m* libreria *f;* **Bücherwurm** *m* (*scherz*) topo *m* di biblioteca

Buchfink *m* fringuello *m*

Buchführung *f* (COM) contabilità *f;* **Buchhalter(in)** *m(f)* (COM) contabile *mf,* ragioniere, -a *m, f;* **Buchhandel** *m* commercio *m* librario; **Buchhändler(in)** *m(f)* libraio, -a *m, f;* **Buchhandlung** *f* libreria *f;* **Buchprüfer(in)** *m(f)* (COM) revisore *m* contabile; **Buchprüfung** *f* (COM) revisione *f* contabile

Buchse ['bʊksə] <-, -n> *f* (TEC) manicotto *m*

Büchse ['bʏksə] <-, -n> *f* **1.** (*Behälter*) barattolo *m;* (*Dose*) lattina *f;* (*Sammel~*) bossolo *m* **2.** (*Jagdgewehr*) fucile *m;* **Büchsenmilch** *f* latte *m* condensato; **Büchsenöffner** *m* apriscatole *m*

Buchstabe ['bu:xʃta:bə] <-ns, -n> *m* lettera *f;* **großer/kleiner ~** lettera maiuscola/minuscola

buchstabieren [bu:xʃta'bi:rən] <ohne ge-> *vt* compitare

buchstäblich ['bu:xʃtɛ:plɪç] **I.** *adj* letterale **II.** *adv* (*fig*) letteralmente

Bucht [bʊxt] <-, -en> *f* baia *f;* (*kleine*) insenatura *f*

Buchtel ['bʊxtəl] <-, -n> *f meist Pl* (*A*) *dolce di pasta lievitata farcito di marmellata o altro*

Buchung <-, -en> *f* **1.** (COM: *Eintrag*) registrazione *f* **2.** (*Reservierung*) prenotazione *f*

Buchweizen *m* grano *m* saraceno

Buckel ['bʊkəl] <-s, -> *m* **1.** (*fam: Rücken*) groppa *f* **2.** (MED: *Höcker*) gobba *f;* **buck(e)lig** *adj* (*Mensch*) gobbo

bücken ['bʏkən] *vr* **sich (nach etw) ~** chinarsi (per raccogliere qc)

bucklig *s.* **buck(e)lig**

buddeln ['bʊdəln] *vi* (*fam: wühlen*) scavare

Buddhismus [bʊ'dɪsmʊs] <-> *kein Pl m* buddismo *m*

Buddhist(in) [bʊ'dɪst] <-en, -en; -, -nen> *m(f)* buddista *mf*

buddhistisch *adj* buddista

Bude ['bu:də] <-, -n> *f* **1.** (*Markt~*) bancarella *f;* (*Zeitungs~*) chiosco *m* **2.** (*fam: Zimmer*) stanza *f*

Budget [bʏ'dʒe:] <-s, -s> *n* (POL, COM) budget *m*

Büfett [by'fe:] <-(e)s, -s> *n* **1.** (*Anrichte*) credenza *f;* **kaltes ~** buffet freddo **2.** (*Schanktisch*) banco *m* **3.** (*CH: Bahnhofsrestaurant*) ristorante *m* della stazione

Büffel ['bʏfəl] <-s, -> *m* bufalo *m*

büffeln *vi* (*fam*) sgobbare

Buffet [bʏ'fe:] <-s, -s> *n s.* **Büfett**

Bug[1] <-(e)s, -e> *m* (NAUT) prua *f*

Bug[2] <-s, -s> *m* (INFORM) bug *m,* baco *m*

Bügel ['by:gəl] <-s, -> *m* **1.** (*Kleider~*) gruccia *f* **2.** (*von Handtasche*) cerniera *f* **3.** (*Brillen~*) stanghetta *f* **4.** (*Steig~*) staffa *f*

Bügel-BH *m* reggiseno *m* a balconcino

Bügelbrett *n* asse *m* da stiro; **Bügeleisen** *n* ferro *m* da stiro; **Bügelfalte** *f* piega *f* dei calzoni; **bügelfrei** *adj* che non si stira

bügeln ['by:gəln] *vi, vt* stirare

buhlen ['bu:lən] *vi* (*geh pej*) **um etw ~** cercare di ottenere qc

Bühne ['by:nə] <-, -n> *f* **1.** (*im Theater*) scena *f;* **über die ~ gehen** (*fig fam*) svolgersi **2.** (*Theater*) teatro *m* **3.** (*Gerüst*) tribuna *f;* **Bühnenbild** *n* scenografia *f;* **Bühnenbildner(in)** ['by:nənbɪltnɐ] <-s, -; -, -nen> *m(f)* scenografo, -a *m, f*

Buhruf *m* grido *m* di disapprovazione

Bukarest ['bu:karɛst] *n* Bucarest *f*

Bukett [bu'kɛt] <-(e)s, -e> *n* **1.** (*geh: Blumenstrauß*) bouquet *m* **2.** (*von Wein*) bouquet *m*

Bulgare [bʊl'ga:rə] <-n, -n> *m* bulgaro *m;* **Bulgarien** [bʊl'ga:ri̯ən] *n* Bulgaria *f;* **Bulgarin** [bʊl'ga:rɪn] <-, -nen> *f* bulgara *f; s. a.* **Bulgare**; **bulgarisch** [bʊl'ga:rɪʃ] *adj* bulgaro

Bullauge ['bʊlʔaʊgə] *n* (NAUT, AERO) oblò *m*

Bulldogge ['bʊldɔgə] *f* bulldog *m*

Bulldozer ['bʊldo:zɐ] <-s, -> *m* (TEC) bulldozer *m*

Bulle ['bʊlə] <-n, -n> *m* **1.** (*Stier*) toro *m;* (*männliches Tier*) maschio *m* **2.** (*fam pej: Polizist*) piedipiatti *m sl*

Bumerang ['bu:məraŋ] <-s, -s> *m* (*a fig*) bumerang *m*

Bummel ['bʊməl] <-s, -> *m* (*fam*) giro *m;* **einen ~ machen** fare un giro per i negozi

bummeln *vi* (*fam*) **1.** *sein* (*umherschlendern*) gironzolare **2.** *haben* (*trödeln*) gingillarsi

Bummelstreik *m* sciopero *m* a singhiozzo; **Bummelzug** *m* (*fam*) treno *m* locale

bumsen ['bʊmzən] *vi* **1.** *sein* (*fam: prallen*) **gegen etw ~** cozzare contro qc **2.** *haben* (*vulg*) chiavare

Bund[1] [bʊnt] <-(e)s, Bünde> *m* **1.** (*Freundschafts~*) legame *m;* (*Vereinigung*) unione *f;* (*Schutzbündnis*) lega *f;* (*Staaten~*) confederazione *f;* **einen ~ mit jdm schließen** stringere un'alleanza con qu **2.** (POL: *Bundesstaat*) governo *m* federale **3.** (*an Kleid, Hose*) cintura *f*

Bund[2] [bʊnt] <-(e)s, -e> *n* (*Stroh~, Gemüse~*) fascio *m*

Bündchen ['bʏntçən] <-s, -> *n* (*Arm~*) polsino *m;* (*Hals~*) collo *m*

Bündel ['bʏndəl] <-s, -> *n* **1.** (*Heu~, Stroh~*) fardello *m;* (*Reisig~*) fascina *f* **2.** (*Pa-*

cken) fagotto *m;* (*von Banknoten*) rotolo *m;* (*Akten~*) dossier *m*

bündeln *vt* **1.** (*Zeitungen*) legare; (*Stroh*) affastellare; (*Gemüse*) fare mazzetti di **2.** (*Strahlen*) proiettare

Bundesbahn *f* ferrovie *fpl* dello stato; **Bundesbank** <-> *kein Pl f* banca *f* federale; **Bundesebene** *f* **auf** ~ a livello nazionale; **Bundesgericht** *n* (*CH: oberster Gerichtshof der Schweiz*) Corte *f* di Cassazione; **Bundesgerichtshof** *m* Corte *m* di Cassazione Federale; **Bundesgrenzschutz** *m* guardia *f* statale di confine; **Bundeshaus** <-es> *kein Pl n* (PARL) **1.** (*BRD*) sede *f* del governo centrale **2.** (*CH*) palazzo *m* del governo federale svizzero; **Bundesheer** *n* (*A*) forze *fpl* armate; **Bundeskanzler** *m* (*BRD, A*) cancelliere *m* federale; (*CH*) cancelliere *m* della Confederazione Elvetica

In Germania il **Bundeskanzler** viene prima eletto dal "Bundestag" e poi nominato dal "Bundespräsident" ed è a capo del governo federale. In Austria è il partito di maggioranza relativa all'interno del "Nationalrat" a proporre un candidato alla carica di cancelliere, che spetta al "Bundespräsident" nominare. Il Bundeskanzler presiede il governo federale e guida il "Bundeskanzleramt" (cancelleria federale). In Svizzera il Bundeskanzler è il direttore della "Bundeskanzlei" (cancelleria federale) che dipende dal "Bundespräsident".

Bundesland *n* (*BRD*) Land *m;* (*A*) provincia *f*

A partire dalla riunificazione la Repubblica Federale Tedesca è costituita da 16 **Bundesländer**. La repubblica austriaca è suddivisa in 9 **Bundesländer**. Ogni Land ha una capitale, nella quale ha sede la rispettiva "Landesregierung" (governo regionale).

Bundesliga *f* (*BRD:* SPORT) *serie A;* **Bundesminister(in)** *m(f)* (*BRD, A*) ministro *m;* **Bundespost** *f* **die** (**Deutsche**) ~ *le poste federali;* **Bundespräsident(in)** *m(f)* (*BRD, A*) presidente *m* della repubblica federale; (*CH*) presidente *m* della confederazione

In Germania e in Austria il **Bundespräsident** è il capo dello Stato che svolge funzioni eminentemente rappresentative. Nella Svizzera è invece una sorta di "primus inter pares", in carica per un anno, eletto fra i sette membri del governo che si chiama "Bundesrat".

Bundesrat *m* (POL) **1.** (*BRD, A*) consiglio *m* federale (*formato dai rappresentanti regionali*) **2.** (*CH: zentrale Regierung der Schweiz*) consiglio *m* federale **3.** (*CH, A: Mitglied des Bundesrates*) ministro *m* del consiglio Federale

In Germania il **Bundesrat** è composto da rappresentanti dei governi dei "Länder" in numero proporzionale alla loro grandezza e partecipa al processo legislativo. In Austria il **Bundesrat** è la parte del Parlamento nella quale sono rappresentati i "Länder" a seconda del numero dei loro abitanti, che è stabilito con esattezza dal "Bundespräsident" dopo ogni censimento. Nella Svizzera invece il Bundesrat è il governo composto da sette membri, eletto per quattro anni e presieduto dal "Bundespräsident".

Bundesregierung *f* governo *m* federale; **Bundesrepublik** *f* repubblica *f* federale; **die ~ Deutschland** la Repubblica Federale Tedesca; **Bundesstaat** *m* Stato *m* federale; **Bundesstraße** *f* strada *f* statale; **Bundestag** *m* (*BRD*) camera *f* dei deputati

Il parlamento della Germania viene eletto ogni quattro anni con voto libero e segreto. Il **Bundestag** elegge il "Bundeskanzler", discute e approva disegni di legge.

Bundesverfassungsgericht *n* (*BRD*) corte *f* costituzionale federale; **Bundeswehr** ['bʊndəsveːɐ̯] <-> *kein Pl f* (*BRD*) forze *fpl* armate federali; **bundesweit** *adj* a livello nazionale

Bundfaltenhose *f* pantaloni *mpl* con le pinces

bündig ['bʏndɪç] *adj* conciso

Bündnis ['bʏntnɪs] <-ses, -se> *n* alleanza *f*

Bungalow ['bʊŋgalo] <-s, -s> *m* bungalow *m*

Bungee-Springen ['bandʒiʃprɪŋən] <-s> *kein Pl n* bungee-jumping *m*

Bunker ['bʊnkɐ] <-s, -> *m* (MIL) bunker *m,* casamatta *f*

bunt [bʊnt] I. *adj* 1. (*mehrfarbig*) variopinto; (*farbig*) colorato 2. (*fig: gemischt*) (s)variato, mischiato; **~es Programm** programma vario 3. (*verworren*) confuso; **das wird mir zu ~!** questo è troppo! II. *adv* **es zu ~ treiben** eccedere la misura; **Buntspecht** *m* picchio *m* rosso; **Buntstift** *m* matita *f* colorata; **Buntwäsche** *f* biancheria *f* colorata

Bürde ['bʏrdə] <-, -n> *f* (*geh a fig*) peso *m*

Bureau [by'ro:] <-s, -s> *n* (*CH*) studio *m*

Burenwurst <-, -e> *f* (*A: Bockwurst*) *salsiccia di carne magra riscaldata in acqua bollente*

Burg [bʊrk] <-, -en> *f* rocca(forte) *f*, castello *m*

Bürge ['bʏrgə] <-n, -n> *m* garante *m*

bürgen *vi* **für jdn/etw ~** garantire per qu/qc

Burgenland ['bʊrgənlant] *n* Burgenland *m*

Bürger(in) ['bʏrgɐ] <-s, -; -, -nen> *m(f)* cittadino, -a *m, f;* **Bürgerinitiative** *f* (POL) iniziativa *f* popolare; **Bürgerkrieg** *m* guerra *f* civile; **bürgerlich** *adj* (JUR) civile; (HIST, SOC) borghese; (*pej*) da piccolo borghese; **gut ~e Küche** cucina *f* alla casalinga; **Bürgermeister(in)** *m(f)* sindaco *m;* (*BRD*) borgomastro *m;* **Bürgerrecht** *n* diritto *m* di cittadinanza; **Bürgerrechtler(in)** ['bʏrgɐrɛçtlɐ] <-s, -; -, -nen> *m(f)* militante *mf* nel movimento dei diritti dell'uomo; **Bürgerschaft** <-, *rar* -en> *f* cittadinanza *f;* **Bürgersteig** ['bʏrgɐʃtaɪk] <-(e)s, -e> *m* marciapiede *m;* **Bürgertum** <-s> *kein Pl n* borghesia *f*

Bürgin ['bʏrgɪn] <-, -nen> *f* garante *f; s. a.* **Bürge**

Bürgschaft ['bʏrkʃaft] <-, -en> *f* garanzia *f;* **~ leisten für** prestare garanzia per

Burgund [bʊr'gʊnt] <-s> *n* Borgogna *f*

Büro [by'ro:] <-s, -s> *n* ufficio *m;* **Büroangestellte** *mf* impiegato, -a *m, f* d'ufficio; **Büroautomation** <-> *kein Pl f* (INFORM) automatizzazione *f* del lavoro d'ufficio; **Büroklammer** *f* graffetta *f*

Bürokrat(in) [byro'kra:t] <-en, -en; -, -nen> *m(f)* (*pej*) burocrate *m*

Bürokratie [byrokra'ti:] <-, *rar* -n> *f* burocrazia *f*

bürokratisch [byro'kra:tɪʃ] *adj* burocratico

Bursche ['bʊrʃə] <-n, -n> *m* ragazzo *m*

burschikos [bʊrʃi'ko:s] *adj* da maschiaccio

Bürste ['bʏrstə] <-, -n> *f* spazzola *f*

bürsten *vt* spazzolare

Bus [bʊs] <-ses, -se> *m* (auto)bus *m;* **Busbahnhof** *m* stazione *f* autolinee

Busch [bʊʃ] <-es, Büsche> *m* 1. (*Strauch*) arbusto *m;* (*Gebüsch*) cespuglio *m* 2. (*in den Tropen*) savana *f*

Büschel ['bʏʃəl] <-s, -> *n* ciuffo *m*

buschig *adj* cespuglioso

Busen ['bu:zən] <-s, -> *m* seno *m*, petto *m;* **Busenfreund(in)** *m(f)* amico, -a *m, f* del cuore

Bushaltestelle <-, -n> *f* fermata *f* d'autobus

Business Class[RR] ['bɪznɪs kla:s] <-> *kein Pl f* (AERO) business class *f*

Bussard ['bʊsart] <-s, -e> *m* poiana *f*

Buße ['bu:sə] <-, -n> *f* 1. *sing* (REL) penitenza *f;* **~ tun** far penitenza 2. (JUR: *Geld~*) ammenda *f*

büßen ['by:sən] *vt* 1. (REL) espiare 2. (*bezahlen*) pagare; **das sollst du mir ~!** me la pagherai! 3. (*CH: mit einer Geldstrafe belegen*) multare

Bußgeld *n* multa *f*, contravvenzione *f*

Bussi ['bʊsi] <-, -> *n* (*A: fam: Küsschen*) bacetto *m*

Büste ['bʏstə] <-, -n> *f* 1. (*Brust*) petto *m* 2. (*Kunst*) busto *m;* **Büstenhalter** *m* reggipetto *m*

Bustier <-s, -s> *n* bustino *m*

Butangas [bu'ta:nga:s] <-es> *kein Pl n* butano *m*

Butter ['bʊtɐ] <-> *kein Pl f* burro *m;* **mit ~ bestreichen** imburrare; **es ist alles in ~** (*fig fam*) tutto è a posto; **Butterblume** *f* ranuncolo *m;* **Butterbrot** *n* pane *m* imburrato; **Butterbrotpapier** *n* carta *f* oleata; **Butterdose** *f* burriera *f;* **Butterfass**[RR] *n* zangola *f;* **Buttermilch** *f* latte *m* fermentato; **butterweich** ['bʊtɐ'vaɪç] *adj* molle come il burro

Button [bʌtn] <-s, -s> *m* distintivo *m*

Butzenscheibe ['bʊtsənʃaɪbə] *f* vetro *m* a tondi

b. w. *abk v* **bitte wenden** v. r.

Byte [baɪt] <-s, -s> *n* (INFORM) byte *m*

Byzanz [by'tsants] *n* Bisanzio *f*

bzgl. *abk v* **bezüglich** per quanto riguarda

bzw. *abk v* **beziehungsweise** risp.

C

C, c [tseː] <-, -(s)> *n* **1.** (*Buchstabe*) C, c *f;* **C wie Cäsar** C come Como **2.** (MUS) do *m*
ca. *abk v* **circa** c.
Cache(speicher) <-s, -> *m* (INFORM) (memoria *f*) cache *f*
CAD [kat] <-s> *n abk v* **Computer Aided Design** CAD *f*
Café [ka'feː] <-s, -s> *n* caffè *m*
Cafeteria [kafetə'riːa] <-, -s> *f* tavola *f* calda
Callboy ['kɔːlbɔɪ] <-s, -s> *m* ragazzo *m* squillo
Call-Center ['kɔːl 'sɛntɐ] <-s, -> *n* centro *m* di servizio telefonico
Callgirl ['kɔːlgœːl] <-s, -s> *n* ragazza *f* squillo
Camcorder ['kɛmkɔrdɐ] <-s, -> *m* camcorder *m*
Camp [kɛmp] <-s, -s> *n* campo *m*
campen ['kɛmpən] *vi* campeggiare
Camper(in) <-s, -; -, -nen> *m(f)* campeggiatore, -trice *m, f*
Camping ['kɛmpɪŋ] <-s> *kein Pl n* campeggio *m;* **Campingplatz** *m* camping *m*
Caravan ['karavan] <-s, -s> *m* roulotte *f*
Cartoon [kaɐ'tuːn] <-s, -s> *m* fumetto *m*
CD [tseː'deː] <-, -s> *f abk v* **Compact Disk** CD *m*
CD-I <-, -s> *f* (INFORM) CD *m* interattivo
CD-Player [tseː'deːplɛɪɐ] <-s, -> *m* lettore *m* CD
CD-ROM [tseː'deːrɔm] <-, -s> *f* (INFORM) CD-ROM *m;* **CD-ROM-Laufwerk** <-(e)s, -e> *n* (INFORM) lettore *m* CD-ROM
CDU [tseːdeː'ʔuː] <-> *kein Pl f abk v* **Christlich-Demokratische Union** *partito democristiano tedesco*
Cellist(in) [tʃɛ'lɪst] <-en, -en; -, -nen> *m(f)* violoncellista *mf*
Cello ['tʃɛlo] <-s, Celli> *n* violoncello *m*
Cellophan® [tsɛlo'faːn] <-s> *kein Pl n* cellofan *m*
Celsius ['tsɛlzi̯ʊs] *n* grado *m* centigrado
Ceylon ['tsaɪlɔn] *n* Ceylon *f*
Chalet [ʃa'leː] <-s, -s> *n* (*CH*) chalet *m*
Chamäleon [ka'mɛːleɔn] <-s, -s> *n* camaleonte *m*
Champagner [ʃam'panjɐ] <-s, -> *m* champagne *m*
Champignon ['ʃampɪnjɔŋ] <-s, -s> *m* fungo *m* prataiolo
Champion ['tʃɛmpi̯ən] <-s, -s> *m* campione, -essa *m, f*
Chance ['ʃãːs(ə)] <-, -n> *f* **1.** (*Gelegenheit*) occasione *f* **2.** (*Aussicht*) prospettiva *f;* **Chancengleichheit** *f* uguaglianza *f* di prospettive; **chancenlos** *adj* senza prospettive
Chanson [ʃã'sõː] <-s, -s> *n* canzone *f*
Chaos ['kaːɔs] <-> *kein Pl n* caos *m*
Chaot(in) [ka'oːt] <-en, -en; -, -nen> *m(f)* **1.** (*fam: Wirrkopf*) confusionario, -a *m, f* **2.** (POL) anarchico, -a *m, f*
chaotisch [ka'oːtɪʃ] *adj* caotico
Charakter [ka'raktɐ] <-s, -e> *m* carattere *m;* (*Wesen*) natura *f;* **die Unterredung hatte vertraulichen ~** fu un colloquio a carattere riservato; **Charaktereigenschaft** *f* qualità *f* morale; **charakterfest** *adj* di carattere fermo
charakterisieren [karakteri'ziːrən] <ohne ge-> *vt* caratterizzare
charakteristisch [karakte'rɪstɪʃ] *adj* **für jdn/etw ~ sein** essere caratteristico di qu/qc
charakterlich *adj* caratteriale
charakterlos *adj* senza carattere; **Charakterzug** *m* tratto *m* del carattere
Charisma ['çaːrɪsma] <-s, -ta> *n* carisma *m*
charmant [ʃar'mant] *adj* affascinante
Charme [ʃarm] <-s> *kein Pl m* fascino *m*
Charterflug *m* volo *m* charter; **Charterflugzeug** *n* charter *m*
chartern ['tʃartɐn] *vt* noleggiare
Chassis [ʃa'siː] <-, -> *n* telaio *m*
Chat <-s> *kein Pl m* chat *m;* **Chatroom** <-s, -s> *m* (INFORM) chat *f*
chatten *vi* chattare
Chauffeur [ʃɔ'føːɐ̯] <-s, -e> *m* autista *m* (personale)
Chauvi ['ʃoːvi] <-s, -s> *m* (*fam*) maschilista *m*
Chauvinismus [ʃovi'nɪsmʊs] <-> *kein Pl m* (*pej*) sciovinismo *m*
Chauvinist(in) [ʃovi'nɪst] <-en, -en; -,

-nen> *m(f)* (*pej*) sciovinista *mf*
chauvinistisch *adj* (*pej*) sciovinistico
checken ['tʃɛkən] *vt* **1.** (*überprüfen*) controllare **2.** (*sl: verstehen*) capire
Checkliste *f* (AERO) lista *f* di controllo
Chef ['ʃɛf] <-s, -s> *m* padrone *m;* (*Vorgesetzter*) capo *m;* **Chefarzt** *m,* **Chefärztin** *f* primario *m;* **Chefin** *f* padrona *f;* (*Vorgesetzte*) capo *m;* **Chefredakteur(in)** *m(f)* caporedattore, -trice *m, f;* **Chefsekretär(in)** *m(f)* segretario, -a *m, f* del principale
Chemie [çe'miː] <-> *kein Pl f* chimica *f;* **Chemiefaser** *f* fibra *f* sintetica
Chemikalie [çemi'kaːli̯ə] <-, -n> *f* prodotto *m* chimico
Chemiker(in) ['çeːmikɐ] <-s, -; -, -nen> *m(f)* chimico, -a *m, f*
Cheminée ['ʃmɪne] <-s, -s> *n* (*CH*) camino *m*
chemisch ['çeːmɪʃ] *adj* chimico; ~**e Reinigung** pulitura *f* a secco
Chemotherapie *f* (MED) chemioterapia *f*
Chicorée [ʃiko're:] <-s> *f* cicoria *f*
Chiffon ['ʃɪfõ] <-s, -s> *m* chiffon *m*
Chiffre ['ʃɪfrə] <-, -n> *f* cifra *f;* (*Anzeige~*) numero *m*
Chile ['tʃiːle] *n* Cile *m;* **in** ~ nel Cile
Chilene [tʃi'leːnə] <-n, -n> *m,* **Chilenin** [tʃi'leːnɪn] <-, -nen> *f* cileno, -a *m, f*
chilenisch [tʃi'leːnɪʃ] *adj* cileno
China ['çiːna] *n* Cina *f*
Chinese [çi'neːzə] <-n, -n> *m,* **Chinesin** [çi'neːzɪn] <-, -nen> *f* cinese *mf*
chinesisch [çi'neːzɪʃ] *adj* cinese
Chip [tʃɪp] <-s, -s> *m* **1.** (*Spielmarke*) gettone *m* **2.** *meist Pl* (*Kartoffel~s*) patatine *fpl* (fritte) **3.** (TEC, INFORM) chip *m*
Chirurg(in) [çi'rʊrk] <-en, -en; -, -nen> *m(f)* chirurgo, -a *m, f*
Chirurgie [çirʊr'giː] <-, -n> *f* chirurgia *f*
chirurgisch *adj* chirurgico
Chlor [kloːɐ̯] <-s> *kein Pl n* (CHEM) cloro *m*
Chloroform [kloro'fɔrm] <-s> *kein Pl n* (CHEM) cloroformio *m*
Chlorophyll [kloro'fʏl] <-s> *kein Pl n* (BOT) clorofilla *f*
Cholera ['koːlera] <-> *kein Pl f* (MED) colera *m*
Choleriker(in) [ko'leːrikɐ] <-s, -; -, -nen> *m(f)* collerico, -a *m, f*
cholerisch [ko'leːrɪʃ] *adj* (MED) collerico; (*fig*) irascibile
Cholesterin [çolɛste'riːn] <-s> *kein Pl n* (MED) colesterolo *m*
Chor [koːɐ̯] <-(e)s, Chöre> *m* coro *m*
Choreograf[RR]**(in)** [koreo'graːf] <-en, -en; -, -nen> *m(f)* coreografo, -a *m, f*
Choreografie[RR] [koreogra'fiː] <-, -n> *f* coreografia *f*
Choreograph(in) <-en, -en; -, -nen> *m(f) s.* **Choreograf**
Choreographie <-, -n> *f s.* **Choreografie**
Christ(in) ['krɪst] <-en, -en; -, -nen> *m(f)* cristiano, -a *m, f*
Christbaum *m* albero *m* di Natale
Christenheit <-> *kein Pl f* cristianità *f;* **Christentum** <-s> *kein Pl n* cristianesimo *m*
Christkind *n* Gesù Bambino *m;* **christlich** *adj* cristiano; **Christmette** *f* messa *f* di mezzanotte
Christus ['krɪstʊs] <Christi> *kein Pl m* Cristo *m;* **vor/nach Christi Geburt** avanti/dopo Cristo
Chrom [kroːm] <-s> *kein Pl n* (CHEM) cromo *m*
Chromosom [kromo'zoːm] <-s, -en> *n* (BIOL) cromosoma *m*
Chronik ['kroːnɪk] <-, -en> *f* cronaca *f*
chronisch *adj* cronico
Chronologie [kronolo'giː] <-, -n> *f* cronologia *f*
chronologisch [krono'loːgɪʃ] *adj* cronologico
Chrysantheme [kryzan'teːmə] <-, -n> *f* crisantemo *m*
circa ['tsɪrka] *adv* circa
City ['sɪti] <-, Cities> *f* city *f*
clever ['klɛvɐ] *adj* (*fam*) furbo
Clique ['klɪkə] <-, -n> *f* cricca *f*
Clou [kluː] <-s, -s> *m* (*fam*) punto *m* culminante
Clown [klaʊn] <-s, -s> *m* pagliaccio *m*
Club [klʊp] <-s, -s> *m* club *m*
Co. *abk v* **Kompanie** C.ia
Coach [kɔʊtʃ] <-(s), -s> *m* allenatore, -trice *m, f*
Cockerspaniel ['kɔkɐʃpaniəl] <-(s), -s> *m* cocker *m*
Cocktail ['kɔkteɪl] <-s, -s> *m* cocktail *m*
Code ['koːt] <-s, -s> *m* codice *m*
Comeback <-(s), -s> *n,* **Come-back**[RR] [kam'bɛk] <-(s), -s> *n* rentrée *f*
Comic ['kɔmɪk] <-s, -s> *m* fumetto *m*

Compact Disc <-, -s> *f*, **Compactdisc**[RR] [kɔm'paktdɪsk] <-, -s> *f* compact disc *m*

Computer [kɔm'pju:tɐ] <-s, -> *m* computer *m;* **computergesteuert** *adj* computerizzato; **computergestützt** *adj* basato su computer

computerisieren *vt* computerizzare

Computerspiel *n* gioco *m* elettronico; **Computertisch** *m* mobile *m* portacomputer; **Computertomographie** *f* tomografia *f* assiale computerizzata; **Computervirus** *m* virus *m* (informatico)

Container [kɔn'te:nɐ] <-s, -> *m* container *m*

cool [ku:l] *adj* (*fam*) **1.** (*nicht nervös*) tranquillo **2.** (*toll*) figo

Copilot(in) ['ko:pilo:t] *m(f)* copilota *mf*

Copyright ['kɔpiraɪt] <-s, -s> *n* copyright *m*

Corner ['kɔ:nɐ] <-s, -> *m* (*A: Eckball*) calcio *m* d'angolo

Cornflakes ['kɔ:nfleɪks] *pl* fiocchi *mpl* di granturco

Couch [kaʊʧ] <-, -s> *f* divano *m*

Countdown <-(s), -s> *m o n*, **Countdown**[RR] ['kaʊnt'daʊn] <-(s), -s> *m o n* conto *m* alla rovescia

Coupé [ku'pe:] <-s, -s> *n* **1.** (AUTO) coupé *f* **2.** (*A: Zugabteil*) scompartimento *m* (di treno)

Coupon [ku'põ:] <-s, -s> *m* tagliando *m*

Cousin [ku'zɛ̃:] <-s, -s> *m*, **Cousine** [ku'zi:nə] <-, -n> *f* cugino, -a *m, f*

Covergirl ['kavɐgœ:l] <-s, -s> *n* ragazza-copertina *f*

Cowboy ['kaʊbɔɪ] <-s, -s> *m* cowboy *m*

Creme [kre:m] <-, -s> *f* crema *f;* **die ~** (*fig: das Beste*) il fior fiore

Crew [kru:] <-, -s> *f* equipaggio *m*

CSU [ʦe:ʔɛs'ʔu:] <-> *kein Pl f abk v* **Christlich-Soziale Union** *partito Cristiano-Sociale tedesco*

Curry ['kœri] <-s, -s> *m o n* curry *m*

Cursor ['kœ:zɐ] <-s, -s> *m* (INFORM) cursore *m*

Cutter(in) ['katɐ] <-s, -; -, -nen> *m(f)* (FILM, RADIO, TV) montatore, -trice *m, f*

Cybercafé <-s, -> *f* cybercafé *m;* **Cyberkriminelle** <ein -r, -n, -n> *mf* pirata *m* web; **Cybersex** *m* cybersesso *m;* **Cyberspace** ['saɪbɐspɛɪs] <-> *kein Pl m* spazio *m* cibernetico

D

D, d [de:] <-, -(s)> *n* **1.** (*Buchstabe*) D, d *f;* **D wie Dora** D come Domodossola **2.** (MUS) re *m*

da [da:] **I.** *adv* **1.** (*dort*) lì, là; (*hier*) qui, qua; **~ draußen** là fuori; **~ drüben** di là; **~ oben** lassù; **~ unten** laggiù; **das Buch ~** quel libro lì; **~, wo** laddove; **~ bin ich!** eccomi qua!; **~ ist er** eccolo **2.** (*dann*) allora; **von ~ an** da allora in poi **3.** (*fam: in diesem Fall*) allora; **~ kann man nichts machen** in questo caso non c'è niente da fare **4.** (*vorhanden*) presente; **~ sein** (*anwesend sein*) essere presente; (*vorhanden sein*) esserci; **es ist niemand ~** non c'è nessuno; **ich bin gleich wieder ~** torno subito **II.** *konj* (*weil*) siccome

dabei [da'baɪ, *hinweisend:* 'da:baɪ] *adv* **1.** (*räumlich*) vicino; **ist die Gebrauchsanweisung ~?** ci sono anche le istruzioni per l'uso? **2.** (*gleichzeitig*) nello stesso tempo **3.** (*bei dieser Sache*) con questo; **was hast du dir ~ gedacht?** ma cosa ti è venuto in mente?; **es ~ bewenden lassen** lasciare stare così; **es bleibt ~, dass …** resta inteso che …; **das Schöne ~ ist, dass …** il bello è che … **4.** (*obwohl*) malgrado **5.** (*Wend*) **~ sein** esserci; **bei etw ~ sein** partecipare a qc; **ich bin ~!** ci sto!; **~ sein etw zu tun** stare per fare qc; **dabei|sein** *vi s.* **dabei 5.**

da|bleiben <irr> *vi sein* rimanervi

Dach [dax] <-(e)s, Dächer> *n* tetto *m;* **kein ~ über dem Kopf haben** (*fam*) essere senza tetto; **etw unter ~ und Fach bringen** mandare in porto qc; **eins aufs ~ kriegen** (*fig fam*) prendersi una lavata di capo; **Dachboden** *m* soffitta *f;* **Dachdecker(in)** <-s, -; -, -nen> *m(f)* copritetto *mf;* **Dachfenster** *n* abbaino *m;* **Dachgepäckträger** *m* (AUTO) portabagagli *m;*

DachgeschossRR *n* soffitta *f;* **Dachrinne** *f* grondaia *f*

Dachs [daks] <-es, -e> *m* (ZOO) tasso *m*

dachte ['daxtə] *1. u 3. pers sing imp von* **denken**

Dackel ['dakəl] <-s, -> *m* bassotto *m*

dadurch [da'dʊrç, *hinweisend:* 'da:dʊrç] *adv* **1.** (*räumlich*) per di là **2.** (*aus diesem Grund*) per questo; **~, dass …** per il fatto che … **3.** (*auf diese Weise*) così; **er rettete sich ~, dass er aus dem Fenster sprang** si salvò saltando dalla finestra

dafür [da'fy:ɐ̯, *hinweisend:* 'da:fy:ɐ̯] *adv* **1.** (*für das*) per questo; **er kann nichts ~** non è colpa sua; **alles spricht ~, dass …** tutto sembra indicare che …; **~ sein** essere favorevole (a qc); **ich bin ~, dass …** sono dell'avviso che *+conj* **2.** (*zum Ersatz*) in cambio; (*als Gegenleistung*) in compenso **3.** (*Wend*) **~, dass …** se si tien conto che …; **dafür\|können** <irr> *vt s.* **dafür 1.**

dagegen [da'ge:gən, *hinweisend:* 'da:ge:gən] *adv* **1.** (*räumlich*) contro **2.** (*als Ablehnung*) (in) contrario; **~ sein** essere contrario; **etw/nichts ~ haben** avere qc/nulla in contrario; **wenn Sie nichts ~ haben** se permette **3.** (*als Gegenmaßnahme*) contro; **nichts ~ tun können** non poter farci niente **4.** (*verglichen damit*) in confronto

dagegen\|halten <irr> *vt* **1.** (*vergleichen*) contrapporre a **2.** (*einwenden*) replicare

daheim [da'haɪm] *adv* (*A, CH, südd*) a casa

daher [da'he:ɐ̯, *hinweisend:* 'da:he:ɐ̯] *adv* **1.** (*von dorther*) da quella parte **2.** (*Ursache*) da ciò; **~ kommt es, dass …** è questo il motivo per cui … **3.** (*deshalb*) perciò; **daher\|reden** *vt, vi* parlare a vanvera; **dumm ~** dire una sciocchezza dopo l'altra

dahin [da'hɪn, *hinweisend:* 'da:hɪn] *adv* **1.** (*räumlich*) lì, là; **gehst du auch ~?** ci vai anche tu? **2.** (*zeitlich*) **bis ~** fino allora **3.** (*so weit*) **~ ist es** (**also schon**) **gekommen!** si è dunque giunti a questo punto!

dahinten [da'hɪntən, *hinweisend:* 'da:hɪntən] *adv* laggiù

dahinter [da'hɪntɐ, *hinweisend:* 'da:hɪntɐ] *adv* dietro; (*fig*) sotto; **~ kommen** (*fam*) scoprire (qc); **da steckt etw ~** (*fam*) qui gatta ci cova; **dahinter\|kommen** *vi s.* **dahinter**; **dahinter\|stecken** *vi s.* **dahinter**

Dahlie ['da:liə] <-, -n> *f* dalia *f*

Daily Soap <-, -s> *f* (TV) telenovela *f*

Daktylo ['daktylo] <-s, -s> *f* (*CH*) dattilografa *f*

da\|lassen <irr> *vt* (*fam*) lasciare qui; (*aus Versehen*) dimenticare

Dalmatien [dal'ma:tsi̯ən] *n* Dalmazia *f*

Dalmatiner [dalma'ti:nɐ] <-s, -> *m* dalmata *m*

damalig ['da:ma:lɪç] *adj* di allora

damals ['da:ma:ls] *adv* allora

Damast [da'mast] <-(e)s, -e> *m* damasco *m*

Dame ['da:mə] <-, -n> *f* **1.** (*Frau*) signora *f;* **meine ~n und Herren!** signore e signori! **2.** (*Spielkarte, Schachspiel*) regina *f* **3.** (*~spiel*) dama *f*

Damen(fahr)rad *n* bicicletta *f* da donna; **Damenwahl** *f* **~!** ora scelgano le dame!

Damespiel *n* (gioco *m* della) dama *f*

damit [da'mɪt, *hinweisend:* 'da:mɪt] **I.** *adv* con questo; **ich bin ~ einverstanden** sono d'accordo con questo; **ich bin ~ zufrieden** ne sono contento; **das hat nichts ~ zu tun** questo non c'entra; **was soll ich ~?** che cosa me ne faccio?; **was wollen Sie ~ sagen?** cosa intende?; **hör auf ~!** piantala! **II.** *konj* affinché *+conj*

dämlich ['dɛ:mlɪç] *adj* (*fam*) sciocco

Damm [dam] <-(e)s, Dämme> *m* **1.** (*Deich*) diga *f* **2.** (*Bahn~, Straßen~*) terrapieno *m;* **nicht auf dem ~ sein** (*fig fam*) non essere in buona salute **3.** (*Hafen~*) molo *m*

dämmerig ['dɛmərɪç] *adj* crepuscolare; (*halbdunkel*) semibuio

Dämmerlicht *n* luce *f* crepuscolare

dämmern ['dɛmɐn] *vi* **1.** (*abends*) imbrunire; (*morgens*) albeggiare **2.** (*fam: bewusst werden*) **jetzt dämmert es** (**bei**) **mir** ora incomincio a capire

Dämmerung ['dɛmərʊŋ] <-, -en> *f* (*Abend~*) imbrunire *m;* (*Morgen~*) alba *f*

Dämon ['dɛ:mɔn] <-s, -en> *m* demone *m*

dämonisch [dɛ'mo:nɪʃ] *adj* demoniaco

Dampf [dampf] <-(e)s, Dämpfe> *m* vapore *m;* **~ hinter etw** *dat* **machen** (*fig fam*) sollecitare qc; **Dampfbad** *n* bagno *m* a vapore; **Dampfbügeleisen** *n* ferro *m* da stiro a vapore

dampfen *vi* fumare

dämpfen ['dɛmpfən] *vt* **1.** (GASTR) cuocere a vapore **2.** (*bügeln*) stirare con panno umido **3.** (*fig: Ton, Licht*) smorzare; (*Stimme*) ab-

D

bassare; **mit gedämpfter Stimme** sottovoce

Dampfer ['dampfɐ] <-s, -> *m* vapore *m*

Dampfkochtopf *m* pentola *f* a pressione;

Dampfschiff *n s.* **Dampfer**

danach [da'na:x, *hinweisend:* 'da:na:x] *adv* **1.** (*zeitlich*) dopo **2.** (*dementsprechend*) in conformità a ciò; ~ **aussehen** averne l'aria; **sich ~ richten** prenderlo per norma **3.** (*Reihenfolge*) dopo

Däne ['dɛ:nə] <-n, -n> *m* danese *m*

daneben [da'ne:bən, *hinweisend:* 'da:ne:bən] *adv* **1.** (*räumlich*) accanto **2.** (*zusätzlich*) inoltre **3.** (*gleichzeitig*) allo stesso tempo **4.** (*im Vergleich damit*) in confronto a ciò; **daneben|benehmen** <irr, ohne ge-> *vr* **sich** ~ (*fam*) comportarsi male; **daneben|gehen** <irr> *vi sein* **1.** (*Schuss*) non cogliere il bersaglio **2.** (*fig fam*) fallire

Dänemark ['dɛ:nəmark] *n* Danimarca *f*

Dänin ['dɛ:nɪn] <-, -nen> *f* danese *f*; *s.* **Däne**

dänisch *adj* danese

dank [daŋk] *prp +gen o dat* grazie a

Dank <-(e)s> *kein Pl m* ringraziamento *m*; (~*barkeit*) gratitudine *f*; **vielen ~!** mille grazie!; **zum ~ für** come ricompensa per; **jdm zu ~ verpflichtet sein** dovere gratitudine a qu

dankbar **I.** *adj* **1.** (*dankerfüllt*) grato; **jdm für etw ~ sein** essere grato a qu per qc **2.** (*lohnend*) che dà soddisfazione; (*Publikum*) eccellente **3.** (*fam: strapazierfähig*) resistente **II.** *adv* con gratitudine; **Dankbarkeit** <-> *kein Pl f* gratitudine *f*

danke *int* grazie; ~ **schön** grazie tanto!; **nein, ~!** no, grazie!

danken **I.** *vi* **jdm** (**für etw**) ~ ringraziare qu (per qc); **nichts zu ~!** non c'è di che! **II.** *vt* **jdm etw ~** essere riconoscente a qu per qc

dann [dan] *adv* **1.** (*später, danach*) dopo; ~ **und wann** di quando in quando; **und** [*o* **was**] **~?** e poi? **2.** (*außerdem*) poi **3.** (*in diesem Fall*) in questo caso; ~ (**eben**) **nicht!** allora no!

Danzig ['dantsɪç] *n* Danzica *f*

daran [da'ran, *hinweisend:* 'da:ran] *adv* **1.** (*räumlich*) ci, vi, ne; **wenn du ~ vorbeikommst, ...** se ci passi, ... **2.** (*zeitlich*) **im Anschluss ~** in seguito a ciò; **nahe ~ sein zu** *+inf* essere sul punto di *+inf*; **ich war nahe ~ zu fallen** ci mancava poco che cadessi **3.** (*an dieses, an diesem*) ci, ne; ~ **denken/glauben** pensarci/crederci; ~ **erkenne ich ihn** lo riconosco da ciò; **ich bin nicht ~ schuld** non ne ho colpa; **es ist etw Wahres ~** c'è qc di vero in questo; **das Beste ~ ist, dass ...** la cosa migliore di ciò è che ...; **daran|setzen** *vt* **ich werde alles ~, um ...** ce la metterò tutta per ...

darauf [da'raʊf, *hinweisend:* 'da:raʊf] *adv* **1.** (*räumlich*) su questo **2.** (*zeitlich*) dopo; **gleich ~** subito dopo; **am ~ folgenden Tag** il giorno dopo **3.** (*auf dieses*) ci, ne; **stolz ~ sein** esserne fiero; ~ **achten** badarci; ~ **kommt es nicht an** questo non importa; **wie kommst du ~?** come mai ti viene quest'idea?; **darauffolgend** *adj s.* **darauf 2.**; **daraufhin** [da:raʊf'hɪn, *hinweisend:* 'da:raʊfhɪn] *adv* **1.** (*infolgedessen*) in seguito a ciò **2.** (*danach*) dopo

daraus [da'raʊs, *hinweisend:* 'da:raʊs] *adv* **1.** (*räumlich*) da ciò **2.** (*aus Material*) da questo **3.** (*fig*) ne; ~ **folgt, dass ...** ne (con)segue che ...; **ich mache mir nichts ~** non me ne importa nulla

Darbietung <-, -en> *f* spettacolo *m*; (THEAT) rappresentazione *f*

darf [darf] *1. u 3. pers sing pr von* **dürfen**[1], **dürfen**[2]

darin [da'rɪn, *hinweisend:* 'da:rɪn] *adv* **1.** (*räumlich*) dentro **2.** (*fig*) in questo; ~ **haben Sie Recht/irren Sie sich** in quanto a ciò ha ragione/si sbaglia

dar|legen ['da:ɐ̯le:gən] *vt* esporre; (*erklären*) spiegare

Darlehen ['da:ɐ̯le:ən] <-s, -> *n* prestito *m*; **ein ~ aufnehmen** contrarre un prestito

Darm [darm] <-(e)s, Därme> *m* (ANAT) intestino *m*

dar|stellen ['da:ɐ̯ʃtɛlən] *vt* **1.** (*abbilden*) rappresentare **2.** (*wiedergeben*) raffigurare; (THEAT) interpretare (la parte di) **3.** (*beschreiben*) descrivere **4.** (*bedeuten*) rappresentare

Darsteller(in) <-s, -; -, -nen> *m(f)* interprete *mf*

Darstellung <-, -en> *f* **1.** (*Schilderung*) descrizione *f* **2.** (*Wiedergabe*) raffigurazione *f*; (THEAT) rappresentazione *f*

darüber [da'ry:bɐ, *hinweisend:* 'da:ry:bɐ] *adv* **1.** (*räumlich*) (al) di sopra; ~ **hinaus** inoltre **2.** (*in Bezug auf Thema*) in quanto a ciò; **sich ~ freuen** rallegrarsene **3.** (*bei Zahlen, Beträgen*) (di) più

darum [da'rʊm, *hinweisend:* 'da:rʊm] **I.** *adv* **1.** (*räumlich*) attorno (a ciò) **2.** (*um diese Angelegenheit*) di questo; **ich bitte dich ~** te ne prego; **es geht ~, dass ...** si tratta di +*inf* **II.** *konj* (*deshalb*) per questo

darunter [da'rʊntɐ, *hinweisend:* 'da:rʊntɐ] *adv* **1.** (*räumlich*) sotto **2.** (*weniger*) meno **3.** (*unter einer Anzahl*) fra cui **4.** (*unter dieser Angelegenheit*) **~ leiden** soffrirne; **was verstehen Sie ~?** cosa intende con ciò?

das [das] **I.** *art def nom u acc n s.* **der, die, das II.** *pron dem* questo, quello; **~ ist mein Haus** ecco la mia casa; **~ war eine Freude!** che gioia!; **auch ~ noch!** ci mancava solo questo!

da|sein *vi s.* **da I.4.**

Dasein <-s> *kein Pl n* **1.** (*Anwesenheit*) presenza *f* **2.** (*Leben*) esistenza *f*

dass[RR] [das] *konj,* **daß** *konj* che; (*bei Subjektgleichheit*) di +*inf;* **so ~** in modo da +*inf;* **nicht ~ ich wüsste!** non che io sappia!

dasselbe *pron dem s.* **derselbe**

da|stehen <irr> *vi haben o sein* starsene lì; **wie angewurzelt ~** restare di sasso

DAT [dat] <-s, -s> *n abk v* **Digital Audio Tape** DAT *m*

Datei [da'taɪ] <-, -en> *f* (INFORM) file *m;* **Dateimanager** *m* (INFORM) file manager *m;* **Dateiname** *m* (INFORM) nome *m* del file

Daten I. *pl von* **Datum II.** *pl* (*Angaben*) dati *mpl;* **Datenbank** *f* (INFORM) banca-dati *f;* **Datenerfassung** *f* (INFORM) raccolta *f* dei dati; **Datenhandschuh** *m* (INFORM) data glove *m;* **Datenmissbrauch**[RR] *m* abuso *m* dati; **Datennetz** *n* (INFORM) rete *f* di dati; **Datenschutz** *m* protezione *f* dati; **Datenträger** *m* (INFORM) memoria *f* di massa; **Datentransfer** *m* (INFORM) interscambio *m* di dati; **Datentypist(in)** ['da:tənty-pɪst] <-en, -en; -, -nen> *m(f)* (INFORM) persona *f* addetta all'emissione dei dati; **Datenübertragung** *f* (INFORM) trasmissione *f* (di) dati; **Datenverarbeitung** *f* (INFORM) elaborazione *f* (dei) dati

datieren [da'ti:rən] <ohne ge-> **I.** *vt* datare **II.** *vi* **~ vom ...** portare la data del ...

Dativ ['da:ti:f] <-s, -e> *m* (LING) dativo *m*

Dattel ['datəl] <-, -n> *f* dattero *m*

Datum ['da:tʊm] <-s, Daten> *n* data *f;* **welches ~ haben wir heute?** quanti ne abbiamo oggi?

Dauer ['daʊɐ] <-> *kein Pl f* durata *f;* (*Zeitspanne*) periodo *m;* **von ~ sein** essere duraturo; **auf die ~** a lungo andare; **Dauerauftrag** *m* (FIN) ordine *m* permanente; **dauerhaft** *adj* duraturo; (*beständig*) stabile; **Dauerkarte** *f* abbonamento *m;* **Dauerlauf** *m* (SPORT) corsa *f* di resistenza

D

dauern ['daʊɐn] *vi* durare; **das wird nicht lange ~** non ci vorrà molto; **es dauerte lange, bis er kam** ci volle molto prima che arrivasse

dauernd I. *adj* **1.** (*andauernd*) permanente **2.** (*ständig*) continuo **II.** *adv* in continuazione

Dauerwelle *f* permanente *f;* **Dauerzustand** *m* stato *m* permanente

Daumen ['daʊmən] <-s, -> *m* pollice *m;* **am ~ lutschen** succhiarsi il pollice; **ich drücke dir die ~!** (*fam*) in bocca al lupo!

Daune ['daʊnə] <-, -n> *f* piuma *f;* **Daunendecke** *f* piumino *m*

davon [da'fɔn, *hinweisend:* 'da:fɔn] *adv* **1.** (*Thema, Teil bezeichnend*) ne; **er wusste nichts ~** non ne sapeva niente **2.** (*räumlich*) di là, di lì **3.** (*dadurch*) ne; **was habe ich ~?** che vantaggio ne ho io?; **~ ist er wach geworden** questo l'ha svegliato; **das kommt ~, wenn ...** ecco quel che succede, se ...;

davon|kommen <irr> *vi sein* scamparla; (*sich retten*) salvarsi; **mit heiler Haut/dem Leben ~** salvarsi la pelle/la vita; **noch einmal ~** cavarsela ancora; **davon|laufen** <irr> *vi sein* scappare; **es ist zum Davonlaufen!** (*fam*) è una disperazione!; **davon|machen** *vr* **sich ~** (*fam*) svignarsela; **davon|tragen** <irr> *vt* **1.** (*wegtragen*) portare via **2.** (*Verletzungen*) riportare **3.** (*geh: Sieg*) riportare

davor [da'fo:ɐ̯, *hinweisend:* 'da:fo:ɐ̯] *adv* **1.** (*räumlich*) davanti **2.** (*zeitlich*) prima **3.** (*vor dieser Sache*) ne; **ich habe Angst ~** ne ho paura

dazu [da'tsu:, *hinweisend:* 'da:tsu:] *adv* **1.** (*zu diesem Zweck*) a questo scopo **2.** (*zu diesem Thema*) su ciò, ne; **was sagen Sie ~?** cosa ne dice? **3.** (*außerdem*) oltre a ciò; **klug und schön ~** non solo intelligente, ma anche bello **4.** (*zu dieser Sache*) ci, ne; **ich habe keine Lust/Zeit ~** non ne ho voglia/il tempo; **~ kommt, dass ...** a ciò si aggiunge che ...; **wie kommen Sie ~?** (*wieso haben Sie das?*) come l'ha avuto?; (*was erlauben

Sie sich?) come si permette?; **dazugehörig** *adj* rispettivo, relativo

dazwischen [da'tsvɪʃən, *hinweisend:* 'da:tsvɪʃən] *adv* **1.** (*räumlich*) in mezzo; (*darunter*) tra questi **2.** (*zeitlich*) nel frattempo **3.** (*Beziehung*) fra loro

dazwischen|kommen <irr> *vi sein* **wenn nichts dazwischenkommt** salvo imprevisti; **mir ist etw dazwischengekommen** c'è stato un imprevisto

DDR [de:de:'ʔɛr] *f* (HIST) *abk v* **Deutsche Demokratische Republik** RDT *f*

Deal ['di:l] <-s, -s> *m* (*sl*) affare *m*

dealen ['di:lən] *vi* (*sl*) spacciare droga

Dealer(in) <-s, -; -, -nen> *m(f)* spacciatore, -trice *m, f*

Debatte [de'batə] <-, -n> *f* discussione *f;* (POL) dibattito *m;* **etw zur ~ stellen** mettere qc in discussione; **zur ~ stehen** essere in discussione

debattieren [deba'ti:rən] <ohne ge-> *vi, vt* **über etw** *acc* **~** discutere su qc

Debüt [de'by:] <-s, -s> *n* (THEAT) debutto *m*

Deck [dɛk] <-(e)s, -s> *n* (NAUT) ponte *m;* **an ~** in coperta

Decke ['dɛkə] <-, -n> *f* **1.** (*Bett~*) coperta *f;* (*Tisch~*) tovaglia *f;* **mit jdm unter einer ~ stecken** (*fig fam*) essere in combutta con qu **2.** (*Zimmer~*) soffitto *m*

Deckel ['dɛkəl] <-s, -> *m* **1.** (*von Gefäßen*) coperchio *m* **2.** (*Buch~*) copertina *f*

decken **I.** *vt* **1.** (*zudecken*) coprire; **den Tisch ~** apparecchiare la tavola **2.** (*Bedarf, Kosten*) coprire **3.** (MIL, SPORT) marcare **II.** *vr* **sich ~** coincidere

Deckmantel *m* (*fig*) **unter dem ~ von** sotto il manto di; **Deckname** *m* pseudonimo *m*

Deckung ['dɛkʊŋ] <-, -en> *f* **1.** (*Schutz,* MIL) riparo *m;* (SPORT: *von Spieler*) difesa *f;* **in ~ gehen** (MIL) mettersi al coperto; (SPORT) mettersi in guardia **2.** (FIN) copertura *f;* **zur ~ der Kosten** a copertura delle spese

Decoder [di'kɔʊdɐ] <-s, -> *m* (INFORM, TV) decodificatore *m*

defekt [de'fɛkt] *adj* difettoso; **Defekt** <-(e)s, -e> *m* **1.** (*Schaden*) danno *m;* (MOT) guasto *m* **2.** (*Mangel*) difetto *m*

defensiv [defɛn'zi:f] *adj* difensivo

Defensive [defɛn'zi:və] <-, -n> *f* difensiva *f*

definieren [defi'ni:rən] <ohne ge-> *vt* definire

Definition [defini'tsi̯o:n] <-, -en> *f* definizione *f*

definitiv [defini'ti:f] *adj* definitivo

Defizit ['de:fitsɪt] <-s, -e> *n* (WIRTSCH) deficit *m*

deftig ['dɛftɪç] *adj* **1.** (*Essen*) sostanzioso **2.** (*Spaß*) pesante; (*anzüglich*) spinto

Degen ['de:gən] <-s, -> *m* spada *f*

degenerieren [degene'ri:rən] <ohne ge-> *vi sein* degenerare

degradieren [degra'di:rən] <ohne ge-> *vt* degradare

dehnbar ['de:nba:ɐ̯] *adj* **1.** (*Material*) estendibile; (*elastisch*) elastico **2.** (*Begriff*) elastico

dehnen **I.** *vt* **1.** (*Material*) tendere; (*Glieder*) stirare **2.** (LING: *Laut*) allungare **II.** *vr* **sich ~** **1.** (*Material*) dilatarsi **2.** (*Mensch*) distendersi **3.** (*Strecke, Zeit*) prolungarsi

Deich [daɪç] <-(e)s, -e> *m* diga *f*

Deichsel ['daɪksəl] <-, -n> *f* timone *m*

dein [daɪn] *pron poss sing, nom m u n von* **du** tuo, -a *m, f,* tuoi *mpl,* tue *fpl;* **~ Haus** la tua casa; **~e Eltern** i tuoi genitori

deine *s.* **deine(r, s)**

deiner *pron poss gen von* **du** di te; *s. a.* **deine(r, s)**

deine(r, s) *pron poss von* **du** il tuo, la tua, i tuoi *pl,* le tue *pl*

deinerseits ['daɪnɐ'zaɪts] *adv* da parte tua

deines *s.* **deine(r, s)**

deinesgleichen ['daɪnəs'glaɪçən] <inv> *pron* tuo pari

deinetwegen ['daɪnət've:gən] *adv* per te; (*negativ*) per colpa tua

dekadent [deka'dɛnt] *adj* decadente

Dekadenz [deka'dɛnts] <-> *kein Pl f* decadenza *f*

Dekan [de'ka:n] <-s, -e> *m* **1.** (REL) decano *m* **2.** (UNIV) preside *m* di facoltà

deklinieren [dekli'ni:rən] <ohne ge-> *vt* (LING) declinare

Dekolleté [dekɔl'te:] <-s, -s> *n,* **Dekolletee**[RR] <-s, -s> *n* scollatura *f,* décolleté *m*

Dekorateur(in) [dekora'tø:ɐ̯] <-s, -e; -, -nen> *m(f)* decoratore, -trice *m, f;* (*Schaufenster~*) vetrinista *mf*

Dekoration [dekora'tsi̯o:n] <-, -en> *f* decorazione *f*

dekorativ [dekora'ti:f] *adj* decorativo

dekorieren [deko'ri:rən] <ohne ge-> *vt* decorare

Dekret [de'kre:t] <-(e)s, -e> *n* decreto *m*

Delegation [delega'tsi̯o:n] <-, -en> *f* delegazione *f*

Delegierte <ein -r, -n, -n> *mf* delegato, -a *m, f*

DelfinRR [dɛl'fi:n] <-s, -e> *m* delfino *m*

delikat [deli'ka:t] *adj* **1.** (*köstlich*) delizioso **2.** (*heikel*) delicato

Delikatesse [delika'tɛsə] <-, -n> *f* leccornia *f;* **Delikatessengeschäft** *n* negozio *m* di specialità gastronomiche

Delikt [de'lɪkt] <-(e)s, -e> *n* (JUR) reato *m*

Delirium [de'li:riʊm] <-s, Delirien> *n* delirio *m*

delogieren <ohne ge-> *vt* (*A*) sfrattare

Delphin <-s, -e> *m* delfino *m*

Delta ['dɛlta] <-s, -s> *n* (GEOG) delta *m*

dem [de:m] *art def sing, dat von* **der, das** (*Wend*) **wenn ~ so ist** se è così; **wie ~ auch sei** comunque sia

Demagoge [dema'go:gə] <-n, -n> *m,* **Demagogin** [dema'go:gɪn] <-, -nen> *f* demagogo, -a *m, f;* **demagogisch** [dema'go:gɪʃ] *adj* demagogico

Dementi [de'mɛnti] <-s, -s> *n* smentita *f*

dementieren [demɛn'ti:rən] <ohne ge-> *vt* smentire

dementsprechend ['de:mʔɛnt'ʃprɛçənt] *adj* conforme

demgegenüber ['de:mge:gən'ʔy:bɐ] *adv* **1.** (*im Vergleich dazu*) rispetto a ciò **2.** (*andererseits*) d'altra parte

demnach ['de(:)mna:x] *adv* dunque, per cui

demnächst ['de:m'nɛ:çst] *adv* prossimamente

Demo ['de:mo] <-, -s> *f* **1.** (*fam: Demonstration*) manifestazione *f* **2.** (INFORM: *Vorführung*) dimostrazione *f*

Demokrat(in) [demo'kra:t] <-en, -en; -, -nen> *m(f)* democratico, -a *m, f*

Demokratie [demokra'ti:] <-, -n> *f* democrazia *f*

demokratisch *adj* democratico

demolieren [demo'li:rən] <ohne ge-> *vt* demolire

Demonstrant(in) [demɔn'strant] <-en, -en; -, -nen> *m(f)* manifestante *mf*

Demonstration [demɔnstra'tsi̯o:n] <-, -en> *f* **1.** (*Kundgebung*) manifestazione *f* **2.** (*geh: Darstellung*) dimostrazione *f*

demonstrativ [demɔnstra'ti:f] *adj* ostentato

demonstrieren [demɔn'stri:rən] <ohne ge-> **I.** *vi* manifestare **II.** *vt* dimostrare

demoralisieren [demorali'zi:rən] <ohne ge-> *vt* demoralizzare

Demoskopie [demosko'pi:] <-, -n> *f* demoscopia *f*

Demut ['de:mu:t] <-> *kein Pl f* umiltà *f*

demütig ['de:my:tɪç] *adj* umile

demütigen **I.** *vt* umiliare **II.** *vr* **sich ~** umiliarsi

Demütigung <-, -en> *f* umiliazione *f*

demzufolge ['de(:)mtsu'fɔlgə] *adv* di conseguenza

den [de:n] *art def sing, acc von* **der**

denen [de:nən] *pron dem pl, dat von* **die**

Den Haag [de:n 'ha:k] *n* L'Aia *f*

Denkanstoß *m* spunto *m*

denkbar **I.** *adj* (*möglich*) possibile; (*vorstellbar*) pensabile **II.** *adv* (*sehr*) oltremodo; **auf die ~ einfachste Art** nel modo più semplice possibile

denken ['dɛnkən] <denkt, dachte, gedacht> **I.** *vi* **1.** (*überlegen*) pensare; **jdm zu ~ geben** dare da pensare a qu; **wo ~ Sie hin!** ma che dice! **2.** (*im Sinn haben*) pensare; **an jdn/etw ~** pensare a qu/qc; **nur an sich ~** badare solo a sé stesso; **gar nicht daran ~ zu** +*inf* non pensare minimamente di +*inf* **3.** (*meinen*) pensare; (*vermuten*) supporre; **ich denke schon** penso di sì; **gut/schlecht von jdm ~** pensare bene/male di qu **4.** (*sich erinnern*) pensare; (*nicht vergessen*) ricordare; **denke daran!** pensaci! **II.** *vt* pensare; **wer hätte das gedacht?** chi l'avrebbe mai pensato?; **das kann ich mir ~** me lo immagino; **das habe ich mir gedacht!** c'era da immaginarselo!; **Denken** <-s> *kein Pl n* pensiero *m;* (*Nach~*) riflessione *f*

Denkfehler *m* errore *m* di ragionamento

Denkmal <-s, -mäler> *n* monumento *m;* **Denkmal(s)schutz** *m* tutela *f* dei monumenti; **unter ~ stehen** essere monumento nazionale

denkwürdig *adj* memorabile; **Denkzettel** *m* lezione *f;* **jdm einen ~ geben** dare una bella lezione a qu

denn [dɛn] **I.** *konj* (*kausal*) poiché **II.** *adv* **1.** (*eigentlich, überhaupt*) ma; **wieso ~?** e come mai?; **wo bist du ~?** ma dove sei? **2.** (*nach Komparativ: als*) che; **mehr ~ je** più che mai

dennoch ['dɛnɔx] *adv* tuttavia

Denunziant(in) [denʊn'tsi̯ant] <-en, -en; -, -nen> *m(f)* (*pej*) delatore, -trice *m, f*

denunzieren [denʊn'tsiːrən] <ohne ge-> *vt* (*pej*) denunciare

Deo ['deːo] <-s, -s> *n,* **Deodorant** [deo-do'rant] <-s, -s> *n* deodorante *m;* **Deoroller** *m* deodorante *m* a sfera; **Deospray** *n* deodorante *m* spray; **Deostift** *m* stick *m* deodorante

Departement [departə'mãː] <-s, -s> *n* (*CH*) dipartimento *m*

Deponie [depo'niː] <-, -n> *f* discarica *f*

deponieren [depo'niːrən] <ohne ge-> *vt* depositare

Depot [de'poː] <-s, -s> *n* deposito *m*

Depression [deprɛ'si̯oːn] <-, -en> *f* depressione *f*

depressiv *adj* deprimente

deprimieren [depri'miːrən] <ohne ge-> *vt* deprimere

der [deːɐ̯] *art def* **1.** *sing, gen u dat von* **die 2.** *pl, gen von* **die**

der, die, das [deːɐ̯, diː, das] <*pl:* die> **I.** *art def* il *m,* lo *m,* la *f,* l' *mf;* (*pl*) i *mpl,* gli *mpl,* le *fpl* **II.** *pron dem s.* **diese(r, s)**; **jene(r, s)**; **derjenige III.** *pron rel s.* **welche(r, s)**

derart ['deːɐ̯'ʔaːɐ̯t] *adv* talmente; **~, dass ...** di modo che ...

derartig *adj* tale

derb [dɛrp] *adj* **1.** (*fest*) solido **2.** (*fig: grob*) rozzo

deren ['deːrən] **I.** *pron dem* **1.** *sing, gen von* **die 2.** *pl, gen von* **der, die, das II.** *pron rel* **1.** *sing, gen von* **die 2.** *pl, gen von* **der, die, das**

derer ['deːrɐ] *pron dem pl, gen von* **die**

dergleichen ['deːɐ̯'glaɪçən] <inv> **I.** *adj* tale **II.** *pron dem* **nichts ~** nulla di tutto questo

derjenige, diejenige, dasjenige ['deːɐ̯jeːnɪgə, 'diːjeːnɪgə, 'dasjeːnɪgə] <*pl:* diejenigen> *pron dem* colui, colei; (*pl*) coloro

dermaßen ['deːɐ̯'maːsən] *adv* tanto; **~, dass** talmente che

derselbe, dieselbe, dasselbe [deːɐ̯'zɛlbə, diː'zɛlbə, das'zɛlbə] <*pl:* dieselben> *pron dem* lo stesso, la stessa; (*pl*) gli stessi, le stesse; **das ist ein und dasselbe** è lo stesso

derzeitig *adj* attuale

des [dɛs] **I.** *art def sing, gen von* **der, das II.** *pron dem sing, gen von* **der, das**

Desaster [de'zastɐ] <-s, -> *n* disastro *m*

Deserteur(in) [dezɛr'tøːɐ̯] <-s, -e; -, -nen> *m(f)* disertore, -trice *m, f*

desertieren [dezɛr'tiːrən] <ohne ge-> *vi haben o sein* disertare

desgleichen ['dɛs'glaɪçən] *adv* ugualmente

deshalb ['dɛs'halp] *adv* perciò; **ich habe das ~ getan, weil ...** l'ho fatto perché ...

Design [di'zaɪn] <-s, -s> *n* design *m*

Designer(in) <-s, -; -, -nen> *m(f)* designer *mf*

Designerdroge *f* droga *f* sintetica

Desinfektion [dezɪnfɛk'tsi̯oːn] <-, -en> *f* disinfezione *f;* **Desinfektionsmittel** *n* disinfettante *m*

desinfizieren [dezɪnfi'tsiːrən] <ohne ge-> *vt* disinfettare

Desinteresse ['dɛsʔɪntərɛsə] *n* disinteresse *m*

Desktop-Publishing, Desktoppublishing[RR] ['dɛsktɔp 'pablɪʃɪŋ] <-> *kein Pl n* (INFORM, TYP) desktop publishing *m*

Despot(in) [dɛs'poːt] <-en, -en; -, -nen> *m(f)* despota *mf,* tiranno, -a *m, f*

dessen ['dɛsən] **I.** *pron dem sing, gen von* **der, das II.** *pron rel sing, gen von* **der, das** (*Wend*) **ich bin mir ~ bewusst** ne sono consapevole

Dessert [dɛ'sɛːɐ̯] <-s, -s> *n* dolce *m*

destillieren [dɛstɪ'liːrən] <ohne ge-> *vt* (CHEM) distillare

desto ['dɛsto] *konj* tanto; **je ..., ~** (quanto) più ..., (tanto) più; **je schneller, ~ besser** quanto più veloce, tanto meglio

deswegen ['dɛs'veːgən] *s.* **deshalb**

Detail [de'taɪ] <-s, -s> *n* dettaglio *m*

detailliert [deta'jiːɐ̯t] *adj* dettagliato

Detaillist <-s, -en> *m* (*CH: Einzelhändler*) commerciante *mf* al dettaglio

Detektiv(in) [detɛk'tiːf] <-s, -e; -, -nen> *m(f)* detective *m*

Detonation [detona'tsi̯oːn] <-, -en> *f* detonazione *f*

deuten ['dɔɪtən] **I.** *vi* far presagire; **alles deutet darauf (hin), dass ...** tutto fa supporre che … **II.** *vt* (*auslegen*) interpretare

deutlich ['dɔɪtlɪç] *adj* **1.** (*klar*) chiaro; **jdm etw ~ machen** far capire qc a qu **2.** (*Unterschied*) netto **3.** (*verständlich*) intelligibile **4.** (*spürbar*) sensibile; **Deutlichkeit** <-, -en> *f* **1.** (*Klarheit*) chiarezza *f* **2.** (*von Unterschied*) evidenza *f*

deutsch [dɔɪtʃ] *adj* tedesco

Deutsch <-s> *kein Pl n* tedesco *m;* **~ lernen** imparare il tedesco; **sprechen Sie ~?** parla tedesco?; **wie heißt das auf ~?** come si dice in tedesco?; **aus dem ~en übersetzt** tradotto dal tedesco

Deutsche <ein -r, -n, -n> *mf* tedesco, -a *m, f*

Deutsche Demokratische Republik ['dɔɪtʃə demo'kra:tiʃə repu'bli:k] <-> *kein Pl f* (POL, HIST) Repubblica *f* Democratica Tedesca

Deutschland *n* Germania *f*

deutschsprachig ['dɔɪtʃʃpra:xɪç] *adj* (*Mensch, Land*) di lingua tedesca; (*Literatur*) in lingua tedesca

Deutung <-, -en> *f* interpretazione *f*

Devise [de'vi:zə] <-, -n> *f* motto *m*

Devisen [de'vi:zən] *pl* valuta *f* estera

Dezember [de'tsɛmbɐ] <-(s), -> *m* dicembre *m; s. a.* **April**

dezent [de'tsɛnt] *adj* (*zurückhaltend*) discreto; (*Farbe, Parfüm*) delicato; (*Musik, Beleuchtung*) smorzato

dezidiert [detsi'di:ɐt] *adj* (*A, CH*) deciso

dezimal [detsi'ma:l] *adj* decimale

DFÜ [de:ʔɛf'ʔy:] *f* (INFORM, TEL) *abk v* **Datenfernübertragung** trasmissione *f* dati a distanza

d. h. *abk v* **das heißt** cioè

Dia ['di:a] <-s, -s> *n* diapo(sitiva) *f*

Diabetes [dia'be:tɛs] <-> *kein Pl m* diabete *m*

Diabetiker(in) [dia'be:tikɐ] <-s, -; -, -nen> *m(f)* diabetico, -a *m, f*

Diagnose [dia'gno:zə] <-, -n> *f* diagnosi *f*

diagonal [diago'na:l] *adj* diagonale; **Diagonale** <-, -n> *f* diagonale *f*

Diagramm [dia'gram] <-s, -e> *n* diagramma *m*

Diakon [dia'ko:n] <-en, -e(n)> *m* diacono *m*

Diakonisse [diako'nɪsə] <-, -n> *f* diaconessa *f*

Dialekt [dia'lɛkt] <-(e)s, -e> *m* dialetto *m*

In Germania, in Austria e nella Svizzera tutte le regioni e quasi tutte le città hanno un proprio **Dialekt**. Alcuni di questi dialetti differiscono talmente che anche abitanti di località vicine hanno difficoltà a capirsi fra di loro.

Dialog [dia'lo:k] <-(e)s, -e> *m* dialogo *m;* **Dialogfeld** *n* (INFORM) casella *f* di dialogo; **Dialogrechner** *m* (INFORM) calcolatore *m* conversazionale

Diamant [dia'mant] <-en, -en> *m* diamante *m*

Diaprojektor ['diapro'jɛkto:ɐ] <-s, -en> *m* (FOTO) proiettore *m* (per diapositive)

Diät [di'ɛ:t] <-, -en> *f* dieta *f;* **~ halten** stare a dieta

Diäten *pl* (PARL) indennità *f* parlamentare giornaliera

Diätkost *f* alimentazione *f* dietetica

Diavortrag *m* conferenza *f* con diapositive

dich [dɪç] **I.** *pron pers acc von* **du** (*betont*) te; (*unbetont*) ti **II.** *pron refl acc von* **sich** ti

dicht [dɪçt] **I.** *adj* **1.** (*gedrängt*) fitto **2.** (*Nebel, Wald, Stoff*) fitto; (*Haar, Laub*) folto; (*Bevölkerung, Verkehr*) denso **3.** (*wasser~*) impermeabile **II.** *adv* **1.** (*nahe*) **~ an** [*o* **bei**] vicinissimo a **2.** (*stark*) molto; **~ besiedelte Region** regione densamente popolata

dichtbesiedelt *s.* **dicht II.2.**

Dichte <-, *rar* -n> *f* densità *f*

dichten ['dɪçtən] **I.** *vi* comporre versi **II.** *vt* **1.** (*Gedichte*) comporre **2.** (*ab~*) stagnare

Dichter(in) <-s, -; -, -nen> *m(f)* poeta, -essa *m, f*

dichterisch *adj* poetico

dicht|halten <irr> *vi* (*fam*) tenere il becco chiuso

Dichtung <-, -en> *f* **1.** *kein Pl* (*Dichtkunst*) poesia *f* **2.** (*Kunstwerk*) poema *m* **3.** (TEC) guarnizione *f*

dick [dɪk] *adj* **1.** (*Mensch*) grasso; (*Buch, Schnur*) grosso; (*Wand, Brett*) spesso; **~ werden** ingrassare; **mit jdm durch ~ und dünn gehen** dividere con qu gioie e dolori **2.** (*~flüssig*) denso **3.** (*Nebel*) fitto

Dicke <-, -n> *f* spessore *m*

dickflüssig *adj* viscoso

Dickicht ['dɪkɪçt] <-s, -e> *n* bosco *m* fitto

Dickkopf *m* (*fam: Mensch*) testardo *m;* **einen ~ haben** avere la testa dura; **dickköpfig** ['dɪkkœpfɪç] *adj* (*fam*) testardo, cocciuto

D

Didaktik [di'daktɪk] <-> *kein Pl f* didattica *f*

didaktisch *adj* didattico

die [diː] **I.** *art def* **1.** *sing, nom u acc f s.* **der, die, das** **2.** *pl, nom u acc von* **der, die, das** **II.** *pron rel* **1.** *sing, nom u acc f s.* **der, die, das** **2.** *pl, nom u acc von* **der, die, das** **III.** *pron dem* **1.** *sing, nom u acc f s.* **der, die, das** **2.** *pl, nom u acc von* **der, die, das** *s. a.* **diese(r, s), jene(r, s)**

Dieb(in) [diːp] <-(e)s, -e; -, -nen> *m(f)* ladro, -a *m, f;* **haltet den ~!** al ladro!

Diebstahl <-(e)s, -stähle> *m* furto *m*

diejenige *pron dem sing, nom u acc f von* **derjenige**

diejenigen *pron dem pl, nom u acc von* **derjenige, diejenige, dasjenige**

Diele ['diːlə] <-, -n> *f* **1.** (*Brett*) asse *f* **2.** (*Hausflur*) ingresso *m*

dienen ['diːnən] *vi* **1.** (*benutzt werden*) servire; **als Vorwand ~** servire da pretesto **2.** (*nützlich sein*) **jdm ~** servire a qu; **womit kann ich (Ihnen) ~?** in che cosa posso servirLa?

Diener(in) <-s, -; -, -nen> *m(f)* domestico, -a *m, f;* (*fig*) servo, -a *m, f*

Dienst [diːnst] <-(e)s, -e> *m* **1.** *sing* (*Tätigkeit*) servizio *m;* **öffentlicher ~** servizio pubblico; **den ~ antreten** entrare in servizio; **~ haben** essere di servizio; **außer ~** fuori servizio; (*im Ruhestand*) in pensione **2.** (*Amt*) ufficio *m* **3.** (*Hilfeleistung*) servizio *m;* **jdm einen ~ erweisen** rendere un servizio a qu

Dienstag ['diːnstaːk] *m* martedì *m;* **am ~** martedì; **heute ist ~, der 11. November** oggi è martedì 11 novembre; **~ in acht Tagen** martedì fra otto giorni; **~ vor 14 Tagen** due settimane fa, martedì

Dienstagabend^RR *m* martedì *m* sera; **am ~** martedì sera

dienstags *adv* di [*o* il] martedì

Dienstbote *m,* **Dienstbotin** *f* domestico, -a *m, f;* **dienstfrei** *adj* libero dal servizio; **~ haben** non essere in servizio; **Dienstgeber** <-s, -> *m* (*A: Arbeitgeber*) datore *m* di lavoro; **Dienstgeheimnis** *n* segreto *m* d'ufficio; **diensthabend** *adj* di turno; **Dienstleistung** *f* **1.** (*Tätigkeit*) (prestazione *f* di) servizio *m* **2.** (*~sgewerbe*) servizi *mpl*

dienstlich **I.** *adj* (*Schreiben*) d'ufficio; (*Vorgehen*) ufficiale **II.** *adv* per ragioni di servizio

Dienstmädchen *n* domestica *f;* **Dienstnehmer** <-s, -> *m* (*A: Arbeitnehmer*) lavoratore *m;* **Dienstreise** *f* viaggio *m* (per ragioni) di servizio; **Dienststelle** *f* ufficio *m;* **Dienstwagen** *m* vettura *f* di servizio; **Dienstweg** *m* via *f* gerarchica; **Dienstzeit** *f* **1.** (*Amtsdauer*) durata *f* di servizio **2.** (*Arbeitszeit*) orario *m* di servizio

diesbezüglich **I.** *adj* relativo (a ciò) **II.** *adv* al riguardo

diese *s.* **diese(r, s)**

Diesel ['diːzəl] <-s, -> *m* (*fam*) **1.** (*Fahrzeug*) diesel *m* **2.** *sing* (*~kraftstoff*) diesel *m*

dieselbe *pron dem sing, nom u acc f von* **derselbe**

Dieselmotor *m* motore *m* diesel

diese(r, s) ['diːzə, -zɐ, -zəs] *pron dem* questo, -a; **am 21. dieses Monats** il 21 del corrente mese

diesig ['diːzɪç] *adj* fosco

diesjährig *adj* di quest'anno; **diesmal** *adv* questa volta

Dietrich ['diːtrɪç] <-s, -e> *m* grimaldello *m*

Differential [dɪfərɛn'tsi̯aːl] <-s, -e> *n s.* **Differenzial**

Differenz [dɪfə'rɛnts] <-, -en> *f* **1.** (*Unterschied*) differenza *f* **2.** *meist Pl* (*Meinungsverschiedenheit*) contrasto *m*

Differenzial^RR [dɪfərɛn'tsi̯aːl] <-s, -e> *n* (MAT, MOT) differenziale *m*

differenzieren [dɪfərɛn'tsiːrən] <ohne ge-> *vt* (*unterscheiden*) distinguere

digital [digi'taːl] *adj* digitale

Digitalfotografie *f* fotografia *f* digitale

digitalisieren *vt* (INFORM) digitalizzare

Digitalkamera *f* (FOTO) macchina *f* (fotografica) digitale

Diktat [dɪk'taːt] <-(e)s, -e> *n* **1.** (*Nachschrift*) dettato *m;* **ein ~ schreiben** fare un dettato **2.** (*Befehl*) imposizione *f;* (POL) diktat *m*

Diktator(in) [dɪk'taːtoːɐ̯] <-s, -en; -, -nen> *m(f)* dittatore, -trice *m, f*

diktatorisch [dɪkta'toːrɪʃ] *adj* dittatoriale

Diktatur [dɪkta'tuːɐ̯] <-, -en> *f* dittatura *f*

diktieren [dɪk'tiːrən] <ohne ge-> *vt* dettare

Dilemma [di'lɛma] <-s, -s> *n* dilemma *m*

Dilettant(in) [dilɛ'tant] <-en, -en; -, -nen> *m(f)* dilettante *mf*

Dill [dɪl] <-s, -e> *m* aneto *m*

Dimension [dimɛn'zi̯oːn] <-, -en> *f* dimensione *f*

Ding [dɪŋ] <-(e)s, -e> *n* **1.** (*Sache*) cosa *f* **2.** (*Angelegenheit*) faccenda *f;* **vor allen ~en** innanzitutto; **das geht nicht mit rechten ~en zu** qui c'è sotto qualcosa *fam;* **das ist ein ~ der Unmöglichkeit** è una cosa impossibile

dingfest *adj* **jdn ~ machen** arrestare qu

Dingsbums [dɪŋsbʊms] <-> *kein Pl n* (*fam: Sache*) coso *m;* (*Person*) tizio *m*

Dinosaurier [dino'zaʊriɐ] <-s, -> *m* dinosauro *m*

Diode [di'oːdə] <-, -n> *f* (EL) diodo *m*

Dioxin [diɔ'ksiːn] <-s> *kein Pl n* (CHEM) diossina *f*

Diphtherie [dɪfte'riː] <-, -n> *f* (MED) difterite *f*

Diplom [di'ploːm] <-(e)s, -e> *n* diploma *m;* (*von Hochschule*) laurea *f*

Diplomat(in) [diplo'maːt] <-en, -en; -, -nen> *m(f)* diplomatico, -a *m, f*

Diplomatie [diploma'tiː] <-> *kein Pl f* diplomazia *f*

diplomatisch *adj* diplomatico

Diplomingenieur(in) *m(f)* ingegnere *mf* (diplomato, -a)

dir [diːɐ̯] **I.** *pron pers dat von* **du** (*betont*) (a) te; (*unbetont*) ti **II.** *pron refl dat von* **sich** ti

direkt [di'rɛkt] **I.** *adj* diretto; (*Antwort*) immediato **II.** *adv* **1.** (*sofort*) immediatamente **2.** (*unmittelbar*) direttamente

Direktbank *f* direct banking *m*

Direktion [dirɛk'tsi̯oːn] <-, -en> *f* **1.** (*Leitung*) direzione *f* **2.** (*leitende Personen*) direttore *m* **3.** (*CH:* POL, ADM: *kantonales Ministerium*) ministero *m* cantonale

Direktmarketing *n* (WIRTSCH) direct marketing *m*

Direktor(in) [di'rɛktoːɐ̯] <-s, -en; -, -nen> *m(f)* **1.** (*allg,* ADM, WIRTSCH) direttore, -trice *m, f* **2.** (*Geschäftsführer*) gerente *mf* **3.** (*von staatlicher höherer Schule*) preside *mf*

Direktübertragung *f* (RADIO) trasmissione *f* diretta; (TV) ripresa *f* diretta; **Direktzugriff** *m* (INFORM) accesso *m* diretto

Dirigent(in) [diri'gɛnt] <-en, -en; -, -nen> *m(f)* direttore, -trice *m, f* d'orchestra

dirigieren [diri'giːrən] <ohne ge-> *vt* dirigere (l'orchestra)

Dirne ['dɪrnə] <-, -n> *f* prostituta *f*

Discman ['dɪskmɛn] <-s, -s> *m* lettore *m* portatile per CD

Disco ['dɪsko] <-, -s> *f s.* **Disko**

Disken *pl von* **Diskus**

Diskette [dɪs'kɛtə] <-, -n> *f* (INFORM) dischetto *m;* **Diskettenlaufwerk** [dɪs'kɛtənlaʊfvɛrk] <-(e)s, -e> *n* (INFORM) disk drive *m*

Diskjockey ['dɪskdʒɔki] *m* disc-jockey *mf*

Disko ['dɪsko] <-, -s> *f* disco *f*

Diskont [dɪs'kɔnt] <-s, -e> *m* (FIN) sconto *m;* **Diskontsatz** *m* (FIN) tasso *m* di sconto

Diskothek [dɪsko'teːk] <-, -en> *f* discoteca *f*

Diskrepanz [dɪskre'pants] <-, -en> *f* discrepanza *f*

diskret [dɪs'kreːt] *adj* discreto

Diskretion [dɪskre'tsi̯oːn] <-, -en> *f* discrezione *f*

diskriminieren [dɪskrimi'niːrən] <ohne ge-> *vt* discriminare; **diskriminierend** *adj* discriminatorio

Diskriminierung <-, -en> *f* discriminazione *f*

Diskus ['dɪskʊs] <-, Disken> *m* (SPORT) disco *m*

Diskussion [dɪskʊ'si̯oːn] <-, -en> *f* discussione *f;* **etw zur ~ stellen** mettere qc in discussione

diskutieren [dɪsku'tiːrən] <ohne ge-> *vi, vt* (**mit jdm**) **über etw** *acc* **~** discutere (con qu) su [*o* di] qc

Display [dɪs'plɛɪ] <-s, -s> *n* (INFORM) display *m*

Disqualifikation [dɪskvalifika'tsi̯oːn] <-, -en> *f* squalifica *f*

disqualifizieren [dɪskvalifi'tsiːrən] <ohne ge-> *vt* squalificare

Dissertation [dɪsɛrta'tsi̯oːn] <-, -en> *f* dottorato *m* di ricerca

Distanz [dɪs'tants] <-, -en> *f* distanza *f*

distanzieren [dɪstan'tsiːrən] <ohne ge-> *vr* **sich** (**von jdm/etw**) **~** (*fig*) prendere le distanze (da qu/qc)

Distel ['dɪstəl] <-, -n> *f* cardo *m*

Disziplin [dɪstsi'pliːn] <-, -en> *f* **1.** *sing* (*Ordnung*) disciplina *f* **2.** (*Fachrichtung*) disciplina *f*

diszipliniert [dɪstsipli'niːɐ̯t] *adj* disciplinato

disziplinlos *adj* indisciplinato

divers [di'vɛrs] *adj* diverso; **es gibt noch**

D

Diverses zu erledigen ci sono ancora diverse cose da sbrigare

Dividende [divi'dɛndə] <-, -n> *f* (FIN) dividendo *m*

dividieren [divi'diːrən] <ohne ge-> *vt* (MAT) dividere; **eine Zahl durch zwei ~** dividere un numero per due

DM *abk v* **Deutsche Mark** DM

D-Netz ['deːnɛts] <-es, -e> *n* (TEL) rete *f* cellulare tedesca (*che gestisce i collegamenti europei*)

doch [dɔx] **I.** *adv* **1.** (*dennoch*) però, ciò nonostante **2.** (*aber*) ma; **du weißt ~, dass ...** ma tu lo sai che ... **3.** (*verstärkend*) sì, certo; **komm ~ bitte!** su, vieni, per favore!; **kommen Sie ~ herein!** entri pure!; **ja ~!** ma sì!; **nicht ~!** ma no!; **tu's ~!** fallo dunque! **4.** (*als Antwort*) (ma) certo; **hast du das nicht gewusst? – ~!** non lo sapevi? – certo! **II.** *konj* (*aber*) ma

Docht [dɔxt] <-(e)s, -e> *m* stoppino *m*

Dock [dɔk] <-s, -s> *n* dock *m*

Dogge ['dɔgə] <-, -n> *f* dogo *m*

Dogma ['dɔgma] <-s, Dogmen> *n* dogma *m*

dogmatisch [dɔg'maːtɪʃ] *adj* dogmatico

Doktor(in) ['dɔktoːɐ̯] <-s, -en; -, -nen> *m(f)* (*Arzt*) medico *m;* (*Titel*) dottore, -essa *m, f*

Doktorand(in) [dɔkto'rant] <-en, -en; -, -nen> *m(f)* dottorando, -a *m, f*

Doktorarbeit *f* dottorato *f* di ricerca; **Doktortitel** *m* titolo *m* di dottore

Dokument [doku'mɛnt] <-(e)s, -e> *n* documento *m*

Dokumentarfilm [dokumɛn'taːɐ̯fɪlm] *m* documentario *m*

dokumentarisch [dokumɛn'taːrɪʃ] *adj* documentario

Dokumentation [dokumɛnta'ʦi̯oːn] <-, -en> *f* documentazione *f*

dokumentieren [dokumɛn'tiːrən] <ohne ge-> *vt* documentare

Dolch [dɔlç] <-(e)s, -e> *m* pugnale *m*

Dollar ['dɔlar] <-(s), -s> *m* dollaro *m*

dolmetschen ['dɔlmɛʧən] **I.** *vi haben* fare da interprete **II.** *vt* tradurre (a voce)

Dolmetscher(in) <-s, -; -, -nen> *m(f)* interprete *mf*

Dolomiten [dolo'miːtən] *pl* **die ~** le Dolomiti *fpl*

Dom [doːm] <-(e)s, -e> *m* duomo *m*

dominant [domi'nant] *adj* (pre)dominante

dominieren <ohne ge-> **I.** *vi* predominare **II.** *vt* dominare

Dominikanische Republik *f* Repubblica *f* Dominicana

Dompfaff ['doːmpfaf] <-en, -en> *m* ciuffolotto *m*

Dompteur [dɔmp'tøːɐ̯] <-s, -e> *m,* **Dompteuse** [dɔmp'tøːzə] <-, -n> *f* domatore, -trice *m, f*

Donau ['doːnaʊ] *f* Danubio *m*

Donner ['dɔnɐ] <-s, -> *m* tuono *m*

donnern *vi* (METEO) tuonare; **es donnert** tuona

Donnerstag *m* giovedì *m; s. a.* **Dienstag**

donnerstags *adv* di [*o* il] giovedì

Donnerwetter *n* (**zum**) **~!** (*fam*) accipicchia!

doof [doːf] *adj* (*fam*) scemo

dopen ['dɔpən] *vt* (SPORT) dopare

Doping ['dɔpɪŋ] <-s, -s> *n* (SPORT) doping *m;* **Dopingkontrolle** *f* (SPORT) controllo *m* antidoping; **Dopingmittel** *n* dopante *m*

Doppel ['dɔpəl] <-s, -> *n* **1.** (*Duplikat*) duplicato *m* **2.** (SPORT: *Tennis*) doppio *m;* **Doppelbett** *n* (letto *m*) matrimoniale *m;* **Doppelgänger(in)** ['dɔpəlgɛŋɐ] <-s, -; -, -nen> *m(f)* sosia *mf;* **Doppelkinn** *n* doppio mento *m;* **Doppelname** *m* binomio *m;* **Doppelpunkt** *m* (LING) due punti *mpl*

doppelt **I.** *adj* doppio **II.** *adv* il doppio; **~ so viel** due volte tanto; **~ so viel bezahlen** pagare il doppio; **etw ~ haben** avere un doppione di qc

Doppelverdiener *mpl* coppia *f* con doppio reddito; **Doppelwährungsphase** *f* (EU) periodo *m* della doppia circolazione; **Doppelzimmer** *n* (*Zweibettzimmer*) camera *f* doppia; (*mit Doppelbett*) (camera *f*) matrimoniale *f*

Dorf [dɔrf] <-(e)s, Dörfer> *n* paese *m;* **Dorfbewohner(in)** *m(f)* paesano, -a *m, f;* **Dorfschaft** <-, -en> *f* (*CH*) paese *m*

Dorn[1] [dɔrn] <-(e)s, -en> *m* (BOT) spina *f;* **jdm ein ~ im Auge sein** (*fig*) essere una spina nell'occhio per qu

Dorn[2] [dɔrn] <-(e)s, -e> *m* (TEC) spina *f;* (*an Schnalle*) puntale *m*

dornig *adj* spinoso

Dornröschen [dɔrn'røːsçən] <-s> *kein Pl n* (LIT) bella *f* addormentata nel bosco

dörren ['dœrən] *vt* (dis)seccare

Dörrobst *n* frutta *f* secca

Dorsch [dɔrʃ] <-(e)s, -e> *m* merluzzo *m*

dort [dɔrt] *adv* là, lì; **da und ~** qua e là; **~ drüben/hinten** là dietro/là in fondo; **~ oben** là sopra

dorther ['dɔrt'heːɐ̯, *hinweisend:* 'dɔrtheːɐ̯] *adv* di là; **von ~** da quella parte; **dorthin** ['dɔrt'hɪn, *hinweisend:* 'dɔrthɪn] *adv* lì, là

dortig *adj* del luogo

Dose ['doːzə] <-, -n> *f* barattolo *m*

Dosen *pl von* **Dose, Dosis**

dösen ['døːzən] *vi* (*fam*) sonnecchiare

Dosenmilch *f* latte *m* condensato in scatola; **Dosenöffner** *m* apriscatole *m*

dosieren [do'ziːrən] <ohne ge-> *vt* dosare

Dosis ['doːzɪs] <-, Dosen> *f* dose *f*

Dotter ['dɔtɐ] <-s, -> *m o n* rosso *m* dell'uovo

Double ['duːb(ə)l] <-s, -s> *n* (FILM) controfigura *f*

down [daʊn] *adj* (*sl*) giù

downloaden *vt* (INFORM) download

Dozent(in) [do'tsɛnt] <-en, -en; -, -nen> *m(f)* docente *mf*

Drache ['draxə] <-n, -n> *m* (*Fabeltier*) drago *m*

Drachen ['draxən] <-s, -> *m* **1.** (*Papier~*) aquilone *m* **2.** (SPORT) deltaplano *m* **3.** (*fam pej: zänkische Frau*) megera *f*; **Drachenfliegen** <-s> *kein Pl n* volo *m* a delta; **Drachenflieger(in)** *m(f)* deltaplanista *mf*

Draht [draːt] <-(e)s, Drähte> *m* filo *m* metallico; **auf ~ sein** (*fam*) stare all'erta; **Drahtbürste** *f* spazzola *f* metallica; **drahtlos I.** *adj* senza fili **II.** *adv* via radio; **~ telefonieren** telefonare con il portatile

Drahtseil *n* fune *f* metallica; **Drahtseilbahn** *f* funivia *f*; **Drahtzieher(in)** <-s, -; -, -nen> *m(f)* mandante *mf*; **der ~ sein** tirare i fili

drall [dral] *adj* (*Mädchen*) robusto; (*Busen, Hinterteil*) sodo

Drama ['draːma] <-s, Dramen> *n* dramma *m*

dramatisch *adj* drammatico

dran [dran] *adv* (*fam*) **gut ~ sein** essere in buone condizioni; **schlecht ~ sein** essere a mal partito; **wer ist ~?** a chi tocca?; **da ist was (Wahres) ~!** c'è qualcosa di vero!; *s. a.* **daran**

drang [draŋ] *1. u 3. pers sing imp von* **dringen**

Drang [draŋ] <-(e)s, *rar* Dränge> *m* **1.** (*innerer Antrieb*) impulso *m* **2.** (*Druck, Bedrängnis*) pressione *f*

drängeln ['drɛŋəln] *vi, vt* (*fam*) spingere

drängen ['drɛŋən] **I.** *vi* **1.** (*mit Nachdruck fordern*) **auf etw** *acc* **~** insistere su qc **2.** (*eilig sein*) urgere; **die Zeit drängt** il tempo stringe **II.** *vt* **1.** (*drücken*) spingere **2.** (*antreiben*) **jdn ~ etw zu tun** incitare qu a fare qc **III.** *vr* **sich ~** spingersi; **sich um jdn/etw ~** far ressa attorno a qu/qc

drastisch ['drastɪʃ] *adj* **1.** (*wirksam*) drastico **2.** (*derb anschaulich*) crudo

drauf [draʊf] *adv* (*fam*) **~ und dran sein zu** +*inf* essere sul punto di +*inf*; *s. a.* **darauf**

Draufgabe ['draʊfgaːbə] <-, -n> *f* (*A*) aggiunta *f*

Draufgänger ['draʊfgɛŋɐ] <-s, -> *m* uomo *m* spavaldo; **Draufgängerin** ['draʊfgɛŋərɪn] <-, -nen> *f* donna *f* impetuosa

draußen ['draʊsən] *adv* fuori; **von ~** da fuori

Dreck [drɛk] <-(e)s> *kein Pl m* **1.** (*fam: Schmutz*) sudiciume *m*; (*Straßenschmutz*) fango *m*; **~ am Stecken haben** (*fig fam*) averne fatte di cotte e di crude; **jdn durch den ~ ziehen** (*fig*) trascinare qu nel fango **2.** (*sl pej: Schund*) cianfrusaglie *fpl* **3.** (*Wend*) **das geht dich einen ~ an!** (*sl pej*) che te ne frega!

dreckig *adj* (*fam*) **1.** (*schmutzig*) sporco; **sich ~ machen** sporcarsi **2.** (*unanständig*) volgare; (*gemein*) perfido

Dreharbeiten *fpl* (FILM) riprese *fpl*; **Drehbuch** *n* sceneggiatura *f*

drehen ['dreːən] **I.** *vt* **1.** (*um die Achse*) (far) girare **2.** (*Zigarette*) farsi **3.** (*Film*) girare **II.** *vi* girare; (*Schiff*) virare di bordo **III.** *vr* **sich ~ 1.** (*rotieren*) girarsi; **sich um etw ~** girare attorno a qc **2.** (*Gespräch*) trattarsi; **alles drehte sich (nur) um sie** era il perno di tutto

Drehorgel *f* (MUS) organino *m*; **Drehstuhl** *m* sedia *f* girevole; **Drehtür** *f* porta *f* girevole

Drehung <-, -en> *f* (*im Kreis*) movimento *m* rotatorio; (*um Achse*) giro *m*; (*um anderen Körper*) rivoluzione *f*

Drehzahlmesser <-s, -> *m* (TEC) contagiri

m

drei [draɪ] *num* tre; **nicht bis ~ zählen können** (*fig*) non saper contare fino a dieci; *s. a.* **acht**

Drei <-, -en> *f* tre *m;* (*Schulnote: befriedigend*) *sette;* (*Buslinie, etc*) tre *m*

Drei-, drei- *s. a.* **Acht-, acht-**

dreidimensional ['draɪdimɛnzi̯onaːl] *adj* a tre dimensioni; **~er Film** film tridimensionale; **Dreieck** *n* triangolo *m;* **dreieckig** *adj* triangolare; **Dreieinigkeit** [draɪ'ʔaɪnɪçkaɪt] *f* Trinità *f;* **dreifach** *adj* triplo; **dreihundert** ['draɪ'hʊndɐt] *num* trecento; **dreijährig** ['draɪjɛːrɪç] *adj* **1.** (*drei Jahre alt*) di tre anni **2.** (*drei Jahre dauernd*) triennale; **Dreikampf** *m* (SPORT) triatlon *m;* **Dreikönigsfest** [draɪ'køːnɪçsfɛst] *n* epifania *f;* **dreimal** ['draɪmaːl] *adv* tre volte; *s. a.* **achtmal;** **Dreirad** *n* triciclo *m*

dreißig ['draɪsɪç] *num* trenta; **dreißigjährig** ['draɪsɪçjɛːrɪç] *adj* **1.** (*dreißig Jahre alt*) trentenne **2.** (*dreißig Jahre lang*) trentennale; **der Dreißigjährige Krieg** la guerra dei trent'anni

dreist [draɪst] *adj* **1.** (*kühn*) ardito **2.** (*frech*) sfacciato

dreistellig *adj* di tre cifre; **dreistöckig** ['draɪʃtœkɪç] *adj* a [*o* di] tre piani; **dreiteilig** *adj* (*Kleid, Set*) in tre pezzi; (*Roman*) in tre parti; **dreiviertel** ['draɪ'fɪrtəl] *num* tre quarti; **Dreiviertelstunde** <-, -n> *f* tre quarti *mpl* d'ora

dreizehn *num* tredici; **jetzt schlägt's aber ~!** (*fam*) questo è il colmo!

dreschen ['drɛʃən] <drischt, drosch, gedroschen> *vt* **1.** (AGR) trebbiare **2.** (*fam: prügeln*) bastonare

Dresden ['dreːsdən] *n* Dresda *f*

dressieren [drɛ'siːrən] <ohne ge-> *vt* addestrare; (*Pferde*) scozzonare

Dressman ['drɛsmən] <-s, Dressmen> *m* indossatore *m*

Dressur [drɛ'suːɐ̯] <-, -en> *f* dressaggio *m*

Drill [drɪl] <-(e)s> *kein Pl m* addestramento *m*

drillen *vt* addestrare

Drilling ['drɪlɪŋ] <-s, -e> *m* (*Kind*) trigemino *m;* **~e** gemelli trigemini

drin [drɪn] *adv* (*fam*) *s.* **darin**

dringen ['drɪŋən] <dringt, drang, gedrungen> *vi* **1.** *sein* **in etw** *acc* **~** penetrare in qc; **durch etw ~** passare attraverso qc; **an die Öffentlichkeit ~** diventare di pubblico dominio **2.** *haben* (*verlangen*) **auf etw** *acc* **~** insistere su qc; **darauf ~, dass ...** insistere affinché +*conj*

dringend *adj* urgente; (*Bitte*) pressante; **in ~en Fällen** in casi d'urgenza; **es ist** (**sehr**) **~** la cosa urge

drinnen ['drɪnən] *adv* dentro

drischt [drɪʃt] *3. pers sing pr von* **dreschen**

dritt [drɪt] *adv* **zu ~** in tre

dritte ['drɪtə] *s.* **dritte(r, s)**

Dritte <ein -r, -n, -n> *mf* terzo, -a *m, f;* **wenn zwei sich streiten, freut sich der ~** (*prov*) fra due litiganti il terzo gode

Drittel <-s, -> *n* terzo *m*

drittens ['drɪtəns] *adv* (in) terzo (luogo)

dritte(**r, s**) *adj* terzo, -a; (*bei Datumsangaben*) tre; **die Dritte Welt** il terzo mondo; *s. a.* **achte**(**r, s**)

Dritte-Welt-Laden ['drɪtə'vɛltlaːdən] *m* negozio *m* di articoli del terzo mondo

Drittländer ['drɪtlɛndɐ] *npl,* **Drittstaaten** *mpl* (EU) paese *m* terzo

droben ['droːbən] *adv* (*geh südd, A*) lassù

Droge ['droːgə] <-, -n> *f* droga *f*

drogenabhängig *adj* tossicodipendente; **Drogenabhängige** <ein -r, -n, -n> *mf* tossicodipendente *mf;* **Drogenhandel** *m* traffico *m* della droga; **Drogenmissbrauch**[RR] *m* abuso *m* di droga; **Drogenszene** *f* mondo *m* della droga

Drogerie [drogə'riː] <-, -n> *f* drogheria *f*

drohen ['droːən] *vi* **jdm ~** minacciare qu

dröhnen ['drøːnən] *vi* rimbombare; (*a fig*) rintronare; **mir dröhnt der Kopf** mi rintrona la testa

Drohung ['droːʊŋ] <-, -en> *f* minaccia *f*

drollig ['drɔlɪç] *adj* buffo

drosch [drɔʃ] *1. u 3. pers sing imp von* **dreschen**

Drossel ['drɔsəl] <-, -n> *f* tordo *m*

drüben ['dryːbən] *adv* dall'altra parte

drüber ['dryːbɐ] (*fam*) *s.* **darüber**

Druck[1] [drʊk] <-(e)s, Drücke> *m* **1.** (PHYS) pressione *f;* **durch einen ~ auf den Knopf** premendo il bottone **2.** *sing* (*fig: Zwang*) pressione *f;* **jdn unter ~ setzen** mettere qu sotto pressione

Druck[2] [drʊk] <-(e)s, -e> *m* (TYP) stampa *f*

Druckbuchstabe *m* carattere *m* tipografico

Drückeberger ['drʏkəbɛrgɐ] <-s, -> *m* (*fam pej*) scansafatiche *m*

drucken ['drʊkən] *vt* (TYP) stampare

drücken ['drʏkən] **I.** *vt* **1.** (*pressen*) premere; (*zusammen~*) spremere; **jdm die Hand ~** stringere la mano a qu **2.** (*fam: umarmen*) stringere **3.** (*fig: Preise*) ribassare **4.** (*fig: Sorgen*) opprimere **II.** *vi* **1.** (*lasten*) pesare; **auf jdn/etw ~** pesare su qu/qc **2.** (*Kleidung, Schuh*) stringere **3.** (*pressen*) **auf etw** *acc* **~** premere su qc; **auf einen Knopf ~** schiacciare un bottone **III.** *vr* **sich ~** (*fam*) svignarsela; **sich vor etw** *dat* **~** sottrarsi a qc

drückend *adj* opprimente; (*Hitze*) soffocante

Drucker <-s, -> *m* (INFORM) stampante *f*

Drucker(in) <-s, -; -, -nen> *m(f)* tipografo, -a *m, f*

Druckerei [drʊkə'raɪ] <-, -en> *f* tipografia *f*; **Druckerschwärze** *f* inchiostro *m* da stampa

Druckfehler *m* errore *m* di stampa; **Druckknopf** *m* **1.** (*an Kleidung*) (bottone *m*) automatico *m* **2.** (TEC) pulsante *m*; **Druckluft** *f* aria *f* compressa; **Druckmesser** <-s, -> *m* misuratore *m* di pressione; **Druckmittel** *n* (*fig*) mezzo *m* di pressione; **Drucksache** *f* „~" "stampe"; **Druckschrift** *f* (TYP: *Schriftart*) carattere *m* tipografico; **in ~** in stampatello

Drucksorte *f* (*A: Formular*) modulo *m*

drum [drʊm] *adv* (*fam*) **mit allem Drum und Dran** con tutti gli annessi e connessi; **sei's ~!** e sia!; *s. a.* **darum**

drunten ['drʊntən] *adv* (*südd, A*) laggiù

drunter ['drʊntɐ] *adv* (*fam*) **es geht alles ~ und drüber** tutto va a catafascio; *s. a.* **darunter**

Drüse ['dryːzə] <-, -n> *f* ghiandola *f*

Dschungel ['dʒʊŋəl] <-s, -> *m* giungla *f*

DTP [deːteː'peː] <-> *n* (INFORM) *s.* **Desktop Publishing** desktop-publishing *m*

du [duː] *pron pers* tu; **wenn ich ~ wäre, ...** se fossi in te, ...; **jdn mit ~ anreden** dare del tu a qu; **~, ich muss dich was fragen** senti, devo chiederti qc; **~ Ärmste!** o che poveretta!

dual [du'aːl] *adj* binario; **das Duale System** sistema di raccolta differenziata

Dübel ['dyːbəl] <-s, -> *m* tassello *m*

Dublin ['dablɪn] *n* Dublino *f*

ducken ['dʊkən] *vr* **sich ~** (*fig*) piegarsi; (*niederkauern*) rannicchiarsi

Duckmäuser ['dʊkmɔɪzɐ] <-s, -> *m* (*fam*) vigliacco, -a *m, f*

Dudelsack ['duːdəlzak] *m* cornamusa *f*

Duell [du'ɛl] <-s, -e> *n* duello *m*

duellieren [duɛ'liːrən] <ohne ge-> *vr* **sich ~** battersi a duello

Duett [du'ɛt] <-(e)s, -e> *n* (MUS) duetto *m*

Duft [dʊft] <-(e)s, Düfte> *m* profumo *m*

duften *vi* **1.** (*Duft verbreiten*) odorare **2.** (*riechen*) **nach etw ~** avere un profumo di qc

duftend *adj* profumato

dulden ['dʊldən] *vt* **1.** (*zulassen*) tollerare; (*Maßnahmen, Widerspruch*) ammettere **2.** (*geh: ertragen*) sopportare

duldsam [dʊltzaːm] *adj* paziente; (*nachsichtig*) indulgente; (*tolerant*) tollerante

dumm [dʊm] <dümmer, dümmste> *adj* **1.** (*Mensch*) stupido; (*unwissend*) ignorante; (*einfältig*) semplice; (*albern*) sciocco; **~es Zeug reden** dire sciocchezze; **ein ~es Gesicht machen** (*fam*) fare una faccia da stupido; **der Dumme sein** essere lo stupido di turno; **das wird mir zu ~!** ne ho abbastanza! **2.** (*ärgerlich*) seccante; **eine ~e Geschichte** una brutta faccenda

dummerweise ['dʊmɐvaɪzə] *adv* sfortunatamente

Dummheit <-, -en> *f* **1.** *sing* (*Mangel an Intelligenz*) stupidità *f* **2.** (*Handlung*) stupidaggine *f*; **Dummkopf** *m* (*pej*) stupido, -a *m, f*

dumpf [dʊmpf] *adj* **1.** (*Ton*) cupo **2.** (*Geruch*) ammuffito **3.** (*Ahnung*) vago

Düne ['dyːnə] <-, -n> *f* duna *f*

Dung [dʊŋ] <-(e)s> *kein Pl m* letame *m*

düngen ['dʏŋən] *vt* concimare

Dünger <-s, -> *m* concime *m*

dunkel ['dʊŋkəl] *adj* **1.** (*finster*) buio; (*Nacht*) fonda; (*fig: düster*) nero; **es wird ~** si fa buio; **bei etw im Dunkeln tappen** (*fig*) essere all'oscuro di qc **2.** (*Farbe, Haare, Bier*) scuro **3.** (*Vokal*) sorda **4.** (*fig: unbestimmt*) vago **5.** (*pej: verdächtig*) losco

Dunkelheit <-, -en> *f* oscurità *f*; **Dunkelkammer** *f* (FOTO) camera *f* oscura

dünn [dʏn] *adj* **1.** (*Haar*) sottile; (*Stoff, Luft*) leggero **2.** (*schlank*) snello; (*mager*) magro; **~ werden** dimagrire **3.** (*fein*) fino; (*spärlich*) rado; **~ besiedelt** scarsamente popolato

D

4. (*Getränk*) lungo

dünnbesiedelt *adj s.* **dünn 3.**

Dünndarm *m* (ANAT) intestino *m* tenue

dünnflüssig *adj* fluido

Dunst [dʊnst] <-(e)s, Dünste> *m* **1.** *sing* (*Nebel*) foschia *f* **2.** (*Dampf*) vapore *m* **3.** (*Rauch*) fumo *m;* **Dunstabzugshaube** *f* cappa *f* di estrazione

dünsten ['dʏnstən] *vt* (GASTR) cuocere al vapore

dunstig ['dʊnstɪç] *adj* (*neblig*) nebbioso; (*verräuchert*) pieno di fumo

Duplikat [dupli'ka:t] <-(e)s, -e> *n* duplicato *m*

Dur [du:ɐ̯] <-> *kein Pl n* (MUS) modo *m* maggiore

durch [dʊrç] **I.** *prp +acc* **1.** (*räumlich*) attraverso, per; ~ **den Fluss schwimmen** attraversare il fiume a nuoto **2.** (*zeitlich*) durante **3.** (*mit Hilfe von*) per mezzo di; (*dank*) grazie a; ~ **Zufall** per caso **4.** (MAT) **16** (**geteilt**) ~ **4** 16 diviso (per) 4 **II.** *adv* **es ist zwei Uhr** ~ (*fam*) sono già le due passate; **Sie dürfen hier nicht** ~ non può passare per di qua; ~ **und** ~ completamente; **mit etw** ~ **sein** aver finito qc

durch|arbeiten I. *vt* studiare a fondo **II.** *vi* lavorare senza interruzione; **die Nacht** ~ lavorare tutta la notte **III.** *vr* **sich** (**durch etw**) ~ farsi strada (tra qc)

durch|atmen *vi* respirare profondamente

durchaus [dʊrç'ʔaʊs] *adv* **1.** (*vollständig*) del tutto; **ich bin** ~ **Ihrer Meinung** sono perfettamente d'accordo con Lei; ~ **nicht** non … affatto **2.** (*unbedingt*) assolutamente

durch|blättern ['dʊrçblɛtɐn] *vt* sfogliare

Durchblick *m* (*fam: Überblick*) visione *f;* **keinen/den** ~ **haben** (*fam*) non capirci niente/capirci molto

durch|blicken *vi* **1.** (*durchsehen*) guardare attraverso **2.** (*fam: verstehen*) capire; **etw** ~ **lassen** lasciare intendere qc

Durchblutung [dʊrç'blu:tʊŋ] *f* irrorazione *f* sanguigna

durch|bohren ['dʊrçbo:rən] *vt* perforare

durch|braten <irr> *vt* (GASTR) arrostire bene

durch|brechen[1] ['dʊrçbrɛçən] <irr> **I.** *vt haben* (*zerbrechen*) spezzare in due **II.** *vi sein* **1.** (*entzweibrechen*) spezzarsi **2.** (*Sonne, Zahn*) spuntare **3.** (*fig*) svelarsi

durchbrechen[2] [dʊrç'brɛçən] <irr, ohne ge-> *vt* **1.** (*durchstoßen*) forzare **2.** (*Wand*) aprire un passaggio in **3.** (*fig: Prinzip, Konvention*) trasgredire

durch|brennen <irr> *vi sein* **1.** (*Sicherung, Glühbirne*) fulminarsi **2.** (*fam: ausreißen*) scappare

durch|bringen <irr> *vt* **1.** (*durchsetzen*) far passare **2.** (*Kranke*) salvare **3.** (*ernähren*) mantenere **4.** (*Geld*) sperperare

Durchbruch *m* **1.** (*eines Zahns*) spuntare *m* **2.** (*fig: Erfolg*) successo *m;* **zum** ~ **kommen** farsi strada **3.** (*Öffnung*) apertura *f*

durch|denken ['dʊrçdɛŋkən] <irr> *vt*, **durchdenken** [dʊrç'dɛŋkən] <irr, ohne ge-> *vt* ponderare bene; **wohl durchdacht** ben meditato

durch|drehen I. *vi* (*fam*) impazzire **II.** *vt* (*Fleisch*) tritare

durch|dringen ['dʊrçdrɪŋən] <irr> *vi sein* **1.** (*durch etw dringen*) penetrare **2.** (*fig: Gerücht*) trapelare

durcheinander [dʊrçʔaɪ'nandɐ] *adv* **1.** (*ungeordnet*) sottosopra; ~ **bringen** mettere in disordine; ~ **reden** parlare tutti insieme **2.** (*fam: verwirrt*) confuso; ~ **bringen** confondere; **Durcheinander** <-s> *kein Pl n* **1.** (*Unordnung*) disordine *m* **2.** (*Verwirrung*) confusione *f;* **durcheinander|bringen** *s.* **durcheinander 1., 2.**; **durcheinander|reden** *s.* **durcheinander 1.**

durch|fahren[1] ['dʊrçfa:rən] <irr> *vi sein* **1.** (*hin~*) passare attraverso; **bei Rot** ~ passare col rosso **2.** (*nicht anhalten*) passare senza fermarsi **3.** (*ohne Unterbrechung fahren*) viaggiare senza interruzione

durchfahren[2] [dʊrç'fa:rən] <irr, ohne ge-> *vt* **1.** (*fahrend durchqueren*) attraversare **2.** (*fig: Schreck*) assalire

Durchfahrt *f* **1.** (*das Durchfahren*) transito *m;* ~ **verboten!** transito vietato! **2.** (*Durchreise*) passaggio *m;* **auf der** ~ **sein** essere di passaggio **3.** (*Torweg*) portone *m*

Durchfall *m* (MED) diarrea *f*

durch|fallen <irr> *vi sein* **1.** (*hin~*) cadere **2.** (*fam: bei Prüfung*) essere bocciato

durchfließen [dʊrç'fli:sən] <irr, ohne ge-> *vt* (*Fluss*) attraversare scorrendo

durch|fragen *vr* **sich** ~ trovare la strada chiedendo

durchführbar *adj* realizzabile

durch|führen *vt* **1.** (*durchleiten*) guidare **2.** (*ausführen*) eseguire **3.** (*verwirklichen*) realizzare

Durchgang *m* **1.** (*Passage*) passaggio *m;* ~ **verboten!** passaggio proibito! **2.** (*bei Produktion*) prova *f;* (*bei Wahl*) tornata *f;* (SPORT) eliminatoria *f*

durchgängig *adj* generale; (*konstant*) senza eccezioni

Durchgangslager *n* campo *m* di transito; **Durchgangsverkehr** *m* (traffico *m* di) transito *m*

durch|geben <irr> *vt* (*Meldung, Telegramm*) trasmettere

durch|gehen <irr> **I.** *vi sein* **1.** (*durchpassen*) **durch etw** ~ passare per qc **2.** (FERR, AERO) **bis Rom** ~ andare fino a Roma (senza sosta) **3.** (*Pferd*) sfuggir di mano; **sein Temperament ging mit ihm durch** (*fig*) perse il controllo **4.** (*Antrag*) essere approvato; **jdm etw** ~ **lassen** lasciar passare qc a qu **II.** *vt haben o sein* (*Buch*) percorrere; (*prüfend* ~) esaminare; **durchgehend** *adj* (*Zug*) diretto; (*Öffnungszeiten*) continuato; ~ **geöffnet** ad orario continuato

durch|greifen <irr> *vi* intervenire (energicamente)

durch|halten <irr> **I.** *vi* resistere **II.** *vt* resistere a

Durchhaltevermögen ['dʊrçhaltəfɛɐmøːgən] <-s> *kein Pl n* resistenza *f*

durch|kommen <irr> *vi sein* **1.** (*durch etw gelangen*) passare; (*Zahn, Sonne*) spuntare **2.** (*hin~*) passare attraverso **3.** (*erfolgreich sein*) spuntarla **4.** (*genesen*) scamparla **5.** (*bei Prüfung*) essere promosso; (*a Gesetzentwurf*) passare

durch|kreuzen[1] ['dʊrçkrɔɪtsən] *vt* (*durchstreichen*) cancellare con una croce

durchkreuzen[2] [dʊrç'krɔɪtsən] <ohne ge-> *vt* (*Pläne*) intralciare

durch|lassen <irr> *vt* **1.** (*hin~*) lasciar passare; (*bei Prüfung*) far passare **2.** (*fig fam: nicht rügen*) lasciar correre

durchlässig ['dʊrçlɛsɪç] *adj* **1.** (*wasser~*) che lascia passare l'acqua; (*Gefäß*) non stagno **2.** (*licht~*) trasparente

durchleben <ohne ge-> *vt* vivere

durch|lesen <irr> *vt* leggere

durchleuchten [dʊrç'lɔɪçtən] <ohne ge-> *vt* fare una radiografia a

durch|machen *vt* (*fam*) **1.** (*erdulden*) soffrire; **viel** ~ passarne tante **2.** (*Wend*) **die Nacht** ~ passare la notte in bianco

Durchmarsch *m* (MIL) marcia *f*

Durchmesser <-s, -> *m* (MAT) diametro *m*

durch|nehmen <irr> *vt* (*im Unterricht*) trattare

durch|nummerieren[RR] <ohne ge-> *vt* numerare

durchqueren [dʊrç'kveːrən] <ohne ge-> *vt* attraversare

Durchreise *f* passaggio *m;* **auf der** ~ **sein** essere di passaggio

durch|ringen <irr> *vr* **sich zu einem Entschluss** ~ arrivare con sforzo a una decisione

durch|rosten *vi sein* arrugginirsi completamente

durchs [dʊrçs] = **durch das**

Durchsage ['dʊrçzaːgə] <-, -n> *f* comunicato *m*

durch|sagen *vt* (RADIO) trasmettere

durchschauen [dʊrç'ʃaʊən] <ohne ge-> *vt* (*Absichten, Motive*) capire; (*Personen*) capire le intenzioni di

durch|scheinen ['dʊrçʃaɪnən] <irr> *vi* trasparire

Durchschlag *m* **1.** (*Kopie*) copia *f* **2.** (*Sieb*) setaccio *m*

durch|schlagen ['dʊrçʃlaːgən] <irr> **I.** *vt haben* spaccare in due **II.** *vr* **sich** ~ **1.** (*ein Ziel erreichen*) aprirsi un varco **2.** (*sich durchbringen*) tirar avanti *fam;* **durchschlagend** *adj* **1.** (*entscheidend*) decisivo **2.** (*überzeugend*) convincente

durch|schneiden ['dʊrçʃnaɪdən] <irr> *vt* tagliare (in due)

Durchschnitt ['dʊrçʃnɪt] *m* media *f;* **im** ~ in media; **über/unter dem** ~ sopra/sotto la media; **durchschnittlich** ['dʊrçʃnɪtlɪç] **I.** *adj* medio **II.** *adv* in media; **Durchschnittsalter** *n* età *f* media; **Durchschnittseinkommen** *n* reddito *m* medio; **Durchschnittsgeschwindigkeit** *f* velocità *f* media; **Durchschnittsmensch** *m* uomo *m* comune

Durchschrift *f* copia *f* (carbone)

durch|sehen <irr> **I.** *vi* guardare attraverso **II.** *vt* **1.** (*flüchtig* ~) scorrere **2.** (*prüfen*) verificare

durch|setzen ['dʊrçzɛtsən] **I.** *vt* imporre **II.** *vr* **sich** ~ imporsi

Durchsetzungsvermögen ['dʊrçzɛtsʊŋsfɛɐmøːgən] <-s> *kein Pl n* capacità *f* di imporsi

Durchsicht *f* revisione *f;* (*Prüfung*) esame

m

durchsichtig *adj* **1.** (*transparent*) trasparente **2.** (*fig: offensichtlich*) evidente

durch|sickern *vi sein* **1.** (*Flüssigkeit*) filtrare **2.** (*fig: Nachricht, Geheimnis*) trapelare

durch|sprechen <irr> *vt* discutere

durchstöbern [dʊrçˈʃtøːbɐn] <ohne ge-> *vt* rovistare

durch|streichen <irr> *vt* cancellare

durchsuchen [dʊrçˈzuːxən] <ohne ge-> *vt* **etw nach etw ~** perquisire qc in cerca di qc

Durchsuchung [dʊrçˈzuːxʊŋ] <-, -en> *f* perquisizione *f*

durchtrieben [dʊrçˈtriːbən] *adj* scaltro

Durchwahl [ˈdʊrçvaːl] <-> *kein Pl f* selezione *f* diretta

durchweg [ˈdʊrçvɛk] *adv* completamente; (*ausnahmslos*) senza eccezione

durchwühlen [dʊrçˈvyːlən] <ohne ge-> *vt* frugare

durch|zählen *vt* contare (pezzo per pezzo)

Durchzug *m* **1.** (*von Vögeln*) migrazione *f* **2.** *sing* (*Zugluft*) corrente *f* d'aria

dürfen[1] [ˈdʏrfən] <darf, durfte, dürfen> *Modalverb* potere; **darf ich?** permette?; **was darf es sein?** (cosa) desidera?; **wenn ich bitten darf** per favore; **das hättest du nicht tun ~!** non avresti dovuto farlo!; **das darf doch** (**wohl**) **nicht wahr sein!** non è possibile!

dürfen[2] <darf, durfte, gedurft> *vi* avere il permesso

dürftig [ˈdʏrftɪç] *adj* **1.** (*armselig*) misero **2.** (*ungenügend*) scarso

dürr [dʏr] *adj* **1.** (*Ast*) secco **2.** (*pej: mager*) magro **3.** (*Land*) arido

Dürre [ˈdʏrə] <-, -n> *f* siccità *f*

Durst [dʊrst] <-(e)s> *kein Pl m* sete *f*; **~ haben** avere sete

durstig *adj* assetato; **~ sein** aver sete

durstlöschend, **durststillend** *adj* dissetante

Dusche [ˈdʊʃə] <-, -n> *f* doccia *f*; **kalte ~** (*fig*) doccia fredda

duschen *vi, vr* **sich ~** fare la doccia

Duschgel [ˈduːʃgeːl] <-s, -e> *n* docciaschiuma *m*

Düse [ˈdyːzə] <-, -n> *f* iniettore *m*; (*Flugzeug~*) getto *m*

düsen [ˈdyːzən] *vi sein* (*fam*) andare di tutta fretta

Düsenantrieb *m* (AERO) propulsione *f* a reazione; **Düsenflugzeug** *n* aereo *m* a reazione

Düsseldorf [ˈdʏsəldɔrf] *n* Düsseldorf *f*

düster [ˈdyːstɐ] *adj* **1.** (*dunkel*) scuro; (*Farben, fig*) cupo **2.** (*fig*) fosco

Duty-free-Shop [ˈdjuːtiˈfriːʃɔp] <-(s), -s> *m*, **Dutyfreeshop**[RR] <-(s), -s> *m* duty-free shop *m*

Dutzend [ˈdʊtsənt] <-s, -e> *n* dozzina *f*; **zu ~en** a dozzine; **dutzendweise** *adv* a dozzine

duzen [ˈduːtsən] **I.** *vt* dare del tu a **II.** *vr* **sich ~** darsi del tu

DV [deːˈfaʊ] <-> *kein Pl f* (INFORM) *abk v* **Datenverarbeitung** ED

DVD-Laufwerk <-(e)s, -e> *n* (INFORM) lettore *m* DVD

Dynamik [dyˈnaːmɪk] <-> *kein Pl f* dinamica *f*

dynamisch *adj* dinamico

Dynamit [dynaˈmiːt] <-s> *kein Pl n* dinamite *f*

Dynamo [dyˈnaːmo] <-s, -s> *m* dinamo *m*

Dynastie [dynasˈtiː] <-, -n> *f* dinastia *f*

D-Zug [ˈdeːtsuːk] *m* (treno *m*) espresso *m*

E

E, e [eː] <-, -(s)> *n* **1.** (*Buchstabe*) E, e *f*; **E wie Emil** E come Empoli **2.** (MUS) mi *m*

Ebbe [ˈɛbə] <-, -n> *f* bassa marea *f*; **es ist ~** c'è bassa marea

eben [ˈeːbən] **I.** *adj* **1.** (*flach*) piano **2.** (*glatt*) piatto; **zu ~er Erde** a pianterreno **II.** *adv* **1.** (*zeitlich: so~*) appena; **ich wollte ~ sagen …** stavo per dire … **2.** (*genau*) proprio **3.** (*nun einmal*) proprio; (**na**) **~!** appunto!

Ebenbild *n* ritratto *m*

ebenbürtig [ˈeːbənbʏrtɪç] *adj* eguale; **sie ist ihm an Ausdauer ~** in quanto a tenacia sono uguali

Ebene ['e:bənə] <-, n> *f* **1.** (*flaches Land*) pianura *f* **2.** (*fig: Niveau*) livello *m* **3.** (MAT) piano *m*

ebenfalls *adv* **1.** (*gleichfalls*) altrettanto **2.** (*auch*) anche

ebenso ['e:bənzo:] *adv* ugualmente; ~ **gut** ugualmente bene; ~ **oft** altrettanto spesso; ~ **sehr/viel wie** altrettanto che; ~ **wenig wie** tanto poco quanto; ~ **wie** così come; ~ **... wie ...** tanto ... quanto ...; **ebensogut** *s.* **ebenso**; **ebensooft** *s.* **ebenso**; **ebensosehr** *s.* **ebenso**; **ebensoviel** *s.* **ebenso**; **ebensowenig** *s.* **ebenso**

Eber ['e:bɐ] <-s, -> *m* cinghiale *m*

ebnen ['e:bnən] *vt* **jdm den Weg** ~ (*fig*) spianare la strada a qu

Echo ['ɛço] <-s, -s> *n* eco *f o m*

echt [ɛçt] **I.** *adj* **1.** (*nicht nachgemacht*) autentico **2.** (*fig*) sincero **II.** *adv* (*fam*) veramente

Echtheit <-> *kein Pl f* **1.** (*von Urkunde*) autenticità *f* **2.** (*fig*) sincerità *f*

Echtzeit *f* (INFORM) tempo *m* reale

EC-Karte [e'tse:kartə] *f* (FIN) EC-card *f*

Ecke <-, -n> *f* **1.** (*allg*) angolo *m*; **gleich um die** ~ proprio qui all'angolo; **an allen ~n und Enden** dappertutto; **jdn um die ~ bringen** (*fig fam*) far fuori qu **2.** (*Spitze*) spigolo *m* **3.** (SPORT) calcio *m* d'angolo

eckig *adj* **1.** (*nicht rund*) angolare **2.** (*fig: Bewegung*) goffo

Eckzahn *m* (dente *m*) canino *m*

E-Commerce ['ikɔmə:s] <-> *kein Pl n* (COM) e-commerce *m*

Economyklasse [ɪ'kɔnəmi 'klasə] *f* (AERO) classe *f* turistica

Ecstasy ['ɛkstəsi] <-s> *kein Pl n* ecstasy *f*; **ECU** <-(s), -(s)> *m akr v* **European Currency Unit** ECU *m*

edel ['e:dəl] *adj* **1.** (*adlig*) nobile; (*reinrassig: Pferd*) purosangue **2.** (*hochwertig*) pregiato **3.** (*geh: Mensch, Tat*) nobile; **Edelgas** *n* gas *m* nobile; **Edelmetall** *n* metallo *m* prezioso; **Edelmut** *m* (*geh*) generosità *f*; **edelmütig** ['e:dəlmy:tɪç] *adj* nobile; **Edelstein** *m* pietra *f* preziosa; **Edelweiß** <-(es), -(e)> *n* stella *f* alpina

Edikt [e'dɪkt] <-(e)s, -e> *n* (HIST) editto *m*

Editor ['e:dito:ɐ̯] <-s, -en> *m* (INFORM) editor *m*

EDV [e:de:'faʊ] <-> *kein Pl f abk v* **Elektronische Datenverarbeitung** E.E.D. *f*; **EDV-Anlage** *f* impianto *m* elettronico per l'elaborazione dei dati; **EDV-System** *n* (INFORM) sistema *m* informatico

Efeu ['e:fɔɪ] <-s> *kein Pl m* edera *f*

Effekt [ɛ'fɛkt] <-(e)s, -e> *m* effetto *m*

effektiv [ɛfɛk'ti:f] *adj* efficace

effizient [ɛfi'tsi̯ɛnt] *adj* (*geh*) efficiente

egal [e'ga:l] *adj* uguale; **das ist mir ganz** ~ (*fam*) non me ne importa nulla

Egge ['ɛgə] <-, -n> *f* (AGR) erpice *m*

Egoismus [ego'ɪsmʊs] <-> *kein Pl m* egoismo *m*

Egoist(in) [ego'ɪst] <-en, -en; -, -nen> *m(f)* egoista *mf*

egoistisch *adj* egoistico

ehe ['e:ə] *konj* prima che +*conj*

Ehe ['e:ə] <-, -n> *f* matrimonio *m*; **Kind aus erster** ~ figlio di primo letto; **wilde** ~ concubinato *m*; **eheähnlich** *adj* **~e Gemeinschaft** convivenza *f*; **Eheberatung** *f* consulenza *f* (pre)matrimoniale; **Ehebruch** *m* adulterio *m*; ~ **begehen** commettere adulterio; **Ehefrau** *f* moglie *f*; **Eheleute** *pl* coniugi *mpl*; **ehelich** *adj* **1.** (*die Ehe betreffend*) coniugale **2.** (*Kind*) legittimo

ehemalig *adj* ex

ehemals ['e:əma:ls] *adv* una volta

Ehemann *m* marito *m*; **Ehepaar** *n* (coppia *f* di) coniugi *mpl*

eher ['e:ɐ] *adv* **1.** (*früher*) prima; **je ~, desto besser** quanto prima, tanto meglio; **nicht ~ als** non prima che +*conj* **2.** (*lieber*) piuttosto

Ehering *m* fede *f* nuziale; **Ehescheidung** *f* divorzio *m*; **Eheschließung** *f* (*geh*) matrimonio *m*

Ehre ['e:rə] <-, -n> *f* onore *m*; **zu ~n von ...** in onore di ...; **es ist mir eine** ~ è un onore per me; **mit wem habe ich die ~?** con chi ho l'onore di parlare?

ehren *vt* **1.** (*ver~*) onorare **2.** (*achten*) rispettare

Ehrenamt *n* carica *f* onorifica; **ehrenamtlich** *adj* onorario; **Ehrenbürger(in)** *m(f)* cittadino, -a *m, f* onorario, -a; **Ehrengast** *m* ospite *mf* d'onore; **ehrenhaft** *adj* onesto; (*Motiv*) rispettabile; **Ehrenrunde** *f* giro *m* d'onore; **Ehrensache** *f* questione *f* d'onore; **ehrenvoll** *adj* onorevole; **Ehrenwort** *n* parola *f* (d'onore)

Ehrfurcht *f* profondo rispetto *m*; **vor jdm/etw ~ haben** rispettare qu/qc; **ehrfürchtig**, **ehrfurchtsvoll** ['e:ɐ̯fʏrçtɪç,

E

'eːɐ̯fʏrçtfɔl] *adj* rispettoso

Ehrgeiz *m* ambizione *f;* **ehrgeizig** *adj* ambizioso

ehrlich *adj* onesto; (*aufrichtig*) sincero; **es ~ meinen** essere in buona fede; **~ gesagt** a dire il vero; **Ehrlichkeit** <-> *kein Pl f* onestà *f;* (*Aufrichtigkeit*) sincerità *f*

Ehrung ['eːrʊŋ] <-, -en> *f* onore *m*

ehrwürdig *adj* venerabile

Ei [aɪ] <-(e)s, -er> *n* uovo *m;* **sich gleichen wie ein ~ dem anderen** assomigliarsi come due gocce d'acqua

Eibe ['aɪbə] <-, -n> *f* tasso *m*

Eiche ['aɪçə] <-, -n> *f* quercia *f*

Eichel ['aɪçəl] <-, -n> *f* (BOT) ghianda *f*

eichen ['aɪçən] *vt* (*Messgeräte*) tarare; (*Gefäße*) stazzare

Eichhörnchen *n* scoiattolo *m*

Eid [aɪt] <-(e)s, -e> *m* giuramento *m;* **an ~es statt** (JUR) in vece del giuramento; **einen ~ ablegen** prestare giuramento; **etw unter ~ aussagen** dichiarare qc sotto giuramento

Eidechse ['aɪdɛksə] *f* lucertola *f*

eidesstattlich *adj* (JUR) **~e Erklärung** dichiarazione sostitutiva del giuramento

Eidgenosse ['aɪtgənɔsə] *m* (*Schweizer Bürger*) elvetico *m;* **Eidgenossenschaft** *f* **Schweizerische ~** Confederazione *f* elvetica; **Eidgenossin** ['aɪtgənɔsɪn] *f* (*Schweizer Bürgerin*) elvetica *f; s. a.* **Eidgenosse**

Eierbecher *m* portauovo *m;* **Eierkuchen** *m* frittella *f;* **Eierlikör** *m* liquore *m* all'uovo; **Eierschale** *f* guscio *m* d'uovo; **Eierspeis(e)** <-, -(e)n> *f* (*A: Rührei*) uova *fpl* strapazzate; **Eierstock** *m* (ANAT) ovaia *f;* **Eieruhr** *f* contaminuti *m* per le uova

Eifer ['aɪfɐ] <-s> *kein Pl m* zelo *m;* (*Begeisterung*) entusiasmo *m;* **im ~ des Gefechts** nel calore della mischia

Eifersucht *f* gelosia *f;* **eifersüchtig** *adj* geloso; **auf jdn ~ sein** essere geloso di qu

eifrig ['aɪfrɪç] **I.** *adj* diligente; (*inbrünstig*) fervido; (*unermüdlich*) assiduo **II.** *adv* con zelo

Eigelb <-s, -e> *n* rosso *m* d'uovo

eigen ['aɪgən] *adj* **1.** (*zu jdm/etw gehörig*) proprio; **etw mit ~en Augen sehen** vedere qc con i propri occhi **2.** (*gesondert*) separato **3.** (*typisch*) particolare **4.** (*~artig*) singolare

Eigenart *f* particolarità *f;* **eigenartig** *adj* (*sonderbar*) strano; **Eigenbedarf** *m* fabbisogno *m;* **Eigenbrötler(in)** ['aɪgənbrøːtlɐ] <-s, -; -, -nen> *m(f)* (*pej*) misantropo, -a *m, f;* **eigenhändig** ['aɪgənhɛndɪç] *adj o adv* di propria mano; (*Schriftstück*) autografo; (*Testament*) olografo; **Eigenliebe** *f* amor *m* proprio; **eigenmächtig** **I.** *adj* arbitrario **II.** *adv* arbitrariamente; **Eigenname** *m* nome *m* proprio; **Eigennutz** ['aɪgənnʊts] <-es> *kein Pl m* interesse *m* (personale); **eigennützig** ['aɪgənnʏtsɪç] **I.** *adj* interessato, egoistico **II.** *adv* per interesse

eigens *adv* appositamente

Eigenschaft <-, -en> *f* qualità *f;* **in seiner ~ als** in qualità di

eigensinnig *adj* ostinato

eigentlich ['aɪgəntlɪç] **I.** *adj* vero (e proprio) **II.** *adv* (*in Wirklichkeit*) in realtà; (*im Grunde genommen*) in fondo; **was willst du ~?** insomma, cosa vuoi?

Eigentor *n* (SPORT) autorete *f*

Eigentum <-s> *kein Pl n* proprietà *f;* **Eigentümer(in)** ['aɪgəntyːmɐ] <-s, -; -, -nen> *m(f)* proprietario, -a *m, f*

eigentümlich ['aɪgəntyːmlɪç] *adj* strano

Eigentumswohnung *f* appartamento *m* di proprietà in un condominio

eigenwillig *adj* ostinato, caparbio

eignen ['aɪgnən] *vr* **sich für etw** [*o* **zu etw**] **~** essere adatto a qc; **sie eignet sich nicht für den Posten** non è la persona adatta a quel posto

Eignung <-, -en> *f* idoneità *f;* (*beruflich*) qualifica *f*

Eiklar ['aɪklaːɐ] <-s, -> *n* (*A: Eiweiß*) albume *m;* (*fam*) bianco *m* dell'uovo

Eilbote *m* **per ~n** per espresso; **Eilbrief** *m* (lettera *f*) espresso *m*

Eile ['aɪlə] <-> *kein Pl f* fretta *f;* **~ haben** (*Personen*) avere fretta; (*Sachen*) essere urgente

Eileiter *m* (ANAT) ovidotto *m*

eilen ['aɪlən] *vi* **1.** *sein* (*Mensch*) andare in fretta; **jdm zu Hilfe ~** accorrere in aiuto di qu **2.** (*dringlich sein*) premere

eilig *adj* **1.** (*schnell*) frettoloso; **es ~ haben** avere fretta **2.** (*dringend*) urgente

Eilzug *m* treno *m* diretto

Eimer ['aɪmɐ] <-s, -> *m* secchio *m*

ein [aɪn] *s.* **ein(e)**

einander [aɪ'nandɐ] *pron* l'un l'altro, reciprocamente; **~ helfen** aiutarsi a vicenda

ein|arbeiten <irr> I. *vt* **jdn in etw** *acc* ~ iniziare qu in qc II. *vr* **sich in etw** *acc* ~ far pratica in qc

ein|äschern ['aɪnʔɛʃɐn] *vt* cremare

ein|atmen *vt* inspirare

Einbahnstraße *f* strada *f* a senso unico

Einband <-(e)s, -bände> *m* (*Buch~*) copertina *f*

einbändig ['aɪnbɛndɪç] *adj* in un solo volume

Einbau <-(e)s> *kein Pl m* montaggio *m;* (*Installation*) installazione *f*

ein|bauen *vt* installare; (*montieren*) montare

Einbauküche *f* cucina *f* componibile

ein|behalten <irr, ohne ge-> *vt* trattenere

ein|berufen <irr, ohne ge-> *vt* **1.** (*Versammlung*) convocare **2.** (MIL) chiamare alle armi

Einberufung <-, -en> *f* **1.** (*von Versammlung*) convocazione *f* **2.** (MIL) chiamata *f* alle armi

Einbettzimmer *n* camera *f* singola

ein|biegen <irr> *vi sein* **in eine Seitenstraße** ~ voltare in una strada laterale; **rechts** ~ girare a destra

ein|bilden *vr* **sich** *dat* ~ **1.** (*sich vorstellen*) **sich** *dat* **etw** ~ immaginarsi qc **2.** (*stolz sein*) **sich** *dat* **etwas auf etw** *acc* ~ darsi delle arie per qc

Einbildung <-> *kein Pl f* **1.** (*Vorstellung*) immaginazione *f* **2.** (*Überheblichkeit*) presunzione *f;* **Einbildungskraft** <-> *kein Pl f* forza *f* dell'immaginazione

ein|binden <irr> *vt* (*Buch*) rilegare; (*fig: einbeziehen*) integrare

Einblick *m* **1.** (*Einsicht*) visione *f;* ~ **in etw** *acc* **gewähren** dare visione di qc **2.** (*Eindruck*) idea *f*

ein|brechen <irr> *vi* **1.** *sein* (*Decke*) crollare; (*in Eis*) sprofondare **2.** *haben o sein* (*Einbruch verüben*) fare un furto; **bei uns ist eingebrochen worden** sono entrati i ladri in casa nostra **3.** *sein* (*Nacht, Winter*) calare

Einbrecher(in) <-s, -; -, -nen> *m(f)* scassinatore, -trice *m, f*

ein|bringen <irr> *vt* **1.** (*Ernte*) mettere al riparo **2.** (*Gewinn*) rendere **3.** (*Antrag*) presentare

Einbruch <-(e)s, -brüche> *m* **1.** (*in Haus*) scasso *m* **2.** (*Einsturz*) crollo *m* **3.** (*fig: von Nacht*) calare *m;* **bei ~ der Dunkelheit** al calar della notte

ein|bürgern I. *vt* naturalizzare II. *vr* **sich** ~ (*fig*) divenire corrente

Einbuße *f* perdita *f;* **~n an etw** *dat* **erleiden** subire una perdita di qc

ein|büßen *vi, vt* perdere

ein|checken ['aɪntʃɛkən] *vi* (AERO) imbarcare

ein|cremen *vt* spalmare la crema su; **sich** *dat* **die Hände** ~ spalmarsi le mani di crema

ein|decken *vr* **sich (mit etw)** ~ rifornirsi (di qc)

eindeutig ['aɪndɔɪtɪç] *adj* chiaro; (*offensichtlich*) evidente

ein|dringen <irr> *vi sein* **in etw** *acc* ~ penetrare in qc

eindringlich *adj* insistente; (*überzeugend*) convincente

Eindringling <-s, -e> *m* intruso, -a *m, f*

Eindruck *m* impressione *f;* **ich habe den ~, dass ...** ho l'impressione che *+conj;* **einen guten ~ auf jdn machen** fare una buona impressione su qu

eindrücklich *adj* (*CH*), **eindrucksvoll** *adj* impressionante; (*überzeugend*) convincente

ein(e) [aɪn(ə)] I. *num* uno, -a *m, f;* ~ **für allemal** una volta per sempre; **in ~em fort** continuamente II. *pron indef* **der, die ~e** uno, -a *m, f;* **~er nach dem andern** uno dopo l'altro; ~ **und derselbe** lo stesso; **der ~e ..., der andere ...** l'uno ..., l'altro ...; **~er von beiden** uno dei due III. *art indef* un(o) *m,* una *f,* un' *f;* **~es Tages** un giorno IV. *adv* **weder ~ noch aus wissen** non sapere che fare

eineiig ['aɪnʔaɪɪç] *adj* **~e Zwillinge** gemelli monocoriali

eineinhalb *num* uno e mezzo; ~ **Stunden** un'ora e mezza

Einelternfamilie *f* famiglia *f* monogenitoriale

ein|engen *vt* (*fig: begrenzen*) limitare

einer *s.* **ein(e)**

einerlei ['aɪnɐ'laɪ] <inv> *adj* **1.** (*gleichgültig*) indifferente; **das ist mir** ~ per me fa lo stesso **2.** (*dasselbe*) lo stesso; **Einerlei** <-s> *kein Pl n* monotonia *f*

einerseits ['aɪnɐ'zaɪts] *adv* da un lato

einfach ['aɪnfax] I. *adj* semplice; (*leicht*) facile; (*schlicht*) modesto II. *adv* semplicemen-

E

te; **das ist ~ toll!** (*fam*) è davvero magnifico!; **Einfachheit** <-> *kein Pl f* semplicità *f*

ein|fädeln ['aɪnfɛːdəln] **I.** *vt* **1.** (*Nadel, Faden*) infilare **2.** (*fig fam*) avviare **II.** *vr* **sich ~** (AUTO) infilarsi

ein|fahren <irr> **I.** *vt* **1.** (*Ernte*) mettere al coperto **2.** (AERO: *Fahrgestell*) retrarre **3.** (AUTO) rodare **II.** *vi sein* **1.** (MIN) scendere (nel pozzo) **2.** (FERR) entrare (in stazione)

Einfahrt *f* **1.** (*Tor*) ingresso *m;* (*Torweg*) portone *m;* **~ freihalten!** passo carrabile! **2.** (*Autobahn~*) entrata *f*

Einfall *m* **1.** (*Idee*) idea *f* **2.** (*von Licht*) incidenza *f* **3.** (MIL) invasione *f*

ein|fallen <irr> *vi sein* **1.** (*in den Sinn kommen*) venire in mente; **was fällt dir (überhaupt) ein?** cosa ti salta in mente?; **sich *dat* etw ~ lassen** farsi venire una buona idea; **sein Name fällt mir nicht mehr ein** non mi ricordo più il suo nome **2.** (*einstürzen*) crollare **3.** (*Licht*) cadere **4.** (MIL) **in ein Land ~** invadere un paese

einfallslos ['aɪnfalsloːs] *adj* privo di idee

einfältig ['aɪnfɛltɪç] *adj* **1.** (*naiv*) ingenuo **2.** (*dumm*) sempliciotto

Einfamilienhaus *n* casetta *f* unifamiliare

einfarbig *adj* monocolore

ein|fassen *vt* (*umgeben*) cingere; (*Schmuck*) incastonare

ein|fetten *vt* ungere; (TEC) lubrificare

ein|finden <irr> *vr* **sich ~** presentarsi

ein|flößen *vt* **1.** (*Flüssigkeit*) somministrare a gocce **2.** (*fig: Angst*) incutere; (*Vertrauen*) ispirare

Einfluss[RR] *m* influsso *m;* **auf jdn ~ ausüben** esercitare un influsso su qu; **einflussreich**[RR] *adj* influente

einförmig ['aɪnfœrmɪç] *adj* uniforme; (*fig*) monotono

ein|frieren <irr> **I.** *vi sein* gelare **II.** *vt* (*Lebensmittel*) congelare; (*Löhne*) bloccare

Einfügemarke *f* (INFORM) punto *m* di inserimento

ein|fügen *vt* **etw (in etw *acc*) ~** inserire qc (in qc); (*zusätzlich*) aggiungere qc (a qc)

ein|fühlen *vr* **sich in jdn ~** mettersi nei panni di qu

Einfühlungsvermögen *n* capacità *f* di immedesimazione

Einfuhr ['aɪnfuːɐ] <-, -en> *f* importazione *f*

ein|führen *vt* **1.** (COM) importare **2.** (*vorstellen*) presentare **3.** (*anleiten*) iniziare; **jdn in ein Amt ~** insediare qu **4.** (*hineinstecken*) **etw in etw *acc* ~** introdurre qc in qc

Einführung *f* **1.** (*Einleitung*) introduzione *f* **2.** (*Anleitung*) avviamento *m* **3.** (*Amts~*) insediamento *m* **4.** (*Vorstellung*) presentazione *f*

Eingabe *f* **1.** (*Antrag*) petizione *f* **2.** (INFORM: *Daten~*) entrata *f;* **Eingabeaufforderung** *f* (INFORM) prompt *m* dei comandi; **Eingabetaste** *f* (INFORM) tasto *m* invio

Eingang *m* **1.** (*von Gebäude, Raum*) entrata *f* **2.** *sing* (*von Waren, Geld*) arrivo *m*

ein|geben <irr> *vt* **1.** (*Arznei*) somministrare **2.** (INFORM: *Daten*) immettere **3.** (*geh: Gedanken*) ispirare

eingebildet *adj* **1.** (*unwirklich*) immaginario **2.** (*hochmütig*) presuntuoso; (*eitel*) vanitoso

eingeboren *adj* indigeno; **Eingeborene** <ein -r, -n, -n> *mf* indigeno, -a *m, f*

Eingebung <-, -en> *f* (*geh*) ispirazione *f*

eingefleischt ['aɪngəflaɪʃt] *adj* per la pelle; **~er Junggeselle** scapolo impenitente

ein|gehen <irr> **I.** *vi sein* **1.** (*Post*) arrivare **2.** (*Kleidung*) ritirarsi **3.** (*sterben*) morire **4.** (*behandeln*) **auf (die) Einzelheiten ~** entrare nei particolari; **mit keinem Wort auf etw *acc* ~** non accennare minimamente qc **5.** (*sich widmen*) **auf jdn ~** dare ascolto a qu; **auf jds Bitten ~** ascoltare le preghiere di qu **II.** *vt sein* (*Ehe*) contrarre; (*Vertrag*) concludere; (*Wette*) fare; (*Risiko*) correre

eingehend *adj* minuzioso; (*sorgfältig*) accurato

Eingemachte ['aɪngəmaxtə] <ein -s, -n> *kein Pl n* conserva *f;* (*Obst*) conserva *f* di frutta

eingenommen *adj* **für/gegen etw ~ sein** essere favorevole a qc/essere prevenuto contro qc; **von sich *dat* ~ sein** essere presuntuoso

eingeschrieben *adj* (*Brief*) raccomandato

Eingeständnis *n* ammissione *f*

ein|gestehen <irr> *vt* ammettere

eingetragen *adj* (*Mitglied*) iscritto; (*Verein*) registrato

Eingeweide ['aɪngəvaɪdə] *npl* viscere *fpl*

Eingeweihte <ein -r, -n, -n> *mf* iniziato, -a *m, f*

eingleisig ['aɪnglaɪzɪç] *adj* ad un binario

ein|gliedern *vt* **jdn/etw in etw *acc* ~** includere qu/qc in qc; (*einordnen*) inserire qu/qc in qc

ein|gravieren <ohne ge-> *vt* **etw in etw** *acc* ~ incidere qc su qc

ein|greifen <irr> *vi* **in etw** *acc* ~ intervenire in qc

Eingriff *m* **1.** (MED) intervento *m* **2.** (*fig: Einmischung*) intromissione *f*

ein|haken *vt* agganciare

Einhalt *m* **jdm/etw** *dat* ~ **gebieten** (*geh*) porre un freno a qu/qc

ein|halten <irr> *vt* (*Versprechen*) mantenere; (*Bedingung, Vertrag*) adempi(e)re; (*Frist*) osservare

ein|hängen I. *vt* (*Hörer*) appendere **II.** *vr* **sich bei jdm** ~ prendere a braccetto qu

ein|heben <irr> *vt* (*südd, A: kassieren*) incassare

einheimisch ['aɪnhaɪmɪʃ] *adj* nativo; (*von hier*) nostrano; **Einheimische** <ein -r, -n, -n> *mf* nativo, -a *m, f*

Einheit <-, -en> *f* unità *f*

> Il 3 ottobre 1990 i territori della Repubblica Democratica Tedesca (DDR) entrano a far parte della Repubblica Federale Tedesca (D). In precedenza, il 12 settembre, i rappresentanti delle quattro potenze vincitrici della Seconda Guerra Mondiale e i capi del governo della Repubblica Democratica Tedesca e della Repubblica Federale Tedesca avevano firmato a Mosca il 'Trattato per la regolamentazione definitiva riguardo alla Germania'. Da allora il 3 ottobre si festeggia il **Tag der deutschen Einheit** (giorno dell'unità della Germania).

einheitlich *adj* unitario; (*unterschiedslos*) uniforme

Einheitspreis *m* prezzo *m* unico; **Einheitswährung** *f* moneta *f* unica

einhellig ['aɪnhɛlɪç] **I.** *adj* unanime **II.** *adv* all'unanimità

ein|holen *vt* **1.** (*erreichen*) raggiungere; (*aufholen*) ricuperare; **die verlorene Zeit** ~ riguadagnare il tempo perduto **2.** (*Fahne, Segel*) ammainare **3.** (*Auskünfte*) raccogliere

ein|hüllen *vt* avvolgere

einhundert ['aɪn'hʊndɐt] *num* cento

einig *adj* unanime; **sich** *dat* **über etw** *acc* ~ **sein** essere d'accordo su qc; **sich** *dat* **über etw** *acc* ~ **werden** accordarsi su qc

einige *s.* **einige(r, s)**

einigen *vr* **sich** (**über etw** *acc*) ~ accordarsi (su qc)

einiger *s.* **einige(r, s)**

einigermaßen *adv* in certo qualmodo; (*fam: ziemlich*) abbastanza

einige(r, s) ['aɪnɪgə, -gɐ, -gəs] *pron indef* **1.** *sing* (*etwas*) qualche *inv sing* **2.** **~s** qualcosa; (*ziemlich viel*) un bel po'; **das wird ~s kosten** costerà parecchio **3.** *pl* alcuni, -e *m, fpl;* (*mehrere*) parecchi, -ie *m, fpl;* **vor ~n Tagen** alcuni giorni fa

Einigkeit <-> *kein Pl f* unità *f;* (*Übereinstimmung*) concordia *f*

Einigung <-, -en> *f* accordo *m*

ein|impfen *vt* (*fam*) **jdm etw** ~ inculcare qc a qu

ein|jagen *vt* **jdm einen Schrecken** ~ incutere timore a qu

einjährig ['aɪnjɛːrɪç] *adj* **1.** (*ein Jahr alt*) di un anno **2.** (*ein Jahr dauernd*) annuale

ein|kalkulieren <ohne ge-> *vt* (*fig*) tener conto di

ein|kassieren <ohne ge-> *vt* incassare

Einkauf *m* acquisto *m;* **Einkäufe machen** fare la spesa

ein|kaufen I. *vi* fare la spesa **II.** *vt* comprare

Einkaufsbummel *m* **einen ~ machen** fare un giro per i negozi; **Einkaufswagen** *m* carrello *m* da supermercato; **Einkaufszentrum** *n* shopping center *m*

ein|klammern *vt* mettere fra parentesi

Einklang *m* (*geh*) accordo *m;* **in ~ stehen mit** essere in armonia con

ein|kleben *vt* incollare

ein|kleiden *vt* vestire

ein|klemmen *vt* incastrare

ein|kochen *vt* mettere in conserva

Einkommen <-s, -> *n* reddito *m;* **einkommensschwach** *adj* (WIRTSCH) di basso reddito; **einkommensstark** *adj* (WIRTSCH) di alto reddito; **Einkommen(s)steuer** *f* imposta *f* sul reddito

ein|kreisen *vt* accerchiare

Einkünfte ['aɪnkʏnftə] *pl* redditi *mpl*

ein|laden <irr> *vt* **1.** (*Gäste*) invitare **2.** (*Ladung*) **etw in etw** *acc* ~ caricare qc su qc

Einladung <-, -en> *f* invito *m*

Einlage *f* **1.** (*im Schuh*) plantare *m* **2.** (THEAT) intermezzo *m* **3.** (FIN: *Spar~*) deposito *m*

ein|lagern *vt* immagazzinare

ein|langen ['aɪnlaŋən] *vi sein* (*A: eintref-*

E

fen) arrivare

Einlass[RR] ['aɪnlas] <-es, -lässe> *m,* **Einlaß** <-lasses> *kein Pl m* (*Zutritt*) accesso *m*

ein|lassen <irr> **I.** *vt* (*her~*) lasciar entrare; (*Wasser*) far scorrere **II.** *vr* **sich auf etw** *acc* ~ assentire a qc; **ich lasse mich auf keine Diskussion mehr ein!** di discussioni non voglio saperne più (niente)!

ein|laufen <irr> *vi sein* **1.** (NAUT) entrare in porto; (SPORT) entrare in campo **2.** (*Stoff*) restringersi

ein|leben *vr* **sich** ~ **in** +*dat* ambientarsi in

ein|legen *vt* **1.** (*hin~*) mettere; (*Film*) introdurre **2.** (*Obst*) mettere in conserva **3.** (*Pause*) fare; **ein gutes Wort für jdn** ~ dire una buona parola in favore di qu

ein|leiten *vt* **1.** (*einführen*) introdurre **2.** (*Verhandlungen, Untersuchung*) avviare; (*Verfahren*) intentare; (MED: *Geburt*) iniziare

Einleitung *f* introduzione *f;* (*von Buch*) prefazione *f*

ein|lenken *vi* (*nachgeben*) cedere

ein|leuchten *vi* essere chiaro; **das leuchtet mir ein** mi convince; **einleuchtend** *adj* evidente

ein|liefern *vt* **jdn ins Krankenhaus** ~ ricoverare qu all'ospedale

ein|loggen ['aɪnlɔgən] *vr* **sich in etw** *acc* ~ (INFORM) accedere a qc

ein|lösen *vt* **1.** (*Scheck*) riscuotere; (*Pfand*) riscattare **2.** (*geh: Versprechen*) mantenere

ein|machen *vt* mettere in conserva; **Einmachglas** *n* vaso *m* per conserve

einmal *adv* **1.** (*ein Mal*) una volta; **noch** ~ ancora una volta; **auf** ~ improvvisamente **2.** (*früher*) un tempo; **es war** ~ **…** c'era una volta … **3.** (*irgendwann*) un giorno **4.** (*verstärkend*) **nicht** ~ nemmeno

Einmaleins ['aɪnma:l'ʔaɪns] <-> *kein Pl n* tavola *f* pitagorica

einmalig *adj* unico; (*einzigartig*) eccezionale

Einmannbetrieb *m* azienda *f* individuale

Einmarsch *m* (SPORT, MIL) entrata *f*

ein|marschieren <ohne ge-> *vi sein* entrare (marciando); **in ein Land** ~ invadere un paese

ein|mischen *vr* **sich in etw** *acc* ~ immischiarsi in qc

Einmischung *f* intromissione *f*

ein|münden *vi sein* sboccare

einmütig ['aɪnmy:tɪç] **I.** *adj* unanime **II.** *adv* all'unanimità

Einnahme ['aɪnna:mə] <-, -n> *f* **1.** *meist Pl* (COM, FIN) entrata *f* **2.** *sing* (MED) ingestione *f* **3.** *sing* (MIL: *von Stadt*) presa *f;* **Einnahmequelle** *f* fonte *f* di guadagno

ein|nehmen <irr> *vt* **1.** (*Mahlzeit, Tablette*) ingerire **2.** (*Geld*) incassare; (*Steuern*) riscuotere **3.** (*Raum, Platz*) occupare **4.** (*Stellung*) occupare; **jds Stelle** ~ rimpiazzare qu **5.** (*Wend*) **jdn für sich** ~ accattivarsi le simpatie di qu

einnehmend *adj* (*Wesen*) piacevole

ein|nicken *vi sein* (*fam*) appisolarsi

ein|nisten *vr* **sich** ~ annidarsi

Einöde *f* luogo *m* deserto

ein|ordnen **I.** *vt* classificare **II.** *vr* **sich rechts/links** ~ (AUTO) mettersi nella corsia di destra/di sinistra

ein|packen *vt* impacchettare; **die Kleider** (**in den Koffer**) ~ mettere i vestiti (nella valigia)

ein|parken ['aɪnparkən] *vi, vt* parcheggiare

Einpersonenhaushalt *m* ménage *m* di una persona sola

ein|pferchen *vt* (*Vieh*) stabbiare

ein|pflanzen ['aɪnplantsən] *vt* piantare

ein|prägen **I.** *vt* inculcare **II.** *vr* **sich** *dat* **etw** ~ imprimersi qc nella mente

ein|quartieren <ohne ge-> *vt* sistemare; (MIL) acquartierare

ein|rahmen *vt* incorniciare

ein|räumen *vt* **1.** (*Sachen*) mettere a posto; **die Bücher in ein Regal** ~ disporre i libri in uno scaffale **2.** (*Recht, Kredit*) concedere; (*Frist*) accordare **3.** (*geh: zugeben*) ammettere

ein|reden **I.** *vt* **jdm etw** ~ far credere qc a qu; **das redest du dir nur ein!** questo te lo sei messo in testa tu! **II.** *vi* **auf jdn** ~ parlare ininterrottamente a qu

ein|reiben <irr> *vt* sfregare; (MED) frizionare

ein|reichen *vt* presentare

ein|reihen **I.** *vt* mettere in fila **II.** *vr* **sich** ~ disporsi in fila

Einreise *f* entrata *f;* **Einreiseerlaubnis** *f,* **Einreisegenehmigung** *f* permesso *m* d'entrata

ein|reisen *vi sein* **in die Schweiz/nach Frankreich** ~ entrare in Svizzera/in Francia

Einreisevisum *n* visto *m* d'entrata

ein|reißen <irr> **I.** *vi sein* **1.** (*Stoff, Papier*) strapparsi **2.** (*fig fam: Unsitte*) diffondersi; **das wollen wir gar nicht erst ~ lassen** non vogliamo che diventi un'abitudine **II.** *vt* **1.** (*Häuser*) demolire **2.** (*Papier*) strappare

ein|renken ['aɪnrɛŋkən] *vt* **1.** (MED) rimettere a posto **2.** (*fig fam*) accomodare

ein|richten I. *vt* **1.** (*Wohnung*) arredare; (*Geschäft*) mettere su **2.** (*Konto*) aprire **3.** (*einstellen*) allestire **4.** (*fig: arrangieren*) fare in modo che +*conj* **II.** *vr* **sich ~ 1.** (*sich möblieren*) arredare la casa **2.** (*sich vorbereiten*) **sich auf etw** *acc* **~** prepararsi a qc

Einrichtung *f* **1.** (*Wohnungs~*) arredamento *m* **2.** *sing* (*das Einrichten*) allestimento *m* **3.** (*Anlage*) impianto *m* **4.** (*Institution*) istituzione *f*

ein|rollen *vt* arrotolare

ein|rücken I. *vi sein* (MIL) **1.** (*einmarschieren*) **in eine Stadt ~** entrare in una città **2.** (*eingezogen werden*) essere chiamato alle armi **II.** *vt* (TYP) arretrare

eins [aɪns] **I.** *num* uno; **um ~** (*Uhrzeit*) all'una; *s. a.* **ein, acht II.** <inv> *adj* **1.** (*ein und dasselbe*) **~ sein** essere lo stesso **2.** (*fam: gleichgültig*) **es ist mir alles ~** non me ne importa niente

Eins <-, -en> *f* (numero *m*) uno *m;* (*Schulnote: sehr gut*) *nove;* (*Buslinie, etc*) uno *m*

einsam ['aɪnza:m] *adj* **1.** (*Mensch*) solo **2.** (*Ort*) deserto; **Einsamkeit** <-> *kein Pl f* solitudine *f*

ein|sammeln *vt* raccogliere

Einsatz *m* **1.** (*im Spiel*) puntata *f* **2.** *sing* (*Verwendung*) impiego *m* **3.** *sing* (*Bemühung*) impegno *m* **4.** (*Polizei,* MIL) operazione *f;* **im ~ sein** essere in azione **5.** (MUS) attacco *m*

einsatzbereit *adj* pronto all'azione; (*verfügbar*) disponibile; **Einsatzbereitschaft** *f* prontezza *f* all'azione

ein|scannen ['aɪnskɛnən] *vt* (INFORM) scannare

ein|schalten I. *vt* **1.** (*Licht, Radio*) accendere; (*Maschine*) innestare **2.** (*Pause*) inserire **3.** (*Anwalt*) far intervenire **II.** *vr* **sich ~** (*eingreifen*) intervenire

Einschaltquote *f* (RADIO, TV) indice *m* di ascolto

ein|schärfen *vt* **jdm etw ~** inculcare qc a qu

ein|schätzen *vt* stimare; (*bewerten*) valutare

ein|schenken *vt* (*Wein*) versare; (*Kaffee*) servire; **die Gläser ~** riempire i bicchieri

ein|schieben <irr> *vt* (*einfügen*) **etw in etw** *acc* **~** inserire qc in qc; **eine Pause ~** fare una pausa

ein|schiffen *vr* **sich ~** imbarcarsi

ein|schlafen <irr> *vi sein* **1.** (*Person, Gliedmaßen*) addormentarsi **2.** (*fig: allmählich aufhören*) raffreddarsi; (*nachlassen*) scemare

ein|schläfern ['aɪnʃlɛ:fɐn] *vt* **1.** (*zum Schlafen bringen, a fig*) (far) addormentare **2.** (*Tiere*) uccidere (con un'iniezione mortale); **einschläfernd** *adj* (*a fig*) soporifero

Einschlag *m* (*von Geschoss*) impatto *m*

ein|schlagen <irr> **I.** *vi* **1.** (*Blitz, Geschoss*) (**in etw** *acc*) **~** colpire (qc) **2.** (*schlagen*) **auf jdn ~** bastonare qu **3.** (*fig: Erfolg haben*) avere successo; **die Nachricht schlug wie eine Bombe ein** la notizia arrivò come un fulmine a ciel sereno **II.** *vt* **1.** (*Nagel, Pfahl*) piantare **2.** (*Tür*) sfondare; (*Scheibe*) frantumare; (*Zähne*) rompere **3.** (*einwickeln*) avvolgere; (*Ware*) imballare **4.** (*fig: Weg, Richtung*) prendere; (*Laufbahn*) intraprendere

einschlägig ['aɪnʃlɛgɪç] *adj* relativo; (*Geschäft*) del ramo

ein|schleichen <irr> *vr* **sich ~ 1.** (*heimlich eindringen*) **sich** (**in ein Haus**) **~** introdursi (in una casa) **2.** (*fig*) insinuarsi; (*Fehler*) sfuggire

ein|schließen <irr> *vt* **1.** (*einsperren*) rinchiudere (a chiave) **2.** (*umgeben*) circondare **3.** (*fig: enthalten*) includere

einschließlich *adv o prp +gen* compreso

ein|schmeicheln *vr* **sich bei jdm ~** accattivarsi le simpatie di qu

einschneidend *adj* incisivo; (*Maßnahme*) radicale

Einschnitt *m* **1.** (*Schnitt*) taglio *m* **2.** (MED) incisione *f* **3.** (*fig: Wendepunkt*) svolta *f*

ein|schränken ['aɪnʃrɛŋkən] **I.** *vt* limitare; (*Kosten*) ridurre **II.** *vr* **sich ~** limitarsi

Einschränkung <-, -en> *f* **1.** (*Beschränkung*) limitazione *f;* (*von Kosten*) riduzione *f* **2.** (*Vorbehalt*) riserva *f;* **mit/ohne ~** con/senza riserve

ein|schreiben <irr> **I.** *vt* iscrivere **II.** *vr* **sich ~** iscriversi; **sich an der Universität ~** iscriversi all'università

Einschreiben <-s, -> *n* raccomandata *f*

E

ein|schreiten <irr> *vi sein* intervenire

ein|schüchtern *vt* intimidire

ein|schulen *vt* mandare a scuola; **eingeschult werden** venir ammaestrato

ein|sehen <irr> *vt* **1.** (*Akten*) prendere visione di **2.** (*fig: begreifen*) capire; (*Fehler*) riconoscere; **Einsehen** <-s> *kein Pl n* **ein ~ haben mit** avere comprensione per

ein|seifen *vt* insaponare

einseitig *adj* **1.** (*allg*, JUR, MED) unilaterale **2.** (*beschränkt*) unilaterale; (*parteiisch*) parziale

ein|senden <irr> *vt* inviare

Einsendeschluss[RR] *m* termine *m* ultimo di consegna

ein|setzen **I.** *vt* **1.** (*hin~*) mettere dentro; (*Flicken, Zahn*) applicare; (*Fensterscheibe*) montare **2.** (*Person in Amt*) insediare **3.** (*verwenden*) impiegare **II.** *vi* (*beginnen*) cominciare; **der Regen hat wieder eingesetzt** ha ricominciato a piovere **III.** *vr* **sich für jdn/etw ~** adoperarsi per qu/qc

Einsicht *f* **1.** *sing* (*~nahme*) visione *f*; **~ in etw** *acc* **nehmen** prendere visione di qc **2.** (*Verständnis*) comprensione *f*; (*Vernunft*) giudizio *m* **3.** (*Erkenntnis*) convinzione *f*; **zu der ~ kommen, dass …** convincersi del fatto che …

einsichtig *adj* **1.** (*vernünftig*) ragionevole; (*verständnisvoll*) comprensivo **2.** (*verständlich*) comprensibile

Einsichtnahme ['aɪnzɪçtnaːmə] <-, -n> *f* (*form*) visione *f*

Einsiedler(in) <-s, -; -, -nen> *m(f)* eremita *mf*

einsilbig ['aɪnzɪlbɪç] *adj* **1.** (LING) monosillabico **2.** (*fig: wortkarg*) di poche parole

ein|spannen *vt* **1.** (*in Schreibmaschine*) inserire **2.** (*Pferd*) attaccare **3.** (*fig fam: Menschen*) mettere sotto; **jdn für etw ~** incaricare qu di collaborare a qc

ein|sparen *vt* risparmiare

ein|speisen *vt* **1.** (TEC) alimentare **2.** (INFORM) immagazzinare

ein|sperren *vt* **1.** (*einschließen*) **jdn in die** [*o* **der**] **Wohnung ~** (rin)chiudere in casa qu **2.** (*fam: ins Gefängnis*) mettere dentro

ein|spielen **I.** *vt* (FILM, THEAT: *Geld einbringen*) rendere **II.** *vr* **sich ~ 1.** (SPORT: *sich warm spielen*) allenarsi **2.** (*sich aufeinander einstellen*) affiatarsi; **gut aufeinander eingespielt sein** essere molto affiatati **3.** (*zur Gewohnheit werden*) stabilirsi

Einsprache *f* (*CH*) *s.* **Einspruch**

ein|springen <irr> *vi sein* **für jdn ~** sostituire qu

Einspruch *m* (JUR) ricorso *m*; (**ich erhebe**) **~!** protesto!

einspurig ['aɪnʃpuːrɪç] *adj* a una corsia

einst [aɪnst] *adv* **1.** (*früher*) una volta **2.** (*geh: später einmal*) un giorno

Einstand *m* **seinen ~ geben** festeggiare l'entrata in servizio

ein|stecken *vt* **1.** (*in Tasche*) intascare **2.** (*fam: Brief*) imbucare **3.** (*fig fam: hinnehmen müssen*) subire; (*Schläge*) incassare

ein|stehen <irr> *vi sein o haben* **1.** (*geradestehen*) **für etw ~** rispondere di qc **2.** (*sich verbürgen*) **für jdn/etw ~** garantire per qc/qu

ein|steigen <irr> *vi sein* **1.** (*in Fahrzeug*) salire; **in den Zug/die Straßenbahn ~** salire sul treno/in tram **2.** (*fam: sich beteiligen*) **in ein Projekt ~** partecipare a un progetto **3.** (*anfangen*) **in die Politik ~** entrare in politica

ein|stellen **I.** *vt* **1.** (*Arbeitskraft*) assumere **2.** (RADIO, TV) regolare; (FOTO) mettere a fuoco **3.** (*aufhören mit*) cessare; (JUR: *Verfahren*) archiviare **4.** (SPORT: *Rekord*) battere **II.** *vr* **sich ~ 1.** (*kommen*) presentarsi; (*Schmerz*) farsi sentire **2.** (*sich vorbereiten auf*) **sich auf etw** *acc* **~** prepararsi a qc

einstellig *adj* di una (sola) cifra

Einstellung *f* **1.** (*von Arbeitskräften*) assunzione *f* **2.** (TEC) regolazione *f* **3.** (*Beendigung*) cessazione *f*; (*eines Verfahrens*) sospensione *f* **4.** (*Haltung*) atteggiamento *m*

Einstieg ['aɪnʃtiːk] <-(e)s, -e> *m* entrata *f*

ein|stimmen *vi* **in ein Lied ~** intonare una canzone

einstimmig **I.** *adj* **1.** (MUS) a una sola voce **2.** (*fig*) unanime **II.** *adv* all'unanimità

einstöckig ['aɪnʃtœkɪç] *adj* di un (solo) piano

ein|studieren <ohne ge-> *vt* (THEAT) provare

ein|stufen *vt* (*a fig*) classificare

einstündig ['aɪnʃtʏndɪç] *adj* di un'ora

Einsturz *m* crollo *m*

ein|stürzen *vi sein* crollare; **auf jdn ~** (*fig: Ereignisse*) abbattersi su qu

Einsturzgefahr *f* pericolo *m* di crollo

einstweilen ['aɪnst'vaɪlən] *adv* **1.** (*vorläu-*

fig) per ora **2.** (*unterdessen*) intanto
einstweilig ['aɪnst'vaɪlɪç] *adj* **1.** (*vorläufig*) temporaneo **2.** (*provisorisch*) provvisorio
eintägig ['aɪntɛːgɪç] *adj* di un giorno
Eintagsfliege *f* mosca *f* effimera
ein|tauchen **I.** *vt* intingere **II.** *vi sein* immergersi
ein|tauschen *vt* **etw** (**gegen etw**) ~ cambiare qc (con qc)
eintausend ['aɪn'taʊzənt] *num* mille
ein|teilen *vt* **1.** (*unterteilen*) (sud)dividere; (*in Klassen*) classificare **2.** (*haushalten mit*) disporre **3.** (*für bestimmte Aufgabe*) assegnare
einteilig ['aɪntaɪlɪç] *adj* intero
Einteilung *f* (sud)divisione *f;* (*in Klassen*) classificazione *f*
eintönig ['aɪntøːnɪç] *adj* monotono; **Eintönigkeit** <-> *kein Pl f* monotonia *f*
Eintopf *m* (GASTR) minestrone *m*
Eintracht ['aɪntraxt] <-> *kein Pl f* armonia *f*
einträchtig ['aɪntrɛçtɪç] *adj* concorde
Eintrag ['aɪntraːk] <-(e)s, Einträge> *m* **1.** (*in Liste*) registrazione *f;* (*in Wörterbuch*) voce *f* **2.** (ADM: *Vermerk*) nota *f*
ein|tragen <irr> **I.** *vt* **1.** (*einschreiben*) registrare; **jdn in eine Liste** ~ iscrivere qu in una lista **2.** (*Gewinn*) rendere **II.** *vr* **sich** (**in etw** *acc*) ~ iscriversi (in qc)
einträglich ['aɪntrɛːklɪç] *adj* redditizio
Eintragung <-, -en> *f s.* **Eintrag**
ein|treffen <irr> *vi sein* **1.** (*ankommen*) arrivare **2.** (*Prophezeiung*) avverarsi; (*Katastrophe*) accadere
ein|treiben <irr> *vt* (*Geld*) riscuotere
ein|treten <irr> **I.** *vi sein* **1.** (*hineingehen*) entrare **2.** (*beitreten*) **in eine Partei** ~ aderire a un partito **3.** (*geschehen*) verificarsi **4.** (*CH: näher eingehen*) **auf etw** *acc* ~ affrontare qc **5.** (*sich einsetzen*) **für jdn** ~ prendere le parti di qu; **für etw** ~ sostenere qc **II.** *vt* (*Tür*) sfondare (con un calcio)
ein|trichtern *vt* (*fig fam*) **jdm etw** ~ inculcare qc a qu
Eintritt *m* **1.** (*das Eintreten*) entrata *f;* (*in Partei a*) ingresso *m* **2.** (*Beginn*) inizio *m* **3.** (*~sgeld*) ingresso *m;* ~ **frei** ingresso libero; **Eintrittskarte** *f* biglietto *m* d'ingresso
ein|tunken *vt* inzuppare
ein|üben *vt* studiare; (THEAT) provare
Einvernahme <-, -n> *f* (*A, CH: Vernehmung vor Gericht*) interrogatorio *m*
Einvernehmen <-s> *kein Pl n* accordo *m;* **im** ~ **mit** d'accordo con
einverstanden *adj* **mit jdm/etw** ~ **sein** essere d'accordo con qu/su qc; ~**!** d'accordo!
Einverständnis <-sses, -sse> *n* **1.** (*Billigung*) approvazione *f* **2.** (*Übereinstimmung*) consenso *m*
Einwand ['aɪnvant] <-(e)s, Einwände> *m* obiezione *f;* **einen** ~ **erheben** sollevare un'obiezione
Einwanderer(in) *m(f)* immigrante *mf;* (*Eingewanderter*) immigrato, -a *m, f*
ein|wandern *vi sein* immigrare
Einwanderung *f* immigrazione *f*
einwandfrei *adj* **1.** (*Ware*) senza difetti; (*Benehmen*) irreprensibile **2.** (*Beweis*) lampante
Einwegflasche *f* vuoto *m* a perdere; **Einwegrasierer** <-s, -> *m* rasoio *m* usa e getta
ein|weichen *vt* mettere a bagno
ein|weihen *vt* **1.** (*eröffnen*) inaugurare **2.** (*vertraut machen*) **jdn in etw** *acc* ~ iniziare qu a qc
Einweihung <-, -en> *f* **1.** (*Eröffnung*) inaugurazione *f* **2.** (*in Geheimnis*) iniziazione *f*
ein|weisen *vt* **1.** (*in Krankenhaus*) ricoverare **2.** (*in Amt*) insediare **3.** (*in Tätigkeit*) avviare
Einweisung <-, -en> *f* **1.** (*in Krankenhaus*) ricovero *m* **2.** (*in Amt*) insediamento *m* **3.** (*in Tätigkeit*) addestramento *m*
ein|wenden <irr> *vt* obiettare; **dagegen ist nichts einzuwenden** non c'è nulla da ridire
ein|werfen <irr> *vt* **1.** (*Brief*) imbucare **2.** (*Fenster*) frantumare **3.** (*fig*) osservare
ein|wickeln *vt* **1.** (*einpacken*) incartare; **ein Kind in eine Decke** ~ avvolgere un bambino in una coperta **2.** (*fig fam: betrügen*) abbindolare
ein|willigen *vi* **in etw** *acc* ~ (ac)consentire a qc
Einwilligung <-, -en> *f* consenso *m*
ein|wirken *vi* **auf jdn/etw** ~ (*fig*) influire su qu/qc
Einwirkung *f* **die** ~ **auf …** +*acc* l'azione su …
Einwohner(in) <-s, -; -, -nen> *m(f)* abitante *mf;* **Einwohnermeldeamt** *n* (uffi-

E

cio *m*) anagrafe *f*

Einwurf *m* **1.** (*Münz~*) fessura *f* **2.** (*fig: Bemerkung*) osservazione *f* **3.** (SPORT) rimessa *f* in gioco

Einzahl <-, *rar* -en> *f* (LING) singolare *m*

ein|zahlen *vt* versare

Einzahlung *f* versamento *m*

Einzel ['aɪntsəl] <-s, -> *n* (SPORT) singolare *m;* **Einzelfall** *m* caso *m* singolo; **Einzelgänger(in)** ['aɪntsəlgɛŋɐ] <-s, -; -, -nen> *m(f)* solitario, -a *m, f;* **Einzelhaft** *f* cella *f* d'isolamento; **Einzelhandel** *m* commercio *m* al minuto; **Einzelhändler(in)** *m(f)* venditore *m* al minuto; **Einzelheit** <-, -en> *f* particolare *m;* **Einzelkind** *n* figlio, -a *m, f* unico, -a

einzeln **I.** *adj* **1.** (*alleinig*) unico **2.** (*allein stehend*) singolo **3.** (*speziell*) particolare **4.** (*separat*) separato **II.** *adv* ad uno ad uno; (*getrennt*) separatamente; **im Einzelnen** in particolare; ~ **eintreten** entrare uno per volta

Einzelperson *f* individuo *m;* **Einzelteil** *n* pezzo *m* staccato; **Einzelzimmer** *n* camera *f* singola

ein|ziehen <irr> **I.** *vt* **1.** (*Kopf, Bauch*) far rientrare; (*Krallen*) ritirare **2.** (*Gelder*) riscuotere **3.** (*beschlagnahmen*) confiscare **4.** (MIL: *Rekruten*) arruolare **5.** (*Erkundigungen*) raccogliere **II.** *vi sein* **1.** (*Einzug halten*) entrare **2.** (*in Wohnung, Haus*) andare ad abitare **3.** (*Creme*) essere assorbito

einzig **I.** *adj* unico, solo; **das ~e** l'unica cosa **II.** *adv* ~ **und allein** unicamente

einzigartig *adj* unico (nel suo genere)

Einzug *m* ingresso *m*

Eis [aɪs] <-es> *kein Pl n* **1.** (*gefrorenes Wasser*) ghiaccio *m;* ~ **laufen** pattinare su ghiaccio; **etw auf ~ legen** (*fig*) accantonare qc; **das ~ brechen** (*fig*) rompere il ghiaccio **2.** (*Speise~*) gelato *m;* **Eisbahn** *f* pista *f* di pattinaggio; **Eisbär** *m* orso *m* bianco; **Eisbecher** *m* coppa *f* di gelato; **Eisberg** *m* iceberg *m;* **Eisblumen** *fpl* stelle *fpl* di ghiaccio (sui vetri delle finestre); **Eisbrecher** *m* (nave *f*) rompighiaccio *m;* **Eisdiele** *f* gelateria *f*

Eisen ['aɪzən] <-s, -> *n* ferro *m*

Eisenbahn *f* ferrovia *f;* (*Zug*) treno *m*

Eisenbahner <-s, -> *m* ferroviere *m*

Eisenbahnnetz *n* rete *f* ferroviaria; **Eisenbahnwagen** *m* carrozza *f* ferroviaria

Eisenerz *n* minerale *m* di ferro; **eisenhaltig** *adj* ferruginoso; **Eisenstange** *f* barra *f* di ferro; **Eisenwaren** *fpl* ferramenta *f*

eisern *adj* (*a fig*) di ferro; **Eiserner Vorhang** (POL) cortina di ferro

Eisfach *n* freezer *m;* **eisgekühlt** *adj* ghiacciato; **Eisheiligen** ['aɪshaɪlɪgən] *mpl* **die (drei)** ~ *designazione popolare per indicare tre giorni in maggio (11.-13. al nord, 12.-15. al sud della Germania) con pericolo di un brusco abbassamento della temperatura;* **Eishockey** *n* hockey *m* sul ghiaccio

eisig ['aɪzɪç] *adj* gelido

Eiskaffee *m caffè freddo con gelato alla vaniglia e panna montata;* **eiskalt** *adj* gelido; **Eiskasten** *m* (*südd, A: Kühlschrank*) frigorifero *m;* **Eiskunstlauf** *m* (SPORT) pattinaggio *m* artistico; **eis|laufen** *s.* **Eis 1.**; **Eisläufer(in)** *m(f)* pattinatore, -trice *m, f* su ghiaccio; **Eispickel** *m* piccozza *f* alpina; **Eissalon** <-s, -s> *m* (*A: Eisdiele*) gelateria *f;* **Eisscholle** *f* lastrone *m* di ghiaccio; **Eiswürfel** *m* cubetto *m* di ghiaccio; **Eiszapfen** *m* ghiacciolo *m;* **Eiszeit** *f* epoca *f* glaciale

eitel ['aɪtəl] *adj* vanitoso; **Eitelkeit** <-, *rar* -en> *f* vanità *f*

Eiter ['aɪtɐ] <-s> *kein Pl m* pus *m;* **eit(e)rig** *adj* purulento; **eitern** *vi* suppurare

Eiweiß <-es, -e> *n* **1.** (*vom Hühnerei*) albume *m* **2.** (BIOL) proteina *f*

Eizelle *f* ovulo *m*

Ekel[1] ['eːkəl] <-s> *kein Pl m* nausea *f;* (*Widerwille*) schifo *m;* **vor etw** *dat* ~ **empfinden** provare disgusto per qc; ~ **erregend** nauseante

Ekel[2] <-s, -> *n* (*fam pej*) **du ~!** che essere odioso!

ekelerregend *adj s.* **Ekel**[1]; **ekelhaft, ek(e)lig** *adj* schifoso

ekeln **I.** *vi, vt* **es ekelt mich davor** mi fa schifo **II.** *vr* **ich ekle mich vor Spinnen** i ragni mi fanno schifo

EKG, Ekg [eːkaːˈgeː] <-(s), -s> *n abk v* **Elektrokardiogramm** E.C.G.

Ekstase [ɛkˈstaːzə] <-, -n> *f* estasi *f*

Ekzem [ɛkˈtseːm] <-s, -e> *n* (MED) eczema *m*

Elan [eˈlaːn] <-s> *kein Pl m* slancio *m*

elastisch [eˈlastɪʃ] *adj* elastico

Elastizität [elastitsiˈtɛːt] <-> *kein Pl f* ela-

sticità *f*
Elba ['ɛlba] *n* l'Isola *f* d'Elba
Elbe ['ɛlbə] *f* Elba *f*
Elch [ɛlç] <-(e)s, -e> *m* alce *m*
Elefant [ele'fant] <-en, -en> *m* elefante *m*
elegant [ele'gant] *adj* elegante
Eleganz [ele'gants] <-> *kein Pl f* eleganza *f*
elektrifizieren [elɛktrifi'tsi:rən] <ohne ge-> *vt* elettrificare
Elektriker(in) [e'lɛktrikɐ] <-s, -; -, -nen> *m(f)* elettricista *m*
elektrisch [e'lɛktrɪʃ] *adj* elettrico
elektrisieren [elɛktri'si:rən] <ohne ge-> *vt* elettrizzare
Elektrizität [elɛktritsi'tɛ:t] <-> *kein Pl f* elettricità *f;* **Elektrizitätswerk** *n* centrale *f* elettrica
Elektroauto *n* veicolo *m* elettrico
Elektrode [elɛk'tro:də] <-, -n> *f* elettrodo *m*
Elektrogerät *n* apparecchio *m* elettrico; (*Haushaltsgerät*) elettrodomestico *m;* **Elektroherd** *m* cucina *f* elettrica
Elektrolyse [elɛktro'ly:zə] <-, -n> *f* (PHYS, CHEM) elettrolisi *f*
elektromagnetisch *adj* elettromagnetico
Elektromotor *m* elettromotore *m*
Elektron ['e:lɛktrɔn] <-s, -en> *n* elettrone *m;* **Elektronenmikroskop** *n* microscopio *m* elettronico
Elektronik [elɛk'tro:nɪk] <-> *kein Pl f* elettronica *f*
elektronisch *adj* elettronico
Elektrorasierer <-s, -> *m* rasoio *m* elettrico; **Elektrosmog** *m* (ECO) elettrosmog *m;* **Elektrotechnik** *f* elettrotecnica *f*
Element [ele'mɛnt] <-(e)s, -e> *n* elemento *m;* **in seinem ~ sein** (*fig*) trovarsi nel proprio elemento
elementar [elemɛn'ta:ɐ̯] *adj* elementare; (*grundlegend*) fondamentale
elend ['e:lɛnt] *adj* misero; (*kränklich*) malaticcio; **Elend** <-(e)s> *kein Pl n* miseria *f;* **Elendsviertel** *n* quartiere *m* povero
elf [ɛlf] *num* undici; *s. a.* **acht**
Elf [ɛlf] <-, -en> *f* (SPORT) squadra *f* di calcio
Elfe ['ɛlfə] <-, -n> *f* (LIT) silfide *f*
Elfenbein ['ɛlfənbaɪn] *n* avorio *m;* **Elfenbeinküste** *f* Costa *f* d'Avorio
Elfmeter [ɛlf'me:tɐ] <-s, -> *m* (SPORT) calcio *m* di rigore
eliminieren [elimi'ni:rən] <ohne ge-> *vt* eliminare
elitär [eli'tɛ:ɐ̯] *adj* elitario
Elite [e'li:tə] <-, -n> *f* élite *f*
Ell(en)bogen <-s, -> *m* gomito *m*
Ellipse [ɛ'lɪpsə] <-, -n> *f* **1.** (MAT) ellisse *f* **2.** (LING) ellissi *f*
elliptisch [ɛ'lɪptɪʃ] *adj* (MAT, LING) ellittico
Elsass[RR] ['ɛlzas] *n,* **Elsaß** *n* Alsazia *f*
Elsässer(in) ['ɛlzɛsɐ] <-s, -; -, -nen> *m(f)* alsaziano, -a *m, f*
elsässisch ['ɛlzɛsɪʃ] *adj* alsaziano
Elsass-Lothringen[RR] ['ɛlzas 'lo:trɪŋən] <-s> *n* Alsazia-Lorena *f*
Elster ['ɛlstɐ] <-, -n> *f* gazza *f*
elterlich ['ɛltɐlɪç] *adj* dei genitori
Eltern ['ɛltɐn] *pl* genitori *mpl;* **Elternabend** *m* (*Schule*) riunione *f* dei genitori; **Elternhaus** *n* **1.** (*Vaterhaus*) casa *f* paterna **2.** (*fig*) famiglia *f;* **elternlos** *adj* orfano (di padre e di madre)
Email [e'maɪ] <-s, -s> *n* smalto *m*
E-Mail ['i:mɛɪl] <-, -s> *f* (INFORM) E-mail *f;* **E-Mail-Adresse** *f* indirizzo *m* E-mail
Emanze [e'mantsə] <-, -n> *f* (*fam pej*) femminista *f*
Emanzipation [emantsipa'tsi̯o:n] <-, -en> *f* emancipazione *f*
emanzipatorisch [emantsipa'to:rɪʃ] *adj* emancipatore
emanzipieren [emantsi'pi:rən] <ohne ge-> **I.** *vt* emancipare **II.** *vr* **sich ~** emanciparsi
Embargo [ɛm'bargo] <-s, -s> *n* embargo *m*
Embryo ['ɛmbryo] <-s, -s> *m, A: n* (MED, BIOL) embrione *m*
Emigrant(in) [emi'grant] <-en, -en; -, -nen> *m(f)* **1.** (*Auswanderer*) emigrante *mf* **2.** (POL) emigrato, -a *m, f*
Emigration [emigra'tsi̯o:n] <-, -en> *f* emigrazione *f*
emigrieren [emi'gri:rən] <ohne ge-> *vi sein* emigrare
Emission [emɪ'si̯o:n] <-, -en> *f* (*CH: Rundfunksendung*) trasmissione *f*
emotional [emotsi̯o'na:l] *adj* emotivo
empfahl [ɛm'pfa:l] *1. u 3. pers sing imp von* **empfehlen**
empfand [ɛm'pfant] *1. u 3. pers sing imp von* **empfinden**
Empfang [ɛm'pfaŋ] <-(e)s, Empfänge> *m* **1.** (TEC, RADIO, TV) ricezione *f* **2.** (*Erhalten*)

E

ricevimento *m;* **etw in ~ nehmen** prendere in consegna qc **3.** (*Aufnahme*) accoglienza *f*

empfangen <empfängt, empfing, empfangen> *vt* **1.** (*Waren,* RADIO, TV) ricevere **2.** (*Person*) accogliere

Empfänger [ɛm'pfɛŋɐ] <-s, -> *m* (RADIO: *Gerät*) ricevitore *m*

Empfänger(in) <-s, -; -, -nen> *m(f)* destinatario, -a *m, f*

empfänglich [ɛm'pfɛŋlɪç] *adj* **für etw ~ sein** essere sensibile a qc

Empfängnis [ɛm'pfɛŋnɪs] <-, -se> *f* concepimento *m;* **empfängnisverhütend** *adj* **~es Mittel** anticoncezionale *m;* **Empfängnisverhütung** *f* contraccezione *f*

Empfangsbestätigung *f* ricevuta *f;* **Empfangszimmer** *n* salotto *m* da ricevimento

empfängt [ɛm'pfɛŋt] *3. pers sing pr von* **empfangen**

empfehlen [ɛm'pfe:lən] <empfiehlt, empfahl, empfohlen> **I.** *vt* raccomandare **II.** *vr* **sich ~** (*Wend*) **es empfiehlt sich zu** *+inf* conviene *+inf;* **empfehlenswert** *adj* raccomandabile

Empfehlung <-, -en> *f* raccomandazione *f;* **Empfehlungsschreiben** *n* lettera *f* di raccomandazione

empfiehlt [ɛm'pfi:lt] *3. pers sing pr von* **empfehlen**

empfinden [ɛm'pfɪndən] <empfindet, empfand, empfunden> *vt* provare

empfindlich *adj* **1.** (*Person,* FOTO, TEC) sensibile; **gegen etw ~ sein** essere sensibile a qc **2.** (*leicht verletzbar*) suscettibile; **jdn an seiner ~sten Stelle treffen** pungere qu sul vivo **3.** (*spürbar*) pungente

Empfindung <-, -en> *f* **1.** (*Wahrnehmung*) sensazione *f* **2.** (*Gefühl*) sentimento *m*

empfing [ɛm'pfɪŋ] *1. u 3. pers sing imp von* **empfangen**

empfohlen [ɛm'pfo:lən] *pp von* **empfehlen**

empfunden [ɛm'pfʊndən] *pp von* **empfinden**

Empore [ɛm'po:rə] <-, -n> *f* (*in Kirche*) cantoria *f;* (*in Theater*) galleria *f*

empören [ɛm'pø:rən] <ohne ge-> **I.** *vt* indignare **II.** *vr* **sich über jdn/etw ~** sdegnarsi con qu/indignarsi per qc; **empörend** *adj* scandaloso

Emporkömmling [ɛm'po:ɐ̯kœmlɪŋ] <-s, -e> *m* arrivista *mf*

empor|ragen [ɛm'po:ɐ̯ra:gən] *vi* (*geh*) elevarsi

empört [ɛm'pø:ɐ̯t] *adj* **über etw** *acc* **~ sein** essere indignato per qc

emsig ['ɛmzɪç] *adj* **1.** (*fleißig*) laborioso **2.** (*unermüdlich*) assiduo

Endausscheidung *f* finalissima *f*

Ende ['ɛndə] <-s, -n> *n* **1.** (*zeitlich*) fine *f;* **am ~** alla fine; (*schließlich*) in fin dei conti; **~ Mai** alla fine di maggio; **zu ~ gehen** stare per finire; **zu ~ sein** essere finito; **letzten ~s** alla fin fine; **ein böses/gutes ~ nehmen** finir male/bene; **am ~ (seiner Kräfte) sein** essere sfinito; **~ gut, alles gut** (*prov*) tutto è bene quel che finisce bene **2.** (*Endpunkt*) estremità *f;* **am anderen ~ der Stadt** all'altro capo della città; **am ~ der Welt** (*fam*) in capo al mondo **3.** (*Abschluss*) termine *m;* **etw zu ~ bringen** portare qc a termine **4.** (*Ausgang*) esito *m*

enden *vi* finire; (*ausgehen*) terminare; **das wird böse ~!** andrà a finir male

Endergebnis *n* risultato *m* finale

endgültig *adj* definitivo

Endivie [ɛn'di:viə] <-, -n> *f* indivia *f*

Endkampf *m* (SPORT) finale *f;* **endlagern** ['ɛndla:gɐn] *vt* depositare (definitivamente)

endlich **I.** *adj* finito **II.** *adv* in fine; **na, ~!** (*fam*) finalmente!

endlos *adj* **1.** (*räumlich*) infinito **2.** (*zeitlich*) interminabile; **das dauert ja ~ lange** non finisce più; **Endlospapier** *n* (INFORM) modulo *m* continuo

Endspiel *n* (SPORT) finale *f;* **Endspurt** *m* (SPORT) sprint *m* finale; **Endstadium** *n* fase *f* finale; **Endstation** *f* stazione *f* terminale

Endung <-, -en> *f* (LING) desinenza *f*

Energie [enɛr'gi:] <-, -n> *f* energia *f;* **Energiebedarf** *m* fabbisogno *m* energetico; **energiebewusst**[RR] *adj* (ECO) **sich ~ verhalten** fare uso cosciente di energia; **Energiequelle** *f* fonte *f* energetica; **energiesparend** *adj* che risparmia energia; **Energieverbrauch** *m* consumo *m* energetico; **Energieversorgung** *f* distribuzione *f* energetica; **Energiewirtschaft** *f* settore *m* energetico

energisch [e'nɛrgɪʃ] *adj* energico; (*entschlossen*) risoluto

eng [ɛŋ] *adj* **1.** (*räumlich*) stretto **2.** (*Klei-*

dung) stretto; ~ **anliegend** attillato **3.** (*eingeschränkt*) ristretto; **im ~eren Sinne** in senso ristretto **4.** (*Beziehungen*) stretto; **im ~sten Familienkreis** nell'intimità della famiglia **5.** (*Wend*) **das darf man nicht so ~ sehen** (*fam*) non si devono prendere le cose troppo alla lettera

Engadin ['ɛŋgadi:n] *n* (GEOG) Engadina *f*

engagieren [ãga'ʒi:rən] <ohne ge-> **I.** *vt* (THEAT) ingaggiare **II.** *vr* **sich ~** impegnarsi

enganliegend *adj s.* **eng 2.**

Enge ['ɛŋə] <-, -n> *f* strettezza *f;* (*Meeres~*) stretto *m;* **jdn in die ~ treiben** (*fig*) mettere qu alle strette

Engel ['ɛŋəl] <-s, -> *m* angelo *m*

England ['ɛŋlant] *n* Inghilterra *f*

Engländer(in) ['ɛŋlɛndɐ] <-s, -; -, -nen> *m(f)* inglese *mf*

englisch ['ɛŋlɪʃ] *adj* inglese

Engpass[RR] *m* **1.** (GEOG) passo *m* stretto; (*verengte Stelle*) strettoia *f* **2.** (*fig*) difficoltà *f*

engstirnig *adj* (*pej*) di vedute limitate; (*kleinlich*) gretto

Enkel(in) ['ɛŋkəl] <-s, -; -, -nen> *m(f)* nipote *mf* (di nonno, -a); **Enkelkind** *n* nipote *mf* (di nonno, -a)

enorm [e'nɔrm] *adj* enorme

Ensemble [ã'sã:bəl] <-s, -s> *n* (THEAT) ensemble *m*

entarten [ɛnt'ʔartən] <ohne ge-> *vi sein* degenerare

entbehren [ɛnt'be:rən] <ohne ge-> *vt* fare a meno di

entbehrlich [ɛnt'be:ɐ̯lɪç] *adj* superfluo

Entbehrung <-, -en> *f* privazione *f*

entbinden <irr, ohne ge-> *vt* **1.** (*von Pflicht, Versprechen*) **jdn von etw ~** liberare qu da qc **2.** (MED) far partorire

Entbindung <-, -en> *f* (MED) parto *m*

entblößen [ɛnt'blø:sən] <ohne ge-> *vt* scoprire

entdecken <ohne ge-> *vt* scoprire

Entdecker(in) <-s, -; -, -nen> *m(f)* scopritore, -trice *m, f*

Entdeckung <-, -en> *f* scoperta *f*

Ente ['ɛntə] <-, -n> *f* **1.** (ZOO) anatra *f* **2.** (*fig: Zeitungs~*) canard *m*

entehren [ɛnt'ʔe:rən] <ohne ge-> *vt* disonorare

enteignen [ɛnt'ʔaɪgnən] <ohne ge-> *vt* espropriare

Enteignung <-, -en> *f* espropriazione *f*

enterben <ohne ge-> *vt* diseredare

Enterich ['ɛntərɪç] <-s, -e> *m* maschio *m* dell'anatra

entern ['ɛntɐn] *vt* (NAUT) arrembare

Entertainer(in) ['ɛntɐte:nɐ] <-s, -; -, -nen> *m(f)* entertainer *mf*

Enter-Taste *f* (INFORM) tasto *m* invio

entfachen [ɛnt'faxən] <ohne ge-> *vt* (*geh*) attizzare

entfallen <irr, ohne ge-> *vi sein* **1.** (*vergessen*) uscire di mente; **mir ist sein Name ~** mi è sfuggito il suo nome **2.** (*Anteil*) **auf jdn/etw ~** spettare a qc/qu **3.** (*wegfallen*) venir meno

entfalten <ohne ge-> **I.** *vt* **1.** (*auseinander falten*) (di)spiegare **2.** (*fig: Gedanken*) svolgere **II.** *vr* **sich ~ 1.** (*Blume*) schiudersi **2.** (*fig*) svilupparsi

Entfaltung <-> *kein Pl f* (*von Talenten*) fioritura *f;* (*von Mensch, Schönheit*) sviluppo *m;* **zur ~ kommen** svilupparsi

entfernen [ɛnt'fɛrnən] <ohne ge-> **I.** *vt* togliere; (*wegräumen*) rimuovere **II.** *vr* **sich ~** allontanarsi; (*weggehen*) andarsene; **entfernt** *adj* lontano; **~e Verwandte** parenti lontani

Entfernung <-, -en> *f* **1.** (*Abstand*) distanza *f;* **aus der ~** da lontano **2.** (*das Beseitigen*) eliminazione *f*

entfesseln <ohne ge-> *vt* scatenare

entfliehen <irr, ohne ge-> *vi sein* (s)fuggire

entfremden <ohne ge-> **I.** *vt* **jdn jdm/etw ~** estraniare qu da qu/qc **II.** *vr* **sich jdm/etw ~** estraniarsi da qu/qc

entführen <ohne ge-> *vt* rapire

Entführer(in) <-s, -; -, -nen> *m(f)* rapitore, -trice *m, f*

Entführung *f* rapimento *m*

entgegen [ɛnt'ge:gən] **I.** *adv* (*in Richtung auf*) verso; **er ging ihr ~** le andò incontro **II.** *prp +dat* contrariamente a; **entgegen|bringen** <irr> *vt* (*Interesse*) (di)mostrare; **jdm Vertrauen ~** nutrire fiducia in qu; **entgegen|gehen** <irr> *vi sein* (*a fig*) **jdm ~** andare incontro a qu; **seinem Ende ~** avvicinarsi alla fine; **entgegengesetzt** *adj* opposto; (*widersprechend*) contrario; **entgegen|halten** <irr> *vt* (*einwenden*) obiettare; **entgegen|kommen** <irr> *vi sein* **jdm ~** (*a fig*) venire incontro a qu; **das kommt mir sehr entgegen** ciò mi conviene; **entgegenkommend** *adj* gentile; (*Verhalten*) compiacente; **entgegen|nehmen** <irr> *vt* accettare; **entgegen|sehen** <irr> *vi* **einer Sache** *dat* ~ attendere qualcosa; **entgegen|setzen** *vt* **jdm/etw etw** ~ opporre qc a qu/qc; **entgegen|wirken** *vi* **einer Sache** *dat* ~ contrastare qualcosa

entgegnen [ɛnt'ge:gnən] <ohne ge-> *vt* replicare

entgehen <irr, ohne ge-> *vi sein* **1.** (*verschont bleiben*) **einer Gefahr** ~ sfuggire a un pericolo **2.** (*nicht bemerkt werden*) **jdm** ~ sfuggire a qu **3.** (*versäumen*) **sich** *dat* **etw** ~ lasciarsi sfuggire qc

entgeistert [ɛnt'gaɪstɐt] *adj* sbigottito

Entgelt [ɛnt'gɛlt] <-(e)s, -e> *n* **1.** (*Entlohnung*) retribuzione *f* **2.** (*Entschädigung*) indennizzo *m*

entgleisen [ɛnt'glaɪzən] <ohne ge-> *vi sein* **1.** (FERR) deragliare **2.** (*fig: in Gesellschaft*) traviarsi

entgleiten <irr, ohne ge-> *vi sein* (*geh*) sfuggire (di mano)

Enthaarungsmittel *n* depilatorio *m*

enthalten <irr, ohne ge-> **I.** *vt* contenere **II.** *vr* **sich der Stimme** ~ astenersi dal voto

enthaltsam [ɛnt'haltza:m] *adj* astinente; (*im Essen*) sobrio; (*im Alkoholgenuss*) astemio; (*sexuell*) continente; **Enthaltsamkeit** <-> *kein Pl f* astinenza *f;* (*sexuell*) continenza *f*

enthaupten [ɛnt'haʊptən] <ohne ge-> *vt* decapitare

entheben <irr, ohne ge-> *vt* (*geh*) **jdn seines Amtes** ~ destituire qu dalla sua carica

enthüllen <ohne ge-> *vt* **1.** (*Denkmal*) scoprire **2.** (*geh: Geheimnis*) svelare

Enthüllung <-, -en> *f* **1.** (*von Denkmal*) inaugurazione *f* **2.** (*von Geheimnis*) rivelazione *f;* **Enthüllungsjournalismus** *m* giornalismo *m* d'assalto

Enthusiasmus [ɛntuzi'asmʊs] <-> *kein Pl m* entusiasmo *m*

enthusiastisch [ɛntuzi'astɪʃ] *adj* entusiasta

entjungfern <ohne ge-> *vt* deflorare

entkalken <ohne ge-> *vt* decalcificare

entkleiden <ohne ge-> (*geh*) **I.** *vt* svestire **II.** *vr* **sich** ~ svestirsi

entkoffeiniert [ɛntkɔfei'ni:ɐ̯t] *adj* (*Kaffee*) decaffeinato

entkommen <irr, ohne ge-> *vi sein* scappare; **mit knapper Not** ~ scamparla bella

entkorken <ohne ge-> *vt* stappare

entkräften [ɛnt'krɛftən] <ohne ge-> *vt* **1.** (*schwächen*) indebolire **2.** (*fig: Argument*) confutare

entladen <irr, ohne ge-> **I.** *vt* scaricare **II.** *vr* **sich** ~ scaricarsi; (*Zorn*) esplodere

entlang [ɛnt'laŋ] *adv o prp* lungo; **am Meer** ~ lungo il mare; **hier** ~ per di qua; **entlang|gehen** <irr> *vi sein* **an etw** *dat* ~ percorrere qc

entlarven [ɛnt'larfən] <ohne ge-> *vt* smascherare

entlassen <irr, ohne ge-> *vt* **1.** (*kündigen*) licenziare; **jdn fristlos** ~ licenziare qu in tronco **2.** (*aus Krankenhaus*) dimettere; (*aus Gefängnis*) rilasciare

Entlassung <-, -en> *f* **1.** (*aus Arbeitsverhältnis*) licenziamento *m* **2.** (*aus Gefängnis*) rilascio *m*

entlasten <ohne ge-> *vt* **1.** (*von Last befreien*) alleggerire **2.** (*fig* TEC, ARCH) scaricare **3.** (*Straße vom Verkehr*) decongestionare **4.** (*Angeklagte*) deporre a discarico di

Entlastung <-, -en> *f* **1.** (JUR) discarico *m* **2.** (*von Verkehr*) decongestionamento *m;* **Entlastungszeuge** *m,* **Entlastungszeugin** *f* testimone *mf* a discarico

entledigen [ɛnt'le:dɪgən] <ohne ge-> *vr* (*geh*) **sich einer Aufgabe** ~ assolvere un compito; **sich seiner Kleider** ~ togliere i vestiti

entlegen [ɛnt'le:gən] *adj* fuori mano

entlehnen <ohne ge-> *vt* (*A: entleihen*) prendere in prestito

entleihen <irr, ohne ge-> *vt* **etw von jdm** ~ farsi prestare qc da qu

entlocken <ohne ge-> *vt* **jdm etw** ~ strappare qc a qu

entlohnen <ohne ge-> *vt,* **entlöhnen** <ohne ge-> *vt* (*CH*) rimunerare

Entlohnung <-, -en> *f,* **Entlöhnung** <-, -en> *f* (*CH*) rimunerazione *f*

entmachten [ɛnt'maxtən] <ohne ge-> *vt* esautorare

entmilitarisieren [ɛntmilitari'zi:rən] <ohne ge-> *vt* smilitarizzare

entmündigen [ɛnt'mʏndɪgən] <ohne ge-> *vt* interdire

entmutigen [ɛnt'mu:tɪgən] <ohne ge->

vt scoraggiare

Entnahme [ɛnt'naːmə] <-, -n> *f* prelevamento *m;* (*a Blut~*) prelievo *m*

entnehmen <irr, ohne ge-> *vt* **1.** (*herausnehmen*) **einer Sache** *dat* **etw** ~ prendere qc da qc; **jdm eine Blutprobe** ~ prelevare a qu una fialetta di sangue **2.** (*folgern*) **einer Sache** *dat* **etw** ~ dedurre qc da qc

entpuppen [ɛnt'pʊpən] <ohne ge-> *vr* **er/sie/es entpuppte sich als …** si rivelò un/una …

entreißen <irr, ohne ge-> *vt* **jdm etw** ~ strappare qc di mano a qu

entrinnen <irr, ohne ge-> *vi sein* (*geh*) **einer Sache** *dat* ~ sfuggire a qc

entrosten <ohne ge-> *vt* togliere la ruggine a

entrümpeln [ɛnt'rʏmpəln] <ohne ge-> *vt* sgomberare (dal ciarpame)

entrüsten [ɛnt'rʏstən] <ohne ge-> **I.** *vt* indignare **II.** *vr* **sich über jdn/etw** ~ sdegnarsi con qu/indignarsi per qc

Entrüstung <-, -en> *f* indignazione *f*

Entsafter [ɛnt'zaftɐ] <-s, -> *m* centrifuga *f*

entschädigen <ohne ge-> *vt* **jdn für etw** ~ risarcire qu di qc; (*gesetzlich*) indennizzare qu di qc

Entschädigung <-, -en> *f* (*Vorgang*) risarcimento *m;* (*Summe*) indennità *f*

entschärfen <ohne ge-> *vt* **1.** (*Mine, Bombe*) disinnescare **2.** (*fig*) appianare

entscheiden <irr, ohne ge-> **I.** *vt* decidere; (JUR) giudicare; **es ist noch nichts entschieden** non c'è ancora nulla di definitivo **II.** *vi* **über etw** *acc* ~ decidere di qc **III.** *vr* **sich** ~ decidersi; **entscheidend** *adj* decisivo; **der ~e Augenblick** il momento cruciale

Entscheidung <-, -en> *f* decisione *f;* **eine ~ treffen** prendere una decisione

entschieden [ɛnt'ʃiːdən] *adj* **1.** (*entschlossen*) determinato **2.** (*eindeutig*) netto; **das geht ~ zu weit** le cose stanno andando decisamente troppo in là

entschließen <irr, ohne ge-> *vr* **sich** ~ (**etw zu tun**) decidersi (a fare qc)

entschlossen [ɛnt'ʃlɔsən] *adj* risoluto; **Entschlossenheit** <-> *kein Pl f* risolutezza *f;* (*Festigkeit*) fermezza *f*

Entschluss[RR] *m* decisione *f;* **einen ~ fassen** prendere una decisione

entschlüsseln <ohne ge-> *vt* decifrare

entschuldigen [ɛnt'ʃʊldɪgən] <ohne ge-> **I.** *vt* scusare; ~ **Sie** (**bitte**)! (mi) scusi! **II.** *vr* **sich** (**bei jdm wegen etw**) ~ scusarsi (con qu di qc)

Entschuldigung <-, -en> *f* **1.** (*Verzeihung*) scusa *f;* **~!** scusi!; **jdn um ~ bitten** chiedere scusa a qu **2.** (*Rechtfertigung*) giustificazione *f*

entsenden <irr, ohne ge-> *vt* (*geh*) inviare; (*Vertreter*) delegare

entsetzen <ohne ge-> **I.** *vt* far spaventare **II.** *vr* **sich** ~ spaventarsi; **Entsetzen** <-s> *kein Pl n* spavento *m;* **entsetzlich** *adj* terribile

entsinnen <irr, ohne ge-> *vr* **sich** ~ ricordarsi

entsorgen <ohne ge-> *vt* (*Müll*) eliminare

Entsorgung <-> *kein Pl f* smaltimento *m*

entspannen <ohne ge-> **I.** *vt* **1.** (*Lage*) appianare **2.** (*Körper*) rilasciare **II.** *vr* **sich** ~ **1.** (*Mensch*) rilassarsi **2.** (*Lage*) distendersi

Entspannung *f* **1.** (*von Mensch*) riposo *m* **2.** (POL) distensione *f;* **Entspannungspolitik** *f* politica *f* di distensione

entsprechen <irr, ohne ge-> *vi* **1.** (*übereinstimmen*) **einer Sache** *dat* ~ corrispondere a qc **2.** (*erfüllen*) **einem Wunsch** ~ esaudire un desiderio; **entsprechend I.** *adj* corrispondente; (*angemessen*) adeguato **II.** *adv* conformemente **III.** *prp +dat* conformemente a

Entsprechung <-, -en> *f* corrispondenza *f;* (*Äquivalent*) equivalente *m*

entspringen <irr, ohne ge-> *vi sein* (*Fluss*) ~ **aus/in** *+dat* nascere da/in

entstehen <irr, ohne ge-> *vi sein* **1.** (*allg*) (**aus etw**) ~ nascere (da qc); (*sich bilden*) formarsi; **im Entstehen begriffen** in via di formazione **2.** (*sich ergeben*) **aus etw** ~ risultare da qc **3.** (*Schaden*) (**durch etw**) ~ essere causato (da qc)

Entstehung <-, -en> *f* **1.** (*das Entstehen*) nascita *f* **2.** (*Ursprung*) origine *f* **3.** (*Bildung*) formazione *f*

entstellen <ohne ge-> *vt* **1.** (*verunstalten*) sfigurare **2.** (*fig: Tatsachen*) alterare; (*Sinn*) travisare

enttäuschen <ohne ge-> *vt* deludere

Enttäuschung <-, -en> *f* delusione *f*

entwaffnen [ɛnt'vafnən] <ohne ge-> *vt* (*a fig*) disarmare

Entwarnung <-, -en> *f* segnale *m* di cessato allarme

entwässern [ɛntˈvɛsɐn] <ohne ge-> *vt* prosciugare, bonificare

entweder [ˈɛntveːdɐ] *konj* ~ **... oder ...** o ... o ...

entweichen <irr, ohne ge-> *vi sein* (**einer Sache** *dat*) ~ fuoriuscire (da qc)

entwenden <ohne ge-> *vt* (*geh*) rubare

entwerfen <irr, ohne ge-> *vt* **1.** (*Modell*) ideare **2.** (*Vertrag*) abbozzare **3.** (*Zeichnung*) schizzare

entwerten <ohne ge-> *vt* **1.** (*ungültig machen*) annullare **2.** (*im Wert mindern*) svalorizzare; (FIN) svalutare

entwickeln <ohne ge-> **I.** *vt* **1.** (*allg*, FOTO, MAT, CHEM) sviluppare **2.** (*Plan*) concepire **3.** (*fig: Fantasie, Energie*) mostrare **II.** *vr* **sich** ~ svilupparsi; **sich zu etw** ~ diventare qc

Entwicklung <-, -en> *f* sviluppo *m*; **Entwicklungshelfer(in)** *m(f)* cooperatore, -trice *m, f* per i paesi in via di sviluppo; **Entwicklungshilfe** *f* aiuto *m* ai paesi in via di sviluppo; **Entwicklungsland** *n* paese *m* in via di sviluppo

entwirren [ɛntˈvɪrən] <ohne ge-> *vt* (*geh a fig*) districare

entwischen [ɛntˈvɪʃən] <ohne ge-> *vi sein* (*fam*) scappare; **jdm** ~ sfuggire a qu

entwöhnen [ɛntˈvøːnən] <ohne ge-> *vt* (*geh*) **jdn einer Sache** *dat* ~ disabituare qu a qc

entwürdigend [ɛntˈvʏrdɪgənt] *adj* degradante

Entwurf *m* abbozzo *m*; (*Konzept*) minuta *f*

entwurzeln <ohne ge-> *vt* sradicare

entziehen <irr, ohne ge-> **I.** *vt* sottrarre; (*Führerschein*) ritirare **II.** *vr* **sich einer Sache** *dat* ~ (*geh*) sottrarsi a qc; **das entzieht sich meiner Kenntnis** ciò sfugge alla mia conoscenza

Entziehungskur *f* cura *f* di disassuefazione

entziffern [ɛntˈtsɪfɐn] <ohne ge-> *vt* decifrare

entzücken [ɛntˈtsʏkən] <ohne ge-> *vt* incantare; **Entzücken** [ɛnˈtsʏkən] <-s> *kein Pl n* estasi *f*; **entzückend** *adj* delizioso

Entzug <-(e)s> *kein Pl m* disassuefazione *f*; **Entzugserscheinung** *f* sintomo *m* di disassuefazione

entzünden <ohne ge-> **I.** *vt* (*geh*) accendere **II.** *vr* **sich** ~ **1.** (*Feuer fangen*) incendiarsi **2.** (MED) infiammarsi; **entzündet** *adj* (MED) infiammato

Entzündung <-, -en> *f* (MED) infiammazione *f*

entzwei [ɛntˈtsvaɪ] *adv* a pezzi; **entzweien** <ohne ge-> **I.** *vt* dividere **II.** *vr* **sich** ~ dividersi; (*sich zerstreiten*) guastarsi

Enzian [ˈɛntsiaːn] <-s, -e> *m* genziana *f*

Enzyklopädie [ɛntsyklopɛˈdiː] <-, -n> *f* enciclopedia *f*

Epen *pl von* **Epos**

Epidemie [epideˈmiː] <-, -n> *f* epidemia *f*

Epik [ˈeːpɪk] <-> *kein Pl f* (LIT) epica *f*

Epilepsie [epilɛˈpsiː] <-, -n> *f* epilessia *f*

Epileptiker(in) [epiˈlɛptikɐ] <-s, -; -, -nen> *m(f)* epilettico, -a *m, f*

epileptisch *adj* epilettico

episch [ˈeːpɪʃ] *adj* epico

Episode [epiˈzoːdə] <-, -n> *f* episodio *m*

Epoche [eˈpɔxə] <-, -n> *f* epoca *f*

Epos [ˈeːpɔs] <-, Epen> *n* (LIT) poema *m* epico

Equalizer <-s, -> *m* (TEC) equalizzatore *m*

er [eːɐ̯] *pron pers* (*3. pers sing*) **1.** (*in Bezug auf Menschen, unbetont*) *meist nicht übersetzt*, egli; (*betont*) lui; **da ist** ~ eccolo; ~ **ist es** è lui **2.** (*in Bezug auf Dinge, unbetont*) *meist nicht übersetzt*, esso; (*betont*) lui

erachten [ɛɐˈʔaxtən] <ohne ge-> *vt* (*geh*) ~ **für** [*o* **als**] ritenere; **etw für gut** ~ giudicare conveniente qc; **Erachten** <-s> *kein Pl n* **meines ~s** a mio avviso

erarbeiten <ohne ge-> *vt* **sich** *dat* **etw** ~ fare proprio qc

Erbanlage [ˈɛrpʔanlaːgə] *f* (BIOL) carattere *m* ereditario

erbarmen [ɛɐˈbarmən] <ohne ge-> *vr* **sich jds** ~ avere pietà di qu; **Erbarmen** <-s> *kein Pl n* pietà *f*

erbärmlich [ɛɐˈbɛrmlɪç] *adj* misero; (*Zustand*) pietoso

erbarmungslos *adj* spietato

erbauen <ohne ge-> **I.** *vt* **1.** (*errichten*) costruire **2.** (*geh: erfreuen*) allietare **II.** *vr* **sich** ~ (*geh*) rallegrarsi

Erbauer <-s, -> *m* costruttore *m*

erbaulich *adj* edificante

Erbauung <-, -en> *f* (*fig*) edificazione *f*

Erbe¹ [ˈɛrbə] <-s> *kein Pl n* eredità *f*

Erbe² <-n, -n> *m* erede *m*

erben [ˈɛrbən] *vi, vt* ereditare

erbeuten [ɛɐ'bɔɪtən] <ohne ge-> *vt* far bottino di

Erbfaktor *m* (BIOL) fattore *m* ereditario; **Erbfolge** *f* (ordine *m* di) successione *f;* **Erbgut** *n* (BIOL) patrimonio *m* ereditario

Erbin ['ɛrbɪn] <-, -nen> *f* erede *f; s. a.* **Erbe**

erbitten <irr, ohne ge-> *vt* **etw von jdm** ~ chiedere qc a qu

erbittert *adj* (*Kampf*) accanito

Erbkrankheit *f* (MED) malattia *f* ereditaria

erblassen [ɛɐ'blasən] <ohne ge-> *vi sein* (**vor Schreck**) ~ impallidire (per lo spavento)

erblich ['ɛrplɪç] *adj* ereditario

erblicken <ohne ge-> *vt* (*geh*) scorgere; (*entdecken*) scoprire

erblinden <ohne ge-> *vi sein* diventare cieco

Erbmasse *f* **1.** (JUR) asse *m* ereditario **2.** (BIOL) genotipo *m*

erbrechen <irr, ohne ge-> **I.** *vt* rigettare **II.** *vi* vomitare; **bis zum Erbrechen** (*fam*) fino alla nausea

Erbrecht *n* (JUR) diritto *m* di successione

erbringen [ɛɐ'brɪŋən] <irr, ohne ge-> *vt* **für etw den Beweis** ~ fornire la prova per qc

Erbschaft <-, -en> *f* eredità *f;* **Erbschaft(s)steuer** *f* (FIN, JUR) imposta *f* di successione; **Erbschleicher(in)** <-s, -; -, -nen> *m(f)* (*pej*) (pro)cacciatore, -trice *m, f* di eredità

Erbse ['ɛrpsə] <-, -n> *f* (BOT) pisello *m*

Erbstück *n* oggetto *m* ereditato; **Erbsünde** *f* (REL) peccato *m* originale

Erdachse <-> *kein Pl f* (GEOG) asse *m* della terra; **Erdapfel** *m* (*A, südd: Kartoffel*) patata *f;* **Erdbeben** *n* (GEOG) terremoto *m*

Erdbeere *f* fragola *f*

Erdboden *m* suolo *m;* **dem** ~ **gleichmachen** radere al suolo

Erde ['eːɐ̯də] <-, *rar* -n> *f* terra *f;* (*Welt*) mondo *m;* **auf die** ~ **fallen** cadere per terra

erden *vt* (TEC) collegare a terra

erdenklich *adj* immaginabile; **alles Erdenkliche tun** fare tutto il possibile

Erdgas *n* (CHEM) gas *m* naturale; **Erdgeschoss**[RR] *n* pianterreno *m*

erdichten <ohne ge-> *vt* (*geh*) inventare

erdig ['eːɐ̯dɪç] *adj* terroso

Erdkugel *f* globo *m* terrestre; **Erdkunde** *f* geografia *f;* **Erdnuss**[RR] *f* arachide *f;* **Erdoberfläche** <-> *kein Pl f* superficie *f* terrestre; **Erdöl** <-s> *kein Pl n* petrolio *m;* **Erdölvorkommen** *n* giacimento *m* petrolifero; **Erdreich** <-s> *kein Pl n* terra *f*

erdreisten [ɛɐ'draɪstən] <ohne ge-> *vr* **sich** ~ **etw zu tun** (*geh*) avere l'ardire di fare qc

erdrosseln <ohne ge-> *vt* strangolare

erdrücken <ohne ge-> *vt* schiacciare

Erdrutsch *m* frana *f;* **Erdstoß** *m* scossa *f* tellurica; **Erdteil** *m* continente *m*

erdulden <ohne ge-> *vt* sopportare

ereifern [ɛɐ'ʔaɪfɐn] <ohne ge-> *vr* **sich** ~ infervorarsi

ereignen [ɛɐ'ʔaɪgnən] <ohne ge-> *vr* **sich** ~ avvenire

Ereignis <-ses, -se> *n* avvenimento *m;* **ereignisreich** *adj* ricco di avvenimenti

Eremit [ere'miːt] <-en, -en> *m* (REL) eremita *m*

erfahren[1] <irr, ohne ge-> *vt* **1.** (*hören*) venire a sapere **2.** (*geh: erleben*) vivere

erfahren[2] *adj* (*bewandert*) esperto

Erfahrung <-, -en> *f* esperienza *f;* (*praktische* ~) pratica *f;* ~ **haben** essere pratico; **etw in** ~ **bringen** venire a sapere qc; **aus** (**eigener**) ~ per esperienza (personale); **erfahrungsgemäß** *adv* per esperienza

erfassen <ohne ge-> *vt* **1.** (*mit Händen*) afferrare; (*mitreißen*) travolgere; **von einem Lastwagen erfasst werden** essere investito da un camion **2.** (*verstehen*) comprendere **3.** (*registrieren,* INFORM) rilevare

Erfassung <-> *kein Pl f* registrazione *f;* (*Daten~*) rilevamento *m*

erfinden <irr, ohne ge-> *vt* inventare

Erfinder(in) <-s, -> *m(f)* inventore, -trice *m, f*

erfinderisch *adj* inventivo

Erfindung <-, -en> *f* invenzione *f*

Erfolg [ɛɐ'fɔlk] <-(e)s, -e> *m* successo *m;* **mit dem ~, dass …** con il risultato che …; **viel ~!** buona fortuna!

erfolgen <ohne ge-> *vi sein* (*stattfinden*) aver luogo; (*Zahlung*) effettuarsi

erfolglos I. *adj* infruttuoso; (*nutzlos*) inutile **II.** *adv* senza successo; **Erfolglosigkeit** <-> *kein Pl f* insuccesso *m*

erfolgreich I. *adj* (*Mensch*) di successo; (*Versuch*) fortunato; (*Unternehmen*) coronato di successo **II.** *adv* con successo

Erfolgserlebnis *n* esperienza *f* gratificante

erfolgversprechend *adj* promettente

E

erforderlich [ɛɐ'fɔrdɐlɪç] *adj* necessario

erfordern <ohne ge-> *vt* esigere

Erfordernis <-ses, -se> *n* necessità *f*

erforschen <ohne ge-> *vt* (*Land*) esplorare; (*Problem*) studiare

erfreuen <ohne ge-> **I.** *vt* far piacere a **II.** *vr* **1.** (*sich freuen*) **sich an etw** *dat* ~ rallegrarsi di qc **2.** (*geh: genießen*) **sich guter Gesundheit** ~ godere di buona salute

erfreulich *adj* lieto; (*angenehm*) piacevole; **erfreulicherweise** *adv* fortunatamente

erfrieren <irr, ohne ge-> *vi sein* **1.** (*Mensch, Tier*) morire assiderato **2.** (*Körperteil*) congelarsi **3.** (*Pflanze*) gelare

erfrischen <ohne ge-> **I.** *vt* rinfrescare **II.** *vr* **sich** ~ rinfrescarsi

Erfrischung <-, -en> *f* rinfresco *m*

erfüllen <ohne ge-> **I.** *vt* **1.** (*aus-, anfüllen*) ~ **mit** riempire di **2.** (*Pflicht, Aufgabe*) adempiere; (*Wunsch*) esaudire; (*Zweck*) raggiungere **II.** *vr* **sich** ~ (*Wunsch, Hoffnung*) adempiersi

Erfüllung <-, -en> *f* adempimento *m*; **in** ~ **gehen** avverarsi

ergänzen [ɛɐ'gɛntsən] <ohne ge-> **I.** *vt* completare **II.** *vr* **sich** ~ completarsi

Ergänzung <-, -en> *f* **1.** (*Vervollständigung*) completamento *m* **2.** (*Buch*) supplemento *m*

ergeben[1] <irr, ohne ge-> **I.** *vt* produrre; (*einbringen*) rendere; **die Umfrage hat ~, dass ...** il sondaggio ha rivelato che ... **II.** *vr* **sich** ~ **1.** (MIL) arrendersi **2.** (*folgen*) **sich aus etw** ~ risultare da qc; **daraus ergibt sich, dass ...** ne (con)segue che ...

ergeben[2] *adj* devoto

Ergebnis [ɛɐ'ge:pnɪs] <-ses, -se> *n* risultato *m*; (*Folge*) conseguenza *f*; **ergebnislos** *adj* senza risultato

ergehen <irr, ohne ge-> **I.** *vi sein* **etw über sich ~ lassen** sopportare qc (pazientemente) **II.** *vr* **sich in etw** *dat* ~ diffondersi in qc

ergiebig [ɛɐ'gi:bɪç] *adj* fruttuoso; (*Boden*) fertile; (*Quelle*) redditizio

ergrauen [ɛɐ'graʊən] <ohne ge-> *vi sein* incanutire

ergreifen <irr, ohne ge-> *vt* **1.** (*fassen*) afferrare; (*fig: Maßnahme, Flucht*) prendere; **die Gelegenheit** ~ cogliere l'occasione **2.** (*festnehmen*) arrestare **3.** (*fig: rühren*) toccare

Ergreifung <-, *rar* -en> *f* (*Festnahme*) cattura *f*

ergründen <ohne ge-> *vt* sondare

erhalten[1] <irr, ohne ge-> *vt* **1.** (*bekommen*) ricevere; (*durch Bemühungen*) ottenere **2.** (*bewahren*) conservare

erhalten[2] *adj* **gut/schlecht** ~ in buono/cattivo stato (di conservazione)

erhältlich [ɛɐ'hɛltlɪç] *adj* in vendita

Erhaltung <-> *kein Pl f* conservazione *f*

erhängen <ohne ge-> **I.** *vt* impiccare **II.** *vr* **sich** ~ impiccarsi

erheben <irr, ohne ge-> **I.** *vt* **1.** (*Augen, Arm, Glas*) alzare **2.** (*Gebühr, Steuern*) riscuotere **3.** (*Anspruch, Klage*) sporgere **II.** *vr* **sich** ~ **1.** (*aufstehen*) alzarsi; (*emporragen*) levarsi **2.** (*geh: aufkommen*) sorgere; (*Wind*) alzarsi **3.** (*sich empören*) sollevarsi

erheblich [ɛɐ'he:plɪç] *adj* notevole

Erhebung <-, -en> *f* **1.** (*Boden~*) elevazione *f* **2.** (*Umfrage*) rilevamento *m* **3.** (*von Abgaben*) riscossione *f* **4.** (*Aufstand*) insurrezione *f*

erheitern [ɛɐ'haɪtɐn] <ohne ge-> *vt* rallegrare

erhellen <ohne ge-> *vt* (*fig*) chiarire

erhitzen [ɛɐ'hɪtsən] <ohne ge-> **I.** *vt* riscaldare; (*fig*) eccitare **II.** *vr* **sich** ~ riscaldarsi; (*fig*) eccitarsi

erhoffen <ohne ge-> *vt* sperare in

erhöhen [ɛɐ'hø:ən] <ohne ge-> *vt* **1.** (*höher machen*) (ri)alzare **2.** (*steigern*) aumentare; **der Preis ist um/auf vier Mark erhöht worden** il prezzo è salito di/a quattro marchi

Erhöhung <-, -en> *f* aumento *m*

erholen <ohne ge-> *vr* **sich** ~ **1.** (*überwinden*) **sich von etw** ~ (*von Krankheit*) rimettersi da qc; (*von Schreck*) riaversi da qc **2.** (*sich ausruhen*) riposarsi

erholsam [ɛɐ'ho:lza:m] *adj* riposante

Erholung <-> *kein Pl f* **1.** (*von Krankheit*) ristabilimento *m* **2.** (*Ruhe*) riposo *m*; **Erholungsheim** *n* casa *f* di riposo

erhören <ohne ge-> *vt* (*geh*) esaudire

erinnern [ɛɐ'ʔɪnɐn] <ohne ge-> **I.** *vt* **jdn an etw** *acc* ~ ricordare qc a qu **II.** *vr* **sich an etw** *acc* ~ ricordarsi (di) qc

Erinnerung <-, -en> *f* ricordo *m*; **zur ~ an** +*acc* in memoria di *poet*

erkälten [ɛɐ'kɛltən] <ohne ge-> *vr* **sich** ~ raffreddarsi; **erkältet** [ɛr'kɛltət] *adj* raffreddato

Erkältung <-, -en> *f* raffreddore *m*

erkennbar *adj* riconoscibile

erkennen <irr, ohne ge-> *vt* **1.** (*wahrnehmen*) distinguere **2.** (*identifizieren*) riconoscere; **jdn/etw an etw** *dat* ~ riconoscere qu/qc da qc; **jdn wieder** ~ riconoscere qu

erkenntlich [ɛɐ'kɛntlɪç] *adj* **sich** ~ **zeigen** mostrarsi riconoscente

Erkenntnis <-, -se> *f* **1.** (*Erkennen*) conoscenza *f* **2.** (*Einsicht*) riconoscimento *m*

Erker ['ɛrkɐ] <-s, -> *m* (ARCH) balconcino *m*

erklären <ohne ge-> *vt* **1.** (*erläutern*) spiegare **2.** (*aussagen*) dichiarare; (*verkünden*) proclamare; **jdm den Krieg** ~ dichiarare guerra a qu

Erklärung <-, -en> *f* **1.** (*Erläuterung*) spiegazione *f* **2.** (*Aussage*) dichiarazione *f*

erkranken <ohne ge-> *vi sein* (**an etw** *dat*) ~ ammalarsi (di qc)

Erkrankung <-, -en> *f* malattia *f*

erkunden [ɛɐ'kʊndən] <ohne ge-> *vt* (*Gelände*) esplorare; (*Lage*) sondare

erkundigen [ɛɐ'kʊndɪgən] <ohne ge-> *vr* **sich nach jdm/etw** ~ informarsi su qu/qc

erlangen [ɛɐ'laŋən] <ohne ge-> *vt* ottenere; (*Ruhm, Bedeutung*) acquisire

ErlassRR [ɛɐ'las] <-es, -e> *m*, **Erlaß** <-lasses, -lasse> *m* **1.** (POL) decreto *m* **2.** (*Aufhebung*) remissione *f*

erlassen <irr, ohne ge-> *vt* **1.** (*verordnen*) emanare **2.** (*befreien von*) **jdm etw** ~ rimettere qc a qu

erlauben [ɛɐ'laʊbən] <ohne ge-> **I.** *vt* permettere **II.** *vr* **sich** *dat* **etw** ~ permettersi qc; **sich** *dat* ~ **etw zu tun** permettersi di fare qc; **was erlaubst du dir** (**eigentlich**)? come ti permetti?

Erlaubnis <-, *rar* -se> *f* permesso *m*

erläutern [ɛɐ'lɔɪtɐn] <ohne ge-> *vt* spiegare

Erläuterung <-, -en> *f* spiegazione *f*

Erle ['ɛrlə] <-, -n> *f* ontano *m*

erleben <ohne ge-> *vt* vivere; **er hat schon viel erlebt** ne ha già viste di tutti i colori *fam*

Erlebnis <-ses, -se> *n* esperienza *f;* **Erlebnispark** *m* parco *m* dei divertimenti

erledigen [ɛɐ'le:dɪgən] <ohne ge-> **I.** *vt* **1.** (*Arbeit*) sbrigare; (*Auftrag*) eseguire; (*Angelegenheit*) risolvere **2.** (*fam: ermüden*) sfinire; **ich bin vollkommen erledigt** sono completamente distrutto **3.** (*sl: umbringen*) togliere di mezzo **II.** *vr* **sich** (**von selbst**) ~ risolversi (da solo)

erleichtern [ɛɐ'laɪçtɐn] <ohne ge-> *vt* facilitare; (*Gewissen*) sgravare; **erleichtert sein** essere sollevato

Erleichterung <-, -en> *f* **1.** (*das Erleichtern*) facilitazione *f* **2.** (*Gefühl der* ~) sollievo *m*

erleiden <irr, ohne ge-> *vt* (*fig: Niederlage, Verlust*) subire

erlernen <ohne ge-> *vt* apprendere

erlesen *adj* squisito

erliegen <irr, ohne ge-> *vi sein* **einem Irrtum** ~ cadere in errore; **einer Versuchung** ~ cedere alla tentazione

erlischt [ɛɐ'lɪʃt] *3. pers sing pr von* **erlöschen**

Erlös [ɛɐ'lø:s] <-es, -e> *m* ricavato *m*

erlöschen <erlischt, erlosch, erloschen> *vi sein* spegnersi

erlösen <ohne ge-> *vt* **jdn** (**aus** [*o* **von**] **etw**) ~ liberare qu (da qc); (REL) redimere qu (da qc)

Erlösung <-, -en> *f* liberazione *f;* (REL) redenzione *f*

ermächtigen [ɛɐ'mɛçtɪgən] <ohne ge-> *vt* **jdn zu etw** ~ autorizzare qu a fare qc; (JUR) delegare qc a qu

Ermächtigung <-, -en> *f* autorizzazione *f;* (JUR) delega *f*

ermahnen <ohne ge-> *vt* **jdn zu etw** ~ esortare qu a (fare) qc

Ermahnung <-, -en> *f* esortazione *f*

ermäßigen [ɛɐ'mɛ:sɪgən] <ohne ge-> *vt* ribassare

Ermäßigung <-, -en> *f* ribasso *m;* (*Nachlass*) sconto *m*

ermessen <irr, ohne ge-> *vt* valutare; **Ermessen** <-s> *kein Pl n* **nach jds** ~ a giudizio di qu

ermitteln [ɛɐ'mɪtəln] <ohne ge-> **I.** *vt* **1.** (*erforschen*) ricercare **2.** (*herausfinden*) scoprire **II.** *vi* (JUR) **gegen jdn** ~ indagare su qu

Ermittlung <-, -en> *f* **1.** (*Nachforschung*) ricerca *f* **2.** (*polizeiliche* ~) rilevamento *m*

ermöglichen [ɛɐ'mø:klɪçən] <ohne ge-> *vt* rendere possibile; **jdm** ~ **etw zu tun** permettere a qu di fare qc

ermorden <ohne ge-> *vt* assassinare

E

Ermordung <-, -en> *f* assassinio *m*

ermüden [ɛɐ'my:dən] <ohne ge-> **I.** *vt* affaticare **II.** *vi sein* stancarsi; **ermüdend** *adj* faticoso

Ermüdung <-, *rar* -en> *f* stanchezza *f;* (*Erschöpfung*) affaticamento *m;* **Ermüdungserscheinung** *f* sintomo *m* di stanchezza

ermuntern [ɛɐ'mʊntɐn] <ohne ge-> *vt* **1.** (*aufmuntern*) rallegrare **2.** (*auffordern*) **jdn zu etw ~** esortare qu a qc

ermutigen [ɛɐ'mu:tɪgən] <ohne ge-> *vt* **jdn zu etw ~** incoraggiare qu a qc

ernähren <ohne ge-> **I.** *vt* **1.** (*mit Nahrung*) alimentare **2.** (*Familie*) mantenere **II.** *vr* **sich** (**von etw**) **~** nutrirsi (di qc)

Ernährer(in) <-s, -; -, -nen> *m(f)* sostegno *m* (della famiglia)

Ernährung <-> *kein Pl f* alimentazione *f;* **falsche ~** malnutrizione *f*

ernennen <irr, ohne ge-> *vt* nominare

Ernennung <-, -en> *f* nomina *f*

erneuern [ɛɐ'nɔɪɐn] <ohne ge-> *vt* **1.** (*Vertrag*) rinnovare **2.** (*auswechseln*) cambiare **3.** (*wiederherstellen*) riparare

erneut [ɛɐ'nɔɪt] **I.** *adj* nuovo; (*wiederholt*) ripetuto **II.** *adv* di nuovo

erniedrigen [ɛɐ'ni:drɪgən] <ohne ge-> **I.** *vt* (*demütigen*) umiliare **II.** *vr* **sich ~** abbassarsi

Erniedrigung <-, -en> *f* umiliazione *f*

ernst [ɛrnst] *adj* **1.** (*Mensch*) serio; **es ~ meinen** fare sul serio; **jdn/etw ~ nehmen** prendere qu/qc sul serio **2.** (*Lage, Krankheit*) grave

Ernst [ɛrnst] <-es> *kein Pl m* **1.** (*Ernsthaftigkeit*) serietà *f;* **allen ~es** in tutta serietà; **im ~** sul serio **2.** (*Wichtigkeit*) gravità *f*

Ernstfall *m* caso *m* di emergenza

ernsthaft *adj* serio

ernstlich *adv* sul serio; **~ krank sein** essere gravemente ammalato

Ernte ['ɛrntə] <-, -n> *f* raccolto *m;* (*Getreide~*) mietitura *f*

ernten ['ɛrntən] *vt* (*a fig*) raccogliere; (*Getreide*) mietere

ernüchtern [ɛɐ'nʏçtɐn] <ohne ge-> *vt* **1.** (*Betrunkene*) far passare la sbornia a **2.** (*fig*) disincantare

Ernüchterung <-, -en> *f* (*fig*) disincantamento *m*

Eroberer(in) [ɛɐ'ʔo:bərɐ] <-s, -; -, -nen> *m(f)* conquistatore, -trice *m, f*

erobern [ɛr'ʔo:bɐn] <ohne ge-> *vt* (*a fig*) conquistare

Eroberung <-, -en> *f* conquista *f*

eröffnen <ohne ge-> *vt* **1.** (*Konto, Geschäft*) aprire; (*feierlich*) inaugurare **2.** (*mitteilen*) **jdm etw ~** rivelare qc a qu

Eröffnung <-, -en> *f* **1.** (*Öffnung*) apertura *f;* (*feierliche ~*) inaugurazione *f* **2.** (*Mitteilung*) comunicazione *f*

erörtern [ɛɐ'ʔœrtɐn] <ohne ge-> *vt* discutere

Erosion [ero'zi̯o:n] <-, -en> *f* erosione *f*

Erotik [e'ro:tɪk] <-> *kein Pl f* erotismo *m*

erotisch *adj* erotico

erpicht [ɛɐ'pɪçt] *adj* **auf etw** *acc* **~ sein** essere avido di qc

erpressen <ohne ge-> *vt* **1.** (*Person*) ricattare **2.** (*Geld*) **etw von jdm ~** estorcere qc a qu

Erpresser(in) <-s, -; -, -nen> *m(f)* ricattatore, -trice *m, f*

Erpressung <-, -en> *f* ricatto *m*

erproben <ohne ge-> *vt* provare; (TEC) collaudare

erraten [ɛɐ'ra:tən] <irr, ohne ge-> *vt* indovinare

erregen [ɛɐ're:gən] <ohne ge-> *vt* **1.** (*emotional, sexuell*) eccitare; (*ärgern*) irritare **2.** (*hervorrufen*) suscitare; (*Neid*) destare; **Aufsehen ~** far scalpore; **Mitleid ~** fare compassione

Erreger <-s, -> *m* (MED) agente *m* patogeno

Erregung <-, -en> *f* eccitazione *f*

erreichen <ohne ge-> *vt* **1.** (*Person*) raggiungere **2.** (*Zug*) riuscire a prendere; (*Ort, Alter*) arrivare a; (*Ziel*) conseguire **3.** (*durchsetzen*) ottenere

errichten <ohne ge-> *vt* (*Gebäude*) costruire; (*Denkmal*) erigere

erringen <irr, ohne ge-> *vt* conseguire; (*Sieg*) riportare

erröten [ɛɐ'rø:tən] <ohne ge-> *vi sein* arrossire

Errungenschaft [ɛɐ'rʊŋənʃaft] <-, -en> *f* conquista *f*

Ersatz [ɛɐ'zats] <-es> *kein Pl m* **1.** (*Auswechslung*) sostituzione *f* **2.** (*Schaden~*) risarcimento *m;* **Ersatzdienst** *m* servizio *m* civile; **Ersatzmann** <-s, -leute> *m* sostituto *m;* **Ersatzreifen** *m* pneumatico *m* di scorta; **Ersatzteil** *n* (pezzo *m* di) ricambio *m*

erschaffen <irr, ohne ge-> *vt* (*geh*) creare

erscheinen <irr, ohne ge-> *vi sein* **1.** (*sichtbar werden*) apparire **2.** (*sich einfinden*) comparire **3.** (*Buch*) uscire

Erscheinung <-, -en> *f* **1.** (*Geist*) apparizione *f* **2.** (*Tatsache*) fenomeno *m;* **in ~ treten** manifestarsi **3.** (*Gestalt*) personalità *f;* **äußere ~** aspetto *m* esteriore

erschießen <irr, ohne ge-> *vt* uccidere (con un colpo di arma da fuoco); (*hinrichten*) fucilare

erschlaffen [ɛɐ̯'ʃlafən] <ohne ge-> *vi sein* afflosciarsi

erschlagen <irr, ohne ge-> *vt* ammazzare; **vom Blitz ~ werden** essere colpito dal fulmine

erschöpfen <ohne ge-> *vt* spossare; **erschöpft** *adj* esausto

Erschöpfung <-, *rar* -en> *f* esaurimento *m*

erschrecken[1] <ohne ge-> *vt* spaventare

erschrecken[2] <erschrickt, erschrak, erschrocken> *vi sein* spaventarsi; **vor jdm ~** spaventarsi alla vista di qu

erschreckend *adj* spaventoso

erschrickt [ɛɐ̯'ʃrɪkt] *3. pers sing pr von* **erschrecken**[2]

erschrocken [ɛɐ̯ʃrɔkən] *pp von* **erschrecken**[2]

erschüttern [ɛɐ̯'ʃʏtɐn] <ohne ge-> *vt* **1.** (*erzittern lassen*) scuotere **2.** (*fig: ergreifen*) sconvolgere; **erschütternd** *adj* sconvolgente

Erschütterung <-, -en> *f* **1.** (*Beben*) scossa *f* **2.** (*fig: Ergriffenheit*) sconvolgimento *m*

erschweren [ɛɐ̯'ʃveːrən] <ohne ge-> *vt* rendere più difficile

erschwinglich [ɛɐ̯'ʃvɪŋlɪç] *adj* accessibile

ersetzen <ohne ge-> *vt* **1.** (*auswechseln*) sostituire **2.** (*erstatten*) rimborsare; **jdm etw ~** (*Verlust, Schaden*) risarcire qu (di) qc

ersichtlich [ɛɐ̯'zɪçtlɪç] *adj* evidente

ersparen <ohne ge-> *vt* **1.** (*Geld*) risparmiare **2.** (*fig*) (far) risparmiare; **mir bleibt auch nichts erspart!** (*fam*) non mi si risparmia niente!

Ersparnis <-, -se> *f* risparmio *m*

erst [eːɐ̯st] *adv* **1.** (*zuerst*) prima; **~ einmal** innanzi tutto **2.** (*nicht früher, nicht mehr als*) non prima di, appena; **~ gestern** non più tardi di ieri; **~ als …** solo quando …; **~ wenn …** solo se …; **es ist ~ 2 Uhr** sono appena le due **3.** (*verstärkend*) **jetzt ~ recht!** ora più che mai!

erstarren <ohne ge-> *vi sein* **1.** (*vor Kälte*) intirizzire **2.** (*vor Schreck*) irrigidirsi; (*Blut*) gelare

erstatten [ɛɐ̯'ʃtatən] <ohne ge-> *vt* **1.** (*Kosten*) rimborsare **2.** (*form*) **Anzeige ~** fare una denuncia; **Bericht ~ über** +*acc* fare rapporto su

Erstaufführung *f* prima *f*

erstaunen <ohne ge-> **I.** *vt* stupire **II.** *vi sein* **über etw** *acc* **~** stupirsi di qc; **Erstaunen** <-s> *kein Pl n* stupore *m;* **zu meinem größten ~** con mia somma sorpresa; **erstaunlich** *adj* sorprendente

Erstausgabe *f* (*von Buch*) prima edizione *f;* **erstbeste(r, s)** *adj s.* **erste(r, s)**

erste *adj s.* **erste(r, s)**

erstechen <irr, ohne ge-> *vt* pugnalare

erstehen <irr, ohne ge-> *vt* acquistare

erstellen <ohne ge-> *vt* (*anfertigen*) eseguire; (*Gutachten*) compilare

erstens ['eːɐ̯stəns] *adv* in primo luogo, anzitutto

erste(r, s) ['eːɐ̯stə, -tɐ, -təs] *adj* primo, -a; **der ~ Beste** [*o* **der Erstbeste**] il primo venuto; **als Erstes** per prima cosa; **fürs Erste** per ora; *s. a.* **achte(r,s)**

ersticken [ɛɐ̯'ʃtɪkən] <ohne ge-> **I.** *vt* (*a fig*) soffocare **II.** *vi sein* **an etw** *dat* **~** (*a fig*) soffocare per qc

erstklassig ['eːɐ̯stklasɪç] *adj* di prima classe

erstmalig *adj* primo; **erstmals** *adv* per la prima volta

erstreben <ohne ge-> *vt* (*geh*) ambire a; **erstrebenswert** *adj* desiderabile

erstrecken <ohne ge-> *vr* **sich ~ bis** [*o* **bis an** +*acc*] estendersi fino a

ersuchen <ohne ge-> *vt* **jdn um etw ~** chiedere qc a qu; **jdn ~ etw zu tun** (*auffordern*) invitare qu a fare qc

ertappen <ohne ge-> *vt* sorprendere

erteilen <ohne ge-> *vt* dare

ertönen [ɛɐ̯'tøːnən] <ohne ge-> *vi sein* risonare

Ertrag [ɛɐ̯'traːk] <-(e)s, Erträge> *m* **1.** (AGR) raccolto *m* **2.** (*Gewinn*) utile *m*

ertragen <irr, ohne ge-> *vt* sopportare

erträglich [ɛɐ̯'trɛːklɪç] *adj* sopportabile

ertränken <ohne ge-> *vt* annegare

ertrinken <irr, ohne ge-> *vi sein* annegare

erübrigen [ɛɐ'ʔy:brɪgən] <ohne ge-> **I.** *vt* (*Zeit*) tenere libero **II.** *vr* **sich** ~ essere superfluo

erwachen <ohne ge-> *vi sein* (*geh*) **aus etw** ~ svegliarsi da qc

erwachsen *adj* adulto; **Erwachsene** <ein -r, -n, -n> *mf* adulto, -a *m, f;* **Erwachsenenbildung** *f* formazione *f* per adulti

erwägen [ɛɐ'vɛ:gən] <erwägt, erwog, erwogen> *vt* (*bedenken*) considerare; (*prüfen*) esaminare

Erwägung <-, -en> *f* considerazione *f;* **etw in ~ ziehen** prendere in considerazione qc

erwähnen [ɛɐ'vɛ:nən] <ohne ge-> *vt* menzionare; **oben erwähnt** summenzionato

Erwähnung [ɛɐ'vɛ:nʊŋ] <-, -en> *f* menzione *f*

erwärmen <ohne ge-> **I.** *vt* riscaldare **II.** *vr* **sich für etw** ~ (*fig*) entusiasmarsi per qc; **sich für jdn** ~ (*fig*) interessarsi per qu

erwarten <ohne ge-> *vt* **1.** (*warten auf*) aspettare; **ich kann es kaum** ~ *+inf* non vedo l'ora di *+inf* **2.** (*rechnen mit*) contare su; **das war zu** ~ c'era da aspettarselo

Erwartung <-, -en> *f* **1.** *sing* (*das Warten*) attesa *f* **2.** (*Hoffnung*) speranza *f;* **erwartungsvoll** *adj* che ha molte aspettative

erwecken <ohne ge-> *vt* (*fig*) suscitare; (*Vertrauen*) ispirare

erweisen [ɛɐ'vaɪzən] <irr, ohne ge-> **I.** *vt* (*Dienst, Ehre*) rendere; (*Gefallen*) fare **II.** *vr* **sich** ~ risultare; **die Nachricht hat sich als falsch erwiesen** la notizia è risultata falsa

erweitern [ɛɐ'vaɪtɐn] <ohne ge-> *vt* **1.** (*vergrößern*) allargare **2.** (*fig: ausdehnen*) estendere; (*Kenntnisse*) allargare; (*Geschäft*) ingrandire

Erweiterung <-, -en> *f* ampliamento *m*

Erwerb [ɛɐ'vɛrp] <-(e)s, -e> *m* **1.** (*Kauf*) acquisto *m* **2.** (*Verdienst*) guadagno *m* **3.** (*Beruf*) lavoro *m*

erwerben <irr, ohne ge-> *vt* **1.** (*kaufen*) acquistare **2.** (*Kenntnisse*) acquisire

erwerbslos *adj* disoccupato; **erwerbsunfähig** *adj* inabile al lavoro

erwidern [ɛɐ'vi:dɐn] <ohne ge-> *vt* **1.** (*antworten*) **etw** (**auf etw** *acc*) ~ replicare qc (a qc) **2.** (*Besuch*) ricambiare

Erwiderung <-, -en> *f* risposta *f*

erwirken <ohne ge-> *vt* ottenere

erwischen <ohne ge-> *vt* (*fam*) **1.** (*ergreifen*) acciuffare **2.** (*ertappen*) sorprendere **3.** (*gerade noch erreichen*) (riuscire a) prendere

erwog [ɛɐ'vo:k] *3. pers sing imp von* **erwägen**

erwogen [ɛɐ'vo:gən] *pp von* **erwägen**

erwünscht [ɛɐ'vʏnʃt] *adj* desiderato

erwürgen [ɛɐ'vʏrgən] <ohne ge-> *vt* strozzare

Erz [e:ɐ̯ts] <-es, -e> *n* minerale *m* metallico

erzählen <ohne ge-> *vt* raccontare

Erzähler(in) <-s, -; -, -nen> *m(f)* narratore, -trice *m, f*

Erzählung <-, -en> *f* racconto *m*

Erzbischof *m* (REL) arcivescovo *m;* **Erzengel** *m* (REL) arcangelo *m*

erzeugen <ohne ge-> *vt* **1.** (*herstellen*) produrre **2.** (*fig: hervorrufen*) creare; (*verursachen*) causare

Erzeuger <-s, -> *m* produttore *m*

Erzeugnis <-ses, -se> *n* prodotto *m*

Erzeugung <-, -en> *f* produzione *f*

Erzfeind(in) *m(f)* nemico, -a *m, f* giurato, -a

erziehen <irr, ohne ge-> *vt* allevare; (*a geistig*) educare; **gut/schlecht erzogen** educato bene/male

Erzieher(in) <-s, -; -, -nen> *m(f)* educatore, -trice *m, f*

Erziehung <-> *kein Pl f* educazione *f;* **Erziehungsurlaub** *n* congedo *f* parentale

erzielen <ohne ge-> *vt* ottenere; (*Gewinn*) realizzare

erzürnen [ɛɐ'tsʏrnən] <ohne ge-> *vt* (far) adirare

erzwingen <irr, ohne ge-> *vt* ottenere con la forza

es [ɛs] *pron pers* **1.** (*nom 3. pers sing, in Bezug auf Menschen, unbetont, meist nicht übersetzt*) egli *m,* ella *f;* (*betont*) lui *m,* lei *f;* (*in Bezug auf Dinge, unbetont, meist nicht übersetzt*) esso, -a *m, f;* (*betont*) lui *m,* lei *f* **2.** *acc von* **es** (*unbetont*) lo *m,* la *f,* l' *m, f;* (*betont*) lui *m,* lei *f* **3.** (*in unpersönlichen Ausdrücken*) ~ **gibt …** (*sing*) c'è …; (*pl*) ci sono …; ~ **klopft** bussano; ~ **regnet** piove; ~ **ist wahr** è vero; ~ **ist zwei Uhr** sono le due; **wer ist da? – ich bin** ~ chi è? – sono io

Esche ['ɛʃə] <-, -n> *f* frassino *m*

Esel ['ezəl] <-s, -> *m* asino *m;* **Eselsohr** *n*

(*fam: im Buch*) orecchia *f*
Eskalation [ɛskala'tsi̯oːn] <-, -en> *f* escalation *f*
Eskimo ['ɛskimo] <-s, -s> *m* eschimese *m*
Esoterik [ezo'teːrɪk] <-> *kein Pl f* esoterismo *m*
Espresso [ɛs'prɛso] <-(s), -> *m* caffè *m* (espresso); **Espressomaschine** *f* macchinetta *f* per espresso
essbar[RR] ['ɛsbaːɐ̯] *adj,* **eßbar** *adj* mangiabile; (*genießbar, bes Pilz*) mangereccio
essen ['ɛsən] <isst, aß, gegessen> *vi, vt* mangiare; **zu Abend** ~ cenare; **zu Mittag** ~ pranzare
Essen <-s, -> *n* **1.** (*Einnahme der Mahlzeit*) mangiare *m;* **beim** ~ mangiando **2.** (*Nahrung*) cibo *m* **3.** (*Mahlzeit*) pasto *m;* **vor/nach dem** ~ prima/dopo i pasti
Essen(s)marke *f* buono *m* pranzo; **Essenszeit** *f* ora *f* di mangiare
Essenz [ɛ'sɛnts] <-, -en> *f* essenza *f*
Essig ['ɛsɪç] <-s, -e> *m* aceto *m;* **Essiggurke** *f* cetriolino *m* sott'aceto
Esskastanie[RR] *f* (GASTR, BOT) castagna *f;* **Esskultur**[RR] *f* arte *f* della buona cucina; **Esslöffel**[RR] *m* cucchiaio *m* da tavola; **Esszimmer**[RR] *n* sala *f* da pranzo
Este ['eːstə] <-n, -n> *m,* **Estin** ['eːstɪn] <-, -nen> *f* estone *mf*
Estland ['eːstlant] *n* Estonia *f*
ESZB <-> *kein Pl n* (EU) *abk v* **Europäisches System der Zentralbanken** SEBC *m*
etablieren [eta'bliːrən] <ohne ge-> *vr* **sich** ~ stabilirsi
Etage [e'taːʒə] <-, -n> *f* piano *m*
Etappe [e'tapə] <-, -n> *f* tappa *f*
Etat [e'taː] <-s, -s> *m* bilancio *m*
etc *abk v* **et cetera** etc, ecc.
Ethik ['eːtɪk] <-, *rar* -en> *f* etica *f*
ethisch *adj* etico
ethnisch ['ɛtnɪʃ] *adj* etnico
Ethnologie [ɛtnolo'giː] <-, -n> *f* etnologia *f*
Etikett [eti'kɛt] <-(e)s, -e(n)> *n* etichetta *f*
etliche(r, s) ['ɛtlɪçə, -çɐ, -çəs] *pron indef* (*sing*) parecchio, -a; (*pl*) alcuni, -e, parecchi, -ie
Etsch [ɛtʃ] *f* (GEOG: *Fluss*) Adige *m*
Etui [ɛt'viː] <-s, -s> *n* astuccio *m*
etwa ['ɛtva] *adv* **1.** (*ungefähr*) circa; **vor** ~ **einer Stunde** un'ora fa circa **2.** (*zum Beispiel*) per esempio **3.** (*vielleicht*) forse
etwaig ['ɛtva(ː)ɪç] *adj* eventuale
etwas ['ɛtvas] **I.** *pron indef* **1.** (*substantivisch*) qualcosa; ~ **Schönes** qualcosa di bello; **so** ~ una cosa del genere; **ohne** ~ **zu sagen** senza dir niente; **das ist** ~ **Anderes** è un'altra cosa **2.** (*adjektivisch*) un po' di **II.** *adv* un po'
Etymologie [etymolo'giː] <-, -n> *f* etimologia *f*
etymologisch [etymo'loːgɪʃ] *adj* etimologico
EU [eː'ʔuː] <-> *kein Pl f abk v* **Europäische Union** UE *f;* **EU-Bürger(in)** *m(f)* eurocittadino *m*
euch [ɔɪç] **I.** *pron pers* **1.** (*2. pers pl*) *acc von* **ihr** (*betont*) voi; (*unbetont*) vi **2.** (*2. pers pl*) *dat von* **ihr** (*betont*) a voi; (*unbetont*) vi **II.** *pron refl* vi; **freut ihr ~?** siete contenti?
euer ['ɔɪɐ] **I.** *pron poss* (*adjektivisch*) *2. pers pl von* **ihr** vostro *m,* vostra *f,* vostri *mpl,* vostre *fpl* **II.** *pron pers* (*2. pers pl*) *gen von* **ihr** di voi
EU-Kommission <-> *kein Pl f* eurocommissione *f*
Eule ['ɔɪlə] <-, -n> *f* civetta *f*
EU-Ministerrat <-(e)s> *kein Pl m* consiglio *m* (europeo) dei ministri; **EU-Mitgliedsland** *n* (Stato) membro *m* dell'Unione europea; **EU-Osterweiterung** *f* ampliamento *m* dell'unione europea verso i paesi dell'Est
Euphorie [ɔɪfo'riː] <-, -n> *f* euforia *f*
euphorisch [ɔɪ'foːrɪʃ] *adj* euforico
eure(r, s) ['ɔɪrə, -rɐ, -rəs] *pron poss* (*substantivisch*) *2. pers pl von* **ihr** il vostro *m,* la vostra *f,* i vostri *mpl,* le vostre *fpl*
eurerseits ['ɔɪrɐ'zaɪts] *adv* da parte vostra
eures *pron poss s.* **eure(r, s)**
euresgleichen ['ɔɪrəs'glaɪçən] <inv> *pron* vostro pari
euretwegen ['ɔɪrət'veːgən] *adv* per voi; (*negativ*) per colpa vostra
euretwillen ['ɔɪrət'vɪlən] *adv* **um** ~ per amor vostro
Euro ['ɔɪro] <-, -> *m* (EU) Euro *m;* **Eurocent** <-s, -s> *m* eurocent *m*
Eurocheque <-s, -s> *m* (FIN) eurochèque *m;* **Eurocity** <-, -s> *m* (FERR) eurocity *m;* **Euroland** *n* Euroland *m*
Europa [ɔɪ'roːpa] *n* (GEOG) Europa *f*
Europäer(in) [ɔɪro'pɛːɐ̯] <-s, -; -, -nen>

E

m(f) europeo, -a *m, f*

europäisch *adj* europeo; **Europäischer Binnenmarkt** Mercato Interno Europeo; **Europäische Gemeinschaft** Comunità Europea; **Europäische Kommission** Commissione Europea; **Europäisches Parlament** Parlamento Europeo; **Europäischer Rat** Consiglio Europeo; **Europäischer Rechnungshof** Corte *f* dei Conti dell'Unione Europea; **Europäisches Währungssystem** Sistema Monetario Europeo; **Europäische Union** Unione Europea; **Europäische Zentralbank** Banca Centrale Europea

europäisieren [ɔɪropɛi'zi:rən] <ohne ge-> *vt* europeizzare

Europameisterschaft *f* (SPORT) campionati *mpl* europei; **Europaparlament** *n* Parlamento *m* Europeo; **Europarat** *m* Consiglio *m* Europeo

Europol ['ɔɪropo:l] <-, -en> *f* Europol *f*

Euroscheck *m s.* **Eurocheque**; **Euroscheckkarte** *f* carta *f* bancomat eurochèque

Eurovision [ɔɪrovi'zi̯o:n] *f* (TV) eurovisione *f*

Euter ['ɔɪtɐ] <-s, -> *n* mammella *f*

evakuieren [evaku'i:rən] <ohne ge-> *vt* evacuare

Evakuierung <-, -en> *f* evacuazione *f*

evangelisch [evaŋ'ge:lɪʃ] *adj* protestante

Evangelium [evaŋ'ge:liʊm] <-s, Evangelien> *n* (REL) Vangelo *m*

Event [i'vɛnt] <-s, -s> *m o n* (*fam*) evento *m*

eventuell [evɛn'tuɛl] *adj* eventuale

EWG [e:ve:'ge:] *f abk v* **Europäische Wirtschaftsgemeinschaft** (HIST) CEE *f*

EWI <-> *kein Pl n abk v* **Europäisches Währungsinstitut** IME *m*

ewig ['e:vɪç] *adj* **1.** (*unendlich*) eterno **2.** (*fam: dauernd*) continuo

Ewigkeit <-, *rar* -en> *f* eternità *f*

EWS [e:ve:'ʔɛs] <-> *kein Pl n* (EU) *abk v* **Europäisches Währungssystem** SME *m*

EWU [e:ve:'ʔu:] *kein Pl f* (EU) *abk v* **Europäische Währungsunion** UEM *f*

EWWU <-> *kein Pl f abk v* **Europäische Wirtschafts- und Währungsunion** UEME *f*

exakt [ɛ'ksakt] *adj* esatto

Examen [ɛ'ksa:mən] <-s, -> *n* esame *m*

Exekutive [ɛkseku'ti:və] <-, -n> *f* **1.** (POL) potere *m* esecutivo **2.** (*A: Polizei*) forze *fpl* dell'ordine pubblico

Exemplar [ɛksɛm'pla:ɐ̯] <-s, -e> *n* esemplare *m*

exemplarisch [ɛksɛm'pla:rɪʃ] (*geh*) **I.** *adj* esemplare **II.** *adv* in modo esemplare

Exil [ɛ'ksi:l] <-s, -e> *n* (POL) esilio *m*; **ins ~ gehen** andare in esilio

Existenz [ɛksɪs'tɛnts] <-, -en> *f* esistenza *f*; **Existenzberechtigung** *f* diritto *m* all'esistenza; **Existenzminimum** *n* minimo *m* per vivere

existieren [ɛksɪs'ti:rən] <ohne ge-> *vi* esistere

exklusiv [ɛksklu'zi:f] *adj* esclusivo

exotisch [ɛ'kso:tɪʃ] *adj* esotico

Expansion [ɛkspan'zi̯o:n] <-, -en> *f* espansione *f*

Expedition [ɛkspedi'tsi̯o:n] <-, -en> *f* spedizione *f*

Experiment [ɛksperi'mɛnt] <-(e)s, -e> *n* (SCIENT) esperimento *m*

experimentell [ɛksperimɛn'tɛl] *adj* sperimentale

experimentieren [ɛksperimɛn'ti:rən] <ohne ge-> *vi* **mit/an etw** *dat* ~ sperimentare qc/su qc

Experte [ɛks'pɛrtə] <-n, -n> *m*, **Expertin** [ɛks'pɛrtɪn] <-, -nen> *f* esperto, -a *m, f*

Expertise [ɛkspɛr'ti:zə] <-, -n> *f* perizia *f*

explodieren [ɛksplo'di:rən] <ohne ge-> *vi sein* esplodere; (*a fig*) scoppiare

Explosion [ɛksplo'zi̯o:n] <-, -en> *f* esplosione *f*; **Explosionsgefahr** *f* pericolo *m* d'esplosione

explosiv [ɛksplo'zi:f] *adj* esplosivo

Exponent [ɛkspo'nɛnt] <-en, -en> *m* (MAT) esponente *m*

Export [ɛks'pɔrt] <-(e)s, -e> *m* esportazione *f*; **Exportartikel** *m* articolo *m* d'esportazione

Exporteur [ɛkspɔr'tø:ɐ̯] <-s, -e> *m* esportatore *m*

Exporthandel *m* commercio *m* con l'estero

exportieren [ɛkspɔr'ti:rən] <ohne ge-> *vt* esportare

Expressionismus [ɛksprɛsi̯o'nɪsmʊs] <-> *kein Pl m* espressionismo *m*

expressionistisch *adj* espressionista

Extension *f* (INFORM) estensione *f*

extern [ɛks'tɛrn] *adj* esterno

extra ['ɛkstra] <inv> **I.** *adj* (*fam*) separato **II.** *adv* **1.** (*gesondert*) a parte **2.** (*zusätzlich*) in più **3.** (*absichtlich*) apposta

Extra <-s, -s> *n* extra *m;* **Extraausstattung** *f* optional *mpl;* **Extrablatt** *n* (*Zeitung*) edizione *f* straordinaria; **Extrafahrt** *f* (*CH: Sonderfahrt*) corsa *f* straordinaria

Extrakt [ɛks'trakt] <-(e)s, -e> *m o n* estratto *m*

extravagant [ɛkstrava'gant] *adj* stravagante

Extravaganz [ɛkstrava'gants] <-, -en> *f* stravaganza *f*

Extrazug *m* (*CH: Sonderzug*) treno *m* speciale

extrem [ɛks'tre:m] *adj* estremo; **Extrem** <-s, -e> *n* estremo *m*

Extremismus [ɛkstre'mɪsmʊs] <-, Extremismen> *m* (POL) estremismo *m*

Extremist(in) [ɛkstre'mɪst] <-en, -en; -, -nen> *m(f)* estremista *mf*

extremistisch *adj* estremista

Extremitäten [ɛkstremi'tɛ:tən] *fpl* estremità *fpl*

Extremsport <-(e)s, -sportarten> *m* sport *m* estremo

Exzellenz [ɛkstse'lɛnts] <-, -en> *f* eccellenza *f*

exzentrisch [ɛks'tsɛntrɪʃ] *adj* eccentrico

ExzessRR [ɛks'tsɛs] <-es, -e> *m,* **Exzeß** <-zesses, -zesse> *m* eccesso *m*

Eyeliner ['aɪlaɪnə] <-s, -> *m* eye-liner *m*

EZB <-> *kein Pl f abk v* **Europäische Zentralbank** BCE *f*

F

F

F, f [ɛf] <-, -(s)> *n* **1.** (*Buchstabe*) F, f *f;* **F wie Friedrich** F come Firenze **2.** (MUS) fa *m*

Fabel ['fa:bəl] <-, -n> *f* favola *f;* **fabelhaft** *adj* fantastico; (*wunderbar*) magnifico

Fabeltier *n* animale *m* favoloso

Fabrik [fa'bri:k] <-, -en> *f* fabbrica *f*

Fabrikant(in) [fabri'kant] *m(f)* fabbricante *mf*

Fabrikat [fabri'ka:t] <-(e)s, -e> *n* prodotto *m*

Fabrikation [fabrika'tsi̯o:n] <-, -en> *f* fabbricazione *f;* **Fabrikationsfehler** *m* difetto *m* di fabbricazione

fabrikneu *adj* nuovo di fabbrica

fabrizieren [fabri'tsi:rən] <ohne ge-> *vt* (*a fam*) fabbricare

Facelifting ['feisliftiŋ] <-s, -s> *n* lifting *m* facciale

Fach [fax] <-(e)s, Fächer> *n* **1.** (*in Regal*) ripiano *m;* (*Schub~*) cassetto *m* **2.** (*Gebiet*) campo *m;* (*Unterrichts~*) materia *f;* **vom ~ sein** essere del mestiere; **Facharbeiter(in)** *m(f)* operaio, -a *m, f* specializzato, -a; **Facharzt** *m,* **Fachärztin** *f* (MED) (medico *m*) specialista *mf;* **Fachausdruck** *m* termine *m* tecnico

Fächer ['fɛçɐ] <-s, -> *m* ventaglio *m*

Fachfrau *f* specialista *f;* **Fachgeschäft** *n* negozio *m* specializzato; **Fachhochschule** *f* istituto *m* parauniversitario (di qualificazione professionale)

Gli studenti in possesso di una "Fachhochschulreife" (maturità tecnica) possono svolgere studi universitari tecnici o artistici nelle **Fachhochschulen**. Qui è possibile ottenere il titolo di "Diplom Ingenieur (Fachhochschule)", abbreviato "Dipl. Ing. (FH)". In Austria è possibile ottenervi anche il titolo di "Magister (FH)".

Fachkenntnisse *fpl* cognizioni *fpl* tecniche; **fachkundig** *adj* esperto; **fachlich** *adj* professionale, tecnico

Fachmann <-(e)s, -leute> *m* specialista *m;* **Fachschule** *f* istituto *m* tecnico; **Fachsprache** *f* (LING) linguaggio *m* tecnico

Fachwerk *n* traliccio *m;* **Fachwerkhaus** *n* casa *f* con intelaiatura a traliccio

Fackel ['fakəl] <-, -n> *f* fiaccola *f*

fad(e) [fa:t ('fa:də)] *adj* **1.** (*Speise*) insipido **2.** (*fig: langweilig*) noioso

Faden ['fa:dən] <-s, Fäden> *m* filo *m;* **der rote ~** (*fig*) il filo conduttore; **den ~ verlieren** (*fig*) perdere il filo; **fadenscheinig** *adj* (*Ausrede*) magro

fadisieren *vr* **sich (zu Tode) ~** (*A: fam: sich langweilen*) annoiarsi (a morte)

fähig ['fɛ:ɪç] *adj* capace; **zu etw ~ sein** essere capace di (fare) qc; **er ist zu allem ~!** è capace di tutto!; **Fähigkeit** <-, -en> *f* capacità *f*

fahnden ['faːndən] *vi* **nach jdm ~** ricercare qu

Fahndung <-, -en> *f* indagini *fpl;* **die ~ nach einem Täter** le indagini sul colpevole

Fahne ['faːnə] <-, -n> *f* **1.** (*Flagge*) bandiera *f* **2.** (*Alkohol~*) **eine ~ haben** (*fam*) puzzare di alcool

Fahrausweis *m* **1.** (*Fahrkarte*) biglietto *m* **2.** (*CH: Führerschein*) patente *f* (di guida); **Fahrbahn** *f* carreggiata *f*

Fähre ['fɛːrə] <-, -n> *f* traghetto *m*

fahren ['faːrən] <fährt, fuhr, gefahren> **I.** *vi sein* **1.** (*sich fortbewegen*) andare; **mit dem Auto/der Bahn ~** andare in macchina/in treno; **über Mailand ~** passare per Milano; **durch eine Stadt ~** attraversare una città; **was ist bloß in dich gefahren?** (*fig*) ma che ti piglia? *fam* **2.** (*ab~*) partire **II.** *vt* **1.** (*ein Fahrzeug*) guidare; **Fahrrad ~** andare in bicicletta; **Ski ~** sciare **2.** (*befördern*) trasportare; **jdn nach Hause ~** portare qu a casa (in macchina)

Fahrer(in) ['faːrɐ] *m(f)* conducente *mf;* **Fahrerflucht** *f* fuga *f* del conducente; **~ begehen** fuggire dopo aver causato un incidente

Fahrgast *m* passeggero *m;* **Fahrgeld** *n* prezzo *m* del biglietto; **Fahrgestell** *n* **1.** (AUTO) telaio *m* **2.** (AERO) carrello *m*

Fahrkarte *f* biglietto *m;* **Fahrkartenautomat** *m* distributore *m* automatico di biglietti

fahrlässig ['faːɐ̯lɛsɪç] *adj* negligente; **~e Tötung** omicidio colposo

Fahrlehrer(in) *m(f)* istruttore, -trice *m, f* di guida; **Fahrplan** *m* orario *m;* **fahrplanmäßig** *adj* in orario; **Fahrpreis** *m* prezzo *m* del biglietto; **Fahrprüfung** *f* esame *m* di guida

Fahrrad *n* bicicletta *f;* **Fahrradfahrer(in)** *m(f)* ciclista *mf;* **Fahrradständer** *m* posteggio *m* per biciclette; **Fahrradweg** *m* pista *f* ciclabile

Fahrschein *m s.* **Fahrkarte**; **Fahrschule** *f* scuolaguida *f;* **Fahrschüler(in)** *m(f)* allievo, -a *m, f* di una scuolaguida; **Fahrspur** *f,* **Fahrstreifen** *m* (*A*) corsia *f;* **Fahrstuhl** *m* ascensore *m*

Fahrt [faːɐ̯t] <-, -en> *f* viaggio *m;* **auf der ~** in viaggio; **die ~ nach Venedig** il viaggio per Venezia; **gute ~!** buon viaggio!; **in voller ~** a tutta velocità; **in ~** (*fam: in guter Stimmung*) in vena; (*in Wut*) in collera

fährt [fɛːɐ̯t] *3. pers sing pr von* **fahren**

Fährte ['fɛːɐ̯tə] <-, -n> *f* traccia *f*

Fahrtrichtung *f* direzione *f* di marcia

Fahrverbot *n* sospensione *f* della patente; **Fahrzeug** <-(e)s, -e> *n* veicolo *m;* **Fahrzeughalter(in)** <-s, -; -, -nen> *m(f)* proprietario , -a *m, f* di veicolo; **Fahrzeuglenker(in)** *m(f)* (*CH*) *s.* **Fahrer**

fair [fɛːɐ̯] *adj* onesto; (SPORT) leale

Fairness[RR] ['fɛːɐ̯nɛs] <-> *kein Pl f,* **Fairneß** <-> *kein Pl f* correttezza *f*

Fakten ['faktən] *pl von* **Faktum**

Faktor ['faktoːɐ̯] <-s, -en> *m* fattore *m*

Faktum ['faktʊm] <-s, Fakten> *n* fatto *m*

Fakultät [fakʊl'tɛːt] <-, -en> *f* facoltà *f*

Falke ['falkə] <-n, -n> *m* falco *m*

Fall [fal] <-(e)s, Fälle> *m* **1.** (*das Fallen,* PHYS, MIL, FIN) caduta *f;* (*fig*) decadenza *f* **2.** (*Umstand,* MED, JUR, LING) caso *m;* **auf alle Fälle, auf jeden ~** in ogni caso; **auf keinen ~** in nessun caso; **für alle Fälle** per ogni eventualità; **für den ~, dass ...** nel caso in cui *+conj;* **von ~ zu ~** caso per caso

Falle ['falə] <-, -n> *f* trappola *f;* **jdm eine ~ stellen** tendere una trappola a qu; **jdm in die ~ gehen** cadere nella trappola tesa da qu

fallen ['falən] <fällt, fiel, gefallen> *vi sein* **1.** (*stürzen*) cadere; **etw ~ lassen** lasciar cadere qc; (*aufgeben*) abbandonare qc; **er ließ kein Wort darüber fallen** non aprì bocca; **jdm ins Wort ~** interrompere qu; **zu Boden ~** cadere a terra **2.** (*sinken*) diminuire **3.** (*Entscheidung*) essere preso **4.** (*Tor*) essere segnato **5.** (*im Krieg*) morire in guerra **6.** (*gelingen*) **leicht ~** essere facile; **das fällt mir leicht/schwer** mi riesce facile/difficile

fällen ['fɛlən] *vt* **1.** (*Baum*) abbattere **2.** (*Urteil*) pronunciare

fallen|lassen *vt s.* **fallen 1.**

fällig ['fɛlɪç] *adj* **1.** (*zahlbar*) pagabile; **~ werden** scadere **2.** (*nötig*) necessario

falls [fals] *konj* se, nel caso che *+conj*

Fallschirm *m* paracadute *m;* **Fallschirmspringen** <-s> *kein Pl n* paracadutismo *m;* **Fallschirmspringer(in)** *m(f)* paracadutista *mf*

fällt [fɛlt] *3. pers sing pr von* **fallen**

fallweise *adv* (*bes A*) caso per caso

falsch [falʃ] **I.** *adj* **1.** (*nicht stimmend*) falso **2.** (*verkehrt*) sbagliato **II.** *adv* **etw ~ ma-**

chen sbagliare qc; **etw ~ aussprechen/verstehen** pronunciare/capire male qc; **meine Uhr geht ~** il mio orologio non va bene; **~ schreiben** sbagliare a scrivere; **~ spielen** (MUS) stonare

fälschen ['fɛlʃən] *vt* falsificare

Falschgeld *n* moneta *f* falsa; **Falschheit** <-> *kein Pl f* falsità *f;* (*Heuchelei*) ipocrisia *f*

fälschlich ['fɛlʃlɪç] *adj* erroneo

Fälschung ['fɛlʃʊŋ] <-, -en> *f* **1.** (*Tätigkeit*) falsificazione *f* **2.** (*Ergebnis*) falso *m*

Faltblatt *n* dépliant *m*

Falte ['faltə] <-, -n> *f* **1.** (*Stoff~*) piega *f* **2.** (*Haut~*) ruga *f*

falten ['faltən] *vt* (ri)piegare; **die Hände ~** congiungere le mani

Falter ['faltɐ] <-s, -> *m* farfalla *f*

faltig *adj* **1.** (*Stoff*) a pieghe **2.** (*Gesicht*) rugoso

familiär [fami'li̯ɛːɐ̯] *adj* familiare

Familie [fa'miːli̯ə] <-, -n> *f* famiglia *f;* **zur ~ gehören** far parte della famiglia; **Familienkreis** *m* **im ~** in seno alla famiglia; **Familienleben** *n* vita *f* di famiglia; **Familienname** *m* cognome *m;* **Familienplanung** <-> *kein Pl f* pianificazione *f* familiare; **Familienstand** *m* stato *m* civile; **Familienvater** *m* padre *m* di famiglia

Fan [fɛ(ː)n] <-s, -s> *m* fan *mf*

Fanatiker(in) [fa'naːtɪkɐ] <-s, -; -, -nen> *m(f)* fanatico, -a *m, f*

fanatisch [fa'naːtɪʃ] *adj* fanatico

Fanclub <-s, -s> *m* fan-club *m*

fand [fant] *1. u 3. pers sing imp von* **finden**

Fang [faŋ] <-(e)s, Fänge> *m* (*Beute*) preda *f;* (*beim Fischen*) pesca *f;* **einen guten ~ machen** (*fig*) fare un buon acquisto

fangen [faŋən] <fängt, fing, gefangen> **I.** *vt* prendere; (*festnehmen*) catturare **II.** *vr* **sich ~** (*das Gleichgewicht wieder finden*) riprendere l'equilibrio; (*seelisch*) riprendersi

fängt [fɛŋt] *3. pers sing pr von* **fangen**

Fantasie[RR] [fanta'ziː] <-, -n> *f* fantasia *f;* **fantasielos**[RR] *adj* senza fantasia

fantasieren[RR] <ohne ge-> *vi* fantasticare; (*faseln*) parlare a vanvera; (MED) delirare

fantasievoll[RR] *adj* ricco di fantasia

fantastisch[RR] *adj* fantastico

Farbaufnahme *f* fotografia *f* a colori; **Farbband** *n* nastro *m*

Farbe ['farbə] <-, -n> *f* **1.** (*allg*) colore *m* **2.** (*Mal~, Anstreich~*) pittura *f*

farbecht *adj* indelebile

färben ['fɛrbən] **I.** *vt* tingere **II.** *vi* (*ab~*) stingere **III.** *vr* **sich ~** colorarsi; **sich rot ~** tingersi di rosso

farbenblind *adj* daltonico; **farbenprächtig** *adj* dai colori vistosi

Farbfernsehen *n* televisione *f* a colori; **Farbfernseher** *m* (*fam*) televisore *m* a colori; **Farbfilm** *m* film *m* a colori; **Farbfoto** *n* foto *f* a colori

farbig *adj* **1.** (*bunt*) colorato **2.** (*Mensch*) di colore

färbig *adj* (*A*) *s.* **farbig 1.**

Farbige <ein -r, -n, -n> *mf* persona *f* di colore

Farbkopierer *m* fotocopiatrice *f* a colori; **farblos** *adj* incolore; **Farbstift** *m* matita *f* colorata; **Farbstoff** *m* colorante *m;* **Farbton** *m* tonalità *f*

Färbung ['fɛrbʊŋ] <-, -en> *f* tinta *f;* (*fig*) colorazione *f*

Farm [farm] <-, -en> *f* fattoria *f*

Farn [farn] <-s, -e> *m* felce *f*

Fasan [fa'zaːn] <-(e)s, -e(n)> *m* fagiano *m*

faschieren [fa'ʃiːrən] <ohne ge-> *vt* (*A*) tritare; **Faschierte** <-n> *kein Pl n* (*A*) **1.** (*Hackfleisch*) carne *f* tritata **2.** (*Frikadelle*) polpetta *f*

Fasching ['faʃɪŋ] <-s, -e> *m* carnevale *m*

Faschismus [fa'ʃɪsmʊs] <-> *kein Pl m* fascismo *m*

Faschist(in) <-en, -en; -, -nen> *m(f)* fascista *mf*

faschistisch *adj* fascista

faseln ['faːzəln] *vt* (*fam pej*) fantasticare

Faser ['faːzɐ] <-, -n> *f* fibra *f*

fas(e)rig *adj* fibroso

Fass[RR] [fas] <-es, Fässer> *n*, **Faß** *n* botte *f;* **Bier vom ~** birra alla spina

Fassade [fa'saːdə] <-, -n> *f* facciata *f*

fassen ['fasən] **I.** *vt* **1.** (*ergreifen*) afferrare **2.** (*Entschluss*) prendere **3.** (*festnehmen*) arrestare **4.** (*aufnehmen*) contenere **5.** (*verstehen*) comprendere; **ich kann es nicht ~** non riesco a capacitarmene; **das ist nicht zu ~!** è incredibile! **II.** *vr* **sich ~** (*sich beruhigen*) calmarsi; **sich kurz ~** essere breve

Fässer *pl von* **Fass**

Fassung ['fasʊŋ] <-, -en> *f* **1.** (*Ein~*) montatura *f* **2.** (*von Text*) stesura *f;* (FILM) versione *f* **3.** (*Beherrschung*) controllo *m;* **die ~ verlieren** perdere la pazienza; **jdn aus der**

~ **bringen** far perdere la calma a qu; **fassungslos** *adj* sconcertato; **Fassungsvermögen** *n* capacità *f*

fast [fast] *adv* quasi; **ich wäre ~ gefallen** a momenti cadevo *fam*

fasten ['fastən] *vi* digiunare; **Fastenzeit** *f* (REL) quaresima *f*

Fast food *n*, **Fastfood**[RR] *n*, **Fast Food**[RR] [fa:st fu:t] <-, -(s)> *n* fast food *m*

Fastnacht <-> *kein Pl f* carnevale *m*

Faszination [fastsina'tsi̯o:n] <-, -en> *f* fascino *m*

faszinieren [fastsi'ni:rən] <ohne ge-> *vt* affascinare; **faszinierend** *adj* affascinante

fatal [fa'ta:l] *adj* fatale

fauchen ['faʊxən] *vi* (*Katze, Wind*) soffiare; (*fig fam*) sbuffare

faul [faʊl] *adj* **1.** (*Mensch*) pigro **2.** (*Nahrungsmittel*) marcio **3.** (*fig fam: Ausrede*) magro; **an der Sache ist was ~** (*fig fam*) c'è qc di sospetto nella faccenda

faulen ['faʊlən] *vi sein o haben* marcire

faulenzen ['faʊlɛntsən] *vi* oziare

Faulenzer(in) <-s, -; -, -nen> *m(f)* poltrone, -a *m, f fam*

Faulheit <-> *kein Pl f* pigrizia *f*

Fäulnis ['fɔɪlnɪs] <-> *kein Pl f* putrefazione *f*

Faust [faʊst] <-, Fäuste> *f* pugno *m*; **auf eigene ~** di propria iniziativa; **das passt wie die ~ aufs Auge** (*fam*) è come un pugno in un occhio

Fäustchen ['fɔɪstçən] <-s, -> *n* **sich** *dat* **ins ~ lachen** (*fam*) ridersela sotto i baffi

Fausthandschuh *m* (guanto *m* a) manopola *f*; **Faustregel** *f* regola *f* generale; **Faustschlag** *m* pugno *m*

Fauteuil <-s, -s> *m* (*A*) poltrona *f*

Favorit(in) [favo'ri:t] <-en, -en; -, -nen> *m(f)* favorito, -a *m, f*

Fax ['faks] <-, -(e)> *n* fax *m*; **per ~** via fax

faxen *vi, vt* spedire un fax

Faxgerät *n* fax *m*; **Faxmodem** *n* modemfax *m*

Fazit ['fa:tsɪt] <-s, -e> *n* bilancio *m*; **aus etw das ~ ziehen** tirare le somme di qc

FCKW [ɛftse:ka:'ve:] <-s> *n abk v* **Fluorchlorkohlenwasserstoff** CFC *m*

FDP, F.D.P. [ɛfde:'pe:] <-> *kein Pl f abk v* **Freie Demokratische Partei** *partito liberal-democratico tedesco*

Feber ['fe:bɐ] <-s, -> *m* (*A*), **Februar** ['fe:brua:ɐ̯] <-(s), -e> *m* febbraio *m*; *s. a.* **April**

fechten ['fɛçtən] <ficht, focht, gefochten> *vi* tirare di scherma

Feder ['fe:dɐ] <-, -n> *f* **1.** (*Vogel~*) penna *f*; (*Flaum~*) piuma *f*; **sich mit fremden ~n schmücken** (*fig*) farsi bello con le penne del pavone **2.** (*Sprung~*) molla *f*

Federball *m* (SPORT) **1.** (*Ball*) volano *m* **2.** (*Spiel*) (gioco *m* del) volano *m*; **Federbett** *n* piumino *m*; **Federhalter** *m* portapenne *m*; **federleicht** *adj* leggero come una piuma

Federung <-, -en> *f* molleggio *m*; (AUTO) sospensione *f*

Fee [fe:] <-, -n> *f* fatina *f*

Fegefeuer ['fe:gəfɔɪɐ] *n* (REL) purgatorio *m*

fegen ['fe:gən] *vt* spazzare

fehl [fe:l] *adv* ~ **am Platz** fuori luogo

Fehlanzeige *f* rapporto *m* negativo; **Fehlbetrag** *m* (COM) deficit *m*; **Fehldiagnose** *f* (MED) diagnosi *f* errata

fehlen ['fe:lən] *vi* **1.** (*mangeln*) mancare; **es fehlt mir an Zeit** mi manca il tempo; **du fehlst mir sehr** mi manchi molto; **das hat gerade noch gefehlt!** (*fam iron*) ci voleva solo questo!; **mir fehlt nichts** sto bene; **was fehlt dir?** che cosa c'è che non va? **2.** (*abwesend sein*) essere assente

Fehler ['fe:lɐ] <-s, -> *m* **1.** (*Irrtum*) errore *m* **2.** (*Mangel, Defekt*) difetto *m* **3.** (*Schuld*) colpa *f*

fehlerfrei *adj* **1.** (*Text*) senza errori **2.** (*Mensch*) senza difetti; **fehlerhaft** *adj* difettoso; **Fehlermeldung** *f* (INFORM) segnalazione *f* di errore

Fehlgeburt *f* aborto *m*; **Fehlgriff** *m* sbaglio *m*; **Fehlschlag** *m* (*Misserfolg*) insuccesso *m*; **fehl|schlagen** <irr> *vi sein* fallire; **Fehlstart** *m* (SPORT) falsa partenza *f*; **Fehltritt** *m* passo *m* falso; **Fehlzündung** *f* (AUTO) accensione *f* difettosa

Feier ['faɪɐ] <-, -n> *f* festa *f*; **zur ~ des Tages** per celebrare il giorno

Feierabend *m* **am ~** dopo il lavoro; **~ machen** cessare di lavorare

feierlich *adj* festivo; (*würdevoll*) solenne

feiern ['faɪɐn] **I.** *vt* festeggiare **II.** *vi* far festa

Feiertag *m* (giorno *m* di) festa *f*

feig(e) [faɪk ('faɪgə)] *adj* vigliacco

Feige ['faɪgə] <-, -n> *f* fico *m*

Feigheit ['faɪkhaɪt] <-> *kein Pl f* viltà *f*

Feigling ['faɪklɪŋ] <-s, -e> *m* vigliacco, -a *m, f*

Feile ['faɪlə] <-, -n> *f* lima *f*

feilen ['faɪlən] *vt* limare; (*fig*) rifinire; **an etw** *dat* ~ rifinire qc

feilschen ['faɪlʃən] *vi* **um etw** ~ mercanteggiare su qc

fein [faɪn] *adj* **1.** (*dünn, zart*) sottile **2.** (*nicht grob*) fino **3.** (*Sinn: scharf*) fine **4.** (*erlesen*) pregiato **5.** (*vornehm*) distinto **6.** (*fam*) ~! benissimo!

Feind(in) [faɪnt] <-(e)s, -e; -, -nen> *m(f)* nemico, -a *m, f;* **Feindbild** *n* immagine *f* di nemico; **feindlich** *adj* nemico; **Feindschaft** <-, -en> *f* inimicizia *f;* **feindselig** *adj* ostile; **Feindseligkeit** <-, -en> *f* ostilità *f*

feinfühlig ['faɪnfyːlɪç] *adj* sensibile; **Feingefühl** *n* delicatezza *f;* (*Takt*) tatto *m;* **Feinheit** <-, -en> *f* finezza *f;* **Feinkostgeschäft** *n* negozio *m* di specialità gastronomiche; **Feinschmecker(in)** <-s, -; -, -nen> *m(f)* buongustaio, -a *m, f*

feist [faɪst] *adj* (*pej*) grasso

Feld [fɛlt] <-(e)s, -er> *n* **1.** (*Acker*) campo *m* **2.** (*auf Spielbrett*) casella *f* **3.** (*Fach*) campo *m;* **das ist ein weites** ~ questo è un campo vasto **4.** (INFORM) campo *m;* **Feldarbeit** *f* lavoro *m* agricolo; **Feldbett** *n* branda *f;* **Feldherr** *m* (MIL) generale *m;* **Feldsalat** *m* lattuga *f;* **Feldwebel** <-s, -> *m* (MIL) maresciallo *m;* **Feldweg** *m* viottolo *m* di campagna; **Feldzug** *m* (MIL) campagna *f* militare

Felge ['fɛlgə] <-, -n> *f* cerchione *m*

Fell [fɛl] <-(e)s, -e> *n* pelo *m;* (*Pelz*) pelliccia *f;* **ein dickes** ~ **haben** (*fig fam*) avere la pellaccia dura

Fels [fɛls] <-en, -en> *m,* **Felsen** <-s, -> *m* roccia *f;* **felsenfest** *adj* (*fig*) irrevocabile; ~ **an etw** *dat* **glauben** credere fermamente in qc

felsig *adj* roccioso

Felsspalte *f* crepaccio *m;* **Felswand** *f* parete *f* rocciosa

feminin [femiˈniːn] *adj* femminile

Feminismus [femiˈnɪsmʊs] <-> *kein Pl m* femminismo *m*

Feminist(in) [femiˈnɪst] <-en, -en; -, -nen> *m(f)* femminista *mf*

feministisch *adj* femminista

Fenchel ['fɛnçəl] <-s> *kein Pl m* finocchio *m*

Fenster ['fɛnstɐ] <-s, -> *n* finestra *f;* (*Eisenbahn~, Auto~*) finestrino *m;* **zum** ~ **hinausschauen** guardare dalla finestra; **aus dem** ~ **werfen** (*a fig*) gettare dalla finestra; **weg vom** ~ **sein** (*fig*) essere lontano dalla ribalta; **Fensterbank** *f* davanzale *m;* **Fensterladen** *m* persiana *f;* **Fensterplatz** *m* posto *m* al finestrino; **Fensterputzer(in)** <-s, -; -, -nen> *m(f)* pulitore, -trice *m, f* di vetri; **Fensterscheibe** *f* vetro *m* della finestra

Ferialarbeit *f* (*A*) lavoro *m* estivo

Ferien ['feːriən] *pl* vacanze *fpl;* **in die** ~ **fahren** andare in ferie; **Feriendorf** *n* villaggio *m* turistico; **Ferienhaus** *n* casa *f* di vacanze; **Ferienjob** *m* lavoro *m* estivo; **Ferienkurs** *m* corso *m* estivo; **Ferienlager** *n* campo *m* estivo; **Ferienort** *m* località *f* di villeggiatura; **Ferienwohnung** *f* casa *f* di villeggiatura; **Ferienzeit** *f* vacanze *fpl*

Ferkel ['fɛrkəl] <-s, -> *n* **1.** (ZOO) maialetto *m* **2.** (*fig fam*) porcellone *m*

fern [fɛrn] **I.** *adj* lontano **II.** *adv* lontano; ~ **von** lontano da; **von** ~ **betrachtet** visto da lontano; **sich von etw** ~ **halten** tenersi lontano da qc; **sich von jdm** ~ **halten** schivare qu; **das liegt mir** ~ lungi da me un simile pensiero; **Fernbedienung** *f* telecomando *m;* **fern|bleiben** <irr> *vi sein* essere assente

Ferne <-, -n> *f* lontananza *f;* **aus der** ~ da lontano

ferner *adv* (*außerdem*) inoltre

Fernfahrer(in) *m(f)* camionista *mf;* **Fernflug** *m* volo *m* a grande distanza; **Ferngespräch** *n* comunicazione *f* interurbana; **ferngesteuert** *adj* telecomandato; **Fernglas** *n* cannocchiale *m;* **fern|halten** *vr* **sich** ~ *s.* **fern II.**; **Fernheizung** *f* riscaldamento *m* centrale a distanza; **Fernkopie** *f* (TEL) telecopia *f;* **Fernlenkung** *f* telecomando *m;* **Fernlicht** *kein Pl n* (AUTO) (faro *m*) abbagliante *m;* **fern|liegen** *vi s.* **fern II.**; **Fernmeldeamt** *n* ufficio *m* telecomunicazioni; **Fernost** ['fɛrnˈʔɔst] *m* (GEOG) **in** ~ in Estremo Oriente; **Fernrohr** *n* telescopio *m;* **Fernschreiber** *m* telescrivente *f*

Fernsehansager(in) *m(f)* annunciatore, -trice *m, f* della televisione; **Fernsehantenne** *f* antenna *f* televisiva; **Fernsehapparat** *m* televisore *m*

fern|sehen <irr> *vi* guardare la televisione

Fernsehen <-s> *kein Pl n* televisione *f;* **im ~** alla televisione

Fernseher *m* (*fam: Gerät*) televisore *m*

Fernsehfilm *m* telefilm *m;* **Fernsehgerät** *n s.* **Fernsehapparat**; **Fernsehprogramm** *n* programma *m* televisivo; **Fernsehsendung** *f* trasmissione *f* televisiva; **Fernsehturm** *m* torre *f* della televisione; **Fernsehzuschauer(in)** *m(f)* telespettatore, -trice *m, f*

Fernsicht *f* vista *f;* **Fernsprecher** *m* telefono *m;* **Fernsprechzelle** *f* cabina *f* telefonica; **Fernstudium** *n* corsi *mpl* (universitari) per corrispondenza; **Fernverkehr** *m* traffico *m* interurbano

Ferse ['fɛrzə] <-, -n> *f* calcagno *m;* **jdm auf den ~n sein** stare alle calcagna di qu

fertig ['fɛrtɪç] *adj* **1.** (*beendet*) finito; **~ bringen** riuscire a fare; **~ machen** terminare; **~ stellen** ultimare; **mit etw ~ sein** aver finito qc; **mit etw ~ werden** finire qc; (*fig*) superare qc; **mit jdm ~ werden** tenere testa a qu *fam* **2.** (*bereit*) pronto; **~ zum Aufbruch** pronto per la partenza; **sich ~ machen** prepararsi **3.** (*fig fam: erschöpft*) sfinito; **jdn ~ machen** (*körperlich*) sfinire qu; (*moralisch*) finire qu

Fertigbauweise *f* costruzione *f* ad elementi prefabbricati; **fertig|bringen** *vt s.* **fertig 1.**; **Fertiggericht** *n* precotto *m;* **Fertighaus** *n* casa *f* prefabbricata

Fertigkeit <-, -en> *f* abilità *f;* (*Gewandtheit*) facilità *f*

fertig|machen *vt s.* **fertig 1., 2., 3.**; **Fertigprodukt** *n* prodotto *m* finito; **fertig|stellen** *vt s.* **fertig 1.**

Fertigung <-, -en> *f* produzione *f*

fesch [fɛʃ] *adj* (*A: fam: schick*) elegante; (*hübsch*) bello

Fessel ['fɛsəl] <-, -n> *f* catena *f;* **jdn in ~n legen** mettere qu in catene

fesseln ['fɛsəln] *vt* **1.** incatenare; (*binden*) legare **2.** (*fig*) avvincere; **fesselnd** *adj* avvincente

fest [fɛst] **I.** *adj* **1.** (*nicht flüssig*) solido **2.** (*dauerhaft*) fisso; **~ angestellt** con impiego fisso **3.** (*fig: bestimmt*) fermo **II.** *adv* **~ schlafen** dormire profondamente; **etw ~ versprechen** promettere fermamente qc; **~ davon überzeugt sein, dass …** avere la ferma convinzione che *+conj;* **sich** *dat* **~ vornehmen etw zu tun** avere il fermo proposito di fare qc

Fest [fɛst] <-(e)s, -e> *n* festa *f;* **frohes ~!** buone feste!

festangestellt *adj s.* **fest 2.**

fest|binden *vt* legare saldamente

Festessen *n* pranzo *m* di gala

fest|halten <irr> **I.** *vt* **1.** (*nicht loslassen*) reggere **2.** (*zurückhalten*) trattenere **II.** *vi* **an jdm/etw ~** attenersi a qu/qc **III.** *vr* **sich ~** reggersi

festigen ['fɛstɪgən] *vt* consolidare

Festiger <-s, -> *m* fissatore *m*

Festigkeit <-> *kein Pl f* **1.** (*eines Materials*) solidità *f* **2.** (*fig: Standfestigkeit*) fermezza *f*

Festival ['fɛstivəl] <-s, -s> *n CH: m* festival *m*

fest|klammern *vr* **sich** (**an jdm/etw**) **~** aggrapparsi (a qu/qc)

Festland *n* (*Kontinent*) continente *m*

fest|legen **I.** *vt* (*bestimmen*) stabilire **II.** *vr* **sich** (**auf etw** *acc*) **~** vincolarsi (a qc)

festlich ['fɛstlɪç] **I.** *adj* festivo; (*feierlich*) solenne **II.** *adv* **etw ~ begehen** festeggiare qc

fest|machen *vt* fissare

Festnahme ['fɛstna:mə] <-, -n> *f* arresto *m;* **fest|nehmen** <irr> *vt* arrestare

Festnetz *n* (TEL) telefonia *f* fissa; **Festplatte** *f* (INFORM) disco *m* rigido

fest|schnallen *vr* **sich ~** allacciarsi; **fest|setzen** *vt* fissare; **fest|sitzen** <irr> *vi* essere bloccato

Festspiele *npl* festival *m*

fest|stehen <irr> *vi* **es steht fest, dass …** è certo che …; **fest|stellen** *vt* constatare; (*beobachten*) osservare; (*ermitteln*) accertare; **Feststellung** *f* constatazione *f;* (*Aussage*) dichiarazione *f*

Festtag *m* giorno *m* festivo

Festung ['fɛstʊŋ] <-, -en> *f* fortezza *f*

Fete ['fe:tə] <-, -n> *f* (*fam*) festa *f*

fett [fɛt] *adj* grasso

Fett <-(e)s, -e> *n* grasso *m*

fettarm *adj* magro; **~e Milch** latte scremato

fetten *vt* ingrassare; (*ein~*) ungere

Fettfleck *m* macchia *f* di grasso

fettig *adj* grasso

Fettnäpfchen ['fɛtnɛpfçən] <-s, -> *n* **ins ~ treten** (*fig fam*) fare una gaffe

Fetzen ['fɛtsən] <-s, -> *m* (*Stoff~*) straccio *m*

fetzig *adj* (*fam: Musik*) che prende

feucht [fɔɪçt] *adj* umido
Feuchtigkeit <-> *kein Pl f* umidità *f;* **Feuchtigkeitscreme** *f* crema *f* idratante
feudal [fɔɪ'da:l] *adj* feudale; (*fig fam: prächtig*) magnifico
Feuer ['fɔɪɐ] <-s, -> *n* fuoco *m;* ~ **fangen** prendere fuoco; (*fig*) infiammarsi; **jdm ~ geben** dare da accendere a qu; **für jdn durchs ~ gehen** (*fig*) gettarsi nel fuoco per qu; **mit dem ~ spielen** (*fig*) scherzare col fuoco; ~ **und Flamme für etw sein** essere entusiasta per qc
Feueralarm *m* allarme *m* (in caso) di incendio; **Feuereifer** *m* fervore *m;* **feuerfest** *adj* resistente al fuoco; **feuergefährlich** *adj* infiammabile; **Feuerlöscher** <-s, -> *m* estintore *m;* **Feuermelder** <-s, -> *m* segnalatore *m* d'incendio
feuern *vt* (*fam: entlassen*) buttare fuori
feuerrot ['fɔɪɐ'ro:t] *adj* rosso fuoco; **feuersicher** *adj* a prova di fuoco
Feuerwehr ['fɔɪɐve:ɐ̯] <-, -en> *f* vigili *mpl* del fuoco; **Feuerwehrauto** *n* autopompa *f;* **Feuerwehrmann** *m* pompiere *m*
Feuerwerk *n* fuochi *mpl* d'artificio; **Feuerzeug** <-(e)s, -e> *n* accendino *m*
feurig ['fɔɪrɪç] *adj* **1.** (*brennend*) infuocato **2.** (*fig: temperamentvoll*) focoso
Fiasko ['fi̯asko] <-s, -s> *n* fiasco *m*
ficht [fɪçt] *3. pers sing pr von* **fechten**
Fichte ['fɪçtə] <-, -n> *f* abete *m* rosso
fidel [fi'de:l] *adj* (*fam*) allegro
Fieber ['fi:bɐ] <-s, *rar* -> *n* febbre *f;* (**39 Grad**) ~ **haben** avere la febbre (a 39); **fieberfrei** *adj* senza febbre; **fieberhaft** *adj* febbrile; **Fieberthermometer** *n* termometro *m*
fiel [fi:l] *1. u 3. pers sing imp von* **fallen**
Figur [fi'gu:ɐ̯] <-, -en> *f* figura *f;* (*in Film, Buch*) personaggio *m;* **eine gute ~ haben** avere un bel fisico; **keine/eine gute ~ machen** fare (una) brutta/bella figura
Filet [fi'le:] <-s, -s> *n* (GASTR) filetto *m*
Filiale [fi'li̯a:lə] <-, -n> *f* succursale *f*
Film [fɪlm] <-(e)s, -e> *m* **1.** (*Spiel~*) film *m;* **in einen ~ gehen** andare a vedere un film **2.** (FOTO) pellicola *f*
Filmemacher(in) *m(f)* cineasta *mf*
filmen ['fɪlmən] **I.** *vt* filmare **II.** *vi* girare un film
Filmfestspiele *npl* festival *m* cinematografico; **Filmkamera** *f* cinepresa *f;* **Filmschauspieler(in)** *m(f)* attore, -trice *m, f* cinematografico, -a; **Filmstar** *m* divo, -a *m, f* del cinema
Filter ['fɪltɐ] <-s, -> *m o n* filtro *m*
filtern *vt* filtrare
Filterpapier <-s> *kein Pl n* carta *f* da filtro; **Filterzigarette** *f* sigaretta *f* con filtro
Filz [fɪlʦ] <-es, -e> *m* feltro *m;* **Filzschreiber** *m,* **Filzstift** *m* pennarello *m*
Fimmel ['fɪməl] <-s, -> *m* (*fam pej*) pallino *m;* **einen ~ für etw haben** avere il pallino per qc
Finale [fi'na:lə] <-s, -(s)> *n* finale *m*
Finanzamt *n* ufficio *m* tasse; **Finanzbeamte** *m,* **Finanzbeamtin** *f* impiegato, -a *m, f* di finanza
Finanzen [fi'nanʦən] *pl* finanze *fpl*
finanziell [finan'ʦi̯ɛl] *adj* finanziario
finanzieren [finan'ʦi:rən] <ohne ge-> *vt* finanziare
Finanzminister(in) *m(f)* ministro *m* delle finanze
finden ['fɪndən] <findet, fand, gefunden> *vt* trovare; **ich finde nichts dabei, wenn …** non ci trovo niente di male se …; **das finde ich nicht nett von dir** non lo trovo gentile da parte tua; **das wird sich ~** la cosa si accomoderà
Finder(in) <-s, -; -, -nen> *m(f)* ritrovatore, -trice *m, f;* **Finderlohn** *m* ricompensa *f*
findig *adj* ingegnoso; (*gewitzt*) furbo
fing [fɪŋ] *1. u 3. pers sing imp von* **fangen**
Finger ['fɪŋɐ] <-s, -> *m* dito *m;* **die ~ von etw lassen** (*fam*) lasciare stare qc; **keinen ~ krumm machen** (*fig*) non muovere un dito; **jdm auf die ~ sehen** (*fig*) tener d'occhio qu; **den kann man um den ~ wickeln** (*fig fam*) si può far di lui quello che si vuole; ~ **weg!** (*fam*) via le mani!; **Fingerabdruck** *m* impronta *f* digitale; **Fingerhut** *m* ditale *m;* **Fingernagel** *m* unghia *f;* **Fingerspitzengefühl** *n* sensibilità *f* raffinata
fingieren [fɪŋ'gi:rən] <ohne ge-> *vt* fingere
Fink [fɪŋk] <-en, -en> *m* fringuello *m*
Finne ['fɪnə] <-n, -n> *m,* **Finnin** ['fɪnɪn] <-, -nen> *f* finlandese *mf*
finnisch *adj* finlandese
Finnland ['fɪnlant] *n* Finlandia *f*
finster ['fɪnstɐ] *adj* **1.** (*dunkel*) buio; **~e**

Nacht notte fonda **2.** (*fig: mürrisch*) burbero **3.** (*fig: unheimlich*) losco; **Finsternis** <-, -se> *f* oscurità *f*

Firma ['fɪrma] <-, Firmen> *f* ditta *f*

Firmeninhaber(in) *m(f)* impresario *m;* **Firmenzeichen** *n* marchio *m* di fabbrica

Fisch [fɪʃ] <-(e)s, -e> *m* **1.** (ZOO) pesce *m;* **weder ~ noch Fleisch** né carne né pesce **2.** (ASTR) **~e** Pesci *mpl;* **er/sie ist (ein) ~** è dei Pesci

fischen *vi, vt* pescare

Fischer(in) <-s, -; -, -nen> *m(f)* pescatore, -trice *m, f*

Fischerei [fɪʃə'raɪ] <-> *kein Pl f* pesca *f*

Fischfang <-s> *kein Pl m* pesca *f;* **Fischgeschäft** *n* pescheria *f;* **Fischhändler(in)** *m(f)* pescivendolo, -a *m, f;* **Fischstäbchen** *n* (GASTR) bastoncini *mpl* di pesce; **Fischvergiftung** *f* avvelenamento *m* da pesce

Fisole [fi'zo:lə] <-, -n> *meist Pl f* (*A: grüne Bohne*) fagiolino *m*

fit [fɪt] *adj* in forma

Fitness[RR] ['fɪtnɛs] <-> *kein Pl f,* **Fitneß** <-> *kein Pl f* fitness *f;* **Fitnesscenter**[RR] <-s, -> *n* centro *m* fitness

fix [fɪks] *adj* (*fam: schnell*) svelto; **~ und fertig** (*fam*) bell'e pronto; (*erschöpft*) sfinito

fixen ['fɪksən] *vi* (*sl*) bucarsi

Fixer(in) <-s, -; -, -nen> *m(f)* (*sl*) bucato, -a *m, f*

fixieren [fɪ'ksi:rən] <ohne ge-> *vt* fissare

Fjord [fjɔrt] <-(e)s, -e> *m* fiordo *m*

FKK [ɛfka:'ka:] <-s> *kein Pl n abk v* **Freikörperkultur** nudismo *m*

flach [flax] *adj* **1.** (*eben*) piano **2.** (*nicht tief*) basso

Flachbildschirm *m* (INFORM, TV) schermo *m* piatto; **Flachdach** *n* tetto *m* piano

Fläche ['flɛçə] <-, -n> *f* superficie *f;* **flächendeckend** *adj* su tutta la superficie

Flachland *n* pianura *f*

flackern ['flakɐn] *vi* guizzare

Fladen ['fla:dən] <-s, -> *m* (GASTR) focaccia *f*

Flagge ['flagə] <-, -n> *f* bandiera *f*

Flair [flɛ:ɐ̯] <-s> *kein Pl n o m* fascino *m*

Flamingo [fla'mɪŋgo] <-s, -s> *m* fiammingo *m*

flämisch ['flɛ:mɪʃ] *adj* fiammingo

Flamme ['flamə] <-, -n> *f* fiamma *f;* **in ~n aufgehen** andare in fiamme

Flandern ['flandɐn] *n* Fiandra *f*

Flanell [fla'nɛl] <-s, -e> *m* flanella *f*

Flanke ['flaŋkə] <-, -n> *f* **1.** (ANAT) fianco *m* **2.** (SPORT) cross *m*

Flasche ['flaʃə] <-, -n> *f* **1.** bottiglia *f;* **zur ~ greifen** darsi al bere **2.** (*fam pej*) schiappa *f;* **Flaschenöffner** *m* apribottiglie *m;* **Flaschenpfand** *n* cauzione *f* per il vuoto; **Flaschenzug** *m* (TEC) paranco *m*

flatterhaft *adj* volubile

flattern ['flatɐn] *vi* **1.** *sein* (*Tier*) svolazzare **2.** (*Fahne*) sventolare

flau [flaʊ] *adj* **1.** (*schwach*) debole; **mir ist ~** mi sento male **2.** (*fig: Stimmung*) languido

Flaum [flaʊm] <-(e)s> *kein Pl m* **1.** (*~federn*) piume *fpl* **2.** (*~haare*) peluria *f*

flauschig *adj* morbido

Flausen ['flaʊzən] *fpl* (*fam*) fandonie *fpl*

Flaute ['flaʊtə] <-, -n> *f* (FIN) ristagno *m*

Flechte ['flɛçtə] <-, -n> *f* (MED) erpete *m*

flechten ['flɛçtən] <flicht, flocht, geflochten> *vt* (*Zopf*) intrecciare; (*Kranz*) tessere

Fleck [flɛk] <-(e)s, -e> *m* **1.** (*Schmutz~, Farb~*) macchia *f;* **blauer ~** livido *m* **2.** (*fam: Stelle, Ort*) punto *m;* **nicht vom ~ kommen** non muoversi di un pollice *fam*

Fleckenmittel *n,* **Fleckenwasser** *n* smacchiatore *m*

fleckig ['flɛkɪç] *adj* macchiato

Fledermaus *f* pipistrello *m*

Fleece <-> *kein Pl n* pile *m*

Flegel ['fle:gəl] <-s, -> *m* (*pej*) villano *m;* **flegelhaft** *adj* zotico

flehen ['fle:ən] *vi* supplicare; **flehentlich** *adv* fervidamente

Fleisch [flaɪʃ] <-(e)s> *kein Pl n* carne *f;* **sich ins eigene ~ schneiden** (*fig*) darsi la zappa sui piedi *fam;* **Fleischbrühe** *f* brodo *m* di carne

Fleischer(in) <-s, -; -, -nen> *m(f)* macellaio, -a *m, f*

Fleischerei [flaɪʃə'raɪ] <-, -en> *f* macelleria *f*

Fleischhauer(in) <-s, -; -, -nen> *m(f)* (*A*) macellaio, -a *m, f*

fleischig *adj* carnoso

Fleischklößchen <-s, -> *n* polpetta *f* (di carne); **fleischlos** *adj* (*Kost*) senza carne; **Fleischvogel** *m* (*CH:* GASTR) involtino *m* di carne; **Fleischwolf** *m* (TEC) tritacarne *m*

Fleiß [flaɪs] <-es> *kein Pl m* diligenza *f;* (*Ei-*

fer) zelo *m;* **fleißig** *adj* diligente; (*eifrig*) assiduo

flennen ['flɛnən] *vi* (*fam*) piagnucolare

fletschen ['flɛtʃən] *vt* **die Zähne** ~ digrignare i denti

flexibel [flɛ'ksi:bəl] *adj* flessibile

flicht [flɪçt] *3. pers sing pr von* **flechten**

flicken ['flɪkən] *vt* raccomodare; (*Schuhe, Kleider*) rattoppare

Flicken <-s, -> *m* toppa *f*

Flieder ['fli:dɐ] <-s, -> *m* lillà *m*

Fliege ['fli:gə] <-, -n> *f* **1.** (ZOO) mosca *f;* **zwei ~n mit einer Klappe schlagen** (*fig fam*) prendere due piccioni con una fava **2.** (*Krawatte*) farfallino *m*

fliegen ['fli:gən] <fliegt, flog, geflogen> **I.** *vi sein* **1.** (*allg*) volare **2.** (*mit Flugzeug*) andare in aereo **3.** (*fam: hinausgeworfen werden*) **er ist aus der Firma geflogen** l'hanno buttato fuori (dalla ditta) **4.** (*fam: fallen*) **ich bin durch die Prüfung geflogen** mi hanno cannato all'esame **II.** *vt* (*Flugzeug*) pilotare; (*Person*) trasportare in aereo

Fliegenklatsche <-, -n> *f* acchiappamosche *m;* **Fliegenpilz** *m* ovolo *m* malefico

Flieger(in) <-s, -; -, -nen> *m(f)* aviatore, -trice *m, f;* **Fliegeralarm** *m* allarme *m* aereo

fliehen ['fli:ən] <flieht, floh, geflohen> *vi sein* fuggire; **vor jdm/etw** ~ fuggire di fronte a qu/qc

Fliese ['fli:zə] <-, -n> *f* piastrella *f;* **Fliesenleger(in)** <-s, -; -, -nen> *m(f)* piastrellista *mf*

Fließband <-(e)s, -bänder> *n* catena *f* di montaggio; **Fließbandarbeit** *f* lavoro *m* alla catena di montaggio

fließen ['fli:sən] <fließt, floss, geflossen> *vi sein* (s)correre; **durch Florenz** ~ attraversare Firenze; **in die Donau** ~ sboccare nel Danubio; **fließend I.** *adj* (*Rede, Wasser*) corrente; (*Übergang*) sciolto **II.** *adv* ~ **Italienisch sprechen** parlare italiano correntemente

flimmern ['flɪmɐn] *vi* **1.** (*Licht, Luft*) tremolare **2.** (FILM, TV) sfarfallare

flink [flɪŋk] *adj* **1.** (*schnell*) svelto **2.** (*geschickt*) agile

Flinte ['flɪntə] <-, -n> *f* fucile *m;* **die ~ ins Korn werfen** (*fam*) tirarsi indietro

Flirt [flœrt] <-(e)s, -s> *m* flirt *m*

flirten [flœrtən] *vi* flirtare

Flitterwochen *fpl* luna *f* di miele

flitzen ['flɪtsən] *vi sein* (*fam*) sfrecciare

flocht [flɔxt] *1. u 3. pers sing imp von* **flechten**

Flocke ['flɔkə] <-, -n> *f* fiocco *m*

flog [flo:k] *1. u 3. pers sing imp von* **fliegen**

floh [flo:] *1. u 3. pers sing imp von* **fliehen**

Floh [flo:] <-(e)s, Flöhe> *m* pulce *f;* **Flohmarkt** *m* mercato *m* delle pulci

Flop [flɔp] <-s, -s> *m* fiasco *m*

Florenz [flo'rɛnts] *n* Firenze *f*

florieren [flo'ri:rən] <ohne ge-> *vi* fiorire

Floskel ['flɔskəl] <-, -n> *f* frase *f* retorica

floss[RR], **floß** [flɔs] *1. u 3. pers sing imp von* **fließen**

Floß [flo:s] <-es, Flöße> *n* zattera *f*

Flosse ['flɔsə] <-, -n> *f* pinna *f*

Flöte ['flø:tə] <-, -n> *f* flauto *m*

flöten *vi* **1.** (MUS) suonare il flauto **2.** (*verloren gehen*) ~ **gehen** (*fam*) andare a farsi friggere; **flöten|gehen** *s.* **flöten 2.**

Flötist(in) [flø'tɪst] <-en, -en; -, -nen> *m(f)* flautista *mf*

flott [flɔt] *adj* **1.** (*schnell*) svelto **2.** (*schick*) chic

Flotte ['flɔtə] <-, -n> *f* (NAUT) flotta *f*

Fluch [flu:x] <-(e)s, Flüche> *m* **1.** (*Verwünschung*) maledizione *f* **2.** (*Schimpfwort*) bestemmia *f*

fluchen ['flu:xən] *vi* bestemmiare

Flucht [flʊxt] <-, -en> *f* fuga *f;* **die ~ ergreifen** prendere la fuga; **auf der ~ sein** essere in fuga; **fluchtartig** *adv* precipitosamente *fam*

flüchten ['flʏçtən] **I.** *vi sein* **vor jdm/etw** ~ fuggire davanti a qu/qc **II.** *vr* **sich** ~ (*Schutz suchen*) rifugiarsi

flüchtig ['flʏçtɪç] **I.** *adj* **1.** (*fliehend*) fuggitivo **2.** (*schnell vergehend*) fugace **3.** (*oberflächlich*) superficiale **II.** *adv* **etw ~ lesen** scorrere qc; **Flüchtigkeitsfehler** *m* svista *f*

Flüchtling ['flʏçtlɪŋ] <-s, -e> *m* profugo, -a *m, f;* **Flüchtlingslager** *n* campo *m* (di) profughi; **Flüchtlingsstrom** *m* ondata *f* di profughi

Fluchtversuch *m* tentativo *m* di fuga

Flug [flu:k] <-(e)s, Flüge> *m* volo *m;* **die Zeit verging (wie) im ~(e)** il tempo volò via; **Flugbegleiter(in)** *m(f)* assistente *mf* di volo; **Flugblatt** *n* volantino *m;* **Flugda-**

tenschreiber *m* (AERO) *s.* **Flugschreiber**

Flügel ['fly:gəl] <-s, -> *m* **1.** ala *f* **2.** (MUS) pianoforte *m* a coda

Fluggast *m* passeggero *m* (d'aereo)

flügge ['flʏgə] *adj* ~ **werden** (*fig*) diventare indipendente

Fluggesellschaft <-, -en> *f* compagnia *f* aerea; **Flughafen** *m* aeroporto *m;* **Flughöhe** *f* quota *f;* **Flugkapitän** *m* capitano *m* pilota; **Fluglehrer(in)** *m(f)* istruttore, -trice *m, f* di volo; **Fluglotse** *m* controllore *m* di volo; **Flugplan** *m* orario *m* aereo; **Flugplatz** *m* **1.** (*Flugfeld*) aerodromo *m* **2.** (*Flughafen*) aeroporto *m;* **Flugschein** *m* **1.** (*von Pilot*) brevetto *m* di pilota **2.** (*von Passagier*) biglietto *m* aereo; **Flugschreiber** <-s, -> *m* scatola *f* nera; **Flugticket** *n* biglietto *m* aereo; **Flugverbindung** *f* collegamento *m* aereo; **Flugverkehr** *m* traffico *m* aereo; **Flugwaffe** *f* (*CH: Luftwaffe*) aereonautica *f* militare; **Flugzettel** *m* (*A: Flugblatt*) volantino *m*

Flugzeug ['flu:ktsɔɪk] <-(e)s, -e> *n* aereo *m;* **Flugzeugabsturz** *m* caduta *f* di un aereo; **Flugzeugbesatzung** *f* equipaggio *m* dell'aereo; **Flugzeugentführer(in)** *m(f)* dirottatore, -trice *m, f* (di un aereo); **Flugzeughalle** *f* aviorimessa *f;* **Flugzeugträger** *m* portaerei *f;* **Flugzeugunglück** *n* sciagura *f* aerea

Fluor ['flu:oɐ] <-s> *kein Pl n* (CHEM) fluoro *m;* **Fluorchlorkohlenwasserstoff** *m* (CHEM) clorofluorocarburo *m*

Flur [flu:ɐ̯] <-(e)s, -e> *m* (*Haus~*) ingresso *m*

Fluss[RR] [flʊs] <-es, Flüsse> *m,* **Fluß** *m* **1.** (*Gewässer*) fiume *m* **2.** (*Fließen*) scorrere *m;* **im ~ sein** (*fig*) essere in movimento; **flussabwärts**[RR] *adv* a valle; **flussaufwärts**[RR] *adv* a monte

Flussdiagramm[RR] *n* (INFORM) diagramma *m* di flusso

flüssig ['flʏsɪç] *adj* **1.** liquido **2.** (*Stil, Verkehr*) fluido **3.** (FIN: *verfügbar*) liquido; ~ **machen** mobilitare; **ich bin im Moment nicht ~** al momento non ho soldi; **Flüssigkeit** <-, -en> *f* liquido *m;* **Flüssigkristallbildschirm** *m* (INFORM) schermo *m* a cristalli liquidi; **flüssig|machen** *vt s.* **flüssig 3.**

Flusspferd[RR] *n* ippopotamo *m*

flüstern ['flʏstɐn] *vi, vt* bisbigliare; **jdm etw ins Ohr ~** sussurrare qc all'orecchio di qu

Flut [flu:t] <-, -en> *f* **1.** flusso *m* **2.** (*Gezeitenstand*) alta marea *f* **3.** (*fig: Menge*) marea *f;* **Flutlicht** *n* luce *f* a largo fascio luminoso

focht [fɔxt] *1. u 3. pers sing imp von* **fechten**

Fohlen ['fo:lən] <-s, -> *n* puledro, -a *m, f*

Föhn [fø:n] <-(e)s, -e> *m* **1.** (METEO) föhn *m* **2.** (*für die Haare*) fon *m*

föhnen[RR] ['fø:nən] *vt* asciugare con il fon

Folge ['fɔlgə] <-, -n> *f* **1.** (*Ergebnis*) conseguenza *f;* (*Wirkung*) effetto *m;* **etw zur ~ haben** avere come conseguenza qc **2.** (*Reihe, Abfolge*) serie *f* **3.** (TV, RADIO: *von Sendung*) puntata *f*

folgen ['fɔlgən] *vi* **1.** *sein* (*a fig: geistig*) **jdm/etw ~** seguire qu/qc **2.** *sein* (*zeitlich*) **auf etw** *acc* **~** venire dopo qc; **wie folgt** come segue **3.** (*gehorchen*) ubbidire **4.** (*resultieren*) risultare; **daraus folgt, dass ...** ne segue che ...; **folgend** *adj* seguente; **im Folgenden** in seguito; **folgendermaßen** *adv* nel modo seguente

folgenschwer *adj* gravido di conseguenze

folgerichtig *adj* conseguente

folgern ['fɔlgɐn] *vt* **etw (aus etw) ~** dedurre qc (da qc)

Folgerung <-, -en> *f* conclusione *f;* **eine ~ aus etw ziehen** concludere qc da qc

folglich ['fɔlklɪç] *adv* di conseguenza

folgsam ['fɔlkza:m] *adj* ubbidiente

Folie ['fo:li̯ə] <-, -n> *f* (s)foglio *m*

Folklore [fɔlk'lo:rə] <-> *kein Pl f* folclore *m*

Folter ['fɔltɐ] <-, -n> *f* tortura *f;* **jdn auf die ~ spannen** (*fig*) far stare qu sulle spine

foltern *vt* torturare

Fön <-(e)s, -e> *m s.* **Föhn**

Fondue [fõ'dy:] <-s, -s> *n* fonduta *f*

fönen *vt s.* **föhnen**

Fontäne [fɔn'tɛ:nə] <-, -n> *f* fontana *f* zampillante

foppen ['fɔpən] *vt* prendersi gioco di

forcieren [fɔr'si:rən] <ohne ge-> *vt* forzare

Förderkurs *m* corso *m* di perfezionamento

fordern ['fɔrdɐn] *vt* esigere

fördern ['fœrdɐn] *vt* **1.** (*unterstützen*) promuovere **2.** (MIN) estrarre

Forderung <-, -en> *f* richiesta *f;* (*Anspruch*) pretesa *f*

Förderung <-, -en> *f* (*Unterstützung*) so-

stegno *m*
Forelle [fo'rɛlə] <-, -n> *f* trota *f*
Form [fɔrm] <-, -en> *f* **1.** (*Gestalt*) forma *f*; **in ~ von ...** in forma di ... **2.** (*Anstand*) **die ~ wahren** salvare le apparenze **3.** (SPORT) **in ~** in forma **4.** (*Guss~, Back~*) stampo *m*
formal [fɔr'maːl] *adj* formale
Formaldehyd ['fɔrmʔaldehyːt] <-s, -e> *n* (CHEM) formaldeide *f*
Formalität [fɔrmali'tɛːt] <-, -en> *f* formalità *f*
Format [fɔr'maːt] <-(e)s, -e> *n* formato *m*
formatieren *vt* (INFORM) formattare
Formation [fɔrma'tsi̯oːn] <-, -en> *f* formazione *f*
Formel ['fɔrməl] <-, -n> *f* formula *f*
formell [fɔr'mɛl] *adj* formale
formen ['fɔrmən] *vt* formare
förmlich ['fœrmlɪç] **I.** *adj* formale; (*steif*) formalistico **II.** *adv* (*fast*) addirittura
formlos *adj* **1.** (*unförmig*) informe **2.** (*Benehmen*) non formale; (*Antrag*) informale
Formular [fɔrmu'laːɐ̯] <-s, -e> *n* modulo *m*
formulieren [fɔrmu'liːrən] <ohne ge-> *vt* formulare
Formulierung <-, -en> *f* formulazione *f*
forsch [fɔrʃ] *adj* risoluto; (*energisch*) energico
forschen ['fɔrʃən] *vi* ricercare; **nach etw ~** indagare qc
Forscher(in) <-s, -; -, -nen> *m(f)* ricercatore, -trice *m, f*
Forschung <-, -en> *f* ricerca *f*; **Forschungsreise** *f* viaggio *m* di esplorazione; **Forschungssatellit** *m* satellite *m* scientifico; **Forschungszentrum** *n* centro *m* ricerche
Förster(in) ['fœrstɐ] <-s, -; -, -nen> *m(f)* guardaboschi *mf*
fort [fɔrt] *adv* **1.** (*weg*) via; (*verschwunden*) sparito **2.** (*weiter*) **in einem ~** ininterrottamente; **und so ~** e così via
fort|bestehen <irr> *vi* continuare ad esistere
fort|bewegen <ohne ge-> *vr* **sich ~** muoversi
fort|bilden *vr* **sich ~** perfezionarsi; **Fortbildung** <-> *kein Pl f* perfezionamento *m*; **Fortbildungskurs** *m* corso *m* di perfezionamento
Fortdauer *f* durata *f*
fort|fahren <irr> *vi* **1.** *sein* (*wegfahren*) partire **2.** *haben o sein* (*weitermachen*) (**mit etw**) ~ continuare (qc); **~ etw zu tun** continuare a fare qc
fort|führen *vt* (*fortsetzen*) proseguire
Fortgang <-s> *kein Pl m* (*fig: Verlauf*) sviluppo *m*
fort|gehen <irr> *vi sein* andarsene
fortgeschritten ['fɔrtgəʃrɪtən] *adj* (*fig*) avanzato; **Kurs für Fortgeschrittene** corso superiore
fort|jagen *vt* **jdn** (**aus** [*o* **von**] **etw**) ~ cacciare via qu (da qc)
fort|laufen <irr> *vi sein* correr via; (*entlaufen*) scappare; **fortlaufend** *adj* continuo
fort|pflanzen *vr* **sich ~** riprodursi; **Fortpflanzung** <-, -en> *f* riproduzione *f*
fort|schaffen *vt* eliminare
fort|schicken *vt* (*Person*) mandare via
fort|schreiten <irr> *vi sein* avanzare
Fortschritt *m* progresso *m*; **~e machen** fare progressi; **fortschrittlich** *adj* progressista
fort|setzen *vt* proseguire; **Fortsetzung** <-, -en> *f* **1.** (*Vorgang*) continuazione *f* **2.** (*folgender Teil*) puntata *f*; **~ folgt** continua
fortwährend *adv* continuamente
fort|werfen <irr> *vt* buttare via
fort|ziehen <irr> *vi sein* cambiare casa
Fossil [fɔ'siːl] <-s, -ien> *n* fossile *m*
Foto[RR] ['foːto] <-s, -s> *n* foto *f*; **Fotoalbum**[RR] *n* album *m* di fotografie; **Fotoapparat**[RR] *m* macchina *f* fotografica
Foto-CD[RR] *f* fotografia *f* digitale
fotogen[RR] [foto'geːn] *adj* fotogenico
Fotograf[RR]**(in)** [foto'graːf] <-en, -en; -, -nen> *m(f)* fotografo, -a *m, f*; **Fotografie**[RR] [fotogra'fiː] <-, -n> *f* fotografia *f*; **fotografieren**[RR] [fotogra'fiːrən] <ohne ge-> *vi, vt* fotografare
Fotokopie[RR] *f* fotocopia *f*; **fotokopieren**[RR] <ohne ge-> *vt* fare una fotocopia di; **Fotokopierer**[RR] *m* fotocopiatrice *f*
Fotomodell[RR] *n* fotomodella *f*; **Fotomontage**[RR] *f* fotomontaggio *m*
Foul [faʊl] <-s, -s> *n* (SPORT) fallo *m*
foulen ['faʊlən] *vi* commettere un fallo
Foyer [fo̯a'jeː] <-s, -s> *n* foyer *m*
FPÖ <-> *f* (*A*) *abk v* **Freiheitliche Partei Österreichs** *partito liberale austriaco* (*di destra*)
Fracht [fraxt] <-, -en> *f* carico *m*; **Fracht-**

F

brief *m* lettera *f* di carico

Frachter <-s, -> *m* nave *f* da carico

Frächter(in) <-s, -> *m(f)* (*A: Spediteur*) spedizioniere *m*

Frachtgut *n* merce *f*; **Frachtschiff** *n s.* **Frachter**

Frack [frak] <-(e)s, Fräcke> *m* frac *m*

Frage ['fraːgə] <-, -n> *f* domanda *f*; **eine ~ stellen** porre una domanda; **etw in ~ stellen** mettere qc in dubbio; **in ~ kommen** essere preso in considerazione; **das kommt (überhaupt) nicht in ~!** non se ne parla nemmeno!; **es ist nur eine ~ der Zeit, ob ...** è solo (una) questione di tempo se ...; **Fragebogen** *m* questionario *m*

fragen ['fraːgən] *vi, vt* **jdn (nach) etw ~** domandare qc a qu; **darf ich Sie etw ~?** posso farLe una domanda?; **es fragt sich, ob ...** si tratta di vedere se ...

Fragesatz *m* (proposizione *f*) interrogativa *f*; **Fragezeichen** *n* punto *m* interrogativo

fraglich ['fraːklɪç] *adj* incerto

fraglos *adv* indubbiamente

Fragment [fra'gmɛnt] <-(e)s, -e> *n* frammento *m*

fragwürdig *adj* dubbio

Fraktion [frak'tsi̯oːn] <-, -en> *f* (POL) frazione *f*

Frame <-s, -s> *m* (INFORM) frame *m*

Franchising ['frɛntʃaɪzɪŋ] <-s> *kein Pl n* (COM) franchising *m*

Franke ['fraŋkə] <-n, -n> *m* francone *m*

Franken[1] *n* Franconia *f*

Franken[2] <-s, -> *m* (*schweizerische Währungseinheit*) franco *m* svizzero

Frankfurt ['fraŋkfʊrt] *n* Francoforte *f*

frankieren [fraŋ'kiːrən] <ohne ge-> *vt* affrancare

Fränkin ['frɛŋkɪn] <-, -nen> *f* francone *f*; *s. a.* **Franke**

fränkisch *adj* della Franconia

Frankreich ['fraŋkraɪç] *n* Francia *f*

Franse ['franzə] <-, -n> *f* frangia *f*; **fransig** *adj* sfilacciato

Franzose [fran'tsoːzə] <-n, -n> *m*, **Französin** [fran'tsøːzɪn] <-, -nen> *f* francese *mf*

französisch [fran'tsøːzɪʃ] *adj* francese

fraß [fraːs] *1. u 3. pers sing imp von* **fressen**

Fraß [fraːs] <-es, -e> *m* (*fam pej*) porcheria *f*

Fratze ['fratsə] <-, -n> *f* smorfia *f*; **~n schneiden** fare smorfie

Frau [fraʊ] <-, -en> *f* donna *f*; **meine ~** mia moglie; **~ Schröder** signora Schröder

Frauenarzt *m*, **Frauenärztin** *f* ginecologo, -a *m, f*; **Frauenbewegung** *f* movimento *m* di liberazione della donna; **frauenfeindlich** *adj* misogino; **Frauenhaus** *n* casa *f* per le donne maltrattate; **Frauenheld** *m* dongiovanni *m*; **Frauenklinik** *f* clinica *f* ginecologica; **Frauenquote** *f* quota *f* riservata alle donne; **Frauenrechtler(in)** <-s, -; -, -nen> *m(f)* femminista *mf*

Fräulein ['frɔɪlaɪn] <-s, -s> *n* signorina *f*

fraulich *adj* femminile

Freak [friːk] <-s, -s> *m* (*fam*) freak *m*

frech [frɛç] *adj* sfacciato; **Frechdachs** *m* faccia *f* di bronzo; **Frechheit** <-, -en> *f* sfacciataggine *f*

Freeware <-, -> *f* (INFORM) freeware *m*

frei [fraɪ] *adj* **1.** (*a Sitzplatz*) libero; (*in Freiheit*) in libertà; **~er Mitarbeiter** libero collaboratore; **~er Tag** giornata libera; **(die) ~e Wahl haben** avere libera scelta; **jdm ~e Hand lassen** lasciare mano libera a qu; **jdn ~ lassen** mettere qu in libertà; **unter ~em Himmel** all'aperto **2.** (*verfügbar*) disponibile; (*Arbeitsplatz*) vacante **3.** (*kostenlos*) gratuito

Freibad *n* piscina *f* scoperta; **Freiberufler(in)** <-s, -; -, -nen> *m(f)* libero, -a professionista *mf*; **freiberuflich** *adj o adv* **~ tätig sein** fare il libero professionista; **Freibetrag** *m* reddito *m* non imponibile

Freie <ein -s, -n> *kein Pl n* (*Natur*) aperto *m*; **im ~en** all'aperto

Freiexemplar *n* copia *f* gratuita; **freigebig** *adj* generoso; **Freigebigkeit** <-, -en> *f* generosità *f*; **Freigeist** *m* libero pensatore *m*; **frei|haben** <irr> *vi* (*fam*) esser libero; **frei|halten** <irr> *vt* (*Einfahrt*) lasciare libero; (*Stuhl, Platz*) tenere libero

Freihandel <-s> *kein Pl m* (WIRTSCH) libero scambio *m*; **Freihandelszone** <-, -n> *f* (WIRTSCH) zona *f* di libero scambio

freihändig ['fraɪhɛndɪç] *adj* senza mani

Freiheit ['fraɪhaɪt] <-, -en> *f* libertà *f*; **sich** *dat* **die ~ nehmen etw zu tun** prendersi la libertà di fare qc

freiheitlich *adj* liberale

Freiheitsstatue <-> *kein Pl f* **die (amerikanische) ~** la statua della libertà (americana); **Freiheitsstrafe** *f* pena *f* detentiva

Freikarte *f* biglietto *m* gratuito; **frei|kaufen** *vt* riscattare; **Freikörperkultur** *f* nudismo *m;* **Freilandgemüse** *n* (ECO, AGR) verdura *f* coltivata naturalmente; **frei|lassen** <irr> *vt* **jdn** (**aus etw**) ~ (ri)mettere in libertà qu (da qc); **Freilassung** <-, -en> *f* liberazione *f;* **Freilauf** *m* (TEC, MOT) ruota *f* libera; **frei|legen** *vt* mettere allo scoperto

freilich ['fraɪlɪç] *adv* a dire il vero; ~! certo!

Freilichtbühne *f,* **Freilichttheater** *n* teatro *m* all'aperto; **Freilos** *n* biglietto *m* di lotteria gratuito; **frei|machen I.** *vt* (*Post*) affrancare **II.** *vr* **sich** ~ **1.** (*zeitlich*) rendersi libero **2.** (*sich ausziehen*) svestirsi

Freimaurer *m* (fram)massone *m*

freimütig ['fraɪmy:tɪç] *adj* franco; **frei|nehmen** <irr> *vt* (**sich** *dat*) (**einen Tag**) ~ prendersi (un giorno) libero; **Freiraum** <-(e)s> *kein Pl m* spazio *m* (libero); **frei|setzen** *vt* (*Energie*) liberare; **Freisprechanlage** *f* viva voce *m;* **frei|sprechen** *vt* (JUR) **jdn** (**von etw**) ~ assolvere qu (da qc); **Freispruch** *m* (JUR) assoluzione *f*

> **Freistaat** (Stato libero) è il termine tedesco per 'repubblica' con il quale furono chiamati i Länder tedeschi dopo il 1918. Ancora oggi questo termine viene utilizzato in Baviera e in Sassonia, i cui nomi ufficiali sono "Freistaat Bayern" e "Freistaat Sachsen".

frei|stehen *vi* **es steht Ihnen frei zu** +*inf* è libero di +*inf;* **frei|stellen** *vt* **jdm etw** ~ rimettere qc a qu; **jdm** ~ **etw zu tun** lasciare a qu la scelta di fare qc; **Freistoß** *m* (SPORT) (calcio *m* di) punizione *f*

Freitag ['fraɪta:k] <-s, -e> *m* venerdì *m; s. a.* **Dienstag**

freitags *adv* il venerdì

Freitod *m* suicidio *m*

freiwillig *adj* volontario; **Freiwillige** <ein -r, -n, -n> *mf* volontario, -a *m, f*

Freizeichen *n* (TEL) segnale *m* di libero

Freizeit <-> *kein Pl f* tempo *m* libero; **Freizeitbekleidung** *f s.* **Freizeitkleidung**; **Freizeitgesellschaft** <-> *kein Pl f* società *f* del tempo libero; **Freizeitgestaltung** *f* impiego *m* del tempo libero; **Freizeitkleidung** *f* casual *m;* **Freizeitlook** *m* look *m* sportivo; **Freizeitpark** *m* parco *m* divertimenti

freizügig ['fraɪtsy:gɪç] *adj* **1.** (*großzügig*) generoso **2.** (*moralisch*) libero

fremd [frɛmt] *adj* **1.** (*ausländisch*) straniero **2.** (*~artig*) strano **3.** (*unbekannt*) estraneo; **sich** ~ **fühlen** sentirsi estraneo **4.** (*anderen gehörend*) altrui; **~es Eigentum** proprietà di terzi; **fremdartig** *adj* strano

Fremde[1] ['frɛmdə] <-> *kein Pl f* (*nicht Heimat*) estero *m*

Fremde[2] <ein -r, -n, -n> *mf* straniero, -a *m, f*

fremdenfeindlich *adj* xenofobo; **Fremdenfeindlichkeit** <-> *kein Pl f* xenofobia *f;* **Fremdenführer(in)** *m(f)* guida *f* turistica; **Fremdenhass**[RR] *m* xenofobia *f;* **Fremdenlegion** *f* (MIL) legione *f* straniera; **Fremdenverkehr** *m* turismo *m;* **Fremdenverkehrszentrum** *n* centro *m* turistico; **Fremdenzimmer** *n* camera *f* per gli ospiti

fremd|gehen *vi sein* (*fam*) fare una scappatella; **Fremdkörper** *m* (MED, BIOL) corpo *m* estraneo; **fremdländisch** *adj* straniero; **Fremdling** ['frɛmtlɪŋ] <-s, -e> *m* straniero, -a *m, f;* **Fremdsprache** *f* lingua *f* straniera; **Fremdsprachenkorrespondent(in)** *m(f)* corrispondente *mf* in lingue straniere; **fremdsprachig** *adj,* **fremdsprachlich** *adj* di lingua straniera; **Fremdwort** *n* parola *f* straniera

Frequenz [fre'kvɛnts] <-, -en> *f* frequenza *f*

Fresko ['frɛsko] <-s, Fresken> *n* (KUNST) affresco *m*

fressen ['frɛsən] <frisst, fraß, gefressen> *vi, vt* (*Tier, a vulg: Menschen*) mangiare

Fressnapf[RR], **Freßnapf** *m* scodella *f;* **Fresssucht**[RR] <-> *kein Pl f* bulimia *f*

Freude ['frɔɪdə] <-, -n> *f* gioia *f;* (*Vergnügen*) piacere *m;* **die** ~ **über das Geschenk** la gioia per il regalo; ~ **an etw** *dat* **haben** trovar diletto in qc; **jdm** ~ **machen** far piacere a qu; **jdm die** ~ **verderben** rovinare il piacere a qu; **außer sich** *dat* **vor** ~ fuori di sé dalla gioia

Freudenhaus *n* bordello *m;* **Freudenschrei** *m* grido *m* di gioia; **Freudentränen** *fpl* lacrime *fpl* di gioia

freudestrahlend *adj* raggiante di gioia

freudig ['frɔɪdɪç] *adj* **1.** (*froh*) gioioso **2.** (*beglückend*) lieto; **eine ~e Nachricht**

F

una bella notizia

freudlos ['frɔɪtlo:s] *adj* infelice

freuen ['frɔɪən] **I.** *vr* **sich** ~ essere contento; **sich auf etw** *acc* ~ gioire di qc (*che sta per succedere o che succederà*); **sich über etw** *acc* ~ essere contento di qc (*che è successo*); **ich freue mich auf dich** sono contento di rivederti; **da hast du dich zu früh gefreut!** ti sei rallegrato troppo presto! **II.** *vt* **das freut mich** questo mi fa piacere; **es hat mich gefreut, Sie kennen zu lernen** è stato un piacere conoscerLa

Freund(in) [frɔɪnt] <-(e)s, -e; -, -nen> *m(f)* **1.** (*Kamerad*) amico, -a *m, f;* **ein guter ~ von mir** un mio buon amico; **~e gewinnen** trovare amici; **dicke ~e sein** essere amici molto stretti **2.** (*Anhänger*) amante *mf;* **kein ~ von etw sein** non amare qc

Freundeskreis *m* giro *m* di amici; **wir feiern nur im engsten ~** festeggiamo solo con gli amici più stretti; **einen großen ~ haben** avere una grossa cerchia di amici

freundlich ['frɔɪntlɪç] *adj* **1.** (*Mensch*) gentile; **mit ~en Grüßen** (*im Brief*) cordiali saluti; **seien Sie so ~ und** *+inf* abbia la cortesia di *+inf* **2.** (*Wohnung*) accogliente; (*Gegend*) ridente **3.** (*Wetter*) sereno; **freundlicherweise** *adv* gentilmente; **Freundlichkeit** <-, -en> *f* gentilezza *f*

Freundschaft <-, -en> *f* amicizia *f;* **mit jdm ~ schließen** stringere amicizia con qu; **freundschaftlich** *adj* amichevole; **~es Verhältnis** rapporti d'amicizia; **Freundschaftsspiel** *n* (SPORT) partita *f* amichevole

Frevler(in) ['fre:flɐ] <-s, -; -, -nen> *m(f)* (*geh*) malfattore, -trice *m, f;* (REL) sacrilego, -a *m, f*

Friaul [fri'aʊl] *n* (GEOG) Friuli *m*

Frieden <-s, -> *m* pace *f;* ~ **schließen** fare la pace; ~ **stiften zwischen ...** mettere pace tra ...; **in ~ leben** vivere in pace; **lass mich in ~!** (*fam*) lasciami in pace!; **Friedensbewegung** *f* movimento *m* pacifista; **Friedensbruch** *m* violazione *f* della pace; **Friedenskonferenz** *f* conferenza *f* per la pace; **Friedensnobelpreis** *m* premio *m* Nobel per la pace; **Friedenspfeife** *f* calumet *m* della pace; **Friedensverhandlung** *f* trattativa *f* di pace; **Friedensvertrag** *m* trattato *m* di pace; **Friedenszeit** *f* **in ~en** in tempi di pace

friedfertig *adj* pacifico

Friedhof *m* cimitero *m*

friedlich *adj* pacifico; **friedliebend** ['fri:tli:bənt] *adj* pacifico

frieren ['fri:rən] <friert, fror, gefroren> *vi* **1.** *sein* (*gefrieren*) gelarsi; **es friert** gela **2.** (*Mensch, Tier*) aver freddo; **ich friere** ho freddo

Friese ['fri:zə] <-n, -n> *m,* **Friesin** ['fri:zɪn] <-, -nen> *f* frisone *mf*

friesisch *adj* frisone

Friesland ['fri:slant] *n* Frisia *f*

frigid(e) *adj* frigido

Frikadelle [frika'dɛlə] <-, -n> *f* polpetta *f*

Frikassee [frika'se:] <-s, -s> *n* fricassea *f*

frisch [frɪʃ] *adj* fresco; **~e Luft** aria fresca; **das Bett ~ beziehen** cambiare le lenzuola; ~ **gebacken** (*fig fam*) fresco fresco; **sich ~ machen** rinfrescarsi

Frische ['frɪʃə] <-> *kein Pl f* freschezza *f*

frischgebacken *adj s.* **frisch**; **Frischhaltefolie** *f* cellofan *m;* **Frischmilch** *f* latte *m* fresco

Friseur [fri'zø:ɐ̯] <-s, -e> *m,* **Friseurin** [fri'zø:rɪn] <-, -nen> *f* (*bes A*), **Friseuse** [fri'zø:zə] <-, -n> *f* (*für Frauen*) parrucchiere, -a *m, f;* (*für Männer*) barbiere *m*

frisieren [fri'zi:rən] <ohne ge-> *vt* **1.** (*kämmen*) pettinare **2.** (*fig fam*) truccare

frisst[RR], **frißt** *2. u 3. pers sing pr von* **fressen**

Frist [frɪst] <-, -en> *f* termine *m;* **eine ~ einhalten** osservare un termine; **nach Ablauf der ~** dopo la scadenza

fristen ['frɪstən] *vt* **ein trauriges Dasein ~** vivacchiare *fam*

Fristenregelung *f* (JUR) termine *m* legale per l'interruzione della gravidanza

fristlos *adj o adv* senza (pre)avviso; **jdn ~ entlassen** licenziare qu senza preavviso

Frisur [fri'zu:ɐ̯] <-, -en> *f* pettinatura *f*

Friteuse [fri'tø:zə] <-, -n> *f* friggitrice *f*

fritieren [fri'ti:rən] *vt,* **frittieren**[RR] *vt* friggere

frivol [fri'vo:l] *adj* frivolo

Frl. *abk v* **Fräulein** Sig.na

froh [fro:] *adj* contento; **ich bin ~, dass ...** sono contento che *+conj;* **~e Ostern/Weihnachten!** buona Pasqua!/buon Natale!

fröhlich ['frø:lɪç] *adj* allegro; **Fröhlichkeit** <-> *kein Pl f* allegria *f*

Frohsinn <-s> *kein Pl m* gaiezza *f*

fromm [frɔm] <frömmer, frömmste> *adj* pio

Frömmelei [frœmə'laɪ] <-, -en> *f* (*pej*) bigotteria *f*

Frömmigkeit ['frœmɪçkaɪt] <-> *kein Pl f* religiosità *f*

Fronarbeit *f* (*CH*) volontariato *m*

Fronleichnam [fro:n'laɪçna:m] *m* (REL) Corpus Domini *m*

Front [frɔnt] <-, -en> *f* **1.** (ARCH) facciata *f* **2.** (MIL) fronte *m;* **in ~ liegen** (SPORT) essere in testa

frontal [frɔn'ta:l] *adj* frontale; **Frontalzusammenstoß** *m* scontro *m* frontale

Frontantrieb *m* (MOT) trazione *f* anteriore

fror [fro:ɐ̯] *1. u 3. pers sing imp von* **frieren**

Frosch [frɔʃ] <-(e)s, Frösche> *m* rana *f;* **Froschmann** *m* uomo *m* rana; **Froschschenkel** *m* coscia *f* di rana

Frost [frɔst] <-(e)s, Fröste> *m* gelo *m;* **Frostbeule** *f* gelone *m*

frösteln ['frœstəln] *vi* aver freddo; **mich fröstelt** ho (i) brividi di freddo

frostig *adj* glaciale

Frostschutzmittel *n* antigelo *m*

Frottee [frɔ'te:] <-(s), -s> *n o m* spugna *f;* **Frottee(hand)tuch** *n* asciugamano *m* a spugna

frottieren [frɔ'ti:rən] <ohne ge-> *vt* sfregare

Frucht [frʊxt] <-, Früchte> *f* (*a fig*) frutto *m;* **Früchte tragen** (*a fig*) fruttare; **fruchtbar** *adj* fertile; **Fruchtbarkeit** <-> *kein Pl f* fertilità *f*

fruchten ['frʊxtən] *vi* fruttare

Fruchtfleisch *n* polpa *f* del frutto

fruchtig *adj* aromatico

fruchtlos *adj* infruttuoso; **Fruchtsaft** *m* succo *m* di frutta

früh [fry:] **I.** *adj* **1.** (*nicht spät*) presto; **~e Kindheit** prima infanzia; **am ~en Morgen** al mattino presto **2.** (*vorzeitig*) precoce **II.** *adv* presto; **heute ~** stamattina; **morgen ~** domani mattina; **von ~ bis spät** dalla mattina alla sera; **zu ~** troppo presto

Früh <-> *kein Pl f* **in der ~** (*A, CH, südd: am Morgen*) la mattina presto

Frühaufsteher(in) <-s, -; -, -nen> *m(f)* persona *f* mattiniera; **(ein) ~ sein** essere mattiniero

Frühe ['fry:ə] <-> *kein Pl f* **in aller ~** di buon mattino

früher ['fry:ɐ̯] **I.** *adj* **1.** (*eher*) prima; **in ~en Zeiten** in tempi passati **2.** (*ehemalig*) ex, di prima **II.** *adv* **1.** (*eher*) prima; **~ kann ich heute nicht kommen** oggi non posso venir prima; **~ oder später** prima o poi **2.** (*damals*) prima; **~ habe ich jeden Tag Tennis gespielt** una volta giocavo a tennis tutti i giorni

Früherkennung *f* (MED) riconoscimento *m* precoce

frühestens ['fry:əstəns] *adv* al più presto

Frühgeburt *f* (MED) parto *m* prematuro

Frühjahr *n* primavera *f;* **Frühjahrsmüdigkeit** *f* stanchezza *f* primaverile

Frühling ['fry:lɪŋ] <-s, -e> *m* primavera *f*

frühmorgens [fry:'mɔrgəns] *adv* di buon'ora; **Frühpensionierung** *f* prepensionamento *m;* **frühreif** *adj* precoce; **Frührentner(in)** *m(f)* prepensionato, -a *m, f;* **Frühschicht** *f* primo turno *m;* **Frühschoppen** *m bicchierino bevuto la mattina in compagnia;* **Frühsport** *m* ginnastica *f* mattutina; **Frühstart** *m* (SPORT) falsa partenza *f*

Frühstück *n* colazione *f*

frühstücken *vi* far colazione

Frühstücksbuffet *n* colazione *f* a buffé

frühzeitig **I.** *adj* primaticcio **II.** *adv* presto

Frust [frʊst] <-(e)s> *kein Pl m* (*fam*) frustrazione *f*

frustrieren [frʊs'tri:rən] <ohne ge-> *vt* (*fam*) frustrare

Fuchs [fʊks] <-es, Füchse> *m* volpe *f;* **alter ~** (*fig*) volpone *m fam*

fuchsen ['fʊksən] *vt* (*fam*) **1.** (*großen Ärger bereiten*) far arrabbiare; **die Sache hat mich sehr gefuchst** la cosa mi ha molto irritato **2.** (*A: nicht gelingen*) non riuscire; **es fuchst mich heute wieder** oggi non mi riesce nulla

Fuchtel ['fʊxtəl] <-, -n> *f* **unter jds ~ stehen** (*fam*) stare sotto la dura disciplina di qu

fuchteln *vi* (*fam*) **mit den Armen ~** gesticolare

Fuge ['fu:gə] <-, -n> *f* **1.** (*Wend*) **aus den ~n gehen** sconnettersi **2.** (MUS) fuga *f*

fügen ['fy:gən] *vr* **sich einem Befehl ~** sottoporsi a un ordine; **sich in sein Schicksal ~** rassegnarsi al proprio destino

fügsam *adj* docile

Fügung <-, -en> *f* (*des Schicksals*) disposizione *f*

fühlbar *adj* sensibile

fühlen ['fy:lən] **I.** *vt* **1.** (*tasten*) tastare **2.** (*empfinden*) sentire **II.** *vr* **sich** ~ sentirsi; **sich für etw verantwortlich** ~ sentirsi responsabile di qc; **sich nicht wohl** ~ non sentirsi bene; **wie fühlst du dich?** come ti senti?

Fühler <-s, -> *m* (ZOO) antenna *f;* **die** ~ **ausstrecken** (*fig fam*) tastare il terreno

fuhr [fu:ɐ̯] *1. u 3. pers sing imp von* **fahren**

Fuhre ['fu:rə] <-, -n> *f* (*Ladung*) carrata *f*

führen ['fy:rən] **I.** *vt* **1.** (*geleiten*) guidare, portare; **was führt Sie zu mir?** in che cosa posso esserLe utile?; **etw zu Ende** ~ terminare qc **2.** (*leiten*) condurre; (*Geschäft*) gestire; **den Haushalt** ~ attendere al governo della casa **3.** (*Ware*) avere **II.** *vi* **1.** (*an erster Stelle stehen*) essere in testa; **unsere Mannschaft führt mit drei Toren** la nostra squadra conduce con tre go(a)l **2.** (*hin~*) portare; **das führt zu nichts** questo non porta a nessun risultato; **das führt zu weit** questo porta troppo lontano; **wohin soll das (noch)** ~**?** dove si va a finire?; **führend** *adj* (*Geschäft*) (il) più rinomato

Führer ['fy:rɐ] *m* (*Buch*) guida *f*

Führer(in) <-s, -; -, -nen> *m(f)* (*eines Fahrzeugs*) conducente *mf;* (*einer Gruppe*) guida *f;* (POL) capo *m*

Führerausweis *m* (*CH*) *s.* **Führerschein**; **Führerflucht** *f* (*CH*) *s.* **Fahrerflucht**; **Führerschein** *m* patente *f;* **seinen** ~ **machen** prendere la patente; **Führerscheinentzug** *m* (JUR) ritiro *m* della patente

Fuhrpark *m* parco *m* rotabile

Führung ['fy:rʊŋ] <-, -en> *f* **1.** (*Leitung*) direzione *f;* (POL) leadership *f;* **die** ~ **übernehmen** assumere la direzione; (SPORT) passare in testa **2.** (*Besichtigung*) visita *f* guidata **3.** (*Benehmen*) condotta *f;* **Führungskraft** *f* dirigente *mf;* **Führungsspitze** *f* (*im Unternehmen*) vertice *m* direttivo; **Führungszeugnis** *n* certificato *m* di buona condotta

Fülle ['fʏlə] <-, -n> *f* (gran) quantità *f;* **eine** ~ **von Eindrücken** un mucchio di impressioni

füllen ['fʏlən] *vt* **1.** (*Gefäß*) riempire **2.** (*Flüssigkeit*) versare; **den Wein in Flaschen** ~ imbottigliare il vino **3.** (GASTR) farcire

Füller ['fʏlɐ] <-s, -> *m,* **Füllfeder** *f* (*A, CH, südd*), **Füllfederhalter** *m* penna *f* stilografica

füllig *adj* pienotto

Füllung <-, -en> *f* **1.** (*das Füllen*) riempimento *m* **2.** (GASTR) ripieno *m* **3.** (*von Zahn*) otturazione *f*

fummeln ['fʊməln] *vi* (*fam*) **an etw** *dat* ~ pasticciare attorno a qc

Fund [fʊnt] <-(e)s, -e> *m* scoperta *f*

Fundament [fʊnda'mɛnt] <-(e)s, -e> *n* **1.** (ARCH) fondamenta *fpl* **2.** (*fig*) base *f*

fundamental [fʊndamɛn'ta:l] *adj* fondamentale

Fundamentalismus [fʊndamɛnta'lɪsmʊs] <-s> *kein Pl m* fondamentalismo *m*

Fundamentalist(in) <-en, -en; -, -nen> *m(f)* fondamentalista *mf*

fundamentalistisch *adj* fondamentalista

Fundamt *n* (*A*), **Fundbüro** *n* ufficio *m* (degli) oggetti smarriti; **Fundgrube** *f* (*fig*) miniera *f*

fundieren [fʊn'di:rən] <ohne ge-> *vt* consolidare; **fundiert** *adj* fondato

fünf [fʏnf] *num* cinque; **nicht bis** ~ **zählen können** non saper contare fino a cinque; *s. a.* **acht**

Fünf <-, -en> *f* cinque *m;* (*Schulnote: ungenügend*) *cinque*

Fünfer ['fʏnvɐ] <-s, -> *m* (*fam*) moneta *f* da cinque

fünffach *adj* quintuplo

fünfhundert *num* cinquecento

fünfjährig *adj* (*fünf Jahre alt*) di cinque anni; (*fünf Jahre dauernd*) quinquennale

fünfmal *adv* cinque volte; *s. a.* **achtmal**

Fünfmarkstück *n* moneta *f* da cinque marchi; **Fünfprozenthürde** *f* (POL) sbarramento *m* del cinque per cento; **Fünftagewoche** *f* settimana *f* di cinque giorni lavorativi

Fünftel <-s, -> *n* quinto *m*

fünftens ['fʏnftəns] *adv* (in) quinto (luogo)

fünfte(r, s) *adj* quinto, -a; (*bei Datumsangaben*) cinque; **das** ~ **Rad am Wagen sein** (*fam*) essere l'ultima ruota del carro; *s. a.* **achte(r, s)**

Fünfunddreißigstundenwoche *f* trentacinque ore *fpl* settimanali

fünfzehn *num* quindici

fünfzig ['fʏnftsɪç] *num* cinquanta; **Fünfzigmarkschein** *m* biglietto *m* da cinquanta marchi

fungieren [fʊŋ'gi:rən] <ohne ge-> *vi* **als etw ~** fare le funzioni di qc

Funk [fʊŋk] <-s> *kein Pl m* radio *f;* **Funkamateur(in)** *m(f)* radioamatore, -trice *m, f;* **Funkausstellung** *f* esposizione *f* di radiotecnica

Funke ['fʊŋkə] <-ns, -n> *m* scintilla *f;* **keinen ~n Verstand haben** non avere un barlume d'ingegno

funkeln ['fʊŋkəln] *vi* luccicare

funkelnagelneu *adj (fam)* nuovo di zecca

funken ['fʊŋkən] *vi, vt* radiotrasmettere; **na, hat es endlich bei dir gefunkt?** *(fam)* hai capito finalmente?; **zwischen den beiden hat es gefunkt** *(fam)* fra i due è scoppiata la scintilla

Funker(in) <-s, -; -, -nen> *m(f)* radiotelegrafista *mf*

Funkgerät *n* apparecchio *m* radiotrasmittente; **Funkhaus** *n* stazione *f* radio; **Funknetz** *n* rete *f* radio; **Funksignal** *n* segnale *m* radio; **Funkspruch** *m* radiomessaggio *m;* **Funkstation** *f* stazione *f* radio; **Funkstreife** *f* pattuglia *f* radioequipaggiata; **Funktaxi** *n* radiotassì *m;* **Funktelefon** *n* radiotelefono *m*

Funktion [fʊŋk'tsi̯o:n] <-, -en> *f* funzione *f;* **in ~ treten** entrare in funzione; **etw außer ~ setzen** mettere fuori uso qc

funktional [fʊŋktsi̯o'na:l] *adj* funzionale

Funktionär(in) [fʊŋtsi̯o'nɛ:ɐ̯] <-s, -e; -, -nen> *m(f)* funzionario, -a *m, f*

funktionieren [fʊŋtsi̯o'ni:rən] <ohne ge-> *vi* funzionare; **gut ~** (TEC) essere a punto

funktionsfähig *adj* efficiente

Funkverbindung *f* collegamento *m* radio; **in ~ stehen** essere in contatto radio; **Funkverkehr** *m* radiocomunicazioni *fpl*

für [fy:ɐ̯] *prp +acc* per; **an und ~ sich** di per sé; **er ist zu groß ~ sein Alter** è troppo alto per la sua età; **~ jdn bezahlen** pagare al posto di qu; **~ jdn einspringen** supplire qu; **sich ~ jdn/etw einsetzen** impegnarsi per qu/qc; **Schritt ~ Schritt** passo dopo passo; **Tag ~ Tag** giorno per giorno; **was ~ ...?** che/quale ...?; **was ~ ein Glück!** che fortuna!; **Für** *n* **das ~ und (das) Wider** il pro e il contro

Fürbitte *f* intercessione *f*

Furche ['fʊrçə] <-, -n> *f* solco *m*

Furcht [fʊrçt] <-> *kein Pl f* paura *f;* **jdm ~ einflößen** far paura a qu; **~ erregend** spaventoso; **aus ~ vor** *+dat* per paura di

furchtbar **I.** *adj* terribile **II.** *adv (fam)* **das ist ~ einfach** è la cosa più semplice del mondo; **das ist ~ nett von Ihnen** è veramente molto gentile da parte Sua

fürchten ['fʏrçtən] **I.** *vt* temere **II.** *vr* **sich (vor jdm/etw) ~** aver paura (di qu/qc)

fürchterlich ['fʏrçtɐlɪç] *adj s.* **furchtbar**

furchterregend *adj s.* **Furcht**; **furchtlos** *adj* intrepido; **Furchtlosigkeit** <-> *kein Pl f* coraggio *m;* **furchtsam** *adj* pauroso

füreinander [fy:ɐ̯ʔaɪ'nandɐ] *adv* l'uno per l'altro

Furie ['fu:riə] <-, -n> *f* furia *f*

Furnier [fʊr'ni:ɐ̯] <-s, -e> *n* (TEC) piallaccio *m*

Furore [fu'ro:rə] <-> *kein Pl f* **~ machen** far furore *fam*

Fürsorge ['fy:ɐ̯zɔrgə] <-> *kein Pl f* **1.** *(Betreuung)* cure *fpl* **2.** *(Sozialhilfe)* assistenza *f;* **von der ~ leben** vivere della previdenza sociale; **Fürsorgeamt** *n (CH: Sozialamt)* ufficio *m* d'assistenza sociale

fürsorglich *adj* premuroso

Fürsprache *f* intercessione *f;* **~ für jdn bei jdm einlegen** intercedere per qu presso qu; **Fürsprech** <-s, -e> *m (CH)* avvocato *m;* **Fürsprecher(in)** <-s, -; -, -nen> *m(f)* **1.** *(jd der jds Interessen vertritt)* intercessore, -ceditrice *m, f* **2.** *(CH: Rechtsanwalt)* avvocato, -essa *m, f*

Fürst(in) ['fʏrst] <-en, -en; -, -nen> *m(f)* principe, -essa *m, f;* **Fürstentum** <-s, Fürstentümer> *n* principato *m;* **fürstlich** **I.** *adj* principesco **II.** *adv* da principe

Fürwort *n* (LING) pronome *m*

Fusion <-, -en> *f* fusione *f*

fusionieren [fuzi̯o'ni:rən] <ohne ge-> *vi* fondere

Fuß [fu:s] <-es, Füße> *m* piede *m;* *(vom Tier)* zampa *f;* **zu ~ gehen** andare a piedi; **~ fassen** prender piede; **kalte Füße bekommen** *(fig fam)* tirarsi indietro (da un'impresa); **sich** *dat* **die Füße vertreten** sgranchirsi le gambe; **auf großem ~(e) leben** fare una vita da gran signore; **auf eigenen Füßen stehen** essere indipendente; **jdn/etw mit Füßen treten** *(fig)* trattare male qu/qc; **alle Männer lagen ihr zu Füßen** aveva tutti gli uomini ai suoi piedi; **du bist wohl heute**

F

mit dem linken ~ zuerst aufgestanden! (*fam*) oggi ti sei alzato col piede sbagliato!

Fußabdruck *m* orma *f*

Fußball *m* (SPORT) **1.** (*Spiel*) calcio *m* **2.** (*Ball*) pallone *m*

Fußballer(in) <-s, -; -, -nen> *m(f)* (*fam*) calciatore, -trice *m, f*

Fußballfan *m* tifoso *m* di calcio; **Fußballmannschaft** *f* squadra *f* di calcio; **Fußballplatz** *m* campo *m* di calcio; **Fußballspiel** *n* partita *f* di calcio; **Fußballspieler(in)** *m(f)* calciatore, -trice *m, f;* **Fußballstadion** *n* stadio *m;* **Fußballverein** *m* società *f* calcistica; **Fußballweltmeisterschaft** *f* campionato *m* mondiale di calcio

Fußboden *m* pavimento *m;* **Fußbodenbelag** *m* rivestimento *m* del pavimento; **Fußbodenheizung** *f* riscaldamento *m* a terra

Fußbremse *f* (AUTO) freno *m* a pedale

Fussel ['fʊsəl] <-, -n> *f* (*fam*) peluzzo *m;* **fusselig** *adj* sfilacciato; **sich** *dat* **den Mund ~ reden** (*fam*) sprecare il fiato

fußen ['fu:sən] *vi* **auf etw** *acc* ~ (*fig*) basarsi su qc

Fußende *n* piedi *mpl* del letto

Fußgänger(in) ['fu:sgɛŋɐ] <-s, -; -, -nen> *m(f)* pedone, -a *m, f;* **Fußgängerbrücke** *f* ponte *m* pedonale; **Fußgängerstreifen** *m* (*CH*) strisce *fpl* pedonali; **Fußgängerübergang** *m* strisce *fpl* pedonali; **Fußgängerzone** *f* zona *f* pedonale

Fußnote *f* nota *f* in calce; **Fußpflege** *f* pedicure *m;* **Fußpilz** *kein Pl m* (MED) micosi *f* del piede; **Fußspur** *f* orma *f* (del piede); **Fußstapfen** <-s, -> *m* **in jds ~ treten** (*fig*) seguire le orme di qu; **Fußtritt** *m* pedata *f;* **Fußvolk** <-(e)s> *kein Pl n* (*pej: breite Masse*) massa *f;* **Fußweg** *m* strada *f* pedonale

Futter¹ ['fʊtɐ] <-s> *kein Pl n* (*Fressen*) foraggio *m*

Futter² <-s, -> *n* (*Stoff*) fodera *f*

Futteral <-s, -e> *n* astuccio *m*

futtern ['fʊtɐn] *vi* (*fam*) rimpinzarsi

füttern ['fʏtɐn] *vt* **1.** (*Säugling*) imboccare **2.** (*Tier*) dare da mangiare a **3.** (INFORM: *Daten*) immettere **4.** (*Kleidungsstück*) foderare

Futur [fu'tu:ɐ̯] <-s, -e> *n* (LING) futuro *m*

G

G, g [ge:] <-, -(s)> *n* **1.** (*Buchstabe*) G, g *f;* **G wie Gustav** G come Genova **2.** (MUS) sol *m*

g *abk v* **Gramm** g

gab [ga:p] *1. u 3. pers sing imp von* **geben**

Gabe ['ga:bə] <-, -n> *f* **1.** (*Geschenk*) dono *m;* (*milde ~*) carità *f* **2.** (*Talent*) dote *f*

Gabel ['ga:bəl] <-, -n> *f* **1.** (*Ess~*) forchetta *f* **2.** (*Telefon~*) forcella *f* **3.** (*Heu~*) forcone *m*

gabeln ['ga:bəln] *vr* **sich ~** biforcarsi

Gabelung <-, -en> *f* biforcazione *f*

gackern ['gakɐn] *vi* (*Henne*) schiamazzare

gaffen ['gafən] *vi* (*pej*) guardare a bocca aperta

Gag [gɛk] <-s, -s> *m* gag *m*

Gage ['ga:ʒə] <-, -n> *f* (FILM, THEAT) compenso *m*

gähnen ['gɛ:nən] *vi* sbadigliare

galant [ga'lant] *adj* galante

Galavorstellung *f* serata *f* di gala

Galerie [galə'ri:] <-, -n> *f* **1.** (ARCH, KUNST, THEAT) galleria *f* **2.** (*bes A, CH: Tunnel*) galleria *f*

Galgen ['galgən] <-s, -> *m* patibolo *m;* **Galgenfrist** *f* breve periodo *m* di respiro; **Galgenhumor** *m* umorismo *m* nero

Galle ['galə] <-, -n> *f* (*Organ*) cistifellea *f;* (*Flüssigkeit*) bile *f;* **Gallenblase** *f* cistifellea *f;* **Gallenstein** *m* calcolo *m* biliare

Galopp [ga'lɔp] <-s, -s> *m* galoppo *m;* **im ~** al galoppo

galoppieren [galɔ'pi:rən] <ohne ge-> *vi sein* galoppare

galt [galt] *1. u 3. pers sing imp von* **gelten**

Gameboy® ['gɛimbɔi] <-(s), -s> *m* gameboy® *m*

Game-Show *f* (TV) quiz *m* televisivo

gammeln ['gaməln] *vi* (*fam pej*) oziare

Gammler(in) <-s, -; -, -nen> *m(f)* (*fam pej*) capellone, -a *m, f*

Gämse^RR ['gɛmzə] <-, -n> *f* (ZOO) camozza *f*

gang [gaŋ] *adj* ~ **und gäbe sein** essere comune

Gang [gaŋ] <-(e)s, Gänge> *m* **1.** (*~art*) andatura *f* **2.** (*Besorgung*) commissione *f* **3.** (*fig: Verlauf*) corso *m;* **in ~ bringen** mettere in moto; (*fig*) avviare; **in ~ kommen** mettersi in moto; **in vollem ~** in pieno corso **4.** (*beim Auto*) marcia *f;* **in den zweiten ~ schalten** innestare la seconda **5.** (*Flur*) corridoio *m* **6.** (SPORT) ripresa *f* **7.** (GASTR) portata *f;* **Gangart** *f* andatura *f;* **gangbar** *adj* praticabile

gängeln ['gɛŋəln] *vt* (*fam pej*) tenere al guinzaglio

gängig ['gɛŋɪç] *adj* corrente

Gangschaltung *f* (AUTO) cambio *m* di marcia

Gangster ['gɛŋstɐ] <-s, -> *m* gangster *m*

Gangway ['gæŋweɪ] <-, -s> *f* (AERO, NAUT) passerella *f*

Ganove [ga'no:və] <-n, -n> *m* (*fam*) furfante *m*

Gans [gans] <-, Gänse> *f* oca *f;* **dumme ~!** (*fig pej*) ebete

Gänseblümchen ['gɛnzəbly:mçən] <-s, -> *n* margheritina *f;* **Gänsefüßchen** *npl* (*fam*) virgolette *fpl;* **Gänsehaut** *f* (*fig*) **eine ~ bekommen** avere la pelle d'oca; **Gänsemarsch** *m* **im ~ gehen** camminare in fila indiana

ganz [gants] **I.** *adj* (*gesamt*) tutto, intero; (*vollständig*) completo; **~ Europa** tutta l'Europa; **mein ~es Geld** tutti i miei soldi; **eine ~e Menge** un bel po' *fam;* **die ~e Zeit** continuamente **II.** *adv* **1.** (*völlig*) completamente; **~ allein** tutto solo; **~ genau!** esattamente!; **ich bin ~ Ihrer Meinung** la penso esattamente come Lei; **~ und gar nicht** nient'affatto; **~ vorn/hinten** molto avanti/indietro; **~ wie Sie meinen** come crede **2.** (*ziemlich*) abbastanza **3.** (*sehr*) molto; **~ wenig/viel** pochissimo/moltissimo

Ganze <ein -s, -n> *kein Pl n* tutto *m;* **aufs ~ gehen** (*fam*) tentare il tutto per tutto

gänzlich ['gɛntslɪç] *adv* del tutto

ganztags *adv* **~ arbeiten** lavorare a tempo pieno; **Ganztagsschule** *f* scuola *f* a tempo pieno

gar [ga:ɐ̯] **I.** *adj* (*Speise*) cotto **II.** *adv* **~ nicht** non … affatto; (**rein**) **~ nichts** niente di niente; **~ nicht schlecht** niente male; **~ keiner** nessuno; **oder ~ …?** o addirittura …?

Garage [ga'ra:ʒə] <-, -n> *f* garage *m*

Garantie [garan'ti:] <-, -n> *f* garanzia *f*

garantieren [garan'ti:rən] <ohne ge-> **I.** *vt* garantire **II.** *vi* **für etw ~** garantire qc

Garçonnière [garsɔ'niɛ:rə] <-, -n> *f* (*A: Einzimmerwohnung*) monolocale *m*

Gardasee ['gardaze:] *m* lago *m* di Garda

Garderobe [gardə'ro:bə] <-, -n> *f* guardaroba *f;* **Garderobenfrau** *f* guardarobiera *f;* **Garderobenständer** *m* attaccapanni *m*

Gardine [gar'di:nə] <-, -n> *f* tenda *f;* **Gardinenpredigt** *f* (*fam*) ramanzina *f;* **Gardinenstange** *f* asta *f* delle tende

gären ['gɛ:rən] <gärt, gärte *o* gor, gegärt *o* gegoren> *vi haben o sein* fermentare

Garn [garn] <-(e)s, -e> *n* filo *m*

Garnele [gar'ne:lə] <-, -n> *f* gamberetto *m*

garnieren [gar'ni:rən] <ohne ge-> *vt* **etw** (**mit etw**) **~** guarnire qc (con qc)

Garnitur [garni'tu:ɐ̯] <-, -en> *f* insieme *m;* (*Satz*) completo *m;* **die erste ~** (*fig*) la prima scelta

Garten ['gartən] <-s, Gärten> *m* giardino *m;* **Gartenarbeit** *f* lavoro *m* di giardinaggio; **Gartenfest** *n* garden-party *m;* **Gartenhaus** *n* padiglione *m* nel giardino; **Gartenlaube** *f* pergola *f;* **Gartenschere** *f* forbici *fpl* da giardiniere

Gärtner ['gɛrtnɐ] <-s, -> *m* giardiniere *m*

Gärtnerei [gɛrtnə'raɪ] <-, -en> *f* **1.** (*Unternehmen*) azienda *f* di floricoltura **2.** (*Gartenbau*) giardinaggio *m*

Gärtnerin ['gɛrtnərɪn] <-, -nen> *f* giardiniera *f*

Gärung ['gɛ:rʊŋ] <-, -en> *f* fermentazione *f*

Gas [ga:s] <-es, -e> *n* gas *m;* **~ geben** (AUTO) accelerare; **gasförmig** *adj* gassoso; **Gasheizung** *f* riscaldamento *m* a gas; **Gasherd** *m* fornello *m* a gas; **Gasleitung** *f* conduttura *f* del gas; **Gasmaske** *f* maschera *f* antigas

Gaspedal *n* (AUTO) pedale *m* dell'acceleratore; **Gaspistole** *f* pistola *f* a gas

Gasse ['gasə] <-, -n> *f* vicolo *m*

Gast [gast] <-es, Gäste> *m* ospite *mf;* (*in Gaststätte, Hotel*) cliente *mf;* **bei jdm zu ~ sein** essere ospite di qu; **Gastarbeiter**(**in**) *m(f)* lavoratore, -trice *m, f* straniero, -a

G

Gästebuch *n* libro *m* degli ospiti; **Gästezimmer** *n* camera *f* degli ospiti

gastfreundlich *adj* ospitale; **Gastfreundschaft** *f* ospitalità *f;* **Gastgeber(in)** *m(f)* ospitante *mf;* **Gasthaus** *n,* **Gasthof** *m* locanda *f*

gastieren [gas'ti:rən] <ohne ge-> *vi* recitare in trasferta

gastlich *adj* ospitale

Gastronomie [gastrono'mi:] <-> *kein Pl f* gastronomia *f*

Gastspiel *n* (THEAT) rappresentazione *f* (di una compagnia ospite); (SPORT) partita *f* in trasferta; **Gaststätte** *f* trattoria *f;* **Gastwirt(in)** *m(f)* oste *mf;* **Gastwirtschaft** *f s.* Gaststätte

Gasvergiftung *f* avvelenamento *m* da gas; **Gaswerk** *n* officina *f* del gas

Gatte ['gatə] <-n, -n> *m,* **Gattin** ['gatɪn] <-, -nen> *f* marito *m,* moglie *f*

Gattung ['gatʊŋ] <-, -en> *f* genere *m;* (BIOL) specie *f*

GAU [gaʊ] <-s> *kein Pl m abk v* **größter anzunehmender Unfall** *supposta massima gravità di incidente*

Gaudi ['gaʊdi] <-> *kein Pl f* (*fam*) spasso *m*

Gaul [gaʊl] <-(e)s, Gäule> *m* (*pej*) ronzino *m*

Gaumen ['gaʊmən] <-s, -> *m* palato *m*

Gauner(in) ['gaʊnɐ] <-s, -; -, -nen> *m(f)* imbroglione, -a *m, f*

Gazelle [ga'tsɛlə] <-, -n> *f* gazzella *f*

GB *abk v* **Gigabyte** GB

geb. *abk v* **geboren** n.

Gebäck [gə'bɛk] <-(e)s, -e> *n* biscotti *mpl,* paste *fpl*

gebacken [gə'bakən] *pp von* **backen**

Gebälk [gə'bɛlk] <-(e)s, *rar* -e> *n* travatura *f*

gebar [gə'ba:ɐ̯] *1. u 3. pers sing imp von* **gebären**

Gebärde [gə'bɛ:ɐ̯də] <-, -n> *f* gesto *m;* **gebärden** <ohne ge-> *vr* **sich** ~ atteggiarsi

gebären [gə'bɛ:rən] <gebärt *o* gebiert, gebar, geboren> *vt* partorire; **geboren werden** nascere

Gebärmutter *f* (ANAT) utero *m*

Gebäude [gə'bɔɪdə] <-s, -> *n* edificio *m*

Gebell [gə'bɛl] <-(e)s> *kein Pl n* abbaio *m*

geben ['ge:bən] <gibt, gab, gegeben> **I.** *vt* **1.** (*allg*) dare; (*reichen*) porgere; **etw von sich** *dat* ~ (*Laut*) proferire; (*Meinung*) esprimere; ~ **Sie mir bitte Frau Schröder** mi passi la signora Schröder, per favore; **viel/nicht viel auf etw** *acc* ~ tenere molto/non molto a qc; **zu verstehen** ~ far capire **2.** (*gewähren*) dare; (*Rabatt*) fare **3.** (*unpersönlich*) **es gibt jemanden, der …** c'è qualcuno che …; **es wird Regen** ~ pioverà; **was gibt's** (**Neues**)? che c'è (di nuovo)?; **das gibt's** (**doch**) **nicht!** non è possibile! **II.** *vr* **sich** ~ **1.** (*nachlassen*) diminuire; (*Schmerzen*) calmarsi; **das wird sich schon** ~ la cosa si risolverà **2.** (*sich benehmen*) comportarsi

Gebet [gə'be:t] <-(e)s, -e> *n* preghiera *f*

gebeten [gə'be:tən] *pp von* **bitten**

gebiert [gə'bi:ɐ̯t] *3. pers sing pr von* **gebären**

Gebiet [gə'bi:t] <-(e)s, -e> *n* **1.** (*Bezirk*) zona *f;* (ADM, POL) territorio *m* **2.** (*fig: Fach~*) campo *m;* **auf dem** ~ **der Technik** in campo tecnico

Gebietskrankenkasse *f* (*A: Ortskrankenkasse*) Azienda *f* Sanitaria Locale

Gebilde [gə'bɪldə] <-s, -> *n* **1.** (*Schöpfung, Werk*) opera *f* **2.** (*Form*) forma *f*

gebildet *adj* colto

Gebirge [gə'bɪrgə] <-s, -> *n* montagna *f*

gebirgig *adj* montagnoso

Gebirgszug *m* catena *f* di monti

Gebiss[RR] [gə'bɪs] <-es, -e> *n,* **Gebiß** *n* (*natürliches*) denti *mpl;* (*künstliches*) dentiera *f*

gebissen [gə'bɪsən] *pp von* **beißen**

geblasen [gə'bla:zən] *pp von* **blasen**

Gebläse [gə'blɛ:zə] <-s, -> *n* (AUTO) ventilatore *m*

geblieben [gə'bli:bən] *pp von* **bleiben**

geblümt [gə'bly:mt] *adj* a fiori

gebogen [gə'bo:gən] *pp von* **biegen**

geboren [gə'bo:rən] **I.** *pp von* **gebären II.** *adj* nato; ~**er Deutscher** tedesco di nascita; **Frau X,** ~**e Y** la signora X, nata Y; **sie ist die** ~**e Lehrerin** è nata per fare l'insegnante

geborgen [gə'bɔrgən] **I.** *pp von* **bergen II.** *adj* al sicuro; **sich** (**bei jdm**) ~ **fühlen** sentirsi sicuro (da qu); **Geborgenheit** <-> *kein Pl f* sicurezza *f*

geborsten [gə'bɔrstən] *pp von* **bersten**

Gebot [gə'bo:t] <-(e)s, -e> *n* **1.** (REL) comandamento *m;* **die Zehn** ~**e** i dieci comandamenti **2.** (*bei Auktion*) offerta *f*

geboten [gə'bo:tən] *pp von* **bieten, gebieten**
Gebr. *abk v* **Gebrüder** F.lli
gebracht [gə'braxt] *pp von* **bringen**
gebrannt [gə'brant] *pp von* **brennen**
gebraten [gə'bra:tən] *pp von* **braten**
Gebrauch [gə'braʊx] <-> *kein Pl m* (*Anwendung*) uso *m;* **in** ~ in uso; **von etw** ~ **machen** usare qc
gebrauchen <ohne ge-> *vt* usare; **noch gut zu** ~ **sein** essere ancora utilizzabile; **zu nichts zu** ~ **sein** non essere buono a nulla; **das könnte ich gut** ~ mi farebbe comodo
gebräuchlich [gə'brɔɪçlɪç] *adj* (*üblich*) usato; (*Ausdruck*) corrente; ~ **sein** essere in uso; **nicht mehr** ~ fuori uso
Gebrauchsanweisung *f* istruzione *f* per l'uso; **gebrauchsfertig** *adj* pronto per l'uso; **Gebrauchsgegenstand** *m* oggetto *m* d'uso comune
gebraucht [gə'braʊxt] *adj* usato; **Gebrauchtwagen** *m* automobile *f* usata
Gebrechen [gə'brɛçən] <-s, -> *n* infermità *f*
gebrechlich *adj* malaticcio
gebrochen [gə'brɔxən] **I.** *pp von* **brechen II.** *adj* (*fig: Mensch*) affranto **III.** *adv* ~ **Deutsch sprechen** parlare tedesco stentatamente
Gebrüder [gə'bry:dɐ] *pl* fratelli *mpl*
Gebrüll [gə'brʏl] <-(e)s> *kein Pl n* urli *mpl;* (*von wildem Tier*) ruggito *m*
Gebühr [gə'by:ɐ̯] <-, -en> *f meist Pl* (*Abgabe*) tassa *f;* (*Telefon~*) tariffa *f;* ~ **bezahlt Empfänger** tassa a carico del destinatario
gebührend *adj* dovuto
Gebühreneinheit *f* (TEL) scatto *m;* **gebührenfrei** *adj* esente da tasse; (*Post*) franco di porto
gebührenpflichtig *adj* soggetto a tassa; (*Straße*) a pagamento
gebunden [gə'bʊndən] *pp von* **binden**
Geburt [gə'bu:ɐ̯t] <-, -en> *f* nascita *f;* **von** ~ **an** dalla nascita; **Geburtenkontrolle** *f* controllo *m* delle nascite; **Geburtenrate** *f* tasso *m* di natalità; **Geburtenrückgang** *m* diminuzione *f* delle nascite; **Geburtenziffer** *f* natalità *f*
gebürtig [gə'bʏrtɪç] *adj* ~**er Römer** romano di nascita; **aus Rom** ~ nativo di Roma
Geburtsanzeige *f* annuncio *m* di nascita; **Geburtsdatum** *n* data *f* di nascita; **Geburtshelfer(in)** *m(f)* ostetrico, -a *m, f;* **Geburtsjahr** *n* anno *m* di nascita; **Geburtsort** *m* luogo *m* di nascita; **Geburtstag** *m* compleanno *m;* **jdm zum** ~ **gratulieren** fare a qu gli auguri per il compleanno; **herzlichen Glückwunsch zum** ~**!** tanti auguri di buon compleanno!; **Geburtstagskind** *n* festeggiato, -a *m, f* (*persona che compie gli anni*)**;** **Geburtsurkunde** *f* atto *m* di nascita
Gebüsch [gə'bʏʃ] <-(e)s, -e> *n* cespuglio *m*
gedacht *pp von* **denken**
Gedächtnis [gə'dɛçtnɪs] <-ses, -se> *n* memoria *f;* **ein schlechtes** ~ **haben** avere una cattiva memoria; **sich** *dat* **etw ins** ~ **zurückrufen** richiamarsi qc alla memoria; **aus dem** ~ a memoria; **Gedächtnisschwund** *m* amnesia *f* totale; **Gedächtnisstütze** *f* promemoria *m*
gedämpft *adj* (*Licht, Stimme*) smorzato
Gedanke [gə'daŋkə] <-ns, -n> *m* pensiero *m;* (*Einfall*) idea *f;* **auf den** ~**n kommen zu** + *inf* avere l'idea di + *inf;* **der bloße** ~ solo a pensarci; **jdn auf andere** ~**n bringen** distrarre qu; **sich** *dat* **über jdn/etw** ~**n machen** preoccuparsi per qu/qc; **Gedankenaustausch** *m* scambio *m* di idee; **Gedankengang** *m* ragionamento *m;* **gedankenlos** *adj* (*zerstreut*) distratto; (*unüberlegt*) sconsiderato; **Gedankenstrich** *m* (LING) lineetta *f;* **Gedankenübertragung** *f* telepatia *f;* **gedankenverloren** *adj* immerso nei propri pensieri
gedanklich *adj* mentale
Gedeck [gə'dɛk] <-(e)s, -e> *n* coperto *m*
gedeihen [gə'daɪən] <gedeiht, gedieh, gediehen> *vi sein* crescere (bene); (*fig*) prosperare; (*gut vorangehen*) progredire
gedenken <irr> *vi* **1.** (*geh: sich erinnern*) **jds/einer Sache** ~ ricordarsi di qu/qc **2.** (*beabsichtigen*) **etw zu tun** ~ avere l'intenzione di fare qc
Gedenkfeier *f* commemorazione *f*
Gedicht [gə'dɪçt] <-(e)s, -e> *n* poesia *f*
gedieh [gə'di:] *1. u 3. pers sing imp von* **gedeihen**
gediehen [gə'di:ən] *pp von* **gedeihen**
Gedränge [gə'drɛŋə] <-s, -> *n* **1.** (*Menschenmenge*) calca *f* **2.** (*Drängelei*) pigia pigia *m fam;* **ins** ~ **kommen** (*fig*) essere messo alle strette

G

gedrängt [gə'drɛŋt] *adj* **1.** (*beengt*) serrato **2.** (*Stil*) conciso

gedroschen [gə'drɔʃən] *pp von* **dreschen**

gedrungen [gə'drʊŋən] **I.** *pp von* **dringen II.** *adj* tarchiato

Geduld [gə'dʊlt] <-> *kein Pl f* pazienza *f;* **mit jdm ~ haben** aver pazienza con qu

gedulden <ohne ge-> *vr* **sich ~** pazientare

geduldig *adj* paziente

gedurft [gə'dʊrft] *pp von* **dürfen[1]**, **dürfen[2]**

geehrt [gə'ʔeːɐ̯t] *adj* onorato; **sehr ~er Herr M.** egregio signor M.; **sehr ~e Damen und Herren** gentili signori e signore

geeignet [gə'ʔaɪgnət] *adj* **1.** (*Mensch*) adatto; **für eine Arbeit ~ sein** essere idoneo ad un lavoro; **er ist zum Lehrer nicht ~** non è adatto a fare l'insegnante **2.** (*zweckmäßig*) appropriato

Gefahr [gə'faːɐ̯] <-, -en> *f* pericolo *m;* **auf eigene ~** a proprio rischio e pericolo; **außer ~** fuori pericolo; **es besteht keine ~ für jdn** non c'è pericolo per nessuno; **~ laufen zu ...** *+inf* correre il rischio di ... *+inf;* **in ~ bringen** mettere a repentaglio

gefährden [gə'fɛːɐ̯dən] <ohne ge-> *vt* mettere in pericolo

gefahren [gə'faːrən] *pp von* **fahren**

Gefahrenquelle *f* fonte *f* di pericoli

gefährlich [gə'fɛːɐ̯lɪç] *adj* pericoloso

Gefährte [gə'fɛːɐ̯tə] <-n, -n> *m,* **Gefährtin** <-, -nen> *f* (*geh*) compagno, -a *m, f*

Gefälle [gə'fɛlə] <-s, -> *n* **1.** (*von Straße*) discesa *f* **2.** (*Unterschied*) differenza *f*

gefallen[1] [gə'falən] <gefällt, gefiel, gefallen> *vi* **1. jdm ~** piacere a qu; **das gefällt mir** mi piace **2.** (*Wend*) **sich** *dat* **etw ~ lassen** sopportare qc

gefallen[2] *pp von* **fallen**

Gefallen[1] <-s, -> *m* (*Gefälligkeit*) favore *m;* **jdm einen ~ tun** fare un piacere a qu

Gefallen[2] <-s> *kein Pl n* **an etw** *dat* **~ finden** trovar piacere in qc

gefällig [gə'fɛlɪç] *adj* **1.** (*angenehm*) gradevole **2.** (*hilfsbereit*) servizievole

Gefälligkeit <-> *kein Pl f* (*Hilfsbereitschaft*) compiacenza *f;* **aus ~** per far piacere

gefälligst *adv* (*fam iron*) per piacere

gefangen [gə'faŋən] **I.** *pp von* **fangen II.** *adj* catturato; (*inhaftiert*) imprigionato; **~ halten** tenere prigioniero; **~ nehmen** catturare

Gefangene <ein -r, -n, -n> *mf* prigioniero, -a *m, f;* (*Inhaftierter*) detenuto, -a *m, f;* **Gefangenenlager** *n* campo *m* di prigionieri

gefangen|halten *s.* **gefangen II.**; **Gefangennahme** <-, -n> *f* cattura *f;* **gefangen|nehmen** *s.* **gefangen II.**; **Gefangenschaft** <-, *rar* -en> *f* prigionia *f;* (*Haft*) detenzione *f;* **in ~ geraten** cadere prigioniero

Gefängnis [gə'fɛŋnɪs] <-ses, -se> *n* prigione *f;* **Gefängnisstrafe** *f* pena *f* detentiva; **jdn zu einer ~ von zwei Jahren verurteilen** condannare qu a due anni di reclusione; **Gefängniswärter(in)** *m(f)* agente *mf* di custodia

Gefäß [gə'fɛːs] <-es, -e> *n* **1.** (*Behälter*) recipiente *m* **2.** (*Blut~*) vaso *m*

gefasst[RR] [gə'fast] *adj,* **gefaßt** *adj* calmo; **auf alles ~ sein** essere rassegnato al peggio; **sich auf etw** *acc* **~ machen** aspettarsi qc

Gefecht [gə'fɛçt] <-(e)s, -e> *n* combattimento *m;* **jdn außer ~ setzen** (*a fig*) mettere qu fuori combattimento

Gefieder [gə'fiːdɐ] <-s, -> *n* piumaggio *m*

gefleckt [gə'flɛkt] *adj* macchiato; (*bes Tiere*) pezzato

geflochten [gə'flɔxtən] *pp von* **flechten**

geflogen [gə'floːgən] *pp von* **fliegen**

geflohen [gə'floːən] *pp von* **fliehen**

geflossen [gə'flɔsən] *pp von* **fließen**

Geflügel [gə'flyːgəl] <-s> *kein Pl n* pollame *m*

geflügelt *adj* alato; **~e Worte** parole alate

Geflüster [gə'flʏstɐ] <-s> *kein Pl n* bisbiglio *m*

gefochten [gə'fɔxtən] *pp von* **fechten**

Gefolge [gə'fɔlgə] <-s, *rar* -> *n* seguito *m*

Gefolgschaft <-, -en> *f* (*Anhänger*) seguaci *mpl*

gefragt [gə'fraːkt] *adj* richiesto

gefräßig [gə'frɛːsɪç] *adj* vorace

gefressen [gə'frɛsən] *pp von* **fressen**

gefrieren [gə'friːrən] <gefriert, gefror, gefroren> *vi sein* (con)gelare

Gefrierfach *n* freezer *m;* **gefriergetrocknet** *adj* liofilizzato; **Gefrierpunkt** *m* punto *m* di congelamento; **Gefriertruhe** *f* congelatore *m*

gefroren [gə'froːrən] **I.** *pp von* **frieren II.** *adj* (con)gelato; **hart ~** ghiacciato

Gefüge [gəˈfyːgə] <-s, -> *n* struttura *f*

gefügig *adj* docile

Gefühl [gəˈfyːl] <-(e)s, -e> *n* **1.** (*körperlich*) sensazione *f* **2.** (*seelisch*) sentimento *m* **3.** (*Ahnung*) sensazione *f;* **etw im ~ haben** sentire qc; **ich habe das ~, dass …** ho l'impressione che … **4.** (*Gespür*) senso *m;* **gefühllos** *adj* insensibile

gefühlsmäßig **I.** *adj* istintivo **II.** *adv* intuitivamente

gefühlvoll *adj* pieno di sentimenti; (*empfindsam*) sensibile

gefunden [gəˈfʊndən] *pp von* **finden**

gefüttert *adj* (*Kleidungsstück*) foderato

gegangen [gəˈgaŋən] *pp von* **gehen**

gegeben [gəˈgeːbən] **I.** *pp von* **geben** **II.** *adj* **zu ~er Zeit** a tempo debito; **gegebenenfalls** *adv* eventualmente

gegen [ˈgeːgən] *prp +acc* **1.** (*feindlich, entgegen*) contro; **~ etw sein** essere contrario a qc; **ich habe nichts ~ ihn** non ho niente contro di lui; **das ist** (**gut**) **~ Kopfweh** questo fa bene per il mal di testa **2.** (*im Tausch*) dietro; (*als Entgelt für*) per **3.** (*zeitlich*) verso; **~ 4 Uhr** verso le 4 **4.** (*etwa*) circa **5.** (*im Vergleich zu*) in confronto a

Gegenangriff *m* (MIL) contrattacco *m;* **Gegenbeweis** *m* controprova *f*

Gegend [ˈgeːgənt] <-, -en> *f* regione *f;* (*Umgebung*) dintorni *mpl*

gegeneinander [geːgənʔaɪˈnandɐ] *adv* l'uno contro l'altro; **~ halten** paragonare; **gegeneinander|halten** *s.* **gegeneinander**

Gegenfahrbahn *f* corsia *f* contromano; **Gegengewicht** *n* contrappeso *m;* **Gegengift** *n* antidoto *m;* **Gegenleistung** *f* contropartita *f;* **als ~ für** in compenso di; **Gegenliebe** *kein Pl f* **er fand keine ~** il suo amore non venne ricambiato; **Gegenmaßnahme** *f* contromisura *f;* **Gegenmehr** <-s> *kein Pl n* (*CH: Gegenstimmen*) voto *m* contrario

Gegensatz *m* contrasto *m;* (*Widerspruch*) contraddizione *f;* **im ~ zu** in contrasto con

gegensätzlich [ˈgeːgənzɛtslɪç] *adj* contrario

Gegenschlag *m* contrattacco *m;* **Gegenseite** *f* (POL) opposizione *f;* (JUR) controparte *f;* **gegenseitig** [ˈgeːgənzaɪtɪç] **I.** *adj* reciproco; **in ~em Einvernehmen** di comune accordo **II.** *adv* **sich ~ helfen** aiutarsi a vicenda; **Gegenseitigkeit** <-> *kein Pl f* reciprocità *f;* **auf ~ beruhen** essere reciproco; **Gegenspieler(in)** *m(f)* (*fig*) antagonista *mf*

Gegenstand *m* **1.** (*Ding*) oggetto *m* **2.** (*Thema*) soggetto *m;* **gegenstandslos** *adj* (*ungültig*) nullo; (*unbegründet*) infondato

Gegenstimme *f* voto *m* contrario; **Gegenteil** *n* contrario *m;* **im ~** al contrario; **gegenteilig** *adj* opposto

gegenüber [geːgənˈʔyːbɐ] **I.** *adv* **~** (**von jdm/etw**) di fronte (a qu/qc) **II.** *prp +dat* **1.** (*räumlich*) di fronte a **2.** (*im Vergleich mit*) in confronto a **3.** (*in Bezug auf*) riguardo a; **mir ~** (*im Umgang mit mir*) nei miei confronti; **Gegenüber** <-s, -> *n* (*Mensch*) persona *f* di fronte; **gegenüberliegend** *adj* di fronte

gegenüber|stehen <irr> *vr* **sich ~** stare di fronte; **gegenüber|stellen** *vt* **1.** (*Menschen*) **jdn jdm ~** confrontare qu con qu **2.** (*vergleichen*) confrontare; **Gegenüberstellung** *f* confronto *m*

Gegenverkehr *kein Pl m* traffico *m* in senso opposto

Gegenwart [ˈgeːgənvart] <-> *kein Pl f* **1.** (*Anwesenheit*) presenza *f;* **in ~ von** in presenza di **2.** (*jetzige Zeit*) presente *m* **3.** (LING) presente *m*

gegenwärtig [ˈgeːgənvɛrtɪç] **I.** *adj* **1.** (*anwesend*) presente **2.** (*jetzig*) attuale **II.** *adv* attualmente

Gegenwert *m* equivalente *m;* **Gegenwind** *m* vento *m* contrario; **gegen|zeichnen** *vt* controfirmare

gegessen *pp von* **essen**

geglichen *pp von* **gleichen**

geglitten *pp von* **gleiten**

geglommen *pp von* **glimmen**

Gegner(in) [ˈgeːgnɐ] <-s, -> *m(f)* avversario, -a *m, f;* (*Feind*) nemico, -a *m, f;* (*von Meinung*) oppositore, -trice *m, f;* **gegnerisch** *adj* avversario; (*feindlich*) nemico; **Gegnerschaft** <-, -en> *f* opposizione *f*

gegolten *pp von* **gelten**

gegoren *pp von* **gären**

gegossen *pp von* **gießen**

gegraben [gəˈgraːbən] *pp von* **graben**

gegriffen [gəˈgrɪfən] *pp von* **greifen**

Gehabe [gəˈhaːbə] <-s> *kein Pl n* (*pej*) smancerie *fpl*

G

Gehackte [gə'haktə] <ein -s, -n> *kein Pl n* carne *f* tritata

Gehalt[1] [gə'halt] <-(e)s, -e> *m* (*Inhalt*) contenuto *m*

Gehalt[2] [gə'halt] <-(e)s, Gehälter> *n* stipendio *m*

gehalten [gə'haltən] *pp von* **halten**

Gehaltsempfänger(in) *m(f)* stipendiato, -a *m, f;* **Gehaltserhöhung** *f* aumento *m* dello stipendio

gehangen [gə'haŋən] *pp von* **hängen**[2]

gehässig [gə'hɛsɪç] *adj* maligno

gehauen *pp von* **hauen**

Gehäuse [gə'hɔɪzə] <-s, -> *n* **1.** (TEC: *Umhüllung*) involucro *m;* (*Uhr~*) cassa *f* **2.** (*Schnecken~*) guscio *m* **3.** (*Kern~*) torsolo *m*

gehbehindert ['ge:bəhɪndɐt] *adj* invalido

Gehege [gə'he:gə] <-s, -> *n* **1.** (*Jagdrevier*) riserva *f* di caccia **2.** (*Tier~*) recinto *m*

geheim [gə'haɪm] *adj* segreto; **etw vor jdm ~ halten** tenere segreto qc a qu; **im Geheimen** in segreto; **Geheimdienst** *m* servizio *m* segreto; **geheim|halten** *vt s.* **geheim**

Geheimnis [gə'haɪmnɪs] <-ses, -se> *n* segreto *m;* **aus etw ein ~ machen** fare mistero di qc; **ein offenes ~** un segreto di Pulcinella; **geheimnisvoll** *adj* misterioso; **~ tun** fare il misterioso

Geheimnummer *f* (TEL) numero *m* telefonico segreto; (*Konto, Bankomat*) codice *m* segreto; **Geheimpolizei** *f* polizia *f* segreta; **Geheimtipp**[RR] *m* consiglio *m* da esperto

gehemmt *adj* inibito

gehen ['ge:ən] <geht, ging, gegangen> *sein* **I.** *vi* **1.** andare; **zu Fuß ~** andare a piedi; **spazieren ~** andare a passeggio; **essen ~** andare a mangiare (fuori); **bei jdm aus und ein ~** frequentare qu; **jdm nahe ~** toccare qu da vicino; **zu jdm ~** andare da qu **2.** (*weg~*) andarsene; (*Zug, Schiff*) partire; **ich gehe jetzt** me ne vado **3.** (*funktionieren*) funzionare; (*Uhr*) andare **4.** (*unpersönlich*) **wie geht es Ihnen?** come sta?; **es geht** non c'è male; **es geht mir gut/schlecht** sto bene/male; **geht es so?** va bene così?; **das geht nicht** non si può fare così; **so geht es nicht** così non va; **so gut es geht** il meglio possibile; **wenn es nach mir ginge** se dipendesse da me; **das geht zu weit** quest'è troppo; **es geht um etw** si tratta di qc; **worum geht's?** di che cosa si tratta? **5.** (COM) **gut ~d** (*Geschäft*) ben avviato; **wie ~ die Geschäfte?** come vanno gli affari? **6.** (*passen*) **in etw** *acc* **~** entrare in qc **7.** (*Wend*) **~ lassen** (*in Ruhe lassen*) lasciare in pace; **sich ~ lassen** (*im Benehmen*) perdere il controllo di sé stesso; **schief ~** andare storto **II.** *vt* (*Strecke*) percorrere

gehen|lassen **I.** *vt s.* **gehen I.7. II.** *vr* **sich ~** *s.* **gehen I.7.**

geheuer [gə'hɔɪɐ] *adj* **nicht ~** sospetto

Gehilfe [gə'hɪlfə] <-n, -n> *m* assistente *mf*

Gehilfenschaft <-, -en> *f* (*CH: Beihilfe*) complicità *f*

Gehilfin [gə'hɪlfɪn] <-, -nen> *f* assistente *f; s. a.* **Gehilfe**

Gehirn [gə'hɪrn] <-(e)s, -e> *n* cervello *m;* **Gehirnerschütterung** *f* (MED) commozione *f* cerebrale; **Gehirnschlag** *m* (MED) apoplessia *f* cerebrale; **Gehirnwäsche** *f* lavaggio *m* del cervello

gehoben [gə'ho:bən] *pp von* **heben**

geholfen *pp von* **helfen**

Gehör [gə'hø:ɐ̯] <-(e)s> *kein Pl n* **1.** (*~sinn*) udito *m;* (*Tonempfindung*) orecchio *m;* **ein gutes ~ haben** aver l'udito fine **2.** (*Beachtung*) ascolto *m;* **sich** *dat* **~ verschaffen** farsi ascoltare

gehorchen *vi* (**jdm**) **~** ubbidire (a qu)

gehören <ohne ge-> **I.** *vi* **1.** (*als Eigentum*) **jdm ~** appartenere a qu; **das gehört mir** questo è mio **2.** (*als Teil*) **zu etw ~** far(e) parte di qc; **er gehört zu den besten Dichtern** è tra i migliori poeti **3.** (*an bestimmten Platz*) dover stare; **der Schrank gehört nicht hierher** non è questo il posto dell'armadio; **du gehörst ins Bett** dovresti essere a letto **4.** (*erforderlich sein*) occorrere; **dazu gehört nicht viel** non ci vuole molto **II.** *vr* **sich ~** convenire; **das gehört sich nicht** non si fa; **wie es sich gehört** come si addice

gehörig *adj* **1.** (*gebührend*) dovuto **2.** (*fam: beträchtlich*) bello

gehorsam [gə'ho:ɐ̯za:m] *adj* ubbidiente; **Gehorsam** <-s> *kein Pl m* ubbidienza *f*

Gehweg *m* marciapiede *m*

Geier ['gaɪɐ] <-s, -> *m* avvoltoio *m*

Geige ['gaɪgə] <-, -n> *f* violino *m;* **die erste ~ spielen** (*a fig*) essere il numero uno

Geiger(in) <-s, -; -, -nen> *m(f)* violinista *mf*

geil [gaɪl] *adj* **1.** (*lüstern*) lussurioso **2.** (*sl: toll*) fico

Geisel ['gaɪzəl] <-, -n> *f* ostaggio *m;* **Geiselnahme** <-, -n> *f* cattura *f* di un ostaggio; **Geiselnehmer(in)** <-s, -; -, -nen> *m(f)* sequestratore, -trice *m, f*

Geist [gaɪst] <-(e)s, -er> *m* **1.** *sing* (*Vernunft, Intellekt*) spirito *m* **2.** (*Gespenst*) fantasma *m;* **von allen guten ~ern verlassen sein** (*fam*) aver perso la testa

Geisterbahn *f* galleria *f* degli orrori; **Geisterfahrer(in)** *m(f)* automobilista *mf* che viaggia contromano; **geisterhaft** *adj* spettrale

geistesabwesend *adj* assente; **Geistesblitz** *m* lampo *m* di genio; **Geistesgegenwart** *f* presenza *f* di spirito; **geistesgestört** *adj* alienato (di mente); **geisteskrank** *adj* malato di mente; **Geisteswissenschaften** *pl* scienze umane *fpl;* **Geisteszustand** *m* stato *m* mentale

geistig ['gaɪstɪç] *adj* mentale; (*Arbeit*) intellettuale; **~ behindert** minorato mentale

geistlich ['gaɪstlɪç] *adj* spirituale; **Geistliche** <ein -r, -n, -n> *m* ecclesiastico *m*

geistlos *adj* privo d'ingegno; (*dumm*) stupido; (*fade*) insulso; **geistreich** *adj* spiritoso

Geiz [gaɪts] <-es, -e> *m* avarizia *f*

geizen *vi* essere avaro; **mit jedem Pfennig ~** lesinare su ogni centesimo

Geizhals *m* (*pej*) avaraccio *m*

geizig *adj* avaro

Gejammer [gə'jamɐ] <-s> *kein Pl n* (*pej*) lamentele *fpl*

gekannt *pp von* **kennen**

geklungen *pp von* **klingen**

geknickt [gə'knɪkt] *adj* (*fam*) abbacchiato

gekniffen *pp von* **kneifen**

gekonnt [gə'kɔnt] **I.** *pp von* **können**[2] **II.** *adj* ben fatto

Gekritzel [gə'krɪtsəl] <-s> *kein Pl n* scarabocchi *mpl*

gekrochen *pp von* **kriechen**

gekünstelt [gə'kʏnstəlt] *adj* affettato; (*Sprache*) ricercato

Gel [ge:l] <-s, -e> *n* gel *m*

Gelächter [gə'lɛçtɐ] <-s, -> *n* risa *fpl*

geladen **I.** *pp von* **laden** **II.** *adj* (*fam: zornig*) arrabbiato

Gelage [gə'la:gə] <-s, -> *n* banchetto *m*

gelähmt [gə'lɛ:mt] *adj* paralizzato

Gelände [gə'lɛndə] <-s, -> *n* terreno *m*

Geländer [gə'lɛndɐ] <-s, -> *n* (*Treppen~*) ringhiera *f;* (*Brüstung*) balaustra *f*

Geländewagen *m* fuoristrada *m*

gelang [gə'laŋ] *1. u 3. pers sing imp von* **gelingen**

gelangen [gə'laŋən] <ohne ge-> *vi sein* **1.** (*ein Ziel erreichen*) arrivare; **zu etw ~** arrivare a qc; **in den Besitz einer Sache** *gen* **~** entrare in possesso di qc **2.** (*CH: sich wenden*) **an jdn/etw ~** appellarsi a qu/qc

gelassen [gə'lasən] **I.** *pp von* **lassen**[1] **II.** *adj* (*ruhig*) calmo; (*gleichmütig*) imperturbabile; **~ bleiben** mantenere la calma **III.** *adv* con calma

Gelatine [ʒela'ti:nə] <-> *kein Pl f* gelatina *f*

gelaufen [gə'laʊfən] *pp von* **laufen**

geläufig [gə'lɔɪfɪç] *adj* corrente; **jdm ~ sein** essere familiare a qu

gelaunt [gə'laʊnt] *adj* **gut/schlecht ~** di buon/cattivo umore

gelb [gɛlp] *adj* giallo

gelblich *adj* giallognolo

Gelbsucht *kein Pl f* (MED) itterizia *f*

Geld [gɛlt] <-(e)s, -er> *n* soldi *mpl;* **bares ~** denaro in contanti; **ins ~ gehen** diventar caro; **um ~ spielen** giocare a soldi; **zu ~ machen** vendere; **Geldanlage** *f* investimento *m* di denaro; **Geldautomat** *m* bancomat *m;* **Geldbeutel** *m,* **Geldbörse** *f* (*A*) borsellino *m;* **Geldbuße** *f* multa *f;* **geldgierig** *adj* avido di denaro; **Geldschein** *m* banconota *f;* **Geldstrafe** *f* multa *f;* **Geldstück** *n* moneta *f;* **Geldtasche** *f* (*A*) *s.* **Geldbeutel**; **Geldwechsel** *m* cambio *m*

Gelee [ʒe'le:] <-s, -s> *n o m* gelatina *f*

gelegen [gə'le:gən] **I.** *pp von* **liegen** **II.** *adj* **1.** (*örtlich*) situato **2.** (*passend*) opportuno; **das kommt mir sehr ~** questo mi torna molto comodo; **mir ist daran ~, dass …** mi importa che *+conj*

Gelegenheit <-, -en> *f* occasione *f;* **bei ~** all'occasione; **eine gute ~** una buona occasione; **Gelegenheitsarbeit** *f* lavoro *m* occasionale; **Gelegenheitskauf** *m* occasione *f*

gelegentlich [gə'le:gəntlɪç] **I.** *adj* occasionale **II.** *adv* (*bei Gelegenheit*) all'occasione; (*manchmal*) ogni tanto

gelehrig [gə'le:rɪç] *adj* docile

gelehrt [gə'le:ɐ̯t] *adj* erudito; **Gelehrte** <ein -r, -n, -n> *mf* erudito, -a *m, f;* (*Wissen-*

schaftler) studioso, -a *m, f*

Gelenk [gəˈlɛŋk] <-(e)s, -e> *n* **1.** (ANAT) articolazione *f* **2.** (TEC) giunto *m*

gelenkig *adj* sciolto

gelesen [gəˈleːzən] *pp von* **lesen**

Geliebte <ein -r, -n, -n> *mf* amante *mf*

geliehen *pp von* **leihen**

gelingen [gəˈlɪŋən] <gelingt, gelang, gelungen> *vi sein* riuscire

gelitten [gəˈlɪtən] *pp von* **leiden**

gellend *adj* squillante

geloben <ohne ge-> *vt* giurare

gelogen *pp von* **lügen**

Gelse [ˈgɛlzə] <-, -n> *f* (*A: Stechmücke*) zanzara *f*

gelten [ˈgɛltən] <gilt, galt, gegolten> **I.** *vi* **1.** (*gültig sein*) essere valido; **das gilt nicht!** non vale!; **~ lassen** riconoscere **2.** (*angesehen werden als*) **~ als** passare per **3.** (*betreffen*) **jdm ~** riguardare qu **II.** *vt* (*wert sein*) valere

geltend *adj* (*Gesetz*) vigente; **~ machen** far valere; (*durchsetzen*) affermare

Geltung <-> *kein Pl f* **1.** (*Gültigkeit*) validità *f;* **~ haben** (*gültig sein*) essere valido **2.** (*Ansehen*) considerazione *f* **3.** (*Bedeutung*) evidenza *f;* **sich** *dat* **~ verschaffen** farsi valere; **zur ~ bringen** mettere in risalto; **zur ~ kommen** farsi valere; (*hervorstechen*) risaltare; **Geltungsbedürfnis** *n* desiderio *m* di mettersi in luce

Gelübde [gəˈlʏpdə] <-s, -> *n* voto *m;* **ein ~ ablegen** fare un voto

gelungen [gəˈlʊŋən] **I.** *pp von* **gelingen** **II.** *adj* **1.** (*geglückt*) riuscito (bene) **2.** (*zum Lachen*) buffo

gemächlich [gəˈmɛːçlɪç] **I.** *adj* tranquillo **II.** *adv* (*langsam*) pian piano

gemahlen [gəˈmaːlən] *pp von* **mahlen**

Gemälde [gəˈmɛːldə] <-s, -> *n* dipinto *m*

gemäß [gəˈmɛːs] **I.** *prp +dat* secondo **II.** *adj* **jdm/einer Sache ~ sein** essere degno di qu/qc; **eine der Leistung ~e Bezahlung** un compenso adeguato alla prestazione

gemäßigt *adj* moderato; (*Klima*) temperato

gemein [gəˈmaɪn] *adj* **1.** (*niederträchtig*) meschino; **~er Kerl** villano *m* **2.** (*allgemein*) comune **3.** (*gemeinsam*) **etw mit jdm ~ haben** avere qc in comune con qu

Gemeinde [gəˈmaɪndə] <-, -n> *f* **1.** (ADM) comune *m* **2.** (*Pfarr~*) parrocchia *f;* **Gemeindeammann** *m* (*CH*) **1.** (ADM, POL) sindaco *m* **2.** (*Betreibungs- und Vollstreckungsbeamter*) ufficiale *m* giudiziario; **Gemeinderat** *m* **1.** (*Körperschaft*) consiglio *m* comunale **2.** (*Person*) consigliere *m* comunale; **Gemeindeverwaltung** *f* amministrazione *f* comunale; **Gemeindewahl** *f* elezioni *fpl* comunali; **Gemeindewohnung** *f* (*A: Sozialwohnung*) casa *f* popolare; **Gemeindezentrum** *n* centro *m* comunale

gemeingefährlich *adj* che costituisce un pericolo pubblico

Gemeingut <-(e)s> *kein Pl n* bene *m* pubblico

Gemeinheit <-, -en> *f* cattiveria *f*

gemeinnützig [gəˈmaɪnnʏtsɪç] *adj* di interesse collettivo

gemeinsam **I.** *adj* comune; **der Gemeinsame Markt** il mercato comune; **mit jdm ~e Sache machen** far causa comune con qu **II.** *adv* (*mehrere betreffend*) in comune; (*zusammen*) insieme

Gemeinschaft <-, -en> *f* comunità *f;* **in ~ mit** in unione con

gemeinschaftlich *adj* comune

Gemeinschaftspraxis *f* (MED) studio *m* comunitario; **Gemeinschaftsraum** *m* sala *f* di ricreazione

Gemenge [gəˈmɛŋə] <-s, -> *n* mischia *f*

gemessen *pp von* **messen**

Gemetzel [gəˈmɛtsəl] <-s, -> *n* massacro *m*

gemieden *pp von* **meiden**

Gemisch [gəˈmɪʃ] <-(e)s, -e> *n* (*a fig*) miscuglio *m;* (*Treibstoff~*) miscela *f*

gemischt [gəˈmɪʃt] *adj* misto; (*Gesellschaft*) promiscuo; (*Gefühle*) contrastante

gemocht *pp von* **mögen**[1]

gemolken *pp von* **melken**

Gemse <-, -n> *f s.* **Gämse**

Gemurmel [gəˈmʊrməl] <-s> *kein Pl n* borbottio *m*

Gemüse [gəˈmyːzə] <-s, -> *n* verdura *f;* **Gemüsegarten** *m* orto *m;* **Gemüsehändler(in)** *m(f)* erbivendolo, -a *m, f*

gemusst[RR], **gemußt** *pp von* **müssen**[2]

Gemüt [gəˈmyːt] <-(e)s, -er> *n* animo *m;* (*Wesen*) natura *f;* **sich** *dat* **etw zu ~e führen** (*essen, trinken*) mangiare/bere qc con gusto; (*beherzigen*) prendersi qc a cuore

gemütlich **I.** *adj* (*behaglich*) accogliente; (*bequem*) comodo; (*Mensch*) affabile; (*Tem-*

po) tranquillo **II.** *adv* **es sich** *dat* **~ machen** mettersi a proprio agio; **machen Sie es sich** *dat* **~!** faccia come se fosse a casa Sua!

Gemütlichkeit <-> *kein Pl f* comodità *f;* (*Ruhe*) tranquillità *f;* (*von Menschen*) cordialità *f*

Gemütsbewegung *f* emozione *f;* **Gemütsmensch** *m* persona *f* di cuore; **Gemütsverfassung** *f* stato *m* d'animo

Gen [geːn] <-s, -e> *n* (BIOL) gene *m*

genannt *pp von* **nennen**

genau [gəˈnaʊ] **I.** *adj* **1.** (*exakt*) esatto; (*bestimmt*) preciso; **~ genommen** a rigore **2.** (*sorgfältig*) accurato; **peinlich ~** pignolo **3.** (*ausführlich*) dettagliato **II.** *adv* esattamente; **~ gehen** (*Uhr*) andare bene; **~ um drei Uhr** alle tre precise; **~!** (*stimmt*) esatto!; **das ist ~ dasselbe** è proprio la stessa cosa; **jdn ~ kennen** conoscere bene qu; **es mit etw nicht so ~ nehmen** prendere qc sottogamba

genaugenommen *adv s.* **genau I.1.**

Genauigkeit <-> *kein Pl f* **1.** (*Exaktheit*) esattezza *f* **2.** (*Sorgfalt*) accuratezza *f*

genauso [gəˈnaʊzoː] *adv* altrettanto

Genbank <-, -bänke> *f* banca *f* genetica

Gendarm [ʒanˈdarm] <-en, -en> *m* (*A, CH*) carabiniere *m*

Gendarmerie [ʒandarməˈriː] <-, -n> *f* (*A, CH*) corpo *m* dei carabinieri

genehmigen [gəˈneːmɪgən] <ohne ge-> *vt* (*Antrag*) approvare; (*erlauben*) permettere; **sich** *dat* **etw ~** concedersi qc

Genehmigung <-, -en> *f* autorizzazione *f;* **jdm eine ~ zu etw erteilen** dare il permesso a qu di fare qc

geneigt [gəˈnaɪkt] *adj* **1.** (*abfallend*) inclinato; (*abschüssig*) in pendenza **2.** (*fig*) ben disposto; **zu etw ~ sein** essere incline a qc

General [genəˈraːl] <-s, -e> *m* (MIL) generale *m;* **Generaldirektor(in)** *m(f)* direttore, -trice *m, f* generale; **Generalprobe** *f* (THEAT) prova *f* generale; **Generalsekretär(in)** *m(f)* segretario, -a *m, f* generale; **Generalstreik** *m* sciopero *m* generale

Generation [genəraˈtsi̯oːn] <-, -en> *f* generazione *f;* **Generationskonflikt** *m* conflitto *m* generazionale

Generator [genəˈraːtoːɐ̯] <-s, -en> *m* (EL) generatore *m*

generell [genəˈrɛl] *adj* generale

Genetik [geˈneːtɪk] <-> *kein Pl f* genetica *f*

genetisch [geˈneːtɪʃ] *adj* genetico

Genf [gɛnf] *n* Ginevra *f*

Genforscher(in) *m(f)* genetista *mf;* **Genforschung** *kein Pl f* genetica *f*

genial [geˈni̯aːl] *adj* geniale

Genialität [geni̯aliˈtɛːt] <-> *kein Pl f* genialità *f*

Genick [gəˈnɪk] <-(e)s, -e> *n* nuca *f;* (*fig fam: Hals*) collo *m*

Genie [ʒeˈniː] <-s, -s> *n* genio *m*

genieren [ʒeˈniːrən] <ohne ge-> *vr* **sich ~** sentirsi imbarazzato

genießbar *adj* (*Speise*) mangiabile; (*Getränk*) bevibile

genießen [gəˈniːsən] <genießt, genoss, genossen> *vt* (*Speise*) gustare; (*fig*) godere

Genießer(in) <-s, -; -, -nen> *m(f)* gaudente *mf;* (*Feinschmecker*) buongustaio, -a *m, f*

genießerisch *adj* voluttuoso

Genmanipulation *f* biomanipolazione *f;* **genmanipuliert** *adj* biomanipolato

genommen *pp von* **nehmen**

genoss[RR], **genoß** [gəˈnɔs] *1. u 3. pers sing imp von* **genießen**

Genosse [gəˈnɔsə] <-n, -n> *m* compagno *m*

genossen [gəˈnɔsən] *pp von* **genießen**

Genossenschaft <-, -en> *f* cooperativa *f*

Genossin [gəˈnɔsɪn] <-, -nen> *f* compagna *f; s. a.* **Genosse**

Gentechnik *kein Pl f* ingegneria *f* genetica; **gentechnisch** *adv* **~ verändert** biomanipolato

Genua [ˈgeːnua] *n* Genova *f*

genug [gəˈnuːk] *adv* abbastanza; **~ haben von** averne abbastanza di …

Genüge [gəˈnyːgə] *f* **zur ~** a sufficienza

genügen [gəˈnyːgən] <ohne ge-> *vi* bastare; **den Anforderungen ~** (cor)rispondere alle esigenze; **genügend** *adj* sufficiente

genügsam *adj* sobrio

Genugtuung [gəˈnuːktuːʊŋ] <-, -en> *f* soddisfazione *f*

Genuss[RR] [gəˈnʊs] <-es, Genüsse> *m,* **Genuß** *m* **1.** *sing* (*Konsum*) consumo *m* **2.** (*Vergnügen*) piacere *m* **3.** *sing* (*Nutznießung*) **in den ~ einer Sache** *gen* **kommen** beneficiare di qc

genüsslich[RR] *adj* con voluttà

Geografie[RR] <-> *kein Pl f s.* **Geographie**

geografisch[RR] *adj s.* **geographisch**

G

Geographie [geogra'fiː] <-> *kein Pl f* geografia *f*
geographisch *adj* geografico
Geometrie [geome'triː] <-> *kein Pl f* geometria *f*
geometrisch [geo'meːtrɪʃ] *adj* geometrico
Gepäck [gə'pɛk] <-(e)s> *kein Pl n* bagaglio *m;* **sein ~ aufgeben** consegnare il proprio bagaglio; **Gepäckabfertigung** *f* spedizione *f* bagagli; **Gepäckaufbewahrung** *f* deposito *m* bagagli; **Gepäckausgabe** *f* consegna *f* bagagli; **Gepäcknetz** *n* rete *f* portabagagli; **Gepäckstück** *n* collo *m;* **Gepäckträger** *m* **1.** (*Person*) facchino *m* **2.** (*am Fahrrad*) portabagagli *m;* **Gepäckwagen** *m* bagagliaio *m*
Gepard ['geːpart] <-s, -e> *m* ghepardo *m*
gepfiffen [gə'pfɪfən] *pp von* **pfeifen**
gepflegt [gə'pfleːkt] *adj* (*Mensch*) curato; (*Haus, Park*) tenuto bene
gepriesen [gə'priːzən] *pp von* **preisen**
gequollen [gə'kvɔlən] *pp von* **quellen**
gerade [gə'raːdə] **I.** *adj* **1.** (*geradlinig*) diritto; **~ biegen** (*fig*) mettere a posto **2.** (*aufrecht*) eretto; **~ stehen** stare diritto **3.** (*fig: unmittelbar*) diretto **4.** (*Zahl*) pari **II.** *adv* **1.** (*soeben*) appena; (*jetzt*) in questo momento; **ich bin ~ gekommen** sono appena arrivato; **ich will ~ gehen** sto per andarmene **2.** (*genau, ausgerechnet*) proprio; **nicht ~ schön/gut** non proprio bello/buono; **~ zur rechten Zeit** giusto in tempo; **das fehlte ~ noch!** ci mancava anche questo! *fam;* **geradeaus** *adv* d(i)ritto; **gerade|biegen** *vt s.* **gerade I.1.**; **geradeheraus** *adv* francamente; **gerade|stehen** <irr> *vi* **für etw ~** (*fig*) rispondere di qc; **geradewegs** *adv* direttamente; **geradezu** *adv* proprio
Geranie [ge'raːniə] <-, -n> *f* geranio *m*
gerannt [gə'rant] *pp von* **rennen**
Gerät [gə'rɛːt] <-(e)s, -e> *n* apparecchio *m;* (*Werkzeug*) strumento *m;* (*Garten~*, SPORT) attrezzo *m*
geraten[1] [gə'raːtən] *pp von* **raten, geraten[2]**
geraten[2] <gerät, geriet, geraten> *vi sein* **1.** (*gelangen*) capitare; **an jdn ~** imbattersi in qu; **in einen Sturm ~** essere sorpreso da una tempesta; **in Gefahr ~** trovarsi in pericolo **2.** (*gelingen*) riuscire; **gut/schlecht ~** (*Sache*) riuscire bene/male; **nach jdm ~** assomigliare a qu
Geräteturnen <-s> *kein Pl n* (ginnastica *f*) attrezzistica *f*
Geratewohl [gəraːtə'voːl] *n* **aufs ~** a caso
geraum [gə'raʊm] *adj* **seit ~er Zeit** da molto tempo
geräumig [gə'rɔɪmɪç] *adj* spazioso
Geräusch [gə'rɔɪʃ] <-(e)s, -e> *n* rumore *m;* **geräuschlos** *adj* silenzioso; **geräuschvoll** *adj* rumoroso
gerben ['gɛrbən] *vt* conciare
gerecht [gə'rɛçt] *adj* **1.** (*rechtgemäß*) giusto **2.** (*verdient*) meritato; **einer Sache** *dat* **~ werden** essere all'altezza di qc
Gerechtigkeit <-> *kein Pl f* giustizia *f*
Gerede [gə'reːdə] <-s> *kein Pl n* (*pej: Geschwätz*) chiacchiere *fpl;* **ins ~ kommen** dar luogo a pettegolezzi
gereizt [gə'raɪtst] *adj* irritato
Gericht [gə'rɪçt] <-(e)s, -e> *n* **1.** (*Speise*) piatto *m* **2.** (JUR) tribunale *m;* **jdn vor ~ bringen** citare qu in giudizio; **mit jdm ins ~ gehen** (*fig*) giudicare qu
gerichtlich **I.** *adj* legale **II.** *adv* **jdn ~ verfolgen** procedere per via legale contro qu
Gerichtshof *m* corte *f* di giustizia; **Gerichtskosten** *pl* spese *fpl* giudiziarie; **Gerichtssaal** *m* sala *f* delle udienze; **Gerichtsverfahren** *n* procedimento *m* legale; **Gerichtsverhandlung** *f* dibattimento *m;* **Gerichtsvollzieher** *m* ufficiale *m* giudiziario
gerieben *pp von* **reiben**
gering [gə'rɪŋ] *adj* piccolo; (*knapp*) scarso; (*wenig*) poco; (*kurz*) breve, poco; (*niedrig*) basso; **nicht im Geringsten** non … minimamente
geringfügig [gə'rɪŋfyːgɪç] *adj* insignificante; **geringschätzig** *adj* sprezzante
gerinnen [gə'rɪnən] <gerinnt, gerann, geronnen> *vi sein* coagulare; (*Milch*) cagliare
Gerippe [gə'rɪpə] <-s, -> *n* scheletro *m;* (*die Knochen*) ossatura *f*
gerissen **I.** *pp von* **reißen** **II.** *adj* (*fig: schlau*) scaltro
geritten *pp von* **reiten**
Germ [gɛrm] <-> *kein Pl m* (*südd, A: Hefe*) lievito *m*
Germanistik [gɛrma'nɪstɪk] <-> *kein Pl f* germanistica *f*
gern [gɛrn] <lieber, am liebsten> *adv* volentieri; **jdn ~ haben** voler bene a qu; **ich**

tue das ~ lo faccio volentieri; **ich reise** ~ mi piace viaggiare; **ich hätte** ~ **...** vorrei ...; ~ **geschehen!** non c'è di che!

gerochen *pp von* **riechen**

Geröll [gə'rœl] <-(e)s, -e> *n* detriti *mpl*

geronnen [gə'rɔnən] *pp von* **rinnen**

Gerste ['gɛrstə] <-, *Sorten:* -n> *f* orzo *m;* **Gerstenkorn** *n* **1.** (*von Ähre*) chicco *m* d'orzo **2.** (MED) orzaiolo *m*

Gerte ['gɛrtə] <-, -n> *f* verga *f*

Geruch [gə'rʊx] <-(e)s, Gerüche> *m* odore *m;* **geruchlos** *adj* inodore

Geruchssinn *m* (senso *m* dell')olfatto *m*

Gerücht [gə'rʏçt] <-(e)s, -e> *n* voce *f;* **es geht das ~, dass ...** corre voce che ...

gerufen [gə'ru:fən] *pp von* **rufen**

geruhsam [gə'ru:za:m] *adj* tranquillo

Gerümpel [gə'rʏmpəl] <-s> *kein Pl n* (*pej*) ciarpame *m*

gerungen *pp von* **ringen**

Gerüst [gə'rʏst] <-(e)s, -e> *n* **1.** (*Bau~*) impalcatura *f* **2.** (*fig*) struttura *f*

gesalzen *adj* (*fig fam: Preis*) salato

gesamt [gə'zamt] *adj* tutto; (*vollständig*) completo

Gesamteindruck *m* impressione *f* generale; **Gesamtheit** <-> *kein Pl f* totalità *f;* **Gesamtkosten** *pl* spesa *f* complessiva; **Gesamtschule** *f scuola media unificata*

La **Gesamtschule** costituisce un'eccezione rispetto al sistema scolastico ordinario. Gli scolari hanno materie centrali obbligatorie per tutti, un gruppo di materie facoltative fra le quali scegliere, materie attitudinali e corsi speciali. Lo scolaro può conseguire un titolo di studio a seconda delle sue doti. Questo tipo di scuola non è riuscito ad imporsi ovunque in Germania, in Austria e in Svizzera.

gesandt *pp von* **senden**

Gesang [gə'zaŋ] *m* canto *m;* **Gesangbuch** *n* (REL) innario *m;* **Gesangverein** *m* società *f* corale

Gesäß [gə'zɛ:s] <-es, -e> *n* sedere *m*

geschaffen *pp von* **schaffen**[1]

Geschäft [gə'ʃɛft] <-(e)s, -e> *n* **1.** (*Handel, ~sabschluss*) affare *m;* **ein gutes ~ machen** fare un buon affare **2.** (*Laden*) negozio *m;* (*Büro*) ufficio *m* **3.** (*Gewerbe*) mestiere *m* **4.** (*Aufgabe*) dovere *m*

geschäftig *adj* operoso

geschäftlich I. *adj* d'affari **II.** *adv* per affari

Geschäftsfrau *f* donna *f* d'affari; **Geschäftsführer(in)** *m(f)* gerente *mf;* (*von Gesellschaft*) amministratore, -trice *m, f;* **Geschäftsleitung** *f* **1.** *sing* (*Vorgang*) gestione *f* degli affari **2.** (*Menschen*) dirigenti *mpl;* **Geschäftsliste** *f* (*CH: Tagesordnung*) ordine *m* del giorno; **Geschäftsmann** *m* uomo *m* d'affari; **Geschäftsreise** *f* viaggio *m* d'affari; **Geschäftsschluss**[RR] *m* chiusura *f* (di negozi e uffici); **nach** ~ dopo l'ora di chiusura; **Geschäftsstelle** *f* ufficio *m;* **geschäftstüchtig** *adj* abile negli affari

geschehen [gə'ʃe:ən] <geschieht, geschah, geschehen> *vi sein* **1.** (*passieren*) succedere; (*zufällig*) capitare; **als ob nichts ~ wäre** come se non fosse successo nulla; **das geschieht dir (ganz) recht (so)!** ti sta bene! **2.** (*getan werden*) esser fatto; **es muss etwas** ~ bisogna fare qualcosa; **gern ~!** non c'è di che!

gescheit [gə'ʃaɪt] *adj* (*klug*) intelligente; (*fam: vernünftig*) ragionevole

Geschenk [gə'ʃɛŋk] <-(e)s, -e> *n* regalo *m;* **jdm etw zum ~ machen** regalare qc a qu; **Geschenkartikel** *m* articolo *m* da regalo; **Geschenkgutschein** *m* buono *m* regalo; **Geschenkpapier** *n* carta *f* da regali

Geschichte [gə'ʃɪçtə] <-, -n> *f* **1.** (HIST) storia *f* **2.** (*Erzählung*) racconto *m* **3.** (*Angelegenheit*) faccenda *f*

geschichtlich *adj* storico

Geschick <-(e)s> *kein Pl n* (*Begabung*) talento *m*

Geschicklichkeit <-> *kein Pl f* abilità *f*

geschickt *adj* abile; **in etw** *dat* ~ **sein** essere bravo in qc

geschieden [gə'ʃi:dən] **I.** *pp von* **scheiden II.** *adj* divorziato

geschieht *3. pers sing pr von* **geschehen**

geschienen *pp von* **scheinen**

Geschirr [gə'ʃɪr] <-(e)s, -e> *n* **1.** (*Küchen~*) stoviglie *fpl* **2.** (*Pferde~*) finimenti *mpl;* **Geschirrspülmaschine** *f* lavastoviglie *f;* **Geschirrtuch** *n* strofinaccio *m;* **Geschirrwaschmaschine** *f* (*CH*) *s.* **Geschirrspülmaschine**

geschlafen [gə'ʃla:fən] *pp von* **schlafen**

geschlagen [gə'ʃla:gən] *pp von* **schlagen**

Geschlecht [gə'ʃlɛçt] <-(e)s, -er> *n*

1. (BIOL) sesso *m* 2. (*Gattung*, LING) genere *m* 3. (*Familie*) stirpe *f*

geschlechtlich *adj* sessuale

Geschlechtskrankheit *f* malattia *f* venerea; **Geschlechtsorgan** *n* organo *m* genitale; **Geschlechtsverkehr** *m* rapporti *mpl* sessuali

geschlichen *pp von* **schleichen**

geschliffen I. *pp von* **schleifen**[1] II. *adj* (*Manieren*) raffinato

geschlossen [gəˈʃlɔsən] *pp von* **schließen**

geschlungen *pp von* **schlingen**

Geschmack [gəˈʃmak] <-(e)s, Geschmäcke> *m* gusto *m*; **an etw** *dat* **~ finden** trovare gusto in qc; **auf den ~ kommen** prenderci gusto; **geschmacklos** *adj* (*fig*) di cattivo gusto; **Geschmacklosigkeit** <-, -en> *f* (*fig: Bemerkung*) osservazione *f* di cattivo gusto; (*Handlung*) azione *f* di cattivo gusto; **Geschmack(s)sache** *f* **das ist ~** è questione di gusti; **Geschmackssinn** *kein Pl m* (buon) gusto *m*; **geschmackvoll** *adj* di buon gusto

geschmeidig [gəˈʃmaɪdɪç] *adj* 1. (*Stoffe*) morbido 2. (*elastisch*) elastico 3. (*fig: anpassungsfähig*) flessibile

geschmissen *pp von* **schmeißen**

geschmolzen *pp von* **schmelzen**

geschnitten *pp von* **schneiden**

geschoben *pp von* **schieben**

Geschöpf [gəˈʃœpf] <-(e)s, -e> *n* creatura *f*

geschoren *pp von* **scheren**[1]

Geschoss[RR] [gəˈʃɔs] <-es, -e> *n*, **Geschoß** <-schosses, -schosse> *n* 1. (MIL) proiettile *m* 2. (*Stockwerk*) piano *m*

geschossen *pp von* **schießen**

Geschrei <-s> *kein Pl n* grida *fpl*; **um etw viel ~ machen** (*fig*) fare molto rumore per qc

geschrieben *pp von* **schreiben**

geschrie(e)n *pp von* **schreien**

geschritten *pp von* **schreiten**

geschunden *pp von* **schinden**

Geschütz [gəˈʃʏts] <-es, -e> *n* (MIL) cannone *m*; **schwere ~e auffahren** (*fig*) usare la maniera forte

Geschwader [gəˈʃvaːdɐ] <-s, -> *n* (NAUT) squadra *f*; (AERO) squadriglia *f*

Geschwätz [gəˈʃvɛts] <-es> *kein Pl n* (*fam*) 1. (*pej: dummes Gerede*) chiacchiere *fpl* 2. (*pej: Klatsch*) pettegolezzi *mpl*; **geschwätzig** *adj* chiacchierone

geschweige [gəˈʃvaɪgə] *konj* **~ denn** tanto meno

geschwiegen *pp von* **schweigen**

Geschwindigkeit [gəˈʃvɪndɪçkaɪt] <-, -en> *f* velocità *f*; (*Schnelligkeit*) rapidità *f*; **mit einer ~ von …** ad una velocità di …; **Geschwindigkeitsbegrenzung** *f* limite *m* di velocità; **Geschwindigkeitsüberschreitung** *f* eccesso *m* di velocità

Geschwister [gəˈʃvɪstɐ] *pl* fratelli *mpl* e sorelle *fpl*

geschwollen I. *pp von* **schwellen** II. *adj* 1. (MED) gonfio 2. (*fig: Stil*) ampolloso

geschwommen *pp von* **schwimmen**

geschworen *pp von* **schwören**; **Geschworene** <ein -r, -n, -n> *mf* (JUR) giurato, -a *m, f*

Geschwulst [gəˈʃvʊlst] <-, Geschwülste> *f* (MED) gonfiore *m*; (*Tumor*) tumore *m*

geschwunden *pp von* **schwinden**

geschwungen *pp von* **schwingen**

Geschwür [gəˈʃvyːɐ̯] <-(e)s, -e> *n* (MED) ulcera *f*

Geselle [gəˈzɛlə] <-n, -n> *m* 1. (*Handwerks~*) garzone *m* 2. (*Kerl*) tipo *m*

gesellen [gəˈzɛlən] <ohne ge-> *vr* **sich zu jdm ~** accompagnarsi a qu

gesellig *adj* (*Mensch*) socievole; (*unterhaltsam*) lieto; **Geselligkeit** <-> *kein Pl f* socievolezza *f*

Gesellschaft [gəˈzɛlʃaft] <-, -en> *f* 1. (SOC) società *f* 2. (WIRTSCH) società *f* 3. (*Umgang*) compagnia *f*; **jdm ~ leisten** fare compagnia a qu; **in guter/schlechter ~** in buona/cattiva compagnia 4. (*Abend~*) ricevimento *m* serale

gesellschaftlich *adj* sociale

Gesellschaftsschicht *f* strato *m* sociale; **Gesellschaftsspiel** *n* gioco *m* di società

gesessen [gəˈzɛsən] *pp von* **sitzen**

Gesetz [gəˈzɛts] <-es, -e> *n* legge *f*; **Gesetzbuch** *n* codice *m*; **Gesetzentwurf** *m* progetto *m* di legge

Gesetzesvorlage *f* progetto *m* di legge

Gesetzgeber *m* legislatore *m*; **Gesetzgebung** <-> *kein Pl f* legislazione *f*

gesetzlich *adj* legale; **~er Feiertag** festa ufficiale

gesetzlos *adj* senza legge

gesetzt [gəˈzɛtst] *adj* (*ruhig*) posato

gesetzwidrig *adj* illegale

Gesicht [gə'zɪçt] <-(e)s, -er> *n* viso *m;* **jdm etw ins ~ sagen** dire qc in faccia a qu; **jdm ins ~ sehen** guardare in faccia qu; **zu ~ bekommen** riuscire a vedere; **jdm wie aus dem ~ geschnitten sein** essere il ritratto di qu; **ein langes ~ machen** fare un viso lungo

Gesichtsausdruck *m* espressione *f* del volto; **Gesichtsfarbe** *f* colorito *m;* **Gesichtspunkt** *m* punto *m* di vista; **unter diesem ~** sotto questo punto di vista; **Gesichtswasser** *n* tonico *m* (per il viso); **Gesichtszüge** *mpl* lineamenti *mpl* (del viso)

Gesindel [gə'zɪndəl] <-s> *kein Pl n* (*pej*) gentaglia *f*

gesinnt [gə'zɪnt] *adj* intenzionato; **jdm feindlich ~ sein** essere ostile a qu

Gesinnung [gə'zɪnʊŋ] <-, -en> *f* (*Denkweise*) modo *m* di pensare; (*Grundeinstellung*) principi *mpl;* **politische ~** idee politiche

gesoffen *pp von* **saufen**

gesogen *pp von* **saugen**

gesonnen *pp von* **sinnen**

gesotten *pp von* **sieden**

Gespann [gə'ʃpan] <-(e)s, -e> *n* **1.** (*Zugtiere*) tiro *m* **2.** (*fig: Paar*) coppia *f*

gespannt [gə'ʃpant] *adj* **1.** (*an~, a fig*) teso **2.** (*fig: neugierig*) curioso; **ich bin ~ auf deinen Freund** sono curioso di vedere il tuo amico

Gespenst [gə'ʃpɛnst] <-(e)s, -er> *n* fantasma *m;* **gespenstisch** *adj* spettrale

gespie(e)n *pp von* **speien**

gesponnen *pp von* **spinnen**

Gespött [gə'ʃpœt] <-(e)s> *kein Pl n* beffa *f;* **sich zum ~ der Leute machen** diventare lo zimbello della gente

Gespräch [gə'ʃprɛːç] <-(e)s, -e> *n* conversazione *f;* (*Unterredung*) colloquio *m;* **das ~ auf etw** *acc* **bringen** far cadere il discorso su qc; **mit jdm ein ~ führen** avere un colloquio con qu

gesprächig *adj* comunicativo

Gesprächspartner(in) *m(f)* interlocutore, -trice *m, f;* **Gesprächsstoff** *m,* **Gesprächsthema** *n* argomento *m* (della conversazione)

gesprochen *pp von* **sprechen**

gesprossen *pp von* **sprießen**

gesprungen *pp von* **springen**

Gespür [gə'ʃpyːɐ̯] <-s> *kein Pl n* fiuto *m*

Gestalt [gə'ʃtalt] <-, -en> *f* forma *f;* (LIT) figura *f;* (*äußere Erscheinung*) aspetto *m;* (**feste**) **~ annehmen** prendere forma; **in ~ von** in forma di; (*Person*) in veste di

gestalten <ohne ge-> **I.** *vt* dare forma a; (*entwerfen*) progettare; (*Programm*) preparare; (*Freizeit*) organizzare **II.** *vr* **sich ~** rivelarsi

Gestaltung <-, -en> *f* preparazione *f;* (*von Freizeit*) organizzazione *f*

gestanden *pp von* **stehen, gestehen**

Geständnis [gə'ʃtɛntnɪs] <-ses, -se> *n* (JUR) confessione *f;* **ein ~ ablegen** fare una confessione

Gestank [gə'ʃtaŋk] <-(e)s> *kein Pl m* puzzo *m*

gestatten [gə'ʃtatən] <ohne ge-> *vt* (**jdm**) **etw ~** permettere qc (a qu); (*gewähren*) accordare qc (a qu); **~ Sie?** permette?

Geste ['gɛstə] <-, -n> *f* (*a fig*) gesto *m*

gestehen <gesteht, gestand, gestanden> *vt* confessare; (*zugeben*) ammettere; (*Gefühle*) dichiarare; **offen gestanden** francamente

Gestein [gə'ʃtaɪn] <-(e)s, -e> *n* roccia *f*

Gestell [gə'ʃtɛl] <-(e)s, -e> *n* **1.** (*aus Holz*) supporto *m;* (*Regal*) scaffale *m* **2.** (AUTO) telaio *m*

gestern ['gɛstɐn] *adv* ieri; **~ Abend** ieri sera; **~ vor acht Tagen** nove giorni fa; **nicht von ~ sein** (*fig fam*) non essere nato ieri

gestiegen *pp von* **steigen**

gestikulieren [gɛstiku'liːrən] <ohne ge-> *vi* gesticolare

Gestirn [gə'ʃtɪrn] *n* astro *m;* (*Sternbild*) costellazione *f*

gestochen *pp von* **stechen**

gestohlen *pp von* **stehlen**

gestorben *pp von* **sterben**

gestreift [gə'ʃtraɪft] *adj* a strisce

gestrichen [gə'ʃtrɪçən] *pp von* **streichen**

gestrig ['gɛstrɪç] *adj* di ieri

gestritten *pp von* **streiten**

Gestrüpp [gə'ʃtrʏp] <-(e)s, -e> *n* sterpaglia *f*

gestunken *pp von* **stinken**

Gestüt [gə'ʃtyːt] <-(e)s, -e> *n* scuderia *f*

gestylt *adj* stylé

Gesuch [gə'zuːx] <-(e)s, -e> *n* domanda *f;* (JUR) istanza *f;* (*Bittschrift*) petizione *f*

gesucht [gə'zu:xt] *adj* ricercato
gesund [gə'zʊnt] *adj* sano; (*Luft, Klima a*) salubre; **der ~e Menschenverstand** il buon senso comune; **~ aussehen** avere un aspetto sano; (**wieder**) **~ werden** guarire; **~ und munter** sano e vegeto
Gesundheit <-> *kein Pl f* salute *f;* **bei bester ~ sein** essere in buona salute; **~!** salute!
gesundheitlich *adj* sanitario; **aus ~en Gründen** per ragioni di salute; **wie geht es Ihnen ~?** come sta di salute?
Gesundheitsamt *n* ufficio *m* d'igiene; **gesundheitsschädlich** *adj* nocivo alla salute; **Gesundheitszustand** *m* stato *m* di salute
gesungen *pp von* **singen**
gesunken *pp von* **sinken**
getan *pp von* **tun**
Getöse [gə'tø:zə] <-s> *kein Pl n* frastuono *m*
getragen [gə'tra:gən] *pp von* **tragen**
Getränk [gə'trɛŋk] <-(e)s, -e> *n* bevanda *f;* **Getränkeautomat** *m* distributore *m* automatico di bevande
getrauen <ohne ge-> *vr* **sich ~** (**etw zu tun**) osare (fare qc)
Getreide [gə'traɪdə] <-s, -> *n* cereali *mpl*
getrennt [gə'trɛnt] **I.** *adj* separato **II.** *adv* separatamente
getreten [gə'tre:tən] *pp von* **treten**
Getriebe [gə'tri:bə] <-s, -> *n* (TEC) meccanismo *m;* (AUTO) cambio *m* di velocità
getrieben *pp von* **treiben**
getroffen *pp von* **treffen**
getrogen *pp von* **trügen**
getrost [gə'tro:st] *adv* tranquillamente
getrunken *pp von* **trinken**
Getto ['gɛto] <-s, -s> *n* ghetto *m*
Getue [gə'tu:ə] <-s> *kein Pl n* (*fam pej*) arie *fpl*
geübt [gə'ʔy:pt] *adj* pratico
Gewächs [gə'vɛks] <-es, -e> *n* pianta *f*
gewachsen [gə'vaksən] *adj* **jdm/einer Sache ~ sein** essere all'altezza di qu/qc
Gewächshaus *n* serra *f*
gewagt [gə'va:kt] *adj* audace; (*gefährlich*) rischioso
gewählt [gə'vɛ:lt] *adj* ricercato
Gewähr [gə'vɛ:ɐ̯] <-> *kein Pl f* garanzia *f;* **für etw ~ leisten** garantire qc; **ohne ~** senza garanzia
gewähren [gə'vɛ:rən] <ohne ge-> *vt* **1.** (*bewilligen*) accordare; (*Bitte*) esaudire **2.** (*geben*) **jdm etw ~** procurare qc a qu
gewährleisten <ohne ge-> *vt* garantire
Gewahrsam [gə'va:ɐ̯za:m] <-s, -e> *m* **1.** (*Obhut*) custodia *f* **2.** (*Haft*) arresto *m;* **in ~ nehmen** arrestare
Gewalt [gə'valt] <-, -en> *f* **1.** *sing* (*~tätigkeit*) violenza *f;* **~ anwenden** impiegare la forza; **mit ~** con la forza; **mit aller ~** con tutta forza; (*fig*) a tutti i costi **2.** (*Macht*) potere *m;* **jdn in seine ~ bringen** impadronirsi di qu **3.** (*Heftigkeit*) violenza *f;* **höhere ~** forza maggiore; **Gewaltherrschaft** *f* tirannia *f*
gewaltig **I.** *adj* **1.** (*riesig*) enorme **2.** (*heftig*) violento; (*stark*) forte **3.** (*mächtig*) potente **4.** (*fam: groß*) grosso **II.** *adv* (*fam: sehr*) molto; **da irren Sie sich ~** qui si sbaglia di grosso
gewaltsam *adj* violento; **~ öffnen** forzare; **gewalttätig** *adj* violento; **Gewaltverbrechen** *n* crimine *m* di violenza
gewandt [gə'vant] **I.** *pp von* **wenden**[2] **II.** *adj* abile; (*Stil*) raffinato
gewann *1. u 3. pers sing imp von* **gewinnen**
gewaschen *pp von* **waschen**
Gewässer [gə'vɛsɐ] <-s, -> *n* acque *fpl*
Gewebe [gə've:bə] <-s, -> *n* tessuto *m*
Gewehr [gə've:ɐ̯] <-(e)s, -e> *n* fucile *m*
Geweih [gə'vaɪ] <-(e)s, -e> *n* corna *fpl*
Gewerbe [gə'vɛrbə] <-s, -> *n* professione *f;* (*Handwerk*) mestiere *m;* **ein ~ betreiben** esercitare un mestiere; **Gewerbegebiet** *n* zona *f* industriale; **Gewerbeschein** *m* licenza *f* d'esercizio; **Gewerbesteuer** *f* (FIN) imposta *f* su industrie e commerci
gewerblich [gə'vɛrplɪç] *adj* industriale; (*beruflich*) professionale
Gewerkschaft [gə'vɛrkʃaft] <-, -en> *f* sindacato *m;* **Gewerkschaft(l)er(in)** <-s, -; -, -nen> *m(f)* sindacalista *mf;* **gewerkschaftlich** *adj* sindacale; **Gewerkschaftsbund** *m* confederazione *f* sindacale
gewesen [gə've:zən] *pp von* **sein**[1]
gewichen *pp von* **weichen**
Gewicht [gə'vɪçt] <-(e)s, -e> *n* peso *m;* (*fig: Wichtigkeit*) importanza *f;* **ins ~ fallen** essere importante; **Gewichtheben** <-s> *kein Pl n* (SPORT) sollevamento *m* pesi
gewichtig *adj* (*fig*) importante
gewiesen *pp von* **weisen**

gewillt *adj* ~ **zu etw sein** essere intenzionato a (fare) qc

Gewimmel <-s> *kein Pl n* brulichio *m*

Gewinde [gəˈvɪndə] <-s, -> *n* (TEC) filetto *m*

Gewinn [gəˈvɪn] <-(e)s, -e> *m* **1.** (*Nutzen*) profitto *m* **2.** (*Verdienst*) guadagno *m;* (*im Spiel, durch Spekulation*) vincita *f;* (*in der Lotterie*) premio *m;* ~ **bringen** rendere; ~ **bringend** redditizio; **Gewinnbeteiligung** *f* partecipazione *f* agli utili; **gewinnbringend** *adj s.* **Gewinn 2.**

gewinnen [gəˈvɪnən] <gewinnt, gewann, gewonnen> **I.** *vt* **1.** (*Spiel, Preis*) vincere; **jdn für etw** ~ ottenere l'adesione di qu a qc **2.** (MIN) estrarre **II.** *vi* **1.** (*siegen*) vincere **2.** (*profitieren*) approfittare; (*besser werden*) migliorare; **gewinnend** *adj* attraente

Gewinner(in) <-s, -; -, -nen> *m(f)* vincitore, -trice *m, f*

Gewirr [gəˈvɪr] <-(e)s> *kein Pl n* (*von Stimmen*) brusio *m;* (*fig: Durcheinander*) confusione *f*

gewissRR, **gewiß** [gəˈvɪs] **I.** *adj* **1.** (*sicher*) sicuro **2.** (*bestimmt*) certo; **das gewisse Etwas** quel certo non so che; **ein gewisser N.** un certo N. **II.** *adv* (*sicher*) certamente; **ganz** ~ non c'è dubbio; ~**!** ma certo!

Gewissen [gəˈvɪsən] <-s, -> *n* coscienza *f;* **ein gutes/schlechtes** ~ **haben** avere la coscienza pulita/sporca; **etw auf dem** ~ **haben** avere qc sulla coscienza; **jdm ins** ~ **reden** appellarsi alla coscienza di qu; **gewissenhaft** *adj* coscienzioso; (*peinlich genau*) meticoloso; **gewissenlos** *adj* senza scrupoli; **Gewissenlosigkeit** <-> *kein Pl f* mancanza *f* di coscienza; **Gewissensbisse** *mpl* rimorsi *mpl;* **Gewissensfrage** *f* questione *f* di coscienza; **Gewissensfreiheit** *f* libertà *f* di coscienza; **Gewissenskonflikt** *m* conflitto *m* di coscienza

gewissermaßen *adv* per così dire

GewissheitRR <-, -en> *f* certezza *f;* ~ **erlangen** acquisire certezze; **sich** *dat* ~ **über etw** *acc* **verschaffen** accertarsi di qc

Gewitter [gəˈvɪtɐ] <-s, -> *n* temporale *m;* **gewitt(e)rig** *adj* temporalesco

gewitzt [gəˈvɪtst] *adj* smaliziato

gewoben *pp von* **weben**

gewogen *pp von* **wiegen**[1]

gewöhnen <ohne ge-> **I.** *vt* **jdn an etw** *acc* ~ abituare qu a qc **II.** *vr* **sich an jdn/etw** ~ abituarsi a qu/qc

Gewohnheit [gəˈvoːnhaɪt] <-, -en> *f* abitudine *f;* **aus** ~ per abitudine; **die** ~ **haben etw zu tun** avere l'abitudine di fare qc

Gewohnheitsmensch *m* abitudinario, -a *m, f*

gewöhnlich [gəˈvøːnlɪç] **I.** *adj* **1.** (*alltäglich*) ordinario **2.** (*mittelmäßig*) comune **3.** (*pej*) volgare **II.** *adv* di solito; **wie** ~ come il solito

gewohnt [gəˈvoːnt] *adj* abituale; **etw** ~ **sein** essere abituato a qc

Gewöhnung [gəˈvøːnʊŋ] <-> *kein Pl f* **die** ~ **an etw** *acc* l'assuefazione *f* a qc

Gewölbe [gəˈvœlbə] <-s, -> *n* (ARCH) volta *f;* (*Raum*) ambiente *m* a volta

gewollt *pp von* **wollen**[1]

gewonnen *pp von* **gewinnen**

geworben *pp von* **werben**

geworden *pp von* **werden**

geworfen *pp von* **werfen**

Gewühl [gəˈvyːl] <-(e)s> *kein Pl n* mischia *f*

gewunden [gəˈvʊndən] *pp von* **winden**[1]

gewunken [gəˈvʊŋkən] *pp von* **winken**

Gewürz [gəˈvʏrts] <-es, -e> *n* **1.** (*Substanz*) spezie *fpl* **2.** (*Würze*) condimento *m;* **Gewürznelke** *f* chiodo *m* di garofano

gewusstRR, **gewußt** [gəˈvʊst] *pp von* **wissen**

Gezeiten [gəˈtsaɪtən] *pl* maree *fpl*

geziert *adj* affettato

gezogen [gəˈtsoːgən] *pp von* **ziehen**

Gezwitscher [gəˈtsvɪtʃɐ] <-s> *kein Pl n* cinguettio *m*

gezwungen **I.** *pp von* **zwingen** **II.** *adj* forzato; **gezwungenermaßen** *adv* per costrizione

Ghetto <-s, -s> *n s.* **Getto**

gibt [giːpt] *3. pers sing pr von* **geben**

Gicht [gɪçt] <-> *kein Pl f* (MED) gotta *f*

Giebel [ˈgiːbəl] <-s, -> *m* (ARCH) timpano *m*

Gier [giːɐ̯] <-> *kein Pl f* **die** ~ **nach etw** l'avidità *f* di qc

gieren [ˈgiːrən] *vi* **nach etw** ~ bramare qc

gierig *adj* avido; **nach etw** ~ **sein** essere avido di qc

gießen [ˈgiːsən] <gießt, goss, gegossen> **I.** *vt* **1.** (*schütten*) versare **2.** (*Blumen*) annaffiare **3.** (*Metall*) fondere **II.** *vi* **es gießt**

G

in Strömen piove a dirotto

Gießkanne *f* annaffiatoio *m*

Gift [gɪft] <-(e)s, -e> *n* veleno *m*; **~ sein für ...** (*fig*) essere veleno per ...; **darauf kannst Du ~ nehmen** (*fam*) puoi giurarci; **Giftgas** *n* gas *m* tossico

giftig *adj* (*a fig*) velenoso; (ZOO) velenifero; (BOT) venefico

Giftmüll *m* rifiuti *mpl* tossici; **Giftschlange** *f* serpente *m* velenoso; **Giftstoff** *m* sostanza *f* velenosa

Gigabyte *n* (INFORM) gigabyte *m*

gigantisch *adj* gigantesco

gilt [gɪlt] *3. pers sing pr von* **gelten**

ging [gɪŋ] *1. u 3. pers sing imp von* **gehen**

Ginster ['gɪnstɐ] <-s, -> *m* ginestra *f*

Gipfel ['gɪpfəl] <-s, -> *m* **1.** (*eines Berges*) cima *f* **2.** (*fig: Höhepunkt*) apice *m*; **das ist (doch) der ~!** questo è proprio il colmo!; **Gipfelkonferenz** *f* (POL) conferenza *f* al vertice

gipfeln *vi* (*fig*) **in etw** *dat* **~** culminare in qc

Gipfeltreffen *n* (POL) incontro *m* al vertice

Gips [gɪps] <-es, -e> *m* gesso *m*; **Gipsbein** *n* (*fam*) gamba *f* ingessata; **Gipsverband** *m* ingessatura *f*

Giraffe [gi'rafə] <-, -n> *f* giraffa *f*

Girlande [gɪr'landə] <-, -n> *f* ghirlanda *f*

Girokonto *n* conto *m* corrente

Gischt [gɪʃt] <-, *rar* -en> *f* schiuma *f*

Gitarre [gi'tarə] <-, -n> *f* chitarra *f*

Gitter ['gɪtɐ] <-s, -> *n* inferriata *f*; (*für Pflanzen*) graticcio *m*; (*Draht~*) reticolato *m*; **Gitterfenster** *n* inferriata *f*; **Gitterzaun** *m* graticciata *f*

Glace ['gla:s] <-, -n> *f* (*CH*) gelato *m*

Glanz [glants] <-es> *kein Pl m* lucentezza *f*; (*fig*) splendore *m*

glänzen ['glɛntsən] *vi* **1.** (*Glanz haben*) brillare; (*strahlen*) splendere **2.** (*fig: in einem Fach*) brillare; **glänzend** *adj* **1.** (*Glanz habend*) brillante; (*Papier, Leder*) lucido **2.** (*fig*) brillante; **eine ~e Idee** un'idea formidabile

Glanzleistung *f* prestazione *f* splendida; **glanzlos** *adj* senza splendore; (*matt*) opaco; (*Augen*) spento; **glanzvoll** *adj* (*fig*) brillante

Glas [gla:s] <-es, Gläser> *n* **1.** (*Material*) vetro *m* **2.** (*Trink~*) bicchiere *m*; **ein ~ Wein** un bicchiere di vino; **Glascontainer** *m* cassonetto *m* del vetro

Glaser(in) <-s, -; -, -nen> *m(f)* vetraio *m*

gläsern ['glɛ:zɐn] *adj* di vetro

Glasfaser *f* fibra *f* di vetro; **Glasfaserkabel** *n* (TEC) cavo *m* in fibra di vetro

glasieren [gla'zi:rən] <ohne ge-> *vt* **1.** (TEC) smaltare **2.** (GASTR) glassare

glasig ['gla:zɪç] *adj* vitreo

Glasmalerei *f* pittura *f* su vetro; **Glasscherbe** *f* coccio *m* di vetro; **Glastür** *f* (porta *f*) vetrata *f*

Glasur [gla'zu:ɐ̯] <-, -en> *f* **1.** (TEC) smaltatura *f*; (*von Porzellan*) vetrina *f* **2.** (GASTR) glassa *f*

glatt [glat] **I.** *adj* **1.** (*nicht rau*) liscio **2.** (*rutschig*) scivoloso **3.** (*komplikationslos*) semplice **4.** (*Absage*) categorico; (*Lüge*) bell'e buono **II.** *adv* **1.** (*ohne Schwierigkeiten*) senza problemi **2.** (*fam: ganz*) completamente

Glätte ['glɛtə] <-, -n> *f* scivolosità *f*

Glatteis *kein Pl n* vetrato *m*; **jdn aufs ~ führen** (*fig*) tendere un'insidia a qu

glätten ['glɛtən] **I.** *vt* lisciare; (*Falten*) spianare; (*Haare*) lisciare **II.** *vr* **sich ~** (*Stirn, Gesicht*) spianarsi; (*Meer, Wellen*) calmarsi

Glatze ['glatsə] <-, -n> *f* testa *f* calva; **eine ~ haben** essere calvo

glatzköpfig *adj* calvo

Glaube ['glaʊbə] <-ns, *rar* -n> *m* (REL) fede *f*; (*Überzeugung*) credenza *f*; **der ~ an jdn/etw** la fede in qu/qc; **jdm/einer Sache ~n schenken** prestar fede a qu/qc

glauben ['glaʊbən] **I.** *vt* **1.** (*für wahr halten*) credere a; **das ist nicht zu ~** è incredibile; **ob du es glaubst oder nicht** che tu ci creda o no **2.** (*vermuten*) credere **II.** *vi* credere; **an jdn/etw ~** credere a qu/qc; **ich glaube nicht daran** non ci credo; **jdm ~** credere a qu

Glaubensbekenntnis *n* (REL) professione *f* di fede; **Glaubensfreiheit** *f* libertà *f* religiosa

glaubhaft *adj* credibile; **etw ~ machen** rendere qc credibile

gläubig ['glɔɪbɪç] *adj* (REL) credente; (*fromm*) pio; **Gläubige** <ein -r, -n, -n> *mf* (REL) fedele *mf*

Gläubiger(in) <-s, -; -, -nen> *m(f)* (WIRTSCH) creditore, -trice *m, f*

glaubwürdig *adj* attendibile; **Glaubwürdigkeit** <-> *kein Pl f* attendibilità *f*

gleich [glaɪç] **I.** *adj* uguale; (*identisch*) identico; **in ~er Weise** allo stesso modo; **zur**

~**en Zeit** nello stesso tempo; **es ist mir** ~ (*fam*) per me fa lo stesso **II.** *adv* **1.** (*ebenso*) ugualmente; ~ **groß** della stessa grandezza; ~ **viel** altrettanto **2.** (*sofort*) subito; (*bald*) fra poco; ~ **darauf** subito dopo; ~ **heute** oggi stesso; **das dachte ich mir** ~ lo sospettavo; ~**!** un momento!; **bis** ~**!** a presto!

gleichaltrig ['glaɪçaltrɪç] *adj* coetaneo; **gleichartig** *adj* simile; **gleichbedeutend** *adj* (**mit etw**) ~ **sein** essere equivalente (a qc); **Gleichberechtigung** *f* equiparazione *f* dei diritti; **gleichbleibend** *adj s.* **bleiben 2.**

gleichen ['glaɪçən] <gleicht, glich, geglichen> **I.** *vi* **jdm/einer Sache** ~ somigliare a qu/qc **II.** *vr* **sich** ~ rassomigliarsi

gleichentags *adv* (*CH*) nello stesso giorno

gleichermaßen *adv* allo stesso modo

gleichfalls *adv* parimenti; **danke,** ~**!** grazie, altrettanto!

gleichgesinnt *adj* di uguali idee

Gleichgewicht *kein Pl n* equilibrio *m;* **aus dem** ~ **bringen** squilibrare; **das** ~ **verlieren** perdere l'equilibrio

gleichgültig *adj* indifferente; (*unbedeutend*) insignificante; **das ist mir** ~ per me è indifferente; **Gleichgültigkeit** *f* indifferenza

Gleichheit <-, -en> *f* uguaglianza *f;* (*Gleichartigkeit*) affinità *f*

gleich|kommen <irr> *vi sein* **jdm an etw** *dat* ~ uguagliare qu in qc; **einer Sache** *dat* ~ equivalere a qc

gleichmäßig *adj* uniforme

Gleichnis <-ses, -se> *n* **1.** (REL) allegoria *f* **2.** (*Vergleich*) paragone *m*

Gleichstand *kein Pl m* (SPORT) pareggio *m*

gleich|stellen *vt* equiparare; **Gleichstellung** *f* equiparazione *f*

Gleichstrom *m* (EL) corrente *f* continua

gleich|tun <irr> *vt* **es jdm** ~ imitare qu

Gleichung <-, -en> *f* (MAT) equazione *f*

gleichwertig *adj* equivalente

gleichzeitig *adj* contemporaneo

Gleis [glaɪs] <-es, -e> *n* binario *m*

gleiten ['glaɪtən] <gleitet, glitt, geglitten> *vi sein* scorrere; ~**de Arbeitszeit** orario flessibile di lavoro

Gleitflug *m* volo *m* planato; **Gleitzeit** *kein Pl f* orario *m* flessibile (di lavoro)

Gletscher ['glɛtʃɐ] <-s, -> *m* ghiacciaio *m;* **Gletscherspalte** *f* crepaccio *m*

glich [glɪç] *1. u 3. pers sing imp von* **gleichen**

Glied [gliːt] <-(e)s, -er> *n* **1.** (ANAT) membro *m;* **an allen** ~**ern zittern** tremare in tutte le membra **2.** (*Ketten*~) maglia *f*

gliedern ['gliːdɐn] **I.** *vt* **etw in etw** *acc* ~ ordinare qc in qc; (*einteilen*) (sud)dividere qc in qc **II.** *vr* **sich in etw** *acc* ~ (sud)dividersi in qc

Gliederung <-, -en> *f* **1.** *sing* (*Einteilung*) divisione *f;* (*Unterteilung*) suddivisione *f* **2.** (*Aufbau*) struttura *f*

Gliedmaßen ['gliːtmaːsən] *pl* membra *fpl*

glimmen ['glɪmən] <glimmt, glomm, geglommen> *vi* ardere

glimpflich ['glɪmpflɪç] *adv* ~ **davonkommen** cavarsela a buon mercato

glitschig ['glɪtʃɪç] *adj* sdrucciolevole

glitt [glɪt] *1. u 3. pers sing imp von* **gleiten**

glitzern ['glɪtsɐn] *vi* scintillare

global [glo'baːl] *adj* globale

Globalisierung <-, -en> *f* (POL) globalizzazione *f*

Globus ['gloːbʊs] <-, Globen> *m* globo *m*

Glocke ['glɔkə] <-, -n> *f* **1.** (*Kirchturm*~) campana *f;* **etw an die große** ~ **hängen** (*fam*) strombazzare qc ai quattro venti **2.** (*Klingel*) campanello *m;* **Glockenblume** *f* campanula *f;* **Glockenschlag** *m* tocco *m* della campana; **Glockenspiel** *n* carillon *m;* **Glockenturm** *m* campanile *m*

glomm *1. u 3. pers sing imp von* **glimmen**

Glossar [glɔ'saːɐ̯] <-s, -e> *n* glossario *m*

glotzen ['glɔtsən] *vi* guardare con gli occhi spalancati

Glück [glʏk] <-(e)s, *rar* -e> *n* fortuna *f;* (*Erfolg*) successo *m;* (*Glücklichsein*) felicità *f;* **auf gut** ~ a caso; ~ **bringen** portare fortuna; **sie hat** ~ **gehabt!** è stata fortunata!; **sein** ~ **machen** far fortuna; **viel** ~**!** buona fortuna!; **zum** ~ per fortuna

glücken ['glʏkən] *vi sein* riuscire

gluckern ['glʊkɐn] *vi* gorgogliare

glücklich *adj* **1.** (*vom Glück gesegnet*) fortunato **2.** (*froh*) felice; **jdn** ~ **machen** rendere felice qu; **glücklicherweise** *adv* per fortuna

Glücksbringer <-s, -> *m* portafortuna *m;* **Glücksfall** *m* colpo *m* di fortuna; **Glückspilz** *m* (*fam*) fortunato, -a *m, f;* **Glückssache** *f* **das ist** (**reine**) ~ è solo questione di fortuna; **Glücksspiel** *n* gioco *m* d'azzardo

Glückwunsch *m* auguri *mpl;* **herzlichen ~!** tanti auguri!

Glühbirne *f* lampadina *f* a incandescenza

glühen ['gly:ən] *vi* essere incandescente; (*Feuer, Zigarette*) ardere; (*fig*) scottare; **glühend** *adj* (*a fig*) ardente; **~e Hitze** calura *f*

Glühwein *m* vin *m* brûlé

> Nella stagione fredda, soprattutto nei mercati natalizi e nelle baite di montagna, si beve il **Glühwein** vino rosso caldo a cui sono state aggiunte spezie quali cannella e chiodi di garofano.

Glühwürmchen <-s, -> *n* (*fam*) lucciola *f*

Glut [glu:t] <-, -en> *f* (*Feuer*) brace *f;* (*Hitze*) calura *f;* (*fig*) ardore *m*

GmbH [ge'ːɛmbeː'haː] <-, -s> *f abk v* **Gesellschaft mit beschränkter Haftung** S.r.l.

Gnade ['gnaːdə] <-, -n> *f* grazia *f;* (*Erbarmen*) misericordia *f;* **jdn um ~ bitten** chiedere grazia a qu; **Gnadenfrist** *f* rinvio *m* (concesso per grazia); **Gnadengesuch** *n* domanda *f* di grazia; **gnadenlos** *adj* spietato; **Gnadenstoß** *m* (*a fig*) colpo *m* di grazia

gnädig ['gnɛːdɪç] *adj* **1.** (*gütig*) benigno **2.** (*nachsichtig*) indulgente **3.** (*Anrede*) **~e Frau** gentile signora

Gold [gɔlt] <-(e)s> *kein Pl n* (MIN) oro *m;* **Goldbarren** *m* lingotto *m* d'oro

golden ['gɔldən] *adj* d'oro; (*goldfarbig, vergoldet*) dorato; **die ~e Mitte** il giusto mezzo

Golden Goal ['goldn gɔl] <- -s, – -s> *n* (SPORT) golden goal *m*

Goldfisch *m* pesce *m* rosso; **Goldgrube** *f* (*a fig*) miniera *f* d'oro

goldig *adj* (*fam*) carino

Goldmedaille *f* (SPORT) medaglia *f* d'oro; **Goldmünze** *f* moneta *f* d'oro; **Goldschmied(in)** *m(f)* orafo, -a *m, f*

Golf[1] [gɔlf] <-(e)s, -e> *m* (GEOG) golfo *m*

Golf[2] <-s> *kein Pl n* (SPORT) golf *m*

Golfplatz *m* campo *m* da golf; **Golfschläger** *m* mazza *f* da golf; **Golfspieler(in)** *m(f)* giocatore, -trice *m, f* di golf

Golfstaat *m* stato *m* del Golfo; **Golfstrom** *m* corrente *f* del Golfo

Gondel ['gɔndəl] <-, -n> *f* gondola *f*

gönnen ['gœnən] *vt* **jdm etw ~** concedere qc a qu; **jdm etw nicht ~** invidiare qc a qu; **ich gönne es dir** te lo auguro di cuore; **sich** *dat* **etw ~** concedersi qc

Gönner(in) <-s, -; -, -nen> *m(f)* benefattore, -trice *m, f;* (*eines Künstlers*) mecenate *mf*

gor [goːɐ̯] *1. u 3. pers sing imp von* **gären**

Gorilla [go'rɪla] <-s, -s> *m* gorilla *m*

goschert *adj* (*A: vorlaut*) saccente

goss[RR], **goß** [gɔs] *1. u 3. pers sing imp von* **gießen**

Gosse ['gɔsə] <-, -n> *f* **1.** (*Straßenrinne*) cunetta *f* **2.** (*fig: Verkommenheit*) fango *m;* **in der ~ enden** finire nel fango

Gotik ['goːtɪk] <-> *kein Pl f* (stile *m*) gotico *m*

gotisch *adj* gotico

Gott [gɔt] <-es, Götter> *m* dio *m;* (*christlich*) Dio *m;* **~ sei Dank!** grazie a Dio!; **mein ~!** Dio mio!; **leider ~es** purtroppo; **um ~es willen** per l'amor di Dio; **wie ~ in Frankreich leben** vivere come un papa

Gottesdienst *m* messa *f;* **Gotteslästerung** *f* blasfemia *f*

Gottheit <-, -en> *f* **1.** (*göttliche Natur*) divinità *f* **2.** (*Gott*) Dio *m*

Göttin ['gœtɪn] <-, -nen> *f* dea *f*

göttlich ['gœtlɪç] *adj* divino

gottlob [gɔt'loːp] *adv* per fortuna; **gottlos** *adj* empio; **gottverlassen** *adj* (*fam: abgelegen*) desolato; **Gottvertrauen** *n* fiducia *f* in Dio

Götze ['gœtsə] <-n, -n> *m* idolo *m;* **Götzendienst** *m* idolatria *f*

Gourmet [gʊr'meː] <-s, -s> *m* gourmet *m*

Grab [graːp] <-(e)s, Gräber> *n* tomba *f;* (*~denkmal*) sepolcro *m;* **mit einem Bein im ~ stehen** (*fig*) avere un piede nella fossa; **schweigen wie ein ~** essere (muto come) una tomba; **sich im ~e umdrehen** (*fig*) rivoltarsi nella tomba

graben ['graːbən] <gräbt, grub, gegraben> *vt, vi* scavare; **nach etw ~** scavare alla ricerca di qc

Graben ['graːbən] <-s, Gräben> *m* fosso *m;* (MIL) trincea *f*

Grabmal <-(e)s, Grabmäler> *n* monumento *m* sepolcrale; **Grabrede** *f* orazione *f* funebre; **Grabstein** *m* pietra *f* tombale

gräbt [grɛːpt] *3. pers sing pr von* **graben**

Grad [graːt] <-(e)s, -e, *Maßeinheit:* -> *m* grado *m;* **akademischer ~** titolo *m* accademico; **bis zu einem gewissen ~** fino a un certo punto; **im höchsten ~e** al massimo grado; **bei drei ~ Wärme/Kälte** a tre gradi sopra zero/sotto zero

Graf [gra:f] <-en, -en> *m* conte *m*

Graffiti [gra'fi:ti] <-(s)> *mpl o npl* graffito *m;* **Graffiti-Maler** *m* graffittaro, -a *m, f*

Grafikkarte *f* (INFORM) scheda *f* grafica

Gräfin ['grɛ:fɪn] <-, -nen> *f* contessa *f; s. a.* **Graf**

grafisch[RR] *adj* grafico

Grafschaft <-, -en> *f* contea *f*

grämen ['grɛ:mən] *vr* **sich** (**über jdn/etw**) ~ affliggersi (per qu/qc)

Gramm [gram] <-s, -e, *bei Maßangaben:* -> *n* grammo *m*

Grammatik [gra'matɪk] <-, -en> *f* grammatica *f*

grammatikalisch *adj* grammaticale

Granat [gra'na:t] <-(e)s, -e> *m* (MIN) granato *m*

Granate [gra'na:tə] <-, -n> *f* (MIL) granata *f;* (*Hand~*) bomba *f* a mano

grandios [gran'di̯o:s] *adj* grandioso

Granit [gra'ni:t] <-s, -e> *m* (MIN) granito *m*

Grapefruit ['gre:pfru:t] <-, -s> *f* pompelmo *m*

graphisch *adj s.* **grafisch**

Gras [gra:s] <-es, Gräser> *n* erba *f;* **darüber ist längst ~ gewachsen** è acqua passata

grasen ['gra:zən] *vi* pascolare

Grashalm *m* filo *m* d'erba

grassieren [gra'si:rən] <ohne ge-> *vi* imperversare

grässlich[RR] ['grɛslɪç] *adj,* **gräßlich** *adj* orribile

Grat [gra:t] <-(e)s, -e> *m* (*Berg~*) cresta *f*

Gräte ['grɛ:tə] <-, -n> *f* lisca *f*

gratis ['gra:tɪs] *adv* gratis; **Gratisprobe** *f* campione *m* gratuito

Gratulation [gratula'tsi̯o:n] <-, -en> *f* congratulazioni *fpl*

gratulieren [gratu'li:rən] <ohne ge-> *vi* **jdm zu etw** ~ congratularsi con qu per qc; **jdm zum Geburtstag** ~ fare gli auguri di buon compleanno a qu

grau [graʊ] *adj* grigio; (*fig: trostlos*) tetro

Gräuel[RR] ['grɔɪəl] <-s, -> *m* orrore *m;* **das ist mir ein** ~ ciò mi ripugna; **Gräueltat**[RR] *f* atrocità *f*

grauen ['graʊən] *vi* **mir graut davor, zu** *+inf* provo orrore all'idea di *+inf;* **Grauen** <-s, -> *n* orrore *m;* **grauenhaft, grauenvoll** *adj* orribile

grauhaarig *adj* dai capelli grigi; **graumeliert** *adj* (*Haar*) brizzolato

Graupeln ['graʊpəln] *fpl* (METEO) gragnola *f*

grausam ['graʊza:m] *adj* **1.** (*gefühllos*) crudele **2.** (*furchtbar*) atroce; **Grausamkeit** <-, -en> *f* crudeltà *f*

grausen ['graʊzən] *vi* **mir graust** [*o* **es graust mir**] **vor etw** *dat* ho orrore di qc

graziös [gra'tsi̯ø:s] *adj* grazioso

greifbar *adj* **1.** (*zur Hand*) a portata di mano **2.** (*fig: konkret*) tangibile

greifen ['graɪfən] <greift, griff, gegriffen> **I.** *vt* prendere; (*packen*) afferrare **II.** *vi* **1.** (*die Hand ausstrecken*) **nach etw** ~ (stendere la mano per) prendere qc; **zu etw** ~ (*fig*) ricorrere a qc **2.** (*einrasten*) fare presa **3.** (*fig*) **um sich** ~ (*sich ausbreiten*) propagarsi

Greis(in) [graɪs] <-es, -e; -, -nen> *m(f)* vegliardo, -a *m, f*

Greißler(in) <-s, -> *m(f)* (*A: Krämer*) negoziante *mf* di generi alimentari

grell [grɛl] *adj* **1.** (*Farbe*) vivo **2.** (*Licht*) abbagliante **3.** (*Ton*) stridulo

Gremium ['gre:miʊm] <-s, Gremien> *n* commissione *f*

Grenze ['grɛntsə] <-, -n> *f* confine *m;* (*Landes~*) frontiera *f;* (*fig*) limite *m;* **an der ~** alla frontiera; (*fig*) al limite; **einer Sache** *dat* **~n setzen** porre dei limiti a qc; **keine ~n kennen** (*fig*) non conoscere limiti; **sich in ~n halten** (*fig*) stare nei limiti

grenzen *vi* **an etw** *acc* ~ confinare con qc; (*fig*) avvicinarsi a qc

grenzenlos *adj* (*Land*) sconfinato; (*fig*) smisurato

Grenzfall *m* caso *m* limite; **Grenzschutz** *m* guardie *fpl* confinarie; **Grenzübergang** *m* (*Ort*) valico *m;* **Grenzwert** *m* (ECO) valore *m* limite; (MAT) limite *m*

Greuel <-s, -> *m s.* **Gräuel**; **Greueltat** *f s.* **Gräueltat**

Grieche ['gri:çə] <-n, -n> *m* greco *m;* **Griechenland** *n* Grecia *f*

Griechin ['gri:çɪn] <-, -nen> *f* greca *f; s. a.* **Grieche**

griechisch *adj* greco

griesgrämig ['gri:sgrɛ:mɪç] *adj* burbero

Grieß [gri:s] <-es, -e> *m* (GASTR) semolino *m;* **Grießbrei** *m* pappa *f* di semolino

griff [grɪf] *1. u 3. pers sing imp von* **greifen**

Griff [grɪf] <-(e)s, -e> *m* 1.(*Stiel, Messer~*) manico *m;* (*Knauf*) pomo *m;* (*Klinke*) maniglia *f* 2. (SPORT) mossa *f;* (MUS) diteggiatura *f* 3. *sing* (*fig*) **etw im ~ haben** avere qc sotto controllo; **griffbereit** *adj* a portata di mano

Grill [grɪl] <-s, -s> *m* griglia *f;* **vom ~** ai ferri

Grille ['grɪlə] <-, -n> *f* grillo *m*

grillen ['grɪlən] *vt* cuocere sulla griglia

Grimasse [gri'masə] <-, -n> *f* smorfia *f;* **~n schneiden** fare le boccacce

grimmig *adj* 1.(*Mensch*) rabbioso; (*Gesicht*) truce 2.(*fig: Kälte*) atroce

grinsen ['grɪnzən] *vi* (sog)ghignare

Grippe ['grɪpə] <-, -n> *f* (MED) influenza *f*

Grips [grɪps] <-es, -e> *m* (*fam*) **~ haben** avere sale in zucca

grob [gro:p] <gröber, gröbste> *adj* 1.(*Sand, Zucker*) grosso 2.(*Verstoß*) grave; (*Fehler*) grossolano 3.(*brutal*) brutale; (*unhöflich*) sgarbato 4.(*ungefähr*) approssimativo; **in ~en Zügen** a larghi tratti

Grobheit <-, -en> *f* grossolanità *f;* (*Unhöflichkeit*) sgarbatezza *f*

Grobian ['gro:bia:n] <-(e)s, -e> *m* (*pej*) villano *m*

Gröden ['grø:dən] *n* Gardena *f*

Grog [grɔk] <-s, -s> *m* grog *m*

grölen ['grø:lən] *vi* (*fam*) sbraitare

Groll [grɔl] <-(e)s> *kein Pl m* rancore *m*

grollen *vi* (*Donner*) rimbombare; **jdm ~** avere rancore verso qu

Grönland ['grø:nlant] *n* Groenlandia *f*

grönländisch *adj* groenlandese

groß [gro:s] <größer, größte> *adj* 1.grande; (*ausgedehnt*) vasto, ampio; (*hoch*) alto; (*hochgewachsen*) di alta statura; **gleich ~ sein** essere della stessa grandezza; **~ werden** crescere; **wie ~ bist du?** quanto sei alto? 2.(*erwachsen*) adulto 3.(*bedeutend*) importante 4.(*~ geschrieben*) maiuscolo 5.(*Wend*) **im Großen und Ganzen** nell'insieme

großartig *adj* magnifico; (*ausgezeichnet*) eccellente

Großaufnahme *f* (FOTO, FILM) primo piano *m;* **Großbetrieb** *m* grande azienda *f*

Großbritannien [gro:sbri'tanjən] *n* Gran Bretagna *f*

Großbuchstabe *m* maiuscola *f*

Größe ['grø:sə] <-, -n> *f* grandezza *f;* (*Weite*) ampiezza *f;* (*Höhe*) altezza *f;* (*Körper~*) statura *f;* (*Kleidungs~*) taglia *f;* (*Schuh~*) misura *f;* (*berühmte Person*) celebrità *f*

Großeinkauf *m* acquisto *m* all'ingrosso; **Großeltern** *pl* nonni *mpl*

Größenordnung *f* ordine *m* di grandezza

großenteils ['gro:sən'taɪls] *adv* in gran parte

Größenwahn *m* megalomania *f;* **größenwahnsinnig** *adj* megalomane

Großformat *n* formato *m* grande; **Großgrundbesitzer(in)** *m(f)* latifondista *mf;* **Großhandel** *m* commercio *m* all'ingrosso; **Großkind** *n* (*CH: Enkelkind*) nipote *mf;* **Großmacht** *f* grande potenza *f;* **Großmarkt** *m* mercato *m* all'ingrosso; **Großmaul** *n* (*fam pej*) spaccone *m;* **Großmutter** *f* nonna *f;* **Großneffe** *m,* **Großnichte** *f* pronipote *mf;* **Großrat** *m* (*CH:* POL) membro *m* di un parlamento cantonale; **Großraum** *m* **im ~ Stuttgart** nella zona che gravita attorno a Stoccarda; **Großraumbüro** *n* open space *m;* **Großrechner** *m* (INFORM) supercalcolatore *m;* **großspurig** *adj* tronfio; **Großstadt** *f* metropoli *f;* **großstädtisch** *adj* metropolitano; **Großteil** *m* gran parte *f*

größtenteils ['grø:stən'taɪls] *adv* in massima parte

Großvater *m* nonno *m;* **Großveranstaltung** *f* grande spettacolo *m;* **groß|ziehen** <irr> *vt* tirare su; **großzügig** ['gro:stsy:gɪç] *adj* 1.(*freigebig*) generoso 2.(*in der Form*) in grande stile; **Großzügigkeit** <-> *kein Pl f* generosità *f*

grotesk [gro'tɛsk] *adj* grottesco

Grotte ['grɔtə] <-, -n> *f* grotta *f*

grub [gru:p] *1. u 3. pers sing imp von* **graben**

Grübchen ['gry:pçən] <-s, -> *n* fossetta *f*

Grube ['gru:bə] <-, -n> *f* fossa *f;* (MIN) miniera *f;* **wer andern eine ~ gräbt, fällt selbst hinein** (*prov*) l'inganno va a casa dell'ingannatore

grübeln ['gry:bəln] *vi* **über etw** *acc* **~** lambiccarsi il cervello per qc

Grubenunglück *n* sciagura *f* mineraria

grüezi ['gry:ɛtsi] *int* (*CH*) ciao

Gruft [grʊft] <-, Grüfte> *f* tomba *f*

grün [gry:n] *adj* 1.(*Farbe*) verde; **auf keinen ~en Zweig kommen** (*fig*) non avere fortuna 2.(POL) verde 3.(*unerfahren*) inesperto

grün-alternativ *adj* (POL) verde-alternativo

Grünanlagen *fpl* spazi *mpl* verdi; **Grünbuch** *kein Pl n* (EU) Libro *m* Verde

Grund [grʊnt] <-(e)s, Gründe> *m* **1.** *sing* (*von Gewässer*) fondo *m;* **einer Sache** *dat* **auf den ~ gehen** (*fig*) andare fino in fondo a qc **2.** *sing* (*Erdboden*) suolo *m;* **auf eigenem ~ und Boden** sul proprio (fondo) **3.** *sing* (*~lage*) base *f;* **von ~ auf** interamente **4.** (*fig: Ursache*) causa *f;* (*Beweg~*) motivo *m;* **~ haben zu** +*inf* aver motivo di +*inf;* **aus diesem ~** perciò

Grundbedingung *f* condizione *f* principale; **Grundbegriff** *m* concetto *m* fondamentale; **Grundbesitz** *m* proprietà *f* terriera; **Grundbesitzer(in)** *m(f)* proprietario, -a *m, f* terriero, -a; **Grundbuch** *n* catasto *m*

gründen ['grʏndən] **I.** *vt* fondare; (*stiften*) istituire; (*ins Leben rufen*) creare **II.** *vr* **sich auf etw** *acc* **~** basarsi su qc

Gründer(in) <-s, -; -, -nen> *m(f)* fondatore, -trice *m, f*

Grundgebühr *f* tassa *f* fissa; **Grundgedanke** *m* concetto *m* fondamentale; **Grundgesetz** *n* (*Verfassung*) costituzione *f;* **Grundlage** *f* base *f;* **die ~n für etw schaffen** porre le basi per qc; **grundlegend** *adj* fondamentale

gründlich ['grʏntlɪç] **I.** *adj* profondo; (*sorgfältig*) accurato; (*Kenntnisse*) approfondito **II.** *adv* a fondo

grundlos *adj* (*fig: unbegründet*) infondato

Grundnahrungsmittel *n* alimento *m* di base

Gründonnerstag *m* giovedì *m* santo

Grundregel *f* principio *m;* **Grundriss**^RR *m* pianta *f;* (*fig*) compendio *m;* **Grundsatz** *m* principio *m;* **sich** *dat* **etw zum ~ machen** farsene un principio; **grundsätzlich** [grʊntzɛtslɪç] **I.** *adj* fondamentale **II.** *adv* per principio; **Grundschule** *f* ≈ scuola *f* elementare; **Grundstein** *m* prima pietra *f;* **den ~ zu etw legen** (*a fig*) porre la prima pietra per qc; **Grundstock** *m* base *f;* **Grundstück** *n* terreno *m*

Gründung ['grʏndʊŋ] <-, -en> *f* fondazione *f;* **die ~ einer Familie** la formazione di una famiglia

grundverschieden *adj* totalmente diverso; **Grundwasser** *kein Pl n* acqua *f* freatica; **Grundwortschatz** *kein Pl m* vocabolario *m* di base

Grüne[1] <-n> *kein Pl n* (*a Natur*) verde *m;* **im ~n** nel verde; **ins ~ fahren** andare in campagna

Grüne[2] <ein -r, -n, -n> *mf* (POL) **die ~n** i verdi

Grünschnabel *m* (*pej*) sbarbatello *m;* **Grünspan** *m* verderame *m;* **Grünstreifen** *m* spartitraffico *m* (verde)

grunzen ['grʊntsən] *vi* grugnire

Gruppe ['grʊpə] <-, -n> *f* gruppo *m;* **Gruppenarbeit** *kein Pl f* lavoro *m* di gruppo; **Gruppenbild** *n* (FOTO) fotografia *f* di gruppo; **Gruppenreise** *f* viaggio *m* in comitiva; **gruppenweise** *adv* a gruppi

gruppieren [grʊ'pi:rən] <ohne ge-> **I.** *vt* raggruppare **II.** *vr* **sich ~** raggrupparsi

gruselig ['gru:zəlɪç] *adj* raccapricciante

gruseln ['gru:zəln] *vi, vt* **mir gruselt es vor etw** *dat* rabbrividisco per qc

Gruß [gru:s] <-es, Grüße> *m* saluto *m;* **viele Grüße** tanti saluti; **mit freundlichen Grüßen** (*Briefschluss*) distinti saluti

grüßen ['gry:sən] *vt* salutare; **jdn ~ lassen** mandare i saluti a qu; **~ Sie ihn von mir!** gli porti i miei saluti!

> Con frutti rossi (ciliegie, ribes, fragole, lamponi, ecc.) o con succo di frutta di colore rosso si prepara un dolce chiamato **rote Grütze** che si mangia d'estate con la crema di vaniglia e che, grazie all'amido, acquista la consistenza di un budino.

gucken ['gʊkən] *vi* (*fam*) guardare; **nach etw ~** dare un'occhiata a qc

Guerillakrieg *m* guerriglia *f*

Guillotine [gɪljo'ti:nə] <-, -n> *f* ghigliottina *f*

Gulasch ['gʊlaʃ] <-(e)s, -e> *n o m* gulasch *m*

gültig ['gʏltɪç] *adj* valido; (*Fahrschein*) valevole; (*gesetzlich*) in vigore; **Gültigkeit** <-> *kein Pl f* validità *f*

Gummi ['gʊmi] <-s, -(s)> *n o m* gomma *f;* **Gummiband** *n* (nastro *m*) elastico *m;* **Gummibaum** *m* albero *m* di caucciù; **Gummihandschuh** *m* guanto *m* di gomma; **Gummiknüppel** *m* manganello *m* (di gomma); **Gummireifen** *m* pneumatico *m;* **Gummistiefel** *mpl* stivali *mpl* di gomma;

G

Gummizug *m* elastico *m*

Gunst [gʊnst] <-> *kein Pl f* favore *m;* (*Wohlwollen*) benevolenza *f;* **in jds ~ stehen** essere nelle grazie di qu; **zu jds ~en** a favore di qu

günstig ['gʏnstɪç] *adj* favorevole; (*vorteilhaft*) vantaggioso; (*Preis*) conveniente

Gurgel ['gʊrgəl] <-, -n> *f* gola *f;* **jdm an die ~ springen** (*fig*) mettere il coltello alla gola di qu

gurgeln *vi* **1.** (*Mensch*) fare i gargarismi **2.** (*Wasser*) gorgogliare

Gurke ['gʊrkə] <-, -n> *f* cetriolo *m;* **saure ~n** cetriolini sott'aceto

Gurt [gʊrt] <-(e)s, -e> *m* cintura *f*

Gürtel ['gʏrtəl] <-s, -> *m* cintura *f;* **Gürtelreifen** *m* cinturato *m;* **Gürtelschnalle** *f* fibbia *f* della cintura

Guru ['gu:ru] <-s, -s> *m* guru *m*

GUS [gʊs] *f* (POL) *akr v* **Gemeinschaft Unabhängiger Staaten** unione *f* degli stati indipendenti

Guss[RR] [gʊs] <-es, Güsse> *m,* **Guß** *m* **1.** (*Gießen*) colata *f;* **aus einem ~** (*fig*) tutto d'un pezzo **2.** (*Regen~*) acquazzone *m* **3.** (GASTR) glassa *f;* **Gusseisen**[RR] *n* ghisa *f;* **Gussform**[RR] *f* forma *f* da fonderia

gut [gu:t] **I.** <besser, beste> *adj* buono; **alles Gute!** (*für Zukunft*) buona fortuna!; (*Glückwunsch*) auguri!; **es ist ~, dass …** meno male che …; **~en Tag** buongiorno; **guten Abend** buonasera; **~es Wetter** bel tempo; **~ für etw sein** fare bene a qc; **lassen wir es ~ sein!** lasciamo perdere!; **wozu ist das ~?** a che serve? **II.** <besser, am besten> *adv* bene; **es geht mir ~** sto bene; **~ riechen** avere un buon odore; **so ~ wie** quasi; **so ~ wie möglich** nel miglior modo possibile; **Sie haben ~ reden** ha un bel dire; **schon ~!** va bene!

Gut <-(e)s, Güter> *n* **1.** (*Besitz*) proprietà *f* **2.** (*Land~*) proprietà *f* terriera **3.** *pl* (*Waren*) merci *fpl*

Gutachten ['gu:tʔaxtən] *n* perizia *f;* **ein ~ einholen** far fare una perizia

gutartig *adj* **1.** (*Tier*) mansueto **2.** (MED) benigno; **gutaussehend** *s.* **aussehend**; **Gutdünken** ['gu:tdʏŋkən] <-s> *kein Pl n* **nach ~** a discrezione

Güte ['gy:tə] <-> *kein Pl f* **1.** (*eines Menschen*) bontà *f;* **du meine ~!** Dio mio! **2.** (*einer Ware*) qualità *f*

Güterbahnhof *m* scalo *m* merci; **Gütertrennung** *f* (JUR) separazione *f* dei beni; **Güterverkehr** *kein Pl m* traffico *m* merci; **Güterwagen** *m* carro *m* merci; **Güterzug** *m* treno *m* merci

Gütezeichen *n* marchio *m* di qualità

gutgehend *s.* **gehen I.5.**

gutgelaunt *s.* **gelaunt**; **gutgemeint** *s.* **meinen 4.**; **gutgläubig** *adj* (*leichtgläubig*) credulo

gut|haben <irr> *vt* avere un credito di; **Guthaben** ['gu:tha:bən] <-s, -> *n* (FIN) averi *mpl;* (*Spareinlage*) deposito *m*

gut|heißen <irr> *vt* approvare

gütig ['gy:tɪç] *adj* benevolo; (*freundlich*) gentile

gut|machen *vt* riparare; **das kann ich gar nicht wieder ~** non potrò mai ripagare; **das ist nicht wieder gutzumachen** è irreparabile

gutmütig ['gu:tmy:tɪç] *adj* buono; **Gutmütigkeit** <-, *rar* -en> *f* bontà *f*

Gutsbesitzer(in) *m(f)* proprietario, -a *m, f* terriero, -a

Gutschein *m* buono *m;* **gut|schreiben** <irr> *vt* **jdm etw ~** accreditare qc a qu; **Gutschrift** *f* accredito *m*

Gutsherr(in) *m(f) s.* **Gutsbesitzer**; **Gutshof** *m* podere *m*

gutsituiert *s.* **situieren**

Gutsverwalter(in) *m(f)* amministratore, -trice *m, f* di una tenuta

gut|tun *s.* **tun I.1.**

gutwillig *adj* volenteroso

Gymnasiast(in) [gʏmnazi'ast] <-en, -en; -, -nen> *m(f)* studente, -essa *m, f* del Gymnasium

Dopo la "Grundschule", gli scolari tedeschi che frequentano dal 5° al 13° anno di scuola il **Gymnasium** (liceo) possono conseguire la "Hochschulreife" (maturità liceale). Per conseguirla gli scolari austriaci impiegano 8 anni, mentre gli svizzeri debbono frequentare la "Maturitätsschule" per 8 o 9 anni a seconda dei cantoni. Ci sono diversi tipi di Gymnasium: "humanistisches Gymnasium" (liceo classico), "neusprachliches Gymnasium" (liceo linguistico), "mathematisch-naturwissenschaftliches Gymnasium" (liceo scientifico), "wirtschaftswissenschaftliches Gymnasium" (ragioneria) e "musisches Gymnasium" (liceo artistico).

Gymnastik [gʏm'nastɪk] <-> *kein Pl f* ginnastica *f*
Gynäkologe [gynɛko'lo:gə] <-n, -n> *m,*
Gynäkologin [gynɛko'lo:gɪn] <-, -nen> *f* ginecologo, -a *m, f;* **gynäkologisch** [gynɛko'lo:gɪʃ] *adj* ginecologico

H

H, h [ha:] <-, -(s)> *n* **1.** (*Buchstabe*) H, h *f;* **H wie Heinrich** H come hotel **2.** (MUS) si *m*
Haar [ha:ɐ̯] <-(e)s, -e> *n* (*Kopf~*) capello *m;* (*Bart~, Körper~, Tier~*) pelo *m;* **blondes/dunkles ~** capelli biondi/scuri; **graue ~e bekommen** incanutirsi; **immer ein ~ in der Suppe finden** trovare sempre qc da ridire; **jdm kein ~ krümmen** non torcere un capello a qu; **sich** *dat* **die ~e schneiden lassen** farsi tagliare i capelli; **sich** *dat* **keine grauen ~e wachsen lassen** (*fig*) non prendersela troppo per qc; **um ein ~** per un pelo; **an jdm kein gutes ~ lassen** tagliare i panni addosso a qu; **da stehen einem die ~e zu Berge** gli si rizzano i capelli; **das ist an den ~en herbeigezogen** questo è tirato per i capelli; **Haarausfall** *m* caduta *f* dei capelli; **Haarbürste** *f* spazzola *f* per capelli
haaren ['ha:rən] *vi, vr* **sich ~** perdere il pelo
Haaresbreite *f* (*fig*) **um ~** per un pelo
Haarfarbe *f* colore *m* dei capelli; **Haarfestiger** *m* fissatore *m;* **haargenau** *adv* esattamente
haarig ['ha:rɪç] *adj* **1.** (*behaart*) peloso **2.** (*fam: schwierig*) difficile
Haarklammer *f* fermaglio *m;* **Haarnadel** *f* forcina *f;* **haarscharf** **I.** *adj* esattissimo **II.** *adv* **1.** (*genau*) con la massima precisione **2.** (*dicht*) a un pelo; **Haarschnitt** *m* taglio *m;* **Haarspalterei** <-, -en> *f* (*pej*) cavillosità *f;* **~ treiben** cavillare; **Haarspange** *f* molletta *f* per capelli; **Haarspray** *n o m* lacca *f* per capelli; **haarsträubend** *adj* che fa rizzare i capelli; **Haartrockner** *m* asciugacapelli *m;* **Haarwaschmittel** *n* shampoo *m*
Habe [ha:bə] *f* possesso *m*
haben ['ha:bən] <hat, hatte, gehabt> **I.** *vt* avere; (*besitzen*) possedere; **beinahe hätte ich ...** ci è mancato poco che *+conj;* **bei sich** *dat* **~** avere con sé; **da ~ wir's!** ci siamo!; **dafür bin ich immer zu ~** ci sto sempre; **das hat nichts zu sagen** non ha alcuna importanza; **den Wievielten ~ wir heute?** quanti ne abbiamo oggi?; **er hat es sehr gern** gli piace molto; **es mit jdm zu tun ~** aver a che fare con qu; **etw ~ wollen** volere qc; **etw für sich ~** avere i propri lati positivi; **gegen jdn etw ~** essere contro qu; **ich habe zu tun** ho da fare; **ich hab's!** ci sono!; **ich hätte gern ...** vorrei ...; **jdn zum Freund ~** aver qu per amico; **lieber ~** preferire; **nichts dagegen ~** non aver nulla in contrario; **mit jdm etw ~** (*fam*) filare con qu; **was hast du?** che hai?; **welche Größe ~ Sie?** che taglia porta?; **wir ~ den 10. Juni** è il 10 giugno; **Zeit ~** avere tempo **II.** *vi* **1.** (*müssen*) dovere; **er hat zu arbeiten** deve lavorare **2.** (*Hilfsverb*) avere **III.** *vr* **sich ~** (*fam*) **1.** (*sich anstellen*) fare lo smorfioso **2.** (*erledigt sein*) **und damit hat sich's** non c'è altro da dire
Haben <-s> *kein Pl n* avere *m*
Haberer <-s, -> *m* **1.** (*A: Verehrer*) ammiratore *m* **2.** (*A: Kumpel*) amico *m*
Habgier *kein Pl f* cupidigia *f;* **habgierig** *adj* avido
Habicht ['ha:bɪçt] <-s, -e> *m* astore *m*
Habseligkeiten *fpl* quisquilie *fpl*
Hackbraten *m* polpettone *m*
Hacke ['hakə] <-, -n> *f* **1.** (*Pickel*) zappa *f* **2.** (*fam: Ferse*) calcagno *m*
hacken ['hakən] **I.** *vt* **1.** (*Boden*) zappare **2.** (*Holz*) spaccare **3.** (*Fleisch*) tritare **II.** *vi* (*mit Schnabel*) beccare
Hacker(in) ['hakɐ] <-s, -; -, -nen> *m(f)* (INFORM) hacker *mf*
Hackfleisch *n* carne *f* tritata
Hafen ['ha:fən] <-s, Häfen> *m* porto *m;* **einen ~ anlaufen** toccare un porto; **aus einem ~ auslaufen** uscire da un porto; **in den ~ einlaufen** entrare in porto; **Hafenarbeiter(in)** *m(f)* lavoratore, -trice *m, f* del porto; **Hafenpolizei** *f* polizia *f* portuale; **Hafenstadt** *f* città *f* portuale
Hafer ['ha:fɐ] <-s> *kein Pl m* avena *f;* **Ha-**

ferflocken *fpl* fiocchi *mpl* d'avena
Häferl <-s, -n> *n* (*A: Tasse*) tazza *f*
Haft [haft] <-> *kein Pl f* detenzione *f;* **jdn aus der ~ entlassen** rilasciare qu; **jdn in ~ nehmen** arrestare qu; **Haftanstalt** *f* penitenziario *m;* **haftbar** *adj* responsabile; **jdn für etw ~ machen** rendere qu responsabile di qc; **Haftbefehl** *m* mandato *m* di cattura
haften ['haftən] *vi* **1.** (*festsitzen*) **an etw** *dat* **~** aderire a qc; **an etw** *dat* **~ bleiben** rimanere attaccato a qc **2.** (*haftbar sein*) **für jdn/etw ~** rispondere di qu/qc
Haftentlassung *f* scarcerazione *f*
Häftling ['hɛftlɪŋ] <-s, -e> *m* detenuto, -a *m, f*
Haftpflicht *f* (JUR) responsabilità *f* civile; **haftpflichtig** *adj* responsabile; **Haftpflichtversicherung** *f* assicurazione *f* della responsabilità civile (verso terzi)
Haftstrafe *f* pena *f* detentiva
Haftung <-s> *kein Pl f* (JUR) responsabilità *f;* **für etw die ~ übernehmen** assumere la responsabilità di qc
Hagebutte ['haːgəbʊtə] <-, -n> *f* frutto *m* di rosa canina
Hagel ['haːgəl] <-s, *rar* -> *m* grandine *f*
hageln ['haːgəln] *vi, vt* **es hagelt** grandina; **es hagelte Vorwürfe** piovvero rimproveri
hager ['haːgɐ] *adj* scarno
Hahn [haːn] <-(e)s, Hähne> *m* **1.** (ZOO) gallo *m;* **~ im Korb sein** (*fam*) fare il gallo nel pollaio; **danach kräht kein ~** (*fam*) non se ne cura nessuno **2.** (*Wasser~, Gas~*) rubinetto *m;* **den ~ aufdrehen/zudrehen** aprire/chiudere il rubinetto
Hähnchen ['hɛːnçən] <-s, -> *n* (GASTR) pollo *m*
Hai(fisch) ['haɪ(fɪʃ)] *m* pescecane *m*
häkeln ['hɛːkəln] *vt, vi* lavorare all'uncinetto
Häkelnadel *f* uncinetto *m*
Haken ['haːkən] <-s, -> *m* **1.** (TEC) gancio *m* **2.** (*Kleider~*) attaccapanni *m* **3.** (*Angel~*) amo *m* **4.** (*fig fam*) **die Sache hat einen ~** c'è un intoppo; **Hakenkreuz** *n* croce *f* uncinata
halb [halp] **I.** *adj* mezzo; **auf ~em Wege** a metà strada; **das ist nichts Halbes und nichts Ganzes** non è né carne né pesce; **eine ~e Stunde** una mezz'ora; **um ~ drei** alle due e mezza; **zum ~en Preis** a metà prezzo **II.** *adv* (a) metà; **~ öffnen** (*Tür*) socchiudere; **~e-~e machen** dividere a metà; **das ist ~ so schlimm** non è poi così grave; **Halbbruder** *m* fratellastro *m;* **Halbdunkel** *n* penombra *f;* **Halbfinale** *n* semifinale *f;* **Halbgott** *m* semidio *m;* **halbherzig** *adj* poco entusiasta
halbieren [hal'biːrən] <ohne ge-> *vt* dividere in due
Halbinsel *f* penisola *f;* **Halbjahr** *n* semestre *m;* **halbjährlich I.** *adj* semestrale **II.** *adv* ogni sei mesi; **Halbkanton** <-s, -e> *m* (*CH*) semicantone *m;* **Halbkreis** *m* semicerchio *m;* **Halbkugel** *f* emisfero *m;* **Halbleiter** *m* (EL) semiconduttore *m;* **Halbmond** *m* mezzaluna *f;* **halbnackt** *adj s.* **nackt 1.**; **Halbpension** *f* mezza pensione *f;* **halbrund** *adj* semicircolare; **Halbschatten** *m* penombra *f;* **Halbschlaf** *kein Pl m* dormiveglia *m;* **Halbschuh** *m* scarpa *f* bassa; **Halbschwester** *f* sorellastra *f;* **halbstündlich** *adv* ogni mezz'ora; **Halbtagsarbeit** *f* lavoro *m* a mezza giornata; **Halbtagskraft** *f* lavoratore, -trice *m, f* part-time; **halbvoll** *adj s.* **voll I.1.**; **halbwegs** *adv* abbastanza; **Halbwelt** *f* demi-monde *m;* **Halbzeit** *f* (SPORT) tempo *m;* **erste ~** primo tempo; **zweite ~** ripresa *f*
Halde ['haldə] <-, -n> *f* **1.** (GEOL) ghiaione *m* **2.** (MIN) discarica *f*
half [half] *1. u 3. pers sing imp von* **helfen**
Hälfte ['hɛlftə] <-, -n> *f* metà *f;* **zur ~** a metà
Halle ['halə] <-, -n> *f* (*Hotel~*) hall *f;* (*Bahnhofs~*) atrio *m;* (AERO) aviorimessa *f;* (*Sport~*) palestra *f*
hallen ['halən] *vi* risonare
Hallenbad *n* piscina *f* coperta; **Hallensport** *m* sport *m* da palestra
hallo [ha'loː] *int* **1.** (*Ruf*) ehi **2.** (*am Telefon*) pronto **3.** (*zur Begrüßung*) ciao
Halluzination [halutsina'tsi̯oːn] <-, -en> *f* allucinazione *f*
Halm [halm] <-(e)s, -e> *m* gambo *m*
Halogenleuchte *f* lampada *f* alogena
Hals [hals] <-es, Hälse> *m* **1.** (ANAT) collo *m;* (*Kehle*) gola *f;* **aus vollem ~e** a squarciagola; **bleib mir damit vom ~!** (*fam*) stammi alla larga con queste cose!; **das hängt mir zum ~ heraus** (*fig fam*) ne ho fin sopra i capelli; **~ über Kopf** a precipizio; **sich** *dat* **den ~ brechen** rompersi l'osso del collo; **sich**

dat **etw vom ~ schaffen** levarsi di dosso qc **2.** (*Flaschen~*) collo *m* **3.** (MUS) manico *m*; **Halsband** *n* **1.** (*für Hunde*) collare *m* **2.** (*Schmuck*) collana *f*; **Halsentzündung** *f* infiammazione *f* della gola; **Halskette** *f* collana *f*; **Hals-Nasen-Ohren-Arzt** *m*, **Hals-Nasen-Ohren-Ärztin** *f* otorinolaringoiatra *mf*; **Halsschmerzen** *mpl* (MED) mal *m* di gola; **halsstarrig** *adj* ostinato; **Halstuch** *n* foulard *m*

halt [halt] *int* **1.** (*stehen bleiben*) fermo **2.** (*genug*) basta

Halt [halt] <-(e)s, -e> *m* **1.** (*Anhalten*) fermata *f*; **~ machen** fermarsi; **ohne ~** senza sosta **2.** (*Griff: für Hände*) appiglio *m*; (*Stand: für Füße*) appoggio *m* **3.** (*fig: Rück~*) appoggio *m*; **den ~ verlieren** (*fig*) perdere il controllo

hält [hɛlt] *3. pers sing pr von* **halten**

haltbar *adj* **1.** (*Lebensmittel*) non deperibile **2.** (*beständig*) durevole **3.** (*fig* MIL) sostenibile; **Haltbarkeit** <-> *kein Pl f* **1.** (*von Lebensmitteln*) conservabilità *f* **2.** (*Beständigkeit*) durata *f* **3.** (*fig: von Argument*) validità *f*; **Haltbarkeitsdatum** *n* data *f* di scadenza

halten ['haltən] <hält, hielt, gehalten> **I.** *vt* **1.** (*allg*) tenere; **offen ~** tenere aperto **2.** (*stützen*) sostenere **3.** (*zurück~*) trattenere **4.** (*Rekord*) detenere **5.** (*Versprechen*) mantenere **6.** (*besitzen*) avere **7.** (*Rede*) fare **8.** (*betrachten*) **jdn für etw/jdn ~** considerare qu per qc/qu; (*irrtümlich*) prendere qu per qc/qu; **nichts von etw ~** tenere in poco conto qc; **was ~ Sie davon?** che ne pensa?; **wofür ~ Sie mich denn eigentlich?** per chi mi prende? **II.** *vi* **1.** (*an~*) fermarsi **2.** (*fest~*) tenere; (*nicht zusammenbrechen*) reggere **3.** (*Nahrungsmittel*) conservarsi **4.** (*Wend*) **zu jdm ~** stare dalla parte di qu **III.** *vr* **sich ~ 1.** (*sich aufrecht ~*) sorreggersi; **sich gerade ~** stare d(i)ritto **2.** (*dauern*) conservarsi; (*bleiben*) mantenersi **3.** (*sich fest~*) **sich an etw** *dat* **~** tenersi (fisso) a qc **4.** (*fig*) **sich an etw** *acc* **~** attenersi a qc

Haltestelle *f* fermata *f*; **Halteverbot** *n* divieto *m* di sosta

haltlos *adj* **1.** (*Mensch*) instabile **2.** (*Behauptung*) infondato

halt|machen *vi s.* **Halt 1.**

Haltung <-, -en> *f* **1.** (*Körper~*) portamento *m*; (*Stellung*) posizione *f* **2.** (*Einstellung*) atteggiamento *m*; **eine ~ zu etw einnehmen** assumere un atteggiamento di fronte a qc **3.** (*Benehmen*) comportamento *m* **4.** *sing* (*Fassung*) contegno *m*; **die ~ bewahren** mantenere il controllo di sé stesso

Halunke [ha'lʊŋkə] <-n, -n> *m* (*fig*) mascalzone *m*

Hamburg ['hambʊrk] *n* Amburgo *f*

Hamburger ['hambʊrgɐ] <-s, -> *m* (GASTR) hamburger *m*

Hamburger(in) <-s, -; -, -nen> *m(f)* amburghese *mf*

hämisch ['hɛːmɪʃ] *adj* maligno

Hammel ['haməl] <-s, -> *m* montone *m*

Hammer ['hamɐ] <-s, Hämmer> *m* martello *m*

hämmern ['hɛmɐn] *vt, vi* martellare

Hämorrhoiden *fpl*, **Hämorriden**[RR] [hɛmɔro'iːdən] *fpl* emorroidi *fpl*

Hampelmann ['hampəlman] *m* burattino *m*

Hamster ['hamstɐ] <-s, -> *m* criceto *m*

hamstern **I.** *vt* accaparrare **II.** *vi* accaparrarsi

Hand [hant] <-, Hände> *f* mano *f*; **alle Hände voll zu tun haben** essere molto affaccendato; **an ~ von** in base a; **aus erster/zweiter ~** di prima/seconda mano; **das hat weder ~ noch Fuß** non ha né capo né coda; **das liegt auf der ~** è evidente; **die Arbeit geht ihm leicht von der ~** il lavoro gli riesce facilmente; **die Hände in den Schoß legen** (*fig*) stare con le mani in mano; **die Hände über dem Kopf zusammenschlagen** mettersi le mani nei capelli; **eine ~ voll Kirschen** una manciata di ciliege; **etw aus der ~ geben** dar via qc; **etw zur ~ haben** avere qc a portata di mano; **freie ~ haben** (*fig*) avere mano libera; **~ aufs Herz!** parola d'onore!; **Hände hoch!** mani in alto!; **Hände weg!** giù le mani!; **in der ~** in mano; **in guten Händen sein** essere in buone mani; **jdm die ~ geben** dare la mano a qu; **jdm zur ~ gehen** dare una mano a qu; **jdn an der ~ nehmen** prendere qu per mano; **jdn auf Händen tragen** (*fig*) portare qu in palmo di mano; **jdn in der ~ haben** (*fig*) avere in mano qu; **kalte Hände haben** avere le mani fredde; **letzte ~ an etw** *acc* **legen** dare l'ultima mano a qc; **meine rechte ~** (*fig*) il mio braccio destro; **mir sind die Hände gebunden** ho le mani legate; **mit**

beiden Händen con tutt'e due le mani; **mit leeren Händen dastehen** starsene lì a mani vuote; **mit vollen Händen** a piene mani; **seine ~ für etw ins Feuer legen** (*fig*) mettere la mano sul fuoco per qc; **seine ~ im Spiel haben** avere le mani in pasta; **sich** *dat* **die Hände schmutzig machen** sporcarsi le mani; **sich mit Händen und Füßen gegen etw wehren** difendersi coi denti e con le unghie; **um jds ~ anhalten** chiedere la mano di qu; **unter der ~** (*fig*) sottomano; **von der ~ in den Mund leben** vivere alla giornata; **zu Händen von ...** (*Brief*) all'attenzione di ...; **eine ~ wäscht die andere** (*prov*) una mano lava l'altra

Handarbeit *f* **1.** (*Tätigkeit*) lavoro *m* manuale **2.** (*Produkt*) lavoro *m* (fatto) a mano; **Handball** *m* pallamano *f;* **Handbewegung** *f* gesto *m;* **Handbremse** *f* (AUTO) freno *m* a mano; **die ~ ziehen** tirare il freno a mano; **Handbuch** *n* manuale *m*

Händedruck *m* stretta *f* di mano

Handel ['handəl] <-s> *kein Pl m* **1.** (*Gewerbe*) commercio *m;* **mit jdm ~ treiben** commerciare con qu **2.** (*einzelner Vorgang*) affare *m*

handeln ['handəln] **I.** *vi* **1.** (*agieren*) agire **2.** (*Handel treiben*) (**mit etw**) ~ commerciare (in qc) **3.** (*feilschen*) **um etw** ~ (con)trattare su qc **4.** (*Buch, Film*) **von etw** ~ trattare di qc **II.** *vr* **sich um etw** ~ trattarsi di qc

Handelsabkommen *n* accordo *m* commerciale; **Handelsbeziehungen** *fpl* relazioni *fpl* commerciali; **Handelsbilanz** *f* bilancio *m* commerciale; **Handelsgesellschaft** *f* società *f* commerciale; **offene ~** società a nome collettivo; **Handelskammer** *f* camera *f* di commercio; **Handelsrecht** *n* diritto *m* commerciale; **Handelsregister** *n* registro *m* di commercio; **Handelsschule** *f* scuola *f* commerciale; **handelsüblich** *adj* (d'uso) commerciale; **Handelsvertreter(in)** *m(f)* rappresentante *mf* di commercio; **Handelsware** *f* merce *f;* **Handelszentrum** *n* centro *m* commerciale

Handfeger ['hantfe:gɐ] <-s, -> *m* scopetta *f;* **Handfertigkeit** *f* abilità *f* manuale; **handfest** *adj* robusto; (*Beweis*) valido; **Handfläche** *f* palma *f* della mano; **Handgelenk** *n* polso *m;* **etw aus dem ~ schütteln** (*fam*) fare qc facilmente; **handgemacht** *adj* fatto a mano; **Handgemenge** *n* rissa *f;* **Handgepäck** *n* bagaglio *m* a mano; **handgeschrieben** *adj* scritto a mano; **Handgranate** *f* bomba *f* a mano; **handgreiflich** *adj* ~ **werden** venire alle mani; **Handgriff** *m* **1.** (*zum Festhalten*) maniglia *f* **2.** (*Bewegung*) movimento *m* (della mano); **mit ein paar ~en** (*fig*) in quattro e quattr'otto *fam*

handhaben ['hantha:bən] *vt* **1.** (*Gerät*) maneggiare **2.** (*Gesetze, Regeln*) applicare; **Handhabung** <-, -en> *f* **1.** (*Bedienung*) maneggio *m* **2.** (*Anwendung*) applicazione *f*

Handicap ['hɛndikɛp] <-s, -s> *n* handicap *m*

handicapiert *adj* (*CH: benachteiligt*) svantaggiato

händisch ['hɛndɪʃ] *adj* (*A: fam: manuell*) con le mani

HandkussRR *m* baciamano *m;* **Handlanger** ['hantlaŋɐ] <-s, -> *m* (*pej*) tirapiedi *m*

Händler(in) ['hɛndlɐ] <-s, -; -, -nen> *m(f)* commerciante *mf*

handlich ['hantlɪç] *adj* maneggevole

Handlung ['handlʊŋ] <-, -en> *f* **1.** (*Tat*) azione *f;* **strafbare ~** (JUR) reato *m* **2.** (THEAT, FILM) trama *f* **3.** (*Geschäft*) negozio *m;* **Handlungsbevollmächtigte** *mf* (JUR) mandatario, -a *m, f;* **handlungsfähig** *adj* capace d'agire; **Handlungsfreiheit** *f* libertà *f* d'azione; **handlungsunfähig** *adj* incapace d'agire; **Handlungsweise** *f* modo *m* d'agire

Handrücken *m* dorso *m* della mano; **Handschellen** *fpl* manette *fpl;* **Handschlag** *m* stretta *f* di mano; **Handschrift** *f* **1.** (*Schrift*) calligrafia *f* **2.** (*Text*) manoscritto *m;* **handschriftlich** **I.** *adj* scritto a mano **II.** *adv* per iscritto; **Handschuh** *m* guanto *m;* **Handschuhfach** *n* (*im Auto*) cassetto *m* portaoggetti; **Handstand** *m* (SPORT) verticale *f* (sulle mani); **Handtasche** *f* borsetta *f;* **Handtuch** *n* asciugamano *m;* **das ~ werfen** (*fig*) gettare la spugna; **Handumdrehen** *kein Pl n* **im ~** in quattro e quattr'otto *fam;* **Handvoll** <-, -> *f s.* **Hand**; **Handwäsche** *kein Pl f* bucato *m* a mano

Handwerk <-s> *kein Pl n* mestiere *m;* **jdm das ~ legen** (*fig*) mettere fine ai maneggi di qu; **jdm ins ~ pfuschen** (*fig*) immischiarsi nei fatti altrui; **Handwerker(in)** <-s, -; -,

-nen> *m(f)* artigiano, -a *m, f*

Handwerksbetrieb *m* azienda *f* artigiana; **Handwerkskammer** *f* camera *f* dell'artigianato; **Handwerkszeug** *n* arnesi *mpl* dell'artigiano

Handy <-s, -s> *n* telefonino *m*

Handzeichen *n* gesto *m* della mano; **durch ~** per alzata di mano

Hanf [hanf] <-(e)s> *kein Pl m* canapa *f*

Hang [haŋ] <-(e)s, Hänge> *m* **1.** (*Abhang*) pendio *m* **2.** *sing* (*fig: Neigung*) inclinazione *f;* **einen ~ zu etw haben** avere un'inclinazione a qc

Hängebrücke *f* ponte *m* sospeso; **Hängematte** *f* amaca *f*

hängen[1] ['hɛŋən] *vt* **1.** (*auf~*) appendere **2.** (*befestigen*) attaccare; **etw an den Nagel ~** (*fig*) gettare qc alle ortiche **3.** (*Menschen*) impiccare

hängen[2] <hängt, hing, gehangen> *vi* **1.** (*herunter~*) pendere **2.** (*befestigt sein*) essere appeso; **an der Decke ~** essere appeso al soffitto **3.** (*haften*) essere attaccato **4.** (*fig*) **an etw** *dat* **~** tenere a qc

hängen|bleiben *vi s.* **bleiben 1.**

hängen|lassen *vt, vr s.* **lassen**[2] **4.**

Hannover [ha'no:fɐ] *n* Hannover *f*

hänseln ['hɛnzəln] *vt* prendere in giro

Hansestadt *f* città *f* anseatica

Hantel ['hantəl] <-, -n> *f* manubrio *m*

hantieren [han'ti:rən] <ohne ge-> *vi* **mit etw ~** maneggiare qc

hapern ['ha:pɐn] *vi* **mit** [*o* **an**] **etw** *dat* **~** mancare qc

Happen ['hapən] <-s, -> *m* (*fam*) boccone *m*

Happening ['hɛpənɪŋ] <-s, -s> *n* happening *m*

happig ['hapɪç] *adj* (*fam*) **das ist ganz schön ~** è un po' troppo

Happy-End ['hɛpi'ʔɛnt] <-(s), -s> *n,* **Happyend**[RR] <-(s), -s> *n,* **Happy End**[RR] <-(s), -s> *n* lieto fine *m;* **Happy-Hour** [hɛpi'(ʔ)aʊɐ] <-, -s> *f* happy hour *f*

Hardware ['hɑ:tvɛ:ɐ̯] <-, -s> *f* (INFORM) hardware *m*

Harem ['ha:rɛm] <-s, -s> *m* harem *m*

Harfe ['harfə] <-, -n> *f* arpa *f*

Harke ['harkə] <-, -n> *f* rastrello *m*

harken *vt* rastrellare

harmlos ['harmlo:s] *adj* **1.** (*arglos*) innocente **2.** (*ungefährlich*) innocuo

Harmonie [harmo'ni:] <-, -n> *f* armonia *f*

harmonieren [harmo'ni:rən] <ohne ge-> *vi* armonizzare; (*Menschen*) andare d'accordo

harmonisch [har'mo:nɪʃ] *adj* armonico; (*fig*) armonioso

Harn [harn] <-(e)s, -e> *m* urina *f;* **Harnblase** *f* vescica *f*

Harpune [har'pu:nə] <-, -n> *f* arpione *m*

hart [hart] **I.** <härter, härteste> *adj* **1.** duro; **~e Droge** droga pesante **2.** (*fest*) solido **3.** (*streng*) severo **4.** (*hartherzig*) duro **5.** (*schwer, mühsam*) difficile; **~es Los** sorte crudele **II.** <härter, am härtesten> *adv* **~ an** rasente a; **~ arbeiten** lavorare sodo; **es geht ~ auf ~** si combatte accanitamente; **jdn ~ anfassen** trattare qu duramente

Härte ['hɛrtə] <-, -n> *f* **1.** durezza *f* **2.** (*Strenge*) severità *f* **3.** (*Gefühllosigkeit*) insensibilità *f*

härten ['hɛrtən] *vt* indurire; (*Stahl*) temperare

hartgefroren *adj s.* **gefroren II.**; **hartgekocht** *adj s.* **kochen II.**

hartherzig *adj* duro d'animo

hartnäckig ['hartnɛkɪç] *adj* ostinato; **Hartnäckigkeit** <-> *kein Pl f* ostinazione *f;* (*von Krankheit*) persistenza *f*

Harz[1] [ha:ɐ̯ts] <-es, -e> *n* (*Baum~*) resina *f*

Harz[2] *m* Selva *f* Ercinia

harzig *adj* resinoso

haschen ['haʃən] *vi* (*fam*) fumare l'hascisc

Haschisch ['haʃɪʃ] <-(s)> *kein Pl n o m* hascisc *m*

Hase ['ha:zə] <-n, -n> *m* lepre *f;* **alter ~** (*fig*) vecchia volpe

Haselnuss[RR] *f* nocciola *f*

Hass[RR] [has] <-es> *kein Pl m,* **Haß** <-sses> *kein Pl m* **1.** odio *m* **2.** (*fam: Zorn*) collera *f;* **einen ~ auf jdn haben** (*fam*) essere in collera con qu

hassen ['hasən] *vt* odiare

hässlich[RR] ['hɛslɪç] *adj,* **häßlich** *adj* **1.** (*a fig*) brutto **2.** (*gemein*) cattivo; **Hässlichkeit**[RR] <-, -en> *f* **1.** (*a fig*) bruttezza *f* **2.** (*Gemeinheit*) cattiveria *f*

Hassliebe[RR] *f* amore-odio *m*

Hast [hast] <-> *kein Pl f* fretta *f*

hastig I. *adj* affrettato; (*Bewegung*) brusco **II.** *adv* in fretta

hat [hat] *3. pers sing pr von* **haben**

hätscheln ['hɛ:tʃəln] *vt* **1.** (*liebkosen*) coc-

H

colare **2.** (*verwöhnen*) viziare

hatte ['hatə] *1. u 3. pers sing imp von* **haben**

Haube ['haʊbə] <-, -n> *f* **1.** (*Kopfbedeckung*) cuffia *f;* **unter die ~ bringen** (*fam: Mann*) maritare; (*Mädchen*) dar marito a **2.** (*Trocken~*) casco *m* **3.** (*Motor~*) cofano *m*

Hauch [haʊx] <-(e)s, *rar* -e> *m* **1.** (*Luft~*) soffio *m;* (*Duft*) profumo *m* **2.** (*fig: Anflug*) ombra *f*

hauchdünn *adj* sottilissimo

hauchen ['haʊxən] *vt* sussurare a fior di labbra

hauen ['haʊən] <haut, haute *o* hieb, gehaut *o* gehauen> **I.** *vt* **1.** (*schlagen*) battere; (*Holz*) spaccare **2.** (*prügeln*) bastonare **II.** *vr* **sich ~** (*sich schlagen*) picchiarsi

Haufen ['haʊfən] <-s, -> *m* **1.** (*Anhäufung*) mucchio *m;* **etw über den ~ werfen** (*fam*) mandare a monte qc **2.** (*fig fam: Menge*) montagna *f;* **einen ~ ausgeben** (*fam*) spendere un sacco di soldi **3.** (*Schar*) massa *f*

häufen ['hɔɪfən] **I.** *vt* ammucchiare **II.** *vr* **sich ~** accumularsi

haufenweise *adv* (*fam*) a mucchi

häufig ['hɔɪfɪç] **I.** *adj* frequente **II.** *adv* spesso; **Häufigkeit** <-, -en> *f* frequenza *f*

Haupt [haʊpt] <-(e)s, Häupter> *n* (*a fig*) capo *m;* **erhobenen ~es** a testa alta; **gesenkten ~es** a capo chino

Haupt- (*in Zusammensetzungen*) principale, centrale; **hauptamtlich** *adj* a tempo pieno; **Hauptausgang** *m* uscita *f* principale; **Hauptbahnhof** *m* stazione *f* centrale; **hauptberuflich** *adv* come professione principale; **Hauptdarsteller(in)** *m(f)* (THEAT, FILM) protagonista *mf;* **Haupteingang** *m* entrata *f* principale; **Hauptfach** *n* materia *f* principale; **Hauptgericht** *n* (GASTR) piatto *m* principale; **Hauptgeschäftszeit** *f* ore *fpl* di punta; **Hauptgewinn** *m* primo premio *m*

Häuptling ['hɔɪptlɪŋ] <-s, -e> *m* capo *m* (di una tribù)

Hauptmahlzeit *f* pasto *m* principale; **Hauptmann** *m* (MIL) capitano *m;* **Hauptperson** *f* personaggio *m* principale; **Hauptpost** *f* posta *f* centrale; **Hauptquartier** *n* (MIL) quartiere *m* generale; **Hauptrolle** *f* parte *f* principale; **Hauptsache** *f* essenziale *m;* **das ist die ~** questa è la cosa più importante; **die ~ dabei ist zu** *+inf* tutto sta nel *+inf;* **hauptsächlich** ['haʊptzɛçlɪç] *adj* principale; **Hauptsaison** *f* alta stagione *f;* **Hauptsatz** *m* (LING) proposizione *f* principale; **Hauptschlagader** *f* aorta *f*

> Dal 5° al 9° anno di scuola, dopo la "Grundschule", i bambini tedeschi la cui media scolastica non è sufficiente per essere ammessi alla "Realschule" o al "Gymnasium", frequentano la **Hauptschule**. Il prestigio di questa scuola è basso, tanto che i giovani in possesso del diploma finale di una Hauptschule hanno spesso difficoltà ad avere accesso alla formazione professionale. In Austria è possibile, se si hanno voti sufficientemente alti, passare dalla Hauptschule, che dura quattro anni, al "Gymnasium".

Hauptstadt *f* capitale *f;* **Hauptstraße** *f* strada *f* principale; **Hauptverhandlung** *f* (JUR) dibattimento *m;* **Hauptverkehrszeit** *f* ore *fpl* di punta; **Hauptversammlung** *f* assemblea *f* generale; **Hauptwort** *n* (LING) sostantivo *m*

Haus [haʊs] <-es, Häuser> *n* **1.** (*Wohn~*) casa *f;* (*Gebäude*) edificio *m;* **außer ~ essen** mangiare fuori (di) casa; **fühlen Sie sich wie zu ~e !** faccia come a casa Sua; **jdn nach ~e bringen** accompagnare a casa qu; **nach ~e** a casa; **von ~ zu ~** di casa in casa; **zu ~e** a casa **2.** (*Familie*) famiglia *f;* **aus gutem ~(e)** di buona famiglia **3.** (PARL: *Kammer*) camera *f* **4.** (*Schnecken~*) guscio *m;* **Hausapotheke** *f* farmacia *f* (domestica); **Hausarbeit** *f* **1.** (*im Haushalt*) lavori *mpl* di casa **2.** (*für Schule*) compito *m* (a casa); **Hausarrest** *m* arresto *m* domiciliare; **Hausarzt** *m,* **Hausärztin** *f* medico *m* di famiglia; **Hausaufgabe** *f* compito *m* (per casa); **Hausbesetzer(in)** <-s, -; -, -nen> *m(f)* occupante *mf* abusivo, -a di un edificio; **Hausbesetzung** *f* occupazione *f* abusiva di edifici; **Hausbesitzer(in)** *m(f)* padrone, -a *m, f* di casa; **Hausbesorger(in)** *m(f)* (*A: Hausmeister*) custode *mf;* **Hausbewohner(in)** *m(f)* inquilino, -a *m, f;* **Hausboot** *n* casa *f* battello

Häuschen ['hɔɪsçən] <-s> *n* casetta *f;* **ganz aus dem ~ sein** (*fig fam*) essere fuori dei gangheri

Häuserblock *m* caseggiato *m*

Hausfrau *f* casalinga *f;* **Hausfriedens-**

bruch *m* (JUR) violazione *f* di domicilio; **Haushalt** ['haʊshalt] <-(e)s, -e> *m* 1. (*Hausgemeinschaft*) casa *f;* **jdm den ~ führen** accudire alla casa di qu 2. (*Staats~*) bilancio *m;* **haus|halten** <irr> *vi* (**mit etw**) ~ far economia (di qc); **Haushälterin** ['haʊshɛltərɪn] *f* governante *f;* **Haushalt(s)artikel** *m* articolo *m* per la casa; **Haushaltsdebatte** *f* (POL) discussione *f* del bilancio pubblico; **Haushalt(s)geld** *n* denaro *m* per le spese di casa; **Haushalt(s)gerät** *n* utensile *m* domestico; **Hausherr(in)** *m(f)* padrone, -a *m, f* di casa; **haushoch** *adv* ~ **gewinnen** vincere brillantemente; ~ **verlieren** perdere in modo clamoroso

hausieren [haʊ'ziːrən] <ohne ge-> *vi* (**mit etw**) ~ vendere (qc) di casa in casa

Hausierer(in) <-s, -; -, -nen> *m(f)* venditore, -trice *m, f* ambulante

Hauslehrer(in) *m(f)* precettore, -trice *m, f*

häuslich ['hɔɪslɪç] *adj* 1. domestico 2. (*Mensch*) che sta volentieri a casa

Hausmädchen *n* domestica *f;* **Hausmann** *m* casalingo *m;* **Hausmannskost** *f* cucina *f* casalinga; **Hausmeister(in)** *m(f)* 1. portiere, -a *m, f* 2. (*CH: Eigentümer*) padrone, -a *m, f* di casa; **Hausmittel** *n* rimedio *m* casalingo; **Hausmüll** *kein Pl m* rifiuti *mpl* domestici; **Hausnummer** *f* numero *m* civico; **Hausordnung** *f* regolamento *m* interno; **Hauspartei** *f* (*A: Hausbewohner*) inquilino, -a *m, f;* **Hausratversicherung** *f* assicurazione *f* sulle suppellettili domestiche; **Hausschlüssel** *m* chiave *f* di casa; **Hausschuh** *m* pantofola *f;* **Haustier** *n* animale *m* domestico; **Haustür** *f* porta *f* di casa; **Hausverwalter(in)** *m(f)* amministratore, -trice *m, f* della casa; **Hauswirt(in)** *m(f)* padrone, -a *m, f* di casa

Haut [haʊt] <-, Häute> *f* pelle *f;* (*einer Frucht*) buccia *f;* **aus der ~ fahren** (*fam*) uscire dai gangheri; **dieser Film geht unter die ~** questo film tocca da vicino; **ich möchte nicht in seiner ~ stecken** non vorrei essere nei suoi panni; **mir ist nicht wohl in meiner ~** (*fam*) non sono tranquillo; **mit ~ und Haaren** (*fam*) tutto quanto; **mit heiler ~ davonkommen** (*fam*) salvare la pelle; **nass bis auf die ~** bagnato fino all'osso; **Hautarzt** *m,* **Hautärztin** *f* dermatologo, -a *m, f;* **Hautausschlag** *m* eruzione *f* cutanea; **Hautcreme** *f* crema *f* per la pelle

häuten ['hɔɪtən] I. *vt* spellare II. *vr* **sich ~** spellarsi

hauteng *adj* aderente; **Hautfarbe** *f* carnagione *f;* **Hautkrankheit** *f* (MED) malattia *f* della pelle; **hautnah** *adv* (*fig*) immediato; **etw ~ miterleben** vivere qc da vicino; **Hautpflege** *f* cura *f* della pelle

Häutung <-, -en> *f* (ZOO) muta *f*

Hbf. *abk v* **Hauptbahnhof** Stazione C.

Hearing ['hiːrɪŋ] <-s, -s> *n* (POL) hearing *m*

Hebamme ['heːbamə] <-, -n> *f* levatrice *f*

Hebel ['heːbəl] <-s, -> *m* leva *f;* **alle ~ in Bewegung setzen** (*fig fam*) muovere cielo e terra

heben ['heːbən] <hebt, hob, gehoben> I. *vt* 1. (*hoch~*) (sol)levare; (*Wrack*) recuperare; (*Schatz*) scavare; **einen ~** (*fam*) bere un bicchierino 2. (*Stimme, Augen, Hände*) alzare 3. (*fig: Niveau*) migliorare; (*Stimmung*) accrescere II. *vr* **sich ~** 1. (*sich emporheben*) sollevarsi 2. (*fig: Stimmung*) animarsi

hebräisch [he'brɛːɪʃ] *adj* ebreo

hecheln ['hɛçəln] *vi* ansimare

Hecht [hɛçt] <-(e)s, -e> *m* luccio *m*

Heck [hɛk] <-(e)s, -e> *n* (NAUT) poppa *f;* (AUTO) parte *f* posteriore

Hecke ['hɛkə] <-, -n> *f* siepe *f;* **Heckenrose** *f* rosa *f* selvatica; **Heckenschere** *f* cesoie *fpl;* **Heckenschütze** *m* franco tiratore *m*

Heckscheibe *f* (AUTO) lunotto *m*

Heer [heːɐ̯] <-(e)s, -e> *n* esercito *m*

Hefe ['heːfə] <-, -n> *f* lievito *m;* **Hefeteig** *m* pasta *f* lievitata

Heft [hɛft] <-(e)s, -e> *n* (*Schreib~*) quaderno *m;* (*Notiz~*) taccuino *m;* (*Broschüre*) fascicolo *m*

heften ['hɛftən] *vt* 1. (*befestigen*) attaccare; (*mit Stecknadeln*) appuntare 2. (*fig*) **den Blick auf etw** *acc* ~ fissare lo sguardo su qc

Hefter <-s, -> *m* raccoglitore *m*

heftig ['hɛftɪç] *adj* 1. (*stark*) forte; (*wuchtig*) violento; (*Schmerz*) acuto; (*Regen*) dirotto 2. (*stürmisch*) impetuoso; ~ **werden** adirarsi; **Heftigkeit** <-, -en> *f* 1. (*Wucht*) violenza *f* 2. (*heftiges Wesen*) impetuosità *f*

Heftpflaster *n* cerotto *m*

Hegemonie [hegemo'niː] <-, -n> *f* egemonia *f*

H

hegen ['he:gən] *vt* 1. (*Wild*) conservare; **jdn ~ und pflegen** avere gran cura di qu 2. (*fig: Gefühle*) nutrire

Hehl [he:l] <-s> *kein Pl n o m* **kein(en) ~ aus etw machen** non fare mistero di qc

Hehler(in) <-s, -; -, -nen> *m(f)* ricettatore, -trice *m, f*

Heide[1] ['haɪdə] <-, -n> *f* (*~land*) brughiera *f*

Heide[2] <-n, -n> *m* (REL) pagano *m*

Heidekraut *kein Pl n* erica *f*

Heidelbeere ['haɪdəlbe:rə] *f* mirtillo *m* nero

Heidenangst *f* (*fam*) fifa *f*; **Heidengeld** *n* **ein ~ kosten** (*fam*) costare un sacco di soldi; **Heidenspaß** *m* (*fam*) piacere *m* folle

Heidentum <-s> *kein Pl n* paganesimo *m*

Heidin ['haɪdɪn] <-, -nen> *f* pagana *f*; *s. a.* **Heide**[2]

heidnisch *adj* pagano

heikel ['haɪkəl] <heikler, heikelste> *adj* 1. (*Sache*) delicato 2. (*Person: schwierig*) difficile da accontentare

heil [haɪl] *adj* 1. (*unversehrt*) illeso; **sie hat den Unfall ~ überstanden** è uscita illesa dall'incidente 2. (*ganz*) intatto

Heil <-(e)s> *kein Pl n* (*Glück*) fortuna *f*; (REL: *Seelen~*) salvezza *f*

Heiland ['haɪlant] <-(e)s, -e> *m* (REL) Salvatore *m*

Heilanstalt *f* sanatorio *m*; **heilbar** *adj* curabile

heilen ['haɪlən] I. *vt* guarire II. *vi sein* guarire

heilfroh ['haɪl'fro:] *adj* (*fam*) contentissimo

heilig ['haɪlɪç] *adj* santo; **~ sprechen** canonizzare; **Heiligabend** *m* vigilia *f* di Natale; **Heilige** <ein -r, -n, -n> *mf* santo, -a *m, f*; **heiligen** ['haɪlɪgən] *vt* 1. santificare; (*weihen*) consacrare 2. (*fig: rechtfertigen*) giustificare; **der Zweck heiligt die Mittel** il fine giustifica i mezzi; **Heiligenschein** *m* aureola *f*

heilig|sprechen *vt s.* **heilig**

Heiligtum <-s, Heiligtümer> *n* 1. (*Stätte*) santuario *m* 2. (*Gegenstand*) cosa *f* sacra

Heilkraft *f* virtù *f* terapeutica; **Heilkraut** *n* erba *f* medica; **heillos** *adj* terribile; **Heilmittel** *n* farmaco *m*; **Heilpflanze** *f* pianta *f* medicinale; **Heilpraktiker(in)** *m(f)* medico *m* naturalista; **Heilquelle** *f* sorgente *f* d'acqua minerale; **heilsam** *adj* salutare

Heilung <-, -en> *f* (*Gesundwerden*) guarigione *f*; (*von Wunde*) cicatrizzazione *f*

heim [haɪm] *adv* a casa

Heim <-(e)s, -e> *n* 1. (*Zuhause*) casa *f* 2. (*Kinder~*) asilo *m*; (*Alten~*) ospizio *m*; **Heimarbeit** *f* lavoro *m* a domicilio

Heimat ['haɪma:t] <-, *rar* -en> *f* patria *f*; **Heimatland** *n* terra *f* natale; **heimatlich** *adj* della patria; **heimatlos** *adj* senza patria; **Heimatort** *m* luogo *m* d'origine; **Heimatstadt** *f* città *f* natale

heim|fahren <irr> *vi sein* andare a casa; **Heimfahrt** *f* viaggio *m* di ritorno; **heim|gehen** <irr> *vi sein* andare a casa

heimisch *adj* locale; **sich ~ fühlen** sentirsi come a casa propria

Heimkehr ['haɪmke:ɐ̯] *kein Pl f* ritorno *m* a casa; **heim|kehren** *vi sein* tornare a casa

heimlich ['haɪmlɪç] *adj* segreto; (*verstohlen*) furtivo; **Heimlichkeit** <-, -en> *f* segretezza *f*; **Heimlichtuerei** <-, *rar* -en> *f* fare *m* misterioso; **heimlich|tun** <irr> *vi* fare il misterioso

Heimreise *f* rientro *m*; **Heimspiel** *n* (SPORT) incontro *m* in casa; **heim|suchen** *vt* (*Katastrophen*) colpire; (*Krankheiten*) affliggere; **Heimtrainer** *m s.* **Hometrainer**

heimtückisch *adj* subdolo; (*Krankheit*) maligno

heimwärts ['haɪmvɛrts] *adv* verso casa; **Heimweg** *m* ritorno *m* a casa; **auf dem ~** ritornando a casa; **sich auf den ~ machen** mettersi sulla via del ritorno; **Heimweh** *kein Pl n* nostalgia *f*; **~ nach etw haben** avere nostalgia di qc; **Heimwerker(in)** <-s, -; -, -nen> *m(f)* lavoratore, -trice *m, f* fai da te

heim|zahlen *vt* **jdm etw ~** far pagare caro qc a qu

Heirat ['haɪra:t] <-, -en> *f* matrimonio *m*

heiraten ['haɪra:tən] I. *vt* sposare II. *vi* sposarsi

Heiratsantrag *m* proposta *f* di matrimonio; **Heiratsanzeige** *f* 1. (*Mitteilung*) partecipazione *f* di matrimonio 2. (*in Zeitung*) annuncio *m* matrimoniale

heiser ['haɪzɐ] *adj* rauco; **Heiserkeit** <-, *rar* -en> *f* raucedine *f*

heiß [haɪs] *adj* 1. (*Temperatur*) (molto) caldo; (*Flüssigkeiten*) bollente; **es ist ~** fa un gran caldo; **mir ist ~** ho molto caldo 2. (*fig: Liebe, Wunsch*) ardente; **~ geliebt** amatissimo; **~e Musik** musica eccitante 3. (*fig: The-*

ma) scottante; (*Kampf*) accanito; ~**e Spur** traccia importante; **heißblütig** *adj* focoso

heißen ['haɪsən] <heißt, hieß, geheißen> *vi* **1.** (*Namen haben*) chiamarsi; **wie ~ Sie?** come si chiama? **2.** (*bedeuten*) significare; **das heißt** cioè; **was soll das ~?** che significa questo?; **wie heißt das auf Italienisch?** come si dice questo in italiano?

heißgeliebt *adj s.* **heiß 2.**; **Heißhunger** *m* fame *f* da lupi; **einen ~ auf etw** *acc* **haben** avere una voglia matta di (mangiare) qc; **Heißluft** *f* aria *f* calda

heiter ['haɪtɐ] *adj* **1.** (*fröhlich*) allegro; **das kann ja ~ werden!** (*fam*) ne vedremo delle belle! **2.** (*Himmel, Wetter*) sereno; **aus ~em Himmel** a ciel sereno; **Heiterkeit** <-> *kein Pl f* allegria *f*

Heizdecke *f* termocoperta *f*

heizen ['haɪtsən] *vi, vt* (ri)scaldare; **wir ~ mit Erdöl** abbiamo il riscaldamento a petrolio

Heizkörper *m* radiatore *m;* **Heizkosten** *pl* costi *mpl* di riscaldamento; **Heizlüfter** <-s, -> *m* termoventilatore *m;* **Heizöl** *n* olio *m* combustibile

Heizung <-, -en> *f* riscaldamento *m*

Hektar ['hɛkta:ɐ̯] <-s, -e, *bei Maßangaben:* -> *n o m* ettaro *m*

Hektik ['hɛktɪk] <-> *kein Pl f* attività *f* febbrile

hektisch ['hɛktɪʃ] *adj* febbrile

Held(in) ['hɛlt] <-en, -en; -, -nen> *m(f)* eroe *m,* eroina *f;* **heldenhaft** *adj* eroico; **Heldensage** *f* (LIT) leggenda *f* epica; **Heldentat** *f* atto *m* eroico; **Heldentum** <-s> *kein Pl n* eroismo *m*

helfen ['hɛlfən] <hilft, half, geholfen> *vi* **1.** (*Hilfe leisten*) **jdm ~** aiutare qu; (*behilflich sein*) dare una mano a qu; **sich** *dat* **zu ~ wissen** sapersi arrangiare; **ich weiß mir nicht mehr zu ~** non so che pesci pigliare **2.** (*nützen*) **jdm ~** essere utile a qu; **es hilft nichts, du musst …** non c'è niente da fare, devi … **3.** (*heilsam sein*) **gegen etw ~** fare bene per qc

Helfer(in) <-s, -; -, -nen> *m(f)* aiuto *m*

Helium ['he:liʊm] <-s> *kein Pl n* (CHEM) elio *m*

hell [hɛl] *adj* **1.** chiaro; **am ~en Tag** in pieno giorno **2.** (*groß*) grande; **seine ~e Freude an etw** *dat* **haben** provare una gran gioia per qc **3.** (*klug*) intelligente

hellblond *adj* biondo chiaro; **hellhörig** *adj* **1.** (*Mensch*) di udito fine; **~ werden** tendere le orecchie **2.** (*Wohnung*) che non assorbe i suoni

Helligkeit <-, -en> *f* **1.** chiarezza *f* **2.** (*Lichtfülle*) luminosità *f* **3.** (*Lichtstärke*) intensità *f* luminosa

Hellseher(in) <-s, -; -, -nen> *m(f)* chiaroveggente *mf*

hellwach *adj* sveglio

Helm [hɛlm] <-(e)s, -e> *m* casco *m*

Hemd [hɛmt] <-(e)s, -en> *n* camicia *f*

Hemisphäre [hemi'sfɛ:rə] *f* emisfero *m*

hemmen ['hɛmən] *vt* **1.** (*anhalten*) frenare **2.** (*fig: hindern*) ostacolare

Hemmnis <-ses, -se> *n* ostacolo *m*

Hemmschwelle *f* soglia *f* di inibizione

Hemmung <-, -en> *f* (PSYCH) inibizione *f;* **nur keine ~en!** non fatevi problemi!

hemmungslos *adj* (*zügellos*) sfrenato; (*skrupellos*) senza scrupoli; **~ weinen** piangere senza ritegno

Hengst [hɛŋst] <-es, -e> *m* stallone *m*

Henkel ['hɛŋkəl] <-s, -> *m* manico *m*

Henker <-s, -> *m* carnefice *m*

Henne ['hɛnə] <-, -n> *f* gallina *f*

her [he:ɐ̯] *adv* **1.** (*räumlich*) qui, qua; **hin und ~** qua e là; (*auf und ab*) su e giù; **von … ~** da; **komm ~!** vieni qua!; **~ damit!** (*fam*) dà qua! **2.** (*zeitlich*) da; **das ist schon lange ~** è già (da) un pezzo; **es ist ein Jahr ~, dass …** è (passato) un anno che …; **wie lange ist es ~, dass …?** quanto tempo è che …?

herab [hɛ'rap] *adv* giù; **herab|blicken** *vi* (*a fig*) **auf jdn/etw ~** guardare qu/qc dall'alto in basso; **herab|fallen** <irr> *vi sein* cadere giù; **herab|lassen** <irr> **I.** *vt* calare **II.** *vr* **sich ~ etw zu tun** degnarsi di fare qc; **herablassend** *adj* altezzoso; **herab|setzen** *vt* (*Preis, Strafe*) ridurre; (*fig: schmälern*) sminuire; **herab|würdigen** *vt* svalutare

heran [hɛ'ran] *adv* vicino; **heran|kommen** <irr> *vi sein* **1. an jdn/etw ~** avvicinarsi a qu/qc; **die Dinge an sich ~ lassen** prendere tempo; **man kann nicht an ihn ~** è inavvicinabile **2.** (*fig: sich vergleichen können*) **an jdn ~** raggiungere qu; **heran|machen** *vr* **sich an jdn ~** abbordare qu; **heran|wachsen** <irr> *vi sein* crescere; **Heranwachsende** <ein -r, -n, -n> *mf* adolescente *mf;* **heran|wagen** *vr* **sich an**

H

etw *acc* ~ azzardarsi a fare qc; **heran|ziehen** <irr> *vt* **1.** (*großziehen*) allevare **2.** (*geltend machen*) far valere **3.** (*Sachverständigen*) **jdn zu etw** ~ consultare qu per qc

herauf [hɛ'raʊf] *adv* su; **den Berg** ~ su per la montagna; **herauf|beschwören** <irr> *vt* **1.** (*wachrufen*) evocare **2.** (*verursachen*) provocare; **herauf|kommen** <irr> *vi sein* venire su

heraus [hɛ'raʊs] *adv* fuori; **aus ...** ~ fuori da ...; **das ist noch nicht** ~ non è ancora sicuro; ~ **damit!** dà qua!; ~ **mit der Sprache!** (*fam*) sputa l'osso!; **heraus|bekommen** <irr> *vt* **1.** (*Fleck*) togliere **2.** (*fig: herausfinden*) venire a sapere; (*Geheimnis*) riuscire a scoprire; (*Rätsel*) riuscire a risolvere **3.** (*Wechselgeld*) ricevere di resto; **ich bekomme drei Mark heraus** mi spettano tre marchi di resto; **heraus|bringen** <irr> *vt* **1.** (*nach draußen bringen*) portare fuori **2.** (*Ware*) lanciare (sul mercato); (*Buch*) pubblicare; (THEAT) mettere in scena **3.** (*fam: in Erfahrung bringen*) venire a sapere; **aus jdm kein Wort** ~ non cavare una parola di bocca a qu; **kein Wort** ~ non proferire parola; **heraus|finden** <irr> *vt* scoprire

heraus|fordern *vt* **1.** (SPORT) **jdn zu etw** ~ sfidare qu a qc **2.** (*Schicksal*) provocare; **Herausforderung** *f* **1.** (SPORT) sfida *f;* **die** ~ **annehmen** accettare la sfida **2.** (*fig*) provocazione *f*

heraus|geben <irr> *vt* **1.** (*veröffentlichen*) pubblicare **2.** (*Wechselgeld*) dare di resto; **Herausgeber(in)** <-s, -; -, -nen> *m(f)* editore, -trice *m, f*

heraus|gehen <irr> *vi sein* **1.** (*Fleck*) andare via **2.** (*Wend*) **aus sich** *dat* ~ (*fig*) aprirsi, sbottonarsi *fam;* **heraus|halten** <irr> *vr* **sich aus etw** ~ tenersi fuori da qc; **heraus|holen** *vt* **1.** (*Gegenstand*) tirare fuori; **das Letzte aus sich** *dat* ~ dare il massimo di sé stesso **2.** (*Person*) far uscire **3.** (*fig fam: verdienen*) **aus jdm Geld** ~ ricavare da qu del denaro; **heraus|kommen** <irr> *vi sein* **1.** uscire; **aus dem Staunen nicht** ~ non potersi riavere dallo stupore **2.** (*sich ergeben*) risultare; **das kommt auf dasselbe heraus** è la stessa cosa; **dabei kommt nichts heraus** non se ne ricava nulla **3.** (*Buch*) venire pubblicato; **heraus|nehmen** <irr> *vt* estrarre; **etw aus der Tasche** ~ tirare fuori qc dalla borsa; **jdm die Mandeln** ~ togliere le tonsille a qu; **sich** *dat* (**jdm gegenüber**) **etw** ~ prendersi delle libertà (nei confronti di qu); **heraus|putzen** *vr* **sich** ~ farsi bello; **heraus|reden** *vr* **sich** ~ scusarsi; **sich mit etw** ~ addurre qc come scusa; **heraus|reißen** <irr> *vt* strappare; **heraus|rücken I.** *vt* (*Geld*) tirare fuori **II.** *vi sein* **mit der Sprache** ~ (*fam*) parlare; **heraus|rutschen** *vi sein* (*Wort*) scappare; **das ist mir nur so herausgerutscht** (*fam*) mi è semplicemente scappata; **heraus|springen** *vi* saltar fuori; **aus dem Fenster** ~ saltar fuori dalla finestra; **heraus|stellen I.** *vt* **1.** (*nach draußen stellen*) mettere fuori **2.** (*fig: hervorheben*) mettere in luce **II.** *vr* **sich** ~ risultare; **sich als richtig** ~ rivelarsi esatto; **es hat sich herausgestellt, dass ...** è risultato che ...; **heraus|ziehen** <irr> *vt* **jdn/etw aus etw** ~ tirare fuori qu/qc da qc

herb [hɛrp] *adj* **1.** (*Geschmack*) acre; (*Wein*) aspro **2.** (*fig: Worte, Gesicht, Schönheit*) duro; (*Enttäuschung*) amaro; (*Verlust*) doloroso

herbei [hɛɐ'baɪ] *adv* qui, qua; **herbei|eilen** *vi sein* accorrere; **herbei|führen** *vt* (*bewirken*) causare; **herbei|rufen** <irr> *vt* chiamare

Herberge ['hɛrbɛrgə] <-, -n> *f* alloggio *m*

Herbst [hɛrpst] <-(e)s, -e> *m* autunno *m;* **herbstlich** *adj* autunnale

Herd [he:ɐ̯t] <-(e)s, -e> *m* **1.** (*Küchen~*) fornello *m* **2.** (*fig* MED) focolaio *m*

Herde ['he:ɐ̯də] <-, -n> *f* gregge *m*

Herdplatte *f* piastra *f* del fornello elettrico

herein [hɛ'raɪn] *adv* dentro; ~! avanti; **herein|brechen** <irr> *vi sein* **1.** (*Nacht*) calare **2.** (*Unglück*) **über jdm** ~ colpire qu; **herein|fallen** <irr> *vi sein* (*fig fam*) cascarci; **herein|holen** *vt* portare dentro; (*Person*) far entrare; **herein|kommen** <irr> *vi sein* entrare; **herein|lassen** <irr> *vt* lasciare entrare; **herein|legen** *vt* (*fig fam: betrügen*) imbrogliare; **herein|platzen** *vi sein* (*fam*) **in einen Raum** ~ piombare in una stanza

her|fallen <irr> *vi sein* **über jdn** ~ gettarsi su qu; (*fig: mit Fragen*) tempestare qu; **über etw** *acc* ~ gettarsi contro qc; (*über Essen*) buttarsi su qc

Hergang ['he:ɐ̯gaŋ] *m* (*Verlauf*) svolgimento *m*

her|geben <irr> I. *vt* (*weggeben*) dare via II. *vr* **sich zu etw ~** prestarsi per qc; **her|gehen** <irr> *vi sein* **hinter/vor jdm ~** andare dietro/davanti a qu; **her|halten** <irr> *vi* **er muss für die anderen ~** deve pagare per gli altri; **her|holen** *vt* andare a prendere

Hering ['he:rɪŋ] <-s, -e> *m* **1.** (ZOO) aringa *f* **2.** (*Zeltpflock*) picchetto *m*

her|kommen <irr> *vi sein* **1.** (*hierhin kommen*) venire qui; (*sich nähern*) avvicinarsi; **komm her!** vieni qua! **2.** (*herrühren*) **von etw ~** derivare da qc **3.** (*herstammen*) provenire; **wo kommen Sie her?** da dove viene?; **herkömmlich** ['he:ɐ̯kœmlɪç] *adj* tradizionale

Herkunft ['he:ɐ̯kʊnft] <-, *rar* Herkünfte> *f* (*von Mensch*) origine *f;* (*von Ware*) provenienza *f;* **Herkunftsland** *n* paese *m* d'origine

her|laufen *vi* **hinter jdm ~** correre dietro a qu; **her|machen** *vr* **sich über jdn ~** gettarsi addosso a qu; **sich über eine Torte ~** buttarsi su una torta

Hermelin [hɛrmə'li:n] <-s, -e> *n* ermellino *m*

hermetisch [hɛr'me:tɪʃ] *adj* ermetico

Heroin [hero'i:n] <-s> *kein Pl n* eroina *f*

Herpes ['hɛrpɛs] <-> *kein Pl m* (MED) herpes *m*

Herr [hɛr] <-n, -en> *m* **1.** (*Mann*) signore *m;* (*vor Eigennamen*) signor *m;* **meine Damen und ~en!** Signore e Signori!; **~ Müller** il signor Müller; (*als Anrede*) signor Müller **2.** (*Gebieter*) padrone *m;* (*Herrscher*) sovrano *m;* **der ~ des Hauses** il padrone di casa; **~ der Lage sein** essere padrone della situazione; **sein eigener ~ sein** non dipendere da nessuno; **einer Sache** *gen* **~ werden** riuscire a dominare qc **3.** (*Gott*) Signore *m*

herrenlos *adj* non reclamato; (*Tier*) randagio

her|richten *vt* **1.** (*vorbereiten*) preparare **2.** (*instand setzen*) sistemare

Herrin ['hɛrɪn] <-, -nen> *f* padrona *f*

herrisch *adj* imperioso

herrlich *adj* (*großartig*) magnifico; (*wunderbar*) meraviglioso; (*ausgezeichnet*) eccellente

Herrschaft <-, -en> *f sing* **1.** (*Befehlsgewalt*) potere *m;* (*Herrschergewalt*) sovranità *f* **2.** (*fig: Kontrolle*) controllo *m;* **die ~ über ein Fahrzeug verlieren** perdere il controllo di un veicolo

herrschen ['hɛrʃən] *vi* **1.** (*Herr sein*) **über jdn/etw ~** regnare su qu/qc **2.** (*fig*) esserci; (*Angst, Ruhe*) regnare

Herrscher(in) <-s, -; -, -nen> *m(f)* sovrano, -a *m, f*

Herrschsucht *kein Pl f* avidità *f* di dominio

her|rühren *vi* **von etw ~** provenire da qc

her|stellen *vt* **1.** (*produzieren*) produrre **2.** (*schaffen*) creare; (*Verbindung, Beziehung*) stabilire; **Hersteller(in)** <-s, -; -, -nen> *m(f)* produttore, -trice *m, f;* **Herstellung** <-> *kein Pl f* produzione *f*

herüber [hɛ'ry:bɐ] *adv* di qua

herum [hɛ'rʊm] *adv* intorno; **um … ~** (*räumlich*) intorno a …; (*zeitlich*) verso; (*bei Zahlenangaben*) circa; **herum|ärgern** *vr* **sich ~** (*fam*) pigliarsela; **sich mit etw ~** affaticarsi con qc; **herum|drehen** I. *vt* girare; **den Schlüssel zweimal ~** dare due giri di chiave II. *vr* **sich (zu jdm/etw) ~** girarsi (verso qu/qc); **herum|führen** *vt* (*Person*) portare in giro; **herum|gehen** <irr> *vi sein* **1.** (*umkreisen*) **um jdn/etw ~** girare attorno a qu/qc; **das geht mir im Kopf herum** ci penso e ripenso **2.** (*ziellos*) gironzolare **3.** (*Zeit*) passare **4.** (*gereicht werden*) **etw ~ lassen** far circolare qc; **herum|irren** *vi sein* girovagare; **herum|kommen** <irr> *vi sein* (*fam*) **1.** (*reisen*) **viel ~** viaggiare molto **2.** (*vermeiden können*) **um etw ~** poter evitare qc; **herum|kriegen** *vt* (*fam*) riuscire a convincere; **herum|laufen** <irr> *vi sein* (*fam: ziellos*) correre in giro; **so kannst du doch nicht ~!** non puoi andare in giro così!; **herum|liegen** <irr> *vi* (*fam: unordentlich*) essere sparso (dappertutto); **herum|lungern** [hɛ'rʊmlʊŋɐn] *vi* (*fam*) bighellonare; **herum|reichen** *vt* far circolare; **herum|schlagen** <irr> *vr* **sich mit jdm/etw ~** (*fig fam*) essere alle prese con qu/qc; **herum|sprechen** <irr> *vr* **sich ~** spargersi; **herum|stehen** <irr> *vi* (*Mensch*) starsene senza far niente; (*Sachen*) essere fuori posto; **herum|treiben** <irr> *vr* **sich ~** (*fam pej*) andare a zonzo; **herum|ziehen** <irr> *vi sein* girare

herunter [hɛ'rʊntɐ] *adv* giù; **von … ~** giù da …; **von oben ~** dall'alto in basso; **ich kann nicht ~** non posso scendere; **herun-**

H

ter|fallen <irr> *vi sein* cadere; **herunter|gehen** <irr> *vi sein* (*fig: Fieber*) diminuire; **heruntergekommen** *adj* (*fam*) decaduto; **herunter|kommen** *vi sein* **1.** scendere **2.** (*fam: gesundheitlich*) deperire; (*sittlich*) cadere in basso; **herunter|laden** *vt* (INFORM) scaricare; **herunter|machen** *vt* (*fam: zurechtweisen*) sgridare; **herunter|schlucken** *vt* ingoiare; (*fig fam*) inghiottire; **herunter|wirtschaften** *vt* (*fam*) mandare in rovina

hervor [hɛɐ'foːɐ̯] *adv* (in) fuori; **hervor|bringen** <irr> *vt* produrre; (*Wort*) proferire; **hervor|gehen** <irr> *vi sein* **1.** (*sich ergeben*) **aus etw** ~ risultare da qc **2.** (*überstehen*) uscire; **aus dem Wettkampf als Sieger** ~ uscire vincitore dalla lotta; **hervor|heben** <irr> *vt* (*fig*) sottolineare; **hervor|holen** *vt* **etw** (**aus etw**) ~ tirare fuori qc (da qc); **hervorragend** *adj* (*ausgezeichnet*) eccellente; **hervor|rufen** <irr> *vt* suscitare; (*Bewunderung*) causare; (MED) provocare; **hervor|tun** *vr* **sich** (**mit etw**) ~ distinguersi (per qc)

Herz [hɛrts] <-ens, -en> *n* cuore *m;* **ein ~ und eine Seele sein** essere un cuore e un'anima sola; **es nicht übers ~ bringen zu** +*inf* non avere il coraggio di +*inf;* **etw auf dem ~en haben** avere un peso sul cuore; **im ~en Deutschlands** nel cuore della Germania; **jdm ans ~ gewachsen sein** essere molto affezionato a qu; **jdn in sein ~ geschlossen haben** nutrire un grande affetto per qu; **leichten/schweren ~ens** a cuor leggero/a malincuore; **sich** *dat* **ein ~ fassen** farsi animo; **sich** *dat* **etw zu ~en nehmen** prendersi a cuore qc; **von ganzem ~en** di tutto cuore

Herzanfall *m* (MED) attacco *m* cardiaco

Herzenslust *f* **nach** ~ a piacere; **Herzenswunsch** *m* desiderio *m* profondo

herzergreifend *adj* commovente; **Herzfehler** *m* (MED) insufficienza *f* cardiaca; **herzhaft** **I.** *adj* **1.** (*kräftig*) forte **2.** (*Essen*) saporito **II.** *adv* ~ **lachen** ridere di cuore

her|ziehen <irr> *vi sein* **über jdn** ~ (*fig fam*) tagliare i panni addosso a qu

Herzinfarkt *m* (MED) infarto *m* cardiaco; **Herzklopfen** *kein Pl n* batticuore *m;* **herzkrank** *adj* cardiopatico

herzlich **I.** *adj* cordiale; **~en Glückwunsch!** tanti auguri! **II.** *adv* ~ **gern** ben volentieri; **Herzlichkeit** <-, -en> *f* cordialità *f*

herzlos *adj* senza cuore

Herzog(in) ['hɛrtsoːk] <-(e)s, Herzöge; -, -nen> *m(f)* duca *m,* duchessa *f;* **Herzogtum** <-(e)s, -tümer> *n* ducato *m*

Herzschlag *m* **1.** (*einzelner Schlag*) battito *m* del cuore **2.** (*Herzstillstand*) colpo *m* apoplettico; **Herzschrittmacher** *m* (MED) pace-maker *m;* **Herzstillstand** *m* (MED) arresto *m* cardiaco; **Herztransplantation** *f* trapianto *m* cardiaco; **Herzversagen** *kein Pl n* colpo *m* apoplettico; **herzzerreißend** *adj* straziante

Hessen ['hɛsən] *n* Assia *f*

heterosexuell *adj* eterosessuale

Hetze ['hɛtsə] <-, -n> *f* **1.** (*Eile*) fretta *f* **2.** (*Verleumdung*) campagna *f* diffamatoria

hetzen ['hɛtsən] **I.** *vt* (*jagen*) dare la caccia a; **einen Hund auf jdn** ~ aizzare un cane contro qu **II.** *vi* **1.** *sein* (*eilen*) correre **2.** *haben* (*sich beeilen*) **zur Arbeit** ~ affrettarsi al lavoro **3.** *haben* (*pej: lästern*) **gegen jdn/etw** ~ sobillare contro qu/qc

Heu [hɔɪ] <-(e)s> *kein Pl n* fieno *m*

Heuchelei [hɔɪçə'laɪ] <-, -en> *f* (*pej*) ipocrisia *f*

heucheln ['hɔɪçəln] **I.** *vt* simulare **II.** *vi* fare l'ipocrita

Heuchler(in) ['hɔɪçlɐ] <-s, -; -, -nen> *m(f)* ipocrita *mf;* **heuchlerisch** *adj* ipocrita

heuer ['hɔɪɐ] *adv* (*südd, A, CH*) quest'anno

heulen ['hɔɪlən] *vi* **1.** (*Sirenen*) cantare; (*Wölfe*) ululare **2.** (*fam: weinen*) piangere

heurig ['hɔɪrɪç] *adj* (*A, CH, südd: diesjährig*) di quest'anno; **Heurige** ['hɔɪrɪgə] <ein -r, -n, -n> *m* (*bes A*) vino *m* nuovo

Heuschnupfen *m* raffreddore *m* da fieno; **Heuschrecke** ['hɔɪʃrɛkə] *f* cavalletta *f*

heute ['hɔɪtə] *adv* oggi; **ab ~, von ~ an** da oggi in poi; **bis ~** fino ad oggi; **~ Abend/Nacht** stasera/stanotte; **~ Morgen** stamattina; **~ in acht Tagen** oggi a otto; **~ in vierzehn Tagen** fra quindici giorni; **von ~ auf morgen** dall'oggi al domani

heutig ['hɔɪtɪç] *adj* di oggi; (*gegenwärtig*) odierno

heutzutage ['hɔɪttsutaːgə] *adv* oggigiorno

Hexe ['hɛksə] <-, -n> *f* strega *f*

hexen ['hɛksən] *vi* fare stregonerie; **ich kann doch nicht** ~ (*fam*) non posso mica fare miracoli

HexenschussRR *m* (*fam*) lombaggine *f*

Hexerei <-, *rar* -en> *f* stregoneria *f*

hieb [hiːp] *1. u 3. pers sing imp von* **hauen**

Hieb [hiːp] <-(e)s, -e> *m* colpo *m;* (*fig: bissige Bemerkung*) frecciata *f;* ~**e bekommen** prenderle; **hieb- und stichfest** *adj* inconfutabile

hielt [hiːlt] *1. u 3. pers sing imp von* **halten**

hier [hiːɐ̯] *adv* qui; **dieser** ~ questo qui; **der Brief** ~ questa lettera qui; ~ **und da** qua e là; **von** ~ da qui; ~ **ist/sind ...** ecco ...; ~ **bin ich** eccomi qua; **ich bin nicht von** ~ non sono di qui; ~ **bleiben** restare qui

hieran ['hiː'ran] *adv* da ciò, ci, ne

Hierarchie [hierar'çiː] <-, -n> *f* gerarchia *f*

hierarchisch [hie'rarçɪʃ] *adj* gerarchico

hierauf ['hiː'raʊf] *adv* dopo di ciò, poi; **hieraus** ['hiː'raʊs] *adv* da qui, ne; **hierbei** ['hiːɐ̯'baɪ] *adv* **1.** (*bei dieser Gelegenheit*) in quest'occasione **2.** (*in diesem Zusammenhang*) a questo proposito; **hier|bleiben** *vi s.* **hier**; **hierdurch** ['hiːɐ̯'dʊrç] *adv* **1.** (*örtlich*) per di qua **2.** (*kausal*) con ciò; **hierfür** ['hiːɐ̯'fyːɐ̯] *adv* per ciò; **hierher** ['hiːɐ̯'heːɐ̯] *adv* qua; **bis** ~ (*räumlich*) fin qui; (*zeitlich*) finora; **das gehört nicht** ~ questo non c'entra; **hierhin** ['hiːɐ̯'hɪn] *adv* qui; **hiermit** ['hiːɐ̯'mɪt] *adv* con questo; **hierüber** ['hiː'ryːbɐ] *adv* (*fig*) di ciò; **hiervon** ['hiːɐ̯'fɔn] *adv* di ciò, ne; **hierzulande** ['hiːɐ̯tsu'landə] *adv* in questo paese

hiesig ['hiːzɪç] *adj* di qui, di questo luogo

hieß [hiːs] *1. u 3. pers sing imp von* **heißen**

Hi-Fi-Anlage *f* impianto *m* hi-fi

high [haɪ] <inv> *adj* (*sl*) flippato

High-Tech ['haɪ'tɛk] <-(s)> *kein Pl n o f,* **Hightech**RR <-(s)> *kein Pl n o f,* **High Tech**RR <-(s)> *kein Pl n o f* high-tech *f*

Hilfe ['hɪlfə] <-, -n> *f* aiuto *m;* (*Unterstützung*) appoggio *m;* (*Beistand,* MED) assistenza *f;* **erste** ~ pronto soccorso; **jdm zu** ~ **kommen** venire in aiuto di qu; **jdn um** ~ **bitten** chiedere aiuto a qu; **mit** ~ **von** con l'aiuto di; **um** ~ **rufen** invocare aiuto; (**zu**) ~**!** aiuto!

Hilferuf *m* grido *m* di aiuto

hilflos *adj* indifeso; **Hilflosigkeit** <-> *kein Pl f* disorientamento *m;* **hilfreich** *adj* utile

Hilfsaktion *f* (oper)azione *f* di soccorso; **Hilfsarbeiter(in)** <-s, -; -, -nen> *m(f)* manovale *mf;* **hilfsbedürftig** *adj* bisognoso d'aiuto; **hilfsbereit** *adj* servizievole; **Hilfsbereitschaft** *f* prontezza *f* nel soccorrere; **Hilfsgüter** *npl* aiuti *mpl* umanitari; **Hilfskraft** *f* aiuto *m;* **Hilfsmittel** *n* aiuto *m;* **Hilfsverb** *n* (LING) (verbo *m*) ausiliare *m*

hilft [hɪlft] *3. pers sing pr von* **helfen**

Himbeere ['hɪmbeːrə] *f* lampone *m*

Himmel ['hɪməl] <-s, *rar* -> *m* cielo *m;* **am** ~ in cielo; **aus heiterem** ~ inaspettatamente; **das schreit zum** ~ grida vendetta; **du lieber** ~**!** santo cielo!; **im siebten** ~ **sein** essere al settimo cielo; **um** ~**s willen!** per l'amor del cielo!; **Himmelfahrt** *f* **Christi** ~ Ascensione *f;* **Mariä** ~ Assunzione *f;* **Himmelreich** *n* regno *m* dei cieli; **himmelschreiend** *adj* inaudito; **Himmelskörper** *m* corpo *m* celeste; **Himmelsrichtung** *f* punto *m* cardinale

himmlisch ['hɪmlɪʃ] *adj* **1.** (*göttlich*) celeste **2.** (*fig: wunderbar*) celestiale

hin [hɪn] **I.** *adv* là, verso quel luogo; **bis zur Mauer** ~ fino al muro; **wo gehst du** ~**?** dove vai?; **auf die Gefahr** ~**, dass ...** a rischio di +*inf;* **das Hin und Her** il viavai; ~ **und her** qua e là; ~ **und her überlegen** riflettere a lungo; ~ **und zurück** (*Fahrkarte*) andata e ritorno; ~ **und wieder** di tanto in tanto; **nach langem Hin und Her** (*fam*) dopo un lungo tiremmolla **II.** *adj* (*fam: kaputt*) rotto

hinab [hɪ'nap] *adv s.* **hinunter**

hin|arbeiten *vi* **auf etw** *acc* ~ sforzarsi di raggiungere qc

hinauf [hɪ'naʊf] *adv* in su; **hinauf|gehen** <irr> *vi sein* andare su; **hinauf|steigen** <irr> *vi sein* salire

hinaus [hɪ'naʊs] *adv* fuori; **darüber** ~ più in là; (*fig*) oltre a ciò; **zum Fenster** ~ fuori dalla finestra; **wo geht es** ~**?** dov'è l'uscita?; ~ **mit Ihnen!** esca!; **hinaus|gehen** <irr> *vi sein* **1.** uscire **2.** (*fig: übersteigen*) **über etw** *acc* ~ superare qc; **hinaus|laufen** <irr> *vi sein* **1.** uscire di corsa **2.** (*fig*) **auf etw** *acc* ~ andare a finire in qc; **hinaus|lehnen** *vr* **sich** ~ sporgersi; **hinaus|schicken** *vt* mandare fuori; **hinaus|werfen** <irr> *vt* **1.** (*Sache*) gettare fuori **2.** (*Person*) buttare fuori; **hinaus|wollen** <irr> *vi* **1.** voler uscire **2.** (*fig*) **auf etw** *acc* ~ tendere a qc; **hoch** ~

H

mirare in alto; **worauf wollen Sie hinaus?** dove vuole andare a parare?; **hinaus|zögern** **I.** *vt* rinviare **II.** *vr* **sich** ~ andare per le lunghe

Hinblick <-s> *kein Pl m* **im** ~ **auf** *+acc* riguardo a

hin|bringen <irr> *vt* (*Sache*) portare lì; (*Person*) accompagnare (là)

hinderlich ['hɪndɐlɪç] *adj* d'impedimento; **jdm** ~ **sein** essere d'ostacolo a qu

hindern ['hɪndɐn] *vt* **1.** (*abhalten*) **jdn** (**daran**) ~ **etw zu tun** impedire a qu di fare qc **2.** (*hemmen*) **jdn bei etw** ~ ostacolare qu in qc

Hindernis ['hɪndɐnɪs] <-ses, -se> *n* ostacolo *m;* **ein** ~ **aus dem Weg räumen** (*fig*) eliminare un ostacolo; **jdm** ~**se in den Weg legen** (*fig*) frappore ostacoli a qu

Hinderungsgrund *m* impedimento *m*

hin|deuten *vi* **1.** (*hinzeigen*) **auf jdn/etw** ~ mostrare qu/qc col dito **2.** (*fig: andeuten*) **auf etw** *acc* ~ indicare qc

Hinduismus [hɪndu'ɪsmʊs] <-> *kein Pl m* induismo *m*

hindurch [hɪn'dʊrç] *adv* **1.** (*räumlich*) attraverso **2.** (*zeitlich*) per, durante

hinein [hɪ'naɪn] *adv* dentro; **bis tief in die Nacht** ~ fino a notte fonda; **hinein|gehen** <irr> *vi sein* **1.** (*in etw* ~) entrare **2.** (*hineinpassen*) starci; **hinein|passen** *vi* **in etw** *acc* ~ trovar posto in qc; **hinein|stecken** *vt* **1.** mettere dentro; (*Stecker, Nadel*) infilare **2.** (*investieren*) investire; **hinein|steigern** *vr* **sich in etw** *acc* ~ lasciarsi trasportare da qc; **hinein|versetzen** <ohne ge-> *vr* **sich in jdn** ~ mettersi nei panni di qu

hin|fahren <irr> **I.** *vi sein* andarci **II.** *vt* portare; **Hinfahrt** *f* andata *f;* **hin|fallen** <irr> *vi sein* cadere; **hinfällig** *adj* **1.** (*schwach*) debole; (*vor Alter*) decrepito **2.** (*ungültig*) nullo; **Hinflug** *m* volo *m* di andata

hing [hɪŋ] *1. u 3. pers sing imp von* **hängen**[2]

Hingabe <-> *kein Pl f* (*Begeisterung*) fervore *m;* (*Eifer*) zelo *m;* **hin|geben** <irr> *vr* **sich einer Sache** *dat* ~ dedicarsi a qc; **sich jdm** ~ darsi a qu

hingegen [hɪn'ge:gən] *adv* invece

hin|gehen <irr> *vi sein* andarci; **wo gehst du hin?** dove vai?; **hin|halten** <irr> *vt* **1.** (*Gegenstand*) tendere **2.** (*fig: warten lassen*) tenere a bada; **hin|hauen** <irr> *vi* (*fam*) riuscire; **hin|hören** *vi* ascoltare

hinken ['hɪŋkən] *vi* zoppicare

hin|knien *vi sein o vr* **sich** ~ inginocchiarsi; **hin|legen** **I.** *vt* posare **II.** *vr* **sich** ~ sdraiarsi; (*zu Bett gehen*) coricarsi; **hin|nehmen** <irr> *vt* accettare; (*erdulden*) sopportare; **hinreichend** ['hɪnraɪçənt] *adj* sufficiente; **Hinreise** *f* andata *f;* **hin|reißen** <irr> *vt* **sich zu etw** ~ **lassen** lasciarsi trasportare a fare qc; **hinreißend** *adj* affascinante; **hin|richten** *vt* giustiziare; **Hinrichtung** <-, -en> *f* esecuzione *f* capitale; **hin|schmeißen** <irr> *vt* (*fam: Arbeit*) mandare a quel paese; **hin|sehen** <irr> *vi* **zu jdm/etw** ~ guardare verso qu/qc; **bei näherem Hinsehen** guardando più da vicino; **hin|setzen** *vr* **sich** ~ sedersi

Hinsicht <-, *rar* -en> *f* **in dieser** ~ sotto questo aspetto; **in jeder** ~ sotto tutti gli aspetti; **in** ~ **auf** *+acc* riguardo a

hinsichtlich *prp +gen* riguardo a

hin|stellen **I.** *vt* **1.** mettere **2.** (*fig: darstellen*) **jdn als Dummkopf** ~ far passare qu da stupido **II.** *vr* **sich** ~ mettersi; **sich vor jdn** ~ mettersi davanti a qu

hinten ['hɪntən] *adv* dietro; (*am Ende*) alla fine; (*in Raum*) in fondo; **das Geld reicht** ~ **und vorn(e) nicht** (*fam*) i soldi non bastano assolutamente; **hintenherum** *adv* per di dietro; **etw** ~ **erfahren** venire a sapere qc per vie traverse

hinter ['hɪntɐ] *prp +acc o dat* (*räumlich*) dietro; (*in der Reihenfolge*) dopo; **einer** ~ **dem andern** uno dopo l'altro; **etw** ~ **sich bringen** compiere qc; ~ **dem Haus** dietro il giardino; ~ **mir** dietro di me; **jdn** ~ **sich** *dat* **lassen** (*überholen*) sorpassare; **Hinterausgang** *m* uscita *f* posteriore; **Hinterbliebene** <ein -r, -n, -n> *mf* superstite *mf;* **hintereinander** [hɪntɐʔaɪ'nandɐ] *adv* **1.** (*räumlich*) uno dietro l'altro **2.** (*zeitlich*) uno dopo l'altro; **zwei Jahre** ~ due anni di fila

hintere(r, s) *adj* posteriore, ultimo, -a

hinterfragen <ohne ge-> *vt* indagare; **Hintergedanke** *m* secondo fine *m;* **hintergehen** <irr> *vt* (*täuschen*) ingannare; **Hintergrund** *m* sfondo *m;* **im** ~ **bleiben** (*fig*) restare nell'ombra; **in den** ~ **treten** (*fig*) passare in seconda linea; **Hinterhalt** *m* imboscata *f;* **hinterhältig** *adj* subdolo

hinterher [hɪtɐˈheːɐ̯] *adv* (*zeitlich*) dopo; **hinterher|laufen** <irr> *vi sein* **jdm** ~ correr dietro a qu

Hinterhof *m* cortile *m* interno; **Hinterkopf** *m* occipite *m;* **hinterlassen** <irr> *vt* lasciare; **Hinterlassenschaft** *f* eredità *f;* **hinterlegen** <ohne ge-> *vt* depositare; **Hinterlist** *kein Pl f* perfidia *f;* **hinterlistig** *adj* perfido; **Hintermann** *m* **1.** (*räumlich*) chi sta dietro **2.** *meist Pl* (*fig: Drahtzieher*) mandanti *mpl*

Hintern [ˈhɪntɐn] <-s, -> *m* (*fam*) didietro *m*

Hinterrad *n* ruota *f* posteriore; **Hinterradantrieb** *m* (AUTO) trazione *f* posteriore

hinterrücks [ˈhɪntɐrʏks] *adv* (*heimtückisch*) a tradimento

hinterste(r, s) *adj Superlativ von* **hintere(r, s)** ultimo, -a

Hintertreffen *n* **ins** ~ **geraten** (*fam*) avere la peggio; **Hintertür** *f* **1.** (*bei einem Haus*) porta *f* posteriore **2.** (*fig*) scappatoia *f;* **sich** *dat* **eine** ~ **offenlassen** lasciarsi aperta una porta

hinterziehen <irr> *vt* **Steuern** ~ evadere le tasse

hinüber [hɪˈnyːbɐ] *adv* dall'altra parte; **über etw** *acc* ~ al di sopra di qc

hinunter [hɪˈnʊntɐ] *adv* giù; **den Berg** ~ giù per la montagna; **hinunter|gehen** <irr> *vi sein* scendere; **hinunter|schlucken** *vt* inghiottire; (*a Ärger*) ingoiare; **hinunter|würgen** *vt* (*Essen*) ingoiare

Hinweg [ˈhɪnveːk] *m* andata *f*

hinweg|gehen <irr> *vi sein* **über etw** *acc* ~ (*fig*) passare sopra a qc; **hinweg|kommen** <irr> *vi sein* **über etw** ~ (*fig*) superare qc; **hinweg|setzen** *vr* **sich über etw** *acc* ~ non tener conto di qc

Hinweis [ˈhɪnvaɪs] *m* (*Rat*) indicazione *f;* (*Anspielung*) allusione *f;* **hin|weisen** <irr> **I.** *vt* **jdn auf etw** *acc* ~ far notare qc a qu **II.** *vi* **darauf ~, dass …** far notare che …

hin|ziehen <irr> *vr* **sich** ~ protrarsi

hinzu [hɪnˈtsuː] *adv* (*außerdem*) inoltre; **hinzu|fügen** *vt* **etw (zu etw)** ~ aggiungere qc (a qc); **hinzu|kommen** <irr> *vi sein* (*Personen*) sopraggiungere; (*Dinge, Tatsachen*) aggiungersi; **hinzu kommt noch, dass …** va ancora aggiunto che …; **hinzu|ziehen** <irr> *vt* **jdn** ~ consultare qu

Hiobsbotschaft *f* notizia *f* infausta

Hip-Hop [ˈhiphɔp] <-s> *kein Pl m* hip-hop *m*

Hirn [hɪrn] <-(e)s, -e> *n* cervello *m;* **Hirngespinst** <-(e)s, -e> *n* (*pej*) fantasticheria *f;* **Hirnhautentzündung** *f* (MED) meningite *f;* **hirnrissig, hirnverbrannt** *adj* (*fam*) pazzo

Hirsch [hɪrʃ] <-(e)s, -e> *m* cervo *m*

Hirse [ˈhɪrzə] <-, *rar* -n> *f* miglio *m*

Hirte [ˈhɪrtə] <-n, -n> *m,* **Hirtin** [ˈhɪrtɪn] <-, -nen> *f* pastore, -a *m, f*

hissen [ˈhɪsən] *vt* (*Fahne*) issare

Historiker(in) [hɪsˈtoːrɪkɐ] <-s, -; -, -nen> *m(f)* storico, -a *m, f*

historisch [hɪsˈtoːrɪʃ] *adj* storico

Hit [hɪt] <-s, -s> *m* hit *m;* **Hitparade** *f* hitparade *f*

Hitze [ˈhɪtsə] <-> *kein Pl f* **1.** caldo *m* **2.** (*fig: Leidenschaft*) ardore *m;* **in der** ~ **des Gefechts** (*fig*) nella foga della discussione; **hitzebeständig** *adj* resistente al calore; **Hitzewelle** *f* ondata *f* di caldo

hitzig [ˈhɪtsɪç] *adj* **1.** (*Mensch*) focoso **2.** (*Debatte*) acceso

Hitzkopf *m* (*fig*) testa *f* calda; **Hitzschlag** *m* colpo *m* di calore

HIV [haːʔiːˈfaʊ] <-(s)> *kein Pl n* (MED) *abk v* **Human Immune (Deficiency) Virus** HIV *m;* **HIV-infiziert** *adj* affetto da AIDS; **HIV-negativ** *adj* sieronegativo; **HIV-positiv** *adj* sieropositivo; **HIV-Test** *m* test *m* dell'AIDS

H-Milch [ˈhaːmɪlç] *f* latte *m* pastorizzato a lunga conservazione

hob [hoːp] *1. u 3. pers sing imp von* **heben**

Hobby [ˈhɔbi] <-s, -s> *n* hobby *m*

Hobel [ˈhoːbəl] <-s, -> *m* pialla *f*

hobeln [ˈhoːbəln] *vt* piallare

hoch [hoːx] **I.** <höher, höchste> *adj* **1.** (*räumlich*) alto; **im hohen Norden** all'estremo nord; **das ist mir zu** ~ (*fam*) questo è troppo difficile per me **2.** (*Zahl, Preis*) elevato; **hohes Alter** età avanzata; **mit hoher Wahrscheinlichkeit** con grande probabilità **3.** (*Strafe*) duro; (*Geldstrafe*) forte **II.** <höher, am höchsten> *adv* molto; **er lebe ~!** viva!; **Hände ~!** mani in alto!; ~ **und heilig versprechen** promettere solennemente; **jdm etw** ~ **anrechnen** fare un gran merito a qu di qc; **wenn es** ~ **kommt** (*fam*) tutt'al più

Hoch <-s, -s> *n* **1.** (METEO) anticiclone *m*

2. (*Ruf*) evviva *m;* **ein dreifaches ~ für ...!** un triplo evviva per ...!

Hochachtung <-> *kein Pl f* stima *f;* **hochachtungsvoll** *adv* (*Brief*) distinti saluti

hoch|arbeiten *vr* **sich ~** farsi strada (lavorando); **hochbegabt** *adj* molto dotato; **Hochbetrieb** *m* (*fam*) massima attività *f;* **Hochburg** *f* roccaforte *f;* **hochdeutsch** *adj* alto tedesco; **Hochdruck** *kein Pl m* alta pressione *f;* **Hochebene** *f* altopiano *m;* **Hochform** *f* ottima forma *f;* **Hochformat** *n* formato *m* verticale; **Hochgebirge** *n* alta montagna *f;* **Hochgefühl** *n* euforia *f;* **hoch|gehen** <irr> *vi sein* **1.** (*Vorhang*) alzarsi **2.** (*fam: zornig werden*) montare su tutte le furie; **Hochgeschwindigkeitszug** *m* treno *m* ad alta velocità; **Hochglanz** *kein Pl m* **etw auf ~ bringen** lucidare qc a specchio; **hochgradig** *adj* forte; **hoch|halten** <irr> *vt* **1.** tenere in alto **2.** (*fig: achten*) tenere alto; **Hochhaus** *n* grattacielo *m;* **hoch|heben** <irr> *vt* sollevare; **hochintelligent** *adj* molto intelligente; **Hochkonjunktur** *f* congiuntura *f* favorevole; **Hochland** *n* altopiano *m;* **hoch|leben** *vi* **jdn ~ lassen** festeggiare qu; **hochmodern** *adj* modernissimo; **Hochmut** *kein Pl m* superbia *f;* **hochmütig** *adj* superbo; **Hochofen** *m* altoforno *m;* **hochprozentig** *adj* ad alta gradazione alcolica; **hochqualifiziert** *adj* altamente qualificato; **Hochrechnung** *f* proiezione *f;* **Hochsaison** *f* alta stagione *f;* **Hochschule** *f* università *f;* **Hochschullehrer(in)** *m(f)* professore, -essa *m, f* universitario, -a; **Hochschulreife** *f* maturità *f;* **Hochschulstudium** *n* studi *mpl* universitari; **hochschwanger** *adj* negli ultimi mesi di gravidanza; **Hochsommer** *m* piena estate *f;* **Hochspannung** *f* (EL) alta tensione *f;* **Hochspannungsleitung** *f* linea *f* ad alta tensione; **Hochsprache** *f* lingua *f* scritta; **Hochsprung** *m* (SPORT) salto *m* in alto

höchst [hø:kst] *adv* estremamente; **Höchstalter** *n* età *f* massima

Hochstapler(in) ['ho:xʃta:plɐ] <-s, -; -, -nen> *m(f)* filibustiere, -a *m, f*

Höchstbetrag *m* importo *m* massimo

höchstens ['hø:kstəns] *adv* al massimo

höchste(r, s) ['hø:kstə, -tɐ, -təs] *adj* **1.** *Superlativ von* **hoch** (il, la) più alto, -a **2.** *Superlativ von* **hoch** (*fig: äußerste*) massimo, -a; **es ist ~ Zeit** è proprio ora

Höchstgeschwindigkeit *f* velocità *f* massima; **höchstpersönlich** *adv* in persona; **Höchstpreis** *m* prezzo *m* massimo; **Höchststrafe** *f* pena *f* massima; **höchstwahrscheinlich** *adv* con tutta probabilità

Hochtour *f* **auf ~en laufen** girare a pieno regime; **hochtrabend** *adj* (*pej*) ampolloso; **Hochverrat** *m* alto tradimento *m;* **Hochwasser** *n* **1.** (*bei Flut*) alta marea *f* **2.** (*von Fluss*) piena *f* **3.** (*Überschwemmung*) inondazione *f;* **hochwertig** *adj* di gran valore

Hochzeit ['hɔxtsaɪt] <-, -en> *f* nozze *fpl,* matrimonio *m;* **silberne/goldene ~** nozze d'argento/d'oro; **Hochzeitsfeier** *f* cerimonia *f* nuziale; **Hochzeitsnacht** *f* prima notte *f* di matrimonio; **Hochzeitsreise** *f* viaggio *m* di nozze; **Hochzeitstag** *m* **1.** (*Tag der Eheschließung*) giorno *m* delle nozze **2.** (*Jahrestag*) anniversario *m* delle nozze

Hocke ['hɔkə] <-, -n> *f* posizione *f* raccolta; (SPORT) salto *m* a gambe unite

hocken ['hɔkən] *vi* **1.** (*in Hocke sitzen*) essere accoccolato **2.** (*fam: sitzen*) stare (seduto)

Hocker ['hɔkɐ] <-s, -> *m* sgabello *m*

Höcker ['hœkɐ] <-s, -> *m* gobba *f*

Hockey ['hɔki] <-s> *kein Pl n* (SPORT) hockey *m*

Hoden <-s, -> *m* testicolo *m*

Hof [ho:f] <-(e)s, Höfe> *m* **1.** (*Innen~*) cortile *m* **2.** (*Bauern~*) fattoria *f* **3.** (*Fürsten~*) corte *f* **4.** (ASTR) alone *m*

hoffen ['hɔfən] *vt, vi* sperare; **auf etw** *acc* **~** sperare in qc; **ich hoffe es** lo spero; **ich hoffe nicht** spero di no; **~ wir das Beste!** speriamo (in) bene!

hoffentlich ['hɔfəntlɪç] *adv* speriamo (che) +*conj;* **du bist mir doch ~ nicht böse** spero che tu non sia arrabbiato con me

Hoffnung ['hɔfnʊŋ] <-, -en> *f* speranza *f;* **die ~ aufgeben** perdere ogni speranza; **sich** *dat* **~en machen** farsi illusioni; **in der ~ zu ...** nella speranza di +*inf;* **in der ~, dass ...** sperando che +*conj;* **hoffnungslos** *adj* senza speranza; (*aussichtslos*) disperato; **Hoffnungslosigkeit** <-> *kein Pl f* disperazione *f;* **Hoffnungsschimmer** *m* barlume *m* di speranza; **hoffnungsvoll** *adj* pieno di speranza; (*vielversprechend*) promettente

höflich ['høːflɪç] *adj* gentile; **Höflichkeit** <-, -en> *f* cortesia *f*

Höhe ['høːə] <-, -n> *f* **1.** altezza *f*; (AERO) quota *f*; **auf der ~ von** all'altezza di; **auf gleicher ~** (*Stadt, Ort*) alla stessa latitudine; **das ist (doch) die ~!** (*fam*) è il colmo!; **nicht auf der ~ sein** (*fig fam*) non essere in forma **2.** (*eines Betrages*) ammontare *m*

Hoheit ['hoːhaɪt] <-, -en> *f* **1.** (POL) sovranità *f* **2.** (*Anrede*) Sua Altezza; **Königliche ~** Altezza reale; **Hoheitsgebiet** *n* territorio *m* nazionale; **Hoheitsgewässer** *npl* acque *fpl* territoriali

Höhenangst *f* acrofobia *f*; **Höhenmesser** *m* altimetro *m*; **Höhensonne** *f* (*Gerät*) lampada *f* al quarzo; **Höhenunterschied** *m* dislivello *m*

Höhepunkt *m* culmine *m*

höher ['høːɐ̯] *adj Komparativ von* **hoch** più alto

hohe(r, s) ['hoːə, -ɐ, -əs] *adj s.* **hoch**

hohl [hoːl] *adj* **1.** (*leer*) cavo **2.** (*Klang*) cupo **3.** (*fig*) vuoto

Höhle ['høːlə] <-, -n> *f* caverna *f*; (*Tier~*) tana *f*; **Höhlenforscher(in)** *m(f)* speleologo, -a *m, f*; **Höhlenforschung** *f* speleologia *f*; **Höhlenmalerei** *f* pittura *f* parietale

Hohlkopf *m* (*fam pej*) testa *f* vuota; **Hohlmaß** *n* misura *f* di capacità; **Hohlraum** *m* cavità *f*

Hohn [hoːn] <-(e)s> *kein Pl m* scherno *m*

höhnisch ['høːnɪʃ] *adj* sarcastico

holen ['hoːlən] *vt* andare [*o* venire] a prendere; **Atem ~** prender fiato; **~ lassen** mandare a prendere; **sich** *dat* **einen Schnupfen ~** (*fam*) pigliarsi un raffreddore; **sich** *dat* **bei jdm Rat ~** chiedere consiglio a qu

Holland ['hɔlant] *n* Olanda *f*

Holländer(in) ['hɔlɛndɐ] <-s, -, -nen> *m(f)* olandese *mf*

holländisch *adj* olandese

Hölle ['hœlə] <-, *rar* -n> *f* inferno *m*; **in die ~ kommen** andare all'inferno; **jdm das Leben zur ~ machen** (*fam*) rendere la vita insopportabile a qu; **jdm die ~ heiß machen** (*fam*) non dar tregua a qu; **Höllenlärm** *m* baccano *m* infernale

höllisch *adj* infernale

Holocaust ['hoːlokaʊst] <-(s), -s> *m* olocausto *m*

holp(e)rig ['hɔlp(ə)rɪç] *adj* **1.** (*Weg*) accidentato **2.** (*fig: Stil*) scabro

holpern ['hɔlpɐn] *vi* (*Wagen*) traballare

holprig *adj s.* **holp(e)rig**

Holunder [ho'lʊndɐ] <-s, -> *m* sambuco *m*

Holz [hɔlts] <-es, Hölzer> *n* legno *m*

hölzern ['hœltsɐn] *adj* **1.** (*aus Holz*) di legno **2.** (*fig: Haltung*) rigido; **Holzfäller** *m* boscaiolo *m*

holzig ['hɔltsɪç] *adj* legnoso

Holzkohle *f* carbone *m* di legna; **Holzschnitzer(in)** *m(f)* intagliatore, -trice *m, f* nel legno; **Holzschuh** *m* zoccolo *m*; **Holzweg** *m* **auf dem ~ sein** (*fam*) sbagliarsi di grosso; **Holzwolle** *f* lana *f* di legno; **Holzwurm** *m* tarlo *m*

Homebanking <-s> *kein Pl n* home banking *m*; **Homecomputer** <-s, -> *m* personal computer *m*; **Homepage** <-, -s> *f* (INFORM) Home Page *f*; **Hometrainer** <-s, -> *m* cyclette *f*

homogen [homo'geːn] *adj* omogeneo

Homöopath(in) [homøo'paːt] <-en, -en; -, -nen> *m(f)* omeopata *mf*

Homöopathie [homøopa'tiː] <-> *kein Pl f* omeopatia *f*

homöopathisch [homøo'paːtɪʃ] *adj* omeopatico

Homosexualität [homozɛksualɪ'tɛt] *f* omosessualità *f*; **homosexuell** *adj* omosessuale

Honig ['hoːnɪç] <-s, *rar* -e> *m* miele *m*; **jdm ~ ums Maul schmieren** (*fam*) essere latte e miele con qu; **Honigmelone** *f* melone *m*

Honorar [hono'raːɐ̯] <-s, -e> *n* onorario *m*

honorieren [hono'riːrən] <ohne ge-> *vt* **1.** (*Anwalt, Arzt*) retribuire; (FIN: *Wechsel*) onorare **2.** (*fig: würdigen*) onorare

Hopfen ['hɔpfən] <-s, -> *m* luppolo *m*; **bei ihm ist ~ und Malz verloren** (*fam*) con lui è fatica sprecata

hopsen ['hɔpsən] *vi sein* (*fam*) saltellare

hops|gehen <irr> *vi sein* (*fam: verloren gehen*) andar perduto; (*sterben*) morire

hörbar ['høːɐ̯baːɐ̯] *adj* udibile

horchen ['hɔrçən] *vi* **auf etw** *acc* **~** ascoltare qc; **an der Tür ~** origliare

Horde ['hɔrdə] <-, -n> *f* orda *f*

hören ['høːrən] **I.** *vt* **1.** (*allg*) sentire; **ich habe ein Geräusch gehört** ho sentito un

H

rumore **2.** (*hin~, zu~*) ascoltare; **eine Vorlesung ~** assistere a una lezione universitaria **3.** (*erfahren*) sentire **II.** *vi* **1.** (*allg*) sentire; **schlecht ~** essere sordo; (**na**) **~ Sie mal!** che cosa Le salta in mente! **2.** (*gehorchen*) **auf jdn ~** ubbidire a qu **3.** (*erfahren*) sentir parlare di; **von etw nichts ~ wollen** non volerne sapere di qc; **nichts von sich** *dat* **~ lassen** (non) farsi vivo

Hörensagen *n* **vom ~** per sentito dire

Hörer <-s, -> *m* (*Telefon~*) ricevitore *m*; **den ~ abnehmen/auflegen** staccare/riattaccare il ricevitore

Hörer(in) <-s, -; -, -nen> *m(f)* ascoltatore, -trice *m, f*

Hörfunk <-(e)s> *kein Pl m* radio *f*; **Hörgerät** *n* apparecchio *m* acustico

Horizont [hori'tsɔnt] <-(e)s, -e> *m* (*a fig*) orizzonte *m*; **am ~** all'orizzonte; **einen engen ~ haben** (*fig*) avere un orizzonte limitato; **das geht über meinen ~** (ciò) va oltre le mie conoscenze

horizontal [horitsɔn'ta:l] *adj* orizzontale

Hormon [hɔr'mo:n] <-s, -e> *n* ormone *m*

Horn [hɔrn] <-(e)s, Hörner> *n* corno *m*

Hörnchen ['hœrnçən] <-s, -> *n* (*Gebäck*) cornetto *m*

Hornhaut *f* **1.** (*Schwiele*) callosità *f* **2.** (*des Auges*) cornea *f*

Hornisse [hɔr'nɪsə] <-, -n> *f* calabrone *m*

Horoskop [horo'sko:p] <-s, -e> *n* oroscopo *m*

horrend [hɔ'rent] *adj* (*Preis*) esorbitante

Horror ['hɔro:ɐ̯] <-s> *kein Pl m* orrore *m*; **Horrorfilm** *m* film *m* dell'orrore

Hörsaal *m* uditorio *m*; **Hörspiel** *n* radiodramma *m*

Hort [hɔrt] <-(e)s, -e> *m* (*Kinder~*) doposcuola *m*

horten ['hɔrtən] *vt* accumulare

Hose ['ho:zə] <-, -n> *f* pantaloni *mpl*; (*kurze ~, Knie~*) calzoncini *mpl*; (*Unter~*) mutande *fpl*; **die ~n anhaben** (*fig fam*) portare i calzoni; **die ~n voll haben** (*fam*) farsela addosso; **die Prüfung ist in die ~n gegangen** (*sl*) l'esame è andato a farsi benedire; **tote ~ sein** (*fam*) essere una barba

Hosenanzug *m* tailleur *m* pantalone; **Hosenbein** *n* gamba *f* dei calzoni; **Hosenboden** *m* fondo *m* dei calzoni; **Hosenrock** *m* gonna-pantalone *f*; **Hosentasche** *f* tasca *f* dei calzoni; **Hosenträger** *mpl* bretelle *fpl*

Hospital [hɔspi'ta:l] <-s, -e> *n* ospedale *m*

Hostess[RR] [hɔs'tɛs] <-, -en> *f*, **Hosteß** <-, Hostessen> *f* hostess *f*

Hostie ['hɔstɪ̯ə] <-, -n> *f* (REL) ostia *f*

Hotel [ho'tɛl] <-s, -s> *n* albergo *m*; **Hotelfachschule** *f* scuola *f* alberghiera

Hotelier [hotə'lɪ̯e:] <-s, -s> *m* albergatore, -trice *m, f*

Hotelzimmer *n* camera *f* d'albergo

Hotline ['hɔtlaɪn] <-, -s> *f* hot line *f*; **Hotpants** ['hɔt 'pɛnts] *pl* hot pants *mpl*

Hrsg. *abk v* **Herausgeber(in)** Ed.

Hubraum ['hu:praʊm] *m* (AUTO) cilindrata *f*

hübsch [hʏpʃ] **I.** *adj* carino; **eine (ganz) ~e Summe** (*fam iron*) una bella somma **II.** *adv* (*fam: ziemlich*) abbastanza

Hubschrauber ['hu:pʃraʊbɐ] *m* elicottero *m*

huckepack ['hʊkəpak] *adv* **jdn ~ tragen** portare qu a cavalluccio *fam*

hudeln ['hu:dəln] *vi* (*südd, A: fam*) raffazzonare

Huf [hu:f] <-(e)s, -e> *m* zoccolo *m*; **Hufeisen** *n* ferro *m* di cavallo

Hüfte ['hʏftə] <-, -n> *f* anca *f*; **Hüftgelenk** *n* articolazione *f* dell'anca

Hügel ['hy:gəl] <-s, -> *m* colle *m*; (*kleiner*) collina *f*; **hügelig** *adj* collinoso

Huhn [hu:n] <-(e)s, Hühner> *n* **1.** (*a Gericht*) pollo *m*; **da lachen ja die Hühner!** (*fam*) fa ridere i polli! **2.** (*Henne*) gallina *f*

Hühnchen ['hy:nçən] <-s, -> *n* pollastro *m*; **mit jdm (noch) ein ~ zu rupfen haben** (*fig fam*) avere dei conti in sospeso con qu

Hühnerauge *n* (MED) callo *m*; **Hühnerbrühe** *f* brodo *m* di pollo; **Hühnerfarm** *f* stabilimento *m* avicolo; **Hühnerstall** *m* pollaio *m*

Hülle ['hʏlə] <-, -n> *f* involucro *m*; (*Schallplatten~*) copertina *f*; **in ~ und Fülle** a bizzeffe

hüllen ['hʏlən] *vt* avvolgere; **sich in eine Decke ~** avvolgersi in una coperta; **sich in Schweigen (über etw** *acc*) **~** chiudersi nel silenzio (riguardo a qc)

Hülse ['hʏlzə] <-, -n> *f* **1.** (BOT) buccia *f* **2.** (*Geschoss~*) bossolo *m*; **Hülsenfrucht** *f* legume *m*

human [hu'ma:n] *adj* umano

Humanismus [huma'nɪsmʊs] <-> *kein Pl m* umanesimo *m*

humanistisch *adj* umanista
humanitär [humani'tɛːɐ̯] *adj* umanitario
Humanität [humani'tɛːt] <-> *kein Pl f* umanità *f*
Hummel ['hʊməl] <-, -n> *f* bombo *m*
Hummer ['hʊmɐ] <-s, -> *m* gambero *m* di mare
Humor [hu'moːɐ̯] <-s, *rar* -e> *m* umorismo *m;* **Sinn für ~ haben** avere il senso dell'umorismo
humoristisch [humo'rɪstɪʃ] *adj* umoristico
humorlos *adj* privo di umorismo; **humorvoll** *adj* ricco di umorismo; (*witzig*) spiritoso
humpeln ['hʊmpəln] *vi* zoppicare
Humus ['huːmʊs] <-s> *kein Pl m* humus *m*
Hund [hʊnt] <-(e)s, -e> *m* cane *m;* **auf den ~ kommen** (*fig fam*) cadere in miseria; **vor die ~e gehen** (*fig fam*) andare in rovina; **bekannt sein wie ein bunter ~** (*fam*) essere conosciuto dappertutto; **da liegt der ~ begraben** (*fig fam*) qui sta il busillis; **das ist ein dicker ~!** (*fig fam*) è un'indecenza!; **Vorsicht, bissiger ~!** attenti al cane!; **du gemeiner ~!** (*sl*) cane!; **~e, die bellen, beißen nicht** (*prov*) can che abbaia non morde
hundeelend *adj* **mir ist ~** (*fam*) mi sento da cani; **Hundefutter** *n* cibo *m* per cani; **Hundehütte** *f* cuccia *f;* **Hundeleben** *n* (*fam*) vita *f* da cani; **Hundeleine** *f* guinzaglio *m;* **hundemüde** *adj* (*fam*) stanco morto
hundert ['hʊndɐt] *num o adj* cento
Hundert <-s, -e> *n* cento *m;* **einige ~** alcune centinaia; **zu ~en** a centinaia
Hunderter <-s, -> *m* (*fam: Geldschein*) biglietto *m* da cento
Hundertjahrfeier *f* centenario *m;* **hundertjährig** *adj* centenario; **hundertmal** *adv* cento volte; **hundertprozentig** *adv* al cento per cento
Hundertstel ['hʊndɐtstəl] <-s, -> *n* centesimo *m*
Hundesteuer *f* tassa *f* sui cani; **Hundezwinger** *m* canile *m*
Hündin ['hʏndɪn] <-, -nen> *f* cagna *f*
Hüne ['hyːnə] <-n, -n> *m* gigante *m*
Hunger ['hʊŋɐ] <-s> *kein Pl m* fame *f;* **(keinen) ~ haben** (non) avere fame; **seinen ~ stillen** togliere la fame; **ich bekomme ~** mi viene fame; **Hungerlohn** *m* paga *f* da fame
hungern ['hʊŋɐn] *vi* patire la fame; (*fasten*) digiunare
Hungersnot *f* carestia *f;* **Hungerstreik** *m* sciopero *m* della fame; **Hungertuch** *n* (*fam scherz*) **am ~ nagen** tirare la cinghia
hungrig ['hʊŋrɪç] *adj* affamato
Hupe ['huːpə] <-, -n> *f* clacson *m*
hupen ['huːpən] *vi* suonare il clacson
hüpfen ['hʏpfən] *vi sein* (*südd, A*) saltellare
Hürde ['hʏrdə] <-, -n> *f* (*a fig*) ostacolo *m;* **eine ~ nehmen** (*fig*) superare una difficoltà; **Hürdenlauf** *m* (SPORT) corsa *f* a ostacoli
Hure ['huːrə] <-, -n> *f* (*pej*) puttana *f vulg*
hurra [hʊ'raː] *int* urrà
huschen ['hʊʃən] *vi sein* guizzare
husten ['huːstən] *vi* tossire
Husten <-s, *rar* -> *m* tosse *f;* **Hustenanfall** *m* colpo *m* di tosse; **Hustenbonbon** *n* caramella *f* per la tosse; **Hustensaft** *m* sciroppo *m* per la tosse
Hut[1] [huːt] <-(e)s, Hüte> *m* cappello *m;* **den ~ aufsetzen** mettersi il cappello; **~ ab!** tanto di cappello!; **unter einen ~ bringen** (*fig*) mettere d'accordo; **das ist ein alter ~** (*fig fam*) è una vecchia storia
Hut[2] [huːt] <-> *kein Pl f* (*geh*) **auf der ~ sein** stare in guardia
hüten ['hyːtən] **I.** *vt* guardare; (*fig: Geheimnis*) custodire; **das Bett ~ (müssen)** (dover) stare a letto (per malattia) **II.** *vr* **sich vor etw** *dat* **~** guardarsi da qc; **sich ~ etw zu tun** guardarsi bene dal fare qc
Hütte ['hʏtə] <-, -n> *f* **1.** (*kleines Haus*) capanna *f;* (*im Gebirge*) rifugio *m* **2.** (*Eisen~*) ferriera *m*
Hyäne ['hyɛːnə] <-, -n> *f* iena *f*
Hyazinthe [hya'tsɪntə] <-, -n> *f* giacinto *m*
Hydrant [hy'drant] <-en, -en> *m* idrante *m*
Hydraulik [hy'draʊlɪk] <-> *kein Pl f* (TEC) idraulica *f*
hydraulisch *adj* idraulico
Hydrokultur *f* idrocultura *f;* **Hydrotherapie** *f* idroterapia *f*
Hygiene [hy'gi̯eːnə] <-> *kein Pl f* igiene *f*
hygienisch *adj* igienico
Hymne ['hʏmnə] <-, -n> *f* inno *m*
Hyperlink <-s, -s> *m* (INFORM) link *m;* **Hypertext** *m* (INFORM) ipertesto *m*
Hypnose [hʏp'noːzə] <-, -n> *f* ipnosi *f;*

H

unter ~ stehen essere in stato d'ipnosi
hypnotisieren [hʏpnoti'ziːrən] <ohne ge-> *vt* ipnotizzare
Hypochonder [hypo'xɔndɐ] <-s, -> *m* ipocondriaco *m*
Hypothek [hypo'teːk] <-, -en> *f* ipoteca *f;* **eine ~ auf etw** *acc* **abtragen/aufnehmen** ammortare/accendere un'ipoteca su qc
Hypothese [hypo'teːzə] <-, -n> *f* ipotesi *f;* **eine ~ aufstellen** fare un'ipotesi
hypothetisch *adj* ipotetico
Hysterie [hʏste'riː] <-, -n> *f* isterismo *m*
hysterisch *adj* isterico

I

I, i [iː] <-, -(s)> *n* I, i *f;* **I wie Ida** I come Imola
I *abk v* **Italien** I
i. A. *abk v* **im Auftrag** per incarico di
IC [iː'tseː] <-(s), -(s)> *m abk v* **Intercity(-Zug)** IC *m*
ICE [iːtseː'ʔeː] <-(s), -s> *m abk v* **Intercity-Express** *treno ad alta velocità*
ich [ɪç] *pron pers* (*1. pers sing*) io; ~ **bin's** sono io; ~ **selbst** io stesso; **hier bin ~!** eccomi!; ~ **Ärmster!** povero me!
Ich <-(s), -(s)> *n* **das ~** l'io *m;* **mein zweites ~** il mio alter ego
Icon <-s, -s> *n* (INFORM) icona *f* (di applicazione)
ideal [ide'aːl] *adj* ideale
Ideal <-s, -e> *n* ideale *m;* **Idealfall** *m* caso *m* ideale; **Idealgewicht** *n* peso *m* forma
idealisieren [ideali'ziːrən] <ohne ge-> *vt* idealizzare
Idealismus [idea'lɪsmʊs] <-> *kein Pl m* idealismo *m*
Idealist(in) [idea'lɪst] <-en, -en; -, -nen> *m(f)* idealista *mf*
idealistisch *adj* idealistico
Idee [i'deː] <-, -n> *f* idea *f;* **eine ~ (Salz)** un'idea (di sale); **voller ~n stecken** essere pieno di idee; **wie kommst du denn auf die ~?** come ti è venuta quest'idea?
ideenreich *adj* ricco d'idee
identifizieren [idɛntifi'tsiːrən] <ohne ge-> *vt* identificare
Identifizierung <-, -en> *f* identificazione *f*
identisch [i'dɛntɪʃ] *adj* (**mit jdm/etw**) ~ **sein** essere identico (a qu/qc)
Identität [idɛnti'tɛːt] <-> *kein Pl f* identità *f;* **Identitätskarte** *f* (*CH: Personalausweis*) carta *f* d'identità
Ideologie [ideolo'giː] <-, -n> *f* ideologia *f*
ideologisch [ideo'loːgɪʃ] *adj* ideologico
idiomatisch [idi̯o'maːtɪʃ] *adj* (LING) idiomatico
Idiot(in) [i'di̯oːt] <-en, -en; -, -nen> *m(f)* idiota *mf*
idiotisch *adj* idiota
Idol [i'doːl] <-s, -e> *n* idolo *m*
Idylle [i'dʏlə] <-, -n> *f* (LIT) idillio *m*
idyllisch *adj* idilliaco
Igel ['iːgəl] <-s, -> *m* riccio *m*
igitt [i'gɪt] *int* che schifo
Ignoranz [ɪgno'rants] <-> *kein Pl f* ignoranza *f*
ignorieren [ɪgno'riːrən] <ohne ge-> *vt* **1.** (*nicht wissen wollen*) ignorare **2.** (*nicht beachten*) trascurare
ihm [iːm] *pron pers dat von* **er, es** (*betont*) a lui; (*unbetont*) gli
ihn [iːn] *pron pers acc von* **er** (*betont*) lui; (*unbetont*) lo, l'
ihnen ['iːnən] *pron pers pl dat von* **sie** (*betont*) a loro; (*unbetont*) loro, gli
Ihnen *pron pers* **1.** *sing dat von* **Sie** (*betont*) a Lei; (*unbetont*) Le **2.** *pl dat von* **Sie** (*betont*) a voi; (*unbetont*) Vi
ihr [iːɐ̯] **I.** *pron pers* **1.** (*2. pers pl*) voi **2.** *sing dat von* **sie** (*betont*) a lei; (*unbetont*) le **II.** *pron poss a attr* **1.** *sing von* **sie** suo, -a *m, f,* suoi *mpl,* sue *fpl* **2.** *pl von* **sie** loro
Ihr *pron poss a attr* **1.** *sing von* **Sie** Suo, -a *m, f,* Suoi *mpl,* Sue *fpl* **2.** *pl von* **Sie** Loro, Vostro
ihre, Ihre *pron poss s.* **ihre(r, s), Ihre(r, s)**
ihrer *pron pers* **1.** *sing gen von* **sie** di lei **2.** *pl gen von* **sie** di essi *m,* di esse *f; s. a.* **ihre(r, s)**
Ihrer *pron pers* **1.** *sing gen von* **Sie** di Lei **2.** *pl gen von* **Sie** di Loro, di Voi; *s. a.* **Ihre(r, s)**
ihre(r, s) ['iːrə, -rɐ, -rəs] *pron poss* (*substantivisch*) **1.** *sing von* **sie** il suo *m,* la sua *f,* i

suoi *pl,* le sue *pl* **2.** *pl von* **sie** il loro *m,* la loro *f,* i loro *pl,* le loro *pl*

Ihre(**r**, **s**) *pron poss* (*substantivisch*) **1.** *sing von* **Sie** il Suo *m,* la Sua *f,* i Suoi *pl,* le Sue *pl* **2.** *pl von* **Sie** il Loro [*o* Vostro], la Loro [*o* Vostra], i Loro [*o* Vostri] *pl,* le Loro [*o* Vostre] *pl*

ihrerseits ['i:rɐzaɪts] *adv* **1.** *sing* da parte sua **2.** *pl* da parte loro

Ihrerseits *adv* da parte Sua

ihres, **Ihres** *pron poss s.* **ihre(r, s), Ihre(r, s)**

ihresgleichen ['i:rəs'glaɪçən] <inv> *pron* **1.** *sing* suo pari **2.** *pl* loro pari

Ihresgleichen <inv> *pron* pari Suo

ihretwegen ['i:rət've:gən] *adv* **1.** *sing* per causa sua; (*negativ*) per colpa sua **2.** *pl* per (causa) loro; (*negativ*) per colpa loro

Ihretwegen *adv* per Lei; (*negativ*) per colpa Sua

illegal ['ɪlega:l] *adj* illegale

Illegalität <-, -en> *f* illegalità *f*

illegitim ['ɪlegiti:m] *adj* illegittimo

Illusion [ɪlu'zi̯o:n] <-, -en> *f* illusione *f;* **sich** *dat* **~en machen** illudersi

illusorisch [ɪlu'zo:rɪʃ] *adj* illusorio

Illustration [ɪlʊstra'tsi̯o:n] <-, -en> *f* illustrazione *f*

illustrieren [ɪlʊs'tri:rən] <ohne ge-> *vt* illustrare; **Illustrierte** <-n, -n> *f* rivista *f* illustrata

Iltis ['ɪltɪs] <-ses, -se> *m* puzzola *f*

im [ɪm] = **in dem**

Image ['ɪmɪtʃ] <-(s), -s> *n* immagine *f*

imaginär [imagi'nɛ:ɐ̯] *adj* immaginario

Imbiss[RR] ['ɪmbɪs] <-es, -e> *m,* **Imbiß** <-bisses, -bisse> *m* spuntino *m;* **Imbissstube**[RR] *f* tavola *f* calda

Imitation [imita'tsi̯o:n] <-, -en> *f* imitazione *f*

imitieren [imi'ti:rən] <ohne ge-> *vt* imitare

Imker(**in**) ['ɪmkɐ] <-s, -; -, -nen> *m(f)* apicoltore, -trice *m, f*

Immatrikulation [ɪmatrikula'tsi̯o:n] <-, -en> *f* immatricolazione *f*

immatrikulieren [ɪmatriku'li:rən] <ohne ge-> *vr* **sich ~** immatricolarsi

immer ['ɪmɐ] *adv* sempre; **für ~** per sempre; **~ mehr** sempre più; **~ noch** ancora; **~, wenn …** tutte le volte che …; **~ wieder** sempre; **schon ~** da sempre; **wann auch ~** in qualsiasi momento *+conj;* **was auch ~** qualunque cosa *+conj;* **wer auch ~** chiunque *+conj;* **wie auch ~** in qualunque modo *+conj;* **wo auch ~** dovunque *+conj*

immerhin *adv* comunque; **das ist ~ etwas** è già qualcosa; **er hat sich ~ entschuldigt** almeno si è scusato

immerzu *adv* continuamente

Immigrant(**in**) [ɪmi'grant] <-en, -en; -, -nen> *m(f)* immigrante *mf*

Immobilien [ɪmo'bi:liən] *fpl* beni *mpl* immobili; **Immobilienmakler**(**in**) *m(f)* agente *mf* immobiliare

immun [ɪ'mu:n] *adj* **~ (gegen etw) sein** essere immune (da qc)

Immunität [ɪmuni'tɛ:t] <-> *kein Pl f* immunità *f*

Immunschwäche *f* immunodeficienza *f;* **Immunsystem** *n* sistema *m* immunitario

Imperativ ['ɪmperati:f] <-s, -e> *m* (LING) imperativo *m*

Imperfekt ['ɪmpɛrfɛkt] <-s, -e> *n* (LING) imperfetto *m*

Imperialismus [ɪmperia'lɪsmʊs] <-> *m* imperialismo *m*

imperialistisch *adj* imperialista

impfen ['ɪmpfən] *vt* vaccinare; **sich (gegen etw) ~** farsi il vaccino (contro qc)

Impfpass[RR] *m* certificato *m* di vaccinazione; **Impfstoff** *m* vaccino *m*

Impfung <-, -en> *f* vaccinazione *f*

imponieren [ɪmpo'ni:rən] <ohne ge-> *vi* **jdm ~** fare effetto su qu

Import [ɪm'pɔrt] <-(e)s, -e> *m* (COM) importazione *f*

Importeur(**in**) [ɪmpɔr'tø:ɐ̯] <-s, -e; -, -nen> *m(f)* importatore, -trice *m, f*

importieren [ɪmpɔr'ti:rən] <ohne ge-> *vt* importare

imposant [ɪmpo'zant] *adj* imponente

impotent ['ɪmpotɛnt] *adj* (MED) impotente; **Impotenz** ['ɪmpotɛnts] <-> *kein Pl f* (MED) impotenza *f*

imprägnieren [ɪmprɛ'gni:rən] <ohne ge-> *vt* **1.** (*durchtränken*) **etw (mit etw) ~** impregnare qc (di qc) **2.** (*wasserdicht machen*) impermeabilizzare

Impressionismus [ɪmprɛsi̯o'nɪsmʊs] <-> *kein Pl m* impressionismo *m*

impressionistisch [ɪmprɛsi̯o'nɪstɪʃ] *adj* impressionista

Improvisation [ɪmproviza'tsi̯o:n] <-, -en> *f* improvvisazione *f*

improvisieren [ɪmprovi'ziːrən] <ohne ge-> *vi, vt* improvvisare

Impuls [ɪm'pʊls] <-es, -e> *m* impulso *m*

impulsiv [ɪmpʊl'ziːf] *adj* impulsivo

imstande [ɪm'ʃtandə] *adj* ~ **sein etw zu tun** essere in grado di fare qc

in [ɪn] *prp +acc o dat* **1.** (*räumlich*) in, a; ~ **der Hand** in mano; ~ **der Stadt** in città; ~ **Deutschland** in Germania; ~ **Rom** a Roma; **ins Kino gehen** andare al cinema; **im ersten Stock** al primo piano; **im Regen** sotto la pioggia **2.** (*zeitlich*) a, in; ~ **der nächsten Woche** la settimana prossima; ~ **der Nacht** nella notte; ~ **diesem Jahr** quest'anno; ~ **zehn Jahren** tra dieci anni; **im Frühling** in primavera; **im Sommer** d'[*o* in] estate; **im Mai** in maggio; **im Jahr 2001** nel 2001; **im Alter von …** all'età di … **3.** (*Art und Weise*) in; ~ **Eile** in fretta

inakzeptabel *adj* inaccettabile

Inbegriff *m* incarnazione *f*

inbegriffen *adj* compreso, incluso

Inbetriebnahme *f* messa *f* in servizio

indem [ɪn'deːm] *konj* **1.** (*während*) mentre **2.** (*dadurch, dass*) **er bleibt in Form,** ~ **er ständig trainiert** si mantiene in forma allenandosi continuamente

Inder(in) ['ɪndɐ] <-s, -; -, -nen> *m(f)* indiano, -a *m, f*

indes(sen) [ɪn'dɛs(ən)] *adv* **1.** (*zeitlich*) intanto **2.** (*einräumend*) tuttavia

Index ['ɪndɛks] <-(es), -e> *m* indice *m*

Indianer(in) [ɪndi'aːnɐ] <-s, -; -, -nen> *m(f)* indiano, -a *m, f*; **indianisch** *adj* indiano

Indien ['ɪndiən] *n* India *f*

Indikativ ['ɪndikatiːf] <-s, -e> *m* (LING) indicativo *m*

indirekt ['ɪndirɛkt] *adj* indiretto

indisch ['ɪndɪʃ] *adj* indiano

indiskret ['ɪndɪskreːt] *adj* indiscreto

Indiskretion [ɪndɪskre'tsi̯oːn] <-, -en> *f* indiscrezione *f*

Individualismus [ɪndividua'lɪsmʊs] <-> *kein Pl m* individualismo *m*

Individualist(in) [ɪndividua'lɪst] <-en, -en; -, -nen> *m(f)* individualista *mf*

Individualität [ɪndividuali'tɛːt] <-, -en> *f* individualità *f*

individuell [ɪndivi'duɛl] *adj* individuale

Individuum [ɪndi'viːduʊm] <-s, Individuen> *n* individuo *m*

Indiz [ɪn'diːts] <-es, -ien> *n* indizio *m*

Indonesien [ɪndo'neːziən] *n* Indonesia *f*

Indonesier(in) <-s, -; -, -nen> *m(f)* indonesiano, -a *m, f*

indonesisch *adj* indonesiano

industrialisieren [ɪndʊstriali'ziːrən] <ohne ge-> *vt* industrializzare

Industrialisierung <-, -en> *f* industrializzazione *f*

Industrie [ɪndʊs'triː] <-, -n> *f* industria *f*; **Industriegebiet** *n* zona *f* industriale

industriell [ɪndʊstri'ɛl] *adj* industriale

Industrie- und Handelskammer *f* camera *f* dell'industria e del commercio; **Industriezweig** *m* branca *f* dell'industria

ineffizient *adj* inefficiente

ineinander [ɪnʔaɪ'nandɐ] *adv* l'uno nell'altro

infam [ɪn'faːm] *adj* infame

infantil [ɪnfan'tiːl] *adj* infantile

Infarkt [ɪn'farkt] <-(e)s, -e> *m* (MED) infarto *m*

Infektion [ɪnfɛk'tsi̯oːn] <-, -en> *f* (MED) infezione *f*; **Infektionskrankheit** *f* malattia *f* infettiva

Infinitiv ['ɪnfɪnitiːf] <-s, -e> *m* (LING) infinito *m*

infizieren [ɪnfi'tsiːrən] <ohne ge-> *vt* infettare

Inflation [ɪnfla'tsi̯oːn] <-, -en> *f* inflazione *f*; **Inflationsrate** *f* tasso *m* d'inflazione

infolge [ɪn'fɔlgə] *prp +gen* in seguito a; **infolgedessen** *adv* per questa ragione

Informatik [ɪnfɔr'maːtɪk] <-> *kein Pl f* informatica *f*

Informatiker(in) <-s, -; -, -nen> *m(f)* informatico *m*, studioso, -a *m, f* di informatica

Information [ɪnfɔrma'tsi̯oːn] <-, -en> *f* informazione *f*; **Informationsaustausch** *m* scambio *m* di informazioni; **Informationstechnologie** *f* tecnologia *f* dell'informazione

informieren [ɪnfɔr'miːrən] <ohne ge-> *vt* **jdn** (**über etw** *acc*) ~ informare qu (di qc); **über etw** *acc* **informiert sein** essere a conoscenza di qc

infrage[RR] *adv* ~ **kommen** essere preso in considerazione; **etw** ~ **stellen** mettere in dubbio qc

infrarot ['ɪnfraroːt] *adj* infrarosso

Infrastruktur ['ɪnfraʃtrʊktuːɐ̯] *f* infrastruttura *f*

Infusion [ɪnfu'zi̯oːn] <-, -en> *f* (MED) fleboclisi *f*

Ing. *abk v* **Ingenieur(in)** ing.

Ingenieur(in) [ɪnʒe'ni̯øːɐ̯] <-s, -e ; -, -nen> *m(f)* ingegnere *m*

Ingwer ['ɪŋvɐ] <-s, -> *m* zenzero *m*

Inhaber(in) ['ɪnhaːbɐ] <-s, -; -, -nen> *m(f)* **1.** (*Haus~*) proprietario, -a *m, f* **2.** (*eines Amtes, Ausweises*) titolare *mf;* (*einer Aktie*) detentore, -trice *m, f*

inhalieren [ɪnha'liːrən] <ohne ge-> *vt* inalare

Inhalt ['ɪnhalt] <-(e)s, -e> *m* contenuto *m;* (*Raum~*) volume *m;* (*Flächen~*) area *f*

inhaltlich *adv* nel contenuto

Inhaltsangabe *f* sommario *m;* **inhaltslos** *adj* vuoto; **Inhaltsverzeichnis** *n* indice *m*

Initiative [initsi̯a'tiːvə] <-, -n> *f* iniziativa *f*

Initiator(in) [ini'tsi̯aːtoːɐ̯] <-s, -en; -, -nen> *m(f)* iniziatore, -trice *m, f*

Injektion [ɪnjɛk'tsi̯oːn] <-, -en> *f* (MED) iniezione *f*

inklusive [ɪnklu'ziːvə] *prp +gen* incluso

inkompetent ['ɪnkɔmpetɛnt] *adj* incompetente

inkonsequent *adj* inconseguente

Inkrafttreten <-s> *kein Pl n* entrata *f* in vigore

Inkubationszeit *f* (MED) periodo *m* d'incubazione

Inland ['ɪnlant] *kein Pl n* interno *m* (del paese); **im In- und Ausland** nel paese stesso e all'estero

inländisch ['ɪnlɛndɪʃ] *adj* interno; (*Erzeugnis*) nazionale

Inliner ['inlaɪnɐ] *mpl,* **Inlineskates** ['inlaɪnskəɪts] *npl* pattini *mpl* in linea

inmitten [ɪn'mɪtən] *prp +gen* in mezzo a

inne|haben <irr> *vt* avere; (*Titel*) detenere; (*Amt, Stellung a*) occupare; **inne|halten** <irr> *vi* arrestarsi; ~ **mit …** cessare di *+inf*

innen ['ɪnən] *adv* dentro; **nach ~** verso l'interno; **Innenarchitekt(in)** *m(f)* architetto, -a *m, f* d'interni; **Inneneinrichtung** *f* arredamento *m* (interno); **Innenminister(in)** *m(f)* ministro *m* degli interni; **Innenministerium** *n* ministero *m* degli interni; **Innenpolitik** *f* politica *f* interna; **innenpolitisch** *adj* di politica interna; **Innenseite** *f* faccia *f* interna; **Innenstadt** *f* centro *m* (della città)

innere *adj s.* **innere(r, s)**

Innere ['ɪnərə] <ein -s, -n> *kein Pl n* **1.** (*räumlich*) interno *m;* **im ~n von** all'interno di **2.** (*fig*) cuore *m*

Innereien [ɪnə'raɪən] *fpl* interiora *fpl*

innere(r, s) ['ɪnərə, -rɐ, -rəs] *adj* **1.** (*räumlich,* ADM, MED) interno, -a **2.** (*geistig, seelisch*) intimo, -a

innerhalb ['ɪnɐhalp] **I.** *prp +gen* **1.** (*räumlich*) all'interno di **2.** (*zeitlich*) nello spazio di **II.** *adv* all'interno

innerlich *adj* **1.** (*körperlich*) interno **2.** (*seelisch*) intimo

innig ['ɪnɪç] *adj* (*vertraut*) intimo

inoffiziell *adj* non ufficiale

ins [ɪns] = **in das**

Insasse ['ɪnzasə] <-n, -n> *m,* **Insassin** ['ɪnzasɪn] <-, -nen> *f* **1.** (*eines Fahrzeugs*) occupante *mf* **2.** (*einer Anstalt*) pensionante *mf*

insbesondere *adv* soprattutto, specialmente

Inschrift ['ɪnʃrɪft] *f* iscrizione *f*

Insekt [ɪn'zɛkt] <-(e)s, -en> *n* insetto *m;* **Insektenstich** *m* puntura *f* d'insetto; **Insektenvernichtungsmittel** *n* insetticida *m*

Insel ['ɪnzəl] <-, -n> *f* isola *f;* **Inselgruppe** *f* arcipelago *m*

Inserat [ɪnze'raːt] <-(e)s, -e> *n* inserzione *f*

inserieren [ɪnze'riːrən] <ohne ge-> *vi* fare un'inserzione

insgeheim *adv* in segreto

insgesamt *adv* in totale

Insider ['ɪnsaɪdɐ] <-s, -> *m* iniziato, -a *m, f*

inskribieren <ohne ge-> *vi* (*A*) immatricolarsi

Inskription [ɪnskrɪp'tsi̯oːn] <-, -en> *f* (*A*) immatricolazione *f*

insofern **I.** *adv* fino a questo punto **II.** *konj* nella misura in cui; **~, als …** in quanto …

insoweit *s.* **insofern**

Inspektion [ɪnspɛk'tsi̯oːn] <-, -en> *f* ispezione *f;* (*Prüfung*) controllo *m*

Inspektor(in) [ɪn'spɛktoːɐ̯] <-s, -en; -, -nen> *m(f)* gerente *mf*

Inspiration [ɪnspira'tsi̯oːn] <-, -en> *f* ispirazione *f*

inspirieren [ɪnspi'riːrən] <ohne ge-> *vt* ispirare

Installateur(in) [ɪnstala'tøːɐ̯] <-s, -e; -, -nen> *m(f)* **1.** installatore, -trice *m, f* **2.** (*A: Klempner*) idraulico *m*

Installation [ɪnstala'tsi̯oːn] <-, -en> *f* installazione *f*

installieren [ɪnsta'liːrən] <ohne ge-> *vt* installare; (TEC) equipaggiare

Instandhaltung [ɪn'ʃtanthaltʊŋ] *f* manutenzione *f*

inständig ['ɪnʃtɛndɪç] **I.** *adj* insistente **II.** *adv* **jdn ~ um etw bitten** pregare insistentemente qu per qc

Instandsetzung [ɪn'ʃtantzɛtsʊŋ] <-, -en> *f* riparazione *f*

Instanz [ɪn'stants] <-, -en> *f* (JUR) istanza *f;* **in erster/letzter ~** in prima/ultima istanza

Instinkt [ɪn'stɪŋkt] <-(e)s, -e> *m* istinto *m*

instinktiv [ɪnstɪŋk'tiːf] *adj* istintivo

Institut [ɪnsti'tuːt] <-(e)s, -e> *n* istituto *m*

Institution [ɪnstitu'tsi̯oːn] <-, -en> *f* istituzione *f*

Instruktion [ɪnstrʊk'tsi̯oːn] <-, -en> *f* istruzione *f*

Instrument [ɪnstru'mɛnt] <-(e)s, -e> *n* strumento *m;* (*Werkzeug a*) attrezzo *m*

instrumental [ɪnstrumɛnt'taːl] *adj* strumentale

Insulin [ɪnzu'liːn] <-s> *kein Pl n* insulina *f*

inszenieren [ɪnstse'niːrən] <ohne ge-> *vt* **1.** (THEAT, FILM) mettere in scena **2.** (*fig*) inscenare

Inszenierung <-, -en> *f* (THEAT, FILM) messa *f* in scena

intakt [ɪn'takt] *adj* intatto

Integration [ɪntegra'tsi̯oːn] <-, -en> *f* integrazione *f*

integrieren [ɪnte'griːrən] <ohne ge-> *vt* integrare

Intellekt [ɪntɛ'lɛkt] <-(e)s> *kein Pl m* intelletto *m*

intellektuell [ɪntɛlɛk'tuɛl] *adj* intellettuale; **Intellektuelle** <ein -r, -n, -n> *mf* intellettuale *mf*

intelligent [ɪntɛli'gɛnt] *adj* intelligente

Intelligenz [ɪntɛli'gɛnts] <-, -en> *f* intelligenza *f;* **Intelligenzquotient** *m* quoziente *m* d'intelligenza

Intendant(in) [ɪntɛn'dant] <-en, -en; -, -nen> *m(f)* (THEAT) intendente *mf;* (RADIO, TV) direttore, -trice *m, f* generale

Intensität [ɪntɛnzi'tɛːt] <-> *kein Pl f* intensità *f*

intensiv [ɪntɛn'ziːf] *adj* intenso; (AGR, TEC) intensivo

intensivieren [ɪntɛnzi'viːrən] <ohne ge-> *vt* intensificare

Intensivkurs *m* corso *m* intensivo; **Intensivstation** *f* (MED) reparto *m* cure intensive

interaktiv [ɪntɐʔak'tiːf] *adj* (INFORM) interattivo

Intercity [ɪntɐ'sɪti] <-s, -s> *m* (FERR) intercity *m;* **Intercity-Express** <-es, -e> *m* (FERR) *treno ad alta velocità*

interessant [ɪntərɛ'sant] *adj* interessante

Interesse [ɪntə'rɛsə] <-s, -n> *n* interesse *m;* **an etw** *dat* **~ haben** avere interesse per qc; **das ~ an etw** *dat* **verlieren** disinteressarsi di qc; **in jds ~ liegen** essere nell'interesse di qu; **von allgemeinem ~** d'interesse generale; **Interessengemeinschaft** *f* comunione *f* d'interessi; **Interessenkonflikt** *m* conflitto *m* d'interessi

Interessent(in) [ɪnt(ə)rɛ'sɛnt] <-en, -en; -, -nen> *m(f)* interessato, -a *m, f*

interessieren [ɪnt(ə)rɛ'siːrən] <ohne ge-> *vt* interessare; **sich für jdn/etw ~** interessarsi di qu/qc

Interface ['ɪntɐfɛis] <-, -s> *n* (INFORM) interfaccia *f*

Interkontinentalrakete *f* (MIL) missile *m* intercontinentale

Intermezzo [ɪntɐ'mɛtso] <-s, -s> *n* (THEAT, MUS) intermezzo *m;* (*fig a*) intermezzo *m* comico

intern [ɪn'tɛrn] *adj* interno

Internat [ɪntɐ'naːt] <-(e)s, -e> *n* convitto *m*

international [ɪntɐnatsi̯o'naːl] *adj* internazionale

Internet ['ɪntɐnɛt] <-s, -s> *n* Internet *m;* **im ~ surfen** navigare su Internet; **Internet-Adresse** *f* sito *m* (Internet); **Internetanschluss** *m* collegamento *m* a Internet; **Internet-Anwender** *m* internettista *mf;* **Internet Browser** <-s, -> *m* Internet browser *m;* **Internet Café** *n* (INFORM) Internet café *m;* **Internet-Handel** *m* commercio *m* elettronico; **Internet-Nutzer** *m s.* **Internet-Anwender**; **Internet-Portal** *n* portale *m* Internet; **Internet Provider** <-s, -> *m* Internet provider *m;* **Internetzugang** *m* accesso *m* a Internet

Internist(in) [ɪntɐ'nɪst] <-en, -en; -, -nen> *m(f)* (MED) internista *mf*

Interpret(in) [ɪntɐ'preːt] <-en, -en; -, -nen> *m(f)* interprete *mf*

Interpretation [ɪntɐpreta'tsi̯oːn] <-, -en> *f* interpretazione *f*

interpretieren [ɪntɐpre'tiːrən] <ohne ge-> *vt* interpretare

Interrailkarte ['ɪntɐrɛɪlkartə] *f* (FERR) (biglietto) interrail *m*

Interregio [ɪntɐ're:gio] <-s, -s> *m* (FERR) (treno) interregionale *m*

Intervall [ɪntɐ'val] <-s, -e> *n* intervallo *m*

intervenieren [ɪntɐve'niːrən] <ohne ge-> *vi* intervenire

Interview ['ɪntɐvju] <-s, -s> *n* intervista *f*

interviewen [ɪntɐ'vjuːən] <ohne ge-> *vt* intervistare

intim [ɪn'tiːm] *adj* intimo; (*vertraut*) familiare; ~**e Beziehungen** rapporti sessuali

Intimität [ɪntimi'tɛːt] <-, -en> *f* intimità *f*

Intimsphäre *f* intimo *m*

intolerant ['ɪntolerant] *adj* intollerante; **Intoleranz** ['ɪntolerants] <-, -en> *f* intolleranza *f*

intransitiv ['ɪntranzitiːf] *adj* (LING) intransitivo

Intrige [ɪn'triːgə] <-, -n> *f* intrigo *m*

intrigieren [ɪntri'giːrən] <ohne ge-> *vi* intrigare

introvertiert [ɪntrovɛr'tiːɐ̯t] *adj* (PSYCH) introverso

Intuition [ɪntui'tsi̯oːn] <-, -en> *f* intuito *m*

Invalide [ɪnva'liːdə] <-n, -n> *m*, **Invalidin** [ɪnva'liːdɪn] <-, -nen> *f* invalido, -a *m, f*

Invalidität [ɪnvalidi'tɛːt] <-> *kein Pl f* invalidità *f*

Invasion [ɪnva'zi̯oːn] <-, -en> *f* invasione *f*

Inventar [ɪnvɛn'taːɐ̯] <-s, -e> *n* inventario *m*

Inventur [ɪnvɛn'tuːɐ̯] <-, -en> *f* (COM) inventario *m;* ~ **machen** fare l'inventario

investieren [ɪnvɛs'tiːrən] <ohne ge-> *vt* investire

Investition [ɪvɛsti'tsi̯oːn] <-, -en> *f* investimento *m*

inwiefern *adv,* **inwieweit** *adv* fino a che punto

Inzucht ['ɪntsʊxt] <-, -en> *f* **1.** (*bei Tieren*) riproduzione *f* fra consanguinei **2.** (*bei Menschen*) unione *f* consanguinea

inzwischen *adv* intanto

Ion [io:n] <-s, -en> *n* (PHYS) ione *m*

IQ [iː'kuː] <-(s), -s> *m abk v* **Intelligenzquotient** Q.I.

Irak [i'raːk] *m* (**der**) ~ l'Iraq *m;* **im** ~ nell'Iraq

Iraker(in) <-s, -; -, -nen> *m(f)* iracheno, -a *m, f*

irakisch *adj* iracheno

Iran [i'raːn] *m* (**der**) ~ l'Iran *m;* **im** ~ nell'Iran

Iraner(in) <-s, -; -, -nen> *m(f)* iraniano, -a *m, f*

iranisch *adj* iraniano

irdisch ['ɪrdɪʃ] *adj* terrestre

Ire ['iːrə] <-n, -n> *m* irlandese *m*

irgend ['ɪrgənt] *adv* **wenn** ~ **möglich** se mai è possibile; **irgendein** *pron indef* (*adjektivisch*) uno, -a *m, f* qualsiasi; **irgendeine(r, s)** *pron indef* qualcuno, -a *m, f;* **irgendetwas**[RR] *pron indef* qualunque cosa; **irgendjemand**[RR] *pron indef* uno qualunque; **irgendwann** *adv* prima o poi; **irgendwer** *pron indef* **1.** (*jemand*) qualcuno, -a *m, f sing* **2.** (*eine beliebige Person*) uno, -a *m, f* qualunque; **irgendwie** *adv* in qualche modo; **irgendwo** *adv* da qualche parte; **irgendwoher** *adv* da qualche parte; **irgendwohin** *adv* da qualche parte

Irin ['iːrɪn] <-, -nen> *f* irlandese *f; s. a.* **Ire**

irisch ['iːrɪʃ] *adj* irlandese

Irland ['ɪrlant] *n* Irlanda *f*

Ironie [iro'niː] <-, -n> *f* ironia *f*

ironisch [i'roːnɪʃ] *adj* ironico

irrational ['ɪratsi̯onaːl] *adj* irrazionale

irr(e) ['ɪr(ə)] *adj* **1.** (*verrückt*) folle **2.** (*sl: toll*) fantastico; **ein** ~**er Typ** un tipo stravagante

Irre[1] <-> *kein Pl f* **in die** ~ **führen** fuorviare

Irre[2] <ein -r, -n, -n> *mf* pazzo, -a *m, f*

irreal ['ɪreaːl] *adj* irreale

irre|führen ['ɪrəfyːrən] *vt* trarre in inganno

irrelevant ['ɪrelevant] *adj* irrilevante

irren ['ɪrən] **I.** *vi* **1.** *sein* (*umher~*) errare; (*fig: Gedanken*) vagare **2.** *haben* (*sich täuschen*) sbagliare **II.** *vr* **sich** (**in jdm/etw**) ~ sbagliarsi (sul conto di qu/qc); **sich gewaltig** ~ (*fam*) prendere un granchio enorme; **wenn ich mich nicht irre** se non mi sbaglio

irritieren [ɪri'tiːrən] <ohne ge-> *vt* (*verwirren*) confondere

Irrsinn *m* follia *f;* **irrsinnig** *adj* **1.** (*geistes-*

gestört) pazzo, folle **2.** (*fam*) spaventoso

Irrtum <-s, Irrtümer> *m* (*falsche Meinung*) errore *m;* (*Missverständnis*) malinteso *m;* (*Versehen*) svista *f;* **im ~ sein** essere in errore; **das ist ein ~** vi è un malinteso; **das war ein ~ von mir** mi sono sbagliato

irrtümlich ['ɪrty:mlɪç] *adj* erroneo

Ischia *f* Ischia *f*

Ischias ['ɪʃias] <-> *kein Pl m* (MED) sciatica *f*

ISDN [i:ʔɛsde:'ʔɛn] (TEL) *abk v* **Integrated Services Digital Network** ISDN; **ISDN-Anschluss** *m* (TEL) allacciamento *m* ISDN

Islam [ɪs'la:m] <-s> *kein Pl m* (REL) islam(ismo) *m*

islamisch *adj* islamico

Island ['i:slant] *n* Islanda *f*

Isländer(in) ['i:slɛndɐ] <-s, -; -, -nen> *m(f)* islandese *mf*

isländisch *adj* islandese

Isolation [izola'tsi̯o:n] <-, -en> *f* isolamento *m*

Isolierband *n* nastro *m* isolante

isolieren [izo'li:rən] <ohne ge-> *vt* isolare

Isoliermaterial *n* isolante *m;* **Isolierstation** *f* (MED) reparto *m* di isolamento

Isolierung <-, -en> *f* isolamento *m*

Israel ['ɪsrae:l] *n* Israele *m*

Israeli [isra'e:li] <-(s), -(s)> *mf,* **Israelin** [isra'e:lɪn] <-, -nen> *f* israeliano, -a *m, f*

israelisch [isra'e:lɪʃ] *adj* israeliano

isst[RR], **ißt** [ɪst] *2. u 3. pers sing pr von* **essen**

ist [ɪst] *3. pers sing pr von* **sein**[1]

Italien [i'ta:liən] *n* Italia *f*

Italiener(in) [ita'li̯e:nɐ] <-s, -; -, -nen> *m(f)* italiano, -a *m, f*

italienisch *adj* italiano

Italienisch <-s> *kein Pl n* italiano *m;* **~ sprechen** parlare l'italiano

J

J, j [jɔt] <-, -(s)> *n* J, j *f;* **J wie Julius** i lunga

ja [ja:] *adv* **1.** (*zustimmend*) sì; **aber ~!** ma sì!; **ich glaube ~** penso di sì; **~ sagen** dire di sì; **zu etw ~ sagen** acconsentire a qc **2.** (*nachdrücklich*) ma; **ich habe es ~ gesagt** ma l'ho detto; **sage ~ nicht, dass …** stai attento a non dire che …; **da bist du ~!** eccoti qua!; **das ist ~ furchtbar!** ma è terribile! **3.** (*sogar*) anzi

Jacht [jaxt] <-, -en> *f* yacht *m*

Jacke ['jakə] <-, -n> *f* giacca *f*

Jackett [ʒa'kɛt] <-(e)s, -s> *n* giacca *f*

Jackpot ['dʒɛkpɔt] *m* (*im Lotto*) jackpot *m*

Jagd [ja:kt] <-, -en> *f* caccia *f;* (*Verfolgung*) inseguimento *m;* **auf die ~ gehen** andare a caccia; **Jagdgewehr** *n* fucile *m* da caccia; **Jagdrevier** *n* riserva *f* di caccia; **Jagdschein** *m* licenza *f* di caccia

jagen ['ja:gən] **I.** *vt* (*Wild*) cacciare; (*fig: verfolgen*) inseguire **II.** *vi* **1.** *haben* (*auf die Jagd gehen*) cacciare **2.** *sein* (*eilen*) andare di corsa

Jäger(in) ['jɛ:gɐ] <-s, -; -, -nen> *m(f)* cacciatore, -trice *m, f*

Jaguar ['ja:gua:ɐ̯] <-s, -e> *m* giaguaro *m*

jäh [jɛ:] *adj* **1.** (*steil*) ripido **2.** (*plötzlich*) repentino

Jahr [ja:ɐ̯] <-(e)s, -e> *n* (*Zeiteinheit*) anno *m;* (*Verlauf*) annata *f;* **das ganze ~ (hindurch)** (per) tutto l'anno; **das laufende ~** l'anno in corso; **das neue ~** l'anno nuovo; **die dreißiger ~e** gli anni trenta; **ein halbes ~** sei mesi; **einmal im ~** una volta all'anno; **im ~e 2001** nel(l'anno) 2001; **~ für ~** anno per anno; **jedes ~** ogni anno; **letztes ~** l'anno scorso; **nächstes ~** l'anno prossimo; **viele ~e lang** per anni; **von ~ zu ~** di anno in anno; **vor einem ~** un anno fa; **Jahrbuch** *n* annuario *m*

jahrelang ['ja:rəlaŋ] **I.** *adj* di anni **II.** *adv* per anni

Jahresanfang *m* inizio *m* dell'anno; **Jahresbeitrag** *m* quota *f* annua; **Jahresdurchschnitt** *m* media *f* annua; **Jahreseinkommen** *n* reddito *m* annuo; **Jahresende** *n* fine *f* dell'anno; **Jahrestag** *m* anniversario *m;* **Jahresurlaub** *m* vacanze *fpl* annuali; **Jahreswechsel** *m* capodanno *m;* **Jahreszahl** *f* data *f;* **Jahreszeit** *f* stagione *f;* **jahreszeitlich** *adj* stagionale

Jahrgang *m* **1.** (*von Geburt*) generazione *f* **2.** (*in Schule*) classe *f* **3.** (*von Wein, Zeit-*

schrift) annata *f;* **Jahrhundert** <-s, -e> *n* secolo *m*

jährlich ['jɛːɐ̯lɪç] **I.** *adj* annuale **II.** *adv* ogni anno

Jahrmarkt *m* fiera *f;* **Jahrtausend** <-s, -e> *n* millennio *m;* **Jahrzehnt** <-(e)s, -e> *n* decennio *m*

Jähzorn ['jɛːtsɔrn] <-s> *kein Pl m* **1.** (*Eigenschaft*) irascibilità *f* **2.** (*Ausbruch*) accesso *m* di collera; **jähzornig** *adj* irascibile

Jalousie [ʒalu'ziː] <-, -n> *f* persiana *f*

Jammer ['jamɐ] <-s> *kein Pl m* **1.** (*Elend*) miseria *f;* **es ist ein ~, dass …** è un peccato che *+conj* **2.** (*Klagen*) lamenti *mpl*

jämmerlich ['jɛmɐlɪç] *adj* (*elend*) misero; (*erbärmlich*) pietoso

jammern ['jamɐn] *vi* lamentarsi

Jänner ['jɛnɐ] <-s, -> *m* (*A, südd: Januar*) gennaio *m; s. a.* **April**

Januar ['januaːɐ̯] <-(s), -e> *m* gennaio *m; s. a.* **April**

Japan ['jaːpan] *n* Giappone *m*

Japaner(in) [ja'paːnɐ] <-s, -; -, -nen> *m(f)* giapponese *mf*

japanisch *adj* giapponese

Jargon [ʒar'gõː] <-s, -s> *m* gergo *m*

jäten ['jɛːtən] *vt* diserbare

Jauche ['jaʊxə] <-, -n> *f* (AGR) liquame *m*

jauchzen ['jaʊxtsən] *vi* esultare

jaulen ['jaʊlən] *vi* guaire

jawohl [ja'voːl] *adv* sì certo, sissignore

Jawort ['jaːvɔrt] *n* **das ~ geben** (*bei Trauung*) pronunciare il sì

Jazz [dʒæz] <-> *kein Pl m* jazz *m*

je [jeː] **I.** *adv* **1.** (*~mals*) mai; **wer hätte das ~ gedacht!** chi l'avrebbe mai immaginato! **2.** (*~weils*) ogni; (*bei Personen*) ciascuno; **ich gebe euch ~ 2 Mark** vi do 2 marchi ciascuno **II.** *konj* **~ …, desto …** quanto … tanto …; **~ eher, desto lieber** quanto prima tanto meglio; **~ mehr, desto besser** più ce n'è meglio è; **~ nachdem, ob …** a seconda se … **III.** *prp +acc* (*pro*) per, a **IV.** *int* **ach** [*o* **oh**] **~!** mamma mia!

Jeans [dʒiːnz] *pl* jeans *mpl*

jede *pron indef s.* **jede(r, s)**

jedenfalls ['jeːdən'fals] *adv* in ogni caso

jeder *pron indef s.* **jede(r, s)**

jedermann *pron indef* ognuno

jede(r, s) ['jeːdə, -dɐ, -dəs] *pron indef* **1.** (*adjektivisch*) ogni **2.** (*substantivisch*) ognuno, -a *m, f;* **~r beliebige** uno qualsiasi; **~ dritte …** ogni … tre …; **~r einzelne** ogni singolo; **~r von uns** ognuno di noi; **ohne ~n Grund** senza alcun motivo

jederzeit *adv* in qualsiasi momento

jedes *pron indef s.* **jede(r, s)**

jedesmal *adv* ogni volta; **~, wenn …** ogni volta che …

jedoch [je'dɔx] *adv* tuttavia

jeher ['jeː(')heːɐ̯] *adv* **von ~** da sempre

jemals ['jeːmaːls] *adv* mai

jemand ['jeːmant] *pron indef* qualcuno, -a *m, f*

jene(r, s) ['jeːnə, -nɐ, -nəs] *pron dem* (*geh*) **1.** (*adjektivisch*) quel(lo) *m,* quella *f,* quei *mpl,* quegli *mpl,* quelle *fpl;* **an ~m Tag** quel giorno **2.** (*substantivisch*) quello *m,* quella *f,* quelli *mpl,* quelle *fpl*

jenseits ['jeːnzaɪts] **I.** *adv* dall'altra parte **II.** *prp +gen* al di là di; **Jenseits** <-> *kein Pl n* (REL) **das ~** l'al di là *m*

Jesus ['jeːzʊs] <Jesu> *m* Gesù *m;* **~ Christus** Gesù Cristo

Jet [dʒɛt] <-s, -s> *m* jet *m*

Jet-set ['dʒɛtsɛt] <-s, *rar* -s> *m,* **Jetset**[RR] <-s, *rar* -s> *m* jet-set *m*

jetzig ['jɛtsɪç] *adj* attuale

jetzt [jɛtst] *adv* adesso; **bis ~** finora; **erst ~** solo ora; **gerade ~** proprio adesso; **von ~ an** d'ora in poi

jeweilig ['jeː'vaɪlɪç] *adj* rispettivo

jeweils ['jeː'vaɪls] *adv* (*jedesmal*) ogni volta

Job [dʒɔp] <-s, -s> *m* (*fam*) lavoro *m*

jobben ['dʒɔbən] *vi* (*fam*) lavorare (occasionalmente)

Job-sharing ['dʒɔpʃɛːrɪŋ] <-(s)> *kein Pl n,* **Jobsharing**[RR] <-(s)> *kein Pl n* job-sharing *m*

Joch [jɔx] <-(e)s, -e> *n* (*a fig*) giogo *m*

Jockey ['dʒɔki] <-s, -s> *m* fantino *m*

Jod [joːt] <-(e)s> *kein Pl n* (CHEM) iodio *m*

Joga ['joːga] <-(s)> *kein Pl m o n* yoga *m*

joggen ['dʒɔgən] *vi sein* fare jogging

Jogger(in) ['dʒɔgɐ] <-s, -; -, -nen> *m(f)* jogger *mf*

Jogging ['dʒɔgɪŋ] <-(s)> *kein Pl n* jogging *m;* **Jogginganzug** *m* tuta *f* da jogging

Joghurt ['joːgʊrt] <-(s), -(s)> *m o n,* **Jogurt**[RR] <-(s), -(s)> *m o n* yogurt *m*

Johannisbeere [jo'hanɪsbeːrə] <-, -n> *f* ribes *m*

johlen ['joːlən] *vi* urlare

Joint [dʒɔɪnt] <-s, -s> *m* (*sl*) spinello *m*

jonglieren [ʒõ'gli:rən] <ohne ge-> *vi* fare giochi di destrezza

Jordanien [jɔr'da:niən] *n* Giordania *f*

Jordanier(in) <-s, -; -, -nen> *m(f)* giordano, -a *m, f*

Joule [dʒu:l] <-(s), -> *n* (PHYS) joule *m*

Journalismus [ʒʊrna'lɪsmʊs] <-> *kein Pl m* giornalismo *m*

Journalist(in) [ʒʊrna'lɪst] <-en, -en; -, -nen> *m(f)* giornalista *mf*

Joystick <-s, -s> *m* (INFORM) joystick *m*

Jubel ['ju:bəl] <-s> *kein Pl m* giubilo *m*

jubeln ['ju:bəln] *vi* giubilare

Jubiläum [jubi'lɛ:ʊm] <-s, Jubiläen> *n* giubileo *m;* **fünfzigjähriges ~** cinquantenario

jucken ['jʊkən] *vi, vt* prudere; **es juckt mich** mi prude

Juckreiz *m* prurito *m*

Jude ['ju:də] <-n, -n> *m* ebreo *m;* **Judentum** <-s> *kein Pl n* ebraismo *m;* **Judenverfolgung** *f* persecuzione *f* degli ebrei

Jüdin ['jy:dɪn] <-, -nen> *f* ebrea *f; s. a.* **Jude**

jüdisch ['jy:dɪʃ] *adj* ebreo

Judo ['ju:do] <-(s)> *kein Pl n* (SPORT) judo *m*

Jugend ['ju:gənt] <-> *kein Pl f* gioventù *f;* **Jugendamt** *n* ufficio *m* di assistenza dei minorenni; **Jugendbuch** *n* libro *m* per ragazzi; **jugendfrei** *adj* adatto ai minori; **Jugendfreund(in)** *m(f)* amico, -a *m, f* di gioventù; **Jugendherberge** *f* ostello *m* della gioventù

jugendlich *adj* giovanile; (*jung*) giovane; **Jugendliche** <ein -r, -n, -n> *mf* minorenne *mf;* **~ unter 16 Jahren haben keinen Zutritt** vietata l'entrata ai minori di sedici anni

Jugendliebe *f* amore *m* di gioventù; **Jugendstil** *m* (KUNST, ARCH) (stile) liberty *m;* **Jugendzentrum** *n* centro *m* per la gioventù

Jugoslawe [jugo'sla:və] <-n, -n> *m* iugoslavo *m*

Jugoslawien [jugo'sla:viən] *n* Iugoslavia *f*

Jugoslawin [jugo'sla:vɪn] <-, -nen> *f* iugoslava *f; s. a.* **Jugoslawe**; **jugoslawisch** *adj* iugoslavo

Juli ['ju:li] <-(s), -s> *m* luglio *m; s. a.* **April**

jung [jʊŋ] <jünger, jüngste> *adj* giovane; **Jung und Alt** giovani e vecchi

Junge[1] <-n, -n> *m* ragazzo *m*

Junge[2] <ein -s, -n, -n> *n* (*Tier*) cucciolo *m*

jünger ['jʏŋɐ] *adj Komparativ von* **jung** più giovane; (*bei Geschwistern*) minore; **er ist fünf Jahre ~ als ich** ha cinque anni meno di me; **er sieht ~ aus, als er ist** non dimostra la sua età

Jünger <-s, -> *m* (REL) discepolo *m*

Jungfernfahrt *f* viaggio *m* inaugurale

Jungfrau <-, -en> *f* vergine *f;* **er/sie ist ~** (ASTR) è della Vergine

Junggeselle *m* scapolo *m;* **eingefleischter ~** (*fam*) scapolo impenitente

jüngste(r, s) ['jʏŋstə, -tɐ, -təs] *adj Superlativ von* **jung** (il, la) più giovane; (*letzter*) ultimo, -a; **das Jüngste Gericht, der Jünste Tag** (REL) il giudizio universale

Juni ['ju:ni] <-(s), -s> *m* giugno *m; s. a.* **April**

junior ['ju:ni̯o:ɐ̯] *adj* (*nachgestellt*) junior *m*

Junior(in) ['ju:ni̯o:ɐ̯] <-s, -en; -, -nen> *m(f)* **1.** (*fam*) figlio, -a *m, f* **2.** (SPORT) junior *mf*

Junkie ['dʒaŋki] <-s, -s> *m* (*fam*) junkie *m*

Jura[1] ['ju:ra] *ohne Artikel* (*Recht*) **~ studieren** studiare legge

Jura[2] *m* (*Gebirge*) Giura *m*

Jurist(in) [ju'rɪst] <-en, -en; -, -nen> *m(f)* (*Rechtsgelehrter*) giureconsulto *m;* (*Student*) studente, -essa *m, f* in legge

juristisch [ju'rɪstɪʃ] *adj* giuridico; **~e Fakultät** facoltà di legge

Jury [ʒy'ri:] <-, -s> *f* giuria *f*

Justiz [jʊs'ti:ʦ] <-> *kein Pl f* giustizia *f;* **Justizirrtum** *m* errore *m* giudiziario

Jute ['ju:tə] <-> *kein Pl f* iuta *f*

Juwel [ju've:l] <-s, -en> *m o n* gioiello *m*

Juwelier [juve'li:ɐ̯] <-s, -e> *m* gioielliere *m;* **Juweliergeschäft** *n* gioielleria *f*

Jux [jʊks] <-es, -e> *m* (*fam*) scherzo *m;* **aus ~** per scherzo

K

K, k [kaː] <-, -(s)> *n* K, k *f;* **K wie Kaufmann** kappa

Kabarett [kaba'rɛt] <-s, -s> *n* cabaret *m*

Kabarettist(in) [kabarɛ'tɪst] <-en, -en; -, -nen> *m(f)* artista *mf* da cabaret

Kabel ['kaːbəl] <-s, -> *n* cavo *m;* **Kabelfernsehen** *n* televisione *f* via cavo

Kabeljau ['kaːbəljaʊ] <-s, -e> *m* merluzzo *m*

Kabine [ka'biːnə] <-, -n> *f* cabina *f*

Kabinett [kabi'nɛt] <-s, -e> *n* (POL) consiglio *m* dei ministri

Kabrio ['kaːbrio] <-s, -s> *n,* **Kabriolett** ['kaːbriole] <-s, -s> *n* (AUTO) decappottabile *f*

Kachel ['kaxəl] <-, -n> *f* piastrella *f*

kacheln *vt* piastrellare

Kachelofen *m* stufa *f* di ceramica

Kadaver [ka'daːvɐ] <-s, -> *m* carogna *f*

Käfer ['kɛːfɐ] <-s, -> *m* coleottero *m*

Kaff [kaf] <-s, -s> *n* (*fam pej*) paesucolo *m*

Kaffee ['kafe] <-s, -s> *m* caffè *m;* **Kaffeebohne** *f* chicco *m* di caffè; **Kaffeefilter** *m* filtro *m* per il caffè; **Kaffeehaus** [ka'feːhaʊs] *n* (*bes A*) caffè *m*

In una **Kaffehaus** viennese si può ordinare ad esempio un kleinen Braunen (un espresso macchiato) o una Melange (un caffelatte). Attenzione alla pronuncia austriaca di Kaffeehaus con l'accento sulla seconda sillaba!

Kaffeekanne *f* caffettiera *f;* **Kaffeeklatsch** *m* (*fam*) incontro *m* (di signore) per il caffè; **Kaffeelöffel** *m* cucchiaino *m* da caffè; **Kaffeemaschine** *f* macchina *f* del caffè; **Kaffeemühle** *f* macinacaffè *m;* **Kaffeesatz** *m* fondo *m* del caffè; **Kaffeetasse** *f* tazza *f* da caffè

Käfig ['kɛːfɪç] <-s, -e> *m* gabbia *f*

kahl [kaːl] *adj* **1.** (*Mensch*) calvo; ~ **geschoren** raso a zero **2.** (*Baum*) spoglio; (*Landschaft*) brullo; (*Wand*) nudo; ~ **fressen** divorare il fogliame di; **kahl|fressen** *vt s.* **kahl 2.**; **kahlgeschoren** *adj s.* **kahl 1.**; **Kahlkopf** *m* testa *f* pelata; **kahlköpfig** *adj* calvo

Kahn [kaːn] <-(e)s, Kähne> *m* barca *f*

Kai [kaɪ] <-s, -e> *m* (NAUT) molo *m*

Kairo ['kaɪro] *n* Il Cairo *m*

Kaiser(in) ['kaɪzɐ] <-s, -; -, -nen> *m(f)* imperatore, -trice *m, f;* **kaiserlich** *adj* imperiale; **Kaiserreich** *n* impero *m*

In Austria, nella Germania meridionale e anche nella Svizzera è molto diffuso un piatto che risale probabilmente all'imperatrice Elisabetta d'Austria. Il **Kaiserschmarren** è una specie di frittella che viene però sminuzzata durante la cottura e servita dopo essere stata cosparsa di zucchero. A volte contiene anche dell'uvetta.

Kaiserschnitt *m* (MED) taglio *m* cesareo

Kajüte [ka'jyːtə] <-, -n> *f* (NAUT) cabina *f*

Kakao [ka'kaʊ] <-s> *kein Pl m* cacao *m;* (*Getränk*) cioccolata *f* (calda); **jdn durch den ~ ziehen** (*fig fam*) prendere in giro qu

Kaktus ['kaktʊs] <-, Kakteen> *m* cactus *m*

Kalabrien [ka'laːbriən] *n* Calabria *f*

Kalb [kalp] <-(e)s, Kälber> *n* vitello *m;* **Kalbfleisch** *kein Pl n* carne *f* di vitello

Kalender [ka'lɛndɐ] <-s, -> *m* calendario *m*

Kaliber [ka'liːbɐ] <-s, -> *n* (*a fig* TEC) calibro *m*

Kalium ['kaːliʊm] <-s> *kein Pl n* (CHEM) potassio *m*

Kalk [kalk] <-(e)s, -e> *m* **1.** (*Baustoff*) calce *f* **2.** (*im Körper*) calcio *m;* **Kalkstein** *m* pietra *f* calcarea

Kalkulation [kalkula'tsi̯oːn] <-, -en> *f* calcolo *m*

kalkulieren [kalku'liːrən] <ohne ge-> *vt* calcolare

Kalorie [kalo'riː] <-, -n> *f* caloria *f;* **kalorienarm** *adj* ipocalorico; **kalorienreich** *adj* ipercalorico

kalt [kalt] <kälter, kälteste> *adj* (*a fig*) freddo; ~ **werden** (*Wetter*) fare freddo; (*Speise*) raffreddarsi; **es ist** ~ fa freddo; **mir ist** ~ ho freddo; **es lief mir ~ über den Rücken** mi vennero i brividi; **kaltblütig** *adj* (*Mensch*) di sangue freddo; (*Tat*) a sangue freddo

Kälte ['kɛltə] <-> *kein Pl f* **1.** (*tiefe Tempera-*

K

tur) freddo *m;* **bei dieser** ~ con questo freddo **2.** (*fig: Gefühls~*) freddezza *f;* **kältebeständig** *adj* resistente al freddo; **Kälteeinbruch** *m* ondata *f* di freddo

Kaltfront *f* (METEO) fronte *m* freddo; **kalt|lassen** *vt s.* **lassen[1] 3.**; **Kaltmiete** *f* canone *m* d'affitto; **kaltschnäuzig** *adj* (*fam*) sgarbato; **Kaltstart** *m* (INFORM) cold boot *m;* **kalt|stellen** *vt* (*fig*) mettere su un binario morto

Kalzium ['kaltsiʊm] <-s> *kein Pl n* (CHEM) calcio *m*

kam [ka:m] *1. u 3. pers sing imp von* **kommen**

Kamel [ka'me:l] <-(e)s, -e> *n* **1.** (ZOO) cammello *m* **2.** (*fam pej*) imbecille *m*

Kamera ['kaməra] <-, -s> *f* **1.** (FILM) cinepresa *f;* (TV) telecamera *f* **2.** (FOTO) macchina *f* fotografica

Kamerad(in) [kamə'ra:t] <-en, -en; -, -nen> *m(f)* compagno, -a *m, f;* **Kameradschaft** <-> *kein Pl f* cameratismo *m;* **kameradschaftlich** *adj* cameratesco

Kameramann *m* (FILM, TV) cameraman *m*

Kamille [ka'mɪlə] <-, -n> *f* camomilla *f;* **Kamillentee** *m* (infuso *m* di) camomilla *f*

Kamin [ka'mi:n] <-s, -e> *m* camino *m;* **Kaminfeger** *m,* **Kaminkehrer** *m* spazzacamino *m*

Kamm [kam] <-(e)s, Kämme> *m* **1.** (*Haar~*) pettine *m;* **alles über einen** ~ **scheren** (*fig*) fare di ogni erba un fascio **2.** (*Hahnen~, Gebirgs~*) cresta *f*

kämmen ['kɛmən] **I.** *vt* pettinare **II.** *vr* **sich** ~ pettinarsi

Kammer ['kamɐ] <-, -n> *f* camera *f;* **Kammermusik** *f* musica *f* da camera

Kampagne [kam'panjə] <-, -n> *f* campagna *f*

Kampanien [kam'panjən] *n* Campania *f*

Kampf [kampf] <-(e)s, Kämpfe> *m* **1.** (*allg*) lotta *f;* ~ **ums Dasein** lotta per l'esistenza; ~ **auf Leben und Tod** lotta all'ultimo sangue; **jdm den** ~ **ansagen** dichiarare guerra a qu **2.** (*Wett~*) gara *f;* **Kampfansage** *f* sfida *f*

kämpfen ['kɛmpfən] *vi* **1.** (*allg, a fig*) lottare; **für** [*o* **um**] **etw** ~ lottare per qc; **mit den Tränen** ~ cercare di trattenere le lacrime; **mit Schwierigkeiten zu** ~ **haben** essere alle prese con delle difficoltà **2.** (MIL) combattere **3.** (*im Wettkampf*) **mit jdm** ~ gareggiare con qu

Kampfer ['kampfɐ] <-s> *kein Pl m* (MED) canfora *f*

Kämpfer(in) <-s, -; -, -nen> *m(f)* (MIL) combattente *mf;* (*a fig* SPORT) lottatore, -trice *m, f*

kämpferisch *adj* combattivo

Kampfflugzeug *n* aereo *m* da combattimento; **Kampfgeist** *m* spirito *m* combattivo; **kampflos** *adj* senza opporre resistenza; **kampflustig** *adj* battagliero; **Kampfrichter(in)** *m(f)* (SPORT) arbitro, -a *m, f*

kampieren [kam'pi:rən] <ohne ge-> *vi* accamparsi

Kanada ['kanada] *n* Canada *m*

Kanadier(in) [ka'na:diɐ] <-s, -; -, -nen> *m(f)* canadese *mf*

kanadisch *adj* canadese

Kanal [ka'na:l] <-s, Kanäle> *m* **1.** (GEOG) canale *m;* **der** ~ (*Ärmel~*) il Canale della Manica **2.** (*Abwasser~*) canale *m* di scolo **3.** (TV) canale *m*

Kanalisation [kanaliza'tsi̯o:n] <-, -en> *f* fognatura *f*

kanalisieren [kanali'zi:rən] <ohne ge-> *vt* canalizzare

Kanarienvogel [ka'na:riənfo:gəl] *m* canarino *m*

Kanarische Inseln *fpl* Canarie *fpl*

Kandidat(in) [kandi'da:t] <-en, -en; -, -nen> *m(f)* candidato, -a *m, f;* **jdn als ~en (für etw) aufstellen** presentare qu come candidato (a qc)

Kandidatur [kandida'tu:ɐ̯] <-, -en> *f* candidatura *f*

kandidieren [kandi'di:rən] <ohne ge-> *vi* (**für etw**) ~ presentare la propria candidatura (a qc)

kandiert [kan'di:ɐ̯t] *adj* **~e Früchte** frutti canditi

Kandis(zucker) *m* zucchero *m* candito

Känguru[RR], **Känguruh** <-s, -s> *n* canguro *m*

Kaninchen [ka'ni:nçən] <-s, -> *n* coniglio *m*

Kanister [ka'nɪstɐ] <-s, -> *m* bidone *m*

kann [kan] *3. pers sing pr von* **können[1], können[2]**

Kännchen ['kɛnçən] <-s, -> *n* bricchetto *m*

Kanne ['kanə] <-, -n> *f* bricco *m*

Kannibale [kani'ba:lə] <-n, -n> *m,* **Kan-**

nibalin [kani'ba:lɪn] <-, -nen> *f* cannibale *mf*

kannte ['kantə] *1. u 3. pers sing imp von* **kennen**

Kanone [ka'no:nə] <-, -n> *f* **1.** (*a fig* MIL) cannone *m* **2.** (*fig fam: Könner*) asso *m;* **Kanonenkugel** *f* palla *f* di cannone

Kante ['kantə] <-, -n> *f* spigolo *m;* (*Rand*) bordo *m;* **Geld auf die hohe ~ legen** (*fam*) mettere soldi da parte

kantig *adj* angoloso; (*Gesicht*) spigoloso

Kantine [kan'ti:nə] <-, -n> *f* mensa *f*

Kanton [kan'to:n] <-s, -e> *m* (*CH*) cantone *m*

La Svizzera è divisa in 26 **Kantonen**, tre dei quali si dividono a loro volta in semicantoni (Unterwalden, Basilea e Appenzell). I cantoni eleggono un totale di 46 rappresentanti nello "Ständerat", una delle due camere che ricoprono il potere legislativo nella Svizzera. I cantoni più grandi sono Grigioni, Berna e Vaud.

kantonal [kanto'na:l] *adj* cantonale

Kanu ['ka:nu] <-s, -s> *n* canoa *f*

Kanzel ['kantsəl] <-, -n> *f* **1.** (REL) pulpito *m* **2.** (AERO) cabina *f* (di pilotaggio)

Kanzlei [kants'laɪ] <-, -en> *f* **1.** (*von Rechtsanwalt*) studio *m* **2.** (*von Behörde*) cancelleria *f*

Kanzler(in) ['kantslɐ] <-s, -; -, -nen> *m(f)* cancelliere *m;* **Kanzleramt** *n* ufficio *m* di cancelliere

Kap [kap] <-s, -s> *n* (GEOG) capo *m*

Kapazität [kapatsi'tɛ:t] <-, -en> *f* **1.** (*Fassungsvermögen*) capacità *f* **2.** (*Experte*) esperto *m*

Kapelle [ka'pɛlə] <-, -n> *f* **1.** (REL) cappella *f* **2.** (MUS) orchestrina *f;* **Kapellmeister** *m* direttore *m* d'orchestra

Kaper ['ka:pɐ] <-, -n> *f* cappero *m*

kapieren [ka'pi:rən] <ohne ge-> *vt* (*fam*) capire

Kapital [kapi'ta:l] <-s, -e> *n* capitale *m;* **Kapitalanlage** *f* investimento *m* (di capitale); **Kapitalertrag** *m* reddito *m* di capitale; **Kapitalgesellschaft** *f* società *f* di capitali

Kapitalismus [kapita'lɪsmʊs] <-> *kein Pl m* capitalismo *m*

Kapitalist [kapita'lɪst] <-en, -en> *m* capitalista *m*

kapitalistisch *adj* capitalista

Kapitän [kapi'tɛ:n] <-s, -e> *m* **1.** (NAUT, SPORT) capitano *m* **2.** (AERO) comandante *m*

Kapitel [ka'pɪtəl] <-s, -> *n* capitolo *m;* **das ist ein ~ für sich** questa è una questione a parte

Kapitell [kapi'tɛl] <-s, -e> *n* (ARCH) capitello *m*

Kapitulation [kapitula'tsi̯o:n] <-, -en> *f* resa *f*

kapitulieren [kapitu'li:rən] <ohne ge-> *vi* capitolare

Kaplan [ka'pla:n] <-s, Kapläne> *m* (REL) cappellano *m*

Kappe ['kapə] <-, -n> *f* berretto *m*

Kapsel ['kapsəl] <-, -n> *f* **1.** (BOT, ANAT) capsula *f* **2.** (*Tablette*) cachet *m*

kaputt [ka'pʊt] *adj* **1.** (*fam: zerbrochen*) rotto **2.** (*fig: erschöpft*) sfinito; **kaputt|gehen** <irr> *vi sein* (*fam*) rompersi; **kaputt|lachen** *vr* **sich ~** (*fam*) sbellicarsi dalle risa; **kaputt|machen** *vt* **1.** (*zerbrechen*) rompere **2.** (*Gesundheit*) guastare

Kapuze [ka'pu:tsə] <-, -n> *f* cappuccio *m*

Karabiner [kara'bi:nɐ] <-s, -> *m* carabina *f*

Karaffe [ka'rafə] <-, -n> *f* caraffa *f*

Karambolage [karambo'la:ʒə] <-, -n> *f* (AUTO) collisione *f*

Karamel, **Karamell**[RR] [kara'mɛl] <-s> *kein Pl m, CH: n* caramello *m*

Karat [ka'ra:t] <-(e)s, -e> *n* carato *m*

Karate [ka'ra:tə] <-(s)> *kein Pl n* (SPORT) karatè *m*

Karawane [kara'va:nə] <-, -n> *f* carovana *f*

Kardinal [kardi'na:l] <-s, Kardinäle> *m* cardinale *m;* **Kardinalzahl** *f* numero *m* cardinale

Kardiogramm [kardio'gram] <-s, -e> *n* (MED) cardiogramma *m*

Karfiol [kar'fi̯o:l] <-s> *kein Pl m* (*A: Blumenkohl*) cavolfiore *m*

Karfreitag [ka:ɐ̯'fraɪta:k] *m* venerdì *m* santo

karg [kark] <-er, -ste> *adj* **1.** (*gering*) magro **2.** (*armselig*) misero **3.** (*unfruchtbar*) povero

kärglich ['kɛrklɪç] *adj* scarso

Karibik [ka'ri:bɪk] *f* Caraibi *mpl*

karibisch [ka'ri:bɪʃ] *adj* caribico

kariert [ka'ri:ɐ̯t] *adj* (*Papier*) a quadretti;

(*Stoff*) a quadri; **klein** ~ (*fig pej: engstirnig*) meschino

Karies ['kaːriɛs] <-> *kein Pl f* (MED) carie *f*

Karikatur [karika'tuːɐ̯] <-, -en> *f* caricatura *f*

Karikaturist(in) [karikatu'rɪst] <-en, -en; -, -nen> *m(f)* caricaturista *mf*

karitativ [karita'tiːf] *adj* caritativo

Karneval ['karnəval] <-s, -e> *m* carnevale *m*

Kärnten ['kɛrntən] *n* Carinzia *f*

Karo ['kaːro] <-s, -s> *n* quadrato *m;* (*in ~muster*) quadro *m*

Karosse [ka'rɔsə] <-, -n> *f* carrozza *f*

Karosserie [karɔsə'riː] <-, -n> *f* carrozzeria *f*

Karotte [ka'rɔtə] <-, -n> *f* carota *f*

Karpfen ['karpfən] <-s, -> *m* carpa *f*

Karre ['karə] <-, -n> *f,* **Karren** ['karən] <-s, -> *m* carretto *m*

Karriere [ka'ri̯eːrə] <-, -n> *f* carriera *f;* ~ **machen** fare carriera

Karte ['kartə] <-, -n> *f* **1.** (*Land~, Spiel~*) carta *f;* ~**n spielen** giocare a carte; **alles auf eine** ~ **setzen** (*fig*) puntare tutto su una carta **2.** (*Fahr~, Eintritts~*) biglietto *m* **3.** (*Speise~*) menù *m* **4.** (*Post~*) cartolina *f* **5.** (SPORT) cartellino *m;* **die gelbe/rote** ~ il cartellino giallo/rosso

Kartei [kar'taɪ] <-, -en> *f* schedario *m;* **Karteikarte** *f* scheda *f;* **Karteikasten** *m* schedario *m*

Kartenspiel *n* partita *f* a carte; **Kartentelefon** *n* telefono *m* a scheda magnetica; **Kartenvorverkauf** *m* prevendita *f* (biglietti)

Kartoffel [kar'tɔfəl] <-, -n> *f* patata *f;* **Kartoffelbrei** *m* purè *m* di patate; **Kartoffelchips** *mpl* patatine *fpl;* **Kartoffelpuffer** *m* frittella *f* di patate; **Kartoffelpüree** *n s.* **Kartoffelbrei**; **Kartoffelsalat** *m* insalata *f* di patate

Karton [kar'tɔŋ] <-s, -s> *m* cartone *m*

Karussell [karʊ'sɛl] <-s, -s> *n* carosello *m*

Karwoche ['kaːɐ̯vɔxə] *f* settimana *f* santa

Karzinom [kartsi'noːm] <-s, -e> *n* (MED) carcinoma *m*

Käse ['kɛːzə] <-s, -> *m* **1.** (*Nahrungsmittel*) formaggio *m* **2.** (*fig fam: Unsinn*) sciocchezze *fpl;* **das ist doch alles** ~**!** sono tutte cretinate!; **Käsekuchen** *m* torta *f* di ricotta; **Käseplatte** *f* piatto *m* di formaggi misti

Kaserne [ka'zɛrnə] <-, -n> *f* caserma *f*

käsig ['kɛːzɪç] *adj* (*fig fam*) pallido

Kasino [ka'ziːno] <-s, -s> *n* (*Spiel~*) casinò *m*

Kaskoversicherung *f* assicurazione *f* contro tutti i rischi

Kasper ['kaspɐ] <-s, -> *m* *Arlecchino;* **Kasperletheater** *n* teatrino *m* dei burattini

Kasse ['kasə] <-, -n> *f* cassa *f;* (**gut**) **bei** ~ **sein** (*fam*) stare bene a quattrini; **knapp bei** ~ **sein** (*fam*) essere a corto di quattrini; **jdn zur** ~ **bitten** chiedere il pagamento a qu; **Kassenarzt** *m,* **Kassenärztin** *f* medico *m* della mutua; **Kassenzettel** *m* scontrino *m*

Kassette [ka'sɛtə] <-, -n> *f* cassetta *f;* **Kassettendeck** *n* piastra *f* di registrazione; **Kassettenrecorder** <-s, -> *m* registratore *m* a cassette

kassieren [ka'siːrən] <ohne ge-> *vt* **1.** (*Geld*) incassare **2.** (*fig fam: beschlagnahmen*) sequestrare

Kassierer(in) <-s, -; -, -nen> *m(f)* cassiere, -a *m, f*

Kastagnetten [kastan'i̯ɛtən] *fpl* nacchere *fpl*

Kastanie [kas'taːni̯ə] <-, -n> *f* (*Baum*) castagno *m;* (*Frucht*) castagna *f;* **kastanienbraun** *adj* castano

Kästchen ['kɛstçən] <-s, -> *n* **1.** (*kleine Kiste*) cassettina *f;* (*Schmuck~*) scrigno *m* **2.** (*Viereck*) quadretto *m*

Kaste ['kastə] <-, -n> *f* casta *f*

Kasten ['kastən] <-s, Kästen> *m* cassa *f;* **alter** ~ (*fam: Auto*) trabiccolo *m;* **etw auf dem** ~ **haben** (*fig fam*) avere una gran testa

kastrieren [kas'triːrən] <ohne ge-> *vt* castrare

Kat [kat] <-s, -s> *m abk v* **Katalysator** catalizzatore *m*

Katakombe [kata'kɔmbə] <-, -n> *f* catacomba *f*

Katalog [kata'loːk] <-(e)s, -e> *m* catalogo *m*

katalogisieren [katalogi'ziːrən] <ohne ge-> *vt* catalogare

Katalysator [kataly'zaːtoːɐ̯] <-s, -en> *m* (AUTO) catalizzatore *m*

Katarrh [ka'tar] <-s, -e> *m* (MED) catarro *m*

katastrophal [katastro'faːl] *adj* catastrofico

Katastrophe [katas'tro:fə] <-, -n> *f* catastrofe *f*, disastro *m*; **Katastrophengebiet** *n* zona *f* sinistrata; **Katastrophenschutz** *m* protezione *f* civile

Katechismus [katɛ'çɪsmʊs] <-, Katechismen> *m* (REL) catechismo *m*

Kategorie [katego'ri:] <-, -n> *f* categoria *f*

kategorisch [kate'go:rɪʃ] *adj* categorico

Kater ['ka:tɐ] <-s, -> *m* **1.** (ZOO) gatto *m* **2.** (*fig fam: nach Alkoholkonsum*) mal *m* di testa dopo una sbornia

Kathedrale [kate'dra:lə] <-, -n> *f* cattedrale *f*

Katheter [ka'te:tɐ] <-s, -> *m* (MED) catetere *m*

Kathode [ka'to:də] <-, -n> *f* (PHYS) catodo *m*

Katholik(in) [kato'li:k] <-en, -en; -, -nen> *m(f)* cattolico, -a *m, f*

katholisch [ka'to:lɪʃ] *adj* cattolico

Katholizismus [katoli'tsɪsmʊs] <-> *kein Pl m* cattolicesimo *m*

Katze ['katsə] <-, -n> *f* gatto *m*; (*nur weiblich*) gatta *f*; **die ~ aus dem Sack lassen** (*fig*) spiattellare il segreto *fam*; **das ist für die Katz** (*fam*) è fatica sprecata; **Katzenmusik** *f* (*pej*) strimpellata *f fam*; **Katzensprung** *m* (*fam*) **das ist nur ein ~ (von hier)** è a due passi (da qui); **Katzenwäsche** *f* **~ machen** (*fam scherz*) lavarsi come i gatti

Kauderwelsch ['kaʊdɐvɛlʃ] <-(s)> *kein Pl n* (*pej*) linguaggio *m* incomprensibile e scorretto

kauen ['kaʊən] *vi, vt* masticare

kauern ['kaʊɐn] **I.** *vi* stare accovacciato **II.** *vr* **sich ~** accovacciarsi

Kauf [kaʊf] <-(e)s, Käufe> *m* acquisto *m*; **etw in ~ nehmen** rassegnarsi ad accettare qc

kaufen ['kaʊfən] *vt* **etw (von jdm) ~** comprare qc (da qu)

Käufer(in) ['kɔɪfɐ] <-s, -; -, -nen> *m(f)* compratore, -trice *m, f*

Kauffrau *f* commerciante *f*; **Kaufhaus** *n* grande magazzino *m*

käuflich ['kɔɪflɪç] **I.** *adj* (*bestechlich*) corruttibile **II.** *adv* **etw ~ erwerben** acquistare qc

Kaufmann <-(e)s, -leute> *m* commerciante *m*; **kaufmännisch** ['kaʊfmɛnɪʃ] *adj* commerciale; **~er Angestellter** impiegato *m* di commercio; **Kaufpreis** *m* prezzo *m* d'acquisto; **Kaufvertrag** *m* contratto *m* di compravendita

Kaugummi <-s, -s> *m o n* gomma *f* da masticare

Kaulquappe ['kaʊlkvapə] <-, -n> *f* girino *m*

kaum [kaʊm] *adv* **1.** (*gerade erst*) appena; **~ war er zu Hause, da rief er mich an** non appena arrivò a casa, mi telefonò **2.** (*nur mit Mühe*) a malapena; **ich kann es ~ glauben** stento a crederlo

Kaution [kaʊ'tsi̯o:n] <-, -en> *f* cauzione *f*; **gegen ~** contro cauzione

Kautschuk ['kaʊtʃʊk] <-s, -e> *m* caucciù *m*

Kauz [kaʊts] <-es, Käuze> *m* civetta *f*; **komischer ~** (*fig fam*) tipo strano

Kavalier [kava'li:ɐ̯] <-s, -e> *m* cavaliere *m*; **Kavaliersdelikt** *n* peccatuccio *m*

Kaviar ['ka:via:ɐ̯] <-s, -e> *m* caviale *m*

KB *abk v* **Kilobyte** KB

keck [kɛk] *adj* monello; (*Hut, Frisur*) chic

Kegel ['ke:gəl] <-s, -> *m* **1.** (MAT) cono *m* **2.** (*Spiel~*) birillo *m*; **Kegelbahn** *f* bowling *m*; **kegelförmig** *adj* conico

kegeln ['ke:gəln] *vi* giocare ai birilli

Kehle ['ke:lə] <-, -n> *f* gola *f*; **aus voller ~** a squarciagola; **etw in die falsche ~ bekommen** (*fam*) prendere qc per il verso sbagliato; **jdm an die ~ springen** prendere qu per la gola; **mir war die ~ wie zugeschnürt** avevo un nodo alla gola

Kehlkopf *m* laringe *f*

kehren ['ke:rən] *vt* **1.** (*bes südd, A: fegen*) scopare **2.** (*wenden*) voltare; **jdm den Rücken ~** voltare le spalle a qu; **in sich gekehrt** rinchiuso in sé stesso

Kehrmaschine *f* spazzatrice *f*; **Kehrreim** *m* ritornello *m*; **Kehrseite** *f* retro *m*; **die ~ der Medaille** il rovescio della medaglia

kehrt|machen *vi* fare dietro-front; **Kehrtwendung** *f* (*fig*) voltafaccia *m*

keifen ['kaɪfən] *vi* (*pej*) strillare

Keil [kaɪl] <-(e)s, -e> *m* **1.** (TEC) cuneo *m* **2.** (*Bremsklotz*) ceppo *m* del freno

Keilerei [kaɪlə'raɪ] <-, -en> *f* (*fam*) zuffa *f*

keilförmig *adj* cuneiforme; **Keilriemen** *m* (AUTO) cinghia *f* trapezoidale

Keim [kaɪm] <-(e)s, -e> *m* germe *m*; **etw im ~ ersticken** (*fig*) soffocare qc sul nascere; **Keimdrüse** *f* ghiandola *f* germinale

keimen *vi* germogliare

keimfrei *adj* (*Milch*) sterilizzato; (*aseptisch*) asettico; **keimtötend** *adj* germicida

Keimzelle *f* cellula *f* germinale

kein(e) [kaɪn(ə)] *pron indef* nessuno, -a *m, f;* ~ **Mensch** (*fam*) nessuno; ~ **einziges Mal** neanche una volta; ~ **... mehr** non più ...

keinerlei <inv> *adj* non ... alcuno

keine(r, s) ['kaɪnə, -nɐ, -nəs] *pron indef* nessuno, -a *m, f;* **~r von beiden** nessuno dei due

keinesfalls *adv* in nessun caso

keineswegs *adv* non ... affatto

keinmal *adv* mai

Keks [ke:ks] <-es, -e> *m* biscotto *m*

Kelch [kɛlç] <-(e)s, -e> *m* calice *m*

Kelle ['kɛlə] <-, -n> *f* **1.** (*Schöpf~*) ramaiolo *m* **2.** (*Maurer~*) cazzuola *f*

Keller ['kɛlɐ] <-s, -> *m* cantina *f;* **Kellergeschoss[RR]** *n* scantinato *m*

Kellner(in) ['kɛlnɐ] <-s, -; -, -nen> *m(f)* cameriere, -a *m, f*

Kelte ['kɛltə] <-n, -n> *m* celta *m*

Kelter ['kɛltɐ] <-, -n> *f* (AGR) torchio *m*

keltern ['kɛltɐn] *vt* pigiare

Keltin ['kɛltɪn] <-, -nen> *f* celta *f; s. a.* **Kelte**

keltisch ['kɛltɪʃ] *adj* celtico

kennen ['kɛnən] <kennt, kannte, gekannt> *vt* conoscere; (*wissen a*) sapere; ~ **lernen** conoscere, fare la conoscenza di; **so kenne ich ihn gar nicht!** così non lo conosco proprio!; **keine Rücksicht** ~ non avere riguardo

kennen|lernen *s.* **kennen**

Kenner(in) <-s, -; -, -nen> *m(f)* conoscitore, -trice *m, f,* intenditore, -trice *m, f;* **Kennerblick** *m* **mit** ~ con occhio esperto

kenntlich ['kɛntlɪç] *adj* **etw** ~ **machen** contrassegnare qc

Kenntnis ['kɛntnɪs] <-, -se> *f* **1.** conoscenza *f;* **etw zur** ~ **nehmen** prendere atto di qc; **jdn von etw in** ~ **setzen** mettere qu a conoscenza di qc **2.** *pl* (*Fach~*) nozioni *fpl*

Kennwort *n* parola *f* di riconoscimento; **Kennzeichen** *n* caratteristica *f,* contrassegno *m;* **amtliches** ~ (AUTO) targa *f*

kennzeichnen *vt* **1.** (*markieren*) segnare **2.** (*charakterisieren*) caratterizzare; **kennzeichnend** *adj* ~ **für etw sein** essere caratteristico di qc

Kennziffer *f* numero *m* di riferimento

kentern ['kɛntɐn] *vi sein* (NAUT) ribaltarsi

Keramik [ke'ra:mɪk] <-, -en> *f* ceramica *f*

Kerbe ['kɛrbə] <-, -n> *f* tacca *f*

Kerbholz *n* **etw auf dem** ~ **haben** (*fig*) avere un conto da saldare

Kerker ['kɛrkɐ] <-s, -> *m* carcere *m*

Kerl [kɛrl] <-(e)s, -e> *m* tipo *m;* **armer** ~ poveraccio; **feiner** ~ tipo in gamba; **ein ganzer** ~ un uomo tutto d'un pezzo; **gemeiner** ~ vigliacco

Kern [kɛrn] <-(e)s, -e> *m* **1.** nocciolo *m;* (*von Birnen, Äpfeln*) seme *m;* (*von Trauben*) acino *m* **2.** (*Atom~*) nucleo *m* **3.** (*fig*) sostanza *f,* essenza *f;* **er hat einen guten** ~ il suo fondo è buono; **zum** ~ **der Sache vordringen** venire al dunque della questione; **Kernbrennstoff** *m* combustibile *m* nucleare; **Kernenergie** *f* energia *f* nucleare; **Kernforschung** *f* ricerca *f* nucleare; **Kerngehäuse** *n* torsolo *m;* **kerngesund** *adj* sano come un pesce

kernig *adj* (*fig: kräftig*) forte; (*markig*) incisivo

Kernkraft *f* energia *f* atomica; **Kernkraftgegner(in)** *m(f)* antinucleare *mf;* **Kernkraftwerk** *n* centrale *f* nucleare

kernlos *adj* senza nocciolo; **Kernobst** *n* frutta *f* con semi; **Kernphysik** *f* fisica *f* nucleare; **Kernreaktion** *f* reazione *f* nucleare; **Kernreaktor** *m* reattore *m* nucleare; **Kernspaltung** *f* fissione *f* nucleare; **Kernteilung** *f* (BIOL) mitosi *f;* **Kernverschmelzung** *f* fusione *f* atomica; **Kernwaffen** *fpl* armi *fpl* nucleari

Kerze ['kɛrtsə] <-, -n> *f* candela *f;* **kerzengerade** *adj* diritto come una candela; **Kerzenlicht** *n* lume *m* di candela; **bei** ~ al lume di candela

kess[RR] [kɛs], **keß** *adj* (*Mädchen*) spigliata; (*Kleidung*) carino

Kessel ['kɛsəl] <-s, -> *m* **1.** (*Wasser~, Heiz~*) caldaia *f;* (*Tee~*) bollitore *m* **2.** (*Tal~*) conca *f*

Ketchup <-(s), -s> *m o n,* **Ketschup[RR]** ['kɛtʃap] <-(s), -s> *m o n* ketchup *m*

Kette ['kɛtə] <-, -n> *f* catena *f;* (*Hals~*) collana *f;* **eine** ~ **bilden** formare una catena; **in ~n legen** incatenare; **eine** ~ **von Ereignissen** una serie di avvenimenti

Kettenraucher(in) *m(f)* fumatore, -trice *m, f* accanito, -a; **Kettenreaktion** *f* reazione *f* a catena

Ketzer ['kɛtsɐ] <-s, -> *m* eretico *m*
Ketzerei <-, -en> *f* eresia *f*
Ketzerin <-, -nen> *f* eretica *f*
ketzerisch *adj* eretico
keuchen ['kɔɪçən] *vi* ansimare
Keuchhusten *m* (MED) pertosse *f*
Keule ['kɔɪlə] <-, -n> *f* **1.** (*Waffe*) clava *f* **2.** (GASTR) coscia *f*
keusch [kɔɪʃ] *adj* casto; **Keuschheit** <-> *kein Pl f* castità *f*
Keyboard ['kiːbɔːt] <-s, -s> *n* keyboard *m*
Kfz [kaːʔɛf'tsɛt] <-(s), -(s)> *n abk v* **Kraftfahrzeug** autoveicolo *m*
kg *abk v* **Kilogramm** kg
kichern ['kɪçɐn] *vi* ridacchiare
kidnappen ['kɪtnɛpən] *vt* sequestrare
Kidnapper(in) ['kɪtnɛpɐ] <-s, -; -, -nen> *m(f)* sequestratore, -trice *m, f*
Kiefer¹ ['kiːfɐ] <-s, -> *m* (ANAT) mascella *f*
Kiefer² <-, -n> *f* (BOT) pino *m*
Kiel [kiːl] <-(e)s, -e> *m* **1.** (NAUT) chiglia *f* **2.** (*Feder~*) cannello *m* della penna; **Kielwasser** *n* scia *f*
Kieme ['kiːmə] <-, -n> *f meist Pl* branchia *f*
Kies [kiːs] <-es, -e> *m* ghiaia *f*
Kiesel ['kiːzəl] <-s, -> *m* ciottolo *m;* **Kieselerde** *f* silice *f;* **Kieselstein** *m* ciottolo *m*
Kiesgrube *f* cava *f* di ghiaia
kiffen ['kɪfən] *vi* (*sl*) farsi uno spinello
kikeriki [kikəri'kiː] *int* chicchirichì
killen ['kɪlən] *vt* (*sl*) ammazzare
Killer <-s, -> *m* (*sl*) killer *m*
Kilo ['kiːlo] <-s, -s *o bei Maßangaben:* -> *n* chilo *m;* **Kilobyte** <-s, -s> *n* (INFORM) kilobyte *m;* **Kilogramm** *n* chilogrammo *m;* **Kilojoule** *n* chilo *m* joule; **Kilokalorie** *f* chilocaloria *f*
Kilometer [kilo'meːtɐ] <-s, -> *m* chilometro *m;* **Kilometergeld** *n* indennità *f* per chilometro; **Kilometerzähler** *m* contachilometri *m*
Kilowatt [kilo'vat] *n* chilowatt *m*
Kind [kɪnt] <-(e)s, -er> *n* bambino, -a *m, f;* (*Sohn, Tochter*) figlio, -a *m, f;* **an ~es statt annehmen** adottare; **das weiß jedes ~** lo sanno tutti; **ein ~ erwarten** aspettare un bambino; **mit ~ und Kegel** (*fam scherz*) con tutta la famiglia; **von ~ auf** fin dall'infanzia
Kinderarbeit *kein Pl f* lavoro *m* infantile; **Kinderarzt** *m,* **Kinderärztin** *f* pediatra *mf;* **Kinderbeihilfe** *f* (*A: Kindergeld*) assegno *m* familiare; **Kinderbuch** *n* libro *m* per ragazzi
Kinderei [kɪndə'raɪ] <-, -en> *f* comportamento *m* sciocco
Kindergarten *m* asilo *m*

> In Germania il **Kindergarten** (giardino d'infanzia) è un'istituzione pubblica, ospitata in una stanza o in un edificio di una comunità. Dalle 4 alle 6 ore al giorno bambini in età prescolare sono affidati a delle educatrici il cui obiettivo è stimolare il loro sviluppo. In Germania in linea di massima ogni bambino dai 3 anni in su ha diritto ad essere ammesso in un Kindergarten.

Kindergärtner(in) *m(f)* maestro, -a *m, f* d'asilo; **Kindergeld** *n* assegno *m* familiare; **Kinderheim** *n* orfanotrofio *m;* **Kinderhort** *m* doposcuola *m;* **Kinderklinik** *f* clinica *f* pediatrica; **Kinderkrankheit** *f* malattia *f* infantile; **Kinderkrippe** *f* (asilo *m*) nido *m;* **Kinderlähmung** *f* (MED) poliomielite *f;* **kinderleicht** *adj* facilissimo; **kinderlieb** *adj* **~ sein** essere amante dei bambini; **kinderlos** *adj* senza figli; **Kindermädchen** *n* bambinaia *f;* **kinderreich** *adj* **~e Familie** famiglia numerosa; **Kinderschuhe** *mpl* **noch in den ~n stecken** (*fig*) essere agli inizi; **Kindersitz** *m* seggiolino *m* (per bambini); **Kinderspiel** *n* gioco *m* per bambini; **das ist ein ~** è un giochetto; **Kinderspielplatz** *m* parco *m* giochi; **Kindersterblichkeit** *f* mortalità *f* infantile; **Kinderstube** *kein Pl f* **eine gute/schlechte ~ haben** (*fig*) essere ben/mal educato; **Kinderwagen** *m* carrozzina *f;* **Kinderzimmer** *n* stanza *f* dei bambini
Kindesalter *n* infanzia *f;* **Kindesbeine** *npl* **von ~n an** fin da piccolo; **Kindesmisshandlung** *f* violenza *f* sui bambini
Kindheit <-> *kein Pl f* infanzia *f*
kindisch *adj* infantile
kindlich *adj* da bambino
Kinn [kɪn] <-(e)s, -e> *n* mento *m*
Kino ['kiːno] <-s, -s> *n* cinema *m;* **Kinofilm** *m* film *m* cinematografico; **Kinovorstellung** *f* spettacolo *m* cinematografico
Kiosk ['kiːɔsk] <-(e)s, -e> *m* chiosco *m*
Kippe ['kɪpə] <-, -n> *f* (*fam: Zigarettenstummel*) cicca *f;* **auf der ~ stehen** (*fig*) essere incerto

K

kippen ['kɪpən] **I.** *vt* (*um~*) rovesciare **II.** *vi sein* (*um~*) rovesciarsi

Kirche ['kɪrçə] <-, -n> *f* chiesa *f*

Kirchenchor *m* coro *m* parrocchiale; **Kirchengemeinde** *f* parrocchia *f*; **Kirchenmaus** *f* **arm wie eine ~** (*fam scherz*) povero in canna; **Kirchensteuer** *f* imposta *f* per la Chiesa

kirchlich *adj* ecclesiastico; **sich ~ trauen lassen** sposarsi in chiesa

Kirchturm *m* campanile *m*

Kirschbaum *m* ciliegio *m*

Kirsche ['kɪrʃə] <-, -n> *f* ciliegia *f*

Kirschwasser *n* kirsch *m*

Kissen ['kɪsən] <-s, -> *n* cuscino *m*; (*Kopf~*) guanciale *m*; **Kissenbezug** *m* federa *f*

Kiste ['kɪstə] <-, -n> *f* cassa *f*

Kitsch [kɪtʃ] <-(e)s> *kein Pl m* kitsch *m*

kitschig *adj* pacchiano

Kitt [kɪt] <-(e)s, -e> *m* mastice *m*

Kittchen ['kɪtçən] <-s, -> *n* (*fam*) gattabuia *f*

Kittel ['kɪtəl] <-s, -> *m* camice *m*

kitten ['kɪtən] *vt* stuccare; (*fig: Ehe*) accomodare

Kitz [kɪts] <-es, -e> *n* **1.** (*Reh~*) caprioletto *m* **2.** (*Ziegen~*) capretto *m*

kitz(e)lig *adj* che soffre il solletico

kitzeln ['kɪtsəln] *vt* fare il solletico a

Kiwi ['kiːvi] <-, -s> *f* kiwi *m*

KKW [kaːkaː'veː] <-(s), -s> *n abk v* **Kernkraftwerk** centrale nucleare

klaffen ['klafən] *vi* spalancarsi

kläffen ['klɛfən] *vi* (*Hunde*) abbaiare

klaffend *adj* (*Wunde*) aperto

Klage ['klaːgə] <-, -n> *f* **1.** (*Weh~*) lamento *m* **2.** (JUR) querela *f*; **gegen jdn ~ (wegen etw) erheben** sporgere querela contro qu (per qc); **Klagelied** *n* **1.** (*Gedicht*) elegia *f* **2.** (*fig*) lamentela *f*

klagen ['klaːgən] *vi* **1.** (*jammern*) (**über etw** *acc*) **~** lamentarsi (di qc); **über Kopfschmerzen ~** accusare mal di testa **2.** (JUR) **gegen jdn auf etw** *acc* **~** sporgere querela contro qu per qc; **auf Schadenersatz ~** chiedere il risarcimento dei danni

Kläger(in) ['klɛːgɐ] <-s, -; -, -nen> *m(f)* querelante *mf*

kläglich ['klɛːklɪç] *adj* **1.** (*beklagenswert*) pietoso **2.** (*jämmerlich*) misero

klamm [klam] *adj* **1.** (*kalt und feucht*) umido e freddo **2.** (*starr vor Kälte*) irrigidito (per il freddo)

Klammer ['klamɐ] <-, -n> *f* **1.** (*Wäsche~, Haar~*) molletta *f*; (*Büro~*) fermaglio *m*; (*Heft~, Zahn~*) graffetta *f* **2.** (TYP) parentesi *f*; **runde/eckige ~** parentesi tonda/quadra; **in ~n setzen** mettere fra parentesi

Klammeraffe *m* (INFORM: *@-Symbol in einer Mail-Adresse*) chiocciola *f*

klammern ['klamɐn] *vr* **sich** (**an jdn/etw**) **~** aggrapparsi (a qu/qc)

Klamotten [kla'mɔtən] *fpl* (*fam*) vestiti *mpl*

klang [klaŋ] *1. u 3. pers sing imp von* **klingen**

Klang [klaŋ] <-(e)s, Klänge> *m* suono *m*; **klangvoll** *adj* sonoro

Klappbett *n* letto *m* ribaltabile

Klappe ['klapə] <-, -n> *f* **1.** (*Deckel*) coperchio *m* **2.** (TEC: *Drossel*) (valvola *f* a) farfalla *f* **3.** (ANAT) valvola *f* **4.** (*fam: Mund*) becco *m*; **eine große ~ haben** fare lo sbruffone; **halt die ~!** chiudi il becco!

klappen ['klapən] **I.** *vt* ribaltare **II.** *vi* (*fam: gelingen*) andare bene; **es hat geklappt** (*fam*) ha funzionato

klappern ['klapɐn] *vi* sbattere; (*Geschirr*) acciottolare

Klapperschlange *f* serpente *m* a sonagli

Klappfahrrad *n* bicicletta *f* pieghevole

klapprig *adj* **1.** (*Auto*) scassato **2.** (*fig fam: Mensch*) decrepito

Klappsitz *m* sedile *m* ribaltabile; **Klappstuhl** *m* sedia *f* pieghevole

Klaps [klaps] <-es, -e> *m* (*fam*) pacca *f*

klar [klaːɐ̯] *adj* chiaro; **das ist doch ~!** (*fam*) ma è chiaro!; **jdm etw ~ machen** far capire qc a qu; **~ und deutlich** chiaro e tondo; **sich** *dat* **über etw** *acc* **~ werden** rendersi conto di qc

Kläranlage *f* impianto *m* di depurazione

klären ['klɛːrən] **I.** *vt* **1.** (*Frage*) chiarire **2.** (*Wasser*) depurare **II.** *vr* **sich ~** chiarirsi

Klarheit <-> *kein Pl f* **1.** (*Deutlichkeit*) chiarezza *f* **2.** (*Reinheit*) limpidezza *f*

Klarinette [klari'nɛtə] <-, -n> *f* clarinetto *m*

klar|kommen <irr> *vi sein* (*fam*) **mit etw ~** venire a capo di qc; **klar|machen** *vt s.* **klar**; **Klarsichtfolie** *f* foglio *m* trasparente; **klar|stellen** *vt* mettere in chiaro; **Klartext** *m* **im ~** in parole semplici

Klärung <-, -en> *f* **1.** (*von Frage*) chiarimento *m* **2.** (*von Abwasser*) depurazione *f*

klar|werden *vr s.* **klar**

Klasse ['klasə] <-, -n> *f* **1.** classe *f;* **erster ~ fahren** viaggiare in prima classe **2.** (*Kategorie*) categoria *f*

Klassenarbeit *f* compito *m* in classe; **Klassenbuch** *n* (*Schule*) registro *m* di classe; **Klassenkamerad(in)** *m(f)* compagno, -a *m, f* di classe; **Klassenkampf** *m* lotta *f* di classe; **Klassenlehrer(in)** *m(f)* docente *mf* di una classe; **Klassensprecher(in)** *m(f)* capoclasse *m;* **Klassentreffen** *n* incontro *m* di classe; **Klassenzimmer** *n* aula *f*

klassifizieren [klasifi'tsi:rən] <ohne ge-> *vt* classificare

Klassik ['klasɪk] <-> *kein Pl f* (*Stil*) classicismo *m*

Klassiker <-s, -> *m* classico *m*

klassisch *adj* classico

Klatsch [klatʃ] <-(e)s, -e> *m* **1.** (*klatschendes Geräusch*) tonfo *m* **2.** (*fam: Tratsch*) pettegolezzi *mpl;* **Klatschbase** *f* pettegola *f*

klatschen ['klatʃən] **I.** *vi* **1.** *haben* (*applaudieren*) battere le mani **2.** *sein* (*aufschlagen*) battere **3.** *haben* (*tratschen*) **über jdn/etw ~** spettegolare di qu/qc **II.** *vt* **jdm Beifall ~** applaudire qu

Klatschmohn *m* papavero *m* selvatico

klatschnass *adj* bagnato fradicio

Klaue ['klaʊə] <-, -n> *f* **1.** (ZOO) artiglio *m* **2.** (*fam: Handschrift*) scrittura *f* illeggibile

klauen ['klaʊən] *vt* (*fam*) sgraffignare

Klausel ['klaʊzəl] <-, -n> *f* clausola *f*

Klausur [klaʊ'zu:ɐ̯] <-, -en> *f* (*Schule*) esame *m*

Klavier [kla'vi:ɐ̯] <-s, -e> *n* pianoforte *m;* **~ spielen** suonare il pianoforte; **Klavierlehrer(in)** *m(f)* maestro, -a *m, f* di pianoforte

kleben ['kle:bən] **I.** *vi* (*haften*) aderire **II.** *vt* incollare; **jdm eine ~** (*fam*) mollare uno schiaffo a qu

Klebestreifen *m* nastro *m* adesivo

klebrig ['kle:brɪç] *adj* appiccicoso

Klebstoff *m* colla *f*

kleckern ['klɛkən] *vi* (*fam*) sporcarsi

Klecks [klɛks] <-es, -e> *m* macchia *f*

Klee [kle:] <-s> *kein Pl m* trifoglio *m;* **Kleeblatt** *n* (foglia *f* di) trifoglio *m;* **vierblättriges ~** quadrifoglio *m*

Kleid [klaɪt] <-(e)s, -er> *n* vestito *m;* **~er machen Leute** (*prov*) vesti un bastone e ti parrà un signore

kleiden ['klaɪdən] **I.** *vt* **1.** vestire **2.** (*gut stehen*) donare a **II.** *vr* **sich ~** vestirsi

Kleiderbügel *m* gruccia *f;* **Kleiderbürste** *f* spazzola *f* per vestiti; **Kleiderhaken** *m* gancio *m* dell'attaccapanni; **Kleiderkasten** *m* (*A, CH*), **Kleiderschrank** *m* armadio *m* (per vestiti)

Kleidung <-, -en> *f* vestiti *mpl,* abbigliamento *m;* **Kleidungsstück** *n* capo *m* di abbigliamento

Kleie ['klaɪə] <-, -n> *f* crusca *f*

klein [klaɪn] *adj* piccolo; (*Buchstabe*) minuscolo; (*~gewachsen*) basso; **~ anfangen** cominciare con poco; **von ~ auf** fin da piccolo; **ein ~ wenig** un pochino

Kleinanzeige *f* (breve) annuncio *m;* **Kleinasien** *n* Asia *f* Minore; **Kleinbildkamera** *f* (FOTO) microcamera *f;* **Kleinbuchstabe** *m* minuscola *f;* **Kleinbürgertum** *n* piccola borghesia *f;* **Kleingeld** *n* spiccioli *mpl*

Kleinigkeit ['klaɪnɪçkaɪt] <-, -en> *f* inezia *f;* **das ist keine ~!** non è una sciocchezza!; **eine ~ essen** mangiare un boccone; **sich über jede ~ aufregen** irritarsi per un nonnulla

kleinkariert *adj s.* **kariert**; **Kleinkind** *n* bambino *m;* **Kleinkram** *m* cianfrusaglie *fpl;* **Kleinkrieg** *m* guerriglia *f;* **klein|kriegen** *vt* (*fig fam: unterkriegen*) sottomettere; **kleinlaut** *adj* mogio mogio *fam*

kleinlich *adj* **1.** (*engstirnig*) meschino; (*knauserig*) tirchio **2.** (*pedantisch*) pedante

klein|schneiden *vt s.* **schneiden I.1.**; **klein|schreiben**[RR] <irr> *vt* scrivere minuscolo; **Kleinstadt** *f* cittadina *f*

Kleinstwagen *m* (AUTO) citycar *f*

Kleinwagen *m* (AUTO) utilitaria *f*

Kleister ['klaɪstɐ] <-s, -> *m* colla *f* (d'amido)

Klemme ['klɛmə] <-, -n> *f* **1.** molletta *f* **2.** (*fig fam*) guaio *m;* **in der ~ sitzen** essere nei guai

klemmen **I.** *vt* **1.** (*Draht*) serrare **2.** (*quetschen*) incastrare **II.** *vi* bloccarsi **III.** *vr* **sich hinter etw** *acc* **~** (*fam*) arrabattarsi dietro a qc

Klempner ['klɛmpnɐ] <-s, -> *m* stagnaio *m*

Klerus ['kle:rʊs] <-> *kein Pl m* clero *m*

Klette ['klɛtə] <-, -n> *f* **1.** (BOT) lappola *f* **2.** (*fam pej: lästiger Mensch*) piattola *f*

klettern ['klɛtɐn] *vi sein* **auf einen Baum ~** arrampicarsi su un albero; **auf einen Berg ~** scalare una montagna

Kletterpflanze *f* rampicante *m*

KlettverschlussRR *m* chiusura *f* a strappo

klicken ['klɪkən] *vi* (INFORM) cliccare; (**mit der Maus**) **auf etw** *acc* **~** cliccare (con il mouse) su qc; **doppelt ~** fare doppio clic

Klient(in) [kli'ɛnt] <-en, -en; -, -nen> *m(f)* cliente *mf*

Klima ['kli:ma] <-s, -s> *n* clima *m;* **Klimaanlage** *f* impianto *m* di aria condizionata

klimatisch [kli'ma:tɪʃ] *adj* climatico

klimatisieren [klimati'zi:ʁən] *vt* climatizzare

Klimaveränderung *f* variazione *f* climatica; **Klimawechsel** *m* cambiamento *m* di clima

klimpern ['klɪmpɐn] *vi* **1.** (*Geld*) tintinnare **2.** (MUS) **auf etw** *dat* **~** strimpellare (su) qc

Klinge ['klɪŋə] <-, -n> *f* lama *f*

Klingel ['klɪŋəl] <-, -n> *f* campanello *m*

klingeln *vi* suonare; **es klingelt** suona (il campanello); **das Telefon klingelt** squilla il telefono

klingen ['klɪŋən] <klingt, klang, geklungen> *vi* suonare; (*Instrument, Stimme*) avere un suono; **es klingt ja, als ob du ...** sentendoti si ha l'impressione che +*conj;* **das klingt wie ein Vorwurf** ha l'aria di un rimprovero

Klinik ['kli:nɪk] <-, -en> *f* clinica *f*

klinisch *adj* clinico

Klinke ['klɪŋkə] <-, -n> *f* maniglia *f*

klipp [klɪp] *adv* **~ und klar** chiaro e tondo

Klippe ['klɪpə] <-, -n> *f* scoglio *m*

klirren ['klɪrən] *vi* stridere; (*Gläser*) tintinnare

Klischee [kli'ʃe:] <-s, -s> *n* cliché *m*

klitschnass *adj s.* **klatschnass**

Klo [klo:] <-s, -s> *n* (*fam*) gabinetto *m;* **aufs ~ gehen** andare al gabinetto

Kloake [klo'a:kə] <-, -n> *f* cloaca *f*

klobig ['klo:bɪç] *adj* **1.** (*Möbel*) massiccio **2.** (*Mensch*) tozzo

Klon [klo:n] <-s, -e> *m* (BIOL, INFORM) clone *m*

klonen [klo:nən] *vt* (BIOL) clonare

klopfen ['klɔpfən] **I.** *vi* **1.** (**an die Tür**) **~** bussare (alla porta); **es klopft** bussano (alla porta) **2.** (*Herz*) battere **II.** *vt* (*Teppich*) battere

Klops [klɔps] <-es, -e> *m* (*Kloß*) polpetta *f*

Klosett [klo'zɛt] <-s, -e> *n* gabinetto *m*

Kloß [klo:s] <-es, Klöße> *m* (GASTR) polpetta *f;* **einen ~ im Hals haben** (*fam*) avere un nodo alla gola

Kloster ['klo:stɐ] <-s, Klöster> *n* convento *m*

Klotz [klɔts] <-es, Klötze> *m* **1.** (*Holz~*) ceppo *m;* **jdm ein ~ am Bein sein** (*fam*) essere una palla al piede per qu **2.** (*fam pej: grober Mensch*) zoticone, -a *m, f*

Klub [klʊp] <-s, -s> *m* club *m*

Klubobfrau *f,* **Klubobmann** *m* (*A: Fraktionsvorsitzende(r)*) presidente, -essa *m, f* di un gruppo parlamentare

Kluft1 [klʊft] <-, Klüfte> *f* **1.** (*Felsspalte*) crepaccio *m* **2.** (*fig*) spaccatura *f*

Kluft2 <-, -en> *f* (*fam: Arbeits~*) tuta *f* da lavoro

klug [klu:k] <klüger, klügste> *adj* intelligente; (*vernünftig*) sensato; (*weise*) saggio; **daraus werde ich nicht ~** non ci capisco niente *fam;* **das war sehr ~ von dir** hai fatto bene; **der Klügere gibt nach** (*prov*) chi ha più senno cede

Klugheit <-, -en> *f* intelligenza *f;* (*Weisheit*) saggezza *f*

Klumpen ['klʊmpən] <-s, -> *m* **1.** (*Erd~*) zolla *f* **2.** (*Blut~,* GASTR) grumo *m;* **~ bilden** raggrumarsi

km *abk v* **Kilometer** km

knabbern ['knabɐn] **I.** *vt* sgranocchiare **II.** *vi* **an etw** *dat* **~** sgranocchiare qc; **an etw** *dat* **zu ~ haben** (*fig fam*) aver da penare per qc

Knabe ['kna:bə] <-n, -n> *m* (*geh*) ragazzo *m*

Knäckebrot *n* cracker *m* (di segale)

knacken ['knakən] **I.** *vi* scricchiolare; (*Holz*) crepitare **II.** *vt* **1.** (*Nüsse*) schiacciare **2.** (*fam: Geldschrank*) scassinare; (*Auto*) forzare

knackig ['knakɪç] *adj* (*knusprig*) croccante

Knackpunkt *m* (*fam*) punto *m* cruciale

Knacks [knaks] <-es, -e> *m* (*fam: Sprung*) incrinatura *f;* **er hat einen seelischen ~** (*fig*) ha un disturbo psichico; **diese Ehe hatte schon vorher einen ~** (*fig*) questo matrimonio era già incrinato prima

Knall [knal] <-(e)s, -e> *m* scoppio *m;* (*von Geschoss*) colpo *m;* (*von Peitsche*) schiocco *m;* (*von Explosion*) detonazione *f;* ~ **und Fall** (*fam*) su due piedi; **Knalleffekt** *m* (*fam*) colpo *m* di scena

knallen I. *vi* scoppiare; (*Peitsche*) schioccare; (*Tür*) sbattere; **gegen etw** ~ andare a sbattere contro qc II. *vt* **jdm eine** ~ (*fam*) mollare un ceffone a qu

Knallfrosch *m* (*fam*) petardo *m;* **knallhart** *adj* (*fam*) durissimo; (*fig*) spietato; **Knallkopf** *m* (*fam pej*) imbecille *m;* **knallrot** *adj* (*fam*) rosso sgargiante

knapp [knap] I. *adj* 1. (*nicht ausreichend*) scarso; (*dürftig*) misero; ~ **werden** (*Ware*) cominciare a scarseggiare 2. (*Sieg, Mehrheit*) di stretta misura 3. (*nicht ganz*) scarso; **eine ~e Stunde** un'ora scarsa 4. (*Stil*) conciso 5. (*Kleidung*) stretto II. *adv* scarsamente; ~ **bei Kasse sein** (*fam*) essere a corto di denaro

Knappheit <-> *kein Pl f* 1. (*Mangel*) scarsità *f* 2. (*von Kleidung*) strettezza *f* 3. (*des Stils*) concisione *f*

knarren ['knarən] *vi* scricchiolare

Knast [knast] <-(e)s, -e> *m* (*sl*) galera *f fam*

knattern ['knatɐn] *vi* scoppiettare

Knäuel ['knɔɪəl] <-s, -> *m o n* (*Garn~*) gomitolo *m*

Knauf [knaʊf] <-(e)s, Knäufe> *m* (*Tür~*) pomello *m;* (*Degen~*) pomo *m*

knaus(e)rig ['knaʊz(ə)rɪç] *adj* (*fam pej*) spilorcio

knausern ['knaʊzɐn] *vi* (*fam pej*) (**mit etw**) ~ fare lo spilorcio (con qc)

knautschen ['knaʊtʃən] I. *vt* sgualcire II. *vi* sgualcirsi

Knautschzone *f* (AUTO) zona *f* di assorbimento

Knebel ['kne:bəl] <-s, -> *m* bavaglio *m*

knebeln *vt* imbavagliare

Knecht [knɛçt] <-(e)s, -e> *m* 1. (*Bauern~*) bracciante *m* agricolo 2. (HIST) servo *m*

Knechtschaft <-, *rar* -en> *f* servitù *f*

kneifen ['knaɪfən] <kneift, kniff, gekniffen> I. *vi* 1. (*Kleidung*) stringere 2. (*fig fam: sich drücken*) **vor jdm** ~ sottrarsi a qu; **vor etw** *dat* ~ evitare qc II. *vt* pizzicare

Kneipe ['knaɪpə] <-, -n> *f* (*fam*) osteria *f*

kneten ['kne:tən] *vt* impastare

Knetmasse *f* plastilina *f*

Knick [knɪk] <-(e)s, -e> *m* 1. (*Falte*) piega *f* 2. (*Biegung*) svolta *f*

knicken *vt* 1. (*falten*) piegare 2. (*brechen*) spezzare

Knicks [knɪks] <-es, -e> *m* inchino *m*

Knie [kni:] <-s, -> *n* ginocchio *m;* **auf den ~n** in ginocchio; **jdn in die ~ zwingen** mettere qu in ginocchio; **etw übers ~ brechen** (*fig*) precipitare qc; **Kniebeuge** *f* (SPORT) piegamento *m* delle ginocchia; **Kniekehle** *f* cavità *f* del ginocchio

knien [kni:n] *vi* stare in ginocchio

Kniescheibe *f* (ANAT) patella *f;* **Knieschützer** *m* (SPORT) ginocchiera *f;* **Kniestrumpf** *m* calzettone *m*

kniff [knɪf] *1. u 3. pers sing imp von* **kneifen**

Kniff <-(e)s, -e> *m* 1. (*Falte*) piega *f* 2. (*fig: Trick*) trucco *m*

kniff(e)lig *adj* (*fam*) spinoso

knipsen ['knɪpsən] *vt* (*fam*) 1. (*Fahrkarte*) forare 2. (FOTO) **jdn/etw** ~ scattare una fotografia a qu/qc

Knirps [knɪrps] <-es, -e> *m* 1. (*kleiner Mann*) omino *m* 2. (®*: Schirm*) ombrello *m* pieghevole

knirschen ['knɪrʃən] *vi* scricchiolare; **mit den Zähnen** ~ digrignare i denti

knistern ['knɪstɐn] *vi* (*Feuer*) crepitare

knitterfrei *adj* ingualcibile

knittern ['knɪtɐn] *vi* sgualcirsi

knobeln ['kno:bəln] *vi* (*fig: nachdenken*) riflettere; **an etw** *dat* ~ rimuginare su qc

Knoblauch ['kno:plaʊx] *m* aglio *m;* **Knoblauchpresse** *f* schiacciaaglio *m*

Knöchel ['knœçəl] <-s, -> *m* (*Fuß~*) caviglia *f;* (*Finger~*) nocca *f*

Knochen ['knɔxən] <-s, -> *m* osso *m;* **das ist mir in die ~ gefahren** (*fig fam*) mi è entrato nelle ossa; **Knochenbau** *m* ossatura *f;* **Knochenbruch** *m* (MED) frattura *f* ossea; **Knochenmark** *n* midollo *m* osseo

knochig ['knɔxɪç] *adj* scarno

Knödel ['knø:dəl] <-s, -> *m* (GASTR: *bes südd, A*) canederlo *m*

In Austria e nella Germania meridionale il "Kloß" (gnocco) si chiama **Knödel**. E' una palla fatta di diversi tipi di pasta, bollita in acqua e servita come contorno a piatti di carne. Particolarmente diffusi al Sud sono i canederli di patate e i canederli di semolino.

K

Knolle ['knɔlə] <-, -n> *f* bulbo *m*

Knopf [knɔpf] <-(e)s, Knöpfe> *m* bottone *m;* **einen ~ annähen** cucire un bottone; **auf den ~ drücken** premere il bottone

knöpfen ['knœpfən] *vt* abbottonare

Knopfloch *n* occhiello *m*

Knorpel ['knɔrpəl] <-s, -> *m* cartilagine *f;* **knorp(e)lig** *adj* cartilaginoso

knorrig ['knɔrɪç] *adj* nodoso

Knospe ['knɔspə] <-, -n> *f* gemma *f;* (*Blüten~*) boccio *m*

knoten ['kno:tən] *vt* annodare

Knoten ['kno:tən] <-s, -> *m* **1.** nodo *m* **2.** (*Haar~*) crocchia *f;* **Knotenpunkt** *m* nodo *m*

Know-how [nɔʊ'haʊ] <-(s)> *kein Pl n* know-how *m;* **technisches ~** conoscenze tecniche

knüllen ['knʏlən] *vt* spiegazzare

Knüller ['knʏlɐ] <-s, -> *m* (*fam*) sensazione *f*

knüpfen ['knʏpfən] *vt* **1.** (*a fig*) stringere; **etw an eine Bedingung ~** far dipendere qc da una condizione **2.** (*Knoten*) annodare; (*Netz*) intrecciare

Knüppel ['knʏpəl] <-s, -> *m* randello *m;* (*Polizei~*) manganello *m;* **jdm (einen) ~ zwischen die Beine werfen** (*fam fig*) mettere a qu i bastoni fra le ruote; **Knüppelschaltung** *f* (AUTO) cambio *m* a cloche

knurren ['knʊrən] *vi* **1.** (*Tier*) ringhiare **2.** (*Magen, Mensch*) brontolare

knusp(e)rig ['knʊsp(ə)rɪç] *adj* croccante

knutschen ['knu:tʃən] *vt* (*fam*) sbaciucchiare

k.o. [ka:'ʔo:] *abk v* **knockout** k.o.; **~ gehen** finire k.o.; **jdn ~ schlagen** mettere qu k.o.

Koalition [koali'tsi̯o:n] <-, -en> *f* coalizione *f;* **Koalitionspartner** *m* partner *m* di coalizione; **Koalitionsregierung** *f* governo *m* di coalizione

Kobalt ['ko:balt] <-s> *kein Pl n* (CHEM) cobalto *m*

Koblenz ['ko:blɛnts] *n* Coblenza *f*

Kobold ['ko:bɔlt] <-(e)s, -e> *m* folletto *m*

Kobra ['ko:bra] <-, -s> *f* cobra *m* (dagli occhiali)

Koch [kɔx] <-(e)s, Köche> *m* cuoco *m*

Kochbuch *n* libro *m* di cucina

kochen ['kɔxən] **I.** *vi* cucinare; (*sieden*) bollire; **gut ~ (können)** (saper) cucinare bene; **vor Wut ~** bollire di rabbia **II.** *vt* cucinare; (*Flüssigkeit*) far bollire; (*Speise*) cuocere; (*Kaffee, Tee*) fare; **hart gekocht** (*Ei*) sodo; **weich gekocht** (*Ei*) à la coque; **kochend** *adj* bollente

Kocher <-s, -> *m* fornello *m*

kochfest *adj* resistente all'ebbolizione

Köchin ['kœçɪn] <-, -nen> *f* cuoca *f; s. a.* **Koch**

Kochlöffel *m* mestolo *m;* **Kochnische** *f* cucinino *m;* **Kochplatte** *f* piastra *f* (del fornello); **Kochtopf** *m* pentola *f*

Köder ['kø:dɐ] <-s, -> *m* esca *f*

ködern *vt* adescare; (*fig*) allettare

Koffein [kɔfe'i:n] <-s> *kein Pl n* caffeina *f;* **koffeinfrei** *adj* senza caffeina; **koffeinhaltig** *adj* che contiene caffeina

Koffer ['kɔfɐ] <-s, -> *m* valigia *f;* **die ~ packen** fare le valigie; **Kofferradio** *n* radio *f* portatile; **Kofferraum** *m* (AUTO) portabagagli *m*

Kohl [ko:l] <-(e)s, -e> *m* cavolo *m*

Kohldampf *m* (*fam*) fame *f*

Kohle ['ko:lə] <-, -n> *f* carbone *m;* **(wie) auf (glühenden) ~n sitzen** stare sui carboni ardenti; **Kohlehydrate** *npl* idrati *mpl* di carbonio; **Kohlekraftwerk** *n* centrale *f* a carbone

Kohlenbergwerk *n* miniera *f* di carbone; **Kohlendioxid** *n* anidride *f* carbonica; **Kohlenmonoxid** *n* ossido *m* di carbone; **Kohlenofen** *m* stufa *f* a carbone; **Kohlensäure** *f* acido *m* carbonico; **Kohlenstoff** *m* (CHEM) carbonio *m;* **Kohlenwasserstoff** *m* (CHEM) idrocarburo *m*

Kohlepapier *n* carta *f* carbone

kohl(raben)schwarz *adj* nero come il carbone

Kohlrabi [ko:l'ra:bi] <-(s), -(s)> *m* rapa *f;* **Kohlrübe** *f* navone *m;* **Kohlsprossen** *fpl* (*A: Rosenkohl*) cavoletti *mpl* di Bruxelles

Koitus ['ko:itʊs] <-, -> *m* coito *m*

Koje ['ko:jə] <-, -n> *f* (NAUT) cuccetta *f*

Kokain [koka'i:n] <-s> *kein Pl n* cocaina *f*

kokett [ko'kɛt] *adj* civettuolo

Koketterie [kokɛtə'ri:] <-> *kein Pl f* civetteria *f*

kokettieren [kokɛ'ti:rən] <ohne ge-> *vi* civettare; (*flirten*) flirtare

Kokosmilch *f* latte *m* di cocco; **Kokosnuss**[RR] *f* noce *f* di cocco

Koks [ko:ks] <-es, -e> *m* **1.** (*Brennstoff*) coke *m* **2.** (*sl: Kokain*) coca *f*

Kolben ['kɔlbən] <-s, -> *m* **1.** (*Gewehr~*) calcio *m* (del fucile) **2.** (*Mais~*) pannocchia *f* **3.** (*Destillier~*) alambicco *m* **4.** (TEC) pistone *m*

Kolchose [kɔl'ço:zə] <-, -n> *f* kolchoz *m*

Kolibakterien *fpl* colibacilli *mpl*

Kolibri ['ko:libri] <-s, -s> *m* colibrì *m*

Kolik ['ko:lɪk] <-, -en> *f* (MED) colica *f*

Kollaps ['kɔlaps] <-es, -e> *m* collasso *m*

Kollege [kɔ'le:gə] <-n, -n> *m* collega *m*

kollegial [kɔle'gi̯a:l] *adj* collegiale

Kollegin [kɔ'le:gɪn] <-, -nen> *f* collega *f*; *s. a.* **Kollege**

Kollegium [kɔ'le:giʊm] <-s, Kollegien> *n* **1.** (*Gruppe*) collegio *m* **2.** (*Lehrkörper*) corpo *m* insegnante

Kollekte [kɔ'lɛktə] <-, -n> *f* colletta *f*

Kollektion [kɔlɛk'ʦi̯o:n] <-, -en> *f* collezione *f*

kollektiv [kɔlɛk'ti:f] *adj* collettivo; **Kollektivvertrag** *m* (*A: Tarifvertrag*) contratto *m* collettivo di lavoro

Koller ['kɔlɐ] <-s, -> *m* (*fam*) **einen ~ kriegen** andare in bestia

kollidieren [kɔli'di:rən] <ohne ge-> *vi haben o sein* (*geh*) **1.** (*Fahrzeuge*) (**mit etw**) ~ scontrarsi (con qc) **2.** (*fig*) **mit jdm/etw** ~ scontrarsi con qu/qc

Kollision [kɔli'zi̯o:n] <-, -en> *f* collisione *f*

Köln [kœln] *n* Colonia *f*

Kölner(in) <-s, -; -, -nen> *m(f)* abitante *mf* di Colonia

kölnisch *adj* di Colonia; **Kölnischwasser** *n* acqua *f* di Colonia

Kolonialmacht *f* potenza *f* coloniale

Kolonie [kolo'ni:] <-, -n> *f* colonia *f*

Kolonisation [koloniza'ʦi̯o:n] <-, -en> *f* colonizzazione *f*

kolonisieren [koloni'zi:rən] <ohne ge-> *vt* colonizzare

Kolonne [ko'lɔnə] <-, -n> *f* colonna *f*

kolorieren [kolo'ri:rən] <ohne ge-> *vt* colorare

Koloß <-losses, -losse>, **Koloss**RR [ko'lɔs] <-es, -e> *m* colosso *m*

kolossal [kolɔ'sa:l] *adj* colossale

Kolumbianer(in) [ko'lʊmbia:nɐ] <-s, -; -, -nen> *m(f)* colombiano, -a *m, f*

kolumbianisch *adj* colombiano

Kolumbien [ko'lʊmbiən] *n* Columbia *f*

Kolumne [ko'lʊmnə] <-, -n> *f* (TYP) colonna *f*

Koma ['ko:ma] <-s, -s> *n* (MED) coma *m*; **im ~ liegen** essere in coma

Kombi ['kɔmbi] <-s, -s> *m* (*fam* AUTO) familiare *f*

Kombination [kɔmbina'ʦi̯o:n] <-, -en> *f* **1.** (*Verbindung, Zusammenstellung*) combinazione *f* **2.** (*Vermutung*) supposizione *f* **3.** (*Herren~*) spezzato *m*

kombinieren [kɔmbi'ni:rən] <ohne ge-> **I.** *vt* combinare **II.** *vi* (*folgern*) dedurre

Kombiwagen *m* (AUTO) vettura *f* familiare

Komet [ko'me:t] <-en, -en> *m* (ASTR) cometa *f*

Komfort [kɔm'fo:ɐ̯] <-s> *kein Pl m* comfort *m*

komfortabel [kɔmfɔr'ta:bəl] *adj* confortevole

Komik ['ko:mɪk] <-> *kein Pl f* comicità *f*

Komiker(in) ['ko:mikɐ] <-s, -; -, -nen> *m(f)* attore, -trice *m, f* comico, -a

komisch *adj* comico; (*seltsam*) strano; **komischerweise** *adv* stranamente

Komitee [komi'te:] <-s, -s> *n* comitato *m*

Komma ['kɔma] <-s, -s> *n* virgola *f*

Kommandant(in) [kɔman'dant] <-en, -en; -, -nen> *m(f)* (MIL) comandante *mf*

kommandieren [kɔman'di:rən] <ohne ge-> *vt, vi* comandare; **jdn ~** (*fam*) comandare qu a bacchetta

Kommando [kɔ'mando] <-s, -s> *n* comando *m*; **auf ~** a comando; **das ~ übernehmen** assumere il comando

kommen ['kɔmən] <kommt, kam, gekommen> *vi sein* **1.** venire; (*an~*) arrivare; **ans Licht ~** venire alla luce; **auf etw** *acc* **zu sprechen ~** venire a parlare di qc; **da kommt er!** eccolo che arriva!; **durch Mailand ~** passare per Milano; **etw ~ lassen** ordinare qc; **gelaufen ~** arrivare di corsa; **gelegen ~** venir a proposito; **hinter etw** *acc* ~ (*fam*) scoprire qc; **jdn ~ lassen** chiamare qu; **jdm/etw nahe ~** avvicinarsi a qu/qc; **jdm näher ~** (*fig*) stabilire un rapporto più stretto con qu; **komm (her)!** vieni qui!; **darauf wäre ich nie gekommen!** non ci sarei mai arrivato!; **ich komme (einfach) nicht auf seinen Namen** (*fam*) non mi viene in mente il suo nome; **ich komme nicht dazu zu** +*inf* non trovo il tempo di +*inf*; **mir ~ gleich die Tränen** (*fam iron*) mi viene già da piangere; **ums Leben ~** perdere la vita; **wie**

K

kommst du darauf? come ti è venuta quest'idea?; **zu nichts** ~ non combinare nulla; (**wieder**) **zu sich** *dat* ~ tornare in sé **2.** (*gelangen*) giungere; (*hingehören: Gegenstände*) andare (messo); **kommst du an die Lampe da oben?** (*fam*) arrivi fino al lampadario là in cima? **3.** (*stammen*) venire; (*herrühren*) derivare; **ich komme aus Bamberg** vengo da Bamberga; **daher kommt es, dass ...** ecco perché ...; **das kommt von ...** ciò deriva da ...; **das kommt davon!** (*fam*) ecco cosa succede!; **wie kommt es, dass ...?** come mai ...?, com'è che ...? **4.** (*sich zutragen*) succedere; **das habe ich ~ sehen** (*fam*) l'ho sempre detto; **das musste ja so ~!** non poteva essere altrimenti **5.** (*fam: kosten*) **das kommt auf 5 Mark** questo viene 5 marchi

Kommen <-s> *kein Pl n* venuta *f;* **ein ständiges ~ und Gehen** un continuo viavai

kommend *adj* prossimo; **die ~e Woche** la settimana prossima

Kommentar [kɔmɛnˈtaːɐ̯] <-s, -e> *m* commento *m;* **kein ~!** no comment!; **Kommentarzeile** *f* (INFORM) riga *f* di commento

kommentieren [kɔmɛnˈtiːrən] <ohne ge-> *vt* commentare

kommerziell [kɔmɛrˈtsi̯ɛl] *adj* commerciale

Kommilitone [kɔmiliˈtoːnə] <-n, -n> *m,* **Kommilitonin** [kɔmiliˈtoːnɪn] <-, -nen> *f* compagno, -a *m, f* (di studi)

Kommissar(in) [kɔmɪˈsaːɐ̯] <-s, -e; -, -nen> *m(f),* **Kommissär(in)** [kɔmɪˈsɛːɐ̯] <-s, -e; -, -nen> *m(f)* (*A, CH*) commissario *m*

Kommission [kɔmɪˈsi̯oːn] <-, -en> *f* commissione *f*

Kommode [kɔˈmoːdə] <-, -n> *f* comò *m*

kommunal [kɔmuˈnaːl] *adj* comunale; **Kommunalpolitik** *f* politica *f* comunale

Kommunikation [kɔmunikaˈtsi̯oːn] <-, -en> *f* comunicazione *f;* **Kommunikationsmittel** *n* mezzo *m* di comunicazione

Kommunikee^RR <-s, -s> *n s.* **Kommuniqué**

Kommunion [kɔmuˈni̯oːn] <-, -en> *f* comunione *f*

Kommuniqué [kɔmyniˈkeː] <-s, -s> *n* comunicato *m*

Kommunismus [kɔmuˈnɪsmʊs] <-> *kein Pl m* comunismo *m*

Kommunist(in) [kɔmuˈnɪst] <-en, -en; -, -nen> *m(f)* comunista *mf*

kommunistisch *adj* comunista

Komödiant(in) [komøˈdi̯ant] <-en, -en; -, -nen> *m(f)* attore, -trice *m, f*

Komödie [koˈmøːdi̯ə] <-, -n> *f* commedia *f*

kompakt [kɔmˈpakt] *adj* compatto

Kompanie [kɔmpaˈniː] <-, -n> *f* compagnia *f*

Komparativ [ˈkɔmparatiːf] <-s, -e> *m* (LING) comparativo *m*

Kompass^RR [ˈkɔmpas] <-es, -e> *m,* **Kompaß** <-passes, -passe> *m* bussola *f*

kompatibel [kɔmpaˈtiːbəl] *adj* (**mit etw**) **~ sein** essere compatibile (con qc)

Kompatibilität [kɔmpatibiliˈtɛːt] <-, -en> *f* compatibilità *f*

kompensieren [kɔmpɛnˈziːrən] <ohne ge-> *vt* compensare

kompetent [kɔmpeˈtɛnt] *adj* competente

Kompetenz [kɔmpeˈtɛnts] <-, -en> *f* competenza *f*

komplett [kɔmˈplɛt] *adj* completo

komplex [kɔmˈplɛks] *adj* complesso

Komplex <-es, -e> *m* **1.** (*Ganzes*) complesso *m* **2.** (PSYCH) complesso *m*

Komplikation [kɔmplikaˈtsi̯oːn] <-, -en> *f* complicazione *f*

Kompliment [kɔmpliˈmɛnt] <-(e)s, -e> *n* complimento *m;* **jdm für etw ~e machen** fare i complimenti a qu per qc; **mein ~!** complimenti!

Komplize [kɔmˈpliːtsə] <-n, -n> *m* complice *m*

komplizieren [kɔmpliˈtsiːrən] <ohne ge-> *vt* complicare; **kompliziert** *adj* complicato

Komplizin [kɔmˈpliːtsɪn] <-, -nen> *f* complice *f; s. a.* **Komplize**

Komplott [kɔmˈplɔt] <-(e)s, -e> *n* complotto *m;* **ein ~ gegen jdn schmieden** tramare una congiura contro qu

Komponente [kɔmpoˈnɛntə] <-, -n> *f* componente *f*

komponieren [kɔmpoˈniːrən] <ohne ge-> *vt* comporre

Komponist(in) [kɔmpoˈnɪst] <-en, -en; -, -nen> *m(f)* compositore, -trice *m, f*

Komposition [kɔmpoziˈtsi̯oːn] <-, -en> *f* composizione *f*

Kompost [kɔmˈpɔst] <-(e)s, -e> *m* (ECO)

composta *f;* **Komposthaufen** *m* mucchio *m* di rifiuti organici

Kompostierung [kɔm'pɔstiːrʊŋ] <-, -en> *f* compostaggio *m*

Kompott [kɔm'pɔt] <-(e)s, -e> *n* conserva *f* di frutta

Kompromiss[RR] [kɔmpro'mɪs] <-es, -e> *m,* **Kompromiß** <-misses, -misse> *m* compromesso *m;* **einen ~ schließen** venire ad un compromesso; **kompromissbereit**[RR] *adj* condiscendente

kompromittieren [kɔmpromɪ'tiːrən] <ohne ge-> *vt* compromettere

kondensieren [kɔndɛn'ziːrən] <ohne ge-> *vi, vt* condensare

Kondensmilch *f* latte *m* condensato; **Kondenswasser** *n* condensa *f*

Kondition [kɔndi'tsi̯oːn] <-> *kein Pl f* (*körperlich*) forma *f;* **Konditionstraining** *n* allenamento *m* (per mantenersi in forma)

Konditor [kɔn'diːtoːɐ̯] <-s, -en> *m* pasticciere *m*

Konditorei [kɔndito'raɪ] <-, -en> *f* pasticceria *f*

Konditorin [kɔndi'toːrɪn] <-, -nen> *f* pasticciera *f; s. a.* **Konditor**

Kondom [kɔn'doːm] <-s, -e> *n* preservativo *m*

Kondukteur [kɔndʊk'tøːɐ̯] <-s, -e> *m* (*CH:* FERR) controllore *m*

Konfekt [kɔn'fɛkt] <-(e)s, -e> *n* **1.** (*Pralinen*) cioccolatini *mpl* **2.** (*A, CH: Teegebäck*) pasticcini *mpl* da tè

Konfektion [kɔnfɛk'tsi̯oːn] <-, -en> *f* (*Kleidung*) confezioni *fpl;* **Konfektionsgröße** *f* taglia *f*

Konferenz [kɔnfe'rɛnts] <-, -en> *f* conferenza *f;* **Konferenzraum** *m* sala *f* delle conferenze; **Konferenzschaltung** *f* (TEL, TV) circuito *m* della conferenza

Konfession [kɔnfɛ'si̯oːn] <-, -en> *f* confessione *f;* **konfessionslos** *adj* senza confessione

Konfetti [kɔn'fɛti] *npl* coriandoli *mpl*

Konfirmand(in) [kɔnfɪr'mant] <-en, -en; -, -nen> *m(f)* cresimando, -a *m, f*

Konfirmation [kɔnfɪrma'tsi̯oːn] <-, -en> *f* cresima *f*

konfirmieren [kɔnfɪr'miːrən] <ohne ge-> *vt* cresimare

Konfiserie [kõfizə'riː] <-, -n> *f* (*CH*) pasticceria *f*

konfiszieren [kɔnfɪs'tsiːrən] <ohne ge-> *vt* confiscare

Konfitüre [kɔnfi'tyːrə] <-, -n> *f* confettura *f*

Konflikt [kɔn'flɪkt] <-(e)s, -e> *m* conflitto *m;* **mit jdm in ~ geraten** entrare in conflitto con qu

konform [kɔn'fɔrm] *adj* conforme; **mit etw ~ sein** essere conforme a qc; **~ gehen mit** essere d'accordo con

Konfrontation [kɔnfrɔnta'tsi̯oːn] <-, -en> *f* confronto *m*

konfrontieren [kɔnfrɔn'tiːrən] <ohne ge-> *vt* **jdn/etw mit etw ~** mettere qu/qc di fronte a qc

konfus [kɔn'fuːs] *adj* confuso; **jdn ~ machen** confondere qu

Kongress[RR] *m,* **Kongreß** [kɔn'grɛs] <-gresses, -gresse> *m* congresso *m*

König(in) ['køːnɪç] <-(e)s, -e; -, -nen> *m(f)* re *m,* regina *f*

K

königlich ['køːnɪklɪç] *adj* reale

Königreich *n* regno *m;* **Königtum** <-s, -tümer> *n* monarchia *f*

Konjugation [kɔnjuga'tsi̯oːn] <-, -en> *f* coniugazione *f*

konjugieren [kɔnju'giːrən] <ohne ge-> *vt* coniugare

Konjunktion [kɔnjʊŋk'tsi̯oːn] <-, -en> *f* congiunzione *f*

Konjunktiv ['kɔnjʊŋktiːf] <-s, -e> *m* congiuntivo *m*

Konjunktur [kɔnjʊŋk'tuːɐ̯] <-, -en> *f* congiuntura *f*

konjunkturell *adj* congiunturale

konkav [kɔn'kaːf] *adj* concavo

konkret [kɔn'kreːt] *adj* concreto

Konkurrent(in) [kɔnkʊ'rɛnt] <-en, -en; -, -nen> *m(f)* concorrente *mf*

Konkurrenz [kɔnkʊ'rɛnts] <-, -en> *f* concorrenza *f;* **jdm ~ machen** fare concorrenza a qu; **konkurrenzfähig** *adj* competitivo; **Konkurrenzkampf** *m* concorrenza *f;* **konkurrenzlos** *adj* senza concorrenza

konkurrieren [kɔnkʊ'riːrən] <ohne ge-> *vi* concorrere; (SPORT) competere; **mit jdm/etw ~** entrare in concorrenza con qu/qc

Konkurs [kɔn'kʊrs] <-es, -e> *m* fallimento *m;* **~ anmelden** dichiarare fallimento; **Konkursverfahren** *n* procedimento *m* fallimentare

können[1] ['kœnən] <kann, konnte, können> *Modalverb* **1.** (*imstande sein*) potere; (*in der Lage sein*) essere in grado di; **das kann man wohl sagen!** (*fam*) si può proprio dire!; **ich kann es Ihnen nicht sagen** non glielo so dire; **so gut ich (es) kann** come meglio posso **2.** (*dürfen*) potere **3.** (*die Möglichkeit haben*) avere la possibilità di; (*möglich sein*) essere possibile che *+conj;* **kann sein** (*fam*) può darsi; **das kann schon stimmen** può essere giusto; **man könnte meinen, dass ...** si direbbe che *+conj*

können[2] <kann, konnte, gekonnt> **I.** *vt* (*beherrschen*) sapere; (*fähig sein*) essere capace di; **er kann kein Italienisch** non sa l'italiano; **was kannst du alles?** che cosa sai fare? **II.** *vi* potere; **ich kann nicht anders** non posso far altrimenti; **ich kann nicht mehr** non ne posso più *fam;* **ich kann nichts dafür** (*fam*) non è colpa mia

Können <-s> *kein Pl n* capacità *f*

Könner(in) <-s, -; -, -nen> *m(f)* competente *mf*

konnte ['kɔntə] *1. u 3. pers sing imp von* **können[1]**, **können[2]**

Konsens [kɔn'zɛns] <-es> *kein Pl m* consenso *m*

konsequent [kɔnze'kvɛnt] *adj* conseguente

Konsequenz [kɔnze'kvɛnts] <-, -en> *f* (*Folgerichtigkeit*) coerenza *f;* **die ~en ziehen** agire di conseguenza

konservativ [kɔnzɛrva'ti:f] *adj* tradizionalista; (POL) conservatore

Konserve [kɔn'zɛrvə] <-, -n> *f* conserva *f;* **Konservenbüchse** *f,* **Konservendose** *f* scatola *f* di conserva

konservieren [kɔnzɛr'vi:rən] <ohne ge-> *vt* conservare; (*Lebensmittel*) mettere in conserva

Konservierung <-, -en> *f* conservazione *f;* **Konservierungsstoff** *m* conservante *m*

Konsonant [kɔnzo'nant] <-en, -en> *m* consonante *f*

konstant [kɔn'stant] *adj* costante; **Konstante** <-, -n> *f* (MAT, PHYS) costante *f*

Konstellation [kɔnstɛla'tsi̯o:n] <-, -en> *f* costellazione *f*

Konstitution [kɔnstitu'tsi̯o:n] <-, -en> *f* costituzione *f*

konstruieren [kɔnstru'i:rən] <ohne ge-> *vt* costruire; (*fig*) ideare

Konstruktion [kɔnstrʊk'tsi̯o:n] <-, -en> *f* costruzione *f;* **Konstruktionsfehler** *m* difetto *m* di costruzione

konstruktiv *adj* costruttivo

Konsul(in) ['kɔnzʊl] <-s, -n; -, -nen> *m(f)* console *mf*

Konsulat [kɔnzu'la:t] <-(e)s, -e> *n* consolato *m*

konsultieren [kɔnzʊl'ti:rən] <ohne ge-> *vt* consultare

Konsum [kɔn'zu:m] <-s> *kein Pl m* consumo *m*

Konsument(in) [kɔnzu'mɛnt] <-en, -en; -, -nen> *m(f)* consumatore, -trice *m, f*

Konsumgesellschaft *f* società *f* dei consumi

konsumieren [kɔnzu'mi:rən] <ohne ge-> *vt* consumare

Kontakt [kɔn'takt] <-(e)s, -e> *m* contatto *m;* **mit jdm ~ aufnehmen** prendere contatto con qu; **mit jdm ~ haben** essere in contatto con qu; **Kontaktanzeige** *f* annuncio *m* personale; **kontaktarm** *adj* poco comunicativo; **kontaktfreudig** *adj* socievole; **Kontaktlinsen** *fpl* lenti *fpl* a contatto; **Kontaktparty** *f party dove si va per trovare un partner;* **Kontaktperson** *f* intermediario, -a *m, f*

Konten *pl von* **Konto**

Kontext ['kɔntɛkst] <-(e)s, -e> *m* contesto *m;* **Kontextmenü** *n* (INFORM) menu *m* di scelta rapida

Kontinent [kɔnti'nɛnt] <-(e)s, -e> *m* continente *m*

kontinental *adj* continentale

Kontingent [kɔntɪŋ'gɛnt] <-(e)s, -e> *n* contingente *m*

kontinuierlich [kɔntinu'i:ɐ̯lɪç] *adj* continuo

Kontinuität [kɔntinui'tɛ:t] <-> *kein Pl f* continuità *f*

Konto ['kɔnto] <-s, Konten> *n* conto *m;* **ein ~ eröffnen** aprire un conto; **Kontoauszug** *m* estratto *m* conto; **Kontoinhaber(in)** *m(f)* intestatario, -a *m, f* del conto; **Kontonummer** *f* numero *m* del conto; **Kontostand** *m* situazione *f* del conto

Kontra <-s, -s> *n* **jdm ~ geben** (*fig*) controbattere qu

Kontrabass[RR] *m* contrabbasso *m*

Kontrahent(in) [kɔntra'hɛnt] <-en, -en;

-, -nen> *m(f)* **1.** (COM) contraente *mf* **2.** (*Gegner*) avversario, -a *m, f*

kontraproduktiv *adj* controproducente

konträr [kɔn'trɛːɐ̯] *adj* contrario; (*Ziele*) opposto

Kontrast [kɔn'trast] <-(e)s, -e> *m* contrasto *m*

Kontrolle [kɔn'trɔlə] <-, -n> *f* controllo *m;* **die ~ über etw** *acc* **verlieren** perdere il controllo di qc; **jdn/etw unter ~ haben** tenere qu/qc sotto controllo

Kontrolleur(in) [kɔntrɔ'løːɐ̯] <-s, -e; -, -nen> *m(f)* controllore *m*

kontrollieren [kɔntrɔ'liːrən] <ohne ge-> *vt* controllare

kontrovers [kɔntro'vɛrs] *adj* controverso; **Kontroverse** [kɔntro'vɛrzə] <-, -n> *f* controversia *f*

Konvention [kɔnvɛn'tsi̯oːn] <-, -en> *f* convenzione *f*

konventionell *adj* convenzionale

Konversation [kɔnvɛrza'tsi̯oːn] <-, -en> *f* conversazione *f*

konvertieren [kɔnvɛr'tiːrən] <ohne ge-> **I.** *vt* (INFORM) convertire **II.** *vi haben o sein* (REL) (**zum Christentum**) ~ convertirsi (al Cristianesimo)

konvex [kɔn'vɛks] *adj* convesso

Konzentrat [kɔntsɛn'traːt] <-(e)s, -e> *n* concentrato *m*

Konzentration [kɔntsɛntra'tsi̯oːn] <-, -en> *f* concentrazione *f;* **Konzentrationsfähigkeit** *f* capacità *f* di concentrazione; **Konzentrationslager** *n* campo *m* di concentramento

konzentrieren [kɔntsɛn'triːrən] <ohne ge-> *vr* **sich** (**auf etw** *acc*) ~ concentrarsi (su qc); **konzentriert** *adj* concentrato

Konzept [kɔn'tsɛpt] <-(e)s, -e> *n* abbozzo *m;* (*Rohentwurf*) brutta copia *f;* **jdn aus dem ~ bringen** far perdere il filo a qu

Konzern [kɔn'tsɛrn] <-(e)s, -e> *m* gruppo *m* industriale

Konzert [kɔn'tsɛrt] <-(e)s, -e> *n* concerto *m;* **Konzertsaal** *m* sala *f* dei concerti

Konzession [kɔntsɛ'si̯oːn] <-, -en> *f* concessione *f*

Konzil [kɔn'tsiːl] <-s, -e> *n* concilio *m*

Kooperation [koʔopera'tsi̯oːn] <-, -en> *f* cooperazione *f*

kooperativ *adj* collaborativo

koordinieren [koʔɔrdi'niːrən] <ohne ge-> *vt* coordinare

Kopenhagen [koːpən'haːgən] *n* Copenaghen *f*

Kopf [kɔpf] <-(e)s, Köpfe> *m* testa *f;* **aus dem ~** a memoria; **auf den ~ stellen** (*fig*) mettere a soqquadro; **den ~ hängen lassen** (*fig*) perdersi d'animo; **den ~ verlieren** perdere la testa; **einen klaren ~ behalten** conservare la calma; **im ~ behalten** tenere a mente; **jdm den ~ verdrehen** far perdere la testa a qu; **jdm etw an den ~ werfen** (*fig fam*) rinfacciare qc a qu; **jdn vor den ~ stoßen** (*fig*) offendere qu; **mit dem ~ durch die Wand wollen** (*fam*) voler imporsi ad ogni costo; **pro ~** a testa; **sich** *dat* **etw durch den ~ gehen lassen** ripensare a qc; **sich** *dat* **etw in den ~ setzen** mettersi qc in mente; **wie vor den ~ geschlagen sein** (*fam*) rimanere di stucco; **sich** *dat* **etw aus dem ~ schlagen** (*fam*) levarsi qc dalla testa; **von ~ bis Fuß** da capo a piedi; **die Arbeit wächst ihm über den ~** è carico di lavoro fin sopra i capelli *fam;* **~ hoch!** animo!;

Kopfball *m* (SPORT) tiro *m* di testa

köpfen ['kœpfən] *vt* decapitare

Kopfhörer *m* cuffia *f;* **Kopfkissen** *n* guanciale *m;* **kopflos** *adj* sbadato; **Kopfrechnen** *n* calcolo *m* mentale; **Kopfsalat** *m* lattuga *f;* **Kopfschmerzen** *mpl* mal *m* di testa; **Kopfsprung** *m* (SPORT) tuffo *m* di testa; **Kopfstand** *m* (SPORT) verticale *f* (in appoggio) sul capo; **Kopfstütze** *f* (AUTO) poggiatesta *m;* **Kopftuch** *n* fazzoletto *m* (da testa); **kopfüber** *adv* a capofitto; **Kopfweh** *kein Pl n* (*fam*) mal *m* di testa; **Kopfzerbrechen** *kein Pl n* rompicapo *m;* **das bereitet mir ~** ciò mi dà dei grattacapi

Kopie [ko'piː] <-, -n> *f* copia *f*

kopieren [ko'piːrən] <ohne ge-> *vt* copiare; (*fig*) imitare

Kopierer <-s, -> *m* (*fam*), **Kopiergerät** *n* fotocopiatrice *f*

Kopilot(in) ['koːpiloːt] *m(f)* copilota *mf*

Koppel <-, -n> *f* (*Weide*) pascolo *m*

koppeln ['kɔpəln] *vt* **1.** (*verbinden*) **etw mit etw ~** abbinare qc a qc **2.** (*Fahrzeuge*) agganciare

Kopp(e)lung <-, -en> *f* (*Verbindung*) accoppiamento *m*

Koralle [ko'ralə] <-, -n> *f* corallo *m;* **Korallenriff** *n* scogliera *f* corallina

Koran [ko'raːn] <-s, -e> *m* (REL) Corano *m*

K

Korb [kɔrp] <-(e)s, Körbe> *m* cesto *m*; **einen ~ bekommen** ricevere un rifiuto; **jdm einen ~ geben** (*fig*) dire di no a qu; **Korbflasche** *f* fiasco *m*; **Korbmöbel** *npl* mobili *mpl* di vimini

Kordel ['kɔrdəl] <-, -n> *f* cordoncino *m*

Kork [kɔrk] <-(e)s, -e> *m* sughero *m*

Korken ['kɔrkən] <-s, -> *m* turacciolo *m*; **Korkenzieher** <-s, -> *m* cavatappi *m*

Korn [kɔrn] <-(e)s, Körner> *n* chicco *m*; (*Getreide*) grano *m*; **jdn aufs ~ nehmen** (*fig fam*) tener d'occhio qu; **Kornblume** *f* fiordaliso *m*; **Kornfeld** *n* campo *m* di grano

Körper ['kœrpɐ] <-s, -> *m* corpo *m*; **Körperbau** *m* corporatura *f*; **körperbehindert** *adj* handicappato; **Körperbehinderte** *mf* handicappato, -a *m, f*; **Körpergewicht** *kein Pl n* peso *m* corporeo; **Körpergröße** *f* statura *f*; **Körperhaltung** *f* posizione *f*

körperlich *adj* fisico

Körperpflege *kein Pl f* cura *f* del corpo; **Körperschaft** <-, -en> *f* corporazione *f*; **Körperteil** *m* parte *f* del corpo; **Körperverletzung** *kein Pl f* (JUR) lesione *f* corporale; **fahrlässige/schwere ~** lesione colposa/grave

Korps [ko:ɐ̯] <-, -> *n* (MIL) corpo *m*

korpulent [kɔrpu'lɛnt] *adj* corpulento; **Korpulenz** [kɔrpu'lɛnts] <-> *kein Pl f* corpulenza *f*

korrekt [kɔ'rɛkt] *adj* corretto

Korrektur [kɔrɛk'tu:ɐ̯] <-, -en> *f* correzione *f*; **~ lesen** correggere le bozze

Korrespondent(in) [kɔrɛspɔn'dɛnt] <-en, -en; -, -nen> *m(f)* corrispondente *mf*

Korrespondenz [kɔrɛspɔn'dɛnts] <-, -en> *f* corrispondenza *f*

korrespondieren [kɔrɛspɔn'di:rən] <ohne ge-> *vi* corrispondere; **mit jdm ~** essere in corrispondenza con qu

Korridor ['kɔrido:ɐ̯] <-s, -e> *m* corridoio *m*

korrigieren [kɔri'gi:rən] <ohne ge-> *vt* correggere

Korrosion [kɔro'zi̯o:n] <-, -en> *f* corrosione *f*

korrupt [kɔ'rʊpt] *adj* corrotto

Korruption [kɔrʊp'tsi̯o:n] <-, -en> *f* corruzione *f*

Korse ['kɔrzə] <-n, -n> *m* corso *m*

Korsett [kɔr'zɛt] <-(e)s, -e> *n* busto *m*

Korsin ['kɔrzɪn] <-, -nen> *f* corsa *f*; *s. a.* Korse

Korsika ['kɔrzika] *n* Corsica *f*

korsisch *adj* corso

Kosename *m* nome *m* vezzeggiativo; **Kosewort** *n* vezzeggiativo *m*

Kosmetik [kɔs'me:tɪk] <-> *kein Pl f* cosmesi *f*

Kosmetika [kɔs'me:tɪka] *npl* prodotti *mpl* di bellezza

Kosmetiker(in) [kɔs'me:tikɐ] <-s, -; -, -nen> *m(f)* estetista *mf*

kosmetisch *adj* cosmetico

kosmisch ['kɔsmɪʃ] *adj* cosmico

Kosmonaut(in) [kɔsmo'naʊt] <-en, -en; -, -nen> *m(f)* cosmonauta *mf*

Kosmopolit(in) [kɔsmopo'li:t] <-en, -en; -, -nen> *m(f)* cosmopolita *mf*

Kosmos ['kɔsmɔs] <-> *kein Pl m* cosmo *m*

Kost [kɔst] <-> *kein Pl f* **1.** (*Nahrung*) cibo *m*; **schwere ~** cucina grassa **2.** (*Verpflegung*) vitto *m*; **~ und Logis** vitto e alloggio

kostbar *adj* prezioso; **Kostbarkeit** <-, -en> *f* **1.** (*Gegenstand*) cosa *f* preziosa **2.** *sing* (*Wert*) pregio *m*

kosten ['kɔstən] *vt* **1.** (*Preis haben, a fig*) costare; **es hat mich einige Überwindung gekostet** mi è costato un po'; **es sich** *dat* **etw ~ lassen** non badare a spese; **koste es, was es wolle!** costi quel che costi!; **was kostet das?** quanto costa questo? **2.** (*Speisen*) assaggiare

Kosten ['kɔstən] *pl* spese *fpl*; **auf eigene ~** a proprie spese; **auf ~ von** a spese di; (*fig*) a scapito di; **auf seine ~ bei etw kommen** (*fig*) essere soddisfatto di qc; **für die ~ aufkommen** assumersi le spese; **das geht auf meine ~** questo lo pago io; **Kostenbeteiligung** *f* partecipazione *f* alle spese; **kostenlos** *adj* gratuito; **Kostenvoranschlag** *m* preventivo *m*

köstlich ['kœstlɪç] *adj* **1.** (*Speise*) squisito **2.** (*amüsant*) divertente

Kostprobe *f* assaggio *m*

kostspielig *adj* costoso

Kostüm [kɔs'ty:m] <-s, -e> *n* **1.** (*Verkleidung*) costume *m* **2.** (*Damen~*) tailleur *m*; **Kostümball** *m* ballo *m* in maschera

kostümieren [kɔsty'mi:rən] <ohne ge-> *vr* **sich ~** mettersi in costume; **sich als etw ~** mascherarsi da qc

Kot [ko:t] <-(e)s, -e> *m* feci *fpl*

Kotelett [kotə'lɛt] <-s, -s> *n* (GASTR) cotoletta *f*

Koteletten *pl* basette *fpl*

Köter ['køːtɐ] <-s, -> *m* (*pej*) cagnaccio *m*

Kotflügel *m* (AUTO) parafango *m*

kotzen ['kɔtsən] *vi* (*vulg*) vomitare

Krabbe ['krabə] <-, -n> *f* granchio *m*

krabbeln ['krabəln] *vi sein* **1.** (*Tiere*) strisciare **2.** (*Kind*) camminare carponi

Krach [krax] <-(e)s, Kräche> *m* **1.** *sing* (*Lärm*) chiasso *m;* ~ **machen** (*fam*) fare chiasso **2.** (*fam: Streit*) lite *f*

krachen *vi* (*Donner*) tuonare; (*Holz*) scricchiolare

krächzen ['krɛçtsən] *vi* gracchiare

Kraft [kraft] <-, Kräfte> *f* **1.** (*allg,* PHYS) forza *f;* **am Ende seiner Kräfte sein** essere allo stremo delle proprie forze; **aus eigener** ~ con le proprie forze; **das geht über meine Kräfte** questo supera le mie forze; **mit aller** ~ con tutte le forze; **nach Kräften** facendo tutto il possibile; **wieder zu Kräften kommen** rimettersi in forze; **in** ~ **sein/treten** (JUR) essere/entrare in vigore; **außer** ~ **setzen** abrogare **2.** (*Hilfs~, Arbeits~*) lavoratore, -trice *m, f;* **Kraftaufwand** *m* impiego *m* di forze; **Kraftausdruck** *m* parolaccia *f;* **Kraftfahrer(in)** *m(f)* automobilista *mf;* **Kraftfahrzeug** *n* autoveicolo *m;* **Kraftfahrzeugbrief** *m* libretto *m* di circolazione; **Kraftfahrzeugschein** *m* carta *f* di circolazione; **Kraftfahrzeugsteuer** *f* tassa *f* di circolazione; **Kraftfahrzeugversicherung** *f* assicurazione *f* automobilistica

kräftig ['krɛftɪç] **I.** *adj* **1.** robusto **2.** (*Nahrung*) sostanzioso **II.** *adv* ~ **regnen** piovere forte; ~ **schütteln** agitare bene

kräftigen ['krɛftɪgən] *vt* rinforzare

kraftlos *adj* senza forza; **Kraftprobe** *f* prova *f* di forza; **Kraftstoff** *m* carburante *m;* **kraftvoll** *adj* forte; **Kraftwagen** *m* automobile *f;* **Kraftwerk** *n* centrale *f* elettrica

Kragen ['kraːgən] <-s, -> *m* collo *m;* **da platzt einem ja der** ~ (*fam*) questo mi fa andare in bestia

Krähe ['krɛːə] <-, -n> *f* cornacchia *f*

krähen ['krɛːən] *vi* (*Hahn*) cantare; (*fig: Mensch*) gracidare

Kralle ['kralə] <-, -n> *f* artiglio *m;* **jdm die ~n zeigen** (*fig*) mostrare i denti a qu

Kram [kraːm] <-(e)s> *kein Pl m* (*fam pej: Plunder*) ciarpame *m;* **das passt mir nicht in den** ~ non mi va a genio

kramen *vi* frugare; **in etw** *dat* ~ rovistare in qc

Krampf [krampf] <-(e)s, Krämpfe> *m* **1.** (MED) crampo *m* **2.** (*fam pej: Unsinn*) sciocchezze *fpl;* **Krampfader** *f* (MED) vena *f* varicosa; **krampfhaft** *adj* **1.** (MED) convulsivo **2.** (*fam: unnatürlich*) forzato; **~e Anstrengungen machen** fare (degli) sforzi disperati

krampflösend *adj* (MED) antispastico

Kran [kraːn] <-(e)s, -e> *m* gru *f;* **Kranführer** *m* gruista *m*

Kranich ['kraːnɪç] <-s, -e> *m* gru *f*

krank [kraŋk] <kränker, kränk(e)ste> *adj* malato; ~ **machen** far ammalare; ~ **werden** ammalarsi; **schwer** ~ gravemente ammalato

Kranke <ein -r, -n, -n> *mf* malato, -a *m, f*

kränkeln ['krɛŋkəln] *vi* essere malaticcio

kränken ['krɛŋkən] *vt* offendere

Krankenbesuch *m* visita *f* (a un malato); **Krankengeld** *n* indennità *f* di malattia; **Krankengymnastik** *f* fisioterapia *f;* **Krankenhaus** *n* ospedale *m;* **jdn ins** ~ **einweisen** far ricoverare qu in ospedale; **Krankenkasse** *f* mutua *f;* **Krankenpflege** *f* assistenza *f* al malato; **Krankenpfleger(in)** *m(f)* infermiere, -a *m, f;* **Krankenschein** *m* modulo *m* per la mutua; **Krankenschwester** *f* infermiera *f;* **Krankenversicherung** *f* assicurazione *f* contro le malattie; **Krankenwagen** *m* ambulanza *f*

krank|feiern *vi* (*fam*) darsi malato; **krankhaft** *adj* patologico; **~e Eifersucht** gelosia morbosa

Krankheit <-, -en> *f* malattia *f;* **eine** ~ **bekommen** prendere una malattia; **Krankheitserreger** *m* agente *m* patogeno

krank|lachen *vr* **sich** ~ (*fam*) morire dal ridere

kränklich ['krɛnklɪç] *adj* malaticcio

krank|melden[RR] *vr* **sich** ~ mettersi in malattia; **krank|schreiben**[RR] *vt* **jdn** ~ rilasciare un certificato di malattia a qu; **krankgeschrieben sein** essere in malattia

Kränkung ['krɛnkʊŋ] <-, -en> *f* offesa *f*

Kranz [krants] <-es, Kränze> *m* corona *f*

Krapfen ['krapfən] <-s, -> *m* (GASTR) bombolone *m*

K

krass[RR] *adj,* **kraß** [kras] *adj* (*extrem*) estremo; (*Egoist*) grande; (*Gegensatz*) stridente

Krater ['kra:tɐ] <-s, -> *m* cratere *m*

Krätze ['krɛtsə] <-> *kein Pl f* (MED) rogna *f*

kratzen ['kratsən] **I.** *vt* grattare; (*mit Nägeln, Krallen*) graffiare **II.** *vi* **1.** (*Geräusch*) scricchiolare **2.** (*Pullover*) dare prurito **III.** *vr* **sich ~** grattarsi

Kratzer <-s, -> *m* graffio *m*

kraulen ['kraʊlən] **I.** *vt* (*streicheln*) accarezzare **II.** *vt, vi* (SPORT) nuotare a crawl

kraus [kraʊs] *adj* **1.** (*Haar*) riccio; (*Stirn*) rugoso **2.** (*fig: Gedanken*) confuso

kräuseln ['krɔɪzəln] **I.** *vt* (*Haare*) arricciare; (*Stoff*) increspare; (*Stirn*) corrugare **II.** *vr* **sich ~** incresparsi

Krauskopf *m* testa *f* ricciuta

Kraut [kraʊt] <-(e)s, Kräuter> *n* **1.** (*Pflanze*) erba *f;* **dagegen ist kein ~ gewachsen** non c'è rimedio **2.** *sing* (*Kohl*) cavolo *m;* **wie ~ und Rüben** (*fam*) sottosopra

Kräutertee *m* tisana *f*

Krawall [kra'val] <-s, -e> *m* tumulto *m;* (*Lärm*) baccano *m*

Krawatte [kra'vatə] <-, -n> *f* cravatta *f;* **Krawattennadel** *f* spillo *m* da cravatte

kraxeln ['kraksəln] *vi* (*A, südd*) **auf einen Baum ~** arrampicarsi su un albero

kreativ [krea'ti:f] *adj* creativo

Kreativität [kreativi'tɛ:t] <-> *kein Pl f* creatività *f*

Kreatur [krea'tu:ɐ̯] <-, -en> *f* creatura *f*

Krebs [kre:ps] <-es, -e> *m* **1.** (ZOO) gambero *m* **2.** (MED) cancro *m* **3.** (ASTR) Cancro *m;* **er/sie ist** (**ein**) **~** è del Cancro; **krebserregend** *adj* cancerogeno; **Krebserreger** *m* cancerogeno *m;* **Krebsforschung** *f* cancerologia *f;* **krebskrank** *adj* malato di cancro; **krebsrot** *adj* rosso come un gambero; **Krebsvorsorge** *f* prevenzione *f* del cancro; **Krebsvorsorgeuntersuchung** *f* visita *f* di controllo preventiva del cancro

Kredit [kre'di:t] <-(e)s, -e> *m* credito *m;* **einen ~ aufnehmen** aprire un credito; **etw auf ~ kaufen** comprare qc a credito; **Kreditinstitut** *n* istituto *m* di credito; **Kreditkarte** *f* carta *f* di credito

Kreide ['kraɪdə] <-, -n> *f* creta *f;* **ein Stück ~** un gessetto; **bei jdm** (**tief**) **in der ~ stehen** (*fam*) essere indebitato (fino al collo) con qu; **kreidebleich** *adj* bianco come un cencio

Kreis [kraɪs] <-es, -e> *m* **1.** (*a fig* MAT) cerchio *m;* **im ~** in cerchio; **sich im ~ drehen** girare; (**weite**) **~e ziehen** (*fig*) estendersi **2.** (*Lebens~, Bereich*) ambito *m;* **im ~ der Familie** in seno alla famiglia **3.** (*Verwaltungsbezirk*) distretto *m;* **Kreisbahn** *f* (ASTR) orbita *f* (circolare)

kreischen ['kraɪʃən] *vi* strillare; (*Vögel, Bremsen*) stridere

Kreisel ['kraɪzəl] <-s, -> *m* trottola *f*

kreisen ['kraɪzən] *vi haben o sein* **um etw ~** girare intorno a qc

kreisförmig *adj* circolare; **Kreislauf** *m* **1.** (MED) circolazione *f* **2.** (*Natur~*) ciclo *m;* **Kreislaufstörung** *f* (MED) disturbo *m* circolatorio; **Kreissäge** *f* sega *f* circolare

Kreißsaal ['kraɪsza:l] *m* sala *f* parto

Kreisstadt *f* capoluogo *m* distrettuale; **Kreisverkehr** *m* circolazione *f* rotatoria

Krematorium [krema'to:riʊm] <-s, Krematorien> *n* (forno *m*) crematorio *m*

Kreml ['kre:məl] <-(s), -> *m* (POL) Cremlino *m*

Krempel ['krɛmpəl] <-s> *kein Pl m* (*fam pej*) roba *f*

Kren [kre:n] <-(e)s> *kein Pl m* (*südd, A:* GASTR: *Meerrettich*) Cren *m*

Krepp[RR1] [krɛp] <-, -s> *f* (GASTR) crêpe *f*

Krepp[2] <-s, -s> *m* (*Gewebe*) crespo *m*

Kresse ['krɛsə] <-, -n> *f* crescione *m*

kreuz [krɔɪts] *adv* **~ und quer** a destra e sinistra

Kreuz [krɔɪts] <-es, -e> *n* **1.** croce *f;* **etw über ~ legen** mettere in croce qc **2.** (*fig: Leid*) tormento *m;* **es ist ein ~** (*fam*) è un calvario **3.** (*Rücken*) schiena *f;* **jdn aufs ~ legen** (*fig fam*) gabbare qu

kreuzen **I.** *vt* incrociare **II.** *vi haben o sein* (NAUT) incrociare **III.** *vr* **sich ~** (*Straßen*) tagliarsi; (*Wege, Blicke*) incrociarsi

Kreuzfahrt *f* crociera *f;* **Kreuzfeuer** *n* fuoco *m* incrociato; **im ~ der Kritik stehen** essere al centro della critica

kreuzigen ['krɔɪtsɪgən] *vt* crocifiggere

Kreuzigung <-, -en> *f* crocifissione *f*

Kreuzotter <-, -n> *f* vipera *f* comune; **Kreuzschlitzschraubenzieher** *m* cacciavite *m* con punta a croce; **Kreuzschlüssel** *m* (AUTO) chiave *f* a croce

Kreuzung <-, -en> *f* incrocio *m*

Kreuzverhör *n* (JUR) interrogatorio *m* in

contradditorio; **jdn ins ~ nehmen** interrogare qu in contradditorio; **Kreuzworträtsel** *n* cruciverba *m;* **Kreuzzug** *m* (HIST) crociata *f*

kribb(e)lig ['krɪb(ə)lɪç] *adj* (*fam*) nervoso

kribbeln ['krɪbəln] *vi* (*jucken*) prudere

kriechen ['kriːçən] <kriecht, kroch, gekrochen> *vi sein* strisciare

Kriecher <-s, -> *m* (*fig pej*) leccapiedi *m*

Kriechtier *n* rettile *m*

Krieg [kriːk] <-(e)s, -e> *m* guerra *f;* **den ~ erklären** dichiarare la guerra; **gegen jdn ~ führen** fare la guerra contro qu; **im ~** in guerra

kriegen ['kriːgən] *vt* (*fam: bekommen*) ricevere; (*Krankheit*) prendersi; **nicht genug ~ (können)** non averne mai abbastanza; **da kriegst du es mit mir zu tun** avrai a che fare con me

kriegerisch ['kriːgərɪʃ] *adj* guerresco

Kriegführung *f* condotta *f* di guerra

Kriegsausbruch *kein Pl m* **bei ~** allo scoppio della guerra; **Kriegsbeschädigte** <ein -r, -n, -n> *mf* invalido, -a *m, f* di guerra; **Kriegsdienstverweigerer** <-s, -> *m* obiettore *m* di coscienza; **Kriegserklärung** *f* dichiarazione *f* di guerra; **Kriegsfuß** *m* **mit jdm auf ~ stehen** (*scherz*) essere sul piede di guerra con qu; **Kriegsgefangene** *mf* prigioniero, -a *m, f* di guerra; **Kriegsgefangenschaft** *f* prigionia *f* (di guerra); **Kriegsgericht** *n* tribunale *m* di guerra; **Kriegsopfer** *n* vittima *f* di guerra; **Kriegsschauplatz** *m* teatro *m* della guerra; **Kriegsschiff** *n* nave *f* da guerra; **Kriegsverbrechen** *n* crimine *m* di guerra; **Kriegsverbrecher** *m* criminale *m* di guerra; **Kriegszustand** *m* stato *m* di guerra

Krimi ['kriːmi] <-s, -s> *m* (*fam*) giallo *m*

Kriminalbeamte *m,* **Kriminalbeamtin** *f* funzionario, -a *m, f* della polizia giudiziaria

Kriminalität [kriminali'tɛːt] <-> *kein Pl f* criminalità *f*

Kriminalpolizei *kein Pl f* polizia *f* criminale; **Kriminalroman** *m* romanzo *m* poliziesco

kriminell [krimi'nɛl] *adj* criminale; **Kriminelle** <ein -r, -n, -n> *mf* criminale *mf*

Krimskrams ['krɪmskrams] <-(es)> *kein Pl m* (*fam*) cianfrusaglie *fpl*

Kripo ['kriːpo] <-, -s> *f abk v* **Kriminalpolizei** polizia *f* criminale

Krippe ['krɪpə] <-, -n> *f* **1.** (*Weihnachts~*) presepio *m* **2.** (*Futter~*) mangiatoia *f* **3.** (*Kinder~*) asilo *m* nido

Krise ['kriːzə] <-, -n> *f* crisi *f*

kriseln ['kriːzəln] *vi* **es kriselt** c'è (in vista) una crisi

Krisengebiet *n* focolaio *m* di crisi; **Krisenherd** *m* focolaio *m;* **Krisenstab** *m* comitato *m* d'emergenza

Kristall[1] [krɪs'tal] <-s, -e> *m* (*Körper*) cristallo *m*

Kristall[2] <-s> *kein Pl n* (*Glas*) cristallo *m*

kristallklar *adj* cristallino; **Kristallnacht** *f* (HIST) notte *f* dei cristalli

Kriterium [kri'teːriʊm] <-s, Kriterien> *n* criterio *m*

Kritik [kri'tiːk] <-, -en> *f* critica *f;* **an jdm/etw ~ üben** volgere una critica a qu/qc; **unter aller ~ sein** (*fam*) essere molto scadente

Kritiker(in) ['kriːtikɐ] <-s, -; -, -nen> *m(f)* critico, -a *m, f*

kritiklos *adj* acritico

kritisch ['kriːtɪʃ] *adj* critico

kritisieren [kriti'ziːrən] <ohne ge-> *vt* criticare

kritzeln ['krɪtsəln] *vi, vt* scarabocchiare

Kroate [kro'aːtə] <-n, -n> *m* croato *m*

Kroatien [kro'aːtsiən] *n* Croazia *f*

Kroatin [kro'aːtin] <-, -nen> *f* croata *f; s. a.* **Kroate**

kroatisch [kro'aːtiʃ] *adj* croato

kroch [krɔx] *1. u 3. pers sing imp von* **kriechen**

Krokette [kro'kɛtə] <-, -n> *f* crocchetta *f*

Krokodil [kroko'diːl] <-s, -e> *n* coccodrillo *m*

Krokus ['kroːkʊs] <-, -(se)> *m* croco *m*

Krone ['kroːnə] <-, -n> *f* corona *f;* (*Baum~*) chioma *f;* **das setzt doch allem die ~ auf!** (*fam*) questo è il colmo!; **einen in der ~ haben** (*fam*) essere sbronzo

krönen ['krøːnən] *vt* incoronare; **von Erfolg gekrönt sein** essere coronato dal successo

Kronleuchter <-s, -> *m* lampadario *m* a corona; **Kronprinz** *m* principe *m* ereditario; **Kronprinzessin** *f* principessa *f* ereditaria

Krönung ['krøːnʊŋ] <-, -en> *f* **1.** (*das Krönen*) incoronazione *f* **2.** (*fig: Höhepunkt*) coronamento *m*

Kronzeuge *m,* **Kronzeugin** *f* teste *mf* principale

Kropf [krɔpf] <-(e)s, Kröpfe> *m* gozzo *m*

Kröte ['krøːtə] <-, -n> *f* rospo *m*

Krücke ['krʏkə] <-, -n> *f* gruccia *f;* **an ~n gehen** camminare con le grucce

Krug ['kruːk] <-(e)s, Krüge> *m* brocca *f*

Krümel ['kryːməl] <-s, -> *m* briciola *f*

krüm(e)lig *adj* friabile

krümeln *vi* sbriciolarsi

krumm [krʊm] *adj* storto; (*bogenförmig*) curvo

krümmen ['krʏmən] **I.** *vt* (in)curvare, piegare; **ihm wurde kein Haar gekrümmt** non gli è stato torto un capello **II.** *vr* **sich ~** (in)curvarsi

krumm|nehmen *vt s.* **nehmen**

Krümmung ['krʏmʊŋ] <-, -en> *f* curvatura *f;* (*Straßen~, Fluss~*) curva *f*

Krüppel ['krʏpəl] <-s, -> *m* storpio *m*

Kruste ['krʊstə] <-, -n> *f* crosta *f*

Kruzifix [krutsi'fɪks] <-es, -e> *n* crocifisso *m*

Krypta ['krʏpta] <-, Krypten> *f* cripta *f*

Kuba ['kuːba] *n* Cuba *f*

Kubaner(in) [ku'baːnɐ] <-s, -; -, -nen> *m(f)* cubano, -a *m, f*

kubanisch *adj* cubano

Kübel ['kyːbəl] <-s, -> *m* (*Eimer*) secchio *m*

Kubikmeter [ku'biːkmeːtɐ] *m o n* metro *m* cubo; **Kubikzentimeter** *m o n* centimetro *m* cubo

Kubismus [ku'bɪsmʊs] <-> *kein Pl m* (KUNST) cubismo *m*

Küche ['kʏçə] <-, -n> *f* cucina *f*

Kuchen ['kuːxən] <-s, -> *m* dolce *m;* **ein Stück ~** un pezzo di torta

Küchenchef *m* capocuoco *m*

Kuchenform *f* forma *f* per torte; **Kuchengabel** *f* forchetta *f* da dessert

Küchenmaschine *f* robot *m* da cucina; **Küchenschabe** *f* scarafaggio *m*

Kuchenteig *m* pasta *f* per torte

Kücken ['kʏkən] <-s, -> *n* (*A*) pulcino *m*

Kuckuck ['kʊkʊk] <-s, -e> *m* (ZOO) cuculo *m;* **zum ~ (noch mal)!** (*fam*) al diavolo!; **Kuckucksuhr** *f* (orologio *m* a) cucù *m*

Kufe ['kuːfə] <-, -n> *f* pattino *m*

Kugel ['kuːgəl] <-, -n> *f* **1.** (*allg*) palla *f;* (MAT) sfera *f;* (*Erd~*) globo *m* **2.** (*Gewehr~*) pallottola *f;* (*Kanonen~*) palla *f;* **sich** *dat* **eine ~ durch den Kopf jagen** (*fam*) bruciarsi le cervella **3.** (SPORT) peso *m;* **kugelförmig** *adj* sferico; **Kugellager** *n* (TEC) cuscinetto *m* a sfere

kugeln ['kuːgəln] *vr* **sich ~ vor Lachen** (*fam*) ridere a crepapelle

kugelrund *adj* tondo; **Kugelschreiber** *m* penna *f* a sfera; **kugelsicher** *adj* a prova di proiettile; **Kugelstoßen** <-s> *kein Pl n* (SPORT) lancio *m* del peso

Kuh [kuː] <-, Kühe> *f* mucca *f;* **Kuhhandel** *m* (*fam pej*) mercanteggiamento *m;* **Kuhhaut** *f* **das geht auf keine ~** (*fig fam*) questo è troppo

kühl [kyːl] *adj* fresco; (*fig*) freddo; **Kühlanlage** *f* impianto *m* frigorifero; **Kühlbox** *f* borsa *f* termica

Kühle ['kyːlə] <-> *kein Pl f* fresco *m*

kühlen ['kyːlən] *vt* raffreddare; (*kalt stellen*) mettere in ghiaccio

Kühler <-s, -> *m* (AUTO) radiatore *m;* **Kühlerhaube** *f* (AUTO) cofano *m*

Kühlhaus *n* magazzino *m* frigorifero; **Kühlschrank** *m* frigorifero *m;* **Kühltasche** *f* borsa *f* termica; **Kühltruhe** *f* congelatore *m;* **Kühlwasser** *n* (AUTO) acqua *f* di raffreddamento

kühn [kyːn] *adj* audace; (*fig: Behauptung*) avventato; **Kühnheit** <-, -en> *f* audacia *f*

Kuhstall *m* stalla *f* delle mucche

Küken ['kyːkən] <-s, -> *n* pulcino *m*

kulant [ku'lant] *adj* accomodante

Kuli ['kuːli] <-s, -s> *m* **1.** (*Lastenträger*) coolie *m* **2.** (*fam: Kugelschreiber*) biro® *f*

kulinarisch [kuli'naːrɪʃ] *adj* culinario

Kulisse [ku'lɪsə] <-, -n> *f* (THEAT) quinta *f;* **einen Blick hinter die ~n werfen** (*fig*) gettare uno sguardo dietro le quinte

Kult [kʊlt] <-(e)s, -e> *m* culto *m;* **einen ~ mit etw treiben** avere un culto per qc; **Kultfilm** *m* cult movie *m*

kultivieren [kʊlti'viːrən] <ohne ge-> *vt* coltivare; **kultiviert** *adj* (*fig*) colto

Kultur [kʊl'tuːɐ̯] <-, -en> *f* cultura *f*

kulturell *adj* culturale

Kulturzentrum *n* centro *m* culturale

Kultusminister(in) *m(f)* (*BRD*) ministro *m* della pubblica istruzione; **Kultusministerium** *n* (*BRD*) ministero *m* della pubblica istruzione

Kümmel ['kʏməl] <-s, -> *m* cumino *m*

Kummer ['kʊmɐ] <-s> *kein Pl m* pena *f;*

jdm ~ bereiten dare dei dispiaceri a qu; **hast du ~?** hai preoccupazioni?

kümmerlich ['kʏmɐlɪç] *adj* misero; (*ärmlich, dürftig*) povero

kümmern ['kʏmɐn] **I.** *vr* **sich um jdn ~** prendersi cura di qu; **~ Sie sich (doch) um Ihre eigenen Angelegenheiten!** badi ai fatti suoi **II.** *vt* **jdn etw ~** interessare qc a qu; **was kümmert mich das?** che me ne importa?

Kumpan(in) [kʊm'pa:n] <-s, -e; -, -nen> *m(f)* (*fam*) compagno, -a *m, f*

Kumpel ['kʊmpəl] <-s, -(s)> *m* **1.** (MIN) minatore *m* **2.** (*fam*) compagno *m;* **er ist ein guter ~** è un buon amico

kündbar *adj* (*Vertrag*) denunciabile

Kunde ['kʊndə] <-n, -n> *m* cliente *m;* **Kundendienst** *m* servizio *m* di assistenza ai clienti; **Kundennummer** *f* codice *m* clienti

Kundgebung <-, -en> *f* manifestazione *f*

kündigen ['kʏndɪgən] **I.** *vt* disdire; (*Vertrag*) denunciare **II.** *vi* (*Arbeitgeber*) licenziare; (*Arbeitnehmer*) licenziarsi; **jdm (fristlos) ~** licenziare qu (senza preavviso)

Kündigung <-, -en> *f* **1.** (*eines Vertrages*) disdetta *f* **2.** (*durch Arbeitgeber*) licenziamento *m;* (*durch Arbeitnehmer*) dimissioni *fpl;* **Kündigungsfrist** *f* preavviso *m;* **Kündigungsgrund** *m* motivo *m* del licenziamento

Kundin ['kʊndɪn] <-, -nen> *f* cliente *f;* *s. a.* Kunde

Kundschaft <-> *kein Pl f* clientela *f*

künftig ['kʏnftɪç] **I.** *adj* futuro **II.** *adv* in avvenire

Kunst [kʊnst] <-, Künste> *f* **1.** arte *f* **2.** (*Geschicklichkeit*) abilità *f;* **das ist keine ~!** non è difficile; **Kunstakademie** *f* accademia *f* di belle arti; **Kunstausstellung** *f* mostra *f* d'arte; **Kunstdünger** *m* concime *m* chimico; **Kunstfaser** *f* fibra *f* sintetica; **Kunstfehler** *m* errore *m* medico; **Kunstfertigkeit** *f* abilità *f;* **Kunstgegenstand** *m* oggetto *m* d'arte; **Kunstgeschichte** *f* storia *f* dell'arte; **Kunstgewerbe** *n* arte *f* applicata; **Kunstgriff** *m* artificio *m;* **Kunsthändler(in)** *m(f)* commerciante *mf* d'oggetti d'arte; **Kunsthandwerk** *n* artigianato *m;* **Kunstleder** *n* cuoio *m* artificiale

Künstler(in) ['kʏnstlɐ] <-s, -; -, -nen> *m(f)* artista *mf*

künstlerisch *adj* artistico

Künstlername *m* nome *m* d'arte

künstlich ['kʏnstlɪç] *adj* artificiale

Kunstliebhaber(in) *m(f)* amante *mf* dell'arte; **Kunstsammlung** *f* collezione *f* (di oggetti) d'arte; **Kunstseide** *f* seta *f* artificiale; **Kunststoff** *m* plastica *f;* **Kunststück** *n* gioco *m* di prestigio; **das ist kein ~!** (*fam*) bell'abilità!; **kunstvoll** *adj* artistico; **Kunstwerk** *n* opera *f* d'arte

kunterbunt ['kʊntɐbʊnt] *adj* **1.** (*bunt*) variopinto **2.** (*fig: ungeordnet*) disordinato

Kupfer ['kʊpfɐ] <-s, -> *n* rame *m;* **Kupferstich** *m* incisione *f* su rame

Kuppe ['kʊpə] <-, -n> *f* **1.** (*Berg~*) cima *f* arrotondata **2.** (*Finger~*) punta *f* del dito

Kuppel ['kʊpəl] <-, -n> *f* cupola *f*

Kuppelei [kʊpə'laɪ] <-, -en> *f* lenocinio *m*

kuppeln ['kʊpəln] *vi* **1.** (AUTO) innestare la frizione **2.** (*als Kuppler*) fare da mezzano

Kuppler(in) <-s, -; -, -nen> *m(f)* mezzano, -a *m, f*

Kupplung ['kʊplʊŋ] <-, -en> *f* (AUTO) frizione *f*

Kur [ku:ɐ̯] <-, -en> *f* cura *f*

Kür [ky:ɐ̯] <-, -en> *f* (SPORT) esercizio *m* libero

Kurbel ['kʊrbəl] <-, -n> *f* manovella *f;* **Kurbelwelle** *f* albero *m* a gomiti

Kürbis ['kʏrbɪs] <-ses, -se> *m* zucca *f*

Kurde ['kʊrdə] <-n, -n> *m,* **Kurdin** ['kʊrdɪn] <-, -nen> *f* curdo, -a *m, f*

kurdisch *adj* curdo

Kurdistan ['kʊrdɪsta:n] <-s> *n* Curdistan *m*

Kurgast *m* ospite *m* di un luogo di cura; **Kurhaus** *n* stabilimento *m* di cura

Kurier [ku'ri:ɐ̯] <-s, -e> *m* corriere *m*

kurieren [ku'ri:rən] <ohne ge-> *vt* guarire

kurios [kuri'o:s] *adj* curioso

Kuriosität [kuriozi'tɛ:t] <-, -en> *f* curiosità *f*

Kurort *m* luogo *m* di cura; **Kurpfuscher(in)** *m(f)* (*fam pej*) medicastro, -a *m, f*

Kurs [kʊrs] <-es, -e> *m* **1.** (NAUT, AERO) rotta *f;* **~ nehmen auf** +*acc* far rotta su; **einen neuen ~ einschlagen** (*a fig*) cambiare rotta **2.** (*Lehrgang*) corso *m;* **ein Kurs für [*o* in] Englisch** un corso d'inglese; **Kursbuch** *n* (FERR) orario *m* ferroviario

kursieren [kʊr'ziːrən] <ohne ge-> *vi* circolare
Kursteilnehmer(in) *m(f)* partecipante *mf* a un corso
Kurswagen *m* (FERR) carrozza *f* diretta
Kurtaxe <-, -n> *f* tassa *f* di soggiorno
Kurve ['kʊrvə] <-, -n> *f* curva *f*
kurvenreich *adj,* **kurvig** *adj* sinuoso
kurz [kʊrts] **I.** <kürzer, kürzeste> *adj* **1.** (*räumlich*) corto; **kürzer machen** accorciare; **den Kürzeren ziehen** (*fam*) avere la peggio **2.** (*zeitlich*) breve; **bis vor ~em** fino a poco fa; **~ danach** poco dopo; **seit ~em** da poco; **vor ~em** poco tempo fa **II.** <kürzer, am kürzesten> *adv* in breve; **jdn ~ halten** tenere a corto qu; **~ angebunden** di poche parole; **~ gesagt** in poche parole; **~ und bündig** in modo conciso; **um es ~ zu machen** per farla breve; **Kurzarbeit** *f* lavoro *m* a orario ridotto; **kurzärm(e)lig** *adj* a maniche corte
Kürze ['kʏrtsə] <-, -n> *f* brevità *f;* **in ~** tra poco
Kürzel ['kʏrtsəl] <-s, -> *n* (*Stenografie*) stenogramma *m*
kürzen *vt* **1.** (*kürzer machen*) (r)accorciare **2.** (*verringern*) diminuire
kurzerhand *adv* senza esitare
Kurzfilm *m* cortometraggio *m;* **kurzfristig** *adj* a breve termine; **Kurzgeschichte** *f* racconto *m;* **kurz|halten** <irr> *vt s.* **kurz II.**; **kurzlebig** *adj* effimero
kürzlich *adv* recentemente
Kurznachrichten *fpl* brevi notizie *fpl;* **Kurzschluss**[RR] *m* (EL) corto circuito *m;* **Kurzschlusshandlung**[RR] *f* azione *f* avventata; **Kurzschrift** *f* stenografia *f*
kurzsichtig *adj* miope; **Kurzsichtigkeit** <-> *kein Pl f* miopia *f*
Kürzung <-, -en> *f* (*Verringerung*) diminuzione *f*
Kurzwaren *fpl* mercerie *fpl;* **kurzweilig** *adj* divertente; **Kurzwelle** *f* onde *fpl* corte
kuscheln ['kʊʃəln] *vr* **sich an jdn ~** stringersi a qu; **sich in etw** *acc* **~** raggomitolarsi in qc
Kusine [ku'ziːnə] <-, -n> *f* cugina *f*
Kuss[RR] [kʊs] <-es, Küsse> *m,* **Kuß** *m* bacio *m*
küssen ['kʏsən] **I.** *vt* baciare **II.** *vr* **sich ~** baciarsi
Küste ['kʏstə] <-, -n> *f* costa *f;* **an der ~** sulla costa; **Küstengebiet** *n* litorale *m*
Küster ['kʏstɐ] <-s, -> *m* sagrestano *m*
Kutsche ['kʊtʃə] <-, -n> *f* carrozza *f*
Kutscher <-s, -> *m* cocchiere *m*
Kuvert [ku'veːɐ̯] <-(e)s, -e> *n* busta *f*
kyrillisch [ky'rɪlɪʃ] *adj* cirillico
KZ [kaː'tsɛt] <-(s), -s> *n abk v* **Konzentrationslager** campo *m* di concentramento

L

L, l [ɛl] <-, -(s)> *n* L, l *f;* **~ wie Ludwig** L come Livorno
Label ['lɛɪbəl] <-s, -> *n* **1.** (COM: (*Preis*)*etikett*) etichetta *f* **2.** (*Schallplattenfirma*) casa *f* discografica **3.** (INFORM) label *f*
labil [la'biːl] *adj* labile
Labor [la'boːɐ̯] <-s, -s> *n* laboratorio *m*
Laborant(in) [labo'rant] <-en, -en; -, -nen> *m(f)* assistente *mf* di laboratorio
Laboratorium [labora'toːriʊm] <-s, Laboratorien> *n* laboratorio *m*
Labyrinth [laby'rɪnt] <-(e)s, -e> *n* labirinto *m*
Lache ['laːxə] <-, -n> *f* **1.** (*Wasser~*) pozzanghera *f* **2.** (*fam: Gelächter*) risata *f*
lächeln ['lɛçəln] *vi* sorridere; **Lächeln** <-s> *kein Pl n* sorriso *m*
lachen ['laxən] *vi* (**über etw** *acc*) **~** ridere (di qc); **aus vollem Hals ~** ridere di cuore; **jdm ins Gesicht ~** ridere in faccia a qu; **da gibt's nichts zu ~** c'è poco da ridere; **dass ich nicht lache!** non farmi ridere; **wer zuletzt lacht, lacht am besten** (*prov*) ride bene chi ride ultimo
Lachen <-s> *kein Pl n* risata *f;* **das ist nicht zum ~** non sono cose da ridere; **jdn zum ~ bringen** far ridere qu; **sich** *dat* **das ~ nicht verbeißen können** non potersi trattenere dal ridere
lächerlich ['lɛçɐlɪç] *adj* ridicolo; **sich ~ machen** rendersi ridicolo; **jdn ~ machen** ridicolizzare qu

Lachgas *n* gas *m* esilarante; **lachhaft** *adj* (*pej*) ridicolo

Lachs [laks] <-es, -e> *m* salmone *m;* **lachsfarben** *adj* color salmone; **Lachsforelle** *f* trota *f* salmonata

Lack [lak] <-(e)s, -e> *m* vernice *f*

lackieren [la'ki:rən] <ohne ge-> *vt* laccare; (*Auto, Möbel*) verniciare

Lackleder *n* cuoio *m* verniciato; **Lackschuh** *m* scarpa *f* di vernice

laden ['la:dən] <lädt, lud, geladen> *vt* **1.** (*Lasten,* EL) caricare; **eine (schwere) Schuld auf sich ~** (*fig*) addossarsi una (grave) colpa; **geladen sein** (*fig fam*) essere furibondo **2.** (INFORM) aprire (un file) **3.** (JUR) citare; **jdn vor Gericht ~** citare qu in giudizio

Laden <-s, Läden> *m* **1.** (*Geschäft*) negozio *m* **2.** (*Fenster~*) imposta *f;* **Ladendieb(in)** *m(f)* taccheggiatore, -trice *m, f;* **Ladendiebstahl** *m* taccheggio *m;* **Ladenhüter** *m* (*fig pej*) fondo *m* di bottega; **Ladenpreis** *m* prezzo *m* (di vendita) al minuto; **Ladenschluss**[RR] *m* chiusura *f* dei negozi; **Ladentisch** *m* banco *m* di vendita

lädt [lɛ:t] *3. pers sing pr von* **laden**

Ladung <-, -en> *f* **1.** (*Fracht*) carico *m* **2.** (*Munition,* EL) carica *f* **3.** (JUR) citazione *f*

Ladyshave ['leɪdɪʃeɪv] <-s, -s> *m* depilatore *m* elettrico

lag [la:k] *1. u 3. pers sing imp von* **liegen**

Lage ['la:gə] <-, -n> *f* **1.** (*Position,* GEOG) posizione *f* **2.** (*Situation*) situazione *f;* **in der ~ sein etw zu tun** essere in grado di fare qc; **sich in jds ~ versetzen** mettersi nei panni di qu **3.** (*Schicht*) strato *m;* **Lagebericht** *m* rapporto *m* sulla situazione; **Lagebesprechung** *f* discussione *f* della situazione

Lager ['la:gɐ] <-s, -> *n* **1.** (*Unterkunft*) campo *m;* **das ~ abbrechen** levare il campo **2.** (*Depot*) deposito *m;* **etw auf ~ haben** avere qc in magazzino **3.** (*fig: Partei, Seite*) campo *m* **4.** (TEC) cuscinetto *m;* **Lagerbestand** *m* stock *m;* **Lagerfeuer** *n* fuoco *m* da campo; **Lagerhalle** *f* capannone *m*

lagern **I.** *vi* **1.** (*kampieren,* MIL) essere accampato **2.** (*Vorrat, Waren*) essere depositato **II.** *vt* (*Ware*) immagazzinare

Lagerung <-, -en> *f* magazzinaggio *m*

Lagune [la'gu:nə] <-, -n> *f* laguna *f*

lahm [la:m] *adj* **1.** (*gelähmt*) paralitico; (*hinkend*) zoppo; **~ legen** (*fig*) paralizzare **2.** (*fam: langsam*) fiacco **3.** (*fam: Ausrede*) magro

lahmen *vi* (*hinken*) zoppicare

lähmen ['lɛ:mən] *vt* paralizzare

lahmlegen *vt s.* **lahm 1.**

Lähmung <-, -en> *f* paralisi *f*

Laib [laɪp] <-(e)s, -e> *m* (*Brot*) pagnotta *f*

Laich [laɪç] <-(e)s, -e> *m* uova *fpl* di pesci e anfibi; **laichen** *vi* deporre le uova

Laie ['laɪə] <-n, -n> *m* **1.** (*Nichtfachmann*) profano, -a *m, f* **2.** (REL) laico *m;* **laienhaft** *adj* da profano

Laken ['la:kən] <-s, -> *n* lenzuolo *m*

Lakritze [la'krɪtsə] <-, -n> *f* liquirizia *f*

lallen ['lalən] *vi* balbettare

Lama ['la:ma] <-s, -s> *n* lama *m*

Lamelle [la'mɛlə] <-, -n> *f* **1.** (BOT) lamella *f* **2.** (TEC) aletta *f*

Lametta [la'mɛta] <-s> *kein Pl n* fili *mpl* d'argento

Laminat [lami'na:t] <-(e)s, -e> *n* laminato *m* plastico; **Laminat-Fußboden** *m* pavimento *m* in laminato

Lamm [lam] <-(e)s, Lämmer> *n* agnello *m;* **Lammfell** *n* pelliccia *f* d'agnello; **lammfromm** *adj* docile come un agnello

Lampe ['lampə] <-, -n> *f* lampada *f;* **Lampenfieber** *n* febbre *f* della ribalta; **Lampenschirm** *m* abat-jour *m*

Lampion [lam'pi̯õ] <-s, -s> *m* lampioncino *m*

Land [lant] <-(e)s, Länder> *n* **1.** (*Fest~*) terra *f;* **an ~ gehen** approdare **2.** (*Staat*) paese *m;* **~ und Leute** il paese e i suoi abitanti; **jdn des ~es verweisen** esiliare qu **3.** (*Bundesland der BRD*) Land *m* **4.** (*dörfliche Gegend*) campagna *f;* **aufs ~ fahren** andare in campagna **5.** (*Acker~*) terreno *m;* **Landadel** *m* nobiltà *f* terriera; **Landarbeiter(in)** *m(f)* lavoratore, -trice *m, f* agricolo, -a; **Landbesitz** *m* proprietà *f* terriera; **Landbevölkerung** *f* popolazione *f* rurale

Landebahn *f* (AERO) pista *f* di atterraggio; **Landeerlaubnis** *f* (AERO) permesso *m* d'atterraggio

landeinwärts *adv* verso l'interno del paese

landen ['landən] *vi sein* **1.** (NAUT) approdare **2.** (AERO) atterrare; **auf dem Mond ~** allunare **3.** (*fam: geraten*) andare a finire

Landeplatz *m* **1.** (NAUT) approdo *m* **2.** (AERO) terreno *m* d'atterraggio

Ländereien [lɛndə'raɪən] *pl* terre *fpl*

L

Länderspiel *n* (SPORT) incontro *m* internazionale

Landesfarben *fpl* colori *mpl* nazionali; **Landeshauptfrau** *f,* **Landeshauptmann** *m* (*A*) presidente, -essa *m, f* della regione; **Landesinnere** *n* interno *m* del paese; **Landesregierung** *f* governo *m* regionale; **Landessprache** *f* lingua *f* nazionale; **landesüblich** *adj* conforme agli usi del paese; **Landesverrat** *m* alto tradimento *m;* **Landeswährung** *f* moneta *f* nazionale

Landflucht *f* esodo *m* dalla campagna; **Landgut** *n* podere *m;* **Landhaus** *n* casa *f* di campagna; **Landkarte** *f* carta *f* geografica; **Landkreis** *m* distretto *m* rurale; **landläufig** *adj* corrente; **Landleben** *n* vita *f* di campagna

ländlich ['lɛntlɪç] *adj* rurale

Landluft *f* aria *f* di campagna

Landschaft <-, -en> *f* paesaggio *m;* **landschaftlich** *adj* paesistico

Landsmann <-(e)s, Landsleute> *m,* **Landsmännin** <-, -nen> *f* compatriota *mf*

Landstraße *f* strada *f* maestra; **Landstreicher(in)** <-s, -; -, -nen> *m(f)* vagabondo, -a *m, f;* **Landstrich** *m* regione *f*

Landtag *m* dieta *f* regionale

> In tutti i Länder della Germania e dell'Austria i parlamenti regionali si chiamano **Landtage**. Fanno eccezione i parlamenti di Amburgo e di Brema (Bürgerschaft), di Berlino (Abgeordnetenhaus) e di Vienna (Gemeinderat). I parlamenti regionali nella Svizzera si chiamano, a seconda del cantone, Kantonsrat, Großer Rat o Landrat.

Landung <-, -en> *f* **1.** (AERO) atterraggio *m;* ~ **auf dem Mond** allunaggio *m* **2.** (NAUT) approdo *m;* **Landungsbrücke** *f* pontile *m* d'approdo

Landvermessung *f* agrimensura *f;* **Landweg** *m* **auf dem** ~ via terra

Landwirt(in) *m(f)* agricoltore, -trice *m, f;* **Landwirtschaft** *f* agricoltura *f;* **landwirtschaftlich** *adj* agricolo

Landzunge *f* lingua *f* di terra

lang [laŋ] **I.** <länger, längste> *adj* **1.** lungo **2.** (*fam: Mensch*) alto **II.** *adv* **den ganzen Tag** ~ per tutta la giornata; **zehn Jahre** ~ per dieci anni

lange ['laŋə] <länger, am längsten> *adv* (a) lungo; **es ist schon** ~ **her** è già da un pezzo; ~ **dauern** durare a lungo; **schon** ~ da molto tempo; **warten Sie schon** ~**?** è molto che aspetta?

Länge ['lɛŋə] <-, -n> *f* **1.** (*räumlich*) lunghezza *f;* **der** ~ **nach hinfallen** cadere lungo disteso **2.** (*zeitlich*) durata *f;* **sich in die** ~ **ziehen** andare per le lunghe **3.** (GEOG) longitudine *f*

langen *vi* **1.** (*fam: ausreichen*) bastare; **das langt** basta così **2.** (*greifen*) prendere; **nach etw** ~ allungare la mano verso qc

Längengrad *m* grado *m* di longitudine; **Längenmaß** *n* misura *f* di lunghezza

Langeweile <-> *kein Pl f* noia *f;* **aus** ~ per la noia

langfristig *adj* a lungo termine; **langjährig** *adj* di (molti) anni; (*Freund*) vecchio

Langlauf *m,* **Langlaufski** *m* sci *m* di fondo

langlebig *adj* longevo

länglich ['lɛŋlɪç] *adj* allungato

längs [lɛŋs] **I.** *prp +gen o dat* lungo **II.** *adv* per (il) lungo

langsam **I.** *adj* lento **II.** *adv* (*allmählich*) piano piano; ~ **wird es Zeit, dass ...** (*fam*) è quasi ora che *+conj;* **Langsamkeit** <-> *kein Pl f* lentezza *f*

Langschläfer(in) *m(f)* dormiglione, -a *m, f;* **Langspielplatte** *f* long-playing *m*

längst [lɛŋst] *adv* **schon** ~ già da molto tempo; **noch** ~ **nicht** non ... assolutamente

Langstreckenflug *m* volo *m* a lungo raggio

Languste [laŋ'gʊstə] <-, -n> *f* aragosta *f*

langweilen **I.** *vt* annoiare **II.** *vr* **sich** ~ annoiarsi; **sich zu Tode** ~ annoiarsi a morte

langweilig *adj* noioso

Langwelle *f* onda *f* lunga; **langwierig** *adj* lungo e complicato; **Langzeitarbeitslosigkeit** *kein Pl f* disoccupazione *f* persistente

Lanze ['lantsə] <-, -n> *f* lancia *f;* **für jdn eine** ~ **brechen** (*fig*) spezzare una lancia in favore di qu

lapidar [lapi'da:ɐ̯] *adj* lapidario

Lappalie [la'pa:liə] <-, -n> *f* bagatella *f*

Lappen ['lapən] <-s, -> *m* straccio *m;* **jdm durch die** ~ **gehen** (*fam*) sfuggire di mano a qu

läppisch ['lɛpɪʃ] *adj* (*pej*) sciocco

Laptop ['lɛptɔp] <-s, -s> *m* laptop *m*
Lärche ['lɛrçə] <-, -n> *f* larice *m*
Lärm [lɛrm] <-(e)s> *kein Pl m* rumore *m;* ~ **machen** fare chiasso; ~ **schlagen** dare l'allarme; **viel** ~ **um nichts** molto rumore per nulla
lärmen *vi* fare chiasso
Lärmbelästigung *f* inquinamento *m* fonico; **Lärmschutz** *kein Pl m* isolamento *m* acustico; **Lärmschutzwall** *m* barriera *f* insonorizzante
Larve ['larfə] <-, -n> *f* **1.** (ZOO) larva *f* **2.** (*Maske*) maschera *f*
las [la:s] *1. u 3. pers sing imp von* **lesen**
lasch [laʃ] *adj* (*schlaff*) molle; (*a fig*) fiacco
Lasche ['laʃə] <-, -n> *f* **1.** (TEC) coprigiunto *m* **2.** (*Schuh~*) linguetta *f*
Laser ['leɪzɐ] <-s, -> *m* laser *m;* **Laserdrucker** *m* stampante *f* laser; **Laserstrahl** *m* raggio *m* laser
lassen[1] ['lasən] <lässt, ließ, gelassen> *vt* **1.** (*unter~*) smettere di fare; (*verzichten auf*) rinunciare a; **etw (einfach) nicht ~ können** non poter fare a meno di qc; **tu, was du nicht ~ kannst** (*fam*) fallo se proprio vuoi **2.** (*zurück~*) abbandonare; **jdn allein ~** lasciare solo qu **3.** (*be~*) lasciare; **jdn in Ruhe ~** lasciare qu in pace; **offen ~** lasciare aperto; (*fig*) lasciare in sospeso; **kalt ~** lasciare indifferente
lassen[2] <lässt, ließ, lassen> *Modalverb* **1.** (*zu~*) lasciare; **sich** *dat* **etw nicht nehmen ~** non rinunciare a qc **2.** (*veran~*) fare; **etw tun ~** far fare qc; **sich** *dat* **die Haare schneiden ~** farsi tagliare i capelli **3.** (*nicht tun*) non fare; **bleiben ~** lasciare stare; **lass das!** smettila! **4.** (*ver~*) abbandonare; **hängen ~** (*vergessen*) dimenticare; (*im Stich ~*) piantare in asso; **liegen ~** (*vergessen*) dimenticare; **alles stehen und liegen ~** (*fam*) lasciare tutto com'è; **jdn links liegen ~** (*fam*) trascurare qu
lässig ['lɛsɪç] *adj* indolente; **Lässigkeit** <-> *kein Pl f* indolenza *f*
Lasso ['laso] <-s, -s> *n o m* lasso *m*
lässt[RR], **läßt** [lɛst] *2. u 3. pers sing pr von* **lassen**[1], **lassen**[2]
Last [last] <-, -en> *f* **1.** (*Gewicht, a fig*) peso *m;* **jdm zur ~ fallen** molestare qu; **jdm etw zur ~ legen** addossare qc a qu **2.** (*Fracht*) carico *m* **3.** *pl* (*Abgaben*) oneri *mpl*
lasten *vi* (**auf jdm/etw**) ~ gravare (su qu/qc)
Lastenaufzug *m* montacarichi *m*
Laster[1] ['lastɐ] <-s, -> *m* (*fam*) *s.* **Last(kraft)wagen**
Laster[2] <-s, -> *n* vizio *m*
lasterhaft *adj* vizioso
lästern ['lɛstɐn] **I.** *vi* (*pej*) (**über jdn/etw**) ~ sparlare (di qu/qc) **II.** *vt* (*Gott*) bestemmiare
lästig ['lɛstɪç] *adj* noioso; **jdm ~ werden** importunare qu
Last(kraft)wagen *m* camion *m;* **Lastschrift** *f* (FIN) addebito *m;* **Lasttier** *n* bestia *f* da soma; **Lastwagen** *m s.* **Last(kraft)wagen**; **Lastzug** *m* autotreno *m*
Latein [la'taɪn] <-s> *kein Pl n* latino *m;* **Lateinamerika** *n* America *f* latina; **Lateinamerikaner(in)** *m(f)* latino-americano, -a *m, f;* **lateinamerikanisch** *adj* latino-americano
lateinisch *adj* latino
Laterne [la'tɛrnə] <-, -n> *f* lanterna *f;* (*Straßen~*) lampione *m;* **Laternenpfahl** *m* palo *m* del lampione
Latium ['la:tsiʊm] *n* Lazio *m*
latschen ['la:tʃən] *vi sein* (*fam*) ciabattare
Latschen <-s, -> *m* (*fam*) ciabatta *f*
Latte ['latə] <-, -n> *f* assicella *f;* **lange ~** (*fam: großer Mensch*) spilungone, -a *m, f;* **Lattenzaun** *m* steccato *m*
Latz [lats] <-es, Lätze> *m* **1.** (*Lätzchen*) bavaglino *m* **2.** (*Hosen~*) patta *f;* **Latzhose** *f* salopette *f*
lau [laʊ] *adj* tiepido
Laub [laʊp] <-(e)s> *kein Pl n* fogliame *m*
Laube ['laʊbə] <-, -n> *f* pergola *f*
Laubfrosch *m* raganella *f;* **Laubwald** *m* bosco *m* di latifoglie
Lauch [laʊx] <-(e)s, -e> *m* porro *m*
Lauer ['laʊɐ] <-> *kein Pl f* **auf der ~ liegen** stare in agguato
lauern *vi* (**auf jdn**) ~ fare la posta (a qu); **auf etw** *acc* ~ (*bes Wild*) appostare qc
Lauf [laʊf] <-(e)s, Läufe> *m* **1.** (*das Laufen, a Wett~*) corsa *f* **2.** (*Ver~*) corso *m;* **einer Sache** *dat* **freien ~ lassen** dare libero corso a qc; **im ~(e) des Gesprächs** nel corso del colloquio; **im ~ der Zeit** col tempo **3.** (ASTR) orbita *f* **4.** (*Gewehr~*) canna *f*
Laufbahn *f* carriera *f*

laufen ['laʊfən] <läuft, lief, gelaufen> **I.** *vi sein* **1.** (*rennen*) correre; **gelaufen kommen** venire di corsa **2.** (*fam: gehen*) andare a piedi **3.** (*Maschine*) funzionare **4.** (*Flüssigkeit*) scorrere; **ihm läuft die Nase** gli cola il naso *fam* **5.** (*Film*) essere in programma **6.** (*fig: im Gange sein*) essere in corso **7.** (*ver~*) andare; **wie ist es gelaufen?** com'è andata? **II.** *vt sein* percorrere; **Rollschuh/Schlittschuh ~** pattinare; **Ski ~** sciare

laufend *adj* corrente; **auf dem Laufenden sein** essere al corrente; **am ~en Band** (*fig*) senza interruzione

laufen|lassen <irr> *vt* (*fam*) **jdn ~** rimettere qu in libertà

Läufer ['lɔɪfɐ] <-s, -> *m* **1.** (*beim Schach*) alfiere *m* **2.** (*Teppich*) passatoia *f*

Läufer(in) <-s, -; -, -nen> *m(f)* (SPORT) corridore, -a *m, f*

Lauffeuer *n* **sich wie ein ~ verbreiten** propagarsi con rapidità fulminea; **Laufmasche** *f* smagliatura *f;* **Laufpass**[RR] *m* **jdm den ~ geben** (*fam*) mandare a spasso qu; **Laufstall** *m* box *m* (per bambini); **Laufsteg** *m* passerella *f*

läuft [lɔɪft] *3. pers sing pr von* **laufen**

Laufwerk *n* (INFORM) unità *f*

Lauge ['laʊgə] <-, -n> *f* (CHEM) soluzione *f* caustica

Laune ['laʊnə] <-, -n> *f* **1.** (*Stimmung*) umore *m;* **gute/schlechte ~ haben** essere di buon/cattivo umore; **seine schlechte ~ an jdm auslassen** sfogare il proprio malumore su qu; **jdm die ~ verderben** far passare il buon umore a qu **2.** (*Grille, Marotte*) capriccio *m*

launisch *adj* lunatico

Laus [laʊs] <-, Läuse> *f* pidocchio *m*

Lausbub *m* monello *m*

lauschen ['laʊʃən] *vi* **1.** (*zuhören*) **jdm/etw ~** ascoltare attentamente qu/qc **2.** (*heimlich*) origliare

lausig *adj* (*fam pej*) misero; **es ist ~ kalt** fa un freddo cane

laut [laʊt] **I.** *adj* forte; (*lärmend*) rumoroso; **das Radio ~er stellen** alzare il volume della radio **II.** *adv* forte; (*mit ~er Stimme*) ad alta voce; **~ lachen** ridere forte; **~er sprechen** parlare più forte; **etw ~ vorlesen** leggere a voce alta qc **III.** *prp +gen o dat* secondo

Laut <-(e)s, -e> *m* suono *m;* **keinen ~ von sich** *dat* **geben** non aprir bocca

lauten *vi* **der Titel lautet …** il titolo è …; **das Urteil lautet auf …** è una sentenza di …

läuten ['lɔɪtən] *vi* suonare; **es hat geläutet** hanno suonato

lauter ['laʊtɐ] **I.** *adj* (*geh*) **1.** (*rein*) puro **2.** (*ehrlich*) onesto **II.** *adv* (*nur*) solo; **vor ~ Angst** per la gran paura; **das sind ~ Lügen** sono tutte bugie

Lautsprecher *m* altoparlante *m;* **Lautsprecherbox** *f* cassa *f* acustica

lautstark *adj* forte; **Lautstärke** *f* volume *m*

lauwarm *adj* tiepido

Lava ['la:va] <-, *rar* Laven> *f* lava *f*

Lavendel [la'vɛndəl] <-s, -> *m* lavanda *f*

Lawine [la'vi:nə] <-, -n> *f* valanga *f;* **Lawinengefahr** *f* pericolo *m* di valanghe

Layout [leɪ'ʔaʊt] <-s, -s> *n,* **Lay-out**[RR] <-s, -s> *n* lay-out *m*

Lazarett [latsa'rɛt] <-(e)s, -e> *n* ospedale *m* militare

LCD [ɛltse:'de:] *abk v* **liquid crystal display** LCD *m*

leasen ['li:zən] *vt* noleggiare

Leasing ['li:zɪŋ] <-s, -s> *n* leasing *m*

Lebemann *m* uomo *m* di mondo

leben ['le:bən] *vi, vt* vivere; **von etw ~** vivere di qc; **in den Tag hinein ~** vivere alla giornata

Leben <-s, -> *n* vita *f;* **am ~ bleiben** restare in vita; **auf ~ und Tod** per la vita e la morte; **ein ~ lang** tutta una vita; **etw ins ~ rufen** dare vita a qc; **für mein ~ gern würde ich …** pagherei non so che per …; **jdm das ~ retten** salvare la vita a qu; **jdm das ~ schwer machen** rendere la vita dura a qu; **mit dem ~ davonkommen** salvarsi la vita; **nie im ~** (*fam*) mai e poi mai; **sich** *dat* **das ~ nehmen** togliersi la vita; **ums ~ kommen** perdere la vita

lebend *adj* vivente; **~e Sprachen** lingue vive

lebendig [le'bɛndɪç] *adj* **1.** (*lebend*) vivo **2.** (*lebhaft*) vivace; **Lebendigkeit** <-> *kein Pl f* vivacità *f*

Lebensart *f* modo *m* di vivere; **Lebensaufgabe** *f* compito *m* della vita; **Lebensbedingungen** *fpl* condizioni *fpl* di vita; **Lebensdauer** *f* (durata *f* della) vita *f;* **Lebensende** *n* fine *f* della vita; **bis an sein ~**

fino alla morte; **Lebenserfahrung** *kein Pl f* esperienza *f* (di vita); **Lebenserwartung** *f* vita *f* media; **Lebensfreude** *f* gioia *f* di vivere; **lebensfroh** *adj* pieno di gioia di vivere; **Lebensgefahr** *f* pericolo *m* di vita; **in ~ schweben** essere in pericolo di vita; **außer ~ sein** essere fuori pericolo; **Vorsicht, ~!** pericolo di morte!; **lebensgefährlich** *adj* pericolosissimo; **Lebensgefährte** *m,* **Lebensgefährtin** *f* compagno, -a *m, f;* **Lebenshaltungskosten** *pl* costo *m* della vita; **Lebensjahr** *n* anno *m* di vita; **im zwanzigsten ~** all'età di vent'anni; **lebenslänglich** *adj* a vita; **~e Haft** ergastolo *m;* **Lebenslauf** *m* curriculum *m* vitae; **lebenslustig** *adj* allegro

Lebensmittel *npl* generi *mpl* alimentari; **Lebensmittelgeschäft** *n* negozio *m* di (generi) alimentari; **Lebensmittelversorgung** *f* rifornimento *m* di viveri

lebensmüde *adj* stanco della vita; **Lebensmut** *m* coraggio *m* (di vivere); **lebensnotwendig** *adj* d'importanza vitale; **Lebensqualität** *kein Pl f* qualità *f* (dello stile) di vita; **Lebensretter(in)** *m(f)* salvatore, -trice *m, f;* **Lebensstandard** *m* tenore *m* di vita; **Lebensunterhalt** *m* sostentamento *m;* **sich** *dat* **seinen ~ verdienen** guadagnarsi da vivere; **Lebensversicherung** *f* assicurazione *f* sulla vita; **Lebenswandel** *m* (condotta *f* di) vita *f;* **Lebensweg** *m* corso *m* della vita; **Lebensweise** *f* modo *m* di vivere; **Lebenswerk** *n* opera *f* di (tutta) una vita; **lebenswichtig** *adj* (di importanza) vitale; **Lebenszeichen** *n* segno *m* di vita; **kein ~ von sich** *dat* **geben** non dare segni di vita; **Lebenszeit** *f* **auf ~** a vita

Leber ['le:bɐ] <-, -n> *f* fegato *m;* **frisch von der ~ weg** (*fam*) francamente; **Leberfleck** *m* macchia *f* epatica; **Leberpastete** *f* pasticcio *m* di fegato; **Lebertran** *m* olio *m* di fegato di merluzzo; **Leberwurst** *f* salsiccia *f* di fegato

Lebewesen *n* essere *m* vivente

lebhaft *adj* **1.** (*Mensch*) vivace **2.** (*Fantasie*) vivo **3.** (*Handel, Verkehr*) intenso; **Lebhaftigkeit** <-> *kein Pl f* vivacità *f*

Lebkuchen ['le:pku:xən] *m* panpepato *m*

leblos *adj* senza vita

Lebzeiten *fpl* **zu ~ von** ai tempi di

lechzen ['lɛçtsən] *vi* **nach etw ~** essere avido di qc

leck [lɛk] *adj* **~ sein** (*undicht sein*) perdere; **Leck** <-(e)s, -s> *n* perdita *f*

lecken ['lɛkən] **I.** *vt* leccare **II.** *vi* **1.** (*schlecken*) **an etw** *dat* **~** leccare qc **2.** (*undicht sein*) perdere

lecker ['lɛkɐ] *adj* (*a fig*) gustoso; **Leckerbissen** *m* ghiottoneria *f*

Leder ['le:dɐ] <-s, -> *n* cuoio *m,* pelle *f;* **Lederjacke** *f* giacca *f* di pelle

ledern *adj* di cuoio, di pelle

Lederwaren *fpl* pelletterie *fpl*

ledig ['le:dɪç] *adj* (*Mann*) celibe; (*Frau*) nubile

lediglich ['le:dɪklɪç] *adv* soltanto

leer [le:ɐ̯] **I.** *adj* **1.** (*ohne Inhalt*) vuoto; **mit ~en Händen** a mani vuote **2.** (*unbeschrieben*) bianco **3.** (*fig: nichts sagend*) inespressivo **II.** *adv* **~ ausgehen** andarsene a mani vuote

Leere ['le:rə] <-> *kein Pl f* **1.** (*das Leersein*) vuoto *m* **2.** (*fig*) vacuità *f*

leeren **I.** *vt* vuotare **II.** *vr* **sich ~** svuotarsi

Leerlauf *m* marcia *f* in folle; **leerstehend** *adj s.* **stehen 2.**

Leerung <-, -en> *f* (*von Briefkasten*) levata *f* della posta

legal [le'ga:l] *adj* legale

legalisieren [legali'zi:rən] <ohne ge-> *vt* legalizzare

Legalität [legali'tɛ:t] <-> *kein Pl f* legalità *f*

Legastheniker(in) [legas'te:nɪkɐ] <-s, -; -, -nen> *m(f)* dislessico, -a *m, f*

legen ['le:gən] **I.** *vt* **1.** mettere; **jdm etw nahe ~** (*fig*) raccomandare qc a qu **2.** (*hin~*) posare **3.** (*Eier*) deporre **II.** *vr* **sich ~ 1.** (*sich hin~*) coricarsi **2.** (*nachlassen*) calmarsi

legendär [legɛn'dɛ:ɐ̯] *adj* leggendario

Legende [le'gɛndə] <-, -n> *f* leggenda *f*

leger [le'ʒe:ɐ̯] *adj* disinvolto; (*Kleidung*) casual

Leggings ['lɛgɪŋs] *pl* fuseaux *mpl*

Legierung <-, -en> *f* lega *f*

Legion [le'gi̯o:n] <-, -en> *f* legione *f*

Legislative [legɪsla'ti:və] <-, -n> *f* potere *m* legislativo

Legislaturperiode *f* legislatura *f*

legitim [legi'ti:m] *adj* legittimo

legitimieren [legiti'mi:rən] <ohne ge-> **I.** *vt* legittimare **II.** *vr* **sich ~** (*sich ausweisen*) dimostrare la propria identità

Lehm [le:m] <-(e)s, -e> *m* argilla *f;* **leh-**

mig *adj* argilloso
Lehne ['le:nə] <-, -n> *f* (*Rücken~*) spalliera *f*; (*Arm~*) bracciolo *m*
lehnen I. *vt* **etw an etw** *acc* ~ appoggiare qc a qc **II.** *vi* **an etw** *dat* ~ essere appoggiato a qc **III.** *vr* **sich an jdn/etw** ~ appoggiarsi a qu/qc; **sich aus dem Fenster** ~ sporgersi dalla finestra
Lehnsessel *m* poltrona *f*
Lehramt *n* insegnamento *m*; **Lehrbuch** *n* manuale *m*
Lehre ['le:rə] <-, -n> *f* **1.** (*Unterweisung*) insegnamento *m*; (*Handwerks~*) tirocinio *m* **2.** (*Theorie*) teoria *f*; (REL, PHILOS) dottrina *f* **3.** (*Erfahrung*) lezione *f*; **jdm eine ~ sein** servire di lezione a qu
lehren *vt* insegnare
Lehrer(in) <-s, -; -, -nen> *m(f)* insegnante *mf*; (*an Volksschule*) maestro, -a *m, f*; (*an höherer Schule*) professore, -essa *m, f*
Lehrgang *m* corso *m*; **Lehrjahr** *n* anno *m* di tirocinio; **Lehrkörper** *m* corpo *m* insegnante; **Lehrkraft** *f* (ADM) insegnante *mf*; **Lehrling** <-s, -e> *m* apprendista *mf*; **Lehrplan** *m* piano *m* di studi; **lehrreich** *adj* istruttivo; **Lehrstelle** *f* posto *m* di apprendistato; **Lehrstuhl** *m* cattedra *f*; **ein ~ für Linguistik** una cattedra di linguistica; **Lehrzeit** *f* (periodo *m* di) apprendistato *m*
Leib [laɪp] <-(e)s, -er> *m* corpo *m*; **bei lebendigem ~e** vivo; **etw am eigenen ~(e) erfahren** imparare qc a proprie spese; **mit ~ und Seele** anima e corpo; **sich** *dat* **jdn vom ~e halten** tenere alla larga qu
Leibeskräfte *fpl* **aus ~n schreien** gridare a più non posso
Leibgericht *n* piatto *m* preferito
leibhaftig *adj* in persona
leiblich *adj* fisico
Leibwächter *m* guardia *f* del corpo
Leiche ['laɪçə] <-, -n> *f* cadavere *m*; **über ~n gehen** (*fig*) essere senza scrupoli; **leichenblass**[RR] *adj* pallido come un morto; **Leichenhalle** *f* camera *f* mortuaria; **Leichenschändung** *f* profanazione *f* di cadavere; **Leichenverbrennung** *f* cremazione *f*; **Leichenwagen** *m* carro *m* funebre
leicht [laɪçt] *adj* **1.** (*nicht schwer*) leggero **2.** (*nicht schwierig*) facile; **das ist ~ gesagt** è facile a dirsi; **es nicht ~ haben** non avere una vita facile; **~es Spiel haben** aver buon gioco; **~ zugänglich** facilmente accessibile; **nichts ~er als das** nulla di più facile
Leichtathletik *f* atletica *f* leggera
leicht|fallen *vi s.* **fallen 6.**
leichtfertig *adj* leggero; **leichtgläubig** *adj* credulone; **Leichtgläubigkeit** *f* credulità *f*
Leichtigkeit <-> *kein Pl f* facilità *f*; **mit ~** facilmente
leicht|machen *vt s.* **machen I.2.**
Leichtmetall *n* metallo *m* leggero
leicht|nehmen *vt s.* **nehmen**
Leichtsinn *m* leggerezza *f*; **leichtsinnig** *adj* leggero
leichtverdaulich *adj s.* **verdaulich**
leid [laɪt] *adj* **ich bin es ~ zu** +*inf* sono stufo di +*inf*
Leid <-(e)s> *kein Pl n* pena *f*; (*Schmerz*) dolore *m*; **~ tun** (di)spiacere; **er tut mir ~** mi fa pena; **es tut mir ~, dass ...** mi (di)spiace che +*conj*; **jdm ein ~ (an)tun** fare un torto a qu; **jdm sein ~ klagen** confidare a qu il proprio dolore
leiden ['laɪdən] <leidet, litt, gelitten> **I.** *vi* soffrire; **an einer Krankheit ~** soffrire di una malattia; **unter der Einsamkeit ~** soffrire di solitudine **II.** *vt* patire; **Not ~** essere in miseria; **jdn nicht ~ können** non poter soffrire qu
Leiden <-s, -> *n* **1.** sofferenza *f* **2.** (*Krankheit*) malattia *f*
Leidenschaft <-, -en> *f* passione *f*; **leidenschaftlich** *adj* appassionato
Leidensgenosse *m*, **Leidensgenossin** *f* compagno, -a *mf* di sventura
leider ['laɪdɐ] *adv* purtroppo; **~ muss ich sagen, dass ...** mi dispiace (di) dover dire che ...
Leidtragende <ein -r, -n, -n> *mf* vittima *f*
Leier ['laɪɐ] <-, -n> *f* (MUS) lira *f*; **das ist immer die alte ~** (*fam*) è sempre la solita storia; **Leierkasten** *m* organetto *m* (di Barberia)
leiern *vi* (*fig: monoton sprechen*) parlare in tono monotono
Leihbibliothek *f* biblioteca *f* di prestito
leihen ['laɪən] <leiht, lieh, geliehen> **I.** *vt* **jdm etw ~** prestare qc a qu **II.** *vr* **sich** *dat* **etw ~** farsi prestare qc
Leihgabe *f* prestito *m*; **Leihgebühr** *f* tariffa *f* di prestito; **Leihmutter** *f* madre *f* in affitto; **Leihwagen** *m* macchina *f* a nolo; **leihweise** *adv* in prestito

Leim [laɪm] <-(e)s, -e> *m* colla *f;* **aus dem ~ gehen** (*fam*) scollarsi; **jdm auf den ~ gehen** (*fam*) farsi abbindolare da qu

leimen *vt* incollare

Leine ['laɪnə] <-, -n> *f* corda *f;* (*Hunde~*) guinzaglio *m*

Leinen <-s, -> *n* lino *m*

Leinsamen *m* seme *m* di lino; **Leintuch** *n* lenzuolo *m;* **Leinwand** *f* **1.** tela *f* **2.** (FILM) schermo *m*

Leipzig ['laɪptsɪç] *n* Lipsia *f*

leise ['laɪzə] **I.** *adj* **1.** (*tonschwach*) basso; **~r stellen** abbassare; **mit ~r Stimme** a bassa voce **2.** (*leicht*) leggero; **nicht die ~ste Ahnung haben** non avere la più pallida idea **II.** *adv* (*mit leiser Stimme*) piano

Leiste ['laɪstə] <-, -n> *f* **1.** (*Rand~*) listello *m* **2.** (*Zier~*) bordo *m* **3.** (ANAT) inguine *m*

leisten ['laɪstən] *vt* compiere; **jdm Gesellschaft ~** far compagnia a qu; **das kann ich mir nicht leisten** non me lo posso permettere

Leistenbruch *m* (MED) ernia *f* inguinale

Leistung <-, -en> *f* **1.** prestazione *f;* (*gute ~*) rendimento *m;* (*Geleistetes*) opera *f* **2.** (*von Motor*) potenza *f* **3.** (*~sfähigkeit*) capacità *f;* **Leistungsdruck** *kein Pl m* pressione *f* (di dover rendere); **Leistungsgesellschaft** *f* società *f* efficientistica; **Leistungskurs** *m* seminario *m;* **Leistungssport** *m* sport *m* di competizione

Leitartikel *m* articolo *m* di fondo

leiten ['laɪtən] *vt* **1.** (*führen*) guidare; **sich von etw ~ lassen** lasciarsi guidare da qc **2.** (*verantwortlich ~*) dirigere; (*den Vorsitz haben*) presiedere **3.** (*verwalten*) gestire; **leitend** *adj* direttivo; **~e(r) Angestellte(r)** dirigente *mf*

Leiter ['laɪtɐ] <-, -n> *f* scala *f*

Leiter(in) <-s, -; -, -nen> *m(f)* dirigente *mf*

Leitfaden *m* (*Lehrbuch*) manuale *m;* **Leitfähigkeit** *f* (EL, PHYS) conduttività *f;* **Leitgedanke** *m* pensiero *m* dominante; **Leitplanke** *f* guardrail *m*

Leitung <-, -en> *f* **1.** (*Führung*) guida *f;* (*von Betrieb, Schule, Orchester*) direzione *f;* **unter der ~ von** sotto la direzione di **2.** (*Gas~, Wasser~*) tubazione *f* **3.** (EL, TEL) linea *f;* **die ~ ist besetzt** la linea è occupata; **eine lange ~ haben** (*fig fam*) essere duro di comprendonio; **Leitungsrohr** *n* conduttura *f;* **Leitungswasser** *n* acqua *f* di rubinetto

Lektion [lɛk'tsi̯oːn] <-, -en> *f* lezione *f;* **jdm eine ~ erteilen** (*fig*) dare una lezione a qu

Lektor(in) ['lɛktoːɐ̯] <-s, -en; -, -nen> *m(f)* (*Verlags~*) consulente *mf* editoriale

Lektüre [lɛk'tyːrə] <-, -n> *f* lettura *f*

Lende ['lɛndə] <-, -n> *f* lombo *m;* **Lendenwirbel** *m* vertebra *f* lombare

lenkbar *adj* (*fig: Kind*) docile

lenken ['lɛŋkən] *vt* **1.** (*Fahrzeug*) guidare **2.** (*fig: Kind*) guidare **3.** (*Gedanken, Blick*) volgere; **jds Aufmerksamkeit auf etw** *acc* **~** richiamare l'attenzione di qu su qc

Lenker(in) <-s, -> *m(f)* (*Fahrer*) conduttore, -trice *m, f*

Lenkrad *n* volante *m;* **Lenkstange** *f* manubrio *m*

Lenkung <-, -en> *f* **1.** (*Führung*) direzione *f* **2.** (AUTO: *Vorrichtung*) sterzo *m*

Leopard [leo'part] <-en, -en> *m* leopardo *m*

Lepra ['leːpra] <-> *kein Pl f* lebbra *f*

Lerche ['lɛrçə] <-, -n> *f* allodola *f*

lernbegierig *adj* avido di apprendere; **lernbehindert** *adj* ritardato

lernen ['lɛrnən] **I.** *vt* imparare; **auswendig ~** imparare a memoria; **~ etw zu tun** imparare a fare qc; **lesen ~** imparare a leggere **II.** *vi* **1.** (*Kenntnisse erwerben*) studiare **2.** (*in der Lehre sein*) imparare come apprendista

Lernsoftware *f* (INFORM) software *m* a scopo didattico

lesbar *adj* leggibile

Lesbe ['lɛsbə] <-, -n> *f* lesbica *f*

lesbisch *adj* lesbico

Lesebuch *n* libro *m* di lettura

lesen ['leːzən] <liest, las, gelesen> *vt* **1.** (*Geschriebenes*) leggere **2.** (*pflücken*) cogliere

lesenswert *adj* che vale la pena di essere letto

Leser <-s, -> *m* lettore *m*

Leseratte *f* divoratore, -trice *m, f* di libri

Leserbrief *m* lettera *f* al direttore

Leserin <-, -nen> *f* lettrice *f;* *s. a.* **Leser**

leserlich *adj* leggibile

Lesesaal *m* sala *f* di lettura; **Lesezeichen** *n* segnalibro *m*

Lesung <-, -en> *f* lettura *f*

Lette ['lɛtə] <-n, -n> *m,* **Lettin** ['lɛtɪn] <-, -nen> *f* lettone *mf*

lettisch *adj* lettone
Lettland ['lɛtlant] *n* Lettonia *f*
letzte *s.* **letzte(r, s)**
letztens *adv* recentemente
letztere(r, s) *adj* quest'ultimo, -a
letzte(r, s) ['lɛtstə, -tɐ, -təs] *adj* **1.** (*räumlich, zeitlich*) ultimo; **in den ~n Jahren** negli ultimi anni; **~n Endes** in fin dei conti; **~ Woche** la settimana scorsa; **zum ~n Mittel greifen** giocare l'ultima carta; **das wäre das Letzte!** sarebbe la fine **2.** (*neueste*) (il/la) più recente; **der ~ Schrei** l'ultimo grido
Leuchte ['lɔɪçtə] <-, -n> *f* lampada *f*
leuchten ['lɔɪçtən] *vi* far luce; (*Sonne, Augen*) splendere
Leuchter <-s, -> *m* candeliere *m*
Leuchtfarbe *f* colore *m* luminescente; **Leuchtfeuer** *n* faro *m;* **Leuchtrakete** *f* razzo *m* illuminante; **Leuchtreklame** *f* insegna *f* luminosa; **Leuchtturm** *m* faro *m;* **Leuchtzifferblatt** *n* quadrante *m* luminoso
leugnen ['lɔɪgnən] *vt* negare; **es kann nicht geleugnet werden, dass ...** è innegabile che ...
Leukämie [lɔɪkɛ'mi:] <-, -n> *f* (MED) leucemia *f*
Leukoplast® [lɔɪko'plast] <-(e)s, -e> *n* leucoplasto® *m*
Leute ['lɔɪtə] *pl* gente *f;* **alle ~** tutti; **junge/alte ~** i giovani *mpl*/i vecchi *mpl;* **unter die ~ bringen** diffondere; **was werden die ~ dazu sagen?** che dirà la gente?
Leutnant ['lɔɪtnant] <-s, -s> *m* tenente *m*
leutselig *adj* affabile
Leviten [le'vi:tən] *pl* **jdm die ~ lesen** (*fam*) dare una lavata di capo a qu
Lexikon ['lɛksikɔn] <-s, -ka> *n* dizionario *m* enciclopedico
Libanese [liba'ne:zə] <-n, -n> *m,* **Libanesin** [liba'ne:zɪn] <-, -nen> *f* libanese *mf*
libanesisch *adj* libanese
Libanon ['li:banɔn] *m* **der ~** il Libano; **im ~** nel Libano
Libelle [li'bɛlə] <-, -n> *f* libellula *f*
liberal [libe'ra:l] *adj* liberale
liberalisieren [liberali'zi:rən] <ohne ge-> *vt* liberalizzare
Liberalismus [libera'lɪsmʊs] <-> *kein Pl* *m* liberalismo *m*
Libyen ['li:byən] *n* Libia *f*
Libyer(in) <-s, -; -, -nen> *m(f)* libico, -a *m, f*
libysch ['li:bʏʃ] *adj* libico
Licht [lɪçt] <-(e)s, -er> *n* luce *f;* **bei ~** alla luce; **das ~ ausmachen** spegnere la luce; **etw ins rechte ~ rücken** (*fig*) mettere qc nella giusta luce; **jdn hinters ~ führen** (*fig*) abbindolare qu; **jetzt geht mir ein ~ auf** (*fig*) ora comincio a capire; **~ machen** accendere la luce; **Lichtbild** *n* (ADM: *Passbild*) fototessera *f;* **Lichtblick** *m* (*fig*) (barlume *m* di) speranza *f;* **lichtempfindlich** *adj* sensibile alla luce
lichten **I.** *vt* diradare; **den Anker ~** levare l'ancora **II.** *vr* **sich ~** diradarsi
Lichterkette *f* fiaccolata *f*
lichterloh *adv* **~ brennen** essere in fiamme
Lichtgeschwindigkeit *f* velocità *f* della luce; **Lichthupe** *f* lampeggiatore *m;* **Lichtjahr** *n* anno *m* luce; **Lichtmaschine** *f* dinamo *f;* **Lichtschalter** *m* interruttore *m* della luce; **Lichtschutzfaktor** *m* coefficiente *m* di filtrazione; **Lichtstrahl** *m* raggio *m* di luce
Lichtung <-, -en> *f* radura *f*
Lid [li:t] <-(e)s, -er> *n* palpebra *f;* **Lidschatten** *m* ombretto *m*
lieb [li:p] *adj* **1.** (*geschätzt, teuer*) caro; **~ gewinnen** affezionarsi a; **~ haben** amare **2.** (*angenehm*) piacevole **3.** (*nett*) gentile; **seien Sie so ~ und ...** abbia la cortesia di +*inf*
liebäugeln *vi* **mit etw ~** vagheggiare qc
Liebe ['li:bə] <-, *rar* -n> *f* amore *m;* **aus ~ zu** per amore di; **~ auf den ersten Blick** amore a prima vista; **~ zu jdm/etw** amore per qu/qc
Liebelei [li:bə'laɪ] <-, -en> *f* (*pej*) amoretto *m*
lieben *vt* amare
liebenswert *adj* amabile; **liebenswürdig** *adj* gentile; **das ist sehr ~ von Ihnen** è molto gentile da parte Sua; **Liebenswürdigkeit** <-, -en> *f* gentilezza *f*
lieber ['li:bɐ] *adv* **1.** *Komparativ von* **gern** **2.** (*eher*) piuttosto; **~ haben** preferire; **etw ~ tun** preferire fare qc; **ich würde ~ gehen** preferirei andare
Liebesbrief *m* lettera *f* d'amore; **Liebeserklärung** *f* dichiarazione *f* d'amore; **jdm eine ~ machen** dichiararsi a qu; **Liebeskummer** *m* pene *fpl* d'amore; **Liebes-**

lied *n* canzone *f* d'amore; **Liebespaar** *n* coppia *f* d'innamorati

liebevoll *adj* affettuoso

lieb|gewinnen *vt s.* **lieb 1.**

lieb|haben *vt s.* **lieb 1.**

Liebhaber <-s, -> *m* **1.** (*Geliebte*) amante *m* **2.** (*fig: Interessent, Kenner*) amatore, -trice *m, f;* **Liebhaberei** <-, -en> *f* passione *f;* **Liebhaberin** <-, -nen> *f* amante *f; s. a.* **Liebhaber**; **liebkosen** <ohne ge-> *vt* accarezzare

lieblich *adj* (*Mensch*) grazioso; (*Duft, Töne*) soave

Liebling ['li:plɪŋ] <-s, -e> *m* **1.** (*von Eltern*) prediletto, -a *m, f* **2.** (*Kosewort*) tesoro *m*

Lieblings- (*in Zusammensetzung*) preferito

lieblos *adj* freddo; **Lieblosigkeit** <-, -en> *f* mancanza *f* d'animo

Liebschaft <-, -en> *f* relazione *f* amorosa

Liechtenstein ['lɪçtənʃtaɪn] *n* Liechtenstein *m*

Liechtensteiner(in) <-s, -; -, -nen> *m(f)* abitante *mf* del Liechtenstein

Lied [li:t] <-(e)s, -er> *n* canzone *f;* **Liederbuch** *n* raccolta *f* di canzoni

liederlich ['li:dɐlɪç] *adj* (*Lebenswandel*) dissoluto; (*Arbeit*) raffazzonato

Liedermacher(in) *m(f)* cantautore, -trice *m, f*

lief [li:f] *1. u 3. pers sing imp von* **laufen**

Lieferant(in) [lifə'rant] <-en, -en; -, -nen> *m(f)* fornitore, -trice *m, f*

lieferbar *adj* disponibile; **jederzeit ~** pronto alla consegna; **Lieferbedingungen** *fpl* condizioni *fpl* di consegna

liefern ['li:fɐn] *vt* **1.** (*zustellen*) fornire; **ins Haus ~** consegnare a domicilio **2.** (*Beweis*) dare

Lieferschein *m* bolletta *f* di consegna; **Liefertermin** *m* termine *m* di consegna

Lieferung <-, -en> *f* consegna *f*

Lieferwagen *m* furgone *m*

Liege ['li:gə] <-, -n> *f* divano *m*

liegen ['li:gən] <liegt, lag, gelegen> *vi* **1.** (*flach ~*) essere disteso; **die ganze Nacht wach ~** stare sveglio tutta la notte **2.** (*sich befinden*) essere; (**so**) **wie die Dinge ~ ...** (così) come stanno le cose ...; **nahe ~** essere ovvio; **nahe liegend** evidente **3.** (*gelegen sein*) trovarsi; **wo liegt Regensburg?** dove si trova Ratisbona? **4.** (*fig: abhängen*) **an jdm/etw ~** dipendere da qu/qc; **daran soll's nicht ~** (*fam*) non sarà questo a impedirlo; **das liegt daran, dass ...** questo dipende dal fatto che ...; **woran liegt das?** da che cosa dipende? **5.** (*zusagen, gefallen*) **seine Art liegt mir nicht** i suoi modi non mi piacciono **6.** (*Wert legen auf*) **es liegt mir viel/wenig daran, dass ...** mi preme molto/poco che ... **7.** (*Begabung*) **Sprachen ~ ihm** è portato per le lingue

liegen|bleiben *s.* **bleiben 2.**

liegen|lassen *s.* **lassen² 4.**

Liegesitz *m* **1.** (AUTO) sedile *m* ribaltabile **2.** (FERR) cuccetta *f;* **Liegestuhl** *m* (sedia *f* a) sdraio *f;* **Liegewagen** *m* carrozza *f* con cuccette

lieh [li:] *1. u 3. pers sing imp von* **leihen**

ließ [li:s] *1. u 3. pers sing imp von* **lassen¹, lassen ²**

liest [li:st] *2. u 3. pers sing pr von* **lesen**

Lift [lɪft] <-(e)s, -e> *m* **1.** (*Aufzug*) ascensore *m* **2.** (*Ski~*) sciovia *f*

liften ['lɪftən] *vt* (MED) **sich** *dat* **das Gesicht ~ lassen** sottoporsi ad un lifting

Liga ['li:ga] <-, Ligen> *f* (SPORT) serie *f*

light [laɪt] *adj* (GASTR) light

Ligurien [li'gu:riən] *n* Liguria *f*

Ligurisches Meer *n* Mar *m* Ligure

Likör [li'kø:ɐ̯] <-s, -e> *m* liquore *m*

lila ['li:la] <inv> *adj* lilla

Lilie ['li:liə] <-, -n> *f* giglio *m*

Liliputaner(in) [lilipu'ta:nɐ] <-s, -; -, -nen> *m(f)* lillipuziano, -a *m, f*

Limit ['lɪmɪt] <-s, -s> *n* limite *m;* **jdm ein ~ setzen** porre un limite a qu

Limonade [limo'na:də] <-, -n> *f* gassosa *f*

Limousine [limu'zi:nə] <-, -n> *f* berlina *f*

Linde ['lɪndə] <-, -n> *f* tiglio *m*

lindern ['lɪndɐn] *vt* mitigare

Linderung <-> *kein Pl f* lenimento *m*

Lineal [line'a:l] <-s, -e> *n* riga *f*

Linguistik [lɪŋgu'ɪstɪk] <-> *kein Pl f* linguistica *f*

Linie ['li:niə] <-, -n> *f* linea *f;* **auf der ganzen ~** su tutta la linea; **auf die schlanke ~ achten** badare alla linea; **in erster ~** in primo luogo; **Linienflug** *m* volo *m* di linea; **Linienrichter(in)** *m(f)* (SPORT) guardalinee *mf*

liniert *adj* a righe

Linke <-n, -n> *f* sinistra *f;* **europäische ~** (POL) eurosinistra *f;* **zur ~n** a sinistra

linke(r, s) ['lɪŋkə, -kɐ, -kəs] *adj* **1.** sinistro,

L

-a; ~ **Seite** parte *f* sinistra; (*Stoff*) rovescio *m* **2.** (POL) di sinistra

linkisch *adj* maldestro

links ['lɪŋks] *adv* a sinistra; ~ **von mir** alla mia sinistra; **nach** ~ a sinistra; **von** ~ **nach rechts** da sinistra a destra; **Linksaußen** <-, -> *m* (SPORT) ala *f* sinistra; **linksbündig** *adj* allineato a sinistra; **Linkshänder(in)** <-s, -; -, -nen> *m(f)* mancino, -a *m, f;* **linksradikal** *adj* (POL) radicale di sinistra; **Linksverkehr** *m* circolazione *f* a sinistra

Linoleum [li'no:leʊm] <-s> *kein Pl n* linoleum *m*

Linse ['lɪnzə] <-, -n> *f* **1.** (BOT, GASTR) lenticchia *f* **2.** (OPT) lente *f*

Lippe ['lɪpə] <-, -n> *f* labbro *m;* **Lippenstift** *m* rossetto *m* (per le labbra)

liquidieren [likvi'di:rən] <ohne ge-> *vt* liquidare

lispeln ['lɪspəln] *vi* bisbigliare

Lissabon ['lɪsabɔn] *n* Lisbona *f*

List [lɪst] <-, *rar* -en> *f* astuzia *f;* **zu einer** ~ **greifen** ricorrere a un'astuzia

Liste ['lɪstə] <-, -n> *f* lista *f;* **eine** ~ **aufstellen** fare una lista; **sich in eine** ~ **eintragen** iscriversi in un elenco

listig *adj* astuto

Litanei [lita'naɪ] <-, -en> *f* litania *f*

Litauen ['li:taʊən] *n* Lituania *f*

Litauer(in) <-s, -; -, -nen> *m(f)* lituano, -a *m, f*

litauisch *adj* lituano

Liter ['li:tɐ] <-s, -> *m o n* litro *m*

literarisch [lɪtə'ra:rɪʃ] *adj* letterario

Literatur [lɪtəra'tu:ɐ̯] <-, -en> *f* letteratura *f;* **Literaturgeschichte** *f* storia *f* della letteratura; **Literaturkritik** *f* critica *f* letteraria; **Literaturpreis** *m* premio *m* letterario; **Literaturwissenschaft** *f* lettere *fpl*

Litfasssäule[RR] *f* colonna *f* delle affissioni

Lithografie[RR] [litogra'fi:] <-, -n> *f,* **Lithographie** <-, -n> *f* litografia *f*

litt [lɪt] *1. u 3. pers sing imp von* **leiden**

Liturgie [litʊr'gi:] <-, -n> *f* liturgia *f*

live [laɪf] *adv* in diretta; **Live-Sendung** *f,* **Livesendung**[RR] *f* trasmissione *f* in diretta

Il primo titolo di studi conseguibile in un'università svizzera è il **Lizentiat** o "Diplom". Successivamente è possibile conseguire il titolo di dottore o frequentare un corso post-universitario.

Lizenz [li'tsɛnts] <-, -en> *f* licenza *f;* **eine** ~ **erteilen** accordare una licenza

LKW, Lkw [ɛlka:'ve:] <-(s), -(s)> *m abk v* **Lastkraftwagen** autocarro *m*

Lob [lo:p] <-(e)s> *kein Pl n* lode *f;* **ein** ~ **verdient haben** essere degno di lode

loben ['lo:bən] *vt* lodare; **lobenswert** *adj,* **löblich** *adj* lodevole

Loblied *n* **ein** ~ **auf jdn singen** tessere le lodi di qu; **Lobrede** *f* elogio *m*

Loch [lɔx] <-(e)s, Löcher> *n* (*a fam pej*) buco *m*

lochen *vt* forare

Locher <-s, -> *m* perforatore *m*

Lochkarte *f* scheda *f* perforata; **Lochstreifen** *m* nastro *m* perforato

Locke ['lɔkə] <-, -n> *f* riccio *m;* ~**n haben** avere i riccioli

locken ['lɔkən] *vt* **1.** (*herbei~*) chiamare; (*fig: anziehen*) attirare **2.** (*Haar*) arricciare

Lockenstab *m* ferro *m* arricciante (per capelli); **Lockenwickler** *m* bigodino *m*

locker ['lɔkɐ] *adj* **1.** (*Schraube, Knoten*) lento; (*wackelnd*) traballante; ~ **sitzen** avere gioco **2.** (*Teig*) molle **3.** (*Muskulatur*) rilassato **4.** (*fig: Lebenswandel*) libertino

locker|lassen <irr> *vi* (*fam*) **nicht** ~ non mollare

lockern *vt* (*a fig*) allentare

lockig *adj* ricciuto

Lockvogel *m* (*fig*) adescatore, -trice *m, f*

lodern ['lo:dɐn] *vi* fiammeggiare

Löffel ['lœfəl] <-s, -> *m* cucchiaio *m*

löffeln *vt* mangiare col cucchiaio

log [lo:k] *1. u 3. pers sing imp von* **lügen**

Loge ['lo:ʒə] <-, -n> *f* (THEAT) palco *m*

logieren [lo'ʒi:rən] *vt* (*CH*) ospitare

Logik ['lo:gɪk] <-> *kein Pl f* logica *f*

logisch ['lo:gɪʃ] *adj* logico

Logopäde [logo'pɛ:də] <-n, -n> *m,* **Logopädin** [logo'pɛ:dɪn] <-, -nen> *f* logopedista *mf*

Lohn [lo:n] <-(e)s, Löhne> *m* **1.** (*Arbeitsentgelt*) salario *m* **2.** (*fig: Belohnung*) ricompensa *f;* **zum** ~ **für** in ricompensa per; **Lohnabrechnung** *f* busta *f* paga; **Lohnausfall** *m* perdita *f* di salario; **Lohnausgleich** *m* conguaglio *m* salariale; **Lohnempfänger(in)** *m(f)* salariato, -a *m, f*

lohnen *vr* **sich** ~ valere la pena; **es lohnt sich nicht** non ne vale la pena

lohnend *adj* **1.** (*vorteilhaft*) proficuo **2.** (*ein-*

träglich) redditizio

lohnenswert *adj* conveniente

Lohnerhöhung *f* aumento *m* salariale; **Lohnsteuer** *f* imposta *f* sul salario; **Lohnsteuerjahresausgleich** *m* conguaglio *m* annuale dell'imposta sul salario; **Lohnsteuerkarte** *f* cedolino *m* (delle ritenute fiscali); **Lohnverhandlungen** *fpl* trattative *fpl* (sindacali) sui salari

Loipe ['lɔɪpə] <-, -n> *f* pista *f* (per sci) di fondo

Lok [lɔk] <-, -s> *f abk v* **Lokomotive**

lokal [lo'ka:l] *adj* locale

Lokal <-(e)s, -e> *n* locale *m*

Lokalblatt *n* giornale *m* locale

lokalisieren [lokali'zi:rən] <ohne ge-> *vt* localizzare

Lokalnachrichten *fpl* cronaca *f* locale; **Lokalpatriotismus** *m* (*pej*) campanilismo *m;* **Lokalseite** *f,* **Lokalteil** *m* (*einer Zeitung*) cronaca *f* locale; **Lokalverbot** *n* divieto *m* di accesso in un locale

Lokomotive [lokomo'ti:və] <-, -n> *f* locomotiva *f;* **Lokomotivführer(in)** *m(f)* macchinista *mf*

Lombardei [lɔmbar'daɪ] *f* Lombardia *f*

London ['lɔndɔn] *n* Londra *f*

Look [lʊk] <-s, -s> *m* moda *f*

Looping ['lu:pɪŋ] <-s, -s> *m o n* looping *m*

Looser <-s, -> *m* (*fam*) perdente *mf*

Lorbeer ['lɔrbe:ɐ̯] <-s, -en> *m* alloro *m;* (**sich**) **auf seinen ~en ausruhen** (*fig*) dormire sugli allori; **Lorbeerblatt** *n* (GASTR) foglia *f* d'alloro; **Lorbeerkranz** *m* corona *f* d'alloro

los [lo:s] **I.** *adj* (*abgetrennt*) staccato **II.** *adv* **etw/jdn ~ sein** (*fam*) essersi liberato di qc/qu; **in dieser Stadt ist nach 10 Uhr nichts mehr ~** (*fam*) questa città dopo le 10 di sera è un mortorio; **was ist mit dir ~?** (*fam*) che cosa hai?; **was ist** (**denn**) **hier ~?** (*fam*) che cosa succede? **III.** *int* **~!** avanti!; **auf die Plätze, fertig, ~!** pronti, partenza, via!

Los [lo:s] <-es, -e> *n* (*Lotterie~*) biglietto *m* della lotteria; **das Große ~ ziehen** (*fig*) vincere un terno al lotto

los|binden <irr> *vt* slegare

los|brechen <irr> *vi sein* scatenarsi

Löschblatt *n* (foglio *m* di) carta *f* assorbente

löschen ['lœʃən] *vt* **1.** (*Feuer, Licht, Durst*) spegnere **2.** (*Tonband, Daten*) cancellare

Löschpapier *n* carta *f* assorbente; **Löschtaste** *f* (INFORM) clear *m*

lose *adj* **1.** (*locker*) lento **2.** (*unverpackt*) sciolto **3.** (*moralisch*) leggero

Lösegeld *n* riscatto *m*

losen ['lo:zən] *vi* (**um etw**) ~ tirare a sorte (qc)

lösen ['lø:zən] **I.** *vt* **1.** (*losmachen,* CHEM) sciogliere **2.** (*Problem, Rätsel*) risolvere **3.** (*Verlobung, Partnerschaft*) rompere **II.** *vr* **sich ~ 1.** (CHEM) sciogliersi **2.** (*sich frei machen*) **sich von etw ~** liberarsi da qc **3.** (*sich aufklären*) risolversi

los|fahren <irr> *vi sein* partire; **los|gehen** <irr> *vi sein* **1.** (*aufbrechen*) mettersi in cammino **2.** (*zugehen*) **auf jdn ~** dirigersi verso qu; (*in feindlicher Absicht*) gettarsi contro qu **3.** (*fam: anfangen*) cominciare **4.** (*Bombe*) scoppiare; **los|kaufen** *vt* riscattare; **los|kommen** <irr> *vi sein* **von etw ~** riuscire a staccarsi da qc; **los|lachen** *vi* **laut ~** scoppiare a ridere; **los|lassen** <irr> *vt* mollare; **der Gedanke lässt mich nicht mehr los** il pensiero non mi dà più pace; **die Hunde auf jdn ~** sguinzagliare i cani contro qu; **los|legen** *vi* (*fam*) **mit etw ~** cominciare a fare qc

löslich *adj* solubile

los|lösen *vr* **sich von jdm/etw ~** staccarsi da qu/qc; **los|machen I.** *vt* slegare **II.** *vr* **sich** (**von etw**) **~** (*a fig*) liberarsi (da qc); **los|reißen** <irr> *vr* **sich** (**von jdm/etw**) **~** (*a fig*) staccarsi (da qu/qc); **los|sagen** *vr* **sich** (**von jdm/etw**) **~** separarsi (da qu/qc)

Losung <-, -en> *f* parola *f* d'ordine

Lösung <-, -en> *f* **1.** (*eines Rätsels, Problems*) soluzione *f* **2.** (*von Beziehungen*) rottura *f;* **Lösungsmittel** *n* (CHEM) solvente *m*

los|werden <irr> *vt sein* liberarsi di; **ich werde den Gedanken nicht los** non riesco a togliermi quest'idea dalla testa; **los|ziehen** <irr> *vi sein* mettersi in cammino; **gegen jdn ~** (*fig fam*) scagliarsi contro qu

Lot [lo:t] <-(e)s, -e> *n* **1.** (*Senkblei*) filo *m* a piombo; **etw wieder ins rechte ~ bringen** sistemare qc **2.** (MAT: *Senkrechte*) verticale *f*

löten ['lø:tən] *vt* saldare

Lotion [lo'tsi̯o:n] <-, -en> *f* lozione *f*

Lötkolben *m* saldatoio *m*

Lotos ['lo:tɔs] <-, -> *m,* **Lotosblume** *f*

loto *m*

Lotse ['lo:tsə] <-n, -n> *m* (NAUT) pilota *m;* (AERO) radioassistente *m*

lotsen *vt* pilotare; (*fig fam*) trascinare

Lotterie [lɔtə'ri:] <-, -n> *f* lotteria *f;* **Lotterielos** *n* biglietto *m* della lotteria

Lotterleben *n* (*pej*) vita *f* sregolata

Lotto ['lɔto] <-s, -s> *n* lotto *m;* **Lottogewinn** *m* vincita *f* al lotto; **Lottoschein** *m* schedina *f* del lotto

Löwe ['lø:və] <-n, -n> *m* leone *m;* **Löwenanteil** *m* **sich** *dat* **den ~ nehmen** (*fig fam*) assicurarsi la parte del leone; **Löwenzahn** *m* (BOT) dente *m* di leone

Löwin ['lø:vɪn] <-, -nen> *f* leonessa *f*

loyal [lo̯a'ja:l] *adj* leale

Loyalität [lo̯ajali'tɛ:t] <-> *kein Pl f* lealtà *f*

LP [ɛl'pe:] <-, -s> *f abk v* **Langspielplatte** LP *m*

LSD [ɛlʔɛs'de:] <-(s)> *kein Pl n* LSD *f*

Luchs [lʊks] <-es, -e> *m* lince *f*

Lücke ['lʏkə] <-, -n> *f* (*in Text, a fig*) lacuna *f;* **eine ~ schließen** colmare una lacuna; **Lückenbüßer** *m* tappabuchi *m;* **lückenhaft** *adj* (*unvollständig*) incompleto; **lückenlos** *adj* **1.** (*ohne Lücken*) senza lacune **2.** (*vollständig*) completo

lud [lu:t] *1. u 3. pers sing imp von* **laden**

Luft [lʊft] <-, *poet* Lüfte> *f* **1.** aria *f;* **an die (frische) ~ gehen** andare all'aria aperta; **die ~ aus etw herauslassen** sgonfiare qc; **für jdn ~ sein** non esistere per qu; **in die ~ jagen** far saltare; **in der ~ liegen** essere nell'aria; **jdn an die ~ setzen** (*fam*) mettere qu alla porta; **sich in ~ auflösen** (*fam: Person*) svanire nel nulla **2.** *sing* (*Atem*) fiato *m;* **~ holen** prendere fiato; **keine ~ kriegen** soffocare

Luftangriff *m* attacco *m* aereo; **Luftballon** *m* palloncino *m;* **Luftbefeuchter** <-s, -> *m* umidificatore *m;* **Luftbild** *n* fotografia *f* aerea; **Luftblase** *f* bolla *f* d'aria; **Luftbrücke** *f* ponte *m* aereo; **luftdicht** *adj* ermetico; **Luftdruck** *kein Pl m* pressione *f* atmosferica; **luftdurchlässig** *adj* permeabile all'aria

lüften ['lʏftən] *vt* **1.** (*Zimmer*) aerare; (*Kleidung*) mettere all'aria **2.** (*fig: Geheimnis*) svelare

Luftfahrt *f* aviazione *f;* **Luftfahrtgesellschaft** *f* compagnia *f* di navigazione aerea; **Luftfeuchtigkeit** *f* umidità *f* atmosferica; **Luftfracht** *f* merce *f* aerotrasportata; **luftgetrocknet** *adj* seccato all'aria

luftig *adj* **1.** (*Raum*) arioso; (*frisch*) aerato **2.** (*Kleidung*) vaporoso

Luftkissenboot *n* hovercraft *m;* **Luftkurort** *m* stazione *f* climatica; **luftleer** *adj* **~er Raum** vuoto *m;* **Luftlinie** *f* linea *f* d'aria; **Luftloch** *n* (AERO) vuoto *m* d'aria; **Luftmatratze** *f* materassino *m;* **Luftpirat(in)** *m(f)* pirata *mf* dell'aria; **Luftpost** *f* posta *f* aerea; **mit ~** per posta aerea; **Luftpumpe** *f* pompa *f* pneumatica; **Luftraum** *m* spazio *m* aereo; **Luftröhre** *f* (ANAT) trachea *f;* **Luftschiff** *n* dirigibile *m;* **Luftschlange** *f* stella *f* filante; **Luftschloss**[RR] *n* castello *m* in aria; **Luftschlösser bauen** fare castelli in aria; **Luftschutzbunker** *m,* **Luftschutzkeller** *m,* **Luftschutzraum** *m* rifugio *m* antiaereo; **Luftsprung** *m* salto *m* di gioia; **Luftströmung** *f* corrente *f* d'aria; **Luftstützpunkt** *m* base *f* aerea; **luftundurchlässig** *adj* impermeabile all'aria

Lüftung <-, -en> *f* aerazione *f;* **Lüftungsschacht** *m* condotto *m* dell'aria

Luftveränderung *f* cambiamento *m* d'aria; **Luftverkehr** *m* traffico *m* aereo; **Luftverschmutzung** *f* inquinamento *m* atmosferico; **Luftwaffe** *f* (MIL) aeronautica *f* militare; **Luftweg** *m* **auf dem ~** per via aerea; **Luftzug** *m* corrente *f* d'aria

Lüge ['ly:gə] <-, -n> *f* bugia *f;* **~n haben kurze Beine** (*prov*) le bugie hanno le gambe corte

lügen <lügt, log, gelogen> *vi* mentire; **~ wie gedruckt** (*fam*) spararle grosse

Lügendetektor *m* macchina *f* della verità; **Lügengeschichte** *f* frottola *f*

Lügner(in) ['ly:gnɐ] <-s, -; -, -nen> *m(f)* bugiardo, -a *m, f*

Luke ['lu:kə] <-, -n> *f* boccaporto *m*

Lümmel ['lʏməl] <-s, -> *m* (*pej: Flegel*) villano *m*

Lump [lʊmp] <-en, -en> *m* (*pej*) mascalzone *m*

lumpen ['lʊmpən] *vt* (*fam*) **sich nicht ~ lassen** non fare lo spilorcio

Lumpen <-s, -> *m* straccio *m*

Lunge ['lʊŋə] <-, -n> *f* polmone *m;* **sich** *dat* **die ~ aus dem Leib schreien** (*fam*) spolmonarsi

Lungenbraten *m* (*A: Rinderfilet*) filetto *m*

di manzo; **Lungenentzündung** *f* polmonite *f;* **Lungenflügel** *m* lobo *m* polmonare; **lungenkrank** *adj* tubercolotico; **Lungenkrebs** *m* cancro *m* ai polmoni

lungern ['lʊŋɐn] *vi* (*fam*) bighellonare

Lupe ['luːpə] <-, -n> *f* lente *f;* **unter die ~ nehmen** (*fig*) esaminare attentamente

Lurch [lʊrç] <-(e)s, -e> *m* anfibio *m*

Lust [lʊst] <-, Lüste> *f* **1.** *sing* (*Freude*) gioia *f;* **nach ~ und Laune** a capriccio **2.** *sing* (*Verlangen*) voglia *f;* **~ auf etw** *acc* **haben** avere voglia di qc; **keine ~ haben zu arbeiten** non avere voglia di lavorare; **mir ist die ~ vergangen** mi è passata la voglia

Luster ['lʊstɐ] <-s, -> *m* (*A*), **Lüster** ['lʏstɐ] <-s, -> *m* lampadario *m*

lüstern ['lʏstɐn] *adj* lascivo

lustig *adj* **1.** (*vergnügt*) allegro **2.** (*erheiternd*) divertente; **sich über etw** *acc* **~ machen** burlarsi di qc; **sich über jdn ~ machen** prendere in giro qu

Lüstling ['lʏstlɪŋ] <-s, -e> *m* libertino *m*

lustlos *adj* svogliato; **Lustmord** *m* omicidio *m* con violenza carnale; **Lustobjekt** *n* oggetto *m* di piacere; **Lustspiel** *n* commedia *f*

lutschen ['lʊtʃən] *vt, vi* succhiare; **am Daumen ~** succhiarsi il pollice

Lutscher <-s, -> *m* lecca-lecca *m*

Luxemburg ['lʊksəmbʊrk] *n* Lussemburgo *m*

Luxemburger(in) <-s, -; -, -nen> *m(f)* lussemburghese *mf*

luxemburgisch *adj* lussemburghese

luxuriös [lʊksuri'øːs] *adj* di lusso

Luxus ['lʊksʊs] <-> *kein Pl m* lusso *m;* **Luxusartikel** *m* articolo *m* di lusso; **Luxusausführung** *f* modello *m* di lusso; **Luxushotel** *n* albergo *m* di lusso; **Luxussteuer** *f* imposta *f* sui generi di lusso

Luzern [lu'tsɛrn] *n* Lucerna *f*

Lymphknoten *m* linfoghiandola *f*

lynchen ['lʏnçən] *vt* linciare

Lynchjustiz *f* linciaggio *m*

Lyrik ['lyːrɪk] <-> *kein Pl f* lirica *f*

Lyriker(in) <-s, -; -, -nen> *m(f)* poeta, -essa *m, f* lirico, -a

lyrisch *adj* lirico

M

M, m [ɛm] <-, -(s)> *n* M, m *f;* **M wie Martha** M come Milano

Machart *f* confezione *f*

machbar *adj* fattibile

Mache ['maxə] <-> *kein Pl f* (*fam*) apparenza *f;* **das ist alles nur ~** è tutta una commedia

machen ['maxən] **I.** *vt* **1.** (*tun*) fare; **etw ~ lassen** far fare qc; **Licht ~** accendere la luce; **das macht nichts** non importa; **dagegen ist nichts zu ~** non ci si può fare nulla; **mach's gut!** (*fam*) ciao, stammi bene! **2.** (*in einen Zustand versetzen*) rendere; **jdm etw leicht ~** agevolare qc a qu; **jdn schlecht ~** diffamare qu; **jdm das Leben schwer ~** rendere la vita difficile a qu **3.** (*kosten*) costare; **was macht das?** quant'è? **II.** *vr* **sich ~ 1.** (*fam: gedeihen*) svilupparsi **2.** (*sich in einen Zustand versetzen*) **mach dich nicht schmutzig!** non sporcarti!; **~ Sie es sich** *dat* **bequem!** si metta a Suo agio! **3.** (*beginnen*) **sich an etw** *acc* **~** mettersi a fare qc **4.** (*passen, aussehen*) stare; **sich gut ~** stare bene **5.** (*Wend*) **ich mache mir nichts daraus** non me ne importa niente **III.** *vi* **Arbeiten macht müde** il lavoro stanca; **lass mich nur ~!** (*fam*) lascia fare a me!; **nun mach schon!** (*fam*) sbrigati!

Machenschaften *fpl* (*pej*) manovre *fpl*

Macho ['matʃo] <-s, -s> *m* (*fam*) maschilista *m*

Macht [maxt] <-, Mächte> *f* potere *m;* (*Staat*) potenza *f;* **an der ~ sein** essere al potere; **die ~ ergreifen** prendere il potere; **Machtbereich** *m* sfera *f* di competenza; **Machtergreifung** *f* presa *f* del potere; **Machthaber(in)** <-s, -; -, -nen> *m(f)* uomo *m* (donna *f*) al potere

mächtig ['mɛçtɪç] **I.** *adj* **1.** (*machtvoll*) potente **2.** (*fähig*) **einer Sprache ~ sein** (*geh*) padroneggiare una lingua **3.** (*fam: sehr groß*) enorme **II.** *adv* (*fam: sehr*) molto; **sich ~ anstrengen** sforzarsi molto

Machtkampf *m* lotta *f* per il potere;

machtlos *adj* impotente; **dagegen ist man ~** non ci si può far nulla; **Machtlosigkeit** <-> *kein Pl f* impotenza *f;* **Machtprobe** *f* prova *f* di forza; **Machtstellung** *f* posizione *f* di forza; **Machtwort** <-(e)s, -e> *n* **ein ~ sprechen** dire una parola decisiva

Machwerk *n* (*pej*) abborracciatura *f*

Macke ['makə] <-, -n> *f* (*fam: Tick*) fisima *f;* **du hast doch eine ~!** non hai tutte le rotelle a posto!

Mädchen ['mɛːtçən] <-s, -> *n* (*Kind*) bambina *f;* (*Jugendliche*) ragazza *f;* **~ für alles** ragazza tuttofare; **mädchenhaft** **I.** *adj* da fanciulla **II.** *adv* come una fanciulla; **Mädchenname** *m* nome *m* da ragazza

Made ['maːdə] <-, -n> *f* verme *m*

madig *adj* bacato; **jdm etw ~ machen** (*fam*) rovinare qc a qu

Madonna [ma'dɔna] <-, Madonnen> *f* Madonna *f*

Madrid [ma'drɪt] *n* Madrid *f*

Mafia ['mafi̯a] <-, -s> *f* mafia *f*

mag [maːk] *1. u 3. pers sing pr von* **mögen**[1], **mögen**[2]

Magazin [maga'tsiːn] <-s, -e> *n* **1.** (*Lager*) magazzino *m* **2.** (*Zeitschrift*) rivista *f*

Magen ['maːgən] <-s, Mägen> *m* stomaco *m;* **sich** *dat* **den ~ verderben** guastarsi lo stomaco; **das liegt mir schwer im ~** (*fig fam*) mi sta sullo stomaco; **Magenbeschwerden** *fpl* disturbi *mpl* gastrici; **Magengeschwür** *n* (MED) ulcera *f* gastrica; **Magenschmerzen** *mpl* dolori *mpl* di stomaco; **Magenverstimmung** *f* indigestione *f*

mager ['maːgɐ] *adj* magro; (*fig a*) scarso; **~ werden** dimagrire; **Magermilch** *f* latte *m* magro; **Magersucht** *f* (MED) anoressia *f* (nervosa); **magersüchtig** *adj* anoressico

Magie [ma'giː] <-> *kein Pl f* magia *f*

Magier ['maːgiɐ] <-s, -> *m* mago *m*

magisch *adj* magico

Magister [ma'gɪstɐ] <-s, -> *m,* **Magistra** [ma'gɪstra] <-, -e> *f* (*A*) laurea *f;* **den/seinen ~ machen** laurearsi; **sie ist ~/Magistra der Philosophie** è laureata in filosofia

> In Austria al termine degli studi universitari umanistici è possibile conseguire il titolo di **Magister**, (Mag.), in Germania Magister Artium (M.A.), nella Svizzera Diplom. In Austria è possibile conseguirlo anche dopo aver studiato farmacia.

Magnesium [ma'gneːziʊm] <-s> *kein Pl n* magnesio *m*

Magnet [ma'gneːt] <-(e)s, -e> *m* magnete *m;* **Magnetband** *n* nastro *m* magnetico; **Magnetfeld** *n* campo *m* magnetico

magnetisch *adj* magnetico

Magnetnadel *f* ago *m* magnetico

Mahagoni [maha'goːni] <-s> *kein Pl n* mogano *m*

Mahd [maːt] <-(e)s, Mähder> *n* (*A, CH*) pascolo *m*

mähen ['mɛːən] *vt* falciare

Mahl [maːl] <-(e)s, -e> *n* (*geh*) pasto *m;* (*Fest~*) banchetto *m*

mahlen ['maːlən] <mahlt, mahlte, gemahlen> *vt* macinare

Mahlzeit *f* pasto *m;* **~!** buon appetito!

Mahnbrief *m* (COM) sollecito *m*

Mähne ['mɛːnə] <-, -n> *f* criniera *f*

mahnen ['maːnən] *vt* **1.** (*zurechtweisen*) ammonire **2.** (*erinnern*) **jdn an etw** *acc* **~** rammentare qc a qu **3.** (*Schuldner*) sollecitare

Mahngebühr *f* spese *fpl* di intimazione; **Mahnmal** <-(e)s, -e> *n* monumento *m* commemorativo

Mahnung <-, -en> *f* **1.** (*Er~*) ammonimento *m* **2.** (*von Schuldner*) sollecitazione *f*

Mahnwache *f* sit-in *m*

Mai [maɪ] <-(e)s, -e> *m* maggio *m; s. a.* **April**; **Maiglöckchen** *n* (BOT) mughetto *m;* **Maikäfer** *m* maggiolino *m*

Mailand ['maɪlant] *n* Milano *f*

Mailbox ['mɛɪlbɔks] <-, -en> *f* (INFORM) cassetta *f* postale elettronica

Main [maɪn] *m* Meno *m*

Mainz [maɪnts] *n* Magonza *f*

Mais [maɪs] <-es, *rar* -e> *m* mais *m;* **Maiskolben** *m* pannocchia *f*

Majestät [majɛs'tɛːt] <-, -en> *f* maestà *f*

majestätisch *adj* maestoso

Majonäse[RR] [majo'nɛːzə] <-, -n> *f* maionese *f*

Major [ma'joːɐ̯] <-s, -e> *m* (MIL) maggiore *m*

Majoran ['maːjoran] <-s, -e> *m* maggiorana *f*

Majorz [ma'jɔrts] <-es> *kein Pl m* (*CH: Mehrheitswahlsystem*) (sistema *m*) maggioritario *m*

makaber [ma'ka:bɐ] *adj* macabro

Makel ['ma:kəl] <-s, -> *m* (*geh*) difetto *m;* **makellos** *adj* senza difetto; (*fig*) impeccabile

mäkeln ['mɛ:kəln] *vi* (*pej*) **an etw** *dat* ~ trovare da ridire su qc

Make-up [mɛɪk'ʔap] <-s, -s> *n* maquillage *m*

Makler(in) ['ma:klɐ] <-s, -; -, -nen> *m(f)* (*Wohnungs~*) sensale *mf* di alloggi; (*Börsen~*) agente *mf* di cambio; (*Grundstücks~*) agente *mf* immobiliare; **Maklergebühr** *f* diritti *mpl* di mediazione

Makrele [ma'kre:lə] <-, -n> *f* sgombro *m*

Makrone [ma'kro:nə] <-, -n> *f* amaretto *m*

mal [ma:l] *adv* **1.** (MAT) per; **2 ~ 2 ist 4** 2 per 2 fa 4 **2.** (*fam: einmal*) **hör ~!** ascolta!; **sieh ~!, schau ~!** guarda!; **versuchen Sie es ~!** ci provi un po'!

Mal <-(e)s, -e> *n* **1.** volta *f;* **das erste/zweite/nächste/letzte ~** la prima/la seconda/la prossima/l'ultima volta; **dieses ~** questa volta; **zum ersten/letzten ~** per la prima/l'ultima volta; **von ~ zu ~** di volta in volta **2.** (*Fleck*) chiazza *f;* (*Mutter~*) voglia *f*

malen ['ma:lən] *vt* dipingere

Maler <-s, -> *m* pittore *m*

Malerei [ma:lə'raɪ] <-, -en> *f* pittura *f*

Malerin *f* pittrice *f; s. a.* **Maler**

malerisch *adj* pittoresco

Malkasten *m* cassetta *f* dei colori

Mallorca [ma'lɔrka] *n* Maiorca *f*

mal|nehmen <irr> *vt* **etw mit etw ~** moltiplicare qc per qc

Malta ['malta] *n* Malta *f*

Malteser(in) [mal'te:zɐ] <-s, -; -, -nen> *m(f)* maltese *mf*

Malz [malts] <-es> *kein Pl n* malto *m;* **Malzbier** *n* birra *f* di malto

Mama ['mama] <-, -s> *f* (*fam*) mamma *f*

Mami ['mami] <-, -s> *f* (*fam*) mammina *f*

man [man] *pron indef* si; **das tut ~ nicht** questo non si fa

Management ['mɛnɪdʒmənt] <-s, -s> *n* management *m*

managen ['mɛnɪdʒən] *vt* **1.** (*fam: bewerkstelligen*) organizzare **2.** (*geschäftlich betreuen*) **jdn ~** essere il manager di qu

Manager(in) <-s, -; -, -nen> *m(f)* manager *mf*

manche *s.* **manche(r, s)**

mancherlei ['mançɐ'laɪ] <inv> *adj* vario

manche(r, s) ['mançə, -çɐ, -çəs] **I.** *pron indef* qualcuno, -a *m, f* **II.** *adj* qualche

manchmal *adv* talvolta, qualche volta

Mandant(in) [man'dant] <-en, -en; -, -nen> *m(f)* (JUR) mandante *mf*

Mandarine [manda'ri:nə] <-, -n> *f* mandarino *m*

Mandat [man'da:t] <-(e)s, -e> *n* mandato *m*

Mandatar(in) <-s, -e; -, -nen> *m(f)* (*A: Abgeordneter*) deputato *m*

Mandel ['mandəl] <-, -n> *f* **1.** (BOT) mandorla *f* **2.** (ANAT) tonsilla *f;* **Mandelentzündung** *f* (MED) tonsillite *f*

Mandoline [mando'li:nə] <-, -n> *f* mandolino *m*

Manege [ma'ne:ʒə] <-, -n> *f* arena *f*

Mangan [maŋ'ga:n] <-s> *kein Pl n* (CHEM) manganese *m*

Mangel[1] ['maŋəl] <-s, Mängel> *m* **1.** *sing* (*Fehlen*) mancanza *f;* **~ haben an etw** *dat* avere mancanza di qc **2.** *sing* (*Knappheit*) penuria *f;* (MED) carenza *f* **3.** (*Fehler*) difetto *m*

Mangel[2] <-, -n> *f* (*Wäsche~*) mangano *m*

Mangelerscheinung *f* (MED) fenomeno *m* di carenza; **mangelhaft** *adj* **1.** (*unzureichend*) insufficiente **2.** (*fehlerhaft*) difettoso **3.** (*Schulnote*) insufficiente

mangeln I. *vi* (*geh: fehlen*) **an etw** *dat* ~ mancare di qc; **es mangelt ihm an Geld** gli mancano soldi **II.** *vt* (*Wäsche*) manganare

mangels *prp +gen* (*geh*) per mancanza di

Mangelware *f* merce *f* rara

Mango ['maŋgo] <-, -s> *f* mango *m*

Mangold <-(e)s, -e> *m* bietola *f*

Manie [ma'ni:] <-, -n> *f* mania *f*

Manier [ma'ni:ɐ̯] <-, -en> *f* **1.** *sing* (*Art*) modo *m* **2.** *pl* (*Benehmen*) maniere *fpl;* **keine ~en haben** essere maleducato; **manierlich** *adj* beneducato

Manifest [mani'fɛst] <-es, -e> *n* manifesto *m*

Maniküre [mani'ky:rə] <-, -n> *f* manicure *f*

manipulieren [manipu'li:rən] <ohne ge-> *vt* manipolare

Manko ['maŋko] <-s, -s> *n* **1.** (*Nachteil*) mancanza *f* **2.** (*Fehlbetrag*) ammanco *m*

Mann [man] <-(e)s, Männer> *m* **1.** (*Er-*

wachsener) uomo *m;* **seinen ~ stehen** sapere il fatto suo; **seine Ware an den ~ bringen** (*fam*) piazzare la propria merce; **mein lieber ~!** (*fam*) caro mio!; **von ~ zu ~** da uomo a uomo **2.** (*Ehe~*) marito *m*

Männchen ['mɛnçən] <-s, -> *n* **1.** (*Männlein*) ometto *m* **2.** (*Tier*) maschio *m;* **~ machen** (*Tier*) drizzarsi sulle zampe posteriori

Mannequin ['manəkɛ̃] <-s, -s> *n* mannequin *f*

mannigfach ['manɪçfax] *adj,* **mannigfaltig** ['manɪçfaltɪç] *adj* (*geh*) **1.** (*vielfach*) molteplice **2.** (*abwechslungsreich*) vario

männlich ['mɛnlɪç] *adj* **1.** virile **2.** (BIOL) maschio **3.** (LING) maschile; **Männlichkeit** <-> *kein Pl f* virilità *f*

Mannsbild *n* (*fam*) uomo *m*

Mannschaft <-, -en> *f* **1.** (SPORT) squadra *f* **2.** (AERO, NAUT) equipaggio *m*

mannshoch *adj* dell'altezza di un uomo

Mannweib *n* (*pej*) virago *f*

Manöver [ma'nøːvɐ] <-s, -> *n* manovra *f*

manövrieren [manøː'vriːrən] <ohne ge-> *vt, vi* manovrare

Mansarde [man'zardə] <-, -n> *f* mansarda *f*

Manschette [man'ʃɛtə] <-, -n> *f* polsino *m;* **Manschettenknopf** *m* gemello *m*

Mantel ['mantəl] <-s, Mäntel> *m* **1.** (*Kleidungsstück*) cappotto *m;* **den ~ nach dem Wind hängen** (*fig*) regolarsi secondo il vento che tira **2.** (TEC) rivestimento *m*

Mantua ['mantua] *n* Mantova *f*

manuell [manu'ɛl] **I.** *adj* manuale **II.** *adv* a mano

Manuskript [manu'skrɪpt] <-(e)s, -e> *n* manoscritto *m*

Mappe ['mapə] <-, -n> *f* **1.** (*Akten~, Schul~*) cartella *f* **2.** (*Ordner*) raccoglitore *m*

Maracuja [mara'kuːja] <-, -s> *f* maracuja *f*

Marathon ['maratɔn] <-s, -s> *m* (SPORT) maratona *f*

Märchen ['mɛːɐ̯çən] <-s, -> *n* **1.** (LIT) fiaba *f* **2.** (*fig pej*) frottola *f;* **Märchenbuch** *n* libro *m* di fiabe; **märchenhaft** *adj* **1.** (*von der Art eines Märchens*) fiabesco **2.** (*fig: zauberhaft*) favoloso; **Märchenprinz** *m* principe *m* azzurro

Marder ['mardɐ] <-s, -> *m* martora *f*

Margarine [marga'riːnə] <-, -n> *f* margarina *f*

Margerite [margə'riːtə] <-, -n> *f* margherita *f* (dei campi)

Marienkäfer [ma'riːənkɛːfɐ] *m* coccinella *f*

Marihuana [marihu'aːna] <-s> *kein Pl n* marijuana *f*

Marille [ma'rɪlə] <-, -n> *f* (*A: Aprikose*) albicocca *f*

Marine [ma'riːnə] <-, -n> *f* marina *f;* **marineblau** *adj* blu marino

marinieren [mari'niːrən] <ohne ge-> *vt* marinare

Marionette [mari̯o'nɛtə] <-, -n> *f* marionetta *f;* **Marionettentheater** *n* teatro *m* delle marionette

Mark¹ [mark] <-(e)s> *kein Pl n* (*Knochen~*) midollo *m;* **durch ~ und Bein gehen** penetrare nelle ossa

Mark² <-, -> *f* (*Währung*) marco *m;* **Deutsche ~** marco tedesco

markant [mar'kant] *adj* (*auffallend*) notevole; (*ausgeprägt*) marcato

Marke ['markə] <-, -n> *f* **1.** (*Fabrikat*) marca *f* **2.** (*Brief~*) bollo *m;* (*Essens~*) bollino *m;* (*Spiel~, Automaten~*) gettone *m*

Marken *pl* (GEOG) Marche *fpl*

Markenartikel *m* articolo *m* di marca

markerschütternd *adj* straziante

Marketing ['markətɪŋ] <-s> *kein Pl n* (WIRTSCH) marketing *m*

markieren [mar'kiːrən] <ohne ge-> *vt* **1.** (*kennzeichnen*) marcare **2.** (*fam: vortäuschen*) fingere **3.** (INFORM) evidenziare

Markierung <-, -en> *f* **1.** (*Kennzeichnung*) marcatura *f* **2.** (*Zeichen*) (contras)segno *m*

Markise [mar'kiːzə] <-, -n> *f* marquise *f*

Markstück *n* (pezzo *m* da un) marco *m*

Markt [markt] <-(e)s, Märkte> *m* mercato *m;* **auf den ~ bringen** lanciare sul mercato; **auf dem ~** al mercato; **Marktanalyse** *f* analisi *f* di mercato; **Marktanteil** *m* partecipazione *f* al mercato; **Marktforschung** *f* ricerche *fpl* di mercato; **Marktführer** *m* industria *f* leader (nel settore); **Markthalle** *f* mercato *m* coperto; **Marktlücke** *f* vuoto *m* di mercato; **Marktplatz** *m* piazza *f* del mercato; **Marktwirtschaft** *f* economia *f* di mercato; **freie ~** economia di mercato libera

Marmelade [marmə'laːdə] <-, -n> *f* marmellata *f*

Marmor ['marmoːɐ̯] <-s, -e> *m* marmo *m*

Marokkaner(in) [marɔ'kaːnɐ] <-s, -; -, -nen> *m(f)* marocchino, -a *m, f*
marokkanisch *adj* marocchino
Marokko [ma'rɔko] *n* Marocco *m;* **in ~** nel Marocco
Marone [ma'roːnə] <-, -n> *f* marrone *m*
Marotte [ma'rɔtə] <-, -n> *f* capriccio *m*
Mars [mars] <-> *kein Pl m* Marte *m*
marsch [marʃ] *int* avanti marsc'
Marsch [marʃ] <-(e)s, Märsche> *m* marcia *f;* **sich in ~ setzen** mettersi in marcia
Marschall ['marʃal] <-s, Marschälle> *m* (MIL) maresciallo *m*
marschieren [mar'ʃiːrən] <ohne ge-> *vi sein* marciare
Marschmusik *f* musica *f* militare
Marter ['martɐ] <-, -n> *f* (*geh*) martirio *m*
martern *vt* (*geh: foltern*) torturare; (*seelisch*) tormentare
Märtyrer(in) ['mɛrtyrɐ] <-s, -; -, -nen> *m(f)* martire *mf*
Martyrium [mar'tyːriʊm] <-s, Martyrien> *n* martirio *m*
Marxismus [mar'ksɪsmʊs] <-> *kein Pl m* marxismo *m*
Marxist(in) [mar'ksɪst] <-en, -en; -, -nen> *m(f)* marxista *mf*
marxistisch *adj* marxista
März [mɛrts] <-(en), -e> *m* marzo *m; s. a.* **April**
Marzipan [martsi'paːn] <-s, -e> *n o m* marzapane *m*
Masche ['maʃə] <-, -n> *f* **1.** (*bei Handarbeit*) maglia *f;* **eine ~ fallen lassen** lasciar cadere una maglia **2.** (*fam: Trick*) trucco *m;* **das ist seine neueste ~** (*fam*) è la sua ultima trovata; **Maschendraht** *m* rete *f* metallica
Maschine [ma'ʃiːnə] <-, -n> *f* **1.** macchina *f* **2.** (*Flugzeug*) apparecchio *m*
maschinell [maʃi'nɛl] **I.** *adj* meccanico **II.** *adv* a macchina
Maschinenbau <-(e)s> *kein Pl m* costruzione *f* di macchine; **maschinengeschrieben** *adj* scritto a macchina; **Maschinengewehr** *n* mitragliatrice *f;* **maschinenlesbar** *adj* leggibile dalla macchina; **Maschinenöl** *n* olio *m* di macchina; **Maschinenpistole** *f* pistola *f* mitragliatrice; **Maschinenschlosser(in)** *m(f)* meccanico *m;* **Maschinenschrift** *f* scrittura *f* a macchina; **in ~** dattiloscritto
Maschinist(in) [maʃi'nɪst] <-en, -en; -, -nen> *m(f)* macchinista *mf*
Masern ['maːzɐn] *pl* (MED) morbillo *m*
Maserung <-, -en> *f* marezzatura *f*
Maske ['maskə] <-, -n> *f* maschera *f;* **Maskenball** *m* ballo *m* in maschera
Maskerade [maskə'raːdə] <-, -n> *f* mascherata *f*
maskieren [mas'kiːrən] <ohne ge-> **I.** *vt* mascherare **II.** *vr* **sich (als etw) ~** mascherarsi (da qc)
Maskottchen [mas'kɔtçən] <-s, -> *n* mascotte *f*
masochistisch *adj* masochistico
maß [maːs] *1. u 3. pers sing imp von* **messen**
Maß [maːs] <-es, -e> *n* misura *f;* **ein gewisses ~ an ...** una certa quantità di ...; **in dem ~e, dass ...** a tal punto che ...; **in dem ~e, wie ...** a misura che ...; **in hohem ~e** in alto grado; **~ halten** moderarsi; **~ nehmen** prendere le misure; **nach ~** (*Kleidung*) su misura
Massage [ma'saːʒə] <-, -n> *f* massaggio *m*
Massaker [ma'saːkɐ] <-s, -> *n* massacro *m*
massakrieren [masa'kriːrən] <ohne ge-> *vt* massacrare
Maßanzug *m* abito *m* su misura; **Maßarbeit** *f* lavorazione *f* su misura
Masse ['masə] <-, -n> *f* massa *f;* **die breite ~** la massa
Maßeinheit *f* unità *f* di misura
Massenandrang *m* affluenza *f* in massa; **Massenarbeitslosigkeit** *f* disoccupazione *f* di massa; **Massenartikel** *m* articolo *m* in serie; **Massengrab** *n* fossa *f* comune; **massenhaft** *adv* in massa; **Massenkarambolage** *f* tamponamento *m* a catena; **Massenmedien** *npl* mass-media *mpl;* **Massenmord** *m* eccidio *m;* **Massentierhaltung** *f* allevamento *m* di bestiame in massa; **Massentourismus** *m* turismo *m* di massa; **massenweise** *adv* in massa
Masseur [ma'søːɐ̯] <-s, -e> *m,* **Masseurin** [ma'søːrɪn] <-, -nen> *f* massaggiatore, -trice *m, f*
maßgebend *adj* decisivo
maßgeblich *adj* **1.** (*ausschlaggebend*) determinante **2.** (*in hohem Maße*) particolare; **an diesem Erfolg war sie ~ beteiligt** in

questo successo ha avuto una parte determinante

maß|halten *s.* **Maß**

massieren [ma'si:rən] <ohne ge-> *vt* massaggiare

massig I. *adj* massiccio **II.** *adv* (*fam*) in massa

mäßig ['mɛ:sɪç] *adj* **1.** (*gemäßigt*) moderato; (*niedrig, bes Preis*) modico **2.** (*mittel~*) mediocre

mäßigen I. *vt* moderare **II.** *vr* **sich ~** moderarsi

Mäßigung <-> *kein Pl f* moderazione *f*

massiv [ma'si:f] *adj* massiccio

Massiv [ma'si:f] <-s, -e> *n* massiccio *m* (montuoso)

Maßkrug *m* boccale *m* (da un litro); **maßlos** *adj* smisurato; (*unmäßig*) smodato; **Maßlosigkeit** <-> *kein Pl f* smisuratezza *f*; (*Übermaß*) eccesso *m*; **Maßnahme** ['ma:sna:mə] <-, -n> *f* misura *f*; **~n ergreifen** prendere (dei) provvedimenti; **Maßstab** *m* **1.** (*Karten~*) scala *f*; **im ~ 1 : 100.000** scala 1 : 100.000 **2.** (*fig*) criterio *m*; **einen strengen ~ anlegen** giudicare severamente; **maßvoll** *adj* moderato

Mast[1] [mast] <-(e)s, -e(n)> *m* **1.** (NAUT) albero *m* **2.** (EL, TEL) pilone *m*

Mast[2] <-, -en> *f* (*von Tieren*) ingrasso *m*

Mastdarm *m* (ANAT) retto *m*

mästen ['mɛstən] *vt* ingrassare

Match [mɛtʃ] <-(e)s, -s> *n* (SPORT) match *m*

Material [materi'a:l] <-s, -ien> *n* materiale *m*; **Materialfehler** *m* difetto *m* di materiale

Materialismus [materia'lɪsmʊs] <-> *kein Pl m* materialismo *m*

materialistisch *adj* materialista

Materie [ma'te:riə] <-, -n> *f* materia *f*

materiell [materi'ɛl] *adj* materiale

Mathematik [matema'ti:k] <-> *kein Pl f* matematica *f*

mathematisch [mate'ma:tɪʃ] *adj* matematico

Matjeshering ['matjəshe:rɪŋ] *m* aringa *f* giovane

Matratze [ma'tratsə] <-, -n> *f* materasso *m*

Mätresse [mɛ'trɛsə] <-, -n> *f* amante *f*

Matrixdrucker *m* (INFORM) stampante *f* a matrice di punti

Matrize [ma'tri:tsə] <-, -n> *f* matrice *f*

Matrose [ma'tro:zə] <-n, -n> *m* marinaio *m*

Matsch [matʃ] <-(e)s> *kein Pl m* (*fam*) poltiglia *f*; (*Schnee~*) fanghiglia *f* (di neve)

matschig *adj* (*fam*) fangoso

matt [mat] *adj* **1.** (*Blick, Augen, Stimme*) spento; (*Spiegel*) opaco; (*Licht*) fioco **2.** (*abgespannt*) spossato **3.** (*Schach*) **jdn ~ setzen** dare scacco matto a qu

Matte ['matə] <-, -n> *f* **1.** (*Unterlage*) stuoia *f*; (*Fuß~*) zerbino *m* **2.** (SPORT) tappeto *m*

Mattscheibe *f* **~ haben** (*fig fam*) avere la mente annebbiata

Matura [ma'tu:ra] <-> *kein Pl f* (*A, CH: Abitur*) maturità *f*

Maturant(in) [matu'rant] <-en, -en; -, -nen> *m(f)* (*A, CH*) **1.** (*Abiturient vor, im Abitur*) maturando, -a *m, f* **2.** (*Abiturient nach Abitur*) diplomato, -a *m, f*

maturieren [matu'ri:rən] <ohne ge-> *vi* (*A, CH*) fare l'esame di maturità

Maturität [maturi'tɛ:t] <-> *f* (*CH*) **1.** (*Hochschulreife*) maturità *f* **2.** (*Reifeprüfung*) esame *m* di maturità

Mauer ['maʊɐ] <-, -n> *f* muro *m*; **Mauerblümchen** <-s, -> *n* **~ sein** (*fam*) far da tappezzeria

mauern *vt* costruire

Maueröffnung <-> *kein Pl f* apertura *f* del muro (di Berlino)

Maul [maʊl] <-(e)s, Mäuler> *n* muso *m*; (*fam pej: von Mensch*) becco *m*; **ein großes ~ haben** essere uno spaccone; **halt's ~!** chiudi il becco!

maulen *vi* (*fam*) brontolare

Maulesel *m* mulo *m*; **Maulheld** *m* (*fam pej*) spaccone *m*; **Maulkorb** *m* museruola *f*

Le **Maultaschen**, un piatto svevo di pasta fresca che un tempo si mangiava soprattutto durante la Quaresima, sono ripiene di spinaci e di altre verdure e misurano circa 5x8 cm. Oggi si mangiano non solo in Svevia, cotte nella minestra o saltate in padella con uova e cipolle.

Maultier *n* mulo *m*; **Maulwurf** *m* talpa *f*

Maurer(in) ['maʊrɐ] <-s, -; -, -nen> *m(f)* muratore *m*

Maus [maʊs] <-, Mäuse> *f* **1.** (*Tier*) topo *m* **2.** (INFORM) mouse *m*

Mausefalle *f* trappola *f* per i topi
mausern *vr* **sich** ~ **1.** (ZOO) mutare le penne **2.** (*fig fam*) farsi
mausetot ['maʊzə'to:t] *adj* (*fam*) morto stecchito
Mausoleum [maʊzo'le:ʊm] <-s, Mausoleen> *n* mausoleo *m*
Mauspad <-s, -s> *n* (INFORM) tappetino *m* (per il mouse)
Maut(gebühr) ['maʊt(gəby:ɐ̯)] <-, -en> *f* (*A, südd*) pedaggio *m;* **Mautstelle** *f* (*A*) casello *m* (autostradale)
Maxima *pl von* **Maximum**
maximal [maksi'ma:l] **I.** *adj* massimo **II.** *adv* al massimo
Maxime [ma'ksi:mə] <-, -n> *f* massima *f*
Maximum ['maksimʊm] <-s, Maxima> *n* massimo *m*
Mayonnaise [majo'nɛ:zə] <-, -n> *f* maionese *f*
Mazedonien [matse'do:niən] *n* Macedonia *f*
Mäzen(in) [mɛ'tse:n] <-s, -e; -, -nen> *m(f)* mecenate *mf*
MB *abk v* **Megabyte** MB
Mechanik [me'ça:nɪk] <-, -en> *f* meccanica *f*
Mechaniker(in) <-s, -; -, -nen> *m(f)* meccanico *m*
mechanisch *adj* meccanico
Mechanisierung <-, -en> *f* meccanizzazione *f*
Mechanismus [meça'nɪsmʊs] <-, Mechanismen> *m* meccanismo *m*
meckern ['mɛkɐn] *vi* **1.** (*Ziege*) belare **2.** (*fam: Mensch*) **über etw** *acc* ~ brontolare su qc
Mecklenburg ['mɛklənbʊrk] *n* Meclemburgo *m*
mecklenburgisch ['mɛklənbʊrgɪʃ] *adj* meclemburghese
Mecklenburg-Vorpommern ['mɛklənbʊrg'fo:ɐ̯pɔmɐn] <-s> *n* Meclemburgo-Pomerania *m*
Medaille [me'daljə] <-, -n> *f* medaglia *f*
Medaillon [medal'jõ:] <-s, -s> *n* medaglione *m*
Medien *pl von* **Medium**; **medienwirksam** *adj* efficace grazie ai media
Medikament [medika'mɛnt] <-(e)s, -e> *n* farmaco *m*
Meditation [medita'tsi̯o:n] <-, -en> *f* meditazione *f*
meditieren [medi'ti:rən] <ohne ge-> *vi* **über etw** *acc* ~ meditare su qc
Medium ['me:diʊm] <-s, Medien> *n* **1.** (PHYS, CHEM) mezzo *m* **2.** *pl* (*Massenmedien*) media *mpl*
Medizin [medi'tsi:n] <-, -en> *f* **1.** *sing* (*Wissenschaft*) medicina *f* **2.** (*Medikament*) medicina *f*
Mediziner(in) <-s, -; -, -nen> *m(f)* **1.** (*Arzt*) dottore, -essa *m, f* **2.** (*Student*) studente, -essa *m, f* di medicina
medizinisch *adj* **1.** (*ärztlich*) medico **2.** (*arzneilich*) medicinale
Meer [me:ɐ̯] <-(e)s, -e> *n* mare *m;* **das Rote** ~ il Mar(e) Rosso; **am** ~ **Urlaub machen** far vacanza al mare; **Meerbusen** *m* golfo *m;* **Meerenge** *f* stretto *m* di mare
Meeresfrüchte *fpl* (GASTR) frutti *mpl* di mare; **Meeresgrund** *m* fondo *m* marino; **Meeresspiegel** *m* superficie *f* del mare; **Düsseldorf liegt 36 m über dem** ~ Düsseldorf è a 36 m sul livello del mare
Meerrettich *m* rafano *m;* **Meerschweinchen** <-s, -> *n* porcellino *m* d'India
Meeting ['mi:tɪŋ] <-s, -s> *n* meeting *m*
Megabyte *n* (INFORM) megabyte *m;* **Megafon**[RR] [mega'fo:n] <-s, -e> *n,* **Megaphon** <-s, -e> *n* megafono *m;* **Megawatt** [maga'vat] *n* megawatt *m*
Mehl [me:l] <-(e)s, *rar* -e> *n* farina *f*
mehlig *adj* farinoso
Mehlspeis(e) <-, -en> *f* (*A: Backwaren*) pasticceria *f*
mehr [me:ɐ̯] *adv o pron indef Komparativ von* **viel** (*vor Substantiv*) più; (*nach Substantiv*) in più, di più; (*allein stehend*) (di) più; ~ **als** più di; ~ **denn je** più che mai; **immer** ~ sempre più; **je** ~ **…, desto …** (quanto) più …, (tanto) più …; **nicht** ~ **und nicht weniger** né più né meno; **viel** ~ molto di più; **nie** ~ mai più; **noch** ~ ancora (di) più; **es war niemand** ~ **da** non c'era più nessuno; **um so** ~**, als …** tanto più che …
Mehraufwand *m* spesa *f* eccedente; **mehrbändig** *adj* in più volumi; **Mehrbelastung** *f* sovraccarico *m;* **mehrdeutig** *adj* ambiguo
mehren ['me:rən] *vr* **sich** ~ aumentare
mehrere ['me:rərə] *pron indef* parecchi, -cchie *mpl, fpl*
mehrfach **I.** *adj* multiplo; (*wiederholt*) ripe-

tuto **II.** *adv* ripetutamente; **Mehrfachstecker** *m* spina *f* multipla

mehrfarbig *adj* a più colori

Mehrheit <-, -en> *f* maggioranza *f;* **in der ~** maggioritario; **mit knapper ~** a maggioranza di stretta misura; **Mehrheitsbeschluss**RR *m* deliberazione *f* presa a maggioranza

Mehrkosten *pl* sovraccosto *m;* **mehrmalig** *adj* ripetuto; **mehrmals** *adv* più volte; **Mehrparteiensystem** *n* sistema *m* a più partiti; **mehrsilbig** *adj* polisillabo; **mehrsprachig** *adj* (*Person*) poliglotta; **mehrstimmig** *adj* polifonico; **mehrtägig** *adj* di parecchi giorni; **Mehrverbrauch** *m* eccesso *m* di consumo

Mehrwegflasche *f* vuoto *m* a rendere

Mehrwertsteuer *f* imposta *f* sul valore aggiunto

Mehrzahl *f* **1.** (*Mehrheit*) maggioranza *f* **2.** (LING) plurale *m*

meiden ['maɪdən] <meidet, mied, gemieden> *vt* (*geh*) evitare

Meile ['maɪlə] <-, -n> *f* miglio *m;* **Meilenstein** *m* (*fig*) pietra *f* miliare

mein [maɪn] *pron poss s.* **ich** mio, -a *m, f,* miei *mpl,* mie *fpl*

meine *s.* **meine(r, s)**

Meineid ['maɪnʔaɪt] *m* spergiuro *m;* **einen ~ schwören** fare uno spergiuro

meinen ['maɪnən] *vt* **1.** (*denken*) pensare; (*glauben*) credere; **was ~ Sie dazu?** che cosa ne pensa?; **wie ~ Sie das?** cosa intende dire con ciò?; **man sollte ~, dass ...** si direbbe che ...; **wie Sie ~!** come pare a Lei **2.** (*sich beziehen auf*) riferirsi a; **wen ~ Sie?** a chi si riferisce? **3.** (*sagen*) dire **4.** (*sagen wollen*) volere dire; **was ~ Sie damit?** cosa intende dire? **5.** (*beabsichtigen*) **gut gemeint** fatto con buone intenzioni; **etw ernst ~** dire qc sul serio; **es war nicht böse gemeint** non c'era alcuna cattiva intenzione

meiner *pron poss gen von* **ich** di me; *s. a.* **meine(r, s)**

meine(r, s) ['maɪnə, -nɐ, -nəs] *pron poss s.* **ich** il mio, la mia, i miei *pl,* le mie *pl;* **ist das dein Stift oder ~r?** è la tua matita o la mia?

meinerseits ['maɪnɐ'zaɪts] *adv* da parte mia; **ganz ~!** il piacere è tutto mio!

mein(e)s *s.* **meine(r, s)**

meinesgleichen ['maɪnəs'glaɪçən] *pron indef* mio pari, uno *m* come me

meinetwegen ['maɪnət've:gən] *adv* **1.** (*wegen mir*) per causa mia; (*negativ*) per colpa mia **2.** (*von mir aus*) per me

meins *s.* **meine(r, s)**

Meinung <-, -en> *f* opinione *f;* **meiner ~ nach** a mio parere; **der ~ sein, dass ...** essere del parere che ...; **seine ~ ändern** cambiare opinione; **anderer ~ sein** essere di altro avviso; **jdm die ~ sagen** (*fam*) dire il fatto suo a qu; **Meinungsaustausch** *m* scambio *m* di opinioni; **Meinungsforschung** *f* sondaggio *m* dell'opinione pubblica; **Meinungsfreiheit** <-> *kein Pl f* libertà *f* d'opinione; **Meinungsumfrage** *f* sondaggio *m* d'opinione; **Meinungsverschiedenheit** *f* **1.** (*Unterschiedlichkeit*) divergenza *f* d'opinioni **2.** (*Streit*) controversia *f*

Meise ['maɪzə] <-, -n> *f* cinciallegra *f*

Meißel ['maɪsəl] <-s, -> *m* scalpello *m*

meißeln *vt* **1.** (*bearbeiten*) scalpellare **2.** (*schaffen*) scolpire

meist [maɪst] *s.* **meistens**

meistbietend *adj* che offre di più; **der Meistbietende** il maggior offerente

meiste *s.* **meiste(r, s)**

meisten *adv* **am ~** più di tutto

meistens *adv* di solito

meister *s.* **meiste(r, s)**

Meister ['maɪstɐ] <-s, -> *m* **1.** (*in Betrieb*) capo *m;* **es ist noch kein ~ vom Himmel gefallen** (*prov*) maestri non si nasce **2.** (SPORT) campione *m;* **meisterhaft** *adj* magistrale

Meisterin <-, -nen> *f* **1.** capo *m* **2.** (SPORT) campionessa *f; s. a.* **Meister**

meistern *vt* venire a capo di; (*Schwierigkeit*) superare

meiste(r, s) ['maɪstə, -tɐ, -təs] *pron indef Superlativ von* **viel 1.** (*adjektivisch*) **die ~n Leute** la maggior parte delle persone **2.** (*substantivisch*) **der/die/das ~** il/la/il più; **die ~n** i più, la maggior parte

Meisterschaft <-, -en> *f* **1.** *sing* (*Können*) maestria *f* **2.** (SPORT: *Veranstaltung*) campionato *m;* **Meisterstück** *n,* **Meisterwerk** *n* capolavoro *m*

meistes *s.* **meiste(r, s)**

Melancholie [melaŋko'li:] <-, -n> *f* malinconia *f*

melancholisch [melaŋ'ko:lɪʃ] *adj* malinconico

Melange [me'lãʒə] <-, -n> *f* (*A*) caffel(l)atte *m*

Melanzani [melan'tsa:ni] *pl* (*A: Auberginen*) melanzane *fpl*

Meldeamt *n* (*Einwohner~*) anagrafe *f;* **Meldefrist** *f* termine *m* di denuncia

melden ['mɛldən] **I.** *vt* **1.** (*ankündigen*) **jdn** ~ annunciare qu **2.** (*einer zuständigen Stelle*) denunciare **3.** (*mitteilen*) **jdm etw** ~ comunicare qc a qu **II.** *vr* **sich** ~ **1.** (*an~*) **sich bei jdm** ~ annunciarsi a qu; **sich zu etw** ~ annunciarsi per qc **2.** (*Schule*) alzare la mano **3.** (*Telefon*) rispondere al telefono; **es meldet sich niemand** non risponde nessuno

Meldepflicht *f* **1.** (*für Person*) iscrizione *f* obbligatoria **2.** (*für Dinge*) obbligo *m* di notifica; **meldepflichtig** *adj* **1.** (*Person*) soggetto a iscrizione **2.** (*Dinge*) da dichiarare

Meldung <-, -en> *f* annuncio *m;* (TV, RADIO) notizia *f;* **letzte ~en** ultime notizie

meliert [me'li:ɐ̯t] *adj* screziato; (*Haar*) brizzolato

melken ['mɛlkən] <melkt, molk, gemolken> *vt* mungere

Melodie [melo'di:] <-, -n> *f* melodia *f*

melodisch [me'lo:dɪʃ] *adj* melodico

Melone [me'lo:nə] <-, -n> *f* **1.** (BOT) melone *m* **2.** (*Hut*) bombetta *f*

Membran [mɛm'bra:n] <-, -en> *f* membrana *f*

Memoiren [memo'a:rən] *pl* memorie *fpl*

Menge ['mɛŋə] <-, -n> *f* **1.** (*bestimmte Anzahl*) quantità *f;* (*große Anzahl*) gran numero *m;* **eine (ganze)** ~ **...** (*fam*) (tutt')un mucchio di ...; **in rauen ~n** (*fam*) a mucchi **2.** (*Menschen~*) folla *f*

mengen *vt* mescolare

Mengenlehre *f* (MAT) teoria *f* degli insiemi; **Mengenrabatt** *m* (WIRTSCH) sconto *m* per grandi quantità

Mensa ['mɛnza] <-, -s> *f* mensa *f*

Mensch[1] [mɛnʃ] <-en, -en> *m* **1.** (*Gattung*) uomo *m* **2.** (*Person*) persona *f;* **kein** ~ nessuno; **er ist auch nur ein** ~ anche lui è solo un uomo

Mensch[2] *int* ~ **Meier!** (*fam*) accidenti!

Menschenaffe *m* antropoide *m;* **Menschenalter** *n* generazione *f;* **Menschenfreund** *m* filantropo *m;* **Menschengedenken** *n* **seit** ~ a memoria d'uomo; **Menschenkenner(in)** *m(f)* conoscitore, -trice *m, f* dell'animo umano; **Menschenkenntnis** *f* conoscenza *f* degli uomini; **Menschenkette** *f* catena *f* umana; **menschenleer** *adj* spopolato; **Menschenmenge** *f* folla *f;* **menschenmöglich** *adj* umanamente possibile; **alles Menschenmögliche tun** fare tutto il possibile; **Menschenrechte** *npl* diritti *mpl* dell'uomo; **menschenscheu** *adj* (*ungesellig*) insocievole; (*schüchtern*) timido; **Menschenschlag** *m* specie *f* di uomini; **Menschenseele** *f* **es war keine** ~ **zu sehen** non c'era anima viva

Menschenskind *n* ~**!** (*fam*) figlio mio!

Menschenverstand *m* **der gesunde** ~ il buon senso; **Menschenwürde** *f* dignità *f* umana

Menschheit <-> *kein Pl f* umanità *f*

menschlich *adj* umano; **Menschlichkeit** <-> *kein Pl f* umanità *f*

Menstruation [mɛnstrua'tsi̯o:n] <-, -en> *f* mestruazione *f*

Mentalität [mɛntali'tɛ:t] <-, -en> *f* mentalità *f*

Mentor(in) ['mɛnto:ɐ̯] <-s, -en; -, -nen> *m(f)* mentore, -trice *m, f*

Menü [me'ny:] <-s, -s> *n* (INFORM, GASTR) menu *m;* **Menüleiste** *f* (INFORM) barra *f* dei menu

Meran [me'ra:n] *n* Merano *f*

Merkblatt *n* foglio *m* d'appunti

merken ['mɛrkən] **I.** *vt* notare; **jdn etw nicht** ~ **lassen** non far capire qc a qu **II.** *vr* **sich** *dat* **etw** ~ ricordare qc; ~ **Sie sich** *dat* **das!** se lo ricordi!

merklich *adj* notevole

Merkmal <-s, -e> *n* (*Kennzeichen*) caratteristica *f;* (*Unterscheidungs~*) criterio *m*

merkwürdig *adj* strano

messbar[RR], **meßbar** *adj* misurabile

Messbecher[RR], **Meßbecher** *m* misurino *m*

Messe ['mɛsə] <-, -n> *f* **1.** (REL) messa *f* **2.** (*Ausstellung*) fiera *f;* **Messegelände** *n* area *f* della fiera

messen ['mɛsən] <misst, maß, gemessen> **I.** *vt* misurare **II.** *vr* **sich mit jdm** ~ misurarsi con qu

Messer ['mɛsɐ] <-s, -> *n* coltello *m;* **jdm das** ~ **an die Kehle setzen** (*fam*) stare col coltello alla gola di qu; **messerscharf** *adj* tagliente; (*Verstand*) acuto; **Messerspitze**

M

f **eine ~ …** un pizzico di …

Messestand *m* stand *m* di una fiera

Messgerät[RR], **Meßgerät** *n* strumento *m* di misura

Messias [mɛ'siːas] <-> *kein Pl m* (REL) Messia *m*

Messing ['mɛsɪŋ] <-s> *kein Pl n* ottone *m*

Messinstrument[RR], **Meßinstrument** *n* strumento *m* di misurazione; **Messlatte**[RR], **Meßlatte** *f* mira *f;* **Messwert**[RR], **Meßwert** *m* valore *m* misurato

Metall [me'tal] <-s, -e> *n* metallo *m;* **Metallarbeiter** *m* (operaio *m*) metallurgico *m*

metallic [me'talɪk] <inv> *adj* metallizzato

metallisch *adj* metallico

Metallverarbeitung *f* lavorazione *f* del metallo

Metapher [me'tafɐ] <-, -n> *f* (LING) metafora *f*

metaphysisch [meta'fyːzɪʃ] *adj* metafisico

Metastase [meta'staːzə] <-, -n> *f* (MED) metastasi *f*

Meteorit [meteo'riːt] <-en, -e(n)> *m* (ASTR) meteorite *m o f*

Meteorologe [meteoro'loːgə] <-n, -n> *m* meteorologo *m*

Meteorologie [meteorolo'giː] <-> *kein Pl f* meteorologia *f*

Meteorologin [meteoro'loːgɪn] <-, -nen> *f* meteorologa *f; s. a.* **Meteorologe**

Meter ['meːtɐ] <-s, -> *m o n* metro *m;* **Metermaß** *n* metro *m*

Methode [me'toːdə] <-, -n> *f* metodo *m*

methodisch *adj* metodico

Metropole [metro'poːlə] <-, -n> *f* metropoli *f*

Mettwurst *f* salsicciotto *m* (affumicato)

Metzger ['mɛtsgɐ] <-s, -> *m* macellaio *m*

Metzgerei [mɛtsgə'raɪ] <-, -en> *f* macelleria *f*

Metzgerin <-, -nen> *f* macellaia *f; s. a.* **Metzger**

Meuchelmord *m* (*pej*) assassinio *m* proditorio

Meute ['mɔɪtə] <-, -n> *f* **1.** (*bei Jagd*) muta *f* **2.** (*fig pej fam: Menschen*) masnada *f*

Meuterei [mɔɪtə'raɪ] <-, -en> *f* ammutinamento *m*

Meuterer ['mɔɪtərɐ] <-s, -> *m* ammutinato *m*

meutern ['mɔɪtɐn] *vi* ammutinarsi

Mexikaner(in) [mɛksi'kaːnɐ] <-s, -; -, -nen> *m(f)* messicano, -a *m, f*

mexikanisch *adj* messicano

Mexiko ['mɛksiko] *n* **1.** (*Land*) Messico *m* **2.** (*Stadt*) Città *f* del Messico

MEZ *abk v* **mitteleuropäische Zeit** tempo dell'Europa centrale

Mezzanin <-s, -e> *n* (*A: Zwischengeschoss*) mezzanino *m*

miauen <ohne ge-> *vi* miagolare

mich [mɪç] **I.** *pron pers acc von* **ich** (*betont*) me; (*unbetont*) mi **II.** *pron refl* mi

mick(e)rig ['mɪk(ə)rɪç] *adj* (*fam pej*) magro

mied [miːt] *1. u 3. pers sing imp von* **meiden**

Mief [miːf] <-(e)s> *kein Pl m* (*fam pej*) aria *f* viziata

Miene ['miːnə] <-, -n> *f* faccia *f;* **gute ~ zum bösen Spiel machen** far buon viso a cattiva sorte; **keine ~ verziehen** restare impassibile

mies [miːs] *adj* (*fam pej*) brutto; **~e Stimmung** malumore *m;* **Miesmacher(in)** *m(f)* (*fam pej*) disfattista *mf*

Miesmuschel ['miːsmʊʃəl] *f* cozza *f*

Mietauto *n* auto *f* a noleggio

Miete ['miːtə] <-, -n> *f* affitto *m;* **zur ~ wohnen** essere in affitto

mieten *vt* (*Wohnung*) affittare; (*Auto*) noleggiare

Mieter <-s, -> *m* inquilino *m*

Mieterhöhung *f* aumento *m* dell'affitto

Mieterin <-, -nen> *f* inquilina *f; s. a.* **Mieter**

Mieterschutz *m* tutela *f* degli inquilini

Mietpreis *m* fitto *m*

Mietshaus *n* casa *f* in affitto

Mietvertrag *m* contratto *m* d'affitto; **Mietwagen** *m* automobile *f* a noleggio; **Mietwohnung** *f* appartamento *m* in affitto

Migräne [mi'grɛːnə] <-, -n> *f* emicrania *f*

Mikrobe [mi'kroːbə] <-, -n> *f* microbo *m*

Mikrochip ['miːkrotʃɪp] *m* (INFORM) microchip *m;* **Mikroelektronik** *f* microelettronica *f;* **Mikrofaser** *f* microfibra *f;* **Mikrofiche** ['miːkrofiːʃ] <-s, -s> *n o m* microfiche *f*

Mikrofon[RR] [mikro'foːn] <-s, -e> *n* microfono *m*

Mikrokosmos <-> *kein Pl m* microcosmo *m*

Mikrophon *n s.* **Mikrofon**

Mikroprozessor *m* (INFORM) microprocessore *m*
Mikroskop [mikro'sko:p] <-s, -e> *n* microscopio *m*
mikroskopisch [mikro'sko:pɪʃ] *adj* microscopico
Mikrowelle *f* microonda *f*; (*fam: Herd*) microonde *m*; **Mikrowellenherd** *m* forno *m* a microonde
Milbe ['mɪlbə] <-, -n> *f* acaro *m*
Milch [mɪlç] <-> *kein Pl f* latte *m*; **Milchbar** *f* milk-bar *m*; **Milchglas** *n* vetro *m* smerigliato
milchig *adj* latteo
Milchkaffee *m* caffellatte *m*; **Milchkännchen** *n* bricco *m* del latte; **Milchkanne** *f* bidone *m* del latte; **Milchprodukt** *n* latticino *m*; **Milchpulver** *n* latte *m* in polvere; **Milchreis** *m* riso *m* al latte; **Milchstraße** *f* (ASTR) via *f* lattea; **Milchzahn** *m* dente *m* di latte
mild(e) [mɪlt ('mɪldə)] *adj* **1.** (*sanft*) dolce; (*Klima*) mite; (*Strafe*) lieve **2.** (*gütig*) benevolo; ~**e Gabe** elemosina *f*
Milde <-> *kein Pl f* **1.** (*Sanftheit*) dolcezza *f*; (*von Klima a*) mitezza *f* **2.** (*Güte*) benevolenza *f*
mildern ['mɪldɐn] *vt* (*Urteil, Strafe*) attenuare; (*Schmerz*) lenire; ~**de Umstände** attenuanti *fpl*
Milieu [mɪ'li̯ø:] <-s, -s> *n* ambiente *m*
militant [mili'tant] *adj* militante
Militär [mili'tɛ:ɐ̯] <-s> *kein Pl n* **1.** (*Soldaten*) militari *mpl* **2.** (*Heer*) forze *fpl* armate; **Militärdienst** *m* servizio *m* militare; **Militärdiktatur** *f* dittatura *f* militare; **Militärgericht** *n* tribunale *m* militare
militärisch *adj* militare
Militarismus [milita'rɪsmʊs] <-> *kein Pl m* (*pej*) militarismo *m*
militaristisch *adj* militaristico
Militärregierung *f* governo *m* militare
Millennium [mɪ'lɛnium] <-s, -ien> *n* millennio *m*
Milliardär(in) [mɪli̯ar'dɛ:ɐ̯] <-s, -e; -, -nen> *m(f)* miliardario, -a *m, f*
Milliarde [mɪ'li̯ardə] <-, -n> *f* miliardo *m*
Milligramm *n* milligrammo *m*
Millimeter *m o n* millimetro *m*; **Millimeterpapier** *n* carta *f* millimetrata
Million [mɪ'li̯o:n] <-, -en> *f* milione *m*
Millionär(in) [mɪli̯o'nɛ:ɐ̯] <-s, -e; -, -nen> *m(f)* milionario, -a *m, f*
Millionenstadt *f* città *f* con più di un milione di abitanti
Milz [mɪlts] <-, -en> *f* (ANAT) milza *f*
mimen ['mi:mən] *vt* (*fam pej*) simulare; **den Kranken** ~ fingersi malato
Mimik ['mi:mɪk] <-> *kein Pl f* mimica *f*
Mimose [mi'mo:zə] <-, -n> *f* **1.** (BOT) mimosa *f* **2.** (*fig*) persona *f* ipersensibile
minder ['mɪndɐ] *adv* meno; **mehr oder** ~ più o meno; **minderbemittelt** *adj* meno abbiente
mindere(r, s) ['mɪndərə, -rɐ, -rəs] *adj* inferiore
Minderheit <-, -en> *f* minoranza *f*; **in der** ~ **sein** essere in minoranza; **minderjährig** *adj* minorenne; **Minderjährige** <ein -r, -n, -n> *mf* minorenne *mf*
mindern *vt* (*geh*) **1.** (*verringern*) diminuire **2.** (*herabsetzen*) abbassare
Minderung <-, -en> *f* **1.** (*Verringerung*) diminuzione *f* **2.** (*Herabsetzung*) riduzione *f*
minderwertig *adj* inferiore; (*Ware*) scadente; **Minderwertigkeitsgefühl** *n* senso *m* di inferiorità; **Minderwertigkeitskomplex** *m* complesso *m* di inferiorità
Mindestalter *n* età *f* minima
mindeste *s.* **mindeste(r, s)**
mindestens *adv* per lo meno
mindeste(r, s) ['mɪndəstə, -tɐ, -təs] *adj* minimo, -a; **nicht im** ~**n** [*o* **Mindesten**] non … affatto; **das ist doch das** ~ è il minimo
Mindestlohn *m* paga *f* minima; **Mindestmaß** *n* minimo *m*; **Mindeststrafe** *f* minimo *m* della pena
Mine ['mi:nə] <-, -n> *f* **1.** (MIL) mina *f* **2.** (*Kugelschreiber*) ricambio *m* **3.** (MIN) giacimento *m* minerario; **Minenfeld** *n* campo *m* minato
Mineral [mine'ra:l] <-s, -e> *n* minerale *m*; **Mineralbad** *n* bagno *m* d'acque minerali
mineralisch *adj* minerale
Mineralöl *n* olio *m* minerale; **Mineralwasser** *n* acqua *f* minerale
Miniatur [minia'tu:ɐ̯] <-, -en> *f* miniatura *f*
Minibar *f* frigobar *m*; **Minigolf** *n* minigolf *m*
Minima *pl von* **Minimum**
minimal [mini'ma:l] *adj* minimale
minimieren *vt* (INFORM) ridurre a icona
Minimum ['mi:nimʊm] <-s, Minima> *n*

minimo *m*

Minirock *m* minigonna *f*

Minister [mi'nɪstɐ] <-s, -> *m* ministro *m*

ministeriell [minɪsteri'ɛl] *adj* ministeriale

Ministerin <-, -nen> *f* ministro *m; s. a.* **Minister**

Ministerium [minɪs'te:riʊm] <-s, Ministerien> *n* ministero *m*

Ministerpräsident(in) *m(f)* primo ministro *m;* (*in Italien*) presidente, -essa *m, f* del consiglio

> Il **Ministerpräsident** è il capo del governo di un land tedesco. In Austria questa funzione è ricoperta dal "Landeshauptmann". Il capo del governo di un cantone svizzero è il "Kantonalpräsident".

Ministerrat *m* consiglio *m* dei ministri

minus ['mi:nʊs] *adv* meno; **bei ~ 10 Grad** a 10 gradi sotto zero

Minus <-, -> *n* deficit *m;* **Minuspol** *m* (PHYS) polo *m* negativo; **Minuszeichen** *n* (segno *m* di) meno *m*

Minute [mi'nu:tə] <-, -n> *f* minuto *m;* **auf die ~ genau sein** spaccare il minuto *fam;* **in letzter ~** all'ultimo minuto; **minutenlang** **I.** *adj* di alcuni minuti **II.** *adv* per alcuni minuti; **Minutenzeiger** *m* lancetta *f* dei minuti

mir [mi:ɐ̯] **I.** *pron pers dat von* **ich** (*betont*) (a) me; (*unbetont*) mi; **von ~ aus** per me; **~ nichts, dir nichts** (*fam*) di punto in bianco **II.** *pron refl dat von* **sich** mi

Mirabelle [mira'bɛlə] <-, -n> *f* mirabella *f*

Mischbrot *n* pane *m* misto; **Mischehe** *f* matrimonio *m* misto

mischen ['mɪʃən] **I.** *vt* mescolare; (*Karten*) mischiare; (FILM, RADIO, TV) missare **II.** *vr* **sich in etw** *acc* **~** immischiarsi in qc

Mischling ['mɪʃlɪŋ] <-s, -e> *m* meticcio, -a *m, f*

Mischmasch ['mɪʃmaʃ] <-(e)s, -e> *m* (*fam pej*) miscuglio *m*

Mischung <-, -en> *f* miscuglio *m*

Mischwald *m* bosco *m* misto

miserabel [mizə'ra:bəl] *adj* pessimo; (*Zustand*) miserabile

missachten[RR], **mißachten** [mɪs'ʔaxtən] <ohne ge-> *vt* trascurare; (*Gesetz*) non osservare

Missbildung[RR], **Mißbildung** *f* malformazione *f*

missbilligen[RR], **mißbilligen** [mɪs'bɪlɪgən] <ohne ge-> *vt* disapprovare

Missbrauch[RR], **Mißbrauch** *m* abuso *m;* **missbrauchen**[RR], **mißbrauchen** <ohne ge-> *vt* abusare di

missdeuten[RR], **mißdeuten** <ohne ge-> *vt* fraintendere

missen ['mɪsən] *vt* **etw nicht ~ mögen** (*geh*) non voler fare a meno di qc

Misserfolg[RR], **Mißerfolg** *m* insuccesso *m*

Missernte[RR], **Mißernte** *f* cattivo raccolto *m*

missfallen[RR], **mißfallen** [mɪs'falən] <irr, ohne ge-> *vi* **jdm ~** non piacere a qu; **Missfallen**[RR], **Mißfallen** ['mɪsfalən] <-s> *kein Pl n* malcontento *m*

Missgeburt[RR], **Mißgeburt** *f* (MED) aborto *m*

Missgeschick[RR], **Mißgeschick** *n* sfortuna *f*

missglücken[RR], **mißglücken** [mɪs'glʏkən] <ohne ge-> *vi sein* **es ist mir missglückt** non ci sono riuscito

missgönnen[RR], **mißgönnen** [mɪs'gœnən] <ohne ge-> *vt* **jdm etw ~** invidiare qc a qu

Missgunst[RR], **Mißgunst** *f* invidia *f*

misshandeln[RR], **mißhandeln** [mɪs'handəln] <ohne ge-> *vt* maltrattare; **Misshandlung**[RR], **Mißhandlung** [mɪs'handlʊŋ] *f* maltrattamento *m*

Mission [mɪ'si̯o:n] <-, -en> *f* missione *f*

Missionar(in) [mɪsi̯o'na:ɐ̯] <-s, -e; -, -nen> *m(f)* missionario, -a *m, f*

Missklang[RR], **Mißklang** *m* **1.** (MUS) dissonanza *f* **2.** (LING) cacofonia *f* **3.** (*fig*) disaccordo *m*

Misskredit[RR], **Mißkredit** *m* discredito *m;* **jdn in ~ bringen** screditare qu; **in ~ geraten** cadere in discredito

misslingen[RR], **mißlingen** [mɪs'lɪŋən] <misslingt, misslang, misslungen> *vi sein* non riuscire; **der Versuch ist misslungen** il tentativo è fallito; **ihm misslingt alles** non gli riesce niente

Missmanagement[RR], **Mißmanagement** <-s, -s> *n* cattiva gestione *f*

missmutig[RR], **mißmutig** *adj* di malumore

missraten[RR], **mißraten**[1] [mɪs'ra:tən] <irr, ohne ge-> *vi sein* non riuscire

missraten[RR], **mißraten**[2] *adj* (*Kind*) maleducato

Missstand[RR], **Mißstand** *m* male *m*

Missstimmung[RR], **Mißstimmung** *f* malumore *m*

misst[RR], **mißt** [mɪst] *2. u 3. pers sing pr von* **messen**

misstrauen[RR], **mißtrauen** <ohne ge-> *vi* **jdm ~** diffidare di qu; **Misstrauen**[RR], **Mißtrauen** <-s> *kein Pl n* diffidenza *f;* **Misstrauensantrag**[RR] *m* (PARL) mozione *f* di sfiducia; **Misstrauensvotum**[RR] *n* (PARL) voto *m* di sfiducia

misstrauisch[RR], **mißtrauisch** *adj* diffidente; (*argwöhnisch*) sospettoso

Missverhältnis[RR], **Mißverhältnis** *n* sproporzione *f*

missverständlich[RR], **mißverständlich** *adj* ambiguo; **Missverständnis**[RR], **Mißverständnis** *n* malinteso *m;* **missverstehen**[RR], **mißverstehen** <irr, ohne ge-> *vt* fraintendere

Misswirtschaft[RR], **Mißwirtschaft** *f* malgoverno *m*

Mist [mɪst] <-(e)s> *kein Pl m* **1.** (*Tier~*) letame *m* **2.** (*fam pej: Unsinn*) fesserie *fpl*

Mistel ['mɪstəl] <-, -n> *f* vischio *m*

Misthaufen *m* letamaio *m;* **Mistkübel** *m* (*A: Mülleimer*) pattumiera *f*

mit [mɪt] **I.** *prp +dat* con; **~ Flugzeug** in aereo; **~ zwanzig Jahren** a venti anni; **~ lauter Stimme** a voce alta **II.** *adv* (*ebenfalls*) **~ dabei sein** esserci; **ich habe keinen Schirm ~** (*fam*) non ho con me l'ombrello; **willst du ~?** (*fam*) vuoi venire anche tu?

Mitarbeit *f* collaborazione *f;* **unter ~ von ...** hanno collaborato ...; **mit|arbeiten** *vi* **an etw** *dat* **~** collaborare a qc; **Mitarbeiter(in)** *m(f)* collaboratore, -trice *m, f;* **freier ~** libero collaboratore

mit|bekommen <irr, ohne ge-> *vt* **1.** (*als Mitgift*) ricevere in dote **2.** (*fam: verstehen*) comprendere

Mitbestimmung *f* cogestione *f*

Mitbewerber(in) *m(f)* concorrente *mf*

Mitbewohner(in) *m(f)* (*von Wohnung*) coabitatore, -trice *m, f;* (*von Haus*) coinquilino, -a *m, f*

mit|bringen <irr> *vt* portare (con sé); **Mitbringsel** ['mɪtbrɪŋzəl] <-s, -> *n* (*fam*) pensierino *m*

Mitbürger(in) *m(f)* (*form*) concittadino, -a *m, f*

miteinander [mɪtʔaɪ'nandɐ] *adv* **1.** (*einer mit dem anderen*) l'uno con l'altro **2.** (*gemeinsam*) insieme; **alle ~** tutti insieme

mit|erleben <ohne ge-> *vt* **1.** (*erleben*) vivere **2.** (*dabeisein*) assistere a

Mitesser *m* (MED) comedone *m*

mit|fahren <irr> *vi sein* **mit jdm ~** andare [*o* venire] con qu; **jdn ~ lassen** (*im Auto*) dare un passaggio a qu

Mitfahrerzentrale *f agenzia che mette in contatto automobilisti e persone alla ricerca di un passaggio*

Mitfahrgelegenheit *f* passaggio *m*

mit|geben <irr> *vt* dare

Mitgefühl *n* compassione *f*

mit|gehen <irr> *vi sein* (**mit jdm**) **~** andare insieme (a qu); (*begleiten*) accompagnare qu

mitgenommen *adj* **1.** (*Sache*) consunto **2.** (*Person*) **~ aussehen** essere sciupato

Mitgift ['mɪtgɪft] <-, -en> *f* dote *f*

Mitglied *n* membro *m;* **Mitgliedsbeitrag** *m* quota *f* sociale

Mitgliedschaft <-, *rar* -en> *f* appartenenza *f*

Mitgliedsland *n* stato *m* membro

mit|halten <irr> *vi* essere della partita *fam*

mit|helfen <irr> *vi* (**bei etw**) **~** collaborare (a qc)

Mithilfe *f* collaborazione *f*

mit|hören *vi* stare in ascolto; (*lauschen*) origliare

mit|kommen <irr> *vi sein* **1.** (*auch kommen*) **mit jdm ~** venire insieme a qu; (*begleiten*) accompagnare qu; **kommst du mit?** vieni anche tu? **2.** (*fig: geistig folgen*) seguire; **da komme ich nicht mehr mit** (*fig fam*) non riesco a capire

Mitläufer *m* (*pej*) pedissequo *m*

Mitleid *n* compassione *f;* **jds ~ erregen** far compassione a qu; **mit jdm ~ haben** provare compassione per qu

Mitleidenschaft *f* **etw in ~ ziehen** danneggiare qc

mitleidig *adj* compassionevole

mitleid(s)los *adj* spietato

mit|machen **I.** *vt* **1.** (*Veranstaltung*) partecipare a; (*Mode*) seguire **2.** (*durchmachen*) passare; **da machst du vielleicht was mit!** (*fam*) ne sto passando delle belle! **II.** *vi* (*dabei sein*) partecipare; (*fam*) starci; **ich mache mit** ci sto

Mitmensch *m* prossimo *m*

Mitnahmepreis *m* prezzo *m* del ritiratelo da voi (*prezzo offerta per merci da ritirare personalmente*)

mit|nehmen <irr> *vt* **1.** (*mit sich nehmen*) prendere con sé; **kannst du mich bis Köln (im Auto) ~?** mi puoi dare un passaggio fino a Colonia? **2.** (*fig: anstrengen*) spossare

mit|reißen <irr> *vt* (*fig: begeistern*) entusiasmare

mitsamt [mɪt'zamt] *prp +dat* insieme a

Mitschuld *f* complicità *f*; **mitschuldig** *adj* complice; **~ an etw** *dat* **sein** essere complice in qc

Mitschüler(in) *m(f)* compagno, -a *m, f* di scuola

mit|spielen *vi* **1.** (*bei einem Spiel*) **mit jdm bei etw ~** giocare con qu a qc **2.** (*fig: Gründe, Motive*) essere in gioco **3.** (*zusetzen*) **jdm übel ~** giocare un brutto tiro a qu

Mitspracherecht *n* diritto *m* di essere interpellato

mittag *adv s.* **Mittag**; **Mittag** ['mɪta:k] *m* mezzogiorno *m*; **heute ~** oggi a mezzogiorno; **zu ~ essen** pranzare; **Mittagessen** *n* pranzo *m*

mittags *adv* a mezzogiorno; **(um) 12 Uhr ~** a mezzogiorno

Mittagspause *f* pausa *f* di mezzogiorno; **Mittagsschlaf** *m* pisolino *m* pomeridiano

Mittäter(in) *m(f)* complice *mf*

Mitte ['mɪtə] <-, -n> *f* **1.** (*räumlich*) mezzo *m*; **in der ~** nel mezzo; **in unserer ~** in mezzo a noi **2.** (*zeitlich*) metà *f*; **~ Januar** a metà gennaio; **er ist ~ Vierzig** ha quarantacinque anni

mit|teilen *vt* **(jdm) etw ~** comunicare qc (a qu)

mitteilsam *adj* comunicativo

Mitteilung *f* comunicazione *f*; (*Nachricht*) avviso *m*

Mittel ['mɪtəl] <-s, -> *n* **1.** mezzo *m*; **~ und Wege finden** trovare mezzo e modo; **ihm ist jedes ~ recht** a lui va bene ogni mezzo **2.** (*Heil~*) rimedio *m*

Mittelalter *n* medioevo *m*; **mittelalterlich** *adj* medievale

Mittelding *n* (*fam*) cosa *f* di mezzo

Mitteleuropa *n* Europa *f* centrale; **Mitteleuropäer(in)** *m(f)* abitante *mf* dell'Europa centrale; **mitteleuropäisch** *adj* **~e Zeit** tempo dell'Europa centrale

Mittelfinger *m* (dito *m*) medio *m*; **mittelfristig** *adj* a medio termine; **Mittelgebirge** *n* media montagna *f*; **mittellos** *adj* nullatenente; **mittelmäßig** *adj* medio; (*pej a*) mediocre; **Mittelmäßigkeit** *f* (*pej*) mediocrità *f*; **Mittelmeer** *n* (Mare *m*) Mediterraneo *m*; **Mittelpunkt** *m* punto *m* centrale; **im ~ stehen** (*fig*) essere al centro

mittels *prp +gen* (*geh*) per mezzo di

Mittelschule *f* **1.** (*CH*) scuola *f* media superiore **2.** (*A*) liceo *m*; **die ~ besuchen** frequentare le superiori; **Mittelstand** *m* ceto *m* medio; **Mittelstreckenrakete** *f* missile *m* a media gittata; **Mittelstreifen** *m* spartitraffico *m*; **Mittelstürmer(in)** *m(f)* (SPORT) centrattacco *mf*; **Mittelweg** *m* (*fig*) via *f* di mezzo; **Mittelwelle** *f* (RADIO) onde *fpl* medie; **Mittelwert** *m* valore *m* medio

mitten ['mɪtən] *adv* **~ auf der Straße** in mezzo alla strada; **~ durch** attraverso; **~ in** in mezzo a; **~ in der Nacht** in piena notte

Mitternacht ['mɪtɐnaxt] *f* mezzanotte *f*; **um ~** a mezzanotte

mittlere(r, s) ['mɪtlərə, -rɐ, -rəs] *adj* **1.** (*im Mittelpunkt*) centrale **2.** (*durchschnittlich*) medio, -a; **~n Alters** di mezza età; **von ~r Größe** di statura media

mittlerweile *adv* intanto

Mittwoch ['mɪtvɔx] <-(e)s, -e> *m* mercoledì *m*; *s. a.* **Dienstag**

mittwochs *adv* il mercoledì

mitunter *adv* talvolta

mitverantwortlich *adj* corresponsabile

Mitvergangenheit *f* (*A: Imperfekt*) imperfetto *m*

mit|wirken *vi* **bei** [*o* **an**] **etw** *dat* **~** collaborare a qc

Mitwirkung *f* collaborazione *f*; **unter ~ von** con la partecipazione di

Mitwisser(in) <-s, -; -, -nen> *m(f)* confidente *mf*; (JUR) connivente *mf*

mixen ['mɪksən] *vt* mescolare; (*im Mixer*) frullare

Mixer <-s, -> *m* **1.** (*Bar~*) barista *m* **2.** (*Gerät*) frullatore *m*

Mixtur [mɪks'tu:ɐ̯] <-, -en> *f* mistura *f*

mm *abk v* **Millimeter** mm

Mobbing <-> *kein Pl n* mobbing *m*

Möbel ['mø:bəl] <-s, -> *n meist Pl* mobile *m*; **Möbelpacker** *m* facchino *m*; **Möbelwagen** *m* furgone *m* per traslochi

mobil [mo'bi:l] *adj* **1.** (JUR, MIL, COM) mobile;

~ **machen** mobilitare **2.** (*fam: flink*) svelto

Mobilfunk *m* telefonia *f* mobile

Mobiliar [mobi'li̯a:ɐ̯] <-s, -e> *n* mobili *mpl*

mobilisieren [mobili'zi:rən] <ohne ge-> *vt* (*fig* MIL) mobilitare

Mobilmachung <-> *kein Pl f* (MIL) mobilitazione *f*

Mobiltelefon *n* (telefono *m*) cellulare *m*

möblieren [mø'bli:rən] <ohne ge-> *vt* ammobiliare

mochte ['mɔxtə] *1. u 3. pers sing imp von* **mögen**[1], **mögen**[2]

möchte ['mœçtə] *1. u 3. pers sing conj von* **mögen**[1], **mögen**[2]

Mode ['mo:də] <-, -n> *f* moda *f;* **(in) ~ sein** essere di moda; **aus der ~ kommen** passare di moda; **mit der ~ gehen** seguire la moda

Model ['mɔdəl] <-s, -s> *n* fotomodella *f*

Modell [mo'dɛl] <-s, -e> *n* **1.** modello *m* **2.** (*eines Malers, Fotografen*) modello, -a *m, f;* ~ **stehen** posare **3.** (*Foto~*) modella *f*

modellieren [modɛ'li:rən] <ohne ge-> *vt* modellare

Modem ['mo:dɛm] <-s, -s> *n o m* (INFORM) modem *m*

Mode(n)schau *f* sfilata *f* di moda

Moder ['mo:dɐ] <-s> *kein Pl m* marciume *m;* (*Schimmel*) muffa *f*

Moderator(in) [mode'ra:to:ɐ̯] <-s, -en; -, -nen> *m(f)* (RADIO, TV) moderatore, -trice *m, f*

modern[1] ['mo:dɐn] *vi* marcire

modern[2] [mo'dɛrn] *adj* moderno; (*modisch*) alla moda

modernisieren [modɛrni'zi:rən] <ohne ge-> *vt* modernizzare

Modeschmuck *m* bigiotteria *f;* **Modeschöpfer(in)** *m(f)* creatore, -trice *m, f* di moda; **Modezeitschrift** *f* giornale *m* di moda

modisch *adj* alla moda

Modus ['mɔdʊs] <-, Modi> *m* modo *m*

Mofa ['mo:fa] <-s, -s> *n* ciclomotore *m*

mogeln ['mo:gəln] *vi* (*fam*) imbrogliare

mögen[1] ['mø:gən] <mag, mochte, gemocht> *vt* **1.** (*gern haben*) amare; **lieber ~** preferire **2.** (*wollen*) volere; **ich mag nicht (mehr)** non ne voglio (più)

mögen[2] <mag, mochte, mögen> *Modalverb* **1.** (*Wunsch*) volere; **ich möchte gern ...** vorrei ...; **man möchte meinen, dass ...** si direbbe che ... **2.** (*Vermutung*) potere; **es mag sein, dass ...** è possibile che +*conj;* **was mag das bedeuten?** cosa significherà questo?; **wo mag er bloß stecken?** dove si sarà cacciato? *fam*

möglich ['mø:klɪç] *adj* possibile; **alles Mögliche** di tutto; **sein Möglichstes tun** fare tutto il possibile; **so bald wie ~** il più presto possibile; **so viel wie ~** il più possibile; **(das ist ja) nicht ~!** (*fam*) non è possibile!

möglicherweise *adv* eventualmente

Möglichkeit <-, -en> *f* possibilità *f;* **nach ~** per quanto possibile

möglichst *adv* ~ **gut/viel/oft** il meglio/il più/il più spesso possibile

Mohn [mo:n] <-(e)s, -e> *m* papavero *m;* (*Klatsch~*) rosolaccio *m*

Möhre ['mø:rə] <-, -n> *f,* **Mohrrübe** ['mo:ɐ̯ry:bə] *f* carota *f*

mokieren [mo'ki:rən] <ohne ge-> *vr* **sich (über jdn) ~** beffarsi (di qu)

Mokka ['mɔka] <-s, -s> *m* moca *m*

Moldawien [mɔl'da:viən] *n* Moldavia *f*

Mole ['mo:lə] <-, -n> *f* molo *m*

Molekül [mole'ky:l] <-s, -e> *n* (PHYS, CHEM) molecola *f*

molk [mɔlk] *1. u 3. pers sing imp von* **melken**

Molkerei [mɔlkə'raɪ] <-, -en> *f* latteria *f*

Moll [mɔl] <-> *kein Pl n* (MUS) tonalità *f* minore

mollig ['mɔlɪç] *adj* (*fam*) **1.** (*warm*) piacevole; (*Kleidung*) morbido **2.** (*rundlich*) grassottello

Molotowcocktail ['mo:lotɔfkɔkteɪl] *m* molotov *f*

Moment [mo'mɛnt] <-(e)s, -e> *m* momento *m;* **im ~** (*jetzt*) al momento; **im letzten ~** all'ultimo minuto

momentan [momɛn'ta:n] **I.** *adj* momentaneo **II.** *adv* momentaneamente

Monaco ['mo:nako] *n* Monaco *f*

Monarch [mo'narç] <-en, -en> *m* monarca *m*

Monarchie [monar'çi:] <-, -n> *f* monarchia *f*

Monarchin <-, -nen> *f* monarchessa *f nur scherz; s. a.* **Monarch**

Monat ['mo:nat] <-(e)s, -e> *m* mese *m;* **im achten ~ (schwanger) sein** essere (in-

cinta) all'ottavo mese
monatelang *adv* (per) mesi e mesi
monatlich *adj* mensile
Monatsgehalt *n* (stipendio *m*) mensile *m;* **Monatskarte** *f* tessera *f* mensile; **Monatsrate** *f* rata *f* mensile
Mönch [mœnç] <-(e)s, -e> *m* (REL) monaco
Mond [mo:nt] <-(e)s, -e> *m* luna *f;* **abnehmender/zunehmender ~** luna calante/crescente; **hinter dem ~ leben** (*fam*) vivere sulla luna; **Mondfinsternis** *f* (ASTR) eclissi *f* lunare; **Mondlandung** *f* allunaggio *m;* **Mondschein** *m* chiaro *m* di luna; **Mondscheintarif** *m* (TEL) tariffa *f* notturna
Monegasse [mone'gasə] <-n, -n> *m,* **Monegassin** [mone'gasɪn] <-, -nen> *f* monegasco, -a *m, f*
mongoloid [mɔŋgolo'i:t] *adj* (MED) mongoloide
Monitor ['mo:nito:ɐ̯] <-s, -e(n)> *m* (TV, INFORM) monitor *m*
Monogramm <-s, -e> *n* monogramma *m;* **Monokultur** *f* (AGR) monocultura *f;* **Monolog** [mono'lo:k] <-s, -e> *m* monologo *m;* **einen ~ halten** fare un monologo; **Monopol** [mono'po:l] <-s, -e> *n* monopolio *m;* **monoton** [mono'to:n] *adj* monotono; **Monotonie** [monoto'ni:] <-, *rar* -en> *f* monotonia *f*
Monster ['mɔnstɐ] <-s, -> *n* mostro *m*
Monsun [mɔn'zu:n] <-s, -e> *m* (METEO) monsone *m*
Montag ['mo:nta:k] <-s, -e> *m* lunedì *m;* *s. a.* **Dienstag**
Montage [mɔn'ta:ʒə] <-, -n> *f* montaggio *m*
montags *adv* il lunedì
Monteur(in) [mɔn'tø:ɐ̯] <-s, -e; -, -nen> *m(f)* montatore, -trice *m, f*
montieren <ohne ge-> *vt* montare
Monument [monu'mɛnt] <-(e)s, -e> *n* monumento *m*
monumental [monumɛn'ta:l] *adj* monumentale
Moor [mo:ɐ̯] <-(e)s, -e> *n* palude *f*
Moos [mo:s] <-es, -e> *n* muschio *m*
Mop <-s, -s> *m s.* **Mopp**
Moped ['mo:pɛt] <-s, -s> *n* ciclomotore *m*
Mopp[RR] [mɔp] <-s, -s> *m* scopa *f* a frange
Moral [mo'ra:l] <-, *rar* -en> *f* morale *f*
moralisch *adj* morale
Moralpredigt *f* (*pej*) **jdm eine ~ halten** fare una ramanzina a qu
Morast [mo'rast] <-(e)s, -e> *m* pantano *m*
Morchel ['mɔrçəl] <-, -n> *f* morchella *f*
Mord [mɔrt] <-(e)s, -e> *m* omicidio *m;* **einen ~ begehen** commettere un omicidio; **Mordanschlag** *m* attentato *m*
morden ['mɔrdən] **I.** *vt* assassinare **II.** *vi* commettere un assassinio
Mörder(in) ['mœrdɐ] <-s, -; -, -nen> *m(f)* assassino, -a *m, f*
mörderisch *adj* (*fam*) atroce; (*Hitze, Kälte*) terribile
Mordshunger *m* (*fam*) fame *f* da lupi; **mordsmäßig** *adj* (*fam*) enorme; **Mordsspaß** *m* **es gab einen ~** (*fam*) ci siamo divertiti un mondo
Mordverdacht *m* **unter ~ stehen** essere sospettato di omicidio; **Mordwaffe** *f* arma *f* del delitto
morgen ['mɔrgən] *adv* domani; **~ früh/Mittag/Abend** domani mattina/a mezzogiorno/sera; **~ ist Sonntag** domani è domenica; **bis ~!** a domani!; **von ~ an** a partire da domani
Morgen <-s, -> *m* mattino *m;* **am ~** di mattina; **früh am ~** la mattina presto; **gestern ~** ieri mattina; **guten ~!** buon giorno!; **Morgendämmerung** *f* alba *f;* **Morgenessen** *n* (*CH*) prima colazione *f;* **Morgengrauen** *n* **im ~** all'alba; **Morgenmantel** *m* vestaglia *f;* **Morgenmuffel** *m* (*fam*) **er ist ein ~** la mattina, appena alzato, parla poco ed è di cattivo umore; **Morgenrock** *m* vestaglia *f;* **Morgenrot** *n,* **Morgenröte** *f* (*geh*) aurora *f*
morgens *adv* di mattina; **von ~ bis abends** dalla mattina alla sera; **um sieben Uhr ~** alle sette del mattino
morgig *adj* di domani; **der ~e Tag** (il) domani
Morphium ['mɔrfiʊm] <-s> *kein Pl n* morfina *f*
morsch [mɔrʃ] *adj* marcio
Morsealphabet *n* alfabeto *m* Morse
morsen ['mɔrzən] *vi* telegrafare
Mörtel ['mœrtəl] <-s, -> *m* malta *f*
Mosaik [moza'i:k] <-s, -e(n)> *n* mosaico *m*
Moschee [mɔ'ʃe] <-, -n> *f* moschea *f*
Mosel ['mo:zəl] *f* Mosella *f*

Moskau ['mɔskaʊ] *n* Mosca *f*

Moskito [mɔs'kiːto] <-s, -s> *m* moschito *m;* **Moskitonetz** *n* zanzariera *f*

Moslem ['mɔslɛm] <-s, -s> *m,* **Moslime** [mɔs'liːmə] <-, -n> *f* musulmano, -a *m, f*

Most [mɔst] <-(e)s, -e> *m* (*Trauben~*) mosto *m;* (*Apfel~*) sidro *m*

Motel ['moːtəl] <-s, -s> *n* motel *m*

Motherboard <-s, -s> *n* (INFORM) scheda *f* madre

Motiv [mo'tiːf] <-s, -e> *n* motivo *m*

Motivation [motiva'tsi̯oːn] <-, -en> *f* motivazione *f*

motivieren [moti'viːrən] <ohne ge-> *vt* motivare

Motivierung <-, -en> *f* motivazione *f*

Motor ['moːtɔr] <-s, -en> *m* motore *m;* **Motorboot** *n* motoscafo *m;* **Motorhaube** *f* cofano *m* (del motore); **Motoröl** *n* olio *m* motore; **Motorrad** *n* motocicletta *f;* **Motorradfahrer(in)** *m(f)* motociclista *mf;* **Motorroller** *m* (moto)scooter *m;* **Motorsäge** *f* sega *f* a motore; **Motorschaden** *m* guasto *m* al motore; **Motorsport** *m* motorismo *m*

Motte ['mɔtə] <-, -n> *f* tarma *f;* **Mottenkugel** *f* pallina *f* antitarmica

Motto ['mɔto] <-s, -s> *n* motto *m*

Mountainbike ['maʊntənbaɪk] <-s, -s> *n* mountain bike *f*

Möwe ['møːvə] <-, -n> *f* gabbiano *m*

Mücke ['mʏkə] <-, -n> *f* zanzara *f;* **aus einer ~ einen Elefanten machen** (*fig*) fare di una mosca un elefante; **Mückenstich** *m* puntura *f* di zanzara

müde ['myːdə] *adj* stanco; **~ werden** stancarsi; **ich bin es ~ zu** *+inf* sono stanco di *+inf;* **Müdigkeit** <-> *kein Pl f* stanchezza *f;* **vor ~ umfallen** essere stanco morto *fam*

Müesli ['myːɛsli] <-s, -> *n* (*CH*) muesli *m*

Muffel ['mʊfəl] <-s, -> *m* (*fam pej*) brontolone *m*

muffig *adj* **~ riechen** sapere di muffa

Mühe ['myːə] <-, -n> *f* fatica *f;* **sich** *dat* **~ geben, zu …** darsi la briga di …; **mit ~ und Not** a mala pena; **geben Sie sich** *dat* **keine ~!** non si disturbi!

mühelos *adv* con facilità

muhen ['muːən] *vi* muggire

mühevoll *adj* faticoso

Mühle ['myːlə] <-, -n> *f* mulino *m;* (*Kaffee~, Pfeffer~*) macinino *m*

Mühlrad *n* ruota *f* del mulino

mühsam **I.** *adj* faticoso **II.** *adv* a fatica; **mühselig** *adj* penoso

Mulatte [mu'latə] <-n, -n> *m,* **Mulattin** [mu'latɪn] <-, -nen> *f* mulatto, -a *m, f*

Mulde ['mʊldə] <-, -n> *f* avvallamento *m*

Mull [mʊl] <-(e)s, -e> *m* mussola *f;* (MED) garza *f*

Müll [mʏl] <-(e)s> *kein Pl m* rifiuti *mpl;* **radioaktiver ~** scorie *fpl* radioattive; **Müllabfuhr** *f* nettezza *f* urbana

Mullbinde *f* fascia *f* di garza

Müllcontainer *m* cassonetto *m;* **Mülldeponie** *f* deposito *m* delle immondizie; **Mülleimer** *m* secchio *m* delle immondizie; **Müllmann** *m* addetto *m* al trasporto delle immondizie; **Müllschlucker** *m* tromba *f* per le immondizie; **Mülltonne** *f* bidone *m* delle immondizie; **Mülltrennung** *f* separazione *f* dei rifiuti; **Müllverbrennung** *f* incenerimento *m* dei rifiuti; **Müllverbrennungsanlage** *f* inceneritore *m* di rifiuti; **Müllverwertung** *f* sfruttamento *m* dei rifiuti; **Müllwagen** *m* autocarro *m* della nettezza urbana

mulmig ['mʊlmɪç] *adj* **mir ist ganz ~** (*fam*) mi sento a disagio

multikulturell *adj* multiculturale

Multimedia <-, -s> *n* (INFORM) multimedialità *f;* **multimedial** *adj* (INFORM) multimediale

Multimillionär(in) *m(f)* multimilionario, -a *m, f*

Multiplikation [mʊltiplika'tsi̯oːn] <-, -en> *f* moltiplicazione *f*

multiplizieren [mʊltipli'tsiːrən] <ohne ge-> *vt* **etw mit etw ~** moltiplicare qc per qc

Multitalent *n* mente *f* eclettica

Mumie ['muːmiə] <-, -n> *f* mummia *f*

Mumm [mʊm] <-s> *kein Pl m* (*fam*) fegato *m*

Mumps [mʊmps] <-> *kein Pl m* (MED) parotite *f*

München ['mʏnçən] *n* Monaco *f* (di Baviera)

Mund [mʊnt] <-(e)s, Münder> *m* bocca *f;* **nicht auf den ~ gefallen sein** (*fam*) avere sempre la risposta pronta; **jdm das Wort im ~ umdrehen** travisare le parole di qu; **den ~ nicht halten können** (*fam*) aver la lingua troppo lunga; **halt den ~!** (*fam*) stai zitto!

Mundart *f* dialetto *m*

Munddusche *f* idropulsore *m*

münden ['mʏndən] *vi haben o sein* **in etw** *acc* ~ (*Fluss*) sfociare in qc; (*Straße*) sboccare in qc

Mundgeruch *m* alito *m* cattivo; **Mundharmonika** *f* armonica *f* a bocca

mündig ['mʏndɪç] *adj* maggiorenne

mündlich ['mʏntlɪç] *adj* orale

M-und-S-Reifen *m* pneumatico *m* antineve

Mundstück *n* bocchino *m;* **mundtot** *adj* (*fam*) **jdn** ~ **machen** ridurre qu al silenzio

Mündung <-, -en> *f* foce *f*

Mundwasser *n* collutorio *m;* **Mundwerk** *n* (*fam*) **ein loses** ~ **haben** avere la lingua lunga; **Mundwinkel** *m* angolo *m* della bocca

Mund-zu-Mund-Beatmung *f* respirazione *f* bocca a bocca

Munition [muni'tsi̯o:n] <-, -en> *f* munizione *f*

munkeln ['mʊŋkəln] *vi* (*fam*) mormorare

Münster ['mʏnstɐ] <-s, -> *n* cattedrale *f*

munter ['mʊntɐ] *adj* **1.** (*lebhaft*) vivo; (*fröhlich*) allegro **2.** (*wach*) sveglio; **Muntermacher** *m* (*fam*) stimolante *m*

Münzautomat *m* distributore *m* di gettoni

Münze ['mʏntsə] <-, -n> *f* moneta *f;* **jdm etw mit gleicher** ~ **heimzahlen** (*fig*) ripagare qu con la stessa moneta; **etw für bare** ~ **nehmen** (*fig*) prendere qc per oro colato

münzen *vt* coniare; **das ist auf mich gemünzt** (*fig*) la frecciata è diretta a me

Münzfernsprecher *m* telefono *m* pubblico a gettoni

mürbe ['mʏrbə] *adj* (*Gebäck*) frollo; (*Gestein*) friabile; (*Holz*) fradicio; **Mürbeteig** *m* pasta *f* frolla

Murmel ['mʊrməl] <-, -n> *f* bilia *f*

murmeln ['mʊrməln] *vt, vi* mormorare

Murmeltier *n* marmotta *f;* **wie ein** ~ **schlafen** dormire come una marmotta

murren ['mʊrən] *vi* brontolare

mürrisch ['mʏrɪʃ] *adj* scontroso

Mus [mu:s] <-es, -e> *n* passato *m*

Muschel ['mʊʃəl] <-, -n> *f* **1.** (ZOO) conchiglia *f;* (*Mies~*) cozza *f;* (*Schale*) guscio *m* **2.** (TEL: *Hör~*) ricevitore *m*

Muse ['mu:zə] <-, -n> *f* musa *f*

Museum [mu'ze:ʊm] <-s, Museen> *n* museo *m*

Musical ['mju:zikəl] <-s, -s> *n* musical *m*

Musik [mu'zi:k] <-, *rar* -en> *f* musica *f*

musikalisch [muzi'ka:lɪʃ] *adj* musicale

Musikant(in) [muzi'kant] <-en, -en; -, -nen> *m(f)* musicante *mf*

Musiker(in) ['mu:zikɐ] <-s, -; -, -nen> *m(f)* musicista *mf*

Musikhochschule *f* conservatorio *m* (musicale); **Musikinstrument** *n* strumento *m* musicale; **Musikkassette** *f* musicassetta *f*

musizieren [muzi'tsi:rən] <ohne ge-> *vi* fare della musica

Muskatnuss[RR] *f* noce *f* moscata

Muskel ['mʊskəl] <-s, -n> *m* muscolo *m;* **Muskelkater** *m* dolori *mpl* muscolari; **Muskelprotz** *m* (*fam*) maciste *m*

Muskulatur <-, -en> *f* muscolatura *f*

muskulös *adj* muscoloso

Müsli ['my:sli] <-s, -> *n* muesli *m*

muss[RR], **muß** [mʊs] *1. u 3. pers sing pr von* **müssen**[1], **müssen**[2]

Muss[RR] [mʊs] <-> *kein Pl n* necessità *f*

Muße ['mu:sə] <-> *kein Pl f* (*geh*) tempo *m* libero

müssen[1] ['mʏsən] <muss, musste, müssen> *Modalverb* dovere; **ich muss es tun** devo farlo; **da musste ich lachen** dovetti ridere; **muss das sein?** è necessario?; **er muss gleich kommen** dovrebbe arrivare subito

müssen[2] <muss, musste, gemusst> *vi* **ich muss in die Stadt** devo andare in città

müßig ['my:sɪç] *adj* (*geh*) **1.** (*untätig*) ozioso **2.** (*zwecklos*) vano; **Müßiggang** *m* ozio *m*

musste[RR], **mußte** ['mʊstə] *1. u 3. pers sing imp von* **müssen**[1], **müssen**[2]

Muster ['mʊstɐ] <-s, -> *n* **1.** (*Vorlage*) modello *m* **2.** (*~ung*) disegno *m* **3.** (*Probe*) campione *m;* **Musterbeispiel** *n* esempio *m* tipico; **Musterbrief** *m* lettera *f* tipo; **Musterexemplar** *n* esemplare *m;* **mustergültig** *adj,* **musterhaft** *adj* esemplare

mustern ['mʊstɐn] *vt* **1.** (*betrachten*) squadrare **2.** (MIL: *Truppen*) passare in rassegna

Musterschüler(in) *m(f)* scolaro, -a *m, f* modello

Musterung <-, -en> *f* (MIL) visita *f* di leva

Mut [mu:t] <-(e)s> *kein Pl m* coraggio *m;* **den** ~ **verlieren** perdersi d'animo; **jdm** ~

machen incoraggiare qu; **nur ~!** su, coraggio!
mutig *adj* coraggioso
mutlos *adj* scoraggiato
mutmaßlich *adj* presunto
Mutter[1] ['mʊtɐ] <-, Mütter> *f* madre *f*
Mutter[2] ['mʊtɐ] <-, -n> *f* (TEC) madrevite *f*
mütterlich ['mʏtɐlɪç] *adj* materno
mütterlicherseits *adv* per parte di madre
Mutterliebe *f* amore *m* materno; **Muttermal** <-s, -e> *n* neo *m;* **Mutterschaft** <-> *kein Pl f* maternità *f;* **Mutterschaftsurlaub** *m* congedo *m* per maternità; **Mutterschutz** *m* protezione *f* della maternità; **mutterseelenallein** *adj* (*fam*) solo soletto; **Muttersöhnchen** <-s, -> *n* (*fam pej*) figlio *m* di mamma; **Muttersprache** *f* lingua *f* madre; **Muttersprachler(in)** ['mʊtɐʃpraːxlɐ] <-s, -; -, -nen> *m(f)* parlante *mf* madrelingua; **Muttertag** *m* festa *f* della mamma
Mutti ['mʊti] <-, -s> *f* (*fam*) mamm(in)a *f*
mutwillig *adj* intenzionale
Mütze ['mʏtsə] <-, -n> *f* berretto *m*
MwSt, MWSt *abk v* **Mehrwertsteuer** IVA *f*
mysteriös [mʏsteri'øːs] *adj* misterioso
Mystik ['mʏstɪk] <-> *kein Pl f* mistica *f*
Mythologie [mytolo'giː] <-, -n> *f* mitologia *f*
Mythos ['myːtɔs] <-, Mythen> *m* mito *m*

N

N, n [ɛn] <-, -(s)> *n* N, n *f;* **N wie Nordpol** N come Napoli
na [na] *int* (*fam*) allora, su; ~ **und?** e allora?; ~ **also!** dunque!; ~ **gut!** va bene; ~**, so was!** ma guarda un po'!
Nabel ['naːbəl] <-s, -> *m* ombelico *m;* **Nabelschnur** *f* cordone *m* ombelicale
nach [naːx] **I.** *prp +dat* **1.** (*räumlich*) verso; (*bei Ortsnamen*) a; (*bei Ländernamen*) in; ~ **oben/unten** in su/giù; ~ **hinten** indietro; ~ **Hause gehen** andare a casa; **der Zug ~ Paris** il treno per Parigi **2.** (*Reihenfolge*) dopo; **einer ~ dem ander(e)n** uno alla volta **3.** (*Uhrzeit*) e; **Viertel ~ fünf** le cinque e un quarto **4.** (*gemäß*) secondo; ~ **etw schmecken** sapere di qc; **dem Namen ~** per nome; **wenn es ~ mir ginge** se dipendesse da me **II.** *adv* **1.** (*zeitlich*) ~ **wie vor** come prima; ~ **und** ~ un po' alla volta **2.** (*räumlich*) **mir ~!** seguitemi!
nach|äffen ['naːxʔɛfən] *vt* (*pej*) scimmiottare *fam*
nach|ahmen ['naːxʔaːmən] *vt* imitare; **Nachahmung** <-, -en> *f* imitazione *f;* (*Fälschung*) contraffazione *f*
Nachbar ['naxbaːɐ̯] <-n, -n> *m* vicino *m;* **Nachbarhaus** *n* casa *f* vicina; **Nachbarin** <-, -nen> *f* vicina *f; s. a.* **Nachbar**; **nachbarlich** *adj* (del) vicino; **Nachbarschaft** <-> *kein Pl f* vicinato *m;* (*Nachbarn*) vicini *mpl*
nach|bestellen <ohne ge-> *vt* ordinare ancora; **Nachbestellung** *f* ordinazione *f* supplementare
Nachbildung *f* imitazione *f*
nachdem [naːx'deːm] **I.** *konj* dopo *+inf,* dopo che **II.** *adv* **je ~, ob .../wie ...** secondo se .../come ...
nach|denken <irr> *vi* (**über etw** *acc*) ~ riflettere (su qc)
nachdenklich *adj* pensieroso
Nachdruck[1] <-(e)s> *kein Pl m* (*Betonung*) accento *m;* **mit ~** con energia
Nachdruck[2] <-(e)s, -e> *m* (TYP) riproduzione *f*
nach|drucken *vt* ristampare
nachdrücklich ['naːxdrʏklɪç] *adj* fermo
nach|eifern *vi* **jdm ~** emulare qu
nach|eilen *vi sein* **jdm ~** correre dietro a qu
nacheinander [naːxʔaɪ'nandɐ] *adv* uno dopo l'altro
nach|empfinden <irr, ohne ge-> *vt* **jdm etw ~** avere comprensione per qu in qc
Nacherzählung *f* riassunto *m*
Nachfolge *f* successione *f;* **Nachfolger(in)** <-s, -; -, -nen> *m(f)* successore *m,* succeditrice *f*
nach|forschen *vi* indagare; **Nachforschung** *f* ricerca *f;* ~**en nach etw anstellen** fare delle ricerche su qc
Nachfrage *f* domanda *f*
nach|fragen *vi* (**nach etw**) ~ informarsi (su

qc)

nach|fühlen *s.* **nachempfinden**

nach|füllen *vt* **1.** (*Gefäß*) riempire (di nuovo) **2.** (*Inhalt*) riempire

Nachfüllpackung *f* ricarica *f*

nach|geben <irr> *vi* cedere

Nachgebühr *f* soprattassa *f*

nach|gehen <irr> *vi sein* **1.** (*folgen*) **jdm ~** andare dietro a qu **2.** (*nachforschen*) **einer Sache** *dat* ~ studiare a fondo qc **3.** (*Uhr*) ritardare; **meine Armbanduhr geht (zwei Minuten) nach** il mio orologio è indietro (di due minuti)

Nachgeschmack *m* sapore *m* (residuo)

nachgiebig ['na:xgi:bɪç] *adj* **1.** (*Boden*) cedevole **2.** (*Mensch*) accondiscendente; **Nachgiebigkeit** <-> *kein Pl f* (*fig*) compiacenza *f*

nach|grübeln *vi* **über etw** *acc* ~ rimuginare qc

nachhaltig *adj* persistente

nach|hängen <irr> *vi* **einem Gedanken ~** accarezzare un'idea

nach|helfen <irr> *vi* (**jdm**) ~ dare una mano (a qu)

nachher [na:x'he:ɐ̯] *adv* dopo, poi; **bis ~!** a più tardi!

Nachhilfe *f* ripetizione *f*

Nachholbedarf *m* bisogno *m* di recuperare; **einen ~ an Schlaf haben** aver bisogno di recuperare il sonno

nach|holen *vt* recuperare

nach|jagen *vi sein* **einer Sache** *dat* ~ correre dietro a qc

Nachkomme ['na:xkɔmə] <-n, -n> *m* discendente *mf*

nach|kommen <irr> *vi sein* **1.** (*später kommen*) venire dopo; **ich komme nach** vi raggiungo dopo **2.** (*erfüllen*) **einer Verpflichtung ~** adempiere a un compito

Nachkommenschaft <-> *kein Pl f* discendenza *f*

Nachkriegszeit *f* dopoguerra *m*

Nachlass[RR] ['na:xlas] <-es, -e> *m*, **Nachlaß** <-lasses, -lasse> *m* **1.** (COM) sconto *m*; (*Rabatt*) ribasso *m* **2.** (*Hinterlassenschaft*) eredità *f*

nach|lassen <irr> **I.** *vt* **1.** (*lockern*) allentare **2.** (*vom Preis*) ribassare **II.** *vi* (*Sturm, Lärm*) placarsi; (*Hitze, Leistung*) diminuire; (*Schmerz*) calmarsi

nachlässig *adj* **1.** (*Arbeit*) negligente **2.** (*Mensch*) incurante

nach|laufen <irr> *vi sein* **jdm/etw ~** correre dietro a qu/qc

nach|lösen *vi* fare il biglietto in treno

nach|machen *vt* (*fam*) **1.** (*nachahmen*) imitare **2.** (*fälschen*) contraffare **3.** (*nachträglich machen*) fare dopo

Nachmieter(in) *m(f)* inquilino, -a *m, f* subentrante

Nachmittag *m* pomeriggio *m*; **nachmittags** *adv* di pomeriggio; **Nachmittagsvorstellung** *f* rappresentazione *f* pomeridiana

Nachnahme ['na:xna:mə] <-, -n> *f* **per ~** contrassegno

Nachname *m* cognome *m*

nach|prüfen *vt* controllare

nach|rechnen *vt* verificare

Nachrede *f* **üble ~** maldicenza *f*

nach|reichen *vt* (*Unterlagen*) fornire in seguito

Nachricht ['na:xrɪçt] <-, -en> *f* **1.** (*Meldung*) notizia *f*; (*Mitteilung*) informazione *f*; **ich habe keine ~ von ihm** non ho sue notizie **2.** (*Computer*) messaggio *m*

Nachrichten *fpl* (RADIO) giornale *m* radio; (TV) telegiornale *m*; **Nachrichtenagentur** *f* agenzia *f* d'informazioni; **Nachrichtensatellit** *m* satellite *m* per telecomunicazioni; **Nachrichtensprecher(in)** *m(f)* annunciatore, -trice *m, f*

Nachruf *m* necrologio *m*

nach|rüsten **I.** *vi* (MIL) potenziare gli armamenti **II.** *vt* (TEC, INFORM) potenziare l'attrezzatura di

Nachrüstung *f* (MIL) riarmo *m*

nach|sagen *vt* **jdm etw Gutes/Schlechtes ~** dire bene/male di qu

Nachsaison *f* bassa stagione *f*

nach|schauen *vi s.* **nachsehen**

nach|schicken *vt* (*Post*) inoltrare (al nuovo recapito); (*Leute*) mandare dietro

nach|schlagen <irr> **I.** *vt* (*in Buch*) cercare **II.** *vi* **in einem Buch ~** consultare un libro

Nachschlagewerk *n* opera *f* di consultazione

Nachschlüssel *m* chiave *f* falsa

Nachschub *m* rifornimento *m*

nach|sehen <irr> **I.** *vi* **1.** (*hinterhersehen*) **jdm/etw ~** seguire con lo sguardo qu/qc **2.** (*nachschlagen*) **in einem Buch ~** consultare un libro **II.** *vt* **1.** (*prüfen*) verificare **2.** (*entschuldigen*) **jdm etw ~** perdonare qc a qu

nach|senden <irr> *s.* **nachschicken**

Nachsicht *f* indulgenza *f;* **~ mit jdm haben** essere indulgente con qu; **nachsichtig** *adj* indulgente

nach|sinnen <irr> *vi* (*geh*) (**über etw** *acc*) **~** riflettere (su qc)

nach|sitzen <irr> *vi* rimanere a scuola per castigo

Nachspeise *f* dessert *m*

Nachspiel *n* (*fig*) strascico *m*

nach|sprechen <irr> *vt* ripetere

nächstbeste(r, s) ['nɛːçst'bɛstə, -tɐ, -təs] *adj* primo, -a venuto, -a *m, f*

nächste *s.* **nächste(r, s)**

Nächste <ein -r, -n, -n> *m* (*geh: Mitmensch*) prossimo *m*

nach|stehen <irr> *vi* **jdm (in nichts) ~** (non) essere inferiore (in nulla) a qu

nach|stellen I. *vt* (*Uhr*) mettere indietro **II.** *vi* **jdm ~** (*geh*) inseguire qu

nächsten ['nɛːçstən] *Superlativ von* **nah(e)** (*Wend*) **am ~** il più vicino

Nächstenliebe *f* amore *m* del prossimo

nächste(r, s) ['nɛːçstə, -tɐ, -təs] *adj Superlativ von* **nah(e) 1.** (*räumlich*) (il, la) più vicino, -a **2.** (*Reihenfolge*) prossimo, -a; **~s Mal** la prossima volta; **~n Sonntag** domenica prossima; **im ~n Augenblick** un momento dopo

Nächstliegende <ein -s, -n> *kein Pl n* **das ~** (*fig*) la cosa più evidente; **nächstmögliche(r, s)** *adj* prossimo, -a

Nacht [naxt] <-, Nächte> *f* notte *f;* **in der ~** di notte; **heute ~** stanotte; **die ~ über** durante la notte; **über ~ bleiben** pernottare; **bei ~ und Nebel** furtivamente; **gute ~!** buona notte!; **über ~** (*fig*) da un giorno all'altro; **Nachtblindheit** *f* emeralopia *f;* **Nachtdienst** *m* servizio *m* notturno

Nachteil *m* svantaggio *m;* (*Schaden*) danno *m;* **im ~ sein** essere svantaggiato; **zum ~ von** a svantaggio di; **nachteilig** *adj* svantaggioso; (*schädlich*) pregiudizievole

Nachtessen *n* (*CH: Abendessen*) cena *f;* **Nachtfrost** *m* gelo *m* notturno; **Nachthemd** *n* camicia *f* da notte

Nachtigall ['naxtɪgal] <-, -en> *f* usignolo *m*

Nachtisch *m* dessert *m*

Nachtklub *m* locale *m* notturno

nächtlich ['nɛçtlɪç] *adj* notturno

Nachtportier *m* portiere *m* di notte; **Nachtquartier** *n* alloggio *m* per la notte

Nachtrag ['naːxtraːk] <-(e)s, Nachträge> *m* supplemento *m*

nach|tragen <irr> *vt* **1.** (*hinzufügen*) aggiungere **2.** (*nachtragend sein*) **jdm etw ~** serbare rancore a qu per qc; **nachtragend** *adj* permaloso

nachträglich ['naːxtrɛːklɪç] **I.** *adj* supplementare; (*Glückwünsche*) tardivo **II.** *adv* successivamente; (*verspätet*) in ritardo

nach|trauern *vi* **jdm/etw ~** rimpiangere qu/qc

Nachtruhe *f* riposo *m* notturno

nachts *adv* di notte; **um 3 Uhr ~** alle 3 di notte

Nachtschicht *f* turno *m* di notte; **Nachttarif** *m* tariffa *f* notturna; **Nachttisch** *m* comodino *m;* **Nachttischlampe** *f* abat-jour *m;* **Nachttopf** *m* vaso *m* da notte; **Nachtwächter(in)** *m(f)* guardiano, -a *m, f* notturno, -a

Nachuntersuchung *f* controllo *m*

nach|vollziehen <irr, ohne ge-> *vt* ripercorrere

nach|wachsen <irr> *vi sein* ricrescere

Nachweis ['naːxvaɪs] <-es, -e> *m* prova *f;* (*Bescheinigung*) attestato *m*

nachweisbar *adj* dimostrabile

nach|weisen <irr> *vt* provare

Nachwelt *f* posterità *f*

nach|wirken *vi* **auf etw** *acc* **~** ripercuotersi su qc; **Nachwirkung** *f* ripercussione *f*

Nachwort <-(e)s, -e> *n* epilogo *m*

Nachwuchs *m* **1.** (*fam: Kinder*) bambini *mpl* **2.** (*im Beruf*) giovani leve *fpl*

nach|zahlen *vt, vi* **1.** (*später zahlen*) pagare dopo **2.** (*zusätzlich zahlen*) pagare in più

nach|zählen *vt* (ri)contare

Nachzügler(in) ['naːxtsyːklɐ] <-s, -; -, -nen> *m(f)* ritardatario, -a *m, f*

Nacken ['nakən] <-s, -> *m* nuca *f;* **Nackenstütze** *f* poggiacapo *m*

nackt [nakt] *adj* **1.** (*unbekleidet*) nudo; **halb ~** mezzo nudo; **sich ~ ausziehen** spogliarsi completamente **2.** (*Wand*) spoglio **3.** (*fig: Tatsachen*) nudo e crudo; (*Wahrheit*) puro; **Nacktheit** <-> *kein Pl f* nudità *f*

Nadel ['naːdəl] <-, -n> *f* ago *m;* (*Steck~*) spillo *m;* **Nadelbaum** *m* conifera *f;* **Na-**

deldrucker *m* stampante *f* ad aghi; **Nadelöhr** *n* cruna *f* dell'ago; **Nadelwald** *m* bosco *m* di conifere

Nagel ['na:gəl] <-s, Nägel> *m* **1.** chiodo *m;* **den ~ auf den Kopf treffen** (*fam fig*) cogliere nel segno; **Nägel mit Köpfen machen** (*fig fam*) fare le cose come si deve **2.** (*Finger~*) unghia *f;* **sich** *dat* **die Nägel schneiden** tagliarsi le unghie; **sich** *dat* **etw unter den ~ reißen** (*fam*) grattare qc; **Nagelfeile** *f* limetta *f* per le unghie; **Nagellack** *m* smalto *m* per le unghie; **Nagellackentferner** <-s, -> *m* acetone *m*

nageln *vt* **etw an** [*o* **auf**] **etw** *acc* ~ inchiodare qc a qc

nagelneu *adj* (*fam*) nuovo di zecca

Nagelschere *f* forbici *fpl* per le unghie

nagen ['na:gən] **I.** *vi* **1.** (*knabbern*) **an etw** *dat* ~ rosicchiare qc **2.** (*fig*) **an jdm** ~ struggere qu **II.** *vt* rodere

Nagetier *n* roditore *m*

Nahaufnahme *f* primo piano *m*

nah(e) ['na:(ə)] **I.** <näher, nächste> *adj* **1.** (*räumlich*) vicino; **~e bei** vicino a; **ich war ~e daran zu** *+inf* ero sul punto di *+inf* **2.** (*zeitlich*) imminente **3.** (*fig: eng*) stretto **II.** *prp +dat* vicino a; **den Tränen ~e sein** stare per piangere

Nähe ['nɛ:ə] <-> *kein Pl f* vicinanza *f;* (*Umgebung*) dintorni *mpl;* **aus der ~** da vicino; **in der ~** (**von**) vicino (a)

nahebei ['na:ə'baɪ] *adv* vicino

nahe|bringen *s.* **bringen 1.**; **nahe|gehen** *s.* **gehen I.1.**; **nahe|kommen** *s.* **kommen 1.**; **nahe|legen** *s.* **legen I.1.**; **nahe|liegen** *s.* **liegen 2.**; **naheliegend** *s.* **liegen 2.**

nahen ['na:ən] *vi sein* (*geh*) avvicinarsi

nähen ['nɛ:ən] *vt* cucire; (*Wunde*) suturare

näher ['nɛ:ɐ̯] *adj Komparativ von* **nah(e)** **1.** (*räumlich*) più vicino **2.** (*fig: genauer*) preciso **3.** (*enger*) più stretto; **jdn ~ kennen lernen** conoscere qu più da vicino

Näherin ['nɛ:ərɪn] <-, -nen> *f* cucitrice *f*

näher|kommen *s.* **kommen 1.**

nähern *vr* **sich** (**jdm/etw**) ~ avvicinarsi (a qu/qc)

nahe|stehen *s.* **stehen 2.**

nahezu ['na:ə'tsu:] *adv* quasi

Nähgarn *n* filo *m* da cucire; **Nähkasten** *m* cestino *m* da lavoro

nahm [na:m] *1. u 3. pers sing imp von* **nehmen**

Nähmaschine *f* macchina *f* da cucire; **Nähnadel** *f* ago *m* per cucire

Nahost ['na:'ɔst] <-> *m* Medio Oriente *m*

Nährboden *m* (*fig*) terreno *m* propizio

nähren ['nɛ:rən] *vt* nutrire

nahrhaft ['na:ɐ̯haft] *adj* nutriente

Nährstoff *m* sostanza *f* nutritiva

Nahrung ['na:rʊŋ] <-> *kein Pl f* alimentazione *f*

Nahrungsmittel *n* alimento *m;* **Nahrungsmittelindustrie** *f* industria *f* alimentare

Nährwert *m* valore *m* nutritivo

Naht [na:t] <-, Nähte> *f* **1.** (*an Kleidung*) cucitura *f* **2.** (MED) sutura *f* **3.** (TEC) saldatura *f;* **nahtlos** *adj* **1.** (*Kleidung*) senza cucitura **2.** (*Wend*) **Vorlesung und Diskussion gingen ~ ineinander über** si passò dalla lezione alla discussione senza difficoltà

Nahverkehr *m* traffico *m* locale; **Nahverkehrszug** *m* treno *m* locale

Nähzeug *n* occorrente *m* per cucire

naiv [na'i:f] *adj* ingenuo

Naivität [naivi'tɛ:t] <-> *kein Pl f* ingenuità *f*

Name ['na:mə] <-ns, -n> *m* nome *m;* (*Bezeichnung*) denominazione *f;* **mein ~ ist ...** mi chiamo ...; **im ~n von** a nome di; **ich kenne sie nur dem ~n nach** la conosco solo di nome

namens *adv* (*mit Namen*) di nome

Namensschild *n* targhetta *f* (con il nome); **Namenstag** *m* onomastico *m*

namhaft *adj* **1.** (*bekannt*) noto **2.** (*beträchtlich*) notevole

nämlich ['nɛ:mlɪç] *adv* **1.** (*und zwar*) cioè **2.** (*denn*) infatti

nannte ['nantə] *1. u 3. pers sing imp von* **nennen**

nanu [na'nu:] *int* (*fam*) tò, ma guarda un po'!

Napf [napf] <-(e)s, Näpfe> *m* scodella *f*

Narbe ['narbə] <-, -n> *f* (MED) cicatrice *f*

narbig *adj* butterato

Narkose [nar'ko:zə] <-, -n> *f* (MED) anestesia *f*

Narr [nar] <-en, -en> *m* matto *m;* **jdn zum ~en halten** prendersi gioco di qu; **Narrenfreiheit** *f* libertà *f* di dire cose altrimenti proibite

Närrin ['nɛrɪn] <-, -nen> *f* matta *f; s. a.* **Narr**

närrisch ['nɛrɪʃ] *adj* folle
Narzisse [nar'tsɪsə] <-, -n> *f* narciso *m*
Narzissmus[RR] [nar'tsɪsmʊs] <-> *kein Pl m,* **Narzißmus** <-> *kein Pl m* narcisismo *m*
naschen ['naʃən] *vt, vi* (*Süßigkeiten*) mangiare; **von** [*o* **an**] **etw** *dat* ~ mangiucchiare qc
naschhaft *adj* goloso; **Naschkatze** *f* (*fam*) goloso, -a *m, f*
Nase ['na:zə] <-, -n> *f* naso *m;* **die ~ rümpfen** arricciare il naso; **seine ~ in alles stecken** (*fam*) ficcare il naso dappertutto; **jdn an der ~ herumführen** menare qu per il naso *fam;* **jdm etw unter die ~ reiben** (*fam*) rinfacciare qc a qu; **jdm etw vor der ~ wegschnappen** (*fam*) portar via qc a qu sotto il naso; **die ~ davon voll haben** (*fam*) averne le tasche piene
Nasenbein *n* osso *m* nasale; **Nasenbluten** <-s> *kein Pl n* epistassi *f;* **~ haben** perdere sangue dal naso; **Nasenflügel** *m* ala *f* nasale; **Nasenloch** *n* narice *f;* **Nasenspitze** *f* punta *f* del naso; **Nasentropfen** *mpl* gocce *fpl* per il naso
naseweis ['na:zəvaɪs] *adj* saccente
Nashorn *n* rinoceronte *m*
nass[RR] [nas] *adj,* **naß** *adj* bagnato; **~ machen** bagnare; **~ werden** bagnarsi; **~ bis auf die Haut** bagnato fino alle ossa
Nässe ['nɛsə] <-> *kein Pl f* umidità *f*
nasskalt[RR] *adj* freddo umido; **es ist ~** fa un freddo umido
Nastuch *n* (*CH*) fazzoletto *m*
Natel <-s, -> *n* (*CH*) **1.** (*Handy*) telefonino *m* **2.** (*Mobilfunknetz*) rete *f* cellulare
Nation [na'tsi̯o:n] <-, -en> *f* nazione *f;* **die Vereinten ~en** le Nazioni Unite
national [natsi̯o'na:l] *adj* nazionale; **Nationalfeiertag** *m* festa *f* nazionale; **Nationalhymne** *f* inno *m* nazionale
Nationalismus [natsi̯ona'lɪsmʊs] <-> *kein Pl m* nazionalismo *m*
nationalistisch *adj* nazionalista
Nationalität [natsi̯onali'tɛ:t] <-, -en> *f* nazionalità *f*
Nationalmannschaft *f* (squadra *f*) nazionale *f;* **Nationalsozialismus** *m* nazionalsocialismo *m;* **Nationalsozialist(in)** *m(f)* nazionalsocialista *mf;* **nationalsozialistisch** *adj* nazionalsocialista
Nato, NATO ['na:to] <-> *kein Pl f* N.A.T.O. *f*
Natrium ['na:triʊm] <-s> *kein Pl n* (CHEM) sodio *m*
Natron ['na:trɔn] <-s> *kein Pl n* bicarbonato *m* di sodio
Natter ['natɐ] <-, -n> *f* **1.** (ZOO) colubro *m* **2.** (*fig*) vipera *f*
Natur [na'tu:ɐ̯] <-> *kein Pl f* natura *f;* (*Veranlagung*) indole *f;* **sie ist von ~ aus energisch** è energica di carattere
Naturalismus [natura'lɪsmʊs] <-> *kein Pl m* naturalismo *m*
Naturell [natu'rɛl] <-s, -e> *n* (*geh*) carattere *m*
Naturereignis *n* fenomeno *m* naturale; **naturgemäß I.** *adj* naturale **II.** *adv* per (sua) natura; **Naturgesetz** *n* legge *f* naturale; **naturgetreu** *adj* conforme all'originale; **Naturheilkunde** *f* medicina *f* naturalista; **Naturkatastrophe** *f* cataclisma *m*
natürlich [na'ty:ɐ̯lɪç] **I.** *adj* naturale **II.** *adv* (*selbstverständlich*) naturalmente; **Natürlichkeit** <-> *kein Pl f* naturalezza *f*
Naturprodukt *n* prodotto *m* naturale; **Naturschutz** *m* tutela *f* delle bellezze naturali; **unter ~ stehen** essere protetto dalle leggi per la tutela della natura; **Naturschutzgebiet** *n* zona *f* protetta; **Naturvolk** *n* popolo *m* primitivo; **Naturwissenschaft** *f* scienze *fpl* naturali; **Naturwissenschaftler(in)** *m(f)* naturalista *mf*
Navigation [naviga'tsi̯o:n] <-> *kein Pl f* navigazione *f*
Navigationssystem *n* (AUTO) sistema *m* di navigazione
Nazi ['na:tsi] <-s, -s> *m* (*pej*) nazista *mf*
n. Chr. *abk v* **nach Christus** d.C.
Neapel [ne'a:pəl] *n* Napoli *f*
Nebel ['ne:bəl] <-s, -> *m* nebbia *f*
neb(e)lig *adj* nebbioso; **es ist ~** c'è nebbia
Nebelscheinwerfer *m* (AUTO) (faro *m*) fendinebbia *m*
neben ['ne:bən] *prp* **1.** +*acc o dat* (*räumlich*) accanto a **2.** +*dat* (*außer*) oltre a
nebenan [ne:bən'ʔan] *adv* accanto
Nebenanschluss[RR] *m* apparecchio *m* telefonico supplementare
nebenbei [ne:bən'baɪ] *adv* **1.** (*außerdem*) inoltre **2.** (*beiläufig*) incidentalmente; **~ bemerkt** tra l'altro
nebenberuflich I. *adj* secondario **II.** *adv* come secondo impiego; **Nebenbeschäfti-**

gung *f* occupazione *f* secondaria; **Nebenbuhler(in)** <-s, -; -, -nen> *m(f)* rivale *mf;* **nebeneinander** ['ne:bənʔaɪ'nandɐ] *adv* l'uno accanto all'altro; ~ **legen/setzen/stellen** mettere l'uno accanto all'altro; **nebeneinander|legen** *s.* **nebeneinander**; **nebeneinander|setzen** *s.* **nebeneinander**; **nebeneinander|stellen** *s.* **nebeneinander**; **Nebenfach** *n* materia *f* secondaria; **Nebenfluss**[RR] *m* affluente *m;* **Nebengeräusch** *n* (RADIO) disturbo *m*

nebenher ['ne:bən'he:ɐ̯] *adv* **1.** (*gleichzeitig*) contemporaneamente **2.** (*außerdem*) inoltre **3.** (*daneben*) accanto

Nebenkosten *pl* spese *fpl* accessorie; **Nebenprodukt** *n* sottoprodotto *m;* **Nebenraum** *m* stanza *f* attigua; **Nebenrolle** *f* parte *f* secondaria; **eine ~ spielen** (*fig*) giocare un ruolo secondario; **Nebensache** *f* cosa *f* secondaria; **das ist ~** ciò ha poca importanza; **nebensächlich** *adj* marginale; **Nebensatz** *m* (LING) proposizione *f* subordinata; **Nebenstraße** *f* (strada *f*) laterale *f;* **Nebenwirkung** *f* effetto *m* collaterale; **Nebenzimmer** *n s.* **Nebenraum**

neblig *s.* **neb(e)lig**

nebstdem ['ne:pst'de:m] *adv* (*CH*) inoltre

Neckar ['nɛkar] *m* Neckar *m*

necken ['nɛkən] *vt* stuzzicare

neckisch *adj* malizioso

Neffe ['nɛfə] <-n, -n> *m* nipote *m* (di zio e zia)

negativ ['ne:gati:f] *adj* negativo; **Negativ** <-s, -e> *n* (FOTO) negativo *m*

Neger(in) ['ne:gɐ] <-s, -; -, -nen> *m(f)* (*pej*) negro, -a *m, f*

nehmen ['ne:mən] <nimmt, nahm, genommen> *vt* prendere; **etw an sich ~** prendere (possesso di) qc; **etw auf sich ~** assumersi qc; **etw leicht ~** prendere qc alla leggera; **etw schwer ~** prendere qc sul serio; **jdm etw krumm ~** (*fam*) prendere a male qc a qu; **jdm etw übel ~** prendersela a male con qu per qc; **ein Ende ~** finire; **seinen Anfang ~** cominciare; **wie man's nimmt!** (*fam*) dipende

Neid [naɪt] <-(e)s> *kein Pl m* invidia *f;* **aus ~** per invidia; **vor ~ platzen** (*fam*) crepare d'invidia

Neider(in) <-s, -; -, -nen> *m(f)* invidioso, -a *m, f*

neidisch *adj* invidioso; **auf jdn ~ sein** essere invidioso di qu

Neige ['naɪgə] <-, -n> *f* (*geh*) **zur ~ gehen** volgere alla fine

neigen **I.** *vt* inclinare **II.** *vi* **zu etw ~** (*fig*) essere incline a qc **III.** *vr* **sich zu etw ~** piegarsi verso qc

Neigung <-, -en> *f* **1.** (*Schräge*) pendenza *f* **2.** (*fig: Veranlagung*) attitudine *f;* **eine ~ zu etw haben** avere una (pre)disposizione per qc; (*Tendenz*) avere una tendenza a qc **3.** (*Zu~*) affetto *m*

nein [naɪn] *adv* no; **~ [o Nein] sagen** dire di no; **ich glaube ~** credo di no; **~, so was!** ma guarda un po'!

Nektar ['nɛkta:ɐ̯] <-s> *kein Pl m* nettare *m*

Nektarine [nɛkta'ri:nə] <-, -n> *f* pesca noce *f*

Nelke ['nɛlkə] <-, -n> *f* **1.** (*Blume*) garofano *m* **2.** (*Gewürz*) chiodo *m* di garofano

nennen ['nɛnən] <nennt, nannte, genannt> **I.** *vt* chiamare; (*Namen*) menzionare; (*Sache*) indicare; **oben genannt** indicato sopra; **nenne mir drei europäische Hauptstädte!** dimmi tre capitali europee!; **und das nennst du Erholung?** e questo lo chiami riposo? **II.** *vr* **sich ~** chiamarsi

nennenswert *adj* degno di nota; (*beträchtlich*) considerevole

Nenner <-s, -> *m* (MAT) denominatore *m*

Neofaschismus *m* neofascismo *m*

Neologismus [neolo'gɪsmʊs] <-, Neologismen> *m* (LING) neologismo *m*

Neon ['ne:ɔn] <-s> *kein Pl n* neon *m*

Neonazi *m* neonazista *mf*

Neonlicht *n* luce *f* al neon; **Neonröhre** *f* tubo *m* al neon

Nerv [nɛrf] <-s, -en> *m* nervo *m;* **die ~en verlieren** perdere la calma; **jdm auf die ~en gehen** dare ai nervi a qu

nerven *vt* (*sl*) scocciare

nervenaufreibend *adj* snervante; **Nervenbündel** *n* (ANAT) fascio *m* nervoso; **ein ~ sein** (*fam fig*) avere i nervi a fior di pelle; **Nervenkitzel** *m* (*fam*) brivido *m;* **Nervensäge** *f* (*fam pej*) rompiscatole *mf;* **Nervensystem** *n* (ANAT) sistema *m* nervoso; **Nervenzusammenbruch** *m* esaurimento *m* nervoso

nervös [nɛr'vø:s] *adj* nervoso; **jdn ~ machen** far venire i nervi a qu; **~ werden** irritarsi

Nervosität [nɛrvozi'tɛ:t] <-> *kein Pl f* nervosismo *m*

Nerz [nɛrts] <-es, -e> *m* visone *m*

Nessel ['nɛsəl] <-, -n> *f* ortica *f;* **sich in die ~n setzen** (*fam fig*) mettersi nei pasticci

Nest [nɛst] <-(e)s, -er> *n* **1.** nido *m* **2.** (*fam pej: kleiner Ort*) buco *m;* **Nesthäkchen** <-s, -> *n* (*fam*) ultimogenito *m*

Netiquette <-, -> *f* (INFORM) netiquette *m*

nett [nɛt] *adj* **1.** (*freundlich*) gentile, simpatico; **das ist ~ von Ihnen** è gentile da parte Sua; **sei so ~ und mach die Tür zu** fammi il piacere di chiudere la porta **2.** (*hübsch*) carino

netto ['nɛto] *adv* netto; **Nettoeinkommen** *n* reddito *m* netto

Netz [nɛts] <-es, -e> *n* rete *f;* (*Spinnen~*) ragnatela *f;* **ans ~ gehen** essere attivato; **Netzanschluss**[RR] *m* (EL) allacciamento *m* alla rete; **Netzhaut** *f* (ANAT) retina *f;* **Netzwerk** *n* (INFORM) rete *f;* **Netzwerkkarte** *f* (INFORM) scheda *f* network; **Netzzugang** *m* (INFORM) accesso *m* alla rete

neu [nɔɪ] *adj* **1.** nuovo; **die ~(e)ste Mode** l'ultima moda; **was gibt's Neues?** che c'è di nuovo?; **von ~em** da capo; **~ anfangen** ricominciare; **das ist mir ~** questa mi giunge nuova; **das ist nichts Neues** non è niente di nuovo; **glückliches ~es Jahr!** buon anno! **2.** (*Sprachen, Geschichte*) moderno

Neuankömmling ['nɔɪʔankœmlɪŋ] <-s, -e> *m* nuovo, -a arrivato, -a *m, f;* **Neuanschaffung** *f* nuovo acquisto *m;* **neuartig** *adj* inedito; **Neuauflage** *f* riedizione *f;* **Neubau** *m* nuova costruzione *f;* **Neubaugebiet** *n* area *f* di nuova urbanizzazione; **Neubearbeitung** *f* (*Buch*) edizione *f* rimaneggiata

Neuenburg ['nɔɪənbʊrk] *n* Neuchâtel *f*

neuerdings ['nɔɪɐ'dɪŋs] *adv* recentemente

Neueröffnung *f* nuova apertura *f;* **Neuerscheinung** *f* novità *f* editoriale

Neuerung <-, -en> *f* innovazione *f*

Neufundland [nɔɪ'fʊntlant] *n* Terranova *f*

Neugier ['nɔɪgiːɐ̯] <-> *kein Pl f* curiosità *f;* **aus ~** per curiosità; **neugierig** *adj* curioso; **~ auf etw** *acc* **sein** essere curioso di qc; **ich bin ~, ob …** sono curioso di sapere se …; **das macht mich ~** questo mi incuriosisce

Neuguinea [nɔɪgi'neːa] *n* Nuova Guinea *f*

Neuheit <-, -en> *f* novità *f*

Neuigkeit <-, -en> *f* novità *f*

Neujahr *n* capodanno *m;* **prost ~!** buon anno!

Neuland *n* **~ betreten** (*fig*) muoversi in un campo nuovo

neulich *adv* recentemente

Neuling ['nɔɪlɪŋ] <-s, -e> *m* principiante *mf*

Neumond *m* luna *f* nuova

neun [nɔɪn] *num* nove; *s. a.* **acht**; **neunhundert** ['nɔɪn'hʊndɐt] *num* novecento; **neunmal** *adv* nove volte; **neunmalklug** *adj* (*iron*) saccente

neunte *s.* **neunte(r, s)**

Neuntel <-s, -> *n* nono *m*

neuntens *adv* (in) nono (luogo)

neunte(r, s) *adj* nono, -a; (*bei Datumsangabe*) nove; *s. a.* **achte(r, s)**

neunzehn *num* diciannove

neunzig ['nɔɪntsɪç] *num* novanta

Neuregelung *f* nuova regolamentazione *f*

neureich *adj* (*pej*) nuovo ricco

Neurodermitis [nɔɪrodɛr'miːtɪs] <-, Neurodermitiden> *f* (MED) neurodermite *f*

Neurologe [nɔɪro'loːgə] <-n, -n> *m,* **Neurologin** [nɔɪro'loːgɪn] <-, -nen> *f* neurologo, -a *m, f*

Neurose [nɔɪ'roːzə] <-, -n> *f* nevrosi *f*

Neurotiker(in) [nɔɪ'roːtɪkɐ] <-s, -; -, -nen> *m(f)* nevrotico, -a *m, f*

neurotisch *adj* nevrotico

Neuschnee *m* neve *f* fresca

Neuseeland [nɔɪ'zeːlant] *n* Nuova Zelanda *f*

neutral [nɔɪ'traːl] *adj* neutrale

Neutralität [nɔɪtrali'tɛːt] <-> *kein Pl f* neutralità *f*

Neutron ['nɔɪtroːn] <-s, -en> *n* (PHYS) neutrone *m;* **Neutronenbombe** *f* bomba *f* al neutrone

Neutrum ['nɔɪtrʊm] <-s, Neutren> *n* neutro *m*

neuwertig *adj* come nuovo

Neuzeit *f* tempi *mpl* moderni

New Economy *kein Pl f* nuova economia *f*

Newsgroup <-, -s> *f* (INFORM) news group *m*

New York ['njuː'jɔːk] *n* New York *f*

nicht [nɪçt] *adv* non; **bestimmt ~** non di certo; **ich auch ~** neanch'io; **~ einmal** nemmeno; **~ mehr** non più; **dann eben ~!** (*fam*) allora no!; **durchaus** [*o* **ganz und gar**] **~** non … affatto; **alle wissen es, nur Sie ~**

N

tutti lo sanno, solo Lei no; ~ **wahr?** nevvero?; ~ **schlecht!** (*fam*) mica male!

Nichtangriffspakt *m* patto *m* di non aggressione

Nichte ['nɪçtə] <-, -n> *f* nipote *f* (di zio e zia)

nichtig *adj* **1.** (JUR: *ungültig*) nullo **2.** (*geh: unbedeutend*) insignificante; **Nichtigkeit** <-> *kein Pl f* vanità *f*

Nichtraucher(in) *m(f)* non fumatore, -trice *m, f;* **Nichtraucherabteil** *n* scompartimento *m* per non fumatori; **Nichtraucherzone** *f* sala *f* (per) non fumatori

nichtrostend *adj* inossidabile

nichts [nɪçts] *pron indef* niente; **er hat ~ gesagt** non ha detto niente; ~ **dergleichen** nulla di tutto ciò; **gar** [*o* **überhaupt**] ~ proprio niente; ~ **Neues** niente di nuovo; **sie haben mit ihr ~ als Sorgen** con lei non hanno altro che preoccupazioni; **ich kann ~ dafür** non è colpa mia; ~ **zu danken!** non c'è di che!; **für ~ und wieder ~** (*fam*) per niente; **da ist ~ zu machen** non c'è niente da fare; **daraus wird ~** non se ne farà (di) nulla; **das macht ~** non fa nulla; **das ist ~ für mich** non fa per me

Nichts <-> *kein Pl n* nulla *m;* (*pej: Mensch*) niente *m;* **vor dem ~ stehen** essere sull'orlo della rovina

nichtsahnend *adj s.* **ahnen 2.**

Nichtschwimmer(in) *m(f)* non nuotatore, -trice *m, f*

nichtsdestoweniger [nɪçtsdɛsto'veːnɪɡɐ] *adv* nondimeno

Nichtsnutz ['nɪçtsnʊts] <-es, -e> *m* (*pej*) buono, -a *m, f* a nulla

nichtssagend *adj s.* **sagen**

Nichtzutreffende <ein -s, -n> *kein Pl n* **~s bitte streichen!** cancellare ciò che non interessa

Nickel ['nɪkəl] <-s> *kein Pl n* nichel *m*

nicken ['nɪkən] *vi* fare cenno col capo; (*zustimmend*) annuire

Nickerchen ['nɪkɐçən] <-s, -> *n* (*fam*) pisolino *m*

nie [niː] *adv* (non) ... mai; ~ **und nimmer** mai e poi mai; ~ **mehr!** mai più!

nieder ['niːdɐ] **I.** *adj* **1.** (*niedrig*) basso **2.** (*Gesinnung*) vile **II.** *adv* giù

Niedergang <-(e)s> *kein Pl m* (*geh*) decadenza *f*

niedergelassen *adj* (*CH*) **1.** (*Schweizer*) residente **2.** (*Ausländer*) *chi ha il permesso di soggiorno in Svizzera*

niedergeschlagen *adj* (*fig*) avvilito; **Niedergeschlagenheit** <-> *kein Pl f* avvilimento *m*

Niederlage *f* (MIL) disfatta *f;* (*fig a*) sconfitta *f;* **eine ~ erleiden** subire una sconfitta

Niederlande ['niːdɐlandə] *pl* **die ~** i Paesi Bassi

Niederländer(in) ['niːdɐlɛndɐ] <-s, -; -, -nen> *m(f)* olandese *mf*

niederländisch *adj* olandese

nieder|lassen <irr> *vr* **sich ~ 1.** (*geh: sich setzen*) sedersi **2.** (*seinen Wohnsitz nehmen*) stabilirsi

Niederlassung <-, -en> *f* (WIRTSCH) succursale *f*

nieder|legen *vt* **1.** (*geh: hinlegen*) posare; (*Waffen*) deporre **2.** (*Arbeit*) interrompere; (*Amt*) dimettersi (dal suo ufficio)

Niederlegung <-, -en> *f* (*Arbeits~*) interruzione *f;* (*Amts~*) dimissioni *fpl*

Niederösterreich *n* Bassa Austria *f*

Niederrhein *m* Basso Reno *m*

Niedersachsen *n* Bassa Sassonia *f*

Niederschlag *m* **1.** (METEO) precipitazioni *fpl* **2.** (CHEM) precipitato *m;* **radioaktiver ~** pioggia radioattiva **3.** (*fig*) ripercussione *f;* **seinen ~ in etw** *dat* **finden** riflettersi in qc

nieder|schlagen <irr> **I.** *vt* **1.** (*zu Boden schlagen*) abbattere **2.** (*Aufstand*) reprimere **3.** (*Augen*) abbassare **II.** *vr* **sich in etw** *dat* **~** (*fig*) riflettersi su qc

niederschmetternd *adj* costernante

Niederschrift *f* scritto *m*

niederträchtig ['niːdɐtrɛçtɪç] *adj* infame

Niederung <-, -en> *f* bassopiano *m*

niedlich ['niːtlɪç] *adj* carino

niedrig ['niːdrɪç] *adj* **1.** (*klein, gering*) basso; (*Preis*) modico **2.** (*Stand*) umile **3.** (*fig: Gesinnung*) vile

niemals ['niːmaːls] *adv* (non ...) mai; ~ **mehr** mai più

niemand ['niːmant] *pron indef* (non ...) nessuno; **es ist ~ da** non c'è nessuno; **sonst ~** nessun altro; **Niemandsland** *n* terra *f* di nessuno

Niere ['niːrə] <-, -n> *f* rene *m;* **jdm an die ~n gehen** (*fig fam*) deprimere qu; **Nierenentzündung** *f* nefrite *f;* **Nierenstein** *m* (MED) calcolo *m* renale

nieseln ['niːzəln] *vi* **es nieselt** pioviggina

Nieselregen *m* pioggerella *f* minuta
niesen ['ni:zən] *vi* starnutire
Niete ['ni:tə] <-, -n> *f* **1.** (TEC) rivetto *m* **2.** (*Fehllos*) biglietto *m* non vincente **3.** (*fig fam: Versager*) schiappa *f*
Nihilismus [nihi'lɪsmʊs] <-> *kein Pl m* nichilismo *m*
Nihilist(in) [nihi'lɪst] <-en, -en; -, -nen> *m(f)* nichilista *mf*
nihilistisch *adj* nichilista
Nikolaus ['nɪkolaʊs] <-, -e> *m* (*Gestalt*) San Niccolò *m*
Nikotin [niko'ti:n] <-s> *kein Pl n* nicotina *f*; **nikotinarm** *adj* a basso contenuto di nicotina; **nikotinfrei** *adj* denicotinizzato
Nil [ni:l] *m* Nilo *m*; **Nilpferd** *n* ippopotamo *m*
Nimmersatt <-(e)s, -e> *m* (*fam*) ingordo, -a *m, f*; **Nimmerwiedersehen** *n* (*fam*) **auf ~!** addio per sempre
nimmt [nɪmt] *3. pers sing pr von* **nehmen**
nippen ['nɪpən] *vi* **an etw** *dat* ~ sorseggiare qc
Nippes ['nɪpəs] *pl*, **Nippsachen** ['nɪpzaxən] *fpl* ninnoli *mpl*
nirgends ['nɪrgənts] *adv*, **nirgendwo** ['nɪrgəntvo:] *adv* da nessuna parte
Nische ['ni:ʃə] <-, -n> *f* nicchia *f*
nisten ['nɪstən] *vi* fare il nido
Nistkasten *m* nido *m* artificiale
Nitrat [ni'tra:t] <-(e)s, -e> *n* nitrato *m*
Niveau [ni'vo:] <-s, -s> *n* livello *m*; **eine Sendung mit** ~ una trasmissione di livello; **niveaulos** *adj* di basso livello; **niveauvoll** *adj* ad alto livello
Nixe ['nɪksə] <-, -n> *f* ondina *f*
nobel ['no:bəl] *adj* nobile
Nobelpreis [no'bɛlpraɪs] *m* premio *m* Nobel; **Nobelpreisträger(in)** *m(f)* premio *m* Nobel
noch [nɔx] **I.** *adv* ancora; ~ **(ein)mal** ancora una volta; **heute** ~ oggi stesso; **immer** ~ ancora; ~ **mehr** ancora di più; ~ **nicht** non ancora; ~ **nie** non ancora; **er wird schon** ~ **kommen** finirà per venire; **auch das** ~**!** ci mancava anche questo! **II.** *konj* **weder ...** ~ **...** né ... né ...
nochmalig *adj* ripetuto
nochmals *adv* di nuovo
Nockerl <-s, -n> *n* (*A: kleiner Kloß*) gnocco *m*
Nomade [no'ma:də] <-n, -n> *m* nomade *m*
Nominativ ['no:minati:f] <-s, -e> *m* (LING) nominativo *m*
No-Name-Produkt ['noʊneɪm pro'dʊkt] *n* sottomarca *f*
Nonne ['nɔnə] <-, -n> *f* suora *f*
nonstop ['nɔn'stɔp] *adv* ~ **fliegen** volare senza fare scalo; **das Program läuft** ~ il programma continua senza interruzioni; **Nonstopflug** *m* volo *m* senza scalo
Nordamerika *n* America *f* del Nord
norddeutsch *adj* della Germania settentrionale; **Norddeutsche** *mf* tedesco, -a *m, f* settentrionale; **Norddeutschland** *n* Germania *f* del Nord
Norden ['nɔrdən] <-s> *kein Pl m* nord *m*; **im** ~ **von** a nord di; **nach** ~ verso il nord; **von** ~ dal nord
Nordeuropa *n* Europa *f* del Nord
Nordirland *n* Irlanda *f* del Nord
nordisch *adj* nordico
Norditalien *n* Italia *f* del Nord; **Norditaliener(in)** *m(f)* settentrionale *mf*; **norditalienisch** *adj* dell'Italia settentrionale
Nordkorea ['nɔrtkore:a] *n* Corea *f* del Nord; **Nordkoreaner(in)** ['nɔrtkorea:nɐ] <-s, -; -, -nen> *m(f)* nordcoreano, -a *m, f*; **nordkoreanisch** *adj* nordcoreano
nördlich ['nœrtlɪç] *adj* settentrionale; ~ **von** a nord di
Nordost(en) *m* nord-est *m*; **nordöstlich** *adj* ~ **von ...** a nord-est di ...
Nordpol *m* polo *m* nord
Nordrhein-Westfalen ['nɔrtraɪnvɛst'fa:lən] *n* Renania *f* Settentrionale-Vestfalia
Nordsee *f* mare *m* del Nord
Nordwest(en) *m* nord-ovest *m*; **nordwestlich** *adj* ~ **von ...** a nord-ovest di ...
nörgeln ['nœrgəln] *vi* (*pej*) **an etw** *dat* ~ criticare qc
Nörgler(in) <-s, -; -, -nen> *m(f)* (*pej*) criticone, -a *m, f*
Norm [nɔrm] <-, -en> *f* norma *f*
normal [nɔr'ma:l] *adj* normale; **Normalbenzin** <-s> *kein Pl n* benzina *f* normale
normalerweise *adv* normalmente
normalisieren [nɔrmali'zi:rən] <ohne ge-> *vr* **sich** ~ normalizzarsi
Normalverbraucher *m* consumatore *m* medio
normen ['nɔrmən] *vt* unificare

N

Norwegen ['nɔrveːgən] *n* Norvegia *f*
Norweger(in) <-s, -; -, -nen> *m(f)* norvegese *mf*
norwegisch *adj* norvegese
Not [noːt] <-, Nöte> *f* **1.** (*~lage*) bisogno *m* **2.** *sing* (*Mangel*) mancanza *f;* (*Armut*) povertà *f;* (*Elend*) miseria *f;* ~ **leidend** bisognoso; **wenn ~ am Mann ist** quando urge il bisogno; **zur ~** se è necessario **3.** (*Mühe*) pena *f;* **mit knapper ~** a malapena; **mit knapper ~ entkommen** scamparla bella *fam*
Notar(in) [no'taːɐ̯] <-s, -e; -, -nen> *m(f)* notaio *m*
notariell [notari'ɛl] *adj* notarile; ~ **beglaubigt** legalizzato dal notaio
Notarzt *m,* **Notärztin** *f* medico *m* di servizio; **Notaufnahme** *f* pronto soccorso *m;* **Notausgang** *m* uscita *f* di sicurezza; **Notbehelf** *m* espediente *m;* **Notbremse** *f* freno *m* d'emergenza; **Notdienst** *m* ~ **haben** (*Apotheke*) essere di turno; **notdürftig I.** *adj* (*behelfsmäßig*) provvisorio **II.** *adv* alla meno peggio
Note ['noːtə] <-, -n> *f* **1.** (MUS) nota *f* **2.** (*Schul~*) voto *m* **3.** (*fig: Wesenszug*) impronta *f*
Notebook <-s, -s> *n* notebook *m*
Notenblatt *n* foglio *m* di musica; **Notenständer** *m* leggio *m*
Notfall *m* caso *m* di bisogno; **im ~** in caso di bisogno
notfalls *adv* all'occorrenza, in caso di bisogno
Notfallstation *f* (*CH*) pronto soccorso *m*
notgedrungen *adv* per necessità
notieren [no'tiːrən] <ohne ge-> *vt* **1.** (*aufschreiben*) annotare **2.** (FIN: *Kurse, Aktien*) quotare
nötig ['nøːtɪç] *adj* necessario; **etw ~ haben** aver bisogno di qc; **für ~ halten** ritenere necessario; **es ist ~, dass …** è necessario che *+conj*
nötigen *vt* costringere
nötigenfalls *adv* in caso di bisogno
Notiz [no'tiːts] <-, -en> *f* appunto *m;* **sich** *dat* **~en machen** prendere appunti; **von jdm/etw ~ nehmen** prendere nota di qu/qc; **Notizbuch** *n* agenda *f;* **elektronisches ~** agenda elettronica
Notlage *f* situazione *f* di emergenza;
not|landen *vi sein* effettuare un atterraggio di fortuna; **Notlandung** *f* atterraggio *m* di fortuna; **notleidend** *s.* **Not 2.**; **Notlösung** *f* soluzione *f* di fortuna; **Notlüge** *f* bugia *f* ufficiosa
notorisch [no'toːrɪʃ] *adj* notorio
Notruf *m* chiamata *f* d'emergenza; **Notrufsäule** *f* colonnina *f* per chiamate di soccorso; **Notstand** *m* stato *m* di emergenza; **Notunterkunft** *f* alloggio *m* di fortuna; **Notverband** *m* (MED) fasciatura *f* provvisoria; **Notwehr** <-> *kein Pl f* (JUR) legittima difesa *f;* **in ~** per legittima difesa
notwendig ['noːtvɛndɪç] *adj* necessario; (*zwangsläufig*) inevitabile; **notwendigerweise** *adv* necessariamente; **Notwendigkeit** <-, -en> *f* necessità *f*
Novelle [no'vɛlə] <-, -n> *f* novella *f*
November [no'vɛmbɐ] <-(s), -> *m* novembre *m; s. a.* **April**
Nr. *abk v* **Nummer** n.
Nu [nuː] *m* **im ~** (*fam*) in un attimo
nüchtern ['nʏçtɐn] *adj* **1.** (*ohne Essen*) digiuno; **auf ~en Magen** a digiuno **2.** (*nicht betrunken*) sobrio **3.** (*schmucklos*) semplice **4.** (*sachlich*) obiettivo
Nudel ['nuːdəl] <-, -n> *f* pasta *f;* **Nudelholz** *n* matterello *m;* **Nudelsuppe** *f* pastina *f* in brodo
nuklear [nukle'aːɐ̯] *adj* nucleare; **Nuklearmacht** *f* potenza *f* nucleare; **Nuklearwaffe** *f* arma *f* nucleare
null [nʊl] *num* zero; ~ **und nichtig** nullo; ~ **Uhr** mezzanotte; **in ~ Komma nichts** (*fam*) in un batter d'occhio; **Null** <-, -en> *f* **1.** (*Zahl*) zero *m;* **zehn Grad über/unter ~** dieci gradi sopra/sotto zero **2.** (*fam pej: unfähiger Mensch*) nullità *f;* **Nulllösung**[RR] *f* (POL) opzione *f* zero; **Nullpunkt** *m* punto *m* zero; **auf den ~ sinken** scendere a zero; **Nullrunde** *f* congelamento *m* dei salari; **Nulltarif** *m* tariffa *f* zero; **zum ~** gratis
numerieren <ohne ge-> *vt s.* **nummerieren**
numerisch [nu'meːrɪʃ] *adj* numerico
Numerus clausus ['nuːmerʊs 'klaʊzʊs] <-, -> *m* numero *m* chiuso
Nummer ['nʊmɐ] <-, -n> *f* numero *m*
nummerieren[RR] [nume'riːrən] <ohne ge-> *vt* numerare
Nummernschild *n* targa *f* (d'immatricolazione)
nun [nuːn] **I.** *adv* (*jetzt*) ora, adesso; **was ~?** e adesso?; **von ~ an** d'ora in poi **II.** *int* (e) al-

lora; ~ **ja** ebbene

nur [nuːɐ̯] *adv* solo; **nicht ~ ..., sondern auch ...** non solo ..., ma anche ...; **wenn ich ~ wüsste, ob ...** se solo sapessi se ...; **ich habe ~ noch drei Mark** mi restano solo tre marchi; **~ zu!** avanti!; **lassen Sie mich ~ machen!** (*fam*) lasci fare a me!; **wie konntest du ~ so dumm sein!** come hai potuto essere così stupido!

Nürnberg ['nʏrnbɛrk] *n* Norimberga *f*

NussRR [nʊs] <-, Nüsse> *f*, **Nuß** <-, Nüsse> *f* noce *f;* (*Hasel~*) nocciola *f;* **das ist eine harte ~!** (*fig fam*) è un osso duro; **Nussbaum**RR *m* noce *m;* **Nussknacker**RR <-s, -> *m* schiaccianoci *m*

Nüster ['nʏstɐ] <-, -n> *f meist Pl* frogia *f*

Nutte ['nʊtə] <-, -n> *f* (*vulg pej*) puttana *f*

nutzbar *adj* utilizzabile; **~ machen** utilizzare; (*Boden*) coltivare; **Nutzbarmachung** <-> *kein Pl f* utilizzazione *f;* (*von Boden*) coltivazione *f*

nutzbringend *adj* proficuo

nütze ['nʏtsə] *adj* (**zu**) **nichts ~ sein** non essere buono a nulla; (**zu**) **etw ~ sein** servire a qc

nutzen, nützen ['nʊtsən, 'nʏtsən] **I.** *vi* essere utile; **zu etw ~** essere utile a qc; **jdm ~** essere utile a qu **II.** *vt* sfruttare; **das nützt nichts** ciò non serve a nulla

Nutzen ['nʊtsən] <-s> *kein Pl m* utilità *f;* (*Gewinn*) profitto *m;* (*Vorteil*) vantaggio *m;* **von ~ sein** essere utile; **aus etw ~ ziehen** trarre profitto da qc

nützlich *adj* utile; **sich ~ machen** rendersi utile; **Nützlichkeit** <-> *kein Pl f* utilità *f*

nutzlos *adj* inutile; **Nutzlosigkeit** <-> *kein Pl f* inutilità *f;* **Nutznießer(in)** ['nʊtsniːsɐ] <-s, -; -, -nen> *m(f)* beneficiario, -a *m, f;* (JUR) usufruttuario, -a *m, f*

Nylon® ['naɪlɔn] <-(s)> *kein Pl n* nylon® *m*

O

O, o [oː] <-, -(s)> *n* O, o *f;* **O wie Otto** O come Otranto

Oase [o'aːzə] <-, -n> *f* oasi *f*

ob [ɔp] *konj* **1.** (*indirekte Frage einleitend*) se; **er fragt, ~ du mitkommst** chiede se ci vieni anche tu; **~ das wohl stimmt?** che sia vero? **2.** (*vergleichend*) **als ~** come se; **so tun, als ~ ...** far finta di +*inf* **3.** (*egal ~*) **~ er kommt oder nicht** che venga o no **4.** (*verstärkend*) **und ~!** eccome!

ÖBB *f* (*A*) *abk v* **Österreichische Bundesbahnen** *ferrovie federali austriache*

obdachlos *adj* senza tetto; **Obdachlose** <ein -r, -n, -n> *mf* senzatetto *mf*

Obduktion [ɔpdʊk'tsi̯oːn] <-, -en> *f* autopsia *f*

obduzieren [ɔpdu'tsiːrən] <ohne ge-> *vt* fare l'autopsia di

O-Beine *npl* (*fam*) gambe *fpl* storte

oben ['oːbən] *adv* **1.** (*in der Höhe*) in alto; **da ~** lassù; **nach ~** in alto; **von ~** dall'alto; **von ~ bis unten** da cima a fondo; (*bei Personen*) da capo a piedi; **jdn von ~ herab behandeln** trattare qu dall'alto in basso; **~ ohne** (*fam*) in topless **2.** (*an Oberfläche*) alla superficie **3.** (*in Schriftstück, Buch*) sopra;

obenan *adv* (*in Reihenfolge*) al primo posto; (*bei Liste*) in cima; **obenauf** *adv* **wieder ~ sein** (*fam*) essersi rimesso; **obendrein** *adv* per giunta

obenerwähnt *adj s.* **erwähnen**

obengenannt *adj s.* **nennen I.**

obenhin *adv* superficialmente

Ober ['oːbɐ] <-s, -> *m* cameriere *m*

Oberarm ['oːbɐarm] *m* (parte *f* superiore del) braccio *m;* **Oberarzt** *m,* **Oberärztin** *f* medico *m* capo; **Oberbefehl** *m* (MIL) comando *m* supremo; **Oberbefehlshaber** *m* (MIL) comandante *m* supremo; **Oberbekleidung** *f* vestiti *mpl;* **Oberbürgermeister(in)** *m(f)* sindaco *m*

obere(r, s) ['oːbərə, -rɐ, -rəs] *adj* superiore, (più) alto, -a

Oberfläche *f* superficie *f;* **an der ~** in superficie; **oberflächlich** *adj* superficiale; **Obergeschoss**RR *n* piano *m* superiore

oberhalb **I.** *prp* +*gen* al di sopra di **II.** *adv* (di) sopra

Oberhand *f* **die ~ gewinnen über** +*acc* avere il sopravvento su; **Oberhaupt** *n* (*geh*) capo *m;* **Oberhemd** *n* camicia *f;* **Oberkellner(in)** *m(f)* capocameriere, -a *m, f;* **Oberkiefer** *m* (ANAT) mascella *f* superiore; **Oberkommando** *n* (MIL) comando *m* supremo; **Oberkörper** *m* busto *m;* **Oberleitung** *f* (EL) linea *f* aerea; **Oberlicht** *n* lucernario *m;* **Oberösterreich** *n* Alta Austria *f;* **Oberrhein** *m* Reno *m* superiore

Obers ['oːbɐs] <-> *kein Pl n* (*A: Sahne*) panna *f* (montata)

Oberschenkel *m* coscia *f;* **Oberschicht** *f* (SOC) ceto *m* elevato; **Oberschwester** *f* capoinfermiera *f*

Oberst ['oːbɐst] <-en, -en> *m* colonnello *m*

oberste(r, s) *adj Superlativ von* **obere(r, s)** **1.** (*räumlich*) (il/la) più alto, -a; (*Stockwerk*) ultimo, -a **2.** (ADM) supremo, -a

Oberstufe *f* corso *m* superiore; **Oberteil** *n* parte *f* superiore; (*von Kleidung*) disopra *m*

obgleich [ɔp'glaɪç] *konj* sebbene *+conj,* benché *+conj*

Obhut ['ɔphuːt] <-> *kein Pl f* (*geh*) **jdn in seine ~ nehmen** prendere qu sotto la propria protezione

obige(r, s) ['oːbɪgə, -gɐ, -gəs] *adj* suddetto, -a

Objekt [ɔp'jɛkt] <-(e)s, -e> *n* **1.** oggetto *m* **2.** (LING) complemento *m*

objektiv *adj* obiettivo

Objektiv <-s, -e> *n* (FOTO) obiettivo *m*

Objektivität <-> *kein Pl f* obiettività *f*

Oblate [o'blaːtə] <-, -n> *f* ostia *f*

obligatorisch [obliga'toːrɪʃ] *adj* obbligatorio

Oboe [o'boːə] <-, -n> *f* oboe *m*

Obrigkeit ['oːbrɪçkaɪt] <-, -en> *f* autorità *f*

obschon [ɔp'ʃoːn] (*geh*) *s.* **obgleich**

Observatorium [ɔpzɛrva'toːriʊm] <-s, Observatorien> *n* osservatorio *m*

obskur [ɔps'kuːɐ̯] *adj* oscuro; (*verdächtig*) sospetto

Obst [oːpst] <-(e)s> *kein Pl n* frutta *f;* **Obstbaum** *m* albero *m* da frutto; **Obstgarten** *m* frutteto *m;* **Obstkuchen** *m* dolce *m* di frutta; **Obstsalat** *m* macedonia *f* di frutta

obszön [ɔps'tsøːn] *adj* osceno

Obszönität [ɔpstsøni'tɛːt] <-, -en> *f* oscenità *f*

obwohl [ɔp'voːl] *konj* sebbene *+conj,* benché *+conj*

Ochse ['ɔksə] <-n, -n> *m* **1.** (ZOO) bue *m* **2.** (*fam fig: Dummkopf*) stupido *m*

Ochsenschlepp <-s, -e> *m* (*A: Ochsenschwanz*) coda *f* di bue; **Ochsenschwanzsuppe** *f* brodo *m* di coda di bue

öde ['øːdə] *adj* **1.** (*Land*) deserto **2.** (*fig: Leben*) monotono

Öde ['øːdə] <-, -n> *f* **1.** (*Wüste*) deserto *m;* (*Ein~*) solitudine *f* **2.** *sing* (*fig: Langeweile*) monotonia *f*

oder ['oːdɐ] *konj* o; **~ auch** oppure; **entweder ... ~ ...** o ... o ...

Odyssee [odʏ'seː] <-, -n> *f* (*geh*) odissea *f*

Ofen ['oːfən] <-s, Öfen> *m* (*Heiz~*) stufa *f;* (*Back~*) forno *m*

offen ['ɔfən] *adj* **1.** (*geöffnet*) aperto; **weit ~** spalancato; **auf ~er Straße** per la strada **2.** (*Stelle*) vacante **3.** (*Frage*) insoluto **4.** (*freimütig*) franco; **~ und ehrlich** schiettamente; **es ganz ~ sagen** dirlo senza mezzi termini; **~ gesagt** [*o* **gestanden**] a dire il vero

offenbar ['ɔfənbaːɐ̯] **I.** *adj* palese **II.** *adv* evidentemente

Offenbarung <-, -en> *f* rivelazione *f*

offen|bleiben *vi s.* **bleiben 2.**; **offen|halten** *vt s.* **halten I.1.**

Offenheit <-, *rar* -en> *f* sincerità *f;* **in aller ~** con tutta franchezza

offenherzig *adj* sincero

offenkundig *adj* manifesto

offen|lassen *vt s.* **lassen[1] 3.**

offensichtlich **I.** *adj* evidente **II.** *adv* evidentemente

offensiv [ɔfɛn'ziːf] *adj* offensivo; **Offensive** [ɔfɛn'ziːvə] <-, -n> *f* offensiva *f*

offen|stehen *vi s.* **stehen 2.**

öffentlich ['œfəntlɪç] **I.** *adj* pubblico **II.** *adv* in pubblico; **~ auftreten** presentarsi in pubblico

Öffentlichkeit <-> *kein Pl f* pubblico *m;* **in aller ~** in pubblico; **unter Ausschluss der ~** (JUR) a porte chiuse; **Öffentlichkeitsarbeit** *f* pubbliche relazioni *fpl*

Offerte [ɔ'fɛrtə] <-, -n> *f* (COM) offerta *f*

Office-Paket *n* (INFORM) pacchetto *m* office

offiziell [ɔfi'tsi̯ɛl] *adj* ufficiale

Offizier [ɔfi'tsiːɐ̯] <-s, -e> *m* ufficiale *m*

offline <inv> *adj* (INFORM) off line

öffnen ['œfnən] **I.** *vt* (*a Computer*) aprire; (*Flasche*) stappare; **hier ~!** lato da aprire! **II.** *vr* **sich ~** aprirsi

Öffnung <-, -en> *f* apertura *f;* (*Loch*) foro *m;* **Öffnungszeiten** *fpl* ore *fpl* di apertura
Offsetdruck ['ɔfsɛtdrʊk] *m* (TYP) stampa *f* offset
oft [ɔft] <öfter, *rar* am öftesten> *adv* spesso; **wie ~?** quante volte?
öfters ['œftɐs] *adv* spesso
oftmals ['ɔftmaːls] *adv* più volte
ohne ['oːnə] **I.** *prp +acc* senza; **~ mein Wissen** a mia insaputa; **~ weiteres** senz'altro; **ich werde auch ~ ihn fertig** farò anche a meno di lui **II.** *konj* **~ dass ...** senza che *+conj;* **~ etw zu sagen** senza dir nulla
ohnegleichen ['oːnə'glaɪçən] <inv> *adj* (*nachgestellt*) senza pari
ohnehin ['oːnə'hɪn] in ogni caso
Ohnmacht ['oːnmaxt] <-, -en> *f* **1.** (*Bewusstlosigkeit*) svenimento *m;* **in ~ fallen** svenire **2.** (*Machtlosigkeit*) impotenza *f;* **ohnmächtig** *adj* **1.** (*bewusstlos*) svenuto; **~ werden** svenire **2.** (*machtlos*) impotente
Ohr [oːɐ̯] <-(e)s, -en> *n* orecchio *m;* **ganz ~ sein** essere tutt'orecchi *fam;* **die ~en spitzen** drizzare gli orecchi; **jdm zu ~en kommen** giungere all'orecchio di qu; **jdn übers ~ hauen** (*fam*) imbrogliare qu; **jdm mit etw in den ~en liegen** (*fam*) importunare qu con qc; **bis über die ~en** fin sopra i capelli *fam;* **furchtbar viel um die ~en haben** (*fam*) avere un sacco di cose per la testa
Öhr [øːɐ̯] <-(e)s, -e> *n* (*Nadel~*) cruna *f*
Ohrenarzt *m,* **Ohrenärztin** *f* otoiatra *mf;* **ohrenbetäubend** *adj* (*fam*) assordante; **Ohrensausen** <-s> *kein Pl n* ronzio *m* auricolare; **Ohrenschmalz** *n* cerume *m;* **Ohrenschützer** *mpl* paraorecchie *m*
Ohrfeige *f* schiaffo *m*
ohrfeigen *vt* schiaffeggiare
Ohrläppchen ['oːɐ̯lɛpçən] <-s, -> *n* lobo *m* auricolare; **Ohrring** *m* orecchino *m*
o.k., okay [o'keː] **I.** (*fam: Partikel*) okay **II.** *adj* (*fam*) **bist du wieder ~?** tutto bene?; **es ist alles ~** è tutto a posto
Okkultismus [ɔkʊl'tɪsmʊs] <-> *kein Pl m* occultismo *m*
Ökobauer *m,* **Ökobäu(e)rin** *f* bioagricoltore, -trice *m, f;* **Öko-Katastrophe** *f* ecocatastrofe *f*
Ökologie [økolo'giː] <-> *kein Pl f* ecologia *f*
ökologisch *adj* ecologico
Ökonomie [økono'miː] <-, -n> *f* economia *f*
ökonomisch *adj* economico
Öko-Steuer <-, -n> *f* ecotassa *f;* **Ökosystem** *n* ecosistema *m*
Oktober [ɔk'toːbɐ] <-(s), -> *m* ottobre *m; s. a.* **April**
ökumenisch [økume:'nɪʃ] *adj* ecumenico
Öl [øːl] <-(e)s, -e> *n* **1.** olio *m* **2.** (*Heiz~*) nafta *f* **3.** (*Erd~*) petrolio *m;* **~ ins Feuer gießen** (*fig*) gettare olio sulle fiamme **4.** (KUNST) **in ~ malen** dipingere a olio
ölen *vt* lubrificare
Ölfarbe *f* colore *m* a olio; **Ölfilm** *m* velo *m* d'olio; **Ölgemälde** *n* dipinto *m* a olio; **Ölheizung** *f* riscaldamento *m* a nafta
ölig *adj* oleoso
Olive [o'liːvə] <-, -n> *f* oliva *f;* **Olivenbaum** *m* olivo *m;* **Olivenöl** *n* olio *m* d'oliva
olivgrün *adj* olivastro
Ölkanne *f* tanica *f* d'olio; **Ölkrise** *f* crisi *f* del petrolio; **Ölleitung** *f* oleodotto *m;* **Ölofen** *m* stufa *f* a olio combustibile; **Ölpest** *f* inquinamento *m* da petrolio; **Ölquelle** *f* pozzo *m* di petrolio; **Ölraffinerie** *f* raffineria *f* di petrolio; **Ölsardine** *f* sardina *f* sott'olio; **Ölstand** *m* livello *m* dell'olio; **Ölstandanzeiger** *m* (AUTO) indicatore *m* del livello dell'olio; **Öltanker** *m* petroliera *f;* **Ölteppich** *m* chiazza *f* di petrolio; **Ölwechsel** *m* (AUTO) cambio *m* dell'olio
Olympiade [olʏm'pi̯aːdə] <-, -n> *f* (SPORT) olimpiadi *fpl*
olympisch [o'lʏmpɪʃ] *adj* olimpico; **die Olympischen Spiele** i giochi olimpici
Oma ['oːma] <-, -s> *f* (*fam*) nonna *f;* (*Kindersprache*) nonnina *f*
Omelett <-(e)s, -s> *n,* **Omelette** [ɔm(ə)'lɛt] <-, -n> *f* (*CH, A*) frittata *f*
Omen ['oːmən] <-s, -> *n* presagio *m;* **ein gutes/böses ~** un buon/cattivo segno
Omnibus ['ɔmnibʊs] *m* autobus *m;* **Omnibushaltestelle** *f* fermata *f* dell'autobus
One-Man-Show ['wʌnmæn'ʃou] *f* one-man show *m*
One-Night-Stand ['wʌnnaɪtstænd] <-s, -s> *m* esperienza *f* di un'unica notte
Onkel ['ɔŋkəl] <-s, -> *m* zio *m*
online ['ɔnlaɪn] <inv> *adj* (INFORM) on line; **~ gehen** entrare in rete; **~ sein** essere in rete
Online-Geschäft *n* (INFORM) affare *m* on

O

line; **Online-Kunde** *m* (INFORM) utente *mf* on line; **Online-Shopping** *n* (INFORM) shopping *m* on line

ÖNORM, **Ö-Norm** <-, Ö-Normen> *f* (*A*) *akr v* **Österreichische Norm** norma *f* austriaca

Opa ['o:pa] <-s, -s> *m* (*fam*) nonno *m*

OPEC ['o:pɛk] <-> *kein Pl f abk v* **Organization of the Petrol Exporting Countries** OPEC *f*

Oper ['o:pɐ] <-, -n> *f* opera *f*

Operation [opəra'tsi̯o:n] <-, -en> *f* operazione *f;* **Operationssaal** *m* (MED) sala *f* operatoria

operativ [opəra'ti:f] **I.** *adj* operatorio; **~er Eingriff** intervento chirurgico **II.** *adv* per via operatoria; **~ entfernen** resecare

Operette [opə'rɛtə] <-, -n> *f* operetta *f*

operieren [opə'ri:rən] <ohne ge-> **I.** *vt* (MED) operare; **sich ~ lassen** sottoporsi a un'operazione **II.** *vi* **1.** (MED) fare un'operazione **2.** (MIL) operare

Opernball *m* ballo *m* dell'opera; **Opernglas** *n* binocolo *m;* **Opernhaus** *n* opera *f;* **Opernsänger(in)** *m(f)* cantante *mf* d'opera

Opfer ['ɔpfɐ] <-s, -> *n* **1.** (*~gabe*) offerta *f;* (*Verzicht*) sacrificio *m;* **ein ~ für jdn/etw bringen** fare un sacrificio per qu/qc **2.** (*Person*) vittima *f;* **jdm/etw zum ~ fallen** essere vittima di qu/qc; **Opferbereitschaft** *f* spirito *m* di sacrificio

opfern **I.** *vt* sacrificare **II.** *vr* **sich (für jdn/etw) ~** sacrificarsi (per qu/qc)

Opferung <-, -en> *f* sacrificio *m*

Opiat [opi'a:t] <-(e)s, -e> *n* oppiato *m*

Opium ['o:piʊm] <-s> *kein Pl n* oppio *m*

Opportunismus [ɔpɔrtu'nɪsmʊs] <-> *kein Pl m* opportunismo *m*

Opportunist(in) [ɔpɔrtu'nɪst] <-en, -en; -, -nen> *m(f)* opportunista *mf*

opportunistisch *adj* opportunista

Opposition [ɔpozi'tsi̯o:n] <-, -en> *f* opposizione *f;* **Oppositionsführer(in)** *m(f)* (POL) capo *m* dell'opposizione

Optik ['ɔptɪk] <-> *kein Pl f* ottica *f;* (*fig: Eindruck*) aspetto *m* ottico

Optiker(in) <-s, -; -, -nen> *m(f)* ottico, -a *m, f*

Optima *pl von* **Optimum**

optimal [ɔpti'ma:l] *adj* ottimale

optimieren [ɔpti'mi:rən] <ohne ge-> *vt* ottimare

Optimismus [ɔpti'mɪsmʊs] <-> *kein Pl m* ottimismo *m*

Optimist(in) [ɔpti'mɪst] <-en, -en; -, -nen> *m(f)* ottimista *mf*

optimistisch *adj* ottimista

Optimum ['ɔptimʊm] <-s, Optima> *n* optimum *m*

Option [ɔp'tsi̯o:n] <-, -en> *f* opzione *f*

optisch ['ɔptɪʃ] *adj* ottico

Orakel [o'ra:kəl] <-s, -> *n* oracolo *m*

orange [o'rã:ʒə] <inv> *adj* arancione

Orange <-, -n> *f* arancia *f;* **Orangenbaum** *m* arancio *m;* **Orangenhaut** <-> *kein Pl f* (MED) cellulite *f;* **Orangensaft** *m* succo *m* d'arancia

Orang-Utan ['o:raŋ'ʔu:tan] <-s, -s> *m* orang-utan *m*

Oratorium [ora'to:riʊm] <-s, Oratorien> *n* oratorio *m*

Orchester [ɔr'kɛstɐ] <-s, -> *n* orchestra *f*

Orchidee [ɔrçi'de:ə] <-, -n> *f* orchidea *f*

Orden ['ɔrdən] <-s, -> *m* **1.** (REL) ordine *m* **2.** (*Auszeichnung*) onorificenza *f;* (MIL) decorazione *f*

ordentlich ['ɔrdəntlɪç] *adj* **1.** (*aufgeräumt*) ordinato **2.** (*ordnungsgemäß*) ordinario **3.** (*fam: reichlich*) abbondante; **eine ~e Tracht Prügel** (*fam*) un fracco di legnate

ordinär [ɔrdi'nɛ:ɐ̯] *adj* **1.** (*pej: unfein*) volgare **2.** (*gewöhnlich*) ordinario

ordnen ['ɔrdnən] *vt* ordinare; **alphabetisch ~** ordinare alfabeticamente

Ordner <-s, -> *m* (*Akten~*) raccoglitore *m*

Ordner(in) <-s, -; -, -nen> *m(f)* organizzatore, -trice *m, f*

Ordnung <-, *rar* -en> *f* **1.** *sing* (*Zustand*) ordine *m;* **für ~ sorgen** mettere ordine; **in ~ halten** tenere in ordine; **etw (wieder) in ~ bringen** rimettere in ordine qc; **zur ~ rufen** richiamare all'ordine; **der ~ halber** per mantenere l'ordine; **in ~** in (buon) ordine; (TEC) in buono stato; (*fam: Mensch*) a posto; **es ist alles in ~** è tutto in ordine; **(geht) in ~!** (*fam*) d'accordo! **2.** *sing* (*Handlung*) sistemazione *f*

ordnungsgemäß **I.** *adj* regolare **II.** *adv* nella debita forma; **ordnungshalber** *adv* per regolarità; **Ordnungsliebe** *f* amore *m* dell'ordine; **Ordnungssinn** *m* senso *m* dell'ordine; **ordnungswidrig** *adj* (JUR) irregolare; **sich ~ verhalten** contravvenire al regolamento; **Ordnungszahl** *f* (MAT) numero *m* ordinale

Oregano [o'reːgano] <-s> *kein Pl m* origano *m*

Organ [ɔr'gaːn] <-s, -e> *n* **1.** (ANAT) organo *m* **2.** (ADM) istituzione *f;* **Organbank** <-, -en> *f* banca *f* degli organi

Organisation [ɔrganiza'tsi̯oːn] <-, -en> *f* organizzazione *f*

Organisator(in) [ɔrgani'zaːtoːɐ̯] <-s, -en; -, -nen> *m(f)* organizzatore, -trice *m, f*

organisatorisch [ɔrganiza'toːrɪʃ] *adj* organizzativo

organisch [ɔr'gaːnɪʃ] *adj* organico

organisieren [ɔrgani'ziːrən] <ohne ge-> **I.** *vt* **1.** (*planen*) organizzare **2.** (*fam: beschaffen*) procurarsi **II.** *vr* **sich** ~ organizzarsi

Organismus [ɔrga'nɪsmʊs] <-, Organismen> *m* organismo *m*

Organist(in) [ɔrga'nɪst] <-en, -en; -, -nen> *m(f)* organista *mf*

Organizer <-s, -> *m* (INFORM) agenda *f* (elettronica)

Organmandat *n* (*A*) *multa che viene direttamente pagata al poliziotto che l'ha elevata*

Organspende *f* donazione *f* di un organo; **Organspender(in)** *m(f)* donatore, -trice *m, f* (di un organo); **Organtransplantation** *f* trapianto *m* organico

Orgasmus [ɔr'gasmʊs] <-, Orgasmen> *m* orgasmo *m*

Orgel ['ɔrgəl] <-, -n> *f* organo *m;* **Orgelkonzert** *n* concerto *m* d'organo; **Orgelpfeife** *f* canna *f* dell'organo

Orgie ['ɔrgiə] <-, -n> *f* orgia *f*

Orient ['oːriɛnt] <-s> *kein Pl m* **der** ~ l'oriente *m*

Orientale [oriɛn'taːlə] <-n, -n> *m,* **Orientalin** [oriɛn'taːlɪn] <-, -nen> *f* orientale *mf*

orientalisch *adj* orientale

orientieren [oriɛn'tiːrən] <ohne ge-> *vr* **sich** ~ orientarsi

Orientierung <-> *kein Pl f* orientamento *m;* **Orientierungshilfe** *f* guida *f;* **Orientierungssinn** <-(e)s> *kein Pl m* senso *m* dell'orientamento

original [origi'naːl] *adj* originale

Original <-s, -e> *n* (*a Mensch*) originale *m;* **Originalfassung** *f* versione *f* originale; **in der italienischen** ~ nella versione originale italiana; **originalgetreu** *adj* conforme all'originale

Originalität [originali'tɛːt] <-, *rar* -en> *f* originalità *f*

originell [origi'nɛl] *adj* originale

Orkan [ɔr'kaːn] <-(e)s, -e> *m* uragano *m;* **orkanartig** *adj* violento

Ornament [ɔrna'mɛnt] <-(e)s, -e> *n* ornamento *m*

Oropax® ['oːropaks] <-, -> *n* tappo *m* per le orecchie

Ort [ɔrt] <-(e)s, -e> *m* **1.** (*Stelle*) luogo *m;* **vor** ~ sul posto **2.** (*~schaft*) località *f*

orten *vt* localizzare

orthodox [ɔrto'dɔks] *adj* ortodosso

Orthografie[RR] <-, -n> *f s.* **Orthographie**

orthografisch[RR] *adj s.* **orthographisch**

Orthographie [ɔrtogra'fiː] <-, -n> *f* ortografia *f*

orthographisch [ɔrto'graːfɪʃ] *adj* ortografico

Orthopäde [ɔrto'pɛːdə] <-n, -n> *m,* **Orthopädin** [ɔrto'pɛːdɪn] <-, -nen> *f* ortopedico, -a *m, f*

orthopädisch *adj* ortopedico

örtlich ['œrtlɪç] *adj* locale; ~ **betäubt** anestetizzato localmente

Ortsangabe *f* indicazione *f* del luogo; **ortsansässig** *adj* residente nel luogo; **Ortsbestimmung** *f* localizzazione *f*

Ortschaft <-, -en> *f* località *f*

ortsfremd *adj* forestiero; **Ortsgespräch** *n* (TEL) telefonata *f* urbana; **Ortskenntnis** *f* conoscenza *f* del luogo; **Ortskrankenkasse** *f* Azienda *f* Sanitaria Locale; **ortskundig** *adj* esperto del posto; **Ortsname** *m* nome *m* di luogo; **Ortsnetz** *n* (TEL) rete *f* locale; **Ortsschild** *n* segnale *m* di località; **Ortsteil** *m* quartiere *m;* **Ortswechsel** *m* trasferimento *m;* **Ortszeit** *f* ora *f* locale

Öse ['øːzə] <-, -n> *f* occhiello *m*

Oslo ['ɔslo] *n* Oslo *f*

Ossi ['ɔsi] <-s, -s; -s> *mf* (*fam*) *tedesco originario della Germania dell'Est*

Ost-Berlin *n* Berlino-Est *f*

ostdeutsch *adj* della Germania dell'Est; (HIST) della RDT; **Ostdeutschland** <-s> *n* Germania *f* dell'Est; (HIST) RDT *f*

Osten ['ɔstən] <-s> *kein Pl m* **1.** (*Himmelsrichtung*) est *m;* **im** ~ **von** a est di **2.** (*Region*) **der** ~ (*Orient*) l'oriente *m;* (POL) l'est *m;*

O

der Nahe ~ il vicino oriente; **der Mittlere** ~ il medio oriente; **der Ferne** ~ l'estremo oriente

Osterei *n* uovo *m* di Pasqua; **Osterglocke** *f* (BOT) narciso *m;* **Osterhase** *m* coniglietto *m* pasquale

> La tradizione vuole che la mattina di Pasqua l'**Osterhase** nasconda nel giardino o in casa uova di Pasqua colorate, coniglietti di cioccolata e altri regali per i bambini che dovranno poi cercarli.

österlich *adj* pasquale

Ostermontag *m* Pasquetta *f*

Ostern ['o:stɐn] <-> *kein Pl n* Pasqua *f;* **fröhliche ~!** buona Pasqua!

Österreich ['ø:stəraɪç] *n* Austria *f*

Österreicher(in) <-s, -; -, -nen> *m(f)* austriaco, -a *m, f*

österreichisch *adj* austriaco

Ostersonntag *m* domenica *f* di Pasqua

Osterweiterung *f* (POL) estensione *f* della NATO verso l'Europa orientale

Osterwoche *f* settimana *f* di Pasqua

Osteuropa *n* Europa *f* orientale; **osteuropäisch** *adj* dell'Europa orientale; **Ostfriesland** ['ɔst'fri:slant] *n* Frisia *f* orientale

östlich ['œstlɪç] **I.** *adj* orientale; (POL) dell'est **II.** *adv* ~ **von ...** a est di ...

Ostsee *f* **die** ~ il mar Baltico; **Ostverträge** *mpl* trattati *mpl* con i paesi dell'Est; **Ostwind** *m* vento *m* dell'est

OSZE [o:ʔɛstsɛt'ʔe:] *f abk v* **Organisation für Sicherheit und Zusammenarbeit in Europa** OSCE *f*

O-Ton *m* parole *fpl* testuali

Otter[1] ['ɔtɐ] <-, -n> *f* (*Schlange*) vipera *f*

Otter[2] <-s, -> *m* (*Fisch~*) lontra *f*

Ötztal ['œtsta:l] *n* valle *f* dell'Oetz

out [aʊt] *adj* out

outen *vr* **sich** ~ rendere pubblica la propria omosessualità

Outing ['aʊtɪŋ] <-s> *kein Pl n* outing *m*

Output <-s, -s> *m o n* (INFORM) output *m*

Ouvertüre [uvɛr'ty:rə] <-, -n> *f* ouverture *f*

oval [o'va:l] *adj* ovale; **Oval** <-s, -e> *n* ovale *m*

Ovation [ova'tsi̯o:n] <-, -en> *f* ovazione *f*

Overall ['oʊvərɔ:l] <-s, -s> *m* tuta *f*

Overheadprojektor *m* lavagna *f* luminosa

ÖVP [ø:faʊ'pe:] *f abk v* **Österreichische Volkspartei** *Partito Popolare Austriaco*

Ovulation [ovula'tsi̯o:n] <-, -en> *f* ovulazione *f*

Oxyd [ɔ'ksy:t] *n* (CHEM) ossido *m*

Oxydation [ɔksyda'tsi̯o:n] <-, -en> *f* (CHEM) ossidazione *f*

oxydieren [ɔksy'di:rən] <ohne ge-> *vi sein o haben* (CHEM) ossidare

Ozean ['o:tsea:n] <-s, -e> *m* oceano *m;* **Ozeandampfer** *m* transatlantico *m*

Ozon [o'tso:n] <-s> *kein Pl m o n* ozono *m;* **Ozonalarm** *m* allarme *m* ozono; **Ozonloch** <-(e)s> *kein Pl n* buco *m* nell'ozono; **Ozonschicht** <-> *kein Pl f* ozonosfera *f;* **Ozonschild** *m* strato *m* di ozono

P

P, p [pe:] <-, -(s)> *n* P, p *f;* **P wie Paula** P come Padova

paar [pa:ɐ̯] <inv> *adj* **ein ~ ...** qualche ...

Paar <-(e)s, -e> *n* **1.** (*Lebewesen*) coppia *f* **2.** (*Dinge*) paio *m;* **ein ~ Schuhe** un paio di scarpe

paaren ['pa:rən] **I.** *vt* **1.** (*Zuchttiere*) appaiare **2.** (*paarweise zusammenstellen*) accoppiare **II.** *vr* **sich** ~ accoppiarsi

paarig *adj* geminato

Paarlauf *m,* **Paarlaufen** <-s> *kein Pl n* pattinaggio *m* artistico a coppie; **paarmal** *adv* **ein ~** un paio di volte; **paarweise** *adv* a coppie

Pacht [paxt] <-, -en> *f* affitto *m*

pachten *vt* prendere in affitto

Pächter(in) ['pɛçtɐ] <-s, -; -, -nen> *m(f)* affittuario, -a *m, f;* (*Geschäftsleiter*) gerente *mf*

Pack[1] [pak] <-(e)s, -e> *m* (*Bündel*) pacco *m*

Pack[2] [pak] <-(e)s> *kein Pl n* (*pej: Gesindel*) gentaglia *f*

Päckchen ['pɛkçən] <-s, -> *n* pacchetto *m*

packen ['pakən] *vt* **1.** (*ergreifen*) afferrare **2.** (*ein~*) mettere; **seine Koffer ~** fare le valigie; **ein Paket ~** fare un pacco **3.** (*fig: fesseln*) avvincere

Packen <-s, -> *m* pacco *m*

packend *adj* avvincente

Packesel *m* (*fam*) mulo *m*; **Packpapier** *n* carta *f* da pacchi

Packung <-, -en> *f* **1.** (*Schachtel*) scatola *f* **2.** (MED) impacco *m*

Pädagoge [pɛda'go:gə] <-n, -n> *m* pedagogo *m*

Pädagogik [pɛda'go:gɪk] <-> *kein Pl f* pedagogia *f*

Pädagogin [pɛda'go:gɪn] <-, -nen> *f* pedagoga *f*; *s. a.* **Pädagoge**

pädagogisch *adj* pedagogico

Paddel ['padəl] <-s, -> *n* pagaia *f*; **Paddelboot** *n* canoa *f*

paddeln *vi* andare in canoa

Padua ['pa:dua] *n* Padova *f*

Page ['pa:ʒə] <-n, -n> *m* fattorino *m* d'albergo; **Pagenkopf** *m* (*Frisur*) taglio *m* di capelli alla paggio

Paket [pa'ke:t] <-(e)s, -e> *n* pacco *m*; **Paketannahme** *f* accettazione *f* pacchi; **Paketausgabe** *f* consegna *f* pacchi; **Paketbombe** *f* pacchetto *m* bomba; **Paketschalter** *m* sportello *m* per i pacchi postali

Pakistan ['pa:kɪsta:n] *n* Pakistan *m*; **in ~** nel Pakistan

Pakistani <-(s), -(s)> *m* pakistano, -a *m, f*

pakistanisch *adj* pakistano

Pakt [pakt] <-(e)s, -e> *m* patto *m*

Palast [pa'last] <-(e)s, Paläste> *m* palazzo *m*

Palästina [palɛs'ti:na] *n* Palestina *f*

Palästinenser(in) [palɛsti'nɛnzɐ] <-s, -; -, -nen> *m(f)* palestinese *mf*

palästinensisch *adj* palestinese

Palatschinke [pala'tʃɪŋkə] <-, -n> *f* (*A*) omelette *f*

Palette [pa'lɛtə] <-, -n> *f* **1.** (*Maler~*) tavolozza *f* **2.** (*fig: Vielfalt*) gamma *f*

Palme ['palmə] <-, -n> *f* palma *f*; **jdn auf die ~ bringen** (*fam*) mandare in bestia qu

Palmsonntag *m* Domenica *f* delle Palme

Pampelmuse ['pampəlmu:zə] <-, -n> *f* pompelmo *m*

pampig *adj* (*fam: frech*) sfacciato

Panda ['panda] <-s, -s> *m* panda *m*

panieren [pa'ni:rən] <ohne ge-> *vt* (GASTR) impanare

Paniermehl *n* pangrattato *m*

Panik ['pa:nɪk] <-, -en> *f* panico *m*; **panikartig** *adv* come in preda al panico; **Panikmache** *f* (*pej*) allarmismo *m*

panisch *adj* panico

Panne ['panə] <-, -n> *f* **1.** (*Schaden*) guasto *m*; (*Auto~*) panna *f*; **eine ~ haben** essere in panna **2.** (*fig: Fehler*) errore *m*; **Pannendienst** *m* soccorso *m* stradale

Panorama [pano'ra:ma] <-s, Panoramen> *n* panorama *m*

panschen ['panʃən] **I.** *vt* (*Wein*) adulterare **II.** *vi* (*fam: planschen*) sguazzare

Panter[RR] ['pantɐ] <-s, -> *m*, **Panther** <-s, -> *m* pantera *f*

Pantoffel [pan'tɔfəl] <-s, -n> *m meist Pl* pantofola *f*; **Pantoffelheld** *m* (*fam pej*) marito *m* comandato a bacchetta dalla moglie

Pantomime [panto'mi:mə] <-, -n> *f* pantomima *f*

Panzer ['pantsɐ] <-s, -> *m* **1.** (*fig* ZOO, HIST) corazza *f* **2.** (MIL) carro *m* armato; **Panzerglas** *n* vetro *m* blindato

panzern *vt* corazzare

Panzerschrank *m* cassaforte *f* blindata; **Panzerwagen** *m* carro *m* armato

Papa ['papa] <-s, -s> *m* (*fam*) papà *m*

Papagei [papa'gaɪ] <-en, -en> *m* pappagallo *m*

Papaya [pa'pa:ja] <-, -s> *f* papaya *f*

Papeterie [papɛtə'ri:] <-, -n> *f* (*CH*) cartoleria *f*

Papi ['papi] <-s, -s> *m s.* **Papa**

Papier [pa'pi:ɐ̯] <-s, -e> *n* **1.** (*Material*) carta *f*; **ein Blatt ~** un foglio di carta **2.** (*Wert~*) titolo *m* **3.** *pl* (*Ausweise*) documenti *mpl*; **Papiergeld** *n* cartamoneta *f*; **Papierkorb** *m* cestino *m*; **Papierkrieg** *m* (*fam pej*) lungaggine *f* burocratica; **Papiertaschentuch** *n* fazzoletto *m* di carta; **Papiertüte** *f* sacchetto *m* di carta

Pappbecher *m* bicchiere *m* di carta; **Pappdeckel** *m* cartone *m*

Pappe ['papə] <-, -n> *f* cartone *m*

Pappel ['papəl] <-, -n> *f* pioppo *m*

papperlapapp [papɐla'pap] *int* sciocchezze!

pappig ['papɪç] *adj* (*fam*) **1.** (*klebrig*) appiccicoso **2.** (*Schnee*) poltiglioso

Pappteller *m* piatto *m* di carta

P

Paprika ['paprika] <-s, -(s)> *m* **1.** (*Schote*) peperone *m* **2.** *sing* (*Gewürz*) paprica *f*

Papst [pa:pst] <-(e)s, Päpste> *m* papa *m*

päpstlich ['pɛ:pstlɪç] *adj* papale

Papsttum <-> *kein Pl n* papato *m*

Parabel [pa'ra:bəl] <-, -n> *f* parabola *f*

Parabolantenne *f* antenna *f* parabolica

Parade [pa'ra:də] <-, -n> *f* **1.** (SPORT) parata *f* **2.** (MIL) rassegna *f*; **Paradebeispiel** *n* esempio *m* paradigmatico

Paradeiser [para'daɪzɐ] <-s, -> *m* (*A: Tomate*) pomodoro *m*

Paradies [para'di:s] <-es, -e> *n* paradiso *m*; **paradiesisch** *adj* paradisiaco

paradox [para'dɔks] *adj* paradossale

Paragliding ['pa:raglaɪdɪŋ] <-s> *kein Pl n* parapendio *m*

Paragraf[RR] <-en, -en> *m*, **Paragraph** [para'gra:f] <-en, -en> *m* paragrafo *m*

parallel [para'le:l] *adj* (**zu etw**) ~ **sein** essere parallelo (a qc); **Parallele** <-, -n> *f* **1.** (MAT) parallela *f* **2.** (*fig*) parallelo *m*; **eine ~ zwischen … und …** un parallelo fra … e …

Parallelstraße *f* strada *f* parallela; **Parallelumlauf** <-(e)s> *kein Pl m* (EU) doppia circolazione *f*

Parameter [pa'ra:metɐ] <-s, -> *m* parametro *m*

Parasit [para'zi:t] <-en, -en> *m* parassita *m*

parat [pa'ra:t] *adj* pronto; **immer eine Antwort ~ haben** avere sempre la risposta pronta

Pärchen ['pɛ:ɐ̯çən] <-s, -> *n* coppietta *f*

Parfüm [par'fy:m] <-s, -e> *n* profumo *m*

Parfümerie [parfymə'ri] <-, -n> *f* profumeria *f*

parfümieren [parfy'mi:rən] <ohne ge-> **I.** *vt* profumare **II.** *vr* **sich ~** profumarsi

parieren [pa'ri:rən] <ohne ge-> **I.** *vt* (SPORT) parare **II.** *vi* (*fam: gehorchen*) ubbidire

Paris [pa'ri:s] *n* Parigi *f*

Pariser [pa'ri:zɐ] <-s, -> *m* (*sl: Kondom*) preservativo *m*

Pariser(in) <-s, -; -, -nen> *m(f)* parigino, -a *m, f*

Park [park] <-s, -s> *m* parco *m*

Park-and-ride-System *n sistema di parcheggio adiacente a mezzo pubblico*

Parkanlage *f* parco *m*

parken ['parkən] *vt, vi* parcheggiare; **~de Wagen** veicoli in parcheggio; **Parken verboten!** parcheggio vietato!

Parkett [par'kɛt] <-(e)s, -e> *n* **1.** (*Fußboden*) parquet *m* **2.** (THEAT) platea *f*; **Parkettboden** *m* parquet *m*

Parkgebühr *f* tassa *f* di parcheggio; **Parkhaus** *n* autosilo *m*

parkieren [par'ki:rən] <ohne ge-> *vt, vi* (*CH*) parcheggiare

Parkingmeter ['parkɪŋme:tɐ] <-s, -> *m* (*CH*) parchimetro *m*

Parklücke *f* spazio *m* libero per posteggiare; **Parkplatz** *m* parcheggio *m*; **Parkscheibe** *f* disco *m* orario; **Parksünder(in)** *m(f)* (*fam*) parcheggiatore, -trice *m, f* abusivo, -a; **Parkuhr** *f* parchimetro *m*; **Parkverbot** *n* divieto *m* di parcheggio

Parlament [parla'mɛnt] <-(e)s, -e> *n* parlamento *m*

Parlamentarier(in) [parlamɛn'ta:riɐ] <-s, -; -, -nen> *m(f)* parlamentare *mf*

parlamentarisch *adj* parlamentare

Parlamentssitzung *f* seduta *f* parlamentare

Parmesan [parme'za:n] <-s> *kein Pl m* parmigiano *m*

Parodie [paro'di:] <-, -n> *f* parodia *f*

parodieren [paro'di:rən] <ohne ge-> *vt* parodiare

Parodontose [parodɔn'to:zə] *f* (MED) paradentosi *f*

Parole [pa'ro:lə] <-, -n> *f* **1.** (MIL) parola *f* d'ordine **2.** (*fig* POL) motto *m*

Partei [par'taɪ] <-, -en> *f* **1.** (POL) partito *m* **2.** (*fig* JUR) parte *f*; **für jdn ~ ergreifen** prendere partito per qu; **Parteiführung** *f* presidenza *f* del partito

parteiisch *adj* parziale

parteilos *adj* apartitico; **Parteimitglied** *n* membro *m* del partito; **Parteinahme** [par'taɪna:mə] <-, -n> *f* presa *f* di posizione; **Parteitag** *m* congresso *m* del partito; **Parteivorsitzende** *mf* presidente *m* del partito; **Parteizugehörigkeit** *f* appartenenza *f* ad un partito

parterre [par'tɛr] *adv* a pianterreno; **Parterre** <-s, -s> *n* pianterreno *m*

Partie [par'ti:] <-, -n> *f* **1.** (SPORT) partita *f* **2.** (*Ehepartner*) partito *m*; **eine gute ~ machen** fare un buon matrimonio **3.** (*Wend*) **ich bin mit von der ~** (*fam*) ci sto anch'io

partiell [parˈtsi̯ɛl] *adj* parziale
Partisan(in) [partiˈzaːn] <-en, -en; -, -nen> *m(f)* partigiano, -a *m, f*
Partition <-, -en> *f* (INFORM) partizione *f*
Partitur [partiˈtuːɐ̯] <-, -en> *f* (MUS) partitura *f*
Partizip [partiˈtsiːp] <-s, -pien> *n* (LING) participio *m*
Partner(in) [ˈpartnɐ] <-s, -; -, -nen> *m(f)* partner *mf;* (COM) socio, -a *m, f;* **Partnerschaft** <-, -en> *f* **1.** (COM) compartecipazione *f* **2.** (*Städte~*) gemellaggio *m;* **partnerschaftlich** *adj* di partecipazione; **Partnerstadt** *f* città *f* gemellata
Party [ˈpaːɐ̯ti] <-, -s> *f* festa *f;* **Partyservice** *m* servizio *m* ristoro
Parzelle [parˈtsɛlə] <-, -n> *f* parcella *f*
PassRR [pas] <-es, Pässe> *m,* **Paß** <-sses, Pässe> *m* **1.** (*Reise~*) passaporto *m* **2.** (*Gebirgs~*) passo *m*
Passage [paˈsaːʒə] <-, -n> *f* passaggio *m*
Passagier [pasaˈʒiːɐ̯] <-s, -e> *m* passeggero, -a *m, f;* **blinder** ~ clandestino, -a *m, f;* **Passagierdampfer** *m* nave *f* passeggeri; **Passagierflugzeug** *n* aereo *m* passeggeri
Passant(in) [paˈsant] <-en, -en; -, -nen> *m(f)* passante *mf*
PassbildRR *n* fototessera *f*
passen [ˈpasən] *vi* **1.** (*harmonieren*) andare (bene); **zu jdm/etw** ~ andare bene a qu/qc; **das Bild passt nicht ins Zimmer** il quadro non si adatta alla stanza; **sie passt nicht zu ihm** non è fatta per lui **2.** (*in Größe, Form*) andare [*o* stare] (bene); **die Hose passt wie angegossen** i pantaloni stanno a pennello; **das Kleid passt mir nicht** il vestito non mi va bene **3.** (*genehm sein*) andare; **das passt mir nicht** non mi sta bene **4.** (*im Spiel,* SPORT) passare; **passend** *adj* adatto; (*angemessen*) adeguato
Passepartout [paspar'tuː] <-s, -s> *n* passe-partout *m*
PassfotoRR <-s, -s> *n* fototessera *f*
passierbar *adj* transitabile
passieren [paˈsiːrən] <ohne ge-> **I.** *vt* passare **II.** *vi sein* succedere; **das kann jedem** ~ può capitare a tutti
Passierschein *m* lasciapassare *m*
Passionsfrucht *f* frutto *m* della passione
passiv [ˈpasiːf] *adj* passivo; **Passiv** <-s, *rar* -e> *n* (LING) passivo *m*
Passivität [pasiviˈtɛːt] <-> *kein Pl f* passività *f*
Passivrauchen <-s> *kein Pl n* fumo *m* passivo
PasskontrolleRR *f* controllo *m* dei passaporti; **Passstraße**RR *f* valico *m* di montagna; **Passwort**RR *n* password *f*
Paste [ˈpastə] <-, -n> *f* pasta *f*
Pastellfarbe *f* (colore *m*) pastello *m;* **pastellfarben** *adj* color pastello
Pastete [pasˈteːtə] <-, -n> *f* **1.** (*Leber~*) pasticcio *m* **2.** (*Gebäck*) vol-au-vent *m*
pasteurisieren [pastøriˈziːrən] <ohne ge-> *vt* pastorizzare
Pastor(in) [ˈpastoːɐ̯] <-s, -en; -, -nen> *m(f)* pastore *m*
Pate [ˈpaːtə] <-n, -n> *m* padrino *m;* **Patenkind** *n* figlioccio, -a *m, f;* **Patenonkel** *m* padrino *m*
patent [paˈtɛnt] *adj* (*fam: Person*) in gamba
Patent <-s, -e> *n* brevetto *m;* **Patentamt** *n* ufficio *m* brevetti
Patentante *f* madrina *f*
patentieren [patɛnˈtiːrən] <ohne ge-> *vt* brevettare
Patentrezept *n* soluzione *f* garantita
Pater [ˈpaːtɐ] <-s, Patres> *m* padre *m*
pathetisch [paˈteːtɪʃ] *adj* patetico
pathologisch [patoˈloːgɪʃ] *adj* patologico
Pathos [ˈpaːtɔs] <-> *kein Pl n* pathos *m*
Patient(in) [paˈtsi̯ɛnt] <-en, -en; -, -nen> *m(f)* paziente *mf*
Patin [ˈpaːtɪn] <-, -nen> *f* madrina *f; s. a.* **Pate**
Patina [ˈpaːtina] <-> *kein Pl f* patina *f*
Patisserie [patɪsəˈriː] <-, -n> *f* (*CH*) pasticceria *f*
Patres *pl von* **Pater**
Patriarch [patriˈarç] <-en, -en> *m* patriarca *m*
patriarchalisch [patriarˈçaːlɪʃ] *adj* patriarcale
Patriot(in) [patriˈoːt] <-en, -en; -, -nen> *m(f)* patriota *mf*
patriotisch *adj* patriottico
Patriotismus [patrioˈtɪsmʊs] <-> *kein Pl m* patriottismo *m*
Patron(in) [paˈtroːn] <-s, -e; -, -nen> *m(f)* patrono, -a *m, f*
Patrone [paˈtroːnə] <-, -n> *f* cartuccia *f;* **Patronenhülse** *f* bossolo *m*
Patrouille [paˈtrʊljə] <-, -n> *f* pattuglia *f*
patrouillieren [patrʊlˈjiːrən] <ohne

ge-> *vi* pattugliare

Patsche ['patʃə] <-, -n> *f* (*fam: Notlage*) **in der ~ sitzen** trovarsi nei guai; **jdm aus der ~ helfen** trarre qu d'impaccio

Patschen ['patʃən] <-s, -> *m* (*A*) **1.** (*Hausschuh*) pantofola *f* **2.** (*fam: Reifenpanne*) gomma *f* a terra

patschnass[RR] *adj* (*fam*) bagnato fradicio

Patzer <-s, -> *m* (*fam*) imperfezione *f*

patzig *adj* (*fam pej*) sfacciato

Pauke ['paʊkə] <-, -n> *f* timpano *m;* **auf die ~ hauen** (*fig fam*) fare baldoria

pauken *vi* (*fam: büffeln*) sgobbare

Pauker <-s, -> *m* (*sl: Lehrer*) insegnante *m*

pausbäckig ['paʊsbɛkɪç] *adj* dalle guance paffute

pauschal [paʊ'ʃa:l] **I.** *adj* globale **II.** *adv* globalmente; **Pauschalbetrag** *m,* **Pauschale** [paʊ'ʃa:lə] <-, -n> *f* importo *m* globale; **Pauschalpreis** *m* prezzo *m* globale; **Pauschalreise** *f* viaggio *m* tutto compreso

Pause ['paʊzə] <-, -n> *f* (*Unterbrechung*) pausa *f;* (THEAT) intervallo *m;* (*Schul~*) ricreazione *f;* **eine ~ machen** fare una pausa

pausen *vt* fare un calco di

pausenlos *adj* ininterrotto

Pauspapier *n* carta *f* da ricalco

Pavian ['pa:via:n] <-s, -e> *m* babbuino *m*

Pavillon ['pavɪljõ] <-s, -s> *m* padiglione *m*

Pay-TV ['pɛɪti:vi:] <-> *kein Pl n* pay tv *f*

Pazifik [pa'tsi:fɪk] *m* Pacifico *m*

pazifisch [pa'tsi:fɪʃ] *adj* **der Pazifische Ozean** l'oceano pacifico

Pazifist(in) [patsi'fɪst] <-en, -en; -, -nen> *m(f)* pacifista *mf*

pazifistisch *adj* pacifista

PC [pe:'tse:] <-(s), -(s)> *m abk v* **Personalcomputer** PC *m*

PDS [pe:de:'ʔɛs] <-> *kein Pl f abk v* **Partei des Demokratischen Sozialismus** *Partito del Socialismo Democratico* (*tedesco*)

Pech [pɛç] <-s, -e> *n* **1.** (*Material*) pece *f* **2.** *sing* (*fig: Unglück*) sfortuna *f;* **~ haben** avere sfortuna; **pechschwarz** *adj* nero come la pece; **Pechsträhne** *f* (*fam*) serie *f* di disgrazie; **eine ~ haben** essere perseguitato dalla scalogna; **Pechvogel** *m* (*fam*) scalognato, -a *m, f*

Pedal [pe'da:l] <-s, -e> *n* pedale *m*

Pedant(in) [pe'dant] <-en, -en; -, -nen> *m(f)* pedante *mf*

pedantisch *adj* pedante

Pegel ['pe:gəl] <-s, -> *m* idrometro *m;* **Pegelstand** *m* livello *m* dell'acqua

peilen ['paɪlən] *vt* **die Lage ~** (*fam*) sondare il terreno; **über den Daumen gepeilt** (*fam*) a occhio e croce

peinigen *vt* (*geh*) tormentare

peinlich *adj* **1.** (*unangenehm*) spiacevole; (*Situation*) imbarazzante; **es ist mir sehr ~, dass …** mi dispiace molto che *+conj* **2.** (*übergenau*) meticoloso

Peitsche ['paɪtʃə] <-, -n> *f* frusta *f*

peitschen **I.** *vt* frustare **II.** *vi* (*Regen*) battere

Peitschenhieb *m* frustata *f*

Pekinese [peki'ne:zə] <-n, -n> *m* (*Hund*) (cane *m*) pechinese *m*

Peking ['pe:kɪŋ] *n* Pechino *f*

Pelikan ['pe:lika:n] <-s, -e> *m* pellicano *m*

Pellkartoffel *f* patata *f* bollita con la buccia

Pelz [pɛlts] <-es, -e> *m* pelliccia *f;* **Pelzkragen** *m* collo *m* di pelliccia; **Pelzmantel** *m* pelliccia *f*

Pendel ['pɛndəl] <-s, -> *n* pendolo *m*

pendeln *vi* **1.** *haben* (*schwingen*) oscillare **2.** *sein* (*hin- u herfahren*) fare la spola

Pendelverkehr *m* traffico *m* pendolare; **Pendelzug** *m* treno *m* navetta

Pendler(in) <-s, -; -, -nen> *m(f)* pendolare *mf*

penetrant [pene'trant] *adj* **1.** (*Geruch*) penetrante **2.** (*pej: Person*) invadente

penibel [pe'ni:bəl] *adj* meticoloso; (*kleinlich*) pignolo

Penis ['pe:nɪs] <-, -se> *m* pene *m*

Penner(in) <-s, -; -, -nen> *m(f) fam, pej* barbone *m*

Pensen *pl von* **Pensum**

Pension [pã'zi̯o:n] <-, -en> *f* **1.** (*Rente*) pensione *f;* **in ~ gehen** andare in pensione **2.** (*Unterkunft u. Verpflegung*) pensione *f;* **halbe ~** mezza pensione; **volle ~** pensione completa

pensioniert *adj* pensionato

Pensionierung <-, -en> *f* pensionamento *m*

Pensionsgast *m* pensionante *mf*

Pensum [pɛnzʊm] <-s, Pensen> *n* **1.** (*Arbeits~*) lavoro *m* **2.** (*Unterrichts~*) programma *m*

Peperoni [pepe'ro:ni] *pl* (*CH: Paprika*) peperone *m*

peppig ['pɛpɪç] *adj* brioso; (*Musik*) vivace; (*Person*) tutto pepe

per [pɛr] *prp* (*mit, durch*) per, con; ~ **Anhalter fahren** viaggiare facendo l'autostop

perfekt [pɛr'fɛkt] *adj* **1.** (*vollkommen*) perfetto **2.** (*fam: abgeschlossen*) concluso; **damit war die Niederlage** ~ in tal modo la sconfitta era completa

Perfekt ['pɛrfɛkt] <-(e)s, -e> *n* (LING) passato *m* prossimo

perforieren [pɛrfo'ri:rən] <ohne ge-> *vt* perforare

Pergament [pɛrga'mɛnt] <-(e)s, -e> *n* pergamena *f*; **Pergamentpapier** *n* carta *f* pergamena

Periode [peri'o:də] <-, -n> *f* **1.** (*Zeitabschnitt*) periodo *m* **2.** (*Menstruation*) mestruazione *f*

Peripherie [perife'ri:] <-, -n> *f* **1.** (*Randgebiet*) periferia *f* **2.** (INFORM) periferica *f*

Perle ['pɛrlə] <-, -n> *f* perla *f*

perlen *vi* (*Schweiß*) imperlare; (*Sekt*) spumeggiare

Perlhuhn *n* faraona *f*; **Perlmutt** ['pɛrlmʊt] <-s> *kein Pl n* madreperla *f*

permanent [pɛrma'nɛnt] *adj* permanente

perplex [pɛr'plɛks] *adj* perplesso

Perron [pɛ'rõ:] <-s, -s> *m* (*CH*) marciapiede *m*

Perser(in) ['pɛrzɐ] <-s, -; -, -nen> *m(f)* persiano, -a *m, f*; **Perserteppich** *m* tappeto *m* persiano

Persien ['pɛrziən] *n* Persia *f*

persisch *adj* persiano; **der Persische Golf** il Golfo Persico

Person [pɛr'zo:n] <-, -en> *f* **1.** persona *f*; **pro** ~ a testa; **ich für meine** ~ in quanto a me; **sie ist die Güte in** ~ è la bontà in persona **2.** (THEAT) personaggio *m*

Personal [pɛrzo'na:l] <-s> *kein Pl n* personale *m*; **Personalabbau** *m* riduzione *f* del personale; **Personalabteilung** *f* ufficio *m* del personale; **Personalakte** *f* cartella *f* personale; **Personalausweis** *m* carta *f* d'identità; **Personalbüro** *n s.* **Personalabteilung**; **Personalchef(in)** *m(f)* capo *m* del personale

Personalcomputer *m* personal computer *m*

Personalien [pɛrzo'na:liən] *pl* generalità *fpl*

Personalkosten *pl* spese *fpl* per il personale

Personalpronomen *n* (LING) pronome *m* personale

personell [pɛrzo'nɛl] *adj* **1.** (*persönlich*) personale **2.** (*das Personal betreffend*) del personale

Personenaufzug *m* ascensore *m*; **Personenbeschreibung** *f* connotati *mpl* di una persona; **Personenkraftwagen** *m* autovettura *f*; **Personenschaden** *m* danno *m* alle persone; **Personenverkehr** *m* traffico *m* viaggiatori; **Personenwaage** *f* bilancia *f* per persone

personifizieren [pɛrzonifi'tsi:rən] <ohne ge-> *vt* personificare

persönlich [pɛr'zø:nlɪç] **I.** *adj* personale **II.** *adv* personalmente; **der König** ~ il re in persona; **jdn** ~ **kennen** conoscere qu personalmente; **Persönlichkeit** <-, -en> *f* **1.** *sing* (*Eigenschaften*) personalità *f* **2.** (*Mensch*) personaggio *m*

Perspektive [pɛrspɛk'ti:və] <-, -n> *f* prospettiva *f*

Peru [pe'ru:] *n* Perù *m*; **in** ~ nel Peru

Peruaner(in) [peru'a:nɐ] <-s, -; -, -nen> *m(f)* peruviano, -a *m, f*

peruanisch *adj* peruviano

Perücke [pe'rʏkə] <-, -n> *f* parrucca *f*

pervers [pɛr'vɛrs] *adj* perverso

Pessimismus [pɛsi'mɪsmʊs] <-> *kein Pl m* pessimismo *m*

Pessimist(in) [pɛsi'mɪst] <-en, -en; -, -nen> *m(f)* pessimista *mf*

pessimistisch *adj* pessimista

Pest [pɛst] <-> *kein Pl f* peste *f*

Pestizid [pɛsti'tsi:t] <-s, -e> *n* pesticida *m*

Petersilie [pete'zi:li̯ə] <-, -n> *f* prezzemolo *m*

Petroleum [pe'tro:leʊm] <-s> *kein Pl n* petrolio *m*

petzen ['pɛtsən] *vt* (*fam pej*) (**jdm**) **etw** ~ riportare qc (a qu)

Pfad [pfa:t] <-(e)s, -e> *m* **1.** (*Weg*) sentiero *m* **2.** (INFORM) percorso *m*

Pfader ['pfa:dɐ] <-s, -> *m* (*CH*) boy-scout *m*

Pfadfinder(in) *m(f)* boy scout *mf*

Pfahl [pfa:l] <-(e)s, Pfähle> *m* palo *m*; **Pfahlbau** *m* costruzione *f* su palafitte; **~ten** (HIST) palafitte *fpl*

Pfalz [pfalts] *f* Palatinato *m*

Pfand [pfant] <-(e)s, Pfänder> *n* (*a fig*)

P

pegno *m;* (*Bürgschaft*) garanzia *f;* (*Flaschen~*) deposito *m* per il vuoto; **gegen ~** su pegno; **auf der Flasche sind 30 Pf ~** sulla bottiglia c'è un deposito per il vuoto di 30 pfennig; **Pfandbrief** *m* lettera *f* di pegno

pfänden ['pfɛndən] *vt* pignorare

Pfandflasche *f* vuoto *m* a rendere; **Pfandhaus** *n,* **Pfandleihe** <-, -n> *f* monte *m* dei pegni; **Pfandschein** *m* polizza *f* di pegno

Pfändung ['pfɛndʊŋ] <-, -en> *f* pignoramento *m*

Pfanne ['pfanə] <-, -n> *f* padella *f*

Pfannkuchen ['pfanku:xən] *m* crespella *f*

Pfarramt ['pfarʔamt] *n* parrocchia *f*

Pfarrei [pfa'raɪ] <-, -en> *f* parrocchia *f*

Pfarrer(in) ['pfarɐ] <-s, -; -, -nen> *m(f)* (*katholisch*) parrocco *m;* (*evangelisch*) pastore *m*

Pfarrgemeinde *f* parrocchia *f;* **Pfarrhaus** *n* (*katholisch*) casa *f* parrocchiale; (*evangelisch*) casa *f* del pastore

Pfau [pfaʊ] <-(e)s, -en> *m* pavone *m*

Pfeffer ['pfɛfɐ] <-s, -> *m* pepe *m;* **geh hin, wo der ~ wächst!** (*fam*) va' all'inferno!; **Pfefferkorn** *n* grano *m* di pepe; **Pfefferminze** *f* menta *f* piperita; **Pfefferminztee** *m* tè *m* di menta; **Pfeffermühle** *f* pepaiola *f*

pfeffern ['pfɛfɐn] *vt* pepare; **gepfefferte Preise** (*fam*) prezzi salati

Pfefferstreuer <-s, -> *m* spargipepe *m*

Pfeife ['pfaɪfə] <-, -n> *f* **1.** (*Orgel~*) canna *f;* (*Signal~*) fischio *m;* **nach jds ~ tanzen** (*fig*) farsi comandare a bacchetta da qu **2.** (*Tabak~*) pipa *f*

pfeifen ['pfaɪfən] <pfeift, pfiff, gepfiffen> *vt, vi* fischiare; **auf jdn/etw ~** (*fam*) infischiarsene di qu/qc

Pfeil [pfaɪl] <-(e)s, -e> *m* freccia *f;* **mit ~ und Bogen** con arco e frecce

Pfeiler ['pfaɪlɐ] <-s, -> *m* pila *f;* (*Brücken~*) pilone *m*

Pfennig ['pfɛnɪç] <-s, -(e)> *m* pfennig *m;* **keinen ~ haben** non avere un soldo; **keinen ~ wert sein** (*fam*) non valere una lira

Pferd [pfe:ɐ̯t] <-(e)s, -e> *n* cavallo *m;* **ein ~ reiten** cavalcare

Pferderennen *n* corsa *f* di cavalli; **Pferdeschwanz** *m* (*Frisur*) coda *f* di cavallo; **Pferdestall** *m* scuderia *f;* **Pferdestärke** *f* cavallo *m* vapore; **ein Motor mit 60 ~n** un motore da 60 cavalli

pfiff [pfɪf] *1. u 3. pers sing imp von* **pfeifen**

Pfiff [pfɪf] <-(e)s, -e> *m* **1.** (*Ton*) fischio *m* **2.** (*fam: Reiz*) bello *m;* **ein Hut mit ~** un cappello chic

Pfifferling ['pfɪfɐlɪŋ] <-s, -e> *m* finferlo *m;* **keinen ~ wert sein** (*fam*) non valere un fico secco

pfiffig *adj* astuto

Pfingsten ['pfɪŋstən] <-, -> *n* Pentecoste *f*

Pfingstrose *f* peonia *f;* **Pfingstsonntag** *m* domenica *f* di Pentecoste

Pfirsich ['pfɪrzɪç] <-s, -e> *m* pesca *f*

Pflanze ['pflanʦə] <-, -n> *f* pianta *f*

pflanzen *vt* piantare

Pflanzenfett *n* grasso *m* vegetale; **Pflanzenfresser** <-s, -> *m* erbivoro *m;* **Pflanzenöl** *n* olio *m* vegetale; **Pflanzenschutzmittel** *n* fitofarmaco *m*

pflanzlich *adj* vegetale

Pflanzung <-, -en> *f* piantagione *f*

Pflaster ['pflastɐ] <-s, -> *n* **1.** (*Heft~*) cerotto *m* **2.** (*Straßen~*) pavimentazione *f*

pflastern *vt* lastricare

Pflasterstein *m* cubetto *m* per lastrico

Pflaume ['pflaʊmə] <-, -n> *f* prugna *f*

Pflege ['pfle:gə] <-, -n> *f* **1.** (*Körper~*) cura *f;* (*Kranken~*) assistenza *f;* **in ~ geben** affidare alle cure; **in ~ nehmen** prendersi cura di **2.** (*Instandhaltung*) manutenzione *f* **3.** (*von Ideen*) coltivare *m;* **pflegebedürftig** *adj* bisognoso di cure; **Pflegeeltern** *pl* genitori *mpl* putativi; **Pflegefall** *m* assistito, -a *m, f;* **Pflegeheim** *n* casa *f* di cura per anziani; **Pflegekind** *n* pupillo, -a *m, f;* **pflegeleicht** *adj* che non richiede cure speciali; **ein ~es Kleidungsstück** un (indumento) pratico; **Pflegemutter** *f* madre *f* putativa

pflegen I. *vt* **1.** (*seinen Körper*) avere cura di; (*Kranke*) assistere **2.** (*Beziehungen*) coltivare **II.** *vi* **~ etw zu tun** soler fare qc

Pflegepersonal *n* personale *m* sanitario

Pfleger(in) <-s, -; -, -nen> *m(f)* (*Kranken~*) infermiere, -a *m, f*

Pflegevater *m* padre *m* putativo; **Pflegeversicherung** *f* assicurazione *f* previdenziale

Pflicht [pflɪçt] <-, -en> *f* **1.** (*Notwendigkeit*) dovere *m;* (*Verpflichtung*) obbligo *m;* **es ist meine ~ zu ... +*inf*** è mio dovere ...

+*inf;* **seine ~ erfüllen** adempiere al proprio dovere **2.** (SPORT) esercizi *mpl* obbligatori; **pflichtbewusst**RR *adj* consapevole del proprio dovere; **Pflichtbewusstsein**RR *n* coscienza *f* del dovere; **Pflichtfach** *n* materia *f* obbligatoria; **Pflichtgefühl** *n* senso *m* del dovere

Pflock [pflɔk] <-(e)s, Pflöcke> *m* palo *m*

pflücken ['pflʏkən] *vt* (*Obst*) raccogliere; (*Blumen*) cogliere

Pflug [pflu:k] <-(e)s, Pflüge> *m* aratro *m*

pflügen ['pfly:gən] *vt, vi* arare

Pforte ['pfɔrtə] <-, -n> *f* porta *f*

Pförtner(in) <-s, -; -, -nen> *m(f)* portiere, -a *m, f*

Pfosten ['pfɔstən] <-s, -> *m* palo *m;* (*Tür~*) montante *m*

Pfote ['pfo:tə] <-, -n> *f* zampa *f*

Pfropfen <-s, -> *m* turacciolo *m*

pfui [pfʊɪ] *int* puah; **~ Teufel!** (*fam*) che schifo!

Pfund [pfʊnt] <-(e)s, -(e)> *n* mezzo chilo *m*

pfundig *adj* (*fam*) in gamba

pfuschen *vi* **1.** (*fam pej: bei Arbeit*) abborracciare **2.** (*A: schwarzarbeiten*) lavorare in nero

Pfuscher(in) <-s, -; -, -nen> *m(f)* **1.** (*fam pej*) abborraccione, -a *m, f* **2.** (*A: Schwarzarbeiter*) lavoratore *m* in nero

Pfütze ['pfʏtsə] <-, -n> *f* pozzanghera *f*

Phänomen [fɛno'me:n] <-s, -e> *n* fenomeno *m*

Phantasie <-, -n> *f s.* **Fantasie**; **phantasielos** *s.* **fantasielos**

phantasieren <ohne ge-> *vi s.* **fantasieren**

phantasievoll *s.* **fantasievoll**

phantastisch *adj s.* **fantastisch**

Phantom [fan'to:m] <-s, -e> *n* fantasma *m;* **Phantombild** *n* identikit *m*

Phase ['fa:zə] <-, -n> *f* fase *f*

Philippinen [filɪ'pi:nən] *pl* **die ~** le Filippine

Philologie [filolo'gi:] <-, -n> *f* filologia *f*

Philosoph [filo'zo:f] <-en, -en> *m* filosofo *m*

Philosophie [filozo'fi:] <-, -n> *f* filosofia *f*

philosophieren [filozo'fi:rən] <ohne ge-> *vi* (**über etw** *acc*) ~ filosofare (su qc)

Philosophin <-, -nen> *f* filosofa *f; s. a.* **Philosoph**

philosophisch *adj* filosofico

phlegmatisch *adj* flemmatico

Phonetik [fo'ne:tɪk] <-> *kein Pl f* fonetica *f*

Phosphat [fɔs'fa:t] <-(e)s, -e> *n* fosfato *m*

Phosphor ['fɔsfo:ɐ̯] <-s> *kein Pl m* (CHEM) fosforo *m*

phosphoreszierend [fɔsforɛs'tsi:rənt] *adj* fosforescente

Photo- *s.* **Foto-**

Phrase ['fra:zə] <-, -n> *f* frase *f;* **~n dreschen** (*fam pej*) parlare a vuoto; **leere ~n** discorsi vuoti

pH-Wert [pe:'ha:ve:ɐ̯t] *m* pH *m*

Physik [fʏ'zi:k] <-> *kein Pl f* fisica *f*

physikalisch [fyzi'ka:lɪʃ] *adj* fisico

Physiker(in) ['fy:zikɐ] <-s, -; -, -nen> *m(f)* fisico, -a *m, f*

Physiologie [fyziolo'gi:] <-> *kein Pl f* fisiologia *f*

physiologisch [fyzio'lo:gɪʃ] *adj* fisiologico

Physiotherapie [fyziotera'pi:] <-> *kein Pl f* fisioterapia *f*

physisch ['fy:zɪʃ] *adj* fisico

Pianist(in) [pi̯a'nɪst] <-en, -en; -, -nen> *m(f)* pianista *mf*

Pickel ['pɪkəl] <-s, -> *m* **1.** (*Spitzhacke*) piccone *m;* (*Eis~*) piccozza *f* per ghiaccio **2.** (MED) brufolo *m;* **pick(e)lig** *adj* pieno di brufoli

picken ['pɪkən] *vt, vi* (*Tiere*) **nach etw ~** beccare qc

Pickerl <-s, -n> *n* (*A: Aufkleber*) etichetta *f* autoadesiva

Picknick ['pɪknɪk] <-s, -e> *n* picnic *m*

Piemont [pie'mɔnt] *n* Piemonte *m*

piepen ['pi:pən] *vi* (*Vogel*) pigolare; **das ist ja zum Piepen** (*fam*) c'è proprio da morir dal ridere

piepsen ['pi:psən] *vi* pigolare

piepsig *adj* (*Stimme*) stridulo

Piercing ['pi:ɐ̯sɪŋ] <-s, -s> *n* piercing *m*

piesacken ['pi:zakən] *vt* (*fam*) tormentare

Pigment [pɪ'gmɛnt] <-(e)s, -e> *n* pigmento *m*

Pik <-s, -s> *n* (*Spielkartenfarbe*) picche *fpl*

pikant [pi'kant] *adj* piccante

pikiert [pi'ki:ɐ̯t] *adj* offeso

piksen ['pi:ksən] *vt, vi* pungere

Pilger(in) ['pɪlgɐ] <-s, -; -, -nen> *m(f)* pellegrino, -a *m, f;* **Pilgerfahrt** *f* pellegrinaggio *m*

pilgern *vi sein* andare in pellegrinaggio

Pille ['pɪlə] <-, -n> *f* pillola *f;* **die ~ nehmen** prendere la pillola; **eine bittere ~** una pillola amara

Pilot(in) [pi'lo:t] <-en, -en; -, -nen> *m(f)* pilota *mf;* **Pilotfilm** *m* (TV) film *m* pilota; **Pilotprojekt** *n* progetto *m* pilota

Pilz [pɪlʦ] <-es, -e> *m* fungo *m;* **Pilzkrankheit** *f* micosi *f*

pingelig ['pɪŋəlɪç] *adj* (*fam pej*) schizzinoso

Pinguin ['pɪŋgui:n] <-s, -e> *m* pinguino *m*

Pinie ['pi:niə] <-, -n> *f* pino *m*

pink *adj* color rosa

pinkeln ['pɪŋkəln] *vi* (*fam*) fare la pipì

Pinnwand ['pɪnvant] *f* pannello *m* d'affissione

Pinsel ['pɪnzəl] <-s, -> *m* pennello *m*

Pinzette [pɪn'ʦɛtə] <-, -n> *f* pinzetta *f*

Pipeline ['paɪplaɪn] <-, -s> *f* pipeline *f*

Pipi ['pɪpi] <-s> *kein Pl n* **~ machen** fare (la) pipì

Pirat [pi'ra:t] <-en, -en> *m* pirata *m*

Pistazie [pɪs'ta:ʦiə] <-, -n> *f* pistacchio *m*

Piste ['pɪstə] <-, -n> *f* pista *f*

Pistole [pɪs'to:lə] <-, -n> *f* pistola *f;* **jdm die ~ auf die Brust setzen** (*fig fam*) mettere la pistola alla gola a qu; **wie aus der ~ geschossen** (*fam*) di botto

Pixel <-s, -> *n* (INFORM) pixel *m*

Pizza ['pɪtsa] <-, -s> *f* pizza *f*

PKW, Pkw ['pe:ka:ve:] <-(s), -(s)> *m abk v* **Personenkraftwagen** autovettura *f*

Plackerei [plakə'raɪ] <-, -en> *f* (*fam*) fatica(ccia) *f*

plädieren [plɛ'di:rən] <ohne ge-> *vi* **1.** (JUR) **auf etw** *acc* **~** chiedere qc **2.** (*sich einsetzen*) **für etw ~** battersi per qc

Plädoyer [plɛdo̯a'je:] <-s, -s> *n* (JUR: *von Verteidiger*) arringa *f;* (*von Staatsanwalt*) requisitoria *f*

Plage ['pla:gə] <-, -n> *f* tormento *m;* (*Übel*) piaga *f*

plagen **I.** *vt* tormentare **II.** *vr* **sich ~** (*sich abmühen*) tribolare; (*schwer arbeiten*) faticare; **sich mit etw ~** torturarsi con qc

Plakat [pla'ka:t] <-(e)s, -e> *n* affisso *m*

Plakette [pla'kɛtə] <-, -n> *f* targhetta *f*

Plan [pla:n] <-(e)s, Pläne> *m* **1.** (*Vorhaben*) progetto *m;* (*Absicht*) intenzione *f;* **alles verlief nach ~** tutto andò secondo i piani; **Pläne schmieden** fare progetti **2.** (*Entwurf*) progetto *m* **3.** (*Karte*) pianta *f* **4.** (*Stunden~, Fahr~*) orario *m*

Plane ['pla:nə] <-, -n> *f* telone *m*

planen *vt* progettare; (*Entwicklung*) pianificare; **~ etw zu tun** programmare di fare qc; **habt ihr für heute Abend schon etw geplant?** avete già in progetto qc per stasera?

Planet [pla'ne:t] <-en, -en> *m* pianeta *m*

Planke ['plaŋkə] <-, -n> *f* tavolone *m*

planlos *adj o adv* senza metodo; **planmäßig** **I.** *adj* sistematico **II.** *adv* **1.** (*pünktlich*) in orario **2.** (*wie vorgesehen*) come (pre)stabilito

Planschbecken *n* piscina *f* per bambini

planschen ['planʃən] *vi* sguazzare (nell'acqua)

Planstelle *f* posto *m* in organico

Plantage [plan'ta:ʒə] <-, -n> *f* piantagione *f*

Planung <-, -en> *f* pianificazione *f*

Plappermaul *n* (*fam pej*) ciarlone, -a *m, f*

plappern ['plapɐn] *vi* (*fam*) chiacchierare

plärren ['plɛrən] *vi* (*pej fam*) strillare; (*weinen*) piangere

Plastik[1] ['plastɪk] <-s> *kein Pl n* (*Kunststoff*) plastica *f*

Plastik[2] <-, -en> *f* (KUNST) scultura *f*

Plastikfolie *f* carta *f* plastificata per alimenti; **Plastikgeld** <-es> *kein Pl n* (*fam*) carta *f* di credito; **Plastiktüte** *f* sacchetto *m* di plastica

plastisch *adj* plastico

Platane [pla'ta:nə] <-, -n> *f* (BOT) platano *m*

Platin ['pla:ti:n] <-s> *kein Pl n* platino *m*

platonisch [pla'to:nɪʃ] *adj* platonico

plätschern ['plɛtʃɐn] *vi* gorgogliare

platt [plat] *adj* **1.** (*flach*) piatto **2.** (*Reifen*) a terra **3.** (*fam: erstaunt*) **~ sein** rimanere di stucco **4.** (*fig: geistlos*) piatto

Platte ['platə] <-, -n> *f* **1.** (*Stein~*, FOTO) lastra *f* **2.** (*Kachel*) piastrella *f* **3.** (*Schall~*, INFORM) disco *m* **4.** (GASTR) piatto *m;* **kalte ~** piatto freddo; **Plattenspieler** *m* giradischi *m*

Plattform *f* piattaforma *f;* **Plattfuß** *m* **1.** (MED) piede *m* piatto **2.** (*fam: Reifenpanne*) gomma *f* a terra

Platz [plaʦ] <-es, Plätze> *m* **1.** (*Stelle, Ort*) posto *m;* **fehl am ~ sein** essere fuori luogo; **auf die Plätze, fertig, los!** ai vostri posti, pronti, via! **2.** *sing* (*Raum*) posto *m;*

jdm ~ machen fare posto a qu **3.** (*Stellung*) posto *m* **4.** (*Sitz~*) posto *m;* ~ **nehmen** accomodarsi **5.** (*öffentlicher ~*) piazza *f* **6.** (*Sport~*) campo *m;* **Platzangst** *f* (PSYCH) agorafobia *f;* (*fam*) claustrofobia *f;* **Platzanweiser(in)** <-s, -; -, -nen> *m(f)* (*in Kino, Theater*) maschera *f*

Plätzchen ['plɛtsçən] <-s, -> *n* (*Gebäck*) pasticcino *m*

platzen ['platsən] *vi sein* scoppiare; (*Naht*) rompersi; **vor Wut** ~ (*fig fam*) scoppiare dalla rabbia

Platzkarte *f* (FERR) (biglietto *m* di) prenotazione *f;* **Platzmangel** *m* mancanza *f* di posto; **Platzpatrone** *f* cartuccia *f* a salva; **Platzregen** *m* acquazzone *m;* **Platzwunde** *f* sbucciatura *f*

Plauderei [plaʊdə'raɪ] <-, -en> *f* chiacchierata *f*

plaudern ['plaʊdɐn] *vi* (**über etw** *acc*) ~ fare quattro chiacchiere (su qc)

plausibel [plaʊ'ziːbəl] *adj* plausibile; **jdm etw ~ machen** spiegare qc a qu

Playback ['pleːbɛk] <-s, -s> *n,* **Play-back**[RR] <-s, -s> *n* playback *m;* **Playboy** ['pleːbɔɪ] <-s, -s> *m* playboy *m;* **Playstation** [pleɪ'steiʃn] <-, -s> *f* Playstation® *f*

pleite ['plaɪtə] *adj* (*fam*) ~ **sein** essere al verde; **Pleite** <-, -n> *f* (*fam*) **1.** (*Bankrott*) fallimento *m;* ~ **gehen** andare in fallimento **2.** (*Reinfall*) fiasco *m*

Plombe ['plɔmbə] <-, -n> *f* **1.** (*Bleisiegel*) piombo *m* **2.** (*Zahn~*) otturazione *f*

plombieren [plɔm'biːrən] <ohne ge-> *vt* **1.** (*versiegeln*) piombare **2.** (*Zahn*) otturare

Plotter <-s, -> *m* (INFORM) plotter *m*

plötzlich ['plœtslɪç] **I.** *adj* improvviso **II.** *adv* all'improvviso

plump [plʊmp] *adj* **1.** (*unförmig*) tozzo **2.** (*ungeschickt*) goffo; (*schwerfällig*) pesante

plumpsen ['plʊmpsən] *vi sein* (*fam*) cadere con un tonfo

Plunder ['plʊndɐ] <-s> *kein Pl m* (*fam pej*) ciarpame *m*

plündern ['plʏndɐn] *vt* saccheggiare

Plünderung <-, -en> *f* saccheggio *m*

Plural ['pluːraːl] <-s, -e> *m* (LING) plurale *m*

pluralistisch [plura'lɪstɪʃ] *adj* pluralistico

plus [plʊs] *adv* più; **Plus** <-, -> *n* **1.** (*Überschuss*) eccedenza *f;* (COM) sopravanzo *m;* **im ~ sein** avere un bilancio positivo **2.** (*~punkt*) vantaggio *m*

Plüsch [plyːʃ] <-(e)s, -e> *m* felpa *f;* **Plüschtier** *n* peluche *m*

Pluspunkt *m* punto *m* di vantaggio

Plusquamperfekt ['plʊskvampɛrfɛkt] *n* (LING) piuccheperfetto *m*

Plutonium [plu'toːniʊm] <-s> *kein Pl n* plutonio *m*

PLZ *abk v* **Postleitzahl** CAP *m*

Pneu [pnøː] <-s, -s> *m* (*A, CH*) pneumatico *m*

Po[1] <-s> *kein Pl m* (GEOG) Po *m*

Po[2] <-s, -s> *m* (*fam*) *s.* **Popo**

Pöbel ['pøːbəl] <-s> *kein Pl m* (*pej*) plebe *f*

pochen ['pɔxən] *vi* **1.** (*Herz*) battere **2.** (*klopfen*) **an die Tür** ~ bussare alla porta **3.** (*geh: bestehen*) **auf etw** *acc* ~ (*fig*) insistere su qc

Pocken ['pɔkən] *fpl* vaiolo *m*

Podium ['poːdiʊm] <-s, Podien> *n* podio *m;* **Podiumsdiskussion** *f* tavola *f* rotonda

Poesie [poe'ziː] <-, -n> *f* poesia *f*

Poet(in) [po'eːt] <-en, -en; -, -nen> *m(f)* poeta, -essa *m, f*

poetisch *adj* poetico

Pointe ['po̯ɛ̃ːtə] <-, -n> *f* effetto *m* finale

Pokal [po'kaːl] <-s, -e> *m* coppa *f;* **Pokalsieger(in)** *m(f)* vincitore, -trice *m, f* di coppa; **Pokalspiel** *n* gara *f* di coppa

Pol [poːl] <-s, -e> *m* polo *m*

polar [po'laːɐ̯] *adj* polare; **Polarkreis** *m* circolo *m* polare; **Polarlicht** *n* aurora *f* boreale; **Polarstern** *m* stella *f* polare

Pole ['poːlə] <-n, -n> *m* polacco *m*

Polemik [po'leːmɪk] <-, -en> *f* polemica *f*

polemisch *adj* polemico

polemisieren [polemi'ziːrən] <ohne ge-> *vi* (**gegen etw**) ~ polemizzare (su qc)

Polen ['poːlən] *n* Polonia *f*

Police [po'liːs(ə)] <-, -n> *f* polizza *f* (d'assicurazione)

polieren [po'liːrən] <ohne ge-> *vt* lucidare

Polin ['poːlɪn] <-, -nen> *f* polacca *f; s. a.* **Pole**

Politesse [poli'tɛsə] <-, -n> *f* donna *f* poliziotto ausiliaria

Politik [poli'tiːk] <-, *rar* -en> *f* politica *f*

Politiker(in) [po'liːtikɐ] <-s, -; -, -nen>

P

m(f) politico *m*
politisch *adj* politico
Politur [poli'tu:ɐ̯] <-, -en> *f* lucido *m*
Polizei [poli'tsaɪ] <-, *rar* -en> *f* polizia *f;* **Polizeibeamte** *m,* **Polizeibeamtin** *f* funzionario, -a *m, f* di polizia; **Polizeibuße** *f* (*CH*) multa *f*
polizeilich *adj* della polizia; ~ **verboten** vietato dalla polizia
Polizeipräsidium *n* questura *f;* **Polizeischutz** *m* protezione *f* della polizia; **Polizeistaat** *m* stato *m* poliziesco; **Polizeistreife** *f* pattuglia *f* di polizia
Polizist(in) [poli'tsɪst] <-en, -en; -, -nen> *m(f)* poliziotto, -a *m, f*
Polizze <-, -n> *f* (*A: Police*) polizza *f* (d'assicurazione)
Pollen ['pɔlən] <-s, -> *m* (BOT) polline *m*
polnisch ['pɔlnɪʃ] *adj* polacco
Polo ['po:lo] <-s> *kein Pl n* (SPORT) polo *m*
Polohemd ['po:lohɛmt] *n* polo *f*
Polster ['pɔlstɐ] <-s, -> *n A: m* **1.** (*in Kleidung*) imbottitura *f* **2.** (*A: Kissen*) cuscino *m* **3.** (*fig: Geld*) riserva *f;* **Polstermöbel** *npl* mobili *mpl* imbottiti
polstern *vt* imbottire
Polstersessel *m* poltrona *f* imbottita
Polsterung <-, -en> *f* imbottitura *f*

Polterabend è la sera prima di un matrimonio, nel corso della quale amici e parenti rompono piatti e bicchieri a scopo propiziatorio. Schegge e frammenti dovranno poi essere spazzati via dai futuri sposi.

poltern ['pɔltɐn] *vi* (*lärmen*) far chiasso; (*schimpfen*) sbraitare
Polyester [poly'ɛstɐ] <-s, -> *m* poliestere *m*
Pommern ['pɔmɐn] *n* Pomerania *f*
Pommes frites [pɔm'frɪt] *pl* patate *fpl* fritte
Pomp [pɔmp] <-(e)s> *kein Pl m* pompa *f*
Pompeji [pɔm'pe:ji] *n* Pompei *f*
pompös [pɔm'pø:s] *adj* pomposo
Pony[1] ['pɔni] <-s, -s> *n* (ZOO) pony *m*
Pony[2] <-s, -s> *m* (*Frisur*) frangia *f*
Popcorn ['pɔpkɔrn] <-s> *kein Pl n* popcorn *m*
Popmusik *f* musica *f* pop
Popo [po'po:] <-s, -s> *m* (*fam*) sedere *m*
poppig ['pɔpɪç] *adj* pop
populär [popu'lɛ:ɐ̯] *adj* popolare
Popularität [populari'tɛ:t] <-> *kein Pl f* popolarità *f*
populärwissenschaftlich *adj* di carattere divulgativo
Pore ['po:rə] <-, -n> *f* poro *m*
Pornografie[RR] [pɔrnogra'fi:] <-, -n> *f,* **Pornographie** <-, -n> *f* pornografia *f*
porös [po'rø:s] *adj* poroso
Porree ['pɔre] <-s, -s> *m* porro *m*
Portal [pɔr'ta:l] <-s, -e> *n* portale *m*
Portemonnaie <-s, -s> *n s.* **Portmonee**
Portier [pɔr'ti̯e:] <-s, -s> *m* portiere *m*
Portion [pɔr'tsi̯o:n] <-, -en> *f* porzione *f*
Portmonee[RR] [pɔrtmɔ'ne:] <-s, -s> *n* portamonete *m*
Porto ['pɔrto] <-s, -s> *n* affrancatura *f;* **portofrei** *adj* franco di porto
Porträt [pɔr'trɛ:] <-s, -s> *n* ritratto *m*
Portugal ['pɔrtugal] *n* Portogallo *m;* **in** ~ nel Portogallo
Portugiese [pɔrtu'gi:zə] <-n, -n> *m,* **Portugiesin** [pɔrtu'gi:zɪn] <-, -nen> *f* portoghese *mf*
portugiesisch *adj* portoghese
Portwein ['pɔrtvaɪn] *m* porto *m*
Porzellan [pɔrtsɛ'la:n] <-s, -e> *n* porcellana *f;* **Porzellangeschirr** *n* stoviglie *fpl* di porcellana
Posaune [po'zaʊnə] <-, -n> *f* trombone *m*
Pose ['po:zə] <-, -n> *f* posa *f*
posieren [po'zi:rən] <ohne ge-> *vi* posare
Position [pozi'tsi̯o:n] <-, -en> *f* posizione *f;* **eine gesicherte** ~ **haben** avere una posizione sicura
positiv ['po:ziti:f] *adj* positivo
Possessivpronomen ['pɔsɛsi:fprono:mən] *n* (LING) pronome *m* possessivo
Post [pɔst] <-, *rar* -en> *f* **1.** (*Einrichtung*) posta *f;* **auf die** [*o* **zur**] ~ **gehen** andare alla posta; **etw mit der** ~ **schicken** spedire qc per posta **2.** (*Sendung*) posta *f;* **elektronische** ~ posta elettronica; **die** ~ **abholen** ritirare la posta; **die** ~ **aufgeben** spedire la posta; **Postamt** *n* ufficio *m* postale; **Postanweisung** *f* vaglia *m* postale; **Postauto** *n* automobile *f* delle poste; **Postbeamte** *m,* **Postbeamtin** *f* impiegato, -a *m, f* delle poste; **Postbote** *m,* **Postbotin** *f* postino, -a *m, f*
Posten ['pɔstən] <-s, -> *m* **1.** (*Stellung*)

posto *m;* (*Amt*) carica *f* **2.** (MIL: *Wach~*) sentinella *f* **3.** (COM) partita *f*

Poster ['po:stɐ] <-s, -(s)> *n o m* poster *m*

Postfach *n* casella *f* postale

Postitch <-s, -e> *m* (*CH: Hefter*) pinzatrice *f*

Postkarte *f* cartolina *f* (postale); **postlagernd** *adv* fermo posta; **Postleitzahl** *f* codice *m* di avviamento postale

postmodern *adj* postmoderno

Postscheck *m* assegno *m* postale; **Postsendung** *f* spedizione *f* postale; **Postsparkasse** *f* cassa *f* di risparmio postale; **Poststempel** *m* timbro *m* postale; **Postüberweisung** *f* postagiro *m;* **postwendend** ['pɔst'vɛndənt] *adv* a giro di posta; **Postwertzeichen** *n* (ADM) francobollo *m*

potent [po'tɛnt] *adj* potente

Potential *n s.* **Potenzial**

potentiell *adj s.* **potenziell**

Potenz [po'tɛnʦ] <-, -en> *f* potenza *f*

Potenzial[RR] [potɛn'ʦi̯a:l] <-s, -e> *n* potenziale *m*

potenziell[RR] [potɛn'ʦi̯ɛl] *adj* potenziale

potthässlich[RR] ['pɔt'hɛslɪç] *adj* (*fam*) brutto come la peste

Poulet [pu'le:] <-s, -s> *n* (*CH: Hühnchen*) pollo *m*

Power ['paʊɐ] <-> *kein Pl f* (*fam*) grinta *f*

Pracht [praxt] <-> *kein Pl f* flusso *m;* **das ist eine** (**wahre**) **~!** (*fam*) è magnifico!

prächtig ['prɛçtɪç] *adj* **1.** (*prunkvoll*) pomposo **2.** (*großartig*) magnifico

Prachtstück *n* (*fam*) esemplare *m* magnifico; **prachtvoll** *adj s.* **prächtig**

Prädikat [prɛdi'ka:t] <-(e)s, -e> *n* **1.** (*Bewertung*) qualifica *f* **2.** (LING) predicato *m*

Präferenz [prɛfe'rɛnʦ] <-, -en> *f* preferenza *f*

Präfix [prɛ'fɪks] <-es, -e> *n* (LING) prefisso *m*

Prag [pra:k] *n* Praga *f*

prägen ['prɛ:gən] *vt* (*Münzen, Begriffe*) coniare; (*Charakter*) formare

prägnant [prɛ'gnant] *adj* conciso

prahlen ['pra:lən] *vi* (*pej*) (**mit etw**) ~ vantarsi (di qc)

Prahlerei [pra:lə'raɪ] <-, -en> *f* (*pej*) vanteria *f*

prahlerisch *adj* millantatore

Praktik ['praktɪk] <-, -en> *f meist Pl* (*Kniffe*) manovre *fpl*

Praktikant(**in**) [prakti'kant] <-en, -en; -, -nen> *m(f)* tirocinante *mf*

Praktikum ['praktɪkʊm] <-s, Praktika> *n* tirocinio *m*

praktisch *adj* pratico; **~er Arzt** medico generico; **~es Jahr** anno di pratica

praktizieren [prakti'ʦi:rən] <ohne ge-> *vi* praticare; **als Arzt** ~ esercitare la professione di medico

Praline [pra'li:nə] <-, -n> *f,* **Praliné, Pralinee** [prali'ne:] <-s, -s> *n* (*A, CH*) cioccolatino *m*

prall [pral] *adj* (*Segel*) teso; (*Körperteil*) sodo; **in der ~en Sonne** in pieno sole

prallen ['pralən] *vi sein* **gegen etw** [*o* **auf etw** *acc*] ~ urtare contro qc

Prämie ['prɛ:mi̯ə] <-, -n> *f* premio *m;* (*Belohnung*) ricompensa *f*

prämieren [prɛ'mi:rən] <ohne ge-> *vt* premiare

prangen ['praŋən] *vi* **an etw** *dat* ~ spiccare su qc

Pranger ['praŋɐ] <-s, -> *m* berlina *f;* **jdn an den ~ stellen** (*fig*) mettere alla berlina

Pranke ['praŋkə] <-, -n> *f* zampa *f*

Präparat [prɛpa'ra:t] <-(e)s, -e> *n* preparato *m*

präparieren [prɛpa'ri:rən] <ohne ge-> *vt* preparare

Präposition [prɛpozi'ʦi̯o:n] <-, -en> *f* (LING) preposizione *f*

präpotent *adj* (*A*) prepotente

Präsens ['prɛ:zɛns] <-, Präsentia> *n* (LING) presente *m*

Präsentation [prɛzɛnta'ʦi̯o:n] <-, -en> *f* presentazione *f*

präsentieren [prɛzɛn'ti:rən] <ohne ge-> *vt* presentare

Präservativ [prɛzɛrva'ti:f] <-s, -e> *n* preservativo *m*

Präsident(**in**) [prɛzi'dɛnt] <-en, -en; -, -nen> *m(f)* presidente, -essa *m, f*

Präsidentschaft <-, *rar* -en> *f* presidenza *f*

Präsidium [prɛ'zi:diʊm] <-s, Präsidien> *n* presidenza *f*

prasseln ['prasəln] *vi* **1.** *haben* (*Feuer*) crepitare **2.** *sein* (*herunter~*) scrosciare; **an etw** *acc* ~ (*Regen*) battere su qc

Präteritum [prɛ'te:ritʊm] <-s, Präterita> *n* (LING) preterito *m*

Praxis ['praksɪs] <-, Praxen> *f* **1.** *sing*

(*nicht Theorie*) pratica *f;* **etw in die ~ umsetzen** mettere in pratica qc **2.** (*Arzt~, Anwalts~*) studio *m*

Präzedenzfall [prɛtse'dɛntsfal] *m* precedente *m;* **einen ~ schaffen** creare un precedente

präzise [prɛ'tsi:zə] *adj* preciso

Präzision [prɛtsi'zi̯o:n] <-> *kein Pl f* precisione *f*

predigen ['pre:dɪgən] *vt, vi* predicare

Prediger(in) <-s, -; -, -nen> *m(f)* predicatore, -trice *m, f*

Predigt <-, -en> *f* predica *f;* **eine ~ halten** fare una predica

Preis [praɪs] <-es, -e> *m* prezzo *m;* **der ~ für etw** il prezzo per qc; **zum halben ~** a metà prezzo; **zum ~ von ...** al prezzo di ...; **um jeden ~** a ogni costo; **um keinen ~** a nessun costo; **Preisanstieg** *m* rialzo *m* dei prezzi; **Preisausschreiben** *n* concorso *m* a premi

Preiselbeere ['praɪzəlbe:rə] *f* mirtillo *m* rosso

preisen ['praɪzən] <preist, pries, gepriesen> *vt* (*geh*) lodare

Preiserhöhung *f* aumento *m* di prezzo

preis|geben <irr> *vt* (*geh*) abbandonare; (*verraten*) rivelare

preisgekrönt *adj* premiato; **Preisgericht** *n* giuria *f;* **preisgünstig** *adj* conveniente; **Preislage** *f* prezzo *m;* **in jeder ~** ad ogni prezzo; **Preis-Leistungs-Verhältnis** *n* rapporto *m* qualità-prezzo; **Preisnachlass**[RR] *m* sconto *m;* **Preisrichter(in)** *m(f)* membro *m* della giuria; **Preisschild** *n* cartellino *m* del prezzo; **Preisschwankungen** *fpl* oscillazioni *fpl* dei prezzi; **Preissenkung** *f* calo *m* dei prezzi; **Preisträger(in)** *m(f)* premiato, -a *m, f;* **Preisverleihung** *f* premiazione *f;* **preiswert** *adj* a buon mercato

prellen ['prɛlən] *vt* **1.** (*betrügen*) **jdn** (**um etw**) **~** defraudare qu (di qc) **2.** (MED) farsi un livido

Prellung <-, -en> *f* contusione *f*

Premiere [prə'mi̯e:rə] <-, -n> *f* prima *f*

Premierminister(in) *m(f)* primo ministro *m*

Presse ['prɛsə] <-, -n> *f* **1.** (TEC) pressa *f* **2.** *sing* (*~wesen*) stampa *f;* **Presseagentur** *f* agenzia *f* di stampa; **Pressechef(in)** *m(f)* capo *m* dell'ufficio stampa; **Presseerklärung** *f* comunicato *m* stampa; **Pressefreiheit** *f* libertà *f* di stampa; **Pressekonferenz** *f* conferenza *f* stampa; **Pressemeldung** *f* comunicato *m* stampa

pressen ['prɛsən] *vt* pressare; (*zusammen~*) comprimere; (*aus~*) spremere; (*drücken*) premere

Pressesprecher(in) *m(f)* addetto, -a *m, f* stampa

pressieren [prɛ'si:rən] <ohne ge-> *vi* (*südd, A, CH*) essere urgente; **das pressiert nicht** non c'è premura

Pressluftbohrer[RR] *m* perforatore *m* pneumatico; **Presslufthammer**[RR] *m* martello *m* pneumatico

Prestige [prɛs'ti:ʒ(ə)] <-s> *kein Pl n* prestigio *m*

Preußen ['prɔɪsən] *n* Prussia *f*

prickeln ['prɪkəln] *vi* (*Getränk*) frizzare; **prickelnd** *adj* frizzante; (*fig*) eccitante

pries [pri:s] *1. u 3. pers sing imp von* **preisen**

Priester(in) ['pri:stɐ] <-s, -; -, -nen> *m(f)* prete *m*

prima ['pri:ma] <inv> *adj* (*fam*) ottimo

Prima <-, Primen> *f* (*A*) prima classe *f* del ginnasio

primär [pri'mɛ:ɐ̯] *adj* primario

Primaria <-, -e> *f,* **Primarius** <-, -ien> *m* (*A: Chefarzt*) primario *m*

Primarlehrer(in) *m(f)* (*CH*) maestro, -a *m, f* di scuola elementare; **Primarschule** *f* (*CH: Grundschule*) scuola *f* elementare

> In Svizzera tutti i bambini a partire dai 6 anni d'età frequentano la **Primarschule**, che è obbligatoria e gratuita. Essa rappresenta la prima parte della frequenza scolastica obbligatoria e dura, a seconda del cantone, da 4 a 6 anni.

Primel ['pri:məl] <-, -n> *f* primula *f*

primitiv [primi'ti:f] *adj* primitivo

Prinz [prɪnts] <-en, -en> *m,* **Prinzessin** <-, -nen> *f* principe *m,* principessa *f*

Prinzip [prɪn'tsi:p] <-s, Prinzipien> *n* principio *m;* **ein Mensch mit ~ien** un uomo di principio; **aus ~** per principio; **im ~** in linea di massima

prinzipiell [prɪntsi'pi̯ɛl] **I.** *adj* di principio **II.** *adv* per principio

Priorität [priori'tɛ:t] <-, -en> *f* priorità *f;*

~**en setzen** stabilire delle priorità

Prise ['pri:zə] <-, -n> *f* pizzico *m;* **eine ~ Salz** un pizzico di sale

Prisma ['prɪsma] <-s, Prismen> *n* prisma *m*

privat [pri'va:t] *adj* privato; **Privatangelegenheit** *f* faccenda *f* privata; **Privatbesitz** *m* proprietà *f* privata; **Privatdetektiv(in)** *m(f)* investigatore, -trice *m, f* privato, -a; **Privateigentum** *n* proprietà *f* privata; **Privatfernsehen** *n* televisione *f* privata

privatisieren [privati'zi:rən] *vt* privatizzare; **Privatisierung** <-, -en> *f* privatizzazione *f*

Privatleben *n* vita *f* privata; **Privatlehrer(in)** *m(f)* insegnante *mf* privato, -a; **Privatpatient(in)** *m(f)* paziente *mf* privato, -a; **Privatsache** *f* faccenda *f* privata; **Privatschule** *f* scuola *f* privata; **Privatsphäre** *f* privacy *f;* **Privatvermögen** *n* patrimonio *m* privato

Privileg [privi'le:k] <-(e)s, -ien> *n* privilegio *m*

pro [pro:] *prp +acc* a, per; **das Pro und (das) Kontra** il pro e il contro; **~ Kopf** a testa; **~ Person** a persona

Probe ['pro:bə] <-, -n> *f* **1.** (*Versuch,* THEAT, MUS) prova *f;* **auf ~** in prova; **jdn auf die ~ stellen** mettere alla prova qu **2.** (*Waren~, Muster*) campione *m;* **Probealarm** *m* allarme *m* di prova; **Probefahrt** *f* (AUTO) prova *f* su strada

proben *vt, vi* provare

probeweise *adv* in prova; **Probezeit** *f* periodo *m* di prova

probieren [pro'bi:rən] <ohne ge-> *vt* **1.** (*versuchen*) provare **2.** (*kosten*) assaggiare

Problem [pro'ble:m] <-s, -e> *n* problema *m;* **das ist nicht mein ~** (*fam*) ciò non è affar mio; **kein ~!** (*fam*) non c'è problema!; **Problemabfälle** *mpl* rifiuti *mpl* tossici

Problematik [proble'ma:tɪk] <-> *kein Pl f* problematica *f*

problematisch *adj* problematico

problemlos *adj o adv* senza problemi

Produkt [pro'dʊkt] <-(e)s, -e> *n* prodotto *m*

Produktion [prodʊk'tsi̯o:n] <-, -en> *f* produzione *f;* **Produktionskosten** *pl* costi *mpl* di produzione; **Produktionsmittel** *npl* mezzi *mpl* di produzione

produktiv [prodʊk'ti:f] *adj* produttivo

Produktivität [prodʊktivi'tɛ:t] <-> *kein Pl f* produttività *f*

Produktmanager(in) *m(f)* product manager *mf*

Produzent(in) [produ'tsɛnt] <-en, -en; -, -nen> *m(f)* produttore, -trice *m, f*

produzieren [produ'tsi:rən] <ohne ge-> **I.** *vt* produrre **II.** *vr* **sich ~** (*fam pej*) prodursi

professionell [profɛsi̯o'nɛl] *adj* professionale

Professor(in) [pro'fɛso:ɐ̯] <-s, -en; -, -nen> *m(f)* professore, -essa *m, f* (universitario, -a)

Profi ['pro:fi] <-s, -s> *m* (*fam*) professionista *mf*

Profil [pro'fi:l] <-s, -e> *n* profilo *m;* **im ~** di profilo

profilieren [profi'li:rən] <ohne ge-> *vr* **sich ~** profilarsi

Profit [pro'fi:t] <-(e)s, -e> *m* profitto *m;* **aus etw ~ schlagen** trarre profitto da qc

profitabel [profi'ta:bəl] *adj* proficuo

profitieren [profi'ti:rən] <ohne ge-> *vi* profittare; **von jdm/etw ~** trarre profitto da qu/qc

Prognose [pro'gno:zə] <-, -n> *f* prognosi *f*

Programm [pro'gram] <-s, -e> *n* programma *m;* **auf dem ~ stehen** essere in programma; **Programmänderung** *f* modifica *f* del programma; **programmgemäß** *adj o adv* secondo il programma; **Programmhinweis** *m* informazione *f* sui programmi

programmieren [progra'mi:rən] <ohne ge-> *vt* programmare

Programmierer(in) <-s, -; -, -nen> *m(f)* (INFORM) programmatore, -trice *m, f*

Programmiersprache *f* (INFORM) linguaggio *m* di programmazione

Programmierung <-, -en> *f* (INFORM) programmazione *f*

Programmsteuerung *f* (INFORM) comando *m* a programma; **Programmvorschau** *f* rassegna *f* dei programmi; **Programmzeitschrift** *f* rivista *f* dei programmi radiotelevisivi

progressiv [progrɛ'si:f] *adj* progressivo

Projekt [pro'jɛkt] <-(e)s, -e> *n* progetto *m*

Projektion [projɛk'tsi̯o:n] <-, -en> *f* proiezione *f*

Projektleiter(in) *m(f)* capocommissione *mf*

Projektor [pro'jɛktoːɐ̯] <-s, -en> *m* proiettore *m*

projizieren [proji'tsiːrən] <ohne ge-> *vt* **etw (auf jdn/etw)** ~ proiettare qc (su qu/qc)

Proklamation [proklama'tsi̯oːn] <-, -en> *f* proclamazione *f*

proklamieren [prokla'miːrən] <ohne ge-> *vt* proclamare

Pro-Kopf-Einkommen *n* reddito *m* pro capite

Prokurist(in) [proku'rɪst] <-en, -en; -, -nen> *m(f)* procuratore, -trice *m, f*

Prolet [pro'leːt] <-en, -en> *m* (*pej*) zotico *m*

Proletariat [proletari'aːt] <-s, -e> *n* proletariato *m*

Proletarier(in) [prole'taːriɐ] <-s, -; -, -nen> *m(f)* proletario, -a *m, f*

Promenade [promə'naːdə] <-, -n> *f* passeggiata *f*

Promi ['prɔmi] <-s, -s> *m* (*fam*) vip *mf*

Promille [pro'mɪlə] <-(s), -> *n* per mille *m;* **Promillegrenze** *f* limite *m* del tasso alcolemico

prominent [promi'nɛnt] *adj* celebre

Prominenz [promi'nɛnts] <-> *kein Pl f* personalità *fpl*

Promotion [promo'tsi̯oːn] <-, -en> *f* dottorato *m* di ricerca

> Il titolo di "Doktor" (Dr.) si consegue in Germania attraverso la **Promotion** che comporta la stesura di una "Dissertation", una tesi, e il superamento di un esame finale detto "Rigorosum". Di norma alla Promotion sono ammessi coloro che hanno completato, superando una prova finale, il regolare corso di studi universitari.

promovieren [promo'viːrən] <ohne ge-> *vi* **1.** (*die Doktorwürde erlangen*) dottorarsi; **er ist promovierter Betriebswirt** è dottorato in economia aziendale **2.** (*Dissertation schreiben*) (**über etw** *acc*) ~ scrivere la tesi di dottorato (su qc)

prompt [prɔmpt] **I.** *adj* pronto **II.** *adv* subito

Pronomen [pro'noːmən] <-s, -> *n* (LING) pronome *m*

Propaganda [propa'ganda] <-> *kein Pl f* propaganda *f;* ~ **machen** fare propaganda

Propeller [pro'pɛlɐ] <-s, -> *m* elica *f*

Prophet(in) [pro'feːt] <-en, -en; -, -nen> *m(f)* profeta, -tessa *m, f*

prophezeien [profe'tsaɪən] <ohne ge-> *vt* profetizzare

Prophezeiung <-, -en> *f* profezia *f*

Proportion [propɔr'tsi̯oːn] *f* proporzione *f*

proportional [propɔrtsi̯o'naːl] *adj* proporzionale

proportioniert *adj* proporzionato

Proporz [pro'pɔrts] <-es> *kein Pl m* (*A, CH*) sistema *m* proporzionale

Prosa ['proːza] <-> *kein Pl f* prosa *f*

Prospekt [pro'spɛkt] <-(e)s, -e> *m* prospetto *m*

prost [proːst] *int* (alla) salute; ~ **Neujahr!** buon anno!; **prost Mahlzeit!** (*fam*) bell'affare!

Prostata ['prɔstata] <-, Prostatae> *f* prostata *f*

prostituieren [prostitu'iːrən] <ohne ge-> *vr* **sich** ~ prostituirsi

Prostituierte <-n, -n> *f* prostituta *f*

Prostitution [prostitu'tsi̯oːn] <-> *kein Pl f* prostituzione *f*

Protein [prote'iːn] <-s, -e> *n* proteina *f*

Protektionismus [protɛktsi̯o'nɪsmʊs] <-> *kein Pl m* protezionismo *m*

Protest [pro'tɛst] <-(e)s, -e> *m* protesta *f;* **aus** ~ per protesta; **unter** ~ protestando

Protestant(in) [protɛs'tant] <-en, -en; -, -nen> *m(f)* protestante *mf*

protestantisch *adj* protestante

Protestbewegung *f* movimento *m* di protesta

protestieren [protɛs'tiːrən] <ohne ge-> *vi, vt* (**gegen jdn/etw**) ~ protestare (contro qu/qc)

Protestkundgebung *f* manifestazione *f* di protesta; **Protestwähler(in)** *m(f)* elettore, -trice *m, f* estremista per protesta

Prothese [pro'teːzə] <-, -n> *f* protesi *f*

Protokoll [proto'kɔl] <-s, -e> *n* verbale *m;* ~ **führen** fare il verbale; **etw zu** ~ **geben** far mettere a verbale qc; **etw zu** ~ **nehmen** mettere qc a verbale

protokollarisch [protokɔ'laːrɪʃ] *adj* protocollare

Protokollführer(in) *m(f)* protocollista *mf*

protokollieren [protokɔ'liːrən] <ohne

ge-> *vt* verbalizzare
Prototyp [pro:to'ty:p] *m* prototipo *m*
protzen ['prɔtsən] *vi* (*fam pej*) **mit etw** ~ fare sfoggio di qc
protzig *adj fam, pej* **1.** (*Person*) borioso **2.** (*Auto, Kleidung*) vistoso
Proviant [provi'ant] <-s, *rar* -e> *m* provviste *fpl* (di cibo)
Provider <-s, -> *m* (INFORM) provider *m*
Provinz [pro'vɪnts] <-, -en> *f* provincia *f*
provinziell [provɪn'ts̯iɛl] *adj* provinciale
Provinzstadt *f* città *f* di provincia
Provision [provi'zi̯o:n] <-, -en> *f* (COM) provvigione *f*; **auf** ~ a provvigione
provisorisch [provi'zo:rɪʃ] *adj* provvisorio
Provokation [provoka'tsi̯o:n] <-, -en> *f* provocazione *f*
provozieren [provo'tsi:rən] <ohne ge-> *vt* provocare
Prozedur [protse'du:ɐ̯] <-, -en> *f* procedura *f*
Prozent [pro'tsɛnt] <-(e)s, -e> *n* percento *m*; **in** ~**en** in percentuale; **50** ~ **der Bevölkerung** il 50 percento della popolazione; **Prozentsatz** *m* percentuale *f*
prozentual [protsɛntu'a:l] *adj* percentuale
Prozess[RR] [pro'tsɛs] <-es, -se> *m*, **Prozeß** <-zesses, -zesse> *m* **1.** (JUR) processo *m*; **einen** ~ **gegen jdn führen** fare un processo contro qu; **kurzen** ~ **machen** (*fam*) tagliar corto **2.** (*Vorgang*) processo *m*
prozessieren [protsɛ'si:rən] <ohne ge-> *vi* **gegen jdn** ~ fare un processo a qu
Prozession [protsɛ'si̯o:n] <-, -en> *f* processione *f*
Prozessor [pro'tsɛso:ɐ̯] <-s, -en> *m* (INFORM) processore *m*
prüde ['pry:də] *adj* (*pej*) prude
prüfen ['pry:fən] *vt* esaminare; (*testen*) collaudare; (*über~*) controllare; **ein** ~**der Blick** uno sguardo indagatore; **eine staatlich geprüfte Dolmetscherin** un'interprete giurata
Prüfer(in) <-s, -; -, -nen> *m(f)* esaminatore, -trice *m, f*
Prüfling ['pry:flɪŋ] <-s, -e> *m* esaminando, -a *m, f*
Prüfstand *m* banco *m* di prova
Prüfung <-, -en> *f* **1.** (*Schul~*) esame *m*; (*Über~*) controllo *m*; (*Test*) collaudo *m*; **eine** ~ **ablegen** [*o* **machen**] sostenere un esame; **eine** ~ **bestehen** passare l'esame; **in einer** ~ **durchfallen** essere bocciato a un esame; **mündliche** ~ esame orale; **schriftliche** ~ esame scritto **2.** (*Heimsuchung*) prova *f*; **Prüfungsangst** *f* paura *f* degli esami; **Prüfungsausschuss**[RR] *m*, **Prüfungskommission** *f* commissione *f* d'esame
Prügel ['pry:gəl] *mpl* (*fam: Schläge*) bastonate *fpl*; **eine Tracht** ~ **bekommen** (*fam*) ricevere un sacco di legnate
Prügelei [pry:gə'laɪ] <-, -en> *f* rissa *f*
Prügelknabe *m* (*fam*) capro *m* espiatorio
prügeln **I.** *vt* picchiare **II.** *vr* **sich** ~ picchiarsi; **sich mit jdm** (**um etw**) ~ darsele con qu (per qc) *fam*
Prügelstrafe *f* pena *f* corporale
Prunk [prʊŋk] <-(e)s> *kein Pl m* fasto *m*; **Prunkstück** *n* gioiello *m*; **prunkvoll** *adj* sfarzoso
PS *abk v* **Pferdestärke** C.V.
Psalm [psalm] <-s, -en> *m* salmo *m*
Pseudonym <-s, -e> *n* pseudonimo *m*
Psyche ['psy:çə] <-, -n> *f* psiche *f*
Psychiater(in) [psy'çi̯a:tɐ] <-s, -; -, -nen> *m(f)* psichiatra *mf*
Psychiatrie[1] [psyçi̯a'tri:] <-> *kein Pl f* (*Gebiet der Medizin*) psichiatria *f*
Psychiatrie[2] <-, -n> *f* (*sl: psychiatrische Abteilung*) reparto *m* psichiatrico
psychiatrisch [psy'çi̯a:trɪʃ] *adj* (MED) psichiatrico; **in** ~**er Behandlung sein** essere in cura psichiatrica
psychisch ['psy:çɪʃ] *adj* psichico
Psychoanalyse [psyçoʔana'ly:zə] *f* psicanalisi *f*
Psychologe [psyço'lo:gə] <-n, -n> *m* psicologo *m*
Psychologie [psyçolo'gi:] <-> *kein Pl f* psicologia *f*
Psychologin [psyço'lo:gɪn] <-, -nen> *f* psicologa *f*; *s. a.* **Psychologe**
psychologisch [psyço'lo:gɪʃ] *adj* psicologico
Psychopath(in) [psyço'pa:t] <-en, -en; -, -nen> *m(f)* psicopatico, -a *m, f*; **psychopathisch** *adj* psicopatico; **Psychopharmaka** [psyço'farmaka] *npl* psicofarmaci *mpl*; **psychosomatisch** [psyçozo'ma:tɪʃ] *adj* psicosomatico; **Psychoterror** *m* terrorismo *m* psicologico; **Psychotherapeut(in)** *m(f)* psicoterapeuta *mf*; **Psychotherapie** *f* psicoterapia *f*
PTA [pe:te:'ʔa:] <-, -s> *f abk v* **pharmazeutisch-technische Asisstentin** assisten-

P

te *mf* farmaceutico, -a

PTT [pe:te:'te:] *f* (*CH*) *poste, telefoni e telegrafi svizzeri*

Pubertät [pubɛr'tɛ:t] <-> *kein Pl f* pubertà *f*

Publicity [pʌ'blɪsətɪ] <-> *kein Pl f* pubblicità *f*

Public Relations ['pʌblɪk rɪ'leɪʃənz] *pl,* **Publicrelations**[RR] *pl* pubbliche relazioni *fpl*

publik [pu'bli:k] *adj* pubblico; **etw ~ machen** rendere pubblico qc; **~ werden** diventare di pubblico dominio

Publikum ['pu:blikʊm] <-s> *kein Pl n* pubblico *m;* **Publikumserfolg** *m* (*Film*) film *m* di cassetta; **Publikumsliebling** *m* beniamino, -a *m, f* del pubblico; **publikumswirksam** *adj* che fa presa sul pubblico

Pudding ['pʊdɪŋ] <-s, -e> *m* budino *m*

Pudel ['pu:dəl] <-s, -> *m* barboncino *m;* **wie ein begossener ~ dastehen** (*fam*) starsene lì come un cane bastonato; **Pudelmütze** *f* berretto *m* di lana; **pudelnackt** *adj* (*fam*) nudo come un verme; **pudelnass**[RR] *adj* (*fam*) bagnato come un pulcino; **pudelwohl** *adj* (*fam*) **sich ~ fühlen** sentirsi magnificamente bene

Puder ['pu:dɐ] <-s, -> *m* cipria *f;* **Puderdose** *f* portacipria *m*

pudern I. *vt* incipriare **II.** *vr* **sich ~** incipriarsi

Puderzucker *m* zucchero *m* a velo

Puff [pʊf] <-s, -s> *m o n* (*fam: Bordell*) bordello *m*

Puffer <-s, -> *m* respingente *m*

Pulli ['pʊli] <-s, -s> *m* (*fam*), **Pullover** [pʊ'lo:vɐ] <-s, -> *m* pullover *m*

Pullunder [pʊ'lʊndɐ] <-s, -> *m* pull *m* senza maniche

Puls [pʊls] <-es, -e> *m* polso *m;* **jdm den ~ fühlen** tastare il polso a qu; **Pulsader** *f* arteria *f* radiale; **sich** *dat* **die ~n aufschneiden** tagliarsi le vene

pulsieren [pʊl'zi:rən] <ohne ge-> *vi* pulsare

Pulsschlag *m* pulsazione *f*

Pult [pʊlt] <-(e)s, -e> *n* scrivania *f;* (*in Schule*) cattedra *f*

Pulver ['pʊlvɐ] <-s, -> *n* polvere *f*

pulv(e)rig *adj* polveroso

Pulverkaffee *m* caffè *m* solubile; **Pulverschnee** *m* neve *f* farinosa

pulvrig *adj s.* **pulv(e)rig**

Puma ['pu:ma] <-s, -s> *m* puma *m*

pummelig ['pʊməlɪç] *adj* (*fam*) grassoccio

Pumpe ['pʊmpə] <-, -n> *f* pompa *f*

pumpen *vt* **1.** (*Wasser*) pompare **2.** (*fam: ausleihen*) battere cassa; **sich** *dat* **Geld von jdm ~** battere cassa da qu

Punk [paŋk] <-(s), -s> *m* **1.** *sing* (*Musik*) musica *f* punk **2.** (*Mensch*) punk *mf*

Punker(in) <-s, -; -, -nen> *m(f)* punk *mf*

Punkt [pʊŋkt] <-(e)s, -e> *m* punto *m;* **um ~ 12 Uhr** a mezzogiorno in punto; **~ für ~** punto per punto; **in diesem ~** a questo riguardo; **nach ~en siegen** vincere ai punti; **nun mach aber mal 'nen ~!** (*fam*) ora però basta!; **auf den ~ kommen** venire al dunque

> Il **grüner Punkt** (punto verde) contrassegna materiale da imballaggio (scatole di cartone, lattine, bottiglie, vasetti di jogurt) che viene raccolto, smistato e riciclato, evitando in questo modo montagne di spazzatura.

punktgleich *adj* (SPORT) a pari merito

pünktlich ['pʏŋktlɪç] *adj* puntuale; **Pünktlichkeit** <-> *kein Pl f* puntualità *f*

Punktrichter(in) *m(f)* giudice *mf* di gara; **Punktsieger(in)** *m(f)* vincitore, -trice *m, f* ai punti

Punsch [pʊnʃ] <-(e)s, -e> *m* ponce *m*

Pupille [pu'pɪlə] <-, -n> *f* pupilla *f*

Puppe ['pʊpə] <-, -n> *f* **1.** (*Kinderspielzeug*) bambola *f* **2.** (ZOO) crisalide *f;* **Puppenhaus** *n* casa *f* delle bambole; **Puppenspieler(in)** *m(f)* burattinaio, -a *m, f;* **Puppentheater** *n* teatro *m* di burattini; **Puppenwagen** *m* carrozzina *f* delle bambole

pur [pu:ɐ̯] *adj* puro; **Whisky ~** whisky liscio; **~er Zufall** puro caso

Püree [py're:] <-s, -s> *n* purè *m*

pürieren [py'ri:rən] <ohne ge-> *vt* passare

Purzelbaum *m* (*fam*) capriola *f;* **einen ~ schlagen** fare una capriola

purzeln ['pʊrtsəln] *vi sein* fare un capitombolo; (*herunter~*) ruzzolare

puschen[RR] ['pʊʃən] *vt,* **pushen** *vt* (*sl*) promuovere; **ein neues Produkt auf den**

Markt ~ lanciare un nuovo prodotto sul mercato

Puste ['pu:stə] <-> *kein Pl f* (*fam*) fiato *m;* **außer ~ sein** essere senza fiato

Pustel ['pʊstəl] <-, -n> *f* pustola *f*

pusten ['pu:stən] *vi* **1.** (*blasen*) soffiare **2.** (*keuchen*) ansimare

Pute ['pu:tə] <-, -n> *f* tacchina *f;* (*fig fam*) oca *f*

Puter ['pu:tɐ] <-s, -> *m* tacchino *m*

Putsch [pʊtʃ] <-(e)s, -e> *m* golpe *m*

putschen *vi* fare un colpo di stato

Putschist(in) [pʊ'tʃɪst] <-en, -en; -, -nen> *m(f)* golpista *mf*

Putz [pʊts] <-es> *kein Pl m* intonaco *m;* **auf den ~ hauen** (*fam*) essere sfrenato

putzen ['pʊtsən] *vt* pulire; (*polieren*) lucidare; (*Schuhe*) lustrare; **sich** *dat* **die Nase ~** soffiarsi il naso; **sich** *dat* **die Zähne ~** lavarsi i denti

Putzfimmel *m* (*fam pej*) mania *f* della pulizia; **Putzfrau** *f* donna *f* delle pulizie

putzig ['pʊtsɪç] *adj* (*fam*) carino

Putzlappen *m* strofinaccio *m;* **Putzmittel** *n* detersivo *m*

putzmunter *adj* (*fam*) vispo

puzzeln ['pazəln] *vi* fare un puzzle

Puzzle ['pazəl] <-s, -s> *n,* **Puzzlespiel** *n* puzzle *m*

PVC [pe:faʊ'tse:] <-(s)> *kein Pl n abk v* **Polyvinylchlorid** PVC

Pyjama [py'(d)ʒa:ma] <-s, -s> *m* pigiama *m*

Pyramide [pyra'mi:də] <-, -n> *f* piramide *f*

Pyrenäen [pyre'nɛ:ən] *pl* Pirenei *mpl*

Python ['py:tɔn] <-s, -s> *m,* **Pythonschlange** *f* pitone *m*

Q

Q, q [ku:] <-, -(s)> *n* Q, q *f;* **Q wie Quelle** Q come quarto

Quacksalber(in) ['kvakzalbɐ] <-s, -; -, -nen> *m(f)* (*pej*) ciarlatano, -a *m, f*

Quader ['kva:dɐ] <-s, -> *m* **1.** (ARCH) quadrone *m* **2.** (MAT) parallelepipedo *m*

Quadrat [kva'dra:t] <-(e)s, -e> *n* quadrato *m*

quadratisch *adj* quadrato

Quadratmeter *m o n* metro *m* quadrato

quaken ['kva:kən] *vi* (*Ente*) schiamazzare; (*Frosch*) gracidare

Qual [kva:l] <-, -en> *f* tormento *m;* **die ~ der Wahl** (*scherz*) l'imbarazzo della scelta

quälen ['kvɛ:lən] **I.** *vt* **1.** (*seelisch*) tormentare **2.** (*lästig fallen*) seccare *fam* **II.** *vr* **sich ~ 1.** (*seelisch*) tormentarsi **2.** (*sich abmühen*) affaticarsi

Quälerei [kvɛlə'raɪ] <-, -en> *f* tormento *m*

Quälgeist *m* (*fam*) scocciatore, -trice *m, f*

Qualifikation [kvalifika'tsi̯o:n] <-, -en> *f* qualificazione *f;* (*Eignung*) qualifica *f*

qualifizieren [kvalifi'tsi:rən] <ohne ge-> **I.** *vt* qualificare; **qualifizierter Arbeiter** operaio qualificato **II.** *vr* **sich ~** qualificarsi

Qualität [kvali'tɛ:t] <-, -en> *f* qualità *f;* **der Stoff ist von schlechter ~** la stoffa è di qualità scadente

qualitativ [kvalita'ti:f] *adj* qualitativo

Qualitätsarbeit *f* lavoro *m* di qualità; **Qualitätserzeugnis** *n* prodotto *m* di qualità; **Qualitätskontrolle** *f* controllo *m* della qualità; **Qualitätsware** *f* merce *f* di prima qualità

Qualle ['kvalə] <-, -n> *f* medusa *f*

Qualm [kvalm] <-(e)s> *kein Pl m* fumo *m* denso

qualmen *vi* **1.** (*Qualm verbreiten*) fumare **2.** (*fam pej: rauchen*) fumare (come un turco)

qualvoll *adj* straziante

Quanten ['kvantən] *pl von* **Quantum**

Quantentheorie *f* (PHYS) teoria *f* dei quanti

Quantität [kvanti'tɛ:t] <-, -en> *f* quantità *f*

quantitativ [kvantita'ti:f] *adj* quantitativo

Quantum ['kvantʊm] <-s, Quanten> *n* (*Menge*) dose *f;* (*Anteil*) parte *f*

Quarantäne [karan'tɛ:nə] <-, -n> *f* quarantena *f;* **unter ~ stellen** mettere in quarantena

Quark [kvark] <-s> *kein Pl m* **1.** (GASTR) *formaggio tipo ricotta* **2.** (*fam pej: Unsinn*) sciocchezze *fpl*

Quarta ['kvarta] <-, Quarten> *f* (*A*) quarta classe *f* ginnasiale

Quartal [kvar'ta:l] <-s, -e> *n* trimestre *m*

Quarten *pl von* **Quarta**

Quartett [kvar'tɛt] <-(e)s, -e> *n* (MUS) quartetto *m*

Quartier [kvar'ti:ɐ̯] <-s, -e> *n* (*Unterkunft*) alloggio *m;* (MIL) acquartieramento *m;* **ein ~ beziehen** alloggiare

Quarz [kva:ɐ̯ts] <-es, -e> *m* quarzo *m;* **Quarzuhr** *f* orologio *m* al quarzo

quasi ['kva:zi] *adv* per così dire

quasseln ['kvasəln] *vi* (*fam*) blaterare

Quatsch <-(e)s> *kein Pl m* (*fam pej*) sciocchezze *fpl;* **mach keinen ~!** non fare stupidaggini!; **red' doch nicht so einen ~!** non dire sciocchezze!

quatschen *vi* (*fam*) cianciare

Quatschkopf *m* (*fam pej*) ciancione, -a *m, f*

Quecksilber ['kvɛkzɪlbɐ] *n* mercurio *m;* **Quecksilberthermometer** *n* termometro *m* a mercurio; **Quecksilbervergiftung** *f* mercurialismo *m*

Quelle ['kvɛlə] <-, -n> *f* sorgente *f;* (*fig*) fonte *f;* **aus zuverlässiger ~** da fonte sicura; **an der ~ sitzen** (*fam*) avere una buona fonte di rifornimento

quellen ['kvɛlən] <quillt, quoll, gequollen> *vi sein* **1.** (*heraus~*) sgorgare **2.** (*anschwellen*) gonfiarsi

Quellenangabe *f* indicazione *f* delle fonti; **Quellensteuer** *f* ritenuta *f* alla fonte sugli interessi bancari

Quellwasser <-s> *kein Pl n* acqua *f* sorgiva

quengelig *adj* (*fam*) piagnucoloso

quengeln ['kvɛŋəln] *vi* (*fam*) piagnucolare

quer [kve:ɐ̯] *adv* di traverso; **~ durch** [*o* **über**] attraverso; **sich ~ legen** (*fig fam*) opporsi; **Querachse** *f* asse *m* trasversale; **Querbalken** *m* traversa *f;* **querbeet** *adv* (*fam*) a casaccio

Quere ['kve:rə] <-> *kein Pl f* **jdm in die ~ kommen** (*fam*) ostacolare qu

querfeldein *adv* attraverso i campi

Querflöte *f* flauto *m* traverso; **Querkopf** *m* (*fam pej*) bastian *m* contrario; **quer|legen** *vr s.* **quer**; **Querschläger** *m* colpo *m* di rimbalzo; **Querschnitt** *m* sezione *f* trasversale; **querschnitt(s)gelähmt** *adj* paraplegico; **Querschnitt(s)gelähmte** *mf* paraplegico, -a *m, f;* **Querstraße** *f* traversa *f*

Querulant(in) [kveru'lant] <-en, -en; -, -nen> *m(f)* (*pej*) brontolone, -a *m, f fam*

Querverbindung *f* collegamento *m* diretto; **Querverweis** *m* rinvio *m*

quetschen ['kvɛtʃən] *vt* **1.** (*drücken, verletzen*) schiacciare; **sich** *dat* **den Finger ~** schiacciarsi il dito **2.** (*in etw hineinzwängen*) stipare

Quetschung <-, -en> *f,* **Quetschwunde** *f* contusione *f*

Quickie ['kwɪki] <-, -s> *m* (*sl*) sveltina *f*

quicklebendig *adj* vivacissimo

quieken ['kvi:kən] *vi* squittire

quietschen ['kvi:tʃən] *vi* **1.** (*Tür*) cigolare **2.** (*fam: Mensch*) strillare

quillt [kvɪlt] *3. pers sing pr von* **quellen**

Quinta ['kvɪnta] <-, Quinten> *f* (*A*) quinta classe *f* ginnasiale

Quintessenz ['kvɪntɛsɛnts] *f* quintessenza *f*

Quintett <-(e)s, -e> *n* (MUS) quintetto *m*

Quirl [kvɪrl] <-(e)s, -e> *m* frullino *m*

quirlen *vt* frullare

quirlig *adj* vivace

quitt [kvɪt] *adj* (*fam*) (**mit jdm**) **~ sein** essere pari (con qu)

Quitte ['kvɪtə] <-, -n> *f* cotogna *f*

quittieren [kvɪ'ti:rən] <ohne ge-> *vt* quietanzare; (*Rechnung*) saldare

Quittung ['kvɪtʊŋ] <-, -en> *f* ricevuta *f;* **eine ~ ausstellen** rilasciare una ricevuta; **gegen ~** dietro ricevuta

Quiz [kvɪs] <-, -> *n* quiz *m;* **Quizmaster** ['kvɪsma:stɐ] <-s, -> *m* presentatore, -trice *m, f* di un gioco a quiz

quoll [kvɔl] *1. u 3. pers sing imp von* **quellen**

Quote ['kvo:tə] <-, -n> *f* quota *f;* **Quotenregelung** *f normativa per la percentuale di rappresentanza femminile in carichi politici, amministrativi etc*

Quotient [kvo'tsi̯ɛnt] <-en, -en> *m* (MAT) quoziente *m*

R

R, r [ɛr] <-, -(s)> *n* R, r *f;* **R wie Richard** R come Roma

Rabatt [ra'bat] <-(e)s, -e> *m* sconto *m;* (**einen**) ~ **auf etw** *acc* **geben** fare uno sconto su qc; **mit 10 %** ~ con uno sconto del 10 %

Rabe ['ra:bə] <-n, -n> *m* corvo *m;* **Rabenmutter** *f* (*pej*) madre *f* snaturata; **rabenschwarz** *adj* corvino

rabiat [rabi'a:t] *adj* furioso

Rache ['raxə] <-> *kein Pl f* vendetta *f;* (**an jdm für etw**) ~ **nehmen** vendicarsi (di qc su qu); **aus** ~ per vendetta; **Racheakt** *m* atto *m* di vendetta

Rachen ['raxən] <-s, -> *m* faringe *f*

rächen ['rɛçən] **I.** *vt* vendicare **II.** *vr* **sich** ~ vendicarsi; **sich an jdm für etw** ~ vendicarsi su qu per qc

Rächer(in) <-s, -; -, -nen> *m(f)* vendicatore, -trice *m, f*

Rachitis [ra'xi:tɪs] <-, Rachitiden> *f* (MED) rachitismo *m*

Rachsucht *f* sete *f* di vendetta; **rachsüchtig** *adj* avido di vendetta

Rad [ra:t] <-(e)s, Räder> *n* **1.** (TEC, SPORT) ruota *f;* **ein** ~ **schlagen** (SPORT) fare una ruota; **das fünfte** ~ **am Wagen sein** (*fam*) essere la quinta ruota del carro **2.** (*Fahr~*) bicicletta *f;* ~ **fahren** andare in bicicletta

Radar [ra'da:ɐ̯] <-s, -e> *m o n* radar *m;* **Radarfalle** *f* (*fam*), **Radarkontrolle** *f* (AUTO) controllo *m* radar

Radau [ra'daʊ] <-s> *kein Pl m* (*fam*) baccano *m*

radebrechen ['ra:dəbrɛçən] *vt, vi* (**in**) **Deutsch** ~ masticare male il tedesco

radeln ['ra:dəln] *vi sein* (*fam*) andare in bicicletta

Rädelsführer(in) ['rɛ:dəlsfy:rɐ] *m(f)* caporione, -a *m, f*

rad|fahren *s.* **Rad 2.**; **Radfahrer(in)** *m(f)* ciclista *mf;* **Rad(fahr)weg** *m* pista *f* ciclabile

Radien *pl von* **Radius**

radieren [ra'di:rən] <ohne ge-> *vt* cancellare

Radierer <-s, -> *m* (*fam*), **Radiergummi** *m* gomma *f* (per cancellare)

Radierung <-, -en> *f* acquaforte *f*

Radieschen [ra'di:sçən] <-s, -> *n* ravanello *m*

radikal [radi'ka:l] *adj* radicale; **Radikale** <ein -r, -n, -n> *mf* estremista *mf*

Radio ['ra:dio] <-s, -s> *n* radio *f;* ~ **hören** ascoltare la radio; **im** ~ alla radio

radioaktiv *adj* radioattivo; **Radioaktivität** *f* radioattività *f*

Radioapparat *m,* **Radiogerät** *n* (apparecchio *m*) radio *f*

Radiologe [radio'lo:gə] <-n, -n> *m,* **Radiologin** [radio'lo:gɪn] <-, -nen> *f* radiologo, -a *m, f*

Radiorecorder [ra:diore'kɔrdɐ] <-s, -> *m* radioregistratore *m;* **Radiosender** *m* stazione *f* radiofonica; **Radiowecker** *m* radiosveglia *f*

Radium ['ra:diʊm] <-s> *kein Pl n* radio *m*

Radius ['ra:diʊs] <-, Radien> *m* raggio *m*

Radkappe *f* (AUTO) copriruota *m;* **Radrennen** *n* corsa *f* ciclistica; **Radrennfahrer(in)** *m(f)* corridore, -trice *m, f* (ciclista); **Radsport** *m* ciclismo *m;* **Radtour** *f* gita *f* in bicicletta; **Radwechsel** *m* cambio *m* della ruota; **Radweg** *m s.* **Rad(fahr)weg**

RAF [ɛrʔa:'ʔɛf] <-> *kein Pl f abk v* **Rote-Armee-Fraktion** frazione *f* dell'armata rossa

raffen ['rafən] *vt* **1.** (*Stoff*) pieghettare **2.** (*kürzen*) comprimere

Raffgier *f* rapacità *f*

Raffinerie [rafinə'ri:] <-, -n> *f* raffineria *f*

Raffinesse [rafi'nɛsə] <-, -n> *f* raffinatezza *f*

raffinieren [rafi'ni:rən] <ohne ge-> *vt* raffinare; **raffiniert** *adj* astuto; (*Kleid, Frisur*) raffinato

Rafting ['ra:ftɪŋ] <-s> *kein Pl n* rafting *m*

Rage ['ra:ʒə] <-> *kein Pl f* furore *m;* **in** ~ **kommen** andare in bestia *fam*

ragen ['ra:gən] *vi* elevarsi; **in die Höhe** ~ alzarsi in aria

Ragout [ra'gu:] <-s, -s> *n* (GASTR) ragù *m*

Rahm [ra:m] <-(e)s> *kein Pl m* panna *f*

rahmen ['ra:mən] *vt* incorniciare

Rahmen <-s, -> *m* cornice *f;* (*Tür~, Fenster~*) telaio *m;* **im** ~ **des Möglichen** nell'ambito delle possibilità; **aus dem** ~ **fallen** essere fuori dell'ordinario; **Rahmenbe-**

dingung *f* condizione *f*

Rakete [ra'keːtə] <-, -n> *f* missile *m;* **Raketenabwehrsysem** *n* sistema *m* antimissile; **Raketenstützpunkt** *m* base *f* missilistica

RAM [ram] <-(s), -(s)> *n* (INFORM) *abk v* **random access memory** RAM *f*

rammen *vt* **1.** (*Pfahl*) **etw in den Boden ~** conficcare qc (con il battipalo) nel terreno **2.** (*Auto*) tamponare

Rampe ['rampə] <-, -n> *f* rampa *f;* **Rampenlicht** *n* (THEAT) luci *fpl* della ribalta

ramponieren [rampo'niːrən] <ohne ge-> *vt* (*fam*) sfasciare

Ramsch [ramʃ] <-(e)s, *rar* -e> *m* (*fam pej*) merce *f* di scarto; **Ramschladen** *m* (*fam pej*) negozio *m* che vende merce scadente

ran [ran] *adv* (*fam*) *s.* **heran**

Rand [rant] <-(e)s, Ränder> *m* **1.** orlo *m;* (*Kante*) bordo *m;* (*Wald~*) margini *mpl;* (*Stadt~*) periferia *f* **2.** (TYP) margine *m* **3.** (*Wend*) **außer ~ und Band sein** (*fam*) essere scatenato; **mit etw nicht zu ~e kommen** (*fam*) non venire a capo di qc

randalieren [randa'liːrən] <ohne ge-> *vi* far baccano

Randbemerkung *f* nota *f* a margine

Rande ['randə] <-, -n> *f* (*CH*) barbabietola *f*

Randerscheinung *f* fenomeno *m* di importanza secondaria; **Randgruppe** *f* emarginati *mpl;* **Randstreifen** *m* (AUTO) corsia *f* di sosta

rang [raŋ] *1. u 3. pers sing imp von* **ringen**

Rang [raŋ] <-(e)s, Ränge> *m* **1.** (*Stufe*) rango *m;* (MIL) grado *m;* (*Stand*) condizione *f;* **alles, was ~ und Namen hat** i notabili **2.** (THEAT) galleria *f* **3.** (*Wend*) **jdm den ~ ablaufen** superare qu

Rangierbahnhof *m* stazione *f* di smistamento

rangieren [raŋ'ʒiːrən] <ohne ge-> **I.** *vt* manovrare **II.** *vi* (*fig*) venire; **vor jdm ~** venire prima di qu

Rangliste *f* (SPORT) classifica *f;* **Rangordnung** *f* gerarchia *f*

Ranke ['raŋkə] <-, -n> *f* viticcio *m*

Ränke ['rɛŋkə] *mpl* (*geh*) **~ schmieden** ordire intrighi

ranken *vr* **sich ~** avviticchiarsi

rann [ran] *1. u 3. pers sing imp von* **rinnen**

rannte ['rantə] *1. u 3. pers sing imp von* **rennen**

Ranzen ['rantsən] <-s, -> *m* cartella *f*

ranzig ['rantsɪç] *adj* rancido; **~ werden** irrancidire

Rap [ræp] *n* Rap *m*

Rappe ['rapə] <-n, -n> *m* (*Pferd*) morello *m*

Rapper(in) [ræpɐ] <-s, -; -, -nen> *m(f)* rappista *mf*

Raps [raps] <-es, *rar* -e> *m* colza *f*

rar [raːɐ̯] *adj* raro; **sich ~ machen** (*fam*) farsi vedere di rado

Rarität [rari'tɛːt] <-, -en> *f* rarità *f*

rasant [ra'zant] *adj* (*fam*) velocissimo; (*Tempo*) vertiginoso

rasch [raʃ] **I.** *adj* rapido **II.** *adv* alla svelta

rascheln ['raʃəln] *vi* frusciare; **mit etw ~** fare un fruscio con qc

rasen ['raːzən] *vi* **1.** *haben* (*toben*) essere fuori di sé **2.** *sein* (*sich schnell fortbewegen*) correre all'impazzata; **die Zeit rast** il tempo vola

Rasen ['raːzən] <-s, -> *m* prato *m*

rasend *adj* **1.** (*Tempo*) pazzo **2.** (*Schmerzen*) violento **3.** (*Wut*) furibondo **4.** (*Entwicklung*) frenetico

Rasenmäher <-s, -> *m* tosaerba *f*

Raserei [raːzə'raɪ] <-> *kein Pl f* **1.** (*fam: schnelles Fahren*) velocità *f* (vertiginosa) **2.** (*vor Wut*) furia *f*

Rasierapparat *m* rasoio *m;* **Rasiercreme** *f* crema *f* da barba

rasieren [ra'ziːrən] <ohne ge-> **I.** *vt* (*Bart*) radere; **jdn ~** fare la barba a qu **II.** *vr* **sich ~** farsi la barba

Rasierer <-s, -> *m* (*fam*) rasoio *m*

Rasierklinge *f* lametta *f* da barba; **Rasiermesser** *n* rasoio *m;* **Rasierpinsel** *m* pennello *m* da barba; **Rasierschaum** <-(e)s> *kein Pl m* schiuma *f* da barba; **Rasierwasser** *n* lozione *f* dopobarba

raspeln *vt* raspare

Rasse ['rasə] <-, -n> *f* razza *f*

Rassel ['rasəl] <-, -n> *f* sonaglio *m*

rasseln *vi* **1.** *haben* (*Ketten*) strepitare **2.** *sein* (*fam: nicht bestehen*) **durch eine Prüfung ~** essere bocciato ad un esame

Rassendiskriminierung *f* discriminazione *f* razziale; **Rassentrennung** *f* segregazione *f* razziale

rassig *adj* focoso

Rassismus [ra'sɪsmʊs] <-> *kein Pl m* razzismo *m*

Rassist(in) [ra'sɪst] <-en, -en; -, -nen> *m(f)* razzista *mf*

rassistisch *adj* razzista

Rast [rast] <-, -en> *f* sosta *f;* ~ **machen** fare una sosta

rasten *vi* sostare

rastlos *adj* infaticabile; (*unruhig*) irrequieto; **Rastplatz** *m* piazzola *f* di sosta; **Raststätte** *f* autogrill *m*

Rasur [ra'zuːɐ̯] <-, -en> *f* rasatura *f*

Rat[1] [raːt] <-(e)s> *kein Pl m* (*~schlag*) consiglio *m;* **jdn um ~ fragen** chiedere consiglio a qu; **jdn zu ~e ziehen** consultare qu

Rat[2] <-(e)s, Räte> *m* **1.** (*Einrichtung*) consiglio *m* **2.** (*Person*) consigliere *m*

rät [rɛːt] *3. pers sing pr von* **raten**

Rate ['raːtə] <-, -n> *f* rata *f;* **auf ~n kaufen** comprare a rate

raten ['raːtən] <rät, riet, geraten> *vt* **1.** (*eine Rat geben*) consigliare **2.** (*empfehlen*) raccomandare **3.** (*er~*) indovinare

Ratenzahlung *f* pagamento *m* rateale

Ratgeber *m* (*Buch*) manualetto *m*

Ratgeber(in) *m(f)* consigliere, -a *m, f*

Rathaus *n* municipio *m*

ratifizieren [ratifi'tsiːrən] <ohne ge-> *vt* ratificare

Ratifizierung <-, -en> *f* ratifica *f*

Ration [ra'tsi̯oːn] <-, -en> *f* razione *f*

rational [ratsi̯o'naːl] *adj* razionale

rationalisieren [ratsi̯onali'ziːrən] <ohne ge-> *vt* razionalizzare

rationell [ratsi̯o'nɛl] *adj* razionale

rationieren [ratsi̯o'niːrən] <ohne ge-> *vt* razionare

ratlos *adj* perplesso; **Ratlosigkeit** <-> *kein Pl f* perplessità *f;* **ratsam** *adj* consigliabile; **Ratschlag** *m* consiglio *m*

Rätsel ['rɛːtsəl] <-s, -> *n* **1.** (*Denkaufgabe*) indovinello *m;* **ein ~ lösen** sciogliere un enigma **2.** (*Geheimnis*) mistero *m;* **das ist mir ein ~** non riesco a capirlo; **rätselhaft** *adj* enigmatico

rätseln *vi* (**über etw** *acc*) ~ congetturare (su qc)

Rattan ['ratan] <-s, -e> *n* rattan *m*

Ratte ['ratə] <-, -n> *f* ratto *m*

rattern ['ratɐn] *vi* fare strepito

rau[RR] [raʊ] *adj* **1.** (*nicht glatt*) ruvido **2.** (*Stimme*) rauco; (*Haut*) screpolato **3.** (*Klima*) rigido

Raub [raʊp] <-(e)s> *kein Pl m* rapina *f;* (*Entführung*) rapimento *m;* **Raubbau** *m* sfruttamento *m* abusivo; (**an etw** *dat*) ~ **treiben** sfruttare (qc) senza criterio; **Raubdruck** *m* edizione *f* contraffatta

rauben ['raʊbən] *vt* rubare; (*entführen*) rapire

Räuber(in) ['rɔɪbɐ] <-s, -; -, -nen> *m(f)* bandito *m;* **Räuberbande** *f* banda *f* di briganti

räuberisch *adj* rapace

Raubkopie *f* copia *f* pirata; **Raubmord** *m* assassinio *m* per rapina; **Raubtier** *n* animale *m* rapace; **Raubüberfall** *m* rapina *f;* **bewaffneter ~** rapina a mano armata; **Raubvogel** *m* uccello *m* rapace

Rauch [raʊx] <-(e)s> *kein Pl m* fumo *m*

rauchen ['raʊxən] *vt, vi* fumare; **Rauchen verboten!** proibito fumare!

Raucher <-s, -> *m* fumatore *m;* **Raucherabteil** *n* (FERR) scompartimento *m* per fumatori

Raucherin <-, -nen> *f* fumatrice *f; s. a.* **Raucher**

räuchern ['rɔɪçɐn] *vt* affumicare

Räucherstäbchen *n* bastoncini *mpl* d'incenso

Raucherzone *f* sala *f* (per) fumatori

Rauchfangkehrer <-s, -> *m* (*A: Schornsteinfeger*) spazzacamino *m*

rauchig *adj* (*voll Rauch*) pieno di fumo

Rauchverbot *n* divieto *m* di fumare; **Rauchvergiftung** *f* intossicazione *f* da fumo; **Rauchwolke** *f* nuvola *f* di fumo

räudig *adj* rognoso

rauf [raʊf] *adv* (*fam*) *s.* **herauf, hinauf**

Raufbold ['raʊfbɔlt] <-(e)s, -e> *m* (*pej*) rissaiolo *m*

raufen ['raʊfən] *vr* **sich** ~ azzuffarsi; **sich um etw** ~ far rissa per qc

Rauferei [raʊfə'raɪ] <-, -en> *f* zuffa *f*

rauh *adj s.* **rau**

Rauhreif *m s.* **Raureif**

Raum [raʊm] <-(e)s, Räume> *m* **1.** spazio *m* **2.** (*Platz*) posto *m* **3.** (*Zimmer*) stanza *f* **4.** (*Gebiet*) zona *f;* **im ~ Köln** nella zona di Colonia

räumen ['rɔɪmən] *vt* **1.** (*entfernen*) sgombrare; **beiseite ~** mettere da parte **2.** (*verlassen*) lasciare; **den Saal ~ lassen** far evacuare la sala

Raumfähre *f* navetta *f* spaziale; **Raum-**

R

fahrt *f* navigazione *f* spaziale; **Raumflug** *m* volo *m* spaziale; **Raumkapsel** *f* capsula *f* spaziale

räumlich ['rɔɪmlɪç] *adj* spaziale; **Räumlichkeiten** *fpl* vani *mpl*

Raumpfleger(in) *m(f)* uomo, donna *m, f* delle pulizie

Raumschiff *n* nave *f* spaziale; **Raumsonde** *f* sonda *f* spaziale

raumsparend *adj* poco ingombrante

Raumstation *f* stazione *f* spaziale

Räumung <-, -en> *f* sgombero *m;* (*Evakuierung*) evacuazione *f;* **Räumungsarbeiten** *fpl* lavori *mpl* di sgombero; **Räumungsverkauf** *m* liquidazione *f* totale

Raupe ['raʊpə] <-, -n> *f* bruco *m*

Raureif[RR] *m* brina *f*

raus [raʊs] *adv* (*fam*) *s.* **heraus, hinaus**

Rausch [raʊʃ] <-(e)s, Räusche> *m* sbornia *f fam;* **seinen ~ ausschlafen** smaltire la sbornia *fam*

rauschen ['raʊʃən] *vi* (*Bach*) mormorare; (*Regen*) scrosciare; (*Bäume*) stormire

Rauschgift *n* droga *f;* **Rauschgifthandel** *m* traffico *m* di droga; **Rauschgifthändler(in)** *m(f)* trafficante *mf* di droga; **Rauschgiftsüchtige** *mf* tossicodipendente *mf*

raus|fliegen ['raʊsfliːgən] <irr> *vi sein* (*fam*) essere buttato fuori

räuspern ['rɔɪspɐn] *vr* **sich ~** raschiarsi la gola

raus|schmeißen ['raʊsʃmaɪsən] <irr> *vt* (*fam*) buttare fuori

Rave [rɛɪv] <-, -s> *m* (MUS) rave *m*

Razzia ['ratsi̯a] <-, Razzien> *f* rastrellamento *m*

Reagenzglas *n* provetta *f*

reagieren [rea'giːrən] <ohne ge-> *vi* (**auf etw** *acc*) ~ reagire (a qc)

Reaktion [reak'tsi̯oːn] <-, -en> *f* reazione *f;* **die ~ auf etw** *acc* la reazione a qc

Reaktor [re'aktoːɐ̯] <-s, -en> *m* reattore *m;* **Reaktorsicherheit** *f* sicurezza *f* del reattore

real [re'aːl] *adj* reale

realisieren [reali'ziːrən] <ohne ge-> *vt* realizzare

Realismus [rea'lɪsmʊs] <-> *kein Pl m* realismo *m*

Realist(in) [rea'lɪst] <-en, -en; -, -nen> *m(f)* realista *mf*

realistisch [rea'lɪstɪʃ] *adj* realistico

Realität [reali'tɛːt] <-, -en> *f* realtà *f*

Reality-TV [ri'ɛlɪtitiːviː] <-> *kein Pl n* (TV) reality-tv *f*

> In Germania la **Realschule** corrisponde ad una scuola secondaria inferiore che dura sei anni. Essa si colloca, per quel che riguarda i programmi, fra la "Hauptschule" e il "Gymnasium" . Al termine del 6° anno è possibile conseguire la "Mittlere Reife". Ad essa fa normalmente seguito un corso di formazione professionale della durata di tre anni.

Rebe ['reːbə] <-, -n> *f* vite *f*

Rebell [re'bɛl] <-en, -en> *m* ribelle *m*

rebellieren [rebɛ'liːrən] <ohne ge-> *vi* (**gegen jdn/etw**) ~ ribellarsi (a qu/qc)

Rebellin <-, -nen> *f* ribelle *f; s. a.* **Rebell**

Rebellion [rebɛ'li̯oːn] <-, -en> *f* ribellione *f*

rebellisch *adj* ribelle

Rebhuhn *n* pernice *f*

Rebstock *m* vite *f*

rechen ['rɛçən] *vt, vi* rastrellare; **Rechen** <-s, -> *m* (*Harke*) rastrello *m*

Rechenaufgabe *f* problema *m* di aritmetica; **Rechenfehler** *m* errore *m* di calcolo; **Rechenmaschine** *f* calcolatrice *f*

Rechenschaft <-> *kein Pl f* **jdm über etw** *acc* **~ ablegen** rendere conto a qu di qc; **jdn für etw zur ~ ziehen** chiedere conto di qc a qu

Rechenschieber *m* regolo *m* calcolatore; **Rechenzentrum** *n* centro *m* di calcolo

Recherchen [re'ʃɛrʃən] *fpl* ricerche *fpl*

recherchieren [re'ʃɛr'ʃiːrən] <ohne ge-> *vt* fare una ricerca su

rechnen ['rɛçnən] **I.** *vt* **1.** (MAT) calcolare **2.** (*einbeziehen*) **jdn zu seinen Freunden ~** considerare qu un amico **II.** *vi* **1.** (MAT) calcolare **2.** (*sich verlassen*) **auf jdn/etw ~** contare su qu/qc **3.** (*erwarten*) **mit etw ~** aspettarsi qc; **damit habe ich nicht gerechnet** non l'avevo previsto

Rechner <-s, -> *m* (INFORM) elaboratore *m;* **rechnergestützt** *adj* (INFORM) supportato dall'elaboratore

Rechnung <-, -en> *f* **1.** (MAT) calcolo *m* **2.** (COM) conto *m;* **der Kaffee geht auf meine ~** il caffè lo pago io; **jdm etw in ~ stellen** mettere in conto qc a qu; **einer Sache** *dat* **~ tragen** tener conto di qc; **Rech-**

nungsprüfer(in) *m(f)* revisore *m* dei conti

recht [rɛçt] **I.** *adj* **1.** (*richtig*) giusto; (*passend*) adatto; **zur ~en Zeit** a tempo buono **2.** (*wirklich*) vero **II.** *adv* **1.** (*sehr*) molto **2.** (*ziemlich*) abbastanza **3.** (*richtig, genehm*) bene; **wenn es Ihnen ~ ist** se per Lei va bene; **es jdm ~ machen** accontentare qu; **jetzt erst ~!** ora più che mai!

Recht <-(e)s, -e> *n* **1.** *sing* (JUR) diritto *m* **2.** (*Anrecht*) diritto *m;* (*Berechtigung*) ragione *f;* **ein ~ auf etw** *acc* **haben** aver diritto a qc; **im ~ sein** aver ragione; **mit ~** a diritto; **~ haben** avere ragione; **jdm ~ geben** dar ragione a qu; **das ist mein gutes ~** è mio pieno diritto

rechte *adj s.* **rechte(r, s)**

Rechte <-n, -n> *f* (POL) destra *f;* **europäische ~** eurodestra *f*

Rechteck *n* rettangolo *m;* **rechteckig** *adj* rettangolare

rechte(r, s) ['rɛçtə, -tɐ, -təs] *adj* destro, -a

rechtfertigen **I.** *vt* giustificare **II.** *vr* **sich ~** giustificarsi

Rechtfertigung *f* giustificazione *f*

rechthaberisch *adj* che vuol sempre avere ragione

rechtlich *adj* legale

rechtmäßig *adj* legittimo

rechts [rɛçts] *adv* a destra; **~ von etw** a destra di qc; **nach ~** a destra; **von ~** da destra

Rechtsanwalt *m,* **Rechtsanwältin** *f* avvocato, -tessa *m, f*

Rechtsaußen <-, -> *m* (SPORT) ala *f* destra

rechtsbündig *adj* (allineato) a destra

rechtschaffen *adj* retto

Rechtschreibfehler *m* errore *m* d'ortografia; **Rechtschreibreform** *f* riforma *f* ortografica

Rechtschreibung *f* ortografia *f*

Rechtsextremist(in) *m(f)* (POL) estremista *mf* di destra; **rechtsextremistisch** *adj* (POL) di estrema destra

Rechtsfrage *f* questione *f* giuridica

Rechtshänder(in) <-s, -; -, -nen> *m(f)* destrimano, -a *m, f;* **rechtshändig** *adj* destrimano

Rechtshilfe *f* assistenza *f* legale; **rechtskräftig** *adj* inappellabile

Rechtspartei *f* partito *m* di destra

Rechtsprechung <-, -en> *f* (JUR) giurisdizione *f*

rechtsradikal *adj* (POL) radicale di (estrema) destra

Rechtsschutz *m* protezione *f* giuridica; **Rechtsschutzversicherung** *f* assicurazione *f* della protezione giuridica; **Rechtsstreit** *m* causa *f*

Rechtsverkehr *m* (AUTO) circolazione *f* a destra

Rechtsweg *m* (JUR) via *f* legale; **auf dem ~** per via legale; **rechtswidrig** *adj* illegale

rechtwinklig *adj* rettangolo

rechtzeitig *adv* in tempo

Reck [rɛk] <-(e)s, -e> *n* (SPORT) sbarra *f* fissa

recken ['rɛkən] **I.** *vt* (*Glieder*) stirare; (*Hals*) allungare **II.** *vr* **sich ~** stirarsi

recycelbar *adj* riciclabile

recyceln [ri'saɪkəln] <ohne ge-> *vt* riciclare

Recycling [ri'saɪklɪŋ] <-s> *kein Pl n* riciclaggio *m;* **Recyclingpapier** <-s> *kein Pl n* carta *f* riciclata

Redakteur(in) [redak'tøːɐ̯] <-s, -e; -, -nen> *m(f)* redattore, -trice *m, f*

Redaktion [redak'tsi̯oːn] <-, -en> *f* redazione *f*

Redaktor [re'daktoːɐ̯] <-s, -en> *m* (*CH*) redattore *m*

Rede ['reːdə] <-, -n> *f* **1.** (*Vortrag*) discorso *m;* **eine ~ halten** tenere un discorso **2.** (*Gespräch*) conversazione *f;* **das ist nicht der ~ wert** non vale la pena parlarne; **davon kann nicht die ~ sein** è fuori discussione; **es ist die ~ von …** si parla di …; **jdn wegen etw zur ~ stellen** chiedere conto a qu di qc; **Redefreiheit** *f* libertà *f* di parola; **redegewandt** *adj* eloquente

reden **I.** *vi* **über jdn/etw** [*o* **von jdm/etw**] **~** parlare di qu/qc; **mit sich** *dat* **~ lassen** intendere ragione **II.** *vt* dire

Redensart *f* modo *m* di dire

Redewendung *f* locuzione *f*

redlich ['reːtlɪç] **I.** *adj* onesto **II.** *adv* **sich ~ bemühen** darsi ogni premura

Redner(in) ['reːdnɐ] <-s, -; -, -nen> *m(f)* oratore, -trice *m, f;* **Rednerpult** *n* podio *m* dell'oratore

redselig *adj* loquace

reduzieren [redu'tsiːrən] <ohne ge-> *vt* ridurre

Reede ['reːdə] <-, -n> *f* (NAUT) rada *f;* **Reeder** <-s, -> *m* armatore *m;* **Reederei** <-,

R

-en> *f* compagnia *f* armatrice

reell [re'ɛl] *adj* **1.** (*Geschäft*) serio **2.** (*wirklich*) reale

Referat [refe'ra:t] <-(e)s, -e> *n* (*Bericht*) relazione *f*

Referent(in) [refe'rɛnt] <-en, -en; -, -nen> *m(f)* relatore, -trice *m, f*

referieren [refe'ri:rən] <ohne ge-> *vi* **über etw** *acc* ~ fare una relazione su qc

reflektieren [reflɛk'ti:rən] <ohne ge-> *vt* (*Licht*) riflettere

Reflex [re'flɛks] <-es, -e> *m* riflesso *m*

Reflexion [reflɛ'ksi̯o:n] <-, -en> *f* **1.** (PHYS) riflesso *m* **2.** (*fig: Nachdenken*) riflessione *f*

reflexiv [reflɛ'ksi:f] *adj* (LING) riflessivo

Reform [re'fɔrm] <-, -en> *f* riforma *f*

Reformation [refɔrma'tsi̯o:n] <-, -en> *f* Riforma *f*

Reformer(in) [re'fɔrmɐ] <-s, -; -, -nen> *m(f)* riformatore, -trice *m, f*

reformfreudig *adj* riformista

Reformhaus *n* negozio *m* di prodotti naturali ed ecologici

reformieren [refɔr'mi:rən] <ohne ge-> *vt* riformare

Refrain [rə'frɛ̃:] <-s, -s> *m* ritornello *m*

refundieren <ohne ge-> *vt* (*A*) rimborsare

Regal [re'ga:l] <-s, -e> *n* scaffale *m*

Regatta [re'gata] <-, Regatten> *f* (SPORT) regata *f*

rege ['re:gə] *adj* (*lebhaft*) vivo; (*Verkehr*) animato

Regel ['re:gəl] <-, -n> *f* **1.** regola *f*; **in der ~** di regola **2.** (*Menstruation*) **sie hat ihre ~** ha le sue cose

regelmäßig *adj* regolare; **Regelmäßigkeit** *f* regolarità *f*

regeln I. *vt* regolare **II.** *vr* **sich von selbst ~** sistemarsi (da sé)

regelrecht *adj* **1.** (*vorschriftsmäßig*) regolare **2.** (*fam: richtiggehend*) vero (e proprio)

Regelung <-, -en> *f* regolazione *f*; (*von Angelegenheit*) sistemazione *f*

regelwidrig *adj* irregolare

regen ['re:gən] *vr* **sich ~** muoversi

Regen ['re:gən] <-s, -> *m* pioggia *f*; **bei ~** con la pioggia; **im ~** sotto la pioggia; **saurer ~** (ECO) piogge acide; **vom ~ in die Traufe kommen** (*fam*) cadere dalla padella nella brace

Regenbogen *m* arcobaleno *m*; **Regenbogenpresse** <-> *kein Pl f* stampa *f* gialla

regenerieren [regene'ri:rən] <ohne ge-> *vr* **sich ~** rigenerarsi

Regenmantel *m* impermeabile *m*

Regensburg ['re:gənsbʊrk] *n* Ratisbona *f*

Regenschauer *m* scroscio *m* di pioggia; **Regenschirm** *m* ombrello *m*; **Regentropfen** *m* goccia *f* di pioggia; **Regenwald** *m* foresta *f* pluviale; **Regenwetter** *n* tempo *m* piovoso; **Regenwurm** *m* lombrico *m*; **Regenzeit** *f* stagione *f* delle piogge

Regie [re'ʒi:] <-> *kein Pl f* **1.** (FILM, THEAT) regia *f*; **unter der ~ von …** con la regia di … **2.** (ADM) amministrazione *f*

regieren [re'gi:rən] <ohne ge-> **I.** *vt* governare **II.** *vi* (**über jdn/etw**) ~ regnare (su qu/qc)

Regierung <-, -en> *f* governo *m*; **an die ~ kommen** giungere al governo; **Regierungschef(in)** *m(f)* capo *m* del governo; **Regierungskrise** *f* crisi *f* di governo; **Regierungspartei** *f* partito *m* governativo; **Regierungsrat** *m* **1.** (*CH: Kantonsregierung*) governo *m* cantonale **2.** (*CH: Mitglied einer Kantonsregierung*) membro *m* del governo cantonale; **Regierungssprecher(in)** *m(f)* portavoce *mf* del governo; **Regierungswechsel** *m* cambiamento *m* di governo

Regime [re'ʒi:m] <-s, -> *n* regime *m*; **Regimekritiker(in)** *m(f)* dissidente *mf* del regime

Regiment¹ [regi'mɛnt] <-(e)s, -e> *n* (*Herrschaft*) governo *m*

Regiment² <-(e)s, -er> *n* (MIL) reggimento *m*

Region [re'gi̯o:n] <-, -en> *f* regione *f*

regional [regi̯o'na:l] *adj* regionale

Regisseur(in) [reʒɪ'sø:ɐ̯] <-s, -e; -, -nen> *m(f)* regista *mf*

Register [re'gɪstɐ] <-s, -> *n* **1.** (*amtliche Liste*) registro *m* **2.** (*Stichwortverzeichnis*) indice *m*

registrieren [regɪs'tri:rən] <ohne ge-> *vt* registrare

Reglement [reglə'mã:] <-s, -e> *n* (*CH*) regolamento *m*

Regler ['re:glɐ] <-s, -> *m* (TEC) regolatore *m*

reglos ['re:klo:s] *adj* inerte

regnen ['re:gnən] *vi, vt* piovere; **es regnet**

in Strömen piove a dirotto

regnerisch *adj* piovoso

regulär [regu'lɛːɐ̯] *adj* regolare

regulieren [regu'liːrən] <ohne ge-> *vt* regolare

Regung <-, -en> *f* (*geh*) **1.**(*Bewegung*) moto *m* **2.**(*Gefühls~*) sentimento *m;* **regungslos** *adj s.* **reglos**

Reh [reː] <-(e)s, -e> *n* capriolo *m*

Rehabilitation [rehabilita'tsi̯oːn] <-, -en> *f* (MED) riabilitazione *f;* **Rehabilitationszentrum** *n* (MED) centro *m* di riabilitazione

rehabilitieren [rehabili'tiːrən] <ohne ge-> *vt* riabilitare; **Rehkitz** *n* caprioletto *m;* **Rehrücken** *m* (GASTR) lombata *f* di capriolo

Reibe ['raɪbə] <-, -n> *f* grattugia *f*

reiben ['raɪbən] <reibt, rieb, gerieben> **I.** *vt* **1.**(*mit Druck darüberfahren*) (s)fregare **2.**(*ein~*) frizionare **3.**(*raspeln*) grattugiare **II.** *vr* **sich** *dat* **die Hände** ~ stropicciarsi le mani

Reibereien [raɪbə'raɪən] *fpl* attriti *mpl*

Reibung <-, -en> *f* **1.**(*das Reiben*) sfregamento *m* **2.**(*fig* PHYS) attrito *m;* **reibungslos** **I.** *adj* liscio **II.** *adv* senza difficoltà

reich [raɪç] *adj* ricco; ~ **werden** arricchirsi; ~ **an etw** *dat* **sein** essere ricco di qc

Reich [raɪç] <-(e)s, -e> *n* (*a fig*) regno *m;* (*großes ~*) impero *m;* **das Dritte** ~ il Terzo Reich

reichen ['raɪçən] **I.** *vt* (*Hand*) porgere; (*Erfrischungen*) offrire **II.** *vi* **1.**(*sich erstrecken*) giungere; ~ **bis ...** arrivare fino a ... **2.**(*genügen*) bastare; **mir reicht's** (*fam*) ne ho abbastanza

reichhaltig *adj* ricco; (*reichlich*) abbondante

reichlich **I.** *adj* ricco **II.** *adv* abbondantemente; ~ **vorhanden sein** abbondare

> Nella Repubblica di Weimar il **Reichstag** era composto, secondo la Costituzione, da parlamentari eletti per quattro anni. Dal 1994 il palazzo del Reichstag a Berlino è di nuovo sede del governo federale, poiché, dopo la riunificazione tedesca, fu deciso a Bonn di trasferire la sede del governo a Berlino. Dal punto di vista storico il Reichstag era un'assemblea di delegati imperiali convocata dal re o dall'imperatore.

Reichtum <-s, Reichtümer> *m* (*a fig*) ricchezza *f*

Reichweite *f* portata *f;* **außer** ~ +*gen* fuori portata di; **in** ~ +*gen* a portata di

reif [raɪf] *adj* maturo; ~ **werden** maturare

Reif[1] [raɪf] <-(e)s> *kein Pl m* (*Rau~*) brina(ta) *f*

Reif[2] <-(e)s, -e> *m* (*geh: Arm~*) bracciale *m*

Reife <-> *kein Pl f* maturità *f*

reifen *vi sein* maturare

Reifen ['raɪfən] <-s, -> *m* **1.**(*Ring*) cerchio *m* **2.**(*Fahrzeug~*) pneumatico *m;* **Reifenpanne** *f* foratura *f;* **Reifenwechsel** *m* cambio *m* di pneumatico

Reifeprüfung *f* (*Abitur*) esame *m* di maturità; **Reifezeugnis** *n* diploma *m* di maturità

Reihe ['raɪə] <-, -n> *f* **1.** fila *f;* **in einer** ~ in fila; **der** ~ **nach** l'uno dopo l'altro **2.**(*fam: Anzahl*) serie *f;* **eine** (**ganze**) ~ (**von ...**) un gran numero (di ...) **3.** *sing* (*Reihenfolge*) turno *m;* **ich bin an der** ~ tocca a me; **wer ist an der ~?** a chi tocca?

Reihenfolge *f* ordine *m;* **in alphabetischer** ~ in ordine alfabetico

Reihenhaus *n* casa *f* a schiera

reihenweise *adv* in fila

Reiher ['raɪɐ] <-s, -> *m* airone *m*

Reim [raɪm] <-(e)s, -e> *m* rima *f;* **ich kann mir keinen** ~ **darauf machen** (*fam*) non riesco a spiegarmelo

reimen **I.** *vt* rimare **II.** *vr* **sich** (**auf etw** *acc*) ~ fare rima (con qc)

rein [raɪn] **I.** *adj* **1.** puro; (*Freude*) vero; **die ~e Wahrheit** la pura verità **2.**(*sauber, a fig*) pulito; **etw ins Reine bringen** mettere in chiaro qc; **mit sich** *dat* (**selbst**) **ins Reine kommen** chiarirsi le idee **II.** *adv* **1.**(*fam*) ~ **gar nichts** proprio niente; ~ **zufällig** per puro caso **2.**(*fam*) *s.* **herein, hinein**

Reinfall *m* (*fam*) bidonata *f*

Reingewinn *m* guadagno *m* netto

Reinheit <-> *kein Pl f* **1.** purezza *f* **2.**(*Sauberkeit*) pulizia *f*

reinigen *vt* pulire

Reiniger <-s, -> *m* detersivo *m*

Reinigung <-, -en> *f* **1.**(*das Reinigen*) pulitura *f* **2.**(*Geschäft*) lavanderia *f* a secco; **Reinigungsmilch** *f* latte *m* detergente; **Reinigungsmittel** *n* detergente *m*

rein|legen *vt* (*fam*) **jdn** ~ bidonare qu

reinlich *adj* pulito

reinrassig *adj* di razza pura

Reis [raɪs] <-es, -e> *m* riso *m*

Reise ['raɪzə] <-, -n> *f* viaggio *m;* **eine ~ machen** fare un viaggio; **eine ~ nach Italien** un viaggio in Italia; **auf ~n** in viaggio; **gute ~!** buon viaggio!

Reiseandenken *n* souvenir *m;* **Reiseapotheke** *f* farmacia *f* portatile; **Reisebüro** *n* agenzia *f* viaggi; **Reisebus** *m* pullman *m;* **Reisefieber** *n* febbre *f* della partenza; **Reiseführer** *m* (*Buch*) guida *f;* **Reiseführer(in)** *m(f)* guida *f;* **Reisegepäck** *n* bagagli *mpl;* **Reisegesellschaft** *f* comitiva *f;* **Reisekosten** *pl* spese *fpl* di viaggio; **Reiseland** *n* paese *m* turistico; **Reiseleiter(in)** *m(f)* responsabile *mf* (di una comitiva)

reisen *vi sein* viaggiare; **~ über** passare per; **nach Rom ~** andare a Roma

Reisende <ein -r, -n, -n> *mf* viaggiatore, -trice *m, f*

Reisepass[RR] *m* passaporto *m;* **Reisepläne** *mpl* progetti *mpl* di viaggio; **Reiseprospekt** *m* dépliant *m* turistico; **Reiseproviant** *m* provviste *fpl* per il viaggio; **Reisescheck** *m* assegno *m* turistico; **Reisetasche** *f* borsa *f* da viaggio; **Reiseverkehr** *m* traffico *m* turistico; **Reiseversicherung** *f* assicurazione *f* sui viaggi; **Reisewelle** *f* ondata *f* turistica; **Reiseziel** *n* meta *f* del viaggio

Reisig ['raɪzɪç] <-s> *kein Pl n* sterpi *mpl*

Reißbrett *n* tavola *f* da disegno

reißen ['raɪsən] <reißt, riss, gerissen> **I.** *vt haben* **1.** (*ziehen*) tirare; **jdm etw aus der Hand ~** strappare qc di mano a qu; **etw an sich ~** (*fig*) impadronirsi di qc; **hin und her gerissen sein** non riuscire a decidersi **2.** (*Witze*) raccontare **II.** *vi* **1.** *sein* (*zer~*) strapparsi **2.** *haben* (*zerren*) **an etw** *dat* **~** tirare qc **III.** *vr* **sich um etw ~** (*fam*) contendersi qc; **reißend** *adj* (*Wasser*) impetuoso; **~en Absatz finden** andare a ruba

reißerisch *adj* (*pej*) sensazionale

reißfest *adj* resistente allo strappo; **Reißnagel** *m s.* **Reißzwecke;** **Reißverschluss**[RR] *m* chiusura *f* lampo; **Reißwolf** *m* sfilacciatrice *f;* **Reißzwecke** *f* puntina *f* da disegno

reiten ['raɪtən] <reitet, ritt, geritten> **I.** *vi sein* andare a cavallo **II.** *vt haben* cavalcare

Reiter(in) <-s, -; -, -nen> *m(f)* cavaliere *m*

Reithose *f* calzoni *mpl* alla cavallerizza; **Reitpeitsche** *f* scudiscio *m;* **Reitpferd** *n* cavallo *m* da sella; **Reitschule** *f* scuola *f* di equitazione; **Reitsport** *m* equitazione *f;* **Reitstall** *m* scuderia *f;* **Reitstiefel** *m* stivale *m* da cavallerizzo

Reiz ['raɪts] <-es, -e> *m* **1.** (*Anziehungskraft*) attrattiva *f;* (*Verlockung*) fascino *m;* **der ~ des Neuen** il fascino della novità; **einen ~ auf jdn ausüben** affascinare qu **2.** (*Anmut*) grazia *f*

reizbar *adj* irritabile

reizen *vt* **1.** (*provozieren*) provocare; (*ärgern*) far arrabbiare **2.** (*verlocken*) attrarre

reizend *adj* (*entzückend*) grazioso; (*hübsch*) carino

Reizgas *n* gas *m* lacrimogeno; **reizlos** *adj* senza attrattive

Reizung <-, -en> *f* (MED) irritazione *f*

reizvoll *adj* grazioso; (*verlockend*) allettante; **Reizwäsche** *f* (*fam*) biancheria *f* erotica

rekeln ['reːkəln] *vr* **sich ~** (*fam*) stirarsi

Reklamation [reklama'tsi̯oːn] <-, -en> *f* reclamo *m*

Reklame [re'klaːmə] <-, -n> *f* pubblicità *f;* **für etw ~ machen** fare pubblicità a qc

reklamieren [rekla'miːrən] <ohne ge-> *vt, vi* reclamare

rekonstruieren [rekɔnstru'iːrən] <ohne ge-> *vt* ricostruire

Rekonstruktion [rekɔnstrʊk'tsi̯oːn] *f* ricostruzione *f*

Rekonvaleszent(in) [rekɔnvalɛs'tsɛnt] <-en, -en; -, -nen> *m(f)* convalescente *mf;* **Rekonvaleszenz** [rekɔnvalɛs'tsɛnts] <-> *kein Pl f* convalescenza *f*

Rekord [re'kɔrt] <-(e)s, -e> *m* record *m;* **einen ~ aufstellen** stabilire un record; **einen ~ brechen** battere un record; **Rekordhalter(in)** <-s, -; -, -nen> *m(f)* detentore, -trice *m, f* del record; **Rekordzeit** *f* tempo *m* record

Rekrut(in) [re'kruːt] <-en, -en; -, -nen> *m(f)* (MIL) recluta *mf*

rekrutieren [rekru'tiːrən] <ohne ge-> **I.** *vt* reclutare **II.** *vr* **sich aus etw ~** (*fig*) comporsi di qc

Rektor ['rɛktoːɐ̯] <-s, -en> *m* **1.** (*Schul~*) direttore *m* **2.** (*Universitäts~*) rettore *m*

Rektorat [rɛkto'raːt] <-(e)s, -e> *n* rettorato *m*

Rektorin <-, -nen> *f* **1.** (*Schul~*) direttrice *f* **2.** (*Universitäts~*) rettrice *f*; *s. a.* **Rektor**

Relation [relaˈtsi̯oːn] <-, -en> *f* relazione *f*

relativ [relaˈtiːf] *adj* relativo; **Relativpronomen** *n* (LING) pronome *m* relativo; **Relativsatz** *m* (LING) proposizione *f* relativa

relaxen [riˈlɛksən] <ohne ge-> *vi* rilassarsi

relevant [releˈvant] *adj* importante

Relief [reˈli̯ɛf] <-s, -s> *n* rilievo *m*

Religion [reliˈgi̯oːn] <-, -en> *f* religione *f*; **Religionsfreiheit** *f* libertà *f* religiosa; **Religionsgemeinschaft** *f* comunità *f* religiosa; **Religionszugehörigkeit** *f* confessione *f*

religiös [reliˈgi̯øːs] *adj* **1.** religioso **2.** (*fromm*) devoto

Relikt [reˈlɪkt] <-(e)s, -e> *n* relitto *m*

Reling [ˈreːlɪŋ] <-, -s> *f* (NAUT) impavesata *f*

Reliquie [reˈliːkviə] <-, -n> *f* reliquia *f*

Remoulade [remuˈlaːdə] <-, -n> *f* salsa *f* remoulade

Ren [rɛn] <-s, -s> *n* renna *f*

Renaissance [rənɛˈsãːs] <-, -n> *f* **1.** (*Epoche*) Rinascimento *m* **2.** (*fig*) rinascita *f*

Rendezvous [rãdeˈvuː] <-, -> *n* appuntamento *m*

Rendite [rɛnˈdiːtə] <-, -n> *f* (FIN) rendita *f*

renitent [reniˈtɛnt] *adj* renitente

Rennbahn *f* (*Pferde~*) ippodromo *m*; (*Rad~*) velodromo *m*; (*Auto~*) autodromo *m*

rennen [ˈrɛnən] <rennt, rannte, gerannt> *vi sein* correre; **gegen etw ~** andare a urtare contro qc; **Rennen** <-s, -> *n* corsa *f*; **das ~ machen** (*fam*) vincere

Renner <-s, -> *m* (*fam: Ware*) articolo *m* che va a ruba

Rennfahrer(in) *m(f)* corridore, -trice *m, f*; **Rennrad** *n* bicicletta *f* da corsa; **Rennstall** *m* scuderia *f*; **Rennwagen** *m* vettura *f* da corsa

renommiert *adj* rinomato

renovieren [renoˈviːrən] <ohne ge-> *vt* rinnovare

Renovierung <-, -en> *f* rinnovamento *m*

rentabel [rɛnˈtaːbəl] *adj* redditizio

Rentabilität [rɛntabiliˈtɛːt] <-> *kein Pl f* redditività *f*

Rente [ˈrɛntə] <-, -n> *f* pensione *f*; **Rentenalter** *n* età *f* pensionabile; **Rentenempfänger(in)** *m(f)* pensionato, -a *m, f*; **Rentenversicherung** *f* previdenza *f* sociale

Rentier *n s.* **Ren**

rentieren [rɛnˈtiːrən] <ohne ge-> *vr* **sich ~** rendere; **das rentiert sich nicht** (*fig*) non vale la pena

Rentner(in) [ˈrɛntnɐ] <-s, -; -, -nen> *m(f)* pensionato, -a *m, f*

Reparatur [reparaˈtuːɐ̯] <-, -en> *f* riparazione *f*; **Reparaturwerkstatt** *f* (AUTO) officina *f* (di) riparazioni

reparieren [repaˈriːrən] <ohne ge-> *vt* riparare

Reportage [repɔrˈtaːʒə] <-, -n> *f* servizio *m*

Reporter(in) <-s, -; -, -nen> *m(f)* reporter *mf*

Repräsentant(in) [reprɛzɛnˈtant] <-en, -en; -, -nen> *m(f)* rappresentante *mf*

repräsentativ *adj* rappresentativo

repräsentieren <ohne ge-> *vt* rappresentare

Repressalien [reprɛˈsaːliən] *fpl* rappresaglia *f*

Reproduktion *f* riproduzione *f*; **reproduzieren** <ohne ge-> *vt* riprodurre

Reptil [rɛpˈtiːl] <-s, -ien> *n* rettile *m*

Republik [repuˈbliːk] <-, -en> *f* repubblica *f*

Republikaner(in) [republiˈkaːnɐ] <-s, -; -, -nen> *m(f)* repubblicano, -a *m, f*

republikanisch *adj* repubblicano

Requiem [ˈreːkviɛm] <-s, -s> *n* requiem *m*

Requisiten [rekviˈziːtən] *npl* (THEAT) accessori *mpl* di scena

resch [rɛʃ] *adj* (*A, südd*) **1.** (*knusprig*) croccante **2.** (*Frau*) risoluto

Reschen [ˈrɛʃən] *n* Resia *f*

Reservat [rezɛrˈvaːt] <-(e)s, -e> *n* riserva *f*

Reserve [reˈzɛrvə] <-, -n> *f* riserva *f*; **etw in ~ haben** avere qc in serbo; **Reservekanister** *m* tanica *f* di riserva; **Reserverad** *n* ruota *f* di scorta; **Reservespieler(in)** *m(f)* (SPORT) riserva *f*

reservieren [rezɛrˈviːrən] <ohne ge-> *vt* prenotare

Reservist [rezɛrˈvɪst] <-en, -en> *m* (MIL) riservista *m*

Residenz [reziˈdɛnts] <-, -en> *f* residenza *f*

Resignation [rezɪgnaˈtsi̯oːn] <-, -en> *f* rassegnazione *f*

resignieren [rezɪ'gniːrən] <ohne ge-> *vi* rassegnarsi

resolut [rezo'luːt] *adj* risoluto

Resolution [rezolu'ʦi̯oːn] <-, -en> *f* risoluzione *f*

Resonanz [rezo'nanʦ] <-, -en> *f* (*a fig*) risonanza *f;* ~ **finden** avere risonanza

Respekt [re'spɛkt] <-(e)s> *kein Pl m* rispetto *m;* ~ **vor jdm/etw haben** avere rispetto per qu/qc; **sich** *dat* ~ **verschaffen** farsi rispettare

respektabel *adj* ragguardevole

respektieren [respɛk'tiːrən] <ohne ge-> *vt* rispettare

respektlos *adj* **jdm/etw gegenüber** ~ **sein** essere irrispettoso verso qu/qc; **Respektlosigkeit** <-, -en> *f* irriverenza *f;* **respektvoll** *adj* **jdm/etw gegenüber** ~ **sein** essere pieno di rispetto verso qu/qc

Ressort [rɛ'soːɐ̯] <-s, -s> *n* **1.** (*Zuständigkeitsbereich*) competenza *f* **2.** (*Abteilung*) sezione *f*

Rest [rɛst] <-(e)s, -e> *m* resto *m;* (*Stoff~*) scampolo *m;* (*~betrag*) rimanenza *f;* (*Essens~*) avanzi *mpl*

Restaurant [rɛsto'rãː] <-s, -s> *n* ristorante *m*

Restauration [restaʊra'ʦi̯oːn] <-, -en> *f* (*A: Restaurant*) ristorante *m*

Restaurator(in) [restaʊ'raːtoːɐ̯] <-s, -en; -, -nen> *m(f)* restauratore, -trice *m, f*

restaurieren [restaʊ'riːrən] <ohne ge-> *vt* restaurare

Restbetrag *m* importo *m* restante

restlich *adj* rimanente; (*übrig*) residuo

restlos *adv* (*fam*) completamente

restriktiv [restrɪk'tiːf] *adj* (*geh*) restrittivo

Restrisiko *n* rischio *m* residuo

Resultat [rezʊl'taːt] <-(e)s, -e> *n* risultato *m*

resultieren [rezʊl'tiːrən] <ohne ge-> *vi* (**aus etw**) ~ risultare (da qc)

Retorte [re'tɔrtə] <-, -n> *f* (CHEM) storta *f;* **Retortenbaby** *n* (*sl*) figlio, -a *m, f* della provetta

retour [re'tuːɐ̯] *adv* (*A, CH*) indietro; **Retourgeld** *n* (*CH*) resto *m*

retten ['rɛtən] **I.** *vt* salvare; **jdm das Leben** ~ salvare la vita a qu **II.** *vr* **sich** ~ salvarsi

Retter(in) <-s, -; -, -nen> *m(f)* salvatore, -trice *m, f*

Rettich ['rɛtɪç] <-s, -e> *m* rafano *m*

Rettung <-, -en> *f* **1.** (*aus Gefahr*) salvataggio *m;* **du bist meine letzte** ~ (*fam*) sei la mia ancora di salvezza **2.** (*A: Rettungswagen*) autoambulanza *f;* **Rettungsboot** *n* scialuppa *f* di salvataggio; **Rettungsmannschaft** *f* squadra *f* di salvataggio; **Rettungsring** *m* salvagente *m;* **Rettungsschwimmer(in)** *m(f)* nuotatore, -trice *m, f* di salvataggio; **Rettungswagen** *m* autoambulanza *f*

Reue ['rɔɪə] <-> *kein Pl f* pentimento *m;* ~ **über etw** *acc* **empfinden** provare pentimento per qc

reuen *vt* **es reut mich** mi pento

reuig *adj* (*geh*), **reumütig** *adj* pentito

Revanche [re'vãːʃ(ə)] <-, -n> *f* rivincita *f*

revanchieren [revã'ʃiːrən] <ohne ge-> *vr* **sich** ~ **1.** (*sich rächen*) **sich bei jdm für etw** ~ vendicarsi di qc su qu **2.** (*sich erkenntlich zeigen*) **sich für etw** ~ contraccambiare qc

Revier [re'viːɐ̯] <-s, -e> *n* **1.** distretto *m* **2.** (*Polizei~*) commissariato *m* **3.** (*Jagd~*) bandita *f*

Revision [revi'zi̯oːn] <-, -en> *f* **1.** revisione *f* **2.** (JUR) ricorso *m;* ~ **einlegen** presentare ricorso

Revolte [re'vɔltə] <-, -n> *f* rivolta *f*

revoltieren [revɔl'tiːrən] <ohne ge-> *vi* rivoltarsi

Revolution [revolu'ʦi̯oːn] <-, -en> *f* rivoluzione *f*

revolutionär *adj* rivoluzionario; **Revolutionär(in)** <-s, -e; -, -nen> *m(f)* rivoluzionario, -a *m, f*

Revolver [re'vɔlvɐ] <-s, -> *m* revolver *m*

Rezensent(in) [reʦɛn'zɛnt] <-en, -en; -, -nen> *m(f)* recensore, -a *m, f*

rezensieren [reʦɛn'ziːrən] <ohne ge-> *vt* recensire

Rezension [reʦɛn'zi̯oːn] <-, -en> *f* recensione *f*

Rezept [re'ʦɛpt] <-(e)s, -e> *n* ricetta *f;* **rezeptfrei** *adj* non soggetto a prescrizione medica

Rezeption [reʦɛp'ʦi̯oːn] <-, -en> *f* réception *f*

rezeptpflichtig *adj* da vendersi dietro prescrizione medica

Rezession [reʦɛ'si̯oːn] <-, -en> *f* recessione *f*

Rhabarber [ra'barbɐ] <-s> *kein Pl m* rabarbaro *m*

Rhein [raɪn] *m* Reno *m*

Rheinland-Pfalz *n* Renania-Palatinato *f*

Rhesusfaktor ['reːzʊsfaktoːɐ̯] *m* (fattore *m*) Rh *m*

Rhetorik [re'toːrɪk] <-> *kein Pl f* retorica *f*

rhetorisch *adj* retorico

Rheuma ['rɔɪma] <-s> *kein Pl n,* **Rheumatismus** <-, Rheumatismen> *m* (MED) reumatismo *m*

Rhinozeros [ri'noːtserɔs] <-, -se> *n* rinoceronte *m*

Rhone ['roːnə] *f* Rodano *m*

rhythmisch ['rʏtmɪʃ] *adj* ritmico

Rhythmus ['rʏtmʊs] <-, Rhythmen> *m* ritmo *m*

Ribisel ['riːbiːzəl] <-, -(n)> *f* (*A: Johannisbeere*) ribes *m*

richten ['rɪçtən] **I.** *vt* **1.** (*lenken*) **etw auf jdn/etw ~** dirigere qc verso qu/qc; (*Waffe*) puntare qc su qu/qc; (*Aufmerksamkeit, Blick*) volgere qc a qu/qc; **etw an jdn/etw ~** (*Worte, Bitte*) rivolgere qc a qu/qc **2.** (*zurechtmachen*) preparare; (*reparieren*) riparare **II.** *vr* **sich nach etw ~** regolarsi secondo qc; **sich nach jdm ~** conformarsi a qu

Richter(in) ['rɪçtɐ] <-s, -; -, -nen> *m(f)* giudice *mf*

richterlich *adj* giudiziario

Richtgeschwindigkeit *f* velocità *f* consigliata

richtig ['rɪçtɪç] **I.** *adj* giusto; (*echt*) vero; **auf dem ~en Wege sein** essere sulla buona strada; **das ist genau das Richtige für mich** è proprio quello che ci vuole per me; **im ~en Augenblick** al momento giusto **II.** *adv* **1.** (*korrekt*) correttamente; **du hast das Fenster nicht ~ zugemacht** non hai chiuso bene la finestra; **meine Uhr geht nicht ~** il mio orologio non è esatto **2.** (*in der Tat*) effettivamente **3.** (*fam: sehr*) molto

Richtigkeit <-> *kein Pl f* esattezza *f;* **seine ~ haben** essere giusto

richtig|stellen *vt s.* **stellen I.7.**

Richtlinie *f* direttiva *f;* **Richtpreis** *m* prezzo *m* indicativo

Richtung <-, -en> *f* **1.** (*Verlauf*) direzione *f;* **in ~ Venedig** in direzione Venezia; **aus allen ~en** da tutte le direzioni; **in alle ~en** in tutte le direzioni **2.** (*fig*) tendenza *f*

Richtwert *m* valore *m* indicativo

rieb [riːp] *1. u 3. pers sing imp von* **reiben**

riechen ['riːçən] <riecht, roch, gerochen> **I.** *vt* sentire l'odore di; **jdn nicht ~ können** (*fig fam*) non poter soffrire qu **II.** *vi* **an etw** *dat* **~** odorare qc; **nach etw ~** sapere di qc; **gut ~** avere un buon odore

rief [riːf] *1. u 3. pers sing imp von* **rufen**

Riege ['riːgə] <-, -n> *f* (SPORT) squadra *f*

Riegel ['riːgəl] <-s, -> *m* **1.** (*Tür~*) catenaccio *m;* **einer Sache** *dat* **einen ~ vorschieben** (*fig*) mettere un freno a qc **2.** (*Schokoladen~*) stecca *f*

Riemen ['riːmən] <-s, -> *m* cinghia *f*

Riese ['riːzə] <-n, -n> *m* gigante *m*

rieseln ['riːzəln] *vi sein* scorrere; (*Schnee, Sand*) cadere

Riesenerfolg *m* successo *m* colossale; **riesengroß** *adj* gigantesco; **Riesenrad** *n* ruota *f* panoramica; **Riesenslalom** *m* (SPORT) slalom *m* gigante

riesig *adj* gigante; (*gewaltig*) enorme

Riesin ['riːzɪn] <-, -nen> *f* gigantessa *f; s. a.* **Riese**

riet [riːt] *1. u 3. pers sing imp von* **raten**

Riff [rɪf] <-(e)s, -e> *n* scogliera *f*

rigoros [rigo'roːs] *adj* rigoroso

Rille ['rɪlə] <-, -n> *f* scanalatura *f*

Rind [rɪnt] <-(e)s, -er> *n* bue *m*

Rinde ['rɪndə] <-, -n> *f* **1.** (*Baum~*) corteccia *f* **2.** (*Brot~, Käse~*) crosta *f*

Rinderbraten *m* (GASTR) arrosto *m* di manzo; **Rinderfilet** *n* (GASTR) filetto *m* di manzo; **Rinderwahnsinn** <-s> *kein Pl m* sindrome *f* della mucca pazza

Rindfleisch *n* (carne *f* di) manzo *m;* **Rindvieh** *n* (*fam pej*) bue *m*

Ring [rɪŋ] <-(e)s, -e> *m* **1.** (*allg*) anello *m;* (*Ehe~*) fede *f* **2.** (*Box~*) ring *m;* **Ringbuch** *n* quaderno *m* ad anelli

Ringelnatter *f* biscia *f* dal collare; **Ringelspiel** *n* (*A*) giostra *f*

ringen ['rɪŋən] <ringt, rang, gerungen> **I.** *vi* lottare; **um Anerkennung ~** far di tutto per essere riconosciuto **II.** *vt* (*geh*) **die Hände ~** torcersi le mani

Ringer(in) <-s, -; -, -nen> *m(f)* lottatore, -trice *m, f*

Ringfinger *m* anulare *m;* **ringförmig** *adj* circolare

Ringkampf *m* lotta *f;* **Ringrichter(in)** *m(f)* giudice-arbitro, -a *m, f*

rings [rɪŋs] *adv* **~ um …** intorno a …

ringsherum *adv* tutt'intorno

Ringstraße *f* circonvallazione *f*
Rinne ['rɪnə] <-, -n> *f* canale *m;* (*Dach~*) grondaia *f*
rinnen ['rɪnən] <rinnt, rann, geronnen> *vi sein* (*Flüssigkeit*) stillare
Rinnstein *m* cunetta *f*
Rippchen ['rɪpçən] <-s, -> *n* (GASTR) costoletta *f*
Rippe ['rɪpə] <-, -n> *f* (ANAT) costa *f;* **Rippenfell** *n* pleura *f;* **Rippenfellentzündung** *f* pleurite *f*
Rippli ['rɪpli] <-s, -> *n* (*CH:* GASTR) costina *f*
Risiko ['ri:ziko] <-s, Risiken> *n* rischio *m;* **ein ~ eingehen** correre un rischio; **auf eigenes ~** a proprio rischio e pericolo; **Risikogruppe** *f* (MED) gruppo *m* a rischio
riskant [rɪs'kant] *adj* rischioso
riskieren [rɪs'ki:rən] <ohne ge-> *vt* rischiare
riss^RR, **riß** [rɪs] *1. u 3. pers sing imp von* **reißen**
Riss^RR, **Riß** [rɪs] <-sses, -sse> *m* (*in Stoff, Papier*) strappo *m;* (*in Glas, Porzellan*) incrinatura *f;* (*in Wand*) crepa *f;* (*in Haut*) screpolatura *f*
rissig *adj* screpolato
Riten *pl von* **Ritus**
ritt [rɪt] *1. u 3. pers sing imp von* **reiten**
Ritt [rɪt] <-(e)s, -e> *m* cavalcata *f*
Ritter ['rɪtɐ] <-s, -> *m* cavaliere *m*
ritterlich *adj* cavalleresco
rittlings ['rɪtlɪŋs] *adv* a cavallo
Ritual [ritu'a:l] <-s, -e> *n* rituale *m*
rituell [ritu'ɛl] *adj* rituale
Ritus ['ri:tʊs] <-, Riten> *m* rito *m*
Ritze ['rɪtsə] <-, -n> *f* (*Spalte*) fessura *f*
ritzen *vt* scalfire; **etw** (**in etw** *acc*) ~ incidere qc (in qc)
Rivale [ri'va:lə] <-n, -n> *m,* **Rivalin** [ri'va:lɪn] <-, -nen> *f* rivale *mf*
rivalisieren [rivali'zi:rən] <ohne ge-> *vi* **mit jdm um etw** ~ rivaleggiare con qu per qc
Rivalität [rivali'tɛ:t] <-, -en> *f* rivalità *f*
Riviera [ri'vi̯e:ra] *f* **die** (**italienische**) ~ la Riviera
Rizinusöl *n* olio *m* di ricino
Roastbeef ['ro:stbi:f] <-s, -s> *n* rosbif *m*
Robbe ['rɔ:bə] <-, -n> *f* foca *f*
Robe ['ro:bə] <-, -n> *f* (*Amts~*) toga *f*
Roboter ['rɔbɔtɐ] <-s, -> *m* robot *m*
robust [ro'bʊst] *adj* robusto
roch [rɔx] *1. u 3. pers sing imp von* **riechen**
röcheln ['rœçəln] *vi* rantolare
Rock [rɔk] <-(e)s, Röcke> *m* **1.** (*Damen~*) gonna *f* **2.** (*Herrenjacke*) giacca *f* (da uomo)
Rockband <-, -s> *f* complesso *m* rock
Rocker ['rɔkɐ] <-s, -> *m* rocker *m*
Rodelbahn *f* pista *f* per slitte
rodeln ['ro:dəln] *vi haben o bei Fortbewegung sein* andare in slitta
roden ['ro:dən] *vt* dissodare
Roggen ['rɔgən] <-s, -> *m* segale *f;* **Roggenbrot** *n* pane *m* di segale
roh [ro:] *adj* **1.** (*ungekocht*) crudo **2.** (*unbearbeitet*) grezzo **3.** (*grob*) rozzo; **~e Gewalt** forza bruta; **Rohbau** *m* costruzione *f* rustica; **Rohkost** *f* crudités *fpl*
Rohling ['ro:lɪŋ] <-s, -e> *m* (*pej: Mensch*) bruto *m*
Rohmaterial *n* materiale *m* grezzo; **Rohöl** *n* (petrolio *m*) greggio *m*
Rohr [ro:ɐ̯] <-(e)s, -e> *n* **1.** (BOT) canna *f* **2.** (TEC) tubo *m;* **Rohrbruch** *m* scoppio *m* di un tubo
Röhre ['rø:rə] <-, -n> *f* tubo *m*
Rohrleitung *f* conduttura *f;* **Rohrstock** *m* canna *f;* **Rohrzucker** *m* zucchero *m* di canna
Rohseide *f* seta *f* grezza; **Rohstoff** *m* materia *f* prima
Rokoko ['rɔkoko] <-(s)> *kein Pl n* rococò *m*
Rolladen <-s, Rolläden> *m s.* **Rollladen**
Rolle ['rɔlə] <-, -n> *f* **1.** (*Gerolltes*) rotolo *m;* (*Garn~*) rocchetto *m* **2.** (TEC: *Walze*) rullo *m* **3.** (*fig* THEAT, FILM) ruolo *m;* **eine ~ spielen** (THEAT) sostenere una parte; (*fig: wichtig sein*) avere importanza; **das spielt keine** (**große**) ~ questo conta poco
rollen ['rɔlən] **I.** *vt haben* rotolare **II.** *vi sein* rotolare; **ins Rollen kommen** (*fig*) cominciare
Rollentausch *m* scambio *m* di ruolo; **Rollenverteilung** *f* (THEAT, FILM) distribuzione *f* delle parti
Roller ['rɔlɐ] <-s, -> *m* **1.** (*Spielzeug*) monopattino *m* **2.** (*Motor~*) (moto)scooter *m*
Rollfeld *n* (AERO) campo *m* di atterraggio e di decollo
Rollkragenpullover *m* maglione *m* col collo alto
Rollladen^RR <-s, Rollläden> *m* persiane

fpl avvolgibili

Rollmops *m* (GASTR) aringa *f* arrotolata

Rollo ['rɔlo] <-s, -s> *n* persiana *f* avvolgibile

Rollschuh *m* pattino *m* a rotelle; ~ **laufen** andare coi pattini a rotelle

Rollstuhl *m* sedia *f* a rotelle; **Rollstuhlfahrer(in)** *m(f)* persona *f* che si muove sulla sedia a rotelle; **rollstuhlgerecht** *adj* predisposto per sedie a rotelle

Rolltreppe *f* scala *f* mobile

Rom [roːm] *n* Roma *f*

ROM [rɔm] <-(s), -(s)> *n abk v* **Read Only Memory** (INFORM) ROM *f*

Roman [ro'maːn] <-s, -e> *m* romanzo *m*

romanisch *adj* **1.** (*Sprache*) romanzo **2.** (*Kunst*) romanico

Romanist(in) [roma'nɪst] <-en, -en; -, -nen> *m(f)* romanista *mf*

Romanistik [roma'nɪstɪk] <-> *kein Pl f* romanistica *f*

Romanschriftsteller(in) *m(f)* romanziere, -a *m, f*

Romantik [ro'mantɪk] <-> *kein Pl f* romanticismo *m*

romantisch *adj* romantico

Romanze [ro'mantsə] <-, -n> *f* romanza *f*

Römer(in) ['røːmɐ] <-s, -; -, -nen> *m(f)* romano, -a *m, f*

römisch *adj* romano

Rommé ['rɔme] <-s, -s> *n,* **Rommee**[RR] <-s, -s> *n* ramino *m*

röntgen ['rœntgən] *vt* fare una radiografia di; **Röntgenaufnahme** *f,* **Röntgenbild** *n* radiografia *f;* **Röntgenstrahlen** *mpl* raggi *mpl* X

rosa ['roːza] <inv> *adj* rosa; *s. a.* **blau**

Rose ['roːzə] <-, -n> *f* rosa *f*

Rosenkohl *m* cavolino *m* di Bruxelles; **Rosenkranz** *m* (REL) rosario *m;* **Rosenmontag** *m* lunedì *m* grasso

Il **Rosenmontag** (lett. lunedì delle rose) è il culmine del "Fasching" o "Karneval", il carnevale tedesco. Le città della Germania in cui si celebrano i festeggiamenti più celebri (con grandi sfilate di carri allegorici e distribuzione di dolciumi ai passanti) sono Magonza, Colonia e Düsseldorf.

Rosenstock *m,* **Rosenstrauch** *m* rosaio *m*

Rosette [ro'zɛtə] <-, -n> *f* rosetta *f;* (ARCH) rosone *m*

rosig ['roːzɪç] *adj* roseo

Rosine [ro'ziːnə] <-, -n> *f* uva *f* passa

Rosmarin ['roːsmariːn] <-s> *kein Pl m* rosmarino *m*

Ross[RR] [rɔs] <-es, -e> *n,* **Roß** <-sses, -sse> *n* cavallo *m*

Rosskastanie[RR] *f* **1.** (*Baum*) ippocastano *m* **2.** (*Frucht*) frutto *m* dell'ippocastano

Rost[1] [rɔst] <-(e)s, -e> *m* (*Gitter, Brat~*) griglia *f*

Rost[2] <-(e)s> *kein Pl m* (CHEM) ruggine *f;* ~ **ansetzen** arrugginire

Rostbraten *m* arrosto *m* fatto ai ferri

rosten ['rɔstən] *vi haben o sein* arrugginire

rösten ['rœstən] *vt* arrostire

rostfrei *adj* (*nicht rostend*) inossidabile

I **Rösti** sono una specialità svizzera. Per prepararli si prendono delle patate crude o cotte tagliate finemente e le si rosolano in una padella da ambo le parti con cipolle ed erbe.

rostig *adj* arrugginito

Röstkartoffeln *fpl* patate *fpl* arrosto

Rostschutz *m* protezione *f* antiruggine; **Rostschutzmittel** *n* antiruggine *m*

rot [roːt] <-er, -este> *adj* rosso; (*Haar*) rossiccio; ~ **werden** arrossire; **der ~e Faden** (*fig*) il filo conduttore; *s. a.* **blau**

Rot <-s, -> *n* rosso *m;* **bei ~ über die Straße gehen** passare col rosso; *s. a.* **Blau**

Rotation [rota'tsi̯oːn] <-, -en> *f* rotazione *f*

Rotbarsch *m* pesce *m* persico; **rotblond** *adj* fulvo; **rotbraun** *adj* rosso bruno

Röte ['røːtə] <-> *kein Pl f* (*im Gesicht*) rossore *m*

Röteln ['røːtəln] *pl* (MED) rosolia *f*

röten **I.** *vt* (*geh*) tingere di rosso **II.** *vr* **sich ~** arrossare; (*Haut, Augen*) arrossarsi

rot-grün *adj* (POL) **die ~e Koalition** la coalizione rosso-verde (*tra il partito dei socialdemocratici e quello dei verdi*)

rothaarig *adj* dai capelli rossi; **Rothaut** *f* (*scherz*) pellirossa *mf*

rotieren [ro'tiːrən] <ohne ge-> *vi* **um etw ~** rotare intorno a qc

Rotkäppchen ['roːtkɛpçən] <-s> *kein Pl n* Cappuccetto *m* rosso; **Rotkehlchen**

R

<-s, -> *n* pettirosso *m;* **Rotkohl** *m,* **Rotkraut** *n* cavolo *m* rosso
rötlich *adj* rossastro; (*Haar*) rossiccio
rot|sehen <irr> *vi* (*fam*) vedere rosso
Rötung <-, -en> *f* arrossamento *m*
Rotwein *m* vino *m* rosso
Rotz [rɔts] <-es, -e> *m* (*fam: Nasenschleim*) moccolo *m;* **rotzfrech** *adj* (*sl pej*) sfacciato
Rouge [ruːʒ] <-s, -s> *n* rouge *m*
Roulade [ru'laːdə] <-, -n> *f* (GASTR) involtino *m* (di carne)
Roulett [ru'lɛt] <-(e)s, -e> *n,* **Roulette** [ru'lɛtə] <-s, -s> *n* roulette *f;* **russisches ~** roulette russa
Route ['ruːtə] <-, -n> *f* percorso *m;* (*Reise~*) itinerario *m*
Routine [ru'tiːnə] <-> *kein Pl f* **1.** (*Gewandtheit*) pratica *f* **2.** (*pej*) routine *f;* **zur ~ werden** diventare routine; **Routineuntersuchung** *f* visita *f* di controllo
Rowdy ['raʊdi] <-s, -s> *m* (*pej*) teppista *m*
Rubbellos *n* gratta e vinci *m*
rubbeln ['rʊbəln] *vi, vt* sfregare
Rübe ['ryːbə] <-, -n> *f* rapa *f;* **rote ~** barbabietola *f;* **gelbe ~** carota *f*
Rubel ['ruːbəl] <-s, -> *m* rublo *m*
rüber ['ryːbɐ] *adv* (*fam*) *s.* **herüber, hinüber**
Rubin [ru'biːn] <-s, -e> *m* rubino *m*
Rubrik [ru'briːk] <-, -en> *f* rubrica *f;* **unter der ~ …** alla rubrica …
Ruck [rʊk] <-(e)s, -e> *m* scossa *f;* **mit einem ~** di colpo; **sich** *dat* **einen ~ geben** (*fam*) (ri)scuotersi; **ruckartig** *adj* (*unvermittelt*) brusco
Rückblende *f* flashback *m;* **Rückblick** *m* sguardo *m* retrospettivo; **rückblickend** *adj* a posteriori
rücken ['rʏkən] **I.** *vt* **etw von etw ~** scostare qc da qc **II.** *vi sein* (*Platz machen*) spostarsi; **rück mal ein bisschen!** (*fam*) fatti un po' più in là!
Rücken ['rʏkən] <-s, -> *m* **1.** (ANAT) schiena *f;* **~ an ~** schiena a schiena; **jdm den ~ zukehren** voltare le spalle a qu; **hinter jds ~** (*a fig*) alle spalle di qu; **jdm in den ~ fallen** (*fig*) voltare le spalle a qu **2.** (*Berg~*) dorsale *f;* **Rückendeckung** *f* copertura *f* alle spalle; **Rückenlehne** *f* schienale *m;* **Rückenmark** *n* midollo *m* spinale; **Rückenschmerzen** *mpl* mal *m* di schiena; **Rückenschwimmen** *n* (nuoto *m* sul) dorso *m;* **Rückenwind** *m* vento *m* da dietro
Rückerstattung *f* rimborso *m;* **Rückfahrkarte** *f* biglietto *m* di andata e ritorno; **Rückfahrt** *f* (viaggio *m* di) ritorno *m;* **auf der ~** al ritorno; **Rückfall** *m* **1.** (MED) ricaduta *f* **2.** (JUR) recidiva *f;* **rückfällig** *adj* **~ werden** (JUR) essere recidivo; **Rückflug** *m* (volo *m* di) ritorno *m;* **Rückflugticket** *n* biglietto *m* aereo di ritorno; **Rückfrage** *f* (ulteriore) richiesta *f* di spiegazioni; **Rückgabe** *f* restituzione *f;* **Rückgang** *m* regresso *m;* **rückgängig** *adj* **etw ~ machen** annullare qc
Rückgrat <-(e)s, -e> *n* spina *f* dorsale; **kein ~ haben** (*fig*) essere uno smidollato *fam*
Rückgriff *m* **der ~ auf etw** *acc* il ricorso a qc
Rückhalt *m* sostegno *m;* **rückhaltlos** *adv* senza riserve
Rückhand *f* (SPORT) rovescio *m*
Rückkehr ['rʏkkeːɐ̯] <-> *kein Pl f* ritorno *m;* **bei meiner ~** al mio ritorno
Rücklage *f* riserva *f*
rückläufig *adj* regressivo
Rücklicht *n* (AUTO) luce *f* posteriore
rücklings *adv* **1.** (*auf dem Rücken*) sulla schiena **2.** (*von hinten*) alle spalle
Rücknahme ['rʏknaːmə] <-, -n> *f* ritiro *m;* **Rückporto** *n* affrancatura *f* per la risposta; **Rückreise** *f* (viaggio *m* di) ritorno *m;* **auf der ~** al ritorno; **auf der ~ sein** essere sulla via del ritorno; **Rückruf** *m* (TEL) richiamata *f;* **Rückrufaktion** *f* contrordine *m*
Rucksack ['rʊkzak] *m* zaino *m;* **Rucksacktourist(in)** *m(f)* saccopelista *mf*
Rückschlag *m* ricaduta *f;* **Rückschritt** *m* regresso *m*
Rückseite *f* retro *m;* (*von Blatt*) verso *m;* **auf der ~ von** a retro di; **siehe ~** vedi retro
Rücksicht *f* riguardo *m;* **auf jdn ~ nehmen** avere riguardo per qu; **mit~ auf** +*acc* con riguardo a; **Rücksichtnahme** <-> *kein Pl f* riguardo *m*
rücksichtslos *adj* spietato; **Rücksichtslosigkeit** <-, -en> *f* mancanza *f* di riguardo; **rücksichtsvoll** *adj* (**gegen jdn**) **~ sein** essere pieno di riguardo (verso qu)
Rücksitz *m* sedile *m* posteriore; **Rück-**

spiegel *m* specchietto *m* retrovisore

Rücksprache *f* **nach ~ mit** d'intesa con

Rückstand *m* resto *m;* **im ~ sein** essere indietro; **rückständig** *adj* retrogrado

Rückstau *m* (AUTO) ingorgo *m;* **Rückstrahler** *m* catarifrangente *m;* **Rücktaste** *f* (TEC) tasto *m* di ritorno

Rücktritt *m* (*vom Amt*) dimissioni *fpl*

Rücktrittbremse *f* freno *m* a contropedale

rück|versichern <ohne ge-> *vr* **sich ~** riassicurarsi

rückwärts ['rʏkvɛrts] *adv* indietro; **~ fahren** fare marcia indietro; **Rückwärtsgang** *m* (AUTO) retromarcia *f*

Rückweg *m* (via *f* del) ritorno *m*

ruckweise *adv* a scosse

rückwirkend *adj* retroattivo

Rückzahlung *f* rimborso *m*

Rückzieher <-s, -> *m* (*fam*) dietro front *m;* **einen ~ machen** (*fam*) fare marcia indietro

ruck, zuck [rʊk'tsʊk] *adv* in un baleno

Rückzug *m* ritirata *f;* **den ~ antreten** battere in ritirata

rüde ['ry:də] *adj* rude

Rüde ['ry:də] <-n, -n> *m* maschio *m*

Rudel ['ru:dəl] <-s, -> *n* branco *m*

Ruder ['ru:dɐ] <-s, -> *n* **1.** remo *m* **2.** (*Steuer~*) timone *m;* **Ruderboot** *n* barca *f* a remi

Ruderer <-s, -> *m,* **Rudrerin** <-, -nen> *f* rematore, -trice *m, f*

rudern *vi haben o bei Fortbewegung sein* remare; (SPORT) fare (del) canottaggio

Ruf [ru:f] <-(e)s, -e> *m* **1.** (*Aus~*) grido *m* **2.** *sing* (*Auf~*) chiamata *f* **3.** *sing* (*Ansehen*) reputazione *f;* **einen guten/schlechten ~ haben** godere (di) una buona/cattiva fama

rufen ['ru:fən] <ruft, rief, gerufen> **I.** *vt* chiamare; **wie gerufen kommen** (*fam*) venire a proposito **II.** *vi* gridare; **nach jdm ~** chiamare qu; **um Hilfe ~** chiamare aiuto; **die Arbeit ruft** il lavoro chiama

Rüffel ['rʏfəl] <-s, -> *m* (*fam*) rabbuffo *m*

Rufname *m* nome *m;* **Rufnummer** *f* numero *m* telefonico; **Rufzeichen** *n* (*A*) punto *m* esclamativo

Rugby ['rakbi] <-(s)> *kein Pl n* (SPORT) rugby *m*

Rüge ['rʏ:gə] <-, -n> *f* biasimo *m*

rügen *vt* biasimare

Rügen ['rʏ:gən] <-s> *f* isola *f* di Rügen

Ruhe ['ru:ə] <-> *kein Pl f* **1.** (*Gelassenheit*) quiete *f;* **die ~ vor dem Sturm** (*fig*) la calma prima della tempesta **2.** (*Schweigen*) silenzio *m;* **~!** silenzio! **3.** (*Erholung*) riposo *m;* **sich** *dat* **keine ~ gönnen** non concedersi riposo; **sich zur ~ setzen** (*Geschäftsmann*) ritirarsi dagli affari **4.** (*innere ~*) calma *f;* **~ bewahren** mantenere la calma; **jdn mit etw in ~ lassen** lasciare in pace qu con qc; **nicht aus der ~ zu bringen sein** non perdere mai la calma; **zur ~ kommen** trovare un momento di pace; **nicht zur ~ kommen** non trovare requie; **in (aller) ~** con calma; **sie hat die ~ weg** (*fam*) è la calma in persona; **das lässt ihm keine ~** (ciò) non gli dà pace; **immer mit der ~!** (*fam*) calma e sangue freddo!

ruhelos *adj* agitato

ruhen *vi* **1.** (*aus~*) riposare; **nicht eher ~, als bis ...** non aver pace fin quando non ... **2.** (*fig*) **sein Blick ruhte auf der Landschaft** il suo sguardo si posò sul paesaggio **3.** (*Arbeit*) essere fermo; **eine Angelegenheit ~ lassen** lasciare un affare

Ruhepause *f* pausa *f;* **Ruhestand** *m* pensione *f;* **im ~** in pensione; **in den ~ gehen** andare in pensione; **Ruhestellung** *f* posizione *f* di riposo; **Ruhestörung** *f* disturbo *m* della quiete pubblica; **nächtliche ~** schiamazzi notturni; **Ruhetag** *m* giorno *m* di riposo

ruhig ['ru:ɪç] **I.** *adj* **1.** (*geräuschlos*) silenzioso **2.** (*gelassen*) tranquillo; **~ bleiben** restare calmo; **sich ~ verhalten** mantenersi tranquillo **II.** *adv* (*fam*) **tu das ~!** fallo tranquillamente!

Ruhm [ru:m] <-(e)s> *kein Pl m* gloria *f*

rühmen ['ry:mən] **I.** *vt* lodare **II.** *vr* **sich einer Sache** *gen* **~** vantarsi di qc

rühmlich *adj* lodevole

ruhmlos *adj* inglorioso; **ruhmreich** *adj,* **ruhmvoll** *adj* glorioso

Ruhr[1] ['ru:ɐ̯] <-> *f* (GEOG) Ruhr *f*

Ruhr[2] ['ru:ɐ̯] <-, *rar* -en> *f* (MED) dissenteria *f*

Rührei *n* uova *fpl* strapazzate

rühren ['ry:rən] **I.** *vt* **1.** (*um~*) rimestare **2.** (*bewegen*) muovere; **keinen Finger ~** (*fam*) non muovere un dito **3.** (*ergreifen*) commuovere; **jdn zu Tränen ~** commuovere qu fino alle lacrime **II.** *vi* **von etw ~** derivare da qc; **das rührt daher, dass ...** questo dipende dal fatto che ... **III.** *vr* **sich ~** muoversi; **rührend** *adj* commovente

R

Ruhrgebiet *n* regione *f* della Ruhr
rührselig *adj* (*pej*) sentimentale
Rührteig *m* impasto *m*
Rührung <-> *kein Pl f* commozione *f*
Ruin [ru'i:n] <-s> *kein Pl m* rovina *f*
Ruine [ru'i:nə] <-, -n> *f* rovina *f*
ruinieren [rui'ni:rən] <ohne ge-> *vt* rovinare
rülpsen ['rʏlpsən] *vi* (*fam*) ruttare
rum [rʊm] *adv* (*fam*) *s.* **herum**
Rum [rʊm] <-s, -s> *m* rum *m*
Rumäne [ru'mɛ:nə] <-n, -n> *m* romeno *m*
Rumänien [ru'mɛ:niən] *n* Romania *f*
Rumänin [ru'mɛ:nɪn] <-, -nen> *f* romena *f*; *s. a.* **Rumäne**
rumänisch *adj* romeno
rum|kriegen *vt* (*fam*) **jdn** ~ convincere qu a starci
Rummel ['rʊməl] <-s> *kein Pl m* (*fam*) **1.** (*Betriebsamkeit*) viavai *m* **2.** (*~platz*) fiera *f*; **Rummelplatz** *m* (*fam*) parco *m* dei divertimenti
rumoren [ru'mo:rən] <ohne ge-> *vi* fare fracasso
Rumpelkammer *f* (*fam*) ripostiglio *m*
Rumpf [rʊmpf] <-(e)s, Rümpfe> *m* **1.** (ANAT) tronco *m* **2.** (NAUT) scafo *m* **3.** (AERO) fusoliera *f*
rümpfen ['rʏmpfən] *vt* **die Nase (über etw** *acc*) ~ arricciare il naso (per qc)
Rumpsteak ['rʊmpste:k] *n* costata *f* di manzo
Run [ran] <-s, -s> *m* **der ~ auf etw** *acc* la corsa a qc
rund [rʊnt] **I.** *adj* rotondo; **ein ~es Dutzend** (*fam*) una buona dozzina **II.** *adv* **1.** (*fam: ungefähr*) circa **2.** (*herum*) intorno; **eine Reise ~ um die Erde** un viaggio intorno alla terra; **~ um die Uhr** senza interruzione
Rundbau *m* rotonda *f*; **Rundblick** *m* panorama *m*; **Rundbrief** *m* circolare *f*
Runde ['rʊndə] <-, -n> *f* **1.** (*Gesellschaft*) circolo *m* **2.** (*Rundgang*) giro *m*; **die ~ machen** (*a fig*) fare il giro **3.** (*Rennstrecke*) giro *m* **4.** (*von Getränken*) giro *m*; **eine ~ zahlen** offrire un giro
runden *vt* arrotondare
Rundfahrt *f* giro *m*; **Rundflug** *m* giro *m* in aereo; **Rundfrage** *f* inchiesta *f*
Rundfunk *m* radio *f*; **im ~** alla radio; **Rundfunkanstalt** *f* stazione *f* radiofonica; **Rundfunkgebühren** *fpl* canone *m* radiofonico; **Rundfunkgerät** *n* radio *f*; **Rundfunkhörer(in)** *m(f)* radioascoltatore, -trice *m, f*; **Rundfunkprogramm** *n* programma *m* radiofonico; **Rundfunksender** *m* emittente *f* radiofonica; **Rundfunksendung** *f* emissione *f* radiofonica; **Rundfunksprecher(in)** *m(f)* annunciatore, -trice *m, f* radiofonico, -a; **Rundfunkübertragung** *f* trasmissione *f* radiofonica
Rundgang *m* giro *m*
rundheraus *adv* francamente
rundherum *adv* (tutto) intorno
rundlich *adj* (ro)tondeggiante
Rundreise *f s.* **Rundfahrt**; **Rundschreiben** *n* circolare *f*
rundum *adv s.* **rundherum**
Rundung <-, -en> *f* rotondità *f*
rundweg *adv* nettamente
runter ['rʊntɐ] *adv* (*fam*) *s.* **herunter, hinunter**
Runzel ['rʊntsəl] <-, -n> *f* ruga *f*; **runz(e)lig** *adj* rugoso
runzeln *vt* **die Stirn** ~ corrugare la fronte
runzlig *adj s.* **runz(e)lig**
Rüpel ['ry:pəl] <-s, -> *m* (*pej*) villano *m*
rüpelhaft *adj* (*pej*) villano
rupfen ['rʊpfən] *vt* **1.** (*Geflügel*) spennare **2.** (*Gras*) strappare
ruppig ['rʊpɪç] *adj* (*pej*) sgarbato
Rüsche ['ry:ʃə] <-, -n> *f* ruche *f*
Ruß [ru:s] <-es, *rar* -e> *m* fuliggine *f*
Russe ['rʊsə] <-n, -n> *m* russo *m*
Rüssel ['rʏsəl] <-s, -> *m* proboscide *f*
rußen ['ru:sən] *vi* produrre fuliggine
rußig *adj* fuligginoso
Russin ['rʊsɪn] <-, -nen> *f* russa *f*; *s. a.* **Russe**
russisch *adj* russo
Russland[RR] ['rʊslant] *n*, **Rußland** *n* Russia *f*
rüsten ['rʏstən] **I.** *vi* (MIL) armare **II.** *vr* **sich (zu etw)** ~ (*geh*) prepararsi (a qc)
rüstig ['rʏstɪç] *adj* arzillo
rustikal [rʊsti'ka:l] *adj* rustico
Rüstung ['rʏstʊŋ] <-, -en> *f* **1.** (MIL) armamento *m* **2.** (*Ritter~*) armatura *f*; **Rüstungsindustrie** *f* industria *f* degli armamenti; **Rüstungskontrolle** *f* controllo *m* degli armamenti; **Rüstungswettlauf** *m* corsa *f* agli armamenti
Rute ['ru:tə] <-, -n> *f* bacchetta *f*; (*Angel~*)

canna *f*
Rutsch [rʊtʃ] <-(e)s, -e> *m* scivolone *m;* **guten** ~ **(ins neue Jahr)!** (*fam*) buon anno!; **Rutschbahn** *f,* **Rutsche** <-, -n> *f* scivolo *m*
rutschen *vi sein* scivolare; **zur Seite** ~ spostarsi a lato
rutschfest *adj* antiscivolo; **Rutschgefahr** <-> *kein Pl f* strada *f* sdrucciolevole
rutschig *adj* scivoloso
rütteln ['rʏtəln] *vi* **an etw** *dat* ~ scuotere qc; **daran gibt's nichts zu** ~**!** (*fam*) non ci si può fare più nulla!

S

S, s [ɛs] <-, -> *n* S, s *f;* **S wie Siegfried** S come Savona
s. *abk v* **siehe** v.
S. *abk v* **Seite** p., pag.
Saal ['za:l] <-(e)s, Säle> *m* sala *f*
Saar [za:ɐ̯] *f* Saar *f*
Saarland *n* territorio *m* della Saar
Saat [za:t] <-, -en> *f* **1.** (*Aussaat*) semina *f* **2.** (*Samenkörner*) semenza *f;* **Saatgut** *n* semenza *f*
sabbern ['zabɐn] *vi* (*fam*) sbavare
Säbel ['zɛ:bəl] <-s, -> *m* sciabola *f*
Sabotage [zabo'ta:ʒə] <-, -n> *f* sabotaggio *m*
sabotieren [zabo'ti:rən] <ohne ge-> *vt* sabotare
Sachbearbeiter(in) *m(f)* incaricato, -a *m, f;* **Sachbeschädigung** *f* danno *m* materiale; **Sachbuch** *n* saggio *m;* **sachdienlich** *adj* utile; ~**e Hinweise** informazioni al riguardo
Sache ['zaxə] <-, -n> *f* **1.** (*Ding*) cosa *f* **2.** (*fig: Angelegenheit*) faccenda *f;* (JUR) causa *f;* **das ist nicht jedermanns** ~ non è cosa da tutti; **das tut nichts zur** ~ non c'entra; **die** ~ **ist die, dass …** il fatto è che …; **es ist Ihre** ~ **zu …** spetta a Lei +*inf;* **etw von der** ~ **verstehen** essere del mestiere; **nicht (ganz) bei der** ~ **sein** essere distratto; **seiner** ~ **sicher sein** essere sicuro del fatto proprio; **zur** ~ **kommen** venire al fatto
Sachgebiet *n* materia *f;* **sachgemäß** *adj* appropriato; **Sachkenntnis** *f* competenza *f;* **sachkundig** *adj* competente; **Sachlage** *f* situazione *f* di fatto
sachlich *adj* obiettivo; ~ **bleiben** attenersi ai fatti
sächlich *adj* neutro
Sachschaden *m* danno *m* materiale
Sachse ['zaksə] <-n, -n> *m* sassone *m*
Sachsen ['zaksən] *n* Sassonia *f*
Sächsin ['zɛksɪn] <-, -nen> *f* sassone *f; s. a.* **Sachse**
sächsisch *adj* sassone
sacht [zaxt] *adj* (*sanft*) delicato; (*leicht*) leggero
sachte ['zaxtə] *adv* piano
Sachverhalt *m* stato *m* di cose; **Sachverständige** <ein -r, -n, -n> *mf* esperto, -a *m, f;* **Sachzwang** *m* condizionamento *m*
Sack [zak] <-(e)s, Säcke> *m* sacco *m;* **mit** ~ **und Pack** con armi e bagagli
Sackerl <-s, -n> *n* (*A: Tüte*) sacchetto *m*
Sackgasse *f* (*a fig*) vicolo *m* cieco; **Sacktuch** *n* (*A, CH*) fazzoletto *m*
Sadismus [za'dɪsmʊs] <-> *kein Pl m* sadismo *m*
Sadist(in) [za'dɪst] <-en, -en; -, -nen> *m(f)* sadico, -a *m, f*
sadistisch *adj* sadico
säen ['zɛ:ən] *vt* seminare
Safari [za'fa:ri] <-, -s> *f* safari *m*
Safe [seɪf] <-s, -s> *m* cassaforte *f*
Saft [zaft] <-(e)s, Säfte> *m* **1.** (*Frucht~*) succo *m* **2.** (BOT) linfa *f*
saftig *adj* **1.** (*Obst*) succoso **2.** (*fam: Rechnung*) salato; (*Ohrfeige*) solenne
Saftpresse *f* spremifrutta *m*
Sage ['za:gə] <-, -n> *f* leggenda *f;* (*Götter~, Helden~*) mito *m*
Säge ['zɛ:gə] <-, -n> *f* sega *f;* **Sägemehl** *n* segatura *f*
sagen ['za:gən] *vt* dire; **(zu jdm) guten Tag** ~ augurare il buon giorno (a qu); **Sie zu jdm** ~ dare del Lei a qu; **sich** *dat* **nichts** ~ **lassen** non intendere ragione; **ohne ein Wort zu** ~ senza proferir parola; **nichts sa-**

S

gend insignificante, futile; **viel sagend** significativo; (*Blick*) eloquente; **besser gesagt** o per meglio dire; **gesagt, getan** detto fatto; **das sagt man nicht** una cosa simile non si dice; **das ist leicht gesagt** è facile a dirsi; **das hat nichts zu** ~ questo non conta nulla; **dagegen ist nichts zu** ~ non c'è che dire; **was** ~ **Sie dazu?** che ne dice?; **was Sie nicht** ~**!** che dice mai!; **wem** ~ **Sie das!** a chi lo dice!

sägen ['zɛːgən] *vt* segare

sagenhaft *adj* **1.** (*legendär*) leggendario **2.** (*fam: wunderbar*) favoloso

Sägespäne *mpl* segatura *f*; **Sägewerk** *n* segheria *f*

sah [zaː] *1. u 3. pers sing imp von* **sehen**

Sahne ['zaːnə] <-> *kein Pl f* panna *f*; **sahnig** *adj* cremoso

Saison [zɛ'zõː] <-, -s> *f* stagione *f*; **Saisonarbeiter(in)** *m(f)* stagionale *mf*; **saisonbedingt** *adj* stagionale

Saite ['zaɪtə] <-, -n> *f* corda *f*; **Saiteninstrument** *n* strumento *m* a corda

Sakko ['zako] <-s, -s> *m* giacca *f* da uomo

Sakristei [zakrɪs'taɪ] <-, -en> *f* sagrestia *f*

Salami [za'laːmi] <-, -s> *f* salame *m*

Salär [za'lɛːɐ̯] <-s, -e> *n* (*A, CH: Gehalt*) salario *m*

Salat [za'laːt] <-(e)s, -e> *m* insalata *f*; **da haben wir den ~!** (*fam*) la frittata è fatta!; **Salatschüssel** *f* insalatiera *f*; **Salatsoße** *f* condimento *m* (per l'insalata)

Salbe ['zalbə] <-, -n> *f* pomata *f*

Salbei ['zalbaɪ] <-s> *kein Pl m* salvia *f*

salbungsvoll *adj* (*pej*) untuoso

Saldo ['zaldo] <-s, -s> *m* (FIN) saldo *m*

Säle *pl von* **Saal**

Salmiak [zal'mi̯ak] <-s> *kein Pl m* cloruro *m* d'ammonio

Salmonelle [zalmo'nɛlə] <-, -n> *f* salmonella *f*; **Salmonellenvergiftung** *f* salmonellosi *f*

Salon [za'lõː] <-s, -s> *m* salotto *m*; **salonfähig** *adj* presentabile (in società)

salopp [za'lɔp] *adj* (*Kleidung*) trasandato; (*Ausdrucksweise*) sciatto

Salpetersäure *f* acido *m* nitrico

Salto ['zalto] <-s, -s> *m* salto *m*

salü *int* (*CH*) **1.** (*hallo*) salve **2.** (*tschüs*) ciao

Salz [zalʦ] <-es, -e> *n* sale *m*; **Salzbergwerk** *n* salina *f*

Salzburg *n* Salisburgo *f*

| **Salzburger Festspiele** (Festival di Salisburgo) furono inaugurati nell'agosto del 1920. Nei primi anni Max Reinhardt fra gli altri ottenne grandi successi con le sue messe in scena di Shakespeare. Famose nel mondo sono le rappresentazioni di "Jedermann" sulla scalinata del Duomo di Salisburgo. Dal 1956 al 1960 Herbert von Karajan fu direttore del Festival. Dal 1992 il Festival è diretto da tre persone, ciascuna responsabile per un settore diverso.

salzen <salzt, salzte, gesalzen> *vt* salare

salzig *adj* salato

Salzkartoffeln *fpl* patate *fpl* lesse; **Salzsäure** *f* acido *m* cloridrico; **Salzstreuer** *m* saliera *f*; **Salzwasser** *n* acqua *f* salata

Samen ['zaːmən] <-s, -> *m* **1.** (BOT) seme *m*; (*Saatgut*) semente *f* **2.** (*Sperma*) sperma *m*; **Samenbank** *f* banca *f* dello sperma; **Samenkorn** *n* grano *m*

Sammelbegriff *m* nome *m* collettivo; **Sammelbestellung** *f* ordinazione *f* collettiva

sammeln ['zaməln] **I.** *vt* (rac)cogliere; (*als Hobby*) collezionare; (*Erfahrungen*) acquisire; (*Truppen*) radunare **II.** *vr* **sich** ~ **1.** (*Personen*) radunarsi **2.** (*sich konzentrieren*) raccogliersi

Sammelsurium [zaməl'zuːriʊm] <-s, Sammelsurien> *n* (*pej*) guazzabuglio *m*

Sammeltaxi *n* taxi *m* collettivo

Sammler(in) <-s, -; -, -nen> *m(f)* (*Liebhaber*) collezionista *mf*

Sammlung <-, -en> *f* **1.** (*das Sammeln*) raccolta *f* **2.** (*das Gesammelte*) collezione *f* **3.** (*fig*) raccoglimento *m*

Samstag ['zamstaːk] <-s, -e> *m* sabato *m*; *s. a.* **Dienstag**

samstags *adv* di [*o* il] sabato

samt [zamt] **I.** *prp +dat* (insieme) con **II.** *adv* ~ **und sonders** tutti insieme

Samt [zamt] <-(e)s, -e> *m* velluto *m*

sämtlich ['zɛmtlɪç] *adj* tutto

Sand [zant] <-(e)s, -e> *m* sabbia *f*; **jdm** ~ **in die Augen streuen** (*fig*) gettare polvere negli occhi di qu; **im ~e verlaufen** (*fig*) perdersi nel nulla

Sandale [zan'daːlə] <-, -n> *f* sandalo *m*

Sandbank *f* banco *m* di sabbia

sandeln ['zandəln] *vi* (*A: fam pej*), **sändeln** ['zɛndəln] *vi* (*CH*) oziare

sandig *adj* sabbioso

Sandkasten *m* recinto *m* con sabbia; **Sandkorn** *n* granello *m* di sabbia

Sandler <-s, -> *m* (*A*) **1.** (*fam pej: Obdachloser*) senzatetto *mf* **2.** (*fam pej: untüchtiger Mensch*) inetto *m*

Sandstein *m* (pietra *f*) arenaria *f*; **Sandstrand** *m* spiaggia *f* sabbiosa; **Sandsturm** *m* tempesta *f* di sabbia

sandte ['zantə] *1. u 3. pers sing imp von* **senden**

Sanduhr *f* clessidra *f*

sanft [zanft] *adj* **1.** (*Gemüt*) dolce **2.** (*leicht*) leggero; **sanftmütig** *adj* mite

sang [zaŋ] *1. u 3. pers sing imp von* **singen**

Sänger(in) ['zɛŋɐ] <-s, -; -, -nen> *m(f)* cantante *mf*

sanieren [za'ni:rən] <ohne ge-> **I.** *vt* risanare **II.** *vr* **sich ~** riprendersi

Sanierung <-> *kein Pl f* risanamento *m*

sanitär [zani'tɛ:ɐ̯] *adj* sanitario; **~e Anlagen** impianti sanitari

Sanität [zani'tɛ:t] <-> *kein Pl f* (*CH, A: Krankenwagen*) ambulanza *f*

Sanitäter [zani'tɛ:tɐ] <-s, -> *m* infermiere *m*; (MIL) soldato *m* di sanità

sank [zaŋk] *1. u 3. pers sing imp von* **sinken**

Sankt Gallen *n* San Gallo *f*

sanktionieren [zaŋktsi̯o'ni:rən] <ohne ge-> *vt* sanzionare

sann [zan] *1. u 3. pers sing imp von* **sinnen**

Saphir ['za:fiɐ] <-s, -e> *m* zaffiro *m*

Sarde ['zardə] <-n, -n> *m* sardo *m*

Sardelle [zar'dɛlə] <-, -n> *f* acciuga *f*

Sardin ['zardɪn] <-, -nen> *f* sarda *f*; *s. a.* **Sarde**

Sardine [zar'di:nə] <-, -n> *f* sardina *f*

Sardinien [zar'di:niən] *n* Sardegna *f*

sardisch ['zardɪʃ] *adj* sardo

Sarg [zark] <-(e)s, Särge> *m* bara *f*

Sarkasmus [zar'kasmʊs] <-, Sarkasmen> *m* sarcasmo *m*

sarkastisch *adj* sarcastico

saß [za:s] *1. u 3. pers sing imp von* **sitzen**

Satan ['za:tan] <-s, -e> *m* Satana *m*

Satellit [zatɛ'li:t] <-en, -en> *m* satellite *m*; **Satellitenfernsehen** *n* televisione *f* via satellite; **Satellitenfoto** *n* immagine *f* via satellite; **Satellitenschüssel** *f* (*fam*) parabola *f*; **Satellitenstadt** *f* città *f* satellite

Satin [za'tɛ̃:] <-s, -s> *m* satin *m*

Satire [za'ti:rə] <-, -n> *f* satira *f*; **eine ~ auf etw** *acc* una satira di qc

satirisch *adj* satirico

satt [zat] *adj* **1.** (*gesättigt, a fig*) sazio; **~ machen** saziare; **~ werden** saziarsi; **sich ~ essen** mangiare a sazietà; **etw ~ haben** averne abbastanza di qc **2.** (*Farbe*) intenso

Sattel ['zatəl] <-s, Sättel> *m* sella *f*; **fest im ~ sitzen** (*fig*) ritenere la propria posizione sicura; **sattelfest** *adj* **in etw** *dat* **~ sein** (*fig*) essere ferrato in qc

satteln *vt* sellare

Sattelschlepper *m* motrice *f* per semirimorchio

sättigen ['zɛtɪgən] *vt* **1.** (*satt machen*) saziare; (*fig: stillen*) soddisfare **2.** (CHEM) saturare

Satz [zats] <-es, Sätze> *m* **1.** (LING) frase *f* **2.** (*Lehr~*) teorema *m* **3.** (MUS) movimento *m* **4.** (*Tennis~*) set *m* **5.** (*Set*) serie *f*; (COM) assortimento *m* **6.** (TYP) composizione *f* **7.** (*Sprung*) balzo *m* **8.** (*Boden~*) fondo *m*; **Satzbau** *kein Pl m* (LING) costruzione *f* della frase; **Satzteil** *m* parte *f* della proposizione

Satzung ['zatsʊŋ] <-, -en> *f* regolamento *m*

Satzzeichen *n* segno *m* d'interpunzione

Sau [zaʊ] <-, Säue> *f* **1.** (ZOO) scrofa *f* **2.** (*fam: Mensch*) porco *m*

sauber ['zaʊbɐ] *adj* **1.** (*nicht schmutzig*) pulito; **etw ~ machen** pulire qc; **~ machen** fare le pulizie **2.** (*sorgfältig*) accurato; (*genau*) esatto **3.** (*anständig*) perbene **4.** (*fam iron*) bello

Sauberkeit <-> *kein Pl f* pulizia *f*

säuberlich *adv* accuratamente

sauber|machen *vt, vi s.* **sauber 1.**

säubern ['zɔɪbɐn] *vt* **1.** (*reinigen*) pulire **2. etw (von etw) ~** (POL) epurare qc (da qc)

Säuberung <-, -en> *f* **1.** (*Reinigung*) pulizia *f* **2.** (POL) epurazione *f*; **ethnische ~** pulizia etnica

Sauce ['zo:sə] <-, -n> *f s.* **Soße**

Saudi-Arabien [zaʊdia'ra:biən] *n* Arabia *f* Saudita

sauer ['zaʊɐ] *adj* **1.** (*nicht süß*) acido; (*Wein*) aspro; (*Milch*) acido; (*Hering*) all'agro; **saure Gurken** cetriolini sott'aceto; **saurer Regen** pioggia acida **2.** (*fam: Mensch*) incavolato; **auf jdn ~ sein** (*fam*) avercela con qu; **Sauerbraten** *m* arrosto *m* all'agro

Sauerei [zaʊə'raɪ] <-, -en> *f* (*fam pej*) porcheria *f*

Sauerkirsche *f* amarena *f;* **Sauerkraut** *n* crauti *mpl*

säuerlich ['zɔɪɐlɪç] *adj* asprigno

Sauerstoff *m* ossigeno *m;* **Sauerstoffmangel** *m* mancanza *f* d'ossigeno; **Sauerstoffmaske** *f* maschera *f* a ossigeno

Sauerteig *m* lievito *m*

saufen ['zaʊfən] <säuft, soff, gesoffen> *vt* **1.** (*Tier*) bere **2.** (*sl: Mensch*) trincare

Säufer ['zɔɪfɐ] <-s, -> *m* (*fam pej*) ubriacone *m*

Sauferei [zaʊfə'raɪ] <-, -en> *f* (*fam pej*) bevuta *f*

Säuferin <-, -nen> *f* (*fam*) ubriacona *f*

säuft [zɔɪft] *3. pers sing pr von* **saufen**

saugen ['zaʊgən] <saugt, sog, gesogen> *vt, vi* succhiare; (*Staub*) aspirare; **Staub** ~ passare l'aspirapolvere

säugen ['zɔɪgən] *vt* allattare

Säugetier *n* mammifero *m*

Säugling ['zɔɪklɪŋ] <-s, -e> *m* lattante *mf;* **Säuglingsschwester** *f* puericultrice *f*

Säule ['zɔɪlə] <-, -n> *f* colonna *f*

Saum [zaʊm] <-(e)s, Säume> *m* orlo *m*

säumen ['zɔɪmən] *vt* **1.** (*Stoff*) fare l'orlo a **2.** (*Straße*) fiancheggiare

Sauna ['zaʊna] <-, -s> *f* sauna *f*

Säure ['zɔɪrə] <-, -n> *f* **1.** *sing* (*Geschmack*) acidità *f* **2.** (CHEM) acido *m*

Saus [zaʊs] *m* **in ~ und Braus leben** fare la bella vita

säuseln ['zɔɪzəln] *vi* sussurrare

sausen ['zaʊzən] *vi* **1.** *sein* (*fam: eilen*) correre **2.** *haben* (*Ohren*) fischiare; (*Kopf*) ronzare **3.** (*Wend*) **etw ~ lassen** (*fam*) lasciar perdere qc

Saustall *m* (*fig fam*) porcile *m;* **Sauwetter** *n* (*fam*) tempaccio *m*

Saxofon[RR] [zakso'fo:n] <-(e)s, -e> *n*, **Saxophon** <-(e)s, -e> *n* sassofono *m*

SB [ɛs'be:] *abk v* **Selbstbedienung** self-service *m*

S-Bahn *f* metropolitana *f*

SBB [ɛsbe:'be:] *f abk v* **Schweizerische Bundesbahn** *Ferrovie federali svizzere*

scannen *vt* (INFORM) scannerizzare

Scanner ['skɛnɐ] <-s, -> *m* (INFORM) scanner *m*

Schabe ['ʃa:bə] <-, -n> *f* (*Küchen~*) scarafaggio *m*

schaben ['ʃa:bən] *vt* (*ab~*) raschiare; (*Gemüse*) grattugiare

Schabernack ['ʃa:bɐnak] <-(e)s, -e> *m* **jdm einen ~ spielen** fare uno scherzo a qu

schäbig ['ʃɛ:bɪç] *adj* **1.** (*Kleidung*) logoro **2.** (*gemein*) meschino

Schablone [ʃa'blo:nə] <-, -n> *f* modello *m;* (*fig pej*) cliché *m*

Schach [ʃax] <-s, -s> *n* scacchi *mpl;* **~ spielen** giocare agli scacchi; **in ~ halten** (*fig*) tenere in scacco; **Schachbrett** *n* scacchiera *f;* **Schachfigur** *f* figura *f* degli scacchi; **schachmatt** *adj* scacco matto; (*fig: erschöpft*) sfinito; **Schachpartie** *f* partita *f* a scacchi; **Schachspieler(in)** *m(f)* scacchista *mf*

Schacht [ʃaxt] <-(e)s, Schächte> *m* **1.** (MIN) pozzo *m* **2.** (*Fahrstuhl~*) tromba *f*

Schachtel ['ʃaxtəl] <-, -n> *f* scatola *f;* **eine ~ Zigaretten** un pacchetto di sigarette

schade ['ʃa:də] *adj* **es ist ~, dass ...** è un peccato che *+conj;* **sich** *dat* **zu ~ sein für** sentirsi sprecato per; **wie ~!** che peccato!

Schädel ['ʃɛ:dəl] <-s, -> *m* cranio *m;* **Schädelbruch** *m* frattura *f* cranica

schaden ['ʃa:dən] *vi* **jdm/etw ~** nuocere a qu/qc; **das kann nicht ~** non fa male

Schaden <-s, Schäden> *m* **1.** (*Beschädigung*) danno *m;* (TEC) guasto *m;* **~ anrichten** causare danni **2.** (*Nachteil*) svantaggio *m* **3.** (*Verletzung*) lesione *f;* **Schadenersatz** *m* risarcimento *m* (dei) danni; **(jdm) ~ leisten** risarcire (a qu) i danni

Schadenfreude *f* gioia *f* maligna; **schadenfroh** *adj* **~ sein** essere malignamente soddisfatto

schadhaft *adj* difettoso

schädigen ['ʃɛ:dɪgən] *vt* danneggiare

schädlich *adj* dannoso; (*gesundheitlich*) nocivo

Schädling ['ʃɛ:tlɪŋ] <-s, -e> *m* parassita *m;* **Schädlingsbekämpfung** *f* lotta *f* antiparassitaria

Schadstoff *m* agente *m* inquinante; **schadstoffarm** *adj* poco nocivo; **Schadstoffbelastung** *f* inquinamento *m;* **schadstoffgeprüft** *adj* libero da sostanze nocive

Schaf [ʃa:f] <-(e)s, -e> *n* **1.** (*Tier*) pecora *f;* **schwarzes ~** (*fig*) pecora nera **2.** (*pej fam:*

Dummkopf) minchione, -a *m, f;* **Schafbock** *m* montone *m*

Schäfer ['ʃɛːfɐ] <-s, -> *m* pecoraio *m;* **Schäferhund** *m* (cane *m*) pastore *m;* **Schäferin** <-, -nen> *f* pecoraia *f; s. a.* **Schäfer**

schaffen¹ ['ʃafən] <schafft, schuf, geschaffen> *vt* **1.** (*Werk*) creare **2.** (*Ordnung, Platz*) fare

schaffen² *vt* **1.** (*erreichen*) raggiungere; (*erledigen*) sbrigare; (*Prüfung*) passare; **es ~** farcela; **wir haben's geschafft!** ce l'abbiamo fatta! **2.** (*befördern*) portare

Schaffner(in) ['ʃafnɐ] <-s, -; -, -nen> *m(f)* bigliettaio, -a *m, f*

Schafherde *f* gregge *m* di pecore; **Schafskäse** *m* formaggio *m* pecorino

Schakal [ʃa'kaːl] <-s, -e> *m* sciacallo *m*

schäkern *vi* (*fam*) flirtare

schal [ʃaːl] *adj* **1.** (*abgestanden*) guasto **2.** (*fig: fade, geistlos*) insipido

Schal <-s, -s> *m* sciarpa *f*

Schale ['ʃaːlə] <-, -n> *f* **1.** (*Gefäß*) coppa *f* **2.** (*Obst~, Kartoffel~*) buccia *f;* (*Eier~, Nuss~*) guscio *m* **3.** (*Wend*) **sich in ~ werfen** (*fam*) mettersi in ghingheri

schälen ['ʃɛːlən] **I.** *vt* (*Kartoffeln, Obst*) sbucciare; (*Eier*) sgusciare **II.** *vr* **sich ~** (*Haut*) spellarsi

Schall [ʃal] <-(e)s, -e> *m* suono *m;* **schalldämmend** *adj* fonoassorbente; **Schalldämpfer** *m* silenziatore *m;* **schalldicht** *adj* a isolamento acustico

schallen *vi* (ri)sonare; **schallend** *adj* risonante; (*Gelächter*) sonoro

Schallgeschwindigkeit *f* velocità *f* sonica; **Schallgrenze** *f,* **Schallmauer** *f* muro *m* del suono; **die ~ durchbrechen** superare il muro del suono

Schallplatte *f* disco *m*

Schaltbild *n* schema *m* elettrico; **Schaltbrett** *n* quadro *m* di distribuzione

schalten ['ʃaltən] **I.** *vt* regolare; (TEC) inserire **II.** *vi* **1.** (AUTO) cambiare marcia; **in den dritten Gang ~** innestare la terza **2.** (*fam: begreifen*) capire

Schalter <-s, -> *m* **1.** (*am Gerät*) interruttore *m* **2.** (*zur Kundenbedienung*) sportello *m;* **Schalterhalle** *f* sala *f* degli sportelli; **Schalterstunden** *fpl* orario *m* per il pubblico

Schaltfläche *f* (INFORM) barra *f;* **Schalthebel** *m* (*a fig*) leva *f* di comando; (AUTO) leva *f* del cambio; **Schaltjahr** *n* anno *m* bisestile; **Schaltplan** *m* schema *m* elettrico

Schaltung <-, -en> *f* **1.** (EL) inserimento *m* **2.** (AUTO) cambio *m* di marcia

Scham [ʃaːm] <-> *kein Pl f* **1.** vergogna *f* **2.** (*~haftigkeit*) pudore *m*

schämen ['ʃɛːmən] *vr* **sich** (**einer Sache** *gen*) **~** vergognarsi (di qc)

Schamgefühl *n* pudore *m;* **Schamhaare** *npl* peli *mpl* del pube; **schamlos** *adj* spudorato

Schande ['ʃandə] <-> *kein Pl f* vergogna *f;* **das ist (wirklich) eine ~!** è proprio una vergogna!

schänden ['ʃɛndən] *vt* **1.** (*entehren*) disonorare **2.** (*entweihen*) profanare

schändlich *adj* infame

Schandtat *f* infamia *f;* **zu jeder ~ bereit sein** (*fam scherz*) essere della partita

Schändung <-, -en> *f* profanazione *f*

Schanktisch *m* banco *m* (di mescita)

Schanze ['ʃantsə] <-, -n> *f* (*Sprung~*) trampolino *m*

Schar [ʃaːɐ̯] <-, -en> *f* (*von Menschen*) schiera *f;* (*Vögel*) stormo *m;* **in ~en** a schiere

scharen ['ʃaːrən] *vr* **sich** (**um jdn**) **~** radunarsi (attorno a qu)

scharf [ʃarf] <schärfer, schärfste> *adj* **1.** (*Schneide*) tagliente; (*Kante*) vivo **2.** (*Speise*) piccante **3.** (*Wind*) rigido **4.** (*Stimme*) stridulo **5.** (*Foto*) nitido; (*Augen*) buono; (*Gehör*) fine **6.** (*Kurve*) brusco **7.** (*Verstand*) acuto; **~ nachdenken** pensare intensamente **8.** (*Worte*) pungente; (*Kritik*) mordace **9.** (MIL: *Munition*) caricato a palla; (*Bombe*) innescato **10.** (*Hund*) mordace **11.** (*sl: geil*) tosto; **auf etw** *acc* **~ sein** (*fam*) desiderare avidamente qc

Scharfblick *m* perspicacia *f*

Schärfe ['ʃɛrfə] <-, -n> *f* **1.** (*von Schneide*) taglio *m* **2.** (*von Essen*) sapore *m* piccante **3.** (*von Bild*) nitidezza *f* **4.** (*Verstand*) acume *m* **5.** (*von Kritik*) mordacità *f* **6.** (*Strenge*) durezza *f*

schärfen *vt* affilare

Scharfschütze *m,* **Scharfschützin** *f* tiratore, -trice *m, f* scelto, -a; **scharfsichtig** *adj* perspicace; **Scharfsinn** *m* acume *m;* **scharfsinnig** *adj* perspicace

Scharnier [ʃar'niːɐ̯] <-s, -e> *n* cerniera *f*

Schärpe ['ʃɛrpə] <-, -n> *f* sciarpa *f*

scharren ['ʃarən] *vi* raschiare

Scharte ['ʃartə] <-, -n> *f* tacca *f*

Schaschlik ['ʃaʃlɪk] <-s, -s> *m o n* (GASTR) spiedino *m*

Schatten ['ʃatən] <-s, -> *m* ombra *f;* **im ~ von** all'ombra di; **jdn in den ~ stellen** (*fig*) mettere in ombra qu; **Schattenseite** *f* (*fig: Kehrseite*) rovescio *m* della medaglia

schattieren [ʃa'ti:rən] <ohne ge-> *vt* ombr(eggi)are

Schattierung <-, -en> *f* ombratura *f*

schattig *adj* ombreggiato

Schattseite *f* (*CH*) *s.* **Schattenseite**

Schatz [ʃats] <-es, Schätze> *m* (*a fig*) tesoro *m*

schätzen ['ʃɛtsən] **I.** *vt* **1.** (*ab~*) valutare; **wie alt schätzt du mich?** quanti anni mi dai? **2.** (*würdigen*) stimare; **sich glücklich ~** dirsi fortunato; **jdn/etw zu ~ wissen** saper apprezzare qu/qc **II.** *vi* indovinare

Schätzung <-, -en> *f* valutazione *f;* **nach meiner ~** secondo i miei calcoli; **schätzungsweise** *adv* approssimativamente

Schau [ʃaʊ] <-, -en> *f* **1.** (*Ausstellung*) mostra *f;* **etw zur ~ stellen** mettere in mostra qc; (*fig*) mostrare qc **2.** (*fam: Spektakel*) spettacolo *m;* **eine ~ abziehen** mettersi in scena; **jdm die ~ stehlen** rubare la scena a qu; **Schaubild** *n* diagramma *m*

Schauder ['ʃaʊdɐ] <-s, -> *m* brivido *m;* (*Grauen*) orrore *m;* **schauderhaft** *adj* orribile

schaudern *vi* rabbrividire; **mich schaudert bei dem Gedanken an …** inorridisco al pensiero di …

schauen ['ʃaʊən] *vi* guardare

Schauer ['ʃaʊɐ] <-s, -> *m* **1.** (*Regen~*) scroscio *m* **2.** (*Schreck*) brivido *m*

schauerlich *adj* orribile

Schaufel ['ʃaʊfəl] <-, -n> *f* pala *f*

schaufeln *vt* (*Loch*) scavare

Schaufenster *n* vetrina *f;* **Schaufensterbummel** *m* **einen ~ machen** fare un giro per vedere le vetrine; **Schaufensterpuppe** *f* manichino *m*

Schaukasten *m* teca *f*

Schaukel ['ʃaʊkəl] <-, -n> *f* altalena *f*

schaukeln *vi* (*mit Schaukel*) andare in altalena; (*mit Stuhl*) dondolarsi

Schaukelpferd *n* cavallo *m* a dondolo; **Schaukelstuhl** *m* sedia *f* a dondolo

schaulustig *adj* curioso

Schaum [ʃaʊm] <-(e)s, Schäume> *m* schiuma *f;* **Schaumbad** *n* bagnoschiuma *m*

schäumen ['ʃɔɪmən] *vi* far schiuma; (*Sekt*) spumeggiare; **vor Wut ~** schiumare di rabbia

Schaumfestiger *m* spuma *f* (per capelli); **Schaumgummi** *m* gomma *f* piuma

schaumig *adj* schiumoso

Schaumkrone *f* cresta *f* schiumosa; **Schaumstoff** *m* espanso *m;* **Schaumwein** *m* spumante *m*

Schauplatz *m* luogo *m* della rappresentazione

Schauspiel *n* (*a fig*) spettacolo *m;* (THEAT) dramma *m;* **Schauspieler** *m* attore *m;* **Schauspielerei** *kein Pl f* (*fig*) commedia *f;* **Schauspielerin** *f* attrice *f; s. a.* **Schauspieler**; **schauspielern** *vi* fare l'attore; **Schauspielhaus** *n* teatro *m*

Scheck [ʃɛk] <-s, -s> *m* assegno *m;* **einen ~ (über 100 Mark) ausstellen** emettere un assegno (di 100 marchi); **Scheckbuch** *n,* **Scheckheft** *n* libretto *m* degli assegni; **Scheckkarte** *f* carta *f* assegni

scheffeln *vt* (*Geld*) ammassare

Scheibe ['ʃaɪbə] <-, -n> *f* **1.** disco *m* **2.** (*Schieß~*) bersaglio *m* **3.** (*Fenster~*) vetro *m* **4.** (*Brot~*) fetta *f;* **in ~n schneiden** affettare; **Scheibenbremse** *f* (AUTO) freno *m* a disco; **Scheibenwaschanlage** *f* (AUTO) lavavetro *m;* **Scheibenwischer** <-s, -> *m* (AUTO) tergicristallo *m*

Scheich [ʃaɪç] <-s, -e> *m* sceicco *m*

Scheide ['ʃaɪdə] <-, -n> *f* **1.** (ANAT) vagina *f* **2.** (*von Waffe*) fodero *m*

scheiden ['ʃaɪdən] <scheidet, schied, geschieden> **I.** *vt haben* (*trennen*) dividere; (*Ehe*) sciogliere; **sich (von jdm) ~ lassen** divorziare (da qu) **II.** *vi sein* (*auseinander gehen*) separarsi; **aus dem Amt ~** dare le dimissioni

Scheidung <-, -en> *f* divorzio *m;* **die ~ einreichen** chiedere il divorzio; **in ~ leben** stare per divorziare; **Scheidungsgrund** *m* motivo *m* di divorzio

Schein [ʃaɪn] <-(e)s, -e> *m* **1.** (*Bescheinigung*) attestato *m;* (*Gepäck~*) scontrino *m* bagagli **2.** (*Fahr~, Geld~*) biglietto *m* **3.** *sing* (*Licht~*) luce *f* **4.** *sing* (*An~*) apparenza *f;* **den ~ wahren** salvare le apparenze; **der ~ trügt** l'apparenza inganna; **zum ~** per l'apparenza

scheinbar *adj* apparente

scheinen ['ʃaɪnən] <scheint, schien, geschienen> *vi* **1.** (*Sonne*) splendere **2.** (*den Anschein haben*) sembrare; **wie mir scheint** a quanto sembra; **es scheint, dass ...** sembra che +*conj*

scheinheilig *adj* ipocrita

Scheinselbstständigkeit *f* libera professione *f* apparente

Scheinwerfer <-s, -> *m* proiettore *m;* (AUTO) faro *m*

Scheiße ['ʃaɪsə] <-> *kein Pl f* (*vulg*) merda *f;* **~!** porca miseria!

Scheit [ʃaɪt] <-(e)s, -e> *n* ceppo *m*

Scheitel ['ʃaɪtəl] <-s, -> *m* **1.** (*im Haar*) scriminatura *f;* **vom ~ bis zur Sohle** da capo a piedi; (*fig*) da cima a fondo **2.** (*höchster Punkt*) cima *f*

scheitern ['ʃaɪtɐn] *vi sein* fallire; **an etw** *dat* **~** fallire per qc

Schelm [ʃɛlm] <-(e)s, -e> *m* birbante *m;* **schelmisch** *adj* burlone

Schema ['ʃeːma] <-s, -s> *n* schema *m;* **nach ~ F** (*pej*) come al solito

schematisch *adj* (*a pej*) schematico

Schemel ['ʃeːməl] <-s, -> *m* sgabello *m*

schemenhaft *adj* indistinto

Schenkel ['ʃɛŋkəl] <-s, -> *m* **1.** (ANAT) coscia *f* **2.** (*von Zirkel*) asta *f;* (MAT: *Winkel*) lato *m*

schenken ['ʃɛnkən] *vt* **(jdm) etw ~** regalare qc (a qu); **etw geschenkt bekommen** ricevere qc in regalo; **das ist geschenkt!** (*fam: billig*) ma è gratis!; **einer Sache** *dat* **Aufmerksamkeit ~** prestare attenzione a qc; **sich** *dat* **etw ~** risparmiarsi qc

Schenkung <-, -en> *f* donazione *f*

Scherbe ['ʃɛrbə] <-, -n> *f* coccio *m;* **~n bringen Glück** (*prov*) cocci di bottiglia, fortuna chi ti piglia

Schere ['ʃeːrə] <-, -n> *f* **1.** (*Werkzeug*) forbici *fpl;* (*groß*) cesoia *f* **2.** (ZOO: *Krebs~*) pinza *f*

scheren[1] ['ʃeːrən] <schert, schor, geschoren> *vt* (*Tier*) tosare

scheren[2] **I.** *vt* (*fam: kümmern*) **was schert mich das!** che m'importa! **II.** *vr* **sich um jdn/etw nicht ~** non curarsi di qu/qc

Scherereien [ʃeːrə'raɪən] *fpl* seccature *fpl*

Scherz [ʃɛrts] <-es, -e> *m* scherzo *m;* **im ~** per scherzo; **Scherzartikel** *m* articolo *m* per Carnevale

scherzen *vi* scherzare

scherzhaft *adj* scherzoso

scheu [ʃɔɪ] *adj* (*schüchtern*) timido; (*menschen~*) schivo; (*Pferd*) ombroso; **Scheu** <-> *kein Pl f* timidezza *f*

scheuchen ['ʃɔɪçən] *vt* scacciare

scheuen ['ʃɔɪən] **I.** *vt* **1.** (*fürchten*) aver paura di **2.** (*Mühe*) scansare; (*Anstrengung*) evitare **II.** *vr* **sich vor etw** *dat* **~** avere paura di qc **III.** *vi* (*Pferd*) adombrarsi

scheuern ['ʃɔɪɐn] *vt* (*reinigen*) pulire strofinando; (*Schuh*) sfregare

Scheuklappen *fpl* (*a fig*) paraocchi *mpl*

Scheune ['ʃɔɪnə] <-, -n> *f* granaio *m*

Scheusal ['ʃɔɪzaːl] <-s, -e> *n* mostro *m*

scheußlich ['ʃɔɪslɪç] *adj* orrendo

Schi *m s.* **Ski**

Schicht [ʃɪçt] <-, -en> *f* **1.** (GEOL, SOC) strato *m* **2.** (*Arbeits~*) turno *m* di lavoro; (*die Arbeiter*) squadra *f;* **~ arbeiten** fare i turni; **Schichtarbeit** *f* lavoro *m* a turni

schichten ['ʃɪçtən] *vt* accatastare

Schichtwechsel *m* cambio *m* di turno

schick [ʃɪk] *adj* chic

schicken ['ʃɪkən] **I.** *vt* mandare; (*versenden*) spedire **II.** *vi* **nach jdm ~** mandare a chiamare qu **III.** *vr* **sich ~** **1.** (*sich geziemen*) addirsi; **das schickt sich nicht** questo non si fa **2.** (*fügen*) **sich in etw** *acc* **~** rassegnarsi a qc

Schickimicki [ʃɪki'mɪki] <-s, -s> *m* (*fam*) trendy *mf*

Schicksal ['ʃɪkzaːl] <-s, -e> *n* destino *m;* **jdn seinem ~ überlassen** abbandonare qu al proprio destino; **Schicksalsschlag** *m* colpo *m* del destino

Schiebedach *n* (AUTO) tetto *m* apribile

schieben ['ʃiːbən] <schiebt, schob, geschoben> *vt* spingere; **etw in den Mund ~** mettere qc in bocca; **die Schuld für etw auf jdn ~** (*fig*) addossare la colpa di qc a qu

Schieber <-s, -> *m* **1.** (*von Gerät*) cursore *m* **2.** (*fam pej: Drogen~*) spacciatore *m* di droga

Schiebetür *f* porta *f* scorrevole

Schiebung <-, -en> *f* (*Betrug*) imbroglio *m*

schied [ʃiːt] *1. u 3. pers sing imp von* **scheiden**

Schiedsrichter(in) *m(f)* arbitro, -a *m, f;* **Schiedsspruch** *m* (JUR) arbitrato *m*

schief [ʃiːf] **I.** *adj* storto; (*geneigt*) inclinato;

(*Turm*) pendente; (*fig: falsch*) falso **II.** *adv* storto; **jdn ~ ansehen** (*fig*) guardare qu di traverso

Schiefer ['ʃiːfɐ] <-s, -> *m* scisto *m*; **Schieferdach** *n* tetto *m* d'ardesia; **Schiefertafel** *f* lavagna *f*

schief|gehen *vi s.* **gehen I.7.**

schief|lachen *vr* **sich ~** (*fam*) crepare dalle risate

schielen ['ʃiːlən] *vi* essere strabico; **nach etw ~** (*fig fam*) sbirciare qc

schien [ʃiːn] *1. u 3. pers sing imp von* **scheinen**

Schienbein *n* tibia *f*

Schiene ['ʃiːnə] <-, -n> *f* **1.** (MED) stecca *f* **2.** (FERR) rotaia *f*

schienen *vt* (MED) steccare

Schienennetz *n* rete *f* ferroviaria; **Schienenverkehr** *m* traffico *m* ferroviario

schier [ʃiːɐ̯] **I.** *adj* (*fig*) puro **II.** *adv* (*beinahe*) quasi

Schießbude *f* baraccone *m* del tiro a segno

schießen ['ʃiːsən] <schießt, schoss, geschossen> **I.** *vt* **1.** (*Pfeil*) tirare **2.** (*Wild*) abbattere **3.** (*Fußball*) **ein Tor ~** fare un gol **II.** *vi* **1.** *haben* (*Schütze*) sparare; (*Fußballer*) tirare; **auf jdn ~** sparare a qu **2.** *sein* (*sich schnell bewegen*) sfrecciare

Schießerei [ʃiːsə'raɪ] <-, -en> *f* sparatoria *f*

Schiff [ʃɪf] <-(e)s, -e> *n* **1.** nave *f*; **mit dem ~ fahren** andare con la nave **2.** (*Kirchen~*) navata *f*

Schiffahrt *f s.* **Schifffahrt**

schiffbar *adj* navigabile; **Schiffbau** *m* costruzioni *mpl* navali; **Schiffbruch** *m* naufragio *m*; **~ erleiden** (*a fig*) naufragare; **schiffbrüchig** *adj* naufragato; **Schiffbrüchige** <ein -r, -n, -n> *mf* naufrago, -a *m, f*

Schiffer(in) <-s, -; -, -nen> *m(f)* battelliere, -a *m, f*

Schifffahrt[RR], **Schiffahrt** *f* navigazione *f*; **Schifffahrtsweg**[RR] *m* rotta *f* navale

Schiffsjunge *m* mozzo *m*; **Schiffsladung** *f* carico *m* della nave

Schiit(in) [ʃi'iːt] <-en, -en; -, -nen> *m(f)* sciita *mf*

schiitisch *adj* sciita

Schikane [ʃi'kaːnə] <-, -n> *f* angheria *f*; **mit allen ~n** (*fam*) con tutti i comfort

schikanieren [ʃika'niːrən] <ohne ge-> *vt* vessare

Schikoree[RR] [ʃiko'reː] <-> *kein Pl mf s.* **Chicorée**

Schild[1] [ʃɪlt] <-(e)s, -er> *n* (*Hinweis~, Verkehrs~*) segnale *m*; (*Nummern~, Tür~*) targa *f*; (*Etikett*) etichetta *f*

Schild[2] [ʃɪlt] <-(e)s, -e> *m* (*Schutz*) difesa *f*; (*von Tier*) scudo *m*; (*Mützen~*) visiera *f*; **etw im ~e führen** tramare qc

Schilddrüse *f* (ghiandola *f*) tiroide *f*

schildern ['ʃɪldɐn] *vt* descrivere

Schilderung <-, -en> *f* descrizione *f*

Schildkröte *f* tartaruga *f*

Schilf [ʃɪlf] <-(e)s, -e> *n* canneto *m*

schillern ['ʃɪlɐn] *vi* cangiare di colore; **schillernd** *adj* cangiante; (*fig*) ambiguo

Schimmel[1] ['ʃɪməl] <-s> *kein Pl m* muffa *f*

Schimmel[2] <-s, -> *m* (*Pferd*) cavallo *m* bianco

schimm(e)lig *adj* ammuffito

schimmeln *vi sein o haben* ammuffire

Schimmer ['ʃɪmɐ] <-s> *kein Pl m* lume *m*; **keinen blassen ~ von etw haben** (*fam*) non avere la più pallida idea di qc

schimmern *vi* rilucere

schimmlig *adj s.* **schimm(e)lig**

Schimpanse [ʃɪm'panzə] <-n, -n> *m* scimpanzé *m*

schimpfen ['ʃɪmpfən] *vi* imprecare; **auf** [*o* **über**] **jdn/etw ~** imprecare contro qu/qc; **mit jdm ~** sgridare qu

Schimpfwort *n* insulto *m*

schinden ['ʃɪndən] <schindet, schund, geschunden> **I.** *vt* strapazzare; **Eindruck ~** (*fam*) cercare di far colpo; **Zeit ~** (*fam*) tirare qc per le lunghe **II.** *vr* **sich ~** (*sich abmühen*) affaticarsi

Schinderei [ʃɪndə'raɪ] <-, -en> *f* angheria *f*

Schinken ['ʃɪŋkən] <-s, -> *m* **1.** (GASTR) prosciutto *m* **2.** (*fam pej: Buch*) mattone *m*

Schippe ['ʃɪpə] <-, -n> *f* pala *f*; **jdn auf die ~ nehmen** (*fam*) prendere in giro qu

schippen *vt* spalare

Schirm [ʃɪrm] <-(e)s, -e> *m* **1.** (*Regen~*) ombrello *m*; (*Sonnen~*) parasole *m* **2.** (*Wand~*) paravento *m*; (*Lampen~*) paralume *m*; (*Mützen~*) visiera *f* **3.** (*Bild~*) schermo *m*; **Schirmherr(in)** *m(f)* patrocinatore, -trice *m, f*; **Schirmmütze** *f* berretto *m* con visiera; **Schirmständer** *m* portaombrelli *m*

schiss[RR], **schiß** [ʃɪs] *1. u 3. pers sing imp von* **scheißen**

Schlacht [ʃlaxt] <-, -en> *f* (*a fig*) battaglia *f*

schlachten ['ʃlaxtən] *vt* macellare

Schlachter(in) <-s, -; -, -nen> *m(f)* macellaio, -a *m, f*

Schlachtfeld *n* campo *m* di battaglia

Schlachthof *m* macello *m*

Schlaf [ʃla:f] <-(e)s> *kein Pl m* sonno *m;* **einen festen/leichten ~ haben** avere il sonno pesante/leggero; **jdn aus dem ~ reißen** strappare qu dal sonno; **im ~** nel sonno; **etw im ~ können** sapere qc a menadito; **Schlafanzug** *m* pigiama *m*

Schläfchen ['ʃlɛ:fçən] <-s, -> *n* **ein ~ machen** (*fam*) schiacciare un pisolino

Schlafcouch *f* divano-letto *m*

Schläfe ['ʃlɛ:fə] <-, -n> *f* tempia *f*

schlafen ['ʃla:fən] <schläft, schlief, geschlafen> *vi* dormire; **gut/schlecht ~** dormire bene/male; **~ gehen** andare a dormire; **mit jdm ~** andare a letto con qu

Schläfer(in) ['ʃlɛ:fɐ] <-s, -; -, -nen> *m(f)* dormiente *mf*

schlaff [ʃlaf] *adj* **1.** (*Haut*) floscio **2.** (*kraftlos*) fiacco

Schlafgelegenheit *f* posto *m* letto; **Schlafkrankheit** *f* malattia *f* del sonno; **Schlaflied** *n* ninnananna *f;* **schlaflos** *adj* **~e Nacht** notte *f* in bianco; **Schlaflosigkeit** <-> *kein Pl f* insonnia *f;* **Schlafmittel** *n* sonnifero *m;* **Schlafmütze** *f* (*fig fam: Langschläfer*) dormiglione, -a *m, f*

schläfrig ['ʃlɛ:frɪç] *adj* assonnato; **jdn ~ machen** far venire sonno a qu

Schlafsaal *m* dormitorio *m;* **Schlafsack** *m* sacco *m* a pelo; **Schlafstörung** *f* insonnia *f*

schläft [ʃlɛ:ft] *3. pers sing pr von* **schlafen**

Schlaftablette *f* sonnifero *m;* **schlaftrunken** *adj* sonnolento; **Schlafwagen** *m* vagone-letto *m;* **schlafwandeln** *vi sein o haben* essere sonnambulo; **Schlafwandler(in)** <-s, -; -, -nen> *m(f)* sonnambulo, -a *m, f;* **Schlafzimmer** *n* camera *f* da letto

Schlag[1] [ʃla:k] <-(e)s, Schläge> *m* **1.** (*Hieb, a fig*) colpo *m;* **auf einen ~** d'un sol colpo; **mit einem ~** tutt'a un tratto; **schwerer ~** (*fig*) duro colpo **2.** *pl* (*Prügel*) botte *fpl* **3.** (MED: *~anfall*) colpo *m* apoplettico **4.** (*elektrischer ~*) scossa *f;* (*Blitz~*) fulmine *m* **5.** (*Art*) razza *f* **6.** (*fam: Portion*) porzione *f*

Schlag[2] [ʃla:k] <-(e)s> *kein Pl m* (*A: Schlagsahne*) panna *f*

Schlagabtausch *m* (*verbal*) schermaglia *f;* **Schlagader** *f* arteria *f;* **Schlaganfall** *m* colpo *m* apoplettico; **schlagartig I.** *adj* fulmineo **II.** *adv* di colpo; **Schlagbaum** *m* barriera *f;* **Schlagbohrmaschine** *f* trapano *m* elettrico

Schlägel[RR] ['ʃle:gəl] <-s, -> *m* **1.** (*Trommel~*) bacchetta *f* **2.** (GASTR) cosciotto *m*

schlagen ['ʃla:gən] <schlägt, schlug, geschlagen> **I.** *vt* **1.** battere; **jdm etw aus der Hand ~** far cadere qc di mano a qu; **einen Nagel in die Wand ~** piantare un chiodo nel muro **2.** (*besiegen*) vincere; **sich geschlagen geben** darsi per vinto **3.** (*Sahne*) montare **4.** (*läuten: Stunde*) suonare; **es hat 12 geschlagen** è scoccato mezzogiorno **5.** (*Kreis, Bogen*) tracciare **II.** *vi* **1.** (*Mensch, Herz, Puls*) battere; **um sich ~** dibattersi; **mit dem Kopf auf** [*o* **gegen**] **etw** *acc* **~** battere la testa contro qc **2.** (*Uhr*) battere **3.** (*Wend*) **nach jdm ~** (*fig: ähneln*) assomigliare a qu **III.** *vr* **sich ~** picchiarsi; **sich gut ~** (*fig*) battersi bene

Schlager <-s, -> *m* **1.** (MUS) canzone *f* di successo **2.** (*fig fam: Erfolg*) successo *m*

Schläger ['ʃlɛ:gɐ] <-s, -> *m* (*Tennis~*) racchetta *f;* (*Golf~*) mazza *f* (da golf); (*Hockey~*) bastone *m* (da hockey)

Schlägerei [ʃlɛ:gə'raɪ] <-, -en> *f* rissa *f*

schlägern ['ʃlɛ:gɐn] *vi* (*A*) abbattere gli alberi

Schlagersänger(in) *m(f)* cantante *mf* di musica leggera

schlagfertig *adj* pronto; **Schlagfertigkeit** *f* prontezza *f* di parola; **Schlaghose** *f* pantaloni *mpl* a zampa d'elefante; **Schlagloch** *n* buca *f;* **Schlagobers** <-> *kein Pl n* (*A*), **Schlagsahne** *f* panna *f;* (**geschlagene**) **~** panna montata; **Schlagseite** *f* **~ haben** (NAUT) sbandare

schlägt [ʃlɛ:kt] *3. pers sing pr von* **schlagen**

Schlagwort <-(e)s, -e> *n* slogan *m;* **Schlagzeile** *f* titolo *m;* **Schlagzeug** *n* batteria *f*

Schlamassel [ʃla'masəl] <-s, -> *m* (*fam*) pasticcio *m*

S

Schlamm [ʃlam] <-(e)s, -e> *m* fango *m*
schlammig *adj* fangoso
Schlammschlacht *f* (*fig fam*) litigio *m* furioso
Schlampe ['ʃlampə] <-, -n> *f* (*fam pej*) sciattona *f*
Schlamperei [ʃlampə'raɪ] <-, -en> *f* (*fam*) sciatteria *f;* (*Arbeit*) abborracciatura *f*
schlampig *adj* (*Mensch*) disordinato; (*Arbeit*) abborracciato
schlang [ʃlaŋ] *1. u 3. pers sing imp von* **schlingen**
Schlange ['ʃlaŋə] <-, -n> *f* **1.** (*Tier*) serpente *m* **2.** (*Menschen~, Auto~*) fila *f;* **~ stehen** fare la coda
schlängeln ['ʃlɛŋəln] *vr* **sich ~** serpeggiare
schlank [ʃlaŋk] *adj* snello; **~er werden** dimagrire; **Schlankheitskur** *f* cura *f* dimagrante
schlapp [ʃlap] *adj* (*fam*) fiacco
Schlappe ['ʃlapə] <-, -n> *f* (*fam: Niederlage*) scacco *m;* **eine ~ einstecken** subire uno scacco
schlapp|machen *vi* (*fam*) crollare
Schlaraffenland [ʃla'rafənlant] *n* paese *m* della Cuccagna
schlau [ʃlaʊ] *adj* (*klug*) scaltro; (*pfiffig*) furbo; (*listig*) astuto; **ich werde nicht ~ daraus** non ne vengo a capo
Schlauch [ʃlaʊx] <-(e)s, Schläuche> *m* **1.** tubo *m* **2.** (*in Reifen*) camera *f* d'aria **3.** (*fam: Anstrengung*) strapazzo *m;* **Schlauchboot** *n* canotto *m* pneumatico
schlauchen ['ʃlaʊxən] *vt* (*fam*) strapazzare
Schläue ['ʃlɔɪə] <-> *kein Pl f,* **Schlauheit** <-> *kein Pl f* furbizia *f*
schlecht [ʃlɛçt] **I.** *adj* **1.** (*nicht gut*) cattivo **2.** (*verdorben*) guasto **3.** (*Mensch*) cattivo **II.** *adv* **1.** male; **immer ~er** di male in peggio; **mir ist ~** mi sento male; **nicht ~!** mica male!; **~ und recht** alla meno peggio **2.** (*kaum*) appena
schlecht|gehen *vi s.* **gehen I.4.**
schlechtgelaunt *adj s.* **gelaunt**
schlechthin *adv* per eccellenza
schlecht|machen *vt s.* **machen I.2.**
schlecken ['ʃlɛkən] **I.** *vi* (*naschen*) mangiare dolciumi **II.** *vt* leccare
Schlegel <-s, -> *m s.* **Schlägel**
schleichen ['ʃlaɪçən] <schleicht, schlich, geschlichen> *vi sein* sgaiattolare; **schleichend** *adj* (*Krankheit*) lento
Schleier ['ʃlaɪɐ] <-s, -> *m* velo *m;* **schleierhaft** *adj* **es ist mir völlig ~, …** (*fam*) mi è assolutamente incomprensibile …
Schleife ['ʃlaɪfə] <-, -n> *f* **1.** (*Schlinge*) fiocco *m* **2.** (AERO, INFORM) loop *m*
schleifen[1] ['ʃlaɪfən] <schleift, schliff, geschliffen> *vt* (*schärfen*) affilare; (*Diamanten*) molare
schleifen[2] *vt* **1.** (*auf dem Boden*) trascinare **2.** (MIL) radere al suolo
Schleim [ʃlaɪm] <-(e)s, -e> *m* **1.** (MED) muco *m* **2.** (GASTR) pappa *f*
Schleimhaut *f* (MED) mucosa *f*
schleimig ['ʃlaɪmɪç] *adj* vischioso
schlemmen ['ʃlɛmən] *vi* banchettare
Schlemmerei [ʃlɛmə'raɪ] <-, -en> *f* gozzoviglia *f*
schlendern ['ʃlɛndɐn] *vi sein* bighellonare *fam*
schlenkern ['ʃlɛŋkɐn] *vt, vi* ciondolare; **mit den Armen ~** ciondolare le braccia
Schleppe ['ʃlɛpə] <-, -n> *f* strascico *m*
schleppen ['ʃlɛpən] **I.** *vt* **1.** (*hinter sich her~*) trainare **2.** (*tragen*) trascinare **II.** *vr* **sich ~** trascinarsi; **schleppend** *adj* (*Gang*) strascicato; (*Unterhaltung*) stentato
Schlepper <-s, -> *m* (NAUT) rimorchiatore *m*
Schlepplift *m* skilift *m*
Schlesien ['ʃle:ziən] *n* Slesia *f*
Schlesier(in) <-s, -; -, -nen> *m(f)* slesiano, -a *m, f*
schlesisch *adj* slesiano
Schleuder ['ʃlɔɪdɐ] <-, -n> *f* **1.** (*Waffe*) fionda *f* **2.** (*Wäsche~*) centrifuga *f*
Schleudergefahr *f* **~!** strada sdrucciolevole!
schleudern **I.** *vt haben* **1.** (*werfen*) scaraventare **2.** (*Wäsche*) centrifugare **II.** *vi sein o haben* sbandare
Schleuderpreis *m* prezzo *m* di svendita; **Schleudersitz** *m* (AERO) sedile *m* eiettabile; **Schleuderware** *f* merce *f* in liquidazione
schleunigst *adv* il più presto possibile
Schleuse ['ʃlɔɪzə] <-, -n> *f* chiusa *f*
schlich [ʃlɪç] *1. u 3. pers sing imp von* **schleichen**
schlicht [ʃlɪçt] *adj* semplice
schlichten ['ʃlɪçtən] *vt* (*Streit*) comporre
Schlick [ʃlɪk] <-(e)s, -e> *m* limo *m*
schlief [ʃli:f] *1. u 3. pers sing imp von*

schlafen

Schließe ['ʃliːsə] <-, -n> *f* fibbia *f*

schließen ['ʃliːsən] <schließt, schloss, geschlossen> **I.** *vt* **1.** (*zumachen*) chiudere; (*Lücke*) colmare **2.** (*beenden*) terminare; (*Sitzung*) togliere **3.** (*Vertrag*) concludere **4.** (*folgern*) **etw** (**aus etw**) ~ dedurre qc (da qc) **5.** (*Wend*) **Freundschaft** ~ fare amicizia; **jdn in die Arme** ~ abbracciare qu **II.** *vi* **1.** (*zugehen*) chiudere **2.** (*Geschäft*) chiudere **3.** (*aufhören*) (**mit jdm/etw**) ~ chiudere (con qu/qc) **4.** (*Wend*) **von sich** *dat* **auf andere** ~ giudicare gli altri secondo il proprio metro; **auf etw** *acc* ~ **lassen** far pensare a qc

Schließfach *n* (*Gepäck~*) deposito *m* bagagli a cassette

schließlich *adv* alla fine; (*im Grunde*) in fin dei conti; ~ **etw tun** finire col fare qc

schliff [ʃlɪf] *1. u 3. pers sing imp von* **schleifen**

Schliff <-(e)s, -e> *m* **1.** (*von Edelstein*) taglio *m;* **einer Sache** *dat* **den letzten** ~ **geben** (*fam*) dare l'ultimo tocco a qc **2.** (*fig fam: Lebensart*) buone maniere *fpl*

schlimm [ʃlɪm] **I.** *adj* **1.** (*schlecht*) brutto; (*a böse*) cattivo **2.** (*ernst*) grave; **das ist nicht** ~ non è grave; **das ist halb so** ~ non è poi niente di grave **II.** *adv* male

schlimmer *Komparativ von* **schlimm I.** *adj* peggiore; ~**er werden** peggiorare **II.** *adv* peggio

schlimmstenfalls *adv* nel peggiore dei casi

schlimmste(r, s) I. *Superlativ von* **schlimm II.** *adj* peggiore; **aufs Schlimmste gefasst sein** essere preparato al peggio **III.** *adv* **am** ~**sten** peggio di tutto

Schlinge ['ʃlɪŋə] <-, -n> *f* cappio *m;* (MED) sciarpa *f;* **seinen Kopf aus der** ~ **ziehen** (*fig*) tirarsi fuori da un guaio

Schlingel ['ʃlɪŋəl] <-s, -> *m* birbante *m*

schlingen ['ʃlɪŋən] <schlingt, schlang, geschlungen> **I.** *vt* (*winden*) stringere **II.** *vi* (*herunterschlucken*) inghiottire **III.** *vr* **sich** ~ stringersi; (*Pflanze*) avviticchiarsi

schlingern ['ʃlɪŋɐn] *vi* (*Schiffe*) rollare

Schlips [ʃlɪps] <-es, -e> *m* (*fam*) cravatta *f;* **jdm auf den** ~ **treten** (*fig*) offendere qu

Schlitten ['ʃlɪtən] <-s, -> *m* slitta *f;* ~ **fahren** andare in slitta

schlittern ['ʃlɪtɐn] *vi haben o sein* scivolare

Schlittschuh *m* pattino *m;* ~ **laufen** pattinare su ghiaccio; **Schlittschuhbahn** *f* pista *f* da pattinaggio; **Schlittschuhlaufen** *n* pattinaggio *m;* **Schlittschuhläufer(in)** *m(f)* pattinatore, -trice *m, f* su ghiaccio

Schlitz [ʃlɪts] <-es, -e> *m* (*Spalt*) fessura *f;* (*Hosen~*) patta *f* dei calzoni

schlitzen *vt* fendere

Schlitzohr *n* (*fam*) dritto *m*

schloss[RR], **schloß** [ʃlɔs] *1. u 3. pers sing imp von* **schließen**

Schloss[RR] <-es, Schlösser> *n,* **Schloß** <-sses, Schlösser> *n* **1.** (*Gebäude*) castello *m* **2.** (*Verschluss*) serratura *f;* **ins** ~ **fallen** chiudersi di scatto; **hinter** ~ **und Riegel sitzen** essere in prigione

Schlosser(in) ['ʃlɔsɐ] <-s, -; -, -nen> *m(f)* fabbro *m* ferraio

Schlosserei [ʃlɔsə'raɪ] <-, -en> *f* officina *f* del fabbro

Schlot [ʃloːt] <-(e)s, -e> *m* ciminiera *f*

schlottern ['ʃlɔtɐn] *vi* **1.** (*zittern*) tremare **2.** (*Kleidung*) ballare addosso

Schlucht [ʃlʊxt] <-, -en> *f* gola *f*

schluchzen ['ʃlʊxtsən] *vi* singhiozzare

Schluchzer <-s, -> *m* singhiozzo *m*

Schluck [ʃlʊk] <-(e)s, -e> *m* sorso *m*

Schluckauf <-s> *kein Pl m* singhiozzo *m*

schlucken [ʃlʊkən] *vt, vi* inghiottire

Schluckimpfung *f* vaccinazione *f* per via orale

schludern ['ʃluːdɐn] *vi* abborracciare

schlug [ʃluːk] *1. u 3. pers sing imp von* **schlagen**

Schlummer ['ʃlʊmɐ] <-s> *kein Pl m* sonno *m* leggero

schlummern *vi* sonnecchiare

Schlund [ʃlʊnt] <-(e)s, Schlünde> *m* gola *f;* (*fig*) abisso *m*

schlüpfen ['ʃlʏpfən] *vi sein* scivolare; **aus dem Ei** ~ uscire dall'uovo; **in etw** *acc* ~ infilarsi qc

Schlüpfer <-s, -> *m* slip *m*

schlüpfrig ['ʃlʏpfrɪç] *adj* **1.** (*rutschig*) scivoloso **2.** (*fig*) lascivo

Schlupfwinkel *m* nascondiglio *m*

schlurfen ['ʃlʊrfən] *vi sein* strascicare i piedi

schlürfen ['ʃlʏrfən] *vt* mangiare/bere rumorosamente

Schluss[RR] [ʃlʊs] <-es, Schlüsse> *m,* **Schluß** <-sses, Schlüsse> *m* **1.** (*Ende*) fine *f;* **am** ~ **von** alla fine di; **zum** ~ alla fine;

S

~ **machen** finire; **mit jdm** ~ **machen** farla finita con qu; ~**!** basta!; ~ **damit!** finiamola! *fam* **2.** (*~folgerung*) conclusione *f;* **zu dem** ~ **kommen, dass ...** giungere alla conclusione che ...

Schlüssel ['ʃlʏsəl] <-s, -> *m* (*a fig*) chiave *f;* **Schlüsselbein** *n* (ANAT) clavicola *f;* **Schlüsselblume** *f* primula *f;* **Schlüsselbund** *m* mazzo *m* di chiavi; **schlüsselfertig** *adj* pronto per la consegna; **Schlüsselloch** *n* buco *m* della serratura

Schlussfolgerung[RR] *f* conclusione *f*

schlüssig ['ʃlʏsɪç] *adj* conclusivo; **sich** *dat* **über etw** *acc* ~ **werden** decidersi su qc

Schlusslicht[RR] *n* **1.** (AUTO) luce *f* posteriore **2.** (*fig*) fanalino *m* di coda; **Schlussstrich**[RR] *m* **einen** ~ **unter etw** *acc* **ziehen** (*fig*) porre fine a qc; **Schlussverkauf**[RR] *m* svendita *f*

Schmach [ʃma:x] <-> *kein Pl f* vergogna *f*

schmachten ['ʃmaxtən] *vi* languire; **vor Durst** ~ languire per la sete; **nach der Geliebten** ~ struggersi per l'amante

schmächtig ['ʃmɛçtɪç] *adj* gracile

schmackhaft ['ʃmakhaft] *adj* gustoso; **jdm etw** ~ **machen** (*fig*) rendere qc gradevole a qu

schmal [ʃma:l] *adj* stretto; (*Hände, Gesicht*) sottile; (*mager, a fig*) magro

schmälern ['ʃmɛ:lɐn] *vt* (*verringern*) diminuire; (*fig: Verdienste*) sminuire

Schmalfilm *m* pellicola *f* a passo ridotto

Schmalz [ʃmalts] <-es, -e> *n* (*Schweine~*) strutto *m*

schmalzig *adj* (*fam pej*) sdolcinato

Schmankerl ['ʃmaŋkɐl] <-s, -n> *n* (*südd, A: Leckerbissen, a fig*) ghiottoneria *f*

schmarotzen [ʃma'rɔtsən] <ohne ge-> *vi* (*pej: Mensch*) scroccare *fam*

Schmarotzer [ʃma'rɔtsɐ] <-s, -> *m* (BIOL) parassita *mf*

Schmarotzer(in) <-s, -; -, -nen> *m(f)* (*pej: Mensch*) scroccone, -a *m, f fam*

Schmarren ['ʃmarən] <-s, -> *m* (*A, südd*) **1.** (*Eierkuchen*) frittatina *f* **2.** (*fam pej: Unsinn*) sciocchezza *f*

schmatzen ['ʃmatsən] *vi* mangiare rumorosamente

schmausen ['ʃmaʊzən] *vi* banchettare

schmecken ['ʃmɛkən] **I.** *vt* sentire il sapore di **II.** *vi* (*gut ~*) essere buono; **jdm** ~ piacere a qu; **gut** ~ avere un buon sapore; **nach etw** ~ (*a fig*) sapere di qc

Schmeichelei [ʃmaɪçə'laɪ] <-, -en> *f* lusinghe *fpl*

schmeichelhaft *adj* lusinghiero

schmeicheln ['ʃmaɪçəln] *vi* **jdm** ~ lusingare qu

schmeichlerisch *adj* lusinghevole

schmeißen ['ʃmaɪsən] <schmeißt, schmiss, geschmissen> *vt* (*fam*) buttare

Schmeißfliege *f* moscone *m*

schmelzen ['ʃmɛltsən] <schmilzt, schmolz, geschmolzen> **I.** *vt haben* sciogliere; (TEC) fondere **II.** *vi sein* sciogliersi; (TEC) fondersi

Schmelzkäse *m* formaggio *m* fondente; **Schmelzpunkt** *m* punto *m* di fusione; **Schmelzwasser** *n* acqua *f* di disgelo

Schmerz [ʃmɛrts] <-es, -en> *m* dolore *m;* (*Trauer*) lutto *m;* **schmerzempfindlich** *adj* sensibile al dolore

schmerzen (*geh*) **I.** *vi* dolere **II.** *vt* (*fig*) affliggere

Schmerzensgeld *n* risarcimento *m* per danni morali

schmerzhaft *adj* doloroso

schmerzlich *adj* doloroso

schmerzlos *adj* indolore; **Schmerzmittel** *n* analgesico *m;* **schmerzstillend** *adj* calmante, sedativo

Schmetterling ['ʃmɛtɐlɪŋ] <-s, -e> *m* farfalla *f*

schmettern ['ʃmɛtɐn] *vt* **1.** (*werfen*) scaraventare; (SPORT: *Ball*) schiacciare **2.** (*Lied*) cantare a squarciagola

Schmied [ʃmi:t] <-(e)s, -e> *m* fabbro *m* ferraio

Schmiede ['ʃmi:də] <-, -n> *f* fucina *f;* **Schmiedeeisen** *n* ferro *m* fucinato

schmieden ['ʃmi:dən] *vt* forgiare; **einen Plan** ~ (*fig*) ideare un piano

schmiegen ['ʃmi:gən] *vr* **sich an jdn** ~ stringersi a qu; **das Kleid schmiegt sich an den Körper** il vestito aderisce al corpo

schmiegsam *adj* flessibile

Schmiere ['ʃmi:rə] <-, -n> *f* (*fam*) grasso *m*

schmieren ['ʃmi:rən] **I.** *vt* **1.** (*fetten*) ingrassare; **es läuft wie geschmiert** (*fam*) va liscio come l'olio **2.** (*streichen*) **etw auf etw** *acc* ~ spalmare qc su qc **3.** (*fam: schlecht schreiben*) scarabocchiare **4.** (*fam: bestechen*) corrompere **5.** (*Wend*) **jdm eine** ~

(*fam*) mollare un ceffone a qu **II.** *vi* (*fam*) **1.** (*Stift*) macchiare **2.** (*schlecht schreiben*) scarabocchiare

Schmierfink *m* (*fam*) sudicione, -a *m, f;* **Schmiergeld** *n* (*fam*) bustarella *f;* **Schmiermittel** *n* lubrificante *m;* **Schmierseife** *f* sapone *m* tenero; **Schmierzettel** *m* foglietto *m* per appunti

schmilzt [ʃmɪltst] *3. pers sing pr von* **schmelzen**

Schminke ['ʃmɪŋkə] <-, -n> *f* trucco *m*

schminken **I.** *vt* truccare **II.** *vr* **sich** ~ truccarsi

schmirgeln ['ʃmɪrgəln] *vt* smerigliare

Schmirgelpapier *n* carta *f* smerigliata

schmissRR, **schmiß** [ʃmɪs] *1. u 3. pers sing imp von* **schmeißen**

Schmöker ['ʃmøːkɐ] <-s, -> *m* (*fam*) mattone *m*

schmökern ['ʃmøːkɐn] *vi* (*fam*) immergersi nella lettura

schmollen ['ʃmɔlən] *vi* (**mit jdm**) ~ tenere il broncio (a qu)

schmolz [ʃmɔlts] *1. u 3. pers sing imp von* **schmelzen**

Schmorbraten *m* stufato *m*

schmoren ['ʃmoːrən] **I.** *vt* stufare **II.** *vi* cuocere a fuoco lento

Schmuck <-(e)s, *rar* -e> *m* **1.** (*~stücke*) gioielli *mpl* **2.** (*Verzierung*) decorazione *f*

schmücken ['ʃmʏkən] *vt* **etw** (**mit etw**) ~ (ad)ornare qc (di qc)

Schmuckkästchen *n* portagioie *m*

Schmuggel ['ʃmʊgəl] <-s> *kein Pl m* contrabbando *m*

schmuggeln **I.** *vi* fare contrabbando **II.** *vt* contrabbandare

Schmuggler(in) <-s, -; -, -nen> *m(f)* contrabbandiere, -a *m, f*

schmunzeln ['ʃmʊntsəln] *vi* sorridere compiaciuto

schmusen ['ʃmuːzən] *vi* (*fam*) (**mit jdm**) ~ amoreggiare (con qu)

Schmutz [ʃmʊts] <-es> *kein Pl m* sporcizia *f*

Schmutzfink *m* (*fam*) sudicione, -a *m, f*

schmutzig *adj* **1.** sporco; ~ **werden** sporcarsi **2.** (*unanständig*) indecente **3.** (*Geschäft*) losco

Schnabel ['ʃnaːbəl] <-s, Schnäbel> *m* becco *m*

Schnake ['ʃnaːkə] <-, -n> *f* (*Stechmücke*) zanzara *f*

Schnalle ['ʃnalə] <-, -n> *f* **1.** (*am Gürtel*) fibbia *f* **2.** (*A: Türklinke*) maniglia *f*

schnallen *vt* **1.** (*Gürtel*) allacciare; **enger** ~ stringere **2.** (*fig fam: kapieren*) capire

schnalzen ['ʃnaltsən] *vi* (**mit den Fingern**) ~ schioccare le dita; **mit der Zunge** ~ (far) schioccare la lingua

Schnäppchen ['ʃnɛpçən] <-s, -> *n* (*fam*) occasione *f;* **ein ~ machen** fare un affarone

schnappen ['ʃnapən] **I.** *vt haben* **1.** (*greifen*) prendere; (**frische**) **Luft** ~ prendere una boccata d'aria **2.** (*fig fam: erwischen*) acchiappare **II.** *vi* **nach etw** ~ cercare di addentare qc; **nach Luft** ~ boccheggiare

SchnappschlossRR *n* serratura *f* a scatto; **Schnappschuss**RR *m* (FOTO) istantanea *f*

Schnaps [ʃnaps] <-es, Schnäpse> *m* acquavite *f;* **Schnapsidee** *f* (*fam*) idea *f* balorda

schnarchen ['ʃnarçən] *vi* russare

schnattern ['ʃnatɐn] *vi* (*Enten*) schiamazzare

schnauben ['ʃnaʊbən] *vi* (*Pferd*) sbuffare

schnaufen ['ʃnaʊfən] *vi* ansimare

Schnauz [ʃnaʊts] <-es, Schnäuze> *m* (*CH: Schnurrbart*) baffi *mpl;* **Schnauzbart** *m* mustacchi *mpl*

Schnauze ['ʃnaʊtsə] <-, -n> *f* **1.** (*von Tier*) muso *m* **2.** (*vulg: von Mensch*) becco *m*

schnäuzenRR ['ʃnɔɪtsən] *vr* **sich** ~ soffiarsi il naso

Schnauzer <-s, -> *m* (*Hunderasse*) schnauzer *m*

Schnecke ['ʃnɛkə] <-, -n> *f* lumaca *f;* (*mit Haus*) chiocciola *f;* **jdn zur ~ machen** (*fam*) fare una sfuriata a qu; **Schneckenhaus** *n* guscio *m* della chiocciola; **Schneckentempo** *n* (*fam*) **im** ~ a passo di lumaca

Schnee [ʃneː] <-s> *kein Pl m* neve *f;* ~ **von gestern** (*fig fam*) acqua passata; **Schneeball** *m* palla *f* di neve; **Schneeballschlacht** *f* battaglia *f* a palle di neve; **Schneebesen** *m* frusta *f;* **Schneefall** *m* nevicata *f;* **Schneeflocke** *f* fiocco *m* di neve; **Schneegestöber** <-s, -> *n* bufera *f* di neve; **Schneeglöckchen** <-s, -> *n* bucaneve *m;* **Schneekanone** *f* cannone *m* sparaneve; **Schneeketten** *fpl* (AUTO) catene *fpl* da neve; **Schneemann** *m* pupazzo *m* di neve; **Schneematsch** *m* poltiglia *f* di neve; **Schneepflug** *m* spazzaneve

S

m; **Schneeregen** *kein Pl m* nevischio *m;* **Schneeschippe** *f* pala *f* per la neve; **Schneeschmelze** *f* disgelo *m;* **Schneesturm** *m* bufera *f* di neve; **Schneewittchen** [ʃneːˈvɪtçən] <-> *kein Pl n* Biancaneve *f*

Schneid [ʃnaɪt] <-(e)s> *kein Pl m* (*fam*) fegato *m*

Schneide [ˈʃnaɪdə] <-, -n> *f* filo *m*

schneiden [ˈʃnaɪdən] <schneidet, schnitt, geschnitten> **I.** *vt* **1.** tagliare; **klein ~** sminuzzare **2.** (AUTO: *scharf überholen*) tagliare **3.** (*fig: meiden*) ignorare **4.** (*Wend*) **Gesichter ~** fare smorfie **II.** *vr* **sich ~ 1.** (*sich verletzen*) tagliarsi **2.** (*Linien*) intersecarsi

Schneider(in) <-s, -; -, -nen> *m(f)* sarto, -a *m, f*

Schneidezahn *m* (dente *m*) incisivo *m*

schneien [ˈʃnaɪən] *vi* **es schneit** nevica

schnell [ʃnɛl] **I.** *adj* veloce **II.** *adv* velocemente; **~ machen** fare presto; **so ~ wie möglich** il più presto possibile

schnellen *vi sein* balzare; **in die Höhe ~** balzare in alto; (*fig: Preise*) salire alle stelle

Schnelligkeit <-> *kein Pl f* velocità *f*

Schnellimbiss[RR] *m* snack-bar *m;* **Schnellkochtopf** *m* pentola *f* a pressione; **Schnellstraße** *f* superstrada *f;* **Schnellzug** *m* direttissimo *m*

schneuzen *s.* **schnäuzen**

schnippisch [ˈʃnɪpɪʃ] *adj* impertinente

schnitt [ʃnɪt] *1. u 3. pers sing imp von* **schneiden**

Schnitt <-(e)s, -e> *m* **1.** (*Schneiden*) taglio *m;* (*Wunde*) taglio *m* **2.** (*Haar~*) taglio *m* **3.** (*~muster*) cartamodello *m* **4.** (*von Gesicht*) forma *f* **5.** (*Durch~*) media *f;* **im ~** in media

Schnitte <-, -n> *f* fetta *f*

Schnittfläche *f* (MAT) sezione *f;* **Schnittlauch** *m* erba *f* cipollina; **Schnittmuster** *n* cartamodello *m;* **Schnittpunkt** *m* punto *m* d'intersezione; **Schnittstelle** *f* (INFORM) interfaccia *f;* **Schnittwunde** *f* ferita *f* da taglio

Schnitzel[1] [ˈʃnɪtsəl] <-s, -> *n* (GASTR) cotoletta *f*

Schnitzel[2] <-s, -> *n o m* (*Papier~*) ritaglio *m*

schnitzen [ˈʃnɪtsən] *vt* **etw (aus etw) ~** intagliare qc (da qc)

Schnitzer <-s, -> *m* (*fam: Fehler*) gaffe *f*

Schnorchel [ˈʃnɔrçəl] <-s, -> *m* (*von U-Boot*) schnorchel *m;* (*von Taucher*) respiratore *m* di superficie

Schnörkel [ˈʃnœrkəl] <-s, -> *m* ghirigoro *m;* (ARCH) arabesco *m*

schnorren [ˈʃnɔrən] *vt* (*fam*) **(bei jdm) etw ~** scroccare qc (a qu)

schnüffeln [ˈʃnʏfəln] *vi* **1.** (*schnuppern*) **an etw** *dat* **~** fiutare qc **2.** (*fam pej: spionieren*) fare la spia

Schnuller [ˈʃnʊlɐ] <-s, -> *m* ciuccio *m*

Schnupfen <-s, -> *m* raffreddore *m;* **(einen) ~ haben** essere raffreddato

schnuppern [ˈʃnʊpɐn] *vi* **an etw** *dat* **~** annusare qc

Schnur [ʃnuːɐ̯] <-, Schnüre> *f* corda *f;* (*Bindfaden*) spago *m;* (EL) filo *m*

schnüren [ˈʃnyːrən] *vt* (*Schuhe*) allacciare; (*Paket*) legare

schnurgerade *adj* rettilineo

schnurlos *adj* senza fili; **~es Telefon** cordless *m*

Schnurrbart *m* baffi *mpl*

schnurren [ˈʃnʊrən] *vi* (*Katze*) fare le fusa

Schnürschuh *m* scarpa *f* con lacci; **Schnürsenkel** *m* laccio *m* da scarpe

schnurstracks [ˈʃnuːɐ̯ˈʃtraks] *adv* (*fam*) difilato

schob [ʃoːp] *1. u 3. pers sing imp von* **schieben**

Schock [ʃɔk] <-(e)s, -s> *m* choc *m*

schockieren [ʃɔˈkiːrən] <ohne ge-> *vt* scioccare

Schöffe [ˈʃœfə] <-n, -n> *m* giurato *m;* **Schöffengericht** *n* giuria *f;* **Schöffin** [ˈʃœfɪn] <-, -nen> *f* giurata *f*

Schokolade [ʃokoˈlaːdə] <-, -n> *f* cioccolato *m*

Scholle [ˈʃɔlə] <-, -n> *f* **1.** (*Erd~*) zolla *f;* (*Eis~*) lastrone *m* **2.** (*Fisch*) sogliola *f*

schon [ʃoːn] *adv* **1.** (*zeitlich*) già; **~ oft** più volte; **~ wieder** di nuovo; **das weiß ich ~ lange** lo so da un pezzo **2.** (*mit nachfolgender Zeitbestimmung*) fin da; **~ damals** fin d'allora; **~ als Kind** fin da bambino **3.** (*gewiss, doch, wohl*) certamente; **es wird ~ gehen** andrà bene; **das mag ~ sein** è possibile; **sie wird ~ kommen** verrà, verrà **4.** (*endlich*) una buona volta; **mach ~!** (*fam: beeil dich!*) spicciati! **5.** (*Wend*) **~ gut!** va bene!; **und wenn ~!** (*fam*) che importa!

schön [ʃøːn] *adj* bello; **es ist ~** [*o* **~es Wetter**] fa bello; **~e Grüße** tanti saluti; **~es Wochenende!** buon fine settimana!; **bitte ~!** prego!; **~en Dank!** tante grazie!

schonen [ˈʃoːnən] **I.** *vt* risparmiare; (*Gesundheit*) badare a **II.** *vr* **sich ~** riguardarsi; **schonend I.** *adj* delicato **II.** *adv* con riguardo; **jdm etw ~ beibringen** insegnare qc a qu gentilmente

Schönheit <-, -en> *f* bellezza *f;* **Schönheitschirurgie** *f* chirurgia *f* estetica; **Schönheitsfehler** *m* imperfezione *f*

Schonkost *f* dieta *f* (leggera)

schön|machen *vr* **sich ~** farsi bello

Schonung <-> *kein Pl f* (*von Gegenstand*) riguardo *m;* (*Nachsicht*) indulgenza *f;* **schonungslos** *adj* senza riguardo

Schonzeit *f* periodo *m* di divieto di caccia

Schopf [ʃɔpf] <-(e)s, Schöpfe> *m* ciuffo *m;* **die Gelegenheit beim ~ ergreifen** cogliere la palla al balzo

schöpfen [ˈʃœpfən] *vt* **1.** (*Flüssigkeit*) attingere; **Wasser aus der Quelle ~** attingere acqua alla fonte **2.** (*geh*) **Mut ~** farsi coraggio; **Hoffnung ~** riacquistare la speranza

Schöpfer(in) <-s, -; -, -nen> *m(f)* creatore, -trice *m, f;* **schöpferisch** *adj* creativo

Schöpfkelle *f,* **Schöpflöffel** *m* ramaiolo *m*

Schöpfung <-, -en> *f* creazione *f*

schor [ʃoːɐ̯] *1. u 3. pers sing imp von* **scheren**[1]

Schorf [ʃɔrf] <-(e)s, -e> *m* crosta *f*

Schornstein [ˈʃɔrnʃtaɪn] *m* camino *m;* **Schornsteinfeger(in)** <-s, -; -, -nen> *m(f)* spazzacamino *m*

schoss[RR], **schoß** [ʃɔs] *1. u 3. pers sing imp von* **schießen**

Schoß [ʃoːs] <-es, Schöße> *m* **auf jds ~** sulle ginocchia di qu; **das ist ihm in den ~ gefallen** (*fig*) gli è piovuto dal cielo

Schote [ˈʃoːtə] <-, -n> *f* (BOT) baccello *m*

Schotte [ˈʃɔtə] <-n, -n> *m,* **Schottin** [ˈʃɔtɪn] <-, -nen> *f* scozzese *mf*

schottisch *adj* scozzese

Schottland [ˈʃɔtlant] *n* Scozia *f*

schraffieren [ʃraˈfiːrən] <ohne ge-> *vt* tratteggiare

schräg [ʃrɛːk] *adj* obliquo; (*geneigt*) inclinato; (*quer laufend*) diagonale; **~ gegenüber** dall'altra parte in linea diagonale

Schräge <-, -n> *f* pendenza *f*

Schrägstrich *m* linea *f* obliqua

Schramme [ˈʃramə] <-, -n> *f* graffiatura *f*

schrammen *vt* graffiare

Schrank [ʃraŋk] <-(e)s, Schränke> *m* armadio *m*

Schranke [ˈʃraŋkə] <-, -n> *f* barriera *f;* **jdn in seine ~n weisen** richiamare qu all'ordine; **schrankenlos** *adj* senza sbarre; (*fig*) illimitato

Schrankwand *f* parete *f* di armadi a muro

Schraube [ˈʃraʊbə] <-, -n> *f* vite *f;* (NAUT) elica *f*

schrauben *vt* avvitare

Schraubenschlüssel *m* chiave *f* per dadi; **Schraubenzieher** <-s, -> *m* cacciavite *m*

Schraubstock *m* morsa *f* (da banco); **Schraubverschluss**[RR] *m* chiusura *f* a vite

Schrebergarten [ˈʃreːbɐgartən] *m piccolo orto privato*

Schreck [ʃrɛk] <-(e)s, -e> *m* spavento *m;* **einen ~ bekommen** prendere uno spavento; **jdm einen ~ einjagen** incutere spavento a qu

Schrecken <-s, -> *m* spavento *m;* **in ~ versetzen** spaventare; **mit einem ~ davonkommen** cavarsela con uno spavento

Schreckgespenst *n* spauracchio *m fam*

schreckhaft *adj* pauroso

schrecklich *adj* spaventoso

Schreckschuss[RR] *m* colpo *m* sparato in aria; **Schrecksekunde** *f* momento *m* di spavento

Schrei [ʃraɪ] <-(e)s, -e> *m* grido *m;* **der letzte ~** (*fam*) l'ultimo grido

Schreibblock *m* taccuino *m*

schreiben [ˈʃraɪbən] <schreibt, schrieb, geschrieben> *vt, vi* scrivere; **wie schreibt man das?** come si scrive?; **Schreiben** <-s, -> *n* (ADM: *Brief*) lettera *f;* (*Schriftstück*) scritto *m*

schreibfaul *adj* pigro nello scrivere lettere; **Schreibfehler** *m* errore *m* ortografico; **schreibgeschützt** *adj* (INFORM) protetto in scrittura; **Schreibkraft** *f* stenodattilografo, -a *m, f;* **Schreibmaschine** *f* macchina *f* da scrivere; **Schreibpapier** *n* carta *f* per macchina da scrivere; **Schreibtisch** *m* scrivania *f;* **Schreibunterlage** *f* sottomano *m;* **Schreibwaren** *fpl* articoli *mpl* di cancelleria; **Schreibwarenhandlung** *f* cartoleria *f;* **Schreibzeug** *n* occorrente *m* per scrivere

schreien ['ʃraɪən] <schreit, schrie, geschrie(e)n> *vt, vi* gridare; (*brüllen*) urlare; **schreiend** *adj* (*fig: Farbe*) stridente; **eine ~e Ungerechtigkeit** un'ingiustizia che grida vendetta

Schreiner ['ʃraɪnɐ] <-s, -> *m* falegname *m*

Schreinerei [ʃraɪnə'raɪ] <-, -en> *f* falegnameria *f*

Schreinerin <-, -nen> *f* falegname *m; s. a.* **Schreiner**

schrie [ʃriː] *1. u 3. pers sing imp von* **schreien**

schrieb [ʃriːp] *1. u 3. pers sing imp von* **schreiben**

Schrift [ʃrɪft] <-, -en> *f* **1.** (*Hand~, ~system*) scrittura *f* **2.** (*Gedrucktes*) scritto *m;* **die Heilige ~** la Sacra Scrittura **3.** (*CH: Ausweispapiere*) documenti *mpl;* **Schriftdeutsch** *n* tedesco *m* scritto

schriftlich **I.** *adj* scritto **II.** *adv* per iscritto; **~ festhalten** mettere per iscritto

Schriftsprache *f* lingua *f* scritta; **Schriftsteller(in)** <-s, -; -, -nen> *m(f)* scrittore, -trice *m, f*

schrill [ʃrɪl] *adj* stridulo

schritt [ʃrɪt] *1. u 3. pers sing imp von* **schreiten**

Schritt <-(e)s, -e> *m* **1.** (*a fig*) passo *m;* **große ~e machen** camminare a grandi passi; **~ für ~** passo (per) passo; (*fig*) gradualmente; **den ersten ~ tun** (*fig*) fare il primo passo **2.** (*von Hose*) cavallo *m*

Schrittempo *kein Pl n s.* **Schritttempo**; **Schrittmacher** *m* (MED) pacemaker *m;* **Schritttempo**^RR^ *kein Pl n* **im ~** a passo d'uomo; **schrittweise** *adv* passo passo; (*fig*) gradualmente

schroff [ʃrɔf] *adj* **1.** (*steil*) erto **2.** (*fig: barsch*) brusco

schröpfen ['ʃrœpfən] *vt* (*fig*) salassare

Schrot [ʃroːt] <-(e)s, -e> *m o n* **1.** (*Getreide*) cruschello *m* **2.** (*Flinten~*) pallini *mpl;* **Schrotflinte** *f* fucile *m* a pallini

Schrott [ʃrɔt] <-(e)s> *kein Pl m* rottami *mpl* metallici; **ein Auto zu ~ fahren** ridurre un'auto a pezzi; **Schrottplatz** *m* parco *m* rottami; **schrottreif** *adj* (*Auto*) pronto per essere demolito

schrubben ['ʃrʊbən] *vt* strofinare; **Schrubber** <-s, -> *m* spazzolone *m*

schrullig *adj* bizzarro

schrumpfen ['ʃrʊmpfən] *vi sein* **1.** (*Gewebe*) restringersi; (*Apfel*) incresparsi **2.** (*fig: Kapital*) ridursi

Schubkarren *m* carriola *f;* **Schublade** *f* cassetto *m*

Schubs [ʃʊps] <-es, -e> *m* (*fam*) spintarella *f*

schubsen ['ʃʊpsən] *vt* (*fam*) dare una spinta a

schüchtern ['ʃʏçtɐn] *adj* timido; **Schüchternheit** <-> *kein Pl f* timidezza *f*

schuf [ʃuːf] *1. u 3. pers sing imp von* **schaffen**[1]

Schuft [ʃʊft] <-(e)s, -e> *m* (*pej*) furfante *m*

schuften ['ʃʊftən] *vi* (*fam*) sgobbare

Schufterei [ʃʊftə'raɪ] <-, -en> *f* (*fam: Plackerei*) sfacchinata *f*

Schuh [ʃuː] <-(e)s, -e> *m* scarpa *f;* **jdm etw in die ~e schieben** (*fig fam*) gettare la colpa di qc addosso a qu; **Schuhband** *n* laccio *m;* **Schuhcreme** *f* lucido *m* da scarpe; **Schuhgeschäft** *n* negozio *m* di calzature; **Schuhgröße** *f* numero *m* di scarpe; **Schuhlöffel** *m* calzascarpe *m;* **Schuhmacher(in)** *m(f)* calzolaio, -a *m, f*

Schulalter *n* età *f* scolastica; **Schulanfang** *m* inizio *m* dell'anno scolastico; **Schulausflug** *m* gita *f* scolastica; **Schulbildung** *f* istruzione *f* scolastica; **Schulbus** *m* scuolabus *m*

schuld [ʃʊlt] *adj* **an etw** *dat* **~ sein** avere la colpa di qc

Schuld [ʃʊlt] <-, -en> *f* **1.** (FIN) debito *m;* **seine ~en bezahlen** pagare i propri debiti **2.** *sing* (*Verschulden*) colpa *f;* **die ~ auf sich nehmen** assumersi la responsabilità; **jdm die ~ (an etw** *dat*) **geben** dare a qu la colpa (di qc); **das ist meine ~** è colpa mia; **schuldbewusst**^RR^ *adj* conscio della propria colpa

schulden ['ʃʊldən] *vt* **jdm etw ~** dovere qc a qu

Schuldgefühl *n* senso *m* di colpa

schuldig *adj* **1.** (*verantwortlich*) colpevole; **sich ~ bekennen** riconoscersi colpevole **2.** (*gebührend*) dovuto **3. jdm etw ~ sein** (*a fig*) dovere qc a qu; **was bin ich Ihnen ~?** cosa Le devo?

Schuldige <ein -r, -n, -n> *mf* colpevole *mf*

schuldlos *adj* **an etw** *dat* **~ sein** non essere colpevole di qc; **Schuldspruch** *m* condanna *f*

Schule ['ʃuːlə] <-, -n> *f* scuola *f;* **höhere ~** scuola secondaria; **in die ~ kommen** iniziare la scuola; **zur ~ gehen** andare a scuola; **heute ist keine ~** oggi non c'è scuola

schulen *vt* istruire; (*Ohr, Gedächtnis*) educare

Schüler(in) ['ʃyːlɐ] <-s, -; -, -nen> *m(f)* allievo, -a *m, f;* (*im schulpflichtigen Alter*) alunno, -a *m, f;* **Schüleraustausch** *m* scambio *m* di studenti; **Schülerzeitung** *f* giornale *m* studentesco

Schulfach *n* materia *f* scolastica; **Schulferien** *pl* vacanze *fpl* scolastiche; **schulfrei** *adj* **~er Tag** giorno di vacanza; **~ haben** avere vacanza; **Schulfreund(in)** *m(f)* compagno, -a *m, f* di scuola; **Schulheft** *n* quaderno *m* di scuola; **Schulhof** *m* cortile *m* della scuola; **Schuljahr** *n* anno *m* scolastico; **Schulkamerad(in)** *m(f)* compagno, -a *m, f* di scuola; **Schulleiter(in)** *m(f)* direttore, -trice *m, f* di scuola; **Schulpflicht** *f* obbligo *m* scolastico; **schulpflichtig** *adj* **im ~en Alter** in età scolare; **Schulstunde** *f* (ora *f* di) lezione *f;* **Schultasche** *f* cartella *f*

Schulter ['ʃʊltɐ] <-, -n> *f* spalla *f;* **etw auf die leichte ~ nehmen** (*fig*) prendere qc alla leggera; **Schulterblatt** *n* scapola *f;* **Schulterpolster** *n* spallina *f*

Schulung <-, -en> *f* addestramento *m*

Schulunterricht *m* insegnamento *m* scolastico; **Schulweg** *m* strada *f* tra casa e scuola; **Schulwesen** *kein Pl n* organizzazione *f* scolastica; **Schulzeit** *f* anni *mpl* di scuola; **Schulzeugnis** *n* pagella *f* scolastica

schummeln ['ʃʊməln] *vi* (*fam*) barare

Schund [ʃʊnt] <-(e)s> *kein Pl m* (*pej*) ciarpame *m*

Schuppe ['ʃʊpə] <-, -n> *f* (ZOO) scaglia *f;* **es fiel mir wie ~n von den Augen** (*fig*) mi cadde la benda dagli occhi

schuppen **I.** *vt* (*Fisch*) squamare **II.** *vr* **sich ~** squamarsi

Schuppen[1] ['ʃʊpən] <-s, -> *m* (*Gebäude*) rimessa *f*

Schuppen[2] *fpl* (*Haar~*) forfora *f*

schuppig *adj* (*Haut*) squamoso; (*Haar*) pieno di forfora

schüren ['ʃyːrən] *vt* (*a fig*) attizzare

schürfen ['ʃʏrfən] *vt* **1.** (*Haut*) scalfire **2.** (*Bodenschätze*) scavare

Schürhaken *m* attizzatoio *m*

Schurke ['ʃʊrkə] <-n, -n> *m,* **Schurkin** ['ʃʊrkɪn] <-, -nen> *f* farabutto, -a *m, f*

Schurwolle *f* lana *f* vergine

Schürze ['ʃʏrtsə] <-, -n> *f* grembiule *m*

Schuss[RR] [ʃʊs] <-es, Schüsse> *m,* **Schuß** <-sses, Schüsse> *m* **1.** (*einer Waffe*) sparo *m;* **weit vom ~ sein** (*fig fam*) essere fuori tiro **2.** (SPORT) tiro *m* **3.** (*Menge*) goccio *m*

Schüssel ['ʃʏsəl] <-, -n> *f* scodella *f*

Schusslinie[RR] *f* traiettoria *f;* **Schusswaffe[RR]** *f* arma *f* da fuoco; **Schusswechsel[RR]** *m* conflitto *m* a fuoco; **Schussweite[RR]** *f* portata *f;* **außer ~** fuori tiro; **in ~** a tiro; **Schusswunde[RR]** *f* ferita *f* d'arma da fuoco

Schuster ['ʃuːstɐ] <-s, -> *m* calzolaio *m*

Schutt [ʃʊt] <-(e)s> *kein Pl m* macerie *fpl;* (*Bau~*) calcinacci *mpl;* **in ~ und Asche legen** ridurre in cenere

Schüttelfrost *m* brividi *mpl* di febbre

schütteln ['ʃʏtəln] *vt* scuotere; **den Kopf ~** scuotere la testa; **jdm die Hand ~** stringere la mano a qu; **vor Gebrauch ~** agitare prima dell'uso

schütten ['ʃʏtən] **I.** *vt* versare **II.** *vi* **es schüttet** (*fam*) piove a dirotto

Schüttstein *m* (*CH: Ausguss*) lavello *m*

Schutz [ʃʊts] <-es> *kein Pl m* protezione *f;* (*Unterschlupf*) rifugio *m;* **~ bei jdm suchen** rifugiarsi presso qu; **jdn in ~ nehmen** prendere le difese di qu; **Schutzanzug** *m* vestito *m* protettivo; **Schutzblech** *n* parafango *m;* **Schutzbrille** *f* occhiali *mpl* protettivi

Schütze ['ʃʏtsə] <-n, -n> *m* **1.** (ASTR) Sagittario *m;* **er/sie ist (ein) ~** è del Sagittario **2.** (*Schießender*) tiratore *m*

schützen ['ʃʏtsən] **I.** *vt* proteggere; **jdn vor jdm/etw ~** proteggere qu da qu/qc **II.** *vr* **sich (vor jdm/etw) ~** difendersi (da qu/qc); **schützend** *adj* protettivo

D'estate, in molte città dei paesi di lingua tedesca si festeggia una **Schützenfest** (festa dei tiratori scelti). Già nell'Ottocento (ma le origini più antiche risalgono al Medioevo) associazioni di cittadini eleggevano al loro interno il miglior tiratore "Schützenkönig" attraverso un'annuale gara di tiro. Oggi questa tradizione è l'occasione per grandi e piccole feste popolari nelle quali si celebrano la storia e le tradizioni cittadine. Le più importanti "Schützenfeste" sono quella di Hannover e quella di Neuss.

Schutzengel *m* angelo *m* custode; **Schutzhelm** *m* elmetto *m* di protezione; **Schutzimpfung** *f* vaccinazione *f* profilattica

Schützin ['ʃʏtsɪn] <-, -nen> *f* tiratrice *f*; *s. a.* **Schütze**

schutzlos *adj* indifeso; **Schutzmaßnahme** *f* misura *f* preventiva; **Schutzumschlag** *m* copertina *f* salvalibri; **Schutzweg** *m* (*A: Fußgängerübergang*) strisce *fpl* pedonali

Schwabe ['ʃva:bə] <-n, -n> *m* svevo *m*; **Schwaben** ['ʃva:bən] *n* Svevia *f*

Schwäbin ['ʃvɛ:bɪn] <-, -nen> *f* sveva *f*; *s. a.* **Schwabe**

schwäbisch *adj* svevo

schwach [ʃvax] <schwächer, schwächste> *adj* **1.** debole; (*Gesundheit*) delicato; ~ **werden** indebolirsi; (*fig*) cedere **2.** (*Getränk*) leggero **3.** (*Leistung, Programm*) scarso

Schwäche ['ʃvɛçə] <-, -n> *f* debolezza *f*; **eine ~ haben für** (*fam*) avere un debole per; **Schwächeanfall** *m* attacco *m* di debolezza

schwächen *vt* indebolire

schwächlich *adj* deboluccio

Schwächling <-s, -e> *m* (*pej*) debole *m*

Schwachsinn *m* deficienza *f*; **schwachsinnig** *adj* deficiente

Schwachstelle *f* lato *m* debole; **Schwachstrom** *m* corrente *f* a bassa tensione

Schwächung <-, -en> *f* indebolimento *m*

Schwaden ['ʃva:dən] <-s, -> *m meist Pl* nube *f*

schwafeln ['ʃva:fəln] *vt, vi* (*fam pej*) blaterare

Schwager ['ʃva:gɐ] <-s, Schwäger> *m*, **Schwägerin** <-, -nen> *f* cognato, -a *m, f*

Schwalbe ['ʃvalbə] <-, -n> *f* rondine *f*

Schwall [ʃval] <-(e)s, -e> *m* (*Wort~*) flusso *m*

schwamm [ʃvam] *1. u 3. pers sing imp von* **schwimmen**

Schwamm <-(e)s, Schwämme> *m* spugna *f*; ~ **drüber!** (*fam*) mettiamoci una pietra sopra

Schwammerl <-s, -n> *n* (*A, südd: fam: Pilz*) fungo *m*

schwammig *adj* spugnoso; (*Gesicht*) gonfio

Schwan [ʃva:n] <-(e)s, Schwäne> *m* cigno *m*

schwand [ʃvant] *1. u 3. pers sing imp von* **schwinden**

schwang [ʃvaŋ] *1. u 3. pers sing imp von* **schwingen**

schwanger ['ʃvaŋɐ] *adj* incinta; ~ **werden** rimaner incinta; **Schwangere** <-n, -n> *f* donna *f* incinta

Schwangerschaft <-, -en> *f* gravidanza *f*; **Schwangerschaftsabbruch** *m* interruzione *f* della gravidanza; **Schwangerschaftstest** *m* test *m* di gravidanza; **Schwangerschaftsurlaub** *m* maternità *f*; ~ **nehmen** entrare in maternità

schwanken ['ʃvaŋkən] *vi* **1.** *haben* (*wackeln*) agitarsi; (*Boot*) dondolare **2.** *sein* (~*d gehen*) barcollare **3.** *haben* (*fig: Preise, Zahlen*) oscillare **4.** *haben* (*fig: zögern*) esitare; **zwischen etw und etw ~** essere indeciso fra qc e qc

Schwankung <-, -en> *f* oscillazione *f*

Schwanz [ʃvants] <-es, Schwänze> *m* coda *f*

schwänzen ['ʃvɛntsən] *vt* **die Schule ~** (*fam*) marinare la scuola

Schwarm [ʃvarm] <-(e)s, Schwärme> *m* **1.** (*Insekten~*) sciame *m*; (*Vogel~*) stormo *m* **2.** (*Idol*) idolo *m*

schwärmen ['ʃvɛrmən] *vi* **für jdn/etw ~** essere entusiasta di qu/qc

Schwärmerei [ʃvɛrmə'raɪ] <-, -en> *f* entusiasmo *m*

schwärmerisch *adj* entusiasta

schwarz [ʃvarts] <schwärzer, schwärzeste> *adj* nero; **ins Schwarze treffen** cogliere nel segno; ~ **auf weiß** nero su bianco; **es wurde mir ~ vor den Augen** mi sentii svenire; *s. a.* **blau**; **Schwarzarbeit** *f* lavoro *m* nero; **Schwarzarbeiter(in)** *m(f)* lavoratore, -trice *m, f* abusivo; **Schwarzbrot** *n* pane *m* nero

Schwarze <ein -r, -n, -n> *mf* negro, -a *m, f*

Schwärze ['ʃvɛrtsə] <-, -en> *f* nero *m*; (*Drucker~*) inchiostro *m*

schwärzen *vt* annerire

schwarz|fahren <irr> *vi sein* **1.**(*ohne Führerschein*) guidare senza patente **2.**(*ohne Fahrkarte*) viaggiare clandestinamente; **Schwarzfahrer(in)** *m(f)* **1.**(*ohne Führerschein*) persona *f* che guida senza patente **2.**(*ohne Fahrkarte*) viaggiatore, -trice *m, f* clandestino, -a; **schwarzhaarig** *adj* dai capelli neri; **Schwarzhandel** *m* mercato *m* nero; **schwarz|hören** *vi ascoltare la radio senza pagare il canone;* **Schwarzmarkt** *m* mercato *m* nero; **schwarz|sehen** <irr> *vi* **1.**(*pessimistisch sein*) vedere tutto nero **2.**(TV) *guardare la televisione senza pagare il canone;* **Schwarzwald** *m* Foresta *f* Nera; **schwarzweiß** *adj* (in) bianco e nero

schwatzen ['ʃvatsən] *vt, vi,* **schwätzen** ['ʃvɛtsən] *vt, vi* (*dial*) (**über jdn/etw**) ~ chiacchierare (su qu/qc)

Schwätzer(in) ['ʃvɛtsɐ] <-s, -; -, -nen> *m(f)* (*pej*) chiacchierone, -a *m, f*

schwatzhaft *adj* (*pej*) ciarliero

Schwebe ['ʃveːbə] <-> *kein Pl f* **in der ~** (*fig*) in sospeso; **Schwebebahn** *f* teleferica *f*

schweben *vi* **1.** *sein* (*fliegen*) librarsi; **in Gefahr ~** (*fig*) essere in pericolo **2.** *haben* (*fig: noch unentschieden sein*) essere indeciso

Schwede ['ʃveːdə] <-n, -n> *m* svedese *m*

Schweden ['ʃveːdən] *n* Svezia *f*

Schwedin ['ʃveːdɪn] <-, -nen> *f* svedese *f; s. a.* **Schwede**

schwedisch *adj* svedese

Schwefel ['ʃveːfəl] <-s> *kein Pl m* zolfo *m;* **schwefelhaltig** *adj* sulfureo; **Schwefelsäure** *f* acido *m* solforico

schweifen ['ʃvaɪfən] *vi sein* vagare

schweigen ['ʃvaɪgən] <schweigt, schwieg, geschwiegen> *vi* tacere; **über etw** *acc* [*o* **von etw**] ~ tacere su qc; **ganz zu ~ von ...** per non parlare di ...; **Schweigen** <-s> *kein Pl n* silenzio *m;* **jdn zum ~ bringen** far tacere qu

Schweigepflicht *f* **ärztliche ~** segreto professionale del medico

schweigsam *adj* taciturno; **Schweigsamkeit** <-> *kein Pl f* taciturnità *f*

Schwein [ʃvaɪn] <-(e)s, -e> *n* **1.**(ZOO, GASTR) maiale *m* **2.**(*fam pej: Mensch*) porco *m;* **kein ~** (*sl: niemand*) non ... anima viva *fam* **3.**(*fam: Glück*) culo *m sl;* **Schweinebraten** *m* arrosto *m* di maiale; **Schweinefleisch** *n* (carne *f* di) maiale *m;* **Schweinepest** *kein Pl f* peste *f* suina

Schweinerei [ʃvaɪnə'raɪ] <-, -en> *f* (*fam*) **1.**(*Sauerei*) porcheria *f* **2.**(*Gemeinheit*) porcata *f*

Schweinestall *m* (*a fig*) porcile *m*

Schweiß [ʃvaɪs] <-es> *kein Pl m* sudore *m;* **Schweißausbruch** *m* traspirazione *f* cutanea

schweißen ['ʃvaɪsən] *vt* (TEC) saldare

Schweißfüße *mpl* ~ **haben** sudare ai piedi; **schweißgebadet** *adj* bagnato di sudore

Schweißnaht *f* saldatura *f*

Schweiz [ʃvaɪts] *f* **die ~** la Svizzera

Schweizer(in) <-s, -; -, -nen> *m(f)* svizzero, -a *m, f*

schweizerisch *adj* svizzero

Schwelle ['ʃvɛlə] <-, -n> *f* (*Tür~*) soglia *f;* (*Eisenbahn~*) traversina *f*

schwellen ['ʃvɛlən] <schwillt, schwoll, geschwollen> *vi sein* gonfiarsi; (*Gewässer*) ingrossarsi

Schwellenangst *f* fobia *f* delle situazioni nuove

Schwellung <-, -en> *f* (MED) gonfiore *m*

schwenken ['ʃvɛŋkən] **I.** *vt haben* **1.**(*hin und her bewegen*) sventolare **2.**(*spülen*) sciacquare **II.** *vi sein* voltare; (MIL) fare una conversione

schwer [ʃveːɐ̯] **I.** *adj* **1.**(*von großem Gewicht*) pesante; **zwei Zentner ~ sein** pesare un quintale **2.**(*Krankheit*) grave; (*Schicksal*) duro **3.**(*Gewitter*) violento **4.**(*schwierig*) difficile; **das ist nicht** (**so**) ~ non è poi tanto difficile **5.**(*Wein*) forte **II.** *adv* **1.**(*stark, ernst*) gravemente **2.**(*hart*) ~ **arbeiten** lavorare duro **3.**(*fam: sehr*) molto; **sich ~ täuschen** sbagliarsi di grosso; **Schwerarbeit** *f* lavoro *m* pesante

Schwere <-> *kein Pl f* gravità *f;* **schwerelos** *adj* privo di gravità; **Schwerelosigkeit** <-> *kein Pl f* mancanza *f* di gravità; **schwer|fallen** <irr> *vi s.* **fallen 6.**; **schwerfällig** *adj* lento; **Schwergewicht** *n* (*fig*) massima importanza *f;* **das ~ auf etw** *acc* **legen** dare il massimo peso a qc; **schwerhörig** *adj* duro d'orecchio; **Schwerhörigkeit** <-> *kein Pl f* debolezza *f* d'udito; **Schwerindustrie** *f* industria *f* pesante; **Schwerkraft** *f* (PHYS) forza *f* di gravità; **schwerkrank** *adj s.* **krank**; **schwer|machen** *vt s.* **machen I.2.**; **schwermütig** *adj* malinconico; **schwer|nehmen** <irr> *vt s.* **nehmen**; **Schwerpunkt** *m* **1.** (PHYS) centro *m* di gravità **2.** (*fig*) massima importanza *f*

Schwert [ʃveːɐ̯t] <-(e)s, -er> *n* spada *f*

schwer|tun <irr> *vr* **sich ~** *s.* **tun III.2.**; **Schwerverbrecher(in)** *m(f)* grande criminale *mf*; **schwerverdaulich** *adj s.* **verdaulich**; **schwerverletzt** *adj s.* **verletzen I.1.**; **schwerwiegend** *adj* grave; (*Entschluss*) importante

Schwester [ˈʃvɛstɐ] <-, -n> *f* **1.** sorella *f* **2.** (*Kranken~*) infermiera *f*

schwieg [ʃviːk] *1. u 3. pers sing imp von* **schweigen**

Schwiegereltern *pl* suoceri *mpl*; **Schwiegermutter** *f* suocera *f*; **Schwiegersohn** *m* genero *m*; **Schwiegertochter** *f* nuora *f*; **Schwiegervater** *m* suocero *m*

Schwiele [ˈʃviːlə] <-, -n> *f* callo *m*

schwierig [ˈʃviːrɪç] *adj* difficile; **Schwierigkeit** <-, -en> *f* difficoltà *f*; **auf ~en stoßen** incontrare difficoltà

schwillt [ʃvɪlt] *3. pers sing pr von* **schwellen**

Schwimmbad *n* piscina *f*; **Schwimmbecken** *n* piscina *f*

schwimmen [ˈʃvɪmən] <schwimmt, schwamm, geschwommen> *vi sein* **1.** (SPORT) nuotare; **~ gehen** andare in piscina; **über einen Fluss ~** attraversare un fiume a nuoto; **im Geld ~** (*fig*) avere soldi a palate **2.** (*Sachen*) galleggiare **3.** (*fig fam: unsicher sein*) essere insicuro

Schwimmer(in) <-s, -; -, -nen> *m(f)* (SPORT) nuotatore, -trice *m, f*

Schwimmweste *f* giubbetto *m* di salvataggio

Schwindel [ˈʃvɪndəl] <-s> *kein Pl m* **1.** (MED) vertigini *fpl* **2.** (*pej: Betrug*) imbroglio *m*; **schwindelfrei** *adj* **~ sein** non soffrire di vertigini; **schwind(e)lig** *adj* vertiginoso; **mir ist ~** ho le vertigini

schwindeln *vi* (*fam: lügen*) mentire

schwinden [ˈʃvɪndən] <schwindet, schwand, geschwunden> *vi sein* diminuire; (*schwächer werden*) attenuarsi

Schwindler(in) <-s, -; -, -nen> *m(f)* (*Lügner*) mentitore, -trice *m, f*

schwindlig *adj s.* **schwind(e)lig**

schwingen [ˈʃvɪŋən] <schwingt, schwang, geschwungen> **I.** *vt* agitare; (*Waffen*) brandire **II.** *vr* **sich auf etw** *acc* **~** balzare su qc **III.** *vi* **1.** (*Schaukel, Pendel*) oscillare **2.** (*vibrieren*) vibrare **3.** (*nachklingen*) risonare

Schwingung <-, -en> *f* oscillazione *f*

Schwips [ʃvɪps] <-es, -e> *m* (*fam*) **einen ~ haben** essere un po' brillo

schwirren [ˈʃvɪrən] *vi sein* ronzare

schwitzen [ˈʃvɪtsən] *vi* sudare

schwoll [ʃvɔl] *1. u 3. pers sing imp von* **schwellen**

schwören [ˈʃvøːrən] <schwört, schwor, geschworen> *vi* giurare

schwul [ʃvuːl] *adj* (*fam*) omosessuale

schwül [ʃvyːl] *adj* (*Wetter*) afoso; **es ist ~** c'è afa

Schwule [ˈʃvuːlə] <ein -r, -n, -n> *m* (*fam*) omosessuale *m*

schwulstig [ˈʃvʊlstɪç] *adj* (*A*), **schwülstig** [ˈʃvʏlstɪç] *adj* (*pej*) ampolloso

Schwund [ʃvʊnt] <-(e)s> *kein Pl m* perdita *f*

Schwung [ʃvʊŋ] <-(e)s> *kein Pl m* **1.** (*~kraft*) slancio *m*; (*fig: Energie*) energia *f*; **jdn in ~ bringen** stimolare qu; **etw in ~ bringen** dare l'avvio a qc **2.** (*fam: Menge*) mucchio *m*; **schwunghaft** *adj* vivace; **schwungvoll** *adj* (*Rede*) vivace; (*Aufführung*) pieno di slancio

Schwur [ʃvuːɐ̯] <-(e)s, Schwüre> *m* giuramento *m*; **Schwurgericht** *n* corte *f* d'assise

Science-fiction [ˈsaɪənsˈfɪkʃən] <-, -s> *f*, **Sciencefiction**[RR] <-, -s> *f* fantascienza *f*

scrollen *vt* (*Computer*) scorrere

sechs [zɛks] *num* sei; *s. a.* **acht**; **Sechs** <-, -en> *f* sei *m*; (*Schulnote: ungenügend*) *zero*; **sechsfach** *adj* sestuplo; **sechshundert** *num* seicento; **sechsjährig** *adj* **1.** (*sechs Jahre alt*) di sei anni **2.** (*sechs Jahre lang*) che dura sei anni; **sechsmal** *adv* sei volte

Sechstel <-s, -> *n* sesto *m*

sechstens *adv* (in) sesto (luogo)

sechste(r, s) *adj* sesto, -a; (*bei Datumsangaben*) sei; *s. a.* **achte(r, s)**

sechzehn [ˈzɛçtseːn] *num* sedici

sechzehnte(r, s) *adj* sedicesimo, -a; (*bei Datumsangaben*) sedici; *s. a.* **achte(r, s)**

sechzig ['zɛçtsɪç] *num* sessanta; *s. a.* **achtzig**

Secondhandladen *m* negozio *m* dell'usato

See¹ [zeː] <-s, -n> *m* (*Binnen~*) lago *m*

See² <-> *kein Pl f* (*Meer*) mare *m;* **an der ~** al mare; **auf ~** in mare; **auf hoher ~** in alto mare; **in ~ stechen** salpare

Seebad *n* stabilimento *m* balneare; **Seefahrt** *f* navigazione *f* marittima; **Seegang** *kein Pl m* moto *m* ondoso; **hoher ~** mare grosso; **Seehund** *m* foca *f;* **Seeigel** *m* riccio *m* di mare; **seekrank** *adj* **~ sein** aver il mal di mare; **Seelachs** *m* merluzzo *m*

Seele ['zeːlə] <-, -n> *f* anima *f;* **seelenruhig** *adv* imperturbabile

seelisch *adj* psichico

Seelsorge *f* cura *f* d'anime; **Seelsorger(in)** <-s, -; -, -nen> *m(f)* padre *m* spirituale

Seeluft *f* aria *f* di mare; **Seemann** *m* marinaio *m;* **Seemeile** *f* miglio *m* marino; **Seenot** *f* pericolo *m* di naufragio; **Seepferdchen** <-s, -> *n* ippocampo *m;* **Seeräuber** *m* pirata *m;* **Seereise** *f* viaggio *m* per mare; **Seerose** *f* ninfea *f;* **Seestern** *m* stella *f* di mare; **seetüchtig** *adj* navigabile; **Seevogel** *m* uccello *m* marino; **Seeweg** *m* via *f* marittima; **auf dem ~** per mare; **Seezunge** *f* sogliola *f*

Segel ['zeːgəl] <-s, -> *n* vela *f;* **die ~ setzen** alzare le vele; **Segelboot** *n* barca *f* a vela; **Segelfliegen** *n* volo *m* a vela; **Segelflieger(in)** *m(f)* volovelista *mf;* **Segelflugzeug** *n* aliante *m;* **Segeljacht** *f* yacht *m* a vela

segeln *vi* navigare a vela; (SPORT) fare della vela

Segelschiff *n* veliero *m;* **Segeltuch** *n* (tela *f*) olona *f*

Segen ['zeːgən] <-s, -> *m* benedizione *f;* **segensreich** *adj* benefico

Segler ['zeːglɐ] <-s, -> *m* (*Segelschiff*) veliero *m*

Segler(in) <-s, -; -, -nen> *m(f)* (SPORT: *Person*) velista *mf*

segnen ['zeːgnən] *vt* benedire

sehen ['zeːən] <sieht, sah, gesehen> *vt, vi* vedere; (*in bestimmte Richtung*) guardare; **wieder ~** rivedere; **etw gern/ungern ~** vedere qc di buon/cattivo occhio; **das habe ich kommen ~** l'avevo previsto; **sich ~ lassen** farsi vivo; **sich ~ lassen können** presentarsi bene; **wir werden ja ~** staremo a vedere; **siehe auch** vedi anche; **siehe oben/unten** vedi sopra/sotto; **sieh mal!** guarda!

sehenswert *adj* degno d'esser visto; **Sehenswürdigkeit** <-, -en> *f* bellezza *f*

Sehne ['zeːnə] <-, -n> *f* **1.** (ANAT) tendine *m* **2.** (*Bogen~*) corda *f*

sehnen ['zeːnən] *vr* **sich nach jdm/etw ~** aver nostalgia di qu/qc

sehnig *adj* tiglioso

Sehnsucht *f* nostalgia *f;* **~ nach jdm/etw haben** avere nostalgia di qu/qc; **sehnsüchtig I.** *adj* nostalgico; (*Wunsch*) struggente **II.** *adv* con ansia; **jdn/etw ~ erwarten** aspettare qu/qc con struggimento

sehr [zeːɐ̯] *adv* molto; **~ bald** tra poco; **~ viel** moltissimo; **wie ~** quanto; **zu ~** troppo; **so ~** tanto

Sehvermögen *n* facoltà *f* visiva

seicht [zaɪçt] *adj* **1.** (*Wasser*) poco profondo **2.** (*fig pej*) piatto

seid [zaɪt] *2. pers pl pr von* **sein¹**

Seide ['zaɪdə] <-, -n> *f* seta *f;* **reine ~** seta pura

seiden *adj* di seta

seidig *adj* come la seta

Seife ['zaɪfə] <-, -n> *f* sapone *m;* **Seifenblase** *f* (*a fig*) bolla *f* di sapone; **Seifenlauge** *f* saponata *f;* **Seifenoper** *f* soap opera *f;* **Seifenspender** *m* dosatore *m* di sapone

seihen ['zaɪən] *vt* (*filtern*) filtrare

Seil [zaɪl] <-(e)s, -e> *n* corda *f;* (*Tau*) fune *f;* **Seilbahn** *f* funivia *f;* **Seilhüpfen** <-s> *kein Pl n,* **Seilspringen** <-s> *kein Pl n* salto *m* della corda; **Seiltänzer(in)** *m(f)* funambolo, -a *m, f*

sein¹ [zaɪn] <ist, war, gewesen> *vi sein* essere; **20 Jahre alt ~** aver vent'anni; **ich bin es** sono io; **hier bin ich** eccomi (qua); **mir ist kalt** ho freddo; **es ist an dir zu** *+inf* spetta a te *+inf;* **es ist Winter** è inverno; **es ist kalt/warm** fa freddo/caldo; **das kann ~** può darsi; **wie dem auch sei** come che sia; **was ist das?** che cos'è?; **wer ist das?** chi è?; **lass das ~!** lascia perdere!

sein² *pron poss von* **er, es** (*adjektivisch*) suo, -a *m, f,* suoi *mpl,* sue *fpl*

seine(r, s) ['zaɪnə, -nɐ, -nəs] *pron poss von* **er, es** (*substantivisch*) (il) suo, (la) sua, (i) suoi *pl*, (le) sue *pl*

seinerseits *adv* da parte sua

seinerzeit *adv* allora

seinesgleichen <inv> *pron* uno *m* come lui

seinetwegen *adv* per lui; (*negativ*) per colpa sua

seins *s.* **seine(r, s)**

seit [zaɪt] **I.** *prp* da; **ich warte ~ einer Stunde** è un'ora che aspetto; **~ langem** da molto tempo **II.** *konj* da quando; **seitdem** [zaɪt'deːm] **I.** *adv* da allora **II.** *konj* da quando

Seite ['zaɪtə] <-, -n> *f* **1.** (*von Körper*) fianco *m;* (*von Fläche*) lato *m;* **linke ~** (*eines Stoffes*) rovescio *m;* **rechte ~** (*eines Stoffes*) diritto *m;* **~ an ~** fianco a fianco; **auf beiden ~n** da ambo le parti; **auf der einen ~ ..., auf der anderen ~ ...** da un lato ..., dall'altro; **nach allen ~n** in tutte le direzioni; **zur ~ gehen** farsi da parte; **auf jds ~ stehen** (*fig*) essere dalla parte di qu; **jdm zur ~ stehen** (*fig*) aiutare qu **2.** (*Charakterzug*) lato *m;* **jds starke/schwache ~** il (lato) forte/debole di qu; **sich von seiner besten ~ zeigen** mostrarsi dal lato migliore **3.** (*von Buch*) pagina *f;* **Seitenairbag** *m* (AUTO) airbag *m* laterale; **Seitenaufprallschutz** *m* (AUTO) paraurti *m* laterale; **Seitenblick** *m* occhiata *f;* **Seiteneingang** *m* entrata *f* laterale; **Seitenhieb** *m* (*fig*) fiancata *f*

seitens *prp +gen* da parte di

Seitensprung *m* (*fig*) scappatella *f;* **einen ~ machen** avere un'avventura; **Seitenstechen** *kein Pl n* fitta *f* al fianco; **Seitenstraße** *f* strada *f* laterale; **Seitenstreifen** *m* (*von Straße*) banchina *f*

seither [zaɪt'heːɐ̯] *adv* da allora

seitlich *adj* laterale

sekkieren [zɛ'kiːrən] <ohne ge-> *vt* (*A: belästigen*) maltrattare

Sekretär [zekre'tɛːɐ̯] <-s, -e> *m* **1.** (*Möbelstück*) secrétaire *m* **2.** (*Mensch*) segretario *m*

Sekretariat [zekretari'aːt] <-(e)s, -e> *n* segretariato *m*

Sekretärin <-, -nen> *f* segretaria *f; s. a.* **Sekretär**

Sekt [zɛkt] <-(e)s, -e> *m* spumante *m*

Sekte ['zɛktə] <-, -n> *f* setta *f*

Sekundararzt [zekʊn'daːɐ̯artst] *m,* **Sekundarärztin** *f* (*A*) assistente *mf* medico, -a; **Sekundarlehrer(in)** *m(f)* (*CH*) insegnante *mf* della Sekundarschule; **Sekundarschule** *f* (*CH*) *scuola che comprende gli anni della scuola media e i primi due della scuola superiore*

In Svizzera alla "Primarschule" segue la **Sekundarstufe I** che fa parte della frequenza scolastica obbligatoria e che dura, a seconda del cantone, da 3 a 5 anni. Nella Sekundarstufe II si può iniziare una formazione professionale, frequentare una "Berufschule" o una "Diplommittelschule", cominciare la formazione per diventare insegnante nella "Sekundarstufe I" o frequentare la "Maturitätsschule".

Sekunde [ze'kʊndə] <-, -n> *f* secondo *m;* **Sekundenzeiger** *m* lancetta *f* dei secondi

selbe *s.* **selbe(r, s)**

selber ['zɛlbɐ] *adv* (*fam*) *s.* **selbst**

selbe(r, s) ['zɛlbə, -bɐ, -bəs] *adj* stesso; **im ~n Augenblick** nello stesso momento

selbst [zɛlbst] **I.** *pron dem* **er/es ~** egli/esso stesso; **sie ~** essa stessa; **von ~** da sé; **er ist die Güte ~** è la bontà in persona **II.** *adv* (*sogar*) persino; **~ wenn** anche se *+conj*

Selbstachtung *f* rispetto *m* per sé stesso

selbständig ['zɛlpʃtɛndɪç] *adj* indipendente; **Selbständigkeit** <-> *kein Pl f* indipendenza *f*

Selbstauslöser *m* (FOTO) autoscatto *m;* **Selbstbedienung** *f* self-service *m;* **Selbstbefriedigung** *f* masturbazione *f;* **Selbstbeherrschung** *f* autocontrollo *m;* **Selbstbestimmung** *f* autodeterminazione *f;* **selbstbewusst**[RR] *adj* sicuro di sé; **Selbstbewusstsein**[RR] *n* sicurezza *f;* **Selbsterhaltungstrieb** *m* istinto *m* di autoconservazione; **selbstgefällig** *adj* soddisfatto di sé stesso; **selbstgemacht** *adj* (*Marmelade*) fatto in casa; (*Pullover, Geschenk*) fatto da sé; **Selbstgespräch** *n* monologo *m;* **~e führen** parlare fra sé; **Selbsthilfegruppe** *f* gruppo *m* di autoaiuto; **selbstklebend** *adj* autoadesivo; **Selbstkostenpreis** *m* prezzo *m* di costo; **zum ~** a prezzo di costo; **selbstkritisch** *adj* autocritico; **selbstlos** *adj* altruista; **Selbstmord** *m* suicidio *m;* **~ begehen** suicidarsi; **Selbstmörder(in)** *m(f)* suicida *mf;* **Selbstmordversuch** *m* tentativo *m* di suicidio; **einen ~ machen** tentare di suicidarsi; **selbstsicher** *adj* sicuro di sé; ~ **auftreten** comportarsi con molta sicurezza; **selbstständig**RR *adj s.* **selbständig**; **Selbstständigkeit**RR <-> *kein Pl f s.* **Selbständigkeit**; **selbstsüchtig** *adj* egoista; **selbsttätig** *adj* automatico; **Selbstüberwindung** *f* dominio *m* di sé; **selbstverständlich I.** *adj* ovvio; **das ist** ~ è naturale **II.** *adv* naturalmente; ~**!** si capisce!; **Selbstverteidigung** *kein Pl f* autodifesa *f;* **Selbstvertrauen** *n* fiducia *f* in sé; **Selbstverwaltung** *f* amministrazione *f* autonoma; **Selbstverwirklichung** *f* autorealizzazione *f;* **Selbstwertgefühl** *n* stima *f* di sé; **Selbstzweck** *m* fine *m* a sé stesso

selchen ['zɛlçən] *vt* (*A, südd: räuchern*) affumicare

selig ['ze:lɪç] *adj* **1.** (REL) beato **2.** (*glücklich*) felice

Sellerie ['zɛləri] <-s, -(s)> *m* sedano *m*

selten ['zɛltən] **I.** *adj* raro **II.** *adv* di rado; **Seltenheit** <-, -en> *f* rarità *f*

seltsam *adj* strano; **Seltsamkeit** <-, -en> *f* stranezza *f*

Semester [ze'mɛstɐ] <-s, -> *n* semestre *m*

Semikolon [zemi'ko:lɔn] <-s, -s> *n* punto *m* e virgola

Seminar [zemi'na:ɐ̯] <-s, -e> *n* seminario *m*

Semmel ['zɛməl] <-, -n> *f* panino *m;* **Semmelbrösel** *mpl* (*A, südd*) pangrattato *m*

Senat [ze'na:t] <-(e)s, -e> *m* senato *m*

senden[1] ['zɛndən] <sendet, sandte, gesandt> *vt* (*geh: schicken*) inviare

senden[2] *vt* (RADIO, TV) trasmettere

Sendepause *f* intervallo *m*

Sender <-s, -> *m* **1.** (*Anlage*) trasmettitore *m* **2.** (RADIO, TV) (stazione *f*) trasmittente *f*

Sendereihe *f* serie *f* di trasmissioni; **Sendeschluss**RR *kein Pl m* fine *f* delle trasmissioni; **Sendezeit** *f* tempo *m* di trasmissione

Sendung <-, -en> *f* **1.** (*Brief, Paket*) spedizione *f* **2.** (RADIO, TV) trasmissione *f*

Senf [zɛnf] <-(e)s, -e> *m* senape *f*

senior ['ze:ni̯ɔ:ɐ̯] *adj* **Herr X** ~ il signor X senior

Senior <-s, -en> *m* **1.** (*älterer Mensch*) anziano *m* **2.** (SPORT) senior *m;* **Seniorenheim** *n* casa *f* di riposo; **Seniorenkarte** *f,* **Seniorenpass**RR *m* carta *f* d'argento

Seniorin <-, -nen> *f* **1.** (*älterer Mensch*) anziana *f* **2.** (SPORT) senior *f; s. a.* **Senior**

Senke ['zɛŋkə] <-, -n> *f* depressione *f*

senken ['zɛŋkən] **I.** *vt* **1.** (*Kopf*) abbassare **2.** (*Preise*) ribassare **II.** *vr* **sich** ~ **1.** abbassarsi; (*Boden*) avvallarsi **2.** (*Nacht*) calare

Senkfuß *m* piede *m* piatto

senkrecht *adj* verticale; **Senkrechte** *f* verticale *f*

Senkung <-, -en> *f* **1.** *sing* abbassamento *m* **2.** (*von Boden*) avvallamento *m* **3.** *sing* (*von Preisen*) ribasso *m*

Sensation [zɛnza'tsi̯o:n] <-, -en> *f* sensazione *f*

sensationell [zɛnzatsi̯o'nɛl] *adj* sensazionale

Sense ['zɛnzə] <-, -n> *f* falce *f*

sensibel [zɛn'zi:bəl] *adj* sensibile; (*heikel*) delicato

sensibilisieren [zɛnzibili'zi:rən] <ohne ge-> *vt* (**jdn**) **für etw** ~ sensibilizzare qu (a qc)

Sensor ['zɛnzo:ɐ] <-s, -en> *m* (TEC) sensore *m*

sentimental [zɛntimɛn'ta:l] *adj* sentimentale

Sentimentalität [zɛntimɛntali'tɛ:t] <-, -en> *f* sentimentalismo *m*

separat [zepa'ra:t] *adj* separato

September [zɛp'tɛmbɐ] <-(s), -> *m* settembre *m; s. a.* **April**

Serbe ['zɛrbə] <-n, -n> *m* serbo *m*

Serbien ['zɛrbiən] *n* Serbia *f*

Serbin ['zɛrbin] <-, -nen> *f* serba *f*

serbisch ['zɛrbɪʃ] *adj* serbo

serbokroatisch [zɛrbokro'a:tɪʃ] *adj* serbocroato

Seren *pl von* **Serum**

Serie ['ze:riə] <-, -n> *f* serie *f*

seriell [zeri'ɛl] *adj* (INFORM) seriale

Serienausstattung *f* (AUTO) equipaggiamento *m* di serie; **serienmäßig I.** *adj* di serie **II.** *adv* in serie; **serienweise** *adv* in serie

seriös [zeri'ø:s] *adj* serio

Serpentine [zɛrpɛn'ti:nə] <-, -n> *f* serpentina *f*

Serum ['ze:rʊm] <-s, Seren> *n* siero *m*

Server ['sœ:vɐ] <-s, -> *m* (INFORM) server *m*

Service[1] [zɛr'vi:s] <-(s), -> *n* (*Geschirr*) servizio *m*

Service² ['zøːɐ̯vɪs] <-> *kein Pl m* **1.** (*Kundendienst*) assistenza *f* tecnica **2.** (*Bedienung*) servizio *m*
servieren [zɛr'viːrən] <ohne ge-> **I.** *vt* servire **II.** *vi* servire in tavola
Serviererin *f,* **Serviertochter** *f* (*CH*) cameriera *f*
Serviette [zɛr'vi̯ɛtə] <-, -n> *f* tovagliolo *m*
Servolenkung *f* servosterzo *m*
servus ['sɛrvʊs] *int* (*A, südd*) ciao
Sessel ['zɛsəl] <-s, -> *m* **1.** poltrona *f* **2.** (*A: Stuhl*) sedia *f;* **Sessellift** *m* seggiovia *f*
setzen ['zɛtsən] **I.** *vt* **1.** (*Sache*) mettere; (*Person*) far sedere **2.** (*Baum*) piantare **3.** (TYP) comporre **4.** (*Geld*) **eine Summe auf etw** *acc* ~ puntare una somma su qc **5.** (*Ziel*) porre; **jdm eine Frist** ~ fissare un termine a qu **6.** (*fig*) riporre; **seine Hoffnung auf jdn/etw** ~ riporre la propria speranza in qu/qc **7.** (*Segel*) issare **II.** *vr* **sich** ~ **1.** (*Mensch*) sedersi; **sich zu jdm** ~ sedersi vicino a qu; ~ **Sie sich!** si sieda! **2.** (*Niederschlag*) depositarsi **III.** *vi* **auf jdn/etw** ~ (*a fig*) puntare su qu/qc; **über etw** *acc* ~ (*springen*) saltare sopra qc
Seuche ['zɔɪçə] <-, -n> *f* epidemia *f;* (*fig: Plage*) flagello *m;* **Seuchengebiet** *n* zona *f* contaminata
seufzen ['zɔɪftsən] *vi* sospirare; **Seufzer** <-s, -> *m* sospiro *m*
Sex [zɛks] <-(es)> *kein Pl m* sesso *m;* **Sexbombe** *f* (*fam*) maggiorata *f* fisica; **Sexfilm** *m* film *m* porno
Sexismus [zɛ'ksɪsmʊs] <-> *kein Pl m* sessismo *m*
sexistisch *adj* sessista
Sexshop [zɛksʃɔp] <-s, -s> *m* sex-shop *m;* **Sextelefon** *n* telefono *m* a luci rosse; **Sextourismuns** *m* sessoturismo *m*
Sexualerziehung *f* educazione *f* sessuale
Sexualität [zɛksuali'tɛːt] <-> *kein Pl f* sessualità *f*
Sexualkunde *f* educazione *f* sessuale; **Sexualtrieb** *m* impulso *m* sessuale; **Sexualverbrechen** *n* delitto *m* sessuale
sexuell [zɛ'ksuɛl] *adj* sessuale
sexy ['zɛksi] <inv> *adj* sexy
sezieren [ze'tsiːrən] <ohne ge-> *vt* sezionare; (*fig*) anatomizzare
Shampoo ['ʃampu] <-s, -s> *n* shampoo *m*
Shareware <-, -> *f* (INFORM) shareware *m*
Sherry ['ʃɛrɪ] <-s, -s> *m* sherry *m*
shoppen *vi* fare shopping
Shopping ['ʃɔpɪŋ] <-s, -s> *n* **1.** (*Einkaufsbummel*) shopping *m* **2.** (INFORM) acquisti *mpl* on line
Shorts [ʃɔrts] *pl* pantaloncini *mpl* corti
Show [ʃɔʊ] <-, -s> *f* show *m;* **eine ~ abziehen** (*sl*) fare la scena; **Showbusiness** <-> *kein Pl n,* **Showgeschäft** *kein Pl n* show business *m*
Sibirien [zi'biːriən] *n* Siberia *f*
sibirisch *adj* siberiano
sich [zɪç] *pron refl* (*betont*) sé; (*unbetont*) si; **er wäscht** ~ si lava; ~ **selbst** sé stesso; **für** ~ a sé; **von** ~ **aus** per conto proprio; **wieder zu** ~ **kommen** tornare in sé
Sichel ['zɪçəl] <-, -n> *f* falce *f*
sicher ['zɪçɐ] **I.** *adj* **1.** (*nicht gefährdet*) sicuro; **vor jdm/etw** ~ **sein** essere al sicuro da qu/qc **2.** (*gewiss*) certo, sicuro; ~ **ist, dass …** certo è che …; ~ **ist** ~ la prudenza non è mai troppa *prov* **II.** *adv* (*gewiss*) certamente, certo; **einer Sache** *gen* ~ **sein** essere sicuro di qc; **etw** ~ **wissen** sapere qc per certo; **er hat das** ~ **vergessen** l'ha certamente dimenticato; **weißt du das** ~**?** lo sai con sicurezza?; **sicher|gehen** <irr> *vi sein* assicurarsi; **um ganz sicherzugehen** per maggior sicurezza
Sicherheit <-, -en> *f* **1.** *sing* (*Ungefährlichkeit*) sicurezza *f;* **in** ~ **bringen** mettere al sicuro **2.** *sing* (*Gewissheit*) certezza *f;* **mit** ~ con certezza **3.** *sing* (*Zuverlässigkeit*) sicurezza *f* **4.** *sing* (*Selbst~*) sicurezza *f* di sé **5.** (FIN) garanzia *f*
Sicherheitsabstand *m* distanza *f* di sicurezza; **Sicherheitsgurt** *m* cintura *f* di sicurezza; **sicherheitshalber** *adv* per (motivi di) sicurezza; **Sicherheitskopie** *f* (INFORM) copia *f* di sicurezza; **Sicherheitsnadel** *f* spilla *f* di sicurezza; **Sicherheitsschloss**[RR] *n* serratura *f* di sicurezza; **Sicherheitsvorkehrung** *f* misura *f* di sicurezza
sicherlich *adv s.* **sicher**
sichern *vt* **1.** (*schützen*) proteggere **2.** (*verschaffen*) (**jdm**) **etw** ~ procurare qc (a qu) **3.** (*befestigen*) consolidare **4.** (*Waffe*) mettere la sicura a
sicher|stellen *vt* garantire
Sicherung <-, -en> *f* **1.** *sing* (*Schutz*) protezione *f* **2.** *sing* (*Garantie*) assicurazione *f* **3.** (*an Waffen*) sicura *f* **4.** (EL) fusibile *m;* **Si-**

cherungskopie *f* (INFORM) copia *f* di sicurezza

Sicht [zɪçt] <-> *kein Pl f* **1.** (*~verhältnisse*) visibilità *f* **2.** (*Aus~*) vista *f* **3.** (*Anschauung*) vista *f;* **aus meiner** ~ dal mio punto di vista; **auf lange** ~ (*fig*) a lunga scadenza; **sichtbar** *adj* **1.** (*zu sehen*) visibile **2.** (*fig: offensichtlich*) evidente; ~ **werden** apparire

sichten *vt* **1.** (*erblicken*) avvistare **2.** (*durchsehen*) vagliare

Sichtgerät *n* (INFORM) videomonitor *m*

sichtlich *adj* manifesto

Sichtverhältnisse *npl* visibilità *f;* **Sichtvermerk** *m* visto *m;* **Sichtweite** *f* vista *f;* **außer** ~ fuori del campo visivo; **in** ~ in vista

sickern ['zɪkɐn] *vi sein* **1.** (*Flüssigkeit*) colare **2.** (*Nachricht*) trapelare

sie [ziː] *pron pers* **1.** *nom 3. pers sing f* (*in Bezug auf Menschen, unbetont, meist nicht übersetzt*) ella; (*betont*) lei; (*in Bezug auf Dinge, unbetont, meist nicht übersetzt*) essa; (*betont*) lei **2.** *nom 3. pers pl* (*unbetont, meist nicht übersetzt*) essi *mpl,* esse *fpl;* (*betont*) loro **3.** *sing, acc von* **sie** (*betont*) lei; (*unbetont*) la, l' **4.** *pl, acc von* **sie** (*betont*) loro; (*unbetont*) li *mpl,* le *fpl*

Sie *pron pers* **1.** *nom sing* (*Höflichkeitsform*) Lei; **jdn mit** ~ **anreden** dare del Lei a qu **2.** *nom pl* (*Höflichkeitsform*) voi; (*geh*) Loro **3.** *sing, acc von* **Sie** La **4.** *pl, acc von* **Sie** Li *mpl,* Le *fpl*

Sieb [ziːp] <-(e)s, -e> *n* (*Mehl~*) setaccio *m;* (*Getreide~*) crivello *m;* (*Tee~*) colino *m*

sieben[1] ['ziːbən] **I.** *vt* setacciare **II.** *vi* (*fig*) selezionare

sieben[2] *num* sette; *s. a.* **acht**

siebenfach *adj* settuplo

Siebengebirge *n* Settemonti *mpl*

siebenhundert *num* settecento; **siebenjährig** *adj* **1.** (*sieben Jahre alt*) di sette anni **2.** (*sieben Jahre lang*) settennale; **siebenmal** *adv* sette volte; **Siebensachen** *fpl* **seine** ~ **packen** (*fam*) prendere i propri stracci

Siebtel <-s, -> *n* settimo *m*

siebtens *adv* (in) settimo (luogo)

siebte(r, s) *adj* settimo, -a; (*bei Datumsangaben*) sette; **im ~n Himmel sein** essere al settimo cielo; *s. a.* **achte(r, s)**

siebzehn *num* diciassette

siebzig ['ziːptsɪç] *num* settanta; *s. a.* **achtzig**

sieden ['ziːdən] <siedet, sott, gesotten> *vt* bollire

Siedepunkt *m* punto *m* di ebollizione

Siedler(in) ['ziːdlɐ] <-s, -; -, -nen> *m(f)* colono, -a *m, f*

Siedlung <-, -en> *f* **1.** (*An~*) insediamento *m* **2.** (*Wohn~*) centro *m* residenziale

Sieg [ziːk] <-(e)s, -e> *m* vittoria *f;* **den ~ davontragen** riportare la vittoria

Siegel ['ziːgəl] <-s, -> *n* sigillo *m*

siegen ['ziːgən] *vi* **über jdn/etw** ~ vincere qu/qc

Sieger(in) <-s, -; -, -nen> *m(f)* vincitore, -trice *m, f;* **als** ~ **aus etw hervorgehen** uscire vincitore da qc

siegessicher *adj* sicuro di vincere

siegreich *adj* vittorioso

sieht [ziːt] *3. pers sing pr von* **sehen**

siezen ['ziːtsən] *vt* dare del Lei a

Signal [zɪ'gnaːl] <-s, -e> *n* segnale *m;* **das ~ zu etw geben** dare il segnale di qc

signalisieren [zɪgnali'ziːrən] <ohne ge-> *vt* segnalare

Signatur [zɪgna'tuːɐ̯] <-, -en> *f* **1.** (*Unterschrift*) firma *f* **2.** (*Bibliotheks~*) segnatura *f*

signieren [zɪ'gniːrən] <ohne ge-> *vt* firmare

Silbe ['zɪlbə] <-, -n> *f* sillaba *f;* **Silbentrennung** *f* divisione *f* in sillabe

Silber ['zɪlbɐ] <-s> *kein Pl n* **1.** (*Metall*) argento *m;* **aus** ~ d'argento **2.** (*Tafelgeschirr*) argenteria *f*

Silberblick *m* (*fam*) strabismo *m* di Venere

Silberhochzeit *f* nozze *fpl* d'argento; **Silbermedaille** *f* medaglia *f* d'argento

silbern *adj* **1.** (*aus Silber*) d'argento **2.** (*silberig*) argenteo; (*Klang*) argentino

Silhouette [zi'luɛtə] <-, -n> *f* silhouette *f*

Silikon [zili'koːn] <-s, -e> *n* silicone *m*

Silizium [zi'liːtsiʊm] <-s> *kein Pl n* silicio *m*

Silo ['ziːlo] <-s, -s> *m o n* silo *m*

Silvester [zɪl'vɛstɐ] <-s, -> *n* San Silvestro

> **Silvester** è la notte del 31 dicembre, San Silvestro, che si trascorre in genere con amici o con la famiglia. Dopo una fondue o una raclette, a mezzanotte, tra i fuochi d'artificio ci si augura "Prosit Neujahr!" brindando con lo spumante. Spesso si organizza un "Bleigießen": si versa del piombo fuso in acqua fredda e si cerca di interpretare la forma as-

sunta dal piombo, ricavandone pronostici per il futuro.

Silvesterparty *f* festa *f* di Capodanno

simpel ['zɪmpəl] *adj* **1.** (*einfach*) semplice **2.** (*pej: einfältig*) sempliciotto

Sims [zɪms] <-es, -e> *m o n* (*Fenster~*) davanzale *m;* (*Kamin~*) sporto *m*

Simulant(in) [zimu'lant] <-en, -en; -, -nen> *m(f)* simulatore, -trice *m, f*

simulieren [zimu'li:rən] <ohne ge-> *vi, vt* simulare

simultan [zimʊl'ta:n] *adj* simultaneo; **Simultandolmetschen** <-s> *kein Pl n* traduzione *f* simultanea; **Simultandolmetscher(in)** *m(f)* interprete *mf* simultaneo, -a

sind [zɪnt] *1. u 3. pers pl pr, bei Sie sing u pl von* **sein**[1]

Sinfonie [zɪnfo'ni:] <-, -n> *f* sinfonia *f;* **Sinfonieorchester** *n* orchestra *f* sinfonica

singen ['zɪŋən] <singt, sang, gesungen> *vt, vi* cantare

Single[1] [sɪŋgl] <-, -(s)> *f* (*Schallplatte*) 45 giri *m*

Single[2] <-s, -s *m o* -, -s *f*> *mf* (*Alleinlebende*) single *mf*

Single-Haushalt *m* ménage *m* di un single; **Single-Party** *f* festa *f* per single

Singular ['zɪŋgula:ɐ̯] <-s, -e> *m* (LING) singolare *m*

Singvogel *m* uccello *m* canoro

sinken ['zɪŋkən] <sinkt, sank, gesunken> *vi sein* **1.** (*Schiff*) affondare; (*Ballon, Sonne*) calare; **zu Boden ~** cadere a terra **2.** (*Wasserspiegel*) abbassarsi; (*Temperatur, Preise*) calare **3.** (*Hoffnung*) venir meno

Sinn [zɪn] <-(e)s, -e> *m* **1.** (*Wahrnehmungs~*) senso *m* **2.** (*Denken*) mente *f;* **etw im ~(e) haben** avere in mente qc; **sich** *dat* **etw aus dem ~ schlagen** togliersi qc dalla testa; **jdm in den ~ kommen** venire in mente a qu; **in jds ~e** secondo le intenzioni di qu **3.** (*Gefühl, Verständnis*) senso *m;* **~ haben für etw** avere il senso di qc; **~ für Humor haben** avere il senso dell'umorismo **4.** (*Zweck*) scopo *m;* **der ~ des Lebens** il senso della vita; **das hat keinen ~** non ha alcun senso **5.** (*Bedeutung*) senso *m;* **keinen ~ machen** non avere nessun senso; **in gewissem ~e** in un certo senso; **im eigentlichen/bildlichen ~e** in senso proprio/figurato; **im engeren/weiteren ~e** in senso stretto/lato; **im wahrsten ~e des Wortes** nel pieno significato della parola

Sinnbild *n* simbolo *m;* **der Löwe ist ~ für Venedig** il leone è il simbolo di Venezia; **sinnbildlich** *adj* simbolico; **~ darstellen** simboleggiare

sinnen ['zɪnən] <sinnt, sann, gesonnen> *vi* (*nachdenken*) (**über etw** *acc*) **~** riflettere (su qc)

Sinnesorgan *n* organo *m* dei sensi; **Sinnestäuschung** *f* allucinazione *f*

sinngemäß **I.** *adj* conforme al senso **II.** *adv* **etw ~ wiedergeben** riprodurre il senso di qc

sinnig *adj* (*Gedanke*) sensato; (*sinnreich*) ingegnoso

sinnlich *adj* **1.** (*die Sinnesorgane betreffend*) sensoriale **2.** (*Mensch, Mund*) sensuale; **Sinnlichkeit** <-> *kein Pl f* sensualità *f*

sinnlos *adj* **1.** (*unsinnig*) insensato **2.** (*vergeblich*) inutile; **Sinnlosigkeit** <-> *kein Pl f* assurdità *f*

sinnverwandt *adj* sinonimico; **sinnvoll** *adj* (*vernünftig*) sensato; (*nützlich*) utile

Sintflut ['zɪntflu:t] *f* diluvio *m* universale

Sippe ['zɪpə] <-, -n> *f* clan *m;* (*fam: Verwandtschaft*) famiglia *f;* (*scherz*) tribù *f*

Sirene [zi're:nə] <-, -n> *f* sirena *f*

Sirup ['zi:rʊp] <-s, -e> *m* sciroppo *m*

Site <-, -s> *f* (INFORM: *Internetseite*) pagina *f* Internet

Sitte ['zɪtə] <-, -n> *f* **1.** (*Benehmen*) (buon) costume *m;* **gegen die guten ~n verstoßen** offendere la decenza **2.** (*Brauch*) usanza *f;* **nach alter ~** secondo le antiche usanze; **sittenlos** *adj* immorale

Sittich ['zɪtɪç] <-, -e> *m* pappagallino *m*

sittlich *adj* morale; **Sittlichkeitsverbrechen** *n* delitto *m* sessuale

Situation [zitua'ts̯io:n] <-, -en> *f* situazione *f*

situieren [zitu'i:rən] *vt* situare; **gut situiert** abbiente

Sitz [zɪts] <-es, -e> *m* **1.** (*~gelegenheit*) posto *m;* (*Sessel, a in Fahrzeugen*) sedile *m* **2.** (*von Firma, Verein, Regierung*) sede *f* **3.** (*von Kleidung*) taglio *m;* **dieses Kleid hat einen guten ~** questo vestito cade bene

sitzen ['zɪtsən] <sitzt, saß, gesessen> *vi* **1.** (*Mensch*) essere seduto; **bleiben Sie ~!** resti seduto!; **~ bleiben** (*in der Schule*) essere bocciato; ~ **lassen** (*fam: im Stich lassen*) piantare; (*bei Verabredung*) dare un bidone a; **etw auf sich** *dat* ~ **lassen** (*fig*) lasciar correre qc **2.** (*Kleidung*) cadere bene; **wie angegossen** ~ stare a pennello **3.** (*fam: Bemerkung*) essere giusto **4.** (*Gelerntes*) rimanere impresso **5.** (*fam*) **im Gefängnis** ~ essere al fresco

sitzen|bleiben *s.* **sitzen 1.**

sitzen|lassen *s.* **sitzen 1.**

Sitzgelegenheit *f* posto *m* a sedere; **Sitzordnung** *f* disposizione *f* dei posti; **Sitzplatz** *m* posto *m* a sedere

Sitzung <-, -en> *f* **1.** seduta *f* **2.** (INFORM) sessione *f;* **Sitzungssaal** *m* sala *f* delle riunioni

Sizilianer(in) [zitsi'lia:nɐ] <-s, -; -, -nen> *m(f)* siciliano, -a *m, f*

sizilianisch *adj* siciliano

Sizilien [zi'tsi:liən] *n* Sicilia *f*

Skala ['ska:la] <-, -s> *f* scala *f*

Skalpell [skal'pɛl] <-s, -e> *n* scalpello *m*

Skandal [skan'da:l] <-s, -e> *m* scandalo *m*

skandalös [skanda'lø:s] *adj* scandaloso; (*unerhört*) inaudito

Skandinavien [skandi'na:viən] *n* Scandinavia *f*

Skandinavier(in) <-s, -; -, -nen> *m(f)* scandinavo, -a *m, f*

skandinavisch *adj* scandinavo

Skat [ska:t] <-(e)s, -e> *m* skat *m*

Skateboard ['skɛɪtbɔ:t] <-s, -s> *n* skateboard *m*

Skelett [ske'lɛt] <-(e)s, -e> *n* scheletro *m*

Skepsis ['skɛpsɪs] <-> *kein Pl f* scetticismo *m*

Skeptiker(in) ['skɛptɪkɐ] <-s, -; -, -nen> *m(f)* scettico, -a *m, f*

skeptisch *adj* scettico

Ski [ʃi:] <-s, -er> *m* sci *m;* ~ **laufen** [*o* **fahren**] sciare; **Skianzug** *m* tuta *f* da sci; **Skibrille** *f* occhiali *mpl* da sci; **Skifahrer(in)** *m(f),* **Skiläufer(in)** *m(f)* sciatore, -trice *m, f;* **Skilehrer(in)** *m(f)* insegnante *mf* di sci; **Skilift** *m* sciovia *f*

Skinhead ['skɪnhɛt] <-s, -s> *m* skinhead *m*

Skipass[RR] *m* ski-pass *m;* **Skipiste** *f* pista *f* da sci; **Skischuh** *m* scarpa *f* da sci; **Skischule** *f* scuola *f* di sci; **Skispringen** <-s, -> *n* salto *m* con gli sci; **Skistock** *m* bastone *m* da sci; **Skiträger** *m* portasci *m*

Skizze ['skɪtsə] <-, -n> *f* schizzo *m*

skizzieren [skɪ'tsi:rən] <ohne ge-> *vt* abbozzare

Sklave ['skla:və] <-n, -n> *m* schiavo *m*

Sklaverei [skla:və'raɪ] <-> *kein Pl f* schiavitù *f*

Sklavin ['skla:vɪn] <-, -nen> *f* schiava *f; s. a.* **Sklave**

Sklerose [skle'ro:zə] <-, -n> *f* (MED) sclerosi *f;* **multiple** ~ sclerosi a placche

Skonto ['skɔnto] <-s, -s> *m o n* sconto *m*

Skorpion [skɔr'pi̯o:n] <-s, -e> *m* **1.** (ZOO) scorpione *m* **2.** (ASTR) Scorpione *m;* **er/sie ist (ein)** ~ è dello Scorpione

Skript [skrɪpt] <-(e)s, -en> *n* (*einer Vorlesung*) dispensa *f*

Skrupel ['skru:pəl] <-s, -> *m* scrupolo *m;* **skrupellos** *adj* senza scrupoli; **Skrupellosigkeit** <-> *kein Pl f* mancanza *f* di scrupoli

Skulptur [skʊlp'tu:ɐ̯] <-, -en> *f* scultura *f*

Slalom ['sla:lɔm] <-s, -s> *m* slalom *m*

Slang [slɛŋ] <-s> *kein Pl m* slang *m*

Slawe ['sla:və] <-n, -n> *m,* **Slawin** ['sla:vɪn] <-, -nen> *f* slavo, -a *m, f*

slawisch *adj* slavo

Slip [slɪp] <-s, -s> *m* slip *m;* **Slipeinlage** *f* proteggi *m* mutandina

Slowake [slo'va:kə] <-n, -n> *m* slovacco *m*

Slowakei [slova'kaɪ] *f* **die** ~ la Repubblica Slovacca

Slowakin [slo'va:kɪn] <-, -nen> *f* slovacca *f; s. a.* **Slowake**

slowakisch *adj* slovacco

Slowene [slo've:nə] <-n, -n> *m* sloveno *m*

Slowenien [slo've:niən] *n* Slovenia *f*

Slowenin [slo've:nɪn] <-, -nen> *f* slovena *f; s. a.* **Slowene**

slowenisch *adj* sloveno

Slum [slam] <-s, -s> *m* slum *m*

Small talk ['smɔ:ltɔ:k] <-s, -s> *m,* **Smalltalk**[RR] <-s, -s> *m,* **Small Talk**[RR] <-s, -s> *m* small talk *m*

Smaragd [sma'rakt] <-(e)s, -e> *m* smeraldo *m*

Smog [smɔk] <-(s), -s> *m* smog *m;* **Smogalarm** *m* allarme *m* smog

Smoking ['smo:kɪŋ] <-s, -s> *m* smoking *m*

Snob [snɔp] <-s, -s> *m* snob *mf*

S

snobistisch [sno'bɪstɪʃ] *adj* snob

Snowboard ['snɔʊbɔːt] <-s, -s> *n* snowboard *m;* **Snowboarder(in)** *m(f)* snowbo(a)rdista *mf*

s.o. *abk v* **siehe oben** v.s.

so [zoː] **I.** *adv* **1.**(*auf diese Weise*) così; ~ **oder** ~ o in un modo o nell'altro; **und** ~ **weiter** e così via; ~ **ist das Leben nun mal** (così) è la vita; **du tust nur** ~ fai solo finta **2.**(*bei Adjektiv, Adverb*) così, talmente; ~ **sehr, dass ...** a tal punto che ...; ~ **..., dass** così ... che; **so dass ...** per cui ...; ~ **gut wie** praticamente, quasi; ~ **viel** tanto; ~ **ziemlich** pressappoco; **um** ~ **besser** tanto meglio **3.**(*Art, Beschaffenheit*) ~ **ein(e)** uno (una) così; ~ **etwas** una cosa simile; ~ **etwas wie ...** qualcosa come ...; ~ **ein Esel!** che imbecille! **4.**(*ungefähr*) ~ **etwa** all'incirca; ~ **gegen zehn Uhr** verso le dieci **II.** *konj* **1.**(*wenn*) ~ **Gott will** se Dio vuole **2.**(*wie ... auch*) ~ **... auch** per quanto +*conj* **III.** *int* ~**!** ecco!; ~**,** ~**!** ma guarda un po'!; **ach** ~**!** ah, davvero?; ~**?** veramente?

sobald [zo'balt] *konj* non appena

Socke ['zɔkə] <-, -n> *f* calzino *m;* **sich auf die ~n machen** (*fam*) andarsene

Sockel ['zɔkəl] <-s, -> *m* piedistallo *m;* (*Unterbau*) basamento *m*

sodass[RR] [zo'das] *konj* (*A*) cosicché

Sodbrennen ['zoːtbrɛnən] <-s> *kein Pl n* bruciore *m* di stomaco

soeben [zo'ʔeːbən] *adv* (*gerade jetzt*) in questo istante; (*vor kurzer Zeit*) appena

Sofa ['zoːfa] <-s, -s> *n* divano *m;* **Sofa-Überwurf** *m* copridivano *m*

sofern [zo'fɛrn] *konj* in quanto che +*conj;* ~ **nicht** a meno che +*conj*

soff [zɔf] *1. u 3. pers sing imp von* **saufen**

Sofia ['zoːfi̯a] *n* Sofia *f*

sofort [zo'fɔrt] *adv* subito; ~ **zur Sache kommen** venire subito al dunque; **Sofortbildkamera** *f* (macchina *f*) polaroid® *f*

sofortig *adj* immediato

Sofortmaßname *f* misura *f* immediata

Softie ['sɔfti] <-s, -s> *m* (*fam*) delicatino *m*

Soft-Porno ['sɔftpɔrno] <-s, -s> *m* (film *m*) soft-core *m*

Software ['sɔftwɛːɐ̯] <-, -s> *f* (INFORM) software *m;* **Software-Piraterie** *f* (INFORM) pirateria *f* informatica; **Software-Raubkopie** *f* (INFORM) software *m* piratato

sog [zoːk] *1. u 3. pers sing imp von* **saugen**

sog. *abk v* **sogenannte(r, s)** cosiddetto, -a

Sog [zoːk] <-(e)s, -e> *m* risucchio *m*

sogar [zo'gaːɐ̯] *adv* perfino

sogenannt *adj* cosiddetto

sogleich [zo'glaɪç] *adv s.* **sofort**

Sohle ['zoːlə] <-, -n> *f* **1.**(*Fuß~*) pianta *f* **2.**(*Schuh~*) suola *f*

Sohn [zoːn] <-(e)s, Söhne> *m* figlio *m*

Soja ['zoːja] <-, Sojen> *f,* **Sojabohne** *f* soia *f;* **Sojaöl** *n* olio *m* di soia; **Sojasoße** *f* salsa *f* di soia

solange [zo'laŋə] *konj* finché

Solarenergie *kein Pl f* energia *f* solare

Solarium [zo'laːriʊm] <-s, Solarien> *n* solarium *m*

Solarzelle *f* pannello *m* solare

solch, solche(r, s) *adj* tale; **ein ~er ...** un tale ...; **eine ~e ...** una tale ...; **ein ~er Mensch** un simile individuo; **als ~er** come tale; **ich habe ~e Angst/~en Hunger** ho una tal paura/fame; **es gibt ~e und ~e** (*fam*) non son tutti uguali

Sold [zɔlt] <-(e)s, -e> *m* soldo *m*

Soldat [zɔl'daːt] <-en, -en> *m* soldato *m*

Söldner ['zœldnɐ] <-s, -> *m* mercenario *m*

Solidarbeitrag *m* contributo *m* di solidarietà

solidarisch [soli'daːrɪʃ] *adj* solidale; **sich mit jdm ~ erklären** solidarizzare con qu

Solidarität [zolidari'tɛːt] <-> *kein Pl f* solidarietà *f*

solid(e) [zo'liːdə] *adj* **1.**(*Haus, Möbel*) solido **2.**(*Mensch, Leben*) onesto

Solist(in) [zo'lɪst] <-en, -en; -, -nen> *m(f)* solista *mf*

Soll [zɔl] <-(s), -(s)> *n* **1.**(FIN) debito *m;* ~ **und Haben** dare e avere **2.**(*Arbeitsmenge*) norma *f* di lavoro; **sein ~ erfüllen** adempiere il proprio dovere

sollen[1] ['zɔlən] <soll, sollte, sollen> *Modalverb* **1.**(*Pflicht, Aufforderung*) dovere; **du sollst doch nicht rauchen!** non devi fumare!; **er soll sofort kommen** che venga subito; **soll ich kommen?** devo venire?; **soll ich dir helfen?** devo aiutarti? **2.**(*Ratschlag*) **du solltest lieber gehen** faresti meglio ad andare; **du hättest nicht gehen ~** non saresti dovuto andare; **das hättest du nicht tun ~** non avresti dovuto farlo; **was soll ich tun?** che cosa devo fare?; **was soll das heißen?** che cosa vuol dire? **3.**(*Ungewissheit*) **er soll reich sein** dicono che sia ricco; **er soll gesagt haben** avrebbe detto; **das soll es geben** queste cose accadono **4.** (*Möglichkeit*) **sollte das möglich sein?** è possibile?; **sollten Sie ihn zufällig treffen** se per caso lo incontrasse; **wenn es regnen sollte** se dovesse piovere **5.** (*Wunsch, Absicht*) **man sollte weniger essen** bisognerebbe mangiar meno; **Sie ~ wissen ...** desidero che Lei sappia ...

sollen² <soll, sollte, gesollt> *vi* **was soll das?** (*was hat das zu bedeuten*) che significa?; (*wozu*) a che serve questo?; **was soll ich dort?** cosa ci faccio?; **was soll's** (*fam*) è uguale

Solo ['zo:lo] <-s, -s> *n* assolo *m*

somit [zo'mɪt] *adv* quindi, dunque

Sommer ['zɔmɐ] <-s, -> *m* estate *f;* **im ~** d'estate; **mitten im ~** in piena estate; **Sommerferien** *pl* vacanze *fpl* estive

sommerlich *adj* estivo

Sommerloch *n* (*fam*) periodo *m* morto (in estate); **Sommerpause** *f* pausa *f* estiva; **Sommerschlussverkauf**[RR] *m* liquidazione *f* di fine stagione (estiva); **Sommersemester** *n* semestre *m* estivo; **Sommersprossen** *f* lentiggini *fpl;* **Sommerzeit** *f* (*Uhrzeit*) ora *f* estiva

Sonate [zo'na:tə] <-, -n> *f* sonata *f*

Sonde ['zɔndə] <-, -n> *f* sonda *f*

Sonderangebot *n* offerta *f* speciale

sonderbar *adj* strano

Sonderfall *m* caso *m* particolare; **Sondergenehmigung** *f* autorizzazione *f* speciale

sondergleichen <inv> *adj* (*nachgestellt*) senza pari

sonderlich I. *adj* particolare **II.** *adv* **nicht ~** non ... eccessivamente

Sonderling ['zɔndɐlɪŋ] <-s, -e> *m* originale *m*

Sondermüll *m* residui *mpl* tossici

sondern ['zɔndɐn] *konj* ma, bensì; **nicht nur ..., ~ auch ...** non solo ..., ma anche ...

Sonderregelung *f* regolamento *m* speciale; **Sonderschule** *f* scuola *f* per handicappati

> La **Sonderschule** è una scuola per bambini e ragazzi portatori di handicap mentali, fisici o svantaggiati socialmente e fa parte del sistema scolastico pubblico. Gli insegnanti che operano in scuole di questo tipo hanno una formazione pedagogica particolare.

Sonderzug *m* treno *m* straordinario

sondieren [zɔn'di:rən] <ohne ge-> *vt* sondare

Sonnabend ['zɔnʔa:bənt] *m* sabato *m;* *s. a.* **Dienstag**

Sonne ['zɔnə] <-, -n> *f* sole *m;* **in der ~** al sole; **die ~ scheint** splende il sole

sonnen *vr* **sich ~** prendere il sole

Sonnenaufgang *m* sorgere *m* del sole; **Sonnenbad** *n* bagno *m* di sole; **Sonnenblume** *f* girasole *m;* **Sonnenbrand** *m* scottatura *f* solare; **Sonnenbrille** *f* occhiali *mpl* da sole; **Sonnencreme** *f* crema *f* solare; **Sonnenenergie** *f* energia *f* solare; **Sonnenfinsternis** *f* eclisse *f* solare; **Sonnenkollektor** *m* collettore *m* solare; **Sonnenkraftwerk** *n* centrale *f* a energia solare; **Sonnenlicht** *n* luce *f* solare; **Sonnenmilch** *f* latte *m* solare; **Sonnenöl** *n* olio *m* solare; **Sonnenschein** *m* sole *m;* **im ~** al sole; **Sonnenschirm** *m* ombrellone *m;* **Sonnenschutzmittel** *n* ambra *f* solare; **Sonnenstich** *m* insolazione *f;* **Sonnenstrahl** *m* raggio *m* di sole; **Sonnensystem** *n* sistema *m* solare; **Sonnenuhr** *f* meridiana *f;* **Sonnenuntergang** *m* tramonto *m* del sole; **Sonnenwende** *f* solstizio *m*

sonnig *adj* **1.** (*Zimmer, Platz*) soleggiato; (*Tag, Wetter*) sereno **2.** (*fig: Gemüt*) gaio

Sonntag ['zɔnta:k] <-s, -e> *m* domenica *f;* *s. a.* **Dienstag**

sonntags *adv* di [*o* la] domenica; **sonn- und feiertags** la domenica e i giorni festivi

Sonntagsarbeit *kein Pl f* lavoro *m* domenicale; **Sonntagsdienst** *m* **~ haben** essere di servizio la domenica

sonst [zɔnst] *adv* **1.** (*andernfalls*) altrimenti **2.** (*außerdem*) inoltre; **~ niemand** nessun altro; **~ nichts** niente altro; **wenn es ~ nichts ist** se non c'è niente altro; **~ noch etwas?** che altro desidera?; **wer/was ~?** chi/che altro? **3.** (*gewöhnlich*) di solito **4.** (*früher*) un tempo; **sonstig** *adj* altro; **Sonstiges** varie *fpl*

sooft [zo'ʔɔft] *konj* ogniqualvolta

Sopran [zo'pra:n] <-s, -e> *m* (MUS) soprano *m*

Sopranistin [zopra'nɪstɪn] <-, -nen> *f* (MUS) soprano *mf*

Sorge ['zɔrgə] <-, -n> *f* **1.** (*Angst*) preoccupazione *f;* (*innere Unruhe*) pensiero *m;*

S

jdm ~n machen dare dei pensieri a qu; **sich** *dat* **~n um jdn/etw machen** darsi pensiero per qu/qc; **keine ~!** non si preoccupi! **2.** (*Fürsorge*) cure *fpl;* **lassen Sie das meine ~ sein!** lasci che ci pensi io!

sorgen I. *vi* **1. für etw ~** (*sich um etw kümmern*) provvedere a qc; (*bewirken*) causare qc; **ich werde dafür ~** ci penserò io; **dafür ist gesorgt** s'è provveduto; **dafür ~, dass ...** fare in modo che *+conj* **2. für jdn ~** (*sich kümmern um*) preoccuparsi di qu; (*betreuen*) aver cura di qu; (*versorgen*) provvedere a qu **II.** *vr* **sich** (**um jdn/etw**) **~** essere in pensiero (per qu/qc)

sorgenfrei *adj* senza pensieri; **Sorgenkind** *n* figlio, -a *m, f* che dà molti pensieri; **sorgenvoll** *adj* (*Leben*) pieno di pensieri; (*Blick*) pensieroso; (*Worte*) ansioso

Sorgerecht *n* diritto *m* di tutela

Sorgfalt ['zɔrkfalt] <-> *kein Pl f* cura *f;* **sorgfältig** *adj* (*Arbeit*) accurato

sorglos *adj* **1.** (*unbekümmert*) spensierato **2.** (*leichtsinnig*) incosciente; (*nachlässig*) negligente; **Sorglosigkeit** <-> *kein Pl f* **1.** spensieratezza *f* **2.** (*Leichtsinn*) incoscienza *f;* (*Nachlässigkeit*) negligenza *f*

sorgsam *adj* (*sorgfältig*) accurato

Sorrent [zɔ'rɛnt] *n* Sorrento *f*

Sorte ['zɔrtə] <-, -n> *f* **1.** (*Art*) tipo *m* **2.** (*Marke*) marca *f* **3.** *pl* (*Devisen*) valute *fpl*

sortieren [zɔr'tiːrən] <ohne ge-> *vt* assortire; (*ordnen*) classificare

Sortiment [zɔrti'mɛnt] <-(e)s, -e> *n* (COM) assortimento *m*

sosehr [zo'zeːɐ̯] *konj* per quanto *+conj*

Soße ['zoːsə] <-, -n> *f* sugo *m*

sott [zɔt] *1. u 3. pers sing imp von* **sieden**

Souffleur [zu'fløːɐ̯] <-s, -e> *m,* **Souffleuse** [zu'fløːzə] <-, -n> *f* suggeritore, -trice *m, f*

soufflieren [zu'fliːrən] <ohne ge-> *vt, vi* suggerire

Soundkarte *f* (INFORM) scheda *f* di suono

soundso ['zoːʔʊnt'zoː] *adv* tal dei tali; **Herr/Frau Soundso** il signore/la signora tal dei tali

Souvenir [zuvə'niːɐ̯] <-s, -s> *n* souvenir *m*

souverän [zuvə'rɛːn] *adj* **1.** (POL) sovrano **2.** (*überlegen*) superiore

soviel [zo'fiːl] **I.** *adv s.* **viel II. II.** *konj* per quanto *+conj;* **~ ich weiß** per quanto ne sappia io

soweit [zo'vaɪt] **I.** *adv* fin qui; **~ wie** [*o* **als**] (tanto) quanto; **~ erforderlich** in caso di bisogno; **bist du ~?** sei pronto?; **es ist ~** ci siamo; **ich bin ~ zufrieden** sono abbastanza contento **II.** *konj* per quanto *+conj;* **~ ich mich erinnere** per quanto ricordi

sowenig [zo'veːnɪç] **I.** *adv* (altret)tanto poco; **~ wie möglich** il meno possibile; **ich weiß es ~ wie du** ne so tanto poco quanto te **II.** *konj* per poco che *+conj*

sowie [zo'viː] *konj* **1.** (*sobald*) (non) appena **2.** (*ebenso*) come anche

sowieso [zovi'zoː] *adv* comunque

Sowjetunion *f* **die ~** l'Unione *f* Sovietica

sowohl [zo'voːl] *konj* **~ ... als auch ...** tanto ... quanto ...

sozial [zo'ts̯iaːl] *adj* sociale; **Sozialabgaben** *fpl* contributi *mpl* sociali; **Sozialamt** *n* ufficio *m* d'assistenza sociale; **Sozialarbeiter(in)** *m(f)* assistente *mf* sociale; **Sozialdemokrat(in)** *m(f)* socialdemocratico, -a *m, f;* **sozialdemokratisch** *adj* socialdemocratico; **Sozialfall** *m* caso *m* sociale; **Sozialhilfe** *f* assistenza *f* sociale; **Sozialhilfeempfänger(in)** *m(f)* beneficiario, -a *m, f* di assistenza sociale

Sozialismus [zots̯i̯a'lɪsmʊs] <-> *kein Pl m* socialismo *m*

Sozialist(in) [zots̯i̯a'lɪst] <-en, -en; -, -nen> *m(f)* socialista *mf*

sozialistisch *adj* socialista

Sozialleistung *f* prestazione *f* sociale; **Sozialprodukt** *n* prodotto *m* nazionale; **Sozialstaat** *m* stato *m* sociale; **Sozialversicherung** *f* previdenza *f* sociale; **Sozialwohnung** *f* casa *f* popolare

Soziologe [zots̯i̯o'loːgə] <-, -n> *m* sociologo *m*

Soziologie [zots̯i̯olo'giː] <-> *kein Pl f* sociologia *f*

Soziologin [zots̯i̯o'loːgɪn] <-, -nen> *f* sociologa *f; s. a.* **Soziologe**

soziologisch *adj* sociologico

sozusagen [zoːtsu'zaːgən] *adv* per così dire

Space-Wagon ['speɪsvægən] <-s, -s> *m* monovolume *f*

Spachtel ['ʃpaxtəl] <-s, -> *m* spatola *f*

Spagat [ʃpa'gaːt] <-(e)s, -e> *m o n* **1.** (SPORT) spaccata *f* **2.** (*A, südd: Schnur*) spago *m*

Spagetti[RR] [ʃpa'gɛti] *pl*, **Spaghetti** *pl* spaghetti *mpl*

Spalier [ʃpa'liːɐ̯] <-s, -e> *n* spalliera *f;* ~ **stehen** fare ala

Spalt [ʃpalt] <-(e)s, -e> *m* fessura *f;* (*Mauer~*) crepa *f;* (*Fels~*) crepaccio *m;* **die Tür einen ~ öffnen** aprire appena la porta

spaltbar *adj* (PHYS) fissile

Spalte ['ʃpaltə] <-, -n> *f* **1.** (*Fels~, Mauer~*) crepa *f;* (*Gletscher~*) crepaccio *m* **2.** (TYP) colonna *f* **3.** (*A: Schnitte* (*Obst*)) spicchio *m*

spalten <spaltet, spaltete, gespaltet *o bes fig:* gespalten> **I.** *vt* **1.** (*Steine, Holz*) spaccare **2.** (*fig*) dividere **3.** (*Atom*) fissionare **II.** *vr* **sich** ~ **1.** (*sich teilen*) fendersi **2.** (*fig*) scindersi

Spaltung <-, -en> *f* **1.** (*fig*) divisione *f* **2.** (PHYS) fissione *f*

Span [ʃpaːn] <-(e)s, Späne> *m* truciolo *m*

Spanferkel *n* maialino *m* da latte

Spange ['ʃpaŋə] <-, -n> *f* **1.** (*Haar~*) fermaglio *m* **2.** (*Schnalle*) fibbia *f*

Spanien ['ʃpaːniən] *n* Spagna *f*

Spanier(in) <-s, -; -, -nen> *m(f)* spagnolo, -a *m, f*

spanisch *adj* spagnolo; **das kommt mir ~ vor** (*fam*) mi pare strano

spann [ʃpan] *1. u 3. pers sing imp von* **spinnen**

Spannbeton *m* calcestruzzo *m* precompresso; **Spannbetttuch**[RR] *n* lenzuolo *m* con angoli elasticizzati

Spanne ['ʃpanə] <-, -n> *f* **1.** (*Zeit~*) lasso *m* di tempo **2.** (*Handels~, Verdienst~*) margine *m*

spannen ['ʃpanən] **I.** *vt* **1.** (*straffen*) tendere **2.** (*ein~*) stringere; (*in die Schreibmaschine*) mettere **3.** (*Schusswaffe*) caricare **II.** *vi* (*Kleidung*) stringere

spannend *adj* avvincente

Spanner <-s, -> *m* (*fam*) voyeur *m*

Spannkraft *f* **1.** (*von Feder*) elasticità *f* **2.** (*fig: von Mensch*) energia *f;* **Spannteppich** *m* (*CH: Teppichboden*) moquette *f*

Spannung <-, -en> *f* **1.** (EL) tensione *f;* **unter ~** sotto tensione **2.** *sing* (*fig*) tensione *f;* (*Ungeduld*) impazienza *f;* (*von Film, Buch*) suspense *f;* **etw mit ~ erwarten** attendere qc con impazienza

Spannweite *f* **1.** (*Flügel~,* AERO) apertura *f* alare **2.** (*Brücken~*) luce *f* campata

Spanplatte *f* truciolato *m*

Sparbuch *n* libretto *m* di risparmio; **Sparbüchse** *f* salvadanaio *m*

sparen ['ʃpaːrən] **I.** *vi* **1.** (*sparsam sein*) fare economia; **mit Lob ~** essere parco di lodi **2.** (*von etw wenig verbrauchen*) **an etw** *dat* ~ economizzare su qc; **am Essen ~** risparmiare sul mangiare **II.** *vt* risparmiare **III.** *vr* **sich** *dat* **etw ~** risparmiarsi qc; **~ Sie sich** *dat* **die Mühe zu ...** si risparmi la pena di ...

Sparer(in) <-s, -; -, -nen> *m(f)* risparmiatore, -trice *m, f*

Spargel ['ʃpargəl] <-s, -> *m* asparago *m*

> Nelle settimane di primavera e fino al 24 giugno, giorno di San Giovanni, sulle tavole delle case e dei ristoranti tedeschi è **Spargelzeit**, il tempo degli asparagi. Gli asparagi bianchi sono lessati e serviti con burro fuso e salsa olandese per essere mangiati con patate lesse, prosciutto cotto, uova e altro ancora.

Sparguthaben *n* deposito *m* a risparmio; **Sparheft** *n* (*CH*) *s.* **Sparbuch**; **Sparkasse** *f* cassa *f* di risparmio; **Sparkonto** *n* conto *m* di risparmio

spärlich ['ʃpɛːɐ̯lɪç] *adj* **1.** (*knapp*) scarso; (*Gewinn*) magro; **~ bekleidet** poco vestito **2.** (*Haar*) rado

Sparmaßnahme *f* misura *f* di risparmio

sparsam **I.** *adj* **1.** (*Mensch*) parsimonioso **2.** (*Gerät, Auto*) economico **II.** *adv* **mit etw ~ umgehen** fare economia di qc; **Sparsamkeit** <-> *kein Pl f* parsimonia *f*

Sparschwein *n* salvadanaio *m* a porcellino

Sparte ['ʃpartə] <-, -n> *f* **1.** (*Gebiet*) settore *m;* (*Branche*) branca *f* **2.** (*Zeitungsspalte*) rubrica *f*

Spaß [ʃpaːs] <-es, Späße> *m* **1.** *sing* (*Vergnügen*) divertimento *m;* **jdm ~ machen** divertire qu; **jdm den ~ verderben** rovinare il divertimento a qu; **viel ~!** buon divertimento! **2.** (*Scherz*) scherzo *m;* **~ machen** scherzare; **~ verstehen** stare agli scherzi; **zum ~** per scherzo; **~ beiseite!** bando agli scherzi!

spaßen *vi* scherzare; **damit ist nicht zu ~** con questo non si scherza

spaßig *adj* divertente; (*Mensch*) scherzoso

Spaßverderber *m* guastafeste *mf;* **Spaßvogel** *m* burlone, -a *m, f*

spät [ʃpɛːt] **I.** *adj* tardo; (*Frühjahr, Obst, Reue*) tardivo; **am ~en Abend** nella tarda serata **II.** *adv* tardi; **zu ~** troppo tardi; **zu ~ kommen** arrivare in ritardo; **jdn fragen, wie ~ es ist** chiedere l'ora a qu; **wie ~ ist es?** che ore sono?

Spaten ['ʃpa:tən] <-s, -> *m* vanga *f*

später ['ʃpɛ:tɐ] **I.** *adj* **1.** (*nachkommend*) posteriore **2.** (*zukünftig*) futuro **II.** *adv* più tardi; **nicht ~ als** al più tardi; **einige Zeit ~** qualche tempo dopo; **bis ~!** a più tardi!

spätestens *adv* al più tardi

Spätschicht *f* turno *m* di notte; **Spätsommer** *m* tarda estate *f*

Spatz [ʃpats] <-en, -en> *m* passero *m*

Gli **Spätzle** sono una specialità sveva che si ottiene tradizionalmente stendendo su un tagliere di legno della pasta fatta in casa, da cui vengono raschiate delle strisce sottili, che sono poi cotte nell'acqua salata bollente. Oggi chi vuole può anche comprarli al supermercato.

spazieren [ʃpa'tsi:rən] *vi sein* passeggiare; **~ fahren** fare una passeggiata (in bicicletta, macchina, ecc.); **~ gehen** andare a passeggio

spazieren|fahren *s.* **spazieren**; **spazieren|gehen** *s.* **spazieren**

Spaziergang *m* passeggiata *f*; **Spaziergänger(in)** <-s, -; -, -nen> *m(f)* passeggiatore, -trice *m, f*

SPD [ɛspe:'de:] <-> *kein Pl f abk v* **Sozialdemokratische Partei Deutschlands** *partito socialdemocratico tedesco*

Specht [ʃpɛçt] <-(e)s, -e> *m* picchio *m*

Speck [ʃpɛk] <-(e)s, -e> *m* lardo *m*

Spediteur [ʃpedi'tø:ɐ̯] <-s, -e> *m* spedizioniere *m*

Spedition [ʃpedi'tsi̯o:n] <-, -en> *f* **1.** (*Versendung*) spedizione *f* **2.** (*Transportunternehmen*) impresa *f* di spedizioni

speditiv [ʃpedi'ti:f] *adj* (*CH: rasch*) spedito

Speer [ʃpe:ɐ̯] <-(e)s, -e> *m* lancia *f*; (SPORT) giavellotto *m*

Speiche ['ʃpaɪçə] <-, -n> *f* (*Rad~*) raggio *m*

Speichel ['ʃpaɪçəl] <-s> *kein Pl m* saliva *f*; **Speicheldrüse** *f* ghiandola *f* salivale

Speicher ['ʃpaɪçɐ] <-s, -> *m* **1.** (*Getreide~*) granaio *m*; (*Lagerraum*) magazzino *m* **2.** (*Dachboden*) solaio *m* **3.** (*Wasser~*) serbatoio *m* **4.** (INFORM) memoria *f*; **Speicherkapazität** *f* (INFORM) capacità *f* di memoria

speichern *vt* **1.** (*einlagern*) immagazzinare **2.** (INFORM) salvare

Speicherplatz *m* (INFORM) spazio *m* di memoria; **Speicherschutz** *m* (INFORM) protezione *f* della memoria

speien ['ʃpaɪən] <speit, spie, gespie(e)n> *vt, vi* sputare; (*sich erbrechen*) vomitare

Speise ['ʃpaɪzə] <-, -n> *f* (*Nahrung*) cibo *m*; (*Gericht*) piatto *m*; **Speisekammer** *f* dispensa *f*; **Speisekarte** *f* menu *m*

speisen I. *vt* (TEC) alimentare **II.** *vi* (*geh: essen*) mangiare

Speiseröhre *f* esofago *m*; **Speisesaal** *m* sala *f* da pranzo; **Speisewagen** *m* carrozza *f* ristorante

Spektakel[1] [ʃpɛk'ta:kəl] <-s, -> *m* (*fam: Lärm*) chiasso *m*

Spektakel[2] <-s, -> *n* (*Anblick, Schauspiel*) spettacolo *m*

spektakulär [ʃpɛktaku'lɛ:ɐ̯] *adj* spettacolare

Spekulant(in) [ʃpeku'lant] <-en, -en; -, -nen> *m(f)* speculatore, -trice *m, f*

Spekulation [ʃpekula'tsi̯o:n] <-, -en> *f* speculazione *f*

spekulieren [ʃpeku'li:rən] <ohne ge-> *vi* speculare; **an der Börse ~** speculare in borsa; **auf etw** *acc* **~** (*fam*) contare su qc

spendabel [ʃpɛn'da:bəl] *adj* (*fam*) spendereccio

Spende ['ʃpɛndə] <-, -n> *f* donazione *f*

spenden *vt* **1.** (*Geld*) offrire **2.** (*Blut*) donare **3.** (*fig: Lob*) tributare; **Beifall ~** applaudire

Spendenaffäre *f* scandalo *m* delle donazioni; **Spendenkonto** *n* conto *m* per le donazioni

Spender <-s, -> *m* (*Gerät*) distributore *m*

Spender(in) <-s, -; -, -nen> *m(f)* donatore, -trice *m, f*

spendieren [ʃpɛn'di:rən] <ohne ge-> *vt* (*fam*) (**jdm**) **etw ~** offrire qc (a qu)

Spengler(in) ['ʃpɛŋlɐ] <-s, -; -, -nen> *m(f)* (*südd, A, CH*) lattoniere *m*

Sperling ['ʃpɛrlɪŋ] <-s, -e> *m* passero *m*

Sperma ['ʃpɛrma] <-s, Spermen> *n* sperma *m*

sperrangelweit [ʃpɛr'ʔaŋəl'vaɪt] *adv* (*fam*) **~ offen** spalancato

Sperre ['ʃpɛrə] <-, -n> *f* **1.** (*Schranke*) barriera *f*; (*Straßen~*) blocco *m* **2.** (*Verbot*) divieto *m*

sperren ['ʃpɛrən] **I.** *vt* **1.** (*ver~*) bloccare **2.** (*Grenze*) chiudere **3.** (*Strom, Gas*) tagliare **4.** (*Konto*) bloccare **5.** (*Spieler*) sospendere **6.** (*ein~*) **jdn in etw** *acc* ~ (rin)chiudere qu in qc **II.** *vr* **sich** (**gegen jdn/etw**) ~ opporsi (a qu/qc)

Sperrgebiet *n* zona *f* vietata; **Sperrholz** *n* (legno *m*) compensato *m*

sperrig *adj* ingombrante

Sperrmüll *m* rifiuti *mpl* ingombranti

Sperrung <-, -en> *f* **1.** (*Versperren*) blocco *m* **2.** (*Verbot*) proibizione *f* **3.** (TEC) blocco *m* **4.** (*von Konto*) blocco *m* **5.** (SPORT) sospensione *f*

Spesen ['ʃpeːzən] *pl* spese *fpl*

Spezialgebiet *n* specialità *f*

spezialisieren [ʃpetsi̯ali'ziːrən] <ohne ge-> *vr* **sich** (**auf etw** *acc*) ~ specializzarsi (in qc)

Spezialisierung <-, -en> *f* specializzazione *f*

Spezialist(**in**) [ʃpetsi̯a'lɪst] <-en, -en; -, -nen> *m(f)* specialista *mf*

Spezialität [ʃpetsi̯ali'tɛːt] <-, -en> *f* specialità *f*

speziell [ʃpe'tsi̯ɛl] *adj* speciale

spezifisch [ʃpe'tsiːfɪʃ] *adj* specifico

Sphäre ['sfɛːrə] <-, -n> *f* sfera *f*

Sphinx [sfɪŋks] <-, -(e)> *f* sfinge *f*

spicken ['ʃpɪkən] **I.** *vt* (*fig: Rede,* GASTR) lardellare **II.** *vi* (*fam: abschreiben*) copiare

Spickzettel *m* (*fam*) bigino *m*

spie [ʃpiː] *1. u 3. pers sing imp von* **speien**

Spiegel ['ʃpiːgəl] <-s, -> *m* specchio *m;* **Spiegelbild** *n* immagine *f* riflessa; (*fig*) riflesso *m;* **Spiegelei** *n* uovo *m* al tegamino; **spiegelglatt** *adj* liscio come uno specchio

spiegeln **I.** *vt* (*a fig*) riflettere **II.** *vr* **sich** ~ (*sich wider~*) **sich in etw** *dat* ~ rispecchiarsi in qc **III.** *vi* (*glänzen*) splendere

Spiegelreflexkamera *f* (macchina *f* fotografica) reflex *f;* **Spiegelschrift** *f* scrittura *f* speculare

Spiegelung <-, -en> *f* riflesso *m*

Spiel [ʃpiːl] <-(e)s, -e> *n* **1.** (*allg*) gioco *m;* **leichtes ~ mit jdm haben** (*fig*) avere buon gioco su qu; **mit etw sein ~ treiben** beffarsi di qc; **etw aufs ~ setzen** (*fig*) mettere in gioco qc; **auf dem ~ stehen** (*fig*) essere in gioco; **aus dem ~ lassen** (*fig*) lasciare fuori di questione **2.** (SPORT) partita *f*

Spielautomat *m* slot-machine *f;* **Spielbank** *f* casinò *m;* **Spielcomputer** *m* playstation® *f*

spielen **I.** *vt* **1.** (*Spiel*) giocare; **Ball ~** giocare a palla **2.** (MUS) suonare; **Klavier ~** suonare il pianoforte **3.** (THEAT) recitare; (*Rolle*) interpretare **4.** (*vortäuschen*) fare; **den Beleidigten ~** fare l'offeso **II.** *vi* **1.** (*ein Spiel ~,* SPORT) giocare; **mit jdm/etw ~** (*a fig*) giocare con qu/qc **2.** (*sich zutragen*) svolgersi; **die Handlung spielt in Rom** la trama si svolge a Roma

spielend *adv* a occhi chiusi

Spieler <-s, -> *m* giocatore *m*

Spielerei [ʃpiːlə'raɪ] <-, -en> *f* (*Zeitvertreib*) trastullo *m;* (*Leichtigkeit*) giochetto *m*

Spielerin <-, -nen> *f* giocatrice *f; s. a.* **Spieler**

Spielfeld *n* campo *m* da gioco; **Spielfilm** *m* lungometraggio *m;* **Spielhalle** *f* casa *f* da gioco; **Spielkamerad**(**in**) *m(f)* compagno, -a *m, f* di giochi; **Spielkarte** *f* carta *f* da gioco; **Spielkasino** *n* casinò *m;* **Spielplan** *m* (THEAT) programma *m;* **Spielplatz** *m* campo *m* giochi; **Spielraum** *m* (TEC) gioco *m;* (*fig*) margine *m;* **Spielregel** *f* regola *f* di gioco; **Spielsachen** *fpl* giocattoli *mpl;* **Spielverderber**(**in**) <-s, -; -, -nen> *m(f)* guastafeste *mf;* **Spielwaren** *fpl* giocattoli *mpl;* **Spielzeit** *f* **1.** (THEAT) stagione *f* (teatrale) **2.** (SPORT: *Spieldauer*) durata *f* della partita; **Spielzeug** *n* giocattolo *m*

Spieß [ʃpiːs] <-es, -e> *m* **1.** lancia *f;* **den ~ umdrehen** (*fig*) ritorcere le accuse; **er schreit wie am ~** (*fam*) grida come un dannato **2.** (*Brat~*) spiedo *m*

Spießbürger(**in**) *m(f)* (*pej*), **Spießer**(**in**) <-s, -; -, -nen> *m(f)* (*pej fam*) borghesuccio, -a *m, f*

spießig *adj* piccolo borghese

Spikes [ʃpaɪks] *pl* (AUTO) copertoni *mpl* chiodati

Spinat [ʃpi'naːt] <-(e)s, -e> *m* (GASTR) spinaci *mpl*

Spind [ʃpɪnt] <-(e)s, -e> *m o n* armadietto *m*

Spindel ['ʃpɪndəl] <-, -n> *f* (*am Spinnrad*) fuso *m;* **spindeldürr** *adj* magro come un chiodo

Spinne ['ʃpɪnə] <-, -n> *f* ragno *m*

spinnen ['ʃpɪnən] <spinnt, spann, gesponnen> **I.** *vi* **1.** (*Garn ~*) filare **2.** (*fam: verrückt sein*) essere svitato **II.** *vt* (*Garn*) fi-

S

lare

Spinnennetz *n* ragnatela *f*

Spinner <-s, -> *m* **1.** (*Arbeiter*) filatore *m* **2.** (*fig fam*) mattoide *m*

Spinnerei <-, -en> *f* **1.** (*Betrieb*) filanda *f* **2.** (*fam: Blödsinn*) scemenze *fpl*

Spinnerin <-, -nen> *f* **1.** (*Arbeiterin*) filatrice *f* **2.** (*fig fam*) mattoide *f; s. a.* **Spinner**

Spinnrad *n* fuso *m;* **Spinnwebe** <-, -n> *f* ragnatela *f*

Spion [ʃpi̯oːn] <-s, -e> *m* **1.** (*Person*) spia *f* **2.** (*Guckloch*) spioncino *m*

Spionage [ʃpio'naːʒə] <-> *kein Pl f* spionaggio *m*

spionieren [ʃpio'niːrən] <ohne ge-> *vi* fare la spia

Spionin <-, -nen> *f* spia *f; s. a.* **Spion**

Spirale [ʃpi'raːlə] <-, -n> *f* (*allg,* MED) spirale *f*

spirituell [ʃpiritu'ɛl] *adj* spirituale

Spirituose <-, -n> *f* bevanda *f* alcolica

Spiritus ['ʃpiːritʊs] <-, -se> *m* alcool *m*

Spital [ʃpi'taːl] <-s, Spitäler> *n* (*A, CH: Krankenhaus*) ospedale *m*

spitz [ʃpɪts] *adj* **1.** (*Gegenstand*) aguzzo **2.** (*Winkel*) acuto **3.** (*fig: Worte*) tagliente

Spitz <-es, -e> *m* (cane *m*) volpino *m*

Spitzbogen *m* arco *m* ogivale

Spitzbube *m* (*fam*) birichino *m*

Spitze ['ʃpɪtsə] <-, -n> *f* **1.** (*von Gegenständen*) punta *f;* **etw auf die ~ treiben** (*fig*) spingere qc all'estremo **2.** (*Berg~*) cima *f* **3.** (*führende Stelle,* SPORT) testa *f;* **an der ~ stehen** essere in testa **4.** (*Textil*) pizzo *m*

Spitzel ['ʃpɪtsəl] <-s, -> *m* delatore, -trice *m, f*

spitzeln *vi* (*pej*) fare il delatore

spitzen *vt* temperare; **die Ohren ~** drizzare gli orecchi

Spitzengeschwindigkeit *f* velocità *f* massima; **Spitzenkandidat(in)** *m(f)* candidato, -a *m, f* capolista; **Spitzenklasse** *f* qualità *f* superiore; **Spitzenleistung** *f* primato *m;* **Spitzenreiter** *m* capoclassifica *mf;* **Spitzensportler(in)** <-s, -; -, -nen> *m(f)* asso *m* sportivo

Spitzer <-s, -> *m* (*Bleistift~*) temperamatite *m*

spitzfindig *adj* sottile; (*haarspalterisch*) cavilloso; **Spitzfindigkeit** <-, -en> *f* sottigliezza *f;* (*Äußerung*) argutezza *f*

spitz|kriegen *vt* (*fam*) capire; **Spitzname** *m* nomignolo *m*

Spleen [ʃpliːn] <-s, -e> *m* grillo *m*

Splitter ['ʃplɪtɐ] <-s, -> *m* scheggia *f*

splittern *vi sein* scheggiarsi

splitternackt *adj* (*fam*) nudo come un verme

Splitterpartei *f* partito *m* scissionista

SPÖ [ɛspeː'ʔøː] *f abk v* **Sozialistische Partei Österreichs** *partito socialista austriaco*

Spoiler ['ʃpɔɪlɐ] <-s, -> *m* (AUTO) spoiler *m*

spondieren <ohne ge-> *vi* (*A*) ricevere la laurea

sponsern ['ʃpɔnzɐn] *vt* sponsorizzare

> Il solenne conferimento del titolo di "Magister" in Austria si chiama **Sponsion**

Sponsor ['ʃpɔnzɐ] <-s, -en> *m* sponsor *m*

spontan [ʃpɔn'taːn] *adj* spontaneo

Spontaneität [ʃpɔntanei'tɛːt] <-> *kein Pl f* spontaneità *f*

sporadisch [ʃpo'raːdɪʃ] *adj* sporadico

Spore ['ʃpoːrə] <-, -n> *f* spora *f*

Sport [ʃpɔrt] <-(e)s, *rar* -e> *m* sport *m;* **~ treiben** fare dello sport; **Sportabzeichen** *n* distintivo *m* sportivo; **Sportart** *f* sport *m;* **Sportgeschäft** *n* negozio *m* di articoli sportivi; **Sportlehrer(in)** *m(f)* insegnante *mf* di educazione fisica

Sportler(in) <-s, -; -, -nen> *m(f)* sportivo, -a *m, f*

sportlich *adj* sportivo

Sportplatz *m* campo *m* sportivo; **Sportverein** *m* circolo *m* sportivo; **Sportwagen** *m* **1.** (*Auto*) macchina *f* sportiva **2.** (*Kinderwagen*) passeggino *m*

Spott [ʃpɔt] <-(e)s> *kein Pl m* scherno *m;* **seinen ~ mit jdm/etw treiben** schernire qu/qc; **spottbillig** *adj* dal prezzo irrisorio

spotten ['ʃpɔtən] *vi* **über jdn ~** schernire qu

spöttisch *adj* beffardo

sprach [ʃpraːx] *1. u 3. pers sing imp von* **sprechen**

sprachbegabt *adj* portato per le lingue; **Sprachcomputer** *m* traduttore *m* elettronico

Sprache ['ʃpraːxə] <-, -n> *f* **1.** (*Sprachsystem*) lingua *f;* **fremde ~** lingua straniera; **lebende/tote ~** lingua viva/morta **2.** *sing* (*Sprechfähigkeit*) parola *f;* (*Ausdruckweise*) linguaggio *m;* (*Sprechweise*) parlata *f;* **mit**

der ~ herausrücken (*fam*) sputar fuori; **zur ~ bringen** mettere in discussione

Sprachfehler *m* difetto *m* di pronuncia; **Sprachführer** *m* manuale *m* di conversazione; **Sprachgebrauch** *m* uso *m* linguistico; **allgemeiner** ~ linguaggio comune; **Sprachgefühl** *kein Pl n* sensibilità *f* linguistica; **Sprachkenntnisse** *fpl* conoscenze *fpl* linguistiche; **mit deutschen ~n** con cognizioni di tedesco; **Sprachkurs** *m* corso *m* linguistico; **Sprachlabor** *n* laboratorio *m* linguistico; **Sprachlehre** *f* grammatica *f*

sprachlich *adj* linguistico

sprachlos *adj* ~ **sein** rimanere senza parole

Sprachrohr *n* (*fig*) portavoce *m;* **Sprachstudium** *n* studio *m* delle lingue; **Sprachwissenschaft** *f* linguistica *f*

sprang [ʃpraŋ] *1. u 3. pers sing imp von* **springen**

Spray [ʃpreː] <-s, -s> *m o n* spray *m;* **Spraydose** *s.* **Sprühdose**

Sprechanlage *f* citofono *m*

sprechen [ˈʃprɛçən] <spricht, sprach, gesprochen> **I.** *vi* parlare; **mit jdm über etw** *acc* ~ parlare con qu di qc; **laut/leise** ~ parlare forte/piano; **gut über jdn/etw** ~ dir bene di qu/qc; **auf etw** *acc* **zu ~ kommen** venire a parlare di qc; **jdn zum Sprechen bringen** far sciogliere la lingua a qu; **das spricht für sich** il fatto parla da sé; **das spricht für Sie** ciò parla a Suo favore; **alle Anzeichen ~ dafür, dass ...** tutto fa pensare che +*conj* **II.** *vt* dire; (*aus~*) pronunciare; **Deutsch/Italienisch** ~ parlare tedesco/italiano; **kein Wort** ~ non proferir parola; **ich möchte Sie** ~ vorrei parlarLe

Sprecher(in) <-s, -; -, -nen> *m(f)* **1.** (*Wortführer*) portavoce *mf* **2.** (RADIO, TV) annunciatore, -trice *m, f*

Sprechstunde *f* (*von Arzt*) orario *m* di visita; **Sprechstundenhilfe** *f* assistente *mf;* **Sprechzimmer** *n* studio *m;* (MED) ambulatorio *m*

spreizen [ˈʃpraɪtsən] *vt* allargare; (*Beine*) divaricare

sprengen [ˈʃprɛŋən] *vt* **1.** (*mit Sprengstoff*) far saltare **2.** (*aufbrechen: Schloss, Tresor*) scassinare; (*Fesseln, Ketten*) spezzare **3.** (*Versammlung*) disperdere **4.** (*Rasen*) annaffiare

Sprengkopf *m* testata *f;* **Sprengstoff** *m* esplosivo *m*

Sprengung <-, -en> *f* esplosione *f*

Spreu [ʃprɔɪ] <-> *kein Pl f* pula *f;* **die ~ vom Weizen trennen** (*fig*) sceverare il grano dalla pula

spricht [ʃprɪçt] *3. pers sing pr von* **sprechen**

Sprichwort [ˈʃprɪçvɔrt] *n* proverbio *m;* **sprichwörtlich** *adj* proverbiale

sprießen [ˈʃpriːsən] <sprießt, spross, gesprossen> *vi sein* spuntare

Springbrunnen *m* fontana *f* a zampillo

springen [ˈʃprɪŋən] <springt, sprang, gesprungen> *vi sein* **1.** (*hüpfen, hinunter~*) saltare; **über einen Graben** ~ saltare un fosso; **in die Augen** ~ (*fig*) saltare agli occhi **2.** (*Risse bekommen*) incrinarsi

Springer <-s, -> *m* (*Schach*) cavaliere *m*

Springer(in) <-s, -; -, -nen> *m(f)* saltatore, -trice *m, f*

Sprint [ʃprɪnt] <-s, -s> *m* (SPORT) sprint *m*

Sprit [ʃprɪt] <-(e)s, -e> *m* (*fam: Benzin*) benzina *f*

Spritze [ˈʃprɪtsə] <-, -n> *f* **1.** (MED: *Instrument*) siringa *f* **2.** (*Injektion*) iniezione *f;* **jdm eine ~ geben** fare un'iniezione a qu **3.** (*Feuer~*) pompa *f* antincendio

spritzen **I.** *vt haben* **1.** (*Straße, Rasen*) annaffiare **2.** (*lackieren*) verniciare a spruzzo **3.** (MED) fare un'iniezione a **II.** *vi* schizzare

Spritzer <-s, -> *m* schizzo *m*

spritzig *adj* (*Wein*) frizzante; (*fig*) vivace

Spritzpistole *f* pistola *f* a spruzzo; **Spritztour** *f* (*fam*) piccola gita *f*

spröde [ˈʃprøːdə] *adj* **1.** (*brüchig*) fragile **2.** (*Haut*) screpolato **3.** (*fig: Mensch*) scontroso

spross[RR], **sproß** [ʃprɔs] *1. u 3. pers sing imp von* **sprießen** S

Spross[RR] <-es, -e> *m,* **Sproß** <-sses, -sse> *m* (BOT) germoglio *m*

Sprosse [ˈʃprɔsə] <-, -n> *f* (*Leiter~*) piolo *m;* **Sprossenkohl** *m* (*A: Rosenkohl*) cavolino *m* di Bruxelles; **Sprossenwand** *f* (SPORT) spalliera *f*

Sprössling[RR] [ˈʃprœslɪŋ] <-s, -e> *m,* **Sprößling** <-s, -e> *m* rampollo *m*

Spruch [ʃprʊx] <-(e)s, Sprüche> *m* **1.** (*Ausspruch*) detto *m;* (*Bibel~*) versetto *m* **2.** (JUR: *Urteil*) sentenza *f;* **spruchreif** *adj* ~ **sein** essere maturo

Sprudel [ˈʃpruːdəl] <-s, -> *m* (*Mineralwas-*

ser) acqua *f* minerale gassata
sprudeln *vi* **1.** *haben* (*kochendes Wasser*) bollire; ~ **vor** +*dat* (*fig*) traboccare di **2.** *sein* (*hervor~*) sgorgare
Sprudler <-s, -> *m* (*A: Quirl*) frullino *m*
Sprühdose *f* (bombola *f*) spray *m*
sprühen ['ʃpry:ən] **I.** *vt haben* sprizzare **II.** *vi* **1.** *sein* (*Tropfen, Funken*) sprizzare **2.** *haben* (*fig*) **vor Geist** ~ essere di spirito brillante; **ihre Augen sprühten vor Zorn** i suoi occhi sprizzavano rabbia
Sprühregen *m* pioggerella *f* (minutissima)
Sprung [ʃprʊŋ] <-(e)s, Sprünge> *m* **1.** (*Hüpfen*) salto *m;* (*Satz*) balzo *m;* **auf dem** ~ **sein etw zu tun** (*fam*) essere sul punto di fare qc; **bei jdm auf einen** ~ **vorbeikommen** (*fam*) fare un salto da qu; **jdm auf die Sprünge helfen** (*fam*) dare una mano a qu; **keine großen Sprünge machen können** (*fig fam*) non poter fare grandi cose **2.** (*Riss in Glas o Porzellan*) incrinatura *f;* **einen** ~ **bekommen** incrinarsi; **Sprungbrett** *n* (*a fig*) trampolino *m*
sprunghaft *adj* **1.** (*Denken*) sconnesso **2.** (*Anstieg*) improvviso
Sprungschanze *f* trampolino *m;* **Sprungturm** *m* trampolino *m* per tuffi
Spucke ['ʃpʊkə] <-> *kein Pl f* (*fam*) saliva *f;* **da bleibt mir die** ~ **weg** (*fam*) rimango di sasso
spucken *vi, vt* sputare
Spuk [ʃpu:k] <-(e)s, *rar* -e> *m* fantasma *m*
spuken *vi* (*Gespenst*) apparire; **es spukt** (**hier**) (qui) ci sono i fantasmi
Spule ['ʃpu:lə] <-, -n> *f* bobina *f*
Spüle ['ʃpy:lə] <-, -n> *f* lavandino *m*
spülen ['ʃpy:lən] **I.** *vt* **1.** (*Geschirr*) lavare **2.** (*Mund*) sciacquare **II.** *vi* **1.** (*in Toilette*) tirare l'acqua **2.** (*Geschirr* ~) lavare i piatti
Spülmaschine *f* lavastoviglie *f;* **Spülmittel** *n* detersivo *m* per (le) stoviglie
Spur [ʃpu:ɐ̯] <-, -en> *f* **1.** (*Fuß~, a fig*) traccia *f;* **eine** ~ **verfolgen** seguire una traccia; **~en hinterlassen** (*fig*) lasciare tracce; **die ~en sichern** rilevare le impronte; **jdm auf der** ~ **sein** (*fig*) essere sulle tracce di qu; **vom Täter fehlt jede** ~ il colpevole non ha lasciato traccia **2.** (*Fahrbahn*) corsia *f* **3.** (*von Tonband*) pista *f*
spürbar *adj* sensibile
spüren ['ʃpy:rən] *vt* sentire; (*wahrnehmen*) percepire
Spurenelement *n* microelemento *m*
Spürhund *m* segugio *m*
spurlos *adv* ~ **verschwinden** sparire senza lasciar traccia
Spürsinn *m* (*a fig*) fiuto *m*
Spurt [ʃpʊrt] <-s, -s> *m* sprint *m*
Squash ['skvɔʃ] <-> *kein Pl n* (SPORT) squash *m*
Sri Lanka ['sri: 'laŋka] *n* Sri Lanka *m*
Staat [ʃta:t] <-(e)s, -en> *m* **1.** stato *m* **2.** *sing* (*Prunk*) pompa *f;* **mit etw** ~ **machen** far sfoggio di qc
Staatenbund *m* confederazione *f* di stati; **staatenlos** *adj* apolide
staatlich *adj* statale; (*national*) nazionale; (*öffentlich*) pubblico; ~ **anerkannt** riconosciuto dallo stato; ~ **geprüft** diplomato
Staatsakt *m* cerimonia *f* ufficiale; **Staatsangehörigkeit** *f* nazionalità *f;* **Staatsanwalt** *m,* **Staatsanwältin** *f* procuratore, -trice *m, f* dello stato; **Staatsbegräbnis** *n* funerale *m* di stato; **Staatsbesuch** *m* visita *f* ufficiale; **Staatsbürger(in)** *m(f)* cittadino, -a *m, f;* **Staatschef(in)** *m(f)* capo *m* di stato; **Staatsdienst** *m* servizio *m* statale; **im** ~ **stehen** essere funzionario statale; **Staatsexamen** *n* esame *m* di stato

> Alcuni corsi di studi universitari, come per esempio Medicina, Magistero e Giurisprudenza, si concludono in Germania con uno o due **Staatsexamen** affidati a esaminatori di Stato.

Staatsfeind *m* nemico *m* pubblico; **Staatsgebiet** *n* territorio *m* nazionale; **Staatsgewalt** *f* potere *m* politico; **Staatshaushalt** *m* bilancio *m* pubblico; **Staatsmann** *m* uomo *m* di stato; **Staatsoberhaupt** *n* capo *m* di stato; **Staatspräsident(in)** *m(f)* presidente *m* della repubblica; **Staatssekretär(in)** *m(f)* sottosegretario, -a *m, f* di stato; **Staatsstreich** *m* colpo *m* di stato
Stab [ʃta:p] <-(e)s, Stäbe> *m* **1.** (*Stock*) bastone *m;* (*Eisen~*) sbarra *f* **2.** (MIL: *Führungsgruppe*) stato *m* maggiore **3.** (*Mitarbeiter~*) staff *m;* **Stabhochsprung** *m* salto *m* con l'asta
stabil [ʃta'bi:l] *adj* stabile
stabilisieren [ʃtabili'zi:rən] <ohne ge->

I. *vt* stabilizzare **II.** *vr* **sich** ~ stabilizzarsi

Stabilisierung <-, -en> *f* stabilizzazione *f*

Stabilität [ʃtabili'tɛːt] <-> *kein Pl f* stabilità *f*

Stabmixer *m* frullatore *m* a immersione

Stabschef *m* (MIL) capo *m* di stato maggiore

stach [ʃtaːx] *1. u 3. pers sing imp von* **stechen**

Stachel [ʃtaxəl] <-s, -n> *m* spina *f;* (*von Insekt*) pungiglione *m;* **Stachelbeere** *f* uva *f* spina; **Stacheldraht** *m* filo *m* spinato; **Stacheldrahtzaun** *m* reticolato *m*

stach(e)lig *adj* (*Pflanze*) spinoso; (*Tier*) pungente

Stadel ['ʃtaːdəl] <-s, – *A auch* -n, *CH* Städel> *m* (*A, CH, südd: Scheune*) fienile *m*

Stadion ['ʃtaːdiɔn] <-s, Stadien> *n* stadio *m*

Stadium ['ʃtaːdiʊm] <-s, Stadien> *n* stadio *m*

Stadt [ʃtat] <-, Städte> *f* città *f;* **die ~ Zürich** la città di Zurigo; **in die ~ gehen** andare in città; **Stadtbezirk** *m* rione *m;* **Stadtbücherei** *f* biblioteca *f* civica

Städtchen ['ʃtɛ(ː)tçən] <-s, -> *n* cittadina *f*

Städtebau ['ʃtɛ(ː)təbaʊ] *kein Pl m* urbanistica *f;* **Städtepartnerschaft** *f* gemellaggio *m*

städtisch ['ʃtɛtɪʃ] *adj* urbano; (ADM) municipale

Stadtmauer *f* mura *fpl* cittadine; **Stadtmitte** *f* centro *m* (della città); **Stadtplan** *m* pianta *f* della città; **Stadtrand** *m* periferia *f;* **Stadtrat** *m* (*Gremium*) giunta *f;* **Stadtrat** *m,* **Stadträtin** *f* assessore *m;* **Stadtrundfahrt** *f* giro *m* turistico della città; **Stadtstaat** *m* città *f* stato; **Stadtteil** *m* quartiere *m;* **Stadtverwaltung** *f* amministrazione *f* comunale; **Stadtviertel** *n* quartiere *m*

Staffel ['ʃtafəl] <-, -n> *f* **1.** (SPORT) staffetta *f* **2.** (MIL, AERO) squadriglia *f;* **Staffellauf** *m* staffetta *f*

staffeln *vt* (*Gebühren, Steuern, Gehälter*) graduare

Stagnation [ʃtagna'tsi̯oːn] <-, -en> *f* ristagno *m*

stagnieren [ʃta'gniːrən] <ohne ge-> *vi* ristagnare

stahl [ʃtaːl] *1. u 3. pers sing imp von* **stehlen**

Stahl [ʃtaːl] <-(e)s, Stähle> *m* acciaio *m;* **Stahlbeton** *m* cemento *m* armato

Stahlhelm *m* elmetto *m* d'acciaio; **Stahlindustrie** *f* industria *f* dell'acciaio; **Stahlwerk** *n* acciaieria *f*

Stalinismus [ʃtali'nɪsmʊs] <-> *kein Pl m* stalinismo *f*

Stall [ʃtal] <-(e)s, Ställe> *m* stalla *f;* (*Hühner~*) pollaio *m;* (*Pferde~*) scuderia *f;* (*Schweine~*) porcile *m*

Stamm [ʃtam] <-(e)s, Stämme> *m* **1.** (*Baum~*) tronco *m* **2.** (LING) radice *f* **3.** (*Kundschaft*) clientela *f* fissa **4.** (*Volks~*) tribù *f;* **Stammbaum** *m* albero *m* genealogico; **Stammbuch** *n* libro *m* di famiglia

stammeln ['ʃtaməln] *vi, vt* balbettare

stammen ['ʃtamən] *vi* **1.** (*ab~*) discendere; **von etw ~** derivare da qc **2.** (*örtlich*) **aus Padua ~** essere originario di Padova **3.** (*zeitlich*) ~ **aus** [*o* **von**] risalire a

Stammgast *m* abitudinario, -a *m, f*

stämmig ['ʃtɛmɪç] *adj* robusto

Stammkneipe *f* osteria *f;* **Stammkunde** *m,* **Stammkundin** *f* cliente *mf* abituale; **Stammplatz** *m* posto *m* fisso; **Stammtisch** *m* tavolo *m* riservato agli avventori abituali

> In quasi tutti i caffè e ristoranti c'è uno **Stammtisch**, un tavolo riservato ai clienti abituali contrassegnato da un apposito cartello.

Stamperl <-s, -n> *n* (*A*) bicchierino *m* da grappa

stampfen ['ʃtampfən] **I.** *vi* **1.** *haben* (*Mensch*) pestare i piedi **2.** *sein* (*stapfen*) camminare pesantemente **II.** *vt haben* **1.** (*fest~*) calpestare **2.** (*Kartoffeln*) schiacciare

stand [ʃtant] *1. u 3. pers sing imp von* **stehen**

Stand [ʃtant] <-(e)s, Stände> *m* **1.** *sing* (*Stehen*) posizione *f* eretta; **bei jdm einen schweren ~ haben** (*fig*) avere difficoltà con qu **2.** *sing* (*Zustand*) stato *m;* **auf den neuesten ~ bringen** aggiornare; **beim jetzigen ~ der Dinge** allo stato attuale delle cose **3.** (*Verkaufs~*) banco *m* di vendita; (*Messe~*) stand *m* **4.** *sing* (SPORT: *Spiel~*) punteggio *m* **5.** *sing* (*Wasser~*) livello *m;* **den höchsten ~ erreichen** raggiungere il livello massimo

6. (*soziale Stellung*) condizione *f;* (*Berufs~*) categoria *f*

Standard ['ʃtandart] <-s, -s> *m* standard *m*

Standbild *n* statua *f*

Ständchen ['ʃtɛntçən] <-s, -> *n* serenata *f;* **jdm ein ~ bringen** fare una serenata a qu

Ständer ['ʃtɛndɐ] <-s, -> *m* supporto *m;* (*Kleider~*) attaccapanni *m;* (*Noten~*) leggio *m*

Standesamt *n* ufficio *m* di stato civile; **standesamtlich** *adj* **~e Trauung** matrimonio civile; **Standesbeamte** *m,* **Standesbeamtin** *f* ufficiale, -essa *m, f* di stato civile; **standesgemäß** *adj* conforme al proprio stato sociale

standfest *adj* stabile; **Standfestigkeit** <-> *kein Pl f* 1. (*sicherer Stand*) stabilità *f* 2. (*Standhaftigkeit*) costanza *f*

standhaft *adj* fermo; **Standhaftigkeit** <-> *kein Pl f* fermezza *f*

stand|halten <irr> *vi* **einer Sache** *dat* **~** resistere a qc

ständig ['ʃtɛndɪç] *adj* permanente

Standlicht *n* (AUTO) luce *f* di posizione; **Standort** *m* 1. posizione *f* 2. (MIL) guarnigione *f;* **Standpauke** *f* (*fam*) predica *f;* **Standpunkt** *m* punto *m* di vista; **auf dem ~ stehen, dass ...** essere dell'opinione che +*conj;* **Standspur** *f* (AUTO) corsia *f* d'emergenza

Stange ['ʃtaŋə] <-, -n> *f* 1. asta *f;* **ein Anzug von der ~** un abito confezionato 2. (*~ Zigaretten*) stecca *f;* (*~ Brot*) filone *m;* **eine ~ Geld kosten** (*fam*) costare un occhio della testa

Stängel[RR] ['ʃtɛŋəl] <-s, -> *m* gambo *m*

stank [ʃtaŋk] *1. u 3. pers sing imp von* **stinken**

stanzen *vt* stampare; (*lochen*) punzonare; (*aus~*) tranciare

Stapel ['ʃta:pəl] <-s, -> *m* 1. (*Haufen*) catasta *f* 2. (NAUT) scalo *m;* **vom ~ lassen** (NAUT) varare; (*fig*) lanciare

stapeln *vt* accatastare

Star[1] [sta:ɐ̯] <-(e)s, -e> *m* 1. (*Vogel*) storno *m* 2. (MED: *grauer ~*) cateratta *f;* (*grüner ~*) glaucoma *m*

Star[2] [ʃta:ɐ̯] <-s, -s> *m* (FILM) divo, -a *m, f*

starb [ʃtarb] *1. u 3. pers sing imp von* **sterben**

stark [ʃtark] I. <stärker, stärkste> *adj* 1. (*allg, a fig*) forte; **sich für etw ~ machen** parteggiare per qc; **das ist ein ~es Stück!** (*fam*) questo è il colmo! 2. (*heftig*) forte 3. (*mächtig*) potente 4. (*Verkehr, Kälte*) intenso; (*Farben*) forte 5. (*fest*) solido II. <stärker, am stärksten> *adv* 1. (*bei Verben*) fortemente; (*beträchtlich*) abbondantemente 2. (*bei Adjektiven*) molto; **~ verschuldet** indebitato fino al collo

Stärke ['ʃtɛrkə] <-, -n> *f* 1. (*körperliche Kraft*) forza *f* 2. (*Intensität*) intensità *f* 3. (*Tüchtigkeit, starke Seite*) forte *m* 4. (*Festigkeit*) solidità *f* 5. (*~mehl*) fecola *f;* (*Wäsche ~*) amido *m*

stärken I. *vt* 1. (*kräftigen*) rinforzare; (*fig*) rafforzare 2. (*mit Nahrung*) ristorare 3. (*Wäsche*) inamidare II. *vr* **sich ~** ristorarsi

Starkstrom *m* corrente *f* ad alta tensione

Stärkung <-, -en> *f* 1. (*Kräftigung*) rinforzo *m;* (*fig*) rafforzamento *m* 2. (*Erfrischung*) ristoro *m*

starr [ʃtar] *adj* 1. (*unbeweglich*) rigido; (*steif*) irrigidito 2. (*Blick*) fisso; (*vor Schreck*) pietrificato; **~ vor Staunen** sbalordito 3. (*fig: Haltung*) inflessibile

Starre ['ʃtarə] <-> *kein Pl f* rigidità *f*

starren ['ʃtarən] *vi* 1. (*starr blicken*) **auf etw** *acc* **~** fissare qc 2. (*strotzen*) **von etw ~** essere pieno di qc; **vor Schmutz ~** essere sporco lurido

starrköpfig *adj* caparbio

Starrsinn *m* caparbietà *f;* **starrsinnig** *adj* testardo

Start [ʃtart] <-(e)s, -s> *m* 1. (SPORT) partenza *f* 2. (AERO) decollo *m;* (*von Rakete, Raumschiff*) lancio *m* 3. (AUTO) avviamento *m* 4. (INFORM) avvio *m* 5. (*fig: Anfang*) inizio *m;* **Startbahn** *f* pista *f* di decollo; **startbereit** *adj* pronto alla partenza; (AERO) pronto al decollo

starten I. *vi sein* 1. (*aufbrechen*) partire; (SPORT) prendere il via 2. (AUTO) avviarsi 3. (AERO) decollare II. *vt haben* 1. (*Rakete, Raumschiff*) lanciare 2. (*fig* AUTO, INFORM) avviare

Startkapital *n* capitale *m* iniziale; **startklar** *adj s.* **startbereit**; **Startmenü** *n* (INFORM) menu *m* di avvio; **Startschuss**[RR] *m* (SPORT) segnale *m* di partenza

Station [ʃta'tsi̯o:n] <-, -en> *f* 1. (*Haltestelle*) fermata *f* 2. (*im Krankenhaus*) reparto *m* 3. (*fig: Halt*) sosta *f;* **~ machen** fare sosta

stationär [ʃtatsi̯o'nɛːɐ̯] *adj* ~**e Behandlung** (MED) trattamento clinico

stationieren [ʃtatsi̯o'niːrən] <ohne ge-> *vt* dislocare

statisch ['ʃtaːtɪʃ] *adj* statico

Statist [ʃta'tɪst] <-en, -en> *m* comparsa *f*

Statistik [ʃta'tɪstɪk] <-, -en> *f* statistica *f*

Statistin <-, -nen> *f* comparsa *f; s. a.* **Statist**

statistisch [ʃta'tɪstɪʃ] *adj* statistico

Stativ [ʃta'tiːf] <-s, -e> *n* (FOTO) treppiedi *m*

statt [ʃtat] **I.** *prp +gen* invece di **II.** *konj* ~ **etw zu tun** invece di fare qc

stattdessenRR *adv* invece (di ciò)

statt|finden <irr> *vi* aver luogo

stattlich ['ʃtatlɪç] *adj* **1.** (*Gebäude*) imponente; (*ansehnlich*) di bella presenza **2.** (*Summe*) considerevole

Statue ['ʃtaːtuə] <-, -n> *f* statua *f*

Statur [ʃta'tuːɐ̯] <-, -en> *f* statura *f*

Status ['ʃtaːtʊs] <-, -> *m* status *m;* ~ **quo** status quo *m;* **Statussymbol** *n* status symbol *m*

Statuszeile *f* (INFORM) barra *f* di stato

Statut [ʃta'tuːt] <-(e)s, -en> *n* statuto *m*

Stau [ʃtaʊ] <-(e)s, -s> *m* (*Verkehrs~*) ingorgo *m*

Staub [ʃtaʊp] <-(e)s, -e> *m* polvere *f;* ~ **saugen** passare l'aspirapolvere; ~ **wischen** spolverare; (**viel**) ~ **aufwirbeln** (*fig fam*) fare molto scalpore; **sich aus dem** ~ **machen** (*fam*) svignarsela

staubig *adj* polveroso

staub|saugen *vi* passare l'aspirapolvere; **Staubsauger** *m* aspirapolvere *m;* **Staubtuch** *n* cencio *m* della polvere; **Staubwolke** *f* nube *f* di polvere; **Staubzucker** *m* (*A, südd: Puderzucker*) zucchero *m* a velo

Staudamm *m* diga *f* di sbarramento

Staude ['ʃtaʊdə] <-, -n> *f* arbusto *m*

stauen ['ʃtaʊən] **I.** *vt* (*Wasser*) arginare; (*Blut*) fermare **II.** *vr* **sich** ~ (*Wasser, Blut*) ristagnare; (*Verkehr*) ingorgarsi; (*Menschen*) ammassarsi; (*fig: Gefühle*) accumularsi

staunen ['ʃtaʊnən] *vi* stupirsi; **über etw** *acc* ~ stupirsi di qc; **da staunst du, was?** non te l'aspettavi, eh?

Stausee *m* lago *m* artificiale

Stauung <-, -en> *f* (*von Wasser*) ristagno *m;* (*von Menschen*) calca *f;* (*Verkehr*) ingorgo *m*

Std. *abk v* **Stunde** h

Steak [steːk] <-s, -s> *n* bistecca *f* di filetto

stechen ['ʃtɛçən] <sticht, stach, gestochen> **I.** *vt* **1.** pungere; (*mit Messer*) piantare; **ein Loch in etw** *acc* ~ bucare qc; **es sticht mich in der Seite** sento delle fitte al fianco **2.** (*Spargel*) cogliere; (*Torf*) scavare **3.** (*beim Kartenspiel*) ammazzare **4.** (*in Kupfer, Stahl,* TYP) incidere **II.** *vi* **1.** (*Sonne*) picchiare **2.** (*Wend*) **in See** ~ salpare **III.** *vr* **sich** ~ pungersi; **sich in den Finger** ~ pungersi al dito; **stechend** *adj* **1.** (*Schmerz*) lancinante **2.** (*Geruch*) penetrante **3.** (*Sonne*) ardente

Stechmücke *f* zanzara *f;* **Stechuhr** *f* orologio *m* marcatempo

Steckbrief *m* dati *mpl* segnaletici

Steckdose *f* presa *f* (di corrente)

stecken ['ʃtɛkən] **I.** *vt* **1.** (*hinein~*) infilare **2.** (*mit Nadeln*) appuntare **3.** (*fig*) **etw in etw** *acc* ~ investire qc in qc **II.** *vi* essere conficcato; (*sich befinden*) essere; **der Schreck steckt mir noch in allen Gliedern** sono ancora tutto spaventato; **es steckt etwas dahinter** (*fig*) qui c'è sotto qualcosa; **wo steckst du denn?** (*fam*) dove ti sei cacciato?

stecken|bleiben *s.* **bleiben 2.**

Steckenpferd *n* (*fig*) hobby *m*

Stecker <-s, -> *m* (EL) spina *f*

Stecknadel *f* spillo *m;* **Steckplatz** *m* (INFORM) slot *m*

Steg [ʃteːk] <-(e)s, -e> *m* (*Fußgängerbrücke*) passerella *f;* (*Boots~*) pontile *m*

Stegreif ['ʃteːkraɪf] *m* **aus dem** ~ **sprechen** improvvisare un discorso

Stehcafé ['ʃteːkafeː] *n* bar *m* (*locale dove si beve il caffè in piedi*)

stehen ['ʃteːən] <steht, stand, gestanden> *vi* **1.** (*nicht liegen*) stare in piedi; ~ **bleiben** restare in piedi; (*anhalten*) fermarsi; **wo sind wir** ~ **geblieben?** dove siamo rimasti?; ~ **lassen** lasciar stare; (*vergessen*) dimenticare; (*nicht anrühren*) non toccare; **den Bart** ~ **lassen** farsi crescere la barba; **im Stehen essen** mangiare in piedi **2.** (*sein*) essere; (*sich befinden*) trovarsi; **offen** ~ essere aperto; **leer** ~**d** (*Wohnung*) disabitato; **jdm nahe** ~ essere vicino a qu; **es steht mir bis hier** (**oben**) (*fig fam*) ne ho fin sopra i capelli **3.** (*gedruckt sein*) esser scritto; **das steht in der Zeitung** è scritto sul giornale; **davon steht nichts im Brief** la lettera non ne parla

S

4. (*still~*) essere fermo **5.** (*anzeigen*) segnare; **das Spiel steht eins zu null** la partita sta uno a zero; **das Thermometer steht auf 30 Grad** il termometro segna 30 gradi **6.** (*gut kleiden*) **jdm ~** stare bene a qu **7.** (*Unterstützung*) **hinter jdm ~** (*fig*) appoggiare qu; **zu jdm ~** stare dalla parte di qu **8.** (*Wend*) **auf jdn/etw ~** (*sl*) essere pazzo di qu/qc; **wie steht's?** (*fam*) come va?

stehen|bleiben *s.* **stehen 1.**

stehen|lassen *s.* **stehen 1.**

Stehlampe *f* lampada *f* a stelo

stehlen ['ʃteːlən] <stiehlt, stahl, gestohlen> *vt, vi* rubare; **jdm die Zeit ~** far perdere tempo a qu; **sie kann mir gestohlen bleiben!** (*fam*) vada a farsi friggere!

Stehplatz *m* posto *m* in piedi

Steiermark ['ʃtaɪɐmark] *f* Stiria *f*

steif [ʃtaɪf] **I.** *adj* **1.** (*nicht biegsam*) rigido; **~er Hals** torcicollo *m;* **~ werden** irrigidirsi **2.** (*fig: gezwungen*) compassato; (*förmlich*) formale **II.** *adv* **~ und fest behaupten** (*fam*) sostenere con fermezza

Steigbügel *m* staffa *f*

steigen ['ʃtaɪgən] <steigt, stieg, gestiegen> *vi sein* **1.** (*hoch~*) salire; (*klettern*) arrampicarsi; **über etw** *acc* **~** scavalcare qc; **aufs Pferd ~** montare a cavallo; **vom Pferd ~** smontare da cavallo; **in den Wagen ~** salire in automobile; **aus dem Wagen ~** scendere dall'automobile **2.** (*fig*) aumentare; (*Preise*) salire

steigern ['ʃtaɪgɐn] **I.** *vt* **1.** (*Leistung*) aumentare **2.** (LING) formare i gradi di comparazione di **II.** *vr* **sich ~ 1.** (*anwachsen*) crescere **2.** (*sich verbessern*) migliorare

Steigerung <-, -en> *f* **1.** (*Erhöhung*) aumento *m* **2.** (LING) comparazione *f*

Steigung <-, -en> *f* salita *f;* (*von Straße*) pendenza *f*

steil [ʃtaɪl] *adj* ripido; (*Fels*) scosceso; **Steilküste** *f* costa *f* ripida

Stein [ʃtaɪn] <-(e)s, -e> *m* **1.** sasso *m;* (*Kiesel~*) ciottolo *m;* **den ~ ins Rollen bringen** (*fig*) dare l'avvio a qc; **da fällt mir ein ~ vom Herzen** (*fig*) mi sento sollevato da un gran peso **2.** (*Edel~*) pietra *f* preziosa; (*in Uhr*) rubino *m* **3.** (*von Brettspiel*) pedina *f;* **bei jdm einen ~ im Brett haben** (*fig fam*) essere nelle grazie di qu; **Steinbock** *m* **1.** (ZOO) stambecco *m* **2.** (ASTR) Capricorno *m;* **er/sie ist (ein) ~** è del Capricorno; **Steinbruch** *m* cava *f* di pietra

steinern *adj* di pietra

Steingut *n* terraglia *f;* **steinhart** *adj* durissimo

steinig *adj* sassoso

steinigen *vt* lapidare

Steinkohle *f* carbone *m* fossile; **Steinmetz** <-en, -en> *m* scalpellino *m;* **Steinobst** *n* frutta *f* col nocciolo; **Steinpilz** *m* porcino *m;* **steinreich** *adj* (*fam*) ricco sfondato; **Steinschlag** *m* caduta *f* massi; **Steinzeit** *f* (HIST) età *f* della pietra

Steißbein *n* coccige *m*

Stelle ['ʃtɛlə] <-, -n> *f* **1.** (*Platz, Ort*) posto *m,* luogo *m;* (*in Buch*) punto *m;* **an deiner ~** al tuo posto; **an erster ~** al primo posto; **an ~ von** in luogo di; **auf der ~** (*sofort*) subito; **nicht von der ~ kommen** (*a fig*) non fare un passo avanti; **zur ~ sein** essere presente **2.** (*Arbeits~*) impiego *m;* (*Anstellung*) posto *m;* **offene ~** posto vacante; **offene ~n** (*Zeitungsrubrik*) offerte *fpl* d'impiego **3.** (*Dienst~*) ufficio *m*

stellen ['ʃtɛlən] **I.** *vt* **1.** (*hin~, auf~*) mettere, collocare; (*Falle*) tendere; **kalt ~** (*Getränk, Speise*) mettere in fresco; **auf sich (allein) gestellt** abbandonato a sé stesso **2.** (*Gerät*) regolare; **den Wecker auf acht Uhr ~** puntare la sveglia alle otto; **das Radio lauter ~** aumentare il volume della radio **3.** (*Diagnose*) fare **4.** (*bereit~*) fornire; (*Zeugen*) produrre **5.** (*Verbrecher*) fermare **6.** (*Frage*) porre; (*Termin*) fissare **7.** (*Wend*) **richtig ~** correggere **II.** *vr* **sich ~ 1.** (*sich hin~*) mettersi; **sich auf die Zehenspitzen ~** stare sulla punta dei piedi; **sich hinter jdn/etw ~** (*fig*) appoggiare qu/qc **2.** (*der Polizei*) **sich (der Polizei) ~** costituirsi alla polizia **3.** (*Wend*) **sich krank ~** fingersi malato; **sich mit jdm gut ~** essere in buoni rapporti con qu

Stellenangebot *n* offerta *f* d'impiego; **Stellengesuch** *n* domanda *f* d'impiego; **Stellenvermittlung** *f* collocamento *m*

stellenweise *adv* qua e là

Stellenwert *m* valore *m*

Stellung <-, -en> *f* **1.** (*Körperhaltung, Position, Rang,* MIL) posizione *f* **2.** (*Arbeit*) impiego *m* **3.** (*Einstellung*) atteggiamento *m;* **~ nehmen zu** prendere posizione riguardo a; **Stellungnahme** <-, -n> *f* presa *f* di posizione

stellvertretend *adj* vice-; **Stellvertreter(in)** *m(f)* vice *mf*
Stelze ['ʃtɛltsə] <-, -n> *f* trampolo *m*
stemmen ['ʃtɛmən] **I.** *vt* (*Gewicht*) sollevare **II.** *vr* **sich** ~ **1.** (*sich stützen*) puntare i piedi/le mani **2.** (*fig: sich auflehnen*) **sich gegen etw** ~ opporsi a qc
Stempel ['ʃtɛmpəl] <-s, -> *m* **1.** timbro *m* **2.** (BOT) pistillo *m* **3.** (*fig*) impronta *f;* **einer Sache** *dat* **seinen** ~ **aufdrücken** dare la propria impronta a qc; **Stempelkissen** *n* tampone *m* per timbri
stempeln *vt* timbrare; (*entwerten*) obliterare
Stengel <-s, -> *m s.* **Stängel**
StenografieRR [ʃtenogra'fiː] <-, -n> *f* stenografia *f*
stenografierenRR [ʃtenogra'fiːrən] <ohne ge-> *vt, vi* stenografare
Stenographie *f s.* **Stenografie**
stenographieren <ohne ge-> *vt, vi s.* **stenografieren**
Stenotypist(in) [ʃtenoty'pɪst] <-en, -en; -, -nen> *m(f)* stenodattilografo, -a *m, f*
Steppdecke *f* trapunta *f*
Steppe ['ʃtɛpə] <-, -n> *f* steppa *f*
steppen ['ʃtɛpən] *vt* (*Naht*) trapuntare
Sterbehilfe *f* eutanasia *f*
sterben ['ʃtɛrbən] <stirbt, starb, gestorben> *vi sein* (**an etw** *dat*) ~ morire (di qc)
sterblich *adj* mortale; **Sterblichkeit** <-> *kein Pl f* mortalità *f*
Stereoanlage *f* (impianto *m*) stereo *m*
stereotyp [ʃtereo'tyːp] *adj* stereotipo
steril [ʃte'riːl] *adj* sterile
Sterilisation [ʃteriliza'tsi̯oːn] <-, -en> *f* sterilizzazione *f*
sterilisieren [ʃterili'ziːrən] <ohne ge-> *vt* sterilizzare
Stern [ʃtɛrn] <-(e)s, -e> *m* stella *f;* **das steht in den ~en geschrieben** è scritto nelle stelle; **Sternbild** *n* costellazione *f*
Sternenhimmel *m* cielo *m* stellato; **sternenklar** *adj* stellato
Sternschnuppe *f* stella *f* filante; **Sternstunde** *f* (*fig*) grande momento *m;* **Sternwarte** <-, -n> *f* osservatorio *m;* **Sternzeichen** *n* segno *m* dello zodiaco
stet, stetig [ʃteːt, 'ʃteːtɪç] *adj* costante; (*andauernd*) continuo
stets [ʃteːts] *adv* sempre
Steuer1 ['ʃtɔɪɐ] <-s, -> *n* (AUTO) volante *m;* (NAUT) timone *m;* **am** ~ **sitzen** (AUTO) essere al volante; **das** ~ **übernehmen** (*fig*) mettersi al timone
Steuer2 <-, -n> *f* (FIN) imposta *f;* **~n hinterziehen** evadere il fisco; **nach Abzug der ~n** detratte le imposte
Steuerausgleich *m* conguaglio *m* fiscale; **steuerbegünstigt** *adj* che gode di agevolazioni fiscali; **Steuerbelastung** *f* onere *m* fiscale; **Steuerberater(in)** *m(f)* consulente *mf* fiscale; **Steuerbescheid** *m* avviso *m* d'accertamento
Steuerbord *n* (NAUT) tribordo *m*
Steuererhöhung *f* aumento *m* delle imposte; **Steuererklärung** *f* dichiarazione *f* fiscale; **steuerfrei** *adj* esente da imposte; **Steuerfreibetrag** *m* importo *m* esente da tasse; **Steuergelder** *npl* introiti *mpl* fiscali; **Steuerhinterziehung** *f* evasione *f* fiscale; **Steuerklasse** *f* fascia *f* fiscale
Steuerknüppel *m* cloche *f;* (INFORM) joystick *m*
steuerlich *adj* fiscale
Steuermann *m* timoniere *m*
steuern **I.** *vt haben* **1.** (AUTO) guidare; (NAUT) governare; (AERO) pilotare **2.** (TEC) regolare **3.** (*fig: lenken*) dirigere **II.** *vi sein* (**nach rechts**) ~ far rotta (verso destra)
steuerpflichtig *adj* soggetto a imposta; **Steuerprüfung** *f* controllo *m* fiscale
Steuerrad *n* (AUTO) volante *m;* (NAUT) ruota *f* del timone
Steuerreform *f* riforma *f* tributaria
Steuerruder *n* timone *m*
Steuersatz *m* aliquota *f* d'imposta; **Steuersenkung** *f* riduzione *f* d'imposte
Steuerung <-, -en> *f* **1.** *sing* (NAUT, AERO) guida *f* **2.** (*Vorrichtung*) comando *m* **3.** *sing* (*fig: Bekämpfung*) lotta *f*
Steuerzahler(in) *m(f)* contribuente *mf*
Steward ['stjuːɐ̯t] <-s, -s> *m* steward *m*
StewardessRR ['stjuːɐ̯dɛs] <-, -en> *f,* **Stewardeß** <-, -dessen> *f* hostess *f*
Stich [ʃtɪç] <-(e)s, -e> *m* **1.** (*Insekten~*) puntura *f;* (*Messer~*) botta *f* **2.** (*beim Nähen, Kartenspiel*) punto *m* **3.** (*Grafik*) incisione *f* **4.** (*stechender Schmerz*) dolore *m* lancinante **5.** (*Wend*) **jdn im** ~ **lassen** piantare in asso qu; **mein Gedächtnis lässt mich im** ~ la memoria mi tradisce
sticheln ['ʃtɪçəln] *vi* (**gegen jdn**) ~ punzecchiare (qu)

S

stichhaltig *adj* plausibile

Stichprobe *f* campione *m;* **Stichsäge** *f* gattuccio *m*

sticht [ʃtɪçt] *3. pers sing pr von* **stechen**

Stichtag *m* giorno *m* stabilito; **Stichtagsregelung** *kein Pl f* (EU) regolamentazione *f* con il giorno determinato; **Stichtagsumstellung** *kein Pl f* (EU) passaggio *m* all'Euro ad un giorno determinato; **Stichwahl** *f* ballottaggio *m*

Stichwort <-(e)s, -e> *n* spunto *m;* **stichwortartig** *adj* per appunti sommari; **Stichwortverzeichnis** *n* indice *m* tematico

Stichwunde *f* coltellata *f*

sticken [ˈʃtɪkən] *vt* ricamare

Stickerei [ʃtɪkəˈraɪ] <-, -en> *f* ricamo *m*

stickig [ˈʃtɪkɪç] *adj* soffocante

Sticknadel *f* ago *m* da ricamo

Stickstoff *m* azoto *m*

Stiefbruder [ˈʃtiːfbruːdɐ] *m* fratellastro *m*

Stiefel [ˈʃtiːfəl] <-s, -> *m* stivale *m*

Stiefkind *n* figliastro, -a *m, f;* (*fig*) cenerentola *f;* **Stiefmutter** *f* matrigna *f;* **Stiefmütterchen** *n* (BOT) viola *f* del pensiero; **Stiefschwester** *f* sorellastra *f;* **Stiefsohn** *m* figliastro *m;* **Stieftochter** *f* figliastra *f;* **Stiefvater** *m* patrigno *m*

stieg [ʃtiːk] *1. u 3. pers sing imp von* **steigen**

Stiege [ˈʃtiːgə] <-, -n> *f* (*A, südd*) scala *f;* **Stiegenhaus** *n* (*A, südd*) tromba *f* delle scale

stiehlt [ʃtiːlt] *3. pers sing pr von* **stehlen**

Stiel [ʃtiːl] <-(e)s, -e> *m* **1.** (BOT) gambo *m* **2.** (*Griff*) manico *m;* (*von Glas*) gambo *m;* **Eis am ~** gelato sullo stecco

Stier [ʃtiːɐ̯] <-(e)s, -e> *m* **1.** (ZOO) toro *m* **2.** (ASTR) Toro *m;* **er/sie ist (ein) ~** è del Toro

stieren [ˈʃtiːrən] *vi* **auf etw** *acc* **~** fissare qc

Stierkampf *m* corrida *f;* **Stierkämpfer** *m* torero *m*

stieß [ʃtiːs] *1. u 3. pers sing imp von* **stoßen**

Stift[1] [ʃtɪft] <-(e)s, -e> *m* **1.** (*Metall~*) perno *m;* (*Nagel*) chiodo *m* **2.** (*Blei~*) matita *f*

Stift[2] <-(e)s, -e> *n* fondazione *f;* (*Kloster*) convento *m*

stiften [ˈʃtɪftən] *vt* **1.** (*gründen*) fondare **2.** (*spenden*) elargire **3.** (*bewirken*) provocare; **Frieden ~** ristabilire la pace; **Unruhe ~** creare disordini

Stiftung <-, -en> *f* **1.** (*Institution*) fondazione *f* **2.** (*Schenkung*) donazione *f*

Stil [ʃtiːl] <-(e)s, -e> *m* stile *m*

stilistisch *adj* stilistico

still [ʃtɪl] *adj* **1.** (*ruhig*) calmo **2.** (*schweigend*) silenzioso; **~ sein** starsene cheto; **(sei) ~!** (sta) zitto! **3.** (*unbewegt*) immobile **4.** (*heimlich*) segreto; **~ und leise** di nascosto; **im Stillen** in segreto

Stille [ʃtɪlə] <-> *kein Pl f* **1.** (*Unbewegtheit*) calma *f* **2.** (*Ruhe*) quiete *f;* **in aller ~** (*Feier*) nell'intimità

Stilleben *n s.* **Stillleben**

stillegen *vt s.* **stilllegen**

stillen *vt* **1.** (*Kind*) allattare **2.** (*Blutung*) fermare; (*Schmerz*) sedare **3.** (*Durst, Hunger*) appagare; (*befriedigen*) soddisfare

still|halten <irr> *vi* stare fermo

stilliegen *vi s.* **stillliegen**

StilllebenRR *n* natura *f* morta

stilllegenRR *vt* (*Betrieb, Verkehr*) chiudere

stillliegenRR <irr> *vi* essere fermo

stillos *adj* senza stile

Stillschweigen *n* silenzio *m;* **~ bewahren** mantenere il silenzio; **stillschweigend** *adj* tacito

still|sitzen <irr> *vi* starsene seduto tranquillo

Stillstand *m* arresto *m;* (*Unterbrechung*) interruzione *f;* **zum ~ bringen** fermare; **zum ~ kommen** fermarsi; **still|stehen** <irr> *vi* **1.** (*stehen bleiben*) fermarsi **2.** (*nicht in Betrieb sein*) essere fermo

Stilmöbel *npl* mobili *mpl* in stile; **stilvoll** *adj* che ha stile; (*geschmackvoll*) di buon gusto

Stimmabgabe *f* (POL) votazione *f;* **Stimmband** *n* (ANAT) corda *f* vocale; **stimmberechtigt** *adj* avente diritto di voto; **Stimmbeteiligung** *f* (*CH*) affluenza *f* alle urne; **Stimmbruch** *m* mutazione *f* della voce; **Stimmbürger(in)** *m(f)* (*CH*) elettore, -trice *m, f*

Stimme [ˈʃtɪmə] <-, -n> *f* **1.** (*a fig*) voce *f* **2.** (POL) voto *m;* **gültige/ungültige ~** voto valido/nullo; **seine ~ für/gegen jdn/etw abgeben** votare per/contro qu/qc; **sich der ~ enthalten** astenersi dal voto

stimmen [ˈʃtɪmən] **I.** *vi* **1.** (*richtig sein*) essere giusto; **da stimmt etwas nicht** c'è qualcosa che non va; **stimmt es, dass ...?** è vero che ...?; **stimmt!** giusto!; **stimmt so!** (*zu*

Bedienung) va bene così! **2.** (*wählen*) **für jdn/etw** ~ votare per qu/qc **II.** *vt* **1.** (MUS) accordare **2.** (*Wend*) **jdn fröhlich** ~ rallegrare qu; **jdn traurig** ~ rattristare qu

Stimmenauszählung *f* conteggio *m* dei voti; **Stimmengleichheit** *f* parità *f* (di voti); **Stimmenmehrheit** *f* maggioranza *f* (di voti)

Stimmenthaltung *f* astensione *f* (dal voto)

stimmhaft *adj* sonoro

Stimmlage *f* (MUS) registro *m*

stimmlos *adj* (LING) sordo

Stimmrecht *n* diritto *m* di voto

Stimmung <-, -en> *f* **1.** (*Gemütsverfassung*) stato *m* d'animo; (*Laune*) umore *m;* ~ **machen** creare l'ambiente; **nicht in ~ sein** non essere in vena; **in guter/schlechter** ~ di buon/cattivo umore **2.** (*Atmosphäre*) clima *m;* ~ **in etw** *acc* **bringen** animare qc **3.** (*öffentliche Meinung*) opinione *f* pubblica; ~ **gegen/für etw machen** far propaganda contro/per qc **4.** (*von Musikinstrument*) accordatura *f;* **Stimmungskanone** *f* animatore, -trice *m, f;* **Stimmungsumschwung** *m* cambiamento *m* d'opinione; **stimmungsvoll** *adj* suggestivo

Stimmzettel *m* scheda *f* elettorale

stimulieren [ʃtimu'liːrən] <ohne ge-> *vt* stimolare

Stinkbombe *f* bombetta *f* puzzolente

stinken ['ʃtɪŋkən] <stinkt, stank, gestunken> *vi* puzzare; **nach etw** ~ puzzare di qc; **aus dem Mund** ~ avere l'alito cattivo; **hier stinkt es fürchterlich!** qui c'è un puzzo terribile!; **das stinkt mir** (*fam*) ne ho le tasche piene

stinkfaul *adj* (*fam*) pigrissimo; **stinklangweilig** *adj* (*fam*) noiosissimo; **Stinktier** *n* moffetta *f;* **Stinkwut** *f* (*fam*) **eine** ~ (**im Bauch**) **haben** friggere di rabbia

Stipendium [ʃti'pɛndiʊm] <-s, Stipendien> *n* borsa *f* di studio

stirbt [ʃtɪrpt] *3. pers sing pr von* **sterben**

Stirn [ʃtɪrn] <-, -en> *f* fronte *f;* **die ~ runzeln** corrugare la fronte; **jdm/etw die ~ bieten** tener testa a qu/qc; **die ~ haben etw zu tun** aver la sfacciataggine di fare qc; **Stirnband** *n* benda *f;* **Stirnhöhle** *f* seno *m* frontale; **Stirnhöhlenentzündung** *f* sinusite *f*

stöbern ['ʃtøːbɐn] *vi* (**in etw** *dat*) ~ frugare (in qc)

stochern ['ʃtɔxɐn] *vi* (**in etw** *dat*) ~ frugare (in qc); **im Feuer** ~ attizzare il fuoco; **in den Zähnen** ~ stuzzicare i denti

Stock[1] [ʃtɔk] <-(e)s, Stöcke> *m* **1.** (*Stab*) bastone *m;* **am ~ gehen** camminare col bastone **2.** (BOT) ceppo *m*

Stock[2] <-(e)s, -werke> *m* (ARCH) piano *m;* **im zweiten** ~ al secondo (piano)

stockdunkel *adj* (*fam*) buio pesto

Stöckelschuh *m* scarpa *f* col tacco alto

stocken ['ʃtɔkən] *vi* **1.** (*nicht vorangehen*) ristagnare; (*im Sprechen*) interrompersi; **ins Stocken geraten** (*Redner*) impappinarsi; (*Verkehr*) ristagnare **2.** (*stillstehen*) arrestarsi; **stockend I.** *adj* (*Rede*) esitante **II.** *adv* (*reden*) a stento

Stockerl <-s, -n> *n* (*A: Hocker*) sgabello *m*

stockfinster *adj* **es ist** ~ (*fam*) è buio pesto

Stockholm ['ʃtɔkhɔlm] *n* Stoccolma *f*

Stockung <-, -en> *f* **1.** (*Behinderung*) ristagno *m* **2.** (*Stillstand*) arresto *m* **3.** (*Verkehrs~*) ingorgo *m*

Stockwerk *n* piano *m*

Stoff [ʃtɔf] <-(e)s, -e> *m* **1.** (*allg*) stoffa *f;* (*Gewebe*) tessuto *m* **2.** (*Materie*) sostanza *f* **3.** (*fig: Thema*) soggetto *m;* **Stoffrest** *m* scampolo *m;* **Stofftier** *n* pupazzo *m* di peluche; **Stoffwechsel** *m* (BIOL) metabolismo *m*

stöhnen ['ʃtøːnən] *vi* gemere; **vor Schmerz** ~ gemere per il dolore; **über etw** *acc* ~ lamentarsi di qc

Stollen ['ʃtɔlən] <-s, -> *m* **1.** (*Gebäck*) dolce *m* natalizio **2.** (MIN) galleria *f*

stolpern ['ʃtɔlpɐn] *vi sein* **über etw** *acc* ~ inciampare in qc

stolz [ʃtɔlts] *adj* **1.** (*voller Freude*) ~ **auf jdn/etw sein** essere fiero di qu/qc **2.** (*hochmütig*) orgoglioso **3.** (*fig: imposant*) superbo

Stolz <-es> *kein Pl m* orgoglio *m;* (*Hochmut*) superbia *f*

stolzieren [ʃtɔl'tsiːrən] <ohne ge-> *vi sein* camminare impettito

stop[RR] [ʃtɔp] *int* stop

stopfen ['ʃtɔpfən] **I.** *vt* **1.** (*voll ~*) riempire **2.** (*zu~*) tappare; **jdm den Mund** ~ (*fig fam*) tappare la bocca a qu **3.** (*Kleidung*) rammendare **II.** *vi* (MED) costipare

stopp [ʃtɔp] *int s.* **stop**

Stopp <-s, -s> *m* (*Anhalten*) arresto *m*

Stoppel ['ʃtɔpəl] <-, -n> *f* **1.** (*Getreide~*)

stoppia *f* **2.** (*Bart~*) pelo *m* ispido; **Stoppelbart** *m* barba *f* ispida

stoppen **I.** *vt* **1.** (*anhalten*) fermare **2.** (*mit der Uhr*) cronometrare **II.** *vi* fermarsi

Stoppschild *n* stop *m;* **Stoppuhr** *f* cronometro *m*

Stöpsel ['ʃtœpsəl] <-s, -> *m* (*an Becken*) tappo *m;* (*Korken*) turacciolo *m*

Storch [ʃtɔrç] <-(e)s, Störche> *m* cicogna *f*

stören ['ʃtøːrən] **I.** *vt* disturbare; (*belästigen*) importunare; **lassen Sie sich nicht ~!** non si disturbi! **II.** *vi* essere di disturbo; **störe ich?** disturbo?; **störend** *adj* fastidioso; **etw als ~ empfinden** provare fastidio per qc

Störenfried <-(e)s, -e> *m* (*pej*) perturbatore, -trice *m, f*

Störfall *m* guasto *m*

Storni *pl von* **Storno**

stornieren <ohne ge-> *vt* stornare

Storno ['ʃtɔrno] <-s, Storni> *m o n* storno *m*

störrisch ['ʃtœrɪʃ] *adj* cocciuto

Störung <-, -en> *f* disturbo *m;* (*Belästigung*) molestia *f;* (TEC) guasto *m;* (RADIO) disturbo *m;* **eine ~ beheben** riparare un guasto; **Störungsanzeige** *f* (INFORM) segnalazione *f* di un guasto

Stoß [ʃtoːs] <-es, Stöße> *m* **1.** (*Schubs*) colpo *m;* **jdm einen ~ versetzen** dare una mazzata a qu **2.** (*Erd~*) scossa *f* **3.** (*Stapel*) pila *f;* **Stoßdämpfer** *m* ammortizzatore *m*

stoßen ['ʃtoːsən] <stößt, stieß, gestoßen> **I.** *vt haben* **1.** (*mit Schlag*) colpire; (*mit Druck*) spingere; (*mit Fuß*) urtare; (*an~*) battere **2.** (*zerkleinern*) pestare **II.** *vr* **sich an etw** *dat* **~** urtare contro qc; (*fig*) urtarsi per qc **III.** *vi* **1.** *sein* (*treffen, prallen*) **auf** [*o* **an**] **etw** *acc* **~** urtare contro qc; **auf jdn/etw ~** imbattersi in qu/qc; **auf Widerstand ~** (*fig*) incontrare resistenza **2.** *sein* (*angrenzen*) **an etw** *acc* **~** confinare con qc

Stoßgebet *n* giaculatoria *f;* **Stoßstange** *f* (AUTO) paraurti *m*

stößt [ʃtøːst] *3. pers sing pr von* **stoßen**

Stoßverkehr *m* traffico *m* di punta; **Stoßzeit** *f* ora *f* di punta

stottern ['ʃtɔtɐn] *vt, vi* balbettare

Str. *abk v* **Straße** v.

stracks [ʃtraks] *adv* difilato

Strafanstalt *f* penitenziario *m;* **Strafantrag** *m* querela *f;* **Strafanzeige** *f* denuncia *f;* **~ gegen jdn erstatten** sporgere denuncia contro qu; **Strafarbeit** *f* (*von Schüler*) compito *m* assegnato per punizione; **strafbar** *adj* punibile; (JUR) passibile di pena; **~e Handlung** reato *m;* **sich ~ machen** essere passibile di pena

Strafe ['ʃtraːfə] <-, -n> *f* punizione *f;* (JUR) pena *f;* **eine ~ verbüßen** scontare una pena; **eine ~ verhängen** infliggere una pena; **zur ~** per punizione

strafen *vt* punire

straff [ʃtraf] *adj* **1.** (*gespannt*) teso; (*Haut, Brust*) sodo; **~ spannen** tendere **2.** (*streng*) severo **3.** (*Stil*) conciso

straffällig *adj* (ADM) **~ werden** incorrere in una pena

straffen *vt* tendere; (*Rede*) stringere

straffrei *adj* **~ ausgehen** uscirne impunito; **Straffreiheit** *f* impunità *f;* **Strafgefangene** *mf* detenuto, -a *m, f;* **Strafgericht** *n* tribunale *m* penale; **Strafgesetz** *n* legge *f* penale; **Strafgesetzbuch** *n* codice *m* penale

sträflich ['ʃtrɛːflɪç] *adj* (*unverzeihlich*) imperdonabile

Sträfling <-s, -e> *m* carcerato, -a *m, f*

Strafporto *n* soprattassa *f;* **Strafpredigt** *f* **jdm eine ~ halten** fare una ramanzina a qu; **Strafprozess**[RR] *m* processo *m* penale; **Strafraum** *m* (SPORT) area *f* di rigore; **Strafrecht** *n* diritto *m* penale; **strafrechtlich** *adj* (di diritto) penale; **Strafsanktionen** *fpl* (EU) sanzioni *fpl* pecuniarie; **Strafstoß** *m* (SPORT) calcio *m* di punizione; **Straftat** *f* delitto *m;* **Straftäter(in)** *m(f)* delinquente *m;* **Strafvollzug** *m* esecuzione *f* della pena; **Strafzettel** *m* (*fam*) multa *f*

Strahl [ʃtraːl] <-(e)s, -en> *m* raggio *m;* (*Wasser~*) getto *m*

strahlen *vi* **1.** (*Sonne*) splendere; (*radioaktiv ~*) emanare raggi; (*Wärme*) irradiare **2.** (*fig: Mensch*) essere raggiante; **übers ganze Gesicht ~** avere il viso raggiante

Strahlenbehandlung *f* (MED) radioterapia *f;* **Strahlenbelastung** *f* esposizione *f* alle radiazioni; **Strahlendosis** *f* dose *f* di radiazioni; **Strahlenkrankheit** *f* sindrome *f* da raggi; **Strahlentherapie** *f* radioterapia *f;* **strahlenverseucht** *adj* contaminato dalle radiazioni

Strahlung <-, -en> *f* radiazione *f*

Strähne ['ʃtrɛːnə] <-, -n> *f* (*Haar~*) ciocca *f;* (*getönt*) meche *f*

stramm [ʃtram] *adj* **1.** (*straff*) teso **2.** (*kräftig*) robusto **3.** (*fig*) rigido; **~e Haltung** atteggiamento risoluto; **stramm|stehen** <irr> *vi* essere sull'attenti

strampeln ['ʃtrampəln] *vi* sgambettare

Strand [ʃtrant] <-(e)s, Strände> *m* spiaggia *f;* **am ~** sulla spiaggia; **an den ~ gehen** andare in spiaggia; **Strandbad** *n* stabilimento *f* balneare

stranden ['ʃtrandən] *vi sein* **1.** (*Schiff*) arenarsi **2.** (*fig*) naufragare

Strandgut *n* relitto *m;* **Strandkorb** *m* capanno *m* da spiaggia; **Strandpromenade** *f* lungomare *m*

Strang [ʃtraŋ] <-(e)s, Stränge> *m* corda *f;* **am gleichen ~ ziehen** (*fig*) mirare al medesimo scopo; **über die Stränge schlagen** (*fam*) passare i limiti; **wenn alle Stränge reißen** (*fam*) nel peggiore dei casi

Strapaze [ʃtra'paːtsə] <-, -n> *f* fatica *f*

strapazieren [ʃtrapa'tsiːrən] <ohne ge-> *vt* **1.** (*Menschen*) affaticare **2.** (*Gegenstände*) sciupare

strapazierfähig *adj* (*Kleidung*) resistente

strapaziös *adj* faticoso

Straßburg ['ʃtraːsbʊrk] *n* Strasburgo *f*

Straße ['ʃtraːsə] <-, -n> *f* **1.** (*Fahr~*) strada *f;* (*bei Namen*) via *f;* **auf der ~** per strada; **auf offener ~** in mezzo alla strada; **über die ~ gehen** attraversare la strada; **auf die ~ setzen** (*fig fam: entlassen*) gettare sul lastrico; (*Mieter*) mettere alla porta; **auf die ~ gehen** (*demonstrieren*) scendere in piazza **2.** (*Meerenge*) stretto *m;* **Straßenbahn** *f* tram *m;* **Straßenbahnlinie** *f* linea *f* tranviaria; **Straßenbau** *m* costruzioni *fpl* stradali; **Straßenbelag** *m* rivestimento *m* stradale; **Straßenblatt** *n* giornale *m* di strada; **Straßenfeger** <-s, -> *m* spazzino *m;* **Straßenhändler(in)** *m(f)* venditore, -trice *m, f* ambulante; **Straßenjunge** *m* (*pej*) ragazzo *m* di strada; **Straßenkarte** *f* carta *f* stradale; **Straßenkehrer** <-s, -> *m s.* **Straßenfeger**; **Straßenkreuzung** *f* incrocio *m;* **Straßenlage** *f* (AUTO) tenuta *f* di strada; **Straßenlaterne** *f* lampione *m;* **Straßennetz** *n* rete *f* stradale; **Straßenrand** *m* bordo *m* della strada; **Straßenschild** *n* targa *f* stradale; **Straßensperre** *f* blocco *m* stradale; **Straßenverhältnisse** *npl* percorribilità *f* delle strade; **Straßenverkehr** *m* traffico *m* stradale; **im ~** sulla strada; **Straßenverkehrsordnung** *f* codice *m* stradale

Stratege [ʃtra'teːgə] <-n, -n> *m* stratega *m*

Strategie [ʃtrate'giː] <-, -n> *f* strategia *f;* **Strategiespiel** *n* (INFORM) gioco *m* di strategia

Strategin [ʃtra'teːgɪn] <-, -nen> *f* stratega *f; s. a.* **Stratege**

strategisch [ʃtra'teːgɪʃ] *adj* strategico

sträuben ['ʃtrɔɪbən] *vr* **sich ~ 1.** (*Haare*) rizzarsi; (*Fell*) arruffarsi **2.** (*fig: sich wehren*) **sich gegen jdn/etw ~** opporsi a qu/qc

Strauch [ʃtraʊx] <-(e)s, Sträucher> *m* cespuglio *m*

Strauß[1] [ʃtraʊs] <-es, Sträuße> *m* (*Blumen~*) mazzo *m*

Strauß[2] <-es, -e> *m* (*Vogel*) struzzo *m*

streben ['ʃtreːbən] *vi* **nach etw ~** aspirare a qc

Streber(in) <-s, -; -, -nen> *m(f)* (*pej*) arrivista *mf;* (*in Schule*) secchione, -a *m, f fam*

strebsam *adj* diligente; (*eifrig*) zelante; **Strebsamkeit** <-> *kein Pl f* operosità *f*

Strecke ['ʃtrɛkə] <-, -n> *f* **1.** (*Abschnitt*) tratto *m;* **auf der ~ bleiben** (*fig*) rimanere per strada **2.** (*Entfernung*) distanza *f* **3.** (*Route*) itinerario *m*

strecken ['ʃtrɛkən] **I.** *vt* **1.** (*Körperteil*) stendere; (*Hals*) allungare **2.** (*Waffen*) deporre **3.** (GASTR) allungare **II.** *vr* **sich ~** sgranchirsi

streckenweise *adv* a tratti

Streetworker(in) ['striːtwœːkɐ] <-s, -; -, -nen> *m(f)* operatore, -trice *m, f* di strada

Streich [ʃtraɪç] <-(e)s, -e> *m* (*fig*) scherzo *m;* **jdm einen üblen ~ spielen** giocare un brutto tiro a qu

Streicheleinheiten *fpl* (*fam: Zärtlichkeit*) tenerezza *f;* (*Zuwendung*) attenzione *f*

streicheln ['ʃtraɪçəln] *vt* accarezzare

streichen ['ʃtraɪçən] <streicht, strich, gestrichen> **I.** *vt haben* **1.** (*auftragen*) (**etw auf etw** *acc*) **~** spalmare (qc su qc) **2.** (*an~*) verniciare; **frisch gestrichen!** pittura fresca! **3.** (*durch~*) cancellare **4.** (*nicht genehmigen*) annullare **II.** *vi* **1.** *haben* (*berühren*) (**über etw** *acc*) **~** passare la mano (su qc); (*zärtlich*) accarezzare (qc) **2.** *sein* (*umherstreifen*) girare

S

streichfähig *adj* spalmabile

Streichholz *n* fiammifero *m;* **Streichinstrument** *n* strumento *m* ad arco; **Streichkäse** *m* formaggio *m* da spalmare

Streife ['ʃtraɪfə] <-, -n> *f* pattuglia *f*

streifen ['ʃtraɪfən] **I.** *vt haben* **1.** (*berühren, a fig: Thema*) sfiorare **2.** (*ab~*) **den Ring vom Finger ~** sfilare l'anello dal dito **II.** *vi sein* (*umher~*) vagare

Streifen <-s, -> *m* **1.** (*Stück*) striscia *f* **2.** (*Linie*) striscia *f* **3.** (*fam: Film*) film *m*

Streifenwagen *m* automobile *f* della polizia

StreifschussRR *m* colpo *m* di striscio; **Streifzug** *m* esplorazione *f*

Streik [ʃtraɪk] <-(e)s, -s> *m* sciopero *m;* **in den ~ treten** entrare in sciopero; **einen ~ ausrufen** dichiarare lo sciopero; **Streikbrecher(in)** *m(f)* crumiro, -a *m, f*

streiken *vi* **1.** (*Arbeiter*) fare sciopero **2.** (*fig fam*) non funzionare; **Streikende** <ein -r, -n, -n> *mf* scioperante *mf*

Streikposten *m* picchetto *m*

Streit [ʃtraɪt] <-(e)s, -e> *m* lite *f;* (*mit Tätlichkeiten*) rissa *f;* (*Meinungs~*) disputa *f;* **mit jdm ~ anfangen** [*o* **suchen**] attaccar briga con qu; **mit jdm in ~ geraten** litigare con qu

streiten ['ʃtraɪtən] <streitet, stritt, gestritten> **I.** *vi* litigare; **darüber lässt sich ~** la cosa è discutibile **II.** *vr* **sich ~** litigare

Streitfrage *f* controversia *f*

streitig *adj* **jdm etw ~ machen** contestare qc a qu; **Streitigkeiten** *fpl* contrasti *mpl*

Streitkräfte *fpl* forze *fpl* armate; **streitlustig** *adj,* **streitsüchtig** *adj* litigioso

streng [ʃtrɛŋ] *adj* **1.** (*hart*) severo; **eine ~e Erziehung** un'educazione rigida **2.** (*genau*) preciso; **~ genommen** a rigore (di termine); **~e Bettruhe** riposo assoluto a letto; **das ist ~stens verboten** questo è severamente proibito; **~ vertraulich** strettamente confidenziale **3.** (*rau*) **ein ~er Winter** un inverno rigido **4.** (*herb*) **ein ~er Geruch** un odore aspro

Strenge ['ʃtrɛŋə] <-> *kein Pl f* **1.** severità *f* **2.** (*Rauheit*) rigidezza *f*

strenggenommen *adv s.* **streng 2.**; **strenggläubig** *adj* ortodosso

StressRR [ʃtrɛs] <-es, *rar* -e> *m,* **Streß** <-sses, *rar* -sse> *m* stress *m;* **im ~ sein** essere sotto stress

stressen *vt* stressare

stressfreiRR *adj* senza stress; **stressgeplagt**RR *adj* stressato

stressig *adj* (*fam*) stressante

StresssituationRR *f* situazione *f* da stress

Streu [ʃtrɔɪ] <-, -en> *f* strame *m*

streuen ['ʃtrɔɪən] *vt* spargere; **Salz/Zucker auf etw** *acc* **~** cospargere qc di sale/zucchero

streunen ['ʃtrɔɪnən] *vi sein o haben* (*fam*) vagabondare

Streusalz <-es> *kein Pl n* sale *m* per strade

strich [ʃtrɪç] *1. u 3. pers sing imp von* **streichen**

Strich <-(e)s, -e> *m* **1.** (*Linie*) linea *f;* (*kleiner ~*) trattino *m;* (*Schräg~*) barra *f;* **nach ~ und Faden** (*fam*) per bene; **einen ~ unter etw** *acc* **ziehen** (*fig*) farla finita con qc; **jdm einen ~ durch die Rechnung machen** (*fig*) mandare a monte i piani di qu **2.** (*von Haar, Fell*) verso *m;* **gegen den ~** contropelo; **es geht mir gegen den ~** (*fam*) non mi va a genio **3.** (*sl: Prostitution*) **auf den ~ gehen** battere il marciapiede *fam*

Strichcode *m* codice *m* a sbarre; **Strichjunge** *m* (*sl*) ragazzo *m* di vita; **Strichkode** *m s.* Strichcode; **Strichliste** *f* lista *f* a sbarre; **Strichmädchen** *n* (*sl*) ragazza *f* di vita; **Strichmännchen** *n* omino *m;* **Strichpunkt** *m* punto *m* e virgola

Strick [ʃtrɪk] <-(e)s, -e> *m* corda *f;* **wenn alle ~e reißen** (*fam*) nel peggiore dei casi

stricken ['ʃtrɪkən] *vi, vt* lavorare a maglia

Strickgarn *n* filo *m* per maglieria; **Strickjacke** *f* giacca *f* di maglia; **Strickleiter** *f* scala *f* di corda; **Stricknadel** *f* ferro *m* da calza; **Strickwaren** *fpl* maglierie *fpl;* **Strickzeug** *n* lavoro *m* a maglia

Strieme ['ʃtriːmə] <-, -n> *f,* **Striemen** ['ʃtriːmən] <-s, -> *m* livido *m*

Striezel <-s, -> *m* (*A, südd*) **1.** (*Hefegebäck*) *dolce di pasta lievitata lungo e intrecciato* **2.** (*Lausbub*) monello *m*

strikt [ʃtrɪkt] *adj* (*streng*) rigoroso; (*Befehl*) tassativo

Stringtanga *m* tanga(slip) *m*

Striptease ['strɪptiːs] <-> *kein Pl m o n* spogliarello *m;* **Stripteasetänzer(in)** *m(f)* spogliarellista *mf*

stritt [ʃtrɪt] *1. u 3. pers sing imp von* **streiten**

strittig ['ʃtrɪtɪç] *adj* controverso; (*fraglich*)

discutibile; ~**er Punkt** punto in questione

Stroh [ʃtroː] <-(e)s> *kein Pl n* paglia *f;* **Strohdach** *n* tetto *m* di paglia; **Strohhalm** *m* filo *m* di paglia; (*Trinkhalm*) cannuccia *f;* **Strohhut** *m* cappello *m* di paglia; **Strohmann** *m* (*fig*) uomo *m* di paglia; **Strohsack** *m* pagliericcio *m;* **Strohwitwe** *f donna il cui marito è assente;* **Strohwitwer** *m uomo la cui moglie è assente*

Strolch [ʃtrɔlç] <-(e)s, -e> *m* (*pej*) farabutto *m*

Strom [ʃtroːm] <-(e)s, Ströme> *m* **1.** (*Fluss*) corrente *f;* **in Strömen fließen** scorrere a fiumi; **es gießt in Strömen** piove a catinelle; **gegen den ~ schwimmen** (*fig*) andare contro corrente; **mit dem ~ schwimmen** (*fig*) seguire la corrente **2.** (EL) corrente *f;* **den ~ ab-/einschalten** togliere/dare la corrente; **unter ~ stehen** (*fig*) essere sotto tensione

stromab(wärts) *adv* con la corrente; **stromauf(wärts)** *adv* contro corrente

Stromausfall *m* mancanza *f* di corrente

strömen [ˈʃtrøːmən] *vi sein* **1.** (*fließen*) scorrere; **bei ~dem Regen** sotto una pioggia torrenziale **2.** (*Menschen*) affluire

Stromkreis *m* circuito *m* (elettrico); **Stromrechnung** *f* bolletta *f* dell'elettricità; **Stromschnelle** *f* rapida *f;* **Stromstärke** *f* intensità *f* di corrente

Strömung <-, -en> *f* (*a fig*) corrente *f*

Stromverbrauch *m* consumo *m* di corrente; **Stromversorgung** *f* erogazione *f* di energia elettrica; **Stromzähler** *m* contatore *m* dell'elettricità

Strophe [ˈʃtroːfə] <-, -n> *f* strofa *f*

strotzen [ˈʃtrɔtsən] *vi* **vor etw** *dat* ~ essere pieno di qc; **vor Gesundheit** ~ sprizzare salute

Strudel [ˈʃtruːdəl] <-s, -> *m* **1.** (*Wasser*) vortice *m* **2.** (*Gebäck*) strudel *m*

Struktur [ʃtrʊkˈtuːɐ̯] <-, -en> *f* struttura *f*

strukturell *adj* strutturale

strukturieren <ohne ge-> *vt* strutturare

Strukturierung <-, -en> *f* strutturazione *f*

Strukturwandel <-s> *kein Pl m* adeguamento *m* di struttura

Strumpf [ʃtrʊmpf] <-(e)s, Strümpfe> *m* calza *f;* **Strumpfband** <-(e)s, -bänder> *n* giarrettiera *f;* **Strumpfhose** *f* collant *m,* calzamaglia *f*

struppig [ˈʃtrʊpɪç] *adj* irto

Stube [ˈʃtuːbə] <-, -n> *f* camera *f;* **Stubenarrest** *m* consegna *f;* **Stubenhocker** *m* (*pej*) pantofolaio *m;* **stubenrein** *adj* (*Haustier*) pulito

Stuck [ʃtʊk] <-(e)s> *kein Pl m* stucco *m*

Stück [ʃtʏk] <-(e)s, -e> *n* **1.** pezzo *m;* (*Teil~*) parte *f;* **ein ~ Schokolade** un pezzo di cioccolata; **in (tausend) ~e gehen** rompersi in mille pezzi; **zwei Mark das ~** due marchi al pezzo; **ich komme ein ~ mit** ti accompagno per un tratto di strada **2.** (THEAT) pezzo *m* (teatrale) **3.** (*Wend*) **auf jdn große ~e halten** avere un'alta opinione di qu; **aus freien ~en** di propria iniziativa; **das ist ein starkes ~!** (*fam*) questo è troppo!

Stückchen <-s, -> *n* pezzetto *m*

stückweise *adv* a pezzi; **Stückwerk** *n* opera *f* imperfetta; **Stückzahl** *f* numero *m* dei pezzi

Student [ʃtuˈdɛnt] <-en, -en> *m* studente *m;* **Studentenausweis** *m* tessera *f* di studente; **Studentenwohnheim** *n* casa *f* dello studente

Studentin <-, -nen> *f* studentessa *f; s. a.* **Student**

Studie [ˈʃtuːdiə] <-, -n> *f* studio *m*

Studienanfänger(in) *m(f)* matricola *f;* **Studienfach** *n* materia *f* di studio; **Studiengang** *m* corso *m* degli studi; **Studiengebühr** *f* tasse *fpl* universitarie; **Studienplatz** *m* posto *m* di studio; **Studienrat** *m,* **Studienrätin** *f* insegnante *mf* medio superiore (di ruolo); **Studienreise** *f* viaggio *m* di studio; **Studienzeit** *f* anni *mpl* di studio

studieren [ʃtuˈdiːrən] <ohne ge-> *vt, vi* studiare; **Studierende** <ein -r, -n, -n> *mf s.* **Student(in)**; **studiert** *adj* (*fam*) che ha studiato

Studio [ˈʃtuːdio] <-s, -s> *n* studio *m*

Studium [ˈʃtuːdiʊm] <-s, Studien> *n* studio *m*

Stufe [ˈʃtuːfə] <-, -n> *f* **1.** (*Treppen~*) gradino *m;* **Vorsicht ~!** attenzione al gradino! **2.** (*Niveau*) livello *m;* **sich mit jdm auf eine ~ stellen** (*fig*) mettersi allo stesso livello di qu **3.** (*Entwicklungs~*) fase *f;* **Stufenplan** *m* piano *m* progressivo; **stufenweise** *adv* gradualmente

stufig *adj* (*Haar*) scalato

Stuhl [ʃtuːl] <-(e)s, Stühle> *m* sedia *f;* **elektrischer ~** sedia elettrica; **sich zwi-**

schen zwei Stühle setzen (*fig*) giocarsi due occasioni in una volta; **das haut einen vom ~** (*sl*) c'è da restare sbalorditi; **Stuhlgang** *m* defecazione *f;* **~ haben** andare di corpo

stülpen ['ʃtʏlpən] *vt* **etw nach außen ~** rovesciare qc verso l'esterno; **etw über etw** *acc* **~** mettere qc sopra qc

stumm [ʃtʊm] *adj* **1.** (*sprechunfähig*) muto **2.** (*schweigsam*) silenzioso

Stummel ['ʃtʊməl] <-s, -> *m* (*Zigaretten~*) mozzicone *m;* (*von Körperglied*) moncone *m*

Stummfilm *m* film *m* muto

Stümper ['ʃtʏmpɐ] <-s, -> *m* (*pej*) schiappa *f;* **stümperhaft** *adj* (*pej*) abborracciato; **~e Arbeit** abborracciatura *f*

Stümperin <-, -nen> *f* (*pej*) schiappa *f;* *s. a.* **Stümper**

stumpf [ʃtʊmpf] *adj* **1.** (*nicht scharf*) smussato; (*nicht spitz*) spuntato; **~ werden** (*Messer*) smussarsi; (*Stift*) spuntarsi **2.** (*Winkel*) ottuso **3.** (*glanzlos, matt*) opaco **4.** (*fig: teilnahmslos*) apatico

Stumpf [ʃtʊmpf] <-(e)s, Stümpfe> *m* (*Baum~*) troncone *m;* (*von Körperglied*) moncone *m*

Stumpfsinn *m* ottusità *f;* **stumpfsinnig** *adj* ottuso; (*stupide*) stupido

Stunde ['ʃtʊndə] <-, -n> *f* **1.** ora *f;* **eine halbe ~** mezz'ora; **zu später ~** a tarda ora; **zur ~** in questo momento; **meine ~ hat geschlagen** è venuta la mia ora **2.** (*Unterrichts~*) lezione *f*

stunden *vt* **jdm eine Zahlung ~** concedere a qu una dilazione nel pagamento

Stundengeschwindigkeit *f* velocità *f* oraria; **Stundenkilometer** *m* chilometro *m* orario; **stundenlang I.** *adj* che dura delle ore **II.** *adv* per ore (e ore); **Stundenlohn** *m* paga *f* all'ora; **Stundenplan** *m* orario *m* (delle lezioni); **stundenweise** *adv* a ore

stündlich *adj* ogni ora

Stuntman ['stʌntmæn] <-s, Stuntmen> *m* controfigura *f*

Stups [ʃtʊps] <-es, -e> *m* (*fam*) spinta *f*

stupsen *vt* (*fam*) spingere

Stupsnase *f* naso *m* all'insù

stur [ʃtuːɐ̯] *adj* testardo; **Sturheit** <-> *kein Pl f* testardaggine *f*

Sturm [ʃtʊrm] <-(e)s, Stürme> *m* **1.** (*fig* METEO) tempesta *f;* **~ läuten** sonare a stormo; **~ der Entrüstung** uragano *m* di sdegno **2.** (MIL, SPORT) attacco *m*

stürmen ['ʃtʏrmən] **I.** *vi* **1.** *haben* (METEO) **es stürmt** infuria la bufera **2.** *sein* (*rennen*) **auf jdn/etw ~** scagliarsi contro qu/qc **3.** *haben* (SPORT) attaccare **II.** *vt haben* **1.** (MIL: *angreifen*) dare l'assalto a **2.** (*im Sturm nehmen*) prendere d'assalto

Stürmer(in) <-s, -; -, -nen> *m(f)* (SPORT) attaccante *mf*

Sturmflut *f* mareggiata *f*

stürmisch ['ʃtʏrmɪʃ] *adj* **1.** (METEO) burrascoso; (*See*) in burrasca **2.** (*fig: ungestüm*) impetuoso; **~er Beifall** applauso frenetico; **nicht so ~!** calma!

Sturmschäden *mpl* danni *mpl* provocati dalla tempesta; **Sturmwarnung** *f* avviso *m* di tempesta

Sturz [ʃtʊrts] <-es, Stürze> *m* caduta *f*

stürzen ['ʃtʏrtsən] **I.** *vt haben* **1.** (*fallen lassen*) far cadere **2.** (*umstoßen, a fig: Regierung*) rovesciare **3.** (*umdrehen*) rovesciare **II.** *vi sein* **1.** (*fallen*) cadere **2.** (*rennen*) precipitarsi **III.** *vr* **sich auf jdn ~** lanciarsi contro qu; **sich auf die Zeitung ~** buttarsi sul giornale; **sich in Schulden ~** indebitarsi; **sich in Unkosten ~** darsi a spese pazze; **sich ins Verderben ~** rovinarsi

Sturzflug *m* (volo *m* in) picchiata *f;* **Sturzhelm** *m* casco *m* di protezione

Stute ['ʃtuːtə] <-, -n> *f* cavalla *f*

Stuttgart ['ʃtʊtgart] *n* Stoccarda *f*

Stütze ['ʃtʏtsə] <-, -n> *f* (*a fig*) sostegno *m;* **jdm eine ~ sein** essere il sostegno di qu

stutzen ['ʃtʊtsən] **I.** *vt* (*Hecke*) potare; (*Haare, Bart*) spuntare; (*Flügel*) tarpare; (*Schwanz*) mozzare **II.** *vi* (*erstaunt innehalten*) rimanere sorpreso

stützen ['ʃtʏtsən] **I.** *vt* sostenere **II.** *vr* **sich ~ 1.** (*sich auf~*) **sich auf jdn/etw ~** appoggiarsi a qu/qc **2.** (*auf etw beruhen*) **sich auf etw** *acc* **~** basarsi su qc

stutzig *adj* **~ machen** insospettire; **~ werden** essere sorpreso

Stützpunkt *m* (MIL) base *f*

stylen ['staɪlən] **I.** *vt* **sich** *dat* **die Haare ~** acconciarsi i capelli **II.** *vr* **sich ~** (*fam*) farsi bello

Styropor® [ʃtyro'poːɐ̯] <-s> *kein Pl n* polistirolo *m* espanso

s.u. *abk v* **siehe unten** v.s.

Subjekt [zʊp'jɛkt] <-(e)s, -e> *n* **1.** (LING)

soggetto *m* **2.** (*pej: Mensch*) individuo *m*
subjektiv *adj* soggettivo
Subjektivität <-> *kein Pl f* soggettività *f*
Substantiv ['zʊpstantiːf] <-s, -e> *n* sostantivo *m*
Substanz [zʊp'stants] <-, -en> *f* sostanza *f*
substanziell[RR] *adj* sostanziale
Substitut(in) [zʊpsti'tuːt] <-en, -en; -, -nen> *m(f)* (*CH*) sostituto, -a *m, f*
subtil [zʊp'tiːl] *adj* sottile
subtrahieren [zʊptra'hiːrən] <ohne ge-> *vt* sottrarre
Subtraktion [zʊptrak'tsi̯oːn] <-, -en> *f* sottrazione *f*
subtropisch *adj* subtropicale
Subvention [zʊpvɛn'tsi̯oːn] <-, -en> *f* sovvenzione *f*
subventionieren [zʊpvɛntsi̯o'niːrən] <ohne ge-> *vt* sovvenzionare
Suchaktion *f* ricerche *fpl;* **Suchdienst** *m* servizio *m* di ricerche
Suche ['zuːxə] <-, *rar* -n> *f* ricerca *f;* **auf der ~ nach** alla ricerca di; **auf die ~ nach etw gehen** andare alla ricerca di qc
suchen ['zuːxən] *vt* cercare; **nach jdm/etw ~** cercare qu/qc; **bei jdm Rat ~** chiedere consiglio a qu; **Streit mit jdm ~** cercare brighe con qu; **was hast du hier zu ~?** che fai qui?
Sucher <-s, -> *m* (FOTO) mirino *m*
Suchlauf *m* (INFORM) ricerca *f;* **Suchmaschine** *f* (INFORM) motore *m* di ricerca
Sucht [zʊxt] <-, Süchte> *f* **1.** (MED) assuefazione *f;* **~ nach Rauschgift** assuefazione alla droga **2.** (*fig*) mania *f;* **die ~ nach Erfolg** la smania di successo
süchtig ['zʏçtɪç] *adj* succube; (*rauschgift~*) tossicomane; **~ nach etw sein** (*fig*) essere avido di qc; **Süchtige** <ein -r, -n, -n> *mf* tossicomane *mf*
Südafrika *n* Sudafrica *m;* **Südamerika** *n* Sudamerica *m*
süddeutsch *adj* della Germania meridionale; **Süddeutschland** *n* Germania *f* del Sud
Süden ['zyːdən] <-s> *kein Pl m* sud *m,* meridione *m;* **in den ~ reisen** andare al sud; **im ~ von** a sud di; **nach ~** verso il sud; **von ~** dal sud
Sudeten [zu'deːtən] *pl* Sudeti *mpl*
Südeuropa *n* Europa *f* del Sud; **Südfrankreich** *n* Francia *f* del Sud; **Südfrüchte** *fpl* frutta *f* esotica; **Südhalbkugel** *kein Pl f* emisfero *m* meridionale
Süditalien *n* Italia *f* meridionale; **Süditaliener(in)** *m(f)* meridionale *mf;* **süditalienisch** *adj* meridionale
Südkorea *n* Corea *f* del Sud; **Südkoreaner(in)** <-s, -; -, -nen> *m(f)* sudcoreano, -a *m, f;* **südkoreanisch** *adj* sudcoreano
Südländer(in) ['zyːdlɛndɐ] <-s, -; -, -nen> *m(f)* abitante *mf* dei paesi mediterranei; **südländisch** *adj* mediterraneo
südlich I. *adj* meridionale; **in ~er Richtung** verso sud **II.** *prp +gen* a sud di **III.** *adv* **~ von** a sud di
Südosten *m* sud-est *m;* **südöstlich** *adj* meridionale; **~ von …** a sud-est di …
Südpol *m* polo *m* sud; **Südsee** *f* Mari *mpl* del Sud; **Südtirol** *n* Alto Adige *m*
südwärts ['zyːtvɛrts] *adv* verso sud
Südwesten *m* sud-ovest *m;* **südwestlich** *adj* sudoccidentale; **~ von …** a sud-ovest di …
Suff [zʊf] <-(e)s> *kein Pl m* (*fam*) ubriachezza *f;* **im ~** in stato d'ubriachezza
süffig ['zʏfɪç] *adj* (*fam: Wein*) abboccato
suggerieren [zʊge'riːrən] <ohne ge-> *vt* suggerire
Suggestion [zʊgɛs'ti̯oːn] <-, -en> *f* suggestione *f*
Sühne ['zyːnə] <-, -n> *f* (*geh*) espiazione *f*
Sulfat [zʊl'faːt] <-(e)s, -e> *n* solfato *m*
Sultan ['zʊltaːn] <-s, -e> *m* sultano *m*
Sultanine [zʊlta'niːnə] <-, -n> *f* sultanina *f*
Sulz <-, -en> *f* (*A*), **Sülze** ['zʏltsə] <-, -n> *f* aspic *f*
summarisch [zʊ'maːrɪʃ] *adj* sommario
Summe ['zʊmə] <-, -n> *f* somma *f*
summen ['zʊmən] **I.** *vi* (*Insekt*) ronzare **II.** *vt* (*Lied*) canticchiare
summieren [zʊ'miːrən] <ohne ge-> *vr* **sich ~** sommarsi
Sumpf [zʊmpf] <-(e)s, Sümpfe> *m* palude *f;* (*a fig*) pantano *m;* **Sumpfgebiet** *n* zona *f* paludosa
sumpfig *adj* paludoso
Sünde ['zʏndə] <-, -n> *f* peccato *m;* **Sündenbock** *m* capro *m* espiatorio; **jdn zum ~ machen** addossare tutte le colpe a qu; **Sündenfall** *m* peccato *m* originale
Sünder(in) <-s, -; -, -nen> *m(f)* peccatore,

-trice *m, f*

sündhaft *adj* ~ **teuer** oscenamente caro

sündig *adj* peccaminoso

sündigen *vi* peccare

sündteuer *adj* (*fam A*) costosissimo

super ['zu:pɐ] <inv> *adj* (*fam*) fantastico

Super <-s> *kein Pl n* (*Benzin*) benzina *f* super

Supercomputer *m* (INFORM) supercomputer *m*

Superlativ ['zu:pɐlati:f] <-s, -e> *m* superlativo *m*

Supermarkt *m* supermercato *m*

Suppe ['zʊpə] <-, -n> *f* minestra *f;* **die ~ auslöffeln** (*fig fam*) pagare il fio; **du hast dir die ~ selbst eingebrockt** (*fig*) sei andato in cerca di guai; **Suppenschüssel** *f* zuppiera *f;* **Suppenwürfel** *m* dado *m* per brodo

Supplierstunde *f* (*A*) ora *f* di supplenza

Surfbrett *n* surf *m*

surfen ['sœ:fən] *vi* **1.** (SPORT) praticare il surf **2.** (*Internet*) navigare; **im Internet/Web ~** navigare su Internet/in Rete

Surfer(in) <-s, -; -, -nen> *m(f)* surfista *mf*

Surrealismus [zʊrea'lɪsmʊs] <-> *kein Pl m* surrealismo *m*

surren ['zʊrən] *vi* ronzare; (*Motor*) rombare

suspekt [zʊs'pɛkt] *adj* sospetto; **das kommt mir ~ vor** ho i miei dubbi

suspendieren [zʊspɛn'di:rən] <ohne ge-> *vt* sospendere

süß [zy:s] *adj* **1.** (*Geschmack*) dolce **2.** (*fig: lieblich*) amabile; (*niedlich*) carino; **träume ~!** sogni d'oro!

süßen *vt* addolcire

Süßigkeit <-, -en> *f* dolce *m*

süßlich *adj* dolciastro

süßsauer *adj* agrodolce; **Süßspeise** *f* dolce *m;* **Süßstoff** *m* sostanza *f* dolcificante; **Süßwaren** *fpl* dolciumi *mpl;* **Süßwasser** *n* acqua *f* dolce

Sweatshirt ['swɛtʃœ:t] <-s, -s> *n* pull *m* oversize

Swimmingpool ['svɪmɪŋpu:l] <-s, -s> *m* piscina *f*

Symbol [zʏm'bɔ:l] <-s, -e> *n* simbolo *m*

symbolisch *adj* simbolico

symbolisieren [zʏmbolizi:rən] <ohne ge-> *vt* simboleggiare

Symmetrie [zʏme'tri:] <-, -n> *f* simmetria *f*

symmetrisch [zʏ'me:trɪʃ] *adj* simmetrico

Sympathie [zʏmpa'ti:] <-, -n> *f* simpatia *f;* ~ **für jdn empfinden** nutrire simpatia per qu

Sympathisant(in) [zʏmpati'zant] <-en, -en; -, -nen> *m(f)* simpatizzante *mf*

sympathisch [zʏm'pa:tɪʃ] *adj* simpatico; **jdm ~ sein** essere simpatico a qu; **jdm nicht ~ sein** non riuscire simpatico a qu

sympathisieren [zʏmpati'zi:rən] <ohne ge-> *vi* simpatizzare

Symptom [zʏmp'to:m] <-s, -e> *n* sintomo *m*

symptomatisch [zʏmpto'ma:tɪʃ] *adj* (**für etw**) ~ **sein** essere sintomatico (di qc)

Synagoge [zyna'go:gə] <-, -n> *f* sinagoga *f*

synchron [zʏn'kro:n] *adj* sincrono

Synchronisation [zʏnkroniza'tsi̯o:n] <-, -en> *f* sincronizzazione *f*

synchronisieren [zʏnkroni'zi:rən] <ohne ge-> *vt* sincronizzare

Syndrom [zʏn'dro:m] <-s, -e> *n* (MED) sindrome *f*

Synode [zy'no:də] <-, -n> *f* sinodo *m*

synonym [zyno'ny:m] *adj* sinonimo; **Synonym** <-s, -e> *n* sinonimo *m*

syntaktisch [zʏn'taktɪʃ] *adj* (LING) sintattico

Syntax ['zʏntaks] <-, -en> *f* sintassi *f*

Synthese [zʏn'te:zə] *f* sintesi *f*

synthetisch [zʏn'te:tɪʃ] *adj* sintetico

Syphilis ['zy:filɪs] <-> *kein Pl f* (MED) sifilide *f*

Syrer(in) ['zy:rɐ] <-s, -; -, -nen> *m(f)* siriano, -a *m, f*

Syrien ['zy:riən] *n* Siria *f*

syrisch *adj* siriano

System [zʏs'te:m] <-s, -e> *n* sistema *m;* **mit ~** con metodo; **Systemanalyse** *f* (INFORM) analisi *f* di sistemi

systematisch [zʏste'ma:tɪʃ] *adj* sistematico

systematisieren [zʏstemati'zi:rən] <ohne ge-> *vt* sistematizzare

Systemfehler *m* (INFORM) errore *m* di sistema

Szene ['stse:nə] <-, -n> *f* scena *f;* **in ~ setzen** (*fig* THEAT) inscenare; **jdm eine ~ machen** (*fig*) fare una scenata a qu

T

T, t [te:] <-, -(s)> *n* T, t *f;* **T wie Theodor** T come Torino

Tabak ['tabak] <-s, -e> *m* tabacco *m;* **Tabakladen** *m,* **Tabaktrafik** <-, -en> *f* (*A*) tabaccheria *f;* **Tabakwaren** *fpl* tabacchi *mpl*

tabellarisch *adj* tabellare

Tabelle [ta'bɛlə] <-, -n> *f* tabella *f;* **Tabellenführer** <-s, -> *m* (SPORT) capolista *m*

Tablar ['tabla:ɐ̯] <-s, -e> *n* (*CH*) scaffale *m*

Tablett [ta'blɛt] <-(e)s, -s> *n* vassoio *m*

Tablette [ta'blɛtə] <-, -n> *f* pastiglia *f;* **Tablettenmissbrauch**[RR] *m* abuso *m* di pillole

tabu [ta'bu:] <inv> *adj* tabù; **Tabu** <-s, -s> *n* tabù *m*

tachinieren <ohne ge-> *vi* (*A*) **1.** (*fam: untätig herumstehen*) poltrire **2.** (*fam: etwas vortäuschen*) fingere

Tachinierer <-s, -> *m* (*A*) **1.** (*fam: Faulenzer*) pigro *m* **2.** (*fam: jd, der etwas vortäuscht*) simulatore *m*

Tacho ['taxo] <-s, -s> *m* (*fam*), **Tachometer** [taxo'me:tɐ] <-s, -> *m o n* (AUTO) tachimetro *m*

Tadel ['ta:dəl] <-s, -> *m* rimprovero *m;* **tadellos** *adj* impeccabile; (*vollkommen*) perfetto

tadeln *vt* biasimare

tadelnswert *adj* biasimevole

Tadschikistan <-s> *n* Tagikistan *m*

Tafel ['ta:fəl] <-, -n> *f* **1.** (*Platte*) tavola *f;* (*Wand-, Schiefer~*) lavagna *f* **2.** (*Schokolade*) tavoletta *f* **3.** (*Gedenk~*) lapide *f* **4.** (*geh: Esstisch*) tavola *f*

Täfelung <-, -en> *f* pannellatura *f*

Tafelwein *m* vino *m* da tavola

Taferlklassler(in) <-s, -; -, -nen> *m(f)* (*A: Schulanfänger*) scolaro *m* (che inizia la prima elementare)

Taft [taft] <-(e)s, -e> *m* taffettà *m*

Tag [ta:k] <-(e)s, -e> *m* giorno *m;* (*im Verlauf*) giornata *f;* **am folgenden ~** il giorno seguente; **an den ~ kommen** venire alla luce; **den ganzen ~** tutto il giorno; **eines ~es** un (bel) giorno; **guten ~!** buon giorno!; **heute/Sonntag in acht ~en** oggi a otto/domenica prossima; **in acht ~en** fra otto giorni; **in den ~ hinein leben** vivere alla giornata; **jeden ~** tutti i giorni; **jeden zweiten ~** ogni due giorni; **~ für ~** giorno per giorno; **~ und Nacht** giorno e notte; **von ~ zu ~** di giorno in giorno; **von einem ~ auf den anderen** da un giorno all'altro; **vor acht ~en** otto giorni fa; **das ist ein Unterschied wie ~ und Nacht** c'è una differenza come fra il giorno e la notte

tagaus *adv* **~, tagein** giorno per giorno

Tagebuch *n* diario *m;* **Tagegeld** *n* diaria *f*

tagein *adv s.* **tagaus**

tagelang *adv* per giorni interi

tagen ['ta:gən] *vi* **1.** (*eine Tagung abhalten*) tenere seduta **2.** (*geh: Tag werden*) **es tagt** si fa giorno

Tagesanbruch *m* **bei ~** sul far del giorno; **Tagescreme** *f* crema *f* da giorno; **Tagesdecke** *f* copriletto *m;* **Tagesgeschehen** *n* fatti *mpl* del giorno; **Tagesgespräch** *n* argomento *m* del giorno; **Tageskarte** *f* **1.** (*Speisekarte*) menu *m* del giorno **2.** (*Fahrkarte*) biglietto *m* valido per un giorno; **Tageslicht** *n* luce *f* del giorno; **ans ~ kommen** (*fig*) venire alla luce; **Tageslichtprojektor** *m* lavagna *f* luminosa; **Tagesmutter** *f* madre *f* che bada ai bambini altrui; **Tagesordnung** *f* ordine *m* del giorno; **an der ~ sein** (*fig*) essere all'ordine del giorno; **zur ~ übergehen** passare all'ordine del giorno; **Tagesschau** *f* (TV) telegiornale *m;* **Tageszeit** *f* ora *f;* **zu jeder ~** a tutte le ore; **Tageszeitung** *f* quotidiano *m*

täglich ['tɛ:klɪç] **I.** *adj* quotidiano; (*all~*) di ogni giorno **II.** *adv* (*jeden Tag*) ogni giorno; **einmal ~** (*pro Tag*) una volta al giorno

tagsüber *adv* di giorno

tagtäglich *adv* tutti i giorni

Tagung <-, -en> *f* (*Kongress*) congresso *m;* (*Sitzung*) seduta *f*

Taille ['taljə] <-, -n> *f* vita *f*

Takt[1] [takt] <-(e)s, -e> *m* (MUS) tempo *m;* (*Rhythmus*) cadenza *f;* **den ~ schlagen** battere il tempo; **im ~ bleiben** andare a tempo; **aus dem ~ kommen** andare fuori tempo

Takt[2] <-(e)s> *kein Pl m* (*Feingefühl*) tatto *m*

Taktgefühl *n* (*fig*) tatto *m*

Taktik ['taktɪk] <-, -en> *f* tattica *f*

taktisch *adj* tattico

taktlos *adj* senza tatto; ~ **sein** mancare di tatto; **Taktlosigkeit** <-, -en> *f* mancanza *f* di tatto; (*Bemerkung*) indiscrezione *f*

Taktstock *m* (MUS) bacchetta *f*

taktvoll *adj* pieno di tatto; ~ **sein** aver tatto

Tal [taːl] <-(e)s, Täler> *n* valle *f*

Talent [ta'lɛnt] <-(e)s, -e> *n* talento *m;* ~ **für Sprachen haben** essere portato per le lingue

talentiert *adj* dotato

Talg [talk] <-(e)s, -e> *m* sego *m;* **Talgdrüse** *f* (ANAT) ghiandola *f* sebacea

Talisman ['taːlɪsman] <-s, -e> *m* talismano *m*

Talkessel *m* conca *f* valliva

Talkmaster ['tɔːkmaːstɐ] *m* (TV) presentatore *m* di talkshow; **Talk-Show** ['tɔːkʃoʊ] *f*, **Talkshow**[RR] *f* (TV) talk show *m*

Talsperre *f* (diga *f* di) sbarramento *m*

Tamburin ['tamburiːn] <-s, -e> *n* tamburello *m*

Tampon ['tampɔn] <-s, -s> *m* assorbente *m* interno

Tandem ['tandɛm] <-s, -s> *n* tandem *m*

Tang [taŋ] <-(e)s, -e> *m* fuco *m*

Tanga ['taŋga] <-s, -s> *m* tanga *m*

Tangente [taŋ'gɛntə] <-, -n> *f* (MAT) tangente *f*

tangieren [taŋ'giːrən] <ohne ge-> *vt* toccare

Tank [taŋk] <-s, -s> *m* serbatoio *m*

tanken I. *vi* fare benzina; **voll** ~ fare il pieno; **bitte, voll ~!** il pieno, per favore! **II.** *vt* (**20 Liter**) **Benzin** ~ fare rifornimento di (20 litri di) benzina

Tanker <-s, -> *m* petroliera *f*

Tanklastzug *m* autocisterna *f;* **Tankstelle** *f* distributore *m;* **Tankwart(in)** <-(e)s, -e; -, -nen> *m(f)* benzinaio, -a *m, f*

Tanne ['tanə] <-, -n> *f*, **Tannenbaum** *m* abete *m;* **Tannennadel** *f* ago *m* d'abete; **Tannenzapfen** *m* pigna *f*

Tante ['tantə] <-, -n> *f* zia *f;* **Tante-Emma-Laden** *m* negozietto *m* all'angolo

Tanz [tants] <-es, Tänze> *m* ballo *m;* **jdn zum ~ auffordern** invitare qu a ballare

tanzen [tantsən] *vt, vi* ballare; **Walzer** ~ ballare un valzer

Tänzer(in) ['tɛntsɐ] <-s, -; -, -nen> *m(f)* ballerino, -a *m, f*

Tanzfläche *f* pista *f* da ballo; **Tanzkurs** *m* corso *m* di ballo; **Tanzlokal** *n* dancing *m;* **Tanzmusik** *f* musica *f* da ballo; **Tanzschule** *f* scuola *f* di ballo; **Tanzstunde** *f* lezione *f* di ballo

Tapete [ta'peːtə] <-, -n> *f* tappezzeria *f;* **Tapetenwechsel** *m* (*fig fam*) cambiamento *m* d'aria

tapezieren [tape'tsiːrən] <ohne ge-> *vt* tappezzare

Tapezierer(in) <-s, -; -, -nen> *m(f)* tapezziere, -a *m, f*

tapfer ['tapfɐ] *adj* (*mutig*) coraggioso; **sich ~ schlagen** battersi con coraggio; **Tapferkeit** <-> *kein Pl f* coraggio *m*

tappen ['tapən] *vi sein* andar tastoni

Tarantel <-, -n> *f* tarantola *f;* **wie von der ~ gestochen** come morso dalla tarantola

Tarent [ta'rɛnt] *n* Taranto *f*

Tarif [ta'riːf] <-s, -e> *m* tariffa *f;* **Tariflohn** *m* salario *m* contrattuale; **Tarifpartner** *mpl* parti *fpl* sociali; **Tarifverhandlungen** *fpl* trattative *fpl* tariffarie; **Tarifvertrag** *m* contratto *m* collettivo di lavoro

tarnen ['tarnən] *vt* camuffare

Tarnung <-, -en> *f* camuffamento *m*

Tasche ['taʃə] <-, -n> *f* **1.** (*an Kleidung*) tasca *f* **2.** (*Hand~*) borsa *f;* (*Akten~, Schul~*) cartella *f;* **jdm auf der ~ liegen** (*fam*) vivere alle spalle di qu; **Taschenbuch** *n* libro *m* tascabile; **Taschencomputer** *m* computer *m* tascabile; **Taschendieb(in)** *m(f)* borsaiolo, -a *m, f;* **Taschengeld** *n* denaro *m* per piccole spese; **Taschenlampe** *f* lampadina *f* tascabile; **Taschenmesser** *n* temperino *m;* **Taschenrechner** *m* calcolatrice *f* (tascabile); **Taschentuch** *n* fazzoletto *m;* **Taschenuhr** *f* orologio *m* da tasca

Taskleiste *f* (INFORM) barra *f* dei task

Tasse ['tasə] <-, -n> *f* tazza *f;* **eine ~ Tee** una tazza di tè; **nicht alle ~n im Schrank haben** (*fig fam*) non avere tutti i venerdì

Tastatur [tasta'tuːɐ̯] <-, -en> *f* tastiera *f*

Taste ['tastə] <-, -n> *f* tasto *m*

tasten ['tastən] **I.** *vt* palpare **II.** *vi* **nach etw ~** cercare qc a tastoni

Tastentelefon *n* telefono *m* a tastiera

Tastsinn *m* tatto *m*

tat [taːt] *1. u 3. pers sing imp von* **tun**

Tat [taːt] <-, -en> *f* **1.** (*Handlung*) azione *f;* **etw in die ~ umsetzen** attuare qc **2.** (*Straf~*) delitto *m;* **jdn auf frischer ~ ertappen** cogliere qu sul fatto **3.** (*Wend*) **in**

der ~ infatti; **Tatbestand** *m* stato *m* di fatto

tatenlos *adv* **einer Sache** *dat* ~ **zusehen** restare inerte di fronte a qc

Täter(in) ['tɛːtɐ] <-s, -; -, -nen> *m(f)* reo, -a *m, f*

tätig ['tɛːtɪç] *adj* attivo; **in einer Firma ~ sein** lavorare in una ditta

tätigen *vt* effettuare

Tätigkeit <-, -en> *f* **1.** (*das Tätigsein*) attività *f;* (*Arbeit*) lavoro *m* **2.** *sing* (*von Maschine*) funzionamento *m*

tatkräftig *adj* energico; **jdn ~ unterstützen** dar manforte a qu

tätlich *adj* ~ **werden** passare a vie di fatto

Tatort *m* luogo *m* del reato

tätowieren [tɛto'viːrən] <ohne ge-> *vt* tatuare

Tätowierung <-, -en> *f* tatuaggio *m*

Tatsache *f* fatto *m;* ~ **ist, dass ...** la verità è che ...; **jdn vor vollendete ~n stellen** mettere qu di fronte al fatto compiuto

tatsächlich I. *adj* effettivo **II.** *adv* in effetti

tätscheln ['tɛtʃəln] *vt* accarezzare

Tatze ['tatsə] <-, -n> *f* zampa *f*

Tau[1] [taʊ] <-(e)s> *kein Pl m* (METEO) rugiada *f*

Tau[2] <-(e)s, -e> *n* (NAUT) cavo *m*

taub [taʊp] *adj* **1.** (*Mensch*) sordo; **sich ~ stellen** fare il sordo **2.** (*Körperteil*) intorpidito

Taube <-, -n> *f* piccione *m;* **Taubenschlag** *m* piccionaia *f*

Taubheit <-> *kein Pl f* sordità *f;* **taubstumm** *adj* sordomuto

tauchen ['taʊxən] **I.** *vi haben o sein* tuffarsi **II.** *vt haben* immergere

Taucher(in) <-s, -; -, -nen> *m(f)* (SPORT) sommozzatore, -trice *m, f;* **Taucheranzug** *m* muta *f;* **Taucherbrille** *f* maschera *f* subacquea

Tauchsieder <-s, -> *m* bollitore *m* a immersione

tauen ['taʊən] *vi haben o sein* **1.** (*schmelzen*) sciogliersi **2.** (METEO) **es taut** disgela

Tauern ['taʊɐn] *pl* (monti *mpl*) Tauri *mpl*

Taufbecken *n* fonte *m* battesimale

Taufe ['taʊfə] <-, -n> *f* battesimo *m*

taufen *vt* battezzare

Taufpate *m,* **Taufpatin** *f* padrino *m,* madrina *f* di battesimo

taugen ['taʊgən] *vi* **1.** (*wert sein*) valere; **nichts** ~ non valere nulla **2.** (*geeignet sein*) **zu etw** ~ essere buono a qc **3.** (*A: fam: zusagen*) piacere

Taugenichts <-, -e> *m* (*pej*) buono *m* a nulla

tauglich *adj* atto; (MIL) idoneo (al servizio di leva)

Taumel ['taʊməl] <-s> *kein Pl m* **1.** (*Schwindel*) vertigine *f;* (*Benommenheit*) stordimento *m* **2.** (*fig*) ebbrezza *f*

taumeln *vi sein* barcollare

Taunus ['taʊnʊs] *m* Tauno *m*

Tausch [taʊʃ] <-(e)s, -e> *m* scambio *m;* **im ~ gegen** in cambio di

tauschen I. *vt* cambiare; **etw gegen etw tauschen** cambiare qc con qc **II.** *vi* fare uno scambio; **ich möchte nicht mit ihm ~** (*fig*) non vorrei essere al suo posto

täuschen ['tɔɪʃən] **I.** *vt* ingannare; **wenn mich nicht alles täuscht** se non mi sbaglio di grosso **II.** *vr* **sich ~** sbagliarsi **III.** *vi* **das täuscht** ciò inganna

täuschend I. *adj* ingannevole **II.** *adv* **sie sehen sich** *dat* ~ **ähnlich** si somigliano in modo sorprendente

Täuschung <-, -en> *f* **1.** (*Betrug*) inganno *m* **2.** (*Irrtum*) errore *m;* **optische ~** illusione ottica

tausend ['taʊzənt] *num* mille

tausendste(r, s) *adj* millesimo, -a

Tauwetter *n* tempo *m* di disgelo; **es ist ~** disgela

Tauziehen <-s> *kein Pl n* (SPORT) tiro *m* della fune; (*fig*) braccio *m* di ferro

Taxcard ['tɛkskaːɐ̯t] <-, -s> *f* (*CH*) carta *f* telefonica

Taxi ['taksi] <-s, -s> *n* tassì *m;* **Taxifahrer(in)** *m(f)* tassista *mf;* **Taxistand** *m* posteggio *m* di tassì

Team [tiːm] <-s, -s> *n* team *m;* **Teamarbeit** *kein Pl f* lavoro *m* d'équipe; **Teamchef** *m* capitano *m*

Technik ['tɛçnɪk] <-, -en> *f* tecnica *f*

Techniker(in) <-s, -; -, -nen> *m(f)* tecnico, -a *m, f*

technisch *adj* tecnico; **Technische Hochschule** politecnico *m;* **aus ~en Gründen** per motivi tecnici

Techno ['tɛkno] <-(s)> *kein Pl m o n* (MUS) tecnohouse *f*

Technologie <-, -n> *f* tecnologia *f;* **Technologiepark** *m* parco *m* tecnologico

technologisch *adj* tecnologico

Teddybär ['tɛdibɛːɐ̯] *m* orsacchiotto *m*

Tee [teː] <-s, -s> *m* tè *m;* (*aus anderen Pflanzen*) infuso *m;* **Teebeutel** *m* bustina *f* di tè; **Teekanne** *f* teiera *f;* **Teelöffel** *m* cucchiaino *m* da tè

Teenager ['tiːnɛɪdʒɐ] <-s, -> *m* teen-ager *m*

Teer [teːɐ̯] <-(e)s, -e> *m* catrame *m*

teeren ['teːrən] *vt* catramare

Teeservice *n* servizio *m* da tè; **Teesieb** *n* colino *m* per il tè

Teich [taɪç] <-(e)s, -e> *m* stagno *m;* (*Fisch~*) peschiera *f*

Teig [taɪk] <-(e)s, -e> *m* pasta *f;* **teigig** *adj* pastoso

Teigwaren *fpl* pasta *f* (alimentare)

Teil[1] [taɪl] <-(e)s, -e> *m* parte *f;* **zum** ~ in parte; **zum größten** ~ per lo più

Teil[2] <-(e)s, -e> *n* (*einzelnes Stück*) pezzo *m*

Teil[3] <-(e)s, -e> *m o n* (*Anteil*) parte *f*

teilbar *adj* divisibile; **Teilbetrag** *m* importo *m* parziale

teilen I. *vt* **1.** dividere **2.** (*fig: Meinung, Gefühle*) condividere **II.** *vr* **sich** ~ separarsi; (*Weg*) biforcarsi; **sich** *dat* **etw** ~ dividersi qc

teil|haben <irr> *vi* (**an etw** *dat*) ~ partecipare (a qc); **Teilhaber(in)** <-s, -; -, -nen> *m(f)* (COM) socio, -a *m, f*

Teilnahme ['taɪlnaːmə] <-> *kein Pl f* **1.** (*Anwesenheit*) partecipazione *f;* (*Mitarbeit*) cooperazione *f;* ~ **an etw** *dat* partecipazione a qc **2.** (*Interesse*) interesse *m* **3.** (*Beileid*) condoglianze *fpl*

teilnahmslos *adj* indifferente

teil|nehmen <irr> *vi* partecipare; (*an Arbeit*) collaborare; **an etw** *dat* ~ prendere parte a qc; **an einem Projekt** ~ collaborare a un progetto; **an einem Lehrgang** ~ frequentare un corso; **Teilnehmer(in)** <-s, -> *m(f)* partecipante *mf;* **Teilnehmerwährung** *f* (EU) moneta *f* partecipante (all'UEM)

teils *adv* in parte; ~ **…,** ~ **…** parte …, parte …

Teilung <-, -en> *f* divisione *f*

teilweise *adv* in parte; **Teilzahlung** *f* pagamento *m* parziale; **Teilzeitarbeit** *f* part time *m;* **teilzeitbeschäftigt** *adj* che lavora part time

Telearbeit *f* (INFORM) telelavoro *m;* **Telearbeiter(in)** *m(f)* telelavoratore, -trice *m, f*

Telebanking *n* (TEL) telebanking *m*

Telefax ['teːlefaks] <-es, -e> *n* telefax *m*

Telefon [tele'foːn] <-s, -e> *n* telefono *m;* **am** ~ al telefono; **ans** ~ **gehen** rispondere al telefono; **schnurloses** ~ telefono senza fili; **Telefonanruf** *m* telefonata *f*

Telefonat [telefo'naːt] <-(e)s, -e> *n* telefonata *f*

Telefonbuch *n* elenco *m* telefonico; **Telefongebühren** *fpl* tassa *m* telefonica

telefonieren [telefo'niːrən] <ohne ge-> *vi* telefonare; **mit jdm** ~ parlare al telefono con qu

telefonisch [tele'foːnɪʃ] **I.** *adj* telefonico **II.** *adv* per telefono

Telefonkarte *f* scheda *f* telefonica; **Telefonmarketing** *n* (PUBL) telepromozione *f;* **Telefonnummer** *f* numero *m* telefonico; **Telefonrechnung** *f* bolletta *f* del telefono; **Telefonverbindung** *f* collegamento *m* telefonico; **Telefonzelle** *f* cabina *f* telefonica; **Telefonzentrale** *f* centrale *f* telefonica

telegrafieren [telegra'fiːrən] <ohne ge-> *vt, vi* telegrafare

telegrafisch [tele'graːfɪʃ] **I.** *adj* telegrafico **II.** *adv* per telegrafo

Telegramm [tele'gram] <-s, -e> *n* telegramma *m;* **ein** ~ **aufgeben** spedire un telegramma

Telekolleg ['teːlekɔleːk] <-s, -s> *n corso di lezioni televisivo con esami ed un diploma finale*

Telekommunikation <-> *kein Pl f* telecomunicazione *f*

Teleobjektiv *n* (FOTO) teleobiettivo *m*

Telepathie [telepa'tiː] <-> *kein Pl f* telepatia *f*

Teleskop [tele'skoːp] <-s, -e> *n* telescopio *m*

Telex ['teːlɛks] <-, -e> *n* telex *m*

Teller ['tɛlɐ] <-s, -> *m* piatto *m;* **flacher/tiefer** ~ piatto piano/fondo

Tempel ['tɛmpəl] <-s, -> *m* tempio *m*

Temperament [tɛmp(ə)ra'mɛnt] <-(e)s, -e> *n* **1.** (*Wesensart*) temperamento *m* **2.** (*Lebhaftigkeit*) vivacità *f;* **temperamentvoll** *adj* vivace

Temperatur [tɛmpəra'tuːɐ̯] <-, -en> *f* temperatura *f;* ~ **haben** avere un po' di febbre

Tempo[1] ['tɛmpo] <-s, -s> *n* (*Geschwindig-*

keit) velocità *f*

Tempo² <-s, Tempi> *n* (MUS) tempo *m*

Tempo®³ <-s, -s> *n* (*fam*) fazzoletto *m* di carta

Tempolimit *n* limite *m* di velocità

Tendenz [tɛnˈdɛnts] <-, -en> *f* tendenza *f*

tendieren [tɛnˈdiːrən] <ohne ge-> *vi* **zu etw** ~ tendere a qc

Tennis <-> *kein Pl n* tennis *m;* **Tennisplatz** *m* campo *m* da tennis; **Tennisschläger** *m* racchetta *f* da tennis; **Tennisspieler(in)** *m(f)* giocatore, -trice *m, f* di tennis

Tenor [teˈnoːɐ̯] <-s, Tenöre> *m* (MUS) tenore *m*

Teppich [ˈtɛpɪç] <-s, -e> *m* tappeto *m;* **Teppichboden** *m* moquette *f;* **Teppichklopfer** *m* battipanni *m*

Termin [tɛrˈmiːn] <-s, -e> *m* **1.** (*festgesetzter Tag*) data *f;* (*Arzt~*) appuntamento *m;* **einen ~ einhalten** rispettare un termine; **einen ~ versäumen** mancare ad un appuntamento **2.** (*Frist*) scadenza *f*

Terminal¹ [ˈtœːminəl] <-s, -s> *m o n* (AERO) terminale *m* passeggeri

Terminal² <-s, -s> *n* (INFORM) terminale *m*

Terminkalender *m* agenda *f;* **Terminplaner** *m* scadenzario *m*

Terpentin [tɛrpɛnˈtiːn] <-s, -e> *n* trementina *f*

Terrarium [tɛˈraːriʊm] <-s, Terrarien> *n* terrario *m*

Terrasse [tɛˈrasə] <-, -n> *f* terrazza *f*

Terrier [ˈtɛriɐ] <-s, -> *m* terrier *m*

territorial [tɛritoriˈaːl] *adj* territoriale

Territorium [tɛriˈtoːriʊm] <-s, Territorien> *n* territorio *m*

Terror [ˈtɛroːɐ̯] <-s> *kein Pl m* terrore *m;* **Terroranschlag** *m* attentato *m* terroristico

terrorisieren <ohne ge-> *vt* terrorizzare

Terrorismus <-> *kein Pl m* terrorismo *m*

Terrorist(in) <-en, -en; -, -nen> *m(f)* terrorista *mf*

> Nel sistema educativo svizzero la **Tertiärstufe** comprende la formazione universitaria, la formazione tecnica universitaria, la formazione per diventare insegnante nella "Sekundarstufe II", nonché una formazione professionale superiore.

Terz [tɛrts] <-, -en> *f* (MUS) terza *f*

Tesafilm® [ˈteːzafɪlm] *m* scotch® *m*

Tessin [tɛˈsiːn] *n* Ticino *m*

Test [tɛst] <-(e)s, -s> *m* test *m*

Testament [tɛstaˈmɛnt] <-(e)s, -e> *n* **1.** testamento *m;* **sein ~ machen** fare testamento **2.** (REL) **das Alte/Neue ~** il Vecchio/Nuovo Testamento

testamentarisch [tɛstamɛnˈtaːrɪʃ] **I.** *adj* testamentario **II.** *adv* per testamento

Testamentsvollstrecker(in) <-s, -; -, -nen> *m(f)* esecutore, -trice *m, f* testamentario, -a

testen [ˈtɛstən] *vt* sottoporre ad un test

Tetanus [ˈtɛtanʊs] <-> *kein Pl m* (MED) tetano *m;* **Tetanusimpfung** *f* vaccinazione *f* antitetanica

teuer [ˈtɔɪɐ] *adj* caro; **teurer werden** rincarare; **wie ~ ist das?** quanto costa?; **etw ~ bezahlen** (*a fig*) pagare caro qc

Teufel [ˈtɔɪfəl] <-s, -> *m* diavolo *m;* **den ~ an die Wand malen** (*fam*) fare l'uccello del malaugurio; **jdn zum ~ jagen** (*fam*) mandare qu al diavolo; **pfui ~!** (*fam*) che schifo!; **scher dich zum ~!** (*fam*) vattene al diavolo!; **zum ~ mit …!** (*fam*) che vada al diavolo …!; **Teufelskreis** *m* circolo *m* vizioso

teuflisch *adj* diabolico

Text [tɛkst] <-(e)s, -e> *m* testo *m;* (*von Lied*) parole *fpl;* **Textdatei** *f* (INFORM) file *m* di testo

texten [ˈtɛkstən] *vt* **1.** (*Werbetexte*) redigere messaggi pubblicitari **2.** (*Schlagertexte*) stendere testi per canzoni

Textilien [tɛksˈtiːliən] *pl* tessili *mpl*

Textilindustrie *f* industria *f* tessile

Textmarker <-s, -> *m* evidenziatore *m*

Textverarbeitung *f* (INFORM) videoscrittura *f;* **Textverarbeitungsprogramm** *n* (INFORM) programma *m* di scrittura

Thailand [ˈtaɪlant] *n* Tailandia *f*

Thailänder(in) [ˈtaɪlɛndɐ] <-s, -; -, -nen> *m(f)* tailandese *mf*

Theater [teˈaːtɐ] <-s, -> *n* teatro *m;* **ins ~ gehen** andare a teatro; **~ machen** (*fam*) fare (tante) storie; **das ist alles nur ~** (*fam*) è tutta scena; **Theateraufführung** *f* rappresentazione *f;* **Theaterbesucher(in)** *m(f)* frequentatore, -trice *m, f* di teatri; **Theaterkasse** *f* botteghino *m;* **Theaterstück** *n* pezzo *m* teatrale

theatralisch *adj* teatrale

Theke [ˈteːkə] <-, -n> *f* banco *m*

T

Thema ['te:ma] <-s, Themen> *n* tema *m;* (*Gesprächs~*) argomento *m;* **das ~ wechseln** cambiare argomento; **vom ~ abkommen** scostarsi dall'argomento

Theologe [teo'lo:gə] <-n, -n> *m* teologo *m*

Theologie <-, -n> *f* teologia *f*

Theologin <-, -nen> *f* teologa *f; s. a.* **Theologe**

theologisch *adj* teologico

Theoretiker(in) [teo're:tikɐ] <-s, -; -, -nen> *m(f)* teoretico, -a *m, f*

theoretisch I. *adj* teorico **II.** *adv* in teoria

Theorie [teo'ri:] <-, -n> *f* teoria *f*

Therapeut(in) [tera'pɔɪt] <-en, -en; -, -nen> *m(f)* terapeuta *mf;* **therapeutisch** *adj* terapeutico

Therapie [tera'pi:] <-, -n> *f* terapia *f*

Thermalbad [tɛr'ma:lba:t] *n* bagno *m* termale

Thermometer [tɛrmo'me:tɐ] <-s, -> *n* termometro *m*

Thermosflasche® ['tɛrmɔsflaʃe] *f* thermos *m*

Thermostat [tɛrmo'sta:t] <-(e)s, -e(n)> *m* termostato *m*

These ['te:zə] <-, -n> *f* tesi *f*

Thon [to:n] <-s, -e> *m* (*CH: Thunfisch*) tonno *m*

Thriller ['θrɪlɐ] <-s, -> *m* thriller *m*

Thron [tro:n] <-(e)s, -e> *m* trono *m;* **den ~ besteigen** salire al trono

thronen *vi* troneggiare

Thronfolge *f* successione *f* al trono; **Thronfolger(in)** <-s, -; -, -nen> *m(f)* erede *mf* al trono

Thunfisch ['tu:nfɪʃ] *m* tonno *m*

Thurgau ['tu:ɐ̯gaʊ] *m* Turgovia *f*

Thüringen ['ty:rɪŋən] *n* Turingia *f*

Thymian ['ty:mia:n] <-s, -e> *m* timo *m*

Tiber ['ti:bɐ] *m* Tevere *m*

Tick [tɪk] <-(e)s, -s> *m* **1.** (*fam: Eigenart*) mania *f* **2.** (MED) tic *m*

ticken ['tɪkən] *vi* fare tic tac

Tiebreak ['taɪbreɪk] <-s, -s> *m o n* (*Tennis*) tie-break *m*

tief [ti:f] **I.** *adj* **1.** (*nicht flach, a fig*) profondo; **~er Schnee** neve alta; **im ~sten Australien** nel cuore dell'Australia; **im ~sten Winter** in pieno inverno **2.** (*niedrig*) basso **3.** (*Ton*) grave **II.** *adv* (*nach unten*) in basso; **~ gesunken sein** (*fig*) essere caduto molto in basso; **bis ~ in die Nacht hinein** fino a notte inoltrata

Tief <-s, -s> *n* (METEO) bassa pressione *f*

Tiefbau <-(e)s> *kein Pl m* costruzione *f* sotto il livello del suolo

Tiefe ['ti:fə] <-, -n> *f* profondità *f*

Tiefebene *f* bassopiano *m*

Tiefenschärfe *f* (FOTO) profondità *f* di campo

Tiefgang *m* **1.** (NAUT) pescaggio *m* **2.** (*fig*) profondità *f;* **Tiefgarage** *f* garage *m* sotterraneo; **tiefgefroren** *adj,* **tiefgekühlt** *adj* surgelato; **tiefgreifend** *adj* profondo; **Tiefkühlfach** *n* freezer *m;* **Tiefkühlkost** *f* surgelati *mpl;* **Tiefkühltruhe** *f* congelatore *m;* **Tiefpunkt** *m* punto *m* più basso; **Tiefschlag** *m* (*a fig*) colpo *m* basso; **tiefschürfend** *adj* profondo; **Tiefsee** *f* profondità *fpl* marine; **tiefsinnig** *adj* **1.** (*tiefgründig*) profondo **2.** (*schwermütig*) malinconico; **Tiefstand** *m* livello *m* basso

Tiefstwert *m* valore *m* minimo

Tiegel ['ti:gəl] <-s, -> *m* tegame *m;* (*Schmelz~*) crogiolo *m*

Tier [ti:ɐ̯] <-(e)s, -e> *n* animale *m;* **ein hohes ~** (*fig fam*) un pezzo grosso; **Tierarzt** *m,* **Tierärztin** *f* veterinario, -a *m, f;* **Tiergarten** *m* giardino *m* zoologico

tierisch *adj* **1.** (*Tiere betreffend*) animale **2.** (*fig: roh*) brutale **3.** (*fam: stark*) bestiale; **~er Ernst** grande serietà

Tierkreiszeichen *n* (ASTR) segno *m* zodiacale; **tierlieb** *adj* **~ sein** amare gli animali; **Tierquälerei** *f* maltrattamento *m* di animali; **Tierreich** *n* regno *m* animale; **Tierschützer(in)** <-s, -; -, -nen> *m(f)* protettore, -trice *m, f* di animali; **Tierschutzverein** *m* associazione *f* per la protezione degli animali; **Tierversuch** *m* esperimento *m* sugli animali

Tiger(in) ['ti:gɐ] <-s, -; -, -nen> *m(f)* tigre *f*

tilgen ['tɪlgən] *vt* **1.** (*geh: beseitigen*) cancellare **2.** (FIN) ammortizzare

Tilgung <-, -en> *f* **1.** (*geh: Beseitigung*) cancellazione *f* **2.** (FIN) ammortamento *m*

timen ['taɪmən] *vt* fissare; **deine Ankunft war gut getimt** sei arrivato al momento giusto

Timesharing ['taɪmʃɛ:rɪŋ] *kein Pl n* (INFORM) time-sharing *m*

Timing ['taɪmɪŋ] <-s, -s> *n* timing *m;* **das**

war perfektes ~! il timing era perfetto!

Tinktur [tɪŋk'tuːɐ̯] <-, -en> *f* tintura *f*

Tinte ['tɪntə] <-, -n> *f* inchiostro *m;* **in der ~ sitzen** (*fig fam*) trovarsi in un brutto impiccio; **Tintenfass**RR *n* calamaio *m;* **Tintenfisch** *m* seppia *f;* **Tintenstrahldrucker** *m* stampante *f* a getto d'inchiostro

Tip <-s, -s> *m,* **Tipp**RR [tɪp] <-s, -s> *m* (*fam*) consiglio *m;* **jdm einen ~ geben** dare un consiglio a qu

tippen ['tɪpən] **I.** *vt* (*fam*) scrivere a macchina **II.** *vi* **1.** (*fam: maschineschreiben*) scrivere a macchina **2.** (*klopfen*) (**an etw** *acc*) ~ dare un colpetto (a qc) **3.** (*fam: wetten*) **auf jdn/etw ~** *acc* puntare su qu/qc

Tippfehler *m* (*fam*) errore *m* di battuta

tipptopp ['tɪp'tɔp] *adj* (*fam*) perfetto

Tirol [ti'roːl] *n* **1.** (*österreichisch*) Tirolo *m* **2.** (*italienisch*) Alto Adige *m;* **Tiroler(in)** <-s, -; -, -nen> *m(f)* tirolese *mf*

Tisch [tɪʃ] <-(e)s, -e> *m* tavolo *m;* (*Ess~*) tavola *f;* **bei ~** a tavola; **den ~ decken** apparecchiare la tavola; **etw unter den ~ fallen lassen** (*fig fam*) fare passare qc sotto silenzio; **mit etw reinen ~ machen** (*fig fam*) fare piazza pulita di qc; **Tischdecke** *f* tovaglia *f*

Tischler(in) ['tɪʃlɐ] <-s, -; -, -nen> *m(f)* falegname *m*

Tischlerei <-, -en> *f* falegnameria *f*

Tischrede *f* discorso *m* conviviale; **Tischtennis** *n* tennis *m* da tavolo; **Tischtuch** *n* tovaglia *f*

Titel ['tiːtəl] <-s, -> *m* titolo *m;* **Titelbild** *n,* **Titelblatt** *n* frontespizio *m;* **Titelleiste** *f* (INFORM) barra *f* del titolo; **Titelrolle** *f* parte *f* del(la) protagonista; **Titelseite** *f* copertina *f;* **auf der ~** in prima pagina; **Titelverteidiger(in)** *m(f)* (SPORT) difensore, difenditrice *m, f* del titolo

Toast [toːst] <-(e)s, -e> *m* **1.** (*Brot*) toast *m* **2.** (*Trinkspruch*) brindisi *m*

toasten *vt* (*Brot*) tostare

Toaster <-s, -> *m* tostapane *m*

toben ['toːbən] *vi* **1.** (*rasen*) essere furioso **2.** (*Sturm, Wind*) imperversare **3.** (*Kind*) scatenarsi

Tobsucht *f* furore *m;* **tobsüchtig** *adj* furibondo

Tochter ['tɔxtɐ] <-, Töchter> *f* figlia *f;* **Tochtergesellschaft** *f* (WIRTSCH) società *f* affiliata

Tod [toːt] <-(e)s, *rar* -e> *m* morte *f;* **eines gewaltsamen/natürlichen ~es sterben** morire di morte violenta/naturale; **jdn zum ~e verurteilen** condannare qu a morte; **sich zu ~e schämen** vergognarsi a morte; **ich kann ihn auf den ~ nicht ausstehen** (*fam*) mi è antipatico da morire

todernst *adj* molto serio

Todesangst *f* **1.** (*Angst vor dem Tod*) paura *f* della morte **2.** (*große Angst*) angoscia *f* mortale; **Todesängste ausstehen** essere in preda a un'angoscia mortale; **Todesanzeige** *f* annuncio *m* mortuario; **Todesfall** *m* decesso *m;* **Todesgefahr** *f* pericolo *m* di morte; **Todeskampf** *m* agonia *f;* **todesmutig** *adj* intrepido; **Todesopfer** *n* vittima *f;* **zahlreiche ~ fordern** provocare gravi perdite; **Todesstrafe** *f* pena *f* capitale; **Todesursache** *f* causa *f* della morte; **Todesurteil** *n* condanna *f* a morte

Todfeind *m* nemico *m* mortale; **todkrank** *adj* mortalmente malato

tödlich ['tøːtlɪç] **I.** *adj* mortale **II.** *adv* mortalmente; **~ verunglücken** morire in un incidente

todmüde *adj* (*fam*) stanco morto; **todschick** *adj* (*fam*) molto chic; **todsicher** *adj* (*fam*) sicurissimo; **Todsünde** *f* (REL) peccato *m* mortale

Tohuwabohu [toːhuva'boːhu] <-(s), -s> *n* caos *m*

Toilette[1] [toa'lɛtə] <-> *kein Pl f* (*geh: Körperpflege*) toilette *f*

Toilette[2] <-, -n> *f* (*WC*) toilette *f,* gabinetto *m;* **auf die ~ gehen** andare alla toilette; **Toilettenartikel** *m* articolo *m* da toletta; **Toilettenpapier** *n* carta *f* igienica

toi, toi, toi [tɔɪ tɔɪ tɔɪ] *int* (*fam: Wunsch*) in bocca al lupo

Tokio ['toːkio] *n* Tokio *f*

tolerant [tole'rant] *adj* tollerante; **Toleranz** <-, *rar* -en> *f* tolleranza *f*

tolerieren <ohne ge-> *vt* tollerare

toll [tɔl] *adj* (*fam*) **1.** (*unglaublich*) incredibile **2.** (*herrlich*) fantastico; **ein ~er Kerl** un tipo in gamba

Tollkirsche *f* (BOT) belladonna *f*

tollkühn *adj* temerario

TollpatschRR ['tɔlpatʃ] <-(e)s, -e> *m* (*fam*) imbranato, -a *m, f*

Tollwut *f* rabbia *f;* **tollwütig** *adj* rabbioso

Tolpatsch <-(e)s, -e> *m s.* **Tollpatsch**

Tölpel ['tœlpəl] <-s, -> *m* (*pej*) imbranato, -a *m, f*

Tomate [to'ma:tə] <-, -n> *f* pomodoro *m;* **Tomatenmark** *n* concentrato *m* di pomodoro

Tombola ['tɔmbola] <-, -s> *f* tombola *f*

Tomografie[RR] [tomogra'fi:] <-, -n> *f,* **Tomographie** <-, -n> *f* (MED) tomografia *f*

Ton[1] [to:n] <-(e)s, -e> *m* (*Erde*) argilla *f;* (*zum Töpfern*) creta *f*

Ton[2] [to:n] <-(e)s, Töne> *m* **1.** tono *m;* (*Klang*) suono *m;* **keinen ~ von sich** *dat* **geben** non aprir bocca; **ohne einen ~ zu sagen** senza proferir parola **2.** (*Betonung*) accento *m*

Tonart *f* tonalità *f;* **Tonband** <-(e)s, -bänder> *n* nastro *m* magnetico; **Tonbandgerät** *n* magnetofono *m* a nastro

tönen ['tø:nən] *vt* colorare; (*Haare*) tingere

tönern ['tø:nɐn] *adj* d'argilla

Tonfall *m* inflessione *f;* (*Rhythmus*) cadenza *f;* **Tonfilm** *m* film *m* sonoro; **Tonleiter** *f* scala *f* musicale

Tonne ['tɔnə] <-, -n> *f* **1.** (*Fass*) botte *f* **2.** (*1000 kg*) tonnellata *f*

Tonspur *f* colonna *f* sonora; **Tontechniker(in)** *m(f)* tecnico, -a *m, f* del suono

Tönung <-, -en> *f* colorazione *f*

Top [tɔp] <-s, -s> *n* top *m*

Topas [to'pa:s] <-es, -e> *m* topazio *m*

Topf [tɔpf] <-(e)s, Töpfe> *m* **1.** (*Koch~*) pentola *f;* **alles in einen ~ werfen** (*fig fam*) mettere tutto nello stesso calderone **2.** (*Nacht~*) vaso *m* da notte **3.** (*Blumen~*) vaso *m*

Topfen ['tɔpfən] <-s> *kein Pl m* (*A, südd: Quark*) ricotta *f*

Töpfer(in) ['tœpfɐ] <-s, -; -, -nen> *m(f)* vasaio, -a *m, f*

Töpferei <-, -en> *f* bottega *f* di ceramiche

töpfern *vi* modellare (l'argilla)

Töpferscheibe *f* tornio *m* da vasaio

topfit ['tɔp'fɪt] *adj* (*fam*) in perfetta forma

Topflappen *m* presina *f*

Topform *f* (*fam*) **in ~ sein** essere in forma smagliante

Topfpflanze *f* pianta *f* in vaso

Topmanagement *n* top-management *m;* **Topmodell** *n* top model *f*

Tor [to:ɐ̯] <-(e)s, -e> *n* **1.** (*große Tür*) porta *f* **2.** (SPORT) gol *m;* **ein ~ schießen** fare un gol

Torf [tɔrf] <-(e)s> *kein Pl m* torba *f*

töricht ['tø:rɪçt] *adj* (*pej*) stolto

torkeln ['tɔrkəln] *vi haben o bei Fortbewegung sein* vacillare

Tornado [tɔr'na:do] <-s, -s> *m* tornado *m*

torpedieren [tɔrpe'di:rən] <ohne ge-> *vt* silurare

Torpedo [tɔr'pe:do] <-s, -s> *m* siluro *m*

Torte ['tɔrtə] <-, -n> *f* torta *f;* **Tortenheber** *m* paletta *f* per dolci

Tortur [tɔr'tu:ɐ̯] <-, -en> *f* tortura *f*

Torwart ['to:ɐ̯vart] <-(e)s, -e> *m* portiere *m*

tosen ['to:zən] *vi* (*Wind, Meer*) mugghiare; **~der Beifall** applausi strepitosi

Toskana [tɔs'ka:na] *f* Toscana *f*

tot [to:t] *adj* morto; (ADM) deceduto; **er war auf der Stelle ~** morì sul colpo; **mehr ~ als lebendig sein** essere più morto che vivo; **das Telefon ist ~** il telefono è staccato

total [to'ta:l] **I.** *adj* totale **II.** *adv* (*fam: völlig*) del tutto; **Totalausverkauf** *m* liquidazione *f* totale; **Totalschaden** *m* (AUTO) danno *m* totale

Tote <ein -r, -n, -n> *mf* morto, -a *m, f*

töten ['tø:tən] *vt* uccidere

Totenbett *n* letto *m* di morte; **totenblass**[RR] *adj* cadaverico; **Totenkopf** *m* teschio *m;* **Totenmesse** *f* messa *f* funebre; **Totenschein** *m* certificato *m* di morte; **totenstill** *adj* **es war ~** c'era un silenzio di tomba; **Totenstille** *f* silenzio *m* di tomba

tot|fahren <irr> *vt* investire mortalmente;

tot|lachen *vr* **sich ~** (*fam*) morire dalle risate

Toto ['to:to] <-s, -s> *m* (*fam*) totocalcio *m;* **Totoschein** *m* schedina *f* del totocalcio

Totschlag *m* (JUR) omicidio *m* volontario;

tot|schlagen <irr> *vt* ammazzare; **die Zeit ~** (*fig*) ammazzare il tempo;

tot|schweigen <irr> *vt* mettere a tacere;

tot|stellen *vr* **sich ~** fingersi morto

Tötung <-, -en> *f* omicidio *m;* **fahrlässige ~** omicidio colposo

Touch Screen <-s, -s> *m* (INFORM) touch screen *m*

Toupet [tu'pe:] <-s, -s> *n* toupet *m*

Tour [tu:ɐ̯] <-, -en> *f* giro *m;* **auf ~en kommen** (*fig fam*) andare su di giri; **auf vollen ~en** (*fam*) a pieno regime; **in einer ~** (*fam*) in continuazione

Tourismus [tu'rɪsmʊs] <-> *kein Pl m* turi-

smo *m*
Tourist(in) <-en, -en; -, -nen> *m(f)* turista *mf;* **Touristenklasse** *f* classe *f* turistica
touristisch *adj* turistico
Tournee [tʊr'ne:] <-, -s> *f* tournée *f;* **auf ~ gehen** andare in tournée
toxisch ['tɔksɪʃ] *adj* tossico
Trab [tra:p] <-(e)s> *kein Pl m* trotto *m;* **jdn auf ~ bringen** (*fig fam*) far trottare qu
Trabant [tra'bant] <-en, -en> *m* (ASTR) satellite *m;* **Trabantenstadt** *f* città *f* satellite
traben ['tra:bən] *vi sein* trottare
Tracht [traxt] <-, -en> *f* **1.** (*Kleidung*) costume *m* **2.** (*Wend*) **eine ~ Prügel** (*fam*) un fracco di legnate
trachten ['traxtən] *vi* (*geh*) **nach etw ~** aspirare a qc; **jdm nach dem Leben ~** attentare alla vita di qu
trächtig ['trɛçtɪç] *adj* (*Tier*) pregna
Trackball <-, -s> *m* (INFORM) trackball *f;* **Trackpad** ['trakpɛd] <-s, -s> *n* (INFORM) trackpad *m*
Tradition [tradi'tsi̯o:n] <-, -en> *f* tradizione *f*
traditionell *adj* tradizionale
traf [tra:f] *1. u 3. pers sing imp von* **treffen**
Trafikant(in) [trafi'kant] <-en, -en; -, -nen> *m(f)* (*A*) tabaccaio, -a *m, f*
Tragbahre *f* barella *f*
tragbar *adj* **1.** (*Geräte*) portatile **2.** (*Kleider*) portabile **3.** (*fig: erträglich*) sopportabile
träg(e) ['trɛ:g(ə)] *adj* **1.** (*Mensch*) pigro; (*geistig*) indolente **2.** (PHYS) inerte
tragen ['tra:gən] <trägt, trug, getragen> **I.** *vt* **1.** (*weg~, am Körper ~, halten*) portare; **sein Haar lang/kurz ~** portare i capelli lunghi/corti **2.** (*Früchte*) dare **3.** (*er~*) subire; **etw mit Fassung ~** sopportare qc con calma **II.** *vr* **sich mit dem Gedanken ~ etw zu tun** covare l'idea di fare qc
Träger ['trɛgɐ] <-s, -> *m* **1.** (*an Kleidung*) spallina *f;* (*Hosen~*) bretella *f* **2.** (TEC) montante *m*
Träger(in) <-s, -; -, -nen> *m(f)* **1.** (*Gepäck~*) facchino *m* **2.** (*von Kultur, Idee*) rappresentante *mf* **3.** (*von Krankheit*) portatore, -trice *m, f*
Trägerrakete *f* (razzo *m*) vettore *m*
Tragetasche *f* sporta *f*
Tragfläche *f* (AERO) superficie *f* alare
Trägheit <-> *kein Pl f* **1.** (*von Mensch*) pigrizia *f;* (*geistig*) indolenza *f;* (*von Bewegung*) lentezza *f* **2.** (PHYS) inerzia *f*
Tragik ['tra:gɪk] <-> *kein Pl f* tragico *m*
tragisch *adj* tragico
Tragödie [tra'gø:di̯ə] <-, -n> *f* tragedia *f*
trägt [trɛ:kt] *3. pers sing pr von* **tragen**
Tragweite *f* (*fig*) portata *f*
Trainer(in) ['trɛ:nɐ] <-s, -; -, -nen> *m(f)* allenatore, -trice *m, f*
trainieren [trɛ'ni:rən] <ohne ge-> **I.** *vt* allenare **II.** *vi* allenarsi
Training ['trɛ:nɪŋ] <-s, -s> *n* allenamento *m;* **Trainingsanzug** *m* tuta *f* (sportiva)
Traktor ['trakto:ɐ̯] <-s, -en> *m* trattore *m*
trällern ['trɛlɐn] *vi, vt* canterellare
Tram[1] [tram] <-s, -s> *n* (*CH*) tram *m*
Tram[2] <-s, -en> *m* (*A: Dachbalken*) trave *f* maestra
trampeln ['trampəln] **I.** *vi* battere i piedi **II.** *vt* **etw platt ~** schiacciare qc pestandola coi piedi
Trampelpfad *m* pista *f* battuta
trampen ['trɛmpən] *vi sein* fare l'autostop
Tramper(in) <-s, -; -, -nen> *m(f)* autostoppista *mf*
Trampolin ['trampoli:n] <-s, -e> *n* trampolino *m*
Tran [tra:n] <-(e)s, *rar* -e> *m* olio *m* di balena
Trance ['trɑ̃:s(ə)] <-, -n> *f* trance *f*
tranchieren [trɑ̃'ʃi:rən] <ohne ge-> *vt* trinciare
Träne ['trɛ:nə] <-, -n> *f* lacrima *f;* **~n lachen** ridere fino alle lacrime; **den ~n nahe sein** stare per piangere; **in ~n aufgelöst sein** essere in un mare di lacrime; **zu ~n gerührt sein** essere commosso fino alle lacrime; **mit ~n in den Augen** con le lacrime agli occhi
tränen *vi* lacrimare
Tränengas *n* gas *m* lacrimogeno
trank [traŋk] *1. u 3. pers sing imp von* **trinken**
Tränke ['trɛŋkə] <-, -n> *f* abbeveratoio *m*
tränken *vt* **1.** (*Tiere*) abbeverare **2.** (*durchnässen*) **etw** (**mit etw**) **~** imbevere qc (di qc)
Transaktion [transʔak'tsi̯o:n] *f* transazione *f*
Transfer [trans'fɛ:ɐ̯] <-s, -s> *m* trasferimento *m*
Transformator [transfɔr'ma:to:ɐ̯] <-s, -en> *m* (EL) trasformatore *m*

T

Transfusion [transfu'zi̯o:n] <-, -en> *f* (MED) trasfusione *f*
Transistor [tran'zɪsto:ɐ̯] <-s, -en> *m* transistore *m*
Transit [tran'zi:t] <-s, -e> *m* transito *m*
transitiv ['tranziti:f] *adj* (LING) transitivo
transparent [transpa'rɛnt] *adj* trasparente; **Transparent** <-(e)s, -e> *n* (*Spruchband*) striscione *m*
Transplantation [transplanta'tsi̯o:n] <-, -en> *f* (MED) trapianto *m*
Transport [trans'pɔrt] <-(e)s, -e> *m* trasporto *m;* **transportfähig** *adj* trasportabile
transportieren [transpɔr'ti:rən] <ohne ge-> *vt* trasportare
Transportmittel *n* mezzo *m* di trasporto
Transrapid *m* treno *m* rapido a sostentazione elettromagnetica
Transvestit [transvɛs'ti:t] <-en, -en> *m* travestito *m*
Trapez [tra'pe:ts] <-es, -e> *n* trapezio *m*
Trasimenischer See *m* lago *m* Trasimeno
trat [tra:t] *1. u 3. pers sing imp von* **treten**
Tratsch [tra:tʃ] <-(e)s> *kein Pl m* (*fam*) pettegolezzi *mpl*
tratschen *vi* (*fam*) spettegolare
Traube ['traʊbə] <-, -n> *f* **1.** (*Beere, Blütenstand*) grappolo *m* **2.** *pl* (*Weintrauben*) uva *f;* **Traubenzucker** *m* glucosio *m*
trauen ['traʊən] **I.** *vi* **jdm/etw ~** (*ver~*) avere fiducia in qu/qc; **jdm nicht über den Weg ~** (*fam*) fidarsi poco di qu; **seinen Augen nicht ~** non credere ai propri occhi **II.** *vr* **sich ~ etw zu tun** osare far qc **III.** *vt* (*verheiraten*) sposare; **sich ~ lassen** sposarsi
Trauer ['traʊɐ] <-> *kein Pl f* tristezza *f;* (*um einen Toten*) lutto *m;* **~ tragen** essere in lutto; **Trauerfall** *m* lutto *m;* **Trauerfeier** *f* onoranza *f* funebre
trauern *vi* essere in lutto; **um jdn/etw trauern** essere in lutto per qu/qc
Trauerspiel *n* tragedia *f;* **Trauerweide** *f* (BOT) salice *m* piangente
Traufe ['traʊfə] <-, -n> *f* (*Dach~*) grondaia *f*
träufeln ['trɔɪfəln] *vt* versare a gocce
Traum [traʊm] <-(e)s, Träume> *m* sogno *m;* **im ~** in sogno; **einen ~ haben** fare un sogno; **ich denke nicht im ~ daran!** (*fam*) neanche per sogno!
Trauma ['traʊma] <-s, Traumen> *n* trauma *m*
träumen ['trɔɪmən] *vi* sognare; **von etw/jdm ~** sognare qc/qu; **das hätte ich mir nicht ~ lassen** non me lo sarei mai sognato
Träumer(in) <-s, -; -, -nen> *m(f)* sognatore, -trice *m, f*
Träumerei <-, -en> *f* fantasticheria *f*
träumerisch *adj* sognatore
traumhaft *adj* (*fam: sehr schön*) fantastico; **das Kleid ist ~ (schön)** (*fam*) questo vestito è un sogno
Traumpaar *n* coppia *f* ideale
traurig ['traʊrɪç] *adj* **1.** (*betrübt*) triste; **~ machen** [*o* **stimmen**] rattristare; **~ werden** rattristarsi **2.** (*schmerzlich*) doloroso **3.** (*erbärmlich*) pietoso; **Traurigkeit** <-> *kein Pl f* tristezza *f*
Trauring *m* fede *f;* **Trauschein** *m* certificato *m* di matrimonio
Trauung <-, -en> *f* matrimonio *m*
Trauzeuge *m,* **Trauzeugin** *f* testimone *mf* di nozze
treffen ['trɛfən] <trifft, traf, getroffen> **I.** *vt* **1.** (*begegnen*) incontrare **2.** (*Schlag, Schuss*) colpire; **jdn am Kopf ~** colpire qu alla testa; **der Schuss traf ihn in den Rücken** fu colpito alla schiena; **mich trifft keine Schuld** a me non si può dare nessuna colpa **3.** (*fig: kränken*) colpire **4.** (*be~*) toccare, concernere **5.** (*Auswahl*) fare; (*Maßnahmen*) adottare **6.** (*herausfinden*) **den richtigen Ton ~** trovare il tono giusto; **auf dem Foto bist du nicht gut getroffen** sulla foto sei venuto male **II.** *vi* (*Schlag, Schuss*) colpire **III.** *vr* **sich ~ 1.** (*zusammenkommen*) incontrarsi **2.** (*geschehen*) capitare; **es trifft sich gut, dass …** capita bene che …; **Treffen** <-s, -> *n* incontro *m;* **treffend** *adj* preciso; **eine ~e Charakterisierung** una caratterizzazione calzante
Treffer <-s, -> *m* **1.** (*beim Fußball*) rete *f;* (*beim Schießen*) centro *m* **2.** (*in Lotterie*) biglietto *m* vincente
Treffpunkt *m* luogo *m* d'incontro
Treibeis *n* ghiaccio *m* galleggiante
treiben ['traɪbən] <treibt, trieb, getrieben> **I.** *vt haben* **1.** spingere; (*Vieh*) condurre **2.** (*in Bewegung setzen*) muovere; (*Rad*) far girare **3.** (*drängen*) **jdn zu etw ~** spingere qu a qc; **jdn zur Verzweiflung ~** spingere qu alla disperazione **4.** (*betreiben, tun*) fare; **was treibst du so?** che fai di bello? **II.** *vi*

1. *sein* (*fortbewegt werden*) essere spinto; (*auf dem Wasser*) galleggiare 2. *haben* (BOT) germogliare 3. *haben* (*Teig*) lievitare; **Treiben** <-s> *kein Pl n* (*fig*) movimento *m;* (*auf der Straße*) andirivieni *m*

Treibgas *n* gas *m* propellente; **Treibhaus** *n* serra *f;* **Treibhauseffekt** <-(e)s> *kein Pl m* effetto *m* serra; **Treibjagd** *f* battuta *f;* **Treibstoff** *m* carburante *m*

Trenchcoat ['trɛntʃkɔʊt] <-(s), -s> *m* trench (coat) *m*

Trend [trɛnt] <-s, -s> *m* tendenza *f;* **modischer** ~ moda *f;* **Trendsetter(in)** ['trɛntsɛtɐ] <-s, -; -, -nen> *m(f)* iniziatore, -trice *m, f* di una nuova moda; **Trendwende** *f* svolta *f* di tendenza

trendy ['trɛndi] *adj* alla moda

trennen ['trɛnən] I. *vt* 1. (*a Menschen*) separare 2. (*ab~*) staccare; (*zerteilen*) dividere 3. (TEL) interrompere II. *vr* **sich** ~ separarsi; **sich von jdm/etw** ~ separarsi da qu/qc

Trennung <-, -en> *f* separazione *f;* (*Teilung*) divisione *f*

Trennwand *f* parete *f* divisoria

Treppe ['trɛpə] <-, -n> *f* scala *f;* **die** ~ **hinauf-/hinuntergehen** salire/scendere le scale; **Treppengeländer** *n* ringhiera *f* delle scale; **Treppenhaus** *n* tromba *f* delle scale; **Treppenlift** *m* servoscala *m*

Tresor [tre'zoːɐ̯] <-s, -e> *m* 1. (*Panzerschrank*) cassaforte *f* 2. (*~raum*) camera *f* blindata

Tretboot *n* pattino *m*

treten ['treːtən] <tritt, trat, getreten> I. *vi* 1. *sein* (*gehen*) andare; **auf etw** *acc* ~ calpestare qc; **in etw** *acc* ~ mettere i piedi in qc; **ins Zimmer** ~ entrare in camera; ~ **Sie näher!** si avvicini!; **über die Ufer** ~ straripare; **in den Hintergrund** ~ (*fig*) passare in secondo piano 2. *haben* (*einen Tritt versetzen*) **nach jdm/etw** ~ dare un calcio a qu/qc; **gegen etw** ~ dare calci a qc II. *vt haben* 1. (*mit Fußtritt*) dare una pedata a 2. (*betätigen*) azionare; **die Bremse** ~ pigiare il freno

treu [trɔɪ] *adj* fedele; **jdm** ~ **sein** essere fedele a qu

Treue <-> *kein Pl f* fedeltà *f*

Treuhänder(in) ['trɔɪhɛndɐ] <-s, -; -, -nen> *m(f)* (JUR) fiduciario, -a *m, f*

Treuhandgesellschaft *f* società *f* fiduciaria

treuherzig *adj* ingenuo

treulos *adj* infedele

Tribüne [tri'byːnə] <-, -n> *f* palco *m*

Trichter ['trɪçtɐ] <-s, -> *m* 1. (*zum Einfüllen*) imbuto *m* 2. (*in Boden*) cratere *m*

Trick [trɪk] <-s, -s> *m* trucco *m;* **Trickaufnahme** *f* trucchi *mpl* cinematografici; **Trickfilm** *m* cartoni *mpl* animati

trieb [triːp] *1. u 3. pers sing imp von* **treiben**

Trieb [triːp] <-(e)s, -e> *m* 1. (*Instinkt*) istinto *m* 2. (*Neigung*) inclinazione *f* 3. (BOT) germoglio *m;* **Triebfeder** *f* 1. (TEC) molla *f* motrice 2. (*fig*) movente *m;* **triebhaft** *adj* istintivo; **Triebkraft** *f* (*fig*) movente *m;* **Triebtäter(in)** *m(f)* maniaco, -a *m, f* sessuale; **Triebwagen** *m* (auto)motrice *f;* **Triebwerk** *n* (TEC) motore *m*

triefen ['triːfən] *vi sein* (*Flüssigkeit*) gocciolare; **vor Fett** ~ essere pieno (zeppo) di grasso

Trient [tri'ɛnt] *n* Trento *f*

Trier [triːɐ̯] *n* Treviri *f*

Triest [tri'ɛst] *n* Trieste *f*

trifft [trɪft] *3. pers sing pr von* **treffen**

triftig ['trɪftɪç] *adj* valido

Trikot <-s, -s> *n* maglia *f*

trillern ['trɪlɐn] *vi* trillare

Trillerpfeife *f* fischietto *m*

Trimm-dich-Pfad ['trɪmdɪçpfaːt] *m* sentiero *m* del percorso vita

trinken ['trɪŋkən] <trinkt, trank, getrunken> *vt, vi* bere; **aus der Flasche** ~ bere dalla bottiglia; **was möchten Sie ~?** che cosa prende da bere?; **auf jds Wohl** ~ bere alla salute di qu

Trinker(in) <-s, -; -, -nen> *m(f)* bevitore, -trice *m, f*

Trinkgeld *n* mancia *f;* **Trinkhalm** *m* cannuccia *f;* **Trinkspruch** *m* brindisi *m;* **einen** ~ **auf jdn ausbringen** brindare a qu; **Trinkwasser** *n* acqua *f* potabile

Trip [trɪp] <-s, -s> *m* 1. (*fam: Ausflug*) gita *f* 2. (*sl: Drogenrausch*) trip *m*

trippeln ['trɪpəln] *vi sein* camminare a passettini

Tripper ['trɪpɐ] <-s, -> *m* (MED) gonorrea *f*

tritt [trɪt] *3. pers sing pr von* **treten**

Tritt <-(e)s, -e> *m* 1. (*Schritt*) passo *m* 2. (*Fuß~*) calcio *m;* **jdm einen** ~ **geben** dare un calcio a qu; **Trittbrett** *n* predellino *m;* **Trittbrettfahrer** *m* (*pej*) sciacallo *m*

Triumph [tri'ʊmf] <-(e)s, -e> *m* trionfo *m;*

Triumphbogen *m* arco *m* trionfale

triumphieren [triʊm'fiːrən] <ohne ge-> *vi* trionfare

trivial [tri'vi̯aːl] *adj* triviale

trocken ['trɔkən] *adj* **1.** (*nicht nass, a Wetter*) asciutto; (*ausgetrocknet, regenfrei*) secco; (GEOG) arido; **im Trockenen** al riparo; ~ **aufbewahren!** tenere all'asciutto!; **auf dem Trockenen sitzen** (*fig*) essere in bolletta **2.** (*Wein*) secco **3.** (*fig: nüchtern*) sobrio; (*Antwort*) secco; **Trockenhaube** *f* casco *m;* **Trockenheit** <-, -en> *f* aridità *f;* **trocken|legen** *vt* **1.** (*Kind*) cambiare i pannolini a **2.** (*Sumpf*) prosciugare; **Trockenmilch** *f* latte *m* in polvere; **Trockenobst** *n* frutta *f* secca; **Trockenrasur** *f* rasatura *f* a secco

trocknen ['trɔknən] *vt, vi* asciugare

Trockner <-s, -> *m* asciugabiancheria *m*

Trödel ['trøːdəl] <-s> *kein Pl m* (*fam*) cianfrusaglia *f*

trödeln ['trøːdəln] *vi* (*fam*) gingillarsi

Trödler(in) <-s, -; -, -nen> *m(f)* **1.** (*Altwarenhändler*) rigattiere, -a *m, f* **2.** (*fam: Bummler*) gingillone, -a *m, f*

trog [troːk] *1. u 3. pers sing imp von* **trügen**

Trog <-(e)s, Tröge> *m* trogolo *m*

Trommel ['trɔməl] <-, -n> *f* tamburo *m;* **Trommelfell** *n* (ANAT) timpano *m*

trommeln *vi* sonare il tamburo; (*mit Fingern*) tamburellare

Trommler(in) <-s, -; -, -nen> *m(f)* sonatore, -trice *m, f* di tamburo

Trompete [trɔm'peːtə] <-, -n> *f* tromba *f;* ~ **blasen** sonare la tromba

Trompeter(in) <-s, -; -, -nen> *m(f)* trombettiere, -a *m, f*

Tropen ['troːpən] *pl* tropici *mpl;* **Tropenkrankheit** *f* malattia *f* tropicale

tröpfeln ['trœpfəln] *vi haben o sein* gocciolare; **es tröpfelt** (*fam*) pioviggina

tropfen ['trɔpfən] **I.** *vi* **1.** *haben* (*Wasserhahn*) gocciolare **2.** *sein* (*Wasser*) gocciolare; **der Schweiß tropfte mir von der Stirn** la mia fronte grondava di sudore **II.** *vt* far gocciolare

Tropfen <-s, -> *m* goccia *f;* **das ist ein ~ auf den heißen Stein** (*fam*) è una goccia nel mare; **ein guter ~** un buon vino; **tropfenweise** *adv* a goccia a goccia

tropfnass[RR] *adj* grondante d'acqua; **Tropfstein** *m* (*Ab~*) stalattite *f;* (*Auf~*) stalagmite *f;* **Tropfsteinhöhle** *f* grotta *f*

tropisch *adj* tropicale

Trost [troːst] <-es> *kein Pl m* conforto *m;* **du bist wohl nicht ganz bei ~!** (*fam*) sei matto?

trösten ['trøːstən] **I.** *vt* consolare **II.** *vr* **sich ~** consolarsi

tröstlich *adj* consolante

trostlos *adj* **1.** (*Mensch*) desolato **2.** (*Zustand*) desolante; **Trostpflaster** *n* piccola consolazione *f;* **Trostpreis** *m* premio *m* di consolazione

Trott [trɔt] <-(e)s, -e> *m* **1.** (*von Pferd*) trotto *m* **2.** (*fig fam*) tran tran *m*

Trottel <-s, -> *m* (*fam pej*) cretino *m*

trotten *vi sein* trottare

trotz [trɔts] *prp +gen o dat* malgrado; ~ **allem** malgrado tutto

Trotz <-es> *kein Pl m* ostinazione *f;* **aus ~** per dispetto; **jdm zum ~** a dispetto di qu

trotzdem **I.** *adv* nonostante ciò **II.** *konj* (*fam*) anche se

trotzig *adj* ostinato

Trotzkopf *m* testa *f* dura; **Trotzreaktion** *f* reazione *f* cocciuta

trüb(e) [tryːp ('tryːbə)] *adj* **1.** (*Flüssigkeit*) torbido; (*Scheibe, Spiegel*) opaco **2.** (*Tag, Wetter*) nuvoloso; (*Augen*) spento **3.** (*~sinnig*) tetro

Trubel ['truːbəl] <-s> *kein Pl m* confusione *f*

trüben **I.** *vt* **1.** (*Flüssigkeit*) intorbidire **2.** (*Glas, Metall*) rendere opaco **3.** (*fig: Stimmung, Freude*) guastare **II.** *vr* **sich ~** (*Himmel*) rannuvolarsi

Trübsal ['tryːpzaːl] <-> *kein Pl f* (*geh*) afflizione *f;* ~ **blasen** (*fam*) essere abbattuto; **trübselig** *adj* malinconico; **Trübsinn** *m* malinconia *f;* **trübsinnig** *adj* malinconico

trudeln ['truːdəln] *vi sein* (AERO) cadere a vite

Trüffel ['trʏfəl] <-, -n> *f* tartufo *m*

trug [truːk] *1. u 3. pers sing imp von* **tragen**

trügen ['tryːgən] <trügt, trog, getrogen> **I.** *vi* ingannare **II.** *vt* indurre in errore; **wenn mich nicht alles trügt, …** se non mi sbaglio, …

trügerisch *adj* ingannevole

Trugschluss[RR] *m* falsa conclusione *f*

Truhe ['truːə] <-, -n> *f* cassone *m*

Trümmer ['trʏmɐ] *pl* **1.** (*Bruchstücke*)

frammenti *mpl* **2.** (*Bau~*) rovine *fpl;* **Trümmerhaufen** *m* mucchio *m* di rovine
Trumpf [trʊmpf] <-(e)s, Trümpfe> *m* atout *m;* **alle Trümpfe in der Hand haben** (*fig*) avere tutti i vantaggi dalla sua
Trunkenbold ['trʊŋkənbɔlt] <-(e)s, -e> *m* (*pej*) beone *m;* **Trunkenheit** <-> *kein Pl f* ubriachezza *f;* ~ **am Steuer** (ADM) guida in stato di ubriachezza
Trunksucht *f* alcolismo *m*
Truppe ['trʊpə] <-, -n> *f* **1.** (MIL) truppa *f* **2.** (*Schauspiel~*) compagnia *f;* **Truppenübung** *f* manovre *fpl;* **Truppenübungsplatz** *m* piazza *f* d'armi
Truthahn ['tru:tha:n] *m* tacchino *m;* **Truthenne** *f* tacchina *f*
Tscheche ['tʃɛçə] <-n, -n> *m* ceco *m*
Tschechien ['tʃɛçiən] *n* Repubblica *f* Ceca
Tschechin ['tʃɛçɪn] <-, -nen> *f* ceca *f; s. a.* **Tscheche**
tschechisch *adj* ceco
Tschechoslowakei [tʃɛçoslova'kaɪ] *f* **die** ~ (HIST) la Cecoslovacchia
tschechoslowakisch [tʃɛçoslo'va:kɪʃ] *adj* (HIST) cecoslovacco
tschüs, **tschüss**[RR] [tʃʏs] *int* (*fam*) ciao
T-Shirt ['ti:ʃœ:t] <-s, -s> *n* maglietta *f*
Tube ['tu:bə] <-, -n> *f* tubo *m*
Tübingen ['ty:bɪŋən] *n* Tubinga *f*
Tuch[1] [tu:x] <-(e)s, -e> *n* (*Stoff*) panno *m*
Tuch[2] <-(e)s, Tücher> *n* (*Stück Stoff*) pezza *f;* (*Kopf~*) fazzoletto *m;* (*Hals~*) foulard *m*
Tuchent <-, -en> *f* (*A: Federbett*) piumino *m*
tüchtig ['tʏçtɪç] **I.** *adj* **1.** (*gut*) bravo; (*fähig*) capace; (*fleißig*) diligente **2.** (*fam: groß, stark*) grosso **II.** *adv* (*fam: sehr, viel*) per bene; (*mit Kraft*) forte
Tücke ['tʏkə] <-> *kein Pl f* perfidia *f*
tückisch *adj* insidioso
Tugend ['tu:gənt] <-, -en> *f* virtù *f;* **tugendhaft** *adj* virtuoso
Tulpe ['tʊlpə] <-, -n> *f* tulipano *m*
tummeln ['tʊməln] *vr* **sich** ~ **1.** (*umhertollen*) scorrazzare **2.** (*dial: sich beeilen*) spicciarsi *fam*
Tumor ['tu:mo:ɐ̯] <-s, -en> *m* (MED) tumore *m*
Tümpel ['tʏmpəl] <-s, -> *m* pozzanghera *f*
Tumult [tu'mʊlt] <-(e)s, -e> *m* tumulto *m*
tun [tu:n] <tut, tat, getan> **I.** *vt* **1.** (*machen*) fare; **jdm gut** ~ far bene a qu; **sein Bestes** ~ fare del proprio meglio; **viel/wenig zu** ~ **haben** avere molto/poco da fare; **mit etw nichts zu** ~ **haben** non avere niente a che fare con qc; **so etw tut man nicht** questo non si fa; **das tut nichts zur Sache** questo non c'entra; **tu mir nichts!** non farmi niente!; **was kann ich für Sie ~?** in che cosa posso servirLa? **2.** (*setzen, stellen, legen*) mettere **II.** *vi* fare; **so ~, als ob ...** far finta di +*inf;* **tu doch nicht so dumm!** (*fam*) non fare lo stupido!; **Sie täten besser daran zu** +*inf* Lei farebbe meglio a +*inf* **III.** *vr* **sich** ~ **1.** (*geschehen*) succedere; **hier hat sich inzwischen einiges getan** qui nel frattempo è successo qualcosa **2.** (*Wend*) **sich mit etw schwer** ~ avere difficoltà con qc
tünchen *vt* intonacare
Tuner ['tju:nər] *m* (EL) sintonizzatore *m*
Tunesien [tu'ne:ziən] *n* Tunisia *f*
Tunesier(in) <-s, -; -, -nen> *m(f)* tunisino, -a *m, f*
tunesisch *adj* tunisino
Tunfisch[RR] *m s.* **Thunfisch**
Tunke ['tʊŋkə] <-, -n> *f* (GASTR) salsa *f*
tunken *vt* inzuppare
tunlichst ['tu:nlɪçst] *adv* **etw** ~ **vermeiden** evitare possibilmente qc
Tunnel ['tʊnəl] <-s, -> *m* tunnel *m*
tupfen ['tʊpfən] *vt* picchiettare
Tupfen <-s, -> *m* (*Fleck*) macchia *f;* (*Punkt*) punto *m;* **mit weißen** ~ a punti bianchi
Tür [ty:ɐ̯] <-, -en> *f* porta *f;* ~ **an** ~ **mit jdm wohnen** abitare porta a porta con qu; **jdm die** ~ **vor der Nase zuschlagen** sbattere la porta in faccia a qu; **offene ~en einrennen** (*fig fam*) sfondare porte aperte; **mit der** ~ **ins Haus fallen** (*fam*) non fare tanti preamboli; **vor der** ~ **stehen** (*fig*) essere imminente; **ihm stehen alle ~en offen** (*fig*) ha tutte le porte aperte
Turbine [tʊr'bi:nə] <-, -n> *f* turbina *f*
turbulent [tʊrbu'lɛnt] *adj* turbolento; **Turbulenz** <-, -en> *f* turbolenza *f*
Turin [tu'ri:n] *n* Torino *f*
Türke ['tʏrkə] <-n, -n> *m* turco *m*
Türkei [tʏr'kaɪ] *f* **die** ~ la Turchia
Türkin <-, -nen> *f* turca *f; s. a.* **Türke**
türkis [tʏr'ki:s] *adj* turchese
türkisch ['tʏrkɪʃ] *adj* turco
Türklinke *f* maniglia *f* (della porta)
Turm [tʊrm] <-(e)s, Türme> *m* **1.** (*Bau-*

werk) torre *f;* (*Kirch~*) campanile *m* **2.** (*Sprung~*) trampolino *m*

türmen ['tʏrmən] **I.** *vt* impilare **II.** *vr* **sich ~** ergersi **III.** *vi sein* (*fam: weglaufen*) tagliare la corda

turnen ['tʊrnən] *vi* fare ginnastica; **Turnen** <-s> *kein Pl n* ginnastica *f*

Turner(in) <-s, -; -, -nen> *m(f)* ginnasta *mf*

Turngerät *n* attrezzo *m* ginnico; **Turnhalle** *f* palestra *f*

Turnier [tʊr'niːɐ̯] <-s, -e> *n* concorso *m;* (*Tennis~*) torneo *m*

Turnsaal *m* (*A: Turnhalle*) palestra *f;* **Turnschuh** *m* scarpa *f* da ginnastica; **Turnunterricht** *m* lezione *f* di ginnastica

Turnus ['tʊrnʊs] <-, -se> *m* turno *m;* **im ~ von ...** a intervalli di ...

Turnverein *m* circolo *m* atletico

Türöffner *m* pulsante *m* apriportone; **Türschnalle** *f* (*A: Türklinke*) maniglia *f* della porta

Tusche ['tʊʃə] <-, -n> *f* inchiostro *m* di china

tuscheln ['tʊʃəln] *vi* bisbigliare

Tussi ['tʊsi] <-, -s> *f* (*fam pej*) **so eine blöde ~!** proprio un'oca!

Tüte ['tyːtə] <-, -n> *f* busta *f*

tuten ['tuːtən] *vi* suonare la cornetta

TÜV [tʏf] <-(s), -s> *m abk v* **Technischer Überwachungs-Verein** ufficio *m* di sorveglianza tecnica; **durch den ~ kommen** passare la revisione; **mein Wagen hat noch ein Jahr ~** devo far revisionare la macchina fra un anno

Twen [tvɛn] <-(s), -s> *m* twen *m*

Twist <-s, -s> *m* (*Tanz*) twist *m*

Typ [tyːp] <-s, -en> *m* tipo *m;* **er ist nicht mein ~** (*fam*) non è il mio tipo

Typhus ['tyːfʊs] <-> *kein Pl m* tifo *m*

typisch ['tyːpɪʃ] *adj* tipico

Tyrann(in) [ty'ran] <-en, -en; -, -nen> *m(f)* tiranno, -a *m, f*

tyrannisch *adj* tirannico

tyrannisieren <ohne ge-> *vt* tiranneggiare

U

U, u [uː] <-, -(s)> *n* U, u *f;* **U wie Ulrich** U come Udine

U-Bahn ['uːbaːn] *f* metropolitana *f*

übel ['yːbəl] **I.** *adj* (*schlecht*) cattivo; **mir ist** [*o* **wird**] **~** mi sento male; **nicht ~!** (*fam*) mica male! **II.** *adv* male; **~ dran sein** essere a mal partito; **Übel** <-s, -> *n* male *m;* **Übelkeit** <-> *kein Pl f* nausea *f;* **übel|nehmen** *vt s.* **nehmen**; **Übeltäter(in)** *m(f)* malfattore, -trice *m, f*

üben ['yːbən] **I.** *vt* **1.** (*Instrument*) esercitarsi in **2.** (*tun*) fare; **Kritik an etw** *dat* **~** criticare qc **II.** *vi* esercitarsi

über ['yːbɐ] **I.** *prp +acc o dat* **1.** (*räumlich*) sopra, su; (*oberhalb von*) al di sopra di; (*auf dem Weg ~*) (passando) per; **~ die Straße gehen** attraversare la strada; **~ einen Graben springen** saltare un fosso; **~ Berlin fahren** passare per Berlino **2.** (*während*) durante; **~ Weihnachten fahre ich nach Hause** vado a casa per Natale **3.** (*von, betreffend*) su; **ein Film ~ ...** un film su ...; **~ etw** *acc* **sprechen** parlare di qc **4.** (*von mehr als*) oltre; **Kinder ~ 6 Jahre** bambini oltre i sei anni **5.** (*haufenweise*) **Fehler ~ Fehler** errori su errori **6.** (*Überordnung*) sopra; **~ etw/jdm stehen** (*fig*) essere superiore a qc/qu **II.** *adv* **1.** (*mehr, länger als*) più di; **~ fünfzig (Jahre alt) sein** avere più di cinquant'anni **2.** (*völlig*) **~ und ~** da capo a piedi, completamente **3.** (*Zeitraum*) **die ganze Zeit ~** tutto il tempo

überall [yːbɐ'ʔal] *adv* dappertutto

überanstrengen <ohne ge-> **I.** *vt* strapazzare **II.** *vr* **sich ~** strapazzarsi; **Überanstrengung** *f* fatica *f* eccessiva

überarbeiten <ohne ge-> **I.** *vt* rivedere **II.** *vr* **sich ~** lavorare troppo

überaus *adv* estremamente, *oft mit Superlativ übersetzt;* **er ist ~ geschickt** è abilissimo

überbelichten <ohne ge-> *vt* (FOTO) sovraesporre

Überbevölkerung *f* sovrappopolazione *f*

überbewerten <ohne ge-> *vt* sopravvalutare

überbieten <irr, ohne ge-> *vt* **1.** (*bei

Auktion) offrire più di; **jdn um 1000 Mark ~** offrire 1000 marchi più di qu **2.** (*übertreffen*) **das ist an Unverschämtheit nicht mehr zu ~** è il colmo della sfacciataggine

Überbleibsel ['y:bɐblaɪpsəl] <-s, -> *n* resto *m*

Überblick *m* **1.** (*Übersicht*) visione *f* generale; **den ~ verlieren** perdere la visione d'insieme **2.** (*Aussicht*) panorama *m* **3.** (*Zusammenfassung*) **ein kurzer ~ über etw** *acc* una breve sintesi su qc

überblicken <ohne ge-> *vt* abbracciare con lo sguardo; (*fig*) avere una visione d'insieme di

überbringen <irr, ohne ge-> *vt* (*geh*) portare

überbrücken [y:bɐ'brʏkən] <ohne ge-> *vt* (*fig: Gegensätze*) superare; (*Zeit*) riempire

überdenken <irr, ohne ge-> *vt* riflettere su

überdies *adv* inoltre

überdimensional *adj* ultradimensionale

Überdosis *f* dose *f* eccessiva; (*von Rauschgift*) overdose *f*

Überdruck <-(e)s, -drücke> *m* (PHYS) sovrappressione *f*

Überdruss[RR] ['y:bɐdrʊs] <-es> *kein Pl m*, **Überdruß** <-drusses> *kein Pl m* noia *f*; **bis zum ~** fino alla nausea; **überdrüssig** ['y:bɐdrʏsɪç] *adj* **einer Sache** *gen* **~ werden** stancarsi di qc

überdurchschnittlich *adj* superiore alla media

übereilen <ohne ge-> *vt* precipitare; **übereilt** *adj* avventato

übereinander [y:bɐʔaɪ'nandɐ] *adv* **1.** (*räumlich*) uno sopra l'altro; **~ legen** sovrapporre **2.** (*sprechen*) l'uno dell'altro; **übereinander|legen** *s.* **übereinander 1.**

überein|kommen <irr> *vi sein* accordarsi; **Übereinkunft** *f* accordo *m*

überein|stimmen *vi* **1.** (*die gleiche Meinung haben*) **mit jdm** (**in etw** *dat*) **~** essere d'accordo con qu (su qc) **2.** (*gleich sein*) concordare; **mit etw ~** corrispondere a qc; **Übereinstimmung** *f* concordanza *f*

überempfindlich *adj* ipersensibile

überfahren <irr, ohne ge-> *vt* **1.** (*Mensch, Tier*) investire **2.** (*Ampel*) oltrepassare **3.** (*fig fam*) cogliere di sorpresa

Überfahrt *f* traversata *f*

Überfall *m* assalto *m*; (*Raub~*) rapina *f*; **der ~ auf jdn/etw** l'assalto a qu/qc; **überfallen** <irr, ohne ge-> *vt* attaccare (di sorpresa); (*Bank*) rapinare

überfällig *adj* **1.** (*Verkehrsmittel*) in ritardo; **seit zwei Stunden ~ sein** essere in ritardo di due ore **2.** (*Wechsel*) scaduto

überfliegen <irr, ohne ge-> *vt* **1.** sorvolare **2.** (*fig: Text*) dare una scorsa a

Überfluss[RR] *m* (sovr)abbondanza *f*; **ein ~ an etw** *dat* un'abbondanza di qc; **im ~ leben** vivere nell'abbondanza; **zu allem ~** per giunta; **Überflussgesellschaft**[RR] *f* società *f* opulenta; **überflüssig** *adj* superfluo; (*unnütz*) inutile

überfordern <ohne ge-> *vt* esigere troppo da

überführen <ohne ge-> *vt* **1.** (*transportieren*) trasportare **2.** (*Verbrecher*) provare la colpevolezza di

überfüllt [y:bɐ'fʏlt] *adj* sovraffollato

Übergabe *f* **1.** (*Aushändigung*) consegna *f* **2.** (MIL) resa *f*

Übergang *m* **1.** (*a fig*) passaggio *m*; **der ~ von der Schule zum Beruf** il passaggio dalla scuola al lavoro **2.** *sing* (*Zwischenlösung*) transizione *f*; **Übergangslösung** *f* soluzione *f* interlocutoria; **Übergangszeit** *f* **1.** periodo *m* di transizione **2.** (*zwischen Jahreszeiten*) mezza stagione *f*

übergeben <irr, ohne ge-> **I.** *vt* **1.** (*aushändigen*) consegnare **2.** (*Amt*) trasmettere **II.** *vr* **sich ~** vomitare

über|gehen[1] <irr> *vi sein* **1.** (*die Tätigkeit ändern*) **zu etw ~** passare a qc **2.** (*sich wandeln*) **in etw** *acc* **~** trasformarsi in qc

übergehen[2] [y:bɐ'ge:ən] <irr, ohne ge-> *vt* **1.** (*auslassen*) omettere **2.** (*nicht berücksichtigen*) dimenticare **3.** (*nicht beachten*) non badare a

Übergewicht *n* **1.** *sing* sovrappeso *m*; **~ haben** essere in sovrappeso **2.** (*fig*) preponderanza *f*; **~ haben** predominare

überglücklich *adj* felicissimo

Übergröße *f* (*Kleider~*) taglia *f* forte

überhand[RR] *adv* **~ nehmen** prendere il sopravvento

überhand|nehmen *s.* **überhand**

überhäufen <ohne ge-> *vt* **jdn mit etw ~** sommergere qu di qc; **jdn mit Vorwürfen ~** colmare qu di rimproveri; **jdn mit Arbeit**

U

~ sovraccaricare qu di lavoro

überhaupt [y:bɐˈhaʊpt] *adv* **1.** (*im Allgemeinen*) in genere **2.** (*bei Verneinungen: ganz und gar*) ~ **nicht** non … affatto; ~ **nichts** proprio niente; **ich denke ~ nicht daran zu …** non ci penso neppure a *+inf;* **ich habe ~ keine Ahnung** non ho la minima idea **3.** (*in Fragen: eigentlich*) ma, poi; **gibt es diesen Ausdruck ~?** ma esiste questa espressione?

überheblich [y:bɐˈhe:plɪç] *adj* presuntuoso

überhöht [y:bɐˈhø:t] *adj* eccessivo

überholen <ohne ge-> *vt* **1.** (AUTO) sorpassare **2.** (TEC) revisionare

Überholspur *f* corsia *f* di sorpasso

überholt *adj* (*veraltet*) antiquato

Überholverbot *n* divieto *m* di sorpasso

überhören <ohne ge-> *vt* non sentire; (*absichtlich*) far finta di non sentire

überirdisch *adj* soprannaturale

über|kochen *vi sein* andare fuori (bollendo)

überladen <irr, ohne ge-> *vt* **jdn** (**mit etw**) ~ sovraccaricare qu (di qc)

überlassen <irr, ohne ge-> *vt* **1.** (*zur Verfügung stellen*) lasciare; (*abtreten*) cedere **2.** (*anvertrauen*) affidare **3.** (*anheim stellen*) lasciare; **das überlasse ich Ihnen** mi rimetto a Lei; ~ **Sie das bitte mir!** lasci fare a me

überlasten <ohne ge-> *vt* sovraccaricare; (*jdn a*) oberare

Überlastung <-, -en> *f* sovraccarico *m*

über|laufen[1] [ˈy:bɐlaʊfən] <irr> *vi sein* **1.** (*Flüssigkeit*) traboccare **2.** (MIL) disertare; **zum Feind ~** passare al nemico

überlaufen[2] [y:bɐˈlaʊfən] **I.** <irr, ohne ge-> *vt* **es überlief mich kalt** (**dabei**) fui colto dai brividi **II.** *adj* ~ **sein** essere sovraffollato

Überläufer *m* disertore *m*

überleben <ohne ge-> *vt* **jdn/etw ~** sopravvivere a qu/qc; **Überlebende** <ein -r, -n, -n> *mf* superstite *mf*

überlegen[1] <ohne ge-> *vi* riflettere; **sich** *dat* **etw gut ~** riflettere bene su qc; **es sich** *dat* **anders ~** cambiare idea; **ohne lange zu ~** senza pensarci tanto; **wohl überlegt** ben ponderato; **wohl überlegt vorgehen** agire con ponderatezza

überlegen[2] *adj* superiore; **jdm an etw** *dat* ~ **sein** essere superiore a qu per qc; **Überlegenheit** <-> *kein Pl f* superiorità *f*

Überlegung <-, -en> *f* riflessione *f*

überliefern <ohne ge-> *vt* tramandare; **Überlieferung** *f* tradizione *f*

überlisten <ohne ge-> *vt* ingannare

überm [ˈy:bɐm] (*fam*) = **über dem**

Übermacht *f* superiorità *f;* **in der ~ sein** essere superiore; **übermächtig** *adj* **1.** (*Institution*) strapotente **2.** (*Gefühl*) irresistibile

Übermaß *n* eccesso *m;* **das ~ an etw** l'eccesso di qc; **im ~** in eccesso; **übermäßig I.** *adj* eccessivo **II.** *adv* oltre misura

übermitteln <ohne ge-> *vt* trasmettere; (*Grüße*) portare

übermorgen *adv* dopodomani

übermüdet *adj* spossato; **Übermüdung** <-> *kein Pl f* spossatezza *f*

Übermut *m* sfrenatezza *f;* **übermütig** *adj* scatenato

übern [ˈy:bɐn] (*fam*) = **über den**

übernachten <ohne ge-> *vi* pernottare; **übernächtig** *adj* (*A*), **übernächtigt** *adj* stanco (per non aver dormito abbastanza); **Übernachtung** <-, -en> *f* pernottamento *m*

Übernahme <-, -n> *f* **1.** (*von Schulden, Amt*) assunzione *f;* **feindliche ~** (WIRTSCH) acquisizione *f* ostile **2.** (*Annahme*) accettazione *f;* **übernehmen** <irr, ohne ge-> **I.** *vt* assumere; (*Kosten, Verantwortung*) assumersi **II.** *vr* **sich ~** voler fare troppo; **sich bei der Arbeit ~** affaticarsi troppo lavorando

überprüfen <ohne ge-> *vt* esaminare; (*kontrollieren*) controllare

überqueren <ohne ge-> *vt* attraversare

überragen <ohne ge-> *vt* superare

überragend *adj* (*fig*) eccellente

überraschen [y:bɐˈraʃən] <ohne ge-> *vt* sorprendere; **lassen wir uns ~** stiamo a vedere; **ich war angenehm überrascht** è stata una piacevole sorpresa per me; **überraschend** *adj* sorprendente; (*unerwartet*) inaspettato; **Überraschung** <-, -en> *f* sorpresa *f*

überreden <ohne ge-> *vt* persuadere; **Überredungskunst** *f* arte *f* della persuasione

überregional *adj* sovraregionale

überreichen <ohne ge-> *vt* consegnare

Überreste *mpl* **1.** (*Zurückgebliebenes*) resti *mpl* **2.** (*Ruinen*) rovine *fpl*

Überrollbügel *m* (AUTO) roll-bar *m*

überrumpeln <ohne ge-> *vt* sorprendere;

jdn mit einer Frage ~ cogliere di sorpresa qu con una domanda

übers ['y:bɐs] (*fam*) = **über das**

übersättigt *adj* sazio

Überschallgeschwindigkeit *f* velocità *f* supersonica

überschätzen <ohne ge-> *vt* sopravvalutare

überschaubar *adj* (*fig*) chiaro; (*beschränkt*) limitato

überschauen <ohne ge-> *vt s.* **überblicken**

über|schäumen *vi sein* traboccare; **vor Temperament** ~ (*fig*) essere di temperamento esuberante

Überschlag *m* **1.** (SPORT) salto *m* mortale **2.** (AERO) looping *m* **3.** (*ungefähre Berechnung*) calcolo *m* approssimativo; **überschlagen** <irr, ohne ge-> **I.** *vt* **1.** (*auslassen*) saltare **2.** (*berechnen*) fare un calcolo approssimativo di **II.** *vr* **sich** ~ **1.** (*Mensch, Fahrzeug*) ribaltarsi; (*Auto*) cappottare **2.** (*Stimme*) dare nel falsetto **3.** (*fig: Ereignisse*) susseguirsi con rapidità travolgente

über|schnappen *vi sein* (*fam*) **1.** (*den Verstand verlieren*) impazzire **2.** (*Stimme*) dare nel falsetto

überschneiden <irr, ohne ge-> *vr* **sich** ~ (*zeitlich*) coincidere

überschreiben <irr, ohne ge-> *vt* **1.** (*Diskette*) ricoprire **2.** (*übertragen*) intestare; **jdm etw** ~ trasmettere qc a qu

überschreiten <irr, ohne ge-> *vt* **1.** (*überqueren*) attraversare **2.** (*fig: hinausgehen über*) oltrepassare **3.** (*übertreten*) trasgredire; **seine Befugnisse** ~ andare al di là delle proprie competenze

Überschrift *f* titolo *m*

Überschuss[RR] *m* eccedenza *f*; **der** ~ **an etw** *dat* l'eccedenza di qc; **überschüssig** *adj* eccedente

überschütten <ohne ge-> *vt* (*fig*) colmare; **jdn mit Fragen** ~ bombardare qu di domande; **jdn mit Vorwürfen** ~ sommergere qu di rimproveri

überschwänglich[RR] ['y:bɐʃvɛŋlɪç] *adj* esuberante; (*Lob*) entusiastico

überschwemmen <ohne ge-> *vt* (*a fig*) inondare; **mit Informationen** ~ inondare di informazioni; **Überschwemmung** <-, -en> *f* alluvione *f*

überschwenglich *adj s.* **überschwänglich**

Übersee *f* **nach** ~ oltremare; **aus** ~ d'oltremare

übersehen <irr, ohne ge-> *vt* **1.** (*Gelände*) abbracciare con lo sguardo **2.** (*fig: abschätzen*) valutare **3.** (*nicht bemerken*) non vedere **4.** (*ignorieren*) ignorare

über|setzen[1] ['y:bɐzɛtsən] **I.** *vt* (*mit Fähre*) traghettare **II.** *vi sein* passare all'altra sponda

übersetzen[2] [y:bɐ'zɛtsən] <ohne ge-> *vt* tradurre

Übersetzer(in) <-s, -; -, -nen> *m(f)* traduttore, -trice *m, f*

Übersetzung <-, -en> *f* **1.** (LING) traduzione *f* **2.** (TEC) trasmissione *f*

Übersicht <-, -en> *f* **1.** *sing* (*Überblick*) visione *f* d'insieme **2.** (*Darstellung*) quadro *m*; **übersichtlich** *adj* **1.** (*Gelände*) aperto **2.** (*Darstellung*) chiaro

über|siedeln *vi sein* trasferirsi

übersinnlich *adj* soprannaturale

überspielen <ohne ge-> *vt* **1.** (RADIO, TV) registrare **2.** (*fig: verdecken*) passare sopra a

überspitzt *adj* esagerato

über|springen[1] ['y:bɐʃprɪŋən] <irr> *vi sein* **1.** (*Funke*) scoccare **2.** (*fig*) **auf etw** *acc* ~ passare a qc

überspringen[2] [y:bɐ'ʃprɪŋən] <irr, ohne ge-> *vt* (*a fig*) saltare

überstehen[1] [y:bɐ'ʃte:ən] <irr, ohne ge-> *vt* superare; (*überleben*) sopravvivere a; **das Schlimmste ist schon überstanden** il peggio è passato

über|stehen[2] ['y:bɐʃte:ən] <irr> *vi haben o sein* (*hervorragen*) sporgere

übersteigen <irr, ohne ge-> *vt* **1.** (*Hindernis*) scavalcare **2.** (*fig*) superare

überstimmen <ohne ge-> *vt* battere nella votazione

Überstunde *f* straordinario *m*; **~n machen** fare lo straordinario

überstürzen <ohne ge-> **I.** *vt* precipitare **II.** *vr* **sich** ~ precipitarsi

Übertopf *m* portavasi *m*

Übertrag ['y:bɐtra:k] <-(e)s, Überträge> *m* riporto *m*; **übertragbar** *adj* **1.** (MED) trasmissibile **2.** (JUR, FIN) trasferibile

übertragen <irr, ohne ge-> **I.** *vt* **1.** (MED) **eine Kankheit auf jdn** ~ trasmettere una malattia a qu **2.** (*Besitz*) **etw auf jdn** ~ trasferire qc a qu **3.** (*Aufgabe*) **jdm die Leitung**

U

des Projekts ~ affidare a qu la direzione del progetto **4.** (*übersetzen*) tradurre; **ins Italienische** ~ tradurre in italiano **5.** (RADIO, TV) mandare in onda; **direkt** ~ trasmettere in diretta **6.** (INFORM) trasferire **II.** *vr* **sich auf jdn** ~ (*a fig*) trasmettersi a qu

Übertragung <-, -en> *f* **1.** (MED) trasmissione *f* **2.** (*von Besitz*) trasferimento *m;* (*von Amt, Aufgabe*) assegnazione *f* **3.** (*Übersetzung*) traduzione *f* **4.** (RADIO, TV, TEC) trasmissione *f*

übertreffen <irr, ohne ge-> **I.** *vt* **jdn** (**an etw** *dat*) ~ superare qu (in qc); (SPORT) battere qu (in qc) **II.** *vr* **sich selbst** ~ superarsi

übertreiben <irr, ohne ge-> *vt, vi* esagerare; **Übertreibung** <-, -en> *f* esagerazione *f*

über|treten¹ ['y:bɐtre:tən] <irr> *vi sein* **1.** (SPORT) oltrepassare **2.** (*fig*) **zu anderer Partei** ~ passare ad altro partito; **zum Katholizismus** ~ convertirsi al cattolicesimo

übertreten² [y:bɐ'tre:tən] <irr, ohne ge-> *vt* (*Regel*) violare

übertrieben *adj* esagerato; (*übermäßig*) eccessivo

übertrumpfen <ohne ge-> *vt* (*fig*) schiacciare

überwachen <ohne ge-> *vt* sorvegliare; **Überwachung** <-, -en> *f* sorveglianza *f*

überwältigen [y:bɐ'vɛltɪgən] <ohne ge-> *vt* **1.** (*bezwingen*) sopraffare **2.** (*fig*) sconvolgere

überwältigend *adj* travolgente

über|wechseln *vi sein* passare; **zur Gegenpartei** ~ passare alla controparte

überweisen <irr, ohne ge-> *vt* **1.** (*Geld*) rimettere; **auf jds Konto** ~ versare sul conto di qu **2.** (*Patienten*) mandare; **Überweisung** *f* (FIN) trasferimento *m*

überwiegen <irr, ohne ge-> *vi* predominare; **überwiegend I.** *adj* prevalente **II.** *adv* in prevalenza

überwinden <irr, ohne ge-> **I.** *vt* superare **II.** *vr* **sich** ~ **etw zu tun** sforzarsi di fare qc; **Überwindung** *f* (*Selbst~*) sforzo *m;* **es hat mich** ~ **gekostet** ho dovuto superarmi

überwintern [y:bɐ'vɪntɐn] <ohne ge-> *vi* svernare

Überzahl *f* **in der** ~ **sein** essere in maggioranza; **überzählig** *adj* ~ **sein** essere in soprannumero

überzeugen <ohne ge-> **I.** *vt* **jdn** (**von etw**) ~ convincere qu (di qc); **er ist sehr von sich selbst überzeugt** è pieno di sé **II.** *vr* **sich** ~ convincersi; **sich von etw** ~ convincersi di qc; ~ **Sie sich selbst!** guardi Lei stesso!; **überzeugend** *adj* convincente; **Überzeugung** *f* convinzione *f;* **aus** ~ per convinzione

über|ziehen¹ ['y:bɐtsi:ən] <irr> *vt* (*Kleidungsstück*) mettere (sopra)

überziehen² [y:bɐ'tsi:ən] <irr, ohne ge-> *vt* **1.** (*mit Stoff*) **etw** (**mit etw**) ~ rivestire qc (di qc); **ein Bett** (**frisch**) ~ cambiare le lenzuola **2.** (*belasten*) **das Konto um hundert Euro** ~ scoprire il conto di 100 euro

Überzug *m* (*Bettbezug*) federa *f*

üblich ['y:plɪç] *adj* solito; **es ist** ~ **zu ...** +*inf* si usa +*inf;* **das ist so** ~ si usa così; **wie** ~ come al solito

U-Boot *n* sommergibile *m*

übrig ['y:brɪç] *adj* restante; **das Übrige** il resto; **die Übrigen** gli altri; **im Übrigen** del resto; ~ **bleiben** avanzare; **es bleibt nichts anderes** ~, **als ...** non resta altro da fare che +*inf;* ~ **sein** rimanere; **für jdn nichts** ~ **haben** (*fig*) avere antipatia per qu

übrig|bleiben *s.* **übrig**

übrigens ['y:brɪgəns] *adv* d'altronde; (*nebenbei bemerkt*) a proposito

Übung ['y:bʊŋ] <-, -en> *f* esercizio *m;* **aus der** ~ **kommen** perdere l'esercizio; **in** ~ **bleiben** tenersi in esercizio

UdSSR *f* (HIST) *abk v* **Union der Sozialistischen Sowjetrepubliken** URSS *f*

UEFA-Cup [u'e:fakap] <-s, -s> *m* coppa *f* UEFA

Ufer ['u:fɐ] <-s, -> *n* riva *f;* **am** ~ sulla riva; **über die** ~ **treten** straripare

Ufo, **UFO** ['u:fo] <-(s), -s> *n akr v* **unbekanntes Flugobjekt** UFO *m*

U-Haft *f abk v* **Untersuchungshaft** (*fam*) detenzione *f* preventiva

Uhr [u:ɐ̯] <-, -en> *f* **1.** (*Gerät*) orologio *m;* **meine** ~ **geht vor/nach** il mio orologio è avanti/indietro; **er ist rund um die** ~ **beschäftigt** è occupato 24 ore su 24 **2.** (*bei Zeitangaben*) ora *f;* **um acht** ~ alle otto; **um 12** ~ **mittags/nachts** a mezzogiorno/mezzanotte; **es ist zwei** ~ sono le due; **wie viel** ~ **ist es?** che ore sono?; **um wie viel** ~**?** a che ora?; **Uhrmacher(in)** *m(f)* orologiaio, -a *m, f;* **Uhrwerk** *n* meccanismo *m* dell'orologio; **Uhrzeiger** *m* lancetta *f* dell'orologio; **Uhrzeigersinn** *m* **im** ~ in senso orario; **entgegen dem** ~ in senso antiorario; **Uhrzeit** *f* ora *f*

Uhu ['u:hu] <-s, -s> *m* gufo *m*

Ukraine [u'kraɪnə] *f* Ucraina *f*

Ukrainer(in) [u'kraɪnɐ] <-s, -; -, -nen> *m(f)* ucraino, -a *m, f*

ukrainisch *adj* ucraino

UKW [u:ka:'ve:] *abk v* **Ultrakurzwelle** onda *f* ultracorta

ulkig *adj* (*fam*) buffo

Ulm [ʊlm] *n* Ulma *f*

Ulme ['ʊlmə] <-, -n> *f* olmo *m*

Ultimatum [ʊltɪ'ma:tʊm] <-s, Ultimaten> *n* ultimatum *m;* **jdm ein** ~ **stellen** porre un ultimatum a qu

Ultrakurzwelle *f* (RADIO, PHYS) onda *f* ultracorta; **ultra-orthodox** *adj* ultraortodosso

Ultraschall *m* ultrasuono *m;* **Ultraschallgerät** *n* ecografo *m;* **Ultraschalluntersuchung** *f* ecografia *f*

um [ʊm] **I.** *prp +acc* **1.** (~ *herum*) intorno a **2.** (*bei Uhrzeiten*) a; (*ungefähr*) verso; ~ **fünf Uhr** alle cinque; ~ **Ostern** (**herum**) verso Pasqua **3.** (*Unterschied*) di; ~ **zwei cm kleiner** più piccolo di due cm **4.** (*für*) per, a; **es tut mir Leid** ~ **sie** mi dispiace per lei; ~ **jeden Preis** a ogni costo **5.** (*Abfolge*) **Stunde** ~ **Stunde verging, ohne dass er anrief** passarono ore senza che telefonasse **6.** (*mit Verb*) di; **ich bitte** (**Sie**) ~ **Ruhe** vi prego di far silenzio **II.** *konj* ~ **zu ...** per *+inf*

um|ändern *vt* modificare

umarmen <ohne ge-> *vt* abbracciare; (*heftig*) stringere; **Umarmung** <-, -en> *f* abbraccio *m*

Umbau *m* ricostruzione *f*

um|bauen *vt* trasformare

um|benennen <irr, ohne ge-> *vt* cambiare il nome a

um|bilden *vt* trasformare; (ADM) riorganizzare; (*Regierung*) rimpastare

um|binden <irr> *vr* **sich** *dat* **etw** ~ mettersi qc

um|blättern *vi* voltare pagina

Umbrien ['ʊmbriən] *n* Umbria *f*

um|bringen <irr> **I.** *vt* uccidere **II.** *vr* **sich** ~ uccidersi

Umbruch *m* **1.** (POL) cambiamento *m* radicale **2.** *sing* (TYP) impaginazione *f*

um|buchen *vt* **1.** (FIN) trasferire (su un altro conto) **2.** (*Reise*) cambiare il biglietto per

um|denken <irr> *vi* cambiare il proprio modo di pensare

um|disponieren <ohne ge-> *vi* ridisporre

um|drehen **I.** *vt* girare; (*Hals*) torcere **II.** *vr* **sich** ~ voltarsi

Umdrehung *f* giro *m;* (*um die eigene Achse*) rotazione *f*

umeinander *adv* **1.** (*räumlich*) l'uno intorno all'altro **2.** (*einander betreffend*) l'uno dell'altro

um|fahren[1] ['ʊmfa:rən] <irr> *vt* (*niederfahren*) travolgere (con un veicolo)

umfahren[2] [ʊm'fa:rən] <irr, ohne ge-> *vt* (*herumfahren um*) girare attorno a

Umfahrung [ʊm'fa:rʊŋ] <-, -en> *f* (*A, CH*) circonvallazione *f*

um|fallen <irr> *vi sein* **1.** (*hinfallen*) cadere (a terra) **2.** (*fam: seine Meinung ändern*) fare un voltafaccia

Umfang *m* **1.** (*Ausdehnung*) estensione *f;* (*Dicke*) volume *m* **2.** (*fig: Ausmaß*) dimensioni *fpl;* **in großem** ~ su vasta scala **3.** (MAT) circonferenza *f;* **umfangreich** *adj* voluminoso; (*umfassend*) vasto

umfassen [ʊm'fasən] <ohne ge-> *vt* **1.** (*umschlingen*) abbracciare **2.** (*enthalten*) comprendere; **umfassend** *adj* ampio; (*vollständig*) completo

Umfeld *n* milieu *m;* **im** ~ **von** nel contesto di

um|formen *vt* trasformare

Umfrage *f* inchiesta *f*

um|funktionieren <ohne ge-> *vt* trasformare

Umgang *m* (*Beziehungen*) rapporti *mpl;* (*Gesellschaft*) compagnia *f*

umgänglich ['ʊmgɛŋlɪç] *adj* (*gesellig*) socievole; (*freundlich*) affabile

Umgangsformen *fpl* maniere *fpl*

Umgangssprache *f* lingua *f* parlata; **umgangssprachlich** *adj* colloquiale

umgeben <irr, ohne ge-> *vt* circondare

Umgebung <-> *kein Pl f* **1.** (GEOG) dintorni *mpl;* **gibt es hier in der** ~ **ein Hotel?** c'è un albergo qua vicino? **2.** (SOC: *Milieu*) ambiente *m;* (*Gesellschaft*) compagnia *f*

umgehen[1] [ʊm'ge:ən] <irr, ohne ge-> *vt* **1.** (*herumgehen um*) girare intorno a **2.** (*fig: Gesetz, Frage*) eludere; (*vermeiden*) scansare

um|gehen[2] ['ʊmge:ən] <irr> *vi sein*

U

1. (*Gerücht*) circolare **2.** (*mit Personen*) trattare; (*mit Dingen*) maneggiare; **mit jdm grob** ~ trattare qu rudemente; **er kann mit den Leuten** ~ sa trattare la gente; **mit etw sparsam** ~ usare qc con parsimonia

umgehend I. *adj* immediato **II.** *adv* senza indugio

Umgehungsstraße *f* circonvallazione *f*

umgekehrt I. *adj* **1.** (*umgedreht*) rovescio **2.** (*fig*) inverso; **in ~er Reihenfolge** in ordine inverso; **in ~er Richtung** in direzione opposta; **es war genau** ~ era esattamente l'opposto **II.** *adv* all'opposto

um|graben <irr> *vt* vangare

Umhang *m* mantellina *f*

um|hängen *vt* **1.** (*an andere Stelle hängen*) appendere altrove **2.** (*um die Schulter*) mettere addosso; (*Rucksack*) mettere in spalla; **Umhängetasche** *f* borsa *f* a tracolla

um|hauen <haut um, haute um, umgehauen> *vt* **1.** (*Baum*) abbattere **2.** (*fig fam*) lasciare senza fiato

umher *adv* **1.** (*ringsum*) intorno **2.** (*hier und dort*) qua e là; **umher|blicken** *vi* guardarsi intorno; **umher|irren** *vi sein* vagare; **umher|ziehen** <irr> *vi sein* girovagare

um|hören *vr* **sich** ~ informarsi un po' in giro

umkämpft *adj* conteso

Umkehr ['ʊmkeːɐ̯] <-> *kein Pl f* ritorno *m*

um|kehren I. *vt* **1.** (*umdrehen*) rivoltare **2.** (*Reihenfolge*) capovolgere **II.** *vi sein* ritornare

um|kippen I. *vt* rovesciare **II.** *vi sein* **1.** (*umfallen*) rovesciarsi; (*Boot*) capovolgersi **2.** (*fam: ohnmächtig werden*) cadere svenuto **3.** (*fam pej: Meinung ändern*) fare un voltafaccia **4.** (*fam: Stimmung*) cambiare improvvisamente

Umkleidekabine *f* cabina *f;* **Umkleideraum** *m* spogliatoio *m*

um|kommen <irr> *vi sein* morire; **vor Hitze** ~ morire di caldo

Umkreis <-es> *kein Pl m* vicinanze *fpl;* **im ~ von zehn Kilometern** nel giro di dieci chilometri

um|krempeln ['ʊmkrɛmpəln] *vt* **1.** (*umschlagen*) rimboccare **2.** (*fig*) mettere sottosopra

um|laden <irr> *vt* trasbordare

Umlauf *m* **1.** *sing* (*von Geld*) circolazione *f;* **in ~ bringen** mettere in circolazione; **im ~ sein** circolare **2.** *sing* (ASTR) rivoluzione *f* **3.** (*Rundschreiben*) circolare *f;* **Umlaufbahn** *f* (ASTR) orbita *f*

Umlaut *m* (LING) vocale *f* raddolcita

um|legen *vt* **1.** (*Kleidungsstück*) mettere (sopra) **2.** (*verlegen*) spostare **3.** (*Kosten*) ripartire **4.** (*fam: töten*) fare fuori

um|leiten *vt* deviare; **Umleitung** *f* deviazione *f*

umliegend *adj* circostante

umnachtet *adj* **geistig** ~ ottenebrato

um|pflanzen *vt* trapiantare

um|pflügen *vt* arare

um|quartieren <ohne ge-> *vt* far cambiare alloggio a

umranden <ohne ge-> *vt* **etw** (**mit etw**) ~ contornare qc (di qc)

um|räumen *vt* (*Zimmer*) cambiare la disposizione di; (*Bücher*) riordinare

um|rechnen *vt* (FIN) convertire; **Umrechnung** *f* (FIN) conversione *f;* **Umrechnungskurse** *fpl* tassi *mpl* di conversione

um|reißen[1] ['ʊmraɪsən] <irr> *vt* (*niederreißen*) abbattere

umreißen[2] [ʊm'raɪsən] <irr, ohne ge-> *vt* (*fig*) abbozzare

um|rennen <irr> *vt* travolgere (correndo)

umringen [ʊm'rɪŋən] <ohne ge-> *vt* circondare

Umriss[RR] *m,* **Umriß** *m* contorno *m*

um|rühren *vt* mescolare

ums [ʊms] = **um das**

um|satteln *vi* (*fig fam: den Beruf wechseln*) cambiare mestiere; **von etw auf etw** *acc* ~ cambiare da qc a qc

Umsatz *m* fatturato *m;* **Umsatzsteuer** *f* imposta *f* sugli affari

um|schalten I. *vt* (EL) commutare **II.** *vi* (RADIO, TV) cambiare canale

Umschau *f* (**nach jdm/etw**) ~ **halten** guardarsi intorno (alla ricerca di qu/qc)

um|schauen *s.* **umsehen**

Umschlag *m* **1.** (*Buch~*) copertina *f;* (*Brief~*) busta *f* **2.** (MED) impacco *m* **3.** (*an Kleidung*) risvolto *m* **4.** *sing* (*Wechsel*) mutamento *m* improvviso; **um|schlagen** <irr> **I.** *vt* **1.** (*Ärmel*) rimboccare; (*Buchseite*) voltare **2.** (*Güter*) trasbordare **II.** *vi sein* (*Wind*) girare; (*Wetter, Stimme*) cambiare improvvisamente; **ins Gegenteil** ~ prendere la piega contraria

um|schnallen *vt* mettersi

um|schreiben[1] ['ʊmʃraɪbən] <irr> *vt*

1. (*neu schreiben*) rifare; (*ändern*) cambiare 2. (*übertragen*) trasferire

umschreiben[2] [ʊmˈʃraɪbən] <irr, ohne ge-> *vt* 1. (*mit anderen Worten*) perifrasare 2. (*festlegen*) delimitare 3. (MAT) circoscrivere

um|schulen *vt* (*beruflich*) riqualificare professionalmente; **Umschulung** *f* riqualificazione *f* professionale

Umschweife *pl* **ohne ~** senza indugio

Umschwung *m* cambiamento *m*

um|sehen <irr> *vr* **sich ~** 1. (*zurücksehen*) voltarsi a guardare 2. (*um sich herum sehen*) **sich nach etw ~** guardarsi attorno alla ricerca di qc; **sich in der Stadt ~** visitare la città 3. (*suchen*) **sich nach etw ~** cercare qc

umseitig *adj o adv* sul retro

um|setzen I. *vt* 1. (*anders setzen*) cambiare posto a 2. (*umwandeln*) trasformare 3. (*verkaufen*) smerciare 4. (*verwirklichen*) realizzare; **etw in die Tat ~** mettere qc in atto; **etw in die Praxis ~** mettere in pratica qc II. *vr* **sich ~** cambiare posto

Umsicht *f* circospezione *f*; **umsichtig** *adj* circospetto

um|siedeln *vi sein* trasferirsi

umso[RR] [ˈʊmzo] *konj* tanto; **je ..., ~ ...** più ..., più ...; **~ besser** tanto meglio

umsonst [ʊmˈzɔnst] *adv* 1. (*gratis*) gratis 2. (*vergeblich*) invano; **nicht ~** non a caso

umsorgen [ʊmˈzɔrgən] <ohne ge-> *vt* avere cura di

um|springen <irr> *vi sein* **mit jdm ~** trattare qu

Umstand *m* 1. (JUR) circostanza *f*; **mildernde Umstände** circostanze attenuanti 2. (*Tatsache*) fatto *m*; **die näheren Umstände** i particolari 3. *pl* (*Verhältnisse*) circostanze *fpl*; (*Lage*) situazione *f*; **unter Umständen** eventualmente; **unter diesen Umständen** date le circostanze; **in (anderen) Umständen sein** essere in stato interessante 4. *pl* (*Mühe*) cerimonie *fpl*; **machen Sie sich** *dat* **keine Umstände!** non si disturbi!

umständlich *adj* 1. (*Mensch*) cerimonioso; (*übergenau*) pignolo 2. (*Methode*) complicato; **das ist mir viel zu ~** è troppo complicato per me 3. (*Ausdrucksweise*) prolisso

Umstandskleid *n* (abito *m*) pre-maman® *m*; **Umstandswort** *n* avverbio *m*

um|steigen <irr> *vi sein* cambiare treno; **in den Zug nach Frankfurt ~** prendere la coincidenza per Francoforte

um|stellen I. *vt* 1. (*anders stellen*) spostare 2. (*fig: Betrieb*) trasformare; **auf andere Erzeugnisse ~** indirizzarsi verso altri prodotti II. *vr* **sich (auf etw** *acc*) **~** (*fig*) adattarsi (a qc)

Umstellung *f* 1. spostamento *m* 2. (*fig: Anpassung*) adattamento *m*; **~ auf etw** *acc* adattamento a qc; **~ auf Computer** computerizzazione *f*

um|stimmen *vt* **jdn ~** far cambiare idea a qu

um|stoßen <irr> *vt* rovesciare

umstritten [ʊmˈʃtrɪtən] *adj* controverso

um|strukturieren <ohne ge-> *vt* ristrutturare

Umsturz *m* rovesciamento *m*; **um|stürzen** I. *vt* rovesciare II. *vi sein* crollare; (*umkippen*) ribaltarsi

Umtausch *m* 1. (COM) cambio *m*; **diese Waren sind vom ~ ausgeschlossen** gli articoli di questo reparto non possono venir cambiati 2. (FIN) conversione *f*; **um|tauschen** *vt* 1. (*Waren*) **etw (gegen etw) ~** cambiare qc (con qc) 2. (FIN) convertire; **Dollar (in Euro) ~** cambiare dollari (in euro)

U-Musik <-> *kein Pl f* musica *f* leggera

um|wandeln *vt* **etw (in etw** *acc*) **~** cambiare qc (in qc); **Umwandlung** *f* cambiamento *m*

Umweg *m* strada *f* più lunga; **einen ~ machen** fare un giro; **auf ~en** per vie traverse

Umwelt *f* ambiente *m*; **umweltbelastend** *adj* inquinante; **Umweltbelastung** *f* incidenza *f* inquinante sull'ambiente; **umweltbewusst**[RR] *adj o adv* ecologico; **sich ~ verhalten** rispettare l'ambiente; **Umweltbewusstsein**[RR] *n* coscienza *f* ecologica; **Umwelteinflüsse** *mpl* influssi *mpl* ambientali; **umweltfreundlich** *adj* non inquinante; **~e Plastiksäcke** sacchetti di plastica biodegradabili; **umweltgefährdend** *adj* nocivo all'ambiente; **umweltgerecht** *adj* compatibile con l'ambiente; **Umweltgift** *n* sostanza *f* contaminante; **Umweltgütesiegel** *n* ecoetichetta *f*; **Umweltkatastrophe** *f* disastro *m* ecologico; **Umweltkriminalität** *f* reati *mpl* contro l'ambiente; **Umweltpolitik** *f* politica *f* ecologica; **umweltschonend** *adj* antinquinante; **Umweltschutz** *m* protezione *f* dell'ambiente; **Umweltschüt-**

zer(in) <-s, -; -, -nen> *m(f)* ecologista *mf;* **Umweltschutzmaßnahmen** *fpl* misure *fpl* antinquinamento; **Umweltschutzpapier** *n* carta *f* riciclata; **Umweltsteuer** *f* imposta *f* ambientale; **Umweltsünder** *m* contaminatore, -trice *m, f* ambientale; **Umweltvergehen** *n* ecoreato *m;* **Umweltverschmutzer(in)** <-s, -; -, -nen> *m(f)* inquinatore, -trice *m, f;* **Umweltverschmutzung** *f* inquinamento *m* ambientale; **umweltverträglich** *adj* compatibile con l'ambiente

umwerben <irr, ohne ge-> *vt* corteggiare

um|werfen <irr> *vt* **1.** (*umschmeißen*) rovesciare **2.** (*fig fam*) capovolgere; **umwerfend** *adj* sconvolgente

um|ziehen <irr> **I.** *vi sein* (*in andere Wohnung*) cambiare casa; (*in andere Stadt*) trasferirsi; **nach Stuttgart ~** trasferirsi a Stoccarda **II.** *vr* **sich ~** cambiarsi (d'abito)

umzingeln [ʊm'tsɪŋəln] <ohne ge-> *vt* circondare

Umzug *m* **1.** (*Festzug*) corteo *m;* (REL) processione *f* **2.** (*Wohnungswechsel*) trasloco *m*

UN [uː'ʔɛn] *f abk v* **United Nations** NU *fpl*

unabhängig *adj* indipendente; (*Staat*) autonomo; **von jdm/etw ~ sein** essere indipendente da qu/qc; **Unabhängigkeit** *f* indipendenza *f;* (*staatliche*) autonomia *f*

unabkömmlich *adj* impegnato

unablässig *adj* incessante

unabsehbar *adj* incalcolabile; **auf ~e Zeit** a tempo indeterminato

unabsichtlich *adj* involontario

unabwendbar *adj* ineluttabile

unachtsam *adj* disattento; (*nachlässig*) trascurato; **Unachtsamkeit** <-> *kein Pl f* disattenzione *f;* (*Nachlässigkeit*) negligenza *f*

unangebracht *adj* inopportuno

unangemessen *adj* inadeguato

unangenehm *adj* sgradevole; (*Überraschung*) brutto; (*ärgerlich*) fastidioso; (**von etw**) **~ berührt sein** essere dispiaciuto (di qc); **es ist mir sehr ~** mi dispiace molto

unangetastet *adj* intatto

Unannehmlichkeit *f* fastidio *m;* **jdm ~en bereiten** procurare noie a qu

unansehnlich *adj* brutto; (*Nahrung*) non appetitoso

unanständig *adj* indecente; (*Witz*) osceno

unappetitlich *adj* disgustoso

Unart *f* vizio *m;* **unartig** *adj* maleducato

unauffällig **I.** *adj* non appariscente **II.** *adv* con discrezione

unauffindbar *adj* introvabile

unaufgefordert **I.** *adj* non richiesto **II.** *adv* spontaneamente

unaufhaltsam *adj* inarrestabile

unaufhörlich **I.** *adj* continuo **II.** *adv* in continuazione

unaufmerksam *adj* disattento; (*zerstreut*) distratto

unaufrichtig *adj* falso

unausgeglichen *adj* poco equilibrato; **Unausgeglichenheit** *f* mancanza *f* d'equilibrio

unaussprechlich *adj* **1.** (*Wort*) impronunciabile **2.** (*fig*) indicibile

unausstehlich *adj* insopportabile

unausweichlich *adj* inevitabile

unbändig ['ʊnbɛndɪç] *adj* indomabile; **sich ~ freuen** rallegrarsi enormemente

unbarmherzig *adj* spietato

unbeabsichtigt *adj* non intenzionale

unbeachtet *adj* inosservato; **etw ~ lassen** ignorare qc

unbeaufsichtigt *adj* non sorvegliato

unbedenklich **I.** *adj* sicuro **II.** *adv* senz'altro

unbedeutend *adj* **1.** (*unwichtig*) irrilevante **2.** (*geringfügig*) futile

unbedingt **I.** *adj* **1.** (*absolut*) assoluto **2.** (*CH:* JUR: *ohne Bewährung*) senza condizionale **II.** *adv* in ogni caso, assolutamente; **das hat nicht ~ etw mit … zu tun** (ciò) non ha necessariamente qc a che fare con …

unbefangen *adj* **1.** (*natürlich*) disinvolto **2.** (*unparteiisch*) imparziale

unbefriedigend *adj* insoddisfacente; **unbefriedigt** *adj* insoddisfatto

unbefristet *adj* illimitato

unbefugt *adj* non autorizzato

unbegabt *adj* negato; (**für etw**) **~ sein** non essere dotato (per qc); **musikalisch ~ sein** essere negato per la musica

unbegreiflich *adj* incomprensibile

unbegrenzt *adj* illimitato

unbegründet *adj* infondato

Unbehagen *n* malessere *m*

unbehaglich *adj* (*ungemütlich*) disagevole; (*unangenehm*) sgradevole; **sich ~ fühlen** essere a disagio

unbeholfen ['ʊnbəhɔlfən] *adj* maldestro

unbekannt *adj* sconosciuto; **das ist mir ~**

questo mi giunge nuovo; **Unbekannte** *mf* sconosciuto, -a *m, f*

unbekümmert *adj* spensierato

unbelastet *adj* **~ von Sorgen/Pflichten** libero da problemi/doveri

unbelehrbar *adj* incorreggibile

unbeliebt *adj* malvisto; (*unpopulär*) impopolare; **sich bei jdm ~ machen** rendersi antipatico a qu; **Unbeliebtheit** *f* impopolarità *f*

unbemerkt **I.** *adj* inavvertito **II.** *adv* senza essere visto

unbenutzt *adj* inutilizzato

unbeobachtet *adj* inosservato

unbequem *adj* **1.** (*Sessel*) scomodo **2.** (*fig: lästig*) importuno

unberechenbar *adj* imprevidibile

unberechtigt *adj* non autorizzato

unberührt *adj* intatto

unbeschädigt *adj* illeso

unbeschränkt *adj* illimitato

unbeschreiblich *adj* indescrivibile

unbesiegbar *adj* invincibile

unbesonnen *adj* **1.** (*Entschluss*) avventato **2.** (*Mensch*) sventato

unbesorgt *adj* tranquillo; **seien Sie ~!** non si preoccupi!

unbeständig *adj* **1.** (*wechselhaft*) instabile; (*Wetter*) variabile **2.** (*Person*) volubile

unbestechlich *adj* incorruttibile

unbestimmt *adj* indeterminato; **auf ~e Zeit** a tempo indeterminato

unbestritten *adj* incontestato

unbeteiligt *adj* non coinvolto; (*uninteressiert*) disinteressato

unbewacht *adj* incustodito

unbewaffnet *adj* disarmato

unbeweglich *adj* immobile

unbewohnt *adj* disabitato

unbewusst[RR] *adj* inconsapevole; **das ist mir ganz ~** non me ne sono reso conto

unbezahlbar *adj* impagabile

unblutig *adj* incruento

unbrauchbar *adj* inutilizzabile

unbürokratisch *adj* non burocratico

und [ʊnt] *konj* e; **größer ~ größer** sempre più grande; **~ so weiter** eccetera; **drei ~ zwei ist fünf** tre più due fa cinque; **geh ~ hole mir …** va a prendermi …; **~ ob!** (*fam*) e come no!; **~?** e allora?

undankbar *adj* ingrato; **gegen jdn ~ sein** essere ingrato verso qu

undefinierbar *adj* indefinibile

undemokratisch *adj* antidemocratico

undenkbar *adj* impensabile

undeutlich *adj* (*Schrift*) illeggibile; (*Erinnerung*) vago; **sich ~ ausdrücken** esprimersi in modo confuso

undicht *adj* non stagno; **der Wasserhahn ist ~** il rubinetto perde

Unding *n* **es ist ein ~ zu …** *+inf* è assurdo *+inf*

undiszipliniert *adj* indisciplinato

undurchführbar *adj* irrealizzabile

undurchlässig *adj* impermeabile

undurchsichtig *adj* **1.** (*Material*) opaco **2.** (*fig*) impenetrabile

uneben *adj* (*Weg*) scosceso; (*Gelände*) accidentato

unecht *adj* falso; (*nachgemacht*) imitato

unehelich *adj* (*Kind*) illegittimo

unehrlich *adj* disonesto

uneigennützig *adj* disinteressato

uneingeschränkt *adj* illimitato; (*Gewalt*) assoluto

uneinig *adj* discorde; **in diesem Punkt sind wir uns ~** su questo punto non siamo d'accordo; **Uneinigkeit** *f* disaccordo *m*

uneins <inv> *adj s.* **uneinig**

unempfindlich *adj* **1.** (*unsensibel*) insensibile; **gegen etw ~ sein** essere insensibile a qc **2.** (*Stoff*) resistente

unendlich *adj* infinito; **Unendlichkeit** <-> *kein Pl f* infinità *f*

unentbehrlich *adj* indispensabile

unentgeltlich *adj* gratuito

unentschieden *adj* **1.** (*Mensch*) indeciso **2.** (*Frage*) incerto **3.** (SPORT) **~ enden** finire con un pareggio; **~ stehen** essere in pareggio; **Unentschieden** <-, -> *n* (SPORT) pareggio *m*

unentschlossen *adj* indeciso

unentwegt [ʊnʔɛntˈveːkt] *adv* in continuazione

unerbittlich *adj* spietato

unerfahren *adj* inesperto; **in etw** *dat* **~ sein** essere inesperto in qc; **Unerfahrenheit** <-> *kein Pl f* inesperienza *f*

unerfreulich *adj* spiacevole

unerheblich *adj* irrilevante

unerhört *adj* inaudito

unerklärlich *adj* inesplicabile; **es ist mir ~, wie …** non riesco a spiegarmi come …

unerlässlich[RR] [ʊnʔɛɐ̯ˈlɛslɪç] *adj* indispen-

sabile
unerlaubt *adj* illecito
unermesslich[RR] *adj* smisurato; (*unendlich*) immenso
unermüdlich *adj* instancabile
unerreichbar *adj* inaccessibile
unersättlich *adj* insaziabile
unerschöpflich *adj* inesauribile
unerschwinglich *adj* (*Preis*) esorbitante
unersetzlich *adj* insostituibile
unerträglich *adj* insopportabile
unerwartet **I.** *adj* inatteso **II.** *adv* all'improvviso
unerwünscht *adj* indesiderato; (*ungelegen*) inopportuno
UNESCO [u'nɛsko] <-> *kein Pl f* U.N.E.S.C.O. *f*
unfähig *adj* incapace; **zu etw ~ sein** essere incapace di fare qc; **Unfähigkeit** *f* **1.** (*Inkompetenz*) incapacità *f* **2.** (*Arbeits~*) inabilità *f*
unfair *adj* sleale; (SPORT) scorretto
Unfall *m* incidente *m;* **einen ~ haben** avere un incidente; **bei einem ~ ums Leben kommen** morire in un incidente; **Unfallchirurgie** *f* chirurgia *f* d'urgenza; **Unfallflucht** <-> *kein Pl f* fuga *f* del responsabile di un incidente; **~ begehen** fuggire dopo aver provocato un incidente; **unfallfrei** *adj* che non ha mai causato incidenti; **Unfallstelle** *f* luogo *m* dell'incidente; **Unfallversicherung** *f* assicurazione *f* contro gli infortuni
unfassbar[RR] *adj* inconcepibile
unfehlbar **I.** *adj* infallibile **II.** *adv* sicuramente
unfein *adj* poco fine
unförmig *adj* informe
unfreiwillig *adj* involontario
unfreundlich *adj* **1.** (*Mensch*) scortese **2.** (*Wetter*) cattivo; **Unfreundlichkeit** *f* scortesia *f*
unfruchtbar *adj* sterile; **Unfruchtbarkeit** *f* sterilità *f*
Unfug ['ʊnfuːk] <-(e)s> *kein Pl m* **1.** (*Benehmen*) scemenze *fpl;* **~ treiben** fare scemenze **2.** (*Unsinn*) sciocchezze *fpl*
Ungar(in) ['ʊŋgar] <-n, -n; -, -nen> *m(f)* ungherese *mf*
ungarisch *adj* ungherese
Ungarn *n* Ungheria *f*
ungeachtet *prp +gen* malgrado; **~ der Tatsache, dass ...** nonostante il fatto che *+conj*
ungeahnt *adj* insospettato
ungebeten *adj* **~er Gast** intruso, -a *m, f*
ungebildet *adj* incolto
ungebräuchlich *adj* inusitato
ungedeckt *adj* (*Scheck*) scoperto
Ungeduld *f* impazienza *f;* **ungeduldig** *adj* impaziente
ungeeignet *adj* inadatto; **für etw ~ sein** essere inadatto a qc; **ein ~er Moment** un momento inopportuno
ungefähr [ʊngə'fɛːɐ̯] **I.** *adj* (*annähernd*) approssimativo; (*vage*) vago **II.** *adv* circa; **~ 100 Mark** un centinaio di marchi; **nicht von ~** non a caso
ungefährlich *adj* non pericoloso; (*harmlos*) innocuo
ungehalten *adj* (*geh*) irritato; **über etw** *acc* **~ sein** essere irritato per qc
ungeheuer **I.** *adj* enorme **II.** *adv* enormemente
Ungeheuer [ʊngə'hɔɪɐ] <-s, -> *n* mostro *m*
ungehobelt *adj* (*pej*) villano
ungehörig *adj* insolente; **Ungehörigkeit** <-, -en> *f* insolenza *f*
ungehorsam *adj* disubbidiente; **Ungehorsam** *m* disubbidienza *f*
ungeklärt *adj* (*Frage, Ursache*) non chiarito; (*Verbrechen*) oscuro
ungekürzt *adj* (*Text, Ausgabe*) integrale
ungelegen *adj* inopportuno; **komme ich ~?** disturbo?
ungelernt *adj* **~er Arbeiter** operaio non qualificato
ungelogen *adv* (*fam*) davvero
ungemein *adv* immensamente
ungemütlich *adj* **1.** (*nicht gemütlich*) poco accogliente **2.** (*fig: Wetter*) brutto; (*Person*) poco simpatico
ungenau *adj* impreciso; **Ungenauigkeit** *f* imprecisione *f*
ungeniert **I.** *adj* disinvolto **II.** *adv* con disinvoltura
ungenießbar *adj* **1.** (*Speise*) immangiabile; (*Getränk*) imbevibile **2.** (*fam scherz: Person*) intrattabile
ungenügend *adj* insufficiente
ungeordnet *adj* disordinato
ungepflegt *adj* trascurato
ungerade *adj* (*Zahl*) dispari
ungerecht *adj* ingiusto

ungerechtfertigt *adj* ingiustificato

Ungerechtigkeit *f* ingiustizia *f*

ungern *adv* malvolentieri

ungeschehen *adj* **etw ~ machen** fare come se qc non fosse successo; **das ist nicht mehr ~ zu machen** ormai è cosa fatta

ungeschickt *adj* maldestro

ungeschminkt *adj* **1.** (*Person*) senza trucco **2.** (*Wahrheit*) schietto

ungeschoren *adj* **~ davonkommen** uscirne indenne

ungesetzlich *adj* illegale

ungestört *adv* in pace

ungestraft *adj* **~ davonkommen** uscirne impunito

ungesund *adj* **1.** (*Speise, Klima*) malsano; **für jdn/etw ~ sein** essere nocivo a qu/qc **2.** (*Aussehen*) malaticcio

ungetrübt *adj* (*fig: Freude, Glück*) sereno

Ungetüm ['ʊngəty:m] <-(e)s, -e> *n* mostro *m*

ungewiss[RR] *adj* incerto; **jdn über etw** *acc* **im Ungewissen lassen** lasciare qu nell'incertezza di qc; **Ungewissheit**[RR] *f* incertezza *f*

ungewöhnlich *adj* **1.** (*ungewohnt*) insolito **2.** (*außerordentlich*) eccezionale

ungewohnt *adj* insolito

Ungeziefer ['ʊngətsi:fɐ] <-s> *kein Pl n* parassiti *mpl*

ungezogen *adj* maleducato

ungezwungen *adj* disinvolto

ungiftig *adj* atossico

ungläubig *adj* incredulo

unglaublich ['ʊnglauplɪç] *adj* incredibile

unglaubwürdig *adj* non degno di fede

ungleich **I.** *adj* disuguale; (*verschieden*) diverso **II.** *adv* di gran lunga

ungleichmäßig *adj* irregolare

Unglück <-(e)s, -e> *n* **1.** (*Pech, Missgeschick*) sfortuna *f;* **das bringt ~** porta sfortuna **2.** (*~sfall*) disgrazia *f;* (*Verkehrs~*) incidente *m;* **unglücklich** *adj* infelice; **unglücklicherweise** *adv* sfortunatamente; **unglückselig** *adj* **1.** (*Mensch*) disgraziato **2.** (*Geschehen*) fatale

ungültig *adj* non valido; (*Stimmzettel*) nullo; (*Ausweispapiere*) scaduto; **für ~ erklären** annullare

ungünstig *adj* sfavorevole; (*nachteilig*) svantaggioso; **~er Augenblick** momento poco propizio

unhaltbar *adj* **1.** (*fig* MIL) insostenibile **2.** (SPORT) imparabile

unhandlich *adj* poco maneggevole

Unheil *n* (*geh*) malanno *m;* (*Unglück*) disgrazia *f;* **~ anrichten** recare disgrazie

unheilbar *adj* (MED) incurabile; **~ krank sein** avere una malattia incurabile

unheilvoll *adj* nefasto

unheimlich **I.** *adj* (*beängstigend*) inquietante **II.** *adv* (*fam*) molto

unhöflich *adj* scortese; **Unhöflichkeit** *f* scortesia *f*

unhygienisch *adj* antigienico

uni [y'ni:] <inv> *adj* (in) tinta unita

Uni ['ʊni] <-, -s> *f abk v* **Universität** (*fam*) università *f*

Uniform [uni'fɔrm] <-, -en> *f* divisa *f*

uninteressant *adj* non interessante

universal [univɛr'za:l] *adj* universale

Universität [univɛrzi'tɛ:t] <-, -en> *f* università *f;* **die ~ besuchen** frequentare l'università; **Universitätsbibliothek** *f* biblioteca *f* universitaria; **Universitätsstadt** *f* città *f* universitaria

Universum [uni'vɛrzʊm] <-s> *kein Pl n* universo *m*

unkenntlich *adj* irriconoscibile; **Unkenntlichkeit** <-> *kein Pl f* **bis zur ~ entstellen** sfigurare fino a rendere irriconoscibile

Unkenntnis *f* ignoranza *f;* **in ~ über etw** *acc* **sein** ignorare qc; **jdn in ~ lassen** lasciare qu all'oscuro

unklar *adj* **1.** (*nicht klar zu erkennen*) poco chiaro; (*trüb*) torbido; (*undeutlich*) indistinto **2.** (*ungewiss*) incerto; (*fraglich*) dubbio; **im Unklaren über etw** *acc* **sein** essere all'oscuro di qc; **jdn im Unklaren lassen** lasciare qu all'oscuro

unklug *adj* imprudente

unkompliziert *adj* non complicato

unkonzentriert *adj* distratto; **bei etw ~ sein** essere distratto in qc; **~ arbeiten** essere distratto nel lavoro

Unkosten *pl* spese *fpl;* **sich in ~ stürzen** spendere un occhio della testa

Unkraut *n* erbaccia *f;* **Unkrautvernichtungsmittel** *n* erbicida *m*

unkritisch *adj* acritico

unkultiviert *adj* incolto

unlauter *adj* **~er Wettbewerb** concorrenza sleale

unleserlich *adj* illeggibile
unlogisch *adj* illogico
unlösbar *adj* insolubile
unmäßig *adj* smodato
Unmenge *f* (gran) quantità *f;* **eine ~ an** [*o* **von**] **etw** *dat* una gran quantità di qc; **~n essen** mangiare a crepapelle
Unmensch *m* (*pej*) bruto *m;* **unmenschlich** *adj* inumano
unmerklich *adj* impercettibile
unmissverständlich[RR] *adj* inequivocabile
unmittelbar *adj* (*Nähe*) immediato; (*Kontakt*) direkt; **~ darauf** subito dopo
unmodern *adj* fuori moda
unmöglich *adj* impossibile; **das kann ich ~ schaffen** è impossibile che ci riesca; **Unmöglichkeit** *f* impossibilità *f;* **das ist ein Ding der ~** è assolutamente impossibile
unmoralisch *adj* immorale
unmotiviert *adj* non motivato
unmündig *adj* minorenne
unmusikalisch *adj* non musicale
unnachgiebig *adj* intransigente
unnahbar *adj* inavvicinabile
unnatürlich *adj* **1.** (*nicht natürlich*) innaturale **2.** (*geziert*) affettato
unnormal *adj* anormale
unnötig *adj* inutile; (*überflüssig*) superfluo
unnütz ['ʊnnʏts] *adj* inutile
UNO ['u:no] <-> *kein Pl f akr v* **United Nations Organization** O.N.U. *f*
unordentlich *adj* **1.** (*Mensch*) disordinato; (*Arbeit*) trascurato **2.** (*Zimmer*) in disordine
Unordnung *f* disordine *m;* **in ~** in disordine; **etw in ~ bringen** mettere qc in disordine
unparteiisch *adj* imparziale
unpassend *adj* (*Bemerkung*) sconveniente; (*Zeitpunkt*) inopportuno
unpersönlich *adj* impersonale
unpolitisch *adj* apolitico
unpopulär *adj* impopolare
unpraktisch *adj* (*Mensch*) non pratico; (*Gerät*) poco pratico
unproduktiv *adj* improduttivo
unpünktlich *adj* non puntuale
unqualifiziert *adj* **1.** (*Person*) non qualificato **2.** (*Bemerkung*) infondato
unrasiert *adj* non rasato
Unrat ['ʊnra:t] <-(e)s> *kein Pl m* (*geh*) immondizie *fpl*
unrationell *adj* irrazionale
unrealistisch *adj* irrealistico; **etw ~ einschätzen** dare una valutazione poco realistica
unrecht *adj* **1.** (*geh: falsch*) ingiusto **2.** (*Augenblick*) inopportuno; **Unrecht** *n* torto *m;* (*Ungerechtigkeit*) ingiustizia *f;* **~ haben** avere torto; **jdm ~ tun** fare torto a qu; **im ~ sein** avere torto; **zu ~** a torto; **nicht zu ~** non a torto; **unrechtmäßig** *adj* illegale
unregelmäßig *adj* irregolare; (*Leben*) sregolato
unreif *adj* (*a fig*) immaturo
unrein *adj* impuro
unrentabel *adj* non redditizio
unrichtig *adj* sbagliato
Unruhe *f* **1.** (*Bewegung*) agitazione *f* **2.** (*Besorgnis*) apprensione *f;* (*innere ~*) ansia *f* **3.** *pl* (*Krawalle*) disordini *mpl;* **Unruhestifter(in)** *m(f)* (*pej*) sobillatore, -trice *m, f;* **unruhig** *adj* **1.** (*Meer*) mosso **2.** (*Leben, Mensch*) irrequieto **3.** (*besorgt*) preoccupato; **~ wegen etw sein** essere preoccupato per qc
uns [ʊns] **I.** *pron pers* **1.** *dat von* **wir** (*betont*) a noi; (*unbetont*) ci; **von ~** da parte nostra; **ein Freund von ~** un nostro amico; **du gehörst zu ~** sei uno dei nostri; **unter ~ gesagt …** detto fra noi …; **hier sind wir unter ~** qui siamo fra noi **2.** *acc von* **wir** (*betont*) noi; (*unbetont*) ci; **ist das für ~?** è per noi? **II.** *pron refl* ci; **wir sehen ~ morgen** ci vediamo domani
unsagbar *adj* indicibile
unsanft *adj* brusco
unsauber *adj* **1.** (*schmutzig*) sporco **2.** (*anrüchig*) disonesto; **~e Geschäfte machen** fare degli affari loschi
unschädlich *adj* innocuo; **jdn ~ machen** rendere innocuo qu
unscharf *adj* indistinto; (*Foto*) sfocato
unschätzbar *adj* inestimabile
unscheinbar *adj* poco appariscente
unschlagbar *adj* imbattibile
unschlüssig *adj* indeciso; **ich bin mir noch ~ darüber, was ich tun soll** sono ancora indeciso sul da farsi
Unschuld *f* **1.** (JUR) innocenza *f;* **seine Hände in ~ waschen** lavarsene le mani **2.** (*Jungfräulichkeit*) verginità *f;* **unschuldig** *adj* **1.** (*schuldlos*) innocente; **~ an etw** *dat* essere innocente di qc **2.** (*jungfräulich*) vergine
unselbständig *adj,* **unselbstständig**[RR]

adj non indipendente; ~**e Arbeit** lavoro dipendente

unser ['ʊnzɐ] **I.** *pron poss von* **wir** (*adjektivisch*) nostro, -a *m, f,* nostri, -e *mpl, fpl;* ~ **Haus** la nostra casa; ~**e Verwandten** i nostri parenti **II.** *pron pers gen von* **wir** di noi

unsere(r, s) ['ʊnzərə, -rɐ, -rəs] *pron poss von* **uns** (*substantivisch*) (il) nostro, (la) nostra, (i) nostri *pl,* (le) nostre *pl*

unsererseits *adv* da parte nostra

unseresgleichen <inv> *pron indef* nostro pari *m*

unser(e)twegen *adv* per noi; (*negativ*) per colpa nostra

unsicher *adj* **1.** (*gefährlich*) pericoloso **2.** (*ungewiss*) incerto; (*zweifelhaft*) dubbio **3.** (*nicht selbstbewusst*) insicuro; **Unsicherheit** *f* insicurezza *f;* (*Ungewissheit*) incertezza *f*

unsichtbar *adj* invisibile

Unsinn *m* **1.** (*Unsinnigkeit*) nonsenso *m* **2.** (*Unfug*) sciocchezze *fpl;* ~ **reden** dire sciocchezze; **das ist** (**doch**) ~**!** sono tutte scemenze!; **unsinnig** *adj* assurdo

Unsitte *f* cattiva abitudine *f;* **unsittlich** *adj* immorale

unsportlich *adj* non sportivo

unsterblich *adj* immortale; **sich** ~ **verlieben** (*fam*) innamorarsi perdutamente; **Unsterblichkeit** *f* immortalità *f*

Unstimmigkeit ['ʊnʃtɪmɪçkaɪt] <-, -en> *f* discordia *f*

Unsumme *f* somma *f* enorme

unsympathisch *adj* antipatico; **er ist mir** ~ mi è antipatico

untätig *adj* inattivo

untauglich *adj* inadatto; **für etw** ~ **sein** essere inadatto a qc; (MIL) essere inabile a qc

unten ['ʊntən] *adv* sotto, giù; **da** ~ laggiù; **hier** ~ quaggiù; **nach** ~ giù; **von** ~ (**her**) dal basso; **rechts** ~ in fondo a destra; **siehe** ~**!** vedi sotto

unter ['ʊntɐ] *prp +acc o dat* **1.** (*räumlich*) sotto; (*~halb von*) al di sotto di; **sie wohnen** ~ **uns** abitano sotto di noi **2.** (*zwischen*) fra, tra; (*inmitten*) in mezzo a; ~ **anderem** tra l'altro; ~ **uns** (**gesagt**) detto fra noi **3.** (*weniger als*) al di sotto di; **nicht** ~ **100 Mark** non meno di 100 marchi; **10 Grad** ~ **Null** dieci gradi sotto zero **4.** (*Art und Weise*) ~ **Schmerzen** con dolori; ~ **Tränen** piangendo

Unterarm *m* avambraccio *m*

unterbelichtet *adj* **1.** (*Foto*) sottoesposto **2.** (*fam: Person*) tonto

unterbesetzt *adj* **personell** ~ **sein** lavorare con meno personale del necessario; **der Kurs ist** ~ il corso ha un numero troppo basso di iscritti

unterbewusst[RR] *adj* subconscio; **Unterbewusstsein**[RR] *n* subconscio *m*

unterbezahlt *adj* sottopagato

unterbieten <irr, ohne ge-> *vt* **jds Preise** ~ battere offrendo a prezzi minori; **einen Rekord** ~ battere un record

unterbinden <irr, ohne ge-> *vt* impedire

unterbrechen <irr, ohne ge-> *vt* interrompere; **Unterbrechung** <-, -en> *f* interruzione *f;* **mit** ~**en** a intervalli; **ohne** ~ senza interruzione

unterbreiten <ohne ge-> *vt* (*geh*) **jdm etw** ~ sottoporre qc a qu

unter|bringen <irr> *vt* **1.** (*Platz finden*) sistemare **2.** (*beherbergen*) alloggiare **3.** (*fam: beruflich*) collocare; **Unterbringung** <-, -en> *f* sistemazione *f*

Unterbruch *m* (*CH*) interruzione *f*

unterderhand *adv s.* **Hand**

unterdessen *adv* nel frattempo

unterdrücken <ohne ge-> *vt* **1.** (*Menschen*) opprimere; (*Aufstand*) reprimere **2.** (*Gefühl*) reprimere; **Unterdrückung** <-, -en> *f* (*von Menschen*) oppressione *f;* (*von Aufstand*) repressione *f*

untere *s.* **untere(r, s)**

untereinander *adv* **1.** (*räumlich*) l'uno sotto l'altro **2.** (*miteinander*) l'uno con l'altro; (*gegenseitig*) l'un l'altro

unterentwickelt *adj* sottosviluppato

unterernährt *adj* denutrito; **Unterernährung** *f* denutrizione *f*

untere(r, s) ['ʊntərə, -rɐ, -rəs] *adj* inferiore

Unterführung *f* sottopassaggio *m*

Untergang *m* **1.** (*von Gestirn*) tramonto *m* **2.** (NAUT) naufragio *m* **3.** (*fig: Verfall*) declino *m;* (*von Staat*) caduta *f;* **unter|gehen** <irr> *vi sein* **1.** (*Gestirn*) tramontare **2.** (NAUT) affondare **3.** (*fig: verfallen*) declinare **4.** (*fig: sich verlieren*) perdersi; **seine Worte gingen im Lärm völlig unter** le sue parole si spersero completamente nel chiasso

Untergeschoss[RR] *n* scantinato *m*

Untergewicht *n* insufficienza *f* di peso

untergliedern <ohne ge-> *vt* suddividere

Untergrund *m* **1.** (GEOL) sottosuolo *m* **2.** (POL) clandestinità *f;* **Untergrundbahn** *f* metropolitana *f;* **Untergrundbewegung** *f* (POL) movimento *m* clandestino

unterhalb *prp +gen* al di sotto di

Unterhalt *m* mantenimento *m;* **seinen ~ bestreiten** provvedere al proprio mantenimento

unterhalten <irr, ohne ge-> **I.** *vt* **1.** (*ernähren*) mantenere **2.** (*belustigen*) divertire **II.** *vr* **sich ~ 1.** (*sprechen*) **sich** (**mit jdm**) **über jdn/etw ~** conversare (con qu) di qu/qc; **sich** (**mit jdm**) **auf Japanisch ~** parlare (con qu) in giapponese **2.** (*sich vergnügen*) divertirsi

unterhaltsam *adj* divertente

Unterhaltspflicht *f* obbligo *m* di passare gli alimenti

Unterhaltung *f* **1.** (*Gespräch*) conversazione *f* **2.** (*Vergnügen*) divertimento *m;* **gute ~!** buon divertimento!; **Unterhaltungselektronik** *f* elettronica *f* d'intrattenimento; **Unterhaltungsindustrie** *f* industria *f* dello spettacolo; **Unterhaltungsliteratur** *f* letteratura *f* d'evasione

Unterhändler(in) *m(f)* mediatore, -trice *m, f*

Unterhemd *n* canottiera *f;* **Unterholz** *n* sottobosco *m;* **Unterhose** *f* mutande *fpl;* **eine ~** un paio di mutande

unterirdisch *adj* sotterraneo

unter|jubeln *vt* (*fam*) **jdm etw ~** affibbiare qc a qu

Unterkiefer *m* mascella *f* inferiore

unter|kommen <irr> *vi sein* **1.** (*Unterkunft finden*) trovare alloggio **2.** (*fam: Arbeit finden*) trovare un impiego

unter|kriegen *vt* (*fam*) **sich nicht ~ lassen** non lasciarsi abbattere

Unterkunft ['ʊntɐkʊnft] <-, Unterkünfte> *f* alloggio *m;* **~ und Verpflegung** vitto e alloggio; **jdm ~ geben** alloggiare qu

Unterlage *f* **1.** (*allg*) supporto *m;* (*Schreib~*) sottomano *m* **2.** *pl* (*Akten*) documenti *mpl*

unterlassen <irr, ohne ge-> *vt* **1.** (*nicht tun*) tralasciare; **~e Hilfeleistung** omissione di soccorso **2.** (*darauf verzichten*) astenersi da; **es ~ zu ...** *+inf* astenersi dal *+inf*

unterlaufen <irr, ohne ge-> **I.** *vi sein* sfuggire; **mir ist ein Fehler ~** mi è sfuggito un errore **II.** *vt* sfuggire

unter|legen[1] ['ʊntɐle:gən] *vt* mettere sotto

unterlegen[2] [ʊntɐ'le:gən] *adj* inferiore; **jdm** (**zahlenmäßig**) **~ sein** essere inferiore (in numero) a qu

Unterleib *m* basso ventre *m*

unterliegen <irr, ohne ge-> *vi sein* **jdm ~** essere vinto da qu

Unterlippe *f* labbro *m* inferiore

unterm ['ʊntɐm] (*fam*) = **unter dem**

untermauern <ohne ge-> *vt* (*fig: Behauptung*) convalidare

Untermiete *f* subaffitto *m;* **zur ~ bei jdm wohnen** stare in subaffitto da qu; **Untermieter(in)** *m(f)* subaffittuario, -a *m, f*

unter|mischen *vt* frammischiare

untern ['ʊntɐn] (*fam*) = **unter den**

unternehmen <irr, ohne ge-> *vt* intraprendere; **dagegen muss man dringend etw ~** si deve intervenire al più presto; **was sollen wir heute abend ~?** che facciamo stasera?

Unternehmen <-s, -> *n* **1.** (*Vorhaben*) impresa *f* **2.** (*Betrieb*) azienda *f;* **Unternehmensberater(in)** *m(f)* consulente *mf* aziendale; **Unternehmensspitze** *f* vertice *m* aziendale

Unternehmer(in) <-s, -; -, -nen> *m(f)* imprenditore, -trice *m, f*

Unternehmung <-, -en> *f* (*CH: Firma*) ditta *f*

unternehmungslustig *adj* intraprendente

Unterredung <-, -en> *f* colloquio *m*

Unterricht ['ʊntɐrɪçt] <-(e)s, *rar* -e> *m* lezioni *fpl;* **~ in etw** *dat* **geben** dare lezioni di qc; **der ~ fällt aus** non c'è lezione

unterrichten <ohne ge-> *vt* **1.** (*Unterricht geben*) insegnare; **jdn in etw** *dat* **~** dare lezioni di qc a qu **2.** (*informieren*) **jdn von** [*o* **über**] **etw** *acc* **~** informare qu di qc; **unterrichtet sein** essere al corrente

Unterrichtsfach *n* materia *f;* **Unterrichtsministerium** *n* (*A*) ministero *m* della pubblica istruzione; **Unterrichtsstunde** *f* lezione *f*

Unterrock *m* sottoveste *f*

unters ['ʊntɐs] (*fam*) = **unter das**

untersagen <ohne ge-> *vt* vietare

unterschätzen <ohne ge-> *vt* sottovalutare

unterscheiden <irr, ohne ge-> **I.** *vt* **etw** (**von etw**) **~** distinguere qc (da qc) **II.** *vi* **zwischen verschiedenen Dingen ~** fare una distinzione fra cose diverse **III.** *vr* **sich** (**von jdm/etw**) ~ distinguersi (da qu/qc); **worin ~ sich Ulla und Veronika?** in che cosa sono diverse Ulla e Veronica?; **Unterscheidung** *f* distinzione *f*

Unterschenkel *m* gamba *f*

Unterschied ['ʊntɐʃiːt] <-(e)s, -e> *m* differenza *f;* **ein ~ in der Qualität** una differenza di qualità; **im ~ zu** a differenza di; **mit dem ~, dass …** con la differenza che …; **das ist ein ~ wie Tag und Nacht** ci corre quanto dal giorno alla notte; **unterschiedlich** *adj* diverso

unterschlagen <irr, ohne ge-> *vt* **1.** (*Geld*) sottrarre **2.** (*verheimlichen*) celare; **Unterschlagung** <-, -en> *f* appropriazione *f* indebita

Unterschlupf ['ʊntɐʃlʊpf] <-(e)s, -e> *m* **1.** (*Obdach*) rifugio *m* **2.** (*Versteck*) nascondiglio *m*

unterschreiben <irr, ohne ge-> *vt* firmare; **Unterschrift** *f* firma *f;* **seine ~ unter etw** *acc* **setzen** apporre la propria firma a qc

unterschwellig *adj* inconscio

Unterseeboot *s.* **U-Boot**

Untersetzer <-s, -> *m* sottovaso *m;* (*für Gläser*) sottobicchiere *m*

untersetzt *adj* tarchiato

unterste *s.* **unterste(r, s)**

unterstehen <irr, ohne ge-> **I.** *vi* **jdm ~** dipendere da qu **II.** *vr* **sich ~ etw zu tun** osare fare qc; **untersteh dich, das zu tun!** guai (a te) se lo fai!

unter|stellen[1] ['ʊntɐʃtɛlən] **I.** *vt* **1.** (*zur Aufbewahrung*) depositare **2.** (*Auto*) parcheggiare **II.** *vr* **sich ~** mettersi al riparo

unterstellen[2] [ʊntɐ'ʃtɛlən] <ohne ge-> *vt* **1.** (*unterordnen*) subordinare **2.** (*unterschieben*) **jdm etw ~** attribuire qc a qu **3.** (*annehmen*) presumere; **Unterstellung** *f* (*Behauptung*) insinuazione *f*

unterste(**r, s**) ['ʊntɐstə, -tɐ, -təs] *adj Superlativ von* **untere** (il/la) più basso, -a

unterstreichen <irr, ohne ge-> *vt* (*a fig*) sottolineare

Unterstufe *f* (*an Schule*) classi *fpl* inferiori

unterstützen <ohne ge-> *vt* **1.** (*finanziell*) sussidiare; (*helfen*) aiutare **2.** (*moralisch*) sostenere **3.** (*fördern*) appoggiare; **Unterstützung** <-, -en> *f* **1.** (*Subvention*) sovvenzione *f* **2.** (*Beistand*) aiuto *m* **3.** (*Förderung*) appoggio *m*

untersuchen <ohne ge-> *vt* **1.** (*prüfen*) esaminare; **jdn auf etw** *acc* **~** esaminare qu su qc **2.** (*polizeilich*) indagare **3.** (*Patienten*) visitare; **sich ärztlich ~ lassen** farsi visitare da un medico; **Untersuchung** <-, -en> *f* **1.** (*Prüfung*) esame *m* **2.** (*beim Arzt*) visita *f* **3.** (*polizeilich*) indagine *f;* **Untersuchungsausschuss[RR]** *m* commissione *f* d'inchiesta; **Untersuchungshaft** *f* detenzione *f* preventiva; **Untersuchungsrichter(in)** *m(f)* giudice *mf* istruttore

untertags [ʊntɐ'taːks] *adv* (*A, CH: tagsüber*) di giorno

untertänig ['ʊntɐtɛːnɪç] *adj* sottomesso

Untertasse *f* piattino *m;* **fliegende ~** disco *m* volante

unter|tauchen *vi sein* immergersi; (*fig*) scomparire

Unterteil *n* parte *f* inferiore

unterteilen <ohne ge-> *vt* **etw** (**in etw** *acc*) ~ suddividere qc (in qc)

Untertitel *m* sottotitolo *m*

untertreiben <irr, ohne ge-> *vt* sminuire

untervermieten <ohne ge-> *vt, vi* subaffittare

Unterwalden ['ʊntɐvaldən] *n* (GEOG) Unterwalden *m*

unterwandern <ohne ge-> *vt* infiltrarsi in

Unterwäsche *f* biancheria *f* intima

unterwegs [ʊntɐ'veːks] *adv* strada facendo; (**immer**) ~ **sein** essere (sempre) in giro; **der Arzt ist schon ~** il medico sta per arrivare

Unterwelt *f* malavita *f*

unterwerfen <irr, ohne ge-> **I.** *vt* sottomettere **II.** *vr* **sich ~** sottomettersi; **Unterwerfung** <-, -en> *f* sottomissione *f*

unterwürfig ['ʊntɐ'vʏrfɪç] *adj* (*pej*) servile

unterzeichnen <ohne ge-> *vt* firmare; **Unterzeichnung** *f* firma *f*

unter|ziehen[1] ['ʊntɐtsiːən] <irr> *vt* (*Kleidung*) mettersi sotto

unterziehen[2] [ʊntɐ'tsiːən] <irr, ohne ge-> **I.** *vt* **jdn einer Sache** *dat* **~** sottoporre qu a qc **II.** *vr* **sich einer Sache** *dat* **~** sottoporsi a qc

Untier *n* mostro *m*

untragbar *adj* intollerabile

untreu *adj* infedele; **jdm ~ werden** tradire qu; **sich** *dat* **selbst ~ werden** rinnegare i propri principi; **Untreue** *f* infedeltà *f*

U

untröstlich *adj* inconsolabile
Untugend *f* vizio *m*
untypisch *adj* atipico
unüberhörbar *adj* forte
unüberlegt *adj* sconsiderato
unübersehbar *adj* immenso
unübersichtlich *adj* confuso
unübertrefflich *adj* ineguagliabile
unüberwindlich *adj* (*Gegner*) invincibile; (*Schwierigkeiten*) insormontabile
unüblich *adj* inusitato
unumgänglich *adj* indispensabile
unumschränkt *adj* illimitato; (POL) assoluto
unumstritten *adj* incontestato
unumwunden [ʊnʔʊm'vʊndən] *adv* ~ **zugeben** riconoscere francamente
ununterbrochen I. *adj* ininterrotto II. *adv* senza interruzione
unveränderlich *adj* immutabile
unverändert *adj* immutato
unverantwortlich *adj* irresponsabile
unverbesserlich *adj* incorreggibile
unverbindlich I. *adj* non impegnativo II. *adv* senza impegno
unverbleit *adj* senza piombo
unverblümt [ʊnfɛɐ̯'bly:mt] *adv* senza mezzi termini
unverdaulich *adj* indigesto
unverdient *adj* immeritato
unverdorben *adj* 1. (*Lebensmittel*) non guasto 2. (*fig*) incorrotto
unverdrossen *adj* instancabile
unvereinbar *adj* incompatibile
unverfänglich *adj* innocuo
unverfroren *adj* sfacciato
unvergesslich[RR] *adj* indimenticabile
unvergleichlich *adj* incomparabile
unverheiratet *adj* non sposato; (*Männer*) celibe; (*Frauen*) nubile
unverhofft *adj* insperato; (*unerwartet*) inatteso
unverkäuflich *adj* 1. (*nicht zum Verkauf bestimmt*) non in vendita; ~**es Muster** campione non commerciabile 2. (*nicht zum Verkauf geeignet*) invendibile
unverkennbar *adj* inconfondibile
unvermeidbar *adj*, **unvermeidlich** *adj* inevitabile
unvermittelt I. *adj* improvviso II. *adv* d'un tratto
unvernünftig *adj* (*Mensch*) irragionevole; (*Entscheidung*) insensato
unveröffentlicht *adj* inedito
unverschämt *adj* sfacciato; (*Preis*) esorbitante; **Unverschämtheit** <-, -en> *f* sfacciataggine *f*
unverschuldet *adj* senza colpa
unversehens *adv* all'improvviso
unversehrt *adj* (*Menschen*) illeso; (*Dinge*) intatto
unversöhnlich *adj* inconciliabile
unverstanden *adj* incompreso
unverständlich *adj* incomprensibile
unversucht *adj* **nichts ~ lassen** non lasciare nulla d'intentato
unverträglich *adj* 1. (*Mensch*) intrattabile 2. (*Gegensätze*) inconciliabile
unverwechselbar *adj* inconfondibile
unverwundbar *adj* invulnerabile
unverwüstlich *adj* indistruttibile; ~**e Gesundheit** salute di ferro
unverzeihlich *adj* imperdonabile
unverzichtbar *adj* irrinunciabile
unverzüglich I. *adj* immediato II. *adv* immediatamente
unvollkommen *adj* imperfetto
unvollständig *adj* incompleto
unvorbereitet *adj* impreparato; (*Rede*) improvvisato
unvoreingenommen *adj* non prevenuto
unvorhergesehen *adj* imprevisto
unvorsichtig *adj* imprudente
unvorstellbar *adj* inimmaginabile
unvorteilhaft *adj* svantaggioso; **das Kleid ist sehr ~ für dich** il vestito non ti si addice
unwahr *adj* falso; **Unwahrheit** *f* falsità *f;* (*Lüge*) menzogna *f;* **die ~ sagen** mentire
unwahrscheinlich I. *adj* improbabile II. *adv* (*fam: sehr*) molto; **sie hat sich ~ angestrengt** si è sforzata moltissimo
unwegsam ['ʊnve:kza:m] *adj* impraticabile
unweigerlich *adv* immancabilmente
Unwesen *n* **sein ~ an einem Ort treiben** (*pej*) infestare un luogo
unwesentlich *adj* irrilevante; **sie ist nur ~ älter als meine Mutter** è solo un po' più vecchia di mia madre
Unwetter *n* temporale *m*
unwichtig *adj* non importante
unwiderlegbar *adj* irrefutabile
unwiderruflich *adj* irrevocabile
unwiderstehlich *adj* irresistibile
unwillig I. *adj* irritato II. *adv* (*widerwillig*)

controvoglia

unwillkürlich *adj* spontaneo; **ich musste ~ lachen** non potei fare a meno di ridere

unwirklich *adj* (*geh*) irreale

unwirksam *adj* inefficace; (JUR) nullo

unwirsch ['ʊnvɪrʃ] *adj* scontroso

unwirtlich *adj* inospitale

unwirtschaftlich *adj* antieconomico

unwissend *adj* ignorante; **Unwissenheit** *f* ignoranza *f*

unwohl *adj* indisposto; **mir ist ~** non mi sento bene; **Unwohlsein** *n* indisposizione *f*

unwürdig *adj* indegno

Unzahl *f* **eine ~ von ...** un gran numero di ...

unzählig *adj* innumerevole; **~ viele Menschen** moltissime persone

unzeitgemäß *adj* antiquato

unzerbrechlich *adj* infrangibile

unzertrennlich *adj* inseparabile

unzivilisiert *adj* incivile

Unzucht *f* (JUR) lussuria *f*; **unzüchtig** *adj* lascivo

unzufrieden *adj* scontento; **mit jdm/etw ~ sein** essere insoddisfatto di qu/qc; **Unzufriedenheit** *f* scontentezza *f*

unzugänglich *adj* inaccessibile

unzulänglich *adj* (*geh*) insufficiente

unzulässig *adj* illecito

unzurechnungsfähig *adj* (JUR) incapace di intendere e di volere

unzusammenhängend *adj* sconnesso

unzutreffend *adj* inesatto; **Unzutreffendes bitte streichen** cancellare ciò che non interessa

unzuverlässig *adj* (*Mensch*) non fidato; (*Freund*) infido; **er ist ein ~er Mensch** non ci si può fidare di lui

unzweideutig *adj* inequivocabile

Update ['apdɛɪt] <-s, -s> *n* (INFORM) **1.** (*Updaten*) file *m* attuale **2.** (*aktualisierte Version*) versione *f* aggiornata

üppig ['ʏpɪç] *adj* (*Vegetation*) lussureggiante; (*Essen*) abbondante; (*Formen*) formoso

up to date ['ʌp tə 'deɪt] *adj* (*fam*) up-to-date

uralt *adj* antichissimo

Uran [u'ra:n] <-s> *kein Pl n* uranio *m*

urauf|führen *vt* rappresentare per la prima volta; **Uraufführung** *f* prima *f*

Ureinwohner(in) *m(f)* indigeno, -a *m, f*

Urenkel(in) *m(f)* pronipote *mf*; **Urgroßeltern** *pl* bisnonni *mpl*; **Urgroßmutter** *f* bisnonna *f*; **Urgroßvater** *m* bisnonno *m*

Urheber(in) *m(f)* (*a fig*) autore, -trice *m, f*; **Urheberrecht** *n* (JUR) diritto *m* d'autore

urig ['u:rɪç] *adj* (*fam: Mensch*) originale

Urin [u'ri:n] <-s, -e> *m* orina *f*

urkomisch *adj* comicissimo

Urkunde ['u:ɐ̯kʊndə] <-, -n> *f* documento *m*; **Urkundenfälschung** *f* falso *m* in atto pubblico

Urlaub ['u:ɐ̯laʊp] <-(e)s, -e> *m* vacanza *f*, ferie *fpl*; (MIL) permesso *m*; **~ haben** avere le ferie; **in ~ fahren** andare in vacanza; **im ~ sein** essere in vacanza; **letztes Jahr haben wir ~ in Italien gemacht** l'anno scorso abbiamo trascorso le vacanze in Italia

Urlauber(in) ['u:ɐ̯laʊbɐ] <-s, -; -, -nen> *m(f)* villeggiante *mf*

Urlaubsgeld *n* sussidio *m* per le ferie; **urlaubsreif** *adj* (*fam*) **~ sein** aver bisogno di una vacanza; **Urlaubsvertretung** *f* sostituzione *f* per vacanze; **meine ~** la persona che mi supplisce; **~ machen** fare da sostituto

Ursache *f* causa *f*; (*Grund*) ragione *f*; (*Beweggrund*) motivo *m*; (*Anlass*) occasione *f*; **keine ~!** non c'è di che

Ursprung *m* origine *f*; (*Anfang*) principio *m*; **seinen ~ haben in** +*dat* prendere origine da

ursprünglich **I.** *adj* originario; (*anfänglich*) iniziale **II.** *adv* in principio

Urteil ['ʊrtaɪl] <-s, -e> *n* **1.** (JUR) sentenza *f*; **ein ~ fällen** pronunciare una sentenza **2.** (*Beurteilung*) giudizio *m*; (*Meinung*) opinione *f*; **ein ~ abgeben** dare un giudizio; **sich** *dat* **ein ~ über etw** *acc* **bilden** farsi un giudizio di qc

urteilen *vi* giudicare; **über jdn/etw ~** giudicare qu/qc; **nach seinem Benehmen zu ~** a giudicare dal suo comportamento

Urteilskraft *f* giudizio *m*; **Urteilsspruch** *m* sentenza *f*; (*der Geschworenen*) verdetto *m*

Urwald *m* foresta *f* vergine

Urzeit *f* **vor** [*o* **zu**] **~en** in tempi remoti; **seit ~en** da millenni

USA *pl* U.S.A. *mpl*

usw. *abk v* **und so weiter** ecc.

Utensil <-s, -ien> *n* utensile *m*

Utopie [uto'pi:] <-, -n> *f* utopia *f*

utopisch *adj* utopistico

UV-Strahlen *mpl* raggi *mpl* UV

U

V

V, v [faʊ] <-, -(s)> *n* V, v *f;* **V wie Viktor** V come Venezia

Vaduz [fa'dʊts] *n* Vaduz *f*

Vagabund(in) [vaga'bʊnt] <-en, -en; -, -nen> *m(f)* vagabondo, -a *m, f*

vage ['va:gə] *adj* vago

Vagina [va'gi:na] <-, Vaginen> *f* (ANAT) vagina *f*

Vakuum ['va:kuʊm] <-s, Vakuen> *n* vacuo *m;* **vakuumverpackt** *adj* conservato sotto vuoto

Vampir ['vampi:ɐ̯] <-s, -e> *m* vampiro *m*

Van ['van] <-s, -s> *m* van *m*

Vanille [va'nɪl(j)ə] <-> *kein Pl f* vaniglia *f;* **Vanilleeis** *n* gelato *m* alla vaniglia; **Vanillezucker** <-s> *kein Pl m* zucchero *m* vanigliato

Variante [vari'antə] <-, -n> *f* variante *f*

Variation [varia'tsi̯o:n] <-, -en> *f* variazione *f*

Varieté <-s, -s> *n,* **Varietee**[RR] [varie'te:] <-s, -s> *n* teatro *m* di varietà

variieren [vari'i:rən] <ohne ge-> *vt, vi* variare

Vase ['va:zə] <-, -n> *f* vaso *m*

Vater ['fa:tɐ] <-s, Väter> *m* padre *m;* **er ist ganz der ~** è tutto suo padre; **Vaterland** *n* patria *f;* **Vaterlandsliebe** *f* amor *m* di patria

väterlich *adj* paterno; **väterlicherseits** *adv* da parte paterna

Vaterschaft <-> *kein Pl f* paternità *f;* **Vatertag** *m* festa *f* del papà

Vaterunser <-s, -> *n* padrenostro *m*

Vati ['fa:ti] <-s, -s> *m* (*fam*) babbo *m*

Vatikan [vati'ka:n] *m* **der ~** il Vaticano; **Vatikanstadt** *f* **die ~** la Città del Vaticano

v. Chr. *abk v* **vor Christus** a.C.

Vegetarier(in) [vege'ta:riɐ] <-s, -; -, -nen> *m(f)* vegetariano, -a *m, f*

vegetarisch *adj* vegetariano

Vegetation [vegeta'tsi̯o:n] <-, -en> *f* vegetazione *f*

vegetieren [vege'ti:rən] <ohne ge-> *vi* vegetare

Veilchen ['faɪlçən] <-s, -> *n* (BOT) violetta *f*

Velo ['ve:lo] <-s, -s> *n* (*CH*) bicicletta *f*

Vene ['ve:nə] <-, -n> *f* (ANAT) vena *f*

Venedig [ve'ne:dɪç] *n* Venezia *f*

Venetien [ve'ne:tsiən] *n* Veneto *m*

Ventil [vɛn'ti:l] <-s, -e> *n* valvola *f*

Ventilator [vɛnti'la:to:ɐ̯] <-s, -en> *m* ventilatore *m*

verabreden [fɛɐ̯'ʔapre:dən] <ohne ge-> **I.** *vt* stabilire; **wir hatten doch verabredet, dass ...** avevamo stabilito di +*inf* **II.** *vr* **sich (mit jdm) ~** darsi appuntamento (con qu); **(mit jdm) verabredet sein** avere un appuntamento (con qu); **Verabredung** <-, -en> *f* **1.** (*Vereinbarung*) accordo *m* **2.** (*Treffen*) appuntamento *m*

verabscheuen <ohne ge-> *vt* detestare

verabschieden <ohne ge-> **I.** *vt* **1.** (*Gäste*) congedare **2.** (PARL: *Gesetz*) varare; **den Haushalt ~** approvare il bilancio **II.** *vr* **sich (von jdm) ~** congedarsi (da qu)

verachten <ohne ge-> *vt* disprezzare; **verächtlich** [fɛɐ̯'ʔɛçtlɪç] *adj* **1.** (*voller Verachtung*) sprezzante **2.** (*verachtenswert*) spregevole; **Verachtung** *f* disprezzo *m*

verallgemeinern <ohne ge-> *vt* generalizzare; **Verallgemeinerung** <-, -en> *f* generalizzazione *f*

veralten <ohne ge-> *vi sein* divenire antiquato; (*ungebräuchlich werden*) cadere in disuso; **veraltet** *adj* antiquato

Veranda [ve'randa] <-, Veranden> *f* veranda *f*

veränderlich *adj* variabile; (*Wesen*) volubile

verändern <ohne ge-> **I.** *vt* cambiare **II.** *vr* **sich ~** cambiare; **Veränderung** *f* cambiamento *m*

verängstigen <ohne ge-> *vt* impaurire

verankern <ohne ge-> *vt* **1.** (NAUT) ancorare **2.** (*fig: im Gesetz*) fissare

veranlagt *adj* **zu etw ~ sein** avere predisposizione a qc; (MED) essere predisposto a qc; **praktisch ~ sein** avere senso pratico; **Veranlagung** <-, -en> *f* (pre)disposizione *f*

veranlassen <ohne ge-> *vt* **1.** (*bewegen*) **jdn dazu ~ etw zu tun** spingere qu a fare qc; **sich veranlasst sehen zu ...** vedersi obbligato a +*inf* **2.** (*anordnen*) ordinare; **Veranlassung** <-> *kein Pl f* motivo *m;* **auf ~ von** su iniziativa di

veranschaulichen <ohne ge-> *vt* illustrare
veranschlagen <ohne ge-> *vt* preventivare
veranstalten <ohne ge-> *vt* organizzare; (*Fest*) dare; **Veranstalter(in)** <-s, -; -, -nen> *m(f)* organizzatore, -trice *m, f;* **Veranstaltung** <-, -en> *f* (*Ereignis*) manifestazione *f;* **Veranstaltungskalender** *m* calendario *m* delle manifestazioni
verantworten <ohne ge-> **I.** *vt* rispondere di; **das kann ich nicht ~** non me ne assumo la responsabilità **II.** *vr* **sich** (**vor jdm/etw**) ~ giustificarsi (davanti a qu/qc); **verantwortlich** *adj* **für etw ~ sein** essere responsabile per qc; **jdn für etw ~ machen** rendere qu responsabile di qc; **Verantwortung** <-, -en> *f* responsabilità *f;* **jdn zur ~ ziehen** chiedere conto a qu; **auf jds ~** sotto la responsabilità di qu; **verantwortungsbewusst**[RR] *adj* responsabile; **verantwortungslos** *adj* irresponsabile
verarbeiten <ohne ge-> *vt* **1.** (*behandeln*) trattare **2.** (*verbrauchen*) consumare **3.** (*fig: geistig*) assimilare; **Verarbeitung** <-, -en> *f* lavorazione *f;* (*von Daten*) elaborazione *f*
verärgern <ohne ge-> *vt* irritare
verarzten <ohne ge-> *vt* (*fam*) medicare
verausgaben <ohne ge-> *vr* **sich** ~ (*finanziell*) spendere tutto; (*kräftemäßig*) esaurirsi
Verb [vɛrp] <-s, -en> *n* verbo *m*
Verband <-(e)s, Verbände> *m* **1.** (MED) fasciatura *f* **2.** (*Vereinigung*) associazione *f;* **Verband(s)kasten** *m* (cassetta *f* di) pronto soccorso *m;* **Verband(s)zeug** *n* materiale *m* di pronto soccorso
verbannen <ohne ge-> *vt* esiliare; **Verbannung** <-, -en> *f* **1.** *sing* (*das Verbannen*) bando *m* **2.** (*Exil*) esilio *m*
verbarrikadieren [fɛɐ̯barika'diːrən] <ohne ge-> **I.** *vt* barricare **II.** *vr* **sich** ~ barricarsi
verbergen <irr, ohne ge-> **I.** *vt* **jdn/etw** (**vor jdm**) ~ nascondere qu/qc (a qu) **II.** *vr* **sich** ~ nascondersi
verbessern <ohne ge-> **I.** *vt* **1.** (*besser machen*) migliorare **2.** (*berichtigen*) correggere **II.** *vr* **sich** ~ **1.** (*beim Sprechen*) correggersi **2.** (*beruflich*) migliorare la propria posizione; **Verbesserung** *f* **1.** (*Änderung zum Besseren*) miglioramento *m* **2.** (*Korrektur*) correzione *f*
verbeugen <ohne ge-> *vr* **sich** (**vor jdm/etw**) ~ inchinarsi (davanti a qu/qc); **Verbeugung** *f* inchino *m*
verbiegen <irr, ohne ge-> **I.** *vt* piegare **II.** *vr* **sich** ~ storcersi
verbieten <irr, ohne ge-> *vt* proibire; **jdm ~ etw zu tun** proibire a qu di fare qc; **jdm das Rauchen ~** proibire a qu di fumare
verbilligt *adj* a prezzo ribassato
verbinden <irr, ohne ge-> **I.** *vt* **1.** (*vereinigen*) **etw** (**mit etw**) ~ unire qc (con qc) **2.** (MED) fasciare **3.** (TEC) allacciare **4.** (TEL) mettere in comunicazione; (**Sie sind**) **falsch verbunden!** ha sbagliato numero **5.** (*fig: Menschen*) legare **II.** *vr* **sich** ~ unirsi; (CHEM) combinarsi
verbindlich *adj* **1.** (*freundlich*) gentile **2.** (*verpflichtend*) vincolante
Verbindung *f* **1.** (*von Orten, Zug~*) collegamento *m* **2.** (TEC) allacciamento *m* **3.** (TEL) comunicazione *f* **4.** (*Vereinigung*) associazione *f* **5.** (*Zusammenhang*) relazione *f;* **in ~ mit** in relazione a; **in ~ bringen mit** mettere in relazione con **6.** (*Beziehung*) rapporto *m;* **sich mit jdm in ~ setzen** mettersi in contatto con qu; **mit jdm in ~ stehen** essere in relazione con qu **7.** (CHEM) combinazione *f*
verbissen [fɛɐ̯'bɪsən] **I.** *adj* (*hartnäckig*) ostinato **II.** *adv* con rabbia
verbitten <irr, ohne ge-> *vt* **sich** *dat* **~, dass …** non permettere che +*conj;* **das verbitte ich mir!** questo non lo tollero!
verbittern <ohne ge-> *vt* amareggiare
verblassen <ohne ge-> *vi sein* **1.** (*Farbe*) sbiadire **2.** (*fig: schwinden*) svanire
Verbleib [fɛɐ̯'blaɪp] <-(e)s> *kein Pl m* (*geh*) dimora *f;* **ich weiß nichts über den ~ dieses Briefs** non so dove sia questa lettera; **verbleiben** <irr, ohne ge-> *vi sein* **1.** (*geh: übrig bleiben*) avanzare **2.** (*sich einigen*) rimanere; **wir sind so verblieben, dass …** siamo rimasti d'accordo che …
verbleit *adj* con piombo
verblöden <ohne ge-> *vi sein* (*fam*) rincretinire
verblüffen [fɛɐ̯'blʏfən] <ohne ge-> *vt* stupire; **Verblüffung** *f* stupore *m*
verblühen <ohne ge-> *vi sein* sfiorire
verbluten <ohne ge-> *vi sein* dissanguarsi
verbohrt *adj* (*fam pej*) ostinato

V

verborgen [fɛɐ̯'bɔrgən] *adj* (*versteckt*) nascosto

Verbot <-(e)s, -e> *n* divieto *m;* **verboten** *adj* vietato; **Rauchen** ~ vietato fumare

Verbrauch *m* consumo *m;* ~ **von etw** [*o* **an etw** *+dat*] consumo di qc; **sparsam im** ~ economico nel consumo; **verbrauchen** <ohne ge-> *vt* **1.** consumare; (*abnutzen, a fig: Menschen*) logorare **2.** (*ausgeben*) spendere

Verbraucher <-s, -> *m* consumatore *m;* **verbraucherfreundlich** *adj* a favore del consumatore

Verbraucherin <-, -nen> *f* consumatrice *f; s. a.* **Verbraucher**

Verbraucherschutz <-es> *kein Pl m* difesa *f* dei consumatori; **Verbraucherverband** *m* associazione *f* di consumatori

verbraucht *adj* (*Luft*) viziato; (*Mensch*) consunto

verbrechen <irr, ohne ge-> *vt* (*fam*) **was habe ich** (**denn**) **verbrochen?** che male ho fatto?; **was hat er** (**denn**) **schon wieder verbrochen?** che altro ha combinato?; **Verbrechen** <-s, -> *n* delitto *m;* **das organisierte** ~ la criminalità organizzata; **Verbrecher**(**in**) <-s, -; -, -nen> *m(f)* delinquente *mf;* **verbrecherisch** *adj* criminoso

verbreiten <ohne ge-> **I.** *vt* diffondere **II.** *vr* **sich** ~ diffondersi; **Verbreitung** <-> *kein Pl f* diffusione *f*

verbrennen <irr, ohne ge-> **I.** *vt* bruciare; (*Leiche*) cremare **II.** *vi sein* bruciare **III.** *vr* **sich** ~ bruciarsi; **sich** *dat* **die Finger** ~ scottarsi le dita; (*fig*) rimanere scottato; **Verbrennung** <-, -en> *f* **1.** *sing* (*das Verbrennen*) incenerimento *m;* (*Leichen~*) cremazione *f* **2.** (MED) ustione *f;* **Verbrennungsmotor** *m* motore *m* a combustione interna

verbringen <irr, ohne ge-> *vt* passare

verbrüdern [fɛɐ̯'bry:dɐn] <ohne ge-> *vr* **sich** (**mit jdm**) ~ fraternizzare (con qu)

verbrühen <ohne ge-> *vr* **sich** ~ scottarsi

verbuchen <ohne ge-> *vt* (FIN) contabilizzare; (*fig*) registrare

verbunden [fɛɐ̯'bʊndən] *adj* **1.** (*verknüpft*) legato; **mit etw** ~ **sein** essere legato con qc **2.** (*dankbar*) grato; **ich bin Ihnen sehr** ~ Le sono molto obbligato

verbünden [fɛɐ̯'bʏndən] <ohne ge-> *vr* **sich** (**mit jdm**) ~ allearsi (con qu)

Verbundenheit <-> *kein Pl f* legame *m*

Verbündete <ein -r, -n, -n> *mf* alleato, -a *m, f*

verbürgen <ohne ge-> *vr* **sich für jdn/etw** ~ garantire per qu/qc

verbüßen <ohne ge-> *vt* scontare

Verdacht [fɛɐ̯'daxt] <-(e)s> *kein Pl m* sospetto *m;* ~ **erregen** destare sospetto; **in** ~ **geraten** cadere in sospetto; **jdn in** ~ **haben** sospettare di qu; **verdächtig** [fɛɐ̯'dɛçtɪç] *adj* sospettoso; **Verdächtige** <ein -r, -n, -n> *mf* sospetto, -a *m, f;* **verdächtigen** <ohne ge-> *vt* **jdn** (**einer Sache** *gen*) ~ sospettare qu (di qc)

verdammen [fɛɐ̯'damən] <ohne ge-> *vt* condannare; **verdammt I.** *adj* (*fam pej*) maledetto; **~er Mist!** porca miseria! **II.** *adv* (*fam*) terribilmente **III.** *int* (*fam*) ~ (**noch mal**)! maledizione!

verdampfen <ohne ge-> *vi sein* evaporare

verdanken <ohne ge-> *vt* **jdm etw** ~ dovere qc a qu

verdarb [fɛɐ̯'darp] *1. u 3. pers sing imp von* **verderben**

verdauen [fɛɐ̯'daʊən] <ohne ge-> *vt, vi* digerire

verdaulich *adj* **leicht** ~ di facile digestione; **schwer** ~ indigesto

Verdauung <-> *kein Pl f* digestione *f*

Verdeck *n* **1.** (NAUT) ponte *m* superiore **2.** (AUTO) capote *f;* **mit aufklappbarem** ~ decappottabile

verdecken <ohne ge-> *vt* coprire

verdenken <irr, ohne ge-> *vt* (*geh*) **das kann ihm niemand** ~ non gli si può dare torto

verderben [fɛɐ̯'dɛrbən] <verdirbt, verdarb, verdorben> **I.** *vt* rovinare; (*a fig*) guastare; (*sittlich*) corrompere; **sich** *dat* **die Augen** ~ rovinarsi la vista; **jdm die Freude** ~ guastare la gioia a qu; **es mit niemandem** ~ **wollen** non voler guastarsi con nessuno **II.** *vi sein* (*Essen*) andare a male; **Verderben** <-s> *kein Pl n* rovina *f;* **verderblich** *adj* **1.** (*Lebensmittel*) deperibile **2.** (*Einfluss*) nocivo

verdeutlichen <ohne ge-> *vt* chiarire

verdichten <ohne ge-> **I.** *vt* (PHYS) comprimere; (*fig* CHEM) condensare **II.** *vr* **sich** ~ addensarsi

verdienen <ohne ge-> *vt* **1.** (*Lohn*) guadagnare; **seinen Lebensunterhalt** ~ guadagnarsi da vivere **2.** (*fig*) meritare; **womit habe ich das verdient?** (*iron*) perché capitano tutte a me?

Verdienst[1] <-(e)s, -e> *m* (*Einkommen*) guadagno *m;* (*Gewinn*) profitto *m*

Verdienst[2] <-(e)s, -e> *n* (*Leistung*) merito *m;* **das ist alles nur ihr** ~ è tutto merito suo

Verdienstausfall *m* perdita *f* di guadagno

verdienstvoll *adj* meritorio

verdient *adj* meritato; **sich um etw ~ machen** rendersi benemerito di qc

verdirbt [fɛɐ̯'dɪrpt] *3. pers sing pr von* **verderben**

verdoppeln <ohne ge-> *vt* raddoppiare

verdorben [fɛɐ̯'dɔrbən] **I.** *pp von* **verderben II.** *adj* **1.** (*Lebensmittel*) guasto **2.** (*Magen*) in disordine **3.** (*fig: Mensch*) corrotto

verdorren [fɛɐ̯'dɔrən] <ohne ge-> *vi sein* disseccarsi

verdrängen <ohne ge-> *vt* **1.** (*wegdrängen*) **jdn** (**aus etw**) ~ spostare qu (da qc); **jdn von seinem Platz** ~ prendere il posto di qu **2.** (PSYCH) reprimere; **Verdrängung** <-> *kein Pl f* (PSYCH) rimozione *f*

verdrehen <ohne ge-> *vt* torcere; (*Augen*) stravolgere; **jdm den Kopf** ~ (*fig*) far perdere la testa a qu

verdreifachen <ohne ge-> *vt* triplicare

verdrossen [fɛɐ̯'drɔsən] *adj* seccato; **Verdrossenheit** <-> *kein Pl f* malumore *m*

verdrücken <ohne ge-> **I.** *vt* (*fam: essen*) ingoiare **II.** *vr* **sich** ~ (*fam: verschwinden*) squagliarsela

Verdruss[RR] [fɛɐ̯'drʊs] <-es> *kein Pl m,* **Verdruß** <-drusses> *kein Pl m* scontentezza *f;* (*Ärger*) fastidio *m*

verduften <ohne ge-> *vi sein* (*fam: verschwinden*) squagliarsela

verdunkeln <ohne ge-> *vt* oscurare; (*fig*) camuffare; **Verdunk(e)lung** <-> *kein Pl f* oscuramento *m*

verdünnen <ohne ge-> *vt* diluire

verdunsten <ohne ge-> *vi sein* evaporare

verdursten <ohne ge-> *vi sein* morire di sete

verdutzt [fɛɐ̯'dʊtst] *adj* stupito

verehren <ohne ge-> *vt* **1.** (REL) venerare **2.** (*scherz: schenken*) **jdm etw** ~ fare dono a qu di qc; **Verehrer(in)** <-s, -; -, -nen> *m(f)* ammiratore, -trice *m, f;* **verehrt** *adj* ammirato; **~es Publikum** gentile pubblico; **Verehrung** *f* venerazione *f*

vereidigen <ohne ge-> *vt* **jdn** (**auf etw** *acc*) ~ far prestare giuramento a qu (su qc); **Vereidigung** <-, -en> *f* giuramento *m*

Verein [fɛɐ̯'ʔaɪn] <-(e)s, -e> *m* associazione *f;* (*Klub*) circolo *m;* (SPORT) società *f* sportiva

vereinbar [fɛɐ̯'ʔaɪnbaːɐ̯] *adj* compatibile

vereinbaren <ohne ge-> *vt* fissare; **Vereinbarung** <-, -en> *f* accordo *m;* **nach vorheriger** ~ previo appuntamento

vereinen <ohne ge-> *vt* (*geh*) unire; (*Gegensätze*) conciliare; **mit vereinten Kräften** a forze congiunte; **die Vereinten Nationen** le Nazioni Unite

vereinfachen <ohne ge-> *vt* semplificare

vereinheitlichen <ohne ge-> *vt* standardizzare

vereinigen <ohne ge-> **I.** *vt* unire; **wieder** ~ riunire; (POL) riunificare **II.** *vr* **sich** ~ unirsi; **Vereinigung** *f* **1.** unione *f* **2.** (*Verein*) associazione *f*

vereinsamen <ohne ge-> *vi sein* diventare solitario; **Vereinsamung** <-> *kein Pl f* isolamento *m*

vereinzelt *adj* isolato

vereisen <ohne ge-> **I.** *vt* (MED) anestetizzare mediante congelamento **II.** *vi sein* gelare

vereiteln <ohne ge-> *vt* sventare

vereitert *adj* suppurato

verenden <ohne ge-> *vi sein* crepare

verengen <ohne ge-> *vr* **sich** ~ restringersi

vererben <ohne ge-> *vt* **1.** (*Besitz*) **jdm etw** ~ trasmettere in eredità qc a qu **2.** (BIOL, MED) **etw** (**auf jdn**) ~ trasmettere ereditariamente qc (a qu); **Vererbung** <-> *kein Pl f* trasmissione *f* (ereditaria)

verewigen <ohne ge-> **I.** *vt* immortalare **II.** *vr* **sich** ~ (*fam*) immortalarsi

verfahren[1] <irr, ohne ge-> **I.** *vi sein* procedere; **mit jdm** ~ trattare qu **II.** *vr* **sich** ~ (*falsch fahren*) sbagliare strada **III.** *vt* (*Benzin*) consumare

verfahren[2] *adj* (*ausweglos*) senza via d'uscita

Verfahren <-s, -> *n* **1.** (*Methode*) metodo *m* **2.** (JUR) processo *m*

Verfall *m* **1.** (*von Bauwerk*) rovina *f* **2.** (*fig: von Kultur, Familie*) decadenza *f*

Verfalldatum *s.* **Verfall(s)datum**

verfallen <irr, ohne ge-> *vi sein* **1.** (*Bau-*

werk) andare in rovina **2.** (*fig: körperlich, geistig*) decadere **3.** (*ungültig werden*) scadere **4.** (*abhängig werden*) **jdm/etw** ~ diventare schiavo di qu/qc

Verfallsdatum *n* data *f* di scadenza

verfälschen <ohne ge-> *vt* falsificare

verfänglich [fɛɐ̯ˈfɛŋlɪç] *adj* imbarazzante

verfärben <ohne ge-> *vr* **sich** ~ cambiare colore

verfassen <ohne ge-> *vt* redigere; **Verfasser(in)** <-s, -; -, -nen> *m(f)* autore, -trice *m, f*

Verfassung *f* **1.** *sing* (*Zustand*) stato *m;* **körperliche** ~ condizioni fisiche; **ich bin nicht in der** ~ **zu** +*inf* non sono in condizione di +*inf* **2.** (POL) costituzione *f;* **Verfassungsgericht** *n* corte *f* costituzionale; **verfassungsmäßig** *adj* costituzionale; **verfassungswidrig** *adj* anticostituzionale

verfaulen <ohne ge-> *vi sein* marcire

verfehlen <ohne ge-> *vt* sbagliare; (*Ziel*) mancare; **seinen Beruf** ~ sbagliare mestiere; **das Thema** ~ andare fuori tema; **diese Rede hat ihre Wirkung verfehlt** il discorso non ha ottenuto l'effetto desiderato; **das halte ich für völlig verfehlt** lo ritengo completamente sbagliato

verfeinden <ohne ge-> *vr* **sich mit jdm** ~ inimicarsi qu

verfeinern <ohne ge-> *vt* raffinare

verfilmen <ohne ge-> *vt* filmare; **Verfilmung** <-, -en> *f* adattamento *m* cinematografico

verfinstern <ohne ge-> *vr* **sich** ~ oscurarsi

verfliegen <irr, ohne ge-> *vi sein* **1.** (*Zorn, Duft*) svanire **2.** (*Zeit*) volare (via)

verflixt [fɛɐ̯ˈflɪkst] *adj* (*fam*) maledetto

verfluchen <ohne ge-> *vt* maledire; **verflucht** *adj* (*fam*) maledetto; ~ **noch mal!** maledizione!

verflüchtigen <ohne ge-> *vr* **sich** ~ volatilizzarsi

verflüssigen <ohne ge-> *vr* **sich** ~ liquefarsi

verfolgen <ohne ge-> *vt* **1.** (*hinterhergehen*) inseguire; **vom Pech verfolgt sein** essere perseguitato dalla sfortuna **2.** (*fig: Ziel, Absicht*) perseguire **3.** (*Entwicklung*) seguire; **Verfolger(in)** <-s, -; -, -nen> *m(f)* inseguitore, -trice *m, f;* **Verfolgung** <-, -en> *f* inseguimento *m;* (POL) persecuzione *f;* **Verfolgungswahn** *m* (PSYCH) mania *f* di persecuzione

verfrachten <ohne ge-> *vt* (*verladen*) caricare

Verfremdung <-, -en> *f* straniamento *m*

verfrüht *adj* prematuro

verfügbar *adj* disponibile

verfügen <ohne ge-> **I.** *vt* ordinare **II.** *vi* **über etw** *acc* ~ disporre di qc; **Verfügung** *f* **1.** (*Disposition*) disposizione *f;* **jdm etw zur** ~ **stellen** mettere qc a disposizione di qu **2.** (*Verordnung*) ordinanza *f*

verführen <ohne ge-> *vt* **1.** (*anstiften*) **jdn zu etw** ~ indurre qu a fare qc **2.** (*sexuell*) sedurre; **Verführer(in)** *m(f)* seduttore, -trice *m, f;* **verführerisch** *adj* seducente; **Verführung** *f* seduzione *f*

vergammeln <ohne ge-> *vi sein* (*fam: Nahrung*) guastarsi

vergangen [fɛɐ̯ˈgaŋən] *adj* passato; **im ~en Jahr** l'anno scorso; **Vergangenheit** <-> *kein Pl f* passato *m;* **Vergangenheitsbewältigung** <-> *kein Pl f* superamento *m* del passato

vergänglich [fɛɐ̯ˈgɛŋlɪç] *adj* fugace; **Vergänglichkeit** <-> *kein Pl f* caducità *f*

vergasen <ohne ge-> *vt* **1.** (TEC) gassificare **2.** (*durch Giftgase*) gassare

Vergaser <-s, -> *m* (AUTO) carburatore *m*

vergaß [fɛɐ̯ˈgaːs] *1. u 3. pers sing imp von* **vergessen**

vergeben <irr, ohne ge-> *vt* **1.** (*Stelle*) assegnare; (*Preis*) conferire; **die Stelle ist noch zu** ~ il posto è ancora vacante; **es tut mir leid, ich bin schon** ~ (*verlobt, verheiratet*) mi dispiace, sono già impegnato **2.** (*geh: verzeihen*) **jdm etw** ~ perdonare qc a qu **3.** (*seinem Ansehen schaden*) **du vergibst dir nichts, wenn …** non ci rimetti nulla se …

vergebens *adv* invano

vergeblich **I.** *adj* vano **II.** *adv s.* **vergebens**

Vergebung <-> *kein Pl f* (*geh*) perdono *m;* **jdn um** ~ **bitten** chiedere perdono a qu

vergegenwärtigen <ohne ge-> *vr* **sich** *dat* **etw** ~ richiamare alla mente qc

vergehen <irr, ohne ge-> **I.** *vi sein* **1.** (*Zeit*) passare **2.** (*aufhören*) passare; **mir ist der Appetit vergangen** mi è passato l'appetito **3.** (*schmachten*) **vor etw** *dat* ~ struggersi per qc; **vor Angst** ~ morire di paura **II.** *vr* **sich ~ 1.** (*verstoßen*) **sich gegen etw ~** trasgredire qc **2.** (*sexuell*) **sich an jdm ~** violentare qu; **Vergehen** <-s, -> *n* (JUR) infrazione *f*

vergelten <irr, ohne ge-> *vt* ripagare; **Vergeltung** *f* (*Rache*) vendetta *f*

vergessen [fɛɐ̯'gɛsən] <vergisst, vergaß, vergessen> **I.** *vt* dimenticare; **das kannst du ~!** (*fam*) puoi dimenticartelo!; **das werde ich dir nie ~** non dimenticherò mai quello che hai fatto **II.** *vr* **sich ~** lasciarsi andare; **Vergessenheit** <-> *kein Pl f* dimenticanza *f;* **in ~ geraten** cadere in oblio

vergesslich[RR] *adj*, **vergeßlich** *adj* smemorato; **Vergesslichkeit**[RR] <-> *kein Pl f* smemoratezza *f*

vergeuden [fɛɐ̯'gɔɪdən] <ohne ge-> *vt* sprecare

vergewaltigen <ohne ge-> *vt* violentare; **Vergewaltigung** <-, -en> *f* violenza *f* carnale

vergewissern <ohne ge-> *vr* **sich** (**einer Sache** *gen*) **~** accertarsi (di qc)

vergießen <irr, ohne ge-> *vt* rovesciare

vergiften <ohne ge-> **I.** *vt* avvelenare **II.** *vr* **sich** (**an etw** *dat*) **~** avvelenarsi (con qc); **Vergiftung** <-, -en> *f* avvelenamento *m*

vergilben [fɛɐ̯'gɪlbən] <ohne ge-> *vi sein* ingiallire

Vergissmeinnicht[RR] [fɛɐ̯'gɪsmaɪnɪçt] <-(e)s, -(e)> *n*, **Vergißmeinnicht** <-(e)s, -(e)> *n* nontiscordardimé *m*

vergisst[RR], **vergißt** [fɛɐ̯'gɪst] *3. pers sing pr von* **vergessen**

Vergleich [fɛɐ̯'glaɪç] <-(e)s, -e> *m* **1.** (*das Vergleichen*) paragone *m;* **im ~ zu** in confronto a; **das ist doch kein ~!** (ma) non c'è confronto! **2.** (JUR) accomodamento *m;* **vergleichbar** *adj* (**mit etw**) **~ sein** essere paragonabile (a qc); **vergleichen** <irr, ohne ge-> **I.** *vt* **etw** (**mit etw**) **vergleichen** confrontare qc (con qc); **es ist nicht zu ~ mit …** non c'è paragone con … **II.** *vr* **sich ~** (JUR) venire ad un accomodamento; **vergleichsweise** *adv* comparativamente

vergnügen [fɛɐ̯'gny:gən] <ohne ge-> *vr* **sich ~** divertirsi; **Vergnügen** <-s, -> *n* divertimento *m;* **mit ihm zu arbeiten, ist kein ~** non è piacevole lavorare con lui; **mit ~!** volentieri!; **viel ~!** buon divertimento!; **zum ~** per divertimento; **vergnügt** *adj* allegro

Vergnügung <-, -en> *f* divertimento *m;* **Vergnügungspark** *m* parco *m* di divertimenti

vergolden <ohne ge-> *vt* dorare

vergöttern [fɛɐ̯'gœtɐn] <ohne ge-> *vt* adorare

vergraben <irr, ohne ge-> **I.** *vt* seppellire **II.** *vr* (*fig*) **sich in seine Arbeit ~** immergersi nel lavoro

vergrämt *adj* afflitto

vergreifen <irr, ohne ge-> *vr* **sich an etw** *dat* **~** fare man bassa di qc; **sich an jdm ~** mettere le mani addosso a qu; **vergriffen** [fɛɐ̯'grɪfən] *adj* (COM) esaurito

vergrößern [fɛɐ̯'grø:sɐn] <ohne ge-> **I.** *vt* (*allg*, FOTO) ingrandire; (*vermehren*) aumentare **II.** *vr* **sich ~** ingrandirsi; (*sich vermehren*) aumentare; **Vergrößerung** <-, -en> *f* ingrandimento *m;* **Vergrößerungsglas** *n* lente *f* d'ingrandimento

Vergünstigung <-, -en> *f* agevolazione *f;* (*Preisnachlass*) riduzione *f*

vergüten [fɛɐ̯'gy:tən] <ohne ge-> *vt* rimborsare; **jdm etw ~** risarcire qc a qu; **Vergütung** <-, -en> *f* **1.** (*Arbeits~*) compenso *m* **2.** (*Zurückerstattung*) rimborso *m*

verhaften <ohne ge-> *vt* arrestare; **Verhaftung** *f* arresto *m*

verhalten <irr, ohne ge-> *vr* **sich ~** comportarsi; **sich ruhig ~** rimanere tranquillo; **Verhalten** <-s> *kein Pl n* comportamento *m;* **Verhaltensforschung** *f* etologia *f;* **verhaltensgestört** *adj* caratteriale; **Verhaltensweise** *f* modo *m* di comportarsi

Verhältnis [fɛɐ̯'hɛltnɪs] <-ses, -se> *n* **1.** (*Relation*) rapporto *m;* **im ~ zu** in confronto a; **im ~ von 1 zu 2** in rapporto di 1 a 2 **2.** (*persönliche Beziehung*) relazione *f* **3.** *pl* (*Bedingungen*) condizioni *fpl;* (*Lage*) situazione *f;* **in ärmlichen ~sen leben** vivere in condizioni misere; **über seine ~se leben** vivere al di sopra dei propri mezzi; **verhältnismäßig** *adv* relativamente

verhandeln <ohne ge-> **I.** *vt* (JUR) dibattere **II.** *vi* (**mit jdm**) **über etw** *acc* **~** negoziare qc (con qu); **Verhandlung** *f* trattativa *f;* (JUR) dibattimento *m*

verhängen <ohne ge-> *vt* **1.** (*zuhängen*) **etw** (**mit etw**) **~** coprire qc (con qc) **2.** (*anordnen*) **eine Strafe über jdn ~** infliggere una pena a qu

Verhängnis <-ses, -se> *n* destino *m;* **jdm**

zum ~ werden riuscire fatale a qu; **verhängnisvoll** *adj* fatale

verharmlosen <ohne ge-> *vt* minimizzare

verharren <ohne ge-> *vi haben o sein* (*geh*) **1.** (*bleiben*) restare **2.** (*bei Entschluss*) **in etw** *dat* **~** persistere in qc

verhasstRR *adj* odiato

verhätscheln <ohne ge-> *vt* viziare

verhauen <verhaut, verhaute, verhauen> *vt* (*fam: verprügeln*) picchiare

verheerend *adj* disastroso

verheilen <ohne ge-> *vi sein* guarire

verheimlichen <ohne ge-> *vt* (**jdm**) **etw ~** tenere segreto qc (a qu)

verheiraten <ohne ge-> *vr* **sich** (**mit jdm**) **~** sposarsi (con qu); **verheiratet** *adj* sposato

verhelfen <irr, ohne ge-> *vi* **jdm zu etw ~** procurare qc a qu; **jdm zum Sieg ~** aiutare qu a vincere

verherrlichen <ohne ge-> *vt* esaltare

verhexen <ohne ge-> *vt* stregare

verhindern <ohne ge-> *vt* impedire; **das lässt sich nicht ~** è inevitabile

verhöhnen <ohne ge-> *vt* schernire

Verhör [fɛɐ̯'hø:ɐ̯] <-(e)s, -e> *n* interrogatorio *m*; **verhören** <ohne ge-> **I.** *vt* interrogare **II.** *vr* **sich ~** capir male

verhüllen <ohne ge-> *vt* (*a fig*) velare

verhungern <ohne ge-> *vi sein* morire di fame

verhüten <ohne ge-> *vt* prevenire; **Verhütung** <-> *kein Pl f* prevenzione *f*; (*Empfängnis~*) contraccezione *f*; **Verhütungsmittel** *n* anticoncezionale *m*

verirren <ohne ge-> *vr* **sich ~** smarrirsi

verjagen <ohne ge-> *vt* scacciare

verjähren <ohne ge-> *vi sein* cadere in prescrizione; **verjährt** *adj* prescritto; **Verjährung** <-> *kein Pl f* prescrizione *f*

verjüngen [fɛɐ̯'jʏŋən] <ohne ge-> *vt, vr* **sich ~** ringiovanire

verkabeln <ohne ge-> *vt* cablare; **Verkabelung** <-, -en> *f* cablaggio *m*

verkalken <ohne ge-> *vi sein* **1.** (*Rohre*) calcificarsi **2.** (*fam: Mensch*) rimbambirsi

verkalkulieren <ohne ge-> *vr* **sich ~** sbagliarsi (nei calcoli)

verkannt [fɛɐ̯'kant] *adj* (*Genie*) incompreso

Verkauf *m* vendita *f*; **verkaufen** <ohne ge-> *vt* vendere; **zu ~** in vendita; **jdn für dumm ~** (*fam*) prendere qu per scemo; **Verkäufer(in)** *m(f)* venditore, -trice *m, f*; **verkäuflich** *adj* **1.** (*angeboten*) da vendere **2.** (*geeignet*) vendibile; **schwer ~** difficile da vendere; **verkaufsoffen** *adj* **~er Samstag** *sabato con orario di apertura dei negozi prolungato;* **Verkaufspreis** *m* prezzo *m* di vendita

Verkehr [fɛɐ̯'ke:ɐ̯] <-s> *kein Pl m* **1.** (*Straßen~*) traffico *m* **2.** (*Umgang*) relazione *f* **3.** (*Geschlechts~*) rapporti *mpl* intimi **4.** (FIN) circolazione *f*; **etw aus dem ~ ziehen** togliere qc dalla circolazione

verkehren <ohne ge-> **I.** *vi* **1.** *haben o sein* (*Verkehrsmittel*) circolare **2.** *haben* (*Mensch*) frequentare; **in einem Café ~** frequentare un bar; **bei jdm ~** frequentare la casa di qu; **mit jdm ~** essere in rapporti con qu **II.** *vt* trasformare; **etw ins Gegenteil ~** girare qc al contrario

Verkehrsampel *f* semaforo *m*; **Verkehrsamt** *n* ufficio *m* turistico; **verkehrsberuhigt** *adj* **~e Zone** zona a traffico limitato; **Verkehrschaos** *n* paralisi *f* del traffico; **Verkehrsdelikt** *n* contravvenzione *f* al codice stradale; **Verkehrserziehung** *f* educazione *f* stradale; **Verkehrshinweis** *m* informazioni *fpl* sul traffico; **Verkehrsinsel** *f* salvagente *m*; **Verkehrsknotenpunkt** *m* nodo *m* stradale; **Verkehrsmittel** *n* mezzo *m* di trasporto; **Verkehrsordnung** *f* codice *m* stradale; **Verkehrspolizei** *f* (polizia *f*) stradale *f*; **Verkehrsregeln** *fpl* norme *fpl* di circolazione; **verkehrsreich** *adj* molto frequentato; **Verkehrssicherheit** *f* sicurezza *f* stradale; **Verkehrssünder(in)** *m(f)* pirata *m* della strada; **Verkehrsteilnehmer(in)** *m(f)* utente *mf* della strada; **Verkehrsunfall** *m* incidente *m* stradale; **Verkehrsverbund** *m* associazione *f* delle società dei trasporti; **verkehrswidrig** *adj* contro le norme della circolazione; **Verkehrszeichen** *n* segnale *m* stradale

verkehrt **I.** *adj* (*falsch*) sbagliato **II.** *adv* (*umgekehrt*) al rovescio; (*~ herum*) al contrario; **~ gehen** [*o* **fahren**] sbagliare strada; **etw ~ machen** sbagliare qc

verkennen <irr, ohne ge-> *vt* non riconoscere

verklagen <ohne ge-> *vt* **jdn** (**wegen**

etw) ~ citare in giudizio qu (per qc)

verklappen <ohne ge-> *vt* scaricare nel mare

verkleiden <ohne ge-> **I.** *vt* **1.** (*Menschen*) travestire **2.** (*Wand*) rivestire **II.** *vr* **sich** (**als Clown**) ~ travestirsi (da pagliaccio); **Verkleidung** *f* **1.** (*von Menschen*) travestimento *m* **2.** (*Haus~*) rivestimento *m*

verkleinern <ohne ge-> *vt* ridurre; (*vermindern*) diminuire

verklemmt *adj* inibito

verklingen <irr, ohne ge-> *vi sein* smorzarsi

verkneifen <irr, ohne ge-> *vr* **sich** *dat* **etw** ~ (*fam*) rinunciare a qc; (*unterdrücken*) soffocare qc

verkniffen *adj* contratto

verknoten <ohne ge-> *vt* annodare

verknüpfen <ohne ge-> *vt* **1.** (*Faden*) annodare **2.** (*fig*) collegare

verkommen[1] <irr, ohne ge-> *vi sein* **1.** (*Person*) essere trascurato **2.** (*Gebäude*) andare in rovina

verkommen[2] *adj* **1.** (*verwahrlost*) in rovina **2.** (*Person: ungepflegt*) malandato; (*sittlich*) depravato

verkörpern <ohne ge-> *vt* personificare; (FILM, THEAT) impersonare; **Verkörperung** <-, -en> *f* personificazione *f*

verkrachen <ohne ge-> *vr* **sich** (**mit jdm**) ~ (*fam*) rompere (con qu); **verkracht** *adj* (*fam*) fallito; **er ist eine ~e Existenz** è un fallito

verkraften <ohne ge-> *vt* (*bewältigen*) sopportare

verkrampft *adj* contratto

verkrümmen <ohne ge-> *vr* **sich** ~ deformarsi

verkrüppelt *adj* storpio

verkühlen <ohne ge-> *vr* **sich** ~ (*dial*) raffreddarsi

verkümmern <ohne ge-> *vi sein* **1.** (*Pflanzen*) intristire; (*Mensch*) deperire; (*Fähigkeiten*) venir meno **2.** (MED) atrofizzarsi

verkünden [fɛɐ̯'kʏndən] <ohne ge-> *vt* (*geh*) **1.** (*ankündigen*) annunciare **2.** (*Urteil*) pronunciare

verkürzen <ohne ge-> *vt* (r)accorciare; (*Weg, Wartezeit*) abbreviare; (*verringern*) ridurre; **verkürzte Arbeitszeit** orario di lavoro ridotto

verladen <irr, ohne ge-> *vt* caricare; (NAUT) imbarcare

Verlag [fɛɐ̯'la:k] <-(e)s, -e> *m* casa *f* editrice

verlangen <ohne ge-> *vt* **1.** (*fragen nach*) richiedere; (*fordern*) esigere; **mehr kann man nicht** ~ di più non si può pretendere; **das ist zu viel verlangt** questo è (chiedere) troppo; **Sie werden am Telefon verlangt** La desiderano al telefono **2.** (*erfordern*) richiedere; **Verlangen** <-s> *kein Pl n* (*geh*) desiderio *m*; ~ **nach etw haben** avere voglia di qc

verlängern [fɛɐ̯'lɛŋɐn] <ohne ge-> *vt* allungare; (*Urlaub, Frist*) prolungare; **ein verlängertes Wochenende** un ponte; **Verlängerung** <-, -en> *f* **1.** (*räumlich, zeitlich*) prolungamento *m*; (*von Frist*) proroga *f* **2.** (SPORT) tempo *m* supplementare; **Verlängerungskabel** *f* prolunga *f*

verlangsamen <ohne ge-> *vt* rallentare

Verlass[RR] [fɛɐ̯'las] <-es> *kein Pl m*, **Verlaß** <-lasses> *kein Pl m* **auf ihn ist kein** ~ non si può fare affidamento su di lui

verlassen[1] <irr, ohne ge-> **I.** *vt* abbandonare; **beim Verlassen des Hauses** uscendo dalla casa **II.** *vr* **sich auf jdn/etw** ~ fare affidamento su qu/qc; ~ **Sie sich darauf!** (ne) stia sicuro!

verlassen[2] *adj* abbandonato

Verlassenschaft <-, -en> *f* (*A: Nachlass*) eredità *f*

verlässlich[RR] [fɛɐ̯'lɛslɪç] *adj*, **verläßlich** *adj* (*Mensch*) fidato

Verlauf *m* **1.** (*Ablauf*) corso *m*; **im ~ des Abends** nel corso della serata **2.** (*von Straße*) tracciato *m*; **verlaufen** <irr, ohne ge-> **I.** *vi sein* **1.** (*Feier, Abend*) svolgersi **2.** (*Grenze, Weg*) correre **3.** (*Farbe*) spandersi **II.** *vr* **sich** ~ **1.** (*sich verirren*) smarrirsi **2.** (*Menschenmenge*) disperdersi

verlauten <ohne ge-> *vi sein* **etw ~ lassen** dire qc

verleben <ohne ge-> *vt* (*Zeit*) trascorrere

verlegen[1] <ohne ge-> **I.** *vt* **1.** (*an andere Stelle*) spostare; (*Wohnsitz*) trasferire; (*verlieren*) perdere **2.** (*Termin*) rinviare **3.** (*Buch*) pubblicare **4.** (*Kabel*) posare **II.** *vr* **sich auf etw** *acc* ~ passare a qc

verlegen[2] *adj* imbarazzato; **nie um eine Antwort ~ sein** avere sempre una risposta pronta; **Verlegenheit** <-> *kein Pl f* imba-

V

razzo *m;* **jdn in ~ bringen** mettere qu in imbarazzo

Verleger(in) <-s, -; -, -nen> *m(f)* editore, -trice *m, f*

Verleih [fɛɐ̯'laɪ] <-(e)s, -e> *m* noleggio *m;* **verleihen** <irr, ohne ge-> *vt* **1.** (*ausleihen*) prestare; (*gegen Gebühr*) noleggiare **2.** (*Orden, Preis*) conferire **3.** (*Kraft*) infondere

verleiten <ohne ge-> *vt* **jdn** (**zu etw**) ~ indurre qu (a fare qc)

verlernen <ohne ge-> *vt* disimparare

verletzbar *adj* vulnerabile

verletzen [fɛɐ̯'lɛtsən] <ohne ge-> **I.** *vt* **1.** (*verwunden*) ferire; **schwer verletzt** gravemente ferito **2.** (*fig: kränken*) offendere **3.** (*fig: Gesetz*) violare; **seine Pflicht ~** venir meno al proprio dovere **II.** *vr* **sich ~** ferirsi; **verletzend** *adj* (*Bemerkung*) graffiante

verletzlich *adj* vulnerabile

Verletzte <ein -r, -n, -n> *mf* ferito, -a *m, f*

Verletzung <-, -en> *f* ferita *f*

verleugnen <ohne ge-> *vt* rinnegare; **sich ~ lassen** far dire che non si è in casa; (*am Telefon*) negarsi al telefono

verleumden [fɛɐ̯'lɔɪmdən] <ohne ge-> *vt* diffamare; **Verleumdung** <-, -en> *f* diffamazione *f*

verlieben <ohne ge-> *vr* **sich** (**in jdn/etw**) ~ innamorarsi (di qu/qc); **verliebt** *adj* innamorato

verlieren [fɛɐ̯'liːrən] <verliert, verlor, verloren> **I.** *vt* perdere; **den Verstand ~** perdere la ragione; **den Mut ~** perdersi di coraggio; **jdn aus den Augen ~** perdere di vista qu; **hier hast du nichts verloren** (*fam*) qui non hai niente da cercare **II.** *vr* **sich ~** disperdersi **III.** *vi* **an etw** *dat* ~ perdere qc; **an Wert ~** deprezzarsi; **Verlierer(in)** <-s, -; -, -nen> *m(f)* vinto, -a *m, f;* **er ist kein guter ~** non sa perdere

Verlies [fɛɐ̯'liːs] <-es, -e> *n* segreta *f*

verloben <ohne ge-> *vr* **sich** (**mit jdm**) ~ fidanzarsi (con qu); **verlobt** *adj* fidanzato; **Verlobte** <ein -r, -n, -n> *mf* fidanzato, -a *m, f;* **Verlobung** <-, -en> *f* fidanzamento *m*

verlocken <ohne ge-> *vt* (*geh*) allettare; **verlockend** *adj* allettante; **Verlockung** <-, -en> *f* tentazione *f*

verlogen [fɛɐ̯'loːgən] *adj* **1.** (*Mensch*) bugiardo **2.** (*Moral*) falso; **Verlogenheit** <-> *kein Pl f* falsità *f*

verlor [fɛɐ̯'loːɐ̯] *1. u 3. pers sing imp von* **verlieren**

verloren [fɛɐ̯'loːrən] **I.** *pp von* **verlieren** **II.** *adj* perso; ~ **gehen** andare perso; **das Spiel ~ geben** dare persa la partita; **sich ~ geben** darsi vinto; **verloren|gehen** *s.* **verloren II.**

verlosen <ohne ge-> *vt* sorteggiare; **Verlosung** <-, -en> *f* sorteggio *m*

Verlust [fɛɐ̯'lʊst] <-(e)s, -e> *m* perdita *f;* (FIN) deficit *m*

vermachen <ohne ge-> *vt* **jdm etw ~** lasciare in eredità qc a qu; **Vermächtnis** [fɛɐ̯'mɛçtnɪs] <-ses, -se> *n* legato *m*

Vermählung <-, -en> *f* (*geh*) matrimonio *m*

vermarkten <ohne ge-> *vt* commercializzare

vermehren <ohne ge-> **I.** *vt* aumentare **II.** *vr* **sich ~** **1.** (*größer werden*) aumentare **2.** (BIOL) riprodursi; **Vermehrung** *f* **1.** (*das (Sich)vermehren*) aumento *m;* (*zahlenmäßig*) moltiplicazione *f* **2.** (BIOL) riproduzione *f*

vermeiden <irr, ohne ge-> *vt* evitare; **es lässt sich nicht ~, dass ...** è inevitabile che *+conj*

vermeintlich [fɛɐ̯'maɪntlɪç] *adj* presunto

Vermerk [fɛɐ̯'mɛrk] <-(e)s, -e> *m* annotazione *f;* **vermerken** <ohne ge-> *vt* annotare

vermessen[1] <irr, ohne ge-> **I.** *vt* misurare **II.** *vr* **sich ~ etw zu tun** (*geh: sich anmaßen*) avere l'ardire di fare qc

vermessen[2] *adj* (*geh: anmaßend*) presuntuoso; **Vermessenheit** <-> *kein Pl f* (*geh*) presunzione *f*

Vermessung *f* misurazione *f*

vermieten <ohne ge-> *vt* affittare; (*Auto*) noleggiare; **„Zimmer zu ~"** "affittasi camere"; **Vermieter(in)** *m(f)* locatore, -trice *m, f;* **Vermietung** *f* affitto *m*

vermindern <ohne ge-> **I.** *vt* ridurre; (*abschwächen*) attenuare **II.** *vr* **sich ~** diminuire

vermischen <ohne ge-> **I.** *vt* mischiare **II.** *vr* **sich mit etw ~** mescolarsi con qc; **die Rassen haben sich vermischt** le razze si sono incrociate

vermissen <ohne ge-> *vt* **jdn ~** sentire la mancanza di qu; **ich vermisse dich sehr** mi manchi molto; **ich vermisse meine Brille**

non trovo gli occhiali; **vermisst** *adj* disperso; **als ~ gemeldet** dato per disperso; **Vermisste**[RR] <ein -r, -n, -n> *mf,* **Vermißte** <ein -r, -n, -n> *mf* disperso, -a *m, f*

vermitteln <ohne ge-> **I.** *vt* **1.** (*beschaffen*) procurare **2.** (*fig: Eindruck*) dare **II.** *vi* (*im Streit*) fare da mediatore; **zwischen den Parteien ~** conciliare le parti; **Vermittler(in)** <-s, -; -, -nen> *m(f)* mediatore, -trice *m, f;* **Vermittlung** <-, -en> *f* **1.** (*das Vermitteln*) mediazione *f* **2.** (TEL) centralino *m* **3.** (*Stellen~*) ufficio *m* di collocamento; **Vermittlungsgebühr** *f* (WIRTSCH) mediazione *f*

vermodern <ohne ge-> *vi sein* putrefarsi

Vermögen <-s, -> *n* **1.** *sing* (*geh: Fähigkeit*) facoltà *f* **2.** (*Geldbesitz*) patrimonio *m;* **das kostet ein ~** costa un patrimonio; **vermögend** *adj* benestante; **Vermögenssteuer** *f* imposta *f* patrimoniale; **Vermögensverhältnisse** *npl* situazione *f* finanziaria

vermummen [fɛɐ̯'mʊmən] <ohne ge-> *vr* **sich ~** partecipare mascherato ad una dimostrazione

vermuten [fɛɐ̯'mu:tən] <ohne ge-> *vt* supporre; **das hätte ich nicht vermutet** non me lo sarei aspettato; **vermutlich I.** *adj* presunto **II.** *adv* presumibilmente; **Vermutung** <-, -en> *f* supposizione *f*

vernachlässigen <ohne ge-> *vt* trascurare; **Vernachlässigung** <-, *rar* -en> *f* trascuratezza *f*

vernarben <ohne ge-> *vi sein* cicatrizzarsi

vernehmen <irr, ohne ge-> *vt* **1.** (*geh: hören*) percepire **2.** (*geh: erfahren*) apprendere **3.** (JUR) interrogare; **Vernehmen** <-s> *kein Pl n* **dem ~ nach** a quanto si dice; **vernehmlich** *adj* chiaro; **Vernehmung** <-, -en> *f* (JUR: *von Angeklagten*) interrogatorio *m;* (*von Zeugen*) audizione *f*

verneigen <ohne ge-> *vr* **sich** (**vor jdm/etw**) **~** (*geh*) inchinarsi (davanti a qu/qc); **Verneigung** *f* (*geh*) inchino *m*

verneinen <ohne ge-> *vt* **1.** (*Frage*) rispondere negativamente a **2.** (*ablehnen*) rifiutare; **verneinend** *adj* negativo; **Verneinung** <-, -en> *f* **1.** (*Antwort*) risposta *f* negativa **2.** (*Ablehnung*) rifiuto *m* **3.** (LING) negazione *f*

Vernetzung <-, -en> *f* collegamento *m;* (INFORM) rete *f*

vernichten <ohne ge-> *vt* (*zerstören*) distruggere; (*Feind*) annientare; (*Unkraut*) estirpare; **vernichtend** *adj* **1.** (*Kritik*) distruttivo **2.** (*Blick*) fulminante; **Vernichtung** <-> *kein Pl f* annientamento *m;* (*Zerstörung*) distruzione *f;* **Vernichtungslager** *n* campo *m* di sterminio

Vernissage [vɛrnɪ'sa:ʒə] <-, -n> *f* vernissage *m*

Vernunft [fɛɐ̯'nʊnft] <-> *kein Pl f* ragione *f;* **~ annehmen** mettere giudizio; **jdn zur ~ bringen** ricondurre qu alla ragione; **vernünftig** [fɛɐ̯'nʏnftɪç] *adj* **1.** (*Mensch*) ragionevole **2.** (*Vorschlag*) sensato **3.** (*fam: ordentlich*) decente

veröffentlichen <ohne ge-> *vt* pubblicare; **Veröffentlichung** <-, -en> *f* pubblicazione *f*

verordnen <ohne ge-> *vt* (MED) prescrivere; **Verordnung** *f* **1.** (MED) prescrizione *f* **2.** (*gesetzlich*) decreto *m*

verpachten <ohne ge-> *vt* dare in affitto

verpacken <ohne ge-> *vt* impacchettare; **Verpackung** *f* imballaggio *m*

verpassen <ohne ge-> *vt* **1.** (*Zug*) perdere; (*Gelegenheit*) lasciarsi sfuggire **2.** (*fam: geben*) dare; **jdm eine Ohrfeige ~** mollare una sberla a qu

verpatzen <ohne ge-> *vt* (*fam*) rovinare

verpesten <ohne ge-> *vt* appestare

verpetzen <ohne ge-> *vt* (*fam*) tradire (facendo la spia)

verpflanzen <ohne ge-> *vt* trapiantare

verpflegen <ohne ge-> *vt* nutrire; **Verpflegung** <-> *kein Pl f* vitto *m;* **volle ~** pensione completa

verpflichten <ohne ge-> **I.** *vt* **1.** (*eine Pflicht auferlegen*) **jdn** (**zu etw**) **~** obbligare qu (a fare qc) **2.** (*Künstler*) ingaggiare **II.** *vr* **sich ~** (*zusagen*) impegnarsi **III.** *vi* **~ zu** obbligare a; **ich bin Ihnen zu tiefem Dank verpflichtet** Le sono obbligatissimo; **Verpflichtung** <-, -en> *f* obbligo *m;* (*Pflicht*) dovere *m;* **berufliche ~en** impegni professionali; **seinen ~en nachkommen** adempire ai propri impegni

verpfuschen <ohne ge-> *vt* (*fam*) abborracciare

verplappern <ohne ge-> *vr* **sich ~** (*fam*) lasciarsi scappare un segreto

verpönt [fɛɐ̯'pø:nt] *adj* **~ sein** essere mal-

V

visto

verprügeln <ohne ge-> *vt* bastonare

Verputz *m* intonaco *m;* **verputzen** <ohne ge-> *vt* **1.** (*Haus*) intonacare **2.** (*fam: aufessen*) spolverare

verquollen [fɛɐ̯'kvɔlən] *adj* gonfio

Verrat <-(e)s> *kein Pl m* tradimento *m*

verraten <irr, ohne ge-> **I.** *vt* tradire; **verrate niemandem etwas!** non dire niente a nessuno! **II.** *vr* **sich** ~ tradirsi; **Verräter(in)** [fɛɐ̯'rɛːtɐ] <-s, -; -, -nen> *m(f)* traditore, -trice *m, f;* **verräterisch** *adj* **1.** (*Person*) traditore **2.** (*fig: Miene, Blick*) rivelatore

verrechnen <ohne ge-> **I.** *vt* **etw mit etw** ~ compensare qc con qc **II.** *vr* **sich** ~ sbagliare i calcoli; **sich um 50 Pfennig** ~ sbagliare di 50 pfennig; **da hast du dich aber schwer verrechnet!** (*fig fam*) (qui) ti sei sbagliato di grosso!; **Verrechnungsscheck** *m* (FIN) assegno *m* da accreditare

verregnet *adj* piovoso

verreisen <ohne ge-> *vi sein* partire in viaggio

verrenken [fɛɐ̯'rɛŋkən] <ohne ge-> *vt* storcere; **sich** *dat* **den Arm** ~ storcersi il braccio; **Verrenkung** <-, -en> *f* **1.** (*Bewegung*) contorsione *f* **2.** (*Verletzung*) slogatura *f*

verrichten <ohne ge-> *vt* eseguire

verriegeln <ohne ge-> *vt* chiudere col catenaccio

verringern [fɛɐ̯'rɪŋɐn] <ohne ge-> **I.** *vt* diminuire **II.** *vr* **sich** ~ diminuire; **Verringerung** <-, -en> *f* diminuzione *f*

verrosten <ohne ge-> *vi sein* arrugginire

verrotten [fɛɐ̯'rɔtən] <ohne ge-> *vi sein* imputridire

verrücken <ohne ge-> *vt* spostare

verrückt *adj* pazzo; **jdn** ~ **machen** (*fam*) far impazzire qu; **nach etw** ~ **sein** (*fam*) andar matto per qc; **wie** ~ (*fam*) come un matto; **Verrückte** <ein -r, -n, -n> *mf* pazzo, -a *m, f*

Verruf *m* **in** ~ **bringen** screditare; **in** ~ **kommen** cadere in discredito; **verrufen** *adj* malfamato

Vers [fɛrs] <-es, -e> *m* verso *m;* (*Bibel~*) versetto *m*

versagen <ohne ge-> *vi* (*Person*) fallire; (*Maschinen, Bremsen*) non funzionare; **die Stimme versagte mir** mi mancò la voce; **Versagen** <-s> *kein Pl n* fallimento *m;* **menschliches** ~ errore umano; **Versager(in)** <-s, -; -, -nen> *m(f)* fallito, -a *m, f*

versalzen <irr, ohne ge-> *vt* salare troppo; **jdm etw** ~ (*fig fam*) guastare qc a qu

versammeln <ohne ge-> **I.** *vt* riunire **II.** *vr* **sich** ~ riunirsi; **Versammlung** *f* riunione *f*

Versand [fɛɐ̯'zant] <-(e)s> *kein Pl m* **1.** (*das Versenden*) spedizione *f* **2.** (*~abteilung*) reparto *m* spedizioni; **Versandhaus** *n* ditta *f* di vendita per corrispondenza; **Versandkosten** *pl* spese *fpl* di spedizione; **Versandtasche** *f* busta *f* postale

versäumen <ohne ge-> *vt* **1.** (*Zug, Gelegenheit*) perdere **2.** (*Unterricht*) mancare a; (*Pflicht*) trascurare; **nicht** ~ **etw zu tun** non mancare di fare qc; **Versäumnis** <-ses, -se> *n* dimenticanza *f*

verschaffen <ohne ge-> **I.** *vt* procurare **II.** *vr* **sich** *dat* **etw** ~ procurarsi qc; **sich** *dat* **Respekt** ~ farsi rispettare

verschämt *adj* vergognoso

verschandeln <ohne ge-> *vt* deturpare

verschärfen <ohne ge-> **I.** *vt* (*Strafe, Lage*) inasprire; (*Spannungen*) acuire **II.** *vr* **sich** ~ aggravarsi

verschätzen <ohne ge-> *vr* **sich** ~ sbagliarsi nel valutare

verschenken <ohne ge-> *vt* regalare

verscherzen <ohne ge-> *vr* **sich** *dat* **etw** ~ giocarsi qc

verscheuchen <ohne ge-> *vt* scacciare

verschicken <ohne ge-> *vt* spedire

verschieben <irr, ohne ge-> *vt* **1.** (*Möbel*) spostare **2.** (*zeitlich*) rinviare; **etw um eine Woche** ~ rinviare qc di una settimana; **Verschiebung** *f* rinvio *m*

verschieden [fɛɐ̯'ʃiːdən] *adj* **1.** (*unterschiedlich*) diverso; **sie sind** ~ **groß** sono di diversa grandezza **2.** *pl* (*mehrere, einige*) vari, varie; **Verschiedenes** diverse cose; **verschiedenartig** *adj* vario; **Verschiedenheit** <-, -en> *f* diversità *f;* **verschiedentlich** *adv* diverse volte

verschimmeln <ohne ge-> *vi sein* ammuffire

verschlafen[1] <irr, ohne ge-> **I.** *vt* **1.** (*schlafend verbringen*) passare dormendo **2.** (*fam: versäumen*) dimenticare **II.** *vi* non svegliarsi in tempo

verschlafen[2] *adj* assonnato; (*a fig*) sonnolento

Verschlag *m* capanna *f*

verschlagen[1] <irr, ohne ge-> *vt* **1.** (*Atem*) mozzare; **das verschlug mir die Sprache** mi mancò la parola **2.** (*an einen Ort*) ~ **werden** essere sbattuto

verschlagen[2] *adj* (*schlau*) scaltro

verschlechtern <ohne ge-> **I.** *vt* peggiorare; (*verschlimmern*) aggravare **II.** *vr* **sich** ~ peggiorare; **Verschlechterung** <-, -en> *f* peggioramento *m*

verschleiern <ohne ge-> *vt* velare; (*fig*) dissimulare

Verschleiß [fɛɐ̯'ʃlaɪs] <-es, -e> *m* usura *f*; **verschleißen** <verschleißt, verschliss, verschlissen> **I.** *vt* logorare **II.** *vi, vr* **sich** ~ logorarsi

verschleppen <ohne ge-> *vt* **1.** (*Personen*) deportare **2.** (*Krankheit*) trascinarsi **3.** (*hinauszögern*) tirare per le lunghe

verschleudern <ohne ge-> *vt* dissipare

verschließen <irr, ohne ge-> **I.** *vt* chiudere (a chiave) **II.** *vr* **sich gegen etw** ~ rifiutarsi di riconoscere qc

verschlimmern <ohne ge-> **I.** *vt* aggravare **II.** *vr* **sich** ~ aggravarsi

verschlingen <irr, ohne ge-> *vt* (*a fig*) divorare

verschliss[RR], **verschliß** [fɛɐ̯'ʃlɪs] *1. u 3. pers sing imp von* **verschleißen**

verschlissen [fɛɐ̯'ʃlɪsən] **I.** *pp von* **verschleißen II.** *adj* logoro

verschlossen [fɛɐ̯'ʃlɔsən] *adj* (*fig: Person*) chiuso

verschlucken <ohne ge-> **I.** *vt* inghiottire **II.** *vr* **ich habe mich verschluckt** mi è andato di traverso

Verschluss[RR] *m* chiusura *f*; (*Stöpsel*) tappo *m*; **etw unter ~ halten** tenere qc sotto chiave

verschlüsseln <ohne ge-> *vt* cifrare; (INFORM) codificare; **verschlüsselte Daten** (INFORM) dati in codice; **Verschlüsselung** <-, -en> *f* (INFORM) codificazione *f*

verschmähen [fɛɐ̯'ʃmɛːən] <ohne ge-> *vt* (*geh*) sdegnare

verschmelzen <irr, ohne ge-> *vi sein* fondersi

verschmerzen <ohne ge-> *vt* consolarsi di; **das ist leicht zu** ~ non è una gran perdita

verschmitzt [fɛɐ̯'ʃmɪtst] *adj* malizioso

verschmutzen <ohne ge-> **I.** *vt* sporcare; (*Umwelt*) inquinare **II.** *vi sein* sporcarsi; **Verschmutzung** <-, -en> *f* (*Umwelt~*) inquinamento *m*

Verschnaufpause *f* pausa *f* per riprendere fiato

verschneit *adj* innevato

verschnörkelt *adj* pieno di arabeschi

verschnupft *adj* **1.** (*erkältet*) raffreddato **2.** (*fig fam: verärgert*) seccato

verschollen [fɛɐ̯'ʃɔlən] *adj* disperso

verschonen <ohne ge-> *vt* risparmiare; **jdn mit etw** ~ risparmiare qc a qu; **von etw verschont bleiben** liberarsi di qc

verschreiben <irr, ohne ge-> **I.** *vt* (MED) prescrivere **II.** *vr* **sich** ~ **1.** (*falsch schreiben*) sbagliare scrivendo **2.** (*sich widmen*) **sich einer Sache** *dat* ~ dedicarsi a qc; **verschreibungspflichtig** *adj* soggetto a prescrizione medica

verschrie(e)n [fɛɐ̯'ʃriː(ə)n] *adj* malfamato

verschroben [fɛɐ̯'ʃroːbən] *adj* stravagante

verschrotten <ohne ge-> *vt* rottamare

verschüchtert [fɛɐ̯'ʃʏçtɐt] *adj* intimidito

verschulden <ohne ge-> *vt* causare; **Verschulden** <-s> *kein Pl n* colpa *f*

verschuldet *adj* indebitato; **Verschuldung** <-> *kein Pl f* indebitamento *m*

verschütten <ohne ge-> *vt* **1.** (*ausschütten*) versare **2.** (*unter sich begraben*) seppellire

verschweigen <irr, ohne ge-> *vt* tacere; **jdm etw** ~ tacere qc a qu

verschwenden [fɛɐ̯'ʃvɛndən] <ohne ge-> *vt* sperperare; **Verschwender(in)** <-s, -; -, -nen> *m(f)* scialacquatore, -trice *m, f*; **verschwenderisch** *adj* dissipato; **Verschwendung** <-> *kein Pl f* sperpero *m*

verschwiegen [fɛɐ̯'ʃviːgən] *adj* **1.** (*Person*) discreto **2.** (*Ort*) silenzioso

verschwimmen <irr, ohne ge-> *vi sein* confondersi

verschwinden <irr, ohne ge-> *vi sein* sparire; **Verschwinden** <-s> *kein Pl n* scomparsa *f*; **verschwindend** *adj* ~ **klein** infinitamente piccolo

verschwitzen <ohne ge-> *vt* **1.** (*Kleidung*) impregnare di sudore **2.** (*fig fam: vergessen*) dimenticare

verschwommen [fɛɐ̯'ʃvɔmən] *adj* sfumato; (*Foto*) sfocato

verschwören <irr, ohne ge-> *vr* **sich** (**gegen jdn**) ~ congiurare (contro qu); **Ver-**

V

schwörer(in) <-s, -; -, -nen> *m(f)* cospiratore, -trice *m, f;* **Verschwörung** <-, -en> *f* congiura *f*

versehen <irr, ohne ge-> **I.** *vt* **1.** (*ausstatten*) **jdn mit etw ~** munire qu di qc; **etw mit seiner Unterschrift ~** apporre la propria firma a qc **2.** (*ausüben*) esercitare **II.** *vr* **ehe man sich's versieht** quando meno lo si aspetta

Versehen <-s, -> *n* errore *m;* **aus ~** per sbaglio; **versehentlich** *adv* per sbaglio

Versehrte [fɛɐ̯'zeːɐ̯tə] <ein -r, -n, -n> *mf* invalido, -a *m, f*

versenden [fɛɐ̯'zɛndən] *vt* spedire

versengen <ohne ge-> *vt* bruciacchiare

versenken <ohne ge-> *vt* affondare

versessen [fɛɐ̯'zɛsən] *adj* **auf etw** *acc* **~ sein** essere fanatico di qc

versetzen <ohne ge-> **I.** *vt* **1.** (*an andere Stelle*) spostare **2.** (*dienstlich*) trasferire **3.** (*Schüler*) promuovere; **nicht versetzt werden** essere bocciato **4.** (*in Zustand bringen*) **jdn in Angst ~** impaurire qu **5.** (*Schlag*) assestare; **jdm einen Tritt ~** dare un calcio a qu **6.** (*fam: vergeblich warten lassen*) mancare a un appuntamento con **II.** *vr* **sich in jds Lage ~** mettersi nei panni di qu; **Versetzung** <-, -en> *f* **1.** (*dienstlich*) trasferimento *m* **2.** (*eines Schülers*) promozione *f*

verseuchen <ohne ge-> *vt* infettare; (*Luft, Wasser*) inquinare

versichern <ohne ge-> **I.** *vt* **1.** (*beteuern*) (**jdm**) **etw ~** assicurare qc (a qu) **2.** (FIN) **jdn** (**gegen etw**) **~** assicurare qu (contro qc) **II.** *vr* **sich** (**gegen etw**) **~** assicurarsi contro qc

Versichertenkarte *f* tesserino *m* sanitario

Versicherung *f* assicurazione *f;* **eine ~ abschließen** stipulare un'assicurazione; **Versicherungsgesellschaft** *f* società *f* di assicurazioni; **Versicherungsnehmer(in)** <-s, -; -, -nen> *m(f)* assicurato, -a *m, f;* **Versicherungspolice** *f* polizza *f* assicurativa; **Versicherungsprämie** *f* premio *m* di assicurazione; **Versicherungssumme** *f* capitale *m* assicurato

versinken <irr, ohne ge-> *vi sein* affondare; **in Gedanken versunken sein** (*fig*) essere assorto in pensieri

Version [vɛr'zi̯oːn] <-, -en> *f* versione *f*

versöhnen [fɛɐ̯'zøːnən] <ohne ge-> **I.** *vt* (ri)conciliare **II.** *vr* **sich ~** riconciliarsi; **Versöhnung** <-, -en> *f* (ri)conciliazione *f*

versorgen <ohne ge-> **I.** *vt* **1.** (*sich kümmern um*) provvedere a **2.** (*unterhalten*) mantenere **3.** (*beliefern*) **jdn** (**mit etw**) **~** (ri)fornire qu (di qc) **II.** *vr* **sich mit etw ~** procurarsi qc; **Versorgung** <-> *kein Pl f* approvvigionamento *m;* (*Unterhalt*) mantenimento *m*

verspäten <ohne ge-> *vr* **sich ~** arrivare in ritardo; **verspätet** **I.** *adj* tardivo **II.** *adv* in ritardo; **Verspätung** <-, -en> *f* ritardo *m*

versperren <ohne ge-> *vt* **1.** (*Weg*) sbarrare; **jdm die Aussicht ~** togliere la visuale a qu **2.** (*bes A: verschließen*) chiudere

verspielen <ohne ge-> **I.** *vt* (*Geld*) perdere (al gioco) **II.** *vi* (**bei jdm**) **verspielt haben** (*fam*) essere caduto in disgrazia (presso qu)

verspotten <ohne ge-> *vt* deridere

versprechen <irr, ohne ge-> **I.** *vt* promettere; **viel ~d** promettente **II.** *vr* **sich ~ 1.** (*beim Sprechen*) impaperarsi; **ich habe mich versprochen** è stato un lapsus **2.** (*erwarten*) **sich** *dat* **etw von etw/jdm ~** aspettarsi qc da qc/qu; **Versprechen** <-s, -> *n* promessa *f*

verstaatlichen <ohne ge-> *vt* nazionalizzare

Verstand [fɛɐ̯'ʃtant] <-(e)s> *kein Pl m* (*Denkfähigkeit*) intelligenza *f;* (*Vernunft*) ragione *f;* (*gesunder Menschenverstand*) buon senso *m;* **den ~ verlieren** diventare pazzo; **das brachte ihn wieder zu ~** ciò lo ridusse alla ragione

verständig [fɛɐ̯'ʃtɛndɪç] *adj* **1.** (*einsichtig*) giudizioso **2.** (*vernünftig*) ragionevole

verständigen <ohne ge-> **I.** *vt* informare; **jdn von** [*o* **über etw** *acc*] **~** avvertire qu di qc **II.** *vr* **sich ~ 1.** (*sich verständlich machen*) farsi capire **2.** (*sich einigen*) **sich** (**mit jdm**) **über etw** *acc* **~** mettersi d'accordo (con qu) su qc; **Verständigung** <-> *kein Pl f* **1.** (*Benachrichtigung*) informazione *f* **2.** (*Einigung*) intesa *f* **3.** (*Kommunikation*) comunicazione *f*

verständlich *adj* comprensibile; **sich ~ machen** farsi capire; **Verständlichkeit** <-> *kein Pl f* comprensibilità *f*

Verständnis [fɛɐ̯'ʃtɛntnɪs] <-ses> *kein Pl n* comprensione *f;* **dafür habe ich kein ~** questo non lo ammetto; **verständnislos**

adj privo di comprensione; **verständnisvoll** *adj* comprensivo

verstärken <ohne ge-> **I.** *vt* **1.** (*stärker machen*) rinforzare **2.** (*vergrößern*) aumentare **3.** (RADIO) amplificare **II.** *vr* **sich** ~ aumentare; **Verstärker** <-s, -> *m* (TEC, EL, RADIO) amplificatore *m;* **Verstärkung** *f* **1.** (*das Verstärken*) rafforzamento *m;* (MIL) rinforzo *m* **2.** (*Vermehrung*) aumento *m* **3.** (RADIO) amplificazione *f*

verstauchen <ohne ge-> *vt* slogare; **sich** *dat* **die Hand** ~ slogarsi la mano

verstauen <ohne ge-> *vt* sistemare

Versteck [fɛɐ̯'ʃtɛk] <-(e)s, -e> *n* nascondiglio *m;* ~ **spielen** giocare a nascondino; **verstecken** <ohne ge-> **I.** *vt* nascondere **II.** *vr* **sich** ~ nascondersi; **versteckt** *adj* **1.** (*verborgen*) nascosto **2.** (*fig: Andeutung*) velato; (*heimlich*) segreto

verstehen <irr, ohne ge-> **I.** *vt* **1.** (*begreifen, hören*) capire; **jdm etw zu ~ geben** far capire qc a qu; **verstanden?** (*fam*) capito? **2.** (*können*) sapere; **etw von Kunst** ~ intendersi d'arte; **davon verstehst du nichts** non ne capisci niente **II.** *vr* **sich mit jdm** ~ andare d'accordo con qu

versteigern <ohne ge-> *vt* vendere all'asta; **Versteigerung** *f* vendita *f* all'asta

verstellbar *adj* regolabile; **verstellen** <ohne ge-> **I.** *vt* **1.** (*an anderen Ort*) spostare **2.** (*versperren*) sbarrare **3.** (*Stimme*) contraffare **4.** (TEC) regolare **II.** *vr* **sich** ~ (*Mensch*) fingere; **Verstellung** *f* simulazione *f*

versteuern <ohne ge-> *vt* pagare le imposte su

verstimmt *adj* **1.** (MUS) scordato **2.** (*fig: Mensch*) stizzito; **Verstimmung** <-, -en> *f* (*fig*) malumore *m*

verstohlen [fɛɐ̯'ʃtoːlən] *adj* furtivo

verstopfen <ohne ge-> *vt* (ot)turare; (*Straße*) congestionare; **verstopft** *adj* (*Straße*) intasato; **Verstopfung** <-> *kein Pl f* **1.** (*Verschließung*) otturazione *f* **2.** (*von Straße*) intasamento *m* **3.** (MED) costipazione *f*

verstört *adj* sconvolto; (*verwirrt*) turbato

Verstoß *m* trasgressione *f;* **ein ~ gegen die Verkehrsordnung** un'infrazione al codice della strada; **verstoßen** <irr, ohne ge-> **I.** *vt* (*vertreiben*) scacciare **II.** *vi* **gegen etw** ~ contravvenire a qc; **gegen das Gesetz** ~ infrangere la legge

verstrahlt *adj* irradiato

verstreichen <irr, ohne ge-> **I.** *vi sein* (*geh: Zeit*) passare; (*Frist*) scadere **II.** *vt* **etw** (**auf etw** *acc*) ~ spalmare qc (su qc)

verstreuen <ohne ge-> *vt* **1.** (*ausstreuen*) spargere **2.** (*versehentlich*) rovesciare

verstricken <ohne ge-> **I.** *vt* (*geh fig: verwickeln*) coinvolgere **II.** *vr* (*fig*) **sich** (**in etw** *acc*) ~ impegolarsi (in qc)

verstümmeln [fɛɐ̯'ʃtʏməln] <ohne ge-> *vt* mutilare; **Verstümmelung** <-, -en> *f* mutilazione *f*

verstummen <ohne ge-> *vi sein* (*geh: Person*) ammutolire; (*Lärm*) cessare

Versuch [fɛɐ̯'zuːx] <-(e)s, -e> *m* **1.** (*Handlung*) tentativo *m* **2.** (*wissenschaftlich*) esperimento *m;* **versuchen** <ohne ge-> **I.** *vt* **1.** (*probieren*) tentare; ~ **etw zu tun** tentare di fare qc **2.** (*Speise, Getränke*) assaggiare **II.** *vr* **sich** (**an etw** *dat*) ~ cimentarsi (con qc); **Versuchskaninchen** *n* (*fig*) cavia *f;* **Versuchsperson** *f* soggetto *m* (dell'esperimento); **Versuchstier** *n* cavia *f;* **versuchsweise** *adv* in via sperimentale

Versuchung <-, -en> *f* tentazione *f;* **in ~ kommen** [*o* **geraten**] **etw zu tun** essere tentato di fare qc; **jdn in ~ führen** indurre qu in tentazione

versunken [fɛɐ̯'zʊŋkən] *adj* (*fig*) assorto; **in Gedanken** ~ assorto in pensieri

versüßen <ohne ge-> *vt* (*fig*) addolcire

vertagen <ohne ge-> *vt* aggiornare

vertauschen <ohne ge-> *vt* **etw** (**mit etw**) ~ scambiare qc (con qc)

verteidigen [fɛɐ̯'taɪdɪgən] <ohne ge-> **I.** *vt* difendere **II.** *vr* **sich** (**gegen jdn/etw**) ~ difendersi (da qu/qc); **Verteidiger(in)** <-s, -; -, -nen> *m(f)* difensore, difenditrice *m, f;* **Verteidigung** <-> *kein Pl f* difesa *f;* **Verteidigungsministerium** *n* ministero *m* della difesa

verteilen <ohne ge-> **I.** *vt* **1.** (*vergeben*) distribuire **2.** (*Salbe*) spalmare **II.** *vr* **sich** ~ dividersi; **Verteilung** *f* distribuzione *f*

verteuern <ohne ge-> *vt* rincarare

vertiefen <ohne ge-> **I.** *vt* (*a fig*) approfondire **II.** *vr* **sich in etw** *acc* ~ immergersi in qc; **Vertiefung** <-, -en> *f* (*a fig*) approfondimento *m*

vertikal [vɛrti'kaːl] *adj* verticale

vertilgen <ohne ge-> *vt* **1.** (*Unkraut*)

V

estirpare; (*Ungeziefer*) sterminare **2.** (*fam: aufessen*) divorare

vertippen <ohne ge-> *vr* **sich** ~ (*fam*) sbagliare scrivendo a macchina

vertonen <ohne ge-> *vt* mettere in musica

Vertrag [fɛɐ̯'traːk] <-(e)s, Verträge> *m* contratto *m;* (POL) trattato *m;* **Maastrichter** ~ (EU) trattato di Maastricht

vertragen <irr, ohne ge-> **I.** *vt* sopportare **II.** *vr* **sich (mit jdm)** ~ andare d'accordo (con qu)

vertraglich *adj* contrattuale

verträglich [fɛɐ̯'trɛːklɪç] *adj* **1.** (*Mensch*) accomodante **2.** (*Speisen*) digeribile

Vertragsabschluss[RR] *m* stipulazione *f* di contratto; **Vertragspartner** *m* parte *f* contraente; **vertragswidrig** *adj* contrario ai termini del contratto

vertrauen <ohne ge-> *vi* **jdm** ~ fidarsi di qu; **auf jdn/etw** ~ avere fiducia in qu/qc

Vertrauen <-s> *kein Pl n* fiducia *f;* ~ **erweckend** che ispira fiducia; ~ **zu jdm/etw haben** avere fiducia in qu/qc; **im** ~ in confidenza; **im** ~ **darauf, dass …** confidando che +*conj;* **vertrauenerweckend** *adj s.* **Vertrauen**; **Vertrauensbruch** *m* trasgressione *f* del rapporto di fiducia; **Vertrauenssache** *f* **das ist** ~ è questione di fiducia; **vertrauensselig** *adj* troppo fiducioso; **vertrauensvoll** *adj* fiducioso; **vertrauenswürdig** *adj* degno di fiducia

vertraulich *adj* confidenziale

verträumt *adj* trasognato

vertraut *adj* familiare; **sich mit dem Gedanken** ~ **machen, dass …** abituarsi all'idea che +*conj;* **sich mit etw** ~ **machen** familiarizzarsi con qc; **Vertraute** <ein -r, -n, -n> *mf* confidente *mf*

vertreiben <irr, ohne ge-> *vt* **1.** cacciare; (*aus Land*) espellere **2.** (*Ware*) vendere **3.** (*Wend*) **sich** *dat* **die Zeit** ~ far passare il tempo; **Vertreibung** <-, -en> *f* espulsione *f*

vertretbar *adj* sostenibile

vertreten <irr, ohne ge-> **I.** *vt* **1.** (*ersetzen*) sostituire **2.** (*als Repräsentant*) rappresentare **3.** (*Interessen*) difendere **4.** (*Meinung*) sostenere **II.** *vr* **sich** *dat* **die Beine** ~ sgranchirsi le gambe; **Vertreter(in)** <-s, -; -, -nen> *m(f)* **1.** (*Stell~*) sostituto, -a *m, f* **2.** (*Repräsentant*) rappresentante *mf;* **Vertretung** <-, -en> *f* **1.** (*Stell~*) supplenza *f* **2.** (*Repräsentanz*) rappresentanza *f*

Vertrieb *m* (WIRTSCH) vendita *f*

Vertriebene [fɛɐ̯'triːbənə] <ein -r, -n, -n> *mf* profugo, -a *m, f*

vertrocknen <ohne ge-> *vi sein* seccarsi

vertrödeln <ohne ge-> *vt* (*fam pej: Zeit*) sprecare

vertrösten <ohne ge-> *vt* **jdn auf später** ~ far sperare qu nel dopo

vertun <irr, ohne ge-> **I.** *vt* (*vergeuden*) sciupare **II.** *vr* **sich** ~ (*fam*) sbagliarsi

vertuschen <ohne ge-> *vt* (*fam*) nascondere

verübeln <ohne ge-> *vt* **jdm etw** ~ volerne a qu per qc

verüben <ohne ge-> *vt* commettere

verunfallen <ohne ge-> *vi sein* (*CH*), **verunglücken** <ohne ge-> *vi sein* infortunarsi; **tödlich** ~ morire in un incidente

verunmöglichen <ohne ge-> *vt* (*CH: verhindern*) impedire

verunreinigen <ohne ge-> *vt* sporcare; (*Umwelt*) inquinare

verunsichern <ohne ge-> *vt* rendere insicuro

verunstalten [fɛɐ̯'ʔʊnʃtaltən] <ohne ge-> *vt* sfigurare

veruntreuen <ohne ge-> *vt* sottrarre

verursachen <ohne ge-> *vt* causare; **Verursacher(in)** <-s, -; -, -nen> *m(f)* autore, -trice *m, f*

verurteilen <ohne ge-> *vt* condannare; **jdn zum Tode** ~ condannare qu a morte; **zum Scheitern verurteilt** destinato a fallire; **Verurteilung** <-, -en> *f* condanna *f*

vervielfachen <ohne ge-> *vt* moltiplicare

vervielfältigen <ohne ge-> *vt* riprodurre

vervollkommnen <ohne ge-> *vt* perfezionare

vervollständigen <ohne ge-> *vt* completare

verwählen <ohne ge-> *vr* **sich** ~ (TEL) sbagliare numero

verwahren <ohne ge-> **I.** *vt* (*aufbewahren*) custodire **II.** *vr* **sich gegen etw** ~ protestare contro qc

verwahrlost [fɛɐ̯'vaːɐ̯loːst] *adj* abbandonato; (*Mensch, Äußeres*) trascurato

Verwahrung <-> *kein Pl f* **in** ~ **nehmen** prendere in custodia

verwaist *adj* (*Kind*) orfano

verwalten <ohne ge-> *vt* amministrare; **Verwalter(in)** <-s, -; -, -nen> *m(f)* amministratore, -trice *m, f;* **Verwaltung** <-, -en> *f* amministrazione *f*

verwandeln <ohne ge-> **I.** *vt* **etw** (**in etw** *acc*) ~ trasformare qc (in qc) **II.** *vr* **sich** (**in jdn/etw**) ~ trasformarsi (in qu/qc); **Verwandlung** *f* trasformazione *f*

verwandt [fɛɐ̯'vant] *adj* (**mit jdm**) ~ **sein** essere imparentato (con qu); **Verwandte** <ein -r, -n, -n> *mf* parente *mf;* **er ist ein ~r von mir** è (un) mio parente; **Verwandtschaft** <-, -en> *f* parentela *f*

verwarnen <ohne ge-> *vt* avvertire; **Verwarnung** *f* avvertimento *m;* **gebührenpflichtige** ~ contravvenzione *f*

verwaschen *adj* slavato

verwechseln <ohne ge-> *vt* confondere; **jdn** (**mit jdm**) ~ scambiare qu per qu (altro); **die beiden sind sich zum Verwechseln ähnlich** i due si assomigliano come due gocce d'acqua; **Verwechslung** <-, -en> *f* confusione *f;* (*Irrtum*) errore *m*

verwegen [fɛɐ̯'ve:gən] *adj* temerario

verweichlicht *adj* rammollito

verweigern <ohne ge-> *vt* rifiutare; **Verweigerung** *f* rifiuto *m*

Verweis [fɛɐ̯'vaɪs] <-es, -e> *m* **1.** (*Tadel*) biasimo *m* **2.** (*in Buch*) rimando *m;* **verweisen** <irr, ohne ge-> *vt* **1.** (*hinweisen*) rimandare; **jdn auf etw** *acc* ~ rimandare qu a qc **2.** (*Auskunftsuchende*) **jdn an eine andere Abteilung** ~ indirizzare qu in un altro reparto

verwelken <ohne ge-> *vi sein* appassire

verwendbar *adj* utilizzabile

verwenden I. *vt* usare; (*Zeit*) impiegare **II.** *vr* **sich** (**bei jdm für jdn**) ~ (*geh*) adoperarsi (presso qu in favore di qu); **Verwendung** *f* uso *m*

verwerfen <irr, ohne ge-> *vt* (*ablehnen*) respingere

verwerflich *adj* riprovevole

verwertbar *adj* riciclabile

verwerten <ohne ge-> *vt* (ri)utilizzare; **Verwertung** *f* (ri)utilizzazione *f*

verwesen [fɛɐ̯'ve:zən] <ohne ge-> *vi sein* putrefarsi; **Verwesung** <-> *kein Pl f* putrefazione *f*

verwickeln <ohne ge-> **I.** *vt* **jdn in etw** *acc* ~ coinvolgere qu in qc; **jdn in ein Gespräch** ~ attaccare discorso con qu **II.** *vr* **sich** ~ (*Faden*) ingarbugliarsi; **sich in Widersprüche** *acc* ~ (*fig*) ingarbugliarsi in contraddizioni; **verwickelt** *adj* (*fig: kompliziert*) intricato

verwildern <ohne ge-> *vi sein* (*Garten*) inselvatichire; (*Tier*) inselvatichirsi

verwirklichen <ohne ge-> *vt* realizzare; (*Plan*) attuare; **Verwirklichung** <-> *kein Pl f* realizzazione *f*

verwirren <ohne ge-> *vt* ingarbugliare; (*fig*) confondere; (*verstören*) turbare; **Verwirrung** <-, -en> *f* **1.** (*Durcheinander*) confusione *f* **2.** (*Verstörtheit*) turbamento *m*

verwischen <ohne ge-> *vt* cancellare

verwittern <ohne ge-> *vi sein* disgregarsi

verwitwet *adj* vedovo

verwöhnen [fɛɐ̯'vø:nən] <ohne ge-> *vt* viziare

verwöhnt *adj* viziato

verworren [fɛɐ̯'vɔrən] *adj* confuso

verwundbar *adj* vulnerabile

verwunden <ohne ge-> *vt* ferire

verwunderlich *adj* sorprendente

Verwunderung <-> *kein Pl f* meraviglia *f*

verwundet *adj* ferito; **Verwundete** <ein -r, -n, -n> *mf* ferito, -a *m, f;* **Verwundung** <-, -en> *f* ferita *f*

verwunschen *adj* incantato

verwünschen <ohne ge-> *vt* maledire

verwüsten <ohne ge-> *vt* devastare; **Verwüstung** <-, -en> *f* devastazione *f*

verzählen <ohne ge-> *vr* **sich** ~ sbagliarsi nei conti

verzaubern <ohne ge-> *vt* incantare

verzehnfachen <ohne ge-> *vt* decuplicare

Verzehr [fɛɐ̯'tse:ɐ̯] <-(e)s> *kein Pl m* consumazione *f;* **verzehren** <ohne ge-> *vt* (*essen*) mangiare; (*aufbrauchen*) consumare

verzeichnen <ohne ge-> *vt* (*aufschreiben*) registrare; **Verzeichnis** <-ses, -se> *n* elenco *m;* (*in Buch*) indice *m;* (INFORM) directory *f*

verzeigen <ohne ge-> *vt* (*CH: anzeigen*) denunciare; **Verzeigung** <-, -e> *f* (*CH*) denuncia *f*

verzeihen [fɛɐ̯'tsaɪən] <verzeiht, verzieh, verziehen> *vt* (**jdm**) **etw** ~ perdonare qc (a qu); ~ **Sie!** scusi!; **verzeihlich** *adj* perdonabile; **Verzeihung** <-> *kein Pl f* perdono *m;* **jdn um** ~ **bitten** chiedere perdono a qu; ~! scusi!

verzerren <ohne ge-> *vt* distorcere

Verzicht [fɛɐ̯'tsɪçt] <-(e)s, -e> *m* rinuncia *f;* **der ~ auf etw** *acc* la rinuncia a qc; **verzichten** <ohne ge-> *vi* (**auf etw** *acc*) ~ rinunciare (a qc)

verzieh [fɛɐ̯'tsiː] *1. u 3. pers sing imp von* **verzeihen**

verziehen[1] [fɛɐ̯'tsiːən] <irr, ohne ge-> **I.** *vt* **1.** (*Kind*) viziare **2.** (*Mund*) storcere; **das Gesicht ~** fare smorfie **II.** *vr* **sich ~** **1.** (*Gewitter, Wolken*) disperdersi **2.** (*fam: sich zurückziehen*) ritirarsi **III.** *vi sein* (*umziehen*) trasferirsi

verziehen[2] *pp von* **verzeihen**

verzieren <ohne ge-> *vt* ornare; **Verzierung** <-, -en> *f* ornamento *m*

verzinsen <ohne ge-> *vt* pagare l'interesse su; **mit sechs Prozent verzinst sein** pagare un interesse del sei percento

verzogen [fɛɐ̯'tsoːgən] *adj* (*Kind*) viziato

verzögern <ohne ge-> **I.** *vt* (*hinausschieben*) differire; (*verlangsamen*) rallentare **II.** *vr* **sich ~** essere ritardato; **Verzögerung** <-, -en> *f* ritardo *m;* **Verzögerungstaktik** *f* tattica *f* temporeggiatrice

verzollen <ohne ge-> *vt* sdoganare; **haben Sie etwas zu ~?** ha qualcosa da dichiarare?

Verzug *m* **in ~ sein** essere in ritardo

verzweifeln <ohne ge-> *vi sein* (**an jdm/etw**) ~ disperare (di qu/qc); **es ist zum Verzweifeln!** c'è da disperarsi!; **verzweifelt** *adj* disperato; **Verzweiflung** <-> *kein Pl f* disperazione *f;* **jdn zur ~ bringen** portare qu alla disperazione; **aus ~** per disperazione

verzweigen <ohne ge-> *vr* **sich ~** diramarsi; **Verzweigung** <-, -en> *f* **1.** (*das Sichverzweigen*) diramazione *f* **2.** (*CH: Kreuzung*) incrocio *m*

verzwickt [fɛɐ̯'tsvɪkt] *adj* (*fam*) ingarbugliato

Vesuv [ve'zuːf] *m* (Monte *m*) Vesuvio *m*

Veto ['veːto] <-s, -s> *n* veto *m;* **sein ~ gegen etw einlegen** opporre il proprio veto a qc

Vetter ['fɛtɐ] <-s, -n> *m* cugino *m*

vgl. *abk v* **vergleiche** cfr.

Video ['viːdeo] <-s, -s> *n* video *m;* **etw auf ~ haben** avere qc su video; **Videoaufnahme** *f* videoregistrazione *f;* **Videoclip** <-s, -s> *m* videoclip *m;* **Videokamera** *f* videocamera *f;* **Videokassette** *f* videocassetta *f;* **Videokonferenz** *f* (INFORM, TEL) videoconferenza *f;* **Videorecorder** <-s, -> *m* videoregistratore *m;* **Videospiel** *n* videogioco *m;* **Videotext** *m* Videotex® *m;* **Videothek** [video'teːk] <-, -en> *f* videoteca *f*

Vieh [fiː] <-(e)s> *kein Pl n* bestiame *m;* **Viehherde** *f* mandria *f;* **Viehzucht** <-> *kein Pl f* allevamento *m*

viel [fiːl] **I.** <mehr, meiste> *adj* molto; **~en Dank!** tante grazie!; **~ Glück!** buona fortuna! **II.** <mehr, am meisten> *adv* molto; **sehr ~** moltissimo; **so ~** tanto; **~ zu wenig** troppo poco; **wie ~** quanto; **wie ~ Menschen?** quante persone?; **wie ~ Uhr ist es?** che ore sono?; **ziemlich ~** parecchio; **zu ~** troppo **III.** *pron indef* molto; **~e** molti; **~es** molte cose; **es fehlte nicht ~ und ...** poco ci mancava che +*conj;* **wie ~e?** quanti?

vielbeschäftigt *adj s.* **beschäftigen I.2.**;

vieldeutig *adj* ambiguo

vielerlei ['fiːlɐ'laɪ] <inv> *adj* di molte specie

vielfach *adj* multiplo; **auf ~en Wunsch** a richiesta generale

Vielfalt ['fiːlfalt] <-> *kein Pl f* molteplicità *f;* **die ~ an etw** *dat* la varietà di qc; **vielfältig** *adj* molteplice

vielleicht [fi'laɪçt] *adv* forse; **könnten Sie mir ~ helfen?** mi potrebbe aiutare?; **du bist ~ gemein!** (*fam*) sei proprio cattivo!

vielmals *adv* **ich danke Ihnen ~** La ringrazio molto; **vielmehr** [fiːl'meːɐ̯] *adv* **1.** (*eher*) piuttosto **2.** (*im Gegenteil*) anzi;

vielsagend *adj s.* **sagen**; **vielseitig** *adj* (*Mensch*) versatile; (*Interessen*) molteplice;

vielversprechend *adj s.* **versprechen I.**;

Vielzahl *f* moltitudine *f;* **die ~ an etw** *dat* la moltitudine di qc

vier [fiːɐ̯] *num* quattro; **auf allen Vieren** (*fam*) carponi; **unter ~ Augen** a quattr'occhi; *s. a.* **acht**; **Vier** <-, -en> *f* quattro *m;* (*Schulnote: ausreichend*) sei; (*Buslinie*) quattro *m;* **Vierbeiner** <-s, -> *m* (*fam*) quadrupede *m;* **Viereck** *n* quadrangolo *m;* **viereckig** *adj* quadrangolare; **vierfach** *adj* quadruplo; **vierhändig** *adj o adv* (MUS) a quattro mani; **vierhundert** *num* quattrocento; **vierjährig** *adj* di quattro anni; **viermal** *adv* quattro volte; **Vierradantrieb** *m* trazione *f* a quattro ruote

vierte *s.* **vierte(r, s)**

Viertel <-s, -> *n* **1.** (*Teil*) quarto *m;* ~ **vor zwei** le due meno un quarto; ~ **nach zwei** le due e un quarto **2.** (*Stadt~*) quartiere *m;* **Viertelfinale** *n* (SPORT) quarti *mpl* di finale; **Vierteljahr** *n* trimestre *m;* **vierteljährlich** *adj* trimestrale; **Viertelliter** *m o n* quarto *m* di litro; **Viertelnote** *f* (MUS) semiminima *f;* **Viertelstunde** *f* quarto *m* d'ora

viertens *adv* (in) quarto (luogo)

vierte(r, s) *adj* quarto, -a; (*bei Datumsangaben*) quattro; *s. a.* **achte(r, s)**

vierzehn ['fɪːɐ̯seːn] *num* quattordici; ~ **Tage** quindici giorni; **heute in ~ Tagen** oggi a quindici; **vierzehntägig** *adj* di quindici giorni; **vierzehntäglich** *adj* bimensile; **vierzehnte(r, s)** *adj* quattordicesimo, -a; (*bei Datumsangaben*) quattordici; *s. a.* **achte(r, s)**

vierzig ['fɪrtsɪç] *num* quaranta

Vierzigstundenwoche *f* settimana *f* di quaranta ore

Vierzimmerwohnung *f* appartamento *m* di quattro stanze

Vietnam [viɛt'nam] *n* Vietnam *m;* **in ~** nel Vietnam

Vietnamese [viɛtna'meːzə] <-n, -n> *m,* **Vietnamesin** [viɛtna'meːzɪn] <-, -nen> *f* vietnamita *mf*

vietnamesisch *adj* vietnamita

Vignette [vɪn'jɛtə] <-, -n> *f* bollo *m* dell'autostrada

Villa ['vɪla] <-, Villen> *f* villa *f*

Villach ['fɪlax] *n* Villaco *f*

violett [vio'lɛt] *adj* viola

Violine [vio'liːnə] <-, -n> *f* (MUS) violino *m*

Violinist(in) [violi'nɪst] <-en, -en; -, -nen> *m(f)* (MUS) violinista *mf*

Violinschlüssel *m* (MUS) chiave *f* di violino

VIP, V.I.P. [vɪp, 'viːaɪ'piː] <-(s), -s> *mf* vip *mf*

Viper ['viːpɐ] <-, -n> *f* vipera *f*

Viren *pl von* **Virus**

virtuell [vɪrtu'ɛl] *adj* (INFORM) virtuale

Virus ['viːrʊs] <-, Viren> *n o m* (MED, INFORM) virus *m;* **Virusinfektion** *f* (MED) infezione *f* da virus; **Viruskrankheit** *f* malattia *f* da virus

Visa *pl von* **Visum**

Visier [vi'ziːɐ̯] <-s, -e> *n* **1.** (*Helm~*) visiera *f* **2.** (*Gewehr~*) mira *f*

Vision [vi'zi̯oːn] <-, -en> *f* visione *f*

Visite [vi'ziːtə] <-, -n> *f* (MED) visita *f*

Visitenkarte *f* biglietto *m* da visita

visuell [vi'zuɛl] *adj* visivo

Visum ['viːzʊm] <-s, Visa> *n* visto *m*

vital [vi'taːl] *adj* vitale

Vitalität [vitali'tɛːt] <-> *kein Pl f* vitalità *f*

Vitamin [vita'miːn] <-s, -e> *n* vitamina *f;* **Vitaminmangel** *m* carenza *f* vitaminica; **vitaminreich** *adj* vitaminico; **Vitamintablette** *f* compressa *f* vitaminica

Vitrine [vi'triːnə] <-, -n> *f* vetrina *f*

Vizepräsident(in) *m(f)* vicepresidente, -essa *m, f*

Vogel ['foːgəl] <-s, Vögel> *m* uccello *m;* **einen ~ haben** (*fam*) non avere tutte le rotelle; **jdm den ~ zeigen** dare del matto a qu; **Vogelfutter** *n* becchime *m* (per uccelli); **Vogelnest** *n* nido *m* d'uccello; **Vogelscheuche** <-, -n> *f* (*a fig*) spaventapasseri *m*

Vogerlsalat <-(e)s> *kein Pl m* (*A: Feldsalat*) lattughella *f*

Vogesen [vo'geːzən] *pl* **die ~** i Vosgi *mpl*

Vokabel [vo'kaːbəl] <-, -n> *f* vocabolo *m*

Vokabular [vokabu'laːɐ̯] <-s, -e> *n* vocabolario *m*

Vokal [vo'kaːl] <-s, -e> *m* (LING) vocale *f*

Volk [fɔlk] <-(e)s, Völker> *n* **1.** (*Gemeinschaft*) popolo *m* **2.** *sing* (*Nation*) nazione *f* **3.** *sing* (*fam: Leute*) gente *f*

Völkerbund ['fœlkɐbʊnt] <-(e)s> *kein Pl m* (HIST) Società *f* delle Nazioni; **Völkergemeinschaft** *f* comunità *f* delle nazioni; **Völkerrecht** *n* diritto *m* internazionale; **Völkerverständigung** *f* intesa *f* tra i popoli; **Völkerwanderung** *f* (HIST) migrazione *f* dei popoli

Volksabstimmung *f* (POL) referendum *m;* **Volksbegehren** *n* (POL) proposta *f* di legge d'iniziativa popolare; **volkseigen** *adj* nazionalizzato; **Volksentscheid** *m* (POL) referendum *m;* **Volksfest** *n* festa *f* popolare; **Volkshochschule** *f* università *f* popolare

La **Volkshochschule** è un'istituzione pubblica autonoma tedesca per l'istruzione e il perfezionamento di tutte le classi sociali e di tutte le fasce d'età. E' possibile frequentarvi corsi di informatica, di lingua ma anche corsi di filosofia e lezioni di ballo. Sempre più spesso questi corsi vengono riconosciuti come corsi di formazione professionale.

Volksinitiative *f* (*CH*) iniziativa *f* popolare; **Volkslied** *n* canto *m* popolare; **Volksmund** *m* **im ~** nel linguaggio popolare; **Volksmusik** *f* musica *f* popolare; **Volksschule** *f* (*A, südd*) scuola *f* elementare; **Volkstanz** *m* danza *f* popolare; **volkstümlich** *adj* popolare; **Volkswirtschaft** *f* economia *f* politica; **volkswirtschaftlich** *adj* di economia politica; **Volkszählung** *f* censimento *m* della popolazione

voll [fɔl] **I.** *adj* **1.** (*gefüllt*) pieno; **~ von etw sein** essere pieno di qc; **halb ~** mezzo pieno; **mit ~em Mund** a bocca piena **2.** (*Haar*) folto **3.** (*Farbe, Ton*) carico **4.** (*~ständig*) intero; **die ~e Wahrheit** tutta la verità; **~e zwei Jahre** due anni interi; **aus ~em Halse** a squarciagola; **jdn nicht für ~ nehmen** (*fam*) non prendere qu sul serio **5.** (*fig fam: betrunken*) **~ sein** essere sbronzo **II.** *adv* pienamente, del tutto; **~ machen** (*füllen*) riempire; **~ und ganz** pienamente; **vollauf** *adv* pienamente; **vollautomatisch** *adj* completamente automatico; **Vollbad** *n* bagno *m* completo; **Vollbart** *m* barba *f* piena; **Vollbeschäftigung** *f* (WIRTSCH) piena occupazione *f*; **Vollbremsung** <-, -en> *f* frenata *f* a fondo

vollbringen <irr, ohne ge-> *vt* compiere; **vollenden** <ohne ge-> *vt* terminare; **vollendet** *adj* perfetto

vollends ['fɔlɛnʦ] *adv* completamente

Vollendung *f* compimento *m*; **nach ~ des 17. Lebensjahres** a diciassett'anni compiuti

voller = **voll von** pieno di

Volleyball ['vɔlibal] *m* pallavolo *f*

Vollgas *n* **mit ~** a tutto gas; **~ geben** dare tutto il gas; **Vollidiot(in)** *m(f)* (*fam pej*) totale idiota *mf*

völlig ['fœlɪç] **I.** *adj* pieno **II.** *adv* completamente

volljährig *adj* maggiorenne

In Germania si diventa **volljährig** (maggiorenni) a 18 anni, in Austria a 19 e nella Svizzera a 20 anni.

Vollkaskoversicherung *f* (assicurazione) casco *f* totale; **vollkommen** ['fɔlkɔmən] **I.** *adj* **1.** (*perfekt*) perfetto **2.** (*vollständig*) completo; (*völlig*) assoluto **II.** *adv* del tutto; **Vollkommenheit** <-> *kein Pl f* perfezione *f*; **Vollkornbrot** *n* pane *m* integrale; **voll|machen** *vt s.* **voll II.**

Vollmacht <-, -en> *f* procura *f*; **jdm eine ~ geben** conferire una procura a qu; **~ haben** essere autorizzato

Vollmilch *f* latte *m* intero; **Vollmond** *m* luna *f* piena; **Vollpension** *f* pensione *f* completa; **vollschlank** *adj* pienotto

vollständig *adj* completo; (*Ausgabe*) integrale

Vollstreckung *f* esecuzione *f*

voll|tanken *vi s.* **tanken I.**; **Volltextsuche** *f* (INFORM) ricerca *f* a testo integrale; **Volltreffer** *m* (colpo *m* in pieno) centro *m*; **vollumfänglich** *adv* (*CH*) completamente; **Vollversammlung** *f* (POL) assemblea *f* plenaria; **vollverzinkt** *adj* (AUTO) **~e Karosserie** lamiera zincata; **Vollwaise** *f* orfano, -a *m, f* di ambedue i genitori; **Vollwaschmittel** *n* detersivo *m* per tutti i tipi di bucato; **vollwertig** *adj* **~er Ersatz** risarcimento completo; **Vollwertkost** *f* alimentazione *f* a base di prodotti integrali; **vollzählig** *adj* (al) completo

vollziehen <irr, ohne ge-> **I.** *vt* compiere; (JUR) eseguire **II.** *vr* **sich ~** compiersi; **Vollzug** <-(e)s> *kein Pl m* (JUR) esecuzione *f*

Volt [vɔlt] <-, -> *n* (EL) volt *m*

Volumen [vo'lu:mən] <-s, -> *n* volume *m*

vom [fɔm] = **von dem** (*Wend*) **jdn ~ Sehen kennen** conoscere qu di vista; **das kommt ~ Rauchen** dipende dal fumo; **sie ist ~ Land** viene dalla campagna

von [fɔn] *prp +dat* **1.** di; **ein Freund ~ mir** un mio amico; **eine Komödie ~ Goldoni** una commedia di Goldoni; **eine Zeitung ~ gestern** un giornale di ieri; **neun ~ zehn Lesern** nove lettori su dieci **2.** (*räumlich*) da; **vom Fenster aus** dalla finestra; **~ Berlin** da Berlino; **~ weitem** da lontano; **~ nahem** da vicino **3.** (*zeitlich*) **~ heute an** da oggi in poi; **~ Zeit zu Zeit** talvolta; **~ klein auf** fin dall'infanzia **4.** (*im Passiv*) da **5.** (*Wend*) **~ mir aus** per me; **~ neuem** di nuovo; **~ selbst** da solo; **~ wegen!** neanche per sogno!; **was sind Sie ~ Beruf?** che lavoro fa?

voneinander *adv* l'uno dall'altro

vonstatten [fɔn'ʃtatən] *adv* **~ gehen** procedere

vor [fo:ɐ̯] *prp* **1.** *+acc o dat* (*räumlich*) davanti a; ~ **dem Haus** davanti alla casa; ~ **sich hin reden** parlare fra sé e sé **2.** +*dat* (*zeitlich*) prima; ~ **dem Winter** prima dell'inverno; ~ **zwei Stunden** due ore fa; **heute ~ zwei Wochen** come oggi due settimane fa; **fünf (Minuten) ~ elf** le undici meno cinque **3.** +*dat* (*Ursache*) per, di; ~ **Aufregung** per l'agitazione; ~ **Kälte zittern** tremare dal freddo **4.** (*Wend*) ~ **allem** soprattutto

Vorabend *m* vigilia *f*

Vorahnung *f* presentimento *m*

voran [fo'ran] *adv* avanti; **voran|gehen** <irr> *vi sein* **1.** (*vorausgehen*) andare avanti **2.** (*fig: Fortschritte machen*) procedere; **voran|kommen** <irr> *vi sein* procedere

Vorarlberg ['fo:ɐ̯ʔarlbɛrk] *n* Vorarlberg *m*

voraus [fo'raʊs, *aber:* ɪm 'fo:raʊs] *adv* avanti; (*zeitlich*) prima; **im Voraus** in anticipo; **er war seiner Zeit weit ~** ha precorso i tempi; **voraus|gehen** <irr> *vi sein* **1.** (*vorn gehen*) andare avanti **2.** (*früher gehen*) andare via prima; **voraus|haben** <irr> *vt* **jdm etw ~** avere qc in più di qu; **er hat mir viel voraus** mi supera di gran lunga; **voraus|sagen** *vt* predire; **vorausschauend** *adj* previdente; **voraus|schicken** *vt* mandare avanti; **voraus|sehen** <irr> *vt* prevedere; **das war ja vorauszusehen!** era da prevedere!; **voraus|setzen** *vt* presupporre; **vorausgesetzt, dass ...** presumendo che ... +*conj*; **Voraussetzung** <-, -en> *f* **1.** (*Annahme*) supposizione *f* **2.** (*Vorbedingung*) condizione *f*; **unter der ~, dass ...** a condizione che +*conj*; **Voraussicht** *f* previsione *f*; **aller ~ nach** secondo ogni probabilità; **voraussichtlich I.** *adj* probabile **II.** *adv* probabilmente

Vorbau *m* (ARCH) avancorpo *m*

Vorbehalt ['fo:ɐ̯bəhalt] <-(e)s, -e> *m* riserva *f*; **vor|behalten** <irr, ohne ge-> *vt* **sich** *dat* **etw ~** riservarsi qc; **Irrtümer ~** salvo errori; **vorbehaltlos** *adj* senza riserve

vorbei [fo:ɐ̯'baɪ] *adv* **1.** (*räumlich*) **an etw** *dat* ~ davanti a qc; **lassen Sie mich ~!** mi lasci passare **2.** (*zeitlich*) passato; **es ist drei Uhr ~** sono le tre passate; **aus und ~** finito; ~ **ist ~** quel che è stato è stato; **vorbei|fahren** <irr> *vi sein* passare; **an jdm/etw ~** passare davanti a qu/qc; **vorbei|gehen** <irr> *vi sein* **1.** (*vorübergehen*) (**an jdm/etw**) ~ passare (davanti a qu/qc); **ich habe sie im Vorbeigehen gegrüßt** l'ho salutata passando; **bei jdm ~** fare un salto da qu **2.** (*zu Ende gehen*) finire; **vorbei|kommen** <irr> *vi sein* passare; **bei jdm ~** fare un salto da qu; **vorbei|lassen** <irr> *vt* (*fam*) lasciar passare; **vorbei|reden** *vi* **aneinander ~** parlare di cose diverse

vorbelastet *adj* **erblich ~ sein** avere una tara ereditaria

vor|bereiten <ohne ge-> **I.** *vt* preparare **II.** *vr* **sich auf etw** *acc* ~ prepararsi a qc; **Vorbereitung** <-, -en> *f* preparazione *f*; **~en treffen** fare preparativi; **in ~** in preparazione

vor|bestellen <ohne ge-> *vt* prenotare; **Vorbestellung** *f* prenotazione *f*

vorbestraft *adj* (JUR) pregiudicato

vor|beugen I. *vi* **einer Krankheit** *dat* ~ prevenire una malattia **II.** *vr* **sich ~** sporgersi in avanti; **vorbeugend** *adj* preventivo; **Vorbeugung** *f* prevenzione *f*

Vorbild *n* modello *m*; **sich** *dat* **jdn zum ~ nehmen** prendere esempio da qu; **vorbildlich** *adj* esemplare

vor|bringen <irr> *vt* (*fig*) esprimere

vorchristlich *adj* precristiano

Vordach *n* tettoia *f*

Vordenker(in) <-s, -; -, -nen> *m(f)* precursore, precorritrice *m, f*

Vorderachse *f* asse *m* anteriore

vordere(r, s) *adj* anteriore

Vordergrund *m* primo piano *m*; **im ~ stehen** (*fig*) essere in primo piano; **vordergründig** *adj* (*fig*) superficiale; **Vordermann** *m* capofila *m*; **jdn auf ~ bringen** (*fam*) far rigare diritto qu; **Vorderrad** *n* ruota *f* anteriore; **Vorderseite** *f* (ARCH) facciata *f*

vorderste(r, s) *adj Superlativ von* **vordere** primo, -a

Vorderteil *n* parte *f* anteriore

vor|drängen *vr* **sich ~** farsi avanti

vor|dringen <irr> *vi sein* inoltrarsi

vorehelich *adj* prematrimoniale

voreilig *adj* affrettato

voreinander *adv* l'uno davanti all'altro

voreingenommen *adj* (**gegen jdn/etw**) ~ **sein** essere prevenuto (nei confronti di qu/qc); **Voreingenommenheit** *f* prevenzione *f*

vor|enthalten <irr, ohne ge-> *vt* **jdm etw ~** rifiutare qc a qu; (*verheimlichen*) na-

V

scondere qc a qu
Vorentscheidung *f* decisione *f* preliminare
vorerst ['foːɐ̯ʔeːɐ̯st] *adv* per il momento
Vorfahr ['foːɐ̯faːɐ̯] <-en, -en> *m* antenato *m*
vor|fahren <irr> *vi sein* **1.** (*vorausfahren*) andare avanti **2.** (*vor Haus, etc*) fermarsi davanti a **3.** (*nach vorn fahren*) avanzare
Vorfahrt *f* precedenza *f;* ~ **haben** avere la precedenza; **die ~ beachten** rispettare la precedenza; **Vorfahrt(s)straße** *f* strada *f* con (diritto di) precedenza
Vorfall *m* avvenimento *m;* (*Zwischenfall*) incidente *m;* **vor|fallen** <irr> *vi sein* (*geschehen*) accadere
Vorfeld *n* **im ~ von etw** nella fase introduttiva di qc
vor|finden <irr> *vt* trovare
Vorfreude *f* gioia *f* dell'attesa
vor|führen *vt* presentare; **Vorführung** *f* presentazione *f*
Vorgang *m* **1.** (*Hergang*) svolgimento *m* **2.** (BIOL, TEC) processo *m*
Vorgänger(in) ['foːɐ̯gɛŋɐ] <-s, -; -, -nen> *m(f)* predecessore *m*
vor|geben <irr> *vt* (*vortäuschen*) dare ad intendere
vorgefasst[RR] *adj* **~e Meinung** idea preconcetta
vorgefertigt *adj* prefabbricato
vor|gehen <irr> *vi sein* **1.** (*voraus*) andare avanti **2.** (*handeln*) procedere; **gerichtlich gegen jdn ~** adire le vie legali contro qu **3.** (*fig: Vorrang haben*) avere la precedenza **4.** (*Uhr*) andare avanti; **meine Uhr geht eine halbe Stunde vor** il mio orologio è avanti di mezz'ora
Vorgeschmack *m* assaggio *m;* **der ~ auf etw** *acc* l'assaggio di qc
Vorgesetzte <ein -r, -n, -n> *mf* superiore *m*
vorgestern *adv* ieri l'altro; **~ Abend** l'altra sera
vor|haben <irr> *vt* **~ etw zu tun** avere l'intenzione di fare qc; **was haben Sie heute Abend vor?** che programma ha per questa sera?; **Vorhaben** <-s, -> *n* (*Absicht*) intenzione *f;* (*Plan*) progetto *m*
vor|halten <irr> **I.** *vt* **1.** (*vor etw halten*) tenere davanti **2.** (*fig: vorwerfen*) **jdm etw ~** rinfacciare qc a qu **II.** *vi* (*fam: ausreichen*) durare; **Vorhaltungen** *fpl* rimostranze *fpl;* **jdm wegen etw ~ machen** fare delle rimostranze a qu per qc
vorhanden [foːɐ̯'handən] *adj* esistente; (*verfügbar*) disponibile
Vorhang *m* tenda *f*
Vorhängeschloss[RR] *n* lucchetto *m*
vorher ['foːɐ̯heːɐ̯] *adv* prima; **am Abend ~** alla vigilia; **am Tag ~** il giorno prima; **vorherbestimmt** *adj* predestinato; **vorher|gehend** *adj,* **vorherig** *adj* precedente
Vorherrschaft *f* predominio *m;* **vor|herrschen** *vi* predominare; **vorherrschend** *adj* predominante
Vorhersage *f* predizione *f;* (*Wetter~*) previsioni *fpl* (del tempo); **vorher|sagen** *vt* predire; **vorhersehbar** *adj* prevedibile; **vorher|sehen** <irr> *vt* prevedere
vorhin [foːɐ̯'hɪn] *adv* poco fa
vorhinein *adv* (*A*) **im Vorhinein** dall'inizio
vorige(r, s) ['foːrɪgə, -gɐ, -gəs] *adj* precedente; **~s Jahr** l'anno scorso; **das ~ Mal** l'ultima volta
Vorjahr *n* anno *m* precedente
Vorkehr ['foːɐ̯keːɐ̯] <-, -en> *f* (*CH*), **Vorkehrung** <-, -en> *f* misura *f* preventiva; **die nötigen ~en treffen** prendere le dovute precauzioni
Vorkenntnis <-, -se> *f* nozione *f* di base
vor|kommen <irr> *vi sein* **1.** (*nach vorn kommen*) venire avanti **2.** (*geschehen*) capitare **3.** (*vorhanden sein*) trovarsi **4.** (*scheinen*) sembrare; **ich komme mir überflüssig vor** mi sento inutile; **Sie kommen mir bekannt vor** mi sembra di conoscerLa; **das kommt dir nur so vor** è solo apparenza; **Vorkommen** <-s, -> *n* (MIN) giacimento *m;* **Vorkommnis** <-ses, -se> *n* avvenimento *m*
Vorkriegszeit *f* anteguerra *m*
vor|laden <irr> *vt* (JUR) citare (in giudizio); **Vorladung** *f* (JUR) citazione *f* (in giudizio)
Vorlage *f* **1.** (*Gesetzes~*) progetto *m* di legge **2.** (*Muster*) modello *m* **3.** (*beim Fußball*) passaggio *m*
vor|lassen <irr> *vt* **1.** (*fam: vorgehen lassen*) lasciar passare **2.** (*zulassen*) ammettere
vorläufig I. *adj* provvisorio **II.** *adv* per il momento
vorlaut *adj* impertinente
vor|legen *vt* (*Ausweis, Gesetzentwurf*) pre-

sentare; (*Frage, Plan*) (sotto)porre

vor|lesen <irr> *vt* leggere (ad alta voce); **Vorlesung** *f* lezione *f* (universitaria); **Vorlesungsverzeichnis** *n* programma *m* dei corsi

vorletzte(r, s) *adj* penultimo, -a

vorlieb[RR] *adv* **mit jdm/etw ~ nehmen** accontentarsi di qu/qc

Vorliebe *f* predilezione *f*

vorlieb|nehmen *vi s.* **vorlieb**

vor|liegen <irr> *vi* esserci; **da muss ein Irrtum ~** ci deve essere un equivoco; **es liegt nichts gegen ihn vor** non c'è nulla contro di lui; **vorliegend** *adj* presente; **im ~en Fall** nel caso presente

vor|machen *vt* **jdm etw ~** far vedere qc a qu; (*fig*) dare ad intendere qc a qu; **sich** *dat* **(selbst) etw ~** illudersi

Vormachtstellung *f* (POL) egemonia *f*

Vormarsch *m* avanzata *f*; **auf dem ~ sein** stare avanzando

vor|merken *vt* prendere nota di

vormittag *adv s.* **Vormittag**; **Vormittag** *m* mattina *f*; **heute ~** stamattina; **morgen ~** domani mattina; **vormittags** *adv* di mattina

Vormund <-(e)s, -e> *m* tutore, -trice *m, f*

vorn [fɔrn] *adv* **1.** (*im vorderen Teil*) davanti; **nach ~** (in) avanti; **von ~** da davanti **2.** (*am Anfang*) all'inizio; **von ~** dall'inizio; **von ~ anfangen** (ri)cominciare da capo

Vorname *m* nome *m* (di battesimo)

vorne *s.* **vorn**

vornehm ['fo:ɐ̯ne:m] *adj* distinto

vor|nehmen <irr> *vt* **sich** *dat* **etw ~** prefiggersi qc; **sich** *dat* **jdn ~** (*fam*) dare una lavata di capo a qu

vornehmlich *adv* (*geh*) principalmente

vornherein *adv* **von ~** fin da principio

Vorort *m* sobborgo *m*; **die ~e** la periferia

Vorplatz *m* spiazzo *m*

vorprogrammiert *adj* (*fig: vorbestimmt*) programmato

Vorrang *m* **1.** (*Bedeutung*) priorità *f* **2.** (*Reihenfolge*) precedenza *f*; **den ~ vor jdm haben** avere la precedenza su qu **3.** *kein Pl* (*A: Vorfahrt*) precedenza *f*; **jdm den ~ lassen/nehmen** dare/prendersi la precedenza; **vorrangig** *adj* prioritario; **Vorrangstellung** *f* posizione *f* di preminenza

Vorrat *m* provviste *fpl*; **der ~ an etw** *dat* la scorta di qc; **etw auf ~ haben** avere qc in stock; **solange der ~ reicht** fino a esaurimento delle scorte; **vorrätig** *adj* in magazzino; **Vorratslager** *n* magazzino *m*

Vorraum *m* atrio *m*

vor|rechnen *vt* **jdm etw ~** fare a qu il calcolo di qc

Vorrecht *n* privilegio *m*

Vorrichtung *f* dispositivo *m*

vor|rücken I. *vt* spostare in avanti **II.** *vi sein* avanzare

Vorruhestand *m* prepensionamento *m*

Vorrunde *f* (SPORT) eliminatoria *f*

vor|sagen *vt* suggerire

Vorsaison *f* bassa stagione *f*

Vorsatz *m* proposito *m*; **einen ~ fassen** prendere una risoluzione; **vorsätzlich I.** *adj* intenzionale; (JUR) doloso **II.** *adv* intenzionalmente; (JUR) dolosamente

Vorschein *m* **zum ~ kommen** apparire

vor|schieben <irr> *vt* **1.** (*da~*) mettere; (*nach vorn schieben*) spostare in avanti **2.** (*fig: vorschützen*) prendere a pretesto

Vorschlag *m* proposta *f*; **auf meinen ~ (hin)** su mia proposta; **vor|schlagen** <irr> *vt* proporre

vorschnell *adv* precipitosamente

vor|schreiben <irr> *vt* (*befehlen*) prescrivere

Vorschrift *f* prescrizione *f*; (*Anweisung*) istruzione *f*; (ADM, MIL) regolamento *m*; **gegen die ~en verstoßen** andare contro il regolamento; **vorschriftsmäßig** *adj* regolamentare

Vorschule *f* scuola *f* preparatoria

> In Svizzera ogni bambino ha diritto ad almeno uno o due anni di **Vorschule**, che è facoltativa e gratuita. Nella maggioranza dei cantoni i piccoli vi trascorrono dalle 4 alle 5 ore al giorno preparandosi alla scuola.

Vorschuss[RR] *m* anticipo *m*; **jdm einen ~ geben** concedere un anticipo a qu

vor|schweben *vi* **mir schwebt etw vor** ho in mente qc

vor|sehen <irr> **I.** *vt* (*planen*) prevedere; **wie vorgesehen** come previsto; **jdn für etw ~** designare qu per qc **II.** *vr* **sich ~** guardarsi; **sich vor jdm/etw ~** guardarsi da qu/qc

Vorsehung <-> *kein Pl f* provvidenza *f*

vor|setzen *vt* (*anbieten*) offrire

Vorsicht *f* prudenza *f;* **~!** attenzione!; **vorsichtig** *adj* prudente; **vorsichtshalber** *adv* per precauzione; **Vorsichtsmaßnahme** *f* misura *f* precauzionale; **~n treffen** prendere delle precauzioni

Vorsilbe *f* (LING) prefisso *m*

Vorsitz *m* presidenza *f;* **Vorsitzende** <ein -r, -n, -n> *mf* presidente, -essa *m, f*

Vorsorge *f* precauzione *f;* **für etw ~ treffen** provvedere a qc; **vor|sorgen** *vi* provvedere; **fürs Alter ~** provvedere per la vecchiaia; **Vorsorgeuntersuchung** *f* check-up *m;* **vorsorglich** *adv* per precauzione

Vorspeise *f* (GASTR) antipasto *m*

Vorspiel *n* (MUS) preludio *m;* (THEAT) prologo *m;* **vor|spielen** *vt* (MUS) sonare; (THEAT) recitare; **jdm etw ~** suonare [*o* recitare] qc davanti a qu

Vorsprung *m* **1.** (ARCH) aggetto *m* **2.** (*Abstand*) vantaggio *m;* **einen ~ (vor jdm) haben** avere un vantaggio (su qu)

Vorstadt *f* sobborgo *m*

Vorstand *m* **1.** (*Gremium*) consiglio *m* direttivo **2.** (*Person*) presidente, -essa *m, f*

vor|stehen <irr> *vi* **1.** (*her~*) sporgere **2.** (*geh: leiten*) **einer Sache** *dat* **~** dirigere qc

vorstellbar *adj* immaginabile

vor|stellen **I.** *vt* **1.** (*davorstellen*) mettere davanti **2.** (*bekannt machen*) presentare **3.** (*darstellen*) rappresentare **II.** *vr* **sich ~ 1.** (*sich bekannt machen*) presentarsi **2.** (*sich ausmalen*) **sich** *dat* **etw ~** immaginarsi qc; **das kann ich mir nicht ~** non riesco ad immaginarmelo; **stell dir vor!** pensa un po'! *fam;* **Vorstellung** *f* **1.** (*Einführung*) presentazione *f* **2.** (THEAT) rappresentazione *f* **3.** *sing* (*~skraft*) immaginazione *f* **4.** (*Bild, Begriff*) idea *f;* **eine ~ von etw haben** avere un'idea di qc; **Vorstellungsgespräch** *n* colloquio *m* di presentazione; **Vorstellungskraft** *f,* **Vorstellungsvermögen** *n* immaginazione *f*

vor|stoßen <irr> *vi sein* avanzare

Vorstrafe *f* (JUR) precedenti *mpl* penali

vor|strecken *vt* **1.** (*Kopf*) allungare **2.** (*fig: Geld*) anticipare

Vorstufe *f* primo stadio *m*

Vortag *m* giorno *m* precedente

vor|täuschen *vt* fingere

Vorteil *m* vantaggio *m;* **jdm gegenüber im ~ sein** essere in vantaggio su qu; **für jdn von ~ sein** essere vantaggioso per qu; **sich zu seinem ~ ändern** cambiare in meglio; **vorteilhaft** *adj* vantaggioso

Vortrag ['foːɐ̯traːk] <-(e)s, Vorträge> *m* conferenza *f;* **einen ~ halten** tenere una conferenza; **vor|tragen** <irr> *vt* **1.** (*Gedicht*) recitare; (*Lied*) eseguire **2.** (*darlegen*) esporre

vortrefflich *adj* eccellente

vor|treten <irr> *vi sein* farsi innanzi; **einen Schritt ~** fare un passo avanti

vorüber [fo'ryːbə] *adv* **1.** (*räumlich*) davanti; **an jdm/etw ~** davanti a qu/qc **2.** (*zeitlich*) passato; **vorüber|gehen** <irr> *vi sein* passare; **an jdm/etw ~** passare davanti a qu/qc; **vorübergehend** *adj* temporaneo

Vorurteil *n* pregiudizio *m;* **vorurteilslos** *adj* senza pregiudizi

Vorverkauf *m* prevendita *f*

vor|verlegen <ohne ge-> *vt* anticipare

Vorwahl *f* (TEL) preselezione *f*

Vorwand <-(e)s, Vorwände> *m* pretesto *m;* **etw zum ~ nehmen** prendere qc a pretesto; **unter dem ~ etw zu tun** col pretesto di fare qc

vorwärts ['foːɐ̯vɛrts] *adv* avanti; **~ gehen** (*fam*) andare avanti; **~ kommen** avanzare; **Vorwärtsgang** *m* (AUTO) marcia *f* avanti; **vorwärts|gehen** *vi s.* **vorwärts**; **vorwärts|kommen** *vi s.* **vorwärts**

vorweg [foːɐ̯'vɛk] *adv* **1.** (*vorher*) prima **2.** (*im Voraus*) in anticipo; **vorweg|nehmen** <irr> *vt* anticipare

vor|weisen <irr> *vt* presentare

vor|werfen <irr> *vt* **jdm etw ~** rimproverare qc a qu

vorwiegend *adv* in prevalenza

vorwitzig *adj* saccente

Vorwort[1] <-(e)s, -e> *n* (*in Buch*) prefazione *f*

Vorwort[2] <-(e)s, Vorwörter> *n* (*A: Präposition*) preposizione *f*

Vorwurf *m* rimprovero *m;* **sich** *dat* **wegen etw Vorwürfe machen** rimproverarsi per qc; **vorwurfsvoll** *adj* (pieno) di rimprovero

Vorzeichen *n* segno *m;* (*Omen*) auspicio *m*

vor|zeigen *vt* mostrare

vorzeitig *adj* anticipato

vor|ziehen <irr> *vt* **1.** (*nach vorn ziehen*) tirare avanti; (*Vorhänge*) chiudere (tirando) **2.** (*lieber mögen*) **etw einer Sache** *dat* **~**

preferire qc a qc
Vorzimmer *n* anticamera *f*
Vorzug *m* **1.** *sing* (*Vorliebe*) preferenza *f;* **einer Sache** *dat* **den ~ geben** dare la preferenza a qc **2.** (*gute Eigenschaft*) pregio *m;* (*Vorteil*) vantaggio *m*
vorzüglich *adj* eccellente; (*Wein, Essen*) squisito
Votum ['vo:tʊm] <-s, Voten> *n* voto *m*
vulgär [vʊl'gɛ:ɐ̯] *adj* volgare
Vulkan [vʊl'ka:n] <-s, -e> *m* vulcano *m;* **Vulkanausbruch** *m* eruzione *f* vulcanica

W

W, w [ve:] <-, -(s)> *n* W, w *f;* **W wie Wilhelm** vu doppia
W 1. *abk v* **West(en)** O. **2.** *abk v* **Watt[2]** W
Waadt [va:t] *f* Vaud *m*
Waage ['va:gə] <-, -n> *f* **1.** (TEC) bilancia *f;* (*Personen~*) pesapersone *m* **2.** (ASTR) Bilancia *f;* **er/sie ist (eine) ~** è della Bilancia
waag(e)recht *adj* orizzontale
Wabe ['va:bə] <-, -n> *f* favo *m*
wach [vax] *adj* (*a fig*) sveglio; **~ werden** svegliarsi
Wache ['vaxə] <-, -n> *f* **1.** guardia *f;* **~ halten** essere di guardia **2.** (*Polizei~*) posto *m* di polizia
wachen *vi* **bei jdm ~** vegliare qu
Wachhund *m* cane *m* da guardia
Wacholder [va'xɔldɐ] <-s, -> *m* ginepro *m*
Wachposten *m* guardia *f*
Wachs [vaks] <-es, -e> *n* cera *f*
wachsam *adj* vigilante
wachsen[1] ['vaksən] <wächst, wuchs, gewachsen> *vi sein* crescere; (*fig: zunehmen*) aumentare; **jdm gewachsen sein** essere all'altezza di qu; **einer Sache** *dat* **nicht gewachsen sein** non essere all'altezza di una cosa
wachsen[2] *vt* dare la cera a
Wachstuch *n* tela *f* cerata
Wachstum <-s> *kein Pl n* crescita *f*
Wachtel ['vaxtəl] <-, -n> *f* quaglia *f*
Wächter(in) ['vɛçtɐ] <-s, -; -, -nen> *m(f)* guardiano, -a *m, f;* (*Nacht~*) guardia *f*
Wachtmeister ['vaxtmaɪstɐ] *m* brigadiere *m* di polizia; **Wachtposten** *m* guardia *f*
wackelig *adj* traballante
Wackelkontakt *m* contatto *m* difettoso
wackeln ['vakəln] *vi* traballare; (*fig fam: Position*) vacillare
wacklig *s.* **wackelig**
Wade ['va:də] <-, -n> *f* polpaccio *m*
Waffe ['vafə] <-, -n> *f* arma *f*
Waffel ['vafəl] <-, -n> *f* cialda *f;* **Waffeleisen** *n* stampo *m* per cialde
Waffengewalt *f* **mit ~** con la forza delle armi; **Waffenhändler(in)** *m(f)* trafficante *mf* d'armi; **Waffenruhe** *f* tregua *f;* **Waffenschein** *m* porto *m* d'armi; **Waffenstillstand** *m* armistizio *m*
Wagemut *m* ardimento *m;* **wagemutig** *adj* audace
wagen ['va:gən] *vt* osare; **(es) ~ etw zu tun** osar fare qc
Wagen <-s, -> *m* **1.** (*Personen~*) macchina *f* **2.** (*Pferde~*) vettura *f;* (*Eisenbahn~*) vagone *m;* **Wagenheber** *m* cricco *m*
Waggon [va'gõ:] <-s, -s> *m* vagone *m*
waghalsig ['va:khalzɪç] *adj* temerario
Wagnis ['va:knɪs] <-ses, -se> *n* **1.** (*Risiko*) rischio *m* **2.** (*Unternehmen*) impresa *f* rischiosa
Wagon[RR] *s.* **Waggon**
Wahl [va:l] <-, -en> *f* **1.** (*Aus~, Qualität*) scelta *f;* **erste ~** (WIRTSCH) prima scelta; **keine (andere) ~ haben** non avere (altra) possibilità di scelta; **wer die ~ hat, hat die Qual** (*prov*) non avere che l'imbarazzo della scelta **2.** (POL) elezione *f;* **zur ~ gehen** andare alle urne; **wahlberechtigt** *adj* avente diritto di voto; **Wahlbeteiligung** *f* affluenza *f* alle urne; **Wahlbezirk** *m* circoscrizione *f* elettorale
wählen ['vɛ:lən] *vt* **1.** (*aus~*) scegliere **2.** (POL) eleggere **3.** (TEL: *Nummer*) comporre
Wähler <-s, -> *m* elettore *m*
Wahlergebnis *n* risultato *m* elettorale
Wählerin <-, -nen> *f* elettrice *f;* *s. a.* **Wähler**
wählerisch *adj* schizzinoso
Wählerschaft <-> *kein Pl f* elettorato *m*

Wahlfach *n* (*Schule*) materia *f* facoltativa; **Wahlgang** *m* votazione *f;* **im ersten** ~ al primo scrutinio; **Wahlkabine** *f* cabina *f* elettorale; **Wahlkampf** *m* lotta *f* elettorale; **Wahlkreis** *m* circoscrizione *f* elettorale; **Wahllokal** *n* seggio *m* elettorale

wahllos *adv* a caso

Wahlniederlage *f* sconfitta *f* elettorale; **Wahlplakat** *n* manifesto *m* elettorale; **Wahlrecht** *n* diritto *m* di voto; **passives** ~ elettorato passivo; **allgemeines** ~ suffragio universale; **Wahlsieg** *m* vittoria *f* elettorale; **Wahlsprengel** <-s, -> *m* (*A*) seggio *m* elettorale; **Wahlspruch** *m* motto *m;* **Wahlurne** *f* urna *f* elettorale

wahlweise *adv* a scelta

Wahn [vaːn] <-(e)s> *kein Pl m* (*geh*) illusione *f*

Wahnsinn *m* **1.** (MED) demenza *f* **2.** (*fam: Unvernunft*) follia *f;* **das ist reiner ~!** è pura follia!; **wahnsinnig I.** *adj* **1.** (MED) demente **2.** (*fam: verrückt*) pazzo; **jdn ~ machen** far impazzire qu **3.** (*fam: gewaltig*) enorme; **~e Schmerzen** (*fam*) dolori atroci **II.** *adv* (*fig fam: sehr*) moltissimo; **ich habe mich ~ darüber gefreut** (*fam*) mi ha fatto un gran piacere

Wahnvorstellung *f* fissazione *f*

wahr [vaːɐ̯] *adj* vero; (*wirklich*) reale; **nicht ~?** vero?; **das darf doch nicht ~ sein!** (*fam*) non è possibile!; ~ **werden** realizzarsi; **im ~sten Sinne des Wortes** nel vero senso della parola

wahren ['vaːrən] *vt* (*geh*) mantenere; (*Rechte*) tutelare; **den Schein** ~ salvare le apparenze

während ['vɛːrənt] **I.** *prp +gen o dat* durante **II.** *konj* mentre; **währenddessen** *adv* intanto

wahr|haben *vt* **nicht ~ wollen, dass ...** non voler ammettere che *+conj*

wahrhaft ['vaːɐ̯haft] *adv* (*geh*) veramente

wahrhaftig I. *adj* (*geh: Mensch*) veritiero **II.** *adv* (*geh*) veramente; **~!** davvero!

Wahrheit <-, -en> *f* verità *f;* **um die ~ zu sagen** a dire il vero; **wahrheitsgemäß** *adv,* **wahrheitsgetreu** *adv* conformemente alla verità

wahr|nehmen <irr> *vt* **1.** (*bemerken*) accorgersi di **2.** (*nutzen*) cogliere **3.** (*Interessen*) tutelare; **Wahrnehmung** <-, -en> *f* (*Sinnes~*) percezione *f*

wahrsagen *vi* predire il futuro; **Wahrsager(in)** <-s, -; -, -nen> *m(f)* indovino, -a *m, f*

währschaft ['vɛːɐ̯ʃaft] *adj* (*CH*) **1.** (*kräftig*) robusto **2.** (*solide*) resistente

wahrscheinlich [vaːɐ̯'ʃaɪnlɪç] **I.** *adj* probabile **II.** *adv* probabilmente; **Wahrscheinlichkeit** <-, -en> *f* probabilità *f;* **aller ~ nach** con ogni probabilità

Währung ['vɛːrʊŋ] <-, -en> *f* valuta *f;* **Währungseinheit** *f* unità *f* monetaria; **Währungspolitik** <-> *kein Pl f* politica *f* monetaria; **Währungsreform** *f* riforma *f* monetaria; **Währungssystem** *n* sistema *m* monetario; **Währungsumstellung** *f* conversione *f* monetaria; **Währungsunion** *f* unione *f* monetaria; **Europäische** ~ unione monetaria europea

Wahrzeichen *n* emblema *m*

Waise ['vaɪzə] <-, -n> *f* orfano, -a *m, f;* **Waisenhaus** *n* orfanotrofio *m;* **Waisenkind** *n* orfano, -a *m, f*

Wal [vaːl] <-(e)s, -e> *m* balena *f*

Wald [valt] <-(e)s, Wälder> *m* bosco *m;* (*groß*) foresta *f;* **Waldbrand** *m* incendio *m* di bosco; **Waldlauf** *m* corsa *f* nel bosco; **Waldrand** *m* margine *m* del bosco; **Waldsterben** *n* moria *f* dei boschi; **Waldweg** *m* sentiero *m* di bosco

Wales [wɛɪls] <-> *n* Galles *m*

Waliser(in) [va'liːzɐ] <-s, -; -, -nen> *m(f)* gallese *mf*

Walkie-TalkieRR <-(s), -s> *n* walkie-talkie *m*

Walkman® <-s, -men> *m* walkman® *m*

Wall [val] <-(e)s, Wälle> *m* vallo *m;* (*Schutz~*) bastione *m*

Wallfahrer(in) <-s, -; -, -nen> *m(f)* pellegrino, -a *m, f;* **Wallfahrt** *f* pellegrinaggio *m*

Wallis ['valɪs] *n* Vallese *m*

WalnussRR ['valnʊs] *f* noce *f;* **Walnussbaum**RR *m* noce *m*

WalrossRR ['valrɔs] *n,* **Walroß** *n* tricheco *m*

Walze ['valtsə] <-, -n> *f* rullo *m;* (TYP) cilindro *m*

walzen ['valtsən] *vt* cilindrare; (*Metall*) laminare

wälzen ['vɛltsən] **I.** *vt* **1.** (*rollen*) rotolare **2.** (*fam: Bücher*) scartabellare; (*Probleme*) rimuginare **II.** *vr* **sich** ~ rotolarsi; **sich schlaflos im Bett** ~ rigirarsi nel letto senza riuscire a dormire

Walzer ['valtsɐ] <-s, -> *m* valzer *m*

wand [vant] *1. u 3. pers sing imp von* **winden**[1]

Wand <-, Wände> *f* parete *f;* **in meinen vier Wänden** a casa mia

Wandel ['vandəl] <-s> *kein Pl m* mutamento *m*

wandeln ['vandəln] **I.** *vi sein* (*geh: gehen*) camminare; **sie ist ein ~des Wörterbuch** (*fam scherz*) è un dizionario ambulante **II.** *vr* **sich ~** cambiare

Wanderausstellung *f* esposizione *f* itinerante; **Wanderbühne** *f* compagnia *f* ambulante

Wanderer ['vandərɐ] <-s, -> *m* viandante *m*

Wanderkarte *f* carta *f* topografica (per escursionisti)

wandern ['vandɐn] *vi sein* **1.** (*einen Ausflug machen*) fare un'escursione **2.** (*Blicke*) errare; (*Gedanken*) correre

Wanderung <-, -en> *f* escursione *f*

Wanderweg *m* sentiero *m* (per escursioni)

Wandgemälde *n* pittura *f* murale

Wandlung ['vandlʊŋ] <-, -en> *f* cambiamento *m;* (*Verwandlung*) trasformazione *f*

Wandrerin *f* viandante *f; s. a.* **Wanderer**

Wandschrank *m* armadio *m* a muro

wandte ['vantə] *1. u 3. pers sing imp von* **wenden**[2]

Wanduhr *f* orologio *m* a muro

Wange ['vaŋə] <-, -n> *f* (*geh*) guancia *f*

wankelmütig ['vaŋkəlmy:tɪç] *adj* (*geh*) volubile

wanken ['vaŋkən] *vi* vacillare; **Wanken** *n* **ins ~ geraten** cominciare a vacillare

wann [van] *adv* quando; **bis ~?** fino a quando?; **seit ~?** da quando?

Wanne ['vanə] <-, -n> *f* vasca *f*

Wanze ['vantsə] <-, -n> *f* **1.** (ZOO) cimice *f* **2.** (*Abhör~*) microspia *f*

WAP-Handy *n* (telefono *m* cellulare) wap *m*

Wappen ['vapən] <-s, -> *n* stemma *m*

wappnen ['vapnən] *vr* **sich gegen etw ~** (*geh*) armarsi contro qc

war [va:ɐ̯] *1. u 3. pers sing imp von* **sein**[1]

warb [varp] *1. u 3. pers sing imp von* **werben**

Ware ['va:rə] <-, -n> *f* merce *f;* **Warenbestand** *m* stock *m;* **Warenhaus** *n* grande magazzino *m;* **Warenlager** *n* magazzino *m;* **Warenprobe** *f* campione *m* (di merce); **Warenzeichen** *n* marchio *m* di fabbrica; **eingetragenes ~** marchio registrato

warf [varf] *1. u 3. pers sing imp von* **werfen**

warm [varm] <wärmer, wärmste> *adj* **1.** (*allg, a Farben, Töne*) caldo; **es ist ~** fa caldo; **mir ist ~** ho caldo; **~ halten** (*Kleidung*) tenere caldo; **zieh dich ~ an!** copriti bene!; **sich ~ laufen** riscaldarsi correndo; **den Motor ~ laufen lassen** far riscaldare il motore **2.** (*fig: ~herzig*) caloroso; **sich** *dat* **jdn ~ halten** (*fig fam*) tenersi buono qu; **Warmblüter** ['varmbly:tɐ] <-s, -> *m* (ZOO) animale *m* a sangue caldo

Wärme ['vɛrmə] <-, *rar* -n> *f* caldo *m;* **Wärmedämmung** *f* isolamento *m* termico

wärmen **I.** *vt* (ri)scaldare **II.** *vr* **sich ~** (ri)scaldarsi

Wärmepumpe *f* pompa *f* di calore; **Wärmequelle** *f* sorgente *f* termica

Wärmflasche *f* borsa *f* dell'acqua calda

Warmfront *f* (METEO) fronte *m* caldo

warm|halten *vt s.* **warm 1.**; **warmherzig** *adj* caloroso; **warm|laufen** *vi s.* **warm 1.**; **Warmmiete** *f* (*fam*) affitto *m* comprensivo del riscaldamento; **Warmstart** *m* (INFORM) riavvio *m;* **Warmwasserbereiter** <-s, -> *m* boiler *m*

Warnanlage *f* dispositivo *m* d'allarme; **Warnblinkanlage** *f* (AUTO) lampeggiatori *mpl;* **Warndreieck** *n* (AUTO) triangolo *m*

warnen ['varnən] *vt* avvertire; **jdn vor etw** *dat* **~** mettere in guardia qu da qc

Warnsignal *n* segnale *m* d'allarme; **Warnstreik** *m* sciopero *m* d'avvertimento

Warnung <-, -en> *f* avviso *m;* **die ~ vor etw** *dat* l'avviso di qc; **das soll mir eine ~ sein** mi servirà di lezione; **das ist meine letzte ~** è il mio ultimo monito

Warnzeichen *n* segnale *m* di pericolo

Warschau ['varʃaʊ] *n* Varsavia *f*

Wartehalle *f s.* **Warteraum**; **Warteliste** *f* lista *f* d'attesa

warten ['vartən] **I.** *vi* **auf jdn/etw ~** aspettare qu/qc; **warte mal!** aspetta un attimo!; **auf sich ~ lassen** farsi attendere; **na warte!** (*fam*) aspetta! **II.** *vt* (*Maschine*) revisionare

Wärter(in) ['vɛrtɐ] <-s, -; -, -nen> *m(f)* guardiano, -a *m, f;* (*Kranken~*) infermiere, -a *m, f*

Warteraum *m,* **Wartesaal** *m* sala *f* d'aspetto; **Warteschleife** *f* **1.** (AERO) **~n ziehen** volare in circolo **2.** (TEL) **ich bin schon seit Minuten in der ~** sono in linea già da dieci minuti; **Wartezeit** *f* tempo *m* d'attesa; **Wartezimmer** *n* sala *f* d'aspetto

Wartung <-, -en> *f* manutenzione *f*

warum [va'rʊm] *adv* perché; **~ nicht?** perché no?

Warze ['vartsə] <-, -n> *f* (MED) verruca *f*

was [vas] **I.** *pron inter* che (cosa); **~?** (*fam: wie bitte?*) come?; **~ kostet das?** quanto costa?; **~ ist passiert?** che cosa è successo?; **~ willst du?** che vuoi?; **~ Sie nicht sagen!** possibile!; **ach ~!** (*fam*) ma va'! **II.** *pron rel* ciò che; **ich weiß nicht, ~ ich tun soll** non so cosa fare; **alles, ~ ...** tutto ciò che ...; **~ er sagt** ciò che dice **III.** *pron indef* (*fam: etwas*) qualcosa; **das ist ~ anderes** è un'altra cosa; **ist ~?** c'è qualcosa (che non va)?

Waschanlage *f* stazione *f* di lavaggio; **waschbar** *adj* lavabile; **Waschbecken** *n* lavandino *m*

Wäsche ['vɛʃə] <-, -n> *f* **1.** *sing* (*Bett~, Unter~*) biancheria *f* **2.** (*das Waschen*) lavaggio *m* **3.** *sing* (*~ zum Waschen*) bucato *m;* **~ waschen** fare il bucato

waschecht *adj* **1.** (*Kleidungsstück*) lavabile **2.** (*fig*) purosangue

Wäscheklammer *f* molletta *f* da bucato; **Wäscheleine** *f* corda *f* per il bucato

waschen ['vaʃən] <wäscht, wusch, gewaschen> **I.** *vt* lavare **II.** *vi* fare il bucato **III.** *vr* **sich ~** lavarsi; **sich** *dat* **die Hände ~** lavarsi le mani

Wäscherei [vɛʃə'raɪ] <-, -en> *f* lavanderia *f*

Wäscheschleuder *f* centrifuga *f;* **Wäscheständer** *m* stenditoio *m;* **Wäschetrockner** *m* asciugatrice *f*

Waschküche *f* lavanderia *f;* **Waschlappen** *m* **1.** (*zum Waschen*) strofinaccio *m* **2.** (*fam pej: Mensch*) pappa *f* molle; **Waschmaschine** *f* lavatrice *f;* **Waschmittel** *n,* **Waschpulver** *n* detersivo *m;* **Waschsalon** *m* lavanderia *f* a gettoni; **Waschstraße** *f* (AUTO) impianto *m* di lavaggio

wäscht [vɛʃt] *3. pers sing pr von* **waschen**

Waschzeug *n* occorrente *m* per lavarsi

Wasser ['vasɐ] <-s, -> *n* acqua *f;* **unter ~** sott'acqua; (*überflutet*) allagato; **ins ~ fallen** (*fig fam*) andare in fumo; **jdm nicht das ~ reichen können** (*fig*) non essere all'altezza di qu; **mit allen ~n gewaschen sein** (*fam*) essere furbo di tre cotte; **sich über ~ halten** (*fig*) tenersi a galla; **das ~ läuft mir im Munde zusammen** mi viene l'acquolina in bocca; **das ~ steht ihm bis zum Hals** (*fig*) ha l'acqua alla gola; **Wasseranschluss**[RR] *m* allacciamento *m* dell'acqua; **Wasserbad** *n* **im ~ kochen** cuocere a bagnomaria; **Wasserball** *m* **1.** *sing* (*Spiel*) pallanuoto *f* **2.** (*Ball*) pallone *m* da pallanuoto; **Wasserbett** *n* letto *m* idrostatico

Wasserdampf *m* vapore *m* acqueo; **wasserdicht** *adj* (NAUT) stagno; (*Regenmantel, Uhr*) impermeabile; **wasserdurchlässig** *adj* permeabile; **Wasserenthärter** <-s, -> *m* addolcitore *m;* **Wasserfall** *m* cascata *f;* **Wasserfarbe** *f* acquerello *m;* **Wasserglas** *n* (*Trinkglas*) bicchiere *m* da acqua; **Wasserhahn** *m* rubinetto *m* dell'acqua

wässerig ['vɛsərɪç] *adj* (*Suppe*) scipito; (*Obst*) acquoso; **Wasserkocher** <-s, -> *m* bollitore *m* (per acqua); **Wasserkraft** *f* energia *f* idraulica; **Wasserkraftwerk** *n* centrale *f* idroelettrica; **Wasserleitung** *f* conduttura *f* dell'acqua; **wasserlöslich** *adj* idrosolubile; **Wassermann** *m* (ASTR) Acquario *m;* **er/sie ist (ein) ~** è dell'Acquario; **Wassermelone** *f* cocomero *m*

wässern ['vɛsɐn] *vt* (*Heringe*) dissalare

Wasserpflanze *f* pianta *f* acquatica; **Wasserpistole** *f* pistola *f* ad acqua; **Wasserratte** *f* **1.** (ZOO) arvicola *f* **2.** (*fam: eifriger Schwimmer*) pesce *m;* **wasserscheu** *adj* idrofobo; **Wasserski** <-s> *kein Pl n* sci *m* nautico; **Wasserspiegel** *m* (*Wasseroberfläche*) superficie *f* dell'acqua; **Wassersport** *m* sport *m* acquatico; **Wasserspülung** *f* sciacquone *m;* **Wasserstand** *m* livello *m* dell'acqua; **Wasserstoff** *m* (CHEM) idrogeno *m;* **Wasserstoffbombe** *f* bomba *f* all'idrogeno; **Wassertropfen** *m* goccia *f* d'acqua; **Wasserverbrauch** *m* consumo *m* d'acqua; **Wasserverschmutzung** *f* inquinamento *m* delle acque; **Wasserversorgung** *f* approvvigionamento *m* idrico; **Wasservogel** *m* (ZOO) uccello *m* acquatico; **Wasserwaage** *f* bilancia *f* idrostatica; **Wasserweg** *m* **auf dem ~(e)** per via d'acqua; **Wasserwelle** *f* messa *f* in piega; **Wasserwerfer** <-s, -> *m* idrante *m;*

Wasserwerk *n* centrale *f* idrica; **Wasserzähler** *m* contatore *m* dell'acqua; **Wasserzeichen** *n* filigrana *f*

waten ['va:tən] *vi sein* **durch etw** ~ guadare qc

watscheln ['vatʃəln] *vi sein* camminare dondoloni come un'anatra

Watt¹ [vat] <-(e)s, -en> *n* (GEOG) bassofondo *m*

> Il **Watt** è una zona costiera del Mare del Nord, dominata da alta e bassa marea, rispettivamente "Flut" e "Ebbe". Durante la bassa marea è possibile camminare sul fondo marino sabbioso, mentre con l'alta marea il Watt viene sommerso da metri d'acqua che consentono alle piatte imbarcazioni costiere di navigarvi.

Watt² <-s, -> *n* (PHYS, TEC) watt *m*

Watte ['vatə] <-, -n> *f* ovatta *f*

wattieren [va'ti:rən] <ohne ge-> *vt* ovattare

WC [ve:'tse:] <-(s), -(s)> *n* wc *m*

weben ['ve:bən] *vt* tessere

Weber(in) <-s, -; -, -nen> *m(f)* tessitore, -trice *m, f*

Webpelz *m* pelliccia *f* ecologica

Webseite *f* (INFORM) sito *m* Web

Web-Site *f* (INFORM) Website *m*

Webstuhl *m* telaio *m*

Wechsel ['vɛksəl] <-s, -> *m* **1.** (*Änderung*) cambiamento *m* **2.** (*Geld~*) cambio *m* **3.** (FIN: *~schein*) cambiale *f;* **Wechselgeld** *n* spiccioli *mpl;* **wechselhaft** *adj* variabile; **Wechseljahre** *npl* menopausa *f;* **Wechselkurs** *m* (FIN) cambio *m*

wechseln **I.** *vt* cambiare; (*Blicke, Worte*) scambiare; **kannst du mir 50 Mark ~?** puoi cambiarmi 50 marchi? **II.** *vi* cambiare; (*abwechseln*) darsi il cambio; **ich kann nicht ~** non ho da cambiare; **wechselnd** *adj* mutevole; (*Wetter*) variabile

wechselseitig *adj* reciproco; **Wechselstrom** *m* (EL) corrente *f* alternata; **wechselweise** *adv* **1.** (*abwechselnd*) alternativamente **2.** (*gegenseitig*) reciprocamente; **Wechselwirkung** *f* interazione *f;* **in ~ stehen** interagire

wecken ['vɛkən] *vt* svegliare; (*Interesse*) suscitare

Wecker <-s, -> *m* sveglia *f*

wedeln *vi* **1.** (*rasch hin u her bewegen*) sventolare; **mit dem Schwanz ~** scodinzolare **2.** (*beim Skifahren*) fare lo scodinzolo

weder ['ve:dɐ] *konj* **~ ... noch ...** né ... né ...

weg [vɛk] *adv* via; **er war schon ~** era già partito; **Finger ~!** via le mani!; **der Schlüssel ist ~** la chiave è sparita; **über etw** *acc* **~ sein** aver superato qc

Weg [ve:k] <-(e)s, -e> *m* **1.** (*allg*) via *f;* **jdm aus dem ~ gehen** (*fig*) scansare qu; **jdm über den ~ laufen** incontrare qu per caso; **aus dem ~ räumen** sbarazzarsi di; **jdm im ~ stehen** (*fig*) essere d'ostacolo a qu **2.** (*Reise~*) itinerario *m;* **auf halbem ~(e)** a metà strada; **auf dem ~ nach Rom** in viaggio per Roma; **sich auf den ~ machen** incamminarsi **3.** (*Mittel*) modo *m*

weg|bleiben <irr> *vi sein* (*fam: nicht (mehr) kommen*) non venire (più); **weg|bringen** <irr> *vt* portare via

wegen ['ve:gən] *prp +gen o dat* **1.** (*aufgrund von*) per, a causa di **2.** (*bezüglich*) riguardo a

weg|fahren <irr> *vi sein* partire; **weg|fliegen** <irr> *vi sein* volare via; **weg|geben** <irr> *vt* dare via; **weg|gehen** <irr> *vi sein* **1.** (*fortgehen*) andarsene **2.** (*fam: Ware*) andare via; **weg|jagen** *vt* scacciare; **weg|kommen** <irr> *vi sein* (*fam*) **1.** (*abhanden kommen*) andare perduto **2.** (*abschneiden*) **gut bei etw ~** cavarsela bene in qc; **weg|lassen** <irr> *vt* **1.** (*gehen lassen*) lasciare andare **2.** (*fam: auslassen*) tralasciare; **weg|laufen** <irr> *vi sein* correre via; **von zu Hause ~** scappare di casa; **weg|legen** *vt* (*zur Seite legen*) mettere via; **weg|machen** *vt* (*fam*) rimuovere; **weg|müssen** <irr> *vi* (*fam*) dover andare via; **weg|nehmen** <irr> *vt* togliere; (*entwenden*) sottrarre

Wegrand *m* margine *m* della strada

weg|rationalisieren <ohne ge-> *vt* **Personal ~** ridurre il numero del personale mediante razionalizzazione; **weg|räumen** *vt* rimuovere; **weg|schicken** *vt* **1.** (*Menschen*) mandare via **2.** (*Brief, Paket*) spedire; **weg|schmeißen** <irr> *vt* (*fam*) buttare via; **weg|schnappen** *vt* (*fam*) **(jdm) etw ~** soffiare qc (a qu); **weg|schütten** *vt* gettare via; **weg|sehen** <irr> *vi* togliere lo sguardo; **weg|setzen** **I.** *vt* mettere da parte **II.** *vr* **sich über etw** *acc* **~** (*fam*) non curarsi

di qc; **weg|stoßen** <irr> *vt* respingere
Wegstrecke *f* tratto *m* di strada; **schlechte** ~ strada dissestata
weg|tun <irr> *vt* mettere via
Wegweiser <-s, -> *m* indicatore *m* stradale
weg|werfen <irr> *vt* buttare via; **Wegwerfgesellschaft** *f* società *f* degli sprechi; **weg|wischen** *vt* togliere; **weg|ziehen** <irr> **I.** *vt* tirare (via) **II.** *vi sein* trasferirsi
weh [veː] *adj* doloroso; ~ **tun** far male; **sich** *dat* ~ **tun** farsi male
wehe ['veːə] *int* ~, **wenn ...!** guai a te, se ...!
wehen ['veːən] *vi* (*Wind*) soffiare; (*Fahne*) sventolare
Wehen *fpl* (MED) doglie *fpl*
wehklagen *vi* (*geh*) lamentarsi; **wehleidig** *adj* (*pej*) piagnucoloso; **Wehmut** ['veːmuːt] <-> *kein Pl f* (*geh*) malinconia *f*; **wehmütig** *adj* malinconico
Wehr[1] [veːɐ̯] <-, *rar* -en> *f* **sich zur ~ setzen** opporre resistenza
Wehr[2] <-(e)s, -e> *n* (*Damm*) sbarramento *m*
Wehrdienst *m* servizio *m* militare; **Wehrdienstverweigerer** <-s, -> *m* obiettore *m* di coscienza; **Wehrdienstverweigerung** *f* obiezione *f* di coscienza
wehren ['veːrən] *vr* **sich** (**gegen jdn/etw**) ~ difendersi (da qu/qc)
wehrlos *adj* inerme; **Wehrmacht** *f* (HIST) forze *fpl* armate; **Wehrmann** *m* (*CH, A*) soldato *m*; **Wehrpflicht** *f* servizio *m* militare obbligatorio; **wehrpflichtig** *adj* soggetto agli obblighi militari; **im ~en Alter** in età militare; **Wehrpflichtige** <ein -r, -n, -n> *mf* soggetto, -a *m, f* agli obblighi di leva
Weib [vaɪp] <-(e)s, -er> *n* femmina *f*
Weibchen ['vaɪpçən] <-s, -> *n* (ZOO) femmina *f*
weibisch *adj* (*pej*) effeminato
weiblich *adj* femminile; **Weiblichkeit** <-> *kein Pl f* femminilità *f*
weich [vaɪç] *adj* **1.** (*nicht hart*) molle; (*Haut, Sessel*) morbido **2.** (*nicht zäh*) tenero **3.** (*bieg-, schmiegsam*) flessibile; (*Bett, Kissen*) morbido **4.** (*fig: sanft*) dolce; (*empfindsam*) sensibile; ~ **werden** (*fam: nachgeben*) cedere
Weiche ['vaɪçə] <-, -n> *f* (FERR) scambio *m*
weichen ['vaɪçən] <weicht, wich, gewichen> *vi sein* **1.** (*zurück~*) **vor jdm/etw** ~ indietreggiare di fronte a qc **2.** (*sich entfernen*) allontanarsi; **nicht von der Stelle** ~ non lasciare il posto **3.** (*fig: nachlassen*) diminuire
weichgekocht *adj s.* **kochen II.**; **Weichkäse** *m* formaggio *m* tenero
weichlich *adj* (*pej: Mensch*) rammollito
Weichsel ['vaɪksəl] *f* Vistola *f*
Weichspüler <-s, -> *m* ammorbidente *m*; **Weichtiere** *npl* (ZOO) molluschi *mpl*
Weide ['vaɪdə] <-, -n> *f* **1.** (BOT) salice *m* **2.** (AGR) pascolo *m*; **Weideland** *n* terreno *m* da pascolo
weiden **I.** *vt, vi* pascere **II.** *vr* **sich an etw** *dat* ~ pascersi di qc
weigern ['vaɪgɐn] *vr* **sich** ~ (**etw zu tun**) rifiutarsi (di fare qc)
Weigerung <-, -en> *f* rifiuto *m*
Weihe ['vaɪə] <-, -n> *f* (REL) consacrazione *f*; (*Priester~*) ordinazione *f*
weihen *vt* (REL) consacrare
Weiher ['vaɪɐ] <-s, -> *m* stagno *m*
Weihnachten <-, -> *n* Natale *m*; (**zu**) ~ a Natale; **fröhliche ~!** buon Natale!

> **Weihnachten**, il Natale, si festeggia in Germania dal 24 ("Heiliger Abend") al 26 dicembre. Il giorno della vigilia si lavora fino a mezzogiorno. Di solito nel pomeriggio si decora l'albero di Natale che i bambini avranno il permesso di ammirare soltanto al momento dell'apertura dei regali. I regali di Natale, che sono portati da Gesù Bambino o da Babbo Natale, si trovano ai piedi dell'albero. Sia il 25 che il 26 dicembre (primo e secondo giorno di Natale) sono festivi. Secondo la tradizione in questi giorni si mangia molto pesce, pollame e cacciagione.

weihnachtlich *adj* natalizio; **Weihnachtsabend** *m* vigilia *f* di Natale; **Weihnachtsbaum** *m* albero *m* di Natale; **Weihnachtsfest** *n* festa *f* di Natale; **Weihnachtsgeschenk** *n* dono *m* di Natale; **Weihnachtslied** *n* canto *m* natalizio; **Weihnachtsmann** *m* babbo *m* Natale; **Weihnachtsmarkt** *m* mercato *f* di Natale

> Il più famoso **Weihnachtsmarkt** della Germania si svolge a Norimberga. Anche in molte altre città ci sono mercati che durano

un giorno solo o per tutto il periodo dell'Avvento. Vi si possono comprare regali di Natale, decorazioni natalizie, articoli casalinghi ed ogni sorta di oggetti. L'atmosfera natalizia è assicurata dai canti di Natale, dalle caldarroste, ma anche dal "Glühwein" (vin brulé) e dal punch analcolico per bambini.

Weihrauch *m* incenso *m;* **Weihwasser** *n* acquasanta *f*

weil [vaɪl] *konj* perché

Weile ['vaɪlə] <-> *kein Pl f* momento *m;* **eine ganze ~** un bel po' (di tempo); **nach einer ~** dopo un po'

Wein [vaɪn] <-(e)s, -e> *m* **1.** (*Getränk*) vino *m* **2.** *sing* (*Pflanze*) vite *f;* **Weinbau** <-(e)s> *kein Pl m* viticoltura *f;* **Weinbeere** *f* acino *m* d'uva; **Weinberg** *m* vigneto *m;* **Weinbergschnecke** *f* chiocciola *f;* **Weinbrand** *m* acquavite *f*

weinen ['vaɪnən] *vi* piangere

Weinflasche *f* bottiglia *f* da vino; **Weingeist** <-(e)s> *kein Pl m* alcool *m* etilico; **Weinglas** *n* bicchiere *m* da vino; **Weingut** *n* vigneto *m;* **Weinhauer(in)** <-s, -> *m(f)* (*A: Winzer*) viticoltore, -trice *m, f;* **Weinkarte** *f* lista *f* dei vini; **Weinkeller** *m* cantina *f;* **Weinlese** *f* vendemmia *f;* **Weinprobe** *f* degustazione *f* del vino; **Weinrebe** *f* vite *f;* **weinrot** *adj* rosso vinaccia; **Weinstock** *m* vitigno *m;* **Weinstube** *f* taverna *f;* **Weintraube** *f* grappolo *m* d'uva

weise *adj* saggio

Weise ['vaɪzə] <-, -n> *f* **1.** (*Art*) modo *m;* **auf diese ~** in questo modo; **in gewisser ~ hat sie Recht** in un certo qual modo ha ragione **2.** (MUS) aria *f*

weisen ['vaɪzən] <weist, wies, gewiesen> *vt* **1.** (*zeigen*) (**jdm**) **etw ~** indicare qc (a qu) **2.** (*ver~*) mandare; **jdn vom Platz ~** (SPORT) espellere qu dal campo

Weisheit <-> *kein Pl f* saggezza *f;* **Weisheitszahn** *m* dente *m* del giudizio

weis|machen *vt* (*fam*) **jdm etw ~** far credere qc a qu

weiß[1] [vaɪs] *adj* bianco

weiß[2] *1. u 3. pers sing pr von* **wissen**

weissagen *vt* predire; (*prophezeien*) profet(izz)are; **Weissagung** <-, -en> *f* profezia *f*

Weißbier *n* birra *f* chiara; **Weißblech** *n* lamiera *f* stagnata; **Weißbrot** *n* pane *m* bianco; **Weißglut** *f* (TEC) incandescenza *f;* **jdn (bis) zur ~ reizen** [*o* **bringen**] (*fig fam*) fare imbestialire qu; **Weißgold** *n* oro *m* bianco; **Weißkohl** *m* (*nordd*), **Weißkraut** *n* (*südd*) cavolo *m* bianco; **Weißrussland**[RR] *n* Bielorussia *f;* **Weißwein** *m* vino *m* bianco; **Weißwurst** *f* salsiccia *f* bianca

Il **Weißwurstäquator** ("equatore della salsiccia bianca") è la scherzosa definizione del confine, che corrisponde all'incirca con il percorso del Meno e del Danubio, che separa la Baviera e il dialetto bavarese dall'area linguistica prussiana, cioè da tutti i dialetti non bavaresi. Questo confine segnala l'area nella quale si trova la tipica "Weißwurst" bavarese, fatta con carne di vitello ed erbe e che ha un colore bianco.

Weisung <-, -en> *f* **1.** (*Befehl*) ordine *m* **2.** (*geh: An~*) direttiva *f*

weit [vaɪt] **I.** *adj* (*breit*) largo, ampio; (*lang*) lungo; (*entfernt*) lontano; **in ~er Ferne liegen** essere molto lontano **II.** *adv* (*fern*) lontano; **bei ~em** di gran lunga; **bist du so ~?** (*fam*) sei pronto?; **das geht zu ~!** questo è troppo!; **so ~ ich mich erinnern kann** per quanto possa ricordarmi; **von ~em** da lontano; **wie ~ bist du?** a che punto sei?; **wie ~ ist es bis Neapel?** quanto c'è da qui a Napoli?; **~ verbreitet** molto diffuso; **~ weg** molto lontano; **weitaus** *adv* di gran lunga; **Weitblick** *m* lungimiranza *f*

Weite <-, -n> *f* **1.** (*Ausdehnung*) estensione *f* **2.** (*Geräumigkeit*) ampiezza *f*

weiter ['vaɪtɐ] **I.** *adj Komparativ von* **weit** (*fig: zusätzlich*) ulteriore, altro; **ohne ~es** senz'altro **II.** *adv* (*fig: außerdem*) inoltre; **und so ~** eccetera; **das hat ~ nichts zu sagen** non ha alcuna importanza; **nichts ~!** nient'altro!; **weiter|arbeiten** *vi* continuare a lavorare; **weiter|bilden** *vr* **sich ~** aggiornarsi; **Weiterbildung** *f* aggiornamento *m;* **weiter|bringen** <irr> *vt* portare avanti; **weiter|empfehlen** <irr> *vt* raccomandare ad altri; **weiter|entwickeln** <ohne ge-> *vr* **sich ~** svilupparsi; **weiter|fahren** <irr> *vi sein* proseguire (il viaggio); **weiter|geben** <irr> *vt* far passare; (*Nachricht*) trasmettere; **weiter|gehen** <irr> *vi sein* proseguire; **so kann es nicht ~** così non (si) può continuare; **wie soll es jetzt ~?** e come va avanti adesso?; **weiterhin** *adv* **etw ~ tun** continuare a fare qc; **weiter|kommen** <irr> *vi sein* (*a fig*) avanzare; **so kommen wir nicht weiter** (*fig*) così non facciamo progressi; **weiter|machen** *vt, vi* continuare

weiters ['vaɪtɐs] *adv* (*A*) in seguito

weiter|sagen *vt* dire ad altri

weitgehend *adj* ampio; **weitläufig I.** *adj* **1.** (*Gebäude*) spazioso; (*ausgedehnt*) esteso **2.** (*Erzählung*) dettagliato **3.** (*Verwandte*) lontano **II.** *adv* per esteso; **weitreichend** *adj* esteso; **weitsichtig** *adj* **1.** (MED) presbite **2.** (*fig*) lungimirante; **Weitsprung** *m* (SPORT) salto *m* in lungo; **weitverbreitet** *adj* molto diffuso

Weizen ['vaɪtsən] <-s, -> *m* frumento *m;* **Weizenmehl** *n* farina *f* di frumento

welche(r, s) ['vɛlçə, -çɐ, -çəs] **I.** *pron inter* quale; **~s Haus?** quale casa?; **~r von den beiden?** quale dei due? **II.** *pron rel* che, il quale **III.** *pron indef* **ich habe noch ~** ne ho ancora

welk [vɛlk] *adj* appassito

welken *vi sein* appassire

Wellblech *n* lamiera *f* ondulata

Welle ['vɛlə] <-, -n> *f* onda *f;* **Wellenbrecher** *m* frangionde *m;* **Wellenlänge** *f* lunghezza *f* d'onda; **die gleiche ~ haben** (*fig fam*) essere in sintonia con qu; **Wellenlinie** *f* linea *f* ondulata; **Wellenreiten** <-s> *kein Pl n* surfing *m;* **Wellensittich** *m* (ZOO) pappagallino *m*

wellig *adj* ondulato

Wellness *f* ginnastica *f*

Wellpappe *f* cartone *m* ondulato

Welpe ['vɛlpə] <-n, -n> *m* (*Hund*) cucciolo *m*

welsch [vɛlʃ] *adj* (*CH*) svizzero francese

Welt [vɛlt] <-, -en> *f* mondo *m;* (*Erde*) terra *f;* **auf der ~** al mondo; **auf die ~ kommen** venire al mondo; **alle ~** (*fam*) tutti; **aus aller ~** di tutto il mondo; **bis ans Ende der ~** fino alla fine del mondo; **die Alte ~** il mondo antico; **die Dritte ~** il terzo mondo; **nicht um alles in der ~** per nulla al mondo; **Weltall** *n* universo *m;* **Weltanschauung** *f* concezione *f* del mondo; **Weltausstellung** *f* esposizione *f* mondiale; **weltberühmt** *adj* di fama mondiale; **Weltbevölkerung** *f* popolazione *f* mondiale; **Weltbild** *n* concezione *f* del mondo; **weltfremd** *adj* lontano dalla realtà; (*naiv*) ingenuo; **Weltfrieden** *m* pace *f* nel mondo; **Weltkrieg** *m* guerra *f* mondiale; **der Erste/Zweite ~** la prima/seconda guerra mondiale; **Weltmacht** *f* (POL) potenza *f* mondiale; **Weltmeister(in)** *m(f)* campione, -essa *m, f* mondiale; **Weltmeisterschaft** *f* campionato *m* mondiale; **Weltraum** *m* spazio *m;* **Weltraumfähre** *f* veicolo *m* spaziale; **Weltraumstation** *f* stazione *f* spaziale; **Weltreich** *n* impero *m;* **Weltreise** *f* **eine ~ machen** fare il giro del mondo; **Weltrekord** *m* primato *m* mondiale; **Weltsicherheitsrat** *m* Consiglio *m* di sicurezza delle Nazioni Unite; **Weltstadt** *f* metropoli *f;* **Weltstar** *m* star *f* internazionale; **Weltuntergang** *m* fine *f* del mondo; **weltweit** *adj* mondiale, universale; **Weltwirtschaft** *f* economia *f* mondiale; **Weltwunder** *n* **die Sieben ~** le sette meraviglie del mondo

wem [veːm] *pron dat von* **wer** a chi; **mit ~?** con chi?; **von ~?** di chi?

wen [veːn] *pron inter acc von* **wer** chi; **an ~?** a chi?; **für ~?** per chi?

Wende ['vɛndə] <-, -n> *f* svolta *f*

Wendeltreppe *f* scala *f* a chiocciola

Wendemantel *m* mantello *m* double-face

wenden[1] ['vɛndən] **I.** *vt* (ri)voltare; (*Auto*) girare; (NAUT) virare; **bitte ~!** vedi retro **II.** *vi* girare

wenden[2] <wendet, wandte *o* wendete, gewandt *o* gewendet> *vr* **sich an jdn ~** rivolgersi a qu

Wendepunkt *m* (*fig*) svolta *f*

wendig *adj* agile

Wendung <-, -en> *f* **1.** (*fig: Umschwung*) svolta *f* **2.** (*Rede~*) locuzione *f*

wenig ['veːnɪç] *adj o adv* poco; **ein ~** un po'; **zu ~** troppo poco; **~e** pochi

weniger ['veːnɪgɐ] *adv Komparativ von* **wenig** meno; **~ als ...** meno di ...; **~ werden** diminuire; **immer ~** sempre meno; **je ~ ..., desto ~ ...** quanto meno ..., tanto meno ...; **mehr oder ~** più o meno

wenigstens *adv* almeno

wenigste(r, s) *adj Superlativ von* **wenig** (*Wend*) **das ~** il meno; **die ~n** pochissimi; **am ~n** meno di tutti; **er hat am ~n Geld** ha meno soldi di tutti

wenn [vɛn] *konj* **1.** (*konditional*) se; **~ ... nicht** a meno che *+conj;* **~ ... nur** purché

+conj; **außer** ~ a meno che *+conj;* ~ **man ihn sieht, könnte man glauben ...** a vederlo, si crederebbe ... **2.** (*zeitlich*) quando; **jedesmal** ~ ogni volta che **3.** (*konzessiv*) ~ **auch** anche se; ~ **er auch noch so arm ist** per quanto povero sia **4.** (*Wunsch*) ~ **er doch käme!** se solo venisse!; ~ **er nur nicht zu spät kommt!** purché non arrivi troppo tardi!

wenngleich [vɛnˈglaɪç] *konj* (*geh*) benché *+conj*

wer [veːɐ̯] **I.** *pron inter* chi; ~ **ist da?** chi è?; ~ **von beiden?** chi dei due? **II.** *pron rel* chi; ~ **auch immer** chiunque **III.** *pron indef* (*fam*) qualcuno

Werbeabteilung *f* reparto *m* pubblicità; **Werbeagentur** *f* agenzia *f* di pubblicità; **Werbefernsehen** *n* pubblicità *f* televisiva; **Werbefilm** *m* film *m* pubblicitario; **Werbegeschenk** *n* omaggio *m* pubblicitario; **Werbekampagne** *f* campagna *f* pubblicitaria; **Werbeknüller** *m* scoop *m* pubblicitario

werben [ˈvɛrbən] <wirbt, warb, geworben> **I.** *vt* attirare; (*Soldaten*) reclutare **II.** *vi* **für jdn/etw** ~ fare pubblicità per qu/qc; (POL) fare propaganda per qu/qc; **um etw** ~ cercare di ottenere qc; **um ein Mädchen** ~ fare la corte a una ragazza

Werbeslogan *m* slogan *m* pubblicitario; **Werbespot** <-s, -s> *m* spot *m* pubblicitario; **Werbetext** *m* testo *m* pubblicitario; **Werbeunterbrechung** *f* pausa *f* pubblicitaria; **werbewirksam** *adj* di grande effetto pubblicitario

Werbung <-, *rar* -en> *f* **1.** *sing* (COM) pubblicità *f* **2.** (*An~*) reclutamento *m*

Werdegang *m* sviluppo *m;* (*beruflich*) carriera *f*

werden [ˈveːɐ̯dən] <wird, wurde, geworden> *vi sein* **1.** (*Zustandsveränderung*) diventare; (*entstehen*) nascere; **alt** ~ invecchiare; **krank** ~ ammalarsi; **es wird Frühling** viene la primavera; **mir wird kalt** comincio ad avere freddo **2.** (*Entwicklung*) diventare; ~**de Mutter** futura madre; **Arzt** ~ diventare medico; **es ist nichts daraus geworden** non se n'è fatto nulla; **was willst du einmal ~?** cosa vuoi fare da grande? **3.** (*Resultat*) **die Fotos sind gut geworden** le foto sono venute bene; **er ist 40 geworden** ha compiuto i 40 anni **4.** (*Hilfsverb beim Passiv*) essere, venire **5.** (*Hilfsverb beim Futur*) **er wird morgen um 9 Uhr kommen** arriverà domani alle nove

werfen [ˈvɛrfən] <wirft, warf, geworfen> *vt* **1.** gettare **2.** (*Falten, Schatten*) fare **3.** (*Tierjunge*) partorire

Werft [vɛrft] <-, -en> *f* (NAUT) cantiere *m* (navale); **Werftarbeiter** *m* operaio *m* di un cantiere navale

Werk [vɛrk] <-(e)s, -e> *n* **1.** (*Buch etc*) opera *f;* **ans** ~ **gehen** mettersi all'opera **2.** (*Fabrik*) fabbrica *f;* (*Unternehmen*) stabilimento *m* **3.** (*Mechanismus*) meccanismo *m;* **Werkstatt** <-, -stätten> *f* officina *f;* **Werktag** *m* giorno *m* feriale; **werktags** *adv* nei giorni feriali; **werktätig** *adj* ~**e Bevölkerung** popolazione attiva; **Werktätige** <ein -r, -n, -n> *mf* lavoratore, -trice *m, f;* **Werkvertrag** *m* contratto *m* d'opera

Werkzeug <-(e)s, -e> *n* attrezzo *m;* (*Gesamtheit*) arnesi *mpl;* **Werkzeugkasten** *m* cassetta *f* degli arnesi

Wermut [ˈveːɐ̯muːt] <-(e)s> *kein Pl m* (*Wein*) vermut *m*

wert [veːɐ̯t] *adj* **etw ~ sein** valere qc; **nicht viel ~ sein** non valere gran che; **was ist dieser Ring ~?** quanto vale quest'anello?; **das ist schon viel ~** è già molto; **etw nicht ~ sein** (*Mensch*) non meritare qc

Wert <-(e)s, -e> *m* valore *m;* **einen ~ von 50 DM haben** valere 50 marchi; ~ **auf etw** *acc* **legen** tenere a qc; **das hat doch keinen ~** (*fam*) non ha senso; **Wertarbeit** *f* lavoro *m* qualificato; **wertbeständig** *adj* di valore stabile; **Wertbrief** *m* assicurata *f*

werten *vt* (*be~*) valutare; (*beurteilen*) giudicare; (SPORT) contare; **ein Tor nicht** ~ annullare una rete

Wertgegenstand *m* oggetto *m* di valore; **wertlos** *adj* senza valore; (*fig: Information*) inutile; **Wertminderung** *f* diminuzione *f* di valore; **Wertpapier** *n* (FIN) titolo *m;* **Wertsachen** *fpl* oggetti *mpl* di valore; **Wertschätzung** *f* (*geh*) stima *f;* **Wertschrift** *f* (*CH: Wertpapier*) titolo *m;* **Wertsteigerung** *f* aumento *m* di valore; **Wertstoff** *m* materiale *m* riciclabile; **Wertstofftonne** *f* contentitore *m* per la raccolta multimateriale

Wertung <-, -en> *f* valutazione *f;* (SPORT) punteggio *m*

wertvoll *adj* prezioso; **Wertvorstellung**

f ideologia *f*

Wesen ['ve:zən] <-s, -> *n* **1.** *sing* (*Art, Charakter*) natura *f,* carattere *m* **2.** (*Lebe~*) essere *m;* **Wesensart** *f* modo *m* di essere; **Wesenszug** *m* tratto *m* caratteristico

wesentlich ['ve:zəntlɪç] *adj* essenziale; (*grundlegend*) fondamentale; (*bedeutend*) considerevole; **das Wesentliche** l'essenziale *m;* **im Wesentlichen** in sostanza

Weser ['ve:zɐ] *f* Weser *m*

weshalb [vɛs'halp] *adv* perché

Wespe ['vɛspə] <-, -n> *f* vespa *f*

wessen ['vɛsən] *pron gen von* **wer** di chi; **~ Schuld ist es?** di chi è la colpa?

Wessi ['vɛsi] <-s, -s; -s> *mf* (*fam*) *abitante della Germania dell'Ovest*

Westberlin *n* (HIST) Berlino *f* ovest

westdeutsch *adj* tedesco occidentale; **Westdeutschland** *n* Germania *f* occidentale

Weste ['vɛstə] <-, -n> *f* gilè *m;* **eine weiße** [*o* **reine**] **~ haben** (*fig*) avere la coscienza pulita

Westen ['vɛstən] <-s> *kein Pl m* **1.** (*Himmelsrichtung*) ovest *m;* **im ~ von** a ovest di **2.** (POL) **der ~** l'Occidente

Western ['vɛstɐn] <-(s), -> *m* western *m*

Westeuropa *n* Europa *f* occidentale; **westeuropäisch** *adj* dell'Europa occidentale

Westfale [vɛst'fa:lə] <-n, -n> *m* abitante *m* della Vestfalia

Westfalen [vɛst'fa:lən] *n* Vestfalia *f*

Westfälin [vɛst'fɛ:lɪn] <-, -nen> *f* abitante *f* della Vestfalia; *s. a.* **Westfale**

westfälisch *adj* vestfalico

westlich *adj* occidentale; **~ von** a ovest di

Westmächte *fpl* potenze *fpl* occidentali; **Westwind** *m* (vento *m* da) ponente *m*

weswegen *adv* perché

wett [vɛt] *adj* **~ sein** essere pari

Wettbewerb <-(e)s, -e> *m* **1.** (*Veranstaltung*) concorso *m;* (SPORT) competizione *f* **2.** *sing* (WIRTSCH) concorrenza *f;* **in ~ mit jdm treten** entrare in concorrenza con qu; **Wettbewerber(in)** *m(f)* concorrente *mf;* **wettbewerbsfähig** *adj* (WIRTSCH) competitivo

Wette ['vɛtə] <-, -n> *f* scommessa *f;* **um die ~ laufen** fare a chi corre di più

Wetteifer *m* competizione *f;* **wetteifern** *vi* **mit jdm um etw ~** gareggiare con qu per qc

wetten *vt, vi* scommettere; **mit jdm um etw ~** scommettere qc con qu; (**wollen wir**) **~?** scommettiamo?

Wetter ['vɛtɐ] <-s, -> *n* tempo *m;* **bei schlechtem ~** col brutto tempo; **wie ist das ~?** che tempo fa?; **Wetteramt** *n* ufficio *m* meteorologico; **Wetteraussichten** *fpl* previsioni *fpl* del tempo; **Wetterbericht** *m* bollettino *m* meteorologico; **wetterbeständig** *adj,* **wetterfest** *adj* resistente alle intemperie; **wetterfühlig** *adj* sensibile ai cambiamenti del tempo; **Wetterkarte** *f* carta *f* meteorologica; **Wetterlage** *f* condizioni *fpl* meteorologiche; **Wetterleuchten** <-s> *kein Pl n* lampi *mpl* (in lontananza); **Wettersatellit** *m* satellite *m* meteorologico; **Wetterstation** *f* stazione *f* meteorologica; **Wetterumschwung** *m* improvviso cambiamento *m* di tempo; **Wettervorhersage** *f* previsioni *fpl* del tempo

Wettkampf *m* competizione *f;* **Wettkämpfer(in)** *m(f)* concorrente *mf;* **Wettlauf** *m* corsa *f;* **ein ~ mit der Zeit** una gara col tempo; **wett|machen** *vt* (*fam*) **1.** (*ausgleichen*) compensare **2.** (*wieder gutmachen*) riparare; **Wettrennen** *n s.* **Wettlauf**; **Wettrüsten** <-s> *kein Pl n* corsa *f* agli armamenti

wetzen ['vɛtsən] *vt* affilare

WEU [ve:ʔe:'ʔu:] <-> *kein Pl f abk v* **Westeuropäische Union** UEO *f*

WG [ve:'ge:] <-, -s> *f abk v* **Wohngemeinschaft** (*fam*) comune *f*

Whirlpool ['wə:lpu:l] <-s, -s> *m* vasca *f* per idromassaggi

Whisky ['wɪski] <-s, -s> *m* whisky *m*

wich [vɪç] *1. u 3. pers sing imp von* **weichen**

wichtig ['vɪçtɪç] *adj* importante; **sich ~ machen** [*o* **~ tun**] darsi delle arie; **sich** *dat* **~ vorkommen** credersi importante; **hast du nichts Wichtigeres zu tun, als ...?** non hai niente di meglio da fare che ...?; **Wichtigkeit** <-> *kein Pl f* importanza *f;* **von größter ~** della massima importanza; **Wichtigtuer(in)** ['vɪçtɪçtu:ɐ̯] <-s, -; -, -nen> *m(f)* (*pej*) spaccone, -a *m, f*

wickeln *vt* **1.** (*ein~, auf~*) avvolgere; (*zu einem Knäuel*) aggomitolare **2.** (*Säugling*) cambiare il pannolino a

Wickelrock *m* gonna *f* a portafoglio

Widder ['vɪdɐ] <-s, -> *m* **1.** (ZOO) montone *m* **2.** (ASTR) Ariete *m;* **er/sie ist (ein)** ~ è dell'Ariete

wider ['viːdɐ] *prp +acc* (*geh*) contro; ~ **Erwarten** contro ogni aspettativa; **widerfahren** <irr, ohne ge-> *vi sein* **jdm** ~ accadere a qu; **Widerhaken** *m* uncino *m;* **widerlegen** <ohne ge-> *vt* confutare

widerlich *adj* ripugnante

widerrechtlich *adj* illegale

Widerrede *f* **ohne** ~ senza obiezioni

Widerruf *m* revoca *f;* **bis auf** ~ fino a nuovo ordine; **widerrufen** [viːdɐ'ruːfən] <irr, ohne ge-> *vt* (*Anordnung*) revocare; (*Behauptung*) ritrattare; (*Nachricht*) smentire

Widersacher(in) ['viːdɐzaxɐ] <-s, -; -, -nen> *m(f)* avversario, -a *m, f*

widersetzen <ohne ge-> *vr* **sich jdm/etw** ~ opporsi a qu/qc

widerspenstig ['viːdɐʃpɛnstɪç] *adj* riluttante; **~e Haare** capelli ribelli

wider|spiegeln I. *vt* (*a fig*) riflettere **II.** *vr* **sich (in etw** *dat*) ~ specchiarsi (in qc); (*fig*) rivelarsi (in qc)

widersprechen <irr, ohne ge-> **I.** *vi* **jdm/etw** ~ contraddire qu/qc **II.** *vr* **sich** *dat* ~ contraddirsi; **Widerspruch** *m* contraddizione *f;* **im** ~ **zu etw stehen** essere in contrasto con qc; **widersprüchlich** *adj* contraddittorio

Widerstand *m* resistenza *f;* **auf** ~ **stoßen** incontrare resistenza; ~ **gegen etw leisten** opporre resistenza a qc; ~ **gegen die Staatsgewalt** resistenza a pubblico ufficiale; **Widerstandsbewegung** *f* (movimento *m* di) resistenza *f;* **widerstandsfähig** *adj* (**gegen etw**) ~ **sein** essere resistente (a qc); **widerstandslos** *adv* senza opporre resistenza

widerstehen <irr, ohne ge-> *vi* **jdm/etw** ~ resistere a qu/qc

widerstreben <ohne ge-> *vi* **jdm** ~ ripugnare a qu; **es widerstrebt mir, darüber zu sprechen** mi ripugna parlarne; **widerstrebend** *adj* con riluttanza

widerwärtig ['viːdɐvɛrtɪç] *adj* ripugnante

Widerwille *m* ripugnanza *f;* ~ **gegen jdn/etw empfinden** provare ripugnanza per qu/qc; **mit ~n** controvoglia; **widerwillig** *adv* con riluttanza

widmen ['vɪtmən] **I.** *vt* (**jdm**) **etw** ~ dedicare qc (a qu); (*weihen*) consacrare qc (a qu) **II.** *vr* **sich jdm/etw** ~ dedicarsi a qu/qc

Widmung <-, -en> *f* dedica *f*

widrig ['viːdrɪç] *adj* (*Umstände*) avverso

wie [viː] **I.** *adv* come; ~ **bitte?** come (ha detto)?; ~ **groß ist er?** quanto è alto?; ~ **lange?** (per) quanto tempo?; ~ **oft?** quante volte?; ~ **teuer ist es?** quanto costa?; ~ **viele?** quanti?; ~ **alt sind Sie?** quanti anni ha?; ~ **heißen Sie?** come si chiama?; ~ **meinen Sie das?** cosa intende?; ~ **geht es Ihnen?** come sta?; **das gefällt dir, ~?** ti piace, non è vero?; ~ **gut, dass …** meno male che …; ~ **glücklich ich bin!** quanto sono felice!; ~ **schade!** che peccato!; ~ **schön!** che bello!; **und ~!** (*fam*) eccome! **II.** *konj* come; **A** ~ **Anton** A come Ancona; **so groß** ~ **ich** alto quanto me; **stumm** ~ **ein Fisch** muto come un pesce; ~ **gesagt** come già detto; ~ **gewöhnlich** come al solito; ~ **noch nie** come mai prima (d'ora); ~ **dem auch sei** comunque sia; **das Auto ist** ~ **neu** la macchina è come nuova; **ich sah,** ~ **er über die Straße ging** vidi come attraversò la strada

wieder ['viːdɐ] *adv* di nuovo; **immer** ~ continuamente; **nie** ~ mai più; **schon** ~ di nuovo; ~ **einmal** ancora una volta; ~ **anfangen** ricominciare; **sich** ~ **anziehen** rivestirsi; **ich bin gleich** ~ **da** torno subito; **da bin ich ~!** eccomi qua!; **da ist er ~!** rieccolo!

Wiederaufbau *m* ricostruzione *f;* **wieder|aufbauen** *vt* ricostruire

wieder|aufbereiten *vt* riciclare; **Wiederaufbereitung** *f* riciclaggio *m;* **Wiederaufbereitungsanlage** *f* impianto *m* di rigenerazione

Wiederaufnahme *f* ripresa *f;* **wieder|auf|nehmen** <irr> *vt s.* **aufnehmen 4.**

wieder|bekommen <irr> *vt* riottenere

wieder|beleben <ohne ge-> *vt s.* **beleben**; **Wiederbelebung** *f* **1.** (*Person*) rianimazione *f* **2.** (WIRTSCH) ripresa *f;* ~ **der Wirtschaft** rilancio economico

Wiederbeschaffung *f* recupero *m*

wieder|bringen <irr> *vt* riportare

wieder|ein|setzen *vi s.* **einsetzen II.**

wieder|erkennen <irr, ohne ge-> *vt s.* **erkennen 2.**

wieder|erlangen <ohne ge-> *vt* recuperare

wieder|finden <irr> *vt* ritrovare

Wiedergabe *f* **1.** (*Schilderung*) descrizione

f **2.** (*Reproduktion*) riproduzione *f;* **wieder|geben** <irr> *vt* **1.** (*zurückgeben*) restituire **2.** (*ausdrücken*) rendere **3.** (*reproduzieren*) riprodurre

Wiedergeburt *f* reincarnazione *f*

wieder|gut|machen *vt s.* **gutmachen**; **Wiedergutmachung** <-, -en> *f* riparazione *f*

wieder|her|stellen *vt* ristabilire

wiederholen <ohne ge-> **I.** *vt* **1.** (*Worte*) ripetere **2.** (*Gelerntes*) ripassare **II.** *vr* **sich ~** ripetersi; **wiederholt I.** *adj* ripetuto; **zum ~en Male** ripetutamente **II.** *adv* ripetutamente; **Wiederholung** <-, -en> *f* ripetizione *f;* **Wiederholungstäter(in)** *m(f)* (JUR) recidivo, -a *m, f*

Wiederhören *n* (TEL) **auf ~!** a risentirci!

wieder|kommen <irr> *vi sein* (ri)tornare; **ich komme gleich wieder** torno subito

wieder|sehen <irr> *vt s.* **sehen**; **Wiedersehen** <-s, -> *n* rivedersi *m;* **auf ~!** arrivederci!; (*Höflichkeitsform*) arrivederLa!

wiederum ['vi:dərʊm] *adv* **1.** (*aufs neue*) di nuovo **2.** (*andererseits*) d'altra parte; (*dagegen*) invece

wieder|vereinigen <ohne ge-> *vt s.* **vereinigen I.**; **Wiedervereinigung** *f* (POL) riunificazione *f*

wieder|verwenden <ohne ge-> *vt* riutilizzare; **wiederverwertbar** *adj* riciclabile; **wiederverwerten** <ohne ge-> *vt* riutilizzare; (*Abfallstoffe*) riciclare; **Wiederverwertung** *f* riciclaggio *m*

Wiederwahl *f* rielezione *f*

Wiege ['vi:gə] <-, -n> *f* culla *f*

wiegen[1] ['vi:gən] <wiegt, wog, gewogen> **I.** *vi* (*Gewicht haben*) pesare **II.** *vt* pesare

wiegen[2] **I.** *vt* (*Kind*) cullare **II.** *vr* **sich in Sicherheit ~** illudersi di essere al sicuro

wiehern ['vi:ɐn] *vi* (*Pferd*) nitrire

Wien [vi:n] *n* Vienna *f*

Wiener <inv> *adj* viennese; **~ Schnitzel** cotoletta alla milanese; **~ Würstchen** würstel *m*

wies [vi:s] *1. u 3. pers sing imp von* **weisen**

Wiesbaden ['vi:sba:dən] *n* Wiesbaden *f*

Wiese ['vi:zə] <-, -n> *f* prato *m*

Wiesel ['vi:zəl] <-s, -> *n* donnola *f;* **flink wie ein ~** svelto come uno scoiattolo

wieso [vi'zo:] *adv* perché

wieviel *s.* **viel II.**

wievielmal *adv* quante volte

wievielte(r, s) *adj* **der/die Wievielte bin ich?** a che posto sono?; **den Wievielten haben wir heute?** quanti ne abbiamo oggi?; **das ~ Mal war das?** che volta era?

wild [vɪlt] *adj* **1.** (*Tier, Pflanze, Mensch*) selvatico **2.** (*Volk*) selvaggio **3.** (*heftig*) violento; (*wütend*) furioso; **~ werden** infuriarsi; **~ entschlossen sein** (*fam*) essere decisissimo; **das ist halb so ~** (*fam*) non è mica la fine del mondo

Wild <-(e)s> *kein Pl n* selvaggina *f*

Wildbach *m* torrente *m*

Wilderer <-s, -> *m* bracconiere *m*

wildern ['vɪldɐn] *vi* cacciare di frodo

wildfremd *adj* sconosciuto

Wildheit <-> *kein Pl f* natura *f* selvaggia; (*Ungezügeltheit*) sfrenatezza *f;* **Wildkatze** *f* gatto *m* selvatico; **Wildleder** *n* camoscio *m*

Wildnis <-, -se> *f* luogo *m* selvaggio

Wildpark *m* parco *m* nazionale; **Wildschwein** *n* cinghiale *m*

will [vɪl] *1. u 3. pers sing pr von* **wollen**[1], **wollen**[2]

Wille ['vɪlə] <-ns, *rar* -n> *m* volontà *f;* (*Absicht*) intenzione *f;* **aus freiem ~n** di spontanea volontà; **gegen meinen ~n** contro la mia volontà; **wider ~n** controvoglia

willen *prp +gen* **um jds/einer Sache ~** per (amor di) qu/qc; **um Himmels ~!** per amor del cielo!

willenlos *adj* senza volontà

willens *adj* **~ sein etw zu tun** (*geh*) aver la volontà di fare qc; **Willenskraft** <-> *kein Pl f* forza *f* di volontà; **willensstark** *adj* volitivo

Williamsbirne ['wɪljəmzbɪrnə] *f* buonacristiana *f*

willig I. *adj* volonteroso; (*bereit*) pronto; **~ sein etw zu tun** essere pronto a fare qc **II.** *adv* volentieri

willkommen *adj* (*Person*) benvenuto; (*Sache*) gradito; (**herzlich**) **~!** benvenuto!; **jdn ~ heißen** dare il benvenuto a qu; **das ist mir sehr ~** mi è proprio gradito

Willkür ['vɪlky:ɐ] <-> *kein Pl f* arbitrio *m;* **willkürlich I.** *adj* arbitrario **II.** *adv* ad arbitrio

wimmeln ['vɪməln] *vi* formicolare; **es wimmelte von Menschen** brulicava di gente; **hier wimmelt es ja von Fettflecken** (*fam*) qui è pieno di macchie di grasso

wimmern ['vɪmɐn] *vi* piagnucolare

Wimmet ['vɪmət] <-s> *kein Pl m* (*CH*) vendemmia *f*

Wimper ['vɪmpɐ] <-, -n> *f* ciglio *m;* **ohne mit der ~ zu zucken** senza batter ciglio; **Wimperntusche** *f* mascara *m*

Wind [vɪnt] <-(e)s, -e> *m* vento *m;* **bei ~ und Wetter** con ogni tempo; **den ~ im Rücken haben** avere il vento da tergo; **viel ~ um etw machen** (*fam*) pompare qc; **von etw ~ bekommen** (*fam*) avere sentore di qc; **jetzt weht hier ein anderer ~** (*fig*) ora spira un'altra aria; **daher weht der ~!** (*fig fam*) ecco perché!; **Windbeutel** *m* (GASTR) sgonfiotto *m;* **Windbö(e)** *f* raffica *f* di vento

Winde ['vɪndə] <-, -n> *f* **1.** (TEC) argano *m* **2.** (BOT) convolvolo *m*

Windel ['vɪndəl] <-, -n> *f* pannolino *m;* **windelweich** *adj* (*fam*) **jdn ~ prügeln** picchiare qu di santa ragione

winden[1] ['vɪndən] <windet, wand, gewunden> **I.** *vt* (*geh: flechten*) intrecciare; **Blumen zu einem Kranz ~** intrecciare una ghirlanda di fiori; **etw um etw ~** avvolgere qc attorno a qc **II.** *vr* **sich ~ 1.** (*Pflanze*) **sich (um etw) ~** avviticchiarsi (a qc) **2.** (*Fluss, Weg*) **sich durch das Tal ~** serpeggiare nella valle **3.** (*Mensch*) **sich vor Schmerz ~** contorcersi dal dolore

winden[2] *vi* **es windet** tira vento

Windenergie <-> *kein Pl f* energia *f* eolica; **windgeschützt** *adj* riparato dal vento; **Windhund** *m* (ZOO) levriere *m*

windig *adj* **1.** (*Tag*) ventoso; (*Ort*) battuto dai venti; **es ist ~** tira vento **2.** (*fig fam: Mensch*) sventato

Windjacke *f* giacca *f* a vento; **Windkraftwerk** *n* centrale *f* eolica; **Windmühle** *f* mulino *m* a vento; **Windpocken** *fpl* (MED) varicella *f;* **Windrad** *n* ruota *f* a vento; **Windrichtung** *f* direzione *f* del vento; **Windschatten** *m* (*von Berg*) versante *m* sottovento; **im ~ sein** stare sottovento; **Windschutzscheibe** *f* (AUTO) parabrezza *m;* **Windseite** *f* lato *m* esposto al vento; **Windstärke** *f* forza *f* del vento; **windstill** *adj* calmo; **Windstille** *f* calma *f;* **Windstoß** *m* colpo *m* di vento

windsurfen *vi* fare windsurf; **Windsurfer(in)** *m(f)* surfista *mf*

Wink [vɪŋk] <-(e)s, -e> *m* **1.** (*Zeichen*) cenno *m* **2.** (*fig: Ratschlag*) consiglio *m;* (*Tipp*) suggerimento *m;* **ein ~ des Schicksals** un segno del destino; **jdm einen ~ geben** fare cenno a qu

Winkel ['vɪŋkəl] <-s, -> *m* **1.** (MAT) angolo *m;* **spitzer/rechter ~** angolo acuto/retto **2.** (*Plätzchen*) cantuccio *m* **3.** (TEC: *~maß*) squadra *f;* **Winkelmaß** *n* (TEC) squadra *f*

winken ['vɪŋkən] **I.** *vi* **1.** (*ein Zeichen geben*) **jdm ~** fare un cenno a qu **2.** (*grüßen*) **mit der Hand ~** salutare con un cenno della mano **3.** (*fig: in Aussicht stehen*) attendere; **ihm winkt eine hohe Belohnung** lo attende una lauta ricompensa **II.** *vt* **jdn zu sich** *dat* **~** far cenno a qu di venire

winseln ['vɪnzəln] *vi* guaire

Winter ['vɪntɐ] <-s, -> *m* inverno *m;* **im ~** in inverno; **mitten im ~** in pieno inverno; **es wird ~** arriva l'inverno; **Wintereinbruch** *m* sopravvenire *m* dell'inverno; **Winterferien** *pl* vacanze *fpl* invernali; **winterfest** *adj* resistente al freddo; **das Auto ~ machen** equipaggiare l'auto per l'inverno; **Wintergarten** *m* giardino *m* d'inverno; **Winterkleidung** *f* vestiti *mpl* invernali

winterlich *adj* invernale

Winterreifen *m* pneumatico *m* invernale; **Winterschlaf** *m* letargo *m;* **~ halten** ibernare; **Winterschlussverkauf**[RR] *m* liquidazione *f* di fine stagione (invernale); **Winterspiele** *npl* **Olympische ~** olimpiadi *fpl* invernali; **Wintersport** *m* sport *m* invernale; **Winterurlaub** *m* vacanze *fpl* invernali

Winzer(in) ['vɪntsɐ] <-s, -; -, -nen> *m(f)* viticoltore, -trice *m, f*

winzig ['vɪntsɪç] *adj* minuscolo

Wipfel ['vɪpfəl] <-s, -> *m* cima *f*

Wippe ['vɪpə] <-, -n> *f* altalena *f*

wippen *vi* **1.** (*auf Wippe*) fare l'altalena **2.** (*auf und ab*) andare su e giù; **mit dem Fuß ~** dondolare il piede

wir [viːɐ̯] *pron pers* (*1. pers pl*) noi; **~ alle** tutti noi; **~ beide** noi due; **~ sind es** siamo noi

Wirbel ['vɪrbəl] <-s, -> *m* **1.** (*Wasser~, Luft~*) vortice *m* **2.** (*Trubel*) confusione *f;* (*Aufsehen*) scalpore *m;* **mach nicht so einen ~!** (*fig fam*) non far tanta confusione! **3.** (ANAT: *~knochen*) vertebra *f* **4.** (*Haar~*) cocuzzolo *m;* **Wirbelsäule** *f* colonna *f* vertebrale; **Wirbelsturm** *m* ciclone *m*

wirbt [vɪrpt] *3. pers sing pr von* **werben**
wird [vɪrt] *3. pers sing pr von* **werden**
wirft [vɪrft] *3. pers sing pr von* **werfen**
wirken ['vɪrkən] **I.** *vi* **1.** (*Wirkung haben*) fare effetto; **beruhigend** ~ avere un effetto calmante **2.** (*scheinen*) sembrare; **jugendlich** ~ avere un aspetto giovanile **3.** (*geh: beruflich tätig sein*) operare; **als Arzt** ~ operare come medico **II.** *vt* **Wunder** ~ fare miracoli
wirklich ['vɪrklɪç] **I.** *adj* reale; (*tatsächlich*) effettivo; (*echt*) vero **II.** *adv* veramente; **das ist ~ nett von Ihnen** è veramente gentile da parte Sua; **das habe ich ~ nicht gewusst** non lo sapevo proprio; **~?** davvero?; **Wirklichkeit** <-> *kein Pl f* realtà *f;* **~ werden** realizzarsi; **in ~** in realtà
wirksam *adj* efficace; **~ werden** (JUR) entrare in vigore; **Wirksamkeit** <-> *kein Pl f* efficacia *f*
Wirkung <-, -en> *f* effetto *m;* **auf etw** *acc* **eine ~ haben** avere effetto su qc; **keine ~ haben** non fare effetto; **wirkungslos** *adj* inefficace; **bei jdm ~ bleiben** non fare effetto su qu; **wirkungsvoll** *adj* efficace; **~ sein** fare effetto
wirr [vɪr] *adj* **1.** (*Haar*) arruffato **2.** (*fig: verworren*) confuso; **~es Zeug reden** sragionare; **Wirren** ['vɪrən] *pl* disordini *mpl;* **Wirrwarr** ['vɪrvar] <-s> *kein Pl m* confusione *f*
Wirsing(kohl) ['vɪrzɪŋ(ko:l)] <-s> *kein Pl m* verza *f*
Wirt(in) ['vɪrt] <-(e)s, -e; -, -nen> *m(f)* oste *m,* ostessa *f;* **Wirtschaft** ['vɪrtʃaft] <-, -en> *f* **1.** (*Volks~*) economia *f;* **freie ~** economia libera; **die ~ ankurbeln** incrementare l'economia **2.** (*Gast~*) osteria *f*
wirtschaftlich *adj* economico; **Wirtschaftlichkeit** <-> *kein Pl f* (*Rentabilität*) redditività *f*
Wirtschaftsberater(in) *m(f)* commercialista *mf;* **Wirtschaftsexperte** *m,* **Wirtschaftsexpertin** *f* esperto, -a *m, f* di problemi economici; **Wirtschaftsflüchtling** *m* profugo *m* per motivi economici; **Wirtschaftsform** *f* sistema *m* economico; **Wirtschaftsgeld** *n* denaro *m* per le spese di casa; **Wirtschaftshilfe** *f* assistenza *f* economica; **Wirtschaftskriminalität** *f* criminalità *f* dei colletti bianchi; **Wirtschaftskrise** *f* crisi *f* economica; **Wirtschaftslage** *f* situazione *f* economica; **Wirtschaftsmacht** *f* potenza *f* economica; **Wirtschaftsordnung** *f* ordine *m* economico; **Wirtschaftspolitik** *f* politica *f* economica; **Wirtschaftsprüfer(in)** *m(f)* revisore *m* dei conti; **Wirtschaftsteil** *m* (*einer Zeitung*) pagina *f* economica; **Wirtschafts- und Sozialausschuss** <-es> *kein Pl m* (EU) Comitato *m* economico e sociale; **Wirtschafts- und Währungsunion** <-> *kein Pl f* Unione *f* economica e monetaria; **Wirtschaftswachstum** <-s> *kein Pl n* crescita *f* economica; **Wirtschaftswissenschaft** *f* scienze *fpl* economiche; **Wirtschaftswissenschaftler(in)** *m(f)* economista *mf;* **Wirtschaftswunder** *n* (*fam*) miracolo *m* economico
Wirtshaus *n* osteria *f*
Wisch [vɪʃ] <-(e)s, -e> *m* (*fam pej*) pezzo *m* di carta
wischen ['vɪʃən] **I.** *vi* **über etw** *acc* ~ passare sopra qc **II.** *vt* (*reinigen*) pulire; **etw (von etw) ~** togliere qc (da qc); **Staub ~** spolverare (i mobili); **sich** *dat* **den Schweiß von der Stirn ~** asciugarsi il sudore dalla fronte
wispern ['vɪspɐn] *vt, vi* sussurrare
Wissbegier(de)[RR] *f,* **Wißbegier(de)** *f* brama *f* di apprendere; **wissbegierig**[RR] *adj* desideroso di apprendere
wissen ['vɪsən] <weiß, wusste, gewusst> **I.** *vt* sapere; **ich weiß nicht, wo er ist** non so dov'è; **ich weiß, was ich will** so quello che voglio; **etw zu schätzen ~** saper apprezzare qc; **woher soll ich das ~?** come faccio a saperlo?; **nicht aus noch ein ~** non sapere che pesci prendere; **soviel ich weiß** per quanto ne sappia; **alles besser ~ wollen** saperla sempre più lunga; **das hätte man ~ sollen!** a saperlo!; **Sie müssen ~, dass …** sappia che …; **jdn etw ~ lassen** far sapere qc a qu; **ich will von ihm nichts ~** non voglio saperne di lui; **weißt du noch?** ti ricordi?; **weißt du seine Adresse noch?** ti ricordi il suo indirizzo?; **was weiß ich!** (*fam*) che ne so io! **II.** *vi* **ich weiß von nichts** non so niente; **wer weiß** chissà; **nicht, dass ich wüsste** non che io sappia; **man kann nie ~** (*fam*) non si sa mai
Wissen <-s> *kein Pl n* sapere *m;* **meines ~s** per quanto ne so; **ohne mein ~** a mia insaputa
Wissenschaft <-, -en> *f* scienza *f;* **Wis-**

senschaftler(in) <-s, -; -, -nen> *m(f)* scienziato, -a *m, f;* **wissenschaftlich** *adj* scientifico

Wissensdrang *m,* **Wissensdurst** *m* sete *f* di sapere; **Wissensgebiet** *n* campo *m* dello scibile; **Wissenslücke** *f* lacuna *f;* **wissenswert** *adj* interessante

wissentlich ['vɪsəntlɪç] **I.** *adj* intenzionale **II.** *adv* consapevolmente

Witfrau ['vɪtfraʊ] *f* (*CH: Witwe*) vedova *f*

wittern ['vɪtɐn] *vt* fiutare; **Gefahr** ~ fiutare il pericolo

Witterung <-> *kein Pl f* (*Wetter*) tempo *m;* **bei jeder** ~ con ogni tempo; **bei günstiger** ~ tempo permettendo

Witwe ['vɪtvə] <-, -n> *f* vedova *f;* **Witwer** ['vɪtvɐ] <-s, -> *m* vedovo *m*

Witz [vɪts] <-es, -e> *m* **1.** *sing* (*Esprit*) spirito *m* **2.** (*witzige Geschichte*) barzelletta *f;* (*Scherz*) scherzo *m;* **~e erzählen** [*o* **reißen** *fam*] raccontare barzellette; **mach keine ~e!** (*fig fam*) stai scherzando?; **Witzbold** ['vɪtsbɔlt] <-(e)s, -e> *m* burlone, -a *m, f*

witzeln *vi* **über jdn** ~ fare dello spirito su qu; **über etw** *acc* ~ burlarsi di qc

Witzfigur *f* macchietta *f*

witzig *adj* spiritoso; (*lustig*) buffo; (*komisch*) comico

witzlos *adj* **1.** (*ohne Witz*) senza spirito **2.** (*fam: zwecklos*) inutile

WM [veːˈʔɛm] <-, -s> *f abk v* **Weltmeisterschaft** campionato *m* mondiale

wo [voː] **I.** *adv* **1.** (*interrogativ*) dove; ~ **bist du?** dove sei?; ~ **denn?** ma dove? **2.** (*relativisch*) dove; (*zeitlich*) quando; ~ **auch immer** dovunque +*conj;* **dort,** ~ là dove; **überall,** ~ ovunque +*conj;* **im Augenblick,** ~ nel momento in cui **II.** *konj* dal momento che

woanders *adv* altrove; **mit den Gedanken** ~ **sein** avere la testa altrove

wobei [voˈbaɪ] *adv* **1.** (*interrogativ*) con che cosa?; ~ **bist du gerade?** cosa stai facendo? **2.** (*relativisch*) ciò facendo

Woche ['vɔxə] <-, -n> *f* settimana *f;* **letzte** [*o* **vergangene**]/**nächste** ~ la settimana scorsa/prossima; **jede** ~ ogni settimana; **jede zweite** ~ ogni due settimane; **zweimal die** ~ due volte (al)la settimana; **heute in einer** ~ oggi a otto; **Wochenbett** *n* (MED) puerperio *m;* **Wochenblatt** *n* settimanale *m;* **Wochenende** *n* fine *m* settimana; **langes** [*o* **verlängertes**] ~ ponte *m;* **am** ~ il fine settimana; **schönes ~!** buon fine settimana!; **Wochenendhaus** *n* casa *f* per il fine settimana; **Wochenendticket** <-s, -s> *n* (FERR) *biglietto ferroviario a prezzo ridotto valido il fine settimana che dà la possibilità di viaggiare per tutta la Germania;* **Wochenendurlauber(in)** *m(f)* weekendista *mf;* **Wochenkarte** *f* abbonamento *m* settimanale; **wochenlang I.** *adj* di (parecchie) settimane **II.** *adv* per intere settimane; **Wochentag** *m* giorno *m* della settimana; (*Werktag*) giorno *m* feriale; **wochentags** *adv* durante la settimana; (*werktags*) nei giorni feriali

wöchentlich ['vœçəntlɪç] **I.** *adj* settimanale **II.** *adv* ogni settimana; **dreimal** ~ tre volte (al)la settimana

Wochenzeitung *f* settimanale *m*

Wodka ['vɔtka] <-s, -s> *m* wodka *f*

wodurch [voˈdʊrç] *adv* **1.** (*interrogativ*) come, in che modo; ~ **wollen Sie das erreichen?** in che modo crede di ottenerlo? **2.** (*relativisch*) per cui; **das Mittel,** ~ **...** il mezzo con cui ...

wofür [voˈfyːɐ̯] *adv* **1.** (*interrogativ*) per che cosa; ~ **halten Sie mich?** per chi mi prende?; ~ **interessieren Sie sich?** di che cosa si interessa? **2.** (*relativisch*) per cui; **er ist nicht das,** ~ **er sich ausgibt** non è quello per cui si spaccia

wog [voːk] *1. u 3. pers sing imp von* **wiegen**[1]

Woge ['voːgə] <-, -n> *f* (*geh*) onda *f;* **eine** ~ **der Begeisterung** un'ondata di entusiasmo; **die ~n glätten** (*fig*) calmare le acque

wogegen [voˈgeːgən] **I.** *adv* **1.** (*interrogativ*) contro che cosa **2.** (*relativisch*) contro cui **II.** *konj* mentre

wogen ['voːgən] *vi* (*geh*) ondeggiare

woher [voˈheːɐ̯] *adv* da dove; ~ **kommt der Brief?** da dove viene la lettera?; ~ **sind Sie?** di dov'è?; ~ **weißt du das?** come fai a saperlo?

wohin [voˈhɪn] *adv* dove; ~ **damit?** (*fam*) dove lo metto?

wohl [voːl] *adv* **1.** (*gut, gesund*) bene; **sich** ~ **fühlen** sentirsi bene; ~ **oder übel** volente o nolente; **mir ist jetzt ~er** sto meglio ora; **mir ist nicht** ~ **bei der Sache** non mi sento tranquillo in questa faccenda; **leben Sie ~!** addio! **2.** (*durchaus*) perfettamente; **das**

kann man ~ sagen! si può ben dirlo! **3.** (*wahrscheinlich*) probabilmente; **ich muss mich ~ erkältet haben** si vede che ho preso freddo; **~ kaum** non credo; **er wird ~ krank sein** sarà ammalato; **das mag ~ sein** può darsi benissimo; **ob er ~ schreiben wird?** chissà se scriverà?

Wohl <-(e)s> *kein Pl n* bene *m;* (*~befinden*) benessere *m;* (*Gesundheit*) salute *f;* **auf jds ~ trinken** bere alla salute di qu; **zum ~!** (alla) salute!

wohlauf *adj* **~ sein** (*geh*) stare bene (di salute); **Wohlbefinden** *n* benessere *m;* **wohlbehalten** *adj* (*Person*) sano e salvo; (*Sache*) in buono stato; **wohldurchdacht** *adj s.* **durchdenken**; **Wohlergehen** <-s> *kein Pl n* benessere *m;* **wohlerzogen** *adj* (*geh*) ben educato; **Wohlfahrt** *f* assistenza *f* pubblica; **Wohlfahrtsstaat** *m* stato *m* assistenziale; **wohlgemerkt** *adv* beninteso; **wohlhabend** *adj* agiato

wohlig *adj* piacevole

Wohlklang *m* armonia *f;* **wohlschmeckend** *adj* (*geh*) gustoso; **Wohlstand** *m* benessere *m;* **Wohlstandsgesellschaft** *f* società *f* del benessere; **Wohltat** *f* opera *f* buona; **Wohltäter(in)** *m(f)* benefattore, -trice *m, f;* **wohltätig** *adj* (*Handlung*) caritatevole; (*Person, Werk*) benefico; **zu ~en Zwecken** a fini caritatevoli; **Wohltätigkeit** *f* beneficenza *f;* **Wohltätigkeitsveranstaltung** *f* manifestazione *f* di beneficenza; **wohltuend** *adj* gradevole; **wohlüberlegt** *adj s.* **überlegen**[1]; **wohlverdient** *adj* meritato; **wohlweislich** *adv* saggiamente; **Wohlwollen** *n* benevolenza *f;* (*Gunst*) favore *m;* **etw mit ~ betrachten** considerare qc con benevolenza; **sich** *dat* **jds ~ erwerben** accattivarsi la simpatia di qu; **wohlwollend I.** *adj* benevolo **II.** *adv* con benevolenza

Wohnanlage *f* complesso *m* residenziale; **Wohnbau** *m* edificio *m* d'abitazione; **Wohnblock** *m* caseggiato *m;* **Wohncontainer** *m* (casa *f*) container *m*

wohnen ['vo:nən] *vi* abitare; **bei jdm ~** abitare da qu; **zur Miete ~** stare in affitto; **im Hotel ~** stare in albergo

Wohnfläche *f* superficie *f* abitabile; **Wohngegend** *f* area *f* residenziale; **Wohngemeinschaft** *f* comune *f, persone che dividono un appartamento o una casa*

wohnhaft *adj* domiciliato; **~ in …** residente a …

Wohnhaus *n* casa *f* d'abitazione; **Wohnheim** *n* pensionato *m;* **Wohnküche** *f* cucina *f* abitabile

wohnlich *adj* accogliente

Wohnmobil ['vo:nmobi:l] <-s, -e> *n* camper *m;* **Wohnort** *m* residenza *f;* **Wohnsitz** *m* domicilio *m;* **ohne festen ~** senza fissa dimora

Wohnung <-, -en> *f* casa *f;* (*Etagen~*) appartamento *m;* **eine 3-Zimmer-~** un appartamento di tre stanze; **eine eigene ~ haben** avere un appartamento per conto proprio; **die ~ wechseln** cambiare casa; **Wohnungsbau** <-(e)s> *kein Pl m* edilizia *f* residenziale; **sozialer ~** edilizia popolare; **Wohnungsinhaber(in)** *m(f)* locatario, -a *m, f;* **Wohnungsmarkt** *m* mercato *m* degli alloggi; **Wohnungsnot** *f* crisi *f* degli alloggi; **Wohnungsschlüssel** *m* chiave *f* di casa; **Wohnungssuche** *f* **auf ~ sein** cercare casa; **Wohnungstür** *f* porta *f* di casa

Wohnviertel *n* quartiere *m* residenziale; **Wohnwagen** *m* roulotte *f;* **Wohnzimmer** *n* soggiorno *m*

Wok [vɔk] <-, -s> *m* wok *m* (*pentola utilizzata nella cucina cinese*)

wölben ['vœlbən] *vr* **sich** (**über etw** *acc*) ~ inarcarsi (sopra qc)

Wölbung <-, -en> *f* arcata *f*

Wolf [vɔlf] <-(e)s, Wölfe> *m* **1.** (*zoo*) lupo *m* **2.** (*Fleisch~*) tritacarne *m;* **das Fleisch durch den ~ drehen** macinare la carne

Wölfin ['vœlfɪn] *f* lupa *f*

Wolga ['vɔlga] *f* Volga *m o f*

Wolke ['vɔlkə] <-, -n> *f* nuvola *f;* **aus allen ~n fallen** (*fig*) cascare dalle nuvole; **Wolkenbruch** *m* nubifragio *m;* **Wolkenkratzer** *m* grattacielo *m;* **wolkenlos** *adj* sereno

wolkig *adj* nuvoloso

Wolldecke *f* plaid *m*

Wolle ['vɔlə] <-, -n> *f* lana *f;* **reine ~** pura lana; **sich in die ~ kriegen** (*fig fam*) litigare

wollen[1] ['vɔlən] <will, wollte, gewollt> *vt, vi* **1.** (*mögen*) volere; (*wünschen a*) desiderare; **etw unbedingt ~** volere qc ad ogni costo; **er macht nur, was er will** fa solo quello che vuole; **was ~ Sie von mir?** che cosa vuole da me?; **wo ~ Sie hin?** dove vuole andare?; **du hast es so gewollt** sei stato tu a volerlo **2.** (*beabsichtigen*) **etw tun** ~ pensare di fare qc; **Verzeihung, das habe ich nicht gewollt!** mi scusi, non l'ho fatto apposta

wollen[2] <will, wollte, wollen> *Modalverb* **1.** (*mögen*) volere; **ich will nichts davon hören** non ne voglio sapere nulla **2.** (*beabsichtigen*) **was ich noch sagen wollte** a proposito; **was ~ Sie damit sagen?** cosa intende dire con ciò? **3.** (*auffordern*) **wenn Sie bitte Platz nehmen ~** si accomodi, prego; **willst du (jetzt) wohl aufstehen!** (*fam*) ti decidi ad alzarti? **4.** (*Wend*) **das will ich hoffen!** lo spero bene!; **das ~ wir mal sehen!** staremo a vedere!

wollen[3] *adj* di lana

wollig *adj* lanoso

Wolljacke *f* giacca *f* di lana; **Wollknäuel** *m o n* gomitolo *m* di lana; **Wollsiegel** *n* marchio *m* della lana

wollte ['vɔltə] *1. u 3. pers sing imp von* **wollen**[1], **wollen**[2]

Wollust ['vɔlʊst] *f* (*geh*) voluttà *f*; **wollüstig** ['vɔlʏstɪç] *adj* voluttuoso

womit [vo'mɪt] *adv* **1.** (*interrogativ*) con che cosa; **~ kann ich Ihnen dienen?** in che cosa posso servirLa?; **~ soll ich anfangen?** da dove devo cominciare? **2.** (*relativisch*) con cui; **…, ~ ich nicht sagen will, dass …** … con questo non voglio dire che …; **das ist es, ~ er nicht zufrieden ist** ecco di che cosa non è contento

womöglich *adv* magari, forse; **~ kommt er schon heute** può darsi che arrivi già oggi

wonach [vo'naːx] *adv* **1.** (*interrogativ*) di che cosa; **~ schmeckt das?** che sapore ha? **2.** (*relativisch*) dopo di che

Wonne ['vɔnə] <-, -n> *f* (*geh*) delizia *f*; **es ist eine (wahre) ~, ihm zuzuschauen** è un vero piacere guardarlo

woran [vo'ran] *adv* **1.** (*interrogativ*) a [*o* di] che cosa; **~ denkst du?** a che cosa pensi?; **~ liegt es, dass …?** qual'è la ragione per cui …?; **~ erinnert Sie das?** che cosa Le fa venire in mente? **2.** (*relativisch*) a [*o* di] [*o* in] cui; **nun weiß ich (wenigstens), ~ ich bin** ora (almeno) so come regolarmi; **ich weiß nicht, ~ ich bei ihm bin** non so cosa pensare di lui

worauf [vo'raʊf] *adv* **1.** (*interrogativ*) su che cosa, dove; **~ warten Sie?** cosa sta aspettando? **2.** (*relativisch*) su cui, dove; **~ du dich verlassen kannst!** (*fam*) e di ciò puoi fidarti!

woraus [vo'raʊs] *adv* **1.** (*interrogativ*) da [*o* di] che cosa **2.** (*relativisch*) da [*o* di] cui

worin [vo'rɪn] *adv* **1.** (*interrogativ*) in che cosa; **~ besteht der Unterschied?** in che cosa consiste la differenza? **2.** (*relativisch*) in cui; **es gibt vieles, ~ ich mich von dir unterscheide** ci sono diversi punti in cui mi distinguo da te

Workaholic [wœːkə'hɔlɪk] <-s, -s> *m* (*sl*) maniaco *m* del lavoro; **Workshop** ['wɔːkʃɔp] <-s, -s> *m* workshop *m*

Worldcup ['wœː(ɐ)ltkap] <-s, -s> *m* (SPORT) coppa *f* del mondo

World Wide Web <-s, -> *n* (INFORM) World Wide Web *m*

Wort [vɔrt] <-(e)s, Wörter *o* -e> *n* parola *f*; **das ~ ergreifen** prendere la parola; **das ~ haben** avere la parola; **das letzte ~ haben** avere l'ultima parola; **große ~e machen** dire paroloni; **sein eigenes ~ nicht verstehen** non poter udire la propria voce; **in ~e fassen** formulare; **ohne ein ~ zu sagen** senza dire una parola; **sich zu ~ melden** chiedere la parola; **nicht zu ~ kommen** non poter dire una parola; **jdn nicht zu ~ kommen lassen** non lasciar parlare qu; **kein ~ verstehen** non capire una parola; **mit jdm ein ernstes ~ reden** fare un discorso serio a qu; **~ für ~** parola per parola; **in ~en** (*ausgeschrieben*) in lettere; **mit anderen ~en** con altre parole; **darüber brauchen wir kein ~ mehr zu verlieren** non dobbiamo più sprecare fiato per questo; **hat man da ~e?** (*fam*) è mai possibile?; **dein ~ in Gottes Ohr!** (*fam*) speriamo!; **jdm sein ~ geben** dare la propria parola a qu; **jdn beim ~ nehmen** prendere qu in parola; **sein ~ brechen** venire meno alla parola data; **sein ~ halten** mantenere la propria parola; **auf mein ~** parola (d'onore)

Wortart *f* (LING) parte *f* del discorso; **wortbrüchig** *adj* **~ werden** mancare alla parola data

Wörtchen ['vœrtçən] <-s, -> *n* **ein ~ mitzureden haben** (*fam*) avere voce in capitolo

Wörterbuch *n* dizionario *m*; **Wörterverzeichnis** *n* glossario *m*

wortkarg *adj* taciturno; (*Äußerung*) laconico; **Wortlaut** *m* testo *m*; **im ~** testualmen-

W

te

wörtlich ['vœrtlɪç] **I.** *adj* letterale; **~e Rede** discorso testuale **II.** *adv* alla lettera; **~ zitieren** citare testualmente; **etw ~ nehmen** prendere qc alla lettera; **etw ~ übersetzen** tradurre qc letteralmente

wortlos I. *adj* muto **II.** *adv* senza parlare; **Wortmeldung** *f* richiesta *f* di parola; **~en liegen nicht vor** nessuno ha chiesto la parola; **Wortschatz** *m* vocabolario *m;* **Wortschwall** *m* torrente *m* di parole; **Wortspiel** *n* gioco *m* di parole; **Wortstellung** *f* (LING) ordine *m* delle parole; **Wortwechsel** *m* diverbio *m;* **wortwörtlich** *adv* parola per parola

worüber [vo'ry:bɐ] *adv* **1.** (*interrogativ*) su che cosa **2.** (*relativisch*) su [*o* di] cui

worum [vo'rʊm] *adv* **1.** (*interrogativ*) intorno a che cosa; **~ handelt es sich?** di che cosa si tratta? **2.** (*relativisch*) intorno a cui

worunter [vo'rʊntɐ] *adv* **1.** (*interrogativ*) sotto che cosa; **~ leidet sie?** di che cosa soffre? **2.** (*relativisch*) sotto cui; (*zwischen denen*) fra cui

wovon [vo'fɔn] *adv* **1.** (*interrogativ*) da [*o* di] che cosa; **~ sprechen Sie?** di che cosa sta parlando? **2.** (*relativisch*) da [*o* di] cui

wovor [vo'fo:ɐ̯] *adv* **1.** (*interrogativ*) di che cosa; **~ hast du Angst?** di che cosa hai paura? **2.** (*relativisch*) di cui; **das einzige, ~ ich mich fürchte, …** la sola cosa di cui ho paura …

wozu [vo'tsu:] *adv* **1.** (*interrogativ*) perché, a che scopo; **~ ist das gut?** a che cosa serve?; **~ brauchst du das?** a che cosa ti serve? **2.** (*relativisch*) a [*o* di] [*o* per] cui, che; **das, ~ ich dir rate** quello che ti consiglio

Wrack [vrak] <-(e)s, -s> *n* relitto *m*

Wucher ['vu:xɐ] <-s> *kein Pl m* (*pej*) usura *f;* **~ (mit etw) treiben** praticare lo strozzinaggio (con qc)

Wucherer <-s, -> *m,* **Wucherin** <-, -nen> *f* (*pej*) usuraio, -a *m, f*

wucherisch *adj* usurario

wuchern ['vu:xɐn] *vi haben o sein* (BOT) lussureggiare; (*fig* BIOL) proliferare

Wucherpreis *m* (*pej*) prezzo *m* esorbitante

Wucherung <-, -en> *f* (MED) escrescenza *f*

Wucherzinsen *mpl* interessi *mpl* da usuraio

wuchs [vu:ks] *1. u 3. pers sing imp von* **wachsen**

Wuchs [vu:ks] <-es> *kein Pl m* **1.** (*Wachstum*) crescita *f;* (BOT) vegetazione *f* **2.** (*Gestalt*) statura *f*

Wucht [vʊxt] <-> *kein Pl f* forza *f;* **mit voller ~** con tutta la forza

wuchtig *adj* massiccio; (*Schlag*) violento

wühlen ['vy:lən] **I.** *vi* scavare; (*mit Schnauze*) grufolare **II.** *vr* **sich durch etw ~** farsi strada attraverso qc

Wühlmaus *f* arvicola *f;* **Wühltisch** *m* (*fam*) banco *m* della merce in svendita

Wulst [vʊlst] <-es, Wülste> *m* cuscinetto *m*

wund [vʊnt] *adj* escoriato; **sich** *dat* **die Füße ~ laufen** farsi venire le vesciche ai piedi a furia di camminare; **sich ~ liegen** avere piaghe da decubito; **~er Punkt** (*fig*) punto debole

Wunde ['vʊndə] <-, -n> *f* ferita *f;* **offene ~** ferita aperta; **alte ~n (wieder) aufreißen** (*fig*) riaprire una vecchia ferita

Wunder ['vʊndɐ] <-s, -> *n* miracolo *m;* **~ wirken** (*a fig*) fare miracoli; **an ein ~ grenzen** essere quasi un miracolo; **wie durch ein ~** come per miracolo; **kein ~, dass er krank ist** non c'è da meravigliarsi se è ammalato; **wunderbar** *adj* meraviglioso; **sie singt ~** canta che è una meraviglia; **Wunderkerze** *f* candela *f* magica; **Wunderkind** *n* bambino, -a *m, f* prodigio

wunderlich *adj* strano, bizzarro

wundern I. *vr* **sich (über jdn/etw) ~** stupirsi (di qu/qc); **du wirst dich noch ~!** (*fam*) vedrai! **II.** *vt* stupire; **das wundert mich** questo mi sorprende; **es würde mich nicht ~, wenn …** non mi sorprenderebbe se +*conj*

wunder|nehmen <irr> *vt* (*CH*) **es nimmt jdn wunder, ob/wie/dass …** qu si meraviglia se/di/che…

wunderschön *adj* stupendo; **wundervoll** *adj* meraviglioso

wund|liegen *vr* **sich ~** *s.* **wund**; **Wundsalbe** *f* unguento *m*

Wunsch [vʊnʃ] <-(e)s, Wünsche> *m* desiderio *m;* (*Glück~*) augurio *m;* **der ~ nach etw** il desiderio di qc; **den ~ haben etw zu tun** avere il desiderio di fare qc; **jdm einen ~ erfüllen** esaudire un desiderio di qu; **auf (jds) ~** a richiesta (di qu); **mit den besten Wünschen** con i migliori auguri; **nach ~** a piacimento; **haben Sie (sonst) noch einen**

~? desidera altro?; **Wunschbild** *n* ideale *m*

wünschen ['vʏnʃən] *vt* desiderare; **sich** *dat* **etw** ~ desiderare qc; **jdm etw** ~ augurare qc a qu; **zu** ~ **übrig lassen** lasciar a desiderare; **ich wünsche Ihnen alles Gute** Le faccio i miei auguri; **was** ~ **Sie?** cosa desidera?; **wünschenswert** *adj* auspicabile

Wunschkind *n* bambino, -a *m, f* desiderato, -a; **Wunschkonzert** *n* (RADIO) musica *f* a richiesta; **wunschlos** *adj* ~ **glücklich sein** essere perfettamente felice; **Wunschtraum** *m* sogno *m;* **Wunschzettel** *m* lista *f* dei regali desiderati

wurde ['vʊrdə] *1. u 3. pers sing imp von* **werden**

Würde ['vʏrdə] <-> *kein Pl f* dignità *f;* **würdelos** *adj* indegno; **Würdenträger(in)** *m(f)* dignitario, -a *m, f;* **würdevoll** *adj* dignitoso

würdig *adj* **1.** (*wert*) **einer Sache** *gen* ~ **sein** essere degno di qc **2.** (*würdevoll*) dignitoso

würdigen *vt* **1.** (*anerkennen*) apprezzare; **etw zu** ~ **wissen** saper apprezzare qc **2.** (*für würdig befinden*) **jdn keines Blickes** ~ non degnare qu di uno sguardo

Wurf [vʊrf] <-(e)s, Würfe> *m* **1.** (*das Werfen*) getto *m;* (SPORT) lancio *m* **2.** (ZOO) figliata *f*

Würfel ['vʏrfəl] <-s, -> *m* **1.** (*Spiel~*) dado *m;* (*Zucker~*) zolletta *f;* ~ **spielen** giocare a dadi; **die** ~ **sind gefallen** (*fig*) il dado è tratto **2.** (MAT) cubo *m;* **Würfelbecher** *m* bussolotto *m*

würfeln I. *vi* (*Würfel spielen*) giocare ai dadi; (*Würfel werfen*) tirare i dadi **II.** *vt* **eine Sechs** ~ giocare il sei

Würfelspiel *n* gioco *m* dei dadi; **Würfelzucker** *m* zucchero *m* in zollette

Wurfsendung *f* spedizione *f* in massa di stampati

würgen ['vʏrgən] **I.** *vt* strozzare **II.** *vi* (*nicht hinunterschlucken können*) **an etw** *dat* ~ strozzarsi con qc

Wurm [vʊrm] <-(e)s, Würmer> *m* verme *m*

wurmen *vt* (*fam*) **es wurmt mich** mi rode

Wurmfortsatz *m* (ANAT) appendice *f* vermiforme

wurmig *adj* bacato

wurmstichig *adj* tarlato

Wurst [vʊrst] <-, Würste> *f* salsiccia *f;* (*~aufschnitt*) salume *m;* **das ist mir** ~ [*o* **Wurscht**] (*fam*) me ne frego

> In Austria, in Germania e nella Svizzera tedesca si mangia moltissima **Wurst**. Ce ne sono molte centinaia di tipi che si possono comprare nelle macellerie. Alcune vengono mangiate fredde (ad es. "Bierwurst", "Salami", "Schinkenwurst"), altre invece vanno scaldate in padella ("Bratwürste") o bollite nell'acqua ("Wiener Würstchen").

Würstchen ['vʏrstçən] <-s, -> *n,* **Würstel** <-s, -> *n* (*A*) Würstel *m*

Wurstwaren *fpl* salumi *mpl*

Württemberg ['vʏrtəmbɛrk] *n* Vurtemberga *f*

Würze ['vʏrtsə] <-, -n> *f* condimento *m*

Wurzel ['vʊrtsəl] <-, -n> *f* radice *f;* ~**n schlagen** (*fig*) mettere radici

wurzeln *vi* **in etw** *dat* ~ mettere radici in qc

würzen *vt* condire

würzig *adj* saporito

wusch [vu:ʃ] *1. u 3. pers sing imp von* **waschen**

Wuschelkopf *m* (*fam*) capelli *mpl* crespi

wusste[RR], **wußte** ['vʊstə] *1. u 3. pers sing imp von* **wissen**

wüst [vy:st] *adj* **1.** (*öde*) desolato **2.** (*ausschweifend*) dissoluto **3.** (*rüde*) volgare **4.** (*heftig*) impetuoso

Wüste ['vy:stə] <-, -n> *f* deserto *m*

Wüstling ['vy:stlɪŋ] <-s, -e> *m* (*pej*) dissoluto *m*

Wut [vu:t] <-> *kein Pl f* rabbia *f;* **eine** ~ **auf jdn haben** essere arrabbiato con qu; **eine** ~ **im Bauch haben** (*fam*) essere furioso; **seine** ~ **an jdm auslassen** sfogare la propria ira su qu; **jdn in** ~ **bringen** fare arrabbiare qu; **vor** ~ **kochen** bollire di rabbia; **Wutanfall** *m* accesso *m* d'ira; **Wutausbruch** *m* sfogo *m* d'ira

wüten ['vy:tən] *vi* infuriare; (*Epidemie*) imperversare

wütend *adj* furente; **auf jdn/etw** ~ **sein** essere infuriato con qu/qc; ~ **werden** infuriarsi

wutentbrannt *adj* furioso

WWU [ve:ve:'ʔu:] <-> *kein Pl f abk v* **Wirtschafts- und Währungsunion** UEM *f*

WWW *n abk v* **World Wide Web** WWW *m*

X

X, x [ɪks] <-, -(s)> *n* X, x *f*; **X wie Xanthippe** X come xilofono
Xanthippe [ksanˈtɪpə] <-, -n> *f* (*pej*) bisbetica *f*
X-Beine *npl* gambe *fpl* a x
x-beliebig *adj* (*fam*) qualunque; **jeder ~e** uno qualsiasi
x-mal *adv* (*fam*) mille volte
x-temal [ˈɪkstəmaːl] *adv* **das ~** l'ennesima volta; **zum x-tenmal** per l'ennesima volta
XylofonRR [ksyloˈfoːn] <-s, -e> *n*, **Xylophon** <-s, -e> *n* xilofono *m*

Y

Y, y [ˈʏpsilɔn] <-, -(s)> *n* Y, y *f*; **Y wie Ypsilon** Y come yacht
Yacht [jaxt] *s.* **Jacht**
Yoga [ˈjoːga] *s.* **Joga**
Yoghurt <-(s), -(s)> *m o n s.* **Joghurt**
Ypsilon [ˈʏpsilɔn] <-(s), -s> *n* ipsilon *f*
Yucca [ˈjʊka] <-, -s> *f* yucca *f*
Yuppie [ˈjʊpi] <-s, -s> *m* yuppie *mf*

Z

Z, z [tsɛt] <-, -(s)> *n* Z, z *f*; **Z wie Zeppelin** Z come Zara
Zack [tsak] *m* **auf ~ sein** (*fam: Person*) essere in gamba; **etw auf ~ bringen** (*fam*) far funzionare qc
Zacke [ˈtsakə] <-, -n> *f*, **Zacken** [ˈtsakən] <-s, -> *m* punta *f*; (*Gabel~*, *Kamm~*) dente *m*
zackig *adj* (*fig fam*) sveglio
zaghaft *adj* timido; (*ängstlich*) pauroso; (*zögernd*) esitante; **Zaghaftigkeit** <-> *kein Pl f* timidità *f*
Zagreb [ˈzaːgrɛp] *n* Zagabria *f*
zäh [tsɛː] *adj* **1.** (*Fleisch*) tiglioso **2.** (*~flüssig*) viscoso **3.** (*fig: ausdauernd*) perseverante; **zähflüssig** *adj* **1.** (*dickflüssig*) viscoso **2.** (*fig: Verkehr*) lento
Zähigkeit <-> *kein Pl f* tenacia *f*
Zahl [tsaːl] <-, -en> *f* **1.** (MAT) numero *m*; (*Ziffer*) cifra *f* **2.** *sing* (*Menge*) quantità *f*; **eine große ~ von …** una gran quantità di …
zahlbar *adj* pagabile
zahlen [ˈtsaːlən] *vt, vi* pagare; **bitte ~!** il conto per favore!
zählen [ˈtsɛːlən] *vt, vi* contare; **auf jdn ~** contare su qu; **sie zählt zu den besten Tennisspielerinnen der Welt** è una delle migliori tenniste del mondo
zahlenmäßig *adj* numerico; **Zahlenschloss**RR *n* serratura *f* a combinazione (di numeri)
Zahler(in) <-s, -; -, -nen> *m(f)* pagatore, -trice *m, f*
Zähler <-s, -> *m* **1.** (TEC) contatore *m* **2.** (MAT) numeratore *m*; **Zählerstand** *m* livello *m* del contatore
Zahlkarte *f* modulo *m* di versamento
zahllos *adj* innumerevole; **zahlreich I.** *adj* numeroso **II.** *adv* in gran numero
Zahltag *m* giorno *m* di paga
Zahlung <-, -en> *f* pagamento *m*
Zählung <-, -en> *f* computo *m*
Zahlungsanweisung *f* ordine *m* di pagamento; **Zahlungsaufforderung** *f* intimazione *f* di pagamento; **zahlungsfähig** *adj* solvente; **Zahlungsmittel** *n* mezzo *m* di pagamento; **zahlungsunfähig** *adj* insolvente; **Zahlungsverkehr** *m* (operazioni *fpl* di) pagamento *m*
Zahlwort <-(e)s, -wörter> *n* (LING) numerale *m*
zahm [tsaːm] *adj* docile; (*gezähmt*) addo-

mesticato

zähmen ['tsɛːmən] *vt* addomesticare

Zahn [tsaːn] <-(e)s, Zähne> *m* dente *m;* **einen ~ ziehen** cavare un dente; **sich** *dat* **die Zähne putzen** lavarsi i denti; **Zähne bekommen** mettere i denti; **die dritten Zähne** (*scherz*) la dentiera; **jdm auf den ~ fühlen** (*fig*) tastare il polso a qu; **sich** *dat* **an etw** *dat* **die Zähne ausbeißen** (*fig*) dannarsi l'anima per qc; **Zahnarzt** *m* dentista *m;* **Zahnarzthelferin** *f* assistente *f* alla poltrona; **Zahnärztin** *f* dentista *f; s. a.* **Zahnarzt**; **Zahnbelag** *m* patina *f* dentaria; **Zahnbürste** *f* spazzolino *m* da denti; **elektrische ~** spazzolino (da denti) elettrico; **Zahncreme** *s.* **Zahnpasta**

zahnen *vi* mettere i denti

Zahnersatz *m* protesi *f* dentaria; **Zahnfleisch** *n* gengiva *f;* **Zahnfleischbluten** <-s> *kein Pl n* **~ haben** avere le gengive sanguinanti; **Zahnpasta** *f* dentifricio *m;* **Zahnpflege** *f* igiene *f* dei denti; **Zahnrad** *n* (TEC) ruota *f* dentata; **Zahnradbahn** *f* (TEC) ferrovia *f* a cremagliera; **Zahnschmelz** *m* smalto *m* (dentario); **Zahnschmerzen** *mpl* mal *m* di denti; **Zahnseide** *f* filo *m* interdentale; **Zahnspange** *f* apparecchio *m* ortodontico; **Zahnstein** *m* tartaro *m* (dentario); **Zahnstocher** ['tsaːnʃtɔxɐ] <-s, -> *m* stuzzicadenti *m;* **Zahntechniker(in)** *m(f)* odontotecnico, -a *m, f*

Zange ['tsaŋə] <-, -n> *f* pinza *f*

zanken *vr* **sich ~** litigare

zänkisch ['tsɛŋkɪʃ] *adj* litigioso

Zäpfchen ['tsɛpfçən] <-s, -> *n* **1.** (ANAT) ugola *f* **2.** (MED) supposta *f*

zapfen ['tsapfən] *vt* spillare

Zapfen <-s, -> *m* **1.** (BOT) pigna *f* **2.** (TEC) perno *m;* (*Fass~*) tappo *m*

Zapfenstreich *m* (MIL) ritirata *f*

Zapfhahn *m* spina *f;* **Zapfsäule** *f* distributore *m* di benzina

zapp(e)lig *adj* (*fam*) irrequieto; **jdn ~ machen** innervosire qu

zappeln ['tsapəln] *vi* dimenarsi

zappen ['tsapən] *vi* (*sl* TV) fare lo zapping

zapplig *s.* **zapp(e)lig**

Zar(in) [tsaːɐ̯] <-en, -en; -, -nen> *m(f)* zar *m,* zarina *f*

zart [tsaːɐ̯t] *adj* **1.** (*Fleisch, Gemüse, Alter*) tenero **2.** (*Haut, Farbe, Duft*) delicato; (*leicht*) leggero **3.** (*feinfühlig*) sensibile; **~ besaitet** [*o* **fühlend**] sensibile; **zartbesaitet** *adj s.* **zart 3.**; **zartbitter** *adj* semiamaro; **zartfühlend** *adj s.* **zart 3.**; **Zartgefühl** *n* delicatezza *f;* (*Taktgefühl*) tatto *m*

zärtlich ['tsɛːɐ̯tlɪç] *adj* tenero; **Zärtlichkeit** <-, -en> *f* tenerezza *f;* **~en** affettuosità *fpl*

Zauber ['tsaʊbɐ] <-s, -> *m* **1.** (*Magie*) incanto *m;* **das ist alles fauler ~** (*fam*) è tutto un imbroglio **2.** (*fig: Reiz*) fascino *m;* **der ~ der Musik** l'incanto della musica

Zauberei [tsaʊbə'raɪ] <-> *kein Pl f* magia *f*

Zauberer <-s, -> *m* mago *m;* (*Zauberkünstler*) prestigiatore *m*

zauberhaft *adj* incantevole

Zauberin <-, -nen> *f* maga *f;* (*Zauberkünstlerin*) prestigiatrice *f; s. a.* **Zauberer**

Zauberkünstler(in) *m(f)* prestigiatore, -trice *m, f;* **Zauberkunststück** *n* gioco *m* di prestigio

zaubern *vi* **1.** (*Magie betreiben*) esercitare la magia; **ich kann doch nicht ~!** (*fam*) non posso mica fare miracoli! **2.** (*Zaubertricks vorführen*) fare giochi di prestigio

Zauberspruch *m* formula *f* magica; **Zauberstab** *m* bacchetta *f* magica

zaudern ['tsaʊdɐn] *vi* esitare; **~ etw zu tun** esitare a fare qc

Zaum [tsaʊm] <-(e)s, Zäume> *m* briglie *fpl;* **im ~ halten** (*fig*) tenere a freno

Zaun [tsaʊn] <-(e)s, Zäune> *m* recinto *m;* **Zaungast** *m* spettatore, -trice *m, f* esterno, -a; **Zaunkönig** *m* (ZOO) scricciolo *m;* **Zaunpfahl** *m* palo *m* di uno steccato; **ein Wink mit dem ~** un avvertimento indiretto, ma esplicito

z. B. *abk v* **zum Beispiel** p.es.

Zebra ['tseːbra] <-s, -s> *n* zebra *f;* **Zebrastreifen** *m* strisce *fpl* pedonali

Zeche ['tsɛçə] <-, -n> *f* **1.** (*Rechnung*) conto *m;* **die ~ prellen** (*fam*) non pagare il conto **2.** (*Bergwerk*) miniera *f* di carbone

zechen ['tsɛçən] *vi* sbevazzare

Zeck [tsɛk] <-s, -e(n)> *m* (*A*), **Zecke** ['tsɛkə] <-, -n> *f* zecca *f;* **Zeckenimpfung** *f* vaccino *m* antizecche

Zedernholz *n* legno *m* di cedro

Zehe ['tseːə] <-, -n> *f* **1.** (ANAT) dito *m* del piede; **die große ~** il pollice del piede; **die kleine ~** il mignolo del piede **2.** (*Knoblauch~*) spicchio *m* (d'aglio); **Zehenspitze**

f punta *f* dei piedi; **auf ~n** in punta di piedi

zehn [tseːn] *num* dieci; *s. a.* **acht**; **zehnfach** *adj* decuplo; **Zehnkampf** *m* (SPORT) decat(h)lon *m;* **zehnmal** *adv* dieci volte

zehnte *s.* **zehnte(r, s)**

Zehntel <-s, -> *n* decimo *m*

zehntens *adv* (in) decimo (luogo)

zehnte(r, s) *adj* decimo, -a; (*bei Datumsangaben*) dieci; *s. a.* **achte(r, s)**

Zeichen ['tsaɪçən] <-s, -> *n* **1.** segno *m;* **das ist ein gutes ~** è buon segno **2.** (*Vor~*) avvertimento *m;* (*An~*) indizio *m* **3.** (INFORM) carattere *m*

Zeichenblock <-(e)s, -s> *m* blocco *m* da disegno

Zeichensatz *m* (INFORM) mappa *f* dei caratteri; **Zeichensetzung** <-> *kein Pl f* interpunzione *f;* **Zeichensprache** *f* linguaggio *m* mimico; **Zeichentrickfilm** *m* cartoni *mpl* animati

zeichnen ['tsaɪçnən] *vt* **1.** (*malen*) disegnare **2.** (*kenn~*) contrassegnare **3.** (*unter~*) firmare

Zeichner(in) <-s, -; -, -nen> *m(f)* disegnatore, -trice *m, f;* **technischer ~** disegnatore tecnico

Zeichnung <-, -en> *f* disegno *m*

Zeigefinger *m* indice *m*

zeigen ['tsaɪgən] **I.** *vt* mostrare; (FILM, THEAT) presentare **II.** *vi* **auf jdn/etw ~** indicare qu/qc; **mit dem Finger auf jdn/etw ~** additare qu/qc; **zeig (doch) mal!** fammi vedere! **III.** *vr* **sich ~** mostrarsi; **das wird sich ~** si vedrà

Zeiger <-s, -> *m* indicatore *m;* (*Uhr~*) lancetta *f*

Zeile ['tsaɪlə] <-, -n> *f* riga *f*

Zeisig ['tsaɪzɪç] <-s, -e> *m* lucherino *m*

Zeit [tsaɪt] <-, -en> *f* **1.** (*allg,* LING) tempo *m;* **die ganze ~** tutto il tempo; **das hat ~** non c'è fretta; **es wird ~, dass ...** è ora che +*conj;* **im Laufe der ~** col tempo; **in kurzer ~** in breve tempo; **in letzter ~** negli ultimi tempi; **in nächster ~** prossimamente; **keine ~ haben (etw zu tun)** non aver tempo (per fare qc); **mit der ~** col passare del tempo; **mit der ~ gehen** andare coi tempi; **sich** *dat* **~ lassen** fare con comodo; **sich** *dat* **~ nehmen** prendere tempo; **von ~ zu ~** ogni tanto; **vor langer ~** molto tempo fa; **wie die ~ vergeht!** come passa il tempo!; **~ raubend** che richiede molto tempo; **zur gleichen ~** allo stesso tempo **2.** (*~raum*) periodo *m* **3.** (*~punkt*) momento *m;* **zur ~** attualmente **4.** (*Jahres~*) stagione *f* **5.** (*Uhr~*) ora *f;* **um diese ~** a quest'ora; **um die gleiche ~** alla stessa ora; **um welche ~?** a che ora?; **Zeitabschnitt** *m* periodo *m;* **Zeitalter** *n* epoca *f;* **Zeitarbeit** *f* lavoro *m* interinale; **Zeitbombe** *f* bomba *f* a orologeria; **Zeitdruck** <-(e)s> *kein Pl m* fretta *f;* **unter ~ stehen** avere fretta; **Zeitfrage** <-> *kein Pl f* questione *f* di tempo; **Zeitgeist** *m* spirito *m* del tempo; **zeitgemäß** *adj* moderno; **Zeitgenosse** *m,* **Zeitgenossin** *f* contemporaneo, -a *m, f*

zeitig **I.** *adj* primo; **am ~en Nachmittag** di primo pomeriggio **II.** *adv* presto; **~ aufstehen** alzarsi di buon'ora

Zeitkarte *f* abbonamento *m;* **zeitlebens** *adv* per tutta la vita

zeitlich *adj* cronologico; **~ begrenzt** limitato nel tempo; **~ passt es mir gut** l'orario mi va bene

zeitlos *adj* non soggetto al tempo; (*Kleidung*) non soggetto alla moda; **Zeitlupe** *f* (FILM) rallentatore *m;* **in ~** al rallentatore; **Zeitmangel** *m* mancanza *f* di tempo; **aus ~** per mancanza di tempo; **Zeitpunkt** *m* momento *m;* **zeitraubend** *adj s.* **Zeit**; **Zeitraum** *m* periodo *m;* **Zeitrechnung** *f* cronologia *f;* **nach/vor unserer ~** dopo/avanti Cristo

Zeitschrift *f* rivista *f*

Zeitspanne *f* lasso *m* di tempo; **Zeittakt** *m* (TEL) scatto *m;* **Zeitumstellung** *f* cambio *m* dell'ora

Zeitung ['tsaɪtʊŋ] <-, -en> *f* giornale *m;* **elektronische ~** giornale telematico; **Zeitungsannonce** *f* inserzione *f* (sul giornale); **Zeitungsartikel** *m* articolo *m* di giornale; **Zeitungsbericht** *m* reportage *m;* **Zeitungspapier** *n* carta *f* da giornale

Zeitunterschied *m* differenza *f* di orario; **Zeitverschiebung** *f* spostamento *m* del fuso orario; **Zeitverschwendung** *f* spreco *m* di tempo; **Zeitvertreib** <-(e)s, -e> *m* passatempo *m;* **zum ~** per passatempo; **zeitweilig** *adj* temporaneo; **zeitweise** *adv* temporaneamente; (*von Zeit zu Zeit*) di tanto in tanto; **Zeitwort** <-(e)s, -wörter> *n* (LING) verbo *m;* **Zeitzone** *f* fuso *m* orario; **Zeitzünder** *m* spoletta *f* ad accensione ritardata

Zelle ['tsɛlə] <-, -n> *f* 1. (BIOL) cellula *f* 2. (*Telefon~*) cabina *f;* **Zellkern** *m* (BIOL) nucleo *m* della cellula

Zellstoff *m* cellulosa *f*

Zelluloid [tsɛlu'lɔɪt] <-(e)s> *kein Pl n* celluloide *f*

Zelt [tsɛlt] <-(e)s, -e> *n* tenda *f;* **seine ~e abbrechen** (*fig scherz*) levare le tende

zelten *vi* campeggiare; ~ **gehen** andare in campeggio

Zeltlager *n* accampamento *m;* **Zeltplatz** *m* campeggio *m*

Zement [tse'mɛnt] <-(e)s, -e> *m* cemento *m*

zementieren [tsemɛn'ti:rən] <ohne ge-> *vt* cementare; (*fig*) sancire

Zenit [tse'ni:t] <-(e)s> *kein Pl m* 1. (ASTR) zenit *m* 2. (*fig*) apice *m*

zensieren [tsɛn'zi:rən] <ohne ge-> *vt* 1. (*Bücher, Filme, Zeitungen*) censurare 2. (*benoten*) dare voti a

Zensur [tsɛn'zu:ɐ] <-, -en> *f* 1. *sing* (*Kontrolle*) censura *f* 2. (*Note*) voto *m*

zensurieren [tsɛnzu'ri:rən] <ohne ge-> *vt* (*A, CH: zensieren*) censurare

Zentimeter [tsɛnti'me:tɐ] *m o n* centimetro *m*

Zentner ['tsɛntnɐ] <-s, -> *m* mezzoquintale *m;* (*CH, A*) quintale *m*

zentral [tsɛn'tra:l] *adj* centrale; **Zentralbank** <-, -en> *f* (EU) banca *f* centrale

Zentrale <-, -n> *f* 1. (TEL) centralino *m* 2. (*Hauptgeschäftsstelle*) sede *f* centrale

Zentralheizung *f* riscaldamento *m* centrale; **Zentralverriegelung** <-, -en> *f* (AUTO) chiusura *f* centralizzata

Zentren *pl von* **Zentrum**

Zentrifuge [tsɛntri'fu:gə] <-, -n> *f* centrifuga *f*

Zentrum ['tsɛntrʊm] <-s, Zentren> *n* centro *m;* **im ~ des Interesses** al centro dell'attenzione

Zeppelin ['tsɛpəli:n] <-s, -e> *m* dirigibile *m*

Zepter ['tsɛptɐ] <-s, -> *n* scettro *m*

zerbrechen <irr, ohne ge-> **I.** *vt* rompere **II.** *vi sein* rompersi; (*a fig*) spezzarsi; **an Kummer** *dat* ~ spezzarsi dal dispiacere

zerbrechlich *adj* fragile

zerdrücken <ohne ge-> *vt* schiacciare

Zeremonie [tseremo'ni:] <-, -n> *f* cerimonia *f*

Zerfall *m* 1. (*a fig*) crollo *m;* (GEOL) disfacimento *m;* (CHEM) decomposizione *f* 2. (*fig: Verfall*) decadimento *m;* **zerfallen** <irr, ohne ge-> *vi sein* 1. (*Bauwerk*) crollare 2. (*Werte, Familie,* GEOL) disgregarsi

zerfetzen <ohne ge-> *vt* lacerare

zerfleischen <ohne ge-> *vt* sbranare

zerfließen <irr, ohne ge-> *vi sein* sciogliersi

zerkauen <ohne ge-> *vt* macinare

zerkleinern <ohne ge-> *vt* (*Fleisch, Gemüse*) tritare; (*Brot, Holz*) spezzettare

zerknirscht *adj* contrito

zerknittern <ohne ge-> *vt* sgualcire

zerkratzen <ohne ge-> *vt* graffiare

zerlegbar *adj* scomponibile

zerlegen <ohne ge-> *vt* 1. (*Möbel*) scomporre; (TEC) smontare; **etw in seine Einzelteile ~** smontare qc nelle sue parti componenti 2. (*Fleisch*) trinciare 3. (LING) analizzare

zermürben <ohne ge-> *vt* logorare

zerquetschen <ohne ge-> *vt* schiacciare

Zerrbild *n* caricatura *f*

zerreißen <irr, ohne ge-> **I.** *vt* strappare **II.** *vi sein* strapparsi; **Zerreißprobe** *f* (*fig*) dura prova *f*

zerren ['tsɛrən] **I.** *vt* tirare con forza **II.** *vi* **an etw** *dat* ~ dare degli strappi a qc

zerrinnen <irr, ohne ge-> *vi sein* 1. (*zerfließen*) sciogliersi 2. (*fig: Jahre, Zeit*) scorrere; (*Hoffnungen*) svanire

Zerrung <-, -en> *f* stiramento *m*

zerrütten [tsɛɐ'rʏtən] <ohne ge-> *vt* (*Gesundheit*) logorare; (*Ehe*) guastare

zerschlagen <irr, ohne ge-> **I.** *vt* rompere **II.** *vr* **sich ~** (*fig*) andare a monte

zerschmettern <ohne ge-> *vt* fracassare

zerschneiden <irr, ohne ge-> *vt* tagliuzzare

zersetzen <ohne ge-> **I.** *vt* decomporre; (*fig*) disgregare **II.** *vr* **sich ~** decomporsi; (*fig*) disgregarsi

zersplittern <ohne ge-> **I.** *vt* mandare in frantumi **II.** *vi sein* 1. (*in Splitter zerfallen*) andare in frantumi 2. (*fig* POL) essere frantumato

zerspringen <irr, ohne ge-> *vi sein* spaccarsi; (*explodieren*) scoppiare

Zerstäuber <-s, -> *m* spruzzatore *m*

zerstören <ohne ge-> *vt* distruggere; (*verwüsten*) devastare; (*Gesundheit, Ehe*) rovinare; **Zerstörung** *f* distruzione *f;* **Zerstörungswut** *f* vandalismo *m*

zerstreuen <ohne ge-> **I.** *vt* **1.** (*verstreuen*) disperdere **2.** (*fig: Zweifel, Verdacht*) dissipare **3.** (*ablenken*) distrarre **II.** *vr* **sich** ~ **1.** (*sich verteilen*) disperdersi **2.** (*sich ablenken*) distrarsi; **zerstreut** *adj* (*fig*) distratto; **Zerstreutheit** <-> *kein Pl f* distrazione *f;* **Zerstreuung** *f* **1.** *sing* (*das Zerstreuen*) dispersione *f* **2.** (*Unterhaltung*) distrazione *f*

zerstückeln <ohne ge-> *vt* spezzettare

zertreten <irr, ohne ge-> *vt* calpestare

zertrümmern <ohne ge-> *vt* fracassare

zerzausen [tsɛɐˈtsaʊzən] <ohne ge-> *vt* **jdm das Haar** ~ arruffare i capelli a qu

zetern *vi* strillare

Zettel [ˈtsɛtəl] <-s, -> *m* foglietto *m;* (*beschriebener* ~) biglietto *m*

Zeug [tsɔɪk] <-(e)s> *kein Pl n* **1.** (*fam: Sachen*) roba *f;* (*pej*) robaccia *f* **2.** (*Wend*) **das** ~ **zu etw haben** (*fig*) avere la stoffa di qc; **dummes** ~ **reden** (*fam*) dire sciocchezze; **sich ins** ~ **legen** (*fam*) mettersi con impegno; **sich für jdn ins** ~ **legen** (*fam*) adoperarsi per qu

Zeuge [ˈtsɔɪgə] <-n, -n> *m* testimone *m*

zeugen [ˈtsɔɪgən] **I.** *vi* **1.** (*erkennen lassen*) **von etw** ~ testimoniare qc **2.** (*als Zeuge aussagen*) testimoniare **II.** *vt* (*Kinder*) procreare

Zeugenaussage *f* testimonianza *f;* **Zeugenvernehmung** *f* escussione *f* dei testi

Zeugin [ˈtsɔɪgɪn] <-, -nen> *f* testimone *f; s. a.* **Zeuge**

Zeugnis [ˈtsɔɪknɪs] <-ses, -se> *n* **1.** certificato *m;* (*Arbeits~*) attestato *m;* (*Schul~*) pagella *f;* **jdm ein** ~ **ausstellen** rilasciare un certificato a qu **2.** (*Beweis*) testimonianza *f*

Zeugung <-, -en> *f* procreazione *f;* **zeugungsfähig** *adj* atto a procreare; **zeugungsunfähig** *adj* sterile

z. H., z. Hd. *abk v* **zu Händen** S.P.M.

Ziege [ˈtsiːgə] <-, -n> *f* capra *f*

Ziegel [ˈtsiːgəl] <-s, -> *m* **1.** (*Baustein*) mattone *m* **2.** (*Dach~*) tegola *f;* **Ziegelstein** *m* mattone *m*

Ziegenkäse *m* formaggio *m* di capra

ziehen [ˈtsiːən] <zieht, zog, gezogen> **I.** *vt* **1.** (*allg*) tirare; **jdn an etw** *dat* ~ tirare qu per qc; **Fäden** ~ filare; **jdn an sich** ~ stringere qu a sé; **alle Blicke auf sich** ~ attirare tutti gli sguardi su di sé; **etw nach sich** *dat* ~ (*fig*) avere come conseguenza **2.** (*heraus~*) cavare; (*hervorholen*) tirar fuori; **Zigaretten** (**aus dem Automaten**) ~ estrarre le sigarette dal distributore; **die Pistole** ~ estrarre la pistola; **aus dem Verkehr** ~ togliere dalla circolazione **3.** (*Mauer*) erigere; (*Graben*) scavare **4.** (*Linie*) tracciare **5.** (*Pflanze*) coltivare **II.** *vi* **1.** *haben* (*allg*) (**an etw** *dat*) ~ tirare (qc); **an einer Zigarette** ~ dar una tirata a una sigaretta **2.** *sein* (*wandern*) camminare **3.** *sein* (*umziehen*) cambiare casa; **in die Stadt** ~ trasferirsi in città; **zu jdm** ~ andare ad abitare da qu **4.** *sein* (*Rauch, Wolke*) passare **5.** (*Luftzug*) **es zieht** c'è corrente **III.** *vr* **sich** ~ **1.** (*räumlich*) estendersi; **sich über etw** *acc* ~ estendersi su qc **2.** (*zeitlich*) **sich in die Länge** ~ tirare per le lunghe

Ziehharmonika *f* fisarmonica *f*

Ziehung <-, -en> *f* estrazione *f*

Ziel [tsiːl] <-(e)s, -e> *n* **1.** (*einer Reise*) destinazione *f;* **am** ~ (**seiner Reise**) **ankommen** arrivare a destinazione **2.** (MIL) obiettivo *m* **3.** (*fig: Absicht*) scopo *m;* **ein** ~ **verfolgen** perseguire uno scopo; **sich** *dat* **ein** ~ **setzen** prefiggersi uno scopo; **sein** ~ **erreichen** raggiungere il proprio traguardo **4.** (SPORT) traguardo *m;* (**als Erster**) **durchs** ~ **gehen** tagliare il traguardo (per primo); **zielbewusst**[RR] *adj* risoluto

zielen *vi* (**auf jdn/etw**) ~ mirare (a qu/qc)

Zielgruppe *f* utenza *f;* **ziellos** *adj o adv* senza meta; **Zielscheibe** *f* bersaglio *m;* **zielstrebig** *adj* determinato

ziemlich **I.** *adj* (*beträchtlich*) notevole; **eine ~e Menge** un buon numero; **das ist eine ~e Frechheit** è una bella sfacciataggine **II.** *adv* abbastanza; ~ **sicher** quasi certo; ~ **viel** parecchio; **das ist so** ~ **dasselbe** (*fam*) è quasi lo stesso

Zierde [ˈtsiːɐ̯də] <-, -n> *f* ornamento *m;* **zur** ~ per ornamento

zieren [ˈtsiːrən] **I.** *vt* (*geh*) (ad)ornare **II.** *vr* **sich** ~ (*pej*) fare il prezioso; (*beim Essen*) fare complimenti (a tavola)

zierlich *adj* gracile

Ziffer [ˈtsɪfɐ] <-, -n> *f* cifra *f;* **arabische/römische ~n** numeri arabi/romani; **in ~n** in cifre; **Zifferblatt** *n* quadrante *m*

Zigarette [tsigaˈrɛtə] <-, -n> *f* sigaretta *f;* **Zigarettenautomat** *m* distributore *m* di sigarette; **Zigarettenschachtel** *f* pacchetto *m* di sigarette; **Zigarettenspitze** *f* bocchino *m* (per sigarette); **Zigaret-**

tenstummel *m* mozzicone *m*
Zigarre [tsiˈgarə] <-, -n> *f* sigaro *m*
Zigeuner(in) [tsiˈgɔɪnɐ] <-s, -; -, -nen> *m(f)* zingaro, -a *m, f;* **Zigeunerleben** *n* (*fig*) vita *f* da zingaro
Zikade [tsiˈkaːdə] <-, -n> *f* cicala *f*
Zimmer [ˈtsɪmɐ] <-s, -> *n* stanza *f;* **in seinem ~ sein** essere in camera; **„~ frei"** "camere libere"; **Zimmerlautstärke** *f* **auf ~ stellen** mettere a basso volume; **Zimmermädchen** *n* cameriera *f*
Zimmermann <-(e)s, -leute> *m* carpentiere *m*
Zimmerpflanze *f* pianta *f* da appartamento; **Zimmertemperatur** *f* temperatura *f* ambiente
zimperlich [ˈtsɪmpɐlɪç] *adj* (*pej*) **1.** (*überempfindlich*) ipersensibile **2.** (*prüde*) prude
Zimt [tsɪmt] <-(e)s, -e> *m* cannella *f;* **Zimtstange** *f* bastoncino *m* di cannella
Zink [tsɪŋk] <-(e)s> *kein Pl n* zinco *m*
Zinke [ˈtsɪŋkə] <-, -n> *f* dente *m*
Zinn [tsɪn] <-(e)s> *kein Pl n* stagno *m*
Zins[1] [tsɪns] <-es, -en> *m meist Pl* (FIN) interessi *mpl*
Zins[2] <-es, -e> *m* (*bes südd, A, CH: Miete*) affitto *m*
Zinseszins *m* interesse *m* composto
zinslos *adj* infruttifero; **Zinssatz** *m* tasso *m* di interessi
Zipfel [ˈtsɪpfəl] <-s, -> *m* punta *f;* **Zipfelmütze** *f* berretta *f* a punta
zippen *vt* (INFORM) zippare
zirka [ˈtsɪrka] *adv* circa
Zirkel [ˈtsɪrkəl] <-s, -> *m* **1.** (*Gerät*) compasso *m* **2.** (*Kreis, Klub*) circolo *m*
zirkulieren [tsɪrkuˈliːrən] <ohne ge-> *vi* circolare
Zirkus [ˈtsɪrkʊs] <-, -se> *m* circo *m*
zischen [ˈtsɪʃən] *vi* sibilare; (*heißes Fett*) sfrigolare
Zisterne [tʃɪsˈtɛrnə] <-, -n> *f* cisterna *f*
Zitat [tsiˈtaːt] <-(e)s, -e> *n* citazione *f*
zitieren [tsiˈtiːrən] <ohne ge-> *vt* citare; **jdn zu sich** *dat* ~ chiamare qu
Zitrone [tsiˈtroːnə] <-, -n> *f* limone *m;* **Zitronenlimonade** *f* limonata *f;* **Zitronenpresse** *f* spremilimoni *m;* **Zitronensaft** *m* succo *m* di limone; **Zitronenschale** *f* scorza *f* di limone
Zitrusfrucht [ˈtsiːtrʊsfrʊxt] <-, Zitrusfrüchte> *f* (BOT) agrume *m*
zittern [ˈtsɪtɐn] *vi* tremare; **vor Kälte ~** tremare di freddo; **vor Wut ~** tremare dalla rabbia
Zitze [ˈtsɪtsə] <-, -n> *f* capezzolo *m*
Zivi [ˈtsiːvi] <-(s), -s> *m* (*fam*) *abk v* **Zivildienstleistende(r)** *chi presta servizio civile*
zivil [tsiˈviːl] *adj* **1.** (*bürgerlich*) civile **2.** (*fig fam: Preise*) moderato; **Zivil** <-s> *kein Pl n* **in ~** in borghese; **Zivilbevölkerung** *f* popolazione *f* civile; **Zivilcourage** <-> *kein Pl f* coraggio *m* civile; **Zivildienst** *m* servizio *m* civile; **~ leisten** prestare servizio civile
Zivilisation [tsivilizaˈtsi̯oːn] <-, -en> *f* civiltà *f;* **Zivilisationskrankheit** *f* malattia *f* del progresso
zivilisieren [tsiviliˈziːrən] <ohne ge-> *vt* civilizzare
zivilisiert [tsiviliˈziːɐt] *adj* civile; **sich ~ benehmen** comportarsi in modo civile
Zivilist [tsiviˈlɪst] <-en, -en; -, -nen> *m* civile *m*
Zivilprozess[RR] *m* processo *m* civile; **Zivilrecht** *n* diritto *m* civile
Znüni [ˈtsnyːni] <-s, -s> *m o n* (*CH*) spuntino *m* mattutino
Zoff [ˈtsɔf] <-s> *kein Pl m* (*fam*) litigio *m;* **~ haben** litigare
zog [tsoːk] *1. u 3. pers sing imp von* **ziehen**
zögerlich [ˈtsøːgɐlɪç] *adj* titubante
zögern [ˈtsøːgɐn] *vi* esitare; **~ etw zu tun** esitare a fare qc; **ohne zu ~** senza indugio
Zölibat [tsøliˈbaːt] <-(e)s> *kein Pl n o m* celibato *m*
Zoll[1] [tsɔl] <-(e)s, Zölle> *m* **1.** (*Abgabe*) tassa *f* doganale **2.** *sing* (*Dienststelle*) dogana *f*
Zoll[2] [tsɔl] <-(e)s, -> *m* (*Längenmaß*) pollice *m*
Zollabfertigung *f* operazioni *fpl* doganali; **Zollamt** *n* ufficio *m* doganale; **Zollbeamte** *m,* **Zollbeamtin** *f* doganiere *m;* **Zollfahndung** *f* investigazione *f* della Finanza; **zollfrei** *adj* esente da dazio; **Zollkontrolle** *f* controllo *m* doganale; **zollpflichtig** *adj* soggetto a dazio
Zombie [ˈtsɔmbi] <-(s), -s> *m* zombi *m*
Zone [ˈtsoːnə] <-, -n> *f* zona *f*
Zoo [tsoː] <-s, -s> *m* zoo *m*
Zoologie [tsooloˈgiː] <-> *kein Pl f* zoologia *f*
zoologisch *adj* zoologico
Zoom [zuːm] <-s, -s> *n* (FOTO) zoom *m*

zoomen ['zu:mən] vt (FOTO) zoomare

Zopf [tsɔpf] <-(e)s, Zöpfe> m treccia f

Zorn [tsɔrn] <-(e)s> kein Pl m collera f; in ~ geraten andare in collera; im ~ nella rabbia; **zornig** adj adirato; ~ werden arrabbiarsi

Zote ['tso:tə] <-, -n> f (pej) oscenità f

zottig ['tsɔtɪç] adj 1. (Fell) irsuto 2. (pej: Haar, Frisur) scomposto

z. T. abk v zum Teil in parte

zu [tsu:] I. prp +dat 1. (Richtung, Lage) a; ~ Hause a casa; ~m Bahnhof alla stazione; ~r Schule a scuola; der Weg ~m Hotel la strada per l'albergo; von Haus ~ Haus di casa in casa; ~m Fenster hinaus fuori dalla finestra; etw ~ jdm sagen dire qc a qu; ~ Boden fallen (geh) cadere a terra 2. (da~) etw ~ etw trinken bere qc con qc; sich ~ jdm setzen sedersi vicino a qu 3. (zeitlich) ~ Anfang in principio; ~m ersten Mal per la prima volta; ~r Zeit attualmente; ~ Ostern a Pasqua; ~m Schluss alla fine 4. (mit Zahlenangabe) ~ dritt in tre; ~ Hunderten a centinaia; ~ einem Drittel per un terzo; ~r Hälfte a metà 5. (Art und Weise) ~ Fuß a piedi 6. (Zweck) per; ~r Belohnung per ricompensa; ~m Geburtstag per il compleanno; ~r Probe in prova 7. (Verhältnis) a; 2 ~ 1 (SPORT) 2 a 1 II. adv 1. (all~) troppo; ~ groß troppo grande; ~ viel, ~ sehr troppo 2. (fam: geschlossen) chiuso 3. (zeitlich) ab und ~ ogni tanto III. konj (mit Infinitiv) da, a, di; ich habe ~ tun ho da fare

zuallererst adv innanzi tutto; **zuallerletzt** adv infine

Zubehör ['tsu:bəhø:ɐ̯] <-(e)s, -e> n accessori mpl

zu|beißen <irr> vi mordere; (Hund) azzannare

zu|bereiten <ohne ge-> vt preparare; **Zubereitung** <-, -en> f preparazione f

zu|billigen vt jdm etw ~ concedere qc a qu

zu|binden <irr> vt legare; (Schuhe) allacciare

zu|blinzeln vi jdm ~ strizzare l'occhio a qu

zu|bringen <irr> vt 1. (verbringen) passare 2. (fam: schließen können) riuscire a chiudere

Zubringer <-s, -> m 1. (Straße) raccordo m 2. (Bus) navetta f in servizio tra la città e l'aeroporto

Zucchini [tsʊ'ki:ni] mpl zucchine fpl

Zucht [tsʊxt] <-, -en> f 1. (von Pflanzen) coltivazione f; (von Tieren) allevamento m 2. sing (obs: Disziplin) disciplina f; ~ und Ordnung disciplina f

züchten ['tsʏçtən] vt (Pflanzen, Perlen) coltivare; (Tiere) allevare

Züchter(in) <-s, -; -, -nen> m(f) (von Pflanzen) coltivatore, -trice m, f; (von Tieren) allevatore, -trice m, f

Zuchthaus n prigione f

züchtigen ['tsʏçtɪgən] vt (geh) castigare corporalmente; **Züchtigung** <-, -en> f (geh) punizione f (corporale)

Züchtung <-, -en> f coltivazione f

zucken ['tsʊkən] vi (zusammenfahren) trasalire; mit den Schultern ~ alzare le spalle

zücken ['tsʏkən] vt tirare fuori

Zucker ['tsʊkɐ] <-s, rar -> m 1. (Nahrungsmittel) zucchero m 2. sing (fam: ~krankheit) diabete m; ~ haben essere diabetico; **Zuckerbäcker** m (A: Konditor) pasticciere m; **Zuckerdose** f zuccheriera f; **Zuckerguss**[RR] m glassa f; mit ~ glassato; **zuckerkrank** adj diabetico; **Zuckerkrankheit** f diabete m

zuckern vt zuccherare

Zuckerrohr n canna f da zucchero; **Zuckerrübe** f barbabietola f da zucchero

Zuckung <-, -en> f convulsione f

zu|decken I. vt etw (mit etw) ~ coprire qc (di qc) II. vr sich ~ coprirsi

zudem [tsu'de:m] adv (geh) inoltre

zu|drehen vt 1. (Wasserhahn) chiudere 2. (zuwenden) jdm den Rücken ~ voltare le spalle a qu

zudringlich adj invadente; **Zudringlichkeit** f invadenza f

zu|drücken vt chiudere

zueinander adv uno verso l'altro; ~ passen essere fatti l'uno per l'altro; seid nett ~ siate gentili l'uno con l'altro

zuerst adv 1. (als Erster) per primo, -a 2. (zunächst) dapprima

Zufahrt f accesso m; **Zufahrtsstraße** f strada f d'accesso

Zufall m caso m; etw dem ~ überlassen affidare qc al caso; durch ~ per caso; welch ein ~! che coincidenza!

zu|fallen <irr> vi sein 1. (Tür) chiudersi 2. (Aufgabe, Erbe) jdm ~ toccare a qu

zufällig I. adj casuale; (Begegnung) fortuito II. adv per caso; ich war ~ da ero lì per combinazione

Zuflucht *f* rifugio *m;* ~ **vor etw** *dat* **finden** trovare rifugio da qc; **zu etw** ~ **nehmen** (*fig*) ricorrere a qc

ZuflussRR *m* affluente *m*

zu|flüstern *vt* **jdm etw** ~ sussurrare qc a qu

zufolge [tsu'fɔlgə] *prp +dat o rar gen* conformemente a

zufrieden [tsu'fri:dən] *adj* contento; **mit jdm/etw** ~ **sein** essere soddisfatto di qu/qc; **sich mit etw** ~ **geben** accontentarsi di qc; ~ **stellen** accontentare; ~ **stellend** soddisfacente; **zufrieden|geben** *vr* **sich** ~ *s.* **zufrieden;** **Zufriedenheit** <-> *kein Pl f* soddisfazione *f;* **zufrieden|stellen** *vt s.* **zufrieden;** **zufriedenstellend** *adj s.* **zufrieden**

zu|frieren <irr> *vi sein* ghiacciarsi

zu|fügen *vt* **1.** (*Leid*) fare; (*Schaden*) recare; (*Verlust, Niederlage*) infliggere **2.** (*hin~*) aggiungere

Zufuhr ['tsu:fu:ɐ̯] <-> *kein Pl f* (*Versorgung*) rifornimento *m*

Zug[1] [tsu:k] <-(e)s, Züge> *m* **1.** (FERR) treno *m;* **mit dem** ~ col treno; **den** ~ **verpassen** perdere il treno **2.** (*bei Brettspiel*) tiro *m;* **Sie sind am** ~ tocca a Lei **3.** *sing* (*Luft~*) corrente *f* (d'aria) **4.** (*Gesichts~, Wesens~*) tratto *m* **5.** (*Wend*) **etw in vollen Zügen genießen** godere pienamente qc; **in den letzten Zügen liegen** (*fam*) mandare l'ultimo respiro

Zug[2] *n* (GEOG) Zug *f*

Zugabe *f* **1.** (*Zusätzliches*) aggiunta *f* **2.** (MUS, THEAT) bis *m;* **„~!"** "bis!"

Zugabteil *n* scompartimento *m* ferroviario

Zugang *m* **1.** (*Zutritt*) accesso *m;* ~ **zu etw haben** (*fig*) avere accesso a qc **2.** (*Eingang*) entrata *f*

zugänglich *adj* (*a fig*) accessibile

Zugbrücke *f* ponte *m* levatoio

zu|geben <irr> *vt* **1.** (*einräumen*) ammettere; (*gestehen*) confessare **2.** (*hinzufügen*) aggiungere

zu|gehen <irr> *vi sein* **1.** (*fam: schließen*) chiudersi **2.** (*hingehen*) **auf jdn/etw** ~ avvicinarsi a qu/qc; **dem Ende** ~ volgere alla fine; **auf die Fünfzig** ~ avvicinarsi alla cinquantina

zugehörig *adj* appartenente; **Zugehörigkeit** <-> *kein Pl f* appartenenza *f;* **die** ~ **zu einer Gruppe** l'appartenenza a un gruppo

zugeknöpft *adj* (*fig fam*) abbottonato

Zügel ['tsy:gəl] <-s, -> *m* briglia *f;* **die** ~ **anziehen** tirare le briglie; (*fig*) tirare la briglia; **die** ~ **locker lassen** (*a fig*) allentare le redini; **zügellos** *adj* sbrigliato; (*Lebenswandel*) dissoluto

zügeln ['tsy:gəln] **I.** *vt* **1.** (*Pferd*) tenere le briglie di **2.** (*fig: Gefühle*) frenare **3.** (*CH: transportieren*) trasportare **II.** *vi sein* (*CH: umziehen*) traslocare

Zugeständnis *n* concessione *f;* **zu|gestehen** <irr> *vt* **1.** (*zubilligen*) (**jdm**) **etw** ~ accordare qc (a qu) **2.** (*zugeben*) ammettere

Zugführer *m* (FERR) capotreno *m*

zugig ['tsu:gɪç] *adj* esposto alla corrente d'aria; **hier ist es** ~ qui c'è corrente

zügig ['tsy:gɪç] *adj* rapido

zugleich [tsu'glaɪç] *adv* nello stesso tempo

Zugluft *f* corrente *f* d'aria

Zugmaschine *f* trattore *m*

zu|greifen <irr> *vi* **1.** (*zufassen*) afferrare; (*bei Tisch*) servirsi **2.** (*schwer arbeiten*) lavorare sodo

Zugrestaurant *n* vagone *m* ristorante

Zugriff *m* (INFORM) accesso *m;* **Zugriffsgeschwindigkeit** *f* velocità *f* d'accesso

zugrunde [tsu'grʊndə] *adv* ~ **gehen** andare in rovina; ~ **legen** porre a base; **einer Sache** *dat* ~ **liegen** essere alla base di qc; ~ **richten** rovinare

zugunsten [tsu'gʊnstən] *prp +gen* ~ **von** *+dat* a favore di

zugute [tsu'gu:tə] *adv* (*geh*) **jdm etw** ~ **halten** considerare qc a giustificazione di qu; **jdm** ~ **kommen** tornare utile a qu

Zugverbindung *f* coincidenza *f*

Zugvogel *m* uccello *m* migratore

Zugzwang *m* **in** ~ **geraten** trovarsi nella necessità di scegliere

zu|halten <irr> *vt* tenere chiuso; **jdm den Mund** ~ tappare la bocca a qu; **sich** *dat* **die Ohren** ~ tapparsi le orecchie

Zuhälter ['tsu:hɛltɐ] <-s, -> *m* ruffiano *m*

Zuhause [tsu'haʊzə] <-> *kein Pl n* casa *f*

zu|hören *vi* (**jdm**) ~ ascoltare (qu); **Zuhörer(in)** *m(f)* ascoltatore, -trice *m, f;* **Zuhörerschaft** *f* uditorio *m*

zu|jubeln *vi* (**jdm**) ~ acclamare (qu)

zu|kleben *vt* chiudere (con la colla)

zu|knöpfen *vt* abbottonare

zu|kommen <irr> *vi sein* **1.** (*sich nähern*) **auf jdn/etw** ~ avvicinarsi a qu/qc; **du**

musst das alles in Ruhe auf dich ~ lassen in tutta calma devi lasciare che le cose maturino **2.** (*zustehen*) **jdm ~** spettare a qu **3.** (*geh: übermitteln*) **jdm etw ~ lassen** far pervenire qc a qu

Zukunft ['tsuːkʊnft] <-> *kein Pl f* avvenire *m;* (LING) futuro *m;* **in ~** in futuro

zukünftig *adj* futuro

Zukunftsaussichten *fpl* prospettive *fpl*

Zulage *f* supplemento *m;* (*Gehalts~*) aumento *m*

zu|lassen <irr> *vt* **1.** (*fam: geschlossen lassen*) lasciare chiuso **2.** (*erlauben*) permettere; **jdn zu etw ~** ammettere qu a qc **3.** (*amtlich*) autorizzare; (*Arzt*) abilitare; (*Auto*) immatricolare

zulässig *adj* ammesso; **~e Höchstgeschwindigkeit** velocità massima ammissibile

Zulassung <-, -en> *f* **1.** (*zur Prüfung*) ammissione *f* **2.** (*amtlich*) autorizzazione *f;* (*als Arzt, Anwalt*) abilitazione *f;* (*von Auto*) immatricolazione *f*

zu|laufen <irr> *vi sein* **1.** (*rennen*) **auf jdn/etw ~** correre verso qu/qc **2.** (*eine bestimmte Form haben*) **spitz ~** terminare a punta

zu|legen **I.** *vt* (*fam: hinzufügen*) aggiungere **II.** *vi* (*fam*) **1.** (*an Gewicht*) ingrassare **2.** (*an Tempo*) accelerare **III.** *vr* **sich** *dat* **etw ~** (*fam*) comprarsi qc

zuleide [tsu'laɪdə] *adv* **jdm etw ~ tun** fare del male a qu

zuletzt [tsu'lɛtst] *adv* **1.** (*in Reihenfolge*) per ultimo **2.** (*fam: zum letzten Mal*) l'ultima volta **3.** (*schließlich*) alla fine

zuliebe [tsu'liːbə] *adv* **jdm ~** per amore di qu

Zulieferer <-s, -> *m* fornitori *mpl*

zum [tsʊm] = **zu dem** (*Wend*) **~ Beispiel** per esempio; **~ dritten Mal** per la terza volta; **~ Glück** per fortuna; **es ist ~ Heulen** (*fam*) c'è da piangere; *s. a.* **zu**

zu|machen *vt* (*fam: schließen*) chiudere

zumal [tsu'maːl] **I.** *adv* soprattutto **II.** *konj* **~** tanto più che

zumindest [tsu'mɪndəst] *adv* per lo meno

zumutbar *adj* accettabile

zumute [tsu'muːtə] *adv* **mir war dabei nicht ganz wohl ~** mi sentivo a disagio; **mir ist nicht zum Lachen ~** non ho voglia di ridere

zu|muten *vt* **jdm etw ~** pretendere qc da qu; **jdm zu viel ~** pretendere troppo da qu;

Zumutung <-, -en> *f* sfacciataggine *f*

zunächst [tsu'nɛːçst] *adv* **1.** (*anfangs*) all'inizio **2.** (*vorläufig*) per il momento; **~ einmal** innanzitutto

Zunahme ['tsuːnaːmə] <-, -n> *f* aumento *m;* **eine ~ um 5 %** un aumento del 5 %

Zuname *m* cognome *m*

zünden ['tsʏndən] **I.** *vi* **1.** (*Feuer fangen*) accendersi **2.** (*fig: Begeisterung hervorrufen*) infiammare **II.** *vt* accendere; **zündend** *adj* entusiasmante

Zündflamme *f* fiamma *f* pilota; **Zündholz** <-es, -hölzer> *n* (*A, südd: Streichholz*) fiammifero *m;* **Zündkerze** *f* (AUTO) candela *f* d'accensione; **Zündschloss**[RR] *n* (AUTO) interruttore *m* dell'accensione; **Zündschlüssel** *m* (AUTO) chiavetta *f* d'accensione; **Zündschnur** *f* miccia *f;* **Zündstoff** *m* (*fig*) materia *f* esplosiva

Zündung <-, -en> *f* (AUTO) accensione *f*

zu|nehmen <irr> *vi* **1.** (*wachsen*) aumentare; **an etw** *dat* **~** aumentare di qc **2.** (*dicker werden*) ingrassare **3.** (*fig: sich verstärken*) intensificarsi; **zunehmend** *adj* in aumento; **in ~em Maße** in misura crescente; **mit ~em Alter** invecchiando

Zuneigung *f* affetto *m*

Zunft [tsʊnft] <-, Zünfte> *f* corporazione *f*

Zunge ['tsʊŋə] <-, -n> *f* lingua *f;* **auf der ~ zergehen** sciogliersi in bocca; **sein Name liegt mir auf der ~** ho il suo nome sulla punta della lingua; **Zungenbrecher** *m* (*fam*) scioglilingua *m;* **Zungenspitze** *f* punta *f* della lingua

zunichte [tsu'nɪçtə] *adv* **etw ~ machen** annientare qc; **jds Hoffnungen ~ machen** frustrare le speranze di qu

zunutze [tsu'nʊtsə] *adv* **sich** *dat* **etw ~ machen** trarre vantaggio da qc

zuoberst [tsu'ʔoːbɐst] *adv* in cima

zu|ordnen *vt* assegnare

zu|packen *vi* **1.** (*zugreifen*) afferrare **2.** (*die Gelegenheit ergreifen*) cogliere l'occasione **3.** (*mithelfen*) dare una mano

zupfen ['tsʊpfən] *vt* tirare; (*Gewebe*) sfilacciare; (*Saiten*) pizzicare; **jdn (an etw** *dat***) ~** tirare qu (per qc)

zur [tsuːɐ̯] = **zu der** (*Wend*) **~ Zeit** al momento; **~ Schule gehen** andare a scuola; *s. a.* **zu**

zurechnungsfähig *adj* capace d'intendere e di volere

zurecht|finden [tsu'rɛçtfɪndən] <irr> *vr* **sich** ~ orientarsi; **zurecht|kommen** <irr> *vi sein* **mit etw** ~ venire a capo di qc; **mit jdm** ~ andare d'accordo con qu; **zurecht|legen** *vt* preparare; **zurecht|machen** (*fam*) **I.** *vt* preparare **II.** *vr* **sich** ~ prepararsi; **zurecht|weisen** <irr> *vt* rimproverare

zu|reden *vi* **jdm** ~ (*überreden*) cercare di persuadere qu; (*ermutigen*) incoraggiare qu

Zürich ['tsy:rɪç] *n* Zurigo *f*

zu|richten *vt* **jdn übel** ~ conciare qu per le feste

zurück [tsu'rʏk] *adv* **1.** (*weiter hinten, rückwärts, a fig*) indietro **2.** (*~gekehrt*) di ritorno; **hin und** ~ andata e ritorno; **es gibt kein Zurück mehr** non c'è più ritorno; **seit wann ist Heinz ~?** da quando è tornato Heinz?

zurück|bekommen <irr, ohne ge-> *vt* riottenere; **ich bekomme noch zwei Mark zurück** ricevo ancora due marchi di resto

zurück|bleiben <irr> *vi sein* (*a fig*) rimanere indietro

zurück|bringen <irr> *vt* portare indietro

zurück|datieren <ohne ge-> *vt* retrodatare

zurück|denken <irr> *vi* (**an jdn/etw**) ~ ripensare (a qu/qc)

zurück|erstatten <ohne ge-> *vt* rimborsare

zurück|fahren <irr> **I.** *vt* ricondurre **II.** *vi sein* **1.** (*zum Ausgangspunkt*) ritornare **2.** (*fig: vor Schreck*) ritrarsi

zurück|fallen <irr> *vi sein* **1.** (*in früheren Zustand*) (**in etw** *acc*) ~ ricadere (su qc) **2.** (SPORT) rimanere indietro

zurück|fordern *vt* richiedere

zurück|führen *vt* **1.** (*zurückbringen*) riportare indietro **2.** (*fig: ableiten*) **etw auf etw** *acc* ~ attribuire qc a qc

zurück|geben <irr> *vt* restituire

zurückgeblieben *adj* rimasto indietro; **geistig** ~ ritardato

zurück|gehen <irr> *vi sein* **1.** (*zum Ausgangsort*) ritornare **2.** (*nach hinten, rückwärts*) indietreggiare; (*zurückweichen*) retrocedere; **drei Meter** ~ andare indietro di tre metri **3.** (*fig: abnehmen*) diminuire

zurückgezogen *adj* ritirato

zurück|greifen <irr> *vi* **auf etw** *acc* ~ ricorrere a qc

zurück|halten <irr> **I.** *vt* **1.** (*nicht fortlassen*) trattenere **2.** (*abhalten*) **jdn** (**von etw**) ~ distogliere qu (da qc) **3.** (*unterdrücken*) reprimere **II.** *vr* **sich** ~ **1.** (*sich beherrschen*) trattenersi; (*beim Essen*) moderarsi **2.** (*sich im Hintergrund halten*) tenersi nell'ombra; **zurückhaltend** *adj* riservato; **Zurückhaltung** *f* riservatezza *f*

zurück|holen *vt* andare a riprendere

zurück|kehren *vi sein* ritornare

zurück|kommen <irr> *vi sein* ritornare; **auf etw** *acc* ~ (*fig*) tornare su qc

zurück|lassen <irr> *vt* lasciare

zurück|legen *vt* **1.** (*an seinen Platz*) riporre **2.** (*Kopf*) appoggiare indietro **3.** (*Geld*) mettere da parte **4.** (*Strecke*) percorrere

zurück|nehmen <irr> *vt* **1.** (*Ware*) riprendere **2.** (*fig: Bemerkung*) ritrattare; (*Versprechen*) ritirare

zurück|rufen <irr> *vt* richiamare; **jdm etw ins Gedächtnis** ~ richiamare qc alla mente di qu; **sich** *dat* **etw ins Gedächtnis** ~ rammentarsi di qc

zurück|schicken *vt* **etw** (**an jdn**) ~ rispedire qc (a qu)

zurück|schrecken *vi haben o sein* **vor etw** *dat* ~ indietreggiare spaventato davanti a qc; **vor nichts** ~ non avere paura di niente

zurück|stellen *vt* **1.** (*an seinen Platz*) rimettere (a posto) **2.** (*Uhr*) mettere indietro **3.** (*Interessen*) far passare in second'ordine

zurück|treten <irr> *vi sein* **1.** (*nach hinten gehen*) indietreggiare; **bitte ~!** fate largo!; **einen Schritt** ~ fare un passo indietro **2.** (*fig: sein Amt niederlegen*) dare le dimissioni; **von einem Amt** ~ dimettersi da una carica **3.** (*fig: rückgängig machen*) **von einem Vertrag** ~ rescindere un contratto

zurück|weisen <irr> *vt* **1.** (*Angebot, Vorschlag*) rifiutare **2.** (*Behauptung, Beschuldigung*) respingere

zurück|zahlen *vt* rimborsare; **das werde ich ihm ~!** (*fig fam*) gliela farò pagare!

zurück|ziehen <irr> **I.** *vt* ritirare; (*Auftrag*) revocare **II.** *vr* **sich** ~ ritirarsi; **sich aus der Politik** ~ ritirarsi dalla (vita) politica; **sich von seinen Freunden** ~ isolarsi dai propri amici

Zuruf *m* grido *m;* **zu|rufen** <irr> *vt* **jdm etw** ~ gridare qc a qu

Zusage *f* **1.** (*Versprechen*) promessa *f*

2. (*Zustimmung*) adesione *f;* **zu|sagen I.** *vt* promettere **II.** *vi* **1.** (*annehmen*) accettare **2.** (*gefallen*) piacere; **diese Wohnung sagt mir nicht zu** questo appartamento non mi piace

zusammen [tsu'zamən] *adv* **1.** (*gemeinsam*) insieme; **mit jdm ~ sein** essere insieme a qu; **alle ~** tutti insieme **2.** (*insgesamt*) in tutto; **das macht ~ vier Mark** in totale fanno quattro marchi

Zusammenarbeit *f* collaborazione *f;* **zusammen|arbeiten** *vi* collaborare

zusammen|bauen *vt* montare

zusammen|binden <irr> *vt* legare; **Blumen zu einem Strauß** legare i fiori in un mazzo

zusammen|brechen <irr> *vi sein* crollare; **der Verkehr ist völlig zusammengebrochen** il traffico si è arrestato; **Zusammenbruch** *m* **1.** (*a fig*) crollo *m* **2.** (*Bankrott*) fallimento *m* **3.** (*Nerven~*) collasso *m* nervoso

zusammen|drücken *vt* schiacciare

zusammen|fahren <irr> *vi sein* **1.** (*zusammenstoßen*) (**mit jdm/etw**) **~** scontrarsi (con qu/qc) **2.** (*fig: erschrecken*) (**vor jdm/etw**) **~** trasalire (per qu/qc)

zusammen|fallen <irr> *vi sein* **1.** (*einstürzen*) crollare **2.** (*zeitlich*) coincidere

zusammen|fassen *vt* **1.** (*vereinigen*) riunire; **die Teilnehmer zu Gruppen ~** riunire i partecipanti in gruppi **2.** (*in Bericht*) riassumere; **~d lässt sich sagen, dass ...** concludendo si può dire che ...; **Zusammenfassung** *f* riassunto *m*

zusammen|fügen *vt* (*geh*) congiungere

zusammen|führen *vt* riunire

Zusammengehörigkeit <-> *kein Pl f* affinità *f*

zusammen|halten <irr> **I.** *vt* tenere unito **II.** *vi* essere unito

Zusammenhang *m* rapporto *m;* (*innerer ~*) connessione *f;* (*im Text*) contesto *m;* **etw mit etw in ~ bringen** mettere qc in relazione con qc; **im ~ mit etw stehen** essere in rapporto con qc; **in diesem ~** in questo contesto; **zusammen|hängen** <irr> *vi* **1.** (*fest verbunden sein*) **mit etw ~** essere unito a qc **2.** (*fig: in Beziehung stehen*) essere in relazione; **das hängt damit zusammen, dass ...** ciò dipende dal fatto che ...; **zusammenhängend** *adj* coerente; **zusammenhang(s)los** *adj* sconnesso

zusammen|klappen *vt* (ri)piegare; (*Buch, Messer*) chiudere

zusammen|kommen <irr> *vi sein* (*sich treffen*) incontrarsi; (*sich versammeln*) riunirsi

zusammen|laufen <irr> *vi sein* **1.** (*Menschen*) accorrere **2.** (*Linien, Straßen*) incontrarsi

zusammen|leben *vi* (**mit jdm**) **~** convivere (con qu); **Zusammenleben** *n* convivenza *f*

zusammen|legen *vt* **1.** (*zueinander legen*) mettere insieme **2.** (*falten*) ripiegare **3.** (*vereinigen, gleichzeitig stattfinden lassen*) riunire

zusammen|nehmen <irr> **I.** *vt* raccogliere **II.** *vr* **sich ~** dominarsi

zusammen|passen *vi* andare bene insieme

zusammen|prallen *vi sein* (**mit jdm/etw**) **~** cozzare (contro qu/qc)

zusammen|rechnen *vt* addizionare

zusammen|reißen <irr> *vr* **sich ~** (*fam*) contenersi

zusammen|schlagen <irr> *vt* **1.** (*zerschlagen*) fracassare **2.** (*fam: verprügeln*) **jdn ~** rompere le costole a qu

zusammen|schließen <irr> *vr* **sich** (**gegen jdn/mit jdm**) **~** unirsi (contro/con qu); **Zusammenschluss**[RR] *m* unione *f*

zusammen|sein *vi s.* **zusammen 1.**; **Zusammensein** *n* **1.** (*Beisammensein*) stare *m* insieme **2.** (*Zusammenkunft*) riunione *f*

zusammen|setzen I. *vt* **1.** (*Teile*) comporre **2.** (*montieren*) montare **II.** *vr* **sich ~** **1.** (*sich nebeneinander setzen*) sedersi insieme **2.** (*bestehen*) **sich aus etw ~** essere composto di qc; **Zusammensetzung** <-, -en> *f* composizione *f*

zusammen|stellen *vt* **1.** (*nebeneinander stellen*) mettere insieme **2.** (*Rede, Ausstellung*) comporre; (*Menü, Farben*) combinare; **Zusammenstellung** *f* composizione *f*

Zusammenstoß *m* collisione *f;* **zusammen|stoßen** <irr> *vi sein* scontrarsi

zusammen|treffen <irr> *vi sein* **1.** (*Personen*) incontrarsi **2.** (*Ereignisse*) coincidere; **Zusammentreffen** *n* incontro *m*

zusammen|trommeln *vt* (*fam*) radunare

zusammen|tun <irr> *vr* **sich** (**zu etw**) **~** riunirsi (per qc)

zusammen|wachsen <irr> *vi sein* concrescere; (*fig: Menschen*) affiatarsi

zusammen|zählen *vt* addizionare

zusammen|ziehen <irr> **I.** *vt* **1.** (*enger machen*) restringere **2.** (*Truppen*) concentrare **II.** *vr* **sich** ~ contrarsi **III.** *vi sein* **mit jdm** ~ andare ad abitare insieme a qu

zusammen|zucken *vi sein* (**vor jdm/etw**) ~ trasalire (per qu/qc)

Zusatz *m* **1.** (*~mittel*) additivo *m* **2.** (*zu Brief*) poscritto *m;* (*Nachtrag*) appendice *f;* **Zusatzgerät** *n* adattatore *m*

zusätzlich ['tsu:zɛtslɪç] **I.** *adj* addizionale; (*ergänzend*) supplementare **II.** *adv* in più

zu|schauen *s.* **zusehen**; **Zuschauer(in)** <-s, -; -, -nen> *m(f)* spettatore, -trice *m, f;* **Zuschauertribüne** *f* tribuna *f* (per gli spettatori)

zu|schicken *vt* **jdm etw** ~ inviare qc a qu

Zuschlag *m* (FERR) supplemento *m*

zu|schlagen <irr> **I.** *vt* (*Buch*) chiudere; (*Tür*) sbattere **II.** *vi* **1.** *sein* (*Fenster, Tür*) sbattere **2.** (*Mensch*) picchiare **3.** (*fam: zugreifen*) **bei diesen Preisen muss man gleich** ~ con questi prezzi bisogna approfittarne subito

zuschlagspflichtig *adj* (FERR) con supplemento obbligatorio

zu|schließen <irr> *vt* chiudere a chiave

zu|schneiden <irr> *vt* tagliare

zu|schreiben <irr> *vt* **jdm etw** ~ (*fig*) attribuire qc a qu

Zuschrift *f* lettera *f*

zuschulden *adv* **sich** *dat* **etw** ~ **kommen lassen** rendersi colpevole di qc

Zuschuss[RR] *m* sovvenzione *f*

zu|sehen <irr> *vi* **1.** (*als Zuschauer*) **jdm** ~ stare a guardare qu; **man kann doch nicht (tatenlos) ~, wie ...** non si può stare a guardare come ... **2.** (*dafür sorgen*) ~ **dass ...** fare in modo che *+conj;* **zusehends** *adv* (*merklich*) sensibilmente; (*rasch*) a vista d'occhio

zu|senden <irr> *s.* **zuschicken**

zu|setzen **I.** *vt* (*hinzufügen*) aggiungere **II.** *vi* (*fam*) **1.** (*bedrängen*) **jdm mit etw** ~ importunare qu con qc **2.** (*mitnehmen*) **jdm** ~ provare qu

zu|sichern *vt* (**jdm**) **etw** ~ assicurare qc (a qu)

zu|sperren *vt* (*A, südd: abschließen*) chiudere a chiave

zu|spitzen *vr* **sich** ~ (*Lage, Konflikt*) inasprirsi

zu|sprechen <irr> **I.** *vt* (*zuerkennen*) assegnare; **jdm Trost** ~ rivolgere parole di conforto a qu **II.** *vi* **jdm** ~ esortare qu

Zuspruch *m* (*geh*) **1.** (*Aufmunterung*) esortazione *f;* (*Trost*) consolazione *f* **2.** (*Anklang*) favore *m*

Zustand *m* **1.** stato *m;* (*Lage*) situazione *f;* **in gutem/schlechtem** ~ in buono/cattivo stato **2.** *pl* (*Verhältnisse*) circostanze *fpl*

zustande [tsu'ʃtandə] *adv* **etw** ~ **bringen** riuscire a fare qc; ~ **kommen** realizzarsi

zuständig *adj* competente; (*befugt*) autorizzato; (*verantwortlich*) responsabile; **dafür bin ich nicht** ~ questo esula dalle mie competenze; **Zuständigkeit** <-, -en> *f* **1.** (*Kompetenz*) competenza *f* **2.** (*~sbereich*) sfera *f* di competenza

zustecken *vt* **jdm etw** ~ dare qc di nascosto a qu

zu|stehen <irr> *vi* **jdm** ~ spettare a qu

zu|stellen *vt* **1.** (*versperren*) ostruire **2.** (*form: Post*) distribuire; **Zustellung** *f* (*form*) consegna *f;* (*von Post*) recapito *m*

zu|steuern *vi sein* **auf etw** *acc* ~ dirigersi verso qc

zu|stimmen *vi* **jdm** ~ essere d'accordo con qu; **einer Sache** ~ acconsentire a una cosa; **einem Plan** ~ approvare un piano; **zustimmend** *adv* in segno di approvazione; **Zustimmung** *f* consenso *m;* (*Billigung*) approvazione *f;* **die** ~ **zu etw** il consenso a qc; **allgemeine** ~ **finden** incontrare l'approvazione generale; **seine** ~ **geben** dare il proprio consenso

zu|stoßen <irr> **I.** *vt* (*Tür*) chiudere con uno spintone **II.** *vi* **1.** *haben* (*mit Messer*) colpire **2.** *sein* (*Unglück*) accadere; **hoffentlich ist ihm nichts zugestoßen** speriamo che non gli sia successo niente

Zustrom *m* afflusso *m*

zu|stürzen *vi sein* **auf jdn/etw** ~ precipitarsi verso qu/qc

zutage [tsu'ta:gə] *adv* ~ **bringen** (*fig*) rivelare

Zutaten *fpl* ingredienti *mpl*

zuteil [tsu'taɪl] *adv* (*geh*) **jdm** ~ **werden** toccare a qu; **jdm etw** ~ **werden lassen** far ottenere qc a qu

zu|teilen *vt* (**jdm**) **etw** ~ (*Aufgabe, Rolle*) assegnare qc (a qu); (*Dinge, Lebensmittel*) distribuire qc (a qu)

zutiefst [ʦu'ti:fst] *adv* profondamente; **ich bereue es** ~ me ne pento con tutto il cuore

zu|trauen *vt* **jdm etw** ~ credere qu capace di qc; **jdm nicht viel** ~ non avere una grande opinione di qu; **das traue ich mir nicht zu** non mi sento di farlo; **das hätte ich ihm (gar) nicht zugetraut** non l'avrei creduto capace di una cosa simile; **ihr ist alles zuzutrauen** è capace di tutto; **Zutrauen** <-s> *kein Pl n* fiducia *f;* ~ **zu jdm/etw haben** avere fiducia in qu/qc; **zutraulich** *adj* (*Tier*) mansueto

zu|treffen <irr> *vi* essere giusto; **auf** [*o* **für**] **jdn/etw** ~ valere per qu/qc; **zutreffend** *adj* giusto; **Zutreffendes bitte unterstreichen** sottolineare ciò che interessa

Zutritt *m* accesso *m;* (*Eintritt*) ingresso *m;* **zu etw** ~ **haben** avere accesso a qc; **sich** *dat* **zu etw** ~ **verschaffen** riuscire a introdursi in; ~ **verboten!** ingresso vietato!

Zutun <-s> *kein Pl n* **ohne mein** ~ senza il mio intervento

zuverlässig ['ʦu:fɛɐ̯lɛsɪç] *adj* fidato; (*glaubwürdig*) attendibile; **aus ~er Quelle** da fonte sicura; **Zuverlässigkeit** <-> *kein Pl f* fidatezza *f;* (*Glaubwürdigkeit*) attendibilità *f*

Zuversicht ['ʦu:fɛɐ̯zɪçt] *f* confidenza *f;* **in der festen ~, dass ...** nella ferma speranza che *+conj;* **zuversichtlich** *adj* fiducioso

zuviel *s.* **viel II.**

zuvor [ʦu'fo:ɐ̯] *adv* prima; **am Tag** ~ il giorno prima; **zuvor|kommen** <irr> *vi sein* **jdm** ~ anticipare qu; **jemand ist uns zuvorgekommen** qualcuno ci ha preceduto

zuvorkommend *adj* premuroso

Zuwachs ['ʦu:vaks] <-es, Zuwächse> *m* **1.** (*Anwachsen*) crescita *f;* **der** ~ **an etw** *dat* la crescita di qc **2.** (*Mehrwert*) incremento *m;* **der** ~ **um etw** l'incremento di qc; **Zuwachsrate** *f* tasso *m* di incremento

Zuwanderer(in) <-s, -; -, -nen> *m(f)* immigrante *mf;* **zu|wandern** *vi sein* immigrare; **Zuwanderung** *f* immigrazione *f*

zuwege [ʦu've:gə] *adv* **etw** ~ **bringen** riuscire a fare qc

zuweilen [ʦu'vaɪlən] *adv* (*geh*) qualche volta

zu|weisen <irr> *vt* **jdm etw** ~ assegnare qc a qu

zu|wenden <irr> **I.** *vt* volgere; **jdm den Rücken** ~ voltare le spalle a qu; **jdm seine Aufmerksamkeit** ~ rivolgere la propria attenzione a qu **II.** *vr* **sich jdm/etw** ~ (*sich hinwenden zu*) rivolgersi a qu/qc; (*fig*) dedicarsi a qu/qc; **Zuwendung** *f* **1.** (*Geldbetrag*) sussidio *m* **2.** *sing* (*Beachtung*) attenzione *f*

zuwenig *adv s.* **wenig**

zu|werfen <irr> *vt* gettare; **jdm einen Blick** ~ lanciare un'occhiata a qu

zuwider [ʦu'vi:dɐ] *adv* ripugnante; **er ist mir** ~ mi ripugna; **zuwider|handeln** *vi* **einem Befehl** ~ trasgredire un ordine; **einem Gesetz** ~ contravvenire a una legge

zu|winken *vi* **jdm** ~ fare un cenno a qu

zu|ziehen <irr> *vt* **1.** (*Vorhang*) chiudere; (*Schlinge, Knoten*) stringere **2.** (*Arzt*) consultare **3.** (*bekommen*) **sich** *dat* **eine Krankheit** ~ prendersi una malattia; **sich** *dat* **jds Zorn** ~ tirarsi addosso l'ira di qu

zuzüglich ['ʦu:ʦy:klɪç] *prp +gen* più

zu|zwinkern *vi* **jdm** ~ ammiccare a qu

zwang [ʦvaŋ] *1. u 3. pers sing imp von* **zwingen**

Zwang [ʦvaŋ] <-(e)s, Zwänge> *m* costrizione *f;* (*Gewalt*) forza *f;* (*Druck*) pressione *f;* **etw unter** ~ **tun** fare qc per costrizione; **sich** *dat* **keinen** ~ **antun** non avere soggezione

zwängen ['ʦvɛŋən] **I.** *vt* (*hindurch~*) forzare; (*hinein~*) far entrare con forza **II.** *vr* **sich** ~ (*sich hindurch~*) aprirsi un varco con la forza; (*sich hinein~*) entrare con forza

zwanghaft *adj* forzato; **zwanglos** *adj* naturale; (*Benehmen*) disinvolto

Zwangsarbeit *f* lavori *mpl* forzati; **Zwangseinweisung** *f* internamento *m* forzato; **Zwangsernährung** *f* nutrizione *f* forzata; **Zwangshandlung** *f* azione *f* coatta; **Zwangsjacke** *f* camicia *f* di forza; **jdn in eine** ~ **stecken** mettere la camicia di forza a qu; **Zwangslage** *f* situazione *f* difficile; **sich in einer** ~ **befinden** essere alle strette; **zwangsläufig** *adj* inevitabile; **Zwangsmaßnahme** *f* misura *f* coercitiva; **Zwangsräumung** *f* evacuazione *f* forzata; **zwangsumsiedeln** *vt* trasferire forzatamente; **Zwangsverkauf** *m* vendita *f* forzata; **Zwangsversteigerung** *f* vendita *f* giudiziaria; **Zwangsvorstellung** *f* ossessione *f*

zwanzig ['ʦvanʦɪç] *num* venti

Zwanziguhrnachrichten *fpl* notiziario *m* delle venti

zwar [ʦvaːɐ̯] *adv* **1.** (*erklärend*) **und ~** e precisamente; **bleib stehen, und ~ sofort!** fermati ed anche subito! **2.** (*einräumend*) certo; **es ist ~ anstrengend, aber es lohnt sich** è vero che è faticoso, ma ne vale la pena

Zweck [ʦvɛk] <-(e)s, -e> *m* scopo *m;* (*Absicht*) intenzione *f;* **einem guten ~ dienen** servire una giusta causa; **Mittel zum ~** mezzo per raggiungere uno scopo; **zu diesem ~** a questo scopo; **zu welchem ~?** a quale scopo?; **das hat keinen ~** questo non serve a nulla; **der ~ heiligt die Mittel** (*prov*) il fine giustifica i mezzi

Zwecke ['ʦvɛkə] <-, -n> *f* (*Heft~*) puntina *f* da disegno

zweckentfremden <ohne ge-> *vt* usare per uno scopo diverso da quello previsto; **Zweckgemeinschaft** *f* comunità *f* finalizzata; **zwecklos** *adj* vano; **zweckmäßig** *adj* appropriato; (*nützlich*) utile

zwecks *prp +gen* (ADM) allo scopo di

zwei [ʦvaɪ] *num* due; **wir ~** noi due; **sie arbeitet für ~** lavora per due; *s. a.* **acht; Zweibeiner** <-s, -> *m* bipede *m;* **Zweibettzimmer** *n* camera *f* doppia; **zweideutig** *adj* **1.** (*doppeldeutig*) ambiguo **2.** (*schlüpfrig*) licenzioso

Zweierbeziehung *f* rapporto *m* a due

zweierlei <inv> *adj* **~ Stoff** due materiali diversi; **~ Meinung sein** essere di due opinioni diverse

zweifach *adj* doppio

Zweifel ['ʦvaɪfəl] <-s, -> *m* dubbio *m;* **~ wegen etw haben** nutrire dubbi su qc; **es steht außer ~, dass …** è fuori dubbio che …; **ohne (jeden) ~** indubbiamente; **zweifelhaft** *adj* dubbio; **es ist ~, ob …** è incerto se …; **zweifellos** *adv* indubbiamente

zweifeln *vi* (**an jdm/etw**) **~** dubitare (di qu/qc); (**daran**) **~, dass …** dubitare che *+conj*

Zweifelsfall *m* **im ~** in caso di dubbio; **zweifelsfrei** *adv* fuor di dubbio; **zweifelsohne** *adv* senza dubbio

Zweig [ʦvaɪk] <-(e)s, -e> *m* ramo *m*

zweigeteilt *adj* bipartito; **zweigleisig** *adj* a doppio binario

Zweigstelle *f* succursale *f*

zweihändig ['ʦvaɪhɛndɪç] *adj* a due mani; **zweihundert** *num* duecento; **zweijährig** *adj* di due anni; **Zweikampf** *m* duello *m;* **zweimal** *adv* due volte; **~ täglich** [*o* **am Tag**] due volte al giorno; **sich** *dat* **etw nicht ~ sagen lassen** non farsi dire qc due volte; **zweimotorig** *adj* bimotore; **Zweirad** *n* biciclo *m;* **zweischneidig** *adj* a doppio taglio; **das ist ein ~es Schwert** (*fig*) è un'arma a doppio taglio; **zweiseitig** *adj* che ha due lati; (*Stoff*) double face; **Zweisitzer** *m* automobile *f* biposto; (AERO) biposto *m;* **zweisprachig** *adj* bilingue; **Zweisprachigkeit** <-> *kein Pl f* bilinguismo *m;* **zweispurig** *adj* (*Straße*) a due corsie; **zweistellig** *adj* di due cifre; **zweistimmig** *adj* a due voci; **Zweitakter** <-s, -> *m,* **Zweitaktmotor** *m* (AUTO, TEC) motore *m* a due tempi

zweitälteste(r, s) *adj* secondo, -a (per età); **zweitbeste(r, s)** *adj* secondo, -a (in graduatoria)

zweite *s.* **zweite(r, s)**

Zweite ['ʦvaɪtə] <ein -r, -n, -n> *mf* secondo, -a *m, f*

Zweiteiler <-s, -> *m* (*fam*) **1.** (*Bikini*) due pezzi *m* **2.** (*Kleid*) completo *m;* **zweiteilig** *adj* di due parti; (*Kleidungsstück*) a due pezzi

zweitens *adv* (in) secondo (luogo)

zweite(r, s) *adj* secondo, -a; (*bei Datumsangaben*) due; **~r Klasse** di seconda classe; **aus ~r Hand** di seconda mano; **in ~r Ehe** in seconde nozze; *s. a.* **achte(r, s)**

zweitgrößte(r, s) *adj* secondo, -a per ordine di grandezza; **zweitjüngste(r, s)** *adj* penultimo, -a per età; **zweitklassig** *adj* di second'ordine; **zweitletzte(r, s)** *adj* penultimo, -a; **zweitrangig** *adj* secondario; **Zweitschlüssel** *m* chiave *f* di riserva

zweitürig *adj* a due porte

Zweitwagen *m* seconda macchina *f;* **Zweitwohnung** *f* seconda casa *f*

Zweizimmerwohnung *f* appartamento *m* di due camere

Zwerchfell ['ʦvɛrçfɛl] *n* (ANAT) diaframma *m*

Zwerg(in) [ʦvɛrk] <-(e)s, -e; -, -nen> *m(f)* nano, -a *m, f;* **zwergenhaft** *adj* nano; **Zwergpudel** *m* barboncino *m;* **Zwergwuchs** *m* nanismo *m*

Zwetsch(g)e ['ʦvɛʧ(g)ə] <-, -n> *f* prugna *f;* **Zwetsch(g)enbaum** *m* prugno *m;* **Zwetsch(g)enwasser** *n* prunella *f*

Zwetschke <-, -n> *f* (*A*) prugna *f*

zwicken ['tsvɪkən] *vt* **1.** (*bes A, südd: kneifen*) pizzicare **2.** (*A: Fahrscheine lochen*) forare

Zwicker <-s, -> *m* (*A*) pincenez *m*

Zwickmühle *f* **in einer ~ sein** (*fig fam*) trovarsi in un pasticcio

Zwieback ['tsviːbak] <-(e)s, -e> *m* fetta *f* biscottata

Zwiebel ['tsviːbəl] <-, -n> *f* cipolla *f;* **Zwiebelsuppe** *f* zuppa *f* di cipolle

Zwielicht *n* crepuscolo *m;* (*morgens*) alba *f;* **zwielichtig** *adj* (*fig pej*) ambiguo; **Zwiespalt** <-(e)s> *kein Pl m* conflitto *m* interiore; **in einen ~ geraten** trovarsi in conflitto; **zwiespältig** ['tsviːʃpɛltɪç] *adj* contraddittorio; **Zwietracht** ['tsviːtraxt] <-> *kein Pl f* (*geh*) discordia *f;* **~ säen** fomentare discordia

Zwilling ['tsvɪlɪŋ] <-s, -e> *m* **1.** (*Geschwister*) gemello, -a *m, f;* **eineiige ~e** gemelli monovulari **2.** (ASTR) Gemelli *mpl;* **er/sie ist (ein) ~** è dei Gemelli; **Zwillingsbruder** *m* (fratello *m*) gemello *m;* **Zwillingspaar** *n* gemelli *mpl;* **Zwillingsschwester** *f* (sorella *f*) gemella *f*

zwingen ['tsvɪŋən] <zwingt, zwang, gezwungen> **I.** *vt* costringere; **jdn zu etw ~** costringere qu a fare qc; **ich sehe mich gezwungen abzureisen** mi vedo costretto a partire **II.** *vr* **sich (zu etw) ~** costringersi (a fare qc); **zwingend** *adj* convincente

Zwinger <-s, -> *m* (*Hunde~*) canile *m*

zwingt *3. pers sing pr von* **zwingen**

zwinkern ['tsvɪŋkɐn] *vi* (**mit den Augen**) ~ strizzare gli occhi

Zwirn [tsvɪrn] <-(e)s, -e> *m* refe *m*

zwischen ['tsvɪʃən] *prp +acc o dat* fra, tra; **~ uns** fra noi; **~ fünf und sechs Uhr** fra le cinque e le sei; **Zwischenablage** *f* (INFORM) clipboard *m;* **Zwischenaufenthalt** *m* breve sosta *f;* **Zwischenbemerkung** *f* osservazione *f;* **Zwischenbericht** *m* rapporto *m* intermedio; **Zwischenbilanz** *f* bilancio *m* intermedio; **eine ~ ziehen** (*fig*) fare un bilancio provvisorio; **zwischendurch** *adv* **1.** (*in der Zwischenzeit*) nel frattempo **2.** (*nebenbei*) tra l'altro; **Zwischenergebnis** *n* risultato *m* provvisorio; **Zwischenfall** *m* incidente *m;* **die Demonstration verlief ohne Zwischenfälle** la dimostrazione si svolse senza incidenti; **Zwischenfrage** *f* **jdm eine ~ stellen** interrompere qu con una domanda; **erlauben Sie mir eine ~** mi permetta una domanda; **Zwischenhalt** *m* (*CH*) sosta *f;* **Zwischenhandel** *m* commercio *m* di commissione; **Zwischenhändler(in)** *m(f)* intermediario, -a *m, f;* **Zwischenlager** *n* centro *m* transitorio di raccolta; **zwischen|lagern** *vt* depositare; **zwischen|landen** *vi sein* fare scalo; **Zwischenlandung** *f* scalo *m;* **Zwischenmahlzeit** *f* spuntino *m;* (*am Nachmittag*) merenda *f;* **zwischenmenschlich** *adj* **~e Beziehungen** rapporti umani; **Zwischenprüfung** *f* esame *m* preliminare; **Zwischenraum** *m* spazio *m;* **Zwischenruf** *m* interruzione *f;* **Zwischenrunde** *f* (SPORT) semifinale *f;* **Zwischenstation** *f* stazione *f* intermedia; **~ machen** fermarsi ad una stazione intermedia; **Zwischensumme** *f* somma *f* parziale; **Zwischenzeit** *f* **in der ~** nel frattempo

Zwist [tsvɪst] <-es, -e> *m* (*geh*) discordia *f*

zwitschern ['tsvɪtʃɐn] *vi* cinguettare

Zwitter ['tsvɪtɐ] <-s, -> *m* ermafrodito *m*

zwölf [tsvœlf] *num* dodici; **(um) ~ Uhr mittags** a mezzogiorno; **(um) ~ Uhr nachts** a mezzanotte; *s. a.* **acht**; **Zwölffingerdarm** *m* (ANAT) duodeno *m*

Zyklus ['tsyːklʊs] <-, Zyklen> *m* ciclo *m*

Zylinder [tsi'lɪndɐ] <-s, -> *m* (*Hut,* TEC) cilindro *m;* **zylinderförmig** *adj* cilindrico

Zyniker(in) ['tsyːnɪkɐ] <-s, -; -, -nen> *m(f)* cinico, -a *m, f*

zynisch *adj* cinico

Zynismus [tsy'nɪsmʊs] <-, *rar* Zynismen> *m* cinismo *m*

Zypern ['tsyːpɐn] *n* Cipro *f*

Zyprer(in) *m(f) s.* **Zypr(i)er**

Zypresse [tsy'prɛsə] <-, -n> *f* cipresso *m*

Zypr(i)er(in) ['tsyːpr(i)ɐ] <-s, -; -, -nen> *m(f),* **Zypriot(in)** [tsypri'oːt] <-en, -en; -, -nen> *m(f)* cipriota *mf*

zypriotisch *adj,* **zyprisch** *adj* cipriota

Zyste ['tsʏstə] <-, -n> *f* (MED) cisti *f*

z. Zt. *abk v* **zur Zeit** attualmente

Anhang II

Appendice II

Italienische Kurzgrammatik
Minigrammatica della lingua italiana

Der Artikel

Der Artikel richtet sich in Geschlecht und Zahl nach dem Substantiv.

Bestimmter Artikel

m	*sing*	*pl*
allgemein vor *Konsonant*	il treno	i treni
vor *s + Konsonant, gn, ps, x, z, i* und *y + Vokal*	lo sciopero lo zio	gli scioperi gli zii
vor *Vokal*	l'anno	gli anni
f		
vor *Konsonant*	la strada	le strade
vor *Vokal*	l'ora	le ore

Verschmelzung von Präpositionen mit dem bestimmten Artikel

	il	lo	l'	la	i	gli	le
a	al	allo	all'	alla	ai	agli	alle
da	dal	dallo	dall'	dalla	dai	dagli	dalle
di	del	dello	dell'	della	dei	degli	delle
in	nel	nello	nell'	nella	nei	negli	nelle
su	sul	sullo	sull'	sulla	sui	sugli	sulle

- Anders als im Deutschen ist im Italienischen die Verschmelzung von Präpositionen mit dem bestimmten Artikel obligatorisch.

Unbestimmter Artikel und Teilungsartikel

m	*sing*		*pl*
	zählbar	*nicht zählbar*	*zählbar*
allgemein vor *Konsonant*	un treno ein Zug	del sale (etwas) Salz	dei treni (einige) Züge
vor *s + Konsonant, gn, ps, x, z, i* und *y + Vokal*	uno sciopero ein Streik	dello zucchero (etwas) Zucker	degli scioperi (einige) Streiks
vor *Vokal*	un anno ein Jahr	dell'aceto (etwas) Essig	degli anni (einige) Jahre
f			
vor *Konsonant*	una casa ein Haus	della frutta (etwas) Obst	delle case (einige) Häuser
vor *Vokal*	un'ora eine Stunde	dell'acqua (etwas) Wasser	delle ore (einige) Stunden

- Den unbestimmten Artikel **un, …** gibt es, ähnlich wie im Deutschen **ein, …**, nur im Singular bei zählbaren Substantiven. Im Singular bei nicht zählbaren Substantiven und im

Plural bei zählbaren Substantiven (im Deutschen jeweils ohne Artikel) steht der **Teilungsartikel** – die Verschmelzungsform von **di** mit dem bestimmten Artikel. Der Teilungsartikel bezeichnet sowohl im Singular als auch im Plural eine nicht nähere bestimmte Menge:

Compro del pane.	Ich kaufe (etwas) Brot.
Ho incontrato degli amici.	Ich habe (einige) Freunde getroffen.

Das Substantiv

Das Geschlecht der Substantive

Das Substantiv hat zwei Geschlechtsformen:

Maskulinum *m*	il treno lo studente	der Zug der Student
Femininum *f*	la strada la lezione	die Straße die Lektion

- Ein Neutrum kennt das Italienische nicht.
- Substantive auf **-o** sind meist männlich; Substantive auf **-a** sind meist weiblich; Substantive auf **-e** können männlich oder weiblich sein.

Pluralbildung der Substantive

Das Substantiv hat zwei Numerusformen. Die Pluralform (*pl*) unterscheidet sich von der Singularform (*sing*) nach den folgenden Regeln:

1. Grundregel

	sing	*pl*
m	il tren**o**	i tren**i**
m, f	il mar**e** la torr**e**	i mar**i** le torr**i**
f	la strad**a**	le strad**e**

2. Substantive auf *-co, -ca, -go, -ga*

sing	il buco	*pl*	i buchi
	la bocca		le bocche
	il lago		i laghi
	la bottega		le botteghe

- Vor allem bei den Substantiven mit Betonung auf der vorletzten Silbe wird hinter **-c-** und **-g-** des Singulars im Plural ein **-h-** geschrieben; die Aussprache des Singulars bleibt erhalten.
  Ausnahme: l'amico – gli amici

sing	il medico	*pl*	i medici
	l'asparago		gli asparagi

- Vor allem bei den Substantiven mit Betonung auf der drittletzten Silbe wird hinter **-c-** und **-g-** des Singulars im Plural kein **-h-** geschrieben.

3. Männliche Substantive auf *-a*

sing	il problema	*pl*	i problemi
	il geometra		i geometri

4. Substantive mit unveränderter Form des Plurals

sing	la città	*pl*	le città
	il film		i film
	il cinema		i cinema
	la foto		le foto

5. Einzelfälle

sing	la mano	die Hand	*pl*	le mani
	l'uovo *m*	das Ei		le uova *f*
	l'uomo	der Mensch, der Mann		gli uomini

→ Im Wörterbuch sind die unregelmäßigen Pluralformen immer angegeben.
Beispiele: fuoco <-chi> città <-> uomo <uomini>

Das Adjektiv

Geschlecht und Zahl des Adjektivs

sing		*pl*	
m	*f*	*m*	*f*
caldo	calda	caldi	calde
mite		miti	

- Das Adjektiv wird in Geschlecht und Zahl verändert, und zwar sowohl vor oder nach einem Substantiv (*le belle case, una ragazza simpatica*), als auch, im Unterschied zum Deutschen, nach einem Verb (*queste case sono belle*).
- Auf die Adjektive auf -**co**, -**go**, -**io** sind im Plural die Regeln für die Schreibung der Substantive auf -**co, ...** anzuwenden.

Stellung des Adjektivs

Das Adjektiv steht im Italienischen meist nach dem Substantiv. Folgende Adjektive können jedoch vor dem Substantiv stehen: *bello, bravo, buono, caro, cattivo, giovane, grande, piccolo, santo, strano, vecchio.*

- **Bello, buono, grande** und **santo** haben Sonderformen, wenn sie vor einem Substantiv stehen:

– **bello** hat vor maskulinen Substantiven die Formen **bel, bell', bello, bei, begli** in derselben Verteilung wie die Formen des Demonstrativadjektivs **quello**.

– **buono** hat im Singular vor maskulinen Substantiven (außer vor *s + Konsonant, gn, ps, x, z*) die Form **buon**.

- **grande** kann vor Konsonant des nachfolgenden Wortes (außer vor *s + Konsonant, gn, ps, x, z*) zu **gran** verkürzt werden, vor Vokal zu **grand'**.
- **santo** wird vor Konsonant bei Namen männlicher Heiliger (außer vor *s + Konsonant*) zu **san** verkürzt, vor Vokal bei Heiligennamen zu **sant'**.

Steigerung des Adjektivs

Positiv	una macchina veloce	ein schnelles Auto
Komparativ	una macchina più veloce	ein schnelleres Auto
relativer Superlativ	la macchina più veloce del mondo	das schnellste Auto der Welt
absoluter Superlativ	una macchina velocissima	ein sehr schnelles Auto

- **buono, cattivo, grande** und **piccolo** haben außer den regelmäßigen Formen (wie *più buono – il più buono – buonissimo*) auch noch unregelmäßige Steigerungsformen:

buono	**migliore**	**il migliore**	**ottimo**
cattivo	**peggiore**	**il peggiore**	**pessimo**
grande	**maggiore**	**il maggiore**	**massimo**
piccolo	**minore**	**il minore**	**minimo**

Demonstrativadjektiv

questo, ... der hier, dieser	*m*	*sing*	*pl*
	vor *Konsonant*	questo treno	questi treni
	vor *Vokal*	quest'anno	questi anni
	f		
	vor *Konsonant*	questa casa	queste case
	vor *Vokal*	quest'ora	queste ore

- **questo, ...** verweist auf Sachen/Personen/Sachverhalte in zeitlicher oder räumlicher Nähe.

quel, ... der da, jener	*m*	*sing*	*pl*
	vor *Konsonant*	quel treno	quei treni
	vor *s + Konsonant, gn, ps, x, z, i* und *y + Vokal*	quello zio	quegli zii
	vor *Vokal*	quell'anno	quegli anni
	f		
	vor *Konsonant*	quella casa	quelle case
	vor *Vokal*	quell'ora	quelle ore

- **quel, ...** verweist auf Sachen/Personen/Sachverhalte in zeitlicher oder räumlicher Entfernung.

Possessivadjektiv

Person des Besitzers		Geschlecht und Zahl des Substantivs, das den Besitz bezeichnet				
		m			*f*	
		sing		*pl*	*sing*	*pl*
sing	**1.pers**	il mio	mein	i miei	la mia	le mie
	2.pers	il tuo	dein	i tuoi	la tua	le tue
	3.pers	il suo	sein, ihr	i suoi	la sua	le sue
pl	**1.pers**	il nostro	unser	i nostri	la nostra	le nostre
	2.pers	il vostro	euer	i vostri	la vostra	le vostre
	3.pers	il loro	ihr	i loro	la loro	le loro

- Die **Höflichkeitsform** ist im Singular die 3. Person, oft mit Großschreibung: **il Suo, ...**; im Plural ist es die 2. Person, seltener die 3. Person: **il Vostro, ..., il Loro, ...**.
- Vor Verwandtschaftsbezeichnungen wie *madre, padre, sorella, fratello, nonna, nonno, zia, zio, nipote,...* stehen die Possessivartikel im Singular in einer verkürzten Form: *mia madre, nostro zio,...*. Die volle Form steht bei Verwandschaftsbezeichnungen im Plural (*i suoi fratelli*) und bei *loro* (*la loro sorella*).
- Das Possessivadjektiv steht im Allgemeinen vor dem Substantiv, in einigen Ausdrücken aber auch danach: *a casa mia, per colpa sua,...*.
- Das Possessivadjektiv wird vor Körperteilen und im Allgemeinen vor Substantiven weggelassen, wenn deren Zugehörigkeit eindeutig ist:

  Ha perso il figlio in guerra. — Sie hat ihren Sohn im Krieg verloren.

Das Pronomen

1. Personalpronomen

Das Italienische kennt betonte und unbetonte Personalpronomen:

Gli do ragione.	*(unbetont)*	Ich gebe ihm recht.
Do ragione a lui.	*(betont)*	Ich gebe ihm recht.

Unbetontes Personalpronomen

	sing					*pl*				
	1.pers	**2.pers**	**3.pers**			**1.pers**	**2.pers**	**3.pers**		
			m	*f*	*rfl*			*m*	*f*	*rfl*
direktes Objekt (wen?)	mi	ti	lo	la	si	ci	vi	li	le	si
indirektes Objekt (wem?)			gli	le				loro/gli		

Betontes Personalpronomen

	sing					*pl*				
	1.pers	**2.pers**	**3.pers**			**1.pers**	**2.pers**	**3.pers**		
			m	*f*	*rfl*			*m*	*f*	*rfl*
Subjekt (wer?)	io	tu	lui esso	lei essa		noi	voi	loro essi	loro esse	
direktes Objekt (wen?)	me	te	lui	lei	sé	noi	voi	loro	loro	sé
indirektes Objekt (wem?)	a me	a te	a lui a esso	a lei a essa	a sé	a noi	a voi	a loro a essi	a loro a esse	a sé

- Die **Höflichkeitsform** ist im Singular die weibliche 3. Person: **La, Le, Lei, a Lei**; im Plural ist es die 2. Person: **Vi, Voi, a Voi**, seltener die 3. Person: **Li, Le, Loro, a Loro**.
- Im Allgemeinen sind Subjektpronomen im Italienischen nicht obligatorisch. Sie treten nur in der betonten Form auf:

  Amo la musica. — Ich liebe Musik.
  Io amo la musica e lui il teatro. — Ich liebe Musik und er das Theater.

- Im Allgemeinen treten Objektpronomen in der unbetonten Form auf. Das betonte Personalpronomen wird verwendet, wenn die Person besonders hervorgehoben werden soll:

  ~ Ti è piaciuta la festa? — Hat dir die Fete gefallen?
  ≈ A me no, e a te? — Mir nicht, und dir?
  ~ Neanche a me. — Mir auch nicht.

- Das unbetonte Personalpronomen steht vor dem Verb:

  Ti vedo — Ich sehe dich.
  Mi fate un piacere. — Ihr tut mir einen Gefallen.

  oder es wird beim Infinitiv, beim Gerundium, beim Partizip und beim bejahten Imperativ der 2. Person Singular und der 1. und 2. Person Plural an das Verb angehängt:

  Bisogna farlo. — Man muss es tun.
  Fatemi un piacere! — Tut mir einen Gefallen!

Loro steht immer nach dem Verb.

- Die Objektformen des betonten Personalpronomens stehen nach dem Verb:

  Amo solo te. — Ich liebe nur dich.

Die Pronomen *ci* und *ne*

ci	Ci puoi contare. Andate a Roma/da Luigi? Sì, ci andiamo.	Du kannst damit rechnen. Fahrt ihr nach Rom/zu Luigi? Ja, wir fahren hin/dorthin.
ne	Abbiamo visto i tuoi risultati e ne siamo fieri. Wir haben deine Ergebnisse gesehen und wir sind stolz darauf. Vuole delle patate? Sì, ne prendo un chilo. Möchten Sie Kartoffeln? Ja, ich nehme ein Kilo (davon).	
	La nave si allontana dalla costa. →La nave se ne allontana. Das Schiff entfernt sich von der Küste. →Das Schiff entfernt sich davon.	

- Als unbetontes Pronomen ersetzt **ci** Ausdrücke mit **a, con** oder **su** in der Bedeutung *damit, davon, daran*.... Als Ortsadverb wird **ci** in der Bedeutung *dort, dorthin* verwendet.
- Als unbetontes Pronomen ersetzt **ne** Ergänzungen mit **di** und **da.** Als Ersatz für Ausdrücke mit **di** hat **ne** auch die partitive Bedeutung *davon.* Als Ortsadverb wird **ne** in der Bedeutung *von dort, davon* verwendet.

Kombinationsformen des unbetonten Personalpronomens

	lo	la	li	le	ne
mi	me lo	me la	me li	me le	me ne
ti	te lo	te la	te li	te le	te ne
gli le	glielo	gliela	glieli	gliele	gliene
ci	ce lo	ce la	ce li	ce le	ce ne
vi	ve lo	ve la	ve li	ve le	ve ne
si	se lo	se la	se li	se le	se ne

- Zu **loro**, das immer nach dem Verb steht, gibt es keine Kombinationsformen.

2. Demonstrativpronomen

	sing			*pl*	
	m	*f*	*neutral*	*m*	*f*
dieser (hier)	questo	questa	questo/ciò	questi	queste
der da	quello	quella	quello/ciò	quelli	quelle

- **Quello** wird auch verwendet, um ein zuvor genanntes Substantiv zu ersetzen:

I miei genitori e quelli del mio ragazzo non si conoscono ancora.	Meine Eltern und die meines Freundes kennen sich noch nicht.

- **Questo** und **quello** werden benutzt, um Sachverhalte zu bezeichnen:

Non volevo dire questo.	Ich meinte nicht das.
Pensi sempre e solo a quello.	Du denkst immer nur an das eine.

- Weitere Demonstrativpronomen sind **tale, lo stesso, il medesimo**.

3. Relativpronomen

	sing		pl	
	m	*f*	*m*	*f*
als Subjekt/direktes Objekt	che			
nach Präpositionen	cui			
in jeder Position	il quale	la quale	i quali	le quali

Le donne che vedo ... Die Frauen, die ich sehe, ...

- Das Relativpronomen **cui** kann auch nach dem bestimmten Artikel vorkommen: **il/la cui, i/le cui.** In diesem Fall dient das zur Wiedergabe des deutschen *dessen/deren*:

  La Toscana, i cui vini sono ottimi, ... Die Toskana, deren Weine sehr gut sind,...
  Petrarca, le cui opere io ammiro molto, ... Petrarca, dessen Werke ich sehr bewundere, ...

Der Artikel richtet sich nach dem darauf folgenden Substantiv.

4. Possessivpronomen

- Das Possessivpronomen **il mio,...** entspricht in seinen Formen dem Possessivadjektiv **il mio,...** (Siehe S. 434)

Adjektiv: La tua casa è molto grande, Dein Haus ist sehr groß,
Pronomen: la nostra è più piccola. unseres ist kleiner.

5. Interrogativpronomen

Das Interrogativpronomen kann sich auf eine Person, eine Sache/Sachverhalt oder auf eine Menge beziehen.

Person	**Sache/Sachverhalt**		**Menge**			
	sing	*pl*	*sing*		*pl*	
			m	*f*	*m*	*f*
chi?	(che) cosa?		quanto?	quanta?	quanti?	quante?
	che?					
	quale?	quali?				

- Die Interrogativpronomen **quale** und **che** *welcher* werden gebraucht, um nach einer Person oder nach genauen Sachen/Sachverhalten zu fragen:

  Che libri leggi? Welche Bücher liest du?

Die Formen des Verbs

1. Die regelmäßigen Verben

Im Italienischen unterscheidet man drei Konjugationen: die Verben auf -**are** (amare), auf -**ere** (vendere) und auf -**ire** (partire, capire)

Indikativ

Präsens					
		-are	**-ere**	**-ire**	
		amare lieben	vendere verkaufen	partire abreisen	capire verstehen
sing	**1.pers**	am**o**	vend**o**	part**o**	cap**isco**
	2.pers	am**i**	vend**i**	part**i**	cap**isci**
	3.pers	am**a**	vend**e**	part**e**	cap**isce**
pl	**1.pers**	am**iamo**	vend**iamo**	part**iamo**	cap**iamo**
	2.pers	am**ate**	vend**ete**	part**ite**	cap**ite**
	3.pers	am**ano**	vend**ono**	part**ono**	cap**iscono**

- Die **Höflichkeitsform** ist die 3. Person des Singulars, wenn nur eine Person angesprochen wird; es ist die 2. Person des Plurals, seltener die 3. Person des Plurals, wenn mehrere Personen angesprochen werden.
- Die Verben auf -**ere** werden im Infinitiv teils auf der drittletzten Silbe, teils auf der vorletzten Silbe betont (vendere, godere); die übrigen Formen dieser Verben stimmen miteinander überein.
- Einige Verben auf -**ire** haben im Präsens Sonderformen mit Einschub von -**isc**-.

→ Bei diesen Verben ist im Wörterbuch immer die erste Person Präsens angegeben.

Beispiel: preferire <preferisco>

- Bei Verben auf -**care** und -**gare** wird vor **e** und **i** der Endung -**ch**- und -**gh**- geschrieben:

mancare — **manco, manchi, manca, manchiamo, ..., mancherò, ...**
pagare — **pago, paghi, paga, paghiamo, ..., pagherò, ...**

- Bei Verben auf -**cere** und -**gere** variiert die Aussprache von -**c**- und -**g**- je nach der Endung.

vincere — **vinco, vinci,...**
conoscere — **conosco, conosci,...**
leggere — **leggo, leggi,...**

- Bei Verben auf -**iare** entfällt unbetontes **i** vor dem **i** der Endung:

studiare — **studio, studi, studia, studiamo,...**

Betontes **i** bleibt erhalten:

inviare — **invio, invii,...**
sciare — **scio, scii,...**

- Bei Verben auf -**ciare** und -**giare** entfällt das Schreibzeichen **i** vor **i** und **e** der Endung:

cominciare — **comincio, cominci, comincia,..., comincerò,...**
mangiare — **mangio, mangi, mangia,..., mangerò,...**

- Einige Verben auf -**are** werden im Präsens Singular auf der drittletzten Silbe betont, in der 3. Person Plural auf der viertletzten:

telefonare — **telefono, telefoni, telefona, telefoniamo, telefonate, telefonano**

Imperfekt				
sing	**1. pers**	am**avo**	vend**evo**	part**ivo**
	2. pers	am**avi**	vend**evi**	part**ivi**
	3. pers	am**ava**	vend**eva**	part**iva**
pl	**1. pers**	am**avamo**	vend**evamo**	part**ivamo**
	2. pers	am**avate**	vend**evate**	part**ivate**
	3. pers	am**avano**	vend**evano**	part**ivano**

Passato remoto				
sing	**1. pers**	am**ai**	vend**ei**	part**ii**
	2. pers	am**asti**	vend**esti**	part**isti**
	3. pers	am**ò**	vend**è**/vend**ette**	part**ì**
pl	**1. pers**	am**ammo**	vend**emmo**	part**immo**
	2. pers	am**aste**	vend**este**	part**iste**
	3. pers	am**arono**	vend**erono**	part**irono**

Futur				
sing	**1. pers**	am**erò**	vend**erò**	part**irò**
	2. pers	am**erai**	vend**erai**	part**irai**
	3. pers	am**erà**	vend**erà**	part**irà**
pl	**1. pers**	am**eremo**	vend**eremo**	part**iremo**
	2. pers	am**erete**	vend**erete**	part**irete**
	3. pers	am**eranno**	vend**eranno**	part**iranno**

Perfekt (Passato prossimo)					
sing	**1. pers**	ho	amato/venduto/capito	sono	partito/partita
	2. pers	hai		sei	
	3. pers	ha		è	
pl	**1. pers**	abbiamo		siamo	partiti/partite
	2. pers	avete		siete	
	3. pers	hanno		sono	

Plusquamperfekt			
sing	**1. pers**	avevo amato/venduto/capito	ero partito/partita
	...	...	...

Futur II			
sing	**1. pers**	avrò amato/venduto/capito	sarò partito/partita
	...	...	...

- Perfekt, Plusquamperfekt und Futur II werden mit dem Hilfsverb *avere* gebildet *(ho amato,...)*; bei Verben der Bewegung oder der Veränderung eines Zustands stehen die Formen von *essere (sono partito,...)*, ebenso bei reflexiven Verben *(mi sono lavato,...)* und dem Verb *essere* selbst *(sono stato,...)*.

Konjunktiv

Präsens						
sing	**1. pers**	che io	am**i**	vend**a**	part**a**	cap**isca**
	2. pers	che tu	am**i**	vend**a**	part**a**	cap**isca**
	3. pers	che lui	am**i**	vend**a**	part**a**	cap**isca**
pl	**1. pers**	che noi	am**iamo**	vend**iamo**	part**iamo**	cap**iamo**
	2. pers	che voi	am**iate**	vend**iate**	part**iate**	cap**iate**
	3. pers	che loro	am**ino**	vend**ano**	part**ano**	cap**iscano**

Imperfekt					
sing	**1. pers**	che io	am**assi**	vend**essi**	part**issi**
	2. pers	che tu	am**assi**	vend**essi**	part**issi**
	3. pers	che lui	am**asse**	vend**esse**	part**isse**
pl	**1. pers**	che noi	am**assimo**	vend**essimo**	part**issimo**
	2. pers	che voi	am**aste**	vend**este**	part**iste**
	3. pers	che loro	am**assero**	vend**essero**	part**issero**

Perfekt (Passato prossimo)					
sing	**1. pers**	abbia		sia	
	2. pers	abbia		sia	partito/partita
	3. pers	abbia	amato/venduto/capito	sia	
pl	**1. pers**	abbiamo		siamo	
	2. pers	abbiate		siate	partiti/partite
	3. pers	abbiano		siano	

Plusquamperfekt			
sing	**1. pers**	avessi amato/venduto/capito	fossi partito/partita
	...	...	...

Konditional

Präsens				
sing	**1. pers**	am**erei**	vend**erei**	part**irei**
	2. pers	am**eresti**	vend**eresti**	part**iresti**
	3. pers	am**erebbe**	vend**erebbe**	part**irebbe**
pl	**1. pers**	am**eremmo**	vend**eremmo**	part**iremmo**
	2. pers	am**ereste**	vend**ereste**	part**ireste**
	3. pers	am**erebbero**	vend**erebbero**	part**irebbero**

Perfekt (Passato prossimo)					
sing	**1. pers**	avrei	amato/ venduto/capito	sarei	partito/partita
	2. pers	avresti		saresti	
	3. pers	avrebbe		sarebbe	
pl	**1. pers**	avremmo		saremmo	partiti/partite
	2. pers	avreste		sareste	
	3. pers	avrebbero		sarebbero	

Imperativ

sing	**2. pers**	ama!	liebe!	vendi!	parti!	capisci!
	3. pers	ami!	lieben Sie!	venda!	parta!	capisca!
pl	**1. pers**	amiamo!	lieben wir!	vendiamo!	partiamo!	capiamo!
	2. pers	amate!	liebt, lieben Sie!	vendete!	partite!	capite!
	3. pers	amino!	lieben Sie!	vendano!	partano!	capiscano!

Passiv

Das Passiv wird mit den Formen von *essere* und dem Partizip Passiv gebildet:

sono amato/amata	ich werde geliebt
ero amato/amata	ich wurde geliebt

...

Daneben gibt es die Formen mit *venire* und dem Partizip Passiv:

vengo informato	ich werde informiert/ich bekomme eine Information
vengo aiutato	mir wird geholfen/ich erhalte Hilfe

Infinitiv, Partizip und Gerundium

Infinitiv		am**are**	vend**ere**	part**ire**
Partizip	**Präsens**	am**ante**	vend**ente**	part**ente**
	Perfekt und Passiv	am**ato**	vend**uto**	part**ito**
Gerundium		am**ando**	vend**endo**	part**endo**

2. Die unregelmäßigen Verben

Unregelmäßig sind vor allem Verben auf -**ere** und auf -**ire** und zwar fast immer deren Formen des Passato remoto und das Partizip Perfekt, manchmal auch weitere Zeitformen. Beim Passato remoto der unregelmäßigen Verben kann man dennoch eine Regelmäßigkeit feststellen: Die Abweichungen von der Regel sind meist in der 1. und 3. Person Singular und in der 3. Person Plural. *Beispiel*:

vedere **vidi**, vedesti, **vide**, vedemmo, vedeste, **videro**.

→ Bei unregelmäßigen Verben sind im Wörterbuch die 1. Person Singular des Präsens und des Passato remoto und das Partizip Perfekt immer angegeben.

Beispiel: **fare** <faccio, feci, fatto>.

Außerdem befindet sich im Anhang nach der Grammatik eine Liste der unregelmäßigen italienischen Verben.

Das Adverb

Adverbien werden nicht dekliniert. Sie können sich auf ein Verb, auf ein anderes Adverb oder auf ein Adjektiv beziehen. *Beispiele:*

Verb:	Arrivo subito.	Ich komme gleich.
Adverb:	Ci vediamo molto spesso.	Wir sehen uns sehr oft.
Adjektiv:	Il libro è abbastanza interessante.	Das Buch ist ziemlich interessant.

- Adverbien können auf Italienisch eine eigene Form haben (*oggi* heute, *qui* hier, *forse* vielleicht) oder vom Adjektiv durch Anhängen der Endung -**mente** abgeleitet werden:

Adjektiv	auf **-o/-a**	auf **-e**	auf -**le**
	perfetto/-a	veloce	facile
Adverb	perfettamente	velocemente	facilmente

- Sonderformen: **leggermente, violentemente** (zu *leggero/-a, violento/-a*)
  bene (zu *buono/-a*).

- Zahlreiche Adverbien haben wie Adjektive einen Komparativ und einen Superlativ:

Positiv	facilmente	tardi
Komparativ	più facilmente	più tardi
Superlativ	facilissimamente	tardissimo

Ausnahmen:	**bene**	**meglio**	**benissimo**	**ottimamente**
	male	**peggio**	**malissimo**	**pessimamente**
	molto	**più**	**moltissimo**	
	poco	**meno**	**pochissimo**	

Unregelmäßige italienische Verben
Verbi irregolari italiani

Aufgeführt sind der Infinitiv (*infinito*), die 1. Person des *passato remoto*, das Perfekt (*passato prossimo*) und die unregelmäßigen Formen von Indikativ Präsens (*pr*), Indikativ Imperfekt (*imp*), Futur (*fut*), Konjunktiv Präsens (*conj pr*), Konjunktiv Imperfekt (*conj imp*), Konditional (*cond*), Imperativ (*imperat*), Gerundium (*ger*), Partizip Präsens (*p pr*). Neben dem Partizip II. (*participio passato*) wird das Hilfsverb angegeben, mit welchem das Perfekt gebildet wird.

infinito	passato remoto	passato prossimo (participio passato)	weitere Formen
accendere	accesi	ho acceso	
accludere	acclusi	ho accluso	
accorgersi	mi accorsi	mi sono accorto	
addurre			*v.* condurre
affliggere	afflissi	ho afflitto	
alludere	allusi	ho alluso	
andare	andai	sono andato	*pr* vado, vai, va, andiamo, andate, vanno; *fut* andrò; *conj pr* vada, vada, vada, andiamo, andiate, vadano; *conj imp* andassi; *cond* andrei; *imperat* va'! *o.* vai!, vada!, andiamo!, andate!, vadano!
annettere	annettei *o.* annessi	ho annesso	
apparire	apparvi	sono apparso	*pr* appaio, appari, appare, appariamo, apparite, appaiono; *imp* apparivo; *fut* apparirò; *conj pr* appaia, appaia, appaia, appariamo, appariate, appaiano; *conj imp* apparissi; *imperat* appari!, appaia!, appariamo!, apparite!, appaiano!
appendere	appesi	ho appeso	
aprire	apersi *o.* aprii	ho aperto	
ardere	arsi	ho arso	
assistere	assistei *o.* assistetti	ho assistito	
assolvere	assolsi	ho assolto	
assumere	assunsi	ho assunto	
avere	ebbi	ho avuto	*pr* ho, hai, ha, abbiamo, avete, hanno; *imp* avevo; *fut* avrò; *conj pr* abbia, abbia, abbia, abbiamo, abbiate, abbiano; *conj imp* avessi, avessi, avesse, avessimo, aveste, avessero; *cond* avrei; *imperat* abbi!, abbia!, abbiamo!, abbiate!, abbiano

infinito	passato remoto	passato prossimo (participio passato)	weitere Formen
bere	bevvi *o.* bevei *o.* bevetti	ho bevuto	*pr* bevo, bevi, beve, beviamo, bevete, bevono; *imp* bevevo; *fut* berrò; *conj pr* beva; *conj imp* bevessi; *cond* berrei; *imperat* bevi!, beva!, beviamo!, bevete!, bevano!; *ger* bevendo; *p pr* bevente
cadere	caddi	sono caduto	*fut* cadrò; *cond* cadrei
chiedere	chiesi	ho chiesto	
chiudere	chiusi	ho chiuso	
cingere	cinsi	ho cinto	
cogliere	colsi	ho colto	*pr* colgo, cogli, coglie, cogliamo, cogliete, colgono; *conj pr* colga, colga, colga, cogliamo, cogliate, colgano
comparire			*v.* apparire
comprimere	compressi	ho compresso	
concedere	concessi	ho concesso	
concludere			*v.* accludere
condurre	condussi	ho condotto	*pr* conduco, conduci, conduce, conduciamo, conducete, conducono; *imp* conducevo; *fut* condurrò; *conj pr* conduca, conduca, conduca, conduciamo, conduciate, conducano; *conj imp* conducessi; *cond* condurrei; *imperat* conduci!, conduca!, conduciamo!, conducete!, conducano!; *ger* conducendo; *p pr* conducente
connettere	connetéi	ho connesso	
conoscere	conobbi	ho conosciuto	
consistere	consisté o. consistette (*3. Person*)	è consistito (*3. Person*)	
coprire			*v.* aprire
correggere			*v.* leggere
correre	corsi	sono corso	
crescere	crebbi	sono cresciuto	
cuocere	cossi	ho cotto	*pr* cuocio, cuoci, cuoce, cociamo *o.* cuociamo, cocete *o.* cuocete, cuociono; *imp* cocevo *o.* cuocevo; *fut* cocerò; *conj pr* cuocia, cuocia, cuocia, cociamo *o.* cuociamo, cociate *o.* cuociate, cuociano; *conj imp* cocessi *o.* cuocessi; *cond* cocerei *o.* cuocerei; *imperat* cuoci!, cuocia!, cociamo! *o.* cuociamo!, cocete! *o.* cuocete!, cuociano!; *ger* cocendo *o.* cuocendo; *p pr* cocente

infinito	passato remoto	passato prossimo (participio passato)	weitere Formen
dare	diedi *o.* detti	ho dato	*pr* do, dai, dà, diamo, date, danno; *fut* darò; *conj pr* dia, dia, dia, diamo, diate, diano; *conj imp* dessi; *cond* darei; *imperat* da'! *o.* dai!, dia!, diamo!, date!, diano!
decidere	decisi	ho deciso	
dedurre			*v.* condurre
deludere			*v.* alludere
deprimere			*v.* comprimere
difendere	difesi	ho difeso	
dipendere			*v.* appendere
dipingere	dipinsi	ho dipinto	
dire	dissi	ho detto	*pr* dico, dici, dice, diciamo, dite, dicono; *imp* dicevo; *fut* dirò; *conj pr* dica, dica, dica, diciamo, diciate, dicano; *conj imp* dicessi; *cond* direi; *imperat* di'!, dica!, diciamo!, dite!, dicano!; *ger* dicendo; *p pr* dicente
dirigere	diressi	ho diretto	
discutere	discussi	ho discusso	
dissolvere			*v.* assolvere
dissuadere			*v.* persuadere
distinguere	distinsi	ho distinto	
dividere	divisi	ho diviso	
dolere	dolsi	ho doluto	*pr* dolgo, duoli, duole, doliamo *o.* dogliamo, dolete, dolgono; *fut* dorrò; *conj pr* dolga, dolga, dolga, doliamo *o.* dogliamo, doliate *o.* dogliate, dolgano; *cond* dorrei; *imperat* duoli!, dolga!, doliamo! *o.* dogliamo!, dolete!, dolgano!
dovere	dovei *o.* dovetti	ho dovuto	*pr* devo *o.* debbo, devi, deve, dobbiamo, dovete, devono *o.* debbono; *fut* dovrò; *conj pr* deva *o.* debba, deva, deva, dobbiamo, dobbiate, devano *o.* debbano; *cond* dovrei; *imperat u. p pr fehlen*
eccellere	eccelsi	ho eccelso	
elidere	elisi *o.* elidei	ho eliso	
emergere	emersi	sono emerso	
erigere			*v.* dirigere
escludere			*v.* accludere
esistere	esistei o. esistetti	sono esistito	
espellere	espulsi	ho espulso	

infinito	passato remoto	passato prossimo (participio passato)	weitere Formen
esplodere	esplosi	sono esploso	
esprimere			*v.* comprimere
essere	fui, fosti, fu, fummo, foste, furono	sono stato	*pr* sono, sei, è, siamo, siete, sono; *imp* ero; *fut* sarò; *conj pr* sia, sia, sia, siamo, siate, siano; *conj imp* fossi, fossi, fosse, fossimo, foste, fossero; *cond* sarei; *imperat* sii!, sia!, siamo!, siate!, siano!
estinguere			*v.* distinguere
evadere	evasi	sono evaso	
evolvere	evolsi *o.* evolvei *o.* evolvetti	sono evoluto	
fare	feci, facesti, fece, facemmo, faceste, fecero	ho fatto	*pr* faccio, fai, fa, facciamo, fate, fanno; *imp* facevo; *fut* farò; *conj pr* faccia, faccia, faccia, facciamo, facciate, facciano; *conj imp* facessi; *cond* farei; *imperat* fa'! *o.* fai!, faccia!, facciamo!, fate!, facciano!; *ger* facendo; *p pr* facente
fingere	finsi	ho finto	
flettere	flessi *o.* flettei	ho flesso	
fondere	fusi	ho fuso	
frangere	fransi	ho franto	
friggere	frissi	ho fritto	
fungere			*v.* fingere
giacere			*v.* piacere
giungere			*v.* fingere
godere	godei *o.* godetti	ho goduto	*fut* godrò; *cond* godrei
immergere			*v.* emergere
imprimere			*v.* comprimere
incidere			*v.* decidere
includere			*v.* accludere
incutere			*v.* discutere
indurre			*v.* condurre
infliggere			*v.* affliggere
insistere	insistei *o.* insistetti	ho insistito	
introdurre			*v.* condurre
invadere			*v.* evadere
ledere	lesi	ho leso	

infinito	passato remoto	passato prossimo (participio passato)	weitere Formen
leggere	lessi	ho letto	
mettere	misi	ho messo	
mordere	morsi	ho morso	
morire	morii	sono morto	*pr* muoio, muori, muore, moriamo, morite, muoiono; *fut* morrò *o.* morirò; *conj pr* muoia, muoia, muoia, moriamo, moriate, muoiano; *conj imp* morissi; *cond* morrei *o.* morirei; *imperat* muori!, muoia!, moriamo!, morite!, muoiano!
mungere			*v.* fingere
muovere	mossi	ho mosso	
nascere	nacqui	sono nato	
nascondere	nascosi	ho nascosto	
nuocere	nocqui	ho nociuto	*pr* noccio *o.* nuoccio, nuoci, nuoce, nociamo *o.* nuociamo, nocete, nocciono *o.* nuocciono; *imp* nocevo *o.* nuocevo; *fut* nocerò *o.* nuocerò; *conj pr* noccia, noccia, noccia, nociamo, nociate, nocciano; *conj imp* nocessi; *cond* nocerei *o.* nuocerei; *imperat* nuoci!, noccia!, nociamo!, nocete!, nocciano!; *ger* nocendo *o.* nuocendo; *p pr* nocente *o.* nuocente
offendere			*v.* difendere
offrire	offersi o. offrii	ho offerto	
opprimere			*v.* comprimere
parere	parvi	sono parso	*pr* paio, pari, pare, paiamo, parete, paiono; *fut* parrò; *conj pr* paia, paia, paia, paiamo, paiate, paiano; *cond* parrei; *imperat fehlt*
percuotere			*v.* scuotere
perdere	persi *o.* perdei *o.* perdetti	ho perso *o.* perduto	
persuadere	persuasi	ho persuaso	
piacere	piacqui	sono piaciuto	*pr* piaccio, piaci, piace, piacciamo *o.* piaciamo, piacete, piacciono; *conj pr* piaccia, piaccia, piaccia, piacciamo *o.* piaciamo, piacciate *o.* piaciate, piacciano; *imperat* piaci!, piaccia!, piacciamo!, piacete!, piacciano!
piangere	piansi	ho pianto	
piovere	piovve (*3. Person*)	è piovuto (*3. Person*)	

infinito	passato remoto	passato prossimo (participio passato)	weitere Formen
porgere	porsi	ho porto	
porre	posi, ponesti, pose, ponemmo, poneste, posero	ho posto	*pr* pongo, poni, pone, poniamo, ponete, pongono; *imp* ponevo; *fut* porrò; *conj pr* ponga, ponga, ponga, poniamo, poniate, pongano; *conj imp* ponessi; *cond* porrei; *imperat* poni!, ponga!, poniamo!, ponete!, pongano!; *ger* ponendo; *p pr* ponente
possedere			*v.* sedere
potere	potei *o.* potetti	ho potuto	*pr* posso, puoi, può, possiamo, potete, possono; *fut* potrò; *conj pr* possa, possa, possa, possiamo, possiate, possano; *cond* potrei; *imperat fehlt*
prendere	presi	ho preso	
presumere			*v.* assumere
produrre			*v.* condurre
proteggere			*v.* leggere
pungere			*v.* fingere
radere	rasi	ho raso	
recidere			*v.* decidere
redigere	redassi	ho redatto	
redimere	redensi	ho redento	
reggere			*v.* leggere
rendere			*v.* prendere
reprimere			*v.* comprimere
resistere	resistei *o.* resistetti	sono resistito	
ridere	risi	ho riso	
ridurre			*v.* condurre
riflettere	riflettei	ho riflettuto *o.* riflesso	
rimanere	rimasi	sono rimasto	*pr* rimango, rimani, rimane, rimaniamo, rimanete, rimangono; *fut* rimarrò; *conj pr* rimanga, rimanga, rimanga, rimaniamo, rimaniate, rimangano; *cond* rimarrei; *imperat* rimani!, rimanga!, rimaniamo!, rimanete!, rimangano!
risolvere			*v.* assolvere
rispondere	risposi	ho risposto	
rodere	rosi	ho roso	
rompere	ruppi	ho rotto	

infinito	passato remoto	passato prossimo (participio passato)	weitere Formen
salire	salii	sono salito	*pr* salgo, sali, sale, saliamo, salite, salgono; *conj pr* salga, salga, salga, saliamo, saliate, salgano; *imperat* sali!, salga!, saliamo!, salite!, salgano!
sapere	seppi	ho saputo	*pr* so, sai, sa, sappiamo, sapete, sanno; *fut* saprò; *conj pr* sappia, sappia, sappia, sappiamo, sappiate, sappiano; *cond* saprei; *imperat* sappi!, sappia!, sappiamo!, sappiate!, sappiano!
scegliere	scelsi	ho scelto	*pr* scelgo, scegli, sceglie, scegliamo, scegliete, scelgono; *conj pr* scelga, scelga, scelga, scegliamo, scegliate, scelgano; *imperat* scegli!, scelga!, scegliamo!, scegliete!, scelgano!
scendere	scesi	sono sceso	
scindere	scissi	ho scisso	
sciogliere			*v.* cogliere
scorgere			*v.* sorgere
scrivere	scrissi	ho scritto	
scuotere	scossi	ho scosso	
sedere	sedei *o.* sedetti	ho seduto	*pr* siedo, siedi, siede, sediamo, sedete, siedono; *conj pr* sieda, sieda, sieda, sediamo, sediate, siedano; *imperat* siedi!, sieda!, sediamo!, sedete!, siedano!
sedurre			*v.* condurre
soffrire			*v.* offrire
solere	solei	sono solito	*pr* soglio, suoli, suole, sogliamo, solete, sogliono; *fut, cond, imperat fehlen*; *conj pr* soglia, soglia, soglia, sogliamo, sogliate, sogliano
sommergere			*v.* emergere
sopprimere			*v.* comprimere
sorgere	sorsi	sono sorto	
sospendere			*v.* appendere
spargere	sparsi	ho sparso	
spegnere (spengere)	spensi	ho spento	*pr* spengo, spegni, spegne, spegniamo, spegnete, spengono; *conj pr* spenga, spenga, spenga, spegniamo, spegniate, spengano
spendere			*v.* appendere
spingere			*v.* fingere

infinito	passato remoto	passato prossimo (participio passato)	weitere Formen
stare	stetti, stesti, stette, stemmo, steste, stettero	sono stato	*pr* sto, stai, sta, stiamo, state, stanno; *conj pr* stia, stia, stia, stiamo, stiate, stiano; *conj imp* stessi; *imperat* sta'! *o.* stai!, stia!, stiamo!, state!, stiano!
stringere	strinsi	ho stretto	
struggere			*v.* leggere
succedere			*v.* concedere
tacere	tacqui	ho taciuto	*pr* taccio, taci, tace, tacciamo *o.* taciamo, tacete, tacciono; *conj pr* taccia, taccia, taccia, tacciamo *o.* taciamo, tacciate *o.* taciate, tacciano; *imperat* taci!, taccia!, tacciamo!, tacete!, tacciano!
tendere			*v.* prendere
tenere	tenni	ho tenuto	*pr* tengo, tieni, tiene, teniamo, tenete, tengono; *fut* terrò; *conj pr* tenga, tenga, tenga, teniamo, teniate, tengano; *cond* terrei; *imperat* tieni!, tenga!, teniamo!, tenete!, tengano!
tingere			*v.* fingere
togliere			*v.* cogliere
tradurre			*v.* condurre
trarre	trassi, traesti, trasse, traemmo, traeste, trassero	ho tratto	*pr* traggo, trai, trae, traiamo, traete, traggono; *imp* traevo; *fut* trarrò; *conj pr* tragga, tragga, tragga, traiamo, traiate, traggano; *conj imp* traessi; *cond* trarrei; *imperat* trai!, tragga!, traiamo!, traete!, traggano!; *ger* traendo; *p pr* traente
uccidere			*v.* decidere
udire	udii	ho udito	*pr* odo, odi, ode, udiamo, udite, odono; *fut* udirò *o.* udrò; *conj pr* oda, oda, oda, udiamo, udiate, odano; *cond* udirei *o.* udrei; *imperat* odi!, oda!, udiamo!, udite!, odano!
ungere			*v.* fingere
uscire	uscii	sono uscito	*pr* esco, esci, esce, usciamo, uscite, escono; *conj pr* esca, esca, esca, usciamo, usciate, escano; *imperat* esci!, esca!, usciamo!, uscite!, escano!
valere	valsi	sono valso	*pr* valgo, vali, vale, valiamo, valete, valgono; *fut* varrò; *conj pr* valga, valga, valga, valiamo, valiate, valgano; *cond* varrei; *imperat* vali!, valga!, valiamo!, valete!, valgano!

infinito	passato remoto	passato prossimo (participio passato)	weitere Formen
vedere	vidi	ho visto *o.* veduto	*fut* vedrò; *cond* vedrei
venire	venni	sono venuto	*pr* vengo, vieni, viene, veniamo, venite, vengono; *fut* verrò; *conj pr* venga, venga, venga, veniamo, veniate, vengano; *cond* verrei; *imperat* vieni!, venga!, veniamo!, venite!, vengano!; *ger* venendo; *p pr* veniente *o.* venente
vincere	vinsi	ho vinto	
vivere	vissi	ho vissuto	*fut* vivrò; *cond* vivrei
volere	volli	ho voluto	*pr* voglio, vuoi, vuole, vogliamo, volete, vogliono; *fut* vorrò; *conj pr* voglia, voglia, voglia, vogliamo, vogliate, vogliano; *cond* vorrei; *imperat* vogli!, voglia!, vogliamo!, vogliate!, vogliano!
volgere	volsi	ho volto	

Minigrammatica della lingua tedesca
Deutsche Kurzgrammatik

L'articolo

L'articolo tedesco può essere maschile, femminile o neutro.

	articolo determinativo				**articolo indeterminativo**		
	sing			*pl*	*sing*		
	m	*f*	*n*	*m f n*	*m*	*f*	*n*
nom	der	die	das	die	ein	eine	ein
acc	den	die	das	die	einen	eine	ein
dat	dem	der	dem	den	einem	einer	einem
gen	des	der	des	der	eines	einer	eines

- L'articolo **ein** si usa solo al singolare. Al plurale, dove in italiano si usa il partitivo **dei, delle, …** , il sostantivo in tedesco rimane senza articolo:

  Ich habe Freunde in der Stadt getroffen. Ho incontrato degli amici in centro.

Il sostantivo

Il genere e il caso

I generi del sostantivo sono tre:

il maschile *m*	der Tag	il giorno
il femminile *f*	die Frage	la domanda
il neutro *n*	das Meer	il mare

I casi del sostantivo sono quattro:

	sing	*pl*
il nominativo *nom*	der Tag	die Tage
l'accusativo *acc*	den Tag	die Tage
il dativo *dat*	dem Tag(e)	den Tagen
il genitivo *gen*	des Tag(e)s	der Tage

Le forme del plurale del sostantivo

Il sostantivo si distingue nel numero in singolare (*sing*) e plurale (*pl*).
Nove sono le forme del plurale dei sostantivi tedeschi:

	sing	*pl*
–en	die Tat der Bär das Bett	die Taten die Bären die Betten
–n	die Frage der Affe	die Fragen die Affen
–e	der Tag der Film	die Tage die Filme

	sing	pl
¨e	die Nacht der Baum	die Nächte die Bäume
–	das Segel der Bürger	die Segel die Bürger
¨	die Mutter der Vogel	die Mütter die Vögel
–er	das Bild	die Bilder
¨er	der Mann das Amt	die Männer die Ämter
–s	die Bar das Auto	die Bars die Autos

- Non ci sono regole fisse per la formazione del plurale dei sostantivi tedeschi. Si può comunque constatare che:

1. i sostantivi femminili terminanti in **-in** formano il plurale in **-innen**: *Freundin – Freundinnen.*
2. il plurale in **-en** e **-n** è il più comune per i sostantivi femminili, mentre il plurale in **-e**, -, **¨e** e ¨ è il più comune per i sostantivi maschili e neutri.
3. i sostantivi terminanti in **-is** formano il plurale in **-isse**: *Ergebniss, Ergebnisse.*

La declinazione del sostantivo

Tre sono le declinazioni del sostantivo tedesco: la prima declinazione, che è la più comune, la seconda declinazione e la declinazione aggettivale. I nomi propri presentano una declinazione particolare.

1. La prima declinazione

f				
	sing	*pl*	*sing*	*pl*
nom	die Mutter	die Mütter	die Frage	die Fragen
acc	die Mutter	die Mütter	die Frage	die Fragen
dat	der Mutter	den Müttern	der Frage	den Fragen
gen	der Mutter	der Mütter	der Frage	der Fragen

m				
	sing	*pl*	*sing*	*pl*
nom	der Vater	die Väter	der See	die Seen
acc	den Vater	die Väter	den See	die Seen
dat	dem Vater	den Vätern	dem See	den Seen
gen	des Vaters	der Väter	des Sees	der Seen

n				
	sing	*pl*	*sing*	*pl*
nom	das Kind	die Kinder	das Bett	die Betten
acc	das Kind	die Kinder	das Bett	die Betten
dat	dem Kind	den Kindern	dem Bett(e)	den Betten
gen	des Kindes	der Kinder	des Bett(e)s	der Betten

2. La seconda declinazione

m				
	sing	*pl*	*sing*	*pl*
nom	der Mensch	die Menschen	der Affe	die Affen
acc	den Menschen	die Menschen	den Affen	die Affen
dat	dem Menschen	den Menschen	dem Affen	den Affen
gen	des Menschen	der Menschen	des Affen	der Affen

- I sostantivi che seguono la seconda declinazione sono tutti maschili.
- Seguono la seconda declinazione i sostantivi terminanti in -**and**, -**ant** e -**ent** (*der Doktorand – des Doktoranden; der Elefant – des Elefanten; der Student – des Studenten*), e i sostantivi maschili derivanti dal greco, spesso professioni (*der Biologe – des Biologen*).
- Alcuni sostantivi presentano una declinazione mista.

	sing	*pl*
nom	der Name	die Namen
acc	den Namen	die Namen
dat	dem Namen	den Namen
gen	des Namens	der Namen

- Come *Name* si declinano anche *Buchstabe*, *Gedanke* e *Wille*.

3. La declinazione aggettivale

Alcuni sostantivi presentano le stesse forme della declinazione dell'aggettivo.

Forme senza articolo

sing	*m*	*f*	*n*
nom	Angestellter	Angestellte	Neugeborenes
acc	Angestellten	Angestellte	Neugeborenes
dat	Angestelltem	Angestellter	Neugeborenem
gen	Angestellten	Angestellter	Neugeborenen
pl			
nom		Angestellte	Neugeborene
acc		Angestellte	Neugeborene
dat		Angestellten	Neugeborenen
gen		Angestellter	Neugeborener

- Queste forme si usano anche con i **numeri cardinali**, con **manch, solch, viel, welch, wenig** non declinati e con **ein bisschen, etwas, mehr, ein paar** (*pl*).

Forme dopo l'articolo determinativo

sing	*m*	*f*	*n*
nom	der Angestellte	die Angestellte	das Neugeborene
acc	den Angestellten	die Angestellte	das Neugeborene
dat	dem Angestellten	der Angestellten	dem Neugeborenen
gen	des Angestellten	der Angestellten	des Neugeborenen
pl			
nom	die Angestellten		die Neugeborenen
acc	die Angestellten		die Neugeborenen
dat	den Angestellten		den Neugeborenen
gen	der Angestellten		der Neugeborenen

- Queste forme dell'aggettivo si usano dopo **der** e anche dopo **derselbe, dieser, jener, folgender, jeder, jeglicher, mancher, solcher, welcher, viele**.

Forme dopo l'articolo indeterminativo e dopo il pronome possessivo

sing	*m*	*f*	*n*
nom	ihr Angestellter	ihre Angestellte	ihr Neugeborenes
acc	ihren Angestellten	ihre Angestellte	ihr Neugeborenes
dat	ihrem Angestellten	ihrer Angestellten	ihrem Neugeborenen
gen	ihres Angestellten	ihrer Angestellten	ihres Neugeborenen
pl			
nom	ihre Angestellten		ihre Neugeborenen
acc	ihre Angestellten		ihre Neugeborenen
dat	ihren Angestellten		ihren Neugeborenen
gen	ihrer Angestellten		ihrer Neugeborenen

- Tra i più importanti sostantivi che seguono la declinazione aggettivale si trovano: *Blinder, Beamter, Deutscher, Fremder, Verwandter, Toter, Reisender, Vorsitzender, Abgeordneter, Gefangener, Industrieller …*

→ Nel dizionario tra parentesi uncinate vengono riportati dopo il sostantivo il genitivo singolare ed il nominativo plurale. *Esempio:* Bild <-es, -er>

4. La declinazione dei nomi propri

- I **nomi di persona** sono declinati in **-s** al genitivo:

Michaels Frau — la moglie di Michael

Per i nomi terminanti in **-s, -ß, -x, -z** si usa l'apostrofo, la costruzione con **von** o la desinenza **-ens**:

Heinz' Tochter, die Tochter von Heinz, Heinzens Tochter	la figlia di Heinz
Lukas' Mutter, die Mutter von Lukas	la madre di Lukas

- I **cognomi** sono declinati in **-s** al genitivo singolare e al plurale:

Frau Hirschs Eltern	i genitori della signora Hirsch
Meiers kommen auch.	Vengono anche i Meier.

Per i cognomi terminanti in **-s, -ß, -x, -z** si usa la desinenza **-ens** o la costruzione con **von** per il genitivo singolare; il plurale si forma in **-ens**:

das neue Auto von Schmitz, Schmitzens neues Auto	la nuova macchina di Schmitz

L'aggettivo

L'aggettivo si declina solo se precede immediatamente un sostantivo (*ein guter Wein*), quindi quando si trova in posizione attributiva. In posizione predicativa, cioè subito dopo un verbo o un avverbio, rimane invece invariato (*der Wein ist gut, der Wein schmeckt äußerst gut*). L'aggettivo variabile presenta tre diverse declinazioni a seconda dell'articolo che lo precede.

La declinazione dell'aggettivo

1. L'aggettivo senza articolo

sing	*m*	*f*	*n*
nom	guter Wein	gute Lösung	gutes Brot
acc	guten Wein	gute Lösung	gutes Brot
dat	gutem Wein(e)	guter Lösung	gutem Brot(e)
gen	guten Wein(e)s	guter Lösung	guten Brot(e)s
pl	*m/f/n*		
nom	gute Weine/Lösungen/Brote		
acc	gute Weine/Lösungen/Brote		
dat	guten Weinen/Lösungen/Broten		
gen	guter Weine/Lösungen/Brote		

- Queste forme si usano anche con i **numeri cardinali**, con **manch, solch, viel, welch, wenig** non declinati e con **ein bisschen, etwas, mehr, ein paar** (*pl*).

2. L'aggettivo dopo l'articolo determinativo

sing	*m*	*f*	*n*
nom	der gute Wein	die gute Lösung	das gute Brot
acc	den guten Wein	die gute Lösung	das gute Brot
dat	dem guten Wein(e)	der guten Lösung	dem guten Brot(e)
gen	des guten Wein(e)s	der guten Lösung	des guten Brot(e)s
pl	*m/f/n*		
nom	die guten Weine/Lösungen/Brote		
acc	die guten Weine/Lösungen/Brote		
dat	den guten Weinen/Lösungen/Broten		
gen	der guten Weine/Lösungen/Brote		

- Queste forme dell'aggettivo si usano dopo **der** e anche dopo **derselbe, dieser, jener, folgender, jeder, jeglicher, mancher, solcher, welcher, viele**.

3. L'aggettivo dopo l'articolo indeterminativo e dopo l'aggettivo possessivo

sing	*m*	*f*	*n*
nom	ihr guter Wein	ihre gute Lösung	ihr gutes Brot
acc	ihren guten Wein	ihre gute Lösung	ihr gutes Brot
dat	ihrem guten Wein(e)	ihrer guten Lösung	ihrem guten Brot(e)
gen	ihres guten Wein(e)s	ihrer guten Lösung	ihres guten Brot(e)s
pl	*m/f/n*		
nom	ihre guten Weine/Lösungen/Brote		
acc	ihre guten Weine/Lösungen/Brote		
dat	ihren guten Weinen/Lösungen/Broten		
gen	ihrer guten Weine/Lösungen/Brote		

- Queste forme dell'aggettivo si usano dopo **ein, kein, mein, dein, sein, ihr** *(f sing)*, **unser, euer, ihr** *(pl)*, **Ihr.**

4. Alcuni aggettivi irregolari

- Nelle forme declinate degli aggettivi in **-el** si omette la **-e-** della radice:
  dunkel eine **dunkle** Farbe
- Le forme declinate di alcuni aggettivi in **-er**, soprattutto parole dotte, omettono la **-e-** della radice: **integer** ein **integrer** Mann
- La radice delle forme declinate dell'aggettivo **hoch** è **hoh–**: ein **hohes** Gebirge

La posizione dell'aggettivo

L'aggettivo attributivo precede sempre il sostantivo: das **rote** Auto la macchina rossa

I gradi dell'aggettivo

L'aggettivo oltre alla forma del "positivo" presenta altri due gradi, il comparativo e il superlativo:

uso predicativo	*positivo* *comparativo* *superlativo*	schnell schneller am schnellsten der Schnellste	klug klüger am klügsten der Klügste	nass nasser am nassesten der Nasseste
uso attributivo	*positivo* *comparativo* *superlativo*	ein schnelles Auto ein schnelleres Auto das schnellste Auto der Welt	una macchina veloce una macchina più veloce la macchina più veloce del mondo	

- Forme irregolari:

hoch	**höher**	**am höchsten**	**der höchste ...**
groß	**größer**	**am größten**	**der größte ...**
gut	**besser**	**am besten**	**der beste ...**
viel	**mehr** *(invariabile)*	**am meisten**	**der meiste ...**

- Il tedesco non presenta nessuna forma corrispondente al superlativo assoluto dell'italiano. In questa funzione si usa il positivo con un avverbio:

  ein sehr schnelles Auto — una macchina velocissima

Il pronome

I pronomi in tedesco sono declinabili.

Il pronome personale

	sing				
	1ª pers	**2ª pers**	**3ª pers**		
			m	*f*	*n*
nom	ich	du	er	sie	es
acc	mich	dich	ihn	sie	es
dat	mir	dir	ihm	ihr	ihm
gen	meiner	deiner	seiner	ihrer	seiner

	pl			
	1ª pers	**2ª pers**	**3ª pers**	**forma di cortesia**
nom	wir	ihr	sie	Sie
acc	uns	euch	sie	Sie
dat	uns	euch	ihnen	Ihnen
gen	unser	euer	ihrer	Ihrer

- Il pronome personale indica la persona che parla oppure la persona o cosa di cui si parla nella frase. Diversamente dall'italiano in tedesco il pronome personale non si può omettere:

  Ich habe Paolo gesehen. — Ho visto Paolo.

Il pronome riflessivo

Il pronome riflessivo si riferisce al soggetto della frase e deve concordare con questo nel genere e nel numero:

ich wasche mich	mi lavo
du wäschst dich	ti lavi
er wäscht sich	si lava
wir waschen uns	ci laviamo
ihr wascht euch	vi lavate
sie waschen sich	si lavano

Il pronome dimostrativo

Il pronome dimostrativo si riferisce ad una persona o cosa di cui si è già parlato prima.

	sing			*pl*
	m	*f*	*n*	*m f n*
nom	dieser	diese	dieses	diese
acc	diesen	diese	dieses	diese
dat	diesem	dieser	diesem	diesen
gen	dieses	dieser	dieses	dieser
nom	derselbe	dieselbe	dasselbe	dieselben
acc	denselben	dieselbe	dasselbe	dieselben
dat	demselben	derselben	demselben	denselben
gen	desselben	derselben	desselben	derselben

- Come **dieser, …** si declina anche **jener**. *Dieser* indica un oggetto o una persona vicini, *jener* invece un oggetto o una persona lontani.
- Come **derselbe, …** si declina anche **derjenige**.
- L'articolo determinativo **der, die, das** viene usato anche come pronome dimostrativo.

Il pronome relativo

- Sono pronomi relativi **der** e **welcher**. Il pronome **der** segue la declinazione del corrispondente articolo determinativo con eccezione del dativo plurale e del genitivo.

	sing			*pl*
	m	*f*	*n*	*m f n*
dat	dem	der	dem	denen
gen	dessen	deren	dessen	deren

Per la declinazione di **welcher** vedi paragrafo "Il pronome interrogativo" a pag. 461.

- Il pronome relativo introduce una proposizione subordinata che completa la frase principale e concorda in genere e numero con il sostantivo che lo precede:

  Ich ziehe den Anzug an, <u>den/welchen</u> ich gestern gekauft habe. — Mi metto il vestito che ho comprato ieri.

Il pronome possessivo

persona del possessore			numero e genere del sostantivo che esprime il possesso			
			sing			*pl*
			m	*f*	*n*	*m f n*
sing	**1ª pers**	*nom*	mein	meine	mein	meine
		acc	meinen	meine	mein	meine
		dat	meinem	meiner	meinem	meinen
		gen	meines	meiner	meines	meiner
	2ª pers		dein		*come*	mein
	3ª pers	*m*	sein			
		f	ihr		*come*	mein
		n	sein			
pl	**1ª pers**	*nom*	unser	unsere	unser	unsere
		acc	unseren	unsere	unser	unsere
		dat	unserem	unserer	unserem	unseren
		gen	unseres	unserer	unseres	unserer
	2ª pers	*nom*	euer	eure	euer	eure
		acc	euren	eure	euer	eure
		dat	eurem	eurer	eurem	euren
		gen	eures	eurer	eures	eurer
	3ª pers		ihr		*come*	mein
forma di cortesia			Ihr		*come*	mein

- Le forme del pronome possessivo dipendono sempre dalla persona o dall'oggetto che seguono il pronome stesso e concordano quindi in genere, caso e numero con il sostantivo:

Deine Bücher	(*n pl nom*)	I tuoi libri
sind in deinem Zimmer.	(*n sing dat*)	sono in camera tua.

- Il pronome possessivo può presentarsi anche staccato dal sostantivo a cui si riferisce:

Ist es dein Buch?	È il tuo libro questo?
Ja, es ist <u>meins.</u>	Sì, è il mio.

In questo caso il pronome cambia le forme del nominativo singolare maschile e neutro e dell'accusativo singolare neutro:

persona del possessore			**numero e genere del sostantivo che esprime il possesso**			
			m		*n*	
sing	**1ª pers**	*nom*	meiner		mein(e)s	
		acc			mein(e)s	
	2ª pers		deiner		*come*	meiner
	3ª pers	*m*	seiner			
		f	ihrer		*come*	meiner
		n	seiner			
pl	**1ª pers**	*nom*	unserer *o* unsrer		unseres *o* unsres	
		acc			unseres *o* unsres	
	2ª pers	*nom*	eurer		eures	
		acc	euren		eures	
	3ª pers		ihrer		*come*	meiner
forma di cortesia			Ihrer		*come*	meiner

Il pronome interrogativo

Il pronome interrogativo si può riferire ad una persona (**wer**) o ad una cosa (**was**) ed esiste solo al singolare:

	relativo a persone	relativo a oggetti, circostanze ecc.
nom	wer? chi?	was? che cosa?
acc	wen?	was?
dat	wem?	
gen	wessen?	

- Il pronome interrogativo **welcher?** quale? presenta le seguenti forme:

	sing			*pl*
	m	*f*	*n*	*m f n*
nom	welcher…?	welche…?	welches…?	welche…?
acc	welchen…?	welche…?	welches…?	welche…?
dat	welchem…?	welcher…?	welchem…?	welchen…?
gen	welches…?	welcher…?	welches…?	welcher…?

Le preposizioni

Le preposizioni tedesche possono reggere diversi casi: il dativo, l'accusativo o entrambi i casi.

- Reggono sempre il *dativo*:

ab	entgegen	nach	seit	aus
entsprechend	nächst	von	außer	gegenüber
nahe	zu	bei	gemäß	nebst
zufolge	binnen	mit	samt	zuwider

- Reggono sempre l'*accusativo*:

bis	gegen	wider	durch	je
pro	für	ohne	um	

- Le seguenti preposizioni reggono l'*accusativo* se indicano un movimento o un cambiamento di direzione, reggono invece il *dativo* se indicano uno stato:

an	in	vor	auf	neben
zwischen	entlang	über	hinter	unter

Esempio:

Er hat den Computer <u>auf den</u> Schreibtisch gestellt.	(*movimento = acc*)	Ha messo il computer sulla scrivania.
Der Computer ist <u>auf dem</u> Schreibtisch.	(*stato = dat*)	Il computer è sulla scrivania.

→ Nel dizionario è indicato il caso corrispondente ad ogni preposizione.

Alcune preposizioni possono combinarsi con l'articolo determinativo che le segue:

an/in	**+ dem**	**= am/im**	**von**	**+ dem**	**= vom**
an/in	**+ das**	**= ans/ins**	**zu**	**+ dem/der**	**= zum/zur**
bei	**+ dem**	**= beim**			

A differenza dell'italiano in tedesco la contrazione delle preposizioni con l'articolo non è obbligatoria.

Le forme del verbo

1. Il verbo regolare o debole

Il presente e l'imperfetto

	indicativo		congiuntivo		
	presente	imperfetto	presente	imperfetto	
ich	lob**e**	lobte	lobe	lobte	würde loben
du	lob**st**	lobtest	lobest	lobtest	würdest loben
er/sie/es	lob**t**	lobte	lobe	lobte	würde loben
wir	lob**en**	lobten	loben	lobten	würden loben
ihr	lob**t**	lobtet	lobet	lobtet	würdet loben
sie/Sie	lob**en**	lobten	loben	lobten	würden loben

- Le forme semplici dell'imperfetto congiuntivo (*ich lobte,...*) sono tutte identiche a quelle dell'indicativo; per questo motivo si usano spesso le forme composte (*ich würde loben,...*).
- I verbi con radice terminante in **-d**, **-t** e i verbi con radice in **-m**, **-n** preceduti da consonante (con eccezione di **-lm**, **-rm**, **-hm**, **-mm**, **-ln**, **-rn**, **-hn**, **-nn**) aggiungono una **-e-** in tutte le forme del presente e dell'imperfetto così come nella forma del participio passato e del passivo:

ich	rede	löte	atme	trockne	*ma:*	filme	warne
du	redest	lötest	atmest	trockne-st		filmst	warnst
...	...	...	...	...	...	...	...
	geredet	gelötet	geatmet	getrock-net		gefilmt	gewarnt

- I verbi con radice terminante in **-el** e **-er** non accentuati perdono la **-e-** della desinenza nell'infinito, nella 1ª e nella 3ª persona plurale e nella forma di cortesia dell'indicativo presente: **zittern – wir zittern, sie/Sie zittern**

  Possono perdere facoltativamente la **-e-** della radice nella 1ª persona singolare:

  ich zittere *o* **ich zittre**
- Per i verbi in **-s**, **-ß**, **-x**, **-z** si omette la **-s-** nella 2ª persona singolare del presente indicativo:

  reisen – du reist   **beißen – du beißt**   **feixen – du feixt**

Il futuro, il passato prossimo, il trapassato e il futuro anteriore

Ausiliari **werden** e **haben**

	indicativo			
	futuro	**passato prossimo**	**trapassato**	**futuro anteriore**
ich	werde loben	habe gelobt	hatte gelobt	werde gelobt haben
du	wirst loben	hast gelobt	hattest gelobt	wirst gelobt haben
er/sie/es	wird loben	hat gelobt	hatte gelobt	wird gelobt haben
wir	werden loben	haben gelobt	hatten gelobt	werden gelobt haben
ihr	werdet loben	habt gelobt	hattet gelobt	werdet gelobt haben
sie/Sie	werden loben	haben gelobt	hatten gelobt	werden gelobt haben

Ausiliari **werden** e **sein**

	indicativo			
	futuro	**passato prossimo**	**trapassato**	**futuro anteriore**
ich	werde reisen	bin gereist	war gereist	werde gereist sein
du	wirst reisen	bist gereist	warst gereist	wirst gereist sein
er/sie/es	wird reisen	ist gereist	war gereist	wird gereist sein
wir	werden reisen	sind gereist	waren gereist	werden gereist sein
ihr	werdet reisen	seid gereist	wart gereist	werdet gereist sein
sie/Sie	werden reisen	sind gereist	waren gereist	werden gereist sein

	congiuntivo			
	futuro	**passato prossimo**	**trapassato**	**futuro anteriore**
...				
er/sie/es	werde loben	habe gelobt	hätte gelobt *o* würde gelobt haben	werde gelobt haben
...				
er/sie/es	werde reisen	sei gereist	wäre gereist *o* würde gereist sein	werde gereist sein
...				

L'imperativo

infinito	**imperativo**		
	sing	*pl*	*forma di cortesia*
loben	lobe	lobt	loben Sie
reden	rede	redet	reden Sie

Il passivo

	indicativo	**congiuntivo**
presente	er wird gelobt	er werde gelobt
imperfetto	er wurde gelobt	er würde gelobt
futuro	er wird gelobt werden	er werde gelobt werden
passato prossimo	er ist gelobt worden	er sei gelobt worden
trapassato	er war gelobt worden	er wäre gelobt worden
futuro anteriore	er wird gelobt worden sein	er werde gelobt worden sein

Il participio

infinito	**participio presente**	**participio passato e passivo**
loben	lobend	gelobt
reden	redend	geredet

- I participi si declinano come l'aggettivo.

2. Il verbo irregolare o forte

Il presente e l'imperfetto

	indicativo		congiuntivo		
	presente	imperfetto	presente	imperfetto	
ich	trage	trug	trage	trüge	würde tragen
du	trägst	trugst	tragest	trüg(e) st	würdest tragen
er/sie/es	trägt	trug	trage	trüge	würde tragen
wir	tragen	trugen	tragen	trügen	würden tragen
ihr	tragt	trugt	traget	trüg(e)t	würdet tragen
sie/Sie	tragen	trugen	tragen	trügen	würden tragen

L'imperativo

infinito	imperativo		
	sing	*pl*	*forma di cortesia*
tragen	trage	tragt	tragen Sie
lesen	lies	lest	lesen Sie

Il participio

infinito	participio presente	participio passato e passivo
tragen	tragend	getragen

- Gli altri tempi e modi si formano come i verbi regolari.

→ Nel dizionario sono riportati la 3ª persona singolare del presente, la 3ª persona dell'imperfetto e il participio passato dei verbi irregolari.

Esempio: **tragen** <trägt, trug, getragen>

Inoltre in appendice prima della grammatica si trova una lista dei verbi forti più importanti con le rispettive forme irregolari.

L'avverbio

Gli avverbi in tedesco sono indeclinabili e si possono riferire ad un verbo, ad un altro avverbio o ad un aggettivo. *Esempi:*

verbo:	Ich rufe sie gleich an.	Le telefono subito.
avverbio:	Ich sehe ihn sehr oft.	Lo vedo molto spesso.
aggettivo:	Diese Frau ist äußerst schön.	Quella donna è bellissima.

- Come gli aggettivi anche gli avverbi possono assumere dei **gradi,** i quali presentano le stesse forme irregolari degli aggettivi.

Unregelmäßige deutsche Verben
Verbi irregolari tedeschi

Nella seguente lista vengono riportati l'infinito (*Infinitiv*), il preterito (*Imperfekt*), il passato prossimo (*Perfekt*) e l'imperativo (*Imperativ*) dei principali verbi irregolari tedeschi. Sotto all'infinito vengono indicate le forme irregolari del presente (*2. persona singolare*), mentre accanto alla forma del participio passato (*Partizip II*) si trova l'ausiliare con il quale si forma il passato prossimo. Le forme dei verbi derivati con il prefisso *auf-*, *ab-*, *be-*, *er-*, *zer-* etc. corrispondono a quelle dei rispettivi verbi nella loro forma base.

Infinitiv	**Imperfekt**	**Perfekt**	**Imperativ – Sing/Pl (‚Partizip II')**
backen bäckst, backst	backte	hat gebacken	back(e)/backt
befehlen befiehlst	befahl	hat befohlen	befiehl/befehlt
beginnen	begann	hat begonnen	beginn(e)/beginnt
beißen	biss	hat gebissen	beiß(e)/beißt
bergen birgst	barg	hat geborgen	birg/bergt
bersten birst	barst	ist geborsten	birst/berstet
bewegen	bewog	hat bewogen	beweg(e)/bewegt
biegen	bog	hat/ist gebogen	bieg(e)/biegt
bieten	bot	hat geboten	biet(e)/bietet
binden	band	hat gebunden	bind(e)/bindet
bitten	bat	hat gebeten	bitt(e)/bittet
blasen bläst	blies	hat geblasen	blas(e)/blast
bleiben	blieb	ist geblieben	bleib(e)/bleibt
braten brätst	briet	hat gebraten	brat(e)/bratet
brechen brichst	brach	hat/ist gebrochen	brich/brecht
brennen	brannte	hat gebrannt	brenn(e)/brennt
bringen	brachte	hat gebracht	bring/bringt
denken	dachte	hat gedacht	denk(e)/denkt
dreschen drischst	drosch	hat/ist gedroschen	drisch/drescht
dringen	drang	ist gedrungen	dring(e)/dringt
dürfen darfst	durfte	hat gedurft	
empfangen empfängst	empfing	hat empfangen	empfang(e)/empfangt

Infinitiv	Imperfekt	Perfekt	Imperativ – Sing/Pl (‚Partizip II‘)
empfehlen empfiehlst	empfahl	hat empfohlen	empfiehl/empfehlt
empfinden	empfand	hat empfunden	empfind(e)/empfindet
erschrecken erschrickst	erschrak	ist erschrocken	erschrick/erschreckt
essen isst	aß	hat gegessen	iss/esst
fahren fährst	fuhr	hat/ist gefahren	fahr(e)/fahrt
fallen fällst	fiel	ist gefallen	fall(e)/fallt
fangen fängst	fing	hat gefangen	fang(e)/fangt
fechten fichtst	focht	hat gefochten	ficht/fechtet
finden	fand	hat gefunden	find(e)/findet
flechten flichtst	flocht	hat geflochten	flicht/flechtet
fliegen	flog	hat/ist geflogen	flieg(e)/fliegt
fliehen	floh	ist geflohen	flieh(e)/flieht
fließen	floss	ist geflossen	fließ(e)/fließt
fressen frisst	fraß	hat gefressen	friss/fresst
frieren	fror	hat gefroren	frier(e)/friert
gären	gor gärte	hat/ist gegoren hat/ist gegärt	gär(e)/gärt
gebären gebierst	gebar	ist geboren	gebier(e)/gebärt
geben gibst	gab	hat gegeben	gib/gebt
gedeihen	gedieh	ist gediehen	gedeih(e)/gedeiht
gehen	ging	ist gegangen	geh(e)/geht
gelingen	gelang	ist gelungen	geling(e)/gelingt
gelten giltst	galt	hat gegolten	gilt/geltet
genießen	genoss	hat genossen	genieß(e)/genießt
geschehen geschieht	geschah	ist geschehen	geschieh/gescheht
gewinnen	gewann	hat gewonnen	gewinn(e)/gewinnt
gießen	goss	hat gegossen	gieß(e)/gießt
gleichen	glich	hat geglichen	gleich(e)/gleicht
gleiten	glitt	ist geglitten	gleit(e)/gleitet

Infinitiv	Imperfekt	Perfekt	Imperativ – Sing/Pl (‚Partizip II‘)
glimmen	glomm	hat geglommen	glimm(e)/glimmt
graben gräbst	grub	hat gegraben	grab(e)/grabt
greifen	griff	hat gegriffen	greif(e)/greift
haben hast	hatte	hat gehabt	hab(e)/habt
halten hältst	hielt	hat gehalten	halt(e)/haltet
hängen	hing	hat gehangen	häng(e)/hängt
hauen hieb	haute	hat gehauen	hau(e)/haut
heben	hob	hat gehoben	heb(e)/hebt
heißen	hieß	hat geheißen	heiß(e)/heißt
helfen hilfst	half	hat geholfen	hilf/helft
kennen	kannte	hat gekannt	kenn(e)/kennt
klingen	klang	hat geklungen	kling(e)/klingt
kneifen	kniff	hat gekniffen	kneif(e)/kneift
kommen	kam	ist gekommen	komm(e)/kommt
können kannst	konnte	hat gekonnt	
kriechen	kroch	ist gekrochen	kriech(e)/kriecht
laden lädst	lud	hat geladen	lad(e)/ladet
lassen lässt	ließ	hat gelassen	lass/lasst
laufen läufst	lief	ist gelaufen	lauf(e)/lauft
leiden	litt	hat gelitten	leid(e)/leidet
leihen	lieh	hat geliehen	leih(e)/leiht
lesen liest	las	hat gelesen	lies/lest
liegen	lag	hat gelegen	lieg(e)/liegt
lügen	log	hat gelogen	lüg(e)/lügt
mahlen	mahlte	hat gemahlen	mahl(e)/mahlt
meiden	mied	hat gemieden	meid(e)/meidet
melken	molk melkte	hat gemolken hat gemelkt	melk(e), milk/melkt
messen misst	maß	hat gemessen	miss/messt
misslingen	misslang	ist misslungen	

Infinitiv	Imperfekt	Perfekt	Imperativ – Sing/Pl (‚Partizip II‘)
mögen magst	mochte	hat gemocht	
müssen musst	musste	hat gemusst	
nehmen nimmst	nahm	hat genommen	nimm/nehmt
nennen	nannte	hat genannt	nenn(e)/nennt
pfeifen	pfiff	hat gepfiffen	pfeif(e)/pfeift
preisen	pries	hat gepriesen	preis(e)/preist
quellen quillst	quoll	ist gequollen	quill/quellt
raten rätst	riet	hat geraten	rat(e)/ratet
reiben	rieb	hat gerieben	reib(e)/reibt
reißen	riss	hat/ist gerissen	reiß/reißt
reiten	ritt	hat/ist geritten	reit(e)/reitet
rennen	rannte	ist gerannt	renn(e)/rennt
riechen	roch	hat gerochen	riech(e)/riecht
ringen	rang	hat gerungen	ring(e)/ringt
rinnen	rann	ist geronnen	rinn(e)/rinnt
rufen	rief	hat gerufen	ruf(e)/ruft
saufen säufst	soff	hat gesoffen	sauf(e)/sauft
schaffen	schuf	hat geschaffen	schaff(e)/schafft
scheiden	schied	hat/ist geschieden	scheid(e)/scheidet
scheinen	schien	hat geschienen	schein(e)/scheidet
scheißen	schiss	hat geschissen	scheiß(e)/scheißt
scheren	schor	hat geschoren hat geschert	scher(e)/schert
schieben	schob	hat geschoben	schieb(e)/schiebt
schießen	schoss	hat geschossen	schieß(e)/schießt
schinden	schindete	hat geschunden	schind(e)/schindet
schlafen schläfst	schlief	hat geschlafen	schlaf(e)/schlaft
schlagen schlägst	schlug	hat geschlagen	schlag(e)/schlagt
schleichen	schlich	ist geschlichen	schleich(e)/schleicht
schleifen	schliff	hat geschliffen	schleif(e)/schleift
schließen	schloss	hat geschlossen	schließ(e)/schließt
schlingen	schlang	hat geschlungen	schling(e)/schlingt
schmeißen	schmiss	hat geschmissen	schmeiß(e)/schmeißt

Infinitiv	Imperfekt	Perfekt	Imperativ – Sing/Pl (‚Partizip II‘)
schmelzen schmilzt	schmolz	ist geschmolzen	schmilz/schmelzt
schneiden	schnitt	hat geschnitten	schneid(e)/schneidet
schrecken schrickst, schreckst	schreckte schrak	hat geschreckt	schrick/schreckt
schreiben	schrieb	hat geschrieben	schreib(e)/schreibt
schreien	schrie	hat geschrie(e)n	schrei(e)/schreit
schreiten	schritt	ist geschritten	schreit(e)/schreitet
schweigen	schwieg	hat geschwiegen	schweig(e)/schweigt
schwellen schwillst	schwoll	ist geschwollen	schwill/schwellt
schwimmen	schwamm	hat/ist geschwommen	schwimm(e)/schwimmt
schwinden	schwand	ist geschwunden	schwind(e)/schwindet
schwingen	schwang	hat geschwungen	schwing(e)/schwingt
schwören	schwor	hat geschworen	schwör(e)/schwört
sehen siehst	sah	hat gesehen	sieh/seht
sein	war	ist gewesen	sei/seid
senden	sandte sendete	hat gesandt hat gesendet	send(e)/sendet
singen	sang	hat gesungen	sing(e)/singt
sinken	sank	ist gesunken	sink(e)/sinkt
sinnen	sann	hat gesonnen	sinn(e)/sinnt
sitzen	saß	hat gesessen	sitz(e)/sitzt
sollen	sollte	hat gesollt	
spalten	spaltete	hat gespalten hat gespaltet	spalt(e)/spaltet
speien	spie	hat gespie(e)n	spei(e)/speit
spinnen	spann	hat gesponnen	spinn(e)/spinnt
sprechen sprichst	sprach	hat gesprochen	sprich/sprecht
sprießen	spross sprießte	ist gesprossen ist gesprießt	sprieß(e)/sprießt
springen	sprang	ist gesprungen	spring(e)/springt
stechen stichst	stach	hat gestochen	stich/stecht
stecken stak	steckte	hat gesteckt	steck(e)/steckt
stehen	stand	hat gestanden	steh(e)/steht
stehlen stiehlst	stahl	hat gestohlen	stiehl/stehlt
steigen	stieg	ist gestiegen	steig(e)/steigt

Infinitiv	Imperfekt	Perfekt	Imperativ – Sing/Pl (‚Partizip II‘)
sterben stirbst	starb	ist gestorben	stirb/sterbt
stinken	stank	hat gestunken	stink(e)/stinkt
stoßen stößt	stieß	hat gestoßen	stoß(e)/stoßt
streichen	strich	hat gestrichen	streich(e)/streicht
streiten	stritt	hat gestritten	streit(e)/streitet
tragen trägst	trug	hat getragen	trag(e)/tragt
treffen triffst	traf	hat getroffen	triff/trefft
treiben	trieb	hat getrieben	treib(e)/treibt
treten trittst	trat	hat getreten	tritt/tretet
trinken	trank	hat getrunken	trink(e)/trinkt
trügen	trog	hat getrogen	trüg(e)/trügt
tun	tat	hat getan	tu(e)/tut
verderben verdirbst	verdarb	hat/ist verdorben	verdirb/verderbt
vergessen vergisst	vergaß	hat vergessen	vergiss/vergesst
verlieren	verlor	hat verloren	verlier(e)/verliert
verzeihen	verzieh	hat verziehen	verzeih(e)/verzeiht
wachsen wächst	wuchs	ist gewachsen	wachs(e)/wachst
waschen wäschst	wusch	hat gewaschen	wasch(e)/wascht
weben	wob	hat gewoben	web(e)/webt
weichen	wich	ist gewichen	weich(e)/weicht
weisen	wies	hat gewiesen	weis(e)/weist
wenden	wendete wandte	hat gewendet hat gewandt	wend(e)/wendet
werben wirbst	warb	hat geworben	wirb/werbt
werden ward	wurde	ist geworden	werd(e)/werdet wirst
werfen wirfst	warf	hat geworfen	wirf/werft
wiegen	wog	hat gewogen	wieg(e)/wiegt
winden	wand	hat gewunden	wind(e)/windet
winken	winkte	hat gewinkt hat gewunken	wink(e)/winkt

Infinitiv	Imperfekt	Perfekt	Imperativ – Sing/Pl (‚Partizip II‘)
wissen weißt	wusste	hat gewusst	wiss(e)/wisset
wollen willst	wollte	hat gewollt	woll(e)/wollt
ziehen	zog	hat/ist gezogen	zieh(e)/zieht
zwingen	zwang	hat gezwungen	zwing(e)/zwingt

Zahlwörter / Numerali

Grundzahlen / Numeri cardinali

0	null	zero
1	eins	uno
2	zwei	due
3	drei	tre
4	vier	quattro
5	fünf	cinque
6	sechs	sei
7	sieben	sette
8	acht	otto
9	neun	nove
10	zehn	dieci
11	elf	undici
12	zwölf	dodici
13	dreizehn	tredici
14	vierzehn	quattordici
15	fünfzehn	quindici
16	sechzehn	sedici
17	siebzehn	diciassette
18	achtzehn	diciotto
19	neunzehn	diciannove
20	zwanzig	venti
21	einundzwanzig	ventuno
22	zweiundzwanzig	ventidue
23	dreiundzwanzig	ventitré
24	vierundzwanzig	ventiquattro
25	fünfundzwanzig	venticinque
26	sechsundzwanzig	ventisei
27	siebenundzwanzig	ventisette
28	achtundzwanzig	ventotto
29	neunundzwanzig	ventinove
30	dreißig	trenta
31	einunddreißig	trentuno
32	zweiunddreißig	trentadue
40	vierzig	quaranta
50	fünfzig	cinquanta
60	sechzig	sessanta
70	siebzig	settanta
80	achtzig	ottanta
90	neunzig	novanta
100	(ein)hundert	cento

101	(ein)hunderteins, hundert(und)eins	centouno
102	(ein)hundertzwei, hundert(und)zwei	centodue
200	zweihundert	duecento
201	zweihundert(und)eins	duecentouno
300	dreihundert	trecento
543	fünfhundertdreiundvierzig	cinquecentoquarantatrè
600	sechshundert	seicento
1000	(ein)tausend	mille
1001	(ein)tausendeins, tausend(und)eins	milleuno, mille e uno
1100	(ein)tausendeinhundert, elfhundert	mille (e) cento
1300	(ein)tausenddreihundert, dreizehnhundert	mille trecento
2001	zweitausend(und)eins	duemila (e) uno
3000	dreitausend	tremila
4000	viertausend	quattromila
10 000	zehntausend	diecimila
31 616	einunddreißigtausendsechshundertsechzehn	trentunmila seicentosedici
100 000	(ein)hunderttausend	centomila
1 000 000	eine Million	un milione
2 000 000	zwei Millionen	due milioni
1 000 000 000	eine Milliarde	un miliardo

Ordnungszahlen / Numeri ordinali

1.	erste	primo
2.	zweite	secondo
3.	dritte	terzo
4.	vierte	quarto
5.	fünfte	quinto
6.	sechste	sesto
7.	siebte, siebente	settimo
8.	achte	ottavo
9.	neunte	nono
10.	zehnte	decimo
11.	elfte	undicesimo
12.	zwölfte	dodicesimo
13.	dreizehnte	tredicesimo
20.	zwanzigste	ventesimo
21.	einundzwanzigste	ventunesimo
22.	zweiundzwanzigste	ventiduesimo
23.	dreiundzwanzigste	ventitreesimo

30.	dreißigste	trentesimo
40.	vierzigste	quarantesimo
100.	(ein)hundertste	centesimo
101.	(ein)hunderterste	centunesimo
102.	(ein)hundertzweite	centoduesimo
200.	zweihundertste	duecentesimo
1000.	(ein)tausendste	millesimo
1001.	(ein)tausenderste	millesimo primo
2000.	zweitausendste	duemillesimo
100 000.	(ein)hunderttausendste	centomillesimo
1 000 000.	millionste	milionesimo

Jahrhunderte	**Secoli**
das 19. Jahrhundert, das neunzehnte Jahrhundert	L' Ottocento, il diciannovesimo secolo, il secolo XIX, l' 800
das 20. Jahrhundert, das zwanzigste Jahrhundert	Il Novecento, il ventesimo secolo, il secolo XX, il '900

Bruchzahlen / Numeri frazionari

$^1/_2$	ein halb	mezzo
$^1/_3$	ein Drittel	un terzo
$^1/_4$	ein Viertel	un quarto
$^1/_5$	ein Fünftel	un quinto
$^1/_6$	ein Sechstel	un sesto
$^1/_7$	ein Sieb(en)tel	un settimo
$^1/_8$	ein Achtel	un ottavo
$^1/_9$	ein Neuntel	un nono
$^1/_{10}$	ein Zehntel	un decimo
$^1/_{20}$	ein Zwanzigstel	un ventesimo
$^1/_{100}$	ein Hundertstel	un centesimo
$^1/_{1000}$	ein Tausendstel	un millesimo
$^2/_5$	zwei Fünftel	due quinti
$^4/_7$	vier Sieb(en)tel	quattro settimi
$1\ ^1/_2$	eineinhalb, anderthalb	uno e mezzo
$2\ ^3/_8$	zweidreiachtel	due e tre ottavi

Vervielfältigungszahlwörter	Numerali moltiplicativi
einfach	semplice
zweifach, doppelt	doppio
dreifach	triplo
vierfach	quadruplo
fünffach	quintuplo
sechsfach	sestuplo
siebenfach	settuplo
achtfach	ottuplo
neunfach	nonuplo
zehnfach	dieci volte tanto (o maggiore)
elffach	undici volte tanto (o maggiore)
hundertfach	centuplo

Maße und Gewichte / Misure e pesi

Längenmaße / Misure di lunghezza

	Zeichen/Simbolo		Vielfaches der Einheit/ Equivalenza
Millimeter	mm	millimetro	0,001 m
Zentimeter	cm	centimetro	0,01 m
Dezimeter	dm	decimetro	0,1 m
Meter	m	metro	Grundeinheit/Unità fondamentale
Kilometer	km	chilometro	1000 m
Seemeile	sm	miglio nautico	1852 m

Flächenmaße / Misure di superficie

Quadratmillimeter	mm^2, qmm	millimetro quadrato	0,000 001 m^2
Quadratzentimeter	cm^2, qcm	centimetro quadrato	0,000 1 m^2
Quadratdezimeter	dm^2, qdm	decimetro quadrato	0,01 m^2
Quadratmeter	m^2, qm	metro quadrato	1 m^2
Ar	a	ara	100 m^2
Hektar	ha	ettaro	10 000 m^2
Quadratkilometer	km^2, qkm	chilometro quadrato	1 000 000 m^2

Raummaße / Misure di volume

Kubikmillimeter	mm^3, cmm	millimetro cubo	0,000 000 001 m^3
Kubikzentimeter	cm^3, ccm	centimetro cubo	0,000 001 m^3
Kubikdezimeter	dm^3, cdm	decimetro cubo	0,001 m^3
Kubikmeter	m^3, cbm	metro cubo	1 m^3
Raummeter	rm	metro cubo	1 m^3
Festmeter	fm	metro cubo	1 m^3
Bruttoregistertonne	BRT	tonnellata di stazza lorda	2,83168 m^3

Hohlmaße / Misure di capacità

Milliliter	ml	millilitro	0,001 l
Zentiliter	cl	centilitro	0,01 l
Deziliter	dl	decilitro	0,1 l
Liter	l	litro	1 l
Hektoliter	hl	ettolitro	100 l

Gewichte **Pesi**

Milligramm	mg	milligrammo	0,001 g
Zentigramm	cg	centogrammo	0,01 g
Dezigramm	dg	decigrammo	0,1 g
Gramm	g	grammo	1 g
Deka(gramm) (in A)	dag	decagrammo	10 g
Pfund	Pfd.	mezzo chilo	500 g
Kilogramm	kg	chilogrammo	1000 g Grundeinheit/Unità fondamentale
Zentner (in D)	Ztr.	mezzo quintale	50 kg
Zentner (in A, CH)	q	quintale	100 kg
Doppelzentner (in D)	dz	quintale	100 kg
Tonne	t	tonnellata	1000 kg

Deutschland
Germania

Länder und Hauptstädte
Stati Federali e capoluoghi

Land	Stato Federale	Hauptstadt	Capoluogo
Baden-Württemberg		Stuttgart	Stoccarda
Bayern	Baviera	München	Monaco
Berlin	Berlino	Berlin	Berlino
Brandenburg	Brandeburgo	Potsdam	
Bremen	Brema	Bremen	Brema
Hamburg	Amburgo	Hamburg	Amburgo
Hessen	Assia	Wiesbaden	
Mecklenburg-Vorpommern	Meclemburgo-Pomerania	Schwerin	
Niedersachsen	Bassa Sassonia	Hannover	
Nordrhein-Westfalen	Renania Settentrionale-Vestfalia	Düsseldorf	
Rheinland-Pfalz	Renania-Palatinato	Mainz	Magonza
Saarland		Saarbrücken	
Sachsen	Sassonia	Dresden	Dresda
Sachsen-Anhalt	Sassonia-Anhalt	Magdeburg	Magdeburgo
Schleswig-Holstein		Kiel	
Thüringen	Turingia	Erfurt	

Österreich
Austria

Bundesländer und Hauptstädte
Stati Federali e capoluoghi

Bundesland	Stato Federale	Hauptstadt	Capoluogo
Burgenland		Eisenstadt	
Kärnten	Carinzia	Klagenfurt	
Niederösterreich	Bassa Austria	Sankt Pölten	
Oberösterreich	Alta Austria	Linz	
Salzburg	Salisburgo	Salzburg	Salisburgo
Steiermark	Stiria	Graz	
Tirol	Tirolo	Innsbruck	
Vorarlberg		Bregenz	
Wien	Vienna	Wien	Vienna

Schweiz
Svizzera

Kantone und Hauptorte
Cantoni e capoluoghi

Kanton	Cantone	Hauptort	Capoluogo
Aargau	Argovia	Aarau	
Appenzell-Ausser-Rhoden		Herisau	
Appenzell-Inner-Rhoden		Appenzell	Appenzello
Basel-Landschaft	Basilea Campagna	Liestal	
Basel-Stadt	Basilea Città	Basel	Basilea
Bern	Berna	Bern	Berna
Freiburg	Friburgo	Freiburg	Friburgo
Genf	Ginevra	Genf	Ginevra
Glarus	Glarona	Glarus	Glarona
Graubünden	Grigioni	Chur	Coira
Jura	Giura	Delémont	
Luzern	Lucerna	Luzern	Lucerna
Neuenburg	Neuchâtel	Neuenburg	Neuchâtel
Nidwalden		Stans	
Obwalden		Sarnen	
Sankt Gallen	San Gallo	Sankt Gallen	San Gallo
Schaffhausen	Sciaffusa	Schaffhausen	Sciaffusa
Schwyz	Svitto	Schwyz	Svitto
Solothurn	Soletta	Solothurn	Soletta
Tessin	Ticino	Bellinzona	
Thurgau	Turgovia	Frauenfeld	
Uri		Altdorf	
Waadt	Vaud	Lausanne	Losanna
Wallis	Vallese	Sitten	Sion
Zug	Zugo	Zug	Zugo
Zürich	Zurigo	Zürich	Zurigo

Italia
Italien

regioni e capolughi
Regionen und Hauptstädte

Regione	Region	Capoluogo	Hauptstadt
Abruzzo	Abruzzen	L'Aquila	
Basilicata		Potenza	
Calabria	Kalabrien	Catanzaro	
Campania	Kampanien	Napoli	Neapel
Emilia-Romagna		Bologna	
Friuli-Venezia Giulia	Friaul	Trieste	Triest
Lazio	Latium	Roma	Rom
Liguria	Ligurien	Genova	Genua
Lombardia	Lombardei	Milano	Mailand
Marche	Marken	Ancona	
Molise		Campobasso	
Piemonte	Piemont	Torino	Turin
Puglia	Apulien	Bari	
Sardegna	Sardinien	Cagliari	
Sicilia	Sizilien	Palermo	
Toscana	Toskana	Firenze	Florenz
Trentino-Alto Adige	Trentino-Südtirol	Trento	Trient
Umbria	Umbrien	Perugia	
Valle d'Aosta	Aostatal	Aosta	
Veneto	Venetien	Venezia	Venedig

Notizen

Notizen

Notizen

Notizen

Notizen

Notizen

Notizen

Notizen

Notizen

Notizen

Notizen

Notizen

Contenuto e strutturazione Tedesco-Itali

Tutti i **lemmi** sono ordinati alfabeticamente ed evidenziati in blu.

L, l [ɛl] <-, -(s)> *n* L, l *f;* ~
Label ['lɛɪbəl] <-s, -> *n* 1
labil [la'bi:l] *adj* labile

Vengono riportate le **diverse grafie** di una parola.

Nato, NATO ['na:to] <->
phantasieren <ohne ge

Il fondino blu contrassegna varianti della vecchia grafia precedente alla **nuova regolamentazione dell'ortografia tedesca**. La nuova grafia è contrassegnata da **RR**.

Gemse <-, -n> *f s.* **Gäms**
GämseRR ['gɛmzə] <-, -n
KussRR [kʊs] <-es, Küss

La **tilde** ~ sostituisce, negli esempi per l'uso e nelle espressioni idiomatiche, la voce precedente senza la desinenza in parentesi.

Anhalter(in) <-s, -; -, -n
fahren fare l'autostop

Le **cifre romane** contrassegnano le diverse parti del discorso.

einhellig ['aɪnhɛlɪç] **I.** *ac*

Le **cifre arabiche** contrassegnano significati diversi.

Ebene ['e:bənə] <-, n> *f*
Niveau) livello *m* **3.** (MAT)

Riguardo alla pronuncia e l'accentuazione vengono riportate delle informazioni dopo il lemma in parentesi quadre, secondo **l'alfabeto fonetico internazionale**.

überraschen [y:bɐ'raʃər

Vengono registrate le **forme femminili** dei sostantivi.

Schneider(in) <-s, -; -, -
Friseur [fri'zø:ɐ̯] <-s, -e
-n> *f* …

Nei sostantivi le **desinenze della flessione** e cioè il genitivo singolare ed il nominativo plurale, vengono date in parentesi uncinate, dopo il lemma o la sua trascrizione fonetica.

Labor [la'bo:ɐ̯] <-s, -s>
Distel ['dɪstəl] <-, -n> *f*

Nei verbi un **prefisso separabile** viene caratterizzato da "|".

ab|decken *vt* …

Le **forme irregolari** vengono registrate al lemma della forma originaria e di regola come lemma nella posizione corrispondente dell'ordine alfabetico, con un rimando alla forma originaria.

Epos ['e:pɔs] <-, Epen>
Epen *pl von* **Epos**
denken ['dɛnkən] <denk
dachte ['daxtə] *1. u 3. pe*

Vengono date numerose indicazioni per l'uso, p.e.

aggiunte per definizioni e sinonimi, soggetti ed oggetti tipici e per altre spiegazioni integrative,

davon|tragen <irr> *vt* 1
zungen) riportare **3.** (*geh:*

indicazioni sui **linguaggi specifici**

Kapitän [kapi'tɛ:n] <-s,
2. (AERO) comandante *m*

indicazioni sulla **diffusione regionale**

Marille [ma'rɪlə] <-, -n̩>

indicazioni di **stile** nei casi in cui non si tratti di un livello di stile neutrale.

klauen ['klaʊən] *vt* (*fam*